KB241362

제9판

조세법 쟁론

강 석 규

SAMIL | 삼일인포마인

▌제9판 개정판을 내며 ▌

매년 다사다난하지 않은 적이 없었지만 작년 겨울부터 올봄까지는 유난히 나라가 많이 시끄러웠다. 관광명소가 되어야 할 광화문과 인사동 일대가 온통 집회와 시위로 얼룩졌다. 이번 개정판 작업은 이런 소용돌이 속에서 이루어졌지만 평정을 유지하려고 노력하였다. 세상살이는 결과보다 과정이고 흐름이다. 아직 오지 않은 목적지보다 걸음걸음 내딛는 이 자리에 집중하는 것이 좋다. 그러다 길섶의 들꽃 한 송이에 눈길을 주는 여유가 있으면 더 좋겠다. 올해도 개정판의 흐름이 멈추지 않고 한 걸음 더 내딛게 되어 다행이다.

이번 개정판에서도 지난 한 해 동안 선고되었던 대법원 판결들을 빠짐 없이 분석하여 추가하였다. 그리고 개정법의 내용을 일부 반영하였고, 법리설명이 부족한 부분도 좀 보완하였다. 대법원 판결들을 보면 새로운 법리를 선언한 것도 있었지만 기존의 판결에서 판시한 법리를 좀 더 발전시키거나 약간 방향을 바꾸는 것도 있어서 그동안의 판례 흐름을 되짚어 보고 그 연장선상에서 새로운 판결들을 분석하였다. 숙제처럼 남아 있던 까다로운 일부 쟁점들에 대하여 대법원이 어느 정도 교통정리를 해줌으로써 법률심으로서의 역할을 충실히 해 준 부분에 대하여 감사를 표한다. 하지만 일부 쟁점에 대하여는 가이드라인을 선명하게 제시하지 못하고 애매모호한 입장을 취한 것도 있어 예측 가능성과 법적 안정성의 측면에서 다소 아쉬움이 남는 판결들도 있었다. 사건들이 갈수록 복잡해지고 개별 사건마다 그 성격이 같을 수 없어 일관된 가이드라인을 제시한다는 것 자체가 무리일 수 있다. 결국은 개별 사안들이 품고 있는 사정들을 잘 고찰하여 거기에 맞는 답을 찾아가는 것이 구체적 타당성을 구현하는 길이라고 하겠다. 이번 개정판에서도 판례를 분석하고 법리를 보완함에 있어서는 가급적 중립적인 시각과 유연한 자세를 유지하려고 노력하였다. 세상사가 고정불변의 것이 없고 변해가듯이 조세법리도 지금까지 변해왔고 앞으로도 변해갈 것이다. 이번 개정판이 이러한 흐름이 발전적으로 이어지는 데에 조금이나마 기여하길 바라는 마음이다.

주요 보완 부분으로는, 총론 편에서 엄격해석방법, 개정법의 시행시기에 관한 부칙, 실질과세의 원칙, 하위법령에 대한 위임범위, 국세우선권에 관한 법정기일, 법인의 제2차 납세의무, 가산세의 부과제척기간, 국세환급금의 반환청구권자, 후발적 경정청구사유, 전심결정의 기속력, 과세예고통지, 감액경정처분과 증액경정처분에 관한 법리, 증명책임의 소재, 세무조사기간에 대한 통제, 추계의 합리성, 법인세법 편에서 손금성 인정요건, 감가상각방법, 권리의무확정주의, 특수관계인의 범위, 결손금 감액경정의 처분성, 비영리내국법인의 수익사업의 범위, 소득세법 편에서 근로소득의 범위, 일시적 1세대 2주택, 과세관청과 원천납세의무자의 관계, 부가가치세법 편에서 납세의무자의 범위, 영세율 적용 사업자, 공급가액에 포함되는 위약금 범위, 사실과 다른 세금계산서, 상속세 및 증여세법 편에서 상속세 납세의무의 범위, 제3자의 저가인수, 공익법인의 범위, 공익법인 출연재산의 매각대금, 비상장주식의 평가방법, 소송중인 권리의 평가, 지방세법 편에서 취득세의 감면, 조세형법 편에서 사실과 다른 세금계산서에 관한 범죄 등이 있다.

이번 개정판에서도 편향되지 않고 공정하게 서술되고 있는지에 대하여 엄격한 태도로 점검하려고 노력하였다. 여전히 숨어 있는 일부 오류를 찾아 바로잡았고 계속 보완해 갈 것을 약속드린다. 독자 여러분들께 다시 한번 감사드리고, 이번 개정판에도 수고를 아끼지 않으신 삼일피더블유씨솔루션 관계자 여러분께 감사드리며, 함께 일하는 법무법인(유한) 태평양 조세그룹의 구성원들에게도 감사드린다. 영원한 후원자인 아내와 예비법조인으로 성장해가는 큰 아들, 군복무 중인 작은 아들에게 변함없는 사랑과 격려를 보낸다.

2025년 6월
북한산 보현봉을 바라보며 저자

▎머리말 ▎

긴 여정에 작은 매듭을 하고 되돌아본다. 굽이굽이 곡절도 많았고 주저앉기도 했지만 걸음걸음 가다 보면 언젠가는 도착하리라는 믿음이 있었기에 여기까지 오게 된 것 같다. 책을 낸다는 것은 끝이 아니라 새로운 시작임을 잘 안다. 이 책이 조세법의 길을 밝히는 작은 등불이 되기를 기도한다.

조세법에 관한 책을 써보겠다고 생각한 것은 20년도 더 되었다. 법원에 들어오기 전부터 공인회계사로 일하면서 조세사건의 자문과 쟁송대리를 하는 동안 조세법의 독특한 매력을 맛보았다. 조세법은 우리의 일상생활에 살아 움직이는 법으로서 누구도 외면할 수 없는 것이었고, 그것을 통해 세상의 다양한 경제 흐름을 속속들이 관찰할 수 있어 좋았다. 그래서 각별한 관심을 가지고 나름대로 연구를 계속해 왔다. 하지만 법원에 들어와서는 바쁜 재판 일정 때문에 책 쓸 시간을 할애해 낸다는 것이 쉽지 않았다. 차일피일 미루어 오다가 수년 전 대법원의 조세팀 재판연구관과 총괄재판연구관으로 근무하게 되면서 시절인연이 닿았다. 재판연구관실에서 매일매일 쌓여가는 조세사건의 기록들을 검토하고 동료 재판연구관들과 밤늦게까지 토론하는 과정에서 조세법의 지식이 날로 쌓여갔고 조세법을 바라보는 시각도 재정립할 수 있었다. 당시는 힘들었지만 참으로 감사해야 할 소중한 인연이고 행운이었다. 그 시절부터 시작된 몇몇 조세법 특강에서 강의내용을 널리 공유하자는 주위의 권유들이 있었고 그것이 이 책을 쓰게 된 직접적인 계기가 되었다.

이 책은 대법원 재판연구관실에서의 경험과 지식이 토대가 되었다. 그리고 대법원을 떠나 인천법원 행정부와 서울행정법원 조세전담부의 재판장으로 근무하면서 조세사건의 사실심 재판을 직접 관장한 경험은 이 책에 생동감을 더해 주었다.

조세법은 그 특성상 구체적 사건을 떠나서는 진면목을 파악하기 어렵다. 납세자와 국가가 세금을 두고 벌이는 치열한 각축전을 규율하는 법이기 때문에 그 전장 속으로 뛰어 들어가 보아야만 조세법의 생리를 제대로 이해할 수 있다. 그래서 이 책은 조세법이 실제 사건에 적용되는 모습이 어떠한지를 자세히 드러내고자 하였다. 조세법의 전 분야에 걸쳐 실제로 다투어지고 있는 주요 쟁점들을 망라하여 체계화하고 그에 관한 법리를 해설하면서 관련 판례들을 분석하였다. 판례 분석은 대법원 판결들을 위주로 하되 최근의 중요한 이슈에 관하여는 하급심 판결들의 분석을 더 하였으며, 판결들의 결론만을 소개하는 것이 아니라 결론에 이르기까지의 논쟁과정과 논거들을 자세히 해설하였고, 결론의 당부에 관한 비평도 곁들였다. 선문답처럼 짧은 대법원 판결에 대하여는 속뜻을 쉽게 파악할 수 있도록 하급심 판결문의 사실관계와 당사자의 주장을 찾아서 보충하였다. 나아가 관련 판결들의 흐름을 잡아서 향후 판결의 방향을 예측하여 보았고, 판결 이후 현행 법령까지의 개정과정을 추적함으로써 세무회계의 실무처리에도 도움이 되도록 하였다. 최근에 선고된 판결들의 주요 쟁점까지 빠짐없이 언급함으로써 책의 참신성을 유지하는 노력도 게을리하지 않았다. 그리고 조세법 전문가뿐만 아니라 입문자들도 어렵지 않게 읽을 수 있도록 책의 수위를 조절하였다. 이 책을 통하여 조세법의 살아 움직이는 전체 모습을 조망할 수 있기를 기대한다.

집필의 취지는 제법 거창하였지만 막상 책을 세상에 내어놓자니 부족한 점이 많이 눈에 띈다. 지혜와 능력의 부족을 의욕만으로는 다 메꿀 수 없었나 보다. 첫술에 배부를 수 없다는 말을 위안으로 삼고 부족하나마 초판을 내어놓는다. 독자들의 아낌없는 질책은 보약이 되어 앞으로 개정판을 내는 데 큰 도움이 될 것이다.

이 책을 집필하기까지 많은 분들의 음덕이 있었다. 대법원 조세팀의 동료 재판연구관들과 공유했던 소중한 경험과 지식은 이 책의 밑거름이 되었다. 그분들에게 감사의 뜻을 전한다. 그리고 좋은 인연으로 만나 같은 재판부에서 고락을 함께한 김유정, 김대원, 장규형, 홍지현, 정승연, 홍윤하 판사에게도 감사드린다. 마지막으로 이 책의 출판을 흔쾌히 수락해주신 삼일인포마인의 송상근 대표이사와 편집·교정작업에 수고해 주신 조윤식 이사를 비롯한 관계자들에게 감사의 말씀을 드린다.

항상 곁에서 격려하며 용기를 북돋아 주고 정성으로 기도해 준 아내 박성희, 그리고 제 길을 찾아 뉴욕에서 열심히 정진하고 있는 큰아들 영재, 제법 어른스러워져 존재감을 더해 가고 있는 작은아들 동우에게 사랑을 전하며 이 책을 선물한다.

2016년 12월
양재동 집무실에서 저자

▮목 차▮

제8장 양도소득에 대한 과세 · · · · · · 969

제4편   부가가치세법 / 1117

제7장　매입세액 공제 ·········· 1239

제5편 | 상속세 및 증여세법 / 1303

제8편 조세형법 / 1733

제1편

총 론

조세법률주의

　조세법의 출발점은 조세법률주의에 있다. 이는 누구도 다툴 수 없는 조세법의 대명제이다. 조세는 국가가 직접적인 반대급부를 제공하지 않고 일방적으로 거두어가는 것이므로 세금을 내야 하는 납세자의 입장에서는 억울하다는 생각이 든다. 국가로부터 그 세금에 상응하는 혜택을 본 것도 아닌데 그만한 세금을 낼 능력이 있다는 이유만으로 세금을 내라고 하니 억울해 할만도 하다. 세금을 낼 능력이 있다고 해서 당연히 세금을 내야 할 이유는 없기 때문이다. 여기에 대하여 국가가 답으로 제시할 수 있는 것이 바로 조세법률주의이다. 국민의 대의기관인 국회에서 법률로 그러한 경우에 그만큼의 세금을 내도록 규정하고 있으면 이는 국가의 구성원들인 국민 전체의 합의로 볼 수 있기 때문에 그 국민의 일원인 납세자로서는 그에 따라 세금을 낼 의무가 생기는 것이다. 이러한 국민적 합의가 싫다면 국가를 떠나는 길밖에 없다. 그래서 사실 요즘 국외소득이 많은 자들은 국적을 바꾸거나 비거주자가 되려는 시도를 하기도 한다. 이러한 조세법률주의는 국가질서의 근간을 이루는 대원칙이므로 우리 헌법 제59조에서 규정하고 있다.

　여기서 알 수 있듯이 세금은 당연히 내야 하는 것이 아니라 법률에 규정이 있는 경우에만 내는 것이다. 그런데 세금을 내도록 할 만한 여건은 우리사회에 무수히 많이 널려 있고, 그 상황은 시시각각 변하기 때문에 법률이나 그 위임에 의한 하위 법령이 이를 일일이 추적할 수 없어 규율의 손길이 제대로 미치지 못하는 경우가 많다. 아예 그 손길이 닿지 않는 영역도 있고 손길은 닿았지만 제대로 움켜쥐지 못하는 영역도 있다. 그래서 조세분쟁이 끊임없이 양산되고 있다. 조세법령의 손길이 제대로 미치는 영역에서는 납세의무의 존부가 비교적 명확하기 때문에 분쟁의 소지가 적지만 그 손길이 제대로 미치지 못하는 영역에서는 납세의무의 존부를 가지고 많이들 다툰다. 과세관청의 입장에서는 과세의 당위성을 내세워 과세하고자 하고, 납세자의 입장에서는 이를 피하고자 안간힘을 쓴다. 그러나 위에서 본 바와 같이 과세의 당위성이라는 것은 조세법률을 떠나서는 존재할 수 없으므로 그 법률의 규정이 없는 영역에서는 과세할 수 없다고 보는 것이 원칙이다. 그보다는 그 사이의 영역인 조세법령의 규정이 애매모호한 곳이 문제이다. 여기서는 결국 관련성 있는 조세법령의 해석과 적용에 의하여 결론이 내려질 수밖에 없는데, 기본적인 방향은 애매할 때에는 납세자의 이익으로 하는 것이 타당하다고 할 수 있다. 특정한 과세를 위한 조리상의 당위성이 없는 상황에서는 법령이 그 과세를 위한 유일한 근거가 될 수밖에 없으므로 그 법령의 내용이 모호하면 과세를 포기하는 것이 옳다는 것이다. 그리고 과세를 해야 할 조리상의 당위성이 있다고 하더라도 과세를 위한 유추해석이나 확장해석을 함부로 하여서는 아니된다. 이러한 해석을 방만하게 허용하면 조세법률주의가 유지될 수 없다. 과세하지 않겠다는 명문의 규정이 없으면 과세될 수도 있다고 생각하는 것은 아주 잘못된 사고방식이다.

이와 같은 조세법률주의를 엄격히 준수한다면 조세법령에서 규정하는 과세요건에 해당하는 것이 확실하지 않으면 과세를 하지 말아야 하는데 여기서 문제가 생긴다. 세상에는 선량한 납세자들만 있으면 좋은데 그렇지가 않다. 조세법령에서 정한 과세요건을 피해가기 위하여 온갖 묘수들을 다 짜내는 선량하지 못한 납세자들이 있다. 이들을 악한 납세자라고 할 것까지는 없지만 방치할 경우 실질적으로 동일한 경제행위를 하고 동일한 결과를 얻었음에도 선량한 납세자들만 세금을 내고 그렇지 않은 납세자들은 세금을 피해가게 된다. 이는 불공평하다. 이와 같이 조세법률주의가 제대로 작동하지 않는 상황에서는 헌법상의 평등권에 기반한 조세공평주의라는 또 다른 대원칙이 유지될 수 없게 된다. 이 때문에 조세법률주의를 적용할 때에는 조세공평의 원칙을 지키기 위해 형식보다는 실질을 중요시하게 되고 그 규정을 해석함에 있어서도 문언에 따르는 엄격해석의 원칙을 준수하면서도 입법 취지를 고려한 합목적적 해석을 곁들이지 않을 수 없는 것이다. 이러한 측면에서 조세공평주의는 조세법률주의를 그 내용적인 면에서도 통제하고 있다고 할 수 있다. 아무리 국민의 대의기관이 정한 법률이라고 하더라도 그 내용이 그보다 상위법인 헌법상의 평등권을 침해할 경우 그 효력을 부인해야 할 것이기 때문이다.

요컨대 조세법률관계에서는 조세법률주의와 조세공평주의라는 양대 원칙이 서로 긴장관계에 있고, 그 사이에서 실질과세의 원칙과 합목적적 해석이 실천적 도구로 작용하고 있다고 할 수 있다. 조세분쟁은 결국 이러한 상관관계 속에서 양산되어 그 합리적인 해결점을 찾아가고 있다.

조세법의 해석과 적용

1. 엄격해석과 합목적적 해석의 조화

가. 서언

조세법규를 실제 사안에 적용함에 있어서 어떻게 해석할 것이냐에 따라 그 결론이 달라지는 경우가 자주 발생한다. 조세법규의 문언이 명확하여 여러 가지 다른 해석의 여지가 없다면 이러한 문제가 없겠지만, 조세법규도 일반적인 법규들과 같이 추상성을 지니고 있는 데다가 특히 조세법규는 실제 사안에 적용하여 세금을 부과하고 징수하기 위한 기술법적 측면도 있으며 사회경제환경의 변화와 조세정책의 변화에 따라 워낙 자주 개정되고 있고, 그 개정도 상당기간의 신중한 검토와 음미를 거친 후에 이루어지는 것이 아니라 특수한 목적을 달성하기 위하여 임기응변적으로 이루어지기도 하기 때문에 입법 기술상의 오류로 인하여 그 문언의 의미가 불분명하고 체계적이지도 않으며 전후 모순되는 내용을 담고 있는 경우가 드물지 않다.

이러한 조세법규에 대하여 조세법률주의가 지향하는 엄격해석의 원칙만을 고집하여 문언 그대로 해석·적용하게 되면 해당 규정의 적용 자체가 곤란해지는 경우도 있을 뿐만 아니라 그 법규의 내용에서 묻어나오는 입법 취지가 명확함에도 이에 배치되는 결과를 초래하기도 한다. 그래서 등장한 것이 이른바 '합목적적 해석'이라는 도구이다. 이러한 합목적적 해석은 그 법규의 문언적 의미를 상당히 벗어나는 경우도 있고 그에 따라 납세자와 과세관청의 입장에 대립을 초래하기 때문에 조세법률주의와 항상 긴장관계에 놓일 수밖에 없다. 즉, 문언대로의 해석·적용을 할 경우와 합목적적 해석·적용을 할 경우 과세 여부의 결론이 달라지게 되는 것이다. 이러한 문제를 어떻게 합리적으로 극복할 것인지에 대한 심도 있는 검토가 필요하다.

나. 합목적적 해석의 근거

우선 이러한 합목적적 해석이라는 도구가 조세법규의 해석에 사용될 수 있는 법적 근거로는 흔히 국세기본법 제18조를 들고 있다. 위 조문은 제1항에서 세법을 해석·적용할 때에는 과세의 형평과 해당 조항의 합목적성에 비추어 납세자의 재산권이 부당하게 침해되지 아니하도록 하여야 한다고 규정하고 있다. 여기서 '합목적성'을 '과세의 형평'과 대등하고 병렬적인 위치에 두면서 이를 고려하여 납세자의 재산권을 부당하게 침해되지 아니하도록 세법을 해석·적용해야 한다고 선언하고 있다. 위 규정의 내용을 체계적으로 분석해 보면 합목적적 해석을 함에 있어서 가장 중요시해야 할 대목은 과세의 형평이고 그중에서도 납세자의 재산권 침해를 막아야 한다는 것이다. 과세의 형평만 놓고 보면 과세관청과 납세자의 대립관계에서 다소 중립적인 입장을 취한 것으로 볼 수 있으나 납세자의 재산권 침해를 막아야 한다는 점에서는 납세자에게 다소 기우는 인상을 준다. 즉, 조세법규를 문언대로 적용할 경우 납세자의 재산권에 부당한 침해를 초래할 때에는 합목적적 해석을 함으로써 그러한 결과를 막아야 한다는 것이다. 위 규정의 취지에 비추어 볼 때 과세의 형평을 위하여 납세자의 부당한 조세회피행위를 규제하기 위한 합목적적 해석도 마다할 이유가 없다.

그런데 합목적적 해석의 근거를 굳이 국세기본법 제18조에서 찾지 않더라도 이를 조리법상의 법해석 원칙으로 받아들일 수도 있다. 왜냐하면 사전에 만들어진 추상적인 법규를 사후에 실제의 구체적 사안에 적용함에 있어서는 그 문언대로의 해석만으로는 정당한 결과를 얻을 수 없기 때문에 합목적적 해석이 불가피하다고 할 수 있기 때문이다. 그래서 대법원도 합목적적 해석을 함에 있어서 굳이 그 법적 근거로 국세기본법 제18조를 들고 있지는 않다.

다. 합목적적 해석의 기준

앞서 본 바와 같이 합목적적 해석의 근거를 국세기본법 제18조로 볼 경우 납세자의 구제에 더 비중을 두어야 할 것이고, 그 근거를 조리법에서 찾을 경우 납세자와 과세관청의 어느 한쪽으로 치우칠 필요는 없다고 할 것이다. 그런데 정작 과세실무나 재판에 있어서는 합목적적 해석의 도구가 사용되는 것이 과세관청의 이익, 즉 국고의 이익으로 작용하는 경우가 더 많은 것 같다. 실제로 재판실무에서도 납세자의 이익으로 결론을 도출할 때에는 엄격해석의 원칙을 적용하는 경우가 많고, 국고의 이익으로 결론을 도출할 때에는 합목적적 해석의 원칙을 적용하는 경우가 더 많다. 왜 이러한 현상이 생기느냐 하면 영리한 납세자들은 과세대상 거래를 함에 있어서 조세법규의 문언을 꼼꼼히 분석하여 이 문언을 토대로 조세를 회피할 수 있는 묘책을 고안해 내는 경우가 많기 때문이다. 이럴 경우 과세관청은 흔히 합목적적 해석이라는 도구를 들고 나와 해당 조세법규의 취지를 부각시키면서 그 문언과는 다소 거리가 먼 해석을 시도하게 된다. 이는 입법기술상의 오류를 보충해 주는 역할을 하는데 그 규정의 적용으로 인해 불이익을 받은 측에서는 위와 같은 합목적적 해석을 할 경우 위헌이라는 주장도 하게 된다. 그리고 조세법규가 모호할 경우 법을 만든 자의 책임으로 돌려서 납세자의 이익으로 해야 한다는 주장도 나온다.

법을 만든 자는 근원적으로는 입법권을 행사하는 국회라고 보아야 하고 그 국회는 납세자인 국민의 대표기관이므로 과세관청의 편이라고 할 수 없다. 조세법규에 있어서 합목적적 해석을 필요로 하는 부분은 주로 시행령 이하의 규정들이지만 이들 규정의 경우도 그 제정권자인 대통령이나 해당부처의 장관들은 꼭 과세관청의 편으로 볼 것이 아니라 국민의 대표인 국회로부터 위임받은 권한을 행사하는 것이므로 납세자인 국민의 편으로 볼 수도 있는 것이다. 그렇다면, 합목적적 해석의 기준을 정함에 있어서는 애매할 때는 국고의 이익이라거나 아니면 납세자의 이익이라는 식으로 어느 한쪽에 치우치는 입장을 보일 것이 아니라 엄격한 중립의 입장을 취할 필요가 있다. 이러한 입장에 섰을 때 무엇보다 가장 중요한 잣대는 조세정의의 실현이라고 할 수 있다. 조세정의를 간단하게 요약하자면 세금을 마땅히 내야 하는 자에게는 세금을 내게 하고, 그렇지 않은 자에게는 세금을 내지 않도록 하는 것이다. 여기서 어느 쪽이 마땅한지에 관하여는 또 주관적인 가치관이 개입될 수 있겠지만 객관적인 정의의 관념에서 엄격한 판단이 이루어져야 할 것이고, 그 최종적인 판단의 몫은 법원에 있다고 하겠다.

조세법규를 그 문언대로 엄격해석을 할 것이냐 아니면 그 문언을 다소 벗어나더라도 그 규정의 취지를 살려서 합목적적 해석을 할 것이냐의 선택에 직면했을 때 조세법률주의의 대전제를 존중하여야 하는 이상 엄격해석을 하는 것이 원칙이어야 하고, 합목적적 해석은 예외적인 수단으로만 동원되어야 한다. 문언대로 해석할 경우 그 결과가 조세정의에 반하여 도저히 용인할 수 없는 것일 때 비로소 합목적적 해석을 할 수 있는 것이고 그 경우에도 그 해석의 결과가 법적 안정성을 저해하고 예측가능성을 무너뜨릴 때에는 이를 삼가야 한다. 그래서 대법원도 합목적적 해석은 조세법률주의가 지향하는 법적 안정성 및 예측가능성을 해치지 않는 범위 내에서 입법 취지 및 목적 등을 고려하여 불가피한 경우에 한하여 허용된다는 취지를 누차 밝힌 바 있다. 이와 같이 합목적적 해석은 그 결과가 납세자의 이익이 되든 과세관청의 이익이 되든 예외적인 해석도구에 그쳐야 한다는 점을 명심해야 한다.

라. 사례 분석

앞서 언급한 바와 같이 지금까지의 재판결과를 분석해 보면, 대법원은 대체로 과세관청의 편을 들 때에는 합목적적 해석의 도구를 사용하고, 납세자의 편을 들 때에는 이와 대립되는 엄격해석의 도구를 사용하는 경향이 없지 않았다. 그러나 그러한 경향이 뚜렷한 것은 아니었고 그 반대의 경우가 더러 있었으므로, 대법원의 판단 경향은 '애매할 때에는 국고의 이익'으로라는 기준을 적용한 것이 아니라 조세정의를 실현하기 위함이었다고 평가되는 것이 옳다고 본다. 그 대표적인 몇 가지 사례들을 분석해 본다.

(1) 합목적적 해석을 한 사례

가) 대법원 2008. 2. 15. 선고 2007두4438 판결

2005. 12. 31. 개정된 구 지방세법 제273조의2는 개인 간의 유상거래를 원인으로 취득·등기하는 주택에 대하여, 취득세는 25%를 감경하고 등록세는 50%를 감경하도록 규정하고 있었다. 그 취지는, 부동산 거래시장에서 세금회피를 위하여 이중 계약서를 작성함에 따라 거래가격이 왜곡되고 과세불공평이 야기되는 문제점을 없애고자 2006. 1. 1.부터 부동산 실거래가액을 신고하도록 하면서 취득세의 과세표준을 시가표준액에 의하지 않고 사실상의 취득가격을 과세표준으로 하도록 함에 따라 취득세 등의 거래세 부담이 크게 늘어나게 되자, 그 부담을 완화하고 부동산 실거래가 신고제도의 정착을 위하여 기존 등록세 감경에 추가하여 취득세를 경감하고자 하는 것이다.

그런데 위와 같이 개정되기 전의 종전규정에 의하더라도 사실상 취득가액이 입증되는 공매방법에 의한 취득의 경우에는 구 지방세법 제111조 제5항에 의하여 취득세의 과세표준을 시가표준액에 의하지 아니하고 사실상의 취득가액에 의하여 정하였다. 따라서 경매 등 공매방법에 의한 취득의 경우에는 위 개정규정을 적용할 아무런 명분이 없는 것이다. 그런데도 위 규정의 문언에는 취득세의 감경대상이 '개인 간에 유상거래를 원인으로 취득'이라고 되어 있고, 경매의 법적 성질에 관하여 다수의 학설은 사법상 매매로 보고 있고 우리 판례도 이를 매매의 일종으로 보고 있으므로 위 규정을 문언대로 해석하면 경매에 의한 취득의 경우에도 위 규정의 적용을 받아 취득세를 감면받게 된다. 이는 조세공평의 원칙에 반하는 결과라고 할 수 있다.

그래서 대법원 2008. 2. 15. 선고 2007두4438 판결은 다음과 같이 판시하였다. 즉, 구 지방세법(2006. 9. 1. 개정되기 전의 것) 제273조의2의 입법 취지 및 목적에 비추어, 이미 종전부터 사실상 취득가격을 취득세 등의 과세표준으로 하고 있어서 부동산 실거래가 신고제도 시행 이후에도 아무런 세부담의 증가가 없는 경매로 인한 주택의 취득까지 위 조항의 적용대상에 포함시키려 한 것으로는 보이지 않는 점, 경매의 사법상 효력이 매매와 유사하다고 하나 매매가 당사자 사이의 의사합치에 의한 것임에 반하여 경매는 매도인의 지위를 갖는 소유자의 의사와 무관하게 법원이 그 소유물을 매도하는 것이어서 그 경매가격의 형성에 소유자의 의사가 반영될 여지가 전혀 없는 점, 구 지방세법은 취득세 등의 과세표준에 관한 규정에서 경매에 의한 주택의 취득을 일반적인 개인 간의 매매에 의한 주택의 취득과 구분하여 달리 규정하고 있어 취득세 등과 관련해서는 경매를 일반적인 개인 간의 매매와 동일하게 보기 어려운 점 등을 종합해 보면, 위 조항에서 정하고 있는 '개인 간에 유상거래를 원인으로 취득·등기하는 주택'에는 경매로 인하여 취득·등기하는 주택은 포함되지 않는다는 것이다.

이와 같이 대법원은 위 규정에 대하여 그 문언이 내포하고 있는 범위를 축소하여 합목적적 해석을 함으로써 경매의 경우에는 위 규정의 적용대상에 포함되지 않는다고 선언하였고, 그 논거로는 우선적으로 위 규정의 입법 취지를 들었다. 이것만으로는 다소 부족하다고 느끼고 이에 더하여 사인 간의 매매와 경매의 성격 차이를 들고 있지만 이는 부연적인 이유에 불과해 보인다.

이 사안에서 대법원이 합목적적 해석을 하게 된 가장 주된 이유는 무엇보다도 조세공평의 원칙을 구현하겠다는 것이다. 즉, 경매로 인한 취득자의 경우에는 위 규정의 개정 전후에 걸쳐 실질적인 세부담에 차이가 없음에도 세부담의 차이가 큰 다른 납세자들의 부담을 덜어주려는 입법자의 의도에 편승하여 부당이득을 누리는 것은 위 규정이 개정되기 전에 납세의무를 다하였던 경매로 인한 취득자들과의 사이에 합리적인 이유 없이 심각한 불균형이 초래되어 조세공평의 원칙을 해하기 때문에 이를 막고자 한 것이다.

나) 대법원 2021. 2. 18. 선고 2017두38959 전원합의체 판결

부당과소신고가산세와 장기부과제척기간에 있어서 그 적용요건이 동일하게 '부정한 행위'로 규정되어 있다. 여기서 납세자 본인의 '부정한 행위'가 아니라 사용인의 '부정한 행위'에 관하여는 납세자 본인이 사용인의 부정한 행위를 방지하기 위하여 상당한 주의 또는 관리·감독을 게을리하지 아니하였다면 납세자 본인은 이러한 사용인 등의 부정한 행위에 대하여 아무런 잘못이 없다고 볼 수 있으므로 장기부과제척기간이나 부당과소신고가산세를 적용하지 않는다는 것이 판례의 입장이었다.

그런데 납세자 본인이 사용인의 '부정한 행위'에 관하여 상당한 주의 또는 관리·감독을 다하지 못하였더라도 그 부정한 행위를 인식하거나 예상할 수 없었던 경우에는 어떻게 되는지가 문제가 되었는데, 이번 대법원 전원합의체 판결은 사용인의 '부정한 행위'에 관하여는 부당과소신고가산세는 적용될 수 없고, 장기부과제척기간은 적용될 수 있다고 판시하였다. 위 규정은 단순히 '납세자가 부정한 행위로써 국세를 포탈'하거나 '납세자가 부정한 행위로써 과세표준을 과소신고'한 경우라고만 규정했을 뿐, 납세자 본인이 아닌 제3자의 부정한 행위를 어떻게 볼 것인지에 대해서는 아무런 규정을 두지 않으므로 제3자의 부정한 행위에 대해서는 관련되는 해당 제도의 도입목적과 그 취지를 고려하여 헌법 규범과 일반 법 원리에 부합하도록 정당한 해석을 한 다음 이를 기초로 구체적 타당성에 맞는 결론을 도출할 수 있다는 것이다.

구체적 타당성의 논거로는, 부정한 행위를 이유로 그만큼의 제재를 중과하는 부당과소신고가산세에 있어서는 대표자나 사실상 대표자가 아닌 사용인 등의 배임적 부정행위를 납세자 본인의 부정한 행위로 볼 경우, 그 부정한 행위의 범죄 피해자 본인에게 적극적인 제재를 가하는 것이어서 헌법상 자기책임의 원리나 과잉금지 원칙에 위배되므로, 이때에는 제3자의 부정한 행위를 납세자 본인의 부정한 행위에 포함되지 않는다고 헌법에 부합하는 방향으로 해석함으로써 납세자의 법적 권리가 침해되는 결과를 시정하지 않을 수 없는 반면, 장기부과제척기간에 있어서는 이러한 제3자의 배임적 부정행위를 납세자 본인의 부정한 행위로 보아 부과제척기간을 연장하여도 별다른 헌법 위반 문제는 발생하지 않고, 오히려 부과제척기간을 연장하지 않을 경우 납세자 본인이 손해배상청구 등을 통하여 피해를 회복하였음에도 이에 대한 조세의 부담까지 면하는 부당한 결과가 초래될 수 있으므로 이때에는 장기부과제척기간의 입법 취지를 고려하여 장기부과제척기간 적용을 긍정하는 방향으로 해석하는 것이 타당하고 가능한 해석 범위 내에 있다는 점을 들고 있다.

본인의 부정한 행위가 아니라 사용인의 부정한 행위라고 하더라도 과세관청의 입장에서는 그로 인하여 조세의 부과와 징수에 있어서 상당한 곤란을 겪을 수밖에 없으므로 본인이 이에 대하여 선임, 관리감독상의 과실이 있는 경우에는 장기부과제척기간의 부담은 감수해야 한다는 것이다. 납세자의 입장을 고려하여 부당과소신고가산세는 적용할 수 없다고 하면서, 다른 한편으로는 과세관청의 입장을 고려하여 장기부과제척기간은 적용할 수 있다고 함으로써 전형적인 절충안의 입장을 취하였다. 통상 절충안은 논리일관성이 결여되는 약점이 있고 위 전원합의체 판결의 반대의견도 이를 지적하고 있지만, 대립관계에 있는 양자의 입장을 모두 배려하는 것이 구체적 타당성에 부합한다는 명분으로 이러한 입장을 취한 것으로 보인다. 대법원의 결단적 선언으로 보면 되겠다.

다) 그 외 판결들

중복세무조사가 금지되는 세무조사의 범위에 관하여 세무조사의 정의규정인 국세기본법 제81조의2 제2항 제1호의 문언보다 그 범위를 합목적적으로 축소하여 해석한 사례로 대법원 2017. 3. 16. 선고 2014두8360 판결이 있으며, 인지세법 시행령 제4조 제2호에서 인지세 과세대상으로 규정하고 있는 '이동전화 또는 개인휴대통신 역무'의 범위를 합목적적으로 확대하여 위의 역무와 별도의 종류로 분류되고 있는 '아이엠티이천 서비스'가 포함된다고 해석한 사례로 대법원 2017. 10. 12. 선고 2016다212722 판결이 있다. 이들 판결은 입법의 부실을 합목적적 해석을 통하여 보완해준 사례들인데, 모두 과세관청에게 유리한 방향으로 합목적적 해석을 하였다는 점에서 다소 유감이다. 반면에, 대법원 2014. 6. 26. 선고 2012두12822 판결은 구 국세기본법(2007. 12. 31. 개정되고 2010. 12. 27. 개정되기 전의 것) 제45조의2 제1항에서 각 세법에 따른 결정 또는 경정이 있는 경우 경정청구 기간을 이의신청·심사청구 또는 심판청구 기간으로 제한한 것은 과세관청의 결정 또는 경정으로 인하여 증가된 과세표준 및 세액 부분에 한한다고 함으로써 납세자에게 유리한 합목적적 해석을 하였다. 대법원 2021. 9. 30. 선고 2017두37376 판결도 구 상증세법(2011. 12. 31. 개정되기 전의 것) 제42조 제4항에서 말하는 '합병'은 전후의 입법경위를 종합하여 보면 '합병에 따른 상장'을 의미하는 것으로 해석해야 한다고 함으로써 그 문언의 적용범위를 제한하였다.

(2) 엄격해석을 한 사례

가) 대법원 2012. 11. 22. 선고 2010두17564 판결

구 법인세법(2005. 12. 31. 법률 제7838호로 개정되기 전의 것) 제17조는 자본거래로 인한 수익으로서 익금에 산입하지 아니하는 것의 하나로 제1호에서 '주식발행액면초과액'을 들고 있다. 그런데 2003. 12. 30. 대통령령 제18174호로 개정된 구 법인세법 시행령 제15조 제1항은 종전의 규정을 전문으로 그대로 유지하면서 후문을 신설하여 '법 제17조 제1호의 주식발행액면초과액에 있어서 채무의 출자전환으로 주식을 발행하는 경우로서 당해 주식의 시가가 액면가액 이상이고 발행가액 이하에 해당하는 경우에는 시가에서 액면가액을 차감한 금액을 말한다'고 규정함으로써 구 법인세법 제17조 제1호가 규정한 주식발행액면초과액의 범위에서 주주가 납입한 주식의 인수가액과 시가의 차액에 상당하는 금액 부분을 제외하여 결과적으로 법인세의 과세대상이 되는 수익의 범위를 확장하고 있다. 이는 채무의 출자전환으로 주식을 발행하는 경우로서 당해 주식의 시가가 액면가액 이상이고 발행가액 이하에 해당하는 경우에는 출자전환되는 채무 중 발행주식 시가 초과 부분에 대하여 채무를 면제받는 것과 동일한 경제적 효과가 발생하므로 이 부분은 과세대상에 포함시키기 위한 것으로 이해된다. 이 규정이 모법의 위임범위를 벗어났는지가 문제되었다. 즉, 모법에서 정하고 있는 비과세대상인 주식발행액면초과액의 범위에 관하여 위 시행령에서 위임범위를 벗어나 함부로 축소한 것이냐가 문제된 것이다.

이에 관하여, 대법원 2012. 11. 22. 선고 2010두17564 전원합의체 판결은, 모법에서 말하는 주식발행액면초과액이란 그 문언상 액면 이상의 주식을 발행한 경우 그 액면을 초과한 금액, 즉 주주가 납입한 주식의 인수가액(보통은 주식의 발행가액과 일치한다)에서 액면가액을 차감한 금액을 의미함이 분명하며, 구 법인세법 시행령(2003. 12. 30. 개정되기 전의 것) 제15조 제1항이 구 법인세법 제17조 제1호의 주식발행액면초과액은 구 상법(2011. 4. 14. 개정되기 전의 것) 제459조 제1항 제1호에 해당하는 금액, 즉 '액면 이상의 주식을 발행한 때에는 그 액면을 초과한 금액'으로 한다고 규정하였던 것도 이를 확인한 것으로 이해된다고 전제하고, 그런데 2003. 12. 30. 개정된 법인세법 시행령 제15조 제1항은 구 법인세법 제17조 제1호가 규정한 주식발행액면초과액의 범위에서 주주가 납입한 주식의 인수가액과 시가의 차액에 상당하는 금액 부분을 제외하여 결과적으로 법인세의 과세대상이 되는 수익의 범위를 확장하고 있는데, 이처럼 납세자에게 불리한 방향으로 법인세의 과세대상을 확장하는 것은 구 법인세법 제17조 제1호의 규정과 부합하지 아니할 뿐만 아니라 그와 같이 확장하도록 위임한 모법의 규정도 찾아볼 수 없으므로 조세법률주의의 원칙에 반하여 무효라고 판시하였다.

명문의 규정이 없는 한 채무의 출자전환으로 주식을 발행하는 경우에도 그 인수가액 중 액면을 초과하는 금액은 그 전액이 모법이 규정한 주식발행액면초과액에 해당한다고 봄이 타당하고, 이와 달리 위와 같은 경제적 측면에서의 효과만을 들어 출자전환되는 채무 중 발행주식 시가 초과 부분이 구 법인세법 제17조 제1호의 주식발행액면초과액의 범위에서 제외된다고 해석하는 것은 조세법규에 대한 엄격해석의 원칙에 비추어 허용될 수 없다고 한 것이다. 엄격해석의 원칙을 지킨 대표적 사례라고 할 수 있겠다.

나) 대법원 2019. 4. 23. 선고 2018다287287 판결

구 지방세특례제한법(2012. 10. 2. 개정되기 전, 이하 같다) 제84조 제2항이 "국토의 계획 및 이용에 관한 법률 제2조 제13호에 따른 공공시설을 위한 토지로서 같은 법 제30조 및 제32조에 따라 도시관리계획의 결정 및 도시관리계획에 관한 지형도면의 고시가 된 토지의 경우 해당 부분에 대하여는 재산세의 100분의 50을 경감한다"라고 규정하고 있었다. 그런데 위 규정은 2016. 12. 27. 개정되면서 '과세기준일 현재 미집행된 토지'라는 요건이 추가되었고, 유사규정인 구 지방세특례제한법 제84조 제1항에서도 "국토의 계획 및 이용에 관한 법률 제2조 제7호에 따른 도시계획시설로서 같은 법 제32조에 따라 지형도면이 고시된 후 10년 이상 장기간 미집행된 토지 등에 대하여 재산세의 100분의 50을 경감한다"라고 규정함으로써 '미집행된 토지'라는 요건을 두고 있었다.

이와 같이 위 규정에는 '과세기준일 현재 미집행된 토지'라는 요건이 없었지만, 그 후의 개정규정에서는 위 요건이 추가되었고 유사규정에도 위 요건이 있는 점에 비추어 이 사건 규정도 그 문언과 달리 '과세기준일 현재 미집행된 토지'라는 요건이 있는 것으로 해석하여야 하는지 여부가 다투어졌다. 이에 대하여 대법원은 문언대로의 엄격해석원칙을 고수하여 다음과 같이 판시하였다. 즉, 위 규정은 도시계획 용도대로 집행이 완료된 토지도 그 감면대상에 포함시키고 있음을 전제로, 그 집행이 완료된 토지를 감면대상에서 제외하기 위하여 나중에 개정된 것이고, 유사규정은 '지형도면 고시 후 10년 이상 장기간 미집행된 토지 등'을 요건으로 삼은 반면, 위 규정은 '지형도면의 고시가 된 토지'라고만 규정함으로써 '10년 이상 장기간 미집행'이라는 문구를 요건에서 명백히 제외한 이상, 위 규정은 미집행을 요건으로 하지 않는다는 것이 규정의 내용 및 취지라고 봄이 타당하다고 하였다.

조세법규 중 특례규정은 일반규정과 달리 기본적인 법리에 터잡은 것이 아니라 특별한 입법정책에 의하여 만들어진 것이므로 그것이 가중규정이든 감경규정이든 문언대로 엄격하게 해석하는 것이 합리적이고 뒤탈이 없다. 특히나 감경규정을 문언과 달리 그 적용범위를 좁혀 해석할 경우 조세법률주의와 재산권 침해 등을 이유로 납세자들의 심한 반발이 초래될 수 있으므로 자제하는 것이 좋다. 이러한 관점에서 위 대법원 판결은 타당한 결단을 내린 것으로 평가될 수 있다.

다) 대법원 2024. 7. 25. 선고 2022두63386 판결

특수관계인의 범위에 관하여, 국세기본법 시행령 제1조의2는 제2항에서 경제적 연관관계를 규정하고, 제3항 제1호는 본인이 개인인 경우의 경영지배관계를 규정하면서 (가)목에서 '본인이 직접 또는 그와 친족관계 또는 경제적 연관관계에 있는 자를 통하여 법인의 경영에 대하여 지배적인 영향력을 행사하고 있는 경우 그 법인'을, (나)목에서 '본인이 직접 또는 그와 친족관계, 경제적 연관관계 또는 (가)목의 관계에 있는 자를 통하여 법인의 경영에 대하여 지배적인 영향력을 행사하고 있는 경우 그 법인'을 각각 들고 있다. 그리고 국세기본법 시행령 제1조의2 제4항은 '제3항 제1호 각 목 등의 규정을 적용할 때 다음 각 호의 구분에 따른 요건에 해당하는 경우 해당 법인의 경영에 대하여 지배적인 영향력을 행사하고 있는 것으로 본다.'고 규정하면서, 제1호에서 영리법인인 경우에 대하여 (가)목으로 '법인의 발행주식총수 또는 출자총액의 100분의 30 이상을 출자한 경우'를, (나)목으로 '임원의 임면권의 행사, 사업방침의 결정 등 법인의 경영에 대하여 사실상 영향력을 행사하고 있다고 인정되는 경우'를 각각 들고 있다.

여기서 국세기본법 시행령 제1조의2 제3항 제1호 (가)목의 범위가 문제되었다. 개인인 본인은 직접 출자하지 아니한 채 그와 친족관계 또는 경제적 연관관계에 있는 자가 법인의 지분을 100분의 30 이상 소유한 경우에는 무조건 해당 법인을 본인의 특수관계인으로 볼 수 있느냐가 쟁점이 된 것이다. 제4항 제1호의 의제규정에 의하여 본인의 친족이 해당 법인의 경영에 지배적인 영향력을 행사하고 있는 것으로 보고 있으니 얼핏 보면 본인은 그 친족을 통하여 해당 법인의 경영에 지배적인 영향력을 행사하고 있는 것으로 볼 수도 있겠다. 하지만 제3항 제1호 (가)목을 자세히 보면 해당 법인의 경영에 지배적인 영향력을 행사하는 주체는 본인이 되어야 하고 이러한 지배적인 영향력을 행사하기 위한 수단이나 방편이 되는 것이 친족이다. 따라서 엄격하게 보면 친족이 해당 법인의 경영에 지배적인 영향력을 행사하고 있더라도 본인과 친족과의 관계가 원만하지 못하거나 적대적인 관계에 있을 경우 본인은 친족관계를 통하여 해당 법인에 지배적인 영향력을 행사하지 못하는 경우도 얼마든지 있을 수 있다.

그래서 대법원은, 본인이 아니라 친족관계자가 주주로서 해당 법인 발행주식총수의 100분의 30 이상을 직접 출자한 경우에는 해당 법인의 경영에 대한 친족관계자의 지배적인 영향력 행사를 인정할 수 있을 뿐, 그러한 사정만으로 곧바로 본인이 친족관계자를 통하여 그 법인의 경영에 대하여 지배적인 영향력을 행사한다고까지 인정하기는 어렵고, 이에 대해서는 과세관청이 별도로 증명하여야 한다고 판시하였다. 법문언과 입법취지를 고려하여 특수관계인의 범위를 엄격하게 해석한 사례로 평가된다.

그 외에 대법원 2011. 6. 10. 선고 2008두18779 판결, 대법원 2021. 6. 10. 선고 2020두55954 판결, 대법원 2025. 3. 27. 선고 2024두62738 판결 등도 엄격해석의 좋은 사례이다.

2. 신의성실의 원칙

가. 개요

국세기본법 제15조는 '납세자가 그 의무를 이행할 때에는 신의에 따라 성실하게 하여야 한다. 세무공무원이 직무를 수행할 때에도 또한 같다'라고 규정함으로써 조세법에 있어서 신의성실의 원칙이 기본적인 지도이념이 되고 있음을 밝히고 있다. 이러한 신의성실의 원칙은 국세기본법이 독창적으로 규정한 것이 아니라 민법에서 규정하고 있는 신의성실의 원칙을 조세법에 도입한 것이라는 점은 익히 알려져 있다. 그 문언을 비교해보더라도 민법 제2조 제1항에서 규정하고 있는 '권리의 행사와 의무의 이행은 신의에 좇아 성실히 하여야 한다'는 문언을 사실상 그대로 인용하고 있음을 알 수 있다. 여기에서 먼저 조세법상의 신의성실의 원칙과 민법상의 그것이 취지와 적용범위를 같이 한다고 볼 수 있는가 하는 의문을 제기할 수 있다. 민법은 대등한 당사자 사이의 법률관계를 기본적인 대상으로 삼고 있는 반면, 조세법은 결코 대등하다고 할 수 없는 과세관청과 납세자 사이의 다분히 수직적인 법률관계를 대상으로 삼고 있고 여기에는 조세법률주의라는 조세법 특유의 대원칙이 적용되므로 신의성실의 원칙이 적용되는 모습이 서로 같을 수는 없을 것이다.

그리고 국세기본법 제15조는 신의성실의 원칙의 적용에 관하여 납세자에 관한 규정을 먼저 두고 그 다음으로 세무공무원에 관한 규정을 두고 있어 그 규정형식만을 두고 보면 신의성실의 원칙의 적용은 세무공무원보다는 납세자 쪽에 좀 더 무게를 두는 인상을 준다. 그런데 정작 그동안의 조세쟁송 과정에서는 납세자에 대한 신의성실의 원칙의 적용보다는 과세관청에 대한 신의성실의 원칙의 적용이 훨씬 많았던 것으로 알고 있다. 그 이유를 추측해보면 그동안 과세관청이 우월적 지위를 이용하여 신의성실의 원칙에 반하는 행동을 하는 경우가 많았고 납세자의 경우는 과세관청보다 열등한 지위에 놓여 있기 때문에 그와 같은 행동을 하는 경우가 많지 않았기 때문이 아닌가 한다. 그래서 대법원의 판결들을 살펴보더라도 과세관청에 대하여 신의성실의 원칙을 적용한 경우가 납세자에 대하여 신의성실의 원칙을 적용한 경우보다 훨씬 많다고 할 수 있다. 그러나 조세를 회피하고자 하는 납세자들의 시도가 갈수록 지능화되고 고도화되는 데다가 정의관념에 비추어 볼 때 도저히 용납할 수 없는 범죄행위의 수준에까지 이르는 경우가 빈발하고 있어 납세자에 대한 신의성실의 원칙의 적용에 관하여 종전과 같이 소극적 태도로 일관하는 것은 바람직하지 않다.

나. 조세법상 신의칙의 내용

(1) 조세법률주의와 신의성실의 원칙

조세법률주의는 조세법률관계에 있어서 가장 근본적이라고 할 수 있는 이념이자 대원칙이다. 그래서 조세법률주의는 아예 헌법에서 이에 관한 규정을 두고 있다. 헌법은 제38조에서 '모든 국민은 법률이 정하는 바에 의하여 납세의 의무를 진다'고 규정하면서, 제

59조에서 '조세의 종목과 세율은 법률로 정한다'고 규정하고 있다. 여기서 조세의 종목과 세율은 결국 과세요건의 핵심이므로 과세요건은 법률로 정하여야 한다는 '과세요건 법정주의'와 그 과세요건은 명확해야 하며 불확정개념이나 개괄조항을 사용하여서는 아니된다는 '과세요건 명확주의'가 도출된다. 그리고 과세요건 명확주의와 관련하여 다시 엄격해석의 원칙이 도출된다. 엄격해석의 원칙은 대법원 판결에서 누차 밝힌 바와 같이 과세요건이나 비과세요건을 막론하고 조세법규는 엄격히 해석하여야 하고 함부로 확장해석을 하거나 유추해석을 하여서는 아니된다는 것이다. 이러한 요구는 국민의 재산권보호와 공평과세의 원칙에서 비롯됨을 짐작하는 것은 어렵지 않다. 과세요건이나 비과세요건을 법률이 아닌 시행령이나 시행규칙 등에서 규정할 수 있도록 한다면 민의에 반하여 과세관청의 편의적이고 자의적인 과세권행사를 정당화시킬 수 있게 되고, 또한 그 요건을 모호하게 규정하거나 유추확장해석이 가능하도록 하면 과세관청의 자의를 배제할 수 없게 되어, 결국은 국민의 재산권이 부당하게 침해될 수 있고 조세공평의 원칙도 무너지게 된다.

이러한 조세법률주의의 시각에서 보면 신의성실의 원칙은 그 용어 자체에 나타나듯이 상당히 추상적이고 모호한 원칙이라고 할 수 있다. 그래서 이러한 원칙을 실제 사안에 적용함에 있어서 그 요건의 추상성과 불명확성으로 인하여 다분히 자의적인 해석·적용이 가능할 수 있고 일정부분 그러한 해석·적용이 불가피하다고 할 수도 있다. 민사법률관계에 있어서도 신의성실의 원칙은 그 내용이 명확하지 않고 유동적이어서 법적 안정성의 이념에 배치되는 법적용을 가져올 위험이 있다는 이유로 제한적으로 적용하여야 한다는 경계의 목소리가 높다. 하물며 조세법률주의를 생명으로 하는 조세법률관계에 있어서는 신의성실의 원칙을 특히 제한적으로 적용하여야 함은 다언을 요하지 않는다. 이와 같이 조세법률주의와 신의성실의 원칙은 항상 상호 긴장관계에 있다고 할 수 있다.

조세법률관계에 있어서 신의성실의 원칙이 적용되는 경우는 과세관청의 영역과 납세자의 영역으로 나누어 볼 수 있는데, 과세관청의 영역에서는 조세법규에서 정한 과세요건에 해당함에도 불구하고 과세권을 행사하는 것이 신의성실의 원칙에 반한다고 할 수 있는 경우에는 과세권의 행사가 제한된다는 것이고, 납세자의 영역에서는 조세법규에서 정한 비과세나 감면·공제요건 등 납세자에게 유리한 각종의 요건에 해당함에도 그에 따른 비과세나 감면·공제 등의 주장이 제한된다는 것이다. 이는 표면적으로만 보면 조세법률주의와 배치되는 것이라고 할 수 있다. 그럼에도 국세기본법 제15조에서 신의성실의 원칙을 굳이 규정하고 있는 것은 그와 같은 과세권의 행사나 납세자의 주장이 정의와 형평의 관념에 비추어 도저히 용납할 수 없는 경우를 제재하기 위함이라고 할 수 있다. 이는 조세법률주의를 지나치게 고집하였을 때 나타날 수 있는 부조리를 신의성실의 원칙을 통하여 치유하겠다는 것이므로 궁극적으로는 신의성실의 원칙은 조세법률주의와 대립되는 관계에 있는 것이 아니라 조세법률주의를 보완하는 관계에 있다고 보는 것이 타당하다. 대법원 2011. 1. 20. 선고 2009두13474 전원합의체 판결도 같은 취지를 판시하였다.

하지만 신의성실의 원칙을 지나치게 강조하다 보면 조세법률주의가 형해화될 우려가 있고 특히 납세자에 대하여 신의성실의 원칙을 방만하게 적용함으로써 조세법규에서 정하는 비과세나 감면의 요건을 갖추었음에도 이를 함부로 부인하면 과세권의 남용을 용인하게 됨으로써 이를 막고자 하는 조세법률주의의 근간이 무너질 수 있으므로 납세자의 영역에서는 신의성실의 원칙을 특별히 더 제한적으로 적용하여야 한다.

(2) 납세자의 성실성 추정

국세기본법이 2006. 12. 30. 개정되면서 신설된 제81조의3은 '세무공무원은 납세자가 제81조의6 제3항 각 호의 어느 하나에 해당하는 경우를 제외하고는 납세자가 성실하며 납세자가 제출한 신고서 등이 진실한 것으로 추정하여야 한다'고 규정하고 있다. 그리고 국세기본법 제81조의6 제3항은 제1호에서 '납세자가 세법에서 정하는 신고, 성실신고확인서의 제출, 세금계산서 또는 계산서의 작성·교부·제출, 지급명세서의 작성·제출 등의 납세협력의무를 이행하지 아니한 경우'를, 제2호에서 '무자료거래, 위장·가공거래 등 거래 내용이 사실과 다른 혐의가 있는 경우'를, 제3호에서 '납세자에 대한 구체적인 탈세 제보가 있는 경우'를, 제4호에서 '신고 내용에 탈루나 오류의 혐의를 인정할 만한 명백한 자료가 있는 경우'를, 제5호에서 '납세자가 세무공무원에게 직무와 관련하여 금품을 제공하거나 금품제공을 알선한 경우'를 각 규정하고 있다. 위 각 호의 규정은 국세기본법 제81조의6 제2항의 규정에 의한 정기선정에 의한 조사 외에도 세무조사를 할 수 있는 요건을 규정한 것이다.

국세기본법 제81조의3을 신설한 입법 취지를 언급한 공간자료가 없어 정확한 취지를 알 수는 없으나, 신의성실의 원칙에 관한 일반규정인 국세기본법 제15조를 의식한 규정이라고 하지 않을 수 없다. 국세기본법 제15조는 납세자에게 납세의무를 이행함에 있어 신의성실의 의무를 부여하였으나 이로 인해 납세자에게 과도한 부담을 줄 수 있다는 우려에서 일정한 경우에는 신의성실의 원칙을 준수한 것으로 추정함으로써 그와 같은 부담을 덜어주겠다는 입법자의 의도가 반영된 것으로 평가될 수 있다. 조세법률관계에 있어서 기본적으로 납세자는 과세관청에 비하여 약자이면서 의무자이므로 납세자에 대하여도 과세관청의 경우와 동일하게 신의성실의 원칙을 적용하는 것은 형평상의 문제가 지적될 수 있어 위 규정을 통하여 이러한 문제를 어느 정도 해소할 수 있게 되었다고 할 수 있다.

따라서 납세자들은 국세기본법 제81조의6 제3항 각 호의 사유에 해당하지 않는 한 신의성실의 원칙 위반을 이유로 하여 국세기본법 제15조에 의한 제재를 받는 것은 상당 부분 피할 수 있게 되었다. 물론 국세기본법 제81조의3은 그 문언에 나타나듯이 납세자가 신의성실의 원칙을 준수하였음을 추정하는 규정에 불과하므로 국세기본법 제81조의6 제3항 각 호의 사유에 해당하지 않더라도 과세관청이 납세자가 신의성실의 원칙에 반하는 행태를 보였다는 것을 입증하는 경우에는 여전히 국세기본법 제15조에 의한 제재를 받을 수는 있다. 그럼에도 국세기본법 제81조의3은 납세자에 대한 신의성실의 원칙의 적용범위를 어느 정도 제한한다는 점에서 그 입법의의가 있다.

조세쟁송 실무에서는 가끔 납세자가 성실성 추정을 이유로 자신이 제출한 증거를 믿어주어야 한다는 주장을 한다. 대표적 사례가 서울고등법원 2017. 10. 19. 선고 2017누49326 판결인데, 원고가 전남편으로부터 위자료 명목으로 증여받은 토지를 양도하고 양도소득세를 신고함에 있어 전남편으로부터의 취득가액이 2억 1,700만 원이라고 주장하면서 그 증거로 전남편의 사실확인서를 제출하면서 성실성 추정을 이유로 그 사실확인서를 믿어주어야 한다고 하였다. 이에 대하여 법원은 증여계약서에는 가액의 표시가 없고 사실확인서는 취득 후 25년이 지난 후에 작성된 것에 불과하여 믿기 어려워 국세기본법 제81조의6 제3항 제2호 소정의 '무자료거래, 위장·가공거래 등 거래내용이 사실과 다른 혐의가 있는 경우'에 해당한다는 이유로 원고의 주장을 배척하였다. 위 판결은 대법원에서 심리불속행으로 상고기각되어 확정되었다. 납세자의 성실성 추정 규정이 납세자가 제출하는 자료의 신빙성을 높이는 데는 현실적인 한계가 있다고 할 것이다.

다. 신의칙에 관한 판례의 입장

(1) 종래 판례의 태도

가) 과세관청에 대한 신의칙의 적용

대법원 1985. 4. 23. 선고 84누593 판결은 '일반적으로 조세법률관계에 있어서 과세관청의 행위에 대하여 신의성실의 원칙이 적용되기 위한 요건으로서는, 첫째로 과세관청이 납세자에게 신뢰의 대상이 되는 공적 견해의 표명을 하여야 하고, 둘째로 과세관청의 견해 표명이 정당하다고 신뢰한 데 대하여 납세자에게 귀책사유가 없어야 하며, 셋째로 납세자가 그 견해 표명을 신뢰하고 이에 따라 무엇인가 행위를 하여야 하고, 넷째로 과세관청이 위 견해 표명에 반하는 처분을 함으로써 납세자에게 이익이 침해되는 결과가 초래되어야 한다'고 판시하였다. 위 판결의 법리는 그 이후의 대법원 1996. 1. 23. 선고 95누 13746 판결 등에서 계속 인용됨으로써 거의 도그마처럼 굳어져 버렸다.

　이러한 판결들은 모순금지의 원칙의 가장 전형적인 모습을 판시한 것에 다름 아니다. 신의성실의 원칙에는 모순금지의 원칙 외에도 권리남용금지의 원칙, 실효의 원칙, 사정 변경의 원칙 등이 있음에도 불구하고 오로지 모순금지의 원칙만이 적용되어 왔고, 그 밖의 다른 원칙을 적용한 사례를 찾아보기가 어렵다. 그러나 이와 같이 신의성실의 원칙을 모순금지의 원칙으로만 제한하여 적용할 명분이 약하다.

나) 납세자에 대한 신의칙의 적용

　대법원 1997. 3. 20. 선고 95누18383 전원합의체 판결은 조세소송에서의 신의성실의 원칙의 적용은 조세소송 절차법과 관련한 적용 및 실체법과 관련한 적용으로 나누어 볼 수 있고, 조세법률주의에 의하여 합법성의 원칙이 강하게 작용하는 조세 실체법과 관련한 적용은 사적 자치의 원칙이 지배하는 사법에서보다는 제약을 받으며 합법성을 희생하여서라도 구체적 신뢰보호의 필요성이 인정되는 경우에 한하여 비로소 적용된다고 전제하고, 납세의무자가 과세관청에 대하여 자기의 과거 언동에 반하는 행위를 하였을 경우에는 세법상 조세감면 등 혜택의 박탈, 신고불성실·기장불성실·자료불제출가산세 등 가산세에 의한 제재, 각종 세법상의 벌칙 등 불이익처분을 받게 될 것이며, 과세관청은 실지조사권을 가지고 있는 등 세법상 우월한 지위에서 조세과징권을 행사하고 있고, 과세처분의 적법성에 대한 입증책임은 원칙적으로 과세관청에 있는 점 등을 고려한다면, 납세의무자에 대한 신의성실의 원칙의 적용은 극히 제한적으로 인정하여야 하고 이를 확대해석하여서는 아니된다고 판시하였다.

　이와 같이 대법원이 신의성실의 원칙을 과세관청에 대하여 적용할 때와 달리 납세자에 대하여 적용할 때에는 엄격히 제한적으로 적용해야 한다는 점을 강조한 것은 기본적으로 납세자는 의무부담자로서 과세관청에 비하여 약자의 입장에 있으므로 보호의 필요성이 높다는 점을 염두에 둔 것으로 이해할 수 있다. 즉, 그 내용이 명확하지도 않고 유동적인 신의성실의 원칙을 약자의 입장에 있는 납세자에 대하여 방만하게 적용하면 신의성실의 원칙의 이름하에 과세권이 남용되는 경우를 규제하지 못하여 과세요건 법정주의를 생명으로 하는 조세법률주의가 와해될 수도 있다는 우려가 작용한 것으로 볼 수 있다.

　그런데 위 판결은 신의성실의 원칙은 구체적 신뢰보호의 필요성이 인정되는 경우에 한하여 비로소 적용된다고 함으로써 신의성실의 원칙은 신뢰보호의 원칙, 즉 모순금지의 원칙 또는 금반언의 원칙과 동격이라는 취지를 판시하였다고 볼 수 있다. 이는 앞서 본 과세관청에 대한 신의성실의 원칙에서와 같은 입장이라고 할 수 있다. 그러면서도 위 판결은 '신의성실의 원칙과 동열시되거나 한 적용례로 통용되는 금반언의 원칙을 적용함에 있어서도'라고 함으로써 모순금지의 원칙이 신의성실의 원칙의 전부가 아니고 한 적용례에 불과하다는 취지를 밝힘으로써 권리남용금지의 원칙이나 실효의 원칙, 사정변경의 원칙 등에 반하는 경우도 신의성실의 원칙에 반한다고 할 여지를 남겨두고 있다.

그리고 위 판결은 납세자에 대한 모순금지의 원칙의 구체적인 요건에 관하여는 '객관적으로 모순되는 행태가 존재하고, 그 행태가 납세의무자의 심한 배신행위에 기인하였으며, 그에 의하여 야기된 과세관청의 신뢰가 보호받을 가치가 있는 것이어야 할 것이다.'라고 판시함으로써 과세관청에 대한 모순금지의 원칙의 구체적인 요건 중 첫째 요건 및 둘째 요건과 비슷한 요건을 들고 있고, 셋째 요건과 넷째 요건은 납세자에게 적용하기는 부적절한 요건이므로 이를 요건으로 들고 있지 아니하다. 이러한 법리는 대법원 2009. 4. 23. 선고 2006두14865 판결 등에서 다시 인용되고 있다.

(2) 전원합의체 판결을 통한 신의칙 적용의 확대

가) 신의칙 적용의 기본 방향

민법상의 신의성실의 원칙은 그 파생원칙 내지는 적용모습으로서 모순금지의 원칙과 권리남용금지의 원칙, 사정변경의 원칙, 실효의 원칙 등이 있고, 조세법에서의 신의성실의 원칙도 그 원천은 민법상의 신의성실의 원칙이므로, 조세법에서의 신의성실의 원칙도 민법상의 신의성실의 원칙과 같이 그 적용되는 모습을 확대하는 방안을 신중하게 검토할 필요가 있다. 물론 조세법에 조세법률주의라는 특유한 장벽이 있어 신의성실의 원칙을 함부로 확대 적용하여서는 아니되겠지만 구체적 사안에 있어서 납세자나 과세관청의 언동이 정의관념에 비추어 도저히 용납할 수 없는 경우가 있고 이에 대하여 모순금지의 원칙만으로는 이를 제재할 수 없을 수가 있다. 이러한 시각에서 볼 때 대법원 2011. 1. 20. 선고 2009두13474 전원합의체 판결은 납세자에 대한 신의성실의 원칙을 권리남용금지의 원칙으로 그 적용영역을 확대하였다는 점에서 큰 의의가 있다고 할 수 있다. 그 판결내용을 분석해보기로 한다.

나) 대법원 2011. 1. 20. 선고 2009두13474 전원합의체 판결의 분석

1) 변칙적 금지금 거래의 특성

부가가치세법이 채택한 전단계세액공제제도의 약점을 악용하여 국고에 엄청난 피해를 입힌 사례가 바로 한동안 성행했던 변칙적 금지금 거래이다. 변칙적 금지금 거래는 대량의 금지금을 수입한 다음 단기간 내에 면세제도나 영세율제도를 이용하여 부가가치

세의 거래징수 없이 유통시키다가 이른바 폭탄업체라고 하는 악의적 사업자에 이르러서
는 그것을 과세사업자인 과세도관업자에게 공급하면서 공급가액은 자신이 공급받은 가
액보다 낮추되 부가가치세를 포함하면 그보다 약간 높게 하고 과세도관업자로부터 거래
징수한 부가가치세를 국가에 납부하지 아니함으로써 과세도관업자에 대한 공급가액과
거래징수한 부가가치세의 합계액 중 자신이 공급받은 가액을 초과하는 부분을 이익으로
취한다. 그리고 악의적 사업자로부터 금지금을 저가로 공급받은 과세도관업자는 여기에
약간의 마진을 더하여 수출업자에게 공급하고, 수출업자는 이를 수출한 후 수출에 대하
여는 매출세액이 없으므로 과세도관업자에게 거래징수당한 매입세액 전부를 환급해달
라고 국가에 청구한다. 이러한 일련의 거래는 2~3일의 단기간 내에 이루어진다. 금지금
의 수출업자가 없으면 대량의 금지금 거래가 이루어질 수 없으므로 수출업자는 이와 같
은 변칙적 금지금 거래의 유지에 있어서 필수적인 존재라고 할 수 있다. 그래서 그 거래
의 마지막 단계에는 거의 예외 없이 금지금 수출업자가 위치하고 있다.

우리나라는 금지금 생산국이 아니어서 수출한 금지금의 원천은 모두 수입한 금지금이
라고 보면 된다. 수입한 금지금을 2~3일의 단기간 내에 다시 수출할 경우 그 사이에 금
지금의 국제 시세가 오르지는 아니할 것이고 국제 시세보다 높은 가격으로는 수출을 할
수 없을 것이므로 수입 금지금이 유통비용과 중간단계 업자들의 마진이 추가되는 정상
적인 유통경로를 거쳐왔다면 이를 다시 수출하는 것은 불가능하다. 이러한 구조에서 굳
이 수입 금지금을 수출하고자 한다면 손해보는 거래가 될 수밖에 없다. 그러나 변칙적
금지금 거래에서는, 악의적 사업자가 다음 단계의 과세도관업자나 수출업자에게 금지금
의 공급가액을 자신이 공급받은 가액보다 낮추어 줌으로써 공급가액으로만 보면 역마진
이 생겨 손해를 보지만 거래징수한 부가가치세를 국가에 납부하지 아니하고 포탈함으로
써 그 손해를 보전하여 이익의 원천으로 삼고, 금지금 수출업자는 악의적 사업자를 통하
여 금지금을 시세보다 낮은 가격으로 공급받았기 때문에 자신의 마진을 추가하더라도
국제 시세인 당초의 수입가격에 맞추어 수출할 수 있는 것이다. 따라서 악의적 사업자의
부가가치세 포탈 없이는 금지금 수출거래 자체가 불가능하다고 할 수 있으므로, 수출업
자가 손해를 보지 않고 금지금을 수출할 수 있었다면 그 전단계에 악의적 사업자가 개재
되어 있었음을 쉽게 짐작할 수 있었다고 보아야 한다.[1]

그리고 악의적 사업자가 국가에 납부하지 아니하고 포탈한 부가가치세는 국가가 수출
업자에게 공제·환급해주어야 할 부가가치세의 유일한 재원이 되므로 악의적 사업자가
부가가치세를 포탈하면 엉뚱한 국고가 빠져나가는 결과가 초래된다. 따라서 금지금 수출

---

1) 졸고, "금지금 수출업자의 매입세액 공제·환급 주장과 신의칙", 사법 제17호(2011년 9월), 사법발전
  재단 참조

업자가 금지금을 수출할 수 있었다면 중간단계의 악의적 사업자가 부가가치세를 포탈한 사실을 쉽게 알 수 있었을 것이고, 자신의 매입세액 공제·환급 주장이 곧바로 국고의 탈취로 연결된다는 사정도 쉽게 알 수 있었다고 볼 수 있다. 결국 변칙적 금지금 거래의 악의적 목적은 사실상 금지금 수출업자가 국가로부터 매입세액을 공제 또는 환급받음으로써 완결된다고 할 수 있다. 이러한 변칙적 금지금 거래는 거액의 국고를 탈취하는 행위이므로 납세의무를 이행하지 아니하여 향후 국고를 확보할 수 있는 기회의 손실을 가져다주는 일반적인 탈세의 경우보다 그 악성이 훨씬 더 크다고 할 수 있다. 따라서 이러한 행위는 국민들의 성실납세 의식에 큰 상처를 주고 국가재정에도 위협을 초래하고 있어 국민의 법 감정상 심한 반발을 초래하는 분위기였다.

우리나라 부가가치세법이 채택하고 있는 전단계세액공제제도를 전수해준 유럽에도 악의적 사업자가 개재된 변칙적 금지금 거래와 유사한 거래가 다수 있고, 이는 회전목마형 사기거래라고 칭해지고 있다. 유럽연합의 부가가치세법에 해당하는 부가가치세 제6차 지침의 제17조는 전단계매입세액공제권에 관하여 규정하면서 그 공제권을 제한할 수 있는 특별규정을 두고 있지 않음에도, 그에 관한 유권해석 권한이 있는 유럽연합법원은 납세의무자가 그의 의사를 속이거나 전단계세액공제제도를 남용하려고 한 때에는 위 제17조에 규정된 전단계매입세액공제권이 제한된다고 해석하였다. 유럽연합법원은 위와 같은 해석에 입각하여 구체적 사건에서, 재화를 공급받은 자가 악의적 사업자의 부가가치세 포탈을 위한 사기거래에 연관되어 있다는 것을 '알았거나 알 수 있었던' 경우에는 매입세액 공제권이 부인된다고 판시하였고, 당해 재화의 공급이 부가가치세법상 과세거래의 객관적 요건을 갖추었다고 하더라도 마찬가지라고 판시하였다.

2) 판시의 내용

금지금 수출업자가 그 전단계에 부정거래가 있었음을 알면서도 아랑곳없이 그 기회를 틈타 자신의 이익을 도모하고자 거래에 나섰고, 또한 그의 거래 이익도 결국 앞서의 부정거래로부터 연유하는 것이며 나아가 그의 거래 참여가 부정거래의 판로를 확보해 줌으로써 궁극적으로 부정거래를 가능하게 한 결정적인 요인이 되었다면, 이는 그 전제가 되는 매입세액 공제·환급제도를 악용하여 부당한 이득을 추구하는 행위이므로, 그러한 수출업자에게까지 다른 조세수입을 재원으로 삼아 매입세액을 공제·환급해 주는 것은 부정거래로부터 연유하는 이익을 국고에 의하여 보장해 주는 격이 됨은 물론 위에서 본 바와 같은 전반적인 조세체계에 미치는 심각한 폐해를 막을 수도 없다.

이러한 경우의 수출업자가 매입세액의 공제·환급을 구하는 것은 보편적인 정의관과 윤리관에 비추어 도저히 용납될 수 없으므로, 이는 국세기본법 제15조에서 정한 신의성실의 원칙에 반하는 것으로서 허용될 수 없고, 이러한 법리는 공평의 관점과 결과의 중대성 및 보편적 정의감에 비추어 수출업자가 중대한 과실로 인하여 그와 같은 부정거래가 있었음을 알지 못한 경우, 곧 악의적 사업자와의 관계로 보아 수출업자가 조금만 주의를 기울였다면 이를 충분히 알 수 있었음에도, 거의 고의에 가까운 정도로 주의의무를 현저히 위반하여 이를 알지 못한 경우에도 마찬가지로 적용된다고 보아야 한다.

3) 판결의 의미

위 판결의 구조를 분석해보면, 먼저 변칙적 금지금 거래의 악성과 그것이 국가에 미치는 폐해의 중대성을 규명한 다음 이러한 거래에 터 잡은 금지금 수출업자의 매입세액 공제·환급 주장은 보편적 정의관과 윤리관에 비추어 도저히 용납할 수 없으므로 신의성실의 원칙에 반한다고 선언하였다. 그러면서도 신의성실의 원칙이 과세관청에 의하여 남용되는 것을 사전에 차단하기 위하여 금지금 수출업자에게 고의 또는 중대한 과실이 있는 경우로 제한하였다. 위 판결에서 매입세액 공제·환급 주장이 권리남용금지의 원칙에 반한다는 표현을 하지 아니하고 곧바로 신의성실의 원칙에 반한다고 하였지만, 그 취지는 권리남용금지의 원칙에 반하기 때문에 신의성실의 원칙에 반한다는 취지로 이해할 수 있다. 왜냐하면 금지금 수출업자가 매입세액 공제·환급을 주장하기 전에 과세관청에 대하여 그와 같은 주장을 하지 않으리라는 신뢰를 준 적이 없으므로 그와 같은 주장이 신뢰보호의 원칙에 반한다고 보기는 어렵고, 그 주장의 배경과 내용 및 국가에 미치는 폐해의 수준 등을 고려해 볼 때 보편적 정의관과 윤리관에 비추어 도저히 용납할 수 없는 남용적 수준에 이르렀다고 본 것이기 때문이다. 따라서 위 판결은 납세자에 대하여 신의성실의 원칙을 적용함에 있어 종래의 모순금지의 원칙에서 권리남용금지의 원칙으로까지 한걸음 더 나아간 것으로 평가될 수 있다.

위 판결의 다수의견에 대하여는, 전단계세액공제제도의 취지와 조세법률주의를 구현하기 위해서는 매입세액 공제·환급을 위한 법적 요건을 갖춘 이상 예외 없이 그 공제·환급이 허용되어야 한다는 반대의견과 악의적 사업자와 공모한 경우에 국한하여 그 공제·환급이 배제되어야 한다는 별개의견이 있었으며 그 논지는 충분히 경청할 만하다.

그러나 신의성실의 원칙과 조세법률주의가 반드시 대립관계에서 충돌한다고 볼 필요는 없다. 신의성실의 원칙은 국세기본법에서 명문으로 규정하고 있는 원칙인 데다가 그 속성상 조세법률주의의 허점을 보완하는 역할을 하며, 종래 대법원은 이러한 취지에서 조세법률주의하에서도 드물기는 하지만 납세자에 대하여 신의성실의 원칙을 적용하여 왔다. 다만, 위 전원합의체 판결에서는 종래부터 적용되어 오던 납세자에 대한 신의성실의 원칙의 적용영역을 다소 넓힌 것뿐이다. 이 사건에서 신의성실의 원칙의 적용영역을 다소 넓힌 것은 다수의견이 지적하였듯이 변칙적 금지금 거래의 악성과 폐해가 워낙 중대하여 이를 그대로 용인할 경우 전단계세액공제제도를 취하고 있는 부가가치세제의 근간이 흔들리게 되었고 이를 규제할 수 있는 마지막 수단이 신의성실의 원칙이었기 때문이다. 어찌 보면 신의성실의 원칙은 이러한 경우를 위하여 마련되어 있는 제도가 아닌가도 생각된다. 그래서 소수의견과 별개의견의 우려를 경청하면서도 다수의견의 결론을 지지하지 않을 수 없다.

라. 신뢰보호의 원칙

(1) 배경

신의성실의 원칙의 파생원칙으로서 신뢰보호의 원칙이 있다. 신뢰보호의 원칙을 신의성실의 원칙과 동격으로 보는 입장도 있지만, 앞서 검토한 바에 의하면 신의성실의 원칙은 신뢰보호의 원칙보다 훨씬 광의의 개념이므로 후자는 전자의 파생원칙으로 보는 것이 옳다. 신뢰보호의 원칙은 신의칙의 파생원칙인 모순금지의 원칙과 동격으로 보아야 하는 것이다.

조세법률주의에 의한 합법성의 원칙을 구현하기 위해서는 조세법규에서 정한 과세요건을 충족하여 납세의무가 성립한 경우 과세관청은 그에 따른 조세를 부과·징수하여야 하며, 과세관청이 당해 조세법규를 잘못 해석하거나 적용하여 납세의무가 감면된다는 등의 언동을 하였다고 하더라도 그러한 잘못이 밝혀진 경우에는 조세법규에 따라 원래 부과하였어야 할 조세를 부과·징수하는 것이 옳을 것이다. 그러나 조세법규는 그 내용이나 체계가 복잡하고 기술적인 성격이 강하여 납세자들이 온전하게 이를 파악하기가 어려운 것이 현실이므로 과세관청이 조세법규의 해석·적용에 있어서 납세자에게 유리한 언동을 하였을 때 납세자로서는 이를 신뢰할 수밖에 없는 경우가 대부분일 것이다. 납세자가 이와 같은 과세관청의 언동을 단순히 신뢰한 정도에 그치지 아니하고 이러한 신뢰를 토대로 하여 어떠한 법률관계를 형성한 경우라면 그와 같은 과세관청의 언동이 비록 조세법규에 어긋나는 것이라고 하더라도 뒤늦게 번복하는 것은 납세자의 신뢰를 무너뜨리는 것이 될뿐더러 새로이 형성된 법률관계가 무너져 법적 안정성을 해치는 측면도 없지 않다. 이러한 문제점의 인식하에서 신뢰보호의 원칙이 탄생하게 된 것이다. 앞서 언급한 바와 같이 우리나라에서는 국세기본법 제15조에서 이를 명문으로 규정하고 있고, 서구 여러 나라에서는 조리에 의하여 인정되어 왔으며, 영미법에서는 금반언의 원칙이라고 하여 판례법에서 이를 유지해 왔다. 우리 대법원도 여러 판결(대법원 1999. 5. 25. 선고 99두

1052 판결, 대법원 1997. 3. 20. 선고 95누18383 전원합의체 판결 등)들에서 이러한 원칙을 적용해 오고 있으며, 이는 과세관청에 대하여만 적용되는 것이 아니라 납세자에게도 적용될 수 있으나, 납세자에 대한 신의칙의 적용은 극히 제한적으로 인정하여야 하고 확대해석하여서는 안 된다는 입장이다.

(2) 과세관청에 대한 적용 요건

과세관청의 언동에 대하여 신뢰보호의 원칙을 적용하기 위한 요건으로는, ① 과세관청이 납세자에게 감면이나 비과세에 관한 공적인 견해 표명을 하였을 것, ② 납세자가 그 견해 표명이 정당하다고 신뢰함에 있어 귀책사유가 없을 것, ③ 납세자가 신뢰에 기한 어떤 행위를 하였을 것, ④ 과세관청이 위 견해 표명에 반하는 처분을 하여 납세자의 이익이 침해되었을 것 등이다. 이는 대법원 1985. 4. 23. 선고 84누593 판결에서 최초로 제시된 것으로 그 후의 대법원 판결들에서 이러한 원칙이 그대로 유지되고 있다. 그 요건에 관한 주장·입증책임은 물론 납세자에게 있다고 할 것이다.[2]

가) 공적 견해 표명의 주체

먼저 공적 견해 표명의 주체인 세무공무원은 당해 사항에 대한 과세권을 가지는 관청 또는 그를 지휘·감독할 권한이 있는 상급관청이어야 하고, 과세권을 행사할 권한이 없는 다른 국가기관이나 과세권이 있는 국가기관이라 하더라도 당해 사항을 관장하지 아니하는 기관의 견해 표명은 통상 위 요건을 충족하지 못할 것이다. 대법원 1997. 11. 28. 선고 96누11495 판결은 국가기관인 지방해운항만청장이 도세인 지역개발세의 과세관청이나 그 상급관청과 아무런 상의 없이 이를 면제한다는 취지의 공적인 견해를 표명하였다고 하더라도 이로써 지역개발세 면제에 관한 과세관청의 견해 표명이 있었다거나 그와 마찬가지로 볼 수 없다고 판시한 바 있다.

그리고 공적 견해의 표명은 원칙적으로 책임 있는 지위의 세무공무원이 하여야 하나, 행정조직상의 형식적인 권한분장에 구애될 것이 아니라 담당자의 조직상의 지위와 임무, 당해 언동을 하게 된 구체적인 경위 및 그에 대한 납세자의 신뢰가능성에 비추어 실질적으로 판단하여야 한다. 대법원 1995. 6. 16. 선고 94누12159 판결은 구청장의 지시에 따라 총무과 직원이 적극적으로 나서서 취득세 면제를 제의함에 따라 납세자가 해당 구에 부동산을 매각한 경우, 총무과 직원이 비록 취득세를 담당하는 세무공무원이 아니더라도 그의 언동을 과세관청의 견해 표명으로 볼 수 있다고 판시하였다. 여기서 비록 직접적인

---

2) 대법원 1992. 3. 31. 선고 91누9824 판결 등

언동을 한 공무원은 세무공무원이 아니었지만 과세권자인 구청장의 지시에 따랐고, 그 공무원이 총무과 소속이어서 업무의 범위가 넓어 납세자로서는 그 공무원의 언동이 월권에 해당한다고 의심하기 어려웠을 것이라는 점이 고려되었을 것으로 보인다.

또한 대법원 1996. 1. 23. 선고 95누13746 판결은, 재산세 등의 지방세에 대한 과세권자인 군수가 비과세 견해를 표명한 적은 없으나 보건사회부장관이 의료취약지 병원 설립자에게 병원건물에 대한 지방세 등을 비과세하겠다는 정부의 시책을 발표하고, 그에 따라 도지사가 시·군에 대하여 지방세 감면에 관한 조례제정을 내부적으로 지시한 경우, 보건사회부장관의 비과세 견해 표명도 과세관청의 견해 표명으로 볼 수 있다고 판시하였다.

나) 공적 견해의 표명에 해당하는지 여부

공적 견해의 표명은 일반 납세자들에 대한 것이든 특정 납세자에 대한 것이든 묻지 않고, 과세요건 규정의 해석·적용에 대한 견해 표명은 물론 과세요건 사실의 인정에 대한 견해 표명도 포함된다고 설명되고 있다.[3] 여기서 당해 납세자에 대한 공적 견해의 표명뿐만 아니라 일반 납세자들에 대한 견해의 표명도 포함된다고 보는 데는 별 무리가 없다. 왜냐하면 일반 납세자들 속에는 당해 납세자도 포함된다고 볼 수 있기 때문이다. 그러나 당해 납세자가 아닌 다른 특정 납세자에게만 공적 견해를 표명하였을 경우에 원칙적으로 당해 납세자가 원용할 수는 없을 것으로 보인다. 공적 견해가 다른 특정 납세자에게만 표명된 것이고 당해 납세자가 공적 견해 표명의 상대방의 지위에 들어설 수 없는 관계라면 설령 당해 납세자가 그러한 견해 표명을 알았다고 하더라도 조세공평의 원칙을 이유로 자신에게도 같은 입장을 취해 달라고 요구할 수 있음은 별론으로 하고 신뢰보호원칙의 적용 근거로 삼을 수는 없을 것이다. 다만, 과세관청이 다른 특정 납세자에 대한 공적 견해의 표명을 예규의 형식으로 일반 납세자들에게 공개하였다면 이때 일반 납세자들에 대한 견해의 표명으로 전환되었다고 할 수 있으므로 달리 볼 수도 있겠다. 대법원 1994. 3. 22. 선고 93누22517 판결에서도 국세청장이 훈련교육용역의 제공이 사업경영상담업에 해당하는 것으로 본다는 회신을 동종의 인근사업자에게 하였고, 당해 납세자는 사업양수시에 이를 상담업으로 본다고 하는 위의 견해를 신뢰하여서 면세사업자로 등록을 마치고 부가가치세를 거래징수하거나 신고·납부하지 아니하였다면 국세청장의 위와 같은 회신은 위 용역의 제공이 상담업에 해당한다고 보는 공적인 견해를 명시적으로 표명한 것이라고 판시하였다. 여기서도 인근 사업자에 대한 회신을 예규처럼 일반에 공개하였고 그래서 당해 납세자가 이를 알게 된 것으로 보인다.

---

3) 강상덕, "조세소송에 있어서의 신의성실의 원칙", 재판자료 제115집, 법원도서관

　과세관청의 언동의 형태는 예규, 통첩, 각 세법의 기본통칙, 세무상담, 질의회신, 세무행정지도, 비과세통지, 신고서의 수리 등 여러 모습으로 나타날 수 있는데, 공적 견해의 표명으로 인정되기 위해서는 납세자의 행동에 영향을 줄 정도에 이르러야 할 것이므로 여기에 해당되는지 여부는 구체적 사안에 따라 개별적으로 판단하여야 할 것이다. 그리고 무엇보다도 납세자의 신뢰를 보호할 수 있는 대상이 되는 공적 견해의 표명이 되기 위해서는 공적 견해의 기초가 된 사실관계와 납세자의 사실관계가 서로 부합하여야 한다. 그런데 실상은 양자의 사실관계에 상당한 괴리가 있는 경우가 많다. 서로의 사실관계가 다를 경우에는 납세자가 공적 견해를 자신의 사실관계에 적용해 달라고 주장할 수는 없는 노릇이다. 대법원 2013. 12. 26. 선고 2011두5940 판결도 같은 취지에서 비록 과세관청이 질의회신 등을 통하여 어떤 견해를 표명하였다고 하더라도 그것이 중요한 사실관계와 법적인 쟁점을 제대로 드러내지 아니한 채 질의한 데 따른 것이라면 공적인 견해표명에 의하여 정당한 기대를 가지게 할 만한 신뢰가 부여된 경우라고 볼 수 없다고 판시하였다.

　신뢰의 대상이 되는 공적 견해의 표명으로 인정한 사례로는, 국세청이 연초에 발간하는 외국인 투자기업에 대한 납세안내라는 책자를 통하여 이익준비금의 자본전입에 따라 외국투자가가 받는 무상주에 대한 조세감면방식을 밝히고 그에 따라 신고·납부할 것을 권장한 경우(대법원 1985. 4. 23. 선고 84누593 판결)가 있고, 의료기 수입업자가 관할 세무서 소득세과 직원으로부터 소환을 받아 당해 수입물품은 수입통관시 면세로 통관되었기 때문에 부가가치세법상 면세품목이므로 앞으로 세금계산서가 아닌 계산서를 발행하고 소득세과에 면세신고를 해야 한다는 세무지도를 받았고 같은 세무서 부가가치세과에 가서도 그 직원으로부터 같은 내용의 세무지도를 받은 경우(대법원 1990. 10. 10. 선고 88누5280 판결)가 있다.

　신뢰의 대상이 되는 공적 견해의 표명으로 인정하지 아니한 사례로는, 먼저 납세자의 추상적인 질의에 대하여 과세관청이 일반론적인 견해 표명을 한 정도에 불과한 경우들이 있다. 이는 위에서 언급한 바와 같이 공적 견해를 기초로 한 사실관계와 납세자의 사실관계가 부합하지 않는 경우들이다. 콘도미니엄업을 영위하는 회사가 가입자에게 콘도미니엄을 지분별로 분양해주고 가입자의 지분자산 관리와 부대시설 및 서비스를 제공하여 각 지역의 콘도미니엄 시설을 가입자로 하여금 상호이용하게 하는 구조로 관리·운영한다면 일정한 관리·운영기간에 해당하는 가입자의 지분자산 관리와 부대시설 및 서비스 제공의 대가로 지급받는 시설관리료를 위 콘도미니엄 분양에 따른 양도가액으로 보아 특별부가세를 부과할 수 있는지에 대한 납세자의 질의를 받고 국세청장이 위와 같은 시설관리료에 대하여는 특별부가세가 부과되지 않는다고 회답한 사실이 있으나 당해 납세자가 지급받은 시설관리료의 실제 내용은 위 질의내용과는 같지 않은 상당히 복잡한 측면들이 있었던 사례(대법원 1993. 7. 27. 선고 90누10384 판결)가 있고, 또한 2년 이상 가동하던 공장의 양도에 대한 양도소득세 면제와 관련된 납세자의 질의에 대하여 국세청장이 부득이한 사유로 폐업 또는 휴업한 상태에서 공장을 양도한 경우에는 양도일로부터 소급하여 2년 이상 가동하지 못한 공장이라 하더라도 양도소득세가 면제된다고 하면서 납세자에게 부득이한 사유가 있는지의 여부는 소관 세무서장이 사실조사하여 판단할 사항이라고 답변한 사례(대법원 1995. 11. 14. 선고 95누10181 판결)가 있다.

이들 사례들은 과세관청에 대한 질의내용이 추상적이어서 당해 납세자의 구체적 사실관계에 그대로 적용할 수 없는 경우들로서 이러한 판례의 입장은 납세자들이 사전에 과세관청에 대하여 질의를 할 때 자신들에게 유리한 내용의 회신을 받기 위하여 구체적 사실관계 중 불리한 내용은 덮고 유리한 내용만 부각시켜 다소 추상적인 내용으로 질의하는 경우들에 대한 제재의 의미를 담고 있다. 그래서 과세관청도 납세자들의 추상적 사전질의에 대하여 답변하면서 그 답변내용은 구체적 사실관계가 다를 수 있는 개개의 경우에 적용 여부가 달라질 수 있다는 취지의 단서를 명기하는 경향이 있고, 이러한 단서가 명기된 회신은 신뢰보호를 위한 공적 견해의 표명으로 보기 어렵다.

그리고 대도시에 지점을 설치한 후 5년 이내에 취득하는 부동산으로서 등록세 중과세 대상인 당해 부동산의 등기에 대하여 과세관청의 담당공무원이 통상의 세율을 적용한 등록세 고지서를 발부하였다는 사유만으로는 과세관청이 위 부동산 등기에 대하여 등록세를 중과하지 않겠다는 공적 견해의 표명을 한 것으로 볼 수 없다고 한 경우도 있다(대법원 2005. 8. 19. 선고 2004두7634 판결). 여기서 과세관청은 등록세 중과세 요건에 해당한다는 사실을 알지 못하였기 때문에 그와 같은 고지서를 발부한 것일 뿐이므로 이는 등록세 중과세 대상에 해당하는 납세자의 신뢰의 대상이 되는 공적 견해의 표명에 해당할 수는 없는 것이다. 하지만 이는 전문가인 과세관청이 법률을 제대로 알지 못했다는 것이어서 그에 대하여는 책임을 져야 한다. 납세자에게 적극적으로 납세고지서까지 발부하였다면 공적 견해의 표명이 있었다고 보는 것이 합당하다고 하겠다.

이러한 판결들에서 일관된 흐름을 찾기는 쉽지 않지만, 대법원은 공적 견해의 표명에 관하여는 대체로 소극적인 입장을 취하고 있는 것으로 보여 납세자의 신뢰보호에 다소 미흡하다는 느낌을 준다. 적법한 과세처분임에도 신뢰보호 위반을 이유로 취소되는 것은 제한적이어야 한다는 인식이 작용한 것으로 보인다.

다) 납세자의 신뢰에 귀책사유가 없을 것

신의칙이 적용되기 위해서는 납세자가 과세관청의 공적 견해의 표명이 정당하다고 신뢰하여야 하고, 그 신뢰는 보호할 가치가 있어야 한다. 따라서 과세관청이 착오에 의하여 공적 견해를 표명하였고 납세자가 그와 같은 사정을 알고 있었거나 알지 못한 데 대하여 과실이 있는 경우에는 그 신뢰는 보호받을 가치가 없다고 해야 한다. 나아가 과세관청의 잘못된 견해 표명에 납세자가 부당한 원인 제공을 하였을 경우, 즉 과세관청의 견해 표명이 납세자의 사실은폐, 허위보고, 배신행위 등에 기하여 이루어진 경우에도 보호받을 가치가 있는 신뢰가 존재한다고 할 수 없다. 앞서 언급한 바와 같이 대법원 판례들은 납세자가 구체적 사실관계 중 자신에게 불리한 부분을 숨기고 다분히 추상적인 사실관계만으로 공적 견해의 표명을 이끌어 낸 경우 아예 신뢰의 대상이 되는 공적 견해에 해당하지 않는다는 입장을 보였는데, 이러한 판단은 납세자에게 귀책사유가 있다는 점까지 결부하여 판단한 것으로 볼 수 있다. 그리고 귀책사유의 존부는 납세자가 과세관청의 공적 견해를 이끌어 내는 과정과 그 견해를 믿고 이를 토대로 법률관계를 형성해 나가는 일련의 과정을 포함하여 전체적으로 따져보아야 할 것이다.

납세자의 신뢰에 귀책사유가 있다는 이유로 신뢰보호의 원칙을 적용하지 아니한 사례로는, 납세자가 허위로 작성·제출한 자경확인서에 의하여 세무서장이 8년 이상 자경한 농지의 양도로 오인하여 비과세 결정을 하였다가, 실지조사로 비자경농지임이 밝혀져 과세처분을 한 경우(대법원 1991. 10. 22. 선고 90누9360 판결), 납세자가 타인에게 임대하던 공장을 양도하였으므로 양도소득세 면제대상이 아님에도 납세자 스스로 가동하던 공장을 양도한 것처럼 허위의 사실을 기재하여 양도소득세 감면신청을 하고 이를 믿은 과세관청이 착오로 양도소득세 감면결정을 하였다가 나중에 그 감면결정을 취소하고 양도소득세 부과처분을 한 경우(대법원 1988. 3. 8. 선고 87누745 판결)가 있다. 이들 사례들은 납세자가 과세관청을 기망하여 잘못된 공적 견해를 이끌어 낸 경우이므로 당연히 납세자에게 귀책사유가 있다고 해야 할 것이다.

이와 달리 납세자가 공적 견해의 표명을 끌어내는 데는 귀책사유가 없지만 이를 신뢰하고 새로운 법률관계를 형성하는 단계로 나아감에 있어 과실이 있다는 이유로 신뢰보호의 원칙을 적용하지 아니한 사례로는 대법원 2002. 11. 26. 선고 2001두9103 판결이 있다. 여기서 대법원은 재정경제부는 보도자료를 통해 '시행규칙을 개정하여 법제처의 심의를 거쳐 6월 말경 공포·시행할 예정'이라고 밝힌 것에 불과하여, 그러한 점만으로는 개정된 시행규칙을 시기적으로 반드시 6월 말경까지 공포·시행하겠다는 내용의 공적 견해를 표명한 것으로 보기 어려울뿐더러, 기록에 따르면, 신문 등 언론매체는 재정경제부가 배포한 보도자료 중 일부 내용만을 발췌하여 보도한 사실을 알 수 있으니, 그와 같이 재정경제부의 견해가 표명된 방식이나 내용 등에 비추어 해당 토지가 비업무용 부동산에 해당하게 되는 불이익을 입지 않으려면, 적어도 그 양도 이전에 시행규칙의 관계

규정이 실제 공포·시행되고 있는지 여부를 확인하여야 한다고 봄이 상당하므로, 이러한 주의의무를 게을리 한 원고에게 과세관청의 견해 표명을 신뢰한 데 귀책사유가 없다고 볼 수 없고, 그와 같은 확인의무를 다하지 아니한 것이 과세관청의 견해 표명을 신뢰한 데 대한 귀책사유의 유무와 관련이 없는 잘못이라고 볼 수는 없다고 하였다. 납세자의 귀책사유를 판단하는 데 기준이 될 만한 좋은 사례이다.

라) 공적 견해에 터 잡아 납세자가 어떠한 행위를 하였어야 한다

신뢰보호의 원칙이 적용되기 위해서는 납세자가 과세관청의 공적 견해의 표명을 신뢰하고 그에 터 잡아 어떠한 행위를 한 경우라야 한다. 여기서 어떠한 행위라 함은 대표적으로는 과세요건이 창출되는 법률행위나 사실행위 등을 말한다. 이러한 행위는 납세자가 사후에 번복하는 것이 곤란한 경우에 해당해야 한다. 따라서 납세자가 단순히 과세관청에 대하여 납세신고를 하는 행위는 여기에 해당하지 않는다. 이러한 납세신고행위 자체는 과세관청이 사후에 경정처분 등을 통하여 얼마든지 취소하거나 수정할 수 있는 대상이 될 뿐이므로 번복하는 것이 곤란한 경우에 해당하지 않는다. 조세쟁송에서 신뢰보호의 원칙을 주장하는 많은 경우에서는 과세관청의 견해에 따라 납세신고를 하였는데 그 후에 과세관청이 입장을 바꾸어 과세를 하였다는 것을 문제삼고 있으나 이는 받아들여지지 않고 있다. 그러나 납세자가 상대방으로부터 징수해서 납부해야 하는 부가가치세나 원천징수세의 경우 납세자가 과세관청의 공적 견해의 표명에 따라 부가가치세 납부의무가 없다거나 원천징수의무가 없다고 생각하고 상대방으로부터 그 세액을 징수하지 아니한 경우는 사후에 이를 번복하기가 어려우므로 신뢰보호의 대상이 된다고 할 것이다. 대법원 1990. 10. 10. 선고 88누5280 판결도 같은 취지에서 납세자가 세무서 직원의 세무지도를 믿고 부가가치세 면세대상이라고 생각하여 부가가치세를 징수하지 아니한 경우 신뢰보호의 대상이 된다고 판시하였다.

(3) 효과

국세기본법이나 관세법은 과세관청의 처분이 신뢰보호의 원칙에 위반하는 경우 그 처분의 효력이 어떻게 되는지에 관하여 특별한 규정을 두고 있지는 않다. 이를 무효로 볼 것이냐 아니면 취소사유로 볼 것이냐가 문제되는데, 신의칙에 위반한 처분은 외관상 적법하고, 신의칙에 위반되는지 여부가 과세관청이나 납세의무자의 입장에서 객관적으로 명백하다고 할 수 없으므로 특별한 사정이 없는 한 당연히 무효라고 볼 수는 없고 취소사유에 그친다고 보는 것이 일반적인 견해이고 판례[4]의 입장도 마찬가지이다. 신뢰보호의 원칙은 비과세관행과 마찬가지로 과세관청이 과거의 언동에 반하여 소급 처분하는 것을 금지할 뿐이고, 장래에 있어서 과거의 입장을 시정하여 새로이 부과처분을 하는 것까지 금지하는 것은 물론 아니다.

마. 세법 개정과 납세자의 신뢰보호

(1) 개정법 부칙의 경과규정

조세법령에서는 법령의 개정시에 일반적으로 부칙에서 '이 법 시행 당시 종전의 규정에 의하여 부과하였거나 부과하여야 할 조세에 대하여는 종전의 규정에 의한다'라는 취지의 경과규정을 두는 경우가 많다. 위 규정 중 '부과' 부분은 '과세', '부과 또는 감면', '부과(환급·추징 또는 징수를 포함한다)' 등의 형식으로, '종전의 규정에 의한다' 부분은 '종전의 예에 의한다' 등의 형식으로 규정되기도 한다. 부칙규정에 '부과'라고만 규정되어 있는 경우 '감면'도 포함되는 것으로 볼 수 있는지 문제될 수 있으나, 이 점에 대하여 우리 판례는 긍정설을 취하고 있다.[5)] 위 경과규정의 문언을 보면 일응 구법 당시 과세요건이 충족된 경우에는 구법 규정을 적용하겠다는 취지로 해석할 수 있다. 이렇게 해석하면, 종전규정에 의하여 과세요건이 충족된 후 세법이 개정되었을 때, 즉 납세의무가 구법에 의하여 추상적으로 성립되었으나 납세의무의 구체적 확정을 위한 부과처분이 아직 이루어지지 아니한 경우는 '종전의 규정에 의하여 부과하여야 할'의 경우에 해당된다고 할 수 있고, 부과처분이 있었으나 이에 대하여 불복 중인 때를 '종전의 규정에 의하여 부과하였거나'의 경우에 해당된다고 할 수 있다. 그리고 개정 이후 비로소 과세요건이 충족되는 경우는 '종전의 규정에 의하여 부과하였거나 부과하여야 할' 조세에 해당되지 않는다고 하겠다. 이와 같이 위 부칙규정은 그 제목에서 '일반적 경과조치'라고 밝히고 있는 바와 같이 과세요건 성립시의 법령을 적용한다는 조세법령불소급의 당연한 법리를 법령의 개정에 수반되는 일반적인 입법형식에 따라 주의적·확인적으로 규정한 것이라고 보는 것이 문리해석에 부합한다.

그런데 우리 대법원 판례는 위 경과규정을 주의적·확인적 규정으로 보지 않고 좀 더 적극적인 의미를 부여하고 있다. 즉, 판례는 위 경과규정을 납세의무자의 신뢰 내지 기득권을 보호하기 위한 특별규정으로 보는 것이다. 이렇게 보는 이유는, 통상 조세법령의 개정 부칙 제1조에서 그 법령의 시행시기를 규정하고 있고 그 시행시기의 적용기준은 납세의무의 성립시기이므로 결국 이는 조세법령불소급의 원칙을 선언한 것으로 보지 않

---

4) 대법원 1991. 1. 29. 선고 90누7449 판결 등
5) 대법원 1989. 6. 13. 선고 88누1509 판결, 대법원 1990. 10. 10. 선고 90누2949 판결

을 수 없는데 여기에 더하여 다시 부칙에서 위와 같은 경과규정을 둔 것은 부칙 제1조 이상의 특별한 의미가 있다는 전제하에 이 경과규정은 조세법령불소급의 원칙에 대한 예외로서 불소급의 범위를 좀 더 확대하여 납세의무자에게 불리하게 세법이 개정된 경우에는 납세의무자의 기득권 내지 신뢰보호를 위하여 예외적으로 납세의무자에게 유리한 종전의 법률을 적용한다는 규정이라고 보고 있다.[6)]

판례의 흐름을 분석해 보면 이러한 신뢰보호를 위한 요건으로서, 첫째 원인행위가 구 법령의 시행시에 이루어져야 하고, 둘째 구 법령상 장래 일정한 기간 내에 과세요건 등이 충족된 경우에 감면 또는 비과세한다는 규정을 두었어야 한다는 것이다. 둘째 요건에서 보는 바와 같이 구 법령의 취지상 일정한 기간의 제한이 없는 경우에는 납세의무자의 신뢰를 무기한 보호할 수는 없으므로 신뢰보호의 대상에서 제외하고 있다. 이러한 취지는 나중에 살펴보는 바와 같이 대법원 2001. 5. 29. 선고 98두13713 판결과 대법원 2013. 9. 12. 선고 2012두12662 판결 등에 잘 나타나 있다. 그리고 대법원 1996. 8. 23. 선고 95다44917 판결은 구법 개정이 있은 후 개정법이 다시 개정되고 그 개정에 대하여는 종전의 예와 달리 기득권 내지 신뢰보호를 위한 경과규정을 따로 두지 아니하였다 하더라도 이미 기득권 등 보호의 요건이 갖추어져 있는 이상 신뢰보호의 법리는 그대로 적용된다라고 하고 있다.

한편, 대법원 2024. 12. 12. 선고 2021두48359 판결은, 개정법의 시행시기를 규정하고 있는 부칙에 관하여 다소 독특한 입장을 취하였다. 법인세와 같은 기간과세의 세목에 관하여 세법이 개정되면 일반적으로 그 시행일을 예를 들면 2025. 1. 1.부터 시행한다고 하면서 일반적인 적용례로 '이 법은 이 법 시행 이후 개시하는 사업연도분부터 적용한다'로 규정한다. 여기서 시행 '이후'란 사전적 의미가 시행일을 포함하여 그 보다 뒤를 의미하므로 2025. 1. 1. 개시하는 사업연도부터 개정법이 적용된다고 보게 된다. 이와 달리 일반적인 적용례를 '이 법은 이 법 시행 후 개시하는 사업연도분부터 적용한다'로 규정하는 경우가 있다. 여기서 시행 '후'란 사전적 의미가 시행일을 제외하고 그 보다 뒤를 의미하므로 2025. 1. 1. 개시하는 사업연도에는 개정법이 적용될 수 없다고 볼 수 있다. 그런데 위 대법원 판결은 이와 달리 판시하였다. 2013년 개정 조특법 시행령의 부칙 제2조 제1항은 "이 영 중 소득세 및 법인세에 관한 개정규정은 법률 제11614호 조세특례제한법 일부개정법률 시행 후 개시하는 과세연도 분부터 적용한다."라고 규정하고 2013. 1. 1. 법률 제11614호로 개정된 조세특례제한법의 부칙은 제1조에서 해당 법률의 시행일을 2013. 1. 1.로 규정하면서, 제2조 제1항에서 '이 법 중 소득세 및 법인세에 관한 개정규정은 이 법 시행 후 개시하는 과세연도 분부터 적용한다.'고 규정하고 있었는데, 대법원은

---

6) 대법원 1999. 7. 9. 선고 97누11843 판결 등 참조

이러한 관련 규정의 입법 취지와 개정 연혁, 다른 조세법령 부칙의 입법례, 납세자의 예측가능성 및 법적 안정성 등을 종합하여 보면, 개정규정은 2013. 1. 1.부터 개시하는 과세연도 분부터 적용된다고 봄이 상당하다고 판시하였다.

입법자의 의도가 2013. 1. 1.부터 개시하는 과세연도 분부터 적용하겠다는 것이었으면 '후'라는 용어가 아니라 '이후'라는 용어를 사용해야 했다. 대법원은 문언의 사전적 의미를 뛰어 넘어 입법 취지와 그에 관한 납세자들의 일반적인 인식 등을 고려하여 합목적적 해석을 했다고 볼 수 있다.

(2) 신뢰보호의 요건

판례가 부칙의 경과규정에 의하여 납세자의 신뢰를 보호받기 위해서는 과세요건의 원인되는 행위가 구법 시행 당시에 이루어졌을 것을 요건으로 하고 있다. 과세요건이나 면제요건이 구법 시행 당시에 완성되지 않았다고 하더라도, 그 원인행위, 예를 들면, 양도에 있어서의 매매계약 체결 등은 구법 당시에 이루어졌어야 한다는 것이다. 대법원 1996. 8. 23. 선고 95다44917 판결은 신뢰보호 법리의 적용은 구법이 개정된 후에 비로소 과세요건이 완성되는 경우를 당연한 전제로 하고 있다고 판시하고 있다. 따라서 구법 당시 매매대금을 완납하지 아니함으로써 양도소득세의 과세요건이 되는 양도는 이루어지지 아니하여도 무방하다. 판례의 취지를 요약하면, 납세의무자가 과세대상이 되는 거래 등 일정한 의사결정을 함에 있어서 상대방과의 관계에서 임의로 철회할 수 없는 상태에 이른 경우에는 그것이 기초가 되어 장래에 확정적으로 발생하게 되어 있는 법률효과에 대하여 일정한 기간 조세감면 또는 비과세한다는 취지의 규정이 적용될 것이라는 납세자의 신뢰를 보호해주어야 한다는 것으로 이해할 수 있다.

(3) 사례 분석

가) 신뢰보호를 긍정한 사례

소득세법 시행령이 1989. 8. 1. 개정되면서 제170조 제4항 제2호 마목이 신설되어 관계법령에 위반하여 부동산을 취득하거나 양도한 경우 양도소득세 산정을 위한 양도차익을 기준시가가 아닌 실지거래가액에 의하여 산정하도록 하였는데, 위 시행령 개정 전에 법령에 위반하여 취득하였다가 그 개정 후 적법하게 양도가 이루어진 사안에 위 개정규정을 적용할 수 있는지가 문제되었다.

이에 대하여 대법원 1993. 5. 11. 선고 92누14984 판결은, 개정규정과 같이 종전보다

가중된 납세의무를 규정하는 세법 조항은 그 공포시행 이후에 그 가중요건이 충족되는 경우에 비로소 적용할 수 있다고 보는 것이 국민의 조세법 적용에 관한 예측가능성과 법적 안정성을 보호할 수 있고 소급입법에 의한 재산권박탈금지를 규정한 헌법 제13조 제2항, 조세법률주의를 규정한 헌법 제38조, 제59조의 정신에 합치하는 해석이라고 전제하고, 비록 양도행위는 시행령 개정 후에 이루어졌지만 '관계법령 위반' 사실은 위 시행령 개정 전 그 부동산 취득당시에 있었던 경우이므로 위 개정규정에 의하여 양도차익을 기준시가가 아닌 실지거래가액을 적용하여 양도소득세를 중과할 수 없다고 판시하였다. 신뢰보호원칙의 적용에 관한 전형적인 사례라고 하겠다.

또 하나의 사례를 소개한다. 구 조세특례제한법(2003. 12. 30. 개정되기 전) 제63조의2가 본사를 수도권 외의 지역으로 이전하는 법인에 대하여 일정기간 동안 당해 과세연도의 과세표준에서 토지 및 건물의 양도차익을 차감한 금액에 일정한 비율을 곱하여 산출한 금액에 대한 법인세액을 감면하되, 다만 주택을 신축하여 판매하는 법인이 대통령령이 정하는 주택 및 주택에 부수되는 토지를 양도함으로써 발생하는 소득은 감면대상과세표준에 포함하도록 하였고, 그 위임에 따른 구 조세특례제한법 시행령(2003. 12. 30. 개정되기 전) 제60조의2 제5항은 주택 부수토지를 '판매를 목적으로 신축한 주택에 부수되는 토지로서 건물이 정착된 면적의 5배(도시계획구역 외의 토지는 10배) 이내의 토지'로 정하였다가 2003. 12. 30. 개정된 조세특례제한법 제63조의2 제1항 단서에서 '대통령령이 정하는 건설업을 영위하는 법인'을 감면제외업종의 하나로 추가하면서, 그 부칙 제38조 제2항으로 '이 법 시행 당시 종전의 제63조의2의 규정에 의한 감면요건을 충족하여 세제혜택을 받고 있는 법인에 대하여는 개정규정에 불구하고 종전의 규정을 적용한다'는 경과규정을 두었고, 2003. 12. 30. 조세특례제한법 시행령 제60조의2 제1항 제5호를 신설하여 감면제외업종인 건설업을 '건설업(소득세법 시행령 제32조의 규정에 의한 주택신축판매업을 포함한다)'으로 규정하는 한편, 그 부칙 제12조로 '제60조의2 제1항 제5호의 개정규정은 이 영 시행 후 공장 및 본사를 수도권 외의 지역으로 이전하는 분부터 적용한다'는 적용례를 두면서 개정 당시 주택 부수토지의 범위를 정한 개정 전 조세특례제한법 시행령 제60조의2 제5항이 삭제되었으나, 그 시행령 부칙은 그에 관하여는 별도의 경과규정을 두지 아니하였다.

이에 대하여 대법원 2014. 11. 13. 선고 2014두38965 판결은 다음과 같이 판시하였다. 즉, 개정 조세특례제한법 부칙 제38조 제2항에서 말하는 '종전의 규정'은 개정 전 조세특례제한법 제63조의2뿐만 아니라 그 위임에 따른 개정 전 그 시행령 제60조의2도 포함한다고 새기는 것이 충분히 가능하고 또한 자연스러우며, 법률이 그 위임에 따라 구체적인 사항을 정하는 시행령과 일체가 되어 하나의 법률효과를 발생시키는 구조하에서 법률과 시행령이 동시에 개정되고 개정된 법률이 기득권을 유지하는 경과규정을 둔 경우, 개정된 시행령에도 반드시 별도의 경과규정을 두어야 한다는 입법기술상 원칙이 확립되어 있다고 볼 근거가 없고, 개정된 조세특례제한법은 그 시행 이후 수도권 외의 지역으로 이전하는 주택신축판매법인에 대하여는 세액감면의 혜택을 주지 아니하되, 다만 그 시행 전에 이미 이전하였던 주택신축판매법인에게는 기존에 받던 감면혜택만을 계속 부여하고자 경과규정을 둔 것이므로, 개정된 조세특례제한법 시행 이후에도 그 부칙의 경과규정에 따라 개정 전 조세특례제한법 제63조의2를 적용하여 수도권 외의 지역으로 본사를 이전한 법인의 감면세액을 산정할 때 그 양도소득이 감면대상과세표준에 포함되는 '주택부수토지'의 범위는 개정 전 조세특례제한법 시행령 제60조의2 제5항의 규정에 따라야 한다고 봄이 타당하다는 것이다.

이 판시에서는 납세자의 신뢰보호를 위한 경과규정을 모법인 조세특례제한법에 두는 것으로 충분하고 하위 법령에서도 별도로 경과규정을 따로 둘 필요가 없다고 한 점에서 신뢰보호의 요건을 다소 완화한 것으로 해석할 수 있다.

나) 신뢰보호를 부정한 사례

구 지방세법(2010. 1. 1. 개정되기 전) 제138조 제1항 제3호와 그 시행령 제102조 제2항에서 등록세 중과대상의 하나로 대도시 내에서 법인을 설립하는 경우 그로부터 5년 이내에 취득하는 부동산등기'를 규정하고 있다가 2010. 1. 1. 개정되면서 휴면법인을 인수하는 경우도 설립의 경우와 마찬가지로 본다는 규정을 두었다. 이와 같이 개정 전 규정에서는 법인의 설립이 아닌 '휴면법인의 인수'의 경우에 대하여는 장래 일정한 기간 동안 등록세를 중과세하지 않겠다는 것을 명시적으로 규정하지 아니하였다.

이에 대하여 대법원 2013. 9. 12. 선고 2012두12662 판결은 다음과 같이 판시하였다. 즉, 납세의무가 성립하기 전의 원인행위 시에 유효하였던 종전규정에서 이미 장래의 한정된 기간 동안 그 원인행위에 기초한 과세요건의 충족이 있는 경우에도 특별히 비과세 내지 면제한다거나 과세를 유예한다는 내용을 명시적으로 규정하고 있지 않는 한 설사 납세의무자가 종전규정에 의한 조세감면 등을 신뢰하였다 하더라도 이는 단순한 기대에 불과할 뿐 기득권에 갈음하는 것으로서 마땅히 보호되어야 할 정도의 것으로 볼 수는 없다고 전제하고, 종전 지방세법 제138조 제1항 제3호는 휴면법인의 인수의 경우에 있어 장래 일정한 기간 동안 등록세를 중과세하지 않겠다는 것을 명시적으로 규정하지 아니하였고, 따라서 위 규정이 휴면법인을 인수한 경우를 대도시에서의 법인의 설립에 포함한다는 규정을 두지 않음으로써 납세의무자가 2010. 1. 1. 이전에 취득한 재산권 기타 권리에 관한 등기 또는 등록에 대하여는 비록 그 등기 또는 등록이 2010. 1. 1. 이후에 이루어지는 경우에도 종전 지방세법 제138조 제1항 제3호에 따라 중과세되지 않는다고 신뢰하였다고 하더라도, 이는 단순한 기대에 불과할 뿐 기득권에 갈음하는 것으로서 마땅히 보호되어야 할 정도의 것으로 볼 수는 없으므로 개정 지방세법 제138조 제1항 제3호가 시행된 이후에 비로소 등록세의 과세요건사실이 발생한 경우에는 개정 지방세법 부칙 제6조를 근거로 개정 전 지방세법 제138조 제1항 제3호의 규정을 적용할 수 없다고 판단하였다.

2010. 1. 1. 개정 전 법령을 반대해석하면 법인의 설립이 아닌 휴면법인 인수로부터 5년 이내에 취득하는 부동산등기는 등록세를 중과하지 아니한다고 할 수 있는데, 이에 관하여 명시적인 규정을 두지 아니한 상황에서 대도시 내의 휴면법인 인수의 경우는 미래의 무한한 기간 동안 정책적 필요에도 불구하고 등록세 중과를 하지 못하게 한다는 것은 입법자의 재량을 지나치게 제한하는 것으로 볼 수 있다는 점을 고려하여 설령 그에 대한 납세자의 신뢰가 있다고 하더라도 이는 보호받을 수 없다고 본 것이다. 만약 개정 전 법령의 내용에 휴면법인의 인수로부터 5년 이내에 취득하는 부동산등기에 대하여는 등록세를 중과하지 아니한다는 단서 규정을 두었다가 개정되면서 그 단서가 삭제되고 휴면법인의 인수도 법인의 설립과 같이 취급한다고 개정되었다면 위에서 본 납세의무자의 신뢰는 보호받을 수 있었을 것이다. 대법원 2015. 9. 24. 선고 2015두42152 판결과 대법원 2015. 12. 23. 선고 2015두36645 판결도 신뢰보호를 부정한 사례이다. 이들 판결은 그동안 넓혀 왔던 신뢰보호의 범위를 다시 좁힌 사례들로 평가될 수 있겠다.

대법원 2020. 7. 29. 선고 2019두56333 판결도 신뢰보호를 부정한 사례이다. 구 조세특례제한법(2015. 12. 15. 법률 제13560호로 개정되어 2016. 1. 1. 시행되고 2016. 12. 20. 법률 제14390호로 개정되기 전의 것) 제7조 제1항은 대통령령으로 정하는 소기업이 수도권에서 제조업을 경영하는 사업장의 경우 소득세를 20% 감면한다고 정하고, 그 시행령(2016. 2. 5. 개정되기 전의 것) 제6조 제5항 제1호(종전규정)에는 제조업을 주된 사업으로 영위하는 소기업이란 해당 기업에 계속하여 고용되어 있는 근로자로서 계속고용 근로자의 수가 100명 미만이고, 매출액이 100억 원 미만인 중소기업을 말한다고 규정하고 있었다. 그런데 2016. 2. 5. 그 시행령이 개정되면서 종전규정 중 계속고용 근로자의 수에 관한 요건을 삭제하면서 계속고용 근로자의 수와 관계 없이 매출액이 80억 원 이하인 중소기업을 말한다고 규정하고, 그 부칙 제22조에서 '소기업의 범위에 관한 경과조치'라는 제목으로 종전규정에 따라 소기업에 해당되었던 기업이 개정규정에 따른 소기업에 해당하지 아니하게 된 경우에는 개정규정에도 불구하고 2019. 1. 1.이 속하는 과세연도까지 소기업으로 본다라고 정하였다.

이와 관련하여 대법원은, 위 부칙조항의 적용 대상은 법률 제13560호 조세특례제한법 일부개정법률 시행일인 2016. 1. 1. 당시인 2016 과세연도의 경우 종전규정 아래에서는 소기업에 해당하여 세액감면을 받을 수 있었으나 개정규정으로 인하여 더 이상 소기업에 해당하지 않아 그 세액감면을 받을 수 없게 된 기업이라고 봄이 타당하고, 따라서 2016 과세연도에 종전규정에 따른 소기업에 해당하지 않는 기업은 위 부칙조항의 적용대상이 아니라고 판시하였다.

바. 비과세관행

(1) 개요

국세기본법 제18조 제3항은 '세법의 해석이나 국세행정의 관행이 일반적으로 납세자에게 받아들여진 후에는 그 해석이나 관행에 의한 행위 또는 계산은 정당한 것으로 보며, 새로운 해석이나 관행에 의하여 소급하여 과세되지 아니한다'고 규정하고 있다. 여기서 말하는 세법의 해석이나 국세행정의 관행이란 그것이 명문의 법규정에 부합하지 않는 것이지만 납세자에게 유리한 내용의 해석이나 관행을 의미하며, 여기에는 비과세관행뿐만 아니라 과세의 감면이나 경감에 관한 해석이나 관행도 포함되는 광범위한 개념으로 이해하는 것이 옳다. 위 규정은 신의성실의 원칙 중 모순금지의 원칙 또는 금반언의 원칙이 구현된 것으로 평가되고 있다. 과세관청이 일정한 과세대상이나 요건에 관하여 위와 같이 납세자에게 유리한 해석이나 관행을 지속함으로써 그와 동종의 과세대상이나 요건에 관하여도 과세관청이 동일한 입장을 취할 것이라는 신뢰를 납세자들에게 심어준 경우에는 그에 반하는 과세처분을 하여서는 아니된다는 것이다.

비과세에 관한 관행이 존속되도록 하려는 것은 일정기간 계속된 사실관계를 믿은 납세자의 신뢰를 보호하는 데 주안점이 있는 것이므로 비과세행정이 반드시 불특정 다수인에게 계속적으로 적용되어서 그 해석 또는 관행이 대다수 납세자에게 일반적으로 아무런 이의 없이 정당한 것으로 받아들여져야만 관행이 될 수 있는 것은 아니며 과세행정의 특성상 다른 납세자가 같은 내용의 거래를 하고 신고를 하였더라도 동일하게 처리가 되었을 것으로 기대되는 상황이면 족하다고 할 것이다. 그리고 상급관청의 유권해석이나 지침시달에 따라 전국의 일선 과세관청에서 통일적으로 운용된 사항만이 관행이 될 수 있다고 할 것은 아니다.

신의칙 규정은 과세관청의 언동이 일반성을 가진 경우에도 특정 납세자와의 관계에서 개별적으로 판단되나, 비과세관행에 관한 규정은 불특정 납세자를 대상으로 한다. 그리고 신의칙 규정은 납세자에게도 적용되나, 비과세관행에 관한 규정은 그 내용상 과세관청만을 적용대상으로 한다. 신의칙, 소급과세금지 및 비과세관행은 개념적으로 각각 구분될 수 있고 적용 요건도 조금씩 다르나, 그 이론적 근거는 모두 법적 안정성 내지 신뢰보호에 두고 있다. 판례 및 실무상 구체적 사안에서는 신의칙, 소급과세금지 및 비과세관행에 관한 용어와 주장·판단이 혼용 내지 병용되고 있는 경향이 있다.[7]

(2) 요건

비과세관행이 성립하기 위해서는 세법의 해석 또는 국세행정의 관행이 특정 납세자가 아닌 불특정한 일반납세자에게 정당한 것으로 이의 없이 받아들여져 납세자가 그와 같은 해석 또는 관행을 신뢰하는 것이 무리가 아니라고 인정될 정도에 이르러야 한다. 따라서 특정 납세자에 대해서만 계속하여 반복적으로 비과세 처리되었다고 할지라도, 이는 불특정한 일반납세자에게 받아들여진 것이 아니므로 비과세관행이 성립되었다고 할 수 없을 것이다.

비과세관행의 요건에 대한 입증책임은 그 주장자인 납세자에게 있다는 것이 대법원 판례의 입장이다.[8] 그 요건에 관하여 구체적으로 살펴본다.

가) 상당한 기간에 걸친 비과세 사실의 존재

상당한 기간에 걸쳐 비과세 사실이 존재함으로써 그것이 관행의 수준에 이르렀다고 볼 수 있어야 한다. 일회성의 일시적·우발적인 조치에 불과한 경우 그것이 납세자에게 유리한 것이라고 하더라도 명문의 규정에 반하는 이상 비과세관행의 존재를 인정할 수 없음은 당연하다. 통상 조세쟁송에서 비과세관행이 문제되는 사안들은 적어도 수년간 납세자에게 유리한 과세관청의 언동이 반복적으로 행하여진 경우들이다. 일회성에 불과한 경우는 과세담당 공무원의 단순한 실수나 착오로 볼 여지가 많지만 그것이 수년간 반복되어 왔다면 과세관청의 의도된 행위로 평가될 수 있고 따라서 그에 대하여는 과세관청이 책임을 떠안는 것이 형평에 맞다고 볼 수 있다.

나) 과세관청의 과세요건사실 인식과 비과세의사

과세관청이 과세요건사실을 인식하고도 어떠한 사정 때문에 과세하지 않겠다는 의사를 표시하였어야 한다. 대법원 1991. 10. 22. 선고 90누9360 전원합의체 판결 등은 이 점에 관하여 과세관청이 그 사항에 대하여 과세할 수 있음을 알면서도 어떤 특별한 사정에 의하여 과세하지 않는다는 의사가 있어야 한다고 판시하고 있지만 정확한 표현은 아니

---

7) 성열우, "경매등기신청 시의 등록세 과세표준이 되는 채권금액에 원금 외에 신청 시까지 발생한 이자도 포함되는지 여부(2003두12097)", 대법원판례해설(통권 제53호), 법원도서관(2004. 11.) 참조
8) 대법원 2002. 8. 2. 선고 2000두1652 판결 등

다. 과세관청이 과세대상인 줄 알면서도 과세하지 않는다는 것은 현실적으로 드물다. 이러한 경우들은 대부분 직무태만의 결과일 뿐이어서 이것이 지속되어 관행으로 정착된다는 것은 상정하기 어렵다. 그보다는 과세관청이 과세요건이 되는 사실관계 자체는 제대로 파악하였으나 관련 법규를 잘못 해석하거나 납세자에 유리하게 해석하는 등의 이유로 과세해서는 아니된다거나 과세하지 않아도 된다고 판단하였기 때문에 과세하지 않았고 그것이 관행으로 정착된 것이 대부분이라고 할 것이므로 이러한 경우들은 비과세관행의 위 요건을 충족한 것으로 해석해야 할 것이다. 왜냐하면 보호의 대상인 납세자 입장에서는 과세관청의 비과세관행이 정책적 결단에 의하여 이루어진 것인지 착오나 직무태만에 의하여 이루어진 것인지를 알 수 없고 그것은 과세관청의 내부사정에 불과하므로, 외관에 대한 신뢰보호를 본질로 하는 비과세관행의 존중에 있어서 이를 중요한 요소로 고려하여서는 아니되는 것이다.

드물게는 과세관청이 과세요건에 해당하는 줄 알면서도 정책적인 결단에 의하여 과세하지 않는 경우가 있기는 하다. 유사한 사례로는 대법원 1982. 11. 23. 선고 81누21 판결이 있다. 보세운송면허부여기관인 세관장과 보세운송면허세 부과기관인 구청장과의 사이에서 보세운송면허기관인 세관장이 자동차운송사업면허세 이외에 보세운송면허세를 부과함은 이중의 세부담이 된다는 것과 수출확대라는 공익목적상 보세운송의 경우에는 면허세를 부과하지 아니함이 타당하다고 해석하고 관계법령의 개정을 건의하고 비과세 협조를 요청하는 한편, 미리 면허세 납세필증을 징수함이 없이 납세자들에게 면허지령서를 교부하고 그 면허지령서를 구청장에게 통보하지 아니하여 납세자들로 하여금 면허세를 납부할 필요가 없도록 면허부여사무처리를 하여 왔고 구청장은 면허부여기관으로부터 면허지령서 교부통보가 없어 과세원인 발생사실을 모르고 있었기 때문에 4년 동안 면허세의 과세처분이 없었던 경우 납세자로서는 면허세의 과세관청인 구청장이 그 점을 알고 비과세 처리를 하여 온 것으로 믿을 수밖에 없으니 납세자에 대한 관계에 있어서 외관상 과세관청이 그 점을 알고 면허세를 과세하지 아니한 것과 같이 해석함이 타당하다는 이유로 비과세의 관행이 성립된 것으로 보아야 한다고 판시하였다. 이 사안은 면허부여기관의 정책적 결단이 작용한 것이었고 그것이 과세관청에 영향을 미친 것이었다. 여기서 알 수 있듯이 과세관청의 과세요건사실 인식이란 과세관청이 실제로 그와 같은 인식을 하여야 한다는 것은 아니다. 즉, 과세관청이 과세원인이 발생하였다는 사실을 모르고 있었다고 하더라도 납세자의 입장에서 외관상 과세관청이 그 내용을 알고도 비과세하여 온 것으로 믿을 수밖에 없는 것으로 해석할 수 있으면 족하다.

만약 납세자가 과세요건이 되는 사실관계에 관한 증빙서류를 왜곡하여 과세관청이 사실관계 자체를 잘못 파악하여 비과세하는 결과에 이르렀다면 이는 비과세관행으로 볼 수 없고 언제라도 바로 잡을 수 있는 착오일 뿐이다. 그래서 앞서 본 대법원 1991. 10. 22. 선고 90누9360 전원합의체 판결에서는 세무서장이 납세자가 제출한 을류농지세 미과세증명과 허위로 작성된 자경확인서에 의하여 각 8년 이상 자경한 농지의 양도로 오인하여 비과세 결정을 하였다가 그 후에 실지조사로 비자경농지의 양도였음이 밝혀져 각 양도소득에 대하여 과세처분을 한 경우, 위와 같이 농지세 과세증명이나 미과세증명만으로 비과세 처리하는 것이 국세행정의 확립된 관행이라고 할 수 없으며, 과세관청이 위와 같은 경위로 비과세 결정을 번복하고 다시 과세처분을 한 사실만 가지고 그 과세처분이 위법하다 할 수 없다고 판시하였다. 타당한 판시이다.

다) 공적 견해나 의사의 명시적 또는 묵시적 표시

의사표시가 납세자의 추상적인 질의에 대한 일반론적인 견해 표명에 불과한 경우에는 비과세관행 존중의 원칙이 적용되지 않는다.[9] 그리고 과세관청이 납세자에 대하여 과세를 하지 아니한다는 명시적인 언동이 요구되지는 않고 묵시적인 표시라도 무방하다.[10] 묵시적 표시가 있다고 보기 위해서는 그것이 단순한 망각이나 부존재가 아니라 과세관청의 공식적인 의사결정에 따라 표출된 부작위 등으로 평가될 수 있어야 한다. 이를 판단하는 데에는 과세관청의 입장에서만의 일방적인 평가가 아니라 납세자를 보호할 필요가 있는지에 관한 평가까지 함께 이루어지는 것이 합리적이다.

명시적 또는 묵시적 표시를 긍정한 사례로는, 과세관청이 면허세를 부과할 수 있는 정을 알면서도 수출확대라는 공익상 필요에서 한 건도 부과한 일이 없었던 경우,[11] 사업소세 도입 이래 20년 이상 간호전문대학의 운영자가 경영하는 병원에 대하여 사업소세를 부과하지 않으면서 장기간 인근 다른 과세관청의 유사사례에 대한 사업소세 과세 시도를 보면서도 같은 조치를 취하지 않은 채 그 이의신청 절차나 심사청구 절차에서 사업소세의 부과처분이 취소된 취지에 부응하여 비과세 조치를 계속 유지한 경우,[12] 국내회사가 국내사업장이 없는 외국법인과의 공급계약에 따라 그 법인이 지정하는 자에게 서비스를 제공하고 그 대가를 그 법인에게 지급하여야 할 금액에서 차감하는 방식으로 지급받는 거래에 관하여 대법원 판례가 영세율 적용대상인 '대금을 외국환은행에서 원화로 받는 것'의 내용을 엄격히 해석하여야 한다고 밝히고 있음에도 국세청이 1983년 이후 여러 차례에 걸쳐 질의에 대한 회신의 형식을 빌려 위 거래에는 영세율이 적용된다는 내용의 예규를 만들어 시행해 왔고, 이후 동일한 내용을 기본통칙에 규정하여 시행해 왔으며,

---

9) 대법원 2006. 6. 29. 선고 2005두2858 판결
10) 대법원 1984. 6. 12. 선고 84누53 판결
11) 대법원 1980. 6. 10. 선고 80누6 전원합의체 판결
12) 대법원 2009. 12. 24. 선고 2008두15350 판결

납세자도 영세율 적용대상으로 세무신고를 해 온 경우[13] 등이 있다.

라) 납세자의 행위나 계산의 존재

비과세관행을 이유로 한 소급과세금지의 원칙이 적용되기 위해서는 과세관청에 의한 과세처분이 일반적으로 납세자에게 받아들여진 세법의 해석 또는 국세행정의 관행을 변경하여 행하여졌다는 사정만으로는 적용될 수 없고, 신뢰보호의 원칙에서와 마찬가지로 납세자가 세법의 해석 또는 국세행정의 관행을 신뢰한 나머지 이로 인하여 어떠한 행위나 계산을 하였어야 하고 나아가 그에 대한 과세처분의 결과 납세자에게 조세부담 등의 경제적 불이익이 발생한 경우에 한하여 적용될 수 있다. 이러한 취지는 국세기본법 제18조 제3항의 문언, 즉 '그 해석이나 관행에 의한 행위 또는 계산은 정당한 것으로 보며'에서도 나타나 있다.

여기서 어떠한 행위나 계산이라 함은 앞서 신뢰보호의 원칙에서 보았듯이 납세자가 사후에 번복하기 어려운 행위나 계산을 말한다고 해야 한다. 대법원 2010. 4. 15. 선고 2007두19294 판결에도 그러한 취지가 반영되어 있다. 그런데 앞서 본 사업소세 비과세에 관한 대법원 2009. 12. 24. 선고 2008두15350 판결에서 알 수 있듯이 문제가 된 세금이 사업소세나 재산세와 같은 보유세인 경우에는 그 '행위나 계산'을 번복하기 어려운 적극적인 행위나 계산으로 나아간 경우로 국한하여 해석하지 아니하고 비과세관행을 신뢰한 이후 당해 과세대상 재산을 계속 보유하는 소극적 행위를 하는데 그친 경우도 포함되는 것으로 해석될 수 있다. 보유세의 특성상 비과세관행을 신뢰한 후에 그 과세대상을 계속 보유하였다면 그 이후 과세기간의 보유사실 자체가 새로운 과세요건이 되기 때문이다.

(3) 효과

비과세관행이 존재하였음에도 이에 반하는 내용의 소급과세처분을 하면 이는 취소할 수 있는 위법한 처분에 해당한다. 앞서 본 신뢰보호의 원칙에 반하는 과세처분의 효과와 동일하다. 소급과세금지의 원칙은 조세법령의 제정 또는 개정이나 과세관청의 법령에 대한 해석 또는 처리지침 등의 변경이 있은 경우, 그 효력발생 전에 종결한 과세요건사실에 대하여 당해 법령 등을 적용할 수 없다는 것이지, 이전부터 계속되어 오던 사실이나 그 이후에 발생한 과세요건사실에 대하여 새로운 법령 등을 적용하지 못한다는 것은 아니다.[14] 즉, 아무리 장기간의 비과세관행이 존재하였다고 하더라도 미래에도 계속 그와 같

---

13) 대법원 2010. 4. 15. 선고 2007두19294 판결
14) 대법원 1997. 9. 5. 선고 97누7493 판결, 대법원 2003. 9. 5. 선고 2001두403 판결

은 관행이 지속된다는 보장은 없고 그에 대한 기대권도 없는 것이므로 언제든지 미래를 향하여 입장을 바꾸어 비과세관행을 철회하고 원래의 과세요건에 따라 과세할 수 있는 것이고 이는 비과세관행에 반한다고 할 수 없다.[15] 조세정책이나 경제환경이 변함에 따라 과세 여부에 관한 입장이 변화될 수 있는 것이어서 한번 비과세관행이 성립하였다고 하여 미래에도 계속 지속되어야 한다고 보는 것은 무리이므로 이는 당연한 이치라고 할 수 있다.

(4) 비과세관행의 소멸

가) 쟁점의 소재

비과세관행의 존재와 관련하여 과세실무에서는 그 관행의 소멸시점을 언제로 볼 것인지가 까다로운 쟁점이 되고 있다. 왜냐하면 소멸시점 이후의 기간에 대하여는 과세관청이 종래의 입장을 바꾸어 과세하는 방향으로 전환하더라도 문제될 것이 없기 때문이다. 이에 대하여는 비과세관행의 성립 요건과 비과세관행의 소멸 요건은 모두 납세자의 신뢰를 어디까지 보호할 것인가의 문제이므로 소멸 요건도 성립 요건과 마찬가지로 엄격한 기준을 적용하여야 한다는 입장과 비과세관행 존중의 원칙은 합법성의 원칙을 희생하여 납세자의 신뢰를 보호할 만한 특별한 사정이 있는 경우에 한하여 예외적으로 적용되는 것이므로 비과세관행의 소멸 요건은 그 성립 요건과 같이 엄격하게 볼 필요가 없다는 입장이 대립하고 있다. 두 입장 모두 비과세관행의 성립과 소멸이 납세자의 신뢰 보호 문제라는 것에 대하여는 인식을 같이 하고 있으나, 비과세관행의 소멸에 있어서 전자의 입장은 비과세관행은 일부 과세관청의 과세의사 표시로는 비과세관행이 소멸되지 않는다고 보고, 후자의 입장은 일부 과세관청의 과세의사 표시로도 비과세관행이 소멸한다고 본다.

나) 비과세관행의 소멸 요건

먼저 비과세관행의 소멸에는 전체 과세관청의 의사가 필요한지가 문제된다. 비과세관행 존중의 원칙이 적용되기 위해서는 판례에서 말하는 바와 같이 납세자가 그와 같은 해석 또는 관행을 신뢰하는 것이 무리가 아니라고 인정될 정도에 이르러야 한다는 요건이 요구되고 있는데, 이는 장기간 비과세라는 객관적인 사실 이외에 납세자 개개인에게 요구되는 주관적 내지 개별적 요건이라고 볼 수 있다. 마치 신의성실의 원칙에서 공적 견해의 표명이라는 객관적 요건과 납세자에게 귀책사유가 없을 것이라는 주관적 내지 개별적 요건이 요구되는 것과 마찬가지로 볼 수 있다. 이러한 점에서 법적 안정성에 바탕

---

15) 대법원 1992. 9. 8. 선고 91누13670 판결

을 둔 신의성실의 원칙과 비과세관행 존중의 원칙은 어느 정도 공통점을 가진다고 해석되고, 실무에서 위 두 가지 원칙이 혼용 또는 병용되어 주장되고 판단되는 것과 궤를 같이 한다. 개념적으로는 비과세관행 존중의 원칙이 과세관청과 불특정한 일반 납세자 사이의 관계에서 문제되고, 신의성실의 원칙이 특정 납세자와의 관계에서 개별적으로 판단해야 하는 것으로 구별될 수 있지만, 실제로는 유사성을 가질 수밖에 없다.

물론 일부 과세관청이 과세의사를 표시하였다고 하더라도 그것이 실질적으로 전체 과세관청의 의사로 볼 수 있고 대외적으로도 그렇게 보는 것이 무리가 아니라면 그때부터 비과세관행이라는 객관적 사실은 깨어졌다고 할 수 있을 것이다. 그런데 만약 비과세관행이 성립되어 있는 상황에서 절대 다수의 과세관청은 과세의사를 가지고 있지 않은데, 유독 A 과세관청만이 최초로 P 납세자에 대하여만 과세처분을 하였다면 이는 비과세관행에 반한다고 볼 여지가 많다. 그러나 A 과세관청이 최초의 과세처분 이후 P 납세자에 대하여 동종의 새로운 사실관계를 과세요건으로 하여 계속적으로 반복하여 과세처분을 할 경우에는 P 납세자는 비과세관행에 반한다는 주장을 하더라도 적어도 A 과세관청에 대한 관계에 있어서는 비과세관행을 신뢰하는 것이 무리가 아니라고 인정받기는 어려울 것이다.

이와 관련하여 과세의사를 가지고 있지 아니한 B 과세관청을 상대하는 납세자 Q의 경우, B 과세관청이 납세자 P와 동종의 사항에 대해 과세할 수 있음을 알게 되어 납세자 Q에 대하여 그때서야 비로소 과세처분을 하였다면, 납세자 Q로서는 비과세관행을 신뢰하는 것이 무리가 아니라는 주관적 내지 개별적 요건을 충족하지만, 업계 전반에 비과세라는 객관적 사실이 존재하는가가 문제될 것이다. 그때까지 과세를 시도한 과세관청이 극소수에 불과하다면, 법적 안정성 측면에서 여전히 납세자 Q의 신뢰를 보호하는 것이 타당하겠지만, 이미 상당수의 과세관청이 과세를 하고 있는 상황이라면 업계 전반에서 장기간 비과세라는 객관적 사실에 관한 요건을 충족할 수 없다고 보아야 한다.

비과세관행 존중의 원칙이 업계 전반에 있어서 모든 납세자에게 동일하게 적용되거나 동일하게 부정되어야 하는 것은 아니다. 업계 전반에 있어서 비과세관행이 존재하였다가 일부 과세관청이 과세의사를 표명한 경우, 아직 업계 전반에 걸친 비과세라는 객관적 사실이 깨지지 않았다면, 그러한 비과세관행을 신뢰하는 것이 무리가 아니라고 인정되는 납세자는 위 원칙의 적용을 받을 수 있고, 그러한 비과세관행을 신뢰하는 것이 무리인 것으로 인정되는 납세자는 위 원칙의 적용을 받을 수 없다고 보아야 한다. 이와 같이 비과세관행의 소멸에 전체 과세관청의 의사가 요구되는 것은 아니라고 보아야 한다. 요컨대 비과세관행이 소멸하였다고 하기 위해서는, 비과세관행의 성립에서 장기간 비과세의 사실이 요구되는 것과 마찬가지로, 장기간 과세의 사실이 다시 요구되는 것은 아니라고 할 것이다.

그리고 종래의 비과세관행을 끝낸다는 과세관청의 의사표시는 과세처분을 하는 경우로만 국한되는 것은 아니고 납세자에 대한 과세통지나 세무행정지도, 질의회신 등 다양한 방법으로 이루어질 수 있다. 비과세관행 존중의 원칙을 인정하는 요체가 법적 안정성 내지 납세자 신뢰보호에 있으므로, 과세관청은 불특정한 일반 납세자가 과세관행의 변경을 충분히 인식할 수 있는 방법, 즉 권한 있는 과세관청이 언론을 통해 대국민 발표를 한다든지, 관련 업계에 향후 과세할 것임을 시사하는 방법으로도 과세의사를 표시할 수 있다.

다) 사례 분석

비과세관행을 인정한 사례로 대법원 2011. 5. 13. 선고 2008두18250 판결이 있다. 사안의 내용은 다음과 같다. 원고들은 1998년경부터 쟁점 물품인 트랜지스터 모듈을 수입하면서 양허관세율 0%가 적용되는 관세율표상 품목번호 제8541호 또는 제8542호로 분류하여 수입신고를 하였고 과세관청들은 이의 없이 수리하여 왔으며, 1996. 6. 30. 이전에도 제8542호로 분류하여 수입면허를 하기도 하였다. 인천세관장이 2004년 2월경 쟁점물품의 품목분류에 관하여 의문을 제기한 후, 2004. 4. 12. 관세청장에게 그 품목분류의 적정성에 관한 질의를 하였고, 구미세관장도 2004. 3. 26. 서면으로 쟁점물품의 수입업체들에게 쟁점물품에 관한 자료제출을 요구하면서, 제8542호로 분류할 수 없고 기본관세율 8%가 적용되는 제8504호로 분류되어야 한다는 점을 검토사항으로 제시하였다가 2004. 4. 7.에는 인천세관이 이 사건 쟁점물품에 관한 품목분류 결정절차를 진행하고 있으므로 요구한 자료를 제출할 필요가 없다고 통지하였다. 그 후 세계관세기구 사무국이 2005. 6. 10. 쟁점물품은 제8541호나 제8542호가 아닌 제8504호로 분류되는 것이 고려되어야 한다는 의견을 제시하였고, 관세청 관세품목분류위원회는 이를 받아들여 2005. 7. 28. 쟁점물품을 제8504호로 분류하는 결정을 하였다. 그러자 인천세관장 등은 2005. 8. 18.부터 2005. 11. 26.까지 사이에 걸쳐 원고들이 2003. 12. 1.부터 2005. 7. 28.까지 수입신고한 쟁점물품에 대하여 기본관세율 8%를 적용한 관세 등을 부과하였다.

이에 대하여 원심은, 구미세관장의 2004. 3. 26. 자 자료제출 요구는 쟁점물품에 대한 수입신고의 품목분류가 적정한지를 심사하기 위한 것에 불과하고 향후 쟁점물품에 대하여 과세하겠다는 의사표시를 한 것으로 보기 어려울 뿐만 아니라 그 자료제출 요구마저 철회되었으며, 그 무렵 관세청에서 쟁점물품의 품목분류에 관한 심사가 진행되고 있었던 점에 비추어, 비과세관행의 소멸시점은 구미세관장의 자료제출 요구일인 2004. 3. 26.이 아니라 관세청 관세품목분류위원회가 쟁점물품을 제8504호로 분류하기로 결정함으로써 향후 그에 대하여 과세하겠다는 확정적인 의사표시가 있었던 2005. 7. 28.로 보아야 한다고 판시하였고, 대법원이 이를 수긍하였다.

위 사안에서 인천세관장 등 과세관청이 종전의 입장을 바꾸어 최초로 품목분류를 다시 함으로써 과세처분을 한 시점은 2005. 8. 18.부터 2005. 11. 26.까지 사이인데 이때 장래의 기간에 대하여만 과세처분을 하였다면 이로써 비과세관행이 소멸되었다고 볼 수 있으므로 그 처분이 비과세관행에 반한다는 점이 문제될 여지가 없었을 텐데, 과세관청이 과세처분의 대상기간을 소급하여 2003. 12. 1.부터 2005. 7. 28.까지로 정함으로써 종래의 비과세관행에 반하는지가 문제되었고, 결국 대법원은 관세청 관세품목분류위원회가 쟁점물품을 제8504호로 재분류하기로 결정한 2005. 7. 28.에 비과세관행이 소멸한 것으로 보아 그 이후의 기간에 대해서만 과세할 수 있다고 판시한 것이다.

3. 실질과세원칙

가. 실질과세원칙의 내용

(1) 적용근거와 문제의 소재

인간으로서 절대 피할 수 없는 것이 죽음과 세금이라고 하는데 이 말은 죽음만큼이나 피하고 싶은 것이 세금이라는 뜻이기도 하다. 그래서 납세의무자는 조세법규에서 규정하고 있는 과세요건을 피해 가기 위해 온갖 묘수를 다 동원하게 되는데, 이에 맞서야 하는 과세관청에서 가장 실효성이 있고 강력한 무기로 사용하는 것이 실질과세의 원칙이다. 그러나 조세법규의 적용에 있어서 실질과세의 원칙만큼 말도 많고 탈도 많은 것은 드물다. 실질과세의 원칙과 완전히 무관한 조세쟁송사건은 거의 없다고 해도 과언이 아니며 조세쟁송에 있어서 가장 많이 등장하고 치열하게 다투어지는 영역이 바로 실질과세의 원칙이다. 왜냐하면 '형식'에 대비되는 개념으로 사용되고 있는 '실질'이라는 용어 자체가 추상적이고 다소 모호하기까지 하여 관점에 따라 그 적용범위가 달라질 수밖에 없기 때문이다. 실질과세의 원칙이 없다면 순진한 자들만 세금을 부담하고 영악한 자들은 죄다 세금을 피해가는 불합리가 만연할 수도 있다. 그러나 과세관청이 실질과세의 원칙을 마치 전가의 보도처럼 남용하여 조세법규에서 규정하고 있는 과세요건을 함부로 넘나들 소지가 없지 않고 그렇게 되면 과세요건 법정주의와 명확주의를 핵심으로 하는 조세법률주의가 유지될 수 없다. 이 때문에 전통적으로 실질과세의 원칙에 대하여 그 적용의 당위성을 주장하는 목소리와 이를 경계하는 목소리가 대립되어 왔다.

실질과세의 원칙에 관한 기본적인 근거규정은 국세기본법 제14조이다. 지방세기본법 제17조에도 이와 유사한 규정을 두고 있다. 국세기본법 제14조가 실질과세의 원칙을 적용하기 위한 독자적인 근거가 될 수 있는지에 관해서 입장의 대립이 있었고 법적 실질설의 입장에서는 이를 부정하는 태도를 보였지만, 대법원 2012. 1. 19. 선고 2008두8499 전원합의체 판결에서 이를 긍정하는 입장을 취함으로써 이러한 대립은 적어도 조세소송에서는 어느 정도 해소되었다고 보는 것이 옳다. 그래서 개별세법에서 실질과세의 원칙에 기초한 부인규정을 두고 있더라도 그것은 국세기본법 제14조의 보충적 예시적 규정으로 보아야 하고, 그와 같은 개별적 부인규정에 해당하지 않더라도 국세기본법 제14조에 의하여 납세자가 취한 거래형식을 부인할 수 있게 되었다.

국세기본법 제14조에는 3개의 항을 두고 있는데 이들 항목 간의 관계가 다소 모호하다. 3개의 항이 동시에 규정된 것이라면 그 당시 입법자의 취지에 고려하여 그들 상호 간의 관계를 어렵지 않게 분석해 볼 수 있을 테지만 그러하지가 않다. 제1항과 제2항은 동시에 탄생하였지만 제3항은 제1항과 제2항만으로는 부족하다고 느낀 과세관청의 입김이 크게 작용하여 뒤늦게 규정되었다. 그러면서도 그 내용이 파격적이다. 제1항에서는 '귀속의 실질'에 관하여 규정하면서 명의상의 귀속자와 사실상의 귀속자가 다를 경우 사실상의 귀속자를 납세의무자로 한다고 함으로써 '실질'의 개념을 '사실상'이라는 순화된 용어로 표현하고 있다. 그리고 제2항에서는 '거래내용의 실질'에 관하여 규정하면서 '실질'이라는 용어를 직접적으로 사용하고 있다. 대체로 보아 제1항은 실질적인 거래 당사자 외에 제3자인 명목상의 거래 당사자가 개재되거나 실질적인 거래 당사자는 숨어버리고 명목상의 거래 당사자만 내세운 경우를 그 적용영역으로 할 것이고, 제2항은 동일한 거래 당사자들 사이에서 다단계 등의 복잡한 거래형식을 취할 경우를 그 적용영역으로 할 것이므로 일응 그 적용영역이 서로 구분된다고 할 수 있다. 그러나 제1항과 제2항의 적용영역도 뚜렷이 구분되는 것은 아니라 상호보완적이라고 할 수 있다. 다음 항에서 자세히 살펴볼 위 전원합의체 판결의 사안에서도 알 수 있듯이 모회사가 내국법인의 주식을 취득함에 있어 직접 취득하지 않고 2개의 자회사를 경유하여 간접적으로 분산취득하는 경우 그 거래내용의 실질은 모회사가 직접 취득한 것으로 보아 그 주식의 실질적인 귀속자는 자회사가 아니라 모회사로 보았는데, 여기서 간접적인 다단계 거래를 직접적인 1단계 거래로 재구성한 것은 제2항의 적용결과라고 할 수 있고, 그에 따라 실질적인 귀속자를 모회사로 본 것은 제1항의 적용결과라고 할 수 있기 때문이다.

그리고 제3항은 제3자를 통한 간접적인 방법이나 둘 이상의 행위 또는 거래를 거치는 방법으로 세법의 혜택을 부당하게 받기 위한 것으로 인정되는 경우를 그 적용영역으로 삼고 있는데, 이는 제1항과 제2항 모두에 관련됨을 알 수 있다. 제3항의 전단에서 말하는 '제3자를 통한 간접적인 방법'이라는 부분은 제1항에서 예정하고 있는 전형적인 모습이라 하겠고, 제3항의 후단에서 말하는 '둘 이상의 행위 또는 거래를 거치는 방법'이란 제2

항에서 예정하고 있는 전형적인 모습이라고 할 수 있다. 이러한 관점에서 보면 제3항은 독자적인 영역에 관한 규정이라기보다는 제1항과 제2항에 관한 보충적 규정이라고 할 수 있겠다. 따라서 그 독자적 존재의의를 찾기가 어렵다. 제1항과 제2항에 이미 제3항이 내포되어 있다고 볼 수 있기 때문이다. 제3항이 뒤늦게 등장하게 된 것은 그동안 대법원 판결들 중 법적 실질설을 취한 것들이 납세자가 선택한 다단계의 거래행위를 부인하기 위해서는 개별적이고 구체적인 근거규정이 있어야 한다고 판시함으로써 과세관청의 방만한 태도에 제동을 걸자, 이에 대한 반발로서 제1항이나 제2항보다 그 적용요건을 좀 더 구체화한 규정을 내세울 필요가 있었기 때문이라고 할 수 있다. 상속세 및 증여세법 제4조의2에서도 같은 취지의 규정을 두고 있다가 2015. 12. 15. 삭제되었다. 위 제3항과 중복되기 때문이다.

하지만 뒤늦게 등장한 제3항에서는 '경제적 실질내용에 따라'라는 표현을 함으로써 법적 실질설과 경제적 실질설의 대립에서 마치 경제적 실질설의 입장을 입법이 취하는 듯한 외양을 띠고 있다. 이는 과세관청의 욕심이라고 하지 않을 수 없다. 경제적 실질설의 입장이 실질과세의 원칙의 적용영역을 조세회피의 목적이 주된 목적이 아닌 경우까지 확대할 수 있다고 이해한다면 위 제3항을 경제적 실질설의 근거규정으로 볼 여지도 없지 않다. 그러나 실질과세의 원칙의 남용을 막기 위해서는 합목적적 해석에 의해 위 제3항의 적용 범위를 조세회피의 목적이 주된 목적일 경우로 제한할 수 있다고 해야 할 것이다. 최근의 대법원 2017. 12. 22. 선고 2017두57516 판결에서도 위 제3항의 적용에 관하여 다음과 같이 판시함으로써 신중한 입장을 보이고 있다. 즉, 위 제3항을 둔 취지는 과세대상이 되는 행위 또는 거래를 우회하거나 변형하여 여러 단계의 거래를 거침으로써 부당하게 조세를 감소시키는 조세회피행위에 대처하기 위하여 그와 같은 여러 단계의 거래 형식을 부인하고 실질에 따라 과세대상인 하나의 행위 또는 거래로 보아 과세할 수 있도록 한 것으로서 실질과세의 원칙의 적용 태양 중 하나를 규정하여 조세공평을 도모하고자 한 것이지만, 한편 납세의무자는 경제활동을 할 때에 동일한 경제적 목적을 달성하기 위하여 여러 가지의 법률관계 중의 하나를 선택할 수 있고 과세관청으로서는 특별한 사정이 없는 한 당사자들이 선택한 법률관계를 존중하여야 하며, 또한 여러 단계의 거래를 거친 후의 결과에는 손실 등의 위험 부담에 대한 보상뿐 아니라 외부적인 요인이나 행위 등이 개입되어 있을 수 있으므로, 여러 단계의 거래를 거친 후의 결과만을 가지고 그 실질이 하나의 행위 또는 거래라고 쉽게 단정하여 과세대상으로 삼아서는 아니 된다는 것이다.

반면에, 대법원 2025. 3. 27. 선고 2023두37896 판결은, 위 규정을 적용하여 거래 등의 실질에 따라 과세하기 위해서는 납세의무자가 선택한 행위 또는 거래의 형식이나 과정이 처음부터 조세회피의 목적을 이루기 위한 수단에 불과하여 그 실질이 직접 거래를 하거나 연속된 하나의 행위 또는 거래를 한 것과 동일하게 평가될 수 있어야 하고, 이는 당사자가 그와 같은 형식을 취한 목적, 제3자를 개입시키거나 단계별 과정을 거친 경위, 그와 같은 방식을 취한 데에 조세 부담의 경감 외에 사업상의 필요 등 다른 합리적 이유가 있는지 여부, 각각의 행위 또는 거래 사이의 시간적 간격 및 그와 같은 형식을 취한 데 따른 손실과 위험부담의 가능성 등 여러 사정을 종합하여 판단하여야 한다고 하면서, 다만 납세의무자가 위와 같은 행위 또는 거래의 형식을 취한 데에 사업상의 필요가 인정되더라도 그것이 강행법규나 사회질서에 반하는 불법적인 목적에서 비롯된 경우에 해당한다면, 이에 대하여 조세회피목적을 부인하는 것은 강행법규의 입법 취지, 과세형평 등에 비추어 현저히 불합리하므로, 그러한 사업상의 필요만으로 조세 부담의 경감 외에 다른 합리적 이유가 있다고 보아 조세회피목적을 쉽사리 부인할 것은 아니라고 판시하였다. 이러한 판시를 토대로, 원고가 농지인 토지의 소유권을 취득하여 매도하는 것이 불가능하지 않는데도, 원고는 제3자와 분양대행약정을 체결하고, 이를 바탕으로 제3자와 수분양자 사이의 분양계약체결을 주도하는 등의 비합리적인 우회거래를 통하여 법인세법 제55조의2에 따른 비사업용 토지의 양도소득에 관한 법인세 등을 회피하였다고 하면서, 비록 원고가 위와 같은 우회거래 방식을 취한 데에 사업상의 필요 등 다른 이유가 인정된다고 하더라도 그것이 농지법 위반의 불법적인 사업목적에서 비롯되었다고 볼 여지가 있는 이상, 곧바로 조세회피목적이 없었다고 단정할 것은 아니라고 결론지었다.

실질과세의 원칙에 관한 대법원 판례의 흐름을 분석하는 논자들은 이구동성으로 판례의 흐름에 일관성이 없다는 지적을 하고 있다. 대법원이 비슷한 사안을 두고도 어떤 때에는 실질과세의 원칙을 경계하는 입장에 섰다가 또 어떤 때에는 실질과세의 원칙의 당위성을 강조하는 입장에 서기도 한다. 그래서 대법원의 일관된 흐름을 파악하기 어렵다는 푸념을 듣게 된다. 어찌 보면 당연한 현상이다. 대법원 판결도 결국은 대법관이라는 인간이 하는 것이다 보니 그 대법관의 개인적 성향과 가치관이 반영되지 않을 수 없으며 그것이 실질과세의 원칙이라는 추상적이고 탄력적인 개념을 적용함에 있어서 차이를 나타내는 것이다. 그러나 실질과세의 원칙에 관한 최종적 판단권자인 대법원의 입장이 방향성 없이 오락가락하는 것은 납세의무자와 과세관청의 어느 누구를 위해서도 바람직하지 않다. 그래서 대법원은 최근 몇 년간 굵직한 판결들을 통하여 어느 정도의 방향성을 제시하려고 노력하고 있는 것으로 보인다. 하지만 이러한 방향성조차도 향후에 흔들림 없이 지속되리라는 보장은 없다. 시대적 상황과 대법원의 인적 구성이 달라지면 그 방향성은 다시 수정될 수밖에 없을 것이다.

이하에서는 실질과세의 원칙에 대하여 대법원이 제시하고 있는 일응의 기준을 분석해보고, 이를 통하여 앞으로의 방향성을 진단해보고자 한다.

(2) 대법원 판결의 입장

가) 종래 판결의 흐름

종래 실질과세의 원칙이 쟁점인 사건들에 관하여 대법원이 취한 입장을 대별해 보면, 실질과세의 원칙을 함부로 적용해서는 아니 된다는 이유로 이를 적용한 과세처분을 취소하는 입장과 실질과세의 원칙의 당위성을 강조하여 이를 적용한 과세관청의 처분을 수긍한 입장으로 나눈다.

전자의 입장은 납세의무자가 경제활동을 함에 있어서 동일한 경제적 목적을 달성하기 위하여서도 여러 가지 법률관계 중 하나를 선택할 수 있으므로 그것이 가장행위에 해당한다고 볼 특별한 사정이 없는 이상 과세관청으로서는 납세의무자가 선택한 법률관계를 존중하여야 하며, 따라서 실질과세의 원칙에 의하여 납세의무자의 거래행위를 그 형식에도 불구하고 조세회피행위라고 하여 그 효력을 부인하려면 조세법률주의 원칙상 법률에 개별적이고 구체적인 부인규정이 마련되어 있어야 한다는 입장이다. 이러한 입장에 의하면 납세자가 선택한 거래형식이 가장행위이거나 법인세법상 부당행위계산부인 규정과 같은 구체적 규정에 해당하지 아니하는 한 국세기본법상 실질과세의 원칙을 근거로 납세자가 선택한 거래형식을 함부로 부인하여서는 아니 된다는 것이다. 그 주된 논거는 대법원 2012. 1. 19. 선고 2008두8499 전원합의체 판결의 반대의견에서 밝혔듯이 본질적으로 불확정개념인 실질과세의 원칙을 내세워 납세의무자가 선택한 거래형식을 함부로 부인하고 법 문언에 표현된 과세요건의 일반적 의미를 일탈하여 그 적용범위를 넓히게 되면 조세법률주의가 형해화되어 이를 통해 실현하고자 하는 법적 안정성과 예측가능성이 무너지게 되고, 나아가 조세포탈죄 등의 구성요건 해당성이 과세관청의 자의에 의하여 좌우될 수 있어 죄형법정주의의 근간이 흔들릴 수 있다는 것이다.

반면에 후자의 입장은 실질과세의 원칙은 조세회피행위를 규제하여 과세의 형평을 실현하는 것을 목적으로 하는 것으로서, 거래의 내용이나 그에 따른 재산과 소득의 귀속이 실질적인 면에서 동일하다면 납세의무의 부담 여부도 그 형식이나 외관과 무관하게 같아야 하고, 그래야만 조세정의와 조세공평의 이념이 실현될 수 있고, 조세회피를 목적으로 비합리적이고 비정상적인 형식을 취하였음에도 외관이 그렇다는 이유만으로 납세의무를 면할 수 있고 그 반면 실질에 부합하는 정상적인 거래형식을 취하는 경우에는 납세의무를 부담할 수밖에 없다고 하는 것은 매우 부당하므로 실질과세의 원칙은 바로 그러한 불합리를 제거하는 수단이 되는 조세법의 기본원리이고, 국세기본법상의 실질과세의 원칙에 관한 규정은 실정법적으로 이를 확인한 규정이라는 것이다. 이러한 입장에 의하면, 납세자가 선택한 거래형식이 비록 가장행위의 정도에 이르지 않거나 법인세법상 부당행위계산부인 규정과 같이 구체적인 규정의 요건에 해당하지 않더라도 국세기본법상의 실질과세의 원칙에 관한 규정에 근거하여 이를 부인할 수 있다는 것이다.

대법원은 그동안 어떤 경우에는 전자의 입장을 취하고 어떤 경우에는 후자의 입장을 취하였으며 실로 비슷한 사안에서도 서로 다른 입장의 판례들이 나옴으로써 대법원의 태도에 일관성이 없다는 비판을 받아왔었던 것이 사실이다. 그 대표적인 예로 언급되고 있는 것이 비슷한 시기에 나온 대법원 1991. 5. 14. 선고 90누3027 판결과 대법원 1991. 12. 13. 선고 91누7170 판결이다. 대법원 1991. 5. 14. 선고 90누3027 판결은 전자의 입장에 선 것으로서 원고와 A가 서로의 토지를 교환하고 각자 교환 취득한 토지를 다시 법인인 B은행에 양도한 것이 과중한 양도소득세의 부담을 회피하기 위한 행위라 해도 이러한 교환행위는 가장행위에 해당한다는 등 특별한 사정이 없는 이상 유효하다고 보아야 하고, 이를 부인하기 위하여는 권력의 자의로부터 납세자를 보호하기 위한 조세법률주의의 법적 안정성 또는 예측가능성의 요청에 비추어 법률상 구체적인 근거가 필요하므로 실질과세의 원칙을 근거로 실질적으로는 원고가 교환 전의 소유 토지를 B은행에 양도한 것으로 볼 수는 없다는 것이다.

반면에 대법원 1991. 12. 13. 선고 91누7170 판결은 후자의 입장에 선 것으로서 매도인인 원고는 법인인 건설회사가 아파트 건축을 위하여 토지를 매수한다는 사실을 알면서도 법인 앞으로 양도하게 되면 실지거래가액에 따른 양도소득세를 부담하게 된다는 이유로 회사의 대표이사 개인 명의로의 양도를 고집하여 그와 같은 내용의 계약서를 작성하고 대표이사 개인 앞으로 소유권이전등기를 경료하였다가 후에 회사 앞으로 소유권이전등기를 경료하였으나 원고와 대표이사 개인 간에 체결된 계약과 그로 인한 소유권이전등기는 회사가 부동산을 실질적으로 매수함에 있어 매도인이 양도소득세의 중과를 피할 목적에서 대표이사 개인 명의를 중간에 개입시킨 가장매매행위에 해당하므로 실질적으로 원고가 직접 법인인 건설회사에게 부동산을 양도한 것으로 보아 양도소득세를 부과한 과세처분은 적법하다고 판단하였다.

위 두 판결의 사안은 모두 당시의 소득세법상 법인에게 부동산을 양도할 경우 양도가액을 기준시가에 의하지 않고 실지거래가액에 의하도록 함으로써 양도소득세가 무거워지는 것을 피하기 위하여 중간에 개인을 끼워 넣은 것인데, 대법원은 이러한 행위를 가장행위가 아니라고 보아 그대로 인정하기도 하고 가장행위로 보아 부인하기도 한 것이다. 대법원이 위와 같이 서로 모순되는 듯한 입장을 취한 것은 개개의 사건마다에서 느낄 수 있는 구체적 타당성이 달랐을 수 있고 사건을 담당한 대법관들의 가치관이 달랐기 때문일 수도 있다고 보여지기는 하지만 대법원 판결이 선례적 가치를 가진다는 점에서는 바람직한 태도는 아니라고 보아야 할 것이다.

이와 같이 지향점이 서로 다른 판결의 경향은 그 후에도 양립한 상태로 계속 이어져 와서 납세자나 과세관청의 입장에서는 실질과세의 원칙에 관한 최종적 판단권자인 대법원의 입장이 무엇인지를 정확히 예측하기가 어려웠던 것도 사실이다. 전자의 입장에 대하여는 법적 실질설이라는 이름이 붙여졌고, 후자의 입장에 대하여는 경제적 실질설의 이름이 붙여졌다. 법적 실질설은 납세자가 선택한 거래형식이 가장행위에 해당하여 법적 효과가 없는 경우에만 그 배후에 있는 법적 효과가 있는 실질에 따라 과세되어야 한다는 입장이고, 경제적 실질설은 이러한 법적 효과의 유무에 관계 없이 경제적 실질에 따라 과세되어야 한다는 입장으로 이해되고 있다. 이러한 입장의 대립은 실질과세의 원칙의 적용범위에 관한 논란으로 귀결된다. 법적 실질설의 입장에서는 경제적 실질설의 입장을 취할 경우 납세자가 선택한 거래형식이 아무리 다양하고 다르게 형성되더라도 종국적으로 귀결되는 경제적 효과가 같다면 동일한 방식으로 과세된다는 것으로서 경제적 실질에 관한 과세관청의 주관적 판단여하에 따라 실질과세의 원칙이 남용되어 조세법률주의가 형해화될 우려가 있다고 비판한다. 그러나 대법원의 판결들 중 위에서 본 후자의 입장을 취한 것들은 경제적 실질설의 입장에 서서 실질과세의 원칙의 적용범위를 지나치게 넓힌 것이라기보다는 조세를 회피하려는 의도가 분명한 경우로 그 적용대상을 국한한 것들이기 때문에 이른바 절충설의 입장에 가깝다고 할 수 있다. 경제적 실질설은 조세회피의 의도보다는 경제적 실질에 치중한 입장인 데 비하여 절충설은 경제적 실질에 못지 않게 조세회피의 의도에 중점을 두고 있는 입장이기 때문이다.

대법원의 이러한 입장의 대립은 가장행위의 해당 여부에 대한 판단에서 나타나기도 하지만 그렇지 않은 경우도 있다. 이른바 법적 실질설의 입장을 취하는 대법원 판결들이 납세자가 선택한 거래형식이 가장행위에 해당하지 않는 한 이를 부인할 수 없다고 하고 있는 마당에 후자의 입장에 선 상당수의 판결들은 이러한 판결들과 충돌되는 양상을 피하기 위하여 부득이 가장행위라는 개념을 같이 사용하면서 납세자들이 선택한 거래형식이 이러한 가장행위에 해당한다는 이유를 들어 이를 부인하였던 것으로 보인다. 여기서 가장행위를 민법상의 가장행위와 동일한 개념으로 사용하였는지 여부는 명확하지 아니하나 판결의 대상이 된 사실관계들을 들여다보면 실질과세의 원칙을 들어 그 행위형식을 부인한 것들이 민법상의 가장행위에 해당한다고 할 정도에 이른 것은 아님이 거의 분명하다. 민법상의 가장행위는 거래 당사자들의 내심에 그와 같은 거래를 할 의사가 없는 경우임에 비하여 실질과세의 원칙에 의하여 그 거래행위의 형식이 부인되는 것들은 당사자들의 내심에 그와 같은 거래행위를 할 의사가 없는 경우가 아니기 때문이다. 단지 조세를 회피할 의도로 그와 같은 거래형식을 선택한 것일 뿐이며 당사자들의 내심에 그와 같은 거래를 할 의사가 있었던 것으로 보는 것이 옳다. 법적 실질설의 입장에서 이러한 문제점을 지적하며 비판의 수위를 높이자 후자의 입장을 취하는 일부 대법원 판결들은 가장행위라는 개념을 굳이 사용하지 아니하면서 단지 거래의 실질이 다르다는 이유로 납세자들이 선택한 거래형식을 부인하기에 이르렀다. 대법원 2002. 4. 9. 선고 99도2165 판결, 대법원 2010. 10. 28. 선고 2008두19628 판결, 대법원 2010. 11. 25. 선고 2009두19564 판결 등이 그 예이다.

이러한 대립적 양상을 띠는 두 흐름의 대법원 판례가 공존한다는 것은 최종심 판결의 성격상 바람직하지 아니할뿐더러 특히 대법원 판결의 방향성이 무엇인지를 알고자 하는 납세자나 과세관청 더 나아가 하급심들에게 혼란을 주게 되기 때문에 논자들은 전원합의체 판결을 통하여 대법원의 입장이 통일적으로 재정립될 필요가 있다고 역설해 왔다. 이러한 배경하에서 탄생한 것이 대법원 2012. 1. 19. 선고 2008두8499 전원합의체 판결이다. 다음 항에서 이에 대하여 자세히 살펴본다.

나) 전원합의체 판결에 의한 재정립

대법원 2012. 1. 19. 선고 2008두8499 전원합의체 판결은 앞에서 살펴본 바와 같이 종래 실질과세의 원칙에 관하여 병존하여 오던 대법원의 두 가지 대립되는 입장들을 정리하여 하나의 입장으로 재정립할 필요가 있어서 전원합의체 판결의 형식을 취하게 되었다. 그렇다고 하여 어느 하나의 입장을 취하면서 그 반대되는 입장의 판결들을 배척하여 폐기하는 형식을 취한 것이 아니라 양 흐름의 입장들을 모두 비판적으로 수용하면서 변증법적으로 승화시키는 방법을 택하였다고 평가할 수 있다. 그래서 위 전원합의체 판결에는 다수의견과 반대의견의 대립은 있을지언정 종래 판결의 폐기는 없다. 이는 종래 판결들의 입장이 완전히 틀린 것은 아니라고 보기 때문이고 실제로도 그렇다. 실질과세의 원칙에 대하여 대법원이 하나의 입장을 정하는 것은 정책적 결단이며 그것은 그 시대의 사회적 배경과 가치관이 반영된 것이므로 그와 시대를 달리하는 대법원 판결이 틀렸다고 보는 것은 옳지 않다.

위 전원합의체 판결에 대하여 논자들이 평가하기를 대법원이 종래의 법적 실질설과 경제적 실질설의 대립 속에서 절충설을 취한 것이라고 하는데 비교적 정확한 평가라고 할 수 있다. 그러나 절충설적 입장이라고 해서 법적 실질설의 입장과 경제적 실질설의 입장을 절충한 것이라기보다는 이들 입장의 대립에서 벗어나 실질과세의 원칙의 본래 취지에 터 잡아 그 적용요건과 범위를 새로이 정립한 것으로 평가하는 것이 더 정확하다고 하겠다. 그래서 위 전원합의체 판결에는 법적 실질이니 경제적 실질이니 하는 용어를 사용하지 아니하고 국세기본법 제14조의 조문에서 새로 그 논거를 출발시키고 있다.

우선 위 전원합의체 판결은 실질과세의 원칙의 기본이념과 조세법률주의와의 관계에 관하여 그 입장을 밝히고 있다. 실질과세의 원칙은 그 근거가 되는 조문이 국세기본법 제14조임을 전제로 하여 헌법상의 기본이념인 평등의 원칙을 조세법률관계에 구현하기 위한 실천적 원리로서, 조세의 부담을 회피할 목적으로 과세요건사실에 관하여 실질과 괴리되는 비합리적인 형식이나 외관을 취하는 경우에 그 형식이나 외관에 불구하고 실질에 따라 담세력이 있는 곳에 과세함으로써 부당한 조세회피행위를 규제하고 과세의 형평을 제고하여 조세정의를 실현하고자 하는데 주된 목적이 있다고 한다. 나아가 이는 조세법의 기본원리인 조세법률주의와 대립관계에 있는 것이 아니라 조세법규를 다양하게 변화하는 경제생활관계에 적용함에 있어 예측가능성과 법적 안정성이 훼손되지 않는 범위 내에서 합목적적이고 탄력적으로 해석함으로써 조세법률주의의 형해화를 막고 실효성을 확보한다는 점에서 조세법률주의와 상호보완적이고 불가분적인 관계에 있다고 한다.

이러한 입장은 종래 법적 실질설의 입장을 취하고 있던 대법원 판례들과 비교해 볼 때 우선 이념적 기반에서 현저한 대조를 보이고 있다. 법적 실질설의 입장에 의하면, 실질과세의 원칙에 의하여 납세의무자의 거래행위를 그 형식에도 불구하고 조세회피행위라고 하여 그 효력을 부인하려면 조세법률주의 원칙상 법률에 개별적이고 구체적인 부인규정이 마련되어 있어야 한다는 것이었는데, 위 전원합의체 판결은 개별적이고 구체적인 부인규정에 해당하지 않더라도 국세기본법 제14조의 규정에 의하여 실질과세의 원칙을 적용할 수 있다는 입장이고, 이러한 실질과세원칙의 적용은 조세법률주의와 충돌되는 것이 아니라 오히려 그와 상호보완적인 것이라고 선언하고 있다. 법적 실질설의 입장에서는 개별적이고 구체적인 부인규정에 해당하지 않음에도 실질과세의 원칙을 이유로 납세자들이 선택한 거래형식을 부인하면 과세요건 법정주의와 명확주의를 핵심으로 하는 조세법률주의가 형해화된다고 보았지만, 위 전원합의체 판결은 법적 실질설의 입장을 고집하게 되면 역으로 조세법률주의가 형해화될 수 있다고 경고하는 점에서도 그 철학적 기반이 대조를 이루고 있다. 위 전원합의체 판결은 조세법규에서 과세요건을 명확히 규정해 두고 있는 것을 악의적인 납세자가 이를 역이용함으로써 그와 같은 과세요건을 피해가기 위한 비정상적인 거래형식을 창출해 낼 경우 법적 실질설의 입장에 따라 개별적이고 구체적인 부인규정이 없다는 이유로 그대로 조세회피의 결과를 그대로 수긍하게 되면 그와 같은 조세법규가 설 자리가 없어져 오히려 조세법률주의가 형해화될 수 있다고 보는 것이다. 실로 조세법률주의라는 이념적 틀은 납세의무자와 과세관청의 양방향에서 무너질 위험이 존재한다고 할 것인데, 법적 실질설의 입장은 과세관청에 의하여 실질과세의 원칙이 남용됨으로써 조세법률주의가 무너질 수 있는 위험의 측면을 강조한 것이라면, 위 전원합의체 판결은 조세법규를 피해가는 악의적 납세의무자에 의하여 조세법률주의가 무너질 위험의 측면을 강조한 것이라고 할 수 있다. 어느 한 입장이 절대적으로 옳고 다른 입장이 절대적으로 틀렸다고 할 수 없다. 다만, 조세법률주의를 바라보는 시각과 강조하는 영역이 서로 다를 뿐이므로 서로 모순된다거나 충돌된다고 할 것도 아니다. 그래서 위 전원합의체 판결은 겉으로 보기에 법적 실질설과 대조를 이루고 있는데도 법적 실질설을 취한 종래의 대법원 판결을 폐기하지 않고 존치시키고 있다고 할 수도 있겠다.

이와 같이 위 전원합의체 판결은 법적 실질설과의 반대방향에서 실질과세의 원칙을 바라보면서도 법적 실질설의 입장에서 강조하고 있는 실질과세의 원칙의 남용가능성에 대하여 이를 경청하는 태도를 보이고 있다. 그 남용가능성을 최대한 억제하기 위하여 실질과세의 원칙의 적용요건에 관하여 다음과 같이 판시하고 있다. 실질과세의 원칙이 적용되기 위해서는 조세의 부담을 회피할 목적으로 과세요건 사실에 관하여 실질과 괴리되는 비합리적인 형식이나 외관을 취한 경우라야 한다는 것이다. 납세자가 선택한 거래형식이 조세회피의 목적과 무관하거나 설령 조세회피의 목적에서 비롯된 것이라고 하더라도 그것이 합리적인 거래형식을 취할 경우에는 이를 부인할 수 없다는 것이다. 조세회피의 목적이 유일한 목적이어야 하는지에 대하여 명시적인 설시가 없지만 오로지 조세회피만을 목적으로 하는 경우로 제한하지 않고 있는 점에 비추어 조세회피의 목적이 주된 목적일 경우에는 다른 부수적인 목적이 수반되더라도 그 거래형식을 부인할 수 있다고 보아야 하겠다. 여기서 비합리적인 형식이나 외관이란 납세자에게서 조세회피의 목적을 배제하고 나면 그와 같은 거래형식을 취할 리가 없는 경우를 말한다고 할 수 있다. 즉, 조세회피목적 외의 다른 측면, 예를 들면 미국 판례들에서 많이 언급되고 있는 사업목적의 측면(business purpose doctrine)에서 보면 오히려 비효율을 초래하는 거래형식을 말한다. 이는 실질과세의 원칙의 구체적 표현의 하나인 부당행위계산부인에 있어서 그 요건이 되는 경제적 합리성을 결여한 경우에 해당한다고 할 수도 있다. 이러한 입장은 실질과세 원칙의 적용에 관하여 관대한 입장을 취하고 있는 경제적 실질설과는 대조된다고 하겠다. 경제적 실질설의 입장은 납세자가 거래의 형식을 선택함에 있어 조세회피의 목적이 있었는지 여부를 불문하고 그 경제적 실질을 포착하여 그에 따라 과세할 수 있다는 입장으로 이해되기 때문이다.

그리고 구체적 요건에 관하여도 국세기본법 제14조 제1항의 귀속의 실질에 있어서 다음과 같이 까다롭게 판시하고 있다. 즉, 당해 주식이나 지분의 귀속 명의자는 이를 지배·관리할 능력이 없고 그 명의자에 대한 지배권 등을 통하여 실질적으로 이를 지배·관리하는 자가 따로 있으며, 그와 같은 명의와 실질의 괴리가 위 규정의 적용을 회피할 목적에서 비롯된 경우에는, 당해 주식이나 지분은 실질적으로 이를 지배·관리하는 자에게 귀속된 것으로 보아 그를 납세의무자로 삼아야 하고, 그 경우에 해당하는지는 당해 주식이나 지분의 취득 경위와 목적, 취득자금의 출처, 그 관리와 처분과정, 귀속명의자의 능력과 그에 대한 지배관계 등 제반 사정을 종합적으로 고려하여 판단하여야 한다고 한다. 이와 같이 그 요건을 까다롭게 설정함으로써 법적 실질설로부터의 비판에 어느 정도 대응할 수 있게 되었다고 하겠다.

또한 위 전원합의체 판결은 실질과세의 원칙을 적용하여 납세자가 취한 거래형식을 부인함에 있어 그것이 가장행위에 해당한다는 등의 설시를 하지 않았다는 점에서 법적 실질설과는 그 터전을 달리 하고 있다고 평가할 수 있다. 가장행위에 해당하여야만 그 행위를 부인할 수 있는 것이 아니라 세법적 관점에서 조세회피의 목적이 뚜렷한 경우에는 가장행위에 해당하지 않는다고 하더라도 그 실질을 포착하여 과세할 수 있다는 것이다. 이 점에 대한 보다 자세한 논거는 위 전원합의체 판결 다수의견의 보충의견에 잘 나타나 있다. 즉, 보충의견은 대법원이 그동안 당사자가 선택한 법률관계에 대하여 그것이 가장행위에 해당하지 않는 한 개별적이고 구체적인 부인규정 없이 실질과세의 원칙에 의하여 조세회피행위에 해당한다는 이유로 그 효력을 부인할 수 없다는 입장을 여러 사건에서 밝힌 바가 있지만 거기에서 언급하고 있는 가장행위를 민법 제108조 등에서 그 효력을 인정하지 않는 가장행위와 동일한 개념으로 이해할 필요는 없다고 하면서, 당사자들 사이에 내심의 의사가 결여된 민법상의 통정허위표시는 그 사법상의 효력도 없으므로 굳이 실질과세의 원칙을 적용할 필요도 없이 그 과세요건 해당성은 가장행위의 배후에 은닉된 실제 거래행위를 기준으로 판단하면 되고, 정작 실질과세의 원칙을 적용할 필요가 있는 영역은 그와 같은 민법상 가장행위의 정도에는 이르지 못하지만 외관과 실질이 괴리되어 있고 그 실질을 외면하는 것이 심히 부당하다고 볼 수 있는 경우라고 한다. 덧붙여 실제로 대법원 판례에는 그 외관이 민법상 가장행위에 해당한다고 보기 어려운 경우에도 실질과세의 원칙을 적용하여 과세요건 사실을 그 외관과 다르게 파악하여 인정한 사례[16]가 많고, 이 경우에는 명시적으로 가장행위에 해당한다는 것을 전제하고 있지는 않다는 점을 지적하고 있다.

그래서 위 전원합의체 판결의 사안에서도 설령 원고가 중간에 개재시킨 자회사들이 주식 등의 취득에 의한 법률적 효과까지 원고에게 귀속시키고자 하는 내심의 의사가 있었던 것은 아니어서 그 주식 등의 취득이 민법상 가장행위에 해당한다고는 할 수 없다고 하더라도 그것만으로 실질과세의 원칙에 의하여 원고에게 납세의무를 인정하는 것이 종전 판례 법리에 어긋난다고 할 것은 아니라고 하였다. 타당한 판시라고 하겠다. 법적 실질설과 같이 민법상 가장행위에 해당하여야만 실질과세의 원칙에 의하여 그 실질에 따

---

16) 대법원 2002. 4. 9. 선고 99도2165 판결, 대법원 2010. 10. 28. 선고 2008두19628 판결, 대법원 2010. 11. 25. 선고 2009두19564 판결 등

라 과세하여야 한다는 입장은 실질과세의 원칙이 필요 없다는 것과 다르지 않다. 실질과세의 원칙을 적용하지 않더라도 민법상의 가장행위는 세법적 평가를 받기 전 단계에서 이미 민법에 의하여 그 효력이 부인되므로 당연히 세법의 영역에서도 그 가장행위에 터 잡아 과세 여부를 정할 수는 없는 것이다. 정작 실질과세의 원칙이 필요한 이유는 민법상 가장행위의 정도에 이르지 아니하여 민법상 그 거래의 효력을 부인할 수 없어 세법의 영역에까지 들어왔을 때 비로소 실질과세의 원칙을 적용하여 그 거래형식을 인정할 것인지 여부를 고려하게 되는 것이다.

위 전원합의체 판결이 선고된 이상 다시 전원합의체 판결에 의하여 변경되기 전까지는 가장행위라는 도구적 개념에 기대어 실질과세원칙의 적용 여부를 판단하려는 법적 실질설의 접근방법은 용인되어서는 아니될 것이다. 실질과세의 원칙은 너무 강조해서도 아니되고 너무 배척해서도 아니되므로 조세법 영역에서는 필요악적인 존재라고 할 수 있다. 선량한 납세의무자들만 존재한다면 실질과세의 원칙은 불필요했을 것이다. 악의적인 납세의무자들이 실질과세의 원칙을 탄생하게 하였으니 그들이 실질과세의 원칙으로부터 규제를 받는다는 것은 당연한 것이다. 다만, 선량한 납세의무자들이 실질과세의 원칙으로부터 피해를 보는 것은 막아야 할 것이므로 위 전원합의체 판결이 제시한 까다로운 기준에 따라 그 적용을 제한할 필요가 있다.

나. 사례 분석

(1) 서언

최근 대법원 판결들에 나타난 사례를 중심으로 실질과세원칙이 적용되는 모습을 분석해 봄으로써 그 적용기준을 음미해보는 것은 향후의 그 적용요건에 대한 예측가능성을 높인다는 점에서 의의가 있다. 그러나 아래의 분석들에서 알 수 있듯이 여전히 대법원 판결들의 입장에는 일관된 흐름을 찾기가 쉽지 않다. 더구나 전항에서 본 전원합의체 판결이 있기 전까지는 이러한 현상이 더 심했다고 할 수 있다. 개별사건에서 우러나오는 구체적 타당성에 주목하다 보면 이러한 현상이 불가피한 측면이 없지 않겠지만 담당 재판부를 구성하는 대법관들의 주관적 가치관이 반영된 결과로 볼 측면이 없지 않다. 납세자들이 거래형식을 선택함에 있어 예측가능한 지표를 제공하기 위해서는 대법원 판결에 상당한 정도의 일관된 흐름을 형성하기 위한 노력이 필요하다고 하겠다.

(2) 귀속의 실질에 관한 사례

근래 귀속의 실질에 관하여 다툼이 있는 사건들로는 외국자본이 국내에 들어오면서 조세조약이나 국내세법의 적용상 유리한 위치를 점하기 위하여 소위 페이퍼컴퍼니를 경유하는 경우들에 관한 것으로서 이에 관한 대법원 판례들이 쌓여가고 있다. 대표적인 것으로는 전항에서 본 대법원 2012. 1. 19. 선고 2008두8499 전원합의체 판결을 들 수 있다. 구 지방세법(2010. 3. 31. 전부 개정되기 전의 것) 제105조 제6항에 의하면 법인의 주식을 취득함으로써 51% 이상을 보유하는 과점주주가 되면 당해 법인의 부동산을 그 지분 비율만큼 취득한 것으로 보아 이른바 간주취득세를 부과하게 되는데, 외국법인이 부동산 회사인 내국법인의 주식을 취득함에 있어 이러한 간주취득세의 부담을 회피할 목적으로 100% 출자한 2개의 자회사를 설립하여 그들로 하여금 각각 내국법인의 주식 50%씩을 취득하게 한 사건이었다. 이 사건에서 명의상의 귀속관계만 놓고 보면 2개의 자회사들은 각각 그 지분이 50%에 불과하여 51%에 미달함으로써 내국법인의 과점주주에 해당하지 않으며 모회사인 외국법인은 내국법인의 주식을 전혀 보유하고 있지 아니하므로 역시 과점주주가 아니어서 어느 누구에게도 간주취득세를 부과할 수 없는 상황이다. 여기서 과점주주는 주주 및 그와 특수관계에 있는 자들의 보유주식을 합산하여 파악하는데, 만약 모회사인 외국법인이 내국법인의 주식을 단 1주라도 보유했다면 그 외국법인과 2개의 자회사가 하나의 특수관계자 그룹으로 묶이게 되어 그들이 보유한 주식수가 100%이므로 당연히 간주취득세가 부과되었겠지만 모회사인 외국법인이 내국법인의 주식을 전혀 보유하지 않음으로써 2개의 자회사가 하나의 특수관계자 그룹으로 묶이지 않아 결국 아무도 간주취득세를 부담하지 않는 모양새가 되었다. 과세관청은 2개의 자회사는 명목상의 주주일 뿐이고 실질적인 주주는 모회사인 외국법인이라고 보아 그 외국법인에게 간주취득세를 부과하였다.

이에 대하여 대법원은 다음과 같이 판시하였다. 즉, 자회사들이 내국법인의 주식을 취득할 때 자회사들의 지분을 모회사가 100% 소유하고 있었고, 자회사들은 내국법인의 주식을 보유하다가 일부를 처분하는 방식으로 재산을 보유·관리하고 있을 뿐 그 외 별다른 사업실적이 없고, 회사로서의 인적 조직이나 물적 시설을 갖추고 있는 것도 없어서 독자적으로 의사를 결정하거나 사업목적을 수행할 능력이 없는 것으로 보이며, 주식 등의 취득자금은 모두 모회사가 제공한 것이고 그 취득과 보유 및 처분도 전부 모회사가 관장하였으며, 그 모든 거래행위와 자회사들의 사원총회 등도 실질적으로는 모두 모회사의 의사결정에 따라 모회사가 선임한 대리인에 의하여 이루어진 것으로 보이는 점 등에 비추어 내국법인의 주식을 모회사가 직접 취득하지 않고 자회사들 명의로 분산하여 취득한 것은 오로지 간주취득세의 납세의무를 회피하기 위한 것으로 보기에 충분하므로 모회사가 그 주식의 실질적 귀속자로서 간주취득세 납세의무를 부담한다고 보아야 한다고 판시하였다.

이 사안을 보면 모회사가 부동산회사인 내국법인에 투자함에 있어서 사업목적이나 경영성과의 측면에서 보면 자회사를 설립하여 이를 경유하는 것보다는 직접 투자하는 것이 훨씬 효율적이라고 할 수 있다. 굳이 2개의 자회사를 설립하게 되면 그 설립비용이 소요될 뿐 아니라 자금의 흐름도 우회적이 되어 전체적인 투자비용이 증가할 수밖에 없다. 그럼에도 굳이 그와 같은 비효율적인 방법을 택한 것은 그로 인하여 간주취득세의 부담을 피할 수 있다면 우회적 거래로 인한 비효율을 상쇄하고도 남음이 있기 때문이다. 요컨대 이와 같은 비효율적인 거래방식을 택한 목적은 오로지 간주취득세의 부담을 회피하기 위한 것으로 볼 수 있다. 이러한 거래방식만큼은 조세법의 영역에서 도저히 허용할 수 없다는 것이 실질과세원칙의 입장인 것이다. 그리고 실제로 위 사안에서 2개의 자회사들은 그 존재의 실체를 인정할 만한 요소를 발견하기가 어렵다. 직원이나 사무실 등의 외관은 물론이고 다른 거래실적도 전무하다. 만약에 모회사가 이러한 우회적 거래를 설계함에 있어서 자회사들의 실체를 인정할 만한 외관을 어느 정도라도 갖추었더라면 과세관청이나 대법원도 쉽사리 그 존재를 부인하기 어려웠을 것이다. 그러나 위 사안에서 모회사는 경영상의 비효율을 그나마 최소한으로 줄이려는 목적 때문이었는지는 몰라도 자회사들의 외관을 구성하는 데 너무도 인색하였고, 그로 인해 간주취득세의 큰 부담을 피할 수 없는 결과를 초래하였다.

이러한 분석에서 납세자들에게 시사점이 될 수 있는 것은 실질과세의 원칙에 의하여 명목상의 귀속주체가 그 주체성을 부인당하지 않기 위해서는 그것의 존재에 관하여 조세회피의 목적 외에 다른 사업상의 목적이 있음을 드러낼 수 있어야 한다는 것이다. 그 다른 사업상의 목적이 조세회피의 목적을 압도할 정도의 주된 목적은 아닐지라도 상당한 정도의 목적이 있음을 드러냄으로써 적어도 조세회피의 목적이 주된 목적이었다고 단정하기 어렵도록 만들어야 한다. 그리고 그 명목상의 귀속주체가 실체성이 있음을 상당한 정도로 드러낼 수 있어야 한다. 실제로 소송에서 문제가 되는 소위 페이퍼컴퍼니들은 그 실체성을 인정할 만한 요소들이 거의 없는 실정이다. 조세의 부담을 덜기 위하여 다단계 거래를 설계한다는 것 자체가 결코 바람직하지는 않지만 이왕 그와 같은 거래를 계획하였다면 적어도 중간단계에 끼어든 거래 당사자들도 그 실체를 인정받을 수 있을 정도의 외관은 갖추어야 한다는 것이다. 그러한 외관하에 실제로 다른 거래를 한 실적들이 드러난다면 과세관청으로서는 실질과세의 원칙에 의하여 그 존재를 쉽사리 부인하기 어려울 것이다.

(3) 거래내용의 실질에 관한 사례

가) 중계무역거래 사건(대법원 2011. 5. 26. 선고 2008두9959 판결)

최근에 거래내용의 실질에 관하여 다소 과감하게 실질과세의 원칙을 적용한 사례로는 대법원 2011. 5. 26. 선고 2008두9959 판결을 들 수 있다. 구 법인세법(2004. 12. 31. 개정되기 전의 것) 제41조 제1항과 그 시행규칙 제37조 제3항 등의 관련 규정에 의하면 재화를 수입하는 자가 지급하는 Usance 이자 중 수출자가 신용을 공여하는 경우의 Shipper's Usance 이자는 매입비용으로 보아 원천징수의 문제가 없는 반면, 은행이 신용을 공여하는 경우의 Banker's Usance 이자는 원칙적으로 금융비용인 이자로 보아 이를 지급하는 자가 상대방으로부터 이자소득에 대한 원천징수세액을 징수하여 납부하여야 한다. 그런데 이 사안은 종합무역상사인 내국법인이 외국법인들의 수출입 거래에 개입하여, 수출자인 외국법인에게서 연지급조건 신용장 방식(Shipper's Usance L/C)으로 구리 등의 재화를 수입하고 이를 제3국에 있는 수입자인 외국법인에 전신환송금 방식(Telegraphic Transfer) 등으로 수출하는 중계무역 형식의 거래를 한 것이었는데, 그 거래의 형식만을 놓고 보면 내국법인이 수출자에게 지급한 이자 상당의 금액은 Shipper's Usance 이자로서 매입부대비용이므로 이자소득세의 원천징수의무가 없다고 해야 한다. 그런데 과세관청은 그 거래의 실질은 수출자인 외국법인이 수입자인 외국법인에 재화를 매도하고 매도대금을 지급받는 것이 이미 정하여져 있는 상태에서 내국법인이 개입하여 수입자인 외국법인에게서 대금을 즉시 지급받음으로써 수출자인 외국법인으로부터 매도대금 상당액의 자금을 차입하고, 추후 수출자인 외국법인에 재화의 매입에 따른 매입대금 및 이자를 지급하는 형식으로 차입금 원금 및 이자를 변제한 것으로 보아 위 거래는 형식상 중계무역의 외관을 한 자금차입거래에 불과하다는 이유로 내국법인이 수출자인 외국법인에 지급한 이자는 국내사업장이 없는 외국법인의 국내원천 이자소득으로 법인세 원천징수 대상이라고 보았고, 원심과 대법원이 이러한 과세관청의 입장을 수긍하였다.

그러나 기본적으로 이 사건에서 내국법인에게는 자금조달이라는 경제적 동기가 있었던 것은 사실이지만, 차입금의 이자에 대한 원천징수의무를 회피하기 위하여 이러한 거래유형을 선택하였다고 보는 것은 무리이다. 그럼에도 대법원은 경제적 동기, 즉 경제적 실질이 자금차입이라고 보아 내국법인이 선택한 거래형식을 부인하고 이를 차입거래로 재구성하였다. 이러한 대법원의 태도는 경제적 실질설의 입장을 취한 것으로 볼 수 있다. 물론 위 판결은 절충설의 입장을 선언한 대법원 2012. 1. 19. 선고 2008두8499 전원합의체 판결보다 약간 먼저 나온 것이기는 하다. 하지만 위 전원합의체 판결에서 실질과세원칙의 남용을 막기 위하여 조세회피의 목적이 있는 경우에 한하여 실질과세의 원칙을 적용한다는 절충설의 입장을 공식적으로 채택한 이상 향후 사안에서는 위 판결의 입장을 원용하기는 어렵다고 하겠다. 더구나 세부적으로 위 중계무역의 거래를 살펴보더라도 아래에서 지적하는 바와 같이 이를 내국법인과 수출자 사이의 단순한 자금차입거래로 재구성하는 데는 상당한 무리가 따른다.

우선 중계무역 거래의 경제적 동기가 비록 자금조달 목적에 있다 하더라도 내국법인이 취한 구체적 거래행위가 대외무역법에서 인정하는 중계무역의 형식을 갖추었을 뿐만 아니라, 내국법인과 수출자, 수입자, 거래은행 등의 각 거래 당사자들 간의 각종 거래행위에 따르는 법률상의 효과를 발생시키고자 하는 진의가 없었다고 단정하기도 어렵다. 더구나 수출거래와 수입거래는 별개의 거래로서 수출대금이 결제되지 않는다고 해서 수입대금의 결제의무를 면하는 것이 아니므로 내국법인이 중계무역의 법률관계를 취한 이상 수출자에게 지급한 수입대금이 수입자로부터 수령한 수출대금에 대한 반대급부로 보기 어려운 측면이 있다. 이러한 거래는 내국법인이 Usance 이자만큼 손해보는 비정상적인 거래라고 할 수도 있겠지만, 180일 후에 지급하는 수입대금이 즉시 수령하는 수출대금보다 그 이자 상당액만큼 더 많다고 하더라도 화폐의 시간적 가치를 고려하면 손해보는 구조라고 단정할 수 없다. 또한 내국법인이 수출대금채권의 대위 수령방법으로 수출자로부터 자금차입을 하였다고 본다면, 내국법인이 수출자에게 이를 변제함에 있어서는 그것이 실물거래를 수반한 수입대금이 아니라 단순한 차입자금의 변제로 볼 수밖에 없고 그렇다면 내국법인 측의 신용장개설은행이 이에 대하여 보증하지는 아니하였을 것이다. 따라서 내국법인 측 신용장개설은행이 이를 보증한 이상 단순한 자금차입거래로 재구성하기 어렵다. 그리고 여기서 내국법인과 수출자, 수입자 및 신용장개설은행들이 내국법인과 수출자 사이의 자금차입거래를 중계무역거래 형식으로 위장하기로 합의하였다거나 그들이 수수한 선하증권(또는 창고증권), 신용장, 화환어음 등 제반 무역관계서류가 모두 이러한 자금차입거래를 위장하기 위한 허위의 서류에 불과하다고 단정하기 어렵다. 이 사건과 같이 다각적이고 금융기관과 해외수입자 등 관여자가 많은 중계무역 거래까지도 실질과세원칙을 근거로 원고와 해외수출자 사이의 단선적인 자금차입거래로 재구성할 수 있도록 허용한다면, 향후 과세관청이 실질과세원칙을 남용하는 것을 저지하기 어렵게 된다.

나) 엔화스왑예금이자 사건(대법원 2011. 4. 28. 선고 2010두3961 판결)

전항에서 본 판결들과 비슷한 시기에 선고된 판결로서 거래내용의 실질에 관하여 법적 실질설의 입장에 서서 실질과세의 원칙에 관하여 소극적인 입장을 취한 대표적인 사례로 이른바 엔화스왑예금거래에 관한 대법원 2011. 4. 28. 선고 2010두3961 판결이 있다.

그 당시 대법원에 동종 사건이 많이 있었고 위 판결을 필두로 비슷한 시기에 같은 취지의 판결들이 선고되었다. 판결문에 나타난 사안의 개요는 다음과 같다.

고객들은 2002년경부터 2004년경 사이에 S은행과 엔화스왑예금계약이라는 이름으로, 고객들이 원화로 엔화를 매입하고 이를 예금하여 만기에 원금과 연리 0.25% 전후의 확정이자를 지급받는 엔화예금에 가입함과 동시에, 위 예금계약의 만기 또는 해지 시에는 엔화예금 원리금을 S은행에 미리 약정한 환율(선물환율)로 매각하여 원화로 이를 지급받기로 하는 선물환계약을 체결하였다. S은행은 2002년경부터 엔화정기예금거래와 선물환거래를 함께 하는 금융상품을 개발하여 고객에게 세후 실효수익률에서 일반정기예금보다 유리한 것으로 홍보·판매하였는데, 고객들은 자신이 소유하던 원화를 엔화로 바꾸어 S은행에 예치하고 만기에 예금에 대한 이자는 거의 없으나 계약 체결일 당시에 이미 약정된 선물환율에 의한 선물환매도차익을 얻게 되므로 결과적으로 소득이 확정금리를 지급하는 원화정기예금상품과 유사하고 소득세법상 선물환매도차익이 비과세되므로 금융소득종합과세를 피할 수 있어 원화정기예금과 대비하여 고수익을 확보할 수 있었다. 엔/원 선물환시장은 2006. 5. 29.경까지 우리나라에 존재하지 아니하였으므로 S은행은 톰슨로이터로부터 이 사건 계약 당시 공시되는 만기의 달러/원 스왑포인트(선물환율에서 현물환율을 뺀 금액을 말한다)와 달러/엔 스왑포인트를 제공받아 산정한 달러/원 선물환율을 달러/엔 선물환율로 나눈 엔/원 선물환율(재정선물환율, Cross Rate)을 기준으로 약정선물환율을 정하였고, 위와 같이 산정된 엔/원 선물환율(재정환율)과 엔/원 현물환율의 차이인 엔/원 스왑포인트는 2002년경부터 2005년경까지 계속 양(+)의 상태에 있었다. 다만, S은행은 매일 사내 인트라넷을 통하여 'DEPO 거래수익률'을 게시하고 동일한 날짜에 계약된 모든 엔화스왑예금의 선물환계약에 대하여는 동일한 선물환율을 적용하도록 하였다. S은행은 고객들이 수취한 이익 중 엔화정기예금이자에 해당하는 부분에 대해서만 원천징수하고 나머지 선물환매도차익에 해당하는 부분에 대해서는 원천징수를 하지 아니하였는데, 과세관청은 실질과세의 원칙상 고객들이 수취한 이익 전체가 소득세법 제16조 제1항이 정한 이자소득에 해당한다고 보아 이자소득세를 부과하였다.

이에 대하여 대법원은 당사자가 취한 거래형식이 세금의 부담을 회피하기 위한 행위라 하더라도 그것이 가장행위에 해당하는 등의 특별한 사정이 없는 이상 유효한 것으로 보아야 한다는 전제 아래, 그 선물환계약은 엔화정기예금계약과는 구별되는 별개의 계약으로 인정되고, 법률행위의 효력이 없는 가장행위에 해당한다거나 엔화정기예금계약에 포함되어 일체가 되었다고 보기 어려우며, 그 선물환거래로 인한 차익을 구 소득세법(2009. 12. 31. 개정되기 전의 것) 제16조 제1항 제3호 소정의 예금의 이자 또는 이에 유사한 것으로서 같은 항 제13호 소정의 이자소득세의 과세대상에 해당한다고 보기 어렵고, 나아가 구 소득세법 제16조 제1항 제9호는 채권 또는 증권을 환매조건부로 매매함으로써 계약 시부터 환매조건이 성취될 때까지 금전사용의 기회를 제공하고 환매 시 대가로 지급하는 일정한 이익을 이자소득으로 보아 과세하는 것인데, 그 선물환차익을 채권 또는 증권의 환매조건부 매매차익 또는 이에 유사한 것으로 보기도 어렵고, 설사 이에 유사하다고 하더라도 구 소득세법 제16조 제1항 제9호, 구 소득세법 시행령 제24조 소정의 환매조건부 매매차익은 채권 또는 증권의 매매차익만을 대상으로 하는데 구 소득세법 제16조 제1항 제13호가 유형적 포괄주의의 형태로 규정되어 있기는 하지만 채권이나 증권이 아닌 외국통화의 매도차익에 대하여도 이를 이자소득세로 확대해석하는 것은 조세법률주의의 원칙에 비추어 허용할 수 없다고 한 원심의 판단을 수긍하였다.

그러나 무엇보다도 S은행이 이러한 거래형태를 설계한 주목적은 대법원의 판시에서도 나타난 바와 같이 이자소득세의 회피에 있다. 선물환차익에 대하여 이자소득세가 과세된다면 고객들은 오히려 손해를 볼 수 있고 이자소득세가 과세되지 않는다면 고객에게 돌아가는 전체의 세후소득이 원화정기예금의 경우에 비하여 다소 높았기 때문이다. 따라서 이러한 거래는 선물환차익에 대한 이자소득세의 부담이 없을 경우에만 가능한 것이다. 그리고 거래의 형식을 자세히 들여다보면, S은행 측은 정기예금보다 다소 높은 이자를 확보할 수 있다는 점을 내세워 고액의 현금이나 예금을 보유하는 고객을 모집하였고, 그 사안을 들여다보면 고객들에 대한 설문조사 결과 약 90%의 고객들로부터 엔화 스왑예금거래의 구조 및 선물환거래의 실태를 이해하지 못하면서 확정금리를 지급한다는 은행의 설명만을 믿고 가입하였고, 은행의 직원으로부터 환율변동에 따른 위험부담이 있다는 말을 듣지 못하였다는 등의 답변을 들었다는 점을 알 수 있다. 고객들은 고액의 여유자금을 보유하고 있는 자들로서, 엔화에 대한 특별한 수요도 없고, 제로금리에 가까운 엔화예금에 가입하기 위하여 엔화를 매수하였다고 보기는 어려우며 고객들이 원고로부터 엔화를 매입하고 엔화예금에 가입한 것은 그의 진정한 의도에 기인한 것으로 볼 수 없다. 고객들의 입장에서 현실적으로 드러난 현상은 원고에게 원화자금을 지급하였다가 3개월 후에 당초의 원화자금에 일정한 부가금을 합산하여 수령한 것밖에 없고 고객들이 진정하게 의도하는 것은 일정한 부가금을 받는 것이므로 그 속에 내재된 나머지의 거래행위는 형식에 불과하다고 할 수 있다.

특히 고객들이 얻는 선물환차익은 은행으로부터 현물환으로 매수한 엔화를 사전에 약정한 선물환율로 환매도하는 과정에서 창출된 소득이므로 구 소득세법 제16조 제1항 제9호의 환매조건부 매매차익과 비교해 볼 때 단지 그 대상이 채권이나 증권이 아닌 엔화라는 점만 제외하고는 거의 동일하므로 제9호의 소득과 유사한 소득에 해당한다고 할 수 있다. 그리고 위 선물환차익은 그 본질이 선물환거래의 대상인 양 통화의 이자율의 차이에 해당하므로 은행이 이자율이 낮은 엔화를 매도하고 이자율이 높은 원화를 매입하여 이를 일정기간 사용하고 그에 대한 대가로 원화와 엔화의 사용대가의 차이, 즉 양 통화의 이자의 차이 상당액을 선물환차익의 형태로 보전해 준 것으로 볼 수 있다. 따라서 이는 금전인 원화의 사용대가의 성격을 지닌다. 또한 위 선물환차익은 무위험의 확정소득이므로 다른 이자소득과 비교해 볼 때 담세력도 대등하다고 볼 수 있다. 따라서 위 선물환차익은 구 소득세법 제16조 제1항 제9호의 소득과 유사한 소득으로서 금전의 사용대가의 성격을 지니므로 같은 항 제13호의 소득으로 보는데 별 무리가 없다.

이와 같이 엔화스왑예금거래는 이자소득세의 회피를 주된 목적으로 하여 설계되었고 그 실질이 이자소득세의 과세대상인 구 소득세법 제16조 제1항 제13호에 해당하는 것으로 볼 수 있음에도 위 대법원 판결은 법적 실질설의 입장을 고집하여 이들 거래의 형태가 민법상 가장행위에 해당하지 않는다는 이유로 이자소득세의 과세대상이 아니라고 본 것은 법적 실질설이 지니는 한계를 그대로 드러내었다고 할 수 있다. 이 판결도 절충설의 입장을 선언한 대법원 2012. 1. 19. 선고 2008두8499 전원합의체 판결보다 약간 먼저 나온 것이다. 위 전원합의체 판결이 나오기 직전에 이와 같이 법적 실질설을 취한 판결과 경제적 실질설을 취한 판결이 서로 모순된 상태로 공존하고 있었다는 것은 바람직하지 못한 현상이었다. 이러한 현상은 위 전원합의체 판결에 의하여 교통정리가 되었다고 할 수 있다. 따라서 앞으로는 위 전원합의체 판결의 취지에 따라 절충설의 입장에서 실질과세의 원칙을 적용하는 것이 타당하고 또한 바람직하다고 하겠다.

다) 전환권에 의한 주식 저가인수 사건(대법원 2017. 1. 25. 선고 2015두3270 판결)

절충설의 입장으로 정리한 대법원 2012. 1. 19. 선고 2008두8499 전원합의체 판결의 정신을 가장 잘 계승한 것으로서 최근에 선고된 판결로 대법원 2017. 1. 25. 선고 2015두3270 판결이 있다.

이 판결에서는 먼저 조세회피목적의 존재를 실질과세원칙의 적용요건임을 강조하고 있다. 즉, 구 상속세 및 증여세법(2010. 1. 1. 개정되기 전의 것) 제2조 제4항에서 2 이상의 행위 또는 거래를 거치는 방법에 의하여 증여세를 부당하게 감소시킨 것으로 인정되는 경우에 경제적인 실질에 따라 연속된 하나의 행위 또는 거래로 보아 과세하도록 규정한 것은, 증여세의 과세대상이 되는 행위 또는 거래를 우회하거나 변형하여 여러 단계의 거래를 거침으로써 증여의 효과를 달성하면서도 부당하게 증여세를 감소시키는 조세회피행위에 대처하기 위하여 여러 단계의 거래 형식을 부인하고 실질에 따라 증여세의 과세대상인 하나의 행위 또는 거래로 보아 과세할 수 있도록 한 것으로서, 실질과세원칙의 적용 태양 중 하나를 증여세 차원에서 규정하여 조세공평을 도모하고자 한 것이라고 하면서, 하지만 납세의무자는 경제활동을 할 때 동일한 경제적 목적을 달성하기 위하여 여러 가지의 법률관계 중의 하나를 선택할 수 있고 과세관청으로서는 특별한 사정이 없는한 당사자들이 선택한 법률관계를 존중하여야 하며, 또한 여러 단계의 거래를 거친 후의 결과에는 손실 등의 위험 부담에 대한 보상뿐 아니라 외부적인 요인이나 행위 등이 개입되어 있을 수 있으므로, 여러 단계의 거래를 거친 후의 결과만을 가지고 실질이 증여 행위라고 쉽게 단정하여 증여세의 과세대상으로 삼아서는 아니 된다고 판시하였다. 위 판시에서 법적 실질설과 절충설이 잘 대비시키고 있다.

이러한 법리를 토대로 하여, 갑 회사의 최대주주이자 대표이사인 을이 갑 회사가 다른 회사에 발행한 전환사채를 약정에 따른 조기상환권을 행사하여 양수한 후 전환권을 행사하여 수령한 우선주를 보통주로 전환·취득하자, 과세관청이 을이 보통주 중 을의 소유주식비율을 초과하여 인수·취득한 부분에 대하여 당시 주가와 전환가액의 차액 상당을 증여받았다는 이유로 증여세 부과처분을 한 사안에서, 전환사채의 발행부터 을의 조기상환권 및 전환권 행사에 따른 갑 회사 신주취득까지 시간적 간격이 있는 일련의 행위들이 별다른 사업상 목적이 없이 증여세를 부당하게 회피하거나 감소시키기 위하여 비정상적으로 이루어진 행위로서 실질이 을에게 소유주식비율을 초과하여 신주를 저가로 인수하도록 하여 시가와 전환가액의 차액 상당을 증여한 것과 동일한 연속된 하나의 행위 또는 거래라고 단정하기는 어렵다는 이유로 구 상속세 및 증여세법 제2조 제4항을 적용하여 증여세를 과세할 수는 없다고 판시하였다.

위 사안에서 대법원은, 을이 취한 일련의 행위들이 갑 회사 주식을 저가로 인수할 경우에 따르는 조세를 회피할 목적에서 이루어진 비합리적인 행위들이라고 보기 어렵고 오히려 그와 같은 행위들을 할 만한 경제적 동기가 있었다고 본 것이다. 즉, 조기상환권 및 전환권의 행사에 따라 전환차익이 발생하였지만, 이는 갑 회사의 환차손, 영업활동의 부진 또는 거래처의 부실에 따른 신용위험 등으로 주가가 하락할 가능성을 감수하였음을 전제로 한 것으로서, 이에 더하여 전환사채 발행으로 인한 자금조달과 코스닥시장 상장 및 경영개선 노력 등을 통하여 주가가 상승함에 따라 발생한 결과이며, 전환사채 발행 당시에 갑 회사는 자금조달이 필요한 상황이었고 코스닥 상장 후 1년간 주가가 상당히 하락하였음을 고려하면, 그 발행 시부터 이미 을의 조기상환권 행사가 확실하였다거나 갑 회사의 주가 상승이 충분히 예상된다고 단정할 근거도 부족하다고 보았다.

이 판결에서 알 수 있듯이 절충설에 의한 실질과세의 원칙이 적용되기 위해서는 납세자가 선택한 거래형식은 조세회피목적 외의 다른 경제적 합리성이 없는 경우이어야 하는데 이 사안에서는 갑 회사와 을이 선택한 일련의 행위들은 그 자체로서 경제적 합리성을 갖추었고 오히려 조세회피의 목적이 있었는지 여부가 불분명한 경우이었다. 그래서 대법원은 실질과세의 원칙을 이유로 납세자가 선택한 거래형식을 부인할 수 없다고 판시한 것이다. 절충설의 입장을 잘 이해할 수 있는 좋은 사례이다.

라) 출자금으로 채무를 변제한 사건(대법원 2017. 12. 22. 선고 2017두57516 판결)

모회사와 자회사, 손자회사의 관계에서 자회사가 손자회사에 출자를 하고 그 손자회사가 출자금으로 다른 자회사의 채무를 상환한 사안에서, 자회사의 실체를 함부로 부인하여 모회사가 손자회사에 대하여 채권을 출자전환한 것으로 볼 수는 없다고 판단한 사건이다. 국세기본법 제14조 제3항의 적용에 엄격한 입장을 취한 것으로 볼 수 있다.

네덜란드 항공운송기업인 TNT그룹(모회사는 A사, 자회사는 B사·C사, 손자회사는 내국법인인 원고)에서 B사는 중간지주회사 역할을, C사는 금융회사 역할을 하였다. 원고가 유상증자를 하여 B사로부터 출자금을 납입받아 C사에 대한 채무를 상환하였는데, B사는 C사로부터 대출받아 원고에 대한 출자금을 납입하였다. 이에 대하여 과세관청은 B사와 C사는 명목상의 도관에 불과하고 원고와 A사의 관계에서 채무의 출자전환이 이루어진 것으로 보아 법인세법 제17조 제1항 제1호에 의하여 주식발행액면초과액 중 주식의 시가(0원, 당시 원고는 결손법인이었다)를 초과하는 금액 전부를 익금산입하였다.

대법원은 B사와 C사는 독자적인 실체를 가지고 고유한 목적사업을 수행하는 그룹 내 중간지주회사 내지는 금융회사로서, A사의 도관에 불과하다고 보아 세법상으로 그 실체나 형식을 부인하기 어렵다고 하면서, 원고는 항공운송사업을 영위하면서 발생한 C사에 대한 사업상 채무를 부담하고 있는 상태에서 이 사건 거래를 통하여 유상증자로 조달한 자금으로 재무구조를 개선한 것으로서 뚜렷한 동기 내지는 목적이 있는 행위라고 평가할 수 있고, B사는 위 사업상 채무의 채권자가 아니어서 채권의 출자전환이 불가능하며 이 사건 거래로 인하여 어떠한 손해가 발생하였다고 보기 어려운 사정 등을 종합하면, 이 사건 거래에 관한 개별 행위들이 법인세법 제17조 제1항 제1호 단서에 따른 조세부담을 회피할 목적에서 한 독자적인 의미를 갖기 어려운 중간행위로서 그 경제적 실질이 채무의 출자전환행위에 해당한다고 보기 어렵다고 판시하였다.

이 사안에서 B사나 C사는 각각 고유한 조직을 가지고 사업목적을 수행하고 있는 법인으로서 그 실체를 함부로 부인할 수 있을 정도의 껍데기가 아니었으며, 이러한 거래의 목적에 조세회피의 의도가 뚜렷하게 포착되는 것도 아니었다. 따라서 과세관청의 처분은 절충설의 입장에서 보았을 때 무리한 것이라고 하지 않을 수 없고, 그래서 제1심과 제2심, 제3심 모두 일관되게 실질과세원칙의 적용범위를 벗어나는 것으로 본 것이다.

마) 양도차익 축소를 위한 분할 합병 사건(대법원 2022. 8. 25. 선고 2017두41313 판결)

구 법인세법(2008. 12. 26. 개정 전) 제17조 제1항 제3호가 합병평가차익은 합병차익의 범위 내에서만 익금산입하도록 규정한 것을 이용하여 원고가 A사를 흡수합병하면서 A사 보유 부동산을 295억 원 평가증하여 승계함으로써 추후 양도시 양도차익을 그만큼 줄인 반면, 합병평가차익 295억 원은 합병차익 1억 원의 범위 내에서만 익금산입한 사안이다. 합병차익을 1억 원 수준으로 줄이기 위하여 A사는 합병 전에 부동산을 390억 원에 양도하기로 하고 계약금과 중도금 269억 원을 받은 상태에서 인적분할을 하여 분할신설회사에 계약금과 중도금으로 받은 현금은 모두 이전하면서 계약금과 중도금 관련 부채는 그대로 남기는 비정상적인 거래를 한 상태에서 합병을 하였다.

대법원은, 부동산의 양도에 따라 부담할 법인세를 줄이는 방안을 찾던 중 분할과 합병을 하였고 여기에 법인세 회피의 목적 외 사업상의 필요 등 다른 합리적인 이유가 있다고 보기 어려우며, 분할과 합병의 시간적 간격 등 제반사정을 더하면, 분할과 합병은 조세회피행위에 해당하므로 분할과 합병이 없었던 것으로 보아 부동산 양도가액에서 차감하는 장부가액을 295억 원 평가증한 339억 원이 아니라 분할 합병 전 A사의 장부가액인 43억 원으로 본 과세관청의 처분은 적법하다고 판시하였다. A사가 분할 합병을 하지 않고 그 부동산을 양도하였더라면 과세되는 양도차익은 347억 원(390억 원 - 43억 원)이 되었을 텐데 분할과 합병을 통하여 양도차익이 51억 원(390억 원 - 330억 원)으로 줄였으나 법원이 이를 용인하지 않고 실질과세원칙의 칼을 들이댄 것이다.

이 판결에서도 드러나듯이 실질과세원칙이 적용되는 영역은 납세자가 사업상으로는 오히려 비효율로 손해가 있는 비합리적 거래임에도 불구하고 그로 인한 조세감소가 있어 그 이익이 사업상 비효율로 인한 손해를 상쇄하고도 남음이 있어 그와 같은 거래를 선택한 경우라고 할 수 있다. 다만, 분할과 합병과 같은 단체법적 행위는 거래 당사자 본인뿐만 아니라 이해관계인이 많기 때문에 실질과세원칙의 적용을 좀 더 신중히 할 필요는 있다고 하겠다.

바) 사업양도 관련 우선주의 유상감자 사건(대법원 2023. 11. 30. 선고 2020두37857 판결)

이 사안도 대법원이 절충설의 입장을 취하여 일련의 거래과정에서 실질과 괴리되는 비합리적인 형식이나 외관을 취한 바 없고 뚜렷한 사업목적이 있으며 조세회피목적에서 비롯된 것으로 보기 어렵다는 이유로 유상감자대금에 관하여 실질이 사업양도대금이라는 과세관청의 주장을 배척하고 거래형식에 따라 수입배당금으로 인정한 사안이다.

원고는 캐나다 N사와 2005. 8. 17. 합작투자계약을 체결하고, 2005. 10. 13. 내국법인인 L사를 설립하였다. 원고, N사 및 L사는 2005. 10. 26. 원고가 네트워크 사업부문(영업권 포함)을 L사에 현물출자하는 방식으로 사업을 양도하는 계약을 체결하였다. 여기에는 L사가 원고로부터 양도받은 실제 매출채권 가액이 목표 매출채권액에 미달할 경우 원고가 L사에 차액을 지급하는 정산 조항도 있었다. 한편 원고, N사 및 L사는 위 출자계약에 대응하여 N사가 L사에 1억 4,700만 달러를 현금출자하고 L사 보통주 1,000,001주를 교부받기로 하는 매매계약도 체결하였는데, 위 출자계약과 위 매매계약은 모두 합작투자계약의 부속계약에 포함되어 있었다. 원고는 합작투자계약 등에 따라 2005. 11. 2. 네트워크 사업부문 중 매출채권 등 유형자산은 현물출자 방식으로, 영업권을 포함한 나머지 자산은 사업양도 방식으로 L사에 이전하면서 현물출자 자산에 관하여는 L사 보통주 999,999주와 우선주 4주, 나머지 사업양도 자산에 관하여는 1억 4,500만 달러, 합계 3,044억 1,600만 원 상당을 그 대가로 지급받았다. 원고는 위 대가에서 출자·양도 자산의 장부가액 등 2,758억 900만 원을 차감한 286억 700만 원을 사업양도이익으로 회계처리하였다. S회계법인은 2006. 1. 20. 원고가 L사에 네트워크 사업부문을 양도한 날인 2005. 11. 2.을 평가기준일로 하여 사업부가치평가보고서를 작성하였는데, 이에 의하면 원고 네트워크 사업부문의 2006년, 2007년 추정 매출액은 각각 6,000억 원을 초과하고, 미래현금흐름할인법에 따라 평가한 영업자산 전체가치는 2,881억 5,600만 원에 이른다. 이후 L사는 양도받은 매출채권 가액이 목표 매출채권액에 미달하자, 원고는 L사에 그 차액인 39억 600만 원을 지급하였다. 한편 원고와 N사는 2005. 8. 17. 우선주약정을 체결하여 L사 설립 후 2년간 국내 매출액이 각각 4,800억 원 이상을 달성할 경우 L사는 원고에게 환매대가를 지급하여 우선주 2주를 소각하고, 동시에 N사에 새로운 우선주 2주를 발행하도록 정하였다. 위 우선주약정은 위 출자계약 및 위 매매계약과 달리, 합작투자계약의 부속계약에 포함되어 있지 않았다. L사는 2006년, 2007년 국내 매출액이 우선주 유상감자 조건을 각각 충족하여 2007. 5. 2. 및 2008. 4. 30. 임시주주총회를 개최하여 원고가 보유한 우선주 1주를 환매하여 소각하고, 감자대금과 같은 금액으로 N사에 우선주 1주를 발행하기로 각각 결의하고 2007년, 2008년에 원고가 보유한 우선주 1주의 유상감자 및 N사에 대한 우선주 1주의 신주발행 절차를 각각 진행하였는데, N사로부터 지급받은 신주 납입대금을 원고에게 감자대금으로 지급하였다. L사는 위와 같이 유상감자하면서 감소한 자본금과 감자대금 지급액의 차액을 감자차손으로 계상하고 주주총회에서 이익잉여금을 처분하여 처리하기로 하는 한편, N사에 우선주 2주를 발행하고 지급받은 신주 납입대금 중 주식발행초과금은 자본잉여금 항목으로 계상하였다. 원고는 L사로부터 우선주 감자대금으로 지급받은 돈을 자본감소에 따른 의제배당액으로 보아, 법인세 신고 시 법인주주의 수입배당금 중 일정액을 익금불산입하도록 하는 구 법인세법(2008. 12. 26. 개정되기 전) 제18조의3 제1항 규정에 따라 일부를 익금불산입하였다. 과세관청은 감자대금의 실질이 네트워크 사업양도대금으로서 구 법인세법 제18조의3 제1항을 적용할 수 없다는 등의 이유로, 원고에게 법인세를 증액경정·고지하였다.

이에 대하여 대법원은 다음과 같이 판결하였다. 감자 대금은 우선주약정에서 정한 유상감자 조건을 충족하여 지급되었고, 우선주약정은 합작투자계약 등과 별도로 체결된 것으로서 유상감자 조건의 충족 여부는 출자계약에서 정한 사업양도대금의 내용이나 효력에 영향을 미치지 않는다. 합작투자계약은 특수관계 없는 원고와 N사 사이에 체결된 것으로서, N사는 자회사인 L사를 통하여 국내에 네트워크 사업을 영위하게 되었고, 국내 네트워크 사업이 안정적으로 경영성과를 낼 수 있도록 원고에게 경제적 유인을 제공하여 사업양도 이후에도 네트워크 사업에 적극적으로 협력하게 할 필요가 있었다. 우선주약정은 그러한 취지에서 체결된 것으로 보이고, 달리 실질과 괴리되는 비합리적인 형식이나 외관을 취하였다고 보기 어렵다. 실제로 L사가 국내 매출액이 우선주약정에서 정한 기준 목표액을 초과하는 경영성과를 달성한 점에 비추어 보아도 우선주약정 체결에는 뚜렷한 사업목적이 인정되고, 조세회피목적에서 비롯한 것으로 보기 어렵다. 원고가 대가로 지급받은 L사 주식 등 합계액은 삼일회계법인의 영업자산 가치평가액 및 해당 영업자산의 장부가액을 상회하는 금액이고, 위 가치평가액과 장부가액이 객관적으로 부당하다고 인정할 만한 사정도 없으므로 원고가 L사로부터 받은 사업양도대가는 적정한 것으로 보인다. L사는 상법상 요구되는 절차를 모두 갖추어 우선주 2주를 유상감자하고, 배당가능이익의 범위 내에서 이익잉여금을 처분하여 감자대금을 지급하는 한편, N사가 납입한 우선주 주금 중 주식발행초과금은 주주에게 배당이 금지되는 자본잉여금 항목으로 계상하여 L사 내에 적립하였다. 즉, 감자대금과 주식발행초과금은 상법상 다른 성격의 금원으로서 서로 금액이 거의 동일하다거나 지급시기가 근접하다는 등의 사정만으로 감자대금의 법적 성격을 달리 평가할 수는 없다. 위와 같이 감자대금은 원고가 출자한 L사로부터 받은 우선주의 감자대금으로서 수입배당금에 해당하므로, 그 일부는 구 법인세법 제18조의3 제1항에 따라 익금불산입의 대상이 된다.

위 판결에서도 강조하였듯이 일련의 과정을 살펴보면 우선 비정상적이거나 비합리적인 거래가 개재되어 있지 않고 그만한 사업상의 목적이 드러나 있다. 반면에 조세회피를 위한 목적을 엿볼 수 있는 대목을 찾기 어렵다. 그래서 대법원 전원합의체 판결이 취한 절충설의 입장에 따라 실질과세원칙의 적용을 배제하고 감자대금으로서의 성격을 그대로 인정한 것이다. 실질과세원칙 적용의 한계를 가늠해 볼 수 있는 좋은 판결이다.

다. 납세자의 실질과세원칙 주장

(1) 개요

실질과세의 원칙에 관한 국세기본법 제14조를 보면 실질과세의 원칙은 귀속의 명의와 실질이 다르거나 거래의 형식과 실질이 다를 경우에 적용한다는 것이므로 과세관청의 일방에서만 그 적용을 주장할 수 있는 것이 아니라, 납세자의 입장에서도 그 적용을 주장할 수 있다. 예를 들면, 납세자로 지목된 자신은 귀속의 명의인일 뿐이고 실질적인 귀속자가 따로 있다고 주장하는 경우이다. 실질과세의 원칙에 관하여 법적 실질설과 경제적 실질설 및 절충설의 대립이 있었던 것은 실질과세의 원칙을 남용할 우려가 있는 과세관청을 염두에 둔 것이므로 납세자가 실질과세의 원칙을 주장할 영역에 대해서도 위와 같은 학설의 대립을 그대로 끌어오는 것은 부적절해 보인다. 특히 앞에서 본 대법원 2012. 1. 19. 선고 2008두8499 전원합의체 판결이 취한 절충설의 요체인 '조세회피의 목적'의 요건은 실질과세의 원칙을 주장하는 납세자에게 그와 같은 조세회피의 목적이 있었다고 보기는 어려우므로 이를 그대로 원용할 수는 없다. 굳이 여기서도 '조세회피의 목적'이라는 요건을 적용하고자 한다면 이는 실질과세의 원칙을 들고 나온 명의자가 실질적인 귀속자라고 주장하는 자에게 그와 같은 '조세회피의 목적'이 있었을 것을 요건으로 삼을 수는 있겠으나 소송의 구조상 그 대립당사자가 아닌 제3자에게 그와 같은 목적이 있었음을 입증하게 하는 것은 무리일 것으로 보인다. 그래서 위 전원합의체 판결에서 밝힌 실질과세원칙의 적용요건 중 조세회피의 목적은 배제하는 것이 타당해 보인다.

(2) 사례 분석

과세관청에 의하여 납세의무자로 지목된 자가 실질과세의 원칙을 주장하여 승소한 사례로 대법원 2014. 5. 16. 선고 2011두9935 판결이 있다.

A가 원고와 체결한 독립채산제 판매약정에 따라 원고의 대전영업소에서 원고의 영업이사 직함을 사용하면서 원고가 생산한 정제유를 원고 명의로 판매하고, 원고는 본점과 대전영업소의 매입·매출을 합산하여 법인세와 부가가치세를 신고·납부하여 왔다. 원고와 A 사이에 체결된 독립채산제 판매약정의 전체적인 취지는 A가 원고의 직원으로서 판매실적에 따른 성과배분을 받는다는 것이 아니라, 원고가 A에게 협의된 마진을 붙여 정제유를 공급하면 A가 이를 판매하여 수익을 얻고 판매약정에 위반된 행위에 대하여도 독자적으로 법적인 책임을 진다는 것이었다. A는 신용불량자였을 뿐만 아니라, 폐기물관리법이 폐유를 재활용하여 생산한 정제유를 생산자가 직접 사용자에게 판매하도록 규

율하고 있어 자신의 명의로는 정제유를 판매할 수 없었기 때문에 원고 명의를 사용하게 되었다. 원고가 A에게 교부한 원고의 사용인감과 고무인의 용도는 세금계산서 발행, 공급판매계약서 작성 등에 한정되었으며, A는 원고가 개설해 준 원고 명의의 계좌와 직불카드를 독자적으로 관리·사용하면서 원고와 거래할 때에는 원고의 대표이사가 직접 관리·사용하던 다른 계좌와 상호 이체거래를 하였다. 대전영업소의 운영을 위하여 임차한 건물의 차임을 A가 부담하였고, 금강유역환경청장이 A의 정제유 판매행위와 관련하여 원고에게 과징금과 과태료를 부과하자 A가 이를 부담하였으며, A는 원고의 유류저장탱크에 보관되어 있던 정제유 등 유류대금을 정산하여 줄 것을 요청하여 원고로부터 정산금을 지급받았다.

이 사안에서 대법원은 납세자가 주장하는 실질과세의 원칙에 대한 판단기준으로, 국세기본법 제14조 제1항을 근거로 제시하면서, 소득이나 수익, 재산, 행위 또는 거래 등의 과세대상에 관하여 귀속 명의와 달리 실질적으로 이를 지배·관리하는 자가 따로 있는 경우에는 형식이나 외관을 이유로 귀속 명의자를 납세의무자로 삼을 것이 아니라, 실질과세의 원칙에 따라 실질적으로 당해 과세대상을 지배·관리하는 자를 납세의무자로 삼아야 할 것이고 그러한 경우에 해당하는지는 명의사용의 경위와 당사자의 약정 내용, 명의자의 관여 정도와 범위, 내부적인 책임과 계산 관계, 과세대상에 대한 독립적인 관리·처분 권한의 소재 등 여러 사정을 종합적으로 고려하여 판단하여야 한다고 하였다. 여기서 알 수 있듯이 대법원은 과세관청이 주장하는 실질과세의 원칙에 대한 판단기준에서와 달리 귀속의 명의자라고 주장하는 자뿐만 아니라 실질적인 귀속자라고 주장하는 자에게 조세회피의 목적이 있어야 함을 설시하지 않고 있다. 따라서 이 점은 요건이 아니라고 볼 수 있다.

위 대법원 판결은 여기서 입증책임의 소재에 관하여 추가로 판시하였다. 즉, 과세요건 사실의 존부 및 과세표준에 관하여는 원칙적으로 과세관청이 증명할 책임을 부담하므로 납세의무자가 거래 등의 귀속 명의와 실질적인 귀속주체가 다르다고 다투어지는 경우에도 원칙적으로 과세관청에게 증명책임이 있다고 해야겠지만, 과세관청이 사업명의자를 실사업자로 보아 과세를 한 이상 거래 등의 귀속 명의와 실질이 다르다는 점은 그 과세처분을 받은 사업명의자가 주장·증명할 필요가 생기는데, 이 경우에 증명의 필요는 법관으로 하여금 과세요건이 충족되었다는 데 대하여 상당한 의문을 가지게 하는 정도면 족하고, 그 결과 거래 등의 실질이 명의자에게 귀속되었는지 여부가 불분명하게 되고 법관이 확신을 가질 수 없게 되었다면 그로 인한 불이익은 궁극적인 증명책임을 부담하는 과세관청에 돌아간다고 하였다.

이러한 판단은 과세요건에 관한 입증책임이 과세관청에게 있다는 기본원칙을 유지하면서도 민사법상의 입증책임 분배론을 대폭 받아들인 결과라고 할 수 있다. 즉, 명의자에 대하여 과세한 경우 그 명의자가 실질귀속자라는 점에 대한 약한 정도의 추정력을 부여하고 따라서 이를 번복하기 위한 입증책임을 납세의무자에게 전환하되, 과세요건에 관한 기본적인 입증책임이 과세관청에 있는 이상 납세의무자에게 번복을 위한 입증책임을 완전히 전환하는 것은 부적절하다고 보아 증명의 정도는 법관으로 하여금 과세요건이 충족되었다는 데 대하여 상당한 의문을 가지게 하는 정도면 족하다고 보고, 다시 이 의문을 해소할 궁극적인 증명책임을 과세관청에게 되돌리고 있다.

이러한 법리를 바탕으로 하여, A가 원고로부터 정제유를 공급받아 그의 책임과 계산 아래 독립하여 이를 판매하였으므로 대전영업소의 거래와 그로 인한 소득은 실질적으로 A에게 귀속되는 것이라고 보아 과세관청이 A에 의하여 독자적으로 관리·사용되던 원고 명의의 계좌를 통한 거래를 그 명의자인 원고의 거래로 보아 그중 세금계산서가 없는 무자료 거래에서 확인된 매출누락 등에 관한 법인세와 부가가치세를 원고에게 부과한 것은 실질과세의 원칙에 위배된다고 본 것이다.

조세법령의 위임과 효력

1. 모법의 위임

가. 위임의 필요와 문제점

조세의 종목과 세율은 법률로 정한다는 헌법 제59조의 취지에 따라 과세요건과 세율에 관하여는 법률이 그 내용을 정함이 원칙이다. 그러나 세율은 별론으로 하고 과세요건이나 감면요건 등에 관하여 세부적인 사항까지 법률이 모두 정한다는 것은 현실적으로 어려울뿐더러 실효성도 떨어진다. 법률만으로써는 그 제정이나 개정절차의 까다로움 때문에 복잡다기하고 변화무쌍한 경제환경에 신속하게 대응할 수 없을 뿐만 아니라 조세정책의 방향을 시의적절하게 반영하지 못하는 단점이 있다. 그래서 법률에서는 이러한 단점을 극복하고자 과세요건이나 감면요건 등에 관하여 대강의 기준만을 정해두고 세부적인 사항에 대하여는 하위 법령에 순차로 위임하는 것이 일반적이다. 이러한 현상은 다른 법규보다 조세법규에서 더 두드러진다. 그래서 다른 일반 법규에는 법률의 하위 법령으로는 대통령령 정도에서 머무르는 경우가 많지만 조세법규에는 거의 어김없이 대통령령의 단계에서 더 내려가 시행규칙까지 나아가게 되고, 국세청장의 고시단계까지 나아가는 경우도 있다.

이러한 하위 법령에의 위임에 있어서 흔히 3가지 정도의 쟁점이 등장한다. 첫째는 위임의 근거가 되는 법률의 해당 위임규정 자체가 포괄적 위임 등에 해당하여 위임입법의 한계를 벗어나 무효인지 여부이고, 둘째는 법률의 위임규정 자체는 정당하다고 할 때 하위 법령의 내용이 모법의 위임범위를 벗어나 무효인지 여부이며, 셋째는 아예 모법에 위임규정이 없는 경우 그 하위 법령을 창설적 성격의 규정이 아닌 확인적 성격의 규정으로 보아 그 효력을 인정할 것인지 여부이다. 이하 이들 쟁점에 관하여 살펴본다.

나. 위임의 한계

(1) 위임의 기본 원칙

위임입법의 한계에서는 백지위임에 가까운 포괄적 위임이 항상 문제가 된다. 법률이 과세요건이나 감면요건 등에 관하여 납세자들이 예측할 수 있는 정도의 범위 설정도 하지 아니한 채 전면적으로 하위 법령에 위임해 버리면 과세요건을 법률로 규정하도록 한 헌법 제59조의 취지가 몰각되어 버리기 때문에 이러한 위임규정은 헌법에 위반된다고 보아 무효를 선언할 수 있는 것이다. 헌법재판소 1995. 11. 30. 선고 91헌바1, 2, 3, 4 등 결정이 그 취지이다. 그래서 헌법재판소에서는 이 부분에 대한 판단을 하고 있고, 특히 조세쟁송에 있어서 납세자가 법률의 테두리를 벗어날 수 없는 법원의 판단으로는 도저히 구제받을 수 없다고 판단될 때 마지막 수단으로 동원하는 것이 헌법재판소에 법률의 위헌재판을 구하는 것이다. 다른 법률에 비하여 특히 조세법률에서 위헌이라는 취지의 헌법재판소 결정이 많이 나오는 것도 이 때문이다.

이하에서 살펴보는 바와 같이 위임범위와 관련하여 해당규정의 효력을 판단함에 있어 가장 중요한 요소가 되는 것은 예측가능성이다. 납세자와 과세관청이 보기에 관련 규정의 내용이 예측가능성의 범위 내에 있으면 그 효력을 인정받고, 반대로 예측가능성의 범위를 벗어나면 그 효력을 인정받지 못한다. 여기서 예측가능성의 범위는 어려운 법적 판단을 요하는 영역이고 판단권자의 재량이 상당히 작용한다고 볼 수 있다.

(2) 포괄적 위임 여부

가) 포괄적 위임이라고 선언한 사례

헌법재판소 1995. 11. 30. 선고 91헌바1, 2, 3, 4 등 결정에서는 구 소득세법(1978. 12. 5. 개정된 후 1994. 12. 22. 개정되기 전의 것) 제60조 제1항이 문제가 되었다. 위 규정의 문언은 '제23조 제4항과 제45조 제1항 제1호에 규정하는 기준시가의 결정은 대통령령이 정하는 바에 의한다'라고 되어 있었다. 당시 양도차익을 계산할 때 양도가액과 취득가액을 실지거래가액에 의하지 아니하고 일정한 표준가액에 해당하는 기준시가에 의하여 산정하였는데, 그 기준시가의 산정방법에 관하여 구 소득세법 제60조 제1항이 구체적으로 규정하지 아니하고 하위 법령에 위임을 하였는데, 기준시가의 산정에 관한 아무런 방향이나 기준을 정함이 없이 그냥 그대로 위임해 버린 것이다.

이에 대하여 위 결정에서는 다음과 같은 이유로 위헌임을 선언하였다. 기준시가는 부동산의 양도가액과 취득가액을 계산하기 위한 기준이 되는 가액으로서 법률의 규정에 의하지 아니하고도 객관적으로 합리적인 해석에 의하여 구체적 의의를 명확히 할 수 있는 개념이 아님에도 위 규정에서는 기준시가의 내용 자체에 관한 기준이나 한계는 물론 내용 결정을 위한 절차조차도 규정함이 없이 기준시가의 내용 및 그 결정절차를 전적으로 대통령령이 정하는 바에 의하도록 하였는데, 이는 과세권자에게 지나치게 광범한 재량의 여지를 부여함으로써, 국민으로 하여금 소득세법만 가지고서는 양도소득세 납세의무의 존부 및 범위에 관하여 개략적으로나마 이를 예측하는 것조차 불가능하게 하고 나아가 대통령을 포함한 행정권의 자의적인 행정입법권 및 과세처분권 행사에 의하여 국민의 재산권이 침해될 여지를 남김으로써 국민의 경제생활에서의 법적 안정성을 현저히 해친 입법으로서 조세법률주의 및 위임입법의 한계를 규정한 헌법의 취지에 반한다는 것이다.

위 결정은 타당한 결정이라고 평가될 수 있다. 당시로서는 양도소득세 과세표준이 되는 양도차익이 취득시와 양도시 당해 부동산의 기준시가에 의하여 결정되기 때문에 이는 과세요건의 중요부분을 차지한다고 할 것인데, 이에 대하여 법률이 아무런 기준도 정하지 아니한 채 그대로 시행령에 위임하였으니 결과적으로 이는 과세요건을 시행령이 정한 것과 같다. 그래서 위 위임규정은 헌법에 위반되어 무효라고 해야 하고, 이를 근거로 하는 시행령의 모든 규정도 위임의 근거를 상실하였으므로 모두 무효가 될 수밖에 없다. 이를 해소하기 위하여 소득세법이 1994. 12. 22. 전부 개정되면서 기준시가의 산정에 관하여 시행령에 위임하지 않고 제99조에서 직접 구체적으로 규정하였다.

나) 포괄적 위임이 아니라고 선언한 사례

구 지방세법(2006. 9. 1. 개정되어 2008. 12. 31. 개정되기 전의 것) 제195조의2 본문은 재산세 부담의 상한에 관하여 '당해 재산에 대한 재산세의 산출세액이 대통령령이 정하는 방법에 따라 계산한 직전연도의 당해 재산에 대한 재산세액 상당액의 100분의 150을 초과하는 경우에는 100분의 150에 해당하는 금액을 당해연도에 징수할 세액으로 한다.'라고 규정하고 있다. 여기서 모법인 위 규정이 직전연도의 당해 재산에 대한 재산세액 상당액의 계산방법에 관하여 일정한 기준을 제시하지 않고 하위 법령에 포괄적으로 위임한 것이 아니냐는 논란이 있었다.

이에 대하여 헌법재판소 2011. 2. 24. 선고 2009헌바289 결정에서 다음과 같이 판시하였다. 즉, 위 규정은 대통령령에 위임하고 있는 '직전연도의 당해 재산에 대한 재산세액 상당액'의 계산방법을 정하는 문제는 경제적 상황의 변천, 부동산 정책의 방향, 관련 법규의 변경 등에 대응하여 탄력적 · 유동적으로 규율할 필요가 크고 경우에 따라 전문적 · 기술적 대응이 요구되는 분야라고도 볼 수 있으므로 이를 모두 국회가 제정한 형식적 의미의 법률로 규율하는 것은 부적절할 수 있고 하위 법령에 위임해야 할 필요성이 존재한다고 볼 수 있다는 것이다. 그리고 위 규정은 세부담 상한의 기준을 직전연도의 당해 재산에 대한 '재산세액'이 아니라 '재산세액 상당액'으로 정하고 있는데, 이는 세부담 상한의 기준은 직전연도에 과세된 재산세액이 되는 것이 원칙이지만, 특별한 사정이 있는 경우에는 다른 여러 가지 요소들에 의해 달리 산정될 수 있음을 이미 법률 문언 자체에서 예정하고 있는 것이고, 이와 같은 문언과 그 입법 취지 및 다른 법률 조항들과의 유기적 관계 등을 종합적으로 고려하면, 토지의 분할 · 합병이나 건물의 증 · 개축 및 멸실 등으로 인하여 당해 재산의 현황변화가 있는 경우 또는 관련 법령의 개정에 의해 지방세법상 과세대상구분이 변경된 경우에는, 세부담 상한의 기준이 되는 '직전연도 재산세액 상당액' 역시 그러한 현황변화 및 변경된 과세대상구분이 합리적으로 고려되어 계산될 것임을 충분히 예측할 수 있기 때문에 위 규정은 포괄위임입법금지의 원칙에 위반된다고 볼 수 없다는 것이다.

위 모법의 규정취지가 하위 법령으로 하여금 재산세부담의 상한을 마음대로 조정할 수 있도록 위임한 것이 아니라 직전연도의 당해 재산에 대한 재산세액 상당액으로 정하고 있어서 하위 법령이 그 가액을 함부로 정할 수 없고, 단지 재산세 과세대상물이 직전연도와 당해연도에 그 현황의 변화가 있을 경우에 그에 따른 한도액의 조정에 관한 구체적이고 기술적인 계산방법만을 위임한 것이며, 실제로 하위 법령인 구 지방세법 시행령 제142조에서 이와 같은 다분히 기술적인 계산방법만을 규정하고 있으므로 이를 두고 포괄적 위임으로 보기는 어렵다. 따라서 위 헌법재판소 결정은 타당하다고 판단된다.

최근의 헌법재판소 2016. 9. 29. 선고 2014헌바114 결정과 대법원 2016. 12. 29. 선고 2014두39456 판결에서는 주세법 제21조 제2항이 수입하는 주류의 과세표준은 '수입신고를 하는 때의 가격'으로 한다고 하면서 제4항이 주류 가격의 계산에 필요한 사항은 대통령령으로 정한다고 하고, 그 시행령 제20조 제1항 제2호에서 수입하는 주류의 가격은 관세의 과세가격에 당해 주류에 부과된 관세를 가산한 금액으로 한다고 한데 대하여, 내국세인 주세는 내국물품에 부과하는 것이므로 그 과세표준인 '수입신고를 하는 때의 가격'은 통관절차를 거쳐 내국물품화된 수입주류의 가격이 될 것임을 알 수 있으므로 관세를 납부하여야만 반입이 허용되는 이상 관세가 수입주류에 대한 주세의 과세표준에 포함될 것임을 예측할 수 있어 주세법 제21조 제4항이 포괄위임금지의 원칙에 위배된다고 할 수 없다고 판시하였다.

2. 위임범위의 일탈 여부

가. 판단의 기준

실제 조세쟁송에서는 모법의 위임을 받은 하위 법령이 그 위임의 범위를 벗어났는지 여부가 자주 쟁점이 된다. 모법이 포괄위임을 한 것으로서 무효인지 여부에 대한 판단은 법원의 소관이 아니라 헌법재판소의 소관이지만, 하위 법령의 무효 여부에 대한 판단은 법원의 소관이어서 이에 대한 판례들이 많이 쌓여 있다. 특히 하위 법령이 무효임을 선언하는 판결은 대법원 전원합의체 판결로 이루어지므로 이에 대한 관심이 크다. 대법원 판결을 분석해보면, 대체로 보수적인 입장을 취하여 현저히 위임범위를 벗어났거나 명백하게 벗어난 경우가 아닌 한 무효를 선언하지 않는 경향이 있다고 할 수 있겠다.

이 부분 쟁점을 판단하는 중요한 기준으로 대법원은 예측가능성을 들고 있다. 이는 앞서 보았듯이 모법이 포괄적 위임을 하였는지 여부를 판단하는 기준도 되고 있는데, 하위 법령의 내용이 모법의 문언과 취지에 비추어 설정할 수 있는 예측가능한 범위를 벗어났는지 여부로 판단한다는 것이다. 모법 자체에서 그 범위를 예측할 수 없을 정도로 포괄적으로 위임하고 있다면 모법이 무효인 것이고, 모법 자체에서 그 범위를 예측할 수 있을 정도로 위임을 하고 있다면 하위 법령이 그 예측가능성의 범위를 벗어난 경우 하위 법령이 무효라는 것이다. 이러한 점에서 모법의 무효 여부와 하위 법령의 무효 여부는 서로 무관하게 독립된 쟁점이 아니라 유기적으로 연결되어 있는 쟁점이라고 할 수 있다. 결국 예측가능성의 존부와 범위가 모법과 하위 법령의 효력을 좌우한다고 할 수 있겠고, 이에 대한 판단은 재량적인 요소가 개입될 여지가 많아 조세쟁송에서는 단골메뉴로 떠오를 수밖에 없다.

나. 위임범위를 벗어났다고 본 사례

위임의 범위를 벗어났다고 보아 무효를 선언한 예는 많지 않다. 비교적 최근에 무효를 선언한 예를 소개한다.

대법원 2009. 3. 19. 선고 2006두19693 전원합의체 판결은, 모법인 상속세 및 증여세법(2003. 12. 30. 개정된 것) 제41조는 특정법인(결손법인)과의 재산의 무상제공 등 거래를 통하여 최대주주 등이 '이익을 얻은 경우'에 이를 전제로 그 '이익의 계산'만을 시행령에 위임하고 있음에도, 그 위임에 따른 구 상속세 및 증여세법 시행령(2003. 12. 30. 개정된 것) 제31조 제6항은 특정법인이 얻은 이익이 바로 '주주 등이 얻은 이익'이 된다고 보아 증여재산가액을 계산하도록 하고 있고, 모법 제41조 제1항에 의하면 특정법인에 대한 재산의 무상제공 등이 있더라도 주주 등은 실제로 이익을 얻은 바 없다면 증여세 부과대상에서 제외될 수 있음에도 위 시행령 제31조 제6항은 특정법인에 재산의 무상제공 등이 있다면 그 자체로 주주 등이 이익을 얻은 것으로 간주하여 증여세 납세의무를 부담하게 되므로, 결국 위 시행령 제31조 제6항의 규정은 모법 제41조 제1항, 제2항의 규정취지에 반할 뿐 아니라 그 위임범위를 벗어난 것으로서 무효라고 봄이 상당하다고 판시하였다.

사실 이 사안에서는 하위 법령인 위 시행령 제31조 제6항에 문제가 있었던 것이 아니라 모법 제41조의 규정에 문제가 있었다. 모법의 원래 입법의도는 이익의 범위에 대하여까지 위임하는 것이었으나 그 문언을 정하는 입법과정에서 실수를 범하였다고 볼 여지가 많다. 위 전원합의체 판결이 선고된 후에 곧바로 모법이 개정되면서 '주주 등이 대통령령으로 정하는 이익을 얻은 경우에는 그 이익에 상당하는 금액을 그 특정법인의 주주 등의 증여재산가액으로 한다'로 바뀌었음에서 이를 짐작할 수 있다. 조세법규의 개정연혁을 살펴보면 이러한 입법실수를 심심찮게 발견할 수 있다. 납세자들이 조세쟁송을 함에 있어서 이러한 입법실수를 잘 포착하여 주장할 필요가 있다.

그런데 위와 같이 모법이 개정된 후에도 여전히 위 시행령 규정이 모법의 위임범위를 벗어났는지가 문제되었다. 누적 결손이 심하여 완전자본잠식의 상태에 있는 결손법인에게는 증여가 있더라도 완전자본잠식의 상태를 벗어나지 못할 수 있고 이러한 경우 그 주식의 가치는 계산상 (-)의 절대치만 감소할 뿐이므로 주주유한책임의 원칙상 그 주식의 실제 가치는 증여를 전후하여 여전히 0원임에는 변함이 없어 주주가 얻는 이익이 없다. 그럼에도 위 시행령에서는 이러한 경우에도 이익이 있는 것으로 전제하여 그 계산방법을 규정하였는데, 비록 개정된 모법에서 이익의 범위를 정하도록 시행령에 위임하기는 했지만 실제로 존재하지도 않는 이익을 이익으로 의제하도록 하는 권능까지 위임하였다고 볼 수 있는지는 의문인 것이다.

이에 대하여 대법원 2017. 4. 20. 선고 2015두45700 전원합의체 판결은 위 시행령 규정이 여전히 모법의 위임범위를 벗어나 무효라고 판시하였다. 증여세의 과세체계와 증여 및 증여재산의 개념 등에 비추어 볼 때 개정 법률조항은 여전히 결손법인에 대한 증여로 주주가 이익을 얻었음을 전제로 하는 규정으로 보아야 하고, 그 이익은 주식가액 증가분 외에 다른 것을 상정하기 어려우므로 그 개정에도 불구하고 결손법인의 주주가 이익을 얻었음을 전제로 하여 그 이익의 정당한 계산방법에 관한 사항만을 대통령령에 위임한 것으로 보아야 한다고 하면서, 결손법인에 대한 증여가 있더라도 주주의 주식가액이 증가하지 않은 경우에는 주주가 얻은 증여 이익이 없으므로 증여세를 부과할 수는 없음에도 그 시행령 조항은 결손법인에 증여가 있으면 그 자체로 주주가 이익을 얻은 것으로 간주함으로써 주주가 실제로 얻은 이익의 유무나 다과와 무관하게 증여세 납세의무를 부담하도록 정하고 있으므로, 이는 모법의 취지에 반할 뿐만 아니라 위임범위를 벗어난 것으로서 여전히 무효라고 판시하였다. 자세한 내용은 상속세 및 증여세법 편에서 다시 살펴보기로 한다.

또 다른 사례로서 대법원 2009. 10. 22. 선고 2007두3480 전원합의체 판결은, 모법인 구 지방세법(2007. 12. 31. 개정되기 전의 것) 제112조 제2항 제3호는 취득세 중과세대상인 고급주택에 관하여 '주거용 건축물 또는 그 부속토지의 면적과 가액이 대통령령이 정하는 기준을 초과하는 주거용 건축물과 그 부속토지'라고 규정함으로써 고급주택의 요건으로 면적과 가액의 두 요소를 함께 반영하여 양자 모두 일정한 기준을 초과할 것을 요구하고 있음에도, 그 위임을 받은 구 지방세법 시행령(2007. 12. 31. 개정되기 전의 것) 제84조의3 제3항 제4호는 '1구의 공동주택의 연면적(공용면적을 제외한다)이 245㎡(복층형의 경우에는 274㎡로 하되, 1개 층의 면적이 245㎡를 초과하는 것을 제외한다)를 초과하는 공동주택과 그 부속토지'를 취득세 중과세대상인 고급주택의 하나로 규정함으로써 공동주택의 경우에는 단독주택의 경우와는 달리 면적이 일정한 기준을 초과하기만 하면 그 가액과 관계 없이 취득세를 중과세하도록 정하고 있어 결과적으로 위 법률 조항보다 취득세 중과세대상의 범위를 확장하고 있는데, 이는 위 법률 조항보다 납세자에게 불리한 방향으로 취득세 중과세대상의 범위를 확장한 것으로서 모법의 규정취지에 반할 뿐만 아니라 그 위임범위를 벗어난 것으로서 무효라고 봄이 상당하다고 판시하였다.

이 사안에서 모법의 '면적과 가액이 대통령령이 정하는 기준을 초과'한다는 문언이 하위 법령으로 하여금 반드시 면적과 가액 두 가지 모두를 정하도록 위임한 것이냐 아니냐가 문제되었고, 위 전원합의체 판결의 소수의견에서는 면적과 가액의 어느 하나만을 정하여도 무방하다는 취지가 포함되어 있었다고 볼 수 있다고 한 점에 비추어 모법의 취지에 논란의 여지가 있었지만, 다수의견은 모법의 위임취지를 좁게 해석하여 위 두 가지를 모두 정하도록 위임한 것이라고 선언함으로써 납세자의 편을 들었다. 애매할 때는 과세관청의 편을 들기보다는 다수의견처럼 납세자의 편을 드는 것이 바람직하다고 하겠다.

다. 위임범위를 벗어나지 않았다고 본 사례

위임범위를 벗어나지 않았다고 본 사례들은 많다. 이는 법적 안정성을 고려하여 대법원이 대체로 보수적인 입장을 취한 것으로 평가될 수도 있겠지만, 납세자들이 조세소송에서 방만하게 이 부분을 다투다가 기각된 결과로 볼 수도 있겠다. 최근에 의미 있게 다투어진 사례를 몇 개 소개해 본다.

대법원 2014. 3. 13. 선고 2013두17206 판결은, 가업의 상속공제에 관한 상속세 및 증여세법 제18조 제4항의 위임에 따라 '주식 등을 상속하는 경우의 적용방법 등 가업상속의 범위 기타 필요한 사항'과 관련하여 대통령령에서 정하여질 내용은 기업을 지배할 수 있을 정도의 주식 등의 지분 보유비율 등과 같은 사항이 될 것임을 충분히 예측할 수 있고, 하위 법령인 구 상속세 및 증여세법 시행령(2010. 2. 18. 개정되기 전의 것) 제15조 제3항도 그러한 위임의 범위 내에서 과세특례의 적용대상인 '가업'에 해당하기 위하여 '법 제18조 제2항 제1호에 따른 가업은 제1항에 해당하는 중소기업을 영위하는 법인의 최대주주 또는 최대출자자로서 그와 특수관계에 있는 자의 주식 등을 합하여 해당 법인의 발행주식총수 또는 출자총액의 100분의 50(한국증권선물거래소에 상장되어 있는 법인이면 100분의 40) 이상을 보유하는 경우를 포함한다.'라고 함으로써 최대주주 등과 그 특수관계자가 최소한 보유하여야 할 주식 등의 지분 보유비율을 구체적으로 규정하고 있을 뿐이므로, 위 시행령 조항은 상속세 및 증여세법 제18조 제4항에 따른 위임의 범위를 벗어난 무효의 규정이라고 할 수 없다고 판시하였다.

이 사안은 하위 법령이 모법의 위임범위를 벗어났는지 여부가 문제되기보다는 모법에서 '제2항을 적용함에 있어서 피상속인 및 상속인의 요건, 주식 등을 상속하는 경우 적용방법 등 가업상속 및 영농상속의 범위 기타 필요한 사항은 대통령령으로 정한다.'라고 규정함으로써 포괄적 위임에 해당되는지 여부가 문제될 수 있었는데, 이는 모법의 문언에서 가업상속의 범위에 관한 기준을 제시하지 않고 있기 때문이다. 관점에 따라서는 포괄적 위임이라고 못 볼 바도 아니다. 여기서 대법원은 모법의 문언과 취지상 위임의 범위를 예측할 수 있고, 하위 법령이 그 범위를 벗어나지 않았다고 판시함으로써 모법과 하위 법령이 모두 유효하다고 선언하였다. 모법의 문언자체에서는 위임의 기준에 대하여 명시적인 언급이 없지만 모법의 규정 하나만 가지고 판단하지 말고 관련 법조항 전체를 유기적·체계적으로 종합하여 보면 그 범위를 예측할 수 있다는 이유에서이다. 그래서 가업의 승계에 관하여 상속세와 증여세의 과세특례를 규정한 취지는 중소기업의 영속성을 유지하고 경제 활력을 도모할 수 있도록 일정한 가업의 상속과 증여에 대하여 세제지원을 하고자 함에 있는 점, 가업의 승계는 경영승계와 함께 소유승계가 수반될 필요가 있으므로 상속인이나 수증자가 가업에 계속 종사하여야 할 뿐만 아니라 주식 등의 지분도 일정한 정도로 유지되어야 하는 점, 이에 상속세 및 증여세법 제18조 제5항 제1호 및 구 조세특례제한법 제30조의6 제2항은 주식 등의 지분이 감소된 경우 상속인이나 수증자에게 본래 부담하였어야 할 상속세와 증여세를 부과하도록 명시적으로 규정하고 있는 점 등을 유기적·체계적으로 종합하여 보면 그 위임의 범위를 예측할 수 있다는 것이고, 하위 법령이 이러한 위임의 범위를 벗어나지 않았다는 것이다. 이 판결은 대법원이 시행령 무효에 관하여 보수적인 태도를 취하고 있음을 단적으로 보여주는 예이다.

또 하나의 사례로서 대법원 2021. 7. 29. 선고 2020두39655 판결을 들 수 있다.

법인세법 시행령 제11조 제9호는 법인세법 제15조 제1항의 규정에 따른 수익의 하나로 특수관계가 소멸되는 날까지 회수하지 아니한 가지급금 및 그 이자를 규정하고 있는데, 이것이 법인세법 제15조 제3항의 위임범위를 벗어났는지가 문제되었다. 대법원은 위임범위를 벗어나지 않았다고 보았고 그 주요 논거는 다음과 같다.

먼저, 과세관청이 사외유출된 법인의 소득을 그 귀속자 등에게 소득처분하는 경우에는 그 전제로서 그 소득 상당액을 법인의 익금에 산입해야 하는데 그 소득이 원래 법인세법 제15조 제1항에서 정한 익금에 해당하지 않는 경우에는 이를 법인의 익금에 산입하는 법령상의 근거가 필요하다고 하면서 법인세법 제15조가 익금의 범위를 포괄적으로 정한 일반규정인 이상, 수범자는 제3항이 위임한 대통령령에 이와 같이 '소득처분을 위한 조세정책상 이유 등으로 익금으로 보는 것'이 규정될 수 있음을 충분히 예측할 수 있다고 하였다. 나아가 위 시행령 조항은 법인이 정당한 사유 없이 특수관계가 소멸되는 날까지 업무무관 가지급금이나 그 이자를 회수하지 않은 경우 법인이 실질적으로 그 채권을 포기하거나 채무를 면제하여 그 채권 상당액이 사외유출되었다고 보고 특수관계인에 대하여 소득처분을 하기 위한 전제로서 그 채권 상당액을 법인의 익금에 산입하는 근거 규정이며, 법인이 정당한 사유 없이 특수관계가 소멸되는 날까지 회수하지 않은 업무무관 가지급금 등은 법인세법 제15조 제1항이 정한 익금에는 해당하지 않지만 소득처분을 위한 조세정책상 이유로 익금으로 보는 것으로서 법인세법 제15조 제3항의 위임 범위에 포함되므로 위 시행령 조항은 법인세법 제15조 제3항의 위임 범위에서 그 위임 취지를 구체적으로 명확하게 한 것으로 볼 수 있을 뿐이라는 것이다.

여기서 말하는 익금산입은 나중에 법인세법의 익금항목에서 자세히 설명하는 바와 같이 순자산이 증가하는 진정한 의미의 익금을 산입하는 것이 아니라 소득처분을 위한 기술적 조치로서 하는 익금산입이다. 법인세법에서는 소득처분을 규정하고 있는 이상 이러한 익금산입을 위한 규정도 필요하므로 법인세법 제15조 제3항은 이를 위임의 범위에 포함하고 있다고 해석하지 않을 수 없다는 것이다. 논리가 명쾌하지는 않지만 수긍할 수 있는 판결이라고 하겠다.

최근 사례로 대법원 2025. 1. 9. 선고 2022두32382 판결이 있다. 소득세법 제33조 제1항 제5호는 대통령령으로 정하는 가사의 경비와 이에 관련되는 경비(이하 '가사관련경비'라 한다)를 사업소득금액을 계산할 때 필요경비에 산입하지 아니한다고 규정하고, 그 위임에 따른 소득세법 시행령 제61조 제1항은 '대통령령으로 정하는 가사의 경비와 이에 관련되는 경비'란 다음 각 호의 어느 하나에 해당하는 것을 말한다고 규정하면서 제2호로

"사업용 자산의 합계액이 부채의 합계액에 미달하는 경우에 그 미달하는 금액(이하 '초과인출금'이라 한다)에 상당하는 부채의 지급이자로서 기획재정부령이 정하는 바에 따라 계산한 금액"을 들고 있다.

여기서도 대법원은 위 시행령 규정이 모법인 소득세법의 위임범위를 벗어나지 않았다고 보았다. 그 논거로는, 모법 조항은 단순히 '대통령령으로 정하는 가사의 경비'라고 규정하지 않고 '대통령령으로 정하는 가사의 경비와 이에 관련되는 경비'라고 규정하고 있는데 가사관련경비는 반드시 가사에 지출된 것임이 증명된 경비에 한정하지 않고 총수입금액에 대응하는 비용에 해당함이 증명되지 않아 사업과 무관한 경비인 것으로 추정되는 경비도 포함하는 것으로 볼 수 있는 점, 필요경비는 납세의무자에게 유리한 것이고 필요경비를 발생시키는 사실관계의 대부분은 납세의무자가 지배하는 영역 안에 있으므로 과세관청이 증명하기 어려운 점, 개인사업자의 경우 통상 '사업주체'로서 사업에 관하여 지출한 경비와 '가계주체'로서 가사와 관련하여 지출한 경비가 혼재되어 구분하기 어려운 경우가 많은 점 등에 비추어 보면, 모법 조항을 위와 같이 해석하는 것은 입법자가 의도한 조세정책적 입법 취지와 목적에 부합하는 점, 초과인출금은 반드시 거주자가 사업상 차입금을 가사에 유용하는 때에만 발생하는 것이 아니라 차입금을 인건비·접대비 등 사업 관련 소비성 비용으로 지출한 경우나 결손으로 인해 부채가 증가한 경우 또는 감가상각 대상 자산을 차입금으로 취득한 경우 등과 같이 초과인출금이 사업과 관련하여 지출된 경우에도 발생할 수 있지만, 그런데도 위 시행령 규정이 초과인출금의 발생원인을 따지지 않고 '초과인출금에 상당하는 부채의 지급이자'를 모두 가사관련경비로 정하여 필요경비에 산입하지 않도록 한 것은, 사업용 자산의 합계액이 부채의 합계액에 미달하는 경우 그 초과인출금에 상당하는 부채는 적어도 사업용 자산의 취득에 대응하여 지출된 것이 아닐 개연성이 높다는 점을 고려한 것으로 보이는 점, 그렇다면 '초과인출금에 상당하는 부채의 지급이자'는 그 자체로는 가사와 관련하여 지출된 것임이 명확히 확인되지 않더라도, 앞서 본 하위규범의 모법합치적 법률해석의 원칙에 따라 이를 가사관련경비로 추정하여 필요경비에 산입하지 않도록 한 것으로 충분히 해석될 수 있고, 그러한 해석이 문언해석의 허용 범위를 벗어난 것이라고 단정할 수 없는 점, 이와 같이 위 시행령 규정을 추정규정으로 해석하는 이상, 초과인출금이 발생하였더라도 납세의무자가 초과인출금의 사업관련성을 증명함으로써 그 초과인출금에 상당하는 부채의 지급이자를 필요경비에 산입할 수 있다고 볼 수 있고, 이는 모법 조항 및 시행령 규정의 입법 목적이나 취지에 부합하는 점 등을 들고 있다.

요컨대, 초과인출금이라고 해서 반드시 가사관련경비로만 볼 수 없고 사업상의 경비일 가능성도 있으므로 위 시행령 규정을 의제규정으로 보면 모법의 위임범위를 벗어났다고 볼 수도 있지만, 이를 추정규정으로 해석하여 납세자로 하여금 반대증거의 제출기회를 허용한 것으로 본다면 그다지 불합리하지 않으므로 위임범위 내의 규정으로 볼 수 있다는 것이다.

3. 위임규정의 흠결

가. 하위 법령의 효력

조세법에는 하위 법령인 시행령 규정의 근거가 되는 모법의 위임 자체가 없는 경우가 심심찮게 발견된다. 이는 모법에 위임규정을 두기 위해서는 국회에서의 법률개정 과정을 거쳐야 하는 까다로움이 있기 때문에 그 과정을 생략한 채 곧바로 시행령에 필요한 규정을 두는 경우가 가끔씩 있기 때문이다. 헌법 제38조와 제59조에서 조세법률주의 원칙을 채택하고 있는 이상 법률의 위임이 없이 명령 또는 규칙 등의 행정입법으로 과세요건 등에 관한 사항을 규정하거나 법률에 규정된 내용을 함부로 유추·확장하는 내용의 해석규정을 마련하는 것은 조세법률주의의 원칙에 위반된다. 따라서 법률의 위임 없이 또는 그 위임의 범위를 벗어나 시행령으로 납세자에게 불리한 내용(과세대상의 범위 확장, 비과세대상의 범위 축소, 비과세 요건 추가 등)을 규정한 경우에는 그 시행령은 조세법률주의 원칙에 위배되어 무효라고 할 것이다. 이에 비하여 시행령의 내용이 모법의 입법취지와 관련 조항 전체를 유기적·체계적으로 살펴보아 모법의 해석상 가능한 것을 명시한 것에 지나지 아니하거나 모법 조항의 취지에 근거하여 이를 구체화하기 위한 것인 때에는 이를 확인적 규정으로 보아 모법의 위임규정이 없더라도 무효가 아니라고 해석한다. 모법의 위임규정이 없는 시행령의 효력이 다투어진 사례를 살펴본다.

나. 하위 법령이 무효라고 본 사례

앞서 살펴본 바 있는 대법원 2012. 11. 22. 선고 2010두17564 전원합의체 판결은, 구 법인세법(2005. 12. 31. 개정되기 전의 것) 제17조 제1호에서 자본거래로 인한 수익으로서 익금에 산입하지 아니하는 것의 하나로 규정하고 있는 '주식발행액면초과액'이란 그 문언상 액면 이상의 주식을 발행한 경우 그 액면을 초과한 금액, 즉 주주가 납입한 주식의 인수가액에서 액면가액을 차감한 금액을 의미함이 분명함에도 그 시행령 제15조 제1항은 주식발행액면초과액의 범위에서 주주가 납입한 주식의 인수가액과 시가의 차액에 상당하는 금액 부분을 제외함으로써 결과적으로 법인세의 과세대상이 되는 수익의 범위를 확장하고 있다는 이유로 모법의 위임없이 이와 같이 과세대상을 확대한 것은 조세법률주의에 위반되어 무효라고 판시하였다.

위 판결에 대하여는 그 제1심 판결과 같은 반론이 가능하다. 즉, 구 법인세법 제15조 제3항이 익금으로 보는 수익의 범위와 구분 등에 관하여 필요한 사항은 대통령령으로 정하도록 규정하고 있으므로 위임규정이 있다고 볼 여지도 있고, 모법에서 규정한 주식발행액면초과액은 실제 납입된 금액 중 액면가액을 초과하는 금액을 의미하는데, 채무의 출자전환으로 발행한 주식의 발행가액과 시가의 차액은 형식적으로는 주식발행액면초과액으로 표시되더라도 그 실질은 채무면제이익이므로, 실질과세의 원칙상 구 법인세법 제17조 제1호의 주식발행액면초과액에 해당하지 않는다고 할 수 있다는 것이다. 그리고 구 법인세법 제41조 제1항, 제2항의 위임을 받은 구 법인세법 시행령 제72조 제1항 제4호는 현물출자에 의하여 취득한 주식의 취득가액을 '취득당시의 시가'로 규정하고 있는데, 위 시행령 규정이 무효라고 하면 그 주식발행법인의 발행가액과 그 상대방인 주식취득법인의 취득가액이 일치하지 않는 모순에 빠지게 된다는 것이다.

그러나 구 법인세법 제15조 제3항은 그 법문상 익금에 산입하는 수익의 범위 및 구분 등에 관한 위임규정임이 분명하고, 그 예외로서 익금에 산입하지 아니하는 수익에 해당하는 구 법인세법 제17조 제1호 소정의 주식발행액면초과액의 범위를 대통령령으로 제한할 수 있도록 위임하는 규정으로 보기는 어려우며(대법원 1987. 9. 22. 선고 86누694 판결 참조), 주금 납입이 채무의 출자전환으로 이루어지는 경우가 다른 경우와 근본적인 차이가 있다고 보기 어려우므로, 구 법인세법 제17조 제1호가 주금 납입이 채무의 출자전환으로 이루어지는 경우에 주식의 발행가액과 시가의 차액을 주식발행액면초과액에서 제외할 것을 예정하고 있다거나 그 취지상 이와 같이 해석할 수 있다고 보기는 어렵다. 그리고 주식이 발행된 경우 주식발행법인에 대하여 자본금과 주식발행초과금을 어떻게 산정할 것인지와 주식취득법인에 대하여 주식의 취득가액을 어떻게 산정할 것인지는 별도 기준에 따라 각각 정해지는 것이어서 양자가 반드시 일치하는 것은 아니므로 이를 위 시행령 규정의 유효 근거로 삼는 것은 부적절하다. 왜냐하면 채무의 출자전환 이외의 방식에 의한 현물출자로 주금 납입이 이루어지는 경우에도 구 법인세법 시행령 제72조 제1항 제4호는 주식취득법인의 취득가액은 취득당시 시가에 의하도록 규정하여 양자가 불일치할 수 있기 때문이다. 대법원 판결의 태도가 타당하다.

이러한 논란을 종식시키기 위하여 위 구 법인세법이 2005. 12. 31. 개정되면서 제17조 제1항 제1호에서 '주식발행액면초과액, 다만 채무의 출자전환으로 주식 등을 발행하는 경우에는 당해 주식 등의 시가를 초과하여 발행된 금액을 제외한다'라고 규정함으로써 하위 법령인 구 법인세법 시행령 제15조 제1항의 내용을 법률의 규정으로 승격시켰다.

이러한 입법은 대법원의 판결에 즉각적으로 대항하는 것으로 보일 수 있어 삼권분립의 입장에서 볼 때 바람직한 것이라고 할 수 없다.

다. 하위 법령이 무효가 아니라고 본 사례

구 법인세법(1998. 12. 28. 개정되기 전의 것) 제9조 제1항은 '내국법인의 각 사업연도의 소득은 그 사업연도에 속하거나 속하게 될 익금의 총액에서 그 사업연도에 속하거나 속하게 될 손금의 총액을 공제한 금액으로 한다.'고 규정하고, 제2항은 '제1항에서 익금이라 함은 자본 또는 출자의 납입 및 이 법에서 규정하는 것을 제외하고 그 법인의 순자산을 증가시키는 거래로 인하여 발생하는 수익의 금액을 말한다'고 규정하고, 구 법인세법 시행령(1998. 12. 31. 개정되기 전의 것) 제12조 제1항 제10호에서 수익의 하나로 규정한 '제46조 제1항의 규정에 의한 특수관계 있는 개인으로부터 유가증권을 시가에 미달하는 가액으로 매입하는 경우 당해 매입가액과 시가와의 차액'을 규정하고 있었다.

이에 대하여 대법원 2003. 5. 27. 선고 2001두5903 판결은 다음과 같이 판시하였다. 즉, 위 구 법인세법 제9조 제2항 소정의 수익은 법인의 순자산을 증가시키는 거래로 인하여 발생하는 일체의 이익을 의미하고 구 법인세법 시행령 제12조 제1항 각 호는 이를 구체화하는 규정이며, 구 법인세법 시행령 제12조 제1항 제10호에서 수익의 하나로 규정한 '제46조 제1항의 규정에 의한 특수관계 있는 개인으로부터 유가증권을 시가에 미달하는 가액으로 매입하는 경우 당해 매입가액과 시가와의 차액'은 그 본질은 차액 상당의 증여로서 원래부터 수익의 개념에 포함될 수 있는 것이므로 구 법인세법 시행령 제12조 제1항 제10호가 구 법인세법 제9조 제2항 소정의 수익의 범위를 벗어났거나 구 법인세법의 위임 없이 수익의 범위를 확장하였다는 이유로 무효라고 할 수 없다는 것이다.

당시 구 법인세법 시행령 제12조에 대하여는 모법에 그 위임규정이 없었다. 따라서 위 시행령 제12조에 모법에서 예정하고 있는 수익의 범위를 벗어나는 규정이 있으면 이는 무효로 볼 여지가 있다. 이 사안에서 문제가 된 위 시행령 제12조 제1항 제10호의 규정이 모법에서 정하고 있는 수익의 본질에 부합하는 것인지에 관하여 보면 그렇지 않다고 할 수 있다. 왜냐하면 유가증권을 시가보다 낮은 가액으로 매입하였다고 해서 그것이 바로 수익이 되는 것이 아니라 그 유가증권을 매도함으로써 매매차익이 생겼을 때 비로소 수익이 되기 때문이다. 유가증권뿐만 아니라 어떠한 종류의 자산이든 그것을 저가로 매입하였다고 해서 매입시점에 바로 시가와의 차액을 수익으로 계상하는 것은 법인세법이 예정하고 있지 않다. 오히려 법인세법에서는 기본적으로 저가로 자산을 매입하더라도 그것을 매도했을 때 매매차익의 형태로 수익으로 계상하는 것이 일반적인 모습이다. 그것이 유가증권이고 매입의 상대방이 특수관계자라는 이유로 그 매입시점에 곧바로 시가와의 차액을 수익으로 본다는 것은 원칙을 벗어난 예외적인 조치이다. 즉, 수익으로 의제하는 규정으로 볼 수 있다. 그렇다면 이러한 예외적인 조치에 관한 시행령 규정에 대하여는 모법에 위임근거가 있어야 할 것임에도 그러한 위임근거가 없으므로 이는 무효라고 봄이 옳다. 위 판시에서는 특수관계 있는 개인으로부터 유가증권을 시가에 미달하는 가액으로 매입하는 경우 당해 매입가액과 시가와의 차액은 그 본질이 증여에 해당한다는 이유로 이를 수익으로 보더라도 수익의 본질에 반하지 않는다고 하나 이는 옳지 않다. 왜 유독 특수관계에 있는 개인으로부터 유가증권을 저가로 매입하는 경우만 그 차액상당을 증여로 보고, 특수관계가 없는 개인으로부터 유가증권을 저가로 매입하거나 특수관계에 있는 개인으로부터 저가로 매입하더라도 그것이 유가증권이 아닌 다른 자산인 경우에는 시가와의 차액을 증여로 보지 않는다는 것인지에 대한 합리적인 설명이 없다. 지금은 위 시행령 규정을 모법인 법인세법에 둠으로써 이러한 비판을 면하게 되었지만 입법자의 이러한 조치 자체가 당시의 시행령 규정은 모법의 위임이 없어 무효로 볼 소지가 있다는 것을 자인하는 결과로 볼 수도 있다.

4. 조세법령의 헌법위반 여부에 관한 쟁송

가. 재판권한의 분장

조세법령이 최상위 법규인 헌법에 반하는 경우에는 당연히 그 효력을 인정받을 수 없다. 앞서 조세법률의 규정이 포괄위임에 해당한다는 이유로 무효라고 본 것도 헌법 제59조의 조세법률주의에 반하기 때문이므로 헌법에 반하는 조세법규의 한 유형이라고 할 수 있다. 이와 같이 헌법과 관련하여 조세법규의 효력과 그에 근거한 과세처분의 효력에 대한 다툼이 있을 경우 그 판단은 법원과 헌법재판소에서 이루어진다. 기본적으로 헌법 제107조에 의하여 조세법률이 헌법에 위반되는지 여부에 대하여는 법원이 헌법재판소에 위헌법률심판을 제청하여 헌법재판소가 그 심판에서 이를 판단하고, 하위 법령인 명령, 규칙이나 그에 기한 과세처분이 헌법에 위반되는지 여부에 대하여는 법원에서 판단한다는 점에 대하여는 잘 알려져 있다. 그러나 헌법재판소에서는 위헌법률심판만 하는 것이 아니라 헌법재판소법 제68조에 의하여 헌법소원에 대한 심판을 하고 있으므로 세부적인 유형별로 고찰해 들어가면 그 쟁송의 절차가 간단명료하지 않다. 이하에서는 이 점에 관하여 살펴본다.

나. 침해규정에 대한 쟁송방법

침해규정이 법률인 경우 그에 대한 불복방법은 비교적 간명하다. 헌법재판소법 제41조 제1항은 법률이 헌법에 위반되는지 여부가 재판의 전제가 된 경우 당해 사건을 담당하는 법원은 직권 또는 당사자의 신청에 의한 결정으로 헌법재판소에 위헌 여부 심판을 제청하도록 규정하고 있다. 따라서 조세소송에서 과세처분의 취소나 무효를 주장하는 자는 당해 과세처분의 근거가 된 법률이 침해규정으로서 헌법에 위반된다고 본다면 담당 재판부에 위헌 여부의 심판을 제청해 줄 것을 신청할 수 있고, 그 재판부가 그 법률에 위헌의 소지가 있다고 보아 이를 수용하면 재판부의 이름으로 헌법재판소에 위헌법률심판을 제기하여 헌법재판소에서 위헌법률심판을 하게 된다. 그리고 당해 재판부는 헌법재판소법 제42조 제1항의 규정에 의하여 헌법재판소의 위헌 여부에 관한 결정이 있을 때까지 재판을 정지한다.

만약 담당 재판부가 당해 법률에 위헌의 소지가 없다고 보아 위헌법률심판제청신청을 기각하면 헌법재판소법 제41조 제4항에 의하여 그 결정 자체에 대하여는 불복할 수 없다. 하지만 헌법재판소법 제68조 제2항은 제41조 제1항에 따른 위헌법률심판제청신청이 기각된 때에는 그 신청을 한 자는 직접 헌법재판소에 헌법소원심판을 청구할 수 있도록 규정하고 있으므로 이에 근거하여 헌법소원을 통해 당해 법률규정의 위헌 여부에 대한 심판을 받을 수 있다.

침해규정이 명령이나 규칙 등 하위 법령일 경우에는 그에 대한 불복방법이 간단하지 않다. 우선 헌법 제107조 제2항은 하위 법령에 대한 위헌심사권을 법원에 부여하고 있다. 그런데 법원은 당해 법령이 위헌이라고 판단되면 헌법재판소와 같이 당해 법령이 무효임을 선언하여 그 일반적 효력을 없애는 것이 아니라 당해 사건에 그 법령의 적용을 거부하게 된다. 이에 따라 그 법령을 근거로 한 과세처분에 대하여는 그 법령을 근거로 삼을 수 없다는 이유로 취소하거나 무효를 선언한다. 그리고 이러한 재판에 대하여 상고가 이루어져 대법원에서 최종적 판단을 할 때에는 전원합의부 판결에 의하게 되고, 그 판결은 향후의 하급심들에 대한 기속력으로 인하여 사실상 당해 하위 법령의 일반적 효력이 없어지는 결과가 된다. 그렇게 되면 통상 입법자는 당해 하위 법령을 개정함으로써 문제가 된 하위 법령은 사라지게 된다.

그런데 헌법재판소도 하위 법령의 위헌 여부가 문제될 때 헌법소원을 통하여 이에 관여하고 있다. 헌법재판소 1990. 10. 15. 선고 89헌마178 결정은 헌법 제107조 제2항이 규정한 명령·규칙에 대한 대법원의 최종심사권이란 구체적인 소송사건에서 명령·규칙의 위헌 여부가 재판의 전제가 되었을 경우 법률의 경우와는 달리 헌법재판소에 제청할 것 없이 대법원이 최종적으로 심사할 수 있다는 의미이며, 명령·규칙 그 자체에 의하여 직접 기본권이 침해되었음을 이유로 하여 헌법소원심판을 청구하는 것은 위 헌법규정과는 아무런 상관이 없는 문제로서 이에 반하지 않는다고 한다. 따라서 법령 자체에 의한 직접적인 기본권 침해 여부가 문제되었을 경우 그 법령의 효력을 직접 다투는 것을 소송물로 하여 일반 법원에 구제를 구할 수 있는 절차는 존재하지 아니하므로 다른 구제절차를 거칠 것 없이 바로 헌법소원심판을 청구할 수 있다는 것이다. 따라서 입법부·행정부·사법부에서 제정한 명령·규칙이 별도의 집행행위를 기다리지 않고 직접 기본권을 침해하는 것일 때에는 모두 헌법소원심판의 대상이 될 수 있는 것이다. 그 논거는 헌법재판소가 헌법 제111조 제1항 제1호를 통하여 법률에 대한 위헌심사권을 부여받은 만큼 통일적인 헌법해석과 규범통제를 위해 법률의 하위 규범인 명령·규칙에 대한 위헌심사권도 헌법소원심판 관할에 귀속된다는 것이고, 헌법 제107조 제2항은 법원에 계속 중인 구체적 사건에서 명령·규칙의 위헌 여부가 재판의 전제가 되었을 때 법률과는 달리 헌법재판소에 제청할 것 없이 법원 스스로 심사할 수 있다는 의미여서 명령·규칙에 대한 헌법소원 관할권을 배제하는 것은 아니라는 것이다. 이에 대하여 법원 측에서는 하위 법령에 대한 위헌심사권은 법원에 있음에도 헌법재판소가 뚜렷한 법적 근거도 없이 이 부분까지 영역을 넓힘으로써 법원의 재판권을 침해하고 있다고 비판하는 입장을 보이고 있다.[17] 이러한 논쟁에도 불구하고 헌법재판소는 그 입장을 굽히지 않을 것으로 보이고, 납세의무자의 입장에서는 권리구제의 길이 더 확대되었다는 점에서 헌법재판소의 입장을 환영할 만하다고 하겠다.

하위 법령이 침해적 규정이라면, 그에 근거한 과세처분을 통하여 헌법상의 재산권 등 기본권이 침해되는 경우가 일반적이고 이러한 과세처분을 통하지 않고 침해적 규정 자체가 기본권을 침해하는 경우는 상정하기 어렵다. 따라서 헌법재판소가 하위 법령이 별도의 집행행위를 기다리지 않고 직접 기본권을 침해하는 것을 이유로 헌법소원의 대상으로 본 것은 침해적 규정이라기보다는 혜택규정의 불완전 또는 미비라고 하겠다. 그리고 침해적 규정도 그 취지가 일의적이고 명백하여 재량의 여지가 없거나 행정처분 등의 집행행위가 있기 전에 이미 국민의 권리관계가 확정된 경우에는 직접 기본권을 침해하는 것이라고 볼 여지도 있다.[18] 따라서 조세법규에 있어서도 과세 여부나 그 요건에 관한 침해적 규정이 존재하고 그 취지가 과세관청에 재량이 부여될 여지가 없을 정도로 일의적이고 명백하면 침해의 직접성을 인정하여 헌법소원의 대상으로 삼을 수도 있다고 할 것이다.

---

17) 강일원·유남석·최완주, "헌법소원심판", 재판자료 제92집, 법원도서관(2001)
18) 헌법재판소 2008. 12. 26. 선고 2007헌마1422, 2008헌마32 결정 참조

그런데 헌법재판소는, 기본권 침해의 직접성이란 집행행위에 의하지 아니하고 법령 그 자체에 의하여 자유의 제한, 의무의 부과, 법적 지위의 박탈이 발생하는 경우를 말하므로 당해 법령에 근거한 구체적인 집행행위를 통하여 비로소 기본권 침해의 법률효과가 발생하는 경우에는 직접성의 요건이 결여된다고 하면서, 부과징수의 형식에 의한 조세의 경우뿐만 아니라 신고납부의 형식에 의한 조세의 경우에도 신고납부를 하지 아니하거나 신고납부세액이 세법에 의하여 신고납부하여야 할 세액에 미달될 때에는 부과징수의 방법에 의하여 징수하도록 하고 있으므로 종국적으로는 과세처분이라는 집행행위를 통하여 기본권 침해가 현실화된다는 이유에서 그 근거가 되는 과세법령에 대하여는 기본권 침해의 직접성을 인정할 수 없다고 하여 이에 대한 헌법소원을 각하하고 있다.

그리고 과세처분의 취소나 무효확인을 구하는 조세소송에서 처분의 근거가 된 하위법령의 위헌 여부가 문제된 경우 그로 인한 기본권 침해의 직접성이 인정된다고 하더라도 이때는 이미 과세처분이 있고 이에 대하여 법원에서의 소송을 통하여 다툴 수 있으므로 헌법재판소법 제68조 제1항 단서의 규정에 의한 헌법소원의 보충성 때문에 헌법소원을 제기할 수 없다고 보아야 한다. 또한 과세처분이 이를 다투는 조세소송의 판결에 의하여 유효한 것으로 확정된 경우에는 그 과세처분이 기본권을 침해하였다고 하더라도 이를 헌법소원에서 다투는 것을 허용하면 실질적으로 법원의 재판을 대상으로 하는 것이 되어 헌법재판소법 제68조 제1항에 위배되어 허용될 수 없다고 하겠다.

다. 혜택규정의 미비에 대한 쟁송방법

법률의 위임을 받아 시행령 등 하위 법령이 비과세나 감면 등 납세자에게 혜택을 부여하는 규정을 함에 있어 그 규정이 미비되어 헌법의 기본권 이념에 비추어 당연히 부여받아야 할 혜택을 부여받지 못하는 결과가 초래되었을 경우 당해 법률 자체가 위헌이라면 위헌법률심판이나 헌법소원을 통하여 구제받을 수 있고, 하위 법령이 위헌이라면 전항에서 살펴본 바와 같이 헌법소원을 통하여 구제받을 수 있다.

먼저 법률규정의 미비에 관한 대표적인 예로서 헌법재판소 2011. 11. 24. 선고 2009헌바146 결정은, 1세대 3주택 이상에 해당하는 주택에 대하여 양도소득세 중과세를 규정하고 있는 구 소득세법(2003. 12. 30. 개정되고, 2009. 12. 31. 개정되기 전의 것) 제104조 제1항 제2호의3은 혼인으로 새로이 1세대를 이루는 자를 위하여 상당한 기간 내에 보유 주택수를 줄일 수 있도록 하고 그러한 경과규정이 정하는 기간 내에 양도하는 주택에 대해서는 혼인 전의 보유 주택수에 따라 양도소득세를 정하는 등의 완화규정을 두는 것과 같은 손쉬운 방법이 있음에도 이러한 완화규정을 두지 아니한 것은 최소침해성원칙에 위배되고, 위 규정으로 인하여 헌법 제36조 제1항에서 보호하는 혼인에 따른 차별금지 또는 혼인의 자유라는 헌법적 가치를 침해한다는 이유로 헌법불합치 결정을 하였다. 이는 구 소득세법 제104조 제1항 제2호의3은 직접 또는 하위 법령에의 위임을 통하여 혼인으로 인한 보유 주택수의 증가에 대하여는 양도소득세 중과를 완화하는 혜택규정을 두어야 했음에도 이러한 혜택규정을 제대로 갖추지 못한 것이 헌법에 불합치한다는 것이다.

다음으로 하위 법령에 관하여, 앞서 본 바와 같이 헌법재판소는 하위 법령인 과세법령이 종국적으로는 과세처분이라는 집행행위를 통하여 기본권 침해가 현실화된다는 이유에서 그 근거가 되는 과세법령에 대하여는 기본권 침해의 직접성을 인정할 수 없다고 하여 이에 대한 헌법소원을 각하하고 있다고 하였는데, 이와 같이 헌법재판소가 하위 법령에 대한 헌법소원의 요건으로 기본권 침해의 직접성을 들고 나온 것은 기본적으로 행정처분에 대한 사법심사권이 법원에 있고 헌법소원은 보충성의 한계를 지니고 있으므로 적어도 법원의 재판을 통하여 구제받을 수 있는 부분에 대하여는 헌법재판소가 관여하지 않겠다는 입장을 밝힌 것으로 볼 수 있다. 그런데 이러한 입장이 침해규정에 대하여는 어울리지만 혜택규정의 미비에 대하여는 어울리지 않는다.

1세대 1주택자의 양도소득세 비과세특례의 범위를 정하고 있는 소득세법 시행령 제155조 제5항이 혼인으로 인하여 1세대 2주택자가 된 경우에 대해서만 규정을 두고 혼인으로 인하여 1세대 3주택자기 된 경우에 대하여는 규정을 두고 있지 않은 것이 위헌이라고 주장할 경우 헌법소원의 길을 걷지 않고, 법원의 위헌명령규칙심사권에 의지한다면 법원으로서는 위 소득세법 시행령 제155조 제5항을 위헌이라고 본들 헌법재판소처럼 그 규정의 일반적 효력을 부인할 수 없고 개별적 효력만 부인할 수 있어 당해 사건에서 그 적용을 거부할 수 있을 뿐인데 법원이 위 혜택규정의 적용을 거부해 본들 미비된 부분, 즉 혼인으로 인하여 1세대 3주택자가 된 경우에도 양도소득세를 비과세한다는 취지의 새로운 혜택규정이 창설되는 것이 아니어서 직접적으로 당해 처분이 달라지는 것은 아니므로 결국 법원의 판단이 결론에 영향을 줄 수 없고, 따라서 법원으로서는 위 규정의 적용을 거부하는 판결을 하지 않게 될 것이다. 하지만 헌법재판소에서는 결정을 통하여 위 규정의 일반적 효력을 부인할 수 있고, 그 입법의 공백을 메우기 위하여 입법자는 헌법재판소의 결정 취지에 따라 혼인으로 인하여 1세대 3주택자가 된 경우에 대하여도 양도소득세 비과세특례를 부여하는 내용으로 그 규정을 개정하지 않을 수 없을 것이며, 그렇게 되면 통상 경과규정의 적용을 통하여 당해 처분에도 적용되도록 함으로써 납세자는 구제받을 수가 있다. 설령 개정입법에서 경과규정을 두지 않더라도 헌법불합치결정의 계기가 된 당해 사건은 구제되어야 하므로 개정입법은 당해 사건에 구법 조항을 대체하여 적용되어야 한다고 보고 있다. 같은 취지의 대법원 2002. 5. 14. 선고 2000다62476 판결도 있다. 따라서 이와 같이 하위 법령의 위헌성이 혜택규정의 미비에서 온 것이라면 적극적으로 헌법소원의 대상으로 받아들이는 것이 옳다고 본다.

그럼에도 헌법재판소에서는 이러한 혜택규정의 미비를 헌법소원의 대상으로 받아들이지 않고 있는 것으로 보이므로 납세자는 권리구제를 받을 길이 없기 때문에 법원으로서는 명령규칙뿐만 아니라 처분에 대한 위헌성의 심사권도 부여한 헌법 제107조 제2항에 근거하여 곧바로 당해 처분을 위헌심사의 대상으로 삼아 위헌을 이유로 당해 처분을 취소하는 적극적 태도를 보일 필요가 있다고 하겠다. 이에 관한 판례로 대법원 2014. 9. 4. 선고 2009두10840 판결이 있다. 제1 주택을 소유하던 갑이 제2 주택을 취득하여 보유하다가 또 다른 주택을 보유한 을과 혼인을 하였는데, 그 후 제1 주택이 매각되자 갑이 구 소득세법(2009. 12. 31. 개정되기 전의 것) 제104조 제1항 제2호의3에서 정한 '1세대 3주택 이상에 해당하는 주택'의 양도에 대한 중과세율을 적용하여 양도소득세를 신고 · 납부하였다가 양도세율이 일반세율이어야 한다며 감액경정청구를 하였으나 과세관청이 이를 거부한 사안에서, 구 소득세법 제104조 제1항 제2호의3은 투기 목적의 주택 소유를 억제하여 주택 가격의 안정과 주거생활의 안정을 도모하려는 취지에서 양도소득세를 중과세하는 규정인데, 혼인으로 3주택 이상 보유자가 되는 경우에는 투기 목적의 주택 소유라고 보기 어려운 점, 1세대 3주택 중과세율의 적용이 배제된다고 하여 양도소득세가 비과세되거나 감면되는 것은 아니고 별도로 비과세 또는 감면요건에 해당하지 않는 한 일반세율이 적용되어 과세되므로 특혜라고 할 것은 아닌 점, 혼인으로 일시적으로 3주택자가 된 경우까지 1세대 3주택 중과세율을 적용하는 것은 헌법상 보장되는 혼인의 자유를 지나치게 침해하는 것으로서 허용되기 어려운 점 등을 종합하여 보면, 제1 주택 양도에 대하여는 1세대 3주택 중과세율을 적용할 수 없다고 판시하였다. 이 판결에서는 1세대 3주택 중과세율을 적용한 과세처분 자체가 위헌이라는 이유로 그 처분이 취소되어야 한다고 선언한 것이다. 과세처분 자체의 위헌성을 판단한 선례로 자리매김하고 있다. 앞으로 이러한 경향의 판결이 계속 나와 납세자의 권리보호가 보다 적극적으로 이루어지기를 기대한다.

납세의무의 성립과 확정

1. 의의

가. 성립시기와 확정시기

　납세의무, 즉 조세채무는 일반적인 민사채무와 달리 그 성립시기와 확정시기가 분리되어 있다. 민사채무의 경우 기한부 채무라고 하더라도 채무의 요건을 갖추고 그 기한이 도래한 때에 성립되면서 확정된다고 봄으로써 굳이 성립시기와 확정시기를 분리하지 않는 것이 일반적이다. 이는 민사채무가 성립되면 곧바로 그 금액도 알 수 있는 것이 일반적이므로 굳이 그 금액의 확정을 위하여 별도의 기간을 둘 필요가 없기 때문이다. 따라서 이때부터 채권자는 채무자에게 그 채무의 이행을 청구할 수 있게 된다. 그러나 조세채무에서는 성립시기와 확정시기를 분리하고 있는데 이는 조세채무의 본질적 특성 때문이라기보다는 입법정책의 결과로 볼 수 있다.

　국세기본법 제21조에서는 조세채무의 성립시기를 세목별로 일의적으로 정하고 있다. 그리고 조세채무의 확정시기에 관하여는 국세기본법 제22조 제1항에서 국세는 해당 세법의 절차에 따라 그 세액이 확정된다고 규정하고 있고, 국세기본법 시행령 제10조의2 각 호에서 조세채무의 확정시기를 구체적으로 규정하고 있는데, 신고주의 국세의 경우 해당 국세의 과세표준과 세액을 정부에 신고하는 때로 정하고 있고, 이와 별도로 정부가 과세표준과 세액을 결정하는 경우에는 그 결정하는 때로 정하고 있다. 위 시행령 규정은 본법에 특별한 위임규정이 보이진 않지만 본법의 취지에 부합하는 내용으로서 확인적 규정으로 볼 수 있다.

여기서 납세의무자가 과세표준과 세액을 과소하게 신고한 경우에는 정부가 과세표준과 세액을 경정하여 통지하기 전까지 수정신고를 할 수 있는바(국세기본법 제45조), 수정신고에 의해 당초의 신고내용이 수정신고 내용으로 변경되어 납세의무가 재확정되고, 당초의 신고는 수정신고에 흡수되어 소멸된다고 보고 있다. 그래서 국세기본법이 2018. 12. 31. 개정되면서 제22조의2를 신설하여 제1항에서 국세의 수정신고(과세표준신고서를 법정신고기한까지 제출한 자의 수정신고로 한정한다)는 당초의 신고에 따라 확정된 과세표준과 세액을 증액하여 확정하는 효력을 가진다고 규정하면서, 제2항에서 국세의 수정신고는 당초 신고에 따라 확정된 세액에 관한 이 법 또는 세법에서 규정하는 권리·의무관계에 영향을 미치지 아니한다고 규정하게 되었다. 그리고 국세기본법 제45조의3 제1항은 법정신고기한 내에 과세표준신고서를 제출하지 아니한 자는 관할 세무서장이 세법에 의하여 당해 국세의 과세표준과 세액을 결정하여 통지하기 전까지 기한후과세표준신고서를 제출할 수 있고, 제3항은 제1항의 규정에 따라 기한후과세표준신고서를 제출한 경우(납부할 세액이 있는 경우에는 해당 세액을 납부한 경우에 한한다) 관할 세무서장은 세법에 의하여 당해 국세의 과세표준과 세액을 결정하여야 한다고 규정하고 있으므로 납세의무자가 기한후과세표준신고서를 제출하더라도 그 납세의무는 관할 세무서장이 과세표준과 세액을 결정하는 때에 비로소 확정되는데, 과세관청이 납세의무자에 대하여 과세표준과 세액이 기한후과세표준신고서를 제출할 당시 이미 자진납부한 금액과 동일하므로 별도로 고지할 세액이 없다는 내용의 신고시인결정 통지를 하였다면, 그 신고시인결정 통지는 구 국세기본법 제45조의3 제3항이 정한 과세관청의 결정으로 보아야 하고 따라서 이때 그 납세의무가 확정된다고 할 것이다. 그리고 그 신고시인결정은 항고소송의 대상이 되는 행정처분에 해당한다고 보는 것이 판례의 입장이다(대법원 2014. 10. 27. 선고 2013두6633 판결 등 참조).

이와 같이 조세채무의 성립시기와 확정시기를 분리해두면 편리한 면이 많다. 왜냐하면 조세채무는 그 성격상 요건을 갖추어 성립되었다고 하더라도 관련 법규가 복잡다단하기 때문에 그 법규에 따라 구체적 세액을 정하는 데는 상당한 시간이 소요되기 때문이다. 이 때문에 세법은 조세채무가 성립된 때로부터 상당한 기간이 경과한 후에 그 세액을 확정하도록 규정하고 있는 것이다.

나. 성립시기와 확정시기의 관계

여기서 눈여겨볼 대목은 조세채무의 성립시기는 하나의 조세채무에 대하여 하나의 시점만이 존재하지만, 조세채무의 확정시기는 하나의 조세채무에 대하여 여러 단계가 존재할 수 있다는 것이다. 예를 들어 법인세나 소득세의 경우 과세기간이 끝나는 때에 비록 추상적이긴 하지만 조세채무가 성립한다. 그러나 그와 같이 추상적으로 성립한 조세채무가 구체적으로 확정되는 시기는 여러 단계로 나타날 수 있다. 먼저 납세자가 신고납부를 한 때에 신고세액으로 조세채무가 일단 확정되는데, 그 신고세액이 정당한 것으로 인정되면 종국적으로 확정이 되겠지만 만약 과소신고로 드러나 과세관청이 증액결정을 하게 되면 그 결정시점에 증액된 가액으로 조세채무가 다시 확정된다. 이러한 절차는 그 후 당해 조세에 대한 부과제척기간의 범위 내에서 과세관청의 결정에 따라 반복하여 이루어질 수 있다. 이와 같이 납세의무자의 신고에 의해 1차적으로 납세의무가 확정되므로, 그 신고에 누락 또는 오류가 있어 정부가 이를 다시 정하는 것은 '경정'이 되고, 납세의무자가 신고를 하지 않아 정부가 이를 최초로 정하는 것은 '결정'이 된다.

이러한 납세의무의 확정이 이른바 불가쟁력이 발생하여 더 이상 납세의무의 존부와 범위를 다툴 수 없는 상태를 의미하는 것은 아니다. 왜냐하면 납세의무자가 과세표준과 세액을 정부에 신고하거나 정부가 이를 결정한 경우에도 수정신고, 경정청구 및 직권경정 등을 통해 납세의무의 존부와 범위가 변경될 수 있기 때문이다. 납세의무의 확정이란 납세의무자의 신고, 과세관청의 결정 등에 의하여 과세표준과 세액이 특정 또는 구체화되는 것을 의미한다고 할 것이다. 같은 취지에서 대법원 2011. 12. 8. 선고 2010두3428 판결도 납세의무의 확정이란 추상적으로 성립된 납세의무의 내용이 징수절차로 나아갈 수 있을 정도로 구체화된 상태를 의미한다고 판시하였다. 이러한 조세채무의 성립과 확정은 조세법상 단순한 관념론에 그치는 것이 아니라 다음 항에서 살펴보는 바와 같이 상당히 중요한 기능을 하고 있다.

다. 민법상 소급효와의 관계

민법에는 각종 소급효에 관한 규정을 두고 있다. 취소의 소급효, 추인의 소급효, 소멸시효의 소급효, 취득시효의 소급효, 계약해제의 소급효 등이다. 이러한 소급효에 따라 납세의무도 소급하는 것인지에 관하여 논란이 있을 수가 있다.

예를 들어 무권대리인이 한 수증계약을 사후에 본인이 추인하였을 경우 민법상으로는 그 수증계약시로 소급하여 효력이 인정되므로 당초 수증계약시에 증여세 납세의무가 성립된다고 볼 수 있는지가 문제될 수 있다. 그러나 당초 수증계약시에는 본인은 그 사실을 알지도 못하였을뿐더러 이를 추인한 바도 없으므로 그때 그 목적물을 취득하였다고 보아 증여세 납세의무가 있다고 보는 것은 무리이다. 만약 이때 증여세 납세의무가 성립된다고 보면 가산세의 부담까지 따르게 되어 매우 부당하다. 그래서 민법상의 소급효에도 불구하고 세법상 납세의무의 성립시기는 실제로 과세요건이 되는 사실관계가 완성되었을 때를 기준으로 하여 인정하는 것이 옳다.

과세표준과 세액의 신고행위에 대한 추인도 마찬가지이다. 제3자가 납세의무자의 동의 없이 신고납부기한 내에 납세의무자 명의로 과세표준과 세액을 신고한 후 이를 납부하지 않아 과세관청이 납세의무자를 상대로 징수처분을 하였을 경우 납세의무자가 신고납부기한이 지난 연후에 그 제3자의 신고행위를 추인하였다고 해서 그 신고행위가 소급해서 신고납부기한 내에 이루어진 유효한 것이 되고 그에 따른 징수처분도 유효하게 된다고 보는 것은 무리이다. 이러한 사실이 밝혀졌다면 그 징수처분은 무효라고 할 것이고 과세관청은 새로운 부과처분으로 대응해야 할 것이다.

대법원 2004. 11. 25. 선고 2003두13342 판결은 점유취득시효가 완성된 부동산의 취득시기는 점유시효 완성시로 보고 그때 취득세 납세의무가 성립한다고 판시하였다. 민법 제247조는 점유취득시효가 완성되면 그 점유를 개시한 때에 소급하여 소유권을 취득한다고 규정하고 있음에도 대법원은 그 점유취득시효가 완성된 때에 취득한 것으로 보아 취득세 납세의무가 있다고 본 것이다.

이와 같이 민법상의 소급효가 세법에는 그대로 적용될 수 없는 한계가 있다는 점을 유념할 필요가 있다. 민법상 소급효를 인정하는 것은 사적 법률관계의 안정을 위한 것이지만 그것을 이유로 소급과세까지 허용할 수는 없기 때문이다.

2. 납세의무의 성립시기와 확정시기의 기능

가. 납세의무 성립시기의 기능

(1) 적용법령의 기준시기

이와 같이 현실적 필요에 의하여 정책적으로 조세채무의 성립시기와 확정시기를 분리해 두었는데 조세실무에서는 그 성립시기와 확정시기가 중요한 기능을 한다.

먼저 조세채무의 성립시기는 관련법규의 적용에 있어서 기준시점으로 작용한다는 것이 가장 중요한 역할이라고 할 수 있다. 국세기본법 제18조 제2항은 소급과세금지의 원칙에 관하여 '국세를 납부할 의무가 성립한 소득, 수익, 재산, 행위 또는 거래에 대해서는 그 성립 후의 새로운 세법에 따라 소급하여 과세하지 아니한다'라고 규정하고 있다. 위 문언에 나타난 바와 같이 국세를 납부할 의무, 즉 조세채무가 성립한 후에 제정되거나 개정된 세법을 당해 조세채무에 적용하여서는 아니된다는 것이므로 결국 조세채무가 성립한 당시의 세법이 적용되어야 한다. 세법은 그 속성상 워낙 자주 변하므로 특정의 조세채무에 적용할 법령을 정하는 것이 조세실무에서는 중요하다. 그리고 그 적용법령에 따라 조세채무의 성립 여부와 세액이 좌우되므로 그 적용법령은 선택이나 논란의 여지가 없이 명확해야 하기 때문에 그 적용법령의 기준시점이 되는 조세채무의 성립시기에 대하여도 국세기본법 제21조에서 일의적으로 규정하고 있는 것이다.

조세실무에서는 과세관청이 과세처분을 함에 있어서 당해 조세채무가 성립되기 전의 법령이나 성립 후의 법령을 잘못 적용하는 경우가 더러 있고 그것이 결론에 영향을 미치는 경우가 많아 이를 이유로 취소되곤 한다. 납세의무자든 과세관청이든 조세채무의 성립시기에 맞는 법령을 선택하여 적용하는 것은 기본적이고도 중요한 일이다.

(2) 출자자의 제2차 납세의무 기준시기

국세기본법 제39조는 법인의 재산으로 그 법인에 부과되거나 그 법인이 납부할 국세·가산금과 체납처분비에 충당하여도 부족한 경우에는 그 국세의 납세의무 성립일 현재 무한책임사원이나 과점주주에 해당하는 자는 그 부족한 금액에 대하여 제2차 납세의무를 진다고 규정하고 있다. 위 문언에서 알 수 있듯이 주된 납세의무의 성립일 당시에 무한책임사원이나 과점주주에 해당하여야 하며, 그 당시에는 무한책임사원이나 주주가 아니었다가 주된 납세의무의 확정시 등 그 후에 무한책임사원이나 주주가 된 자는 제2차 납세의무를 부담하지 아니한다. 반대로 주된 납세의무의 성립시에 무한책임사원이나 과점주주였던 자는 주된 납세의무의 확정시 등 그 후에 무한책임사원이나 과점주주의 지위에서 벗어났다고 하더라도 제2차 납세의무를 면할 수 없다.

이와 같이 출자자에 대하여 주된 납세의무의 확정시를 기준으로 하지 않고 성립시를 기준으로 제2차 납세의무자를 정한 것은 입법자의 결단에 의한 것으로서 그 성립시의 출자자가 확정시의 출자자보다 주된 납세의무의 대상이 된 수익이나 재산에 관한 처분권을 더 잘 행사할 수 있다고 보았기 때문인 것으로 짐작된다.

(3) 사해행위 취소시 조세채무의 고려 기준시기

민법 제406조의 채권자취소권의 대상인 '사해행위'는 채무자가 적극재산을 감소시키거나 소극재산을 증가시킴으로써 채무초과상태에 이르거나 이미 채무초과상태에 있는 것을 심화시킴으로써 채권자를 해치는 행위를 말하는데, 여기서 채무초과상태를 판단할 때 소극재산은 원칙적으로 사해행위가 있기 전에 발생되어야 하지만, 사해행위 당시 이미 채무 성립의 기초가 되는 법률관계가 성립되어 있고 가까운 장래에 그 법률관계에 기초하여 채무가 성립되리라는 고도의 개연성이 있으며 실제로 가까운 장래에 그 개연성이 현실화되어 채무가 성립되었다면, 그 채무도 채무자의 소극재산에 포함된다는 것이 대법원 판례의 태도이다(대법원 2000. 9. 26. 선고 2000다30639 판결, 대법원 2011. 1. 13. 선고 2010다68084 판결 등 참조).

이와 관련하여 채무자가 자신의 부동산을 타인에게 양도하는 행위가 채권자를 해치는 사해행위에 해당하는지 여부를 판단할 때 그 양도행위로 인한 양도소득세와 지방소득세 채무를 채무자의 소극재산에 포함시킬 수 있는지가 쟁점이 된 사안이 있다.

대법원 2022. 7. 14. 선고 2019다281156 판결은 소극재산에 포함될 수 없다고 보았다. 그 논거는 다음과 같다. 사해행위로 주장되는 토지나 건물의 양도 자체에 대한 양도소득세와 지방소득세 채무는 통상적으로 토지나 건물의 양도에 대한 대금이 모두 지급된 이후에 비로소 성립하므로 사해행위로 주장하는 행위 당시에는 아직 발생하지 않는다. 양도소득세와 지방소득세 채무 성립의 기초가 되는 법률관계가 사해행위로 주장되는 행위 당시 이미 성립되었다거나 이에 기초하여 이러한 채무가 성립할 고도의 개연성이 있다고 볼 수도 없다. 토지나 건물에 관하여 소득세법에 따른 양도가 이루어지지 않았을 때에는 양도소득세와 지방소득세 채무 성립의 기초가 되는 법률관계가 존재한다고 보기 어렵고, 토지나 건물을 양도에 관한 계약 등의 교섭이 진행되는 경우라 하더라도 이는 양도소득세와 지방소득세 채무를 성립시키기 위한 교섭이라고 볼 수 없어서 채무 성립의 개연성 있는 준법률관계나 사실관계 등에 해당한다고 볼 수 없다. 따라서 사해행위로 주장되는 토지나 건물의 양도 자체에 대한 양도소득세와 지방소득세 채무는 사해행위로 주장되는 행위 당시의 채무초과상태를 판단할 때 소극재산으로 고려할 수는 없다.

당연한 판결이다. 기본적으로 사해행위란 그 행위가 있기 전에 존재하는 채무를 면탈하기 위한 것이다. 그 행위가 그 행위로 인하여 비로소 생기는 채무를 면탈하기 위한 것으로 보는 것은 논리적으로 너무 성급하다.

나. 납세의무 확정시기의 기능

(1) 국세우선권에 관한 법정기일

조세채무의 확정시기가 지니는 가장 중요한 기능은 국세우선권에 관한 법정기일이 된다는 것이다. 국세기본법 제35조 제1항은 국세 등은 그 밖의 채권에 우선하여 징수한다고 규정하면서 그 예외의 하나로 제3호에서 '법정기일' 전에 전세권, 저당권 등의 등기가 된 재산을 매각할 때 매각대금 중 국세를 징수하는 경우 그 전세권, 저당권 등에 의하여 담보된 채권을 규정하고 있다. 그리고 그 '법정기일'에 관하여는 신고주의 국세의 경우 신고한 해당세액에 대하여 그 신고일로, 부과주의 국세 등 과세관청의 부과결정에 의하여 확정되는 세액의 경우 고지한 해당세액에 대하여 그 납세고지서의 발송일로 각 규정하고 있다. 여기서 말하는 법정기일은 조세채무의 확정시기와 거의 같음을 알 수 있다. 다만, 미세한 차이가 있다면 과세관청의 부과결정에 의하여 확정되는 세액의 경우 조세채무의 확정일은 부과결정을 한 때로서 실제로는 그 부과결정에 따른 납세고지서가 납세의무자에게 송달된 날이 될 것인데, 법정기일에서는 납세고지서가 납세의무자에게 발송된 날로 본다는 점이다. 위 법정기일의 취지는 조세채무가 구체적으로 확정되면 납세의무자의 채권자 등 이해관계인들이 조세채권의 범위를 객관적으로 확인할 수 있는 상태가 되므로 이때를 기준으로 조세채권에 우선권을 인정하더라도 공익목적상 합리적이라고 할 수 있다는 것이다.

여기서 법정기일이 되는 신고일에 관하여 그것이 적법한 신고기한 내에 이루어진 것이어야 하는지, 아니면 신고기한을 도과하여 이루어진 것도 포함되는지에 관하여 논란이 있을 수 있다. 이에 관하여 대법원 2025. 5. 15. 선고 2022다268016 판결은 적법한 신고기한 내에 이루어진 신고만이 법정기일이 될 수 있다고 제한적으로 해석하였다. 판시 내용은 다음과 같다.

신고납세방식의 국세에 있어 '그 신고일'을 법정기일로 정한 취지는, 납세의무자가 법정된 신고기한 내에 과세표준과 세액을 신고한 경우에는 그 신고일에 구체적 납세의무가 확정되고, 이 경우 담보권을 취득하려는 자도 그 조세채무의 존부 및 범위에 대한 예측가능성을 가지게 되므로, 그 조세채권과 담보권의 우선순위를 신고일을 기준으로 정하도록 규정함으로써 조세의 우선권과 담보권자의 우선변제청구권을 조화적으로 보장하기 위한 것이라고 전제하고, 소득세법 제105조 제1항은, 제1호에서 토지 또는 건물 등의 자산 양도에 따른 양도소득과세표준 예정신고기한을 '그 양도일이 속하는 달의 말일부터 2개월'로 정하는 등 각 호에서 양도하는 자산의 유형에 따라 양도소득과세표준 예정신고기한을 정하고 있고, 같은 법 제110조 제1항은 양도소득과세표준 확정신고기한을 '해당 과세기간의 다음 연도 5월 1일부터 5월 31일까지'로 정하고 있으며, 같은 법 제114조 제1항은 '제105조에 따라 예정신고를 하여야 할 자 또는 제110조에 따라 확정신고를 하여야 할 자가 그 신고를 하지 아니한 경우에는 관할 세무서장 또는 지방국세청장이 해당 거주자의 양도소득과세표준과 세액을 결정한다'고 규정하고 있으므로, 양도소득세 납세의무자가 과세표준과 세액을 신고한 날이 '법정기일'이 되기 위해서는, 소득세법이 정한 신고기한을 준수하는 등 적법하게 신고가 이루어져야 하고, 이는 확정신고기한은 물론이고 예정신고기한에 대해서도 마찬가지이고, 따라서 양도소득과세표준 예정신고기한을 지나 신고가 이루어졌다면, 그 신고일이 비록 양도소득과세표준 확정신고기한 도래 전일지라도, 해당 납세의무는 소득세법 제114조 제1항에 따라 관할세무서장이 양도소득과세표준과 세액을 결정하는 때에 비로소 확정된다고 보아야 한다고 판단하였다. 따라서 이 경우 그 세액에 관한 법정기일은 예정신고기한이 지난 뒤의 그 신고일이 아니라, 과세관청이 납세고지서를 발송한 날이 된다고 결론지었다.

관련 법규정들을 체계적으로 해석한 결과로서 법리적으로는 타당하다. 그러나 다른 한편으로 보면, 납세의무자가 신고의무를 게을리함으로써 법정기일이 늦어짐에 따라 국가의 조세채권 순위가 오히려 뒤로 밀리고 그 때문에 납세자에 대한 채권자들이 이익을 보는 다소 비합리적인 결과가 생긴다. 이 사안에서도 양도소득세 납세의무자가 2018. 3. 16. 양도소득과세표준 신고를 하였으나, 위 날짜는 양도소득과세표준 예정신고기한 도과 후 확정신고기한 도래 전이었고 그래서 과세관청이 2018. 12. 4. 납세고지서를 발송하였는데, 납세자의 채권자들은 위 날짜보다 앞선 2018. 7. 18. 근저당권을 설정해두고 있어 그 피담보채권이 국가의 양도소득세채권보다 우선하게 되었다. 이러한 불합리는 법리로는 어쩔 수 없고, 입법으로 개선되어야 할 대목으로 보인다.

(2) 국세징수권 소멸시효의 기산일

조세채무의 확정시기는 과세관청이 그 확정된 조세를 징수할 수 있는 시기가 되므로 국세징수권의 소멸시효 기산의 기준시점 역할을 하게 된다. 그래서 납세의무자의 신고나 과세관청의 부과결정에 의하여 조세채무가 확정된 경우 원칙적으로 그 다음 날부터 국세징수권의 소멸시효 5년 내지 10년이 진행된다고 해야 할 것이다. 그런데 국세기본법 시행령 제12조의4 제1항은 국세징수권 소멸시효의 기산일에 관하여 신고주의 국세의 경우 그 신고세액에 대하여는 법정신고납부기한의 다음 날로 정하고, 과세관청의 부과결정에 의하여 조세채무가 확정된 경우 그 결정세액에 대하여는 고지에 따른 납부기한의 다음 날로 정하고 있다. 이는 신고일이나 결정일보다는 법정신고납부기한이나 고지서상의 납부기한이 명확하게 드러나기 때문에 국세징수권의 소멸시효 완성 여부를 따질 때 기산일로 인한 혼란을 방지하기 위한 것으로 보인다.

대법원 2020. 11. 12. 선고 2017두36908 판결은 원천징수세목이 법인세가 되어야 함에도 과세관청이 소득세로 잘못 지정하여 징수고지하였다가 나중에 그 세목이 법인세이어야 한다는 판결이 확정되자 다시 법인세로 정정하여 징수고지한 사안에서, 과세관청이 이 경우의 소멸시효 기산점은 위 판결의 확정일로 봐주어야 한다는 읍소형 주장을 하였으나 이를 배척하고 원칙대로 법정신고납부기한이 기산점이 된다고 판시하였다.

사안의 내용은 다음과 같다. 원고는 2005. 4. 15. 말레이시아 라부안에 설립된 A사로부터 P사 발행 주식을 1조 6천억 원에 양수하고 대금을 지급하면서 한국·말레이시아 조세조약에 따라 양도차익에 세금을 원천징수하지 않았다. 그러자 과세관청은 2006. 12. 18. A사가 명목상 회사에 불과하고 양도소득의 실질귀속자는 영국령 케이만군도에 설립된 유한 파트너십인 B에 대한 투자자들이라는 전제하에 원고에게 원천징수분 소득세 430억 원을 납세고지하였다. 이에 대한 불복소송에서 대법원이 2013. 7. 11. B를 외국법인으로 보아 원천징수분 법인세를 과세하여야 한다는 취지로 원심판결을 파기환송하자 과세관청이 환송심에서 처분사유를 원천징수분 소득세에서 원천징수분 법인세로 변경하였으나, 다시 대법원은 2014. 9. 4. 세목은 부과처분에서는 물론 징수처분에서도 납세의무의 단위를 구분하는 본질적인 요소이므로 다른 세목으로 처분사유를 변경하는 것은 처분의 동일성이 유지되지 않아 허용될 수 없다고 판시하였다. 그러자 과세관청은 2015. 4. 17. 다시 원천징수분 법인세 1,800억 원을 납세고지하였다.

이에 대한 불복소송에서 대법원은 원고의 원천징수분 법인세 납부의무의 소멸시효 기산일은 그 법정납부기한 다음 날인 2005. 5. 11.임에도 그로부터 소멸시효 기간 5년이 경과한 2015. 4. 17. 이루어졌으므로 위법하다고 판단하면서, 그 소멸시효 기산일은 선행소송이 확정되어 양도소득의 실질귀속자와 그의 법적 형태가 확정된 2014. 9. 4.로 보아야 한다는 과세관청의 주장에 대하여 양도소득의 실질귀속자 파악이나 판단이 어렵다는 사정이 있다고 하여 소멸시효 기산일을 달리 볼 수 없다고 하였다. 그러자 과세관청은 다시 국세기본법 제26조의2에 규정하는 판결에 의한 부과제척기간 특례의 적용을 주장하였으나 이것은 부과처분이 아니라 징수처분이므로 부과제척기간 특례가 적용될 수 없다고 판시하였다.

이 사건은 외국에 소재하는 투자자들의 단체인 B가 법인인지 아니면 개인들의 집합체인지를 판단하기가 쉽지 않아 징수처분과정에서 오류가 있었고 그 오류를 바로잡는 동안에 소멸시효가 도과되어 버린 것이며, 과세관청의 고충을 여러 가지 법리로 호소하였으나 대법원은 원칙론에 입각하여 모두 배척하였다. 2013. 1. 1. 국세기본법이 개정되면서 5억 원 이상의 국세에 대하여는 소멸시효가 10년으로 늘어나 다소 여유가 생기긴 했지만 과세관청은 그 실체를 규명하기 어려운 외국의 투자단체에 관하여는 그 성격을 사전에 충분히 규명하는 노력을 해야 한다. 단지 세목을 잘못 지정하였다는 이유로 천억이 넘는 세금을 놓치는 일은 없도록 해야 하겠다.

(3) 조세범죄의 기수시기

조세채무의 확정시기는 조세범처벌법에 있어서 조세범의 기수시기를 정하는 기준점도 되고 있다. 조세범처벌법 제3조 제5항은 제1호에서 기수시기에 관하여 신고주의 조세에 있어서는 그 신고납부기한이 지난 때로, 부과주의 조세에 있어서는 그 부과고지서상의 납부기한이 지난 때로 정하고 있다. 따라서 조세채무가 성립만 하고 아직 확정되기 전 단계에서는 미수범을 처벌하는 규정이 없는 이상 조세범으로 처벌될 수 없다.

3. 개별적 고찰

가. 가산세 납세의무의 성립시기와 확정시기

가산세는 본세의 명목으로 부과징수된다고 하더라도 본세와는 본질적으로 그 성질이 다르고 과세요건도 달리할뿐더러 가산세 부과처분은 본세의 부과처분과는 별도로 독립된 처분으로 보고 있다. 따라서 가산세의 성립시기와 확정시기를 본세와 동일시할 수 없다.

국세기본법 제47조 제1항은 세법에서 규정한 의무를 위반한 자에게 세법에서 정하는 바에 따라 가산세를 부과할 수 있다고 규정하고, 그 가산세액에 관하여 제47조의2 제1항은 법정신고기한까지 과세표준신고를 하지 아니한 경우 납부하여야 할 세액의 20% 상당액을 신고불성실가산세액으로, 제47조의3 제1항은 법정신고기한까지 납부할 세액보다 적게 신고한 경우 과소신고한 세액의 10% 상당액을 과소신고가산세액으로, 제47조의4 제1항은 세법에 따른 납부기한까지 국세를 납부하지 않거나 적게 납부한 경우 미납부 또는 과소납부액에 대하여 미납부 또는 과소납부한 기간에 일정한 이자율을 적용한 금액을 납부불성실가산세액으로 각 규정하고 있다.

위 규정들을 종합해 보면 가산세는 본세의 신고납부의무를 이행하지 아니하였을 때 그에 대한 제재로서 부과하게 되는 것이고, 이는 가산세가 지니는 행정벌적 성격에 따른 것이다. 물론 납부불성실가산세는 지연이자의 성격도 겸비하고 있다. 따라서 본세의 납세의무가 성립하더라도 아직 그 조세채무가 확정되기 전에는 본세의 신고납부의무가 없으므로 가산세 납세의무는 성립할 여지가 없고, 본세의 신고납부의무를 제대로 이행하지 아니하였을 때 비로소 가산세의 납세의무가 성립하게 된다고 해야 한다. 여기서 본세의 신고납부의무를 제대로 이행하지 아니한 때라 함은 무신고나 과소신고가산세의 경우 법정신고납부기한이 도래한 때가 될 것이고, 납부불성실가산세의 경우 세법에 따른 납부기한이 도래한 때가 될 것이다. 그런데 신고불성실가산세는 신고기한이 경과하면 그 가액이 정해지므로 신고기한 경과시를 그 납세의무의 성립시로 보는데 문제가 없지만, 납부불성실가산세의 경우는 납부기한이 도래한 후부터 기산되어 경과기간에 비례하여 그 가액이 증가하게 되므로 그 각각의 시점에 맞는 가액은 그 각각의 시점에 성립한다고 볼 여지도 있지만 이렇게 보게 되면 사실상 그 성립시기를 정할 수 없게 되므로 그 기산일에 성립한다고 보는 것이 합리적이다. 이러한 취지에서 일본 국세통칙법 제15조 제2항 제13호도 과소신고가산세, 무신고가산세 등은 본세의 법정신고기한이 경과한 때로, 납부불성실가산세는 법정납부기한이 경과한 때로 규정하고 있다.

그런데 우리나라 국세기본법 제21조 제1항 제11호는 가산세는 '가산할 국세의 납세의무가 성립하는 때'에 성립한다고 규정하고 있었다. 즉, 가산세의 납세의무 성립시기는 본세의 납세의무 성립시기와 같다고 의제하는 것이다. 이 규정은 그 문언 자체로 문제를 내포하고 있다. 문언 그대로 해석한다면 본세의 납세의무가 성립하는 시점에 곧바로 가산세의 납세의무가 성립한다고 할 수 있는데 이러한 해석을 취할 수 없음은 당연하다. 가산세는 어디까지나 본세의 신고납부의무를 다하지 아니한 때 생기는 것이므로 본세의 납세의무가 성립하더라도 그 신고납부기한 내에 신고납부의무를 다하면 가산세의 납세의무는 성립할 여지가 없고, 그 신고납부기한이 도래할 때까지 신고납부의무를 다하지 아니한 경우에 비로소 가산세의 납세의무가 있게 되기 때문이다.

따라서 위 규정은 위와 같이 그 문언대로 해석하여서는 아니되고 본세의 신고납부의무를 이행하지 아니한 채 그 신고납부기한이 도래하면 가산세의 납세의무가 성립하게 되는데 그 성립시기를 위 규정에 의하여 본세의 납세의무의 성립시기로 소급시킨다고 볼 수밖에 없다. 이러한 규정을 둔 취지는 아마도 가산세는 그 성격상 본세에서 파생되어 나온 것으로 볼 수 있기 때문에 적용법령의 개정이 있을 경우 본세의 적용법령과 동일한 법령을 적용하기 위한 것으로 짐작할 수 있다. 본세가 성립한 후 가산세의 성립시까지 사이에 적용법령의 개정이 있을 경우 앞서 본 바와 같이 성립시의 법령을 적용해야 하므로 본세의 적용법령과 가산세의 적용법령이 달라질 수 있게 되는데 이는 바람직하지 않다고 보아 가산세의 성립시기를 본세의 성립시기와 일치시킴으로써 그 적용법령을 동일하게 하기 위하여 위와 같은 규정을 둔 것으로 짐작된다는 것이다. 그러나 위 규정은 실질적인 소급과세를 허용하는 것으로서 소급과세금지의 원칙을 규정한 국세기본법 제18조 제2항의 취지와 모순되므로 위헌의 소지가 있다고 하겠다.

그래서 대법원 2014. 12. 24. 선고 2014두40791 판결[19]에서는 법인세의 과소신고가산세와 납부불성실가산세는 법인세 신고납부기한의 다음 날에 성립한다고 선언함으로써 가산세의 성립시기를 국세기본법 제21조 제1항 제11호와 다르게 해석하였다. 위 판시는

---

19) 대법원 1996. 3. 8. 선고 95다51113 판결, 대법원 1997. 4. 11. 선고 96다40264 판결 등도 같은 취지이다.

가산세의 경우 신고기한이 따로 없어 그 부과제척기간의 기산일을 가산세 납세의무의 성립일로 보아야 한다는 전제에서 그 기산일을 정하기 위하여 가산세의 납세의무 성립일을 위와 같이 본세의 신고납부기한의 다음 날이라고 선언한 것이고 이는 부득이한 조치였다고 본다. 국세기본법 제21조 제1항 제11호의 규정을 그대로 받아들여 이때를 가산세 납세의무의 성립일로 본다면 그 부과제척기간도 이때부터 기산된다고 보지 않을 수 없는데 실제로 이때는 가산세를 부과할 수 없는 때여서 매우 불합리한 결과가 되기 때문이다.

이러한 대법원 판결의 영향을 받아 국세기본법 제21조 제11호가 2019. 12. 31. 개정되었다. 무신고가산세와 과소신고가산세는 법정신고기한이 경과한 때를, 납부지연가산세 및 납부불성실가산세 등은 법정납부기한 경과 후 1일마다 그 날이 경과하는 때를 각 납세의무성립시기로 규정하였다.

다음으로 가산세의 납세의무의 확정시기를 언제로 볼 것인지가 문제된다. 앞서 본 바와 같이 조세채무의 확정시기에 관하여는 국세기본법 제22조 제1항에서 국세는 해당 세법의 절차에 따라 그 세액이 확정된다고 규정하고 있고, 국세기본법 시행령 제10조의2 각 호에서 조세채무의 확정시기를 구체적으로 규정하면서 가산세에 관하여는 별도의 규정을 두고 있지 않다. 따라서 국세기본법 제22조 제1항의 취지에 따라 그 확정시기를 도출할 수밖에 없다. 가산세는 국세기본법 제47조의2 등에서 이를 부과할 수 있는 근거규정을 두고 있을 뿐이고 그 신고기한에 관하여는 별도의 규정이 없다. 따라서 이는 부과주의 국세와 같은 성격을 지닌다고 할 것이므로 그 확정시기는 부과주의 국세와 같이 보는 것이 합리적이다. 대법원 2011. 12. 8. 선고 2010두3428 판결도 신고세액을 제대로 납부하지 아니한 경우에 부과되는 납부불성실가산세의 납세의무는 그 확정을 위하여 과세관청의 납부불성실가산세 부과처분이 별도로 필요하다고 판시하였다.

이렇게 본다면 가산세의 확정시기는 가산세의 부과처분에 따른 납세고지서상의 납부기한이 도래한 때라고 해야 할 것이다. 대법원 2001. 4. 24. 선고 2001다10076 판결도 같은 취지에서 조세채무의 확정시기와 동일시되는 '법정기일'에 관하여 취득세 납세의무자가 과세물건을 취득한 날로부터 30일 이내에 취득세를 신고납부하지 아니한 때에는 가산세를 보통징수의 방법에 의하여 징수하도록 하고 있고, 그 징수는 납세고지서를 당해 납세의무자에게 교부하여 지방세를 징수하는 것을 뜻하므로, 가산세의 법정기일은 납세고지서의 발송일이 된다고 판시하였다.

나. 제2차 납세의무의 성립시기와 확정시기

국세기본법 제39조 제1항은 법인의 재산으로 그 법인에게 부과되는 국세 등에 충당하여도 부족한 경우에는 그 각 호의 어느 하나에 해당하는 자는 그 부족한 금액에 대하여 제2차 납세의무를 진다고 규정하고 있다. 위 규정에 의하면, 제2차 납세의무는 주된 납세의무자인 법인의 체납사실과 무자력에 의하여 성립된다고 할 수 있다. 그리고 국세징수법 제12조는 세무서장은 납세자의 국세 등을 제2차 납세의무자로부터 징수하고자 할 때에는 제2차 납세의무자에게 징수하고자 하는 국세 등의 과세연도·세목·세액 및 그 산출근거·납부기한·납부장소와 제2차 납세의무자로부터 징수할 금액 및 그 산출근거 기타 필요한 사항을 기재한 납부통지서에 의하여 고지하여야 한다고 규정하고 있다. 제2차 납세의무는 이와 같은 납부통지서에 의한 고지에 의하여 확정된다고 할 수 있다.

이와 같이 우리나라는 제2차 납세의무자의 요건에 관하여는 국세기본법에, 고지절차 등에 관하여는 국세징수법에 각각 따로 규정하고 있으나, 일본은 국세징수법 제3장 제32조 이하에서 함께 규정하고 있는데, 그 내용은 우리와 거의 비슷하다.

다. 예정신고분 부가가치세 납세의무의 성립·확정시기

부가가치세 납세의무는 예정신고분과 확정신고분으로 나누어지는데, 확정신고분 납세의무의 성립시기와 확정시기는 다른 일반적인 세목도 동일하게 취급하면 되지만 예정신고분의 경우 확정신고분과의 관계에서 예비적·선납적 신고의 성격을 지니므로 그 납세의무가 언제 성립되고 확정되는 것으로 볼 것인지가 문제된다.

부가가치세법 제48조, 제49조는 납세의무자로 하여금 과세표준과 세액을 정부에 신고하도록 규정함으로써 신고납부방식을 취하고 있다. 그리고 부가가치세법 제5조는 과세기간을 제1기와 제2기로 나누어 1월 1일부터 6월 30일까지를 제1기, 7월 1일부터 12월 31일까지를 제2기로 규정하고 있고, 앞서 본 바와 같이 국세기본법은 위 각 과세기간이 종료하는 때에 당해 과세기간에 대한 부가가치세 납세의무가 성립한다고 규정하고 있으므로, 위 각 과세기간이 종료한 후에 납세의무자로 하여금 당해 과세기간에 대한 과세표준과 세액을 정부에 신고하도록 하는 것이 원칙이고, 부가가치세법 제49조는 이를 확정신고라고 한다. 이러한 확정신고에 의하여 부가가치세의 납세의무가 확정된다고 보는 데는 아무런 문제가 없다.

그런데 부가가치세법 제48조 제1항은 위와 같은 과세기간 외에 별도로 1월 1일부터 3월 31일까지 및 7월 1일부터 9월 30일까지를 예정신고기간으로 규정하고 있고, 국세기본법 제21조 제2항 제3호는 위 각 예정신고기간이 종료하는 때에 당해 예정신고기간에 대한 부가가치세 납세의무가 성립한다고 규정하고 있으며, 부가가치세법 제48조 제1항은 위 각 예정신고기간이 끝난 후 25일 이내에 납세의무자로 하여금 당해 예정신고기간에 대한 과세표준과 세액을 신고하도록 규정하고 있다. 부가가치세법에서는 이를 '예정신고'라고 하는데, 이에 의해서 당해 예정신고기간에 대한 부가가치세 납세의무가 확정되는지 여부가 문제된다. 이에 대하여 예정신고시에 그 납부의무가 확정된다는 입장과 확정신고시에 그 납부의무가 확정된다는 입장이 대립된다. 아래와 같은 논거들을 종합해 보면 전자의 입장이 타당하다고 하겠다.

납세의무의 확정이란 과세표준과 세액을 더 이상 다투거나 변경할 수 없게 된 상태를 말하는 것이 아니라 납세의무자의 신고 또는 과세관청의 결정 등에 의하여 과세표준과 세액이 특정 또는 구체화된 상태를 의미하는데, 예정신고에 의해 예정신고기간에 대한 부가가치세의 과세표준과 세액이 특정된다는 점에서 예정신고시에 그 납세의무가 확정된다고 보는 전자의 입장이 타당해 보인다. 후자의 입장에서는 예정신고를 한 후, 확정신고나 예정신고 자체에 대한 수정신고 등을 통해서 과세표준과 세액이 변경될 수 있음을 이유로 예정신고에 의해 납세의무가 확정되지 않는다는 점을 논거의 하나로 삼고 있으나 확정신고 후에도 수정신고 등을 통해서 과세표준과 세액이 변경될 수 있음에도 확정신고시에 그 납세의무가 확정된다고 보고 있으므로 이는 타당하지 않다. 그리고 납세의무 확정의 가장 큰 효과는 그 후부터 과세관청이 징수절차로 나아갈 수 있다는 것인데, 부가가치세법 제58조 제1항이 예정신고를 하고 예정신고세액을 납부하지 않으면 과세관청은 확정신고 전이라도 예정신고세액을 징수할 수 있도록 규정하고 있는 점에서도 전자의 입장이 타당하다.

그리고 예정신고와 확정신고의 관계에 있어서도 전체 과세기간(1. 1.부터 6. 30.까지 또는 7. 1.부터 12. 31.까지)에 대한 부가가치세 과세표준 및 세액 중에서 예정신고를 한 부분을 제외한 나머지 부분에 대해서만 확정신고를 하므로, 예정신고를 한 부가가치세는 예정신고에 의해서 그 세액이 특정될 수밖에 없고 확정신고에 의하여 그 세액이 특정되는 것은 구조적으로 불가능하므로 이 점에서도 전자의 입장이 타당하다. 또한 부가가치세법 제57조 제1항은 예정신고를 하지 아니하거나 예정신고한 내용에 오류가 있거나 내용이 누락된 경우 확정신고의 경우와 마찬가지로 그 과세표준과 세액을 결정 또는 경정할 수 있도록 규정하고 있는 점에서도 전자의 입장이 타당하다.

대법원 2011. 12. 8. 선고 2010두3428 판결도 같은 취지이다. 이 판결에서는 사업양도인의 부가가치세 예정신고분에 대한 사업양수인의 제2차 납세의무가 문제되었다. 국세기본법 제41조 제1항은 사업양수인은 양도일 이전에 납세의무가 확정된 양도인의 국세 등에 관하여 제2차 납세의무를 진다고 규정하고 있는데, 사업양도인이 부가가치세를 예정신고한 후 이를 납부하지 않은 상태에서 사업양도가 이루어진 경우 그 예정신고분 부가가치세 납세의무의 확정시기를 언제로 보느냐에 따라 사업양수인이 제2차 납세의무를 지는지가 결정된다. 여기서 이 판결은, 예정신고를 한 과세표준과 세액은 확정신고의 대상에서 제외되므로 그 단계에서 구체화되었다고 할 수 있을 뿐만 아니라 그에 대한 징수절차로 나아갈 수 있는 점 등을 고려하여 볼 때, 부가가치세 과세표준과 세액의 예정신고를 한 때에 그 세액에 대한 납세의무가 확정되었다고 할 것이므로 국세기본법 제41조 제1항에서 말하는 '사업 양도일 이전에 양도인의 납세의무가 확정된 당해 사업에 관한 국세'에는 사업양도일 이전에 당해 사업에 관하여 예정신고가 이루어진 부가가치세도 포함된다고 해석함이 상당하다고 하여 사업양수인에게 제2차 납세의무가 있다고 판시하였다.

라. 회생채권의 요건과 조세채권의 성립시기

채무자회생 및 파산에 관한 법률 제118조 제1호는 채무자에 대하여 회생절차개시 전의 원인으로 생긴 재산상의 청구권을 회생채권의 하나로 규정하고 있다. 여기서 조세채권이 '회생절차개시 전의 원인으로 생긴 재산상의 청구권'이 되기 위해서는 회생절차개시결정 전에 법률에 의한 과세요건이 충족되어 그 조세채권이 성립되어야 한다고 보는 것이 대법원의 대도이다.[20] 따라서 채무자인 납세자의 납세의무가 회생절차개시 전에 성립하였다면 회생채권이 되는 것이고, 그 후에 성립하였다면 공익채권이 되는 것이 원칙이다. 공익채권은 회생채권에 비하여 변제의 우선권이 보장된다.

그런데 채무자회생 및 파산에 관한 법률 제179조 제1항 제9호는 다만 회생절차개시 당시 아직 납부기한이 도래하지 아니한 일부 조세를 공익채권으로 규정함으로써 회생절차개시 전의 조세채권에 관하여 조세우선권을 부분적으로 유지하고 있다. 즉, 원천징수하는 조세(다만, 법인세법 소득처분의 규정에 의하여 대표자에게 귀속된 것으로 보는 상여에 대한 조세는 원천징수된 것에 한한다), 부가가치세 · 개별소비세 · 주세 및 교통 · 에너지 · 환경세, 본세의 부과징수의 예에 따라 부과징수하는 교육세 및 농어촌특별세, 특별징수의무자가 징수하여 납부하여야 하는 지방세로서 회생절차개시 당시 아직 납부기한이 도래하지 아니한 것을 공익채권으로 규정하고 있다.

위와 같이 회생절차개시 당시에 아직 납부기한이 도래하지 아니한 일부 조세채권을 공익채권으로 규정하고 있으므로, 이에 의하여 공익채권으로 인정되려면, 회생절차개시 전에 해당 조세채권이 성립하여야 하고, 아울러 회생절차개시 후에 납부기한이 도래하여

---

20) 대법원 2013. 2. 28. 선고 2012두23365 판결

야 한다. 조세채권이 회생절차개시 당시에 성립조차 하지 않고 그 후에 성립하였다면 위에서 본 바와 같이 당연히 공익채권이 되므로 위 규정의 적용대상은 아니다.

위 규정에서 공익채권으로 규정하고 있는 조세채권들의 경우 그와 같은 세금들은 실질적인 납세의무자가 따로 존재하는 것으로서, 원천징수의무자 또는 특별징수의무자가 납부할 세금은 본래 이들이 소위 징수기관으로서 실질적인 납세의무자로부터 징수하고, 국가나 지방자치단체를 위하여 보관하는 금전으로 보는 것이 타당하기 때문에 이를 특별히 우선변제가 인정되는 공익채권으로 규정한 것이라고 설명된다. 이러한 설명은 일본 최고재판소 판결[21]에 따른 것으로 보인다. 일본 최고재판소 판결은 '회사갱생법 제119조 전문에 열거된 조세는 본래 갱생회사가 징수의무자로서 국가 또는 지방자치단체 등을 대신하여 본래의 납세의무자 또는 담세자로부터 징수ㆍ보관하였다가 이를 국가 또는 지방자치단체 등에 납부하는 것으로서 이러한 세금은 일종의 예금적 성질을 가지는 것이기 때문에 갱생절차에 있어서도 실질적으로는 갱생회사에 속하지 아니하는 재산으로서 환취권(제62조)과 비슷한 취급을 하는 것이 상당하다. 그러나 이를 철저히 하면 다른 이해관계인에게 미치는 영향이 큰바, 이는 회사갱생절차의 목적에 비추어 볼 때 반드시 적절한 것은 아니므로 법은 이해관계를 조정한다는 정책적 견지에서 위와 같은 취급을 하는 조세채권의 범위를 제한하여 갱생절차개시 당시 아직 납기가 도래하지 아니한 것에 대하여만 공익채권으로서 갱생절차에 의하지 아니하고 수시로 청구할 수 있게 하고(제119조 전문, 제209조), 그 한도 내에서 환취권적 취급을 하고 있는 것이다. 제119조 전문의 입법 취지를 이와 같이 이해한다면 같은 조의 조세 중 징수를 위하여 납세의 고지가 필요한 원천징수되는 소득세 등에 관하여 같은 조에서 말하는 납기는 고지납기를 의미하고, 갱생절차개시 당시 이미 고지납기를 경과하여 과세관청이 강제징수절차를 취할 수 있었던 것에 대하여는 환취권적 취급의 대상에서 제외하여 이를 갱생채권으로 취급하며, 이와 같은 강제징수절차를 취할 수 없었던 것에 대하여는 그 세금 본래의 예금적 성질을 감안하여 이를 공익채권으로서 환취권적 취급을 하려는 것으로 이해함이 상당하다.'고 판시하였다.

우리 대법원 2012. 3. 22. 선고 2010두27523 전원합의체 판결도 같은 취지에서 '원천징수ㆍ특별징수하는 조세나 간접세의 성격을 가진 조세의 경우 회생절차개시 전에 성립하였더라도 아직 납부기한이 도래하지 아니한 것을 특별히 공익채권으로 규정하고 있다. 그 이유는 이들 조세의 경우 법적인 납세의무자 이외에 실질적인 담세자가 별도로 존재한다는 사정, 즉 본래의 실질적인 담세자와 법적인 납세의무자가 일치하였다면 회생절차에 의한 징수상의 제약을 받지 않았을 것임에도 징수의 편의를 위한 기술적 장치인 원천

---

21) 最高裁判所 昭和 49年(1974) 7. 22. 宣告 判決(昭和 46年 行ツ 第88号)

징수·특별징수나 간접세 제도로 인하여 실질적인 담세자와 법적 납세의무자가 분리된 결과로 회생절차에 따른 징수상의 제약을 받게 됨으로써 국가의 세수 확보에 지장이 초래되어서는 아니 된다는 공익적 요청 때문으로 이해된다. 다만, 이를 모두 공익채권으로 인정하면 채권자·주주 등 회생절차에 관여하는 다른 이해관계인에게 미치는 영향이 크고 채무자의 재건을 도모하려는 회생절차의 목적을 달성하는 데 과도한 제약이 될 수 있으므로, 공익채권으로 인정되는 조세채권의 범위를 합리적으로 제한하여 납부기한을 기준으로 회생채권과 공익채권 여부를 결정하도록 규정한 것이다'라고 판시하였다.

납세의무자

1. 비법인사단

가. 개념

법인의 소득에 대하여 과세하는 법인세법과 개인의 소득에 대하여 과세하는 소득세법은 다 같이 소득에 대하여 과세하는 법이지만 과세대상과 과세방법이 달라서 법인인지 개인인지가 모호한 단체의 경우 어느 법의 적용을 받는지는 중요한 문제이다. 그리고 이러한 단체는 그 자체가 납세의무자가 되는지 아니면 도관에 불과하여 그 구성원이 납세의무자가 되는지가 문제도 된다. 이와 같이 법인과 개인의 중간영역에 있는 납세의무자로서 대표적인 것이 비법인사단이다. 비법인사단이란 다수의 사람이 모여 만들어진 조직체로서 그 구성원과 독립하여 일정한 사회적 기능과 역할을 수행하는 단체 가운데 법인격을 취득하지 않고 활동하는 것을 가리키는데, 종중이 그 예이다.

비법인사단의 권리능력과 당사자능력에 관하여 대법원 1999. 1. 29. 선고 98다33512 판결은 법인 아닌 사단이나 재단도 대표자 또는 관리인이 있으면 민사소송의 당사자가 될 수 있으므로, 자연부락이 그 부락 주민을 구성원으로 하여 고유목적을 가지고 의사결정기관과 집행기관인 대표자를 두어 독자적인 활동을 하는 사회조직체라면 비법인사단으로서의 권리능력 내지 당사자능력을 가진다고 판시함으로써 비법인사단의 민법상 권리능력과 소송상의 당사자능력을 인정하고 있다.

나. 비법인사단의 세법상 인격

비법인사단의 세법상 인격에 관한 문제는 두 가지 측면에서 살필 수 있는데, 첫째는 비법인사단이 세법상 독립된 납세의무자로서 인정되는지 여부이고, 둘째는 세법의 각 조문을 적용함에 있어 비법인사단을 법인으로 간주하거나 독자적인 권리능력자로 취급할 수 있는지의 문제이다. 예컨대, A라는 비법인사단이 B라는 비법인사단에게 재산을 교부하였을 때, 증여세 관점에서 보는 경우, B를 독립된 납세의무자로서 취급할 것인지 아니면 구성원을 납세의무자로 취급할 것인지가 전자의 문제이고, B라는 비법인사단을 법인으로 볼 것인지, 법인 외의 권리능력자로 볼 것인지 등이 후자의 문제이다. 국세기본법은 비법인사단 중 일정한 요건을 갖춘 경우 법인으로 의제하는 규정을 두고 있어 먼저 이에 관하여 살펴본다.

국세기본법 제13조 제1항에 의하여 세법상의 특별한 절차 없이 당연히 법인으로 간주되는 단체를 당연의제법인이라고 하고, 국세기본법 제13조 제2항에 의하여 세무서장의 승인을 얻어 법인으로 간주되는 단체를 승인의제법인이라 한다. 위 규정은 비법인사단이 법인으로 취급되기 위한 요건을 정함과 아울러 그 요건을 충족하면 각종 세법을 적용함에 있어 법인으로 취급한다는 것을 정한 것으로 볼 수 있다. 당연의제법인은 단체 구성원의 의사와 무관하게 세법상의 별도 절차 없이, 또한 외부에 대한 등기 등의 공시가 없음에도 법인으로 간주되므로 당연의제법인을 확대해석하면 과세관청의 입장에서든 거래상대방의 입장에서든 혼란을 초래하여 법적 안정성이 침해될 수 있어 그 요건을 엄격하게 해석할 필요가 있다는 입장이 있다. 이러한 입장은 국세기본법 제13조 제1항 제1호 소정의 '주무관청의 허가 또는 인가를 받아 설립된 단체'에서의 '설립'은 단체로서의 설립이 아닌 법인으로서의 설립을 의미한다고 보고, 현행법상으로 주무관청에 등록을 마침으로써 법인으로 설립되도록 한 규정은 없고, 법인인지 여부와 관계 없이 일정한 개인 혹은 단체를 행정 목적상 주무관청에 등록을 하게 하는 규정이 있을 뿐이어서 법인 설립과 등록 사이에는 아무런 관련이 없으므로 어떤 단체가 법에 따라 등록된 사실과 법인으로서의 실체를 갖추었는지와는 관련성이 없어 국세기본법 제13조 제1항 제1호 중 주무관청에 등록된 단체에 대하여도 당연의제법인으로 보도록 한 규정은 잘못된 것으로서 입법의 오류라고 설명하기도 한다.[22]

그러나 법령에 의하여 주무관청에 등록을 마쳤으나 등기되지 아니한 단체는 1993. 12. 31. 구 국세기본법 시행령이 개정되면서 법인으로 보도록 규정됨으로써 국세기본법상 의제법인이 되었는데, 설립등기가 요건이 아니므로 법인설립을 목적으로 하지 않더라도 주

---

22) 김중곤, "비법인사단의 세법상 제문제", 사법논집 제33집

무관청에 등록한 것만으로 당연의제법인이 된다고 해석해야 할 것이다. 하지만 부동산등기법에 의한 부동산등기용 등록번호는 등기권리자의 동일성 확인과 등기사무의 편의 등을 위한 제도에 불과하므로 위 번호를 부여받은 것만으로는 국세기본법 제13조 제1항 제1호 소정의 '법령에 의하여 주무관청에 등록한 단체'에 해당한다고 할 수 없다고 하겠다. 대법원 2010. 12. 23. 선고 2008두19864 판결도 같은 취지이다.

그리고 국세기본법 제13조 제2항의 승인의제법인이 되기 위해서는, '사단·재단 기타 단체의 조직과 운영에 관한 규정을 가지고 대표자 또는 관리인을 선임하고 있을 것'(제1호)과 '사단·재단 기타 단체 자신의 계산과 명의로 수익과 재산을 독립적으로 소유·관리할 것'(제2호), '사단·재단 기타 단체의 수익을 구성원에게 분배하지 아니할 것'(제3호)과 '대표자 또는 관리인이 관할 세무서장에게 신청하여 승인을 얻을 것'의 네 가지 요건을 모두 갖추어야 한다. 국세기본법은 다양한 비법인사단 중 적어도 규약의 존재, 대표자 선임, 독자적인 계산, 사단 고유명의의 재산, 수익과 재산의 독립적인 소유·관리, 수익의 비분배 등의 특질을 갖춘 단체는 세무서장의 승인을 얻어 법인으로 취급될 수 있는 길을 열어 놓은 것이다. 이러한 승인을 거부하면 그 거부처분에 대하여 행정소송을 제기할 수 있다.

다. 비법인사단의 납세의무자성

(1) 쟁점의 소재

비법인사단의 경제적 거래로 인하여 세법에서 규정한 과세물건이 비법인사단에게 귀속될 때 비법인사단 자체를 납세의무자로 할 것인지 아니면 구성원을 납세의무자로 할 것인지가 문제된다. 앞서 본 의제법인에 관한 국세기본법의 규정은 의제법인에 해당하는 비법인사단 등에 대하여는 이를 법인으로 보아 그에게 납세의무를 인정하고자 한다. 그러나 비법인사단이 국세기본법상의 의제법인에 해당하지 않는다는 것만으로 그 단체가 독립된 납세의무자가 될 수 없고 반드시 구성원이 납세의무자로 되어야만 하는 것인지, 납세의무자로 인정할 필요가 있다면 납세의무자성을 인정해도 무방한 것인지에 관하여 논의가 있다. 이러한 문제는 관련 세법규정의 틀 속에서 파악하여야 하고 세목별로 규정하는 바가 다르므로 세목에 따라 개별적으로 검토할 필요가 있다.

(2) 개별 세목별 납세의무자성

가) 법인세

법인세법은 제1조 제2호 (다)목에서 '국세기본법 제13조 제4항의 규정에 의한 법인으로 보는 법인격이 없는 단체'를 비영리내국법인의 한 종류로 규정하고, 제2조 제1항에서 이러한 비영리내국법인은 내국법인의 일종으로서 법인세를 납부할 의무가 있다는 취지를 규정하고 있다. 이와 같이 법인세법은 그 납세의무자를 법인으로 제한하고 있고, 그 법인에는 적어도 국세기본법 제13조 제4항에 의한 의제법인에 해당하여야 하므로 비법인사단으로서 이러한 의제법인에 해당하지 않으면 법인세의 납세의무자가 될 수는 없다. 따라서 이러한 단체에 대하여 법인세가 과세된다면 그 자체로서 위법하게 된다. 외국의 비법인사단에 관한 것이긴 하지만 같은 취지에서, 대법원 2012. 1. 27. 선고 2010두5950 판결은, 외국의 법인격 없는 사단·재단 기타 단체가 소득세법상 국내원천소득을 얻어 이를 구성원인 개인들에게 분배하는 영리단체에 해당하는 경우, 법인세법상 외국법인으로 볼 수 있다면 그 단체를 납세의무자로 하여 국내원천소득에 대하여 법인세를 과세하여야 하고, 법인세법상 외국법인으로 볼 수 없다면 거주자의 경우와 동일하게 단체의 구성원들을 납세의무자로 하여 그들 각자에게 분배되는 소득금액에 대하여 소득세를 과세하여야 한다고 판시하였다.

나) 소득세

소득세법 제2조 제3항은 '국세기본법 제13조 제1항에 따른 법인 아닌 단체 중 같은 조 제4항에 따른 법인으로 보는 단체 외의 법인 아닌 단체는 대통령령이 정하는 바에 따라 국내에 주사무소 또는 사업의 실질적 관리장소를 둔 경우에는 거주자로, 그 밖의 경우에는 비거주자로 보아 이 법을 적용한다'라고 규정하고, 소득세법 시행령 제3조의2는 '소득세법 제2조 제3항에 따라 거주자 또는 비거주자로 보는 법인 아닌 단체에 대해서는 그 각 호의 구분에 따라 소득세법을 적용한다'라고 하면서, 제1호는 '구성원 간 이익의 분배방법이나 분배비율이 정하여져 있거나 사실상 이익이 분배되는 것으로 확인되는 경우에는 해당 구성원이 공동으로 사업을 영위하는 것으로 보아 구성원별로 과세'하도록 규정하고, 제2호는 '구성원 간 이익의 분배방법이니 분배비율이 정하여져 있지 않거나 확인되지 않는 경우에는 해당 단체를 1거주자 또는 1비거주자로 보아 과세'하도록 규정하고 있다. 이는 종전의 소득세법 시행규칙 제2조 제1항의 규정을 그대로 옮겨 온 것인데, 위 시행규칙에 위임의 근거가 모호한 상태여서 이에 따른 논란을 없애기 위하여 시행령으로 승격시킨 것으로 보인다. 이로써 법인으로 보지 않는 단체는 위 시행령 규정에 따라 그 단체 자체를 납세의무자로 보거나 그 구성원을 납세의무자로 보면 된다.

다) 그 밖의 세목

부가가치세법 제3조는 '사업자 또는 재화를 수입하는 자로서 개인, 법인, 법인격 없는 사단·재산 또는 그 밖의 단체는 이 법에 따라 부가가치세를 납부할 의무가 있다'고 규정하고 있고, 제2조 제3호는 '사업자란 사업목적이 영리이든 비영리이든 관계 없이 사업상 독립적으로 재화 또는 용역을 공급하는 자를 말한다'라고 규정하고 있다. 따라서 법인으로 의제되지 않는 단체라고 하더라도 사업상 독립적으로 재화 또는 용역을 공급하는 사업자의 지위가 인정될 수 있으면 부가가치세의 납세의무자가 될 수 있다. 그리고 상속세 및 증여세법 제4조의2 제7항은 '법인격이 없는 사단·재단 또는 그 밖의 단체는 국세기본법 제13조 제4항에 따른 법인으로 보는 단체에 해당하는 경우에는 비영리법인으로 보고, 그 밖의 경우에는 거주자 또는 비거주자로 보아 이 법을 적용한다'라고 규정하고 있으므로 법인으로 의제되지 않는 단체는 거주자 또는 비거주자에 해당되어 증여세의 납세의무자가 될 수 있다.

그런데 지방세의 경우 위와 같은 규정을 찾아볼 수 없다. 따라서 취득세나 등록세, 재산세 등과 같은 지방세의 경우 법인격이 인정되지 않는 비법인사단이 납세의무자가 될 수 있는지에 관하여 논란이 있을 수 있다. 이 문제는 결국 법인격 없는 단체가 사단으로서의 성격을 갖추어 권리능력이 인정될 수 있는 정도이면 취득세나 재산세의 과세대상인 재산의 소유권을 취득·보유할 수 있고 또한 등기능력까지 갖출 수 있으므로 그에 따른 조세의 납세의무자성을 인정하지 않을 합리적인 이유가 없다.

(3) 대법원 판결의 태도

2005. 12. 31. 개정된 구 지방세법 시행령 제79조의3은 현행의 지방세특례제한법 시행령 제34조 제2항에 해당하는 조항으로서, 수용 등에 따른 부동산 대체취득자에 대한 취득세 비과세규정의 제외대상인 부재부동산 소유자에 관하여 '부재부동산 소유자라 함은 공익사업에 따라 매수·수용 또는 철거되는 부동산 등을 소유하는 자로서 그 각 호에 규정하는 지역에 계약일 또는 사업인정고시일 현재 1년 전부터 계속하여 주민등록 또는 사업자등록을 하지 아니하거나 1년 전부터 계속하여 주민등록 또는 사업자등록을 한 경우에도 사실상 거주 또는 사업을 하고 있지 아니한 거주자 또는 사업자(법인을 포함한다)를 말한다'라고 규정하고 있었다.

이에 관하여 대법원 2010. 12. 23. 선고 2008두19864 판결은 다음과 같이 판시하였다.

즉, 위 시행령 조항의 부재부동산 소유자는 '거주자 또는 사업자(법인을 포함한다)'에 해당하여야 하는바, 대체취득하는 부동산에 대하여 취득세를 부과하지 않으면서 부재부동산 소유자에 대하여는 취득세를 부과하는 위 각 규정의 취지는 수용 등으로 인하여 부득이하게 생활의 기반이나 사업의 기반을 잃게 되는 거주자 또는 사업자를 조세정책적인 차원에서 지원하기 위하여 그들이 대체취득하는 부동산에 대하여 취득세를 비과세하되, 수용 등이 이루어지는 부동산 소재지에서 일정기간 계속하여 주민등록 또는 사업자등록을 하지 아니하거나 주민등록 또는 사업자등록을 한 경우에도 사실상 거주 또는 사업을 하고 있지 않는 경우에는 지원의 필요성이 있다고 할 수 없으므로 이러한 부재부동산 소유자는 비과세대상에서 제외하고자 하는 것인 점, 이와 같은 대체부동산 취득자에 대한 조세정책적인 차원에서의 지원 또는 배제의 필요성은 자연인이나 법인뿐만 아니라 종중과 같은 비법인사단 등 부동산 소유자 및 납세의무자가 되는 권리주체에는 모두 인정되는 점, 따라서 지방세법 시행령이 2005. 12. 31. 개정되면서 '개인사업자' 부분을 '사업자(법인을 포함한다)'로 개정한 것은 법인사업자만 위 사업자의 범위에 추가하였다기보다 자연인이나 법인뿐만 아니라 종중과 같은 비법인사단까지 추가하였다고 보는 것이 위 각 규정의 합목적적인 해석이라 할 것인 점, 위 시행령 조항의 사업자를 사업자등록을 하였거나 이를 전제로 한 사업을 사실상 하고 있는 자로만 한정한다면 고유목적사업을 수행하는 비법인사단은 모두 비과세대상에 해당되고 이는 위 각 규정의 취지에 부합하지 않는 점 등을 고려할 때, 자연인이나 법인 또는 비법인사단 등인지 여부를 불문하고 사업자등록을 하고 사업을 수행할 수 있는 자는 일단 위 '사업자'에 해당한다고 보아야 하고, 다시 위 각 규정에 따른 사업자등록 및 실질적인 사업수행 여부를 판단받아 과세 또는 비과세 여부가 결정된다는 것이다.

이 판결도 법인격이 인정되지 않는 비법인사단이라고 할지라도 등기능력이 인정되어 자신의 명의로 부동산을 취득한 이상 원칙적으로 취득세의 납세의무자가 된다는 취지를 판시한 것으로서 앞에서 검토한 내용과 같은 취지의 판결이라고 할 수 있다. 선례적 가치가 있는 판결이다.

2. 납세의무의 승계자

가. 관련 규정

국세기본법 제23조와 제24조는 납세의무를 승계하는 자에 관하여 규정하고 있다. 먼저 제23조는 법인이 합병한 경우 합병 후 존속하는 법인 또는 합병으로 설립된 법인은 합병으로 소멸된 법인에 부과되거나 그 법인이 납부할 국세·가산금과 체납처분비를 납부할 의무를 진다고 하고 있다. 그리고 제24조는 상속으로 인한 납세의무의 승계에 관하여 자세하게 규정하고 있는데, 제1항에서 상속이 개시된 때에 그 상속인 또는 상속재산관리인은 피상속인에게 부과되거나 그 피상속인이 납부할 국세·가산금과 체납처분비를 상속으로 받은 재산의 한도에서 납부할 의무를 진다고 하고, 제2항에서 제1항에 따른 납세의무 승계를 피하면서 재산을 상속받기 위하여 피상속인이 상속인을 수익자로 하는 보험계약을 체결하고 상속인은 상속을 포기한 것으로 인정되는 경우로서 상속포기자가 피상속인의 사망으로 인하여 보험금을 받는 때에는 상속포기자를 상속인으로 보고, 보험금을 상속받은 재산으로 보아 제1항을 적용하도록 하고 있다.

이와 같이 납세의무의 승계는 세법에서 규정하고 있는 경우에만 인정되며 사인 간의 약정에 의하여 납세의무가 승계될 수는 없다. 그와 같은 약정이 있다 하더라도 이는 그 사인들 간의 관계에서만 효력이 있을 뿐 과세관청과의 관계에서는 효력을 인정받을 수 없다. 같은 취지에서 대법원 2017. 8. 29. 선고 2016다224961 판결은 조세채권은 국세징수법에 의하여 우선권 및 자력집행권 등이 인정되는 권리로서 사적 자치가 인정되는 사법상의 채권과 그 성질을 달리할 뿐 아니라, 부당한 조세징수로부터 국민을 보호하고 조세부담의 공평을 기하기 위하여 그 성립과 행사는 법률에 의해서만 가능하고 법률의 규정과 달리 당사자가 그 내용 등을 임의로 정할 수 없고, 따라서 조세에 관한 법률이 아닌 사법상 계약에 의하여 납세의무 없는 자에게 조세채무를 부담하게 하거나 이를 보증하게 하여 이들로부터 조세채권의 종국적 만족을 실현하는 것은 허용될 수 없다고 판시하였다. 따라서 납세의무자의 입장에서든 과세관청의 입장에서든 사적 약정에 의한 납세의무의 승계를 주장할 수 없다.

나. 상속으로 인한 납세의무의 승계 및 제한

납세의무는 금전채무로서 일신전속적 채무가 아닌 대체적 채무에 속하기 때문에 합병법인이나 상속인과 같은 포괄적 승계인이 있으면 그들이 납세의무를 승계할 수 있다고 보는 것이 원칙이다. 그래서 국세기본법 제23조와 제24조에서는 상속과 법인의 합병과 같이 권리·의무가 포괄승계되는 경우에 한하여 당사자의 의사 여하와는 상관없이 납세의무를 당연히 승계하는 것으로 규정하고 있는 것이다.

하지만 승계의 범위를 무제한으로 넓힐 수는 없는 것이다. 그래서 국세기본법 제24조 제1항은 상속의 경우에 관하여 승계제한규정을 두어 '상속이 개시된 때에 그 상속인은 피상속인에게 부과되거나 피상속인이 납부할 국세 등을 상속으로 인하여 얻은 재산을 한도로 하여 납부할 의무를 진다'고 규정하여, 상속인으로 하여금 피상속인의 국세 등 납세의무를 상속재산의 한도에서만 부담하도록 납세의무의 승계를 제한하고 있다. 합병의 경우에는 이러한 제한을 두고 있지 않는데 그 이유는 합병 자체가 선택가능한 거래일 뿐만 아니라 합병조건을 협의할 때 승계하게 되는 조세채무를 고려하여 합병대가를 산정할 수 있으므로 굳이 승계되는 조세채무의 범위를 제한하지 않더라도 합병법인에게 과도한 부담을 초래하는 경우가 없다고 보기 때문으로 여겨진다.

대법원 1991. 4. 23. 선고 90누7395 판결은 위 승계제한규정의 취지에 관하여 '상속인이 피상속인의 국세 등 납세의무를 상속재산의 한도에서 승계한다는 뜻이지, 상속인이 피상속인의 국세 등 납세의무 전액을 승계하나 다만 과세관청이 상속재산을 한도로 하여 상속인으로부터 징수할 수 있음에 그친다는 뜻은 아니라는 입장'을 취하고 있다. 위 판결은 부과권과 징수권이 분리될 수 없다는 사고를 전제로 하고 있는 듯이 보이지만, 체납처분의 단계에서 다투는 것보다 부과처분의 단계에서 다툴 수 있도록 함으로써 납세자를 조기에 집행의 불안에서 해방시켜 줄 수 있는 점에 비추어 보면 위 판결을 수긍할 수 있다고 할 것이다.

여기서 '피상속인에게 부과되거나 그 피상속인이 납부할 국세 등'의 범위가 문제된다. '피상속인에게 부과될 국세 등'이라 함은 피상속인이 사망하기 전에 추상적 조세채무가 성립하여 장차 부과될 조세채무를 뜻하고, '피상속인이 납부할 국세 등'이라 함은 상속개시 전에 이미 구체적 조세채무로 확정되어 장차 납부하여야 할 조세채무를 뜻한다. 즉, '피상속인에게 부과되거나 그 피상속인이 납부할 국세 등'이란 상속개시 당시 과세요건이 충족되어 납세의무가 성립하였지만 아직 확정되지 아니하였거나 납세의무가 확정되었지만 아직 납부가 이루어지지 아니한 국세 등을 의미한다고 할 것이다.

반면에, 납세의무가 성립·확정되어 이미 납부가 이루어진 국세 등은 위 승계제한규정의 적용대상이 될 수 있는지가 문제된다. 위 승계제한규정의 입법 취지가 상속인으로 하여금 피상속인의 국세 등 납세의무를 상속재산의 한도에서만 부담하도록 하는데 있는데 상속개시 당시 납세의무가 성립·확정되어 이미 납부가 이루어진 피상속인의 국세 등은 위 승계제한규정의 적용을 배제함으로써 상속인이 전부 그대로 승계하게 하더라도 추가 납부의 부담이 따르지 아니한다. 만약 이러한 경우도 위 승계제한규정의 적용을 받는다고 하면 피상속인에 대한 부과처분과 그에 따른 징수처분이 적법하더라도 상속인이 상속한 부채 총액이 자산 총액을 초과하는 경우 상속인은 승계할 피상속인의 납세의무가 없기 때문에 상속인에게 이를 환급해 주어야 하는 불합리한 결과가 초래된다. 따라서 납세의무가 성립·확정되어 이미 납부가 이루어진 국세 등은 그 납부가 이루어진 범위 내에서는 위 승계제한규정의 적용을 배제하여 상속인에게 피상속인의 납세의무가 그대로 승계된다고 보아야 할 것이다.

일본 국세통칙법 제5조(상속에 의한 국세의 납부의무의 승계) 제1항도 '상속이 있는 경우에는, 상속인은 그 피상속인에 부과되어야 할 또는 그 피상속인이 납부하거나 징수되어야 할 국세(체납처분비 포함)를 납부하는 의무를 승계한다. 이 경우, 상속인이 한정승인을 했을 때는, 그 상속인은 상속에 의해 얻은 재산의 한도에 있어서만 그 국세를 납부할 책임을 진다'고 규정하고 있는데, 피상속인이 납부하거나 징수되어야 할 국세란 상속개시 시에 피상속인에 관한 국세로서 이미 그 납부의무가 구체적으로 확정되어 있지만 아직 납부 또는 징수가 이루어지지 않은 국세를 말한다고 하고 있다.[23]

같은 취지에서 대법원 2011. 3. 24. 선고 2008두10904 판결은, 국세기본법 제24조 제1항에 의하여 승계의 범위가 제한되는 '피상속인에게 부과되거나 그 피상속인이 납부할 국세 등'은 상속개시 시 과세요건이 충족되어 납세의무가 성립하였지만 아직 확정되지 아니하였거나 납세의무가 확정되었지만 납부·징수가 이루어지지 아니한 국세 등을 말하고, 납세의무가 성립·확정되어 이미 납부·징수가 이루어진 것은 여기에 해당하지 않으며 그 징수가 충당의 방법으로 이루어졌다고 하더라도 달리 볼 것은 아니라고 판시하였다. 상속개시 전에 납세의무가 성립·확정되어 납부가 이루어졌다면 상속개시 시에 이미 그 납세의무는 소멸되었다고 볼 수 있기 때문에 승계제한의 규정이 적용될 여지가 없다고 볼 수도 있다.

그리고 국세기본법 제24조 제1항은, 상속인은 오직 '상속으로 인하여 얻은 재산'의 한도 내에서만 조세채무를 승계한다고 규정하고 있는데, 여기서 '상속으로 인하여 얻은 재산'이라 함은 상속으로 인하여 얻은 자산 총액에서 부채 총액과 그 상속으로 인하여 부과되거나 납부할 상속세를 공제한 가액을 말한다. 그리고 조세채무를 승계한 상속인은 피상속인의 세법상의 지위를 그대로 인계받아, 피상속인이 부담하는 조세채무와 같은 내용의 조세채무를 부담하게 된다. 따라서 본래의 납세의무 외에도 제2차 납세의무, 물납의무, 징수납부의무는 물론이고, 납세의무에 부수되는 각종 신고의무나 세금계산서 제출의무 등과 같은 세법상의 협력의무도 승계된다고 할 것이다.

상속포기의 경우 상속인이 피상속인의 조세채무를 승계하는지에 관하여는 논란이 있을 수 있는데, 대법원 2006. 6. 29. 선고 2004두3335 판결은 상속포기를 한 경우 상속포기의 소급효에 의하여 상속개시 당시부터 상속인이 아니었던 것과 같은 지위에 놓이게 되므로 피상속인인 망인이 납부하여야 할 국세를 승계하여 납부할 의무가 없다고 판시하고 있다. 민사법의 이론에 충실한 입장의 판결이라고 하겠다.

---

23) 武田昌輔 監修, コンメンタール 국세통칙법, 제일법규

3. 제2차 납세의무자

가. 개요

국세기본법은 제4장 제2절에서 제2차 납세의무에 관한 규정들을 두면서 그 납세의무자의 종류로 청산인, 출자자, 사업양수인 등을 들고 있다. 제2차 납세의무는 원래의 주된 납세의무자가 조세를 체납한 경우에 그 재산에 대하여 체납처분을 하여도 징수하여야 할 조세에 부족이 있다고 인정되는 경우, 그 납세의무자와 일정한 관계에 있는 제3자에 대하여 원래의 납세의무자로부터 징수할 수 없는 액을 한도로 보충적 납세의무를 부담하게 하는 제도이다.

그중에서도 조세쟁송에서 가장 자주 등장하는 인물은 출자자이다. 법인에 대한 관계에 있어서 일정한 요건을 갖춘 출자자는 그 법인의 주인된 입장에 있음을 고려하여 그 법인이 납세의무를 다하지 못한 경우 그 법인을 대신하여 납세의무를 부담하도록 규정하고 있다. 이에 관한 구체적 규정이 국세기본법 제39조이다. 여기서 제2차 납세의무자로 열거되고 있는 자는 무한책임사원, 유한책임사원, 과점주주인데, 법인이 주로 주식회사의 형태를 취하기 때문에 조세쟁송에서는 과점주주가 절대적으로 많이 등장하고 있다.

종전에는 과점주주가 법인의 조세채무에 대하여 제2차 납세의무를 지는 것은 그 법인이 비상장법인인 경우에 국한하고 있었다. 우리나라 비상장법인은 대부분 친족, 친지 등을 주주로 하여 구성된 소규모의 폐쇄회사들로서 회사의 경영을 사실상 지배하는 실질적인 운영자인 과점주주가 회사의 수익·재산은 자신에게 귀속시키고 그 손실은 회사에 떠넘김으로써 회사의 법인격을 악용하여 이를 형해화시킬 우려가 크므로 이를 방지하여 실질적인 조세평등을 이루려는 데 그 입법목적이 있다고 설명되고 있다.[24] 그러나 국세기본법이 2014. 12. 23. 개정되면서 상장법인을 제외한다는 규정이 삭제되어 이제는 상장법인의 과점주주도 제2차 납세의무를 지게 되었다. 과점주주라면 상장법인이든 비상장법인이든 그 법인에 대하여 사실상 주인노릇을 할 것이라는 점에서 차이가 없을 것이기 때문에 조세공평의 차원에서 이와 같이 개정된 것으로 볼 수 있다.

제2차 납세의무는 납세의무의 인적 확장에 해당하므로 국민의 재산권 보호를 위해 엄격히 제한하여 해석할 필요가 있다. 그래서 국세기본법 제39조에 열거된 자에 해당하지 않는 한 실질적으로 비슷한 지위에 있다고 해서 제2차 납세의무가 있다고 해석하여서는 아니된다. 같은 취지에서 대법원 2022. 5. 26. 선고 2019두60226 판결은, 농어업경영체 육성 및 지원에 관한 법률 제16조에 따라 설립된 영어조합법인의 총출자지분 중 97%를

---

24) 헌법재판소 1997. 6. 26. 선고 93헌바49, 94헌바38·41, 95헌바64(병합) 결정

보유한 출자자는 제2차 납세의무자에 해당하지 않는다고 판시하였다. 그 논거로는 국세기본법 제39조에서 말하는 '주주' 또는 '유한책임사원'의 개념에 관하여 별도의 정의규정을 두고 있지 않으므로 상법상의 개념과 동일하게 해석하는 것이 법적 안정성이나 조세법률주의가 요구하는 엄격해석의 원칙에 부합하며, 영어조합법인의 출자자를 상법상 '주주'나 '유한책임사원'으로 볼 수는 없고, 오히려 농어업경영체법 제16조 제8항에 따르면 영어조합법인에 관하여는 위 법에서 규정한 사항 외에는 민법 중 조합에 관한 규정이 준용될 뿐이라는 점을 들고 있다.

나. 주된 납세의무와의 관계

주된 납세의무자인 법인의 납세의무에 대하여 그 법인의 과점주주 등이 지는 제2차 납세의무는 성격상 부종성과 보충성을 가진다. 제2차 납세의무는 주된 납세의무에 대신하는 것이기 때문에 주된 납세의무를 전제로 하여 성립하고 주된 납세의무에 관하여 생긴 사유는 제2차 납세의무에도 영향을 미친다. 따라서 주된 납세의무가 무효이거나 취소되면 제2차 납세의무도 무효로 되고, 주된 납세의무의 내용에 변경이 생기면 제2차 납세의무의 내용도 변경되며, 주된 납세의무가 소멸하면 제2차 납세의무도 소멸한다고 설명되기도 한다.

그러나 제2차 납세의무자에 대한 부과처분이 있은 후 주된 납세의무에 관한 부과처분이 판결에 의하여 취소되거나 과세관청에 의하여 직권취소된 경우 제2차 납세의무자에 대한 부과처분이 당연히 소멸된 것으로 볼 수 있는지에 관하여는 논란이 있을 수 있다. 제2차 납세의무자에 대한 부과처분이 별도로 존재할 경우 그 외관을 제거할 현실적인 필요성이 있고, 제2차 납세의무자가 주된 납세의무의 일부만을 부담할 경우에는 주된 납세의무자에 대한 부과처분의 취소 또는 감액에 따른 제2차 납세의무의 범위를 구체적으로 특정할 필요도 있는 점 등을 고려하면, 주된 납세의무자에 대한 부과처분이 취소 또는 감액되었다고 하여 제2차 납세의무자에 대한 부과처분도 자동적으로 취소 또는 감액되었다고 보기는 어렵다고 하겠다. 그래서 제2차 납세의무자는 주된 납세의무자에 대한 부과처분이 취소되거나 감액된 부분에 대하여 제2차 납세의무자에 대한 부과처분의 무효확인이나 취소를 청구하는 소송을 제기할 수 있다고 보는 것이 타당하다.

대법원 2012. 1. 27. 선고 2011두22099 판결에서 이 부분이 다투어졌다. 대법원은 제2차 납세의무자에 대한 납부고지는 주된 납세의무자에 대한 부과처분과는 독립된 부과처분의 성격을 가지는 것이므로 주된 납세의무자에 대한 부과처분이 취소되었다고 하여 제2차 납세의무자에 대한 부과처분도 당연히 취소되었다고 볼 수는 없다고 판단하였다. 과세관청의 실무에서도 주된 납세의무자에 대한 부과처분을 취소하거나 감액경정할 경우 제2차 납세의무자에 대한 부과처분에 대하여 별도로 취소나 감액경정절차를 취하는 경우가 많고, 현실적으로 제2차 납세의무자에 대한 부과처분의 외관을 제거함으로써 그 조세채무관계의 불안을 해소할 필요가 있으므로 대법원 판결의 입장이 타당하다고 하겠다.

이와 같이 주된 납세의무와 제2차 납세의무는 성격상 부종성이 있으면서도 과세요건과 납세의무자가 상이하여 과세처분과 조세쟁송에 있어서는 독립된 지위가 인정된다. 따라서 주된 납세의무자에 대한 납세고지가 있었다고 하더라도 제2차 납세의무자에 대하여 과세처분을 하기 위해서는 요건을 갖춘 별도의 납세고지서를 보내어야 한다. 그리고 주된 납세의무자에 대한 과세처분이 불가쟁력이 발생하여 다툴 수 없게 되었다고 하더라도 제2차 납세의무자는 주된 납세의무자에 대한 과세처분의 위법성을 다툴 수 있음은 물론이고, 제2차 납세의무자에 대한 과세처분의 고유한 위법성에 대하여도 다툴 수 있다. 예를 들면 주된 납세의무자에 대한 과세처분이 매출누락에 대한 익금산입이 원인이었다면 주된 납세의무자가 그 법인세 부과처분에 대한 제소기간의 도과 등으로 불가쟁력이 발생하였다고 하더라도 제2차 납세의무자는 매출누락 자체를 다툴 수 있음은 물론이고, 그 법인의 무자력 등도 다툴 수 있는 것이다. 대법원 2014. 1. 23. 선고 2013두19011 판결도 같은 취지이다.

다. 주된 납세의무자의 무자력

제2차 납세의무는 주된 납세의무자인 법인의 재산에 대하여 체납처분을 집행하여도 징수할 액에 부족한 것으로 인정되어야 한다. 징수할 금액의 부족액은 주된 납세의무자의 재산에 대하여 현실적으로 체납처분을 한 결과 발생한 징수부족액에 국한되는 것은 아니며, 본래의 납세의무자의 재산에 대하여 체납처분을 하더라도 객관적으로 징수부족액이 생길 것이라고 인정되기만 하면 된다. 대법원 1996. 2. 23. 선고 95누14756 판결도 같은 취지이다.

실제 쟁송에서 법인에 아파트 등의 재산이 있어 법인의 재산에 대하여 과세관청이 제때에 제대로 체납처분을 하였더라면 징수할 금액이 부족한 사태를 막을 수 있었음에도 그러하지 못하였음을 탓하는 사건이 있었는데, 서울고등법원 2012. 2. 8. 선고 2011누22527 판결은 과세관청이 객관적으로 드러난 주된 납세의무자의 재산에 대하여 통상적으로 취할 수 있는 압류 등 체납처분의 절차를 취하더라도 징수부족액이 생길 것이라는 사정이 인정된다는 이유로 제2차 납세의무자의 지정에 잘못이 없다고 판단하였고, 이 판결은 대법원 2012. 6. 14. 자 2012두6025 심리불속행 상고기각 판결로 확정되었다.

라. 과점주주의 제2차 납세의무

(1) 주식의 실질적인 권리자에 관한 증명책임

국세기본법 제39조 제2호의 문언에 의하면, 50%를 초과하는 주식에 관한 권리를 실질적으로 행사하는 자(과점주주)를 제2차 납세의무자로 규정하고 있다. 즉, 그 주식에 관한 권리를 실질적으로 행사한다는 점을 과점주주의 요건으로 삼고 있다. 과세요건에 관한 입증책임이 과세관청에 있고, 특히 위 요건은 적극적 과세요건에 해당하므로 그 입증책임이 과세관청에게 있다고 보는 것이 타당하다.

그럼에도 대법원 1991. 7. 23. 선고 91누1721 판결은 과세관청이 국세기본법 제39조 제2호 소정의 제2차 납세의무를 지우는 경우에 있어서는 그 제2호의 요건을 갖춘 과점주주에 해당하는 사실을 주장 입증하여야 하나, 과세관청으로서는 주주명부나 법인이 과세관청에 제출하는 주식이동상황명세서 또는 법인등기부등본 등에 의하여 과점주주라고 볼 수 있는 자료를 제출하면 일응의 입증을 하였다고 보아야 할 것이고, 제2차 납세의무자로서의 책임을 면하고자 하는 자는 주주명의를 도용당하였거나 사실은 실질적 주주가 아니고 형식상의 주주에 불과하다는 등 제2차 납세의무자가 될 수 없는 사실을 입증하여야 할 것이라고 판시하였고, 이 판시는 그 후속 판결들에서 계속 인용되고 있다.

위 판시는 주주명부 등을 통해 50%를 초과하는 주식의 주주와 대표이사 등으로 등재되어 있는 자라는 점이 과세관청에 의하여 입증되면 그 주식에 관한 권리를 실질적으로 행사하는 자라는 점은 추정된다는 입장에 있다고 할 수 있다. 그런데 우리나라의 비상장법인의 경우 실제로 주권을 발행하는 경우가 드물고 주주명부는 법인 자체에서 내부적으로 작성·보관되고 있으며 그에 관한 공인기관의 공증이나 인증이 없어 그 객관성과 신빙성이 확보되어 있지 않다. 따라서 주주명부상 주주로 등재되어 있다는 점만으로 그와 같이 등재된 자가 그 주식에 관한 권리를 실질적으로 행사하고 있다는 점이 추정된다고 보는 것은 다소 부담스러운 측면이 있다. 하지만 납세자가 50%를 초과하는 주주라는 외관을 만들어 놓은 이상 그 외관과 같은 주주일 것이라는 점이 경험칙에 의하여 추정된다고 할 수 있고, 이와 같이 50% 초과 지분의 주주라고 추정된다면 당해 법인을 지배한다고 추정될 수도 있으므로 그 추정의 결과로서 주식에 관한 권리도 실질적으로 지배하고 있다고 추정될 수 있는 것이라고 하겠다.

최근 사례를 하나 소개한다. 대법원 2020. 11. 26. 자 2020두46479 판결에 의하여 확정된 서울고등법원 2020. 7. 22. 선고 2019누41333 판결이다. 원고는 친형 A의 부탁으로 P사 설립시 80% 지분 소유자로 등재되어 있었으나 주식에 관한 권리를 실질적으로 행사하는 자에 해당하지 않는다고 보아 원고 승소판결을 하였다. 우선 주금 납입을 보면 A가 원고의 주민등록증을 이용하여 자신의 필체로 신규거래신청을 하여 원고 명의의 계좌를 개설한 후 A의 돈을 입금하여 그 계좌에서 주금납입을 하였다. 비록 P사 대표이사로 원고가 등재되어 있었으나, A가 P사를 실질적으로 운영하면서 허위세금계산서를 수수하였다는 범죄사실로 기소되어 유죄판결을 선고받았다. 회계처리상으로는 P사가 원고에게 10여년 동안 3억 원이 넘는 급여를 지급한 것으로 되어 있으나 급여를 지급받을 이유도 없었고 실제로 급여가 지급되었다고 볼 객관적인 자료도 없다. 이러한 사정들을 종합하여 위와 같은 결론을 내렸다. 반면에 제1심 법원은 A가 실제로 P사를 경영하였더라도 원고의 주주로서의 지위와 양립할 수 있다는 이유로 원고 패소판결을 하였었다. 이러한 사안이 법원에서 다투어질 때 사실관계에 관한 치밀한 접근이 필요하고 이를 토대로 과연 회사의 납세의무를 대신 떠안아야 할 정도로 회사 경영에 책임져야 할 지위에 있었는지를 실질적으로 따져보아야 한다. 이 사안의 제1심 판결은 주식의 실질적인 권리자가 아니라는 점에 대한 입증책임이 납세자에게 있다는 점에 치중하여 반대되는 사실관계가 많이 드러났음에도 이를 가볍게 취급한 잘못이 있다. 고등법원 판결이 타당하다.

(2) 주식양수도계약의 효력

국세기본법 제39조 제2호는 법인의 과점주주가 부담하는 제2차 납세의무에 관하여 법인의 재산으로 그 법인에 부과되거나 그 법인이 납부할 국세·가산금과 체납처분비에 충당하여도 부족한 경우에는 그 국세의 납세의무 성립일 현재 과점주주에 해당하는 자에게 제2차 납세의무가 있다고 규정하고 있다. 여기서 알 수 있듯이 본세의 납세의무 성립일이 과점주주에 해당하는 여부를 판단하는 기준시기가 된다. 따라서 법인의 본세의 납세의무의 성립일 당시에 과점주주가 아니었던 자는 그 전이나 그 후에 비록 과점주주의 지위에 있었다고 하더라도 제2차 납세의무를 부담하지 않는다고 보아야 한다.

실제 조세쟁송에서는 본세의 납세의무 성립 당시에 과반수 주식의 권리를 소유하고 있었는지가 자주 다투어지는데, 주식양수도계약의 효력과 관련하여 그 계약이 아직 체결되기 전의 예약단계이거나 계약체결 후 사후에 취소되거나 해제된 경우 본세의 납세의무 성립 당시에 그 주식을 소유하여 그에 관한 권리를 실질적으로 행사할 수 있는 지위에 있었다고 볼 수 있는지가 문제된다. 최근의 사례를 살펴본다.

대법원 2012. 11. 29. 선고 2012두17315 판결에서는, 본세의 납세의무 성립일 당시에 법인의 과반수 주식의 매매예약자의 지위에 있던 원고가 실질적으로 과점주주의 지위에 있었는지가 문제되었다. 사안을 간략히 요약하면, 법인이 2002. 7. 16. 상가건물을 인수함으로써 취득세와 등록세의 납세의무가 성립되었는데 그 전인 2002. 6. 26. 상가건물의 인수자금을 대출받음에 있어 원고가 지급보증을 하면서 법인이 대출원리금을 상환하지 못할 경우에 대비하여 원고는 그 법인의 대주주였던 A와 사이에 법인주식 85%와 경영권을 원고가 양도받기로 하되, 그로부터 1년 이내에 법인이 대출원리금을 상환하지 못하면 원고가 법인 주식 85%에 대한 매매예약완결권을 행사하기로 하는 매매예약을 체결하였다. 그 후 대출원리금의 상환이 순조롭지 못하자 2002. 12. 29. A는 법인의 주식 중 52.5%를 원고에게 양도하였다. 이에 대하여 과세관청은 법인이 상가건물을 매수함으로써 취득세·등록세의 납세의무가 성립할 당시인 2002. 7. 16. 법인은 실체가 없는 페이퍼컴퍼니에 불과하고 실제로는 원고가 상가건물을 매수하는 데 필요한 자금을 조달하였을 뿐만 아니라 법인의 주식을 A에게 명의신탁하는 방법으로 법인의 주식에 관한 권리를 실질적으로 행사하면서 법인의 경영을 사실상 지배하였으므로 실질과세의 원칙상 원고가 법인의 과점주주에 해당한다고 하여 원고를 제2차 납세의무자로 지정하였다. 그러나 원심법원은 법인의 납세의무가 성립할 당시 원고는 어디까지나 법인이 대출원리금을 제대로 상환하지 못하였을 경우에 대비하여 법인 주식 및 경영권에 관한 매매예약을 체결한 자에 불과하였고 법인의 주식을 A에게 명의신탁한 것으로 볼 증거도 부족하므로 당시로서는 원고를 과점주주로 볼 수 없다고 판단하였고 대법원도 이를 수긍하였다. 결국 위 사안에서 원고가 법인의 본세에 관한 납세의무가 성립한 후에 주식 과반수를 양수받음으로써 과점주주의 지위를 득하게 되었으나 그 성립 당시로서는 과점주주의 지위에 있다고 볼 수 없었기 때문에 제2차 납세의무자가 될 수 없다고 본 것이다.

그리고 대법원 2012. 12. 26. 선고 2011두9287 판결에서는, 대주주의 주식양도계약 체결과 그 착오를 이유로 취소하는 과정에서 그 취소의 소급효와 관련하여 본세의 납세의무 성립일 당시의 과점주주를 누구로 볼 것인지가 문제되었다. 사안을 간략히 요약하면 다음과 같다. 원고는 법인의 대표이사이자 그 법인발행주식의 70%를 소유한 대주주였는데, 2006. 8. 24. A에게 법인의 경영권과 주식을 양도하는 양도계약을 체결하였다. 같은 날 A는 주식의 명의개서를 하였고 그 전날 법인의 대표이사로 취임함으로써 법인을 실질적으로 지배·경영하였다. 그런데 A는 2006. 12. 22. 원고를 상대로 주식 등 양도대금 잔금에 대한 채무부존재확인의 소를 제기한 후 2007. 8. 16. 위 양도계약을 분식회계로 인한 착오 등을 이유로 취소한다는 의사표시를 하였고 그에 따라 2007. 11. 7. 위 소송에서 주식 등 양도계약을 취소한다는 취지의 판결을 선고하자 원고가 항소를 제기하였다가 2008. 1. 7. A와 사이에 판결의 취지에 따라 주식 등 양도계약을 취소한다는 내용의 합의를 한 후 그 다음 날 항소를 취하하였다. 법인은 2007. 6. 30. 납세의무가 성립한 부가가치세 등을 체납하였고, 과세관청은 그 성립일 당시 원고가 법인의 과점주주라고 보아 제2차 납세의무자로 지정하였다. 이 사안에서 착오를 이유로 주식양도계약을 취소하면 그 효력이 소급하여 상실된다는 민사법리에 따라 처음부터 양도계약이 없었던 것으로 되어 법인의 부가가치세 납세의무 성립일인 2007. 6. 30. 당시 A는 과점주주가 될 수 없다는 입장이 있었다. 이러한 입장에 따르게 되면 2007. 6. 30. 당시를 기준으로 A가 과점주주가 될 수 없음은 물론이고, 원고는 당시로서는 그 주식에 관한 권리를 실질적으로 행사할 수 있는 지위에 있었다고 할 수 없으므로 결국 아무도 제2차 납세의무자가 되지 않는다는 불합리한 결과에 이르게 된다. 그래서 법인의 납세의무 성립일 이후에 주식양도계약이 취소된 경우 민사법리상 취소의 소급효가 있다고 하더라도 그 납세의무 성립일 당시로서는 양수인인 A가 그 주식에 관한 권리를 실질적으로 행사하고 있었던 것은 역사적 사실이므로 A를 과점주주로 보아야 한다는 입장이 우세하였다. 결국 판결에서는 적어도 원고를 법인의 납세의무 성립일 당시의 과점주주로 볼 수는 없다고 입장을 밝혔고 나아가 A를 과점주주로 볼 수 있는지에 관하여는 명시적인 입장표명을 하지 아니하였다. 하지만 A를 과점주주로 보는 것이 위 판결의 취지에 부합한다고 하겠다. 이 사건은 민사법리를 조세법리에 그대로 수용할 수 없음을 보여주는 단적인 사례이다.

(3) 주주권 행사권한의 위임

국세기본법 제39조 제2호는 제2차 납세의무를 지는 과점주주의 요건으로 발행주식총수의 50%를 초과하는 주식에 관한 권리를 '실질적으로 행사하는 자'로 규정하고 있으므로, 주식의 명의인일 뿐이고 그 실질적인 권리는 제3자에게 귀속되어 있다면 그 명의인을 제2차 납세의무자로 볼 수는 없을 것이다. 이와 같이 권리의 실질적 귀속자가 자신이 아니라 제3자라는 점에 대하여는 이를 주장하는 자에게 기본적인 입증책임이 있음은 앞서 살펴본 바와 같다.

이 점에 관하여 제2차 납세의무자로 지정된 자가 자기 명의의 주식에 관한 권리행사를 제3자에게 이양함으로써 자신은 그 권리를 실질적으로 행사하는 자가 아니라고 주장한 사건이 있었다. 대전고등법원(청주) 2012. 7. 12. 선고 2012누66 판결이 그에 관한 것이다. 위 판결은 대법원 2012. 10. 25. 자 2012두18240 심리불속행 판결로 확정되었다. 사안을 요약하면 다음과 같다. A법인이 2010년 제1기분 부가가치세를 체납하였고, 그 납세의무 성립일인 2010년 6월 말에 원고는 A법인의 주식 60%를 소유하고 있었다. 원고는 A법인이 2010년 1월경 부도처리되자 그 대표이사에게 자신의 주식을 포기하면서 그에 관한 권리와 의무를 위임하였고, 그 후 A법인의 매각을 진행하는 과정에서 주채권은행에게 주주에 관한 모든 권한을 위임한다는 동의서를 작성하여 주었으므로, 그 주식에 대한 권리를 행사할 가능성이 없었다고 주장하였다.

그러나 법원은, 원고가 A법인의 대표이사에게 그 주식의 권리를 위임하였다는 점에 대한 사실확인서 정도만 제출하였고 그 주식의 양도나 포기에 관한 처분문서를 제출하지 못한 점, 사실확인서 내용에 의하더라도 원고가 A법인의 부도 이후 회사정리절차에 필요한 범위에서 그 대표이사에게 주식에 관한 권리행사 일부를 위임하였다는 것에 불과하여 이로써 주식 자체를 양도 또는 포기하였다고 보기는 어려운 점, 그 위임 후에도 원고는 스스로 주주권을 행사하여 주채권은행에게 기업매각을 위한 '포괄적 기업매각동의서'를 작성해 주기도 한 점, 그 내용은 원고가 2010년 2월경 A법인에 대한 주채권은행 관리를 진행하면서 포괄적인 기업매각의 추진이 필요하다고 판단하는 경우 주채권은행이 결정하는 기업매각의 시기, 조건, 가격 등에 동의한다는 것으로서 그러한 동의 자체가 주주권의 행사일 뿐만 아니라 위 동의서는 추후 주채권은행이 포괄적인 기업매각을 하는 경우에 이와 관련되어 필요한 범위 내에서 위 은행의 결정에 동의한다는 것에 불과하고, 실제로 그 후 A법인의 납세의무 성립일인 2010년 6월 말까지 기업매각이 이루어지지 않은 이상, 위와 같은 동의서를 작성하여 준 것만으로 원고가 A법인에 대한 주주로서의 권리를 상실하였다고 보기는 어려운 점, 그 밖에 원고가 그 주식에 관한 주주의 권리를 행사하는 데에 법률상 장애사유를 찾아볼 수 없는 점을 들어 원고가 A법인의 부가가치세 납세의무 성립일 당시 그 주식에 관하여 실질적으로 주주권을 행사할 수 있는 지위에 있었다고 보는 것이 타당하다고 판시하였다.

위 판시의 취지에 나타난 바와 같이, 주주명부상의 주주가 그 주식에 관하여 실질적으로 권리행사를 할 수 없었다고 하려면 주주로서의 일체의 권리를 포기하거나 양도함으로써 자신의 뜻에 따른 권리행사가 곤란한 상태에 이르러야 한다. 그러하지 않고 단지 자의로 그 권리행사를 제3자에게 위임한 정도이거나 주주권 중 일부의 행사방향에 관하여 제3자와 합의를 한 정도만으로는 부족하다고 할 것이다. 이 정도만으로는 법인의 경영을 계속적으로 지배함으로써 법인의 수익·재산은 자신에게 귀속시키고 그 손실은 법인에 떠넘김으로써 법인격을 악용하여 이를 형해화시킬 우려가 여전히 남아 있다고 볼 수 있기 때문이다.

(4) 주주명의 대여

과점주주로서 제2차 납세의무를 부담하기 위해서는 50%를 초과하는 주식에 대한 권리를 실질적으로 행사할 수 있는 지위에 있어야 하므로 조세쟁송에서는 제2차 납세의무자로 지정된 자가 단지 실질적인 주주에게 주주의 명의만 대여하였을 뿐 그 주식에 관한 권리를 실질적으로 행사할 수 있는 지위에 있지 않다고 다투는 경우가 많다.

대법원 2010. 2. 25. 선고 2009두7578 판결이 그 대표적인 사례이다. 사안을 요약하면 다음과 같다. A는 1987년부터 여러 운수회사의 설립과 폐업을 거듭하면서 화물운송사업을 하여 오다가 2003년 11월경 새로 P법인을 설립하면서 직업이 없던 형과 종전 운수회사의 명의상 대표이사였던 조카인 원고들을 60%의 주주 겸 감사와 이사로, 딸을 주주 겸 대표이사로 등재하였다가 딸에게 결격사유가 있어 주주 겸 대표이사를 B로 변경하였다. 당시 원고들은 임원으로만 등재되어 있을 뿐 P법인의 경영에 참여하거나, 임금 또는 주주로서의 배당금을 받지 아니하였고, A가 단독으로 P법인을 운영하다가 영업부진으로 2005년 11월경 폐업신고를 한 후 법인인감도장을 가지고 잠적하였고, 대표이사인 B는 C 등 법인의 채권자들로부터 빚 독촉에 시달리다가 2006년 4월경 인감도장 및 인감증명서와 함께 P법인의 주주 겸 대표이사직을 C에게 넘겨 주었다. 이에 C는 B의 인감도장 등을 이용하여 P법인의 주주총회 의사록과 이사회 결의서를 임의로 작성하여 법인의 상호를 바꾸고 본점 소재지 및 대표이사도 변경한 후 2006년 5월경 다시 사업자등록을 마치고 영업하다가 결국 2007년 2월경 직권폐업되었다. 원고들은 물론 A도 이와 같은 사정을 전혀 모르고 있었고, A는 2006년 11월경 B를 찾아가 P법인을 다시 운영하고 싶다고 하였다가 비로소 P법인이 이미 다른 사람에게 넘겨졌음을 알게 되었다. P법인이 2006 사업연도 법인세 등을 체납하자 과세관청은 원고들을 과점주주로서의 제2차 납세의무자로 지정하였다.

이에 대하여 대법원은, 위와 같은 사실관계에서는 A기 P법인의 주식을 실질적으로 소유하면서 P법인을 사실상 지배·운영하다가 폐업한 것으로서 원고들은 주식의 실제 소유자가 아닌 단지 주주명의만 대여한 형식상의 주주에 불과할 뿐만 아니라, P법인이 폐업된 후 상호 및 본점 소재지와 대표이사가 모두 변경된 채 2006 사업연도에 영업이 재개된 사실조차 모르고 있었던 이상 원고들로서는 위 주식에 대한 권리를 실질적으로 행사할 여지도 없었다고 보아 제2차 납세의무자에 해당하지 아니한다고 판단하였다.

적어도 A가 P법인을 운영하던 동안은 원고들이 주주권을 행사할 수 있었던 지위에 있었다고 볼 여지는 있으나, P법인의 운영권이 C에게 넘어가버린 이후에는 원고들이 그러한 사실조차 모르고 있었고, 상호와 본점 소재지까지 변경되어 일방적으로 운영되고 있었으므로 이러한 경우에까지 원고들이 사실상 주주권을 행사할 수 있는 지위에 있었다고 보기는 어렵다. 그리고 과점주주에 대한 제2차 납세의무제도의 취지가 회사경영을 사실상 지배하는 실질적인 운영자인 과점주주가 회사의 법인격을 악용하는 것을 방지하는 데 있는데, 원고들이 모르는 사이에 제3자가 운영하여 거액의 법인세를 체납한 것에 대하여까지 제2차 납세의무를 진다는 것은 이러한 취지에 부합하지 않을뿐더러 너무 가혹한 결과라고 할 수 있으므로 대법원 판단이 타당하다고 할 것이다.

(5) 과점주주의 과점주주

과점주주가 법인일 경우 그 법인의 과점주주가 다시 제2차 납세의무에 대한 제2차 납세의무를 부담하는지 여부가 논란이 되었다. 과세관청은 이러한 납세의무를 배제할 이유가 없다는 입장에서 과세를 하였다.

이에 대하여 대법원 2019. 5. 16. 선고 2018두36110 판결은 다음과 같이 판시하였다. 국세기본법 제39조에 규정된 제2차 납세의무는 조세징수의 확보를 위하여 원래의 납세의무자인 법인의 재산에 대하여 체납처분을 하여도 징수하여야 할 조세에 부족이 있다고 인정되는 경우에 사법질서를 어지럽히는 것을 최소화하면서 실질적으로 법인의 운영을 지배할 수 있는 출자자에 한하여 보충적으로 납세의무를 부담케 하는 제도이며, 그 취지는 회사의 경영을 사실상 지배하는 과점주주는 회사의 수익은 자신에게 귀속시키고 그 손실은 회사에 떠넘김으로써 회사의 법인격을 형해화시킬 우려가 크므로 이를 방지하여 실질적인 조세평등을 이루려는 데 있으나, 이는 사법상 주주 유한책임의 원칙에 대한 중대한 예외로서 본래의 납세의무자가 아닌 제3자에게 보충적인 납세의무를 부과하는 것이기 때문에 그 적용 요건을 엄격하게 해석하여야 한다고 전제하고, 국세기본법 제39조 제2호는 법인에 대한 제2차 납세의무자로 과점주주만을 규정하고 있을 뿐 그 법인의 과점주주인 법인이 제2차 납세의무자로서 체납한 국세 등에 대하여 1차 과점주주의 과점주주가 또다시 제2차 납세의무를 진다고 규정하지 않으므로 2차 과점주주가 단지 1차 과점주주의 과점주주라는 사정만으로 2차 과점주주에까지 그 보충적 납세의무를 확장하여 과점주주에 해당한다고 보는 것은 허용되지 않는다고 판시하였다.

과세관청의 입장처럼 제2차 납세의무의 범위를 순차적으로 계속 확대해나가는 것은 그 납세의무의 본질이 보충적이고 제한적인 납세의무라는 성격에도 맞지 않을 뿐만 아니라 해당 규정의 문언에도 부합하지 않으므로 대법원 판결의 입장이 타당하다고 하겠다.

마. 법인의 제2차 납세의무

국세기본법 제40조는 제39조의 내용과 반대로 과점주주 등의 출자자에 대한 국세를 징수할 수 없을 경우 일정한 요건하에서 법인에 대하여 제2차 납세의무를 규정하고 있다. 즉, 국세(둘 이상의 국세의 경우에는 납부기한이 뒤에 오는 국세)의 납부기간 만료일 현재 법인의 무한책임사원 또는 과점주주의 재산(그 법인의 발행주식 또는 출자지분은 제외한다)으로 그 출자자가 납부할 국세 및 강제징수비에 충당하여도 부족한 경우에는 그 법인은 각 호의 어느 하나에 해당하는 경우에만 그 부족한 금액에 대하여 제2차 납세의무를 진다고 규정하면서, 제1호에서 정부가 출자자의 소유주식 또는 출자지분을 재공매하거나 수의계약으로 매각하려 하여도 매수희망자가 없는 경우를, 제2호에서 법률 또는 그 법인의 정관에 의하여 출자자의 소유주식 또는 출자지분의 양도가 제한된 경우(국세징수법 제66조 제4항에 따라 공매할 수 없는 경우는 제외한다)를 들고 있다. 위 규정은 납세의무를 제3자에게 확장하는 규정인 만큼 그 요건인 제1호와 제2호는 그 본문에서 "각 호의 어느 하나에 해당하는 경우만"이라고 언급하고 있듯이 제한적·열거적 규정으로 보아야 한다. 따라서 여기에 해당하지 않는 경우에는 법인에게 제2차 납세의무를 지울 수 없고, 위 각 호의 규정도 문언대로 엄격하게 해석하여야 하며 이를 함부로 유추확장해석하여서는 아니된다.

이에 관한 사례로 대법원 2020. 9. 24. 선고 2016두38112 판결이 있다. 이 사안에서는 외국법인이 발행한 주식이어서 국세징수법상 압류할 수 없는 경우 위 제2호에 해당한다고 볼 수 있는지가 쟁점이 되었다. 이에 관하여 대법원은 다음과 같이 판시하였다. 즉, 법인의 제2차 납세의무제도의 취지, 그 적용 요건에 관한 엄격 해석의 원칙에 법 문언 및 양도 제한과 압류 제한의 성격·관계 등을 종합하여 보면, 출자자의 소유주식 등에 대하여 법률 등에 의한 양도제한 이외의 사유로 국세징수법에 의한 압류 등 체납처분절차가 제한되는 경우까지 위 제2호의 요건에 해당한다고 볼 수는 없고, 따라서 출자자의 소유주식 등이 외국법인이 발행한 주식 등으로서 해당 외국법인의 본점 또는 주사무소 소재지국에 있는 재산에 해당하여 국세징수법에 따른 압류 등 체납처분절차가 제한된다고 하더라도, 이러한 사유는 위 제2호에서 말하는 '법률에 의하여 출자자의 소유주식 등의 양도가 제한된 경우'라고 할 수 없다고 판시하였다. 엄격해석의 원칙에 충실한 타당한 판결이다.

이 사안은, 원고는 2006년 홍콩에서 설립된 외국법인이고, 바하마 국적의 A사가 원고의 지분 100%를 가지고 있는 주주로 되어 있으며, A사의 지분 100%는 B가 가지고 있으면서 이를 바하마 국적의 C사에 명의신탁하고 있었는데, 과세관청이 2011. 4. 13. B에게 2006년 내지 2010년 종합소득세를 각 부과·고지하였으나 B의 재산으로 체납 국세를 징수하기에 부족하자 B가 실제로는 원고 지분 100%를 가진 주주임을 전제로 원고를 B의 제2차 납세의무자로 지정한 사안이다.

이에 대하여 대법원은, B가 실제로는 원고의 지분 100%를 가진 주주라 하더라도, B가 소유한 원고의 주식이 외국법인이 발행한 주식으로서 국세징수법에 따른 압류 등 체납처분절차가 제한된다는 사유는 위 제2호의 '법률에 의하여 출자자의 소유주식 등의 양도가 제한된 경우'로 볼 수 없으므로 원고에게 제2차 납세의무가 있다고 볼 수 없다고 판시하였던 것이다. 이 사건의 원심인 서울고등법원은 국세징수법에 의한 체납처분절차가 제한된다는 것과 법령에 의하여 양도가 제한된다는 것을 동일시할 수 있다고 보았으나 이는 지나친 유추확장해석으로서 옳지 않다.

이 판결의 선고로 인하여, 대주주인 체납자가 소유하고 있는 주식에 대하여 체납처분절차를 취하지 못함에도 불구하고 그 주식의 발행법인에 대한 2차 납세의무도 부여할 수 없다고 하니 과세관청으로서는 체납세액을 징수할 마땅한 방편이 없어지게 되었다. 이러한 불편함을 해소하기 위하여 입법개정이 이루어졌다. 2022. 12. 31. 국세기본법이 개정되면서 제40조 제2호로 '그 법인이 외국법인인 경우로서 출자자의 소유주식 또는 출자지분이 외국에 있는 재산에 해당하여 국세징수법에 따른 압류 등 강제징수가 제한되는 경우'를 추가함으로써 이 경우에는 그 법인이 제2차 납세의무자가 되도록 하였고, 기존의 제2호는 제3호로 자리옮김을 했다.

한편, 위 대법원 판결에 따른 파기환송심에서 과세관청은 쉽사리 물러서지 않고, 그 법인이 제2차 납세의무자에 해당한다는 사유로 국세기본법 제40조 제1항 제3호가 규정하는 '그 법인의 정관에 의하여 출자지분의 양도가 제한되는 경우'에 해당한다는 주장, 즉 처분사유를 새로이 하였다. 이에 대하여 대법원 2024. 9. 12. 선고 2021두51881 판결은 다음과 같이 판시하였다.

즉, 정관의 해석 및 효력 문제에 관하여도 특별한 사정이 없는 한 해당 법인의 설립준거법에 따라야 하고, 외국적 요소가 있는 법률관계에 관하여 적용될 외국 법규의 내용을 확정하고 그 의미를 해석하는 경우에는 그 외국법이 그 본국에서 현실로 해석·적용되고 있는 의미·내용대로 해석·적용하는 것이 원칙이며, 소송 과정에서 그 외국의 판례나 해석기준에 관한 자료가 제출되지 아니하여 그 내용의 확인이 불가능한 경우에만 일반적인 법해석 기준에 따라 법의 의미·내용을 확정할 수 있다(대법원 2016. 5. 12. 선고 2015다49811 판결 등 참조)고 전제하고, 홍콩회사조례(Companies Ordinance) 제11조는 비공개회사(Private Company)에 대하여 '정관으로 ① 사원의 주식 양도권을 제한하고, ② 사원 수는 50인으로 한정하며, ③ 주식 또는 채무증서의 청약 공모는 금지한다.'는 등의 요건을 갖춘 회사를 말한다고 정의하여 '정관상 주식양도 제한'을 비공개회사의 요건으로 명시하고 있고, 제134조 제2항은 '회사 구성원의 지분이나 기타 이익은 회사 정관에 따라 양도될 수 있다.'고 규정하여 정관상 주식양도 제한의 방식을 특별히 제한하고 있지 않은 점, 원고의 정관 제2조는 '원고는 비공개회사로서 주식 양도권은 제한된다. 사원의 수는 50인으로 한정되고, 주식 또는 채무증서의 청약 공모가 금지된다.'고 규정하고, 제3조는 '이사들은 주식양도의 등록을 어떠한 사유도 제시하지 아니하고 거부할 수 있다. 이사들은 주주총회 개최 전 일정 기간 양도등록을 정지시킬 수 있다. 일정액의 수수료가 납부되고 양도인의 양도권 입증을 위하여 이사들이 합리적으로 요구할 수 있는 증거자료가 양도증서에 수반되는 경우를 제외하고 이사들은 양도증서의 등록을 거부할 수 있다.'고 규정하여 앞서 본 홍콩회사조례의 비공개회사 요건에 부합하는 내용으로 '정관상 주식양도 제한'을 명시하고 있는 점, 특히 원고의 정관 제3조에 규정된 '이사들이 주식양도의 등록을 거부할 수 있다.'는 내용은 홍콩기업등록국(Companies Registry)에서 제정한 비공개 유한회사(Private Company Limited by Shares)의 표준정관에 따른 통상적인 주식양도 제한방식에 해당하는 점 등을 논거로 하여 원고의 정관에서는 이사들에게 실체적·절차적 사유에 기하여 주식양도의 등록을 거부할 수 있는 권한을 폭넓게 부여하고 있는데, 이는 홍콩회사조례상 적법·유효한 방식으로서 비공개회사의 정관상 주식양도 제한방식으로 홍콩에서 통용되고 있는 것으로 보이므로 원고의 주식은 '정관에 의하여 양도가 제한된 경우'로서 국세기본법 제40조 제1항 제3호의 요건을 모두 충족한다고 함으로써 원고에게 제2차 납세의무가 있다고 판시하였다.

과세관청의 포기하지 않는 끈기력으로 결국 과세관청의 승소를 끌어낸 사안으로서, '소유주식의 양도가 제한된 경우'의 적용범위에 관한 좋은 선례이다.

바. 사업양수인의 제2차 납세의무

(1) 관련 규정과 입법 취지

국세기본법 제41조 제1항은 사업이 양도·양수된 경우에 양도일 이전에 양도인의 납세의무가 확정된 그 사업에 관한 국세·가산금과 체납처분비를 양도인의 재산으로 충당하여도 부족할 때에는 대통령령으로 정하는 사업의 양수인은 그 부족한 금액에 대하여 양수한 재산의 가액을 한도로 제2차 납세의무를 진다고 규정한다. 그리고 국세기본법 시행령 제22조는 사업양수인이란 사업장별로 그 사업에 관한 모든 권리(미수금에 관한 것은 제외한다)와 모든 의무(미지급금에 관한 것은 제외한다)를 포괄적으로 승계한 자를 말한다고 규정하고, 제23조 제1항은 사업의 양도인에게 둘 이상의 사업장이 있는 경우에 하나의 사업장을 양수한 자의 제2차 납세의무는 양수한 사업장과 관계되는 국세·가산금과 체납처분비(둘 이상의 사업장에 공통되는 국세·가산금과 체납처분비가 있는 경우에는 양수한 사업장에 배분되는 금액을 포함한다)에 대해서만 진다고 규정하고, 제2항은 양수한 재산의 가액이란 사업의 양수인이 양도인에게 지급하였거나 지급하여야 할 금액이 있는 경우에는 그 금액(제1호)으로 하고, 그 금액이 없거나 불분명한 경우에는 양수한 자산 및 부채를 상속세 및 증여세법 제60조부터 제66조까지의 규정을 준용하여 평가한 후 그 자산총액에서 부채총액을 뺀 가액(제2호)으로 하고, 제1호에 따른 금액과 시가의 차액이 3억 원 이상이거나 시가의 30%에 상당하는 금액 이상인 경우에는 제1호의 금액과 제2호의 금액 중 큰 금액으로 한다고 규정하고 있다. 지방세기본법 제48조와 그 시행령에도 같은 취지의 규정을 두고 있다.

그 취지에 관하여 헌법재판소 1997. 11. 27. 선고 95헌바38 전원재판부 결정은, 사업에 기초하여 발생하는 조세는 사업 그 자체에 담세력이 있다고 할 것이므로 사업재산이 그 조세채무에 대한 담보적 기능을 한다고 할 것이고 따라서 사업양도인의 재산으로 조세채권의 만족을 얻을 수 없을 때 조세징수의 확보라는 공익목적을 달성하기 위하여, 그 조세의 담보재산을 취득하고 그 취득당시에 양도인이 납부하여야 할 조세를 예견할 수 있는 양수인에게 그 부족액에 대하여 보충적으로 납세책임을 지우는 것이라고 판시하였다.

위 헌법재판소 판시에서도 언급되었듯이 사업양수인에게 제2차 납세의무를 지우려면 적어도 양수 당시에 사업양도인이 납부하여야 할 조세를 예견할 수 있는 자로 한정하는 것이 예측가능성을 보장하는 것으로서 합리적으로 보인다. 이러한 취지에서 국세기본법 시행령 제22조가 2019. 2. 12. 개정되면서 포괄적 승계인으로서 양도인과 특수관계인인 자나 양도인의 조세회피를 목적으로 사업을 양수한 자로 그 범위를 제한하였다. 타당한 입법이다.

(2) 납세의무의 요건

양도일이란 단순히 양도계약을 체결한 것만으로는 부족하고 양도대금을 청산함으로써 실제로 사업을 양수한 날로 보는 것이 옳으며, 그때 양수한 사업에 관한 조세로서 납세의무가 확정된 것이 제2차 납세의무의 대상이 되고, 그 납세의무가 성립된 것에 불과하며 아직 확정되기 전의 것이면 그 대상이 될 수 없다. 예를 들어 양수한 사업에 관한 2016 사업연도 법인세로서 과세기간의 종료일인 2016. 12. 31. 지난 후 그 법인세 신고기한이 도래되기 전에 사업의 양수가 이루어졌다면 그 법인세는 제2차 납세의무의 대상이 될 수 없다. 납세의무의 구체적 확정시기에 관하여는 국세기본법 제22조 등에서 자세히 규정하고 있다.

납세의무 확정과 관련하여, 앞서 살펴본 바와 같이 대법원 2011. 12. 8. 선고 2010두3428 판결은, 추상적으로 성립된 납세의무의 내용이 징수절차로 나아갈 수 있을 정도로 구체화된 상태를 의미한다고 하면서, 부가가치세 예정신고를 한 과세표준과 세액은 확정신고의 대상에서 제외되므로 그 단계에서 구체화되었다고 할 수 있을 뿐만 아니라 그에 대한 징수절차로 나아갈 수 있는 점 등을 고려하면, 부가가치세 과세표준과 세액의 예정신고를 한 때에 그 세액에 대한 납세의무가 확정되었다고 할 것이므로 '사업 양도일 이전에 양도인의 납세의무가 확정된 당해 사업에 관한 국세'에는 사업 양도일 이전에 당해 사업에 관하여 예정신고가 이루어진 부가가치세도 포함된다고 해석함이 상당하다고 판시하였다.

포괄적 승계에 관하여는 양도인 단위로 파악할 것이 아니라 양도인의 사업장 단위로 파악하여야 함은 앞서 본 관련 규정에 분명하게 나타나 있다. 포괄적 승계의 의미에 관하여 대법원 2009. 1. 30. 선고 2006두1166 판결은 독립한 경영단위로서의 기업체를 양도인과의 법률행위에 의하여 포괄적으로 이전받는 것을 말하고 이는 사업시설뿐만 아니라 영업권 및 그 사업에 관한 채권, 채무 등 일체의 인적·물적 권리와 의무를 모두 양수함으로써 양도인의 종전의 법률상 지위를 그대로 승계하는 것을 말한다고 판시하였다. 양수하는 사업의 성격상 인적 조직의 비중이 크고 중요한 경우에는 그러한 인적 조직의 승계가 있어야 포괄적 승계로 인정될 것이다. 대표적인 예가 영업사원들을 들 수 있겠다. 그러나 그와 같은 성격이 약한 단순한 사무보조원 등의 경우는 이를 승계하지 않는다고 해서 포괄적 승계를 인정하는 데 걸림돌이 되지는 않을 것이다.

관련 규정에서도 보았듯이 승계의 대상에서 채권, 채무 중 미수금과 미지급금은 제외하여도 무방하다고 하였는데 미수금과 미지급금은 기업회계상 용어의 범위로 제한할 것이 아니라 외상매출금이나 외상매입금 등도 포함하는 넓은 개념으로 이해해야 된다. 왜냐하면 금전채권과 금전채무에 불과하다는 점에서 동일하고 그래서 사업양수도 대금의 정산과정에 반영될 수 있어 그것을 그대로 승계하지 않는다고 해서 사업의 영속성에 문제가 있다고 할 수 없기 때문이다. 나아가 대법원 2009. 12. 10. 선고 2009두11058 판결은, 사업을 포괄적으로 양도·양수하려는 의도로 양수인이 사업용 자산의 일부를 임의경매절차에서 낙찰받아 취득하면서 나머지 사업용 자산 및 그 사업에 관한 모든 권리와 의무를 양도인과의 별도 양도계약에 의하여 연달아 취득하는 경우에도 양도인의 사업을 포괄적으로 승계한 것으로 인정된다고 판시하였다. 국세기본법 기본통칙(41-0-2)은 강제집행절차에 의하여 경락된 재산을 양수한 경우를 사업의 양수도로 보지 않는다고 하고 있으나, 이는 너무 단편적인 규정으로서 위 대법원 판례의 취지에 반하는 범위에서는 효력을 인정할 수 없다.

(3) 납세의무의 범위

앞서 관련 규정에서 보았듯이 제2차 납세의무의 범위는 양수한 재산의 가액이고, 이는 양수인이 양도인에게 지급하였거나 지급하여야 할 양도대가가 있으면 그 금액이 되며, 이러한 금액을 산정하기 어려운 경우에는 양수한 자산의 평가액에서 부채의 평가액을 차감한 금액이 된다.

양도인 사업의 재산 중 일부는 경매를 통하여 양수하고, 다른 일부는 양도인과의 개별적 약정에 의하여 양수한 경우 그 경매대금과 양도인에게 지급한 양수대금을 합한 금액을 양수인이 양도인에게 지급한 양도대가로 볼 수 있는지가 문제되는데, 경매대금은 양수인이 양도인에게 지급한 것이 아닐 뿐만 아니라 그 사업의 경제적 가치에 대한 일괄적인 평가가 결여되어 있으므로 그 경매대금과 양도인에게 지급한 약정대금은 그 산정경위가 달라 단순 합산하는 것이 부적절하다. 따라서 이러한 경우에는 양도한 자산의 평가액에서 부채의 평가액을 차감한 가액을 양수한 재산의 가액으로 보는 것이 옳다. 대법원 2009. 12. 10. 선고 2009두11058 판결도 같은 취지이다.

이와 같이 경매로 인하여 양도인의 사업용 재산을 인수하게 되면 양수인이 납부한 경매대금으로 양도인의 사업상 부채가 변제되어 소멸하게 되는데 여기서 양수한 재산의 가액을 산정할 때 그와 같이 소멸되는 부채를 양수한 자산의 가액에서 차감할 것인지 여부가 다투어졌다. 차감하여야 한다는 견해는, 사업양수인의 제2차 납세의무를 '양수한 재산의 가액'을 한도로 제한한 취지는 양수하는 사업 자체를 금액으로 평가한 부분에 담세력을 인정하여 제2차 납세의무를 지도록 하기 위한 것인데, 그 부채를 차감하지 않으면 사업양도가 이루어지기 전보다 사업양도가 이루어진 후에 담세력이 더 증가하는 모순에 빠지게 된다는 점을 주요 논거로 들고 있다. 이에 반하여 차감하여서는 아니된다는 견해는, 사업양수인으로서는 사업양도인의 재산만 인수하였지 부채는 인수하지 아니하였으므로 그 부채를 공제하여서는 아니된다는 점 등을 주요 논거로 들고 있다. 후자의 견해가 관련 규정의 문언에 더 부합하는 것이긴 하다. 그러나 대법원 2009. 12. 10. 선고 2009두11058 판결은, 양수한 사업의 경제적 가치를 정확하게 반영하기 위해서는 경매가액 중에서 사업양도인의 채무변제에 충당된 부분, 즉 경매로 인하여 소멸한 사업양도인의 채무도 사업양수인이 양수한 부채에 포함되는 것으로 보아 '양수한 재산의 가액'을 산정하여야 한다고 판시함으로써 전자의 견해를 취하였다. 양수도 사업의 경제적 가치를 양수인의 입장에서 산정하지 않고 양도인의 입장에서 산정하여야 한다는 것이고, 이는 사업양수도로 인하여 납세의 담보가 되는 사업의 평가액이 더 증가함으로써 사업양수인의 실질적 부담이 사업양도인의 그것보다 증가하는 것을 막겠다는 취지가 담겨있다고 평가할 수 있겠다.

사. 청산에 따른 제2차 납세의무

국세기본법 제38조 제1항은 법인이 해산한 경우에 그 법인에 부과되거나 그 법인이 납부할 국세·가산금 또는 체납처분비를 납부하지 아니하고 청산 후 남은 재산을 분배하거나 인도하였을 때 그 법인에 대하여 체납처분을 집행하여도 징수할 금액에 미치지 못하는 경우에는 청산인 또는 청산 후 남은 재산을 분배받거나 인도받은 자는 그 부족한 금액에 대하여 제2차 납세의무를 진다고 하고, 제2항은 그 범위에 관하여 청산인의 경우 분배하거나 인도한 재산의 가액을 한도로 하고, 그 분배 또는 인도를 받은 자의 경우에는 각자가 받은 재산의 가액을 한도로 한다고 규정하고 있다. 잔여재산을 인도받거나 분배 받은 자가 그 인도받거나 분배받은 재산의 범위 내에서 제2차 납세의무를 지는 것은 사업양수인의 경우와 비슷한 취지로 이해할 수 있지만 청산인의 경우에는 자신이 얼마의 재산을 인도받거나 분배받았는지에 관계 없이 그 법인의 잔여재산으로 그 법인의 납세의무를 우선 이행하지 않고 주주 등 제3자에게 인도 또는 분배하였다는 이유로 그 인도 또는 분배한 재산의 범위 내에서 제2차 납세의무를 지도록 하는 것은 징벌적 성격이 강하다고 할 수 있다. 납세의무불이행에 대한 징벌적 성격으로 보기에는 그 범위가 너무 커서 위헌의 소지가 있다고 할 수 있다. 이와 비슷한 성격의 규정으로 소득세법 제157조 제1항은 법인이 해산한 경우 원천징수하여야 할 소득세를 징수하지 아니하였거나 징수한 소득세를 납부하지 아니하고 잔여재산을 분배하였을 때에는 청산인은 그 분배액을 한도로 하여 분배를 받은 자와 연대하여 납세의무를 지도록 하였다.

청산에 따른 제2차 납세의무의 요건인 '해산한 법인에 대하여 체납처분을 집행하여도 징수할 금액에 미치지 못하는 경우'에 해당하는지가 문제된 사안으로 대법원 2015. 11. 27. 선고 2014두40272 판결이 있다. 원고와 영국령 버진 제도의 법인인 A사는 중국의 석유화학기업인 P사의 원유를 중동에서 중국으로 해상 운송하는 사업을 공동으로 운영하기 위하여 각 미화 300만 달러를 출자하여 2006. 11. 1. 버진 제도의 법인인 B사를 설립하였고, B사는 2006. 12. 22. P사와 운송기간을 5년으로 정하여 장기원유운송계약을 체결하고 원고로부터 단일선체 유조선 2척을 용선하여 2006. 12. 31.부터 원유 운송을 시작하였으나, 중국이 2010년부터 단일선체 유조선의 자국 내 입항을 금지하자, 원고와 A사가 이중선체 유조선을 대체 투입하는 데에 합의하지 못하여 결국 B사는 2010. 6. 28.경 위 운송계약에 따른 운송업무를 중단하고, 2011. 1. 8. 이사회를 개최하여 2010년 말을 기준으로 한 자산 10,906,839달러 중 10,800,000달러를 중간배당하기로 결의하였다. 이에 따라 원고와 A사는 각 540만 달러를 지급받았고, B사의 자산은 2011년 말을 기준으로 699,774달러만 남게 되자, 과세관청은 B사가 실질적 관리장소를 국내에 둔 내국법인에 해당한다고 보아 법인세 및 부가가치세 등 합계 210억 원을 부과하였으나, B사가 이를 납부하지 아니하자, 과세관청은 사실상 B사의 해산 및 청산이 이루어진 것으로 보고 2012. 4. 20. 원고에게 국세기본법 제38조에 따라 분배금의 가액 범위 내에서 B사의 2008 사업연도 법인세 등을 부과하였다. 이에 대하여 원심은, B사가 실질적인 영업활동을 중단한 상태에서 자산의 대부분을 원고와 A사에게 중간 배당하였다고 하더라도 B사가 아직 상당한 금액의 자산을 보유하면서 재산적 권리관계를 정리하지 않고 있을 뿐만 아니라 향후 새로운 사업을 모색할 가능성이 전혀 없어졌다고 볼 수도 없다는 등의 이유로, B사가 사실상 해산 및 청산을 하였음을 전제로 원고를 국세기본법 제38조에 따른 제2차 납세의무자로 삼은 것은 위법하다고 판단하였고, 대법원이 이를 수긍하였다.

위 사안에서 알 수 있듯이 B사의 잔여재산은 699,774달러로서 분배 전 재산인 10,906,839달러의 약 6%로서 그 비중이 크지 않고 절대가액도 10억 원에 못 미쳐 체납세액 210억 원에 턱없이 부족하다. 그래서 과세관청으로서는 납세의 담보가 되던 B사의 재산을 분배받은 자들에게 납세의무를 전가시키고자 하였고 그 방편으로 찾은 것이 청산에 따른 제2차 납세의무에 관한 규정이었던 것으로 보인다. 그러나 이 규정은 기본적으로 법인의 해산과 청산을 전제로 하고 있고, 해산에 관하여 국세기본법에 특별한 정의규정을 두지 않은 이상 민법 등에서 정한 해산사유에 따를 수밖에 없는데, B사에게 그러한 해산사유가 발생하여 그에 따른 해산절차와 청산절차를 거쳤다고 볼 자료가 없으므로 법원으로서는 실질을 이유로 선뜻 해산이 이루어졌다고 판단하기가 어려웠던 것이다. 더구나 원심에서 원고는 B사가 중간배당에도 불구하고 상당한 재산을 보유하면서 재산적 권리의무 관계를 정리하지 않고 있으면서 여전히 새로운 사업을 모색하고 있다는 자료들을 제출하였다. 이러한 사정들 때문에 원심은 해산과 청산을 거쳤다고 볼 수 없다는 이유로 원고의 제2차 납세의무를 부정한 것이다. 그러나 그 배당액이 사실상 B사의 거의 전 재산에 해당하고 자본금도 사실상 전액 배당으로 분배되었으므로 이로써 실질적으로 해산과 청산이 이루어졌다고 볼 여지가 많은 사안이었다. 실질에 대하여 너무 엄격하게 해석한 사례로서 청산에 따른 제2차 납세의무를 면탈하기 위하여 의도된 조세회피행위를 용인하는 듯하여 아쉬움이 남는 판결이다.

국세의 부과제척기간

1. 의의

국세는 부과과세방식에 의한 것이든 신고과세방식에 의한 것이든 납세의무자의 성실신고와 납부가 없을 경우 과세관청이 부과처분으로 개입하여 조세채무를 확정시킨다. 그런데 그 부과처분을 할 수 있는 기간에 제한이 없으면 납세의무자의 조세채무관계가 오랜 기간 불안정한 상태에 놓이게 되어 바람직하지 아니하므로 과세관청으로 하여금 조기에 부과권을 행사하도록 함으로써 적당한 시기에 조세채무관계가 확정되도록 하기 위하여 부과제척기간을 두고 있다.

조세의 부과권은 조세채무를 확정하는 역할을 하는 반면, 조세의 징수권은 확정된 조세를 징수하는 역할을 하는 것이므로 개념적으로 구분된다. 상속세나 증여세와 같이 부과과세방식에 따르는 조세에는 당연히 부과권의 행사에 의하여 조세채무가 확정되지만, 신고과세방식에 따르는 대부분의 조세에도 신고행위 자체가 없거나 과소신고하는 경우 조세의 부과권에 의하여 조세채무가 확정된다. 이러한 조세채무의 확정을 위한 부과권의 행사에 제한을 두는 것이 부과제척기간이다. 그래서 조세채무의 성립과 동시에 확정된다고 보는 원천징수의무자의 조세채무는 그 확정을 위한 과세관청의 부과처분이 필요없기 때문에 징수권의 소멸시효만 문제될 뿐 부과권의 제척기간은 문제될 여지가 없다. 같은 취지에서 대법원 1996. 3. 12. 선고 95누4056 판결도 원천징수하는 소득세의 납세의무는 소득금액을 지급하는 때에 성립함과 동시에 특별한 절차 없이 확정되는 것이므로 법인세법에 의한 인정상여처분에 따라 원천징수하는 소득세의 납세의무는 과세관청의 부과권의 행사에 의하지 아니하고 법률의 규정에 의하여 자동확정되는 것으로서 거기에 조세부과권의 제척기간이 적용될 여지가 없다고 판시한 바 있다.

그리고 대법원 2022. 11. 17. 선고 2019두51512 판결은, 결손금소급공제에 의하여 환급세액이 결정된 후 당초의 환급세액 계산의 기초가 된 직전 사업연도의 법인세액 또는 과세표준이 감소한 경우 관할 세무서장은 과다하게 환급한 세액 상당액에 그에 대한 이자 상당액을 가산하여 해당 결손금이 발생한 사업연도의 법인세로서 징수하게 되는데, 이러한 법인세 납부의무는 관할 세무서장이 직전 사업연도 법인세액의 감소 등 그 요건의 충족 여부를 판단하여 환급세액을 재결정한 후 과다환급세액 및 그에 대한 이자 상당액을 계산하여 세액을 확정하는 절차를 거쳐야 비로소 구체적 조세채무로 확정되므로 이는 부과체척기간의 적용대상이 되는 부과처분에 해당한다고 판시하였다.

부과제척기간은 국세를 부과할 수 있는 날로부터 기산하여 일정한 기간까지로 정해져 있다. 국세기본법 제26조의2가 그에 관한 규정인데, 제1항에서 규정하는 바와 같이 통상의 부과제척기간은 5년(역외거래는 7년)이다. 그리고 제2항 제1호에 의하여 납세자가 법정신고기한까지 과세표준신고서를 제출하지 아니한 경우에는 7년(역외거래는 10년), 제2항 제2호에 의하여 납세자가 사기 그 밖의 부정한 행위로 국세를 포탈하거나 환급·공제받은 경우에는 10년(역외거래는 15년)이다. 제2항 제3호에 의하여 납세자의 부정행위로 인하여 부과되는 가산세의 경우에는 10년이다. 그리고 제3항에 의하여 부과제척기간이 끝난 날이 속하는 과세기간 이후의 과세기간에 이월결손금을 공제하는 경우 이월결손금이 발생한 과세기간의 소득세 또는 법인세의 부과제척기간은 이월결손금을 공제한 과세기간의 법정신고기한으로부터 1년이다. 다만, 제4항에 의하여 상속세 및 증여세의 경우 통상의 부과제척기간이 10년이고, 무신고나 사기 기타 부정한 행위가 있는 경우는 15년이다. 그리고 2019. 12. 31. 제5항이 신설되어 납세자가 부정행위로 상속세·증여세(명의신탁의 경우 명의신탁과 관련한 국세를 포함한다)를 포탈하는 일정한 경우에는 과세관청은 제4항에도 불구하고 해당 재산의 상속 또는 증여가 있음을 안 날부터 1년 이내에 상속세 및 증여세를 부과할 수 있도록 규정하고, 다만 상속인이나 증여자 및 수증자가 사망한 경우와 포탈세액 산출의 기준이 되는 재산가액이 50억 원 이하인 경우에는 그러하지 아니하도록 하였다.

조세쟁송 과정에서 자주 문제가 되는 것은 제2항의 부과제척기간에 해당되는지 여부이다. 제2항의 입법 취지는 조세법률관계의 신속한 확정을 위하여 원칙적으로 국세 부과권의 제척기간을 5년으로 하면서도 국세에 관한 과세요건사실의 발견을 곤란하게 하거나 허위의 사실을 작출하는 등의 부정한 행위가 있는 경우에 과세관청으로서는 탈루신고임을 발견하기가 쉽지 아니하여 부과권의 조기행사를 기대하기가 어려우므로 당해 국세에 대한 부과제척기간을 7년이나 10년으로 연장하는 데에 있다고 한다.

그리고 대법원 2010. 12. 23. 선고 2008두10522 판결 등은 부과제척기간이 경과한 후에 이루어진 부과처분은 취소사유가 아니라 무효로 보고 있고, 부과제척기간이 도과되었는지 여부는 직권조사사항으로 보고 있다.

2. 부과제척기간의 종류

가. 통상의 부과제척기간

부과제척기간 5년은 기본적인 부과제척기간이기 때문에 그 자체로서 다툼의 소지는 별로 없다. 조세쟁송에서는 과세관청이 부과제척기간을 염두에 두지 않고 그 기간이 도과한 후에 부과처분을 하였고 그 후 과세관청은 물론이고 납세의무자도 이러한 사실을 인식하지 못하여 그에 관한 주장을 하지 않고 있는 경우가 가끔 있다. 이런 경우에는 사실심에서 부과제척기간 도과 여부는 쟁점이 되지 않고 다른 쟁점으로 치열하게 다투다가 상고가 되고 상고심에 와서도 이 부분을 상고이유로 삼지 않고 있다가 대법원이 직권판단에 의하여 제척기간 5년이 도과되었다는 이유로 원심판결을 파기하기도 한다.

직권판단에 의하여 부과제척기간 5년이 도과되었다는 이유로 이를 간과한 원심판결을 파기한 사례로는 대법원 2015. 7. 9. 선고 2013두16975 판결이 있다. 원고가 2002. 8. 27. 토지를 양도한 후 2002. 11. 6. 그 실지양도가액을 29,400,000원으로 하여 양도소득세 신고를 하였고, 그 양수인이 위 토지를 다시 제3자에게 양도하고 2007. 6. 20. 그 토지의 실지취득가액을 67,203,000원으로 하여 양도소득세 신고를 하자, 과세관청이 2011. 6. 3. 원고가 신고한 실지양도가액을 부인하고 그 실지양도가액을 67,203,000원으로 보아 원고에게 2002년 귀속 양도소득세 35,287,490원의 부과처분을 하였는데 이 부과처분은 부과제척기간의 기산일인 2003. 6. 1.로부터 5년이 경과한 후에 이루어졌고 실지양도가액이 사실에 부합하여 특별히 부과제척기간을 연장할 만한 사유도 없으므로 위 부과처분은 무효라고 판시하였다. 대법원 2009. 9. 24. 선고 2007두7505 판결도 비슷한 사안이다.

이들 사례에서 알 수 있듯이 통상의 부과제척기간 5년이 도과되었는지 여부는 다음 항에서 보는 바와 같이 사기 그 밖의 부정한 행위로 인한 부과제척기간 10년에 해당하는지 여부와 함께 다투어질 때에는 간과될 수 없지만, 그렇지 아니한 경우에는 납세자와 과세관청은 물론이고 법원도 간과하기 쉬운 쟁점이다. 따라서 납세의무자로서는 가장 먼저 부과제척기간의 도과 여부를 챙겨보는 자세를 가질 필요가 있다.

나. 사기 그 밖의 부정한 행위에 의한 부과제척기간

(1) 개요

국세기본법 제26조의2 제2항 제2호는 '대통령령으로 정하는 사기나 그 밖의 부정한 행위로 국세를 포탈하거나 환급·공제받은 경우'에는 그 국세를 부과할 수 있는 날부터 10년간 국세를 부과할 수 있다고 규정하고, 그 시행령 제12조의2 제1항은 위 대통령령으로 정하는 사기나 그 밖의 부정한 행위란 조세범처벌법 제3조 제6항에 해당하는 행위를 말한다고 규정하고 있다. 종래 국세기본법에서는 '사기나 그 밖의 부정한 행위'의 의미에 관하여 정의규정을 두고 있지 않았고, 종래의 조세범처벌법 제9조 제1항도 '사기나 그 밖의 부정한 행위로써 조세를 포탈하거나 조세의 환급·공제를 받은 자'를 형사처벌한다고 규정하면서 정의규정을 두고 있지 않았다. 그래서 종래에는 국세기본법상의 '사기나 그 밖의 부정한 행위'와 조세범처벌법상의 '사기나 그 밖의 부정한 행위'를 동일한 의미로 해석할 수 있는지가 문제되었고 조세범처벌법 제9조가 위 국세기본법상의 규정에 위반한 납세의무자에 대한 처벌법규임에 비추어, 국세기본법상의 '사기나 그 밖의 부정한 행위'의 의미가 조세범처벌법 제9조의 '사기나 그 밖의 부정한 행위'와 동일한 것으로 해석하자는 것이 일반적인 입장이었다.

그러다가 2010. 10. 1. 전문 개정된 조세범처벌법 제3조 제6항은 '제1항에서 사기나 그 밖의 부정한 행위란 다음 각 호의 어느 하나에 해당하는 행위로서 조세의 부과와 징수를 불가능하게 하거나 현저히 곤란하게 하는 적극적 행위를 말한다'고 규정하면서 그 유형들을 자세히 규정하였고, 국세기본법도 그 시행령의 규정을 통하여 위 유형들을 인용함으로써 이러한 문제가 해소되었다. 위 규정들의 변천 과정과 문제점에 관하여는 중가산세의 요건에서 다시 자세히 설명하기로 한다.

이러한 '사기 그 밖의 부정한 행위'의 시점에 관하여는, 그와 같은 행위가 과세관청의 조세부과권 행사를 곤란하게 한다는 이유로 부과제척기간을 늘리는 요건이 되므로 과세관청이 부과권을 행사하기 전에 이루어진 것이면 족하다고 보아야 할 것이다. 따라서 비록 신고납부기한이 도래한 후라고 하더라도 무신고나 과소신고에 따라 경정처분을 하는 경우 그 경정처분이 있기 전에 '사기 그 밖의 부정한 행위'가 있었다면 부과제척기간은 10년으로 연장되는 것으로 볼 수 있다. 반면에 무신고나 과소신고에 따라 1차 경정처분이 있은 후 추가 증액경정처분을 곤란하게 하는 '사기 그 밖의 부정한 행위'가 있었고 그 후에 실제로 2차 증액경정처분이 있었다고 할 때 그 2차 증액경정처분의 부과제척기간이 10년으로 늘어난다고 보기는 어려울 것이다. 부과제척기간은 동일한 과세요건에 대하여 하는 모든 부과처분에 대하여 일률적으로 적용되어야 하기 때문이다.

'사기 그 밖의 부정한 행위'의 구체적 요건에 관하여는 나중에 중가산세에 관하여 논할 때 자세히 살펴보기로 하고 여기서는 우선 대략적으로 판례의 입장을 요약해 보면, 조세의 포탈을 가능하게 하는 행위로서 사회통념상 부정이라고 인정되는 행위, 즉 조세의 부과징수를 불가능하게 하거나 현저히 곤란하게 하는 위계 기타 부정한 적극적 행위를 말하고, 어떤 다른 행위를 수반함이 없이 단순한 세법상의 신고를 하지 아니하거나 허위의 신고를 하는 데에 그치는 것은 이에 해당하지 않으며, 사기 기타 부정한 행위의 유형으로는 허위장부의 작성,[25] 이중장부의 작성,[26] 장부의 은닉 또는 의도적 훼손,[27] 타인명의 허위신고,[28] 세금계산서 미발급 및 과소신고,[29] 허위매입세금계산서의 작성[30] 등을 들 수 있다. 이는 현행 조세범처벌법 제3조 제6항 각 호의 내용과 비슷하다. 이하에서는 이 부분이 쟁점이 된 최근의 주요 사례들을 살펴본다.

(2) 종업원의 부정한 행위

가) 통상적인 경우

대법원 2014. 9. 4. 선고 2014두7329 판결은 법인의 종업원이 조세포탈이 초래되는 사기 그 밖의 부정한 행위를 하였을 때 그 행위를 법인의 행위로 평가될 수 있는지가 문제된 사안에 관한 것이다.

원고는, 그 직원 A, B가 원고의 자금을 횡령하기 위한 수단으로 또는 횡령사실을 은닉하는 과정에서 장부상 매출을 누락하고 세금계산서를 발행하지 않거나 가공의 매입·매출액을 계상한 후 세금계산서를 발행하거나 수취한 것으로서 조세포탈의 목적으로 장부를 조작한 것이 아닐 뿐만 아니라 법인세 및 부가가치세의 과소신고 역시 위와 같은 장부조작행위에 기계적으로 수반된 행위에 불과하므로, 조세포탈의도가 인정된다고 볼 수 없으며, A와 B가 원고의 거래업체에 과다신고·납부하게 된 법인세와 부가가치세를 현금으로 보전해 주기도 하여 조세수입 감소를 의도하지도 않았다고 주장하였다.

이에 대하여 원심은, 자동차 부품 제조업 등을 영위하는 원고의 자금관리 업무를 담당하였던 A와 B가 매출누락·가공매출·가공매입 등의 방법으로 회계장부를 조작하였고, 원고는 이를 기초로 법인세를 과소신고·납부하였으며, A와 B는 법인세 과소신고를 숨기기 위하여 원고의 하청업체들에게 실제거래금액보다 많은 금액을 입금해 준 뒤 그 차

---

25) 대법원 2002. 9. 24. 선고 2002도2569 판결
26) 대법원 1989. 9. 26. 선고 89도283 판결
27) 대법원 1988. 3. 8. 선고 85도1518 판결
28) 대법원 1983. 9. 13. 선고 83도1231 판결
29) 대법원 1988. 2. 9. 선고 84도1102 판결
30) 대법원 1996. 6. 14. 선고 95도1301 판결

액을 B의 개인통장으로 돌려받는 등의 방법으로 원고의 자금을 횡령하여 비자금을 조성하였고, A와 B는 원고의 사업경영과정에서 자금담당업무를 수행하면서 직접 또는 간접적으로 원고의 감독·통제 아래 그 사업에 종사하였던 원고의 사용인 또는 종업원이었으며, A와 B가 매출누락·가공매출·가공매입 등의 방법으로 법인소득을 과소계상한 데에 따른 법적 효과는 납세자인 원고에게 귀속되고, A는 원고의 대표이사의 동생으로서 원고의 실질적인 대표이사이거나 원고로부터 포괄적인 대리권을 수여받아 업무를 수행하였던 것으로 보이므로 A와 B의 위와 같은 회계장부 조작행위는 '사기 기타 부정한 행위'에 해당하고, 이러한 행위는 원고의 행위로 평가될 수 있다는 이유로, 그에 관한 부과제척기간은 10년이라고 판단하였다. 대법원도 그 판단을 수긍하였다.

법인의 경우 조세포탈을 위한 구체적 행위는 대표이사가 하는 경우보다는 회계나 경리담당 종업원이 하는 경우가 대부분일 것이고 이들 종업원은 대표이사로부터 대리권을 수여받아 그 업무를 수행한다고 볼 수 있으며, 그에 따른 조세포탈의 결과는 법인에게 귀속되므로 그 직원들의 행위는 특별한 사정이 없는 한 곧 법인의 행위로 평가하는 것이 옳다고 하겠다. 위 사안에서는 종업원들이 장부 등을 조작한 1차적 목적은 법인의 조세포탈이라기보다는 자신들의 비리를 은닉하는 것이었겠지만 조세포탈이라는 결과 자체가 대표이사의 의사에 반한다는 사정을 뚜렷하게 드러내지 못하였기 때문에 법인의 행위로 평가될 수밖에 없었다고 하겠다.

나) 종업원의 부정한 행위를 인식할 수 없는 예외적 경우

통상적인 경우와 달리 성실신고납부를 위한 납세자의 내부통제시스템이 잘 갖추어져 있었음에도 종업원이 개인의 비리를 숨기기 위하여 교묘한 방법으로 내부통제시스템의 감시망을 피해 사기 그 밖의 부정한 행위를 저질렀다면 그와 같은 행위를 쉽사리 납세자 행위로 평가하기는 어려운 측면이 있다. 그런데 앞서 합목적적 해석의 사례에서 언급한 바 있듯이 대법원 2021. 2. 18. 선고 2017두38959 전원합의체 판결은 부당과소신고가산세는 적용할 수 없지만 10년의 장기부과제척기간은 적용될 수 있다고 판시하였다.

부정한 행위를 이유로 제재를 중과하는 부당과소신고가산세에 있어서는 사용인의 배임적 부정행위를 납세자 본인의 부정한 행위로 볼 경우, 그 부정한 행위의 범죄 피해자 본인에게 적극적인 제재를 가하는 것이어서 헌법상 자기책임의 원리나 과잉금지 원칙에 위배되지만, 장기부과제척기간에 있어서는 이러한 제3자의 배임적 부정행위를 납세자 본인의 부정한 행위로 보아 부과제척기간을 연장하여도 별다른 헌법 위반 문제는 발생하지 않고 오히려 부과제척기간을 연장하지 않을 경우 납세자 본인이 손해배상청구 등을 통하여 피해를 회복하였음에도 이에 대한 조세의 부담까지 면하는 부당한 결과가 초래될 수 있으므로 이때에는 장기부과제척기간의 입법 취지를 고려하여 장기부과제척기간 적용을 긍정하는 방향으로 해석하는 것이 타당하고 가능한 해석 범위 내에 있다고 하였다. 납세자와 과세관청의 입장을 모두 배려한 절충안으로서 대법원의 결단적 선언이라고 하겠다.

(3) 증빙조작과 미기장·미신고

가) '사기 그 밖의 부정한 행위'에 해당한다고 본 사례

'사기 그 밖의 부정한 행위'에 해당한다고 본 전형적인 사례로는 부산고등법원 2012. 9. 21. 선고 2011누3777 판결이 있다. 원고는 신용금고로부터의 대출금 등을 재원으로 하여 지인 등에게 돈을 빌려주고 이자를 받고 신문광고를 내거나 중간알선업자들을 통하여 법인설립 등과 관련하여 초단기로 잔고증명자금이 필요한 사람들에게 돈을 빌려주고 고리의 이자를 받는 등 대부업을 영위하였으나 종합소득세 신고시 수입금액에서 이를 누락하였고, 상가건물들을 임대하면서 월세수입을 줄여서 신고하였다.

이에 대하여 법원은, 원고 혼자서 돈을 대여하였으면서도 마치 다른 사람과 공동대여한 것처럼 원고와 다른 사람 공동명의로 차용증과 약정서 등 차용 관련 서류를 작성하고 그들 공동명의로 담보물에 대한 근저당권을 설정받았을 뿐만 아니라 그 담보물에 대한 경내에서도 공동근저당권자인 것처럼 채권계산서를 제출하였으며, 그 경매를 통하여 얻은 이자수입을 종합소득세 신고시 누락시켰고, 상가건물의 임대수입과 관련하여 월임료가 없거나 실제보다 적은 임대차계약서를 작성·제출하여 실제와 다르게 축소 신고하였으며, 그 밖의 잔고증명 등 장단기대출과 관련한 대부업을 운영하면서 금전의 대여와 이자의 수수에 관한 서류를 전혀 비치하지 않고 장부에 기록하지도 않는 등 세법상 요구되는 장부를 제대로 비치·기장하지 아니하였으므로 이러한 행위는 조세포탈을 위한 사기 그 밖의 부정한 행위에 해당한다고 보고 그에 관한 부과제척기간이 10년이라고 판단하였다. 위 판결은 대법원 2013. 2. 14. 자 심리불속행 판결로 확정되었다.

이 사안에서는 납세의무자가 차용증이나 임대차계약서 등 기초증빙자료를 조작한 데다가, 필요한 장부도 비치하지 아니하였고 이러한 장부비치를 하지 아니한 것은 앞서의 증빙조작에 비추어 단순한 부작위가 아니라 적극적인 은닉행위로 평가될 수 있으므로 전체적으로 사기 그 밖의 부정한 행위에 해당한다고 보는데 무리가 없다고 할 것이다.

최근 대법원 2015. 9. 15. 선고 2014두2522 판결의 사안에서, 원심은 원고가 2001년부터 2008년까지 대부업을 영위하는 동안 별도의 장부를 작성하지 않았다고 주장하나, 대부업을 영위하는 사업자로서 소득세법에 따라 성실하게 장부를 비치·기록할 의무가 있을 뿐 아니라, 장기간 상당한 규모의 대부업에 종사하였음에도 아무런 장부를 작성하지 않았다는 것은 그 자체로 매우 이례적인 점, 원고는 2001. 7. 28.부터 같은 해 9. 2.까지 1997년 내지 2000년의 대부업 사업소득에 관하여 세무조사를 받은 적이 있었는데 당시에도 대부업에 관한 장부를 제출하라는 세무공무원의 요구에 대해 자신은 장부를 전혀 작성하지 않았다는 태도로 일관하였던 점, 원고는 세무조사 당시 거래장부 등을 작성하지 않았다고 주장하면서 일체의 자료를 제출하지 않다가 행정심판 단계에 이르러 거래자료의 개별확인서가 제출되자 '대손 관련 서류 및 어음 사본'을 제시하는 등 존재하지 않는다던 관련 서류를 불리한 입장이 되면 제출하였던 점, 원고가 채무자들과의 거래에 딸 명의의 계좌를 반복적으로 사용하였던 점, 원고는 현금거래를 많이 하였고 채무자들로부터 채무상환을 받고도 영수증을 발급해 주거나 자신이 보관하고 있던 차용증을 돌려주는 등의 조치를 취하지 않았던 점 등의 사정에 비추어 보면, 원고의 위와 같은 일련의 행위는 조세포탈의 의도를 가지고 거래장부 등을 처음부터 고의로 작성하지 않거나 이를 은닉함으로써 조세의 부과징수를 불능 또는 현저하게 곤란하게 하는 적극적인 행위로서 사기 기타 부정한 행위에 해당한다고 판단하였고, 대법원이 이를 수긍하였다.

나) '사기 그 밖의 부정한 행위'에 해당하지 않는다고 본 사례

반면에 '사기 그 밖의 부정한 행위'에 해당하지 않는다고 본 사례가 있다. 대법원 2014. 5. 16. 선고 2011두29168 판결이 그것이다.

원고 법인은 2002. 8. 29. 안양시 동안구에 있는 토지를 취득하여 이전등기를 마치고 일반세율로 취득세와 등록세를 신고·납부하였다. 원고는 2000년 7월경 서울 강남구 삼성동에 본점을 두고 설립되었으며, 위 토지를 취득하기 하루 전인 2002. 8. 28. 본점을 대도시가 아닌 용인시 죽전동으로 이전한 것으로 등기하였다. 과세관청은 원고의 법인등기부상 용인시로 본점을 이전한 것으로 되어 있으나 실제로는 여전히 서울에 본점이 있었다고 보고 2008. 9. 10. 위 토지를 원고 명의로 이전등기한 것은 대도시인 서울특별시 내에서 법인설립 후 5년 이내의 부동산등기에 해당한다고 보아 등록세를 중과세하였다. 원고는 위 토지에 대한 등록세의 부과제척기간은 위 토지의 등기일로부터 5년이므로 과세관청의 등록세 중과처분은 부과제척기간이 도과된 후의 것이어서 무효라고 주장하였다.

이에 대하여 원심은, 본점이 대도시 내에서 대도시 외로 이전하지 않았는데도, 원고가 허위로 임시주주총회와 이사회의사록을 작성하여 정관을 변경하고 본점 이전등기만을 마친 다음 법인설립일로부터 5년 이내에 대도시 내 토지를 취득등기하면서 중과세율이 아닌 일반세율로 등록세 신고를 하여 그 차액에 상당하는 세액을 포탈한 것은 과세관청이 조세를 부과하고 징수하는 것을 불가능하게 하거나 현저히 곤란하게 하는 적극적 행위로서 '납세자가 사기 기타 부정한 행위로써 지방세를 포탈하거나 환부한 경우'에 해당하여 10년 부과제척기간이 적용된다고 판시하였다.

그러나 대법원은, 원고는 본점 이전등기를 하기 전부터 종전의 본점 외에 용인시 죽전동에 견본주택 가설건축물을 설치하고 그 2층에 사무실을 두어 일부 직원들을 상주시키면서 용인 동백지역 아파트 개발사업을 진행하고 있었고, 이 개발사업은 당시 원고가 시행하고 있던 주력 사업으로서 아파트의 입주가 이루어진 2007년 11월까지 위 사무실에서 업무를 보아 왔으므로, 원고가 본점 이전등기를 할 당시에는 실질적인 본점 이전에까지 이르지 않았다고 하더라도 그 후 사업의 진행 상황에 따라서는 본점 이전의 실질을 갖추게 되었을 가능성을 배제할 수 없어 본점 이전등기 당시 원고에게 본점 이전의 의사가 전혀 없었다고 단정하기 어렵고, 원고가 작성한 임시주주총회 의사록과 이사회 의사록 및 그에 따라 변경된 정관은 모두 당시 시행되던 비송사건절차법 제202조 제2항에 따라 본점 이전등기를 하기 위하여 반드시 갖추어야 하는 것들이어서 그 작성이나 변경은 본점 이전등기에 부수한 것일 뿐이라는 이유로, 원고가 위와 같이 임시주주총회 의사록과 이사회 의사록을 작성하여 정관을 변경하고 본점 이전등기를 마친 행위가 '사기 기타 부정한 행위'라고 보기는 어렵다고 판단하였다.

본점을 대도시 밖인 용인시 죽전동으로 이전등기한 것이 본점을 이전할 의사 없이 등록세 중과세를 피하기 위한 목적에서 비롯되었다면 원심처럼 '사기 기타 부정한 행위'로 보는데 별 무리가 없겠지만, 대법원은 이 사안은 용인시 죽전동에 사무실을 운영하고 있어 원고에게 그곳으로 본점을 이전할 의사가 없었다고 보기 어렵고 단지 본점 이전을 위한 등기를 먼저 한 후 그 후속절차가 다소 늦어진 것에 불과하다고 보았다. 그러나 원고가 하필이면 위 토지의 이전등기 하루 전에 본점 이전등기를 하였고, 그때 이전등기를 해야 할 다른 이유를 찾기 어려우므로 원고에게 등록세 중과를 피하기 위한 목적이 있었다고 본 원심의 판단도 수긍하지 못할 바는 아니라고 판단된다.

(4) 명의신탁행위

명의신탁행위가 사기 그 밖의 부정한 행위에 해당하는지가 논란이 되고 있다. 재산을 제3자에게 명의신탁하면 그 재산에서 파생되어 나오는 소득이 분산되어 높은 누진세율의 적용을 피할 수 있고 그 재산을 양도할 경우에 명의수탁자가 재력이 없을 경우 양도소득세 등을 면탈할 수도 있어 조세의 부과·징수를 곤란하게 하는 '사기 기타 부정한 행위'에 해당된다고 볼 여지가 많다. 그런데 우리 사회에는 명의신탁행위가 근절되지 않고 있고 그 주된 목적이 위와 같은 조세회피에 있는 경우도 있지만 다른 행정상의 제재를 피하기 위한 목적에서 비롯된 경우도 많아서 '사기 기타 부정한 행위'에 해당한다고 쉽사리 단정하기 어려운 측면이 있다.

최근 대법원 2017. 4. 13. 선고 2015두44158 판결은 납세자가 명의를 위장하여 소득을 얻더라도, 명의위장이 조세포탈의 목적에서 비롯되고 나아가 여기에 허위 계약서의 작성과 대금의 허위지급, 과세관청에 대한 허위의 조세 신고, 허위의 등기·등록, 허위의 회계장부 작성·비치 등과 같은 적극적인 행위까지 부가되는 등의 특별한 사정이 없는 한, 명의위장 사실만으로 '사기 그 밖의 부정한 행위'에 해당한다고 볼 수 없다고 판시하였다. 이 판결은 부당과소신고가산세의 요건이 되는 '사기 그 밖의 부정한 행위'에 관하여 판단한 것인데, 그 요건은 장기부과제척기간의 요건과 동일하게 보아야 하므로 위 판결의 취지는 장기부과제척기간의 요건에도 원용할 수 있을 것으로 보인다. 그러나 중가산세는 워낙 납세자에게 미치는 부담이 과중하여 그 요건을 엄격하고 제한적으로 해석할 필요성이 있는 반면에 장기부과제척기간은 원래 성립하였던 납세의무를 계속 유지시키기 위한 것이어서 중가산세의 경우와 마찬가지로 그 요건을 엄격하고 제한적으로 해석하여야 하는지는 의문이다. 하지만 동일한 문언의 요건을 중가산세의 영역과 장기부과제척기간의 영역에서 달리 판단하기는 쉽지 않을 것으로 보인다. 보다 자세한 분석은 중가산세의 요건을 검토할 때 하기로 한다.

다음으로 과세관청은 명의신탁재산에 대한 증여세를 과세함에 있어 명의신탁행위가 재산은닉행위로서 '사기 기타 부정한 행위'에 해당한다고 보아 그 증여세의 부과제척기간이 15년이라고 보고 있는 듯하다. 그러나 '사기 기타 부정한 행위'로서의 재산은닉행위는 과세요건 사실을 은닉하기 위한 것을 말하는데, 명의신탁재산에 대한 증여세 과세에 있어서 명의신탁행위는 그 자체가 증여세의 과세요건이 되는 것이고 그 과세요건을 숨기기 위한 별도의 은닉행위가 있었다고 볼 수 없는 이상 그 부과제척기간을 15년으로 볼 수는 없다고 할 것이다. 그리고 명의신탁을 위하여 매매계약서나 증여계약서 등을 작성하는 것도 명의수탁자가 진정한 소유자인 것처럼 보이게 하기 위한 수단으로서 명의신탁행위의 범주에 들어가는 것이므로 이 부분을 별도로 분리하여 명의신탁을 은닉하기 위한 '사기 기타 부정한 행위'로 볼 수 없다. 그래서 대법원 2021. 7. 8. 선고 2017두69977 판결도 신탁재산 증여의제의 경우 명의신탁자가 명의수탁자에게 주식을 명의신탁하면서 주식의 매매 등이 있었던 것과 같은 외관을 형성하여 그 형식에 따른 계약서나 계좌거래내역 등을 토대로 과세관청에 신고하는 것은 주식의 명의신탁에 통상 뒤따르는 부수행위에 불과하다고 볼 수 있으므로 명의신탁의 결과 명의수탁자가 부담할 증여세의 부과와 징수를 불가능하게 하거나 현저히 곤란하게 하는 정도에 이르렀다는 등의 특별한 사정이 없는 한, 증여세 부당무신고가산세의 요건인 '사기나 그 밖의 부정한 행위' 또는 '부정행위'에 해당한다고 볼 수 없다고 판시하였다. 대법원 2018. 12. 13. 선고 2018두 36004 판결도 같은 취지이다. 과세관청의 논리에 의하면 명의신탁재산에 대한 증여세 과세에 대하여는 부과제척기간이 항상 15년이 된다는 불합리한 결과가 발생한다.

다만, 명의신탁을 한 후 그 명의신탁사실을 은닉하기 위하여 명의신탁재산으로부터 파생되어 나오는 수익금 등을 곧바로 명의신탁자에게로 귀속시키지 아니하고 다른 차명 계좌를 이용하거나 다른 원천의 수익금인양 허위로 회계처리하는 등의 적극적 부정행위가 추가되었을 경우 이를 사기 기타 부정한 행위로 볼 수 있는지는 논란이 있다. 일부 하급심판결에서는 긍정적인 입장을 취한 것도 있다. 이러한 행위는 명의신탁에 통상적으로 수반되는 행위로 볼 수 있는지 아니면 그것을 초과하는 적극적인 별도의 은닉행위로 볼 수 있는지에 따라 결론이 달라질 것으로 보인다.

다. 무신고에 따른 부과제척기간

(1) 과세표준 신고의무의 존부

국세기본법 제26조의2 제2항 제1호에 의하면, 납세자가 법정신고기한 내에 과세표준 신고서를 제출하지 아니한 경우에는 부과제척기간이 7년으로 연장된다. 이 규정은 당해 국세의 납세의무자에게 그 법정신고기한까지 그에 관한 과세표준신고서를 제출할 의무가 있음을 전제로 한다.

여기서 소득처분에 의한 소득세의 경우 그 원천납세의무자에게 법정신고기한까지 과세표준신고서를 제출할 의무가 있는지가 문제될 수 있다. 예를 들어 A회사의 대표자 P가 1998년에 법인의 자금을 횡령하였고, 2004년에 그 사실이 드러나 과세관청이 P에게 귀속된 횡령금에 대한 소득처분을 하였을 때 P에게 1998년에 귀속된 횡령금 소득에 대하여 1999. 5. 31.까지 그 소득세를 신고할 의무가 있다고 볼 수 있는지가 문제된다. 대법원 2008. 4. 24. 선고 2006두187 판결과 대법원 2006. 7. 27. 선고 2004두9944 판결에서 밝힌 법리에 의하면, P의 횡령금에 대하여도 그에 대한 소득처분이 있으면 소득세법 제20조 제1항 제3호의 '법인세법에 따라 상여로 처분된 금액'에 해당하여 소득세의 과세대상이 되지만 그 소득세의 납세의무는 당해 소득이 실제로 귀속된 과세기간이 종료하는 때에 성립한다고 보아야 하므로 P의 횡령금에 대한 소득세의 납세의무도 그 횡령금이 실제로 P에게 귀속된 1998년도 과세기간이 종료된 때에 성립하고 따라서 1998년도의 소득세의 신고기한까지 그 소득세 과세표준신고서를 제출할 의무가 있다고 보는 것이 옳다. 같은 취지에서 대법원 2010. 1. 28. 선고 2007두20959 판결은 P가 소득처분에 의하여 횡령금이 자신의 소득으로 귀속된 1998 과세연도의 종합소득세 과세표준신고서를 법정 신고기한 내에 제출하였다면, '납세자가 법정신고기한 내에 과세표준신고서를 제출하지 아니한 경우'에 해당한다고 볼 수도 없다고 판시하였다.

다만, 여기서 소득처분에 따른 소득이 귀속된 과세기간에 다른 종합소득이 없는 자가 원래의 과세표준 확정신고기한 내에 과세표준신고서를 제출하지 않은 경우도 무신고로 보아 부과제척기간 7년이 적용되는지가 문제될 수 있는데, 이 점에 관하여 최근의 대법원 2014. 4. 10. 선고 2013두22109 판결은 다음과 같이 판시하였다. 즉, 소득처분에 따른 소득은 이에 대한 소득금액변동통지가 있기 전까지는 귀속 여부, 귀속자나 소득의 종류 등을 알 수 없는 경우가 많아 그 귀속자가 원래의 종합소득 과세표준 확정신고기한 내에 과세표준 및 세액을 신고·납부하는 것이 현실적으로 불가능하므로 소득세법 시행령 제134조 제1항은 '종합소득 과세표준 확정신고의무가 없었던 자', '세법에 의하여 과세표준 확정신고를 아니하여도 되는 자' 등에 대하여 그 과세표준 및 세액의 확정신고 및 납부기한을 소득금액변동통지서를 받은 날이 속하는 달의 다음다음 달 말일까지로 유예하는 규정을 마련하고 있다고 전제하고, 소득처분에 따른 소득이 귀속된 과세기간에 그 외의 다른 종합소득이 없는 자에게는 그 소득이 귀속되는 과세기간에 관한 종합소득세의 과세표준 및 세액을 신고·납부하여야 할 의무가 유예되므로, 그가 원래의 종합소득 과세표준 확정신고기한 내에 과세표준신고서를 제출하지 않더라도 '납세자가 법정신고기한까지 과세표준신고서를 제출하지 아니한 경우'에 해당하지 않아 5년의 원칙적인 부과제척기간이 적용된다고 판시하였다.

위 대법원 2014. 4. 10. 선고 2013두22109 판결은 앞서 대법원 2008. 4. 24. 선고 2006두187 판결과 대법원 2006. 7. 27. 선고 2004두9944 판결의 법리와는 조화를 이루기 어려운 측면이 있다. 앞선 위 두 판결의 법리에 충실하자면, 대법원 2014. 4. 10. 선고 2013두22109 판결의 원심과 같이, 소득처분의 상대방인 원천납세의무자의 소득세 납세의무는 당해 소득이 귀속된 과세기간이 종료하는 때에 성립하는 점, 소득처분은 이미 특정한 과세연도에 귀속된 사외유출금액의 귀속자와 소득의 종류를 사후적으로 확인하는 세법상의 절차에 불과한 점 등에 비추어, 소득처분에 따른 소득의 귀속자는 그 법정신고기한인 다음 연도 5. 31.까지 그에 관한 종합소득세를 신고할 의무가 있다고 보아 그때까지 종합소득세 과세표준신고서를 제출하지 아니하였다면 그에 대한 부과제척기간을 7년으로 보는 것이 더 합당할 수 있다. 그러나 원심의 논리에 따르면 원래 부과제척기간이 7년이었던 것이 사후에 소득처분이 있고 그에 따라 소득세법 시행령 제134조 제1항에 정한 기한 내에 추가 신고·납부를 하면 소득세법 시행령 제134조 제1항이 그 문언의 말미에 위와 같이 소득금액변동통지를 받은 날이 속하는 달의 다음다음 달까지 추가 신고·납부한 때에는 소득세법 제70조 내지 제74조의 과세표준 확정신고기한까지 신고·납부한 것으로 본다고 규정하고 있으므로 무신고가 아닌 것이 되어 다시 부과제척기간이 5년으로 줄어들어야 하는 어색한 결과가 초래된다. 그래서 대법원은 처음부터 부과제척기간을 5년으로 보아야 한다고 해석하는 것으로 보인다. 그러나 대법원의 입장에 따르더라도 원래 부과제척기간이 5년이었는데 그 후 소득처분이 있었으나 소득세법 시행령 제134조 제1항에 정한 기한 내에 추가 신고·납부를 하지 아니하면 원래의 신고·납부기한까지 신고납부한 것이 되지 않으므로 무신고가 되어 부과제척기간이 다시 7년으로 연장되어야 한다는 역시 다소 이상한 결과가 초래된다. 어쨌든 이러한 대법원 판결의 법리가 앞으로 유지된다면 이러한 경우 소득처분에 따른 소득금액변동통지 당시 부과제척기간 5년이 도과되기 전이라면 그 소득금액변동통지는 유효하고 따라서 소득세법 시행령 제134조 제1항에 정한 기한 내에 추가 신고·납부를 한 경우는 부과제척기간은 처음부터 5년이었던 것이 되지만 그 기한 내에 추가 신고·납부를 하지 않은 경우에는 부과제척기간이 처음부터 7년이었던 것으로 바뀌게 될 것이고, 소득금액변동통지 당시 이미 원래의 부과제척기간 5년이 도과된 상태라면 그 소득금액변동통지는 무효가 되며 그 이후를 논할 필요가 없다.

요컨대, 소득처분에 의한 소득이 소급적으로 귀속된 과세기간에 그 소득 외에 다른 소득이 있어 소득처분에 의한 소득이 없더라도 종합소득세 신고납부의무가 있는 자가 그 법정신고기한 내에 아예 종합소득세 과세표준신고를 하지 아니한 경우에만 무신고로 보아 그 과세기간의 법정신고기한 다음 날부터 부과제척기간 7년이 기산된다고 할 것이다.

그리고 대법원 2013. 7. 11. 선고 2013두5555 판결은 소득세법 제70조 제1항 각 호의 어느 하나에 해당하는 거주자가 원천징수나 연말정산에 의하여 소득세를 납부한 경우에는 같은 호의 소득이 누락되었다고 하더라도 이를 과소신고와 마찬가지로 취급하는 것이 소득세 납부의 간이화와 과세의 편의를 도모하기 위하여 과세표준 확정신고의 예외를 규정한 소득세법 제70조 제1항 등의 취지에 부합하는 점 등을 함께 고려하여 보면, 근로소득만 있는 거주자가 연말정산에 의하여 소득세를 납부한 경우에는 연말정산에서 누락된 다른 근로소득이 있다고 하더라도 그 소득세에 대한 부과제척기간은 특별한 사정이 없는 한 5년으로 보아야 한다고 판시하였다. 소득세법 제73조 제1항, 제3항에 의하면 근로소득만이 있는 자가 연말정산을 통하여 소득세를 납부한 경우에는 과세표준 확정신고 의무를 면제하고 있는데, 그 취지는 근로소득만 있는 거주자는 정부가 원천징수의무자로 하여금 해당 근로소득세를 원천징수하여 이를 납부하게 한 후 연말정산을 하는 방법으로 그 세액을 확정·징수하고 있어 당해 소득의 귀속자가 별도로 신고하여야 할 실질적인 필요가 없으므로 이 같은 경우에는 종합소득 과세표준 확정신고 절차를 면제하여 줌으로써 납세의무자의 편의를 도모하려는 데에 있다. 이러한 취지를 살려 종합소득세 과세표준 신고가 연말정산에 의하여 대체되는 것으로 본다는 것이므로 연말정산이 있는 경우에는 무신고에 따른 부과제척기간 7년을 적용할 수 없다. 대법원 2021. 4. 29. 선고 2020두54630 판결도 같은 취지이다.

국세기본법 제26조의2 제3항은 상증세법에 따른 신고서를 제출하지 않은 무신고의 경우 부과제척기간은 15년으로 한다고 규정하고 있는데, 명의신탁에 의한 증여세의 경우에도 위 규정이 적용되는지에 관하여 논란이 있었다. 납세자가 스스로 조세회피의 목적을 인정하여 증여세를 신고하기를 기대하는 것은 무리라는 이유에서이다. 그런데 대법원 2019. 6. 13. 선고 2018두47974 판결은, 당사자의 합의에 의하여 증여를 받은 자뿐만 아니라, 법령에 의하여 증여받은 것으로 의제되거나 추정되는 자에게도 증여세의 신고의무가 있다고 하면서, 이러한 신고의무를 부과한다고 하여 명의수탁자의 헌법상 양심의 자유나 진술거부권 등을 침해한다고 보기 어렵다고 전제한 다음, 주식의 명의수탁자도 증여세 신고의무를 부담하므로 원고들이 증여세 신고서를 제출하지 않은 이상 증여세에 대한 부과제척기간은 15년으로 보아야 하고, 원고들이 증여세 신고서를 제출하지 않은 것에 정당한 사유가 있다고 볼 수 없다는 이유로 이와 다른 전제의 원고들의 주장을 배척하였다. 대법원 2022. 12. 16. 선고 2022두52287 판결도 같은 취지를 판시함으로써 이제는 대법원의 확고한 법리로 자리잡게 되었다.

(2) 과세표준 신고시 탈루소득 포함 여부

여기서 '과세표준신고서를 제출하지 아니한 경우'라 함은 과세관청이 사후에 포착한 탈루소득의 귀속연도에 관한 과세표준신고서 자체를 제출하지 않은 경우를 말하는 것인지 아니면 그 탈루소득이 포함된 과세표준신고서를 제출하지 않은 경우를 말하는 것인지가 문제된다. 앞서 본 대법원 2010. 1. 28. 선고 2007두20959 판결의 사안에서는 1998년 귀속 소득에 대한 과세표준신고서를 제출하지 않은 경우를 말한다는 견해와 횡령금을 소득금액에 포함시킨 과세표준신고서를 제출하지 않은 경우를 말한다는 견해로 나눌 수 있는 것이다. 전자의 견해에 의하면, 1998년 귀속 소득에 대한 과세표준신고서를 그 신고기한까지 제출하기만 하면 그 과세표준신고서상의 소득금액에 횡령금이 전혀 포함되어 있지 않더라도 그 횡령금에 대한 소득세 부과제척기간이 7년으로 연장되지 않게 되고, 후자의 견해에 의하면, 비록 신고기한 내에 과세표준신고서를 제출하였다 하더라도 그 과세표준신고서상의 소득금액에 횡령금이 전혀 포함되어 있지 아니하였다면, 그 횡령금에 대한 소득세 부과제척기간이 7년으로 연장되게 된다.

국세기본법 제26조의2 제2항 제1호의 문언상으로는 '과세표준신고서를 제출하지 아니한 경우'만을 규정하고 있을 뿐, '탈루한 당해 국세에 관한 과세표준신고서를 제출하지 아니한 경우'라고 규정하고 있지 않은 점, 국세기본법이 과세표준신고서를 제출하지 아니한 경우 부과제척기간을 7년으로 연장한 것은 과세표준신고서를 제출하지 않으면 과세관청이 당해 소득의 탈루 여부에 대한 아무런 단초를 제공받을 수 없다는 데 착안한 것으로 보이는데 신고기한까지 과세표준신고서가 제출되기만 하면 그 속에 탈루소득이 전혀 포함되어 있지 않더라도 포함되어 있는 다른 소득과의 연계관계에서 탈루소득에 대한 단초를 제공받을 수 있는 점 등을 종합해 보면 전자의 견해가 타당해 보인다. 후자의 견해를 취하게 되면, 소득처분의 대상이 된 소득의 귀속자가 소득처분이 있기도 전인 신고기한 내에 당해 소득을 과세표준신고서에 포함시킨다는 것은 사실상 불가능할 것이어서 그 소득세에 대한 부과제척기간은 항상 7년이 된다는 불합리한 결과가 초래될 수 있다.

대법원 2009. 5. 28. 선고 2007두24364 판결도 명시적으로 밝히지는 않았지만, 원고가 1996년 및 1997년 귀속 부동산임대소득과 근로소득에 대한 각 종합소득과세표준신고서를 그 법정기한 내에 제출하였는데 피고가 2003. 11. 8.경 원고의 대여로 인한 이자소득이 10억 원임을 전제로 1996년 귀속 종합소득세와, 1997년 귀속 종합소득세를 각 증액결정·고지 등의 처분을 한 데 대하여, 원고가 대물변제계약서를 허위로 작성하는 등 부정한 행위로써 이자소득에 대한 종합소득세를 포탈한 것으로는 보기 어려운 사정 등에 비추어, 원고의 1996년 및 1997년 귀속 각 종합소득세에 대한 부과제척기간은 5년이라고 봄이 상당하다고 판시함으로써 원고가 법정신고기한 내에 제출한 종합소득과세표준신고서에 소득세를 탈루한 이자소득은 포함시키지 아니하였다 하더라도 당해 과세연도의 과세표준신고서가 제출된 이상 그 이자소득에 대한 부과제척기간도 7년이 아니라 5년이라는 점을 바탕에 깔고 있다.

이러한 배경하에 앞서 본 대법원 2010. 1. 28. 선고 2007두20959 판결은, P가 소득처분에 의하여 횡령금이 자신의 소득으로 귀속된 1998 과세연도의 종합소득세 과세표준신고서를 법정신고기한 내에 제출하였다면, 비록 그 과세표준신고서상의 종합소득금액에 횡령금이 포함되어 있지 않다고 하더라도 '납세자가 법정신고기한 내에 과세표준신고서를 제출하지 아니한 경우'에 해당한다고 볼 수도 없다고 판시한 것이다. 최근의 대법원 2013. 7. 11. 선고 2013두5555 판결도 국세기본법 제26조의2 제1항은 무신고와 과소신고를 각각 달리 취급하고 있는 것으로 이해된다고 전제하면서 7년의 부과제척기간을 규정한 국세기본법 제26조의2 제1항 제2호는 과세표준 확정신고를 하여야 할 의무가 있음에도 아예 그 신고를 하지 아니한 무신고의 경우에 적용되고 과소신고의 경우에는 국세기본법 제26조의2 제1항 제3호에 의하여 5년의 부과제척기간이 적용된다고 보아야 한다고 판시하였다.

(3) 법정신고기한 준수 여부

끝으로 과세표준의 신고는 법정신고기한 내에 이루어져야 함은 국세기본법 제26조의2 제2항 제1호의 문언상 분명하다. 따라서 법정신고기한이 지난 후에 과세표준신고를 하면 그것은 무신고로 보아 그에 관한 부과제척기간은 7년으로 보아야 한다.

최근에 부과제척기간과 관련하여 납세자가 한 과세표준의 신고가 법정신고기한 내에 이루어졌는지가 쟁점이 된 사안으로 대법원 2013. 2. 28. 선고 2010두29192 판결이 있다. 사안을 요약하면 다음과 같다. 원고가 동일한 사업장 소재지에서 부동산임대업과 부동산 매매업을 영위하다가 2001. 3. 15. 부동산임대업을 폐업하고 2001. 4. 25. 임대업의 공급가 액에 관한 부가가치세 신고를 하였으며, 부동산매매업에 관하여는 사업성이 없다고 보아 양도소득세만 신고하였다. 이에 대하여 과세관청은 2007. 3. 15. 2001년 제1기분 부동산 매매업의 공급가액에 대하여 부가가치세 부과처분을 하였다. 원고는 2001. 4. 25. 임대업 의 공급가액에 대한 부가가치세를 신고·납부한 바 있으므로, 비록 부동산매매업에 관한 부가가치세로 신고하지 않았을지라도, 부가가치세 무신고의 경우에 해당한다고 할 수 없 어 부과제척기간은 2001년 제1기 부가가치세 확정 신고기한인 2001. 7. 25.부터 5년인 2006. 7. 25.까지라고 주장하였다. 원심은, 원고가 2001. 3. 15. 부동산임대업을 폐업하였 으므로 폐업일인 2001. 3. 15.부터 25일 이내인 2001. 4. 9.까지 부가가치세 과세기간인 2001. 1. 1.부터 2001. 3. 15.까지에 대한 부가가치세 과세표준 신고를 하였어야 함에도 그 신고기한을 경과한 2001. 4. 25. 비로소 위 부가가치세 과세표준 신고를 하였으므로, 과세관청은 2001년 제1기 부가가치세를 2001. 4. 9.부터 7년간인 2008. 4. 9.까지 부과할 수 있다고 판시하였다. 그러나 대법원은 원고가 동일한 사업장 소재지에서 부동산의 임 대업과 부동산매매업을 함께 영위하다가 2001. 3. 15. 부동산임대업은 폐지하였지만, 부 동산매매업은 폐지하지 아니한 채 적어도 2002. 5. 24.까지는 위 사업장에서 계속 이를 영위하였다고 보아야 하므로, 그 이전에는 원고가 위 사업장의 사업을 폐업하였다고 할 수 없고, 원고가 2001년 제1기분 부가가치세 예정신고기한 내에 한 부가가치세 신고는 적법하다고 보았다. 그래서 2001년 제1기분 부가가치세는 '납세자가 법정신고기한 내에 과세표준신고서를 제출하지 아니한 경우'에 해당한다고 볼 수는 없으므로, 그 부과제척 기간은 5년간이라고 보아 과세처분은 과세표준 신고기한의 다음 날로서 부과제척기간의 기산일인 2001. 7. 26.부터 5년이 경과한 2007. 3. 15.에 이루어져 위법하다고 판시하였다. 하나의 사업장에서 두 개의 사업을 겸영하였다고 볼 경우 사업장을 과세단위로 보는 부 가가치세법에서는 그 두 개의 사업을 모두 폐업한 경우가 아니면 그 사업장을 폐업한 것으로 볼 수 없고 따라서 과세기간도 일부 사업의 폐업시를 종기로 하여 과세기간을 따로 정할 수 없다는 취지이다.

라. 가산세의 부과제척기간

국세기본법 제26조2는 가산세의 부과제척기간에 관하여는 별도의 일반적인 규정을 두고 있지 않으며, 다만 제2항 제3호에서 납세자가 부정행위를 하여 그 각 목의 가산세 부과대상이 되는 경우 해당 가산세를 부가할 수 있는 날부터 10년이라고 규정하면서 (가)목으로 소득세법 제81조의10 제1항 제4호를, (나)목으로 법인세법 제75조의8 제1항 제4호를, (다)목으로 부가가치세법 제60조 제2항 제2호, 제3항 및 제4항을 열거하고 있다. 한편, 국세기본법 제47조 제2항은 가산세는 해당 의무가 규정된 세법의 해당 국세의 세목으로 한다고 규정하고 있다.

여기서 국세기본법 제26조의2 제2항 제3호 각 목에서 특별히 장기부과제척기간 10년이 적용되는 가산세를 규정하고 있는 취지에 주목할 필요가 있다. 이들 가산세를 들여다보면 계산서나 세금계산서를 제때 발급하지 않은 경우에 공급가액의 일정비율만큼 부과하는 것으로서 본세에 종속되어 부과되는 가산세가 아니라 본세와는 무관하게 독립된 가산세에 해당함을 알 수 있다. 따라서 본세의 납세의무와 무관하게 부과되는 별도의 가산세에 대하여는 국세기본법 제26조의2 제2항 제3호 각 목에 해당하지 않는 한 함부로 장기부과세척기간을 적용하여서는 아니된다고 할 수 있다.

같은 취지에서, 대법원 2021. 12. 30. 선고 2017두75415 판결은, 구 법인세법 제76조 제5항에 따른 증명서류 수취 불성실가산세는 법인의 경비지출내용의 투명성을 제고하고 그 거래상대방인 사업자의 과세표준 양성화를 유도하기 위하여 납세자의 지출증명서류 수취의무 위반에 대하여 가하는 제재로서 법인세 본세의 납세의무와 무관하게 부과되는 별도의 가산세이고, 구 국세기본법 제26조의2 제1항 제1호의2(현행 제2항 제3호)에 따라 10년의 부과제척기간이 적용되는 별도의 가산세에도 포함되어 있지 않으므로, 그 부과제척기간은 5년이라고 보아야 한다고 판시하였다.

비슷한 취지에서, 대법원 2025. 2. 27. 선고 2024두57262 판결도, 구 국세기본법 제47조의3 제2항 제2호는 부가가치세법에 따른 사업자가 구 부가가치세법에 따라 부가가치세 과세표준과 납부세액 또는 환급세액을 신고한 경우로서 부정행위로 영세율과세표준을 과소신고(신고하지 아니한 경우를 포함한다)한 경우에는 각 목의 금액을 합한 금액에 그 과소신고분 영세율과세표준의 1천분의 5에 상당하는 금액을 합한 금액을 가산세로 한다고 규정하고 있는데, 이러한 영세율과세표준 부정과소신고가산세는 사업자의 영세율과세표준 신고의무 위반에 대하여 가하는 제재로서 부가가치세 본세 납세의무와 무관하게 부과되는 별도의 가산세이고, 구 국세기본법 제26조의2 제1항 제1호의2(현행 제2항 제3호)에 따라 10년의 부과제척기간이 적용되는 별도의 가산세에도 포함되어 있지 않으므로, 그 부과제척기간은 5년이라고 보아야 한다고 판시하였다.

이들 판시에서는 문제가 된 가산세가 본세의 납세의무와 무관하게 부과되는 별도의 가산세임을 논거의 하나로 들고 있는데, 그렇다면 본세의 납세의무와 무관하지 않는 가산세, 즉 본세에 종속되는 가산세로서 무신고·과소신고가산세 등의 경우에는 본세에 장기부과제척기간이 적용되는 경우 함께 장기부과제척기간이 적용된다고 할 수 있을지가 문제된다. 국세기본법 제2조 제1호는 국세란 국가가 부과하는 조세 중 다음 각 목의 것을 말한다고 하면서 본세들의 세목만 열거하고 있을 뿐 별도로 가산세를 언급하지 않고 있다. 그러나 앞서 언급한 바와 같이 국세기본법 제47조 제2항은 가산세는 해당 국세의 세목으로 한다고 규정하고 있다. 이들 규정을 어떻게 조화롭게 해석할 것인지가 관건이다.

우선 위 대법원 판결의 문언을 보면, 문제가 된 가산세가 법인세 본세의 납세의무와 무관하게 부과되는 별도의 가산세라는 점을 논거의 하나로 들고 있는데, 그 취지에 비추어 보면, 본세의 납세의무와 무관하지 않는 가산세, 즉 무신고 또는 과소신고가산세 등은 국세기본법 제26조의2 제2항 제3호 각 목에 해당하지 않는다고 해서 장기부과제척기간이 적용되지 않는다고 보기는 어려울 것 같다.

그런데 하급심에서 반대의 입장을 표명하는 판결이 선고되었다. 서울고등법원 2023. 4. 4. 선고 2021누33601 판결이다. 일반과소신고가산세나 부당과소신고가산세, 납부불성실가산세는 구 국세기본법 제26조의2 제1항 제1호의2(현행 제2항 제3호)의 각 목에 해당하지 않으므로 10년의 장기부과제척기간이 적용될 수 없고 일반부과제척기간인 5년이 적용되어야 한다는 것이다. 이 판결에서 문제가 된 가산세가 구 국세기본법 제26조의2 제1항 제1호의2(현행 제2항 제3호)의 각 목에 해당하지 않는다고 판시한 부분은 수긍이 가는데, 왜 일반부과제척기간 5년이 적용되는지에 관하여는 자세한 설명이 없다.

일반부과제척기간에 관한 규정도 그 문언만 보면 국세에 관한 규정이지 가산세에 관한 규정은 아니다. 결국 가산세에 관하여 적어도 일반부과제척기간의 규정이 적용되려면 국세기본법 제47조 제2항의 규정, 즉 가산세는 해당 의무가 규정된 세법의 해당 국세의 세목으로 한다는 규정을 끌고 올 수밖에 없지 않을까 한다. 그렇다고 하더라도 가산세는 장기부과제척기간의 적용요건인 무신고행위나 사기 기타 부정행위의 대상이나 목적물이라기보다는 그에 대한 제재이므로 국세기본법 제26조의2 제2항 제1, 2호의 적용대상으로 보기에 부적합한 측면도 있다. 왜냐하면 위 규정들의 문언과 취지는 무신고나 부정행위의 대상이나 목적이 된 국세의 부과제척기간을 늘이는 것으로 볼 수 있기 때문이다.

이러한 논란에 대하여, 대법원 2025. 3. 13. 선고 2024두54935 판결이 교통정리를 하였다. 즉, 구 국세기본법 제26조의2 제1항 제1호(현행 제2항 제2호)에서 정한 10년의 부과제척기간이 적용되는 '국세'에는, 본세의 세액이 유효하게 확정되어 있을 것을 전제로 납세의무자가 법정기한까지 과세표준과 세액을 제대로 신고하거나 납부하지 않은 것을 요건으로 하는 무신고·과소신고·납부불성실가산세 등도 포함된다고 보아야 한다는 것이다. 그 주된 논거로는 앞서 언급한 바와 같이 국세기본법 제47조 제2항 본문에서 '가산세는 해당 의무가 규정된 세법의 해당 국세의 세목으로 한다'라고 규정한 점을 들고 있다. 이러한 쟁점은 판례나 법해석으로 해결하기보다는 입법으로 해결하는 것이 더 바람직하다고 할 수 있다.

3. 주요 유형별 부과제척기간

가. 부당행위계산부인 관련 부과제척기간

부당행위계산부인은 특수관계인과의 비정상적인 거래를 함으로써 조세부담을 감소시킨 경우 그 거래의 사법상 효력을 부인하는 것이 아니라 조세법의 관점에서 해당 거래를 재구성하여 합당한 세액을 산출하는 것이다. 따라서 부당행위계산에 의하여 익금산입하거나 손금불산입하는 것은 비정상적인 거래에 관하여 그에 따라 처리한 '기업회계'와 세법적 관점에서 재구성한 '세무회계'의 차이에 해당한다고 할 수 있고 따라서 부당행위계산부인의 대상이 되는 행위는 조세회피행위일 뿐 위법한 행위로 볼 수는 없으므로 '사기 그 밖의 부정한 행위'에 해당하지 않는다고 보는 것이 원칙이다. 조세범처벌법이 2010. 1. 1. 전면 개정되기 전에는 제9조의2에서 '사기 그 밖의 부정한 행위'에 의한 소득금액으로 보지 않는 항목의 하나로 '세무회계와 기업회계의 차이로 인하여 생긴 금액'을 규정하고 있었던 것도 이러한 취지를 확인한 규정으로 볼 수 있다. 그래서 조세범처벌법이 2010. 1. 1. 전면 개정되면서 위 규정이 삭제되었다고 해서 달리 볼 것은 아니다. 그렇다면 원칙적으로 부당행위계산부인에 의하여 증가된 세액에 관한 부과제척기간은 10년으로 연장된다고 볼 수는 없다고 할 것이다.

그러나 기업회계기준의 관점에서도 도저히 용인될 수 없는 부적절한 회계처리를 하고 이를 은폐하기 위하여 관련 장부나 증빙을 조작하거나 폐기한 후 그것이 나중에 세무조사 과정에서 드러나 과세소득이 늘어났다면 이는 위 항목에 해당하지 않고 '사기 그 밖의 부정한 행위'에 해당한다고 보아야 한다. 예컨대 기업회계기준상으로 접대비임에도 직원들의 복리후생비인 것처럼 허위로 회계처리를 하여 세법상 한도액의 적용이 없는 것처럼 하여 과세표준을 신고하였다가 세무조사 과정에서 발각된 경우는 위 항목에 해당하지 않는다고 해야 한다. 또한 부당행위계산부인 대상임에도 이를 숨기기 위한 적극적 행위를 한 경우에는 '사기 그 밖의 부정한 행위'에 해당한다고 보아야 한다.

이에 관한 최근의 적절한 사례로는 대법원 2013. 12. 12. 선고 2013두7667 판결이 있다. 법인인 원고가 2001. 6. 27. A회사의 주식을 그 주주인 P로부터 시가보다 낮은 1주당 액면가격 10,000원에 취득하면서 Q에게 명의신탁하여 두었다가, 2004. 12. 31. 다시 B회사에게 시가보다 낮은 1주당 액면가격 10,000원에 양도하였다. 위 주식의 취득당시 원고는 P의 특수관계인이었지만 Q는 P의 특수관계자인이 아니었고, 위 주식의 양도당시 원고는 B회사의 특수관계인이었지만 Q는 B회사의 특수관계인이 아니었다. 이에 대하여 과세관청은 P는 명의수탁자에 불과하고 원고가 위 주식을 실제로 취득하고 양도한 자로서 저가매입에 따른 소득금액과 저가양도에 따른 소득금액을 탈루하였다고 보아 2010. 4. 8. 부당행위계산부인에 의하여 원고에게 법인세 부과처분을 하였다. 여기서 법인세부과제척기간이 통상의 5년이냐 아니면 '사기 그 밖의 부정한 행위'에 의한 10년이냐가 다투어졌다.

이에 대하여 대법원은, 먼저 부당행위계산에 해당하는 거래임을 은폐하여 세무조정금액이 발생하지 않게 하기 위하여 부당행위계산의 대상이 되지 않는 자의 명의로 거래를 하고 나아가 그 사실이 발각되지 않도록 허위 매매계약서의 작성과 대금의 허위지급 등과 같이 적극적으로 서류를 조작하고 장부상 허위기재를 하는 경우에는 그것이 세무회계와 기업회계의 차이로 생긴 금액이라 하더라도 이는 사기 기타 부정한 행위로써 국세를 포탈한 경우에 해당하여 그에 관한 법인세의 부과제척기간은 10년이 된다는 법리를 선언하였다. 이는 구 조세범처벌법 제9조의2의 취지를 오해하지 않도록 하기 위하여 선언한 것으로 지당한 법리이다. 대법원은 위 법리에 기초하여 A회사와 B회사 및 원고는 같은 그룹의 계열사이고, P는 그 그룹 명예회장의 아들이었으며, 2001년경 위 그룹이 원고를 중심으로 한 구조조정을 위하여 계열사를 정리하는 작업을 추진하면서 A회사의 주식을 보유하고 있던 P에게 그룹의 구조조정에 협력해 달라고 요청하였고, 원고는 P와 원고 직원의 배우자인 Q의 승낙 아래 Q를 매수인으로 한 매매계약서를 작성하고 위 주식을 액면가격으로 취득하였으며, 그 과정에서 Q는 원고로부터 지급받은 주식의 매수대금을 마치 그가 지급하는 것처럼 P의 계좌에 입금하였고, 그 후 원고가 Q명의로 된 위 주식을 B회사에 양도하면서 Q를 매도인으로 한 매매계약서를 작성하였고, 그 매수대금도 마치 Q가 지급받는 형식을 취하였으며, 증권거래세와 양도소득세도 Q명의로 신고하였던 사실을 종합해 보면, 원고가 Q명의로 주식을 취득하고 양도한 행위는 다른 법률상 규제를 피하기 위한 목적 외에도 부당행위계산에 해당하는 거래임을 은폐하기 위한 목적에서 이루어진 것이고 그 사실이 발각되지 않도록 허위 매매계약서의 작성과 대금의 허위지급 등과 같은 적극적인 행위를 한 것으로서 이는 '사기 기타 부정한 행위'에 해당하며, 나중에 원고가 위 주식의 실제 취득자 및 양도자로 밝혀져 부당행위계산부인으로 인한 세무조정금액이 발생하였다고 하더라도 이는 원고가 위와 같은 사기 기타 부정한 행위로 얻은 소득금액으로 보아야 하므로, 그에 관한 법인세의 부과제척기간은 10년이 된다고 판시하였다.

위 판시에서 알 수 있듯이 원고는 특수관계자 사이의 주식매매거래가 법인세법상 부당행위계산부인의 대상이 됨을 알고 특수관계자 사이의 거래가 아닌 것처럼 가장하기 위하여 매매계약서 작성과 그에 따른 금융거래를 타인인 Q의 명의로 한 것이므로 부당행위계산부인에 따른 조세를 포탈할 목적으로 허위의 증빙서류를 갖춘 경우에 해당하여 '사기 그 밖의 부정한 행위'에 해당한다고 보아야 한다. 타당한 판결이다.

나. 법인 대표자에 대한 소득처분 관련 부과제척기간

(1) 대표자 귀속을 이유로 한 소득처분

법인이 익금을 누락하거나 손금을 과다 계상하는 방법으로 소득을 사외로 유출시킬 경우 대부분은 이를 은닉하기 위하여 장부를 조작하거나 허위 증빙서류를 구비해 둔다. 이러한 행위는 위에서 살펴본 바와 같이 법인세를 포탈하기 위한 '사기 기타 부정한 행위'에 해당하여 당해 법인세에 대한 부과제척기간이 10년으로 연장됨에는 의문이 없다. 그러나 그에 따른 소득처분의 상대방이 법인의 대표자인 경우 이러한 행위의 실질적인 주체가 법인의 대표자라는 이유로 법인세를 포탈하기 위한 사기 기타 부정한 행위가 동시에 소득처분에 따라 대표자가 부담하게 될 소득세를 포탈하기 위한 사기 기타 부정한 행위에도 해당하여 그 소득세의 부과제척기간도 10년으로 연장된다고 볼 수 있는지 여부는 다툼이 있다. 소득처분의 상대방이 법인의 대표자가 되는 경우로는, 유출된 소득이 실제로 법인의 대표자에게 귀속된 경우와 유출된 소득의 귀속자가 불분명한 경우(대표자에 대한 인정상여처분)가 있다.

먼저 전자의 경우에 대하여 대법원 2010. 1. 28. 선고 2007두20959 판결이 판시한 바 있는데, 그 내용은 다음과 같다. A회사의 대표자인 P는 A회사로부터 거액의 자금을 빼돌려 횡령하면서 그 사실을 숨기기 위하여 관계회사 대여금이나 사찰에 대한 기부금으로 회계처리하고 허위 영수증을 구비해 두었다. 과세관청은 위 횡령금의 실지 귀속자가 P라고 보고 P에 대한 상여로 소득처분을 하고, A회사에 대하여 소득금액변동통지를 하였다. 이에 대하여 대법원은 P가 A회사로부터 횡령금을 빼돌리는 과정에서 A회사의 회계장부를 조작하는 등의 행위를 한 것은, 그 전후의 경위에 비추어 단지 횡령금을 빼돌린 사실을 은폐하기 위한 것일 뿐, 횡령금에 대하여 향후 과세관청의 소득처분이 이루어질 것까지 예상하여 그로 인해 자신에게 귀속될 상여에 대한 소득세를 포탈하기 위한 것으로 보기는 어려우므로 '납세자가 사기 기타 부정한 행위로써 국세를 포탈한 경우'에 해당하지 않는다고 봄이 상당하다고 하여 P에 대한 소득세 부과제척기간은 10년이 아니라 5년이라고 판단하였다.

대표자의 위와 같은 행위는 대표자 개인의 소득세를 포탈하기 위한 사기 그 밖의 부정한 행위로 평가할 여지도 없지 않다. 그럼에도 대법원이 위와 같이 법인세를 포탈하기 위한 행위에서 나아가 소득세를 포탈하기 위한 행위로까지 보지 않은 데는 그만한 연유가 있다. 위 사건과 관련하여 P의 조세범처벌법 위반에 관한 형사사건이 선행되어 있었고 거기에서도 동일하게 P가 소득세를 포탈하기 위한 사기 그 밖의 부정한 행위를 하였는지가 쟁점이 되었는데 원심과 대법원은 P의 행위를 조세포탈을 위한 '사기 그 밖의 부정한 행위'로 볼 수 없다고 판단하였다. 원심인 서울고등법원 2005. 2. 16. 선고 2003노2221 판결은 P의 행위는 횡령행위를 은폐하기 위한 과정에서 이루어진 것이지 납세의무를 면탈할 의도하에 이루어진 것이라고 보기는 어려운 점, P는 원천징수의무자인 A가 P에 대한 원천징수 소득세를 납부하지 아니한 이후에야 비로소 종합소득세 신고의무를 부담하나, 위 종합소득세 신고의무를 이행하지 아니한 것은 단순한 세법상의 신고를 하지 아니한 부작위에 불과한 점, 과세관청에 의하든 법인의 신고에 의하든 소득처분이 있는 경우 횡령한 대표자는 그 의제된 지급시기에 근로소득이 발생한 것으로 보게 되고 그에 따라 소득세를 납부할 의무도 발생하는 점 등을 종합하면, P의 행위가 조세범처벌법 제9조 제1항 소정의 '사기 기타 부정한 행위'에 해당한다고 보기 어렵다고 판시하였고, 대법원 2005. 6. 10. 선고 2005도1828 판결이 원심판단을 수긍함으로써 확정되었다.

위 판결의 취지는 법인의 대표자가 법인의 소득을 사외로 유출시켜 자신이 횡령하고 이를 숨기기 위하여 사기 기타 부정한 행위를 하였다 하더라도, 그 당시로서는 소득처분이 이루어지지 아니하였고, 소득처분이 있기 전까지는 그 횡령금이 소득세 과세대상이 될 수 없으며, 또한 그 당시로서는 향후에 소득처분이 있을 개연성이 높다고 보기도 어려우므로, 위와 같은 행위는 형사처벌을 면하기 위한 행위이거나 법인세를 포탈하기 위한 행위일 뿐이며, 향후의 소득처분에 따른 소득세를 포탈하기 위한 행위로까지 보기는 어렵다는 것으로 이해된다. 즉, 소득세법 제20조 제1항 제3호는 근로소득의 일종으로 '법인세법에 의하여 상여로 처분된 금액'을 규정하고 있는데, 횡령금에 대한 소득처분이 있기 전까지는 과세대상이 되는 근로소득으로 볼 수 없어 그 소득세의 납세의무가 성립되지 아니한 상태로 보아야 하고, 또한 그 소득처분이 당연히 예정되어 있다고 할 수도 없을 것이므로, 사기 기타 부정한 행위 당시 아직 소득처분이 없었던 이상 그것이 향후 소득처분에 따라 납세의무가 성립하게 되는 소득세를 포탈하기 위하여 행하여진 것으로 보는 것은 무리라는 것이다.

위 판시에서 소득처분이 있어야 비로소 소득이 발생하고 소득세의 과세대상이 된다고 표현한 부분은 부적절하다. 앞서 언급한 바와 같이 법인 소득이 사외유출되어 대표이사에게 귀속되면 실제로 귀속된 날이 속하는 과세기간의 종료일에 소득세의 납세의무가 성립하는 것이고 그에 따른 소득세 신고납부의무가 있는 것이며 그 후에 이루어지는 소득처분은 그 지급시기를 의제함으로써 그 소득의 원천인 법인에 대하여 그 소득세에 대한 원천징수의무를 부여하기 위한 것일 뿐이다. 하지만 이것은 원칙론적인 법리이고 실제로는 과세관청에 의한 소득처분이 있기 전까지는 그 소득이 현실적으로 소득세의 과세대상이 될 가능성은 거의 없었다고 볼 수 있다. 따라서 소득처분이 있기 전까지는 현실적으로 그 소득이 소득세의 과세대상이 될 가능성은 거의 없었다고 해석하는 정도에서 위 판시를 수긍할 수 있다.

그리고 구 조세범처벌법(2010. 1. 1. 전부 개정되기 전의 것) 제9조의2 제2호가 '법인세의 과세표준을 법인이 신고하거나 정부가 결정 또는 경정함에 있어 그 법인의 주주 · 사원 · 사용인 기타 특수한 관계에 있는 자의 소득으로 처분된 금액은 사기 기타 부정한 행위로 인하여 생긴 소득금액으로 보지 아니한다'고 규정하고 있었는데, 구 조세범처벌법 제9조 소정의 '사기 기타 부정한 행위'의 요건과 국세기본법 제26조의2 제1항 제1호 소정의 '사기 기다 부정한 행위'의 요건이 동일하므로 위 규정의 취지는 국세기본법상 국세의 부과제척기간이 10년으로 연장되는지 여부를 판단함에 있어서 원용할 수 있다고 볼 수도 있다. 즉, 사기 기타 부정한 행위로써 조세를 포탈하였다는 점은 부과제척기간을 10년으로 보는 요건이면서 조세포탈죄의 성립 요건이 되는데 이들 두 요건을 달리 평가할 필요가 없다는 것이다. 이러한 사정을 감안하여, 선행사건인 대법원의 형사판결이 확정된 이상 대법원 2010. 1. 28. 선고 2007두20959 판결도 P가 사기 기타 부정한 행위로써 횡령금에 대한 소득세를 포탈하였다고 보기 어렵다는 결론에 이른 것이라고 할 수 있다.

그러나 이러한 판결의 입장에 대하여는 다음과 같은 비판적 검토가 가능하다. 횡령금이 사외로 유출되면 누군가에게 귀속될 수밖에 없으므로 횡령금의 사외유출 사실을 은폐하는 행위는 동시에 그 횡령금이 누군가에게 귀속되는 것을 은폐하는 행위에도 해당한다고 볼 여지가 있다. 특히나 대표자가 횡령한 돈은 곧바로 대표자 자신에게 귀속되는 것이므로 그 횡령금의 사외유출행위를 은폐한 것은 그 횡령금이 대표자 자신에게 귀속된 사실을 은폐한 것으로도 볼 수 있다. 그리고 그와 같은 은폐행위를 할 당시에는 소득처분이 없었지만 법리적으로는 그 무렵 이미 소득세의 납세의무가 성립되어 있는 것이고 또한 가까운 장래에 그에 대한 소득처분이 이루어짐으로써 소득세 과세대상으로 현실화될 개연성이 있으므로 그 은폐행위가 소득세를 포탈하기 위한 사기 기타 부정한 행위에 해당한다고 볼 수도 있다. 더군다나 국세기본법 제26조의2 제1항 제1호 소정의 부과제척기간이 10년으로 연장되는 요건이 되는 '사기 기타 부정한 행위로서 조세를 포탈'에 있어서의 '조세'에는 사기 기타 부정한 행위 당시 납세의무가 성립한 조세뿐만 아니라, 장래 납세의무가 발생할 개연성이 높은 조세(납세의무 성립의 기초가 형성된 조세)도 포함된다고 해석되므로,[31] 결국 위 횡령금의 사외유출 사실을 은폐한 행위는 그 횡령금 소득에 관한 소득세를 포탈하기 위한 사기 기타 부정한 행위에 해당한다고 볼 여지도 있는 것이다. 위 판결들이 중요한 논거로 삼았던 구 조세범처벌법 제9조의2 제2호가 조세범처벌법이 2010. 1. 1. 법률 제9919호로 전문 개정되면서 폐지되었으므로, 그렇게 판단할 여지가 더 많아졌다.

이러한 비판적 견해에도 불구하고, 위 두 판결이 이어짐에 따라 '소득처분의 원인이 되는 사외유출 사실을 은폐하는 행위는 그로 인한 소득세를 포탈하기 위한 사기 기타 부정한 행위로 볼 수 없다'는 논거가 위 사건을 해결하는 데 국한되는 논거에 그치는 것이 아니라 일반 법리로까지 격상되는 느낌이 있다. 하지만 구체적 사안에 따라서는 사외유출 사실을 은폐하기 위한 행위의 정도가 지나쳐 그것이 그로 인하여 부과되는 소득세의 포탈행위로까지 볼 수 있는 정도에 이르는 예외적인 경우에 있을 수 있으므로, 이러한 경우 예외를 인정할 여지를 남겨두기 위하여 위 논거를 일반 법리로까지 격상시키지 않는 것이 바람직하다. 이러한 취지에서 대법원 2010. 1. 28. 선고 2007두20959 판결에서도 위 논거를 일반 법리로 설시하지 아니하고, 당해 사건의 결론을 도출하는 데 필요한 정도의 논거로만 설시한 것으로 이해된다.

그러나 위와 같은 입장은 최근의 대법원 2014. 10. 15. 선고 2014두37870 판결에서도 재확인됨으로써 이제는 거의 일반 법리로 격상되어 버렸다는 인상을 주어 아쉬움을 남기고 있다. 위 판결은, 원고가 매출을 누락하거나 가공비용을 계상하는 등의 방법으로 회계장부를 조작하여 법인세를 과소신고·납부하였고, 원고의 대표이사 A는 위와 같은 매출누락액 등을 개인적인 용도로 사용하여 이를 횡령한 사실을 두고 A가 원고의 자금을 횡령하는 과정에서 원고의 회계장부를 조작하는 등의 행위를 하였더라도 이는 그 경위에 비추어 법인세를 포탈하기 위한 것으로 볼 수 있을지언정, 거기에서 더 나아가 횡령금에 대하여 향후 소득처분이 이루어질 것까지 예상하여 그로 인해 자신에게 귀속될 상여에 대한 종합소득세를 포탈하기 위한 것으로 보기는 어려우므로, 그 소득처분으로 인한 A의 종합소득세에 관한 한 '사기 기타 부정한 행위로써 국세를 포탈한 경우'에 해당한다고 볼 수 없어 그 부과제척기간을 5년으로 보아야 한다고 판시하였다. 이러한 판례

---

31) 같은 취지, 안대희, 조세형벌법, 법문사

의 태도에 대하여 과세관청은 나중에 살펴보는 바와 같이 입법으로 대항하게 되었고 그 입법과정에서 다소의 무리수를 둔 것이 드러나게 되었다.

(2) 귀속불분명을 이유로 한 인정상여 소득처분

법인으로부터 유출된 소득이 횡령 등으로 인하여 대표자에게 실제로 귀속된 소득에 관하여 이를 확인하는 의미에서 하는 소득처분의 경우와 달리 그 실질적인 귀속자를 알 수 없어 대표자에게 귀속된 것으로 간주하는 의미에서 하는 인정상여 소득처분의 경우에는 위에서 살펴본 법리를 좀 더 수월하게 적용할 수 있다. 왜냐하면 후자의 경우에는 법인의 소득이 사외로 유출되었으나 그것이 누구에게 귀속되었는지가 불분명하여 인정상여 소득처분으로 단지 대표자에게 귀속되었다고 의제된 것에 불과하고, 실제로는 사외유출된 소득이 대표자에게 귀속되었다고 볼 자료가 없으므로 법인의 대표자가 사외유출의 원천이 된 매출누락이나 허위비용계상을 은닉하기 위하여 법인의 장부와 증빙을 조작하는 등 사기 기타 부정한 행위를 하였다 하더라도 그 과정에서 대표자 자신에게 귀속될 소득세를 포탈할 의도가 있었다고 보기 어려운 측면이 있다. 전자의 경우에는 사외유출 사실이 포착되기만 하면 대표자에 대한 소득처분이 이루어지겠지만, 후자의 경우는 사외유출 사실이 포착되더라도 유출된 소득이 누구에게 귀속되었는지 밝혀지지 아니한 경우에야 비로소 대표자에 대한 소득처분이 이루어질 것이므로 대표자에 대한 소득처분이 이루어질 개연성이 더욱 낮다고 할 수 있고, 사외유출된 소득이 실제로 다른 누군가에게 귀속된 사실이 밝혀질 가능성도 있기 때문이다.

따라서 법인의 대표자가 법인세를 포탈하기 위하여 사기 기타 부정한 행위를 하였다 하더라도, 그 당시로서는 자신에 대하여 인정상여처분이 이루어질 가능성이 낮으므로 인정상여처분이 이루어질 것까지 예견하였다거나 예견할 수 있었다고 보기 어렵고, 이러한 인정상여처분이 없으면 실질적으로 그에 관한 소득세의 납세의무가 성립될 수 없으므로, 사기 기타 부정한 행위를 자신의 소득세에 대한 포탈행위로까지 연결짓기는 어렵다. 특히, 사외유출 소득이 자신에게 귀속되었다고 볼 자료도 없는 상황에서 그 소득에 관한 소득세를 포탈하기 위하여 사기 기타 부정한 행위를 하였다고 단정하는 것은 사회통념에서 보더라도 납득하기 어려운 일이다.

이에 관한 구체적인 사례로는 대법원 2010. 4. 29. 선고 2007두11382 판결이 있다. 원고는 1997 사업연도에 여러 업체로부터 실물거래 없이 30억 원 상당의 매입세금계산서를 수취하여 그 매입액을 당해 각 사업연도의 소득금액 계산상 손금에 산입하였고, 과세관청은 위 매입세금계산서가 허위의 세금계산서라는 이유로 그 매입액을 손금불산입한 후 그 부분 소득이 사외로 유출되었으나 귀속이 불분명하다고 보아 원고의 대표자인 A에 대한 인정상여처분을 하고 2003. 8. 11. 그에 따른 소득금액변동통지를 하였다. 원심은 원고가 실물거래 없이 거래처로부터 허위의 매입세금계산서를 수취하여 소득금액 계산시 그 매입액을 손금에 산입함으로써 법인세를 포탈한 것은 과세관청의 조세부과와 징수를 불가능하게 하거나 현저히 곤란하게 하는 적극적 행위로서 '납세자가 사기 기타 부정한 행위로써 국세를 포탈한 경우'에 해당하고, 이러한 행위에 의하여 허위의 원가를 손금에 산입함으로써 그 소득차액에 상응한 근로소득세의 부과와 징수 역시 현저히 곤란하게 되었으므로 대표자 인정상여처분으로 인한 A의 1997년 귀속분 소득세에 대한 부과제척기간은 10년으로 보아야 한다는 이유로, 그 부과제척기간이 도과하기 전에 이루어진 소득금액변동통지는 모두 적법하다고 판단하였다.

그러나 대법원은, 원고가 위와 같이 허위의 세금계산서를 수취하여 장부상 매입액을 과다계상한 것은 그 경위에 비추어 원고의 소득을 은닉함으로써 그에 대한 법인세를 포탈하기 위한 행위로 볼 수 있을지언정, A가 장차 위와 같이 은닉된 원고의 소득이 사외유출되어 그 귀속자가 밝혀지지 아니함에 따라 자신이 원고의 대표자로서 인정상여처분을 받을 것까지 모두 예상하여 그로 인해 부과될 소득세를 포탈하기 위하여 행한 것으로 보기는 어려우므로, 그 인정상여처분으로 인한 소득세에 관한 한 '납세자가 사기 기타 부정한 행위로써 국세를 포탈한 경우'에 해당한다고 볼 수는 없고, 따라서 A의 1997년 귀속분 소득세에 대한 부과제척기간은 원칙으로 돌아가 5년이 된다고 보아야 하므로 2003. 6. 1. 그 부과제척기간이 모두 도과되었다고 판단하였다.

앞서 살펴본 바와 같이 대표자에 대한 인정상여로 소득처분한 금액은 당해 법인이 소득금액변동통지서를 받은 날에 그 소득금액을 지급한 것으로 보게 되는데, 이는 그 소득금액을 현실적으로 대표자에게 지급한 것을 의미하는 것이 아니라 법으로써 그 지급시기를 의제하는 것에 불과하므로 위와 같은 소득금액변동통지서를 받은 법인의 원천징수의무가 성립하려면 그 성립시기인 위 소득금액변동통지서를 받은 때에 소득금액을 지급받은 것으로 보아야 할 원천납세의무자의 소득세 납세의무가 존속하고 있어야 하며, 원천납세의무자의 소득세 납세의무가 그 소득세에 대한 부과제척기간의 도과 등으로 소멸하였다면 그에 대응하는 원천징수의무도 성립할 수 없다. 대법원 2010. 1. 28. 선고 2007두20959 판결, 대법원 1989. 3. 14. 선고 85누451 판결, 대법원 1992. 9. 22. 선고 91다40931 판결 등에서 위와 같은 법리를 밝힌 바 있다. 그리고 위와 같은 사유로 원천징수의무가 성립될 수 없다면, 그 전제가 되는 소득금액변동통지도 위법하게 된다. 소득금액변동통지는 주된 목적이 그 통지를 받은 법인의 원천징수의무를 성립시키기 위한 것인데 그것이 불가능하게 된 이상 그 소득금액변동통지는 위법함을 면할 수 없다. 그래서 위 사건에서 결론적으로 A에 대한 소득세 부과제척기간이 도과한 후에 이루어진 소득금액변동통지는 위법하다고 판시하였던 것이다.

(3) 부과제척기간 연장을 위한 법률의 개정

위에서 본 대법원 2010. 1. 28. 선고 2007두20959 판결 등이 과세관청의 입장에서는 상당히 불만스러웠을 것이고, 그래서 과세관청은 이 문제를 입법으로 해결하고자 한 것으로 보인다. 그래서 국세기본법 제26조의2 제1항 제1호가 2011. 12. 31. 개정되면서 다음과 같은 후문이 추가되었다. 즉, 이 경우 부정행위로 포탈하거나 환급·공제받은 국세가 법인세이면 이와 관련하여 법인세법 제67조에 따라 처분된 금액에 대한 소득세 또는 법인세에 대해서도 소득세 또는 법인세를 부과할 수 있는 날로부터 10년간을 부과제척기간으로 한다는 것이다. 그리고 그 부칙 제2조에서 위 개정규정은 2012. 1. 1. 이후 최초로 법인세법 제67조에 따라 처분하는 금액부터 적용한다고 규정하였다.

위와 같이 국세기본법 제26조의2 제1항 제1호(현재 제2항 제2호)의 후문에서 부과제척기간을 정하는 것은 정책적 결단의 문제일 수 있으므로 수긍할 수 있으나 그 적용시기에 관한 부칙규정은 납세자의 신뢰보호에 반하는 측면이 있어 문제가 있어 보인다. 개정 전 규정의 법리에 의하면 이미 부과제척기간이 도과되었을 경우 그에 관한 소득세 납세의무가 소멸되었다는 점에 대한 납세자의 신뢰가 형성되었을 것임에도 그 후에 법을 개정하여 다시 부과제척기간이 되살아난다고 하는 것은 이러한 납세자의 신뢰보호에 반하는 것으로서 소급입법에 의한 재산권 침해로 볼 여지가 많다. 따라서 이는 위헌의 소지가 있다고 하겠다.

대법원 1994. 2. 25. 선고 93누20726 판결, 대법원 2001. 11. 13. 선고 2001두5705 판결 등이 밝혔듯이, 소급입법은 새로운 입법으로 이미 종료된 사실관계 또는 법률관계에 적용케 하는 진정 소급입법과 현재 진행 중인 사실관계 또는 법률관계에 적용케 하는 부진정 소급입법으로 나눌 수 있는데, 그중에서 기존의 법에 의하여 이미 형성된 개인의 법적 지위를 사후입법을 통하여 박탈하는 것을 내용으로 하는 진정 소급입법은 개인의 신뢰보호와 법적 안정성을 내용으로 하는 법치국가 원리에 의하여 허용되지 아니하는 것이 원칙인 데 반하여, 부진정 소급입법은 원칙적으로 허용되지만 소급효를 요구하는 공익상의 사유와 신뢰보호를 요구하는 개인보호의 사유 사이의 교량과정에서 그 범위에 제한이 가하여지는 것이다. 또한 법률불소급의 원칙은 그 법률의 효력발생 전에 완성된 요건사실에 대하여 당해 법률을 적용할 수 없다는 의미일 뿐, 계속 중인 사실이나 그 이후에 발생한 요건사실에 대한 법률적용까지를 제한하는 것은 아니다. 이러한 관점에서 보면 위 개정규정이 시행된 2012. 1. 1. 당시 앞서 본 대법원 판결들의 법리에 의하여 이미 5년의 부과제척기간이 도과된 것으로 보는 경우에는 위 개정규정을 적용할 수 없다고 해야하고, 그 당시 아직 5년의 부과제척기간이 도과되지 않은 경우에는 위 개정규정이 적용될 수 있다고 해야 할 것이다. 서울고등법원 2015. 5. 20. 선고 2014누66320 판결이 같은 취지를 선고하였고, 이 판결은 대법원 2015. 10. 15. 자 2015두45274 심리불속행 상고기각 판결에 의하여 확정되었으며 같은 취지의 하급심 판결들이 이어지고 있다. 서울고등법원 2017. 1. 12. 선고 2017누61456 판결도 같은 취지였고, 이 판결도 대법원 2018. 2. 28. 자 심리불속행 상고기각 판결로 확정되었다. 타당한 결론이다. 이 점에 관하여 대법원이 법리를 선언하는 것이 바람직하다.

다. 세금계산서 관련 부가가치세의 부과제척기간

(1) 공급가액이 허위인 세금계산서의 수수

세금계산서는 거래의 증빙이 되기 때문에 사실과 다른 세금계산서를 수수하는 것은 거래증빙을 조작하는 행위로서 전형적인 '사기 그 밖의 부정한 행위'에 해당한다. 따라서 법인이 매출을 누락시켜 법인세를 포탈할 목적으로 공급가액을 과소하게 기재한 매출세금계산서를 수수할 경우 그 법인세에 관한 부과제척기간은 10년이 된다. 그러나 부가가치세에 있어서는 공급가액을 과소하게 기재한 매출세금계산서를 발행하거나 공급가액을 과다하게 기재한 매입세금계산서를 교부받는다고 해서 곧바로 부가가치세가 포탈되는 결과가 되지 않아 문제가 있다. 부가가치세는 공급하는 자와 공급받는 자가 서로 마주보는 관계에 있으므로 공급하는 자가 매출세액을 과소하게 납부하면 그 상대방인 공급받는 자가 매입세액을 과소하게 공제받게 되므로 국고의 입장에서는 전체적으로 보아 세수의 감소가 없기 때문이다.

대법원 2014. 2. 27. 선고 2013두19516 판결이 이러한 문제점에 착안하여 다음과 같이 판결하였다. 납세자가 허위의 계약서를 작성한 다음 그에 따라 교부받은 허위의 세금계산서에 의하여 매입세액의 공제 또는 환급을 받은 경우 그러한 행위가 '사기 기타 부정한 행위로써 국세를 포탈하거나 환급·공제받은 경우'에 해당하여 10년의 부과제척기간이 적용되기 위하여는, 납세자에게 허위의 세금계산서에 의하여 매입세액의 공제 또는 환급을 받는다는 인식 외에, 허위의 세금계산서를 발급한 자가 그 세금계산서상의 매출세액을 제외하고 부가가치세의 과세표준 및 납부세액을 신고·납부하거나 또는 그 세금계산서상의 매출세액 전부를 신고·납부한 후 경정청구를 하여 이를 환급받는 등의 방법으로 그 세금계산서상의 부가가치세 납부의무를 면탈함으로써 납세자가 그 매입세액의 공제를 받는 것이 결과적으로 국가의 조세수입 감소를 가져오게 될 것이라는 점에 대한 인식이 있어야 한다는 것이다. 나아가 원고는 종합건설업 면허를 빌리기 위하여 A회사와 허위의 도급계약서를 작성한 것일 뿐 부가가치세를 포탈할 의도가 없었고, 실제로 세금계산서에 의하여 공제받은 매입세액에 상당하는 금액을 A회사에 송금하였다는 취지로 주장하고 있으므로, 원심으로서는 원고에게 'A회사가 세금계산서상의 매출세액을 제외하고 부가가치세의 과세표준 및 납부세액을 신고·납부하거나 또는 세금계산서상의 매출세액 전부를 신고·납부한 후 경정청구를 하여 이를 환급받는 등의 방법으로 세금계산서상의 부가가치세 납부의무를 면탈함으로써 원고가 세금계산서에 의하여 매입세액의 공제를 받는 것이 결과적으로 국가의 조세수입 감소를 가져오게 될 것이라는 점에 관한 인식이 있었는지 여부'를 심리한 후 부가가치세 부과처분에 대하여 10년의 부과제척기간이 적용되는지를 판단하였어야 한다는 이유로 원심판결을 파기하였다.

위 판결의 취지는 대법원 2015. 2. 26. 선고 2014두42001 판결에서도 그대로 인용되고 있다. 이 사건에서도 원심은 위 사건의 원심과 같이 10년의 부과제척기간이 적용된다고 판단하였으나 대법원이 이를 파기하였다. 위 두 사건에 의하면 하급심과 대법원의 입장이 다소 대립되는 듯한 인상을 주고 있다. 부가가치세의 납세의무가 전단계세액공제의 방법에 의하여 비록 거래상대방의 납세의무와 서로 맞물려 상쇄되는 성질이 있지만 납세의무자의 조세포탈 여부는 당해 납세의무자에 국한하여 판단하는 것이 타당할 수 있으므로 원심들의 입장도 수긍할 수 있는 면이 있다. 하지만 전단계세액공제제도의 취지가 국가는 중간사업자들에게는 부가가치세의 부담을 지우지 않고 최종소비자에게 전가시켜 그로부터 부가가치세를 징수하고자 하는 것이므로 중간사업자들 단계에서 어느 사업자의 과소납부 부가가치세가 그 다음 단계 사업자의 과다납부 부가가치세로 서로 상쇄된다면 굳이 부가가치세의 포탈이 있었다고 볼 필요까지 없다고 할 수 있고 이러한 입장이 부과제척기간의 측면에서도 납세자에게 유리하므로 위 대법원 판결이 타당하다고 하겠다. 최근의 대법원 2022. 5. 26. 선고 2022두32385 판결에서 같은 취지를 다시 확인하였다.

(2) 변칙적 금지금 거래에 따른 세금계산서의 수수

앞서 신의칙에서 살펴본 바와 같이, 대법원은 2011. 1. 20. 선고 2009두13474 전원합의체 판결 이래, 악의적 사업자가 개재된 변칙적 금지금 거래의 형태, 거래가격, 거래 당사자들의 관계 등에 비추어, 금지금 수출업자가 세금계산서에 의한 금지금의 매입 당시 그 일련의 거래과정에 부가가치세의 포탈을 목적으로 부정거래를 하는 악의적 사업자가 존재한다는 사정을 알았거나 중대한 과실로 알지 못하였다고 할 수 있는 경우에는 그 세금계산서에 관한 매입세액의 환급·공제를 주장하는 것은 신의성실원칙에 위배되어 허용될 수 없다고 판시해 왔다. 그러자 과세관청은 여기에서 한걸음 더 나아가 금지금 수출업자 등에 대한 부가가치세의 부과제척기간이 10년으로 연장된다는 주장을 하였다. 그 논거는 금지금 수출업자 등의 매입세액 공제 주장이 신의칙에 반하기 때문에 그것이 부가가치세를 포탈하기 위한 사기 그 밖의 부정한 행위에 해당할 수 있다는 것이다.

국세기본법은 제15조에서 신의성실의 원칙을 규정하고 있고, 이는 부가가치세법에도 적용되는 통칙적 규정이므로, 부가가치세법상 납세의무자가 그 납세의무를 이행함에 있어서 매입세액의 공제나 환급을 주장하는 것이 신의성실원칙의 파생원칙인 권리남용금지의 원칙에 반한다고 볼 특별한 사정이 있는 경우 그 기초가 되는 세금계산서가 '사실과 다른 세금계산서'가 아니어서 부가가치세법상 매입세액의 공제·환급권이 인정된다고 하더라도 그 권리에 관한 주장은 위 대법원의 입장대로 제한될 수 있다고 봄이 상당하다. 다만, 조세법에 있어서는 조세법률주의에 의하여 합법성의 원칙이 강하게 작용하는 특성이 있으므로 자유처분권이 인정되는 사법에서보다는 신의성실의 원칙의 적용에 있어 제약을 받는다고 할 것이고, 따라서 신의성실의 원칙은 합법성의 원칙을 희생하여서라도 관련 규정에 따른 납세자의 주장을 배척하는 것이 보편적 정의관과 윤리관에 비추어 부득이하다고 인정되는 특별한 사정이 있는 경우에 한하여 예외적으로 적용되어야 한다. 금지금 수출업자가 전단계의 공급자로부터 받은 세금계산서는 금지금의 실물거래에 부합하는 것이라면 부가가치세법상 그에 따른 매입세액 공제권이 인정된다. 다만, 그 공제권을 행사하는 것이 국세기본법 제15조의 신의칙에서 파생된 권리남용에 해당하여 부인된다는 의미에 불과하다. 금지금 수출업자가 매입세금계산서에 기하여 매입세액 공제·환급을 신청한 외에 세금계산서를 위조하는 등 조세의 부과징수를 불가능하게 하거나 현저히 곤란하게 하는 위계 기타 부정한 적극적 행위를 하지 않았다. 더구나 대법원 2007. 10. 11. 선고 2007도5577 판결에서는 명시적으로 금지금 수출업체에 의한 부가가치세 환급행위 자체가 사기나 그 밖의 부정한 행위로 조세의 환급을 받는 것에 해당한다고 할 수 없다고 판시하였고, 대법원 2011. 4. 28. 선고 2011도527 판결도 그 취지를 따르고 있다. 물론 '권리남용'과 '부정한 행위'는 그 의미에 비추어 적용영역이 다소 겹칠 여지가 없지는 않지만, 금지금 거래에 관하여 신의칙을 적용한 대법원 판례들이 선고되고 있음에도 위 2007도5577 판결이 폐기되지 않고 그대로 유지되고 있는 점 등을 고려해 볼 때 금지금 수출업자에 대한 부과제척기간 적용에 있어서는 '사기 그 밖의 부정한 행위'에 해당하지 않는다고 보는 것이 타당하다고 하겠다.

대법원 2013. 1. 16. 선고 2012두19977 판결은 이러한 취지에 입각하여, 금지금의 수입업체로부터 그 수출업체인 원고에 이르기까지 실제로 금지금이 전전 유통되어 수출되었을 뿐만 아니라 세금계산서 등 증빙서류까지 각 거래단계마다 제대로 발행되었으므로 원고가 세금계산서에 의한 부가가치세를 환급·공제받는 행위가 사기나 그 밖의 부정한 행위로써 국세를 공제·환급받는 경우에 해당하지 아니하여 국세기본법 제26조의2 제1항 제1호가 적용될 수 없다고 한 원심판결을 수긍하였다.

4. 국세부과제척기간의 특례

가. 개요

국세기본법 제26조의2 제6항은 부과제척기간에 대한 특례의 하나로, 이의신청, 심사청구, 심판청구, 감사원법에 의한 심사청구 또는 행정소송법에 의한 소송에 대한 결정 또는 판결이 있는 경우 그 결정 또는 판결이 확정된 날로부터 1년이 지나기 전까지는 해당 결정 또는 판결에 따라 경정결정이나 그 밖의 필요한 처분을 할 수 있고(제1호), 제1호의 결정이나 판결이 확정됨에 따라 그 결정 또는 판결의 대상이 된 과세표준 또는 세액과 연동된 다른 세목이나 과세기간의 과세표준 또는 세액의 조정이 필요한 경우에도 그 결정 또는 판결이 확정된 날로부터 1년이 지나기 전까지 같은 결정이나 치분을 할 수 있다(제1호의2)고 규정하고 있다. 일본 국세통칙법 제71조에서도 비슷한 규정을 두고 있다. 그리고 조세조약에 부합하지 아니하는 과세의 원인이 되는 조치가 있는 경우 그 조치가 있음을 안 날로부터 3년 이내(조세조약에서 따로 규정하는 경우에는 그에 따른다)에 그 조세조약의 규정에 따른 상호합의가 신청된 것으로서 그에 대하여 상호합의가 이루어진 경우에도 마찬가지로 그 상호합의가 종결된 날로부터 1년이 지나기 전까지는 그 상호합의에 따라 경정결정이나 그 밖의 필요한 처분을 할 수 있다(제3호)고 규정하고 있다. 아울러 글로벌 최저한세 도입에 따라 신설된 제7호에서는 국제조세조정에 관한 법률 제69조 제2항에 따른 국가별 실효세율이 변경된 경우 그 변경이 있음을 안 날부터 1년이 지나기 전까지는 필요한 처분을 할 수 있도록 규정하고 있다.

과세처분의 위법성을 다투는 쟁송절차가 지연되어 납세자의 주장을 받아들이는 내용의 결정 또는 판결 등이 당해 국세에 대한 부과제척기간이 만료된 이후의 시점에 확정될 수 있는데, 이 경우에도 과세관청이 그 결정 또는 판결 등에 따른 경정결정 기타 필요한 조치를 취할 수 없게 된다면 이는 불합리하므로 결정 또는 판결 등을 이행하기 위하여 위와 같이 부과제척기간의 특례규정을 신설한 것으로 보고 있다.[32] 이는 곧 부과제척기간을 연장하는 효과가 있다. 위 규정의 입법이유에서는 '국세부과처분이 있은 후에 그 처분에 납세자가 불복하여 행정심판 또는 행정소송 등을 제기한 경우 그 결정 또는 판결이 확정되기 전에 부과제척기간이 만료되는 경우가 있을 수 있는데 이러한 경우 납세자가 자신에게 유리한 취소 내지 일부취소의 결정 또는 판결을 받았음에도 처분청이 부과권이 없어 경정결정 및 환급하지 못할 것이므로 이를 방지하기 위하여 당초 부과제척기간이 만료되었더라도 결정 또는 판결이 있는 날로부터 1년 이내에는 그 판결 등에 따라 경정결정 및 기타 필요한 처분을 할 수 있도록 하였다'고 설명하고 있다.

위 규정의 적용방향에 관하여는 납세자의 이익을 위하는 경우로서 행정심판의 인용재결 또는 조세소송의 인용판결을 이행하기 위하여서만 경정결정 기타 필요한 처분을 할 수 있다는 '편면적 적용설'과 납세자의 이익에 국한하지 않고 과세관청의 이익을 위하여도 재결이유 또는 판결이유에서 설시된 요건사실의 인정 또는 그 효력의 판단에 따라 경정결정 기타 필요한 처분을 할 수 있다는 '양면적 적용설'로 견해가 나뉘어 있었다. 이에 대하여 대법원 1996. 5. 10. 선고 93누4885 판결은 국세기본법 제26조의2 제2항 규정은 결정이나 판결이 확정된 날로부터 1년 내라 하여 당해 결정이나 판결에 따르지 아니하는 새로운 결정이나 증액경정결정까지 할 수 있다는 취지가 아님은 분명하나, 그렇다고 하여 위 규정을 오로지 납세자를 위한 것이라고 보아 납세자에게 유리한 결정이나 판결을 이행하기 위하여만 허용된다고 볼 근거는 없다고 판시함으로써 양면적 적용설을 취하고 있다.

이러한 논란은 부과제척기간이 도과하면 과세관청이 납세자에게 유리한 처분도 할 수 없다는 것을 전제로 하고 있고 그 입법이유에도 그러한 점이 나타나 있다. 그러나 다음 항에서 자세히 살펴보는 바와 같이 부과제척기간은 과세권의 행사를 제재함으로써 납세자의 권익을 보호하기 위한 것이므로 부과제척기간이 도과하더라도 납세자에게 유리한 처분은 얼마든지 할 수 있다고 보아야 한다. 따라서 양면적 적용설의 실질적 의미는 약하다고 하겠고, 실질적으로는 과세관청의 이익을 위하여 위 규정이 존재하고 있으며, 조세쟁송에서도 거의 모두가 과세관청이 납세자에게 불리한 결정이나 경정처분을 할 수 있는지가 다투어진다.

그리고 2021. 12. 21. 제1의3호가 신설되어 형사소송법에 따른 소송에 대한 판결이 확정되어 소득이 발생한 것으로 확인되는 경우에는 그 판결이 확정된 날로부터 1년간으로 부과제척기간을 규정하고 있다. 횡령이나 배임 등으로 인한 음성적인 불법소득은 과세관청이 사전에 파악하기 어려운 사정을 감안한 규정이다.

---

32) 안경봉, "행정쟁송의 결정 또는 판결에 따른 경정결정 기타 필요한 처분의 제척기간", 특별법연구 제8권(2006. 9.), 박영사

나. 일반적인 적용범위

위 특례규정은 실질적으로는 과세관청의 이익을 위하여 부과제척기간을 예외적으로 연장하는 효과가 있으므로 그 적용범위를 엄격하게 제한하여 해석하는 것이 바람직하다. 따라서 판결이나 결정의 취지에 따른다고 하더라도 새로운 처분이 당초 처분과 동일성이 없다고 할 정도에 이르면 이는 위 특례규정의 적용대상이 아니라고 보아야 할 것이다.

우선 인적 범위에 관하여 보면, 조세쟁송 과정에서 당초 과세처분이 납세의무자를 잘못 파악한 것으로 드러나 그와 같은 취지의 판결이나 결정이 있었다고 하더라도 과세관청이 그 취지에 따라 새로이 파악된 납세의무자를 상대로 하는 과세처분은 종전의 과세처분과 동일성이 없어 위 특례규정의 적용대상이 된다고 볼 수는 없고 이에 대하여는 별 이론이 없는 것 같다. 왜냐하면 새로운 납세자로 지정된 제3자는 자기 기준으로 보았을 때 이미 부과제척기간이 도과되었음에도 잘못 지정된 다른 납세의무자가 있었다는 이유로 자신에 대한 부과제척기간이 늘어난다는 것은 도저히 용인될 수 없기 때문이다. 대법원 1996. 9. 24. 선고 96누68 판결도 주관적 범위로서, 납세의무가 승계되는 등의 특별한 사정이 없는 한 당해 판결 등을 받은 자로서 그 판결 등이 취소하거나 변경하고 있는 과세처분의 효력이 미치는 납세의무자에 대하여서만 그 판결 등에 따른 경정처분 등을 할 수 있을 뿐이고, 그 취소나 변경대상이 되고 있는 과세처분의 효력이 미치지 아니하는 제3자에 대하여서까지 그 규정을 적용할 수 있는 것은 아니라고 판시하였다. 최근의 대법원 2015. 9. 10. 선고 2013다205433 판결도 같은 취지에서, 제2차 납세의무의 성립에는 주된 납세의무의 성립 외에도 주된 납세의무자의 체납 등과 같은 별도의 요건이 요구되는 등 제2차 납세의무자에 대한 부과처분은 주된 납세의무자에 대한 부과처분과는 독립된 부과처분에 해당하는 점, 제2차 납세의무자에 대한 판결 등이 취소하거나 변경하고 있는 과세처분의 효력은 주된 납세의무자에게 미치지 아니하는 점 등을 이유로, 제2차 납세의무자에 대한 부과처분을 주된 납세의무자에 대한 납세고지 절차의 하자 등을 이유로 취소하는 판결이 확정되었다고 하더라도, 주된 납세의무자에 대한 부과제척기간에 관하여는 그 특례가 적용될 수 없다고 판시하였다.

이에 대하여는, 국세기본법이 2019. 12. 31. 개정되면서 제7항이 신설되어 판결이나 결정에 의하여 명의대여사실이 확인된 경우에는 실제로 사업을 경영한 자에게 1년의 특례를 적용하고, 국내원천소득의 실질귀속자가 확인된 경우에도 실질귀속자 또는 원천징수의무자에게 1년의 특례를 적용하도록 하였다.

다음으로 동일한 납세의무자에 대한 관계에서는 어느 정도의 범위에서 위 특례규정을 적용할 것이냐가 문제된다. 새로운 과세처분이 동일한 과세단위 범위 내에 있다면 위 특례규정의 적용을 받는다고 해석하는 데는 별 무리가 없다. 과세단위는 인적 요소와 물적 요소로 구성된다고 할 수 있는데, 인적 요소는 납세의무자를 말할 것이고, 물적 요소로는 시간·장소·원천 등을 들 수 있겠다. 이와 같이 인적 요소와 물적 요소에 따라 구분된 과세물건이 하나의 과세단위를 이룬다. 물적 요소 중 시간은 법인세·소득세·부가가치세 등의 '기간과세'에 있어서의 과세기간에 해당한다. 따라서 과세기간을 달리하면 과세단위가 달라지게 된다. 장소는 부가가치세에서의 사업장에 해당하고 소득세·법인세에서 있어서는 납세의무자의 거주자성과 소득의 원천지 등에 해당한다. 납세의무자가 거주자인지 비거주자인지에 따라 과세단위가 달라질뿐더러 소득의 원천지가 국내인지 국외인지에 따라서도 과세단위가 달라지게 된다. 마지막으로 원천은 소득세의 경우가 대표적인데 종합소득·양도소득·퇴직소득·산림소득 등의 구분에 해당하고 이들 구분에 따라 과세단위가 달라진다고 할 수 있다. 여기서 종합소득에 합산되는 6종류의 소득, 즉 이자소득, 배당소득, 사업소득, 근로소득, 연금소득과 기타소득은 비록 그 원천이 다르고 과세표준 산정방법도 별도로 규정되어 있으나, 이들을 합하여 종합소득으로서 하나의 과세표준을 이루는 점에서 하나의 과세단위에 포함된다고 보아야 한다.

이와 같이 과세단위를 기준으로 위 특례규정의 적용범위를 정하는 논거로서, 대법원 2012. 10. 11. 선고 2012두6636 판결은 확정된 결정이나 판결의 기판력이 미치는 범위는 그 쟁송대상이 되었던 과세단위에 제한될 뿐이고 이를 넘어서 별개의 과세단위에 관련된 판단이 이루어졌다고 하더라도 이러한 판단에 기판력이 있다고 할 수 없으며, 따라서 그러한 판단을 경정결정이나 그 밖에 필요한 처분을 할 수 있는 근거가 되는 위 규정상의 '해당 결정·판결'에 해당한다고 할 수 없다는 점을 들었다. 위 판결은 위 특례규정에서 말하는 '결정 또는 판결에 따라'의 의미를 '결정 또는 판결의 기판력에 따라'의 의미로 축소하여 해석하였으나 오히려 '결정 또는 판결의 취지에 따라'로 해석하는 것이 그 문언과 입법 취지에 부합할 수 있으므로 위 판결의 논거는 다소 부적절해 보인다.

어쨌든 새로운 과세처분이 당초 처분과의 관계에서 납세의무자와 과세단위의 동일성을 유지하는 경우는 위 특례규정의 적용범위에 포섭되는 데 별문제가 없다. 대표적인 예로서 당초의 과세처분에 실체적 하자는 없으나 절차적 하자가 있는 경우 그 절차적 하자를 보완하여 실체적으로 동일한 처분을 하는 것이다. 납세고지서의 필요적 기재사항의 흠결이 있거나 그 송달의 효력이 없다는 이유로 당초 처분이 취소된 경우 이러한 납세고지의 하자를 보완하여 다시 납세고지를 함으로써 부과처분을 하는 경우가 여기에 해당하겠다.

그리고 대법원 2002. 7. 23. 선고 2000두6237 판결은 부동산임대소득이라 하여 과세되었으나 이자소득임이 인정되어 과세처분이 취소되고 이에 과세관청이 그 판결확정일로부터 1년 이내에 당초의 부과처분 세액을 한도로 종전 판결에서 적시한 위법사유를 보완하여 이자소득으로서 다시 과세처분을 하였다면 특례규정의 적용대상이 된다고 판시하였는데, 이 사안도 종합소득세라는 동일한 과세단위의 범위 내에서 구체적 하위 소득의 종류만 달리한 것이므로 위 특례규정의 적용대상이 된다고 보았다. 최근의 대법원 2015. 1. 29. 선고 2012두22126 판결도 같은 취지에서, 근로소득에서 기타소득으로의 변경은 위 특례규정의 적용이라고 보았다. 즉, 과세관청은 당초 법인의 사외유출소득에 대하여 원고에게 상여로 소득처분하고 종합소득세 부과처분을 하였으나 법원의 판결에서 사외유출소득이 원고에게 귀속되었더라도 원고가 법인의 임원이나 사용인에 해당하지 않으므로 원고에게 기타소득으로 처분할 수 있음은 별론으로 하고 상여로 인정하여 소득처분을 할 수는 없다고 하여 당초 처분을 취소하자 그 판결 확정일로부터 1년 내에 과세관청이 원고에 대하여 기타소득으로 처분하여 다시 종합소득세를 부과한 처분은 부과제척기간 특례규정의 적용대상이 된다고 판시하였다.

반면에 대법원 2020. 8. 20. 선고 2017두30757 판결은, 선행 확정판결의 대상인 종전 부과처분은 법인인 A사와 B 사이의 부동산양도거래에 따른 A사의 토지 등 양도소득을 과세대상으로 하고 그 세목이 '법인세'인 반면, 후행 처분은 개인인 원고와 B 사이의 주식양도거래에 따른 원고의 주식양도소득과 양도 자체를 과세대상으로 하고 그 세목이 '양도소득세'와 '증권거래세'이므로, 후행 처분을 선행확정판결에 따른 경정결정이나 그에 부수하는 처분이라고 보기 어렵다고 하면서, 후행 처분은 종전 부과처분과는 다른 새로운 결정이므로, 이에 대하여는 선행 확정판결에 따른 특례제척기간이 적용되지 않는다고 판시하였다. 후행 처분에서는 세목과 납세의무자가 모두 달라 과세단위의 동일성이 유지되지 않기 때문이다.

다. 과세기간을 달리하는 처분이 가능한지 여부

위에서 본 바와 같이 납세의무자와 과세단위의 동일성을 기준으로 하여 위 특례기간의 적용 여부를 판단한다면 판결이나 결정에 따른 새로운 처분이 당초 처분과 과세기간을 달리할 경우 위 특례규정을 적용받을 수 없다고 보아야 할 것이다.

이 점에 관하여는 먼저 대법원 2004. 1. 27. 선고 2002두11011 판결을 살펴볼 필요가 있다. 원고가 과세관청을 상대로 기술개발준비금을 1994 사업연도의 익금에 산입한 것은 부당하다고 주장하면서 국세심판소에 1994년 귀속 법인세 부과처분의 취소를 구하는 심판청구를 한 결과, 국세심판소장은 1999. 3. 12. 기술개발준비금은 1994 사업연도의 익금에 산입할 것이 아니라 1992 사업연도의 익금에 산입하여야 할 금액이라는 이유로 1994

년 귀속 법인세의 과세표준과 세액을 경정하라는 심판결정을 하였다. 이에 따라 과세관청은 1999. 5. 19. 기술개발준비금을 1994 사업연도의 익금산입에서 제외함으로써 1994년 귀속 법인세를 감액경정하는 한편, 기술개발준비금을 1992 사업연도의 익금에 다시 산입한 결과 1992년 귀속 법인세로 44,682,510원을 증액경정하는 부과처분을 하였다. 이러한 후속 부과처분이 위 특례규정의 적용대상이 되는지가 다투어졌다. 이에 대하여 원심은, 국세심판의 대상은 1994년 귀속 법인세 부과처분에 한정되고, 설령 심판결정에서 기술개발준비금을 1992 사업연도의 익금에 산입하는 것이 정당하다는 취지의 심판결정을 하였다고 하더라도 그 당시 1992년 귀속 법인세에 대한 부과권의 제척기간이 이미 경과하였다면 이러한 경우에는 국세기본법 제26조의2 제2항 제1호 소정의 '결정이 확정된 날로부터 1년이 경과되기 전까지는 당해 결정에 따라 경정결정 기타 필요한 처분을 할 수 있는' 경우에 해당하지 않고 따라서 과세관청의 1992년 귀속 법인세 부과처분은 부과할 수 있는 날로부터 5년의 부과제척기간이 경과한 후의 처분으로서 당연무효라고 판단하였고, 대법원이 이를 수긍하였다.

대법원 2012. 10. 11. 선고 2012두6636 판결도 위 특례규정의 당초 입법 취지는 국세에 관한 부과처분이 있은 후에 그 처분에 대한 행정심판 또는 행정소송 등의 쟁송절차가 장기간 경과되어 그 결정 또는 판결이 부과제척기간이 지난 후에 확정된 경우에 과세관청이 쟁송절차에서 유리한 결과를 이끌어 낸 납세자에 대하여 그 결정이나 판결에 따른 처분조차도 할 수 없게 되는 불합리한 사태가 발생하는 것을 방지하려는 데에 있었던 점, 조세법규의 해석은 특별한 사정이 없는 한 법문대로 해석하고 그중에서도 예외규정 내지 특례규정은 더욱 엄격한 해석이 요구되는 점, 확정된 결정이나 판결의 기판력이 미치는 범위는 그 쟁송대상이 되었던 과세단위에 제한될 뿐이고 이를 넘어서 별개의 과세단위에 관련된 판단이 이루어졌다고 하더라도 이러한 판단에 기판력이 있다고 할 수 없으며, 따라서 그러한 판단을 경정결정이나 그 밖에 필요한 처분을 할 수 있는 근거가 되는 위 규정상의 '해당 결정 · 판결'에 해당한다고 할 수 없는 점 등을 종합해 보면, 비록 위 규정을 오로지 납세자를 위한 것이라고 보아 납세자에게 유리한 결정이나 판결을 이행하기 위한 경우에만 적용된다고 볼 수는 없다고 하더라도, 기간과세에 있어서 확정된 결정 또는 판결에서 다투어진 과세처분과 과세기간을 달리하는 기간에 대하여 해당 결정 또는 판결의 취지에 따른다는 명목으로 한 새로운 과세처분에 대해서까지 위 규정에 따른 특례제척기간의 적용을 허용할 수 있는 것은 아니라고 판시하였다.

이들 판결은 과세단위의 동일성을 기준으로 위 특례규정의 적용 여부를 가린 대표적인 사례이다. 이러한 입장에 대하여는 학계의 비판이 거세었다. 먼저 행정소송이나 재판결과 1996년도에 낼 세금이 아니고 1997년도에 낼 세금이라면 1996년도의 세액은 취소가 되고, 1997년분 세액은 그만큼 늘어날 것인데, 이를 쟁송으로 다투고 있는 사이에 1997년분 세금에 대한 제척기간이 지나고 그 후 1996년도에 낼 세금이 아니라는 이유로 판결이나 결정에 의하여 1996년분 세액은 취소하면서 1997년분 세액은 제척기간이 지났다는 이유로 부과할 수 없다면 이상한 결과가 된다고 지적하는 견해가 있다.[33] 그리고 위 대법원 2004. 1. 27. 선고 2002두11011 판결의 입장에 따르면 부과제척기간의 특례를 정하고 있는 국세기본법 제26조의2 제2항을 사실상 사문화하게 되는 부당한 결과를 가져오게 된다고 비판하면서 결정 또는 판결로 인하여 특정 사업연도의 과세표준이 감액됨으로써 불복인의 과거 사업연도의 동일 세목의 과세표준이 증액되어야 할 경우에는 비록 과거 사업연도가 이미 제척기간이 경과한 기간에 해당한다 할지라도 특례제척기간을 적용하여 경정 결정 기타 필요한 처분을 할 수 있다고 적극적으로 해석하는 것이 필요하다고 주장하기도 하였다.[34] 또한 위 대법원 2004. 1. 27. 선고 2002두11011 판결의 입장에 따르면 다른 법률상의 쟁점과는 달리, 과세기간에 관한 한 과세관청은 현재의 판례 아래에서는 해당 과세물건의 귀속시기를 단번에 정확히 맞추지 않으면 안 되고, 귀속기간을 그르쳐 과세처분을 한 경우에는 이를 바로잡을 기회조차 가질 수 없게 될 가능성이 있으며, 그래서 과세관청의 입장에서는 미리 동일 과세물건에 관하여 여러 과세기간에 서로 양립할 수 없는 부과처분을 각각 해 놓아야 한다는 문제가 따를 수 있고, 현행의 쟁점주의적 소송구조하에서 법원이 유독 과세기간이 쟁점이 된 경우에만 전체적·궁극적 분쟁해결에 걸리는 시간을 갑자기 제약하여야 할 이유를 잘 알 수 없으며 그렇다고 하여 과세관청이 해당 과세물건이 귀속하는 과세기간에 관하여 총액주의적 심리하에서처럼 해당 부과처분을 뒷받침할 수 있는 사유를 한꺼번에 주장할 수 있는 것도 아니기 때문에 결국 현재 판례의 입장은 유독 과세기간에 관한 판단에 관하여는 과세관청에게 단 한 번의 과세 기회에 정확한 과세기간을 지목하여야 할 무거운 짐을 지우고 있는 셈이라고 지적하기도 하였다.[35]

참고로 비교대상이 되는 일본 국세통칙법 제71조를 살펴본다. 위 규정은 경정결정 등으로서 다음 각 호에 게기하는 것은 당해 각 호에 게기하는 기간의 만료일이 전조의 규정에 의하여 경정결정 등을 행할 수 있는 기간의 만료일 후에 도래하는 경우에는 전조의 규정에 불구하고 당해 각 호에 게기하는 기간에 있어서도 행할 수 있다고 하면서, 제1호에서 '경정결정 등에 관계된 불복신청 또는 소에 관한 재결 등에 의한 원처분의 변동에

---

33) 이창희, 세법강의, 박영사
34) 안경봉, "행정소송의 결정 또는 판결에 따른 경정결정 기타 필요한 처분의 제척기간", 특별법연구 제8권(2006. 9.), 박영사
35) 윤지현, "이른바 특례제척기간을 통한 과세관청의 재처분은 어느 범위 내에서 허용되는가", 조세법 연구(15-3)(2009. 12.), 세경사

따라서 과세표준 등 또는 세액 등에 변동을 발생시키는 국세(당해 재결 등에 관계된 국세에 속하는 세목에 속하는 것에 한한다)로서 당해 재결 등을 받은 자에 관계되는 것에 관한 경정결정 등: 당해 재결 등이 있었던 날부터 6월간'을 규정하고 있다. 여기서 원처분의 변동에 따라서 과세표준 등 또는 세액 등에 변동이 발생하는 경우로서, 특정한 연도의 과세표준 등 또는 세액 등이 다른 연도의 과세표준 등의 계산의 기초로 되고 있고 그것과 다른 계산이 허용되지 않는 관계가 있는 경우를 예로 들고 있으며, 구체적인 예로서는, 쟁송의 대상으로 되고 있는 사업연도의 소득금액이 변동함에 따라 적립금의 변동에 의하여 다음 사업연도 이후의 법인세액이 변동하는 경우, 대손충당금 등의 전입액에 관하여 다툼이 있고, 그것이 변동함에 따라 다음 사업연도의 상계액에 변동이 생긴 경우, 수선비를 자본적 지출로 한 경정이 취소됨에 따라 다음 사업연도 이후의 감가상각비가 변동하는 경우, 법인세 또는 소득세에 관한 경정결정이 쟁송에 의하여 취소되고, 이에 따라서 다음 연도 이후의 손금으로 되는 사업세의 금액이 변동된 경우 등을 들고 있다.[36] 이와 같이 일본에서는 우리나라에 비하여 재처분의 범위를 훨씬 폭넓게 인정하고 있으며, 당초 처분보다 더 불리한 재처분에 대하여도 별도의 제한을 가하지 않고 있다. 이는 우리나라 국세기본법 제26조의2 제2항은 '재결 등에 따라 경정결정 등을 할 수 있다'고 규정하고 있는데 비하여, 일본 국세통칙법 제71조는 '재결 등에 의한 원처분의 변동에 따라서 과세표준 등 또는 세액 등에 변동을 발생시키는 국세에 대하여 경정결정을 할 수 있다'고 함으로써 문언을 달리하므로 그 적용범위를 같이 할 수 없기 때문에 나타나는 차이로 볼 수 있다.

당초 처분 후 조세쟁송에서의 판결이나 결정에 따라 과세기간을 달리하는 후속 처분을 하는 경우 그 외관만 놓고 보면 과세기간에 의한 과세단위가 달라짐으로써 전혀 새로운 처분을 하는 것 같으나, 속을 들여다보면 특정한 과세소득의 귀속시기에 관한 법적 평가가 달라지는 것에 불과함을 알 수 있다. 과세소득의 귀속시기라는 것은 그 속성상 명확하게 판별될 수 있는 것이 아니다. 통상 권리의무확정주의라는 다분히 추상적인 기준이 적용되기 때문에 언제 권리나 의무가 확정되었는지에 관하여는 관점에 따라서 판단이 달라질 수 있는 여지가 많다. 그래서 조세쟁송에서 그 소득의 귀속시기에 대한 결론이 달라지는 경우가 더러 있음에도 이러한 경우에는 위 특례규정의 적용대상이 되지 않는다고 보는 것은 과세관청에게 너무 무리한 것을 요구하는 것 같아 현실적으로 부당한 측면이 없지 않다.

그래서 이러한 논란과 비판을 타개하기 위하여 국세기본법이 2016. 12. 20. 개정되면서 제26조의2 제2항(지금은 제6항) 제1호의2가 신설되어 결정이나 판결이 확정됨에 따라 그

---

36) 武田昌輔 監修, DHC, コンメンタール 國稅通則法(2), 第一法規

결정 또는 판결의 대상이 된 과세표준 또는 세액과 연동된 다른 과세기간의 과세표준 또는 세액의 조정이 필요한 경우에 1년의 특례가 적용되도록 하였다.

라. 증액경정처분이 가능한지 여부

국세기본법 제26조의2 제2항 제1호의 규정에 의하여 결정이나 판결이 확정된 날로부터 1년 내에 당해 결정이나 판결에 따라 당초 처분에 대한 경정처분을 함에 있어서 당초 처분에 비하여 세액을 증가시키는 증액경정처분을 할 수 있는지 여부가 쟁점이 되고 있다. 결정이나 판결의 취지에 반하는 증액경정처분이 허용될 수 없음은 명백한데, 그 취지에 부합하는 내용의 경정처분에 있어서도 일체의 증액경정처분은 허용될 수 없는 것인지에 대하여 논란이 있다. 특히, 결정이나 판결의 취지에 따른 경정처분을 하게 되면, 경정처분일이 당초 처분일보다 늦어져 납부불성실가산세가 증가될 수밖에 없는데, 이와 같은 납부불성실가산세의 증액도 허용될 수 있는지가 문제된다.

우선 대법원 판례의 흐름을 살펴본다. 먼저 대법원 1994. 8. 26. 선고 94다3667 판결은 국세기본법 제26조의2 제2항의 규정의 문언상 과세권자로서는 당해 판결 또는 결정에 따른 경정결정이나 그에 부수되는 처분만을 할 수 있을 뿐, 판결 또는 결정이 확정된 날로부터 1년 내라 하여 당해 판결이나 결정에 따르지 아니하는 새로운 결정이나 증액경정결정까지도 할 수 있는 것은 아니디리고 판시한 비 있다. 위 판시에서 '판결이니 결정에 따르지 아니하는' 부분이 '증액경정결정'도 수식하는지 여부가 분명하지 않다. 이를 수식하지 않고 '새로운 결정'만 수식한다고 보면 일체의 증액경정결정은 허용되지 않는다고 해석하게 되고, 이를 수식한다고 보면 판결이나 결정에 따르는 한 증액경정결정도 할 수 있다는 해석이 가능하다. 위 판결의 사안에서는 과세관청이 법원의 판결에서 공제된 일부 이월결손금을 부인하고 오히려 과세표준을 증액한 것이 문제되었는데, 그것이 위법하다고 판단한 논거가 '판결의 취지에 따르지 않은 증액경정결정'에 해당하기 때문이라는 것인지, 아니면 단순히 '증액경정결정'에 해당하기 때문이라는 것인지가 분명하지 않다.

그 후 대법원 2005. 2. 25. 선고 2004두11459 판결은 국세기본법 제26조의2 제2항 소정의 '당해 판결 등에 따라 필요한 처분'이라 함은 당해 판결 등에 의하여 대상처분이 변동되는 내용에 따라 감액경정하거나 그 처분이 단순히 절차상의 위법사유로 인하여 취소되는 경우에 그 하자를 치유하여 동일한 내용의 처분을 다시 할 수 있는 정도를 의미할 뿐이고, 쟁송과정 중에 과세표준의 증액사유를 발견하였다고 하더라도 이미 부과권의 제척기간이 만료된 이상 당해 판결 등의 내용과는 달리 새로운 처분을 하거나 증액경정처분을 할 수는 없다고 한 원심판단은 정당하다고 판시하였다. 위 판결에서는 비록 원심의 판단을 인용한 것이긴 하지만, 동일한 내용의 처분을 다시 할 수 있는 정도에 불과하다고 한 점에 비추어, 일체의 증액경정처분을 할 수 없다는 취지를 엿볼 수 있다.

또한 서울고등법원 2007. 5. 9. 선고 2006나61033 판결도 같은 입장에 있다. 과세관청이 1999. 3. 22. 원고의 1994 사업연도에 관하여 법인세 3,309,897원, 특별부가세 41,911,592원, 신고불성실가산세 4,522,148원, 납부불성실가산세 13,029,184원의 부과처분을 하였다가, 법원에서 2002. 9. 11. 위 부과처분에는 납세고지절차상 하자가 있다는 이유에서 이를 전부 취소하는 판결을 선고하자, 과세관청이 2003. 1. 1. 납세고지절차상의 하자를 보완하여 다시 1994 사업연도에 관하여 법인세 3,309,897원, 특별부가세 41,911,592원, 신고불성실가산세 4,522,148원, 납부불성실가산세 46,257,053원의 부과처분을 한 사안이었는데, 위 법원은 피고가 국세기본법 제26조의2 제2항 제1호를 근거로 판결 취지에 따른 절차상의 하자를 치유하면서 당초 처분보다 납부불성실가산세를 33,227,869원을 더 증액하여 부과한 부분은 국세기본법 제26조의2 제2항 제1호에서 정한 부과권의 범위를 벗어나 결국 그 제척기간이 경과한 후에 부과된 것으로서 무효로 봄이 상당하다고 판시하였고, 대법원 2007. 9. 7. 자 2007다36834 심리불속행 상고기각 판결에 의하여 확정되었다.

대법원 2010. 8. 19. 선고 2007두21877 판결도 같은 취지에서, 위 특례규정의 문언상 과세권자로서는 당해 판결 등에 따른 경정결정이나 그에 부수하는 처분만을 할 수 있을 뿐, 판결 등이 확정된 날로부터 1년 내라 하여 판결 등에 따르지 아니하는 새로운 결정이나 증액경정결정까지도 할 수 있는 것은 아니므로, 위 규정의 적용을 받는 제6차 경정처분은 국세심판원의 결정이 있기 전의 제4차 경정처분보다 그 세액을 증가시킬 수는 없다고 전제하고, 제6차 경정처분의 납부불성실가산세액은 166,813,275원으로서 제4차 경정처분의 납부불성실가산세액 137,299,120원을 초과하므로 그 초과하는 범위에서는 위법하다고 판시하였다.

이상의 대법원 판결의 흐름을 종합하면, 결정이나 판결의 취지에 따르는 재처분이라 할지라도 원래의 부과제척기간이 도과된 후에 이루어지는 것이면, 당초 처분보다 그 세액을 증가시키는 일체의 증액경정처분은 할 수 없다고 해석하지 않을 수 없다. 국세기본법 제26조의2 제2항의 문언상으로는 단지 판결 등이 확정된 날로부터 1년이 경과되기 전까지는 당해 판결 등에 따라 경정결정 기타 필요한 처분을 할 수 있다고만 규정하고 있을 뿐, 일체의 증액경정처분을 할 수 없다는 규정을 두고 있지 않음에도, 대법원은 위 규정의 입법 취지를 고려하여 이를 합목적적으로 축소해석하고 있다고 할 수 있다. 위 특례규정이 과세관청의 입장을 고려한 것이긴 하지만 원칙적인 규정에 대한 예외규정이므로 이를 엄격히 제한적으로 해석·적용하는 것이 그 입법 취지에 맞다. 납세자의 입장에서는 납세자 스스로 당초 처분의 취소를 위하여 소송을 제기하였으므로 적어도 이를 계기로 위 특례규정으로 인하여 당초 처분보다 더 불리한 처분을 받아서는 아니된다고 할 것이다. 따라서 위 대법원 판결들의 입장이 타당하다고 하겠다.

5. 부과제척기간의 기산일

가. 개요

국세기본법 제26조의2 제1항 각 호는 국세의 부과제척기간은 당해 국세를 부과할 수 있는 날로부터 기산한다는 취지의 규정을 두고 있다. 과세관청이 국세를 부과할 수 있음에도 그 부과권을 행사하지 아니한 것을 규제하기 위한 것이 부과제척기간이므로 이는 당연한 규정이다. 따라서 그 기산일은 신고주의 방식에 의한 국세의 경우 법정신고기한이 도과한 때이고, 부과주의 방식에 의한 국세의 경우도 통상 법정신고기한이 정해져 있기 때문에 그 기한이 도과한 때이다. 구체적인 기산일에 관하여는 국세기본법 시행령 제12조의3에서 규정하고 있는데, 그 제2항 제3호에서는 공제, 면제, 비과세 또는 낮은 세율의 적용에 따른 세액을 사후 의무불이행 등의 사유로 징수하는 경우에는 해당 공제세액 등을 징수할 사유가 발생한 날을 기산일로 정하고 있다.

조세쟁송에서는 부과제척기간이 얼마이냐에 못지 않게 부과제척기간의 기산일을 언제로 보느냐도 중요한 쟁점이 되고 있다. 이하에서는 다소 특수한 유형들의 조세에 관한 부과제척기간의 기산일을 살펴본다.

나. 가산세 부과제척기간의 기산일

앞서 살펴본 바와 같이 국세기본법 제21조 제2항 제11호는 가산세의 납세의무 성립시기는 본세의 납세의무 성립시기로 소급시키고 있고, 가산세의 신고납부기한에 관한 별도의 규정은 없다. 따라서 위 규정의 문언에 따르면 가산세는 본세의 납세의무 성립시부터 부과할 수 있다는 결론에 이르게 되는데 이것은 부당하다. 가산세는 본세의 신고납부기한까지 그 신고납부의무를 이행하지 않았을 때 비로소 부과하는 것이기 때문이다. 따라서 가산세의 부과제척기간은 본세의 신고납부기한이 도과한 때로 보아야 한다.

그래서 대법원 2014. 12. 24. 선고 2014두40791 판결은, 국세기본법이 제47조 제1항에서 '정부는 세법에 규정하는 의무를 위반한 자에 대하여 이 법 또는 세법이 정하는 바에 의하여 가산세를 부과할 수 있다'고 규정하는 한편, 제47조의3 제1항, 제47조의5 제1항에서 납세자가 법정신고기한 내에 세법에 따른 과세표준신고서를 제출한 경우로서 신고한 과세표준이 세법에 따라 신고하여야 할 과세표준에 미달한 경우에는 과소신고가산세를, 납세자가 세법에 따른 납부기한 내에 국세를 납부하지 아니하거나 납부한 세액이 납부하여야 할 세액에 미달한 경우에는 납부불성실가산세를 각 부과하도록 규정하고 있으므로, 법인세의 과소신고가산세와 납부불성실가산세는 법인세 신고납부기한인 '각 사업연도의 종료일이 속하는 달의 말일부터 3개월이 되는 날'의 다음 날부터 기산된다고 판시하였다.

다. 제2차 납세의무자에 대한 부과제척기간의 기산일

부과제척기간은 과세권의 불행사를 규제하는 것이므로 이를 적용하기 위해서는 과세권을 행사할 수 있는 상태여야 하고, 주된 납세의무와 제2차 납세의무는 각각 그 부과요건이 달라 제척기간의 기산일이 되는 과세권을 행사할 수 있는 때도 서로 다르므로 제2차 납세의무에 대해서는 주된 납세의무와는 별도로 그 부과의 제척기간이 진행된다고 해야 할 것이고, 그 부과제척기간은 일반적인 부과제척기간과 마찬가지로 특별한 사정이 없는 한 이를 부과할 수 있는 날로부터 기산된다고 할 것이다. 여기서 제2차 납세의무에 관하여는 신고주의 방식에 의한 신고납부기한이 따로 정하여져 있지 않으므로 제2차 납세의무가 성립한 날부터 그 세금을 부과할 수 있다고 할 것이고, 따라서 제2차 납세의무의 성립일이 부과제척기간의 기산일이 된다. 대법원도 같은 입장이다.[37) 그렇다면 제2차 납세의무의 성립 요건, 즉 주된 납세의무의 성립·확정, 주된 납세의무의 납부기한 경과, 주된 납세의무자의 무자력 상태가 모두 충족된 때로부터 그 제척기간이 일률적으로 개시된다고 할 것이다.

한편, 일본 판례는 제2차 납세의무의 납부고지는 주된 납세의무에 관한 징수절차상의 한 처분으로서의 성격을 갖는 것이므로 제2차 납세의무에 대하여는 제척기간의 제한이 없다고 판시한 바 있다. 즉, 일본 최고재판소 1994. 12. 6. 선고 판결(平成 6年 行ツ 第7号)은 제2차 납세의무는 주된 납세의무가 구체적으로 확정되어 있는 것을 전제로 하여 그 확정된 세액에 대하여 주된 납세의무자의 재산에 대하여 체납처분을 집행하여도 징수해야 할 액수에 부족한 경우에 조세징수의 확보를 위하여 주된 납세의무자와 동일한 납세상의 책임을 부담케 하더라도 공평을 잃지 않는 제3자에 대하여 보충적으로 부과하는 의무로서 그 납부고지는 실질적으로는 제3자를 주된 납세의무자에 준하는 자로 보아 주된 납세의무에 관한 이행책임을 지게 하는 것과 다를 바 없기 때문에 주된 납세의무의 징수절차상의 한 처분으로서의 성격을 갖는 것이고, 국세통칙법 제70조가 국세의 경정,

---

37) 대법원 2008. 10. 23. 선고 2006두11750 판결, 대법원 2013. 2. 28. 선고 2012두23020 판결 등

결정 등의 제척기간에 대해서는 규정하면서도 제2차 납세의무의 납부고지에 관해서는 아무런 규정을 두지 않은 것은 앞서 본 바와 같이 제2차 납세의무의 납부고지의 성격 등으로부터 제2차 납세의무에 관하여 독립적인 제척기간을 둘 이유가 없는 것으로 보았기 때문으로 풀이되며, 따라서 국세통칙법 제70조가 제2차 납세의무의 납세고지에 유추적용될 것은 아니라고 판시하였다. 주된 납세의무의 제척기간 5년이 경과하였더라도 그 전에 부과가 이루어지고 소멸시효의 정지나 중단이 되어 주된 납세의무가 존속하는 경우에 제2차 납세의무자에 대하여 납부고지처분을 할 수 없다면 부당하므로 제2차 납세의무자에 대한 납부고지에는 국세통칙법 제70조의 제척기간 규정은 유추적용되지 않는다고 해석하여야 한다는 논거에서 위 판결을 지지하는 견해도 있다.[38)]

라. 소득처분에 따른 소득세 부과제척기간의 기산일

과세관청이 사외유출된 익금가산액이 임원 또는 사용인에게 귀속된 것으로 보고 상여로 소득처분을 한 경우, 소득세법 제20조 제1항 제3호 소정의 '법인세법에 의하여 상여로 처분된 금액'에 해당하여 근로소득세의 과세대상이 되고, 당해 소득금액은 부과처분의 대상이 되는 당해 사업연도 중에 근로를 제공한 날이 수입시기가 되므로, 소득의 귀속자의 종합소득세(근로소득세) 납세의무는 국세기본법 제21조 제1항 제1호가 정하는 바에 따라 당해 소득이 귀속된 과세기간이 종료하는 때에 성립한다고 보아야 한다. 대법원 2008. 4. 24. 선고 2006두187 판결, 대법원 2006. 7. 27. 선고 2004두9944 판결, 대법원 2010. 1. 28. 선고 2007두20959 판결, 대법원 2010. 12. 23. 선고 2008두10522 판결 등이 선언한 확고한 법리이다. 이와 같이 소득세의 과세요건이 되는 소득처분의 시기와 그 소득의 귀속시기가 괴리됨에 따라 위 원천납세의무자의 소득세에 대하여 그 부과제척기간이 언제부터 기산되는 것으로 볼 것이냐가 문제된다.

먼저 앞서 본 바와 같이 국세기본법 제26조의2 제1항은 국세인 소득세는 이를 부과할 수 있는 날부터 5년이 경과한 후에는 부과할 수 없고(제3호), 다만 납세자가 사기 기타 부정한 행위로써 국세를 포탈하거나 환급·공제받는 경우에는 10년(제1호), 납세자가 법정신고기한 내에 과세표준신고서를 제출하지 아니한 경우에는 7년(제2호)이 경과한 후에는 부과할 수 없다고 규정하고, 국세기본법 시행령 제12조의3 제1항 제1호는 과세표준과 세액을 신고하는 국세의 경우 부과제척기간은 당해 국세의 과세표준과 세액에 대한 신고기한 또는 신고서 제출기한의 다음 날부터 기산한다고 규정하고 있으며, 소득세법 제70조 제1항은 당해연도의 종합소득금액이 있는 거주자는 그 과세표준을 다음 연도 5월

---

38) 金子 宏, 租稅法, 弘文堂

1일부터 5월 31일까지 납세지 관할 세무서장에게 신고하여야 한다고 규정하고 있다.

이들 규정에 따르면, 위 대법원 판결들이 소득처분에 의한 소득귀속자의 소득세 납세의무는 당해 소득이 귀속된 과세기간이 종료하는 때에 성립한다고 보고 있는 이상, 그 소득세에 대한 신고기한은 그 과세기간의 다음 연도 5월 31일까지이므로, 그 익일인 6월 1일부터 그 소득세에 대한 부과제척기간이 진행된다고 보지 않을 수 없다. 따라서 법인의 2009 사업연도에 법인의 소득이 사외유출되어 그 대표이사 개인에게 귀속되었다는 이유로 과세관청이 그 대표이사에 대한 상여처분을 2014년에 하였다면 과세대상 소득의 요건이 되는 소득처분은 2014년에 이루어졌음에도 그 상여소득이 귀속된 과세기간이 2009년도이어서 그 소득세에 대한 신고기한이 2010. 5. 31.이므로 2010. 6. 1.부터 그 소득세에 대한 부과제척기간이 진행한다는 결과가 된다.

이에 대하여는 소득처분이 있어야 비로소 그 소득이 소득세법상 소득세 과세대상이 된다고 하면서도 그 소득세의 납세의무 성립시기를 과거로 소급시켜 그 무렵부터 부과제척기간이 진행되는 것으로 보는 것은 과세관청의 부과권을 너무 제한하는 것이어서 불합리하다는 비판이 있을 수 있다. 그러나 소득처분 대상 소득이 귀속된 과세기간이 종료되면 그 시점에 그에 대한 소득세의 납세의무가 성립되어 그 소득세를 과세할 수 있는 기초가 형성되었으므로, 그때부터는 과세관청이 언제든지 소득처분을 함으로써 소득세를 부과할 수 있는 입장이므로 그 소득세의 신고기한이 도과한 때부터 부과제척기간이 진행된다 하더라도 과세관청의 부과권을 지나치게 제한하는 것이라고 할 수 없다. 만약 소득처분 대상 소득에 대한 소득세의 부과제척기간이 소득처분이 이루어진 이후부터 진행된다고 보게 되면, 그 소득의 귀속자 입장에서 보면 동일한 소득임에도 소득처분의 대상이 되었다는 이유만으로 그에 대한 소득세의 부과제척기간이 더 길어지게 되므로 소득처분을 경유하지 않고 바로 소득세가 과세되는 경우와 비교해 볼 때 형평에 반하는 결과가 초래된다. 다시 말하면 소득처분은 존재하지 않던 소득을 새로이 창출해 내는 조치가 아니라 원래부터 귀속되어 있던 소득에 대하여 그 원천인 법인에게 소득세 원천징수의무를 부여하기 위한 조치에 불과할 뿐이므로 그러한 조치의 유무에 따라 그 소득의 원래의 귀속시기가 달라진다고 볼 수 없고 따라서 그 부과제척기간도 다르게 볼 수 없는 것이다. 그리고 소득처분은 법인세 부과제척기간 내에서는 언제든지 가능하므로 소득처분시부터 소득세 부과제척기간이 진행하는 것으로 해석하면 소득처분에 의한 소득세부과의 경우 법인세 부과제척기간과 소득세 부과제척기간을 모두 합산한 기간이 도과되어야 비로소 그 부과제척기간이 소멸하는 불합리한 결과가 초래될 수도 있다. 이는 도리어 납세자에게 지나치게 불리한 결과가 되어 받아들이기 어렵다. 또한 동일한 소득세 과세연도에 소득처분 대상이 된 소득 외에 소득처분 대상이 아닌 다른 소득이 있어 이들을 합산하여 종합소득세 누진세율에 따라 하나의 종합소득세가 과세되어야 하는 경우에 그 각각의 일부 소득에 대하여 서로 다른 부과제척기간을 적용한다는 것도 받아들이기 어려운 점이다.

요컨대, 소득처분 대상소득은 그것이 실제로 귀속된 과세기간이 종료하는 때에 성립한다고 보는 것은 대법원의 확립된 판례이고, 그것이 변경을 필요로 할 만큼 부당하다고 보이지 않으므로 그 소득세에 대한 부과제척기간은 그 귀속된 과세기간의 소득세에 대한 법정신고기한 다음 날부터 진행된다고 보아야 한다. 따라서 소득처분 당시에 이미 그 대상소득에 대한 소득세의 부과제척기간이 도과되었다면 그 소득세의 납세의무는 소멸한 것이 되므로 그 소득세의 납세의무가 있음을 전제로 하여 원천징수의무를 부과하기 위하여 하는 소득처분은 할 수 없게 된다. 대법원 2010. 4. 29. 선고 2007두11382 판결 등도 같은 취지임은 앞서 살펴본 바와 같다.

마. 양도소득세 예정신고시 부과제척기간의 기산일

소득세법 제105조 제1항은 양도소득세가 과세되는 자산을 양도한 거주자는 자산의 종류에 따라 그 양도일이 속하는 달의 말일부터 2월 이내에 양도소득과세표준을 예정신고하여야 한다고 하고, 제106조 제1항은 거주자가 예정신고를 하는 때에는 제107조에 의하여 계산한 산출세액에서 감면세액을 뺀 세액을 납세지 관할 세무서 등에 납부하여야 한다고 하며, 제116조 제1항 후문은 과세관청은 거주자가 제106조에 의한 예정신고납부를 이행하지 아니한 때에는 국세징수법에 따라 징수한다고 한다.

또한 소득세법 제110조는 제1항에서 당해연도의 양도소득금액이 있는 거주자는 양도소득과세표준을 당해연도의 다음 연도 5월 1일부터 5월 31일까지 확정신고하여야 한다고 하고, 제4항 본문에서 예정신고를 한 자는 해당 소득에 대한 확정신고를 하지 아니할 수 있다고 하면서, 단서에서 당해연도에 누진세율의 적용대상 자산에 대한 예정신고를 2회 이상 하는 경우 등에는 확정신고를 하도록 하고 있다. 그리고 소득세법 제114조 제1항은 납세지 관할 세무서장 등이 제105조에 의하여 예정신고를 하여야 할 자 또는 제110조에 의하여 확정신고를 하여야 할 자가 그 신고를 하지 아니한 때에는 당해 거주자의 양도소득과세표준과 세액을 결정하도록 정하고 있다.

그런데 국세기본법 제26조의2는 국세를 부과할 수 있는 날로부터 기산하는 국세부과제척기간의 종류를 규정하면서 '국세를 부과할 수 있는 날'을 시행령이 정하도록 하여, 그 위임에 따라 국세기본법 시행령 제12조의3 제1항은 제1호 전문에서 '국세를 부과할 수 있는 날'을 '과세표준과 세액을 신고하는 국세에 있어서는 당해 국세의 과세표준과

세액에 대한 신고기한 또는 신고서 제출기한(과세표준 신고기한)의 다음 날'로 정하면서, 같은 호 후문은 '이 경우 중간예납·예정신고기한과 수정신고기한은 과세표준 신고기한에 포함되지 아니한다'라고 하고 있다.

이와 같이 위 시행령 규정이 양도소득세 예정신고기한을 국세를 부과할 수 있는 날에서 제외함으로써 국세부과제척기간의 기산일이 확정신고기한으로 늦추어지도록 한 것이 모법의 위임범위를 벗어나거나 위헌으로서 무효인지가 다투어졌다.

이에 대하여 대법원 2020. 6. 11. 선고 2017두40235 판결은, 위임범위와 한계를 벗어나거나 헌법상 평등의 원칙, 재산권보장의 원칙 또는 과잉금지의 원칙을 위배하여 무효라고 볼 수 없다고 판시하였다. 구체적인 이유로 다음과 같은 논거를 들고 있다. 즉, 양도소득세는 기간과세의 원칙이 적용되어 당해 과세기간이 끝나야 납세의무가 성립하고 당해 과세기간 중에 발생한 양도소득을 모두 합산하여 과세표준과 세액을 산출하여 총괄적으로 신고함으로써 구체적 납세의무가 확정되는 점, 양도소득세 예정신고제도의 입법 취지는 소득의 발생 초기에 미리 세액을 납부하도록 함으로써 세원을 조기에 확보하고 징수의 효율성을 도모하며 조세 부담의 누적을 방지하려는 데 있는 점, 소득세법 제110조가 납세의무자가 양도소득세 예정신고를 한 경우에도 제4항 단서에서 정한 사유가 있을 때에는 확정신고를 하도록 하고, 같은 항 본문에서 예정신고를 한 자가 당해 소득에 대한 확정신고를 하지 아니할 수 있도록 정한 것은 위와 같은 입법 취지를 고려하여 납세의무자의 신고 부담을 줄이기 위한 것으로 보아야 하는 점, 국세부과의 제척기간이 지난 다음에 이루어진 부과처분은 당연무효로서, 부과제척기간은 납세의무자와 과세관청의 법률관계에 중대한 영향을 미치므로 기산일은 일률적으로 정하여야 할 필요성이 큰 점, 소득세법 제114조 제1항에 따르면, 거주자가 예정신고를 하지 않은 경우 관할 세무서장은 확정신고기한이 도과하기 전이라도 예정신고기한 다음 날부터 자산의 양도로 인한 양도소득세를 부과할 수 있으나 이는 예정신고제도의 입법 취지상 소득의 발생 초기에 세원을 조기에 확보할 수 있도록 부과·징수의 특례를 정한 것에 불과할 뿐이고, 그로 인하여 양도소득세의 부과제척기간이 당연히 예정신고기한의 다음 날부터 진행된다고 볼 수는 없는 점 등을 종합하면, 기간과세의 원칙이 적용되는 양도소득세에 대하여 기산일 조항이 양도소득세 확정신고를 하지 않을 수 있는 경우까지 포함하여 부과제척기간의 기산일을 확정신고기한 다음 날로 일률적으로 정하고 있는 것은 모법이 예정하고 있는 범위 내에서 '국세를 부과할 수 있는 날'을 구체화한 것이므로 기산일 조항이 국세기본법 제26조의2의 위임 범위와 한계를 벗어나거나 헌법상 평등의 원칙을 위배하였다고 볼 수 없고, 나아가 과잉금지의 원칙에 반하여 재산권을 침해하였다고 볼 수 없다고 판시하였다. 위 시행령의 기산일 조항은 모법에 위임의 근거가 없는 것도 아니고 예정신고기한이 정해져 있다고 하더라도 다시 별도로 확정신고기한이 정해져 있으므로 양자를 동시에 부과제척기간의 기산일로 할 수는 없는 이상 후자를 기산일로 정한 것이 전자를 기산일로 정하는 것에 비하여 납세자에게 다소 불리한 측면이 있지만 그 차이가 심하지 않으므로 이는 입법자의 재량의 범위에 포함된다고 보는 것이 타당하다고 하겠다. 대법원 판결이 타당하다.

바. 수정세금계산서 관련 부과제척기간의 기산일

부가가치세법 시행령 제70조 제1항 제5호는 공급가액 등의 필요적 기재사항 등이 착오로 잘못 적힌 경우 처음에 발급한 세금계산서의 내용대로 세금계산서를 붉은색 글씨로 쓰거나 음(−)의 표시를 하여 발급하고, 수정하여 발급하는 세금계산서는 검은색 글씨로 작성하여 발급한다고 규정하고, 같은 항 제3호는 계약의 해지 등에 따라 공급가액이 추가되거나 차감되는 금액이 발생한 경우 증감 사유가 발생한 날을 작성일로 적고, 추가되는 금액을 검은색 글씨로 쓰고, 차감되는 금액을 붉은색 글씨로 써서 발급한다고 규정하고 있다.

위 규정에 의하면 당초 교부한 세금계산서상 공급가액의 기재내용에 착오 또는 경정 사유가 있어 수정세금계산서를 교부하는 경우는 당초 세금계산서 작성일로 수정세금계산서를 교부하고 당초와 같이 동일한 과세기간에 대한 수정만이 가능하며 과세기간을 달리하는 수정은 허용되지 아니한다. 따라서 그에 따른 부가가치세의 부과제척기간의 기산일은 당초의 과세기간에 대한 신고기한의 다음 날이 될 것이다.

그러나 사후적으로 '공급가액의 증감이 발생한 경우'에는 위 규정에 따라 그 증감사유가 발생한 때 '작성연월일'란에 그 증감사유가 발생한 일자를 기재하는 방식으로 수정세금계산서를 교부하므로, 부과제척기간의 기산일 역시 그 증감사유가 발생한 날이 속하는 과세기간에 대한 신고기한의 다음 날이 될 것인지, 아니면 당초의 과세기간에 대한 신고기한의 다음 날이 될 것인지가 문제된다. 실제로 이것이 대법원 2011. 7. 28. 선고 2009두19984 판결에서 주요 쟁점이 되었다.

이에 대하여 과세관청은 공급가액의 증감이 발생하여 수정세금계산서를 교부하는 경우 그 사유가 발생한 과세기간에 대한 신고기한의 다음 날이 부과제척기간의 기산일이라는 견해를 취하였고, 납세자는 수정세금계산서에 기하여 증액경정처분을 한다고 하더라도 당초의 처분과의 동일성은 그대로 유지되므로 부과제척기간이 경과되었는지 여부도 당초의 처분시를 기준으로 판단하여야 한다고 하였다. 따라서 공급가액의 증감이 발생하여 수정세금계산서를 교부하는 경우에도 세금계산서의 기재내용에 착오 또는 경정사유가 있어 수정세금계산서를 교부하는 경우와 같이 당초의 과세기간에 대한 신고기한의 다음 날이 부과제척기간의 기산일이라는 견해를 취하였다.

전자의 견해는 공급가액에 추가 또는 차감되는 금액이 발생한 경우 증감사유가 발생한 날을 작성일로 기재하므로 공급자는 수정세금계산서를 교부한 과세기간의 다른 세금계산서와 합계한 후 과세표준과 세액을 차가감하고, 공급받는 자는 매입세액에서 차가감하여 신고하면 되고, 수정세금계산서 내용도 증감사유가 발생한 과세기간의 세금계산서 합계표에 차가감하여 제출하면 된다는 점을 논거로 들었다.[39]

반면에 후자의 견해는 수정세금계산서에 기하여 증액경정처분을 한다고 하더라도 당초의 처분과의 동일성은 그대로 유지되므로 부과제척기간이 경과되었는지 여부도 당초의 처분시를 기준으로 판단하여야 하는 점, 전자의 견해를 취하면 공급가액의 증감사유가 발생한 시기가 당초 확정된 공급시기에 대한 부과제척기간이 경과된 이후라도 증액경정처분이 허용된다는 점에서 부과제척기간이 만료되면 새로운 증액결정처분을 할 수 없음에도 부과제척기간이 연장되는 결과가 발생할 수 있는데, 조세법령에 명문의 규정이 없이 이와 같이 해석하는 것은 부과제척기간 연장 등의 입법적 조치가 필요한지 여부는 별론으로 하고 조세법률주의상 요구되는 엄격해석의 원칙에 반한다는 점을 논거로 들었다.

수정세금계산서제도는 납세자가 고의로 조세를 회피하려는 것이 아닌 경우에도 정확한 사실인정이 되지 못하여 잘못된 내용으로 기재되거나 공급가액의 증감 등 사실인정이 변경되었을 경우 당초의 공급시기가 아닌 공급가액의 증감사유가 발생한 과세기간에 납부세액을 가감하여 신고·납부하도록 함으로써 원칙적으로 납세자의 편의를 도모하기 위한 제도라고 설명되고 있다. 그렇다면 과세관청의 입장에서도 공급가액의 증감사유가 발생함으로써 증액경정처분을 할 필요가 있는 경우, 당초의 과세기간에 대한 신고기한의 다음 날부터 5년 경과 여부와 관계 없이 증감사유가 발생한 과세기간을 기준으로 그 사유가 발생한 과세기간에 대한 신고기한의 다음 날부터 원칙적으로 5년 이내에는 부과처분을 할 수 있다고 하는 것이 형평의 원칙에 부합한다고 하겠다. 부가가치세법 시행령 제70조 제1항 제3호의 취지도 당초 세금계산서상의 공급가액이 후발적 사유로 증가하거나 감소한 경우 납세자와 과세관청의 편의를 도모하기 위하여 그 사유가 발생한 날을 작성일자로 하여 그에 관한 수정세금계산서를 교부할 수 있게 함으로써 그 공급가액의 증감액을 수정세금계산서 교부일이 속하는 과세기간의 과세표준에 반영하도록 하는데 있다고 볼 수 있다. 이러한 관점에 의할 때 전자의 견해가 타당하다고 하겠다. 후자의 견해를 취하면, 공급가액 증감사유가 발생하는 때를 임의로 조정하여 얼마든지 부가가치세를 탈루할 수 있는 부당한 결과를 초래할 수 있다.

---

39) 한장석 외 1인, 부가가치세, (주)광교이택스

대법원 2011. 7. 28. 선고 2009두19984 판결도 같은 취지에서, 구 부가가치세법 시행령 (2007. 2. 28. 개정되기 전의 것) 제59조 단서의 취지는, 당초 세금계산서상 공급가액이 후발적 사유로 증가하거나 감소한 경우 과세관청과 납세자의 편의를 도모하기 위하여 그 사유가 발생한 날을 작성일자로 하여 그에 관한 수정세금계산서를 교부할 수 있게 함으로써 공급가액 증감액을 수정세금계산서 교부일이 속하는 과세기간의 과세표준에 반영하도록 하는 데에 있으므로, 그와 같이 후발적 사유로 당초 세금계산서상 공급가액 이 감소함에 따라 수정세금계산서를 교부받은 경우 그에 대응하는 매입세액 공제액 감 소로 인하여 발생한 부가가치세액 증가분에 관하여는 구 국세기본법 시행령(2007. 2. 28. 개정되기 전의 것) 제12조의3 제1항 제1호에 따라 수정세금계산서 교부일이 속하는 과 세기간의 과세표준 신고기한 다음 날부터 부과제척기간이 진행한다고 판시하였다. 타당 한 판결이다.

사. 사후적 감면요건 미충족시 부과제척기간의 기산일

구 지방세기본법 시행령(2017. 3. 27. 개정되기 전의 것) 제18조에서도 국세와 유사한 내용으로 부과제척기간의 기산일에 관한 규정을 두고 있었다. 위 규정에 따르면 지방세 법 또는 조례에서 신고·납부하도록 규정된 지방세에 있어서는 당해 지방세에 대한 신 고납부기한의 다음 날부터 기산되고 이 신고납부기한에는 중간예납기한 및 수정신고기 한은 포함되지 않으며, 다만 신고납부기한이 연장된 경우에는 그 연장된 납부기한의 다 음 날부터 기산된다. 신고·납부하도록 규정된 지방세 이외의 지방세에 있어서는 당해 지방세의 납세의무 성립일부터 기산된다. 그리고 특별징수의무자 또는 납세조합에 대하 여는 부과하는 지방세에 있어서는 당해 특별징수세액 또는 납세조합징수세액의 납입기 한의 다음 날부터 기산된다.

그런데 구 지방세기본법 시행령 제18조 제2항 제3호에서는 비과세 또는 감면받은 세 액 등에 대한 추징사유가 발생하여 추징하는 경우에 비과세 또는 감면받은 세액 등을 징수할 수 있는 사유가 발생한 날을 부과제척기간의 기산일로 규정하고 있었다. 여기서 지방세의 사후적 비과세나 감면요건을 충족하지 못하여 그 지방세를 부과하는 경우에도 위 규정을 적용할 수 있는지가 문제가 되었다. 왜냐하면 추징과 부과는 개념적으로 구분 되기 때문이다. '추징'은 당초 비과세나 감면요건은 충족한 것으로 보되 사후에 그 효과 를 유지시킬 수 없는 사정변경이 생겼을 때 이를 박탈하기 위하여 비과세나 감면되었던 세액을 징수하는 것이고, '부과'는 당초의 비과세나 감면의 요건 자체가 사후적 사실관계 인 경우에 그와 같은 사후적 사실관계를 충족하지 못한 경우 처음부터 비과세나 감면의 요건을 충족하지 못한 것으로 보아 그 요건의 충족 여부를 판단할 수 있을 때까지 유예해 두었던 세액을 부과하는 것이기 때문이다. 종전의 구 지방세법 시행령 제14조의2 제2항 제3호는 물론이고 위에서 본 구 지방세기본법 시행령 제18조 제2항 제3호에서도 이러한 사후적 요건의 미충족을 이유로 한 '부과'의 경우에 대한 부과제척기간의 기산일에 관하여 명문의 규정을 두고 있지 않았다. 이 때문에 추징이 아니라 사후부과의 형식을 취하는 경우에는 그 부과제척기간의 기산일은 사후의 요건 미충족시를 기준으로 할 것이 아니라 당초의 과세요건 성립시를 기준으로 판단해야 한다는 주장을 할 수 있다.

이 점이 대법원 2010. 6. 24. 선고 2010두4094 판결에서 쟁점이 되었다. 2000. 12. 30. 개정되기 전의 구 대구광역시세 감면조례가 임대주택 건설용으로 취득한 토지에 대하여 먼저 취득세와 등록세를 감면하였다가 취득일로부터 2년 이내에 공동주택을 착공하지 아니한 경우를 추징하는 방식으로 규정하였다가 2000. 12. 30. 개정된 대구광역시 시세 감면조례에서는 당해 토지를 취득한 날부터 2년 이내에 공동주택을 착공할 경우에 비로소 지방세를 감면하고 그 기간 동안 착공하지 아니할 경우에는 처음부터 감면대상에서 제외하여 원칙대로 과세하는 방식으로 변경하였다. 따라서 임대사업자가 임대주택을 건설할 목적으로 취득한 토지에 대하여 그 취득일부터 2년 이내에 착공을 하지 않으면 당해 토지는 위 감면규정에 의하여 처음부터 지방세감면대상에서 배제되는 것으로서, 이때 과세관청이 하는 지방세 부과처분은 추징처분이 아닌 본래의 부과처분이라고 해야 한다. 이 경우의 부과처분에 관한 제척기간의 기산일을 언제로 볼 것이냐에 관하여 대법원은 다음과 같이 판시하였다. 임대주택용 토지에 대한 사후감면요건을 충족하지 못하여 과세대상이 된 경우 부과제척기간의 기산점은, '비과세 또는 감면받은 세액 등에 대한 추징사유가 발생하여 추징하는 경우에는 그 신고납부기한의 다음 날'을 지방세를 부과할 수 있는 날로 정하는 구 지방세법 시행령(2005. 1. 5. 개정되기 전의 것) 제14조의2 제2항에 따라, 당해 토지의 취득일로부터 2년이 경과한 날에서 신고납부기한인 30일이 경과한 다음 날로 보아야 한다는 것이다. 추징에 관한 구 지방세법 시행령 제14조의2 제2항 제3호를 부과의 경우에도 준용할 수 있다는 취지이다.

사후적 요건의 미충족을 이유로 한 추징이나 사후부과는 그 개념상의 차이에도 불구하고 실질적으로는 별 차이가 없는 점, 법문에도 추징과 부과의 용어를 명백히 구분하여 사용하고 있지 아니한 점, 지방세법 제20조 제3항과 제30조 제3항은 비과세 또는 감면받은 세액 등에 대하여 사후의 비과세나 감면의 요건이 충족되지 아니하여 세액의 '부과' 또는 '추징' 대상이 된 경우 그 사유의 발생일로부터 30일 이내에 그 세액을 신고·납부하도록 규정함으로써 '부과'와 '추징'에 차별을 두지 않고 있는 점 등을 종합하면, 위 대법원 판결의 입장이 타당하다고 하겠다. 지방세법 제20조 제3항과 제30조 제3항과 같은 신고·납부기한의 정함이 없는 세목의 경우에는 사후 요건 미충족시가 바로 부과제척기간의 기산일이 된다고 할 것이다.

지방세기본법 시행령이 2017. 3. 27. 전부 개정되면서 위와 같은 논의를 반영하여 관련 규정을 정비하였다. 즉, 제19조 제2항 제3호는 비과세 또는 감면받은 세액 등에 대한 추징사유가 발생하여 추징하는 경우 비과세 또는 감면받은 세액을 신고·납부하도록 규정된 경우에는 그 신고기한의 다음 날, 그 외의 경우에는 비과세 또는 감면받은 세액을 부과할 수 있는 사유가 발생한 날을 부과제척기간의 기산일로 하도록 규정하였다. 타당한 입법이다.

아. 원천징수처분 부과제척기간 기산일 규정의 효력 유무

국세기본법 시행령 제12조의3 제2항 제1호에서는 원천징수의무자 또는 납세조합에 대하여 부과하는 국세의 경우 해당 원천징수세액의 법정납부기한의 다음 날을 부과제척기간의 기산일로 정하고 있다. 그러나 이는 국세기본법 제22조 제4항 제2호, 제4호에서 원천징수하는 소득세 또는 법인세, 납세조합이 징수하는 소득세는 납세의무가 성립하는 때에 특별한 절차 없이 성립된 세액대로 그 세액이 확정된다는 규정과 모순된다. 국세의 부과권은 그 세액을 확정하기 위한 것으로서 징수권의 행사를 위한 전제가 되는데 원천징수세액과 납세조합이 징수하는 소득세는 부과권의 행사 없이 그 세액이 확정된다는 것이므로 부과권을 행사할 여지가 없고, 다만 징수권의 행사만 남아 있을 뿐이다. 따라서 부과제척기간의 기산일을 정한다는 것 자체가 부적절한 입법이고, 그래서 위 시행령 규정은 모법의 취지에 반하는 것으로서 무효라고 볼 여지가 많다.

일찍이 대법원 1996. 3. 12. 선고 95누4056 판결은 법인세법에 의한 인정상여처분에 따라 원천징수하는 소득세의 납세의무는 과세관청의 부과권의 행사에 의하지 아니하고 법률의 규정에 의하여 자동확정되는 것이므로 거기에 조세부과권의 제척기간이 적용될 여지가 없다고 판시한 바 있고, 최근 대법원 2020. 11. 12. 선고 2017두36908 판결도 원천징수처분에 부과제척기간 특례규정이 적용되어야 한다는 과세관청의 주장에 대하여 위 판결을 원용하면서 이를 배척하였는데 모두 위와 같은 취지라고 할 것이다. 그리고 서울행정법원 2021. 1. 28. 선고 2019구합54894 판결도 위 대법원 판결들의 취지를 언급하면서 이자소득에 대하여 원천징수하는 법인세 납부의무에 관하여는 국세기본법 제12조의3 제2항이 적용될 여지가 없다고 하였다.

요컨대 국세기본법 시행령 제12조의3 제2항 제1호는 모법인 국세기본법 제22조 제4항 제2호, 제4호의 규정과 저촉되므로 모법의 위임범위를 벗어난 것으로서 무효라고 보는 것이 타당하다. 대법원이 전원합의체 판결로써 그 무효를 선언하는 것이 바람직하다고 본다.

위와 같이 국세기본법 시행령 제12조의3 제2항 제1호의 효력이 문제되자 2019. 12. 31. 국세기본법 제27조 제4항을 신설하여 원천징수의무자 또는 납세조합으로부터 징수하는 국세의 경우 납세고지한 원천징수세액 또는 납세조합징수세액에 대해서는 그 고지에 따른 납부기한의 다음 날을 징수처분 소멸시효의 기산일로 규정하였다. 부과제척기간만으로는 과세기간의 확보가 여의치 않을 경우 징수처분의 소멸시효 기산일을 늦춤으로써 이에 대비하겠다는 입법자의 의도가 반영된 것으로 보인다. 아예 법률에 규정함으로써 위임범위에 관한 시비는 벗어났지만 국세기본법 제22조 제4항 제2호, 제4호의 규정과 모순되는 것이어서 바람직하지 못한 입법일뿐더러 위헌의 시비도 있을 수 있게 되었다.

제7장

가산세

1. 개요

가산세란 세법에 규정하는 의무의 성실한 이행을 확보하기 위하여 그 세법에 의하여 산출한 세액에 가산하여 징수하는 금액을 말한다. 세법은 원활한 과세행정을 위하여 납세자에게 과세표준 신고의무, 성실납세의무, 원천징수의무, 과세자료 제출의무 등의 여러 가지 의무를 부과하면서, 이러한 의무의 이행을 촉진하고 그 위반을 방지하기 위한 제도적 장치의 하나로 가산세 제도를 규정하고 있다.

종래 가산세는 그 종류와 내용이 다양하여 개별세법에서 관련되는 가산세에 관한 구체적인 내용을 규정하고 있었다. 예를 들어 증여세의 경우 상속세 및 증여세법 제78조에서 가산세를 규정하면서 제1항에 무신고가산세, 과소신고가산세를, 제2항에 납부불성실가산세를 각 규정하고 있었다. 그러다가 국세기본법이 2006. 12. 30. 개정되면서 개별세법에서 규정하고 있던 공통적인 가산세에 관해서는 국세기본법에서 통일적으로 규정하기에 이르렀다. 즉, 개정 국세기본법은 제47조의2 내지 5에서 무신고가산세, 과소신고가산세, 초과환급신고가산세, 납부·환급불성실가산세, 원천징수납부 등 불성실가산세를 규정하였고, 이 규정은 모든 국세에 공통적으로 적용된다. 그에 따라 개별세법에서 규정하고 있던 공통적인 가산세 규정은 삭제되었는데, 예를 들어 증여세의 경우 상속세 및 증여세법 제78조 제1항, 제2항의 규정이 삭제되었다. 그 후 국세기본법 제47조의4가 2018. 12. 31. 개정되면서 납부불성실가산세가 가산금과 통합되어 납부지연가산세로 변경되었다.

앞서 본 바와 같이 가산세는 가산할 본세의 납세의무가 성립하는 때에 납세의무가 성립하는 것으로 의제되어 있고(국세기본법 제21조 제1항 제11호, 지방세기본법 제34조 제1항 제12호), 그 과세표준과 세액을 과세관청이 결정하는 때에 납세의무가 확정된다(국세기본법 제22조, 국세기본법 시행령 제10조의2 제2호, 지방세기본법 제35조 제1항 제2호).

가산세의 법적 성질에 관하여는 행정질서벌인 과태료라는 견해, 행정상의 제재라는 견해, 행정질서벌과 별개의 조세행정상의 특별과벌이라는 견해 등이 있다. 가산세는 세금의 형식으로 과하여지는 반면에, 행정질서벌은 과태료의 형식으로 과하여지며, 부과·징수 및 불복절차에 있어서도 가산세는 본세와 마찬가지로 과세관청의 부과처분에 의하여 부과되고 체납처분절차에 의하여 강제징수하며 그 불복에 대한 쟁송은 행정쟁송절차에서 다루어지는데, 행정질서벌은 관할 지방법원의 결정으로 부과되고 검사의 명령으로 강제징수하게 된다는 점 등에서 차이가 있다. 그러나 이러한 차이는 상대적인 것으로서 정책적 결단의 차이에 불과하고, 그 본래의 목적은 다르지 않다고 할 수 있다.

세계 각국에서 가산세 제도를 운영하고 있고 오히려 우리나라의 경우 가산세, 특히 악의적인 납세자에 대한 가산세율이 낮다는 지적을 받고 있음에도, 가산세 부과처분에 대하여 사유재산권을 과잉침해한다든가 평등과 비례의 원칙에 반한다는 등의 이유로 위헌주장을 하고 있다. 이러한 위헌주장은 가산세의 감면주장으로 연계되어 가산세가 과도하여 위헌성이 있으므로 이를 해소하기 위하여 감면되어야 한다는 주장을 하기도 한다. 특히 위헌 주장에서는 납세자의 고의·과실을 고려하지 않고 일률적으로 가산세액을 정하는 것은 자기책임의 원칙이나 비례의 원칙에 반한다고 지적하고 있다.

이에 대하여 헌법재판소 2006. 7. 27. 선고 2004헌가13 결정은 세법상 가산세는 과세권의 행사 및 조세채권의 실현을 용이하게 하기 위하여 납세자가 정당한 이유 없이 법에 규정된 신고·납세 등 각종 의무를 위반한 경우에 법이 정하는 바에 따라 부과하는 행정상 제재로서 납세자의 고의·과실은 고려되지 아니하는 점, 납세자에게 정당한 사유가 있는 경우에는 면책될 수 있는 길이 열려 있고 구체적인 세율은 입법정책적으로 결정될 수 있는 문제인 점 등을 이유로 비례원칙이나 평등의 원칙에 반하지 않는다고 한다.

위 결정문에서도 나타난 바와 같이 가산세의 위헌성은 정당한 사유를 이유로 하는 가산세 감면제도에 의하여 해소될 수 있다는 것이므로 위헌주장의 논거는 정당한 사유의 논거로 원용될 수 있다고 하겠다. 그리고 고의·과실의 문제는 여전히 계속되고 있는데, 고의·과실이 없더라도 원칙적으로 가산세 부과대상이 되지만 이러한 경우에는 가산세 면제 사유인 정당한 사유로 포섭하여 구제할 수 있는 길이 열려 있고, 2006. 12. 30. 개정된 국세기본법 제47조의2 이하의 규정에 따라 고의의 경우에는 부정행위에 해당할 가능성이 많아 가산세가 중과됨으로써 고의가 없는 경우와 차등화되므로 위 문제가 어느 정도는 해소가 되었다고 하겠다. 가산세제도 자체에 대한 위헌시비보다는 중가산세와 같이 가산세율이 지나치게 높은 경우에 대한 위헌시비가 문제가 된다.

2. 가산세의 독자성

가산세는 본세에 부가하여 부과되는 조세로서 본세 납세의무의 존재를 그 전제로 하므로 본세에 종속되는 성격을 지니고 있다. 그래서 가산세에 관한 총칙적 규정인 국세기본법 제47조 제2항도 가산세는 본세의 세목으로 한다고 규정하고 제3항은 본세에 가감하거나 환급받을 본세에서 공제한다고 규정하고 있다. 그러나 가산세는 과세권의 행사와 조세채권의 실현을 용이하게 하기 위하여 세법에 규정된 의무를 정당한 이유 없이 위반한 납세자에게 부과하는 일종의 행정상 제재이므로, 징수절차의 편의상 당해 세법이 정하는 국세의 세목으로 하여 그 세법에 의하여 산출한 본세의 세액에 가산하여 함께 징수하는 것일 뿐, 세법이 정하는 바에 의하여 성립·확정되는 국세와 본질적으로 그 성질이 다른 것이므로, 가산세의 부과처분은 본세의 부과처분과 별개의 과세처분으로 보아야 한다. 그래서 대법원 2012. 10. 18. 선고 2010두12347 전원합의체 판결에서도 판시하고 있듯이, 가산세의 납세고지를 할 때 본세와 함께 납세고지를 하더라도 본세와 가산세 각각의 세액과 산출근거 등을 구분하여 기재해야 한다.

그리고 세법상 의무위반의 태양에 따라 여러 종류의 가산세가 규정되어 있고, 그 성립요건도 다르므로 종류가 다른 가산세 부과처분은 별개의 독립된 부과처분이라고 해야 한다. 같은 취지에서 대법원 2004. 10. 15. 선고 2003두7064 판결도 상속세의 신고불성실가산세와 납부불성실가산세는 별개의 독립된 처분으로 보고 있다. 나아가 가산세의 종류는 같지만, 의무위반의 주체, 대상, 시간, 장소 등이 다른 가산세의 경우 별개의 독립된 처분으로 보아야 할 것이다. 예컨대, 법인세의 증빙미수취가산세(법인세법 제76조 제5항)에 있어 별개의 재화 또는 용역의 공급에서 법정증빙을 수취하지 않아 각각의 증빙미수취가산세액이 합계액으로 함께 부과되는 경우 별개의 증빙미수취가산세 부과처분이 있다고 보는 것이 타당하다. 위 대법원 2012. 10. 18. 선고 2010두12347 전원합의체 판결이 여러 종류의 가산세를 함께 부과하는 경우에는 그 가산세 상호 간에도 종류별로 세액과 산출근거 등을 구분하여 기재함으로써 납세의무자가 납세고지서 자체로 각 과세처분의 내용을 알 수 있도록 하여야 한다고 판시한 것도 같은 취지이다.

과세관청은 가산세의 경우 개별세법에 의하여 산출한 소득세·법인세 등 본세에 가산세를 가산한 금액을 전체 세액으로 징수하고 있다. 그러나 가산세는 본세의 산정방법과 달라 거래금액·산출세액·외형금액·미납금액 등에 일정한 비율 등을 곱하여 산정된다.

따라서 본세의 과세표준이 음수(-)로서 산출세액이 없는 경우에도 가산세만이 부과·징수될 수 있으며, 본세가 감면되는 경우에도 법률에 특별한 규정이 있는 경우를 제외하고는 가산세는 감면되지 아니한다(국세기본법 제47조 제2항 단서, 조세특례제한법 제3조 제2항).

이와 같이 본세와 가산세는 별개의 부과처분이므로 본세에 대한 불복은 가산세까지 포함하지 않고 가산세는 독립한 불복대상이 되며, 본세와 독립하여 가산세 부과처분만의 취소를 구하는 경우 별도의 전심절차를 거쳐야 함이 원칙이다. 조세소송의 제소기간 준수 여부도 따로 따져야 한다. 실제 조세소송에서 제소기간을 준수하여 소를 제기할 때에는 본세의 부과처분 취소만을 구하다가 소송진행 중에 가산세 부과처분의 취소를 구하는 것이 누락된 것을 발견하고 뒤늦게 청구취지를 추가하여 가산세 부과처분의 취소를 구하는 경우가 있는데 이때는 이미 취소소송의 제소기간이 도과한 후이어서 제소기간의 요건을 갖추지 못한 것으로 보아 각하되는 수가 있다. 그래서 이러한 경우는 부득이 가산세 부과처분의 경우 무효확인을 구하는 수밖에 없다. 소제기시에 유념할 내용이다. 다만, 가산세가 본세의 세액이 유효하게 확정되어 있을 것을 전제로 하는 경우, 예컨대 과소신고가산세 등의 경우 본세가 소송 등에 의하여 취소되면 그에 수반하는 가산세의 부과처분도 처분의 기초를 상실한 것이어서 그 효력을 상실한다고 볼 여지가 있다.

3. 무신고 · 납부의 판단기준

세법상 적법한 신고 · 납부로 인정되지 않으면 설령 어떠한 신고 · 납부가 있더라도 무신고 · 납부로 인정되어 가산세가 부과될 가능성이 있다. 적법한 신고 · 납부로 인정되기 위해서는 적법한 신고 · 납부 의무자가 적법한 신고 · 납부 사유를 밝혀 신고 · 납부를 하여야 하는데, 실상에서는 신고 · 납부되어야 할 세액이 모두 신고 · 납부되었음에도 그 신고 · 납부자나 신고 · 납부 사유가 잘못 정해지는 경우가 더러 있다. 이러할 때 예외 없이 무신고 · 납부가산세를 부과하게 되면 납세의무자에게 너무 가혹한 결과가 초래되는 수가 있다. 특히나 국가의 입장에서는 세수확보에 아무런 문제가 없음에도 그 절차상의 하자를 이유로 가산세까지 덧붙여 부과하는 것은 과세권의 행사가 과도하다는 비판을 받을 수 있다. 이에 관한 최근의 모범 판례들이 있어 소개한다.

최근 대법원 2019. 5. 16. 선고 2018두34848 판결은, A가 병원의 실소유자인 B와의 약정에 따라 병원장으로서 대가를 받고 근로를 제공한 근로자인데도 자신의 이름으로 병원의 사업자등록을 마친 후 사업소득에 대한 종합소득세 명목으로 종합소득세를 신고 · 납부한 것을 두고 과세관청이 근로소득에 대한 종합소득세 명목으로 A에게 무신고가산세와 납부불성실가산세 부과처분을 한 사안에서, A는 자신이 얻은 근로소득을 사업소득에 포함하여 종합소득 과세표준을 신고한 것으로 볼 수 있으므로 무신고가산세 부과처분은 위법하고, A의 기납부세액 납부의 법률효과는 A에게 귀속되고 실제 사업자인 B가 A 명의로 직접 납부행위를 하였다고 하여 달리 볼 수 없으며 A의 기납부세액이 A의 체납세액을 초과하는 이상, A가 납부의무를 해태함으로써 얻은 금융이익이 있다고 볼 수 없는 점에 비추어 A에게 납부불성실가산세를 부과할 수도 없다고 판시하였다.

그리고 대법원 2019. 7. 11. 선고 2017두68417 판결은, A가 B 앞으로 명의신탁하였다가 B가 C에게 증여하는 형식으로 주식의 명의를 변경하였고, 이에 C가 과세관청에 B로부터 주식을 증여받은 것을 원인으로 증여세를 신고·납부하였는데, 과세관청이 A와 C에게 A를 '증여자', C를 '수증자'로 보고, 증여세 본세와 함께 부당무신고가산세 및 납부불성실가산세를 결정·고지하면서 연대납부를 명한 사안에서, 증여세 납세의무자가 법정신고기한 내에 증여세 과세표준을 관할 세무서장에게 신고한 경우에는 설령 증여자를 잘못 신고하였더라도 이를 무신고로 볼 수는 없으므로 부당한 방법으로 무신고하였는지에 관한 부분을 더 나아가 판단할 필요 없이 무신고가산세 부과처분이 위법하고, C의 증여세 신고가 유효한 이상 증여세 납부의 효력도 유지된다는 이유로 납부불성실가산세 부과처분도 위법하다고 판시하였다.

4. 중가산세의 요건

가. 서언

국세기본법은 제47조의2와 제47조의3에서 무신고가산세와 과소신고가산세를 규정하면서, 나아가 '부정한 방법'으로 무신고하거나 과소신고하는 경우에 대하여는 일반적인 무신고가산세와 과소신고가산세보다 가산세율을 높여 중과하는 중가산세제도를 두고 있다. 일반 가산세의 세율은 보통 10~20% 정도인 데 비하여 중가산세의 세율은 40%로서 납세자에게 큰 부담을 안겨준다. 그래서 부당무신고가산세나 부당과소신고가산세와 같은 중가산세의 요건에 관하여 다툼이 많다. 그 요건의 핵심은 부당한 방법 또는 부정행위라고 할 수 있는데, 이는 중가산세에만 사용되는 것이 아니라 국세의 부과제척기간을 10년으로 연장하는 요건으로도 사용되며 나아가 조세범처벌법에서 조세포탈범의 구성요건으로도 사용되고 있다. 그런데 이들 세 영역에 사용되는 용어들은 그 취지가 비슷할 것임에도 용처에 따라 표현상의 미세한 차이를 보이고 있다. 그래서 이들 용어를 같은 의미로 해석할 수 있는지에 관하여도 다툼이 있다. 특히 문제가 되고 있는 것은 부당행위나 부정행위에 주관적 요건으로서 인식이 필요한지, 인식이 필요하다면 그 인식의 범위가 어디까지인지이다. 이 점에 관하여 대법원 2015. 1. 15. 선고 2014두11618 판결을 전후하여 선고된 일련의 판결들이 정리된 답을 제시하고 있다.

이하 위 세 영역에서 사용하고 있는 부당한 방법 또는 부정행위의 개념과 그 입법상의 변천 과정을 살펴보고, 이를 토대로 그 개념들을 둘러싼 논란, 특히 그 주관적 요건인 인식의 요부와 범위에 관한 논란을 분석해 본 다음, 이에 대한 대법원 판결들의 입장을 정리하고 그 당부를 살펴본다.

나. 부당한 방법과 부정행위에 관한 규정의 변천 과정

(1) 구법 시대의 규정

구 국세기본법(2011. 12. 31. 개정되기 전, 이하 같다)은 제47조의2 제2항에서 부당무신고가산세에 관하여 규정하면서 '부당한 방법'을 요건으로 삼았다. '부당한 방법'의 개념에 대하여는 괄호를 붙여 '납세자가 국세의 과세표준 또는 세액 계산의 기초가 되는 사실의 전부 또는 일부를 은폐하거나 가장한 것에 기초하여 국세의 과세표준 또는 세액 신고의무를 위반하는 것으로서 대통령령으로 정하는 방법을 말한다'라고 규정하였다. 그 위임에 의한 구 국세기본법 시행령 제27조 제2항은 부당한 방법의 유형으로 '이중장부의 작성 등 장부의 거짓 기록'(제1호), '거짓 증명 또는 거짓 문서(거짓 증명 등이라 한다)의 작성'(제2호), '거짓 증명 등의 수취(거짓임을 알고 수취한 경우만 해당한다)'(제3호), '장부와 기록의 파기'(제4호), '재산의 은닉이나 소득·수익·행위·거래의 조작 또는 은폐'(제5호), '그 밖에 국세를 포탈하거나 환급·공제받기 위한 사기, 그 밖의 부정한 행위'(제6호)를 규정하고 있었다. 이러한 '부당한 방법'은 제47조의3 제2항에서 부당과소신고가산세의 요건으로도 사용하고 있다.

한편, 구 국세기본법 제26조의2 제1항 제1호는 국세부과제척기간에 관하여 '사기나 그 밖의 부정한 행위'로 국세를 포탈하거나 환급·공제받은 경우에는 그 국세를 부과할 수 있는 날부터 10년간이라고 규정하였다. 그러나 여기서 '사기나 그 밖의 부정한 행위'에 관한 정의규정을 별도로 두고 있지 않았다. 그리고 구 조세범처벌법(2010. 1. 1. 개정되기 전) 제9조 제1항은 조세포탈범의 처벌에 관하여 '사기 기타 부정한 행위'로써 조세를 포탈하거나 조세의 환급·공제를 받은 자는 그 각 호에 의하여 처벌한다고 규정하였다. 여기서도 '사기 기타 부정한 행위'에 관한 정의규정을 별도로 두지 않았다. 그래서 그 행위의 세부유형에 관하여는 법률해석과 구체적 사실관계에 관한 판례의 축적에 의존할 수밖에 없었다.

위 규정들을 살펴보면, 구 국세기본법 제26조의2 제1항 제1호의 '사기나 그 밖의 부정한 행위'와 구 조세범처벌법 제9조 제1항의 '사기 기타 부정한 행위'는 그 표현이나 의미가 동일함을 알 수 있다. 그에 대한 정의규정을 두지 않고 있는 점도 같다. 여기서의 핵심은 '부정한 행위'이고 '사기'는 '부정한 행위'의 대표적 예시에 해당한다. 그에 비하여 구 국세기본법 제47조의2 제2항의 '부당한 방법'은 그 표현이 다소 다르고 별도의 정의규정도 두고 있다. 그래서 이를 '사기나 그 밖의 부정한 행위'와 동일하게 해석할 수 있는지가 문제되었다. 하지만 그 시행령 제27조 제2항은 제1호 내지 제5호에서 '부당한 방법'의 구체적 유형을 열거하면서 마지막 제6호에서 유형적 포괄주의 규정을 둠으로써 제1호 내지 제5호를 제6호의 예시적 규정으로 만들었는데 제6호의 핵심은 결국 '사기 그 밖의 부정한 행위'이므로 결국 구 국세기본법 제47조의2 제2항에서 말하는 '부당한 방법'의 의미는 구 국세기본법 제26조의2 제1항 제1호의 '사기나 그 밖의 부정한 행위'나 구 조세범처벌법 제9조 제1항의 '사기 기타 부정한 행위'의 의미와 다를 바 없다고 하겠다.

이와 같이 사실상 동일한 취지의 용어를 조금씩 다르게 표현하고 있는 것은 혼란과 비효율만 부추길 뿐 바람직한 입법태도가 아니다. 그래서 그 입법 취지가 서로 다르지 않다면 그 용어를 통일할 필요가 있다는 비판이 있었다. 어쨌든 이러한 구법 시대에는 부당한 방법 내지 부정한 행위의 구체적 태양에 관하여는 그 정의규정을 두고 있는 구 국세기본법 제47조의2 제2항에서 힌트를 얻을 수 있었고, 그동안 누적되어 온 판례를 통해서도 그 유형을 짐작해 볼 수 있었다.

(2) 신법 시대의 규정

먼저 조세범처벌법이 2010. 1. 1. 전부 개정되면서 제3조 제1항에서 '사기나 그 밖의 부정한 행위로써 조세를 포탈하거나 조세의 환급·공제를 받은 자'를 조세포탈 등의 죄로 처벌하도록 규정하였다. 그리고 구법 시대와는 달리 그 제6항에서 '사기나 그 밖의 부정한 행위'에 대한 정의규정을 별도로 두었는데, '다음 각 호의 어느 하나에 해당하는 행위로서 조세의 부과와 징수를 불가능하게 하거나 현저히 곤란하게 하는 적극적 행위를 말한다'고 하면서, '이중장부의 작성 등 장부의 거짓 기장'(제1호), '거짓 증빙 또는 거짓 문서의 작성 및 수취'(제2호), '장부와 기록의 파기'(제3호), '재산의 은닉, 소득·수익·행위·거래의 조작 또는 은폐'(제4호), '고의적으로 장부를 작성하지 아니하거나 비치하지 아니하는 행위 또는 계산서, 세금계산서 또는 계산서합계표, 세금계산서합계표의 조작'(제5호), '전사적 기업자원관리설비의 조작 또는 전자세금계산서의 조작'(제6호)을 열거한 다음, 마지막으로 유형적 포괄주의 규정인 '그 밖에 위계에 의한 행위 또는 부정한 행위'(제7호)를 두었다. 이는 구법 시대의 구 국세기본법 시행령 제27조 제2항 각 호의 규정과 흡사함을 알 수 있다. 단지, 제6호가 추가되었을 따름이다. 위 입법은 그동안 대법원 판례에 나타난 사안들과 법리를 유형화하여 반영한 것이라고 할 수 있다.

이러한 조세범처벌법의 정비에 발맞추어 국세기본법도 2011. 12. 31. 개정되면서 제26조의2 제1항 제1호가 국세부과제척기간에 관하여 "납세자가 대통령령으로 정하는 사기나 그 밖의 부정한 행위(이하 '부정행위'라 한다)로 국세를 포탈하거나 환급·공제받은 경우"에는 그 국세를 부과할 수 있는 날부터 10년간이라고 규정하였다. 구법 시대와는 달리 사기나 그 밖의 부정한 행위를 '부정행위'라고 통칭하면서 구체적 유형을 시행령에서 규정하도록 위임하였다. 이에 따라 2012. 2. 2. 신설된 국세기본법 시행령 제12조의2 제1항은 '사기나 그 밖의 부정한 행위란 조세범처벌법 제3조 제6항 각 호의 어느 하나에 해당하는 행위를 말한다'라고 규정하였다.

그리고 위와 같이 개정된 국세기본법은 제47조의2 제2항에서 '부정행위로 과세표준신고를 하지 아니한 경우'를 부당무신고가산세의 부과요건으로 규정하였고, 제47조의3 제2항 제1호도 '부정행위로 과세표준을 과소신고한 경우'를 부당과소신고가산세의 부과요건으로 규정하였다. 여기서의 부정행위란 국세기본법 제26조의2 제1항 제1호의 부정행위를 말한다.

이와 같이 현행의 신법에서는 조세범처벌법에서 먼저 '사기나 그 밖의 부정한 행위'라는 용어를 사용하면서 그에 대한 정의규정을 두고, 국세기본법에서는 부과제척기간에 관한 규정과 중가산세에 관한 규정에서 조세범처벌법상의 '사기나 그 밖의 부정한 행위'라는 용어를 그대로 차용함으로써 이들 각 규정의 요건에 통일을 기하게 되었다. 이로써 구법 시대에 구 국세기본법 제47조의2와 제47조의3에서 사용하던 '부당한 방법'이라는 용어는 사라졌다.

하지만 신법에서도 국세기본법과 조세범처벌법 사이에는 미세한 차이를 발견할 수 있다. 조세범처벌법 제3조 제6항에서는 '사기나 그 밖의 부정한 행위'를 그 '각 호의 어느 하나에 해당하는 행위로서 조세의 부과나 징수를 불가능하게 하거나 현저히 곤란하게 하는 적극적 행위'라고 정의함으로써 그 문언만 놓고 보면 그 '각 호의 어느 하나에 해당'하여야 할 뿐만 아니라 나아가 '조세의 부과나 징수를 불가능하게 하거나 현저히 곤란하게 하는 적극적 행위'에도 해당하여야 '사기나 그 밖의 부정한 행위'에 해당한다고 할 수 있는데, 국세기본법 시행령 제12조의2 제1항에서는 '사기나 그 밖의 부정한 행위'란 '조세범처벌법 제3조 제6항 각 호의 어느 하나에 해당하는 행위'를 말한다라고만 규정함으로써 '조세의 부과나 징수를 불가능하게 하거나 현저히 곤란하게 하는 적극적 행위'는 그 요건이 아닌 것처럼 보인다. 이러한 차이가 빚어진 것이 입법자의 의도에 의한 것인지 아니면 입법자의 단순한 실수인지는 확실하지 않으나 이 때문에 국세기본법과 조세범처벌법에서 '사기나 그 밖의 부정한 행위'의 개념을 달리 해석하여야 하는지에 관하여 견해가 나뉠 수 있게 되었다. 이러한 논란을 의식해서인지 몰라도 국세기본법 시행령 제12조의2 제1항이 2019. 2. 12. 개정되면서 '사기나 그 밖의 부정한 행위'란 조세범처벌법 제3조 제6항에 해당하는 행위를 말한다고 규정하였다. 이로써 논란이 종식되었는데 그렇다면 개정 전 규정은 입법자의 의도라기보다는 단순한 실수였다고 보는 것이 옳을 것 같다.

(3) 대법원의 해석

위에서 살펴본 바와 같이 구법 시대에는 중가산세와 장기부과제척기간, 조세포탈범의 세 영역에서 그 요건이 되는 부정행위에 관한 표현방법이 조금씩 달랐다. 그럼에도 대법원은 이들을 서로 다른 의미로 해석하지 않았다.

대법원 2003. 2. 14. 선고 2001도3797 판결 등은 구 조세범처벌법 제9조 제1항에서 정한 '사기 기타 부정한 행위'에 관하여 '조세의 부과와 징수를 불가능하게 하거나 현저히 곤란하게 하는 위계 기타 부정한 적극적인 행위를 말한다'라고 판시하여 왔고, 대법원 2013. 12. 12. 선고 2013두7667 판결 등은 장기부과제척기간에 관한 구 국세기본법 제26조의2 제1항 제1호의 '사기 그 밖의 부정한 행위'도 같은 내용으로 해석한 바 있다. 그리고 대법원 2013. 11. 28. 선고 2013두12362 판결 등은 부당과소신고가산세에 관한 구 국세기본법 제47조의3 제2항 제1호의 '부당한 방법으로 한 과세표준의 과소신고'에 관하여 '국세에 관한 과세요건사실의 발견을 곤란하게 하거나 허위의 사실을 작출하는 등의 부정한 적극적인 행위에 의하여 과세표준을 과소신고하는 경우로서 그 과소신고가 누진세율의 회피, 이월결손금 규정의 적용 등과 같은 조세포탈의 목적에서 비롯된 것을 의미한다고 보아야 한다'고 판시하였다. 이 판시의 취지는 앞서 본 두 판결의 취지와 별로 다르지 않음을 알 수 있다.

이와 같이 구법 시대에는 중가산세와 장기부과제척기간, 조세포탈범의 세 영역에 있어서 제재 정도가 서로 다르고 그 요건들의 표현에 있어서도 약간의 차이가 있지만, 대법원은 그 요건들의 문언이 앞서 살펴본 바와 같이 사실상 같은 내용이라는 점을 중시하여 문언에 대한 엄격해석의 원칙을 유지하고 예측가능성을 제고하기 위하여 그 요건들을 같은 취지로 해석하고 있다고 할 수 있다. 이러한 대법원의 태도에 비추어 볼 때 신법 시대에 와서는 그 요건들의 표현까지 통일시켰으므로 이들을 더욱 같은 의미로 해석할 것으로 예상된다.

그러나 다음 항에서 살펴보는 바와 같이 위 세 영역의 요건에 관하여 일본에서는 그 제재의 정도와 입법 취지를 고려하여 주관적 요건, 즉 '인식'의 측면에서 이를 달리 해석하고자 하는 입장들이 많다. 이 점에서 우리나라와 대비된다고 할 수 있다.

다. 부정행위에서 인식의 필요성과 정도

(1) 인식의 필요

위에서 본 바와 같이 국세기본법상의 '부정행위'와 조세범처벌법상의 '부정행위'는 사실상 같은 내용이다. 그런데 이러한 부정행위에 주관적 요건으로서의 '인식'이 필요한지 그리고 그 인식의 범위가 어디까지 미쳐야 하는지에 관하여 논란이 있다. 인식이 불필요하다는 견해, 인식이 필요하지만 부정행위 자체에 대한 인식으로 족하다는 견해, 부정행위 자체에 대한 인식만으로는 부족하고 적극적으로 조세를 면탈한다는 인식이 있어야 한다는 견해로 나뉜다.

먼저 인식이 불필요하다는 입장은 일본 하급심 판결들에서 나타나는데 부정행위에 해당하는 객관적인 행위태양만 있으면 족하고 거기에 어떠한 인식이나 고의가 필요하지 않다는 것이나 그 내면을 들여다보면 부정행위의 속성상 그 자체에 인식이나 고의가 내포되어 있기 때문에 별도로 인식이나 고의에 관한 입증이 불필요하다는 입장으로 이해된다.[40] 그래서 과실에 의한 부정행위를 인정하여야 한다고까지 보고 있지는 않는 것 같다. 그렇다면 이 입장은 인식이 필요하지만 부정행위 자체에 대한 인식으로 족하고 조세면탈의 인식이나 의도까지는 필요하지 않다는 입장과 실질적인 차이가 별로 없다고 할 수 있다.

실제로 관련 규정들을 살펴보면 부정행위의 개념 자체에 적어도 부정행위에 대한 인식이 내포되어 있다고 볼 여지가 많다. 먼저 구법 시대의 구 국세기본법 제47조의2 제2항을 보면, '부당한 방법'에 관하여 정의를 하고 있는데, 거기서 '납세자가 국세의 과세표준 또는 세액 계산의 기초가 되는 사실의 전부 또는 일부를 은폐하거나 가장한 것에 기초하여 국세의 과세표준 또는 세액 신고의무를 위반하는 것으로서 대통령령으로 정하는 방법을 말한다'고 규정하고 있다. 여기서 '은폐'나 '가장'이라는 것은 그 용어 자체에 어떠한 목적이나 의도가 내포되어 있다고 할 수 있다. 실수로 무엇인가를 '은폐'한다거나 다른 것으로 '가장'한다는 것은 상정하기 어렵다. 더군다나 위 문언에 의하면 그와 같은 행위가 신고의무를 위반하는 결과로 연결되어야 하므로 적어도 그와 같은 행위에 대한 인식조차 없이 과실에 의하여 그와 같은 행위가 초래된 경우는 상정하기 어렵다. 그리고

---

40) 길용원, "중가산세제도의 부정행위에 관한 고찰", 법학연구(2014년 6월), 연세대학교 법학연구원 참조

구 국세기본법 시행령 제27조 제2항의 각 호에서 열거하고 있는 행위유형들도 대부분 '거짓'을 작출하거나 은폐, 파기 등으로서 그 속성상 행위자의 인식이 전제된 것으로 볼 수 있다. 구 국세기본법 시행령 제27조 제2항 제3호 규정인 '거짓 증명 등의 수취(거짓임을 알고 수취한 경우만 해당한다)'는 거짓 증명을 작출한 주체가 상대방이어서 이를 수령하는 입장에서는 거짓에 대한 인식이 없는 경우가 있을 수 있으므로 그 괄호규정에서 '거짓임을 알고 수취한 경우만 해당한다'고 함으로써 거짓에 대한 인식이 없거나 과실에 의한 경우를 배제하였다. 이 규정을 보더라도 '부당한 방법'에는 적어도 그와 같은 행위에 대한 인식이 전제되어 있다고 할 수 있다. 또한 '사기 그 밖의 부정한 행위'에서 대표적 예시행위인 사기도 편취의사를 가지고 하는 기망행위이므로 인식이 없는 사기를 상정하기 어렵고, 특히 조세범처벌법법상 사기 기타 부정한 행위에 의한 조세포탈죄에 대하여 과실범을 처벌하는 규정을 두고 있지 않다. 따라서 적어도 부정행위에 대한 인식은 전제가 되어야 하고 보통의 경우 이러한 인식은 그와 같은 부정행위에 내포되어 있다고 할 수 있으므로 부정행위의 태양에 대한 증명이 있으면 족하고, 구 국세기본법 시행령 제27조 제2항 제3호와 같은 특별한 경우가 아닌 한 그에 대한 인식이 있었음을 별도로 증명할 필요는 없다고 하겠다.

(2) 조세면탈에 대한 인식의 요부

가) 일본에서의 논의

정작 다툼이 많은 문제는 부정행위의 주관적 요건으로서 조세면탈에 대한 인식이 필요하다고 볼 것인지 여부이다. 이 점에 관하여 부정행위가 조세포탈범의 구성요건인 경우와 국세기본법상 장기부과제척기간이나 중가산세의 요건인 경우에 서로 달리 접근하는 입장과 같이 접근하는 입장이 있다. 우리나라보다 중가산세 제도를 먼저 도입한 일본에서 이 점에 관하여 활발한 논의가 있었던 것으로 보인다.

일본에서도 우리나라와 비슷하게 중가산세, 장기부과제척기간, 조세포탈의 세 영역에 부정행위가 그 요건의 하나가 된다. 중가산세에 있어서는 '납세자가 국세의 과세표준 등 또는 세액 등의 계산 기초가 되는 사실의 전부 또는 일부를 은폐 또는 가장하는 것'을 요건으로 한다.[41] 그리고 장기부과제척기간의 경우에는 '허위 기타 부정한 행위'가 그 핵심요건이다.[42] 조세포탈죄의 핵심 요건은 '허위 기타 부정한 행위'이다. 전반적인 모습이 우리나라 구법 시대의 규정과 비슷함을 알 수 있다. 우리나라 구법 시대의 규정들이

---

41) 일본 국세통칙법 제68조 제3호
42) 일본 국세통칙법 제70조 제5항

일본법 규정을 참고한 것으로 보인다.

일본 최고재판소는 기본적으로 가장 중한 형사상 처벌이 가해지는 조세포탈죄의 경우에는 부정행위의 고의에 조세포탈의 의도나 목적이 필요하다고 보고, 그보다 가볍게 행정상의 제재가 가해지는 데 그치는 중가산세의 경우에는 부정행위의 주관적 요건으로 조세면탈에 대한 인식까지는 필요하지 않다고 보고 있다.

조세포탈죄에서의 부정행위에 관하여 일본 최고재판소 昭和 42년 11월 8일 판결에서는 '탈세의도를 가지고 그 수단으로 세금의 부과징수를 불가능하게 하거나 현저하게 곤란하게 하는 어떠한 위계 기타 공작'이라고 판시하였다. 여기서 알 수 있듯이 조세포탈죄에 있어서는 그 주관적 요건으로 조세포탈의 의도가 수반되어야 한다. 따라서 이 부분에 대한 증명이 필요하다.

반면에 중가산세의 요건에 있어서는, 일본 최고재판소 昭和 62년 5월 8일 판결은 '중가산세는 각종의 가산세를 부과하여 납세의무위반사실이 은폐 또는 가장 등의 부정한 방법에 따라 행하여졌을 경우 위반자에 대하여 부과되는 행정상의 조치이며 고의로 납세의무를 위반한 것에 대한 제재는 아니므로, 중가산세를 부과하기 위해서는 납세의무자가 고의로 과세표준 또는 세액 등의 계산의 기초가 되는 사실을 은폐 또는 가장하거나 그 은폐 또는 가장행위를 원인으로 과소신고의 결과가 발생한 것이라면 충분하고, 더 나아가 납세자가 과소신고를 행하는 것의 인식을 가지고 있는 것까지 필요로 하는 것은 아니다.'라고 판시하였다.[43] 여기서 과소신고에 대한 인식이 없이 사실의 은폐나 가장 등의 부정행위를 한다는 것이 어떤 경우인가에 관하여 보면 조세면탈의 목적이 아닌 전혀 다른 목적에서 그와 행위를 하는 경우도 상정해 볼 수 있으나 흔하지 않다. 그보다는 위 판결의 상고이유서에서도 나타나는 바와 같이 이익과 손실이 교차하는 반복적 주식매매의 경우에는 일정한 과세기간이 종료되었을 때 반드시 이익이 난다는 보장이 없으므로 그 주식거래를 가공인 명의로 함으로써 이를 은폐하거나 가장하는 등의 부정행위를 하더라도 그 당시로서는 소득의 과소신고에 대한 인식이 없었다고 할 수 있으므로 과소신고에 대한 인식이 없이 부정행위를 한 경우에 해당할 수 있다. 그래서 납세자가 이 점을 상고이유로 주장하였으나 일본 최고재판소는 위에서 본 바와 같이 그와 같은 인식이 없더라도 종국적으로 이익이 있었다면 중가산세가 적용될 수 있다는 취지에서 상고를 기각하였다. 위 판결은 행정상의 제재와 형사처벌의 차이에 주목하여 그 인식의 내용을 다르게 파악하고 있는 것으로 보인다.

반면에 위 최고재판소 판결의 하급심에서는 최고재판소와 같이 과소신고의 인식이 필요 없다고까지 판시하지는 아니하고, 당해 과세기간에 종국적으로 이익이 생길 것인지

---

43) 일본 최고재판소 昭和 62年 5月 8日 第二小法廷 昭和 59年 (行ツ) 302号

그 이익이 얼마나 될 것인지에 대한 인식이 없는 경우에도 이익이 생긴다면 그 이익을 은폐하겠다는 미필적 의사로 가공인 명의의 주식거래를 하여 실제로 이익이 생긴 경우에는 중가산세 요건에 해당한다고 판시하였다. 상고이유서에서도 위 하급심 판결의 취지가 분명하지 않다고 지적하였듯이 정확한 취지를 알기는 어려우나 과소신고의 인식은 필요하되 그 인식이 미필적 인식으로 족하다는 취지로 이해할 수 있다.

일본 학계에서는 조세포탈범에 있어서는 조세면탈의 인식이 필요하다는 점에 대하여 별 다툼이 없으나, 중가산세나 장기부과제척기간에 있어서는 조세면탈의 인식이 필요한지에 관하여 의견이 분분하다. 중가산세 부과와 같은 행정사건에서는 다수의 사안에 대하여 공정성과 신속성이 요구되는 동시에 집행의 균형성을 담보하기 위해 획일적 처리가 가능하도록 객관적이고 명확한 부과요건이 요청된다는 점에서 조세를 면할 인식까지는 불필요하다는 것이 불필요설의 주요 논거이고, 중가산세는 형사처벌 못지 않은 중대한 제재이므로 그와 같은 인식이 필요하다는 것이 필요설의 주요 논거로 보인다.[44]

나) 구법 시대의 우리 대법원 판례

앞서 본 바와 같이 구법 시대에 우리 대법원은 중가산세와 장기부과제척기간, 조세포탈범의 세 영역에 있어서 부정행위 개념을 동일하게 파악하고 있었으므로 그 주관적 요건인 인식의 요부와 정도에 관하여도 어떠한 차별을 두지 않고 있다.

먼저, 부당과소신고가산세의 요건에 관하여, 대법원 2013. 11. 28. 선고 2013두12362 판결은, 구 국세기본법 제47조의3 제2항이 부당과소신고의 경우에 가산세를 중과하는 이유는 국세의 과세표준 또는 세액 계산의 기초가 되는 사실의 전부 또는 일부를 은폐하거나 가장하는 경우에는 조세의 부과와 징수가 불가능하거나 현저히 곤란하므로 납세의무자로 하여금 성실하게 과세표준을 신고하도록 유도하기 위하여 '부당한 방법'에 의하지 아니한 일반과소신고의 경우보다 훨씬 높은 세율의 가산세를 부과하는 제재를 가하려는 것이라고 전제하고, '부당한 방법'으로 볼 수 있는 경우를 예시적으로 규정하고 있는 구 국세기본법 시행령 제27조 제2항은 그 일반조항이라고 할 수 있는 제6호에서 '부당한 방법'에 해당하기 위하여는 국세포탈 등의 목적이 필요하다는 취지로 규정하고 있으므로 구 국세기본법 제47조의3 제2항 제1호가 규정하는 부당과소신고가산세의 요건인 '부당한 방법으로 한 과세표준의 과소신고'란 국세에 관한 과세요건사실의 발견을 곤란하게 하거나 허위의 사실을 작출하는 등의 부정한 적극적인 행위에 의하여 과세표준을 과소신고하는 경우로서 그 과소신고가 누진세율의 회피, 이월결손금 규정의 적용 등과 같은 조세포탈의 목적에서 비롯된 것을 의미한다고 보아야 한다고 판시하였다. 이와 같이 '부

---

44) 길용원, 앞의 논문 참조

당한 방법'의 주관적 요건으로서 조세면탈에 대한 인식 내지 목적이 필요함을 명시적으로 선언하였다.

다음으로, 장기부과제척기간의 요건에 관하여는, 대법원 2013. 12. 12. 선고 2013두7667 판결은 구 국세기본법 제26조의2 제1항 제1호의 '사기 기타 부정한 행위'라 함은 조세의 부과와 징수를 불가능하게 하거나 현저히 곤란하게 하는 위계 기타 부정한 적극적인 행위를 말하고, 다른 어떤 행위를 수반함이 없이 단순히 세법상의 신고를 하지 아니하거나 허위의 신고를 함에 그치는 것은 여기에 해당하지 않는다고 판시하였다. 여기서는 조세면탈에 대한 인식이 '사기 기타 부정한 행위'의 주관적 요건임을 명시적으로 선언하지는 않았지만 조세의 부과 등을 불가능하게 하거나 현저히 곤란하게 하는 적극적 행위이고 단순한 소극적 행위는 제외된다고 함으로써 조세면탈에 대한 인식이 그 주관적 요건이 됨을 간접적으로 선언하였다고 할 수 있다. 그리고 대법원 2014. 2. 27. 선고 2013두19516 판결은 허위세금계산서에 의한 매입세액 부당공제에 있어서 납세자에게 10년의 부과제척기간을 적용하기 위해서는 납세자가 그 매입세액의 공제를 받는 것이 결과적으로 국가의 조세수입 감소를 가져오게 될 것이라는 점에 대한 인식이 있어야 한다고 판시하였다. 여기서는 조세면탈에 대한 인식이 주관적 요건이 됨을 명시적으로 선언하였다.

마지막으로, 조세포탈범의 고의에 관하여는 대법원 2006. 6. 29. 선고 2004도817 판결 등은, 사기 기타 부정한 행위로 조세를 포탈함으로써 성립하는 조세포탈범은 고의범이지 목적범은 아니므로 피고인에게 조세를 회피하거나 포탈할 목적까지 가질 것을 요하는 것이 아니며, 이러한 조세포탈죄에 있어서 범의가 있다고 함은 납세의무를 지는 사람이 자기의 행위가 사기 기타 부정한 행위에 해당하는 것을 인식하고 그 행위로 인하여 조세포탈의 결과가 발생한다는 사실을 인식하면서 부정행위를 감행하거나 하려고 하는 것이라고 판시하였다. 이 판결은 조세포탈죄에서는 사기 기타 부정한 행위의 주관적 요건으로서 조세포탈의 인식이 있어야 한다고 명시적으로 선언하였다.

위 세 판결들을 비교해 보면, 중가산세의 경우에는 조세면탈의 목적이라는 용어를 사용하고 있어 강한 정도의 인식이 필요하다는 것이고, 조세포탈죄의 경우 조세포탈의 목적까지는 필요 없고 조세포탈의 인식이면 족하다고 하여 그보다는 약한 정도의 고의가 필요하다는 것이며, 장기부과제척기간의 경우 조세면탈의 의도나 인식이 필요하다고 하여 중간 정도의 고의가 필요하다는 것으로 읽힌다. 하지만 이들 세 영역에 대한 판결들이 주관적 요건으로서의 인식의 정도에 관하여 서로 비교하면서 그 정도에 차이를 두고자 하는 의도에서 달리 표현하였다기보다는 각 사안의 경중에 따라 어울리는 적절한 표현을 하였을 뿐인 것으로 볼 수 있으므로 그 표현상의 차이에 집착할 필요는 없다고 본다. 적어도 조세면탈의 인식은 있어야 한다는 점에서 공통된다는 점에 주목할 필요가 있다고 하겠다. 따라서 우리 대법원 판결들의 입장에 의하면, 조세면탈의 인식이 없다면 위 세 영역의 요건을 모두 충족하지 못하게 되고, 그 인식에 대하여는 과세관청이 증명책임을 부담한다. 이 점에서 일본 최고재판소 판결과 대비를 이루고, 우리 대법원이 납세자에게 더 유리한 입장을 취하고 있다고 할 수 있다.

다) 신법 시대 규정의 분석과 향후 판례에 대한 전망

앞서 살펴본 바와 같이 신법 시대에 와서는 위 세 영역의 요건에 관하여 규정상의 문언에 통일을 기하게 되었다. 아직은 신법 시대의 역사가 짧아 이에 대한 본격적인 논의는 부족한 실정이다. 그런데 위와 같이 규정상의 통일을 기하는 과정에서 입법자가 의도한 것인지 실수인지 알 수는 없으나 위 세 영역의 요건에 미세하나마 차이가 있어서 주관적 요건을 달리 해석할 여지가 없지 않다.

앞서 본 바와 같이 조세범처벌법 제3조 제6항에서는 '사기나 그 밖의 부정한 행위'를 그 '각 호의 어느 하나에 해당하는 행위로서 조세의 부과나 징수를 불가능하게 하거나 현저히 곤란하게 하는 적극적 행위'라고 정의하고 있는 반면에, 국세기본법 시행령 제12조의2 제1항에서는 '사기나 그 밖의 부정한 행위'란 '조세범처벌법 제3조 제6항 각 호의 어느 하나에 해당하는 행위'를 말한다고만 규정함으로써 '조세의 부과나 징수를 불가능하게 하거나 현저히 곤란하게 하는 적극적 행위'는 그 요건이 아닌 것으로 해석할 여지가 있다는 것이다. 후단 부분인 '조세의 부과나 징수를 불가능하게 하거나 현저히 곤란하게 하는 적극적 행위'에는 전단 부분인 '각 호의 어느 하나에 해당하는 행위'에 비하여 조세면탈의 의도나 목적 등의 주관적 요소가 진하게 배어 있다.

이러한 전단 부분과 후단 부분이 서로 동격인 관계에 있다고 보거나 후단 부분은 전단 부분의 속성을 강조하여 설명하는 것에 불과하다고 본다면 후단 부분을 전단 부분과 독립된 별개의 요건으로 보지 않을 수 있고, 그렇다면 위 세 영역의 주관적 요건을 동일하게 해석하더라도 무방하다. 그러나 그 문언의 차이를 중시하여 전단 부분과 후단 부분을 별개의 독립된 요건들로 본다면, 후단 부분이 배어 있는 조세면탈의 목적이나 의도 등의 주관적 요건이 중가산세나 장기부과제척기간의 부정행위에서는 필요하지 않다고 해석할 여지가 있다. 아직까지 이에 관한 본격적인 논의는 없다. 앞서 본 일본에서의 논의과정에 비추어 보면 우리나라에서도 이 점에 관하여 앞으로 보다 활발한 논의가 이루어질 가능성도 있어 기대를 해 본다. 그런데 최근의 대법원 2015. 12. 23. 선고 2015두50122 판결은 신법 시대의 사안으로 부당과소신고가산세의 주관적 요건에 관하여 구법 시대와 같은 취지의 판결을 선고하였다. 따라서 이러한 판결의 취지는 계속 이어질 것으로 보인다.

이들 세 영역에서 부정행위에 관한 법규정의 문언과 그 실질적인 행위태양에 별 차이가 없다면 일본 최고재판소와 같이 주관적 요건의 내용 자체를 서로 다르게 파악하기보다는 행정사건과 형사사건에서 요구하는 요건사실에 대한 증명 정도에 차이가 있음을 고려하여 앞서 본 일본 하급심 판결과 유사하게 조세면탈의 인식에 대한 증명의 정도에 차이를 두는 방법이 더 합리적인 방안이라고 생각된다. 통상 민사소송이나 행정소송에서는 우월한 증명(more likely than not)이나 높은 개연성이 있는 증명(highly probable)으로 족하지만, 형사소송에서는 형사소송법 제307조 제2항에 의하여 이보다 더 높은 합리적 의심이 없는 증명(beyond reasonable doubt)을 요한다. 그래서 조세포탈죄에 있어서의 고의에 대하여는 일반 형사사건의 경우와 같이 합리적 의심의 여지가 없을 정도로 엄격한 증명이 필요하다고 해석하고, 중가산세나 장기부과제척기간에 있어서 조세면탈에 대한 인식은 민사사건이나 행정사건과 같이 조세포탈죄의 고의보다 약한 정도의 증명으로 족하도록 해석함으로써 차이를 두는 것이다.

실제 조세쟁송에서는 이러한 증명 정도의 차이가 결론의 차이를 가져오는 경우가 더러 있다. 실례로 조세포탈범에 대한 검찰 수사단계에서 조세포탈의 고의에 대한 증거가 부족하다는 이유로 무혐의결정을 하여 기소하지 않는 경우가 많다. 이럴 때 중가산세나 장기부과제척기간을 다투는 행정소송에서 납세자가 위 무혐의결정을 강력한 증거자료로 제출한다. 검찰에서 무혐의결정을 했으니까 행정소송에서도 같은 결론에 이르러야 한다고 주장하는 것이다. 그러나 검찰에서의 무혐의결정은 형사소송에서 고의에 대한 고도의 엄격한 증명을 요하기 때문에 무죄판결에 대한 우려로 무혐의결정을 하는 것에 불과하다고 볼 수 있다. 그러나 행정소송에서는 형사소송만큼 고도의 증명을 요하는 것이 아니므로 위와 같은 무혐의결정에도 불구하고 중가산세나 장기부과제척기간에서는 주관적 요건을 충족하였다고 판결을 할 여지가 있다.

라. 명의위장에 있어서의 주관적 요건

(1) 쟁점의 소재

명의차용이나 명의신탁과 같은 명의위장이 있는 경우 그것은 기본적으로 납세의무자의 명의를 위장함으로써 조세가 면탈될 수 있으므로 사기 기타 부정한 행위에 해당한다고 볼 여지가 많다. 그러나 명의위장은 조세포탈의 목적 외에도 다른 행정상의 제재 등을 피하기 위한 목적에서 비롯된 경우가 많다. 이러한 경우에 조세면탈에 관한 주관적 요건을 충족하였다고 볼 수 있는지가 실제 소송에서 쟁점이 되는 경우가 있다.

(2) 대법원 판결의 동향과 분석

먼저 앞서 본 대법원 2013. 12. 12. 선고 2013두7667 판결은 명의를 위장하여 소득을 얻더라도 그것이 조세포탈과 관련이 없는 행위인 때에는 명의위장 사실만으로 '사기 기타 부정한 행위'에 해당한다고 할 수 없으나, 그것이 누진세율 회피, 수입의 분산, 감면특례의 적용, 세금 납부를 하지 아니할 무자력자의 명의사용 등과 같이 명의위장이 조세회피의 목적에서 비롯되고 나아가 여기에 허위 매매계약서의 작성과 대금의 허위지급, 허위의 양도소득세 신고, 허위의 등기·등록, 허위의 회계장부 작성·비치 등과 같은 적극적인 행위까지 부가된다면 이는 조세의 부과와 징수를 불가능하게 하거나 현저히 곤란하게 하는 '사기 기타 부정한 행위'에 해당한다고 판시하였다. 그래서 원고가 다른 사람들 명의로 주식을 취득하고 양도한 행위는 다른 법률상 규제를 피하기 위한 목적 외에도 법인세법상 부당행위계산에 해당하는 거래임을 은폐하기 위한 목적에서 이루어진 것이고 나아가 그 사실이 발각되지 않도록 허위 매매계약서의 작성과 대금의 허위지급 등과 같은 적극적인 행위를 한 것으로서 '사기 기타 부정한 행위'에 해당한다고 판시하였다. 이 사건 제1심과 원심은 원고가 다른 사람들 명의로 주식을 취득하게 된 것은 당시 그 주식회사를 지주회사로 설립할 계획이었는데, 지주회사가 설립될 경우 원고는 지주회사의 자회사가 되고, 지주회사의 자회사는 당시 독점규제 및 공정거래에 관한 법률에 의하여 지배목적으로 다른 국내회사의 주식을 소유하는 것이 금지되어 있었기 때문에 이러한 규제를 피하기 위하여 편의상 그와 같이 한 것이었다는 이유로 사기 기타 부정한 행위에 해당하지 않는다고 보았다.

이와 대비되는 것으로 대법원 2017. 4. 13. 선고 2015두44158 판결이 있다. 이 판결은, A가 1992년경 P사의 주식 중 일부를 B 외 5인에게 명의신탁하였고 P사의 기업공개 후에도 명의신탁을 그대로 유지하였으나, 이러한 명의신탁이 누진세율의 회피 등과 같은 조세포탈의 목적에서 비롯되었다고 볼 만한 사정이 발견되지 않는 점, A가 명의수탁자 명의로 증권계좌를 개설한 것은 그 주식의 명의신탁에 통상 뒤따르는 부수행위로 보이는 점, A는 기존 명의신탁관계가 해소되지 않은 상태에서 일반적인 주식 양도방법에 따라 명의수탁자 명의로 된 주식을 처분하였을 뿐이고, A가 2007년과 2008년에 일부 명의수탁자 명의의 주식에 대해 양도소득세를 신고하지 아니한 것 역시 코스닥시장에서의 일반적인 주식 양도방법에 따라 주식이 처분된 데에 따른 결과인 점, A가 명의수탁자 명의로 종합소득세 신고를 한 것 역시 명의신탁관계가 해소되지 않은 상황에서 P사가 지급하는 이자 및 배당소득이 명의수탁자에게 자동으로 입금됨에 따라 소득세가 명의수탁자 명의로 자동 공제된 데에 기인한 것인 점 등에 비추어 보면, 결과적으로 A의 주식 명의신탁행위로 인하여 양도소득세가 과세되지 못하였고 종합소득세와 관련하여 세율구간 차이에 따라 산출세액에서 차이가 발생하였다 하더라도, A의 주식 명의신탁행위와 이에 뒤따르는 부수행위를 조세포탈의 목적에서 비롯된 부정한 적극적인 행위로 볼 수 없다고 판시하였다. 이 사안에서는 A가 P사를 코스닥시장의 상장요건인 주식분산을 위하여 그 주식을 명의신탁하였던 것이었다.

전자의 사안이나 후자의 사안이나 모두 다른 목적에서 주식의 명의신탁이 이루어지고 그 후에 명의수탁자들 명의로 거래를 하여 그들 명의로 대금수수 등이 이루어졌으며 그에 따라 결과적으로 조세의 회피가 있었다. 그와 같은 후속행위들에 대하여 전자의 판결에서는 별도의 적극적인 부정행위로 평가하여 전체적으로 사기 기타 부정한 행위에 해당한다고 판단하였고, 후자의 판결에서는 명의신탁에 통상적으로 수반되는 행위로 보아 별도의 적극적인 부정행위가 아니라고 평가하여 전체적으로 사기 기타 부정한 행위에 해당하지 않는다고 판단하였다. 전자와 후자의 차이를 든다면, 전자에서는 실제로는 특수관계자 사이의 저가거래이어서 부당행위계산부인의 대상이었는데 명의위장으로 인하여 그것이 은닉되었고 주식거래를 위해서도 적극적으로 매매계약서가 작성되었던 반면에, 후자에서는 그 주식거래가 부당행위계산부인의 대상은 아니었고 이를 위한 매매계약서의 작성도 없이 일반적 상장주식의 거래방식에 따라 거래가 이루어졌다. 이러한 사정들을 종합하여 그 부당성의 무게를 저울질해 보면 전자의 경우가 더 무겁다고 할 수 있다. 이 때문에 서로 다른 결론에 이른 것으로 보인다.

후자와 비슷한 사안에서 대법원 2020. 12. 10. 선고 2019두58896 판결은, 원고가 비록 토지를 1997. 8.경 A에게 명의신탁하여 2010. 6.경부터 2014. 5.경까지 순차적으로 C시에 양도되기까지 이를 유지하고 그 양도에 따른 양도소득을 얻기는 하였으나, 그 토지는 C시의 공공사업 수행을 위해 협의매각된 것일 뿐이고, A 명의로 각 양도소득세를 신고하였으나 이는 명의신탁에 통상 뒤따르는 부수행위일 뿐이며, 더욱이 그 양도가액과 취득가액 등을 허위로 신고한 것으로 보이지 아니하고, 다만 원고 명의로 신고·납부하였을 경우의 세액과 A 명의로 신고·납부한 세액에 일부 차이가 존재하나, 예정신고납부세액을 공제받지 못한 사정이나 공익사업용토지 양도소득에 대한 감면한도의 착오라는 명의신탁과는 전혀 무관한 사정으로 차액이 발생하였을 뿐이며, 그 토지를 포함하여 A에게 명의신탁한 다른 토지는 2010. 6.경부터 2014. 5.경까지 순차적으로 C시에 양도되었는데, 예정신고납부세액 공제 제도가 폐지된 이후인 2012, 2013년 귀속 양도소득세의 경우에는 세액 차이가 전혀 발생하지 아니하였고, 2011년 귀속 양도소득세의 경우 명의신탁으로 인해 기본공제와 누진공제를 중복적용받음으로써 일부 세액이 회피되는 결과가 발생하였으나 2011. 4. 5. 이 사건 토지의 수용 이후 2011. 10.경 원고 명의의 오피스텔을 양도함에 따라 기간과세의 원칙이 적용되는 양도소득세에 관하여 해당 과세기간 중에 발생한 양도소득을 모두 합산하여 과세표준과 세액을 산출한 결과에 따른 것일 뿐이며, 달리 양도소득세까지 포탈하려는 목적에서 비롯되었다고 볼 사정이 발견되지 않는다는 이유로 사기 기타 부정한 행위에 해당하지 않는다고 판시하였다.

또 다른 사례로 대법원 2019. 7. 25. 선고 2017두65159 판결이 있다. A가 명의신탁하여 B명의로 보유하던 주식을 C에게 증여하였고, 이에 C가 증여자를 B로 하여 가산세를 포함한 증여세를 기한 후 신고·납부하였는데, 과세관청은 C에게 동일인 재차 증여 가산과 주식 재평가 등으로 인하여 증가한 증여세 본세와 그 산출세액 전액에 대한 일반무신고가산세를 각각 증액 경정·고지하였다가, 이후 증여계약서를 허위로 작성함으로써 사기 기타 부정한 행위를 하였다는 이유로 부당무신고가산세를 부과한 사안이다. 이에 대하여 대법원은 C가 증여자가 허위로 기재된 증여계약서를 작성하였다는 사정만으로는 사기 기타 부정한 행위 등 부당한 방법으로 증여세 과세가액 및 과세표준을 신고하지 않았다고 보기 어렵고, A와 B의 행위를 납세의무자인 C의 '사기 기타 부정한 행위 등 부당한 방법으로 과세표준을 신고하지 않은 행위'와 동일하게 평가할 수 없으므로, C에게 부당무신고가산세를 부과할 수는 없다고 판단하였다. 이 사안에서 C는 기존의 차명상태를 단순히 받아들인 다분히 수동적인 입장이었으므로 비난의 가능성이 낮아 대법원의 입장은 수긍할 만하다.

실제 조세소송과정에서 이런 류의 사건들이 등장할 때 결론을 내리는 것이 쉽지 않다. 일률적인 기준을 적용하여 결론을 도출하기보다는 사안의 전체에서 느껴지는 부당성의 무게를 종합적으로 고려하여 신중하게 판단을 내릴 수밖에 없고 그 과정에서 재판부의 판단재량이 개입될 여지가 많다. 따라서 소송당사자들은 사안의 경중을 가늠할 수 있는 사정들을 잘 현출시킬 필요가 있다고 하겠다.

마. 사용인의 부정행위

국세기본법 제47조의3 제1항 제1호는 납세의무자가 부정행위로 과소신고한 경우에는 과소신고납부세액의 40%에 상당하는 부당과소신고가산세를 부과하도록 규정하고 있고, 국세기본법 제26조의2 제2항 제2호는 납세자가 부정행위로 국세를 포탈하거나 환급·공제받은 경우 10년의 장기부과제척기간을 적용하도록 규정하고 있다. 이들 규정에서 볼 수 있듯이 부정행위의 주체를 납세의무자 또는 납세자라고만 하고 있어 납세자 본인이 아닌 사용인이 부정행위의 주체가 되었을 경우에도 부당과소신고가산세나 장기부과제척기간이 그대로 적용될 수 있는지가 논란이 될 수 있다.

이에 관하여는 먼저 대법원 2015. 9. 10. 선고 2010두1385 판결에서 장기부과제척기간에서 말하는 '부정한 행위', 부당과소신고가산세에서 말하는 '부당한 방법'(현행법에서는 '부정한 행위'로 통일되었다)에는 납세자 본인의 부정한 행위뿐만 아니라, 특별한 사정이 없는 한 납세자가 스스로 관련 업무의 처리를 맡김으로써 그 행위영역 확장의 이익을 얻게 되는 납세자의 대리인이나 사용인, 그 밖의 종업원의 부정한 행위도 포함된다고 판시한 바 있다.

그런데 대법원 2021. 2. 18. 선고 2017두38959 전원합의체 판결에 이르러서는 위와 같은 법리의 적용범위와 관련하여 납세자 본인이 사용인 등의 부정한 행위를 방지하기 위하여 상당한 주의 또는 관리·감독을 게을리하지 아니하였다면, 납세자 본인은 이러한 사용인 등의 부정한 행위에 대하여 아무런 잘못이 없다고 볼 수 있으므로 이러한 경우에까지 이들의 부정한 행위를 장기부과제척기간, 부당과소신고가산세에서 말하는 '부정한 행위'에 포함시켜 납세자 본인에게 해당 국세에 관하여 부과제척기간을 연장하고, 중과세율이 적용되는 부당과소신고가산세를 부과하는 것은 허용되지 아니한다고 판시하였다.

그런데 위 대법원 전원합의체 판결은 여기서 더 나아가, 비록 납세자 본인이 사용인 등의 부정한 행위와 관련하여 상당한 주의와 관리·감독을 다하지는 못하였더라도 법인의 대표자나 사실상 대표자가 아닌 사용인 등이 납세자 본인을 피해자로 하는 사기, 배임 등의 범행을 저지르는 과정에서 본인의 소득을 은닉하는 등 적극적인 부정행위를 한 경우도 장기부과제척기간을 적용하면서 중과세율의 부당과소신고가산세까지 부과할 수 있는지 문제된다고 하면서 이에 관하여 색다른 판결을 하였다.

위 전원합의체 판결은 국세기본법에서는 단순히 '납세자가 부정한 행위로써 국세를 포탈한 경우' 내지는 '납세자가 부당한 방법으로 과소신고한 경우'라고만 규정하고 있어 납세자 본인이 아닌 사용인 등의 부정한 행위에 관하여 어느 정도까지 납세자에게 불이익하게 적용할 것인지에 대해서는 특별한 규정을 두지 않고 법률의 해석에 맡겨 놓고 있다고 전제하고, 먼저 부당과소신고가산세에 관하여, 대표자나 사실상 대표자가 아닌 사용인 등의 부정한 행위가 납세자 본인의 이익이나 의사에 반하여 자기 또는 제3자의 이익을 도모할 목적으로 납세자를 피해자로 하는 사기, 배임 등 범행의 일환으로 행하여지고, 거래상대방이 이에 가담하는 등으로 인하여 납세자가 이들의 부정한 행위를 쉽게 인식하거나 예상할 수 없었던 특별한 사정이 있는 경우라면, 사용인 등의 부정한 행위로 납세자의 과세표준이 결과적으로 과소신고되었을지라도 이들의 배임적 부정행위로 인한 과소신고를 '납세자가 부당한 방법으로 과소신고한 경우'에 포함된다고 볼 수는 없으므로, 이때에는 납세자에게 부정한 행위를 이유로 부당과소신고가산세의 제재를 가할 수 없다고 봄이 타당하다고 판시하였다.

그러면서 위 전원합의체 판결은 장기부과제척기간의 적용에 관하여는 다른 입장을 취하였다. 부정한 행위를 이유로 과세관청의 부과권을 연장해 주는 장기부과제척기간에 있어서는, 사용인 등의 부정한 행위가 납세자 본인을 피해자로 하는 사기, 배임 등 범행의 수단으로 행하여졌다고 하더라도 사용인 등의 부정한 행위로써 포탈된 국세에 관하여 과세관청의 부과권의 행사가 어렵게 된 것은 분명하므로, 특별한 사정이 없는 한 이러한 사용인 등의 배임적 부정행위는 장기부과제척기간에서 말하는 부정한 행위에 포함되고 따라서 납세자 본인에 대한 해당 국세에 관하여는 부과제척기간이 10년으로 연장된다고 판시하였다.

위 대법원 전원합의체 판결은 이와 같이 사용인의 부정행위에 관하여 부당과소신고가산세와 장기부과제척기간의 적용을 달리하는 근거에 관하여 다음과 같이 판시하고 있다. 부정한 행위를 이유로 제재를 중과하는 부당과소신고가산세에 있어서는 대표자나 사실상 대표자가 아닌 사용인 등의 배임적 부정행위를 납세자 본인의 부정한 행위로 볼 경우, 그 부정한 행위의 범죄 피해자 본인에게 적극적인 제재를 가하는 것이어서 헌법상 자기책임의 원리나 과잉금지 원칙에 위배되는 반면, 장기부과제척기간에 있어서는 이러한 제3자의 배임적 부정행위를 납세자 본인의 부정한 행위로 보아 부과제척기간을 연장하여도 별다른 헌법 위반 문제는 발생하지 않고, 오히려 부과제척기간을 연장하지 않을 경우 납세자 본인이 손해배상청구 등을 통하여 피해를 회복하였음에도 이에 대한 조세의 부담까지 면히는 부당한 결과가 초래될 수 있다는 것이다.

앞서 살펴본 바와 같이, 납세의무자 본인의 부정행위에 관하여는 국세기본법이 부당과소신고가산세의 적용요건과 장기부과제척기간의 적용요건을 통일적으로 규정하고 있기 때문에 양자의 적용을 달리 할 여지가 없지만, 납세의무자 본인이 아닌 사용인 등에 관하여는 명문의 규정이 없어 법해석론에 의하여 그 적용 여부가 결정될 수 있기 때문에 법해석을 합목적적으로 유연하게 하여 양자의 적용을 달리할 수 있다는 결론이 이른 것이다. 구체적 타당성을 얻기 위한 대법원의 노력은 수긍이 가지만 이렇게 해석할 경우 위 대법원 전원합의체 판결의 상당수 소수의견이 지적한 바와 같이 법규정의 통일적 해석과 체계적 정당성을 저해하고 법적 안정성과 예측가능성도 떨어뜨리는 단점이 있기 때문에 이러한 문제점을 해소하기 위해서는 대법원 전원합의체 판결의 취지를 입법에 반영하는 것이 바람직하다고 하겠다.

바. 허위세금계산서에 관한 주관적 요건

(1) 쟁점의 소재

조세소송의 실무에서는 부당과소신고가산세의 유형 중에 허위세금계산서에 관한 것이 상당히 많다. 여기서는 거래상대방으로부터 허위의 세금계산서를 수령하여 이를 토대로 부당하게 매입세액 공제를 받은 경우 '사기 그 밖의 부정한 행위'에 해당한다고 보아 부당과소신고가산세나 부당과다환급가산세를 부과할 수 있는지 여부가 문제된다. 먼저 부가가치세 면탈의 인식이 있어야 하는지가 쟁점이 되고, 더 나아가 그 인식이 필요하다고 할 경우 부가가치세법이 채택하고 있는 전단계매입세액공제제도의 특수한 사정 때문에 그 인식의 대상인 부가가치세 면탈의 의미를 어떻게 해석할 것인지도 추가적인 쟁점이 된다. 전단계매입세액공제제도하에서는 부가가치세의 면탈이 거래상대방의 신고·납부행위와 무관하지 않기 때문이다.

(2) 종래 대법원 판결의 동향

앞에서 살펴보았듯이 대법원 2014. 2. 27. 선고 2013두19516 판결은 장기부과제척기간에 관한 사건에서 구 국세기본법 제26조의2 제1항 제1호의 '사기 기타 부정한 행위'의 요건에 관하여 다음과 같이 판시하였다. 즉, 납세자가 허위의 계약서를 작성한 다음 그에 따라 교부받은 허위의 세금계산서에 의하여 매입세액의 공제 또는 환급을 받은 경우 그러한 행위가 구 국세기본법 제26조의2 제1항 제1호가 규정한 '사기 기타 부정한 행위로써 국세를 포탈하거나 환급·공제받은 경우'에 해당하여 10년의 부과제척기간이 적용되기 위하여는, 납세자에게 허위의 세금계산서에 의하여 매입세액의 공제 또는 환급을 받는다는 인식 외에, 허위의 세금계산서를 발급한 자가 그 세금계산서상의 매출세액을 제외하고 부가가치세의 과세표준 및 납부세액을 신고·납부하거나 또는 그 세금계산서상의 매출세액 전부를 신고·납부한 후 경정청구를 하여 이를 환급받는 등의 방법으로 그 세금계산서상의 부가가치세 납부의무를 면탈함으로써 납세자가 그 매입세액의 공제를 받는 것이 결과적으로 국가의 조세수입 감소를 가져오게 될 것이라는 점에 대한 인식이 있어야 한다고 판시하였다. 대법원 2015. 2. 26. 선고 2014두42001 판결이 위 판시의 법리를 승계하여 재확인하고 있다.

이들 판결의 입장은 앞서 본 세 영역에서 '부정행위'의 주관적 요건으로 조세면탈의 인식이 필요하다고 보는 대법원 판결들의 흐름과 일치한다. 그런데 위 판결들이 특별히 의미를 가지는 것은 전단계매입세액공제제도하에 있는 부가가치세에 있어서 조세면탈의 인식을 어떻게 파악하여야 하는지에 관하여 특별한 법리를 설시하였다는 점이다.

조세면탈의 인식은 납세자 자신의 차원에 국한하여 파악하는 것이 일반적이다. 즉, 거래상대방이나 관련 제3자가 조세면탈을 하였는지 여부는 불문하고 당해 납세자가 과소신고를 하거나 과다환급을 받았고 그에 대한 인식이 있으면 조세면탈의 인식이 있다고 보는 것이다. 법인세나 소득세, 상속세 등 일반적인 세목이 여기에 해당한다. 그런데 부가가치세의 경우는 전단계매입세액공제제도를 택하고 있어 다소 특수한 모습이 있다. 전단계매입세액공제제도하에서는 허위의 세금계산서를 받아 매입세액의 공제나 환급을 받는다고 하더라도 그 세금계산서를 발급한 상대방에게 매입세액을 지급함으로써 그 상대방이 이를 재원으로 하여 매출세액을 국가에 납부한다면 국가로서는 세수의 감소가 없게 된다. 즉, 부당하게 공제·환급받는 세액이 있다고 하더라도 원래 납부의무가 없는 같은 금액의 매출세액이 국고로 들어오므로 서로 상쇄되어 국고에 손해가 없는 것이다. 이러한 경우에는 매입세액을 부당하게 공제·환급받은 자가 결과적으로는 그 공제·환급받은 매입세액 상당액을 국가에 납부한 셈이 되므로 조세면탈의 인식이 없었다고 볼 수 있는 것이다.

위 판결들은 부당과소신고가산세에 관한 판결은 아니지만 앞서 본 바와 같이 대법원은 장기부과제척기간과 중가산세, 조세포탈범의 세 영역에 있어서 부정행위의 내용을 같은 것으로 파악하고 있기 때문에 허위세금계산서에 관한 부당과소신고가산세에서의 부정행위에 원용될 가능성이 많았다.

(3) 대법원 2015. 1. 15. 선고 2014두11618 판결

위에서 본 바와 같은 배경하에 허위세금계산서의 수수에 따른 부당과소신고가산세에 있어서의 부정행위의 주관적 요건에 관하여 대법원 2015. 1. 15. 선고 2014두11618 판결이 선고되었다. 그 요지는 다음과 같다.

구 국세기본법 제47조의3 제2항 제1호 등 관련 규정의 문언 및 체계 등에 비추어 보면, 납세자가 거짓증명을 수취하여 과세표준을 과소신고하였다고 하더라도 수취한 증명이 거짓임을 알지 못하였을 때에는 '부당한 방법으로 과세표준을 과소신고한 경우'에 해당한다고 볼 수 없고, 납세자가 중대한 과실로 거짓임을 알지 못하였다고 하여 달리 볼 것은 아니고, 납세자가 그 세금계산서상의 공급자와 실제 공급자가 다르게 적힌 '사실과 다른 세금계산서'를 교부받아 매입세액의 공제 또는 환급을 받은 경우 그러한 행위가 구 국세기본법 제47조의3 제2항 제1호가 규정한 '부당한 방법으로 과세표준을 과소신고한 경우'에 해당하기 위하여는, 납세자에게 사실과 다른 세금계산서에 의하여 매입세액의 공제 또는 환급을 받는다는 인식 외에, 사실과 다른 세금계산서를 발급한 자가 세금계산서상의 매출세액을 제외하고 부가가치세의 과세표준 및 납부세액을 신고·납부하거나 또는 세금계산서상의 매출세액 전부를 신고·납부한 후 경정청구를 하여 이를 환급받는 등의 방법으로 그 세금계산서상의 부가가치세 납부의무를 면탈함으로써 납세자가 매입세액의 공제를 받는 것이 결과적으로 국가의 조세수입 감소를 가져오게 될 것이라는 점에 대한 인식이 있어야 한다는 것이다.

위 사안에서 원고는 자신이 수령한 세금계산서가 공급자가 사실과 다르게 기재되어 있다는 사실을 알지 못하였다고 주장하고 있을 뿐만 아니라 그 세금계산서에 의하여 공제받은 매입세액에 상당하는 금액을 그 세금계산서의 발급자에게 지급하였다는 취지로도 주장하였다. 대법원은 앞서 본 판결과 같은 취지에서 원고가 위 세금계산서에 의하여 매입세액의 공제를 받는 것이 결과적으로 국가의 조세수입 감소를 가져오게 될 것이라는 점에 관한 인식이 있었는지 여부를 원심이 심리하였어야 한다는 이유로 원심판결을 파기하였다. 이 판결은 전항에서 본 장기부과제척기간에 관한 대법원 2014. 2. 27. 선고 2013두19516 판결의 입장을 부당과소신고가산세에 그대로 원용한 것임을 알 수 있다. 이 판결에 뒤이어 또 전항에서 본 대법원 2015. 2. 26. 선고 2014두42001 판결이 선고되었다. 이들 판결은 모두 구법 시대의 사안에 관한 것이다. 신법 시대에 와서도 대법원 2015. 12. 23. 선고 2015두50122 판결은 같은 취지를 선고하고 있다.

이러한 대법원 판결들에 대하여 과세관청으로서는 불만이 많을 수밖에 없고 그래서 입법에 의한 해결이 필요하다는 주장도 제기되고 있다.

5. 가산세의 면제

가. 국세기본법 관련 규정

앞서 본 바와 같이 가산세 관련 규정이 가혹하여 위헌이라는 주장은 가산세의 면제규정으로 상당부분 누그러뜨리고 있다. 이러한 면제규정이 없었더라면 납세자의 고의·과실을 불문하고 가산세를 부과하도록 한 규정은 위헌이라는 시비를 벗어나기 어려웠을 것이다. 이와 같이 가산세의 면제규정은 가산세의 위헌시비에서 유래되었다고 할 수 있다.

종래부터 국세기본법 제48조에서 가산세의 면제에 관한 규정을 두었다. 납세자에게 국세기본법 제6조 제1항에 규정하는 신고·납부기한 연장사유에 해당하는 경우에는 가산세를 부가하지 않도록 한 것이다. 그러나 이러한 연장사유는 너무 제한적이어서 위헌시비를 벗어날 수 없었고, 그래서 대법원 1976. 9. 14. 선고 75누255 판결 이래로 정당한 사유가 있는 경우에는 가산세를 면제할 수 있다고 판시해 왔다. 그러자 대법원 판결의 입장을 반영하여 국세기본법이 2006. 12. 30. 개정되면서 제48조 제1항에 '가산세를 부과하는 경우 그 부과의 원인이 되는 사유가 제6조 제1항에 따른 기한연장사유에 해당하거나 납세자가 의무를 불이행한 것에 대하여 정당한 사유가 있는 때에는 해당 가산세를 부과하지 아니한 다'는 규정을 신설하여 지금까지 이어져 오고 있다. 판례의 입장을 입법에 반영한 경우로서 바람직한 입법태도라고 할 것이다. 위 규정이 2018. 12. 31. 개정되면서 종전의 문언을 제1호(기한연장사유 해당)와 제2호(정당한 사유)로 나누고 제3호를 신설하여 제1호 및 제2호와 유사한 경우로서 대통령령이 정하는 경우를 규정하고, 그 위임에 의한 국세기본법 시행령 제28조 제1항에서 세법해석에 관한 질의회신 등에 따라 신고·납부하였으나 이후 다른 과세처분을 하는 경우(제1호), 토지 등의 수용 또는 사용, 도시 군계획 또는 그 밖의 법령 등으로 인해 세법상 의무를 이행할 수 없게 된 경우(제2호)를 규정하였다. 이로써 위 사유들은 모두 가산세 면제의 예시적 사유로 해석되게 되었다.

요컨대 가산세의 면제사유는 국세기본법 제6조 제1항의 위임에 의하여 그 시행령 제2조 제1항에서 구체적으로 나열하고 있는 '신고·납부기한 연장사유'와 상당히 추상적이고 포괄적인 '정당한 사유'로 대별된다고 하겠다.

나. 신고·납부기한 연장사유

(1) 개요

국세기본법 시행령 제2조 제1항 각 호에서는 신고·납부기한 연장사유를 열거하고 있다. 납세자가 화재, 전화(戰禍), 그 밖의 재해를 입거나 도난을 당한 경우(제1호), 납세자 또는 그 동거가족이 질병이나 중상해로 6개월 이상의 치료가 필요하거나 사망하여 상중인 경우(제2호), 납세자가 그 사업에서 심각한 손해를 입거나 그 사업이 중대한 위기에 처한 경우(납부의 경우만 해당한다)(제3호), 권한 있는 기관에 장부나 서류가 압수 또는 영치된 경우(제6호), 납세자의 형편, 경제적 사정 등을 고려하여 기한의 연장이 필요하다고 인정되는 경우로서 국세청장이 정하는 기준에 해당하는 경우(납부의 경우만 해당한다)(제7호) 등이다. 이와 같이 제1호부터 제8호까지는 구체적 사유를 들고 있으나, 제9호에서 '제1호, 제2호 또는 제6호에 준하는 사유가 있는 경우'라고 하여 유형적 포괄주의 규정을 두어 그 문호를 약간 개방함으로써 위 각 호의 사유는 사실상 예시적 사유의 성격을 지니게 되었다고 하겠다.

위에서 보는 바와 같이 제3호와 제7호의 사유는 납부의 경우만 해당한다고 규정하고 있는데, 이러한 사유가 있더라도 신고의무를 이행하는 데는 별로 문제가 없다는 취지로 이해된다. 따라서 위 사유들이 국세기본법 제48조 제1항에 들어와 가산세의 면제사유로 적용될 때에도 신고불성실가산세의 면제사유는 될 수 없고 납부불성실가산세의 면제사유만 될 수 있다고 해석하는 것이 체계적이고 합리적인 해석이라고 하겠다. 국세기본법 제6조에 의하면 신고·납부기한의 연장사유가 있다고 해서 곧바로 그 기한이 연장되는 것이 아니고 소정의 기한 내에 연장신청을 하여 세무서장의 승인을 받아야 하는데, 이러한 승인절차가 없어 기한이 연장되지 않으면 그 기한이 도과할 경우 가산세가 부과되는 것이 원칙이지만 이에 대하여 국세기본법 제48조에서는 다시 한번 더 구제의 길을 열어 가산세를 면제하겠다는 것이다. 이러한 취지에 비추어 볼 때 납부기한 연장사유가 있는 것에 불과한 자에게 신고불성실가산세까지 면제하도록 하는 것은 불합리하다고 할 수 있다.

이에 대하여 조세법규 엄격해석의 원칙을 중시하는 입장에서는 국세기본법 제48조 제1항은 기한연장사유를 가산세의 면제사유로 규정하면서 그 가산세에서 신고불성실가산세를 배제하고 있지 않으므로 위 제3호, 제7호의 사유도 신고불성실가산세의 면제사유가 될 수 있다는 주장을 할 수 있을 것으로 보인다. 다음 항에서 살펴보는 바와 같이 대법원 2012. 9. 27. 선고 2012두10987 판결문에도 위 주장과 비슷한 문언이 설시되어 있기는 하다. 그러나 위 판결의 사안은 지방세기본법이 제정되기 전의 구 지방세법 시대에 관한 것으로서 그 당시 기한연장사유에는 '납부의 경우에 한한다'는 단서규정이 없었으므로 위 판결문의 문언을 국세기본법이나 지방세기본법이 적용되는 사안에 그대로 원용하기는 어려울 것으로 보인다. 하지만 위 제3호, 제7호의 사유가 제48조 제1항 후단의 신고의무를 이행하지 못한 것에 대한 '정당한 사유'가 되면 신고불성실가산세의 면제사유가 될 수 있음은 물론이다.

그리고 위 각 호의 사유가 있다고 해서 곧바로 가산세 면제사유가 된다고 볼 수는 없다. 왜냐하면, 국세기본법 제48조 제1항이 가산세 부과의 원인이 되는 사유가 위 기한연장사유에 해당하여야 한다고 규정하고 있으므로 기한연장사유가 가산세 부과의 원인, 즉 신고·납부의무를 이행하지 못한 원인이 되어야 하기 때문이다. 따라서 기한연장사유가 있더라도 그것이 납세자의 신고·납부의무 불이행의 원인이 되었다고 볼 수 없다면, 즉 다른 원인으로 신고·납부의무를 이행하지 못한 것이라면 가산세 면제사유가 된다고 볼 수 없다.

그리고 기한연장사유가 신고불성실가산세의 면제사유가 될 때는 신고기한이 도래할 당시 그 사유가 존재할 경우 신고불성실가산세 전액을 면제하면 되지만, 기한연장사유가 납부불성실가산세의 면제사유가 될 경우에는 그 사유가 존속하는 기간에 해당하는 납부불성실가산세만 면제하는 것이 옳다. 대법원 2014. 8. 26. 선고 2012두2498 판결에서 이러한 법리를 확인한 바 있다.

(2) 사업상 중대한 위기

위에서 언급한 바와 같이, 국세기본법에서는 '사업상 중대한 위기에 처한 경우'가 신고기한의 연장사유로는 되지 아니하고 납부기한의 연장사유가 되며 동시에 가산세의 면제사유가 되는데, 가산세의 면제사유로서는 납부불성실가산세의 면제사유로만 삼는 것이 합리적이다.

지방세기본법도 국세기본법과 비슷한 체계를 유지하고 있다. 지방세기본법 제57조 제1항은 그 제26조 제1항에 따른 기한연장사유에 해당하거나 납세자가 해당 의무를 이행하지 아니한 정당한 사유가 있을 때에는 가산세를 부과하지 아니한다고 규정하고, 그 제26조 제1항의 위임에 의한 지방세기본법 시행령 제6조 제4호는 기한연장사유의 하나로 '납세자가 사업에 현저한 손실을 입거나 사업이 중대한 위기에 처한 경우(납부의 경우로 한정한다)'를 규정하고 있다. 그런데 2010. 3. 31. 이전의 구 지방세법에서도 비슷한 규정을 두고 있었지만, 기한연장사유의 하나로 '납세자가 그 사업에 심한 손해를 입거나 그 사업이 중대한 위기에 처한 때'를 규정하면서 '(납부의 경우로 한정한다)'는 단서를 두지 않았다. 이 때문에 사업상 중대한 위기에 처했을 때 그것이 신고불성실가산세의 면제사유도 될 수 있는지가 문제가 되었다.

이에 관한 사례로 대법원 2012. 9. 27. 선고 2012두10987 판결이 있다. 원고는 '사업상 중대한 위기'에 처하였다는 이유로 법인세 납부기한 연장신청을 하여 승인을 받은 후 지방세 과세관청에 법인세할 주민세의 신고납부기한도 자동 연장되는지를 질의하였으나 연장되지 않는다는 회신을 받고서 그 신고납부기한이 도과한 후에 법인세할 주민세를 신고·납부하였고, 지방세 과세관청은 신고불성실가산세와 납부불성실가산세를 부과하였다. 그러자 원고는 동일한 사유로 가산세면제신청을 하였으나 거부처분을 받고, 거부처분의 취소를 구하는 소를 제기하였다.

여기서의 쟁점은 '사업상 중대한 위기에 처한 경우'가 지방세 신고불성실가산세의 면제사유도 될 수 있는지 여부와 원고가 처한 사업상의 위기가 법인세할 주민세의 신고의무를 이행할 수 없는 사유가 되었는지 여부였다.

첫 번째 쟁점에 관하여, 대법원 2012. 9. 27. 선고 2012두10987 판결은 구 지방세법 제27조의2 제2항은 구 지방세법 시행령 제11조 제1항 제4호의 사유를 포괄적으로 가산세의 면제사유로 규정하고 있을 뿐 그 적용대상에서 신고불성실가산세를 배제하고 있지 아니한 점, 납세의무자의 사업이 중대한 위기에 처하면 상황에 따라서는 주민세 등 지방세의 신고의무조차 이행할 수 없는 경우도 있을 수 있는 점 등을 고려하면, 구 지방세법 시행령 제11조 제1항 제4호의 사유가 원천적으로 신고불성실가산세에는 적용될 수 없다는 원심의 판단이 부적절하였음을 지적하였다. 종래부터의 국세기본법과 새로 제정된 지방세기본법에서는 '사업상 중대한 위기에 처한 경우'를 납부불성실가산세의 면제사유로만 제한하고 있더라도 위 사안에 적용되는 구 지방세법상으로는 그와 같은 제한이 없었으므로 조세법규 엄격해석의 원칙상 신고납부불성실가산세의 면제사유가 될 수 있다고 해석하는 것이 타당하다는 취지를 담고 있다.

다음으로 두 번째 쟁점에 관하여는 위 대법원 판결은, 원고가 처한 사업상의 위기가 법인세할 주민세의 신고의무를 이행하기 어려울 정도에 이르렀다거나 그 신고의무를 면제할 다른 정당한 사유가 있다고 인정하기 어렵다는 등의 이유로 이 사건 신고불성실가산세 면제신청거부처분이 적법하다고 한 원심의 결론을 정당한 것으로 수긍하였다. 원심은 법리적으로 사업상 중대한 위기가 지방세 신고불성실가산세 면제사유가 될 수 없다고 하면서도 예비적으로 그 면제사유가 된다고 하더라도 원고의 당시 상황이 주민세 신고의무를 이행할 수 없을 정도는 아니었다고 판단하였고, 대법원은 원심의 이러한 예비적 판단을 수긍한 것이다.

실제 사안을 좀 들여다보면, 원고는 우리나라 굴지의 선박제조회사인데, 당시 2008년 미국의 서브프라임모기지 사태에 따른 세계적 금융시장의 경색 및 실물경제의 침체로 외국 선주들이 선박의 신규발주를 중단하고 기존 선박대금을 연체하였으며, 그 때문에 원고의 외상매출채권과 차입금이 각각 78%, 29% 정도 증가한 반면 선박 건조에 따른 선수금은 34% 정도 감소하였고, 노동쟁의로 인한 조업중단도 있었으며 2009년부터 토지 등의 자산을 매각하는 한편 임원의 급여를 10% 정도 삭감하였고, 원고의 직원 중 과장급 이상 600여 명도 2008년 12월경 성과급 전부를 반납하였다.

그렇더라도 원고는 대기업으로서 세무와 관련한 업무를 담당할 상당한 수의 직원들을 두고 있었으므로 적어도 그들로 하여금 법인세할 주민세의 신고를 할 수 있었을 것이다. 특히 세금신고업무는 통상 직원들이 직접 하는 것이 아니라 외부의 세무대리인을 통해서 할 수 있으므로 원고의 사업이 어렵다는 사정만으로 법인세할 주민세의 신고의무조차 이행할 수 없었다거나 이행하기 곤란하였다고 보기도 어렵다. 실제로 원고는 법인세 신고는 기한 내에 제대로 하였으며, 그럼에도 법인세할 주민세를 신고하지 아니한 것은 착오에 의한 것으로 볼 수밖에 없는 사정이 있다. 즉, 사업의 중대한 위기 때문이 아니다. 신고의무조차 이행할 수 없는 중대한 위기라 함은 신고기한 직전에 대규모 화재가 발생하여 신고관련 서류 등이 모두 소실되어 버린 경우나 모든 사원이 빠짐없이 농성에 참여하고 세무대리인도 없는 상황 정도는 되어야 할 것인데, 원고의 경우는 이러한 상황에까지 이른 것으로는 볼 수 없다. 이러한 사정들을 반영하여 대법원이 위와 같은 판결을 한 것으로 보이고 이는 타당한 결론이라고 하겠다. 위 판결에서도 알 수 있듯이 납부불성실가산세와는 달리 신고불성실가산세는 그 면제사유가 매우 제한적일 수밖에 없다.

(3) 동거가족의 질병 또는 사망

신고납부기한 연장사유 중 '납세자 또는 그 동거가족이 질병으로 위중하거나 사망하여 상중인 경우'가 쟁점이 된 사건으로 대법원 2014. 8. 26. 선고 2012두2498 판결이 있다.

사안을 요약하면 다음과 같다. 원고들 A, B, C는 그 피상속인이 2007. 2. 21. 사망하여 공동상속인이 되었고, 원고 A가 상속인 대표로 상속세를 신고하였으나 신고일은 실수로 법정신고기한 하루를 넘긴 2007. 8. 22.이었다. 그리고 신고세액을 제때에 납부하지 못하였다. 원고 A의 아들이 2007. 8. 12. 출생하였으나 출생 직후부터 중병을 앓아 생명이 위중한 상태에 있다가 2007. 8. 22. 사망하였다. 과세관청은 2007. 11. 1. 원고들에 대하여 신고불성실가산세와 2007. 11. 1.까지의 기간에 대한 납부불성실가산세를 부과하였다. 원고들은 원고 A의 아들이 질병으로 위중하여 사망하였으므로 신고불성실가산세와 납부불성실가산세 면제사유에 해당한다고 주장하였다.

원심은, 원고 B와 C는 원고 A에게 상속세 신고업무를 위임하였는데 원고 A가 동거가족인 아들이 질병으로 위중한 상태에 있어 상속세 신고기한 내에 신고·납부의무를 불이행하였고, 신고기한 이후에도 원고 A의 아들이 질병으로 위중한 상태가 지속되다가 사망하였으며, 상속세 신고기한 만료 직후에 원고 A가 그 상속세 신고의무를 이행하였으므로 원고 A의 경우는 동거가족인 아들이 질병으로 위중하거나 사망하여 상중인 사유에, 원고 B, C는 그에 준하는 사유에 각 해당하여 신고납부불성실가산세의 면제사유에 해당한다고 판단하였다. 나아가 납부불성실가산세의 면제범위에 관하여는 원고 A의 아들이 질병으로 위중한 상태에 있다가 2007. 8. 24. 사망하였으므로 그때로부터 원고들이 상속세의 일부를 납부한 날인 2007. 8. 30.까지는 장례식을 치루는 등에 필요한 합리적인 기간으로서 '상중인 때'에 해당한다고 봄이 상당하고, 그 이후부터는 기한연장사유에 해당한다거나 납부의무를 불이행한 것에 대하여 원고들에게 정당한 사유가 있음을 인정할 증거가 없으므로 2007. 8. 30.까지의 기간에 대하여만 납부불성실가산세가 면제된다고 판단하였다. 대법원은 이러한 원심의 판단이 정당하다고 하였다.

위 판결 중 납부불성실가산세 면제에 관한 부분은 대체로 무난하다고 평가될 수 있다. 특히 납부불성실가산세의 면제기간을 신고기한 연장사유의 존속기간으로 한정한 것은 올바른 태도이다. 그러나 전항에서 살펴본 사례와 비교해 볼 때 신고불성실가산세의 면제에 관한 판단은 다소의 무리가 따른다. 신고납부기한 연장사유에 해당한다고 해서 곧바로 가산세 면제사유가 되지 않고 그 사유가 신고납부기한을 지키지 못한 데 대한 원인

사유가 되어야 하고, 그래서 신고납부불성실가산세의 면제사유는 보다 엄격히 제한적으로 해석해야 한다는 점은 앞서 언급한 바 있다. 이 사건 원고들의 경우 법정신고기한을 단 하루 넘겼다. 이는 법정신고기한을 파악함에 있어 단순한 계산착오를 범한 것으로 볼 여지가 많다. 그렇다면 원고 A 아들의 상중이라는 사유가 법정신고기한을 지키지 못한 원인이 된다고 보기 어려운 측면이 있다. 물론 자식의 상중이어서 경황이 없어 기간계산에 착오를 일으켰을 수도 있지만 이는 단순한 착오에 불과하므로 가산세 면제사유로 포섭하기는 어려워 보인다. 특히 상속세 신고업무를 세무대리인에게 맡겼고 그 세무대리인의 계산상 착오로 법정신고기한을 넘겼다면 신고납부불성실가산세의 면제사유로 인정될 수 없다. 전항에서 살펴본 대법원 판결의 입장이라면 결론이 달라질 수 있을 것으로 보인다. 원심은 이 부분 법리를 놓친 것으로 보이고 그럼에도 대법원이 원심의 판단을 그대로 수긍한 것은, 피고가 상고이유로 이 부분을 제대로 다투지 아니하였기 때문이 아닌가 추측해 본다.

다. 재산평가와 관련된 과소신고가산세의 면제사유

국세기본법 제47조의3 제4항은 상속재산의 가액을 잘못 평가하여 상속세를 과소신고한 경우에는 과소신고가산세를 부과하지 못하도록 규정하고 있는데, 먼저 일반 법리로서 위 규정이 당해 상속재산을 상속세 과세대상으로 신고하였음을 전제로 하는지 여부가 문제되고, 다음으로 그것을 전제로 한다면 구체적 사안에서 상속세 과세대상으로 신고한 것으로 볼 수 있는지도 문제가 된다. 대법원 2016. 4. 28. 선고 2015두59259 판결이 최초로 이에 대한 해답을 제시하였다.

국세기본법 제47조의3은 제1항에서 일반적인 과소신고에 관하여 과소신고가산세를 부과하도록 규정하고, 제2항에서 부정행위에 의한 과소신고에 관하여 부당과소신고가산세를 부과하도록 규정하면서, 제4항 제1호 (다)목에서 상속세 및 증여세법 제60조 제2항·제3항 및 제66조에 따라 평가한 가액으로 과세표준을 결정한 사유로 상속세·증여세 과세표준을 과소신고한 경우에는 제1항과 제2항의 가산세를 적용하지 않도록 규정하고 있다.

여기서 상속세 및 증여세법 제60조 제2항·제3항 및 제66조에 따라 평가한 가액으로 과세표준을 결정한다고 함은 납세자가 신고한 과세표준에 오류가 있다고 보아 과세관청이 상속세 및 증여세법 제60조 제2항·제3항 및 제66조를 적용함으로써 과세표준을 다시 산정하는 것을 의미한다. 그런데 상속세 및 증여세법은 제60조에서 제1항은 시가에 의한 평가의 원칙을 선언하면서, 제2항은 시가를 정의하고, 제3항은 그 시가를 산정하기 어려운 경우에는 보충적 평가방법으로 제61조 내지 제65조를 적용하도록 규정하고 있으며, 이에 따라 제61조 내지 제65조에서 자산의 종류별로 보충적 평가방법을 규정하고, 마지막으로 제66조에서는 저당권 등이 설정된 재산의 평가에 관한 특례를 규정하고 있다. 따라서 국세기본법 제47조의3 제4항 제1호 (다)목에서 말하는 상속세 및 증여세법 제60조 제2항·제3항 및 제66조는 상속세 및 증여세법의 자산평가에 관한 모든 규정을 망라하는 것이라고 할 수 있으므로 과세관청이 상속세·증여세의 과세표준을 산정하는 과정에서 자산평가작업이 수반되고 그것이 과세표준에 영향을 미치면 모두 여기에 해당할 수 있다. 그리고 2023. 12. 31. 신설된 제4항 제1호의2에서는 상증세법 제60조 제2항·제3항 및 제66조에 따라 평가한 가액으로 소득세법 제88조 제1호 각 목 외의 부분 후단에 따른 부담부증여 시 양도로 보는 부분에 대한 양도소득세 과세표준을 결정·경정한 경우(부정행위로 양도소득세의 과세표준을 과소신고한 경우는 제외한다)를 규정하고 있다. 제1호 (다)목과 비슷한 취지로 이해된다.

국세기본법 제47조의3 제4항 제1호 (다)목은 2011. 12. 31. 개정된 것인데, 그전에는 제47조의3 제1항 단서에서 대통령령이 정하는 경우에는 예외로 한다고 하면서, 그 시행령 제27조의2 제2항 제2호 (다)목이 '상속세 및 증여세법 제60조 제2항·제3항 및 제66조에 따라 평가한 가액으로 과세표준을 결정한 사유로 상속세·증여세의 과세표준을 과소신고한 경우'를 그중 하나로 들고 있었다. 이와 같이 국세기본법이 2011. 12. 31. 개정되기 전에는 과세관청이 상속세 및 증여세법상 자산평가규정에 의하어 과세표준을 다시 산정한 경우 상속세 및 증여세법 제47조의3 제1항의 일반과소신고가산세만을 부과할 수 없었고 제2항의 부당과소신고가산세는 그 요건에 해당할 경우 부과할 수 있었으나, 위 개정 후에는 상속세 및 증여세법 제47조의3 제2항의 부당과소신고가산세도 부과할 수 없게 되었다. 납세자에게 유리한 방향으로 개정이 이루어진 것인데 부당과소신고가산세는 납세자의 부정한 행위에 대한 제재인 점을 고려하면 여기에 대해서까지 국세기본법 제47조의3 제4항 제1호 (다)목을 적용하는 것은 바람직한지는 의문이다.

국세기본법 제47조의3 제4항 제1호 (다)목의 문언만 놓고 보면 과세관청이 상속세 및 증여세법 제60조 제2항·제3항 및 제66조에 따라 평가한 가액으로 과세표준을 결정한 사유만 있으면 족한 것으로 보이고 그 평가대상 자산이 납세자의 신고내용에 포함되어 있어야 한다는 규정은 없다. 이 때문에 납세자가 상속·증여재산의 일부를 신고에서 누락한 경우에 과세관청이 이를 발견하고 그 재산을 상속세 및 증여세법 제60조 제2항·제3항 및 제66조에 따라 평가하여 과세표준을 결정하더라도 국세기본법 제47조의3 제4항 제1호 (다)목이 적용될 수 있는지가 논란이 될 수 있다.

그러나 국세기본법 제47조의3 제4항 제1호 (다)목의 입법 취지는, 대법원 2016. 4. 28.

선고 2015두59259 판결이 밝혔듯이, 납세자가 상속세·증여세의 신고시점에서 평가방법의 차이나 어려움으로 인하여 그 재산가액을 정확하게 산정하지 못함에 따라 과소신고가 이루어진 경우를 구제하는 데 있다. 즉, 종래 대법원 판결이나 국세기본법 제48조 제1항에 따른 가산세를 면제할 정당한 사유들 중 하나를 별도로 입법화한 것으로 볼 수 있다. 이러한 취지를 고려해 보면 위에서 본 바와 같은 문언대로의 해석은 곤란하다고 할 수 있다. 상속·증여재산의 신고를 일부 누락하였다면 일반적인 과소신고와 다를 바 없고 과세관청으로서는 그것을 바로잡아 부과처분을 하는 과정에서 재산평가작업이 오히려 추가되는 것임에도 일반적인 과소신고의 경우보다 더 납세자를 우대하여 과소신고가산세를 부과할 수 없다고 보는 것은 모순이라고 하겠다.

그래서 위 대법원 판결은 국세기본법 제47조의3 제4항 제1호 (다)목을 문언대로 해석하지 않고 입법 취지를 고려한 합목적적 해석을 하여 '상속인이 일단 상속재산으로 신고를 하였다면 과세표준이 적게 신고된 결과가 있더라도 위 규정이 정한 예외사유에 해당하지 않는다고 단정하여서는 아니된다'고 판시함으로써 납세자가 평가대상이 된 당해 재산을 상속·증여재산으로 신고한 경우에만 위 규정이 적용된다고 하였다. 평가대상이 되는 재산을 납세자 스스로 상속·증여재산에 포함시킴으로써 과세관청이 그 재산의 포착을 위한 수고는 할 필요 없고 단지 그 재산의 가액평가만 다시 하면 되는 상황이라면 그 가액평가의 잘못으로 인한 과소신고에 대하여는 가산세에 의한 제재의 칼을 들이대지 말아야 한다는 취지로 이해할 수 있다.

위 대법원 판결의 사안에서는, 유명 디자이너인 A가 개인사업자로서 의상실 영업을 하던 중 2010. 7. 12. 비상장법인인 B사를 설립하여 그 주식 50%를 취득하고, 2010. 8. 2. 의상실의 상표권을 포함한 영업권 가액을 약 10억 원으로 평가하여 이를 B사에 양도하고, 2010. 8. 12. 사망하였다. 상속인인 원고들은 2011. 2. 9. A의 B사에 대한 영업권 등 양도대금 채권을 상속재산인 미수금 채권에 포함시켜 상속세를 신고하였으나, 과세관청은 A가 양도한 상표권을 영업권과 구별되는 자산으로 보아 상속세 및 증여세법 제60조 제3항에 따른 보충적 평가방법을 적용하여 그 가액을 약 46억 원으로 평가한 후 이를 B사에 사전증여한 것으로 보아 상속세 과세표준에 가산하였다.

여기서 국세기본법 제47조의3 제4항 제1호 (다)목(이 사안에서는 2011. 12. 31. 개정되기 전의 규정이 적용되었다)을 적용하기 위한 전제로서 원고들이 상표권을 상속재산에 포함하여 신고하였는지가 문제되었는데, 제1심과 원심은 원고들이 상표권을 사전증여재산으로서 상속재산에 포함하여 신고한 사실이 없다는 이유로 위 규정이 적용될 수 없다고 판단하였으나, 대법원은 원고들이 상표권을 포함한 영업권 등의 양도대금 채권을 상속재산에 포함시켜 신고하였으므로 상표권을 상속재산에 포함하여 신고한 것으로 볼 수 있다고 보아 위 규정이 적용될 수 있다고 판단하였다.

엄격하게 보면 상표권은 A가 사망하기 전에 제3자인 B사에 증여한 것인 만큼 상표권 자체가 상속재산에 포함되는 사전증여재산에 해당하므로 원고들로서는 상표권 자체를 별도로 상속재산에 포함하여 신고하였어야 하는데 그러하지 아니하였고 그 대신 상표권이 포함된 영업권의 양도대금 채권을 과소하게 평가하여 상속재산에 포함시켰을 뿐이다. 따라서 제1심과 원심의 판단이 부당해 보이지는 않는다. 그러나 대법원은 납세자를 위하여 관대한 입장을 취하였다. 대법원은 원고들이 상속재산으로 양도대금 채권을 신고할 때 상표권의 양도대금 채권과 그 가액도 포함하였으므로 이로써 과세관청은 상표권이 상속재산에 포함된다는 사실을 충분히 알 수 있었다는 점을 중시하여 상표권을 상속재산에 포함하여 신고한 것과 같은 결과라고 본 것이다. 대법원은 국세기본법 제47조의3 제4항 제1호 (다)목을 해석·적용함에 있어서 입법 취지를 고려하여 그 요건에 있어서는 엄격한 입장을 취하여 납세자가 평가대상이 된 당해 재산을 상속·증여재산으로 신고한 것을 추가적인 요건으로 설정하면서도, 그 추가적 요건의 충족 여부에 관하여는 구체적 사안에서 비교적 관대하게 판단함으로써 합리성과 균형감을 유지하였다는 점에서 높이 평가할 만하다. 이 판결은 국세기본법 제47조의3 제4항 제1호 (다)목에 관한 최초의 판결이어서 선례적 가치가 높다고 하겠다.

라. 정당한 사유

(1) 개요

조세쟁송에서는 가산세 부과처분이 있는 경우 납세자들은 거의 예외 없이 정당한 사유의 존재를 주장한다. 개념 자체가 추상적이고 모호하여 그 적용범위를 가늠하기 어렵기 때문에 어떤 사안에서든 한번쯤 주장해 봄직한 것이고 그래서 법원이나 조세심판원 등 그 판단기관에서는 거의 모든 사건에서 정당한 사유의 존부에 관하여 판단해야 하는 부담을 안는다. 과세요건 법정주의의 원칙이 지배하는 조세법률관계에서 이 같은 추상적이고 모호한 기준에 의하여 가산세 면제 여부가 정해진다는 것은 결코 바람직하지 않다. 그러나 실상에서는 너무도 자주 쟁점화되고 있고 그래서 부과단계에서부터 과세관청에게 상당한 재량권이 부여되며, 조세쟁송의 단계에서는 판단기관의 재량적 판단에 의하여 결론이 내려진다. 워낙 재량적 판단의 소지가 많기 때문에 조세소송에서도 심급을 달리함에 따라 결론이 달라지는 경우가 많다.

정당한 사유의 일반적인 판단기준에 관하여 대법원은 다음과 같이 판시해왔다. 즉, 세법상 가산세는 과세권의 행사 및 조세채권의 실현을 용이하게 하기 위하여 납세자가 정당한 이유 없이 법에 규정된 신고·납세 등 각종 의무를 위반한 경우에 개별세법이 정하는 바에 따라 부과되는 행정상의 제재로서 납세자의 고의·과실은 고려되지 아니하고 법령의 부지나 오해의 범위를 넘어 세법 해석상 의의(疑意)로 인한 견해 대립이 있는 등으로 말미암아 납세의무자가 그 의무를 알지 못하는 것이 무리가 아니었다고 할 수 있어서 그를 정당시할 수 있는 사정이 있을 때 또는 그 의무의 이행을 그 당사자에게 기대하는 것이 무리라고 하는 사정이 있을 때 등 그 의무를 게을리한 점을 탓할 수 없을 때에는 정당한 사유가 있다고 한다.[45]

위 기준에 의하면 고의·과실이 없다고 해서 반드시 정당한 사유가 있는 것은 아니라고 할 것인데, 이는 가산세가 형사상 처벌이나 민사상 손해배상이 아니라 행정상의 제재라는 속성 때문이라 하겠다. 그리고 법률의 부지·착오가 고려되지 않는 것은 형벌이나 민사상 손해배상과 마찬가지의 입장이라고 하겠다. 결국 고의나 과실의 유무나 조세법규의 부지·착오보다는 납세의무자가 신고·납부의무를 제대로 이행하지 못한 제반 경위를 구체적으로 살펴보아 조세정책적 차원에서 그 의무위반을 탓하기 어렵다고 볼 사정이 있는지 여부에 따라 판단하여야 할 것이다.

그리고 대법원 2022. 1. 14. 선고 2017두41108 판결이 판시한 바와 같이, 가산세는 세법에서 규정한 신고·납세 등 의무 위반에 대한 제재인 점, 구 국세기본법이 세법에 따른 신고기한이나 납부기한까지 과세표준 등의 신고의무나 국세의 납부의무를 이행하지 않은 경우에 가산세를 부과하도록 정하고 있는 점 등에 비추어 보면, 가산세를 면할 정당한 사유가 있는지 여부는 특별한 사정이 없는 한 개별 세법에 따른 신고·납부기한을 기준으로 판단하여야 한다.

위 대법원 판결은, 원고들이 2013. 2. 6.경 비로소 종업원들의 횡령 사실을 알게 되었고 누락된 원고들의 매출에 관한 종합소득세 등의 신고·납부기한은 모두 그 이전인 사안에서, 위 신고·납부기한 당시 원고들에게는 가산세를 면할 정당한 사유가 있다고 하여 2013. 2. 6. 이전까지 발생한 납부불성실가산세뿐만 아니라 신고불성실가산세와 2013. 2. 7. 이후에 발생한 납부불성실가산세도 부과할 수 없다고 판시하였다.

(2) 종래 판례의 흐름

정당한 사유의 속성상 일의적이고 명쾌한 기준을 제시하는 것이 곤란하고 그래서 이를 구체화하는 규정도 존재하지 아니하므로 결국 그 판단기준에 관한 방향성을 찾기 위

---

45) 대법원 2002. 8. 23. 선고 2002두66 판결, 대법원 2011. 2. 10. 선고 2008두2330 판결 등

해서는 구체적 사례에 대한 판례의 흐름을 살펴볼 수밖에 없다.

대체로 보아, 세법에 명문의 규정이 없거나 문언상 적용 규정이 충돌하는 것으로 보여 입법기술상 문제가 있다고 볼 여지가 있는 경우로서 과세관청도 확실한 견해를 가지지 못한 경우에 있어서는 정당한 사유가 있다고 판단한 경우가 많고, 반면에 세법 해석의 견해 대립이 가능한 경우라도 납세의무자가 나름의 해석을 하여 신고한 것을 과세관청이 그대로 받아들여 과세를 하지 않다가 감사원의 지적을 받아 부과처분한 경우, 납세의무자에게 스스로 경정할 수 있는 기회를 주지 않은 경우, 납세의무자의 회계처리방법에 따르더라도 익금에 산입되는 시기에만 차이가 있을 뿐 익금에 산입되는 금액 자체에는 차이가 없는 경우, 과세관청이 위와 같은 회계처리를 장기간 문제삼지 아니한 경우 등의 사정만으로는 정당한 사유로 부족하다고 판단한 것으로 보인다.

구체적으로 보면 '정당한 사유'에 해당한다고 본 사안으로는, 과세관청의 질의회신이나 세무지도 또는 공적인 견해 표명에 의하여 납세의무자가 자신에게 납세의무가 없다고 믿은 경우,[46] 종전까지 납세의무가 면제되어 오다가 사정변경으로 그 납세의무를 이행하여야 하게 되었는데 납세자가 이를 알기 어려워 계속 납세의무를 이행하지 아니하였고 과세관청도 이에 대하여 아무런 이의나 시정지시 없이 받아들인 경우,[47] 행위 당시에는 적법한 의무의 이행이 있었으나 사후의 사정변경으로 인하여 소급적으로 부적법하게 되어 외관상 의무불이행이 있은 것처럼 된 경우[48] 등이 있다.

'정당한 사유'에 해당하지 않는다고 본 사안으로는, 납세의무자가 세법을 숙지하지 못하여 세법에 위반된 신고를 하고 과세관청도 이를 그대로 받아들이면서 시정지시 등을 하지 않은 경우,[49] 납세의무자가 단순히 세무공무원의 잘못된 설명을 듣고 이에 따라 의무를 해태한 경우,[50] 상속재산가액의 평가방법이나 자산의 장부가액과 시가평가액과의 차액에 대하여 법인세가 부과되는지의 여부 등을 알지 못한 경우,[51] 납세의무자가 대법원과 다른 견해에 선 국세심판소의 결정취지를 그대로 믿어 법에 규정된 신고·납부의무 등을 해태한 경우[52] 등이 있다.

---

46) 대법원 1989. 4. 25. 선고 88누4218 판결, 대법원 1995. 11. 14. 선고 95누10181 판결
47) 대법원 1980. 3. 25. 선고 79누165 판결
48) 대법원 1987. 10. 28. 선고 86누460 판결
49) 대법원 1991. 11. 26. 선고 91누5341 판결
50) 대법원 1997. 8. 22. 선고 96누15404 판결
51) 대법원 1998. 11. 27. 선고 96누16308 판결
52) 대법원 1999. 8. 20. 선고 99두3515 판결

(3) 최근 판례의 동향

가) 정당한 사유를 긍정한 사례

증여세에 있어서 납세자의 감정가액과 사후 과세관청의 감정가액의 차이로 인하여 납부해야 할 증여세액이 증가된 경우 정당한 사유가 있다고 본 사례로 대법원 2015. 3. 12. 선고 2014두44205 판결이 있다. 원고가 토지를 증여받아 증여세를 신고·납부하면서, 2개의 감정기관에 의뢰하여 받은 감정가액의 평균액 약 14억 원을 증여재산가액으로 하였는데, 피고는 위 감정가액이 개별공시지가의 90%에 미달한다는 이유로 다른 2개의 감정기관에 의뢰하여 받은 감정가액의 평균액 17억 원을 증여재산가액으로 하여, 증여세와 납부불성실가산세를 부과하였다. 국세기본법 제47조의3 제4항 제1호 (다)목에 의하여 신고불성실가산세는 부과되지 않았던 것으로 보인다. 원심은 납부불성실가산세가 신고납부기한까지 미납부한 세액에 대하여는 금융혜택을 받은 것으로 보아 그 납부의무 위반에 대하여 가하는 행정상의 제재인 점 등에 비추어, 증여재산가액에 대한 평가상의 차이로 인하여 미납부한 세액이라고 하더라도 원고가 관련 법령을 확인하였더라면 원고 감정가액이 개별공시지가보다 낮을 경우 재감정에 의한 증여세가 부과된다는 사실을 충분히 알 수 있기 때문에 원고 감정가액을 믿었다는 사정만으로는 정당한 사유가 있다고 볼 수 없다고 판단하였다. 그러나 대법원은 원고 감정가액이 일정한 기준에 미달하는 경우 과세관청의 의뢰로 재감정이 이루어질 것이 법령상 당연히 예정되어 있기는 하지만, 원고로서는 공신력 있는 감정기관의 감정에 따른 원고 감정가액을 신뢰할 수밖에 없고, 또 재감정을 의뢰하는 주체는 과세관청일 뿐만 아니라 원고 감정가액이 과세관청의 의뢰에 따른 재감정가액보다 높을 경우에는 추가로 납부할 세액이 존재하지 않을 수도 있으므로, 과세관청의 의뢰로 재감정을 실시하기 전까지는 추가로 납부할 세액이 얼마인지를 알 수 없는 원고로서는 그 납부기한 당시 공신력 있는 감정기관에 의한 원고 감정가액에 기초하여 산출된 증여세액을 납부할 수밖에 없으므로 정당한 사유가 있다고 판단하였다.

납세자의 입장에서는 법정기한까지 증여세를 납부해야 하고 그 당시로서는 자신의 감정가액에 따라 증여세를 납부할 수밖에 없다는 사정이 깊이 고려된 것으로 보인다. 물론 이때 원고로서는 보다 완전하게는 자신의 감정가액이 개별공시지가의 90%에 미달하는지를 확인하는 절차를 취하였어야 하겠지만, 그 결과 설령 자신의 감정가액이 그 기준에 미달한다고 하더라도 법정기한이 도래한 상태이고 아직 과세관청의 감정가액은 존재하지 아니하므로 원고가 달리 취할 방법이 없었다고 할 수 있다. 이러한 관점에서 위 대법원 판결이 타당하다고 하겠다.

또한 당초 신고·납부가 무효로 됨에 따라 추가신고·납부가 지연된 경우 정당한 사유가 있다고 본 사례로 대법원 2014. 6. 26. 선고 2014두3266 판결이 있다. 원고가 2010. 1. 7. 부동산의 취득에 따른 취득세 약 16억 원을 신고(종전 신고)하였으나 이를 납부하지 않자 과세관청은 2010. 2. 10. 본세에 납부불성실가산세를 더하여 납세고지(종전 처분)를 하였다. 원고는 2011. 2. 28. 위 부동산을 취득하지 못하였다면서 종전 처분의 취소를 구하는 행정소송을 제기하였으며 그 소송 중 2011. 6. 10. 위 부동산의 매도인과 화해계약을 체결하여 2011. 6. 20. 원고 앞으로 소유권이전등기를 마치고 2011. 7. 29. 별도의 신고 없이 종전 신고에 따른 취득세로 17억 원을 납부하였다. 과세관청은 17억 원 중 12억 원을 종전 신고에 따른 취득세에 충당하고 나머지는 다른 세액에 충당하였다. 법원은 2011. 8. 10. 종전 신고가 당연무효라는 이유로 종전 처분을 취소하는 판결을 선고하여 2011. 9. 1. 그대로 확정되었다. 그러자 원고는 2011. 9. 2. 과세관청에게 위 부동산을 2011. 6. 20. 취득하였다는 이유로 취득세 약 10억 원을 신고(나중 신고)하였고, 과세관청은 같은 날 위 판결에 따라 발생한 지방세 환급금 약 12억 원 중 약 10억 원은 나중 신고에 따른 취득세에 충당하고 2011. 9. 8.에는 나머지 약 2억 원을 환급하였다. 그 후 과세관청은 2011. 10. 10. 원고에게 위 부동산의 소유권이전등기일인 2011. 6. 20.부터 법정신고납부기한인 60일이 되는 날을 도과한 2011. 9. 2.에서야 취득세가 신고·납부되었다는 이유로 가산세를 부과하였다. 이에 대하여 대법원은 위 부동산의 소유권이전등기일인 2011. 6. 20. 당시에는 종전 신고가 무효이거나 취소되어야 한다는 법원의 판단이 아직 없었고, 오히려 과세관청은 그 적법·유효를 주장하였으며, 그 후 2011. 9. 1. 종전 신고가 무효라는 관련 판결이 확정됨에 따라 비로소 원고의 신고의무이행이 없었던 것으로 확인된 점, 원고가 행정소송으로 종전 신고의 효력을 다투는 이상 위 등기일인 2011. 6. 20.경을 취득시기로 하여 새로 취득세 등을 신고·납부하는 것이 그 주장에 부합하기는 하였지만, 외관상 종전 신고에 따른 취득세 등의 체납상태가 계속되고 있었으므로 이를 우선 해소할 필요가 있었던 것으로 보이는데, 종전 신고에 따라 원고가 납부하여야 할 세액만도 16억 원이 넘는 거액이었던 점, 이런 상황에서 원고는 우선 종전 신고에 따른 취득세 등의 명목으로 17억 원을 납부하였는데, 원고가 다시 위 등기일을 취득시기로 한 취득세 등을 추가로 신고·납부하기는 어려웠을 것으로 보이는 점 등을 종합하면, 원고가 법정신고기한까지 그 취득에 관하여 종전 신고와는 별도의 취득세 등 신고·납부하지 않았다고 하더라도 정당한 사유가 있었다고 판단하였다.

위 사안은 원심은 정당한 사유가 없다고 보았는데 대법원은 원심판결을 파기하였다. 여기서는 원고가 법정기한 내에 취득세를 신고·납부하였으나 그것이 종전 신고에 관한 것이고 나중 신고에 관한 것이 아니라고 취급되는 바람에 가산세가 부과된 것이다. 그러나 종전 신고가 유효한지가 다투어지는 상황에서 원고는 일단 종전 신고에 따른 취득세를 납부한 상태였고, 그 세액이 나중 신고에 따른 취득세를 오히려 초과하고 있어서 단지 과세관청의 충당결정에 의하여 나중 신고에 따른 세액의 납부로 전환될 수 있었다. 그리고 종전 신고가 무효라는 판결이 확정되었을 때는 이미 법정신고기한이 도과되어 버렸다. 이러한 상황에는 원고가 법정신고기한을 다소 초과하여 나중 신고와 납부를 하였다고 하더라도 이를 탓하기 어렵다 할 것이다. 대체로 대법원은 이러한 경우처럼 납부세액에 상당하는 금액이 어떠한 이유에서든 이미 과세관청에 납부되어 있는 경우에는 정당한 사유를 관대하게 판단하는 경향이 있다. 다만, 종전 신고에 관한 납부금액이 환급금이 되어 2011. 9. 2.에야 나중 신고에 관한 납부금액에 충당되었으므로 그 충당시점까지는 이자상당액인 환급가산금이 붙게 되었을 것임에도 법정납부기한인 2001. 7. 29.부터 2001. 9. 2.까지 지연이자 상당액인 납부불성실가산세가 부과되지 않는다면, 원고가 그 기간에 대한 이자 상당액의 부당이득을 취하는 결과가 되어 이 점에서는 위 대법원의 판단이 다소 불만이다.

최근에 정당한 사유를 아주 관대하게 인정한 사례가 있어 소개한다. 대법원 2017. 7. 11. 선고 2017두36885 판결은, 변호사인 갑이 2002년부터 2014년까지 다수의 법인파산사건에 대한 파산관재 업무를 수행하고 지급받은 보수를 줄곧 기타소득으로 신고하였는데, 과세관청이 이를 기타소득이 아닌 사업소득으로 보아 아직 부과제척기간이 도과하지 않은 과세연도인 2009년 내지 2013년 귀속 종합소득세 부과처분을 하면서 가산세까지 부과한 사안에서, 파산관재인의 보수가 사업소득으로 과세될 수 있는지에 관하여 세법 해석상 견해의 대립이 있었고, 과세관청 역시 2015년에 이르러 비로소 부과처분을 하는 등 그에 대한 확실한 견해를 가지지 못하였던 것으로 보이며, 종합소득세의 부과경위를 감안할 때 갑에게 가산세까지 부과하는 것은 지나치게 가혹하므로, 갑이 위 보수를 사업소득으로 신고·납부하지 아니하였더라도 그 의무를 게을리하였다고 비난할 수 없는 정당한 사유가 있다고 판시하였다. 사업소득인지 기타소득인지 여부는 사실인정과 그에 대한 법적 평가의 문제일 뿐이다. 사업소득으로서의 실체를 갖추고 있었다면 사업소득으로 신고하는 것이 맞고 그것을 기타소득으로 신고한 것은 납세자의 과오일 뿐이므로 정당한 사유를 인정하기가 어려워 보인다. 그래서 이 사건의 원심은 정당한 사유를 인정하지 아니하였다. 과세관청이 그동안 기타소득으로 신고하는 것을 묵인해왔다면 사업소득에 관한 비과세관행이 문제될 뿐이다. 그럼에도 대법원이 이를 가산세를 면제할 정당한 사유로 본 것은 그동안 정당한 사유에 관하여 대법원이 취하여 온 법리와 조화를 이루지 못하는 것 같다.

나) 정당한 사유를 부정한 사례

실제 쟁송에서는 정당한 사유의 주장이 너무 방만하게 이루어지고 있고, 그래서 법원의 판단 중 정당한 사유가 없다고 한 사안은 매우 많다. 대표적인 예가 대법원 2011. 5. 13. 선고 2008두13002 판결이다. 이 사안은 부가가치세 과세대상임에도 면세대상으로 오인하여 세금계산서를 교부하지 않고 계산서만 교부한 것은 세금계산서 미교부가산세를 면제할 정당한 사유가 되지 않는다고 판단한 것이다.

원고는 대전시로부터 쓰레기매립장 조성공사의 설계, 입찰, 계약, 시공, 감리, 감독 등의 업무 일체를 위탁받아 조달청장에게 입찰을 의뢰하여 그 낙찰자를 시공회사로 선정한 후 위 공사에 관하여 자신의 이름으로 공사도급계약을 체결하였고, 시공회사가 공사비를 청구하면 설치공사비와 감리비 및 대행수수료 등으로 구성된 위탁비용을 대전시에 청구하여 지급받아 그중 대행수수료를 제외한 나머지를 시공회사에 지급하였다. 원고는 대전시와의 위탁계약에 따라 시공회사로 하여금 위 공사를 하게 한 것은 용역의 위탁 내지 주선행위에 불과하고, 결과물을 취득한 자는 대전시이며 그 대가도 대전시가 지급하였으므로, 부가가치세법상 위탁자인 대전시가 시공회사로부터 직접 용역을 공급받은 것에 해당한다고 보아 원고는 대행수수료를 제외한 나머지에 대하여는 부가가치세 납부의무 및 세금계산서 교부의무가 없다고 보고 그 부분 세금계산서를 발행하지 아니하였다. 원고는 그동안 대행수수료를 제외한 나머지에 대하여 부가가치세 면제대상으로 신고하여 왔음에도 과세관청이 과거 12년간 부가가치세 및 세금계산서 미교부가산세를 부과하지 않았고, 1999년경 원고에 대해 세무조사를 한 때에도 같은 입장이었으며, 국세심판원도 같은 취지의 판단을 한 바 있어 과세관청과 국세심판원의 태도를 신뢰하여 세금계산서를 교부하지 아니하였으므로 정당한 사유가 있다고 주장하였다.

이에 대하여 대법원은, 원고가 대행수수료를 제외한 나머지 부분에 대하여도 시공회사로부터 원고를 공급받는 자로 한 세금계산서를 교부받았으면서도 그 부분이 면세대상인 의료보건용역 중 생활폐기물 처리용역에 해당한다고 잘못 판단하여 대전시에는 세금계산서가 아닌 계산서를 교부하였고 이는 단순한 법령의 부지 내지 오해에 불과하고, 나아가 계산서와 세금계산서는 그 기재사항이나 기능 등에 차이가 있어 원고의 주장대로 원고가 대전시에 계산서를 교부하였다고 하더라도 그로써 세금계산서 교부의무를 실질적으로 이행하였다고 볼 수도 없어 세금계산서 미교부와 관련하여 그 의무의 위반을 탓할 수 없는 정당한 사유가 있다고 할 수 없다고 판단하였다.

이 사건에서 원고가 준위탁매매인인지 단순한 수탁자인지가 다소 모호한 상황이었다. 원고 주장대로 원고가 준위탁매매인이었다면 시공회사로 하여금 위탁자인 대전시장을 공급받는 자로 하여 세금계산서를 교부하게 했어야 하거나, 시공회사와 원고 및 대전시장 사이에 별개의 거래가 있는 것으로 보아 세금계산서를 구분하여 교부하였어야 하는데 원고는 시공회사로부터 공사금액 전체에 대하여 자신을 공급받는 자로 한 세금계산서를 교부받았으므로 원고 스스로 건설용역공급계약으로 보았음을 의미한다. 그런데도 원고는 대행수수료와 관련하여서만 대전광역시장에게 세금계산서를 교부하고, 나머지에 대해서는 계산서를 교부한 것은 위탁계약의 법적 성질에 대한 견해 차이 때문이 아니라, 위 공사가 의료보건용역으로서 부가가치세 면제대상이라고 잘못 판단하였기 때문으로 보이므로 정당한 사유를 인정받기 어려웠던 것이다.

대법원 2018. 2. 28. 선고 2017두56117 판결은, 원고가 주식양도소득의 실질귀속자임에도 오로지 한·벨 조세조약을 적용받아 주식양도소득에 대한 과세를 회피하기 위하여 벨기에 거주자 자격을 취득하고자 벨기에 법인을 설립하여 납세의무자의 확정을 어렵게 하였으므로, 그 세목이 소득세이든 법인세이든 위 양도소득에 대한 납세의무 자체를 이행할 의도가 없었다고 보이는 점을 고려하면, 원고에게 법인세 신고의무를 알지 못한 것에 책임을 귀속시킬 수 없는 합리적인 이유 또는 신고의무를 게을리한 점을 비난할 수 없는 정당한 사유를 인정할 수 없다고 판시하였다. 이 사안은 벨기에 거주자인지 여부가 애매하여 납세의무의 이행을 기대하기 어려운 상황이 아니라 원고 스스로 납세의무가 없도록 하기 위하여 실제와 달리 일부러 벨기에 거주자의 외관을 갖추려고 하였다는 점에서 의도적으로 납세의무의 이행을 하지 않은 것으로 볼 수 있기 때문에 가산세를 면제할 정당한 사유를 인정하기 어려웠던 것이다.

국세의 환급

1. 개요

국세기본법 제51조는 납세의무자가 국세·가산금 또는 체납처분비로서 납부한 금액 중 과오납한 금액이 있거나 세법에 의하여 환급할 세액이 있는 때 납세자에게 반환하여야 할 그 오납액·초과납부액 또는 환급세액을 국세환급금으로 결정하여야 한다고 규정하고 있다. 지방세기본법 제76조와 관세법 제46조에도 같은 취지의 규정이 있다.

위 규정에서 언급하고 있는 오납액, 초과납부액, 환급세액에 관하여 대법원 1989. 6. 15. 선고 88누6436 판결은 다음과 같이 정의하고 있다. 먼저 오납액은 납부 또는 징수의 기초가 된 신고 또는 부과처분이 부존재하거나 당연무효임에도 불구하고 납부 또는 징수된 세액을 말하며, 초과납부액은 신고 또는 부과처분이 당연무효는 아니나 그 후 취소 또는 경정됨으로써 그 전부 또는 일부가 감소된 세액을 말하고, 환급세액은 적법히 납부 또는 징수되었으나 그 후 국가가 보유할 정당한 이유가 없게 되어 각 개별세법에서 환부하기로 정한 세액을 말한다. 이들은 국가가 법률상 원인 없이 수령하거나 보유하고 있는 부당이득에 해당하고, 이러한 부당이득의 반환을 구하는 국세환급청구권은 오납액의 경우 처음부터 법률상 원인이 없으므로 납부 또는 징수시에 이미 확정되어 있고, 초과납부액의 경우 신고 또는 부과처분의 취소 또는 경정에 의하여 조세채무의 전부 또는 일부가 소멸한 때에 확정되며, 환급세액의 경우 각 개별세법에서 규정한 환급요건에 따라 확정된다.

종래 판결들은 이들의 반환을 구하는 소송을 부당이득반환청구의 소로 보아 민사소송절차에 의하여야 한다는 입장이었다.[53] 그러나 최근의 대법원 2013. 3. 21. 선고 2011다 95564 전원합의체 판결에서는 환급세액의 대표적인 예로서 부가가치세법상 매입세액 중 매출세액을 초과하는 부분의 반환을 구하는 소에 대하여 종래 민사소송에 의하여야 한다는 판례를 변경하여 행정소송법상 당사자소송의 절차에 따라야 한다는 입장을 밝혔다. 공법상 당사자소송의 범위가 점점 확대되어 가고 있는 추세라고 할 수 있다.

납세의무자가 납부한 세액에 대하여 부당이득의 반환을 청구함에 있어 실제 사업자와 사업명의자가 다른데 과세관청이 이를 간과하고 사업명의자에게 과세처분을 하여 그 사업명의자 명의로 세액이 납부되었을 때 그 과세처분이 무효이거나 취소된 경우 반환청구를 실제 사업자가 할 것인지 사업명의자가 할 것인지에 관하여 다툼이 있었다. 이에 대하여 대법원 2015. 8. 27. 선고 2013다212639 판결은, 실제 사업자가 따로 있음에도 과세관청이 사업명의자에게 과세처분을 한 경우에는, 사업명의자와 과세관청 사이에 과세처분에 따라 세액을 납부하는 법률관계가 성립된다고 전제하고, 이는 실제 사업자와 과세관청 사이의 법률관계와는 별도의 법률관계로서, 사업명의자에 대한 과세처분에 대하여 실제 사업자가 사업명의자 명의로 직접 납부행위를 하였거나 그 납부자금을 부담하였다고 하더라도 납부의 법률효과는 과세처분의 상대방인 사업명의자에게 귀속될 뿐이며, 실제 사업자와 과세관청의 법률관계에서 실제 사업자가 세액을 납부한 효과가 발생된다고 할 수 없고, 따라서 사업명의자에게 과세처분이 이루어져 사업명의자 명의로 세액이 납부되었으나 그 과세처분이 무효이거나 취소되어 과오납부액이 발생한 경우에, 사업명의자 명의로 납부된 세액의 환급청구권자는 사업명의자와 과세관청 사이의 법률관계에 관한 직접 당사자로서 세액 납부의 법률효과가 귀속되는 사업명의자로 보아야 한다고 판시하였다.

환급금의 반환에 관한 법률관계는 환급대상의 세액을 납부한 명의자와 이를 수령한 국가 사이의 법률관계로 보는 것이 간명하다. 여기에 굳이 실질적으로 납부한 자를 개입시켜 그와 국가 사이의 법률관계로 구성하려면 실질적인 납부자가 누구인지를 따져야 하는 번거로운 절차를 거쳐야 하고 그렇게 해야 할 실익도 별로 없다. 실질적으로 납부한 자가 따로 있다면 그와 납부명의자 사이에서 실질귀속을 따져 내부적으로 정산하면 족하고 국가가 여기에 관여할 필요는 없어 보인다. 대법원의 입장이 타당해 보인다.

---

53) 대법원 2009. 4. 23. 선고 2008다29918 판결, 대법원 2015. 8. 27. 선고 2013다212639 판결 등

2. 국세환급금의 결정과 충당

가. 관련 규정과 법적 성격

국세기본법 제51조 제1항은 잘못 납부하거나 초과하여 납부한 세액이 있거나 세법에 따라 환급하여야 할 세액이 있을 때에는 즉시 이를 국세환급금으로 결정하여야 한다고 규정하고 있다. 그리고 같은 조 제2항은 국세환급금으로 결정한 금액은 그 각 호의 국세·가산금 또는 체납처분비에 충당하여야 한다고 규정하면서, 제1호에서 납세고지에 의하여 납부하는 국세를, 제2호에서 체납된 국세·가산금과 체납처분비를, 제3호에서 세법에 따라 자진납부하는 국세를 각 들고 있다. 여기서 제1호와 제3호의 국세에 충당하는 것은 납세자가 그 충당에 동의하는 경우에만 한다고 규정하고 있다. 그리고 제3항은 제2항 제2호에의 충당이 있는 경우 체납된 국세·가산금 또는 체납처분비와 국세환급금은 체납된 국세의 법정납부기한과 국세환급금의 발생일 중 늦은 때로 소급하여 대등액에 관하여 소멸한 것으로 본다고 규정하고, 제4항은 납세자가 세법에 따라 환급받을 환급세액이 있는 경우에는 그 환급세액을 제2항 제1호 및 제3호의 국세에 충당할 것을 청구할 수 있고, 이 경우 충당된 세액의 충당청구를 한 날에 해당 국세를 납부한 것으로 본다고 규정하고 있다. 납세자의 동의를 받아 제2항 제1호 및 제3호의 국세에 충당하는 경우에는 언제 해당 국세를 납부한 것으로 볼 것인지에 관한 명문의 규정이 없으나 제3항을 유추적용하여 납세자의 동의일과 충당결정일 중 늦은 날로 보는 것이 옳다.

여기서 국세환급금의 결정이 항고소송의 대상이 되는 행정처분으로 볼 수 있는지가 다투어지고 있는데, 대법원 2010. 2. 25. 선고 2007두18284 판결 등은 환급청구권이 확정된 국세환급금 및 가산금에 대한 내부적 사무처리절차로서 과세관청의 환급절차를 정한 것일 뿐 국세환급금 결정에 의하여 비로소 환급청구권이 확정되는 것이 아니므로 이는 납세의무자가 갖는 환급청구권의 존부나 범위에 구체적이고 직접적인 영향을 미치는 처분이 아니어서 항고소송의 대상이 될 수 없다고 판시하였다. 이에 대하여는 다음 항에서 살펴보는 바와 같이 비판적 견해가 많다.

나아가 충당결정도 처분으로서 항고소송의 대상이 될 수 있는지가 문제될 수 있는데, 일본 최고재판소 1993. 10. 8. 판결[54]은 이를 공권력의 주체인 과세관청이 일방적으로 행하는 행위로서 그에 의하여 납세자의 법률상 지위에 직접 영향을 미치므로 항고소송의 대상이 되는 처분으로 보고 있다. 그러나 충당은 다른 체납세액의 소멸을 가져오므로 환급권자에게 불리한 행정행위로 보기 어려워 항고소송의 대상으로 삼을 수 있는 경우

---

54) 最高裁判所 第二小法廷 平成 4 年 (行ツ) 183호

가 드물 것으로 보이고, 다만 예외적으로 환급권자의 입장에서는 다른 체납세액이 존재하지 않음에도 과세관청이 그에 대한 충당결정을 함으로써 환급을 거부하는 경우에는 환급권자에게 불리한 행정행위가 될 수 있다. 그러나 이러한 경우에는 환급거부결정에 대한 다툼으로 이어질 것이므로 환급거부결정을 항고소송의 대상으로 삼을 것인지의 문제로 귀결된다고 할 것이다.

그리고 위에서 본 바와 같이 국세환급금의 충당에 관한 규정을 두고 있는 이상 국세환급금이 발생하였다고 하더라도 과세관청이 이를 다른 체납세액 등에의 충당행위가 있어야 그 체납세액이 소멸하는 것이지 이러한 충당행위가 없음에도 국세환급금이 발생하였다는 사실만으로 다른 체납세액 등이 그와 대등액에서 소멸한다고 볼 수는 없다. 왜냐하면 국세환급금의 충당은 민법상의 상계의사표시의 성격을 지니므로 그와 같은 의사표시가 있어야 비로소 상계에 따른 소멸의 효과가 발생하기 때문이다. 대법원 2015. 9. 10. 선고 2013다205433 판결도 같은 취지에서 과세권자가 지방세환급금을 지방세 체납액에 충당하는 조치가 있어야만 비로소 지방세 납부 또는 납입의무의 소멸이라는 충당의 효과가 발생한다고 보아야 한다고 전제하고, 서울시장은 A사에 대한 환급금으로 A사의 아파트 부분에 관한 등록세 등의 체납액에 충당하는 조치를 취하였을 뿐 오피스텔 부분에 관한 등록세 체납액에 충당하는 조치를 취하지 아니하였으므로, 제2차 납세의무자인 B의 오피스텔 부분에 관한 등록세 제2차 납세의무는 소멸한 것으로 볼 수 없고, 서울특별시장이 제2차 납세의무자인 B에 대한 환급금을 오피스텔 부분에 관한 등록세 체납액에 충당한 것은 적법하다고 판시하였다.

한편, 대법원 2019. 6. 13. 선고 2016다239888 판결은, 납세자가 자신이 환급받을 국세환급금 채권을 타인에게 양도한 다음 양도인 및 양수인의 주소와 성명, 양도하고자 하는 권리의 내용 등을 기재한 문서로 세무서장에게 통지하여 양도를 요구하면, 세무서장은 양도인이 납부할 다른 체납 국세 등이 있는지 여부를 조사·확인하여 체납 국세 등이 있는 때에는 지체 없이 체납 국세 등에 먼저 충당한 후 남은 금액이 있으면 이를 양수인에게 지급하여야 하고, 만일 세무서장이 이에 위배하여 납세자로부터 적법한 양도 요구를 받았음에도 지체 없이 충당을 하지 않는 경우에는 양수인이 양수한 국세환급금 채권은 확정적으로 양수인에게 귀속되고, 그 후에 세무서장이 양도인의 체납 국세 등에 충당을 하더라도, 이러한 충당은 결국 양수인에게 확정적으로 귀속되어 더 이상 양도인 소유가 아닌 재산에 대하여 조세채권을 징수한 결과가 되어 효력이 발생하지 않는다고 보아야 한다고 하면서, 충당이 유효한지를 판단함에 있어서는 국세환급금 채권이 확정된 이후에 양도 요구를 받은 경우에는 양도 요구를 받은 때로부터, 국세환급금 채권이 확정되기 전에 미리 양도 요구를 받은 경우에는 국세환급금 채권이 확정된 때로부터 각 지체 없이 충당하였는지를 기준으로 판단하여야 한다고 판시하였다.

위 판시는 국세기본법 시행령 제43조의4 제2항이 세무서장은 국세환급금의 양도 요구가 있는 경우에 양도인이 납부할 다른 국세 또는 체납처분비가 있거나 양수인이 납부할 국세 또는 체납처분비가 있으면 그 국세 또는 체납처분비에 충당하고, 남은 금액에 대해서는 양도의 요구에 지체 없이 따라야 한다고 규정한 것을 주된 근거로 삼고 있다. 위 시행령 규정은 2019. 12. 31. 국세기본법이 개정되면서 제53조 제2항으로 승격되었다.

나. 충당금의 반환청구권자

국세환급금이 납세자의 다른 세금의 납부에 충당되었으나 그 충당의 효력이 없는 경우 그 환급금에 대한 반환청구권이 누구에게 있는지에 관하여, 위에서 본 대법원 2019. 6. 13. 선고 2016다239888 판결은 국세환급금의 충당은 납세의무자가 갖는 환급청구권의 존부나 범위 또는 소멸에 구체적이고 직접적인 영향을 미치는 처분이라기보다는 민법상의 상계와 비슷하고 소멸대상인 조세채권이 존재하지 아니하거나 당연무효 또는 취소되는 경우에는 충당의 효력이 없는 것으로서 이러한 사유가 있는 경우에 납세의무자는 충당의 효력이 없음을 주장하여 언제든지 이미 결정된 국세환급금의 반환을 청구할 수 있다고 판시하였다. 이와 같이 일반적인 조세채권의 경우 국세환급금이 잘못 충당되었을 때 납세의무자에게 반환청구권이 있음은 당연하다.

그러나 원천징수세액에 있어서는 좀 복잡해진다. 원천징수의무자가 원천납세의무자로부터 원천징수하여 납부한 세액이 환급대상이 되어 다른 세액의 납부에 충당되었다가 충당이 무효임이 밝혀진 경우 그 충당금의 반환청구권자가 원천징수의무자인지 원천납세의무자인지에 관하여 논란이 있었다.

대법원 2025. 4. 24. 선고 2024다295876 판결이 이에 관한 것이다. 사안의 대략적 내용은 다음과 같다. 원천징수의무자인 A은행은 2004년부터 2007년까지 원고들의 하위 중간 지주회사에 배당금 등을 지급하면서 관련 국세를 원천징수하여 과세관청에 납부하였다. 그런데 2008년 과세관청은, 원천소득의 실질귀속자는 중간 지주회사가 아니라 상위투자자인 원고들이고 원고들에게 국내 고정사업장이 있다고 보아 원고들에 대하여 소득세 또는 법인세 부과처분을 하였는데, 당시 원천징수와 관련된 환급금은 위 소득세 또는 법인세의 기납부세액으로 공제·충당 처리되었다. 그런데 외국의 합자회사에 대해서는 소득세가 아닌 법인세가 부과되어야 한다는 취지의 대법원 2012. 1. 27. 선고 2010두5950 판결이 선고되자, 과세관청은 관련 소득세 부과처분을 직권으로 취소한 후 법인세 부과처분을 다시 하였고, 원천징수세액 환급금은 법인세 기납부세액으로 재차 공제·충당 처리되었다. 그러다가 원고들이 국내에 고정사업장을 가지고 있다고 보기 어렵다는 대법원 판결에 따라 법인세 부과처분이 취소되었다. 과세관청은 일부 원고들 명의로 납부된 법인세 고지세액을 환급하였으나, 법인세 기납부세액으로 공제·충당 처리되었던 원천징수세액 환급금의 상당 부분은 원고들에게 환급하지 않았다. 이에 원고들은 법인세 기납부세액으로 충당 처리되었던 원천징수세액 가운데 환급되지 않고 남아있는 부분에 관한 권리가 자신들에게 있음을 전제로 부당이득반환을 구하는 소를 제기하였다.

이에 관하여, 대법원은 다음과 같은 이유로 그 환급청구권은 원천징수의무자인 A은행에 있다고 보고 원고들의 청구를 배척하였다. 먼저, 대법원은 원천징수 세제에서 원천징수의무자가 원천납세의무자로부터 원천징수대상이 아닌 소득에 대하여 세액을 징수·납부하였거나 징수하여야 할 세액을 초과하여 징수·납부하였다면, 이는 국가가 원천징수의무자로부터 납부받는 순간 아무런 법률상 원인이 없는 부당이득이 되고(대법원 2002. 11. 8. 선고 2001두8780 판결 등 참조), 이때 원천징수의무자 명의로 납부된 세액에 관하여는 원천징수의무자가 그 환급청구권자가 되고, 원천납세의무자는 자신 명의로 납부된 세액에 관하여만 환급청구권자가 될 수 있을 뿐이라는 법리를 선언하였다.

대법원은 이러한 법리를 토대로, 법인세 부과처분이 이루어지는 과정에서 원천징수세액 환급금이 원고들에 대한 법인세에 공제·충당 처리되었다고 하더라도, 법인세 부과처분은 원천징수 과정에서 기준이 되었던 중간 지주회사들을 납세의무자로 삼았던 것이 아니라 그 상위투자자인 원고들이 실질귀속자로서 납세의무자에 해당함을 전제로 한 것인데, 위와 같은 공제·충당 처리는 원고들에게 애당초 속하지 않는 원천징수세액 환급청구권을 가지고 원고들의 법인세 징수가 이루어진 것처럼 임의로 처리된 것에 불과하므로, 원고들에 대한 법인세 기납부세액으로 공제·충당된 효력은 처음부터 발생하지 않았다고 볼 소지가 큰 점, 나아가 원고들이 위 공제·충당 처리 당시 원천징수의무자로부터 원천징수세액에 관한 환급청구권을 유효하게 이전받았고 이로써 자신들에 대한 법인세를 실제 납부한 것으로 평가할 수 있다는 등의 특별한 사정이 없는 이상, 원천징수에 따른 조세 납부의 효력은 앞서 본 공제·충당 처리로 인해 종국적·확정적으로 소멸하였다고 단정할 것이 아닌 점, 또한 원천징수세액에 대한 환급금이 원고들의 법인세에 공제·충당 처리되는 것에 대해 원천징수의무자가 명시적으로 이의한 바가 없었다는 사정만으로는 원천징수세액에 대한 환급금을 가지고 원고들에 대한 법인세액에 공제·충당 처리하기로 하는 합의가 당시 원천징수의무자를 비롯한 당사자들 사이에 존재하였다고 단정하기 어려운 점, 설령 위 합의가 있었다고 하더라도, 법인세 부과처분이 취소됨으로써 충당의 효력이 소급적으로 소멸하게 된 경우까지 상정하여 이때 발생하게 될 국세의 환급청구권을 누구에게 귀속시킬 것인지에 관한 합의 역시 성립하였는지를 추가로 심리·판단하였어야 하는 점, 결국 원천징수세액이 원천징수의무자 명의로 납부된 이상, 그 국세환급금에 대한 권리는 원천징수의무자에게 있다고 보는 것이 타당한 점 등을 논 거로 들었다.

국세환급금의 반환청구권자는 당초 그 국세를 납부한 자에게 있다고 보는 것이 가장 간명하고 법적 논란의 소지를 줄일 수 있다. 원천징수세액을 국가에 납부한 자는 어디까 지나 원천징수의무자이므로 이러한 원천징수의무자에게 반환청구권이 있다고 본 대법 원의 결론이 타당하다고 본다. 원천징수의무자가 국가에 납부한 세금의 원천이 원천납세 의무자에게 있다고는 하지만 원천징수의무자로서는 원천납세의무자로부터 그 세액을 징수하지 못하더라도 국가에 그 세금을 납부하여야 한다는 점에서 보면 더욱 그러하다. 더구나 이 사건에서는 애당초 원고들에게 부과된 법인세 납부에 충당될 수 없는 환급금 이 임의로 충당되어 버렸다. 이러한 사실관계까지 고려하면 원고들에게 환급청구권이 없 다고 본 대법원 판결의 결론이 타당하다고 하겠다.

3. 국세환급거부결정의 처분성

가. 종래 대법원의 입장

내법원 1989. 6. 15. 선고 88누6436 전원합의체 판결은 위에서 본 오납금과 초과납부액 및 환급세액은 모두 조세채무가 처음부터 존재하지 않거나 그 후 소멸되었음에도 불구 하고 국가가 법률상 원인 없이 수령하거나 보유하고 있는 부당이득에 해당하고, 국세기 본법 제51조의 국세환급금 및 제52조의 국세환급가산금에 관한 규정은 이미 납세의무자 의 환급청구권이 확정된 국세환급금 및 가산금에 대하여 내부적 사무처리절차로서 과세 관청의 환급절차를 규정한 것에 지나지 않으며, 위 규정에 의한 국세환급금 결정에 의하 여 비로소 환급청구권이 확정되는 것은 아니므로, 위 국세환급금결정이나 이 경정을 구 하는 신청에 대한 환급거부결정 등은 납세의무자가 갖는 환급청구권의 존부나 범위에 구 체적이고 직접적인 영향을 미치는 처분이 아니어서 항고소송의 대상이 되는 처분이 아니 라는 법리를 판시하였고, 위 법리는 대법원 2002. 11. 8. 선고 2001두8780 판결, 대법원 2010. 2. 25. 선고 2007두18284 판결 등에 의하여 지금까지 그대로 유지되어 오고 있다.

즉, 국세환급금에 관한 국세기본법 제51조 제1항 등의 각 규정은 정부가 이미 부당이 득으로서 그 존재와 범위가 확정되어 있는 과오납부액이나 환급세액이 있는 때에는 납 세자의 환급 신청을 기다릴 것 없이 이를 즉시 반환하는 것이 정의와 공평에 합당하다는 법리를 선언하고 있는 것이므로, 이미 그 존재와 범위가 확정되어 있는 환급세액은 납세

자가 부당이득의 반환을 구하는 민사소송으로 그 환급을 청구할 수 있다는 것이다.[55]

나. 비판적 검토

위 전원합의체 판결이 밝힌 법리에 대하여는 비판적인 견해가 많다. 먼저 위 판결의 소수의견에 의하면, 국세기본법 제51조는 납세자에게 환급할 과오납세금이 있는 경우에 세무서장은 납세자의 신청을 기다릴 것이 없이 즉시 환급금결정을 하고 30일 이내에 납세자에게 과오납세금을 환급하라고 규정하고 있으므로 항고소송을 허용하여 그 소송에서 세무서장의 환급거부결정이 위법하다는 이유로 취소되면 세무서장은 그 판결에 기속되어 환급금결정을 할 수밖에 없을 것이고 그에 따라 30일 이내에 과오납세금을 환급하여 주리라고 기대할 수 있고, 그렇게 되면 납세자는 민사소송으로 부당이득반환청구를 하는 것보다 간편하게 권리의 구제를 받을 수 있게 되고 잘못된 행정작용으로 인한 국민의 피해는 가능한 한 행정구제절차인 행정소송에 의하여 구제받을 수 있게 하는 것이 행정소송제도를 따로 마련한 법의 취지에 맞을 것이며 행정구제절차에 의하여 구제받을 수 없는 것을 민사소송으로 구제받으라고 하는 것은 몰라도 민사소송으로 구제받을 길이 있으니 행정구제절차는 이용할 수 없다고 하는 것은 주객을 전도하는 격이라고 하면서 다수의견을 비판한다. 나아가 사법정책적인 입장에서 보더라도 행정작용의 위법성의 유무의 판단은 가능한 한 행정소송절차에 집중시켜 심판하게 하는 것이 효율적이라고 말할 수 있으므로 이 사건과 같은 경우에 납세자가 행정소송으로 다툴 생각이 있다면 행정소송을 할 수 있게 하여 주어야 하고 부당이득반환청구의 길이 있으니 세무서장의 행위가 국세기본법 제51조의 규정을 위반한 것이 분명하더라도 행정소송절차에서는 다툴 수 없다고 막아서는 것은 불합리하다고 주장한다. 비판적 입장들의 핵심을 잘 표현한 의견이라고 할 수 있다.

판례의 입장은 국세환급금의 존부와 금액이 확정되어 있음을 전제로 민사소송에서 그 반환을 구하면 된다는 입장이다. 그러나 국세환급금의 존부나 금액은 국세환급금에 관한 과세관청의 결정이 있기 전까지는 현실적으로 확정되어 있지도 않을뿐더러 납세의무의 존부와 범위에 직결되어 있으므로 공법관계인 조세법률관계에 다름 아니다. 납세의무의 존부와 범위가 과세처분을 매개로 하는 경우 항고소송을 통하여 이를 다투도록 하고 있다. 마찬가지로 국세환급금의 존부와 금액도 여기에 개재되는 행정행위가 있으면 이를 처분으로 보아 항고소송으로 다투게 하는 것이 항고소송의 취지에 부합하고 또한 효율적이기도 하다. 다행히도 국세환급금의 존부와 금액에 대하여 국세기본법 제51조는 세무

---

55) 대법원 2015. 8. 27. 선고 2013다212639 판결

서장이 이를 결정하도록 규정하고 있으므로 이러한 결정을 처분으로 보면 된다. 그 결정에 의한 환급금이 납세자가 생각하는 금액보다 적으면 그 결정자체를 행정처분으로 보든지 아니면 부족한 금액에 관하여 환급거부결정이 있었다고 보아 이를 행정처분으로 보면 되는 것이다. 이러한 결정과 같은 행정행위가 개재되지 않는다면 민사소송으로 갈 수밖에 없지만 국세기본법 제51조는 항고소송으로 갈 수 있는 길을 열어주고 있음에도 이를 외면할 필요가 없다. 판례의 입장처럼 민사소송으로 간다고 해서 이익이 될 만한 사정을 찾기 어렵다. 당사자로서는 전문재판부가 아닌 민사재판부에서 조세사건의 심리를 받아야 하는 데서 오는 불신이 있을 수 있고, 민사재판부 역시 상대적으로 전문성이 떨어져 부담스럽기는 마찬가지이다. 부당이득반환을 구하는 민사소송의 방법을 취하지 않고, 인지대가 저렴한 항고소송의 방법을 취할 수 있다는 점에서도 이점이 있다.

물론 항고소송은 전치절차를 경유해야 하는 제약이 있는데다가 제소기간의 제한이 따르기 때문에 행여 전치절차나 단기간의 제소기간을 놓쳐버리면 행정처분의 불가쟁력에 의하여 민사소송에 의한 부당이득반환을 구할 수 있는 방법마저 차단될 수 있기 때문에 납세자에게는 오히려 더 불리할 수도 있기는 하다. 이러한 문제는 국세환급금 결정 통지시 전치절차와 제소기간의 안내를 의무적으로 하게 함으로써 해소될 수 있을뿐더러 이러한 불이익이 문제된다면 민사소송과 항고소송 모두 가능하다고 함으로써 위 전원합의체 판결의 소수의견처럼 납세자로 하여금 선택할 수 있게 하는 방안도 고려해 볼 수 있다. 이러한 선택방안을 도입할 경우 과세관청이 국세환급금이 있음에도 환급금결정을 게을리 할 경우 납세자는 곧바로 민사소송의 길을 택하면 될 것이다. 요컨대 납세자가 원하여 항고소송의 길을 택하였을 때 민사소송의 길이 있다는 이유로 문전박대하는 것은 어떤 면으로 보나 합리적이지 않다.

다만, 대법원 2000. 10. 27. 선고 2000다25590 판결은 법인세법상 결손금소급공제에 의한 환급세액의 결정은 항고소송의 대상으로 보고 있다. 위 판시에서는 직접적으로 언급하고 있지 않지만 결손금소급공제는 중소기업을 대상으로 특별히 조세정책적 목적에서 인정된 제도로서 이 경우의 환급청구권은 납세자의 신청에 기하여 관할 세무서장이 이월결손금의 발생 등 그 실체적 요건 및 절차적 요건의 충족 여부를 판단하여 환급세액을 결정함으로써 비로소 확정되므로 위 환급세액의 성질은 과오납의 성질을 가지는 것이라 볼 수 없다고 함으로써 환급청구권을 확정시키는 성격을 가지는 환급세액의 결정은 항고소송의 대상이 됨을 간접적으로 밝히고 있다.

4. 물납재산의 환급

가. 개요

물납재산의 환급에 관하여는 국세기본법 제51조의2 제1항이 규정하고 있다. 납세자가 상속세·증여세, 소득세, 법인세 등을 물납한 후 그 부과의 전부 또는 일부를 취소하거나 감액하는 경정결정에 의하여 환급하는 경우에는 당해 물납재산으로 환급하여야 한다는 것이다. 그리고 그 단서에서 당해 물납재산의 성질상 분할하여 환급하는 것이 곤란한 경우, 당해 물납재산이 임대 중에 있거나 다른 행정용도로 사용되고 있는 경우, 사용계획이 수립되어 당해 물납재산으로 환급하는 것이 곤란하다고 인정되는 경우 등에는 금전으로 환급하도록 규정하고 있다.

위 규정은 2002. 12. 18. 국세기본법이 개정되면서 신설되었는데, 신설 전에는 물납재산으로 환급할 것인지 아니면 금전으로 환급할 것인지에 대하여 아무런 규정을 두고 있지 아니하여 문제가 되었고, 과세관청은 현금으로 환급하는 것을 원칙적인 실무의 모습으로 운영하여 왔던 것으로 보인다. 그런데 금전으로 환급할 경우 증여 또는 상속 시점에서는 재산적 가치가 있었으나 물납 이후 가치가 현저하게 하락한 물납재산의 경우에도 현금으로 환급하게 되면 국고손실이 발생하게 되므로, 이를 방지하기 위하여 물납재산으로 환급할 수 있는 근거조항을 신설하게 되었다고 한다.[56] 다만, 물납의 법적 성격을 공법상의 대물변제적 성격을 내용으로 하는 행정처분이라고 보게 되면, 부당이득반환시 그 반환물은 원칙적으로 원물인 물납재산 자체를 반환하여야 하므로, 국세기본법 제51조의2 제1항 규정은 어찌 보면 당연한 것을 규정한 것으로 이해할 수도 있다. 그리고 민법에서는 제747조 제1항이 '수익자가 그 받은 목적물을 반환할 수 없는 때에는 그 가액을 반환하여야 한다'고 규정하여 부당이득반환시 원물반환을 원칙으로 하고 그 원물반환이 불가능한 경우에 한하여 가액으로 반환하도록 하고 있음에도, 국세기본법 제51조의2 단서가 위와 같이 원물반환이 불가능한 경우 이외에 물납재산 자체를 환급하는 것이 적절하지 아니한 경우에도 금전으로 반환할 수 있도록 한 것은 조세법의 특칙이라고 할 수 있다.

국세기본법 제51조의2 제1항은 그 문언에서 물납한 후 그 부과의 전부 또는 일부를 취소하거나 감액하는 경정결정에 의하여 환급하는 경우라고 규정하여 마치 과납액이 있는 경우에만 물납재산으로 환급하도록 규정한 것처럼 보이나, 오납액의 경우에도 위 규정이 적용된다고 보아야 할 것이다.

---

56) 이광재, 상속·증여세의 이론과 실무, 세경사

나. 환급의 방법

물납재산의 환급순서는 납세자의 신청이 있는 때에는 그 신청에 의하고, 신청이 없는 때에는 국세기본법 시행령 제43조의2 제1항 각 호에서 정한 방법에 의하는데, 증여세를 물납한 경우에 있어서의 환급은 상속세 및 증여세법 시행령 제74조 제2항에서 규정하는 물납충당재산의 허가순서의 역순으로 환급한다. 이 경우 국가가 물납재산을 유지 또는 관리하기 위하여 지출한 비용은 국가의 부담으로 하되, 국가가 물납재산에 대하여 자본적 지출을 한 경우에는 납세자의 부담으로 하고, 물납재산수납 이후 발생한 법정과실 및 천연과실은 국가에 귀속된다.[57]

국세기본법 제51조의2 제1항은 물납받은 재산으로 환급하는 경우에는 국세환급가산금에 관한 제52조를 적용하지 아니한다고 규정하고 있다. 이 규정은 2002. 12. 18. 국세기본법 개정시 신설된 것인데, 이는 대법원 2000. 11. 28. 선고 98다63278 판결에서 '국세환급가산금은 국세환급금에 대한 법정이자로서의 성질을 가진 지급금이라 할 것이므로, 납세자가 세액을 금전으로 납부하였다가 환급받는 경우에만 적용되는 것으로 봄이 타당하고, 상속세 부과처분의 취소처분 등으로 인하여 그 물납재산을 반환하는 경우는 국세환급금에 당연히 포함된다고 해석할 수 없으므로, 국세환급가산금에 관한 규정이 물납재산의 보유로 인한 이득 반환의 범위를 정함에 있어서까지 적용된다고 볼 수 없다'라고 한 판시사항을 입법에 반영한 것으로 볼 수 있다.

다. 물납재산환급 거부결정의 처분성

(1) 판례의 입장

대법원 2009. 11. 26. 선고 2007두4018 판결은, 통상의 국세환급에 관한 결정과 마찬가지로 물납재산의 환급에 관한 결정도 항고소송의 대상이 되는 처분이 아니라고 판시하였다. 즉, 국세기본법 제51조의2 규정에 의한 물납재산의 환급 역시 국가가 과오납부한 세금을 환급한다는 점, 즉 국가가 법률상 원인 없이 보유하거나 수령하여 부당이득한 물납재산을 환급한다는 점에서 국세기본법 제51조 규정에 의한 환급과 성격이 동일한 것으로서 그 물납재산에 대한 환급청구권은 과세처분의 전부 또는 일부가 취소되거나 감액경정된 때에 확정되는 것이고, 과세관청의 환급결정에 의하여 비로소 확정되는 것은 아니므로, 특별한 사정이 없는 한 국세기본법 제51조의2 규정과 관련된 과세관청의 물납

---

57) 국세기본법 시행령 제43조의2 제3항, 제4항

재산에 대한 환급결정이나 그 환급결정을 구하는 신청에 대한 환급거부결정도 국세기본법 제51조 소정의 환급결정이나 환급거부결정과 마찬가지로 납세의무자가 갖는 환급청구권의 존부 등에 구체적이고 직접적인 영향을 미치는 처분이 아니어서 항고소송의 대상이 되는 처분이라고 볼 수 없다는 것이다.

즉, 물납에 의한 환급도 과오납부한 세금을 환급한다는 점에서 금전으로 납부한 세금의 환급과 성격이 동일하고, 다만 그 환급의 수단만이 다를 뿐이므로, 물납재산에 대한 환급결정도 납세의무자가 갖는 환급청구권의 존부나 범위에 구체적이고 직접적인 영향을 미치는 처분이 아니라 할 것이고, 따라서 물납재산 환급거부결정 역시 처분에 해당하지 않는다고 한다.

(2) 비판적 검토

이에 대하여도 다음과 같은 비판이 가능하다. 과세처분 등의 무효·취소로 인하여 물납재산환급청구권 자체는 성립하고 있다고 할 것이지만, 사실상 구체적인 물납재산환급의 범위는 과세관청의 우월적 지위에서 판단한 물납재산의 환급결정에 의하여 생긴다. 여기서 과세관청이 환급을 거부하는 결정을 하게 되면, 그것이 위법하더라도 사실상 공정력을 가지게 되어 납세의무자는 직접 대항할 수는 없고 이러한 사실상의 공정력을 배제하여 물납재산을 환급받기 위해서는 그 거부결정의 취소를 구할 수 있다고 해야 한다. 그래야만 납세의무자의 권리구제가 보장된다. 통상의 환급거부결정을 처분으로 보지 않는 주된 이유는, 그 환급거부결정은 납세의무자가 갖는 환급청구권의 존부나 범위에 구체적이고 직접적인 영향을 미치지 않는다는 것인데, 물납재산 환급거부결정은 환급청구권의 존부는 별론으로 하더라도, 납세의무자가 갖는 환급청구권의 범위에는 뚜렷한 영향을 미친다고 보아야 한다. 즉, 국세기본법 제51조의2 제1항 단서, 국세기본법 시행령 제43조의2 제2항은 물납재산으로 환급할 수 없는 경우로서, 물납재산이 매각된 경우뿐만 아니라, 과세관청의 판단에 의하여 물납재산으로 환급하지 않을 수 있는 사유로 물납재산의 성질상 분할하여 환급하는 것이 곤란한 경우, 물납재산이 임대 중에 있거나 다른 행정용도로 사용되고 있는 경우, 사용계획이 수립되어 당해 물납재산으로 환급하는 것이 곤란하다고 인정되는 경우 등을 규정하고 있는데, 이러한 사유들은 일의적으로 결론을 내릴 수 있는 사항들이 아니라 과세관청의 재량적 판단에 좌우되는 성격이 강하다. 그리고 그 판단의 결과로서 물납재산의 환급을 거부하게 되면 납세의무자가 갖는 환급청구권의 범위에 구체적이고 직접적인 영향을 미친다. 따라서 위와 같은 과세관청의 재량적 판단 자체의 위법성을 다툴 수 있는 길을 열어줄 필요가 있고 이를 위해서는 물납재산

환급거부결정을 항고소송의 대상이 되는 처분으로 보는 방법이 가장 적절하다. 그리고 대법원은 물납허가나 물납불허가를 행정처분으로 보고 있는 만큼 그 연장선상에서 물납허가에 따른 물납이 효력을 유지할 수 없어 이를 돌려받고자 하는 납세자에게 그 거부행위도 행정처분으로 보고 이를 다투게 하는 것이 일관되고 납세자의 권익보호에 더 효율적이라고 하겠다.

이와 같이 물납재산 환급거부결정을 항고소송의 대상이 되는 처분으로 보게 되면, 통상의 환급거부결정을 처분으로 보지 않는 판례의 입장에 의할 때 곤란한 문제가 발생한다. 예를 들어 어느 납세의무자가 당해 조세채무를 일부는 금전으로 납부하고 일부는 물납하였는데 그 후 과세처분이 전부 취소되었거나 처음부터 조세채무가 존재하지 않는 것으로 밝혀졌다면, 납세의무자로서는 하나의 과세처분에 기하여 이루어진 납부행위와 관련하여 그 환급을 구하면서도 금전환급에 대하여는 민사소송으로, 물납재산환급에 대하여는 행정소송으로 각 별개의 소송을 제기하여야 한다는 결론에 이르게 된다. 따라서 어느 경우이든 하나의 소송으로 통일하여야 할 것이다.

라. 물납재산의 환급가액

물납재산의 환급은 국가가 법률상 원인 없이 수령하거나 보유하고 있는 물납재산을 환급하는 것을 의미하므로, 당해 물납재산의 과세가액이 감액됨에 따라 감액경정처분이 이루어진 경우 그 물납재산을 환급함에 있어서 감액된 가액을 기준으로 하여야 하는지 아니면 당초의 수납가액을 기준으로 하여야 하는지 의문이 있다. 물납재산의 당초 과세가액은 당초 수납가액과 일치할 수밖에 없는데 사후에 과세가액이 감액되었다는 것은 당초의 과세가액, 즉 물납재산의 평가액이 잘못되어 이를 정정한다는 취지이므로 그에 따라 수납가액도 감액되어야 한다고 보는 것이 옳다. 그래서 감액된 수납가액 중 정당한 세액을 공제한 나머지 금액 상당의 물납재산이나 금전을 환급해야 한다. 물납재산의 과세가액이 사후에 증액된 경우에도 마찬가지의 논리가 적용된다.

같은 취지에서 물납재산의 환급가액을 위한 수납가액의 결정에 관하여 최근 대법원 2014. 1. 16. 선고 2013두17305 판결은, 물납에 충당할 부동산 및 유가증권의 수납가액은 과세표준 계산의 기초가 된 당해 물납재산의 가액, 즉 과세가액을 의미하는 것이므로, 그 과세가액이 과세관청의 경정이나 법원의 판결에 따라 변경됨으로써 증액이나 감액경정처분 등이 이루어진 때에는 특별한 사정이 없는 한 수납가액도 변경된 과세가액에 따라 변경되는 것으로 보아야 하고, 그 후 물납재산이 공매로 매각·처분되었다는 사정만으로 공매로 매각·처분된 가액으로 수납가액이 변경되는 것은 아니라고 판시하였다.

위 판결의 사안을 간략히 요약하면 다음과 같다. 원고가 주식의 증여재산가액을 1주당 13,000원으로 계산하여 증여세를 신고·납부하였으나, 과세관청은 1주당 40,000원으로 평가하여 원고에게 증여세를 부과하였다. 원고는 위 주식의 일부로 물납을 한 후, 그 부과처분의 취소를 구하는 소를 제기하여 법원으로부터 1주당 신고가액이 정당하다는 이유로 부과처분의 취소 확정판결을 받았다. 과세관청은 그 확정판결에 따라 1주당 신고가액을 기준으로 원고가 증여받은 주식을 평가하여 증여세를 감액경정하였는데, 위 물납주식은 이미 공매를 통하여 매각·처분되었던 관계로 이를 그대로 환급해줄 수 없어 원고에게 1주당 40,000원을 기준으로 세액을 환급하였다. 그 후 과세관청은 물납주식의 수납가액을 1주당 신고가액인 13,000원으로 평가하였어야 한다는 이유로 1주당 40,000원과 1주당 13,000원의 차액을 초과환급금으로 결정한 후, 원고에게 그 반환을 구하는 처분을 하였고, 원고는 이 처분의 취소를 구하는 소를 제기한 것이다. 이에 대하여 법원은 물납주식의 수납가액은 원고가 증여받은 주식의 과세표준계산의 기초가 된 과세가액으로서 위 판결에 의하여 변경된 과세가액인 1주당 신고가액으로 보아야 한다는 이유로, 과세관청이 산정한 초과환급금의 반환을 위한 처분은 적법하다고 판단하였다.

대법원 2009. 11. 26. 선고 2007두4018 판결도, 같은 취지에서 물납에 충당할 부동산 및 유가증권의 수납가액이라 함은 과세표준계산의 기초가 된 당해 물납재산의 가액, 즉 과세가액을 의미하는 것이므로, 그 과세가액이 과세관청의 경정에 의하여 변경됨으로써 증액이나 감액경정처분이 이루어진 때에는 특별한 사정이 없는 한 수납가액도 변경된 과세가액에 따라 변경되는 것으로 보아야 한다고 판시한 바 있다.

다만, 이러한 입장에 대하여, 당초부터 과세관청이 과세가액을 높게 평가하지 않고 정당하게 평가하였다면 당연히 증여세액도 그에 비례하여 낮았을 것이고, 따라서 납세의무자로서는 그 낮은 증여세의 납부에 대하여는 굳이 물납을 선택하지 않았을 수도 있으므로, 환급함에 있어서는 당초 수납가액을 기준으로 환급하도록 하고, 당초 수납가액에 따른 환급액과 정당한 세액과의 차액에 대하여는 금전으로 납부하는 것을 허용하는 것이 물납 제도의 취지에 부합한다는 비판이 있을 수 있다. 그러나 물납도 금전납부에 대체되는 것이므로 수납가액은 물론이고 환급가액을 정함에 있어서 금전납부의 경우와의 형평성을 유지하기 위해서라도 그 가액의 평가는 정당하게 이루어져야 하는데 여기서 당초 수납가액은 정당한 평가가액이 아니므로 이를 기준으로 환급가액이 정해질 수는 없다고 하겠다.

일본 상속세법 제43조 제4항은 '전항의 규정에 의하여 과오납액의 환부를 하게 되는 경우에 있어서 당해 재산의 가액은, 수납가액(나라가 그 재산에 유익비를 지출한 때에는 그 비용액에 상당하는 금액을 가산한 금액)에 의한다.'라고 규정하고 있다. 그러나 그 외에 과세가액이 변경되는 경우 그 환부할 가액도 변경된 수납가액에 의하여야 하는 것인지에 대하여는 별다른 규정을 두고 있지 않다. 하지만 일본 상속세 기본통달 43－5는 '과세가격의 경정에 의하여 물납에 충당한 재산의 가액에 이동이 발생한 때에는, 그 이동 후의 가액에 의하여 물납허가액을 수정하여야 한다'라고 하여 과세가액이 변경된 경우에는 그에 따라 수납가액도 변경하여야 한다고 규정하고 있으므로, 일본의 실무례도 변경된 수납가액을 기준으로 환부할 가액을 정할 것으로 보인다.

5. 국세환급가산금

가. 개요

국세기본법 제52조는 국세환급금을 다른 세액에 충당하거나 지급할 때에는 국세환급금 기산일부터 충당하는 날 또는 지급결정을 하는 날까지의 기간과 예금이자율 등을 고려하여 대통령령으로 정하는 이자율에 따라 계산한 금액을 국세환급금에 가산하여 지급하도록 규정하고 있다. 이러한 국세환급 가산금은 국세환급금에 대한 법정이자, 즉 부당이득에 대한 법정이자의 성격을 가진다. 대법원 2002. 1. 11. 선고 2001다60767 판결도 환급금의 성질은 일종의 부당이득이고, 환급금에 부담금의 납부일부터 실제 지급일까지의 기간 동안의 소정의 비율을 곱하여 산정되는 환급가산금은 부당이득에 대한 이자라고 할 것이므로, 환급가산금은 환급금과 별개의 독립한 것이 아니라 환급금 채권·채무에 대한 법정이자의 성격을 가지고 있다고 판시하고 있다. 이는 납세자가 국세를 체납한 경우에 가산하여 징수하는 납부불성실가산세나 가산금과 형평을 유지하기 위하여 마련된 것이라고 할 수 있겠다.

국세기본법 제52조는 부당이득반환의 범위에 관한 민법 제748조의 특칙에 해당하므로 국가는 그 선의·악의를 불문하고 국세기본법 제52조가 정한 바에 따라 산정한 환급가산금을 지급해야 한다. 대법원 2009. 9. 10. 선고 2009다11808 판결도 같은 취지에서 조세환급금은 조세채무가 처음부터 존재하지 않거나 그 후 소멸하였음에도 불구하고 국가가 법률상 원인 없이 수령하거나 보유하고 있는 부당이득에 해당하고, 환급가산금은 그 부당이득에 대한 법정이자로서의 성질을 가지고, 이때 환급가산금의 내용에 대한 세법상의 규정은 부당이득의 반환범위에 관한 민법 제748조에 대하여 그 특칙으로서의 성질을 가진다고 할 것이므로, 환급가산금은 수익자인 국가의 선의·악의를 불문하고 그 가산금에 관한 각 규정에서 정한 기산일과 비율에 의하여 확정된다고 판시하고 있다.

나. 국세환급가산금의 기산일

(1) 관련 규정

국세기본법 시행령 제43조의3 제1항 제1호는 착오납부, 이중납부 또는 납부 후 그 기초가 된 신고 또는 부과를 경정하거나 취소함에 따라 발생한 국세환급금의 경우 국세납부일을 국세환급가산금의 기산일로 하면서, 다만 그 국세가 2회 이상 분할납부된 경우에는 그 마지막 납부일로 한다고 규정하고 있다. 착오납부나 이중납부의 경우 납부 당시부터 법률상 원인이 없었으므로 국가의 입장에서는 부당이득이 되고 따라서 이를 환급함에 있어서 법정이자 상당의 환급가산금을 지급해야 하는 문제가 생긴다. 부당이득반환에 관한 일반규정인 민법 제748조는 선의의 수익자는 그 받은 이익이 현존한 한도에서 반환하여야 하고(제1항), 악의의 수익자는 그 받은 이익에 이자를 붙어 반환하여야 한다(제2항)고 규정하고 있는데, 이를 국세환급금에 그대로 적용하면 국세기본법 시행령 제43조의3 제1항에 해당하는 사유가 있더라도 과세관청은 당초의 납부나 부과가 잘못된 것임을 당초부터 인식하고 있었다고 보기는 어려울 것이므로 통상은 선의 수익자에 해당한다고 보아야 할 것이다. 따라서 과세관청으로서는 납세자의 반환청구가 있기 전까지는 법정이자 상당의 환급가산금을 지급하지 않아도 그만이다. 그럼에도 국세기본법 시행령 제43조의3 제1항 제1호는 위와 같은 민법규정에 대하여 특칙을 두어 납세자에게 유리하도록 환급가산금의 기산일을 당초 납부일로 규정하였던 것이다. 그런데 국세기본법 시행령 제43조의3 제1항이 2015. 2. 3. 개정되면서 제5호가 신설되어 국세기본법 제45조의2에 따른 경정의 청구에 따라 납부한 세액 또는 환급한 세액을 경정함으로 인하여 환급하는 경우 경정청구일(경정청구일이 납부일보다 빠른 경우에는 납부일)의 다음 날을 기산일로 한다고 규정하였다. 이는 같은 항 제1호에 대한 특칙으로 볼 수 있는데, 이러한 개정은 결국 민법 제748조 제1항의 법리로 복귀하는 의미가 있다. 이로 인해 과세관청이 직권으로 감액경정하는 경우는 당초 세액의 납부일이 기산일이 되지만 납세자의 경정청구에 의하여 감액경정하는 경우에는 당초 세액의 납부일이 아니라 경정청구일이 기산일이 되는데 이와 같이 차이를 둘 만한 합리적인 이유를 발견하기는 어렵다. 둘 다 당초 납부세액이 법률상 원인이 없기는 마찬가지이기 때문이다. 이러한 문제점을 인정하여 국세기본법 시행령이 2021. 2. 17. 개정되면서 제5호가 삭제되었다. 타당한 입법이다.

그리고 같은 항 제2호와 제3호는 적법하게 납부된 후 감면된 경우와 법률이 개정되어 환급하는 경우는 각각 그 감면결정일과 개정된 법률의 시행일을 환급가산금의 기산일로 규정하고 있다. 조세실체법상으로 그 납부 당시에는 법률상 원인이 있었으나 그 후 감면결정이나 법률 개정으로 인해 그 시점부터 법률상 원인이 없게 되었으므로 그 감면결정일이나 개정법률 시행일 다음 날부터 환급가산금이 발생하는 것으로 본다는 것이다. 여기서도 민법 제748조 제1항의 법리가 적용될 수 있지만 납세자에게 유리하도록 특칙을 둔 것으로 볼 수 있다.

(2) 2회 이상 분할납부시 환급가산금의 기산일

앞서 본 바와 같이 국세기본법 시행령 제43조의3 제1항 제1호 단서는 2회 이상 분할납부의 경우 그 마지막 납부일로 하되, 국세환급금이 마지막에 납부된 금액을 초과하는 경우에는 그 금액이 될 때까지 납부일의 순서로 소급하여 계산한 국세의 각 납부일로 하며, 세법에 따른 중간예납액 또는 원천징수에 의한 납부액은 해당 세목의 법정신고기한 만료일에 납부된 것으로 본다고 규정하고 있다.

여기서 말하는 분할납부란 법인세법 제64조 제2항, 소득세법 제77조, 상속세 및 증여세법 제71조, 종합부동산세법 제20조 등과 같이 납부해야 할 금액이 과다한 경우 일부 금액을 일정기간 납부유예해 주는 제도를 말한다. 이는 납세자의 편의를 위하여 당초부터 일부 금액을 본래의 납부기한 이후로 납기를 연기해주는 것이므로 이러한 사정을 고려하여 환급가산금의 기산일은 납세자에게 다소 불리하게 적용하도록 한 조세정책적 차원의 특례규정으로 이해된다. 따라서 그 적용범위는 엄격하게 제한하는 것이 타당하다. 그래서 이러한 경우와 달리 납세자가 당초 신고를 하였다가 부족한 부분을 수정신고함에 따라 결과적으로 분할납부하게 되더라도 위 규정이 적용되지 않고 각각의 신고해당분에 관한 환급금은 각각의 신고·납부일을 환급가산금의 기산일로 보아야 할 것이고 이에 부합하는 유권해석도 있다(재조세-1061, 2004. 8. 23.).

그런데 납세자가 신고·납부한 것에 대하여 과세관청이 증액경정처분을 하는 경우나 과세관청이 여러 차례 증액경정처분을 하는 경우에도 결과적으로 2회 이상 분할납부하게 되는데 이러한 경우에 환급가산금의 기산일을 언제로 볼 것이냐에 관하여 다툼이 있었고 이에 관하여 최근 대법원이 명쾌한 판결을 내린 바 있다. 대법원 2020. 3. 12. 선고 2018다264161 판결은 동일한 과세기간 및 세목의 국세에 대하여 당초 신고 또는 부과에 따른 납부 이후에 증액경정처분 및 그에 따른 납부가 이루어진 경우 국세환급가산금의 기산일은 국세기본법 시행령 제43조의3 제1항 제1호 본문에 따라 각각의 국세환급금이 발생한 국세납부일의 다음 날로 보아야 한다고 판시하면서 다음과 같은 논거를 들고 있다. 납세자가 당초의 신고 또는 부과나 각 증액경정처분마다 그에 따른 각각의 세액을 별도로 납부한 것은 국세기본법 시행령 제43조 제1항 단서의 '분할납부'에 해당한다고 보기 어렵고, 과세처분이 판결 또는 직권에 의해 취소된 경우에 그 효력은 그 취소된 부과처분이 있었을 당시에 소급하므로 취소사유에 따른 환급세액이 각 신고 또는 부과에 따라 납부한 각각의 세액 중 일부로 특정된다면 그 국세환급금은 각각의 납부일에 소급하여 발생한 것으로 보아야 하며, 과세표준과 세액을 증액하는 증액경정처분이 전체로서 하나의 과세표준과 세액을 다시 결정하는 것이라고 하더라도 이로써 당초 신고나 결정에 따라 이미 이루어진 납부 등에 관한 실체적 법률관계까지 실효된다고 볼 수 없다는 것이다. 위 단서의 규정은 납세자에게 응당 귀속되어야 할 국세환급금의 법정이자를 조세정책적 차원에서 일부 제한한 특례규정이므로 이를 엄격하게 제한하여 적용해야 한다는 입장을 밝힌 것으로 이해된다.

(3) 자산재평가세 환급금의 환급가산금 기산일

구 조세감면규제법 부칙 제23조 제1항은, 구 조세감면규제법 제56조의2 제1항 본문에 따라 자산재평가를 한 다음 그 재평가차액을 자산재평가법에 의한 재평가차액으로 보아 그에 대해 재평가세를 납부한 법인이 2003. 12. 31.까지 주식을 상장하지 아니한 경우에는 '이미 행한 재평가를 자산재평가법에 의한 재평가로 보지 아니한다.'고 규정하고 있었다. 이와 같이 2003. 12. 31.까지의 상장요건을 갖추지 못함에 따라 소급하여 당초의 자산재평가가 자산재평가법에 의한 재평가로 볼 수 없게 된 경우 당초의 자산재평가는 임의재평가로 보아야 하므로 당시 재평가차액에 대하여 자산재평가법상의 재평가세를 부과한 처분은 그 처분 당시부터 위법한 것이 되게 된다. 따라서 그 재평가세는 환급의 대상이 되는데, 그 환급금에 대한 가산금의 기산일을 당초 재평가세의 납부일로 볼 것인지 아니면 상장 기한인 2003. 12. 31.의 다음 날로 볼 것인지가 문제된다.

대법원 2011. 6. 10. 선고 2009두898 판결에서 쟁점이 되었는데, 원심은 당초의 자산재평가세 부과처분은 2003. 12. 31.까지 주식을 상장하지 아니함에 따라 2004. 1. 1. 비로소 위법하게 되었으므로 환급가산금의 기산일을 2004. 1. 1.로 보아야 한다고 판시하였다. 원심판단에 의하면 당초의 자산재평가가 2003. 12. 31.까지는 자산재평가법에 의한 재평가였다가 2004. 1. 1.부터는 임의재평가로 변경되었다는 결과가 되는데, 하나의 자산재평가는 자산재평가법에 의한 재평가이든 임의재평가이든 일관되게 둘 중의 하나로 보는 것이 옳고 일정시점까지는 전자였다가 그 다음부터는 후자로 변경된다고 보는 것은 아무래도 어색하다. 또한 원심의 판단에 따르면, 당초의 자산재평가차액은 2003. 12. 31.까지는 자산재평가법에 의한 재평가차액이었다가 2004. 1. 1. 비로소 임의재평가차액이 되므로 이를 2004 사업연도 소득금액계산에 익금산입하여야 하는데, 과세관청은 재평가차액을 당초 자산재평가를 하였던 사업연도의 소득금액계산에 익금산입하여 그 사업연도 법인세를 증액경정하였다는 점과도 부합하지 않는다. 원심은 2003. 12. 31.까지 주식을 상장하지 아니할 것이 재평가세 부과처분의 해제조건임을 전제로 하여 2004. 1. 1.부터 그 처분의 효력이 상실되었다고 판단하였으나, 과세관청은 자산재평가세 부과처분을 하면서 '원고가 2003. 12. 31.까지 주식을 상장하지 아니할 것'을 해제조건으로 한 바 없어 원심의 그 전제부터가 잘못되었다고 할 수 있다. 그렇다면 납세자가 2003. 12. 31.까지 주식을 상장하지 아니함에 따라 자산재평가세 부과처분은 그 처분 당시부터 위법한 것으로 되었고, 따라서 그 자산재평가세는 납부 당시부터 법률상 원인이 없었던 것으로 되었다고 보는 것이 합리적이다. 같은 취지에서 대법원도 자산재평가세액에 대하여 그 납부일의 다음 날부터 국세환급가산금을 가산하여야 한다고 판시하였다. 타당한 판결이고, 대법원 2011. 5. 26. 선고 2009두4050 판결도 같은 취지를 판시한 바 있다.

다. 국세환급가산금 청구권과 지연손해금청구권의 관계

(1) 견해의 대립

위에서 본 바와 같이 환급금 및 환급가산금을 민법상의 부당이득반환의 법리로 이론 구성을 함에 따라 그 구체적 반환범위에 관하여, 먼저 환급금에 대한 법정이자의 범위를 정함에 있어 국세기본법에서 정한 환급가산금률을 적용할 것인지 아니면 민법상의 법정이율을 적용할 것인지와, 환급가산금에 대하여도 지연손해금을 인정할 것인지, 인정한다면 그 이율을 환급가산금률로 한 것인지 민법상의 법정이율로 할 것인지가 문제된다. 민법 제748조가 부당이득의 반환범위에 관하여 선의의 수익자는 현존 이익을 반환하면 족하지만, 악의의 수익자는 받은 이익에 이자를 붙여 반환하고 손해가 있으면 배상하여야 한다고 규정하고 있고, 이때 이자는 민법상 법정이자를 말하는데, 민법상 법정이자율이 국세기본법상의 환급가산금률보다 더 높을 수 있으며 민법상으로는 여기에 손해배상까지 추가하도록 함으로써 촉발된 쟁점으로 보인다.

이에 대하여 견해가 대립되었다. 첫째 견해는 국세기본법상의 환급가산금에 관한 규정만이 적용되어야 한다는 견해로서 그 기산일부터 충당하는 날 또는 지급결정을 하는 날까지의 기간에 대하여만 환급가산금률에 의한 가산금을 반환하면 족하고 그 이후의 기간에 대하여 민법상 지연손해금을 인정할 수는 없다는 것으로서 그 논거는 위 규정이 특칙이라는 것이다. 둘째 견해는 첫째 견해에서 말하는 환급가산금에 대하여 그 종기 이후의 기간에 대하여는 민법상의 법정이율 상당의 지연손해금을 인정하여야 한다는 견해로서 환급가산금이 법정이자의 성격을 지니고 있는 이상 그에 대한 지연손해금을 부인할 이유가 없다는 것이다. 대법원 2008. 1. 10. 선고 2007다79534 판결이 이와 비슷한 입장을 취하고 있다. 셋째 견해는 납세자가 국가의 악의를 증명하면 납세자의 선택에 의하여 그 반환시까지 민법상의 법정이율에 의한 환급가산금을 청구할 수 있으되, 다만 그 환급금과 환급가산금에 대하여 다시 지연손해금을 청구할 수는 없다는 견해이다. 넷째 견해는 납세자가 국가의 악의를 증명하면 납세자의 선택에 의하여 민법상의 법정이율에 의한 환급가산금을 청구할 수 있고 그 환급금과 환급가산금에 대하여는 다시 지연손해금을 구할 수 있다는 견해로서 국세기본법이 민법 규정의 적용을 배제하고 있지 않으므로 납세자에게 선택권을 부여해야 한다는 것이다.[58] 넷째의 견해가 납세자에게 가장 유리한 입장이 되겠다.

(2) 대법원 판례의 입장

위에서 본 견해의 대립 속에서 대법원 2009. 9. 10. 선고 2009다11808 판결은 새로운 절충적인 입장을 표명하였다. 조세환급금은 조세채무가 처음부터 존재하지 않거나 그 후 소멸하였음에도 불구하고 국가가 법률상 원인 없이 수령하거나 보유하고 있는 부당이득에 해당하며 환급가산금은 그 부당이득에 대한 법정이자로서의 성질을 가진다고 전제하고, 이때 환급가산금의 내용에 대한 세법상의 규정은 부당이득의 반환범위에 관한 민법 제748조에 대하여 그 특칙으로서의 성질을 가지므로 환급가산금은 수익자인 국가의 선의·악의를 불문하고 그 가산금에 관한 각 규정에서 정한 기산일과 비율에 의하여 확정된다고 하면서, 부당이득반환의무는 일반적으로 기한의 정함이 없는 채무로서 수익자는 이행청구를 받은 다음 날부터 이행지체로 인한 지연손해금을 배상할 책임이 있다고 하였다. 그러므로 납세자가 조세환급금에 대하여 이행청구를 한 이후에는 법정이자의 성질을 가지는 환급가산금청구권 및 이행지체로 인한 지연손해금청구권이 경합적으로 발생하고, 납세자는 그중 하나의 청구권을 선택하여 행사할 수 있다고 결론지었다.

위 판시에 나타나듯이 조세환급금의 이행청구를 한 이후의 기간에 대하여는 조세환급금에 대하여 계속적으로 환급가산금을 청구하든지 아니면 민법상 지연손해금을 청구할 수 있다는 것이다. 여기에는 이행청구시까지의 환급가산금에 대하여 다시 이를 원금으로 하는 지연손해금을 청구할 수는 없다는 뜻이 내포되어 있다. 위 사안은, 원고가 2004. 9. 1. 환급대상인 국세를 납부하고 2005. 10. 27. 그 환급신청을 하였고, 환급가산금률은 국세의 환급가산금 기산일인 납부일 다음 날인 2004. 9. 2.부터 2004. 10. 14.까지는 1일

---

58) 이승한, "세법상의 조세환급금 가산금과 민법상의 법정이자 및 지연손해금과의 관계", 대법원판례해설 (2009 하반기) 참조

0.012%, 2004. 10. 15.부터 환급신청일까지는 1일 0.01%이었다. 그래서 과세관청은 2004. 9. 2.부터 위 2005. 10. 27.까지는 환급가산금률을 적용한 가산금을 지급할 의무가 있고, 그 다음 날부터는 원고의 선택에 따라 환급가산금률을 적용한 가산금 또는 민법상 지연손해금을 지급할 의무가 있다고 판시하였다.

이 판결은 환급가산금에 대하여 다시 지연손해금을 청구할 수 있다는 취지의 대법원 2008. 1. 10. 선고 2007다79534 판결의 입장과는 모순되는 측면이 있지만, 후자의 대법원 판결이 환급가산금에 대하여 다시 지연손해금을 청구할 수 있다는 법리를 명시적으로 판시하고 있지 않아서 이 판결을 선고하면서 후자의 판결을 폐기할 필요까지는 없다고 본 것 같다. 그리고 이 판결은 법정이자 및 그 이자에 대한 지연손해금을 인정한 대법원 2003. 11. 14. 선고 2001다61869 판결과도 조화를 이루지 못한다.

요컨대 환급가산금이든 지연손해금이든 모두 국세환급금이라는 원본의 회수가 지연됨에 따른 손해를 배상하는 성격이므로 그 손해배상이 지연됨에 따른 손해를 다시 상정하고 그것까지 배상해야 한다고 하는 것은 지나치다는 결론이다. 즉, 이자에 다시 이자를 붙이는 격이라서 부적절하다는 취지로 보인다. 서로 조화를 이루지 못하는 판결들을 정리하지 못한 것이 아쉽다.

라. 환급가산금과 납부불성실가산세의 관계

(1) 문제의 소재

과세관청의 부과처분에 의하여 납부한 세액은 그 부과처분이 취소될 경우 환급청구권이 곧바로 발생하게 되고, 환급가산금 역시 국세기본법의 규정에 따라 당연히 발생하게 되지만, 그 반면으로 과세관청이 그 후 새로운 부과처분을 하게 되면 당초의 납부기한 다음 날부터 새로운 부과처분의 고지일까지의 전체 기간에 대하여 납부불성실가산세를 부과할 수 있게 된다. 예를 들어 법인이 법인세과세표준과 세액을 신고한 결과 기납부세액이 산출세액을 초과함으로써 정부로부터 그 초과한 기납부세액을 환급받아간 후 정부의 경정사유가 발생하여 정부가 당초 신고에 의한 세액을 경정함으로써 미납부세액이 발생하게 된 경우 납부불성실가산세를 산출함에 있어서 적용할 기간은 과세표준신고일부터 기산하여야 할 것이고, 같은 취지의 대법원 판결이 판시된 바도 있다(대법원 1989. 10. 13. 선고 87누266 판결).

그러나 당초 부과처분 후 전부 또는 일부를 직권취소함으로써 납부세액을 환급하였다가 다시 증액경정처분을 하는 경우 당초 부과처분의 취소가 과세관청의 잘못에 기인하는 등 일정한 사정이 있음에도 무조건 위 원칙에 따른다면 다음에서 보는 바와 같이 환급가산금률에 비하여 납부불성실가산세율이 더 높아 납세의무자에게 직권으로 취소된 당초 처분의 고지일 이후의 기간에 대한 납부불성실가산세 부과의 의무를 지우는 것이 부당하다고 볼 수 있다.

(2) 판례의 분석

이에 관한 사례로 대법원 2008. 10. 23. 선고 2006두11750 판결이 있다. 그 사실관계를 요약하면 다음과 같다. 과세관청이 2001. 3. 15. 원고에게 제1차 부과처분을 하였고 원고는 그에 따른 세액 전부를 납부한 후 위 부과처분의 취소를 구하는 소를 제기하였다. 그러자 과세관청은 2003. 12. 1. 제1차 부과처분에 송달의 하자가 있다는 이유로 이를 직권으로 취소하고 원고의 기납부세액과 그때까지의 환급가산금을 원고에게 환급하였다. 그리고는 2003. 12. 2. 송달의 하자를 보완하여 제2차 부과처분을 하면서 당초 신고납부기한 다음 날부터 그때까지의 기간에 대한 납부불성실가산세를 함께 부과하였다. 제2차 부과처분은 제1차 부과처분과 비교해 볼 때 본 세액은 동일하지만 제1차 부과처분일과 제2차 부과처분일의 사이의 기간에 해당하는 납부불성실가산세가 추가됨으로써 원고가 납부할 세액이 증가하게 되었다. 여기서도 환급가산금률보다 납부불성실가산세율이 더 높아 원고가 추가로 부담하여야 할 납부불성실가산세가 환급받은 환급가산금보다 더 많았다. 원고로서는 아무런 잘못이 없고 단지 과세관청이 제1차 부과처분의 송달을 제대로 하지 못한 잘못이 있었으며 그 잘못을 바로잡기 위하여 과세관청이 스스로 제1차 부과처분을 취소하고 제2차 부과처분을 한 것일 뿐인데도 원고가 그로 인하여 오히려 손해를 보게 되었다.

통상 납세의무자의 세금납부가 있은 후 과세관청이 동일한 과세물건에 대하여 증액경정처분을 하는 경우 증액된 차액 부분에 한하여 새로운 과세처분일을 기준으로 한 본세 및 가산세 등을 산정하게 되는데, 이 사건의 경우는 원고의 세금납부가 있었음에도 불구하고 당초 처분에 절차상의 하자가 있어 이를 전부 취소한 후 사실상 동일한 내용의 2차 처분을 하지 않을 수 없었고, 그래서 과세관청은 부득이 원고가 당초 처분에 따라 납부한 세액을 반환한 후, 다시 전체 세액을 미납부세액으로 보고 당초 납세의무일로 소급하여 다시 가산세를 산정하여 부과하게 된 것이다. 이 때문에 미납부가산세액이 증가되는 문제가 발생하게 되었다.

이에 대하여 원심은, 가산세는 조세의무불이행의 유인을 제거하고 그 의무를 성실히 이행한 자와 그렇지 않은 자를 달리 취급함으로써 원활한 조세행정과 조세의 공평부담을 실현하기 위한 것인데, 납세의무자가 과세관청의 부과처분에 따라 그 의무를 이행한 이상 실체적인 조세채무의 성립 요건과 무관하게 단순히 그 조세확정과정에 있어서 부과처분고지라는 절차적인 하자만 있을 경우 이는 납세의무자가 알기 어렵고, 또한 그로 인한 책임은 과세관청에 귀속되어야 할 것이므로, 이를 이유로 납세의무자에게 새로이 납부불성실가산세를 부과하는 것은 납세의무자에게 지나치게 가혹한 것으로서 가산세 제도의 근본취지에 반한다고 판시하였다. 이러한 판단은 절차적인 하자를 이유로 한 부과처분의 취소가 실체적인 사유에 대한 아무런 변경없이 동일한 부과처분을 예정하고 있는 경우, 납세의무자가 당초 처분에 따라 납세의무를 이행하였음에도 불구하고 조세납부절차의 협력의무 위반을 이유로 미납부가산세를 부과하는 것은 허용되지 않는다는 사고에 기초하고 있다. 만약 과세관청의 논리대로 이러한 경우에도 제한 없이 납부불성실가산세를 증액할 수 있다고 한다면, 납세자들로서는 부과제척기간 내에서는 부과처분의 절차적 하자를 다툴 실익이 없게 되는 모순에 빠지게 된다. 부과처분에 있어서 절차적인 하자를 주장하여 그것이 받아들여지더라도 재부과처분을 통해 오히려 납세의무자가 더 불리한 지위에 서게 되기 때문이다.

이러한 원심의 입장에 대하여 대법원은, 원심이 원고에게는 당초 처분 고지일 이후의 미납부가산세에 대해서 그 납부의무의 불이행을 탓할 수 없는 정당한 사유가 있다고 판단한 것으로 보고 이를 그대로 수긍하였다. 구체적 타당성에 입각한 지당한 판결이다. 이로 인하여 원고는 결국 제1치 부과처분일과 제2차 부과처분일 사이의 기간에 대하여 환급가산금은 수령하되 그에 대응하는 납부불성실가산세의 부담은 면함으로써 다소의 부당이득을 보았다고 볼 여지가 있지만, 환급가산금은 어디까지나 과세관청의 위법한 행위로 인하여 입은 납세의무자의 손해를 배상해 주기 위한 것이고 납부불성실가산세는 납세자의 납부불성실을 탓할 수 있을 때 그에 대한 제재로서 가하여지는 것으로서 서로의 취지가 다르기 때문에 납세자의 납부불성실을 탓할 수 없는 이상 이러한 결과는 용인되어야 마땅하다.

납세의 고지

1. 납세고지의 의의

납세의 고지는 과세관청이 납세의무자에게 과세처분이나 징수처분의 내용을 알리는 행위로서 대외적인 의사표시에 해당한다. 따라서 과세관청이 내부적으로 어떠한 결정을 하더라도 그것은 내심의 의사에 불과하며 대외적으로 효력을 가지기 위해서는 납세의무자에게 납세고지라는 의사표시에 의하여 전달되지 않으면 안 된다. 그래서 과세관청의 처분은 납세고지에 의하여 비로소 완결되고 효력을 가지게 된다고 하겠다. 외부적 표시가 행정처분의 외부적 성립 요건이며 상대방에게 고지를 요하는 행정행위에 있어서는 상대방에 대한 고지를 효력발생요건이라고 보아 행정청의 행위가 외부적으로 표시되어야 행정처분으로서 유효하게 성립하며, 외부적으로 표시되지 않는 행정청의 내부적인 의사결정 등은 상대방 또는 관계자들의 법률상 지위에 직접적인 법률적 변동을 일으키지 아니하므로 행정처분이라고 할 수 없다고 한 판례[59]의 입장은 납세고지에 그대로 적용될 수 있다고 하겠다.

이와 같이 납세고지는 과세관청과 납세의무자 사이에 법률관계를 형성하는 가교역할을 하며 납세의무자는 납세고지를 통하여 비로소 과세관청의 의사를 알 수 있는 만큼 납세고지에 하자가 있으면 의사표시의 하자로 귀결되어 과세관청의 처분에 영향을 미치게 되므로 그 요건과 절차가 대단히 중요하다.

납세고지는 납세의무를 확정시키면서 동시에 징수처분을 하기 위한 경우와 이미 확정

---

59) 대법원 1999. 8. 20. 선고 97누6889 판결, 대법원 2002. 5. 17. 선고 2001두10578 판결

되어 있는 납세의무에 대하여 징수처분만을 하기 위한 경우로 대별할 수 있다. 신고납세 방식의 조세에서 납세의무자가 납세신고만 하고 그 세액을 납부하지 않는 경우와 원천 징수의무자가 원천징수세액을 납부하지 않는 경우는 이미 납세의무가 확정되어 있기 때문에 징수처분만을 필요로 하므로 이때의 납세고지는 후자에 해당하고, 신고납세방식의 조세에서 납세의무자의 신고가 없거나 부실하여 과세관청이 세액을 결정하거나 경정하면서 그 세액의 징수를 위하여 하는 납세고지는 전자의 경우에 해당한다.

2. 납세고지의 근거법령

납세고지는 과세관청의 내심의 의사가 대외적 효력을 지니기 위하여 당연히 필요한 것이므로 특별히 근거법령이 필요하지는 않다고 할 수 있다. 그래서인지 국세기본법에는 납세고지에 관한 별도의 규정이 없다. 그러나 국세징수법 제9조에서는 납세의 고지에 관한 규정을 두고 있는데, 제1항이 국세를 징수하려면 납세자에게 그 국세의 과세기간, 세목, 세액 및 그 산출근거, 납부기한과 납부장소를 적은 납세고지서를 발급하여야 한다고 규정하고 있다.

이와 같이 국세기본법에는 납세고지에 관한 규정이 없고, 국세징수법은 부과처분에 관한 규정이 아니라 징수처분에 관한 규정이므로, 위 국세징수법 제9조의 규정을 부과처분에 관한 근거규정으로도 볼 수 있는지에 관하여 견해의 대립이 있을 수 있으나, 앞서 본 바와 같이 납세고지는 과세관청의 처분이 납세의무자에 대하여 효력을 가지기 위하여 당연히 필요한 의사표시이기 때문에 국세징수법 제9조의 규정도 확인적 규정으로 보아야 하고 따라서 위 규정은 부과처분의 납세고지에 관한 근거규정으로도 볼 수 있다. 다만, 국세징수법 제9조 제1항은 그야말로 징수처분의 고지에 관한 것이어서 그 고지서에 과세기간, 세목, 세액 및 그 산출근거뿐만 아니라 납부기한과 납부장소까지 기재하도록 규정하고 있으나 부과처분의 납세고지에는 세액의 확정만을 위한 것이므로 납부기한과 납부장소까지 기재할 필요가 없다는 점에서 국세기본법 제9조 제1항을 전면적으로 적용할 것은 아니다. 그러나 실무상 징수처분이 수반되지 않는 부과처분만을 위한 납세고지는 없을 것이므로 이러한 논의가 별 실익은 없어 보인다.

국세징수법 외에도 지방세징수법 제12조 제1항도 이와 비슷한 내용의 규정을 두고 있으며, 개별세법으로는 소득세법 제83조, 제114조 제8항, 법인세법 제70조, 상속세 및 증여세법 제77조 등에서도 납세고지에 관한 규정을 두고 있다. 이들 개별세법의 규정에서는 국세징수법 제9조 제1항에서 직접적으로 언급하고 있지 않은 과세표준과 세율을 기재하도록 규정하고 있는 점이 다소 비교된다. 그러나 과세표준과 세율은 국세징수법 제9

조 제1항에서 말하는 산출근거의 필수적 내용이 되기 때문에 실질적인 차이는 없다고 하겠다.

이러한 규정들에 관하여 대법원 2014. 7. 24. 선고 2014두3891 판결은, 헌법상 적법절차의 원칙과 행정절차법의 기본 원리를 징수처분의 영역에도 그대로 받아들여, 과세관청으로 하여금 자의를 배제한 신중하고도 합리적인 징수처분을 하게 함으로써 조세행정의 공정을 기함과 아울러 납세의무자에게 징수처분의 내용을 자세히 알려주어 이에 대한 불복 여부의 결정과 불복신청의 편의를 주려는 데 그 근본취지가 있으므로, 이 규정은 강행규정으로 보아야 한다고 판시하였다. 여기에서 더 나아가 대법원 2012. 10. 18. 선고 2010두12347 전원합의체 판결은, 개별세법에 납세고지에 관한 별도의 규정이 없더라도 국세징수법이 정한 것과 같은 납세고지의 요건을 갖추지 않으면 아니되고 이는 적법절차의 원칙이 과세처분에도 적용됨에 따른 당연한 귀결이라고 강조하고 있다. 따라서 국세징수법 제9조 제1항의 규정은 부과처분과 징수처분 모두에 적용되어야 하는 확인적 강행규정이라고 보아야 한다.

3. 납세고지서의 기재사항과 그 불비의 효과

가. 개요

납세고지서에는 위에서 본 근거법령에 따른 필요적 기재사항이 제대로 기재되어 있어야 하고 그것이 잘못 기재되거나 누락된 경우에는 납세고지서에 하자가 있게 되며 그에 의한 부과처분이나 징수처분의 효력에도 영향을 미치게 된다. 대표적으로 국세징수법 제9조 제1항은 필요적 기재사항으로 과세기간, 세목, 세액 및 그 산출근거, 납부기한과 납부장소를 열거하고 있으므로 그중 어느 하나라도 누락되면 원칙적으로는 납세고지의 효력에 문제가 생길 수 있고 따라서 그에 의한 부과처분이나 징수처분의 효력에도 영향을 미치게 된다. 그렇다고 해서 필요적 기재사항의 어느 하나라도 불비될 경우 예외 없이 모두 납세고지의 효력을 부정한다는 것도 바람직한 태도는 아니다. 헌법재판소 2005. 7. 21. 선고 2005헌마19 결정도 적법절차 원칙의 하나로서 행정처분에는 적법한 고지가 필요한데 구체적으로 어느 정도로 요구되는지는 일률적으로 말하기 어렵고 규율되는 사항의 성질, 관련 당사자의 사익, 절차의 이행으로 제고될 가치, 국가작용의 효율성, 절차에 소요되는 비용, 불복의 기회 등 다양한 요소들을 형량하여 개별적으로 판단하여야 한다고 판시하였다.

따라서 납세고지서의 기재사항이 어느 정도로 요구되는지에 관하여도 납세고지의 취지가 무엇인지를 따져보고 아울러 납세고지의 효율성, 그에 소요되는 비용, 납세자의 불복의 기회제공 등의 여러 요소를 종합적으로 고려하여 합목적적으로 판단해야 할 것으로 보인다.

대법원 2002. 11. 13. 선고 2001두1543 판결은, 납세고지는 헌법과 국세기본법에 규정된 조세법률주의의 원칙에 따라 과세관청의 자의를 배제하고 신중하고도 합리적인 과세처분을 하게 함으로써 조세행정의 공정을 기함과 아울러 납세의무자에게 부과처분의 내용을 자세히 알려주어 이에 대한 불복 여부의 결정과 불복신청의 편의를 주려는데 그 근본취지가 있다고 설명하고 있다. 따라서 납세고지서의 하자가 이러한 근본취지가 유지될 수 없는 정도에 이르렀을 때 그 효력을 부인하는 것이 합리적이다. 납세고지가 법률에서 정한 방식을 그대로 따를 것을 고집할 경우 납세고지의 효율성이 떨어진다거나 과다한 비용이 든다고 보기 어려우므로 납세고지업무의 효율성이나 비용 측면은 그리 중요시하지 않아도 될 것으로 생각된다.

대법원 2001. 6. 12. 선고 2000두7957 판결 등은, 납세고지서에 관한 규정은 단순한 세무행정상의 편의에 기한 훈시적인 규정이 아니라 조세법률주의의 원칙에 따라 처분청으로 하여금 자의를 배제하고 신중하고도 합리적인 처분을 하게 하여 조세행정의 공평을 기함과 동시에 납세의무자에게 과세처분의 내용을 상세하게 알려 불복 여부의 결정 및 그 불복신청에 편의를 주기 위한 취지에서 나온 것이어서 강행규정으로 보고 있다. 그리고 대법원 1998. 6. 26. 선고 96누12634 판결 등 납세고지서에 하자가 있는 경우 그에 의한 부과처분이나 징수처분은 위법하게 되는데 이는 원칙적으로 취소사유에 그치고 무효사유는 되지 아니한다는 입장이다.

한편, 대법원 2020. 10. 29. 선고 2017두51174 판결은, 법인세법 시행령 제109조 제1항 후문에서 납세고지서에 부기하여야 한다고 정한 '납세지 관할 지방국세청장이 조사·결정하였다는 뜻'은 필요적 기재사항으로 보기 어려울 뿐만 아니라, 서울지방국세청장이 조사·경정하였다는 뜻이 납세고지서에 부기되지 않았더라도 그 뜻이 과세처분에 앞서 원고에게 보낸 세무조사결과통지에 기재되어 있어 원고가 그 처분에 대한 불복 여부의 결정 및 불복신청에 전혀 지장을 받지 않았음을 알 수 있으므로 서울지방국세청장의 조사·경정과 관련된 납세고지서의 하자는 보완 또는 치유되었다고 보아야 한다고 판시하였다. 이하 국세징수법 제9조 제1항을 토대로 거기에서 열거하고 있는 항목들에 관하여 구체적으로 살펴본다.

나. 세목과 과세단위의 기재

우선 납세고지서의 가장 기본적인 기재사항으로 세목을 들 수 있다. 국세징수법 제9조 제1항도 그 기재사항의 하나로 세목을 들고 있다. 세목의 기재가 없거나 세목이 잘못 기재될 경우 납세자로서는 과세처분의 내용을 이해할 수 없을뿐더러 그에 대한 불복절차를 진행하는 데 어려움을 겪게 된다. 따라서 세목기재의 불비는 납세고지의 효력을 인정할 수 없는 사유가 된다고 보아야 한다. 다만, 세목기재의 불비가 있더라도 단일한 세목에 관한 납세고지이고 세무조사과정 등을 통하여 납세고지서상의 진정한 세목이 무엇인지를 납세자가 명확히 알고 있으며 그래서 불복절차를 진행하는 데 문제가 없다면 세목기재의 불비가 담당 세무공무원의 단순한 실수나 착오에 기인한 경우에는 납세고지의 효력을 쉽사리 부인하기는 어려울 것으로 보인다.

그리고 법인세나 종합소득세, 부가가치세 등 기간과세의 성격이 강한 조세의 경우 과세단위가 되는 과세기간이 매우 중요하다. 과세기간이 달라지면 처분이 달라지게 되며 통상 법인세나 종합소득세, 부가가치세 등의 경우 세무조사시 부과제척기간 내에 있는 여러 과세기간이 동시에 조사대상이 되기 때문에 납세고지서상 과세기간이 잘못 기재되면 납세자로서는 과세처분이 어느 과세기간에 관한 것인지를 알 수 없고 따라서 불복절차를 진행하기도 어려워지므로 이러한 경우 납세고지의 효력을 부인해야 할 것이다. 그러나 기간과세가 아닌 개별과세인 경우, 예를 들어 상속세나 증여세, 비록 기간과세이나 개별과세의 성격이 강한 양도소득세 등은 과세처분을 특정하는 데 있어서 과세기간의 중요성이 떨어지므로 이 부분의 기재에 불비가 있더라도 납세고지의 효력을 함부로 부인할 것은 아니다.

다. 세액과 그 산출근거의 기재

납세고지서의 가장 핵심이 되는 내용이다. 세액의 산출근거가 나타나야 납세자로서는 어떠한 경위로 과세처분이 이루어졌는지를 알 수 있다. 그리고 세액의 산출근거가 납세고지서에 충실히 기재되어 있어야 납세자가 이를 수긍할 것인지 또는 불복할 것인지 그리고 불복할 경우 그 범위를 어느 정도로 할 것인지를 정할 수 있다. 따라서 납세고지서상 세액의 산출근거가 충실하지 않으면 납세고지의 효력을 인정하기 어렵다. 그러나 세액의 산출근거를 어느 정도까지 충실하게 기재하여야 하는지를 정하는 것은 쉬운 문제가 아니다. 납세자로서야 그 기재가 가능한 한 충실할수록 좋겠지만 과세관청으로서는 업무의 효율과 비용의 측면을 고려하여 그 수위를 조절하고 싶어 한다. 세액의 산출과정은 과세표준에 세율을 적용하여 세액을 산출하는 것인데 과세표준에 세율을 적용하는 것은 비교적 간명하지만 과세표준을 산정하는 근거를 표시하는 것은 사안의 복잡도에 따라 그 정도가 천차만별일 수 있다. 결국 세액의 산출근거는 과세표준의 산출근거라 해도 과언이 아니다.

그럼에도 현재까지 조세쟁송에서 문제되는 경우들은 납세고지서에 과세표준과 세율에 의하여 세액이 산출되는 계산과정이 제대로 표시되어 있는지를 다투는 정도의 수준에 머물고 있다. 예를 들어 대법원 2001. 6. 12. 선고 2000두7957 판결이나 대법원 2003. 4. 11. 선고 2002두12045 판결은 납세고지서에 과세표준과 세율, 세액의 기재가 필요하므로 그중 세율이 누락되었다면 그 납세고지서는 위법하다고 판시하였다. 대법원 2014. 7. 24. 선고 2014두3891 판결도 납세고지서상 세율의 기재가 누락되었다는 이유로 그 납세고지서가 위법하다고 판시하였다. 그러나 과세표준과 세액이 기재되어 있으면 세율은 쉽게 추론이 될 수 있을뿐더러 관련 법규정을 보면 세율은 쉽게 알 수 있다. 그래서 하급심에서는 여전히 세율의 기재는 꼭 필요하지 않다고 보는 입장들이 눈에 띈다. 위 대법원 2014두3891 판결의 하급심인 부산고등법원 2013. 12. 6. 선고 2013누2013 판결도 과세표준과 세액의 기재가 있으면 세율의 기재는 없어도 괜찮다는 입장이었으나 대법원이 이를 용인하지 않았다. 대법원 2019. 7. 4. 선고 2017두38645 판결은 납세고지서의 세율이 잘못 기재되었다고 하더라도 납세고지서에 기재된 문언 내용 등에 비추어 원천징수의무자 등 납세자가 세율이 명백히 잘못된 오기(0.00%로 기재)임을 알 수 있고 납세고지서에 기재된 다른 문언과 종합하여 정당한 세율에 따른 세액의 산출근거를 쉽게 알 수 있어 납세자의 불복 여부의 결정이나 불복신청에 지장을 초래하지 않을 정도라면, 납세고지서의 세율이 잘못 기재되었다는 사정만으로 그에 관한 징수처분을 위법하다고 볼 것은 아니라고 판시하였다.

그런데 납세의무자에게 정작 중요한 것은 세율이 아니라 과세표준의 계산근거이다. 그럼에도 아직은 여기까지 문제 삼고 있지는 못하는 분위기이다. 즉, 과세표준에 세율을 적용하여 세액이 산출되는 계산과정만 나타나면 세액의 산출근거의 기재는 족한 것으로 보고 있는 것이다. 그러나 진정한 세액의 산출근거는 과세표준의 산출과정에 있다. 이러한 과세표준의 산출과정은 과세관청이 내부적으로 작성하여 보관하고 있는 결정경정결의서이다. 그래서 납세자들은 납세고지서를 받으면 국세기본법 제16조 제4항 등에 근거하여 그 결정경정결의서를 요구해야만 이를 통하여 과세표준의 자세한 계산근거를 알 수 있다. 그것이 어려울 때는 납세자가 조세쟁송을 제기하여 과세관청이 증거자료로 결정경정결의서를 제출하기를 기다려야만 하는 것이 실상이다. 납세고지서에 세액의 산출근거를 기재하도록 한 입법 취지를 살리기 위해서는 납세고지서를 송달할 때 결정경정결의서를 첨부하도록 하는 것이 옳다. 납세고지서 기재내용의 수위를 조절하는 것은 과세관청의 업무상 효율과 비용을 고려한 측면이 큰데, 이미 작성되어 있는 결정경정결의서를 납세고지서에 첨부한다고 해서 추가적인 비용이나 시간을 더 소요될 것이 없기 때문에 이를 요구한다고 해서 무리는 아니다. 결정경정결의서는 과세관청의 내부관리·보관용이어서 납세자에게 그대로 공개하기 어렵다면 그 내용을 요약하여서라도 납세고지서에 기재하는 것이 바람직하다. 그러나 현재로서는 납세고지서에 과세표준과 세율 및 세액의 기재가 있으면 세액의 산출근거 기재에 문제가 없고, 그중 어느 하나라도 누락되면 납세고지서에 하자가 있는 것으로 취급되고 있다.

라. 과세대상의 기재

과세대상은 과세의 대상이 되는 물건·행위 또는 사실을 말한다. 예를 들어 양도소득세에 있어서는 개인의 자산 양도로 인한 소득이 과세대상이 된다. 국세징수법 제9조 제1항은 납세고지서에 과세대상을 기재하도록 명시하고 있지는 않으나 과세대상은 일반적으로 과세표준 및 세율과 함께 세액의 산출근거를 구성한다고 할 수 있다. 국세징수법 시행규칙 제6조는 국세징수법 제9조 제1항에 따른 납세고지를 할 때 사용하여야 하는 서식(별지 제10호 서식)을 정해놓고 있는데, 그 서식에는 세액산출근거 항목에 과세표준, 세율 항목과 아울러 과세대상(과세연도, 세목, 과세대상 물건)을 기재하도록 되어 있다. 이러한 과세대상 물건을 납세고지서에 기재하지 않는 경우 납세고지가 위법하게 되는지가 문제된다.

대법원 1997. 6. 27. 선고 96누5810 판결은, 양도소득세와 같이 과세기간별로 그 귀속연도에 발생한 양도소득에 대하여 과세하는 세목에 있어서는 납세고지서에 귀속연도와 그 귀속연도의 과세표준, 세액의 산출근거 등을 명시하여 고지하면 족하고, 과세대상 토지 등 세액산출의 실질적 근거와 경로, 경위 등을 기재하도록 요구할 근거는 없다고 하면서, 과세처분을 하면서 과세귀속연도와 과세표준 및 납부할 세액의 산출근거 등을 기재한 법정의 납세고지서에 의하여 부과·고지하였다면 납세고지서에 과세대상 토지를 기재하지 않았다고 하여 과세처분이 위법하다고 할 수 없다고 판시하였다. 대법원 1991. 7. 12. 선고 90누8527 판결, 대법원 2004. 1. 27. 선고 2001두11014 판결 등도 양도소득세와 마찬가지로 과세기간별로 과세하는 법인세나 특별부가세분 방위세에 있어서도 과세귀속연도 및 납부할 총세액과 그 산출근거인 과세표준, 세율, 공제세액 등을 기재하면 족하고 세액산출의 실질적인 근거나 경로, 경위 등을 기재하지 않았더라도 위법하지 않다고 판시하였다. 대법원 2011. 9. 29. 선고 2009두22850 판결도 같은 취지이다.

그러나 납세의무자가 납세고지서에 의하여 과세처분의 내용을 정확하게 알기 위해서는 납세고지서에 과세대상이 기재될 필요가 있다. 과세대상은 과세표준, 세율, 세액 등을 정확하게 파악할 수 있는 기초가 되는 것이고 과세대상 물건은 과세연도, 세목과 더불어 과세대상의 내용을 구성하는 것이다. 그리고 대법원 1996. 3. 8. 선고 93누21408 판결, 대법원 1993. 4. 13. 선고 92누10623 판결, 대법원 1991. 3. 27. 선고 90누3409 판결 등은, 토지의 필지별로 과세표준을 계산하여야 하는 토지초과이득세, 중과세대상과 일반과세대상인 토지가 모두 있는 경우의 재산세 및 취득세에 있어서 하나의 납세고지서에 과세대상 토지를 특정하지 않고, 토지별로 과세표준, 세율, 산출근거 등을 기재하지 않은 경우에는 위법하다고 보고 있다. 이러한 판례의 입장을 넓히면 양도소득세에 있어서도 과세대상별로 세율이 다른 경우에는 과세대상을 특정하고, 과세대상별로 과세표준 및 세율, 산출근거 등을 기재하여야 한다고 볼 여지가 있다. 국세징수법 시행규칙 제6조는 납세고지서 양식을 정해 놓고 있는데 2003. 1. 24. 개정되기 전에는 납세고지서에 과세대상 물건을 기재하는 란이 마련되어 있지 않았으나 위 개정으로 납세고지서에 과세대상 물건을 기재하는 란이 마련되었다. 과세대상 물건을 기재할 필요성이 있다고 보아 납세고지서 양식에 과세대상 물건을 기재하는 란을 마련하였을 것이므로, 과세대상 물건란에 기재를 하도록 해석하는 것이 적절하다.

그러나 법인세나 양도소득세와 같은 기간과세가 적용되는 세목의 경우 당해 과세기간 중에 발생한 양도소득을 모두 합산하여 그 과세표준과 세액이 산출되는 점, 납세의무자가 과세대상 물건이 무엇인지 아는 것이 용이한 점, 그리고 무엇보다도 국세징수법 제9조 제1항은 세무서장 등이 국세를 징수하고자 할 때에는 납세자에게 그 국세의 과세연도·세목·세액 및 그 산출근거·납부기한과 납부장소를 명시한 고지서를 발부하여야 한다고 규정하고 있을 뿐이고, 과세대상이나 과세물건도 기재하도록 명시적으로 규정하고 있지 않은 점 등을 고려해 볼 때, 위에서 본 판례들의 입장을 수긍할 수 있다고 할 것이다.

마. 복수의 과세처분에 관한 기재

통상 과세처분이 있을 때 하나의 과세처분만 하는 경우보다는 복수의 과세처분을 하는 경우가 더 많다. 농어촌특별세와 같이 하나의 세목에 대하여 부수적으로 부가되는 세목들이 있는 데다가 본세에 부가하여 가산세가 따르는 것은 거의 필연적이고 관련되는 납세의무자가 수인인 경우도 많다. 이러한 경우에 납세고지서를 어떻게 기재하여야 하는지가 문제된다. 원칙적으로는 납세의무자별로 그리고 세목별로 별도의 납세고지서를 작성하여 그 각각의 납세고지서에 과세표준과 세율, 세액 등의 필요적 사항을 기재하여야 한다. 그러나 과세실무상으로는 이들을 통합하여 하나의 납세고지서에 일괄적으로 기재하는 경우가 더러 있다.

납세의무자가 여럿인 경우에는 적어도 구 상속세 및 증여세법(2015. 12. 15. 개정되기 전의 것) 제77조와 같이 수인의 상속인들 중 1명에 대하여만 납세고지서를 송달할 수 있다는 특별한 규정이 없는 한 납세의무자별로 필요적 사항이 기재된 납세고지서를 별도로 작성하여 송달하여야 할 것이다. 위 조항도 2015. 12. 15. 개정되면서 상속인들 모두에게 송달하도록 규정되었다. 그리고 여러 세목이 있는 경우도 각 세목별로 구분하여 기재하여야 하고, 동일한 세목에 있어서도 과세단위가 여럿인 경우 예를 들어 법인세에서 과세연도가 여럿인 경우에도 당연히 납세고지서에는 과세단위별로 필요적 사항이 기재되어야 한다. 그러하지 못한 납세고지서는 위법하다고 보아야 한다. 과세실무상 과세단위별로 구분하여 기재하는 것은 대체로 잘 지켜지고 있는 것으로 보인다.

바. 가산세의 기재

본세의 부과처분에는 필연적으로 가산세의 부과처분이 따르게 되고 그 가산세에는 종류가 다양할뿐더러 세율 등 계산방법도 제각각이다. 대표적으로 수반되는 가산세로서 신고불성실가산세와 납부불성실가산세가 있는데 이들은 종류와 과세근거, 계산방법이 서로 다르다. 그런데 종래에 납세고지서에는 가산세의 기재에 있어서 매우 간단히 총액만을 기재하거나 아예 가산세 자체를 구분하지 않는 경우도 있었다. 이 때문에 납세자들은 납세고지서만으로는 어떠한 이유로 어떠한 종류의 가산세가 부과되었는지를 알기 어려운 경우가 많았다. 심지어 과세관청이 내부적으로 작성 보관하고 있는 결정경정결의서에 조차 가산세가 종류별로 구분되어 그 산출근거가 제대로 나타나지 않는 경우가 있다. 이때문에 조세쟁송 과정에서 본세가 일부 취소되어야 할 경우 그에 수반하여 취소되어야 할 가산세의 종류와 세액을 정하는 데 상당한 어려움을 겪는 경우가 많았다. 이와 같이 조세쟁송에서의 판단주체마저도 가산세의 내용을 파악하기 어려운 상황이었으니 납세자들이 겪는 어려움이 어느 정도였는지는 쉽사리 짐작할 수 있다.

이러한 상황에 대하여 일침을 가한 것이 대법원 2012. 10. 18. 선고 2010두12347 전원합의체 판결이다. 이 판결은, 본세의 부과처분과 가산세의 부과처분은 각 별개의 과세처분인 것처럼, 같은 세목에 관하여 여러 종류의 가산세가 부과되면 그 각 가산세 부과처분도 종류별로 각각 별개의 과세처분이라고 보아야 한다고 전제하고, 하나의 납세고지서에 의하여 본세와 가산세를 함께 부과할 때에는 납세고지서에 본세와 가산세 각각의 세액과 산출근거 등을 구분하여 기재해야 하는 것이며, 또 여러 종류의 가산세를 함께 부과하는 경우에는 그 가산세 상호 간에도 종류별로 세액과 산출근거 등을 구분하여 기재함으로써 납세의무자가 납세고지서 자체로 각 과세처분의 내용을 알 수 있도록 하는 것이 당연한 원칙이라고 선언하였다. 그래서 가산세 부과처분이라고 하여 그 종류와 세액의 산출근거 등을 전혀 밝히지 않고 가산세의 합계액만을 기재한 경우에는 그 부과처분은 위법하다고 판시하였다. 이 판결의 영향으로 많은 가산세 부과처분이 납세고지의 하자를 이유로 법원에 의하여 취소되거나 직권으로 취소되었고 위 대법원이 선언한 원칙에 따라 납세고지서를 다시 작성하여 가산세 부과처분을 다시 하는 사태가 벌어졌다.

위 대법원 판결이 선고됨에 있어서 납세고지서에 가산세가 종류별로 구분하여 그 세액이 기재되어야 한다는 원칙에는 흔들림이 없었겠지만 가산세의 종류별로 그 산출근거까지 기재하여야 하는지에 대하여는 이견이 있었을 것으로 보인다. 왜냐하면 종래 대법원 판결들에서는 이 정도까지 요구한 경우가 없었기 때문이다. 이러한 입장의 논거로는 본세와 달리 가산세에 관하여는 납세고지에 있어서 세액의 산출근거를 기재하도록 하는 별도의 규정이 없다는 점을 들 수 있다. 가산세 부과처분은 본세의 부과처분과는 별개의 과세처분이기는 하지만, 가산세는 독립한 세목이 아니라 세법이 정하는 국세의 세목으로서 세법에 의하여 산출된 본세에 가산하여 함께 징수하는 부대세여서 본세에 가산세를 가산한 금액이 전체 세액으로서 징수되는 것이고, 본세가 기재되어 있으면 관련 규정에 의하여 가산세는 쉽게 산출될 수 있어 납세자가 이를 용이하게 알 수 있으므로 가산세는 원칙적으로 본세에 부가하여 그 세액의 납세고지가 이루어지면 충분하다는 것이다. 그러나 위 대법원 판결은 원칙론으로 돌아가 납세고지서에 가산세의 산출근거 등이 기재되어 있지 않으면 납세의무자로서는 무슨 가산세가 어떤 근거로 부과되었는지 파악하기가 쉽지 않으므로 본세의 납세고지에 관한 국세징수법 제9조 제1항 등의 규정 취지가 가산세의 납세고지에도 그대로 관철되어야 마땅하다고 판시하였다. 위 판결로써 납세고지서가 납세의무자의 권익보호의 방향으로 보다 선진화되었다고 평가할 수 있겠다. 대법원 2017. 12. 13. 선고 2015두1984 판결도 이러한 기조를 계속 유지하고 있다.

4. 감액경정처분 고지의 요건

과세관청이 당초 부과처분에 대하여 사후에 이를 감액하는 내용의 처분을 하기도 한다. 이는 납세자에게 불이익을 주는 것이 아니라 혜택을 주는 수익적 행정행위이기 때문에 그 자체가 항고소송의 대상이 되는 처분이 될 수 없다. 그래서 이러한 행위는 감액되고 남은 세액에 대하여 새로이 부과처분을 하는 것이 아니라 당초 처분의 일부를 취소하는 것에 불과하므로 항고소송의 대상이 되는 것은 여전히 당초 처분이고, 다만 그 당초 처분은 감액되고 남은 세액의 범위 내에서만 존속한다고 보아야 한다. 이것이 대법원의 입장이다.

이러한 감액경정행위에 대하여 조세쟁송에서는 이를 일반적인 부과처분과 같이 보아서 그에 관한 납세고지가 제대로 되지 아니하였다는 이유로 감액되고 남은 세액에 관한 부과처분이 위법하다고 다투는 경우가 있다. 이는 위에서 본 법리를 오해한 데서 비롯된 것이다. 감액경정행위 자체가 항고소송의 대상이 되는 처분이 아니므로 납세자로서는 당초 처분에 관한 납세고지가 제대로 되었다면 감액되고 남은 잔액의 범위에 관하여 불복하면 된다. 다만, 여기서도 불복의 범위는 감액되고 남은 잔액인데 그 잔액의 내용을 제대로 알려면 감액된 세액의 산출근거가 제대로 고지되어야 할 필요가 있기는 하다. 그러나 당초 부과처분의 납세고지가 제대로 되어 아무런 하자가 없음에도 납세자에게 유리한 감액경정행위에 관한 고지가 제대로 되지 않았다는 이유로 남은 세액에 관한 납세고지마저 잘못되었다는 이유로 그에 관한 당초의 부과처분이 위법하다고 보는 것은 아무래도 균형이 맞지 않다.

이러한 연유에서 대법원 2003. 4. 11. 선고 2001다9137 판결은, 감액경정처분은 당초 처분과 별개 독립된 것이 아니고 실질적으로 당초 처분의 변경인 점 및 부과처분의 취소는 특별한 형식을 요하지 아니하고 따라서 납세고지서에 의하여서만 하는 것이 아니라 그 처분의 취소를 전제로 새로운 처분을 하는 등 취소의 뜻을 객관적으로 알 수 있는 방법에 의하여 할 수 있는 점에 비추어 감액경정처분의 경우에도 특별한 사정이 없는 한 납세고지서뿐만 아니라 감액경정의 뜻을 객관적으로 알 수 있는 방법에 의하여 이를 납세의무자에게 통지를 하면 그 효력이 발생한다고 판시하였고, 같은 취지에서 최근의 대법원 2014. 2. 21. 선고 2013두22871 판결도 감액경정처분은 특별한 사정이 없는 한 납세고지서뿐만 아니라 감액경정의 뜻을 객관적으로 알 수 있는 방법에 의하여 이를 납세의무자에게 통지를 하면 그 효력이 발생한다고 판시하였다. 타당한 판결들이다.

5. 초과환급금 환수처분 고지의 요건

국세기본법 제51조 제9항은 국세환급금의 결정이 취소됨에 따라 이미 충당되거나 지급된 금액의 반환을 청구하는 경우에는 국세징수법의 고지·독촉 및 체납처분의 규정을 준용하도록 규정하고 있다. 여기서 국세환급금의 반환을 명하는 고지서에 어느 정도의 기재가 있어야 하는지에 관하여 국세징수법 제9조 제1항의 규정을 그대로 준용할 수 있는지가 문제된다. 국세기본법 제51조 제8항이 이 경우에 국세징수법을 준용하도록 규정하고 있으므로 그 문언에 따라 국세징수법 제9조 제1항을 그대로 준용한다면 국세환급금 반환을 명하는 고지서에는 국세환급금 반환금의 산출근거를 기재하여야 할 것이고, 따라서 이러한 산출근거의 기재 없이 단지 반환금액만 기재할 경우 그 고지서는 위법하게 된다.

그런데 이 점에 관하여 최근 대법원 2014. 1. 16. 선고 2013두17305 판결은 다음과 같이 판시하였다. 이미 충당 또는 지급된 금액의 반환을 구하기 위한 국세환급금의 환수처분은 국세의 징수에 부수하는 처분으로서 국세의 징수에 관한 규정이 그대로 준용되지만, 그 반환 지체에 대하여는 국세기본법상 국세환급가산금에 관한 규정이 유추적용될 뿐이므로(대법원 2013. 10. 31. 선고 2012다200769 판결 참조), 납세의무와 세액을 구체적으로 확정하는 부과처분 또는 확정된 세액을 징수하고 그 체납에 대하여 국세징수법상 가산금에 관한 규정이 적용되는 징수처분과는 그 성질이 다르고, 따라서 국세환급금의 환수처분에 관한 납세고지서에는 그것이 국세환급금의 환수처분임을 명시함으로써 납세의무자의 불복 여부의 결정이나 불복신청에 지장을 초래하지 아니하도록 하여야 하고, 그 납세고지서에 이러한 사항이 제대로 기재되지 아니하였다면 특별한 사정이 없는 한 그에 관한 환수처분은 위법하다고 보아야 한다고 하면서, 그러나 납세고지서에 기재된 문언 내용 등에 비추어 납세의무자가 개별세법에 근거한 부과처분이나 그 세액의 징수에 관한 징수처분과 구별되는 초과환급금의 환수처분이라는 점과 환수를 요하는 구체적인 사유 등을 알 수 있을 정도라면, 초과환급금의 반환을 구하는 납세고지시에 국세기본법 제51조 제7항과 같은 근거규정을 적시하지 아니하였다거나 초과환급금 액수의 구체적 계산내역을 기재하지 아니하였다는 사정만으로 그에 관한 환수처분을 위법하다고 볼 것은 아니라고 판시하였다.

위 판결의 요지는 초과환급금의 반환을 명하는 고지서에는 반환금의 산출근거까지는 기재할 필요가 없고 그 금액이 초과환급금의 반환금이라는 취지만 표시되면 족하다는 것이다. 그 논거로 들고 있는 것은 대법원 2013. 10. 31. 선고 2012다200769 판결의 취지에 따라 국세반환금의 납부지체에 관하여는 국세징수법상의 가산금 규정이 적용되지 않고 국세환급가산금에 관한 규정이 준용되므로 국세징수법 규정을 그대로 준용할 필요가 없다는 것이다.

그러나 이러한 입장은 납득하기 어렵다. 대법원 2013. 10. 31. 선고 2012다200769 판결은 국세환급금의 환수금을 재환급하는 경우 국세환급가산금에 관한 규정이 유추적용된다고 하였을 뿐이고, 오히려 국세환급금의 환수에 관하여는 국세기본법 제51조 제8항에 의하여 국세징수법의 규정이 준용되므로 국세징수법상의 가산금의 규정 역시 준용된다고 판시하고 있다. 위 판시는 국세기본법 제51조 제8항의 취지에 부합하는 타당한 판시이다. 그럼에도 대법원 2014. 1. 16. 선고 2013두17305 판결은 대법원 2013. 10. 31. 선고 2012다200769 판결이 국세환급금의 반환 지체, 즉 충당 또는 지급된 환급금의 반환을 지체한 경우 국세징수법상의 가산금 규정이 준용되지 않고 국세기본법상의 환급가산금에 관한 규정이 적용된다고 보았다고 한 것은 그 판결의 문언을 잘못 해석한 것으로 여겨진다.

국세환급금의 환수금의 납부가 지체될 경우 국세징수법상의 가산금 규정이 적용됨에는 의문이 있기 어렵고, 또 국세기본법 제51조 제8항이 그 문언에서 국세환급금의 반환에 관하여는 국세징수법 규정을 준용한다고 규정하고 있는 이상 그 고지에 관하여도 국세징수법 제9조 제1항의 규정이 준용된다고 보는 것이 옳다. 그렇다면 그 고지서에는 국세징수법 제9조 제1항에 따라 그 산출근거가 기재되어야 하고 그 기재가 없는 경우에는 고지서가 위법하게 되고 따라서 그 환수를 위한 징수처분은 위법하다고 보아야 한다.

6. 납세고지서 하자의 치유

납세고지서에 필요적 기재사항이 누락된 경우라고 해서 예외 없이 그 효력을 부인하는 것은 무리가 있다. 특히 납세의무자가 다른 경로를 통하여 그 필요적 기재사항을 알게 된 경우에는 하자의 치유를 인정할 여지가 있다. 그러나 하자치유 인정의 범위를 정하는 데에는 절차적 정의의 관점에서 볼 때 신중을 기할 필요가 있다.

대법원 2002. 11. 13. 선고 2001두1543 판결은, 납세고지서에 세액산출근거 등의 기재사항이 누락되었거나 과세표준과 세액의 계산명세서가 첨부되지 않았다면 적법한 납세의 고지라고 볼 수 없으며, 위와 같은 납세고지의 하자는 납세의무자가 그 나름대로 산출근거를 알고 있다거나 사실상 이를 알고서 쟁송에 이르렀다 하더라도 치유되지 않는다고 한다. 납세고지서상에 일부 오류가 있음에도 불구하고 납세의무자가 다른 경로를 통하여 납세고지서의 진정한 내용을 알았다면 납세의무자가 불복 여부를 결정하거나 불복신청을 하는데 별 어려움이 없어 보이기도 하지만 납세고지서의 내용이 잘못되거나 불명확할 경우 납세의무자는 진정한 납세고지의 내용을 알기 위한 별도의 노력을 해야 하는 경우도 있고 그것은 순전히 과세관청의 잘못에 기인하는 것이므로 이를 용인하는 것은 절차적 정의에 반한다고 할 수 있다. 그래서 위 대법원 판결은 납세고지서의 하자치유에 대하여 기본적으로 엄격한 입장을 취하고 있다고 할 수 있다.

반면에 대법원 2005. 10. 13. 선고 2005두5505 판결은, 과세관청이 과세처분에 앞서 납세의무자에게 보낸 과세예고통지서 등에 의하여 납세의무자가 그 처분에 대한 불복 여부의 결정 및 불복신청에 전혀 지장을 받지 않았음이 명백하다면, 이로써 납세고지서의 흠결이 보완되거나 하자가 치유된다고 보아야 한다고 판시하였다. 단, 그 조건으로는 납세고지서의 하자를 사전에 보완할 수 있는 서면은 법령 등에 의하여 납세고지에 앞서 납세의무자에게 교부하도록 되어 있어 납세고지서와 일체를 이룰 수 있는 것에 한정될 뿐만 아니라, 거기에는 납세고지서의 필요적 기재사항이 제대로 기재되어 있어야 한다는 것이다. 위와 같은 과세예고통지서는 과세관청이 적극적으로 납세자에게 보낸 것이고, 길게 보면 납세고지서와 일체를 이루는 것이므로 과세예고통지서의 기재로써 납세고지서의 흠결이 보완되었다고 볼 수 있다고 하겠다.

이와 관련하여 최근의 대법원 2015. 9. 24. 선고 2015두38931, 2015두38948 판결은, 취득세, 지방교육세, 농어촌특별세의 납세고지서에 각 세액과 취득세의 과세표준만이 기재되어 있을 뿐 각 산출근거가 제대로 기재되어 있지 않았고, 그전에 보낸 과세예고통지서에도 취득세와 농어촌특별세의 세액, 취득세의 과세표준 등은 기재되어 있으나, 각 세율 및 지방교육세와 농어촌특별세의 과세표준은 기재되어 있지 않은 사안에서, 납세고지에 필요적 기재사항을 일부 누락한 하자가 있고, 원고가 취득세 등을 신고할 당시 이미 취득세 등의 세율과 과세표준을 알고 있었더라도 그 하자가 보완되거나 치유되었다고 볼 수도 없으므로, 그 부과처분은 위법하다고 판시하였다. 위 사안에서는 납세고지서의 흠결사항이 과세예고통지서에서조차 완전하게 보완을 하지 않았기 때문에 납세고지서의 하자가 치유된다고 볼 수 없다는 취지이다.

이와 같이 납세고지서의 하자를 보완할 수 있는 서면은 법령 등에 의하여 납세고지에 앞서 납세의무지에게 교부하도록 되어 있어 납세고지서와 일체를 이룰 수 있는 것에 한정되고, 그러한 서면으로는 위에서 본 과세예고통지서 외에도 과세안내서,[60] 부담금예정통지서 및 부담금산출내역통지서,[61] 결정전통지서[62] 등이 있을 수 있다. 이러한 서면들에 의하여 법령의 규정에 의한 기재 사항이 완전히 보정되어야지, 그에 의하더라도 과세표준과 세액산출근거를 구체적으로 밝혀지지 않은 것이라면 역시 하자는 치유되지 않는다고 해야 할 것이다.[63] 그리고 하자 치유가 인정되는 기간은 늦어도 과세처분에 대한 불복 여부의 결정 및 불복신청에 편의를 줄 수 있는 상당한 기간 내에 하여야 하므로,[64] 원칙적으로 행정쟁송의 제기 이전에만 가능하다고 할 것이다.

---

60) 대법원 1995. 7. 11. 선고 94누9696 판결 참조
61) 대법원 1995. 2. 14. 선고 94누14216 판결 참조
62) 대법원 2000. 1. 14. 선고 99두1212 판결 참조
63) 대법원 2005. 10. 13. 선고 2005두5505 판결 등 참조
64) 대법원 1984. 4. 10. 선고 83누393 판결 등 참조

7. 납세고지서의 송달

가. 개요

납세고지서가 아무리 적법하게 잘 작성되었다고 하더라도 그것이 납세의무자인 수신인에게 제대로 송달되지 않으면 납세고지의 효력을 유지하기 어렵다. 납세고지서가 제대로 송달되었는지 여부를 판정하는 2가지 기준은 인적 요건과 장소적 요건을 갖추었는지 여부이다. 특히 교부송달이나 우편송달의 경우 위 기준을 충족하였는지 여부가 조세쟁송에서 자주 다투어지고 있다.

세법에서는 민사소송법상의 송달에 관한 규정을 준용하고 있지 않기 때문에 서류의 송달은 국세기본법 등 세법에 의하여 그 방법, 절차 및 효력이 규율된다. 국세기본법 제8조는 제1항에서 서류의 송달에 관하여 세법에서 규정하는 서류는 그 수신인의 주소, 거소, 영업소 또는 사무소에 송달한다고 규정하고, 제4항에서 송달받아야 할 자가 교정시설 또는 국가경찰관서의 유치장에 체포 구속 또는 유치된 사실이 확인된 경우에는 해당 교정시설의 장 또는 국가경찰관서의 장에게 송달한다고 규정하고 있다. 그리고 국세기본법 제10조 제1항은 서류의 송달은 교부, 우편 또는 전자송달의 방법으로 한다고 규정하고 있다. 전통적인 방법으로서 교부송달은 과세관청의 소속공무원이 이를 송달할 장소에서 그 송달을 받아야 할 자에게 서류를 교부함으로써 행한다. 다만, 송달을 받아야 할 자가 송달받기를 거부하지 아니하면 다른 장소에서 교부할 수 있다. 그리고 우편송달에 의할 경우에는 등기우편에 의하여 하는데, 우편법 시행령 제42조 제3항은 우편물은 수취인·동거인(동일 직장에서 근무하는 자 포함) 또는 동일 건축물 또는 동일 구내의 관리사무소, 접수처 또는 관리인 및 신고된 대리수령인으로부터 그 수령사실을 확인받고 배달하여야 한다고 규정하고 있다. 그런데 우편법에 따른 배달과 납세고지서의 송달은 그 입법 취지가 동일하다고 보기 어렵기 때문에 우편법상 배달의 요건을 충족하였는지 여부에 따라서만 납세고지서 송달의 효력을 결정할 수는 없고 납세고지서의 성격과 그 송달의 취지에 비추어 송달의 인적 요건과 장소적 요건을 갖추었다고 할 수 있는지 여부에 따라 결정하여야 할 것이다.

대법원 1983. 4. 26. 선고 80누527 판결, 대법원 1985. 10. 22. 선고 85누81 판결 등은 납세고지서를 발부하지 아니하였다고 인정되는 경우에는 부과처분의 무효 여부를 판단할 필요도 없이 과세처분이 부존재한다고 하고, 대법원 1984. 5. 22. 선고 83누497 판결과 대법원 1995. 8. 22. 선고 95누3909 판결 등은 납세고지서를 납세의무자가 거주하지 아니하는 장소에 송달하였거나 공시송달의 요건이 없는 경우에 공시송달을 한 경우 등과 같이 송달이 부적법하여 송달의 효력이 발생하지 아니하는 경우 과세처분은 무효라고 판시하고 있다. 취소사유를 넘어 무효사유에 해당한다고 함으로써 송달요건의 중요성을 강조하고 있다. 송달은 과세처분이라는 의사표시의 도달에 관한 것으로서 가장 기본이 되는 절차적 요건이므로 거기에 하자가 있을 경우 무효사유에 해당한다고 보는 것이 옳다.

이와 같이 송달의 하자가 있으면 과세처분이 무효라고 함에 따라 그 무효확인을 구하는 소에서 무효사유인 송달의 하자에 관한 증명책임이 누구에게 있는지가 문제될 수 있는데, 일반적으로 과세처분의 무효확인의 소에서는 그 무효사유를 주장하는 원고에게 증명책임이 있다고 할 것이므로 결국 송달의 하자에 관한 입증책임도 원고에게 있다고 할 수 있다. 대법원 2010. 5. 13. 선고 2009두3460 판결도 같은 취지이다. 다만, 송달의 예외적인 경우에 해당하는 공시송달의 요건에 관하여는 피고에게 입증책임이 있다는 것이 판례의 태도이다.[65] 원고로서는 일반적인 송달요건에 관한 입증책임을 부담하지 않으려면 취소소송의 제기요건을 갖추어 무효 선언을 구하는 의미에서의 취소소송을 제기하면 될 것으로 보인다. 법원에서는 과세처분의 무효사유에 대하여 그 무효 선언을 구하는 의미에서의 취소소송의 제기를 허용하고 있고,[66] 과세처분의 취소를 구할 경우 그 과세처분의 적법성에 대한 입증책임이 피고에게 있기 때문이다. 그러나 송달의 효력이 문제되는 것은 통상 그 송달이 있었던 때로부터 상당히 오랜 기간이 지나 송달에 관한 자료가 남아있지 않은 경우가 대부분이므로 그 송달에 의한 과세처분의 취소를 구하려고 하여도 법정기한 내에 전치절차와 소제기를 하는 것은 쉽지 않을 것으로 보인다.

나. 송달요건

(1) 장소적 요건

국세기본법 제8조 제1항에서 정하고 있는 장소적 요건은 수신인인 납세의무자의 주소·거소·영업소 또는 사무소에 송달하여야 한다는 것이다. 여기서 주소라 함은 민법 제18조에 의하여 생활의 근거되는 곳을 말한다. 민법 제18조에 의하면 주소는 동시에 두 곳 이상 있을 수 있다고 한다. 국세기본법 기본통칙(8-0…1)은 주소가 둘 이상인 때에는 주민등록법상 등록된 곳을 말한다고 규정하고 있으나 주민등록법상 등록되지 않은 곳이 그 등록된 곳보다 생활관계에 더 밀접한 장소일 수도 있으므로 위와 같이 제한할 필요는 없다고 본다. 대법원 1998. 4. 10. 선고 98두1161 판결도 주소라 함은 원칙적으로 생활의 근거가 되는 곳을 가리키지만 민법 제21조 소정의 가주소 또는 그 명의인의 의사

---

65) 대법원 1996. 6. 28. 선고 96누3562 판결 등 참조
66) 대법원 1990. 8. 28. 선고 90누1892 판결 등 참조

에 따라 전입신고된 주민등록지도 특별한 사정이 없는 한 이에 포함된다고 함으로써 주민등록지가 주소에 포함될 수 있다는 것이므로 주민등록지만이 주소에 해당한다고 제한적으로 해석할 것은 아니다. 그리고 민법 제19조는 주소를 알 수 없으면 거소를 주소로 본다고 규정하고 있다.

소득세법 시행령 제2조는 소득세법 제1조의2 제2항의 위임을 받아 거주자의 요건과 관련하여 주소와 거소에 관한 정의규정을 두고 있다. 제1항에서 주소는 '국내에서 생계를 같이하는 가족 및 국내에 소재하는 자산의 유무 등 생활관계의 객관적 사실에 따라 판정한다'고 규정하고 있다. 그리고 제2항에서 거소는 '주소지 외의 장소 중 상당기간에 걸쳐 거주하는 장소로서 주소와 같이 밀접한 생활관계가 형성되지 아니한 장소를 말한다'고 규정하고 있다. 이러한 규정들은 납세고지서 송달의 장소적 요건이 되는 주소와 거소의 판단에 중요한 준거규정이 될 수 있겠다.

한편, 대법원 1986. 7. 22. 선고 85누225 판결은 국세기본법 제8조 제1항에서 말하는 영업소 또는 사무소라 함은 어느 범위에 있어서의 영업의 중심이 되는 장소 또는 영업이라고 할 수 없는 범위의 업무가 계속적으로 행하여지는 중심적 장소로서 어느 것이나 독립해서 거래를 할 수 있는 곳을 말하며 단순한 근무처는 이에 포함되지 않는다고 판시하였다. 법인의 등기부상 본점이나 지점 소재지, 사업자등록증상의 사업장 등이 여기에 해당할 것이다. 위 판결에 의하면 납세의무자가 종업원 등의 종속적 지위에서 근무하는 단순한 근무처는 그의 영업소 또는 사무소라고 볼 수 없고 그가 사업의 주체로서 활동하는 장소라야 한다고 하겠다.

이러한 장소적 요건은 아래에서 보는 인적 요건과 분리하여 판단하기는 어렵다. 송달의 적법 여부는 장소적 요건과 인적 요건을 결합하여 전체적인 관점에서 납세의무자에게 과세관청의 의사가 제대로 전달되었다고 할 수 있는지 여부에 따라 판정하여야 할 것이다.

(2) 인적 요건

송달의 인적 요건은 납세고지서를 누가 송달받아야 적법하게 되느냐에 관한 것이다. 납세자 본인이 직접 송달받았다면 가장 확실하겠지만 실상은 다른 사람이 송달받는 경우가 많은데 이럴 때 인적 요건, 즉 납세자 본인에게 송달된 것으로 볼 수 있는지가 문제된다. 국세기본법 제10조 제4항은 송달할 장소에서 서류를 송달받아야 할 자를 만나지 못하였을 때에는 그 사용인이나 그 밖의 종업원 또는 동거인으로서 사리를 판별할 수 있는 사람에게 서류를 송달할 수 있다고 규정하고 있다. 여기서 '사리를 판별할 수 있는 사람'과 관련하여 대법원 2000. 2. 14. 자 99모225 결정은 서류의 내용이나 법적 효력에 관하여 이해할 필요까지는 없고 송달의 취지를 이해하여 그 서류를 수송달자에게 교부하는 것을 기대할 수 있는 정도의 능력이 있으면 족하다고 판시하였고, 그래서 대법원 1990. 3. 27. 선고 89누6013 판결은 초등학교 3학년 학생으로서 만 9세 7개월인 원고의 딸에게 송달되었다면 사리를 판별할 수 있는 사람에게 송달된 것으로 볼 수 있다고 판시하였다. 서울고등법원 2017. 11. 24. 선고 2017나2034989 판결도 초등학교 5학년 학생이라면 사리를 판별할 수 있는 사람에 해당한다고 판시하였고, 대법원 2018. 3. 15. 자 2017다289767 심리불속행 상고기각 판결에 의하여 확정되었다.

실제 조세쟁송에서는 인적 요건만이 독립하여 문제가 되는 경우보다는 장소적 요건과 결합되어 문제가 되는 경우가 훨씬 많다. 이에 관하여 대법원 2000. 7. 4. 선고 2000두1164 판결은 다음과 같은 원칙을 선언한 바 있다. 과세처분의 상대방인 납세의무자 등 서류의 송달을 받을 자가 다른 사람에게 우편물 기타 서류의 수령권한을 명시적 또는 묵시적으로 위임한 경우에는 그 수임자가 해당 서류를 수령함으로써 그 송달받을 자 본인에게 해당 서류가 적법하게 송달된 것으로 보아야 하고, 그러한 수령권한을 위임받은 자는 반드시 위임인의 종업원이거나 동거인일 필요가 없다는 것이다. 대법원 2011. 5. 13. 선고 2010다108876 판결도 같은 취지이다.

여기서 조세쟁송상 자주 문제가 되는 것은 명시적 또는 묵시적 위임이 있었는지 여부이다. 이는 사실인정의 문제인데 대부분 위임의사의 표시가 있었다는 점에 대한 직접 증거가 없어 주변 정황에 관한 간접사실을 근거로 직접사실인 위임의사의 표시가 있었는지를 추정하는 과정을 거친다. 예를 들어 장기간 해외로 출국한 자가 주민등록을 그대로 두었으며 그 주민등록지에 함께 거주하던 동거인이 출국한 자의 우편물을 수령한 경우에 관하여 보면, 주민등록지를 그대로 두었다는 것은 자신의 우편물이 그곳으로 계속 배달되어 올 것이고 그것을 동거인이 수령하게 될 것이라는 사정을 알 수 있었음에도 이를 방치하였다고 할 수 있으므로 그 동거인이 자신과 연락을 취할 수 있을 정도의 가까운 사이라면 묵시적으로 우편물 수령권한을 위임한 것으로 볼 여지가 많다.

다. 납세고지서의 도달과 그 증명책임

국세기본법 제12조는 송달하는 서류는 송달받아야 할 자에게 도달한 때부터 효력이 발생한다고 규정하고 있다. 이른바 발송주의가 아닌 도달주의를 채택한 것으로서 납세자의 이익보호를 위한 당연한 입법자의 선택이라고 하겠다. 조세쟁송에서는 과세관청이 납세고지서를 송달하였음을 증명할 수 있는 자료는 보관하고 있지만 그것이 상대방인 납세의무자에게 도달하였음을 증명할 수 있는 자료가 없는 경우가 많다. 이럴 때 납세의무자는 납세고지서를 받은 적이 없다면서 송달의 효력을 부인하게 되는데 수년이 경과한 후에 이 문제가 제기되면 납세고지서의 배달업무를 담당하는 우체국에도 배달에 관한 자료가 폐기되고 없는 경우가 생겨 입증에 곤란을 겪게 된다.

이에 대하여 대법원 1992. 12. 11. 선고 92누13127 판결은, 우편법 등 관계규정의 취지에 비추어 볼 때 우편물이 등기취급의 방법으로 발송된 경우 반송되는 등 특별한 사정이 없는 한 그 무렵 수취인에게 배달되었다고 보아야 한다고 판시하였다. 등기우편의 경우 일반우편과 달리 그 취급과정이 기록에 의하여 명확히 관리를 하므로 반송되었다는 점을 확인할 자료가 없으면 경험칙에 따라 제대로 배달되었다고 추정할 수 있다는 원칙을 선언하였고, 대법원 1998. 2. 13. 선고 97누8977 등의 후속판결도 같은 취지이다. 이들 판결에 의하여 송달에 관한 입증책임이 전환되어 과세관청이 등기우편으로 발송하였다는 자료만 제시하면 반대로 납세의무자가 그것을 배달받지 못했다는 점을 적극적으로 입증하지 못하는 한 배달된 것으로 추정받게 된다. 과세관청이 등기우편이 아닌 일반우편으로 송달하였다면 내부 관리문서에는 그 송달사실이 기재되어 있을 수 있으나 우체국의 증명서류가 없고 반송되더라도 역시 우체국의 증명서류가 남지 않을 것이기 때문에 그 도달사실에 관하여는 과세관청이 입증책임을 져야 할 것이다.

그리고 등기우편으로 발송하였을 경우 배달사실만 추정된다는 것이지 곧바로 납세의무자가 송달받았다는 것까지 추정된다고 보기는 어렵다. 위 대법원 1998. 2. 13. 선고 97누8977 판결은 납세의무자나 그 가족이 주민등록지에 실제로 거주하고 있지 아니하면서 전입신고만을 해 둔 경우에는 우편물이 수취인에게 도달하였다고 추정할 수는 없고, 따라서 이러한 경우에는 우편물의 도달사실을 과세관청이 입증해야 할 것이고, 수취인이나 그 가족이 주민등록지에 실제로 거주하고 있지 아니하면서 전입신고만을 해 두었다는 사정이 인정된다면, 등기우편으로 발송된 납세고지서가 반송된 사실이 인정되지 아니한다 하여 납세의무자에게 송달된 것이라고 볼 수는 없다고 판시하였다.

납세고지서의 도달시기에 관하여는 구 국세기본법(2003. 12. 30. 개정되기 전의 것) 제12조 제2항에서 통상우편에 의하여 송달한 서류는 당해 우편물이 보통의 경우 도달할 수 있었을 때에 도달한 것으로 추정한다는 규정을 둔 적이 있었는데, 대법원 1987. 8. 18. 선고 87누183 판결은 심리를 해보아도 실제 수령일을 도저히 알 수 없을 경우에 비로소 위 규정을 적용하여야 하고, 이를 적용하는 경우에도 당해 우편물이 보통의 경우 도달할 수 있었을 때를 언제로 볼 것인가를 구체적인 사례에 따라 충분히 심리한 후 이를 바탕으로 경험칙상 납득할 수 있는 날을 도달일로 추정하여야 한다고 함으로써 위 규정의 적용에 부정적 입장을 취하였고, 2003. 12. 30. 위 규정은 폐지되었다. 위 규정이 폐지된 이유는 일반우편에 대해서도 송달시기를 추정하는 것은 납세자의 권익을 침해할 우려가 있다는 점을 고려하였기 때문으로 보이므로 그 때문에 등기우편의 송달추정에 관한 종래의 판례가 변경되어야 하는 것은 아니라고 할 것이고, 그 배달시기에 관한 증명책임은 과세관청에게 남게 된다고 하겠는데, 조세쟁송에서 과세관청은 증명이 어려울 경우 우편물의 배달에 통상적으로 소요되는 기간에 관한 통계와 경험칙에 근거하여 가장 소극적인 입장에서 반송되지 아니한 이상 아무리 늦어도 언제까지는 도달되었을 것이라는 식으로 주장을 하는 것을 고려해 볼 수 있겠다.

라. 구체적 사례 분석

(1) 주민등록지로 발송된 경우

가) 송달의 효력을 인정한 사례

대법원 1984. 10. 10. 선고 84누195 판결은 원고가 자녀들의 학교문제 등 생활상의 편익을 위하여 친구의 주소지로 5년 이상 주민등록을 옮겨 놓았다면, 주민등록 제도의 목적이나 원고가 주민등록을 옮겨 놓은 목적 등에 비추어 원고는 주민등록지에 거주하는 친구나 그의 처에게 사회생활상의 필요에 의하여 원고에게 발송되는 우편물의 수령권한을 위임하였다고 봄이 상당하다고 하였다. 그리고 대법원 1992. 1. 21. 선고 91누7859 판결은 주민등록지와 다른 곳에 거주하면서도 1년 3개월 동안 주민등록을 옮기지 아니하고 주민등록지인 종전 거주지로 나온 민방위 비상소집이나 납세고지서를 고지받은 사실이 있다면, 주민등록지의 세대주나 그의 처에게 우편물의 수령권한을 위임하였다고 볼 수 있다고 하였다. 또한 대법원 1997. 9. 12. 선고 97누3934 판결은 고향 선배의 주소지로 주민등록을 옮겨놓고, 평소 주민등록지로 배달되는 우편물은 그 가정집에 붙어있는 선배가 경영하는 목욕탕의 계산대에서 수령하여 왔다면, 그 선배와 그 가족 및 계산대에서 근무하는 종업원에게 우편물 수령권한을 위임한 것으로 보아 그 종업원에게 한 납세고지서의 송달을 적법한 것으로 보아야 한다고 하였다. 대법원 2011. 5. 13. 선고 2010다108876 판결은 피고가 1999년 1월경 납세고지서를 등기우편으로 원고의 주민등록지로 발송하였는데, 1995년 4월경부터 그곳의 방 1칸을 임차하여 거주하고 있었던 A가 이를 수령하면서 그 우편물배달증명서에 자신을 동거인이라고 기재한 사실, 원고는 당시 두 딸들과 함께 그곳에 전입신고를 하여 1996. 11. 4.부터 1999. 8. 30.까지 거주한 것으로 되어 있으나 실제로 원고의 두 딸들만이 그곳의 다른 방 1칸에 거주하면서 학교에 다니고 있었고 원고는 울산에서 남편, 아들과 함께 거주하고 있었던 사실, 평소 A는 원고에게 온 우편물을 대신 수령하여 원고의 두 딸들이 거주하던 방문 앞에 놓아 온 사실 등에 비추어 원고는 납세고지서 등의 수령권한을 그 임차 거주자인 A에게 묵시적으로 위임한 것이라고 봄이 상당하다고 판시하였다.

최근의 대법원 2013. 2. 28. 선고 2012두24153 판결에서도, 원고의 주민등록지인 A아파트로 증여세 납세고지서가 송달되었고, 원고가 증여세 부과처분을 알게 된 후에도 종합소득세를 신고하면서 주소지를 A아파트로 기재하였으며, 원고도 A아파트의 거주자에게는 납세고지서 등을 수령하여 자신에게 전달해 줄 것을 부탁하였다고 시인하고 있고, A아파트의 거주자가 위 납세고지서를 별다른 이의 없이 수령하였을 뿐만 아니라, 그 외에도 원고에 대한 다른 납세고지서가 A아파트로 송달되어 원고에게 전달된 점에 비추어, 원고가 A아파트의 거주자에게 증여세 납세고지서의 수령권한을 위임하였다고 봄이 상당하고, 따라서 당시 원고가 A아파트에 거주하지 않았다고 하더라도 증여세 납세고지서는 A아파트의 거주자가 A아파트에서 수령함으로써 원고에게 적법하게 송달되었다고 보아야 한다고 판시하였다.

이들 판결에서 보면 주민등록지는 위임의사를 추단할 수 있는 하나의 요소가 됨을 알 수 있다. 즉, 실제 거주자의 양해 아래 주민등록을 옮겨 두었다는 것은 우편물의 수령권한을 위임한 사실을 인정할 수 있는 간접사실의 하나임을 알 수 있다. 그러나 이것만으로는 부족하고 실제로 그곳에 거주하는 사람을 통하여 납세고지서 외의 다른 우편물들을 수령한 적이 있었는지가 중요한 고려요소가 된다고 할 수 있다. 그래서 실제로 어떠한 경로에 의하더라도 주민등록지로 배달된 우편물을 납세자 본인이 수령해 온 사실까지 인정되면 송달의 효력을 인정받는 데 어려움이 없다.

여기서 과세관청이 납세고지서를 납세의무자의 주민등록지로 등기우편에 의하여 발송하였고 반송되었다는 특별한 자료가 없는 상황이라면 그 주민등록지에 실제로 납세의무자가 거주하고 있었는지 여부에 따라 송달의 효력이 좌우된다고 할 것인데 그곳에 거주하였는지 여부에 관한 증명책임을 누가 부담하는지가 문제될 수 있다. 실제 거주지와 주민등록지가 일치한다는 경험칙이 존재한다고 볼 자료가 없는 이상 송달에 관한 전반적인 증명책임을 부담하는 피고가 그곳에 납세의무자가 실제로 거주하고 있었다는 것을 증명해야 한다고 보는 것이 타당하다. 이러한 증명이 여의치 못하다면 과세관청은 대법원 2011. 5. 13. 선고 2010다108876 판결 등의 취지에 따라 종래 주민등록지로 배달된 우편물들이 어떠한 경로를 통하든지 실제로 납세자에게 전달되어 왔다는 점을 증명하면 될 것이다. 요컨대 단순히 납세자의 주민등록지로 등기우편에 의하여 납세고지서가 발송되었다는 사실만으로는 적법한 송달로 추정받을 수는 없다고 하겠다.

나) 송달의 효력을 부인한 사례

대법원 2012. 6. 28. 선고 2012두4968 판결도, 원고가 해외로 이주하면서 이주신고를 하지 아니한 채 그의 주민등록지를 그의 어머니와 함께 서울시 동작구 흑석동으로 이전하였고, 피고의 납세고지서가 등기우편으로 그 주민등록지에 발송되었고 반송되지 아니하였으며 송달서류를 피고가 보관하지 않아 실제로 누가 송달받았는지를 확인할 수 없는 사안에서, 원고가 자신의 주민등록지로 송달되는 우편물을 원고의 어머니가 거주하는 주소지로 송달되도록 하였으므로 특별한 사정이 없는 한 원고의 모에게 우편물 기타 서류의 수령권한을 위임하였다고 볼 수 있지만, 그곳에서 원고의 어머니 이외의 사람에게 송달되었을 가능성을 배제할 수 없어 원고에게 적법하게 송달되었다고 볼 수 없다고 판단하였다. 그러나 이 사안에서는 원고의 어머니가 그 주민등록지에 거주하고 있었다는 것이므로 그곳으로 발송된 등기우편물이 반송되지 않고 송달되었다는 것은 일반적인 등기우편물의 송달과정에 비추어 볼 때 원고의 모가 수령하였다고 보는 것이 경험칙에 부합한다고 할 수 있다는 점에서 위 대법원 판결의 결론은 송달요건에 관하여 지나치게 엄격한 잣대를 적용했다는 비판이 가능하다.

한편, 대법원 1993. 6. 29. 선고 93누1565 판결은 납세의무자가 집을 팔고 이사하면서 주민등록은 옮기지 아니하였으나 우체국에 실제 거주지로 우편물을 배달하도록 요청하는 주소지 변경신청을 하였고, 과세관청도 이러한 이사 사실 및 실제 거주지를 알고 있으면서 납세고지서를 주민등록지로 발송하고 집배원도 주소지 변경신청을 간과하고 배달함으로써 그의 처제가 수령한 경우에는 그의 처제에게 수령권한이 위임되었다고 볼 수 없다고 하였다. 납세의무자가 실제 거주지로 주소변경신청까지 한 점에 비추어 종전 거주지인 주민등록지로는 배달하지 말라는 의사표시가 있었다고 볼 수 있었다는 취지이다.

(2) 주민등록지 외로 발송된 경우

대법원 2014. 12. 24. 선고 2010두11320 판결은, 납세고지서가 납세의무자인 문덕선의 주민등록지가 아닌 곳으로 발송되었고 배달증명서에는 수취인이 '문정선'으로 기재되어 있으며 수취인 서명은 '문덕선'으로 되어 있었던 사안에서, 당시 문덕선이 주민등록지에 거주하고 있었는지, 그리고 문덕선이 송달된 곳을 송달장소로 신고하였는지 확인되지 않으며, 그 후 문덕선이 수시로 세무서를 방문하여 공매 등 후속절차에 관한 확인을 하고 후속 부과처분에 관한 납세고지서를 받아가곤 하였으며, 선행한 관련 소송에서도 위 납세고지서의 송달이 부적법하다는 주장을 전혀 한 적이 없으므로 위 납세고지서는 문덕선이 위 송달장소에서 납세고지서를 직접 수령하면서 배달증명서에 자필로 서명하였다고 볼 여지가 충분하다고 판단하였다. 그러나 이 사건의 원심은 위 납세고지서가 문덕선의 주민등록지 아닌 곳으로 발송된 데다가 그 수취인이 문정선으로 기재되어 있고 문덕선이 문정선에게 우편물 수령권한을 위임하였다고 볼 자료가 없다는 등의 이유로 부적법한 송달로 판단하였었다.

위 대법원 판단은 납세고지서의 송달과정에서 발송지와 수취인의 기재 등 다소의 오류가 보이기는 하지만 그 정확한 원인을 규명하기 어렵다고 보고, 오히려 수취인 서명을 문덕선의 것으로 볼 수 있다는 점과 사후 정황상 문덕선이 그것을 수령하였다고 볼 수 있다는 점에 무게를 두어 적법한 송달로 보았다고 평가할 수 있겠다. 이 사건에서는 대법원은 주민등록지와 송달지가 너무 다르다는 점에서, 송달지의 기재가 과세관청의 단순한 오기로 볼 수 없고 오히려 문덕선이 그 곳을 송달장소로 신고하였다고 볼 여지가 많다는 입장을 취한 것으로 보인다.

(3) 아파트 경비실을 경유한 경우

대법원 1994. 1. 11. 선고 93누16864 판결은 아파트 출입구에 세대별 우편함이 설치되어 있어 보통의 우편물은 그 우편함에 투여되고 있으나, 등기우편물 등 특수우편물은 관례적으로 아파트 경비원이 인터폰으로 거주자에게 연락을 하여 거주자가 직접 수령하고 그러한 연락이 되지 아니한 때에는 아파트 경비원이 이를 수령하여 거주자에게 전달하여 주는데, 아파트 주민들은 이러한 우편물 배달방법에 관하여 별 이의도 제기하지 아니하여 왔다면, 아파트 주민들은 등기우편물 등의 수령권한을 아파트 경비원에게 묵시적으로 위임한 것으로 볼 수 있다고 하였다. 이러한 경우는 통상적인 아파트의 우편물 전달경로에 비추어 볼 때 아파트 경비원에게 송달되었다면 거주자인 납세자에게 전달되었을 개연성이 높다는 경험칙을 적용한 것으로 볼 수 있다.

마. 공시송달

(1) 요건에 관한 규정

국세기본법 제11조 제1항은 그 각 호에서 공시송달을 할 수 있는 사유를 규정하고 있다. 제1호는 '주소 또는 영업소가 국외에 있고 송달하기 곤란한 경우'를, 제2호는 '주소 또는 영업소가 분명하지 아니한 경우'를 규정하고, 제3호와 국세기본법 시행령 제7조의2 각 호는 송달받을 적격이 있는 자가 송달받을 장소에 없는 경우로서 등기우편으로 송달하였으나 수취인 부재로 반송되어 납부기한 내에 송달이 곤란한 경우와 세무공무원이

2회 이상 납세자를 방문하였으나 수취인 부재로 확인되어 납부기한 내에 송달이 곤란한 경우를 규정하고 있다. 공시송달은 납세고지서를 게시판이나 관보 등에 게시하는 것에 불과하므로 사실상 납세자에게 납세고지의 의사표시가 도달되지 않는다고 보아야 한다. 그럼에도 납세고지의 효력을 인정하는 것이 공시송달제도인 만큼 그 요건은 엄격하게 해석하여 적용하는 것이 타당하다.

국세기본법 제11조 제1항은 공시송달의 방법으로 서류의 주요 내용을 공고하도록 규정하고 있으므로 그 서류가 납세고지서일 경우 납세고지서에 기재되는 주요 내용, 즉 과세표준과 세액의 산출근거 등이 공고되어야 공시송달의 효력이 있다고 할 것이다. 대법원 2011. 9. 8. 선고 2009두20380 판결은, 지방세 납세고지서에는 납부할 지방세의 연도와 세목, 납부기한과 금액, 세액의 산출근거와 납부장소를 기재하도록 규정하고 있고, 구 지방세법(2010. 3. 31. 전부 개정되기 전의 것) 제52조 제1, 2항에 의하면, 공시송달은 서류의 요지를 게시판 등에 게재하여 공고하는 방법으로 행하도록 규정하고 있으며, 구 지방세법 시행규칙(2010. 12. 31. 개정되기 전의 것) 제22조는 공시송달의 서식(별지 제22호 서식)에 관하여 규정하고 있는데, 그 서식의 주 3항은 '서류의 내용란에는 연도, 기분, 세액 등을 기입할 것'이라고 되어 있으므로 납세고지서의 기재 내용 중에서는 세액의 기재가 가장 핵심적이라고 할 수 있는 점 및 공시송달에 있어서는 공고문이 납세고지서에 갈음하는 역할을 하는 점 등을 이유로 세액의 기재가 없는 공고문은 '서류의 요지'를 제대로 기재하였다고 할 수 없고, 이는 마치 세액의 기재가 없는 납세고지서를 송달하여 부과처분을 한 것과 마찬가지라고 하여 그 공시송달은 부적법하고 따라서 그에 의한 부과처분은 무효라고 판시하였다. 현실적으로 공시송달에 의한 공고문을 납세자가 볼 가능성이 낮아서 공고문의 내용기재를 소홀히 하는 경향이 있지만, 그 공고문이 납세고지서의 송달을 대신하는 것인 이상 납세자가 현실적으로 그 공고문을 보든 보지 않든 위 대법원 판결의 취지와 같이 납세고지서에 필요적으로 기재되어야 할 사항은 공고문에 포함되어야 한다. 그리고 이러한 공시송달일은 처분서의 통지일이 되므로 전심절차 제기기간이나 제소기간의 기산일이 된다는 점에서 중요하다.

(2) 요건에 관한 증명책임

공시송달은 사실상 납세자에게 송달하지 아니하면서도 송달의 효력을 인정하는 예외적인 제도이므로 납세자의 최소한의 권익보호를 위하여 그 요건의 충족 여부에 관한 입증책임은 과세관청에게 있다고 보는 것이 옳다. 대법원 1994. 10. 14. 선고 94누4134 판결도 같은 취지에서 공시송달이 위법하여 효력이 없다는 원고의 주장에 대하여 이를 인정할 증거가 없다고 판시함으로써 마치 공시송달의 위법 여부에 관한 입증책임이 원고에게 있는 것처럼 원심이 설시한 것은 잘못이라고 판시하였고, 대법원 1996. 6. 28. 선고 96누3562 판결과 대법원 2014. 12. 24. 선고 2010두11320 판결도 그 취지를 따르고 있다.

그런데 이와 반대로 송달요건에 관한 입증책임이 원고에게 있다고 설시한 판결들이 있다. 대법원 2010. 5. 13. 선고 2009두3460 판결은 행정처분의 당연무효를 주장하여 그 무효확인을 구하는 행정소송에서는 원고에게 그 행정처분이 무효인 사유를 주장·입증할 책임이 있다고 하면서 납세고지서의 송달 여부에 관한 증명책임이 과세관청에 있음을 전제로 그와 같은 증명이 부족하다는 이유로 과세처분이 무효라고 판단한 원심은 증명책임에 관한 법리를 오해한 위법이 있다고 판시하였고, 대법원 2001. 6. 1. 선고 99다1260 판결도 체납처분에 따른 공매절차를 통해 경료된 소유권이전등기와 그에 기하여 이루어진 나머지 소유권이전등기 또는 근저당권설정등기의 각 말소등기절차의 이행을 구하는 민사소송에서, 납세고지서의 송달이 없었거나 부적법하다는 주장사실에 대한 입증책임은 원고에게 있다고 판단하였다. 그러나 이들 판결은 일반적인 행정처분의 무효확인소송이나 민사상 소유권이전등기말소소송에서 그 사유에 관한 증명책임이 그 사유를 주장하는 원고에게 있다는 일반원칙에 터 잡은 것으로서 그 대상도 공시송달의 요건이 아니라 일반적인 송달 여부이므로 위 판결들을 공시송달의 요건에 관한 입증책임에 원용할 것은 아니라고 하겠다. 따라서 송달의 예외적인 경우인 공시송달의 요건에 관하여는 그 증명책임은 대법원 1996. 6. 28. 선고 96누3562 판결과 최근에 선고된 대법원 2014. 12. 24. 선고 2010두11320 판결의 취지에 따라 과세관청에게 있다고 해석하는 것이 타당하다.

국세기본법 제11조 제1항이 1996. 12. 30. 개정되기 전에는 주소 또는 영업소에서 납세의무자가 서류의 수령을 거부한 때에도 공시송달을 할 수 있다고 규정하였으나 그 개정과정에서 위 규정을 삭제하고 위와 같이 수령을 거부할 때에는 유치송달을 할 수 있다는 규정을 신설하였다. 타당한 입법이다.

(3) 국외자로서 송달하기 곤란한 경우

국세기본법 제11조 제1항 제1호에서는 '주소 또는 영업소가 국외에 있고 송달하기 곤란한 경우'를 규정하고 있으므로 주소 또는 영업소가 국외에 있다는 것만으로 공시송달을 할 수는 없고 국외로 송달하기가 곤란한 경우에 해당하여야 한다. 국세기본법 제82조는 납세자가 국내에 주소 또는 거소를 두지 아니하거나 국외로 주소 또는 거소를 이전할 때에는 국세에 관한 사항을 처리하기 위하여 납세관리인을 정하여 세무서장에게 신고하도록 규정하면서, 그럼에도 납세자가 이를 이행하지 아니할 경우 납세자의 재산이나 사업의 관리인을 납세관리인으로 정할 수 있다고 규정하고 있다. 위 규정에서 알 수 있듯이, 국외에 주소 또는 영업소가 있는 자가 납세관리인을 정하여 신고한 경우에는 납세고지서 등의 송달을 그 납세관리인에게 송달하면 족하다고 하겠으나, 국외에 주소 또는 영업소가 있는 자가 납세관리인을 신고하지 아니하였다고 하더라도 직권으로 납세관리인을 지정할 수 있음은 별론으로 하고, 납세자에 대한 납세고지서 등의 송달을 곧바로 공시송달의 방법으로 할 수는 없다고 하겠다.

같은 취지에서, 대법원 1993. 12. 28. 선고 93누20535 판결도 원고 회사가 1988. 9. 9. 한국지점의 폐업신고를 하고 1989. 3. 9. 한국지점의 청산등기까지 마친 다음 본점의 소재지인 프랑스로 완전히 철수하여 원고 회사의 주소 또는 영업소가 프랑스에 있었으며, 원고 회사의 등기부상의 본점 소재지가 프랑스에 소재하고 있다는 사실을 과세관청이 알고 있었음에도 불구하고, 우편송달 등에 의한 방법으로 프랑스에 있는 본점의 소재지에 납세고지서를 송달하여 보지도 아니한 채, 원고 회사가 국내에 납세관리인을 두지 아니하였다는 이유만으로 곧바로 1991. 3. 8. 자로 원고 회사에 대한 납세고지서를 공시송달한 것은 부적법하다고 판단하였다. 이 사안에서는 과세관청이 적어도 프랑스의 본점 소재지로 우편송달을 해보고 수취인 불명 등의 사유로 반송되어 옴으로써 더 이상 송달 가능한 본점 소재지 등을 파악할 수 없다는 사정을 증명한 연후에 공시송달을 했어야 한다.

빈면에 대법원 1990. 10. 23. 선고 90누3393 판결은 15세 남짓의 미성년자인 원고가 미국에 주소를 두고 있고, 원고의 후견인이 납세관리인을 신고한 바도 없어 과세관청으로서는 원고의 법정대리인을 파악하기가 어려웠으므로 원고를 직접 수송달자로 하여 송달할 수 있다고 전제하고, 원고에 대한 납세고지서가 동봉된 우편물을 접수한 미국의 솔즈베리 우체국은 원고의 주소지로 3회에 걸쳐 원고에게 위 우편물이 도착하였음을 알리는 통지를 하였으나 결국 이를 전달하지 못하자 'Unclaimed'라는 사유를 붙여 한국에 반송하여 왔다면 '그 송달이 곤란한 때'에 해당한다고 볼 수 있어 공시송달의 요건을 갖추었다고 판단하였다. 이와 같이 국외송달은 국내송달과 달리 시간과 비용이 많이 소요되므로 송달불능을 이유로 한차례 정도의 반송만 되더라도 납부기한 내에 다시 제대로 송달하는 것이 곤란하다는 사정이 인정되는 데 별 어려움이 없을 것으로 보인다.

(4) 주소 또는 영업소가 불분명한 경우

국세기본법 시행령 제7조는 '주소 또는 영업소가 분명하지 아니한 경우'란 주민등록표, 법인등기부 등에 의해서도 주소 또는 영업소를 확인할 수 없는 경우를 말한다고 규정하고 있다. 위 규정의 문언에 의하면 주민등록표나 법인등기부에 기재된 주소 또는 영업소로 송달해 보고 송달불능이 되면 곧바로 주소 또는 영업소가 분명하지 아니한 경우에 해당한다고 볼 여지가 많으나 위 규정에서 '주민등록표, 법인등기부 등'이라고 함으로써 주민등록표와 법인등기부를 한정적 수단으로 열거하지 아니하고 예시적 수단으로 열거하고 있으므로 확인 수단을 여기에 국한하여 볼 수는 없겠다.

대법원 1999. 5. 11. 선고 98두18701 판결도 '주소 또는 영업소가 분명하지 아니한 경우라 함은 과세관청이 선량한 관리자의 주의를 다하여 송달을 받아야 할 자의 주소 또는 영업소를 조사하였으나 그 주소 또는 영업소를 알 수 없는 경우를 말한다고 판시하였고, 국세기본법 기본통칙(11－7－1)도 같은 취지의 규정을 하고 있다. 따라서 위 통칙에 기재된 바와 같이 주민등록표나 법인등기부와 같은 공부에 의해서만 확인하는 것으로는 부족하고 인근자, 거래처 및 관계자 탐문, 등기부 조사 등의 방법을 동원하였음에도 확인할 수 없었다는 점을 과세관청이 증명하여야만 공시송달을 할 수 있다고 할 것이다. 선량한 관리자의 주의를 다하지 아니하였다는 원고의 주장에 대하여 원고에게 증명책임을 지워 이를 인정할 증거가 없다고 배척하여서는 아니된다. 최근의 대법원 2015. 10. 29. 선고 2015두43599 판결은, 납세자의 '송달할 장소'가 여러 곳이어서 각각의 장소에 송달을 시도할 수 있었는데도 세무공무원이 그중 일부 장소에만 방문하여 수취인이 부재중인 것으로 확인된 경우에는 국세기본법 제11조 제1항 제3호, 국세기본법 시행령 제7조의2 제2호에 따라 납세고지서를 공시송달할 수 있는 경우에 해당하지 않는다고 판시하였다.

위 대법원 1999. 5. 11. 선고 98두18701 판결의 사안은 아주 모범적인 사례에 속한다. 위 사안의 피고는 납세고지서를 주민등록부상 주소지인 아파트로 등기우편으로 발송하였으나 주거불명으로 반송되자 피고 소속 직원이 그 아파트의 관리사무실로 출장을 가서 경비원에게 납세의무자가 그 아파트에 거주하는지를 물었으나 보름 전에 이사를 하였는데 이사한 곳이나 연락처를 알 수 없다고 하면서 그 아파트에 다른 사람이 거주하는데 이사를 한 지 얼마 되지 않아 전화번호가 없다고 대답하였고, 당시 관리인이 인터폰을 통하여 그 아파트로 연락을 시도하였으나 부재중으로 연락하지 못하였다. 그러자 그 날 바로 동사무소를 통하여 납세의무자의 주민등록부상 주소지가 그 아파트로 등재된 것을 확인하고는, 다시 인명별 전화번호부, 114 안내전화, 동면 사무소 등을 통하여 납세의무자와 그의 배우자의 연락처를 알아보려고 시도하였으나 이를 확인하지 못하였다. 그래서 피고는 그 납세고지서를 공시송달하였다. 실제 실무에서 이 정도까지 피고가 노력하기는 쉽지 않을 것으로 보이고 공시송달의 요건으로 이 정도까지를 요구한다고 하기도 어려우므로 이 정도에는 다소 못 미치더라도 선량한 관리자의 주의를 다한 것으로 보아 공시송달의 요건을 인정받는 데 어려움이 없을 것으로 보인다.

반면에 대법원 1998. 6. 12. 선고 97누17575 판결의 사안은 아주 부실한 사례에 속한다. 원고의 주민등록지인 S주택 B동 5호는 지하 1층 지상 2층으로 되어 있는데 1, 2층은 각각 구조 및 이용상의 독립성을 갖추고 있어 1층에는 다른 가족이 있고, 2층에는 원고가 단독세대주로 주민등록 전입신고를 하고 계속하여 거주하고 있었다. 위 주민등록지로 납세고지서가 송달되지 않아 피고의 직원이 그곳으로 출장을 나갔을 때 1, 2층의 문이 모두 잠겨 있었고, S주택 전체가 재건축이 예정된 연립주택으로서 벽에 '붕괴위험'이란 글자가 적혀 있고 빈집도 많이 있었으며 B동 5호 주변에도 연탄재가 쌓여 있었다. 이러한 상황에서 피고의 직원은 원고가 그곳에 거주하지 않는다고 단정하고 곧바로 철수하였다. 이에 대하여 대법원은 위와 같은 상황만으로 곧바로 그곳에 사람이 거주하지 아니한다고 단정할 수도 없으며 오히려 주변에 연탄재가 쌓여 있었다면, 그곳에는 사람이 거주하고 있다고 볼 수 있고, 혼자 사는 원고로서는 주간에는 소득활동으로 인하여 집을 비우게 되는 경우가 많은 것이므로 피고의 직원이 그곳으로 출장을 나갔을 때 S주택 B동 5호의 1, 2층 문이 모두 잠겨 있었다면, 당연히 이웃집이나 통·반장 등에게 탐문하여 원고가 위 주소지에 거주하는지 여부를 확인해 보았어야 할 것이고, 적어도 원고가 귀가할 것에 대비하여 납세고지 사실을 알리는 메모라도 남겨 두었어야 함에도 그냥 돌아온 것은 선량한 관리자의 주의의무를 다하였다고 할 수는 없다는 이유로 '주소 또는 영업소가 분명하지 아니한 경우'에 해당하지 않는다고 판단하였다. 앞에서 본 사안과 대비되는 바가 많다.

납세의무자가 법인인 경우 그에 대한 송달은 본점 소재지에서 대표이사가 수령하는 것이 원칙이지만 그와 같은 송달이 불능인 경우 곧바로 주소 또는 영업소가 분명하지 아니한 때에 해당한다고 할 수 없고, 법인등기부 등을 조사하여 본점 소재지의 이전 여부, 지점의 존재 여부 및 대표이사의 변경 여부나 대표이사의 법인등기부상의 주소지 등을 확인하여 그곳으로 송달하였는데도 송달불능인 경우에 비로소 공시송달을 할 수 있다고 할 것이다. 같은 취지에서 대법원 1993. 1. 26. 선고 92누6136 판결은 피고가 법인에 대한 납세고지서를 그 본점 소재지로 발송하였다가 수취인 불명으로 반송되어 오자 그 대표이사의 주소지 등을 확인하여 보지도 아니한 채 곧바로 공시송달하였다면 이는 공시송달의 요건을 갖추지 못한 경우에 해당하여 무효라고 판시하였다. 그리고 대법원 2014. 12. 24. 선고 2010두11320 판결은, 피고가 원고 법인에 대하여 공시송달하였다는 자료만 제출하고 그 전에 있었던 송달관련 서류를 제출하지 못하였으며, 당시 원고 본점은 폐업상태였고, 송달을 담당했던 피고 직원이 원고법인의 등기부등본을 확인한 기억이 없다고 한 사안에서, 그 무렵 종전 대표이사가 신임 대표이사 선임결의 부존재확인소송에서 승소판결이 확정되어 있었고 원고 대표이사 직무대행자는 그 지위를 상실한 시점이어서 피고로서는 법인등기부상 진정한 대표권을 가진 자가 누구인지 객관적으로 확정하기 어려웠다고 하더라도, 공시송달하기에 앞서 원고의 법인등기부를 조사하여 원고의 본점 소재지의 이전 여부 및 그 대표이사의 변경 여부나 그 대표이사의 법인등기부상의 주소지 등을 확인하는 노력은 하였어야 했다고 하면서 그 공시송달은 부적법하다고 판시하였다.

(5) 수취인 부재

수취인 부재는 송달장소에 수취인이 거주하지 않는 수취인 불명의 경우와 송달장소에 수취인이 거주하고는 있으나 송달 당시 그 수취인이 출타하고 없는 경우를 포함하는 개념으로 해석하는 것이 타당하다. 왜냐하면 통상 송달불능 사유에는 수취인 불명과 수취인 부재를 구분하여 기재하고 있는데, 공시송달요건에 관한 국세기본법 제11조 제1항 제3호와 그 시행령 제7조의2에서는 수취인 불명은 언급하지 않고 수취인 부재만 언급하고 있으며, 수취인 불명이 수취인 부재보다 송달을 더 곤란하게 하는 경우이므로 수취인 불명을 공시송달의 요건에서 배제할 이유가 없기 때문이다. 국세기본법 시행령 제7조의2가 2020. 2. 11. 개정되면서 제1호는 서류를 등기우편으로 송달하였으나 수취인이 부재중인 것으로 확인되어 반송됨으로써 납부기한 내에 송달이 곤란하다고 인정되는 경우로 하여 종전과 같이 규정하고, 제2호는 세무공무원이 2회 이상 납세자를 방문[처음 방문한 날과 마지막 방문한 날 사이의 기간이 3일(기간을 계산할 때 공휴일 및 토요일은 산입하지 않는다) 이상이어야 한다]해 서류를 교부하려 하였으나 수취인이 부재중으로 확인되어 납부기한까지 송달이 곤란하다고 인정되는 경우라고 규정함으로써 그 요건을 상당히 구체적으로 개정하였다.

그리고 수취인 부재의 경우도 일시적인 출타까지 포함하는 것으로 해석하는 것은 예외적인 공시송달의 취지에 비추어 무리이다. 같은 취지에서 대법원 2014. 11. 27. 선고 2014두9745 판결도, 여기서 말하는 수취인 부재는 납세의무자가 송달할 장소로부터 장기간 이탈한 경우로서 과세권 행사에 장애가 있는 경우로 한정하여 해석해야 한다고 판시하면서, 피고가 2011. 3. 2. 납세고지서를 서울 강서구에 있는 원고의 주소지로 2차례에 걸쳐 등기우편으로 발송하였으나 모두 폐문부재로 반송되자 피고의 담당공무원은 2011. 5. 6.과 2011. 5. 9. 원고의 주소지를 방문하여 납세고지서를 직접 교부하려고 하였으나, 원고의 이름을 부르고 주위를 둘러보아도 아무런 응답이 없어 납세고지서 도착안내문을 그곳에 붙여 두고 돌아갔으며, 당시 원고의 주소지는 여러 가구가 거주할 수 있는 공동주택이었는데, 위 안내문에는 원고 주소지의 지번만 적혀 있었을 뿐 호수는 기재되어 있지 않았고, 안내문이 붙여진 곳도 위 주택의 여러 가구가 드나드는 공동출입문 옆 기둥이었다면 당시 원고가 위 주소지로부터 장기간 이탈하였음이 확인되었다고 보기 어렵다고 보아 공시송달의 요건을 갖추지 못하였다고 판단하였다. 직장을 가진 사람들로서는 낮 시간대에는 주소지에 있을 수 없기 때문에 이 사안에서는 적어도 몇 차례에 걸쳐 시간대를 달리하여 특히 야간시간대를 포함하여 원고가 주소지에 소재하고 있는지를 파악하였어야 했다.

경정청구

1. 개요

국세기본법 제45조의2는 제1항에서 과세표준신고서를 법정신고기한 내에 제출한 자 및 제45조의3 제1항에 따른 기한후과세표준신고서를 제출한 자는 그 신고서에 기재된 과세표준 및 세액이 실제보다 과다하거나 그 신고서에 기재된 결손금액, 세액공제액 또는 환급세액이 실제보다 과다한 경우에는 당초 신고한 내용(결정이나 경정이 있는 경우는 그 후의 과세표준과 세액)을 경정하여 줄 것을 청구할 수 있도록 규정하고, 제2항에서는 과세표준신고서를 법정신고기한 내에 제출하였던 자 또는 과세표준과 세액의 결정을 받은 자는 과세표준과 세액이 줄어드는 후발적 사유가 발생하였을 때 이를 경정하여 줄 것을 청구할 수 있도록 규정하고 있다. 전자를 통상의 경정청구라고 하고 후자를 후발적 경정청구라고 한다.

이러한 제도는 과세관청에 부여하고 있는 부과제척기간 내의 증액경정결정권과 균형을 맞추기 위한 것으로 보고 있다. 즉, 과세관청은 납세자의 신고내용에 부족함이 있다고 판단되면 부과제척기간 내에서는 횟수제한 없이 증액경정처분을 할 수 있는 권한을 가지고 있으므로 이에 대응하여 납세자도 자신의 신고내용에 과다함이 있을 경우 그에 대한 경정청구권을 부여하는 것이 공평하다는 것이다. 정확히 공평을 유지하기 위해서는 부과제척기간과 경정청구기간을 같게 해야 하겠지만 입법자는 과세관청의 입장에 기울어 경정청구기간을 부과제척기간보다 짧게 정하고 있다. 이 때문에 위헌시비가 있었고 그래서 입법자는 수차례 법 개정을 통하여 경정청구기간을 당초의 1년에서 점차적으로 늘려 지금은 5년으로 규정하고 있다.

여기서 신고서에 기재된 과세표준 및 세액이 과다하다는 것이 중대하고도 명백한 경우라면 경정청구에 의하여 구제받을 것 없이 바로 부당이득반환청구에 의하여 구제받을 수 있다. 과세처분의 하자가 당연무효인 경우 제소기간이나 전심절차의 제한 없이 당연무효 확인을 구할 수 있는 것과 같은 논리이다. 그래서 비록 경정청구기간이 도과하였다고 하더라도 그 신고행위의 하자가 중대하고도 명백한 경우에 해당한다면 국가를 상대로 부당이득반환청구 소송을 제기해보는 것이 좋다. 납세자의 신고행위가 당연무효라는 이유로 부당이득반환청구를 받아들인 사례로는 대법원 2018. 10. 25. 선고 2015다215243 판결 등이 있다.

한편, 국세기본법 제45조의2 제1항은 문언에서 '과세표준 또는 세액'이라고 규정하지 않고, '과세표준 및 세액'이라고 규정하고 있어 과세표준과 세액이 동시에 과다하게 계상되었을 경우에만 경정청구를 할 수 있는 것처럼 해석될 여지가 없지 않다. 그러나 과세표준의 계상은 정당한데 세율을 잘못 적용하였다든지, 감면세액이 잘못 적용되는 등으로 세액만 과다계상된 경우가 많고 이러한 경우를 경정청구의 대상에서 굳이 배제할 이유도 없고, 배제할 경우 구제책도 없으므로, 세액만의 경정청구도 인정하는 것이 옳다. 일본 국세통칙법 제23조 제1항은 우리와 달리 그 대상으로 '과세표준 등 또는 세액 등'이라고 규정하고 있다. 입법기술상으로는 국세기본법도 일본 국세통칙법처럼 고치는 것이 바람직하다고 본다.

경정청구제도는 국세기본법 제45조가 규정하는 수정신고제도와 대비된다. 수정신고제도는 경정청구제도와 반대로 과세표준신고서를 법정신고기한 내에 제출하였던 자는 그 신고서에 기재된 과세표준 및 세액이 실제보다 과소하거나 그 신고서에 기재된 결손금액 또는 환급세액이 실제보다 과다한 경우에는 자진하여 당초 신고한 내용을 증액하는 신고를 하는 것이다. 수정신고를 하면 국세기본법 제48조 제2항에 의하여 가산세를 경감받게 된다. 국세기본법 제45조의2 제1항의 문언상 수정신고도 경정청구 대상이 됨에는 의문이 없다.

경정청구제도와 관련하여 조세쟁송에서는 납세자의 경정청구에 대하여 과세관청이 이를 거부하였을 때 이를 거부처분으로 보아 그 취소를 구하는 방법으로 진행된다. 우리나라에서는 아직까지 행정소송에서 이행소송을 인정하고 있지 않기 때문에 과세관청을 상대로 경정할 것을 구하는 행정소송을 제기할 수는 없다. 통상 납세자가 신고에 의하여 세액 등을 확정시킨 경우에 그 신고행위는 과세관청의 처분이 아니어서 쟁송의 불복대상이 될 수 없으므로 세액 등의 변경·시정을 위해서는 먼저 경정청구를 하고, 이에 대하여 경정청구의 이유가 없다고 하는 과세관청의 처분이 있는 경우에 그 처분에 대하여 불복이 있으면 행정쟁송을 하게 된다.

통상적 경정청구에서는 경정청구의 기간이 자주 문제가 되고, 후발적 경정청구에서는 납세자가 주장하는 사유가 법에서 열거하고 있는 후발적 경정청구사유로 볼 수 있는지 여부가 자주 문제가 된다.

2. 경정청구권자

가. 경정청구권자의 범위

국세기본법 제45조의2에 의하면, 경정청구의 내용은 최초신고 또는 수정신고한 과세표준 및 세액의 내용 또는 그에 관한 '결정'이나 '경정'이다. 여기서 '결정'이란 신고에 의하여 조세채무가 확정되지 아니하는 세목, 즉 부과과세방식의 국세에 관한 것이고, '경정'은 신고에 의하여 조세채무가 확정되는 세목, 즉 신고납세방식의 국세의 경우를 말한다고 이해되므로, 위에서 말한 과세표준신고서를 제출한 납세의무자에는 신고납세방식의 국세는 물론 부과과세방식의 국세에 대하여 과세표준신고서를 제출한 납세의무자도 포함된다.

위 규정의 문언을 자세히 살펴보면 통상의 경정청구와 후발적 경정청구는 그 주체의 범위가 상이함을 알 수 있다. 즉, 양자는 모두 당초 신고한 내용뿐만 아니라 과세관청의 결정, 경정도 그 대상으로 삼을 수 있다는 점에서는 공통되지만, 그 주체에 있어서는 통상의 경정청구는 과세표준신고서를 법정신고기한 내에 제출한 자 및 제45조의3 제1항에 따른 기한후과세표준신고서를 제출한 자에 한하여 청구할 수 있고, 후발적 경정청구는 과세표준신고서를 법정신고기한 내에 제출한 바가 없더라도 과세관청의 결정을 받은 자는 이를 청구할 수 있다. 왜냐하면, 국세기본법 제45조의2 제1항은 그 문언상 주어가 '과세표준신고서를 법정신고기한까지 제출한 자 및 제45조의3 제1항에 따른 기한후과세표준신고서를 제출한 자'로 되어 있고, 제2항은 그 문언상 주어가 '과세표준신고서를 법정신고기한까지 제출한 자 또는 국세의 과세표준 및 세액의 결정을 받은 자'로 되어 있기 때문이다. 이는 입법자의 정책적 결단이라고 할 수 있는데 그 이유를 추론해 보면 전자는 그 청구사유의 제한이 없고 청구기한도 상당히 장기간이어서 그 주체의 측면에서 제한을 가할 필요가 있지만, 후자는 청구사유도 제한적이고 청구기간도 짧아 굳이 그 주체의 측면에서 다시 제한을 가할 필요가 없기 때문이 아닌가 생각된다.

나. 원천징수에 관한 경정청구권자

(1) 개요

국세기본법 제45조의2 제1항에 의하면 경정청구권은 법정신고기한까지 과세표준신고서를 제출한 자에 한하여 인정된다. 따라서 위 규정에 의하면 과세표준신고서를 제출하지 않는 원천징수의무자나 원천납세의무자는 경정청구권이 없게 된다. 그러나 이들에게도 경정청구권을 통하여 권리구제의 기회를 부여할 필요가 있다는 점에서는 과세표준신고서를 제출하는 자와 다를 바 없다.

그래서 국세기본법이 2003. 12. 30. 개정되면서 제45조의2 제4항이 신설되어 원천징수의무자와 원천납세의무자에게도 일정한 요건을 갖춘 경우 경정청구권을 인정하게 되었다. 즉, 일정한 원천징수 대상 소득에 관하여 원천징수의무자가 연말정산에 의하여 소득세를 납부하거나 원천징수한 소득세나 법인세를 납부하고 법정기한 내에 지급명세서를 제출한 경우에는 원천징수의무자와 원천납세의무자에게 경정청구권을 행사할 수 있도록 하였다. 지급명세서의 제출을 과세표준신고의 대용물로 볼 수 있다는 취지인데, 통상의 경정청구권자에게는 과세표준의 신고만을 요구할 뿐 납부까지 요구하고 있지는 아니하면서 여기서는 원천징수한 세액의 납부를 요구한다는 점에서 차이가 있다. 그리고 대법원 2017. 7. 11. 선고 2015두55134, 55141 판결은 지급명세서와 원천징수영수증에 기재된 소득자가 해당 소득의 형식적 귀속자라고 하더라도 위의 요건을 갖추었다면 경정청구권을 행사할 수 있다고 판시하였다. 소득의 실질적인 귀속 여부는 실체적 심리를 거쳐서 비로소 판명되는 것이므로, 지급명세서와 원천징수영수증에 기재된 소득자가 해당 소득의 실질귀속자임을 전제로 경정청구를 하는 이상 그 청구를 허용할 필요가 있다는 취지에서이다.

국세기본법은 분리과세대상소득에 대하여는 경정청구권을 인정하지 않고 있었는데 이는 입법자의 선택이지만 합리적인 이유가 없고 그래서 이들에 대하여는 조리상의 경정청구권을 인정해야 한다는 비판이 제기되고 있었다. 이를 반영하여 국세기본법 제45조의2가 2019. 12. 31. 개정되면서 분리과세대상소득이 있는 자도 경정청구권을 가지게 되었다. 바람직한 개정이다.

(2) 소득처분에 따른 원천징수의 경정청구권자

소득처분에 의하여 일정한 소득의 지급이 의제되어 원천징수의무가 발생하고 그에 따라 원천징수를 하여 납부한 경우에도 일반적인 원천징수의무자의 경우와 마찬가지로 경정청구권을 인정할 수 있는지 여부에 관하여 논란이 있었다. 소득처분의 경우 실제로 소득이 지급되었다기보다는 그 지급이 의제되는 성격이 강하며 소득처분에 따른 소득금액변동통지를 처분으로 보아 이를 다툼으로써 권리구제가 가능하므로 굳이 경정청구권을 인정할 필요가 없다는 부정설이 있었다.

이에 대하여 대법원 2011. 11. 24. 선고 2009두23587 판결은 긍정설의 입장을 취하였다. 연말정산이 있은 후에 법인세법에 의하여 상여로 처분된 금액에 대하여 소득금액변동통지를 받은 법인은 그에 따른 소득세를 원천징수하여 소득금액변동통지서를 받은 날의 다음 달 10일까지 납부하여야 하는데 이를 위해서는 다시 연말정산을 하여야 하고 그 지급조서도 제출하여야 하는 점, 이러한 연말정산과 지급조서 제출도 소득세법에서 정한 연말정산이나 지급조서 제출의 범위에 포함된다고 보는 것이 타당한 점 등을 종합하여 보면, 연말정산이 있은 후에 상여로 처분된 금액에 대하여 소득금액변동통지를 받은 법인이 납부기한 내에 다시 연말정산을 거쳐 그에 따른 소득세를 원천징수하여 납부하고 지급조서를 제출한 경우 경정청구권이 인정된다고 판시하였다.

위 판결의 사안은 원천징수의무자에 관한 것이지만 원천납세의무자에게도 당연히 원용된다고 할 것이다. 이 경우 경정청구기간은 소득금액변동통지에 따른 소득세 납부기한 (소득금액변동통지서를 받은 날이 속하는 달의 다음 달 10일) 다음 날부터 기산된다고 판시하였다. 소득금액변동통지에 대하여 다툴 수 있다는 이유로 경정청구권을 부정할 필요가 없다고 한 점에서 납세자의 권리구제의 기회를 넓힌 의미있는 판결이라고 하겠다.

한편, 원천납세의무자는 나중에 보는 대법원 2016. 7. 14. 선고 2014두45246 판결에서 밝힌 바와 같이 종합소득 과세표준 확정신고기한이 경과한 후에 소득처분에 의하여 소득금액에 변동이 발생하여 소득세법 시행령 제134조 제1항에 따라 과세표준 및 세액을 추가신고·자진납부한 경우 국세기본법 제45조의2 제1항 제1호에 의한 경정청구권이 인정된다. 따라서 소득처분이 있을 경우 원천납세의무자는 제45조의2 제1항과 제4항의 경정청구권이 모두 인정될 수 있다.

다. 경정청구권 대위행사 가부

국세기본법 제45조의2 제1항에 의하여 경정청구권을 가지는 자의 채권자나 경정청구권자가 가지는 국세환급금 채권을 전부받은 자 등의 제3자가 직접 또는 경정청구권자를 대위하여 경정청구를 할 수 있는지가 문제된다. 이에 대하여 대법원 2014. 12. 11. 선고 2012두27183 판결은 다음과 같이 판시하였다. 국세기본법 제45조의2 제1항이 '과세표준 신고서를 법정신고기한까지 제출한 자'만 경정청구를 신청할 수 있다고 명시적으로 규정하고 있는 점, 국세환급금반환채권을 전부받은 전부채권자는 금전채권자로서의 지위를 승계받았을 뿐 채무자가 가지는 '과세표준신고서를 법정신고기한까지 제출한 자'의 지위까지 승계받은 것이 아닌 점, 피전부채권인 장래의 국세환급금반환채권은 과세관청의 증액경정에 의하여 소멸될 수도 있는 점 등에 비추어 보면, 국세기본법 제45조의2 제1항이 정한 경정청구권은 납세의무자만 행사할 수 있고 전부채권자가 직접 그 경정청구권을 행사할 수는 없다는 것이다. 그리고 경정청구권의 성질 등에 비추어 볼 때, 납세의무자에 대하여 금전채권만 가지고 있는 자는 특별한 사정이 없는 한 납세의무자의 경정청구권을 대위하여 행사할 수도 없다고 보아야 한다는 것이다. 그래서 경정청구권자에 대한 공사대금 등의 채권자로서 경정청구권자의 부가가치세 환급금반환채권을 전부받은 자는 직접 또는 경정청구권자를 대위하여 경정청구권을 행사할 수 없다고 판시하였다.

위 판결의 입장은 기본적으로 국세기본법 제45조의2가 정하는 경정청구권은 일신전속적 권리의 성격을 지니는 것으로 보고 있는 듯하다. 일신전속적 권리는 타인에게 양도될 수 없고, 오로지 본래 권리자의 의사에 따라 그 행사 여부가 정해져야 하므로 제3자가 이를 직접 또는 대신 행사할 수 없다고 보기 때문이다. 그러나 공법상의 권리도 채권자대위권의 객체가 될 수 있다는 데 별 이론이 없고, 특히 등기신청권에 관하여는 부동산등기법 제28조에서 명문의 규정을 두고 있으므로 위 경정청구권도 공법상의 권리로서 채권자대위권의 객체가 된다고 해석하는 것이 불가능하지 않아 보인다. 그럼에도 대법원이 위와 같은 입장을 취한 것은 국세기본법 제45조의2가 정하는 경정청구권은 납세자의 지위에 있는 자가 납세의무를 이행함에 있어서 불이익을 입었을 때 일정한 요건을 갖춘 경우에 한하여 이를 구제하기 위한 수단으로서 제한적으로 특별히 인정하는 공법상의 권리이므로 납세자가 아닌 자로 하여금 이를 행사하게 하는 것은 위 규정의 취지에 맞지 않다고 보기 때문으로 이해된다. 이러한 취지는 위 판시에서 국세환급금반환채권을 전부받은 전부채권자는 금전채권자로서의 지위를 승계받았을 뿐 채무자가 가지는 '과세표준신고서를 법정신고기한까지 제출한 자'의 지위까지 승계받은 것이 아닌 점을 논거로 든 데서도 나타나고 있다. 위와 같은 논거에 비추어 볼 때 전부채권자 등 제3자가 직접 경정청구권을 행사할 수 없다고 본 대법원의 입장은 수긍할 수 있다.

그러나 경정청구권이 채권자대위권의 대상도 될 수 없다고 판시한 부분은 선뜻 수긍하기 어렵다. 위 판결에서 이 부분에 관하여는 이렇다 할 논거도 없이 그냥 경정청구권의 성질 등에 비추어 그렇게 보아야 한다고만 설시하고 있다. 여기에다가 다시 '특별한 사정이 없는 한'이라는 유보적인 문구를 덧붙임으로써 경우에 따라서는 채권자대위권이 인정될 수도 있다는 여지를 남겨두고 있다. 상당히 불완전한 판시이다. 경정청구권자가 경정청구권을 행사함으로써 납세의무를 경감받거나 면제받으면 그로 인하여 자력이 그만큼

회복되는 것이고 따라서 경정청구권자의 채권자로서는 채무자의 책임재산이 증가될 수 있으므로 채권자대위권의 객체가 된다고 하는 것이 채권자대위권의 취지에 부합한다. 그리고 경정청구권은 단지 납세자의 납세의무 즉 국가에 대한 재산상의 채무를 감면해달라는 청구이므로 일신전속적 권리로 볼 필요도 없다. 나아가 경정청구권의 대위행사를 인정한다고 해서 과세관청이 특별히 불편할 것도 없다. 대법원이 위 판시에서 '특별한 사정이 없는 한'이라는 문구를 사용하였으므로 거기서의 '특별한 사정'을 폭넓게 해석하여 채권자대위권의 허용범위를 넓혀주는 것이 바람직하다고 하겠다.

3. 통상의 경정청구

가. 경정청구의 대상

당초 신고나 결정 후에 증액 결정 또는 경정이 있는 경우 당초 신고나 결정은 증액경정처분에 흡수됨으로써 독립한 존재가치를 잃고, 당초 신고나 결정에 대한 불복기간의 경과 여부 등에 관계 없이 증액경정처분만이 항고소송의 대상이 된다고 함은 확립된 판례이다.[67] 증액 결정 또는 경정이 아니고 당초 신고에 대하여 그 세액 그대로 결정하는 경우에도 당초 신고는 결정에 흡수되어 독립된 존재가치를 잃으므로 항고소송의 대상으로 삼을 수 없다고 보아야 함에도 별 이견이 없다. 이러한 경우는 상속세와 같이 부과주의 과세방식에서만 발생하는데 상속세는 신고주의 과세방식과 달리 신고의무는 있지만 신고 자체로는 세액이 확정되지 않고 부과결정에 의하여 세액이 확정되기 때문이다.

여기서 납세자의 당초 신고 후 과세관청이 그 신고한 과세표준과 세액이 부족하다고 하여 증액경정처분을 하였을 때 이에 대하여 납세자가 통상의 경정청구를 하고자 할 경우 그 경정청구의 대상을 어떻게 볼 것인지가 문제된다. 당초 신고에 대하여 증액경정처분이 있으면 위에서 본 판례의 취지에 따라 당초 신고는 증액경정처분에 흡수되어 독립된 존재가치를 잃게 되므로 원칙적으로 증액경정처분만이 경정청구의 대상이 되고 당초 신고는 더 이상 경정청구의 대상이 될 수 없다고 보아야 한다. 그리고 당초 신고내용은 전부 증액경정처분 속에 포함되어 있고 그것이 경정청구의 대상이 되므로 증액경정처분을 놔두고 당초 신고내용에 관하여 경정청구를 구할 실익도 없다.

---

67) 대법원 2009. 5. 14. 선고 2006두17390 판결 등

나. 경정청구의 기간

(1) 관련 규정의 변천과 문제점

당초 신고와 그에 이은 증액경정결정이 있을 때 위와 같이 증액경정처분만이 경정청구의 대상이 된다는 것은 비교적 간명한 결론인데, 이것이 경정청구의 기한과 연결되면 국세기본법 제45조의2의 변천 과정과 관련하여 다소 복잡한 문제가 제기된다.

경정청구기한에 관한 국세기본법 제45조의2는 다음과 같은 변천을 겪었다. 2007. 12. 31. 개정되기 전에는 '법정신고기한 경과 후 3년 이내에 최초신고 및 수정신고한 국세의 과세표준 및 세액(각 세법의 규정에 의하여 결정 또는 경정이 있는 경우에는 당해 결정 또는 경정 후의 과세표준 및 세액을 말한다)의 결정 또는 경정을 관할 세무서장에게 청구할 수 있다'라고 규정하였다. 다음으로 2007. 12. 31. 개정되면서 '최초신고 및 수정신고한 국세의 과세표준 및 세액(각 세법에 따른 결정 또는 경정이 있는 경우에는 당해 결정 또는 경정 후의 과세표준 및 세액을 말한다)의 결정 또는 경정을 법정신고기한 경과 후 3년(각 세법에 따른 결정 또는 경정이 있는 경우에는 이의신청·심사청구 또는 심판청구 기간을 말한다) 이내에 관할 세무서장에게 청구할 수 있다'라고 규정하였다. 다시 2010. 12. 27. 개정되면서 '최초신고 및 수정신고한 국세의 과세표준 및 세액의 결정 또는 경정을 법정신고기한이 지난 후 3년(현행은 5년) 이내에 관할 세무서장에게 청구할 수 있다. 다만, 결정 또는 경정으로 인하여 증가된 과세표준 및 세액에 대하여는 해당 처분이 있음을 안 날(처분의 통지를 받은 때에는 그 받은 날)부터 90일(현행은 3개월) 이내(법정신고기한이 지난 후 5년 이내에 한한다)에 경정을 청구할 수 있다'라고 규정하였다.

2007. 12. 31. 개정되기 전의 규정과 그 후의 규정을 비교해 보면, 전자는 납세자의 신고든 과세관청의 결정·경정이든 모두 경정청구의 대상으로 삼을 수 있을뿐더러 그 청구기간도 3년으로 통일되어 있었는데, 후자는 결정·경정의 경우는 경정청구기간을 이의신청·심사청구 또는 심판청구 기간으로 제한하였다는 점에서 차이가 있다. 이와 같이 개정된 데는 과세관청의 결정 또는 경정에 대하여 곧바로 취소를 구할 경우에는 필요적 전치주의에 의하여 이의신청·심사청구 또는 심판청구 기간을 준수하여야 하는데 반하여, 그에 대하여 경정청구를 하는 경우에는 그 청구기간을 3년까지 부여하게 되면 양자는 실질적으로 과세관청의 결정 또는 경정에 대하여 불복한다는 점에서 동일함에도 그 불복의 기간이 달라지게 되어 형평에 문제가 생기게 되고, 전자의 제도가 사문화될 우려도 있다는 문제의식이 작용한 것으로 볼 수 있다.

그런데 2007. 12. 31. 개정 후의 규정에는 또 다른 문제가 내포되어 있었다. 당초 신고에 대하여 증액경정처분이 있으면 증액경정처분만이 경정청구의 대상이 되고 그 기간도

이의신청·심사청구 또는 심판청구 기간인 90일로 제한되다 보니 납세자로서는 증액경정처분 때문에 경정청구기간이 당초 3년으로부터 90일로 현저히 단축되는 불이익을 입게 되었다. 극단적인 예를 들자면, 납세자가 2015. 5. 31. 종합소득세액을 1억 원으로 하여 신고를 마쳤는데 과세관청이 100만 원이 부족하다고 보아 2015. 8. 1. 종합소득세액을 1억 100만 원으로 증액하는 경정을 하였다고 했을 때 납세자는 증액경정처분을 받기 전까지는 1억 원의 신고세액에 대하여 3년간 경정청구를 할 수 있었는데 고작 100만 원의 증액경정처분이 있었다는 이유로 100만 원뿐만 아니라 1억 원에 대하여도 경정청구기간이 3년에서 90일로 줄어든다는 것은 납세자로서는 납득하기 어려운 불이익이라고 할 수 있다. 그래서 다시 2010. 12. 27. 개정되면서 당초 신고에 대하여 증액경정이 있을 경우 전체 세액이 아니라 증액경정으로 증가된 차액에 대하여만 경정청구기간을 90일로 단축하고, 당초 신고한 세액에 대한 경정청구는 원래대로 3년(현행은 5년)을 보장하도록 한 것이다.

(2) 과도기적 규정(2010. 12. 27. 개정 전)의 해석·적용

앞서 보았듯이 국세기본법 제45조의2 제1항이 2010. 12. 27. 개정되면서 그동안의 문제점들이 거의 해소되었지만 그 전의 과도기적 규정인 2010. 12. 27. 개정 전 규정에서는 이를 문언대로 해석할 경우 납세자에게 현저히 불리한 결과가 초래될 수 있는 문제점을 안고 있어 그 규정을 문언대로 해석할 것인지 아니면 개정취지 등을 고려하여 합목적적으로 달리 해석할 것인지가 논란이 되었었다.

경정청구기간을 얼마나 부여할 것인지는 입법자의 재량에 속한다고 할 것이므로 다소간 납세자에게 불이익한 면이 있더라도 그 규정이 개정되기 전까지는 그 문언대로 엄격하게 해석하는 것이 조세법률주의의 취지에 부합한다고 할 수 있다. 그러나 2010. 12. 27. 개정 전 규정을 그 문언대로 해석하지 말고 2010. 12. 27. 개정 경위와 입법 취지 등을 고려하여 위 개정 전 규정을 2010. 12. 27. 개정 후 규정과 같이 해석하자는 반론이 있었다. 이러한 입장은 조세법규의 엄격해석 원칙에는 반하는 측면이 있지만, 납세자의 절차적 권리를 보호할 수 있고, 2010. 12. 27. 개정작업은 그 전 규정의 문제점에 대한 반성적 고려에서 이루어졌다고 볼 수 있으므로 이러한 입법 취지를 살릴 수 있고, 그와 같은 해석이 문언상 도저히 불가능하다고 볼 수도 없다는 견지에 기초하고 있다.

앞서 합목적적 해석론에서 살펴본 바와 같이, 대법원 2014. 6. 26. 선고 2012두12822 판결은 이러한 반론을 채택하여 개정 전 규정에 의하여 경정청구기간이 이의신청 등 기간으로 제한되는 '세법에 따른 결정 또는 경정이 있는 경우'란 과세관청의 결정 또는 경정으로 인하여 증가된 과세표준 및 세액 부분만을 뜻한다고 판시하였다.

　대법원은 그 논거를 장황하게 제시하고 있는데, 이는 위와 같은 해석이 법문언에 반한다는 점에 대한 문제의식이 있었기 때문으로 보인다. 납세자의 입장에서는 환영할 만한 판결이지만 과세관청의 입장에서는 법문언에 반하는 해석으로서 불만이 있을 수밖에 없다. 그리고 무엇보다도 대법원의 위와 같은 입장은 그동안 대법원이 납세자의 신고와 그 후의 증액경정처분의 관계에 대하여 취하여 온 흡수소멸설의 입장과 어울리지 않는다는 단점이 있다. 납세자의 신고가 증액경정처분에 흡수되어 소멸되고 증액경정처분만이 쟁송의 대상으로 남게 된다고 하면서도 경정청구에 있어서 증액경정처분을 다시 둘로 쪼개어 그중 당초 신고분에 해당하는 부분은 3년간 경정청구를 할 수 있고, 증액경정처분에 의하여 증액된 차액부분에 대하여는 이의신청 등의 기간 경정청구를 할 수 있다고 하는 것은 어울리지 않는다. 이러한 입장은 종래 과세관청이 취해오던 병존설의 입장에 더 부합한다고 할 수 있다. 대법원이 취한 흡수소멸설이 병존설 등 대립적인 다른 학설에 비하여 추상적인 법리의 면에서는 간명하고 우수하다고 할 수 있지만 결국 경정청구와 같은 실제적인 국면에서는 한계를 드러내었고 그래서 대법원 스스로도 한 발짝 물러난 것이라고 할 수 있겠다.

(3) 신고와 처분에 대한 경정청구기간의 구별

　국세기본법 제45조의2에서 신고에 대한 경정청구기간은 5년으로 길게 정하면서도 처분에 대한 경정청구기간은 90일로 짧게 제한한 것은 처분에 대한 항고소송의 제기기간을 90일로 제한한 것과의 형평성을 고려한 것이다.

　그런데 최근에는 처분에 대한 경정청구임에도 형평성을 이유로 그 경정청구기간을 오히려 5년으로 길게 인정해주어야 한다는 판례가 나와서 주목을 받고 있다. 일종의 합목적적 해석의 사례에 속하는데 대법원 2018. 6. 15. 선고 2017두73068 판결이다.

　종합부동산세법은 원칙적으로 관할 세무서장이 납부하여야 할 종합부동산세의 세액을 결정하여 당해연도 12월 1일부터 12월 15일까지 부과·징수하는 부과과세방식을 택하면서도, 납세의무자가 신고납부방식으로 종합부동산세를 납부하고자 하는 경우 종합부동산세의 과세표준과 세액을 당해연도 12월 1일부터 12월 15일까지 관할 세무서장에게 신고하면 종전의 부과처분은 없었던 것으로 보는 선택적 신고납부방식을 허용하고 있다. 그래서 부과과세방식에 따를 경우 종합부동산세법 제8조 제3항은 과세관청이 납세의무자가 보유한 주택 중 종합부동산세의 과세표준 합산대상에 포함되지 않는 주택을 파악하여 정당한 세액의 종합부동산세를 부과할 수 있도록 합산배제 대상주택을 보유한 납세의무자에게 당해연도 9월 16일부터 9월 30일까지 납세지 관할 세무서장에게 당해 주택의 보유현황을 신고할 의무를 부과하고 있다.

이와 같이 합산배제대상 주택을 신고한 자가 그에 따른 종합부동산세 부과처분에 대한 경정청구를 할 때에 그 기간을 5년으로 볼 것인지 아니면 90일로 볼 것인지가 다투어졌다. 이에 대하여 대법원은 다음과 같이 판시하였다. 납세의무자의 합산배제신고는 과세관청이 정당한 세액의 종합부동산세를 부과하기 위하여 반드시 필요한 것으로서, 그 신고서 제출이 이루어지면 과세관청은 그 신고의 내용을 반영하여 비로소 정당한 종합부동산세 과세표준과 세액을 산출할 수 있게 되며, 이에 따라 부과된 종합부동산세에 이의가 없는 경우 납세의무자는 이를 그대로 납부하는 것이고, 단지 그 선택에 따라 합산배제신고를 하지 않고 있다가 신고납부방식으로 종합부동산세를 납부할 수도 있는 것이며, 이렇듯 종합부동산세의 경우 납세의무자가 합산배제신고를 하게 되면, 과세관청이 특별한 사정이 없는 한 이러한 신고의 내용과 시장 등으로부터 제공받은 과세자료 등을 토대로 납부하여야 할 세액을 그대로 산정할 수 있게 된다고 하면서, 이러한 종합부동산세법의 제정 및 개정 경위, 종합부동산세 관련 규정의 체계 및 내용에 비추어 보면, 과세관청이 정당한 세액을 특정할 수 있도록 법정신고기한까지 합산배제신고서를 제출한 납세의무자는 합산배제신고를 하지 않고 종합부동산세가 부과된 이후 합산배제 대상주택을 반영하여 종합부동산세를 신고납부한 납세의무자와 마찬가지로 구 국세기본법 제45조의2 제1항 본문에 따른 통상의 경정청구를 할 수 있다고 봄이 타당하다고 판시하였다.

이 판결에서는, 납세의무자가 한 경정청구는 엄연히 부과처분에 대한 경정청구임에도 그 부과처분에 중요한 역할을 하는 합산배제신고를 납세자가 하였다는 사정을 중요시하여 그것이 합산배제신고를 하지 않고 신고납부방식을 선택한 경우의 신고와 같은 대접을 받아야 한다고 보고 있다. 그래서 신고납부방식을 선택한 자와의 형평상 5년의 경정청구기간을 보장해 주어야 한다는 것이다. 형평성을 고려한 합목적적 해석의 일환으로서 납세자의 경정청구권을 넓혀주었다는 점에서 바람직한 판결이라고 할 수 있다. 하지만 그렇다고 해서 그 부과처분에 대한 항고소송에 있어서도 경정청구와의 형평상 항고소송의 제기기간을 90일이 아닌 5년으로 연장해줄 수는 없을 것이므로 모든 경우와의 형평성을 만족해주기는 어렵다고 하겠다. 어느 하나와의 형평을 취하다 보면 다른 하나와의 형평이 깨어지기 십상인 것이다.

다. 경정청구기간 도과의 효과

국세기본법 제45조의2 제1항과 제2항에서는 경정청구기간을 정하고 있고, 제3항은 제

1항과 제2항에 따라 경정청구를 받은 세무서장은 그 청구를 받은 날부터 2개월 이내에 경정하거나 경정할 이유가 없다는 뜻을 그 청구를 한 자에게 통지하여야 한다고 규정하고 있다. 위 규정을 종합하면, 경정청구기간이 도과한 후에 경정청구를 하였을 경우 과세관청은 이에 대한 답을 할 의무가 없다. 그럼에도 과세관청이 그 경정청구를 거부하는 의사표시를 하였을 때 거부처분이 있었던 것으로 보아 항고소송으로 그 거부처분의 취소를 구할 수 있는지가 문제된다.

이에 대하여 대법원 2015. 3. 12. 선고 2014두44830 판결은 다음과 같이 판시하였다. 경정청구기간이 도과한 후에 제기된 경정청구는 부적법하여 과세관청이 과세표준 및 세액을 결정 또는 경정하거나 거부처분을 할 의무가 없으므로, 과세관청이 경정을 거절하였다고 하더라도 이를 항고소송의 대상이 되는 거부처분으로 볼 수 없다는 것이다. 따라서 이러한 경우에는 항고소송을 제기하더라도 경정청구 내용의 당부에 관한 실체 판단에 들어가지 않고 곧바로 소 각하 판결을 받게 될 것이다. 그리고 경정청구에 대하여 과세관청이 경정청구기간이 도과되었다는 이유로 거절의 의사표시를 하였고 경정청구기간의 도과 여부를 다투기 위하여 경정청구거부처분의 취소를 구하는 항고소송을 제기하였다고 하더라도, 결국 경정청구기간 도과 여부는 경정청구를 위한 절차적 요건에 관한 쟁점이기 때문에 그에 관한 원고의 주장이 받아들여지지 않을 경우 국세기본법 제45조의2 제3항에 의하여 과세관청은 그에 관한 답변을 할 의무가 없기는 마찬가지이므로 역시 그 기부행위를 항고소송의 대상이 되는 기부치분으로 볼 수 없어 원고청구 기각 판결이 아니라 소 각하 판결을 해야 할 것으로 보인다. 대법원 2014. 12. 11. 선고 2012두27183 판결도 같은 취지로 이해된다.

라. 결손금 증액의 경정청구

국세기본법 제45조의2 제1항 제2호는 과세표준신고서에 기재된 결손금액 또는 환급세액(각 세법에 따라 결정 또는 경정이 있는 경우에는 해당 결정 또는 경정 후의 결손금액 또는 환급세액을 말한다)이 세법에 따라 신고하여야 할 결손금액 또는 환급세액에 미치지 못할 때 경정청구를 할 수 있다고 규정하고 있다. 여기서의 결손금에는 해당 사업연도에 발생한 결손금뿐만 아니라 그 전 사업연도에 발생하여 이월되어 온 결손금도 포함된다고 보아야 한다. 그리고 위 규정은 납세자가 신고한 결손금액뿐만 아니라 과세관청의 결정 또는 경정 후의 결손금액도 포함하고 있는데, 실무상 과세관청은 양(+)의 과세표준이 산출되지 않는 한 결손금 자체를 줄이기 위한 결정 또는 경정을 하는 경우는 드물 것이므로 여기서의 과세관청의 결정 또는 결정이란 이월결손금으로 공제할 수 있는 사업연도의 양(+)의 과세표준을 증액하는 결정 또는 경정을 말하고, 결정 또는 경정 후의 결손금액이란 그 양(+)의 과세표준과 상계되고 남은 이월결손금을 말한다고 하겠다.

이러한 경정청구는 어떤 사업연도에 발생한 결손금은 그 후 10년(2009. 1. 1. 이전 사업연도의 경우는 5년이었다) 이내의 사업연도에 발생하는 과세표준에서 공제할 수 있기 때문에 그 결손금의 신고가 잘못된 경우 이를 바로 잡기 위한 것이다. 통상 결손금이 발생한 사업연도의 익금을 과다하게 계상하거나 그 손금을 과소하게 계상함으로써 결손금이 과소하게 신고되는 경우가 그 대상이 되겠지만, 실제 조세쟁송에서는 이보다 복잡한 양상을 띠는 경우가 있다. 예로서, 대법원 2012. 11. 29. 선고 2012두16121 판결의 사안을 들 수 있는데, 여기서는 납세자가 2006 사업연도에 자산수증익 3억 원과 채무면제익 7억 원이 발생하였는데 이는 이월결손금의 보전에 충당함으로써 그 사업연도에 익금으로 산입하지 않을 수 있음에도 그러하지 아니하고 납세자가 이를 모두 익금산입함으로써 그 사업연도의 결손금이 10억 원 만큼 과소하게 신고되었다는 이유로 경정청구기한 3년이 종료될 무렵인 2010. 3. 31.에 와서야 그 결손금의 증액경정청구를 하였다. 이는 아마도 2009 사업연도 이후의 과세표준에서 공제받을 이월결손금의 액수를 증액할 목적에서 비롯된 것으로 보인다. 만약 이 사안에서 경정청구에 의하여 2006 사업연도의 결손금을 10억 원 증액하지 않고 그대로 두면 2006 사업연도 이전에 발생한 이월결손금이 그만큼 늘어나겠지만 이들은 이월결손금 공제기한이 도과되어 2009 사업연도 이후의 과세표준에서 공제받지 못할 수도 있기 때문에 이와 같은 경정청구의 실익이 있는 것이다. 이 사안에서, 대법원은 원고가 2006 사업연도 법인세 신고 당시 2006 사업연도에 발생한 자산수증이익 등을 이월결손금의 보전에 충당한다는 주장을 하지 아니하였다고 하더라도 원고는 위 금액을 1999 사업연도부터 2001 사업연도에 발생한 이월결손금 중 위 금액에 해당하는 이월결손금의 보전에 충당할 수 있다고 할 것인데, 이와 같은 충당을 전제로 할 경우 원고의 2006 사업연도 과세표준신고서에 기재된 결손금액은 세법에 의하여 신고하여야 할 객관적으로 정당한 결손금액에 미달하는 때에 해당하게 된다고 봄이 타당하고, 원고의 경정청구를 거부할 수 없다고 판시하였다.

그리고 과세관청이 납세자가 신고한 결손금을 직접 감액하는 내용의 처분을 하지 않는 이상 그 결손금이 과소하게 산정되었다고 하더라도 결손금 증액경정청구를 통한 거부처분의 취소를 구해야 하고, 과세관청을 상대로 직접 결손금을 증액할 것을 청구하는 소송을 제기할 수 없다. 이러한 소송은 행정소송법이 아직까지 허용하고 있지 않은 이행소송으로 볼 여지도 있는 데다가 국세기본법이 이와 같은 유형의 소송을 예정하고 있지는 않기 때문이다.

마. 경정거부처분 취소소송에서의 주장사유와 입증책임

납세자가 경정청구 당시에 경정청구사유로 주장하지 아니하였던 것을 경정청구거부처분 취소소송에서 주장할 수 있는지에 관하여 다툼이 있을 수 있다. 과세관청으로서는 경정청구거부처분을 할 때 예상하지 못했던 새로운 사유가 거부처분 취소소송에서 등장할 경우 이에 대응하기 어려울 수 있기 때문이다.

이에 대하여 대법원 2004. 8. 16. 선고 2002두9261 판결은 거부처분 취소소송에서의 심판대상은 과세표준신고서에 기재된 과세표준 및 세액의 객관적인 존부라 할 것이고, 그 과세표준 및 세액의 인정이 위법이라고 내세우는 개개의 위법사유는 자기의 청구가 정당하다고 주장하는 공격방어방법에 불과한 것이므로 감액경정청구를 함에 있어 개개의 위법사유에 대하여 모두 주장하여야 하는 것은 아니고, 감액경정청구 당시 주장하지 아니하였던 사항도 그 거부처분 취소소송에서 새로이 주장할 수 있다고 판시하였고, 대법원 2008. 12. 24. 선고 2006두13497 판결도 같은 취지의 판시를 하였다. 예를 들어 법인세 경정청구 당시에는 손금산입액의 일부가 과소하게 산정되었다는 점을 경정청구사유로 주장하다가 손금산입액의 산정에 잘못이 없다는 이유로 한 경정청구거부처분에 대하여 취소소송을 제기하면서 익금산입액이 과다하게 산정되었다는 점을 들어 경정청구거부처분이 위법하다고 주장할 수 있다. 이들 판결은 경정거부처분을 포함한 과세처분의 취소소송에서 그 소송물인 심판대상과 심리과정에서의 심판의 범위에 관하여 대립되고 있는 소위 총액주의와 쟁점주의 중 총액주의의 입장을 취한 것으로 이해할 수 있다.

그리고 일반적으로 세금부과처분 취소소송에 있어서 과세요건사실에 관한 입증책임은 과세권자에게 있다는 것이 확립된 법리인데, 감액경정청구에 대한 거부처분의 취소소송에서의 입증책임은 누구에게 있는지가 명확하지가 않다.

감액경정청구를 받은 과세관청으로서는 과세표준신고서에 기재된 과세표준 및 세액이 세법에 의하여 신고하여야 할 객관적으로 정당한 과세표준 및 세액을 초과하는지 여부에 대하여 조사·확인할 의무가 있으므로,[68] 통상의 과세처분 취소소송에서와 마찬가지로 감액경정청구에 대한 거부처분 취소소송 역시 그 거부처분의 실체적·절차적 위법사유를 취소원인으로 하는 것으로서 그 심판의 대상은 과세표준신고서에 기재된 과세표준 및 세액의 객관적인 존부라 할 것이고, 경정거부처분 취소소송에서 그 거부처분의 적법 여부는 과세표준신고서에 기재된 과세표준 및 세액이 정당한 과세표준 및 세액을 초과하느냐의 여부에 따라 판단되는 것이므로,[69] 감액경정청구거부처분 취소소송에서도

---

68) 대법원 2008. 12. 24. 선고 2006두13497 판결 등
69) 대법원 2008. 12. 24. 선고 2006두13497 판결

거부처분의 적법성에 관하여 원칙적으로 과세관청이 입증해야 한다고 보는 것이 옳다고 할 것이다.

그런데 부과처분이나 증액경정처분에 대한 경정청구와 같이 경정청구의 대상이 과세관청의 처분인 경우에는 경정청구거부사유에 대한 입증책임이 피고에게 있다고 보는데 무리가 없지만, 납세자의 신고에 대한 경정청구의 경우에는 경정청구의 대상이 과세관청의 처분이 아니라 납세자가 스스로 한 신고이고 그 신고가 잘못되었다는 것이 경정청구 사유이므로 피고가 이에 대하여 거부처분을 하였다고 하더라도 납세자에게 거부처분이 위법하다는 점에 대한 입증책임이 있다고 해석하는 것이 균형이 맞다고 할 수도 있다.[70]

바. 소득금액변동통지에 의한 소득세에 대한 경정청구

(1) 경정청구권의 근거

법인의 소득이 사외로 유출되어 임원이나 주주 등에게 귀속되었다고 보는 경우 상여처분이나 배당처분 등의 소득처분을 하고 그에 따라 소득금액변동통지를 하게 되는데, 그 결과 그 법인에게는 원천징수의무가 생기게 되고, 그 소득의 귀속자로 지정된 임원이나 주주 등은 그에 상응하는 종합소득세 납세의무를 부담하게 된다. 그 법적 근거는 소득세법 제17조 제1항 제4호가 배당소득의 하나로 '법인세법에 따라 배당으로 처분된 금액'을 들고 있고, 제20조 제1항 제3호가 근로소득의 하나로 '법인세법에 따라 상여로 처분된 금액'을 들고 있다는 데 두고 있다.

한편, 소득세법 시행령 제134조 제1항은 '종합소득과세표준 확정신고기한 경과 후에 법인세 과세표준을 신고하거나 경정함에 있어서 익금에 산입한 금액이 배당·상여 또는 기타소득으로 처분됨으로써 소득금액에 변동이 발생하여 종합소득과세표준 확정신고의무가 없었던 자 등이 소득세를 추가 납부하여야 하는 경우에 있어서 당해 법인이 소득금액변동통지서를 받은 날이 속하는 달의 다음다음 달 말일까지 추가신고·자진납부한 때에는 기한 내에 신고·납부한 것으로 본다'고 규정하고 있다. 이 규정은, 원래의 종합소득세 과세표준 확정신고기한 경과 후에 소득처분이 이루어져 소득금액에 변동이 생긴 경우에는 원래의 과세표준 확정신고기한 내에 그 변동된 소득금액에 대한 과세표준 및 세액을 신고·납부할 것을 요구하는 것이 현실적으로 불가능하므로, 그 과세표준 확정신고 및 납부기한을 소득금액변동통지서가 송달된 다음 달 말일까지로 유예하여 주기 위하여 마련된 것이다.

---

70) 최명근, 세법학총론, 세경사; 고은경, "조세법상 경정청구제도에 관한 연구", 중앙대학교

　이러한 경우의 종합소득세 신고·납부자도 그 신고내용이 과다하다고 판단될 경우 경정청구를 할 수 있는 기회를 부여하여야 할 터인데, 국세기본법 제45조의2의 문언을 보면 이러한 경우는 염두에 두고 있지 않은 것 같다. 하지만 위에서 본 바와 같이 소득세법 시행령 제134조 제1항이 '추가신고·자진납부를 한 경우에는 기한 내에 신고납부한 것으로 본다'고 규정하고 있는 이상, 위 규정에 의한 추가신고·자진납부를 한 자도 구 국세기본법 제45조의2 제1항 소정의 '과세표준신고서를 법정신고기한 내에 제출한 자'에 해당하여 경정청구를 할 수 있다고 해석해야 할 것이다.

(2) 경정청구기간의 기산일

　그렇다면 여기서 경정청구기간의 기산일을 언제로 볼 것인지가 문제된다. 왜냐하면 대법원 2006. 7. 13. 선고 2004두4604 판결과 대법원 2006. 7. 27. 선고 2004두9944 판결 등은 법인의 원천징수의무는 반드시 법인에 대한 소득금액변동통지가 있어야 성립하지만, 그 소득귀속자의 원천납세의무는 법인에 대한 소득금액변동통지가 송달되었는지 여부와 상관없이 소득처분이 있게 되면 당해 소득이 귀속된 과세기간, 즉 그 소득이 법인으로부터 유출된 때가 속하는 과세기간이 종료하는 때에 소급하여 성립한다고 판시해 왔기 때문에, 경정청구기간의 기산일을 '원래의 과세표준 확정신고기한 다음 날'로 보아야 하는지, 아니면 '추가신고·자진납부기한 다음 날'로 보아야 하는지에 관하여 견해가 대립될 수 있기 때문이다.

　이 점이 주요쟁점으로 다투어진 사건이 대법원 2011. 11. 24. 선고 2009두20274 판결이다. 위 사건의 제1심과 원심은 경정청구 기산일을 유출된 소득이 귀속된 연도의 소득세 과세표준 확정신고기한 다음 날로 보아야 한다는 입장을 취하였다. 그 논거는 국세기본법 제45조의2 제1항 소정의 '법정신고기한'은 소득세법 제70조, 제74조 등에서 정한 과세표준 확정신고기한을 의미한다고 보아야 하는데, 소득세법 시행령 제134조 제1항은 '추가신고·자진납부한 때에는 법 제70조 또는 법 제74조의 기한 내에 신고납부한 것으로 본다'라고만 하였지 '추가신고·자진납부기한'을 '법 제70조 또는 제74조의 기한으로 본다'라고까지 규정한 것은 아니라는 것이다.

　그러나 대법원 2011. 11. 24. 선고 2009두20274 판결은 다음과 같이 판시하였다. 소득세법 시행령 제134조 제1항의 입법 취지는 종합소득 과세표준 확정신고기한이 경과한 후에 소득처분에 의하여 소득금액에 변동이 발생한 경우에는 소득세법 제70조 등에서 정한 원래의 종합소득 과세표준 확정신고기한 내에 그 변동된 소득금액에 대한 과세표준 및 세액을 신고·납부하는 것이 불가능하므로 그 과세표준 및 세액의 확정신고 및 납부기한을 소득금액변동통지서를 받은 날이 속하는 달의 다음 달 말일까지 유예하여 주려는 데 있는 점, 따라서 위 규정에 의한 추가신고 자진납부기한도 국세기본법 제45조의2 제1항 제1호 소정의 '법정신고기한'에 포함된다고 볼 수 있는 점 등을 종합하여 보면, 종합소득 과세표준 확정신고기한이 경과한 후에 소득처분에 의하여 소득금액에 변동이 생겨 소득세법 시행령 제134조 제1항에 따라 과세표준 및 세액을 추가신고 · 자진납부한 경우 그에 대한 국세기본법 제45조의2 제1항 제1호 소정의 경정청구기간은 소득세법 시행령 제134조 제1항에서 정하는 추가신고 · 자진납부의 기한 다음 날부터 기산된다고 보아야 한다는 것이다.

위 사건의 제1심과 원심의 입장은 관련 규정의 문언에 충실한 해석으로 볼 여지는 있으나 원천납세의무자의 권리구제수단을 지나치게 제한하는 것이고 그렇게 해야 할 뚜렷한 명분도 없으며 소득세법 시행령 제134조 제1항의 입법 취지와도 부합하지 않는 측면이 있으므로 원천납세의무자의 권리구제수단을 넓히고자 하는 위 대법원 판결의 입장이 타당하다고 하겠다. 앞서 본 바와 같이 대법원 2011. 11. 24. 선고 2009두23587 판결은 연말정산 후 원천징수의무자에 대한 소득금액변동통지의 경우에도 같은 취지를 판시하였다.

(3) 경정청구의 범위

위에서 살펴본 바와 같이 소득금액변동통지와 관련하여 원천납세의무자가 경정청구를 하는 경우에 그 경정청구의 범위에 관하여 논란이 있다. 소득금액변동통지에 의한 소득세 납부의무에 있어서는 국가와 원천납세의무자 사이에 원천징수의무자가 개재되기 때문에 대법원 2006. 7. 13. 선고 2004두4604 판결 등이 밝힌 바와 같이 1차적으로 원천징수의무자에게 그 납세의무가 있고 2차적으로 원천납세의무자에게 납세의무가 있어 원천납세의무자가 소득금액변동통지에 따른 소득세를 납부하지 아니한 경우 경정청구의 범위에 제한을 받는지가 문제되는 것이다. 전부 또는 대부분의 소득세를 원천징수의무자가 납부하고 원천납세의무자는 원천징수의무자로부터 구상권행사를 당하는 입장에 있는 경우 국가와의 관계에서 그 소득세의 납세자는 원천징수의무자이며 원천납세의무자가 아니므로 부당하거나 부적법한 소득금액변동통지가 있더라도 원천납세의무자는 국가에 대하여 직접적으로 경정청구를 할 수 없고 원천징수의무자의 구상권행사에 대응함으로써 권리구제를 받을 수 있다는 입장이 가능하고 실제로 과세관청이 그와 같은 입장을 취한 바 있다.

이 점에 관하여 최근 대법원 2016. 7. 14. 선고 2014두45246 판결이 법리를 정리하였다.

위 판결은 종합소득 과세표준 확정신고기한이 경과한 후에 소득처분에 의하여 소득금액에 변동이 발생하여 소득세법 시행령 제134조 제1항에 따라 과세표준 및 세액을 추가신고·자진납부한 경우 그에 대한 국세기본법 제45조의2 제1항 제1호의 경정청구기간은 소득세법 시행령 제134조 제1항에 정한 추가신고·자진납부의 기한 다음 날부터 기산되는 점, 원천납세의무자가 소득세법 시행령 제134조 제1항에 따라 추가신고하는 대상은 소득금액변동통지서를 받은 법인이 원천징수세액을 납부하였는지와 관계 없이 소득처분에 의하여 소득금액이 변동됨에 따라 늘어나게 되는 종합소득 과세표준 및 세액 전부라고 할 것인 점, 국세기본법 제45조의2 제1항은 경정청구의 요건으로 해당 세액을 납부하였을 것을 요구하지 아니하는데 소득금액변동통지서를 받은 법인이 그에 따른 소득세를 원천징수하지 아니한 채 이미 납부하였다고 하여 원천납세의무자가 경정청구권을 행사할 수 있는 범위가 자신이 실제로 납부한 세액의 한도로 제한된다고 볼 근거가 없는 점 등을 종합하여 보면, 종합소득 과세표준 확정신고기한이 경과한 후에 소득처분에 의하여 소득금액에 변동이 발생하여 원천납세의무자가 소득세법 시행령 제134조 제1항에 따라 종합소득 과세표준 및 세액을 추가신고한 경우 원천납세의무자는 그가 실제로 납부한 세액의 한도 내에서가 아니라 추가신고의 대상이 된 과세표준과 세액 전부에 대하여 국세기본법 제45조의2 제1항 제1호에 따른 경정청구권을 행사할 수 있다고 보아야 한다고 판시하였다.

이 판결은, 위에서 본 대법원 2011. 11. 24. 선고 2009두23587 판결의 연장신상에 있는 것이다. 국세기본법 제45조의2 제1항이 인정하고 있는 경정청구권은 그 문언에서 알 수 있는 바와 같이 납세자가 과다하게 납부한 세금을 환급하여 달라는 청구가 아니라 납세자가 과다하게 신고한 세금을 감액하여 달라는 청구이다. 그래서 감액청구권의 전제요건도 법정기한 내에 과세표준신고서를 제출한 자이어야 한다는 것이며 그 세액을 납부할 것을 요건으로 하고 있지 아니하고 감액청구의 대상도 납세자가 신고한 내용이지 납부한 내용이 아니다. 이 점에서 나중에 검토할 환급청구권과 큰 차이를 보이고 있다. 납세자가 신고한 내용은 과세관청이 이에 관하여 별도의 경정결정을 하지 않는 한 그대로 확정되어 그에 따라 납세자는 납부의무를 부담하게 되므로 그 납부의무가 부당하게 과다할 경우 실제로 납부하였는지 여부를 떠나 그 신고내용에 대한 경정청구를 인정할 필요가 있고 이를 입법화한 것이 국세기본법 제45조의2 제1항이다. 그래서 기본적으로 경정청구권의 인정범위를 정할 때 실제로 납부한 세액과 결부시키는 것은 위 규정의 입법취지에 반한다.

그리고 소득세법 시행령 제134조 제1항에 근거하여 소득금액변동통지에 따른 원천납세의무자가 추가로 신고하게 되는 종합소득 과세표준과 세액은 소득금액변동통지에 따라 원천징수의무자가 신고·납부를 하였거나 하게 될 부분을 제외한 나머지가 아니라 그 전체이다. 이와 같이 소득금액변동통지에 따른 소득세액 전체에 대하여 원천납세의무자가 신고한 이상 그에 관한 경정청구권도 신고내용 전체에 관하여 인정하는 것이 타당하며 실제로 납부한 금액의 범위 내로 제한할 법적 근거가 없을 뿐만 아니라 국세기본법 제45조의2 제1항 및 소득세법 시행령 제134조 제1항의 문언과도 맞지 않다.

더구나 소득금액변동통지에 따른 원천징수의무자의 경우 그 신고내용에 대한 경정청구권이 인정됨은 물론이고 보다 근원적으로 소득금액변동통지 자체를 처분으로 보아 과세관청을 상대로 그 전체의 금액을 다툴 수가 있으나, 원천납세의무자의 경우에는 대법원 2013. 4. 26. 선고 2012두27954 판결과 대법원 2014. 7. 24. 선고 2011두14227 판결 등에서 소득금액변동통지가 원천징수의무자인 법인에 대하여 이루어진 것이든 소득의 귀속자인 원천납세의무자에 대하여 이루어진 것이든 원천납세의무자에게는 행정처분성이 없어 원천납세의무자가 이를 다툴 수 없다는 입장을 견지하고 있으므로 소득금액변동통지에 잘못이 있더라도 그에 따라 자신이 신고한 내용에 대한 감액경정청구권을 행사하는 방법 외에는 과세관청에 대하여 이를 다툴 수 있는 수단이 없다. 이 점에서도 원천납세의무자에 대한 경정청구권의 행사범위를 폭넓게 인정해 줄 필요가 있는 것이다. 위 판결은 이러한 사정들이 반영된 것으로서 타당한 판결이라고 하겠다.

(4) 환급청구의 범위

그러나 위 대법원 2016. 7. 14. 선고 2014두45246 판결은 원천납세의무자의 환급청구 범위에 관하여는 그 범위를 제한하고 있다. 원천징수의무자인 법인이 소득금액변동통지서를 받고 그에 따른 소득세를 납부한 경우 그 법인 명의로 납부된 세액의 환급청구권자는 소득금액변동통지로써 형성되는 과세관청과의 법률관계에 관한 직접 당사자인 원천징수의무자라고 할 것이므로, 원천납세의무자가 소득세법 시행령 제134조 제1항에 따라 종합소득 과세표준 및 세액을 추가신고한 후에 추가신고의 대상이 된 과세표준과 세액 전부에 대하여 구 국세기본법 제45조의2 제1항 제1호에 따른 경정청구권을 행사함에 따라 환급청구권이 발생하는 경우에도 원천납세의무자는 자신 명의로 납부된 세액에 관하여만 환급청구권자가 될 수 있을 뿐이고 원천징수의무자 명의로 납부된 세액에 관하여는 원천징수의무자가 그 환급청구권자가 된다고 판시하였다. 과오납한 세금의 환급청구에 관하여는 경정청구와 달리 국세기본법에서 특별한 규정을 두고 있지 아니하고 단지 국세기본법 제51조에서 다른 세액에의 충당에 관한 규정과 직권환급에 관한 규정만 두고 있을 뿐이다. 그래서 국세의 오납액과 초과납부액 및 환급세액에 대한 반환청구는 대법원 2009. 9. 10. 선고 2009다1808 판결 등에서 부당이득의 반환을 구하는 민사소송을 통하여야 한다고 판시해 왔다.

이와 같이 환급청구가 민사상 부당이득반환청구의 성격을 지닌다고 보아야 한다면 그 부당이득반환청구권자는 법률상 원인 없는 이득과 인과관계가 있는 손실을 입은 자라고 할 것인데, 소득금액변동통지에 따른 소득세의 신고에 대하여 원천납세의무자의 경정청구권이 받아들여지는 경우 그 신고세액 중 원천징수의무자가 납부한 세액이 국가의 입장에서 법률상 원인 없는 이득에 해당하고 원천징수의무자에게는 그 이득과 인과관계가 있는 손실에 해당함은 의문이 없다. 그래서 원천징수의무자가 자신이 납부한 세액에 대하여 국가를 상대로 부당이득반환으로서 그 환급청구를 할 수 있다고 할 것이다. 그러나 원천납세의무자에게도 그 이득과 인과관계가 있는 손실이 있다고 할 수는 없다. 원천납세의무자로서는 자신이 신고한 내용에 대한 감액경정청구가 받아들여진 이상 그중 원천징수의무자가 이미 납부한 세액에 대하여는 원천징수의무자가 국가를 상대로 반환청구권을 행사하여 반환받을 수 있으므로 원천징수의무자가 원천납세의무자를 상대로 구상권을 행사할 여지가 없다. 따라서 원천납세의무자에게 국가의 부당이득과 인과관계가 있는 손실이 있다고 할 수 없으므로 원천납세의무자가 국가를 상대로 원천징수의무자가 납부한 세액에 대하여는 환급청구를 할 수 없고, 단지 자신이 납부한 세액에 대하여만 환급청구를 할 수 있다고 할 것이다.

4. 후발적 경정청구

가. 관련 규정의 분석

국세기본법 제45조의2 제2항은 '과세표준신고서를 법정신고기한까지 제출한 자 또는 과세표준 및 세액의 결정을 받은 자는 다음 각 호의 어느 하나에 해당하는 사유가 발생하였을 때에는 그 사유가 발생한 것을 안 날로부터[71] 3개월 이내에 결정 또는 경정을 청구할 수 있다'고 규정하면서, 제1호에서 '최초의 신고·결정 또는 경정에서 과세표준 및 세액의 계산근거가 된 거래 또는 행위 등이 그에 관한 심사청구 심판청구, 감사원법에 따른 심사청구에 대한 경정이나 소송에 대한 판결에 의하여 다른 것으로 확정되었을 때', 제2호에서 '소득이나 그 밖의 과세물건의 귀속을 제3자에게 변경시키는 결정 또는 경정

---

71) 경정청구기간은 당초 '사유발생일로부터 2월'이었으나, 국세기본법이 2000. 12. 29. 개정되면서 '사유가 발생한 것을 안 날로부터 2월'로 바뀌었다가 2015. 12. 15. 다시 개정되어 '사유가 발생한 것을 안 날로부터 3월'로 바뀌었다.

이 있을 때', 제3호에서 '조세조약에 따른 상호합의가 최초의 신고·결정 또는 경정의 대상이 되는 과세기간 외의 과세기간에 대하여 최초에 신고한 국세의 과세표준 및 세액이 세법에 따라 신고하여야 할 과세표준 및 세액을 초과할 때', 제4호에서 '결정 또는 경정으로 인하여 그 결정 또는 경정의 대상이 된 과세표준 및 세액과 연동된 다른 세목(같은 과세기간으로 한정한다)이나 연동된 다른 과세기간(같은 세목으로 한정한다)의 과세표준 및 세액이 세법에 따라 신고하여야 할 과세표준 및 세액을 초과할 때', 제5호에서 '위와 유사한 사유로서 대통령령이 정하는 사유가 해당 국세의 법정신고기한이 지난 후에 발생하였을 때'를 각 규정하고 있다. 그리고 국세기본법 시행령 제25조의2는 위 제5호에서 정하는 사유로, 제1호에서 '최초의 과세표준 및 세액의 계산근거가 된 거래 또는 행위 등의 효력과 관계되는 관청의 허가나 그 밖의 처분이 취소된 경우', 제2호에서 '최초의 과세표준 및 세액의 계산근거가 된 거래 또는 행위 등의 효력과 관계되는 계약이 해제권의 행사에 의하여 해제되거나 해당 계약의 성립 후 발생한 부득이한 사유로 해제되거나 취소된 경우', 제3호에서 '최초의 신고·결정 또는 경정을 할 때 장부 및 증거서류의 압수, 그 밖의 부득이한 사유로 과세표준 및 세액을 계산할 수 없었으나 그 후 해당 사유가 소멸한 경우', 제4호에서 '제1호부터 제3호까지의 규정과 유사한 사유에 해당하는 경우'를 각 규정하고 있다.

이와 같이 국세기본법 제45조의2 제2항 제1호 내지 제5호에서 후발적 경정청구사유를 열거적으로 규정하면서도 제5호에 의하여 그 문호를 넓혔고, 그에 따라 국세기본법 시행령 제25조의2가 제1호 내지 제4호에서 그 사유를 열거적으로 추가한 다음, 마지막으로 이른바 유형적 포괄주의 규정이라고 불리는 제5호를 둠으로써 결국 이 제5호의 적용범위를 어느 정도로 넓게 보느냐에 따라 후발적 경정청구사유의 실질적인 인정범위가 좌우된다고 할 수 있겠다. 그런데 이는 상당히 추상적이고 탄력적인 불확정적 개념이어서 조세쟁송에서의 판단권자의 재량에 의존하는 바가 클 것으로 보인다. 후발적 경정청구사유는 그 발생의 종기에 관한 아무런 제한이 없기 때문에 부과제척기간이 만료된 후에라도 가능하게 되므로, 후발적 경정청구사유를 너무 폭넓게 인정하게 되면 조세법률관계의 조기확정을 위한 각종 법 규정의 취지가 몰각될 수 있다. 따라서 위 규정은 다소 엄격하고 제한적으로 해석·적용할 필요가 있다. 그런데 나중에 살펴보는 바와 같이 요즘 대법원 판결들을 보면 납세자의 권익보호를 위해 위 규정의 적용범위를 확대함으로써 아래에서 보는 헌법재판소의 입장에 접근하는 경향이 있다고 평가할 수 있겠다. 일본의 판례들도 후발적 경정청구사유를 다소 넓게 인정하는 경향이 있다고 평가되고 있다.

헌법재판소 2000. 2. 24. 선고 97헌마13, 245(병합) 전원재판부 결정은 후발적 사유의 발생에 기초한 납세자의 후발적 경정청구권은 법률상 명문의 규정이 있는지의 여부에 따라 좌우되는 것이 아니라, 조세법률주의 및 재산권을 보장하고 있는 헌법의 정신에 비추어 볼 때 조리상 당연히 인정되는 것이라고 하면서, 국세기본법이 수정신고제도만을 두고 있다가 제45조의2를 신설하여 후발적 사유에 의한 경정제도를 신설한 것은 위와 같은 조리상의 법리를 확인한 것이라고 한다. 따라서 국세기본법상의 후발적 사유에 의한 경정청구제도는 납세자에게 경정청구권을 창설적으로 부여하는 것이 아니라 조리상 당연히 인정되는 권리에 관하여 그 요건과 내용, 절차 등을 보다 분명히 규정함으로써 경정청구권의 행사를 용이하게 보장하기 위한 것으로 보아야 하므로 이 경정청구제도는 과세관청이 납세자에게 임의로 베풀어도 좋고 베풀지 않아도 좋을 시혜적 제도가 아니라는 것이다. 이러한 헌법재판소의 견해에 의하면 후발적 경정청구사유에 관한 국세기본법 및 그 시행령의 규정들은 예시적 규정으로 보게 된다. 그러나 종래의 대법원 판결들[72]은 헌법재판소의 입장과 다르게 위 규정들을 제한적·열거적 규정임을 당연한 전제로 하고 있었다. 한편, 상속세 및 증여세법 제79조에서는 국세기본법상의 후발적 경정청구사유에 대한 특칙을 규정하고 있다.

나. 입법 취지와 허용범위

통상적 경정청구제도 외에 후발적 경정청구제도를 따로 두고 있는 이유는 통상적 경정청구기간이 도과한 후에 당초 납세자가 신고하거나 과세관청이 처분할 당시에 예측할 수 없었던 사정이 후발적으로 발생함에 따라 당초 신고나 처분시의 과세표준이나 세액을 그대로 유지하는 것이 불합리한 경우에 납세자를 구제하기 위한 것이라고 설명되고 있다.

이 제도는 신의성실의 원칙의 한 적용모습인 사정변경의 원칙을 납세자의 영역에서 구현한 것이라고 할 수 있다. 당초의 과세표준과 세액에 관한 신고나 처분이 있더라도 그 후의 사정이 변경되어 당초의 과세표준과 세액을 그대로 유지하는 것이 현저히 부당하다고 인정되는 경우들을 위 규정에서 열거하고 있는 것이다. 국세기본법 제45조의2 제2항 각 호 중 제1호와 제4호 및 국세기본법 시행령 제25조의2 제3호는 엄격한 의미에서 사후에 사정이 변경된 경우라기보다는 당초에는 명확하지 아니하던 것이 사후에 판결이나 결정 등에 의하여 명확해진 경우를 말하므로 사정변경의 원칙을 구현한 것이라고 말하기에 다소 부적절한 측면이 없지 않지만 넓게 보면 이러한 사유도 사후에 사정이 변경되었다고 볼 수도 있다. 그 외 같은 항 제2호나 제3호 및 국세기본법 시행령 제25조의2

---

72) 대법원 2005. 2. 25. 선고 2004두12469 판결, 대법원 2005. 1. 27. 선고 2004두2332 판결, 대법원 2007. 11. 29. 선고 2005두10743 판결 등

제1호, 제2호, 제4호는 전형적으로 사후에 사정이 변경된 경우들에 속한다고 할 것이다.

사정변경의 원칙도 신의성실의 원칙의 한 적용모습으로서 납세자에게 적용된다고 보면, 앞서 본 바와 같이 위 규정들은 제한적·열거적 규정이 아니라 예시적·확인적 규정으로 해석하는 것이 타당하다. 따라서 위에서 열거된 사유들이 아니더라도 당초의 과세표준과 세액을 그대로 유지하는 것이 현저히 불합리하다고 볼 사정변경이 있으면 납세자에게 후발적 경정청구를 허용할 수 있다는 방향으로 논의될 수 있어야 한다. 단적인 예를 들면, 국세기본법 시행령 제25조의2 제2호는 '해제권의 행사에 의하여 해제된 경우'와 '사후의 부득이한 사유로 해제되거나 취소된 경우'만을 규정하고 있고, '당사자들의 합의해제에 의하여 해제된 경우'를 규정하지 않고 있다. 이에 대하여는 대체로 후발적 경정사유에 해당하지 않는다고 해석되는 경향이 있다.[73] 합의해제에 의한 해제도 사후의 사정변경에 해당함에는 의문이 없다. 하지만 이에 대하여는 신중한 접근이 필요하다. 사정변경의 원칙은 기본적으로 당초 거래나 계약시 예상할 수 없었던 사정변경이 사후에 나타난 경우에 적용되는 것이며 당초에 예상할 수 있었던 사정변경이 나타난 경우에는 적용되지 않는다고 보는 것이 옳다. 이는 사정변경의 원칙을 사정변경에 대하여 당사자들에게 귀책사유가 없는 경우로 제한하여 적용하여야 한다는 입장과 같은 논리적 기반 위에 있다. 그러므로 그 사정변경이 당사자들이 의도적으로 자초한 것일 경우에는 그에 대한 귀책이 당사자들에게 있다고 할 것이기 때문에 사정변경의 원칙이 적용될 수 없다고 볼 여지가 있는 것이다. 그렇다면 합의에 의한 해제의 경우는 당사자들이 자초한 것으로 볼 여지가 많으므로 후발적 경정청구가 허용되지 않는다고 볼 수 있다. 뿐만 아니라 합의해제는 당초의 거래와 반대방향으로 하는 새로운 거래임에도 조세회피의 목적으로 합의해제의 형식을 취한 것으로 볼 수 있는 경우도 있을 것이므로 이러한 측면에서 보더라도 합의해제의 경우는 후발적 경정청구가 허용되지 않는다고 보는 것이 옳다고 사료된다.

일본 국세통칙법 제23조 제1항에도 우리나라와 같은 후발적 경정청구제도에 관한 규정을 두고 있다. 여기서 알 수 있듯이 그 사유가 통상적 경정청구기간이 도과한 후에 발생함으로써 납세자가 책임 없는 사유로 통상적 경정청구를 하는 것이 불가능하게 되었을 때 납세자를 구제하기 위한 제도이므로 후발적 경정청구사유의 발생이 납세자의 귀책사유로 평가될 수 있을 때에는 이를 함부로 허용하여서는 아니될 것이다. 예를 들어 납세자가 허위의 부동산 매매계약을 함으로써 그에 따른 양도소득세가 과세된 후 사후에 그 매매계약이 가장행위로서 무효라는 판결이 선고된 경우 이러한 후발적 판결이 선고된 것은 순전히 납세자의 책임으로 돌릴 수 있기 때문에 후발적 경정청구사유로 인정

---

73) 임승순, 조세법, 박영사

하기 어려울 것이다. 일본 최고재판소(平成 15. 4. 25. 판결)에서도 비슷한 취지의 판결을 선고한 바 있다.

후발적으로 변경된다는 의미에 관하여 일본 하급심 판례 중에는 일단 적법하게 성립한 과세관계여야 함을 전제로 하는 판시가 보인다. 즉, 국세통칙법 제23조 제2항은 납세자가 과세 당시 또는 그 후의 같은 조 제1항의 기간 내에도 적절한 권리 주장을 할 수 없었던 후발적 사유에 의하여 당초의 과세가 실체적으로 부당하게 된 경우에 납세자가 그 시정을 청구할 수 있는 방법을 인정하도록 하는 것이고, 일단 적법하게 성립한 과세관계에 대하여 그 후의 후발적인 사정에 의하여 그 과세의 전제가 된 경제적 성과에 기한 사법상의 사실관계에 변동이 발생한 경우 납세자를 구제하기 위하여 변동 후의 사실관계에 적합하게 하기 위하여 납세자가 경정청구를 하도록 인정하는 제도라는 것이다.[74] 그러나 이렇게 제한적으로 해석할 필요는 없다고 본다. 당초의 과세관계가 적법한지 여부에 관하여 사후의 판단에서 전부 또는 일부가 적법하지 않다는 결론에 이르렀을 때 이를 구제해주기 위한 제도가 후발적 경정청구제도이고, 이와 같이 사후의 판단에서 당초의 과세관계를 달리 보게 되는 경우로는 당초의 과세관계가 적법했으나 사후의 사정변경이 있어 부적법하게 되는 경우도 있지만 당초의 과세관계가 적법했는지 여부가 불분명한 상태에서 과세가 되었으나 사후에 판결 등에 의하여 그것이 부적법하다는 것이 밝혀진 경우도 있으며 이들 모두가 후발적 경정청구제도에 의하여 구제하고자 하는 경우에 해당하므로 당초의 과세관계가 반드시 적법한 것이어야 할 필요는 없다고 할 것이다.

다. 후발적 경정청구사유의 기준시점

후발적 경정청구는 그 용어에서 알 수 있듯이 원시적인 경정사유가 아닌 후발적인 경정사유가 발생하였을 때 하는 경정청구이다. 우선 후발적 경정청구는 경정사유가 후발적이라는 점에서 통상적 경정청구와 상이하다. 여기서 '후발적'이라는 개념의 기준시점을 언제로 볼 것인지가 문제된다. 그 기준시점 이전에 발생한 사유는 통상적 경정청구사유가 될 것이고 그 이후에 발생한 사유는 후발적 경정청구사유가 될 것이다.

이 문제에 대한 답은 국세기본법 제45조의2 제2항에서 찾는 것이 옳다. 위 규정의 본문은 '과세표준신고서를 법정신고기한까지 제출한 자 또는 국세의 과세표준 및 세액의 결정을 받은 자는 다음 각 호의 어느 하나에 해당하는 사유가 발생하였을 때에는'이라고 규정하고 있는데, 위 문언의 전후 문맥을 보면 후발적 경정청구사유는 과세표준신고서를 법정신고기한까지 제출한 후 또는 국세의 과세표준 및 세액의 결정 후에 발생한 것을

---

74) 横浜地裁, 平成 8. 3. 25. 平3(行ウ) 15호 판결

의미한다는 뜻이 내포되어 있는 것으로 볼 여지도 없지 않으나 그 발생시기에 관하여 특별한 언급을 하지 않고 있다. 위 문언의 주어부는 후발적 경정청구권이 귀속되는 주체에 관한 규정일 뿐이지 후발적 경정청구사유의 발생 기준시점에 관한 규정까지 확대하여 보기는 어렵다. 그런데 위 규정은 제1호 내지 제4호에서 후발적 경정청구사유를 특정하여 규정하면서 제5호에서는 유형적 포괄주의 규정을 두어 '제1호부터 제4호까지와 유사한 경우로서 대통령령으로 정하는 사유가 해당 국세의 법정신고기한이 지난 후에 발생하였을 때'를 규정하고 있는데, 여기서는 후발적 경정청구사유는 해당 국세의 법정신고기한 후에 발생한 것임을 명시적으로 규정하고 있다. 위 제5호가 제1호 내지 제4호를 포괄하는 의미를 지니고 있으므로 이에 근거해서 후발적 경정청구사유의 발생 기준시점을 정하는 것이 타당하다고 판단된다. 따라서 법정신고기한이 지난 후에 발생한 사유들은 후발적 경정청구사유에 해당하고 그 전에 발생한 사유는 통상적 경정청구사유에 해당한다고 보아야 할 것이다. 그렇다면 법정신고기한이 지난 후 과세관청의 결정·경정처분 전에 발생한 사유도 후발적 경정청구사유에 해당한다고 보아야 한다.

그리고 위와 같이 후발적 경정청구사유에 해당하는 한 그 발생시기가 국세부과제척기간이 도과한 후라고 할지라도 후발적 경정청구를 할 수 있다고 보아야 하고, 대법원 2006. 1. 26. 선고 2005두7006 판결도 같은 취지이다.

라. 다른 구제수단과의 관계

(1) 통상적 경정청구와의 관계

입법자가 통상적 경정청구 제도 외에 후발적 경정청구 제도를 따로 두고 있는 이유는 통상적 경정청구기간이 도과한 후에 사정변경이 생겨 당초의 과세표준이나 세액을 그대로 확정시키는 것이 현저히 불합리하다고 보여지는 경우에 이를 구제하기 위함이다. 그렇다면 여기서 통상적 경정청구기한 내에 전항에서 본 후발적 경정청구사유가 발생하였다면 납세자는 어떠한 경정청구를 할 수 있다고 볼 것인지가 문제된다. 통상적 경정청구는 그 제도의 취지상 위와 같은 후발적 사유를 그 사유로 삼을 수 없고 원시적 사유만을 그 사유로 삼아야 한다는 견해가 있다.[75]

그러나 국세기본법 제45조의2 제1항과 제2항의 규정을 잘 살펴보면 위와 같은 경우는 이들 규정 모두에 포섭될 수 있음을 알 수 있다. 통상적 경정청구에 관한 위 제1항은 그 문언에서 경정청구사유의 발생시기를 특별히 제한하지 않고 있고, 다만 과세표준신고서

---

75) 김완석, "경정청구제도에 관한 연구", 월간조세, (주)조세통람사: 소순무, 조세소송, (주)영화조세통람: 백춘기, "국세기본법 제45조의2에서 정한 경정 등의 청구", 행정재판실무편람(Ⅲ), 서울행정법원 등

에 기재된 과세표준 및 세액이 신고하여야 할 그것들을 초과하는 경우 등만을 규정하고 있으므로 과세표준신고 후 경정청구기간 내에 후발적 사유가 발생하여 그로 인해 당초 신고한 과세표준 및 세액이 신고하여야 할 그것들을 초과하게 된 경우에는 통상적 경정청구를 할 수 있다고 보지 않을 이유가 없다. 즉, 후발적 경정청구사유라고 하더라도 그것이 통상적 경정청구기한 내에 발생한 것이라면 통상적 경정청구사유도 될 수 있다는 것이다. 경정청구사유가 과세표준신고시에 이미 존재하였는가 아니면 그 이후 발생하였는가가 중요한 것이 아니라 경정청구시점을 기준으로 그러한 사유가 존재하는지 여부가 중요한 것이다. 그리고 경정청구제도가 어차피 납세자의 권리보호에 그 취지가 있는 만큼 법규정의 문언상 가능함에도 이를 굳이 축소하여 적용할 필요는 없다고 본다. 같은 취지에서, 대법원 2017. 9. 7. 선고 2017두41740 판결은 최초의 신고 등에서 과세표준 및 세액의 계산근거가 된 거래 또는 행위 등을 다른 내용의 것으로 확정하는 판결이 있는 경우라면 특별한 사정이 없는 한 국세기본법 제45조의2 제2항 제1호에서 정한 후발적 경정청구사유에 해당하고, 납세의무자가 그 판결에서 확정된 내용을 같은 조 제1항 각 호에서 정한 통상의 경정청구사유로 다툴 수 있었다는 사정만으로 납세의무자의 정당한 후발적 경정청구가 배제된다고 할 수 없다고 판시하였다. 같은 취지에서, 대법원 2018. 6. 15. 선고 2015두36003 판결도, 양도인이 주식을 양도하면서 약정된 매매대금에 기초하여 양도소득세를 법정신고기한까지 신고하였더라도 사후에 매매대금이 감액되어 주식의 양도가액이 줄어들게 되면, 당초의 신고는 정당한 과세표준 및 세액을 초과한 것이므로, 특별한 사정이 없는 한 양도인은 대금감액을 이유로 국세기본법 제45조의2 제1항 제1호에 따른 통상의 경정청구를 하여 당초의 신고를 바로잡을 수 있고, 이러한 법리는 주권 등의 양도를 과세대상으로 하는 증권거래세의 경우에도 마찬가지로 적용된다고 판시하였다.

이와 같이 후발적 사유를 통상적 경정청구사유로 삼을 수도 있다면 후발적 사유는 통상적 경정청구사유와 후발적 경정청구사유 모두에 해당할 수 있고 그렇다면 납세자는 자신에게 유리한 방법을 택일하여 청구할 수 있다고 보아야 할 것이다. 예를 들어 통상적 경정청구기간을 3개월 이상 남겨둔 시점에서 후발적 경정청구사유가 발생하였음을 알았다면 납세자로서는 후발적 경정청구보다 통상적 경정청구를 선택하는 것이 경정청구기간을 더 늘릴 수 있기 때문에 유리하다고 하겠고, 반대로 통상적 경정청구기간을 3개월 미만 남겨둔 시점에서 후발적 경정청구사유가 발생하였음을 알았다면 같은 이유로 후발적 경정청구를 선택하는 것이 더 유리할 것이다.

(2) 부과처분 취소소송과의 관계

앞서 살펴본 바와 같이 법정신고기한이 지난 후에 발생한 사유는 비록 과세관청의 부과처분 이전에 발생하였든 이후에 발생하였든 후발적 경정청구사유에 해당한다. 이러한 후발적 경정청구사유가 과세관청의 부과처분에 제대로 반영이 되지 아니한 경우 납세자는 후발적 경정청구 외에 이를 이유로 당해 부과처분에 대한 취소의 소를 제기할 수 있는지가 문제된다. 여기서는 두 가지의 경우를 상정할 수 있겠다. 첫째, 후발적 경정청구사유가 발생한 후에 과세관청이 이를 반영하지 않고 부과처분을 한 경우이고, 둘째 과세관청의 부과처분 후에 후발적 경정청구사유가 발생한 경우이다.

먼저, 첫째의 경우에 관하여 대법원 2015. 7. 16. 선고 2014두5514 전원합의체 판결은 긍정적인 입장을 표명하였다. 즉, 소득의 지배·관리라는 과세요건이 충족됨으로써 일단 납세의무가 성립하였다고 하더라도 그 후 경제적 이익의 상실가능성이 현실화되는 후발적 사유가 발생하여 소득이 실현되지 아니하는 것으로 확정됨으로써 당초 성립하였던 납세의무가 전제를 잃게 되었다면, 특별한 사정이 없는 한 납세자는 국세기본법 제45조의2 제2항 등이 규정한 후발적 경정청구를 하여 납세의무의 부담에서 벗어날 수 있으며, 이러한 후발적 경정청구사유가 존재함에도 과세관청이 당초에 소득에 관한 납세의무가 성립하였던 적이 있음을 이유로 과세처분을 하였다면 이러한 과세처분은 위법하므로 납세자는 항고소송을 통해 취소를 구할 수 있다는 것이다.

둘째의 경우에 관하여는 대법원 2015. 2. 26. 선고 2014두44076 판결이 긍정적인 입장을 표명하였다. 즉, 매매대금을 지급받았다고 하더라도 매매계약이 합의해제되었다면 그 효력이 소급하여 상실되므로 매도인에게 양도로 인한 소득이 있었음을 전제로 한 양도소득세 부과처분은 위법하며, 과세관청의 부과처분이 있은 후에 계약해제 등 후발적 사유가 발생한 경우 이를 원인으로 한 경정청구제도가 있다 하더라도 이와는 별도로 그 처분 자체에 관하여 다툴 수 있다는 것이다.

이들 판결은 납세자로 하여금 후발적 경정청구제도에만 의지하게 함으로써 그에 대한 거부처분이 있은 연후에 다시 그 취소를 구하는 간접적인 방법을 강요하지 아니하고, 부과처분 자체의 취소를 구하는 보다 직접적이고 빠른 방법을 택할 수 있도록 함으로써 납세자에게 보다 효율적인 권익구제의 절차를 제공하였다는 점에서 바람직한 판결들이다. 따라서 납세자는 후발적 경정청구와 부과처분 취소의 소 중 어느 하나를 선택할 수 있다고 하겠다.

마. 후발적 경정청구사유의 유형

(1) 소송에 대한 판결

가) 개요

국세기본법 제45조의2 제2항 제1호는 후발적 경정청구사유의 하나로 '최초의 신고·결정 또는 경정에서 과세표준 및 세액의 계산근거가 된 거래 또는 행위 등이 그에 관한 소송에 대한 판결(판결과 같은 효력을 가지는 화해나 그 밖의 행위를 포함한다)에 의하여 다른 것으로 확정되었을 때'를 규정하고 있다. 대법원 2008. 7. 24. 선고 2006두10023 판결은 '거래 또는 행위 등이 그에 관한 소송에 대한 판결에 의하여 다른 것으로 확정된 때'라 함은 '거래 또는 행위 등에 대하여 분쟁이 생겨 그에 관한 판결에 의하여 다른 것으로 확정된 때'를 의미한다고 판시하였다. 대표적인 예를 들면, 매매계약에 따른 양도소득에 관하여 양도소득세를 신고·납부하였으나 사후에 그 매매계약의 효력을 다투는 민사소송에서 매매계약이 무효라는 취지의 판결이 확정된 경우를 말한다고 하겠다. 위 규정에서의 판결에는 취소판결과 같은 형성적 효력을 지니는 판결뿐만 아니라 확인판결이나 이행판결도 포함된다고 보는 것이 타당하다. 그래서 위의 예에서는 매매계약무효의 확인판결뿐만 아니라 매매계약이 무효라는 이유로 원상회복을 명하는 이행판결도 포함된다고 보아야 할 것이다. 그리고 판결의 범위에 '판결과 동일한 효력을 가지는 화해 그 밖의 행위'를 포함하고 있는데, 여기서 그 밖의 행위란 소송상의 화해, 제소 전의 화해, 조정, 인낙, 심판, 파산채권의 확정 등과 같이 판결과 같은 확정력을 가지는 것들을 의미한다고 할 것이다. 그리고 '거래 또는 행위 등'은 과세요건이 되는 거래 또는 행위 등만으로 제한하여 해석할 것은 아니고 과세표준 및 세액의 산정에 기초가 되는 거래 또는 행위, 나아가 채권, 채무 등을 총칭하는 것으로 해석하는 것이 옳다. 과세표준 및 세액에 영향을 준다는 점에서 별 차이가 없기 때문이다.

위와 같은 판결에서 후발적 경정청구권자가 반드시 원고 또는 피고와 같은 일방의 당사자가 되어야 하는지가 문제될 수 있다. 그 판결의 일방 당사자나 선정당사자 소송에서의 선정자, 그 판결의 효력을 받는 보조참가인, 채권자 대위소송에서 피대위자 등이 후발적 경정청구권자가 된다고 하는 데는 별 이견이 없어 보인다. 그 판결의 일방 당사자가 아닌 제3자의 경우가 문제되는데, 예를 들어 부동산이 A로부터 B를 거쳐 C에게 전전 매매되었는데 A가 C를 상대로 A와 B 사이의 매매계약이 무효이고 C가 악의의 제3자라는 이유로 C명의의 소유권이전등기가 무효라고 하여 그 말소를 구하는 소송을 제기하여 승소판결을 받아 그 판결이 확정된 경우, B가 C 사이의 매매계약이 유효임을 전제로 양도소득세를 신고·납부하였다가 위 판결을 이유로 후발적 경정청구를 할 수 있는지가 문제될 수 있는 것이다. 여기서 A와 C 사이의 판결의 기판력이 B에게 미친다고 보기는 어려우므로 위 판결로 인하여 B와 C의 관계에서 B와 C 사이의 매매계약이 무효로 확정되었다고 볼 수 없다. 따라서 A와 C 사이의 판결이 B에게 후발적 경정청구사유가 된다고 보기는 어렵다고 할 것이다.

그런데 위의 예에서 A가 B와 사이의 매매계약이 유효임을 전제로 양도소득세를 신고·납부하였다가 C를 상대로 받은 위 판결을 들어 A와 B 사이의 매매계약이 무효가 되었다는 이유로 후발적 경정청구를 할 수 있는지도 문제된다. 그러나 A는 그 부동산의 소유권을 회복하기 위해서는 C를 상대로 소유권이전등기말소의 판결을 받은 것만으로는 부족하고 다시 B를 상대로 소유권이전등기말소의 판결을 받아야 하므로 C를 상대로 받은 위 판결만으로 후발적 경정청구사유에 해당한다고 보기는 어렵다. 다만, A가 C를 상대로 소유권이전등기말소의 소를 제기하지 않고 원상회복을 위한 소유권이전등기청구의 소를 제기하여 승소확정판결을 받았다면 원고는 위 판결에 의하여 그 부동산의 소유권을 확정적으로 회복하게 되므로 후발적 경정청구를 할 수 있다고 보아야 할 것이다.

이러한 문제점은 단체 소송에서도 나타난다. 대법원 2013. 5. 9. 선고 2012두28001 판결에서 쟁점이 되었었다. 범칙금 대납업을 목적으로 하는 A사가 회원들을 상대로 회원가입계약을 체결하였으나 그것이 실질적으로 무허가 보험사업에 해당하여 강행법규에 반하는 무효의 계약이었다. 그래서 일부 회원들이 A사를 상대로 가입비의 반환청구소송을 제기하여 승소확정판결을 받았다. 그러자 A사는 위 가입계약이 유효함을 전제로 가입비에 관한 부가가치세를 신고·납부하였다가 위 판결을 들어 위 소송의 당사자가 아닌 나머지 회원들의 가입비에 관한 부가가치세 부분에 관하여도 후발적 경정청구를 하였으나 거부처분을 당하였다. 이에 대하여 원심법원은 후발적 경정청구사유가 있다고 하기 위해서는 A사의 회원들과 A사 사이에 각 회원가입계약과 관련한 분쟁이 발생하여 그에 관한 소송에서 판결에 의하여 위 각 회원가입계약에 기한 범칙금 대납서비스 공급거래의 존부나 법률효과 등이 다른 것으로 확정되어야 하는데, 위 판결의 당사자를 제외한 나머지 회원들과 A사 사이에 각 회원가입계약과 관련한 분쟁이 발생하였다고 볼 수 없을 뿐만 아니라 그에 관한 소송이 있었다고 볼 수도 없고 따라서 위 판결에 의하여 그 판결의 당사자뿐만 아니라 A사의 회원 모두에 대하여 A사와의 사이에 한 각 회원가입계약이 무효인 것으로 확정되었다고 볼 수는 없으므로 후발적 경정청구사유에 해당하지 않는다고 판시하였고, 대법원은 이를 수긍하였다. 여기서도 알 수 있듯이 A사와 일부 회원들 사이의 판결의 기판력이 A사와 나머지 회원들 사이에 미치지 않으므로 나머지 회원들 사이의 거래가 위 판결에 의하여 다른 것으로 확정되었다고 볼 수 없다는 것이다. 요컨대 판결이 후발적 경정청구사유가 되기 위해서는 그 판결의 기판력이 미치는 거래 또는 행위에 국한된다고 할 것이다.

여기서 납세자가 신고 또는 부과처분시 기초사실과 다른 것을 알지 못하여야 하는지 여부가 문제된다. 일본 하급심 판례[76] 중에는 납세자가 신고시 기초사실과 다른 것을 알지 못할 것을 요건으로 하는 사례가 있는데, 그 내용은 다음과 같다. 국세통칙법 제23조 제2항 제1호의 판결에 기하여 경정청구를 하는 것은 당해 소송이 기초사실의 존부, 효력 등을 직접 심판의 대상으로 하고, 판결에 의하여 기초사실이 다른 것으로 확정됨과 동시에 신고시 납세자가 기초사실과 다른 것을 알지 못할 것이 필요하다고 해석되는데, 납세자가 신고시에 기초사실과 다른 것을 알고 있다면 당해 인식에 따라 신고를 행하는 것이 가능하고, 인식에 반하여 신고를 행한 것은 허위의 신고를 행한 것이 되기 때문에 후에 기초사실과 다른 것이 판결에서 확정되었음을 이유로 신고기한 후에 있어 그 권리를 구제할 필요성은 없다고 판시하였다. 이에 대하여 일본 최고재판소는 그 결론은 수긍하면서도 납세자가 알아야 한다는 요건은 별도로 명시하지 아니하였고, 상고인이 국세통칙법 제23조 제1항 소정의 기간 내에 경정청구를 하지 않은 데에 어쩔 수 없는 이유가 있다고 할 수 없으므로 그 경정청구는 허용되지 않는다고 판시하는 데에 그쳤다. 따라서 규정의 문언에도 존재하지 아니한 '납세자가 알지 못하였을 것'이라는 요건을 추가하는 것은 타당하지 않다고 할 것이다.

그리고 민사 판결에서 채무자의 상계 주장이 인정된 경우, 예를 들어 하자보수비 등을 상계 또는 공제한 결과 공사대금을 일부 받을 수 없게 되었다고 하더라도, 공사대금 채권 자체는 존재하였다가 사후에 소멸하게 된 것일 뿐, 애당초 본 건 공사대금 채권 자체가 존재하지 않았던 것은 아니어서 이는 과세표준에 영향을 줄 수 있는 사유가 될 수 없고, 따라서 후발적 경정청구사유에 해당한다고 보기는 어렵다는 견해도 있을 수 있으나, 종국적으로 귀속되는 소득은 그만큼 줄어들었으므로 이러한 경우에도 후발적 경정청구사유로 인정해주는 것이 타당하다고 여겨진다.

나) 법령의 해석을 변경하는 판결의 선고

그러나 판결에 의하여 과세표준 및 세액의 산정기초가 되는 거래 또는 행위의 존재 여부나 그 법률효과가 달라진 것이 아니라 법령에 대한 해석이 최초의 신고·결정 또는 경정 당시와 달라졌다는 사유는 여기에 포함되지 않는다고 할 것이다. 대법원 2014. 11. 27. 선고 2012두28254 판결도 같은 취지이다.

마찬가지로 대법원 2017. 8. 23. 선고 2017두38812 판결은, 법령에 대한 해석이 최초의

---

76) 福岡高裁, 平成 13. 4. 12. 平12(行ㄱ) 12号 판결(상고심에서 확정)

신고·결정 또는 경정 당시와 달라졌다는 사유는 후발적 경정청구사유에 포함되지 않는
다고 하면서, 납세의무자가 그 해석의 변경을 이유로 하는 것이 아니라 후발적 경정청구
사유의 존재를 이유로 경정청구를 하는 것이라면, 그 경정청구기간의 기산점은 특별한
사정이 없는 한 '해당 사유가 발생하였다는 사실을 안 날'로 보아야 하는 것이지, '해당
사유가 후발적 경정청구사유에 해당하는지에 관한 판례가 변경되었음을 안 날'로 볼 것
은 아니라고 판시하였다.

이 사안에서, 원고는 2014. 1. 16. 배임수재 등으로 추징판결을 선고받고 2014. 8. 26.
추징금을 납부하였고, 과세관청은 배임수재로 수령한 금품을 기타소득으로 보아 2015.
3. 16. 종합소득세 부과처분을 하였는데, 대법원 2015. 7. 16. 선고 2014두5514 전원합의체
판결은 위법소득으로 납세의무가 성립하였더라도 몰수나 추징 등 사유가 발생하면 납세
자는 후발적 경정청구를 할 수 있다고 함으로써 반대 취지의 기존 판결을 변경하자, 원고
는 2015. 8. 19. 추징금을 모두 납부하였다는 사유를 들어 후발적 경정청구를 하였으나
거부당하였다. 여기서 원고는 위 대법원 전원합의체 판결의 선고를 후발적 경정청구사유
로 주장하여 그로부터 2개월(당시는 경정청구기간이 2개월이었다) 이내에 경정청구를
하였으므로 적법하다고 주장하였으나, 대법원은 위 전원합의체 판결의 선고 자체는 법령
의 해석에 관한 것이므로 후발적 경정청구사유가 될 수 없고, 그 해석에 의하여 몰수나
추징 자체가 후발적 경정청구사유가 되는 것이며, 원고는 그 사유가 발생한 것을 안 날로
부터 2개월이 경과한 후에 후발적 경정청구를 하였으므로 부적법한 경정청구라고 보았다.

다) 자백, 무변론 또는 공시송달에 의한 민사판결이 포함되는지 여부

이해관계가 대립되는 양 당사자 사이에 치열한 법정 공방을 거쳐 선고된 민사판결의
경우는 과세요건이 되는 사실관계에 관하여 공정하고 객관적인 판단을 한 것으로 볼 수
있으므로 국세기본법 제45조의2 제2항 제1호에서 말하는 판결에 당연히 포함되어야 한
다. 그런데 민사소송절차상 원고의 소제기에 대하여 피고가 불출석함으로써 의제자백이
나 공시송달에 의하여 진행되어 판결이 선고된 경우에는 그 판결의 내용이 공정하고 객
관성을 담보하고 있는지에 대하여 의문을 가지지 않을 수 없다.

피고가 원고의 소장을 송달받고도 아무런 답변 없이 변론기일에 불출석하면 원고의
주장사실에 대하여 모두 인정하는 자백을 한 것으로 의제되기 때문에 원고는 아무런 증
명없이 원고 승소판결을 받을 수 있다. 그리고 공시송달에 의한 민사판결은 의제자백에
의한 민사판결보다는 덜하지만 원고가 일방적으로 제출한 증거에 의해서만 판결을 하게
되고 거기에 피고가 제출할 수 있었던 반대증거들에 대한 판단이 전혀 이루어지지 않는
다. 이와 같이 의제자백에 의한 민사판결은 객관성과 공정성이 없을뿐더러 양 당사자가

모의를 하면 허위의 판결을 받아낼 수도 있고, 공시송달에 의한 민사판결도 그 객관성과 공정성이 떨어진다. 특히 공시송달에 있어서는 불변기간이 지난 소송행위의 추후 보완이 허용되는데, 공시송달판결에 따라 후발적 경정청구를 받아들여 감액경정처분 등을 한 후에 추후 보완항소가 이루어져서 위 판결의 결과가 다시 변경되는 경우 피고로서는 부과제척기간이 경과되어 세금 부과를 하지 못하게 되는 문제점이 있게 된다는 것이다. 그래서 이러한 판결들은 후발적 경정청구사유로서의 판결에 포함시켜서는 아니된다는 부정설의 입장이 있다.

반대로 긍정설의 입장에서는 국세기본법 제45조의2는 해당 판결이 의제자백이나 공시송달절차에 의하여 진행된 것인지 여부 등에 대하여 아무런 구별이나 제한을 두고 있지 아니하므로, 위 '판결'에 의제자백이나 공시송달에 의한 판결이 포함되지 아니한다고 해석한다면 조세법률주의와 엄격해석의 원칙에 반한다고 볼 수 있고, 과세관청인 피고로 하여금 법원의 판결에 대하여 다시 조사·검토할 권한을 부여하고 있지 아니함에도 피고로 하여금 법원의 판결에 대하여 재차 심사하도록 하는 권한을 부여하는 결과가 되어 부당하다는 것이다. 특히 공시송달에 의한 판결의 경우 민사소송법 제256조 제1항 단서에 따라 답변서 부제출에 의한 자백간주 규정의 적용이 배제되었고, 따라서 법원이 원고의 주장을 받아들인 것은 원고의 주장에 상응하는 증거들이 완비되었기 때문으로 원고의 주장을 뒷받침할 수 있는 증거가 없었다면 법원이 원고의 주장을 인용하지 아니하였을 것이므로, 공시송달에 의한 판결도 상대방이 변론기일에 출석하여 다툰 경우와 동일하게 취급되어야 한다는 것이다. 만약 부정설에 따를 경우 거래상대방 회사가 폐업하여 그 실체가 없고, 그 대표자마저도 소재불명으로 공시송달에 의하지 아니하고는 소를 제기할 수 없는 경우 해당 납세의무자로서는 전혀 구제받을 길이 없다는 점에서 납세의무자의 권리구제에 미흡한 점이 있으므로, 긍정설이 타당하다고 한다.

후발적인 사유에 기한 경정청구는 과세표준의 신고 또는 과세표준 및 세액의 결정이 있은 후 납세의무자 자신의 임의적 의사와는 관계 없이 과세표준 및 세액의 기초가 된 사실에 중대한 변경사유가 발생한 경우 납세자를 보호하기 위하여 예외적으로 허용한 특별규정으로서, 일반적인 경정청구와 달리 법정신고기한 내에 과세표준신고서를 제출하지 아니한 자에게도 허용되고, 일반적인 경정청구기간의 제한을 받지 않는다는 점 및 실질과세의 원칙과 기간과세의 원칙, 권리의무확정주의, 기타 세법상의 제원칙 등을 종합할 때, 국세기본법 제45조의2 제2항 제1호의 후발적 경정사유인 '과세표준 및 세액의 계산근거가 된 거래 또는 행위 등이 그에 관한 소송에서 판결 등에 의하여 다른 것으로 확정된 때'에 있어서 '판결 등'이라 함은 원칙적으로 과세표준 및 세액의 계산근거가 된 거래 또는 행위 등이 재판과정에서 투명하게 다투어졌고, 그것이 판결의 주문과 이유에 의하여 객관적으로 확인되는 민사사건의 판결에 국한된다고 보는 것이 옳다. 즉, 민사판결이라고 하더라도 객관적이고 합리적인 근거에 기초한 경우만을 포함하자는 것이다.

일본 판례는 대체로 판결이 객관적, 합리적 근거를 흠결한 경우에는 후발적 경정청구를 부인하고 있다. 동경고등재판소 平成 10. 7. 15. 판결은 원고가 갑이 제기한 별건 소송에 대해서, 청구원인 사실을 전부 인정하는 취지를 기재한 답변서를 제출하였을 뿐이고, 구두변론기일에 결석해서 아무런 공격방어방법도 다하지 아니하고, 더구나 그 답변서는 갑의 관계자가 작성한 것이었다는 것 등 아무리 생각해 봐도 부자연스러운 경위를 감안하면, 별건 판결은 원고가 전적으로 상속세의 경감을 꾀할 목적으로 갑과의 소위 상호공모에 의한 소송에 의하여 취득한 것이라고 인정하지 아니할 수 없고, 그 확정판결로서의 유효한 효력의 여하에 관계 없이 그 실질에 있어서 객관적 · 합리적 근거를 흠결한 것으로서, 국세통칙법 제23조 제2항 제1호에서 말하는 '판결에는 해당하지 아니한다'라고 판시하여 민사소송에서의 판결이라도 당사자가 오로지 납세의무를 면할 목적으로 담합하여 판결을 얻는 등 그 실질에 있어서 객관적 · 합리적 근거를 결여한 경우에는 이 사건 조항 소정의 판결에 해당한다고 볼 수는 없다고 하고 있다. 그 밖에도 '재판상 화해의 조항 가운데 납세신고자의 권리관계 등을 변경하는 취지의 기재가 되어 있다고 하더라도, 그것이 오로지 조세부담을 회피할 목적으로 실체와 상이한 내용을 기재한 것으로서, 사실은 권리관계 등의 변경이 없는 것과 같은 경우에는, 이 규정의 취지에 비추어 당해 경정청구는 경정을 해야만 할 이유가 없는 것으로 기각되어야 하는 것으로 해석함이 상당하다'라고 하여 후발적 경정청구를 부정한 판례가 있고,[77] '위 조항의 화해는 그 입법 취지에 비추어 당사자 간에 권리관계에 관하여 분쟁이 있어 확정신고 당시 그 권리관계의 귀속이 명확하지 않았던 경우에 그 후 당사자 간의 양보의 결과 권리관계가 명확해지고, 확정신고 당시의 권리관계와 다른 권리관계가 생긴 경우에 되어진 화해를 지칭한다고 해석되어야 하므로, 제소 전 화해의 경우에도 그와 같이 해석함이 상당하다. 그에 따라 위와 같은 경우가 아니라 전적으로 당사자 간에 세금을 면할 목적으로 담합하여 이루어진 화해의 경우 객관적 · 합리적 근거를 흠결한 것은 위 조항에서 말하는 화해에 포함되지 않는다고 해석하여야 한다'고 한 판례도 있다.[78]

우리나라 하급심 중에도 비슷한 취지의 판결을 선고한 사례가 있다. 수원지방법원 2010. 11. 3. 선고 2010구합8240 판결이 그것인데, 원고가 주식 6,000주를 처남인 A에게 양도하였고, 과세관청은 이를 특수관계인 사이의 저가양도로 보아 부당행위계산부인에 의하여 원고의 양도소득세를 경정하고 A에게도 증여세를 부과하였는데, A가 원고를 상

---

77) 名古屋地裁 平成 2. 2. 28. 昭和 62(行ウ) 34号 판결
78) 仙台地裁 昭和 51. 10. 18. 昭和 48(行ウ) 7号 판결

대로 주식 이전에 따른 매매대금 채무가 존재하지 않는다는 확인을 구하는 소를 제기하여, A가 원고에게 명의신탁하였던 주식을 돌려받은 것이라는 이유로 A의 승소판결이 확정되자 원고가 그 판결을 들어 양도소득세에 대한 후발적 경정청구를 한 사안이었다. 이에 대하여 위 판결은 다음과 같이 판시하였다. A는 원고의 처남인 점, 원고는 주식의 명의를 A에게 이전하여 준 후 직접 양도소득세를 신고·납부하기까지 하였다가 특수관계인 사이의 저가거래라는 이유로 양도소득세 부과처분이 이루어지자 그 무렵부터 주식의 이전이 명의신탁의 해지로 인한 것이라고 주장하면서 양도소득세 부과처분을 다투기 시작하였고, A 역시 같은 이유로 증여세 부과처분이 이루어지자 그 무렵부터 동일한 주장을 하면서 증여세 부과처분을 다투기 시작한 점, 그 후 A가 원고를 상대로 주식 이전에 따른 매매대금 채무 부존재 확인의 소를 제기하자, 원고는 갑자기 입장을 바꿔 위 소송에서는 주식의 이전이 명의신탁의 해지로 인한 것이 아니라 매매계약에 근거한 것이라고 주장하면서도 매매계약의 구체적인 내용에 대하여는 모호하게 답변한 점, 또한 원고는 위 재판과정에서 적극적으로 자신의 주장을 입증하기 위한 증거를 제출하지 않았고, 오히려 대리인을 통하여 자신에게 불리한 진술도 하면서 별다른 증거도 제시하지 않은 점, 만일 위 확인판결이 국세기본법 제45조의2 제2항 제1호의 판결에 해당하게 될 경우, 양도소득세 부과처분은 물론 증여세 부과처분의 기초가 된 거래 또는 행위가 다른 것으로 되어, 원고와 A 모두에게 이익이 되는 점 등의 사정에 비추어 보면, 위 확인판결은 원고와 A가 상호 합의하에 양도소득세 부과처분 및 증여세 부과처분의 기초가 된 거래 또는 행위가 명의신탁의 해지로 인한 것이라는 내용의 판결을 받아내기 위하여 실질적인 다툼이 없이 이루어진 재판의 결과 선고·확정된 것에 불과하다고 봄이 상당하다고 보아 후발적 경정청구를 거부한 과세관청의 처분이 옳다고 판단하였다. 이 판결은 항소 없이 그대로 확정되었다.

대법원 2011. 7. 28. 선고 2009두22379 판결은, 원고가 A사에 상가건물 신축공사를 도급준 다음 A사에게서 교부받은 공급가액 56억 원의 세금계산서를 근거로 매입세액 공제 등을 구하였으나, 위 세금계산서가 공사용역의 제공이 없는 허위의 세금계산서라는 이유로 과세관청이 부가가치세법상 매입세액 공제와 법인세법상 손금산입을 부인하는 내용의 부가가치세 및 법인세 경정처분을 하자, 원고가 A사를 상대로 제기한 부당이득금 반환청구의 소에서 '원고가 위 공사와 관련하여 A사에 약정 공사대금을 초과한 돈을 지급하였다는 사실'을 인정하는 내용의 승소 확정판결을 받은 다음, 이를 근거로 부가가치세 등의 감액을 주장하면서 후발적 경정청구를 하였으나 과세관청이 이를 거부하는 처분을 한 사안에서, 세금계산서가 허위가 아니어서 원고의 경정청구가 인정되기 위해서는 A사가 원고에게 세금계산서상의 공급가액에 상당하는 건축공사 용역을 실제로 제공하였음이 위 민사사건의 판결에서 확정되었어야 하는데, 위 민사사건에서는 원고가 A사에게 세금계산서상의 공급대가 56억 원을 지급하였다는 점이 당사자 사이에 투명하게 다투어지지 아니하였고 이를 입증할 만한 객관적인 자료가 제출되지 아니하였으며, 위 민사사건의 판결에서는 원고가 A사에게 약정공사대금 135억 원을 초과하는 약 160억 원을 지급한 사실을 인정하였을 뿐, 정작 세금계산서상의 56억 원에 관하여는 아무런 언급이 없으므로 위 민사사건의 판결에서 인정한 사실만으로는 위 과세표준 및 세액의 계산근거가 된 거래 또는 행위 등의 존부나 그 법률효과 등이 다른 내용의 것으로 확정됨으로써 피고의 당초 과세처분이 정당하게 유지될 수 없게 되었다고 보기 어렵다고 판시하였다.

다만, 국세기본법 제45조의2 제2항 제1호의 문언에서 의제자백이나 공시송달절차에 의한 판결을 제외하고 있지 아니하므로 이러한 판결이라고 해서 무조건 후발적 경정청구사유에서 제외할 것은 아니고 그 민사판결이 객관성과 합리성을 갖추었는지를 별도로 판단하여 그것이 의제자백이나 공시송달에 의한 것으로서 증거자료가 부족하다고 판단되면 그 민사판결에도 불구하고 경정청구를 거부하는 것이 옳고, 비록 의제자백이나 공시송달에 의한 판결이라도 소송기록상 원고가 제출한 증거가 충분하여 그 판결이 객관성과 합리성을 갖추었다고 판단되는 예외적인 경우에는 후발적 경정청구사유로 받아들여도 무방하다고 할 것이다. 부산고등법원 2017. 11. 10. 선고 2017누22848 판결은 무변론판결에 관하여 원고가 피고의 응소를 법적으로 강제할 방법이 없는 상황에서 피고가 적극적으로 응소하지 않았다는 사정만으로 원고의 권리구제를 막는 것은 불합리하고 이는 납세자의 권리구제를 확대하려는 후발적 경정청구제도의 취지에 반한다는 이유로 후발적 경정청구사유에 해당한다고 판시하였고, 이 판결은 대법원 2018. 3. 15. 자 2017두72119 심리불속행 상고기각 판결에 의하여 확정되었다. 무변론판결이라는 사정만으로 후발적 경정청구사유에서 배제할 수는 없다는 하급심 판결의 취지는 타당하다고 할 것이나, 더 나아가 원고의 주장이 증거에 의하여 객관성과 합리성이 담보되는지에 관하여 판단하지 아니하였다는 점에서 선례적 가치는 떨어지고 그래서 대법원도 심리불속행 판결도 종결지은 것으로 보인다.

라) 형사판결이 포함되는지 여부

형사사건에서의 판결은 형사처벌의 유무나 정도를 판단하는 것이지만 범죄의 구성요건적 사실의 존부와 범위에 관한 판단이 필수적으로 수반되기 때문에 그 과정에서 과세요건사실에 관한 판단이 이루어질 수 있다. 그래서 형사판결도 국세기본법 제45조의2 제2항 제1호 소정의 판결에 포함될 수 있는지가 문제된다.

형사판결은 범죄사실의 존부 및 범위를 확정함에 지나지 아니하고 과세물건에 관한 분쟁의 해결을 목적으로 하지 아니하므로, 원칙적으로 국세기본법 제45조의2 제2항 제1호 소정의 판결에 포함되지 않는다고 보는 견해가 있다.[79] 일본 최고재판소도 이와 비슷한 입장을 취하고 있다.[80] 이들 견해에 의하면, 사법상의 거래행위 자체가 직접 범죄행위가 되는 경우 형사사건에서의 유무죄 판단과 민사사건에서의 사법상 거래행위의 효력 판단(당해 법률행위에 무효 또는 취소사유가 있는지에 대한 판단)이 중복된다는 점에서 형사사건의 판결도 위 판결에 해당된다고 볼 여지도 있지만, 이 경우에도 형사사건의 확정판결만으로는 사법상 거래행위가 바로 무효로 되거나 또는 취소되지는 않기 때문에 형사사건의 판결은 위 판결에 포함되지 않는다는 것이다. 심지어 형사사건의 판결은 비록 조세포탈죄에 관한 판결이라 하더라도 그 성립의 판단 및 적정한 처벌을 전제로 하여 소위 범칙소득금액을 확정하는 것이므로, 양자는 그 목적을 달리하고 그 확정을 위한 절차도 별도로 정해져 있을 뿐만 아니라 형사사건의 확정판결만으로는 사법상의 거래행위가 바로 무효로 되거나 취소되지는 않기 때문에 형사사건의 판결은 위 규정상의 판결에 포함되지 않는다는 입장도 있다.[81]

대법원 2020. 1. 9. 선고 2018두61888 판결도 형사사건의 재판절차에서 납세의무의 존부나 범위에 관한 판단을 기초로 판결이 확정되었다 하더라도, 이는 특별한 사정이 없는 한 후발적 경정청구사유에 해당하지 않는다고 하여 부정설의 입장을 취하였다. 그 논거는 다음과 같다. 형사소송은 국가 형벌권의 존부 및 적정한 처벌범위를 확정하는 것을 목적으로 하는 것으로서 과세표준 및 세액의 계산근거가 된 거래 또는 행위 등에 관해 발생한 분쟁의 해결을 목적으로 하는 소송이라고 보기 어렵고, 형사사건의 확정판결만으로는 사법상 거래 또는 행위가 무효로 되거나 취소되지도 아니하며, 과세절차는 실질과세의 원칙 등에 따라 적정하고 공정한 과세를 위하여 과세표준 및 세액을 확정하는 것인데 반하여, 형사소송절차는 불고불리의 원칙에 따라 기소된 공소사실을 심판대상으로 하여 국가 형벌권의 존부 및 범위를 확정하는 것을 목적으로 하므로, 설사 조세포탈죄의 성립 여부 및 범칙소득금액을 확정하기 위한 형사소송절차라고 하더라도 과세절차와는 그 목적이 다르고 그 확정을 위한 절차도 별도로 규정되어 서로 상이하고, 형사소송절차에서는 대립 당사자 사이에서 과세표준 및 세액의 계산근거가 된 거래 또는 행위의 취소 또는 무효 여부에 관하여 항변, 재항변 등 공격·방어방법의 제출을 통하여 이를 확정하는 절차가 마련되어 있지도 않으며, 더욱이 형사소송절차에는 엄격한 증거법칙하에서 증거능력이 제한되고 무죄추정의 원칙이 적용되어 법관으로 하여금 합리적 의심이 없을 정도로 공소사실이 진실한 것이라는 확신을 가지게 할 수 있는 정도의 증명력을 가진

---

79) 심경, "경정청구사유에 관한 고찰", 사법논집(제40집), 법원행정처
80) 일본 최고재판소 昭和 60. 5. 17. 판결
81) 서울고등법원 2008. 10. 22. 선고 2008누7139 판결

증거에 의하여만 유죄의 인정을 할 수 있으므로 형사소송에서의 무죄판결은 그러한 증명이 없다는 의미일 뿐이지 공소사실의 부존재가 증명되었다는 의미가 아니라는 것이다.

그러나 형사판결에서 구성요건적 사실이 되는 것은 범죄행위나 불법행위인 경우가 많을 것이므로 그것의 사법적 효력이 문제되기보다는 범죄행위나 불법행위의 규모가 문제되는 것이 많고 그 규모가 과세소득으로 직결될 경우에는 형사판결에 의하여 과세표준이 다른 것으로 확인되는 경우가 있을 수 있다. 예를 들어 법인의 대표가 법인의 돈을 10억 원 횡령하였다는 이유로 그 횡령금 10억 원에 대하여 소득금액변동통지가 이루어졌는데, 그 횡령금에 관한 형사판결에서 횡령금액이 10억 원이 아니라 7억 원으로 밝혀져 3억 원 부분은 무죄가 선고되어 확정되었다고 하면, 위 형사판결에 의하여 소득금액변동통지의 대상이 되는 횡령금액은 7억 원으로 확정되었다고 볼 수 있다. 이러한 경우에도 물론 법인이 대표자를 상대로 횡령금 반환의 민사소송을 제기하여 그 판결에서 7억 원을 반환하라는 이행판결을 통하여 횡령금이 7억 원으로 확정될 수도 있겠지만 법인과 대표자의 관계에 비추어 이러한 민사소송의 제기를 기대하는 것도 쉽지 않을뿐더러 형사판결에 의한 횡령금액의 확인이 민사판결에 의한 횡령금액의 확인보다 덜 정확하다고 보기 어렵다. 물론 형사판결은 유죄의 범죄사실에 대하여 엄격한 증명을 요하기 때문에 당사자주의에 의한 민사판결보다 횡령금액을 인정받기가 더 어려우므로 과세소득의 인정이라는 측면에서는 납세자에게 더 유리한 측면이 있다. 즉, 엄격한 증명의 요건을 충족하지 못하여 실제 횡령금액보다 적게 횡령금액이 인정될 가능성은 있다. 그러나 후발적 경정청구제도가 납세자의 보호에 그 취지가 있는 만큼 엄격한 증명을 요하는 형사판결에서 과세표준이 되는 횡령금 등이 부과처분시의 과세표준보다 더 적게 인정되었다면 후발적 경정청구를 인정하는 것이 바람직하다고 하겠다.

판례와 반대론자들은 과세표준이 되는 소득이나 거래 자체가 민사판결의 효력에 의하여 직접적으로 다른 것으로 확정된 경우로 국한하려는 경향이 있으나 판결의 효력이 어디까지 미치느냐가 중요한 것이 아니라 과세요건의 존부와 범위가 실제로 어떠하냐가 중요하고 그것을 확인하는 데에는 형사판결이 민사판결 못지 않게 충분한 역할을 한다고 볼 수 있으므로 형사판결을 제외할 이유가 없다. 국세기본법 제45조의2 제1호의 '판결에 의하여 다른 것으로 확정'되었다는 문언을 '판결의 기판력에 의하여 다른 것으로 확정'되었다는 의미로 축소해석할 것이 아니고 '판결에 의하여 다른 것으로 확인'되었다는 의미로도 충분히 해석할 수 있는 것이다. 이와 같이 해석하면 민사판결에서도 굳이 그 판결의 당사자가 아닌 제3자도 그 판결을 들어 후발적 경정청구를 할 수 있다고 보아야 하지 않느냐는 의문이 있겠으나, 당사자주의가 지배하는 민사판결의 경우 그 당사자가 아닌 다른 당사자의 민사소송에서는 다른 내용의 판결을 받을 여지가 많으므로 제3자가 그 민사판결을 들어 후발적 경정청구를 할 수 없다고 하겠지만, 엄격한 증명을 요하는 형사판결에서 횡령금액이 확정된 자는 다른 민사판결이나 형사판결에서 횡령금액이 다른 것으로 변경될 가능성은 없기 때문에 그 형사판결을 후발적 경정청구사유로 삼아도 무방하다는 것이다.

앞서 본 바와 같이 최근의 대법원 2015. 7. 16. 선고 2014두5514 전원합의체 판결에서는 위법소득에 의하여 일단 납세의무가 성립하였다고 하더라도 그 후 몰수나 추징과 같은 형사판결이 있으면 후발적 경정청구사유가 된다고 판시하였다. 몰수나 추징을 선고하는 형사판결 자체에 의하여 위법소득의 규모가 사후적으로 변하는 경우이므로 후발적 경정청구사유로 보는데 무리가 없다. 여기에서 더 나아가 형사판결에 의하여 위법소득의 본래 규모가 다른 것으로 확인되는 경우에도 후발적 경정청구사유에 해당한다고 보는 것이 납세자의 권익구제라는 취지에 부합한다고 하겠다.

마) 행정 · 조세판결이 포함되는지 여부

행정소송은 행정행위의 효력을 소송대상으로 하기 때문에 국세기본법 제45조의2 제2항 제1호에서 말하는 법원의 판결 등에 행정소송에서의 판결은 원칙적으로 포함되지 않는다고 보아야 할 것이다. 그러나 과세물건이 사법상의 거래행위가 아니라 행정행위인 경우가 있다면, 예컨대 면허세의 경우에는 그 면허의 취소를 구하는 행정소송에서 그 면허를 취소하는 판결이 선고된 경우에는 후발적 경정청구사유에 해당할 수 있을 것이다.

조세 부과처분 취소소송에서의 판결이나 경정청구 등에 대한 거부처분 취소소송에 관한 판결과 같은 조세판결이 국세기본법 제45조의2 제2항 제1호 소정의 판결에 포함되는지 여부에 관하여도 견해의 대립이 있을 수 있다.

소극설의 입장은, 조세사건 판결은 국세기본법 제26조의2 제2항 제1호가 조세사건 판결에 의하여 경정처분 등을 할 필요가 있는 경우를 위하여 부과제척기간의 특례를 둔 취지와 연계해 볼 때 납세자에게 경정청구권을 인정할 실익이 있어 보이기도 한다고 하면서도 국세기본법 제45조의2 제2항 제1호의 법문에 충실하게 되면 조세사건 판결은 단순히 과세와 관련하여 소극적 위법확인기능을 가지는 것에 불과할 뿐 당해 처분을 변경할 것을 명하는 이행판결은 허용되지 않는 점을 논거로 들고 있다.

그러나 반대의 입장에서는 조세판결에서 당초 신고나 처분의 전제가 된 과세요건이 다른 것으로 인정되는 경우는 있을 수 있고 이러한 경우 후발적 경정청구를 인정하는 것이 납세자의 구제를 위하여 바람직할뿐더러 때로는 그것이 유일한 구제수단이 될 수도 있다는 점을 논거로 들고 있다. 예를 들어 2010 사업연도 법인세 부과처분 취소소송에서 납세자가 주장하는 손금의 귀속시기가 2010 사업연도냐 2011 사업연도냐가 문제되었을 때 당해 손금의 귀속시기가 2010 사업연도가 아니라 2011 사업연도라는 이유로 납세자의 청구를 기각하는 판결이 확정되었다면 2011 사업연도의 법인세 신고·납부나 부과처분에 대하여 후발적 경정청구를 인정해야 한다는 것이다.

그러나 조세판결에서는 판결의 대상이 되는 당해 처분이 과세요건으로 삼은 거래 또는 소득의 존부나 범위만을 직접적으로 판단할 뿐이지 그것이 다른 처분이나 신고에서의 과세요건이 되는지 여부에 대하여는 직접적으로 판단하지 아니한다. 물론 간접적이거나 반사적으로 당해 처분의 과세요건에 해당하기 때문에 다른 처분의 과세요건이 되지 않는다는 식으로 판결이유가 설시될 수 있겠지만 그것은 직접적인 판단의 대상이 된 것은 아니다. 앞의 예에서 법원의 판결은 납세자가 주장하는 손금의 귀속시기가 적어도 2010 사업연도는 아니라는 데에 초점이 맞추어져 있고 그것으로 족하며, 그것의 귀속시기가 2011 사업연도인지 여부는 반사적인 결론에 불과하다고 할 수 있고 다른 판결에서는 그 귀속시기가 2009 사업연도로 판단될 여지도 있는 것이다. 이와 같이 조세판결은 다른 신고나 처분의 당부를 직접적인 판단대상으로 하고 있고 후발적 경정청구의 대상으로 삼고자 하는 당해 신고나 처분의 요건에 관한 판단을 직접적으로 하는 것이 아니므로 원칙적으로 조세판결은 국세기본법 제45조의2 제2항 제1호의 판결에 포함되지 않는다고 보는 것이 타당하다.

대법원 2008. 7. 24. 선고 2006두10023 판결도 같은 취지에서, 법인세 신고 당시의 사실관계를 바탕으로 그 손금귀속시기만을 달리 본 과세권자의 손금귀속방법이 위법하다는 이유로 어느 과세기간의 부과처분을 취소한 확정판결은 그 다음 과세기간의 법인세와 관련하여 국세기본법 제45조의2 제2항 제1호, 제5호, 같은 법 시행령 제25조의2에 정한 후발적 경정청구사유에 해당하지 않는다고 판시하였다. 그 이유로는 국세기본법 제45조의2 제2항 제1호 소정의 '거래 또는 행위 등이 그에 관한 소송에 대한 판결에 의하여 다른 것으로 확정된 때'라 함은 '거래 또는 행위 등에 대하여 분쟁이 생겨 그에 관한 판결에 의하여 다른 것으로 확정된 때'를 의미하는데 위와 같은 경우는 여기에 해당하지 않는다는 것이다. 그러나 앞서 살펴본 바와 같이 위 규정의 의미를 이렇게까지 제한적으로 해석할 합리적인 이유는 없지만 결론은 수긍할 수 있다고 하겠다.

바) 사해행위취소 판결

최근 대법원 2020. 11. 26. 선고 2014두46485 판결은 사해행위취소 판결에 의하여 일탈재산이 원상회복됨으로써 그 일탈재산을 취득하였던 수익자나 전득자가 그것을 상실하게 되었다고 하더라도 후발적 경정청구사유가 되지 않는다는 판결을 선고하였다.

토지를 증여받은 A가 사망하여 토지를 상속재산으로 한 상속개시가 이루어진 이상,

이후에 A에 대한 채권자의 사해행위취소 판결에 의하여 그 증여계약이 취소되고 토지가 증여자의 책임재산으로 원상회복되어 강제집행까지 이루어졌다고 하더라도, 그러한 사유는 그 토지를 상속재산에 포함하여 이루어진 상속세 부과처분에 대하여 A의 상속인이 국세기본법 제45조의2 제2항에서 정한 후발적 경정을 청구할 사유에 해당하지 아니한다고 판시하였다. 주된 논거는 채권자취소권의 행사로 사해행위가 취소되고 일탈재산이 원상회복되더라도, 채무자가 일탈재산에 대한 권리를 직접 취득하는 것이 아니고 사해행위 취소의 효력이 소급하여 채무자의 책임재산으로 회복되는 것도 아니라는 것이다.

대법원이 무려 6년의 장고 끝에 내린 결론이지만 후발적 경정청구사유의 범위를 좁히는 방향으로 해석하였다는 점에서 납세자들은 상당히 불만스럽게 되었다. 후발적 경정청구는 과세대상을 취득하였던 자의 입장에서 보았을 때 사후에 판결이나 그 밖의 사유로 그것을 상실하는 사정변경이 있는 경우 이를 반영하자는 것이다. 즉, 종국적으로 납세자로부터 과세대상이 사라졌음에도 과세를 그대로 유지하는 것은 납세자의 재산권을 침해하는 것일뿐더러 과세정의에도 반한다는 사고가 깔려 있다. 그래서 대법원 2015. 7. 16. 선고 2014두5514 전원합의체 판결은 형사판결상의 몰수나 추징에 의하여 재산을 상실한 자에 대하여도 후발적 경정청구사유를 인정하였던 것이다. 그런데 이번 판결에서는 과세대상을 상실하게 된 납세자의 입장에서 보지 않고 과세대상의 종전 소유자의 입장에서 보아 과세대상이 종전 소유자였던 채무자의 책임재산으로 회복되는 것이 아니라는 민사법리를 이유로 후발적 경정청구사유를 부정하였다. 이 점에서 위 대법원 2015. 7. 16. 선고의 판결이 몰수나 추징에 의하여 과세대상이 종전 소유자에게 회복되는 것이 아니라 국가에게 귀속되는 것임에도 후발적 경정청구사유를 인정한 것과 모순되는 측면이 있다. 대법원이 근래 한동안 유지해왔던 후발적 경정청구사유의 확대방향이 이번 판결에 의하여 다소 축소하는 방향으로 선회한 듯하고 그 논거도 선뜻 수긍하기 어렵다는 점에서 유감스럽다.

(2) 귀속을 변경하는 결정 또는 경정

가) 근거규정과 입법 취지

국세기본법 제45조의2 제2항은 후발적 경정청구사유로 제2호에서 '소득이나 그 밖의 과세물건의 귀속을 제3자에게로 변경시키는 결정 또는 경정이 있을 때'를 규정하고, 제4호는 '결정 또는 경정으로 인하여 그 결정 또는 경정의 대상이 되는 과세기간 외의 과세기간에 대하여 최초에 신고한 국세의 과세표준 및 세액이 세법에 따라 신고하여야 할 과세표준 및 세액을 초과할 때'를 규정하고 있다.

제2호는 과세물건의 귀속이 변경되는 경우이고, 제4호는 과세기간의 귀속이 변경되는 경우이다. 여기서 말하는 결정 또는 경정은 과세관청의 결정 또는 경정을 의미한다고 하겠다. 제2호의 예로는, A가 양도소득세를 신고·납부하였는데, 사후에 과세관청이 그 양도소득의 실질적 귀속자는 A가 아니라 B라는 이유로 B에게 양도소득세를 부과결정하는 경우를 들 수 있고, 제4호의 예로는 납세자가 부동산의 양도소득이 잔금을 청산한 2011년도에 귀속된 것으로 보아 2011년도 양도소득세로 신고·납부하였는데, 사후에 과세관청이 소유권이전등기가 경료된 2010년도에 그 양도소득이 귀속되었다고 보아 2010년도 양도소득세로 부과결정하는 경우를 들 수 있다.

제2호는 문언상 사후의 과세관청의 결정 또는 경정으로 당초 신고나 결정에서 과세표준 및 세액의 계산 근거가 된 과세물건이 다른 것으로 확정된 경우로 해석하는 데 문제가 없는데, 제4호는 문언상 과세관청의 결정 또는 경정으로 당초 신고에서 정한 과세기간이 다른 과세기간으로 확정된 경우만 포함되고 당초 결정에서 정한 과세기간이 다른 과세기간으로 확정된 경우는 포함되지 않는 것처럼 읽혀진다. 그러나 후자의 경우를 제외할 아무런 이유가 없다. 실무상으로 과세관청이 소득의 귀속시기를 A사업연도로 보아 부과처분의 결정을 하였다가 나중에 다시 직권으로 그 소득의 귀속시기를 B사업연도로 보아 부과처분의 결정을 하는 경우는 드물겠지만, 공사진행기준에 의한 공사수익의 인식에 있어서 과세관청이 특정 사업연도의 공사수익 계산을 잘못하면 연쇄적으로 다른 사업연도의 공사수익 계산에 영향을 주게 되고 그와 같은 잘못이 전심절차의 심판결정 등에서 지적되어 그에 따라 과세관청이 당초 결정시의 귀속사업연도를 변경시키는 취지의 결정을 하는 경우가 있고 이러한 경우 후발적 경정청구사유에서 제외할 아무런 합리적인 이유가 없다. 따라서 제4호의 문언은 '결정 또는 경정으로 인하여 그 결정 또는 경정의 대상이 되는 과세기간 외의 과세기간에 대하여 최초의 신고 또는 결정·경정한 국세의 과세표준 및 세액이 세법에 따라 신고 또는 결정·경정하여야 할 과세표준 및 세액을 초과할 때'로 해석하는 것이 타당하다.

당초 신고나 처분시 근거로 삼은 과세물건에 대하여 사후에 과세관청이 그 귀속을 당해 납세자가 아닌 제3자에게 귀속시키거나 과세기간을 다르게 하는 결정이나 경정이 있었다면 과세관청 스스로 당초 신고나 결정이 잘못되었음을 인정하는 셈이 되므로, 과세관청이 직권으로 당초 신고나 처분에 대하여 감액결정을 하는 것이 바람직하다고 하겠으나 그와 같은 직권 감액결정이 없다면 납세자에게 그에 관한 경정의 청구권을 인정하는 것은 당연하다고 할 것이다. 이러한 취지가 위 규정들에 담겨 있다.

나) 과세물건의 귀속변경에 관한 사례

과세물건의 귀속변경에 관한 결정 또는 경정에 관한 국세기본법 제45조의2 제2항 제2호와 관련하여, 임대료와 같이 A 사업자의 필요경비가 그 상대방 B 사업자의 수익이 되는 경우 A와 B가 협의하여 임대료를 실제보다 과소하게 계상함으로써 A는 소득을 과다하게 신고하였고, B는 그만큼 소득을 과소하게 신고하였다가, 과세관청이 이를 적발하여 B의 소득세를 증액하는 결정을 하였을 경우 A가 이를 후발적 경정청구사유로 삼을 수 있는지가 문제된다. 이 경우 과세관청의 결정은 수익이나 필요경비 자체의 귀속자를 다르게 변경시키는 것이 아니라 A의 비용이 B의 수익이 되는 관계에서 그 항목이 실제보다 과소하게 계상되었음을 바로 잡는 것이다. 이것도 결과적으로는 A의 비용을 증가시키고 그에 상응하는 B의 수익을 감소시킴으로써 B의 소득 중 일부를 A의 소득으로 그 귀속자를 변경시키는 결정으로 볼 여지가 없지 않다.

이에 관한 사례가 대법원 2013. 11. 28. 선고 2013두13730 판결이다. 원심은, 원고가 A로부터 사업장을 임차하여 사진관을 운영하면서 A와 합의하여 실제 지급한 임차료보다 적은 금액의 세금계산서를 수취하고 이를 필요경비에 산입하는 방법으로 종합소득세를 신고·납부한 사실, 과세관청은 A가 실제 임차료보다 적은 금액의 세금계산서를 발행하는 방법으로 매출을 과소신고하였다고 하여 A에 대하여 부가가치세 및 종합소득세를 경정·고지한 사실 등을 인정한 다음, 과세관청이 A에 대하여 부가가치세 및 종합소득세를 경정한 것은 과소신고된 A의 임차료 수입금액을 바로잡은 것에 불과하고 임차료 소득의 귀속을 원고로부터 A에게로 변경시킨 것이라고 할 수 없고 필요경비인 임차료가 과소신고됨으로써 원고의 종합소득세 과세표준이 세법에 따라 신고하여야 할 과세표준을 초과하게 된 사정은 국세기본법 제45조의2 제1항에서 정한 통상적 경정청구사유에 해당할 뿐이라는 이유로, 과세관청이 A의 부가가치세 및 종합소득세를 경정한 것이 국세기본법 제45조의2 제2항 제2호에서 정한 후발적 경정청구사유인 '소득이나 그 밖의 과세물건의 귀속을 제3자에게로 변경시키는 결정 또는 경정이 있을 때'에 해당한다고 볼 수 없다고 판단하였고, 대법원은 이를 수긍하였다.

위 원심판결에서는 과세관청의 결정을 임차료 소득의 귀속을 원고로부터 A에게로 변경시킨 것이라고 할 수 없다는 논거는 다소 부적절해 보인다. 물론 과세관청의 결정이 외관상 원고의 임차료 소득을 A의 임차료 소득으로 변경시키는 것은 아니었지만 A의 임차료 소득을 증가시키면서 동시에 그만큼 원고의 임차료 비용을 증가시킴으로써 원고의 소득을 감소시킨 것은 틀림없고, 다만 그 감소된 소득의 명목이 임차료 소득이 아닌 사업소득일 뿐이다. 그래서 위와 같은 원심판시는 너무 형식적인 논리에 치우친 느낌이 든다. 그보다는 과세관청의 결정에 의하여 원고의 소득이 줄어들긴 했지만 그 귀책사유가 원고와 A에게 있다는 점을 들어 규범적 판단으로 이러한 귀책사유가 분명히 납세자에게 존재하는 경우에는 예측할 수 없었던 후발적 사정으로 납세자가 구제받을 수 없는 경우를 구제하기 위한 후발적 경정청구제도의 취지에 부합하지 않는다는 이유로 후발적 경정청구를 부인하는 것이 더 옳았다고 본다.

다) 과세기간의 귀속변경에 관한 사례

다음으로 과세기간의 귀속변경에 관한 결정 또는 경정에 관한 국세기본법 제45조의2 제2항 제4호와 관련하여, 법인이 특정 사업연도에 고의로 수익을 과다계상하거나 손비를 과소계상하는 방법으로 사실과 다른 분식결산을 하고 법인세를 과다신고하였다가 그 효과를 상쇄시키기 위하여 그 차기 사업연도 이후부터 수익을 과소계상하거나 손비를 과다계상하는 방법으로 분식결산을 하고 법인세를 과소신고하였는데, 과세관청이 그 차기 사업연도 이후 과소계상한 수익을 익금산입하거나 과다계상한 손비를 손금불산입하고 법인세를 증액경정한 경우 법인은 제4호를 근거로 후발적 경정청구를 할 수 있는지가 문제될 수 있다.

대법원 2013. 7. 11. 선고 2011두16971 판결이 그 사안이다. 여기서 대법원은 차기 사업연도에 대한 과세관청의 증액경정으로 인하여 그 특정 사업연도에서 이루어진 분식결산의 효과를 상쇄시키지 못하게 되었다 하더라도, 그러한 사정만으로 과세관청의 조치로 인하여 그 특정 사업연도에 신고한 과세표준 및 세액의 산정기초에 후발적인 변동이 생겨 그 과세표준 및 세액이 세법에 의하여 신고하여야 할 과세표준 및 세액을 초과하게 된 때에 해당한다고 할 수 없다고 하면서 따라서 이러한 경우에는 구 국세기본법 제45조의2 제1항에 의하여 적법한 경정청구기간 내에 감액경정청구를 할 수 있음은 별론으로 하고, 구 국세기본법 제45조의2 제2항 제4호에 의하여 후발적 경정청구를 할 수는 없다고 판시하였다.

위의 사안은 차기 사업연도의 비용과다계상이나 수익과소계상이 특정 사업연도의 수익과다계상이나 비용과소계상과 필연적으로 직결되는 관계에 있지 않다. 국세기본법 제45조의2 제2항 제4호가 예정하고 있는 것은 어떠한 과세물건이 있을 때 그것의 귀속 사업연도는 A사업연도와 B사업연도 중 어느 하나일 수밖에 없고 따라서 A사업연도의 것이라는 결정이 있다면 필연적으로 B사업연도의 것이 될 수 없는 관계에 있는 것이다. 그러나 위 사안은 그와 같은 하나의 과세물건의 귀속 사업연도를 선택하여 정하는 것이 아니었다. 만약 위 사안에서도 법인이 차기 사업연도에 귀속시켜야 할 수익을 특정 사업연도의 수익으로 앞당겨 계상하거나 특정 사업연도에 귀속시켜야 할 비용을 차기 사업연도의 비용으로 미루어 계상하였다면 차기 사업연도에 대한 증액경정을 위 제4호에 의한 후발적 경정청구사유로 볼 여지가 있겠지만, 위 사안에서는 특정 사업연도에 수익을 과다계상한 부분이 단순한 가공매출이었고 비용을 과소계상 부분도 단순한 누락에 불과하였으며 그것이 차기 사업연도의 매출의 과소계상이나 비용의 과다계상으로 직결되었다는 점에 대한 입증이 부족하였다. 즉, 그 연결고리를 확인할 자료가 제대로 제출되지 아니한 것이다. 그래서 대법원은 이러한 경우는 특정 사업연도에 대하여 국세기본법 제45조의2 제1항에 의하여 통상적 경정청구기간 내에 통상적 감액경정청구를 할 수 있을 뿐 같은 조 제2항 제4호를 근거로 한 후발적 경정청구는 할 수 없다고 본 것이다. 타당한 판결이다. 위 사안에서 과세관청이 차기 사업연도에 대한 증액경정결정이 이루어진 것은 특정 사업연도에 대한 통상적 경정청구기간이 도과한 후였기 때문에 결국 그 법인은 구제받을 수 없게 되었다. 현행법은 결정 또는 경정의 대상이 된 과세표준 및 세액과 '연동된' 다른 과세기간(같은 세목으로 한정한다)의 과세표준과 세액이라고 함으로써 대법원 판결의 취지를 입법에 반영하였다.

(3) 관청의 허가나 처분의 취소

국세기본법 제45조의2 제2항 제5호의 위임에 따른 국세기본법 시행령 제25조의2 제1호에 의하면, 후발적 경정청구사유의 하나로 '최초의 신고·결정 또는 경정을 할 때 과세표준 및 세액의 계산근거가 된 거래 또는 행위 등의 효력과 관계되는 관청의 허가나 그 밖의 처분이 취소된 경우'를 규정하고 있다.

이때 행정청의 허가 기타처분의 '취소'에는 '철회'도 포함되고, 취소의 경우에는 직권에 의한 취소이든 쟁송에 따른 취소이든 불문하는 것으로 보아야 한다. 따라서 일반 행정소송 판결 자체에 기초하여서는 원칙적으로 국세기본법 제45조의2 제2항 제1호의 사유에 의한 후발적 경정청구권이 발생한다고 보기 어렵지만 국세기본법 시행령 제25조의2 제1호 사유에 의한 후발적 경정청구권은 발생할 수 있다. 예컨대 토지거래허가구역 내에서 토지거래허가를 받아 토지매매를 했고 매도인은 양도소득세를 신고·납부하였는데 행정소송의 판결에 의하여 사후 토지거래허가가 취소 또는 철회된 경우에 매매는 유효하게 성립되지 않은 것이 되며 따라서 매도인에게는 이미 납부한 양도소득세에 대한 후발적 경정청구가 가능하게 된다.

(4) 당초 계약의 해제

가) 법적 근거와 취지

국세기본법 제45조의2 제2항 제5호의 위임에 따른 국세기본법 시행령 제25조의2 제2호에 의하면, 후발적 경정청구사유의 하나로 '최초의 신고·결정 또는 경정을 할 때 과세표준 및 세액의 계산 근거가 된 거래 또는 행위 등의 효력과 관계되는 계약이 해제권의 행사에 의하여 해제되거나 해당 계약의 성립 후 발생한 부득이한 사유로 해제되거나 취소된 경우'를 규정하고 있다.

위 규정에 의하면, 일단 약정해제권이든 법정해제권이든 해제권의 행사에 의해 계약이 해제된 경우에는 모두 후발적 경정청구사유로 인정하는 것을 원칙으로 하되, 다만 합의해제의 경우에는 그 본질이 동일한 당사자 간의 새로운 계약으로 볼 수 있는 경우들이 있으므로 이를 제한 없이 후발적 경정청구사유로 인정하게 되면 징수권 확보에 상당한 문제가 생기는 것을 고려하여 '부득이한 사유'가 인정되는 경우로 제한하고 있다고 할 수 있다. 위 규정에서 취소의 경우는 취소권의 행사로 규정하지 않고 합의해제와 같이 병렬적으로 규정하여 그것이 합의에 의한 취소인 것처럼 하여 '부득이한 사유'를 합의해제와 함께 취소의 경우에도 그 요건으로 규정하고 있다. 그러나 취소의 경우는 민법상 취소권이 인정되는 경우 외에 합의에 의한 취소를 상정하기 어렵고 민법상 취소권이 인정되는 경우에 관하여는 민법상 그 요건이 규정되어 있으므로 별도로 부득이한 사유의 유무를 논할 필요가 없다고 할 것이다.

나) 기간과세에서의 당초 계약 해제

법인세와 같은 기간과세에 있어서도 추후에 당초 계약이 해제되었을 경우 후발적 경정청구사유로 보아 당초 계약이 체결된 사업연도의 손익에서 조정하여야 하는지 아니면 계약이 해제된 사업연도의 손익에서 조정하여야 하는지가 다투어져 왔다. 과세관청은 계속기업을 전제로 하는 법인세와 같은 기간과세에 있어서는 굳이 계약이 체결된 사업연도까지 소급하여 그 손익을 조정할 필요 없이 계약이 해제된 사업연도의 손익에 반영하더라도 납세자에게 별 불이익이 없고 편리하며 일관되게 그와 같이 처리할 경우 전체적으로 기간손익에 왜곡도 없다는 이유에서 굳이 후발적 경정청구사유로 보지 말고 계약이 해제된 사업연도의 손익에서 조정하면 된다는 입장이었다. 그러나 납세자의 입장에서는 계약을 체결한 사업연도에는 과세소득이 많았던 반면에 계약이 해제된 사업연도에는 결손이 날 수 있고, 이러한 경우 과세관청의 입장을 취하게 되면 현저한 불이익을 입게 된다.

그래서 대법원은 원칙적으로는 후발적 경정청구사유로 보아야 한다는 입장을 취하였다. 대법원 2014. 3. 13. 선고 2012두10611 판결 등 다수의 판결에서 '해제권의 행사나 부득이한 사유로 인한 계약의 해제'는 원칙적으로 후발적 경정청구사유가 되며, 다만 법인세법이나 관련 규정에서 일정한 계약의 해제에 대하여 그로 말미암아 실현되지 아니한 소득금액을 해제일이 속하는 사업연도의 소득금액에 대한 차감사유 등으로 별도로 규정하고 있거나 경상적·반복적으로 발생하는 상품판매계약 등의 해제에 대하여 납세의무자가 기업회계의 기준이나 관행에 따라 해제일이 속한 사업연도의 소득금액을 차감하는 방식으로 법인세를 신고하여 왔다는 등의 특별한 사정이 있는 경우에는 그러한 계약의 해제는 당초 성립하였던 납세의무에 영향을 미칠 수 없으므로 후발적 경정청구사유가 될 수 없다고 판시하고 있다. 즉, 위 판시에서 언급하고 있는 예외사유에 해당하지 않는 한 계약이 체결된 사업연도의 소득금액에서 조정이 이루어져야 한다는 것이다.

최근에는 위에서 본 법리와 더불어 계약해제에 관하여 법정 다툼이 있을 경우 그 판결이 확정될 때까지 계약해제가 이루어진 것으로 볼 수 없는지 여부가 다투어진 사건에서 대법원 2020. 1. 30. 선고 2016두59188 판결은 위 법리를 다시 한번 확인하면서 국세기본법 시행령 제25조의2 제2호의 문언상 '계약이 해제된 경우'를 후발적 경정청구사유로 규정하고 있을 뿐 '계약 해제에 관한 소송이 확정될 것'을 경정청구의 요건으로 규정하고 있지 않으므로 과세표준 및 세액의 계산 근거가 된 거래의 효력과 관계되는 계약이 해제권의 행사에 의하여 해제되었다면 이는 곧 후발적 경정청구사유에 해당하는 것이고, 이에 더 나아가 계약의 해제 여부가 관련 민사판결 등에 의하여 확정되어야 비로소 후발적 경정청구사유에 해당된다고 볼 근거는 없다는 취지를 담았다.

다) 건설분양회사에서의 분양계약 해제

아파트를 건설하여 분양하는 회사들은 아파트가 완성되기 전에 선분양을 하고 그 수익은 분양수익금을 공사진행기준에 따라 각 사업연도별로 안분하여 인식한다. 그런데 수분양자가 분양금을 분할하여 납부하면서 그 납부시기를 준수하지 못할 경우 분양계약이 해제되는 경우가 더러 발생한다. 이런 경우가 다반사임에도 이럴 때마다 이미 경과한 각 사업연도의 수익금액을 다시 계산해야 할 것인지, 즉 후발적 경정청구에 의한 소급법으로 처리할 것인지 아니면 분양계약이 해제된 사업연도의 수익금액에서 차감하는 식으로 조정하고 말 것인지, 즉 전진법으로 처리할 것인지에 관하여 다툼이 있다.

법인세와 사업소득세 등과 같이 계속기업의 원칙이 적용되는 경우에는 후발적 경정청구사유로 인정할 필요가 없다는 입장이 있다. 왜냐하면 위와 같은 해제는 계속기업의 경우 상시 발생하는 일이므로 이를 그 발생일이 속하는 사업연도의 소득에서 조정하는 것만으로 납세자의 권익구제는 충분히 가능하고 그것이 간편하고 합리적인 방법이라는 것이다. 이 입장은 분양계약의 해제를 매출에누리나 할인과 다를 바 없다고 보고 그와 같이 처리하면 족하다는 것이다. 이에 대하여는 계속기업의 원칙이 적용되는 경우라고 하더라도 국세기본법에서 후발적 경정청구사유로 인정하는 사유에 해당하는 만큼 이를 함부로 부인하는 것은 납세자의 권리를 제한하는 것이 되므로 후발적 경정청구사유로 인정해야 한다는 입장도 있다.

계약해제와 같은 후발적 경정청구사유가 발생한 사업연도의 과세표준 및 세액과 당초에 확정된 과세표준 및 세액이 무관하기 때문에 당초 확정된 과세표준과 세액에 반영되었던 분양계약이 사후에 해제되면 소급법을 적용하여 당초 확정된 과세표준과 세액을 경정하는 것이 원칙적으로 타당하다고 하겠다. 하지만 사전분양 수익금의 인식과 같은 예약매출의 경우 권리의무가 확정되기 전의 기간 동안 추정된 손익을 합리적으로 배분하여 조기에 인식하는 것이므로 계약해제와 같은 후발적 변경사유도 결국은 추정치의 변경에 불과하다고 본다면 당초 손익을 인식한 사업연도와 변경사유가 생긴 사업연도의 과세표준과 세액이 서로 손익의 배분과정에서 관련되어 있기 때문에 변경사유가 발생한 사업연도의 과세표준과 세액에 반영하여 조정하는 것으로 족하며 굳이 당초 손익을 인식한 사업연도의 과세표준과 세액을 경정하는 후발적 경정청구사유로 볼 필요는 없다고 할 수도 있다. 그러나 이렇게 해석하면 경우에 따라서는 납세자에게 불리한 결과를 초래한다. 즉, 분양계약이 해제되기 전의 사업연도에는 이익이 많아 법인세를 납부하여 왔으나 분양계약이 해제된 사업연도에는 이익이 없거나 휴업상태에 있는 경우 소급법에 의하면 납세자는 과거 사업연도에 납부하였던 법인세를 환급받을 수 있지만 전진법에 의하면 이월결손금의 소급공제가 허용되는 중소기업이 아닌 한 법인세를 환급받기가 어려워진다. 그래서 납세자로서는 전진법보다는 소급법을 선호하는 경향이 있다.

일본 최고재판소 판결 중에는 다음과 같이 설시한 원심의 판단을 정당하다고 판시한 것이 있다.[82] 즉, 법인의 소득에 관하여는 당기에 있어 발생한 손실은 그 발생이유를 묻지 않고 당기에 발생한 수익에 대응하여 회계처리하여야 하고, 그 발생사유가 종전 사업연도의 수익에 대응하는 것이라도 그 사업연도에 소급하여 수익으로 처리하지 않는다는 것이 일반적인 회계처리라고 말할 수 있으므로 이후의 사업연도에 매매계약이 해제되었음을 이유로 하는 후발적 경정청구는 실체적 요건을 갖추지 못하였다는 것이다.

그런데 위와 같은 논란의 와중에서 2012. 2. 2. 개정된 법인세법 시행령은 제69조 제3항을 신설하여 '작업진행률에 의한 익금 또는 손금이 공사계약의 해약으로 인하여 확정된 금액과 차액이 발생된 경우에는 그 차액을 해약일이 속하는 사업연도의 익금 또는

---

82) 昭和 62년 7월 10일, 最高 2小 法廷 判決

손금에 산입한다.'고 규정함으로써 계속기업에서의 분양계약 해제는 이제 후발적 경정청구사유에서 제외되게 되었다. 그러나 위 시행령 부칙 제1조 및 제2조에 의하면, 위 제69조 제3항의 규정은 2012. 1. 1. 이후 최초로 개시하는 사업연도 분부터 적용되므로 위 규정이 적용되기 전의 사안에서는 여전히 이 문제가 쟁점으로 남게 되었다.

라) 분양계약 해제에 관한 대법원 판결의 흐름

대법원 2014. 3. 13. 선고 2012두10611 판결과 2013두12829 판결들은, 법인세에서도 구 국세기본법 시행령 제25조의2 제2호에서 정한 '해제권의 행사나 부득이한 사유로 인한 계약의 해제'는 원칙적으로 후발적 경정청구사유가 된다고 하면서도, 다만 법인세법이나 관련 규정에서 일정한 계약의 해제에 대하여 그로 말미암아 실현되지 아니한 소득금액을 해제일이 속하는 사업연도의 소득금액에 대한 차감사유 등으로 별도로 규정하고 있거나 경상적·반복적으로 발생하는 상품판매계약 등의 해제에 대하여 납세의무자가 기업회계의 기준이나 관행에 따라 해제일이 속한 사업연도의 소득금액을 차감하는 방식으로 법인세를 신고하여 왔다는 등의 특별한 사정이 있는 경우에는 그러한 계약의 해제는 당초 성립하였던 납세의무에 영향을 미칠 수 없으므로 후발적 경정청구사유가 될 수 없다고 판시하였다.

위 판시에서 알 수 있듯이 전항에서 본 법인세법 시행령 제69조 제3항과 같은 특별한 규정을 두고 있는 경우에는 그것이 총칙적인 규정인 국세기본법 규정보다 우선한다고 보아야 하므로 당연히 후발적 경정청구사유로 인정할 필요가 없다. 그런데 위 판결의 사안 당시는 계약해제의 경우 그와 같은 특별한 규정이 존재하지 않았고, 따라서 위 대법원 판례의 입장에 의하면 납세자가 기업회계의 기준이나 관행에 따라 해제일이 속한 사업연도의 소득금액을 차감하는 방식으로 법인세를 신고하여 왔다는 등의 특별한 사정이 있어야만 후발적 경정청구사유로 인정할 필요가 없다는 것이다. 위 판결의 사안에서는 그와 같은 특별한 규정이 없었음은 물론 납세자가 적용해온 기업회계의 기준이나 관행도 없었기 때문에 후발적 경정청구사유로 인정해 주어야 한다는 결론에 이르렀다. 주의할 것은 설령 그와 같은 일반적인 기업회계기준이나 관행이 존재한다고 하더라도 당해 납세의무자가 그와 같은 기준이나 관행을 적용하여 수익계상을 해 온 경우가 아니라면 후발적 경정청구사유로 인정해 주어야 한다는 것이다. 즉, 납세자의 선택의 자유를 최대한 보장하는 것이라고 할 수 있다.

여기서 먼저 분양계약 해제에 관한 기업회계기준과 관행이 어떠한 것인지에 관하여 검토할 필요가 있다. 기업회계기준에서는 전진법과 소급법의 선택에 관하여 회계추정의 변경은 전진법으로 처리하고 오류의 정정은 소급법으로 처리하는 것을 원칙으로 규정하고 있다. 다만, 사소한 오류의 정정은 전진법의 적용도 가능한 것으로 보인다. 이러한 기준에 비추어 볼 때 작업진행률에 따라 분양수입금액을 각 사업연도의 익금으로 계산해 오는 과정에서 발생한 일부 분양계약의 해제를 회계추정의 변경으로 볼 것인지 아니면 오류의 정정으로 볼 것인지, 아니면 그 어느 것도 아닌 것으로 볼 것인지에 따라 일부 분양계약의 해제에 관한 회계관행이 존재하는지가 판단된다고 할 것이다.

먼저, 회계추정의 변경으로 볼 수 있다는 견해가 있을 수 있다. 회계추정의 변경은 지금까지 사용해오던 회계적 추정치의 근거와 방법 등을 바꾸는 것을 말하는데 작업진행률에 의한 분양수입의 계상방법에 의하면 실제의 분양수입에 관계 없이 작업진행률과 추정 분양률에 따라 분양수입도 추정치로 계상하는 것이므로 사후에 분양계약이 일부 해제됨으로 인하여 이전 사업연도에서 수입계산의 기초로 삼은 추정 분양계약률이 변경되는 것은 회계추정의 변경으로 볼 수 있다는 것이다. 이와 달리 오류의 정정으로 볼 수 있다는 견해는 당초에 계상했던 추정 분양률이 사후에 분양계약의 일부 해제로 인하여 실제 분양률과 달라지게 되었으므로 결국 이는 추정 분양률에 대한 오류의 정정으로 볼 수 있다는 것이다. 마지막으로 회계추정의 변경도 오류의 정정도 아니라고 보는 견해인데, 이는 추정 분양률이 사후의 분양계약의 해제라는 사정변경으로 인하여 실제 분양률과 차이가 발생한 것일 뿐이고 이는 추정치에 본질적으로 내재하는 한계이므로 추정의 변경도 아니고 오류의 정정도 아니라고 보는 입장이다.

앞서 본 대법원 판결들은 추정의 변경으로 보기는 어렵다는 입장에서 전진법에 관한 회계기준이나 관행이 존재한다고 보기 어렵다는 판단을 하고 있는 것으로 보인다. 분양계약의 해제에 따른 분양수입금액의 조정은 엄격히 따져보면 사후의 사정변경에 따라 당초 추정치와의 차액을 조정하는 것이므로 추정의 변경보다는 오류의 정정에 더 가깝다고 할 수 있겠다. 이와 같이 추정의 변경으로 볼 수 없다면 전진법을 적용하는 회계기준이 존재한다고 보기 어렵다. 그럼에도 회계실무에서는 회계기준에서 전진법의 적용을 금지하는 명문의 규정이 없어 전진법을 적용하는 경우가 더러 있는 것 같다. 그렇다면 전진법의 적용에 관한 회계관행이 존재한다고 볼 여지는 없지 않으나 이를 소송법적으로 증명하는 것은 쉽지 않을 것으로 보인다. 따라서 납세의무자가 분양계약의 해제에 관하여 전진법을 적용하여 왔더라도 그것이 회계기준이나 관행에 의한 것이라는 점을 과세관청이 증명하여 후발적 경정청구를 원천적으로 봉쇄하는 것은 쉽지 않을 것으로 보이고, 법원으로서도 그와 같은 과세관청의 주장을 쉽사리 받아들이지 않을 것으로 보인다.

이러한 회계기준과 관행 및 2012. 2. 2. 개정된 법인세법 시행령 제69조 제3항의 시행과 관련하여 전진법과 소급법의 적용기준을 정리한 판결이 최근에 선고되었다. 대법원 2017. 9. 12. 선고 2017두38119 판결이다. 후발적 사유가 발생한 사업연도에 결손금이 누적되어 있거나 사실상 휴·폐업 상태여서 차감할 익금이 없는 경우에도 후발적 사유가 발생한 사업연도의 손익으로만 반영하도록 하는 것은 납세자의 권리구제에 미흡하고 형평에도 어긋나는 결과가 되므로 후발적 경정청구를 제한하는 규정은 그 적용시기를 명시적으로 정하고 있는 등의 특별한 사정이 없는 한 그 규정의 시행 전에 이루어진 잘못된 당초의 과세에 대한 후발적 경정청구권에는 영향을 미치지 못한다고 전제하고, 2012. 2. 2. 개정된 법인세법 시행령 제69조 제3항의 부칙 제1조는 시행일에 관하여 '이 영은 공포한 날부터 시행한다'고 규정한 다음 제2조는 일반적 적용례로 '이 영은 2012년 1월 1일 이후 최초로 개시하는 사업연도 분부터 적용한다'고 규정하고 있는데 이에 의하면 개정 시행령 규정은 2012. 1. 1. 이후부터 개시하는 사업연도 분의 과세에 대한 후발적 경정청구에 적용되며, 그 전의 사업연도분의 과세에 대하여는 비록 그 이후에 후발적 경정청구사유가 발생하였다 하더라도 적용되지 아니한다고 해석되므로 결국 2009 사업연도 법인세에 관한 경정청구에는 개정 시행령 규정이 적용되지 아니하여 소급법에 의한 후발적 경정청구가 인정되며, 나아가 후발적 사유가 발생한 사업연도의 소득금액을 차감하도록 하는 일반적으로 공정·타당하다고 인정되는 기업회계의 기준이나 관행이 존재한다고 볼 수도 없다고 판시하였다. 대법원 2017. 9. 21. 선고 2016두60201 판결도 같은 취지이다.

이 판결들은 앞서 본 판결들과 같이 후발적 사정변경으로 당초 과세소득의 감소를 초래히는 경우는 원칙적으로 후발적 경정청구사유로 보아 진진법이 아닌 소급법에 의하여 처리하여야 한다는 입장을 취하고 있다. 특히 후발적 사정변경이 발생한 사업연도에는 결손이거나 휴·폐업 중이어서 차감할 소득이 없는 경우 납세자의 보호를 위하여 전진법의 적용은 매우 제한적이어야 한다는 것이다.

이 판결들의 법리에 의하면 후발적 경정청구에 의한 소급법이 적용하기 위해서는 두 가지 관문을 통과해야 한다. 첫째, 납세자가 그동안 분양계약 해제를 전진법의 적용에 관한 회계기준이나 관행에 따라 계속적으로 전진법에 따라 처리하여 왔다는 특별한 사정이 존재하지 않아야 한다. 그런데 대법원은 분양계약 해제로 인한 손익에 대하여 후발적 사유가 발생한 사업연도의 소득금액을 차감하도록 하는 일반적으로 공정·타당하다고 인정되는 기업회계의 기준이나 관행이 존재한다고 볼 수도 없다고 판단하였다. 즉, 대법원은 앞서 보았듯이 작업진행률에 의한 분양수입금액의 계상에 있어서 사후 분양계약의 해제는 회계추정의 변경이 아니라 오류의 수정 또는 그 어느 것도 아닌 것으로 보아 전진법을 적용하는 일관된 회계기준이나 관행이 있다고 볼 수 없다는 입장을 취한 것으로 이해된다. 여기에는 가급적 납세자의 이익을 넓게 보호하고자 하는 취지가 담겨 있다고 할 수 있다. 둘째, 분양계약의 해제에 관하여 전진법의 적용을 의무화한 2012. 2.

2. 개정 법인세법 시행령 제69조 제3항의 적용대상이 아니어야 한다. 위 개정규정의 부칙에서는 위 개정규정은 '2012. 1. 1. 이후 최초로 개시하는 사업연도 분부터 적용한다'고 규정하고 있다. 여기서의 '사업연도'가 분양계약을 체결하여 당초 분양수입을 익금으로 계상한 사업연도를 뜻하는 것인지 아니면 분양계약이 해제된 사업연도를 뜻하는 것인지가 분명하지 않다. 전자로 해석하면 원고는 2012. 1. 1. 전 사업연도에 이미 분양수입금액을 계상하였으므로 개정 시행령 규정의 적용대상이 아니게 되고, 후자로 해석하면 2012. 1. 1. 이후 개시하는 사업연도에 분양계약이 해제되었으므로 개정 시행령 규정의 적용대상이 되게 된다.

위 부칙규정의 문언만 놓고 보면 그 의미가 불명확하여 어느 쪽으로든 해석이 가능한 것으로 보인다. 양자의 해석이 모두 가능하다면 이러한 모호한 부칙규정을 둔 것은 과세요건 명확주의에 반한다고 할 수 있다. 그렇다면 이는 입법자의 실책으로 보아 그 책임을 과세관청의 불이익으로 돌리는 것이 조세법률주의의 근본 이념에 부합하는 것이라고 하겠다. 이러한 취지에서 대법원은 납세자의 편을 들어 전자로 해석한 것으로 이해된다. 더구나 위 개정 시행령 규정은 분양계약 해제의 본질보다는 과세상의 편의를 고려한 강제규정이므로 그것이 납세자의 권익을 저해하는 결과를 초래할 때는 엄격히 제한적으로 해석하는 것이 바람직하다고 할 것이고, 이러한 견지에서 보더라도 위 대법원 판결들의 결론은 타당하다고 하겠다. 요컨대 조세법규를 해석함에 있어 그 규정의 문언이 모호하여 다의적인 해석이 가능할 경우 과세요건 명확주의에 반한다는 이유로 그 규정의 무효를 선언할 정도가 아니라면 대법원 판결들처럼 가급적 납세자에게 유리한 방향으로 해석하여야 할 것이고 이러한 대법원의 기조는 앞으로도 계속 유지되기를 기대한다.

마) 취득세에 있어서 당초 계약의 해제

대법원은 취득세에 관하여는 유통세의 성격을 강조하여 사후에 취득에 관한 계약이 해제되었거나 취득금액을 감액하기로 합의하였다고 하더라도 후발적 경정청구사유로 보지 않겠다는 입장을 취하고 있다.

대법원 2018. 9. 13. 선고 2015두57345 판결은, 취득세는 본래 재화의 이전이라는 사실 자체를 포착하여 거기에 담세력을 인정하고 부과하는 유통세의 일종으로 취득자가 재화를 사용·수익·처분함으로써 얻을 수 있는 이익을 포착하여 부과하는 것이 아니므로, 그에 대한 조세채권은 취득행위라는 과세요건 사실이 존재함으로써 당연히 발생하고, 일단 적법하게 취득한 이상 이후에 계약이 합의 해제되거나 해제조건의 성취 또는 해제권의 행사 등에 의하여 소급적으로 실효되었더라도 이미 성립한 조세채권의 행사에 아무런 영향을 줄 수 없다고 전제하고, 매매계약에 따른 소유권이전등기가 마쳐진 이후 매매계약에서 정한 조건이 사후에 성취되어 대금감액이 이루어졌더라도, 당초의 취득가액을 기준으로 한 적법한 취득행위가 존재하는 이상 위와 같은 사유는 특별한 사정이 없는 한 취득행위 당시의 과세표준을 기준으로 성립한 조세채권의 행사에 아무런 영향을 줄 수 없고, 따라서 위와 같은 사유만을 이유로 통상의 경정청구나 후발적 경정청구를 할 수도 없다고 판시하였다. 대법원 2018. 9. 13. 선고 2018두38345 판결도 같은 취지이다.

취득세의 본질에 관하여 치열한 다툼이 있었던 대법원 2018. 3. 22. 선고 2014두43110 전원합의체 판결에서 유통세의 성격을 강조한 입장이 소수설에 머물렀던 점을 고려해 볼 때, 사후에 취득행위가 무효로 되거나 취득대금이 감액되었고 그 효과가 취득당시로 소급하는 경우에 대하여까지 취득세가 유통세의 성격을 지니고 있다는 이유만으로 경정청구를 인정해주지 않는 것은 법리상으로나 명분상으로 바람직하지 않다고 본다. 앞서 본 대법원 2018. 6. 15. 선고 2015두36003 판결에서는 유통세의 성격이 가장 강한 증권거래세에 관하여도 사후 대금감액 합의를 경정청구사유로 인정해주었는데 이 판결과도 조화를 이루지 못한다.

(5) 계약금액의 사후 감액합의

가) 쟁점의 소재

당초 매매계약 등에서 정한 매매대금 등에 관하여 그것이 귀속되는 사업연도가 지난 후의 다른 사업연도에 당사자 사이에 여러 가지 사정을 감안하여 이를 감액하기로 합의한 경우 후발적 경정청구사유로 보아 당초 매매대금이 귀속된 사업연도의 소득에서 차감할 것인지 아니면 감액하기로 합의한 그 사업연도의 소득금액에서 차감하여 조정할 것인지가 문제된다. 후발적 경정청구사유에 관한 열거적 규정들인 국세기본법 제45조의2 제2항 각 호나 그 시행령 제25조의2 제1호 내지 제4호에는 이러한 경우에 부합하는 규정이 없다. 그나마 유사한 사유의 규정으로는 계약의 사후 해제에 관한 그 시행령 제25조의2 제2호를 들 수 있다. 결국 위의 경우가 그 시행령 제25조의2 제5호에 의하여 제2호의 규정에 준하는 사유가 있는 경우로 볼 수 있느냐가 쟁점이 된다. 견해가 갈릴 수밖에 없고 앞서도 언급하였듯이 '유사한'이라는 문언은 다분히 추상적이고 탄력적인 용어여서 법원의 정책적 결단이 반영된 판결에 의하여 그 구체적 범위가 정해진다고 하겠다.

나) 긍정적 입장

매매대금과 같은 계약금액의 사후 감액 합의는 계약의 일부 해제와 유사한 경우로 볼 수 있다는 것이 긍정적 입장의 중요한 논거가 된다. 물론 일부 해제의 개념에 정확히 부합하기 위해서는 매매계약의 경우 매매대금만을 감액할 것이 아니라 그에 상응하는 매매목적물의 일부를 반환하여야 하겠지만 매매목적물의 성격상 분리할 수 없는 경우가 많기 때문에 굳이 그 목적물의 일부를 반환하지 않더라도 매매계약의 일부 해제에 준하는 경우로 볼 수 있다는 것이다.

그리고 계약금액의 사후 감액 합의가 이루어지는 이유는 여러 가지가 있을 수 있는데, 단순히 어느 일방의 경제적 곤란을 고려한 경우도 있겠지만 대부분은 당초 계약 당시에 조건으로 삼았거나 내재되어 있던 사정이 사후에 현실화되어 그것을 당초의 계약금액에 소급하여 반영하는 경우이고, 이는 권리의무확정주의의 관점에서 볼 때 당초 계약상의 금액이 그 당시 권리로서 확정되었다고 보기 어려운 사정임에도 그것이 객관적으로 드러나지 않았을 뿐이라고 할 수 있으므로 사후에 그와 같은 사정이 드러난 이상 이를 소급하여 당초 계약금액이 귀속되는 사업연도의 소득금액에서 감액조정하는 것이 권리의무확정주의의 취지에 부합한다는 것이다. 즉, 당초 계약금액이 귀속된 사업연도에 감액된 부분에 상당하는 소득은 확정되어 있었다고 볼 수 없고 사후에 그것이 밝혀진 이상 소급하여 수정하여야 한다는 것이다.

또한 법인세법이나 소득세법에 귀속 사업연도에 관하여 별도의 규정이 존재하지 않을 때에는 기업회계기준에 따라야 하는데, 기업회계기준에 의하면 사후의 계약금액 감액 합의는 '대차대조표일 후 발생한 사건으로서 재무제표의 수정을 요하는 사건'에 해당하므로 소급하여 당초의 귀속 사업연도의 소득에서 차감하여야 한다는 것이다.

다) 부정적 입장

계약금액의 사후 감액 합의는 당초 계약의 일부 해제가 아니라 새로이 체결한 감액계약이므로 그 감액계약을 체결한 사업연도에 이를 반영하면 족하고 당초 계약을 체결한 사업연도의 소득에 반영할 필요는 없다는 것이다. 계약의 일부해제라고 하려면 대금 감액과 아울러 그에 상응하는 매매목적물의 일부를 원상회복시켜 주어야 하는데 그렇게 할 수 없으니 계약의 일부 해제로 볼 수 없고 따라서 국세기본법 시행령 제25조의2 제1호 내지 제4호에 해당하지 않음은 물론 이와 유사한 경우에도 해당하지 않아 같은 조 제5호에도 해당할 수 없다는 입장이다.

만약 이러한 경우까지 후발적 경정청구사유로 인정하게 되면 이미 과세요건이 충족되어 유효하게 성립한 조세법률관계를 당사자의 사후 약정에 의해 자의적으로 변경함으로써 조세회피행위를 용인하는 결과가 되어 부당하다는 것이다. 즉, 감액합의를 한 사업연도가 아닌 당초 계약을 한 사업연도의 과세표준에서 차감조정하게 되면 국세환급가산금이 발생하게 되어 납세자가 부당한 이득을 얻을 수 있다는 것이다.

그리고 계약금액의 사후 감액합의는 판매한 상품 또는 제품의 품질불량·수량부족 또는 파손 등의 이유로 판매대금의 일부를 감액해 주는 행위인 매출에누리와 유사한 구조를 갖고 있으므로 매출에누리의 금액이 확정된 날이 속하는 사업연도의 매출액에서 차감하는 과세실무에 따라 감액합의를 한 사업연도의 과세표준에서 조정하는 것이 옳다는 점도 논거로 삼는다.

라) 대법원의 입장

대법원 2013. 12. 26. 선고 2011두1245 판결은, 이 쟁점에 관하여 다음과 같이 판시함으로써 긍정설의 입장을 취하였다. 소득의 원인이 되는 권리가 확정적으로 발생하여 과세요건이 충족됨으로써 일단 납세의무가 성립하였다 하더라도 일정한 후발적 사유의 발생으로 말미암아 소득이 실현되지 아니하는 것으로 확정되었다면, 당초 성립하였던 납세의무는 그 전제를 상실하여 원칙적으로 그에 따른 법인세를 부과할 수 없다고 보아야 한다는 것이다. 그리고 이러한 해석은 권리확정주의의 채택에 따른 당연한 요청일 뿐 아니라 후발적 경정청구제도를 규정한 국세기본법 제45조의2 제2항의 입법 취지에도 부합한다고 하면서, 다만 대손금과 같이 법인세법이나 관련 법령에서 특정한 후발적 사유의 발생으로 말미암아 실현되지 아니한 소득금액을 그 후발적 사유가 발생한 사업연도의 소득금액에 대한 차감사유 등으로 별도로 규정하고 있거나, 경상적·반복적으로 발생하는 매출에누리나 매출환입과 같은 후발적 사유에 대하여 납세의무자가 기업회계의 기준이니 관행에 따라 그러한 사유가 발생한 사업연도의 소득금액을 차감하는 방식으로 법인세를 신고해 왔다는 등의 특별한 사정이 있는 경우에는 그러한 후발적 사유의 발생은 당초 성립하였던 납세의무에 영향을 미칠 수 없다고 하고, 나아가 관련 규정의 문언 내용과 취지 및 체계 등에 비추어 볼 때, 여기에서 말하는 후발적 사유에는 사업상의 정당한 사유로 당초의 매매대금이나 용역대금을 감액한 경우도 포함된다고 봄이 타당하므로, 특별한 사정이 없는 한 그 감액분을 당초의 매매대금이나 용역대금에 대한 권리가 확정된 사업연도의 소득금액에 포함하여 법인세를 과세할 수는 없다고 하였다.

이 판결은 앞서 본 매매계약의 사후 해제에 관한 대법원 2014. 3. 13. 선고 2012두10611 판결과 2013두12829 판결과 궤를 같이 하고 있고 판시하고 있는 법리도 거의 동일하므로 이 판결에 나타난 대법원의 입장은 계약금액의 사후 감액합의는 매매계약의 사후 합의해제에 준하는 것으로 보는 것이라고 할 수 있겠다. 특히 주목할 대목은 권리의무확정주의의 취지에 오히려 부합한다고 선언하고 있다는 점이다. 권리의 확정 여부가 사후에 변경되었으므로 이를 당초의 권리확정에 소급하여 반영하여야 한다는 것이다. 최종심인 대법원의 정책적 결단이어서 이를 존중하는 것이 합리적이긴 하지만 조세실무의 입장에서는 상당히 번거롭고 비용이 많이 소요되는 방법이라고 하지 않을 수 없다. 하지만 납세자가 굳이 후발적 경정청구제도를 이용하고자 하고 이를 거부할 뚜렷한 명분은 없는 이상 납세자의 권익보호를 두텁게 하는 대법원의 입장은 충분히 수긍할 가치가 있다고 하겠다.

(6) 채무자의 사후 도산

계약금액의 사후 감액합의보다 훨씬 더 심한 경우는 채무자가 사후에 도산됨으로써 당초 사업연도의 과세표준에 포함시켰던 소득이 회수불능이 됨으로써 종국적으로 실현되지 아니하는 것으로 확정되는 경우이다. 물론 법인소득이나 개인의 사업소득에 있어서 수익으로 계상하였던 것이 사후에 회수불능이 되면 대손금의 요건을 갖춘 경우 그 회수불능이 된 사업연도의 손금으로 계상할 수 있는 규정이 있으므로 이러한 경우에는 굳이 후발적 경정청구사유로 인정할 필요가 없고 오히려 위의 규정이 후발적 경정청구사유에 관한 규정의 특별규정으로 볼 수 있기 때문에 그 규정에 따르면 족하다. 그러나 이러한 규정이 없는 경우가 문제다. 이러한 경우도 후발적 경정청구사유로 인정하기 위해서는 국세기본법 시행령 제25조의2 제4호를 동원하지 않을 수 없고, 나아가 같은 조 제1호 내지 제4호 중의 어느 하나를 유사한 경우로 들 수 있어야 한다. 그러나 채무자의 사후 도산은 같은 조 시행령 제1호 내지 제3호의 어느 것과도 유사하지 않다는 데 문제가 있다. 이럴 땐 국세기본법 시행령 제25조의2 각 호의 규정을 모두 예시적인 규정으로 보는 방법을 동원할 수도 있겠지만 이는 같은 조 제4호의 취지와 부합하지 않아서 부적절해 보인다.

이에 관한 사례가 대법원 2014. 1. 29. 선고 2013두18810 판결이다. 사안의 내용을 요약하면 다음과 같다. 주택건설업체인 A주식회사는 2007년 3월경 주주총회에서 2006 사업연도 이익잉여금 중 약 70억 원을 주주인 원고들에게 현금배당하기로 결의하고, 그에 대한 배당소득세를 원천징수하여 납부하였으며, 원고들은 2008년 5월경 그 배당금을 배당소득으로 하여 2007년 귀속 종합소득세를 신고·납부하였다. 그러나 원고들은 그중 약 20억 원을 수령하지 못하였는데 A주식회사는 2006년 이후 부동산규제 정책에 따른 건설경기 침체와 2008년 하반기부터 시작된 세계적인 금융위기의 충격에 따른 아파트 미분양 사태 등이 이어지면서 영업수지 악화와 이자 부담의 급격한 증가 등을 견디지 못하고 2009년 9월경 부도처리되고 말았다. 그에 따라 A주식회사는 법원에 회생절차개시신청을 하여 2009. 10. 15. 그 개시결정을 받았고, 2010. 9. 7.에는 회생계획이 인가되었는데, 위 회생계획에서는 주주인 원고들의 배당금채권을 전부 면제하는 것으로 규정하였다. 그래서 원고들이 후발적 경정청구를 하였으나 과세관청이 이를 거부하였다. 이러한 문제가 발생한 것은 소득세법 시행령 제46조 제2호가 배당소득의 수입시기를 배당금의 수령시로 하지 않고 배당결의시로 규정하였기 때문이다.

이에 대하여 대법원은 다음과 같이 판시함으로써 여기서도 긍정설의 입장을 취하였다. 납세의무의 성립 후 소득의 원인이 된 채권이 채무자의 도산 등으로 인하여 회수불능이 되어 장래 그 소득이 실현될 가능성이 전혀 없게 된 것이 객관적으로 명백하게 되었다면, 이는 국세기본법 시행령 제25조의2 제2호에 준하는 사유로서 특별한 사정이 없는 한 국세기본법 시행령 제25조의2 제4호(현행은 제5호)가 규정한 후발적 경정청구사유에 해당한다고 봄이 타당하다고 전제하고, 배당금에 대한 배당 결의에 따라 원고들의 미수령 배당금에 대한 권리가 확정적으로 발생하였다고 하더라도 그 후 미수령 배당금채권은 A주식회사의 도산 등으로 인하여 회수불능이 되어 장래 그 소득이 실현될 가능성이 전혀 없게 된 것이 객관적으로 명백하고, 이는 국세기본법 시행령 제25조의2 제2호에 준하는 사유로서 국세기본법 시행령 제25조의2 제4호(현행은 제5호)가 규정한 후발적 경정청구사유에 해당하므로 미수령 배당금채권의 회수불능을 이유로 한 원고들의 경정청구를 거부한 피고들의 처분은 위법하다고 판시하였다.

위 판결에서 주목할 것은 이러한 경우가 국세기본법 시행령 제25조의2 제2호에 준하는 사유로서 국세기본법 시행령 제25조의2 제5호에 해당한다고 판시한 점이다. 앞서 보았듯이 국세기본법 시행령 제25조의2 제2호는 '최초의 신고·결정 또는 경정을 할 때 과세표준 및 세액의 계산 근거가 된 거래 또는 행위 등의 효력과 관계되는 계약이 해제권의 행사에 의하여 해제되거나 해당 계약의 성립 후 발생한 부득이한 사유로 해제되거나 취소된 경우'인데 당초 소득의 기초가 된 채권의 회수불능을 당초 계약이 사후에 해제되거나 취소된 경우와 유사하다고 보는 것은 아무래도 무리가 따른다. 아주 선해하여 배당금지급결의를 계약에 준하는 것으로 본다고 하더라도 사후에 회사의 부도로 인하여 배당금을 지급하지 못하게 된 것은 그 계약의 이행불능에 준하는 경우로 볼 수 있는데 이러한 계약의 이행불능은 계약의 해제나 취소와 비교해 볼 때 그 상대방이 계약의 목적을 달성하지 못했다는 결과는 동일하지만 그 사유는 상당히 다르다. 그럼에도 대법원은 별도의 추가 논거 없이 이들이 서로 유사하다고 선언하였다. 후발적 경정청구사유를 폭넓게 인정하기 위한 부득이한 조치였다고 할 수도 있겠지만 조세법률주의의 관점에서 볼 때 후발적 경정청구사유를 너무 넓게 인정하는 것이 아닌가 하는 비판적 의문이 든다. 대법원의 고뇌는 배당소득에 대하여는 사업소득과 달리 사후 대손처리에 관한 규정이 없으므로 실질적으로 배당소득을 얻지 못한 납세자를 구제할 수 있는 법적 도구는 후발적 경정청구제도밖에 없다고 본 것이다.

대법원 2018. 5. 15. 선고 2018두30471 판결도 같은 취지에서, 급여와 퇴직금 채권이 확정적으로 발생하였다고 하더라도 그 후 이를 면제하는 내용의 회생계획이 인가됨으로써 회수불능이 된 경우 그 급여나 퇴직금에 관한 소득세원천징수의무도 그 전제를 잃게 되었으므로 이는 후발적 경정청구사유에 해당한다고 판시하였다. 원천납세의무자에게 발생한 회수불능사유를 원천징수의무자에게까지 원용해준 모범적인 사례이다.

반면에, 대법원 2021. 4. 8. 선고 2020두53699 판결은, 물상보증인이 담보로 제공한 부동산이 경매절차에서 매각된 다음 채무자의 파산 등으로 물상보증인의 구상권 행사가 불가능하게 되었더라도, 이는 목적부동산의 매각에 따른 물상보증인의 양도소득이 성립하는지 여부에는 아무런 영향을 미치지 않는다고 하여 후발적 경정청구사유에 해당하지 않는다고 판시하였다. 물상보증인의 채무자에 대한 구상권은 매각대금이 채무자가 부담하고 있는 피담보채무의 변제에 충당됨으로써 대위변제의 효과로서 발생하는 것이지 경매의 대가라는 성질을 가지는 것은 아니라는 것이다. 즉, 양도인의 양도 대가는 어디까지나 경매의 대가이고 그것은 매수인으로부터 정상적으로 회수되었으며, 단지 사후적으로 그것이 피담보채무의 변제에 충당되었을 뿐이며 그에 따라 별도로 채무자에 대하여 발생한 구상권이 회수불능상태에 빠진 것이므로 후발적 경정청구사유로 봐줄 수 없다는 것이다.

논리적으로는 별로 흠잡을 데가 없다. 하지만 양도인의 입장에서는 매각대금이 자기에게 귀속될 겨를도 없이 곧바로 피담보채무의 변제에 충당되었고 그렇게 될 운명에 처해 있었다. 그럼에도 그에 대한 양도소득세를 납부해야 한다는 본 것은 경제적 실질을 외면하고 법적 형식에 치우친 감이 있다. 후발적 경정청구제도 자체가 법적 형식보다는 경제적 실질을 더 중시하여 납세자를 구제하려는 제도이고, 그래서 대법원 2015. 7. 16. 선고 2014두5514 판결은 위법소득에 대하여 추징이 이루어졌다면 이는 위법소득에 내재되어 있던 경제적 이익의 상실가능성이 현실화된 경우에 해당한다는 이유로 후발적 경정청구사유에 해당한다고 보았다. 추징의 경우도 위법한 소득 자체가 소멸된 것이 아니라 납세자의 다른 재원에서 그만큼의 감소가 있었을 뿐이다. 대법원 2021. 4. 8. 선고 2020두53699 판결과 대법원 2015. 7. 16. 선고 2014두5514 판결은 잘 어울리지 않는다.

(7) 불확정 채무의 사후 확정

과세표준에서 공제되어야 할 채무가 납세의무 성립 당시에는 불확정적인 상태로 있다가 사후에 그것이 채무로 확정된 경우 이를 후발적 경정청구사유로 볼 수 있는지가 문제된다. 예를 들어, 피상속인이 제3자를 위하여 연대보증채무를 부담하고 있었으나, 상속개시 당시에는 아직 변제기가 도래하지 않았고 주채무자 등이 변제불능의 무자력의 상태에도 있지 않아 과세관청이 그 연대보증채무를 상속재산의 가액에서 차감하지 아니한 채 상속세 부과처분을 하였는데, 나중에 주채무자 등이 변제불능의 무자력이 됨에 따라 채권자가 그 연대보증채무를 상속한 상속인들에게 연대보증금 청구소송을 제기하여 승소판결을 받아 확정된 경우가 여기에 해당한다. 상속개시 당시를 기준으로 상속재산가액을 정하여야 하는데 그 당시로서는 피상속인이 부담한 연대보증채무의 변제기가 도래하지 않았고 아직 주채무자 등이 변제불능의 무자력 상태에 있지 않았다면 그 연대보증채무는 상속재산가액에서 공제될 수 없다. 그런데 그 후 변제기가 도래하고 주채무자가 무자력이 되어 채권자가 상속인들에게 연대보증채무의 이행을 구하는 소송을 제기하여 승소판결이 확정되었다면, 상속인들로서는 연대보증채무를 이행하지 않을 수 없으므로 결과적으로 그 채무만큼은 상속을 덜 받은 것이 된다. 그래서 상속인들로서는 당초의 상속세에 대한 후발적 경정청구를 하고자 하는 것이다. 대법원 2010. 12. 9. 선고 2008두10133 판결이 이에 관한 사안이다.

이에 대하여는, 상속재산으로서의 채권 또는 채무는 상속개시 당시의 시점에서의 채권의 가격 또는 채무의 상황에 따라 평가되어야 할 것이므로 상속이 개시되어 채무가 상속인들에게 귀속된 이후에 주채무자의 경영악화 등으로 주채무자의 자력에 변경이 생겼다고 하더라도 그러한 사정변경은 상속으로 취득한 재산의 가치에 변동이 생긴 것에 불과하여 상속재산의 평가에 영향을 미칠 사정이 될 수 없고, 상속재산의 가액에서 공제하는 피상속인의 채무는 상속개시 당시 피상속인이 종국적으로 부담하여 이행하여야 할 것이 확실하다고 인정되는 채무를 뜻하므로, 위와 같은 승소판결의 확정은 후발적 경정청구사유에 해당하지 아니한다는 견해가 가능하다. 위 사건의 원심법원 입장이다. 이 견해에 의하면, 후발적 경정청구사유로서의 판결은 과세표준 및 세액의 계산 근거가 된 거래 또는 행위 등을 확정적으로 다른 것으로 변경시키는 판결을 말하는데, 여기서의 민사판결은 단지 피상속인으로부터 상속인들에게 상속된 연대보증채무를 확인하고 있을 뿐 상속채무의 존부와 범위를 변경하는 내용이 없으므로 후발적 경정청구사유로 볼 수 없다는 것이다. 또한 위 연대보증채무는 상속개시 후에 주채무자 등이 무자력이 됨으로써 실질적인 부담액이 증가된 것에 불과한데, 상속개시 후 부동산이나 주식과 같은 상속재산의 가치가 하락한 경우를 후발적 경정청구사유로 인정되지 않는 것과 비교해 보더라도 그와의 균형상 후발적 경정청구사유로 인정해서는 아니된다는 것이다.

그러나 대법원은 다음과 같이 판시하였다. 후발적 경정청구에 관한 규정의 취지가 일정한 후발적 사유의 발생으로 말미암아 과세표준 및 세액의 산정기초에 변동이 생긴 경우 납세자로 하여금 그 감액을 청구할 수 있도록 함으로써 납세자의 권리구제를 확대하려는 데 있는 점, 상속개시 당시 피상속인이 종국적으로 부담하여 이행하여야 할 것이 확실하지 않은 채무라 하더라도 피상속인의 이행의무가 완전히 면제되는 것은 아니어서 사후적으로 그 채무가 피상속인이 종국적으로 부담하여 이행하여야 할 것으로 확정될 수 있는 점 등에 비추어 보면, 피상속인이 제3자를 위하여 연대보증채무를 부담하고 있었지만 상속개시 당시에는 아직 변제기가 도래하지 아니하고 주채무자가 변제불능의 무자력 상태에 있지도 아니하여 피상속인이 그 채무를 종국적으로 부담하여 이행하여야 하는지가 확실하지 않다는 이유로 과세관청이 그 채무액을 상속재산의 가액에서 공제하지 아니한 채 상속세 부과처분을 하였으나, 그 후 주채무자가 변제기 도래 전에 변제불능의 무자력 상태가 됨에 따라 상속인들이 사전구상권을 행사할 수도 없는 상황에서 채권자가 상속인들을 상대로 피상속인의 연대보증채무의 이행을 구하는 민사소송을 제기하여 승소판결을 받아 그 판결이 확정되었을 뿐만 아니라 상속인들이 주채무자나 다른 연대보증인에게 실제로 구상권을 행사하더라도 변제받을 가능성이 없다고 인정되는 경우에는, 이와 같은 승소확정판결에 의하여 피상속인의 연대보증채무는 상속세 부과처분 당시와는 달리 피상속인이 종국적으로 부담하여 이행하여야 할 채무로 사실상 확정되었다고 볼 수 있고, 따라서 이러한 판결에 따른 피상속인의 연대보증채무의 확정은 구 국세기본법 제45조의2 제2항 제1호 소정의 후발적 경정청구사유에 해당한다고 봄이 상당하다는 것이다.

　이 판결에서도 알 수 있듯이 대법원은 후발적 경정청구사유에 관하여 상당히 관대한 입장을 취하고 있다. 앞서 본 채무자의 사후 도산이나 매매대금의 사후 감액합의 등도 후발적 경정청구사유로 인정하는 있는 입장의 연장선상에서 이 판결을 보면 오히려 일관된 흐름을 찾을 수 있다. 물론 반대론자의 입장에서는 여러 가지로 이 판결이 조세법률주의에 따른 엄격해석의 원칙에 비추어 무리하다고 비판할 수 있겠으나 후발적 경정청구사유의 인정범위는 종국적으로 최종심인 대법원의 정책적 결단에 의존하는 바가 클 수밖에 없고, 이 판결도 납세자의 권익구제를 두텁게 하자는 정책적 결단에서 비롯된 것이며 앞서 본 헌법재판소 2000. 2. 24. 선고 97헌마13, 245(병합) 전원재판부 결정의 취지와도 부합하므로 이를 수긍할 수 있다고 하겠다.

(8) 위법소득의 몰수·추징

　위법소득에 관하여 사후에 법원의 판결에 의하여 몰수나 추징이 되었을 때 후발적 경정청구사유로 볼 수 있는지가 문제된다. 앞서 언급한 바 있는 대법원 2015. 7. 16. 선고 2014두5514 판결은 형법상 뇌물, 알선수재, 배임수재 등의 범죄에서 몰수나 추징을 하는 것은 범죄행위로 인한 이득을 박탈하여 부정한 이익을 보유하지 못하게 하는데 목적이 있으므로, 위법소득의 지배·관리라는 과세요건이 충족됨으로써 일단 납세의무가 성립하였다고 하더라도 그 후 몰수나 추징과 같은 위법소득에 내재되어 있던 경제적 이익의 상실가능성이 현실화되는 후발적 사유가 발생하여 소득이 실현되지 아니하는 것으로 확정됨으로써 당초 성립하였던 납세의무가 전제를 잃게 되었다면, 특별한 사정이 없는 한 납세자는 국세기본법 제45조의2 제2항 등이 규정한 후발적 경정청구를 하여 납세의무의 부담에서 벗어날 수 있다고 판시하였다.

몰수의 경우는 위법소득 자체를 사후에 박탈하는 것이므로 후발적 경정청구사유로 보는 데에 아무런 무리가 없다. 그러나 추징의 경우는 위법소득 자체를 사후에 박탈하는 것이 아니라 납세자의 다른 재원에서 위법소득 상당액을 박탈하는 것이며 그전에 납세자는 위법소득을 온전히 향유하였을 수도 있다는 점에서 몰수와는 차이가 있다. 그럼에도 대법원은 납세자가 위법소득 상당의 경제적 이익을 박탈당하였다는 점에서는 몰수나 추징이 별다른 바 없다고 보아 추징의 경우도 후발적 경정청구사유로 보았고 그래서 이는 상당히 전진적인 판결이라고 평가되고 있다.

(9) 횡령금의 반환

몰수나 추징과 비슷한 경우로서 사외 유출된 횡령금에 대하여 소득처분이 있은 후 사후 그 횡령에 관한 형사재판 도중 그 횡령금을 회사에 반환한 경우 후발적 경정청구사유로 인정할 수 있는지 여부가 문제되었다. 이에 관하여 대법원 2024. 6. 17. 선고 2021두35346 판결은, 관련 규정의 내용, 체계 및 취지, 특히 입법자는 납세자의 권리구제를 확대하기 위하여 후발적 경정청구제도를 마련하면서도, 조세법률관계의 안정성을 확보하기 위하여 법령에서 열거한 일정한 후발적 사유로 말미암아 과세표준 및 세액의 산정기초에 변동이 생긴 경우로 후발적 경정청구사유를 제한하고 있는 점 등에 비추어 보면, 법인의 실질적 경영자와 공모하여 법인의 자금을 횡령한 경우, 과세관청이 횡령금 상당액이 사외에 유출되었다고 보아 소득처분을 하여 그 귀속자에게 소득세 납세의무가 성립한 이상, 사후에 그 귀속자가 형사재판에 이르러 해당 횡령금 상당액을 피해법인에 지급하였다고 하더라도, 이는 특별한 사정이 없는 한 후발적 경정청구사유에 해당하지 않는다고 봄이 상당하다고 판시하였다. 이 판결은 얼핏 보면 앞서 본 대법원 2015. 7. 16. 선고 2014두5514 판결과 충돌되는 듯이 보이는데, 이에 대하여는 다음과 같은 논리로 양 판결의 차이점을 부각시킴으로써 충돌을 피해가고 있다. 즉, 2014두5514 판결의 법리는, 수뢰·알선수재·배임수재 범행으로 얻은 뇌물 등 위법소득에 대하여 일단 납세의무가 성립하였다고 하더라도 그 후 위 뇌물 등에 대하여 몰수·추징을 당하였다면, 위법소득에 내재되어 있던 경제적 이익의 상실가능성이 현실화되어 그 소득이 종국적으로 실현되지 않은 것으로 평가할 수 있으므로, 납세자는 그 몰수·추징을 사유로 후발적 경정청구를 하여 납세의무의 부담에서 벗어날 수 있다는 취지이며, 뇌물 등은 필요적 몰수·추징의 대상으로서 수뢰자 등이 뇌물 등을 수수할 때부터 이미 그 소득에는 경제적 이익의 상실가능성이 내재되어 있음이 분명한 반면, 횡령금의 경우에는 원칙적으로 국가에 의한 몰수·추징의 대상이 되지 않고, 그 반환 여부 또는 반환을 위한 구제절차의 진행 여부 등이 귀속자나 피해법인 등 당사자의 의사에 크게 좌우되며, 특히 법인의 실질적 경영자가 가담하여 사외유출한 횡령금의 경우, 피해법인이 자발적으로 그 반환을 구할 가능성을 상정하기 어려우므로, 그 소득에 경제적 이익의 상실가능성이 내재되어 있다고 단정할 수 없다는 것이다. 나아가 위법소득을 현실로 지배·관리하면서 이익을 향수하고 있는 귀속자가 형사재판에서 피해법인에 횡령금 상당액을 지급하는 것은, 일반적으로 위법소득으로 인한 경제적 이익을 포기하는 대신 양형상의 이익이라는 무형의 이익을 얻기 위한 행위이므로, 이 점에서도 위법소득에 내재되어 있던 경제적 이익의 상실가능성이 현실화되어 그 소득이 종국적으로 실현되지 않은 경우에 해당한다고 보기 어렵다는 점을 들고 있다.

몰수나 추징은 횡령금 반환과는 달리 추가적 이익의 취득 없이 필연적 반환이 예정되어 있다는 점을 본질적 차이로 보고 있다. 하지만 사후적 결과를 보면 당초 얻었던 경제적 이익이 상실되었다는 점에 있어서는 별 차이가 없다. 그리고 횡령금 반환의 경우는 양형상의 이익을 취한다는 점을 들고 있지만 과세소득의 유무를 따지는 조세법에 동원하기에는 다소 부적절한 논거이다. 이러한 사정 때문에 이 사건의 원심에서는 후발적 경정청구사유로 인정해주었었다. 세월이 흐르면 판례도 변한다. 몰수나 추징에 관한 대법원 2015. 7. 16. 선고 2014두5514 판결이 선고될 당시에 후발적 경정청구사유를 과감히 확대해준 판결로 평가되면서 다소간의 반론이 있었는데 그 영향으로 이번 판결에서는 후발적 경정청구사유의 방만한 확대를 막는 방향으로 다소 선회했다고 평가할 수 있겠다.

조세쟁송

1. 필요적 전치주의

가. 개요

국세기본법 제56조 제2항은 위법한 처분에 대한 행정소송은 행정소송법 규정에도 불구하고 이 법에 따른 심사청구 또는 심판청구와 그에 대한 결정을 거치지 않으면 제기할 수 없다고 함으로써 일반 행정소송에서는 임의적 전치주의를 채택하였음에도 조세소송에서는 예외적으로 필요적 전치주의를 그대로 유지하고 있다. 관세법 제120조 제2항에도 마찬가지의 규정을 두고 있다. 그 취지에 대하여 대법원 1990. 1. 23. 선고 89누923 판결 등은 행정관청으로 하여금 그 행정처분을 다시 검토하여 시정할 수 있는 기회를 줌으로써 행정권의 자주권을 존중함과 아울러 불필요한 소송제기를 배제하려는 데에 그 목적이 있다고 판시하고 있다. 조세소송은 다른 행정소송에 비하여 전문성을 갖춘 전심기관들이 있고 사건이 유형화되어 반복되는 경향이 있기 때문에 소송에 오기 전에 행정관청의 입장에서 다시 한번 더 검토하여 시정할 기회를 부여할 필요성이 크고 그것이 분쟁해결에 효율적이라고 보기 때문에 여전히 필요적 전치주의를 유지하고 있는 것으로 보인다. 그래서 조세소송에서는 각 과세처분에 대하여 전심절차를 따로 밟아야 하는 것이 원칙이다. 이러한 필요적 전치주의는 부과처분의 취소소송에 적용되는 것이고 무효확인소송에서는 적용되지 아니한다. 따라서 필요적 전치주의의 요건을 갖추지 못한 경우에는 부과처분 무효확인의 소를 제기하여 다투면 된다. 지방세 부과처분 취소소송에서는 필요적 전치주의를 채택하지 않고 있다.

그리고 납세의무자, 세목, 과세기간 등이 다르면 각각 독립된 별개의 처분이 되므로 각각의 처분에 대하여 별도로 전심절차를 거쳐야 한다.[83] 국세기본법 제61조와 제68조는 심사청구나 심판청구는 해당 처분이 있음을 안 날(처분의 통지를 받은 때에는 그 받은 날)부터 90일 이내에 제기하도록 규정하고 있다. 여기서 '처분이 있음을 안 날'과 '처분의 통지를 받은 날'과의 관계가 문제가 되는데, 대법원 1999. 2. 12. 선고 98두16828 판결 등은 과세처분에 대한 심사청구기간을 정한 국세기본법 제61조 제1항 소정의 당해 처분이 있은 것을 안 날이라 함은 통지, 공고, 기타의 방법에 의하여 당해 처분이 있었다는 사실을 현실적으로 안 날을 의미하나, 이는 처분의 상대방이나 법령에 의하여 처분의 통지를 받도록 규정된 자 이외의 자가 이의신청 또는 심사청구를 하는 경우의 그 기간에 관한 규정이고, 과세처분의 상대방인 경우에는 처분의 통지를 받은 날을 심사청구의 초일로 삼아야 한다고 판시하였다.

심사청구 또는 심판청구 등의 전심절차가 기간의 도과로 인하여 부적법한 경우에는 행정소송 역시 전치의 요건을 충족하지 못한 것이 되어 부적법하고, 행정청이 전심절차의 제기기간을 도과한 부적법한 심판청구에 대하여 이를 간과한 채 실질적 재결을 하였다고 하더라도 전심절차를 적법하게 거친 것으로 되거나 그 하자가 치유되는 것은 아니므로 각하하여야 한다.[84] 행정소송법 제18조 제1항 단서나 국세기본법 제56조 제2항의 취지에 의하면, 조세소송은 원칙적으로 심사청구 또는 심판청구를 하여 그 결정이 있은 다음 소를 제기할 수 있고 그 이전에 소를 제기하면 부적법한 것이 되나, 판례는 사실심 변론종결시까지 그 전치요건을 갖추면 그 흠결의 하자가 치유되는 것으로 보고 있다.[85]

조세소송의 실무에서 보면 가끔 부과처분의 취소소송을 제기하는 원고들이 이의신청절차를 거치고 오는 경우들이 있다. 이의신청도 전심절차의 일환이기는 하지만 이는 필요적 전치주의에서 요구하고 있는 심사청구나 심판청구가 아니다. 이의신청절차를 거칠 경우 심사청구나 심판청구를 제기할 수 있는 법정기한이 유예되는 효과는 있지만 이것이 심사청구나 심판청구를 대신할 수는 없다. 따라서 이러한 경우에는 적법한 전치절차를 거치지 않았다는 이유에서 소각하 판결을 할 수밖에 없다.

전심기관인 조세심판원에서 납세자의 심판청구를 기각하거나 각하하면, 통상 납세자는 법원에 소를 제기하여 과세관청의 과세처분 취소를 구하는데, 특이하게도 조세심판원의 결정 자체에 대한 취소를 구하는 소를 제기하는 경우가 있다. 이에 대하여 최근 대법원이 판시한 것이 있어 소개한다. 대법원 2025. 3. 27. 선고 2024두61018 판결은, 위법한 행정처분의 취소를 구하는 소는 위법한 처분에 의하여 발생한 위법상태를 배제하여 원

---

83) 대법원 1984. 12. 26. 선고 82누195 판결
84) 대법원 1991. 6. 25. 선고 90누8091 판결, 대법원 1987. 11. 24. 선고 87누754 판결
85) 대법원 1987. 4. 28. 선고 86누29 판결, 대법원 1987. 9. 22. 선고 87누176 판결

상으로 회복시키고 그 처분으로 침해되거나 방해받은 권리와 이익을 보호·구제하고자 하는 소송이므로, 비록 위법한 처분을 취소한다고 하더라도 원상회복이 불가능한 경우에는 취소를 구할 이익이 없다고 하면서, 원고가 조세심판원의 재결을 전심절차로 하는 본안 소송에서 패소하여 판결이 확정된 이상, 원고로서는 이와 별도로 전심절차인 조세심판원 재결의 취소를 구할 이익이 없으므로 소의 이익이 없어 부적법하다고 판시하였다. 이 사건에서 원고는 조세심판원 결정 이후 부과처분의 취소를 구하는 소와 조세심판원 결정의 취소를 구하는 함께 제기하였다가 전자의 소가 먼저 패소로 확정된 것으로 보인다.

나. 전심결정의 기속력과 불이익변경금지

국세기본법 제65조 제1항 제3호는 심사청구가 이유 있다고 인정될 때에는 그 청구의 대상이 된 처분의 취소·경정 결정을 하거나 필요한 처분의 결정을 한다고 규정하고 있다. 그리고 국세기본법 제81조는 심판청구에 관하여 제65조를 준용하도록 규정하면서, 제80조 제1항은 제81조에서 준용하는 제65조에 따른 결정은 관계 행정청을 기속한다고 규정하고, 제2항은 심판청구에 대한 결정이 있으면 해당 행정청은 결정의 취지에 따라 즉시 필요한 처분을 하여야 한다고 규정하고 있다.

위의 규정에서 알 수 있는 바와 같이 전심절차에서 과세관청의 처분을 취소히여 달리는 납세자의 청구를 인용하는 결정을 하면 그 결정은 당연히 과세관청을 기속하게 된다. 이에 대하여 과세관청은 불복할 수도 없다. 전심결정이 사실상 최종심의 판단이 되는 셈이다. 여기에 대하여 과세관청은 불만이 많다. 전심기관으로서 국세청은 그나마 내부의 상급기관이니까 그 결정을 받아들여야 하겠지만 조세심판원이나 감사원의 경우 내부의 상급기관이 아니라 제3의 기관이다. 그래서 그 기관의 결정이 과세관청에게 불리한 내용이면 과세관청도 불복하고 싶어 하겠지만 현행 국세기본법상으로는 그것이 허용되지 아니한다. 반면에 납세자의 청구를 기각하는 전심기관의 결정은 과세관청에 대한 기속력이 문제되지 않는다. 전심기관의 기각결정에도 불구하고 과세관청이 직권으로 과세처분을 취소할 수도 있기 때문이다.

전심기관의 결정이 과세관청에 대하여 어느 정도 기속력을 갖는지를 잘 보여주는 사례들이 있어 소개한다.

먼저 대법원 2016. 10. 27. 선고 2016두42999 판결이다. 상장법인인 A사는 2005. 12. 5. 비상장법인인 B사의 주식을 전부 인수하면서 B사의 주주인 원고들에게 A사의 신주를 발행해 주는 주식의 포괄적 교환계약을 체결하였다. 과세관청은 구 상속세 및 증여세법(2010. 1. 1. 개정되기 전의 것, 이하 여기서 '상증세법'이라 한다) 제42조 제1항 제3호에 근거하여 위 교환계약으로 원고들이 얻은 이익을 증여재산가액으로 보고 증여세를 결정·고지하는 종전 처분을 하였다. 이에 대하여 원고들이 제기한 심판청구에서 조세심판원은 2012. 12. 27. 상증세법 제35조가 정한 저가·고가 양도에 따른 이익의 증여 등 규정을 적용하여 과세하는 것은 별론으로 하고, 상증세법 제42조를 적용하여 증여세를 부과한 종전 처분은 부당하다는 이유로 이를 취소하는 결정을 하였다. 이에 따라 과세관청은 2013. 10. 1. 상증세법 제35조에 근거하여 원고들에게 증여세를 부과하는 새로운 처분을 하였다. 이에 대하여 원고들은 조세심판원에 심판청구를 하였다가 기각결정이 내려지자 행정소송을 제기하였다. 한편, 대법원은 다른 사건에서 2014. 4. 24. 원고들의 경우와 같이 주식의 포괄적 교환계약을 통하여 얻은 이익에 대하여는 상증세법 제35조가 아닌 제42조 제1항 제3호를 적용하여 과세하여야 한다는 판결을 선고하였다(대법원 2014. 4. 24. 선고 2011두23047 판결). 그러자 과세관청은 원고들에 대한 새로운 처분의 근거규정을 제42조 제1항 제3호로 다시 변경하였다.

이에 대하여 대법원 2016. 10. 27. 선고 2016두42999 판결은 과세처분에 관한 전심절차에서 그 불복사유가 옳다고 인정하고 이에 따라 필요한 처분을 하였을 경우에는 전심제도와 이에 따른 시정방법을 인정하고 있는 국세기본법 규정의 취지에 비추어 동일 사항에 관하여 특별한 사유 없이 이를 번복하고 다시 종전의 처분을 되풀이할 수는 없다고 전제하고, 증여세 과세의 기초가 되는 사정에 아무런 변경이 없는데도 상증세법 제42조 제1항 제3호를 처분사유로 하는 것은 전심과정에서 취소된 종전 처분을 번복하여 이를 되풀이하는 것일 뿐만 아니라 상증세법 제42조 제1항 제3호에 근거한 종전 처분을 취소한 조세심판결정의 기속력에 저촉되고, 주식의 포괄적 교환에 상증세법의 어느 조문을 적용하여야 하는지에 관하여 견해가 갈리다가 대법원 판결에 의하여 명확하게 선언되었다고 하더라도 재결의 기속력을 배제하거나 처분의 반복을 허용할 수는 없으므로, 처분의 근거 규정으로 상증세법 제42조 제1항 제3호를 추가할 수 없다고 판시하였다.

위 판결에 의하면 전심기관의 결정은 당초 과세처분을 취소한다는 결론에만 기속력이 있는 것이 아니라 그 이유에까지 기속력이 있음을 알 수 있다. 이 사안에서 전심결정의 이유는 당초 과세처분의 근거가 되는 법령의 적용이 잘못되었다는 것이므로 새로운 처분을 함에 있어서 잘못되었다는 그 법령을 다시 적용할 수는 없는 것이다. 마찬가지로 전심결정의 이유가 과세처분의 근거가 되는 사실인정이 잘못되었다는 것이라면 새로운 처분을 함에 있어서 그 사실인정을 다시 할 수도 없다고 하겠다. 같은 취지에서 대법원 2017. 2. 9. 선고 2014두40029 판결은, 재결의 기속력은 재결의 주문 및 그 전제가 된 요건사실의 인정과 판단, 즉 처분의 구체적 위법사유에 관한 판단에 미친다고 판시하였다.

대법원 2019. 1. 31. 선고 2017두75873 판결도 이러한 취지를 재차 확인하였다.

하지만 종전 처분이 전심결정에 의하여 취소되었더라도 종전 처분시와 다른 사유를 들어 처분을 하는 것은 전심결정의 기속력에 반하지 않는다. 여기서의 동일한 사유인지 다른 사유인지는 종전 처분에 관하여 위법한 것으로 전심결정에서 판단된 사유와 기본적 사실관계에서 동일성이 인정되는 사유인지 여부에 따라 판단하여야 할 것이다.

대법원 2024. 7. 25. 선고 2022두60745 판결은 조세심판원의 재조사 결정에 관하여 그 기속력의 범위를 판시하였다. A주택조합이 법인세를 신고·납부하면서 조합원들의 현물출자 자산'의 취득가액을 '사업시행계획인가일'을 기준으로 감정평가하여 손금에 산입하였다가, 이후 자산의 취득가액을 '관리처분계획인가일'을 기준으로 감정평가한 금액으로 보아야 한다고 주장하며 법인세 감액경정을 청구하자, 관할 세무서장이 자산의 취득가액은 법인세 신고 시의 감정가액이 적정하고, A주택조합이 경정청구 시 제출한 감정가액은 객관성·합리성이 결여된 소급감정가액에 해당한다는 이유로 경정청구를 거부하였는데, A주택조합이 조세심판원에 위 경정거부처분에 대한 심판청구를 하여 조세심판원이 '위 경정거부처분은 자산의 취득가액을 관리처분계획인가일 기준으로 재조사하여 그 결과에 따라 과세표준과 세액을 경정한다.'는 주문의 결정을 하였고, 관할 지방국세청장은 '조세심판원의 재조사 결정에 따른 처리결과 자산에 관한 객관적·합리적인 감정평가액이 존재하지 않으므로, 상증세법에 따른 보충적 평가방법을 적용해야 하나, 이 경우 A주택조합이 당초 신고한 과세표준 및 세액보다 A주택조합에 불리하므로 불이익변경금지 원칙에 따라 위 경정거부처분을 그대로 유지한다.'는 취지의 통지를 한 사안이었다. 이에 대하여 원심법원은 '현물출자 자산에 관하여 정상적인 거래에 의하여 형성된 객관적 교환가격이 없더라도 공신력 있는 감정기관에 의한 시가의 산정이 가능한 경우에는 감정평가를 하여야 하고, 그 결과에 따라 과세표준과 세액을 감액경정하라.'는 것이 재조사 결정의 취지라고 전제한 다음, 피고가 현물출자자산에 관한 감정평가를 하지 않은 채 경정거부처분을 그대로 유지한 것은 재조사 결정의 기속력에 저촉되어 위법하다고 판단하였다.

그러나 대법원은, 재조사 결정은 원고와 피고가 그 자산의 취득가액으로 주장하는 두 감정가액 모두 시가로 볼 수 있는 감정가액에 해당하지 않음을 전제하고 있고, 재조사 결과 그 자산의 취득 당시 시가가 불분명하고 객관적·합리적인 방법으로 평가된 감정가액도 별도로 존재하지 않음이 밝혀졌으므로 과세관청은 상증세법상 보충적 평가방법을 적용하여 그 자산의 취득가액을 산정할 수 있고, 달리 과세관청에게 취득가액을 산정하기 위하여 새롭게 감정평가를 의뢰하여야 할 의무가 있다고 볼 수는 없으며, 재조사 결정의 '주문'은 재조사 결과에 따라 과세표준 및 세액을 경정하라고 하였을 뿐, 후속 처분의 내용을 감액경정으로 제한하지 않았고, 재조사 결정에 대하여 불이익변경금지 원칙이 적용된 결과, 원고에게 불리한 증액경정이 허용되지 않는다고 하여 재조사 결정에서 말하는 세액의 경정이 '감액경정'만을 의미한다고 볼 수는 없다는 이유로 원심판결을 파기하였다.

위 재조사 결정의 취지는 가액산정의 시점이 잘못되었다는 점을 지적한 것일 뿐 옳은 시점을 기준으로 가액을 다시 산정함에 있어 그 방법을 제한한 바 없고, 그 가액 산정결과가 나오기 전 시점이었으므로 그것이 반드시 원고가 신고한 가액보다 낮은 가액이어야 한다고 제한할 수도 없는 상황이었다. 그럼에도 원심판결은 재조사결정의 취지를 근거없이 제한하여 해석함으로써 피고의 후속 처분이 그 기속력에 반한다고 잘못 판단한 것이다. 실무에서는 재조사결정 이후에 후속 처분에서 당초 처분을 유지하는 사례들이 흔한데 이 판결은 이러한 경우들에 대하여 면죄부를 줄 수 있는 근거로 활용할 수 있는 판결이 될 수 있겠다.

대법원 2017. 3. 9. 선고 2016두56790 판결은 전심결정의 범위를 좀 더 확대하여 이의신청에 대한 인용결정과 같이 전심기관이 아닌 과세관청 스스로 납세자의 불복신청을 받아들인 경우에도 위의 법리가 적용된다는 입장을 밝혔다. 즉, 과세처분에 관한 불복절차과정에서 그 불복사유가 옳다고 인정하여 이에 따라 필요한 처분을 하였을 경우에는, 불복제도와 이에 따른 시정방법을 인정하고 있는 국세기본법 취지에 비추어 볼 때 동일사항에 관하여 특별한 사유 없이 이를 번복하고 종전과 동일한 처분을 하는 것은 허용될 수 없으므로 과세관청이 과세처분에 대한 이의신청절차에서 납세자의 이의신청 사유가 옳다고 인정하여 과세처분을 직권으로 취소한 경우, 납세자가 허위의 자료를 제출하는 등 부정한 방법에 기초하여 직권취소되었다는 등의 특별한 사유가 없는데도 이를 번복하고 종전과 동일한 과세처분을 하는 것은 위법하다고 판시하였다. 다만, 여기서는 전심기관의 결정에서와는 달리 납세자가 허위의 자료를 제출하는 등 부정한 방법을 동원하였음이 드러난 경우에는 예외를 인정하고 있다. 대법원의 정책적 결단이라고 할 수 있다.

그리고 국세기본법 제79조 제2항은 조세심판원에서 결정을 할 때 심판청구를 한 처분보다 청구인에게 불리한 결정을 하지 못한다는 불이익변경금지의 원칙을 선언하고 있는바, 이와 관련하여 대법원 2004. 12. 9. 선고 2003두278 판결은 사업연도가 달라지면 과세단위도 달라지는 법인세의 경우 수개의 사업연도에 대한 심판청구가 있었다 하여도 그 불이익 여부는 수개의 사업연도에 대한 법인세 전체세액을 기준으로 따질 것이 아니라 각 사업연도의 부과처분액을 기준으로 판단하여야 하고, 법인세율의 차이가 있다고 해도 달리 볼 수 없으며, 가산세액 또한 법인세의 과세표준이 증가하면서 증액된 것이므로 당초처분액수보다 증액된 부분은 마찬가지로 무효인 점 등의 법리를 고려할 때, 과세관청이 국세심판원의 결정에 따라 당초처분보다 손금산입액을 감소시켜서 1993 사업연도 법

인세를 증액하는 처분을 한 사실은 원고에게 불이익이 되는 결정이어서 불이익변경금지
원칙에 위배된 당연 무효의 처분이라고 판시하였다. 취소사유가 아니라 무효사유에 해당
한다고 본 점에 주목할 필요가 있다.

그리고 대법원 2024. 10. 31. 선고 2022두65160 판결은 조세심판원의 재조사결정에 따
른 후속 처분에 있어서도 불이익변경금지의 원칙이 적용된다고 판시하였다. 즉, 심판청
구 등에 대한 결정의 한 유형으로 실무상 행해지고 있는 재조사결정은 재결청의 해당
결정에서 지적된 사항에 관하여 처분청의 재조사결과를 기다려 그에 따른 후속 처분의
내용을 심판청구 등에 대한 결정의 일부분으로 삼겠다는 의사가 내포된 변형결정에 해
당하므로, 처분청의 후속 처분에 따라 그 내용이 보완됨으로써 심판청구 등에 대한 결정
으로서의 효력이 발생하는 것이고, 따라서 재조사결정의 취지에 따른 후속 처분이 심판
청구를 한 당초 처분보다 청구인에게 불리하면 국세기본법 제79조 제2항의 불이익변경
금지원칙에 위배되어 후속 처분 중 당초 처분의 세액을 초과하는 부분은 위법하게 된다
는 것이다.

다. 필요적 전치주의의 완화

(1) 취지

이러한 필요적 전치주의는 물론 정책적 필요에 의한 것이기는 하지만 다른 행정소송
과 달리 유독 조세소송에 있어서만 이를 예외 없이 강요하는 것은 부적절하다고 볼 수
있는 경우가 많으므로 이를 어느 정도 완화해야 할 필요가 있다.

대법원 2001. 3. 27. 선고 99두8039 판결이 이 점에 대한 총괄적인 입장을 정리하여 판
시한 바 있다. 조세소송에 있어서는 필요적 전치주의가 적용되어야 하나, 다만 2개 이상
의 같은 목적의 행정처분이 단계적·발전적 과정에서 이루어진 것으로서 서로 내용상
관련이 있다든지, 세무소송 계속 중에 그 대상인 과세처분을 과세관청이 변경하였는데
위법사유가 공통된다든지, 동일한 행정처분에 의하여 수인이 동일한 의무를 부담하게 되
는 경우에 선행처분에 대하여, 또는 그 납세의무자들 중 1인이 적법한 전심절차를 거친
때와 같이, 전심기관으로 하여금 기본적 사실관계와 법률문제에 대하여 다시 판단할 수
있는 기회를 부여하였을뿐더러 납세의무자로 하여금 굳이 또 전심절차를 거치게 하는
것이 가혹하다고 보이는 등 정당한 사유가 있는 때에는 납세의무자가 전심절차를 거치
지 아니하고도 과세처분의 취소를 청구하는 행정소송을 제기할 수 있다고 판시하였다.

그에 앞서 대법원 1989. 11. 10. 선고 88누7996 판결, 대법원 1990. 8. 28. 선고 90누1892

판결, 대법원 1990. 10. 12. 선고 90누2383 판결 등에서 위법사유가 공통된 경우에는 당초의 과세처분에 대하여 적법한 전심절차를 거친 이상 전심기관으로 하여금 기본적 사실관계와 법률문제에 대하여 다시 검토할 수 있는 기회를 부여하였다고 볼 수 있을 뿐만 아니라, 납세의무자에게 굳이 같은 사유로 증액경정처분에 대하여 별도의 전심절차를 거치게 하는 것은 가혹하므로 납세의무자는 그 경정처분에 대하여 다시 전심절차를 거치지 아니하고도 취소를 구하는 행정소송을 제기할 수 있다고 판시한 바 있다. 실제 조세쟁송에서는 필요적 전치주의를 완화해야 할 사안인지에 관하여 다툼이 있는 경우가 더러 있다. 이하 주요 유형별로 살펴본다.

(2) 당초 처분과 증액경정처분의 관계

이미 전치절차를 거친 종전 처분과 후속 처분이 사실관계가 동일 또는 유사하다는 이유로 후속 처분에 대하여는 다시 전치절차를 거칠 필요가 없다고 다투어지는 경우는 대체로 동일한 납세자에 대한 당초 처분과 증액경정처분인 경우가 많다. 당초 처분이 있은 후 다시 증액경정처분이 있으면 당초 처분은 증액경정처분에 흡수되어 소멸되므로 증액경정처분만이 항고소송의 대상이 되는데 이때 당초 처분에 대하여는 전치절차를 거쳤지만 증액경정처분에 대하여는 별도의 전치절차를 거치지 않은 경우가 조세쟁송 실무에서 자주 등장한다. 만약 증액경정처분에서 세액이 증액된 사유가 당초 처분에서의 사유와 전혀 다르다면 증액경정처분의 사유에 대하여는 전심기관에서 판단할 기회를 가져보지 못하였으므로 필요적 전치주의의 원칙상 다시 전치절차를 거치도록 하는 것이 맞다. 예를 들어 당초 처분의 사유는 납세자가 계상한 손금을 부인하는 것이었는데, 증액경정처분의 사유는 납세자가 익금을 누락하였다는 것인 경우가 여기에 해당한다.

다만, 행정소송법 제22조에서 특별한 예외규정을 두고 있다. 즉, 같은 조 제1항은 법원은 행정청이 소송의 대상이 된 처분을 소가 제기된 후 변경한 때에는 원고의 신청에 의하여 결정으로써 청구의 취지 또는 원인의 변경을 허가할 수 있다고 규정하고, 제2항에서 그 신청은 처분의 변경이 있음을 안 날로부터 60일 이내에 하여야 하도록 규정하면서 제3항에서 제1항의 규정에 의하여 변경되는 청구는 필요적 전치주의의 요건을 갖춘 것으로 본다고 규정하고 있다. 따라서 조세소송 도중 과세관청이 처분을 변경하였을 경우 그로부터 60일 이내에 그에 따른 청구취지를 변경하면 당초 처분과 변경된 처분 사이에 처분사유가 기초적 사실관계에 있어서 동일하지 않거나 납세자가 주장하는 위법사유가 동일하지 않더라도 변경된 처분에 대하여 다시 전치절차를 취할 필요가 없다.

한편, 당초 처분의 사유와 증액경정처분의 사유가 기초적 사실관계에 있어서 동일한 것이라면 증액경정처분에 대하여는 필요적 전치주의의 예외를 인정해 줄 수 있다고 하겠다. 대표적인 사례로는 대법원 2011. 10. 13. 선고 2009두22270 판결이 있다. 사안의 내용을 요약하면 다음과 같다. A사는 아파트 신축사업을 추진하던 중, 2000. 5. 19. B사에 이를 대금 80억 원에 양도하고 2000년 5월 말경 그 양도대금 중 잔금 30억 원의 채권을 P에게 양도하였고, B사는 2000년 5월 말경부터 2001년 6월경까지 P에게 위 잔금 채권을 모두 변제하였으며, 위 양도대금과 별도로 2000년 5월경부터 2001년 1월경까지 위 아파트 신축사업의 하도급업체들에게 공사대금 10억 원을 A사를 대신하여 지급하고 2001년 6월경부터 같은 해 10월경까지 A사로부터 그에 대한 매입세금계산서를 교부받았다. 과세관청은 A사가 양도대금 채권 중 30억 원을 P에게 양도함으로써 사외유출되었고 귀속이 불분명하다는 이유로 A사의 대표자인 원고에 대한 인정상여처분을 함으로써 2007년 4월경 원고에 대하여 2001년을 귀속사업연도로 하여 당초 소득세 부과처분을 하였다. 과세관청은 이어서 B사가 하도급업체들에게 대신 지급한 10억 원은 아파트 신축사업 양도대금의 일부로 보아야 함에도 그 부분 익금을 누락하였고 사외유출되어 귀속이 불분명하다는 이유로 2007년 5월경 추가 인정상여처분을 하면서 원고에 대하여 소득세 증액경정처분을 하였다. 원고는 A사의 사외유출금 상당의 귀속시기가 2001년이 아닌 2000년이고 따라서 부과제척기간이 도과되어 원고에 대한 소득세 부과처분을 할 수 없다고 다투었다. 당초 소득세 부과처분에 대하여는 전치절차를 거쳤으나 소득세 증액경정처분에 대하여는 전치절차를 따로 거치지 아니하였다.

원심은 소득세 증액경정처분에 대하여 전치절차를 거치지 않았으므로 그 취소를 구하는 소는 부적법하다는 이유로 각하하였다. 그러나 대법원의 판단은 다음과 같았다. 당초 소득세 처분은 A사가 양도대금 중 잔금채권 30억 원을 누락함으로써 그것이 사외유출되어 귀속이 불분명하게 되었다는 이유로 원고에게 인정상여처분을 함으로써 이루어진 것이고, 증액경정처분 역시 A사가 위 추가지급금을 누락함으로써 그것이 사외유출되어 귀속이 불분명하게 되었다는 이유로 원고에게 인정상여처분을 함으로써 이루어졌으며, 원고는 당초 처분뿐만 아니라 증액경정처분에 대하여도 사외유출된 금액의 귀속시기를 다투고 있고 당초 처분과 증액경정처분 모두 아파트 신축사업의 양도대가 중 사외유출된 부분에 대하여 인정상여처분을 함으로써 이루어진 것이므로 그 위법사유가 공통된다고 볼 수 있어, 당초 처분에 대하여 적법한 전심절차를 거친 이상 증액경정처분에 대하여 별도의 전심절차를 거치지 아니하고도 그 취소를 구할 수 있다고 판시하였다.

위 판시에서 알 수 있듯이 당초 처분과 증액경정처분의 사유는 모두 A사의 아파트 신축사업 양도대금의 일부가 사외 유출되어 귀속이 불분명해졌다는 것이고 원고는 양 처분 모두에 대하여 그 귀속시기만을 다투고 있어서 기초가 되는 사실관계가 공통됨은 물론이고 원고가 주장하는 위법사유도 동일하다고 할 수 있다. 따라서 비록 전심기관에서 당초 처분의 대상이 된 30억 원 부분만 판단할 기회를 가지고 증액경정처분의 대상이 된 10억 원 부분을 판단할 기회는 갖지 못하였지만 전자와 후자의 기초가 되는 사실관계와 위법주장사유가 동일하여 후자를 다시 판단할 기회를 가져본들 전자와 같은 결론에 이를 수밖에 없을 것이므로 굳이 다시 후자에 대하여 전심절차를 거치도록 할 필요가 없다고 할 수 있다. 대법원 1990. 6. 26. 선고 89누6921 판결과 대법원 1996. 4. 8. 선고 96누2200 판결도 같은 취지를 판시한 바 있다.

그리고 나아가 대법원 2013. 2. 14. 선고 2011두25005 판결은 당초 처분에 존재하고 있다고 주장되는 위법사유가 증액경정처분에도 존재하고 있어 당초 처분이 위법하면 증액경정처분도 위법하게 되는 경우라면, 당초 처분에 대한 전심절차의 진행 중에 증액경정처분이 이루어졌음에도 불구하고 그대로 전심절차를 진행한 납세자의 행위 속에는 달리 특별한 사정이 없는 한 당초 처분에 대한 전심절차를 통하여 당초 처분을 흡수하고 있는 증액경정처분의 취소를 구하는 의사가 묵시적으로 포함되어 있다고 봄이 타당하므로 설령 납세자가 당초 처분에 대한 전심절차에서 청구의 취지나 이유를 변경하지 아니하였다고 하더라도 증액경정처분에 대한 별도의 전심절차를 거칠 필요 없이 당초 제기한 전심절차에 대한 결정의 통지를 받은 날부터 90일 이내에 증액경정처분의 취소를 구하는 행정소송을 제기할 수 있다고 판시하였다. 위 판결은 위법사유가 동일한 경우 증액경정처분에 대한 제소기간을 산정함에 있어 당초 처분에 대한 전치절차를 증액경정처분에 대한 전치절차로 선해해 주었다는 점에서 납세자의 권익보호에 보다 충실한 판결이라고 평가될 수 있겠다.

(3) 부가가치세 부과처분과 법인세 등 부과처분의 관계

법인이나 개인 사업자가 매출을 누락한 것이 밝혀지면 그 부분에 대한 부가가치세 부과처분을 하게 되고 아울러 익금 또는 수익이 누락된 것으로 보아 법인세나 종합소득세 부과처분을 하게 된다. 여기서 부가가치세 부과처분에 대하여 전치절차를 거친 경우 법인세나 종합소득세 부과처분에 대한 취소소송을 제기할 때 이에 대하여 별도로 전치절차를 거쳐야 하는지가 문제된다.

이러한 경우는 동일한 매출누락이 부가가치세와 법인세 또는 종합소득세의 과세표준이 되기 때문에, 즉 과세표준을 공유하는 관계에 있기 때문에 각각의 부과처분 사유가 동일하다고 할 수 있고, 납세자가 매출누락을 한 사실이 없다고 다툰다면 그 주장하는 위법사유도 동일하다고 할 수 있다. 따라서 납세자가 부가가치세 부과처분에 대하여 전치절차를 거쳤다면 전심기관으로서는 납세자에게 매출누락이 있었는지 여부에 관하여 심사할 기회를 가졌고, 납세자가 법인세나 종합소득세 부과처분에 대하여 다시 전심절차를 거쳐본들 전심기관은 동일한 결론에 이를 것이므로 납세자로 하여금 굳이 반복하여 전심절차를 거치게 할 필요가 없다고 하겠다.

그런데도 대법원 2007. 5. 10. 선고 2004두2837 판결은 부가가치세 부과처분과 종합소득세 부과처분은 각기 독립한 별개의 처분으로서 부가가치세 부과처분만을 대상으로 한 심사청구의 효력이 종합소득세 부과처분에까지 미칠 수 없을 뿐 아니라 특별히 중복하여 전심절차를 거칠 필요가 없는 경우에도 해당하지 않는다고 판시하였다. 이 때문에 비슷한 취지의 후속판결도 이어지고 있다. 부산지방법원 2011. 8. 11. 선고 2011구합816 판결은, 설비공사업을 하는 원고가 A사우나의 설비공사를 해주고 그 대금을 받았음에도 세금계산서를 발행하지 않은 채 그 부분 부가가치세와 종합소득세를 신고·납부하지 않자 과세관청이 부가가치세 부과처분과 종합소득세 부과처분을 한 사안에서, 위 대법원 판결의 내용을 인용하면서 종합소득세 부과처분에 대하여 전심절차를 거쳤다 하더라도 부가가치세 부과처분에 대하여는 전심절차를 거치지 않았으므로 그 취소를 구하는 소는 부적법하다고 보아 각하하였다. 이 판결은 부산고등법원의 원고 항소기각 판결을 거쳐 대법원에서 심리불속행으로 원고의 상고가 기각되었다. 위 판결들의 판시에서는 위법사유가 공통되는지 여부는 전혀 고려대상에 넣지도 않고, 단지 서로 별개의 독립된 처분이라는 점만 고려하고 있다는 점에서 부적절한 판시라고 하겠다. 서로 별개의 독립된 처분이라는 점과 그들의 위법사유가 공통된다는 점은 서로 양립가능한 것임에도 마치 위 판결들은 이들이 양립할 수 없는 것처럼 보고 있는 것이 문제이다.

한편, 대법원은 유사한 사안에서 필요적 전치주의를 완화해준 사례가 있다. 대법원 1997. 4. 8. 선고 96누2200 판결이다. 피고가 원고에 대하여 분양대행수수료 소득이 발생하였다고 보아 1993. 4. 16. 1991년 귀속 종합소득세로 38,000,000원을 부과하자 원고는 전심절차를 거쳐 그 취소를 구하는 소를 제기하였는데, 그 후 피고는 1995. 8. 16. 위 소득의 귀속연도가 잘못되었다는 이유로 위 부과처분을 취소하고 동일한 과세표준에 대하여 1990년 귀속 종합소득세 금 39,000,000원 및 방위세 금 8,000,000원을 부과하자, 원고는 청구취지 및 원인을 1995. 8. 16.에 한 위 종합소득세 및 방위세 부과처분의 취소를 구하는 것으로 변경하였으나 그에 대하여는 별도로 전심절차를 거치지 아니하였다. 이에 대하여 원심은, 행정청이 소송의 대상인 처분을 소가 제기된 후 변경함에 따라 소가 변경된 경우에는 별도로 행정심판을 거치지 아니하여도 되도록 규정한 행정소송법 제22조 제3항에 의하여 종합소득세 부과처분에 대하여는 전심절차를 거쳤다고 볼 것이나, 방위세 부과처분에 대하여는 적법한 전심절차를 거치지 아니하였으므로 그 부분 소는 부적법하다고 판단하였다. 그러나 대법원은, 원심에서 방위세 부과처분에 관하여도 종합소득세 부과처분과 동일한 위법사유를 들어 다투고 있을 뿐만 아니라, 피고가 원심에서 1991년을 그 귀속연도로 하는 당초의 종합소득세 부과처분 취소소송 계속 중에 위 처분을 취소하고 동일한 과세표준에 대하여 귀속연도를 1990년도로 변경하여 종합소득세 및 방위세를 부과함에 따라 소가 변경된 점과 종합소득세에 관한 과세근거 사실에 대한 국세청장과 국세심판소로 하여금 판단할 수 있는 기회가 이미 부여된 바 있었다는 사정을 모두 보면 원고로 하여금 방위세 부과처분에 대하여 다시 전심절차를 거치게 하는 것은 가혹하다 할 것이므로, 전심절차를 거치지 아니하고도 그 취소를 구할 수 있다고 보아야 한다고 판시하였다. 방위세의 과세표준 자체가 종합소득세액이라는 점에서 방위세 부과처분과 종합소득세 부과처분은 밀접한 관련이 있고, 위에서 본 부가가치세 부과처분과 법인세 또는 종합소득세 부과처분도 과세목적물이 사실상 동일하다는 점에서 밀접한 관련성이 이에 못지 않다고 할 것이므로 서로 같은 결론에 이르는 것이 바람직하다. 따라서 대법원 2007. 5. 10. 선고 2004두2837 판결은 대법원 1997. 4. 8. 선고 96누2200 판결의 취지를 살려서 변경하는 것이 옳다고 본다.

(4) 과세기간이 다른 부과처분들의 관계

법인세나 사업소득세 등에 있어서 과세기간이 서로 다를 경우 과세표준이 되는 소득이 서로 다를 수밖에 없으므로 비록 그 소득들이 동일한 업종의 것이어서 동종이라고 하더라도 과세표준에 산입되는지 여부는 별개로 판단되어야 한다. 더구나 납세자가 동일하더라도 과세기간이 다를 경우 별개의 독립된 처분으로 보아야 한다. 따라서 이러한 경우에는 비록 동종의 소득에 관한 것이라고 하더라도 각각 별도의 전심절차를 거치는 것이 옳다.

예를 들어 아파트 건설분양업체에서 3년간에 걸쳐 A아파트 건설분양사업을 하면서 분양수익금을 상당부분 누락하였다고 하여 3개 사업연도 법인세에 대한 경정처분을 하였을 때 각 사업연도의 누락된 수익금이 비록 같은 사업에서 나오는 동종의 분양수익금이라고 할지라도 각 사업연도에 누락된 수익금은 서로 다른 것이고 그 누락 여부는 각 사업연도별로 독립적으로 판단되어야 하며, 그 결과 각 사업연도 법인세 부과처분도 서로 독립된 별도의 처분으로 행하여지므로 각각 별도의 전심절차를 거쳐야 한다고 보아야 한다.

대법원 2014. 9. 25. 선고 2014두37375 판결도 같은 취지에서, 원고가 2009 사업연도 법인세 부과처분이 있음을 안 날부터 90일 내에 그에 대하여 행정심판을 청구하지 아니한 이상, 그 청구기간이 경과한 후 과세단위가 다른 2006 사업연도 법인세 부과처분을 다투는 행정심판절차에서 2009 사업연도 법인세 부과처분의 취소를 구하는 청구취지를 추가하더라도 이로써 적법한 행정심판이 제기된 것으로 볼 수 없고, 또한 2006 사업연도 법인세 부과처분을 다투는 행정심판절차에서 2009 사업연도 법인세 부과처분의 근거가 된 익금산입처분 등을 다툰 적이 있다는 사정만으로는 적법한 전심절차를 거쳤다고 보기도 어렵다는 이유로, 2009 사업연도 법인세 부과처분의 취소를 구하는 소는 부적법하다고 판단하였다. 위 판시에서 비록 2009 사업연도의 법인세 부과처분에 대하여 전심기관이 결과적으로 2006 사업연도 법인세 부과처분의 전심절차에서 함께 심사한 적이 있더라도 2009 사업연도 법인세 부과처분의 전심절차로서의 요건, 즉 전심청구기간 준수의 요건을 갖추지 못한 이상 필요적 전치주의의 요건을 갖추지 못하였다고 보고 있다는 점에 유의해야 한다.

그러나 예외적으로 과세관청이 예를 들어 2010 사업연도의 익금 누락이 있었다고 보아 2010 사업연도 법인세 부과처분을 하였고 그에 대하여 전심절차를 거쳐 그 취소를 구하는 소송을 제기하여 진행되던 중 과세관청이 누락된 익금의 귀속시기가 2010 사업연도가 아닌 2011 사업연도로 보아 2010 사업연도 법인세 부과처분을 직권으로 취소하고 2011 사업연도 법인세 부과처분을 한 경우에는 그에 따라 청구취지를 변경하더라도 행정소송법 제22조 제3항이 처분의 변경으로 인한 소의 변경에는 필요적 전치주의를 완화하여 주고 있으므로 2011 사업연도 법인세 부과처분에 대한 별도의 전심절차를 거치지 아니하여도 된다고 보아야 한다.

그러나 하나의 약정에 기한 소득이나 비용이 할부약정에 의하여 두 개 이상의 과세연도에 걸쳐 발생하게 되었고 그에 따라 두 개 이상의 과세처분이 있었던 경우에는 내용상의 견련성이 워낙 강하여 어느 하나의 처분에 대한 전치절차를 거친 경우에는 다른 하나의 처분에 대하여는 전치절차를 면제해 줄 수도 있을 것으로 보인다. 같은 취지에서 대법원 1991. 7. 26. 선고 91누117 판결은, 원고 법인은 A사로부터 B사 발행주식을 매수하면서 계약금만을 지급하고 잔금은 연불조건으로 3회에 걸쳐 지급하되 은행대출이율 상당의 이자를 가산하여 지급하기로 약정한 다음, 1988. 1. 1., 1988. 7. 31., 1989. 1. 31. 등 3회에 걸쳐 약정된 이자를 지급하였는데, 과세관청은 위 이자가 비영업대금의 이익에 해당한다고 보고 그 지급자인 원고 법인이 법인세의 원천징수의무가 있음에도 불구하고 이를 이행하지 않았다 하여 1988년에 지급된 이자에 대한 원천징수의무 불이행에 대하여는 1989. 9. 18. 자의 가산세 부과처분을, 1989년에 지급된 이자에 대한 원천징수의무 불이행에 대하여는 1990. 5. 19. 자의 가산세 부과처분을 하였고, 원고는 위 1989. 9. 18. 자 과세처분에 대하여만 전치절차를 거쳤을 뿐 위 1990. 5. 19. 자 과세처분에 대하여는 전치절차를 거치지 않은 사안에 대하여, 위 두 개의 과세처분이 비록 형식적으로는 별개의 것이라 하더라도 이는 단지 위 이자의 지급시기가 2년간에 걸쳐 있었던 결과에 불과한 것으로서, 양자는 동일한 계약관계에서 발생한 이자를 과세대상으로 파악하고 이에 대한 원천징수의무를 불이행하였다는 이유로 한 처분이어서 세목과 납세의무자가 같고 원고가 주장하는 위법사유 역시 동일한 것인 만큼, 이와 같은 경우에는 1990. 5. 19. 자 과세처분에 대하여 별도로 전심절차를 거치지 않고서도 취소소송을 제기할 만한 정당한 사유가 있다고 판시하였다.

(5) 본세 부과처분과 가산세 부과처분의 관계

가산세 부과처분은 본세의 부과처분을 토대로 하는 것이긴 하지만 본세의 신고·납부의무 등을 제대로 이행하지 못하였다는 점을 과세요건으로 하므로 본세의 과세요건과 그 내용을 달리한다. 더구나 본세의 신고·납부의무 등의 불이행에 대하여 정당한 사유가 있으면 가산세를 면제받을 수도 있다. 따라서 가산세 부과처분의 위법사유와 본세 부과처분의 위법사유가 항상 동종이라거나 유사하다고 보기 어려운 측면이 많다. 더구나 가산세 부과처분은 본세와 독립된 별개의 처분으로 보는 것이 대법원의 확립된 입장이다. 그러므로 원칙적으로는 본세의 부과처분과 가산세의 부과처분에 대하여는 모두 전심절차를 거쳐야 한다고 할 것이다. 하지만 사실상 가산세 부과처분은 본세 부과처분에 종속되는 측면이 강하기 때문에 여기서도 필요적 전치주의의 예외를 인정할 필요가 없지 않다.

먼저 가산세 부과처분에 대하여만 전치절차를 거치고 본세 부과처분에 대하여는 전치절차를 거치지 아니한 경우에 대하여는 필요적 전치주의의 예외를 인정하기 어렵다는 것이 대법원 판례의 입장이다. 아마도 사실상 종속된 처분에 대하여 전치절차를 거쳤다고 하여 주된 처분에 대한 전치절차를 면제해 주는 것은 균형이 맞지 않다는 것이 주된 이유인 것으로 짐작된다. 즉, 대법원 2014. 9. 25. 선고 2014두37375 판결은, 가산세는 본세와 별도로 납세의무가 성립하는 별개의 세목으로서 본세와는 독립한 불복대상이 되며 수개의 과세처분에 대한 전심절차는 원칙적으로 당해 과세처분마다 따로 거쳐야 하므로, 납세의무자가 과세처분에 대한 심사청구 또는 심판청구를 하면서 본세에 관하여는 불복하지 않고 가산세의 취소만을 구하다가 그 청구가 기각된 후 항고소송을 제기하여 본세와 가산세 전부의 취소를 구하는 경우 본세에 관한 소는 전심절차를 거치지 아니한 것이어서 부적법하다고 판시하였다. 대법원 1982. 12. 14. 선고 82누315 판결도 같은 취지이다. 반대로 본세 부과처분에 대하여는 전치절차를 거쳤는데, 가산세 부과처분에 대하여는 전치절차를 거치지 아니한 경우에는 필요적 전치주의의 예외를 인정할 것인지도 문제이다. 먼저 대법원 1989. 11. 10. 선고 88누7996 판결은 2개 이상의 행정처분이 같은 목적을 위하여 단계적으로 진행되는 일련의 발전적 과정에서 이루어진 것으로 내용상 관련이 있는 경우에는 필요적 전치주의가 완화되어야 한다고 하면서 그 예로서 본세 부과처분과 가산세 부과처분의 경우를 들고 있다.

위 판결들의 입장을 종합해 보면, 사실상 주된 처분인 본세의 부과처분에 대하여 전치절차를 거친 경우 종속된 처분인 가산세의 부과처분에 대하여는 전치절차의 예외를 인정해 주겠다는 것인데 여기에 논리적인 모순이 있다. 과세요건과 위법사유의 측면에서 보면 오히려 가산세 부과처분이 본세 부과처분을 포함하고 있다고 할 수 있다. 가산세 부과처분은 본세 부과처분의 요건을 모두 갖추어야 함은 물론 더 나아가 가산세 부과처분의 고유한 요건을 갖추어야 한다. 즉, 과세요건이 더 많고, 따라서 조세쟁송에서 납세자가 주장하는 위법사유도 더 많을 수밖에 없다. 그렇다면 오히려 가산세 부과처분에 대하여 전치절차를 거친 경우에는 본질상 그보다 과세요건이나 위법사유가 적은 본세 부과처분에 대하여는 전치절차의 예외를 인정해 줄 여지가 더 많은 것이다. 이와 같이 필요적 전치주의의 예외를 인정하는 문제를 단지 주종의 잣대만을 가지고 종된 부과처분에 대하여는 무조건 전치주의의 예외를 인정하고 주된 부과처분에 대하여는 전치주의의 예외를 인정하지 않는 태도는 불합리하다. 그보다는 조세쟁송에서 납세자가 주장하는 위법사유가 무엇인지에 따라 필요적 전치주의의 취지를 살리는 방향으로, 즉 전심기관이 먼저 그 위법사유를 판단할 기회를 갖도록 하는 방향으로 그 예외를 인정할 것인지를 결정하는 것이 타당하다고 판단된다. 그래서 본세 부과처분과 가산세 부과처분에 대하여 모두 취소를 구하는 행정소송이 제기되었고 주장하는 위법사유가 완전히 동일한 경우, 예를 들어 본세 부과처분의 위법사유만 주장되고 가산세 부과처분의 고유한 위법사유의 주장이 없어 본세 부과처분이 위법하므로 그에 따라 가산세 부과처분도 위법하다고 주장되는 경우에는 어느 하나의 부과처분에 대하여 전치절차를 거쳤다면 다른 하나의 부과처분에 대하여는 별도로 전치절차를 거치지 않도록 하여도 무방할 것으로 보인다. 그러나 행정소송에서 주장하는 본세 부과처분의 위법사유와 가산세 부과처분의 위법사유가 서로 다른 경우, 대표적인 예로서 가산세 부과처분에 대하여는 그 위법사유로 가산세를 면제할 정당한 사유가 있다고 주장하는 경우에는 비록 본세 부과처분에 대하여 전심절차를 거쳤다고 하더라도 가산세를 면제할 정당한 사유가 존재하는지 여부에 관하여 전심기관이 전혀 심사하지 않은 경우에 해당하므로 필요적 전치주의의 예외를 인정하여서는 아니된다고 하겠다. 따라서 반대로 가산세 부과처분에 대하여 전치절차를 거쳤고 거기서 가산세를 면제할 정당한 사유만을 주장하였다면 본세 부과처분에 대하여는 다시 전치절차를 거치도록 하는 것이 옳다고 하겠다.

요컨대 본세의 부과처분과 가산세의 부과처분 중 어느 한쪽에 대하여 일률적으로 필요적 전치주의의 예외를 인정하거나 인정하지 않을 것이 아니라 조세쟁송에서 주장하는 위법사유가 공통된 것인지 아닌지에 따라, 어느 하나에 대하여 주장하는 위법사유가 다른 하나에 대하여 주장하는 위법사유를 포함하고 있는지에 따라 필요적 전치주의의 예외를 인정할 것인지를 결정하는 것이 옳다는 것이다. 이에 대하여는 가산세 부과처분의 취소소송에서 원고가 처음엔 본세 부과처분의 위법사유만 주장한다는 이유로 필요적 전치주의의 예외를 인정하였다가 소송진행 중에 가산세를 면제할 정당한 사유를 주장한다고 해서 다시 필요적 전치주의의 예외를 인정할 수 없다고 하면 그땐 이미 전심제기 기한이 도과하여 전심절차를 거치는 것이 불가능한 경우가 많을 것이므로 사실상 조세소송에서 원고가 '가산세를 면제할 정당한 사유의 존재'라는 가산세 부과처분의 위법사유의 주장을 차단하는 결과가 되어 부적절하다는 비판이 있을 수 있다. 그러나 필요적 전치주의의 취지를 살리기 위해서는 원고에게 이 정도의 제재를 가하는 것은 불가피하다고 여겨진다.

(6) 납세의무자가 다른 부과처분들의 관계

가) 쟁점의 소재

사실상 동일한 사실관계에 터 잡아 납세의무자를 달리하는 수개의 부과처분을 하는 경우가 많다. 예를 들어 주된 납세의무자와 제2차 납세의무자에 대한 부과처분, 수증자와 증여자에 대한 부과처분, 공동상속인들에 대한 부과처분 등이 있다. 이러한 경우 어느 한 납세의무자가 전치절차를 거친 경우 다른 납세의무자에 대하여는 전치절차를 완화해 줄 수 있느냐가 문제된다. 이들 부과처분은 납세의무자를 달리하기 때문에 서로 간의 견련성이 약하다고 볼 수 있지만 과세의 원인사실은 동일하거나 매우 유사한 경우가 많기 때문에 필요적 전치주의를 완화해야 한다는 주장이 강하다.

나) 공동상속인들 상호 간

먼저, 대법원 1990. 1. 23. 선고 89누923 판결에서, 상속세법상 과세관청이 과세표준과 세액을 결정 또는 경정하여 통지함에 있어서 상속인이 2인 이상인 때에는 그중 상속세에 관한 신고서를 제출한 자, 대표자 또는 호주상속인의 어느 하나의 자에게만 통지할 수 있고 그 효력은 상속인 모두에게 미치도록 되어 있는데, 이는 과세행정의 편의를 위하여 상속세 부과 고지의 방법에 관한 특칙을 정한 것에 불과하므로 공동상속인의 대표자에게 통지함으로써 상속인 모두에 대한 부과처분이 성립한다고 하여도 그에 대한 불복은 상속인 각자가 자기의 세액에 관하여 제기하는 것이 원칙이라고 할 것이나, 다만 전심절차에 있어서는 공동상속인을 대표하여 상속세의 과세표준과 세액의 결정통지를 받을 수 있는 자가 그 통지를 받고 전심절차를 거친 때에는 나머지 상속인들은 구태여 동일한 전심절차를 거칠 필요가 없다고 보는 것이 타당하다고 판시하였다.

그 이유에 대해서는 우리 상속세법은 이른바 유산세제를 채택하여 피상속인의 유산 전체를 대상으로 상속세의 과세표준과 세액을 결정하고, 다만 각 상속인은 각 상속지분에 따라 상속세를 납부할 의무를 부담하도록 되어 있으므로, 공동상속인을 대표하는 자가 상속세의 과세표준과 세액의 결정통지를 받고 전심절차를 거친 이상 과세관청으로서는 과세대상인 유산 전체에 대한 상속세의 과세표준과 세액에 대하여 다시 검토하고 시정할 수 있는 기회가 충분히 주어진 것이어서 구태여 공동상속인 전원에게 동일한 전심절차를 거치도록 거듭 요구할 합리적인 필요성이 없기 때문이라고 덧붙였다. 위 판결은 전체와 부분의 관계에서 전심기관이 전체에 대한 심사기회를 가진 이상 그 부분에 대하여 다시 심사기회를 가질 필요가 없다는 점을 중시한 것으로 보인다.

다) 수증자와 증여자 상호 간

상속세 및 증여세법 제4조에 의하면, 하나의 증여행위에 대하여 수증자가 증여세 납세의무를 부담하며, 수증자의 증여세 납세의무의 이행이 곤란한 경우에는 증여자가 연대납세의무를 부담한다. 여기서 수증자가 증여세 부과처분에 대하어 전치절차를 거친 경우 연대납세의무자인 증여자가 자신에 대한 증여세 부과처분에 대하여 별도로 전치절차를 거쳐야 하는지가 문제된다.

이에 대하여 대법원 1992. 9. 8. 선고 92누4383 판결은, 원고가 부담하는 납세의무는 구 상속세법 제29조의2 제2항 소정의 증여자 연대납부책임에 터 잡은 것으로서 구 상속세법 시행령 제38조가 규정하는 증여세 연대납부의무자에 대한 과세요건은 수증자에 대한 증여세과세요건과는 별개의 것이므로, 수증자에 대한 증여세 부과처분과 증여자로서 연대납부의무자에 대한 부과처분은 동일한 증여를 과세원인으로 한다는 점에서만 공통될 뿐 그 과세요건을 달리하고 있어 독립된 별개의 처분이라고 보아야 할 것이어서 따로 전심절차를 거쳐야 한다고 판시하였다.

물론 수증자에 대한 증여세 부과처분의 요건과 연대납세의무자인 증여자에 대한 증여세 부과처분의 요건이 항상 동일한 것은 아니다. 증여자에 대한 증여세 부과처분에는 수증자에 대한 부과처분의 요건에 수증자의 증여세 납부의무이행이 곤란한 사정에 관한 요건이 추가되는 것도 사실이다. 그렇다고 위 대법원 판결처럼 일률적으로 예외 없이 증여자에 대한 부과처분에 대하여도 별도로 전치절차를 거쳐야 한다고 보는 것은 합리적이지 않다. 필요적 전치절차를 유지하는 가장 근본적인 이유는 전심기관으로 하여금 그 위법사유에 대하여 먼저 심사할 기회를 주는 데 있다. 그런데 조세쟁송 실무에서는 수증자에 대한 증여세 부과처분에 대하여 주장하는 위법사유와 증여자에 대한 증여세 부과처분에 대하여 주장하는 위법사유가 동일한 경우가 대부분이다. 즉, 증여행위 자체가 없었다거나 증여가액의 평가가 잘못되었다는 등이다. 이러한 경우에는 과세목적물이 완전히 동일할뿐더러 주장하는 위법사유도 동일하므로 굳이 수증자와 증여자 모두에 대하여 별도로 전치절차를 거치도록 할 필요성이나 합리적인 이유를 찾기 어렵다. 따라서 이러한 경우에는 필요적 전치주의의 예외를 인정하는 것이 타당하다. 그러나 증여자에 대한 부과처분에 대하여 주장하는 위법사유가 수증자에 대한 부과처분에 대하여 주장하는 위법사유가 다른 경우, 예를 들어 수증자의 증여세 납세의무의 이행이 곤란한 사정에 관한 상속세 및 증여세법 제4조 제2항, 제4항 각 호의 사유에 관하여 다투는 경우에는 필요적 전치주의의 예외를 인정할 필요가 없을 것이다.

라) 주된 납세의무자와 제2차 납세의무자 상호 간

조세쟁송 실무에서는 주된 납세의무자에 대한 부과처분에 대하여는 전심절차를 제대로 거쳤으나 제2차 납세의무자에 대한 부과처분에 대하여는 전심절차를 거치지 않거나 전심제기기간을 놓치는 경우가 더러 보인다. 이러한 경우 제2차 납세의무자는 양 부과처분은 2개 이상의 같은 목적의 행정처분이 단계적·발전적 과정에서 이루어진 것으로서 내용상 견련이 있고 그 위법사유도 공통되므로 제2차 납세의무자에 대하여는 필요적 전치주의가 완화되어야 한다는 주장들을 많이 한다.

여기에는 앞서 본 본세의 부과처분과 가산세의 부과처분의 관계에서 본 논리와 동일한 논리가 적용될 수 있다고 하겠다. 즉, 주된 납세의무자에 대한 부과처분과 제2차 납세의무자에 대한 부과처분이 사실상 주종의 관계에 있다고 하더라도 필요적 전치주의의 예외를 인정하는 문제를 단지 주종의 잣대만을 가지고 종된 부과처분에 대하여는 무조건 전치주의의 예외를 인정하고 주된 부과처분에 대하여는 전치주의의 예외를 인정하지 않을 것이 아니라, 주된 납세의무자에 대한 부과처분과 제2차 납세의무자에 대한 부과처분에 대하여 납세자가 주장하는 위법사유가 공통된 것인지 아닌지, 어느 하나에 대하여 주장하는 위법사유가 다른 하나에 대하여 주장하는 위법사유를 포함하고 있는지에 따라 필요적 전치주의의 예외를 인정할 것인지를 결정하는 것이 옳다는 것이다.

최근의 대법원 2014. 12. 11. 선고 2012두20618 판결은 제2차 납세의무자에 대한 부과처분에 대하여 필요적 전치주의의 예외를 인정할 수 없다고 판결하였다. 대법원의 2012. 11. 15. 자 심리불속행 상고기각 판결로 확정된 서울고등법원 2012. 7. 11. 선고 2011누

40839 판결도 같은 취지를 선고하였다. 2012두20618 판결의 사안을 요약하면 다음과 같다. 과세관청이 2010. 6. 11. A사에 2007년 제1, 2기분 및 2008년 제1기분 부가가치세와 2007, 2008 각 사업연도 법인세를 부과하는 제1차 처분을 한 다음, A사가 위 부가가치세와 법인세를 그 납부기한까지 납부하지 아니하자, 2010. 7. 16. A사의 과점주주인 원고들을 제2차 납세의무자로 지정하고 이들에게 위 부가가치세와 법인세를 부과하는 제2차 처분을 하였다. A사는 조세심판원에 제1차 처분의 취소를 구하는 심판청구를 제기하였으나 기각되었고, 원고들은 제2차 처분에 관한 전심절차를 거치지 아니하고 그 취소를 구하는 행정소송을 제기하였다. 이에 대한 원심은, 제2차 납세의무의 성립에는 주된 납세의무의 성립 외에도 주된 납세의무자의 체납 등과 같은 별도의 요건이 요구되므로 제2차 납세의무자에 대한 부과처분은 주된 납세의무자에 대한 부과처분과는 독립된 부과처분에 해당하고, 따라서 이들 처분이 같은 목적을 달성하기 위해 단계적·발전적 과정에서 이루어진 것으로서 서로 내용상 관련이 있다거나 동일한 행정처분에 의하여 수인이 동일한 의무를 부담하게 되는 경우 등으로 볼 수 없으며, 나아가 제2차 처분에 대하여는 국세청장과 조세심판원으로 하여금 다시 판단할 수 있는 기회를 부여하였다고 볼 수 없을 뿐만 아니라, 원고들로 하여금 굳이 또 전심절차를 거치게 하는 것이 가혹하다고 볼 만한 사정도 없다는 등의 이유로, 원고들이 제2차 처분에 대하여 전심절차를 거치지 아니한 채 그 취소를 구하는 소를 제기한 것은 부적법하다고 판단하였고, 대법원이 이를 수긍하였다.

이 사건의 내막을 들여다보면 원고들은 제2차 납세의무의 고유한 요건에 해당하는 주채무자의 무자력 여부나 원고들이 과점주주에 해당하는지 여부에 관하여는 다투지 않고 주채무자에 대한 부과처분의 위법성만 다투었다. 따라서 위법사유가 서로 공통됨을 알 수 있다. 이러한 경우에는 제2차 납세의무자에 대하여는 필요적 전치주의의 예외를 인정하여도 무방하다고 보이는데 아직까지 대법원은 이와 같은 유연한 태도를 보이지 못하고 있다. 개선이 필요하다고 하겠다.

마) 수인의 제2차 납세의무자 상호 간

조세쟁송 실무에서 보면 제2차 납세의무자가 되는 것은 과점주주에 해당하기 때문인 경우가 많고, 그 과점주주에는 한사람만이 해당되기보다는 그를 비롯하여 그와 특수관계에 있는 자들의 그룹이 해당하는 경우가 많다. 이러한 경우는 과점주주로서 제2차 납세의무자가 되는 자가 복수가 되는데 사실상 하나의 처분에 의하여 여러 사람이 동일한 제2차 납세의무를 부담하게 되고, 제2차 납세의무자로서의 요건도 서로 공통되어 조세쟁송에서 다투는 위법사유도 공통되는 것이 일반적이다. 이럴 때 제2차 납세의무자 중의

1인이 전치절차를 거친 경우 다른 제2차 납세의무자에 대하여는 필요적 전치주의의 예외를 인정할 수 있는지가 문제된다.

이 점에 대하여 일찍이 대법원 1988. 2. 23. 선고 87누704 판결은, 원고들은 특수관계에 있는 자들로서 그들이 A사의 과점주주에 해당함을 전제로 과세관청이 원고들을 제2차 납세의무자로 지정하여 A사의 부가가치세를 부과한 처분에 대하여 원고들 중의 1인 위처분에 불복하여 적법한 전심절차를 거친 이상 그와 특수관계에 있는 다른 원고들도 적법한 전심절차를 거쳤다고 보아야 한다고 판시하였다.

조세쟁송에서 복수의 제2차 납세의무자들이 주장하는 위법사유가 서로 다른 경우는 이례적일 것이므로 위 대법원 판결은 원칙적으로 타당하다고 하겠다. 다만, 예외적으로 예를 들어 제2차 납세의무자들 중 1인이 전심절차를 제기하여 주된 납세의무자에 대한 부과처분이 위법함을 이유로 제2차 납세의무자들에 대한 부과처분도 위법하다는 주장만 하였는데, 제2차 납세의무자들 중 다른 1인은 행정소송에서 자신은 과점주주에 포함될 수 없다는 이유로 제2차 납세의무자가 될 수 없다는 주장을 한다면 이러한 위법사유는 전심기관에서 판단하여 시정할 기회를 전혀 갖지 못하였으므로 필요적 전치주의의 예외를 인정하여서는 아니된다.

2. 과세전적부심사와 과세예고통지

가. 관련 규정의 분석

국세기본법 제81조의15 제1항은 그 각 호의 어느 하나에 해당하는 경우에는 미리 납세자에게 서면으로 통지(과세예고통지)하여야 한다고 하면서, 제1호에서 지방국세청장 또는 국세청장의 업무감사 결과에 따라 세무서장 또는 지방국세청장이 과세하는 경우를, 제2호에서 세무조사에서 확인된 것으로 조사대상자 외의 자에 대한 과세자료 및 현지확인조사에 따라 세무서장 또는 지방국세청장이 과세하는 경우를, 제3호에서 납부고지하려는 세액이 100만 원 이상인 경우를 규정하고 있다. 제3호 단서는, 감사원법 제33조에 따른 시정요구에 따라 세무서장 또는 지방국세청장이 과세처분하는 경우로서 시정요구 전에 과세처분 대상자가 감사원의 지적사항에 대한 소명안내를 받은 경우와 국세기본법 제45조의3 제1항에 따른 기한후과세표준신고서를 제출한 자가 납부하여야 할 세액을 납부하지 아니하거나 과소납부한 경우로서 세무서장 또는 지방국세청장이 해당 기한후과세표준신고서에 기재된 과세표준 및 세액과 동일하게 과세표준 및 세액을 결정하는 경우에는 납부고지하려는 세액이 100만 원 이상인 경우에도 과세예고통지를 생략할 수 있도록 규정하였다. 그리고 제2항은 과세예고통지를 받은 자는 30일 이내에 과세전적부심사를 청구할 수 있다고 규정하고 있다.

위 규정들을 종합해 보면, 과세전적부심사는 납세자의 절차적 권리에 해당하므로 국세기본법 제81조의15 제3항에서 규정하는 바와 같은 긴급한 필요가 있거나 형사절차상 반드시 과세처분을 할 수밖에 없는 예외사유에 해당하지 않는 한 반드시 보장하여야 하고, 과세예고통지는 납세자가 이러한 과세전적부심을 청구할 수 있는 전제요건이 되므로 이는 과세관청의 의무사항이다.

국세기본법 제81조의15 제1항 제3호에서 규정하는 '납부고지'와 관련하여, 소득금액변동통지가 여기에 해당하는지, 즉 소득금액변동통지를 하기 전에도 과세예고통지를 하여야 하는지가 문제되었는데, 대법원 2021. 4. 29. 선고 2020두52689 판결은 원천징수의무자인 법인에 대한 소득금액변동통지는 원천징수하는 소득세 또는 법인세의 납세의무를 확정하는 효력이 있다는 점에서 부과고지의 효력을 갖는 납세고지와 유사한 부분이 있지만, 소득금액변동통지는 소득처분의 내용 중 법인의 원천징수의무 이행과 관련된 사항을 기재하여 원천징수의무자에게 통지하는 것으로서 과세관청이 세금을 징수하기 위하여 세액 등 세금의 납부와 관련된 사항을 법정의 서류(납세고지서)로 납세자에게 알리는 납세고지에 해당한다고 볼 수 없으므로 조세법규에 대한 엄격해석의 원칙상 소득금액변동통지를 하기 전에는 과세예고통지를 할 필요가 없고 그래서 과세전적부심사절차를 부여할 필요도 없다고 판시하였다.

과세전적부심사절차는 과세처분이 있기 전에 이루어지는 사전적 구제절차로서 사후적 구제절차처럼 당연히 보장되어야 하는 절차라기보다는 법규정에 의하여 부여되는 특혜의 성격을 지닌다고 할 수 있으므로 법에서 그 요건을 규정하고 있는 이상 문언대로 해석하는 것이 타당하고 그 문언의 범위를 넘어서까지 폭넓게 보장해줄 필요까지는 없다는 입장으로 이해된다. 과세관청이 세무조사를 거쳐 세무조사결과통지를 하면서 소득금액변동통지를 하는 경우는 과세전적부심사절차가 부여되고 있는 마당에 세무조사를 거치지 않은 소득금액변동통지라고 해서 굳이 차별대우를 할 만큼의 합리적 이유가 있는지 의문이 있다. 입법개선이 필요한 대목으로 보인다.

나. 과세예고통지의 생략 가부

앞서 본 바와 같이 국세기본법 제81조의15에 의하면, 납부고지하려는 세액이 100만 원 이상인 경우 등에는 과세예고통지를 하여야 하고, 위 통지를 받은 자는 30일 이내에 과세전적부심사를 청구할 수 있으며, 다만, 과세예고통지를 하는 날부터 국세부과제척기간의 만료일까지의 기간이 3개월 이하인 경우에는 과세전적부심사를 청구할 수 없다. 이와 같이 과세예고통지는 주로 납세자로 하여금 과세전적부심사를 청구할 수 있도록 하기 위한 방편이 되는데, 과세예고통지를 하는 시점에 이미 국세부과제척기간의 만료일까지 3개월이 채 남지 않는다면, 과세예고통지를 하더라도 과세전적부심사를 청구할 수 없게 되므로 굳이 과세예고통지를 할 필요가 있는지에 관하여 의문이 생긴다. 실익이 없는 무용한 절차라면 필요적 절차가 아니라 임의적 절차로 보아 이를 생략하더라도 무방하다고 할 만하다.

그러나 과세예고통지는 과세관청이 조사한 정보를 미리 납세자에게 알려줌으로써 납세자가 시간을 가지고 다가올 과세에 대비할 수 있게 하는 등 납세자의 절차적 권리를 보호하는 데 긴요한 수단이 되고 있다. 그래서 법문에 명시적인 예외규정을 두고 있지 않는 한 함부로 실익이 없다는 등의 막연한 이유로 이를 생략하여서는 아니된다고 할 것이다.

이러한 관점에서 대법원 2025. 2. 13. 선고 2023두41659 판결은 과세예고통지를 할 당시 국세부과제척기간의 만료일까지가 3개월 이하인 경우 과세예고통지를 생략할 수 있는지에 관하여 엄격한 입장을 취하여 이를 생략할 수 없다는 원칙을 선언하였다. 그 이유를 다음과 같이 설명하고 있다.

먼저, 헌법 제12조 제1항에서 규정하고 있는 적법절차의 원칙은 형사소송절차에 국한되지 아니하고 모든 국가작용 전반에 대하여 적용되므로 세무공무원이 과세권을 행사하는 경우에도 적법절차의 원칙을 준수하여야 하고, 또한 조세법률주의의 원칙상 조세법규는 특별한 사정이 없는 한 법문대로 엄격하게 해석하여야 하는바, 이는 납세자의 실체적 권리뿐만 아니라 절차적 권리를 보장하는 국면에서도 마찬가지로 적용된다는 점을 강조하고 있다.

그리고는 국세기본법 제81조의15 제1항은 각호 사유 중 하나에 해당하는 경우 과세관청의 과세예고통지 의무를 규정하면서 이를 생략할 수 있는 어떠한 예외도 두고 있지 않으며, 또한 제2항 본문 및 제2호는 '과세예고통지를 받은 날부터 30일 이내'에 과세전적부심사를 청구할 수 있다고 규정하는 한편, 제3항 제3호에서 '과세예고통지를 하는 날'부터 국세부과제척기간 만료일까지 기간이 3개월 이하인 경우에는 과세전적부심사를 거치지 않아도 된다는 취지로 규정함으로써 제3호 규정의 예외사유로 인정되기 위한 요건으로 과세예고통지 실시를 전제하고 있다. 이는 관세법 제118조 제1항 단서 제1호에서 이러한 경우 과세예고통지를 생략할 수 있도록 명문으로 정한 것과 대조된다는 점을 지적하고 있다.

나아가 과세예고통지는 과세관청이 조사한 사실 등의 정보를 미리 납세자에게 알려줌으로써 납세자가 충분한 시간을 가지고 준비하여 과세전적부심사와 같은 의견청취절차에서 의견을 진술할 기회를 가짐으로써 자신의 권익을 보호할 수 있도록 하기 위한 처분의 사전통지로서의 성질을 가지지만, 제3호 규정의 예외사유가 있어 과세전적부심사를 거치지 않아도 되는 경우에도 과세예고통지를 받은 납세자는 과세처분 전에 과세관청에 자신의 의견을 사실상 전달함으로써 과세처분의 오류를 미리 바로잡을 기회를 가질 수 있고, 조기결정신청권을 행사함으로써 가산세를 줄이는 이익을 누릴 수도 있는 등 과세전적부심사 외에도 과세예고통지에 관한 일정한 절차적 이익을 가진다는 점을 강조하고 있다.

다만 과세관청의 귀책사유 없이 부득이한 사정으로 국세부과제척기간의 만료일이 매우 임박하게 되었고, 이로 인하여 과세처분에 앞서 과세예고통지를 할 시간적 여유가 거의 없고 과세예고통지를 하더라도 납세자가 누릴 절차적 이익도 거의 없는 등 과세예고통지를 생략하더라도 절차적 정당성이 상실되지 않았다고 볼 만한 특별한 사정이 있는 경우에는 과세예고통지를 하지 않았다는 점만으로 과세처분이 위법하게 된다고 평가하기는 어렵지만, 이러한 특별한 사정의 존재는 과세관청이 증명하여야 한다고 판시하였다.

이 판결은 법리의 흐름을 조세법률주의에서 출발하고 있는데, 이는 바람직한 태도이다. 조세는 상식이나 필요에 근거하는 것이 아니라 법률에 근거하는 것이다. 즉, 법대로 해야 하는 것이고 이것이 조세법률주의의 이념이다. 대법원이 적법절차 준수를 강조한 것도 조세법률주의에 입각한 것이다. 그래서 대법원은 상식이나 필요, 실익을 따지기 전에 먼저 법률규정을 들여다 보았다. 국세기본법 제81조의15 제1항은 과세예고통지를 하여야 하는 경우를 규정하고, 제2항은 이러한 과세예고통지를 받은 자는 30일 이내에 과세전적부심사를 청구할 수 있도록 규정하는데, 그 예외를 규정한 제3항을 보면, 국세부과제척기간의 만료일까지가 3개월 이하인 경우에는 제2항을 적용하지 아니한다고 되어 있을 뿐, 제1항을 적용하지 아니한다는 규정을 두고 있지는 않다는 점을 중시하였다. 대법원이 관세법 규정과의 대비까지 해보는 노고를 기울였다. 그래서 국세기본법 제81조의15 제3항에도 불구하고 제1항이 여전히 적용되는 것인 만큼 과세예고통지를 생략할 수 없다는 것이다.

그리고 실익이 있는지가 논란이 되고 있어 대법원은 과연 실익이 없다고 할 수 있는지에 관하여도 나아가 살펴보고 있다. 국세기본법 제81조의15 제3항에서 제2항의 적용을 배제하고 있으니 과세전적부심사 청구의 면에서는 과세예고통지의 실익이 없는 것은 부정할 수 없다. 그러나 다른 실익이 존재할 수 있다는 것이다. 국세기본법 제81조의15 제8항은 과세예고통지를 받은 자는 과세전적부심사를 청구하지 아니하고 통지받은 내용의 전부 또는 일부에 대하여 조기 결정이나 경정을 신청할 수 있고, 이 경우 과세관청은 즉시 결정이나 경정을 하도록 규정하고 있다. 이는 납세자가 불복의 실익이 없다고 판단하는 경우 과세시기를 조금이라도 앞당김으로써 가산세 등의 부담을 줄일 수 있는 기회를 갖도록 하겠다는 것이므로 이 점에서 과세예고통지의 실익이 있다고 볼 수 있는 것이다. 나아가 과세전적부심사라는 공식적인 절차는 거치지 못한다고 하더라도 납세자가 과세 전에 비공식적이나마 과세관청에 자신의 의견을 전달함으로써 사실상의 사전불복과정을 취할 여지도 있다고 보아 이 점에서도 실익이 전혀 없다고 할 수 없다는 것이다.

무엇보다도 중요한 것은, 이러한 과세예고통지를 생략함으로써 절차적 정당성을 확보하지 못한 경우, 손해배상청구나 과세공무원에 대한 제재 등의 절차로만 나아가게 되는 것이 아니라 후속 과세처분이 위법하게 된다는 점이다. 과세예고통지 제도는 1999. 8. 31. 국세기본법이 개정되면서 납세자의 권익향상과 세정의 선진화를 위하여 도입된 것이므로 과세관청이 과세처분에 앞서 필수적으로 해야 할 과세예고통지를 하지 않았다면 과세처분의 효력을 부정하는 방법으로 통제할 수밖에 없는 중대한 절차적 하자가 존재하는 경우에 해당한다고 보는 것이다. 세무조사가 위법할 경우 그에 근거한 과세처분이 위법하다고 선언하는 것과 마찬가지 논리이다. 따라서 과세예고통지를 생략한 채 후속 과세처분이 있을 경우 납세자는 그에 대한 불복쟁송절차를 통하여 그 과세처분을 취소하는 결정이나 판결을 받을 수 있다.

과세예고통지를 법률에서 보장하고 있는 만큼 그 실익이 있음에도 이를 생략하면 절차적 정당성이 훼손된다고 볼 수 있으므로 그 후속 과세처분의 위법을 선언하는 것은 자연스런 논리의 흐름이다. 하지만 과세예고통지의 실익을 전혀 찾을 수 없는 예외적인 경우가 있을 수 있다. 이러한 경우에는 과세예고통지를 생략하더라도 절차적 정당성이 훼손되었다고 보기 어려운 측면이 있으므로 예외적으로 과세예고통지를 생략할 수 있다고 판시하고 있다.

이러한 예외적인 경우란 이 판결이 언급하고 있듯이 과세예고통지를 하고자 할 때 국세부과제척기간의 만료일이 매우 임박하게 된 경우일 것 같다. 국세부과제척기간이 매우 임박하면 과세관청으로서는 곧바로 과세처분을 할 것이기 때문에 납세자가 조기 결정이나 경정을 청구할 실익이 거의 없다. 그리고 비공식적으로 납세자의 의견을 전달하여 실질적인 사전불복절차를 진행할 여유도 없다. 따라서 이러한 경우는 어떠한 실익을 상정해보기 어렵다.

다만, 이러한 경우라고 해서 과세예고통지를 생략하는 예외를 그냥 용인하는 것은 옳지 못하다. 과세예고통지의 실익이 없게 된 것은 국세부과제척기간이 매우 임박해졌기 때문이므로 여기에 과세관청이나 납세자에게 귀책이 없는지를 따져 볼 필요가 있다. 납세자에게는 별 귀책이 없고 단지 과세관청의 태만이나 실수에 기인한 것이라면 예외를 인정하기는 어려울 것이다. 그래서 과세관청의 귀책 없이 정말 부득이한 사정으로 국세부과제척기간이 매우 임박해진 경우에만 예외를 인정할 수 있다는 것이고 이러한 특별한 사정에 대하여는 과세관청이 증명책임을 부담해야 한다. 현실적으로 이러한 특별한 사정에 대한 증명책임을 다하는 것은 어려워 보이므로 예외가 인정될 수 있는 경우는 드물 것으로 예상된다.

대법원 2016. 4. 15. 선고 2015두52326 판결에서는 과세예고통지를 누락한 경우 이로 인하여 납세자에게 과세전적부심사의 기회를 부여하지 않았다는 것을 중대한 절차적 하자로 보아 후속 과세처분이 위법하다고 선언하였는데, 이번 판결은 여기에서 좀 더 나아가 과세전적부심사의 예외사유에는 해당한다고 하더라도 납세자에게 다른 실익이 없고 과세관청의 귀책사유가 없다는 등의 특별한 사정이 없는 한 여전히 과세예고통지를 생략하여서는 아니되고 이를 생략할 경우 후속 과세처분이 위법하다고까지 판시함으로써 절차적 정당성 확보에 대한 대법원의 강한 의지를 다시 한번 밝혔다는 점에서 그 의의가 크다고 하겠다.

다. 과세예고통지 누락의 효과

대법원 2016. 4. 15. 선고 2015두52326 판결의 요지는 다음과 같다. 과세예고통지는 과세관청이 조사한 사실 등의 정보를 미리 납세자에게 알려줌으로써 납세자가 충분한 시간을 가지고 준비하여 과세전적부심사와 같은 의견청취절차에서 의견을 진술할 기회를 가짐으로써 자신의 권익을 보호할 수 있도록 하기 위한 처분의 사전통지로서의 성질을 가진다는 것이다. 또한 과세처분 이후에 행하여지는 심사·심판청구나 행정소송은 시간과 비용이 많이 소요되어 효율적인 구제수단으로 미흡한 측면이 있다는 점과 대비하여 볼 때, 과세전적부심사 제도는 과세관청이 위법·부당한 처분을 행할 가능성을 줄이고 납세자도 과세처분 이전에 자신의 주장을 반영할 수 있도록 하는 예방적 구제제도의 성질을 가진다는 것이다. 이러한 과세예고통지와 과세전적부심사 제도는 1999. 8. 31. 국세기본법이 개정되면서 납세자의 권익 향상과 세정의 선진화를 위하여 도입되었는데, 과세예고통지를 받은 자가 청구할 수 있는 과세전적부심사는 위법한 처분은 물론 부당한 처분도 심사대상으로 삼고 있어 행정소송과 같은 사후적 구제절차에 비하여 그 권리구제의 폭이 넓으므로 과세예고통지의 대상으로 삼고 있지 않다거나 과세전적부심사를 거치지 않고 곧바로 과세처분을 할 수 있는 예외사유로 정하고 있는 등의 특별한 사정이 없는 한, 과세관청이 과세처분에 앞서 필수적으로 행하여야 할 과세예고통지를 하지 아니함으로써 납세자에게 과세전적부심사의 기회를 부여하지 아니한 채 과세처분을 하였다면, 이는 납세자의 절차적 권리를 침해한 것으로서 과세처분의 효력을 부정하는 방법으로 통제할 수밖에 없는 중대한 절차적 하자가 존재하는 경우에 해당하므로, 그 과세처분은 위법하다는 것이다. 그리고 과세관청이 감사원의 감사결과 처분지시 또는 시정요구에 따라 과세처분을 하는 경우라도 국가기관 간의 사정만으로는 납세자가 가지는 절차적 권리의 침해를 용인할 수 있는 사유로 볼 수 없고, 그와 같은 처분지시나 시정요구가 납세자가 가지는 절차적 권리를 무시하면서까지 긴급히 과세처분을 하라는 취지도 아니므로, 위와 같은 사유는 과세관청이 과세예고통지를 생략하거나 납세자에게 과세전적부심사의 기회를 부여하지 아니한 채 과세처분을 할 수 있는 예외사유에 해당한다고 할 수 없다는 것이다.

위 판결에서도 나타나듯이 과세예고통지는 과세관청의 선택사항이 아니라 의무사항으로 보아야 한다. 이 판결 당시의 국세기본법 제81의15 제1항에서는 의무사항임을 명시적으로 규정하고 있지 않았으나, 2018. 12. 31. 개정되면서 명시적으로 규정하였다. 이러한 의무사항을 위반한 것은 과세처분 전단계에 있어서의 절차적 하자에 해당한다. 이러한 절차적 하자가 과세처분에 어떠한 영향을 미친다고 볼 것인지는 행정절차상 하자의 법적 효력에 관한 문제로서 행정법학계에서도 까다로운 쟁점이 되고 있다. 절차적 하자가 있을 경우 그 중요도와 관계 없이 모두 본처분의 위법사유가 된다고 보는 것은 옳지 않다. 대강의 법리는 중요한 절차상의 하자는 행정처분의 효력에 영향을 미치고, 사소하고 부수적인 절차상의 하자는 행정처분의 효력에 영향을 미치지 않는다고 보는 것으로 정리되어 있다. 그리고 그 하자가 행정처분의 상대방이 가지는 절차적 권리를 침해한 경우에 해당하면 중요한 절차적 하자로 보고, 그 정도에는 이르지 아니한 경우이거나 행정청의 자기통제를 위한 절차를 위반한 정도에 그친 경우는 사소한 부수적 절차상의 하자로 보고 있다.

이러한 행정법 일반법리 때문에 위 판결에서도 과세예고통지를 하지 않은 잘못이 중대한 절차상의 하자에 해당하는지를 판단하고 있는 것이다. 과세예고통지를 하지 않은 것이 절차상 하자에 해당함에는 별 다툼이 없고 그것이 후속하는 본 처분의 효력에 영향을 미치는 중요한 절차상의 하자에 해당하는지 여부에 따라 결론이 달라진다고 하겠다. 이 판결의 원심은, 과세전적부심사 제도는 과세처분의 전 단계에서 납세자의 주장을 반영함으로써 권리구제의 실효성을 높이기 위하여 마련된 사전적 구제제도이기는 하지만, 조세부과의 제척기간이 임박한 경우에는 이를 생략할 수 있는 등 과세처분의 필수적 전제가 되는 것은 아닐 뿐만 아니라, 사후적 구제절차를 통하여 과세의 적부에 대하여 불복할 수 있는 절차가 남아 있는 점 등을 감안하면 중대한 절차 위반이 있었다고 보기 어렵다고 보았다. 그러나 과세전적부심은 납세자에게 주어진 절차적 권리에 관한 것으로서 사후적 구제절차와는 별개의 제도이므로 위에서 본 행정법의 일반 법리에 비추어 보더라도 그와 같은 권리를 박탈하는 결과를 초래하는 하자는 중대한 하자로 보는 것이 옳다. 따라서 이러한 하자는 본처분의 효력에 영향을 미친다고 해야 할 것이고, 같은 취지의 대법원 판결은 타당하다고 하겠다. 이러한 법리는 세무조사결과의 통지를 흠결한 경우에도 마찬가지로 적용될 수 있겠다.

과세처분에 있어서는 일반 행정처분과 마찬가지로 실체적 정당성 못지 않게 절차적 정당성도 중시되어야 한다. 아무리 실체적 정당성은 갖추었다고 하더라도 절차적 정당성을 갖추지 못한 경우에는 그 처분이 위법하다고 해야 한다. 왜냐하면 이 판결에서도 언급하였듯이 적법절차의 원칙은 최고법인 헌법 제12조 제1항에서 규정하고 있는 것으로 형사소송절차에 국한되지 아니하고 모든 국가작용 전반에 대하여 적용되므로 과세처분에 있어서도 마찬가지로 준수되어야 하기 때문이다. 최근 들어 대법원이 중복세무조사에 해당하는 경우 아무리 실체적인 과세요건을 갖추었다고 하더라도 그 과세처분은 위법하다고 보는 것도 이러한 입장에 따른 것이라고 할 수 있다. 이 때문에 요즘 조세쟁송에서는 납세자들이 과세처분에 대하여 실체적 하자만을 주장하는 것이 아니라 절차적 하자를 주장하는 경우가 늘어나고 있다. 이러한 현상은 우리나라의 과세행정이 선진화되는 자극제가 될 수 있을 것으로 보인다.

라. 과세전적부심사의 배제 사유

국세기본법 제81조의15는 제1항에서 세무조사결과에 대한 서면통지 및 과세예고통지와 그에 따른 과세전적부심에 관하여 규정하면서도 제3항에서 제1항을 적용하지 않는 배제사유를 규정하고 있다. 국세징수법 제9조에 규정한 납기전징수의 사유가 있거나 세법에서 규정하는 수시부과의 사유가 있는 경우(제1호), 조세범처벌법 위반으로 고발 또는 통고처분하는 경우(제2호), 세무조사결과통지 및 과세예고통지를 하는 날부터 국세부과제척기간의 만료일까지의 기간이 3개월 이하인 경우(제3호), 그 밖에 대통령령으로 정하는 경우가 그 배제사유이다.

위 제1호의 '국세징수법 제9조에 규정한 납기전징수의 사유'에 관하여 국세징수법 제9조 제1항 제5호는 국세를 포탈하려는 행위가 있다고 인정되는 경우를 규정하고 있는데, 이에 관하여 대법원 2023. 11. 2. 선고 2021두37748 판결은, 납기전징수 및 수시부과 사유를 과세전적부심사의 예외사유로 규정한 취지 등에 비추어 보면 과세전적부심사의 예외사유인 '국세를 포탈하려는 행위가 있다고 인정될 때'라 함은 '조세의 부과징수를 불가능 또는 현저히 곤란하게 할 만한 객관적인 상황이 드러나는 납세자의 적극적인 행위가 있고, 그로 인하여 납세의무를 조기에 확정시키지 않으면 해당 조세를 징수할 수 없다고 인정되는 등 긴급한 과세처분의 필요가 있는 경우'를 의미한다고 봄이 상당하다고 하면서, 원고가 과세기간인 2010년경 이중장부 작성, 관련 컴퓨터 기록 등 삭제, 신고를 누락한 매출 대금을 은닉하기 위해 소외인 등 개인명의 계좌를 사용하는 등의 방법으로 매출 누락행위를 하였다고 하더라도 피고가 제1, 2차 세무조사를 통하여 원고의 장부, 기록, 관련자들의 계좌 내역 등을 확보한 사정 등에 비추어 보면, 위와 같은 사실만으로는 '이 사건 각 처분 당시'에 원고에 대하여 과세전적부심사라는 절차적 권리를 보장할 필요가 없을 정도로 긴급한 과세처분이 필요하여 과세전적부심사를 거치지 않고 곧바로 과세처분을 할 수 있거나 과세전적부심사에 대한 결정이 있기 전이라도 과세처분을 할 수 있는 예외사유가 있었다고는 보기 어렵다고 본 원심판결을 수긍하였다.

국세징수법 제9조 제1항 제5호에서는 납부기한 전 징수사유로서 단순히 '국세를 포탈하려는 행위가 인정되는 경우'라고만 규정하고 있으므로 그 문언에 충실하자면 여기에만 해당하면 과세전적부심사를 배제할 수 있다고 할 수 있음에도, 위 판결에서는 조세포탈행위에 관하여 과세전적부심사를 배제하기 위해서는 국세징수법 제9조 제1항 제5호의 문언과 달리 조세포탈을 위한 부정한 행위가 있다는 것만으로는 부족하고, 더 나아가서 그로 인하여 납세의무를 조기에 확정시키지 않으면 해당 조세를 징수할 수 없다고 인정되는 등 긴급한 과세처분의 필요가 인정되어야 한다고 판시한 것이다. 이는 과세전적부심이라는 사전구제절차를 가급적 보장해주고자 하는 대법원의 배려가 담긴 판결로서 법규정의 적용범위를 그 문언보다 다소 축소하는 합목적적 해석의 사례라고 하겠다.

과세전적부심사의 배제사유에 해당하면 납세자는 과세전적부심사를 청구할 수 없고, 이러한 청구를 한다고 하더라도 앞서 본 국세기본법 시행령 제63조의14 제4항이 적용될 수 없기 때문에 그에 대한 결정이 있을 때까지 과세처분을 유보할 필요도 없다. 위와 같은 배제사유에 해당할 경우 세무조사결과에 대한 서면통지나 과세예고통지조차 할 필요가 없는지에 관하여 의문이 있을 수 있으나 세무조사결과의 통지에 관하여는 국세기본법 제81조의12에서 별도의 규정을 두고 있으므로 그 규정에 따라야 하고, 위 배제사유에 해당한다는 이유만으로 그 통지를 생략하여서는 아니된다. 과세예고통지에 관하여는 별도의 규정이 없고 특히 과세예고통지는 과세전적부심사 청구를 위한 것이므로 과세전적부심사를 청구할 수 없는 상황에서는 이를 생략하여도 무방하다는 해석이 가능하다.

과세예고통지나 과세전적부심사 당시에는 위 예외사유에 해당하지 아니하였으나 그 후에 위 예외사유에 해당하게 된 경우 과세관청은 과세전적부심사 결정이 있기 전이라도 과세처분을 할 수 있는지가 문제된다. 이에 관하여 대법원 2012. 10. 11. 선고 2010두 19713 판결은 다음과 같이 판시하였다. 과세전적부심사 청구 당시에는 '납기 전 징수의

사유'가 발생하지 아니하여 과세전적부심사 청구가 허용된 경우라도 그 후 '납기 전 징수의 사유'가 발생하였다면 세무서장 등은 과세전적부심사에 대한 결정이 있기 전이라도 과세처분을 할 수 있다고 할 것이고, 세무서장 등이 과세전적부심사 청구에 대한 결정 및 통지의 기한을 넘겨 그 결정이나 통지를 하지 않던 중 납기 전 징수의 사유가 발생한 경우라고 하여 달리 볼 것은 아니라고 하였다. 과세전적부심사를 청구할 수 없는 사유가 과세전적부심사 청구에 대한 결정 전에 발생하였다면 그 결정을 할 필요가 없게 되었다고 보는 것이 합리적이므로 위 판시와 같이 과세관청은 그 결정을 기다릴 필요 없이 과세처분을 할 수 있다고 해석하는 것이 타당하다.

이와 반대로 과세전적부심사의 배제사유에 해당하지 아니하여 과세예고통지를 하였음에도 납세자의 후속절차를 기다리지 아니하고 바로 과세처분을 하였다면 이는 위법하다고 보아야 한다. 같은 취지에서 대법원 2016. 12. 27 선고 2016두49228 판결은 과세전적부심사를 거치지 않고 곧바로 과세처분을 할 수 있거나 과세전적부심사에 대한 결정이 있기 전이라도 과세처분을 할 수 있는 예외사유로 정하고 있다는 등의 특별한 사정이 없는 한, 과세예고통지 후 과세전적부심사 청구나 그에 대한 결정이 있기도 전에 과세처분을 하는 것은 원칙적으로 과세전적부심사 이후에 이루어져야 하는 과세처분을 그보다 앞서 함으로써 과세전적부심사 제도 자체를 형해화시킬 뿐만 아니라 과세전적부심사 결정과 과세처분 사이의 관계 및 불복절차를 불분명하게 할 우려가 있으므로, 그와 같은 과세처분은 납세자의 절차적 권리를 침해하는 것으로서 절차상 하자가 중대하고도 명백하여 무효라고 판단하였다.

그리고 대법원 2020. 10. 29. 선고 2017두51174 판결은, 과세관청의 익금산입 등에 따른 법인세 부과처분과 그 익금 등의 소득처분에 따른 소득금액변동통지는 각각 별개의 처분이므로, 과세관청이 법인에 대하여 세무조사결과통지를 하면서 익금누락 등으로 인한 법인세 포탈에 관하여 조세범처벌법 위반으로 고발 또는 통고처분을 하였더라도 이는 포탈한 법인세에 대하여 과세전적부심사의 예외사유인 '조세범처벌법 위반으로 고발 또는 통고처분하는 경우'에 해당할 뿐이지, 소득처분에 따른 소득금액변동통지와 관련된 조세포탈에 대해서까지 과세전적부심사의 예외사유인 '고발 또는 통고처분'을 한 것으로 볼 수는 없다고 하면서, 따라서 세무조사결과통지가 있은 후 과세전적부심사 청구 또는 그에 대한 결정이 있기 전에 이루어진 소득금액변동통지는 납세자의 절차적 권리를 침해하는 것으로서 그 절차상 하자가 중대하고도 명백하여 무효라고 봄이 타당하다고 판시하였다. 과세전적부심사의 배제사유인 국세기본법 제18조의15 제3항 제2호가 2023. 12. 31. 개정되면서 '조세범 처벌법 위반으로 고발 또는 통고처분하는 경우. 다만, 고발 또는 통고처분과 관련 없는 세목 또는 세액에 대해서는 그러하지 아니하다.'라고 하여 단서가 추가되었는데, 위 대법원 판결의 취지가 반영된 입법으로 볼 수 있겠다.

여기에서 더 나아가 대법원 2023. 12. 7. 선고 2022두45968 판결은, 단일한 과세처분 내에서도 세무조사결과통지의 내용 중 고발 또는 통고처분의 대상이 된 조세범칙행위와 동일성이 인정되지 않는 부분에 대해서는 과세전적부심사의 예외사유가 존재하지 않는다고 봄이 타당하다고 판시하였다. 당초 과세처분시에는 동일한 과세단위에 대한 처분사유 모두에 대하여 납세자의 사기 기타 부정한 행위가 있다고 보아 부당과소신고가산세를 부과하면서 고발·통고처분을 하였으나, 조세심판원에서 대표이사 등이 개인적인 용도로 사용한 18억 원 부분은 사기 기타 부정한 행위가 없다고 보아 부당과소신고가산세가 아닌 일반과소신고가산세를 적용해야 한다고 결정하였고, 따라서 이 부분은 고발·통고처분의 대상에서 빠지게 되었다. 그러자 납세자는 이 부분에 대해서까지 과세전적부심의 기회를 박탈한 것은 위법하므로 그 부분에 관한 부과처분은 취소되어야 한다고 주장하였고, 이를 대법원이 받아들인 사건이다.

과세전적부심사의 기회를 가급적 보장해주고자 하는 대법원의 노력이 보이는 판결이다. 위에서 본 2023. 12. 31. 개정 국세기본법 제18조의15 제3항 제2호의 단서에서 고발 또는 통고처분과 관련 없는 '세목'뿐만 아니라 '세액'도 규정하면서 그 '세액'의 범위를 제한하고 있지 아니하므로 동일한 과세단위 내라고 하더라도 고발 또는 통고처분과 관련 없는 세액 부분은 배제사유에 해당하지 않는다고 해석해야 할 것이고, 이러한 해석방향이 위 대법원 판결의 취지에도 부합한다고 하겠다.

과세전적부심사는 과세예고통지를 받은 날로부터 30일 내에 청구할 수 있으므로 그 기한이 도과할 때까지 과세전적부심사를 청구하지 아니하였다면 과세처분을 할 수 있음은 물론이다. 그러나 위 기한이 도과되기도 전에 과세처분을 한다거나 기한 내에 과세전적부심사를 청구하였음에도 그에 관한 결정이 있기 전에 과세처분을 한다면 이는 위법하게 되는 것이다. 대법원은 이러한 위법이 취소사유에 그치지 않고 무효사유에 이른다고 봄으로써 그 절차적 하자를 매우 심각한 것으로 받아들였다는 점에 주목할 필요가 있다.

3. 경정처분과 행정쟁송의 대상

가. 개요

하나의 과세대상에 대하여 납세자의 신고나 과세관청의 처분이 1회로써 종결되면 그 취소를 구하는 행정쟁송의 대상도 쉽게 특정될 수 있겠지만, 실상은 납세자의 신고에서부터 과세관청의 최종 처분에 이르기까지 여러 차례의 신고와 처분이 있는 경우가 많고 이럴 때는 어느 것을 행정쟁송의 대상으로 삼을 것인지가 간단·명료하지 않다. 종래 과세관청은 소위 병존설을 취하고 법원은 소위 흡수소멸설을 취함으로써 서로 대립되는 입장을 취하여 왔고, 과세관청의 편에서 이를 입법적으로 해소하기 위하여 2002. 12. 18. 국세기본법 제22조의2가 신설되었지만 대법원은 여전히 흡수소멸설을 취함으로써 그와 같은 입장의 대립이 잔존하고 있다. 대법원은 국세기본법 제22조의2가 신설된 후에는 여러 차례의 관련 판결들을 통하여 그에 관한 법리를 구축하면서 다소 후퇴된 흡수소멸설의 입장을 취하고는 있지만 때로는 병존설의 입장에 있는 듯한 판결들도 보여 일관성이 다소 결여되어 있다는 비판을 면하기 어려운 실정이다.

먼저 국세기본법 제22조의2의 문언과 입법 취지를 점검해보고 위 규정이 신설되기 전의 법리를 간단히 살펴본 다음 위 규정이 신설된 후에 확립되어 가고 있는 법리에 대하여 심층분석을 해보기로 한다.

나. 국세기본법 제22조의2의 문언과 입법 취지

국세기본법 제22조의2는 '경정 등의 효력'이라는 제목하에, 제1항에서 '세법에 따라 당초 확정된 세액을 증가시키는 경정은 당초 확정된 세액에 관한 이 법 또는 세법에서 규정하는 권리·의무관계에 영향을 미치지 아니한다'라고 규정하고, 제2항에서 '세법에 따라 당초 확정된 세액을 감소시키는 경정은 그 경정으로 감소되는 세액 외의 세액에 관한 이 법 또는 세법에서 규정하는 권리·의무관계에 영향을 미치지 아니한다'라고 규정하고 있다.

정부의 입법자료에 의하면, 그 입법 취지는 종래 대법원이 취하여 오던 흡수소멸설의 폐단을 해소하기 위한 것이라고 한다. 즉, 당초 처분에 대하여 증액경정처분이 있을 경우 전자는 후자에 흡수되어 소멸된다는 흡수소멸설에 의하면, 당초 처분에 근거한 가산금결정이나 체납처분 등의 징수절차가 증액경정처분에 의하여 모두 무효가 되어 불합리하고, 납세의무자는 당초 처분에 대하여 이미 불복기간이 경과하였음에도 다시 쟁송의 기회를 갖기 위하여 악의적으로 소액의 증액경정사유를 과세관청에 노출함으로써 증액경정처분을 받아내는 사례도 있어 이러한 것들을 막기 위하여 당초 처분과 경정처분을 분리하는 이른바 병존설을 취하기 위한 것이라고 한다. 이에 따라 대법원의 입장에 변화가 불가피하게 되었다.

다. 당초 처분과 증액경정처분의 관계

(1) 국세기본법 제22조의2 신설 전 대법원의 입장

대법원은 국세기본법 제22조의2가 신설되기 전에는, 일관되게 당초 신고하거나 결정된 세액을 증액하는 경정처분이 있는 경우, 납세의무자는 원칙적으로 그 증액경정처분만을 쟁송의 대상으로 삼아 취소를 청구할 수 있고, 이 경우 당초 신고나 결정이 불복기간의 경과나 전심절차의 종결로 확정되었다 하여도 증액경정처분에 대한 소송절차에서 증액경정처분으로 증액된 세액에 관한 부분만이 아니라 당초 신고하거나 결정된 세액에 대하여도 그 위법 여부를 다툴 수 있다고 판시하여 왔다.[86] 그래서 당초 처분에서의 위법사유도 증액경정처분에 관한 쟁송에서의 심리범위에 포함되게 되었다. 즉, 과세처분이 불복기간의 경과 등으로 확정되어 이른바 불가쟁력이 발생하였다고 하여도 그 뒤의 경정처분에 의하여 처음의 과세처분이 경정처분에 흡수됨으로써 독립된 존재가치를 상실하고 소멸한 이상 경정처분에 대한 소송절차에서 당사자는 이미 확정된 처음의 과세처분에 의하여 결정된 과세표준과 세액에 대하여도 그 위법 여부를 다툴 수 있고, 법원은 이를 심리판단하여 위법한 때에는 취소할 수 있다는 것이다.[87] 이러한 대법원의 입장을 흡수소멸설이라고 부른다.

따라서 전심절차경유 여부, 제소기간 준수 여부, 증액경정된 부분의 세액에 대한 법정기일은 증액경정처분을 기준으로 하게 된다. 그리고 당초 처분에서 정한 납부기한을 전제로 한 가산금 징수처분은 효력을 상실하나[88] 세액 납부의 효력은 유지된다고 본다.[89] 당초 처분에 따른 압류의 효력, 체납처분절차에서의 배당의 효력, 공매의 효력에 관하여 명시적인 판례는 없는 것으로 보이나 증액경정된 세액의 일부에 관한 것으로 볼 여지가 있고, 순위보전의 필요성이 있어 그 효력을 함부로 부인하기는 어려울 것으로 보인다. 실제로 증액경정처분에 따른 납세고지서에는 당초 처분시의 납세고지서상의 고지세액을 차감한 잔액만을 고지하는 것이 실무례이고 이러한 경우에 대하여도 대법원은 증액경정처분시의 납세고지서가 위법하다고 보는 것이 아니라 당초 처분시 납세고지서상의 세액과 증액경정처분시 납세고지서상의 세액을 합한 세액의 고지가 있었던 것으로 보고 있으므로, 당초 처분시의 납세고지서의 효력을 전면적으로 부인하는 취지는 아니라고 할 수 있고, 따라서 당초 처분시의 납세고지에 기초한 징수처분이나 체납처분 절차는 그 효

---

86) 대법원 1992. 5. 26. 선고 91누9596 판결, 대법원 1999. 5. 28. 선고 97누16329 판결, 대법원 2001. 12. 27. 선고 2000두10083 판결 등 참조
87) 대법원 2004. 2. 13. 선고 2002두9971 판결
88) 대법원 1999. 5. 11. 선고 97누13139 판결
89) 대법원 2005. 4. 14. 선고 2005두647 판결

력을 인정하여야 할 것이다.

(2) 국세기본법 제22조의2 신설 후 대법원의 입장

이러한 상황에서 국세기본법 제22조의2가 신설되었는데, 여기서의 '확정'의 의미에 관하여 납세의무가 확정되었다는 의미인지, 불복기간의 도과로 인한 불가쟁력이 발생하였다는 정도의 의미인지에 관하여 다툼이 있었고, 대체로 보아 납세의무확정설이 병존설에 더 부합하고, 불가쟁력설은 흡수소멸설에 더 부합한다고 하겠다. 즉, 당초 처분의 납세의무가 확정되었다고 보면 그 후 아무리 증액경정처분이 있더라도 이미 확정된 당초 처분의 세액은 물론이고 위법사유도 다툴 수 없다고 보는 것이 논리적이며, 이와 달리 당초 처분은 불가쟁력이 발생한 정도에 그친다면 불가쟁력의 범위를 당초 처분의 세액으로 국한하여 볼 수도 있어 그 위법사유는 증액경정처분에 관한 쟁송에서 계속 다툴 수 있다고 볼 여지가 남게 된다. 대법원은 아래에서 보는 바와 같이 후자의 입장을 택하였다고 볼 수 있다.

먼저 위 규정이 신설된 후의 사건에서 최초로 흡수소멸설을 유지하는 법리를 선언한 것은 대법원 2009. 5. 14. 선고 2006두17390 판결이다. 이 판결은 국세기본법 제22조의2의 시행 이후에도 증액경정처분이 있는 경우, 당초 신고나 결정은 증액경정처분에 흡수됨으로써 독립한 존재가치를 잃게 된다고 보아야 하므로, 원칙적으로는 당초 신고나 결정에 대한 불복기간의 경과 여부 등에 관계 없이 증액경정처분만이 항고소송의 심판대상이 되고, 납세의무자는 그 항고소송에서 당초 신고나 결정에 대한 위법사유도 함께 주장할 수 있다고 해석함이 타당하다는 것이다. 이 판결의 기본적인 논지는, 증액경정처분은 당초 처분에 의한 과세표준과 세액을 그대로 둔 채 탈루된 부분만을 추가하는 것이 아니라 증액되는 부분을 포함시켜 전체로서 하나의 과세표준과 세액을 다시 결정하는 처분이고, 또한 과세처분 취소쟁송에서의 소송물은 그 취소원인이 되는 위법성 일반 또는 과세관청의 처분에 의하여 인정된 과세표준 및 세액의 객관적 존부이며 과세표준 및 세액의 인정이 위법이라고 내세우는 개개의 위법사유는 자기의 청구가 정당하다고 주장하는 공격방어방법에 불과하므로 최종적인 처분인 증액경정처분만이 살아 있는 것으로 보아 그것만을 쟁송의 대상으로 삼고 당초 처분은 증액경정처분에 흡수되어 독립된 존재가치가 없다고 보아야 하며 이것이 조세쟁송에서의 통일적·일체적 심리의 요청에 부응하고, 소송경제의 합리성도 도모할 수 있다는 것이다.

이 판시에서는 국세기본법 제22조의2의 취지를 증액경정처분이 있더라도 불복기간의 경과 등으로 확정된 당초 신고 또는 결정에서의 세액만큼은 그 불복을 제한하려는 데 있다고 판시함으로써 주장할 수 있는 위법사유에는 제한을 두지 않지만 적어도 불가쟁력이 발생한 당초 신고 또는 결정의 세액 자체는 더 이상 취소를 구할 수 없다는 취지의 여운을 남기고 있다. 그 여운을 보다 구체화하여 선언한 판결이 대법원 2011. 4. 14. 선고 2008두22280 판결과 같은 날 선고 2010두9808 판결이다. 그 판시는 다음과 같다. 즉, 국세기본법 제22조의2 규정의 문언 내용 및 그 주된 입법 취지가 증액경정처분이 있더라도 불복기간의 경과 등으로 확정된 당초 신고나 결정에서의 세액에 대한 불복은 제한하려는 데 있는 점을 종합하면, 증액경정처분이 있는 경우 당초 신고나 결정은 증액경정처분에 흡수됨으로써 독립한 존재가치를 잃게 되어 원칙적으로는 당초 신고나 결정에 대한 불복기간의 경과 여부 등에 관계 없이 증액경정처분만이 항고소송의 심판대상이 되고, 납세자는 그 항고소송에서 당초 신고나 결정에 대한 위법사유도 함께 주장할 수 있으나, 확정된 당초 신고나 결정에서의 세액에 관하여는 취소를 구할 수 없고 증액경정처분에 의하여 증액된 세액을 한도로 취소를 구할 수 있다는 것이다.

요컨대 대법원의 입장에 따르면, 예를 들어 과세관청이 2015. 3. 1. 납세자가 익금을 누락하였다는 사유로 1억 원을 부과하는 당초 처분을 하였는데, 그에 대한 불가쟁력이 발생한 후인 2015. 9. 1. 납세자가 손금을 과다하게 계상하였다는 이유로 2천만 원을 증액하는 경정처분을 하였다면, 납세자가 쟁송의 대상으로 삼아야 할 것은 2015. 9. 1. 자 1억 2천만 원의 경정처분이 될 것이고, 그 취소를 구하는 쟁송에서 납세자는 손금을 과다하게 계상하였다는 점도 다툴 수 있음은 물론이고 익금을 누락하였다는 점도 다툴 수 있다. 다만, 그 쟁송에서 익금 누락을 다투는 납세자의 주장은 받아들이고 손금 과다계상을 다투는 납세자의 주장은 배척하였다고 하더라도 취소할 수 있는 세액은 1억 원이 아니라 2천만 원에 불과하게 된다. 왜냐하면 당초 처분의 세액인 1억 원에 대하여는 불가쟁력이 발생하였으므로 2천만 원을 초과하여 취소할 수는 없는 것이다. 이러한 입장은 위 대법원 판결이 선고되기 전에 이미 전심기관인 국세심판원에서 같은 취지의 결정을 한 바가 있다.[90] 일본 국세통칙법 제29조에도 국세기본법 제22조의2와 유사한 규정을 두고 있고, 이에 관한 일본 최고재판소도 우리 대법원과 비슷한 입장을 취하고 있다.[91]

(3) 부과제척기간 도과 후의 증액경정처분의 효력

부과제척기간 내에 당초의 처분이 있은 다음 부과제척기간이 도과된 후에 증액경정처분이 있을 때 그 증액경정처분은 효력이 없음에는 의문이 없다. 그런데 여기서 잔존하는

---

90) 국심 2003. 10. 18. 2003중556 결정
91) 일본 최고재판소 1957. 9. 19. 선고 52년(才) 제1058호 제1소법정 판결, 1980. 11. 20. 선고 77년(行ツ) 제67호 제1소법정 판결 등

처분을 당초 처분으로 볼 것인지 아니면 증액경정처분 중 당초 처분 금액의 범위 내의 것으로 볼 것인지에 관하여 의문이 있다. 잔존하는 처분세액은 동일하지만 처분일자가 달라 청구취지의 확정과 제소기간 등에 문제가 생긴다.

상반된 대법원 판결이 존재한다. 먼저 대법원 1995. 5. 23. 선고 94누15189 판결은, 부과제척기간 도과 후에 증액경정처분이 있었다고 하여도 당초 처분이 제척기간의 도과 전에 있었다면 그 증액경정처분이 전부 무효로 되는 것은 아니고 증액된 부분에 한하여서만 무효로 된다고 판시하였고, 대법원 2004. 6. 10. 선고 2003두1752 판결은, 부과제척기간이 도과되면 증액경정처분을 할 수 없고 그 처분은 무효이므로 당초 처분은 증액경정처분에 흡수되어 소멸되었다고 할 수 없다고 판시하였다. 전자의 판결은 증액경정처분이 있으면 부과제척기간 도과 여부를 불문하고 일단 당초 처분은 증액경정처분에 흡수되어 소멸된다는 점이 전제가 되고, 후자의 판결은 증액경정처분이 효력이 없는 한 당초 처분이 증액경정처분에 흡수되어 소멸되지 않는다는 점을 전제로 하고 있다. 대법원이 그동안 취해온 흡수소멸설의 입장은 증액경정처분이 적법한 것임을 전제로 한다고 보는 것이 옳고, 따라서 후자의 판결이 타당하다고 하겠다. 후자의 판결에 의해 전자의 판결이 사실상 폐기되었다고 보는 것이 옳겠다.

(4) 확정 전 당초 처분과 증액경정처분의 관계

만약, 당초 신고나 처분에 대하여 불복기간이 도과하기 전에 증액경정처분이 있었고 그 후 당초 신고나 당초 처분에 대한 불복기간이 도과하였다면, 증액경정처분의 취소를 구하면서 당초 신고나 당초 처분에 의한 세액의 취소도 구할 수 있는지가 문제될 수 있다. 국세기본법 제22조의2 제1항은 세법에 따라 당초 확정된 세액을 증가시키는 경정결정의 경우에 적용되는 규정이므로 당초 신고나 당초 처분에 대한 불복기간이 남아 있어 그것에 불가쟁력이 발생하기 전에 증액경정처분이 있는 경우에는 위 규정이 적용될 수 없다. 따라서 이러한 경우에는 위 규정에 관한 대법원 판결의 법리는 적용될 수 없다고 해야 할 것이다. 그리고 당초 신고나 처분이 불가쟁력이 발생하기 전에 증액경정처분에 흡수되어 소멸되었다고 보아야 하는 이상 그 후에는 당초 신고나 처분만을 분리하여 그에 대한 불복기간의 진행을 따로 상정할 필요가 없다. 단지 전체로서의 증액경정처분에 대한 불복기간만이 새로이 진행될 뿐이다. 그렇다면 증액경정처분 후에 당초 신고나 당초 처분에 대한 불복기간의 도과 여부는 고려할 필요 없이 증액경정처분에 대한 취소의 쟁송에서 증액경정처분에 의하여 증액된 세액뿐만 아니라 당초 신고나 당초 처분에 의한 세액의 취소까지 구할 수 있다고 보는 것이 옳다.

대법원 2012. 3. 29. 선고 2011두4855 판결도 같은 취지에서, 2004 사업연도 법인세의 경우에는 그 법정신고기한인 2005. 3. 31.부터 그 경정청구기간이 경과하기 전인 2006. 12. 5. 증액경정처분이 있었으므로, 원고는 증액경정처분에 의하여 증액된 세액뿐만 아니라 당초 신고한 세액에 대해서도 취소를 구할 수 있다고 판시하였다. 대법원 2011. 6. 30. 선고 2010두20843 판결도 같은 취지이다.

라. 당초 처분과 감액경정처분의 관계

(1) 개요

당초 처분과 감액경정처분의 관계에 관하여는 대법원이 종래 일부 취소설의 입장에서 감액경정처분에 의하여 당초 처분이 일부 취소되고, 그 결과 남아 있는 당초 처분이 쟁송의 대상이 된다고 보았다. 즉, 대법원 2009. 5. 28. 선고 2006두16403 판결, 대법원 1997. 10. 24. 선고 96누10768 판결, 대법원 1999. 5. 28. 선고 99두1021 판결 등에서 과세표준과 세액을 감액하는 경정처분은 당초의 부과처분과 별개 독립의 과세처분이 아니라 그 실질은 당초의 부과처분의 변경이고, 그에 의하여 세액의 일부 취소라는 납세자에게 유리한 효과를 가져오는 처분이므로, 그 경정처분으로도 아직 취소되지 아니하고 남아 있는 부분이 위법하다 하여 다투는 경우, 항고소송의 대상은 당초의 부과처분 중 경정처분에 의하여 아직 취소되지 않고 남은 부분이고, 그 경정처분이 항고소송의 대상이 되는 것은 아니라고 판시하였다.

위 판시에 따르면, 당초 처분에 관하여 불복기간의 도과로 불가쟁력이 발생하면 감액경정에 의하여 일부 취소되고 남은 당초 처분이 쟁송의 대상이 되지만 불가쟁력에 의하여 더 이상 다툴 수 없게 된다. 이는 국세기본법 제22조의2 제2항의 '세법에 따라 당초 확정된 세액을 감소시키는 경정은 그 경정으로 감소되는 세액 외의 세액에 관한 이 법 또는 세법에서 규정하는 권리·의무관계에 영향을 미치지 아니한다'는 문언과 취지에도 부합한다고 하겠다. 따라서 기본적으로 위 국세기본법 제22조의2 제2항의 신설에 따라 대법원의 입장에 변화가 있을 필요는 없다.

그리고 대법원 2024. 10. 31. 선고 2022두65160 판결은, 감액경정처분은 당초의 신고 또는 부과처분과 별개인 독립의 과세처분이 아니라 그 실질은 당초의 신고 또는 부과처분의 변경이고 그에 의하여 세액의 일부취소라는 납세자에게 유리한 효과를 가져오는 처분이므로 그 경정결정으로도 아직 취소되지 않고 남아 있는 부분이 위법하다 하여 다투는 경우 항고소송의 대상은 당초 신고나 부과처분 중 경정결정에 의하여 취소되지 않고 남은 부분이며, 감액경정결정이 항고소송의 대상이 되는 것은 아니라 할 것이고, 경정처분이 불이익한 것인지 여부는 납세자가 부담하여야 할 세액이 증가하였는지를 기준으로 판단하여야 한다고 하면서, 신고납부방식의 조세에 있어서 납세자가 당초 신고한 내용대로 과세표준과 세액이 확정된 이후 과세관청이 직권으로 경정결정을 함에 있어 일부 항목에 대한 증액과 다른 항목에 대한 감액을 동시에 한 결과 전체로서 세액이 감소된 때에는 납세자에게 불이익을 미치는 것이 아니므로, 특별한 사정이 없는 한 그 감액경정처분의 취소나 무효확인을 구할 소의 이익이 없다고 판시하였다.

법인세의 경우 과세기간을 단위로 하여 과세하므로 소송물도 과세기간별로 구분된다. 따라서 과세관청이 과세기간별로 과세표준을 산정함에 있어 여러 익금항목과 손금항목에 관하여 일부에 대하여는 익금산입이나 손금불산입을 하여 과세표준이 증가하게 되더라도 다른 일부에 대하여 익금불산입이나 손금산입을 하여 과세표준이 감소함으로써 전체적으로는 과세표준이 순감소하여 세액이 감소된 경우 소송물 단위로 보았을 때 납세자에게 불이익을 미치는 것이 아니므로 익금산입이나 손금불산입 항목만을 따로 떼어가지고 그 위법성을 다툴 수는 없다. 위 판결의 취지도 이러하다.

(2) 증액경정처분 후의 감액처분

과세관청이 당초 처분에 대하여 증액경정처분을 하였고 납세자는 당초 처분에 대하여 불가쟁력이 발생한 후에 그 증액경정처분의 취소를 구하는 쟁송을 제기하였는데 그 과정에서 과세관청이 당초 처분에 잘못이 있다고 보아 직권으로 일부 감액처분을 한 경우에 납세자는 여전히 앞서 본 법리에 의하여 당초 처분에 의한 세액 자체는 다툴 수 없다고 보아야 하는지가 문제가 된 사례가 있다.

앞서 든 예를 약간 변형해 본다. 과세관청이 2015. 3. 1. 납세자가 익금을 누락하였다는 사유로 1억 원을 부과하는 당초 처분을 하였는데, 그에 대한 불가쟁력이 발생한 후인 2015. 9. 1. 납세자가 손금을 과다하게 계상하였다는 이유로 8천만 원을 증액하는 경정처분을 하였고, 납세자는 2015. 10. 1. 과세관청의 2015. 9. 1. 자 1억 8천만 원의 경정처분에 대한 쟁송을 제기하였는데, 그 과정에서 과세관청이 2015. 10. 1. 익금을 누락하였다는 당초 처분사유는 잘못되었다고 보아 직권으로 1억 원을 감액경정하였다고 한다면, 앞서 본 대법원의 법리에 따라 이 경우에도 납세자는 불가쟁력이 발생한 1억 원의 세액 자체는 다툴 수 없으므로 결국 당초 처분 중 남은 8천만 원은 더 이상 다툴 수 없다고 보아야 하는지가 문제인 것이다.

앞서 본 대법원 판결의 법리에 의하면, 당초 처분은 증액경정처분에 흡수되어 소멸되고 1억 8천만 원의 증액경정처분만이 쟁송의 대상이 되며, 여기서 납세자는 불가쟁력이 발생한 1억 원에 대하여는 더 이상 다툴 수 없으므로 나머지 8천만 원의 세액에 대하여만 그 취소를 주장할 수 있다. 그런데 과세관청이 직권으로 1억 원을 취소함으로써 8천만 원의 세액이 남게 되었는데 이는 불가쟁력이 발생하여 더 이상 다툴 수 없는 세액인 1억 원에 미달하므로 결국 납세자는 더 이상 8천만 원의 세액에 대하여는 취소를 구할 수 없다고 하는 것이 맞다.

그런데 그 실질을 들여다보면 납세자가 다툴 수 있었던 세액의 범위는 손금과다계상을 이유로 한 8천만 원 부분이었는데, 과세관청이 직권으로 취소한 부분은 이것과는 무관하게 익금누락을 이유로 한 1억 원 부분이었다. 그래서 과세관청의 직권취소에도 불구하고 납세자에게 원래 다툴 수 있었던 세액은 계속 다툴 수 있게 해 줄 수도 있는 것 아니냐는 반론이 가능하다. 이러한 반론은 다소 정책적이고 규범적인 측면이 가미된 것이기는 하다. 하지만 여기서의 가장 큰 난점은 이러한 반론은 다분히 흡수소멸설이 아닌 병존설의 입장에 가깝다는 것이다. 병존설의 입장에 서야지만 과세관청의 직권취소 부분, 즉 당초 처분부분과 납세자가 다투고자 하는 증액경정처분 부분을 분리시킬 수 있고, 그래야만 직권취소에도 불구하고 납세자에게 여전히 증액경정처분 부분을 다툴 수 있다고 할 수 있는 것이다.

이러한 고민 속에서 대법원 2011. 4. 14. 선고 2010두9808 판결이 선고되었다. 결론은 위 반론을 받아들였다는 것이다. 사안의 내용은 다음과 같다. 원고가 2002. 4. 1. 2001 사업연도 법인세 20억 원을 신고·납부하였는데, 피고는 원고의 특수관계자에 대한 미수금을 업무무관 가지급금으로 보아 그에 상응하는 차입금의 지급이자를 손금불산입하여 2007. 3. 20. 10억 원을 증액경정하였다. 원고는 조세심판에서 미수금을 업무무관 가지급금으로 보아서는 아니된다는 주장과 당초 신고·납부할 때 해외 현지법인에 대한 구상채권에 상응하는 차입금의 지급이자를 손금불산입한 것은 잘못되었다는 주장을 하였다. 과세관청이 원고의 두 번째 주장을 받아들여 직권으로 7억 원을 감액경정하였다. 그 후 조세심판원은 원고의 첫 번째 주장을 받아들이되 감액경정할 세액은 증액경정처분으로 증액된 세액 10억 원 중에서 직권감액처분으로 감액된 세액 7억 원을 공제하고 남은 3억 원을 한도로 한다는 취지의 결정을 하였으며, 이에 따라 피고는 3억 원을 추가로 감액경정하였다. 이에 대하여 원고는 증액경정세액 10억 원 중 조세심판원의 결정에 의하여 감액된 3억 원을 제외한 나머지 7억 원의 세액을 취소해 달라는 행정소송을 제기하였다.

이에 대하여, 원심법원은 당초 신고세액 20억 원은 불가쟁력이 발생하였고, 증액경정처분으로 증액된 세액 10억 원만이 취소의 대상이 될 수 있는데, 원고가 조세심판원에서 증액경정처분에 관한 위법사유뿐만 아니라 당초 신고한 부분에 관한 위법사유까지 주장한 결과 피고가 모두 받아들여 증액경정처분에 의하여 증액된 세액 10억 원을 한도로 감액경정처분을 함으로써 모두 취소되어 더 이상 존재하지 아니함에도 그중 7억 원이 남았음을 전제로 그 취소를 구하는 소는 부적법하다고 판단하였다. 그러나 대법원은 첫 번째 7억 원을 감액경정한 처분의 실질은 증액경정처분에 의하여 증액된 세액 10억 원의 일부를 취소한 것이 아니라 원고의 당초 신고 부분 세액 20억 원을 일부 취소한 것에 불과하므로, 증액경정처분에 의하여 증액된 세액 10억 원 중 두 번째 감액경정처분에 의하여 감액된 3억 원을 공제한 나머지 7억 원에 대하여는 원고가 여전히 그 취소를 구할 수 있다고 판시하였다. 대법원 2020. 9. 3. 자 2020두39174 판결에 의하여 확정된 부산고 등법원 2020. 4. 24. 선고 2019누22897 판결도 위 대법원 판결의 취지를 따르고 있다.

위 대법원 판결은 납세자의 권익구제를 위한 구체적 타당성을 추구하기 위하여 실질과세의 원칙을 곁들여서 병존설로 복귀한다는 비판을 무릅쓰고 다소 정책적이면서도 규범적인 판단을 하였다고 할 수 있다. 어차피 흡수소멸설이든 병존설이든 어느 하나가 절대적인 진리일 수 없고, 법리라는 것도 구체적 타당성 앞에서는 후퇴하거나 변용될 수 있는 것이 재판의 묘미이자 재판의 소명일 수도 있으므로 위 대법원 판결은 충분히 수긍할 수 있는 것으로 평가될 수 있겠다.

증액처분 후에 감액처분을 하였지만 그 감액처분 안에는 증액사유와 감액사유가 병존하되 감액사유가 더 큰 경우 증액사유만을 다툴 수 있는지가 문제될 수 있다. 감액처분 자체는 처분이 아니므로 그 속에 증액사유가 있다고 하더라도 다툴 수 없다고 볼 여지도 없지 않지만, 그렇게 되면 납세자로서는 그 증액사유를 다툴 방법이 없어 불합리하다. 이러한 경우 증액처분 중 감액되고 남은 처분이 쟁송의 대상이 되는데, 남은 처분의 세액을 처분사유별로 구분해보면 분명히 증액사유가 포함되어 있다. 그래서 감액되고 남은 처분 중 증액사유에 해당하는 부분의 세액에 관하여 취소를 구할 수 있다고 보는 것이 옳다.

마. 당초 신고와 증액경정처분의 관계

앞서 보았듯이 당초 처분과 증액경정처분의 관계에서 대법원은 당초 처분이 증액경정처분에 흡수되어 소멸되고 증액경정처분만이 쟁송의 대상이 되며, 거기에서 주장할 수 있는 위법사유는 당초 처분의 위법사유도 포함된다고 보았다. 그렇다면 납세자의 당초 신고에 대하여 과세관청이 증액경정처분을 하였을 때에도 위와 같이 볼 수 있는지가 문제된다.

종래의 대법원 2005. 11. 10. 선고 2004두9197 판결은, 부가가치세법상 세금계산서를 교부받지 아니한 경우 또는 교부받은 세금계산서에 필요적 기재사항의 전부 또는 일부가 기재되지 아니하였거나 사실과 다르게 기재된 경우의 매입세액은, 실제로 재화 또는 용역을 공급받았더라도 매출세액에서 공제하지 아니하도록 규정하고 있는데 비하여, 매출신고의 경우는 납세의무자가 스스로 매출로 신고한 이상 그러한 매출은 실제 있었던 것으로 봄이 상당하고, 가사 실제 매출이 없었다고 하더라도 신고납세방식의 조세인 부가가치세에 있어서 납세의무자가 매출로 신고한 부분은 그대로 확정되는 것이어서 매출세액 등이 과다신고된 경우라면 납세의무자가 감액경정청구 등의 절차를 밟아야 할 것이고, 그 매출로 신고한 부분을 형평의 원칙상 전체 매출액에서 공제하여야 한다고 볼 것도 아니라고 판시하였다.

위 사안은 납세자가 매출세액과 매입세액을 신고한 데 대하여 과세관청이 공제되는 매입세액을 부인하는 취지의 증액경정처분을 하였고 그 취소를 구하는 소송에서 납세자는 당초 신고한 매출세액도 잘못되었다는 주장을 하였으나 대법원은 그 부분의 위법사유에 대하여는 감액경정청구절차를 거쳐 구제받아야지 증액경정처분의 취소를 구하는 쟁송에서 그 위법사유를 주장할 수 없다는 취지로 판시하였다. 위 판결은 당초 처분과 달리 당초 신고에 대하여는 그 잘못이 있더라도 감액경정청구에 의하여 구제받을 수 있으므로 서로 차이가 있다는 점을 강조하고 있으나 당초 처분에 대하여도 감액경정청구가 가능하다는 점에서 증액경정처분에 대한 관계에 있어서 당초 신고와 당초 처분을 달리 취급하는 것이 납득하기 어려울 뿐만 아니라 당초 신고가 있더라도 증액경정처분이 있으면 당초 신고는 증액경정처분에 흡수되어 소멸되고 없음에도 증액경정처분 중 굳이 당초 신고에 관한 부분을 분리해 내어 그에 관하여는 경정청구를 통하여 다투도록 하는 것은 아무런 합리적인 명분이 없을뿐더러 쟁송의 효율성 측면에서도 납득하기 어렵다.

그 후 이를 시정하는 취지의 대법원 2013. 4. 18. 선고 2010두11733 전원합의체 판결이 선고되었다. 그 취지는 다음과 같다. 증액경정처분은 당초 신고나 당초 결정의 과세표준과 세액을 그대로 둔 채 탈루된 부분만을 추가로 확정하는 처분이 아니라 당초 신고나 결정에서 확정된 과세표준과 세액을 포함하여 전체로서 하나의 과세표준과 세액을 다시 결정하는 것이므로, 당초 신고나 결정에 대한 불복기간의 경과 여부 등에 관계 없이 오직 증액경정처분만이 항고소송의 심판대상이 되는 점, 증액경정처분의 취소를 구하는 항고소송에서 증액경정처분의 위법 여부는 그 세액이 정당한 세액을 초과하는지 여부에 의하여 판단하여야 하고 당초 신고에 관한 과다신고사유나 과세관청의 증액경정사유는 증액경정처분의 위법성을 뒷받침하는 개개의 위법사유에 불과한 점, 경정청구나 부과처분에 대한 항고소송은 모두 정당한 과세표준과 세액의 존부를 정하고자 하는 동일한 목적을 가진 불복수단으로서 납세의무자로 하여금 과다신고사유에 대하여는 경정청구로써,

과세관청의 증액경정사유에 대하여는 항고소송으로써 각각 다투게 하는 것은 납세의무자의 권익보호나 소송경제에도 부합하지 않는 점 등에 비추어 보면, 납세의무자는 증액경정처분의 취소를 구하는 항고소송에서 과세관청의 증액경정사유뿐만 아니라 당초 신고에 관한 과다신고사유도 함께 주장하여 다툴 수 있다고 판시하였다. 그러면서 이에 반하는 취지의 위 대법원 2005. 11. 10. 선고 2004두9197 판결은 폐기하였다. 대법원 2013. 5. 9. 선고 2010두24449 판결이 그 뒤를 따르고 있다.

당초 신고든 당초 처분이든 그 후 증액경정처분이 있으면 그 속에 흡수되어 소멸되고 전체로서의 증액경정처분만이 쟁송의 대상이 되고, 또한 당초 신고든 당초 처분이든 경정청구의 대상이 되는 점에서도 동일하므로 당초 처분과 경정처분의 관계에 관한 법리가 당초 신고와 경정처분의 관계에도 그대로 적용되는 것이 옳다. 특히나 당초 신고에 대하여는 물론이고 증액경정에 대하여도 경정청구를 통하여 구제받을 수 있음은 물론이고 증액결정의 취소를 구하는 쟁송을 통하여 구제받을 수도 있으며 이는 납세자의 선택에 달린 것이므로 경정청구를 통하여 주장할 수 있는 당초 신고에 관한 위법사유를 증액경정에 대한 취소의 쟁송에서는 주장할 수 없도록 막을 합리적인 명분이 없다. 위 전원합의체 판결은 이러한 입장을 재확인하면서 여기에서 벗어난 위 대법원 2005. 11. 10. 선고 2004두9197 판결을 폐기함으로써 판례들 간의 모순·저촉을 해결하였다.

위 판시에 나타난 바와 같이 증액경정처분에 대하여는 경정청구나 부과처분에 대한 항고소송을 통하여 불복할 수 있고 이는 모두 정당한 과세표준과 세액의 존부를 정하고자 하는 동일한 목적을 가진 불복수단이다. 그렇다면 납세자는 이 두 가지 불복수단을 동시에 행사할 수 있는지가 문제되는데, 어느 하나를 선택적으로 행사하도록 하는 것으로 납세자의 권익구제에 족하다고 할 것이므로 쟁송경제의 측면에서 동시에 이를 행사하는 것은 불허하는 것이 타당하다. 같은 취지에서, 대법원 2013. 4. 26. 선고 2012두28407 판결은 증액경정처분의 취소를 구하는 항고소송과 동일한 증액경정처분에 대한 경정거부처분의 취소를 구하는 항고소송은 모두 동일한 납세의무에 관하여 정당한 과세표준과 세액의 존부를 정하고자 하는 같은 목적을 가진 불복수단이므로, 납세의무자가 두 가지 불복방법 모두를 이용하여 본안 심리와 판단을 중복하여 받을 필요나 이익이 있다고 볼 수 없으므로 증액경정처분의 취소청구와 동일한 증액경정처분에 대한 경정거부처분의 취소청구 중 어느 한 청구를 주위적 청구로 하여 본안 심리와 판단을 받을 수 있는 경우에는 특별한 사정이 없는 한 다른 청구를 예비적 청구로 하여 그 심리와 판단을 구할 필요나 이익이 없어 그 부분 소는 부적법하다고 판시하였다. 따라서 납세자로서는 조세쟁송에서 굳이 두 가지 방법 모두를 유지하고 싶다면 청구취지를 택일적으로 병합시키는 것이 옳다.

한편, 당초 신고 후 증액경정처분이 있었으나 증액경정처분에 대하여는 경정청구기간 90일이 도과함으로써 더 이상 경정청구를 할 수 없는 경우가 있을 수 있는데, 그렇더라도 납세자는 당초 신고에 대하여는 5년 이내에 여전히 경정청구를 할 수 있다. 이때 납세자가 경정청구를 통하여 다툴 수 있는 위법사유와 금액의 범위가 어디까지인지가 문제될 수 있다.

이에 대하여 대법원 2024. 6. 27. 선고 2021두39997 판결은, 과세표준신고서를 법정신고기한 내에 제출한 납세자가 그 후 과세관청의 결정이나 경정으로 인한 처분에 대하여 불복기간 내에 다투지 않았더라도 5년의 경정청구기간 내에서는 경정청구권을 행사할 수 있고, 납세자는 감액경정청구에 대한 거부처분 취소소송에서 당초 신고에서의 과다신고사유뿐만 아니라 과세관청의 증액경정사유도 함께 다툴 수 있으며, 다만 당초 신고한 과세표준 및 세액을 한도로 하여서만 취소를 구할 수 있다고 판시하였다.

대법원이 취해온 흡수소멸설에 의하면 당초 신고분과 증액경정처분에 의하여 증액된 부분은 하나로 통합되어 일체로서 존재하게 되므로 그 중 당초 신고분에 대하여 감액경정청구기간이 남아 있으면 전체로서 다시 다툴 수 있다고 해야 한다. 그래서 당초 신고분의 위법사유뿐만 아니라 증액경정처분의 위법사유도 함께 다툴 수 있게 되는 것이다. 이러한 결론은 앞서 본 대법원 2013. 4. 18. 선고 2010두11733 판결의 취지와 같은 맥락으로 볼 수 있다. 즉, 흡수소멸설을 견지하는 이상 전체 중 일부만이라도 다툴 수 있는 불복기간이 남아 있으면 다툴 수 있는 위법사유는 제한하지 말고 전체로 확대하자는 것이다.

다만, 국세기본법 제45조의2 제1항 단서에서 결정 또는 경정으로 인하여 '증가된 과세표준 및 세액'에 대해서는 경정청구기간을 3개월로 제한하고 있으므로 이를 도과한 경우에는 그 '증가된 과세표준 및 세액'은 다툴 수가 없으니 결국 다툴 수 있는 '과세표준 및 세액'의 범위는 당초 신고분의 '과세표준 및 세액'으로 제한된다는 것이다. 이 부분 판시는 앞서 본 대법원 2009. 5. 14. 선고 2006두17390 판결과 같은 맥락으로 이해된다.

예를 들어, 납세자가 익금 7억 원, 손금 5억 원으로 해서 과세표준 2억 원, 세액 2천만 원으로 신고하였으나, 과세관청이 손금 중 4억 원을 허위라고 보아 부인하여 과세표준을 4억 원, 세액을 4천만 원 증액(총세액 6천만 원)하는 경정처분을 하였는데 증액경정처분에 대하여 볼복기간 90일이 도과된 경우, 납세자는 5년 이내에 할 수 있는 경정청구나 그 거부처분취소소송에서 당초 신고한 익금 7억 원이 과다하다고 다툴 수 있음은 물론이고 증액경정사유인 허위손금 4억 원도 다툴 수 있으며, 다만 여기서 허위손금 4억 원이 진정한 손금으로 인정되더라도 감액되는 세액은 4천만 원이 아니라 2천만 원으로 제한된다. 왜냐하면 총세액 6천만 원 중 4천만 원은 다툴 수 없고 당초 신고한 세액 2천만 원을 한도로 하여서만 취소를 구할 수 있기 때문이다.

이 판결은, 대법원 2009. 5. 14. 선고 2006두17390 판결이 국세기본법 제22조의2 제1항에 관하여 취한 태도와 비슷한 맥락에서 국세기본법 제45조의2 제1항 단서를 다소 합목적적으로 축소해석한 것으로 볼 수 있다. 입법자가 국세기본법 제22조의2 제1항이나 제45조의2 제1항 단서를 입법할 때는 대법원 판결의 입장인 흡수소멸설을 전제로 한 것이라기보다는 과세관청의 입장인 병존설의 입장을 염두에 둔 것으로 보이는 측면이 있기는 하다. 하지만 위 규정을 해석·적용할 권한이 있는 대법원으로서는 납세자의 절차적 권리보호 측면과 소송물에 관한 법리적인 측면에서 병존설보다는 흡수소멸설이 더 우수하다고 보았기 때문에 이와 같은 입장을 취한 것으로 이해된다. 과세관청은 이러한 대법원의 태도에 대하여 계속 반발할 가능성이 있고 그러한 태도가 입법으로 발현될 수 있다. 그렇더라도 대법원은 새로운 입법의 문언이 완벽하게 병존설의 입장으로 구축되지 않는 한 흡수소멸설을 쉽사리 포기할 것 같지는 않다.

4. 제소기간

가. 개요

조세소송 실무에서는 납세자가 제기한 조세소송에 대하여 그 제소기간을 준수하였는지 여부가 자주 다투어지고 있고 이는 소송요건에 관한 것으로서 직권조사사항으로 보고 있으므로 조세소송을 담당하는 재판부의 부담으로 작용한다. 행정소송법은 제20조 제1항에서 제소기간에 관한 일반 규정을 두고 있다. 즉, 취소소송은 처분 등이 있음을 안 날부터 90일 이내에 제기하여야 하고, 다만 행정심판청구가 있는 경우에는 그 재결서의 정본을 송달받은 날로부터 기산한다는 것이다. 조세소송은 필요적 전치주의를 취하고 있으므로 전심절차의 결정정본을 송달받은 날로부터 90일 이내에 조세소송을 제기하여야 한다. 대법원 2023. 8. 31. 선고 2023두39939 판결은, 제소기간의 준수여부는 법원의 직권조사사항으로서 취소소송의 대상이 되는 개개의 처분마다 독립적으로 판단하는 것이 원칙이라고 판시하였다.

실무상으로는 전치절차 경유와 관련하여 전치절차가 언제 종료되었다고 볼 것인지, 즉 제소기간의 기산점을 언제로 볼 것인지가 자주 문제가 되고, 조세소송 중 청구취지의 변경이 있을 경우 그 부분 제소시기를 언제로 볼 것인지 등이 문제가 되고 있다. 이하 주요 유형별로 자세히 분석해 본다.

나. 전심기관의 재조사결정과 제소기간

(1) 재조사결정의 의의

국세기본법 제65조 제1항, 제66조 제6항, 제81조는 전심절차인 이의신청이나 심사청구 또는 심판청구에 대한 결정의 유형에 관하여, 신청이나 청구가 이유 없을 때 그 신청이나 청구를 각하하거나 기각하는 결정, 신청이나 청구가 이유 있을 때 신청이나 청구의 대상이 된 처분의 취소·경정 또는 필요한 처분의 결정을 규정하고 있다. 그런데 실무상 전심기관에서는 '재조사결정'이라는 유형의 결정을 자주 하고 있다. 그동안은 그 법적 근거를 찾기가 어려웠고, 다만 위에서 본 '필요한 처분의 결정'의 한 유형으로 보는 경향이 있었다.

이러한 재조사결정에 관하여 대법원 2010. 6. 25. 선고 2007두12514 전원합의체 판결은, 재조사결정은 처분청으로 하여금 하나의 과세단위의 전부 또는 일부에 관하여 당해 결정에서 지적된 사항을 재조사하여 그 결과에 따라 과세표준과 세액을 경정하거나 당초 처분을 유지하는 등의 후속 처분을 하도록 하는 형식을 취하고 있고 있으므로, 재조사결정을 통지받은 이의신청인 등은 그에 따른 후속 처분의 통지를 받은 후에야 비로소 다음 단계의 쟁송절차에서 불복할 대상과 범위를 구체적으로 특정할 수 있게 된다고 하면서, 이러한 재조사결정의 형식과 취지, 행정심판제도의 자율적 행정통제기능 및 복잡하고 전문적·기술적 성격을 갖는 조세법률관계의 특수성 등을 감안하면, 재조사결정은 당해 결정에서 지적된 사항에 관해서는 처분청의 재조사결과를 기다려 그에 따른 후속 처분의 내용을 이의신청 등에 대한 결정의 일부분으로 삼겠다는 의사가 내포된 변형결정에 해당한다고 볼 수밖에 없다고 판시하여 그 효력을 인정하였다. 재조사결정에 따른 처분에 있어서도 불이익변경의 원칙이 적용되어야 함은 물론이다.

그 후 국세기본법이 2016. 12. 20. 개정되면서 제65조 제1항 제3호에 단서를 신설하여, 취소·경정 또는 필요한 처분을 하기 위하여 사실관계 확인 등 추가적으로 조사가 필요한 경우에는 처분청으로 하여금 이를 재조사하여 그 결과에 따라 취소·경정하거나 필요한 처분을 하도록 하는 재조사 결정을 할 수 있다고 규정하였다. 이로써 법적 근거에 관한 시비는 해소되었다.

(2) 제소기간의 기산일

이러한 재조사결정이 있으면 처분청은 그 취지에 따라 재조사를 하여 후속 처분을 하게 되는데 재조사결과에 따라 종전 처분에 잘못이 있다고 판단되면 이를 전부 또는 일부를 취소하기도 하고 종전처분에 잘못이 없다고 판단되면 이를 그대로 유지하기도 한다.

이러한 후속 처분의 내용은 전심을 제기한 자에게 통지하도록 하고 있는데, 이러한 경우 제소기간의 기산일을 언제로 볼 것이냐가 문제가 된다. 국세기본법 제56조 제3항은 행정소송은 행정소송법 제20조의 규정에도 불구하고 심사청구 또는 심판청구에 대한 결정의 통지를 받은 날부터 90일 이내에 제기하여야 한다고 규정하고 있다. 이 규정에 의할 때 '결정의 통지를 받은 날'을 재조사결정의 통지를 받은 날로 볼 것인지, 아니면 후속 처분의 통지를 받은 날로 볼 것인지가 문제되는 것이다.

종래 대법원 1997. 10. 24. 선고 96누10768 판결, 대법원 2007. 10. 26. 선고 2005두3585 판결, 대법원 2009. 5. 28. 선고 2006두16403 판결 등은 일관되게 재조사결정에 따른 행정소송의 제소기간은 납세자가 재결청으로부터 재조사결정의 통지를 받은 날부터 기산된다는 취지의 판시를 하여 왔다. 그 논거로는 재조사결정이 완결적 결정이 아니어서 그것만으로는 전심을 제기한 납세자가 만족을 할 수 없으므로 그에 대하여 바로 행정소송을 제기하여 당초 처분을 다투어야 하고 다투는데 어떠한 장애가 없다는 점을 들고 있다. 그러나 납세자의 입장에서는 재조사결정을 전심청구의 기각결정으로 받아들이기보다는 당초 처분에 문제가 있다는 점을 전심기관이 인정하였으므로 그 취지에 따른 후속 처분을 기다려 보는 것이 오히려 일반적이라는 점에서 위 대법원 판결들에 대하여는 비판이 많았다.

이러한 비판 속에서 대법원 2010. 6. 25. 선고 2007두12514 전원합의체 판결이 선고되었다. 판결의 요지는 재조사결정은 처분청의 후속 처분에 의하여 그 내용이 보완됨으로써 심사청구 등에 대한 결정으로서의 효력이 발생한다고 할 것이므로 재조사결정에 따른 행정소송의 제소기간은 후속 처분의 통지를 받은 날부터 기산된다고 보아야 한다는 것이다. 즉, 재조사결정 자체가 완결적 결정이 아니라 중간적인 결정에 불과하고, 그에 따라 원래는 그 후속조치를 전심기관이 하여야 하겠지만 효율성을 위하여 처분청으로 하여금 이를 대신하게 한 것으로 볼 수 있으며 후속 처분이 이루어져야만 비로소 그 결정이 완결된다고 보는 것이다. 이러한 논리에 의하면 후속 처분의 통지를 받은 날부터 제소기간을 기산하는 것은 당연한 이치이다. 이러한 대법원의 입장은 논리적인 측면보다는 재조사결정에 대하여는 처분청의 후속조치를 기다려보는 것이 일반적이라는 납세자의 입장을 고려한 측면이 더 크다고 평가할 수 있겠다.

이와 같이 재조사결정은 후속 처분과 합하여 종국적인 결정이 된다는 입장을 취하면 후속 처분에 있어서도 불이익변경금지의 원칙이 적용되어야 할 것이고, 후속 처분을 위한 재조사는 중복세무조사 금지의 원칙상 전심기관의 심리과정에서 재조사의 필요성이 인정되는 범위 내에서의 재조사만이 위법한 중복세무조사의 예외로 인정되어야 할 것이고 그 과정에서 새로운 과세요건 사실까지 추가로 조사하는 것은 허용되지 아니한다고

보아야 할 것이다.[92]

(3) 후속 처분 후 재차 전심절차를 경유한 경우

조세심판원 등의 전심기관에서 한 재조사결정에 따라 과세관청이 후속 처분을 하였을 경우 납세자가 그 후속 처분에 불복하고자 할 때 바로 조세소송을 제기하지 않고 다시 당해 전심기관에 후속 처분의 취소를 구하는 심사청구나 심판청구를 하는 경우가 더러 있고, 이러한 경우 전심기관은 그 심사청구나 심판청구를 받아들여 후속 처분의 당부에 관한 판단을 하고 있는 것이 실무례이다. 그래서 납세자는 다시 심사청구나 심판청구에 대한 기각결정을 받은 후 그로부터 90일 이내에 조세소송을 제기하는 경우가 있고 그때 에는 후속 처분이 있은 날로부터 90일이 도과한 후여서 납세자가 제소기간을 준수하였 다고 볼 수 있는지가 문제된다. 위에서 본 전원합의체 판결의 법리를 적용한다면 후속 처분이 있은 때 전심절차가 종결된 것으로 보기 때문에 납세자로서는 그때로부터 90일 이내에 조세소송을 제기하여야 한다. 그럼에도 전심기관들이 납세자가 후속 처분에 대하 여 다시 제기한 전심청구를 받아들여 심리함으로써 납세자를 혼란스럽게 만들고 있는 것이다.

이에 대하여 대법원 2014. 7. 24. 선고 2011두14227 판결과 대법원 2015. 1. 29. 선고 2014두12031 판결은 다음과 같이 판시하였다. 즉, 재조사결정에 따른 행정소송의 제소기 간은 특별한 사정이 없는 한 납세자가 관계 행정청으로부터 재조사결과에 따른 후속 처 분의 통지를 받은 날부터 기산된다고 보아야 하고, 후속 처분의 통지를 받은 납세자가 곧바로 행정소송을 제기하지 아니한 채 다시 심사청구나 심판청구를 하였다고 하더라도, 이는 납세자가 임의로 거친 절차에 불과하므로 후속 처분의 통지를 받은 날부터 기산되 는 제소기간의 진행을 방해하지 아니한다는 것이다.

앞서 전원합의체 판결에서 분명하게 언급하였듯이 전심기관의 재조사결정에 따른 후 속 처분은 그 성질상 과세관청의 독립된 처분이 아니라 전심기관이 하는 결정의 일환으 로 보아야 한다. 그렇다면 전심기관의 결정에 대하여 불복하고자 할 경우 그 다음 단계인 조세소송을 제기하여야 하는 것이 옳으며 전심기관에 다시 불복을 제기하는 것은 전심 절차를 반복하여 진행하는 것에 불과하다. 과세관청의 처분에 대한 불복은 삼권분립의 원칙에 따라 법원에서의 조세소송을 통하는 것이 원칙적인 모습이고, 다만 조세사건의 전문성과 특수성을 고려하여 한 번 정도 자기 시정의 기회를 주기 위하여 전심절차를

---

92) 조윤희, "재조사결정에 따른 불복청구기간 등의 기산점". 정의로운 사법: 이용훈 대법원장 재임기념, 사법발전재단

거치도록 한 것이므로 동일한 전심기관에서 반복적으로 전심절차를 진행함으로써 조세
소송으로의 이연이 지연되는 것은 필요적 전치주의의 취지에도 맞지 않다. 그런데 국세
기본법 제56조가 2016. 12. 20. 개정되면서 재차 전심절차를 경유한 경우 제소기간을 재
차 이루어진 전심절차에서의 결정을 통지받은 날로부터 90일 이내로 정하였다. 위에서
본 대법원 전원합의체 판결에 대하여 입법자가 반발한 것으로 볼 수 있다. 납세자의 절차
적 권리보호라는 측면에서는 개정법의 취지가 더 너그럽게 보일 수도 있겠지만 법원에
대한 관계에서 전심기관의 심판영역을 좀 더 강화하고자 하는 의도가 담긴 듯하여 썩
바람직한 입법이라고 하기는 어렵다.

(4) 일부 재조사결정 및 일부 청구기각의 경우

요즘 전심기관의 결정례들을 보면, 하나의 과세처분에 있어서 여러 가지 처분사유에
관하여 납세자가 위법을 주장할 때 일부 처분사유에 관한 주장에 대하여는 청구기각 결
정을 하면서 동시에 나머지 처분사유에 관한 주장에 대하여는 재조사 결정을 하는 경우
들이 있다. 이럴 때 제소기간을 어떻게 산정할지가 모호해진다. 청구기각 결정을 내린
부분은 그때부터 제소기간이 진행되고, 재조사 결정을 내린 부분은 후속 처분이 이루어
진 후부터 별도로 제소기간이 진행된다고 볼 것인지의 문제이다.

나중에 조세소송의 소송물에서 설명하는 바와 같이 소송물에 관하여는 총액주의와 쟁
점주의의 대립이 있는데, 대법원은 총액주의 입장을 취하면서 처분사유에 관한 주장들은
공격방어방법에 불과하다고 보고 있다. 이러한 총액주의의 입장에 서면 하나의 과세단위
에 관한 하나의 과세처분은 쟁송과정에서도 분리될 수 없다고 보는 것이 타당하다. 따라
서 전심기관이 일부 처분사유에 관한 청구인의 주장을 기각하더라도 나머지 처분사유에
관한 청구인의 주장에 관하여 재조사결정을 내린 이상 아직까지 전체적으로 전심기관의
결정이 종결된 것으로 볼 수 없고 일부 재조사결정에 따른 후속 처분이 이루어졌을 때
비로소 전심기관의 결정이 종결되어 효력이 발생한다고 보아야 하며 그래서 그때부터
전체적으로 제소기간이 진행된다고 보는 것이 타당하다고 하겠다.

그럼에도 불구하고 만약 납세자가 일부 청구기각 결정이 이루어진 처분사유에 관한
세액에 대하여 먼저 미리 소제기를 하고, 나머지 일부 재조사결정이 이루어진 처분사유
에 관한 세액에 대하여는 후속 처분이 이루어진 후에 뒤따라 별도의 소제기를 했을 때
두 개의 소송을 어떻게 정리해야 할 것인지가 실무적으로 문제가 된다. 법리적으로 따져
보면 먼저 제기된 소는 아직까지 전심기관의 결정이 효력을 발생하기 전에 이루어진 것
으로서 필요적 전치절차를 제대로 이행하지 않은 것으로 보아 부적법하다고 할 수 있다.

그러나 소제기 시점에 이미 전심 제기일로부터 90일이 경과하였다면 국세기본법 제56조 제3항에 의하여 전심결정 없이 소제기를 할 수 있으므로 적법한 소제기가 될 수 있다고 하겠다. 그렇다면 먼저 제기한 소가 부적법한 경우에는 당연히 나중에 제기한 소만이 적법한 소가 될 것이고 나중에 제기한 소에서 청구취지를 확장하여 먼저 제기한 소에서의 세액 부분을 재판의 범위에 포함시킬 수 있을 것이다. 반면에 먼저 제기한 소가 적법한 경우에는 나중에 제기한 소는 중복제소가 되어 부적법한 소가 될 것이므로 먼저 제기한 소에서 청구취지를 확장하여 나중에 제기한 소에서의 세액 부분을 재판의 범위에 포함시킬 수 있을 것이다. 이 부분 쟁점은 논란의 여지가 있고 소송절차상의 정책적 고려도 필요하므로 소송에서 쟁점화되어 대법원 판결을 통해 정리가 이루어질 필요가 있다.

다. 필요적 전치절차 예외와 제소기간

대법원 2001. 3. 27. 선고 99두8039 판결이 판시하였듯이 동일한 행정처분에 의하여 수인이 동일한 의무를 부담하게 되는 경우에는 그중 1인이 전치절차를 거친 경우 나머지 수인에게는 필요적 전치주의의 예외를 인정해 주고 있다. 전치절차를 취한 자는 그 결정을 받은 날로부터 90일 이내에 조세소송을 제기하면 되는데, 여기서 필요적 전치주의의 예외를 인정받은 나머지 수인들의 제소기간의 기산일을 언제로 볼 것인지가 문제가 된다. 즉, 그중 1인이 제기한 전심절차에서 전심기관의 결정을 받은 날로 볼 것인지, 아니면 과세관청의 처분일로 볼 것인지에 관하여 논란이 있을 수 있다.

필요적 전치주의는 법원에서의 조세소송을 통하여 과세처분의 당부를 다투기 전에 전심기관으로 하여금 먼저 판단할 기회를 갖게 함으로써 자기 시정의 기회를 갖도록 한다는 데 있다. 그리고 수인의 공동 납세의무자 중 1인이 전심을 제기한 경우 다른 수인에게는 필요적 전치절차의 예외를 인정해주는 취지는 그중 1인이 제기한 전심절차에서 전심기관이 수인에 대한 과세처분에 대하여 자기시정의 기회를 가질 수 있어 사실상 동일한 전심절차를 반복할 필요가 없다는 데 있으므로 그중 1인이 전심을 제기한 것은 수인을 대표하여 한 것이라고 볼 수 있다. 그리고 다른 수인의 입장에서도 그들을 대표하여 1인이 제기한 전심에서 전심기관이 자기시정의 기회를 가진 다음에 행정소송을 제기하는 것이 필요적 전치주의 취지에 부합한다. 따라서 이러한 경우 필요적 전치주의의 예외를 인정받은 다른 수인도 전심절차를 제기한 1인과 마찬가지로 그 전심절차에서의 전심기관의 결정을 받은 날부터 제소기간이 진행된다고 보는 것이 타당하다고 할 수 있다.

그러나 이에 대하여는 반론이 가능하다. 위의 경우에 필요적 전치주의의 예외를 인정하는 것은 전치절차를 취할 의무를 면제해 주는 것에 불과하며 다른 1인이 제기한 전심의 효과가 다른 수인에게 귀속되는 것도 아니므로 그와 같은 의무가 면제된 자로서는 곧바로 조세소송절차로 나아가는 것이 옳다고도 볼 수 있다. 자기가 제기하지도 아니한 전심절차가 진행 중이라는 이유로 그 절차에 아무런 관여도 하지 않고 있는데도 그 전심절차에서의 재결이 있을 때까지 제소기간이 진행되지 않는다는 것은 조세법률관계의 조속한 확정이라는 취지에도 맞지 않다고 할 수 있다. 물론 전심기관이 자기시정의 기회를 가져보기도 전에 법원에서의 소송절차가 진행된다는 점에서 다소 불합리한 면이 없지 않으나 소송절차가 진행 중이더라도 전심기관에서 과세관청의 처분이 잘못되었다고 판단되면 이를 취소함으로써 시정할 수 있기 때문에 크게 불합리하다고 할 것도 아니다.

이러한 논란 속에서 대법원 2015. 12. 23. 선고 2015두47607 판결은 반론의 입장을 취하였다. 국세기본법 제56조 제3항 본문이 행정소송법 제20조의 적용을 배제하고 있는 것은 국세기본법 제56조 제2항에서 행정소송법 제18조 제1항 본문의 적용을 배제하고 국세기본법에 따른 전심절차를 거치지 않으면 위법한 처분에 대한 행정소송을 제기할 수 없다고 규정한 데에 따른 것이므로, 납세의무자가 전심절차를 거치지 않고도 과세처분의 취소소송을 제기할 수 있는 경우에는 특별한 사정이 없는 한 행정소송법 제20조 제1항에서 정한 바에 따라 처분 등이 있음을 안 날부터 90일 이내에 그 취소소송을 제기하여야 하고, 이는 동일한 의무를 부담하게 된 납세의무자들 중 1인이 적법한 전심절차를 거침으로써 다른 납세의무자가 전심절차를 거치지 않고 곧바로 과세처분의 취소소송을 제기하는 경우에도 마찬가지리고 판시하였다. 이러한 쟁점은 결국 대법원의 징책적 결단에 의하여 결론이 내려질 수밖에 없고 그러한 결단이 내려졌으므로 이를 존중하는 방향으로 법리가 정리되는 것이 바람직하다. 하지만 너무 형식적인 논리에 치우침으로써 납세자의 제소권을 제한하였다는 인상을 지우기 어렵다.

한편, 필요적 전치주의가 아닌 임의적 전치주의하에서는 문제가 간단해진다. 국세와 달리 지방세의 경우 그 처분에 대하여는 전치절차가 필요적이 아니라 임의적이다. 여기서도 공동 납세의무자가 있다고 했을 때 그중 1인이 임의적 전치절차를 취한 경우 다른 수인의 제소기간을 위에서 본 필요적 전치주의의 경우와 마찬가지로 보기는 어렵다. 임의적 전치주의에서는 전심기관이 자기시정의 기회를 갖는 것이 필수적 절차가 아니고 임의적 절차에 불과하기 때문에 전치절차를 제기한 납세의무자에 대하여만 자기시정의 기회를 가지면 족하고 전치절차를 제기하지 아니한 납세의무자에 대하여는 자기시정의 기회를 가지지 않아도 무방하다. 그래서 필요적 전치주의의 예외라는 것도 상정할 수 없다. 따라서 공동 납세의무자들 사이에서도 그중 전치절차를 취한 자에 대하여는 전심기관이 자기시정의 기회를 갖게 되고 그와 같은 전치절차를 취하지 않은 자에 대하여는 전심기관이 자기시정의 기회를 가질 필요가 없기 때문에 그 납세자는 곧바로 조세소송의 단계로 나아가는 것이 맞다. 그렇다면 전치절차를 거치지 않은 공동 납세의무자의 경우는 과세관청의 처분일로부터 제소기간이 진행된다고 보는 것이 타당하다고 할 것이다.

대법원 2014. 7. 10. 선고 2014두4757 판결도 같은 취지를 판시한 바 있다. 그 사안을 보면, 피고가 2012. 1. 4. 항만축조공사를 공동으로 시행한 원고 A와 원고 B에게 안벽과 관련된 공사비와 그 부대비용을 취득세의 과세표준에 포함하여 취득세 등을 부과하는 각 처분을 하였는데, 원고 A가 납세고지서를 받은 2012. 1. 6.로부터 90일이 지난 후인 2012. 9. 26. 그 처분의 취소를 구하는 조세소송을 제기한 사안에서, 원고 A는 원고 B가 적법한 심사청구를 거쳤으므로 동일한 과세관청의 처분에 의해 동일한 납세의무를 부담하게 된 원고 A로서는 별도의 행정심판절차를 거치지 않았다고 하더라도 행정소송을 제기할 수 있고, 원고 B가 심사청구의 재결서를 받은 2012. 7. 5.부터 90일 이내에 행정소송을 제기하였으므로 적법하다고 주장하였다. 이에 대하여 대법원은 행정심판에 관하여 임의적 전치주의가 적용되는 각 처분에 대한 행정심판의 제기 여부는 당사자의 선택 사항이므로, 설령 원고 B가 그에 대한 부분에 관하여 적법한 행정심판을 거쳤다고 하더라도, 원고 A로서는 원고 B의 행정심판 제기와는 별도로 제소기간을 준수하였어야 한다는 이유로, 제소기간이 지난 후에 제기된 원고 A의 소는 부적법하다고 판단하였다. 위 판시의 주된 이유가 취득세 등 지방세의 취소소송은 필요적 전치주의가 아니라는 점에 있는 만큼, 국세의 취소소송과 같은 필요적 전치주의 제도하에서는 앞에서 설명한 바와 같이 공동 납세의무자 중 전치절차를 거치지 않은 자의 경우도 전치절차를 거친 자가 재결을 받은 날부터 제소기간이 진행된다는 점을 암시하고 있다고 할 수 있다. 하지만 앞서 본 바와 같이 대법원 2015. 12. 13. 선고 2015두47607 판결은 이러한 암시와 다른 입장을 취하였다.

라. 청구취지 변경과 제소기간

(1) 청구취지 변경의 허용 범위

조세소송에서도 소송 중에 청구취지를 변경할 수 있음은 물론이다. 청구취지의 변경은 과세관청의 처분이 변경되는 경우, 특히 처분사유의 변경으로 증액경정처분이나 감액경정처분이 있으면 그에 맞추기 위하여 하게 되는 경우가 많다. 이러한 청구취지의 변경에 관하여는 먼저 민사소송법 제262조 제1항에서 '청구의 기초가 바뀌지 아니하는 한도 안에서 변론을 종결할 때까지 청구의 취지 또는 원인을 바꿀 수 있다'고 규정하고 있다. 그리고 행정소송법 제22조 제1항과 제2항은 행정청이 소송의 대상인 처분을 소가 제기된 후에 변경한 때에는 원고의 신청에 의하여 결정으로써 청구의 취지 또는 원인의 변경을 허가할 수 있고 그 신청은 처분의 변경이 있음을 안 날로부터 60일 이내에 하여야 한다고 규정하고 있다.

행정소송법 제8조 제2항은 행정소송에 관하여 행정소송법에 특별한 규정이 없는 사항에 대하여는 민사소송법 등을 준용하도록 규정하고 있으므로 조세소송에 있어서도 위 민사소송법 규정은 일반규정으로, 그리고 위 행정소송법 규정은 특별규정으로 볼 수 있다. 그런데 이들 양 규정은 청구취지의 변경을 할 수 있는 사유와 기한을 다르게 정해 놓고 있다. 즉, 민사소송법 제262조 제1항에서는 청구취지의 변경에는 청구의 기초가 바뀌지 아니하여야 하고 그 시한은 변론종결시까지인 데 비하여 행정소송법 제22조에서는 청구의 기초가 바뀌지 않아야 한다는 언급은 없고 단지 처분의 변경이 있으면 청구취지를 변경할 수 있으며, 그 시한은 처분의 변경이 있음을 안 날로부터 60일 이내라고 규정하고 있다. 여기서 행정소송법 제22조의 특별규정이 민사소송법 제262조의 일반규정을 배척하느냐에 관하여 견해가 나뉠 수 있다.

행정소송법 제22조가 민사소송법 제262조보다 청구취지 변경의 요건을 엄격하게만 규정하고 있는 것이 아니라 청구취지 변경의 범위에 관하여는 민사소송법 제262조보다 넓히면서 그 시한에 관하여는 민사소송법 제262조보다 좁히고 있다. 이러한 경우에는 납세자의 소권을 보호하기 위하여 양 규정이 모두 적용가능하다고 보는 견해가 가능하긴 하다. 그러나 조세소송 중 납세자가 하는 청구취지의 변경은 조세소송 중 과세관청이 하는 처분사유의 변경과 마주보는 관계에 있다. 전자의 범위를 넓히면 그에 대응하는 과세관청이 힘들어지고, 후자의 범위를 넓히면 그에 대응하는 납세자가 힘들어지게 된다. 그리고 청구취지의 변경은 처분의 변경에 수반되는 것이다. 따라서 양자의 균형을 도모하기 위해서는 청구취지 변경의 범위와 처분사유 변경의 범위를 같게 보는 것이 합리적이다. 그런데 나중에 보는 바와 같이 소송 중 처분사유의 변경의 범위는 소송물의 동일성이 유지되는 범위 내로 제한하고 있다. 따라서 청구취지의 변경도 소송물의 동일성이 유지되는 범위 내에서 가능하다고 해석하는 것이 타당하다. 만약 조세소송 도중 과세관청이 처분사유를 변경하였는데 그것이 소송물의 동일성이 유지되는 범위를 벗어나 당해 조세소송에서 처분사유의 변경으로 처리하지 못하고 별개의 처분으로 처리해야 한다면 이는 당해 소송의 소송물로 편입될 수 없다는 것이므로 원고의 입장에서도 당해 소송에서 청구취지의 변경을 할 실익이 없어지게 될 것이다.

최근의 대법원 2013. 4. 26. 선고 2012두27954 판결도 같은 취지에서, 행정소송법 제21조와 제22조가 정하는 소의 변경은 그 규정에 의하여 특별히 인정되는 것으로서 민사소송법상 소의 변경을 배척하는 것이 아니므로, 행정소송의 원고는 행정소송법 제8조 제2

항에 의하여 준용되는 민사소송법 제262조에 따라 청구의 기초에 변경이 없는 한도에서 청구취지 또는 원인을 변경할 수 있다고 전제하고, 마포세무서장이 A사에 대하여 한 소득금액변동통지의 취소청구와 서대문세무서장이 A사의 대표자 원고에 대하여 한 소득세경정청구거부처분의 취소청구는 행정처분이 서로 다를 뿐만 아니라 처분청도 달리하고 있어 그 청구의 기초에 변경이 없다고 보기는 어렵다는 이유로 원고의 피고 경정 및 청구취지 변경신청을 불허한 원심의 조치는 정당하다고 판단하였다. 이 사건은 A사의 수익금이 누락되어 대표자인 원고에게 유출되었다는 이유로 마포세무서장이 A사에 대하여 소득금액변동통지를 하고 서대문세무서장은 원고에 대하여 소득세 부과처분을 한 사안인데, 당초 원고는 마포세무서장의 소득금액변동통지처분의 취소를 구하다가 청구취지를 변경하여 서대문세무서장의 원고에 대한 소득세경정청구거부처분의 취소를 구하면서 아울러 피고를 서대문세무서장으로 경정할 것을 청구하였으나 법원은 청구의 기초에 동일성이 없다고 보아 청구취지변경 및 피고경정신청을 모두 불허가하였다. 기초적인 사실관계는 서로 연결되어 있지만 처분청과 처분의 내용이 모두 변경되는 것이어서 청구의 기초가 동일하다고 보기 어렵다고 하겠다.

대법원 2013. 2. 14. 선고 2011두25005 판결도 비슷한 취지에서, 조세소송 제기 전에 이미 당초 처분에 대한 증액경정처분이 있었음에도 소제기시에 당초 처분의 취소를 구하는 것으로 청구취지를 기재하였다가 소송 도중 증액경정처분의 취소를 구하는 것으로 청구취지를 변경할 수 있다고 판시하였다. 그 논거에 관하여는, 위법사유가 공통되어 당초 처분이 위법하면 증액경정처분도 위법하게 되는 경우라면, 당초 처분에 대한 전심절차 중에 증액경정처분이 있었음에도 그대로 전심절차를 진행한 납세자의 행위 속에는 당초 처분에 대한 전심절차를 통하여 당초 처분을 흡수하고 있는 증액경정처분의 취소를 구하는 의사가 묵시적으로 포함되어 있다고 봄이 타당하므로 설령 납세자가 당초 처분에 대한 전심절차에서 청구취지를 변경하지 아니하였고, 행정소송을 제기하면서도 당초 처분의 취소를 구하는 것으로 청구취지를 기재하였다 하더라도, 납세자의 진정한 의사는 증액경정처분 자체의 취소를 구하는 데에 있다고 보아야 한다는 이유로, 납세자는 소송계속 중에 청구취지를 변경하는 형식으로 증액경정처분의 취소를 구하는 것으로 청구취지를 바로잡을 수 있다는 것이다. 이 사안에서는 당초 처분과 증액처분의 위법사유가 공통되어 당초 처분이 위법하면 증액경정처분도 위법하게 되는 경우이므로 당초 처분의 취소를 구하는 청구취지와 증액처분의 취소를 구하는 청구취지는 청구의 기초가 동일하다고 평가할 수 있다.

그리고 대법원 2012. 11. 29. 선고 2010두7796 판결은, 당초 처분에 대하여 전심절차를 거쳐 제1심 소송이 계속 중이던 2008. 2. 3. 증액경정처분이 있었고, 이에 대하여 다시 전심절차를 거쳐 제2심 소송계속 중이던 2009. 3. 6. 원고가 주위적으로는 증액경정처분의 취소를, 예비적으로는 당초 처분과 증액경정처분 중 당초 세액보다 증액된 부분의 취소를 각 구하는 것으로 청구취지를 교환적으로 변경하는 내용의 청구취지변경신청서를 제출하였으며, 당초 처분과 증액경정처분은 컨설팅 용역비를 손금불산입한 처분사유가 공통되는데, 청구취지변경신청서 제출 전에는 물론 그 후에도 그 부분 위법사유를 계속 주장하고 있는 사안에서, 청구취지변경신청이 적법함을 전제로 본안에 관하여 판단한 원심의 조치는 정당하다고 판시하였다. 이 사건에서 피고는, 상고이유로 청구취지의 변경은 청구 기초의 동일성이 없고, 심급의 이익을 해하는 것이어서 허용될 수 없으며 설령 행정소송법 제22조 제1항에 규정된 처분변경으로 인한 소변경에 해당하여 청구기초의 동일성이 요구되지 않는다고 하더라도 처분의 변경이 있음을 안 날로부터 60일 이내에 소변경을 하지 아니하였으므로 부적법하다고 주장하였으나, 대법원은 행정소송법 제22조 제2항에서 정하는 요건, 즉 처분의 변경을 안 날로부터 60일 이내에 청구취지를 변경하지 않음으로써 행정소송법 제22조 제1항에 의한 청구의 변경으로 인정될 수는 없지만, 청구기초의 동일성이 유지된다고 보아 민사소송법 제262조에 의한 청구의 변경으로는 인정될 수 있다는 전제에서 청구취지의 변경이 적법하다고 판단한 것이다. 즉, 대법원은 행정소송법 제22조 제1항이 민사소송법 제262조의 적용을 배척하는 것은 아니라는 입장이다.

(2) 제소기간의 준수 여부에 관한 판단 기준시점

위와 같이 청구취지의 변경은 민사소송법 제262조에 의할 경우 청구의 기초가 바뀌지 않아야 하고, 행정소송법 제22조에 의할 경우 청구의 기초가 바뀌어도 무방하므로 청구취지의 변경에 따라 원고가 주장하는 위법사유가 민사소송법 제262조에 의할 경우에는 달라질 가능성이 낮은 반면, 행정소송법 제22조에 의할 경우에는 달라질 가능성이 높다. 이러한 경우 제소기간의 준수 여부를 당초 소제기시를 기준으로 판단할 것이냐 아니면 청구취지 변경시를 기준으로 판단할 것이냐가 문제이다.

원칙적으로 청구취지의 변경을 전후하여 그 주장하는 위법사유가 공통된다면 실질적으로 소송대상의 기초에 변경이 없어 소송대상의 동일성이 유지된다고 할 수 있으므로 제소기간의 준수 여부는 당초 소제기시를 기준으로 판단하면 될 것이고 이와 달리 청구취지의 변경을 전후하여 그 주장하는 위법사유가 달라진다면 소송대상의 기초에 변경이 있어 그 동일성을 인정하기 어려울 것이므로 청구취지 변경시를 기준으로 제소기간의 준수 여부를 판단하여야 할 것이다. 여기서 위법사유가 공통된다는 말은 청구취지의 변경을 전후하여 납세자가 주장하는 위법사유가 동일해야 한다는 의미가 아니라 상당부분 공통된 위법사유가 있어 청구취지 변경 전에 주장한 위법사유가 인정될 경우 청구취지 변경 후의 소송목적물이 유지될 수 없는 관계에 있으면 족하다고 하겠다. 반면에 위법사유가 공통되는 면이 미미하고 대부분의 위법사유가 변경되었다면 청구의 기초가 달라져 소송목적물의 동일성이 유지된다고 보기 어려울 것이다. 대법원 2012. 11. 29. 선고 2010 두7796 판결도 같은 취지이다.

그리고 위에서 본 바와 같이 대법원 2013. 2. 14. 선고 2011두25005 판결은, 조세소송 제기 전에 이미 당초 처분에 대한 증액경정처분이 있었음에도 소제기시에 당초 처분의 취소를 구하는 것으로 청구취지를 기재하였다가 소송 도중 증액경정처분의 취소를 구하는 것으로 청구취지를 변경한 사안에서, 제소기간의 준수 여부도 형식적인 청구취지의 변경시가 아니라 증액경정처분에 대한 불복의 의사가 담긴 당초의 소제기시를 기준으로 판단하여야 한다고 판시하였다. 납세자의 소권 보호를 매우 두텁게 해준 판결로 평가될 수 있겠다.

이들 판결들의 입장에 따르면, 처분의 변경이 조세소송 도중에 있었느냐 아니면 그 전에 있었느냐는 중요하지 아니하고 처분의 변경을 전후하여 그 처분사유 및 위법사유가 그 기초에 있어서 동일하느냐가 중요하다고 하겠다. 그래서 처분의 변경이 있더라도 그 기초에 변화가 없어 소송목적물의 동일성이 유지된다고 평가될 수 있다면 소제기시에 청구취지상 소송목적물을 어떻게 표시하였든 관계 없이 청구취지 변경을 통하여 소송목적물의 표시가 제대로 되었다면 소제기시를 기준으로 제소기간의 준수 여부를 판단하면 된다.

(3) 가산세 부과처분 취소의 추가

조세쟁송 실무에서는 당초 소송 제기시에는 본세 부과처분의 취소만을 구하다가 소송 도중 가산세 부과처분의 취소를 추가하는 경우가 더러 있다. 이럴 때 가산세 부과처분의 취소에 관한 제소기간의 준수 여부를 어떻게 판단할 것인지가 문제된다. 가산세 부과처분은 본세의 부과처분과는 종속적인 관계에 있다고 하더라도 별개의 독립된 처분이고 그래서 본세의 부과처분과 가산세 부과처분은 처음부터 서로 독립된 처분으로서 양립하고 있다. 그럼에도 납세자가 소제기시에는 본세의 부과처분에 대하여만 취소를 구하였다면 그 소송목적물에 가산세가 포함될 수가 없고 청구취지 변경시에 비로소 가산세의 부과처분에 대하여도 취소를 구하였다면 그때 비로소 가산세 부과처분도 소송목적물에 편입되게 되었다고 보아야 한다. 그래서 이 경우는 청구의 교환적 변경이 아니라 청구의 단순한 추가에 불과하다고 하겠다. 그렇다면 가산세 부과처분 취소에 관한 제소기간의 준수 여부는 소제기시가 아니라 청구취지 변경시로 보는 것이 옳다. 대법원 2011. 1. 20. 선고 2009두 13474 판결, 대법원 2011. 5. 26. 선고 2009두15555 판결도 같은 취지에 입각해 있다.

5. 과세처분 무효확인의 소

가. 개요

과세처분에 대하여 그 효력을 다툴 때 통상은 과세처분 취소의 소를 제기하지만 여기에는 필요적 전치주의와 제소기간의 요건이 따르기 때문에 그중 하나의 요건이라도 갖추지 못한 경우에는 부득이 과세처분 무효확인의 소를 제기할 수밖에 없다. 과세처분 무효확인의 소에는 필요적 전치주의나 제소기간의 제약을 전혀 받지 않기 때문이다. 실제 조세쟁송에서는 납세자가 당초 과세처분 취소의 소를 제기하였다가 필요적 전치주의나 제소기간의 요건을 갖추지 못하였다는 피고의 본안전항변에 따라 그 부분에 자신이 없을 경우 청구취지를 교환하거나 예비적으로 추가하여 과세처분 무효확인을 구하는 경우가 많다. 그리고 과세처분이 무효임을 전제로 하여 민사소송으로써 그 세액에 대한 부당이득반환을 구하는 경우도 있고 대법원은 이러한 소송형태를 수용하고 있다. 그런데 과세처분의 취소에 필요한 위법성의 정도와 그 무효확인에 필요한 위법성의 정도에는 현저한 차이가 있다. 과세처분의 무효확인을 구하는 데 필요한 위법성의 정도가 훨씬 중하다고 할 것인데, 이는 필요적 전치주의나 제소기간의 제약을 전혀 받지 않는 데 대한 부담이라고 보면 되겠다. 이하 양자의 위법성의 차이에 관하여 자세히 살펴본다.

나. 과세처분의 무효 사유

(1) 종래의 중대 · 명백설

과세처분도 일반 행정처분과 마찬가지로 그 요건을 제대로 갖추지 못한 경우에는 위법한 과세처분으로서 납세자는 그 취소나 무효확인을 구할 수 있다. 여기서 무효사유가 되는 위법성의 정도가 취소사유에 그치는 위법성의 정도에 비하여 훨씬 중하다고 보는데 그 대표적인 입장이 이른바 중대 · 명백설이다. 즉, 과세처분의 하자가 중대하고 명백해야 한다는 것이다. 종래 판례의 입장이고 학설의 지지를 받아왔다. 판례를 빌어 좀 더 구체적으로 표현하면, 과세처분이 당연무효라고 하기 위해서는 그 처분에 위법사유가 있다는 것만으로 부족하고 그 하자가 중요한 법규에 위반한 것이고 그 위반이 객관적으로 명백한 것이어야 하며, 하자가 중대하고 명백한 것인가의 여부를 판별함에 있어서는 당해 과세처분의 근거가 되는 그 법규의 목적 · 의미 · 기능 등을 목적론적으로 고찰함과 동시에 구체적인 사안 자체의 특수성에 관하여도 합리적으로 고찰함을 요한다는 것이다.[93]

---

93) 대법원 2006. 3. 16. 선고 2006두330 전원합의체 판결, 대법원 2008. 3. 27. 선고 2006다1633 판결, 대

그 이유에 관하여는 법치주의하에서 하자가 중대한 행정행위는 원칙적으로 이를 무효로 하는 것이 개인의 권리보장이라는 목적에 부합한다고 할 것이나, 행정행위는 개인의 사법상의 행위와는 달리 개인을 상대방으로 하여 개개의 법률관계를 형성하는 데 그치는 것이 아니고 다수의 국민을 상대방으로 하여 당해 행정행위를 기초로 각종의 법률관계가 형성되어 나가는 특수성이 있으므로, 법적 안정성의 유지나 제3자의 신뢰보호를 위하여 행정행위를 장기간 불확정한 상태로 두는 것은 바람직하지 않다는 견지에서 하자가 중대할 뿐만 아니라 나아가 객관적으로 명백한 경우에 한하여 이를 무효로 하는 것이라고 한다.

이러한 중대명백설의 입법상의 근원으로는 행정행위의 무효에 관한 독일 행정절차법 제44조 제1항의 규정, 즉 '행정행위가 특별히 중대한 하자가 있고, 또한 그 하자가 관련한 제반사정으로 판단하여 명백한 경우에는 무효이다'라는 규정에서 비롯된 것이라 설명되고 있다. 이는 19세기 독일의 Otto Mayer가 주창한 이래 독일과 일본 및 우리나라에 일반적으로 받아들여지는 행정법학의 기본적인 원칙인 행정행위의 공정력을 인정하는 데서 오는 결과로 볼 수 있다.[94] 즉, 행정행위의 하자가 중대하고 명백하지 않으면 함부로 그 효력을 부인하여서는 아니된다는 입장이다. 하지만 이러한 중대명백설의 입장이 행정법 관계의 안정과 제3자의 신뢰보호를 위한 것이라고 하더라도 논리필연적인 귀결이라고 할 수는 없다. 그래서 행정행위의 하자가 중대·명백하지 않더라도 경우에 따라서는 그 행위의 효력을 부인할 여지를 남겨둘 수 있는 것이다. 미국의 경우는 행정행위의 공정력이라든가 행정행위의 무효에 관한 법리의 정립이 뚜렷하지 않음에도 납세자가 신고·납부한 세액이 정당한 세액을 초과하는 경우 일정한 제소기간 내에는 부당이득으로서의 반환을 청구할 수 있고, 과세처분에 불복하고자 하는 경우 처분세액을 납부하지 않은 채로 조세법원에 그 부과처분의 위법성을 다투거나 이를 완납한 후 민사법원에서 다툴 수 있도록 정하고 있다. 이와 같이 미국에서는 처분세액에 대한 부당이득반환청구를 그 처분이 무효인 경우로 국한하고 있지 않은 것으로 보이고, 더구나 중대하고 명백한 하자의 존재를 그 요건으로 들고 있지도 않는 것으로 보인다. 요컨대 행정행위의 공정력이나 그에서 파생된 중대명백설의 원칙이 불변의 진리일 수는 없으며, 해당 처분에 이해관계를 가진 제3자의 신뢰보호라는 공익과 행정처분 수인자인 납세의무자의 권익보호라는 사익의 이익교량에 의하여 그 적용수위를 조절하여야 할 것으로 보인다. 나중에 살펴보는 바와 같이 대법원 판결의 흐름에서도 이러한 경향이 나타나고 있다.

법원 2018. 7. 19. 선고 2017다242409 전원합의체 판결 등
94) 김석환, "조세부과처분의 무효 판단기준으로서 명백성 보충요건설", 홍익법학 제16권 제1호(2015. 2.), 홍익대학교

(2) 중대성의 판단기준

과세처분을 무효로 보기 위해서는 그 하자가 중대해야 한다는 점에 대하여는 별 이견이 없다. 이는 다음 항에서 보는 바와 같이 과세처분을 무효로 보기 위해서 그 하자가 반드시 명백해야 하는지에 대하여 입장의 대립이 있는 것과 대조적이다. 하자의 중대성에 관하여는 중대한 법규위반 또는 사실오인으로 인하여 그 처분이 위법한 경우를 의미한다고 보고 있는데, 다시 말하면 하자가 사소하지 않다는 것이다. 따라서 법규위반이나 사실오인의 정도가 중하고 그 결과 또한 중하다고 할 수 있어야 한다.

그러나 구체적으로 어떤 법규위반이 중대하고 어떤 법규위반은 중대하지 않은지를 구분하는 것이 쉽지 않다. 우선 과세처분의 실체적 요건에 관한 규정의 위반은 중대한 하자로 볼 수 있을 것이고, 절차적 요건에 관한 규정의 위반은 중대한 것과 사소한 것으로 나뉠 수 있을 것으로 보인다. 실제 조세쟁송에서 납세자들은 과세관청이 절차적 요건을 위반하였다고 주장하는 경우가 많은데 그것이 과세처분의 취소사유로 주장될 때는 비교적 폭넓게 받아들일 수 있겠으나 무효사유로 주장될 때는 상당히 제한적으로 받아들여지는 경향이 있다. 하지만 과세행정의 선진화가 요구되고 납세자들의 절차적 기본권 보장에 관한 인식이 고조되어 가는 요즘의 시대적 흐름에서는 과세처분의 절차적 요건도 실체적 요건 못지 않은 비중으로 중시되어야 하므로 절차적 요건에 관한 규정의 위반도 과세관청에 대하여 다소 가혹할지 몰라도 폭넓게 중대한 하자로 평가해주는 것이 바람직하다. 그리고 과세처분의 결과가 중대해야 하므로 과세처분의 금액 자체가 중하지 않을 경우에는 무효로 보는데 신중을 기할 필요가 있다. 예를 들어 과세처분 금액 자체가 수백만 원에 불과하다면 결과의 중대성을 갖추었다고 보기가 어려울 수 있고, 반면에 과세처분 금액이 억대를 넘어간다면 그 결과가 중대하다고 볼 여지가 많다고 하겠다. 그러나 이 기준도 상대적일 수밖에 없다. 납세자가 재력이 풍부한 대기업인 경우에는 수억 원의 부과처분도 그 결과가 중하지 않다고 볼 여지가 있는 반면, 납세자가 빈한한 개인인 경우에는 수백만 원의 부과처분도 그 결과가 중하다고 볼 여지가 있다. 그런데 실제 조세쟁송에서는 하자의 중대성은 별로 다툼이 없고, 다음 항에서는 보는 바와 같이 하자의 명백성이 치열하게 다투어지고 있는 실정이다. 그러나 하자의 중대성에 관하여도 제대로 문제를 제기하여 다툴 경우 그에 관한 판단에는 위에서 언급한 내용들을 종합하여 신중하게 판단하여야 할 것이다.

(3) 명백성의 판단기준

하자의 명백성에 관하여는 과세처분을 위한 법 적용이나 사실인정에 있어서 명백한 잘못이 있다는 것을 의미한다. 여기서는 명백하다는 것이 어떠한 법적 의미를 가지느냐가 문제된다. 이에 대하여는 외관상 객관적으로 하자의 존재가 명백한지 여부로 판단되어야 하는데, 그 하자의 존재가 당사자의 주관적 판단이나 법률전문가의 인식능력에 의해서가 아니라 통상적인 주의력과 이해력을 갖춘 일반인의 판단에 따를 때 의심이 없을 만큼 객관적으로 확실한가에 의하여 결정된다.

종래 과세처분과 같은 행정처분의 무효사유로서 하자의 중대성 외에 하자의 명백성을 요구한 것은 개인의 권리보호라는 사익과 행정목적의 달성·법적 안정성의 요청 등과 같은 공익 사이의 균형을 유지하기 위한 것으로 설명되고 있다. 즉, 개인의 권리보호에만 충실한다면 하자가 중대할 경우 그 하자의 명백성 여부에 관계 없이 무효사유로 보는 것이 옳을 것이나, 과세처분은 국고와 직결될뿐더러 조세평등의 원칙과 조세법률관계의 안정성을 유지해야 한다는 공익적 요청이 있으므로 하자의 중대성만으로는 부족하고 그 하자의 명백성이 추가되어야만 과세처분의 무효사유가 충족된다고 보는 것이다.

과세처분의 무효를 주장함에는 그 기간에 아무런 제한이 없고 필요적 전치주의의 요건조차 필요 없기 때문에 납세자로서는 극단적으로 수십 년이 지난 후에라도 과세처분의 무효를 주장할 수 있고, 이를 방만하게 허용하게 되면 과세처분이 유효함을 전제로 형성되어 온 조세법률관계의 안정성이 현저히 침해될 수 있고 특히 그와 같은 조세법률관계에 대한 제3자의 신뢰도 침해받을 수가 있으므로 그 무효의 주장을 제한하기 위한 방편으로 등장한 요건이 하자의 명백성이라고 할 수 있다. 예를 들어 과세처분이 유효함을 전제로 이루어진 체납처분절차에서 납세자의 재산을 공매로 취득한 제3자의 경우 사후에 과세처분이 무효라고 판정이 되면 공매절차의 무효로 이어져 그 취득한 재산을 납세자에게 반환해야 하므로 매우 불안정한 상태에 놓이게 되는데 이를 해소하기 위해서는 무효사유를 매우 엄격하게 보지 않을 수 없는 것이다. 그리고 규범적으로 보더라도 과세처분의 무효를 주장하는 자는 과세처분의 취소를 주장하기 위해서 갖추어야 할 필요적 전치주의나 제소기간을 준수하지 못한 실책이 있기 때문에 그에 따른 불이익을 주더라도 불합리하다고 하기 어렵다. 그래서 하자의 명백성을 판단할 때는 납세자의 입장에서 본 구체적 타당성과 당해 조세법률관계의 내용과 목적, 사회적 파장 등을 종합적으로 고려하는 것이 바람직하다고 하겠다. 대법원 2008. 9. 25. 선고 2008다31041 판결도 같은 입장이다.

과세처분의 하자가 명백한지 여부를 판단할 때에는 그 영역을 두 가지로 나눌 수 있는데, 하나는 법령의 해석·적용, 즉 법리의 영역이고, 다른 하나는 사실인정의 영역이다. 이 두 가지 영역에서 과세관청의 잘못이 있을 때 그 하자가 명백하다고 하기 위해서 대법원이 제시하는 일응의 기준은 다음과 같다.

먼저 법리의 영역에서는 대법원 2008. 9. 25. 선고 2008다31041 판결 등은 과세관청의 법리 적용이 잘못되었음이 다툼의 여지가 없을 정도로 객관적으로 명백하여야 한다는 것이다. 여기서 다툼의 여지가 없다는 것도 법률전문가의 인식능력에 의해서가 아니라 통상적인 주의력과 이해력을 갖춘 일반인의 판단에 따를 경우 그러하여야 한다고 보아야 한다. 대법원은 행정청이 어느 법률관계나 사실관계에 대하여 어느 법률의 규정을 적용하여 행정처분을 한 경우에 그 법률관계나 사실관계에 대하여는 그 법률의 규정을 적용할 수 없다는 법리가 명백히 밝혀져 그 해석에 다툼의 여지가 없음에도 불구하고 행정청이 위 규정을 적용하여 처분을 한 때에는 그 하자가 중대하고도 명백하다고 할 것이나, 그 법률관계나 사실관계에 대하여 그 법률의 규정을 적용할 수 없다는 법리가 명백히 밝혀지지 아니하여 그 해석에 다툼의 여지가 있는 때에는 행정관청이 이를 잘못 해석하여 행정처분을 하였더라도 이는 그 처분요건사실을 오인한 것에 불과하여 그 하자가 명백하다고 할 수 없다고 판시한 바 있다.[95]

그런데 사실관계의 영역은 그 판단에 필요한 요소들이 가려져 있거나 왜곡되어 있을 수 있고 그래서 추가적인 조사작업이 필요할 수 있으므로 설령 당초 과세관청이 잘못 판단하였다고 하더라도 그 하자가 명백하다고 평가하기가 조심스러운 면이 있다. 이와 달리 법리의 영역은 그 판단에 필요한 요소들이 가려져 있거나 왜곡되어 있는 경우를 상정하기 어려우므로 과세관청이 잘못 판단하였을 경우에는 그 하자가 명백하다고 평가하기가 좀 더 수월하다고 할 수 있다. 최근 대법원 2019. 4. 23. 선고 2018다287287 판결에서, 과세관청이 법령 규정의 문언상 과세처분 요건의 의미가 분명함에도 합리적인 근거 없이 그 의미를 잘못 해석한 결과 과세처분 요건이 충족되지 아니한 상태에서 해당 처분을 한 경우에는 법리가 명백히 밝혀지지 아니하여 그 해석에 다툼의 여지가 있다고 볼 수 없다고 하면서, 구 지방세특례제한법(2012. 10. 2. 개정 전) 제84조 제2항이 "국토의 계획 및 이용에 관한 법률 제2조 제13호에 따른 공공시설을 위한 토지로서 같은 법 제30조 및 제32조에 따라 도시관리계획의 결정 및 도시관리계획에 관한 지형도면의 고시가 된 토지의 경우 해당 부분에 대하여는 재산세의 100분의 50을 경감한다."라고만 규정하고 있음에도, 위 규정의 적용대상은 '과세기준일 당시 미집행된 토지'라는 요건이 추가로 충족되어야 한다고 본 과세처분은 그 하자가 명백하다고 판시한 것도 이러한 기조에 입각한 것이라고 할 수 있다.

대법원 2017. 11. 14. 선고 2014두47099 판결에서 제3자를 수익자로 하는 신탁계약에서 위탁자와 수익자 사이에 부가가치세 과세대상인 재화의 공급이 있었다고 볼 수 없다는

---

95) 대법원 1997. 5. 9. 선고 95다46722 판결, 대법원 2004. 10. 15. 선고 2002다68485 판결, 대법원 2008. 9. 25. 선고 2008다31041 판결 등

법리에 따라 그 부분을 과세한 처분은 그 하자가 명백하다고 판시한 것도 순수 법리의 영역에서 하자의 명백성을 인정한 전형적인 사례이다.

마찬가지로 법리의 영역에서 하자의 명백성을 인정한 다른 사례를 소개한다. 대법원 2008. 3. 27. 선고 2006다1633 판결이 그것이다. 원고의 어머니인 A는 1977. 7. 4. 집합건물인 2층 연립주택 중 전유부분 80㎡에 관하여 소유권보존등기를 경료하였고, 1986. 5. 22. 위 연립주택의 부속토지 중 1,547분지 701.2 지분에 관하여 대지권 등기가 경료되었다. A는 1990. 5. 14. 원고에게 위 연립주택과 분리하여 위 대지 지분 중 208.26 지분을 증여하고 이를 원인으로 위 대지 지분에 관하여 1990. 5. 18. 원고 명의의 소유권일부이전등기를 경료하여 주었고 그 등기는 대지 등기부상 존속하고 있었다. 피고는 위 증여에 대하여 합계 7,000만 원의 증여세를 부과하여 원고가 이를 납부하였다. 원고는 연립주택과 분리하여 그 대지 지분의 일부에 대해서만 증여를 원인으로 이전등기한 것은 집합건물의 소유 및 관리에 관한 법률(집합건물법) 제20조 제2항 및 부동산등기법 제135조의2 제1항에 위반하여 무효이고 따라서 증여세 부과처분 역시 무효이므로 위 증여세액은 법률상 원인 없는 부당이득에 해당한다고 주장하였다.

이에 대하여 대법원은 다음과 같이 판단하였다. 대지권 등기가 마쳐진 후에 그 지분만의 일부 이전등기가 이루어진 것으로서 등기부등본 자체만으로도 과세대상인 증여가 존재하지 않음이 명백한 점, 소유권일부이전등기도 부동산등기법에 의한 직권말소 대상에 해당할 뿐만 아니라 증여세 부과처분에 의한 납부 역시 실체법상 근거가 전혀 없는 점, 또한 증여세 부과처분의 과세대상인 증여 성립 여부와 관계있는 집합건물법상 전유부분과 대지사용권의 일체성에 대하여는 그 법리의 해석에 다툼의 여지가 있다고 보기 어려운 점을 이유로 증여세 부과처분에 존재하는 하자는 중대하고도 객관적으로도 명백하다고 판시하였다. 이 사안에서는 과세관청이 증여로 본 행위가 집합건물의 건물부분과 대지권은 분리하여 처분할 수 없는 강행법규에 위반하여 무효라는 것이 등기부만 보면 곧바로 드러난다. 구체적인 사실관계에 대한 조사가 더 이상 필요가 없는 사안이다. 물론 등기부를 확인하는 것도 사실관계의 조사라고 할 수도 있겠지만 그 정도는 매우 약하다. 따라서 이러한 경우는 과세처분의 하자가 명백하다고 볼 수 있다고 할 것이다.

다음으로 사실관계의 영역에서, 대법원 2002. 9. 4. 선고 2001두7268 판결 등은 일반적으로 과세대상이 되는 법률관계나 소득 또는 행위 등의 사실관계가 전혀 없는 사람에게 한 과세처분은 그 하자가 중대하고도 명백하다고 할 것이지만 과세대상이 되지 아니하는 어떤 법률관계나 사실관계에 대하여 이를 과세대상이 되는 것으로 오인할 만한 객관적인 사정이 있는 경우에 그것이 과세대상이 되는지의 여부가 그 사실관계를 정확히 조사하여야 비로소 밝혀질 수 있는 경우라면 그 하자가 중대한 경우라도 외관상 명백하다고 할 수 없어 그와 같이 과세 요건사실을 오인한 위법의 과세처분을 당연무효라고 볼 수 없다고 판시하였다.

위 판결의 취지에 따르면, 조세쟁송에서의 사실심리 결과 과세요건이 되는 사실관계 자체가 존재하지 않는다고 밝혀지거나 또는 실제로 밝혀진 사실관계가 법규상의 과세요건에 해당하지 않는다는 것이 밝혀졌다고 하더라도 이는 사실관계를 정확히 조사함으로써 비로소 밝혀진 것이기 때문에 과세처분의 하자가 명백하다고 볼 수 없다. 대법원 2022. 1. 27. 선고 2021두48144 판결도 같은 취지이다. 조세쟁송에서 납세자가 과세처분의 무효를 주장할 때 대부분의 경우는 이 관문에서 좌절하고 마는 것으로 보인다. 사실관계의 조사가 필요 없을 만큼 과세처분의 근거가 된 사실관계가 잘못되었음이 명백한 경우는 현실적으로 드물기 때문이다. 하지만 다음 항에서 보는 바와 같이 대법원은 이러한 명백성 판단의 기준을 예외 없이 적용하고 있는 것은 아니다.

(4) 명백성에 대한 대법원 판결의 흐름

가) 명백성 요건에 관한 관대한 입장

위와 같은 명백성의 판단 원칙을 고수한다면 과세처분의 하자가 명백하다고 인정받을 수 있는 경우는 거의 없을 것이다. 왜냐하면 상당한 전문성을 갖춘 세무공무원들이 세무조사까지 거쳐서 과세처분을 하는 경우가 대부분이므로 조세쟁송에서의 사실조사조차 필요 없이 그 하자가 명백히 드러나는 경우는 없을 것이기 때문이다. 그래서 실제 조세쟁송에서는 명백성의 요건을 항상 위와 같이 엄격하게 적용하고 있지는 않는 것으로 보인다. 당해 사안의 구체적 타당성과 목적론적 접근에 의하여 납세자를 구제해주어야 할 필요성이 부각될 경우에는 드물지만 하자의 명백성을 다소 관대하게 인정하는 경우도 보인다.

대표적인 예가 대법원 2012. 5. 9. 선고 2010두24326 판결이다. 이 판결에서는 원고가 1997년부터 2001년까지 슈퍼마켓을 운영하면서 대형주류유통업체와 소매업자 사이에서 무자료로 주류도매업을 영위한 것인지 아니면 단순한 주류매매중개업을 영위한 것인지가 다투어졌다. 과세관청은 주류도매업을 영위한 것으로 보아 주류매입액에 주류도매업종 매매총이익률을 곱하여 매출금액을 환산하는 방법으로 부가가치세 110억 원을 부과하고 그 매출액에 소득표준율을 곱하여 소득금액을 결정하여 종합소득세 25억 원을 부과하였다. 이에 대하여 원고는 주류매매를 중개하여 수수료 상당의 수입만 얻었다고 주장하면서 부과처분의 하자가 중대하고 명백하다고 주장하였다.

이에 대하여 원심은, 사실심리 결과 원고는 주류공급자 측의 영업사원 등과 구입가격에 대하여 사전합의가 되어 있는 상태에서 수요처로부터 주류의 주문을 받으면서 판매가액을 결정하고 그 대금이 원고가 개설한 차명계좌로 선입금이 되면 공급자 측 영업사원에게 연락하여 물건을 인계받아 수요처에 배달해 주고 공급자 측에 주류대금을 지급하는 형태로 영업을 하였고, 거래기간 동안 원고에게 입금된 주류대금이 700억 원의 거액이지만 운전기사 1명만 고용하여 창고도 없이 사업을 하였으며, 주류 매수제의부터 주류배분까지 모두 같은 날 이루어져 재고가 발생하지도 않았고, 원고는 차량 1대당 1,000만 원 정도의 주류배분을 해주고 얻는 이익은 10만 원 정도로서 전체 매출액의 1% 정도에 불과하였던 점 등을 종합하면, 원고는 주류도매상의 실질을 갖추고 면허 없이 무자료 거래를 한 것이라기보다는, 도매상이라고 할 만한 조직이나 물적 설비 없이 탈법적인 비정상 거래를 중개하고 그 구입금액과 판매금액의 차액을 중개수수료로 취득하는 특수한 형태의 중개상 영업을 한 것이라고 봄이 상당하다는 이유로, 피고의 부과처분은 그 하자가 중대할 뿐만 아니라, 부과처분 당시 통상의 주의력과 이해력을 가진 공무원의 판단에 의하더라도 원고의 사업형태가 주류중개업이라는 사정을 알았거나 알 수 있었다고 봄이 상당하므로 그 하자가 객관적으로도 명백하다고 할 것이어서 위 부과처분은 당연무효라고 판단하였다. 대법원은 원심의 판단을 그대로 수긍하였다.

위 판시에 나타난 사실관계에 의하면, 원고의 영업은 외관상 주류도매업에 가깝고, 다만 그 실질에 있어서는 주류중개업으로 볼 여지가 없지 않은 정도이다. 그 실질을 파악하기 위해서는 사실관계에 관한 상당한 조사와 그에 대한 평가가 따라야 가능하다. 그렇다면 앞서 본 명백성의 기준에 의하면 이는 과세처분의 하자가 명백하다고 보기 어렵다고 하겠다. 그럼에도 대법원이 위와 같이 무리한 원심법원의 판단을 수긍한 것은 구체적 타당성을 외면하기 어려웠기 때문으로 보인다. 원고가 실제로 얻은 이익에 비하여 부과된 세액은 100억 원을 훨씬 넘어 구제의 필요성이 크게 느껴졌던 것이다. 그래서 대법원은 판결의 모두에 명백성을 판별함에 있어서 목적론적 고찰과 동시에 구체적 사안 자체의 특수성에 관하여 합리적으로 고찰함을 요한다고 판시한 것으로 보인다. 이와 같이 명백성의 판단기준에 관하여 대법원은 원칙을 선언하면서도 실제 사안에 적용함에 있어서는 탄력적인 입장을 취하고 있다고 할 수 있다.

나) 명백성 보충요건설의 등장

위와 같이 대법원은 오랜 기간에 걸쳐 많은 판례들을 통해 당연무효의 요건으로서 일명 중대명백설의 입장을 취해 오면서도 명백성의 요건에 관하여 탄력적인 입장을 보여 왔는데, 대법원 2009. 2. 12. 선고 2008두11716 판결에서는 명백성의 요건을 당연무효의 필요적 요건에서 보충적 요건으로 격하시킴으로써 명백성 보충요건설을 등장시켰다. 즉,

중대한 하자가 있는 경우 비록 그 하자가 명백하지 않더라도 신고행위로 인한 불이익을 원고에게 그대로 감수시키는 것이 원고의 권익구제에 현저히 부당하고, 당연무효로 보더라도 과세행정의 원활한 운영에 지장이 있다고 단정하기 어려운 경우에는 이를 당연무효라고 볼만한 특별한 사정이 있는 경우로서 당연무효로 볼 수 있다는 것이다.

대법원 2009. 2. 12. 선고 2008두11716 판결의 사안은 다음과 같다. 원고는 1999. 11. 1.경 부동산을 매매대금 50억 원에 매수하기로 하는 매매계약을 체결하고, 1999. 12. 16. 과세표준액을 50억 원으로 하여 취득세를 자진신고(당시에는 신고행위를 부과처분으로 보았다)하였으나, 매매대금을 지급하지 아니한 상태에서 2000. 3. 10. 매매계약이 해제되었으며, 이로 인해 매도인은 양도소득세부과 취소신청서를 제출하여 양도소득세가 부과되지 아니하였다. 원고가 위 신고내용대로 취득세를 납부하지 아니하자, 피고는 2003. 4. 1. 원고에게 취득세를 납부할 것을 고지하였고, 원고는 2005. 9. 1. 취득세를 납부한 후 2006. 9. 27. 비로소 취득세 부과처분의 무효확인을 구하는 소를 제기하였다.

이에 대하여 대법원은 다음과 같이 판시하였다. 취득세 신고행위는 납세의무자와 과세관청 사이에 이루어지는 것으로서 취득세 신고행위의 존재를 신뢰하는 제3자의 보호가 특별히 문제되지 않아 그 신고행위를 당연무효로 보더라도 법적 안정성이 크게 저해되지 않는 반면, 과세요건 등에 관한 중대한 하자가 있고 그 법적 구제수단이 국세에 비하여 상대적으로 미비함에도 위법한 결과를 시정하지 않고 납세의무자에게 그 신고행위로 인한 불이익을 감수시키는 것이 과세행정의 안정과 그 원활한 운영의 요청을 참작하더라도 납세의무자의 권익구제 등의 측면에서 현저하게 부당하다고 볼 만한 특별한 사정이 있는 때에는 예외적으로 이와 같은 하자 있는 신고행위가 당연무효라고 함이 타당하다는 것이다.

위 판결은 종래 중대명백설을 취해 온 종래 대법원 판결의 흐름에서 벗어나 최초로 명백성 보충요건설을 취한 것으로 평가되고 있다. 물론 중대한 하자가 있는 경우, 그 하자가 명백한지 여부에 대해 따지지 않고 당연무효로 볼 만한 특별한 사정, 즉 신고로 인한 불이익을 감수시키는 것이 현저하게 부당한 경우 등이 있는지를 보자는 취지로서, 명시적으로 명백성 요건이 필요하지 않다고 밝히지 않은 점에서 정면으로 명백성 보충요건설을 취한 것으로 보기 어려운 측면은 있다. 하지만 결과에 있어서 양자를 달리 보기 어렵다. 위 판결이 명시적으로 명백성의 요건이 필요적 요건이 아니라 보충적 요건에 불과하다는 점을 판시하지 않은 것은 종래 명백성을 필요적 요건으로 본 대법원 판결들을 변경해야 하는 부담이 따랐기 때문으로 볼 수 있다.

이 판결은 무엇보다도 당시 경정청구제도가 없었던 지방세가 국세에 비하여 권익구제 수단 측면에서 상대적으로 미비한 사정을 특별한 사정으로 보아서 지방세의 경우에는 하자의 명백성이 결여된 경우에도 예외적으로 무효가 된다고 함으로써 국세의 구제수단과 지방세의 구제수단 사이의 불균형을 시정하고자 한 것으로 보인다.

이 판결에 대하여는 지지하는 입장에서는 법적 안정성을 희생해서라도 구체적 타당성을 추구할 가치가 있는 사건에서 당연무효를 인정하는 데 주저할 필요는 없다고 하면서 특히 조세는 국민의 입장에서 형벌처분과 같이 비자발성이 뚜렷하고, 과세요건의 내용이 복잡하고 수시로 변동하여 법률전문가조차 그 내용을 잘 모르는 현실에서, 하자가 중대한데도 당사자가 이를 제때 다투지 아니하였다고 하여 그로 인한 이익을 향유하겠다는 것은 이성적 존재로서 국가 또는 지방자치단체의 지위, 국민의 권리와 재산을 지키기 위한 국가 또는 지방자치단체의 존립목적에도 어긋나고, 국민의 권리구제를 중시하는 시대적 조류에도 어긋난다고 평가하고 있다.[96]

이 판결에 상당한 영향을 미친 판결로 일본의 1972년 최고재판소 판결[97]이 있다. A와 B는 부부이고, P는 B의 누이의 내연남이었는데, P가 수년 전부터 A에게서 사업자금을 빌려오다가 그 사업이 잘못될 경우에 대비하여 자기 소유의 토지와 그 지상의 건물을 A 명의로 변경해두면 채권자들로부터 압류를 받는 것을 피할 수 있다는 생각에서 무단으로 그 토지와 건물에 대하여 A 명의로 소유권이전등기를 경료한 후 이를 제3자에게 양도하였다. 과세관청은 토지와 건물의 양도로 인하여 A에게 양도소득이 발생하였다고 보고 A에게 각 양도소득세를 부과하였다. 여기서 A는 그 양도소득세 부과처분이 무효라고 주장하였다.

이에 대하여 일본 최고재판소는, 명백성 보충요건설의 법리로서, 과세처분에 대해서 당연무효를 주장하는 것은 제소기간의 제한을 받는 것이 아니고, 언제까지라도 다투는 것이 가능하므로 경정청구기간의 제한 등을 고려하면 이의 예외를 긍정함에 있어서 신중하지 않으면 안 되는 것은 당연하지만, 일반적으로 과세처분이 과세청과 납세의무자 사이에서만 존재하는 것이어서, 처분의 존재를 신뢰하는 제3자의 보호를 고려할 필요가 없는 것 등을 감안하면, 당해 처분에 있어서 내용상의 과오가 과세요건의 근간에 대한 것이어서 징세행정의 안정과 그 원활한 운영의 요청을 참작하더라도 불복신청기간의 도과에 의한 불가쟁적 효과의 발생을 이유로 납세의무자에게 위 처분에 의한 불이익을 감수시키는 것이 현저히 부당하다고 인정되는 것 같은 예외적인 사정이 있는 경우에는 그 과오에 의한 하자는 당해 처분을 당연무효로 하는 것으로 해석하는 것이 상당하다고 판시하였다. 나아가 과세처분의 기초자료가 된 것은, 토지와 건물에 관한 등기부의 기재이

---

96) 문형배, "취득세 납세의무자가 한 신고행위의 하자가 중대하지만 명백하지 않은 때 당연무효 여부", 판례연구 제21집, 부산판례연구회
97) 日本 最高裁判所 昭和 48年 10月 5日 第二小法廷 昭45(行ツ) 44号 판결, 福家俊朗, 課稅處分と當然無效, 行政判例百選(第5版)

지만, 그 등기절차는 P가 위조한 A의 인장, A 명의의 매매계약서, 등기신청서, 위임장 등에 의한 것이어서 결국 A는 P에 명의를 도용당한 것에 불과해서, 그 과세처분의 기초자료가 된 등기부 기재의 현출 등에 대해서 어떠한 원인을 부여하는 것도 아니라고 말할 수 있고, 결국 A는 완전 부지의 사이에 제3자가 임의로 한 등기조작에 의해서 별안간 양도소득에 의한 과세처분을 받은 것이 되므로 이에 관계된 A에 대하여 하자있는 과세처분의 불가쟁적 효과에 의한 불이익을 감수시키는 것은, A가 위와 같은 각 등기이전의 과정에 대해서 완전히 무관계하다고 말할 수 없고, 사후에 있어서 명시 또는 묵시적으로 용인하고 있었거나, 그에 기초해서 어떠한 특별한 이익을 향수하고 있었던 등의 특단의 사정이 없는 한 A에 대해서 현저히 가혹하다고 말하지 않을 수 없다고 하면서, A는 토지 및 건물의 어느 것도 소유한 것이 아니고 그 진실한 양도인은 P이며, 따라서 양도소득은 원래 P에 귀속하고 A에 대해서는 전혀 발생하지 않은 것이므로 A에 대한 양도소득세 과세처분은 양도소득이 전혀 없는데도 있는 것으로 된 점에 있어서 과세요건의 근간에 대해서의 중대한 과오를 범한 하자가 있다고 하지 않을 수 없다고 판시하였다.

다) 중대·명백설로의 회귀

그러나 위 판결이 선고된 지 얼마 되지 않아 다시 중대·명백설의 입장으로 회귀한 듯한 판결이 있다. 대법원 2009. 4. 23. 선고 2006다81257 판결은 원고의 취득세 자진 신고·납부행위는 법 해석상 논란이 있는 부분에 대하여 원고가 납세의무가 있는 것으로 오인하여 납부한 것에 불과하여 그 하자가 객관적으로 명백하다고 볼 수는 없으므로 당연무효라고 할 수 없다고 판시하였다. 위 사건의 원심이 원고의 취득세의 신고·납부는 이중과세에 해당하는 등의 이유로 하자가 중대하고 명백하므로 당연무효에 해당한다고 판단하였음에도 불구하고, 대법원은 종래의 전통적 중대·명백설의 입장에서 하자의 명백성을 부정하면서 원심을 파기하였다. 이 판결은 취득세 납세의무가 있는지 여부에 관하여 견해가 대립될 정도이면, 납세자는 그에 관한 처분의 취소소송을 통하여 다투었어야 하고, 나중에 어느 한 견해로 확정되었다고 하더라도 무효주장을 할 수 없다는 입장에 있다.

이와 같이 중대·명백설의 입장을 취한 판결은 계속 이어지고 있다. 대법원 2012. 2. 23. 선고 2011두22723 판결은, 과세대상이 되지 아니하는 어떤 법률관계나 사실관계에 대하여 이를 과세대상이 되는 것으로 오인할 만한 객관적인 사정이 있는 경우에, 그것이 과세대상이 되는지의 여부가 그 사실관계를 정확히 조사하여야 비로소 밝혀질 수 있는 경우라면, 그 하자가 중대하더라도 외관상 명백하다고 할 수 없어 그와 같이 과세요건사실을 오인한 위법의 과세처분을 당연무효라고 볼 수 없다고 하면서, A업체는 원고 명의로 사업자등록이 되어 있으므로 과세관청으로서는 원고를 A업체를 운영한 납세의무자로 오인할 만한 객관적인 사정이 있다고 할 것이고 사업자등록과 달리 원고가 실제 사업자가 아니라는 사정은 사실관계를 정확히 조사하여야 비로소 밝혀질 수 있는 것이어서 실제 사업자가 아닌 원고에 대하여 한 부과처분에 하자가 있다 하여도 그 하자가 객관적으로 명백하다고 할 수 없어 그 부과처분을 당연무효라고 볼 수는 없다고 판시하였다. 대법원 2012. 5. 9. 선고 2010두24326 판결, 대법원 2013. 1. 24. 선고 2012두21536 판결, 대법원 2014. 9. 4. 선고 2014두4795 판결 등도 같은 입장이다.

위와 같이 중대·명백설로 복귀한 대법원 판결들의 흐름이 이어지고 있는 가운데 다시 명백성 보충요건설을 취하는 판결은 아직까지 나타나고 있지 않으므로 대법원의 입장은 중대·명백설로 회귀되었다고 할 수 있다.

그런데 최근에는 과세관청의 입장에서 과세처분 당시에 과세할 수 없는 객관적인 사정을 잘 알 수 있었다는 이유로 그 과세처분의 하자가 명백하다고 판시함으로써 명백성의 요건을 다시 완화한 사례가 나타났다. 대법원 2016. 12. 29. 선고 2014두2980, 2997 판결이다. 여기서는 하자가 중대하고도 명백한지 여부를 판별할 때에는 그 법규의 목적, 의미, 기능 등을 목적론적으로 고찰함과 동시에 구체적 사안 자체의 특수성에 관하여도 합리적으로 고찰하여야 한다고 한다. 이 판결은 주택재건축조합이 조합원용으로 취득하는 부동산에 관하여는 조합원이 취득세와 재산세의 납세의무자이고 조합은 그 납세의무자가 아님에도 과세관청이 조합을 상대로 재산세를 부과처분한 것은 그 하자가 명백하다고 결론지었다. 이 사안의 쟁점은 사실인정에 관한 다툼이라기보다는 법리에 관한 다툼이어서 사실조사의 필요성이 적어 하자의 명백성을 인정할 수 있었던 것이 아닌가 생각된다.

향후 대법원 판결의 동향을 예측하기는 어렵다. 실체적 정당성을 중시하여 잘못된 과세에 대하여는 어떻게 해서든 납세자를 구제하여야 한다는 입장이 강해지면 명백성의 요건은 완화될 것이고, 절차적 요건과 조세법률관계의 안정을 중시하는 입장이 강해지면 명백성의 요건은 강화될 것이다. 어느 입장이 우위를 점할 것인지는 향후 대법관의 구성에 따라 달라질 것으로 보인다. 이러한 상황이라면 납세자의 입장에서는 명백성의 요건이 걸림돌이 될 경우 보다 적극적인 태도를 견지할 필요가 있다고 하겠다.

최근 대법원 2019. 5. 16. 선고 2018두34848 판결이, A가 병원의 실소유자인 B와의 약정에 따라 병원장으로서 대가를 받고 근로를 제공한 근로자인데도 자신의 이름으로 병원의 사업자등록을 마친 후 사업소득에 대한 종합소득세 명목으로 종합소득세를 신고·납부한 것을 두고 과세관청이 근로소득에 대한 종합소득세 명목으로 A에게 무신고가산세와 납부불성실가산세 부과처분을 한 사안에서, A는 자신이 얻은 근로소득을 사업소득에 포함하여 종합소득 과세표준을 신고한 것으로 볼 수 있으므로 무신고가산세 부과처분은 위법하고, 또한 이러한 하자는 과세처분의 근거가 되는 법규의 목적·의미·기능

등을 목적론적으로 고찰해 볼 때 중대하고 객관적으로도 명백하므로 무신고가산세 부과
처분은 당연무효이고, A의 기납부세액 납부의 법률효과는 A에게 귀속되고 실제 사업자
인 B가 A 명의로 직접 납부행위를 하였다고 하여 달리 볼 수 없으며 A의 기납부세액이
A의 체납세액을 초과하는 이상, A가 납부의무를 해태함으로써 얻은 금융이익이 있다고
볼 수 없는 점에 비추어 A에게 납부불성실가산세를 부과한 것도 그 하자가 중대하고 객
관적으로 명백하여 당연무효라고 판시한 것은 좋은 인상을 주고 있다. A가 신고·납부
하든 B가 신고·납부하든 과세관청으로서는 세수 측면에서 손해볼 것이 없으므로 가산
세 부과처분은 트집잡기식이고 납세자에게 너무 가혹하다는 점이 고려된 것으로 보인다.

라) 과세처분 당시 불분명하던 법리가 추후 분명해진 경우

과세처분의 하자가 명백한지 여부와 관련하여, 과세처분 당시는 법리가 불분명하여
하자 여부를 판단하기 어려웠으나 추후에 대법원 판결 등에 의하여 그 법리가 선언되어
과세처분에 하자가 있음이 분명하게 드러난 경우 그 과세처분의 하자가 명백한 것으로
보아 무효확인을 구할 수 있는지가 문제된다.

대법원 2018. 7. 19. 선고 2017다242409 전원합의체 판결이 이에 관한 것으로서 대법관
들 사이에 다수의견과 소수의견으로 나뉘어 치열한 공방이 있었다. 다수의견은 이러한
경우 과세처분의 하자가 명백한 것으로 볼 수 없다는 입장이고 소수의견은 그 하자가
명백하다는 입장이다.

다수의견은, 어느 법률관계나 사실관계에 대하여 어느 법령의 규정을 적용하여 과세
처분을 한 경우에 그 법률관계나 사실관계에 대하여는 그 법령의 규정을 적용할 수 없다
는 법리가 명백히 밝혀져서 해석에 다툼의 여지가 없음에도 과세관청이 그 법령의 규정
을 적용하여 과세처분을 하였다면 그 하자는 중대하고도 명백하다고 할 것이지만 그 법
률관계나 사실관계에 대하여 그 법령의 규정을 적용할 수 없다는 법리가 명백히 밝혀지
지 아니하여 해석에 다툼의 여지가 있는 때에는 과세관청이 이를 잘못 해석하여 과세처
분을 하였더라도 이는 과세요건사실을 오인한 것에 불과하여 그 하자가 명백하다고 할
수 없다고 판시하였다.

이에 반하여 소수의견은 과세관청이 어느 법률관계나 사실관계에 대하여 법령의 규정
을 적용할 수 있다는 해석론에 기초하여 과세처분을 하였으나, 그 해석론이 잘못되었다
는 법리가 뒤늦게나마 분명하게 밝혀져 과세처분에 정당성이 없다는 사정이 확인되었으
면, 국가는 충분한 구제수단을 부여하여 이를 바로잡을 필요가 있을 뿐 아니라 바로잡는
것이 마땅하고, 따라서 과세처분에 적용된 과세법리가 납세의무에 관한 법령을 잘못 해
석·적용한 데에서 비롯되었음이 대법원 판결로 확인된 경우까지 그 판결 선고 이전에

하자의 명백성 요건이 결여되었다는 점을 내세워 하자가 무효사유가 될 수 없다고 하여서는 안 된다고 하였다.

다수의견은 과세처분 당시의 상황을 기준으로 명백성 요건을 판단하여야 한다는 입장인 반면에, 소수의견은 사후의 사정까지 반영하여 명백성의 요건을 판단하여야 한다는 입장이다. 대법원 판결에 의하여 어떠한 법리가 선언된다는 것은 원래 존재하지 않던 법리가 새로이 창설되는 것이 아니라 원래부터 존재하는 법리가 공식적으로 확인되는 것에 불과하다. 그래서 비록 과세처분이 이루어진 후에 대법원이 어떠한 법리를 선언하였다고 하더라도 그 법리는 과세처분 당시부터 존재하고 있었고 그래서 그 과세처분에 적용되어야 하는 것이라고 할 수 있으므로 이러한 법리에 반하는 과세처분을 하였다면 그 하자가 명백하다고 보는 것이 합리적이라고 하겠다. 그래서 납세자로 하여금 무효확인을 구할 수 있다고 하는 것이 옳고 그것이 납세자의 절차적 권리보호를 확대하는 취지에도 부합한다. 그러나 대법원 2022. 3. 11. 선고 2019두56319 판결에서도 위 다수의견의 입장을 계속 유지하고 있다.

(5) 원천징수처분의 무효확인

원천징수하는 소득세나 법인세는 국세기본법 제21조 제3항 제1호, 제22조 제4항 제2호에 의하여 소득금액 또는 수입금액을 지급하는 때에 납세의무가 성립함과 동시에 확정된다. 즉, 납세의무의 확정을 위하여 납세자의 신고행위나 과세관청의 부과행위가 불필요한 것이다. 따라서 원천징수 소득세나 법인세에 대한 과세관청의 납세고지행위는 부과처분이 아니라 징수처분에 불과하다는 것은 다툼이 없는 법리이다.

이러한 원천징수처분의 특성에 비추어 볼 때, 원천징수처분에 실체법상의 하자가 있어 이에 불복하는 경우 일반 부과처분과 마찬가지로 적법한 전심절차를 거쳐 소정의 제소기간 내에 취소소송을 제기해야 하고, 무효확인소송은 그 하자가 중대하고도 명백한 경우에 한하여만 제기할 수 있다고 볼 것인지가 문제될 수 있다.

이에 관하여 최근 하급심 판결이 선고되어 소개한다. 서울행정법원 2023. 5. 30. 선고 2022구합71554 판결은 원천징수대상이 아닌 소득에 대한 원천징수처분은 당연무효이므로 무효확인소송을 통하여 구제받을 수 있다고 판시하였다. 이는 원천징수처분에 징수절차상의 하자가 아닌 실체법상의 하자가 있는 경우, 즉 원천징수대상 소득액이나 세액의 산정에 잘못이 있는 경우 당연무효이므로 전심절차를 거칠 필요도 없고 제소기간의 제한 없이 무효확인의 소를 통해 구제받을 수 있다는 취지이다.

그 논거는 다음과 같다. 원천징수대상이 아닌 소득에 관한 원천징수소득세의 경우 조세채무의 성립 및 확정이 이루어졌다고 볼 수 없다. 조세채무의 성립 및 확정이 이루어지지 않았다면 납세의무자에 대한 어떠한 과세처분이 존재한다고 볼 수 없고, 그에 따른 집행적격도 존재하지 않게 된다. 따라서 이러한 경우의 징수처분은 집행적격을 갖추지 못한 상태에서 이루어진 징수처분에 해당한다.

위 판결은 그동안 원천징수처분에 대하여도 일반 부과처분의 경우와 마찬가지로 그 하자의 중대·명백성을 기준으로 하여 그에 이르지 못한 경우는 취소소송으로, 중대·명백한 경우는 무효확인소송으로 다투어왔던 관행에 반기를 든 것으로 평가될 수 있다. 징수처분에는 선행단계의 신고행위나 부과처분 하자가 승계되지는 않지만, 그 하자가 당연무효인 경우에는 승계되어 징수처분도 무효라고 보는 것이 대법원 판례의 태도이다(대법원 2006. 9. 8. 선고 2005두14394 판결 등). 그런데 원천징수처분에 있어서는 원천징수대상소득이 아닌 경우나 원천징수세액 산정이 잘못된 경우는 확정력이 부여되는 선행행위 자체가 부존재하는 경우에 해당하므로 그 하자의 정도는 확정력이 부여되는 선행행위의 하자가 무효인 경우에 뒤질 바가 없다고 할 수 있다. 대법원 2002. 11. 8. 선고 2001두8780 판결 등이 원천징수의무자가 원천납세의무자로부터 원천징수대상이 아닌 소득에 대하여 세액을 징수납부하였거나 징수하여야 할 세액을 초과하여 징수납부하였다면, 국가는 원천징수의무자로부터 이를 납부받는 순간 아무런 법률상의 원인 없이 보유하는 부당이득이 된다고 판시한 것도 비슷한 맥락으로 이해될 수 있다.

그러나 위 대법원 판결 등은 과세관청의 징수처분이 개재되지 않고 그야말로 원천징수의무자가 과오납한 경우에 관한 것들이어서 징수처분이 개재된 경우에도 법률상 원인이 없다고 할 수 있을지 의문이고, 원천징수세액에 관한 납부고지가 있는 경우 그 성격이 징수처분이기는 하지만 그때서야 처음으로 과세관청이 납세자에게 원천징수세액에 관한 의사표시를 한 것이므로 실질적으로 부과처분의 단계와 비슷하다고 할 수 있다. 따라서 조세쟁송의 실무상 이러한 징수처분에 대하여도 그 하자, 즉 원천징수 대상 소득의 선정이나 세액산정에 있어서의 그 위법의 정도가 중대하고도 명백한 경우에 한하여 무효확인소송으로 다툴 수 있고, 그 위법 여부에 관하여 다툼이 있어 사실관계나 법리에 관하여 다툼의 여지가 있는 경우에는 징수처분 취소소송으로 다툴 수 있도록 하는 것이 소송절차법의 취지에 부합한다고 볼 여지도 있다. 이렇게 보지 않으면 원천징수 대상 소득인지 여부가 사실관계에 의하여 좌우되더라도 그러한 사실관계의 다툼을 전부 무효확인소송으로 다툴 수 있다는 결과가 되는데, 이는 일반 부과처분에 있어서 사실관계의 다툼은 원칙적으로 취소소송으로만 다툴 수 있게 하는 것과 비교해 볼 때 균형이 맞지 않다. 무효확인소송이 옳은지 취소소송이 옳은지는 실체법상의 문제가 아니라 절차법상의 문제여서 법리 못지않게 정책적 판단이 가미될 여지가 있어서 대법원의 최종적인 결단에 달려 있다고 하겠다. 대법원의 판단을 기다려 볼 일이다.

6. 조세소송 중 처분사유의 변경

가. 개요

조세소송에서 과세처분의 당부에 관하여 치열한 공방을 하다 보면 당초 과세처분시에 파악하였던 사실관계에 오류가 있음이 밝혀지거나 새로운 사실관계가 드러나는 경우가 더러 있다. 이럴 때 과세관청이 당초의 처분사유를 그대로 유지하면 그 처분사유의 잘못을 이유로 과세처분을 취소하는 판결이 선고되기 쉽기 때문에 과세관청으로서는 당초 과세처분을 유지하기 위하여 조세소송에서 밝혀진 사실관계에 맞추어 그 과세처분의 당초 처분사유를 변경하고자 한다. 여기서 처분사유의 변경을 제한 없이 용인하게 되면 조세소송에서 힘들게 당초 처분사유의 잘못을 밝혀낸 납세자로서는 그 노력이 허사로 돌아갈 수 있기 때문에 이를 일정부분 제한할 필요가 있다.

어느 정도의 범위에서 처분사유의 변경을 제한할 것인지에 관하여는 조세법리만으로 간명하게 답을 제시할 수는 없고, 조세소송을 담당하는 법원의 정책적 결단에 의존하는 바가 적지 않다고 하겠다. 이하에서는 그동안 법원이 처분사유의 변경범위에 관하여 제시해온 원칙과 구체적 사안에서의 적용례에 관하여 자세히 살펴보기로 한다.

나. 처분사유 변경의 기준

처분사유란 그 용어 자체에서 알 수 있듯이 어떤 처분을 있게 한 원인으로서 처분요건이 되는 사실관계와 법령의 근거를 포함하는 개념이다. 그리고 처분사유의 변경이란 그 처분을 있게 한 원인을 변경하는 것이다. 이와 같이 처분사유는 처분의 실체를 구성하는 가장 본질적인 요소이기 때문에 엄밀히 따지자면 처분사유가 변경되면 처분 자체가 변경된다고 볼 수도 있다. 이렇게 보면, 과세처분의 취소나 무효확인을 구하는 조세소송에서 당해 과세처분이 소송물이 되기 때문에 당초의 처분사유가 변경되면 당초 소송물이 사라지고 새로운 소송물이 등장하는 결과가 된다. 따라서 당초의 소송물에 관하여 진행되어 온 소송절차는 더 이상 진행할 실익이 없기 때문에 납세자는 소를 취하하여야 할 것이고 만약 취하를 하지 않으면 법원으로서는 소의 이익이 없어 소 각하 판결을 할 수밖에 없다. 그리고 새로운 소송물에 대하여는 납세자가 이를 다투고자 하면 요건을 갖추어 새로운 소를 제기하여야 한다. 그러나 이러한 원칙을 고수하는 것은 당사자의 입장이나 소송경제의 측면에서 보더라도 무리이다.

일반적인 행정소송에서는 당초의 처분사유와 '기본적 사실관계의 동일성'이 인정되는 한도 내에서는 처분사유의 변경이 인정된다고 한다.[98] 이러한 판례의 태도는 원고에 의한 소의 변경이 청구의 기초에 변경이 없는 한도 내에서 허용되는 것과의 형평을 유지한다는 견지에서 타당하다고 할 수 있다. 그런데 대법원은 조세소송에서의 처분사유의 추가·변경은 처분의 동일성을 해하지 않는 범위 내에서만 가능하다고 달리 표현하고 있다.[99] 즉, 대법원은 일반 행정처분의 경우에는 당초의 처분사유와 기본적 사실관계가 동일한 범위 내에서 처분사유의 추가·변경을 허용하고 있는 반면, 과세처분의 경우에는 기본적 사실관계의 동일성이라는 용어 대신에 주로 처분의 동일성, 과세의 기초사실의 동일성 또는 과세단위의 동일성이라는 말을 사용하고 있다. 예를 들어 대법원 2011. 1. 27. 선고 2009두1617 판결은 '과세관청이 당초 증여세 부과처분 당시 명의수탁자를 증여자로 인정하였다가 명의신탁자를 증여자로 인정하였다 하더라도 동일한 과세원인사실의 범위 내로서 과세의 기초사실이 달라지는 것은 아니라고 할 것이다'라고 판시하고 있다. 이 때문에 조세소송의 경우에는 당초의 처분사유와 기본적 사실관계가 동일하지 않은 경우에도 처분사유의 추가·변경이 가능하다고 보는 것인지에 관하여 다툼이 있다.

그런데 처분사유의 변경은 청구취지의 변경과 마주보는 관계에 있다. 청구취지의 변경이든 처분사유의 변경이든 그 범위를 정함에 있어서는 모두 상대방의 소송절차상 방어권을 보호하지 아니하면 아니된다는 점을 고려해야 한다. 통상적으로 소송에서 피고가 목표물을 정해두고 공격방어권을 행사하고 있는데 원고가 이를 마음대로 변경하도록 내버려 두면 피고로서는 제대로 공격방어권을 행사할 수 없는 곤란을 겪게 된다. 원고가 당초 제시한 목표물에 대하여 피고가 애써서 공격방어권을 행사하여 무너뜨릴 단계에 이르자 원고가 그 목표물을 완전히 다른 것으로 바꾸어 버리면 피고로서는 그동안의 노력이 허사로 돌아가게 되고 다시 새로운 목표물을 향해 공격방어방법을 다시 설계해야 하는 부담이 따른다. 이는 균형을 잃은 불합리한 것이기 때문에 민사소송법은 이러한 불합리를 막기 위하여 청구의 변경 범위를 청구의 기초가 바뀌지 않은 범위 내로 제한하고 있는 것이다.

조세소송에서도 납세자의 청구취지 변경을 과도하게 허용하게 되면 상대방인 과세관청의 방어권 보호가 소홀해질 수 있는 것과 마찬가지로 과세관청의 처분사유의 변경을 과도하게 허용하게 되면 납세자의 방어권 보호가 소홀해진다. 조세소송을 비롯한 행정소송에 있어서는 피고가 처분의 적법성에 대한 증명책임을 부담하므로 피고가 처분사유를

---

98) 대법원 1989. 6. 27. 선고 88누6160 판결, 대법원 1995. 10. 12. 선고 95누4704 판결
99) 대법원 2002. 10. 11. 선고 2001두1994 판결, 대법원 2011. 1. 27. 선고 2009두1617 판결

변경한다는 것은 민사소송에서 청구원인에 대한 증명책임을 부담하는 원고가 청구원인을 변경하는 것과 같은 차원이다. 따라서 조세소송에서의 처분사유 변경에도 민사소송에서의 청구의 변경과 마찬가지로 처분의 기초가 바뀌지 않아야 한다는 한계가 설정되어야 하는 것이다.

여기서 처분의 기초는 처분의 근거가 되는 기초적 사실관계와 그에 대한 법령의 적용을 합한 개념으로 이해할 수 있다.[100] 대법원 판례는 조세소송에서 이를 소송물의 동일성이라고 표현하는 것으로 보인다. 소송물의 동일성이라고 해서 기초적 사실관계의 동일성과 무관한 개념이 아니라 이를 요체로 하는 개념으로 이해하는 것이 옳다. 즉, 처분의 근거가 되는 기초적 사실관계가 바뀌면 소송물의 동일성도 바뀌게 된다고 보아야 하고 반대로 소송물의 동일성이 유지되려면 기초적 사실관계가 바뀌지 않아야 한다고 보아야 한다. 개별과세에 있어서는 이와 같이 기초적 사실관계의 범위와 소송물의 동일성의 범위를 비슷하게 보더라도 별문제가 없는데, 기간과세에 있어서는 양자의 범위가 달라질 가능성이 많다. 즉, 소송물의 범위가 기초적 사실관계의 범위보다 넓어질 수 있는 것이다. 기간과세에 있어서의 소송물은 당해 과세기간의 과세표준과 세액의 총액을 의미한다고 할 수 있는데 이를 구성하는 사실관계들은 매우 다양하여 그들 사이에 기초적 사실관계가 동일하다고 볼 수 없는 경우들이 많기 때문이다. 이러한 경우에도 모두 처분사유의 변경을 허용할 것인지가 문제되는데, 이에 관하여는 나중에 별도로 살펴보기로 한다.

다. 조세소송에서의 소송물

이와 같이 처분사유의 변경범위가 기본적으로 소송물의 동일성이 유지되는 범위로 본다면 조세소송에서 소송물이 무엇인지가 규명되어야 한다. 이 점에 관하여는 소위 총액주의와 쟁점주의의 대립이 있다.

총액주의는 과세처분에 의하여 확정된 세액이 조세실체법에 의하여 객관적으로 존재하는 세액을 초과하는지 여부가 심판의 대상 및 범위가 된다는 주장이다. 이 견해에 따르면 과세처분에 대해 일부 불복하는 경우에도 과세처분의 대상이 된 세액 전부에 대하여 실체적 세액을 기준으로 심판하게 되고, 과세관청은 처분 당시의 처분사유와 다른 사유를 내세우는 경우에도 과세처분을 유지할 수 있게 된다. 이는 행정처분 취소소송의 소송물을 위법성 일반으로 보는 견해 및 과세처분 취소소송의 본질을 채무부존재확인소송으로 파악하는 견해와 그 이론적 기초를 같이하고 있다.[101] 여기서의 정당한 세액은 과세

---

100) 임승순, 앞의 책
101) 임승순, 앞의 책

단위의 존재를 전제로 하므로 과세단위가 달라지면 정당한 세액이 우연히 동일하다고
하더라도 소송물의 동일성이 유지된다고 볼 수 없다. 하나의 과세단위에 대하여는 하나
의 처분이 있고, 그 하나의 처분이 하나의 소송물이 된다고 보기 때문에 과세단위는 소송
물의 전형적인 인식기준이 된다.[102] 처분사유의 변경이 과세단위의 범위를 넘어서게 되
면 처분의 동일성이 유지될 수 없고 따라서 소송물도 달라지게 된다. 그러나 처분사유가
변경되더라도 당초 과세단위의 범위를 넘어서지 않는다면 처분의 동일성이 유지된다고
보아 소송물도 유지된다고 볼 수 있다. 그리고 동일한 과세단위에 대한 정당한 세액의
존부가 소송물이 되므로 그 원인이 되는 사유, 즉 처분사유에 관한 주장들은 소송법상
공격방어방법에 불과하다고 본다.

　반면에, 쟁점주의는 심판의 대상 및 범위를 과세관청의 처분사유와 관계되는 세액의
적법 여부로 한정하는 견해로서 과세처분의 취소소송은 과세관청이 처분시 인정한 처분
사유의 당부, 즉 개개 수입이나 경비의 존부만을 심판의 대상으로 삼고, 그 인정이유나
근거가 다르면 별개의 처분으로 보아 소송물도 다르다고 보는 것이다. 이에 의하면 과세
처분에 대하여 불복청구가 있는 경우 불복이 있는 부분의 이유에 한정하여 심판의 대상
으로 삼게 되고, 처분사유의 추가·변경도 원칙적으로 허용되지 않는다고 본다. 즉, 납세
자가 위법하다고 주장하는 개개의 처분사유가 바로 소송물이 된다고 보는 입장이다.

　대법원은 총액주의의 입장에 있는 것으로 평가되고 있다. 대법원 1992. 5. 26. 선고 91
누9596 판결 등 많은 판결에서 부과처분취소소송 또는 경정거부처분취소소송의 소송물
은 과세관청이 결정하거나 과세표준신고서에 기재된 세액의 객관적 존부로서 청구취지
만으로 그 동일성이 특정되므로 개개의 위법사유는 자기의 청구가 정당하다고 주장하는
공격방어방법에 불과하다고 판시해 왔고, 아울러 대법원 2002. 10. 11. 선고 2001두1994
판결 등에서는 과세처분취소소송의 소송물은 정당한 세액의 객관적 존부이므로 과세관
청으로서는 소송 도중이라도 사실심 변론종결시까지는 당해 처분에서 인정한 과세표준
또는 세액의 정당성을 뒷받침할 수 있는 새로운 자료를 제출하거나 처분의 동일성이 유
지되는 범위 내에서 그 사유를 교환·변경할 수 있는 것이고, 반드시 처분 당시의 자료만
에 의하여 처분의 적법 여부를 판단하여야 하거나 당초의 처분사유만을 주장할 수 있는
것은 아니라고 판시하여 왔다. 그러나 청구취지 자체에는 처분사유가 전혀 나타나지 않
는 무색무취한 것이기 때문에 청구취지의 세액만 그대로 유지한다고 해서 처분의 동일
성이 유지된다고 볼 수는 없겠다. 그래서 다음 항에서 보는 바와 같이 과세단위의 동일성
을 고려하지 않을 수 없는 것이다.

---

102) 고종주, "조세소송의 소송물의 심판의 범위", 특별법연구 제5권

라. 과세단위의 동일성

위에서 본 총액주의의 입장에서는 처분사유 변경은 당해 처분의 동일성이 유지되는 범위 내로 한정된다고 한다. 그리고 그 처분의 동일성 여부는 과세단위를 기준으로 판단하여야 한다. 여기서 과세단위(tax unit)라 함은, 우선 인적요소로서 개인단위·부부단위·가족단위 등으로 나누어질 수 있으나, 보다 더 중요한 것은 물적 요소로서의 과세단위이며 시간·장소·원천 등에 따라 각 구분된 과세물건이 하나의 과세단위를 이룬다. 과세단위로서의 시간은 과세기간이 대표적인데 법인세·소득세·부가가치세 등의 기간과세가 그 예이고, 장소는 부가가치세에서의 사업장, 소득세·법인세에서의 거주자·비거주자, 국내·국외 등이 그 예이며, 원천은 소득의 종류가 대표적인데 종합소득·양도소득·퇴직소득·산림소득 등 구분소득별로 하나의 과세단위가 된다. 종합소득에 합산되는 6개의 유형, 즉 이자소득, 배당소득, 부동산임대소득, 사업소득, 근로소득, 기타소득은 그 소득의 원천이 각기 다르고 과세표준의 산정방법이 별도로 규정되어 있으나, 이들을 합산하여 종합소득으로서 하나의 과세표준을 이루고 있는 점에 비추어 하나의 과세단위에 포함되는 것이라 보고 있고, 증여세는 각 증여행위가 과세단위가 된다.

그러나 과세단위의 동일성 여부를 판단하는 것도 간단하지가 않다. 과세단위를 구성하는 요소들이 동일성을 유지하고 있는지를 판단함에 있어서는 기초적 사실관계의 동일성을 보지 않을 수 없기 때문이다. 과세단위를 구성하는 기초적 사실관계는 과세단위의 본질에 해당하므로 그것이 변경되면 결국 과세단위도 변경된다고 볼 수 있다. 이러한 입장은 앞서 본 바와 같이 공격방어방법을 행사하는 납세자의 소송상 권익을 보호하기 위한 측면이 강하다. 그래서 대법원은 여러 판결들에서 과세의 기초사실이 달라지는지 여부에 따라 처분의 동일성이 유지되는지를 판단하고 있다.[103]

여기서 기초적 사실관계의 동일성을 판단하는 중요한 척도가 될 수 있는 것은 사실관계의 양립가능성이라고 하겠다. 처분사유의 변경을 전후한 사실관계가 서로 별개로서 양립할 수 있는 관계에 있다면 과세단위가 변경되었다고 보는 것이 합리적이다. 논리적으로 당초 처분사유와 새로운 처분사유가 모두 양립가능하다는 것은 당초 처분사유에 따른 처분과 새로운 처분사유에 따른 처분이 서로 별개일 수 있다는 것이므로 이들이 본질적으로 하나의 처분이라는 전제가 충족될 수 없다. 별개의 처분사유로 병존할 수 있다는 것은 그들 처분사유는 본질적으로 서로 다른 것이라고 할 수 있다. 반대로 처분사유의 변경을 전후한 사실관계가 서로 별개로서 양립할 수 없는 관계에 있다면 그 각각의 처분사유에 따른 당초 처분과 새로운 처분은 그 본질이 같음에도 어느 하나가 잘못된 모습을

---

103) 대법원 2006. 4. 27. 선고 2005두17058 판결, 대법원 2012. 5. 24. 선고 2010두7277 판결

취하고 있거나 법적 평가를 달리하고 있음에 불과하다고 볼 수 있으므로 처분의 동일성이 유지된다고 할 수 있다. 동일한 처분이 2개가 존재할 수는 없기 때문이다. 반면에 기초적 사실관계의 동일성은 그대로 유지되고 있고 단지 그에 대한 법적 평가가 달라지는 경우에는 과세단위, 즉 처분의 동일성이 유지된다고 보는 것이 옳다. 나아가 그 법적 평가에 필요한 주변의 간접사실들이 변경되는 것도 처분의 동일성에 영향을 주지 않는 것으로 보아야 할 것이다.

요컨대 과세처분이 이루어진 과세단위를 벗어나지 않는 범위 내에서는 처분사유의 변경이 자유롭게 허용된다고 하겠지만, 처분사유가 달라짐으로써 과세단위도 달라지게 되면 처분의 동일성이 유지된다고 볼 수 없기 때문에 이러한 경우의 처분사유 변경은 허용되지 않는다고 하겠다.

마. 주요 유형별 분석

(1) 증여세에서 증여자의 변경

개별과세에 있어서 처분사유의 변경을 어디까지 허용할 것인지는 위에서 살펴본 처분의 동일성이 유지되는 범위 내라고 간명하게 말할 수 있다. 그리고 그 구체적 판단기준은 기초적 사실관계의 동일성이 유지되는 범위 내라고 할 것이고 이를 판단함에 있어서는 처분사유의 변경을 전후한 사실관계가 양립할 수 있는지 여부가 중요한 고려요소가 된다.

여기서 모델이 될 만한 사례로서 증여세 과세처분의 사유로 증여자를 변경하는 것이 가능한지를 들 수 있다. 상속세 및 증여세법 제2조는 증여세의 과세대상을 '타인에 대한 증여'로 규정하고 있다. 따라서 증여세의 과세단위는 타인에 대한 증여라고 할 수 있고 증여는 대가관계가 없는 부의 이전으로서 증여자와 수증자의 관계가 중요하므로 여기서의 타인이 누구인지는 과세단위를 결정하는 중요한 요소가 된다고 할 수 있고, 특히 증여자는 증여세 납세의무자인 수증자에 대하여 연대납세의무자의 지위에 설 수 있기 때문에 증여세에 관한 소송에서 증여자가 잘못 지정되었음이 드러나 과세관청이 이를 다른 제3자로 변경할 경우 소송물이 변경된다고 볼 수 있다. 그래서 대법원 2006. 4. 27. 선고 2005두17058 판결은 수인으로부터 재산을 증여받은 경우에는 증여자별로 과세단위가 성립하므로 각 증여자별로 세율을 적용하여 각각의 증여세액을 산출하는바, 증여자를 1인으로 보고 과세처분을 하였는데 실제 증여자가 2인 또는 그 이상인 것으로 밝혀진 경우와 같이 증여자의 수에 차이가 있으면 과세단위가 달라지므로 과세의 기초사실이 달라져 당초 처분의 동일성이 유지된다고 할 수 없다고 판시하였다.

그러나 당초 과세관청이 처분사유에서 증여자로 지목한 자와 새로이 드러난 증여자가 전혀 무관한 관계가 아니라 상당히 밀접한 관계에 있고 기본적인 사실관계가 동일한 경우에 대해서까지 소송물이 변경된다고 볼 필요는 없다고 하겠다. 대법원 1997. 2. 11. 선고 96누3272 판결은 A가 자기 명의의 예금을 인출하여 원고에게 증여하였음을 과세원인으로 하는 원고에 대한 증여세 부과처분이 있은 후 위 예금의 실권리자가 B이고 A는 그의 처로서 그 자금관리자에 불과하며 증여자도 그 실권리자인 B인 사실이 밝혀졌다고 하더라도 원고에 대한 증여세 부과처분의 동일성이 유지되어 당초의 과세처분이 적법하다고 보았다. 이 사안에서 과세관청은 당초 처분사유를 'A의 원고에 대한 증여'로 하였다가 소송 중 처분사유를 'A 또는 B의 원고에 대한 증여'로 변경한 것으로 보인다. 대법원 1993. 12. 21. 선고 93누14059 판결도 같은 취지에서 과세관청이 당초 증여세 부과처분 당시 명의수탁자를 증여자로 인정하였다가 처분사유를 변경하여 명의신탁자를 증여자로 인정하여 경정결정을 하였다 하더라도 동일한 과세원인사실의 범위 내로서 과세의 기초사실이 달라지는 것은 아니므로 명의수탁자를 증여자로 인정한 과세처분이 위법하게 되는 것은 아니라고 하면서, 피고가 원고들 앞으로 토지의 소유권이전등기가 경료된 것을 과세원인사실로 하여 증여세를 부과하면서 그 부과 당시에 피고가 착오로 명의수탁자를 증여자로 인정하였다가 원고들의 법정대리인으로서 당초 명의신탁을 한 자를 증여자로 인정하여 후에 경정결정을 하였다고 하여도 이는 동일한 과세원인사실의 범위 내로서 과세의 기초사실이 전혀 달라지는 것은 아니라 볼 것이므로, 피고가 당초 A를 증여자로 인정한 과세처분이 위법하게 된다고 볼 수 없다고 판시하였다.

위 판결들의 취지를 종합하면, 당초 처분사유에서 증여자로 지목된 자와 실제 증여자로 밝혀진 자가 서로 전혀 관계가 없는 자들이 아니라 명의신탁의 관계에 있었고, 증여행위에 관한 기초적 사실관계는 명의수탁자로부터 원고에게 재산의 이전이 있었다는 것으로서 여기에는 아무런 변경이 없으며, 단지 명의수탁자 명의로 된 재산의 실질적 소유자가 누구인지에 관한 법률적 평가만 달라지는 것이었기 때문에 처분의 동일성이 유지된다고 볼 수 있다고 하겠다. 따라서 조세소송 도중에 위와 같이 실질적인 증여자가 명의신탁자인 점이 밝혀져 그에 따라 과세관청이 처분사유를 변경하더라도 이는 허용범위 내의 변경이라고 하겠다.

이와 달리 원고에 대한 당초 증여세 처분사유는 원고가 어머니로부터 현금 1억 원을 생활자금으로 증여받았다는 것이었는데 조세소송 중 사실은 원고가 관련 하도급업체의 대표로부터 1억 원을 증여받은 것으로 드러났고 이에 따라 과세관청이 처분사유를 변경하였다면 당초 처분사유에서의 증여자와 변경된 처분사유에서의 증여자는 아무런 관련도 없을뿐더러 증여의 경위 등 그 기초적 사실관계도 동일하다고 볼 수 없기 때문에 그와 같은 처분사유의 변경은 허용되지 않는다고 해야 할 것이다. 원고의 어머니로부터 증여받은 돈 현금 1억 원과 하도급업체 대표로부터 증여받은 1억 원은 별개로 존재할 수 있으므로 당초의 처분사유와 새로운 처분사유는 양립가능하다고 볼 수 있기 때문이다. 그러나 여기서도 원고가 누구로부터든지 간에 증여받은 돈은 오직 현금 1억 원뿐임이 드러나 있고 단지 그 증여자가 어머니인지 하도급업체 대표인지만 다투어졌다면 현금 1억 원이 동일한 이상 당초의 처분사유에 관한 사실관계와 변경된 처분사유에 관한 사실관계는 양립할 수 없다고 볼 수 있기 때문에 처분사유의 변경이 허용된다고 볼 여지가 있다. 그 밖에 증여세에 있어서 증여시기와 장소 등의 변경은 앞서 본 바와 같이 양립가능성이 없는 경우라면 다소 폭넓게 인정해도 무방할 것으로 보인다.

(2) 취득자금의 증여를 명의신탁으로 변경

주식 등을 취득함에 있어서 취득자금을 타인으로부터 제공받았을 때 그것이 취득자금의 증여인지 명의신탁인지가 다투어지곤 한다. 상당히 까다로운 사실인정의 문제이다. 그런데 어느 쪽이든 증여세가 부과되는 데는 아무런 차이가 없고, 다만 증여세액에 차이가 있을 뿐이다. 그래서 과세관청은 소송도중 처분사유를 변경하고자 하는 경우가 생긴다. 이러한 처분사유의 변경이 처분의 동일성에 영향을 주는지가 문제된다.

일찍이 대법원 1986. 11. 25. 선고 85누677 판결은, 남편이 주택을 매수하여 그 명의로 소유권이전등기를 경료함에 있어서 매수자금 일부를 처 소유의 가옥 매각대금으로 충당한 경우, 처가 그 주택자금의 일부를 실질적으로 남편에게 증여한 것이 아니라면 처가 위 주택 중 그 자금에 해당하는 지분을 여전히 공유하고 있는 것으로 보아야 하므로 그 주택에 관하여 남편 단독명의로 소유권이전등기를 마쳤다면 그 지분을 남편에게 명의신탁한 것이라고 볼 여지가 있고 그것이 만약 명의신탁한 것이라면 등기를 한 날에 처가 남편에게 그 지분을 증여한 것으로 간주해야 한다고 하면서,[104] 남편이 처로부터 주택자금의 일부를 증여받은 것으로 보고 증여세 등을 과세한 데 대하여 원심이 처가 남편에게 주택자금의 일부를 제공한 사실을 인정하면서도 증여로 단정할 수 없다고 판단하는 데 그치고, 명의신탁이 인정되는지 여부 등을 심리판단하지 아니한 것은 잘못이라고 판시하였다.

이 판결은 과세관청이 부과처분의 근거나 처분사유에 대한 변경이 없어도 법원이 직권으로 정당한 처분근거를 적용하여 처분의 적법성을 용인할 수 있다고 인정하고 있다. 즉, 처분사유가 증여인지 증여의제인지가 문제되었는데 증여가 인정되지 않는다고 하더라도 증여의제로서 과세대상이 된다면 그 증여세 부과처분은 적법하다고 판단해야 한다

---

104) 당시에는 지금과 달리 부동산의 명의신탁도 증여로 의제하는 규정을 두었었다.

는 것이다. 그러나 이와 같이 법원이 직권으로 정당한 처분근거를 적용하여 처분을 유지시키는 것은 납세자의 방어권 행사에 지장을 주는 것이므로 그 범위를 확대하는 데는 신중할 필요가 있다. 어쨌든 위 판결은 처분사유를 취득자금의 증여에서 명의신탁에 의한 증여의제로 바꾸는 것은 당연히 허용된다는 입장을 전제로 하는 것이다.

그러나 주식 등의 취득자금 증여와 당해 주식 등의 명의신탁은 그 사실관계의 모습이 다르고 증여세 과세를 위한 적용법조도 다를뿐더러 적용요건도 다르다. 따라서 이러한 처분사유의 변경도 용인하게 되면 납세자의 입장에서 방어권을 행사하는 데 영향을 주게 된다. 하지만 이들 양자의 사실관계는 양립가능성이 전혀 없다는 측면에서 기초적 사실관계가 동일하다고 볼 여지가 많다. 그리고 주식 등의 소유명의를 취득하였다는 주된 사실은 그대로 두고 그 이면의 부수적인 사실관계에서 그 취득자금을 증여받은 것인지 아니면 명의신탁을 받은 것인지에 대한 사실인정을 달리하는 것뿐이다. 즉, 처분사유의 변경이 있더라도 주된 사실에는 변화가 없고 이면의 부수적인 사실만 변한 것으로 볼 수 있다. 그렇다면 납세자가 방어권을 행사하는 데도 큰 악영향을 주는 것은 아니라고 할 수 있다. 따라서 이러한 경우에도 처분사유의 변경이 허용된다고 볼 수 있다.

같은 취지에서 대법원 2012. 5. 24. 선고 2010두7277 판결은 과세관청이 A가 P사 주식을 취득함에 있어 취득자금을 증여받은 것으로 추정된다는 것을 처분사유로 하여 A에게 증여세 부과처분을 하였다가, A가 제기한 취소소송에서 P사의 실질적인 운영자 B가 A에게 명의신탁함으로써 A가 위 주식을 증여받은 것으로 의제된다는 점을 예비적 처분사유로 추가한 사안에서, 과세관청이 처분사유를 추가한 것은 처분의 동일성이 유지되는 범위 내에서 이루어진 처분사유의 추가·변경에 해당하여 허용된다고 판시하였다. 만약 이 사건에서 처분의 동일성을 엄격하게 적용하여 처분사유의 변경이 허용되지 않는다고 판단하였더라면, 피고는 그 판결에 따라 당초 증여세 부과처분을 취소한 후 부과제척기간 내라면 명의신탁 증여의제를 처분사유로 하여 새로이 부과처분을 할 수 있었을 것이다. 증여세는 부과제척기간이 특히 길어서 소송이 끝나더라고 부과제척기간이 남아있는 경우가 많을 것이므로 납세자로서도 별 실익이 없고 과세관청으로서도 번거로움만 더해질 것이므로 경제적 효율의 측면에서 보더라도 위 판결의 결론은 수긍할 수 있다고 하겠다.

(3) 양도소득세에서 양수인의 변경

대법원 1994. 5. 24. 선고 92누9265 판결은, 원고가 A사에 특정 부동산을 양도하였음을 과세원인으로 하는 양도소득세 과세처분을 하였으나 원고로부터 그 부동산을 양수한 사람은 A사가 아니라 B인 사실이 드러나 원심이 이에 관한 불성실신고를 전제로 하여 기준시가에 의한 양도소득세를 산출한 다음 이를 과세처분의 세액과 비교하여 그 과세처분의 적법 여부를 판단한 것은 정당하며 피고가 실제 과세처분한 사유가 아닌 다른 사유를 내세워 판단한 것이라 할 수 없다고 판시하였다. 위 사안에서는 피고가 처분사유를 변경하지 아니하였음에도 원심법원이 처분사유가 변경되었음을 전제로 과세처분의 적법 여부를 판단한 것으로 보인다. 위 판결의 취지에 따르면, 양도소득세 부과처분에 있어서 양수인의 변경은 처분사유의 변경의 허용범위 내에 들어간다고 할 수 있다. 양도소득세는 증여세와 달리 양수인의 인적 요소가 중요하지 않으며, 양도된 부동산이 동일하다면 양수인이 변경되더라도 변경 전의 사실관계와 양립될 수 있는 관계가 아니므로 새로밝혀진 양수인으로 처분사유를 변경하는 것은 허용된다고 할 것이다.

(4) 저가양도에서 시가의 변경

또한 대법원 2001. 6. 15. 선고 99두1731 판결은 특수관계자 사이의 저가양도가 문제된 사안에서 당초 과세관청은 원고들의 양도가액이 기준시가에 미달한다는 이유로 이를 부인하고 기준시가에 의하여 양도차익을 계산하여 양도소득세 부과처분을 하였다가 소송 도중 기준시가는 시가가 아니라는 이유로 시가감정신청을 하고 기준시가보다 원고들에게 불리한 감정결과에 의하여 세액이 결정되어야 한다는 내용으로 처분사유를 변경한 것은 처분의 동일성이 유지되는 범위 내의 것으로서 적법하다고 판시하였다. 여기서 처분사유의 변경을 전후하여 사실관계에는 아무런 변화가 없고 단지 그 사실관계의 평가기준이 되는 시가를 무엇으로 볼 것인지에 관하여 당초 처분사유에서 기준시가를 시가로 본 오류를 바로잡은 것에 불과하므로 동일성이 유지된다고 보는데 무리가 없다.

(5) 1세대 1주택의 요건 변경

한편, 대법원 2002. 10. 11. 선고 2001두1994 판결은 당초 처분사유로 양도 건물의 주택용도 이외 부분의 면적이 주택용도 부분의 면적보다 크다는 이유로 양도소득세가 비과세되는 '1세대 1주택'의 요건을 갖추지 못하였다고 주장하다가 소송도중 양도인이 위 건물의 양도당시 다른 주택 1채를 더 소유하고 있어 위 요건을 못 갖추었다고 주장하더라도 처분의 동일성이 유지되는 범위 내이므로 처분사유의 변경이 가능하다고 판시하였다. 이 사안에서도 처분사유의 변경을 전후하여 과세요건이 되는 건물의 양도가 있었다는 주된 사실에는 아무런 변화가 없고 그 양도가 1세대 1주택자의 양도에 해당하는지에 관한 법적 평가만 문제되는 상황에서 그 법적 평가를 위한 주변사실을 다른 것으로 변경한 것에 불과하므로 소송물의 동일성을 결정짓는 기초적 사실관계의 변화가 없고 따라서 처분의 동일성이 인정된다고 볼 수 있다.

바. 기간과세의 처분사유 변경과 한계

기간과세는 개별과세에 비하여 처분사유의 변경범위를 정하는 것이 좀 더 어렵다. 법인세나 부가가치세, 사업소득세 등과 같이 일정한 과세기간을 과세단위로 하여 그 기간 동안의 과세표준에 대한 부과처분을 하는 경우 처분사유가 될 수 있는 범위는 상당히 광범위하다. 그 과세표준에 합산되거나 차감될 수 있는 요소들이 워낙 다양하고 많기 때문이다. 그래서 이러한 세목들의 부과처분에 대한 조세소송에서는 처분사유의 변경이 다른 개별과세방식의 조세에 비하여 자주 있는 편이고, 그래서 그 변경의 허용범위에 대한 인식도 다소 다르다고 할 수 있다.

먼저 기간과세에 있어서 과세기간은 소송물을 구분짓는 결정적인 요소가 되기 때문에 과세기간을 변경하는 취지의 처분사유의 변경은 허용되지 않는다고 보아야 한다. 기간과세에 있어 수익이나 소득이 어느 사업연도 또는 과세연도에 귀속하는지의 점은 과세시기와 직결되고 이는 부과제척기간의 기산일과 조세포탈의 기수시기와도 관련되며, 세법규정의 변경시 적용될 법령이 달라지게 되고, 종합소득세와 같은 누진세율의 구조하에서는 적용세율 및 종합소득의 크기가 달라질 수 있고, 그래서 귀속시기를 오인한 처분은 그 자체로서 위법하다고 보는 것이 일반적이므로 과세기간을 달리 주장하는 처분사유의 변경은 처분의 동일성을 해하는 것이 되어 허용될 수 없다.

기간과세에 있어서 과세기간 외의 처분사유를 변경할 수 있는 범위에 관하여는 일반적인 기준인 기초적 사실관계의 동일성이나 사실관계의 양립가능성 등의 요소를 그대로 적용할 수 있을 것으로 보이는데 이렇게 하면 처분사유의 허용범위는 상당히 제한적이 될 수밖에 없다. 예를 들어 허위의 제조경비를 계상하였다는 점을 처분사유로 하여 2010 사업연도 법인세 부과처분을 하였는데, 조세소송에서 그 제조경비가 실제로 지출된 경비임이 드러났고 과세관청에서는 매출액을 누락한 사실을 새로이 포착하여 처분사유를 매출누락으로 변경한다고 했을 때 당초 처분사유와 새로운 처분사유는 기초적 사실관계가 동일하지 않을뿐더러 양립할 수도 있으므로 원칙적으로는 처분사유의 변경이 허용되지 않는다고 볼 수 있다.

그러나 앞서 본 총액주의의 입장에서 보면 기간과세에 있어서의 과세단위와 소송물은 해당 사업연도의 과세표준에 따른 세액이고, 이를 구성하는 개개의 항목들의 당부에 관한 주장은 공격방어방법에 불과하다고 할 수도 있다. 그래서 기간과세에 있어서 처분사유의 변경에 따라 과세표준과 세액을 구성하는 개별적인 사유가 변경된다고 하더라도 이는 공격방어방법의 변경에 불과하여 소송물의 변경에 이르지 않는다고 보아 그와 같은 처분사유의 변경은 폭넓게 허용되어야 한다는 입장이 있다.

최근의 대법원 2014. 5. 16. 선고 2013두21076 판결이 이와 비슷한 입장을 취하였다. 과세처분취소소송의 소송물은 과세관청이 결정한 세액의 객관적 존부이므로, 과세관청으로서는 소송 도중 사실심 변론종결시까지 당해 처분에서 인정한 과세표준 또는 세액의 정당성을 뒷받침할 수 있는 새로운 자료를 제출하거나 처분의 동일성이 유지되는 범위 내에서 그 사유를 교환·변경할 수 있는 것이고, 반드시 처분 당시의 자료만에 의하여 처분의 적법 여부를 판단하여야 하거나 처분 당시의 처분사유만을 주장할 수 있는 것은 아니라고 전제하고, 이월결손금은 익금이나 손금과 마찬가지로 당해 사업연도의 과세표준 및 세액에 영향을 미치는 것이어서 과세관청으로서는 이월결손금이 없음을 전제로 한 당초의 처분사유를 이월결손금이 없지 아니하나 당해 사업연도에 산입할 익금이 있음을 전제로 한 처분사유로 변경할 수 있다고 판시하였다.

이 판시의 문언만 보면, 이월결손금의 존부와 당해 사업연도의 다른 익금의 존부가 그 기초적 사실관계의 동일성이 없고 양립가능성이 있더라도 그들 사이의 처분사유의 변경이 허용된다는 취지로 읽힐 수 있다. 그러나 사실관계를 들여다보면 당초 처분사유와 변경된 처분사유는 서로 양립할 수 없는 관계에 있어서 기초적 사실관계가 서로 다른 것으로 보기 어려운 측면이 있다. 과세관청이 원고가 관계사인 A사에게 채권을 현저히 낮은 가액으로 양도함으로써 A사에 이전한 소득금액 24억 원 중 일부를 원고의 2003 사업연도의 익금에 산입함으로써 당초 원고가 신고한 당해 사업연도의 결손금 1억 5천만 원이 소멸됨에 따라 그 다음 사업연도인 2004 사업연도의 이월결손금이 그만큼 소멸된다고 보아 2004 사업연도에 대하여 같은 금액을 과세표준으로 법인세 부과처분을 하였는데, 설령 24억 원이 2003 사업연도의 익금에 산입되지 아니한다고 하더라도 원고가 채권거래와 관련하여 A사에 이전한 소득금액 24억 원은 2004 사업연도에 귀속되어야 하므로 그로 인한 2004 사업연도의 정당한 법인세액은 과세표준 1억 5천만 원의 증액을 전제로 한 피고 부과처분의 법인세액을 초과할 것임이 계산상 명백하므로 같은 취지의 피고의 예비적 주장은 처분의 동일성이 유지되는 범위 내의 처분사유 변경에 해당한다고 보아 결국 피고의 부과처분이 위법하다고 볼 수 없다고 판단한 것이다. 이와 같이 2004 사업연도의 과세표준에 있어서 1억 5천만 원이 공제항목인 이월결손금에서 제외되는 것과 당해 사업연도의 익금항목에 포함되는 것은 실은 동일한 1억 5천만 원의 귀속연도를 어떻게 볼 것인지에 대한 사실인정 및 법적 평가의 문제로서 서로 양립할 수 없을뿐더러 기초적 사실관계도 동일하다고 할 수 있으므로 그들 사이의 처분사유 변경을 허용한 것이다.

좀 더 처분사유 변경의 범위를 넓힌 사례로는 대법원 1992. 9. 22. 선고 91누13205 판결이 있다. 과세관청이 저가양도에 해당한다고 하여 부당행위계산부인 규정에 따라 그 양도차손을 손금부인하여 과세처분을 하였다가 그 처분의 취소소송에서 저가양도가 아니라 고가매입에 해당한다고 주장을 변경하여도 처분내용의 동일성을 해한다고 볼 수 없다고 판시한 것이다. 이 판결을 두고 일부 논자들은 기간과세에 있어서는 당해 과세기간 내의 것이기만 하면 기초적 사실관계의 동일성을 벗어나더라도 얼마든지 처분사유를 변경할 수 있다는 취지로 해석하고 있다. 그러나 사실관계를 들여다보면 그렇게까지 확대해석하는 데는 무리가 있다.

원고가 A법인의 실권주 500,000주를 1주당 액면가액인 1,000원씩 인수하였다가 B법인에 1주당 240원씩에 양도하고 양도차손을 손금으로 계상하자, 피고는 위 주식양도당시의 시가를 1주당 액면가액인 1,000원으로 보고 위 주식의 양도가 특수관계자에 대한 저가양도에 해당한다고 보아 손금불산입하였다. 원심법원이 위 주식의 양도당시의 시가가 1주당 액면가액이라고 볼 증거가 없다는 이유로 피고의 처분이 위법하다고 판시하자, 피고가 저가양도에 해당하지 않는다면 고가매입에 해당한다고 함으로써 처분사유를 변경하였다. 이에 대하여 대법원은 고가매입이거나 저가양도이거나 간에 그 초과액에 대한 법인세 자체의 귀속 사업연도가 달라진다고 볼 수 없고, 다만 이 경우에 만일 매입 및 양도의 각 상대방 중 어느 한편은 특수관계자에 해당하고 다른 한편은 특수관계자에 해당하지 않는다면 특수관계자가 아닌 상대방과의 거래에 관하여는 비지정기부금으로 처리하게 되어 그 손금부인액의 범위가 달라지게 되나 이는 원고가 부담하여야 할 정당한 세액의 범위의 차이에 불과하므로 피고의 위 주장변경은 거래상대방이 위 시행령 소정의 특수관계자에 해당하는지의 여부를 떠나 처분내용의 동일성을 해한다고 볼 수 없어 허용되어야 한다고 판시하였다.

위 판시에서 알 수 있듯이 당해 주식이 저가양도에 해당하느냐 고가매입에 해당하느냐는 완전히 별개의 무관한 처분사유가 아니라 당해 주식의 양도차손익을 결정하는 요소로서 서로 간에 밀접한 관련이 있다고 할 수 있다. 물론 고가매입과 저가양도는 그 시점과 거래의 상대방이 달라 기초적 사실관계가 다르다고 볼 여지가 많지만 당해 과세기간의 과세표준에 산입되는 것은 매입가액이나 양도가액의 어느 하나가 아니라 양자의 차액이므로 그 차액을 구성하는 양대 축이라는 점에 조금 넓게 보아 양도차손익을 구성하는 기초적 사실관계의 범주에 포함되는 것으로 볼 수 있다. 따라서 위 판결을 이유로 기간과세라고 하더라도 기초적 사실관계가 전혀 다른 내용을 처분사유를 변경하는 것은 허용된다고 보는 것은 적절하지 않다.

따라서 기간과세에 있어서도 처분사유의 변경은 기초적 사실관계의 동일성이 유지되는 범위 내로 제한하는 것이 처분사유의 변경을 제한하는 취지에 부합한다. 만약 당해 과세기간의 과세표준과 세액 자체가 소송물이 된다는 이유로 그에 영향을 미치는 모든 사유를 기초적 사실관계의 동일성을 불문하고 처분사유로 변경할 수 있다면 원고의 공격방어권이 보장되지 않을뿐더러 피고는 부과제척기간의 제약을 잠탈할 수도 있어 불합리하다. 동일한 과세단위에 대한 처분이라고 하더라도 소송 외에서 당초 처분사유와 전혀 다른 처분사유를 들어 부과처분을 할 경우 부과제척기간 내에서만 가능하다는 제약이 따르게 마련인데, 소송이 진행 중이라는 이유로 새로운 처분사유로의 변경을 무한정 허용하게 되면 부과제척기간이 도과된 경우에도 새로운 처분사유에 의한 처분이 가능한 불합리한 결과에 이르게 되기 때문이다.

그 밖에 기간과세인 종합소득세에 있어서 처분사유로서 과세요건을 변경한 것을 인정한 예로서 대법원 1997. 10. 24. 선고 97누2429 판결이 있다. 당초 종합소득세 부과처분시에는 처분사유를 1994. 12. 22. 개정 전 법인세법 제32조 제5항에 따라 대표자에 대한 소득처분이 있었다는 것으로 하였다가 헌법재판소에서 그 법인세법 규정에 대한 위헌결정을 하자, 과세관청이 법인의 수익이 사외로 유출되어 현실적으로 대표자에게 귀속되었다는 것으로 처분사유를 변경한 것은 처분의 동일성이 유지되는 범위 내라고 판시하였다. 당초 처분사유는 소득처분에 따라 당해 소득이 대표자에게 귀속된 것으로 의제된 것으로 하였다가 변경된 처분사유는 당해 소득이 실제로 대표자에게 귀속된 것으로 한 것이므로 귀속된 소득이 동일하며 단지 의제에서 실지귀속으로 바뀐 것에 불과하여 기초적 사실관계가 동일하다고 할 수 있다.

사. 세목변경이 가능한지 여부

당초 처분사유에서 정한 세목을 소송도중에 다른 세목으로 변경할 수 있는지가 가끔 문제된다. 사실관계에는 변화가 없는데 소송과정에서 그에 대한 세법상의 평가가 달라져 세목이 변경되어야 할 필요가 있는 경우에 과세관청이 세목변경을 위하여 처분사유를 변경하고자 하는 경우가 있다. 세법상 세목은 과세단위를 구분짓는 본질적 요소이므로 원칙적으로 세목이 달라지면 과세단위가 달라진다고 할 수 있다. 예를 들어 부동산의 양도가 계속·반복적이어서 그 차익을 사업소득으로 보아 종합소득세로 과세하였다가 소송도중에 계속·반복성이 없는 것이 드러났다고 하여 세목을 양도소득세로 바꾸는 내용으로 처분사유를 변경할 수 있는지가 문제될 수 있는데, 양도소득세와 종합소득세는 과세요건은 물론이고 과세체계도 다르고 세액도 달라지므로 과세단위가 달라진다고 보는 것이 옳다. 따라서 이러한 처분사유의 변경은 허용되지 않는다고 보아 과세관청으로 하여금 새로운 처분을 하게 하는 것이 합리적이다. 이에 대하여는 동일한 사실관계에 대하여 사업성이 있는지 여부에 관한 법적 평가만 달라지는 것이므로 처분사유의 변경을 허용해야 된다는 견해가 있다.[105] 그러나 세목은 과세단위를 구분짓는 표상인 만큼 그 표상이 달라질 때에는 새로운 과세처분을 하는 것이 옳고 그래야만 납세자의 공격방어권도 보장된다고 할 수 있다.

최근의 대법원 2014. 9. 4. 선고 2014두3068 판결도 세목은 부과처분에서는 물론 징수처분에서도 납세의무의 단위를 구분하는 본질적인 요소라고 봄이 상당하므로, 당초의 징수처분에서와 다른 세목으로 처분사유를 변경하는 것은 처분의 동일성이 유지되지 아니하여 허용될 수 없다고 판시하였다. 이 판결은 외국의 법인격 없는 단체가 법인성을 갖추어 법인세 납세의무자에 해당하는지 아니면 법인성을 갖추지 못하여 그 구성원들 개인이 소득세 납세의무자에 해당하는지 여부가 다투어진 사안에 관한 것이었다. 당초 과세관청은 그 단체를 외국법인으로 볼 수 없다고 하여 그 구성원들 개개인에게 소득세를 과세하였다가 소송에서 법원이 그 단체를 외국법인으로 볼 수 있다고 판결하자, 납세의무자를 그 단체로 하여 법인세를 과세하는 내용으로 처분사유를 변경하였으나 법원이 이를 불허한 것이다. 여기서는 세목만 변경된 것이 아니라 그에 따라 납세의무자까지 변경된 것이어서 도저히 과세단위의 동일성을 인정받을 수 없는 상황이었다.

그런데 같은 종합소득세의 세목 범위 내에서는 그 과세소득의 종류가 달라진다고 하더라도 과세의 기본단위가 되는 세목이 종합소득세라는 점에서는 변화가 없으므로 과세소득의 종류를 변경하는 내용으로 처분사유를 변경하는 것은 허용된다고 할 것이다. 종합소득세라는 세목은 다른 세목과 달리 그 범위가 넓어 그 안에는 여러 가지 유형의 소득을 내포하고 있지만 이런 모든 유형의 소득들은 모두 종합소득세라는 단일한 세목으로 과세되므로 처분사유의 변경에 의하여 그 구성부분인 소득의 유형이 바뀐다고 하더라도 세목에는 변화가 없어 그와 같은 처분사유의 변경은 가능하다고 보는 것이다. 그러나 여기서도 소득의 종류만 변경되어야 하는 것이지 소득의 발생원천인 기초적 사실관계까지 변경되어서는 아니된다. 즉, 소득의 발생원천이 되는 기초적 사실관계에는 변화가 없고 단지 그에 대한 세법상의 평가가 달라져 소득의 유형이 달라지는 정도에 그쳐야 한다. 같은 취지에서 대법원 2002. 3. 12. 선고 2000두2181 판결은 당초 처분시에는 원고의 자금대여가 사업성이 없다고 보아 그 소득을 이자소득으로 보았다가 소송도중 자금대여가 사업성이 있다고 보아 그 소득을 사업소득으로 변경한 것은 종합소득세 부과처분의 정당성을 뒷받침하기 위하여 합산과세되는 종합소득의 범위 안에서 그 소득의 원천만을 달리 주장한 것으로서 처분의 동일성이 유지되는 범위 내의 처분사유 변경에 해당하여 허용된다고 판시하였다.

---

105) 임승순, 앞의 책; 소순무, 앞의 책

아. 징수처분에서 처분사유의 변경

처분의 동일성을 기준으로 처분사유의 변경범위를 정하는 법리는 부과처분뿐만 아니라 징수처분에도 적용될 수 있다. 부과처분에 수반되는 징수처분에 대하여는 징수처분에 고유한 하자가 없는 한 그 취소를 구할 수 없다는 것이 확립된 판례이고, 징수처분에서의 고유한 하자는 주로 절차적인 문제에 관한 것이므로 이러한 징수처분에 관한 소송에서 처분사유가 변경되는 경우는 거의 찾아볼 수 없다. 그러나 원천징수세액에 대한 징수처분은 예외이다. 원천징수세는 그 납세의무의 확정을 위한 부과처분이 별도로 필요하지 않고 그 납세의무가 성립함과 동시에 확정된다고 보기 때문에 징수처분만이 존재한다. 그래서 이러한 원천징수세의 징수처분에 관하여는 실체적인 하자가 자주 다투어진다. 대표적인 예로서 원천징수의 대상이 되는 소득이나 수입금액의 수령자, 즉 귀속자를 누구로 볼 것이냐인데, 그 귀속자가 누구인지가 그 징수처분의 과세단위를 결정하는 중요한 요소가 될 수 있는지가 문제된다.

원천징수에 있어서는 지급하는 소득이나 수입의 단위별로 과세단위가 정해진다고 보는 것이 일반적이다. 특별히 일정한 기간이나 수령자별로 합산하여 원천징수세액을 납부하도록 하는 규정이 없기 때문이다. 단지, 소득세법 제127조 제1항에서는 소득을 지급하는 자는 소득세를 원천징수하여야 한다고 규정하고, 제128조는 원천징수의무자는 원천징수한 소득세를 그 징수일이 속하는 달의 다음 달 10일까지 납부하여야 한다라고만 정하고 있다. 일본 국세통칙법 제36조 제1항, 제2항, 국세통칙법 시행규칙 제16조 제1항 [별지 제2호 서식] 비고 1 등은 원천징수하는 국세에 대한 납세고지서에는 '납부할 세액', '납기한', '납부장소' 외에 '납기 등의 구분'이라는 표제 아래, '소득의 종류'와 '연월분'을 기재하도록 하고 있고, 소득세법 제220조 등은 원천징수하는 소득세를 납부할 때는 '소득의 종류'마다 그리고 '연월분'마다 계산서를 첨부하도록 규정하고 있어 납세의무의 단위가 우리와 다를 수 있다.

여기서 과세단위의 구성요소인 지급하는 소득이나 수입에 있어서 그 귀속자가 달라질 경우 과세단위가 달라진다고 할 수 있을 것인지에 대하여는 원천징수처분의 본질과 그에 관한 규정들의 취지를 고려하여 판단하여야 한다. 원천징수제도는 소득세의 징수편의를 위하여 소득을 지급하는 단계에서 그 지급자가 미리 소득세를 공제하여 지급하도록 한 후 그 공제한 소득세를 납부하도록 하는 제도이다. 이와 같이 징수요건이 소득을 지급한다는 것이고 그 징수세액의 납부의무자도 소득의 귀속자가 아니라 그 소득의 지급자이므로 소득의 귀속자가 누구인지는 원천징수제도에 있어서 별로 중요한 요소가 아니라고 할 수 있다. 중요한 것은 그 소득의 금액과 지급자 그리고 지급시기라고 할 수 있다. 앞서 본 증여세에 있어서는 증여자가 증여세 연대납세의무자가 될 수도 있고 증여 여부를 판단하는 데 결정적인 요소가 될 수 있으므로 이는 증여세 과세단위를 구분짓는 중요한 요소로 보았는데 원천징수에 있어서의 수령자는 이와 성격이 많이 다르다. 더구나 원천징수세에 대한 징수처분에 있어서는 그 소득의 귀속자와 과세관청 사이에 직접적인 법률관계가 발생하지 아니하므로 원천징수의 대상이 되는 소득의 수령자는 과세단위를 결정짓는 요소가 아니라고 보는 것이 타당하다. 따라서 과세관청이 원천징수세에 대한 징수처분에서 당초 처분사유로 삼았던 소득의 수령자를 다른 사람으로 바꾸는 내용으로 처분사유를 변경하더라도 소송물의 동일성이 유지된다고 보아 이는 허용된다고 할 것이다.

같은 취지에서 대법원 2013. 7. 11. 선고 2011두7311 판결은, 원천징수하는 법인세는 납세의무가 성립함과 동시에 자동적으로 확정되는 조세로서 원천징수의무자에 대한 징수처분은 소득금액 또는 수입금액의 지급사실에 의하여 이미 확정된 납세의무에 대한 이행을 청구하는 것에 불과하여 소득금액 또는 수입금액의 수령자가 부담하는 원천납세의무의 존부나 범위에는 아무런 영향을 미치지 아니하고, 국세징수법 제9조 제1항은 국세의 징수를 위한 납세고지서에 '세액의 산출근거'를 명시하도록 규정하고 있으나, 여기에서 말하는 '산출근거'에 소득금액 또는 수입금액의 수령자가 포함된다고 보기도 어려우므로, 원천징수하는 법인세에서 소득금액 또는 수입금액의 수령자가 누구인지는 원칙적으로 납세의무의 단위를 구분하는 본질적인 요소가 아니라고 하면서, 원천징수하는 법인세에 대한 징수처분 취소소송에서 과세관청이 소득금액 또는 수입금액의 수령자를 변경하여 주장하더라도 그로 인하여 소득금액 또는 수입금액 지급의 기초 사실이 달라지는 것이 아니라면 처분의 동일성이 유지되는 범위 내의 처분사유 변경으로서 허용된다고 판시하였다.

7. 증명책임의 분배와 경감

가. 주장책임과 증명책임

조세소송을 비롯한 행정소송에서도 민사소송과 마찬가지로 주장책임과 증명책임의 소재가 중요한 쟁점이 되고 있다. 먼저 주장책임에 관하여 보면, 변론주의하에서 자신에게 유리한 사실관계와 법리에 관하여 주장하지 않음으로써 재판의 대상이 되지 못함으로 인하여 입게 되는 불이익을 주장책임이라고 정의할 수 있다. 행정소송법 제26조에서 법원은 당사자가 주장하지 아니한 사실에 대하여도 판단할 수 있다는 직권주의를 규정하고 있지만 조세소송에서도 기본적으로는 변론주의가 적용되므로 민사소송의 경우와 마찬가지로 납세자와 과세관청은 각자 자신들에게 유리한 내용에 관하여는 주장책임이 있다고 보는 것이 지배적인 견해이다. 당사자들이 주장하지도 아니한 내용을 법원이 직권으로 판단하는 데는 한계가 있기 때문이다. 특히 사실인정에 관하여는 당사자의 주장이 없는 한 법원이 직권으로 나서서 그에 관한 판단을 하기가 어렵다. 다만, 법리에 관하여는 당사자들이 주장책임을 다하지 않더라도 법원이 직권으로 판단하는 경우가 많으므로 주장책임의 무게가 덜하다. 대법원 2000. 3. 23. 선고 98두2768 판결도 같은 취지이다.

정작 조세소송 실무에서 문제가 되는 것은 주장책임이 아니라 증명책임이다. 소송에서의 증명책임이란 당사자가 주장하는 내용의 존부에 관하여 증명이 충분하지 아니할 경우 어느 일방의 당사자가 그로 인한 불이익을 부담하는 것을 말한다. 조세소송상 증명책임의 소재를 민사소송상 증명책임의 소재와 동일하게 볼 것인지 다르게 볼 것인지에 관하여 견해의 대립이 있어 왔다. 당사자주의에 입각한 민사소송과는 달리 조세소송은 직권조사주의가 가미되어 있을 뿐만 아니라 과세관청이 우월적 지위에서 하는 과세처분의 당부를 다투는 구조로 되어 있어 증명책임의 소재를 민사소송과 같이 보는 데는 무리가 따른다는 견해가 지배적이다. 민사소송은 기본적으로 소송을 제기하는 원고가 계약이나 법규에 근거한 자신의 권리를 주장하며 그에 대응하는 상대방의 의무이행을 구하는 구조를 띠기 때문에 그 주장책임에 입증책임이 수반되는 것으로 보는 것이 합리적이고 그래서 주장책임과 증명책임의 소재가 대체로 일치하는 것으로 보는 것이 일반적이다. 그러나 조세소송은 기본적으로 과세관청이 우월적 지위에서 법규에 근거하여 이미 행한 과세처분에 관하여 상대방인 납세자가 소송을 제기하여 그 과세처분의 위법성을 주장하는 구조로 되어 있어 민사소송과는 상당히 다른 모습이다. 그래서 증명책임의 소재도 민사소송의 경우와 달리 보아야 한다는 견해가 지배적이고, 우리나라 판례의 입장도 마찬가지이다. 그러나 미국은 원칙적으로 조세소송에서의 증명책임을 민사소송의 것과 같이 보는 입장에 있다. 조세소송에서 증명책임의 소재를 어떻게 볼 것인가는 결국 소송에서의 문제이므로 법원의 입장이 어떠한지가 가장 중요하다. 그래서 이하에서는 대법원 판례를 중심으로 증명책임의 소재에 관하여 살펴보기로 한다.

나. 증명책임 분배의 기준

과세처분 취소소송이나 경정청구거부처분 취소소송과 같은 조세소송에서 증명책임이 납세자와 과세관청 중 누구에게 있다고 볼 것인지에 관하여 다양한 학설들이 제기되고 있다. 먼저, 원칙적으로 납세자가 증명책임을 부담해야 한다는 입장은 행정처분에 공정력이 부여되므로 그 적법성이 추정된다든가 대부분의 조세는 납세자가 신고·납부의무를 부담하고 과세자료에 대한 접근성이 납세자가 과세관청보다 우월하다는 점을 이유로 들고 있다. 미국이 대체로 이와 같은 입장에 있는 것으로 보인다. 다음으로 과세관청이 증명책임을 부담하여야 한다는 입장은 과세처분은 납세자의 재산권을 일방적으로 침해하는 행정처분이므로 그 적법성을 확보해야 할 책임이 과세관청에 있다는 점을 주된 논거로 삼고 있다.

그러나 현재의 주된 입장은 증명책임이 납세자나 과세관청의 어느 일방에만 전속한다고 보는 것이 아니라 일정한 기준에 따라 납세자와 과세관청에 분배된다고 보고 있고 다음 항에서 살펴보는 바와 같이 대법원도 이와 같은 입장을 취하고 있다. 증명책임의 분배기준에 관하여는 민사소송의 경우와 마찬가지로 법률요건 분류설이 대세를 이루고 있고 대법원 판례도 같은 입장이다. 법률요건 분류설의 요체는 과세처분의 근거가 되는 조세채권을 적극적으로 성립시키는 요건에 관한 사실에 관하여는 과세관청이 증명책임을 부담하고, 조세채권의 성립을 저지하거나 그 장애가 되는 사실에 관한 증명책임은 납세자가 부담한다는 것이다. 이러한 입장은 기본적으로 어떠한 사실의 존재를 증명하는 것이 어떠한 사실의 부존재를 증명하는 것보다 효율적이고 합리적이라는 인식이 바탕에 깔려 있다고 하겠다.

한편, 과세처분 무효확인 소송에서의 증명책임에 관하여는 법률요건 분류설을 적용하지 아니하고 일반 행정소송의 경우와 마찬가지로 그 무효사유를 주장하는 납세자에게 있다고 보는 것이 대법원의 확립된 태도이다.[106] 무효사유는 취소사유보다 위법성의 정도가 더 중하므로 법률요건 분류설에 따라 과세관청이 그 처분의 적법성에 대한 증명책임을 부담해야 한다고 볼 수도 있다.[107] 그러나 대법원의 입장은 무효확인소송의 경우 납세자가 제소기간이나 필요적 전치주의와 같은 엄격한 소송요건을 준수하지 않아도 되므로 그에 대한 반대의 제재로서 증명책임을 납세자에게 부담시키는 정책적 결단에 의한 것으로 이해할 수 있다.

다. 적극적 과세요건에 관한 증명책임

법률요건 분류설에 의하면 통상 민사소송에서는 관련 규정의 본문과 단서의 관계에서, 본문규정은 권리의 근거규정으로, 단서는 권리의 저지나 제한규정으로 각 작용하므로, 소송에서 본문 규정에 근거하여 상대방에게 그 권리에 대응하는 의무의 이행을 구하는 원고가 그 근거규정에 관한 사실의 존재에 대하여 증명책임을 부담하고, 단서의 규정에

---

106) 대법원 2010. 5. 13. 선고 2009두3460 판결, 대법원 2001. 6. 1. 선고 99다1260 판결
107) 이준명, '조세소송에 있어서의 입증책임', 재판자료 제115집, 법원도서관

근거하여 원고의 권리를 저지시키거나 그 권리에 장애가 되는 사실이 있음을 주장하는 피고가 그에 대한 증명책임을 부담하는 구조를 띤다. 그래서 보통의 이행청구에 있어서 청구원인사실에 대한 증명책임은 원고가 부담하고 그에 대한 항변사실에 대한 증명책임은 피고가 부담하며, 더 나아가 재항변 사실에 대하여는 다시 원고가 증명책임을 부담한다. 청구원인사실에 대하여 피고가 부인하는 취지의 주장을 하더라도 증명책임이 피고에게 돌아오지 아니한다.

그런데 조세소송에서는 법률요건 분류설을 적용할 경우 과세처분의 위법을 주장하는 원고에게 그 위법성에 관한 증명책임이 있다고 보는 것이 아니라 과세관청이 과세처분의 적법성에 대한 증명책임이 있다고 본다. 이는 얼핏 보면 민사소송과는 반대되는 결과처럼 보인다. 그 원인은 조세법규의 구조가 일반 민사법규의 구조와 다르다는 데 있다. 예를 들어 소비대차에 관한 민법 제603조 제1항은 차주는 약정시기에 차용물과 같은 종류, 품질 및 수량의 물건을 반환하여야 한다고 규정하고 있고, 차주가 그 반환의무를 이행하지 않을 경우 대주는 자력으로 차주에게 그 이행을 강제할 수 없으므로 소송을 통하여 차주에게 차용물의 반환을 구하게 된다. 따라서 차용물 청구소송에서 원고인 대주가 차용물의 반환 권원에 관한 사실의 증명책임을 부담한다. 그러나 조세법규는 이와 다른 구조이다. 예를 들어 법인세법 제60조와 제64조는 법인세 납세의무자에 대한 법인세의 신고 · 납부의무를 규정하고 있다. 납세의무가가 그 의무를 이행하지 않을 경우 과세관청은 굳이 소송을 통하여 납세자에게 그 이행을 청구할 필요 없이 법인세법 제66조 제1항에 의하여 직접 과세표준과 세액을 결정함으로써 부과처분을 할 수 있고, 국세징수법상의 절차에 따라 징수처분도 할 수 있다.

이에 대하여 납세자는 소송을 통하여 그 부과처분과 징수처분이 위법함을 주장할 수 있는 것이다. 이는 민사소송에 있어서의 청구권원의 부인에 해당한다. 이와 같이 민사소송에서는 기본적으로 원고가 청구권원을 주장하는 지위에 있고 피고가 이를 부인하는 지위에 있으므로 원고가 그 청구권원에 관한 증명책임을 부담하지만, 조세소송에서는 피고는 법규에 따라 과세요건사실에 관하여 직접 과세처분을 한 자이고 원고는 그 과세처분의 권원을 부인하는 지위에 있다고 할 것이므로 피고가 과세처분의 권원에 관한 증명책임을 부담하게 되는 것이다. 그래서 그동안 대법원은 과세요건사실에 관하여는 과세관청에게 기본적인 증명책임이 있다고 선언하여 왔다.[108]

여기서 과세관청이 증명책임을 부담하는 부분은 과세요건사실뿐만 아니라 그에 기초하여 과세표준과 세액을 도출하는 과정과 거기에 필요한 요소들이 모두 포함된다고 보아야 한다. 예를 들어 부당행위계산부인에 있어서 시가는 과세요건사실에 관한 판단기준

---

108) 대법원 2015. 9. 10. 선고 2015두41937 판결, 대법원 2015. 6. 23. 선고 2012두7776 판결

이 될 뿐만 아니라 과세표준을 산정하는 기준도 되기 때문에 시가에 관한 증명책임도 당연히 과세관청이 부담한다.[109]

라. 비과세 · 감면 · 공제요건에 관한 증명책임

적극적 과세요건에 대하여 이를 저지하거나 장애가 되는 요건사실에 관한 증명책임의 소재를 어떻게 볼 것이냐도 문제된다. 이러한 요건사실의 부존재에 관하여 과세관청이 증명책임을 부담해야 한다는 다소 극단적인 견해도 없지 않지만,[110] 법률요건 분류설에 의하면 이를 주장하는 납세자에게 증명책임이 있다고 보게 된다. 앞서도 언급하였듯이 기본적으로 존재를 증명하는 것이 그 부존재를 증명하는 것보다 효율적이고 합리적이며 형평에도 부합하기 때문이다. 비과세 · 감면 · 공제 요건 등에 관한 사실은 민사소송의 경우로 본다면 청구원인사실의 부인에 해당하는 것이 아니라 청구원인사실에 대한 항변사실에 해당하므로 증명책임의 분배원칙상 그와 같은 사실의 존재를 주장하는 납세자에게 증명책임이 있다고 보는 것이 옳다. 법규의 형식으로 보더라도 비과세 · 감면 · 공제 요건에 관한 규정은 과세요건에 관한 규정에 대하여 별도의 규정으로 존재한다. 따라서 이 부분에 관한 납세자의 주장은 과세요건의 규정에 관한 단순한 부인에 그치는 것이 아니라 별도로 존재하는 규정에 해당한다는 주장이므로 그와 같은 규정의 요건을 충족한다는 점에 대한 증명책임이 납세자에게 있다고 보아야 하는 것이다.

대법원도 이와 같은 입장을 견지하여 왔다. 대표적인 판결로 대법원 2000. 7. 7. 선고 98두16095 판결을 들 수 있다. 위 판결은, 구 소득세법(1994. 12. 22. 개정되기 전의 것) 제5조 제6호 (자)목이 '대통령령이 정하는 1세대 1주택과 이에 부수되는 토지로서 건물이 정착된 면적에 지역별로 대통령령이 정하는 배율을 곱하여 산정한 면적 이내의 토지의 양도로 인하여 발생하는 소득에 대하여 소득세를 과세하지 아니한다'고 규정하고, 그 시행령 제15조 제3항은 '주택의 일부에 점포 등 다른 목적의 건물이 설치되어 있거나 동일 지번상에 주택과 다른 목적의 건물이 설치되어 있는 경우에는 그 전부를 주택으로 본다. 다만, 주택의 면적이 주택 이외의 면적보다 작거나 같을 때에는 주택 부분 이외의 건물은 주택으로 보지 아니한다'고 규정한 데 대하여, 그 시행령 제15조 제3항 본문에 의하여 겸용주택 전부가 비과세대상이라는 점은 이를 주장하는 납세의무자에게 입증책임이 있고, 그 시행령 제15조 제3항 단서의 규정에 의하여 다른 목적의 건물이 비과세에서 제외된다는 점은 과세관청에게 그 입증책임이 있다고 판시하였다.

---

109) 대법원 2014. 12. 11. 선고 2014두40517 판결, 대법원 2013. 9. 27. 선고 2013두10335 판결 등
110) 이준명, 앞의 논문

위 판결에서도 알 수 있듯이 구 소득세법 제5조 제6호 (자)목과 그 시행령 제15조 제3항의 본문 규정은 양도소득세 과세에 관한 규정과 별도로 존재하는 양도소득세 비과세 규정이므로 이들 규정의 적용대상이라는 납세자의 주장은 양도소득세 과세근거에 관한 항변으로 볼 수 있어 그 항변사실에 관한 증명책임은 납세자에게 있다고 본 것이고, 이에 대하여 다시 별도로 존재하는 그 시행령 제15조 제3항 단서 규정에 해당한다는 주장은 재항변으로 볼 수 있어 이를 주장하는 과세관청에게 증명책임이 있다고 본 것이다. 이러한 대법원의 입장은 법률요건 분류설의 입장에 충실한 것으로 평가될 수 있으며 증명의 효율성과 합리성을 고려한 결단이라고 할 수 있다.

또한 사실과 다른 세금계산서에 관한 증명책임에서도 위와 같은 논리가 그대로 적용됨을 알 수 있다. 부가가치세법 제38조 제1항은 그 각 호에서 매출세액에서 공제되는 매입세액에 관하여 규정하고 있는데 대표적인 것이 제1호의 사업과 관련한 매입세액이다. 이와 별도로 제39조 제1항은 공제되지 않는 매입세액에 관하여 규정하고 있는데 대표적인 것이 제2호 본문의 사실과 다른 세금계산서이다. 그런데 제2호는 다시 단서를 두어 그 시행령에서 일부가 착오로 잘못 기재되어 있으나 다른 기재 사항에 의하여 거래사실이 확인되는 경우는 예외로 한다고 규정하고 있다. 여기에 법률요건 분류설을 적용하면, 부가가치세법 제38조 제1항 각 호에 의한 매입세액 공제에 관하여는 이를 주장하는 납세자에게 증명책임이 있다고 보아야 하고, 제39조 제1항 제2호의 본문에 해당한다는 점은 그에 대한 과세관청의 항변에 해당하므로 과세관청에 그 증명책임이 있다고 보아야 하며, 그 단서에 해당한다는 점은 납세자의 재항변에 해당하므로 납세자에게 그 증명책임이 있다고 보아야 한다. 대법원은 사실과 다른 세금계산서라고 할지라도 그와 같은 사실을 알지 못하였고 그에 대한 과실이 없을 경우 그 매입세액이 공제되어야 한다는 입장인데, 이는 위의 단계적 구조에서 보면 납세자가 주장하는 재항변사항에 해당하므로 납세자에게 그에 대한 증명책임이 있다고 보아야 한다. 대법원 2002. 6. 28. 선고 2002두2277 판결이 그와 같은 취지에 입각해 있다.

나아가 과세처분이 신의성실의 원칙이나 소급과세금지의 원칙, 과잉금지의 원칙 등에 반한다는 주장도 과세근거에 관한 규정과 별도로 존재하는 국세기본법 제15조나 제18조에 관한 주장으로서 과세처분에 대한 항변사항으로 볼 수 있으므로 납세자에게 그에 대한 증명책임이 있다고 보아야 한다. 대법원 2006. 6. 29. 선고 2005두2858 판결, 대법원 1998. 4. 10. 선고 98두908 판결 등이 이와 같은 취지이다.

마. 과세표준의 차감항목에 관한 증명책임

(1) 증명책임의 소재

앞서 본 바와 같이 어떤 사실의 존재를 주장하는 자와 그 사실의 부존재를 주장하는 자가 대립되는 구조에서는 존재를 주장하는 자에게 증명책임이 있다고 보는 것이 효율적이고 합리적이며 이것은 법률요건분류설의 기본취지로 보아야 한다고 언급한 바 있다. 그런데 이러한 원칙을 그대로 적용하는 것이 다소 부적절한 경우가 있는데, 과세표준을 산정함에 있어서 차감항목이 되는 요소가 그것이다. 대표적인 것이 법인세 과세표준을 산정함에 있어서 익금에 대한 차감항목인 손금을 들 수 있다. 사업소득에 관한 종합소득세 과세표준을 산정함에 있어서 수입금액에 대한 차감항목인 필요경비도 마찬가지이다. 이들 손금이나 필요경비에 관한 규정은 익금이나 수입금액에 관한 규정과 별도로 존재하는 것이고 납세자가 손금이나 필요경비가 존재한다는 주장은 단순히 수입금액의 존재를 부인하는 것이 아니라 수입금액의 존재와는 별도의 사실관계를 주장하는 것이므로 마치 익금이나 수입금액에 관한 과세관청의 주장에 대한 항변사항인 것처럼 보이기도 한다. 하지만 그렇게 보는 것은 좀 곤란하다.

과세관청이 과세처분을 하기 위해서는 과세표준을 산정하여야 하므로 과세관청이 증명책임을 부담하는 최소단위는 과세표준이라고 하는 것이 옳다. 그 과세표준에는 익금이나 수입금액과 같은 적극적인 구성요소도 있지만 손금이나 필요경비와 같은 소극적 구성요소도 있다. 이들 적극적인 구성요소와 소극적인 구성요소를 가감하여야만 과세표준이 비로소 산출될 수 있으므로 과세관청으로서는 과세표준을 구성하는 요소 중의 일부인 익금이나 수입금액에 대하여만 증명책임을 부담한다고 볼 것이 아니라 손금이나 필요경비의 존부에 대한 증명책임도 부담한다고 보아야 한다. 이러한 손금이나 필요경비는 과세표준의 구성요소이므로 과세표준과 별도로 존재하는 비과세·감면·공제요건과는 구별되고 따라서 그에 관한 증명책임의 소재도 달리 보아야 한다.

그래서 일찍이 대법원 1984. 7. 24. 선고 84누8 판결은 과세처분의 적법성에 대한 증명책임은 과세관청에게 있으므로 소득액 확정의 기초가 되는 필요경비액에 대한 증명책임도 원칙적으로 과세관청에게 있다고 판시하였고, 같은 취지에서 대법원 1999. 1. 15. 선고 97누15463 판결도 법인의 각 사업연도의 소득금액을 산정함에 있어서 공제하여야 할 손비의 구체적인 항목에 관한 증명은 그 증명의 난이라든가 당사자의 형평 등을 고려하여 납세의무자에게 그 증명의 필요를 돌리는 경우가 있으나, 그와 같은 경우란 과세관청에 의하여 납세의무자가 신고한 어느 비용의 용도와 그 지급의 상대방이 허위임이 상당한 정도로 입증된 경우 등을 가리키는 것으로, 그에 관한 증명이 전혀 없는 경우에까지 납세의무자에게 곧바로 손비에 대한 증명의 필요를 돌릴 수는 없다고 판시하였다.

같은 취지에서, 대법원 2024. 7. 25. 선고 2022두51031 판결도 외국법인의 국내원천소득에 관하여 그 과세표준에 대한 증명책임은 원칙적으로 과세관청에 있다고 하면서, 국내사업장을 가진 외국법인의 법인세 과세표준의 기초가 되는 국내원천소득 총합계액에 관한 증명책임은 과세관청에 있으며 외국법인의 국내원천소득 총합계액에 포함되는 '선박의 외국항행소득'의 존재 및 범위도 원칙적으로 과세관청이 증명하여야 한다고 판시하였다. 선박의 외국항행소득은 상호면세의 경우에는 법인세 과세표준 산정시 해당 소득에서 공제하는 항목임에도 그 부분에 대한 증명책임도 과세관청에 있다고 선언한 것이다. 나아가 외국법인의 외국항행용역의 경우에는 여객의 탑승이나 화물의 적재가 국내에서 이루어지는 경우에 한하여 부가가치세 과세대상이 되고 특히 상호면제의 경우에는 우리나라에서 여객이나 화물이 탑승 또는 적재되는 경우에만 영세율이 적용되므로 영세율 적용 여부의 다툼이 있는 경우 영세율 적용요건에 관한 증명책임은 영세율 적용을 주장하는 자에게 있고, 따라서 영세율 과세표준 신고불성실가산세와 관련하여 그 과세의 근거가 되는 영세율과세표준의 증명책임은 과세관청에게 있다고 판시하였다. 영세율 과세표준 무신고가산세부과대상이라는 것은 과세관청이 주장하는 것이므로 그 전제가 되는 영세율적용대상이라는 점에 관한 증명책임이 과세관청에게 있다는 것이다.

(2) 증명책임의 완화

그러나 손금이나 필요경비가 존재한다고 주장하는 납세자와 그와 같은 손금이나 필요경비가 존재하지 않는다고 주장하는 과세관청이 대립할 때에 존재를 증명하는 것이 부존재를 증명하는 것보다 훨씬 효율적이고 합리적이다. 특히 납세자가 주장하는 손금이나 필요경비에 관한 자료는 대부분 납세자가 가지고 있고 과세관청으로서는 납세자의 협력 없이는 그에 관한 자료를 확보하기가 어렵다. 그래서 손금이나 필요경비의 부존재에 대한 증명책임이 과세관청에 있다고 하더라도 그 증명책임을 완화해 주어야 할 필요성이 대두되고 있고, 어느 정도 완화해줄 것인가의 문제가 거론되고 있다.

이 문제에 관한 대법원의 입장을 보면 크게 두 가지의 흐름으로 나눈다. 첫째는 과세관청의 증명 정도와 관계 없이 증명책임을 납세자에게 전환시키는 것이고, 둘째는 과세관청이 상당한 정도의 증명책임을 다한 경우에 한하여 납세자에게 증명책임을 전환하는 것이다.

첫째의 입장을 취하고 있는 것으로는 대법원 1988. 5. 24. 선고 86누121 판결이 있다. 이 판결은, 대표자의 급료는 특별한 사정이 없는 한 당해 법인의 필요경비라 할 것인데 과세근거로 되는 과세표준의 입증책임은 과세관청에 있는 것이고 과세표준은 수입으로부터 필요경비를 공제한 것이므로 수입 및 필요경비의 입증책임은 과세관청에 있다 할 것이나, 필요경비는 납세의무자에게 유리한 것이고 그 필요경비를 발생시키는 사실관계의 대부분은 납세의무자가 지배하는 영역 안에 있는 것이어서 그 입증이 손쉽다는 것을 감안해 보면 납세의무자가 그에 관한 입증활동을 하지 않고 있는 필요경비에 대해서는 부존재의 추정을 하는 것이 마땅하고 이와 같은 부존재의 추정을 용인하여 납세의무자에게 입증의 필요성을 인정하는 것은 공평의 관념에도 부합된다고 판시하였다. 위 판결에서도 모든 경우에 납세의무자에게 증명책임을 지우겠다는 것은 아니고, 과세관청의 입증이 쉬운 경우에 대해서까지 일률적으로 납세의무자에게 입증의 필요성을 인정하는 것은 필요경비에 대한 입증책임이 과세관청에 있다는 원칙에 비추어 옳지 아니하다고 함으로써 과세관청의 증명책임이 완전히 면제된다는 취지는 아니라고 밝히고 있기는 하다. 대법원 2013. 2. 15. 선고 2012두942 판결도 과세처분의 적법성에 대한 증명책임은 과세관청에게 있으므로 과세소득확정의 기초가 되는 필요경비도 원칙적으로 과세관청이 그 증명책임을 부담하는 것이지만, 필요경비의 공제는 납세의무자에게 유리한 것일 뿐만 아니라 필요경비의 기초가 되는 사실관계는 대부분 납세의무자의 지배영역 안에 있는 것이어서 과세관청으로서는 그 증명이 곤란한 경우가 있으므로 그 증명의 곤란이나 당사자 사이의 형평을 고려하여 납세의무자로 하여금 증명케 하는 것이 합리적인 경우에는 증명의 필요는 납세의무자에게 돌아간다고 판시하였다.

둘째의 입장을 취하고 있는 것으로는 대법원 1999. 1. 15. 선고 97누15463 판결이다. 이 판결은 법인의 각 사업연도의 소득금액을 산정함에 있어서 공제하여야 할 손비의 구체적인 항목에 관한 입증은 그 입증의 난이라든가 당사자의 형평 등을 고려하여 납세의무자에게 그 입증의 필요를 돌리는 경우가 있으나, 그와 같은 경우란 과세관청에 의하여 납세의무자가 신고한 어느 비용의 용도와 그 지급의 상대방이 허위임이 상당한 정도로 입증된 경우 등을 가리키는 것으로, 그에 관한 입증이 전혀 없는 경우에까지 납세의무자에게 곧바로 손비에 대한 입증의 필요를 돌릴 수는 없다고 판시하였다. 최근의 대법원 2015. 6. 23. 선고 2012두7776 판결도 같은 취지이다. 이들 판결들은 비록 과세관청이 손금이나 필요경비의 부존재를 증명하는 것이 곤란하다고 볼 사정이 있더라도 무조건 그에 관한 증명책임을 납세자에게 전환하는 것이 아니라 어디까지나 증명책임은 과세관청에 있다는 점을 선언하면서 과세관청이 할 수 있는 범위 내에서 증명의 노력을 상당한 정도로 한 경우에 한하여 그 증명의 책임을 납세자에게 전환시키고 있는 것이다.

첫째 유형의 판결들은 둘째 유형의 판결들에 비하여 과세관청의 증명의 부담을 더 덜어주는 듯한 표현을 하고 있지만 과세관청이 증명하기 곤란한 경우를 조건으로 하거나 과세관청이 손쉽게 증명할 수 있는 경우를 제외하는 등 그 내면을 들여다보면 둘째 유형의 판결의 취지와 크게 다르지 않다. 어느 유형의 판결이든 과세관청에게 증명책임이 없다는 취지가 아니라 그 증명책임을 덜어준다는 취지이다. 그 요건으로는 과세관청이 할 수 있는 범위 내에서는 그 증명을 위한 노력을 다한 경우라야 한다는 점이다. 특히 과세관청이 어렵지 않게 접근할 수 있는 자료가 있는 경우에는 그에 대한 조사가 이루어져야 한다는 것이다.

이럴 때 증명의 필요가 납세자에게 전환된다고 보는 논거는 당해 손금이나 필요경비의 부존재가 추정된다는 보고 납세자가 그 추정을 뒤집기 위한 증명을 해야 한다는 것이다. 원래 주된 사실의 추정을 위해서는 간접사실과 주된 사실을 매개하는 경험칙이 존재하여야 하고 그 경험칙이 적용되기 위해서는 간접사실이 존재하면 십중팔구 주된 사실이 존재한다고 할 수 있어야 한다. 만약 과세관청이 이러한 경험칙의 적용에 의하여 손금이나 필요경비의 부존재가 추정될 수 있을 정도로 증명하였다면 그 증명을 다한 것으로 볼 수 있으므로 과세관청의 증명책임을 완화해 주었다고 할 것도 아니다.

실은 경험칙이 적용될 정도의 증명에까지 이르지는 못하였다고 하더라도 입증의 난이라든가 당사자의 형평을 고려하여 과세관청이 어느 정도 증명의 노력을 다하면 손금이나 필요경비의 부존재를 추정해 주겠다는 취지이다. 그 증명의 정도에 관하여 판례는 '일응의 입증'이나 '상당한 정도의 입증'이라는 용어를 사용하고 있다. 이러한 용어들은 경험칙에 의하여 사실상 추정되기 위한 요건이라기보다는 납세자에게 증명책임을 전가하기 위한 도구라고 보는 것이 옳겠다.

바. 과세처분의 취소사유와 무효사유의 증명책임

앞서 설명한 바와 같이 기본적으로 과세처분의 취소를 구하는 소송에서는 과세관청에게 과세처분의 적법성에 대한 증명책임이 있는 것이지 납세자에게 취소사유에 대한 증명책임이 있는 것이 아니다. 반면에 과세처분의 무효확인소송에서는 납세자에게 무효사유에 대한 증명책임이 있다.

이러한 일련의 법리에 관하여 일목요연하게 정리한 대법원 판결이 선고되어 소개한다. 대법원 2023. 6. 29. 선고 2020두46073 판결이다. 판시 내용은 다음과 같다.

민사소송법이 준용되는 행정소송에서 증명책임은 원칙적으로 민사소송의 일반원칙에 따라 당사자 간에 분배되고, 항고소송은 그 특성에 따라 해당 처분의 적법성을 주장하는 피고에게 적법사유에 대한 증명책임이 있으나, 예외적으로 행정처분의 당연무효를 주장하여 무효 확인을 구하는 행정소송에서는 원고에게 행정처분이 무효인 사유를 주장·증명할 책임이 있고, 이는 무효 확인을 구하는 뜻에서 행정처분의 취소를 구하는 소송에 있어서도 마찬가지이다.

한편 행정처분의 무효 확인을 구하는 소에는 특단의 사정이 없는 한 취소를 구하는 취지도 포함되어 있다고 보아야 하므로, 해당 행정처분의 취소를 구할 수 있는 경우라면 무효사유가 증명되지 아니한 때에 법원으로서는 취소사유에 해당하는 위법이 있는지 여부까지 심리하여야 한다. 나아가 과세처분에 대한 취소소송과 무효확인소송은 모두 소송물이 객관적인 조세채무의 존부확인으로 동일하다. 결국 과세처분의 위법을 다투는 조세행정소송의 형식이 취소소송인지 아니면 무효확인소송인지에 따라 증명책임이 달리 분배되는 것이라기보다는 위법사유로 취소사유와 무효사유 중 무엇을 주장하는지 또는 무효사유의 주장에 취소사유를 주장하는 취지가 포함되어 있는지 여부에 따라 증명책임이 분배된다.

그리고 과세처분의 사유가 교환적으로 변경된 경우 교환·변경된 사유를 근거로 하는 처분의 적법성 또는 그러한 처분사유의 전제가 되는 사실관계에 관한 증명책임 역시 과세관청에 있고, 특히 무효확인소송에서 원고가 당초의 처분사유에 대하여 무효사유를 증명한 경우에는 과세관청이 그처럼 교환·변경된 처분사유를 근거로 하는 처분의 적법성에 대한 증명책임을 부담한다.

위 판결은, 당초 처분사유에 관하여 원고가 헌법재판소의 위헌결정을 이유로 무효를 주장·증명하자 과세관청이 처분사유를 교환적으로 변경한 사안에서, 이와 같이 교환적으로 변경된 처분사유에 관하여는 원고에게 그 무효에 관한 주장·증명책임이 있는 것이 아니라 과세관청에게 그 처분사유의 적법성에 관한 증명책임이 있다고 보았다. 이 사안에서 원고는 당초 처분사유의 무효에 대한 주장·증명을 다함으로써 처분청이 처분사유를 교환적으로 변경한 것이므로 변경된 처분사유를 원고가 계속 다툰다고 해서 그 무효를 주장한다기보다는 취소를 주장한다고 보는 것이 합리적이므로 과세관청이 그 적법성을 주장·증명하여야 한다고 판시한 것으로 이해된다.

사. 증명책임의 전환

(1) 경험칙의 적용

과세관청이 과세처분을 함에 있어서 과세요건사실에 대하여 직접적으로 완전한 입증을 하는 것은 납세자가 자백하지 않는 한 현실적으로 매우 힘든 일이다. 대부분의 경우 과세요건사실을 직접 증명하기보다는 과세요건사실의 존재를 짐작하게 하는 간접사실을 증명하고 여기에 경험칙을 적용하여 과세요건사실이 존재한다고 사실상 추정함으로써 간접적으로 과세요건사실을 증명하고 있다. 조세소송에서는 경험칙이 적용될 수 있는 사안인지에 관하여 다투어지는 경우가 많다.

경험칙이란 인간의 경험에서 귀납하여 얻어진 사물의 성상이나 인과관계에 관한 법칙 또는 일상경험으로부터 귀납적으로 얻어진 사물에 관한 지식이나 법칙으로 풀이된다. 경험칙에는 일반적 상식에 속하는 것, 고도의 전문적·학문적 지식·법칙에 속하는 것 외에 고도의 개연성이 있는 것이 포함되어 있다. 여기서의 고도의 개연성이란 통상 십중팔구의 가능성, 즉 80% 내지 90%의 가능성을 의미한다. 따라서 개연성의 정도가 51% 내지 79%의 가능성에 지나지 아니하는 경우에는 경험칙이 존재한다고 할 수 없다.

과세관청이 경험칙의 적용에 의하여 과세요건사실을 추정할 수 있는 간접사실을 증명한 경우에는 일응 과세요건사실에 대한 증명이 이루어졌다고 볼 수 있다. 이러한 상황에서 납세자는 경험칙을 적용하기에 부적절하다고 볼 수 있는 다른 간접사실을 드러냄으로써 대항할 수 있고 그 다른 간접사실의 존재에 대하여는 납세자에게 증명책임이 돌아간다. 대법원 2012. 8. 17. 선고 2010두23378 판결에서도 일반적으로 세금부과처분 취소소송에서 과세요건사실에 관한 입증책임은 과세권자에게 있지만 구체적인 소송과정에서 경험칙에 비추어 과세요건사실을 추단할 수 있는 사실이 밝혀진 경우에는 상대방이 문제로 된 당해 사실이 경험칙을 적용하기에 적절하지 아니하다는 등의 반대사정을 입증하지 못하는 한 당해 과세처분을 과세요건이 흠결된 위법한 처분이라고 단정할 수 없다고 함으로써 같은 취지를 판시한 바 있다.

경험칙을 적용한 구체적 사례로서 대법원 2004. 4. 27. 선고 2003두14284 판결은, 원고들의 피상속인이 생전에 지관으로 활동하여 의뢰인들로부터 사례비를 받는 것 이외에는 별다른 수입이 없는 이상 경험칙에 비추어 피상속인 명의의 예금계좌들로 입금된 금액 중 달리 출처가 드러나지 아니한 금액은 일단 지관으로 활동하여 얻은 수입으로 추정된다고 판시하였다.

비슷한 취지의 판결로 대법원 2003. 5. 13. 선고 2002두12458 판결이 있다. 이 판결에서는 비상장주식의 양도가액을 산정하기 위하여 양도시의 가액을 평가함에 있어서 그 주식 발행법인에 부외부채가 존재하는지가 다투어졌다. 납세자는 부외부채가 존재하므로 이를 자산가액에서 차감하면 그 주식의 평가액이 낮아진다고 주장하였다. 그 주식발행법인의 부채가액은 순자산가액을 산정함에 있어 차감항목이 되므로 과세표준의 차감항목과 유사한 성격을 지닌다고 하겠다. 따라서 앞서 살펴본 법리에 의하면 그 존부에 대한 증명책임은 과세관청에게 있고, 다만 그 증명책임을 완화해 줄 수 있을 뿐이라고 할 수 있다. 그런데 대법원은 다음과 같이 판시하였다. 과세처분의 위법을 이유로 그 취소를 구하는 소송에서 처분의 적법성 및 과세요건사실의 존재에 관한 입증책임은 과세관청에 있으므로 비상장주식 양도시 비상장주식의 가액을 평가함에 있어서 양도소득세의 과세표준인 소득액 확정의 기초가 되는 순자산가액에 대한 입증책임도 원칙적으로 과세관청에 있다고 하면서도, 양도일 현재 당해 법인의 순자산가액을 산정함에 있어서 당해 법인의 대차대조표에 계상되지 아니한 부외채무가 존재한다는 사실은 양도소득세 과세가액 결정에 있어서 예외적인 사유에 속하는 것이므로 이러한 특별한 사유에 대한 입증책임은 이를 다투는 납세의무자에게 있다고 판시하였다. 이 판결은 법인의 장부에 반영된 자산과 부채만이 실제로 존재하는 것으로 추정되고, 반대로 장부에 반영되지 않은 것이라면 존재하지 않는 것으로 추정된다고 보아 그 추정을 뒤집기 위한 특별한 사정에 대한 증명책임이 납세자에게 돌아간다고 판시한 것으로 이해할 수 있다.

이와 같이 증명책임이 납세자에게 전환되는 것은 과세관청이 증명한 간접사실에 대하여 경험칙이 적용될 수 있는 경우여야 한다. 그러나 실제로는 간접사실의 성격에 비추어 경험칙이 적용될 수 없다고 볼 수 있는 경우도 있고 그것이 조세소송에서 자주 다투어진다. 대표적인 경우가 최근의 대법원 2015. 9. 10. 선고 2015두41937 판결이다. 원고의 배우자가 2006. 3. 9.부터 2008. 10. 31.까지 총 35회에 걸쳐 자신의 급여 약 13억 원을 원고 명의의 은행계좌에 입금한 사실이 밝혀졌는데, 원심은 위 돈이 경험칙의 적용에 의하여 원고에게 증여된 것으로 추정된다고 보고 계좌에 입금된 것이 증여가 아닌 다른 원인으로 이루어졌다는 점에 관한 원고의 증명이 부족하다는 이유를 들어 원고에 대하여 증여세를 부과한 것은 적법하다고 판단하였다. 그러나 대법원의 판단은 달랐다. 경험칙에 비추어 과세요건사실이 추정되는 사실이 밝혀진 경우에는 납세의무자가 문제된 사실이 경험칙을 적용하기에 적절하지 아니하다거나 해당 사건에서 그와 같은 경험칙의 적용을 배제하여야 할 만한 특별한 사정이 있다는 점 등을 증명하여야 하지만, 그와 같은 경험칙이 인정되지 아니하는 경우에는 원칙으로 돌아가 과세요건사실에 관하여 과세관청이 증명하여야 한다고 전제하고, 부부 사이에서 일방 배우자 명의의 예금이 인출되어 타방 배우자 명의의 예금계좌로 입금되는 경우에는 증여 외에도 단순한 공동생활의 편의, 일방 배우자 자금의 위탁 관리, 가족을 위한 생활비 지급 등 여러 원인이 있을 수 있으므로, 그와 같은 예금의 인출 및 입금 사실이 밝혀졌다는 사정만으로는 경험칙에 비추어 해당 예금이 타방 배우자에게 증여되었다는 과세요건사실이 추정된다고 할 수 없다고 판시하였다. 이와 같이 경험칙의 적용대상이 아니라고 판단되는 경우에는 원고에게 증명책임이 전환되는 것이 아니라 여전히 과세관청이 증명책임을 부담한다.

비슷한 사례로 최근의 대법원 2015. 6. 23. 선고 2012두7776 판결이 있다. 이 판결은, 납세의무자의 금융계좌에 입금된 금액이 수입에 해당한다는 것은 구체적인 소송과정에서 경험칙에 비추어 이를 추정할 수 있는 사실을 밝히거나 이를 인정할 만한 간접적인 사실을 밝히는 방법으로도 증명할 수 있다고 전제하고, 이 경우 그와 같이 추정할 수 있는지 여부는 해당 금융계좌가 과세대상 수입에 관한 주된 입금·관리계좌로 사용되었는지, 입금 일자나 상대방 및 금액 등에 비추어 수입에 해당하는 외형을 가지고 있는지, 그 계좌의 거래 중에서 수입 관련 거래가 차지하는 비중, 반대로 수입이 아닌 다른 용도의 자금이 혼입될 가능성 및 그 정도 등 해당 금융기관 계좌에 입금된 금액에 관한 여러 사정들을 종합하여 판단하여야 한다고 판시하였다. 나아가 납세의무자의 금융계좌가 수입에 관한 주된 입금·관리계좌로서 그에 입금된 금액이 수입에 해당한다고 추정할 수 있는 경우라 하더라도, 개별적인 입금이나 일정한 유형의 입금이 그 일자, 액수, 거래상대방 및 경위 등과 아울러 경험칙에 비추어 이미 신고한 수입과 중복되는 거래이거나 수입과 무관한 개인적인 거래로 인정될 수 있는 특별한 사정이 있는 경우에는, 이를 신고가 누락된 수입에 해당한다고 쉽게 단정할 수는 없다고 판시하였다.

위 판결의 전문에서는 과세관청이 증명한 간접사실, 즉 납세의무자의 금융계좌에 돈이 입금되었다는 사실에 대하여 그 돈이 과세대상인 수입금액으로 추단할 수 있는 경험칙이 적용되기 위한 요건에 관하여 자세하게 설시하고 있다. 그리고 후문에서는 그와 같은 요건을 충족하여 경험칙의 적용대상이 된다고 할 경우도 납세자가 경험칙의 적용을 방해하는 다른 반대사실들을 증명한 경우에는 경험칙을 적용할 수 없다고 함으로써 다른 반대사실에 대한 증명책임이 납세자에게 돌아감을 선언하였다.

이들 판결에서 알 수 있듯이 과세관청은 경험칙을 적용하고자 하는 간접사실에 대한 증명책임을 부담함과 아울러 그 간접사실이 경험칙의 적용대상이 된다는 점에 대한 증명책임도 부담하고, 납세자는 그 간접사실에 대한 경험칙의 적용을 방해하는 다른 간접사실에 대한 증명책임을 부담한다.

(2) 원칙과 예외의 관계

위에서 본 바와 같이 경험칙의 적용대상에 관하여 증명책임을 납세자에게 전환하는 것과 다소 비슷한 취지에서 대법원은 원칙과 예외의 관계를 설정해 두고 예외적인 상황에 대하여는 그 상황을 주장하는 납세자에게 증명책임이 있다고 판시한 사례들이 보인다. 이 판결들에서는 경험칙이라는 용어를 사용하지 않고 예외적인 경우에 해당한다는 표현을 사용하고 있다. 앞서 언급한 바와 같이 경험칙은 십중팔구의 가능성을 의미하는데, 원칙과 예외의 관계에서 원칙의 가능성도 십중팔구 정도로 볼 수 있을 것이므로 비슷한 취지를 다르게 표현한 것으로 이해할 수 있을 것 같다. 대표적인 판례 두 개를 살펴본다.

과세표준을 산정함에 있어서 차감항목이 되는 것으로는 상속세에 있어서 피상속인의 채무가 있다. 그 채무가 일반적인 채무일 경우에는 앞서 살펴본 바대로 과세관청에게 증명책임이 있다고 하되 그것을 완화해주는 방법으로 해결하면 된다. 그런데 피상속인의 채무가 보증채무인 경우에는 사정이 다소 달라진다. 보증채무의 경우 그것이 상속재산에서 공제되기 위해서는 상속개시 당시에 주채무자가 무자력이어서 보증채무의 이행이 확실시되어야 할 뿐만 아니라 주채무자에게 구상권을 행사하더라도 소용이 없는 경우이어야 한다. 이러한 점에 대한 증명책임의 소재를 어떻게 볼 것인지가 문제되었다.

이에 대하여 대법원 2004. 9. 24. 선고 2003두9886 판결은 다음과 같이 판시하였다. 상속개시 당시에 주된 채무자가 변제불능의 상태에 있는가 아닌가는 일반적으로 주된 채무자가 파산, 화의, 회사정리 혹은 강제집행 등의 절차개시를 받거나 사업폐쇄, 행방불명, 형의 집행 등에 의하여 채무초과의 상태가 상당기간 계속되면서 달리 융자를 받을 가능성도 없고, 재기의 방도도 서 있지 않는 등의 사정에 의하여 사실상 채권을 회수할 수 없는 상황에 있는 것이 객관적으로 인정될 수 있는가 아닌가로 결정하여야 할 것이고, 한편 이와 같은 사유는 상속세 과세가액을 결정하는 데 예외적으로 영향을 미치는 특별한 사유이므로 그와 같은 사유의 존재에 대한 주장·입증책임은 상속세 과세가액을 다투는 납세의무자 측에 있다고 보는 것이 상당하다고 판시하였다. 위 판결에서는 주채무자의 무자력을 예외적인 사정으로 보았다. 이는 통상적인 보증채무의 경우 경험칙에 의하여 주채무자가 무자력이 아닌 것으로 추정된다는 취지를 담고 있다고 할 수 있다. 그래서 그 추정을 뒤집을 사정은 예외적인 사정으로 보고 그에 대한 증명책임을 납세자에게 전환시키고 있다. 그러나 보증채무에 있어서 주채무자의 무자력이 통상적인 사정인지 예외적인 사정인지에 관하여는 의견이 갈릴 수 있다. 주채무자의 자력에 문제가 있기 때문에 보증채무자가 나서는 경우가 많은 점을 고려하면 보증채무자가 있을 경우 주채무자가 무자력일 가능성이 예외적인 사정이라고 하기 어려운 측면이 있다. 따라서 위 판결은 증명책임의 소재를 너무 쉽게 납세자에게 전환한 것이라는 비판이 가능하다.

그리고 대법원 2000. 3. 24. 선고 99두12168 판결과 대법원 2003. 10. 23. 선고 2002두950 판결은 일반적으로 제3자 앞으로 근저당권이 설정된 부동산을 직계존속으로부터 증여받은 경우 바로 근저당권부 채무를 면책적으로 인수한 것으로 증여재산의 가액에서 공제되는 '수증자가 인수하거나 부담하는 채무가 진정한 것'이라고 볼 수는 없고, 이러한 경우 수증자가 근저당권부 채무를 면책적으로 인수하였다거나, 그 후 수증자 자신의 출재에 의하여 변제하였다는 점에 대한 입증책임을 부담한다고 판시하였다. 여기서도 직계존·비속 간의 증여라는 특수성에 무게를 두어 그들 사이에 근저당권부 부동산을 증여하는 경우에는 근저당권부 채무를 면책적으로 승계시키지 않는 것이 오히려 일반적인 모습이고, 그것을 면책적으로 승계시키는 것이 예외적인 모습으로 보았다. 그러나 직계존·비속 간의 증여라고 해서 일률적으로 근저당권 채무의 면책적 승계가 예외적인 모습이라고 단정하는 것은 무리일 수 있다. 존·비속 각각의 재력, 증여의 경위 등 구체적 사안에 나타나는 제반 사정을 종합적으로 고려하여 개별적으로 판단할 문제라고 보는 것이 타당하다. 하지만 위 판결에는 상속세 및 증여세법 제47조 제3항의 규정, 즉 직계존·비속 간의 부담부증여에 대해서는 수증자가 증여자의 채무를 인수한 경우에도 그 채무액은 수증자에게 인수되지 아니한 것으로 추정한다는 규정에 영향을 받은 바 크다. 명시적인 채무인수행위가 있어도 채무인수가 없었던 것으로 추정하는 마당에 근저당권부 부동산의 증여에 있어서는 명시적으로 면책적 채무인수를 하지도 아니하였고 중첩적 채무인수나 이행인수도 있을 수 있으므로 면책적 채무인수를 예외적인 것으로 보는 것은 수긍할 수 있다고 하겠다.

8. 당사자소송의 확대

가. 개요

국세기본법 제51조 제1항은 신고나 부과처분이 부존재하거나 무효임에도 불구하고 납세의무자가 잘못 납부하거나 징수된 오납액과 당초 신고나 부과처분이 사후에 전부나 일부 취소됨으로써 당초 납부하거나 징수된 세액 중 적정세액을 초과하는 초과납부액, 그리고 신고나 부과처분이 적법하지만 개별세법의 규정에 의하여 환급의무가 발생하는 환급세액에 대하여 환급결정을 하도록 규정하고 있다. 그런데 이러한 환급결정의 법적 성격에 관하여 앞서 본 바와 같이 대법원 1986. 6. 15. 선고 88누6436 전원합의체 판결과 그 후속판결들은 항고소송의 대상이 되는 처분이라고 볼 수 없다고 판시해 왔다. 그 이유에 대해서는 오납액과 초과납부액 및 환급세액은 모두 조세채무가 처음부터 존재하지 않거나 그 후 소멸되었음에도 불구하고 국가가 법률상 원인없이 수령하거나 보유하고 있는 부당이득에 해당한다고 하면서, 이러한 부당이득의 반환을 구하는 납세의무자의 국세환급청구권은 오납액의 경우에는 처음부터 법률상 원인이 없으므로 납부 또는 징수시에 이미 확정되어 있고, 초과납부액의 경우에는 신고 또는 부과처분의 취소 또는 경정에 의하여 조세채무의 전부 또는 일부가 소멸한 때에 확정되며, 환급세액의 경우에는 각 개별세법에서 규정한 환급요건에 따라 확정되는 것으로 보아야 하기 때문이라고 한다.

이러한 판례의 태도에 터 잡아, 국세의 오납액과 초과납부액 및 환급세액에 대한 반환청구는 대법원 2009. 9. 10. 선고 2009다1808 판결 등에서 부당이득의 반환을 구하는 민사소송을 통하여야 한다고 판시해 왔다. 그러나 엄연히 행정소송법 제3조는 제2호에서 행정소송의 한 종류로 당사자소송을 규정하면서 행정청의 처분 등을 원인으로 하는 법률관계에 관한 소송 그 밖에 공법상의 법률관계에 관한 소송으로서 그 법률관계의 한쪽 당사자를 피고로 하는 소송으로 정의하고 있으므로 국세의 오납액과 초과납부액 및 환급세액에 대한 반환청구는 행정소송법 제3조 제2호의 당사자소송으로 하여야 한다는 비판이 제기되어 왔었다.

행정소송법 제3조 제2호에서 말하는 당사자소송의 대상에 관하여는, 이를 좁게 해석하여 소송물을 기준으로 하여 그것이 공법상의 권리에 해당하여야 당사자소송의 대상이 되고 민법상의 권리에 해당하면 민사소송의 대상이라는 입장과 이를 넓게 해석하여 소송물의 전제가 되는 법률관계를 기준으로 하여 그것이 공법상의 법률관계이면 당사자소송의 대상이고 민법상의 법률관계이면 민사소송의 대상이라는 입장이 대립되어 왔다. 종래 판례는 전자의 입장을 취하였고, 이에 대한 비판적 견해는 후자의 입장을 취하고 있었다.

종래 판례에 대한 비판적 의견을 부분적으로 수용하여 우선 대법원 2013. 3. 21. 선고 2011다95564 전원합의체 판결은 부가가치세 매입세액의 환급세액에 관하여는 그 반환청구는 행정소송법상 당사자소송의 절차를 따라야 한다고 판시함으로써 종래 판례의 입장을 부분적으로 변경하였다. 이하 이 판결의 논거와 향후 당사자소송의 확대방향 등에 관하여 살펴본다.

나. 환급세액의 반환청구 소송

(1) 환급세액의 법적 성격

국세기본법 제51조 제1항이 규정하는 환급세액의 대표적인 예로서 부가가치세법상 매입세액이 매출세액을 초과하는 부분을 들 수 있다. 부가가치세법은 제37조 제2항에서 매출세액을 초과하는 매입세액은 환급세액이라고 규정하면서, 제59조 제1항은 세무서장은 환급세액을 대통령령이 정하는 바에 따라 사업자에게 환급하여야 한다고 규정하고 있다.

대법원 2013. 3. 21. 선고 2011다95564 전원합의체 판결도 이를 대상으로 하는 것이다. 이 판결이 환급세액의 청구에 관하여 입장을 바꾸게 된 가장 큰 논거 중의 하나는 부가가치세 환급세액은 오납액이나 초과납부액에 비하여 부당이득의 성격이 가장 약하다고 할 수 있다는 점이다. 이에 관하여 다음과 같이 판시하였다. 구 부가가치세법(2013. 6. 7. 전부 개정되기 전의 것) 제24조 제1항이 국가의 환급세액 지급의무를 규정한 이유는 입법자가 과세 및 징수의 편의를 도모하고 중복과세를 방지하는 등의 조세 정책적 목적을 달성하기 위한 입법적 결단을 통하여 전단계세액공제제도를 채택한 결과, 거래징수된 세액이 거래징수를 한 세액보다 많은 경우에는 그 납세의무자가 창출한 부가가치에 상응하는 세액보다 많은 세액이 거래징수되게 되므로, 이를 조정하기 위한 과세기술상 조세 정책적인 요청에 따라 특별히 인정한 것이라고 전제하고, 납세의무자에 대한 국가의 부가가치세 환급세액 지급의무는 그 납세의무자로부터 어느 과세기간에 과다하게 거래징수된 세액 상당을 국가가 실제로 납부받았는지와 관계 없이 부가가치세법령의 규정에 의하여 직접 발생하는 것으로서, 그 법적 성질은 정의와 공평의 관념에서 수익자와 손실자 사이의 재산상태 조정을 위해 인정되는 부당이득 반환의무가 아니라 부가가치세법령에 의하여 그 존부나 범위가 구체적으로 확정되고 조세 정책적 관점에서 특별히 인정되는 공법상 의무라고 봄이 타당하다고 하였다.

위 판시에서도 알 수 있듯이, 거래징수당한 매입세액이 거래징수한 매출세액을 초과하는 사업자는 그 매입세액을 거래징수한 상대방 사업자가 이를 국가에 납부하지 않더라도 매출세액을 초과하는 분을 국가로부터 환급받을 수 있고, 국가는 그 매입세액을 취득하지 않았음에도 부가가치세법 규정에 의하여 매출세액 초과분을 환급할 의무가 있는 것이다. 따라서 국가의 입장에서는 부당이득을 취한 바 없음에도 부가가치세법 규정에 의하여 환급할 의무를 부담하는 경우가 있으므로 이를 부당이득반환으로 보는 것은 적절하지 않는 것이다. 반대로 사업자가 거래징수당한 매입세액을 국가가 실제로 취득하였고 그것이 그 사업자의 매출세액을 초과하더라도 이를 환급할 필요가 없는 경우도 있다. 부가가치세법 제39조에서는 거래징수당한 매입세액이라 하더라도 그 각 호에 해당하는 경우에는 매출세액에서 공제하지 아니하도록 규정하고 있는데 사실과 다른 세금계산서상의 매입세액 등이 여기에 해당한다. 또한 매입세액을 거래징수당한 적이 없음에도 환급받는 경우도 있다. 사업자가 거래상대방과 사이에 매입세액을 지급하지 않기로 약정한 경우에도 그것이 과세사업의 매입분에 해당하는 한 매입세액으로 공제받을 수 있는데, 그 부담은 거래상대방이 안는 것이다. 그리고 부가가치세법 제42조는 매입세액 없는 면세농산물 등을 공급받아 과세사업에 투입하는 경우 의제매입상당액을 매입세액으로 공제하도록 규정하고 있으므로 그 공제액이 매출세액을 초과할 경우 초과분을 환급받을 수 있다. 이는 농산물 등에 대한 면세효과를 최종소비자에게 그대로 이어지게 하기 위하여 면세농산물 등을 공급받은 중간사업자가 의제매입세액을 공제받을 수 있게 함으로써 그만큼 최종소비자에게 전가되는 매출세액을 줄이기 위한 정책적 배려에 의한 것이다. 이와 같이 부가가치세법상의 매입세액 환급은 민사상 부당이득반환의 성격을 지닌 것으로 볼 수 없는 경우들이 많이 있다.

(2) 행정소송법상 당사자소송의 대상

위에서 본 환급세액의 법적 성격을 고려하면, 국가의 환급세액 지급의무를 부당이득 반환의무로 보는 것은 부적절하고, 부가가치세법의 규정에 따른 공법상의 의무로 보는 것이 타당하다고 할 수 있다. 그렇다면 환급세액을 청구하는 것은 부당이득반환을 구하는 민사소송에 의할 것이 아니라 행정소송법 제3조 제2호가 규정하는 공법상의 법률관계에 관한 소송으로서 당사자소송에 의하도록 하는 것이 옳다. 환급세액의 반환청구권 자체가 민사법상의 부당이득반환청구권이라기보다는 부가가치세법 제24조 제1항에 의한 공법상의 청구권이라고 해야 하기 때문이다. 그래서 대법원 2013. 3. 21. 선고 2011다95564 전원합의체 판결은 부가가치세법 제59조 제1항에 의한 환급세액의 청구는 부당이득반환을 구하는 민사소송이 아니라 행정소송법상의 당사자소송에 의하여야 한다고 판시한 것이다.

그리고 이러한 청구를 민사소송이 아닌 행정소송법상 당사자소송으로 하는 것이 소송절차상 훨씬 효율적이다. 환급세액의 반환청구에 있어서는 주된 쟁점이 매입세액이 매출세액을 얼마나 초과하느냐이고 이를 판단하기 위해서는 부가가치세법의 제반규정에 의하여 매입세액과 매출세액이 정해져야 한다. 그래서 그 소송의 내면을 들여다보면 일반적인 부가가치세 부과처분의 당부에 관한 항고소송에서 매입세액과 매출세액에 관하여 다투는 것과 다를 바 없다. 이는 실질적으로 민사법상의 다툼이 아니라 공법상의 다툼이므로 행정사건을 전문적으로 처리하는 행정법원이나 행정재판부에서 처리하는 것이 훨씬 효율적이다. 행정소송에 의할 경우 민사소송법보다 행정소송법이 우선 적용되기 때문에 관할, 관련 사건의 병합, 소의 변경과 피고경정, 제3자 및 행정청의 소송참가, 행정심판기록의 제출명령, 판결의 기속력 등과 같은 민사소송절차와는 다른 행정소송 절차상의 여러 특칙을 활용하여 더욱 효과적이고 능률적으로 권리실현을 할 수 있다.[111] 특히 행정소송법은 제44조에서 항고소송에 적용되는 제26조의 직권심리에 관한 규정을 당사자소송에도 준용하고 있으므로 납세자의 권익구제 측면에서 보더라도 민사소송보다는 행정소송법상 당사자소송에 의하는 것이 합리적이다. 그리고 행정소송법상 당사자소송으로 보는 데에 장애물이 될 수 있는 특별한 사정도 없다. 위 대법원 판결의 입장이 타당하다고 하겠다.

---

111) 김동국, "부가가치세 환급세액 지급청구가 당사자소송의 대상인지 여부", 대법원판례해설(2013년 상권), 법원도서관

다. 오납세액과 초과납부세액의 반환청구 소송

지금까지 살펴본 바에 의하면 환급세액과는 달리 오납세액이나 초과납부세액은 결과적으로 납세의무가 없음에도 납부한 금액에 해당하고 국가는 그로 인하여 부당이득을 얻고 있다고 할 수 있으므로 그 반환청구권은 부당이득반환청구권의 성격을 지닌다는 점에 대하여는 별 이론이 없다. 그래서 위에서 본 전원합의체 판결은 오납세액과 초과납부세액에 관하여는 침묵하고 있고, 종전 판례를 폐기하는 부분도 환급세액의 반환을 민사상 부당이득반환이라고 본 부분에 국한하고 있으므로 현재의 대법원의 입장은 오납세액이나 초과납부세액의 반환청구는 행정소송법상 당사자소송이 아니라 민사소송에 의하여야 한다는 것으로 이해할 수 있다.

그러나 오납세액이나 초과납부세액의 반환청구를 민사소송에 의하도록 하는 것이라면 민법상 부당이득반환에 관한 제741조의 규정이 있으므로 굳이 그에 관하여 국세기본법에 별도의 규정을 둘 필요가 없다고 할 수 있다. 그런데도 국세기본법 제51조와 제52조에서 그 환급에 관한 절차적 규정과 환급가산금 및 충당에 관한 특별규정을 두고 있다. 아울러 제54조에서는 민사상 부당이득반환청구권의 소멸시효와 달리 그 소멸시효기간을 5년으로 단축하는 특별규정도 두고 있다. 또한 민사상 부당이득반환청구권이라면 당연히 타인에게 양도할 수 있음에도 국세기본법 제53조는 국세환급금에 관한 권리를 타인에게 양도할 수 있는 요건에 관하여 특별규정을 두고 있다. 특히 이들 규정에서는 오납세액이나 초과납부세액을 앞서 본 환급세액과 동일하게 취급하고 있다. 이러한 규정들의 내용과 취지를 종합하면 이들 규정에 의하여 오납세액이나 초과납부세액의 환급청구권도 공법상의 청구권으로 변모한 것이라고 할 수 있다.

그리고 오납세액이나 초과납부세액의 반환청구가 정당한지 여부는 납세자에게 신고·납부의무가 있는지, 납세의무자가 신고·납부한 세액이 정당한 세액을 초과하는지, 그리고 감액경정한 세액으로 충당할 다른 세액의 납부의무가 있는지 여부 등에 따라 결론이 좌우될 것이므로 이는 조세법상의 법률관계에 관한 것으로 볼 수도 있다. 따라서 행정소송법상의 당사자소송의 개념에 부합한다. 아울러 이와 같은 쟁점은 모두 조세법상의 쟁점이므로 여기에 전문성을 갖춘 행정법원이나 행정재판부가 이를 담당하여 행정소송의 절차적 특칙을 활용하는 것이 납세자의 권익구제에 훨씬 효율적이고 능률적이다. 설령 오납세액이나 초과납부세액의 반환청구가 민사상 부당이득반환청구의 성격을 지닌다고 하더라도 납세자의 소송절차상 편의를 고려해 볼 때, 민사소송절차만을 이용하게 할 것이 아니라 행정소송법상의 당사자소송절차를 선택적으로 이용하는 것까지 막아야 할 합리적인 이유는 없다고 본다. 오납세액이나 초과납부세액의 환급청구에 대하여도 행

정소송법상 당사자소송을 허용하는 방향으로 판례가 변경되는 것이 바람직하며 그와 같
은 방향으로 입법적 개선이 이루어지길 기대한다.

라. 조세채무부존재 확인소송

과세처분이 무효임을 전제로 하여 그 과세처분에 따른 조세채무가 부존재한다는 점에
대한 확인을 구하는 소송이 더러 제기된다. 과세처분에 불복하고자 하더라도 향후 가산
금 등의 부담을 우려하여 미리 세금을 납부한 경우에는 그 과세처분의 무효를 이유로
납부한 세금의 반환을 구하는 소송을 제기하거나 과세처분 무효확인 소송을 제기하겠지
만, 아직 그 세금을 납부하지 않은 납세자로서는 세금 미납을 이유로 한 과세관청의 추후
체납처분 등을 미연에 방지하기 위하여 조세채무부존재 확인의 소를 제기할 수 있다. 이
러한 소송도 공법상 당사자소송에 해당한다고 할 수 있다. 조세채무 자체가 전형적인 공
법상의 채무이므로 그 부존재의 확인을 구하는 것은 공법상 법률관계에 관한 소송으로
볼 수 있기 때문이다. 그래서 소송실무에서도 이러한 소송은 민사법원이 아니라 행정법
원에서 담당하고 있다.

여기서 과세처분이 무효사유에 이르지 아니하고 취소사유에 그친다면 그 과세처분이
취소가 되기 전까지는 그 효력이 살아 있으므로 그에 따른 조세채무가 부존재한다고 할
수 없어 조세채무부존재 확인소송에서 원고 승소판결을 받기 어렵다. 조세채무부존재 확
인소송에서 원고 승소판결을 받기 위해서는 그 과세처분이 무효이어야 하므로 일반적으
로 납세자들은 과세처분 무효확인 소송의 형태를 취하는 경우가 더 많다. 납세자로서는
둘 중의 하나를 선택할 수 있다고 하겠다.

그런데 과세처분 무효확인 소송은 제기할 수 없고 조세채무부존재 확인소송만 제기할
수 있는 경우도 있다. 부과처분과 징수처분이 있은 후 소멸시효기간이 도과한 경우 당해
부과처분이나 징수처분은 부과제척기간이나 소멸시효기간이 도과되기 전에 이루어진
것이므로 이를 다툴 수가 없지만 징수를 위한 시효기간이 도과되었다면 과세관청으로서
는 더 이상 체납처분 등의 후속절차를 취할 수 없을 것이므로, 납세자가 이러한 법률관계
를 확인받기 위해서는 후속하는 체납처분 등의 취소나 무효확인을 구할 수 있을 뿐만
아니라 당초의 부과처분과 징수처분에 따른 조세채무가 소멸시효의 완성을 이유로 부존
재함을 확인하여 달라는 소송을 제기할 수 있는 것이다. 이러한 경우의 조세채무부존재
확인소송도 공법상 당사자소송이 됨은 물론이다.

세무조사

1. 개요

조세법률관계는 기본적으로 과세권을 행사하는 과세관청과 그에 따른 납세의무를 이행하는 납세의무자의 관계인데, 과세관청이 과세권을 행사함에 있어서 이를 남용할 위험성이 있으므로 이러한 위험성으로부터 납세자를 보호하기 위해서는 과세권의 남용을 규제할 법적 장치가 필요하다고 하겠다. 이를 위해 국세기본법은 과세처분을 위한 전단계로서 행해지는 세무조사에 있어서 과세관청의 남용을 방지하기 위한 규정을 두고 있다.

신고납세방식에 의한 것이든 부과과세방식에 의한 것이든 과세권을 제대로 행사하기 위해서는 과세자료의 수집을 위한 세무조사가 불가피한데, 부족한 세수의 확보에 집착하거나 보복성 세무조사를 하는 경우에는 세무조사가 남용될 가능성이 있다. 이와 같은 세무조사의 남용을 규제하기 위하여 국세기본법 제81조의4는 제1항에서 세무공무원은 적정하고 공평한 과세를 실현하기 위하여 필요한 최소한의 범위에서 세무조사를 하여야 하고 다른 목적을 위하여 조사권을 남용해서는 아니된다는 원칙을 선언하고 있다. 여기서의 '다른 목적'이라 함은 위 규정의 전후 문맥상 '적정하고 공평한 과세를 실현'하는 것 이외의 다른 목적을 의미한다고 할 것인데, 예를 들면 정치적 보복의 목적으로 특정기업에 대한 세무조사를 실시하는 것 등이 있을 수 있다.

과세행정은 직접적인 반대급부 없이 납세자에게 납세의무를 부과하는 것이어서 납세자 보호의 필요성이 특히 강조되지 않을 수 없다. 사인 간의 계약관계에 기초한 권리의 행사와 달리 과세관청의 과세권 행사는 납세의무자와의 사이에 약정에 기초하지 않고 조세법규에 근거하여 일방적인 권리로서 행사되는 측면이 강하기 때문에 남용의 소지가 많고 그래서 납세자의 권익을 보호하기 위하여는 과세권 행사의 실체적 정당성 못지 않게 절차적 정당성이 강조되어야 하는 것이다.

2. 세무조사의 범위와 법적 통제

가. 세무조사의 정의와 범위

과세관청이 신고주의 국세에서 납세의무자가 신고한 과세표준 및 세액의 적정성을 검증하거나 부과주의 국세에서 과세표준과 세액을 결정하기 위해서는 과세자료를 확보하는 것이 필수적이다. 더구나 과세처분 후 그 당부를 다투는 쟁송에 대응하기 위해서도 과세자료의 확보는 절실하다. 그러나 과세자료의 대부분은 납세자의 수중에 있으므로 이를 확보하기 위한 법적 절차가 필요하다. 그래서 개별세법은 과세처분에 필요한 자료의 취득·수집을 가능하게 하기 위하여 세무공무원에게 질문조사권, 즉 과세요건사실에 관하여 납세의무자 또는 관계인에게 필요에 따라 질문을 하고, 또 관계서류·장부 기타 물건을 조사할 수 있는 권한을 인정하고 있다.[112] 세무공무원이 이러한 질문조사권을 행사하여 과세요건사실을 조사·확인하고 과세에 필요한 자료를 수집하는 일련의 행위를 통상 '세무조사'라고 한다.

종전에는 국세기본법 제81조의2 제1항 제1호에서 세무조사에 관하여 '국세의 과세표준과 세액을 결정 또는 경정하기 위하여 질문을 하거나 해당 장부·서류 또는 그 밖의 물건을 검사·조사하거나 그 제출을 명하는 경우(조세범처벌절차법에 따른 조세범칙조사를 포함한다)'라고 정의하고 있었다. 국세기본법 제81조의2는 세무조사의 정의를 주목적으로 하는 규정이 아니라 납세자 권리헌장의 제정과 교부에 관한 규정인데 여기에 부수하여 세무조사에 관한 정의를 괄호규정에서 하고 있었던 것이다. 세무조사는 매우 중요한 개념이므로 이러한 방식으로 입법하는 것은 바람직하지 못하다는 비판이 있었는데, 이를 받아들여 2018. 12. 31. 국세기본법이 개정되면서 제2조 정의규정에 제21호를 신설하여 '세무조사란 국세의 과세표준과 세액을 결정 또는 경정하기 위하여 질문을 하거나 해당 장부·서류 또는 그 밖의 물건을 검사·조사하거나 그 제출을 명하는 활동을 말한다'라고 규정하게 되었다. 그리고 조세범처벌절차법 제2조 제2호는 조세범칙조사에 관하여, '세무공무원이 조세범칙행위 등을 확정하기 위하여 조세범칙사건에 대하여 행하는 조사활동'이라고 정의하고 있다. 이와 같이 세무조사는 국세기본법에서 말하는 통상의

---

112) 소득세법 제170조, 법인세법 제122조, 부가가치세법 제35조, 상속세 및 증여세법 제84조 등

세무조사와 형사절차의 일환인 조세범칙조사를 포함하는데, 전자는 납세자의 협력을 전제로 하는 임의조사의 성격이 강한 반면, 후자는 납세자에게 강제력을 행사하는 강제조사의 성격이 강하다. 하지만 후자의 경우에는 법원의 압수수색영장이 필요하기 때문에 실무에서는 전자의 형태로 이루어진다고 한다.

한편, 국세청 조사사무처리규정은 각 세법에 규정하는 질문조사권 또는 질문검사권 및 조세범처벌법, 조세범처벌절차법에 의하여 조사공무원이 납세자 또는 그 납세자와 거래가 있다고 인정되는 자 등을 상대로 질문하고, 장부 · 서류 · 물건 등을 검사 · 조사하는 행위로서 조사계획에 의해 실시하는 것을 세무조사로 정의하면서, 이를 일반세무조사[113]와 조세범칙조사[114]로 구분하고 있다. 그리고 세원관리, 단순 과세자료 처리 또는 세무조사 증거자료 수집 등 업무를 처리하기 위하여 납세자 또는 그 납세자와 거래가 있다고 인정되는 자 등을 상대로 현장확인 계획에 따라 현장출장하여 사실관계를 확인하는 행위를 세무조사에서 제외하고 있다. 그러나 위 규정은 대외적인 효력이 없는 국세청의 내부훈령에 불과하기 때문에 세무조사에 해당하는지 여부는 위에서 본 국세기본법 제81조의2 제1항 제1호와 조세범처벌절차법 제2조 제2호의 정의규정에 근거하여 실질적으로 여기에 해당하는지 여부에 따라 판단하여야 한다. 예를 들어 세무공무원이 전화를 통하여 납세자에게 질문을 하거나 자료를 요구하는 것도 위 정의규정에서 말하는 질문 · 조사의 범주에 들어간다고 할 수 있으며, 현장확인도 조사작업의 일환으로 볼 수 있으므로 이들을 세무조사에서 배제할 합리적 이유가 없는 것이다. 이를 세무조사의 범주에 넣지 않고 있는 과세관청의 관행은 잘못된 것으로서 시정되어야 한다.

이와 같이 그동안 세무조사의 범위에 관하여 국세기본법의 정의규정과 과세관청의 관행이 서로 엇박자를 보이고 있었다. 국세기본법의 정의규정에 따르면 다음 항에서 보는 바와 같은 법적 통제를 받는 세무조사의 범위가 너무 넓어져 납세자에게 유리해질 수 있고, 반면에 과세관청의 관행에 의하면 그 범위가 부당하게 좁아져 과세관청에게 유리해질 수 있다. 이에 대하여 최근 대법원 2017. 3. 16. 선고 2014두8360 판결은 절충적인 입장을 취하여 세무조사의 범위를 정하는 기준을 제시하였다.

세무조사의 성질과 효과, 중복세무조사를 금지하는 취지 등에 비추어 볼 때, 세무공무원의 조사행위가 실질적으로 납세자 등으로 하여금 질문에 대답하고 검사를 수인하도록 함으로써 납세자의 영업의 자유 등에 영향을 미치는 경우에는 국세청 훈령인 구 조사사

---

113) 일반세무조사란 특정납세자의 과세표준 또는 세액의 결정 또는 경정을 목적으로 조사대상 세목에 대한 과세요건 또는 신고사항의 적정 여부를 검증하는 일반적인 세무조사를 말한다(제3조 제18호).
114) 조세범칙조사란 조세범처벌법에 따라 형벌을 적용시킬 목적으로 「조세범처벌절차법」에 근거하여 범칙혐의 사실을 조사하고 범칙자와 범칙사실을 확정하기 위하여 행하는 세무조사를 말한다(제3조 제19호).

무처리규정에서 정한 '현지확인'의 절차에 따른 것이라고 하더라도 그것은 재조사가 금지되는 '세무조사'에 해당한다고 보아야 한다고 하면서, 그러나 과세자료의 수집 또는 신고내용의 정확성 검증 등을 위한 과세관청의 모든 조사행위가 재조사가 금지되는 세무조사에 해당한다고 볼 경우에는 과세관청으로서는 단순한 사실관계의 확인만으로 충분한 사안에서 언제나 정식의 세무조사에 착수할 수밖에 없고 납세자 등으로서도 불필요하게 정식의 세무조사에 응하여야 하므로, 납세자 등이 대답하거나 수인할 의무가 없고 납세자의 영업의 자유 등을 침해하거나 세무조사권이 남용될 염려가 없는 조사행위까지 재조사가 금지되는 '세무조사'에 해당한다고 볼 것은 아니라고 하였다.

그리고 세무공무원의 조사행위가 재조사가 금지되는 '세무조사'에 해당하는지 여부는 조사의 목적과 실시경위, 질문조사의 대상과 방법 및 내용, 조사를 통하여 획득한 자료, 조사행위의 규모와 기간 등을 종합적으로 고려하여 구체적 사안에서 개별적으로 판단할 수밖에 없을 것인데, 세무공무원의 조사행위가 사업장의 현황 확인, 기장 여부의 단순확인, 특정한 매출사실의 확인, 행정민원서류의 발급을 통한 확인, 납세자 등이 자발적으로 제출한 자료의 수령 등과 같이 단순한 사실관계의 확인이나 통상적으로 이에 수반되는 간단한 질문조사에 그치는 것이어서 납세자 등으로서도 손쉽게 응답할 수 있을 것으로 기대되거나 납세자의 영업의 자유 등에도 큰 영향이 없는 경우에는 원칙적으로 재조사가 금지되는 '세무조사'로 보기 어렵지만, 조사행위가 실질적으로 과세표준과 세액을 결정 또는 경정하기 위한 것으로서 납세자 등의 사무실·사업장·공장 또는 주소지 등에서 납세자 등을 직접 접촉하여 상당한 시일에 걸쳐 질문하거나 일정한 기간 동안의 장부·서류·물건 등을 검사·조사하는 경우에는 특별한 사정이 없는 한 재조사가 금지되는 '세무조사'로 보아야 한다고 하였다.

위 판결의 사안에서, 문제가 된 세무공무원의 조사에 대하여 과세관청인 피고는 국세청 조사사무처리규정에 의한 현장확인이라는 이유로 세무조사에 해당하지 않는다고 주장하였는데, 실은 세무공무원 5명이 납세자인 원고의 작업장을 방문하여 9일간에 걸쳐 3년간의 매출액에 대하여 폭넓게 질문조사권을 행사하였다. 그래서 대법원은 이러한 정도의 행위는 세무조사에 해당한다고 보고 그 후에 다시 이루어진 세무조사는 위법한 중복세무조사에 해당한다는 이유로 원고 승소판결을 하였다. 위 대법원 판결에서 세무조사가 될 수 있는 경계선을 뚜렷하고 명확하게 제시하고 있지는 않아서 향후 개별적 사안에서 판단을 할 때 논란의 여지를 좀 남겨두고 있다. 이것은 절충설이 가지고 있는 본질적 한계이다. 대법원이 차라리 국세기본법 제81조의2 제1항 제1호 괄호규정의 문언대로 그 범위를 정하였더라면 논란의 소지가 전혀 없었을 것이며 그로 인한 과세관청의 불편함은 입법의 개선을 통하여 해결하는 것이 더 바람직하였을 것으로 본다. 어쨌든 위 대법원 판결의 사안이 하나의 기준점은 될 수 있겠다. 위 사안의 경우보다 무겁다면 당연히 세무조사의 범위에 들어갈 것이고 그보다 가볍다면 개별 사안별로 구체적 사정을 고려하여 판단할 수밖에 없다. 세무공무원의 자료 요구나 질문이 일회성에 그치지 않고 며칠간에 걸쳐 반복적으로 이루어졌고 납세자가 거기에 응하는 것이 불편하다고 여겨질 정도에 이르면 세무조사의 범위에 들어간다고 볼 여지가 많다고 하겠다.

최근 대법원 2020. 2. 13. 선고 2015두745 판결은 관세법상 중복세무조사 금지 여부가 쟁점이 된 사안에서도 같은 취지를 판시한 바 있다. 즉, 세관공무원은 과세가격과 관련한 여러 사항에 대해 구체적으로 질문하면서 상세한 자료제출을 요구하였으며 납세자가 이를 준비하여 제출하는 과정에 상당한 노력이 필요했고, 그 과정에서 과세관청의 추궁과 독촉도 있었으며, 세관공무원이 두 차례 납세자의 사업장과 공장을 방문하였고 그때를 전후하여 서면질문과 자료제출을 요구하여 이를 제출받은 사정 등을 종합하여 이러한 일련의 행위는 재조사금지규정에서 말하는 '조사'에 해당한다고 판시하였다. 이 사안에서 과세관청은 제1차 조사와 제2차 조사가 그 대상이 동일하지 않다고 다투었으나, 대법원은 제1차 조사대상은 2003. 1. 1.부터 2007. 12. 31.까지 수입된 각초의 과세가격이었고 제2차 조사대상은 2006. 1. 1.부터 2007. 12. 31.까지 수입된 각초의 과세가격이어서 그 대상이 겹치고, 제1차 조사에서는 제2차 조사에서와 달리 관세법 제30조가 아닌 제35조를 적용하여 과세가격을 결정하였다고 하더라도 모두 동일한 각초의 과세가격 결정에 관한 것이므로 그 대상이 동일하다는 이유로 제2차 조사는 중복조사에 해당한다고 판시하였다.

한편, 대법원 2017. 10. 26. 선고 2017두42255 판결은 세무조사는 질문·조사권의 행사로서 상대방이 '납세의무자나 관계인'인 반면, 금융실명거래 및 비밀보장에 관한 법률에 따른 '금융거래정보 제공요구'는 그 상대방이 납세의무자나 관계인이 아니라 '금융회사 등'이므로 이러한 금융거래정보 제공요구는 납세의무자나 그 관계인에게 질문을 하거나 그 보유 장부 등을 검사·조사 또는 그 제출을 명하는 것에 해당하지 아니하고, 납세의무자에게 수인의무를 부과하거나 납세의무자의 영업의 자유 등을 침해하는 것도 아니어서, 그 실질을 납세의무자 등에 대한 자료제출 요구와 동일하게 볼 수 없어 세무조사에 해당한다고 할 수 없다고 판시하였다. 앞서 본 판결의 연장선상에 있는 판결로 이해할 수 있다.

나. 세무조사에 대한 법적 통제

이러한 세무조사는 조세의 부과·징수를 위한 절차 중의 하나이기 때문에 조세법률주의의 원칙인 합법성의 원칙과 절차적 보장 원칙이 지켜져야 한다. 세무조사는 법률상 성격이 임의조사이지만 공권력을 가진 국가기관의 조사권의 발동으로서 조사대상자가 이를 거부하는 것이 현실적으로 어려우며, 더구나 조세범처벌법에서 과태료의 제재까지 규정하고 있으므로 대부분 수인하고 있다. 그런데 세무조사는 그 자체로서 납세자에게 기업경영의 어려움과 신용경색의 위험 등을 초래할 수 있을 뿐만 아니라 납세자의 사생활의 평온 등 권익이 침해될 우려가 있고 종국적으로는 과세처분으로 이어지게 된다. 따라서 세무조사에서도 조세법률주의의 한 원칙인 절차적 적법성이 강조되지 않을 수 없다. 여기서 과세관청의 세무조사에 대한 법적 통제의 필요성이 제기된다. 같은 취지에서 대법원 2024. 3. 12. 선고 2021두32088 판결은, 헌법 제12조 제1항에서 규정하고 있는 적법절차의 원칙은 형사소송절차에 국한되지 아니하고 모든 국가작용 전반에 대하여 적용된다고 하면서. 세무조사는 국가의 과세권을 실현하기 위한 행정조사의 일종으로서 과세자료의 수집 또는 신고내용의 정확성 검증 등을 위하여 필요불가결하며, 종국적으로는 조세의 탈루를 막고 납세자의 성실한 신고를 담보하는 중요한 기능을 수행한다. 이러한 세무공무원의 세무조사권의 행사에서도 적법절차의 원칙은 마땅히 준수되어야 한다고 판시하였다.

그래서 1996. 12. 30. 개정된 국세기본법은 제7장의2를 신설하여, 세무조사절차에 있어서 납세자의 권리보호에 필요한 법적 통제에 관한 규정들을 마련하였다. 주요한 규정으로는, 제81조의2(납세자 권리헌장을 교부받을 권리), 제81조의3(납세자의 성실성 추정), 제81조의4(세무조사권 남용금지), 제81조의5(세무조사시 조력을 받을 권리), 제81조의6(세무조사 관할 및 대상자 선정), 제81조의7(세무조사의 사전통지와 연기신청), 제81조의8(세무조사 기간의 제한), 제81조의9(세무조사 범위 확대의 제한), 제81조의10(장부·서류 보관 금지), 제81조의11(통합조사의 원칙), 제81조의12(세무조사의 결과통지), 제81조의13(비밀유지) 등이 있다.

위에서 보는 바와 같이 국세기본법 제81조의8은 세무조사 기간의 제한에 관한 까다로운 규정을 두고 있다. 제1항에서 세무공무원은 세무조사 기간이 최소한이 되도록 하여야 한다고 하면서, 다만 납세자가 장부·서류 등을 은닉하거나 제출을 지연하거나 거부하는 등 조사를 기피하는 행위가 명백한 경우(제1호), 거래처 조사, 거래처 현지확인 또는 금융거래 현지확인이 필요한 경우(제2호) 등 각 호의 경우에는 세무조사 기간을 연장할 수 있도록 규정하였다. 관세법 시행령 제139조의2에도 비슷한 규정을 두고 있는데, 당초 정한 조사기간을 도과하여 조사를 계속한 것이 세무조사권을 남용한 것인지가 다투어졌다.

이에 관하여 대법원 2025. 4. 24. 선고 2022두45647 판결은, 다음과 같이 판시하였다. 즉, 원고가 당초 고지된 조사종료일 직전 또는 조사기간이 도과한 후에야 A사가 원고에게 발행한 대금청구서 및 이와 관련된 자료를 제출함으로써 세관공무원이 조사종료일 이후에도 여러 차례 원고에게 자료 등을 요청하게 된 점, 조사종료일 이후에 실시된 조사행위는 누락된 과세자료의 수집 또는 신고내용의 정확성을 검증하기 위한 것이거나 원고가 이미 제출한 자료에 대한 추가 설명을 요구한 것에 불과하고, 세관공무원이 원고의 사무실 등 현장을 직접 방문하여 질문조사권 등을 행사한 것은 아닌 점, 그 과정에서 강요, 회유 등 불법적인 수단이 동원되었다고 볼 수 없고, 원고도 위 조사행위에 임의로 협력하는 등 묵시적으로 동의한 점 등을 보면, 피고 소속 세관공무원이 당초 고지된 조사종료일 이후에도 일련의 조사행위를 한 것이 세무조사권을 남용한 것이거나 관세법령상 납세자의 절차적 권리를 중대하게 침해하여 위법하다고 볼 수 없다고 판시하였다. 납세자의 자료제출지연이 조사기간의 연장을 초래하였고, 연장된 기간 동안의 조사과정이 현장조사 등 통상적인 세무조사의 정도에 이르지 않은 점 등을 고려하여 세무조사권 남용이 아니라고 결론내린 것으로 보인다.

3. 세무조사의 처분성

가. 쟁점의 소재

세무조사는 사실행위이므로 그 자체로서 항고소송의 대상이 된다고 보기 어려운 측면이 있지만, 세무조사 과정에서 강제력을 행사할 경우 행정소송법 제2조 제1호의 '공권력의 행사'에 해당한다고 보아 항고소송의 대상으로 볼 여지도 있다. 그러나 세무조사가 공권력의 행사에 해당하기 위해서는 강제력의 행사가 항고소송의 대상으로 포착할 수 있을 정도로 계속성을 지니고 있어야 하는데, 기본적으로 세무조사는 납세자의 동의를 전제로 하는 임의조사 성격을 지니고 있으므로 세무조사 과정에서의 여러 가지 개별적 행위들 속에서 항고소송의 대상을 추출해 내는 것이 쉽지는 않아 보인다. 또한 세무조사 자체로는 아직까지 구체적인 납세의무가 확정되지 않고 그 선행절차의 단계에 지나지 않으므로 설령 세무조사에 위법성이 있다고 하더라도 향후 행해질 부과처분의 단계에서 다툴 기회가 주어지므로 세무조사 단계에서 미리 행정처분성을 인정하여 이를 다툴 수 있도록 할 실익이 없다고 볼 수도 있다.

그러나 세무조사가 납세자의 협력을 전제로 하는 임의적인 절차라고 하더라도 세무조사에서의 질문조사권 등에 불응하거나 거짓으로 대응할 경우 앞서 언급한 바와 같이 조세범처벌법 제17조 제5호에 의하여 과태료 부과의 제재를 받을 수 있으므로 간접강제의 효과가 있다. 따라서 이와 같이 간접강제력을 가진 세무조사가 위법할 경우 부과처분에 이르기 전일지라도 세무조사 자체로부터 납세자의 권리가 침해되는 경우가 있을 수 있다. 예를 들어 세무조사 담당 공무원이 납세자의 사업장을 방문하여 서류제출을 요구하거나 영업현황조사 등 질문조사권을 행사함으로써 영업에 방해를 초래할 수 있을 뿐만 아니라 납세자의 사생활침해 등으로 정신적, 육체적 피해를 줄 수도 있다. 또한 기업의 경우 세무조사가 이루어진다는 보도가 있을 경우 탈세의 의혹에 휩싸여 기업의 이미지에 적잖은 악영향을 줄 수도 있다. 이러한 피해는 위법한 세무조사 자체를 사전에 차단하지 않고서는 구제하기 어려우므로 이를 위하여 세무조사단계에서 항고소송의 대상적격을 인정하고 그 집행정지를 구할 기회를 가지도록 하는 방안을 검토해 볼 필요가 있다.

나. 세무조사의 과정

세무조사의 과정에 대하여는 국세기본법 제81조의6 이하에 비교적 자세히 규정되어 있다. 먼저 국세기본법 제81조의6에 의하여 일정한 요건에 따라 세무조사대상자가 선정된다. 다음으로 국세기본법 제81조의7에 의하여 원칙적으로 세무조사를 시작하기 20일(재조사 결정으로 재조사를 하는 경우에는 7일) 전에 조사대상 세목, 조사기간 및 조사사유 등을 납세자에게 통지하여야 한다. 다만, 사전통지를 하면 증거인멸 등으로 조사목적을 달성할 수 없다고 인정되는 경우에는 그러하지 아니하다. 이를 세무조사 결정통지(과세관청에서 통지할 때는 '세무조사 사전통지'라는 표현을 쓴다)라고 하는데 이는 과세관청이 세무조사에 관하여 납세자에게 하는 최초의 의사표시이다. 세무조사대상자로 선정되었다고 하더라도 세무조사 결정통지가 있기 전까지는 과세관청의 내부의사결정에 불과하다. 그래서 세무조사와 관련하여 행정처분성을 거론할 수 있는 최초의 행위가 바로 세무조사 결정통지라고 할 수 있다. 그 다음으로 세무조사 기간 동안에 질문·조사권 등을 행사하게 되는데 이에 대하여는 국세기본법에 직접적인 규정을 두지 않고 제81조의17에서는 납세자는 세무공무원의 적법한 질문·조사, 제출명령에 대하여 성실하게 협력하여야 한다라고만 규정하고 있으며, 개별세법에서 그에 관한 직접적 규정을 두고 있다.[115] 마지막으로 국세기본법 제81조의12에 의하여 세무조사를 마쳤을 때 그 조사결과를 서면으로 납세자에게 통지하여야 한다.

위와 같은 일련의 세무조사 과정에서 항고소송의 대상으로 추출될 수 있는 것은 과세관청의 의사표시인 세무조사 결정통지와 세무조사 결과통지 그리고 질문조사권을 행사하는 과정에서의 권력적 사실행위 등을 들 수 있다. 세무조사 결과통지에 대하여는 곧바로 이어질 부과처분에 대한 취소소송이나 과세전적부심사 청구 등을 통하여 권리구제를 받을 수 있으므로 세무조사 결과통지를 항고소송의 대상으로 볼 실익은 크지는 않다. 그

---

115) 소득세법 제170조, 법인세법 제122조, 상속세 및 증여세법 제84조, 부가가치세법 제74조 등

리고 질문조사권 행사 과정에서의 권력적 사실행위가 지속될 경우 이를 항고소송의 대상으로 포착할 여지는 있지만 현실적으로 쉽지는 않아 보인다. 그와 같은 사실행위는 종료되어 버리면 소의 이익이 없어지기 때문이다. 그래서 결국 항고소송의 대상적격으로 삼기에 가장 적합한 것이 세무조사 결정통지라고 하겠다. 세무조사 결정통지를 항고소송의 대상으로 볼 수 있으면 그 취소를 구하는 조세소송을 제기하면서 집행정지나 효력정지 결정을 받아낼 경우 그 후속절차가 모두 중지되기 때문이다.

다. 세무조사결정의 처분성

세무조사 결정통지를 항고소송의 대상이 되는 행정처분으로 볼 수 있는지에 관하여는 견해의 대립이 있었다. 행정처분성을 부정하는 입장에서는, 세무조사결정이나 그 통지가 있다 하더라도 납세자가 어떠한 의무를 직접 부담하는 것도 아니고 임의조사인 세무조사 자체를 거부할 수도 있어 납세자의 권리의무에 구체적이고 결정적인 영향을 미치는 것으로 볼 수 없다는 점을 주된 논거로 들고 있다. 그러나 대법원 2011. 3. 10. 선고 2009두23617, 23624 판결은 행정처분성을 긍정하는 입장에서 다음과 같이 판시하였다.

행정청의 어떤 행위가 항고소송의 대상이 될 수 있는지의 문제는 추상적·일반적으로 결정할 수 없고, 구체적인 경우 행정처분은 행정청이 공권력의 주체로서 행하는 구체적 사실에 관한 법집행으로서 국민의 권리의무에 직접적으로 영향을 미치는 행위라는 점을 염두에 두고, 관련 법령의 내용과 취지, 그 행위의 주체·내용·형식·절차, 그 행위와 상대방 등 이해관계인이 입는 불이익과의 실질적 견련성, 그리고 법치행정의 원리와 당해 행위에 관련한 행정청 및 이해관계인의 태도 등을 참작하여 개별적으로 결정하여야 한다고 전제하고, 부과처분을 위한 과세관청의 질문조사권이 행해지는 세무조사결정이 있는 경우 납세의무자는 세무공무원의 과세자료 수집을 위한 질문에 대답하고 검사를 수인하여야 할 법적 의무를 부담하게 되는 점, 세무조사는 기본적으로 적정하고 공평한 과세의 실현을 위하여 필요한 최소한의 범위 안에서 행하여져야 하고, 더욱이 동일한 세목 및 과세기간에 대한 재조사는 납세자의 영업의 자유 등 권익을 심각하게 침해할 뿐만 아니라 과세관청에 의한 자의적인 세무조사의 위험마저 있으므로 조세공평의 원칙에 현저히 반하는 예외적인 경우를 제외하고는 금지될 필요가 있는 점, 납세의무자로 하여금 개개의 과태료 처분에 대하여 불복하거나 조사 종료 후의 과세처분에 대하여만 다툴 수 있도록 하는 것보다는 그에 앞서 세무조사결정에 대하여 다툼으로써 분쟁을 조기에 근본적으로 해결할 수 있는 점 등을 종합하면, 세무조사결정은 납세의무자의 권리·의무에 직접 영향을 미치는 공권력의 행사에 따른 행정작용으로서 항고소송의 대상이 된다고 판시하였다.

위 판결의 사안에서는, 피고는 이미 최초 세무조사를 실시하고 그 결과를 반영하여 원고에게 과세처분까지 하였음에도 불구하고, 당초 제보자가 반발하며 형사사건 접수부 등을 추가로 제출하였다는 이유로 다시 세무조사를 하겠다고 결정하여 통지하였다. 원고는 위 형사사건 접수부는 법률사무소 운영상 편의를 위한 내부 문서에 불과할 뿐 정확한 수입 내역을 반영하지 못하고 있으므로, 탈세 혐의를 인정할 만한 명백한 자료가 있는 경우에만 재조사를 할 수 있도록 규정한 국세기본법 제81조의4 제2항의 요건에 부합하지 않는다고 하면서 세무조사는 국민의 구체적인 권리를 침해하는 행정청의 공권력적 행위이므로, 이는 행정소송으로 다툴 수 있는 처분에 해당한다는 이유로 그 취소를 구하였다. 이에 대하여 제1심과 원심은 앞서 본 부정설의 논거를 들어 원고의 청구가 부적법하다고 보아 각하하였었지만, 대법원은 긍정설의 입장을 취한 것이다.

이러한 대법원의 입장은 행정처분성을 확대해가는 추세에 부합할뿐더러 세무조사 사전통지행위 혹은 세무조사결정에 대해 처분성을 인정함으로써 세무조사에 대한 사법적 통제를 강화하고 이를 통하여 국민들의 권리침해를 방지하는 데 기여한다고 평가받고 있다.

이러한 대법원의 입장에 대하여, 국세기본법 제81조의7 제1항 단서에 의하여 증거인멸 등으로 조사목적을 달성할 수 없다고 인정되어 사전의 세무조사 결정통지를 하지 않는 경우에는 행정처분성을 인정할 대상이 없게 된다는 비판이 있다.[116] 그러나 위 단서는 예외의 규정이므로 예외의 경우에 행정처분성을 인정할 대상이 없다는 이유로 그보다 훨씬 광범위한 원칙적인 경우에 행정처분성을 인정할 대상이 있음에도 불구하고 그 행정처분성을 부인한다는 것은 균형이 맞지 않는 견해라고 하겠다. 그리고 행정처분성을 긍정하게 되면, 세무조사 자체를 다투는 사건이 많이 증가할 수 있어 법원에 상당한 부담이 될 수 있으며, 세금납부의 지연 등을 위해 소송을 남발할 가능성이 있다는 지적도 있을 수 있다. 그러나 처음에는 소송이 증가할 것이나 최초 세무조사결정의 경우 대체로 과세관청의 세무조사 필요성에 관한 판단이 긍정적으로 받아들여져 그 집행정지를 받을 가능성이 별로 없어 그 실효성이 없을 가능성이 많으므로 중복세무조사와 관련하여만 실효성이 있다는 점으로 실무가 정착되어 간다면 소송은 안정되어 갈 수 있을 것이다. 실제 조세쟁송 실무에서 세무조사결정 자체를 소송물로 하여 다투는 사건은 적은 편이다.

한편, 세무조사결정을 조세행정처분으로 본다면, 위 결정에 대하여도 필요적 전치주의가 적용되어 전심절차를 거쳐야 할 것인데 심사청구나 심판청구 절차에서는 국세기본법 제57조 본문에 의하여 원칙적으로 집행정지를 인정하지 않고 있어 위 결정에 대한 행정

---

116) 이동식, "세무조사 결정통지의 처분성", 행정판례연구(2012. 6.), 박영사

쟁송이 제기되더라도 세무조사는 속행되며 그 결과 쟁송에 대한 결정 이전에 종결되어 부과처분 등이 이루어질 수 있다. 이러한 경우에는 부과처분 자체를 다투면 되므로 소의 이익이 없어져 항고소송의 대상이 되는 처분으로 인정할 실익은 없다고 할 수도 있다. 그러나 이러한 문제는 전심의 재결청에서 전심의 이익을 유지하기 위하여 국세기본법 제57조 단서에 따라 직권으로 그 집행정지나 효력정지결정을 함으로써 해소될 수 있을 것으로 보인다.

4. 세무조사대상자 선정의 위법

가. 개요

세무조사대상자의 선정은 세무조사를 위한 전단계이거나 세무조사의 최초단계라고 할 수 있다. 이러한 선정과정에 위법이 있으면 그 후속절차가 법적 요건을 갖추었는지에 관계 없이 모두 위법하게 됨은 더 말할 나위가 없다. 그런데 세무조사대상자를 선정하는 것은 과세관청의 내부행위에 불과하고 이를 선정된 대상자에게 알리는 절차도 따로 없기 때문에 선정행위 자체를 항고소송의 대상으로 삼기에는 부적절하다. 기껏해야 세무조사 결정통지의 단계에 이르러 이를 항고소송의 대상으로 삼아 선정행위가 위법하므로 세무조사 결정통지가 위법하다고 다투는 방법이 있을 뿐이다. 이 단계마저도 놓쳤다면 그 세무조사에 따른 과세처분의 단계에서 그 과세처분을 항고소송의 대상으로 삼아 세무조사가 위법하다는 이유로 과세처분의 위법을 주장할 수 있을 것이다. 이와 같이 세무조사대상자의 선정에 위법이 있으면 과세처분의 위법으로 귀결되므로 세무조사대상자의 선정이 적법성을 갖추었는지가 조세소송에서 중요한 쟁점으로 부각될 수 있다.

나. 선정의 요건

국세기본법 제81조의6 제2항과 제3항에서는 세무조사대상자 선정의 요건에 관하여 자세하게 규정하고 있다. 이러한 규정은 1996. 12. 30. 신설되었는데, 이는 세무조사대상자의 기준과 그 선정방식을 법률에 명백히 규정함으로써 세무조사의 공정성과 객관성의 확보를 통하여 세무당국의 자의적인 조사권 발동으로 인한 오·남용 시비를 근절하고 억울한 납세자의 발생을 최소화하려는 취지로 이해된다. 따라서 이러한 규정은 행정의 적법절차의 보장을 통한 납세자의 권익구제를 위한 것이므로 강행규정으로 보아야 하고 그 요건을 갖추지 못한 선정은 위법하다고 할 것이다.

위 규정에 의하면 세무조사대상자의 선정에는 '우선 선정'과 '정기 선정'으로 분류할 수 있다. '우선 선정'의 대상자가 되는 경우에 관하여는 국세기본법 제81조의6 제3항에 규정되어 있는데, 납세자가 세법에서 정하는 신고, 성실신고확인서의 제출, 세금계산서 또는 계산서의 작성·교부·제출, 지급명세서의 작성·제출 등의 납세협력의무를 이행하지 아니한 경우(제1호), 무자료거래, 위장·가공거래 등 거래 내용이 사실과 다른 혐의가 있는 경우(제2호), 납세자에 대한 구체적인 탈세 제보가 있는 경우(제3호), 신고내용에 탈루나 오류의 혐의를 인정할 만한 명백한 자료가 있는 경우(제4호), 납세자가 세무공무원에게 직무와 관련하여 금품을 제공하거나 금품제공을 알선한 경우(제5호)가 그것이다. 제5호는 2015. 12. 15.에 신설된 것이다. 그리고 '정기 선정'의 대상자가 되는 경우에 관하여는 국세기본법 제81조의6 제2항에 규정되어 있는데, 국세청장이 납세자의 신고 내용에 대하여 정기적으로 성실도를 분석한 결과 불성실 혐의가 있다고 인정하는 경우(제1호), 최근 4과세기간 이상 같은 세목의 세무조사를 받지 아니한 납세자에 대하여 업종, 규모, 경제력 집중 등을 고려하여 대통령령으로 정하는 바에 따라 신고 내용이 적정한지를 검증할 필요가 있는 경우(제2호), 무작위추출방식으로 표본조사를 하려는 경우(제3호)가 그것이다.

그 밖에도 국세기본법 제81조의6 제4항에서는 세무공무원은 과세관청의 조사결정에 의하여 과세표준과 세액이 확정되는 세목의 경우 과세표준과 세액을 결정하기 위하여 세무조사를 할 수 있도록 규정하고 있다. 납세자의 신고에 의해 과세표준과 세액이 확정되는 신고주의 국세와 달리 과세관청의 결정에 의하여 과세표준과 세액이 결정되는 이른바 부과주의 국세에 있어서는 과세표준과 세액의 확정을 위한 결정을 함에 있어서 세무조사를 해야 할 필요성이 높으므로 세무조사대상자의 선정에 별다른 제한을 두지 않는 것이다.

세무조사의 적법성에 대한 납세자의 인식이 고조되어 감에 따라 이제는 중복세무조사만을 다투는 것이 아니라 세무조사대상자의 선정에 대하여도 다툼이 생기고 있다. '정기 선정'의 경우는 위에서 본 바와 같이 그 요건에 별 다툼이 있을 소지가 없으나 '우선 선정'의 경우에는 그 요건에 다소 추상적이고 모호한 문언들도 있어서 그에 해당하는지 여부가 다투어질 수 있다.

먼저 국세기본법 제81조의6 제3항 제1호의 '납세협력의무'의 범위가 문제되는데, 위 규정의 문언에 의하면 세법에서 정하는 신고, 성실신고확인서의 제출, 세금계산서 또는 계산서의 작성·교부·제출, 지급명세서의 작성·제출에 관한 의무가 여기에 우선 해당한다. 이들은 예시적인 것이므로 그 외에도 개별세법에서 규정하고 있는 각종 의무들, 예를 들어 법인세법 제6장의 각 조에 규정되어 있는 의무들도 여기에 해당할 수 있고,

이들 의무에 불이행에 대하여는 법인세법 제76조 등에 의하여 가산세의 제재가 가해진다. 여기에 국세기본법 제81조의17에서 규정하는 세무공무원의 적법한 질문·조사, 제출명령에 대하여 성실하게 협력할 의무도 포함되는지 여부가 문제될 수 있다. 그러나 위 규정에서 알 수 있듯이 그 질문·조사와 제출명령이 적법한 것이어야 하고, 그것이 적법한 것이기 위해서는 세무조사대상자의 선정이 적법하여야 하는데, 위 '납세협력의무'의 불이행은 세무조사대상자의 선정이 적법하기 위한 요건이므로 위 '납세협력의무'에 세무공무원의 질문·조사, 제출명령에 대하여 성실하게 협력할 의무를 포함시키게 되면 순환논법에 빠져버리는 모순이 생긴다. 따라서 위 '납세협력의무'에는 세무공무원의 질문·조사, 제출명령에 성실하게 협력할 의무는 포함되지 않는다고 해야 한다.[117]

다음으로 같은 항 제2호의 '무자료거래, 위장·가공거래 등 거래 내용이 사실과 다른 혐의가 있는 경우'에서의 '혐의'가 어느 정도의 의심이나 가능성을 의미하는지가 문제된다. '혐의'의 사전적 의미는 어떤 일이나 범죄를 저질렀으리라는 의심으로서 수사를 개시하는 동기라고 한다. 위 규정에서는 같은 항 제3호의 '신고 내용에 탈루나 오류의 혐의를 인정할 만한 명백한 자료가 있는 경우'와 달리 혐의를 인정할 자료에 관한 별도의 요건이 없고 단지 혐의만 있으면 된다는 취지로 규정되어 있어 여기서의 혐의는 객관적으로 명백하다고 할 정도의 가능성을 의미하는 것은 아니라고 여겨진다. 그러나 혐의가 수사를 개시하는 동기도 되고, 세무조사대상자 선정의 요건도 되는 만큼 주관적인 의심의 정도만으로는 부족하고 객관적인 자료에 의하여 뒷받침되는 합리적인 의심의 정도에 이르러야 한다고 해야 할 것이다.

그리고 같은 항 제3호의 '구체적인 탈세 제보'에서 어느 정도의 구체성을 지녀야 하는지가 문제된다. 막연히 탈세하였을 것이라는 추측성 제보만으로는 부족할 것이고 탈세의 대상이 되는 소득, 수익, 재산, 행위 또는 거래를 상당한 정도로 특정하면서 그 시기와 규모 내역 등의 대강을 짐작할 수 있을 정도로 구체적인 기재가 있어야 할 것이다. 다만, 위 규정에서는 탈세 제보의 구체성만을 요건으로 규정하고 있을 뿐이므로 같은 항 제2호나 제4호와 달리 그 제보사실을 뒷받침하는 객관적인 자료가 구비되어 있을 필요까지는 없다고 해야 할 것이다.

마지막으로 같은 항 제4호의 '혐의를 인정할 만한 명백한 자료'가 어느 정도를 말하는지가 문제이다. 이에 관하여는 대법원 2010. 12. 23. 선고 2008두10461 판결에서 '조세탈루의 혐의를 인정할 만한 명백한 자료가 있는 경우'라 함은 조세의 탈루사실이 확인될 상당한 정도의 개연성이 객관성과 합리성이 뒷받침되는 자료에 의하여 인정되는 경우로

---

117) 이예슬, "우선적 세무조사대상자 선정에 관한 구 국세기본법 제81조의5 제2항의 해석", 대법원판례해설(2014년 상), 법원도서관

엄격히 제한되어야 한다고 판시하였다. 이 요건은 중복세무조사를 허용하는 요건도 되기 때문에 대법원 판결과 같이 엄격하게 해석하지 않으면 아니 될 것이다.

다. 사례 분석

(1) 대법원 2014. 6. 26. 선고 2012두911 판결

세무조사대상자 우선 선정의 요건을 갖추었는지 여부가 다투어진 사안에서 최근 대법원 2014. 6. 26. 선고 2012두911 판결이 그 구체적 요건의 충족 여부에 관하여 비교적 자세하게 판시하였다.

원고의 처가 2004. 6. 10. 부동산을 28억 원에 매수하자, 과세관청은 원고의 처가 원고로부터 증여를 받아 이를 취득함으로써 증여세를 탈루하고 원고도 종합소득세와 부가가치세 등을 탈루하였을 가능성이 높다고 보아 원고와 처를 세무조사대상자로 선정한 다음, 2006. 9. 6. 원고에게 조사대상세목란에 '개인제세 통합조사(종합소득세, 부가가치세, 원천세 등 관련 세목 통합 조사)', 조사사유란에 '국세기본법 제81조의5 제2항(현행의 제81조의6 제3항)'으로 기재한 세무조사사전통지서를 발송하였고, 그에 따라 원고와 처에 대한 세무조사를 실시한 결과 원고의 수입금액 신고누락 부분을 수입금액에 산입하고 업무무관비용 부분을 필요경비에서 제외함으로써 원고에 대하여 2002년 제1기부터 2006년 제1기까지의 부가가치세와 2002년부터 2005년 귀속분 종합소득세를 각 증액경정하였다. 과세관청은 세무조사 과정에서 원고를 상대로 처의 부동산 취득자금의 출처자료를 요구하였으나 원고가 불응하였고, 원고의 처가 증여세를 신고한 데 대하여 탈루나 오류를 발견하지 못하였다.

여기서 원고의 처를 세무조사대상자로 선정한 것에는 별문제가 없었다. 왜냐하면 국세기본법 제81조의6 제4항은 앞서 본 '우선 선정' 및 '정기 선정'과는 별도로 과세관청의 조사결정에 의하여 과세표준과 세액이 확정되는 세목의 경우 과세표준과 세액을 결정하기 위하여 세무조사를 할 수 있도록 규정하고 있고, 국세기본법 시행령 제10조의2 제5호에 의하여 증여세가 여기에 해당하기 때문이다. 문제는 원고를 세무조사대상자로 '우선 선정'한 것이 적법한지 여부였다.

이에 대하여 원심은, 세무조사결과 원고가 한 신고내용이 일부 사실과 다르다는 점이 밝혀진 것일 뿐 원고가 세법이 정하는 신고 등 각종 납세협력의무를 이행하지 아니하였다고 인정할 증거가 없고, 과세관청은 원고의 처와 관련한 세무신고자료나 전산자료에 나타난 그녀의 재산현황에 비추어 부동산의 취득자금 출처가 불분명하다고 보았을 뿐 원고의 신고내용 자체에 탈루나 오류의 혐의를 인정할 만한 명백한 자료를 갖고 있지 아니하였으며, 과세관청은 원고의 신고내용에 대한 성실도 분석을 한 결과자료를 제출하지 아니하여 원고의 신고내용에 대한 성실도 분석결과 불성실혐의가 있다고 볼 수도 없고, 원고에 대한 조사대상 세목은 종합소득세, 부가가치세 등으로서 과세관청의 조사결정에 의하여 과세표준과 세액이 확정되는 세목이 아니라는 등의 이유로, 원고에 대한 부가가치세와 소득세의 증액경정처분은 세무조사대상 선정사유가 없음에도 위법하게 개시된 세무조사를 기초로 한 것이어서 위법하다고 판단하였고, 대법원이 이를 정당한 것으로 수긍하였다.

이 사안에서 우선 주목할 것은 개별세법에서 정한 질문·조사권은 국세기본법 제81조의6이 정한 세무조사대상자의 '정기 선정'이나 '우선 선정'의 요건을 갖춘 경우에 대하여만 적용할 수 있다는 점이다. 이에 대하여 위 판결은 다음과 같이 판시하였다. 세무조사대상의 기준과 선정방식에 관한 국세기본법 제81조의6(당시에는 제81조의5)이 도입된 배경과 취지, 국세기본법 제81조의6이 포함된 제7장의2에 관한 국세기본법과 개별세법의 관계 등을 종합하여 보면, 국세기본법 제81조의6이 마련된 이후에는 개별세법이 정한 질문·조사권은 국세기본법 제81조의6이 정한 요건과 한계 내에서만 허용된다고 보아야 하고, 국세기본법 제81조의6이 정한 세무조사대상 선정사유가 없음에도 세무조사대상으로 선정하여 과세자료를 수집하고 그에 기하여 과세처분을 하는 것은 적법절차의 원칙을 어기고 국세기본법 제81조의6과 제81조의4 제1항을 위반한 것으로서 특별한 사정이 없는 한 그 과세처분은 위법하다는 것이다. 과세관청은 상고이유로 국세기본법 제81조의6에서 정하는 요건과 관계 없이 개별세법에서 정하는 질문·조사권을 행사할 수 있다고 주장하였으나 배척되었다.

과세관청은 원고의 처가 취득한 부동산의 취득자금출처에 관한 증빙서류제출을 원고에게 요구하였음에도 원고가 이에 불응한 것이 국세기본법 제81조의6 제3항 제1호의 '납세협력의무'를 이행하지 않은 경우에 해당하므로 원고를 세무조사대상자로 우선 선정한 것은 적법하다고 주장하였으나, 앞서 본 바와 같이 원고에게 증빙서류제출을 요구하는 것은 원고가 세무조사대상자로 적법하게 선정되었음을 전제로 하는 것이므로 그 요구에 불응하였다는 것은 세무조사대상자의 선정사유로 삼을 수는 없어 이 부분 상고이유도 배척되었다. 그 밖에도 과세관청은 원고에게 국세기본법 제81조의6 제3항 제4호에서 정하는 '신고내용에 탈루나 오류의 혐의를 인정할 만한 명백한 자료가 있는 경우'에 해당한다면서 그 자료로 과세관청의 담당공무원이 작성한 보고서를 제시하였으나 이는 과세관청의 내부 보고문건에 불과하고 이를 뒷받침할 객관적인 자료가 없어 이 부분 주장도 배척되었다. 소송에서 과세관청은 담당공무원이 작성한 조사보고서 자체를 증거로 제출하는 경우가 많고, 여기에 세무조사결과가 요약되어 있긴 하지만 이는 제3자의 진술을 기재한 서류나 객관적인 거래의 증빙이 아니어서 납세자가 그 내용을 인정하지 않는 한 증거가치가 매우 약하다고 하겠다. 그래서 법원도 이러한 보고서만으로는 '혐의를 인정할 만한 명백한 자료가 있는 경우'에 해당한다고 할 수 없다고 판단한 것이다.

이 사건에서 과세관청은 원고로부터 원고의 처로 취득자금의 이전이 있었을 것이라는 막연한 추측만으로 원고를 세무조사대상자로 선정하였으나 그전에 이러한 추측을 뒷받침할 객관적인 자료가 확보되지 아니하여 결국 세무조사대상자 '우선 선정' 요건의 어느 하나도 충족하지 못한 결과가 되었고, 달리 '정기 선정'의 요건도 갖추지 못하여 결국 법원은 원고의 손을 들어 주었다. 이는 결과적으로 원고에게 분명 탈루소득이 있음이 밝혀졌음에도 절차적 위법을 이유로 과세할 수 없게 되어서 실질과세의 원칙에 비추어 보면 부당한 측면이 없지 않다. 그러나 실체적 정의 못지 않게 절차적 정의도 중시되어야 하므로 이러한 판결의 취지는 존중되어야 할 것으로 보인다.

(2) 대법원 2024. 3. 12. 선고 2021두32088 판결

증여세와 같은 부과과세방식의 세목의 경우는 국세기본법 제81조의6 제3항 각 호에서 정한 세무조사대상 선정사유가 존재하지 아니하더라도 같은 조 제4항에 의하여 세무조사대상으로 선정하는 것이 가능하지만, 이 경우에도 상증세법 제84조와 같은 개별 세법에서 정한 질문·조사권 행사의 상대방에는 해당하여야 한다고 하면서 그 요건에 관하여 엄격한 입장을 취한 판결로 대법원 2024. 3. 12. 선고 2021두32088 판결이 있다.

상증세법 제84조에서는 '세무에 종사하는 공무원은 상속세나 증여세에 관한 조사 및 그 직무 수행에 필요한 경우에는 다음 각 호의 어느 하나에 해당하는 자에게 질문하거나 관련 장부·서류 또는 그 밖의 물건을 조사하거나 그 제출을 명할 수 있다'고 규정하면서 각 호에서 질문·조사권 행사의 상대방으로 '납세의무자 또는 납세의무가 있다고 인정되는 자'(제1호), '피상속인 또는 제1호의 자와 재산을 주고받은 관계이거나 재산을 주고받을 권리가 있다고 인정되는 자'(제2호), '같은 법 제82조에 규정된 지급명세서 등을 제출할 의무가 있는 자'(제3호)를 들고 있다.

이 사안에서는 위 제1호의 규정, 즉 납세의무자 또는 납세의무가 있다고 인정되는 자에 해당하는지가 문제되었는데, 먼저 대법원은 '납세의무자'는 객관적으로 보아 상속세 또는 증여세의 과세요건이 충족되어 납세의무가 성립한 사람을 말하고, '납세의무가 있다고 인정되는 자'는 위와 같은 '납세의무자'에 해당한다고 합리적으로 추정되는 사람을 말한다고 판시하였다.

이러한 법리를 토대로 대법원은, 과세관청이 주장하는 사정만으로는 객관적으로 보아 원고들이 주식을 명의신탁받은 것이어서 증여세 납세의무가 성립하였다고 합리적으로 추정할 수 있었다고 보기는 어렵다고 보아 결국 원고들이 상증세법 제84조 제1호에 따른 질문·조사권 행사의 상대방에 해당하였다고 볼 수 없고, 같은 조의 다른 호에서 정한 상대방에도 해당하지 아니하였던 것으로 보인다고 판시하였다.

이 사례에서 대법원은 증여세와 같은 부과과세방식의 세목이라고 하더라도 방만하게 세무조사권을 인정하지 아니하고 납세의무자에 해당한다고 합리적으로 추정될 만큼의 자료가 선결적으로 확보되어야만 질문조사권을 인정하겠다는 취지로서 세무조사권의 범위를 엄격하게 제한한 판결로 평가되겠다.

5. 중복세무조사의 금지

가. 관련 규정

세무조사의 적법성에 관한 다툼 중 가장 많은 부분을 차지하는 것은 금지대상인 중복세무조사에 해당하는지 여부인 것으로 보인다. 과세관청의 입장에서는 부과제척기간이 남아 있는 상태에서 추가적인 탈세의 의혹이 있는 경우 세무조사를 한 번 더 하고자 하는 욕구가 강한 반면에 이를 규제하는 법규정은 다분히 추상적이고 모호하다. 그래서 중복세무조사에 해당하는지 여부에 대하여 다툼의 여지가 많고 그에 대한 판단 또한 쉽지 않은 실정이다. 먼저 관련 규정을 살펴본다.

국세기본법 제81조의4 제2항은 세무공무원은 같은 세목 및 같은 과세기간에 대하여 재조사를 할 수 없다는 원칙을 규정하면서, 그 각 호에 해당하는 경우에는 예외를 인정하고 있다. 그 예외로서 제1호는 '조세탈루의 혐의를 인정할 만한 명백한 자료가 있는 경우'를, 제2호는 '거래상대방에 대한 조사가 필요한 경우'를, 제3호는 '2개 이상의 과세기간과 관련하여 잘못이 있는 경우'를, 제4호는 '제65조 제1항 제3호(제66조 제6항과 제81조에서 준용하는 경우를 포함한다)[118]에 따른 필요한 처분의 결정에 따라 조사를 하는 경우'를, 제5호는 '납세자가 세무공무원에게 직무와 관련하여 금품을 제공하거나 금품제공을 알선한 경우'를 규정하고 있다. 나아가 제6호에서는 '그 밖에 제1호부터 제5호까지와 유사한 경우로서 대통령령이 정하는 경우'를 규정하고 그에 따라 국세기본법 시행령 제63조의2는 제1호에서 '부동산투기, 매점매석, 무자료거래 등 경제질서 교란 등을 통한 세금탈

---

118) 전심결정기관이 전심청구에 대하여 과세관청으로 하여금 재조사하여 다시 결정하도록 하는 경우를 말한다.

루 혐의가 있는 자에 대하여 일제조사를 하는 경우'를, 제2호에서 '각종 과세자료의 처리를 위한 재조사나 국세환급금의 결정을 위한 확인조사 등을 하는 경우'를, 제3호에서 '조세범처벌절차법에 따른 조세범칙행위의 혐의를 인정할 명백한 자료가 있는 경우, 다만 처음의 세무조사에서 해당 자료에 대하여 조세범칙심사위원회가 조세범칙조사의 실시에 관한 심의를 한 결과 조세범칙행위의 혐의가 없다고 의결한 경우에는 조세범칙행위의 혐의를 인정할 만한 명백한 자료로 인정하지 아니한다'를 각 규정하고 있다. 종래에는 국세기본법 시행령 제63조의2 제3호에서 '실지조사에 의하지 아니하고 재경정하는 경우'도 규정하고 있었으나 중복세무조사는 실지조사를 전제로 하는 것이기 때문에 2013. 2. 15. 삭제되었다.

나. 입법 취지

국세기본법에 중복세무조사를 금지하는 규정이 처음 들어선 것은 1996. 12. 30.이다. 세무조사권의 남용금지에 관한 규정도 그때 같이 들어섰다. 따라서 그전에는 과세관청은 부과제척기간이 도과되기 전이라면 추가적인 조세탈루혐의가 있을 경우 반복하여 세무조사를 하여도 이를 규제할 방법이 없었다. 그러나 세무조사의 공익적 측면을 고려한다고 하더라도 그로 인하여 받는 납세자의 불이익을 무시할 수 없다. 납세자는 세무조사를 반복하여 받을 경우 재산상의 손실은 물론이거니와 정신적 육체적 고통이 작지 않다. 실질과세에 의한 실체적 정의도 중요하지만 그에 못지 않게 절차적 정의도 중요하므로 공익과 사익의 균형을 도모하기 위하여 중복세무조사에 대하여는 일정한 제재를 가할 필요가 있고, 그것이 선진제국의 추세이기도 하다. 이러한 인식을 토대로 우리나라가 OECD에 가입하는 것을 계기로 그 요구조건에 부응하여 중복세무조사를 금지하는 규정이 신설되었다. 그 취지에 관하여 국회입법자료에서는 '납세자의 권익을 증진하고 세무행정의 선진화를 위하여 조세탈루의 혐의를 인정할 만한 명백한 자료가 있는 경우 등을 제외하고는 같은 세목이나 같은 과세기간에 대하여 재경정이나 재조사를 할 수 없게 하도록 함에 있다'고 밝히고 있다.[119] 대법원 2015. 2. 26. 선고 2014두12062 판결은 같은 세목 및 과세기간에 대한 거듭된 세무조사는 납세자의 영업의 자유나 법적 안정성 등을 심각하게 침해할 뿐만 아니라 세무조사권의 남용으로 이어질 우려가 있으므로 조세공평의 원칙에 현저히 반하는 예외적인 경우를 제외하고는 금지될 필요가 있고 그 입법 취지에는 세무조사기술의 선진화도 포함되어 있다고 판시하였다. 세무조사기술이 갈수록 선

---

119) 제181회 국회 법제사법위원회회의록 제10호, 국회사무처; 제181회 국회 본회의회의록 제18호, 국회사무처

진화되어 가고 있는 이상 가급적 세무조사는 1회에 그쳐야 한다는 것이다.

다. 외국의 입법례

미국의 경우,[120] 내국세입법{Internal Revenue Code §7605 (b)}에서 중복세무조사를 원칙적으로 금지하고 있다. 어떤 납세자도 불필요한 조사의 대상이 되지 않으며, 각 과세기간에 대한 납세자의 장부조사는 납세자가 요구하거나 혹은 재무장관이 조사 후 서면으로 추가조사가 필요하다고 고지하지 않는 한 오직 한 번만 시행된다. 이러한 1회 조사의 원칙을 'The one-inspection rule'이라 한다. 재조사를 금지하는 목적은 하급의 세무직원이 어떠한 법률상 또는 사실상의 근거도 없이 단순히 세무조사에 비협력적인 납세자에게 불편을 주려는 목적으로 조사를 계속 반복하는 것을 방지하는 것에 있다고 한다.

독일의 경우,[121] 조세기본법(Abgabenordnung) 제173조 제2항에서 중복조사를 원칙적으로 금지하고 있다. 즉, 조사를 실시한 후에 조사명령을 다시 반복하여 실시할 수 없다. 이미 조사가 끝난 기간을 다시 조사하는 것은 예외적으로만 허용되고 있다. 부과결정이 실지조사에 기초하여 이루어진 경우에는 조세포탈 또는 중대한 과실에 의한 조세의 면탈이 있는 경우에만 당해 부과결정을 취소·변경할 수 있다고 한다. 경정 횟수를 제한함으로써 수시로 반복되는 세무조사로부터 납세자들을 보호하고 있다.

프랑스의 경우, 조세절차법에서 동일 사업연도의 동일 세목에 대한 중복조사는 금지되고 있다. 그 주된 이유는 세수확보보다도 개인의 사생활보호에 초점이 맞춰진 법체계의 영향이다. 즉, 세무조사는 필연적으로 납세자의 사적 생활의 자유 등을 침해할 가능성이 있으므로 이를 최소화하는 것은 법을 만든 국민의 당연한 권리이고, 프랑스의 권리선언의 정신에 부합되는 것이기 때문이다. 조사대상 사업연도는 특별한 경우를 제외하고는 과세관청이 조세채무를 확정할 수 있는 사업연도 중 최근부터 3개 사업연도에 대해 조사를 할 수 있다. 조사대상이 되는 첫 사업연도 중 최근부터 3개 사업연도에 대해 조사를 할 수 있다. 조사대상이 되는 첫 사업연도에 영향을 미치는 이월결손금 내지는 부가가치세 공제액은 그 부분에 한해 발생한 사업연도까지 확대될 수 있으나, 원칙적으로 이미 한 번 조사가 끝난 사업연도에 대해서는 중복세무조사를 할 수 없다. 그러나 납세자의 불완전 혹은 부정확한 자료제출에 기인된 경우, 과세자료 처리를 위한 경우 등은 예외적으로 인정된다.

---

120) 정진오, "세무조사상 납세자 권익보호에 관한 연구", 전북대학교 대학원 참조
121) 김영조, "행정조사에 관한 연구(특히 세무조사의 법적 문제를 중심으로)", 경희대학교 대학원; 이우택, "납세자의 권익보호와 독일의 세무조사", 세무사(제12권 제2호), 한국세무사회 참조

라. 중복세무조사의 예외적 허용

(1) 개요

세무조사가 한번 이루어졌다고 해서 어떠한 경우에도 중복하여 세무조사를 하는 것이 허용되지 않는다고 하면 실질과세의 원칙과 조세공평에 반하는 결과가 야기될 수 있다. 그래서 앞서 본 바와 같이 국세기본법 제81조의4 제2항은 그 각 호에서 예외적으로 중복조사를 허용하는 경우를 규정하고 있다. 이는 예외규정이고 납세자의 권익을 침해할 수 있는 규정인 만큼 한정적·열거적 규정으로 보아야 하며, 예시적 규정으로 보아서는 아니된다. 그런데 이들 규정의 문언을 보면 다분히 추상적인 내용을 포함하고 있는 데다가 그 취지가 모호하여 적용범위를 설정하는 것이 쉽지 않다. 그래서 이들 예외규정이 중복조사가 허용되는 사유를 지나치게 광범위하게 규정한 것은 문제의 소지가 있다는 비판적인 견해도 있다.[122] 이하 이들 항목들에 대하여 살펴본다.

(2) 조세탈루혐의를 인정할 명백한 자료가 있는 경우

가) 개념과 법리

'조세탈루'가 있다는 것은 일반적으로 정당한 세액의 전부 또는 일부가 부과되지 않았거나 부족하게 신고되어 누락된 세액이 있다는 뜻으로 해석된다. 세법에서는 '조세탈루', '탈세', '신고내용의 오류'라는 단어를 사용하고 있는데, 탈세의 국어사전적 의미는 '납세자가 납세액의 전부 또는 일부를 내지 않은 일'이고, 이는 조세탈루의 의미와 비슷해 보이며, 신고내용의 오류는 조세탈루의 하나의 태양으로 볼 수 있을 것이다. 이와 구별되는 개념으로 '포탈'이 있는데 이는 납세의무자가 그 납부하여야 할 세금을 부당하게 납부하지 않는 것을 말하고, 그 납부하지 않은 세액을 일반적으로 '포탈세액'이라 칭한다. 결국 조세탈루가 있다는 것은 세무조사에 따라 부과할 수 있는 세액이 존재한다는 것이다. 그리고 '혐의'는 형사법적 개념으로 범죄사실의 존재에 관한 가능성을 말하고, 앞서 언급한 바와 같이 단순한 주관적 추측이 아니라 객관적인 자료에 의거한 것을 의미하며, 수사를 개시하게 되는 동기가 된다. 여기서의 '조세탈루의 혐의'는 범칙조사의 요건이 아니라 중복세무조사의 허용 요건인 점을 고려하면 '객관적인 자료에 의하여 조세의 탈루사실이 확인될 가능성'을 의미한다고 봄이 상당하다.

문제는 '명백한 자료'를 어떻게 해석·적용할 것이냐에 있다. 여기서의 '명백'이 주관적

---

122) 백운영, 세무조사절차상 납세자 권리보장에 관한 연구, 경희대학교 국제법무대학원

인 '명백'에 그쳐서는 아니됨은 물론이다. '조세탈루 혐의를 인정할 만한 명백한 자료가 있는 경우'의 범위에 관하여는 다음과 같은 견해의 대립이 있을 수 있다.

먼저, 광의의 견해로는 객관적인 자료에 의하여 조세의 탈루사실이 확인될 가능성이 인정되는 경우를 의미한다고 보는 것인데, 이 견해에 의하면 당해 자료에 의하여 조세의 탈루사실이 명백할 필요까지는 없다고 할 것이다. 반면에 협의의 견해는 조세탈루를 확인할 수 있는 직접적인 과세자료가 있는 경우, 즉 조세의 탈루사실이 확실한 경우로 보는 것이다. 그 중간 수준의 절충적인 견해는 조세의 탈루사실이 확인될 상당한 정도의 개연성이 객관성과 합리성이 뒷받침되는 자료에 의하여 인정되는 경우로 보는 것이다.

광의설의 논거는 세무조사는 과세요건사실을 확정하는 절차로서 이 경우에도 조세법률주의에서 파생된 엄격해석원칙이 적용되어야 하기 때문에 문리적으로 해석하는 것이 타당하다는 것이다. 국세기본법 제81조의4 제1항 제1호의 규정의 문언이 '조세탈루의 혐의를 명백히 인정할 만한 자료'로 되어 있지 않고, '조세탈루의 혐의를 인정할 명백한 자료'라고 되어 있다는 점을 중시하는 입장이다. 그런데 가능성이 있다는 것만으로 중복세무조사를 허용하게 될 경우 중복세무조사를 제한하여 납세자의 권익을 향상시키고 세무행정의 선진화를 이룩하고자 하는 입법 취지에 부합하지 않은 점, 선진제국의 입법례에서 중복세무조사를 엄격히 제한하고 있고 우리도 그에 부응할 필요가 있는 점, 중복세무조사를 엄격히 제한하더라도 외국의 입법례에 비추어 조세형평에 크게 문제가 있다고 할 수 없는 점 등을 고려하면, 객관적인 자료에 의하여 조세의 탈루사실이 확인될 가능성만 인정되는 경우에도 중복세무조사를 허용하는 것은 타당하지 않다고 할 수 있다. 반면에 협의설은 국세기본법 제81조의4 제1항 제1호의 문언이 의미하는 한계를 벗어나는 것으로 볼 수 있을 뿐만 아니라, 그 자료만으로도 누락된 세액을 부과할 수 있기 때문에 중복세무조사를 할 필요가 없다는 결론에 도달할 수 있거나 단지 세액계산만을 위한 중복세무조사를 허용하는 결과가 될 수 있어 부적절해 보인다.

그래서 절충설이 타당하다고 하겠다. 대법원 2011. 1. 27. 선고 2010두6083 판결도 절충설을 취하여 국세기본법 제81조의4 제2항 제1호에서 재조사가 예외적으로 허용되는 경우의 하나로 규정하고 있는 '조세탈루의 혐의를 인정할 만한 명백한 자료가 있는 경우'라 함은 조세의 탈루사실에 대한 개연성이 객관성과 합리성 있는 자료에 의하여 상당한 정도로 인정되는 경우로 한정되어야 한다고 판시하였다. 대법원 2018. 2. 28. 선고 2017두52337 판결이, 중복세무조사의 계기가 된 탈세제보는 그 내용이 구체적일 뿐만 아니라 내용증명과 입금증 및 영수증, 사건 수임내역, 차명계좌의 입금내역 등 관련 자료들이 함께 제출되었고, 이러한 관련 자료들이 선행조사에서 이미 제출·조사된 자료들이라고 볼 수도 없는 점 등을 종합하면, 조세탈루 개연성을 확인할 수 있는 상당한 정도의 객관성과 합리성이 뒷받침되는 자료에 근거하여 중복세무조사를 한 것으로 볼 수 있다고 판시한 것도 같은 취지라고 하겠다.

여기서 말하는 상당한 정도의 개연성이 있다고 하기 위해서는 통상 십중팔구의 가능성, 즉 80% 내지 90%의 가능성을 의미하는 고도의 개연성에는 미치지 못하더라도 최소한 그에 근접하는 정도의 가능성이 있어야 할 것이다. 이는 민사소송에서 장래에 발생할 이익의 정도에 관하여 요구하고 있는 증명의 정도와 유사하다 할 수 있다. 대법원 2006. 3. 10. 선고 2005다31361 판결 등은 타인의 불법행위로 인한 손해배상의 청구와 관련하여 장래에 얻을 수 있었을 이익을 입증함에 있어서는 그 증명도를 과거사실에 대한 입증에 있어서의 증명도보다 경감하여 피해자가 현실적으로 얻을 수 있을 구체적이고 확실한 이익의 증명이 아니라 합리성과 객관성을 잃지 않는 범위 내에서의 상당한 개연성이 있는 이익의 증명으로 족하다고 판시한 바 있다. 따라서 조세의 탈루사실에 대하여 구체적이고 확실한 증명이 아니라 합리성과 객관성을 유지하는 범위 내에서 상당한 개연성이 있음을 증명하면 될 것이다. 여기에 해당하는 경우의 대표적인 예로, 형사판결에서 납세자가 수령한 세금계산서가 가공의 세금계산서임이 밝혀진 경우[123]나 납세자의 거래상대방이 이른바 자료상이라는 사실이 밝혀진 경우[124] 등을 들 수 있다.

나) 구체적 사례 분석

대법원 2012. 11. 15. 선고 2010두8263 판결은, 원고에 대한 제1차 세무조사 후 다른 과세관청이 그 거래상대방에 대하여 한 세무조사 결과가 '원고의 조세탈루의 혐의를 인정할 만한 명백한 자료'에 해당한다고 판시하였다. 원고가 A사로부터 수령한 매입세금계산서가 실질적인 공급자가 아닌 자가 발행한 '사실과 다른 세금계산서'인지가 문제되었다. 피고 동안양세무서장은 이 점에 관하여 원고에 대한 제1차 세무조사를 실시하여 중부지방국세청 과세쟁점심의위원회의 결정에 따라 종결하였으나, 그 후 중부지방국세청의 A사에 대한 세무조사 과정에서 A사의 대표이사가 원고에게 공급한 세금계산서는 A사가 아니라 다른 제조사나 협력사에서 직접 수행한 용역에 관한 것이고 원고와 A사 사이에 실제 거래는 없었다는 취지의 진술을 하여 중부지방국세청장이 이를 피고에게 통보하고, A사가 그 부분이 가공거래임을 인정하는 취지의 수정신고까지 함에 따라, 피고가 다시 원고에 대한 제2차 세무조사를 하여 부가가치세 경정처분을 하였다.

이에 대하여 대법원은 제2차 세무조사가 이루어진 것은 제1차 세무조사 종결 후 원고와 A사의 거래가 가공거래라는 취지의 A사의 수정신고와 그 대표이사의 진술 등 원고

---

123) 서울고등법원 2007. 4. 27. 선고 2006누12847 판결
124) 대법원 2003. 11. 28. 선고 2002두9421 판결

가 가공거래에 의하여 부가가치세 등을 탈루한 혐의를 인정할 만한 상당한 정도의 객관
성과 합리성을 갖춘 명백한 자료가 드러났기 때문이므로, 제2차 세무조사는 중복세무조
사 금지 원칙에 위반되지 않는다고 판시하였다. '조세탈루의 혐의를 인정할 만한 명백한
자료가 있는 경우'의 전형적인 사례에 해당한다.

그리고 대법원 2012. 11. 29. 선고 2010두19294 판결은, 제1차 세무조사 이후 나온 동종
의 사실관계에 대한 다른 세무조사결과가 '조세탈루의 혐의를 인정할 만한 명백한 자료
가 있는 경우'에 해당한다고 판시하였다. 사안은 다음과 같다. D그룹의 창업주가 사망하
자 아들들이 D그룹을 분할하여 A사는 장남이, B사는 차남이, 원고회사는 삼남이 각 경
영권을 가지기로 합의하고, A사는 그가 소유하던 원고의 주식과 교환할 수 있는 전환사
채를 발행하여 원고가 인수하였고, 또한 A사는 그가 소유하던 B사의 주식과 교환할 수
있는 전환사채를 발행하여 B사가 인수하였다. 과세관청은 원고의 2001 사업연도에 대한
제1차 세무조사를 하면서 A사의 교환사채 인수경위 등 몇 가지 문제에 대하여 조사하였
으나 A사의 교환사채 인수경위가 업무무관 가지급금에 해당하는지 여부에 관하여는 별
다른 조치 없이 다른 처분사유로 2001 사업연도에 대한 경정결정을 하였는데, 그 후 과
세관청은 B사에 대한 세무조사를 하여 B사가 원고와 같은 경위로 A사로부터 교환사채
를 인수한 것이 A사에 대한 업무무관 가지급금에 해당한다고 보아 그에 관한 법인세를
부과하였고, B사는 아무런 불복절차를 취하지 않고 이를 납부하였다. 그 후 과세관청은
인터넷에 공시된 원고의 교환사채 인수자료를 비롯하여 새로이 수집한 원고의 주식변동
에 관한 자료 등을 통하여 원고와 특수관계에 있는 D사가 그 교환사채를 원고로부터 양
수한 후 교환청구권을 행사하여 원고의 주식을 취득한 사실 등을 확인한 다음, 원고도
B사와 마찬가지로 교환사채 인수를 통하여 A사에 업무와 관련 없이 자금을 저율로 대여
한 것으로 보고 제2차 세무조사를 하게 되었다.

이에 대하여 대법원은 다음과 같이 판단하였다. 제1차 세무조사 당시에는 장차 원고가
교환사채에 대하여 교환청구권을 행사할지 아니면 이를 매각할지 여부 등이 유동적인
상태라서 그 교환사채 인수대금의 법적 성격을 판단하는 데 어려움이 있었으나, 제2차
세무조사 당시에는 D사가 그 교환사채를 양수하여 교환청구권을 행사한 사실 등이 확인
됨으로써 그 교환사채 인수대금의 법적 성격을 판단할 수 있는 자료가 보강되었고, 그
전에 이미 그 교환사채 인수와 같은 경위 및 방식으로 A사로부터 교환사채를 인수한 B
사에 대하여 세무조사를 통하여 그것이 업무와 관련 없이 자금의 대여로 파악된 이상,
2001 사업연도에 대한 제2차 세무조사는 조세탈루사실에 대한 개연성이 객관성과 합리
성이 있는 자료에 의하여 상당한 정도로 인정되어 시작된 것으로 봄이 상당하므로 2001
사업연도에 대한 제2차 세무조사는 예외적으로 허용되는 재조사에 해당한다고 판단하였

다. 이 사안에서 원심은 제1차 세무조사와 제2차 세무조사의 동기나 계기가 다르다고 하더라도 조사대상 세목과 과세기간이 중첩되는 2001 사업연도에 대한 제2차 세무조사는 예외가 허용되지 않은 중복세무조사에 해당한다고 판단하였으나, 대법원은 과세관청이 원고와 같은 입장에 있던 B사에 대한 세무조사결과가 원고의 조세탈루의 혐의를 인정할 만한 명백한 자료에 해당한다고 보아 원심을 파기한 것이다.

반면에, 대법원 2011. 5. 26. 선고 2008두1146 판결은, 탈세제보가 객관성과 합리성 있는 자료에 의하여 조세탈루의 개연성이 상당한 정도로 인정되는 경우가 아닌 한 '조세탈루의 혐의를 인정할 만한 명백한 자료'에 해당한다고 볼 수 없다고 판시하였다. 사안은 다음과 같다. 원고가 2001년경부터 2003년경까지 상가들을 분양한 후 부가가치세 및 법인세 신고를 하였고, 과세관청은 원고의 2001 사업연도 및 2002 사업연도에 대한 최초 세무조사를 실시하였으나 수입신고 기한이 미도래하였다는 등의 이유로 별다른 경정처분을 하지 않았다. 그 후 과세관청은 익명의 제보자로부터 상가들의 분양계약자, 분양가액 등이 구체적으로 기재되어 있는 원고의 탈세사실에 관한 자료를 제공받고서, 원고에 대하여 제2차 세무조사를 하였고 그 결과 분양수입금액을 누락한 것을 발견하고 경정처분을 하였다.

이에 대하여 대법원은 다음과 같이 판결하였다. 제1차 세무조사에서 이미 상가 분양에 대한 세무조사가 이루어졌고, 탈세제보가 원고에 대한 것이 아니라 원고의 분양대행사에 대한 것이며, 탈세제보에 첨부된 자료의 출처가 어디인지 그 객관성을 확인할 수 있는 근거가 없고 탈세제보의 진실성을 뒷받침할 만한 아무런 자료도 없으므로, 탈세제보에 첨부된 자료에 상가들의 분양계약자, 분양가액 등이 구체적으로 기재되어 있다는 사정만으로는 그 탈세제보를 받은 것이 원고의 조세탈루의 개연성이 객관성과 합리성 있는 자료에 의하여 상당한 정도로 인정되는 경우로서 재조사가 허용되는 '조세탈루의 혐의를 인정할 만한 명백한 자료가 있는 경우'에 해당한다고 할 수 없다고 판단하였다. 이 판결은 중복세무조사 예외규정을 비교적 엄격하게 해석한 사례에 해당한다. 제1심과 원심은 그 예외규정에 해당한다고 판시하였었다. 그러나 이 사안에서는 제보의 내용으로 보아 제보자가 실제 분양가액도 정확히 알지 못하고 대략의 정보만 알고 있는 상태에서 제보한 것으로 보이는 점, 그 자료의 출처에 대하여 전혀 언급하지 않고 있어 신빙성이 떨어지는 점, 제보의 대상도 원고가 아니라 원고의 분양대행사였던 점, 제1차 세무조사에서 위 제보에 관한 내용이 대부분 조사될 수 있었던 점 등의 사정이 고려되어 대법원이 중복세무조사를 허용할 필요가 없다고 판단한 것으로 보인다.

이 사안에서도 만약 제1차 세무조사에서는 제대로 조사할 수 없었던 객관적인 사정이 있었고 그것이 탈세제보에 의하여 해소되는 관계에 있었더라면, 탈세제보에 객관적인 자료의 뒷받침이 다소 부족하더라도 재조사 착수의 이유와 단서가 될 여지가 많으므로 중복세무조사의 예외로 인정될 수도 있었을 것으로 보인다. 왜냐하면, 재조사에 있어서 자료의 요건은 탈루 '혐의'를 인정할 명백한 자료이어야 하는 것일 뿐 '탈루'를 인정할 명백한 자료는 아니며, 탈세제보에 있어서까지 제보 자체와 첨부된 자료에 있어서 그 객관적인 신빙성 외에 '원시장부 등 내부문서' 정도까지 요구하는 것은 무리이고, 탈세제보에 있어서 첨부된 자료가 신빙성이 있어야 하는 것은 맞지만, 1차 세무조사에서 확보된 자료와 명백히 다른 새로운 자료만을 요구하거나 내부자료 등 지나치게 신빙성을 요구하는 것은 결국 제보자료를 확보하지 못하여 탈세제보를 꺼리게 되는 요인이 될 수 있으므로 탈세제보가 상당히 구체적이라면 그 제공자료를 너무 엄격히 제한하는 것은 적절하지 않을 수 있기 때문이다.

다) 최초 세무조사시 획득자료의 포함 여부

여기서의 자료에 최초 세무조사에서 획득한 자료도 포함되는지 여부가 문제될 수 있다. 최초 세무조사에 획득한 자료도 포함된다고 할 경우에는 과세관청이 최초 세무조사 때 추가 조사할 수 있었음에도 하지 않고 있다가 임의로 언제든지 중복세무조사를 할 수 있게 되어 세무조사가 남용될 수 있고, 중복세무조사를 금지하는 입법 취지에는 납세자의 권익보호뿐만 아니라 세무조사 기술의 선진화도 포함되어 있으므로 위 '자료'에는 최초 세무조사시 획득한 자료는 특별한 사정이 없는 한 포함되지 않는다고 봄이 타당하다. 대법원 2011. 1. 27. 선고 2010두6083 판결도 같은 취지를 판시하면서, 국세청장은 중부지방국세청이 원고에 대한 최초 세무조사에서 획득한 자료만에 의하여 원고가 분양대행수수료를 과다계상한 혐의, 즉 조세탈루의 혐의가 있다는 이유로 중부지방국세청장에게 원고에 대한 재조사를 지시한 것으로 보이고 달리 '조세탈루의 혐의를 인정할 만한 명백한 자료'가 새로 밝혀졌다는 등의 사정은 알아볼 수 없다는 이유로 이는 구 국세기본법 제81조의3 제2항에 의하여 재조사가 허용되는 예외적인 경우에 해당한다고 볼 수 없다고 하였다.

조세쟁송에서는 과세관청이 최초 세무조사시에 입수하였던 자료와의 견련성에 비추어 볼 때 실제로 획득한 자료는 아니지만 쉽게 획득할 수 있었던 자료인 경우도 실제로 획득한 자료와 마찬가지로 취급할 것인지가 다투어지고 있는데 중복세무조사금지의 취지가 세무조사권의 남용을 막는 데 있는 만큼 당초 세무조사에서 쉽사리 획득할 수 있었음에도 이를 간과한 것은 세무조사공무원의 부주의나 게으름으로 평가될 수 있으므로 그에 대한 제재를 가하는 의미에서 이러한 경우도 실제로 획득한 자료와 마찬가지 취급하는 것이 옳다고 할 수 있다.

(3) 거래상대방에 대한 조사가 필요한 경우

국세기본법 제81조의4 제2항 제2호는 중복세무조사가 허용되는 경우의 하나로 '거래
상대방에 대한 조사가 필요한 경우'를 규정하고 있다. 문언의 의미를 정확하게 파악하기
는 어려우나 납세자를 상대로 한 최초의 세무조사에서는 납세자의 거래상대방에 대한
조사를 하지 않은 상태에서 종결하였다가 나중에 그 거래상대방에 대한 조사를 할 필요
가 있는 경우에는 그 거래상대방에 대하여 조사를 할 수 있다는 취지로 읽힌다. 비록 조
사의 직접적인 상대방이 납세자가 아닌 거래상대방이긴 하지만 그 조사의 목적이 납세
자에 대한 과세라면 납세자에 대한 세무조사로 볼 수 있으므로 결국 중복세무조사에 해
당한다고 볼 수 있다. 이러한 경우는 직접적으로 납세자에 대하여는 중복하여 질문·조
사권 등을 행사하는 것이 아니므로 허용하더라도 납세자의 피해가 크지 않을 것이라는
인식이 바탕에 깔려 있는 것 같다.

그러나 납세자에 대한 세무조사의 통상적인 범위에는 그 거래상대방에 대한 조사도
포함된다고 볼 수 있으므로 납세자에 대한 최초의 세무조사에서 납세자의 거래상대방에
대한 조사를 함께 할 수 있었음에도 이를 하지 않고 최초의 세무조사를 종결한 후에 다
시 납세자의 거래상대방을 조사하기 위한 세무조사를 허용하는 것은 과세관청의 게으름
을 용인하는 것이어서 중복세무조사를 금지하는 입법 취지에 맞지 않다. 그리고 비록 거
래상대방에 대한 조사라고 하더라도 그 목적이 납세자에 대한 과세에 있는 만큼 그로
인하여 납세자가 겪게 되는 고통은 작지 않으며 법적 안정성을 저해하기는 납세자에 대
한 중복조사와 별다른 바 없으므로 이를 함부로 용인할 것은 아니다. 그래서 최초의 세무
조사 당시에는 거래상대방에 대한 조사를 함께 하는 것이 무리였다거나 이를 기대하기
어려운 특별한 사정이 있는 경우에 한하여만 위 규정의 적용대상이 된다고 해석하는 것
이 타당하다.

이에 반하여 거래상대방에게 과세를 하기 위하여 본인에 대한 세무조사를 하는 경우
를 예외로 인정하기 위한 규정으로 보아야 한다는 하급심 판결의 입장이 있다.[125] 그러
나 중복세무조사를 금지하는 것은 중복세무조사 자체가 본인에게 주는 고통을 면하게
하자는 데에도 목적이 있지만 보다 근본적으로는 그것이 본인에 대한 새로운 과세처분
의 전제가 됨으로써 본인이 손해를 본다는 데 있다고 보는 것이 입법 취지에 부합한다.
본인에 대한 새로운 과세처분의 전제가 되지 않고 단지 거래상대방에 대한 과세처분을
위한 세무조사라면 그것이 본인에 대하여 다시 질문조사의 형식으로 이루어진다고 해서
이것마저 원칙적으로 위법하다고 보는 것은 무리라고 하겠다. 왜냐하면 거래상대방에 대

---

125) 광주고등법원 2015. 11. 5. 선고 2015누5329 판결

한 국가의 과세권 행사가 중복조사가 아니어서 적법하고 그것이 필요하다면 이를 위하여 하는 본인에 대한 세무조사 정도는 막아서는 아니되고 그로 인한 본인의 피해가 있다면 이는 따로 국가를 상대로 한 손해배상청구를 통하여 해결하도록 하는 것이 합리적이기 때문이다. 따라서 이러한 경우의 세무조사는 국세기본법 제81조의4 제2항 제1호가 아니더라도 당연히 허용되는 것으로 보는 것이 타당하므로 위 규정이 이러한 경우를 염두에 둔 것으로 보기는 어렵다.

당초 세무조사가 형식상으로는 거래상대방이나 제3자에 대한 조사인 듯하지만 실질적으로는 납세자 본인에 대한 조사가 이루어진 경우 그 후 다시 본인에 대하여 세무조사가 이루어졌다면 중복세무조사의 예외에 해당할 수 없다. 이에 관한 사례로 대법원 2017. 12. 13. 선고 2015두3805 판결이 있다. 과세관청은 2001년 7월경 N법인의 주식변동에 대한 세무조사를 하여 A의 원고에 대한 주식 명의신탁 사실을 확인하였으나 원고로부터 그 주식을 이전받은 B 등에 대해서만 증여 또는 명의신탁에 따른 증여세가 과세되었고, 원고에게는 과세처분이 이루어지지 아니하였다. 그 후 과세관청은 2010년 10월경 다시 원고에 대하여 명의신탁에 따른 증여세 조사를 하여 A의 원고에 대한 주식 명의신탁을 이유로 원고에 대하여 증여세를 부과하였다. 이에 대하여 원심은 2001년 7월경의 주식변동에 대한 세무조사는 조사대상이 N법인으로서 법인의 주식이동 전반에 관한 조사이지만, 2010년 10월경의 증여세 조사는 조사대상이 원고 개인이고 A와 원고 사이의 주식 명의신탁에 관한 조사로서 그 조사대상이 다르다는 이유로 금지되는 재조사에 해당하지 않는다고 판시하였다. 그러나 대법원은, 2001년 7월경의 세무조사 당시 원고와 원고로부터 주식을 이전받은 B 등을 상대로 거래의 목적과 경위 등에 관한 문답서를 작성하거나, 주식 매매계약서, 주식거래대금의 출처 등에 관한 자료를 수집하였으므로 원고의 증여세에 대하여 세무조사가 이루어졌다고 볼 수 있고, 그로부터 9년이 지나 다시 이루어진 증여세 조사도 위와 같은 세무조사에 해당한다면 이는 금지되는 재조사에 해당한다고 판시하였다. 이와 같이 당초 세무조사의 형식적인 대상은 거래상대방이나 제3자일지라도 실질적으로 납세자 본인에 대하여도 세무조사가 이루어진 경우 그 후 다시 본인을 상대로 같은 사유에 관하여 세무조사가 이루어졌다면 위법한 중복세무조사에 해당할 수 있는 것이다.

(4) 2개 이상의 과세기간과 관련하여 잘못이 있는 경우

가) 관련 규정의 내용과 법리

국세기본법 제81조의4 제2항 제3호는 중복세무조사가 허용되는 경우의 하나로 '2개 이상의 과세기간과 관련하여 잘못이 있는 경우'를 규정하고 있는데, 위 규정의 문언 자체만으로는 정확한 취지를 알기 어렵다. '잘못'이라는 용어를 쓰고 있는데 누구의 어떠한 잘못을 말하는지 알 수가 없다. 아무래도 납세자의 잘못을 지칭하는 것으로 해석해야 할 것이므로 '조세탈루'와 같은 의미로 새기거나 '조세탈루를 위한 납세자의 부정한 행위' 또는 '조세탈루에 관련된 거래나 행위' 등의 의미로 새길 수밖에 없을 것 같다. 그렇다면 위의 문언만 놓고 보면 조세탈루나 이에 관련된 거래나 행위가 2개 이상의 과세기간에 걸쳐 있기만 하면 제한 없이 중복세무조사가 허용된다는 취지로 읽힐 수 있는데 이는 중복세무조사의 범위를 너무 넓게 인정하는 것이 되어 부당하다.

세무조사에 관한 국세청 조사사무처리규정 제23조 제1항은 조사공무원이 세무조사 중 임의로 조사대상 과세기간을 확대할 수 없다고 하면서 그 예외의 하나로 제3호에서 '조사대상 과세기간의 특정 항목의 명백한 세금탈루 사실이 다른 과세기간으로 연결되어 당해 항목에 대한 다른 과세기간의 조사가 필요한 경우'를 규정하고 있고, 이를 보완하여 국세기본법 제81조의9가 2010. 1. 1. 신설되었다. 즉, 국세기본법 제81조의9 제1항은 '세무공무원은 구체적인 세금탈루 혐의가 여러 과세기간 또는 다른 세목까지 관련되는 것으로 확인되는 경우 등 대통령령으로 정하는 경우를 제외하고는 조사진행 중 세무조사의 범위를 확대할 수 없다'고 규정하고, 그 위임을 받은 국세기본법 시행령 제63조의11 제1항(2010. 2. 18. 신설됨) 제1호는 '구체적인 세금탈루 혐의가 다른 과세기간 · 세목 또는 항목에도 있어 다른 과세기간 · 세목 또는 항목에 대한 조사가 필요한 경우'를, 제3호는 '특정 항목의 명백한 세금탈루 혐의 또는 세법 적용 착오 등이 다른 과세기간으로 연결되어 그 항목에 대한 다른 과세기간의 조사가 필요한 경우'를 규정하고 있다. 이러한 유래에 비추어 국세기본법 제81조의4 제2항 제3호는 최초의 세무조사는 1개의 과세기간만을 대상으로 한 것이었는데 나중에 다른 과세기간에 대한 세무조사 과정에서 밝혀진 조세탈루가 최초 세무조사의 대상이었던 과세기간에도 밀접하게 관련되어 있다든지 공통된다는 사정이 드러날 경우 최초의 세무조사 대상이었던 과세기간과 관련되는 다른 과세기간에 대한 세무조사가 필요할 것이고 최초 세무조사에서 이 부분이 함께 조사되기를 기대하기는 어려울 것이므로 중복세무조사를 허용할 필요가 있는 경우를 염두에 둔 것으로 볼 수 있다. 여기서 '2 이상의 사업연도와 관련'의 구체적 의미에 관하여 견해의 대립이 있다.

먼저 광의설의 입장은 어느 사업연도의 잘못을 시정하는 기회에 다른 사업연도의 잘못도 함께 시정할 수 있는 경우를 의미한다는 것이다. 사업연도마다 같은 종류의 잘못이 반복되는 경우는 그 조사대상도 한정될 뿐만 아니라 조사내용도 단순명료한 경우가 대부분이므로 중복조사에 따른 납세자의 부담도 크지 않다는 것이다. 그럼에도 이러한 경우까지 다시 세무조사를 하여 그 위법사유를 바로잡을 기회를 아예 봉쇄하는 것은 오히려 조세공평에 어긋난다는 점을 논거로 든다. 이에 해당하는 예로는 2015 사업연도에 대한 세무조사 당시 특수관계자 A로부터의 교환사채 인수를 업무무관 가지급금에 해당하지 않는다고 판단하였다가, 2016 사업연도에 다시 특수관계자인 B로부터 동일한 종류의 교환사채를 인수한 것이 업무무관 가지급금에 해당한다는 사실이 새로이 드러나 2016 사업연도에 대한 세무조사와 동시에 2015 사업연도에 대한 세무조사도 다시 하려고 하는 경우를 들 수 있다.

다음으로 협의설의 입장은 '2 이상의 사업연도와 관련하여 발생한 잘못이 불가분의 일체를 이루고 있어 한 사업연도에 대한 세무조정이 다른 사업연도에 대한 세무조정에 영향을 미치는 경우'를 의미한다고 제한적으로 해석하는 것이다. 이에 해당하는 예로는 어떠한 수익금액이나 비용의 귀속시기를 잘못 인식하는 경우와 같이 특정 사업연도의 익금이나 손금에서 이를 제외하면 반드시 다른 사업연도의 익금이나 손금에 이를 산입하는 세무조정을 하여야 하는 경우를 들 수 있다. 광의설과 같이 해석하면 과세관청에 의한 자의적인 남용을 방지하고 법적 안정성을 도모하고자 하는 중복세무조사금지원칙이 형해화될 수 있고, 실제 많은 계약에서 동일한 계약 내용이 수년간 지속되는데 광의설에 따르면 이러한 경우 사실상 중복세무조사를 무한정 허용하는 결과를 초래하므로 납세의무자의 권리를 보장하기 위해서는 극히 예외적인 경우만을 의미한다고 해석하여야 한다는 점, 나아가 최근 선고된 일련의 판례에 비추어 보면 중복세무조사의 예외 요건을 비교적 엄격하게 해석해 온 점, 중복세무조사 금지의 입법 취지가 납세자의 권익을 증진하는 데 그치는 것이 아니라 중복조사로 인한 납세자와 과세관청의 불필요한 갈등을 방지하고, 세무조사 기법의 선진화를 유도하기 위한 데에도 있는 점 및 이와 같은 납세자의 권익보호 및 세무행정 선진화의 필요성과 요구가 갈수록 커지는 시대적 요청을 고려할 때 중복조사 예외사유의 범위를 보다 제한적으로 엄격하게 해석하는 것이 타당하다는 점 등을 논거로 들고 있다.

마지막으로 절충설의 입장은 어떠한 잘못이 하나의 원인행위에서 비롯되어 2 이상의 사업연도에 계속되는 경우도 그 범위에 포함된다고 보는 견해이다. 이 견해는 2 이상의 사업연도와 관련된 것의 의미를 일률적으로 설명하는 것이 아니라 구체적인 사안별로 그 범위에 포섭될 수 있는지를 따져보아야 한다는 전제에서 출발하고 있는데, 광의설은 그 범위가 지나치게 넓은 반면, 협의설은 그 범위가 지나치게 좁으므로, 중복조사 금지의 취지 등에 비추어 사안별로 그 허용범위를 정할 필요가 있다는 것이다. 따라서 '2 이상의 사업연도와 관련하여 잘못이 있는 경우'라 함은 법문 그대로 어떠한 잘못이 2개 이상의 사업연도와 모두 관련되어 있는 경우로 해석하되, 단일한 원인행위를 기준으로 매년 같은 종류의 잘못이 발생하여 2 이상 사업연도와 연결되는 경우로 한정하여야 한다는 것이다. 그 예로는 하나의 금전소비대차계약에 의한 자금의 대여가 자금의 저율대여로서 부당행위계산부인 대상에 해당하는지 여부와 같이 적어도 어떠한 잘못이 하나의 원인행위인 금전소비대차계약에서 비롯되어 2 이상의 사업연도에 계속되는 경우를 들 수 있다.

이러한 의견의 대립 속에서 최근 대법원 2017. 4. 27. 선고 2014두6562 판결은 절충설의 입장을 취하였다. 재조사의 예외적인 허용사유인 '2개 이상의 사업연도와 관련하여 잘못이 있는 경우'란 하나의 원인으로 인하여 2개 이상의 사업연도에 걸쳐 과세표준 및 세액의 산정에 관한 오류 또는 누락이 발생한 경우를 의미한다고 하면서, 따라서 다른 사업연도에 발견된 것과 같은 종류의 잘못이 해당 사업연도에도 단순히 되풀이되는 때에는 이러한 재조사의 예외적인 허용사유에 해당한다고 볼 수는 없고, 완결적인 하나의 행위가 원인이 되어 같은 잘못이 2개 이상의 사업연도에 걸쳐 자동적으로 반복되는 경우는 물론, 하나의 행위가 자체로 완결적이지는 아니하더라도 그로 인해 과세표준 및 세액의 산정에 관한 오류 또는 누락의 원인이 되는 원칙이 결정되고, 이후에 2개 이상의 사업연도에 걸쳐 내용이 구체화되는 후속조치가 이루어질 때에는, 이러한 후속조치는 행위 당시부터 예정된 것이므로 마찬가지로 하나의 행위가 원인이 된 것으로서 이에 해당한다고 판시하였다. 나아가 위법한 세무조사를 금지하고 세무조사권의 남용을 방지하고자 하는 국세기본법의 취지에 비추어 보면, 재조사의 예외적인 허용사유는 재조사 개시 당시에 구비되어야 하므로, 과세관청이 하나의 원인으로 인하여 2개 이상의 사업연도에 걸쳐 과세표준 및 세액의 산정에 관한 오류 또는 누락이 발생한 경우임을 뒷받침할 만한 구체적인 자료에 의하여 재조사를 개시한 경우에 비로소 적법한 재조사에 해당한다고 덧붙였다.

이 판결은, A사가 창업주이자 이사회의장의 지위에 있었던 P에게 매년 임대수입의 10% 이내에서 성과상여금을 지급하기로 하는 이사회결의 후 이에 기초하여 5년에 걸쳐 해당 사업연도별로 개최되었던 주주총회와 이사회 등에서 구체적인 액수를 확정하여 P에게 성과상여금을 지급한 사안에서, 위 이사회결의는 내용 및 전후 경과에 비추어 보면 별다른 지급기준도 없이 실질적으로 잉여금 처분을 위한 분배금을 매년 P에게 지급하면서도 명목상으로만 손금산입대상이 되는 상여금의 형식을 갖추기로 한 것이고, 구체적인 성과상여금의 액수 등이 해당 사업연도별로 개최되었던 주주총회와 이사회 등에서 확정되었더라도 이는 이사회결의에서 성과상여금을 지급하기로 결정한 후 당시 예정한 바대로 각 사업연도별로 후속절차로서 이루어진 것으로서 그와 함께 성과상여금의 지급원인이 되었으므로, '2개 이상의 과세기간과 관련하여 잘못이 있는 경우'에 해당한다고 판시하였다.

'2 이상의 사업연도와 관련하여 잘못이 있는 경우'의 의미에 관하여 위와 같은 대립되는 견해 중 법리상 어느 한쪽이 반드시 타당하다고 단정하기는 어려우나, 광의설과 협의설 모두 일면 타당한 측면이 있고, 입법적 해결이 미비된 상태에서 중복세무조사 금지 예외사유의 적용범위를 어디까지 제한할 것인지에 대한 정책적 고려에 따른 판단이 불가피하다. 광의설과 같이 동종의 잘못도 관련성이 있다고 보게 되면 중복조사의 허용범위가 지나치게 넓어져 그 입법 취지인 납세자의 권익보호 및 세무행정 선진화의 필요성과 요구가 갈수록 커지는 시대적 요청에 부합하지 않게 된다. 한편, 협의설과 같이 중복조사의 허용범위를 좁게 해석하는 것은 문리적 해석범위를 넘어선다고 할 수 있을뿐더러 이렇게 범위를 제한하면 조세공평을 이루기도 어렵다. 나아가 협의설이 말하는 '어느 사업연도에 대한 세무조정이 다른 사업연도에 대한 세무조정에 영향을 미치는 경우'에 과연 다시 세무조사를 할 필요가 있는지도 의문일 수 있다. 즉, 협의설의 입장은 기업회계상의 수익 또는 손금의 인식기준과 법인세법상의 익금 또는 손금의 인식기준이 달라 일시적 차이가 발생한 경우에만 중복조사를 허용하자는 것이나, 오히려 이러한 경우에는 이미 익금 또는 손금에 산입할 금액은 확정되어 있는 경우가 많아 굳이 다시 세무조사를 할 필요 없이 그 금액을 정당한 사업연도의 익금 또는 손금에 산입하는 계산상의 문제만 남아있는 경우가 대부분이어서 중복조사를 허용할 실익이 거의 없게 되기 때문이다. 따라서 절충설에서 말하는 '어떠한 잘못이 하나의 원인행위에서 비롯되어 2 이상의 사업연도에 계속되는 경우'는 중복조사를 허용해야 할 실무상의 필요성이 많고, 입법 취지에도 부합하는 것으로 보이므로, 위 판례가 취한 절충설의 입장이 타당한 것으로 판단된다.

나) 구체적 사례 분석

대법원 2020. 4. 9. 선고 2017두50492 판결도 절충설의 입장을 취하였다. 사안의 내용은 다음과 같다.

원고는 인천공장에서 소다회를 생산하면서 그로 인하여 발생한 폐석회를 오랜 기간 침전지에 적치하여 오던 중 2003. 12. 31. 인천시 등과 사이에 폐석회를 침전지에서 수거하여 인천공장 내 유수지에 매립하고 유수지를 유원지로 조성하는 폐석회처리공사를 시행하는 내용의 협약을 체결하였다. 원고는 2007 사업연도 법인세를 신고하면서 폐석회처리공사 비용을 통상적인 비용으로 손금 처리하였다. 원고는 2008. 5. 1. 인천공장 화학제품제조 사업부문 등을 물적분할하여 A사를 설립하고 2008. 5. 6. 분할등기를 마쳤는데, A사 역시 2008 내지 2012 사업연도에 위와 같은 폐석회처리공사 비용을 지출하였다. 원고는 2010 사업연도부터 A사를 연결자법인으로 한 연결납세방식을 채택하여 법인세를 신고하면서 A사가 지출한 폐석회처리공사 비용을 통상적인 비용으로 손금 처리하였다.

한편, 과세관청은 2009. 4. 20.부터 2009. 6. 24.까지 원고에 대한 2004, 2005 사업연도

법인사업자통합조사를 하였는데, 당시 원고가 작성한 '요구자료 현황'에는 '폐석회처리 비용 토지 자본적 지출 해당 여부에 대한 검토서와 요약서' 등이 제출된 것으로 기재되어 있으나, 과세관청은 2004 내지 2008 사업연도 법인세 항목 등이 적출된 2009년 세무조사 결과를 통지하면서 폐석회처리공사 비용의 손금 처리에 대하여는 별다른 조치를 취하지 않았다. 그 후 과세관청은 2013. 3. 11. 원고에 대한 2009 내지 2010 사업연도 법인사업자통합조사를 개시하였다가, 2013. 3. 27. 원고에게 조사범위를 '2007, 2008 사업연도 복구손실충당금 사용금액의 자산화 대상 여부'까지 포함하는 조사범위확대통지를 하였고, 위 2013년 세무조사 결과에 기초하여 폐석회처리공사 비용을 토지의 자본적 지출로서 처리해야 한다고 보고 각 사업연도 폐석회처리공사 비용의 손금산입을 부인하여 원고에게 2007 사업연도 법인세 46억 원 등을 부과하였다.

이에 관하여, 대법원은 2013년 세무조사 중 2007 사업연도 법인세에 관한 부분은 재조사의 예외적인 허용사유인 '2개 이상의 과세기간과 관련하여 잘못이 있는 경우'에 해당하므로 적법한 세무조사라고 봄이 타당하다고 판시하였다. 구체적 이유는 다음과 같다. 즉, 원고와 A사가 2007 내지 2012 사업연도에 폐석회처리공사 비용을 지출한 것은 인천시 등과의 협약에 기초한 것이며, 그에 따라 폐석회처리공사 예상비용이 복구손실충당금으로 설정되고 복구손실충당부채로 회계처리되었으나, 복구손실충당부채는 원래 자산의 취득가액에 포함될 수 없는 것이고, 실제로 폐석회처리공사 비용이 매 사업연도에 모두 동일한 방식으로 손금 처리된 점에 비추어, 원고는 협약 무렵 이미 폐석회처리공사 비용을 손금 처리하기로 예정하였던 것으로 보인다는 것, 따라서 위 협약과 그 무렵부터 원고가 폐석회처리공사 비용을 손금 처리하기로 예정하였던 것은 그에 따른 후속조치, 즉 복구손실충당금의 설정 및 매 사업연도 폐석회처리공사 비용 지출과 함께 하나의 행위가 되어 부당 손금 처리의 원인이 되었다고 볼 수 있다는 것, 나아가 과세관청은 2009년 세무조사 이후 이루어진 위 협약 관련 유수지 매립 1단계 공사 완료를 인지하고, 인천공장 부지에 대한 감정평가서 등 폐석회처리공사 비용이 토지의 자본적 지출에 해당한다고 볼 만한 구체적인 자료를 확보하여 2013년 세무조사 중 2007 사업연도에 대한 조사를 개시하였다고 보인다는 것이다.

이 사안은 위 협약과 그 무렵부터 원고가 폐석회처리공사 비용을 손금 처리하기로 예정하던 것이 그에 따른 후속조치, 즉 복구손실충당금의 설정 및 매 사업연도 폐석회처리공사 비용 지출과 함께 하나의 행위가 되어 매 사업연도의 부당한 손금 처리에 대하여 원인으로 작용하였다고 볼 수 있는 것이었다. 판례가 취하고 있는 절충설의 입장을 잘 이해할 수 있는 좋은 사례이다.

(5) 전심기관의 재조사결정에 따른 조사의 경우

구 국세기본법(2014. 12. 23. 개정되기 전의 것) 제81조의4 제2항 제4호는 중복세무조사가 허용되는 경우로 '제65조 제1항 제3호(제66조 제6항과 제81조에서 준용하는 경우를 포함한다)에 따른 필요한 처분의 결정에 따라 조사를 하는 경우'를 규정하고, 제65조 제1항 제3호는 국세청장은 심사청구가 이유 있다고 인정될 때는 그 청구의 대상이 된 처분의 취소·경정 결정을 할 수 있을 뿐만 아니라 필요한 처분의 결정을 할 수 있다고 규정하고 있다. 여기서의 필요한 처분의 결정이란 이른바 재조사결정으로서 과세관청으로 하여금 국세청장이 지적한 사항을 재조사하여 그 결과에 따라 새로운 처분을 하거나 당초 처분을 유지하도록 하는 것을 말한다. 과세관청은 이러한 국세청장의 결정에 기속되어 재조사를 하여야 하고 이러한 경우에는 중복세무조사가 불가피하게 되므로 위 규정에서 이를 허용하는 것으로 이해된다. 이러한 구 국세기본법 제65조 제1항 제3호는 제66조 제6항과 제81조에 의하여 이의신청과 심판청구에도 준용되므로 이의신청이나 심판청구에서의 재조사결정의 경우에도 그 취지에 따른 중복세무조사는 허용된다고 할 것이다.

그런데 과세전적부심에서도 이의신청이나 심사청구 또는 심판청구에서와 마찬가지로 관행상 재조사결정을 하는 경우가 있었다. 하지만 2014. 12. 23. 개정되기 전의 구 국세기본법 제81조의15는 과세전적부심에 관하여 규정하면서 제4항에서 과세전적부심사 청구에 대한 결정의 유형으로 제1호에서는 '채택하지 아니한다는 결정'을, 제2호에서는 '채택하거나 일부 채택하는 결정'을, 제3호에서는 '심사하지 아니한다는 결정'을 규정하고 있을 뿐이고 이의신청이나 심판청구와 달리 국세기본법 제65조 제1항 제3호를 준용하고 있지 않았다. 이 때문에 과세전적부심사 청구에 대하여 하는 재조사결정은 법적 근거가 없는 것으로 볼 여지가 있었고, 그래서 국세기본법 제81조의4 제2항 제4호가 적용될 여지도 없었다. 그럼에도 과세전적부심사의 결정에서 재조사결정을 하고 이것이 중복세무조사로 이어지는 경우가 있다. 실제로 조세소송에서 이러한 경우에도 국세기본법 제81조의4 제2항 제4호를 준용하여 중복세무조사를 허용하여야 한다는 주장이 있기도 했지만, 이는 국세기본법의 규정에 반하는 것이어서 받아들이기 어려웠다. 과세관청의 입장에서는 답답한 노릇이었지만 입법으로 해결하기 전까지는 어쩔 수 없는 상황이었다.

이러한 상황을 반영하여 국세기본법이 2014. 12. 23. 개정되면서 제81조의15 제4항 제2호에서 결정의 유형으로 '당초 통지내용의 적법성에 관하여 재조사하여 그 결과에 따라 당초 통지내용을 수정하거나 유지하는 등의 통지를 하도록 하는 재조사결정'을 추가하였고, 아울러 제81조의4 제2항 제4호에서도 중복세무조사를 허용하는 경우로서 '제81조의15 제4항 제2호에 따른 재조사결정에 따른 조사를 하는 경우'를 추가하였다. 이로써 위에서 본 상황은 입법으로서 해결이 되었다.

이와 달리 감사원의 과세관청에 대한 감사결과에 따라 과세관청이 재처분을 하기 위하여 하는 세무조사는 허용되는 중복세무조사에 해당한다고 볼 규정이 없기 때문에 위법하게 된다. 같은 취지에서 대법원 2018. 6. 19. 선고 2016두1240 판결은, 과세관청이 A사에 대하여 세무조사를 실시한 결과 A사의 주주명부가 허위로 조작된 것이 아니라고 보았고, 이에 따라 A사의 대주주 겸 회장의 아들 등에 대한 주식의 증여에 대하여 부과제척기간이 경과하였다는 이유로 증여세를 부과하지 않았는데, 그 후 과세관청이 감사원의 '감사결과 처분요구'에 따라 A사에 대하여 세무조사를 재차 실시한 결과 위 주주명부가 허위로 작성된 것이라고 보았고, 이에 과세관청이 아들 등에게 증여세 부과처분을 한 사안에서, 후속 세무조사는 조사의 목적과 실시 경위, 질문조사의 대상과 방법 및 내용, 조사를 통하여 획득한 자료 등에 비추어 종전 세무조사와 실질적으로 같은 증여 사실에 대한 것이라고 보이므로 후속 세무조사의 명목이나 형식만을 내세워 이를 종전 세무조사 후에 이루어진 별개의 증여 사실에 대한 세무조사라고 할 수 없고, 나아가 '감사결과 처분요구'는 새로운 진술이나 자료를 기초로 한 것이 아니라 과세관청이 종전 세무조사에서 이미 작성하거나 취득한 자료를 토대로 하면서도 사실관계 인정 여부에 대한 판단 등만을 달리하여 이루어진 것인 만큼, 이를 두고 재조사 허용사유의 하나로 규정하고 있는 '각종 과세자료의 처리를 위한 재조사'에서의 '각종 과세자료'에 해당한다고 볼 수 없다고 하여 위법한 중복세무조사에 해당한다고 판시하였다. 이러한 경우 중복세무조사의 현실적 필요성이 크다면 결국 입법을 통해서 해결할 수밖에 없을 것이다.

(6) 각종 과세자료의 처리를 위한 재조사

2019. 2. 12. 개정되기 전의 구 국세기본법 시행령 제63조의2 제2호 전단은 국세기본법 제81조의4 제2항 제5호의 위임을 받아 중복세무조사가 허용되는 경우의 하나로 '각종 과세자료의 처리를 위한 재조사'를 규정하고 있었다. 여기서의 '과세자료'와 '처리'라는 용어는 매우 막연하고 포괄적인 뜻을 지니고 있다. 과세관청이 취급하는 자료에 과세자료가 아닌 것이 드물 것이며, 그 '처리'한다는 업무의 범위도 제한하기 어렵기 때문에 위 규정의 문언을 그대로 해석하면 중복세무조사의 허용범위가 너무 넓어지게 된다. 이와 같이 해석하지 않을 수 없다면 이 규정은 모법의 위임범위를 벗어나는 것이라고 해야 할 것이다. 왜냐하면 모법의 위임규정인 국세기본법 제81조의4 제2항 제5호는 '그 제1호부터 제4호까지와 유사한 경우로서 대통령령이 정하는 경우'라고 규정하고 있으므로 시행령에서 규정할 수 있는 것은 국세기본법 제81조의4 제2항 제1호부터 제4호까지와 유

사한 경우에 국한된다고 할 것인데, 국세기본법 시행령 제63조의2 제2호의 규정은 그 적용범위가 너무 넓은 데다가 그 성격도 국세기본법 제81조의4 제2항 제1호부터 제4호까지와 유사하다고 보기도 어렵기 때문이다. 모법에서는 중복세무조사가 허용되는 경우를 상당히 제한적으로 규정하고 있는 마당에, 그 위임에 의한 시행령의 규정에서 그 허용되는 범위를 지나치게 넓혀버린다는 것은 모법의 위임범위를 벗어나 무효라고 하지 않을 수 없다.

그래서 구 국세기본법 시행령 제63조의2 제2호 전단의 효력을 유지하기 위해서는 이를 합목적적으로 축소하여 해석·적용하는 방안을 검토할 수 있겠다. 대법원의 입장에서는 조세소송에서 위의 규정이 문제가 될 경우 전원합의체 판결을 통하여 모법의 위임범위를 벗어났다는 이유로 무효를 선언할 수도 있었을 것으로 보인다. 그러나 대법원은 위 규정의 무효를 선언하기보다는 모법의 위임범위 내로 합목적적으로 축소해석하는 길을 택하였다. 최근의 대법원 2015. 5. 28. 선고 2014두43257 판결은 같은 세목 및 과세기간에 대한 거듭된 세무조사는 납세자의 영업의 자유나 법적 안정성을 심각하게 침해할 뿐만 아니라 세무조사권의 남용으로 이어질 우려가 있으므로 조세공평의 원칙에 현저히 반하는 예외적인 경우를 제외하고는 금지할 필요가 있는 점, 국세기본법 시행령 제63조의2의 규정에 따라 재조사가 허용되는 경우는 구 국세기본법 제81조의4 제2항 제1호 내지 제4호에서 규정한 재조사가 예외적으로 허용되는 경우와 유사한 경우로 한정되므로 그 허용사유 및 범위를 엄격하게 해석함이 타당한 점 등을 종합하여 보면, 국세기본법 시행령 제63조의2 제2호 전단에 정한 '각종 과세자료의 처리를 위한 재조사'에서의 '각종 과세자료'란 세무조사권을 남용하거나 자의적으로 행사할 우려가 없는 과세관청 외의 기관이 그 직무상 목적을 위하여 작성하거나 취득하여 과세관청에 제공한 자료로서 국세의 부과·징수와 납세의 관리에 필요한 자료를 의미하고, 이러한 자료에는 과세관청이 종전 세무조사에서 작성하거나 취득한 과세자료는 포함되지 아니한다고 해석함이 타당하다고 판시하였다.

이 판결에서는 각종 과세자료의 범위를 두 가지 측면에서 축소하였다. 먼저 그 작성권의 측면에서 최초 세무조사를 한 과세관청이 아닌 다른 기관이 작성한 것이어야 한다는 것이다. 과세관청이 작성한 것이라면 내부 보고나 관리를 위한 것으로서 객관적인 증거자료로 보기 어려울 것이므로 그 처리를 위한 별도의 기회를 줄 필요는 없을 것이기 때문이다. 그리고 다른 기관이 작성한 것이라고 하더라도 최초 세무조사에서 이미 취득한 과세자료가 아니어야 한다는 것이다. 최초 세무조사에서 취득한 과세자료라면 그 처리 업무도 최초 세무조사에서 이루어지는 것이 마땅하므로 그 처리를 위한 별도의 기회를 줄 필요는 없다고 할 것이다.

그렇다면 결국 여기서의 '각종 과세자료'는 최초 세무조사가 종결된 후에 과세관청이 제3의 기관으로부터 취득한 과세자료를 의미한다고 할 것인데, 이러한 자료를 취득하였다는 것은 모법인 국세기본법 81조의4 제2항 제1호의 '조세탈루의 혐의를 인정할 만한 명백한 자료가 있는 경우'에 해당한다고 볼 수 있다. 그래서 국세기본법 시행령 제63조의2 제2호 전단의 규정은 국세기본법 81조의4 제2항 제1호에 해당하는 경우를 예시적으로 규정한 것으로 해석하는 것이 타당하다고 하겠다. 만약 여기서 국세기본법 시행령 제63조의2 제2호 전단의 규정에 독자적 의미를 부여하여 그 과세자료에는 '조세탈루의 혐의를 인정할 만한 명백한 자료'가 아닌 자료도 포함되는 것으로 해석한다면 이는 모법의 위임범위를 벗어난 것이 되므로 허용되어서는 아니된다.

이러한 대법원 판결을 의식하여 국세기본법 시행령이 2019. 2. 12. 개정되면서 제63조의2 제2호에서 '과세관청 외의 기관이 직무상 목적을 위해 작성하거나 취득해 과세관청에 제공한 자료의 처리를 위해 조사하는 경우'라고 규정하게 되었다. 이로써 종전규정의 문제점은 상당히 해소되었다. 개정규정에서 눈에 띄는 대목은 대법원 판결에서는 과세관청이 종전 세무조사에서 취득한 과세자료는 포함하지 않는다고 했는데 이 부분이 개정규정의 문언에 포함되어 있지 않다는 점이다. 하지만 이는 당연히 전제가 되어야 할 내용이므로 위 개정규정의 문언에도 불구하고 위 대법원 판결의 취지대로 위 규정을 해석하는 것이 옳겠다.

마. 부분세무조사에 따른 중복세무조사

국세청 훈령인 조사사무처리규정에 의하면, 조사대상 과세기간의 신고사항에 대한 적정 여부를 전반적으로 검증하는 조사를 '전부조사'라고 하고, 특정 항목·부분의 적정 여부를 검증하는 조사를 '부분조사'라고 정의하고 있다. 국세기본법 제81조의4 제1항에서 적정하고 공평한 과세의 실현을 위하여 필요한 최소한의 범위 안에서 세무조사를 하도록 규정하고 있으므로, '전부조사'뿐만 아니라 '부분조사'도 가능하다. 다만, 납세자의 편의와 조사의 효율성을 제고하기 위하여 조사대상으로 선정된 과세기간의 당해 납세자의 사업과 관련하여 신고·납부의무가 있는 세목을 함께 조사하는 것이 원칙이므로 전부조사가 원칙이라 할 것이다. 그래서 국세기본법 제81조의11은 전부조사를 통합조사로 칭하면서, 제1항은 세무조사는 납세자의 사업과 관련하여 세법에 따라 신고·납부의무가 있는 세목을 통합하여 실시하는 것을 원칙으로 한다고 규정하고 있다. 그리고 그 시행령 제63조의12 제1항은 예외적으로 특정한 세목만을 조사할 수 있는 경우로서, 세목의 특성, 납세자의 신고, 세금탈루 혐의 등을 고려하여 특정 세목만을 조사할 필요가 있는 경우,

조세채권의 확보 등을 위하여 긴급히 조사할 필요가 있거나 혐의 내용이 특정 사업장, 특정 항목 또는 특정 거래에만 한정되어 그와 관련된 특정 세목만을 조사할 필요가 있는 경우, 그 밖에 세무조사의 효율성, 납세자의 편의 등을 고려하여 특정세목만을 조사할 필요가 있는 경우를 규정하고 있었는데, 국세기본법이 2017. 12. 19. 개정되면서 이 내용을 국세기본법 제81조의11 제2항으로 승격시켰다.

그리고 국세기본법 제81조의11 제3항을 신설하여 부분조사를 실시할 수 있는 경우를 규정하고 있는데, 경정 등의 청구에 대한 처리 또는 국세환급금의 결정을 위하여 확인이 필요한 경우(제1호), 재조사결정에 따라 사실관계의 확인 등이 필요한 경우(제2호), 거래 상대방에 대한 세무조사 중에 거래 일부의 확인이 필요한 경우(제3호), 납세자에 대한 구체적 탈세 제보가 있는 경우로서 해당 탈세 혐의에 대한 확인이 필요한 경우(제4호), 명의위장, 차명계좌의 이용을 통하여 세금을 탈루한 혐의에 대한 확인이 필요한 경우(제5호), 그 밖에 세무조사의 효율성 및 납세자의 편의 등을 고려하여 특정 사업장, 특정 항목 또는 특정 거래에 대한 확인이 필요한 경우(제6호)를 규정하고, 제6호에 관하여는 국세기본법 시행령 제63조의12 제1항에서, 법인이 주식 또는 출자지분을 시가보다 높거나 낮은 가액으로 거래하거나 자본거래로 인하여 해당 법인의 특수관계인인 다른 주주 등에게 이익을 분여하거나 분여받은 구체적 혐의가 있는 경우로서 해당 혐의에 대한 확인이 필요한 경우와 무자료거래, 위장·가공 거래 등 특정 거래 내용이 사실과 다른 구체적 혐의가 있는 경우로서 조세채권의 확보 등을 위하여 긴급한 조사가 필요한 경우를 규정하고 있다.

한편, 국세기본법 제81조의11 제4항은 같은 조 제3항 제3호부터 제6호까지에 해당하는 사유로 인한 부분조사는 같은 세목 및 같은 과세기간에 대하여 2회를 초과하여 실시할 수 없다고 규정하고 있다. 그리고 국세기본법 제81조의4 제1항 제6호는 제81조의11 제3항에 따른 부분조사를 실시한 후 해당 조사에 포함되지 아니한 부분에 대하여 조사하는 것은 금지되는 중복세무조사에 해당하지 않는다고 규정하고 있다. 이러한 규정을 종합하면 부분조사가 이루어진 후 그 조사범위에 포함되지 아니하였던 내용에 대하여는 1회에 한하여 재조사가 허용된다는 것이다.

이와 같이 국세기본법이 개정되기 전에는 전부조사가 원칙이었고, 그래서 제1차 세무조사가 부분적으로 이루어진 경우 중복세무조사를 어느 범위에서 금지해야 하는지가 문제되었다. 국세기본법 제81조의11이 전부조사를 원칙으로 규정하고 있는 만큼 제1차 세무조사가 부분적으로 이루어졌다면 과세관청으로서는 전부조사의 예외사유에 해당한다거나 부분조사를 할 만한 정당한 사유가 있었음을 증명하지 않는 한 그 부분조사는 정당화될 수 없을 것이다. 따라서 이러한 경우에는 설령 제1차 세무조사가 부분조사로 이루어졌다고 하더라도 중복세무조사 금지의 범위를 정함에 있어서는 전부조사가 이루어졌던 것과 마찬가지로 취급하여 제2차 세무조사가 제1차 부분조사에서 제외된 나머지 부분에 대한 세무조사라고 하더라도 금지되는 중복세무조사에 해당한다고 보는 것이 국세기본법 제81조의9 제1항의 취지에 부합하였다.

그래서 대법원 2015. 2. 26. 선고 2014두12062 판결은, 세무공무원이 어느 세목의 특정 과세기간에 대하여 모든 항목에 걸쳐 세무조사를 한 경우는 물론 그 과세기간의 특정 항목에 대하여만 세무조사를 한 경우에도 다시 그 세목의 같은 과세기간에 대하여 세무조사를 하는 것은 국세기본법 제81조의4 제2항에서 금지하는 재조사에 해당하고, 세무공무원이 당초 세무조사를 한 특정 항목을 제외한 다른 항목에 대하여만 다시 세무조사를 함으로써 세무조사의 내용이 중첩되지 아니하였다고 하여 달리 볼 것은 아니라고 판시하였다. 이 판결의 사안에서는 과세관청이 2011. 7. 6. 원고에게 조사대상 세목을 '법인세 부분조사'로, 조사대상기간을 '2006. 1. 1.부터 2010. 12. 31.까지'로, 조사범위를 '본사 지방이전에 따른 임시특별세액 감면과 관련된 사항'으로 한 세무조사결정처분을 하고, 이에 따라 세무조사를 실시한 후 다시 2012. 3. 21. 원고에게 조사대상 세목을 '법인제세 통합조사'로, 조사대상기간을 '2009. 1. 1.부터 2010. 12. 31.까지'로 하는 세무조사결정처분을 한 것이었는데, 대법원은 제1차 세무조사의 대상이 본사 지방이전에 따른 임시특별세액 감면과 관련된 사항으로 한정되어 있었고, 제2차 세무조사에서 이 부분은 조사대상에서 제외되었다고 하더라도 제2차 세무조사는 허용되지 않는 중복세무조사에 해당한다고 판시하였다.

대법원 2015. 9. 10. 선고 2013두6206 판결도, 과세관청이 2001년 2월경 원고에 대하여 조사대상 세목을 '법인세 외'로, 조사대상기간을 '1996년부터 1998년까지'로, 과세대상기간을 '1996년부터 2000년까지'로 하는 정기 세무조사(제1차 세무조사)를 실시한 후 2000 사업연도의 임대료 수입누락, 계열사 선급금 과다지급 등의 사유로 2000 사업연도 법인세 부과처분을 한 후, 다시 2005년 12월경 원고에 대하여 조사대상 세목을 '법인세 등'으로, 조사대상기간을 '2000 사업연도'로, 조사사유를 원고가 출자한 A항공사 '주식변동내용 확인'으로 하는 제2차 세무조사를 실시하여 법인세 부과처분을 한 사안에서, 제2차 세무조사는 원고의 2000 사업연도 법인세에 대한 거듭된 세무조사로서 특별한 사정이 없는 한 금지되는 중복세무조사에 해당하고, 제1차 세무조사의 대상에 A항공사 주식변동 내역에 관한 부분이 제외되어 있었다고 하여 달리 볼 수는 없다고 판시하였다.

반면에, 대법원 2015. 3. 26. 선고 2012두14224 판결은 예외사유에 해당한다고 보아 중복세무조사가 허용된다고 판시한 사례이다. 사안의 내용은 다음과 같다. 과세관청은 2003년 10월경 원고의 2000, 2001 사업연도에 대한 정기 법인제세 일반 세무조사(제1차 세무조사)를 실시하여, 원고가 해외 자회사들에 대한 구상금채권 등의 회수를 지연하였음을 발견하고 그 회수지연이 연접한 사업연도에도 계속되었는지와 그 폐업·청산시기를 확인할 필요가 있다고 보고 원고로부터 자회사들의 폐업·청산에 관한 자료 등을 제출받아 구상금채권 등의 회수지연이 계속되었는지와 관련된 내용을 위주로 조사한 다음 1998 내지 2002 각 사업연도 인정이자를 익금산입하고 1998 내지 2000, 2002 각 사업연도 차입금 지급이자를 손금불산입하였다. 그 후 다시 과세관청은 2006년 11월경 원고의 2002 내지 2005 사업연도에 대한 법인제세 통합조사(제2차 세무조사)를 실시하여, 원고가 2002 사업연도에 손금산입한 대손금을 손금불산입하고 이를 업무무관 가지급금으로 보아 2003 내지 2005 사업연도 인정이자를 익금산입하였다. 이에 대하여 대법원은 업무무관 가지급금 등 채권의 회수지연이 있을 경우 그것은 해당 사업연도 인정이자 익금산입 대상 및 차입금 지급이자 손금불산입 대상이 되고 그러한 잘못은 채권의 회수지연이 계속되는 한 다른 사업연도에도 영향을 미치므로 이를 시정하는 기회에 다른 사업연도의 잘못도 함께 시정할 필요가 있었고, 각 사업연도마다 같은 종류의 잘못이 반복되는 경우에는 그 조사대상이 한정될 뿐만 아니라 조사내용도 단순명료한 경우가 대부분이어서 조사에 따른 납세자의 부담은 크지 아니한 반면 이러한 사유가 있다고 하여 과세관청에 대하여 다른 사업연도 전반에 관한 조사로 확대하기를 기대하기는 어려우므로, 과세관청이 제1차 세무조사 당시 원고의 소외 회사들에 대한 구상금채권 등의 회수지연이 업무무관 가지급금에 해당한다고 보아 그에 국한하여 2002 사업연도에 관한 조사를 하였다가 제1차 세무조사 당시 조사한 항목을 제외한 나머지 항목에 대하여 제2차 세무조사를 하는 것은, 당초 세무조사 당시 다른 과세기간의 모든 항목에 걸쳐 세무조사를 하는 것이 무리였다는 등의 특별한 사정이 있는 경우에 해당하여 금지되는 중복세무조사에 해당하지 아니한다고 판시하였다. 이 사안에서 2002 사업연도에 대한 세무조사가 겹치지만 제1차 세무조사는 2002 사업연도를 주된 조사대상기간으로 삼은 것이 아니라 2000, 2001 사업연도에 대한 조사과정에서 파생되어 부분적으로 조사가 이루어진 것에 불과하기 때문에 그 후 이루어진 2002 사업연도에 대한 전면적인 조사가 금지되는 중복세무조사에 해당한다고 보기 어렵다고 한 것이다.

이와 같이 부분세무조사에 대하여 엄격한 태도를 취하지 않으면 세무공무원은 자신들의 편의를 위하여 한꺼번에 할 수 있었던 세무조사를 여러 번에 나누어 함으로써 납세자들의 불편을 가중시키는 폐단을 막기 어렵게 된다. 물론 예외를 인정할 필요는 있는 것이고, 그러한 예외가 개정된 국세기본법 제81조의11 제2항에 반영되어 있다. 위 대법원 판결들은 부분조사를 할 만한 정당한 사유에 대하여, 당초의 세무조사가 다른 세목이나 다른 과세기간에 대한 세무조사 도중에 해당 세목이나 과세기간에도 동일한 잘못이나 세금탈루 혐의가 있다고 인정되어 관련 항목에 대하여 세무조사 범위가 확대됨에 따라 부분적으로만 이루어진 경우와 같이 당초 세무조사 당시 모든 항목에 걸쳐 세무조사를 하는 것이 무리였다는 등의 특별한 사정이 있는 경우라고 판시하여 부분세무조사에 이은 중복세무조사를 매우 제한적으로 허용하여 왔는데, 이에 반발하여 국세기본법 제81조의11 제4항과 제81조의4 제2항 제6호가 신설됨으로써 그 허용범위가 넓어진 것이다. 이러한 입법태도는 과세의 당위성과 편의를 중요시한 나머지 납세자의 권익보호는 소홀히 한 측면이 있다는 비판을 받을 수도 있겠다.

6. 위법 세무조사가 후속 처분에 미치는 영향

위법한 세무조사에 기초하여 과세처분이 이루어진 경우 그 과세처분의 효력이 어떻게 되는지에 관하여 살펴보기로 한다. 대법원은 위법한 세무조사에 기초하여 이루어진 과세처분은 위법하다고 일관되게 판시해 왔다.[126] 그런데 위법상의 범위와 논거에 관하여는 입장의 대립이 있다.

먼저, 협의설의 입장으로서 후속 과세처분은 위법한 세무조사에 의하여 수집한 과세자료를 기초로 한 것이므로 위법하다는 것인데 이는 형사법에서 말하는 위법수집증거배제의 법칙에 터 잡은 것이다. 다음으로, 광의설의 입장으로서 위법한 세무조사는 헌법상 적법절차의 원리를 어긴 위법이 있고 그것은 후속 과세처분의 적법성에 영향을 미치는 독자적 위법사유가 되므로 후속 과세처분은 그 조사에서 수집한 과세자료를 기초로 하였는지와 관계 없이 위법하다는 것이다.

협의설을 취하게 되면 과세관청은 위법한 세무조사에 기초한 과세처분을 하였다고 하더라도 그 수집자료를 사용하지 않았다는 이유로 적법하다고 주장할 수 있으므로 세무조사에 대한 적법절차 통제의 실효성이 반감되고 법원의 심리부담을 증가시키는 부작용이 있다. 반면에 광의설을 취하게 되면 과세관청으로 하여금 한번에 완벽한 세무조사를 하도록 요구하는 것과 다를 바 없어 실현가능성이 의문시되고 그래서 과세관청으로서는 세무조사 없이 모색적 과세처분을 한 후 추후 과세근거를 보완해나가는 편법을 사용할 가능성이 있다. 그리고 광의설의 입장을 취하여 위법한 세무조사가 이루어진 과세대상과 기간에 대하여는 후속 과세처분을 할 수 없다는 일사부재리의 원칙을 적용하게 되면 부과제척기간을 둔 취지와 조화를 이루기 어려운 측면이 있어 과세관청의 심한 반발이 예상된다.

---

126) 대법원 2006. 6. 2. 선고 2004두12070 판결, 대법원 2015. 2. 26. 선고 2014두12062 판결, 대법원 2015. 9. 10. 선고 2013두6206 판결

대법원 판결 중에는 협의설에 입각한 듯한 판시를 한 것도 있다. 대법원 2011. 1. 27. 선고 2010두6083 판결은, 과세관청의 부과처분 중 원고가 과세·면세겸영 사업자임에도 공통매입세액 전액을 매입세액으로 공제한 것은 잘못이라는 이유로 공통매입세액 중 면세사업에 해당하는 부분의 매입세액을 불공제한 부분은 2차 세무조사와는 무관하게 당초 경정처분의 오류를 경정한 것뿐이어서 2차 세무조사가 위법한지 여부와 상관없이 적법하다고 판시하였다. 위 판시는 2차 세무조사가 위법하다고 하더라도 거기서 획득한 과세자료에 의한 부과처분이 아니면 위법하다고 할 수 없다는 취지를 내포하는 듯하다.

그러나 대법원 2017. 12. 13. 선고 2016두55421 판결은 광의설의 입장을 취하여 위법한 세무조사에 관하여 매우 엄격한 태도를 취하였다. 세무조사가 중복세무조사에 해당하여 위법하면 단순히 당초 과세처분의 오류를 경정하는 경우에 불과하다는 등의 특별한 사정이 없는 한 그러한 세무조사로 얻은 과세자료를 과세처분의 근거로 삼지 않았다거나 이를 배제하고서도 동일한 과세처분이 가능한 경우라고 하더라도 그 과세처분은 위법하다고 판시하였다.

중복세무조사 금지의 원칙을 위반한 때에는 과세처분의 효력을 부정하는 방법 외에 달리 이를 통제할 방법이 없다. 납세의무자가 국가를 상대로 손해배상청구를 하는 방안도 생각해볼 수 있으나 고의에 의한 정도의 위법이 있어야 현실적으로 청구가 가능하고 인용가능성도 낮아 보이기 때문이다. 위 대법원 판결은 이러한 사정을 고려한 것으로서 과세행정의 절차적 정당성을 확보하겠다는 강한 의지를 피력한 것으로 볼 수 있으므로 납세자들로서는 환영할 만한 일이다.

위 대법원 판결의 취지를 존중하면, 위법한 세무조사가 있는 경우 일사부재리의 원칙을 적용하여 그 위법한 세무조사와 관련된 과세사실에 대하여는 이후 원칙적으로 후속 과세처분을 할 수 없다고 해석할 수 있는 여지가 있다.

후속 과세처분이 위법하다고 할 때 그것을 취소사유로 볼 것인지 무효사유로 볼 수 있는지에 관한 검토가 필요하다. 물론 과세처분의 일반적인 무효사유와 취소사유의 구별 기준이 되는 '하자의 중대명백성'이 여기에도 적용될 것이다. 이와 관련하여 대법원 1998. 6. 26. 선고 96누12634 판결은 과세관청이 조세를 부과하고자 할 때에는 해당 조세법규가 규정하는 조사방법에 따라 얻은 정확한 근거에 바탕을 두어 과세표준액을 결정하고 세액을 산출하여야 하며, 이러한 조사방법 등을 완전히 무시하고 아무런 근거도 없이 막연한 방법으로 과세표준액과 세액을 결정·부과하였다면 이는 그 하자가 중대하고도 명백하여 당연무효라 하겠지만, 그와 같은 조사결정절차에 단순한 과세대상의 오인, 조사방법의 잘못된 선택, 세액산출의 잘못 등의 위법이 있음에 그치는 경우에는 취소사유로 될 뿐이라고 판시하였다. 후속 과세처분 자체의 위법 때문이 아니라 선행사유인 세무조사의 위법 때문에 후속 과세처분이 위법하게 되는 간접적 구조이므로 특별한 사정이 없는 한 무효사유가 아니라 취소사유에 그친다고 보는 것이 합리적이라 할 것이다.

한편, 위법한 세무조사에 기초하여 이루어진 과세처분이 법인에 대한 익금산입이나 손금불산입에 따른 법인세 부과처분일 경우, 그 익금산입이나 손금불산입에 수반하여 이루어진 소득금액변동통지나 원천징수처분, 소득세 부과처분도 위법하다고 보는 것이 타당하다.

근거과세와 추계과세

1. 근거과세

가. 개요

국세기본법 제16조는 근거과세에 관하여 규정하고 있다. 제1항은 납세의무자가 세법에 의하여 장부를 비치·기장하고 있는 때에는 당해 국세의 과세표준의 조사와 결정은 그 비치·기장한 장부와 이에 관계되는 증빙자료에 의하도록 규정하고, 제2항은 국세를 조사·결정함에 있어서 그 기장의 내용이 사실과 다르거나 기장에 누락된 것이 있는 때에는 그 부분에 한하여 정부가 조사한 사실에 따라 결정할 수 있다고 규정하고 있다. 그리고 제3항은 기장의 내용과 상이한 사실이나 기장에 누락된 것을 조사하여 결정한 때에는 정부가 조사한 사실과 결정의 근거를 결정서에 부기하도록 규정하고 있다. 한편, 국세기본법 제81조의12는 세무공무원이 세무조사를 마쳤을 때에는 그 조사결과를 서면으로 납세자에게 통지하도록 규정하고 있다.

위 규정들은 근거과세의 원칙을 선언한 것들로서 과세처분을 함에 있어서 과세관청의 자의를 배제하고 객관적이고 합리적인 과세가 이루어질 수 있도록 함으로써 공평과세의 실현과 납세자의 재산권보장을 도모하는 데 그 취지가 있다. 이러한 규정은 단순히 과세관청의 행정상 편의나 원활을 도모하기 위한 것이 아니라 조세공평과 납세자의 재산권 보호에 직결되는 것이므로 이러한 규정에 위반한 과세처분은 위법하다고 할 수 있다.

국세기본법 제16조 제3항이 조사한 사실과 결정의 근거를 결정서에 부기하도록 규정하고 있는 것은 장부와 관련 증빙자료 등과 같은 증거에 의한 과세의 실행을 담보하기

위하여 마련된 제도로 이해할 수 있다. 여기서 국세기본법은 결정근거의 기재를 어느 정
도로 해야 하는지에 관하여는 규정하고 있지 않고 해석에 맡기고 있다. 위 규정의 취지에
비추어 볼 때 상당한 정도로 구체적이고 상세할 것을 요구하고 있다고 보아야 한다. 즉,
기재된 결정근거에 의하여 납세의무자가 당해 과세처분의 적법·타당 여부를 판단할 수
있어야 할 뿐만 아니라 불복청구에 필요한 정보를 제공할 수 있을 정도이어야 한다고
해석하는 것이 타당하다.[127]

이러한 결정서는 납세고지서와 달리 의무적으로 납세자에게 송달하여야 하는 것은 아
니다. 하지만 이를 단지 과세관청의 내부자료로 관리하게 하여서는 거기에 결정근거를
기재하도록 하는 입법 취지를 구현할 수 없으므로 국세기본법 제16조 제4항은 과세관청
은 납세의무자가 요구하면 위 결정서를 열람 또는 복사하게 하거나 그 등본 또는 초본이
원본과 일치함을 확인하도록 규정하고 있다. 납세자에게 송달되는 납세고지서에도 과세
표준과 세액의 산출근거가 기재되어 있기는 하지만 그것만으로는 자세한 과세근거를 파
악하기 어려우므로 납세자로서는 위 결정서의 열람이나 복사를 통하여 비로소 과세처분
의 구체적 근거를 파악할 수 있고 이를 토대로 불복청구를 할 수 있게 된다. 그래서 과세
처분의 결정근거는 가급적 구체적이고 상세하게 기재하도록 요구할 필요가 있는 것이다.

국세기본법 제16조 제3항의 규정은 그 문언에 나타나듯이 납세자가 장부를 비치·기
장한 경우에 그 절차적 권익을 좀 더 두텁게 보호하기 위한 규정으로 볼 수 있다. 같은
취지에서 대법원 2013. 6. 13. 선고 2012두11577 판결도 국세기본법 제16조는 그 문언에
서 보는 바와 같이 납세의무자가 세법에 의하여 장부를 비치·기장하고 있는 때를 전제
로, 정부가 장부와 다른 내용으로 과세할 경우 납세의무자의 절차적 권익을 보호하기 위
해 '기장의 내용과 상이한 사실'이나 '기장에 누락된 것'을 조사하여 결정한 때에는 정부
가 조사한 사실과 결정의 근거를 결정서에 부기하도록 하고 있으므로 납세의무자가 세
법에서 요구하는 장부를 비치·기장하지 않은 경우에는 구 국세기본법 제16조 제3항이
적용되지 않는다고 판시하였다. 예를 들어 납세자가 폐업하였다는 이유로 수익이나 경비
에 관한 장부를 전혀 제시하지 아니하였고 그래서 과세관청은 납세자의 예금통장에 기
초하여 과세하였다면, 국세기본법 제16조 제3항이 적용되지 아니한다고 할 것이다.

이에 대하여는 납세자의 절차적 권익을 두텁게 보호하기 위하여 국세기본법 제16조
제3항의 문언에는 부합하지 않지만 납세자가 장부를 비치·기장하지 아니한 경우에도
확대적용하자는 견해가 있을 수 있다. 위 규정은 장부와 관계증빙자료 등과 같은 증거에
의한 과세의 실행을 담보하기 위하여 마련된 제도로 단순히 행정상의 편의·원활 등 내
부적인 필요에 의한 것이 아니라 과세권자와 납세의무자 간의 이해조정을 위한 것이고,

---

127) 김완석, "근거과세의 원칙에 관한 연구", 세무학연구 제3호(1992. 6.)

기재된 결정근거에 의하여 납세의무자가 당해 과세처분의 적법·타당 여부를 판단할 수 있게 된다는 점 등을 고려하면, 결정근거의 기재는 '기장 내용이 사실과 다르거나 기장에 누락된 사실이 있는 때' 등 장부내용이 부정확한 경우뿐만 아니라 장부서류 자체가 부존재하여 다른 증빙자료에 의하여 국세를 조사·결정하는 경우도 포함된다고 보는 것이 위 제도의 취지에 부합한다고 할 수 있기 때문이라는 것이다. 납세자가 장부의 비치·기장을 하지 아니한 데 대한 불이익을 너무 과도하게 주어서는 아니된다는 입장에서 고려해 볼 만한 방안이긴 하지만 납세자가 장부의 비치·기장을 하지 아니한 경우에도 국세기본법 제81조의12에 의한 세무조사결과의 통지는 받게 되어 있고 이로써 결정근거를 파악할 수 있으므로 쉽게 받아들이기는 어려운 입장이라고 하겠다.

나. 세무조사결과 통지와의 관계

한편, 국세기본법 제81조의12는 세무조사를 마친 때에는 조사결과를 서면으로 납세자에게 통지하도록 규정하고 있다. 국세기본법 제16조와 제81조의12는 모두 납세자에게 불복신청의 편의제공 등 절차적 권리를 보호하기 위한 규정으로 볼 수 있는데, 국세기본법 제81조의12에서 말하는 조사결과도 그 입법 취지에 비추어 국세기본법 제16조의 결정근거만큼이나 구체적이고 상세하게 기재하여야 한다고 해석하는 것이 합리적이고 그렇다면 이들 규정은 납세자에게 제공되는 정보의 면에서 보면 중복되는 성격을 지니고 있다. 국세기본법 제81조의12는 원래 제81조의7로서 1996. 12. 30. 신설된 규정이고, 국세기본법 제16조는 원래부터 있던 규정이어서 제81조의12가 신설된 후에는 세무조사를 통한 결정·경정의 경우 제16조의 규정의 존재의의는 반감된다고 할 수 있다. 그런데 국세기본법 제81조의12는 납세자가 장부를 비치·기장하고 있는지 여부를 불문하고 있는데 비하여 제16조는 그 문언상 납세자가 장부를 비치·기장한 경우를 전제로 하고 있다. 따라서 납세의무자가 세법에서 요구하는 장부를 비치·기장하지 않은 경우에는 구 국세기본법 제16조 제3항은 적용되지 않고 국세기본법 제81조의12에 의한 보호만으로 족하다고 하겠다.

그리고 통상적으로 국세기본법 제81조의12에 의한 세무조사 결과통지의 내용은 비교적 상세한 것이어서 국세기본법 제16조 제3항에 의하여 결정서에 기재할 내용을 포함한다고 볼 수 있을 경우에는 설령 제16조 제3항의 규정을 위반하였다 하더라도 제81조의12의 규정을 준수함으로써 그 하자가 치유된다고 볼 수 있을 것이다.

2. 추계과세

가. 의의

근거과세에 대비되는 개념으로서 추계과세가 있다. 앞서 본 바와 같이 국세기본법 제16조는 납세자가 세법에 따라 장부를 갖추어 기록하고 있는 경우에는 그 장부와 그에 관계되는 증거자료에 의하여 과세표준의 조사와 결정이 이루어져야 한다는 근거과세의 원칙을 선언하였다. 그러나 납세의무자에게 과세소득이 있다고 볼 개연성이 있음에도 불구하고 장부와 그에 관계되는 증거자료를 갖추고 있지 않거나 그것의 신빙성을 인정할 수 없고 다른 증거자료도 찾을 수 없는 경우에는 근거과세의 원칙을 지킬 수 없다. 이러한 경우에 대비한 것이 추계과세에 관한 규정이다. 근거과세에 관하여는 국세기본법 제16조에 통칙적인 규정을 두고 있지만, 추계과세에 관하여는 국세기본법에 규정이 없고 개별세법에 그에 관한 규정을 두고 있다.

대표적으로 소득세법 제80조 제3항은 그 본문에서 과세관청은 과세표준과 세액을 결정하는 경우에는 장부나 그 밖의 증명서류를 근거로 하여야 한다고 함으로써 근거과세의 원칙을 규정하면서, 그 단서에서 대통령령이 정하는 사유로 장부나 그 밖의 증명서류에 의하여 소득금액을 계산할 수 없는 경우에는 대통령령이 정하는 바에 따라 소득금액을 추계조사결정할 수 있다고 규정하고 있다. 그 위임에 의하여 소득세법 시행령 제143조 제1항은 추계조사를 할 수 있는 경우로서 필요한 장부와 증빙서류가 없거나 중요한 부분이 미비 또는 허위인 경우와 기장의 내용이 허위임이 명백한 경우를 규정하고, 제2항 이하에서 구체적 추계조사방법에 관하여 규정하고 있다. 그리고 법인세법도 제66조 제3항과 그 시행령 제104조, 부가가치세법 제57조 제2항과 그 시행령 제104조에서도 비슷한 규정을 두고 있다.

위의 각 규정에 나타나 있듯이 추계과세는 소득세나 법인세, 부가가치세 등을 과세관청이 결정 또는 경정하는 경우에 납세의무자의 장부와 증빙서류 등 직접 자료에 의하지 아니하고 납세의무자의 재산이나 채무의 증감상태, 수입이나 지출의 상황, 생산량, 판매량 기타의 거래량, 종업원 수 기타 사업의 규모 등의 간접자료에 의하여 과세표준을 추정하여 결정하는 방법을 말한다.

이러한 추계과세에 의한 과세표준의 결정은 어디까지나 추정치이어서 실제의 과세표준과 일치하지 않는다고 할 것이므로 근거과세의 원칙에 부합하지 않는 측면이 있고 그 때문에 납세자의 재산권을 부당하게 침해할 우려가 없지 않으므로 추계과세가 비록 조세공평주의의 구현을 위한 것이라고 하더라도 이에 관하여는 엄격한 규제가 필요하다고 하겠다. 그래서 추계과세에 관하여는 추계방법에 관한 절차적 규제와 추계결과에 관한 실체적 규제가 함께 이루어져야 할 필요가 있다. 그래서 추계방법이 합리적이지 않다거나 추계에 의한 과세액이 적어도 실제 과세표준에 의한 과세액을 초과한다는 것이 증명되었다면 그 추계과세에 의한 과세처분은 위법하다고 해야 할 것이다.

나. 추계과세의 요건

추계과세의 요건으로는 보통 세 가지를 들고 있다. 첫째, 추계방법에 의하여 과세하는 것이 정당하다는 것, 둘째 추계방법이 통상의 회계법칙상 오류가 없는 합리적인 방법으로서 그 사안에 적합한 것이어야 한다는 것, 셋째 표준소득률 등 추계의 기초된 사실이 정확하다는 것이다. 첫째 요건은 추계과세를 할 수 있는 경우에 관한 것이다. 둘째의 요건은 추계방법의 적정성으로서 다음 항에서 자세히 살펴보기로 한다. 셋째의 요건은 추계방법에 적용한 수치들의 정확성인데 이에 관하여는 과세관청에 그 입증책임이 있다고 하겠다.

여기서는 첫째 요건에 관하여 자세히 살펴보기로 한다. 앞서 본 소득세법 제80조 제3항과 소득세법 시행령 제143조 제1항이 이에 관하여 자세히 규정하고 있다. 그 요지는 과세표준을 계산하는 데 필요한 장부와 증빙서류가 아예 없거나 중요한 부분이 미비된 경우 또는 그 내용이 허위인 경우라고 할 수 있다. 그러나 어디까지나 실지조사가 원칙이고 추계과세는 예외적으로 허용되는 보충적 방법이며 실액과세와 불일치할 여지가 많으므로 추계과세의 요건에 관하여는 엄격하게 해석·적용하여야 한다.

그래서 대법원 1995. 7. 25. 선고 95누2708 판결은 납세자가 소득세법이 정하는 장부를 비치·기장한 바 없다고 하더라도 계약서 등 다른 증빙서류를 근거로 과세표준을 계산할 수 있다면 그 과세표준과 세액은 실지조사방법에 의하여 결정하여야지, 추계조사방법에 의해서는 아니된다고 하면서, 양도 및 취득의 실지거래가액이 모두 확인되는 이상 취득과 관련하여 지출한 부대비용의 실액을 확인할 만한 증빙서류가 없다고 하더라도 관계 법령과 조례 등이 그와 같은 비용 등에 관한 기준 등을 정하고 있다면 그러한 법령 등에 의하여 그 비용의 범위를 확정할 수 있다고 할 것이고, 부대비용의 실액을 확인할 수 없다 하여 곧바로 추계방법으로 매매차익을 산정하여야 하는 것은 아니며, 다만 그 경우에 법령 등에서 정하는 금액을 넘는 지출이 있었다는 점에 관하여는 납세자에게 그 입증의 필요가 있다고 봄이 상당하다고 판시하였다. 위 판시에서 알 수 있는 것은 실액을 확인할 수 없는 부분이 전체에서 차지하는 비중이 미미할 때는 이를 이유로 그 전체를 추계방법에 의하도록 하는 것은 균형이 맞지 않아 부적절하다고 볼 수 있다는 것이다.

그리고 추계과세의 적법 여부에 관하여는 변론종결시까지 모든 자료에 의하여 다툴 수 있으므로 과세관청이 그 처분 당시 장부 등의 미비로 추계과세를 하였다고 하더라도, 그 처분의 취소소송에서 변론종결시까지 납세자가 장부나 그 밖의 증명서류를 현출시켰을 때에는 그 장부 등에 의한 실지조사의 방법으로 수입금액이나 과세표준을 결정하여야 한다는 것이 대법원의 입장이다. 대법원 2015. 7. 9. 선고 2015두1076 판결은, 과세관청이 원고의 유흥주점에 대한 세무조사를 하면서 원고에게 매출액 확인을 위하여 필요한 장부의 제출을 요구하였으나 원고가 응하지 않자 실지조사가 불가능하다고 판단하고 매출액을 추계한 후 신고한 매출액과의 차액을 매출누락액으로 보아 종합소득세 등을 과세처분하였는데, 원고가 그 취소소송의 변론종결 전에 그 유흥주점의 외상매출내역이 기재된 외상장부를 제출하였고, 거기에는 거래상대방, 거래일시, 거래금액, 수금 여부, 종업원 봉사료 등이 상세하게 수기로 기재되어 있었던 사안에서, 위 자료들을 기초로 실지조사방법에 의하여 산출될 수 있는 정당한 세액이 얼마인지 심리하여 본 후, 만일 그 세액이 피고의 과세액을 초과할 경우에는 비록 위법한 추계의 방법에 의한 것이었다고 하더라도 과세처분을 취소하여서는 아니되고, 그 반대의 경우에는 피고의 과세액 중 정당한 세액을 초과하는 부분을 취소하여야 한다고 판시하였다. 당초의 세무조사 당시 납세자가 장부를 은닉한 것은 비난의 소지가 많지만 그 장부의 내용이 허위가 아니라면 실액과세의 대원칙을 추계과세에 양보할 수 없다는 입장을 밝힌 것으로 평가할 수 있다. 여기서는 위 장부가 진실되고 누락이 없는 것이라는 점이 전제가 되어야 할 것이다.

조세쟁송에서 통상의 경우는 과세관청이 추계과세를 하였을 때 납세자가 그 요건을 다투는데, 가끔은 납세자가 실지과세를 하지 말고 추계과세를 하여야 한다고 주장한 사건이 있었다. 대법원 2012. 9. 13. 선고 2011두9560 판결이다. 기본적으로 실지조사가 추계조사에 우선하는 방법이므로 실지조사에 의한 과세가 결과적으로 추계과세보다 불리하다거나 납세자가 스스로 추계과세를 원한다는 사유만으로 추계과세 요건이 갖추어진 것으로 볼 수는 없다. 이 사안에서는 과세관청이 원고에 대한 조세범칙사건 조사에서 실지조사에 의하여 과세표준을 결정한 것으로 수입금액 누락분뿐만 아니라 설계용역비와 같은 필요경비도 확인하여 인정하였고, 검찰 수사와 법원의 형사재판절차에서 과세표준과 세액이 명확히 확인되었으므로, 추계조사 방법에 의하여 할 수 있는 예외적인 경우에 해당한다고 볼 수 없다고 판시하였다. 같은 취지에서 대법원 2003. 3. 11. 선고 2001두4399 판결도 수입금액누락분에 대하여 실지조사결정에 의하여 과세처분을 할 경우에 그 누락분에 대응하는 필요경비가 존재한다는 점에 대하여는 납세의무자가 주장·증명하여야 하고, 실지조사방법에 의하여 소득금액을 결정할 수 있는 때에는 추계조사방법으로 결정할 수 없으며, 과세관청이 실지조사에 의하여 과세기간 동안의 수입금액누락분을 밝혀낸 후 그에 대응하는 필요경비를 실지조사에 의하여 인정하여 종합소득세 부과처분을 한 것이라면 실지조사결정이 불가능하다고 할 수 없으므로, 소득을 추계조사결정할 수는 없다고 할 것이고, 과세관청에 의하여 인정되지 아니한 필요경비가 존재한다면 이는 납세의무자가 주장·증명하여야 하며, 그 필요경비를 공제하기 위하여 소득을 추계조사방법에 의하여 결정할 수는 없다고 판시하였다.

다. 추계과세의 방법

(1) 개요

추계과세의 방법에 관하여 소득세법에서는 그 시행령 제143조와 제144조에서 규정하고 있고, 법인세법에서는 그 시행령 제104조와 제105조에서 규정하고 있는데, 그 내용은 비슷하다. 소득세법 시행령 제143조 제3항은 수익금액은 정해져 있는 상태에서 필요경비를 추계하는 방법을 규정한 것이고, 제144조 제1항은 수익금액을 추계하는 방법에 관하여 규정하고 있다. 제143조 제3항은 필요경비의 추계방법에 관하여 제1호에서 기준경비율에 의한 추계방법을, 제1호의2는 단순경비율에 의한 추계방법을 규정하고 있고, 제2호는 제1호나 제1호의2의 방법을 적용할 수 없는 경우 동일업종의 다른 사업자의 소득금액을 참작하여 그 소득금액을 결정 또는 경정하는 이른바 동업자권형의 방법을 규정하고 있다. 제144조 제1항은 수익금액의 추계방법에 관하여 제1호에서 동일업황의 다른 사업자의 수입금액을 참작하여 계산하는 동업자권형의 방법을, 제2호는 국세청장이 정한 영업효율을 적용하는 방법을, 제3호는 국세청장이 정한 업종별 생산수율을 적용하는 방법을, 제4호는 원단위투입량 등에 의한 방법을, 제6호는 입회조사기준에 의하는 방법 등을 정하고 있다.

위와 같은 추계방법이 예시적인 것인가 한정적인 것인가에 관하여 학설상으로는 예시적 규정설과 한정적 규정설[128]의 대립이 있고, 판례도 예시적 규정설을 취한 것[129]과 한정적 규정설을 취한 것[130]으로 나뉘어 있다. 추계조사결정은 원래 실지조사결정이 가능하지 아니한 경우에 보충적으로 기능하는 것일 뿐만 아니라, 오늘날 소득발생 원천으로서의 업태가 지극히 다종다양하고 세분화되어 가고 있는 양상을 띠고 있음이 현실임에 비추어 구체적 사안에서 아무리 합리성과 타당성이 있는 추계방법이라 하더라도 위

---

128) 김완석, 소득세법론, (주)광교이택스
129) 대법원 1987. 3. 10. 선고 86누328 판결, 대법원 1992. 5. 12. 선고 90누3140 판결, 대법원 1993. 5. 14. 선고 92누18139 판결
130) 대법원 1985. 10. 8. 선고 85누426 판결, 대법원 1986. 9. 23. 선고 85누833 판결, 대법원 1987. 8. 18. 선고 87누235 판결, 대법원 1990. 8. 14. 선고 90누417 판결

에 규정한 방법 외로는 추계조사결정이 허용되지 아니한다고 한다면 결국 부과처분을 할 수 없다는 결과에 이르게 되므로, 위 규정을 예시적인 것으로 보는 것이 타당하다고 할 것이다.

(2) 기준경비율 방법

추계과세방법 중 큰 비중을 차지하고 있고 쟁송에서 자주 문제되는 것이 기준경비율 방법이다. 이 방법은 소득세법 시행령 제143조가 2000. 12. 29. 개정되면서 새로 도입된 것이다. 그전에는 표준소득률에 의한 추계방법이 적용되었는데 이에 관하여 그 당시 소득세법 시행령 제143조 제3항 제1호는 '수입금액에 표준소득률을 곱한 금액을 그 소득금액으로 하여 그 세액을 결정 또는 경정하는 방법'이라고 규정하고 있었다. 표준소득률 방식은 수익금액에서 표준소득률을 곱한 금액을 소득금액으로 보는 방법이므로 필요경비는 결국 '수입금액×(1−표준소득률)'이 된다. 따라서 필요경비의 전체가 추계에 의하여 산정되는 것이다.

그런데 소득세법 시행령 제143조가 2000. 12. 29. 개정되면서 기준경비율 제도가 도입되었는데 이에 의하면 소득금액은 '수입금액−주요경비(매입비용＋임차료＋인건비) − 기준경비(수입금액×기준경비율)'의 산식으로 산정된다. 이와 같이 기준경비율 방식에서는 필요경비를 주요경비와 기준경비로 나누어 주요경비는 그 지출이 객관적으로 증명된 경우에 필요경비로 인정하고, 나머지 기준경비는 추계에 의하여 산정한다. 따라서 기준경비율 방식은 추계과세방식(표준소득률방식)과 근거과세방식(객관적으로 증명된 경비만 필요경비로 인정하는 방법)의 절충형이라 할 수 있다. 다만, 기준경비율 방식을 적용하면서도 예외적인 경우에는 단순경비율 방식을 적용하고 있는데 이는 사실상 종전의 표준소득률 방식과 동일하다.

표준소득률 제도를 폐지하고 기준경비율 제도를 도입한 취지는 사업자의 장부기장을 저해하고 고소득 자영업자의 절세수단으로 이용되고 있는 표준소득률 제도의 폐지를 통하여 기장문화 및 증빙에 의한 근거과세 풍토 정착을 도모하고, 부득이한 사유로 장부기장을 할 수 없는 경우에는 증빙서류를 갖춘 최소한의 비용만 인정받을 수 있도록 기준경비율제도를 도입하여 기장활성화를 유도하는 데 있다고 한다.[131] 따라서 기준경비율제도 하에서는 주요경비의 존재를 객관적인 증빙에 의하여 증명하지 않고 통계에 의한 평균치나 감정 등에 의한 추정치로 증명하는 것은 원칙적으로 허용되지 아니한다고 할 것이다. 실제 조세쟁송에서는 납세자가 상당한 정도의 주요경비를 지출하였을 것으로 보임

---

131) 2001년 개정세법해설, 국세청

에도 그에 관한 장부기장이나 증빙을 갖추지 아니하여 이를 인정받기 어렵게 되자 감정 등을 통하여 그 가액을 추정하고자 시도하는 경우가 있으나 이는 받아들이기 어렵다고 하겠다. 장부나 증빙을 비치·기장하지 아니한 것은 납세자가 자초한 일이고 이는 근거 과세의 원칙에 역행하는 것이므로 그로 인하여 불이익을 입더라도 어쩔 수 없는 결과라고 할 수 있다. 다만, 추정치나 통계치에 기초하여 주요경비의 범위가 일정한 폭의 범위 내로 인정될 수 있다면 그 일정한 폭에서의 최하한 정도의 금액만큼은 주요경비로 인정 해주는 방안이 검토될 여지는 있겠다.

한편, 소규모사업자에 대하여는 사업의 영세성을 감안하여 기존의 표준소득률 제도를 개선한 단순경비율 제도로 소득금액을 계산할 수 있도록 하고, 기준경비율 적용대상자가 점진적으로 확대되도록 소규모사업자의 수입금액 기준을 연차적으로 낮추어 조정할 계 획이라고 한다. 기준경비율 제도는 장부와 증빙이 부실한 경우의 소득금액의 산정에 있어서 추계과세방식으로부터 근거과세방식으로 나아가기 위한 과도기적인 징검다리 역 할을 하는 제도[132]이므로 가능한 한 근거과세방법을 장려하는 방향으로 운용할 필요성 이 있다. 그리고 기준경비율은 조세법률주의를 기본원칙으로 하는 조세법의 영역에서 국 민의 납세의무의 크기를 좌우하는 중요한 요소임에도 그에 관한 제정권을 국세청장에게 백지위임하고 있다는 점이 문제로 지적되고 있다.[133]

기준경비율 방식에 의하여 소득금액을 추계함에 있어 주요비용의 하나인 매입비용에 매입부대비용이 포함되는지 여부에 관하여 다툼이 있었다. 예를 들어 토지매입에 있어서 취득세 등을 주요경비인 매입비용에 포함할 수 있는지 여부 등이다. 종래 과세관청은 매 입부대비용은 주요경비인 매입비용에 포함시키지 아니하고 기준경비에 포함되어 있는 것으로 보아 왔다. 그래서 기준경비율 제도에 의하여 경비를 추계할 때 매입부대비용이 객관적인 증빙에 의하여 증명되더라도 기준경비율에 의한 기준경비에 포함된 것으로 보 고 주요경비의 항목으로 별도로 인정하여 주지 아니하였다. 그러나 표준소득률방식에 대 한 반성적 고려에서 근거과세방식을 지향하는 과도기적 단계로 도입된 것이 기준경비율 방식이고, 기준경비율의 제정은 조세법률주의와 괴리가 있는 만큼, 가급적 기준경비율에 의한 기준경비의 범위는 축소하고 증빙에 의하여 인정된다면 주요경비의 범위를 확대하 는 것이 근거과세의 기본원칙에 부합한다고 하겠다. 소득세법 제39조 제2항은 재고자산 의 취득가액을 매입가액과 부대비용을 합한 금액이라고 규정함으로써 재고자산의 매출 에 관하여 당기 필요경비로 산입하는 부분의 산정과 기말 재고자산의 평가에 있어서 매 입부대비용은 매입가액과 동일한 취급을 받는다. 고정자산의 감가상각에 있어서도 소득

---

132) 손장엽, "소득세의 추계과세방법에 관한 연구", 세무사(제94호), 한국세무사회
133) 김완석, "소득세의 추계과세방법의 개선에 관한 연구", 중앙법학(제4집 제1호), 중앙법학회

세법 시행령 제66조가 고정자산의 취득가액은 매입가액과 취득세, 등록세 등의 매입부대비용을 합한 금액을 뜻한다고 규정하고 있고, 그 금액이 감가상각의 기초가액이 되는 점에서 동일한 취급을 받는다. 양도차익의 계산에 있어서도 양도가액에서 공제하는 취득가액에 대하여 소득세법 제97조 제1항 제1호와 그 시행령 제163조 제1항 제1호는 그 취득가액이라 함은 재고자산의 경우와 동일하게 매입가액과 매입부대비용을 뜻한다고 규정하고 있으므로, 매입가액과 매입부대비용은 합하여 필요경비로 공제되는 점에서 동일한 취급을 받는다. 그럼에도 유독 기준경비율 방식에서만 매입부대비용을 달리 취급한다는 것은 불합리하다. 따라서 뚜렷한 법적 근거 없이 주요경비의 범위를 제한하여서는 아니되므로, 매입부대비용은 주요비용인 매입비용에 포함된다고 보는 것이 합리적이다. 기준경비율 방식에서의 주요경비는 근거과세방법에서 도입된 것이므로 주요경비에 관한 한 그 개념과 인정범위에 관하여 근거과세방식의 경우와 차이를 둘 합리적인 이유가 없으므로, 기준경비율 방식에서도 근거과세방식에서와 동일하게 매입부대비용을 매입가액과 함께 매입비용에 포함시켜 동일한 취급을 하는 것이 타당하다.

그래서 대법원 2009. 4. 23. 선고 2007두3107 판결에서는 소득세법 시행령 제143조 제3항 제1호 및 같은 조 제5항 규정의 문언과 체계 및 입법 취지, 위 시행령 제89조 제1항 제1호는 근거과세에 있어서 취득세·등록세 등의 매입부대비용을 매입가액과 함께 매입자산의 취득가액에 포함시켜 이를 필요경비로 인정하고 있는데 매입자산의 취득가액과 같은 성격의 매입비용에 관하여도 달리 볼 이유가 없는 점, 국세청 고시(제2003-6호)가 매입비용에서 제외되는 항목을 규정하면서 매입부대비용인 취득세·등록세를 제외 항목에 포함시키고 있지 않은 점 등을 종합하여 보면, 주요비용인 '매입비용'에는 매입부대비용으로 지출된 취득세·등록세가 포함된다고 봄이 상당하다고 판시하였다. 그래서 취득세·등록세를 별도의 주요경비항목으로 인정하여 주지 아니한 과세관청의 처분이 위법하다고 결론지었다. 타당한 판결이다.

(3) 추계과세와 실질과세의 혼합 금지

추계과세와 실질과세를 혼합하여서는 아니된다는 혼합과세금지의 원칙이 있다. 단일한 과세대상의 총수입금액이나 비용을 일부는 실지과세에 의하여 산정하고 일부는 추계과세에 의하여 산정하여 이를 합산하는 것을 허용하지 않는다는 것이다. 추계과세와 실지과세는 수입금액이나 필요경비의 산정방식이 달라 그 결과치의 성격을 달리한다. 이와 같이 이질적인 것들을 단순히 합산한다는 것은 불합리하다. 그래서 총수입금액 중 일부는 실지조사에 의하고 일부는 추계에 의하는 방법은 법인세법이나 소득세법, 부가가치세법에서 인정하고 있지 아니하다. 그리고 산정의 기초가 서로 다른 추정가액과 실지가액을 단순히 산술적으로 합산할 경우 수입금액이 일부 중복되거나 누락될 우려도 있다. 비용의 경우도 마찬가지이다.

대법원 2001. 12. 24. 선고 99두9193 판결도 같은 취지에서, 단일한 과세목적물에 대하여 실지조사와 추계조사를 혼합하여 과세표준액을 정하는 것은 법인세법이나 부가가치세법 등 관계 법령이 인정하는 과세방식이 아니라고 선언하면서, 1994년 제2기분 매출누락 고철 4,390,310kg과 1995년 제1기분 매출누락 고철 650,480kg 및 탱크보일러 1,144,750kg의 매출액에 관하여는 추계의 방법으로, 그 외의 나머지 매출누락분 및 신고분의 매출액에 관하여는 실지조사의 방법으로 산정하여 각 과세표준을 산정한 것이 위법하다고 판시하였다.[134] 그리고 대법원 2007. 7. 26. 선고 2005두14561 판결도 일부 누락된 매출액에 관하여는 추계의 방법으로, 신고된 매출액에 관하여는 실지조사의 방법으로 과세표준을 산정하여 합산하는 것은 위법하여 허용될 수 없다고 하면서, 과세관청이 1999 사업연도부터 2001 사업연도까지의 A사의 법인세 과세표준 및 세액을 경정하면서, A사가 법인세 신고시 누락한 매입부분 3억 원 상당의 수산물에 대응하는 각 사업연도의 매출누락액에 관하여는 당해 사업연도의 매매총이익률을 적용하여 추계하고 A사가 신고한 각 사업연도의 매출액에 관하여는 실지조사하여 법인세의 과세표준을 산정한 후 위 매출누락에 따른 차액과 그에 대한 부가가치세 상당액을 A사의 대표자인 원고에게 상여로 처분하여 종합소득세 부과처분을 하였다는 것은 Λ사의 법인세 과세표준의 산정에 있어서 단일한 과세목적물에 대하여 실지조사와 추계조사를 혼합한 것이어서 허용될 수 없으므로 그에 터 잡은 종합소득세 과세처분은 위법하다고 판시하였다.

하지만 하나의 회사에 여러 개의 사업부가 있고 각 사업부의 사업의 성격이 다르다고 할 경우 전체 매출액을 산정함에 있어 어느 사업부에 대하여는 추계방식에 의하여 다른 사업부에 대하여는 실지조사방식에 의한 후 이를 합산하는 것은 허용된다고 볼 수 있을 것이다. 왜냐하면 각각의 사업부는 서로 독립적인 성격을 지니고 있고 그 영역이 서로 분리되어 있으므로 동일한 영역에 대하여 혼합과세를 하는 것은 아니라고 볼 수 있기 때문이다.

(4) 수입금액 추계시 필요경비 추계 여부

조세쟁송에서 이러한 혼합과세금지의 원칙에 기대어 수입금액을 추계하였을 경우 그에 대응하는 필요경비도 추계해야 한다는 주장이 제기되기도 한다. 이러한 주장에 부합

---

134) 대법원 1978. 12. 26. 선고 78누381 판결, 대법원 1992. 5. 12. 선고 90누3140 판결

되는 판결로 대법원 1980. 9. 9. 선고 80누47 판결이 있다. 이 판결은 단일한 과세대상에 대하여 실지조사와 추계조사를 혼합하여 과세표준액을 산정함은 법인세법이 인정하지 아니하는 부당한 방법이라 할 것이니 피고가 원고에 대한 본 건 법인세의 경정결정을 함에 있어 그 수익은 실지조사한 장부의 기재에 따르면서 손비는 그 장부기재를 믿을 수 없다 하여 추계방법으로 정하였음은 부당하다고 한 원심판결의 조치는 정당하다고 시인된다고 판시하였다. 그러나 이는 부적절한 판결이다.

먼저, 관련 규정을 살펴보기로 한다. 수입금액의 추계에 관한 규정으로 소득세법 시행령에서는 제144조, 법인세법 시행령에서는 제105조, 부가가치세법 시행령에서는 제104조를 두고 있는데 그 내용은 비슷하다. 그런데 소득세법 시행령 제144조는 수입금액의 추계방법을 따로 규정하면서, 제4항에서 수입금액을 추계결정함에 있어서 장부 기타 증빙서류에 의하여 소득금액을 계산할 수 있는 때에는 '실지조사'에 의하여야 한다고 규정하고 있고, 법인세법 제105조 제2항에서도 마찬가지의 규정을 두고 있다. 여기서 말하는 '실지조사'라는 것은 필요경비에 관한 것임은 그 문언상 명백하다. 왜냐하면 소득금액은 수입금액에서 필요경비를 공제한 금액인데, 수입금액을 추계방법에 의하여 계산한 상태에서 소득금액을 실지조사에 의하여야 한다는 것은 필요경비를 실지조사에 의하여야 한다는 의미 외에 다른 의미가 없기 때문이다. 그렇다면 필요경비의 추계에 관한 소득세법 시행령 제143조는 과세관청이 제144조에 따라 장부 기타 증빙서류에 의하여 필요경비를 실지조사에 의하여 산정할 수 없는 경우에 한하여 필요경비를 추계할 수 있다는 의미로 해석하지 않을 수 없고, 법인세법의 경우에도 마찬가지이다. 소득세법 시행령 제142조 제1항의 '법 제80조의 규정에 의한 과세표준과 세액의 결정 또는 경정은 과세표준 확정신고서 및 그 첨부서류에 의하거나 실지조사에 의함을 원칙으로 한다'는 규정의 취지에 비추어 보더라도, 수입금액이든, 필요경비이든 실지조사에 의하여 산정하는 것이 가능한 경우에는 반드시 실지조사에 의하여야 하며, 추계에 의할 수는 없다는 것이다.

따라서 필요경비를 산출할 수 있는 장부 또는 증빙서류가 없어서 표준소득률을 적용하여 과세표준을 추계조사의 방법으로 결정하는 경우에도 총수입금액을 계산할 수 있는 증빙서류가 있다면 총수입금액은 이를 근거로 하여 실지조사결정하여야 한다. 또한 수입금액을 추계조사할 경우에도 비치·기장된 장부와 증빙서류를 근거로 소득금액을 계산할 수 있을 때에는 그 장부에 의하여 필요경비를 실사하여 과세표준과 세액을 조사·결정하여야 한다. 대법원 1998. 12. 11. 선고 96누17813 판결도 같은 취지에서, 1992, 1993 사업연도 법인세에 관하여 그 추계 수입금액을 토대로 하되, 소득금액은 법인세법 시행령 제94조의 규정에 따라 실지조사한 손금을 공제하여 추계경정한 과세처분을 적법하다고 판단한 것은 정당하다고 판시하였다. 당시의 구 법인세법 시행령 제94조의 규정은 소득세법 시행령 제144조의 규정과 동일한 내용이며, 구 법인세법 시행령에서도 제93조 제2항에서 소득세법 시행령 제143조 제4항과 같은 규정을 두고 있었다. 위 대법원 판결은 소득세법과 동일한 체계를 취하고 있는 법인세법상의 추계에 관한 판시이므로 그 취지는 소득세법상의 추계에 관하여도 그대로 원용할 수 있다. 대법원 1982. 7. 13. 선고 80누101 판결, 대법원 1990. 1. 25. 선고 89누5799 판결, 대법원 1998. 7. 10. 선고 97누13894 판결, 대법원 1996. 1. 26. 선고 95누6809 판결, 대법원 1999. 1. 15. 선고 97누20304 판결 등도 같은 취지이다.

이러한 법리에 비추어 볼 때 앞서 본 대법원 1980. 9. 9. 선고 80누47 판결은 부적절하다고 하겠다. 이 판결에 의하면, 표준소득률이나 기준경비율 등에 의하여 소득금액을 추계하는 방법은 그 수입금액도 반드시 추계에 의하여 정한 경우에만 적용될 수 있다는 결론에 이르게 되는데 이러한 결론이 부당함은 더 말할 나위가 없다. 표준소득률이나 기준경비율에 의하여 소득금액을 추계하는 방법은 수입금액은 실지조사에 의하여 확정되었지만 필요경비를 실지조사에 의하여 확정할 수 없는 경우에 적용되는 것이 일반적이기 때문이다. 그리고 위 판결의 취지는 앞서 본 추계에 관한 구 소득세법 시행령 제144조 규정과도 맞지 않다. 위 판결의 폐기를 위한 전원합의체 판결의 필요성이 거론될 수도 있으나, 위에서 본 후속 판결 등에 의하여 사실상 폐기된 것으로 볼 수 있겠다.

라. 추계과세에 관한 증명책임

(1) 추계의 합리성에 대한 증명책임

추계과세처분 취소소송에 있어서의 증명의 대상은 궁극적으로 추계방법의 합리성과 타당성인데, 이는 ① 추계방법에 의하여 과세하는 것이 정당하다는 것, ② 표준소득률 등 추계의 기초된 사실이 정확하다는 것, ③ 추계방법이 통상의 회계법칙상 오류가 없는 합리적인 것으로서 구체적으로 적용되는 사안의 실정에 타당하다는 것 등의 세 가지로 나누어 볼 수 있다. 이 중 ①은 절차적 요건이고 ②와 ③은 실체적 요건인데 이 모든 요건에 관한 증명책임은 과세관청에 있다고 해야 한다. 왜냐하면 과세요건에 관한 증명책임이 과세관청에 있고 위의 추계방법도 과세요건의 범주에 들어가기 때문이다. 일반적으로 추계과세에 있어서 증명의 대상이 되는 것은 추계과세의 적법요건인 추계의 필요성, 합리성, 타당성 등이라고 할 것이고, 추계방법에 적용되는 수익금액이나 관련 필요경비도 추계방법의 구성요소가 되기 때문에 이에 대하여 과세관청에게 증명책임이 있다고 해야 할 것이다. 즉, 과세관청은 추계에 의하지 않으면 안되는 사정, 추계방법이 통상의 회계원칙상 오류가 없는 합리성을 가지고 있으며 그것을 기초로 한 수치가 정확하다는 것 또는 표준소득률, 동업자율 등이 합리적으로 책정된 것임을 입증할 책임을 부담한다.

(2) 추계의 합리성에 대한 증명의 정도

추계의 합리성에 대한 증명의 정도에 대하여, 완화할 필요가 없다는 입장과 완화하여 일응의 증명으로 충분하다는 견해로 나누어질 수 있다. 그런데 추계의 결과는 일종의 추정치에 불과하기 때문에 그 추정치에 대하여 일반적인 과세표준에 필요한 정도의 증명을 요구할 수는 없다. 이는 추계를 허용하고 있는 입법 취지와도 맞지 않다. 일반적으로는 추계의 과정이 합리적이라고 인정되고, 법원이 추계의 결과에 대하여 진실한 과세표준금액과 합치할 개연성이 있다는 심증을 얻으면 일응의 증명이 있는 것으로 보고 있다. 즉, 후자의 견해에 따라 과세관청의 추계과세에 대한 증명책임의 정도는 일응의 증명으로 충분하다고 설명되고 있다. 그 이유는 추계과세의 본질은 실액과세가 불가능한 경우에 예외적으로 인정되는 것으로서 추계에 의한 결과가 진실의 소득금액에 합치하는 개연성이 있는 것으로 인정되면 그 결과를 일응의 진실의 소득금액으로 추인하여 과세하는 방법이므로 그 추계의 과정이 일반적으로 합리성과 타당성이 있는 것으로 인정되고 법원이 그 추계의 결과를 가지고 진실의 소득금액과 합치하는 개연성이 있는 것으로 심증을 가지면 그 목적을 달성하는 것이 되므로, 추계과세의 증명은 일응의 입증으로 충분하다고 할 것이고, 완전한 입증을 요구하는 것은 추계과세 자체를 부정하고 진실의 소득금액을 입증하도록 하는 결과가 되어 불합리하다는 것이다.

그러나 추계에 의한 결과가 진실의 소득금액에 합치하는 개연성이 있는 것으로 인정되면 족하다고 해서 추계의 필요성과 추계방법의 합리성에 관한 증명책임마저 완화해야 한다고 할 필요는 없다고 할 수도 있다. 추계의 필요성과 추계방법의 합리성은 절차적 요건에 해당하므로 실제의 과세표준에 관한 증명책임을 면해주는 대신에 위와 같은 절차적 요건에 관하여는 과세관청이 일반적인 증명책임을 부담하도록 하는 것이 납세자와 과세관청 사이에 균형을 맞추는 길이라고 할 수 있기 때문이다. 그렇지 않고 과세관청으로 하여금 실제의 과세표준에 대한 증명책임을 면해주면서 보다 쉬운 방법인 추계를 허용하고, 더 나아가 그 추계에 관한 절차적 요건에 관한 증명책임마저 완화해준다는 것은 과세관청의 편의를 위하여 납세자에게 지나친 불이익을 안겨주는 결과가 된다고 할 수 있다.

일본에서는 추계과세에 관하여 실지과세와의 관계에서 동질설과 독립설로 나누어 그 입증의 정도에 대한 견해를 달리하고 있지만 주류적인 입장은 독립설에 따라서 추계의 합리성에 관한 입증책임을 완화하는 것으로 보인다.[135] 동질설은 추계과세와 실지과세는 다 같이 진실한 소득액을 인정하기 위한 방법이고 사용하는 자료가 직접증거인가 간접증거인가 하는 차이가 있는 정도에 지나지 않는다고 생각하는 입장으로서, 추계과세는 어디까지나 실지과세의 예외적 경우로 보아야 하고, 추계방법의 합리성에 관하여는 가능한 한 진실한 소득을 파악할 수 있도록 가장 합리적인 방법을 택할 것이 요청된다고 한다. 반면에 독립설은 추계과세는 실지과세와는 별개의 독립된 과세방법으로 해석하는 입장으로서, 추계방법의 합리성에 관하여는 추계과세 독자적인 기준으로 고려되면 족하고 추계와 실액의 정합성은 어느 정도 완화하여 고려되는 것도 허용된다고 한다. 종래 재판실무가 어느 입장을 취하였는지는 명확하지는 않지만, 釧路地裁 平成 6年 6月 28日 民事部 判決 이래 東京高判 平成 6年 3月 30日 判決과 京都地判 平成 6年 5月 23日 判決 등에서 독립설의 입장을 취하여 추계과세에 있어서의 추계의 합리성은 소득의 실액과의 관계에서 엄밀한 정합성을 가져야 할 필요는 없고, 실지과세를 대신하는 방식에 어울린다고 할 수 있는 정도의 합리성으로 족하다고 한다.

종래 우리 대법원 1985. 3. 26. 선고 83누28 판결, 대법원 1983. 2. 8. 선고 81누244 판결, 대법원 1982. 9. 14. 선고 82누36 판결 등은 추계과세는 실액조사가 불가능하여 추계의 방법에 의할 수밖에 없는 경우에 한함은 물론 그 추계의 방법과 내용이 가장 진실에 가까운 소득실액을 반영할 수 있도록 합리적이고 타당성이 있는 것이어야 하며, 추계과세의 적법 여부가 다투어지는 경우에 그 합리성 및 타당성에 관한 증명책임은 과세관청에게 있다고 판시함으로써 동질설의 입장에 기까운 태도를 보인 바 있다. 그러나 구체적 증명책임의 정도에 관하여서는 아래의 판결들에서 보는 바와 같이 과세관청이 관계법령에서 정하는 추계방법을 사용한 경우 추계의 합리성은 일응 증명되었다고 보아 입증책임을 완화하고, 그러한 추계방법이 불합리하다는 점에 대한 입증책임이 납세자에게 있다고 판시하고 있다.

먼저, 대법원 1997. 10. 24. 선고 97누10192 판결은 과세관청이 밝혀진 납세의무자의 총수입금액에 소득표준율을 곱하는 방식으로 과세표준을 추계함으로써 소득세법이 정하는 방법을 사용하였다면 그 추계방법의 합리성은 일단 입증되었다고 할 것인바, 과세대상인 부동산의 매매에 있어서 그 실액이 파악되지 아니한 것은 건물의 신축공사 비용에 지나지 아니하므로 이 부분에 한하여 그 실지비용을 가장 근접하게 산출할 수 있는 합리적 방법을 사용하면 좀 더 실액에 근접하게 소득금액을 산출할 수 있다면, 이러한 좀 더 사실과 근접한 추계방법이 존재한다는 점에 관한 입증의 필요는 납세의무자가 부담한다고 판시하였다. 위 판시에 의하면 관계법령에서 정하는 추계방법으로 추계한 경우

---

135) 內田義厚, "推計課稅の本質と推計の合理性の立證の程度", 判例タイムズ 臨時增刊(96.09) : 平成7年度
　　主要民事判例解說

에는 추계방법의 합리성이 일응 입증되었다고 보고, 그것이 불합리하고 더 나은 추계방
법이 존재한다는 점에 대한 입증책임을 납세자에게 전환함으로써 과세관청의 입증책임
을 현저히 덜어주고 있다.

그리고 대법원 1998. 5. 12. 선고 96누5346 판결은 과세관청이 법령에서 정한 방법으로
추계과세를 하였다 하더라도 그 추계방법에 의한다면 불합리하게 된다고 볼 만한 특수
한 사정이 있는 경우에는, 이러한 특수한 사정을 참작하지 아니하고 행하여진 추계과세
는 그 추계방법과 내용에 있어 합리성과 타당성을 인정할 수 없어 위법하다고 판시하였
다. 이 경우 특수한 사정의 존재에 대한 입증책임이 누구에게 있는지에 대한 명시적인
판시는 없지만, 위 판시의 전체적 취지에 비추어 특수한 사정은 예외적 사항이므로 입증
책임의 일반적인 분배원칙에 따라 그 입증책임은 납세자에게 있다는 취지로 해석할 수
있다. 그렇다면 이 판결의 취지도 위 대법원 1997. 10. 24. 선고 97누10192 판결과 다르지
않다고 할 수 있다.

한편, 대법원 1997. 9. 9. 선고 96누12054 판결은 소득표준율에 의하여 소득을 추계하는
경우에도 그 추계방법이 적법하다는 입증책임은 피고에게 있고, 다만 그 소득표준율의
결정이 관계 규정이 정한 방법과 절차에 따라 결정되었음이 입증되었다면 그 구체적인
내용이 현저하게 불합리하여 소득실액을 반영하기에 적절하지 않다는 점에 관하여는 이
를 다투는 원고가 입증할 필요가 있다고 보는 것이 상당하다고 판시하면서, 피고가 택한
추계방법이 합리성과 타당성을 갖춘 것이라는 점에 대한 피고의 어떠한 입증도 찾아 볼
수 없는 이 사건에서, 단지 국세청장이 정한 소득표준율을 적용하여 이 사건 처분을 하였
다는 점만으로는 추계과세의 합리성과 타당성을 인정할 수는 없다고 판시하여 원고의
상고를 받아들였다. 이 판시에는 과세관청의 증명책임이 완화된다는 취지가 없고 단지
과세관청이 증명책임을 다하지 못한 점만 탓하고 있다. 그래서 앞에서 본 판결들과 다른
입장을 취한 것으로 해석될 여지도 있다. 그러나 위 사건에서는 과세관청이 적용한 소득
표준율이 법령에서 정한 절차를 거쳐 제정되었다고 볼 자료가 없고, 그 소득표준율 자체
도 합리성과 정확성을 갖추었다고 할 수 없다고 다투어지는데, 이에 대하여 추계과세의
합리성과 타당성에 대한 입증책임을 부담하는 과세관청은 아무런 자료제출도 없이 소득
표준율은 정당한 절차를 거쳐 제정된 평균적인 기업의 표준적인 비율이라는 주장만을
하고 있을 뿐이고, 오히려 원고의 신청에 의한 소득표준율 산정의 자료내용에 대한 법원
의 사실조회에 대하여 이를 거절하는 회신을 보냈다. 그래서 위 판결에서는 과세관청의
추계과세가 관계법령이 정한 방법과 절차에 따라 이루어졌음을 인정할 증거가 없다는
점에서 과세관청이 일응의 입증조차 하지 못한 것으로 판단한 것으로 볼 수도 있다.

그리고 대법원 2024. 12. 12. 선고 2024두49469 판결은, 실지조사결정에 의한 과세표준

과 세액의 결정이 불가능하여 추계조사결정할 사유가 있는 경우라 하더라도 합리적이고 타당성 있는 방법에 의하여야 하며, 그와 같은 추계방법의 합리성과 타당성에 관하여는 처분의 적법성을 인정받고자 하는 과세관청이 이를 주장·증명할 책임이 있다(대법원 2008. 9. 11. 선고 2006두11576 판결 참조)고 전제하고, 시술 횟수에 시술단가표상 금액을 적용하여 수입금액 누락액을 산정한 부분은 추계조사방법에 해당하는데, 피고가 실지조사와 추계조사를 혼합하여 원고의 수입금액 누락액을 산정하면서 같은 항목을 중복하여 과다 산정하였고, 그 추계조사방법 자체도 시술단가표상 금액을 확인할 수 없는 시술에 대하여 임의의 가격을 적용하여 계산한 경우가 다수 포함되어 있는 등 합리적이고 타당성이 있다고 보기 어렵다는 이유로 피고의 이 부분 과세표준 산정방식이 위법하다고 판단하였다.

　이상의 판례 흐름을 보면, 입증책임의 부담에 관하여 하나의 일관된 흐름을 유지한다 기보다는 개별 사안의 구체적 성격에 따라 입증책임의 부담을 적절히 분배하고 있다고 평가할 수 있겠다. 따라서 납세자로서는 막연히 추계소득금액을 부인하거나 진실의 소득 금액과 다르다는 것을 주장만 하고 과세관청의 증명을 기다리는 소극적인 자세를 취하는 것은 바람직하지 않고, 좀 더 합리적인 추계방법이 있다는 점이나 추계방법에 적용된 수치가 적절하지 못하다는 점을 보다 적극적으로 입증해야 할 것이다.

마. 납세의무자에 의한 실액의 주장·증명[136]

　한편, 과세관청이 행한 추계과세에 대한 소송 등 절차에서 납세자가 장부나 증빙자료를 실액자료로 제시하여 처분의 위법을 다투는 것을 실액반증이라고 한다. 이 점에 있어서 반증으로 족한 것인가 아니면 본증으로서의 입증책임을 부담하는 것인가에 관하여 종래 일본 판례는 입장이 나뉘어 왔다고 한다.

　앞서 본 동질설의 입장에서는 과세관청이 주장·입증해야 할 추계의 합리성에 있어서 실액(진실의 소득액)과의 정합성은 비교적 엄격하게 요구되므로 실액주장은 합리성의 주장입증과 양립할 수 없는 결과가 되어 항변이라기보다는 부인에 가깝다고 보아 실액주장은 본증이 아닌 반증으로 위치시키는 것이 상당하다고 한다. 반면에 독립설의 입장에서는 추계과세는 실액과세와는 별개 독립의 과세처분으로 보고 있으므로 실액과의 정합성은 기본적으로 요구되고 있지 않는 것이라고 보아 실액주장은 추계의 합리성과 양립할 수 있는 것으로서 납세자가 주장·입증해야 할 항변이라고 한다. 일본 하급심 판결들은 납세자가 주장하는 실액이 진실한 소득금액과 합치한다는 점을 합리적인 의심이 용인되지 않

---

136) 內田義厚, 앞의 논문 참조

을 정도로 입증할 필요가 있다고 함으로써, 항변의 성격으로 보는 것 같다.[137]

위와 같이 실액의 입증을 본증으로 본다면 납세자는 그 주장하는 실액이 진실한 소득에 합치한다는 점에 대하여 법관이 확신을 가질 정도로 입증하지 않으면 안된다. 즉, 납세의무자는 막연히 추계소득금액을 부인하거나 진실의 소득금액과 다르다는 것만으로는 부족하고 구체적으로 추계방법의 기초가 된 수치의 잘못을 지적하거나 실제의 소득금액이 추계소득금액 미만인 것을 적극적으로 입증하여야 한다.[138] 추계과세에 대한 취소소송에서 납세자가 과세관청이 인정한 매출액을 그대로 인정하면서 필요경비 또는 그 일부인 매출원가에 대한 추계액을 상회하는 실액을 주장하여 추계의 합리성을 다투는 경우가 적지 않은데, 이러한 경우에는 납세자가 과세관청이 인정한 매출액이 진실한 매출액에 합치하고, 원고가 주장하는 필요경비가 과세관청이 인정한 매출액에 대응하는 것임을 입증해야 한다.[139] 이러한 점에서 단순히 추계과세의 합리성을 다투어 위법을 주장하는 경우와는 증명 정도를 달리한다고 하겠다.

바. 부적법한 추계과세의 효과

추계과세의 적법성에 대한 과세관청의 증명이 부족할 경우 그에 따른 과세처분은 위법하게 된다. 그 위법이 취소사유에 불과한지 무효사유에 해당하는지에 관하여 견해가 나뉠 수 있는데, 대법원 2014. 2. 13. 선고 2013두21144 판결은 다음과 같이 취소사유에 불과하며 무효사유에 해당한다고 할 수는 없다고 판시하였다. 과세관청이 원고의 소득 실액을 밝힐 수 있는 장부나 증빙서류 등이 있는지 여부를 전혀 확인하지 아니한 채 필요경비를 추계결정하고, 이를 기초로 원고의 소득금액을 산정하여 한 종합소득세 부과처분은 특별한 사정이 없는 한 위법하다고 할 것이지만, 이처럼 종합소득 과세표준과 세액에 관한 세법상의 조사결정 방법을 잘못 선택한 것은 종합소득세 부과처분의 취소사유에 불과할 뿐 당연무효 사유가 되지는 않는다는 것이다. 나아가 피고가 사업장현황신고서에 기재된 계산서 등 수취금액을 그대로 인정하지 않고 필요경비를 추계결정하여 원고에게 종합소득세 부과처분을 하였다는 사정만으로 그 처분에 당연무효 사유가 있다고 할 수도 없다고 하였다.

이는 당연무효 사유에 관한 법리에 비추어 보면 당연한 결론이다. 대법원은 과세처분이 무효라고 하기 위해서는 그 하자가 중대하고 명백해야 한다고 판시해 왔고 사실조사

---

137) 東京高判 昭和 60년 3월 26일 行裁例集 36권 3호 362항, 大阪高判 昭和 62년 9월 30일 行裁例集 38권 8-9호 1067항
138) 大阪高裁 1987. 9. 30. 判決 및 日大津地裁 1990. 2. 26. 判決
139) 金子宏, 租稅法, 弘文堂

를 통하여 비로소 그 하자를 파악할 수 있는 정도라면 그 하자가 명백하다고 할 수 없다고 하였다. 추계방법의 적정성에 대하여는 앞서 본 바와 같이 과세관청과 납세자 사이에 증명책임이 분배되어 있고 그에 따른 증명과정을 통하여 비로소 판단할 수 있는 것이므로 추계방법의 적정성이 결여되어 있다고 하더라도 그 하자가 명백하다고 보기는 어렵다고 하겠다.

그러나 실례가 드물겠지만 추계방법 자체가 관련 법규에서 인정하고 있지 아니한 전혀 엉뚱한 것이었다든지 납세자가 신뢰할 수 있는 장부나 증빙서류를 갖추었음이 객관적으로 명백한 경우임에도 추계방법을 동원하였다면 그에 따른 과세처분은 당연무효라고 볼 여지도 있다고 할 것이다. 따라서 위 대법원의 판시는 예외가 있을 수 있으므로 그 판시를 할 때 '특별한 사정이 없는 한' 취소사유에 불과하다고 판시하는 것이 더 나았을 것으로 보인다.

그리고 추계방법에 잘못이 있다는 이유로 그에 따른 과세처분을 취소하더라도 변론종결시까지 제출된 증빙자료에 의하여 실액을 산정할 수 있을 경우에는 그 실액의 범위 내에서는 과세처분이 위법하다고 할 수 없으므로 그 실액을 초과하는 부분에 한해서만 취소되어야 한다. 같은 취지에서 대법원 2012. 7. 26. 선고 2012두7196 판결도 원고가 운영하는 장례식장의 수입금액에 과세관청의 추계방법이 잘못되었다고 하더라도 원고 스스로 제출한 계산서가 원고의 수입금액을 정확히 반영하는 자료로 볼 수 있다면 이를 토대로 적절한 세액을 산정하여 과세관청의 처분세액 중 이를 초과하는 부분만 취소하여야 한다고 판시하였다.

국세징수절차

1. 국세징수처분의 의의

가. 부과처분과 징수처분의 관계

넓은 의미의 징수처분은 좁은 의미에서의 징수처분인 납세고지절차와 체납처분절차로 이루어진다. 그리고 체납처분절차는 납세고지한 세액에 대한 자력집행권을 행사하는 절차로서 납세자의 재산을 압류하고 공매절차를 통하여 이를 환가하여 그 환가대금으로 조세채권에 충당하는 과정으로 이루어진다.

납세의무를 확정하기 위한 부과처분과 그 납세의무가 확정되었음을 전제로 하는 징수처분은 별개의 행정처분으로서 서로 독립적인 관계에 있으므로 부과처분에 어떠한 하자가 있다고 해서 그것이 곧바로 징수처분의 하자로 승계되지는 않는다. 납세의무를 확정하는 행위로서 부과처분과 동격인 납세자의 신고행위와 징수처분의 관계도 동일하게 볼 수 있다. 대법원은 신고행위나 부과처분의 하자가 당연무효에 해당하지 않는 한 그 하자가 후행처분인 징수처분에 그대로 승계되지 않는다고 판시해 왔다.[140] 따라서 납세자의 신고행위나 부과처분의 하자가 당연무효 사유가 아닌 취소사유에 불과하다면 후행처분인 징수처분의 효력에 영향을 줄 수 없다. 반면에 징수처분이 납세의무를 확정하는 부과처분이나 신고행위와 독립적인 관계에 있긴 하지만 확정된 납세의무에 대한 자력집행권으로서 행하여지는 후행처분이므로 그 납세의무를 확정하는 신고행위나 부과처분이 당

---

140) 대법원 1989. 7. 11. 선고 88누12110 판결, 대법원 2006. 9. 8. 선고 2005두14394 판결

연무효여서 그에 대한 취소가 개재될 필요 없이 그 납세의무가 존재하지 않는다고 할 수 있다면 자력집행권의 권원이 존재하지 않는 것이므로 자력집행권의 행사로서 하는 징수처분도 위법하다고 해야 할 것이다. 여기서 징수처분이 위법하다는 것은 취소사유에 불과한 것이 아니라 무효사유에 해당한다고 보아야 한다. 선행처분이나 행위의 무효사유가 후행처분인 징수처분에 승계된다고 보는 것이므로 후행처분도 무효가 된다고 보는 것이 합리적이다. 대법원 1987. 9. 22. 선고 87누383 판결과 대법원 2011. 9. 8. 선고 2009두20380 판결 등도 같은 취지이다.

대법원 2014. 11. 27. 선고 2014두10967 판결은, 제3자가 원고의 의사와 무관하게 원고 명의로 부동산에 관한 매매계약을 체결하여 원고 명의로 부동산소유권이전등기를 마치고 원고 명의로 취득세 신고를 한 사안에서 그 취득세 신고는 당연무효이므로 그 취득세에 대한 징수처분도 무효라고 판단하였다. 위 사안에서 그 제3자는 사문서위조와 행사로 징역형을 선고받아 확정되었다. 이러한 경우 원고 명의의 취득세 신고행위가 원고 본인에 의하여 이루어진 것이 아니라 제3자에 의하여 이루어진 것이긴 하지만 그 제3자가 원고의 위임에 의하여 한 것인지 여부는 사실관계를 조사해 보아야 비로소 확인할 수 있는 내용이므로 그 하자가 명백하다고 보는 데는 다소의 무리가 따른다. 하지만 대법원은 원고의 의사에 의하지 아니하였음이 형사판결 등에 의하여 명백하게 밝혀졌다는 점에 치중하여 굳이 추가적인 사실조사가 필요 없다고 보아 그 하자가 명백하다고 판단한 것으로 보인다.

그리고 대법원 2014. 2. 13. 선고 2013두19066 판결은 신고납세방식 조세에서 납세자의 과세표준 등 신고행위가 납세의무를 부담할 법령상 근거가 없이 이루어진 경우와 같이 객관적으로 타당한 법적 근거와 합리성이 없는 때에는 그 하자는 중대할 뿐 아니라 명백하여 당연무효라 할 것이므로, 그로써 확정된 조세채무가 존재함을 전제로 하는 과세관청의 징수처분도 위법하다고 판시하였다. 그 사안은 2001. 12. 29. 개정된 조세특례제한법 제63조의 추징규정이 그 시행일인 2002. 1. 1. 이후에 공장이나 본사를 수도권 외의 지역으로 이전한 경우만을 적용대상으로 하고 있고 원고는 그 전인 2001. 7. 6. 본점과 공장시설을 수도권 외의 지역으로 이전하였음에도 위 추징규정이 적용됨을 전제로 2006 사업연도 법인세를 증액하여 제2차 수정신고를 하였고 그에 의하여 납세의무가 확정되었다고 보아 징수처분으로 나아간 것이었다. 법령의 적용시기를 오인하여 잘못 이루어진 납세자의 신고행위는 법령의 확인만으로 쉽사리 그 하자를 확인할 수 있으므로 그 하자가 명백하다고 보는데 무리가 없다. 그래서 대법원은 이를 무효라고 하였고 따라서 그 하자가 징수처분의 하자로 승계된다고 보았다.

만약 징수처분의 일환으로 이루어진 압류처분이 여러 개의 신고행위와 부과처분에 의하여 확정된 조세를 징수하기 위한 것일 때 그중 일부의 신고행위나 부과처분이 무효라고 해서 그 압류처분이 당연히 무효가 되는 것은 아니다. 유효한 신고행위나 부과처분이 여전히 존재하고 있고 그것이 압류처분의 권원이 될 수 있기 때문이다. 대법원 2011. 9. 8. 선고 2009두20380 판결도 원고가 취득세와 재산세, 종합토지세, 면허세, 주민세 등 합계 약 5억 원을 체납하였다는 이유로 과세관청이 원고의 부동산에 압류처분을 하였는데, 취득세 부과처분 부분은 그 납세고지서 송달이 부적법하여 무효가 되었다고 하더라도 재산세, 종합토지세, 면허세, 주민세 등의 다른 지방세 부과처분이 무효임을 인정할 만한 자료가 없으므로 곧바로 압류처분에 중대하고 명백한 하자가 있어 무효라고 단정할 수는 없다고 판시하였다.

한편, 가산금은 부과처분 없이 법률의 규정에 의하여 당연히 부과되는 것이라고 하므로 그 가산금이 부당하게 징수될 경우 이에 대한 쟁송은 부과처분이 아닌 징수처분의 다투는 방법으로 진행되어야 할 것이다. 그래서 가산금 징수처분 취소의 소나 무효확인의 소를 제기하는 것이 옳다고 본다. 징수처분에서 더 나아가 압류처분까지 이루어진 경우에는 그 압류처분의 취소나 무효확인을 구하면 될 것이다.

나. 징수처분의 소멸시효

부과처분이든 징수처분이든 그 권리를 행사할 수 있는 기간에는 제한이 있다. 조세법률관계의 안정과 납세자의 권리보호에 주안점이 있다. 부과처분에는 부과제척기간에 따른 제한이 있고, 징수처분에는 소멸시효기간에 따른 제한이 있다. 부과제척기간과 소멸시효의 법적 성질에는 차이가 있음에도 쟁송실무에서 당사자들이 이를 혼동하는 경우가 있다. 가장 큰 차이는 부과제척기간에는 중단과 정지사유가 없는 반면에 소멸시효에는 중단과 정지사유가 있다는 점이다. 국세기본법 제27조 제1항은 소멸시효기간을 5억 원 (가산세는 제외) 이상의 국세인 경우 10년, 그 외의 국세인 경우 5년으로 하고, 그 소멸시효에 관하여는 세법에 특별한 규정이 있는 것을 제외하고는 민법에 따른다고 규정하고 있다.

국세기본법이 2019. 12. 31. 개정되면서 제27조 제4항이 신설되어 원천징수의무자 또는 납세조합으로부터 징수하는 국세의 경우 납세고지한 원천징수세액 또는 납세조합징수세액에 대해서는 그 고지에 따른 납부기한의 다음 날을 소멸시효의 기산일로 규정하였다. 앞서 부과제척기간에서 설명하였듯이 원천징수처분의 부과제척기간 기산일에 관한 국세기본법 시행령 제12조의3 제2항 제1호의 효력이 문제되자 이에 대한 대비책으로 입법한 것으로 보인다.

국세기본법 제28조 제1항은 소멸시효의 중단사유로서, 납세고지, 독촉 또는 납부최고, 교부청구, 압류(압류금지재산을 압류하거나 제3자의 재산을 압류한 사유로서 압류를 즉시 해제하는 경우는 제외)를 열거하면서, 위와 같은 사유로 중단된 소멸시효는 고지한 납부기간, 독촉이나 납부최고에 의한 납부기간, 교부청구 중의 기간, 압류해제까지의 기간이 지난 때부터 새로이 진행한다고 규정하고 있다. 이러한 중단사유는 납세의무의 존부에 미치는 영향이 중대하므로 예시적 사유로 볼 수 없고, 제한적·열거적 사유로 보는 것이 원칙이다. 그래서 대법원 2016. 12. 1. 선고 2014두8650 판결은 국세기본법 제81조의15에서 납세자에게 과세전적부심사의 기회를 주기 위하여 하는 과세예고통지는 국세기본법 제28조 제1항에 정한 징수권의 소멸시효 중단사유에 해당하지 않고, 장래에 납세자에게 일정액의 조세를 부과한다는 예고로서의 성격을 가질 뿐 직접적으로 납세자에 대한 채무이행을 구한다는 의사의 통지로 볼 수 없어 민법상 최고에 해당한다고 할 수도 없으므로, 이로써 징수권의 소멸시효가 중단되었다고 볼 수 없다고 판단하였다.

그렇다고 해서 민법상의 소멸시효 중단사유가 국세징수권에 준용되지 않는다고 볼 수는 없다. 왜냐하면 국세채권을 민사상의 채권에 비하여 특별히 홀대할 이유는 없기 때문이다. 그래서 대법원 2020. 3. 2. 선고 2017두41771 판결은, 위 납세고지, 독촉 또는 납부최고, 교부청구, 압류는 국세징수를 위해 국세징수법에 규정된 특유한 절차들로서 국세기본법이 규정한 특별한 국세징수권 소멸시효 중단사유이기는 하나 국세기본법은 민법에 따른 국세징수권 소멸시효 중단사유의 준용을 배제한다는 규정을 두지 않고 있고, 조세채권도 민사상 채권과 비교하여 볼 때 그 성질상 민법에 정한 소멸시효 중단사유를 적용할 수 있는 경우라면 그 준용을 배제할 이유도 없으므로 국세기본법 제28조 제1항 각 호의 소멸시효 중단사유를 제한적·열거적 규정으로 보아 그 각 호가 규정한 사유들만이 국세징수권의 소멸시효 중단사유가 된다고 볼 수는 없다고 하면서, 민법 제168조 제1호가 소멸시효의 중단사유로 규정하고 있는 '청구'도 그것이 허용될 수 있는 경우라면 국세기본법 제27조 제2항에 따라 국세징수권의 소멸시효 중단사유가 될 수 있다고 봄이 타당하다고 판시하였다. 이에 따라 대법원은 국가가 국세징수권의 소멸시효를 중단시키기 위하여 납세자를 상대로 제기한 조세채권 존재 확인의 소에 대하여 소의 이익을 인정하였다.

그리고 국세기본법 제28조 제3항은 소멸시효의 정지사유로서, 세법에 따른 분납기간, 세법에 따른 징수유예기간, 세법에 따른 체납처분유예기간, 세법에 따른 연부연납기간, 세무공무원이 사해행위 취소소송이나 채권자대위 소송을 제기하여 그 소송이 진행 중인 기간을 규정하고 있다. 이들 사유도 예시적 사유가 아니라 제한적·열거적 사유로 보아야 함은 물론이다. 같은 취지에서 앞서 본 대법원 2016. 12. 1. 선고 2014두8650 판결은 국세기본법상 열거된 국세징수권의 소멸시효 정지사유 가운데 '과세전적부심사 청구에 따른 심리기간'이 규정되어 있지 아니하고, 민법에도 그와 같은 취지의 규정이 없는 점 등에 비추어 보면, 납세의무자가 과세전적부심사를 청구함에 따라 적부심의 심리가 진행 중이라고 하여 국세징수권의 소멸시효가 진행되지 아니한다고 볼 수 없다고 판시하였다.

2. 강제징수의 요건과 효력

가. 개요

강제징수는 크게 보아 압류처분과 공매처분으로 대별할 수 있다. 종래에는 체납처분 이라는 용어를 사용하였으나, 국세징수법이 2020. 12. 29. 개정되면서 강제징수라는 순화 된 용어로 바뀌었다. 압류처분은 공매처분을 위한 선행단계로서 공매할 납세자의 재산을 미리 확보해 두는 것이다. 그 다음 단계인 공매처분은 공매공고와 공매통지, 공매의 집 행, 매각결정, 매수대금의 납부, 권리의 이전의 순서로 진행되는 일련의 절차를 통칭하는 개념으로 사용되고 있다. 압류처분은 그 자체로서 행정처분성이 뚜렷하므로 별문제가 없 으나 그 후속절차로서의 공매절차에서는 행정청의 어떠한 행위를 행정처분으로 볼 것인 지가 명확하지가 않다. 일반적으로는 공매처분의 핵심인 매각결정을 행정처분으로 보고 있다. 매각결정을 하면 매각하는 재산에 대하여 체납자와 최고가 청약자 등과의 사이에 매매계약이 성립하는 효과가 발생하며, 그로부터 7일 이내로 정해지는 대금납부기한 내 에 매각대금을 납부하면 매각재산의 소유권이 이전되므로 체납자의 권리의무에 직접 영 향을 주는 것으로 볼 수 있어 매각결정을 행정처분이라고 하는 것이다. 그리고 매각결정 의 전단계 절차인 공매공고, 공매통지나 공매의 집행 등은 매각결정을 위한 요건으로 볼 수 있고, 그 후속절차는 매각결정의 효과로 볼 수 있다. 그래서 대법원 2008. 11. 20. 선고 2007두18154 전원합의체 판결에서도 나타나듯이 공매처분과 매각결정을 거의 동격의 의 미로 사용되고 있다.

나. 압류처분의 요건과 효력

(1) 압류처분의 요건

국세징수법 제24조 제1항은 압류처분의 요건에 관하여 규정하고 있다. 즉, 납세자가 독촉장이나 납부최고서를 받고도 지정된 기한까지 국세와 가산금을 완납하지 아니한 경우와 납세자가 국세징수법 제14조에서 정한 납기 전 징수사유에 해당하여 납기 전에 납부고지를 받고 지정된 기한까지 완납하지 아니한 경우에 납세자의 재산을 압류한다고 규정하고 있다. 그리고 국세징수법 제24조 제4항은 위와 같이 납세자의 재산을 압류한 때에는 납세자에게 문서로 통지하도록 하였다.

여기서 압류처분의 선행요건으로 규정하고 있는 독촉절차에 관하여 국세징수법 제23조 제1항은 국세를 납부기한까지 완납하지 아니하였을 때에는 세무서장은 납부기한이 지난 후 10일 이내에 독촉장을 발급하도록 규정하고 있다. 이와 같이 독촉장의 발급은 납세자에게 압류처분을 미연에 방지할 기회를 한 번 더 주기 위한 것으로서 납세자의 권익보호를 위한 필요적인 절차라고 할 것이므로 이를 누락한 경우에는 압류처분이 위법하다고 해야 할 것이다. 그래서 대법원 1981. 10. 6. 선고 81누18 판결은 납세자의 재산 압류는 납세자에게 납세의 고지나 독촉이 되었음을 전제로 하고 있는 것이므로 납세의 독촉이 적법하게 원고에게 송달되지 아니한 경우에는 압류의 요건이 충족된 것이라고 할 수 없어 위법하다고 판시하였다. 여기서 압류가 위법하다는 것이 취소사유에 불과한지 무효사유에 해당하는지가 다투어질 수 있는데, 대법원 1987. 9. 22. 선고 87누383 판결, 대법원 1988. 6. 28. 선고 87누1009 판결, 대법원 1992. 3. 10. 선고 91누6030 판결 등은 특별한 논거 제시 없이 무효사유에 해당한다고 할 수는 없다고 판시해 왔다. 후속절차의 법적 안정성을 고려한 정책적 판단이라고 하겠다.

국세징수법 제24조 제4항은 재산을 압류하였을 때에는 해당 납세자에게 문서로 통지하여야 한다고 규정하고 있다. 이와 같이 사후에 통지하도록 한 것은 사전에 통지할 경우 납세자가 재산을 빼돌릴 우려가 있기 때문으로 보인다. 납세자에 대한 압류통지를 사전통지가 아닌 사후통지의 방식으로 하고 규정하고 있는 점, 국세징수법에서는 납세자에 대한 통지를 압류의 효력발생요건으로 규정하고 있지 않는 점, 그리고 공매절차로 나아가기 전에 다시 체납자에게 공매통지를 하도록 규정하고 있는 점 등을 종합하여 보면, 납세자에 대한 압류통지에 하자가 있다고 하더라도 압류처분이 위법하게 된다고 보기는 어렵다고 하겠다.

(2) 부동산 등 압류의 효력 확장

국세징수법 제47조 제2항은 부동산 등의 압류에 관하여는 다른 재산의 압류와 달리 압류의 효력범위를 확장하는 규정을 두고 있다. 즉, 부동산 등의 압류는 해당 압류재산의 소유권이 이전되기 전에 법정기일이 도래한 국세의 체납액에 대하여도 그 효력이 미친다고 규정하고 있다. 동일한 납세자의 여러 가지 체납세액에 관하여 과세관청으로 하여금 따로따로 압류를 하도록 하면 번거로울 뿐만 아니라 조세채권의 우선순위를 확보하는 데 불편함이 있다는 이유로 국세징수의 편의를 위하여 위 규정을 둔 것으로 이해할 수 있다. 여기서의 체납액이란 대법원 2012. 7. 26. 선고 2010다50625 판결이 밝힌 바와 같이 납세의무가 성립·확정된 이후에 그 납부기한까지 납부되지 아니한 국세와 그 가산금 등을 말한다.

그러나 이는 과세관청 편의 위주의 규정이어서 바람직한 규정은 아니라고 하겠다. 일본에는 이러한 규정을 찾아볼 수 없다. 그래서 위 규정이 위헌인지가 다투어졌었는데, 헌법재판소 1995. 5. 25. 선고 92헌마214 전원재판부 결정은 위 규정의 입법목적이 조세징수권 확보를 통한 국가재정의 확립에 있고 그 수단도 유효적절하며 입법권자의 재량권의 범위 내에 속하기 때문에 위헌이 아니라고 판단하였다.

위 규정에서 알 수 있듯이 압류의 효력이 미치는 시간적 범위는 압류부동산의 소유권이 제3자에게 이전되기 전까지이다. 이는 조세채권의 확보와 압류부동산 제3취득자의 보호라는 서로 상충되는 이념을 조화롭게 구현하기 위한 것으로 볼 수 있다. 그리고 그때까지 압류의 효력이 미치는 조세채권은 그때까지 법정기일이 도래한 조세채권을 말한다. 이와 같이 법정기일을 기준으로 삼은 것은 국세기본법 제35조 제1항 제3호에 의하여 담보권자의 권리를 보호하기 위해 국세우선권이 미치는 조세채권의 범위를 법정기일을 기준으로 정한 것과 같은 취지이다. 그렇다면 체납세액이 있어 체납자의 부동산에 대하여 압류등기를 한 후 체납자의 채권자가 그 부동산에 담보권을 취득하였고, 그 후에 법정기일이 도래하는 체납세액이 있다고 했을 때 담보권과 사이에 우선순위가 어떻게 설정되는지가 문제될 수 있다. 압류등기는 그 체납세액에 대하여도 효력이 미치므로 담보권에 우선한다고 볼 여지도 있다. 그러나 위와 같이 해석하면 담보권자의 권리가 부당하게 침해되는 부작용이 있다. 그 체납세액의 법정기일이 도래하기 전에 이미 담보권을 확보하였음에도 그 체납세액보다 후순위로 밀린다는 것은 담보권자에게 예상치 못한 불이익을 안겨주는 것이어서 국세기본법 제35조의 취지에 반한다.

그래서 대법원 2004. 11. 12. 선고 2003두6115 판결은 국세징수법 제47조 제2항의 취지는 한번 압류등기를 하고 나면 동일한 자에 대한 압류등기 이후에 발생한 체납세액에 대하여도 새로운 압류등기를 거칠 필요없이 당연히 압류의 효력이 미친다는 것일 뿐이고, 그 압류에 의해 그 후에 발생한 국세채권에 특별한 우선적 효력을 인정하는 것은 아니며, 또 위 규정이 국세기본법 제35조 제1항 제3호의 규정을 배제하는 효력까지 있는 것은 아니므로, 압류 후 압류재산에 저당권, 질권 또는 전세권이 설정된 경우 그 물권과 압류 이후 새로 발생한 조세와의 우선순위는 국세기본법 제35조 제1항 제3호의 규정에 따라 그 설정등기일과 새로 발생한 조세의 법정기일의 선후에 따라 결정된다고 판시하였다. 그리고 같은 취지에서 대법원 2005. 11. 24. 선고 2005두9088 판결은, 담보물권이 설정된 부동산에 관하여 담보물권 설정일 이전에 법정기일이 도래한 조세채권과 담보물권 설정일 이후에 법정기일이 도래한 조세채권에 기한 압류가 모두 이루어진 경우, 당해세를 제외한 조세채권과 담보물권 사이의 우선순위는 그 법정기일과 담보물권 설정일의 선후에 의하여 결정하고, 이와 같은 순서에 의하여 매각대금을 배분한 후, 압류선착주의에 따라 각 조세채권 사이의 우선순위를 결정하여야 한다고 판시하였다.

(3) 체납세액의 납부와 압류의 효력

체납세액이 있어 체납자의 재산에 압류를 한 후에 체납자가 체납세액을 완납하였을 경우 그 압류가 당연히 실효된다고 볼 수 있는지에 관하여 논란이 있을 수 있고, 이는 특히 당초 압류에 관계된 체납세액은 완납하였으나 압류가 해제되지 않은 상태에서 법정기일이 도래하는 새로운 체납세액이 발생하였을 경우 그 압류의 효력이 새로운 체납세액에 대하여도 미치는지와 결부되어 논의될 수 있다.

국세징수법 제53조 제1항은 제1호가 규정하는 납부, 충당 등의 사유로 압류를 할 필요가 없게 된 경우에는 그 압류를 즉시 해제하여야 한다고 규정하고 있다. 종전에는 해제사유가 발생한 경우에 '그 압류를 해제하여야 한다'고 규정하고 있다가 2007. 12. 31. 개정시 '그 압류를 즉시 해제하여야 한다'라고 개정되어 '즉시'라는 부사가 추가되었다. 위 개정에 관한 국회의 입법심사보고서에 의하면 '즉시'라는 문구를 추가함으로써 압류대상자 및 이해관계인의 권리를 강화하려는 것이라고 한다. 일본 국세징수법 제79조도 동일한 내용을 규정하고 있다. 여기서 압류의 해제라 함은 압류의 효력을 장래에 향하여 소멸시키는 행정처분이므로 해제할 때까지 이루어진 압류처분의 효과, 즉 시효중단이나 과실의 수취 등에는 영향을 미치지 아니한다. 이에 반하여, 압류의 취소는 압류의 효력을 당초에 소급하여 소멸시키는 것이고, 압류의 실효는 압류의 목적물이 멸실된 경우 등과 같이 압류의 효력을 소멸시키는 특별한 행위 없이 압류의 효력이 상실되는 것을 말한다.

위 규정을 문언대로 해석하면 체납세액이 납부되더라도 그것은 압류해제사유가 될 뿐이고, 위 규정에서 그 압류가 실효된다고 규정하지 않고 그 압류를 즉시 해제하여야 한다고 규정하고 있는 이상 과세관청이 그 압류를 해제하고 있지 아니하는 한 압류의 효력이 계속 유지되고 있다고 볼 수밖에 없다. 위 개정과정에서 '즉시'라는 문언을 삽입하였다고 하더라도 '과세관청이 그 압류를 해제하고 있지 아니하는 한 압류의 효력이 계속 유지된다'는 결론이 달라질 것은 아니라고 보여진다. 다만, 압류의 해제를 지체할 경우 국가에 대하여 그로 인한 손해배상책임을 부담시킬 여지가 있다.

대법원 1996. 12. 20. 선고 95누15193 판결도 같은 취지에서, 과세관청이 체납처분의 일환으로 납세자의 재산을 압류하였으나 그 후 국세징수법 제53조 제1항 각 호가 정하는 압류해제사유가 발생한 경우 세무서장은 압류를 해제하여야 하고, 납세자 및 압류해제에 대하여 법률상 이익을 갖는 자는 압류해제사유가 있는 한 언제든지 과세관청에 대하여 압류해제를 신청할 수 있으며, 만일 과세관청이 당사자의 압류해제신청을 거부한 경우에는 그 상대방은 국세기본법 제55조 제1항, 제61조 제1항에 의하여 당해 거부처분의 통지를 받은 날로부터 60일 이내에 심사청구를 할 수 있다고 판시하고 있다.

위 판결은 과세관청이 압류해제신청을 거부하는 것을 행정처분으로 보고 있고, 대법원 1989. 12. 12. 선고 89누4024 판결과 대법원 1993. 4. 27. 선고 92누15055 판결, 대법원 2002. 8. 27. 선고 2002두2383 판결도 같은 취지이다. 위 판결들이 과세관청의 압류해제신청거부를 행정처분으로 본다는 것은 압류해제사유가 발생하였다고 해서 당연히 그 압류가 실효되는 것이 아니라 그 압류에 대한 해제행위가 있어야 비로소 실효된다는 점을 전제로 하고 있다. 왜냐하면 압류해제사유의 발생으로 당연히 그 압류가 실효된다고 한다면 납세자로서는 압류해제신청을 할 필요도 없고 과세관청이 그 신청을 거부하더라도 납세자에게 아무런 영향을 미치지 아니하므로 행정처분으로 볼 수 없을 것이기 때문이다. 같은 취지에서 대법원 1989. 5. 9. 선고 88다카17174 판결은 보다 직접적으로 국세징수법 제45조에 의한 압류는 압류당시의 체납액이 납부되었다 하여 당연히 실효되는 것이 아니라고 판시하였다.

우리나라와 일본의 국세징수법이 체납세액이 납부된 경우 그 압류가 당연히 실효되는 것으로 규정하지 않고 그 압류를 해제하도록 규정한 이유가 무엇인지를 입법론적 관점에서 따져보면, 압류의 원인이 된 당초의 체납세액이 납부된 후에도 미처 밝혀내지 못한 체납세액이 나중에 다시 드러나거나 새로운 체납세액이 발생할 수도 있는 상황에서 당초의 압류가 모두 실효된다고 하면 다시 새로운 압류절차를 취해야 하는 번거로움이 있으므로 과세관청의 편의를 위하여 이러한 번거로운 절차 없이 당초 압류처분을 전용할 수 있도록 하자는 데 그 취지가 있는 것으로 짐작된다.

그러나 대법원 1991. 6. 25. 선고 89다카28133 판결은 압류가 그 압류의 등기를 한 후에 발생한 체납액에 대하여도 효력을 미치기 위하여는 그 압류가 유효하게 존속함을 전제로 한다고 할 것이고 압류가 당초부터 무효인 경우에는 그 압류등기 후에 체납액이 발생하였다고 하여 바로 그 체납액에 대한 압류로서 유효한 것으로 전환되는 것은 아니라고 하면서, 증여자에게 국세징수법 제9조에 따른 납세고지가 없었다면 아직 적법한 과세처분이 없어 증여세의 연대납세의무가 발생할 수 없는 것이므로 세무서장이 징수권을 행사하여 증여자의 재산에 대하여 한 압류처분은 그 하자가 중대하고도 명백하여 당연무효라고 판시하였다. 같은 취지에서 대법원 1986. 7. 8. 선고 86누61 판결은 납세자의 납세의무의 지체가 없었다거나 납세자의 재산이 아닌 타인의 재산에 대하여 압류의 집행이 되었다면 그 압류처분은 압류의 대상에 관한 중대하고도 명백한 하자가 있는 당연무효의 처분이라고 판시하였다.

이와 같이 대법원은 당초부터 체납세액이 없거나 징수처분이 부적법한 경우에는 그 압류처분은 당연무효라고 하면서도, 당초 압류처분이 유효한 경우에는 그 후 체납세액이 납부되어 체납세액이 존재하지 않더라도 그 압류가 해제되기 전에는 당연무효가 아니라고 보고 있다. 그러나 후자의 경우도 체납세액이 납부된 후에는 더 이상 체납세액이 존재하지 않는다는 점에서는 처음부터 체납세액이 존재하지 않는 전자의 경우와 실질적인 차이가 있다고 보기 어려운데도 그 압류처분의 효력을 달리 보는데 대하여는 비판적인 견해가 있다.[141] 그러나 압류처분이 당초부터 체납세액이 없어 그 요건이 결여된 경우는 압류처분의 효력이 처음부터 발생할 수 없는 것이지만, 당초 유효한 압류처분이 있었고 사후에 그 체납세액이 납부된 경우는 국세징수법 제53조에서 그 체납세액의 납부를 압류의 실효사유로 규정하지 않고 과세관청의 해제행위를 필요로 하는 해제사유의 하나로 규정하고 있는 이상 체납세액이 납부되었다고 해서 처음부터 체납세액이 없는 전자의 경우와 동일시할 수는 없다. 따라서 위에서 본 비판적 견해는 국세징수법 제53조의 규정에 대한 입법론적 비판으로서는 수긍할 수 있으나 위 규정에 관한 법리상의 비판으로는 받아들이기 어렵다. 왜냐히면 국세징수법 제53조가 체납세액의 납부를 압류의 실효사유로 규정하지 않고 압류의 해제사유로만 규정한 것은 조세정책이 반영된 입법자의 선택이었다고 볼 수 있기 때문이다.

하지만, 과세관청이 압류를 해제하지 않고 그대로 두고 있으면 납세자의 입장에서는 정당한 사유도 없이 사유재산권이 제한되는 불이익을 입게 되므로 부당한 결과가 초래된다. 이에 대하여 납세자로서는 압류해제신청을 하거나 압류해제를 게을리하였다는 이유로 손해배상청구를 하는 등의 구제방법이 있으나 궁극적으로는 위 규정을 압류해제 사유가 발생하면 그 압류가 실효되는 방향으로 입법개선이 이루어질 필요가 있어 보인다.

(4) 체납세액 완납 후 다른 체납세액에의 영향

이와 같이 현행법하에서는 압류에 관계된 체납세액이 납부되었다고 하더라도 그 압류가 해제되지 않는 한 압류의 효력이 유지되므로, 국세징수법 제47조 제2항의 규정에 의하여 피압류 부동산의 소유권이 납세자의 소유로 있는 상태에서 새로운 체납세액의 법

---

141) 최명식 외, 국세징수법 해설과 실무, 삼일회계법인: 조세법총론 I, 사법연수원

정기일이 도래하면 그 체납세액에 대하여도 기존의 압류의 효력이 미치게 된다고 보지 않을 수 없다. 같은 취지에서 대법원 1989. 5. 9. 선고 88다카17174 판결도 국세징수법 제45조에 의한 압류는 압류당시의 체납액이 납부되었다 하여 당연히 실효되는 것이 아니며 그 압류가 유효하게 존속하는 한 같은 법 제47조 제2항에 의하여 압류등기 이후에 발생한 체납액에 대하여도 효력이 미친다고 판시하였다.

그러나 이러한 결론에 대하여는 다음과 같은 비판이 있다. 과세권자인 국가는 집행할 조세채권이 없으면서도 국민의 재산을 압류하는 결과가 되어 부당하고, 특히 체납세액이 납부된 경우 국가는 직권으로라도 압류를 해제하여야 할 의무가 있는데, 압류를 해제하여야 할 국가가 그 압류의 유용을 주장한다는 것은 아무리 조세채권의 확보라는 공익을 내세운다고 하여도 개인의 재산권을 지나치게 침해하는 것으로 용인하기 어렵다는 것이다.[142] 그리고 압류와 관계된 조세채권이 납부 등에 의하여 소멸된 시점에 새로운 조세채권이 성립되지 아니한 경우에도 그 압류의 효력이 존속하고 무한정으로 그 후에 발생한 체납세액에 대하여 압류의 효력이 미치며, 또한 압류재산의 소유권이 제3자에게 이전된 경우에, 그 납부시점으로부터 소유권이전시까지의 기간의 장단을 불문하고, 그 소유권이전등기 이전에 국세기본법 제35조 제1항의 규정에 의한 법정기일이 도래한 국세의 체납액에 대하여 그 압류의 효력이 미치는 것으로 해석한다면, 과세권자인 국가는 징수할 조세채권이 없으면서도 국민의 재산을 압류하는 결과가 되어 헌법상 보장되어 있는 재산권의 내용을 본질적으로 침해하는 규정으로서 위헌의 소지가 많다는 것이다.[143]

그러나 이에 대하여는 우리 국민의 납세의식이 비교적 낮기 때문에 납세의무가 성립되어 추가로 확정·고지될 조세채무의 회피수단으로 압류목적물을 양도하고 그 대금을 은닉할 가능성이 많고, 조세채권은 그 성질상 납부의무의 성립부터 납부기한까지 상당한 기간이 소요되는 현실 여건상 압류당시의 세금만을 기준으로 할 때 많은 조세채권이 일실될 가능성이 있으며, 조세채권은 일반 채권과 달리 납세의무의 성립과 함께 납세담보를 요구하여 채권확보조치를 취한다는 것이 현실적으로 어렵고 국민에게 불편을 초래한다는 것을 고려하여 입법정책상 납세담보를 설정할 수 있는 경우를 제한하면서 국가재정 수요의 확보를 위해 제한적으로 이미 체납으로 압류된 재산의 압류효력범위를 확대할 수 있도록 한 것이므로 위헌이 아니라는 반론도 가능하다.

우리나라 국세징수법은 일본 국세징수법을 전수한 것으로 보이는데, 일본 국세징수법에는 압류의 효력 확장에 관한 우리 국세징수법 제47조 제2항과 같은 규정을 찾아볼 수 없다. 일본 국세징수법을 전수하는 과정에서 국고의 이익을 위하여 새로이 창설해 낸 것

---

142) 조세법총론 I, 사법연수원
143) 강인애, 판례주석 국세징수법, 한일조세연구소

으로 보이나 입법론의 입장에서 볼 때 썩 바람직한 규정은 아니라고 평가될 수 있다. 그 런 연유로 위 규정에 관하여 위헌론의 시비가 있기는 하지만, 대법원은 2010. 1. 14. 선고 2007다5229 판결, 대법원 2007. 12. 14. 선고 2005다11848 판결 등 다수의 판결에서 위 규정이 합헌임을 전제로 판시해왔다. 최근의 대법원 2012. 7. 26. 선고 2010다50625 판결 에서도 국세징수법 제45조의 규정에 의한 압류는 압류당시의 체납액이 납부되었다고 하 여 당연히 실효되지 아니하고, 그 압류가 유효하게 존속하는 한 압류등기 이후에 발생한 체납액에 대하여도 효력이 미친다고 함으로써 그 취지를 재확인하였다. 아직 헌법재판소 에서는 이 점에 관한 직접적인 판단을 한 결정례는 보이지 않는다.

(5) 제3자의 재산에 대한 압류처분의 효력

체납자의 재산이 아닌 타인의 재산에 대하여 압류의 집행이 이루어졌다면 그 압류의 효력이 어떻게 되는지에 대하여 논란이 있다. 취소사유에 불과하다고 보는 견해와 무효 사유에 해당한다고 보는 견해의 대립이 나뉜다. 여기서도 판단의 갈림길은 그 하자가 중 대하고도 명백하다고 볼 수 있는지 여부라고 할 것인데 중대성은 별론으로 하고 명백하 다고 할 수 있는지 여부가 쟁점이 될 것이다. 대법원이 제시하고 있는 명백성의 일반적인 기준에 의하면 사실관계를 조사하여야 그 하자가 밝혀지는 경우에는 명백성의 요건을 충족하지 못하였다고 보게 된다. 그렇다면 압류한 재산이 체납자의 재산인지 타인의 재 산인지는 사실관계를 조사하여야 그 진상이 드러난다고 할 수 있으므로 하자가 명백하 다고 할 수 없어 그 압류가 무효라고 단정하기 어렵다는 결론에 이르게 된다.

그럼에도 대법원은 이러한 압류를 무효라고 하고 있다. 먼저 대법원 1986. 7. 8. 선고 86누61 판결은 납세자의 납세의무 지체가 없었다거나 납세자의 재산이 아닌 타인의 재산 에 대하여 압류의 집행이 되었다면 그 압류처분은 압류의 대상에 관한 중대하고도 명백한 하자가 있는 당연무효의 처분이라고 판시하였다. 뚜렷한 근거의 제시 없이 명백한 하자라 고 단정한 점에서 적절한 판결이 아니라고 할 수 있다. 그 후 대법원 1993. 4. 27. 선고 92누12117 판결도 같은 결론에 이르긴 했는데 그 논거가 달라졌다. 위 사안에서 원심판결 은 정면으로 종전의 대법원 1986. 7. 8. 선고 86누61 판결의 결론에 반기를 들었다. 즉, 체 납자 소유가 아닌 제3자 소유의 재산을 위법하게 압류한 것은 중대한 하자에는 해당하지 만 압류처분 당시 당해 부동산이 체납자 명의로 등기가 되어 있었던 이상 압류처분의 하 자가 객관적으로 명백히 드러나고 있다고 할 수 없으므로 당연무효라고 할 수 없다고 판 시하였던 것이다. 그러나 대법원은 종전의 대법원 판결의 결론을 그대로 유지하고자 하였 다. 하지만 그 논거는 종전 대법원 판결과는 다르게 제시하였다. 국세징수법에 의하면 납세자의 재산만을 압류하도록 규정되어 있어, 과세관청이 납세자에 대한 체납처분으로서 제3자의 소유물건을 압류하고 공매하더라도 그 처분으로 인하여 제3자가 그 물건에 대한 소유권을 상실하는 것은 아니므로, 체납자가 아닌 제3자의 소유물건을 대상으로 한 압류처분은 그 하자가 객관적으로 명백한 것인지의 여부와는 관계 없이 그 처분의 내용이 법률상 실현될 수 없는 것이어서 당연무효라고 하지 않을 수 없다는 것이다.

위 판결은 전통적인 당연무효의 법리에 의하지 않고 압류처분의 특수성에 착안하여 새로운 무효의 논거를 제시한 것이다. 압류처분은 공매를 위한 사전절차이다. 그런데 체납자의 재산이 아닌 제3자의 재산에 대하여 공매가 이루어지더라도 그 제3자에게는 아무런 귀책이 없으므로 그로 인하여 소유권을 상실한다고 할 수 없어 결국 공매가 효력을 유지할 수 없게 된다. 그렇다면 이러한 압류처분은 궁극적으로 실현 불가능한 처분이라고 할 수 있으므로 압류처분 자체의 효력을 부인하는 것이 간명하고 공매절차를 둘러싼 법률관계를 안정적으로 정리할 수 있다고 하겠다. 그래서 위 대법원 판결은 무효사유에 관한 중대·명백설의 전통적 입장과 조화를 이루지 못하는 측면은 있지만 압류의 특수성을 고려한 결론이므로 수긍할 수 있다고 하겠다. 대법원 2012. 6. 28. 선고 2011두16865 판결, 대법원 2006. 4. 13. 선고 2005두15151 판결 등도 납세자가 아닌 제3자의 재산을 대상으로 한 압류처분은 그 처분의 내용이 법률상 실현될 수 없는 것이어서 당연무효라고 판시하고 있다.

그런데 국세징수법이 2020. 12. 29. 전부 개정되면서 제28조에서 제3자의 소유권 주장에 관한 규정을 신설하였다. 제1항은 압류한 재산에 대하여 소유권을 주장하고 반환을 청구하려는 제3자는 그 재산의 매각 5일 전까지 소유자로 확인할 만한 증거서류를 관할 세무서장에게 제출하여야 한다고 하고, 제2항은 관할 세무서장은 제1항에 따라 제3자가 소유권을 주장하고 반환을 청구하는 경우 그 재산에 대한 강제징수를 정지하여야 한다고 하고, 제3항은 관할 세무서장은 제1항에 따른 제3자의 소유권 주장 및 반환 청구가 정당하다고 인정되는 경우 즉시 압류를 해제하여야 하고, 부당하다고 인정되면 즉시 그 뜻을 제3자에게 통지하여야 한다고 하고, 제4항은 관할 세무서장은 제3항에 따른 통지를 받은 제3자가 통지를 받은 날부터 15일 이내에 그 재산에 대하여 체납자를 상대로 소유권에 관한 소송을 제기한 사실을 증명하지 아니하면 즉시 강제징수를 계속하여야 한다고 하고, 제5항은 관할 세무서장은 제3항에 따른 통지를 받은 제3자가 체납자를 상대로 소유권에 관한 소송을 제기하여 승소 판결을 받고 그 사실을 증명한 경우 압류를 즉시 해제하여야 한다고 하고 있다. 위 규정은 제3자의 소유권을 보장하기 위한 시혜적 규정이므로 제한적 규정으로 볼 것이 아니라 보충적 규정으로 보는 것이 타당하다. 그래서 위 규정에 해당하지 않더라도 제3자는 앞서 본 대법원 판례의 법리에 따라 권리구제를 받을 수 있다고 보아야 할 것이다. 즉, 제3자의 소유권 주장이 부당하다는 통지를 받고서도 15일 이내에 체납자를 상대로 소유권에 관한 소송을 제기한 사실을 증명하지 않음에 따라 관할 세무서장이 강제징수를 계속한다고 하더라도 제3자는 강제징수처분 무효확인의 소를 제기할 수 있고 그에 수반하여 강제징수처분 효력정지나 집행정지 신청을 통하여 강제징수를 저지할 수 있다.

그리고 국세징수법이 2023. 12. 31. 개정되면서 제6호가 신설되어 제3자의 재산을 압류한 경우에는 압류를 즉시 해제하여야 한다고 규정함으로써 입법으로 조기 해소를 강구하고 있다. 그럼에도 즉시 해제하지 않고 있을 경우에는 위에서 본 바와 같이 여전히 그 효력이 문제된다고 하겠다.

(6) 신탁재산에 대한 압류의 효력

가) 문제의 소재

신탁법에 의한 신탁에 있어서 위탁자에 대한 조세채권으로 신탁재산을 압류할 수 있는지에 관하여 논란이 있었다. 이러한 논란은 신탁법 제22조 제1항의 규정에서 출발한다. 위 규정의 내용은 '신탁재산에 대하여는 강제집행, 담보권 실행 등을 위한 경매, 보전처분 또는 국세 등 체납처분을 할 수 없다. 다만, 신탁 전의 원인으로 발생한 권리 또는 신탁사무의 처리상 발생한 권리에 기한 경우에는 그러하지 아니하다'라는 것이다. 신탁법이 2011. 7. 25. 전부 개정되기 전에는 위 규정이 제21조 제1항에 있었고 그 취지는 동일하다. 오히려 개정된 제22조 제1항에서는 '국세 등 체납처분을 할 수 없다'는 부분이 추가되었다. 신탁법 제22조 제1항에서 신탁재산에 대하여 원칙적으로 강제집행을 불허한 것은 신탁재산에 독립성을 부여함으로써 위탁자의 재산으로부터도 분리되고 수탁자의 고유재산으로부터도 분리되어 관리되도록 하여 신탁목적을 달성할 수 있도록 하기 위함이라고 설명되고 있다.

그러나 예외없이 신탁재산에 독립성을 인정하게 되면 채무를 부담하고 있거나 채무를 부담할 자가 그 담보가 되는 재산을 신탁법에 의하여 신탁해 버림으로써 실질적으로 채무를 면하고 그 채권자들은 담보물을 상실하게 되는 피해를 입게 된다. 이러한 폐해를 막기 위하여 신탁법 제22조 제1항에서 단서의 규정을 둔 것으로 이해된다. 위 단서의 규정은 전단부분인 '신탁 전의 원인으로 발생한 권리'와 후단부분인 '신탁사무의 처리상 발생한 권리'로 나누어진다.

전단부분에 관하여는 진작에 대법원이 그 범위를 판시한 바 있다. 대법원 1987. 5. 12. 선고 86다545, 86다카2876 판결은 위 단서 소정의 '신탁 전의 원인으로·발생한 권리'라 함은 신탁 전에 이미 신탁부동산에 저당권이 설정된 경우 등 신탁재산 그 자체를 목적으로 하는 채권이 발생된 경우를 말하는 것이고 신탁 전에 위탁자에 관하여 생긴 모든 채권이 이에 포함되는 것은 아니라고 판시하였다. 그리고 대법원 1996. 10. 15. 선고 96다 17424 판결은 신탁법 제22조 제1항은 신탁재산에 대하여 신탁 전의 원인으로 발생한 권리 또는 신탁사무의 처리상 발생한 권리에 기한 경우에만 강제집행 또는 경매를 허용하고 있으므로, 신탁대상 재산이 위탁자에게 상속됨으로써 부과된 국세라 하더라도 신탁법상의 신탁이 이루어지기 전에 압류를 하지 아니한 이상, 그 조세채권이 신탁법 제22조 제1항 소정의 '신탁 전의 원인으로 발생한 권리'에 해당된다고 볼 수 없다고 판시하였다.

이들 판결의 취지를 종합해 보면, 수탁자에게 신탁되기 전에 신탁부동산에 대하여 지상권·지역권·전세권과 저당권 등과 같은 물권이 설정된 경우나 압류나 가압류·가처분 등이 되어 있는 경우와 같이 신탁재산 자체를 목적으로 하는 권리가 발생하였을 경우를 말하며, 그 외에 신탁 전에 위탁자에 관하여 생긴 일반 채권은 여기에 포함되지 않는다고 하겠다.

위탁자에 대한 조세채권도 위 단서의 전단에 해당한다면 당연히 신탁재산을 압류할 수 있을 것이고 여기에 대하여는 별 논란이 없다. 문제는 위탁자에 대한 조세채권이 위 단서의 후단에 해당할 수 있는지 여부였다. 다툼의 대상이 되었던 조세는 신탁재산에 관하여 발생한 조세로서 납세의무자가 위탁자로 되어 있는 경우였다. 대표적인 예가 신탁재산의 분양에 따른 부가가치세와 신탁재산에 관한 재산세, 종합부동산세이다. 이들 조세는 비록 납세의무자가 수탁자가 아닌 위탁자로 되어 있지만 신탁재산 자체에서 발생한 조세로 볼 수 있으므로 신탁재산이 그 조세채권에 대하여 실질적으로 담보물의 역할을 한다고 할 수 있다. 그래서 이들 조세채권이 위 단서규정에 해당한다고 볼 수 있는지가 첨예하게 다투어졌다. 과세관청으로서는 실질적인 담보물을 놓칠 수 없으므로 이들 조세채권으로 신탁재산을 압류할 수 있다고 주장해 왔다.

나) 신탁재산의 처분에 따른 부가가치세의 경우

신탁재산의 처분에 따른 부가가치세가 위 단서규정의 후단에 해당하는지 여부를 판단함에 있어서 그 부가가치세의 납세의무자를 위탁자로 볼 것인지 수탁자로 볼 것인지의 문제를 먼저 살펴보아야 한다. 그 납세의무자를 수탁자로 볼 수 있다면 위 단서규정의 후단에 해당한다고 보는데 무리가 없지만 그 납세의무자를 위탁자로 본다면 달리 볼 여지가 많다. 수익자가 위탁자로 정해진 자익신탁의 경우 신탁재산의 처분에 따른 부가가치세 등의 납세의무자를 위탁자로 볼 것인지 수탁자로 볼 것인지에 관하여 논란이 있었다.

부가가치세법 제10조 제7항은 위탁매매를 할 때 위탁자가 직접 재화를 공급하거나 공급받은 것으로 본다고 규정하고 있다. 위 규정에 근거하여 종래 대법원은 위탁자를 그 납세의무자로 보아야 한다는 입장을 취하였다. 대법원 2003. 4. 25. 선고 2000다33034 판결과 대법원 2003. 4. 22. 선고 2000다57733 판결 등은 신탁법상의 신탁은 위탁자가 수탁자에게 특정의 재산권을 이전하거나 기타의 처분을 하여 수탁자로 하여금 신탁 목적을 위하여 그 재산권을 관리·처분하게 하는 것이라고 전제하고, 수탁자가 신탁재산에 대한 개발행위를 하거나 신탁재산을 관리·처분함에 있어 재화 또는 용역을 공급하거나 공급받게 되는 경우 수탁자 자신이 계약당사자가 되어 신탁업무를 처리하게 되는 것이나, 그 신탁재산의 개발·관리·처분 등으로 발생한 이익과 비용은 최종적으로 위탁자에게 귀속하게 되어 실질적으로는 위탁자의 계산에 의한 것이라고 할 것인 점에 비추어 신탁법에 의한 신탁 역시 부가가치세법 제10조 제7항 소정의 위탁매매와 같이 '수탁자 명의로 위탁자의 계산에 의하여' 재화 또는 용역을 공급하거나 또는 공급받는 등의 신탁업무를 처리하고 그 보수를 받는 것이므로, 신탁재산의 개발·관리·처분 등 신탁업무를 처리함에 있어서의 사업자 및 이에 따른 부가가치세 납세의무자는 위탁자라고 봄이 상당하다고 판시하였다. 이와 같이 신탁재산의 처분에 따른 부가가치세의 납세의무자를 위탁자로 보는 이상 그 부가가치세 채권이 '신탁사무의 처리상 발생한 권리'에 해당하지 않는 한 과세관청은 신탁재산을 압류할 수 없다.

신탁법 제22조 제1항 단서의 후단이 규정하는 '신탁사무의 처리상 발생한 권리'의 범위를 정하기 위해서는 먼저 '신탁사무'의 범위를 정해야 한다. 신탁사무란 신탁계약에 따라 수탁자가 처리하는 사무를 의미한다고 할 것이므로 신탁재산의 관리, 보존, 처분업무가 여기에 포함된다고 할 수 있다. 그래서 우선 신탁사무의 처리상 발생한 권리에는 위와 같은 신탁재산의 관리, 보존, 처분과정에서 발생한 권리가 포함된다고 하겠다. 여기에는 신탁재산의 처분에 따라 부담하는 부가가치세, 하자담보책임에 의한 손해배상채권 등이 포함될 수 있고, 나아가 신탁재산 자체에서 발생한 권리, 예를 들어 신탁재산에 관한 재산세, 종합부동산세 등의 조세와 공과금 등도 포함된다고 하겠다.

그런데 이러한 신탁사무의 처리에서 발생하는 권리 중 수탁자에 대한 것으로만 국한할 것인지 아니면 위탁자에 대한 것도 포함할 것인지에 관하여 견해가 나뉠 수 있다. 신탁법 제22조 제1항 단서의 문언에서 그 권리가 수탁자에 대한 것으로 제한하고 있지 않으므로 위탁자에 대한 권리도 포함된다고 해석할 여지가 없지는 않다. 그러나 신탁재산의 성격과 신탁법 제22조 제1항 본문의 취지를 고려하면 이와 같이 넓게 해석하는 데는 무리가 따른다. 신탁법 제22조 제1항은 신탁재산의 독립성을 보장하기 위하여 원칙적으로 위탁자에 대한 권리는 물론이고 수탁자에 대한 권리라고 하더라도 이를 근거로 신탁재산에 대하여 강제집행이나 체납처분을 할 수 없다고 규정하고 있다. 그리고 신탁재산은 대내외적으로 수탁자의 소유로 보아야 한다는 것이 대법원 판결의 입장이므로[144] 수탁자에 대한 권리가 아닌 한 이를 근거로 신탁재산에 대한 강제집행이나 체납처분을 할 수 없는 것이 원칙이다. 이러한 원칙들을 종합하여 보면 신탁법 제22조 제1항의 단서가 그 본문에 대한 예외로서 정하고 있는 '신탁사무의 처리상 발생하는 권리'는 수탁자에 대한 것으로 국한하여 해석하는 것이 합리적이다. 더구나 위 단서의 취지가 본래 수탁자의 채무로서 고유재산으로 책임져야 함에도 그 집행재산을 수탁자 소유의 신탁재산으로 확장하기 위한 것으로 본다면 위탁자에 대한 조세채권이 여기에 해당하지 않는다고 보는 것이 타당하다.[145]

그렇다면 신탁재산의 처분에 따른 부가가치세 채권은 비록 '신탁사무의 처리상 발생한 권리'에 해당한다고 하더라도 종래 대법원 판결에 의하면 그 채무자가 신탁재산의 소유자인 수탁자가 아니라 위탁자이므로 위 단서의 규정에 해당하지 않으며 그에 대한 압류는 무효라고 해석해야 할 것이다. 대법원 2012. 4. 12. 선고 2010두4612 판결, 대법원 2013. 1. 24. 선고 2010두27988 판결 등이 같은 취지였다. 그러나 이러한 결론은 과세관청의 입장에서 보면 아무래도 신탁으로 인하여 조세채권의 담보가 되어야 할 재산을 놓쳐버리는 부당함이 있고 이는 실체적 정의에도 반하는 느낌이 있다. 이러한 점에 대한 문제의식에서 최근 대법원 2017. 5. 18. 선고 2012두22485 전원합의체 판결은 신탁재산의 처분에 따른 부가가치세의 납세의무자를 위탁자로 본 종래 판결들의 입장을 바꾸어 그 납세의무자를 수탁자로 보았다.

즉, 부가가치세법은 부가가치 창출을 위한 '재화 또는 용역의 공급'이라는 거래 그 자체를 과세대상으로 하고 있을 뿐 그 거래에서 얻은 소득이나 부가가치를 직접적인 과세대상으로 삼고 있지 않아 거래세의 형태를 띠고 있으므로, 부가가치세법상 납세의무자에 해당하는지 역시 원칙적으로 그 거래에서 발생한 이익이나 비용의 귀속이 아니라 재화 또는 용역의 공급이라는 거래행위를 기준으로 판단하여야 하고, 부가가치세의 과세원인이 되는 재화의 공급은 재화를 사용·소비할 수 있도록 소유권을 이전하는 행위를 전제로 하므로, 재화를 공급하는 자는 위탁매매나 대리와 같이 부가가치세법에서 별도의 규정을 두고 있지 않는 한 계약상 또는 법률상의 원인에 의하여 재화를 사용·소비할 수 있는 권한을 이전하는 행위를 한 자를 의미한다고 하면서, 신탁법상의 신탁은 위탁자가 수탁자에게 특정한 재산권을 이전하거나 기타의 처분을 하여 수탁자로 하여금 신탁 목적을 위하여 그 재산권을 관리·처분하게 하는 것이고, 이는 담보신탁을 체결한 경우에

---

144) 대법원 2002. 4. 12. 선고 2000다70460 판결 등
145) 하태흥, "위탁자에 대한 조세채권과 신탁재산에 대한 집행", 사법(2013. 3.), 사법발전재단

도 마찬가지이며, 수탁자가 위탁자로부터 이전받은 신탁재산을 관리·처분하면서 재화를 공급하는 경우 수탁자 자신이 신탁재산에 대한 권리와 의무의 귀속주체로서 계약당사자가 되어 신탁업무를 처리한 것이므로, 이때의 부가가치세 납세의무자는 수탁자로 보아야 하고, 그 신탁재산의 관리·처분 등으로 발생한 이익과 비용이 거래상대방과 직접적인 법률관계를 형성한 바 없는 위탁자나 수익자에게 최종적으로 귀속된다는 사정만으로 달리 볼 것은 아니라고 판시하였다. 부가가치세는 거래세의 성격이 강하므로 그 거래의 결과가 위탁자에 귀속된다고 하더라도 거래주체인 수탁자가 부가가치세의 납세의무자가 되어야 한다는 취지이고, 이에 반하는 종전 대법원 2003. 4. 25. 선고 2000다33034 판결과 대법원 2003. 4. 22. 선고 2000다57733 판결 등은 폐기되었다. 따라서 이제는 신탁재산의 처분에 따른 부가가치세의 납세의무자를 위탁자가 아닌 수탁자로 보아야 하므로 그 부가가치세에 대한 국가의 채권은 신탁법 제22조 제1항 단서의 후단인 '신탁사무의 처리상 발행한 권리'에 해당하게 되어 신탁재산에 대하여 압류처분 등을 할 수 있게 되었다. 실체적 정의에 부합하는 타당한 결론이다.

다) 신탁재산에 관한 취득세, 재산세, 종합부동산세 등의 경우

앞에서 본 바와 같이 신탁재산을 과세대상으로 하는 취득세, 재산세나 종합부동산세의 채권은 '신탁사무의 처리상 발생한 권리'로 보는 데는 별문제가 없다. 따라서 전항에서 살펴본 법리에 의하면 그 채권의 채무자가 위탁자인지 수탁자인지에 따라 위 신탁법 제22조 제1항 단서의 규정에 해당하는지가 정해진다고 하겠다.

종래 대법원 1993. 4. 27. 선고 92누8163 판결은, 위탁자가 수탁자에게 토지의 소유권을 이전하여 당사자 사이에 신탁법상의 신탁관계가 설정되면 단순한 명의신탁과는 달리 신탁재산은 수탁자에게 귀속되고 이로써 수탁자는 신탁목적에 따라 신탁재산을 관리·처분할 수 있는 권능을 가지게 되므로 신탁재산에 대한 종합토지세의 부과는 신탁재산을 보유하는 수탁자를 상대로 하여야 한다고 판시하였다. 그런데 1993. 12. 27. 개정된 구 지방세법 제182조 제5항은 재산세에 관하여 '신탁법에 의하여 수탁자 명의로 등기·등록된 신탁재산에 대하여는 위탁자가 재산세를 납부할 의무를 진다. 이 경우 수탁자는 제37조의 규정에 의한 납세관리인으로 본다.'라고 규정하고, 제234조의9 제2항 제5호는 종합토지세에 관하여 '신탁법에 의하여 수탁자 명의로 등기된 신탁토지의 경우에는 위탁자'를 납세의무자로, '수탁자는 제37조의 규정에 의한 납세관리인'으로 보도록 규정하였다. 그 취지는 신탁법에 의하여 신탁등기된 재산은 비록 수탁자 명의로 등기가 되지만 그 부동산의 관리, 처분에 따른 수익이 위탁자에게 귀속되므로 신탁법의 본질에 부합하기 위하여 위탁자가 납세의무를 부담하도록 하는데 있다고 한다. 이에 따라 대법원 2007.

3. 15. 선고 2006두14582 판결, 대법원 2011. 10. 27. 선고 2009다969 판결 등은 위탁자가 신탁한 금전으로 매수하여 수탁자 명의로 등기를 마친 토지는 신탁법에 의한 신탁재산에 속하므로 그에 대한 재산세, 종합토지세, 도시계획세 및 지방교육세의 납세의무자는 위탁자라고 판시하였다. 종합부동산세도 마찬가지로 보아야 할 것이다.

이와 같이 비록 신탁재산을 과세대상으로 하는 재산세, 종합부동산세 등이라고 할지라도 그 납세의무자가 수탁자가 아닌 위탁자로 보아야 한다면 앞서 살펴본 법리에 의하여 그 조세채권으로는 신탁재산에 대하여 압류 등의 체납처분을 할 수 없다고 해야 할 것이다. 그래서 대법원 2013. 1. 24. 선고 2010두27998 판결, 대법원 2012. 7. 12. 선고 2010다67593 판결 등은 같은 취지로 판결을 선고하였다.

그러나 신탁재산에 대한 재산세나 종합부동산세 등은 당해세로서, 국세기본법 제35조 제1항 제3호는 그 징수권에 관하여 전세권이나 질권, 저당권 등과의 관계에서 법정기일의 선후를 불문하고 당해 재산에 관한 한 최우선권을 부여하고 있다. 이는 당해세는 그 재산 자체에서 연유한 것이므로 그 재산이 최우선적 담보물이 되어야 하고 이러한 당해세는 전세권자나 저당권자 등 제3자가 사전에 예측할 수 있는 조세이므로 여기에 최우선권을 부여하더라도 제3자가 예측할 수 없는 손해를 입는다고 할 수 없다는 논거에 입각해 있다. 그럼에도 그 재산이 신탁되었다는 이유로 그 우선권이 상실된다는 것은 아무래도 수긍하기 어렵다. 이러한 불합리의 원인은 1993. 12. 27. 개정된 구 지방세법 제182조 제5항에 있다. 그 개정 전에는 대법원이 수탁자를 납세의무자로 보았기 때문에 신탁재산에 관한 당해세 채권으로 신탁재산을 압류하는 등의 체납처분을 하는데 아무런 문제가 없었다. 위와 같은 개정과정에서 이러한 불합리한 결과가 수반된다는 것을 제대로 예견하지 못한 것으로 보인다.

결국 이 문제는 입법을 통해서 해결할 수밖에 없는 상황이 되었다. 그래서 지방세법이 2014. 1. 1. 개정되게 되었다. 구 지방세법 제182조 제5항은 2010. 3. 31. 전부 개정되면서 제107조 제2항 제5호로 이관되었는데 여기서도 신탁법에 따라 수탁자 명의로 등기·등록된 신탁재산의 경우에는 위탁자가 납세의무자가 되고 이 경우 수탁자는 납세관리인으로 본다고 규정하고 있었다. 그러다가 제107조가 2014. 1. 1. 개정되면서 제1항 제3호에서, '신탁법에 따라 수탁자 명의로 등기·등록된 신탁재산의 경우 위탁자별로 구분된 재산에 대한 납세의무자는 그 수탁자이고, 이 경우 위탁자별로 구분된 재산에 대한 납세의무자는 각각 다른 납세의무자로 본다'고 규정하였다. 이에 따라 이제는 신탁재산에 대한 재산세 등의 당해세 채권으로 신탁재산에 대한 체납처분을 할 수 있게 되었다. 다만, 위와 같이 개정된 지방세법에서 제119조의2가 신설되어 신탁법에 따라 수탁자 명의로 등기된 신탁재산에 대한 재산세가 체납된 경우에는 재산세가 체납된 해당 재산에 대해서만 압류할

수 있고, 다만 재산세가 체납된 재산이 속한 신탁에 다른 재산이 있는 경우에는 그 다른
재산에 대하여도 압류할 수 있다고 규정하였다. 이 규정의 취지는 수탁자를 납세의무자로
보더라도 수탁자의 고유재산에 대하여는 체납처분을 하지 못하도록 하는데 있다고 하겠
다. 신탁재산의 독립성을 보장하고 당해세의 우선을 확보할 뿐만 아니라 수탁자의 고유재
산도 보호한다는 측면에서 상당히 바람직한 입법이라고 평가할 수 있겠다.

다. 공매처분의 요건과 효력

(1) 공매처분의 요건

앞서 본 바와 같이 공매처분의 핵심은 매각결정이고 그 전제 요건으로 중요하게 다루
어지는 것이 공매통지이다. 국세징수법 제75조 제1항은 공매공고를 하였을 때에는 체납
자와 납세담보물 소유자, 공매재산의 공유자와 권리자들에게 공매공고내용을 통지하도
록 규정하고 있다. 여기서 공매통지 자체는 체납자에게 공매절차를 진행한다는 사실을
알려주는 것으로서 체납자의 방어권을 보장하기 위한 것이므로 이를 행정처분으로 보기
는 어렵다. 같은 취지에서 대법원 1998. 6. 26. 선고 96누12030 판결도 부동산을 공매하기
로 한 결정 자체는 내부적인 의사결정에 불과하여 행정처분이라고 할 수 없고 또한 공매
통지는 공매사실 자체를 체납자에게 알려주는 것으로서 그 통지의 상대방의 법적 지위
나 권리의무에 직접 영향을 주는 것이 아니어서 행정처분이 아니라고 판시하였다.

그런데 이러한 공매통지가 제대로 이루어지지 아니하였을 때 공매처분이 위법하다고
할 수 있는지가 문제될 수 있다. 대법원 1996. 9. 6. 선고 95누12026 판결과 대법원 1971.
2. 23. 선고 70누161 판결 등은 압류재산의 공매공고를 함에 있어 그 공고와 동시에 체납
자에게 공매의 기일, 장소, 방법 등을 통지하도록 되어 있다 하더라도, 이러한 통지는 공
매의 요건이 아니고 국가가 강제집행법상의 압류채권자와 비슷한 지위에 서서 공매사실
그 자체를 체납자에게 알려주는 데 불과하므로, 그 통지를 하지 아니한 채 공매처분을
하였다고 하여도 그 공매처분이 당연무효라고는 할 수 없다고 판시하였다. 당연무효가
아니라는 판시 속에 취소사유는 될 수 있다는 취지가 담긴 것인지는 분명하지 않다.

그러나 대법원 2008. 11. 20. 선고 2007두18154 전원합의체 판결에서는 체납자의 권익
을 보다 더 두텁게 보호하는 방향으로 입장을 선회하였다. 체납자는 국세징수법 제66조
에 의하여 압류재산을 매수하지 못함에도, 공매공고와 별도로 체납자 등에게 공매통지를
하도록 한 이유는, 체납자 등에게 공매절차가 유효한 조세 부과처분 및 압류처분에 근거
하여 적법하게 이루어지는지 여부를 확인하고 이를 다툴 수 있는 기회를 주는 한편, 국세

징수법이 정한 바에 따라 체납세액을 납부하고 공매절차를 중지 또는 취소시켜 소유권 또는 기타의 권리를 보존할 수 있는 기회를 갖도록 함으로써, 체납자 등이 감수하여야 하는 강제적인 재산권 상실에 대응한 절차적인 적법성을 확보하기 위한 것이라고 하면서, 체납자 등에 대한 공매통지는 국가의 강제력에 의하여 진행되는 공매에서 체납자 등의 권리 내지 재산상의 이익을 보호하기 위하여 법률로 규정한 절차적 요건이라고 보아야 하며, 공매처분을 하면서 체납자 등에게 공매통지를 하지 않았거나 공매통지를 하였더라도 그것이 적법하지 아니한 경우에는 절차상의 흠이 있어 그 공매처분은 위법하다고 판시하였다. 여기서 위법하다는 것은 당연무효라기보다는 취소사유에 해당한다는 취지로 이해된다.

그리고 공매처분은 선행처분인 압류처분을 전제로 하는 것으로서 적법한 압류처분이 공매처분의 요건이 된다고 할 것이므로 압류처분에 취소사유가 되는 하자가 있을 경우 그 하자는 공매처분에 승계된다고 보아야 할 것이다. 따라서 공매처분도 위법하다고 해야 한다. 이는 부과처분에 취소사유가 되는 하자가 있더라도 압류처분이나 공매처분과 같은 징수처분의 하자로 승계되지 않는다는 것과 대비된다.

(2) 구분공매의 원칙

국세징수법 시행령 제52조(2021. 2. 17. 전부 개정되기 전에는 제68조) 제1항은 공매방법에 관한 국세징수법 제66조의 위임에 따라 여러 개의 재산을 공매에 부치는 경우에는 이를 각각 공매하여야 한다고 규정하고, 다만 세무서장은 해당 재산의 위치, 형태, 이용관계 등을 고려하여 이를 일괄하여 공매하는 것이 알맞다고 인정하는 경우에는 직권으로 또는 이해관계인의 신청에 따라 일괄하여 공매할 수 있다고 규정하고 있다. 위 규정은 2013. 2. 15. 개정되면서 신설된 규정인데, 위 규정의 본문에 의하면 개별공매가 원칙이지만, 그 단서에서 예외를 두고 있고 그 예외사유에 해당하는지 여부의 판단에 있어서는 세무서장에게 재량을 부여하고 있다. 위 단서 규정은 민사집행법 시행령 제98조의 규정과 흡사하다. 따라서 개별공매를 하지 않고 일괄공매를 하기로 한 세무서장의 결정이 재량권 남용이나 재량권 범위를 일탈한 잘못이 없으면 위법하다고 하기 어렵다고 하겠다.

그러나 2013. 2. 15. 개정되기 전의 구 국세징수법 시행령 제68조는 납세담보로 제공된 재산과 전세권, 질권 또는 저당권의 목적이 되거나 담보목적으로 가등기가 되어 있는 재산, 무체재산권 등은 다른 재산과 구분하여 공매하도록 규정하고 있었고, 현행규정의 단서와 같은 규정은 두고 있지 아니하였다. 그래서 위의 경우에 해당하면 예외없이 개별공매를 하여야 하는지, 위의 경우에 해당하더라도 일괄공매를 할 수 있는 경우는 없는지,

그리고 위의 경우에 해당하지 않는 경우에는 일괄공매가 가능한지 여부에 관하여 의문이 있었다. 위 규정에 해당하지 않는 경우에는 일괄공매가 가능하다고 해석하는 데는 별 무리가 없어 보인다. 왜냐하면 민사집행법 제98조는 법원은 여러 개의 부동산의 위치·형태·이용관계 등을 고려하여 이를 일괄매수하게 하는 것이 알맞다고 인정하는 경우에는 직권 또는 이해관계인의 신청에 따라 일괄매각하도록 결정할 수 있다고 규정하고 있고, 국세징수법에서 이를 특별히 배제하거나 제한하는 규정이 없다면 국세징수법상의 공매절차에도 위 규정을 준용할 수 있다고 해석할 수 있기 때문이다.

정작 문제는 위 규정에 해당한다고 해서 예외 없이 개별공매를 하여야 하는지에 있다. 위 규정에서 공매재산에 담보권이 설정되어 있는 경우 다른 재산과 함께 일괄공매하지 말고 개별공매를 하도록 한 취지는 전세권자나 담보권자 등을 보호하기 위한 것으로 이해된다. 개별공매를 하면 일괄공매할 때보다 매각대금이 낮아질 것이므로 담보권자 등은 그 공매절차에서 당해 재산을 낙찰받을 수 있었음에도 일괄매각되는 바람에 낙찰받지 못하게 되는 불이익을 입을 수 있고, 또한 선순위 담보권자 등이 있는 재산을 개별공매할 경우 조세채권보다 선순위인 전세권자나 담보권자들로 인하여 그 재산의 매각대금으로 조세채권을 회수할 수 없음이 명백하여 과세관청이 공매절차를 포기함으로써 전세권자나 담보권자는 그 재산을 계속 유지할 수 있었음에도, 과세관청이 다른 재산과 함께 일괄공매로 진행할 경우 조세채권의 회수가 가능하게 되어 전세권자나 담보권자가 그 재산을 유지할 수 없는 불이익을 입을 수 있기 때문이다. 따라서 전세권자나 담보권자 등이 이러한 불이익을 입을 우려가 크지 않는 경우라든지 그와 같은 불이익으로부터 보호할 가치가 없는 경우라면 비록 위 규정에 해당하더라도 예외적으로 일괄공매를 허용해도 무방할 것으로 보인다.

이에 관한 사례가 대법원 2014. 7. 10. 선고 2012두13177 판결의 사안이다. 이 판결은 체납자 소유의 여러 공매대상 부동산 중 일부 부동산에 관하여 전세권이 설정되어 있더라도 전세권이 설정된 부동산을 포함한 여러 공매대상 부동산 전체에 관하여 전세권보다 선순위로 저당권이 설정되어 있고 그 위치·형태·이용관계 및 배분순위 등에 비추어 여러 공매대상 부동산을 일괄공매하여 그 매각대금을 동시에 배분하는 것이 알맞다고 인정되는 경우에는, 일괄공매와 개별공매의 목적, 선순위 저당권자의 기대이익 보호 등을 감안하여 이를 일괄공매할 수 있고, 이때에는 저당권자보다 후순위 권리자인 전세권자가 구 국세징수법 시행령 제68조를 들어 전세권의 목적이 된 일부 부동산만을 다른 공매 부동산과 구분하지 않고 일괄공매하였다는 이유로 다툴 수는 없다고 보아야 한다고 판시하였다. 위 사안에서 전세권자의 입장만 고려하면 전세권이 설정된 재산만을 분리하여 개별공매를 하도록 해야 하겠지만 그보다 선순위인 근저당권자의 입장에서는 개별공매가 오히려 비효율적이고 과세관청의 입장도 동일한 경우이므로 선순위인 근저당권자의 입장을 우선적으로 고려하여 일괄공매가 가능하다고 판시한 것이다. 즉, 일괄공매에 따르는 후순위 전세권자의 불이익은 선순위 근저당권자의 이익과 충돌하여 보호할 가치가 없다고 본 것이다.

위 판결은 구 국세징수법 시행령 제68조의 규정을 합목적적으로 축소하여 해석·적용한 사례라고 하겠다. 그러나 이러한 판결은 위 규정의 문언에 부합하지 않는다는 비판이 가능하다. 그러나 위 규정이 현행규정으로 개정됨으로써 이러한 비판은 입법에 의해 해소되었다고 하겠다.

라. 위법한 공매처분에 의한 소유권이전등기의 효력

공매처분에 의하여 매각대금을 완납하면 그 소유권을 취득하게 되는데, 사후에 공매처분이 위법하여 취소사유에 해당한다는 사실이 드러났을 경우 그 소유권을 그대로 유지할 수 있다고 할 것인지는 까다로운 문제이다. 이는 단순한 법리의 문제가 아니라 공매절차의 법적 안정성과 그에 따라 소유권을 취득한 매수인의 신뢰를 어느 정도로 보호해줄 것인지에 관한 정책적 판단의 문제라고 할 수 있다. 공매절차 자체에 고유한 하자가 있었다면 그 절차에서 소유권을 취득한 매수인은 그와 같은 하자를 알 수 있는 지위에 있었다고 할 수 있으므로 그의 신뢰는 보호할 가치가 높지 않다고 하겠지만, 공매절차의 전단계인 압류처분 등에 하자가 있어 공매처분이 위법하게 되는 경우에는 매수인이 그와 같은 하자를 알 수 있는 지위에 있지 아니하였으므로 그의 신뢰는 보호할 가치가 높다고 하겠다.

그래서 대법원 2006. 5. 12. 선고 2004두14717 판결은 공매절차에서 매수인이 매각결정에 따른 매수대금을 완납한 이후에는 그 소유권을 취득한 것으로 신뢰한 매수인의 권리·이익을 보호하여 거래의 안전을 도모하여야 할 필요성이 있는 점, 체납처분의 전제요건으로서의 독촉은 체납자로 하여금 당해 체납세액을 납부하여 체납처분을 당하는 것을 피할 수 있는 기회를 제공하기 위한 것인데, 설사 독촉장의 송달이 흠결되었다고 하더라도 그 이후에 이루어진 공매절차에서 공매통지서가 체납자에게 적법하게 송달된 경우에는 실질적으로 체납자의 절차상의 권리나 이익이 침해되었다고 보기 어려운 점 등에 비추어 보면, 비록 압류처분의 단계에서 독촉의 흠결과 같은 절차상의 하자가 있었다고 하더라도 그 이후에 이루어진 공매절차에서 공매통지서가 적법하게 송달된 바가 있다면 매수인이 매각결정에 따른 매수대금을 납부한 이후에는 다른 특별한 사정이 없는 한, 당해 공매처분을 취소할 수 없다고 판시하였다. 비슷한 취지에서 대법원 1985. 12. 24. 선고

85누308 판결은 공매처분 당시는 적법한 납세고지에 기하여 일단 유효한 행정처분으로 성립하였던 것이고 그로 인하여 매수인이 부동산의 소유권을 적법하게 취득한 후에 공매처분의 전제가 된 제2차 납세의무자지정처분 및 납세고지처분이 취소됨으로써 그 근거를 잃게 되었으나 그 취소로 인하여 받게 되는 매수인의 법률상, 사실상의 불이익을 고려하면 피고의 공매처분취소는 행정처분취소에 있어서의 조리상의 한계를 일탈한 위법이 있다.

이와 같이 공매처분의 전단계 하자가 공매처분의 하자로 승계된 경우에는 매수인의 신뢰 보호와 공매절차의 안전성을 더 중시할 합리적인 이유가 있으므로 매수인 앞으로 이미 공매부동산에 관한 소유권이전등기가 마쳐졌다면 공매처분을 취소할 수 없다고 할 수 있겠으나, 공매처분 자체에 취소사유에 해당하는 위법이 있다면 비록 공매부동산이 매수인 앞으로 소유권이전등기가 마쳐졌다고 하더라도 그 공매처분은 취소할 수 있다고 보아야 할 것이다. 왜냐하면 공매절차 자체에 고유한 위법사유가 있다면 매수인도 그 위법사유에 편승하였다고 볼 수 있으므로 그 매수인의 신뢰는 보호할 가치가 높다고 할 수 없기 때문이다. 어느 경우이든 공매처분에 취소사유에 해당하는 위법사유가 있을 경우 그 공매처분의 취소를 구하지 않고 곧바로 공매처분이 위법하다는 이유로 매수인 명의의 소유권이전등기의 말소를 구할 수는 없다고 할 것이다. 공매처분에 대하여 취소를 구할 수 있는 소의 제기기간이 남아 있는 경우에는 공매처분의 취소를 구하여 취소판결을 받음으로써 공매처분이 취소되면 그 공매처분에 기한 소유권이전등기는 무효가 되므로 그 말소를 구할 수 있다.

그리고 공매처분이 당연무효라고 할 수 있는 위법사유가 존재한다면 그 공매처분에 의한 소유권이전등기의 효력은 인정될 수 없다. 왜냐하면 공매처분은 그 소유권이전등기의 원인행위에 해당하므로 원인행위가 무효인 이상 그 소유권이전등기가 무효라고 하지 않을 수 없기 때문이다. 대법원 2001. 6. 1. 선고 99다1260 판결과 대법원 1991. 6. 28. 선고 89다카28133 판결 등도 같은 취지이다. 앞서 본 바와 같이 체납자의 소유가 아닌 제3자 소유의 재산에 대한 압류처분은 무효라고 하였으므로 그 압류처분의 하자는 후속 공매처분에 그대로 승계되어 그 공매처분도 무효로 보게 되어 그에 기한 소유권이전등기의 효력도 부인된다. 이러한 상황에서는 매수인의 신뢰보호보다 원래의 소유자의 권리보호를 우선하는 것으로서 선험적인 법리에 의한 것이라기보다는 정책적 결단에 따른 것이라고 할 수 있겠다.

3. 압류·매각의 유예와 납세담보

가. 관련 규정과 법리

　종래 국세징수법 제85조의2는 일정한 요건을 갖춘 경우 체납처분, 즉 압류·매각을 유예할 수 있도록 규정하고 있었다. 제1항은 세무서장은 체납자가 각 호의 어느 하나에 해당하는 경우에는 그 체납액에 대하여 체납처분에 의한 재산의 압류나 압류재산의 매각을 대통령령으로 정하는 바에 따라 유예할 수 있다고 하면서, 제1호에서 국세청장이 성실납세자로 인정하는 기준에 해당하는 경우를, 제2호에서 재산의 압류나 압류재산의 매각을 유예함으로써 사업을 정상적으로 운영할 수 있게 되어 체납액의 징수가 가능하다고 인정되는 경우를 각 규정하고, 제2항은 제1항에 따라 유예를 하는 경우에 필요하다고 인정하면 이미 압류한 재산의 압류를 해제할 수 있다고 규정하고 있었다.

　그리고 제3항은 세무서장은 제1항 및 제2항에 따라 재산의 압류를 유예하거나 압류한 재산의 압류를 해제하는 경우에는 그에 상당하는 납세담보의 제공을 요구할 수 있다고 하면서, 다만 성실납세자가 체납세액 납부계획서를 제출하고 제87조의 국세체납정리위원회가 체납세액 납부계획의 타당성을 인정하는 경우에는 납세담보의 제공을 요구하지 아니한다는 예외를 인정하였다. 한편, 국세기본법 제29조 제3호, 제4호는 납세담보의 종류로 납세보증보험증권과 은행, 신용보증기금, 보증채무이행능력이 충분한 자의 납세보증서를 열거하고 있었다.

　이러한 체납처분의 유예를 체납자의 신청이 있는 경우에만 할 수 있는지 아니면 직권으로도 할 수 있는지에 관하여 논란이 있었는데, 대법원 2020. 9. 3. 선고 2020두36687 판결은, 국세징수법상 체납처분 유예와 압류해제, 납세담보에 관한 규정의 체계와 문언 내용, 특히 국세징수법 제85조의2 제1항은 세무서장이 일정한 사유가 있는 경우 체납처분을 유예할 수 있다고 규정하고 있을 뿐 체납자의 신청이 있는 경우에만 체납처분유예를 할 수 있다고 규정하지 않고 있고, 국세징수법 제15조와 제17조에 규정된 징수유예도 세무서장이 직권으로 할 수 있는 점과의 균형 등에 비추어 보면, 세무서장은 국세징수법 제85조의2 제1항 각 호에서 정한 체납처분 유예의 사유가 인정되는 경우에는 체납자의 신청이 없더라도 같은 조 제1항, 제2항에 따라 직권으로 체납처분에 의한 재산의 압류나 압류재산의 매각을 유예하고 이미 압류한 재산의 압류를 해제할 수 있다고 봄이 타당하다고 판시하였다. 체납처분의 유예는 납세자에 대한 제재적 처분이 아니라 시혜적 처분이므로 판시와 같이 해석하는 것이 타당하다.

　2020. 12. 29. 전부 개정된 국세징수법 제105조는 세무서장은 체납자의 신청 또는 직권

으로 체납처분을 유예할 수 있다고 명문으로 규정함으로써 이러한 논란을 입법으로 해결하였다. 용어도 체납처분 대신에 압류·매각으로 순화시켰다. 그리고 국세기본법 제29조 등에 있던 납세담보에 관한 규정들은 2020. 12. 22. 삭제되어 국세징수법 제18조 이하로 자리를 옮겼다. 납세담보는 국세부과에 관한 것이 아니라 국세징수에 관한 것이므로 국세징수법으로 자리를 옮긴 것은 전체 법체계상 타당한 입법이다.

나. 사례 분석

위 국세징수법 제105조가 들어오기 전으로서 직권에 의한 체납처분유예가 가능한지에 관하여 논란이 있던 때에 과세관청이 직권에 의한 체납처분을 함에 있어 제3자로부터 납세보증서를 받았다가 제3자가 보증인으로서 납세의무를 이행하지 아니하자 그 제3자에게 납부통지를 한 사안에서, 이러한 경우의 납세보증이 국세징수법상 유효한 납세보증으로 볼 수 있는지 그래서 그 납부통지가 유효하다고 볼 수 있는지가 다투어졌다. 대법원 2020. 9. 3. 선고 2020두36687 판결이 이에 관한 것이다. 사안의 내용은 아래와 같다.

A사와 A사 설립 자본금을 출자한 원고는 2016. 9.경 경영난으로 인하여 매각을 추진하던 B사를 인수하고자 하였다. 당시 B사는 약 20억 원의 국세를 체납하고 있었다. 과세관청은 2016. 8. 2. B사 소유의 부동산에 관하여 체납처분에 기한 압류등기를 마쳤다. A사는 2016. 10. 25. B사로부터 위 부동산을 86억 원에 매수하고 소유권이전등기를 마쳤다. 또한 원고는 2016. 10. 31. B사와 사이에 원고와 A사가 B사로부터 자산, 부채 및 발행주식 전부를 양수하는 내용의 영업양수도계약을 체결하였다. 이어서 원고는 2016. 12. 8. 과세관청에게 'B사 체납세액 중 10억 원은 2016. 12. 9.에 납부하고 나머지는 2017. 3. 31.까지 완납하기로 하며, 체납세액에 대한 납세보증서를 제공하되 보증기한까지 완납되지 않으면 과세관청이 자신의 재산에 대하여 체납처분을 하여도 이의를 제기하지 않는다'는 내용의 확인서를 제출하고, 2016. 12. 9. 'B사가 2017. 3. 31.까지 체납세액을 완납하지 아니할 때에는 원고의 책임으로 위 체납세액을 납부할 것을 보증한다'는 취지의 납세보증서를 제출하였다. 이에 과세관청은 납세보증서를 담보로 체납처분 절차를 2017. 3. 31.까지 유예하면서 위 부동산에 관한 압류등기를 말소하였다. A사는 2016. 12. 9. 압류해제된 부동산을 담보로 대출을 받아 체납세액 가운데 10억 원을 납부하였다. 과세관청은 2017. 3. 31.까지 나머지 체납세액이 납부되지 않자, 2017. 4. 3. 원고에게 체납세액에 관한 납부통지를 하였다.

이에 관하여, 대법원은 원고의 납세보증은 원고가 체납처분 유예 및 압류해제를 받기 위해 국세기본법 제31조 제2항 및 국세기본법 시행규칙 제9조 제2항 별지 제11호 서식에 따라 작성하여 제출한 것이고, 피고는 국세징수법 제85조의2에 따라 그 납세보증을 제출받으면서 직권으로 체납처분을 유예하고 부동산의 압류를 해제하였으므로 위 납세보증은 국세기본법 및 국세징수법 규정에 근거하여 제공받은 납세담보에 해당하며, 체납자인 B사는 부동산매매계약 및 영업양수도계약의 이행을 위해 잔금지급일 전에 미리 원고 측에 영업을 위한 주요 자산인 부동산에 관한 소유권이전등기를 마쳐주었고, 원고 측은 그 부동산에 관한 압류등기 말소가 이루어지자 이를 담보로 대출받은 돈으로 체납세액 중 10억 원을 대납하였고, 그 일련의 과정에서 B사가 이의를 제기한 사정은 엿보이지 않으므로 원고의 납세보증은 세법에 근거하여 적법하게 제공받은 납세담보라고 하고, 그래서 원고에 대한 납부통지는 적법하다고 판시하였다.

이 사안의 원심법원은 위 납세보증과 관련하여 체납자인 B사가 체납처분의 유예를 신청한 적이 없고, 과세관청이 B사에 납세담보 제공을 요구하였다는 자료도 없으며, 체납자인 B사를 배제한 채 원고에게 압류해제에 대응하는 납세보증을 요구하였다는 사정을 이유로 원고의 납세보증은 국세징수법 제85조의2 제3항에 근거한 것이 아니라 사법상 보증계약에 의한 납세보증에 불과하여 무효라고 하면서 원고에 대한 납부통지도 당연무효라고 판단하였다. 원심은 체납처분의 유예에 관한 국세징수법 규정을 지나칠 정도로 납세자의 이익에 편중되게 해석하였다. 그리고 원고에 대한 납부통지를 무효로 할 만큼의 구체적 타당성이 있다고 보기도 어렵다.

4. 조세채권의 우선권

가. 관련 규정

국세채권의 우선권에 관하여는 국세기본법 제35조에서 자세히 규정하고 있다. 지방세채권의 우선권에 관하여는 지방세기본법 제99조 이하에서 규정하고 있는데, 그 내용은 비슷하다. 먼저 국세기본법 제35조 제1항은 국세·가산금 또는 체납처분비는 다른 공과금이나 그 밖의 채권에 우선하여 징수한다는 원칙을 규정하고 있다. 여기서의 그 밖의 채권에는 체납자에 대한 민사상의 채권이 포함됨은 물론이다.

그러나 그 단서에서 많은 예외를 인정하고 있다. 체납자에 대한 다른 채권자 등을 보호하기 위한 규정이다. 그 단서에서 정하는 바에 따라 국세채권에 우선하는 채권들로는, 지방세나 공과금의 체납처분을 할 때 그 체납처분금액 중에서 국세·가산금 또는 체납처분비를 징수하는 경우의 그 지방세나 공과금의 체납처분비(제1호), 강제집행·경매 또는 파산절차에 따라 재산을 매각할 때 그 매각금액 중에서 국세·가산금 또는 체납처분비를 징수하는 경우의 그 강제집행, 경매 또는 파산절차에 든 비용(제2호), 법정기일 전에 전세권, 질권 또는 저당권 설정을 등기하거나 등록한 사실이 증명되는 재산을 매각할 때 그 매각금액 중에서 국세 또는 가산금(그 재산에 대하여 부과된 국세와 가산금은 제외한다)을 징수하는 경우의 그 전세권, 질권 또는 저당권에 의하여 담보된 채권(제3호), 주택임대차보호법 제8조 또는 상가건물임대차보호법 제14조가 적용되는 임대차관계에 있는 주택 또는 건물을 매각할 때 그 매각금액 중에서 국세 또는 가산금을 징수하는 경우는 임대차에 관한 보증금 중 일정금액으로서 임차인이 우선변제받을 수 있는 금액에 관한 채권(제4호), 사용자의 재산을 매각하거나 추심할 때 그 매각금액 또는 추심금액 중에서 국세나 가산금을 징수하는 경우에 근로기준법 제38조 또는 근로자퇴직급여보장법 제12조에 따라 국세나 가산금에 우선하여 변제되는 임금, 퇴직금, 재해보상금, 그 밖에 근로관계로 인한 채권(제5호)이 있다.

나. 법정기일

(1) 개요

국세의 우선권에 관하여 가장 논란이 많은 부분이 법정기일에 관한 것이라고 할 수 있다. 법정기일은 체납자에 대한 국세채권과 체납자에 대한 민사상의 채권자들 사이에 우열을 가리는 척도로서 경매에 따른 배당절차에서 가장 많이 다투어지고 있는 대목이다. 즉, 국세의 법정기일과 민사채권자들의 등기일, 등록일 등의 선후에 따라 그 우선순위가 달라진다.

국세의 법정기일에 관하여는 국세기본법 제35조 제1항 제3호의 각 목에서 자세히 규정하고 있다. 과세표준과 세액의 신고에 따라 납세의무가 확정되는 국세(중간예납하는 법인세와 예정신고납부하는 부가가치세 및 소득세를 포함한다)의 경우 신고한 해당 세액에 대해서는 그 신고일(가목), 과세표준과 세액을 정부가 결정·경정 또는 수시부과 결정을 하는 경우 고지한 해당 세액에 대해서는 그 납세고지서의 발송일(나목), 원천징수의무자나 납세조합으로부터 징수하는 국세와 인지세의 경우에는 그 납세의무의 확정일(다목), 가산금의 경우 그 가산금을 가산하는 고지세액의 납부기한이 지난 날(라목), 제2차 납세의무자(보증인을 포함한다)의 재산에서 국세를 징수하는 경우에는 국세징수법 제12조에 따른 납부통지서의 발송일(마목), 양도담보재산에서 국세를 징수하는 경우에는 국세징수법 제13조에 따른 납부통지서의 발송일(바목), 국세징수법 제24조 제2항에 따라 납세자의 재산을 압류한 경우에 그 압류와 관련하여 확정된 세액에 대해서는 그 압류등기일 또는 등록일(사목)이 각 법정기일이 된다. 사목에서 말하는 국세징수법 제24조 제2항에 따른 압류는 납세자에 대한 국세가 확정된 후에는 그 국세를 징수할 수 없다고 인정되는 급한 사정이 있을 때에 국세로 확정되리라고 추정되는 금액의 한도에서 납세자의 재산을 압류하는 경우를 말하는데 이때는 압류등기일이 납세고지서의 발송일이나 납세의무의 확정일보다 앞서기 때문에 국세우선권을 조기에 확보하기 위하여 압류등기일을 법정기일로 보겠다는 취지이다.

(2) 납세고지서의 발송일

위에서 본 바와 같이 국세기본법 제35조 제1항 제3호는 법정기일을 유형별로 정하면서 나목과 마목, 바목에서는 납세고지서 또는 납부통지서의 발송일을 법정기일로 정하고 있다. 통상은 도달주의에 의하여 납세고지서나 납부통지서는 송달이 되었을 때 그 효력이 발생함에도 법정기일을 정함에 있어서는 그보다 앞선 발송일을 택한 것이다. 즉, 그 송달의 효력이 발생하기도 전의 시점을 법정기일로 정한 것이다.

이에 대하여는 위헌의 논란이 있었다. 그러나 헌법재판소 1997. 4. 24. 선고 93헌마83 전원재판부 결정에서는, 조세법률주의의 기능은 결국 국민에 대하여 법적 안정성과 장래에의 예측가능성을 보장해 주는데 있으므로 국세와 피담보채권과의 우선순위를 가리는 기준시점일을 '그 납세고지서의 발송일'로 규정한 것은 그 발송일에는 이미 납세의무가 성립한 후 부과처분이라는 절차를 거쳐 조세채권의 가액 및 납부기한 등이 구체적으로 확정되어 있는 상태로서 납세고지서가 납세의무자에게 도달되기 전이라 하더라도 그 발송일 이후에는 저당권 등 담보권의 설정을 받고자 하는 채권자들이 언제든지 그 고지세액을 확인할 수 있기 때문에 장래에의 예측가능성이 보장되고, 또 과세관청의 자의가 개재될 소지를 허용하지 아니하는 것이므로 합리적인 기준이라고 할 수 있다고 하여 위헌이 아니라고 판시하였다.

일본에서도 제2차 납세의무자의 세액에 관하여 위와 같이 발송일을 법정기일 등으로 규정하고 있는데 그 이유에 대하여 다음과 같이 설명하고 있다. 납부통지서가 제2차 납세의무자에게 발송할 때까지는 제2차 납세의무자에 관한 국세의 액이 확정되지 아니하므로 제2차 납세의무자의 재산상에 질권을 가지고 있는 자는 그와 같은 국세의 존재를 알 수 없지만, 국세징수법에는 제2차 납세의무자의 주소 또는 거소의 소재지를 관할하는 세무서장에 대하여 그 납부통지서의 세액 등을 통지하도록 되어 있으므로 제2차 납세의무자의 재산상에 질권을 취득하고자 하는 자는 이 시점 이후에는 제2차 납세의무에 관한 국세의 조세를 알 수 있는 길이 열리게 되기 때문이라고 한다.[146]

여기서의 문제는 납세고지서 등을 발송하였으나 송달불능이 된 경우에도 그 발송일을 법정기일로 볼 수 있는지 여부이다. 나아가 납세고지서 등이 송달불능되어 재차 또는 삼차로 발송하는 경우 어느 시점을 법정기일로 볼 것이냐의 문제도 있다. 위 규정에서 말하는 발송일이 송달되었음을 전제로 하여 소급한 발송일을 의미하는 것인지 아니면 송달 여부는 불문하고 무조건 발송일을 의미하는 것인지에 관한 논란이 될 수도 있다. 문언상으로는 송달 여부를 불문하는 것으로 해석할 여지가 있지만 납세고지서나 납부통지서가 송달되지 않으면 그에 의한 부과처분 또는 징수처분의 대외적 효력이 발생하지 않기 때문에 그 세액에 대한 국가의 채권도 확정될 수가 없어 체납자에 대한 일반 민사상의 채권과의 우열관계를 논할 여지가 없어진다. 따라서 적어도 위 규정에서 말하는 발송일은 송달이 되었음을 전제로 하여 그로부터 소급하여 법정기일을 정한 것으로 이해하는 것이 옳다.

나아가서 제1차 송달시에 송달불능이 되어 제2차 송달이나 제3차 송달이 있었고 그때 송달이 이루어진 경우 법정기일로 보는 발송일을 가장 빠른 제1차 발송일로 볼 것인지 아니면 송달이 이루어진 경우의 발송일로 볼 것인지가 분명하지 않다. 앞서 본 바와 같이 납세고지서 등의 발송일을 법정기일로 정한 것은 적어도 과세관청에서 제2차 납세의무자에게 납부통지서를 송달한 시점에 이르면 납부통지서에 기재된 대로 그 납부세액과 납부기한 등이 확정적으로 정해지고, 과세관청으로서도 그 세액이나 납부기한을 함부로 변경할 수 없으므로 체납자에 대한 저당권자 등의 이해관계인이 과세관청을 통하여 그 내용을 확인할 수 있다는 점을 근거로 하고 있다고 할 수 있다. 따라서 발송이 수차례 이루어졌다고 하더라도 그중 하나에 의하여 종국적으로 송달이 되었다면 송달이 이루어진 발송시점이 아니라 최초의 발송시점을 법정기일로 보더라도 무리가 아니고 이렇게 해석하는 것이 입법 취지에도 부합한다고 할 수 있다. 하지만 이에 대하여는 반론이 가능하다. 즉, 당초의 발송행위는 송달불능이 되어 송달의 효력이 없음에도 그 발송시를 법정기일로 보는 것은 모순이라고 할 수 있다는 것이다. 여러 차례에 걸친 송달에 대하여 하나씩 분리하여 미시적으로 보면 반론을 수긍할 수 있겠지만 여러 차례의 송달을 하나로 묶어서 거시적으로 보면 최초의 발송일을 법정기일로 못 볼 바도 아니라고 하겠다. 이러한 논란에 대하여는 대법원의 정책적 결단에 의한 판결이 필요하다고 하겠다.

(3) 신고 후 증액경정처분의 경우 법정기일

앞서 본 바와 같이 과세표준과 세액의 신고에 따라 납세의무가 확정되는 국세의 경우

---

146) 吉國二郎 외, 國稅徵收法精解, 大藏財務協會

신고한 해당 세액에 대해서는 그 신고일이 법정기일이 되고, 과세표준과 세액을 정부가 결정·경정 또는 수시부과 결정을 하는 경우 고지한 해당 세액에 대해서는 그 납세고지서의 발송일이 법정기일이 된다. 그런데 신고주의 국세에 관하여 납세의무자가 신고한 후 그 신고세액이 부족하다고 보아 과세관청이 증액경정결정을 한 경우 법정기일을 언제로 볼 것인지가 분명하지 않다. 입법의 미비처럼 보이기도 한다. 쟁송물에 관하여는 신고 후 증액경정처분이 있으면 신고는 증액경정처분에 흡수되어 소멸되고 증액경정처분만이 남게 된다는 것이 확립된 판례이다. 이러한 법리를 법정기일에도 그대로 적용하면 법정기일이 증액경정처분 고지일이 되는 것으로 볼 수도 있다. 그러나 이는 국가의 입장에서는 불합리해 보인다.

그래서 대법원 2018. 6. 28. 선고 2017다236978 판결은 다음과 같이 판시하였다. 납세의무자가 신고납세방식인 국세의 과세표준과 세액을 신고한 다음 매각재산에 저당권 등의 설정등기를 마친 경우라면, 이후에 과세관청이 당초 신고한 세액을 증액하는 경정을 하여 당초보다 증액된 세액을 고지하였더라도, 당초 신고한 세액에 대해서는 당초의 신고일이 법정기일이 되어 저당권 등에 의하여 담보되는 채권보다 우선하여 징수할 수 있다고 보아야 하고, 원칙적으로 증액경정처분만이 항고소송의 심판대상이 된다는 사정 등이 있다고 하여 달리 볼 것은 아니라고 하였다. 합리적인 판시이다.

따라서 당초 신고세액에 관하여는 당초 신고일이 법정기일이 되고, 증액경정결정에 의하여 증액된 차액에 관하여는 증액경정결정의 고지일이 법정기일이 된다. 이러한 법리는 많은 이해관계인이 첨예하게 대립되는 영역에 관한 것이기 때문에 판례에 의하여 정립하는 것보다는 입법에 의하여 명확히 해두는 것이 더 바람직하다고 하겠다.

법인세법

납세의무자

1. 납세의무자의 종류와 과세대상 소득

　법인세법 제1조는 납세의무자를 4가지 종류로 대별하고, 제2조와 제3조는 납세의무자의 종류별로 과세소득의 범위를 규정하고 있다. 먼저 위 규정에 의하면 납세의무자는 영리내국법인과 비영리내국법인, 영리외국법인과 비영리외국법인으로 나누고, 영리내국법인과 비영리내국법인은 국내에 본점이나 주사무소 또는 사업의 실질적 관리장소를 둔 법인을 말하며, 영리외국법인과 비영리외국법인은 본점이나 주사무소가 외국에 있는 법인으로서 사업의 실질적 관리장소를 국내에 두지 않은 법인을 말한다. 그리고 법인이 아닌 사단 재단, 기타 단체로서 국세기본법 제13조 제1항이나 제2항의 요건을 갖춘 경우에는 비영리내국법인으로 보는데, 이들 단체는 구성원들로부터의 독립성이 강하면서도 구성원들에게 그 단체의 수익을 분배하지 않기 때문이다. 한편, 외국법인에 관하여는 법인세법 시행령 제1조 제2항에서 그 요건을 자세히 규정하고 있다.

　위 규정에 의하면 영리내국법인은 내국법상 법인격이 있는 경우로 제한하고 있지만, 비영리내국법인은 내국법상 법인격이 없더라도 일정한 요건을 갖춘 경우를 포함하고 있다. 상법에서 2011. 4. 14. 새로 도입한 합자조합은 합자회사와 유사한 측면이 있지만 법인격이 없기 때문에 법인세법상 영리내국법인으로 볼 수는 없고, 같은 시기에 도입된 유한책임회사는 법인격이 있으므로 법인세법상 영리내국법인에 해당한다. 조세특례제한법 제100조의14 이하에서는 동업기업에 관한 과세특례로서 합자조합이나 합명회사, 합자회사 등의 단체에 대하여 신청이 있을 경우 그 단체에 대하여 법인세나 소득세를 과세하지 않고 그 구성원들에게 법인세나 소득세를 과세하도록 하는 부과과세제도를 규정하고 있다. 한편, 외국법인의 요건에 관하여 규정하고 있는 법인세법 시행령 제1조 제2항은 제1호의 '설립된 국가의 법에 따라 법인격이 부여된 단체'뿐만 아니라 그와 같은 법인격이 없다고 하더라도 제2호 내지 제4호의 요건을 갖춘 단체도 외국법인의 범위에 포함시키고 있다.

영리내국법인의 과세소득은 각 사업연도의 소득과 청산소득이고, 비영리내국법인과 영리외국법인, 비영리외국법인의 과세소득은 각 사업연도의 소득만이며 청산소득은 과세대상이 아니다. 그리고 비영리내국법인과 비영리외국법인의 과세소득은 법인세법 제3조 제2항에서 열거하고 있는 수익사업에서 생기는 소득에 국한된다. 즉, 소득세법상의 과세소득과 같이 열거주의 방식을 취하고 있는 것이다. 이와 같이 비영리내국법인과 외국법인의 청산소득에 대하여 과세하지 않는 이유는 비영리내국법인의 경우 통상 청산소득이 구성원들에게 분배되지 않을 뿐만 아니라 그것이 원래 과세대상인 수익사업에서 유래된 것인지 아니면 비수익사업에서 유래된 것인지 확인하기 어렵다는 점을 고려한 것으로 보이고, 외국법인의 경우 청산절차가 외국법에 따라 외국에서 진행되므로 청산소득을 포착하기도 어려울뿐더러 그 소득이 국내원천소득에서 유래된 것인지를 확인하기 어렵다는 점을 고려한 것으로 보인다.

한편, 소득세법 제1조 제1항은 납세의무자를 거주자와 비거주자로 나눈 다음 제3항에서 국세기본법 제13조 제1항과 제2항에 의하여 법인으로 보는 단체 외의 법인 아닌 단체는 국내에 주사무소 또는 사업의 실질적 관리장소를 둔 경우에는 거주자로, 그 밖의 경우에는 비거주자로 본다고 규정하고 있다. 따라서 단체가 법인이 아닌 경우에는 국세기본법 제13조 제1항이나 제2항에 따라 법인으로 보는 단체에 해당하면 법인세법이 적용되겠지만, 그 밖의 경우에는 소득세법에 의하여 거주자 또는 비거주자로서 소득세가 과세된다.

2. 외국법인의 요건

가. 실질적 관리장소

먼저 외국법인을 내국법인과 구별하는 기준은 장소라고 하겠다. 법인세법 제1조 제1호는 내국법인은 국내에 본점이나 주사무소 또는 사업의 실질적 관리장소를 둔 법인을 말한다고 정의하고, 제3호는 외국법인은 외국에 본점 또는 주사무소를 둔 단체(국내에 사업의 실질적 관리장소가 소재하지 아니하는 경우만 해당한다)에 해당하는 법인이라고

정의하고 있다. 여기서 본점이나 주사무소의 개념은 비교적 수월하게 파악할 수 있지만 '실질적 관리장소'는 그 개념이 분명하지 않다. 이에 관하여 대법원 2016. 1. 14. 선고 2014두8896 판결은, 실질적 관리장소란 법인의 사업 수행에 필요한 중요한 관리 및 상업적 결정이 실제로 이루어지는 장소를 뜻하고, 법인의 사업수행에 필요한 중요한 관리 및 상업적 결정이란 법인의 장기적인 경영전략, 기본 정책, 기업재무와 투자, 주요 재산의 관리·처분, 핵심적인 소득창출 활동 등을 결정하고 관리하는 것을 말한다고 하면서, 법인의 실질적 관리장소가 어디인지는 이사회 또는 그에 상당하는 의사결정기관의 회의가 통상 개최되는 장소, 최고경영자 및 다른 중요 임원들이 통상 업무를 수행하는 장소, 고위 관리자의 일상적 관리가 수행되는 장소, 회계서류가 일상적으로 기록·보관되는 장소 등의 제반 사정을 종합적으로 고려하여 구체적 사안에 따라 개별적으로 판단하여야 하고, 다만 법인의 실질적 관리장소는 결정·관리행위의 특성에 비추어 어느 정도의 시간적·장소적 지속성을 갖출 것이 요구되므로, 실질적 관리장소를 외국에 두고 있던 법인이 이미 국외에서 전체적인 사업활동의 기본적인 계획을 수립·결정하고 국내에서 단기간 사업활동의 세부적인 집행행위만을 수행하였다면 종전 실질적 관리장소와 법인 사이의 관련성이 단절된 것으로 보이는 등의 특별한 사정이 없는 한 법인이 실질적 관리장소를 국내로 이전하였다고 쉽사리 단정할 것은 아니라고 판시하였다.

같은 취지에서, 대법원 2021. 2. 25. 선고 2017두237 판결은, 원고의 사업수행상 필요한 중요한 관리와 상업적 결정의 내용은 국내외 대리점의 개설 및 관리, 운송 및 대선영업에 관한 결정 등이고, 그 주체는 원고의 실질적 설립자이자 대표이사였던 A이며, A의 주거지 및 사무실, 원고의 영업, 경리·회계업무 및 관리업무, 원고의 임원이 통상적으로 활동을 수행하는 장소가 국내의 P사였던 점에 더하여 원고의 설립 경위와 조세회피 의도 등 설립 목적, 원고의 회계기록이 보관되는 장소와 같은 추가적인 고려요소 및 법인의 실질적 관리장소는 관리주체가 외국에서 한 행위의 다과에 따라 결정되는 것이 아니라는 점 등 여러 사정을 종합하여 원고의 실질적 관리장소가 일본을 비롯한 세계 각지라는 원고의 주장을 배척하고 원고의 실질적 관리를 국내라고 판시하였다. 원고는 A사를 국내사업장으로 가진 외국법인에 해당한다고 본 것이다.

나. 법인에 해당하는지 여부

외국의 단체가 법인에 해당하는지 여부의 판단이 있어야 한다. 앞서 본 바와 같이 내국단체의 경우 법인이거나 국세기본법 제13조 제1항, 제2항에 의하여 법인으로 보는 단체에 해당하면 법인세법에 의하여 과세되고 그렇지 아니한 경우에는 소득세법에 의하여 과세되며, 여기서 법인에 해당하는지 여부는 우리나라 법에 의하여 설립절차를 밟아 법인격을 취득하였는지에 따라 판단하면 된다. 그러나 외국단체의 경우에는 법인에 해당하는지 여부를 판단하는 것이 쉽지 않다. 외국의 법체계가 우리나라의 법체계와 다를 수밖에 없기 때문이다. 특히 국세기본법 제13조 제1항과 제2항에서는 법인이 아닌 단체로서 내국단체와 외국단체를 가리지 않고 일정한 요건을 갖춘 경우에는 법인으로 본다고 규정하고 있지만, 법인세법 제2조 제2호 (다)목에서는 비영리내국법인의 경우에만 위 규정을 원용하고 있고 외국단체에 대하여는 위 규정을 원용하고 있지도 않을뿐더러 원용하기에도 부적절하다. 그래서 외국단체의 경우에는 외국법인에 해당하지 않으면 법인세법에 의하여 과세되지 않는다.

그런데 종래 법인세법에는 외국법인의 정의에 관하여 자세한 규정을 두지 않고, 단지 법인세법 제2조 제3호에서 본점이나 주사무소의 소재지의 요건에 관하여만 규정하고 있었다. 이 때문에 본점이나 주사무소의 소재지의 요건 외에는 어떠한 요건을 갖추어야 외국법인으로 볼 수 있는지에 관하여 논란이 있었다. 이러한 논란을 해소하기 위하여 법인세법 제2조 제3호가 2013. 1. 1. 개정되면서 그 요건에 관하여 시행령에서 규정하도록 위임하였고, 그에 따라 그 시행령 제1조 제2항에서 대강의 요건을 규정하고 있다.

국세기본법 시행령 제2조 제2항은 그 각 호의 어느 하나에 해당하는 단체는 외국법인으로 본다고 규정하면서, 제1호는 '설립된 국가의 법에 따라 법인격이 부여된 단체'를, 제2호는 '구성원이 유한책임사원으로만 구성된 단체'를, 제3호는 '구성원과 독립하여 자산을 소유하거나 소송의 당사자가 되는 등 직접 권리·의무의 주체가 되는 단체'를(2019. 2. 12. 삭제되었다), 제4호는 '그 밖에 해당 외국단체와 동종 또는 유사한 국내의 단체가 상법 등 국내의 법률에 따른 법인인 경우의 그 외국단체'를 규정하고 있다. 제1호부터 제4호까지의 내용을 종합해 보면 제4호가 가장 포괄적이면서 기준이 되는 규정이라고 할 수 있다. 그러나 제1호 내지 제3호의 내용이 제4호의 내용과 상이하여 전자의 규정들을 후자의 규정의 예시적 규정으로 보기에는 부적절하고 각각의 고유한 영역을 독립적으로 규정하고 있는 것으로 보는 것이 합리적이다.

제4호가 도입되기 전에는 외국법인으로 판단하는 기준에 관하여 다음과 같은 입장의 대립이 있었다. 즉, 그 단체의 설립지국에서의 사법상 성질을 살펴 그것과 가장 가까운 국내법상의 단체를 찾아내어 그 국내법상의 단체와 동일하게 세법을 적용하자는 입장과 그 단체가 설립지국의 세법에서 납세의무를 부담하는 독립적인 주체로 취급되는지를 살펴 국내법에서도 그와 동일하게 취급하자는 입장이 대립되었다. 전자의 장점으로는 우리나라의 법인과 실질적으로 유사한 권능을 가진 외국의 단체를 외국법인으로 취급할 수 있으므로 내국기업과 외국기업을 통틀어 그 사법상 성질에 따라 통일적인 과세가 가능해진다는 점 및 세법 적용에 있어서 사법우선의 원칙을 견지할 수 있다는 점 등을 들수 있겠고, 전자의 단점으로는 다른 나라의 기업조직이 우리나라 법의 어느 조직에 해당하는지를 가리기가 어렵다는 점을 들 수 있으며, 또한 외국의 파트너십에 관한 과세방법의 기준으로 그 본국법이 파트너십 자체를 법인세 내지 소득세의 납세의무자로 삼는가에 두도록 정하고 있는 OECD의 조약해석 원칙과 상이하게 됨에 따라 국내법과 조세조약의 관계를 복잡하게 한다는 점[1] 등을 들 수 있겠다. 후자의 장점은 OECD의 권고방식으로 법인과세와 소득과세의 판단기준이 비교적 단순하여 외국기업의 국내 투자시 예측가능성이 높아짐에 따라 법적 안정성을 도모할 수 있다는 점과 조세조약과 국내세법의 적용상의 모순을 제거할 수 있다는 점을 들 수 있고, 단점은 사법적 성질이 동일한 기업이라 하더라도 본국의 세법상 사업체 단계에서 별도의 납세의무를 부담하는지 여부에 따라 우리나라에서 과세상 취급이 달라지게 된다는 점을 들 수 있다.

이러한 입장의 대립 속에서 대법원 2012. 1. 27. 선고 2010두5950 판결은 외국 단체를 외국법인으로 볼 수 있는지에 관하여는 법인세법상 외국법인의 구체적 요건에 관하여 본점 또는 주사무소의 소재지 외에 별다른 규정이 없는 이상 그 단체가 설립된 국가의 법령 내용과 단체의 실질에 비추어 우리나라의 사법상 단체의 구성원으로부터 독립된 별개의 권리·의무의 귀속주체로 볼 수 있는지에 따라 판단하여야 한다고 함으로써 전자에 가까운 입장을 취하였다. 대법원 2012. 1. 27. 선고 2010두19393 판결도 같은 취지이다. 그 후 위 국세기본법 시행령 제1조 제2항 제4호가 신설되었는데, 이는 위 판결들의 영향을 받아 전자의 입장을 선택한 것으로 평가할 수 있다.

그리고 위 제1호는 설립준거법을 존중하여 그 법에서 법인격을 인정한 경우에는 그 실질적 성격이 우리나라 법에 의하여 어떻게 평가되든 상관없이 외국법인으로 보겠다는 것이고 여기에 해당하는지 여부는 설립의 근거가 된 그 외국의 법에서 법인격을 부여하고 있는지 여부에 따라 판단하면 될 것이다. 국제사법 제16조는 법인 또는 단체는 그 설립의 준거법에 의한다고 규정하고 있으므로 외국의 법률에 의해 설립된 단체에 대해서 그 설립준거법에서 법인격을 부여하였다면 우리나라에 있어서도 승인된다고 보아야 한다. 그래서 위 제1호의 규정은 국제사법 제16조의 취지에 따른 것으로서 당연한 확인규정이라고 할 수도 있겠다.

다음으로 제2호는 구성원이 유한책임사원만으로 구성된 파트너십의 경우는 우리 상법의 유한회사나 유한책임회사와 비슷한 단체이므로 여기에 준하여 외국법인으로 보겠다는 취지이다. 이 단체는 영미법상의 유한책임파트너십(Limited Liability Partnership)으로서

---

1) OECD, The Application of the OECD Model Convention to Partnerships, 33－42문단; 이창희, 세법 강의, 박영사 참조

파트너십의 유형들 중 구성원들로부터의 독립성이 가장 강한 단체라고 할 수 있다. 여기에 해당하면 제3호나 제4호의 해당 여부를 따질 것 없이 외국법인으로 인정된다. 그러나 다른 유형의 파트너십, 예를 들어 무한책임파트너로만 구성된 일반파트너십(General Partnership)과 무한책임파트너와 유한책임파트너로 구성된 유한파트너십(Limited Partnership)도 각각 우리나라의 합명회사나 합자회사와 유사한 성격이 있어 제3호나 제4호에 해당하면 외국법인으로 인정될 여지가 있다. 영미법상으로는 이들 단체가 Check-the-Box 규칙에 의하여 그 단체에 대하여는 과세하지 않고 그 구성원들에 대하여 과세를 한다고 하더라도 제4호의 규정이 있으므로 외국법인으로 인정될 여지가 있는 것이다.

다. 외국법인에 대한 과세

법인세법 제97조, 제98조 등은 외국법인이 국내에 사업장을 둔 경우에는 그 사업장에 관련된 소득에 대하여는 직접 법인세를 신고·납부할 의무가 있고, 그 사업장이 없거나 사업장이 있더라도 그 사업장과 관련된 소득이 아닌 경우에는 이를 지급하는 내국법인이 그 외국법인으로부터 법인세를 원천징수하여 납부하도록 규정하고 있다. 그러나 국내 사업장이 없다고 해서 항상 이러한 원천징수의무가 있는 것은 아니고 그 외국법인의 거주지국과 우리나라와의 조세조약에서 원천지국인 우리나라에서도 그 소득에 대하여 과세하도록 규정하고 있는 경우에 한한다. 소득의 종류에 따라서는 조세조약에서 수익자의 거주지국에서만 과세하도록 하고 원천지국에서는 과세할 수 없도록 하는 경우들이 있기 때문이다. 이에 관련된 조세쟁송들이 많은데, 국내 사업장이 존재하는지 여부, 존재한다면 그 소득과 사업장과의 관련성이 있는지 여부, 조세조약 적용에 있어서 소득의 성격이 무엇인지, 수익적 소유자의 실질적 거주지국이 어디인지 등이 쟁점으로 등장한다. 이러한 쟁송은 원천징수의무자인 내국법인이 제기하기도 하고 원천납세의무자인 외국법인이 제기하기도 한다.

익금의 범위와 익금불산입 항목

1. 익금의 의의

법인세법 제15조 제1항은 익금을 다음과 같이 정의하고 있다. 자본 또는 출자의 납입 및 이 법에서 규정하는 것은 제외하고 해당 법인의 순자산을 증가시키는 거래로 인하여 발생하는 수익의 금액이라는 것이다. 여기서의 '수익'은 타인에게 재화 또는 용역을 제공하고 획득한 수입금액과 기타 당해 법인에게 귀속되는 일체의 경제적 이익을 말한다고 할 것이다. 그것이 주된 영업에 발생한 수익이든 그 외에서 발생한 영업외 수익이든 가리지 않는다. 이와 같이 법인세법은 특별히 제외규정을 두고 있지 않는 한 당해 법인의 순자산을 증가시키는 것은 모두 익금으로 본다고 한다. 따라서 법인세법 시행령 제11조에서 수익의 종류를 규정하고 있지만 이는 예시적인 규정에 해당한다고 보아야 한다. 이와 같이 포괄적으로 익금의 범위를 정하는 것을 순자산증가설의 입장에 있는 것으로 보고 있다. 반면에 소득세법에서는 소득의 종류를 일일이 열거하고 있고 거기에 해당하는 경우에만 과세대상이 되기 때문에 순자산증가설과 대비되는 소득원천설의 입장에 있는 것으로 보고 있다.

2. 익금의 주요 항목

가. 사업에서 생기는 수입금액

법인세법 시행령 제11조 제1호는 익금의 주된 항목으로 한국표준산업분류에 의한 각 사업에서 생기는 수입금액을 규정하고 있다. 손익계산서상의 매출액이나 영업수익이 여기에 해당할 것이다. 영업외 수익도 여기에 포함되는지 여부에 의문이 있으나 같은 조 제2호 이하의 항목들이 대체로 영업외 수익에 해당하므로 제1호에는 영업외 수익이 포함되지 않는다고 볼 수 있다. 그러나 위 규정들이 모두 예시적 규정이기 때문에 위 각 호의 규정에 해당하지 않더라도 법인의 순자산을 증가시키는 것이면 특별히 익금불산입 항목으로 규정되어 있지 않는 한 모두 익금의 범위에 포함된다고 해야 한다.

위 규정에서 매출에누리금액 및 매출할인금액은 제외한다고 규정하고 있다. 이들 금액은 기업회계기준상 매출액의 차감항목이므로 법인세법에서 그 취지를 그대로 도입한 것이다. 여기에서 더 나아가 대법원 2013. 12. 26. 선고 2011두1245 판결은 일정한 후발적 사유의 발생으로 말미암아 소득이 실현되지 아니하는 것으로 확정되었다면 당초 성립하였던 납세의무는 그 전제를 상실하여 원칙적으로 그에 따른 법인세를 부과할 수 없다고 하면서, 사업상 정당한 사유로 당초의 매매대금이나 용역대금을 감액한 경우 그 감액분은 당초의 매매대금이나 용역대금에 포함하여 법인세를 과세할 수 없다고 판시하였다. 이는 후발적 경정청구사유에 해당한다는 취지의 판결로서 후발적 경정청구사유에 관한 포괄적 유형주의 규정인 국세기본법 시행령 제25조의2 제4호의 범위를 넓게 해석·적용한 사례이다. 최근 일련의 대법원 판례들이 후발적 경정청구사유를 폭넓게 해석하는 경향을 보이고 있는 것은 주목할 만하다.

나. 교환에 의한 자산의 양도금액

(1) 쟁점의 소재

법인세법 시행령 제11조 제2호는 익금의 하나로 자산의 양도금액을 규정하고 있다. '자산'에는 자기주식을 포함하여 재무상태표상 자산계정에 있는 항목들은 모두 포함될 수 있지만, 상품으로서의 재고자산은 그 제1호에서 규정하고 있는 사업에서 생기는 수입금액에 해당하므로 여기서는 제외된다. 일반적인 경우에는 자산을 양도하고 그 대가로 현금이나 현금성자산을 취득할 것이므로 자산양도금액은 그 현금가액으로 보게 된다. 그런데 교환에 의한 자산양도는 자산양도의 대가로 현금성이 없는 다른 자산을 받게 되는

데 이 경우 무엇을 양도금액으로 삼아야 하는지가 문제된다. 이에 관한 뚜렷한 규정도 없다.

(2) 취득하는 자산의 시가

교환거래에 있어서는 자산을 양도하고 그 대가로 수령하는 현금에 대응하는 것은 바로 그 대가로 취득하는 다른 자산이다. 따라서 일반 양도거래에서의 현금가액에 대응하는 것은 취득하는 다른 자산의 가액에 해당한다고 할 수 있다. 여기서 그 다른 자산의 취득가액을 어떻게 산정할 것인지가 문제이다. 이 점에 관하여는 법인세법 제41조 제2항의 위임에 의한 그 시행령 제72조 제2항 제7호에서 교환과 같은 그 밖의 방법으로 취득한 자산의 취득가액은 '취득당시의 시가'로 한다고 규정하고 있다. 위 규정에 의하면 교환거래에서 자산을 양도하고 그 대가로 받은 가액은 그 대가로 취득하는 자산의 취득당시의 시가로 보는 것이 타당하다. 그래서 대법원 2011. 7. 28. 선고 2008두5650 판결은 자산의 교환으로 발생하는 수익으로서 익금에 산입하여야 할 '자산의 양도금액'은 특별한 사정이 없는 한 교환으로 취득하는 자산의 취득당시의 시가에 의한다고 판시하였다.

여기서 양도인의 양도가액과 그 상대방의 취득가액에 불일치가 발생할 수 있다. 예를 들어 A자산과 B자산을 1 : 1로 교환하는데 A자산의 시가가 100원이고 B자산의 시가가 130원이라면 A자산의 양도인 입장에서 보면 그 양도가액은 그 양도의 대가로 취득하는 B자산의 가액이 될 것인데 그 가액이란 위 시행령 제72조 제2항 제7호에 의하여 그 취득당시의 시가를 의미하므로 결국 130원이 된다. 반면에 A자산의 취득인의 입장에서 보면 그 취득가액은 역시 위 시행령 규정에 의하여 A자산의 시가인 100원이 된다. 이러한 차이는 위 시행령 제72조 제2항 제7호가 그 취득하는 재산의 취득가액을 그 취득을 위하여 지출한 가액으로 산정하지 않고, 취득하는 자산 자체의 시가를 취득가액으로 의제함에 따른 것이다. 입법기술상으로는 바람직하지 않는 규정이다. 이와 같이 취득하는 자산의 취득가액과 그 대가로 양도하는 자산의 양도가액을 일치시키지 않음에 따라 자산의 전체 양도차익에 대하여 일부 과세가 누락되거나 이중으로 과세되는 불합리한 결과가 초래될 수 있다. 즉, 취득자산의 시가가 취득자산의 취득가액이 되므로 그 취득가액이 양도자산의 시가보다 작다면 전체적으로 보아 그 차액만큼에 대한 과세가 누락되고, 반대로 취득자산의 시가가 양도자산의 시가보다 크다면 전체적으로 보아 그 차액만큼에 대하여 이중과세가 되는 결과가 초래된다. 이러한 현상은 결국 위 시행령 제72조 제7호를 입법적으로 개선하지 않고서는 해결하기 어려운 문제이다.

여기서의 시가는 원칙적으로는 구 법인세법 제52조 제2항의 규정에 따라 '건전한 사회

통념 및 상관행과 특수관계자가 아닌 자 간의 정상적인 거래에서 적용되거나 적용될 것
으로 판단되는 가격'에 의하여야 하고, 그 가격이 불분명한 경우에는 법인세법 제52조
제4항의 위임을 받은 법인세법 시행령 제89조 제2항의 규정에 따라 상속세 및 증여세법
제61조 내지 제64조에서 규정한 보충적 평가방법으로 평가한 가액에 의하여야 한다.[2]

만약에 교환으로 취득한 자산이 사후에 멸실되어 소급감정이 불가능함에 따라 그 시
가를 산정할 수 없을 경우 특수관계가 없는 자들 사이의 교환거래였다면 등가교환이 이
루어졌을 것으로 추정할 수 있으므로 양도한 자산의 양도당시의 시가를 그 자산의 양도
금액으로 추정하여도 무방할 것으로 보인다.

(3) 시가평가나 현금정산을 수반하는 약정가액

교환거래에서도 당사자 사이에 거래금액을 약정한 경우에는 일반적인 양도거래와 마
찬가지로 그 거래금액을 일응 양도가액으로 볼 여지가 있다. 대법원 2011. 7. 28. 선고
2008두21614 판결은, 자산의 교환으로 발생하는 수익으로서 익금에 산입하여야 할 금액
은 특별한 사정이 없는 한 교환으로 취득하는 자산의 취득당시 시가에 의하여야 하고,
여기서 '시가'라 함은 일반적이고 정상적인 거래에 의하여 형성된 객관적 교환가치를 의
미하므로 교환에 의하여 경영권 프리미엄이 수반되는 대량의 주식을 취득하는 경우에도
그것이 일반적이고 정상적인 방법에 의하여 이루어지고 그 주식의 약정가격이 당시의
객관적인 교환가치를 적정하게 반영하고 있다면 이를 그 주식의 시가로 볼 수 있다고
판시하였다.

다만, 일부라도 현금정산이 수반되지 않는 등가교환의 경우에는 당사자들이 조세회피
를 위하여 거래금액을 임의로 조작할 수 있으므로 그것을 그대로 양도금액으로 받아들
이기는 곤란하다. 하지만 현금정산이 수반되는 경우에는 그와 같은 거래금액의 임의조작
은 현금정산액에 영향을 미치게 되어 용이하지 않을 것이므로 약정한 거래금액을 양도
금액으로 수용할 여지가 크다. 그러나 여기서의 약정금액에도 교환목적물의 시가가 반영
되지 않으면 곤란하다. 왜냐하면 거래 당사자들은 현금정산할 차액에만 관심이 있으므로
그 차액을 유지하는 선에서는 약정금액을 얼마든지 조작할 수 있기 때문이다.

비슷한 취지에서 대법원 1994. 12. 9. 선고 94누6840 판결은 거래가 교환인 경우에는
그것이 특히 목적물의 금전가치를 표준으로 하는 가치적 교환으로서 각 물건에 대한 시
가감정을 하여 그 감정가액상의 차액에 대하여 금전의 보충지급 등 정산절차를 수반한
때에는 그 실지양도가액을 파악할 수 있다고 할 것이나, 그렇지 아니한 단순한 교환의

---

2) 대법원 2013. 6. 14. 선고 2011두29250 판결 참조

경우에는 그 실지거래가액은 파악할 수 없는 것이라고 판시하였다. 위 판결은 양도소득
세에 관한 판결이긴 하지만 그 취지는 원용할 수 있을 것으로 보인다. 대법원 2005. 1.
14. 선고 2004두5072 판결도 같은 취지이다.

다. 채무면제이익

법인세법 시행령 제11조는 제6호에서 익금의 하나로 채무의 면제 또는 소멸로 인하여
생기는 부채의 감소액을 규정하고 있다. 아울러 그 괄호규정에서 여기에는 법인세법 제17
조 제1항 제1호 단서의 규정에 의한 금액을 포함하도록 규정하고 있다. 법인세법 제17조
제1항 제1호는 주식발행액면초과액은 자본거래로 인한 순자산의 증가이므로 이를 익금불
산입하도록 규정하면서, 그 단서에서 채무의 출자전환으로 주식을 발행하는 경우에는 그
주식의 시가를 초과하여 발행된 금액을 제외하도록 규정하고 있다. 그 취지는 채무의 출
자전환으로 인하여 주식의 발행가액만큼 채무가 소멸되는데 그 발행가액이 주식의 시가
를 초과하는 경우 그 초과분은 채권자들의 손해로 귀착되는 것으로서 실질적으로는 채무
면제에 해당하므로 이를 익금에 산입하겠다는 것이다. 형식적으로 보면 그 초과분도 주식
발행초과금에 해당하지만 그 실질적 성격이 채무면제액에 해당한다고 본 것으로서 실질
과세의 원칙을 입법에 반영한 것으로 평가될 수 있다. 따라서 법인세법 시행령 제11조 제6
호의 괄호규정은 법인세법 제17조 제1항 제1호 단서의 확인적 규정이라고 할 수 있다.

법인세법 시행령 제11조 제6호와 관련하여 실제 사례에서는 특수관계가 없는 자들 사
이에서는 일방이 손해를 보는 채무의 면제가 흔하지 않으므로 채무면제의 외관을 취하
고 있더라도 실상은 다른 반대채권과의 상계에 해당한다고 볼 수 없는지가 다투어지는
경우가 있다. 대법원 2014. 1. 16. 선고 2013두18742 판결이 대표적인 사례이다. A건설이
1997년경 원고의 토지에 아파트를 시공하기로 하면서 원고 및 B신탁과의 사이에 토지신
탁약정을 체결하고 원고에게 70억 원을 대여하였으나, 국토이용계획변경의 불허가로 아
파트 시공이 불가능하게 되자 A건설은 토지신탁약정을 해지하고, 위 대여금과 관련한
분쟁 끝에 A건설은 2003년 말경 원고로부터 기존 변제금 이외에 약 17억 원을 추가로
지급받기로 정산합의를 하였으며, 2004. 3. 31. 그때까지 상환받은 23억 원을 제외한 나머
지 47억 원을 대손금으로 처리하였다. 그러자 과세관청은 47억 원이 원고의 채무면제이
익이라고 보아 원고에게 2004 사업연도 법인세를 부과하였다. 이에 대하여 원고는, 원래
원고가 그의 토지에 실버타운 건설사업을 위하여 47억 원을 투자하였는데 A건설이 그
비용을 아파트 분양사업에 연계시켜 인정해 준다고 제안하여 A건설에 아파트 시공권을
준 것이고 아파트 시공이 중단된 것은 A건설의 자금난으로 부도를 맞았기 때문이므로

원고가 A건설에 47억 원의 손해배상청구권을 갖게 되었고 이것과 상계하는 의미에서 A건설이 대여금 채권을 포기한 것이라고 주장하였다. 그러나 원심법원은 국토이용계획변경의 불허가라는 사유는 토지신탁약정에서 정한 해지사유인 '신탁사무의 수행이 현저히 곤란한 경우'에 해당하여 A건설의 귀책사유로 토지신탁약정이 해지되었다고 볼 수 없고, 이러한 경우 별도의 손해배상이 없는 것으로 정하고 있는 점, A건설은 원고의 손해배상청구권을 인정한 적이 없으며, A건설이 정산합의에 이른 이유는 원고의 손해배상청구권을 인정하여서가 아니라 장기간의 법적 절차를 거쳐 회수할 수 있는 금액도 정산합의로 회수할 수 있는 금액과 비슷할 것으로 판단하였기 때문인 점 등에 비추어, 원고의 A건설에 대한 손해배상청구권이 존재함을 전제로 정산합의가 이루어진 것으로 볼 수 없으며, 따라서 원고는 정산합의에 따라 A건설로부터 47억 원의 채무면제이익을 받은 것으로 보아야 한다고 판단하였고, 대법원이 이를 수긍하였다.

　금융기관에 예치된 휴면예금에 대하여 과세관청이 그 소멸시효가 완성되었다고 보아 금융기관의 채무면제익으로 익금산입을 하였는데, 금융기관이 휴면예금계좌에 이자를 입금한 것이 소멸시효의 중단사유인 채무의 승인에 해당하여 그 소멸시효의 진행이 중단되었다고 볼 수 있는지가 다투어진 사안이 있다. 대법원 2012. 8. 17. 선고 2009두14965 판결은, 금융기관인 원고가 고객의 예금계좌에 이자를 입금한 것은 예금채권의 존재를 인식하고 있다는 것을 나타낸 것이어서 채무의 승인에 해당하며 이자가 예금계좌에 입금되면 예금주는 인터넷 뱅킹 등에 의한 잔액조회를 함으로써 그 사실을 확인할 수 있고 그에 대한 처분권도 취득하게 되므로 그로 인한 채무승인의 통지는 그 시점에 예금주에게 도달하였다고 할 수 있으므로 이로써 그 예금에 대한 소멸시효는 중단되었다고 보아, 이와 다른 전제에서 과세관청이 고객의 예금이 최종거래일로부터 5년이 경과되었을 때 소멸시효가 완성되었다는 이유로 이를 모두 그 시점의 사업연도에 채무면제익으로 익금산입한 것은 위법하다고 판단하였다. 민사법상 채무승인의 요건으로서 승인의 의사표시가 상대방인 예금주에게 도달되었다고 볼 수 있는지가 실질적인 쟁점이 되었었는데, 금융기관이 휴면예금계좌에 이자를 입금하더라도 그 예금주가 이를 모르고 있었다면 채무승인의 의사표시가 상대방인 예금주에게 도달되지 않았다고 보아야 한다는 주장이 있었다. 그러나 대법원은 채무승인의 의사표시는 상대방의 지배권 내에 들어가 사회통념상 일반적으로 요지할 수 있는 상태가 생겼다면 인정되어야 한다는 법리에 기초하여 비록 그 예금주가 이자의 입금사실을 현실적으로는 몰랐다고 하더라도 언제든지 이를 알 수 있는 상태에 있었으므로 채무승인의 의사표시가 상대방에게 도달된 것으로 보았다. 대법원 2012. 11. 29. 선고 2011두9157 판결과 대법원 2012. 8. 23. 선고 2010두12996 판결도 같은 취지이다.

라. 회수지연된 특수관계자 가지급금의 인정이자

법인세법 시행령 제11조는 2010. 2. 8. 제9호의2(지금은 9호)를 신설하였다. 이 규정은, 특수관계자에 대한 업무무관 가지급금 및 그 이자로서 특수관계가 소멸할 때까지 회수하지 아니한 것과 특수관계가 유지되는 상황에서 가지급금의 이자를 이자발생일이 속하는 사업연도 종료일부터 1년이 되는 날까지 회수하지 아니한 경우의 그 이자를 익금항목으로 규정하고 있다.

얼핏 보면 위 규정은 이해가 잘 되지 않는다. 업무무관 가지급금은 특수관계자에 대한 채권일 뿐이고, 그것을 특수관계가 소멸할 때까지 회수하지 아니한다고 해서 법인의 순자산이 증가할 리도 없을뿐더러 실질적으로는 순자산이 감소하였다고 볼 수 있음에도 이를 익금산입한다는 것이다. 또한 가지급금의 이자는 이미 익금산입이 되어 있음에도 그 이자채권을 1년 이내 회수하지 않는다고 해서 다시 이를 익금산입하면 중복과세가 될 수밖에 없다. 이와 같이 위 규정을 문언대로 적용하면 매우 부당한 결과가 초래된다.

그러나 위 규정의 실제 입법 취지는 그 문언과 달리 특수관계자에 대한 소득처분을 하기 위한 것으로 보인다. 다음의 통칙들을 보면 비로소 그 입법 취지가 짐작된다. 법인세법 기본통칙(4-0···6)은 특수관계가 소멸할 때까지 회수되지 아니한 가지급금과 미수이자는 특수관계가 소멸한 날이 속하는 사업연도에, 특수관계가 계속되는 경우 이자발생일이 속하는 사업연도 종료일부터 1년이 되는 날까지 회수하지 아니한 미수이자는 그 1년이 되는 날이 속하는 사업연도에 각 법인세법 시행령 제106조의 규정에 의하여 처분한 것으로 본다고 규정하고 있다. 위 통칙에 의하면 법인세법 시행령 제11조 제9호의2는 그 상대방인 특수관계자에 대한 소득처분을 위한 규정임을 알 수 있다. 즉, 위 규정에서 익금항목으로 규정한 것은 소득처분을 위하여 익금산입을 하도록 하기 위한 것이다. 특수관계자에 대한 가지급금이나 미수이자 채권을 포기한 것으로 봄으로써 그 채권 상당액이 특수관계자에게 상여나 배당 등의 소득으로 귀속되었다고 의제하는 의미에서 특수관계자에 대한 상여나 배당 등의 소득처분을 하게 되고, 그 원천을 확보하기 위해서 그 금액만큼을 익금산입하는 것이다. 그렇다고 해서 당해 법인의 과세표준에 영향을 주어서는 아니되므로 그 익금산입을 상쇄시키기 위하여 다시 손금산입을 하면서 (−)유보로 소득처분을 하여 두었다가 나중에 당해 법인이 실제로 가지급금이나 미수이자가 회수불능임을 이유로 손금처리할 때 손금불산입하면서 (+)유보로 소득처분함으로써 앞서 소득처분해두었던 (−)유보와 상쇄되어 완결되는 것이다.

만약 나중에 가지급금이나 미수이자가 실제로 회수될 경우에는 다시 이를 익금산입하여 과세소득으로 삼아서는 아니되므로 위 기본통칙은 제3항에서 위와 같이 소득처분한 것으로 보는 미수이자를 그 후에 영수하는 때에는 이를 이월익금으로 보아 영수하는 사업연도에 익금산입하지 않는다고 규정하고 있다. 위 제3항에서는 미수이자에 대하여만 규정하고 있으나 사후에 가지급금이 회수된 경우에도 마찬가지로 처리해야 할 것이다. 그런데 위와 같이 소득처분하는 것은 당해 법인이 그 가지급금이나 미수이자 채권을 포기한 것으로 의제하는 것인데, 그 후에 이를 회수하였다면 그와 같은 의제가 잘못되었다는 것을 반증하는 것이므로 소득처분 자체가 부당하다고 볼 여지가 있다. 물론 위 법인세법 시행령 제11조 제9호의2에서 단서를 두어 회수하지 못한 데 정당한 사유가 있을 때에는 예외로 한다는 규정이 있어 위와 같이 사후에 회수되는 상황은 위 단서규정에 해당될 여지가 많기는 하지만 소득처분할 당시에는 그 단서규정에 해당하지 않는다고 보았더라도 사후에 회수가 되는 경우도 있을 것이므로 이러한 경우는 당초의 소득처분의 전제가 잘못되었다고 볼 수 있는 것이다. 따라서 이러한 경우에 법인이나 그의 특수관계자는 후발적 경정청구 등의 방법을 통하여 구제받을 수 있는 길이 열려야 할 것으로 본다.

그런데 위 규정에 관하여 대법원 2021. 8. 12. 선고 2018두34305 판결은 좀 다른 입장을 취하는 듯한 판시를 하고 있다. 위 규정의 문언만 놓고 보면 앞서 설명한 바와 같이 인정이자의 발생일이 속하는 사업연도 종료일부터 1년이 되는 날 익금산입하라고만 되어 있어 이중과세의 문제가 있기 때문에 모법의 위임범위를 벗어나 무효라는 주장이 있었는데 이에 대하여 대법원이 무효가 아니라고 판시하였다. 그 논거를 다음과 같이 설시하였다. 위 규정은 법인이 정당한 사유 없이 특수관계인으로부터 업무무관 가지급금의 이자를 그 발생일이 속하는 사업연도 종료일부터 1년이 되는 날까지 회수하지 않은 경우 세법상으로는 그 이자의 회수를 포기하였다고 보아 특수관계인에 대한 소득처분의 전제로서 그 이자 상당액을 익금에 산입하려는 취지의 규정이라고 하면서, 이러한 이자의 회수 포기는 일단 그 이자 상당액만큼 법인의 순자산이 증가하였다가 같은 금액만큼 사외유출되는 거래로 관념할 수 있으므로 이는 결국 법인이 정당한 사유 없이 특수관계인으로부터 회수하지 않은 업무무관 가지급금의 이자를 그 발생일 다음 사업연도의 익금에 산입하도록 함으로써 소득처분의 국면에서 익금의 귀속시기를 이자가 발생한 다음 사업연도로 정하기 위한 것이라고 판시하였다.

위 판시는 가지급금의 인정이자에 관하여는 한번만 익금산입하여야지 위 규정을 이유로 두 번 익금산입하면 이중과세의 문제가 있다는 점을 의식하고서 이를 해소하기 위해 인정이자가 1년이 되는 날까지 회수되지 아니한 경우에는 그 익금산입시기를 이자 발생일이 아니라 그날이 속하는 사업연도 종료일부터 1년이 되는 날로 의제한 것이라고 본 것처럼 읽힌다. 그러나 이렇게 읽으면 납득하기 어려운 측면이 있다. 가지급금의 인정이자가 발생하였다가 그 발생일이 속하는 사업연도 종료일로부터 1년 이내에 회수하면 위

의제규정이 적용되지 않으므로 인정이자 발생일이 속하는 사업연도에 익금산입하게 되는 반면, 1년 이내에 회수하지 않으면 오히려 익금산입 시기가 늦추어져 1년이 되는 날이 속하는 사업연도에 익금산입하게 되어 게으른 납세자에게 더 유리해지므로 이는 불합리하다.

따라서 위 대법원 판결을 위와 같이 어색하게 읽기보다는 인정이자에 대하여는 먼저 그 발생일이 속하는 사업연도에 익금산입하되, 그 판시에서 '소득처분의 국면에서' 익금의 귀속시기를 이자가 발생한 다음 사업연도로 정하기 위한 것이라고 하였듯이 그 발생일로부터 1년이 되는 날이 속하는 사업연도에 다시 익금산입을 하지만 이는 단지 소득처분을 위한 익금산입일 뿐이므로 그에 따른 이중과세를 막기 위하여 앞서 본 바와 같이 다시 익금불산입(또는 손금산입)의 세무조정이 추가로 이루어지는 것을 당연한 전제로 하고 있는 취지로 읽는 것이 합리적이다. 실제로 위 대법원 판결의 사안에서는 과세관청이 인정이자 미회수액을 1년이 되는 날 익금산입하면서 동시에 익금불산입으로 세무조정을 해주었다.

3. 익금불산입 항목

가. 개요

법인세법 제15조 제1항은 순자산증가설의 입장에서 법인의 순자산을 증가시키는 것은 원칙적으로 익금으로 보면서도 그중에서 그 성격상 과세대상 소득으로 삼기에 부적절한 것은 별도의 규정에서 익금불산입 항목으로 정하고 있다. 먼저 법인세법 제17조는 자본거래로 인한 수익을 익금불산입 항목으로 규정하고 있다. 자본거래로 인하여 순자산이 증가한 것은 출자자들의 출자에 의한 것이고 사업의 성과물이 아니므로 이를 과세대상 소득으로 삼아서는 아니되는 것은 당연하다. 다음으로 법인세법 제18조는 제1호 내지 제8호에서 자산의 평가이익, 이월익금, 세금의 과오납환급금, 부가가치세 매출세액 등을 익금불산입 항목으로 규정하고 있다. 이는 정책적인 결단에 의한 것이거나 이중과세를 방지하기 위한 조치로 보인다. 그리고 법인세법 제18조의2는 지주회사가 자회사로부터 받은 수입배당금 중 일정한 요건을 갖춘 경우 익금불산입한다고 규정하고 있다. 이들은 조세쟁송에서 자주 등장하고 있으므로 다음 항에서 자세히 살펴본다.

나. 출자의 납입

법인세법 제15조 제1항은 익금의 제외 항목으로 자본 또는 출자의 납입을 규정하고, 제17조는 자본거래로 인한 수익의 익금불산입 항목으로 주식발행액면초과액(제1호), 주식의 포괄적 교환차익(제2호), 주식의 포괄적 이전차익(제3호), 감자차익(제4호), 합병차익(제5호), 분할차익(제6호)을 규정하고 있다. 이들 규정의 상호관계에 비추어 법인세법 제15조 제1항에서 말하는 자본 또는 출자의 납입은 자본금 또는 출자금 항목 자체를 의미하고, 제17조에서 열거하고 있는 항목들은 자본금 또는 출자금 항목 이외에 실질적으로 자본이나 출자의 납입에 해당하는 것들을 의미한다고 할 수 있다. 따라서 법인세법 제15조 제1항에서 말하는 자본은 상법상 주식회사와 유한회사, 유한책임회사의 자본금을 의미하고, 출자는 합명회사와 합자회사의 출자금을 의미한다고 하겠다.

위와 같은 본래적 의미의 자본이나 출자 외에도 동업과정에서 주된 사업자가 다른 사업자로부터 동업자금을 받았을 경우 이것도 동업의 결과에 따라 발생한 수익이 아니라 동업을 위한 출자금의 성격을 지니고 있기 때문에 위 규정들의 취지에 비추어 볼 때 이를 익금산입의 대상으로 삼아서는 아니될 것이다. 따라서 이러한 동업자금은 법인세법 제15조 제1항에서 말하는 출자의 납입에 준하는 것으로 보면 된다. 회계상으로는 그 동업자금에 대하여 주식이나 출자좌수를 부여하지 아니한 이상 자본금이나 출자금으로 처리할 수는 없고 동업청산시까지 부채항목으로 처리해둘 것이다.

이 점이 다투어진 사례가 있다. 대법원 2015. 12. 10. 선고 2015두2284 판결이다. 사안을 간략히 요약하면 다음과 같다. 원고법인은 납골당사업을 하기 위하여 25,000기의 납골당설치허가권과 그에 관한 부동산을 양수한 후 납골당을 80,000기 이상으로 증설하여 분양하기로 계획하고, A가 그 증설업무를 담당하기로 하면서 증설될 18,000기의 분양권을 200억 원에 인수하고, B가 증설될 17,000기의 분양권을 170억 원에 인수하기로 하였으며, 시공회사에 대하여는 납골당이 80,000기 이상으로 증설되는 것을 조건으로 공사대금을 납골당 15,000기의 분양권으로 대물정산하기로 하였다. 원고는 납골당의 안치기수를 105,000기로 증설하는 내용의 설치변경신고를 하였으나 그 요건을 구비하지 못하여 반려처분을 받았다. 이에 대하여 대법원은 원고는 납골당 사업에 관한 투자자 내지 동업자의 지분을 확정하고 장차 납골당의 안치기수의 증설을 조건으로 그 지분에 상응하는 안치기수에 대한 분양수입을 보장하는 의미로 납골당 분양권을 안치기수로 분할하여 A 등에게 이전한 것으로 보아야 한다고 하면서, 원고가 납골당 분양권을 이전하면서 A 등으로부터 받은 돈은 모두 납골당 사업에 관한 투자금 내지 출자금에 해당하므로 법인세법 제15조 제1항을 근거로 하여 과세소득에 해당하지 아니한다고 판시하였다. 이 사건에서 A, B는 형식적으로는 원고로부터 납골당 분양권을 양수받으면서 그 대가로 돈을 지급하였지만 당시로서는 그 납골당 분양권은 설치를 위한 신고조차 하지 않은 상태이고 그 후 설치신고가 반려되었으므로 재산적 가치가 있는 재화로 보기 어려운 측면이 있었다. 그래서 A와 B가 원고에게 지급한 돈은 원고가 수익으로 계상할 수 있는 재화에 대한 양도대금이 아니라 A와 B가 원고와 공동으로 납골당 분양사업을 진행하기 위하여 출자한 돈으로 보는 것이 합리적이고 원고가 A와 B에게 양도한 납골당 분양권은 공동사업에서의 그들의 지분을 인정해 주는 취지로 받아들이는 것이 옳다. 즉, 동업에서의 지분을 인정해 준 것으로 보는 것이 옳다. 그래서 원고는 A와 B로부터 받은 돈은 수익금으로 회계처리할 것이 아니라 부채항목으로 회계처리해야 할 것이다.

이와는 좀 다른 입장을 취한 대법원 판결로서 대법원 2023. 11. 30. 선고 2019두58445 판결이 있다. 이 판결은, 법인세법 제15조 제1항의 입법 취지 및 문언의 내용, "자본 또는 출자의 납입"의 의미에 대하여 법인세법이 별도의 정의 규정을 두고 있지 않은 이상 특별한 사정이 없는 한 상법상 의미와 동일하게 해석하는 것이 법적 안정성이나 조세법률주의가 요구하는 엄격해석의 원칙에 부합하는 점 등을 종합하면, "자본 또는 출자의 납입"은 상법상 회사 설립 또는 설립 후 신주 발행 시 이루어지는 납입행위(상법 제295조 제1항, 제303조, 제305조 제1항, 제421조 제1항 등)만을 가리킨다고 보아야 한다고 판시하였다. 즉, 실질이 출자금 납입의 성격이 있다고 하더라도 상법상 신주대금 납입의 절차를 거치지 않은 것이면 자본의 납입으로 봐줄 수 없다는 것이다. 법적 안정성 등을 이유로 실질성보다는 형식성을 더 중시한 판결로 평가된다.

위 사안의 원심은 법인세법 제15조 제1항의 "자본 또는 출자의 납입"에 상법상 납입행위뿐만 아니라 그에 해당하지 않더라도 출자의 납입에 준하는 경우까지 널리 포함된다는 전제에서, 단지 장래 현물출자를 예정하였다가 다른 경위로 출자절차를 거치지 못한 채 변형되어 법인에 귀속된 금전도 출자의 납입에 준하여 익금에서 제외되어야 한다고 판단하였다. 이러한 원심판단은 앞서 본 대법원 2015. 12. 10. 선고 2015두2284 판결의 취지를 참고한 것으로 보이는데 대법원이 원심판결을 파기함으로써 입장의 변화를 보였다. 실질을 중시하는 실질과세원칙과 법적 안정성을 중시하는 조세법률주의 원칙은 서로 긴장관계를 보이는 경우가 많고 그래서 견해의 대립이 잦은데, 위 사안에서 대법원은 종전의 실질을 중시하던 입장에서 법적 안정성을 중시하는 입장으로 바뀌는 경향을 보였다. 그러나 개개 판결은 당해 사안의 구체적 타당성에 영향을 많이 받으므로 위 판결에서 보인 경향성이 앞으로도 계속 유지될 것이라고 단정하기는 어렵다. 어떤 경향성을 보일지에 관하여는 유사사건들의 판례집적을 기다려볼 필요가 있다.

다. 주식발행액면초과액

법인세법 제17조 제1항은 제1호에서 익금불산입 항목의 하나로 주식발행액면초과액을 규정하고 있다. 그에 관하여 '액면금액 이상으로 주식을 발행한 경우 그 액면금액을 초과한 금액(무액면주식의 경우에는 발행가액 중 자본금으로 계상한 금액을 초과하는 금액을 말한다), 다만 채무의 출자전환으로 주식 등을 발행하는 경우에는 그 주식 등의 시가를 초과하여 발행된 금액은 제외한다'라고 정의하고 있다. 위 규정 중 본문은 주식발행액면초과액의 본래 범위를 정의하고 있으나, 그 단서는 주식발행액면초과액의 본래 범위를 축소하고 있어 의제규정으로 볼 수 있다.

이러한 단서의 규정은, 채무의 출자전환으로 주식을 발행하는 경우로서 당해 주식의 시가가 액면가액 이상이고 발행가액 이하에 해당하는 경우 원칙적으로 출자전환되는 채무 중 발행주식 시가 초과 부분은 그 실질이 자본의 납입금과 같다고 볼 수 없고 오히려 채무면제이익에 해당하여 그 금액만큼 법인의 소득 또는 담세력이 증가하였다고 볼 수 있으므로 과세대상소득으로 삼겠다는 취지로 해석할 수 있다.

그런데 법인세법이 2005. 12. 31. 개정되기 전에는 위 단서 규정이 법인세법에 있었던 것이 아니라 그 시행령 제15조 제1항에 있었다. 이 때문에 위 시행령 규정이 주식발행액면초과액의 범위를 임의로 축소시킨 것으로서 모법의 위임범위를 벗어났다는 비판이 있었고, 이에 대하여 대법원 2012. 11. 22. 선고 2010두17564 전원합의체 판결에서 그 시행령 규정은 무효라고 선언하였다. 즉, 구 법인세법(2005. 12. 31. 개정되기 전의 것) 제17조는 자본거래로 인한 수익으로서 익금에 산입하지 아니하는 것의 하나로 제1호에서 '주식발행액면초과액'을 들고 있는데, 여기에서 말하는 주식발행액면초과액이란 그 문언상 액면 이상의 주식을 발행한 경우 그 액면을 초과한 금액, 즉 주주가 납입한 주식의 인수가액(보통은 주식의 발행가액과 일치한다)에서 액면가액을 차감한 금액을 의미함이 분명함에도, 그 시행령 제15조 제1항은 후문에서 '법 제17조 제1호의 주식발행액면초과액에 있어서 채무의 출자전환으로 주식을 발행하는 경우로서 당해 주식의 시가가 액면가액 이상이고 발행가액 이하에 해당하는 경우에는 시가에서 액면가액을 차감한 금액을 말한다.'고 규정함으로써 구 법인세법 제17조 제1호가 규정한 주식발행액면초과액의 범위에서 주주가 납입한 주식의 인수가액과 시가의 차액에 상당하는 금액 부분을 제외하여 결과적으로 법인세의 과세대상이 되는 수익의 범위를 확장하고 있는데, 이는 납세자에게 불리한 방향으로 법인세의 과세대상을 확장하는 것으로서 구 법인세법 제17조 제1호의 규정과 부합하지 아니할 뿐만 아니라 그와 같이 확장하도록 위임한 모법의 규정도 찾아볼 수 없으므로 조세법률주의의 원칙에 반하여 무효라고 해야 한다는 것이다.

이제는 위 시행령 단서의 규정이 법률의 규정으로 격상됨으로써 위 대법원 판결의 법리가 더 이상 직접 적용될 여지가 없어지게 되었지만 조세법률주의의 원칙에 대한 대법원의 분명한 입장을 표명하였다는 점에서 역사적 의의가 크다고 할 것이고 향후 유사한 쟁점이 등장할 경우 대법원의 입장이 어떻게 표명될 것인지를 예측할 수 있게 하는 이정표가 될 수 있을 것으로 보인다.

라. 합병차익

법인세법 제17조 제1항 제5호는 합병차익을 익금불산입 항목으로 규정하고 있다. 유사한 항목으로 역시 익금불산입하고 있는 것은 주식의 포괄적 교환차익, 주식의 포괄적 이전차익, 감자차익, 분할차익 등이 있다. 위 규정의 정의에 의하면, 합병차익이란 합병으로 소멸된 회사로부터 승계한 재산의 가액이 그 회사로부터 승계한 채무액, 그 회사의 주주에게 지급한 금액과 합병 후 존속하는 회사의 자본금 증가액 또는 합병에 따라 설립된 회사의 자본금을 초과한 경우의 그 초과액을 말한다. 합병대가를 신주만으로 교부하는 간단한 경우를 예를 들어 말하면, 합병차익이란 피합병회사로부터 승계하는 자산의 가액이 합병회사의 자본금, 즉 합병신주의 액면가액을 초과하는 금액이다. 합병계약이 등가교환으로 이루어진다면 이는 원칙적으로 합병법인의 주식발행초과금에 해당한다고 볼 수 있으므로 자본거래로 인한 것이어서 과세의 대상이 되는 익금으로 보아서는 아니 된다. 등가교환이고 신주의 가치가 그 액면가액과 일치한다면 합병차익이 발생할 여지가 없을 것이다.

그러나 그 합병차익 중에서도 합병평가차익에 해당하는 부분은 익금산입된다. '합병평가차익'은 법인세법 제44조의2 제2항과 그 시행령 제80조의3 제1항에서 '합병매수차익'이라고 칭하는데, 위 규정에 의하면 합병법인이 피합병법인에게 지급한 양도가액이 양도받은 피합병법인의 순자산의 시가보다 적은 경우의 그 차익을 말한다고 한다. 여기서의 양도가액이란 합병대가로 합병법인의 신주만을 교부하는 경우라면 그 신주의 액면가액이 아니라 그 시가이다(법인세법 시행령 제72조 제2항 제3호 나목). 이러한 합병매수차익은 비적격합병의 경우 법인세법 제44조의2 제1항에서 합병법인이 인수하는 피합병법인의 자산은 시가로 양도받은 것으로 본다고 하는 데서 유발된다.

원칙적으로 양도받은 자산은 그 대가로 지급한 양도가액으로 계상하는 것이 옳고, 이러한 경우에는 합병매수차익이 발생할 여지가 없다. 그런데 법인세법 제44조의2 제1항에서 그것을 시가로 양수한 것으로 본다고 규정함으로써 합병법인으로서는 실제의 양도가액보다 높은 가액으로 자산을 계상하게 되고 그에 따라 향후 그 자산의 시가를 손금으로 계상할 수 있게 되므로 법인세를 적게 내는 불합리가 생기게 된다. 이러한 불합리를 상쇄시키기 위해서는 위 합병매수차익을 익금산입할 필요가 있다. 그래서 법인세법 제44조의2 제2항은 합병매수차익은 합병등기일로부터 5년간 균등하게 나누어 익금산입하도록 하는 것이다. 그러나 나중에 살피는 바와 같이 적격합병의 경우에는 합병법인은 피합병법인의 자산을 그 장부가액으로 양도받은 것으로 보므로 이러한 합병매수차익이 발생할 여지가 없다. 추가적인 내용은 제8장에서 살펴본다.

한편, 2009. 2. 4. 신설된 법인세법 시행령 제11조 제2호의2는 자기주식(합병법인이 합병에 따라 피합병법인이 보유하던 합병법인의 주식을 취득하게 된 경우를 포함한다)의 양도금액은 익금에 산입하도록 규정하고 있는데, 위 규정이 신설되기 전 대법원 2005. 6. 10. 선고 2004두3755 판결 등은 합병법인이 합병으로 인하여 피합병법인이 보유하던 합병법인의 발행주식(자기주식)을 승계취득하여 처분하는 것은 자본의 증감에 관련된 거래로서 자본의 환급 또는 납입의 성질을 가지므로 자본거래로 봄이 상당하고 그 처분이익은 합병차익에 포함되어 익금산입대상에서 제외된다고 판시해 왔다. 아마도 입법자는 이런 대법원 판결을 무력화시키기 위하여 위 법인세법 시행령 규정을 신설한 것으로 보인다. 그런데 위 규정이 신설된 이후에도 여전히 합병차익에 해당한다고 주장한 사안이 있었고, 이에 대하여 대법원 2022. 6. 30. 선고 2018두54323 판결은 합병차익에 해당한다고 볼 수 없다고 판시하였다.

그 논거를 보면 다음과 같다. 피합병법인이 소유하던 합병법인의 주식은 피합병법인의 자산으로서 법인세법 제17조 제1항 제5호가 정한 합병차익을 산정하는 요소가 되기는 하지만 합병 이후 합병법인이 이를 처분하는 행위는 합병과는 구별되는 후속거래로서 순수한 자본거래에 해당한다고 보기 어렵다. 또한 이러한 자기주식 역시 양도성과 자산성을 가질 뿐만 아니라 합병에 따라 자기주식을 자산으로 취득하였다가 처분하여 이익을 얻는 것이 다른 사유로 자기주식을 취득하였다가 처분하여 이익을 얻는 것과 본질적으로 다르지 아니하다. 따라서 이러한 자기주식 처분이익은 익금에서 제외되는 합병차익에 해당한다고 볼 수 없다.

이러한 대법원 판결 취지에 비추어 보면, 종전 대법원 판결은 다소 무리였다고 볼 수 있다. 종전 대법원 판결처럼 이를 합병차익으로 보려면 합병으로 취득한 자기주식을 처분하는 것이 합병신주를 발행하는 것과 마찬가지로 볼 수 있어야 하는데 자기주식의 처분 상대방은 합병신주를 교부받는 피합병법인이나 그 주주가 아니라 그야말로 제3자이므로 그렇게 보기 어렵다. 그래서 이번 대법원 판결은 법인세법 시행령 제11조 제2호의2 신설에 기대어 사실상 종전 대법원 판결을 변경하였다고 할 수 있겠다.

마. 자산과 부채의 평가차익

(1) 관련 규정

법인세법 시행령 제11조 제4호에서는 자산의 평가차익을 익금의 항목으로 규정하고 있다. 그러나 법인세법 제18조 제1호는 자산의 평가차익은 보험업법 등의 고정자산 평가차익이나 재고자산 평가차익 등을 제외하고는 원칙적으로 익금에 산입하지 않도록 규정하고 있고, 제42조 제1항은 평가로 인하여 자산과 부채의 장부가액을 증액 또는 감액(감가상각은 제외)한 경우에는 소득금액을 계산할 때 그 자산과 부채의 장부가액은 그 평가하기 전의 가액으로 한다고 규정하고 있다. 이와 같이 자산은 물론이고 부채의 경우에도 해당 법인이 그 현재가치를 평가하여 평가차익을 계산하더라도 법인세법상으로는 이를 익금에 산입하지 않는다. 그 자산을 처분하거나 그 부채를 상환하는 시점에 가서 그 평가차익이 현실화되었을 때 비로소 법인의 익금으로 보겠다는 것이다. 이는 자산과 부채의 평가에는 다분히 주관적인 요소가 가미될 수 있어 그 객관성이 담보되지 아니하여 법인의 소득금액이 왜곡될 수 있다는 우려에서 비롯된 것으로 볼 수 있다.

(2) 부채의 현재가치할인차금

장기성 채무의 이자율과 변제기 등이 채무자인 법인에게 유리하게 조정된 경우 법인은 그 채무를 현재가치로 평가하여 채무의 장부가액과 현재가치와의 차액을 현재가치할인차금으로 계상하여 채무에서 차감하는 형식으로 표시함과 동시에 이를 채무조정이익 또는 채무평가이익으로 계상하고, 중도에 현재가치로 할인한 금액으로 상환하는 경우 채무의 장부가액에서 현재가치할인차금을 차감한 금액과 상환금액을 비교하여 상환손익을 계상한다. 즉, 명목상의 이자율보다 현재가치할인율이 더 높을 경우 현재가치할인차금이 발생하게 되며, 장래채무를 현재가치로 평가함에 따른 평가이익을 미리 계상하였기 때문에 그 당연한 귀결로서 그 채무의 상환손익을 계상함에 있어서는 현재가치로 평가한 금액을 기준으로 하게 된다. 그러나 위에서 본 바와 같이 법인세법은 제42조 제1항에서 '부채의 장부가액을 평가하는 경우 그 평가일이 속하는 사업연도 및 그 후의 각 사업연도의 소득금액계산에 있어서 당해 부채의 장부가액은 그 평가하기 전의 가액으로 한다'고 규정하고 있으므로 채무를 미리 현재가치로 평가하여 평가손익을 계상하는 것을 인정하지 아니하고, 현재가치로 평가한 금액으로 채무를 중도 상환하는 경우에도 채무의 장부가액에서 현재가치할인차금을 차감하기 전의 가액과 상환금액을 비교하여 채무상환손익을 계상한다. 즉, 장래채무를 현재가치로 평가함에 따른 평가이익을 계상하지 아니하였기 때문에 그 당연한 귀결로서 그 채무의 상환손익을 계상함에 있어서는 현재가치로 평가하기 전의 금액을 기준으로 하는 것이다.

이와 관련하여, 회사정리계획인가결정에 따라 정리채무의 이자율과 변제기가 유리하게 변경된 법인이 그 채무를 현재가치로 할인하여 평가한 금액으로 중도 상환할 때, 그 채무의 장부가액과 상환액과의 차액인 현재가치할인차금 미상각잔액을 익금에 산입할 수 있는지 여부가 다투어진 사례가 있다. 대법원 2009. 12. 10. 선고 2007두19683 판결이 그것이다. 이 판결은 원고가 기업회계기준에 의하여 정리채무의 장부가액을 현재가치로 평가하여 그 차액인 현재가치할인차금을 장부가액에서 차감하면서 채무평가이익으로 계상하였다가 정리채무를 중도 상환하면서 그 채무를 유효이자율에 의하여 현재가치로 평가한 가액, 즉 장부가액에서 현재가치할인차금을 차감한 가액과 상환액과의 차액을 상환에 따른 손익으로 회계처리를 하였다 하더라도, 법인세법상으로는 채무를 상환하기 전에 그 채무를 현재가치로 평가하여 현재가치할인차금과 평가이익을 계상하는 것이 인정되지 아니하는 이상, 그 채무를 중도 상환하는 경우에도 그 채무를 현재가치로 평가하기 전의 가액, 즉 현재가치할인차금을 차감하기 전의 장부가액을 기준으로 상환에 따른 소득금액을 계상하여야 한다고 전제하고, 원고가 정리채무의 중도 상환에 따른 법인세법상 소득금액을 계산함에 있어 그 채무의 장부가액과 상환액과의 차액에 해당하는 현재가치할인차금 미상각잔액을 익금산입한 것은 그 가액만큼 원고의 순자산이 증가한 것을 소득금액 계산에 반영하기 위한 것으로서 적절한 조치라고 판시하였다. 그래서 그 익금산입이 잘못되었다는 이유로 한 법인세경정청구를 거부한 피고의 처분은 적법하다고 판시하였다.

기업회계기준상으로는 재무정보의 충실한 제공을 목적으로 당초의 현재가치할인차금만큼의 이익을 미리 계상하였다가 중도상환시까지 점차적으로 비용으로 계상함으로써 그 이익을 상쇄시켜 나가는 번거로운 과정을 거치지만, 법인세법상으로는 이러한 번거로운 과정을 생략하고 중도상환시에 일시에 그 이익의 잔액을 익금으로 계상하는 방식을 취한다. 따라서 기업회계기준상으로는 장래채무를 현재가치로 평가함에 따른 평가이익을 이미 이익으로 계상하였기 때문에 그 당연한 귀결로서 그 채무의 상환손익을 계상함에 있어서는 현재가치로 평가한 금액을 기준으로 하지만, 법인세법상으로는 장래채무를 현재가치로 평가함에 따른 평가이익을 익금으로 계상하지 아니하였기 때문에 그 당연한 귀결로서 그 채무의 상환손익을 계상함에 있어서는 현재가치로 평가하기 전의 금액을 기준으로 하게 되고, 양자의 차이에 관한 세무조정 작업이 현재가치할인차금을 익금산입하는 것이다. 위 대법원 판결은 이러한 법리를 정확하게 적시한 것으로서 타당한 판결이다.

바. 수입배당금액의 익금불산입

(1) 개요

지주회사나 일반법인이 다른 법인의 주주로서 배당금을 받을 때 그 배당금은 순자산을 증가시키는 항목이므로 익금에 산입하여 법인세를 과세하는 것이 원칙이다. 그러나 그 배당금에 대하여는 배당금을 지급하는 법인에게 법인세가 과세된 것이기 때문에 동일한 소득원에 대하여 이중과세가 이루어진다는 문제가 생긴다. 이러한 문제는 주주가 법인이 아닌 개인인 경우에도 마찬가지로 생긴다. 그래서 소득세법에서는 이중과세의 문제를 해소하기 위하여 제17조 제3항과 제56조에서 이른바 Gross-up 방식에 따른 배당세액공제방식을 채택함으로써 그 배당금 상당액에 대하여 배당금 지급법인에게 과세된 법인세 상당액을 배당세액공제액으로 인정해주고 있다. 법인세법에서는 이와 같은 세액공제방식을 채택하지 않고 배당금 자체를 익금불산입하는 방식을 채택하고 있다. 이에 관한 규정이 법인세법 제18조의2와 제18조의3이다. 전자는 지주회사에 관한 규정이고, 후자는 지주회사가 아닌 일반회사에 관한 규정이다. 익금불산입의 정도는 차이가 있지만 기본 취지는 동일하다.

이러한 배당금과 실질적 성격이 유사하다고 볼 수 있는 것으로서 익명조합원이 손익분배약정에 따라 조합으로부터 분배받는 돈이 있는데 이에 대하여도 위 규정을 준용할 수 있는지가 다투어졌다. 이에 대하여 대법원 2017. 1. 12. 선고 2015두48693 판결은 부정적인 입장을 취하였다. 즉, 법인세법 제18조의3 제1항에 따라 익금불산입 대상이 되는 '내국법인이 출자한 다른 내국법인으로부터 받은 수입배당금'은 내국법인이 다른 내국법인에 출자를 함으로써 법인의 주식 등을 취득하고 주주 등의 지위에서 다른 내국법인에 대한 출자지분 등에 비례하여 받는 '이익의 배당액이나 잉여금의 분배액과 제16조의 규정에 따른 배당금 또는 분배금의 의제액'을 의미하므로, 내국법인이 익명조합계약을 체결하여 다른 내국법인의 영업을 위하여 출자하고 다른 내국법인은 영업으로 인한 이익을 분배하기로 약정한 다음 이에 따라 익명조합원의 지위에 있는 내국법인이 영업자의 지위에 있는 다른 내국법인에 출자를 하는 경우에, 내국법인이 출자를 통하여 다른 내국법인의 주식 등을 취득하거나 주주 등의 지위에 있게 되는 것이 아니어서, 출자를 한 내국법인이 영업자의 지위에 있는 다른 내국법인으로부터 지급받는 돈은 익명조합원의 지위에서 출자 당시 정한 손익분배약정에 따라 지급받는 것에 불과할 뿐 주주 등이 받는 배당액이나 구 법인세법 제16조의 의제배당 등에 해당할 여지가 없다고 판시하였다. 따라서 익명조합원의 지위에 있는 내국법인이 익명조합계약에 따라 영업자의 지위에 있는 다른 내국법인으로부터 지급받는 돈은 법인세법 제18조의3 제1항에 따라 익금불산입

대상이 되는 '수입배당금액'이 아니라고 결론지었다. 소득세법 제43조에서는 익명조합의 경우 공동사업장으로 보아 익명조합 자체에 대하여는 소득세를 과세하지 않고 익명조합원을 포함한 공동사업자별로 분배된 소득에 대하여 소득세를 과세하도록 하고 있기 때문에 이중과세의 문제가 생기지 않는다. 그래서 대법원은 이중과세문제를 배제하기 위한 법인세법 제18조의3 제1항의 적용대상이 아니라고 판시한 것으로 볼 수 있다.

(2) 지주회사의 기준일

법인세법 제18조의2 제1항은 내국법인 중 독점규제 및 공정거래에 관한 법률에 따른 지주회사, 금융지주회사법에 따른 금융지주회사, 기술의 이전 및 사업화 촉진에 관한 법률에 따른 공공연구기관첨단기술지주회사 및 산업교육진흥 및 산학연협력촉진에 관한 법률에 따른 산학연협력기술지주회사(이하 '지주회사'라 한다)가 자회사(해당 지주회사가 출자한 법인으로서 지주회사의 자회사에 대한 출자 비율 등을 고려하여 대통령령으로 정하는 요건을 갖춘 내국법인을 말한다)로부터 받은 이익의 배당금 등 중 제1호와 제2호에 따라 계산한 금액의 합계액이 제3호에 따라 계산한 금액을 초과하는 경우 그 초과하는 금액은 각 사업연도의 소득금액을 계산할 때 익금에 산입하지 아니한다고 규정하고 있다.

그리고 법인세법 시행령 제17조의2 제1항은 법인세법 제18조의2 제1항에 따른 지주회사는 사업연도 종료일 현재 독점규제 및 공정거래에 관한 법률, 금융지주회사법, 기술의 이전 및 사업화 촉진에 관한 법률 및 산업교육진흥 및 산학연협력촉진에 관한 법률에 따라 지주회사로 신고된 내국법인으로 하되, 다만 해당 사업연도 종료일 현재 해당 법률에 따른 지주회사의 설립·전환의 신고기한이 도래하지 아니한 자가 해당 각 사업연도의 소득에 대한 과세표준 신고기한까지 해당 법률에 따라 지주회사로 신고한 경우에는 이를 지주회사로 본다고 규정하고 있다.

이와 같이 지주회사의 구체적 요건에 관하여는 법인세법 시행령 제17조의2 제1항에서 규정하고 있는데, 문제는 모법인 법인세법 제18조의2에 그에 관한 위임의 규정이 보이지 않는다는 것이다. 단지 법인세법 제18조의2 제3항에서 지주회사의 자회사에 대한 출자 비율의 계산방법, 익금불산입액의 계산, 수입배당금액명세서의 제출 등에 관하여 필요한 사항은 대통령령으로 정하도록 규정하고 있을 뿐 지주회사의 요건에 관하여는 위임하고 있지 아니하다. 법인세법 제18조의2 제1항이 2008. 12. 26. 개정되기 전에는 그 주어 부분이 '내국법인 중 독점규제 및 공정거래에 관한 법률에 따른 지주회사 중 대통령령이 정하는 지주회사(금융지주회사법에 따른 금융지주회사와 산업교육진흥 및 산학연협력촉진에 관한 법률에 따른 산학연협력기술지주회사를 포함한다)가'라고 되어 있어 지주회사의 요건에 관한 위임근거가 명시되어 있었는데, 위 규정이 2008. 12. 26. 개정되면서 이러한 위임근거규정이 사라졌고, 그에 따라 2009. 2. 4. 법인세법 시행령 제17조의2 제1항이 삭제되었는데, 2012. 2. 2.에 와서는 모법인 법인세법 제18조의2에 위임근거규정을 두지도 않은 채 법인세법 시행령 제17조의2 제1항이 다시 신설되었다. 그래서 신설된 위 시행령 규정은 위임의 근거가 없는 규정이라고 할 수 있어서 모법의 취지를 확인하는 범위를 넘어 새로운 요건을 규정할 수는 없다고 하겠다.

위 시행령 규정에 의하면, 지주회사는 사업연도 종료일 현재 지주회사로 신고된 내국법인이어야 하고, 그때까지 해당 법률에 의한 신고기한이 도래하지 아니한 경우에는 당해 사업연도 과세표준 신고기한까지 신고를 마치면 된다고 규정하고 있다. 그래서 배당금을 수령할 당시에는 비록 지주회사로 신고가 되어 있지 않았더라도 배당금을 수령한 사업연도의 종료일까지 지주회사로 신고를 마치면 지주회사의 요건을 갖춘 것으로 보고, 반대로 배당금을 수령할 당시에는 지주회사로 신고가 되어 있었더라도 그 후 당해 사업연도 종료일 전에 지주회사에서 제외되었다면 지주회사의 요건을 갖추지 못한 것으로 보아야 한다.

그런데 위 시행령 규정이 신설되기 전의 사안에서도 위 시행령 규정과 같이 사업연도 종료일을 기준으로 지주회사를 정하여야 하는지가 다투어진 사안이 있다. 대법원 2014. 12. 24. 선고 2014두37092 판결이 그에 관한 것인데, 위 시행령 규정을 확인적 규정으로 보아 그 규정이 신설되기 진에도 지주회사의 기준일은 당해 사업연도 종료일로 보아야 한다고 판시하였다. 그 논거는 다음과 같다. 수입배당금이 익금불산입되는 지주회사인지를 판단하는 시점은 그 입법 취지를 참작하여 정책적으로 정할 문제로서 논리필연적인 결론이 도출될 수 있는 것이 아니라고 전제하고, 2008. 12. 26. 개정되기 전의 종전 법인세법 제18조의2 제1항 본문 및 그 시행령 제17조의2 제1항은 지주회사의 설립과 지주회사로의 전환을 장려하고 그 원활한 운영을 뒷받침하려는 제도의 취지를 살리기 위하여 배당금의 지급기준일이나 수령일에는 지주회사의 요건을 갖추지 못하였더라도 법인세 납세의무의 성립일인 '사업연도 종료일'까지 지주회사가 되면 그 수입배당금에 대하여 익금불산입 혜택을 주기 위하여 지주회사인지를 판단하는 원칙적인 시점을 '사업연도 종료일'로 정한 것으로 이해되고 그러한 전제에서 종전 법인세법 제18조의2 제1항 제3호, 그 시행령 제17조의2 제5항은 익금불산입액에서 차감하는 차입금의 지급이자를 계산할 때 고려해야 할 자산총액도 '사업연도 종료일'을 기준으로 산정하도록 정한 것이라고 하면서, 비록 2008. 12. 26. 개정된 법인세법과 그 시행령이 지주회사의 판단시점에 관한 종전의 규정을 삭제하기는 하였지만, 이를 대체하는 별도의 규정을 두지 아니하였고, 익금불산입액에서 차감하는 차입금 지급이자의 계산에 관한 종전의 규정도 그대로 유지한 점 등에 비추어 보면, 위 개정된 법인세법과 그 시행령이 지주회사의 판단시점을 달리 정하려는 의도였다고 보기는 어렵다고 판시하였다.

그리고 지주회사의 판단시점을 종전 법인세법 제18조의2 제1항 본문, 종전 시행령 제17조의2 제1항의 규정과는 달리, 배당금의 지급기준일이나 수령일로 정하는 것이 불가능하지는 않지만, 이는 지주회사가 아닌 자회사를 기준으로 지주회사의 판단시점을 정하는 것으로서, 자회사가 여럿 있는 지주회사의 경우에는 자회사별로 지주회사의 판단시점이 달라질 수 있어 지주회사의 사업연도 종료일을 기준으로 지주회사인지를 판단하였던 종전에 비하여 수입배당금의 익금불산입 요건이 까다로워지는데, 그에 관한 명시적인 규정을 두지 아니한 개정 법인세법과 그 시행령이 그러한 결과를 의도하였다고 볼 수는 없다고 하면서, 그 문언을 보더라도 개정 법인세법 제18조의2 제1항 본문은 지주회사가 그 사업연도 중에 받은 배당금 등의 일정 금액을 익금에 산입하지 아니한다는 취지로 해석될 뿐이고, 반드시 내국법인이 지주회사로서 배당금 등을 받은 경우에만, 즉 배당금 등의 지급기준일이나 수령일 당시에 지주회사인 경우에만 그 배당금 등을 익금에 산입하지 아니한다는 취지로 해석되지는 아니한다고 판시하였다. 그래서 법인세법 시행령 제17조의2 제1항이 삭제된 후에도 지주회사인지 여부를 판단하는 시점은 그 법인세 납세의무의 성립일인 지주회사의 사업연도 종료일로 봄이 상당하다는 결론에 이르렀다.

위 판결의 취지에 의하면, 법인세법 시행령 제17조의2 제1항은 창설적 규정이 아니라 확인적 규정이므로 별도의 위임근거법령이 필요하지 않다고 하겠다. 그리고 위 판결에서 지주회사의 판단기준시기를 배당금 수령시로 하지 않고 그보다 늦춰 그 배당금을 수령한 사업연도의 종료시로 한 것은 다음과 같은 점이 추가로 고려된 것으로 볼 수 있다. 법인세는 개별과세가 아니라 기간과세이기 때문에 법인세 납세의무는 당해 사업연도의 종료시에 성립하고, 그 납세의무에 관한 적용법령도 그 사업연도의 종료시에 유효한 법령이다. 그래서 법인이 배당금을 수령하더라도 그에 관한 납세의무의 성립시기는 그 배당금 수령시기가 아니라 당해 사업연도의 종료시로 본다. 그렇다면 그 배당금을 익금산입할 것인지 여부도 그에 관한 납세의무의 성립시를 기준으로 하여 판단하는 것이 합리적이라고 하겠다.

(3) 차입금 지급이자 상당액 제외

법인세법 제18조의2 제1항은 지주회사의 자회사에 대한 출자금이 지주회사의 차입금에서 조달되었다고 볼 수 있는 경우 지주회사가 자회사로부터 받은 수입배당금 중 그 차입금의 지급이자에 상당하는 부분은 익금불산입의 대상에서 제외하도록 규정하고 있고, 제18조의3 제1항에서는 일반 내국법인에 대하여 같은 취지의 규정을 두고 있다. 그 구체적인 계산방법에 관하여 법인세법 시행령 제17조의2 제5항과 제17조의3 제3항은 차입금 이자 중 자산총액에서 자회사의 주식 등의 장부가액이 차지하는 비율에 상당하는 금액으로 한다고 규정하고 있다. 이는 차입금이 자산총액의 취득에 균등하게 기여하였다는 전제하에 그중 자회사의 주식 등의 장부가액에 해당하는 비율만큼은 자회사에 대한 출자금에 투입된 것으로 보아 그 부분에 관한 차입금의 이자 상당액은 익금불산입의 대상에서 제외하겠다는 것이다. 만약 자회사에 대한 출자금을 차입금에서 조달한 경우에도 그 출자금에서의 수입배당금을 모두 익금불산입하게 되면 당해 법인으로서는 차입금의 이자를 모두 손금으로 인정받으면서도 그로 인한 배당수익에 대하여도 조세부담을 면하게 되는 세제상의 혜택을 누리게 되므로 이를 노려 무리하게 차입금에 의존하여 자회사에 대한 출자를 확대함으로써 법인의 재무구조가 악화되는 폐단이 생길 수 있다. 위 규정의 취지는 이러한 폐단을 규제하겠다는 취지로 이해된다. 다만, 법인세법 시행령 제17조의3 제4항이 규정하는 바와 같이 법인세법 시행령 제55조의 규정에 의하여 이미 손금불산입된 금액이 포함되지 아니하는 것으로 한다. 이중의 제재가 될 수 있기 때문이다.

이와 같이 위 규정은 당해 법인의 차입금이 자회사에 대한 출자금으로 사용되었음을 전제로 하는 것이므로 그 취지를 살리자면 당해 법인에 차입금이 있더라도 그것이 자회사에 대한 출자금이 아닌 다른 용도로 사용되었음이 확인되는 부분에 관하여는 그 지급이자 상당액을 익금불산입 대상에서 제외하여서는 아니 될 것이다. 그래서 법인세법 시행령 제17조의2 제4항은 그 차입금 및 이자에는 금융지주회사가 차입시의 이자율보다 높은 이자율로 자회사에 대여한 금액에 상당하는 차입금의 이자는 포함하지 아니하는 것으로 규정하였다. 하지만 이러한 특별한 규정에 해당하지 않는다면 원칙적으로 포함된다고 보아야 할 것이다.

이와 관련하여 금융업을 영위하는 은행 등의 법인의 부채로 계상하는 항목 중 자회사에 대한 출자금으로 사용되었다고 보기 어려운 항목에 대한 지급이자를 익금불산입하는 수입배당금액에서 공제할 것인지가 다투어진 사건이 있다.

서울고등법원 2015. 7. 10. 선고 2014누63390 판결이다. 이 판결은 은행의 부채항목 중 예수금은 은행 본연의 업무로 인한 것으로서 경상적·반복적 업무에 의하여 지급하는 성격의 금원이므로 이를 유용하여 다른 내국법인의 주식을 취득함으로써 문어발식 경영확장, 재무구조 부실화 등을 불러일으킬 것이라고 보기는 어려우므로 그 이자는 위 규정의 차입금의 이자에서 제외된다고 판시하였다. 위 규정에서 예정하고 있는 차입금은 타법인에 대한 출자금으로 사용될 수 있는 것을 의미하는데, 고객의 예수금도 특별히 사용상의 제한이 없는 이상 타법인에 대한 출자금으로 사용될 가능성이 없는 것은 아니지만 은행이 이를 염두에 두고 조달한 것이 아니라 고객의 자발적인 예탁에 의하여 발생한 것이므로 그 경위와 목적 등에 비추어 타법인의 출자금으로 연결짓기가 부적절하다. 따라서 이 부분의 이자는 위 판시와 같이 위 규정에서 말하는 차입금의 이자에 해당하지 않는다고 보는 것이 타당하다.

나아가 위 판결은 발행금융채권은 확정채무임을 표시하는 증권을 발행하여 다수인으로부터 장기간 거액의 자금을 차입함으로써 발생하는 부채이므로 그 이자는 위 규정의 차입금의 이자에 포함되고, 환매조건부채권매도이자는 은행이 인수한 국·공채를 타은행 또는 일반에게 환매수할 것을 조건으로 매각하고 지급하는 이자로서 그 자금의 유용성을 고려하였을 때 위 '차입금의 이자'에 포함되며, 매출어음할인료도 은행이 매입하여 보유하고 있는 매입어음을 근거로 발행하는 어음을 불특정 다수의 일반에게 매출하는 형식으로 자금을 차입하는 경우 그 매출할인이자를 처리하는 계정으로 그 경제적 실질이 신용으로 일정기간 동안 또는 동 기간 종료시 원리금의 반환을 약정하고 자금을 차입하는 것으로서 경상적·반복적인 은행업무에 포함된다고 보기 어려우므로 위 규정의 '차입금의 이자'에 포함된다고 판시하였다.

다만, 위 판결은 신탁계정미지급금이자는 신탁업무를 처리하는 은행이 신탁계정의 일시 여유자금을 은행계정에 공여·운영하고 그에 대한 대가로 이자를 지급하는 것으로서, 은행 내부에서 신탁계정과 은행계정을 구분하여 관리·운용한 결과로 발생한 것이고, 신탁재산과 고유재산은 엄격히 구별되어 은행이 임의로 신탁자산을 은행자산으로 운용할 수 없으므로 은행의 일정률의 이자를 신탁계정에 지급하고 있는 것이어서 계정 간의 대체에 불과하여 신탁계정은 고객이 맡긴 자산을 관리하는 계정으로서 그 대가로 수수료를 받을 뿐이므로 고객으로부터 신탁자산을 차입한 것이 아니며, 신탁계정미지급금이자를 고객에게 그대로 지급하는 것도 아니므로 이자로 볼 수는 없고, 기타지급이자는 은행 고유의 업무인 자금중개기능에 부수하여 경상적·반복적으로 발생한다는 점에서 위 규정의 차입금의 이자에서 제외되어야 한다고 판시하였다.

이에 대하여 대법원 2017. 7. 11. 선고 2015두49115 판결은 위 판결을 대부분 수긍하면서, 다만 신탁계정미지급금이자와 기타지급이자도 그 밖의 다양한 방식으로 타인으로부터 그 목적사업을 위한 운영자금을 조달하면서 지출하는 비용으로서 금융회사가 아닌 일반 기업들의 경우와 마찬가지로 구 법인세법 시행령 제19조 제7호의 차입금 이자로 보아야 하므로 다른 법인세법령에 의해 손금불산입된 경우가 아닌 이상 위 규정에서의 차입금 이자에서 제외될 수 없다고 판시하였다. 결국 금융기관의 예수금과 같이 그 목적이 금융회사의 운영자금조달에 있지 않은 것이 뚜렷한 경우에만 차입금의 이자를 제외하고 나머지의 경우는 원칙으로 돌아가 차입금의 이자에 포함된다고 보는 것이 타당하다.

손금의 범위와 손금불산입 항목

1. 손금의 범위

가. 손금의 요건

(1) 개요

법인세법 제19조 제1항은 손금에 관하여 '자본 또는 출자의 환급, 잉여금의 처분 및 이 법에서 규정하는 것을 제외하고 해당 법인의 순자산을 감소시키는 거래로 인하여 발생하는 손비의 금액'이라고 정의함으로써 이른바 순자산감소설의 입장을 취하고 있다. 따라서 법인의 순자산을 감소시키는 항목은 위 규정에서 언급하고 있는 바와 같은 특별한 예외규정에 해당하지 않는 한 원칙적으로 손금에 해당한다. 대법원 2023. 10. 12. 선고 2023두45736 판결은, 법인세법은 익금과 손금의 범위를 완결적으로 규정한 것이 아니라 그 범위를 예시하면서 포괄적으로 규정하고, 그 특례규정으로서 손금불산입과 손금산입의 각 사항을 열거하여 규정하고 있으므로, 원칙적으로 법인의 순자산을 감소시키는 거래로 인하여 발생하는 손비에 해당하지 않는 금액은 손금산입 특례규정 등에 열거되어 있지 않은 한 손금이 될 수 없다고 보아야 한다고 판시하였다. 이와 같이 법인세법은 익금의 범위에 관하여 순자산증가설의 입장을 취하는 것과 균형을 유지하기 위하여 손금의 범위에 관하여는 순자산감소설의 입장을 취하고 있으면서도 익금의 경우와 달리 손금에 관하여는 추가적인 요건을 규정하고 있다. 세원을 확보해야 하는 과세권자의 입장에서는 손금의 요건에 관하여 보다 엄격한 입장을 취하는 것은 당연하다고도 할 수 있겠다.

그 추가적인 요건에 관하여 법인세법 제19조 제2항은 손금은 '그 법인의 사업과 관련하여 발생하거나 지출된 손실 또는 비용으로서 일반적으로 인정되는 통상적인 것이거나 수익과 직접 관련된 것으로 한다'고 규정하고 있다. 이 규정은 법인세법이 1988. 12. 28. 전부 개정되면서 신설되었으며, 그전에는 이와 같은 손금의 본질적 요건에 관한 규정이 없어 손금성에 관하여 논란이 많았다. 위 규정에서 3가지의 요건을 추출해 낼 수 있다. 첫째는 사업관련성이고, 둘째는 통상성이며, 셋째는 수익관련성이다. 위 규정을 문언대로 해석하면 통상성과 수익관련성은 선택적인 관계에 있고, 이들과 사업관련성은 병렬적인 관계에 있다고 할 수 있다. 따라서 사업관련성의 요건이 손금으로 인정되기 위한 첫 번째 관문이고, 그 다음 단계에서는 통상성이나 수익관련성 중 어느 하나의 요건만 충족하면 손금으로 인정될 수 있다고 할 것이다. 사업관련성의 요건과 수익관련성의 요건의 관계에서 보더라도 이와 같이 해석하는 것이 자연스럽다. 사업관련성은 수익관련성을 내포하면서 그 보다 넓은 개념이므로 사업관련성이 인정된다고 해서 수익관련성이 반드시 인정되는 것은 아니며 수익관련성이 인정되면 사업관련성은 당연히 인정될 것이기 때문에 첫째 요건과 셋째 요건은 단계적으로 파악하는 것이 옳고 위 규정의 문언상 셋째 요건과 둘째 요건은 선택적 관계에 있음이 명백하므로 결국 첫째 요건과 둘째, 셋째 요건은 병렬적 관계에 있다고 보아야 한다는 것이다. 따라서 첫째 요건과 둘째 요건을 충족하는 경우나 첫째 요건과 셋째 요건을 충족하는 경우에 손금으로 인정될 수 있다고 하겠다. 여기서 셋째 요건을 갖추면 첫째 요건은 당연히 갖춘 것으로 볼 수 있기 때문에 결국은 첫째 요건과 둘째 요건을 갖춘 경우이거나 셋째 요건을 갖춘 경우에는 손금으로 인정될 수 있다.

(2) 사업관련성

'사업과 관련하여'의 범위에 관하여 좁게 해석하여 '사업에 필요한'의 의미로 새기는 입장과 넓게 해석하여 '사업에 수반하여'의 의미로 새기는 입장이 있다. 후자의 의미로 새길 경우 사업에 필요한 비용은 아니지만 사업에 수반하여 생기거나 지출되는 비용은 여기에 해당한다. 사업에 필요한 비용은 결과적으로 그 사업에 기여한 바가 있는 비용이라고 할 수 있고, 결과적으로 사업에 기여한 바는 없지만 그 사업과정에서 발생하였거나 지출된 비용은 '사업에 필요한' 비용에는 해당하지 않지만 '사업에 수반한' 비용에는 해당한다고 할 수 있다. '사업에 필요한'의 의미로 새기는 입장에서도 매우 제한적으로 해석하여 '사업에 필수불가결한'의 의미로 새길 수도 있겠지만, '사업에 기여한'의 의미 정도로 새기는 것이 합리적일 것으로 보인다. 이와 같이 '사업과 관련하여'를 좁게는 '사업에 필수불가결한'의 의미로, 다소 넓게는 '사업에 기여하는'의 의미로, 좀 더 넓게는 '사업에 수반하는'의 의미로 새길 수 있는데, 이를 다소 넓게 해석하더라도 그 다음 단계인 통상성이나 수익관련성의 요건에서 다시 한번 더 걸러낼 수 있기 때문에 다소 넓게 해석하여 '사업에 수반하는'의 의미로 새기는 것이 타당하다고 판단된다.

법인세법 제27조는 업무와 관련 없는 비용의 손금불산입규정을 두고 있고 그 위임에 의한 법인세법 시행령 제49조, 제50조에서 구체적 유형들을 열거하고 있는데, 이들 규정은 사업관련성을 충족하지 못한 경우에 관한 예시적 규정이라고 할 수 있다. 따라서 이들 규정에 해당하지 않더라도 사업관련성이 없으면 손금으로 인정될 수 없다.

법인세법 제27조는 제1호에서 업무무관자산을 취득·관리함으로써 생기는 비용을 규정하고, 제2호에서 제1호 외에 업무와 직접 관련이 없다고 인정되는 지출금액을 규정하고 있다. 이들 양 규정의 대상은 서로 겹치는 듯하면서도 겹치지 않는 부분이 있다. 법인세법 시행령 제49조 제1항 제1호 (가)목은 법령상 유예기간(5년)을 경과하도록 해당 법인의 업무에 직접 사용하지 아니하는 부동산을 위 업무무관자산으로, 제50조 제1항 제2호는 해당 법인의 주주(지분율 1% 미만의 소액주주 등은 제외한다)인 임원이 사용하고 있는 사택의 유지비·관리비·사용료와 이와 관련되는 지출금을 위 그 밖의 업무무관지출로 각 분류하고 있다. 그리고 법인세법 제28조 제1항 제4호 (가)목에서는 업무무관자산이 있는 경우 차입금 이자 중 일정한 계산식에 따라 산정되는 지급이자를 손금불산입하도록 규정하고 있다. 이중의 제재인 셈이다. 여기서 법령상의 유예기간 5년이 경과하기 전의 부동산은 업무와의 관련성이 없더라도 법인세법 제27조 제1호에는 해당할 수 없고, 제2호에 해당할 수 있을 뿐이다. 그래서 이러한 부동산의 경우 그 유지관리비 등을 손금불산입할 수 있을지언정 법인세법 제28조 제1항 제4호 (가)목에 의한 차입금의 지급이자를 손금불산입할 수는 없다. 주주인 임원이 사용하는 사택의 경우는 그 임원이 법인의 업무에 관여하고 있으므로 업무관련성이 없다고 할 수 없음에도 법인세법 시행령 제50조 제1항 제2호는 업무관련성이 없는 지출로 규정하고 있는데 이는 다소 정책적인 견지에 따른 의제적 규정으로 볼 수 있다.

업무무관자산과 업무와 관련 없는 지출의 구분을 간과한 과세처분을 다룬 사안으로 대법원 2017. 8. 29. 선고 2014두43301 판결이 있다. 이 판결은, 법인의 사택에 대해서는 일정한 경우에 업무무관지출에 관한 위 구 법인세법 제27조 제2호가 적용될 수 있을 따름이고, 비업무용 부동산에 관한 구 법인세법 제27조 제1호 및 제28조 제1항 제4호 (가)목이 적용될 수 없음이 분명하다고 하면서, 원고가 대주주이자 고문으로 재직 중인 자에게 처음 약 18개월 동안은 무상으로, 그 이후로는 저가의 임료를 받고 그 소유의 주택을 그의 질병 요양을 위하여 일시적인 주거지로 제공하여 거주용 주택을 무상 또는 유상으로 사용하도록 한 것은 사택 제공에 해당하여 위 업무무관지출 규정이 적용되는 것은 별론으로, 비업무용 부동산에 관한 규정이 적용될 수는 없음에도 비업무용 부동산의 유예기간이 경과되지 아니한 점도 간과한 피고의 처분은 위법하다고 판시하였다.

위 판결이 법인의 사택의 경우 무조건 업무무관자산에 해당할 수 없다는 취지인지 아니면 유예기간을 경과하지 아니한 사택의 경우만 업무무관자산에 해당할 수 없다는 취지인지 분명하지가 않다. 사택은 원래의 목적이 법인의 업무에 관여하는 임직원들의 숙소로 제공하는 것이므로 업무무관자산으로 볼 수는 없다. 하지만 법인의 업무에 관여하지 않는 주주의 사택으로 제공될 경우에는 업무무관자산에 해당할 수 있다. 이러한 경우에도 법인세법 시행령 제49조 제1항 제1호 (가)목이 부여하고 있는 유예기간(5년) 내에 있으면 업무무관자산에서 제외될 수 있다. 그래서 위 판결이 결론은 타당하지만 판시내용은 다소 부적절해 보인다.

(3) 통상성

법인세법 제19조 제2항은 통상성의 요건에 관하여 '일반적으로 인정되는 통상적인 것'이라고 규정하고 있다. 미국에서도 손금의 요건으로 통상성을 들면서 이를 'ordinary'라는 용어로 표현하고 있다.[3] 우리 법인세법은 '통상적'이라는 용어만으로는 부족하다고 느꼈는지는 몰라도 그 앞에 '일반적으로 인정되는'이라는 수식어를 덧붙이고 있다. 그러나 '통상적'이라는 용어 속에 '일반적으로 인정되는'이라는 의미가 내포되어 있다고 볼 수 있으므로 이는 강조하는 의미의 수식어에 불과하다고 보인다. '일반적으로 인정되는'이라는 문언에 '통상적'이라는 의미와 다른 독립적인 지위를 부여하여 공서양속에 반하지 않아야 하고 그 지출금액이 적정하여야 한다는 요건의 의미로 새기는 입장도 있다.[4] 그러나 이러한 요건도 '통상적'의 의미 속에 내포될 수 있을 것으로 보인다. '통상적'이란 용어의 사전적인 의미는 '특별하지 않고 흔히 있을 수 있는'이다. 이러한 사전적인 의미를 원용하면 통상적인 비용은 일반적으로 흔히 있을 수 있는 비용이라고 할 수 있다. 다시 말하면 어떠한 상황에서 평균인의 입장이라면 지출하였을 것으로 기대되거나 용인되는 비용을 의미한다고 하겠다.

어떤 법인이 지출한 비용 중 통상성이 문제가 되는 것은 그 법인으로서는 지출해야 한다는 판단하에 이미 지출한 것이기 때문에 통상성을 그 법인의 입장에서 판단할 수는 없고 그와 같은 상황에 처한 다른 법인이라면 지출하였을 것으로 기대할 수 있는가 여부에 따라 판단하여야 할 것이다. 그래서 대법원 2009. 11. 12. 선고 2007두12422 판결은

---

3) 미국 내국세입법 제162조
4) 김재승, "위법비용과 손금성", 법학논총(2012), 전남대학교 법학연구소

납세의무자와 같은 종류의 사업을 영위하는 다른 법인도 동일한 상황 아래에서는 지출하였을 것으로 인정되는 비용을 의미하고, 그러한 비용에 해당하는지 여부는 지출의 경위와 목적, 형태, 액수, 효과 등을 종합적으로 고려하여 객관적으로 판단하여야 한다고 판시하였다. 대표적인 예가 사회질서에 반하는 위법한 비용인데, 이러한 비용은 사회 평균인의 입장이라면 지출하였을 것으로 기대하기 어려운 이례적인 비용이라고 할 것이므로 통상성의 요건을 갖추었다고 하기 어렵다. 그래서 위 판결도 이러한 비용은 특별한 사정이 없는 한 손금으로 인정될 수 없다고 판시하였다.

(4) 수익관련성

수익관련성은 수익의 창출에 기여한 바가 있는 비용이나 손실을 의미한다고 하겠다. 그 수익에는 주된 영업의 수익은 물론이고 영업외 수익이나 특별이익도 포함됨은 물론이나 익금불산입 항목에 해당하는 수익은 포함되지 않는다고 보아야 할 것이다. 왜냐하면 수익비용대응의 원칙상 수익이 익금에 산입됨을 전제로 하여 그 익금의 창출에 기여한 비용을 손금으로 인정하겠다는 것이므로 그 수익 자체가 익금불산입됨으로써 과세대상에서 제외될 경우 그에 대응하는 비용이 있더라도 이는 손금으로 인정할 필요가 없다. 만일 이러한 경우에도 손금으로 인정하게 되면 국가는 당해 법인에 대하여 납세의무를 면하게 하는 조세수입의 소극적 공백의 수준을 넘어 다른 제3자의 세원으로 납세자에게 재정지원을 하는 것과 같은 불합리한 결과가 초래되고 이는 법인세법의 입법 취지를 벗어난다.

나. 손금의 요건이 다투어진 사례

(1) 손금성을 인정한 사례

가) 판결에 따라 지급한 손해배상금

법인이 타인에 대하여 한 불법행위로 손해가 발생하게 된 경우 어떤 경위로든 그 손해를 배상해야 한다. 이러한 손해배상금이 손금의 요건을 갖추었는지가 문제된다. 손금성의 요건 중 사업관련성이나 수익관련성에는 별 문제가 없어 보이고 주로 통상성이 문제되겠다. 손해배상금의 원인행위를 보면 적법한 행위가 아니라 불법행위이므로 사회질서에 반하는 면이 있고 그래서 통상성에 문제가 있을 수 있다. 하지만 손해배상금의 지출행위를 보면 어차피 지출해야 하는 돈을 지출하는 것이고 그 지출을 면할 방법이 없으므로 통상성에 문제가 있다고 보기 어렵다. 어느 측면을 강조하느냐에 따라 손금성에 관한 판단이 달라질 수 있는 영역이다.

이와 관련하여 법인세법에서는 2017. 12. 19. 제21조의2를 신설하여 '내국법인이 지급한 손해배상금 중 실제 발생한 손해를 초과하여 지급하는 금액으로서 대통령령으로 정하는 금액은 내국법인의 각 사업연도의 소득금액을 계산할 때 손금에 산입하지 아니한다.'고 규정하였다. 그 위임에 의한 법인세법 시행령 제23조는 별표 1 각 호의 법규정에 의하여 지급한 손해배상액 중 실제 발생한 손해를 초과하는 금액과 외국의 법령에 따라 지급한 손해배상액 중 실제 발생한 손해액을 초과하는 금액이라고 함으로써 실손해를 초과하여 손해배상을 해야 하는 징벌적 손해배상의 경우 실손해의 범위 내에서만 손금산입을 인정하고 이를 초과하는 부분은 징벌의 결과이므로 손금산입을 할 수 없다는 취지이다. 이 부분마저 손금산입을 인정하면 관련 법령이 의도한 징벌의 효과가 줄어드는 불합리한 결과가 발생한다. 이들 규정의 취지에 비추어 보면 실손해의 범위 내에서 지급하는 손해배상금이라면 그 원인행위는 사회질서에 반하는 측면이 있더라도 손금산입을 인정해주는 것이 타당하다고 볼 여지가 있다. 위법행위로 인한 불법소득을 익금에 산입하고 있는 것과 균형을 맞추는 면에서 보면 더욱 그러하다.

대법원 2024. 9. 12. 선고 2021두35308 판결이 이러한 입장에 서 있다. 이 판결은, P가 'A은행과 B의 공동불법행위로 인하여 Q사의 경영권을 상실함에 따라 약 902억 원의 손해를 입었다.'고 주장하면서 A은행과 B를 상대로 불법행위에 기한 손해배상청구의 소를 제기하였고, 법원은 A은행과 B의 공동불법행위로 인한 손해배상책임을 일부 인정하여 A은행은 P에게 150억 원 및 그 지연손해금을 지급하라는 판결을 선고하였고, 그 판결이 확정됨에 따라 A은행이 손해배상금을 지급한 사안에서, 이 손해배상금은 A은행의 사업과 관련하여 지출된 비용으로서 일반적으로 인정되는 통상적인 것이므로 손금에 해당한다고 판시하였다. 그 이유로는 이 손해배상금은 관련 민사사건의 확정판결에 따라 P에게 실제 발생한 손해를 배상하기 위하여 지급된 것으로서, 그 지출 자체가 사회질서에 위반한다고 볼 수 없고, 액수 또한 실손해의 범위를 벗어나는 과도한 금액이라고 단정하기 어려운 점, A은행과 같은 종류의 사업을 영위하는 다른 법인도 동일한 상황 아래에서는 A은행과 마찬가지로 이 손해배상금을 지출하였을 것으로 보이는 점, 원심이 근거로 들고 있는 대법원 2017. 10. 26. 선고 2017두51310 판결은, 동종 업체들에 입찰 포기의 대가로 지급한 담합사례금은 그 지출 자체가 사회질서에 위반한다고 보아 손금으로 인정하지 않은 것으로서 사안이 다른 점, 어떠한 비용을 손금불산입 대상으로 규정할 것인지는 입법정책의 문제로서 법인세법은 제19조에서 손금의 범위에 대하여 규정하는 한편, 이와 별도로 제19조의2 내지 제38조 등의 특례규정에서 손금불산입 항목과 손금산입 항목을 열거하고 있는데, 손해배상금은 손금불산입 항목으로 규정하고 있지 않는 점 등을 들고 있다.

이 판결을 보면, 손해배상금을 지급하게 한 원인행위의 측면에서 손금성을 따지지 않고 기정사실이 된 손해배상책임을 이행하는 측면에서 손금성을 따지고 있음을 알 수 있다. 반면에 이 사건의 원심은 손해배상금을 지급하는 원인행위의 측면에서 손금성을 따져 손금성을 인정할 수 없다고 판시하였다. 신설된 법인세법 제21조의2의 취지와 법인세법이 과세표준에 관하여 순자산증가설의 입장을 취하면서 손해배상금을 손금불산입 항목으로 규정하고 있지 않은 점 등을 종합하면 대법원의 입장이 더 타당하다고 할 것이다.

나) 강제퇴임 임원에게 지급한 급여

대주주의 요구로 임기를 남겨두고 퇴임한 임원들에게 잔여임기의 기본급에 상당한 돈을 지급한 것이 손금으로서의 사업관련성과 통상성을 갖춘 것인지가 다투어진 사례가 있다. 대법원 2015. 12. 10. 선고 2013두13327 판결이다. 이미 퇴임함으로써 법인의 업무에 기여하는 바가 없는 임원들에게 급여상당의 돈을 지급한 것은 우선 사업관련성이 없다고 볼 여지가 많다. 그러나 위 사안은 A은행이 외국펀드에게 매각되면서 새로이 대주주가 된 그 외국펀드의 계열회사들이 A은행의 임원들에게 중도 퇴임할 것을 요구하여 사직하게 되었고 그에 따라 A은행의 이사회에서는 임원들이 귀책사유나 개인사정 없이 A은행의 방침에 따라 사직서를 제출함으로써 그에 대한 손해배상책임을 지는 것을 전제로 하여 그들의 잔여 임기에 대한 기본급에 상당하는 돈을 지급하기로 결의하여 이를 지급한 것이었다. 결국 위 돈은 손해배상금의 지급에 갈음하는 성격을 지니므로 수익관련성은 없을지 몰라도 사업관련성과 통상성은 갖추었다고 볼 수 있다. 그래서 원심은, A은행의 임원들이 자신들의 귀책사유 없이 A은행 지배주주의 요구에 따라 그 임기 또는 고용계약 기간 만료 전에 사실상 일방적으로 해임·해고되었으므로, A은행이 이사회 결의를 거쳐 손해배상에 갈음하여 잔여 임기 또는 고용계약 기간의 보수 상당액 등을 지급한 것은 경영·관리 조직의 안정 및 원만한 사업운영을 위한 적절하고 유용한 조치로 볼 수 있다는 등의 이유로, A은행이 이들에게 지급한 보수 상당액 등은 A은행의 사업과 관련하여 일반적으로 인정되는 통상적인 비용에 해당한다고 판단하였고, 대법원이 이를 수긍하였다.

다) 법인설립 전에 지출원인이 발생한 비용

법인을 설립하기 전에 그 설립을 위한 용역을 제공받음으로써 지출원인이 발생하는 비용들이 있기 마련이다. 그것을 법인설립 후에 법인이 지출하였을 때 손금으로 인정할 수 있느냐가 쟁점이 된 것으로 대법원 2013. 9. 26. 선고 2011두12917 판결이 있다. 3인이 공동하여 원고법인을 설립한 직후 D빌딩을 매입하여 임대업을 영위하다가 2년 뒤 이를 매각하였는데, 그 설립 전에 D빌딩 매입 등과 관련하여 각종 용역을 제공받았다가 원고법인 설립 후 원고가 그 용역대가를 지출하였고 그것이 손금성을 갖추었는지가 문제되었다. 원심은 그 용역대가는 공동설립자들인 3인이 부담하여야 할 비용이며 원고가 부담하여야 할 비용이 아니라는 취지에서 사업관련성을 부인하였다.

이에 대하여 대법원은 다음과 같이 판시하였다. 손금의 요건에 관한 법인세법 제19조 제1항과 제2항, 그리고 법인세법 시행령 제3조 제2항이 '최초 사업연도의 개시일 전에 생긴 손익을 사실상 그 법인에 귀속시킨 것이 있는 경우 조세포탈의 우려가 없을 때에는 최초 사업연도의 기간이 1년을 초과하지 아니하는 범위 내에서 이를 당해 법인의 최초 사업연도의 손익에 산입할 수 있으며, 이 경우 최초 사업연도의 개시일은 당해 법인에 귀속시킨 손익이 최초로 발생한 날로 한다'고 규정하고 있는 취지 등을 종합하면, 법인의 설립 전에 지출원인이 발생한 비용이라도 그 법인의 설립 목적과 설립 후의 영업 내용 등에 비추어 법인세법 제19조 제2항에서 규정한 손비의 요건을 갖추었다고 인정되는 경우에는 특별한 사정이 없는 한 그 법인에 귀속되는 손비로 보아야 한다고 전제하고, 법인 설립 전에 제공받았던 용역은 D빌딩을 자산유동화 목적으로 취득하는 것과 관련된 자문 및 컨설팅 서비스로서, 원고가 D빌딩을 취득하여 자산유동화업무를 영위하기 위하여는 그 용역을 제공받을 필요가 있었으므로 비록 원고의 설립 전에 그 지출원인이 발생하였더라도 원고의 사업과 관련된 것으로서 법인세법 제19조 제2항에서 규정한 손비의 요건을 갖추었다고 볼 여지가 크다고 판시하였다.

본래 법인설립 전에 지출원인이 발생한 비용은 설립자들이 부담하는 것이 원칙일 것이다. 그러지 않고 그 비용을 설립된 법인에게 부담시키기 위해서는 상법 제290조 제4호에서 정하는 바와 같은 변태설립사항으로서 정관에 기재하는 등의 요건을 갖추어야 할 것이다. 그러나 법인설립 전에 제공받은 용역이 향후 설립되는 법인의 가치증대에 기여한다면 법인의 설립자가 부담하지 않고 설립 후의 법인이 이를 부담한다고 하더라도 사업관련성과 통상성의 요건을 갖추지 않았다고 보기 어렵다. 위 대법원 판결도 이러한 취지에서 법인설립 후 그 법인이 D빌딩을 취득한 것은 법인설립 전에 제공받았던 용역이 토대가 되었다고 보아 그 비용을 법인이 지출하였다면 법인의 손금으로 인정되어야 한다고 판시한 것으로 이해할 수 있다.

라) 임직원의 주식매수선택권에 대한 보전비용

법인세법 시행령 제19조 제19호는 임직원이 그 각 목의 어느 하나에 해당하는 주식매수선택권 또는 주식이나 주식가치에 상당하는 금전으로 지급받는 상여금으로서 기획재정부령으로 정하는 것(주식기준보상)을 행사하거나 지급받는 경우 해당 주식매수선택권 또는 주식기준보상을 부여하거나 지급한 법인에 그 행사 또는 지급비용으로서 보전하는 금액을 손금항목으로 규정하면서, (가)목에서 금융지주회사법에 따른 금융지주회사로부터 부여받거나 지급받은 주식매수선택권 등(주식매수선택권은 상법 제542조의3에 따라 부여받은 경우만 해당한다)을, (나)목에서 기획재정부령으로 정하는 해외모법인으로부터 부여받거나 지급받은 주식매수선택권 등으로서 기획재정부령으로 정하는 것을 들고 있다. 그리고 법인세법 시행규칙 제10조의2 제1항은 위 주식기준보상에 관하여 임직원이 지급받는 상여금으로서 다음 각 호의 요건을 모두 갖춘 것을 말한다고 하면서, 제1호에서 '주식 또는 주식가치에 상당하는 금전으로 지급하는 것일 것'을, 제2호에서 '사전에 작성된 주식기준보상 운영기준 등에 따라 지급하는 것일 것'을, 제3호에서 '임원이 지급받는 경우 정관·주주총회·사원총회 또는 이사회의 결의로 결정된 급여지급기준에 따른 금액을 초과하지 아니할 것'을, 제4호에서 '지배주주 등인 임직원이 지급받는 경우 정당한 사유 없이 같은 직위에 있는 지배주주 등 외의 임직원에게 지급하는 금액을 초과하지 아니할 것'을 규정하고 있다.

위 규정은 2009. 2. 4. 신설된 것인데, 그 이전에는 자회사의 임직원에게 모법인으로부터 주식매수선택권이 부여되고 그 행사와 관련하여 모법인에 발생한 비용을 자회사가 부담한 경우, 이를 자회사의 손금으로 할 수 있는지에 대하여 명시적인 규정이 없었고, 과세관청의 실무례는 자회사의 손금에 해당하지 않는다고 보았다.[5] 위 규정의 신설에 의하여 상법 제542조의3에 따라 임직원이 부여받은 주식매수선택권을 행사하는 경우 해당 주식매수선택권을 부여한 법인에 그 행사비용으로서 보전하는 금액은 위 규정에서 정한 요건을 충족하면 손금으로 인정받을 수 있게 되었다. 위 규정이 신설되기 전의 사안에서는 일반적인 손금성의 요건을 갖추었는지 여부에 따라 손금성의 인정 여부가 정해질 수밖에 없었다.

이에 관한 사안으로 대법원 2015. 11. 17. 선고 2012두3491 판결이 있다. H금융지주사가 자회사인 원고의 임직원들에게 H금융지주 주식에 대한 주식매수선택권을 부여하여 원고의 임직원들이 2006년부터 2008년에 걸쳐 주식매수선택권을 행사함으로써 H금융지주로부터 행사가격과 시가의 차액을 현금으로 지급받자, 원고는 사전약정에 따라 H금융지주에 그 주식매수선택권 행사비용을 보전하여 준 사안에서, 원심은, 법인이 그 임직원들에게 부여하는 주식매수청구권은 근로 제공에 대한 대가로서 법인의 수익창출에 기여하는 점, 법인이 사전약정에 따라 모회사에 보전하는 주식매수선택권 행사비용은 결국

---

5) 재정경제부 소득세제과-611, 2006. 9. 26., 재법인 46012-82, 2002. 4. 23.

해당 법인의 부담으로 귀속되는 점, 2009. 2. 4. 개정된 법인세법 시행령 제19조가 제19호에서 '상법 제542조의3에 따라 임직원이 부여받은 주식 매수선택권을 행사하는 경우 해당 주식매수선택권을 부여한 법인에 그 행사비용으로서 보전하는 금액 등'을 구 법인세법 제19조 제1항에 따른 손비로 하는 규정을 신설한 것도 이를 확인하는 취지인 점 등에 비추어, 원고가 부담한 이 사건 보전액은 구 법인세법 시행령 제19조 제3호가 규정한 '인건비'로 볼 수 있다고 판시하였고, 대법원이 그 결론을 수긍하였다. 여기서는 원고가 모회사에 대하여 주식매수선택권 행사비용을 보전해주기로 사전약정되어 있었다는 점과 그것이 업무관련성이 인정된다는 점이 중요한 요소로 고려되었다.

이와 달리 그 행사비용을 보전해주기로 하는 사전약정이 있었다는 점을 인정할 자료가 없다는 이유로 손금성을 부인한 사례도 있다. 대법원 2014. 5. 29. 선고 2011두22556 판결이 그것이다. 원고들이 그들의 임직원들에게 주식매수선택권을 부여한 해외 모법인 등에게 그 비용을 보전해 주었으나 과세관청은 원고들이 주장하는 주식매수선택권의 부여요건과 행사요건 및 행사시기, 임직원들과의 고용계약 및 원고들과 해외 모법인 등 사이의 보전약정 내용 등에 대한 자료가 없으므로 그 보전비용을 원고들의 손금으로 인정하지 않은 사안에서, 원고들이 그 임직원들에게 현물 상여로 주식매수선택권을 부여하기 위하여 해외 모법인 등과 그 비용에 관한 보전약정을 하고, 해외 모법인 등으로 하여금 원고들의 임직원들에 대한 주식매수선택권 부여업무를 처리하게 하였다고 보기 어려우므로 그 보전비용을 손비의 하나로 규정한 '인건비'에 해당한다고 볼 수 없고, 이처럼 원고들과 해외 모법인 등 사이의 보전약정 체결 여부나 그 내용 등을 알 수 없는 이상 그 보전비용을 원고들의 사업과 관련하여 발생한 비용으로서 일반적으로 그 손금성을 인정할 수 없다고 판시하였다.

이와 같이 법인세법 시행령 제19조에 제19호가 신설되기 전에서는 그 보전비용이 일반적인 손금성의 요건을 갖추어야만 손금으로 인정될 수 있었고 그중 가장 중요한 요소가 보전에 관한 사전약정이었다. 이러한 사전의 보전약정이 있었던 전자의 사안에서는 손금성이 인정되었고, 사전의 보전약정이 없었던 후자의 사안에서는 손금성이 인정되지 못하였다. 그러나 위 시행령 규정이 신설된 후에는 그 규정에서 보전에 관한 사전의 약정을 별도의 요건으로 들고 있지 않고 단지 그 시행규칙 제10조의2 제1항 제2호에서 주식기준보상 운영기준 등은 사전에 작성되어 있을 것을 요구하고 있는 정도에 그치므로 사전의 보전약정 유무에 따라 손금성의 인정 여부가 달라진다고 할 수는 없고, 나아가 손금성의 일반적인 요건을 충족하는지 여부보다는 위 시행령과 시행규칙에서 정하고 있는 구체적 요건을 충족하는지 여부에 따라 손금성이 좌우된다고 하겠다.

(2) 손금성을 부인한 사례

가) 모회사가 대납한 해외현지법인의 보증수수료

모회사가 해외자회사의 보증신용장발급 수수료를 대신 납부한 것이 모회사의 입장에서 사업관련성과 통상성을 갖추었다고 할 수 있는지가 다투어진 사례로 대법원 2007. 6. 14. 선고 2005두12251 판결이 있다. 원고는 위성수신기 등을 생산하는 업체로서 해외시장을 개척할 목적으로 해외현지법인을 설립하여 그 해외현지법인에게 선수출한 다음 해외현지법인이 이를 해외현지에서 판매하였다. 원고는 해외현지법인이 해외거래은행으로부터 대출을 받도록 하기 위하여 국내은행으로 하여금 해외거래은행에게 보증신용장을 개설하게 하고 그 대가로 국내은행에게 보증수수료를 지급하였다. 과세관청은 위 보증수수료는 해외현지법인이 부담하여야 할 것을 원고가 대신 부담한 것으로 보아 손금성을 부인하였다. 원고는 해외현지법인이 대출을 받지 못하면 원고의 해외시장개척과 매출실적증대의 목적을 이룰 수 없게 되므로 위 보증수수료는 사업관련성이 있다고 주장하였다. 그러나 원심법원은 특별한 사정이 없는 한 원고의 사업과 관련하여 발생하거나 지출된 손실 또는 비용으로서 일반적으로 용인되는 통상적인 것이거나 수익과 직접 관련된 것으로 볼 수 없어 손금산입 대상이 아니라고 판단하였다.

이 사안에서의 보증수수료의 부담은 해외시장개척을 위한 것으로 볼 수 있어 해외시장에서의 매출이 본궤도에 오르기 전까지는 수익관련싱을 인징하기는 어렵겠지만 사업관련성과 통상성을 인정할 수 있는 여지가 있어 보인다. 그러나 법원에서는 원고와 해외현지법인이 법인세법상 특수관계에 있고 원고가 해외현지법인이 부담해야 할 보증수수료를 대납한 것은 부당행위계산에 해당한다고 볼 수 있다는 점이 고려된 것으로 짐작된다. 그러나 부당행위계산으로 부인하기 위해서는 경제적 합리성을 결여하여야 하는데 위 사안에서는 원고가 자신의 장기적인 이윤추구의 목적에 부합하기 때문에 보증수수료를 지급한 것으로 볼 여지가 있어 경제적 합리성이 결여되었다고 보기 어려운 측면도 있다. 따라서 위 판결은 손금성을 지나치게 엄격하게 본 사례라고 평가할 수 있겠다.

나) 법인의 대표이사 사저 경비원의 인건비 등

언론사의 대표이사 사저에서 일하는 경비원들에 대한 인건비와 그곳에서 운행하는 차량의 유지·관리비가 사업관련성이 있는지가 다투어진 사안이 있다. 대법원 2010. 6. 24. 선고 2007두18000 판결이다. 이 사건에서 원고는 언론사의 경우 기사와 논설에 불만을 품고 대표이사를 위협하는 경우가 있으므로 이에 대처하기 위하여 경비원을 둔 것은 업무관련성이 있고, 차량도 대표이사가 법인 직원들의 경조사에 참석하거나 휴가 그리고 병원방문을 위한 목적으로 사용되는 등 법인의 업무에 투입되는 경우가 많았다는 이유로 손금성이 있다고 주장하였다. 그러나 원심은, 그 경비원들은 사저를 경비하거나 사저의 잡다한 일을 처리해주는 등 개인적인 일에 종사하였고, 그 차량이 간혹 법인의 업무에 투입된 적도 있으나 대부분은 대표이사 가족들의 사적인 용도에 사용되었다는 이유로 경비원의 인건비와 그 차량의 유지·관리비는 업무관련성이 없다고 보아 손금성을 부인하였고 대법원은 이를 수긍하였다. 대표이사가 법인의 오너인 경우 실제 생활에서 법인의 업무와 그 대표이사의 사적인 업무의 경계가 다소 불명확한 점이 없지는 않지만 그 경계를 무시할 수는 없으므로 주된 용도가 사적인 업무를 위한 것으로 볼 수 있다면 위 판결과 같이 법인의 업무관련성을 부인하는 것이 옳을 것이다.

다) 임원에 대한 과도한 상여금이나 퇴직금

법인세법 시행령 제43조 제1항은 법인이 그 임원 또는 사용인에게 이익처분에 의하여 지급하는 상여금은 손금에 산입하지 아니한다고 하면서, 제2항은 법인이 임원에게 지급하는 상여금 중 정관·주주총회·사원총회 또는 이사회의 결의에 의하여 결정된 급여지급기준에 의하여 지급하는 금액을 초과하여 지급한 경우 그 초과금액은 이를 손금에 산입하지 아니한다고 규정하고 있다. 그리고 법인세법 시행령 제44조 제4항은 법인이 임원에게 지급한 퇴직급여 중 정관에 퇴직급여(퇴직위로금 등을 포함한다)로 지급할 금액이 정하여진 경우에는 정관에 정하여진 금액을, 그 외의 경우에는 그 임원이 퇴직하는 날부터 소급하여 1년 동안 해당 임원에게 지급한 총급여액의 10분의 1에 상당하는 금액에 근속연수를 곱한 금액을 초과하는 금액은 손금에 산입하지 아니한다고 규정하고 있다.

위 규정에 의하면 임원에 대한 상여금이나 퇴직금에 관하여 정관(상여금의 경우에는 주주총회나 사원총회, 이사회의 결의를 포함한다)에 규정하기만 하면 그 액수의 다과를 불문하고 모두 손금에 산입해야 한다는 결론에 이른다. 그러나 우리나라 법인들 중에서는 사실상 1인 지배회사가 많고 그러한 경우에 그 1인의 의사에 의하여 정관이나 주주총회, 사원총회, 이사회의 결의가 좌우될 수 있기 때문에 사실상 지배주주에 대한 이익의 처분이나 자본의 환급에 해당하여 손금성이 인정되어서는 아니됨에도 정관의 규정이나 주주총회 결의 등을 통하여 상여금이나 퇴직금의 지급으로 회계처리함으로써 이를 손금 산입하고자 하는 사례들이 종종 있다. 이에 관한 납세자와 과세관청의 다툼이 자주 있었고 최근 대법원 판결들이 선고되었다. 기본적인 흐름은 형식보다는 실질을 중요시하여 실질적으로는 이익처분에 의한 상여금으로 보아 손금성을 인정하지 않겠다는 입장이다.

먼저, 대법원 2013. 7. 12. 선고 2013두4842 판결은, 원고회사가 2008. 12. 12. 자 임시주주총회 결의에 따라 2008. 12. 30. 전임 대표이사인 A에게 급여 1억 1,000만 원 이외에 상여금 8억 5,000만 원을 지급한 사안에서, 원고가 그 취업규칙에서 경영실적에 따라 상여금을 지급할 수 있다고 규정하고 원고의 2008. 3. 26. 자 정기주주총회에서 임원 보수 한도를 회상·부회장의 경우 10억 원으로 결의하였다고 하더라도 그것만으로는 법인세법 시행령 제43조 제2항 소정의 '급여지급기준'이 정해져 있다고 할 수 없고, 나아가 이 사건 상여금의 액수를 8억 5,000만 원으로 정한 근거를 알 수 없을 뿐만 아니라 그 액수가 2008 사업연도 당기순이익의 약 42%에 이르는 거액이어서 이를 임원 개인에 대한 임금으로 보기도 어렵다는 점 등에 비추어, 위 상여금은 원고가 유보된 이익을 원고의 발행주식 71%를 보유한 지배주주인 A에게 배분하기 위하여 상여금의 형식을 취한 것으로서 실질적으로 이익처분에 의하여 지급되는 상여금에 해당한다는 이유로, 위 상여금이 손금불산입 대상에 해당함을 전제로 한 피고의 처분은 적법하다고 한 원심판단을 수긍하였다. A의 지배관계, 상여금의 액수 등을 종합하여 실질과 괴리되는 형식을 부인하고 실질적으로는 이익처분에 의한 상여금으로 보아 손금불산입한 것으로서 타당한 판결이라고 하겠다.

그리고 대법원 2016. 2. 18. 선고 2015두50153 판결은, 임원에 대한 과도한 퇴직금에 관한 사안으로서 실질을 중시하는 판단기준을 좀 더 구체적으로 제시하였다. 임원에게 지급할 퇴직급여의 금액 또는 그 계산 기준을 정한 정관이나 정관에서 위임된 퇴직급여 지급규정에 따라 지급된 임원 퇴직급여는 전액이 손금에 산입되는 것이 원칙이나, 임원 퇴직급여 규정이 근로 등의 대가로서 퇴직급여를 지급하려는 것이 아니라 퇴직급여의 형식을 빌려 특성 임원에게 법인의 사금을 분여하기 위한 일시적인 방편으로 나련된 것이라면, 이는 법인세법 시행령 제44조 제4항 제1호 또는 제5항에서 정한 임원 퇴직급여 규정에 해당하지 아니한다고 볼 것이라고 전제하고, 따라서 임원 퇴직급여 규정이 종전보다 퇴직급여를 급격하게 인상하여 지급하는 내용으로 제정 또는 개정되고, 그 제정 또는 개정에 영향을 미칠 수 있는 지위에 있거나 그와 밀접한 관계에 있는 사람이 퇴직임원으로서 급격하게 인상된 퇴직급여를 지급받게 되며, 그에 따라 지급되는 퇴직급여액이 해당 퇴직임원의 근속기간이나 근무내용 또는 다른 비슷한 규모의 법인에서 지급되는 퇴직급여액 등에 비추어 볼 때 도저히 재직기간 중의 근로나 공헌에 대한 대가라고 보기 어려운 과다한 금액이고, 그 규정 자체나 해당 법인의 재무상황 또는 사업전망 등에 비추어 그 이후에는 더 이상 그러한 퇴직급여가 지급될 수 없을 것으로 인정되는 등 특별한 사정이 있는 경우에는, 그 퇴직급여 규정은 실질적으로 근로의 대가로서 퇴직급여를 지급하기 위한 것이 아니라 퇴직급여의 형식을 빌려 그 임원에게 법인의 자금을 분여하기 위한 일시적 방편에 불과하다고 볼 것이므로, 이 경우에는 법인세법 시행령 제44조 제4항 제2호의 규정에 따라 산정되는 금액을 넘는 부분은 퇴직급여로 손금에 산입될 수 없다고 판시하였다. 대법원 2016. 2. 18. 선고 2015두53398 판결도 같은 취지이다. 나아가 대법원 2017. 9. 21. 선고 2015두60884 판결은 증명의 어려움이나 공평의 관념 등에 비추어, 위와 같은 사정이 상당한 정도로 증명된 경우에는 보수금 전체를 손금불산입의 대상으로 보아야 하고, 보수금에 직무집행의 대가가 일부 포함되어 있어 그 부분이 손금산입의 대상이 된다는 점은 보수금 산정 경위나 구성내역 등에 관한 구체적인 자료를 제출하기 용이한 납세의무자가 이를 증명할 필요가 있다고 판시하였다.

이런 유형의 사안들에서는 과다한 상여금이나 퇴직금을 수령한 임원이 회사의 수익증대에 기여한 공이 탁월하여 그에 대한 보상으로 지급한 것이므로 손금성이 인정되어야 한다는 주장들을 많이 하는데, 설령 그와 같은 기여가 있었다고 하더라도 실상은 임원으로서의 기여가 아니라 지배주주로서의 기여로 평가될 수 있기 때문에 손금성이 인정되는 임원에 대한 인건비가 아니라 손금성이 없는 주주에 대한 이익처분으로 보는 것이 실질에 부합한다고 하겠다. 좀 더 악의적인 사안에서는 법인을 사실상 청산하면서 자본을 환급받은 과정에서 그 환급금을 마치 임원에 대한 상여금이나 퇴직금인양 처리하는 경우도 있는데 특히 이러한 경우에 대하여는 엄정하게 손금성을 따져야 할 것이다.

라) 재공제사업의 이익수수료 배분

재공제사업을 운영하는 수산업협동조합이 회원조합에게 공제상품 판매의 대가로 지급한 판매수수료가 손금인지 아니면 잉여금의 처분으로서 손금이 아닌지가 다투어진 사안으로 대법원 2022. 7. 28. 선고 2019두53235 판결이 있다. 원고는 회원인 조합이 소속 조합원 등과의 공제계약에 따라 부담하는 공제책임을 인수하는 재공제사업을 영위하면서 재공제사업에서 발생한 이익금 중 33억 원을 재공제이익수수료 명목으로 회원조합에 배분하였다. 그런데 원고는 회원조합에 공제상품 판매의 대가로 판매수수료를 지급하면서 이와 별도로 전체 공제사업에서 이익금이 발생하는 경우에 한하여 재공제이익수수료를 지급하였고, 재공제사업의 구조상 재공제이익수수료의 지급 상대방은 출자자인 회원조합에 국한된다.

이에 대하여 대법원은, 재공제이익수수료가 재공제사업에 대한 정상적인 대가라기보다는 주로 법인에 유보된 이익을 출자자에게 분여하기 위하여 대외적으로 수수료의 형식을 취한 것에 불과하여 잉여금의 처분과 실질이 동일하므로 손금에 산입할 수 없다고 판시하였는데, 그 논거를 다음과 같다.

사업이용실적에 따른 잉여금의 배분이라는 측면에서 이른바 이용고배당과 재공제이익수수료의 배분 사이에 아무런 차이가 없음에도 이용고배당은 잉여금의 처분으로 보고 재공제이익수수료의 배분은 잉여금의 처분이 아니라고 보는 것은 불합리하다. 원고와 회원조합이 체결한 재공제계약과 민영 재보험사와 민영 보험사가 체결한 재보험계약은 그 성격이 본질적으로 달라 재공제이익수수료를 재보험이익수수료와 같이 매출에누리나 판매부대비용으로 볼 수 없다. 민영 재보험사는 재보험사업을 영위하면서 손실을 입더라도 개별 재보험계약별로 이익이 발생하는 경우에는 정해진 요율에 따라 재보험이익수수료를 지급하는 반면에, 원고는 공제사업을 영위하면서 손실을 입을 경우에는 개별 재공제계약별로 이익이 발생하더라도 재공제이익수수료를 지급하지 않는다는 점에서 더욱 그러하다. 원고는 스스로 회원조합이 체결할 공제상품을 개발하고 자신의 업무처리 지시에 따라 회원조합이 체결한 공제계약에 따른 공제책임을 전부 인수하므로, 수익성이 높은 공제계약에 따른 공제책임만 선별하여 인수하기 위하여 회원조합에 별도의 수수료를 지급하는 등의 노력을 할 필요가 없다. 따라서 재공제이익수수료는 재공제사업의 수익과 직접 관련된 것으로 볼 수 없다.

이 사안에서 손금성 인정 여부의 갈림길은 재보험이익수수료와의 비교에 있었다고 할 수 있다. 재보험이익수수료는 재보험사업 전체의 운용결과가 손실이더라도 개별 재보험 상품별로 이익이 있으면 그 실적에 따라 지급한 것이므로 판매수수료로 볼 수 있었지만, 이 사안에서 원고는 재보험이익수수료 성격의 판매수수료는 지급하면서 이와 별도로 재공제상품 전체 운용결과가 이익인 경우에 한하여 재공제이익수수료를 지급한 것이므로 이는 잉여금의 처분으로 볼 수 있었던 것이다.

마) 신주발행형 우리사주매수선택권 행사차액

법인세법 시행령이 2022. 2. 15. 개정되면서 제19조 제19호의2가 신설되어 근로복지기본법 제39조에 따른 우리사주매수선택권을 부여받은 자에 대하여 약정된 주식매수시기에 우리사주매수선택권 행사에 따라 주식을 시가보다 낮게 발행하는 경우 '그 주식의 실제 매수가액과 시가의 차액'을 손비에 포함한다고 규정하고 있다. 이 규정이 신설되기 전에도 위 차액을 손비로 볼 수 있는지가 문제된 사안이 있다.

이에 관하여 대법원 2023. 10. 12. 선고 2023두45736 판결은, 법인세법 제19조 제1항에 규정된 '순자산을 감소시키는 거래'의 의미는 법문대로 엄격하게 해석하여야 하는데, 신주발행형 우리사주매수선택권의 행사로 신주가 발행되는 경우에는 인수가액의 납입으로 법인의 자본이 증가할 뿐 순자산이 감소하지 않으므로, 위 행사차액은 갑 회사의 순자산을 감소시키는 거래로 인하여 발생하는 손비로서 법인세법 시행령 제19조 제3호의 '인건비' 내지 제22호의 '그 밖의 손비로서 그 법인에 귀속되었거나 귀속될 금액'에 해당하지 않는 점, 2022. 2. 15. 개정된 법인세법 시행령 제19조 제19호의2의 신설규정은 근로복지기본법 제39조에 따른 우리사주매수선택권을 부여받은 자에 대하여 약정된 주식매수시기에 우리사주매수선택권 행사에 따라 주식을 시가보다 낮게 발행하는 경우 '그 주식의 실제 매수가액과 시가의 차액'을 손비에 포함한다고 규정하고 있으나, 개정 법인세법 시행령이 시행되기 전에 우리사주매수선택권을 행사한 경우 신설규정을 적용할 수 없는 점, 신설규정은 우리사주매수선택권의 활용을 촉진하여 기업이 우수한 인재를 유치하고 근로자 복지를 향상시킬 수 있도록 우리사주매수선택권의 행사차액을 손비의 범위에 포함시킨 것으로서 창설적 규정이라고 보아야 하므로, 신설규정이나 우리사주매수선택권 행사차액에 대한 별도의 손금산입 특례규정이 없었던 구 법인세법의 해석에 이를 고려할 수도 없는 점 등을 종합하면, 위 행사차액은 손금에 산입할 수 없다고 판시하였다.

손금의 본질론에 관하여 잘 설명한 판시이다. 신설된 법인세법 시행령 제19조 제19호의2는 손금의 본질론에는 부합하지 않는 정책적 특례규정이므로 확인적 규정이 아닌 창설적 규정으로 보는 것이 타당하고 따라서 그 신설 전에는 손금에 산입할 수 없다고 하겠다.

다. 위법비용의 손금산입 여부

(1) 위법비용의 유형

법인세법에는 위법한 비용을 손금으로 인정할 수 있는지 여부에 관한 특별한 규정이 없다. 그렇지만 앞서 본 바와 같이 손금의 본질적 요건의 하나인 '통상성'과 관련하여 위법비용의 손금성이 논의되고 있다. 위법한 비용이 통상성을 갖추었다고 할 수 있는지가 문제되는 것이다. 위법한 비용을 지출하는 것은 이례적인 경우에만 가능하고 통상적인 경우에는 위법한 비용을 지출하지 않을 것이라는 기대감이 자리잡고 있기 때문이다.

위법한 비용의 유형은 보통 3가지로 나열되고 있다. 첫째는 가장 전형적인 것으로서 비용의 지출 자체가 실정법에 위반되는 뇌물이나 마약구매대금 등을 들 수 있다. 뇌물공여는 형법상 처벌대상이고 마약거래는 마약류 불법거래방지에 관한 특례법상의 처벌대상이므로 뇌물이나 마약구매대금은 그 지출 자체가 위법하다고 할 수 있고 위법의 정도가 가장 심한 유형이다. 둘째는 위법한 소득을 얻기 위하여 지출되는 비용으로서 그 지출 자체는 실정법에 위반된다고 보기 어려운 경우로서 불법도박장이나 매춘시설의 운영비, 밀수품의 판매비용 등을 들 수 있다. 이는 위법소득과 밀접하게 연계되어 있다는 점에서 위법성이 인정될 수 있는 것이다. 셋째는 위법행위에 대한 제재로서 가해지는 벌과금, 추징금 등을 들 수 있다.

위에서 본 첫째 유형의 경우 손금성을 인정할 수 있는지 여부에 관하여는 일률적으로 손금성을 부인해야 한다는 견해는 없고, 그 지출이 사회질서에 심히 위반하는 경우에는 손금을 부인해야 한다는 견해가 우세한 것으로 보인다.[6] 지출 자체가 위법한 경우는 그 비용을 지출하면 형사처벌 등의 제재가 따를뿐더러 사회적 비난에 봉착할 것이므로 이러한 불이익을 감수하고서라도 지출하고자 하는 경우는 흔하지 않다고 할 수 있어 통상성의 요건을 결여하였다고 보기 쉬울 것이다. 여기서도 그와 같은 비용의 지출이 특정 수익과 뚜렷하게 연계되어 있다면 수익관련성이 인정될 수 있으므로 앞서 본 바와 같이 통상성의 요건을 충족하지 못하더라도 손금으로 인정될 여지가 없지는 않다. 하지만 특정 수익과 뚜렷하게 연계되어 있다는 점을 입증하기가 쉽지 않을 것으로 보인다. 대부분의 경우 지출 자체가 위법한 비용은 그와 연계될 수 있는 수익이라는 것이 다분히 불확실하고 실현되지 않을 위험성이 크기 때문이다. 그러나 위험성이 없는 안정적 수익이 보장되는 예외적인 경우도 배제할 수는 없으므로 이러한 경우에는 수익관련성이 인정될 여지가 있다.

둘째 유형의 경우 손금성 인정의 여지는 첫째 유형보다 좀 더 넓어진다. 통상성의 요건과는 별개의 수익관련성의 요건이 충족될 가능성이 높기 때문이다. 위법한 소득도 과세대상으로 삼고 있는데는 각국의 입법례가 대체로 일치되어 있고 우리나라도 대법원 1994. 12. 27. 선고 94누5823 등의 판결에서 마찬가지의 입장을 취하고 있다. 그렇다면 그와 같은 위법한 소득을 얻기 위한 비용이라면 수익관련성을 부인하기 어렵다. 따라서 비록 통상성의 요건을 갖추지 못하더라도 수익관련성의 요건을 갖출 수 있으므로 손금성을 인정받을 수 있다고 하겠다.

셋째 유형은 법에 의하여 강제되는 제재로서 그 지출 자체가 위법한 것이 아니라 적법한 것이므로 법인세법 등에서 그 원인행위에 책임을 물어 손금성을 부인하는 특별규정을 두고 있지 않는 한 손금성을 부인하기는 어려울 것으로 보인다. 그러나 이러한 비용에 손금성을 인정하게 되면 법인세절감효과가 있어 제재의 의미가 줄어들 수 있기 때문에 법인세법 제21조 제3호, 제5호 등에서와 같이 손금성을 부인하는 특별규정을 두는 것이 일반적이다. 앞서 살펴본 바와 같이 대법원 2024. 9. 12. 선고 2021두35308 판결은 불법행위로 인한 손해배상판결에 따라 지급하는 손해배상금은 손금성이 인정된다고 판시한 바 있다.

(2) 통상성 및 수익관련성과의 관계

그런데 위법비용의 손금성에 관하여 대법원 2009. 11. 12. 선고 2007두12422 판결에서는 '특별한 사정이 없는 한'이라는 유보적인 문언을 사용하면서 사회질서를 위반하여 지출된 비용은 통상성의 요건을 갖추지 못한다고 보아 손금성이 부인된다고 판시하였다.

---

6) 김재승, "위법비용과 손금", 법학논총(2012. 12.), 전남대학교 법학연구소

미국연방대법원도 대체로 같은 입장이라고 한다. 대법원 2015. 1. 15. 선고 2012두7608 판결도 같은 취지를 판시하면서, 의약품 도매상이 약국 등 개설자에게 의약품 판매촉진의 목적으로 이른바 '리베이트'라고 불리는 금전을 지급하는 것은 약사법 등 관계 법령이 이를 명시적으로 금지하고 있지 않더라도 사회질서에 위반하여 지출된 것에 해당하여 그 비용은 손금에 산입할 수 없다고 보아야 한다고 판시하였다. 반면에 대법원 2015. 12. 10. 선고 2013두13327 판결은 신탁업과 은행업을 겸영하는 원고가 신탁계정에서 발생한 고객의 손실을 보전해 주기 위하여 신탁계약을 해지하고 정기예금에 가입하는 고객에게 우대금리를 적용해줌으로써 신탁계정에서 발생한 고객의 손실을 은행계정 지출액으로 보전하여 신탁업 감독 규정을 위반하는 결과가 빚어졌더라도 이는 신탁 고객들의 이탈로 인한 자금 유출을 방지하고 수익기반을 유지하고자 하는 사업상 필요에 따른 것으로서 그로 인하여 지출된 비용을 손금에 산입하는 것이 사회질서에 반한다고 보기 어렵다는 이유로 그 우대금리 이자비용은 전액 손금으로 인정되어야 한다고 판시하였다.

그런데 위법한 비용이 통상성의 요건은 갖추지 못하더라도 수익관련성의 요건을 갖출 수 있다고 할 것임에도 이들 판결은 이러한 경우에는 손금성을 인정할 수 있는지에 관하여 명백한 입장을 밝히지 않고 있다. '사회질서 위반'을 손금성을 부인하는 별도의 소극적 요건으로 본다면 수익관련성을 갖추더라도 그 비용의 지출이 사회질서에 위반될 경우 손금성을 부인할 수 있을 것이다. 그러나 위와 같이 볼 수 있는 근거규정을 찾기가 어렵고, 대법원이 그와 같은 입장을 취하고 있다고 볼 만한 판결은 아직 보이지 않는다. 최근의 대법원 판결들은 손금의 요건으로 법인세법 제19조 제2항에서 규정하는 세 가지 요건을 모두 언급하면서도 위법비용에 관하여 통상성의 요건만을 적용하여 손금성을 판단하고 수익관련성의 요건에 대하여 침묵을 지키고 있는 것은 그 부분이 쟁점으로 부각되지 아니하였거나 이 부분에 관하여 아직까지 입장정리가 제대로 되지 않았기 때문으로 보인다. 법인세법 제19조 제2항의 문언상 수익관련성은 통상성과는 별개의 독립적·선택적 손금요건으로 규정되어 있으므로 둘 중 어느 하나의 요건만 충족하더라도 손금성이 인정될 수 있다. 이를 문언대로 해석하는 것이 옳은 것인지 아니면 그 문언에도 불구하고 수익관련성을 독립된 손금요건으로 보지 않겠다는 것인지에 대한 분명한 입장을 밝히고 그에 관한 논거를 제시하는 것이 바람직하다.

최근의 대법원 2017. 10. 26. 선고 2017두51310 판결은 특별한 사정이 없는 한 사회질서에 위반하여 지출된 비용은 여기에서 제외되며, 수익과 직접 관련된 비용에 해당한다고 볼 수도 없다고 판시하였는데, 구체적인 논거의 제시가 없어 쉽사리 납득하기 어렵다. 이 판결은, 원고가 동종 업체들에게 지출한 담합금은 독점규제 및 공정거래에 관한 법률 제19조 제1항 제8호에 위반하여 다른 사업자와 공동으로 부당하게 입찰에서의 자유로운 경쟁을 제한하기 위하여 지출된 돈에 해당하므로 그 지출 자체가 사회질서에 반하는 것으로서 법인세법 제19조 제2항에서 말하는 '일반적으로 용인되는 통상적인 비용이나 수익과 직접 관련된 비용'에 해당한다고 볼 수 없고, 따라서 이를 손금에 산입할 수 없다고 보아야 한다고 판시하였다. 담합금이 비록 사회질서에 반하는 비용이라도 그로 인해 당해 법인이 낙찰을 받음으로써 수익을 창출할 수 있으므로 수익관련성을 함부로 부인할 수 없다. 다만, 이러한 위법한 비용은 그것이 드러날 경우 입찰참가제한 등과 같은 여러 가지 공법상 제재가 따르기 때문에 전체적으로는 오히려 당해 법인에 손해가 될 수도 있어 수익관련성이 떨어진다고 볼 여지가 없지는 않다. 어쨌든 논거가 다소 부족해 보이지만 대법원의 위와 같은 입장은 확고해 보인다.

조세법률주의의 원칙상 법인의 순자산을 감소시키는 항목으로서 법인세법에서 특별히 손금성을 부인하는 규정에 해당하지 않는 한 손금성을 인정하는 것이 타당하다고 하겠다. 그러나 그와 같은 비용의 지출이 사회질서에 현저히 반하여 강행법규상의 효력규정에 위반되는 경우에는 그 지출의 효력이 인정될 수 없으므로 손금성을 부인할 수 있을 것이다. 사회질서에 심히 위반하여 지출한 비용이나 위법소득을 얻기 위해 지출한 비용을 손금산입하는 것이 사회질서에 심히 반하는 경우에는 법문언상 손금요건 충족 여부와 상관없이 손금을 부인할 합리적인 이유가 있다고 보면서, 이러한 위법비용을 전부 손금으로 인정하는 것은 정의 관념에 반하고 국가가 위법행위를 조장하는 결과를 가져오는 것으로, 이러한 경우까지 조세법률주의를 엄격하게 준수해야 할 필요는 없다고 보는 견해도 있다.[7] 그러나 사회질서에 심히 반한다고 하더라도 그 지출의 사법적 효력을 부인할 수 있는 법적 근거가 없다면 수익관련성이 인정되는 경우 손금성을 부인하기는 어려울 것으로 보인다. 위법비용의 지출에 대한 규범적 가치판단을 개재할 당위성은 있어 보이지만 그것만으로 조세법률주의의 대원칙을 뛰어넘는 것은 옳지 않다고 본다. 입법으로 해결할 문제라고 생각한다.

2. 기업업무추진비

가. 요건

손금에 관한 조세쟁송에서 다툼의 대상으로 자주 등장하는 것이 접대비이다. 2024. 1. 1.부터 기업업무추진비로 그 용어가 건전하게 바뀌었다. 접대비는 일정한 법정한도금액의 범위 내에서만 손금산입이 인정되고, 그 한도를 초과하는 것은 손금으로 인정되지 않

---

7) 김재승, 앞의 논문

는다. 이러한 규정의 의미에 관하여는 견해가 다소 갈리고 있는데, 접대비는 원래 손금성이 인정되지만 소비성 지출이기 때문에 조세정책적으로 손금인정의 범위를 제한하는 것이라는 견해와 접대비는 원래 손금성이 인정되지 않지만 기업운영의 현실적 필요를 고려하여 조세정책적으로 일정한 범위 내에서 손금으로 인정해주는 것이라는 견해가 그것이다. 어차피 법정한도 내에서는 손금으로 인정한다는 것이므로 위와 같은 논쟁이 별 실익이 없어 보이기는 하지만 통상의 손금과 접대비의 경계에서 다툼이 있을 때 첫째의 견해에 의하면 비교적 관대하게 통상의 손금으로 인정될 여지가 많은 반면에, 둘째의 견해에 의하여 엄격하게 보아 손금성이 제한되는 접대비로 인정될 가능성이 많을 것이다. 첫째의 견해가 대체로 우세한 편으로 보인다. 이 견해에 의하더라도 손금성의 요건 중 수익관련성에 있어서는 특정수익과의 관련성이 밀접하여 그 인과관계나 대가성이 인정될 경우에는 접대비라기보다는 전액 손금산입되는 판매부대비용이나 판매촉진비용으로 인정될 가능성이 있다.

접대비에 대하여는 법인세법 제25조 제5항이 다음과 같이 정의하고 있다. 접대비라 함은 접대비 및 교제비, 사례금, 그 밖에 어떠한 명목이든 상관없이 이와 유사한 성질의 비용으로서 법인이 업무와 관련하여 지출한 금액을 말한다는 것이다. 위 규정의 내용을 압축하면 그냥 '접대비는 접대비를 말한다'라고 하는 것 같아서 위 규정에서는 접대비의 본질을 추출해내기 어렵다. 다만, 위 규정이 업무관련성을 접대비의 요건으로 규정하고 있다는 점을 주목할 필요가 있다. 업무관련성이 없으면 기부금이 될 것이기 때문이다. 대법원은 접대비의 본질을 언급하면서 다소 자세하게 접대비를 정의하고 있다. 대법원 2004. 4. 9. 선고 2003두7804 판결 등은 '접대비란 법인이 사업을 위하여 지출한 비용 가운데 상대방이 사업에 관련있는 자들이고 지출의 목적이 접대 등의 행위에 의하여 사업관계자들과의 사이에 친목을 두텁게 하여 거래관계의 원활한 진행을 도모하는 데 있는 것을 말한다'고 판시하였다. 위 대법원 판례에서 접대비의 요건 중 가장 핵심적인 부분을 추출해 내면 사업관계자들과의 사이에 친목을 두텁게 하여 거래관계의 원활한 진행을 도모하기 위하여 향응을 베푸는 데 소요되는 비용이라고 할 수 있겠다.

이상의 정의를 종합하면 접대비의 지출은 업무관련성이 있어야 한다. 업무관련성이란 법인의 고유목적사업 또는 영리사업의 목적달성에 관련된다는 것을 의미하나, 실제로는 그 판단이 쉽지 않다. 실무상 접대 등을 제공하는 상대방이 매출처, 매입처 등과 같이 외관상 업무와 관련이 있다면 접대비에 해당하는 것으로 판단하여야 할 것이고, 업무와의 관련 정도는 사업개발이나 현재의 사업상 거래관계를 보다 원활하게 하기 위한 정도를 의미한다고 하겠다. 업무와 관련 있는지의 여부는 법인이 거래의 증빙서류와 내부통제의 근거 등 객관적인 자료에 의하여 입증하여야 하고, 이때 접대비는 사업상의 대화,

교섭 등의 이익을 얻기 위한 교제, 향응, 위안, 사례 등 접대활동과 관련하여 통상 필요로 하는 금액이어야 한다.

그리고 그 지출의 상대방이 사업관계자들이어야 한다. 여기에는 현재 직접적이든 간접적이든 사업관계를 맺고 있는 자뿐만 아니라 장래 사업관계를 맺을 가능성이 있거나 사업관계를 맺고자 하는 자도 당연히 포함된다고 할 것이다. 사업관계를 맺는 자는 당해 법인의 외부인임을 전제로 하므로 당해 법인의 임직원이 그 지출의 상대방인 경우에는 접대성이 있더라도 이는 접대비가 아니라 복리후생비나 급여의 성격을 지니고 있다고 하겠다. 그리고 그 상대방이 불특정 다수가 되어서는 아니된다. 접대의 통상적인 의미는 특정한 상대방으로부터 호감을 받아내기 위하여 향응 등을 베푸는 것이기 때문에 그 상대방이 불특정다수인이 되면 접대의 개념에서 멀어지게 된다. 그래서 그 지출의 상대방이 불특정다수인 경우에는 접대비가 아니라 광고비나 판매촉진비에 가깝다고 할 수 있겠다. 그리고 친목을 두텁게 하여 거래관계의 원활한 진행을 도모한다는 것은 직접적으로 거래관계를 맺기 위한 것이라기보다는 장래에 거래관계를 맺을 가능성을 높이기 위한 것이거나 이미 맺은 거래관계를 지속하기 위한 것에 가깝다고 하겠다. 지출의 내용은 식사, 음주, 가무, 선물 등의 제공에서부터 채권의 포기 등에 이르기까지 상대방에게 유형, 무형의 제반 이익이 분여되는 경우들이 폭넓게 포함된다고 하겠다. 그 지출의 방법으로는 현금지출뿐만 아니라 순자산의 감소를 초래하는 것이면 다 가능하다고 할 것이므로 채무의 부담뿐 아니라 채권의 포기도 포함된다고 할 것이다.

이러한 접대비는 무상성을 본질로 한다. 접대비를 지출하는 목적이 사업관계의 원활화에 있다고 하는데 이는 다소 추상적이고 장래의 기대이익에 그치기 때문에 그로 인하여 당해 법인에 직접적으로 구체적 이익이 귀속된다고 보기 어렵기 때문이다. 만약 그 접대성 비용의 지출이 직접적이고 구체적인 이익의 귀속과 연결된다면 이는 접대비라기보다는 판매부대비용이나 매입부대비용 등에 가깝고 그와 같은 이익이 전액 익금에 산입되는 이상 그에 대응하는 접대성 비용도 전액 손금으로 인정하는 것이 균형적이다. 통상의 경우 접대비는 그에 대응하는 이익이 모호하고 불확실하여 장래 익금으로 산입될 가능성이 높지 않은 데다가 그 지출이 소모적인 것이기 때문에 전액 손금으로 인정해주기가 어려운 것이다.

이러한 요건들이 거론되는 것은 결국 손금이 제한 없이 인정되는 다른 비용들과의 구별 때문이다. 접대비와 비교되는 다른 비용으로 대표적인 것은 판매부대비용, 광고선전비, 복리후생비, 회의비 등을 들 수 있다. 그리고 접대비보다 손금인정의 범위가 더욱 제한되는 기부금과도 자주 비교되고 있다.

나. 판매부대비용과의 구별

(1) 구별 기준

접대비와 판매부대비용의 구별기준은 명확하지는 않다. 양자 모두 매출영업에 관한 법인의 매출증진에 기여할 수 있는 비용이라는 점은 동일하다. 그러나 전자는 일정한 한도 내에서만 손금으로 인정되고, 후자는 제한없이 전액 손금으로 인정되므로 그 성격에 차이가 있다. 일응의 구별기준으로는 전자는 매출과의 연관성이 약한 반면에 후자는 그 연관성이 강하다고 할 수 있다. 후자는 매출의 창출이나 증가와 직접적인 대가관계가 있거나 매출계약에 수반하여 지출되는 비용인 반면에 전자는 그와 같은 직접적인 대가관계가 없고 특정의 매출계약에 이르지 못하며, 단지 향후 매출의 발생가능성이 있는 상대방에 대하여 우호적인 관계를 유지하기 위하여 베푸는 향응 등에 소요되는 비용이다. 따라서 후자는 대체로 매출계약에 의한 지출의무가 있거나 그에 준하는 비용인 반면에, 전자는 지출의무가 없는 은혜적인 비용이라고 할 수 있다. 그래서 그 지출에 관하여 거래상대방과의 사전약정이 있는 경우는 판매부대비용으로 인정될 가능성이 많고, 그와 같은 약정이 없는 경우에는 접대비로 인정될 가능성이 많다.

대법원 2003. 12. 12. 선고 2003두6559 판결은, 법인이 사업을 위하여 지출한 비용 가운데 상대방이 사업에 관련 있는 자들이고 지출의 목적이 접대 등의 행위에 의하여 사업관계자들과의 사이에 친목을 두텁게 하여 거래관계의 원활한 진행을 도모하는 데 있는 것이면 접대비라고 할 것이나, 그 지출경위나 성질, 액수 등을 건전한 사회통념이나 상관행에 비추어 볼 때 상품 또는 제품의 판매에 직접 관련하여 정상적으로 소요되는 비용으로 인정되는 것이라면 판매부대비용에 해당한다고 판시하였다. 그러면서 사전약정이 있는 경우만 판매부대비용에 해당하는 것은 아니라고 부연하였다. 대법원 2015. 4. 9. 선고 2014두15252 판결도 같은 취지에서 법인이 수익과 직접 관련하여 지출한 비용은 섣불리 이를 접대비로 단정하여서는 아니된다고 판시하였다. 이와 같이 대법원이 수익관련성이 있으면 접대비가 아니라고 보는 근본적인 이유는 당해 비용의 지출이 수익의 창출에 기여할 경우 그 수익이 전액 익금산입될 것이므로 그에 대응하는 당해 비용도 전액 익금산입해주는 것이 수익비용대응의 원칙에도 부합하고 적정한 조세수입의 확보에 문제가 없기 때문이다. 반면에 수익과의 관련성이 약할 경우 익금산입될 수익이 불확실한 상태이므로 조세수입의 확보 차원에서 그에 기여하는 비용을 모두 손금산입해주기는 곤란할 것이다.

(2) 사례 분석

대법원 2012. 9. 27. 선고 2010두14329 판결은, 하도급현장에서 근로자가 입은 재해에 대한 보상금, 이른바 공상처리비는 원래 원수급인이 부담하여야 함에도 원수급인과 하수급인과의 약정에 의하여 하수급인이 이를 부담하였을 경우 그것이 하수급인의 입장에서 손금의 한도가 있는 접대비에 해당하는지 아니면 손금의 한도가 없는 일반적인 손금에 해당하는지가 다투어진 사안에 관한 것이다. 고용보험 및 산업재해보상보험의 보험료징수 등에 관한 법률 제9조 제1항 등은 사업이 순차 도급에 의하여 행하여지는 경우 원칙적으로 그 원수급인을 산재보상법이 정하는 사업주로 하고 그로 하여금 보험료를 납부하도록 규정하고 있는데, 산재사건이 늘어날 경우 원수급인에게 각종 행정상의 제재가 가해지므로 산재사건의 노출을 피하기 위하여 산재사건에 대하여 보험처리를 하지 아니하고 원수급인이나 하수급인이 자체적으로 재해근로자에게 공상처리비를 지급하는 관행이 생겨난 것으로 보인다. 그런데 하수급인이 원수급인과의 약정에 의하여 재해근로자에게 공상처리비를 모두 지급할 경우 하수급인의 책임을 초과하는 부분에 대하여는 원수급인 등을 대위하여 채무를 변제한 것으로 볼 수 있다. 이것을 원수급인에 대한 접대비로 볼 것인지가 문제되었다.

이에 대하여 대법원은, 원고는 원수급인으로부터 공사를 수주받기 위하여 어쩔 수 없이 공상처리비 지급약정을 한 것이고 이러한 사정은 계약 체결 여부 또는 다른 계약조건에 영향을 미쳤을 것으로 보이며, 위 공상처리비 약정은 원고와 원수급인이 체결한 하도급계약의 일부를 이루는 것으로서 원고가 원수급인을 대신하여 산업재해를 입은 근로자에게 사고보상비 등을 지급하는 것은 하도급계약상의 공사대금과 일정한 대가관계에 있다고 하면서, 위 공상처리비는 하도급계약에 따른 원고의 수익과 직접 관련된 비용으로서, 이를 원고가 원수급인과 사이에 친목을 두텁게 하여 거래관계의 원활한 진행을 도모하기 위하여 지출한 접대비로 볼 수는 없다고 판시하였다. 위 공상처리비의 지급은 하도급계약을 체결하기 위한 조건이 되었으므로 수익과 직접적인 관련성이 있다고 할 수 있다. 그래서 수익과의 관련성이 약한 접대비와는 그 성격에 차이가 있고, 대법원 판결은 이 점을 중시한 것으로 평가할 수 있다.

그리고 대법원 2008. 7. 10. 선고 2007두26650 판결은, 원고 법인과 공동으로 업무를 수행하는 협력업체의 직원들에게 지출한 식대비 등이 접대비에 해당하는지가 다투어진 사안에서 다음과 같은 이유로 접대비가 아니라고 판시하였다. 여기서는 그 비용의 지출에 관하여 사전약정이 있었는지가 중요한 쟁점이 되었다. 판시의 요지는 다음과 같다. 즉, 원고는 수주한 시스템개발업무를 협력업체와 공동으로 수행하는 경우 협력업체 사이에는 쟁점경비의 지출에 관한 사전약정이 있었던 점, 쟁점경비는 휴일이나 야간근무시 식대나 간식비용으로 지출된 것으로서 협력업체 직원들에게 발생하는 야근식대 등을 실비로 보전하는 수준에 불과한 점, 그 지출 목적은 시스템개발업무 등의 효율성을 높여 비용을 절감하고 수익을 높이고자 하는데 있는 것일 뿐 협력업체 소속 직원들과의 친목을 도모하는 데 있다고 보기는 어려운 점, 원고가 협력업체 직원들에게 지출한 야근식대 등을 사후정산의 번거로움을 피하기 위하여 용역계약 체결시에 일정액을 용역계약금액에서 차감하기로 합의하였던 점 등을 이유로 쟁점경비는 원고가 수주한 시스템개발업무 등의 사업과 관련하여 지출된 것으로서 일반적으로 용인되는 통상적인 비용으로 봄이 상당하고, 이를 협력업체 직원들과의 사이에 친목을 두텁게 하여 거래관계의 원활한 진행을 도모하기 위한 접대비로 볼 수는 없다고 판시하였다. 이 사안에서 원심은, 원고는 쟁점경비의 지출을 예상하여 협력업체와의 용역계약 체결시 일부 금액을 차감하여 최종 용역계약금액을 결정하기는 하였으나, 계약서상으로 원고가 협력업체의 직원들에게 야근식대 등을 지급할 의무가 있다는 점을 구체적으로 명시한 사실이 없다는 점을 중시하여 그 비용을 접대비로 보았으나, 대법원은, 원고는 협력업체와의 사이에 용역계약을 체결함에 있어 협력업체의 파견인원 수에 비례하여 용역대가를 산정한 다음 여기서 원고가 정한 기준에 따른 금액을 업무수행경비 또는 프로젝트회의비 명목으로 차감하여 최종 용역계약금액을 결정하고, 이와 같이 차감한 업무수행경비 또는 프로젝트회의비를 쟁점경비로 지출하였다는 이유로 원고와 협력업체 사이에는 쟁점경비의 지출에 관한 사전약정이 있었다고 보았고 그것을 접대비에 해당하지 않는다는 주요 논거로 삼았다.

대법원 2016. 4. 15. 선고 2015두52326 판결은, 치과용 의료기기의 제조와 판매업 등을 영위하는 원고가 일정 금액 이상의 치과용 임플란트 패키지 상품을 구매하는 병·의원의 치과의사에게 해외여행경비를 지원하고, 원고가 운영하는 임상전문가 양성과정 연수회에서 임플란트 강의를 담당한 치과의사를 대상으로 해외 워크숍을 진행하면서 본인과 가족의 참가경비 중 일부를 지원한 사실 등을 인정한 다음, 이들 비용은 임플란트 제품을 대량으로 구매한 치과의사들에게 매출액의 약 65%에 해당하는 금액을 관광이나 골프 등 개인적인 소비를 위한 비용으로 지급하거나 강의를 담당한 치과의사들에게 개인적인 여행경비를 지급한 것으로서, 지출의 상대방이나 지출의 방법과 규모, 그리고 건전한 사회통념이나 상관행에 비추어 볼 때 이를 판매에 직접 관련하여 정상적으로 소요되는 판매부대비용으로 볼 수 없고, 사업관계자들과 친목을 두텁게 하여 거래관계의 원활한 진행을 도모하기 위한 접대비로 보아야 한다고 판단하였다. 지출의 내용이 여행경비, 골프경비 등으로서 사치소비성의 성격이 강하다는 점이 판매부대비용으로 인정받는 데에 걸림돌이 된 것으로 보인다.

다. 광고선전비와의 구별

접대비와 광고선전비는 모두 사업과 관련하여 지출하는 비용이라는 점에서 차이가 없으나, 접대비의 경우 방만한 지출을 막기 위하여 일정한 한도를 초과하는 액수의 손금산입이 제한되는 반면, 광고선전비는 전액 손금산입된다는 점에서 근본적으로 양자를 구별할 실익이 있다.

첫째의 구별기준은 지출의 상대방이 서로 다르다는 것이다. 접대비의 경우 '사업에 관계있는 특정인'이 지출의 상대방이 되는 반면, 광고선전비는 '불특정 다수인'이 상대방이 된다. 양자의 위와 같은 구별은 기본적으로 상대방의 개성에 중점을 두는지 여부에 의하여 결정될 것이다. 당해 법인과 일정한 관계에 있는 특정인이 아니라 일반 소비자라고 칭할 수 있는 사람들을 대상으로 지출이 이루어진 경우라면, 그 대상이 어느 정도 제한되어 있다 하더라도 '불특정 다수인'에 해당되는 것으로 보아야 할 것이다. 그리고 지출의 상대방은 당초 제한된 '사업관계에 있는 특정인'을 대상으로 한 것인지, 소비계층이 될 '불특정 다수인'을 대상으로 삼은 것인지 여부에 의하여 판단하여야 할 것이다. 지출의 직접적인 상대방은 '특정인'이더라도 그 '특정인'이 '불특정 다수인'에 대하여 지출을 하기 위한 매개체에 불과한 경우라면, 결국 당해 지출의 상대방은 '불특정 다수인'이 된다고 보아야 하기 때문이다. 둘째의 구별기준은 지출의 목적이 서로 다르다는 것이다. 접대비는 친목도모와 사업관계의 원활한 진행을 목적으로 하는 반면, 광고선전비는 광고선전, 즉 소비자들을 상대로 상품 등에 관하여 알림으로써 구매욕구를 자극하는 것을 목적으로 하는 것이다.

같은 취지에서, 대법원 2002. 4. 12. 선고 2000두2990 판결과 대법원 2010. 6. 24. 선고 2007두18000 판결도 법인이 사업을 위하여 지출한 비용 가운데 상대방이 사업에 관련 있는 자들이고 지출의 목적이 접대 등의 행위에 의하여 사업관계자들과의 사이에 친목을 두텁게 하여 거래관계의 원활한 진행을 도모하는 데 있다면 접대비라고 할 것이나, 지출의 상대방이 불특정 다수인이고 지출의 목적이 구매의욕을 자극하는 데 있다면 광고선전비라고 할 것이라고 판시하였다.

여기서 둘째의 구별기준은 다소 추상적이고 그 내용을 뚜렷하게 구분하기가 어려우며 실제로 두 가지의 목적이 겹치는 경우도 충분히 상정할 수 있는 반면에 첫째의 구별기준은 양자택일의 관계에 있어 구분이 뚜렷하므로 구분에 있어서 첫째의 기준이 원칙적인 기준이 되고, 둘째의 기준은 보충적 기준이 된다.

이러한 구별기준에 근거하여, 대법원 2002. 4. 12. 선고 2000두2990 판결은, 백화점의 물품을 구매하고 그 대금을 입금한 회원들 중 신용불량자를 제외한 회원에게 1만 원 상당의 찜기세트 선물증정권을 자택으로 우송하여 그 회원이 신용카드와 선물증정권을 가지고 오면 위 선물과 교환하여 주기로 하는 방식으로 사은품을 지급한 사안에서 이는 소비자의 구매의욕을 자극함으로써 판매를 촉진하기 위한 것이므로 그 구입에 소요된 비용은 상품의 판매를 위한 광고선전 목적으로 불특정 다수인을 상대로 지출한 광고선전비에 해당한다고 판시하였다.

그리고 대법원 1993. 9. 14. 선고 92누16249 판결은, 원고가 예식장을 개설, 경영하면서 위 예식장을 이용하는 고객이면 누구나에게 특정기간 동안 개업기념 사은품 명목으로 2만 원 상당의 벽시계를 증정하였고, 위 예식장에 대한 신문광고시 이용고객을 확보할 목적으로 예식장을 이용하는 고객에게는 개업기념 사은품으로 벽시계를 증정한다는 내용의 문안도 써 넣었으므로 위 시계 구입대금은 접대비라기보다는 광고선전비에 해당한다고 판시하였다. 대법원 2010. 6. 24. 선고 2007두18000 판결은, 언론사인 원고가 창간기념일 등과 같은 특별한 날 내방객들을 초청하여 그들에게 상패, 시계, 인삼주세트, 가방, 넥타이, 스카프, 금반지, 의류용품, 청소기, 무선전화기 등 각종 선물을 지급한 사안에서, 그 내방객 등이 누구인지를 특정할 자료가 없어 그들이 원고와 거래관계를 맺고 있는 특정인들이라고 보기 어려우므로 그들에게 선물을 지급한 것도 그들과의 거래관계를 원활하게 하기 위한 것이었다기보다는 대외적으로 원고를 홍보하여 원고의 이미지를 개선하기 위한 것이었다고 봄이 상당하다는 이유로 그 선물비는 접대비가 아니라 광고선전비에 해당하며, 다만 상패제작비는 그 성질상 특정인을 위해 지출된 것으로서 접대비에 해당한다고 판시하였다. 내방객들에 대한 선물비가 접대비에 해당하기 위해서는 접대비의 본질상 그들과의 거래관계를 원활하게 하기 위한 목적이 있어야 하는데 내방객들이 누구인지가 특정되지 아니하므로 그들이 원고와 거래관계를 맺고 있었다거나 향후 거래관계를 맺을 가능성이 있었다고 단정하기도 어려우므로 내방객들과의 거래관계를 원활하게 할 목적이 있었다고 보기도 어렵다. 위 판결은 이러한 점이 고려된 것으로 보인다.

라. 인건비, 복리후생비와의 구별

인건비, 복리후생비 등과 접대비의 구별은 그 상대방이 누구인지에 따른 것으로서 그 기준이 비교적 단순하다. 그 상대방이 당해 법인과 고용계약관계에 있으면 인건비나 복리후생비 등에 해당할 것이고, 그렇지 아니하면 접대비에 해당할 가능성이 많다. 이 부분이 쟁점이 되는 사건들은 지출하는 경비의 실질은 당해 법인의 업무에 관여하는 인원들에 대한 경비로서 인건비나 복리후생비의 성격이 농후한데, 그 인원들이 당해 법인과 고용계약을 체결한 근로자가 아니라 독립된 지위의 사업자이거나 다른 관련 법인과 고용계약이 체결된 근로자인 경우들이다.

대법원 2008. 7. 10. 선고 2006두1098 판결은, 신문사인 원고가 그 지국의 직원들에게 격려금과 선물을 지급하고 지국 직원의 모집광고를 무료로 게재해 준 것은 원고와 지국 간의 거래수량이나 거래금액과는 관계 없이 원고와 거래가 있는 모든 지국 및 그 직원들에 대하여 이루어진 점, 그 비용지출의 의도가 지국 직원들의 노고를 치하하고 사기를 진작하여 친목을 두텁게 함으로써 원고와의 거래관계를 보다 원활하게 진행하기 위한 데에 있는 점 등을 이유로 그 지출은 접대비에 해당한다고 판시하였다. 위 사안에서 원고는, 지국에 대한 실질적인 감독·관리권을 행사하고 있어 지배종속관계에 있기 때문에 원고가 지국을 접대할 이유도 없고 그 지출은 인건비나 신문판매촉진비의 성격이 있다고 주장하였으나, 지국은 원고 신문사의 소속부서가 아니라 독립된 사업체였기 때문에 그 지국 직원들과 원고 사이에 고용계약관계가 없었고 그래서 인건비나 복리후생비 또는 판매촉진비로 볼 수 없었다.

그리고 대법원 1999. 6. 25. 선고 97누14194 판결은, 원고 은행이 경비 및 운전업무의 용역계약을 맺은 용역회사의 고용인인 경비원 등에게 근무보조비 명목으로 매월 1인당 130,000원 내지 200,000원을 지급한 데 대하여, 원고 은행과 경비원 등 사이에는 고용계약관계가 존재하지 아니하는 점, 원고 은행과 경비원 등 사이에 그 지급의 방법과 수액 등에 관하여 사전에 약정을 한 것이 아니라 원고 은행이 일방적으로 책정하여 지급한 점, 원고 은행이 근무보조비를 지급한 의도가 경비원 등의 사기를 진작하고 은행 직원과의 일체감을 조성하겠다는 데에 있는 점, 용역계약상의 경비원 등의 업무내용에 비추어 볼 때 원고 은행으로서는 그 용역계약에서 정한 업무 이외에 은행의 공적인 업무에 관하여 경비원 등에게 추가용역제공을 요청할 일이 없었을 것으로 보이는 점, 용역계약상 원고 은행이 운전사에게 시간 외 근무 등에 대한 보수를 직접·개별적으로는 지급하지 아니하기로 한 점 등에 비추어, 위 근무보조비 지출의 목적이 고용관계 없는 경비원 등으로 하여금 원고 은행에 대한 호감과 원고 은행 직원들과의 일체감을 갖도록 하여 그들과의 친목을 두텁게 함으로써 위 용역계약에 따른 근무관계를 보다 원활하게 하기 위한 데에 있는 것으로 인정된다고 하여, 위 근무보조비 지출로 인한 비용이 접대비에 해당한다고 판시하였다. 위 사안에서 원고 은행은 위 경비원 등과 실질적인 고용계약관계에 있으므로 그들에게 지급한 근무보조비는 추가근무서비스에 대한 대가로서 인건비에 해당한다고 주장하였지만 대법원은 원고 은행과 위 경비원 등 사이에 고용계약관계가 없다는 이유로 원고 은행의 주장을 받아들이지 않았다.

이 사안은 앞서 판매부대비용과의 구별항목에서 본 사안과 유사한 측면이 있지만, 이 사안에서는 해당 경비지출에 관하여 사전약정이 없었다는 점에서 그러한 사전약정이 있었던 대법원 2008. 7. 10. 선고 2007두26650 판결과 차이가 있다. 사전약정과 접대비는 어울리지 않기 때문이다. 접대비는 지출의무가 없는데도 지출하는 것이 중요한 속성이기 때문이다.

3. 감가상각비

가. 개요

법인이 취득한 고정자산은 그 내용연수 동안 법인의 수익창출에 기여하므로 그 취득비용을 일시에 손금으로 처리하지 아니하고 내용연수 동안 안분하여 손금처리한다. 이것을 감가상각비라고 한다. 감가상각비는 고정자산의 가치하락에 따른 평가손실이라기보다는 취득비용을 일정한 기간 비용으로 안분하는 것으로 이해하는 것이 옳다. 왜냐하면 감가상각을 하는 기간, 즉 법정내용연수가 실제의 내용연수와 일치하지 아니하고, 통상은 그보다 더 짧기 때문이다. 이는 정책적으로 고정자산의 취득비용을 조기에 손금에 산입하도록 함으로써 법인의 세부담을 덜어주기 위한 것으로 이해할 수 있다. 세법상 감가상각제도는 기본적으로 기업회계에 있어서 일반적으로 적용되는 감가상각제도를 원용하고 있다. 다만, 세법상 감가상각제도는 조세부담의 공평, 계산의 편의성 및 국가정책적 목적 등으로 몇 가지 특징을 가지고 있는데, 그중에 하나가 원칙적으로 확정결산주의를 채택하여 법인 스스로 확정된 결산에 감가상각비를 손금으로 계상하지 않는 한 세법상 감가상각비를 손금으로 인정하지 않는다.

조세쟁송에서 감가상각과 관련하여 자주 문제가 되는 것은 감가상각방법이나 손금인정한도액에 관한 것보다는 감가상각대상에 해당하는지 여부이다. 세부적으로는 감가상각의 대상이 되는 자산, 가액, 기간에 해당하는지 여부 등이다.

나. 감가상각 대상 자산

(1) 관련 규정

법인세법 제23조 제1항은 고정자산에 대한 감가상각비를 일정한 범위 내에서 손금으로 인정한다고 규정하고, 그 제3항은 여기서의 고정자산은 토지를 제외한 건물, 기계 및 장치, 특허권 등 대통령령으로 정하는 자산으로 한다고 규정하고 있다. 그리고 그 위임에 의한 법인세법 시행령 제24조는 감가상각자산을 유형고정자산과 무형고정자산으로 분류하고 다시 그 각각의 세목을 열거하고 있다. 고정자산에 있어서 '고정'이라는 개념은 '유동'의 개념에 대비되는 것으로서 1년 이상 장기간 존속하는 것을 의미한다고 이해하면 된다. 그런데 '자산'의 개념은 간단하지 않음에도 법인세법에서 별도의 정의규정을 두고 있지 않다. 그래서 기업회계기준상의 '자산' 개념을 살펴볼 필요가 있다.

기업회계기준서(K-IFRS) 제1016호는 유형자산의 개념 및 인식기준 등을 다음과 같이 규정하고 있다. 유형자산은 재화의 생산, 용역의 제공, 타인에 대한 임대 또는 자체적으로 사용할 목적으로 보유하는 물리적 형체가 있는 자산으로서, 한 회계기간을 초과하여 사용할 것이 예상되는 자산을 말한다고 하고, 유형자산으로 인식되기 위해서는 그 자산으로부터 발생하는 미래 경제적 효익이 기업에 유입될 가능성이 매우 높아야 하며, 그 자산의 취득원가를 신뢰성 있게 측정할 수 있어야 한다고 한다.

법인세법 제23조 제1항은 토지를 감가상각대상 자산에서 제외하고 있고, 그 시행령 제24조 제3항 제3호는 시간의 경과에 따라 그 가치가 감소되지 아니하는 것을 감가상각대상 자산에서 제외하고 있으므로 시간의 경과에 따라 가치가 감소되지 않는 토지나 서화, 골동품, 조경수 등은 감가상각대상 자산이 될 수 없다. 대법원 2008. 4. 11. 선고 2006두5502 판결은 골프장 진입도로 개설비용은 감가상각의 대상인 영업권이 아니라 감가상각 대상이 아닌 토지에 대한 자본적 지출로 보았다. 그러나 진입도로의 개설은 골프장 부지라는 특정 고정자산의 가치증대에만 기여하는 것이 아니라 골프장의 수입증대를 통한 골프장 사업의 전체 사산의 가치증대에 기여한다고 볼 수 있으므로 영업권으로 계상하는 것이 더 합리적이라고 할 수 있다. 더구나 납세자의 입장에서는 영업권으로 계상하여 이를 단기간에 상각하는 것이 토지의 자본적 지출액으로 계상하는 것보다 유리하므로 법리상 영업권으로 계상하는 것이 불가능하지 않은 마당에 굳이 이를 막을 합리적인 이유가 없다고 하겠다. 대법원 2009. 5. 14. 선고 2006두11224 판결도 위의 판결과 비슷한 취지에서 골프장의 그린, 티, 벙커는 토지조성을 위한 자본적 지출이며, 독립된 감가상각의 대상이 되는 자산이 아니라고 판시하였다.

(2) 요건

위와 같은 법인세법 및 기업회계기준서의 규정과 취지 등에 비추어 보면, 감가상각의 대상인 고정자산에 해당하기 위해서는 원칙적으로 법인이 재화의 생산이나 용역의 제공, 임대 등에 사용할 목적으로 취득하여 현재 지배하고 있는 자원이어야 하고, 여기에서 말하는 지배에는 법적으로 완전한 소유권을 취득하여 행사하는 경우는 물론 사실상 소유권을 취득하여 현실적인 지배력을 행사하는 경우도 포함된다고 보아야 한다. 법인세법 시행령 제24조 제4항에서 장기할부조건 등으로 매입한 고정자산의 경우 법인이 해당 고정자산의 가액 전액을 자산으로 계상하고 사업에 사용하는 경우에는 그 대금의 청산 또는 소유권의 이전 여부에 관계 없이 이를 감가상각자산에 포함한다고 규정하고 있는 것도 같은 취지에 입각한 것으로 이해할 수 있다.

이와 같이 법적으로 완전한 소유권을 취득할 필요가 없다고 보는 논거로는, 법인세법상 그 고정자산이 현실적으로 당해 법인의 수익창출활동에 기여하고 있으면 그 감가상각비에 대응하는 수익이 익금으로 산입될 것이기 때문에 그에 대응하여 그 고정자산의 감가상각비를 손금산입하더라도 수익비용대응의 원칙상 아무런 문제가 없는 점, 오히려 법적으로 완전한 소유권을 취득하지 못하였다는 이유로 그 고정자산이 당해 법인의 수익창출에 기여하고 있음에도 감가상각 대상 자산에서 제외하게 되면 수익비용대응에 왜곡이 생기는 점, 법인세법과 그 시행령이 적법하고 유효한 법률행위에 따른 경비만을 손금산입한다는 취지의 규정을 두고 있지 않은 점, 대법원 판례가 위법소득과 관련하여 어떤 소득이 과세소득이 되는지 여부는 이를 경제적 측면에서 보아 현실로 이득을 지배·관리하면서 이를 향수하고 있어 담세력이 있는 것으로 판단되면 족하고 그 소득을 얻게 된 원인관계에 대한 법률적 평가가 반드시 적법하고 유효한 것이어야 하는 것은 아니라는 이유로 형사상 위법소득이거나 사법상 무효인 법률행위로 인한 소득이라고 하더라도 그 귀속자에게 환원조치가 취해지지 않는 한 과세소득에 해당한다고 보고 있으므로 감가상각비도 이에 대응하여 손금산입할 필요가 있는 점 등을 들 수 있다.

따라서 자산의 취득과정에서 법률행위의 하자가 존재한다고 하더라도, 법률행위의 하자가 확정되어 자산이 원래 소유자에게 반환되지 않는 한 감가상각의 대상이 되는 고정자산에 해당함에는 아무런 영향이 없다고 봄이 타당하다. 다만, 법률행위의 하자가 통정허위표시에 해당하는 경우에는 법적 효과가 없음은 물론 경제적 실질도 수반하지 않으므로 예외가 인정되어야 한다.

그리고 그 자산의 취득가액 상당을 지출하거나 그 가액 상당의 채무를 부담한 경우가 아니라면 감가상각대상 자산으로 인정하기 어려울 것이다. 이러한 경우에는 회계처리상 그 가액을 자산계정과목으로 계상할 수도 없기 때문이다. 그리고 아무리 법적으로 완전한 소유권을 취득하였다고 하더라도 그 고정자산을 사업에 사용하지 않는 경우에는 감가상각대상 자산이 될 수 없다. 법인세법 시행령 제24조 제3항 제1호가 이에 관하여 규정하고 있다.

(3) 사례 분석

원고가 금융리스 이용자로부터 그 리스물건을 매입하여 사용하였으나 리스회사의 동의가 없었던 경우 그 리스물건을 원고의 감가상각대상 자산으로 볼 수 있는지가 문제된 사례로 대법원 2009. 7. 9. 선고 2007두4049 판결이 있다.

A사는 1995년 9월경 B리스금융사와 기계장치 등에 관하여 금융리스계약을 체결하면서, A사가 리스물건을 제3자에게 양도하지 못하고, 만약 이를 위반할 경우 리스회사는 A사에게 즉시 잔존 리스료 전액의 지급을 청구하거나 리스계약을 해지할 수 있는 것으로 약정하였다. 원고는 1996년 11월경부터 1997년 10월까지 15회에 걸쳐 특수관계에 있는 A사로부터 위 리스물건을 현금 63억 원에 매입하여 제품생산 등에 사용하여 왔다. 그러던 중 1998년 7월경 A사가 부도를 내고 화의절차개시신청을 하여 재산보전처분이 내려지자 B리스금융사가 1998년 말경 위 리스물건의 반환을 요구하여 이를 전부 반환하였다. 원고는 위 리스물건에 대하여 1997 사업연도와 1998 사업연도에 각 14억 원을 감가상각비로 계상하였다. 과세관청은, 원고가 위 리스물건이 B리스금융사의 소유인 것을 알면서도 A사와 통정하여 불법으로 취득하였으므로 이를 원고의 자산으로 볼 수 없다는 이유로, 위 리스물건에 대한 감가상각비를 모두 손금불산입하고, 리스물건 취득대금으로 A사에 지급한 돈을 업무무관 가지급금으로 보아 그 차입금 상당의 지급이자를 손금불산입하고, 아울러 그 인정이자를 익금산입하였다.

이에 대하여 대법원은 다음과 같이 판시하였다. 원고가 A사로부터 리스물건을 대가를 지급하고 구입하여 실제로 제품생산 등에 사용하면서 이를 현실적으로 지배하고 있었던 이상 원고가 리스물건을 구입한 것이 피고 주장과 같이 통정허위표시에 해당하여 자산 취득의 실질이 없다고 할 수 없고, 원고의 대표이사이면서 A사의 대표이사를 겸하고 있던 자가 피고 주장과 같이 그 대표권을 남용하거나 이사회결의를 거치지 아니한 채 법적 소유자가 아닌 A사와 리스물건에 대하여 매매계약을 체결하였다고 하더라도, 위 리스물건은 그러한 법률행위의 하자 등으로 인하여 원래 소유자인 B리스금융사나 매도인인 A사에게 반환될 때까지는 여전히 원고가 현실적인 지배력을 행사하면서 사업에 실질적으로 제공한 자산으로서 감가상각의 대상이 된다고 판시하였다.

비록 원고 회사가 법적인 의미의 소유권이 B리스금융사에 있다는 사실을 알면서 이 사건 리스물건에 대하여 매매계약을 체결하였다 하더라도, 그 대금을 전부 지급하고 이를 인도받아 현실적으로 점유·사용하고 있었으므로, 법적인 소유권자인 B리스금융사로부터 리스물건을 양수한 것이 아니어서 나중에 B리스금융사로부터 추급을 당할 위험을 안고 있기는 하지만, 그러한 위험이 현실화되어 리스물건을 반환하기 전까지는 원고가 리스물건에 대한 현실적인 지배력을 행사하고 있다고 보아야 한다. 피고 주장과 같이 원고와 A사 사이의 매매계약이 통정허위표시로서 무효인 경우라면, 다른 법률행위의 하자의 경우와는 달리 실체적인 거래내용을 수반하지 않은 것이므로, 원고가 리스물건에 대한 현실적인 지배력을 행사하고 있다고 볼 수 없을 것이지만, 원고가 A사에 63억 원의 현금을 주고 리스물건을 매입한 후 이를 인도받아 제품생산 등에 사용하였으므로 그 매매계약이 통정허위표시라고 할 수도 없다. 대법원 판결이 이러한 취지에 입각한 것으로 해석할 수 있다.

무형자산인 개발비의 감가상각에 관한 사안으로서 대법원 2022. 7. 28. 선고 2019두 58346 판결이 있다. 법인세법 시행령 제24조 제1항 제2호 (바)목은 개발비에 관하여 상업적인 생산 또는 사용 전에 재료·장치·제품·공정·시스템 또는 용역을 창출하거나 현저히 개선하기 위한 계획 또는 설계를 위하여 연구결과 또는 관련 지식을 적용하는 데 발생하는 비용으로서 기업회계기준에 따른 개발비 요건을 갖춘 것이라고 정의하고 있다. 그런데 위 규정이 2021. 2. 17. 개정되기 전에는 상업적인 생산 또는 사용 전에 재료·장치·제품·공정·시스템 또는 용역을 창출하거나 현저히 개선하기 위한 계획 또는 는 설계를 위하여 연구결과 또는 관련 지식을 적용하는 데 발행하는 비용으로서 당해 법인이 개발비로 계상한 것이라고 정의하고 있었다. 그래서 2021. 2. 17. 개정 전에는 당해 법인이 개발비로 계상하지 않은 경우에도 과세관청이 개발비에 해당한다고 보아 감가상각의 한도액 범위 내에서만 손금산입을 인정할 수 있는지에 관하여 다툼이 있었다.

이에 관하여 대법원은, 개발비 규정에 의하면 당해 법인이 개발비로 계상한 경우에만 감가상각자산인 개발비가 될 수 있으므로 당해 법인이 개발비 규정에서 정한 비용을 지출하더라도 개발비로 계상하지 않은 경우에는 위 규정에 따른 감가상각자산을 취득하였다고 볼 수 없고, 이에 대하여는 즉시상각의제규정을 적용하여 감가상각 한도초과액을 손금에 산입하는 것도 허용될 수 없다고 판시하였다. 이 사안은 당해 법인이 한국채택국제회계기준도입을 위한 시스템을 구축하면서 개발팀을 조직하고 그 소속 근로자들에게 인건비를 지급하였으나 이들이 개발 외의 다른 업무도 겸하고 있어 감가상각자산인 개발비에 해당하는 부분을 구분하기 어렵다는 이유로 전부 영업비용으로 회계처리하였는데, 과세관청은 감가상가자산인 개발비에 해당한다고 보아 즉시상각으로 의제하고 감가상각한도초과액을 손금불산입하였으나 배척당했다. 이제는 위 규정이 개정되어 당해 법인이 개발비로 계상하는 것을 요건으로 하지 않고 기업회계기준에 따른 개발비 요건을 갖추면 족하므로 위와 같은 과세관청의 입장이 수용될 수 있게 되었다.

다. 감가상각 대상 기간

(1) 기준내용연수와 내용연수의 범위

감가상각은 내용연수에 따라 상각률이 정해지고 그 상각률에 의하여 당해 사업연도의 감가상각의 한도액이 정해진다. 따라서 내용연수가 감가상각의 손금산입에 결정적인 영향을 미친다.

내용연수에 관하여는 법인세법 시행령 제28조 제1항에서 규정하고 있는데, 먼저 제1호는 시험연구용 자산과 무형고정자산에 관하여는 시행규칙에서 정하는 내용연수를 적용하도록 규정하고, 그 시행규칙 제15조 제1항은 자산의 종류별로 내용연수를 5년과 3년으로 정하면서, 다만 이 내용연수를 적용하지 않고자 할 경우에는 일반 고정자산의 기준내용연수 및 내용연수범위표를 적용할 수 있도록 하고 있다. 그리고 법인세법 시행령 제28조 제1항 제2호는 본문에서 시험연구용자산과 무형고정자산을 제외한 일정한 감가상각자산의 내용연수에 관하여 '구조 또는 자산별·업종별로 시행규칙에서 정하는 기준내용연수에 그 기준내용연수의 100분의 25를 가감하여 기획재정부령이 정하는 내용연수범위 안에서 법인이 선택하여 납세지 관할 세무서장에게 신고한 내용연수'에 의하도록 하면서, 단서에서 제3항 각 호의 신고기한 내에 신고를 하지 아니한 경우에는 '기준내용연수'에 의하도록 규정하고, 같은 조 제3항 제1호는 '신설법인 등이 제1항 제2호의 규정에 의하여 내용연수를 신고하고자 하는 때에는 내용연수신고서를 그 영업을 개시한 날이 속하는 사업연도의 법인세 과세표준 신고기한까지 납세지 관할 세무서장에게 제출하여야 한다'고 규정하고 있다. 또한 법인세법 시행령 제28조 제4항은 '법인이 제1항 제2호의 규정에 의하여 자산별·업종별로 적용한 신고내용연수 또는 기준내용연수는 그 후의 사업연도에 있어서도 계속하여 그 내용연수를 적용하여야 한다'고 규정하고, 제29조 제1항은 '법인은 일정한 사유가 있는 경우에는 제28조 제1항 제2호 및 동조 제4항의 규정에 불구하고 기준내용연수에 기준내용연수의 100분의 50을 가감한 범위 안에서 사업장별로 납세지 관할 지방국세청장의 승인을 얻어 내용연수범위와 달리 내용연수를 적용하거나 적용하던 내용연수를 변경할 수 있다'고 규정하고 있다.

이와 같은 기준내용연수와 내용연수의 범위를 적용하는 것이 쟁점이 된 사안이 있다. 대법원 2016. 1. 28. 선고 2013두7001 판결이다. 원고는 해당 고정자산을 매수하면서 12년의 계약기간 동안만 그 소유권을 유지하고 그 기간이 종료되면 무상으로 매도인에게 다시 양도하기로 약정하였다. 법인세법 시행규칙상 해당 고정자산 기준내용연수가 20년이고 내용연수의 범위가 15년(하한)에서 25년(상한)으로 각 규정되어 있음에도 납세지 관할 지방국세청장의 승인을 얻지 아니한 채 그 영업을 개시한 날이 속하는 2001 사업연도의 법인세 과세표준 신고기한 내인 2002년 3월경 그 고정자산들의 내용연수를 당초 계약 기간인 12년으로 신고하여 감가상각을 하고, 그 후 2006년 11월경 계약기간이 5년 연장 되자 임의로 내용연수를 연장된 계약기간으로 변경하여 감가상각을 하면서 2004 내지 2008 사업연도의 법인세 과세표준을 신고하였다. 이에 대하여 피고는, 그 고정자산들의 내용연수를 법인세법 시행규칙 각 별표에 규정된 기준내용연수인 20년으로 하여 상각범 위액을 산정하고 그 한도초과액을 손금불산입하여 2004 내지 2008 사업연도의 법인세를 경정·고지하였다.

원고는, 해당 고정자산들은 원고가 매도인과의 계약기간인 12년 동안만 사용하고 무 상으로 매도인에게 양도하여야 하는 사용기간의 제약이 있다고 하면서 이러한 고정자산 에 대하여는 법인세법에서 그 내용연수와 감가상각방법을 규정하고 있지 않으므로 구 법인세법 제43조에 의하여 기업회계기준과 관행에 따라 12년의 계약기간을 내용연수로 보아 감가상각을 하여야 하며, 이들 자산에 대하여 기준내용연수를 적용하면 계약기간 종료 이후 미상각된 잔존가액만큼은 사실상 손금불산입되어 이중과세를 초래하며, 원고 가 기업회계기준에 따라 그 내용연수를 12년으로 신고한 이상 원고의 내용연수신고는 법령상 내용연수범위에 있지 않은 하자 있는 신고에 해당할 뿐 법인세법 시행령 제28조 제1항 제2호 단서가 규정한 '신고기한 내에 신고를 하지 아니한 경우'에 해당하지 않으므 로 법인세법 시행규칙의 기준내용연수를 적용할 수 없다고 주장하였다.

이에 대하여 대법원은, 법인세법에서 감가상각을 위한 기준내용연수와 내용연수의 범 위를 규정하고 있는 것은 납세자의 자의에 의한 과세소득 계산을 배제하고 과세의 형평 을 도모하기 위하여 일정한 감가상각자산의 내용연수에 관하여 구조 또는 자산별·업종 별로 동일한 기준내용연수를 적용하도록 하면서, 다만 사업장의 특성과 생산설비의 가동 률 등 법인의 특수한 사정을 반영하여 일정한 범위 내에서 내용연수를 신축적으로 적용 할 수 있도록 하기 위하여 법인이 신고기한 내에 기준내용연수에 그 기준내용연수의 100 분의 25를 가감한 내용연수범위 안에서 내용연수를 선택하여 신고한 경우 및 기준내용 연수에 그 기준내용연수의 100분의 50을 가감한 범위 안에서 사업장별로 납세지 관할 지방국세청장의 승인을 얻어 내용연수범위와 달리 내용연수를 적용하거나 적용하던 내 용연수를 변경한 경우에 한하여 기준내용연수 이외의 내용연수를 적용할 수 있도록 한 것으로 이해된다고 전제하고, 법인이 신고기한 내에 내용연수를 신고하지 아니하거나 임 의로 내용연수범위를 벗어난 내용연수를 선택하여 신고한 후 적법한 절차를 거쳐 내용 연수를 변경하지 아니한 경우에는 구 법인세법 시행령 제28조 제1항 제2호 단서, 제4항 에 따라 감가상각자산의 내용연수에 관하여 기준내용연수를 계속 적용하여야 한다고 판 시하고 원고의 주장을 배척하였다. 감가상각의 내용연수 적용에 관한 관련 규정들을 문언대로 해석하여 적용해야 한다는 입장에서 원고가 주장하는 사유만으로는 그 예외를 인정할 수 없다는 결론에 이르렀다. 문언해석에 충실한 타당한 판결이다. 이러한 사안에서 납세자는 기준내용연수에 따라 계상한 감가상각비를 손금산입하여 오다가 계약기간이 종료되어 무상으로 반환할 때 그 잔존장부가액을 고정자산처분손실로 계상하여 이를 손금산입할 수 있을 것으로 보인다.

사용수익기부자산, 즉 금전 외의 자산을 국가 또는 지방자치단체 등에 기부한 후 그 자산을 사용하거나 그 자산으로 수익을 얻는 경우 감가상각을 어떻게 하여야 하는지가 문제되었다. 법인세법 시행령 제26조 제1항 제7호는 해당 자산의 사용수익기간(그 기간에 관한 특약이 없는 경우 신고내용연수를 말한다)에 따라 균등하게 안분한 금액(그 기간 중에 해당 기부자산이 멸실되거나 계약이 해지된 경우 그 잔액을 말한다)을 상각하도록 규정하고 있다. 이에 관하여 대법원 2025. 2. 27. 선고 2023두37544 판결은 다음과 같이 판시하였다. 즉, 법인세법령은 수익비용대응 원칙 등을 이론적 근거로 하는 감가상각 제도를 두면서 납세자의 자의에 의한 과세소득 계산을 배제하고 과세형평을 도모하기 위하여 감가상각자산의 내용연수와 상각방법 등을 정형적으로 규정하고 있는 점 등을 종합적으로 고려하면, 사용수익기부자산가액에 대한 자본적 지출이 있는 경우에는 원칙적으로 해당 자본적 지출액을 사용수익기부자산가액에 가산한 다음 이를 법인세법 시행령 제26조 제1항 제7호에 따라 사용수익기부자산의 잔여 사용수익기간 동안 균등하게 안분하여 상각하는 방법으로 상각범위액을 계산하여야 하며, 다만 잔여 사용수익기간 중에 해당 자본적 지출 부분이 대체·폐기되는 등으로 법인의 사업에 더 이상 사용되지 않게 된 때에는 특별한 사정이 없는 한 해당 자본적 지출액의 미상각잔액을 그러한 시점이 속한 사업연도에 일시 상각하는 방법으로 상각범위액을 계산할 수 있다고 하였다.

이러한 법리를 토대로, 사용수익기부자산가액에 대한 자본적 지출인 1차 시스템 대체비용을 관리운영권의 잔여 사용수익기간에 따라 균등하게 안분하여 상각하다가 2차 시스템으로 대체를 완료한 시점이 속한 사업연도에 1차 시스템 대체비용의 미상각잔액을 일시 상각하여 상각범위액을 계산한 피고의 방식은 객관적이고 합리적인 감가상각방법으로서 정당하다고 판시하였다.

(2) 감가상각의 시작시기

감가상각 대상 기간과 관련하여 실제로 자주 문제가 되는 것은 그 기간 자체보다는 감가상각을 할 수 있는 시작시기를 언제로 볼 것인지에 관한 것이다. 법인세법 시행령 제24조 제3항은 건설중인 자산은 감가상각자산에 포함하지 않는다고 규정하고 있다. 그 취지는 건설이 종료되기 전에는 감가상각을 할 수 없다는 것인데, 그렇다면 언제부터 감가상각이 가능하다고 보아야 할지를 위 규정에서 추론해 보아야 한다.

법인세법 시행령 제34조는 감가상각자산의 감가상각비 계산에 관하여 기타 필요한 사항은 기획재정부령으로 정하도록 위임하였고, 그에 따라 법인세법 시행규칙 제12조 제4항은 감가상각자산에서 제외되는 건설중인 자산에는 설치중인 자산 또는 그 성능을 시험하기 위한 시운전기간에 있는 자산을 포함하고, 다만 건설중인 자산의 일부가 완성되어 당해 부분이 사업에 사용되는 경우 그 부분은 이를 감가상각자산에 해당하는 것으로 규정하고 있다. 위 규정의 취지는 감가상각대상 자산이 사업에 사용됨으로써 수익창출에 기여하게 되었을 때 비로소 감가상각을 할 수 있다는 것으로 이해할 수 있다. 이 규정은 적정한 과세소득의 산정을 위한 수익비용대응의 원칙상 당연한 이치를 밝힌 것으로서 확인적 규정이라고 할 수도 있다. 그 고정자산이 수익창출에 기여하기도 전에 미리 감가상각을 하게 되면 익금 없이 손금만 조기에 산입되어 결손금이 생기게 되거나 당해 고정자산과 무관한 다른 익금의 차감항목이 되는 불합리한 결과가 초래되기 때문에 이를 막겠다는 취지이다.

이에 관한 사례로 대법원 2015. 9. 10. 선고 2013두6862 판결이 있다. 원고는 P건설과 공사도급계약을 체결하여 원고의 포항공장과 광양공장에 자가전력생산용 LNG 복합발전소를 건설하였다. 이 발전소는 LNG를 연소시켜 발생한 화력으로 2기의 가스터빈에서 1차로 전기를 생산하고, 거기서 배출되는 폐열로 생성한 증기를 1기의 증기터빈에 공급하여 추가로 전기를 생산하는 복합발전설비이다. 원고는 광양공장의 발전소에 대하여는 2000. 7. 24.에, 포항공장의 발전소에 대하여는 2001. 1. 19.에 각 터빈별 예비승인시험을 완료하고, 그 무렵 P건설에 예비승인증을 발급하였으며, 그 후 이 발전소를 사용하기 위하여 전기사업법에 의하여 관할 관청으로부터 사용 전 검사를 받은 후 P건설에 최종검사증을 교부하였다. 이 발전소에 대한 예비승인시험 과정에서 일부 터빈을 가동하여 전력을 생산하였으며, 그 월별 전력생산량은 2000년 3월에 26.8MW, 2000년 4월에 84MW, 2000년 6월에 5.9MW이었고, 2000년 5월경에는 수리를 위하여 가동을 중단하기도 하였다. 반면 예비승인시험이 완료된 후인 2000년 7월부터 2001년 2월까지의 월별 전력생산량은 평균 172.7MW이었다. 원고는 이 발전소의 각 터빈별로 그 전력생산을 개시한 2000년 3월부터 감가상각을 한 반면, 과세관청은 각 터빈별 예비승인시험 완료일부터 감가상각이 가능한 것으로 보아 원고가 신고한 감가상각비 중 일부의 손금산입을 부인하였다.

이에 대하여 대법원은, 이 발전소들에 대한 예비승인시험 기간 중 터빈을 가동한 것은 이 발전소의 설비를 정상적으로 사용하기에 앞서 그 설치 과정의 일환으로 성능시험을 위한 시운전을 실시한 것에 불과하다고 보이므로, 그 과정에서 전력을 소량 생산하여 생산공정에 투입하였다고 하더라도 이를 두고 이 발전소들의 일부가 완성되어 사업에 사용된 경우에 해당한다고 보기는 어렵다고 보아 과세관청의 손을 들어주었다. 그러나 시운전 중이었다고 하더라도 그 기간이 짧지 않았고, 그 과정에서 생산된 전력도 미미한 수준을 넘어섰고 원고의 제품생산과정에 사용되었다면 수익창출에 기여하였다고 할 수 있으므로 그 감가상각비를 손금산입하는 것이 적정한 과세소득의 산정을 위한 수익비용대응의 원칙에 부합한다고 하겠다. 따라서 위 대법원 판결은 수익비용대응의 원칙을 소홀히 한 측면이 없지 않다고 하겠다.

4. 지급이자

가. 관련 규정

차입금 등에 대한 지급이자는 법인의 금융비용으로서 대표적인 손금항목이다. 그럼에도 법인세법은 지급이자의 손금산입에 대하여 엄격한 태도로 규제를 하고 있다. 이는 법인의 재무구조의 건전성을 유지하고자 하는데 주된 목적이 있고 아울러 경제성을 갖추지 못한 부적절한 지출의 원천이 되는 차입금 등에 대한 지급이자를 손금불산입함으로써 법인 경영의 합리성과 도덕성을 유도하는 데에도 목적이 있다. 이러한 목적에서 법인세법은 제28조에서 지급이자의 손금불산입에 관한 규정을 두고 있다. 이는 손금의 일반적인 요건 중 업무관련성의 요건을 충족하지 못하는 경우에 관한 특별규정으로서의 성격을 지니고 있다고 할 수 있다.

법인세법 제28조는 손금불산입되는 지급이자의 항목들을 그 각 호에서 열거하고 있는데, 제1호와 제2호는 채권자가 불분명한 사채의 이자와 그 지급받은 자가 불분명한 이자 등을, 제3호는 건설자금에 충당한 차입금의 이자를, 제4호는 업무무관자산이나 업무무관 가지급금에 상당하는 차입금의 지급이자를 규정하고 있다. 제1호와 제2호는 그 이자를 수령한 상대방이 이를 익금으로 하여 세금을 납부한다는 것이 밝혀지지 않는 경우이므로 이에 대응하여 그 지급이자를 손금으로 인정할 수 없다는 취지이다. 조세쟁송에서 자주 등장하는 사안은 업무무관 가지급금에 상당하는 차입금의 지급이자이다.

나. 업무무관 가지급금 상당 차입금의 지급이자 손금불산입

(1) 개요

법인세법 제28조 제1항 제4호는 다음 각 목의 자산을 취득하거나 보유하고 있는 법인은 그 자산가액에 상당하는 차입금의 지급이자를 손금에 산입하지 아니한다고 규정하면서, (가)목에서 업무와 관련 없는 자산을, (나)목에서 특수관계자에게 업무와 관련 없이 지급한 가지급금 등을 들고 있다. 여기서의 가지급금 등이란 법인세법 시행령 제53조 제1항에서 규정하고 있듯이 명칭 여하를 불문하고 당해 법인의 업무와 관련이 없는 자금의 대여액을 포괄한다고 할 것이다.

원래 법인이 차입금에 대하여 지급하는 이자 자체는 그 차입금의 구체적 용처가 업무와 관련이 없다는 점이 밝혀지기 전에는 업무와의 관련성이 없다고 단정하기 어렵기 때문에 원칙적으로 손금산입되어야 한다. 그러나 당해 법인이 업무와 관련 없는 자산을 보유하고 있거나 특수관계자에게 업무와 관련 없이 지급한 가지급금 등이 있을 경우 차입금이 그 자산이나 가지급금의 원천이 될 수 있는 것이다. 물론 그 원천이 차입금인지 자기자본인지를 구별할 수 있는 뚜렷한 기준은 없고 그 원천에는 차입금과 자기자본이 혼재되어 있다고 보는 것이 현실적일 수 있다. 그러나 법인세법 제28조 제1항 제4호는 정책적 견지에게 그 자금의 원천이 자기자본이 아니라 차입금이라고 의제하여 그 차입금의 지급이자는 업무관련성이 없다고 보아 손금산입하지 않겠다는 것이다. 그래서 이는 의제적인 특별규정이라고 할 수 있다. 위헌성의 시비가 있을 수 있지만, 아래에서 보는 바와 같이 법인의 재무구조의 건전성을 도모하기 위한 입법자의 정책적 고려가 바탕이 되었기 때문에 입법재량의 범위 내라고 볼 수 있다.

위 규정의 입법 취지에 관하여 대법원 2007. 9. 20. 선고 2006두1647 판결은 차입금을 보유하고 있는 법인이 특수관계자에게 업무와 관련 없이 가지급금 등을 지급한 경우에는 이에 상당하는 차입금의 지급이자를 손금불산입하도록 하는 조세상의 불이익을 주어 차입금을 생산적인 부분에 사용하지 아니하고 계열사 등 특수관계자에게 대여하는 비정상적인 행위를 제한함으로써 타인자본에 의존한 무리한 기업 확장으로 기업의 재무구조가 악화되는 것을 방지하고, 기업자금의 생산적 운용을 통한 기업의 건전한 경제활동을 유도하는 데 있다고 설명하고 있다.

(2) 인정이자 익금산입과의 관계

그런데 법인세법은 다른 한편으로 법인세법 제52조 제1항 및 시행령 제88조 제1항 제6

호, 제89조 제5항은 금전을 무상이나 가중평균차입이자율 또는 당좌대출이자율보다 낮은 이율로 대부한 경우 당좌대월이자율로 계산한 이자상당액과의 차액(인정이자)을 익금에 산입한다는 취지를 규정하고 있다. 이는 법인이 정상적으로 자금대여를 할 경우에 수령할 이자 상당액만큼의 기회손실을 부당행위계산부인의 법리에 따라 법인의 수익계상 여부에 불구하고 과세표준 계산상 익금에 강제로 산입한다는 데 있다. 즉, 법인과 특수관계 있는 자와의 거래가 시행령 제88조 제1항 각 호에 정한 제반 거래형태를 빙자하여 남용함으로써 경제적 합리성을 무시하였다고 인정되어 조세법적인 측면에서 부당한 것이라고 보일 때 과세권자가 객관적으로 타당하다고 인정되는 소득이 있었던 것으로 의제하여 과세함으로써 과세의 공평을 기하고 조세회피행위를 방지하고자 함에 있다.

이와 같이 법인세법이 지급이자의 손금불산입 대상으로는 '업무와 관련 없이 지급한 가지급금'이라고 규정하고, 인정이자의 익금산입 대상으로는 '금전을 무상 또는 낮은 이율로 대부'라고 규정하고 있는데, 전자의 가지급금은 금전 대부의 일종으로 볼 수 있고 후자의 금전의 대부에는 업무무관성을 요건으로 하지 아니하므로 전자의 '업무와 관련 없이 지급한 가지급금'은 후자의 '금전을 무상 또는 낮은 이율로 대부'에 포함된다 할 것이다. 따라서 동일한 가지급금에 대하여 한편으로는 인정이자를 계상하여 익금에 산입하고, 다른 한편으로는 지급이자를 손금불산입하는 것이 이중과세의 문제를 야기할 수도 있으나, 각각의 입법 취지가 상이하고, 적용요건도 상이하므로 이중과세가 아니라는 견해가 지배적이다.[8] 대법원 2010. 1. 14. 선고 2007두5646 판결 등도 같은 입장에서, 법인이 특수관계자로부터 지급받아야 할 매매대금의 회수를 정당한 사유 없이 지연시키는 것은 실질적으로 매매대금이 계약상의 의무이행기한 내에 전부 회수된 후 다시 가지급된 것과 같은 효과를 가져온다는 점에서 그 미회수 매매대금 상당액은 '업무와 관련 없이 지급한 가지급금 등'에 해당하여 그에 상당하는 차입금의 지급이자가 손금에 산입되지 않으며, 또한 그와 같은 매매대금의 회수지연이 건전한 사회통념이나 상관행에 비추어 경제적 합리성이 결여되어 조세의 부담을 부당하게 감소시킨 것으로 인정되는 경우에는 부당행위계산부인에 의하여 그에 대한 인정이자가 익금에 산입된다고 판시하였다.

그런데 양자가 항상 중복 적용되는 것은 아니다. 예를 들어 특수관계자에게 당좌대출이자율에 의하여 이자를 수수하기로 약정하고 자금을 대여한 경우 무상이나 낮은 이율로 대부한 경우가 아니고 법인 스스로 당좌대출이자율 상당의 이자를 익금산입하였기 때문에 또다시 인정이자의 익금산입 규정이 적용되지 않지만, 지급이자 손금불산입 규정은 적용되는 것이다.

---

8) 이연호 외 2인, 사례중심 법인세 2007, (주)광교이택스

(3) 업무무관 가지급금의 성격과 요건

법인세법 시행령 제53조 제1항은 업무무관 가지급금의 범위에 관하여 명칭 여하에 불구하고 당해 법인의 업무와 관련 없는 자금의 대여액을 말한다고 규정하고 있다. 여기서 말하는 '자금의 대여'는 시행령 제88조 제1항 제6호에서 말하는 '금전의 대부'와 같은 의미임을 알 수 있다. 따라서 지급이자 손금불산입의 대상이 되는 가지급금과 인정이자 익금산입의 대상이 되는 금전의 대부는 전자의 경우에는 업무무관성의 요건이 수반되고 후자의 경우에는 경제적 비합리성의 요건이 수반되는 점에 있어서 차이는 있지만 자금의 대여라는 점에서는 성격이 동일하다고 할 수 있다.

기업회계기준상으로는 가지급금은 일반적으로 현금을 지급하였으나 그것을 기입할 계정과목 또는 금액이 미정인 경우 이를 임시적으로 처리해두는 계정과목을 의미하므로 반드시 자금의 대여에 국한된다고는 볼 수 없지만, 여기서도 자산계정으로 계상해두고 있는 한 그 자금에 관한 채권이 존속하고 있다는 점이 전제가 되고 있다고 볼 수 있다. 자금의 대여의 본래적인 의미는 실제 자금의 이동이 있고, 실제 이것을 회수할 수 있는 권리를 가지고 있어 법인의 자산으로 계상될 수 있는 것을 말한다고 할 수 있다.

대법원 2012. 11. 29. 선고 2010두19294 판결은, A그룹 계열사인 원고는 도시가스의 공급 등을 목적으로 하는 회사인데, A그룹의 창업자가 사망하여 경영권 분쟁이 발생하자, 그 상속인들은 2001. 5. 29.경 A그룹을 분리하여 그중 원고 계열은 삼남이, D사 계열은 장남이, E사 계열은 차남이 각각 경영권을 갖기로 합의하고, 그 이행을 위하여 D사는 그가 소유하고 있는 원고의 주식 180만 주와 교환할 수 있는 권리가 부여된 교환사채 540억 원을 발행하여 원고가 이를 전부 인수하였으며, 그 후 원고는 그 교환사채의 만기가 도래하기 전에 이를 원고의 실질 사주인 삼남이 지배하고 있는 E사에 대부분 매각함으로써 19억 원의 매매차익을 누린 사안에서, 원고의 목적사업과 위 교환사채의 인수경위 등에 비추어 보면, 위 교환사채 인수대금은 원고가 자산운용의 목적이 아니라 실질 사주인 삼남으로 하여금 원고의 경영권을 확보할 수 있도록 하기 위하여 특수관계자인 D사에 자금을 대여한 것으로서 '업무와 관련 없이 지급한 가지급금 등'에 해당하므로 그에 상당한 차입금의 지급이자를 손금불산입하여야 한다고 판시하였다.

교환사채에 붙은 주식교환청구권은 이자 외에 덤으로 붙은 것이므로 사채의 본질을 변화시키는 것은 아니어서 교환사채를 인수하는 것은 자금의 대여로 볼 수 있다. 다만, 교환사채를 취득한 때부터 언제라도 교환대상인 주식을 취득할 수 있었으며, 원고가 교환사채를 인수함으로써 19억 원 상당의 매매차익을 얻었으므로 일반적인 소비대차와 다른 특수성이 있었다. 하지만 위 사안에서 원고는 자기주식취득 금지규정을 회피하면서 원고의 실질사주인 삼남의 경영권 확보를 위한 편법적인 방법으로서 교환사채를 이용하여 자금을 지원한 것으로 보이므로 위 판결에는 이러한 경영권의 편법적 승계를 규제하기 위한 규범적 판단이 가미되었다고 평가할 수 있겠다.

한편, 대법원 2014. 4. 10. 선고 2013두20127 판결은, 특수관계자에 대한 우회적인 자금공여를 함부로 특수관계자에 대한 업무무관 가지급금으로 보아서는 아니된다는 취지의 판시를 하였다. 원고는 P사와 특수관계에 있는데, P사가 시공하고 A사가 시행하는 아파트분양사업의 아파트 50세대를 A사로부터 매수하면서 그 분양대금으로 150억 원을 지급하였고, A사는 이 분양대금으로 P사에 대한 대여금채무와 공사미수금 채무의 변제에 전부 사용하였다. 과세관청은 원고가 특수관계자인 P사에 부당하게 자금을 제공하기 위한 방편으로 위 아파트를 매수하였다는 이유로 그 분양대금을 업무무관 가지급금으로 보아 그에 상당하는 차입금의 지급이자를 손금불산입하고 아울러 그에 관한 인정이자를 익금산입하였다. 이에 대하여 대법원은, 업무무관 가지급금 등에는 순수한 의미의 대여금은 물론 채권의 성질상 대여금에 준하는 것도 포함되지만, 그에 상당한 차입금의 지급이자 손금불산입에 관한 법인세법 규정은 원칙적으로 법인이 특수관계에 있는 자에게 대여하였거나 이에 준하는 행위를 한 것으로 볼 수 있는 경우에 한하여 적용될 수 있을 뿐이고, 법인이 특수관계 없는 자와 거래함으로써 당해 법인과 특수관계에 있는 자가 간접적으로 편익을 누렸다고 하더라도 법인과 특수관계 없는 자 사이의 거래가 가장행위에 해당한다고 볼 특별한 사정이 있거나 법률에 마련된 개별적이고 구체적인 규정을 통해 이를 부인할 수 있을 정도에 이르지 않는다면 법인이 특수관계에 있는 자와 직접 거래를 한 것으로 보아 위 규정을 적용할 수는 없다고 판시하였다.

과세관청이 실질과세의 원칙을 적용하여 특수관계자에 대한 업무무관 가지급금으로 구성한 데 대하여 대법원이 이를 배척한 것이다. 배척한 논거에 다소의 의문이 없지 않다. 종래 실질과세의 원칙에 관한 법적 실질설과 경제적 실질설의 대립 속에서 대법원 2012. 1. 19. 선고 2008두8499 판결에서 절충설을 취하여 조세회피의 목적으로 비합리적인 형식이나 외관을 취하는 경우 그 실질에 따라 과세할 수 있다고 판시하였음에도 위 판결에서는 다시 법적 실질설로 회귀한 듯한 판시를 하고 있다. 하지만 이 사건에서는 절충설을 취할 수 없는 이유가 있다. 위 사건에서 절충설의 입장을 취하기 위해서는 원고가 P사에게 직접 자금을 공여할 수 있었음에도 그로 인한 조세부담을 회피하기 위하여 비합리적인 방법으로서 우회적으로 A사의 아파트를 분양받았다고 할 수 있어야 한다. 그런데 원고와 A사 사이의 분양계약의 실질적인 목적은 P사의 A사에 대한 대여금채권과 공사미수금채권의 회수에 있다고 할 것이고, 원고가 이를 도와주기 위해서는 A사로부터 아파트를 분양받는 방법을 취할 수밖에 없고 이와 달리 P사에 직접적으로 자금을 대여하는 방법을 취할 수는 없다. P사에 직접적으로 자금을 대여하면 P사는 원고에 대하여 대여금채무를 부담하게 될 뿐이며 A사로부터의 대여금채권과 공사미수금채권을 회수할 수 없음에는 변함이 없기 때문이다. 따라서 원고가 실질적으로는 P사에 자금을 제공하는 것이면서도 그로 인한 조세의 회피를 위하여 비합리적인 거래형식을 선택하여 A사로부터 아파트를 분양받은 것이라고 할 수가 없다. 그래서 위 대법원 판결의 판시는 다소 부적절해 보이지만 그 결론은 정당하다고 평가할 수 있다.

그리고 대법원 2021. 7. 29. 선고 2017두63337 판결은, 배당가능이익을 재원으로 자기주식을 취득함에 있어 차입금으로 이를 취득하였다는 이유로 자기주식 취득이 무효라고 보아 그 취득대금을 업무무관 가지급금으로 의율한 사안에서, 배당가능이익은 회사가 당기에 배당할 수 있는 한도를 의미하는 것이지 회사가 보유하고 있는 특정한 현금을 의미하는 것이 아니라고 하면서 자기주식 취득가액의 총액이 배당가능이익을 초과하여서는 안 된다는 것을 의미할 뿐 차입금으로 자기주식을 취득하는 것이 허용되지 않는다는 것을 의미하지는 않는다고 하여 이러한 자기주식 취득을 무효라고 볼 수 없고, 따라서 그 취득자금도 업무무관 가지급금으로 볼 수 없다고 판시하였다.

배당가능이익은 재무상태표의 대변항목이고 자기주식 취득에 사용하는 현금은 차변항목인데 배당가능이익에 대응하는 차변항목이 특정되는 것이 아니며, 회사가 자기주식을 취득하는 경우 당기의 순자산이 그 취득가액의 총액만큼 감소하는 결과 배당가능이익도 같은 금액만큼 감소하게 되는데 이는 회사가 자금을 차입하여 자기주식을 취득하더라도 마찬가지이므로, 실제로 자기주식 취득자금으로 사용할 현금을 추가차입을 통하여 조달하였다 하더라도 그 자기주식 취득을 무효라고 할 수 없다. 지극히 타당한 판결이다.

(4) 업무무관 가지급금의 범위 확대

본래 의미의 업무무관 가지급금이나 대여금은 법인이 상대방에게 직접적으로 자금을 공여하는 것을 말한다. 그러나 그에 상당하는 차입금의 지급이자를 손금산입하지 않는 취지를 살리려면 법인에 귀속되어 있어야 할 자금으로서 특수관계자에게 유출되어 있는 것들은 비록 가지급금이나 대여금의 형식이 아니더라도 그 범위에 포함시키는 것이 타당하다. 왜냐하면 법인에 귀속되어 있었더라면 생산적인 용도에 사용되었을 것임에도 특수관계자에게 유출되어 있음으로써 생산적인 용도에 사용하지 못하고 있는 점에서는 마찬가지이기 때문이다.

그래서 대법원은 회수되어야 할 채권을 제때에 회수하지 않고 방치해두는 경우도 업무무관 가지급금의 범주에 포함시키고 있다. 대법원 1992. 11. 10. 선고 91누8302 판결은 지급이자 손금규제의 대상기준인 가지급금에는 순수한 의미의 대여금은 물론 구상금채권 등과 같이 채권의 성질상 대여금에 준하는 것도 포함하는 개념으로 풀이되고, 또한 특수관계자에 대하여 적정한 이자율에 의하여 이자를 받으면서 가지급금을 제공한 경우에도 지급이자 손금규제의 대상기준이 되는 가지급금에 포함된다 할 것이며, 업무와 직접 관련성 여부는 당해 법인의 목적사업이나 그 영업내용을 기준으로 객관적으로 판단되어야 한다고 판시하였다. 대법원 2006. 5. 12. 선고 2003두7651 판결도 지급이자가 손금에 산입되지 아니하는 '특수관계에 있는 자에게 업무와 관련 없이 지급한 가지급금'으로서 '명칭 여하에 불구하고 당해 법인의 업무와 관련이 없는 자금의 대여액'에는 순수한 의미의 대여금은 물론 채권의 성질상 대여금에 준하는 것도 포함된다고 하면서, 원고가 공사미수금의 회수를 지연한 데에 정당한 사유가 있다고 보기 어렵고 오히려 그 공사미수금의 회수를 지연함으로써 소외 회사에 대하여 운영자금 등을 대여한 것과 같은 경제적 효과를 가지고 온 것으로 보이므로, 원고 회사의 목적사업이나 영업내용 등에 비추어 볼 때 이 사건 공사미수금의 회수지연은 원고의 업무와 관련 없이 지급한 가지급금에 해당한다고 판시하였다. 대법원 2006. 10. 26. 선고 2005두1558 판결과 대법원 2007. 9. 6. 선고 2006두18522 판결도 같은 취지이다.

위 대법원 판결들은 엄밀한 의미에서의 업무와 관련 없는 자금의 대여만이 아니라 금전거래 이외의 거래로 인한 채권이나 구상금채권의 회수를 지연하는 경우도 그 실질이 자금의 대여에 준하는 것으로 볼 수 있는 것은 업무무관 가지급금의 범위에 포함된다고 판시함으로써 업무무관 가지급금의 범위를 넓히고 있다. 이러한 대법원의 태도는 시행령 제53조 제1항이 '명칭 여하를 불구하고'라고 규정함으로써 형식보다는 그 실질을 중요시한다는 취지를 밝힌 데 따른 것으로 보인다. 그러나 시행령 제88조 제1항 제6호에서는 인정이자 계산의 대상이 되는 금전의 무상대부에 관하여 위와 같은 '명칭 여하를 불구하고'라는 문구를 사용하고 있지 않아 이 경우에도 같은 의미로 해석할 수 있을지 여부에 의문이 있을 수 있으나 대법원은 실질과세의 원칙 때문인지 별 차이를 두고 있지 않아 보인다.

최근에는 지급의무가 있는 돈을 지급시기보다 앞당겨 지급한 것도 그 지급시기까지의 기간 동안은 업무무관 가지급금에 해당한다고 본 판결이 선고되었다. 대법원 2019. 6. 27. 선고 2016두49525 판결은, A사가 주주인 B 등으로부터 A사의 주식을 매수한 다음 1년 3개월 후 임시주주총회를 개최하여 위 주식을 소각하기로 결의하고 자본감소의 변경등기를 한 데 대하여 B 등에게 주식 매매대금을 지급한 것은 감자대가를 선지급한 것이라는 이유로 매매대금 상당액을 업무무관 가지급금으로 보아 그 인정이자가 익금산입된 사안에서, 주식의 매도가 자산거래인 주식 양도에 해당하는지 또는 자본거래인 주식소각이나 자본 환급에 해당하는지는 실질과세의 원칙상 당사자의 의사와 계약체결의 경위, 대금의 결정방법, 거래의 경과 등 거래의 전체 과정을 실질적으로 파악하여 판단해야 한다고 전제하고, 제반 사정에 비추어 위 주식 거래는 주식소각방법에 의한 자본감소절차의 일환으로 이루어진 것인데, 의제배당소득은 일반적인 주식 양도소득과는 달리 소득세법 시행령 제46조 제4호에서 정한 주식의 소각 등 결정일에 수입시기가 도래하는바, A사가 주식의 소각을 결정한 날이 B 등의 배당소득 수입시기로서 소득의 실현시기가 되므로, 과세관청이 위 소득의 실현 이전에 지급된 주식대금을 선급금(업무무관 가지급금)에 불과하다고 보아 인정이자 상당액을 익금산입하여 법인세를 과세한 처분은 정당하다고 판시하였다. 위 판결은 실질과세원칙을 폭넓게 적용하여 자기주식의 매입이 실질적으로 자본감소의 일환이고 따라서 그 매입대금은 실질적으로 감자대금에 해당하므로 감자 전에 미리 지급된 이상 감자시까지의 기간 동안은 업무무관 가지급금에 해당한다고 본 것이다. 이러한 감자과정에서 그 대금을 1년 3개월이나 미리 지급한 것은 감자를 은닉하기 위한 목적일 뿐 감자를 위해 필요한 것은 아니었다고 본 것이다.

(5) 회수지연 채권을 업무무관 가지급금으로 보는 요건

대법원은 채권회수의 지연이 법인의 목적사업이나 영업내용 등을 기준으로 객관적으로 판단하여 볼 때 정당한 사유가 없는 경우 그 채권의 종류를 막론하고 지급이자 손금불산입의 대상이 되는 업무무관 가지급금에 해당되는 것으로 보고 있고, 나아가 채권회수의 지연이 건전한 사회통념이나 상관행에 비추어 경제적 합리성이 결여된 경우 인정이자 익금산입의 대상이 되는 금전의 무상대부에 해당되는 것으로 보고 있다. '정당한 사유'와 '경제적 합리성'은 표현상의 차이는 있지만 내포하고 있는 실질적인 의미는 대동소이하므로, 각 요건의 해당 여부를 판단함에 있어서도 실질적인 차이를 도출하기 어렵다. 즉, 어느 하나의 요건이 충족되면 다른 하나의 요건도 충족되는 것으로 보는 것이 일반적인 경향이다.

회수지연된 채권이 업무무관 가지급금에 해당하기 위한 핵심요건인 정당한 사유와 경제적 합리성의 유무에 관하여 판례에서 도출할 수 있는 구체적인 요건은 대체로 다음의 4가지 정도로 대별된다. 첫째 당초 약정상의 변제기한을 도과하였는지 여부, 둘째 특수관계없는 다른 거래처들에 대한 평균 회수기간을 초과하였는지 여부, 셋째 특수관계자에게 변제자력이 있었는지 여부, 넷째 회수지연이 용인될 만한 객관적인 사정변경은 없었는지 여부이다. 이들 요건 중 첫째의 요건은 대법원 2006. 10. 26. 선고 2005두1558 판결에서, 둘째의 요건은 대법원 2007. 9. 6. 선고 2006두18522 판결에서, 셋째와 넷째의 요건은 대법원 2000. 11. 14. 선고 2000두5494 판결에서 각 언급하고 있다.

원칙적으로 위 4가지 요건을 모두 충족하여야만 그 대상에 해당되고, 어느 하나라도 충족하지 못하면 그 대상에 해당되지 않는다고 보아야 할 것이다. 법인세법이 본래 '가지급금'이나 '금전의 대부'를 그 대상으로 규정하였으므로 문리해석에 충실할 경우 회수지연된 채권은 이에 해당한다고 보는 것이 용이하지 않다. 그럼에도 판례에서는 위 규정을 확대해석한 것이고 이는 납세자에게 불리한 방향의 해석이므로 과세요건 명확주의가 지켜지기 위해서는 이러한 확대해석을 엄격하게 할 필요가 있기 때문이다. 대법원도 2004. 5. 27. 선고 2002두6781 판결 등 다수의 판결에서 조세법률주의의 원칙상 과세요건이거나 비과세요건 또는 조세감면요건을 막론하고 조세법규의 해석은 특별한 사정이 없는 한 법문대로 해석할 것이고, 합리적 이유 없이 확장해석하거나 유추해석하는 것은 허용되지 않는다고 판시한 바 있다. 예를 들면, 다른 요건을 충족하더라도, 그 회수기간이 다른 거래처들에 대한 평균회수기간을 초과하지 아니하여 둘째의 요건이 충족되지 않은 경우, 특수관계자가 변제자력이 없어 채권을 회수하지 못함으로써 셋째의 요건을 충족하지 못한 경우, 지연회수를 불가피하게 한 예측할 수 없었던 객관적인 사정변경이 있어 넷째의 요건을 충족하지 못한 경우 등이다. 이들 경우의 채권회수의 지연에 대하여는 세제상의 불이익을 줄 정도로 당해 법인을 탓하기 어렵다. 따라서 정당한 사유가 없다거나 경제적 합리성을 결여하였다고 보기 어려우므로 그 대상에 해당되지 아니한다고 보아야 할 것이다.

다만, 예외를 두지 않을 수 없다. 당해 법인이 특수관계자와의 사이에 변제기한을 정당한 사유 없이 경제적 합리성을 결여할 정도로 지나치게 늦추어 약정한 경우에는 첫째의 요건은 충족하지 않아도 무방할 것이고, 특수관계자가 변제자력이 없는 줄 알면서도 계속적으로 채권을 발생시켜 회수가 지연된 경우에도 셋째의 요건은 충족할 필요가 없으며, 지연회수를 유발할 사정변경을 사전에 예측할 수 있었던 경우에는 변제기한의 약정에 이를 반영할 수 있었을 것이므로 넷째의 요건은 충족할 필요가 없을 것이다. 또한 위 사정변경이 특수관계자 사이에서만 발생가능하고 일반 상관행상으로는 이례적인 경우에도 위 요건을 충족할 필요가 없을 것이다. 이러한 경우들에 있어서는 구체적 요건을 모두 충족하지 않더라도 건전한 사회통념이나 상관행에 비추어 경제적 합리성을 결여하여 정당한 사유가 없다고 볼 수 있기 때문이다. 요컨대 위 4가지 요건의 충족이 필요한지에 관하여는 원칙과 예외가 있을 수 있으므로 그 요건들의 충족 여부를 개별적으로 따질 것이 아니라, 종합적·체계적으로 고려하여 그 대상에 해당되는지 여부를 판단하여야 할 것이다.

(6) 업무무관 가지급금 채권이 존속하지 않는 경우

가) 업무무관 가지급금의 존속이 전제가 되는지 여부

앞서 본 바와 같이 업무무관 가지급금은 '금전의 대여' 또는 이에 준하는 것으로 볼 수 있는 '채권의 회수 지연'을 의미하므로, 대여금 채권 또는 이에 준하는 채권이 존속함을 전제로 한다고 볼 수 있다.

법인세법 제28조 제1항 제4호에서는 '다음 각 목의 1에 해당하는 자산을 취득하거나 보유하고 있는 내국법인'에 대하여 지급이자를 손금불산입한다고 규정하면서 가목으로 업무무관 가지급금을 들고 있는바, 여기서도 업무무관 가지급금을 '자산으로 보유'하고 있음을 전제로 함을 알 수 있다. 그리고 법인세법 시행령 제53조 제1항과 제88조 제1항 제6호는 '자금의 대여' 또는 '금전의 대부'라고 규정하고 있으므로 그 문언의 해석상으로는 특수관계자에게 제공된 자금이 회수될 것을 전제로 하고 있음을 알 수 있다. 따라서 자금의 무상증여의 경우에는 그 회수가 전제되지 않기 때문에, 즉 대여금채권의 존속이 전제가 되지 않아 자금의 대여나 금전의 대부의 범주에 포함될 수 없다. 앞서 본 대법원 판결들도 자금의 대여나 금전의 대부의 범주를 다소 확장하고 있기는 하지만 그 채권이 대여금채권은 아니더라도 대여금채권에 준하는 것으로 볼 수 있는 구상금채권이나 매출 채권이 존속함을 전제로 하고 있음을 알 수 있다. 국세청 예규(심사 법인 2002-51, 2002. 7. 5.)도 같은 취지를 설시하고 있다.

조세법은 침해규범으로서 납세의무의 요건과 그 한계를 설정하는 것이므로 법적 안정성이 강하게 요청되고, 따라서 그 내용은 일의적으로 명확하게 규정될 것이 요구된다. 그러나 실제의 입법에 있어서 모든 규정이 그와 같은 것은 아니므로 그 해석과정에 있어서 해석의 방법론이 문제되는바, 이 경우 문언에 따라 엄격하게 해석하여야 하고 법의 흠결을 유추해석으로 메우거나 행정편의적인 확장해석을 하는 것은 허용되지 아니한다는 원칙이 확립되어 있는데, 이를 '엄격해석의 원칙'이라 하며, 이는 국민의 재산권보장을 목적으로 하는 조세법률주의의 한 파생원칙으로 이해되고 있다. 따라서 특수관계자에게 제공된 이익이 법인세법상 업무무관 가지급금으로 볼 수 있기 위해서는 대여금 채권이 존재함에도 그 회수를 지연하거나 그에 준하는 것으로 볼 수 있는 채권의 회수 지연이 있어야 하므로 그러한 채권의 존속이 전제가 되어야 한다고 해석함이 타당하다.

같은 취지에서, 대법원 2022. 1. 27. 선고 2017두36045 판결은 원고가 철도역사의 소유권을 취득하여 이를 계속 보유하고 있고, 원고와 국가 사이에 철도역사의 소유권 이전에 관한 합의가 확정적으로 이루어지지도 않았으므로, 원고가 국가에 대하여 철도역사에 관한 건설비 상당의 채권을 보유하고 있다고 볼 수 없다고 보고. 따라서 원고가 국가에 대하여 철도역사에 관한 건설비 상당의 채권을 보유하고 있음을 전제로 지급이자를 손금불산입하고 인정이자를 익금산입한 부분은 위법하다고 판시하였다.

나) 가지급금 채권을 포기하는 경우

특수관계자 사이에 채권의 회수를 지연하는 데 그치지 않고 아예 그 채권을 포기해 버리는 경우가 있다. 법인세법상 지급이자 손금불산입과 인정이자 익금산입은 그 채권이 실제로 존속함을 전제로 한다면 특수관계자 사이에 채권을 포기한 이상 그 포기행위가 부당하다 하더라도 그 채권은 이미 소멸하였으므로 지급이자 손금불산입과 인정이자 익금산입은 불가능하게 된다. 다만, 그 채권의 포기에 따른 대손금의 계상은 부당행위계산으로 인정되어 손금불산입되는 불이익이 따를 것이다. 그러나 채권의 포기행위 자체가 부당행위계산에 해당되어 법인세법상 그 포기행위 자체를 부인할 수 있다고 할 경우, 채권의 포기에도 불구하고 채권이 존속함을 전제로 하여 계속적으로 지급이자 손금불산입과 인정이자 익금산입이 가능하게 된다. 따라서 채권의 포기행위에 대한 부당행위계산부인을 어떠한 방법으로 할 것인지에 따라 법인세법상으로 받는 불이익의 정도가 달라진다.

1) 채권을 조기에 포기한 경우

법인이 특수관계자에게 업무무관 가지급금 1,000,000원을 지급한 후 즉시 그에 관한 회수채권을 포기한 경우, 그로 인한 채권이 상실됨으로써 법인에게 손해가 발생하였으므로 통상의 회계처리에 있어서는 아래와 같이 대손상각으로 처리할 것이다.

(차변) 가지급금	1,000,000	(대변) 현금	1,000,000
(차변) 대손금	1,000,000	(대변) 가지급금	1,000,000

그러나 법인세법상으로는 이것이 부당행위계산에 해당한다고 볼 수 있다면 대손금을 손금으로 인정하지 않는다는 의미에서 그 금액을 전액 손금불산입하고, 특수관계자에 대하여 배당이나 기타소득 등으로 소득처분을 하게 될 것이다. 그 내용이 증여에 해당하여 소득처분을 받는 자에게 증여세가 과세되는 경우에는 시행령 제106조 제1항 제3호의 규정에 의하여 '기타사외유출'로 소득처분이 이루어진다.

손금불산입	1,000,000	소득처분(기타소득 등)	1,000,000

구 법인세법 시행령(2009. 2. 4. 개정되기 전의 것) 제62조 제1항 제15호는 채무자와 특수관계에 있는지 여부를 불문하고 채권의 일부를 조기 회수하기 위하여 해당 채권의 일부를 불가피하게 포기한 경우 그 포기한 채권은 대손금으로 인정하되, 다만 채권의 포

기가 법인세법 제52조에 따른 부당행위에 해당하는 경우에는 제외한다고 규정하고 있다. 즉, 위 규정은 2007. 2. 28. 신설되었지만, 채권의 포기가 부당행위에 해당하는 경우에 대손금으로 인정되지 않는다고 규정한 부분은 창설적인 규정이라기보다는 확인적 규정이라 할 것이다.

그리고 포기한 채권금액이 모두 사외로 유출되어 특수관계자에게 귀속되었다고 보기 때문에 더 이상 그 채권이 법인에 존속하고 있음을 전제로 하는 지급이자 손금불산입과 인정이자 익금산입을 할 수는 없다. 즉, 1회성의 부당행위계산부인으로 종결된다. 만약 채권의 포기에도 불구하고 당해 법인이 그에 따른 손해를 대손금 등의 비용으로 회계처리를 하지 않은 경우에는 다음과 같이 처리된다. 채권을 포기한 시점에 포기금액을 익금산입하면서 특수관계자에 대하여 기타소득 등으로 소득처분을 하고, 동시에 같은 금액을 손금산입하면서 '△유보'로 소득처분을 한다. 왜냐하면, 법인은 채권의 포기와 관련하여 과세소득을 과소하게 계상한 바 없기 때문에 포기금액을 익금산입만 하면 부당하게 과세소득이 늘어나는 결과에 이르게 되므로 그것을 막기 위하여 같은 금액을 손금산입해 둔다. 나중에 포기한 채권금액을 재무상태표에서 떨어내면서 대손금 등으로 비용처리를 하면, 그때 가서 이를 부인하기 위하여 그 금액을 손금불산입하면서 '유보'로 소득처분하여 앞서 '△유보'로 소득처분해 둔 것을 상쇄시켜 종결하게 된다. 즉, 부당행위계산부인은 비정상적인 거래행위로 인하여 과세소득을 부당하게 감소시킬 때 그것을 부인하는 것이므로 포기한 채권을 비용으로 계상할 때 실질적인 부인이 이루어진다. 그럼에도 굳이 채권을 포기한 시점에 법인의 과세소득 산정에 있어서는 무용한 절차인 같은 금액의 익금산입과 손금산입을 하는 것은 특수관계자에 대한 소득처분을 통하여 그에 대한 소득세를 부과하기 위함이다.

특수관계자에 대한 채권의 포기가 법인세법상 부당행위계산부인의 대상이 된다는 점은 과세관행상 당연한 것으로 받아들여지고 있는데, 그 근거에 관하여 보면, 시행령 제88조 제1항에서 구체적 유형으로 열거하고 있는 제1호 내지 제8호에 직접 해당한다고 보기 어렵고, 채권자의 입장에서는 채권의 포기가 채권의 무상양도와 동일한 결과를 가져오므로 제3호의 자산을 무상 또는 시가보다 낮은 가액으로 양도하는 경우가 가장 유사한 경우에 해당한다고 볼 수 있으므로 제9호의 전단에서 말하는 '제3호에 준하는 행위 또는 계산'에 해당한다고 볼 수 있다. 그렇지 않다 하더라도 제9호의 후단에서 말하는 '그 외에 법인의 이익을 분여하였다고 인정되는 경우'에는 해당한다고 볼 수 있다. 위 제9호는 제1호 내지 제8호 소정의 행위정형과 관련된 이익분여와 그 외의 이익분여의 형태로 나누는 형식을 취하고 있어 제1호 내지 제8호는 예시적 규정에 불과하다고 볼 수밖에 없으므로 제9호의 해당 여부는 폭넓게 해석할 수 있을 것으로 보인다.

대법원 2006. 11. 10. 선고 2006두125 판결도, 원고 회사가 특수관계에 있던 A건설을 위하여 원고 회사의 자본총액을 초과하는 채무액에 관하여 아무런 대가를 받지 않고 연대보증을 섰다가 채권단과의 기업개선작업약정에 따라 보증채무의 50%를 변제할 경우 나머지 50%는 면제받기로 하고 그 이행으로 합계 531억여 원을 대위변제한 후 A건설에 대한 회사정리절차에서 구상채권은 전액 면제하기로 하는 내용의 정리계획이 확정되어 위 대위변제금은 모두 원고의 손실로 남게 되자 이를 대손금으로 인정해달라는 취지의 법인세 경정청구를 한 사안에서, 비록 원고가 대위변제를 한 것은 채권단과의 사이에 체결한 기업개선작업약정에 따른 것으로서 원고 회사의 존속과 소생을 위한 것이었고, 이로 인해 50% 상당의 보증채무를 면하게 되는 이익을 얻었다는 사정을 감안하더라도, 위 채무보증 및 이에 따른 대위변제 등 일련의 행위는 경제적 합리성이 결여된 비정상적인 행위로서 법인세법 제52조, 그 시행령 제88조 제9호 소정의 부당행위계산부인의 대상에 해당한다고 봄이 상당하다고 판시하였다. 위 사안에서도 구상권 포기에 따라 대위변제금 전체를 대손금으로 인정할 수 있는지 여부만 문제되었으며, 과세관청에서도 그 대위변제금에 대한 인정이자를 계상하지 아니하였고, 이 부분은 아예 문제가 되지 아니하였음을 알 수 있다. 특수관계 없는 자에 대한 매출채권을 정당한 사유 없이 합의 등에 의하여 포기할 경우에는 그 포기금액은 업무와의 관련 여부에 따라 접대비 또는 기부금으로 계상될 것이다.

2) 채권회수를 지연하다가 5년 뒤에 포기한 경우

반면에 위 가지급금에 대한 회수를 단순히 지연하고 있는 상황이라면 회계처리상 가지급금으로 그대로 계상해 둘 것이다.

（차변）가지급금　　　　1,000,000　　（대변）현금　　　　　　　　1,000,000

그러나 법인세법상으로는 이것이 업무무관 가지급금에 해당된다고 볼 수 있기 때문에 그에 상당하는 차입금에 대한 지급이자 손금불산입과 인정이자 익금산입을 하고, 특수관계자에 대하여 배당이나 기타소득 등으로 소득처분을 하게 된다(이자율을 단순히 10%로 가정한다).

지급이자 손금불산입　100,000
인정이자 익금산입　　100,000　　소득처분(기타소득 등)　　200,000

이러한 세무상의 제재는 위 가지급금채권이 소멸할 때까지 매년 같은 내용으로 반복된다. 그러다가 예를 들어 5년 후에 그 회수채권을 포기한 경우에는 다음과 같이 회계처리를 할 것이다.

　　　(차변) 대손금　　　　1,000,000　　(대변) 가지급금　　　　1,000,000

　그러나 법인세법상으로는 이것이 부당행위계산에 해당한다고 볼 수 있기 때문에 대손금을 손금으로 인정하지 않는다는 의미에서 그 금액을 전액 손금불산입하고, 특수관계자에 대하여 배당이나 기타소득 등으로 소득처분을 하게 될 것이다. 그리고 이것으로 법인세법상의 처리는 종결되고 더 이상의 후속절차는 없다.

　　　손금불산입　　　　1,000,000　　소득처분(기타소득 등)　1,000,000

3) '채권 조기포기'와 '채권 회수지연 후 포기'의 비교

　전자의 경우(채권의 조기포기)이든 후자의 경우(회수지연 후 포기)이든 채권을 포기할 당시 그 포기금액을 기업회계상 비용으로 계상하더라도 법인세법상으로 그것을 손금으로 인정받지 못하는 불이익을 받는 점에 있어서는 동일하다. 그러나 후자의 경우에는 채권을 포기할 때까지의 기간에 대하여 지급이자 손금불산입과 인정이자 익금산입의 불이익이 추가로 따른다. 물론 전자의 경우 조기에 손실이 발생하였음에도 이를 법인세법상 인정받지 못하는 불이익이 있는 반면에, 후자의 경우에는 나중에 손실이 발생하였고 그 시기에 이를 법인세법상 인정받지 못한다는 점에서 그 손실의 시간적 가치, 즉 현재가치의 차액만큼의 차이가 있다고 볼 수 있다. 그러나 현재가치의 차이는 그 기간에 상당하는 통상의 이자액에 해당한다고 볼 수 있으므로 후자의 경우 전자의 경우에 비하여 시차로 인한 현재가치의 차이만큼 손실이 적다고 볼 수 있지만, 반대로 시차에 상당하는 기간 동안 지급이자 손금불산입과 인정이자 익금산입의 이중적 제재를 당함으로써 결국 시간적 가치를 고려하더라도 후자의 경우가 법인세법상 입게 되는 불이익이 더 클 수 있다. 그런데 전자의 경우는 후자의 경우에 비하여 특수관계자에 대한 소득처분이 조기에 이루어짐으로써 그에 따른 소득세의 원천징수의무가 조기에 발행한다는 점에서 후자의 경우에 비하여 불이익이 크다고 볼 수 있으나 위 소득세의 종국적인 부담자는 당해 법인이 아니라 특수관계자이므로 당해 법인이 입는 불이익이라고 보기 어려운 측면이 있다.

　사회통념상 특수관계자에게 준 이익의 정도는 전자의 경우가 후자의 경우보다 더 크다고 볼 수 있음에도 그로 인하여 법인세법상 입는 불이익은 후자의 경우가 더 크다는 모순이 발생하므로 조세공평주의의 관점에서 문제가 될 수 있다. 이러한 문제는 다음과 같은 경우에는 더 크게 나타난다. 즉, 전자의 경우에 관한 다른 예로서, 가지급금채권을 조기에 포기하였음에도 대손상각으로 회계처리하지 않고 가지급금으로 계속 계상해두었다가 5년 뒤에 대손상각으로 회계처리한 경우, 후자의 경우와 비교해 볼 때, 5년 뒤에 대손상각이 손금불산입되는 점에 있어서는 동일한데, 후자의 경우에는 5년간 지급이자 손금불산입과 인정이자 익금산입의 불이익이 추가로 따르므로, 후자의 경우의 불이익이 그만큼 더 커진다. 특히 업무무관 가지급금에 상당하는 차입금의 지급이자를 손금불산입하는 것은 앞서 본 바와 같이 기업자금의 생산적 운용을 통한 기업의 건전한 경제활동을 유도하는 데 그 취지가 있는데, 가지급금 채권을 조기에 포기해버리거나 금전을 무상으로 증여하는 경우는 가지급금 채권의 회수를 지연하거나 금전을 무상으로 대여하는 경우에 비하여 기업자금을 더 비생산적으로 운용하였다고 볼 수 있음에도 지급이자 손금불산입의 불이익이 따르지 않는다는 것은 형평의 원칙상 문제가 있다.

이와 같은 형평상의 문제를 해소하기 위한 차원에서 채권포기에 대한 부당행위계산에 대하여 채권의 포기행위 자체를 부인하여 채권이 존속하고 있음을 전제로 하여 지급이자 손금불산입과 인정이자 익금산입을 계속해 나갈 수 있다는 견해가 있을 수 있다. 이 견해의 당부에 관한 판단은 부당행위계산부인제도의 본질에 관한 것이므로 항목을 바꾸어 살펴본다.

4) 채권의 포기행위를 부인하여 채권이 존속하고 있다고 볼 수 있는지

당해 법인의 행위 또는 계산에 불구하고 과세관청은 법인세법 제52조 제1항의 규정에 의하여 제1항 내지 제4항의 규정에 의한 시가와의 차액 등을 익금에 산입하여 당해 법인의 각 사업연도의 소득금액을 계산한다. 세법적 평가에 기한 새로운 법적 실질의 의제를 기초로 하여 과세하는 것이다. 부당행위계산부인 규정은 당사자 간에 약정한 법률행위의 효과를 부인하거나 새로운 법률행위의 창설이나 기존 법률행위의 변경·소멸을 가져오게 하지 않으며, 과세소득계산상의 범위 내에서만 변동을 초래한다. 그러나 법인세법은 부인된 형식에 갈음하여 실질을 어떻게 재구성할 것이냐를 규정하고 있지 아니하고 오직 시가와의 차액을 익금에 산입하여 소득금액을 계산하도록 규정하고 있을 뿐이다. 부당행위계산의 부인이란 거래의 재구성을 통하여 사법상의 최종결과에는 차이가 없으면서 세법상 법률효과는 달라지게 재구성하는 것이다. 결국 부당행위계산을 부인한다 함은 시가를 벗어난 실제행위를 재구성하여 특수관계자들이 시가에 의한 행위를 하고 그와 더불어 차액 부분이 특수관계자에게 흘러나가는 거래의 묶음으로 새로 파악하는 것이다.[9]

따라서 부당행위계산부인을 한다고 해서 특수관계자 사이의 법률행위를 기초로 하여 과세소득의 감소를 초래한 범위 내에서 이를 부인하여 소득금액을 재계산하는 데 그쳐야지 새로운 법률행위를 창설하여 그에 기한 소득금액을 계산하는 것은 허용될 수 없다. 특히, 부당행위계산부인제도는 과세에 있어서 정상인 간의 거래와 형평을 유지하기 위한

---

9) 이창희, 세법강의, 박영사

조세정책적 목적으로 거래의 실상과 달리 정상적인 거래로 의제되는 행위로 바꾸어 과세하는 것이고, 조세공평주의만 중시할 경우 조세법률주의와 충돌될 위험성이 있으므로, 조세법률주의와의 합리적인 조화를 위하여 제한적으로 운용할 필요가 있다.[10]

채권자인 법인이 특수관계자에 대한 채권을 포기함으로써 그 금액 상당의 이익은 영구적으로 상대방 특수관계자에게 귀속되었고, 채권자인 법인은 그 반환청구권이 소멸하였기 때문에 더 이상 당해 채권에 관한 권리행사를 할 수 없다. 그럼에도 채권이 존속하고 있는 것으로 의제하게 되면, 다음과 같은 심각한 왜곡이 생기게 된다. 즉, 채권포기에 따른 대손금의 계상에 대하여 이를 전액 손금불산입하면서 같은 금액을 '유보'로 소득처분하게 된다. 사외유출로 처분하여 소득세나 증여세를 부과하지 않게 되는 이유는 채권이 포기되지 않고 여전히 존속하고 있다고 의제하기 때문이다. 아울러 그 이후의 사업연도에 계속하여 인정이자를 익금산입하면서 그 금액이 상대방 특수관계자에게 귀속되는 것으로 소득처분하게 되고, 아울러 그 채권금액 상당의 차입금에 대한 지급이자를 손금불산입하게 된다. 즉, 법인의 입장에서는 실제로 존재하지도 않는 채권에 대하여 법인세법상 항구적으로 그 채권이 존재하는 것으로 의제되어 계속적으로 그 채권에 대하여 인정이자 익금산입과 지급이자 손금불산입을 하게 되고, 따라서 '유보'로 소득처분된 것은 영원히 해소되지 않고 남아 있게 된다. 그리고 상대방 특수관계자 입장에서도 당초 채권의 포기시에 그 전액의 이익이 귀속되었음에도 그것은 부인되고 무한히 그에 대한 이자 부분만이 귀속소득으로 누적되어 감으로써 오히려 더 불리한 결과에 이를 수 있다. 그러므로 채권의 포기에 관하여는 그로 인한 과세소득의 감소를 막기 위하여 그에 따른 대손금의 계상을 부인하고 아울러 상대방 특수관계자에 대하여 그 금액 전체가 귀속된 것으로 소득처분을 하는데 그쳐야지, 그러하지 아니하고 그 채권이 소멸되지 않고 존속하고 있다고 의제하는 것은 새로운 법률관계를 창설하여 채권의 포기라는 사법상의 최종결과를 변형하는 것으로서 부당행위계산부인의 한계를 뛰어넘는 것이라 아니할 수 없다. 결국 법인의 입장에서는 어차피 회수하지 못할 채권이라면 조기에 그 채권을 포기하여 대손상각으로 회계처리하는 것이 더 유리하다고 볼 수 있다. 즉, 조기에 포기하면 그때까지의 인정이자와 채권금액만이 특수관계자에게 분여된 이익으로 집계되어 그 금액이 익금산입되거나 손금불산입되는 데 그치지만 채권포기의 시기가 늦어질수록 인정이자가 더 늘어나게 되기 때문이다.

다) 대법원의 입장

이상에서 살펴본 논의의 결과는 대법원 2009. 10. 29. 선고 2007두16561 판결에 잘 반

---

10) 정병문, "법인세법상 부당행위계산부인", 사법논집(제38집), 법원도서관

영되어 있다. 위 판결은, 지급이자 손금불산입의 대상이 되는 업무무관 가지급금 등에는 순수한 의미의 대여금은 물론 구상금채권과 같이 채권의 성질상 대여금에 준하는 것도 포함되고, 또한 그 구상금채권에 대한 회수의 지연이 건전한 사회통념이나 상관행에 비추어 경제적 합리성이 결여되어 조세의 부담을 부당하게 감소시킨 것으로 인정되는 경우에는 인정이자 익금산입의 대상에도 해당하지만, 이와 같은 구상금 채권과 관련하여 지급이자 손금불산입이나 인정이자 익금산입을 하기 위해서는 당해 법인이 구상금채권을 보유하고 있음이 전제가 되어야 하므로 만약 그 법인이 특수관계자에 대한 구상금채권을 포기하였다면 그 포기행위가 별도로 부당행위계산부인의 대상이 되고 특수관계자에게는 증여세 등이 부과될 수 있음은 별론으로 하고, 그 후에는 더 이상 그 구상금채권의 보유를 전제로 한 지급이자 손금불산입이나 인정이자 익금산입을 할 수는 없다고 보아야 한다고 판시하였다.

대법원 2015. 3. 26. 선고 2012두14224 판결도 같은 취지의 법리를 설시하면서, 원고가 A사에 대한 구상금채권 중 예상회수금액을 공제한 나머지 채권이 A사의 사업폐지로 회수할 수 없는 채권에 해당한다고 보아 2002 사업연도에 스스로 이를 대손 처리함으로써 그 이후로는 회수하기를 포기한 것과 마찬가지로 볼 수 있는 이상, 원고가 2003 내지 2005 각 사업연도에 위 채권을 보유하고 있음을 전제로 하여 그에 대한 인정이자를 익금에 산입하고 원고에게 2003 내지 2005 각 사업연도 법인세를 부과한 과세관청의 처분은 위법하다고 판단하였다. 이 사안에서는 인정이자 익금산입만이 문제가 되었으나 차입금의 지급이자 손금불산입에도 그 법리가 마찬가지로 적용될 수 있다.

5. 대손금과 대손충당금

가. 대손금의 요건

법인이 보유하고 있는 자산의 하나인 채권이 회수불능으로 판명되었을 경우 실질적으로 순자산의 감소가 있으므로 그 회수불능액만큼은 손금으로 산입되어야 한다. 그러나 회수불능의 판명이 쉽지 않기 때문에 법인세법은 채권의 회수불능에 따른 대손금을 손금에 산입할 수 있는 요건에 관하여 까다롭게 규정하고 있다.

종래 법인세법은 대손금에 관하여 대손충당금과 함께 제34조에서 규정하고 있다가 2008. 12. 26. 개정되면서 대손금에 관한 규정이 제19조의2로 독립하게 되었다. 이에 따르면, 내국법인이 보유하고 있는 채권 중 채무자의 파산 등 대통령령으로 정하는 사유로 회수할 수 없는 채권의 금액은 당해 사업연도의 손금에 산입한다. 그리고 그 위임에 의한 법인세법 시행령 제19조의2 제1항은 제1호 내지 제13호에서 대손금으로서 손금에 산입할 수 있는 사유를 열거하고 있다. 대표적인 것으로 제1호 내지 제4호는 민법, 상법, 어음법, 수표법에 따라 소멸시효가 완성된 경우들을, 제5호는 법원의 회생인가결정이나 면책결정에 따라 회수불능으로 확정된 채권을, 제8호는 채무자의 파산, 강제집행, 형의 집행, 사업의 폐지, 사망, 실종 또는 행방불명으로 회수할 수 없는 채권을 각 규정하고 있다.

위 각 호의 규정이 예시적 규정인지 제한적 열거적 규정인지에 관하여 논란이 있을 수 있으나 위 각 호의 마지막에 유형적 포괄주의 규정을 두고 있지 않고 각 호의 규정 자체에 다시 한정사유나 제외사유를 두고 있어 이들 규정은 예시적 규정이 아니라 제한적·열거적 규정으로 보는 것이 타당하다. 비슷한 취지에서 대법원 2000. 11. 24. 선고 99두3980 판결, 대법원 1998. 10. 27. 선고 98두10509 판결 등은 소득세법상의 대손사유를 규정한 구 소득세법 시행령(1994. 12. 31. 전문 개정되기 전의 것) 제60조 및 같은 법 시행규칙(1995. 5. 3. 전문 개정되기 전의 것) 제24조에 관하여 대손처리의 대상이 되는 회수불능의 채권을 예시적으로 규정한 것이 아니라 한정적으로 규정하는 취지로 해석함이 상당하다고 판시한 바 있다.

위 각 호의 규정 중 제1호 내지 제4호, 제5호의 경우는 법적 요건이 명확하여 대손 여부의 판단이 비교적 용이하지만, 제8호의 경우는 종국적으로 회수불능의 채권에 해당하는지는 사실관계에 터 잡아 평가를 해야 하는 것이기 때문에 그 판단이 용이하지 않다. 그래서 조세쟁송 과정에서 이 점에 관한 다툼이 많다. 그리고 다음 항에서 보는 제외사유에 해당하지 않으면 대손이 발생한 채권이 영업거래로 발생한 채권뿐만 아니라 영업외에서 발생한 채권이라도 그 대손금은 손금으로 인정된다. 이와 같이 법인세법에서 대손금의 요건을 까다롭게 열거하고 있는 이유는 회수불가능의 판단기준이 모호하여 대손금의 요건을 명확하게 규정하지 아니하면 과세의 명확성과 형평성이 확보되지 않을 수 있고 대손금을 통한 손금의 과다계상을 규제하기 어렵기 때문이다.

대법원은 위 각 호의 대손사유 중 채권이 법적으로 소멸한 경우와 채권 자체는 존재하고 있으나 회수가 불가능하다는 이유로 손금에 산입하는 경우를 나누어 전자의 경우는 법인의 회계처리에 불구하고 신고조정에 의하여 그 청구권이 소멸된 날이 속하는 사업연도에 손금산입을 할 수 있다고 하고,[11] 후자의 경우는 결산조정에 의하여 대손사유가 발생하여 법인이 그 채권이 회수불능이라고 판단하여 결산상 회계처리를 하였을 때에 한하여 그 대손이 확정된 사업연도의 손금으로 산입할 수 있다고 하여 왔는데,[12] 위 판례의 취지를 받아들여 1998. 12. 31. 개정된 법인세법 시행령에서부터 이를 입법에 반영

---

11) 대법원 1990. 3. 13. 선고 88누3123 판결
12) 대법원 1988. 9. 27. 선고 87누465 판결, 대법원 1989. 9. 12. 선고 89누2907 판결, 대법원 1992. 1. 21. 선고 91누1684 판결, 대법원 2002. 9. 24. 선고 2001두489 판결

하였다. 그래서 현행 법인세법 시행령 제19조의2 제3항도 이와 같은 취지에서 제1호부터 제7호까지의 규정은 당해 사유가 발생한 사업연도에 손금으로 산입할 수 있고, 나머지의 경우는 당해 사유가 발생하여 법인이 이를 손금으로 계상한 사업연도에 손금으로 산입할 수 있다고 규정하고 있다. 여기서 손금으로 계상한다는 것은 법인이 회계처리상 대손금으로 계상하였다는 것을 의미한다. 법적으로 소멸한 채권은 법인이 이를 회계장부상 반영하지 않더라도 순자산이 감소된 것이 분명하므로 곧바로 그 대손금을 손금산입할 수 있지만, 그 밖의 경우에는 순자산의 감소 여부가 분명하지 않으므로 법인이 이를 회계 장부상 반영함으로써 순자산의 감소를 인식한 경우에만 그 대손금을 손금산입할 수 있게 하겠다는 취지로 이해된다.

대손금은 법인의 외적인 사정에 의하여 당해 채권이 회수불능에 이른 것을 의미하므로 법인 스스로 그 채권을 포기한 경우에는 대손금으로 인정될 수 없다. 이 경우는 그 채권의 포기가 업무관련성이 있는지 여부에 따라 기부금이나 접대비로 인정될 것이고, 그 상대방이 특수관계자인 경우에는 부당행위계산부인의 대상이 될 수 있다.

나. 대손금 불인정 채권

(1) 채무보증에 따른 구상금채권

한편, 법인세법 제19조의2 제2항은 위와 같은 대손의 요건을 충족하더라도 대손금의 손금산입을 인정하지 않는 예외를 두고 있다. 먼저 제1호에서는 채무보증으로 인하여 발생한 구상채권을 대손금의 손금산입을 인정하지 않는 채권으로 규정하고 있다. 제1호의 취지는 일반적으로 채무보증이 업무와의 관련성이 높지도 않고 주채무자의 자력이 부족한 경우에 대비한 것이므로 결과적으로 주채무자의 자력부족으로 보증채무를 이행하였으나 구상채권의 회수가 불가능하더라도 이는 자초한 측면이 있으므로 그에 따른 대손금을 손금산입하지 않겠다는 것으로 이해된다. 이에 관하여 대법원 2016. 1. 14. 선고 2013두17534 판결은 법인의 채무보증에 의한 과다한 차입을 억제함으로써 재무구조의 건실화를 유도하고 기업의 구조조정을 촉진하여 경쟁력을 강화하기 위하여 원칙적으로 채무보증으로 인하여 발생한 구상채권의 대손금을 손금불산입하도록 한 것이라고 설명하고 있다.

위 규정은 그 괄호에서 위와 같은 제외사유에 대하여 다시 그 예외를 규정하고 있다. 즉, 독점규제 및 공정거래에 관한 법률(이하 '독점규제법'이라 한다) 제10조의2 제1항 각 호의 어느 하나에 해당하는 채무보증 등 대통령령으로 정하는 채무보증은 대손금의 손금불산입 대상에서 제외한다는 것이다. 그 위임에 따라 법인세법 시행령 제19조의2 제6항은 제1호에서 독점규제법 제10조의2 제1항 각 호의 어느 하나에 해당하는 채무보증을, 제2호에서 시행령 제61조 제2항에서 열거하고 있는 금융회사 등이 행한 채무보증을, 제3호에서 법률에 따라 신용보증사업을 영위하는 법인이 행한 채무보증을, 제4호에서 대·중소기업 상생협력 촉진에 관한 법률에 따른 위탁기업이 수탁기업협의회의 구성원인 수탁기업에 대하여 행한 채무보증을 규정하고 있다. 이들 항목들은 채무보증이 사업의 주된 업무의 하나에 해당하는 경우이거나 정책적으로 장려해야 할 채무보증에 해당하는 경우로 볼 수 있다.

이와 같은 예외의 예외사유를 예시적 규정으로 볼 것인지 제한적 열거사유로 볼 것인지가 다투어진 사례가 있다. 대법원 2016. 1. 14. 선고 2013두17534 판결이다. 원고가 A사로부터 260억 원의 건물 신축공사를 도급받았는데, A사는 위 건물의 점포를 임대하였고, 임차인들은 P은행으로부터 원고와 A사의 연대보증 아래 대출을 받아 A사에 임차보증금의 중도금을 납부하였으며 그중 120억 원이 원고에게 위 건물 공사대금 일부로 지급되었다. 임차인들이 임차보증금의 잔금을 납부하지 못하여 원고가 공사대금을 제대로 회수하지 못하자 위 건물의 경매절차를 통하여 공사대금을 회수하기로 하고, P은행의 요구에 따라 원고가 P은행에 77억 원의 대출금채무를 상환하였으나, 공동보증인인 A사에 대한 구상채권을 회수할 수 없게 되었다. 이에 대하여 원심은, 원고의 보증이 원고의 사업과 직접 관련이 없는 것이거나 채무보증에 의한 과도한 차입을 초래하여 연쇄도산을 초래할 위험성이 높은 것이라고 할 수 없고, 원고 스스로 보증채무의 변제능력과 구상채권의 회수가능성을 고려하여 자력 범위 내에서 채무보증을 한 것이 아니라고 할 수도 없어, 채무보증에 의한 과도한 차입을 억제함으로써 재무구조의 건실화를 유도하고 기업의 구조조정을 촉진하여 기업의 경쟁력을 강화하는 법인세법 제19조의2 제2항 제1호의 입법목적에 위반되는 채무보증이라고 볼 수 없다는 이유로 그로 인하여 발생한 구상채권에 대하여는 대손금을 손금에 산입할 수 있다고 판시하였다.

그러나 대법원은 관련 규정들의 내용과 입법 취지에 비추어 보면, 구상채권의 대손금에 관하여 예외적으로 손금산입이 허용되는 채무보증은 위 시행령 조항에서 열거한 유형의 채무보증으로 한정된다고 해석함이 타당하므로 법인이 사업과 관련된 거래대금을 지급받기 위하여 채무보증을 하였더라도 그 채무보증이 위 시행령 조항에서 열거한 유형에 해당하지 아니하는 경우에는, 그 구상채권의 대손금을 손금에 산입할 수 없다고 판시하였다.

법인세법 제19조의2 제2항 제1호의 괄호규정은 대손금의 손금산입에 관한 예외의 예외규정이고, 그 위임에 의한 시행령 제19조의2 제6항은 그 각 호에서 거기에 해당하는 경우를 개별적으로 열거하고 있고, 유형적인 포괄주의 규정을 두고 있지도 않다. 따라서 위 규정들은 대법원의 입장과 같이 제한적 열거적 규정으로 보는 것이 합리적이다. 원심은 위 규정을 예시적 규정으로 본 것으로 이해되지만 위 조항의 문언이나 취지를 보더라도 그와 같이 보는 것은 옳지 않다.

(2) 특수관계자에 대한 가지급금 채권 등

법인세법 제19조의2 제2항 제2호는 대손금 손금산입을 인정하지 않는 채권으로 특수관계자에게 지급한 가지급금 채권을 각 규정하고 있다. 이는 법인세법이 특수관계자에게 지급한 가지급금 채권은 업무관련성이 없어 그 채권의 보유 자체를 정당시하지 않기 때문에 그 채권의 대손에 대하여도 손금산입을 인정하지 않겠다는 것이다. 그리고 법인세법 시행령 제19조 제8호는 손금의 하나로서 회수할 수 없는 부가가치세 매출세액 미수금을 규정하면서, 다만 부가가치세법 제45조에 따라 대손세액공제를 받은 것은 예외로 하도록 규정하고 있다. 매출세액에 대하여 대손세액공제를 받으면 사실상 매출세액의 납부의무가 면제된 것과 같기 때문에 거래상대방으로부터 그 매출세액을 거래징수할 필요가 없는 것이고 따라서 그 매출세액미수금이 회수불능이 되었다고 하더라도 대손금으로 인정할 수 없는 것이다.

법인의 가지급금 채권이 발생할 당시에는 그 채무자가 법인의 특수관계자이었지만 그 특수관계가 소멸된 후에 그 채권이 회수불능의 상태에 이르렀을 경우 그 채권의 대손금을 손금산입할 수 있는지 여부가 다투어진다. 즉, 특수관계자의 요건을 가지급금 채권발생시를 기준으로 판단할 것인지 아니면 회수불능시를 기준으로 판단할 것인지의 문제이다. 이에 관한 사례가 대법원 2014. 7. 24. 선고 2012두6247 판결이다. 제약회사인 원고가 2003. 10. 17. 특수관계자인 A사에 7억 원을 대여하고 2003. 10. 23. 2억 원을 회수하였고, 2004. 1. 2. 다시 상품 계약금 명목으로 3억 원을 지급하게 되었으나 이후 A사가 부도처리되어 잔액 채권 8억 원의 회수가 불가능하게 되었는데, 그 당시에는 원고와 A사의 특수관계가 소멸된 상태였다. 위 대여는 원고의 내부 의사결정에 따라 적법하게 이루어진 것이 아니라 원고의 대표이사가 임의로 대여한 것으로 드러났다. 원심은, 법인세법 제19조의2 제2항 제2호에서의 특수관계자 요건은 대여금 거래 당시를 기준으로 판단하여야 한다고 보아 8억 원 채권의 대손금은 손금산입할 수 없다고 판시하였다.

그러나 대법원은, 법인세법 제19조의2 제2항 제2호 입법 취지는 법인이 특수관계자에게 업무와 무관하게 가지급금을 제공하고 그 회수에 노력을 기울이지 아니하다가 대손 사유가 발생하여 채권 회수가 불가능하게 된 경우에는 그 대손금을 손금불산입함으로써 특수관계자에 대한 비정상적인 자금대여관계를 유지하는 것을 제한하고 기업자금의 생산적 운용을 통한 기업의 건전한 경제활동을 유도하는 데 있는 점, 법인이 특수관계자에게 업무와 무관하게 가지급금을 제공한 후 대손사유가 발생하기 전에 특수관계가 소멸하였다면 더 이상 비정상적으로 자금을 대여하고 있는 것이라고 볼 수 없으므로 업무무관 가지급금에 대한 세법적 규제를 가할 필요가 없는 점 등을 종합하여 보면, 대손금을 손금에 산입할 수 없는 특수관계자에 대한 업무무관 가지급금인지 여부는 대손사유 발생 당시를 기준으로 판단하여야 한다고 판시하였다. 대법원 2017. 12. 22. 선고 2014두 2256 판결도 같은 취지이다.

법인세법 제19조의2 제2항 제2호 입법 취지는 업무관련성이 없음에도 자금대여가 이루어지고 이를 회수하지 않고 있었던 것은 특수관계의 영향을 받았기 때문이고 그 결과 대여금의 회수불능에 이르렀다면 이는 특수관계로 인하여 비합리적인 자금운용을 함으로써 자초한 것으로 볼 수 있으므로 그 대손금을 손금산입하지 않겠다는 것으로 이해된다. 여기서 대손금이 발생한 원인을 2가지로 압축하면 '자금의 대여'와 '대여자금의 미회수'라고 할 수 있는데, 이 2가지 모두가 특수관계에 영향을 받았다면 당연히 그 대손금을 손금불산입할 수 있겠지만 어느 하나는 특수관계에 영향을 받지 않았을 경우에는 단정적으로 판단하기 어렵다. 먼저 자금의 대여 당시에는 채무자와 특수관계가 없었으나 나중에 특수관계가 형성되었고 그 후 회수불능이 되었을 경우, 특수관계가 형성된 이후부터는 특수관계자들 사이의 자금대여로 전환되었다고 할 수 있고, 그 단계에서 회수불능의 결과가 초래되었다면 회수불능에 특수관계가 영향을 미쳤다고 볼 수 있으므로 그 대손금을 손금불산입할 수 있을 것이다. 다음으로 자금의 대여 당시에는 특수관계가 있어 그에 영향을 받았으나 자금의 대여 후 특수관계가 소멸한 경우에는 그때부터는 특수관계 없는 자들 사이의 자금대여로 전환되었다고 볼 수 있으므로 비록 대여자금을 회수하지 않고 있다고 하더라도 그것이 특수관계에 영향을 받았다고 할 수 없고 그래서 그 결과 회수불능의 결과에 이르렀다고 하더라도 그 대손금을 손금불산입할 수 없다고 할 수 있다. 대법원 판결은 이러한 이유에 근거한 것으로 보인다. 결국 대손금을 손금산입할 것인지 여부는 그 대손사유가 발생할 당시를 기준으로 판단하여야 한다는 원칙을 취한 것이고, 이는 타당하다고 여겨진다.

이러한 대법원 판례의 법리가 과세관청에게는 불만스러울 수 있고, 이러한 불만이 반영되어 법개정이 이루어졌다. 법인세법 제19조의2 제2항 제2호가 2020. 12. 22. 개정되면서, 후문에서 특수관계인에 대한 가지급금에 있어서 특수관계인의 판단은 대여시점을 기준으로 한다는 규정을 신설하였다. 이로써 대여시점에 특수관계인이기만 하면 회수불능시 즉 대손사유발생시에는 특수관계가 소멸하더라도 위 규정이 적용되어 대손금을 손금불산입해야 한다. 별로 바람직한 입법이 아니다.

다. 회수불능의 판단

앞서 본 바와 같이 법인세법 시행령 제19조의2 제1항은 제8호에서 대손금의 손금산입 대상으로 '회수할 수 없는 채권'을 규정하면서, 그 사유로서 채무자의 파산, 강제집행, 형의 집행, 사업의 폐지, 사망, 실종 또는 행방불명을 들고 있다. 위 제1항 각 호의 규정 중 제8호의 규정이 가장 범위가 넓고 유형적 포괄주의 규정의 성격을 다소 내포하고 있다고 볼 수 있다. 제8호에서 들고 있는 사유들에 관하여도 한정적 열거적인 것으로 볼 것인지 예시적으로 볼 것인지가 다투어질 수 있는데, 그 취지에 비추어 회수불능이 요건의 핵심이고 회수불능의 사유에는 채무자의 파산, 강제집행, 형의 집행, 사업의 폐지, 사망, 실종 또는 행방불명 외의 다른 사유도 있을 수 있으며 그 다른 사유를 이들 사유와 차별화할 합리적인 이유가 없으므로 이들 사유는 예시적인 것으로 보는 것이 타당하다. 따라서 위에서 들고 있는 사유 외에 이에 준하는 다른 사유에 의하여 회수할 수 없는 채권이 된 경우에도 대손금의 손금산입 대상이 된다고 보아야 한다.

위 사유들 중 '사업의 폐지'라 함은 일반적으로 사실상 사업을 계속하지 않고 폐업을 하는 것을 말한다. 국세청 유권해석에 의하면, 사업의 폐지 여부는 법인의 해산등기 여부나 관할 세무서의 세적처리와는 관계 없이 사실판단에 의하여야 하는 것으로 보고 있다.[13] 단순히 사업의 폐지가 있다는 사정만으로는 대손처리할 수 없고, 사업의 폐지로 인하여 채권을 회수할 수 없음이 입증된 경우에만 그 채권을 대손금으로 손금산입할 수 있다고 할 것이다. '채무자의 사업의 폐지로 인하여 회수할 수 없는 채권'이라 함은 손금에 산입하는 사업연도에 채무자의 사업폐지로 인하여 그 채권 전부의 회수불능 사실이 객관적으로 확정된 채권을 의미한다는 것이 대법원 2008. 7. 10. 선고 2006두1098 판결 등의 입장이다. 따라서 채무자가 사업을 폐지하고 도피하였다 할지라도 동인의 재산의 잔존 여부 등을 확정함이 없이는 그 채권의 전부가 회수불능의 채권으로서 대손금에 해당한다고 할 수 없으며,[14] 채무자의 재산에 대하여 경매절차가 진행 중인 경우에도 또한 아직 회수불능의 사실이 객관적으로 확정되었다고 보기 어렵다고 보고 있다.[15]

회수불능에 관한 판단의 대표적 사례로 대법원 2008. 7. 10. 선고 2006두1098 판결이 있다. 이 사안에서는 채무자인 A여행사는 부도가 나고 그 대표이사는 A여행사의 자금

---

13) 법인 22601 - 3765, 1985. 12. 6.

14) 대법원 1997. 11. 28. 선고 96누14418 판결, 대법원 1988. 1. 19. 선고 86누234 판결, 대법원 1998. 7. 10. 선고 97누13894 판결, 대법원 2005. 3. 10. 선고 2004두13158 판결 등

15) 대법원 1998. 10. 27. 선고 98두10509 판결, 대법원 2000. 11. 24. 선고 99두3980 판결

을 횡령한 후 잠적함으로써 사실상 A여행사는 폐업 상태였으며, 당시 A여행사는 채권집행의 목적이 될 만한 아무런 자산도 가지고 있지 아니하였을 뿐만 아니라 원고가 A여행사에 대한 채권을 회수하기 위하여 가압류한 그 대표이사 부부 소유의 부동산에도 이미 다액의 선순위 근저당권과 국세압류 등이 되어 있어 이에 대한 경매절차가 진행되더라도 원고가 배당받을 수 있는 여지가 없는 상황이었다. 이에 대하여 대법원은 A여행사에 대한 채권은 사업폐지로 인하여 그 회수가 객관적으로 불가능하였다고 봄이 상당하다고 판시하였다.

반면에 대법원 2015. 3. 26. 선고 2012두14224 판결은, 원고가 A사의 보증인으로서 2002년 A사의 금융기관에 대한 대출금채무를 변제함으로써 얻게 된 구상금채권 274억 원 중 예상회수금액 82억 원을 공제한 192억 원이 A사의 사업폐지로 회수할 수 없는 채권에 해당한다고 보아 2002 사업연도의 손금에 산입하였으나, 과세관청은 대손금의 손금산입요건을 갖추지 못하였다는 이유로 손금불산입한 사안에서, A사가 원고의 보증 아래 금융기관으로부터 대출을 받아 필리핀에 호텔을 건설하면서 부동산 경기침체 및 분양부진 등으로 부도위기에 처하였던 적은 있으나, A사가 경영위탁이나 지분투자 등을 통하여 2002. 12. 31. 이후에도 계속하여 위 호텔을 정상적으로 운영하면서 영업수익을 올렸던 점, A사가 2002. 12. 31.까지 위 호텔에 관한 지분 59.19%를 매각하거나 사업폐지의 신고를 하지 않았던 점 등의 사정에 비추어 위 구상금 채권이 2002. 12. 31. 당시 A사의 사업폐지로 인하여 그 회수가 객관적으로 불가능한 것으로 확정되었다고 보기 어렵다는 이유로, 과세관청이 이를 손금불산입한 것은 적법하다고 한 원심의 판단을 수긍하였다. 이 사안에서 원고는 사업의 폐지 여부는 신고 여부와 무관하게 당초 의도했던 사업을 사실상 중단하였는지 여부에 따라 판단하여야 한다고 하면서 호텔사업의 실질적 폐지가 있었다고 주장하였지만 사업폐지의 신고가 없었음은 물론이고 A사의 임대소득이 계속 발생하고 있었으며 위 호텔도 정상영업 중이었으므로 사업폐지를 인정할 수 없었던 것이다.

라. 대손충당금

(1) 대손충당금의 개념

대손금은 개별채권이 전부 회수불능으로 확정된 시점에 손금으로 산입하는 것인데, 전부 회수불능에 도달하기 전에도 일부 회수불능의 상태에 있을 수 있고 단지 그것이 드러나지 않았을 뿐임에도 그 일부를 미리 손금산입하지 않고 전부 회수불능으로 확정된 시점에 이르러 한꺼번에 대손금으로 손금산입하면 기간손익의 왜곡이 생길 수 있다.

현재는 대손으로 확정되지 않은 채권이라도 채권 전부가 회수된다고는 볼 수 없으며, 이러한 것을 대손으로 실제 확인된 경우에만 손금으로 처리한다면 상품매출 등으로 채권이 확정된 사업연도와 대손이 나타나는 연도가 다른 경우에는 기간손익 계산상 수익비용대응의 원칙에 위배되고, 채권 등 자산이 과대계상될 위험이 있다. 그래서 기업회계에서는 이러한 점을 고려하여 회수가 불확실한 채권은 합리적이고 객관적 기준에 따라 산출한 대손추산액을 대손충당금으로 설정하도록 하고 있고, 이와 같은 대손충당금은 특정자산에 대한 평가계정의 성질을 갖는 것으로 평가성 충당금에 해당한다.

법인세법은 원칙적으로 권리의무확정주의를 취하고 있기 때문에 대손충당금 계정의 설정방법은 권리의무확정주의에 부합하지 않는 측면이 있다. 그러나 법인세법도 손실의 분산을 꾀하고 기업회계기준과의 차이를 최소화하기 위하여 권리의무의 확정이라는 일반적인 기준에서 벗어나, 대손충당금 설정을 일정한 범위 내에서 허용하고 있다. 대손충당금은 회수가 불확실한 채권에 대하여 그 회수가능성을 평가하여 회수가 불가능할 것으로 예상되는 가액을 추정하여 채권의 차감계정으로 계상해 두는 것이다. 이는 곧 채권의 평가계정으로서 자산의 차감항목이기 때문에 그 금액만큼이 대손충당금전입액 등의 계정으로 손금산입하게 된다.

이에 관한 규정이 법인세법 제34조이다. 법인세법 제34조 제1항은 외상매출금이나 대여금 등의 채권에 충당하기 위하여 대손충당금을 손금으로 계상한 경우에는 이를 손금에 산입한다고 규정하고 있고, 그 시행령 제61조 제2항은 그 채권의 징부가액의 1%에 상당하는 금액과 대손실적률을 곱하여 계산한 금액 중 큰 금액을 손금산입한다고 규정하고 있다. 다만, 금융기관에 대하여는 금융위원회가 정하는 대손충당금적립기준에 따라 적립하는 금액과 위에서 본 두 가지 금액 중 가장 큰 금액을 손금산입한다는 특례를 두고 있다. 금융기관에 있어 대손충당금은 대출채권이 채무자의 파산 등의 사유로 회수가 불가능하게 되는 경우, 이를 대손발생시에 인식한다면 대출채권에서 발생하는 이자수익과의 관계에서 수익비용대응원칙에 맞지 않을 뿐만 아니라 대차대조표에 계상될 대출채권금액도 순실현가능액보다 과다하게 평가되므로 미리 대손충당금을 설정함으로써 대출채권의 순실현가능액평가 및 각 회계기간별 적정한 손익의 계상이 가능하게 된다.

대손충당금은 결산조정사항이다. 즉, 대손충당금은 법인이 결산상 장부에 손금으로 계상한 경우에 한하여 일정한 한도액 범위 안에서 손금으로 인정할 뿐 비용으로 계상하지 아니하거나 미달하게 계상한 경우에는 세무조정에 의하여 이를 손금산입할 수 없다. 전기 말에 대손충당금을 계상한 법인이 다음 사업연도에 대손금이 발생한 때에는 대손충당금과 먼저 상계하고, 상계하고 남은 대손충당금 계정의 잔액은 다음 사업연도에 익금산입한다. 또한 대손이 발생하여 대손충당금과 상계하거나 손금으로 처리한 대손금이 그 후 다시 회수된 경우에는 회수된 날이 속하는 사업연도의 익금에 산입하여야 한다. 그래야 이중 손금산입을 막을 수 있기 때문이다. 법인세법 제34조 제4항이 이에 관하여 규정하고 있다.

(2) 대손충당금 설정대상 채권

기업회계기준은 유동자산이나 투자자산 중 금전채권의 성질을 갖는 계정들을 설정대상으로 하고 있고, 실무상 매출채권인 외상매출금, 받을 어음과 단기대여금, 장기대여금 및 미수금, 미수수익 등에 대하여 설정한다. 법인세법상 설정대상 채권의 범위도 원칙적으로 기업회계기준 및 관행에서 인정하는 대손충당금 설정대상 채권과 일치한다. 종전에는 조세행정의 편의 및 조세정책 등의 목적을 위하여 대손충당금의 설정대상이 되는 채권의 범위를 제한적으로 규정하였으나 1994. 12. 31. 법인세법 시행령 개정시 기업회계를 대폭 수용하여 기업회계상 대손충당금 설정대상 채권 전부에 대하여 법인세법상으로도 대손충당금을 설정할 수 있도록 조정하였다.

법인세법 제34조 제1항은 대손충당금 설정대상에 관하여 외상매출금, 대여금, 그 밖에 이에 준하는 채권으로 규정하고 있고, 그 위임에 의한 법인세법 시행령 제61조 제1항은 제1호에서 '외상매출금: 상품·제품의 판매가액의 미수액과 가공료·용역 등의 제공에 의한 사업수익금액의 미수액'을, 제2호에서 '대여금: 금전소비대차계약 등에 의하여 타인에게 대여한 금액'을, 제3호에서 '기타 이에 준하는 채권: 어음상의 채권 및 미수금과 기타 기업회계기준에 의한 대손충당금 설정대상 채권'을 규정하고 있다. 이와 같이 제3호의 후단에서 기타 기업회계기준에 의한 대손충당금 설정대상 채권이라고 규정하고, 제1호와 제2호 및 제3호의 전단부분들은 당연히 기업회계기준에 의한 대손충당금 설정대상 채권에 해당하므로 원칙적으로 대손충당금 설정대상 채권의 범위가 법인세법과 기업회계기준이 일치하게 되었다.

제2호에 관하여는, 법인의 주된 영업활동과 관련되어 있지 않은 대여금도 포함되고, 종업원, 주주에 대한 대여금의 경우에도 대손충당금을 설정할 수 있다. 다만, 법인세법 제34조 제3항은 앞서 본 대손금의 손금산입 제외 대상채권인 제19조의2 제2항 각 호에 해당하는 채권에 대하여는 대손충당금을 설정할 수 없도록 규정하고 있다. 제3호에 관하여는 그 괄호규정에서 부당행위계산에 해당하는 고가매입 또는 고가현물출자에 따른 시가초과액 상당 채권은 대손충당금 설정대상 채권에서 제외하고 있다.

대손금의 손금산입이 인정되는 채권의 범위와 대손충당금 설정대상이 되는 채권의 범위를 비교해보면, 법인세법 제19조의2는 전자에 관하여 제2항에서 제외되는 채권을 규정하고 있고, 법인세법 제34조 제3항도 후자에 관하여 제19조 제2항에서 규정하는 채권을 제외하고 있으므로 실질적으로 그 적용대상은 서로 비슷하다고 하겠다. 대손충당금은 대손금의 조기추정인식의 성격을 지니므로 그 적용대상이 달라서는 아니될 것이다. 따라서 제19조 제2항 제2호에 의하여 대손금 손금산입의 대상에서 제외되는 특수관계자에 대한 업무무관 가지급금 등은 대손충당금 설정대상 채권이 될 수도 없다.

(3) 대손충당금의 설정 한도

가) 한도설정방법

대손충당금의 설정 한도에 관하여 기업회계에서는 각 기업이 스스로 객관적이고 합리적인 기준을 정하여 설정할 수 있으나, 법인세법에서는 그 한도를 정해두고 있다. 법인세법 시행령 제61조 제2항은 해당 사업연도 종료일 현재 채권잔액의 100분의 1에 상당하는 금액과 채권잔액에 대손실적률을 곱하여 계산한 금액 중 큰 금액을 말하고, 다만 금융회사 등의 경우에는 금융위원회가 기획재정부장관과 협의하여 정하는 대손충당금적립기준에 따라 적립하여야 하는 금액, 채권잔액의 100분의 1에 상당하는 금액 또는 채권잔액에 대손실적률을 곱하여 계산한 금액 중 큰 금액으로 한다고 규정하고 있다. 이와 같이 법인세법은 그 한도를 정하고 있으되, 한도를 산정하는 방법을 복수로 규정하여 납세자로 하여금 그중 하나를 선택할 수 있도록 하고 있다. 그래서 금융기관의 경우 세무조정시에 대손충당금의 손금산입 한도액을 채권의 장부가액의 합계액의 100분의 1 또는 대손실적률을 곱한 금액 중 큰 금액으로 할 것인지, 아니면 금융감독위원회에서 정한 기준에 의한 금액으로 할 것인지에 관하여는 임의로 선택이 가능하다.

그리고 대손충당금의 손금산입은 신고조정사항이 아니라 결산조정사항이므로 법인이 회계처리상 대손충당금으로 설정한 금액에 대하여만 법인세법이 인정하는 한도액 범위 내에서 손금산입을 인정하는 것이다. 따라서 회계처리상 사용하였던 대손충당금 설정한도의 계산방법과 세무조정시 선택한 대손충당금 설정한도의 계산방법이 다른 것은 무방하나, 전자의 금액과 후자의 금액 중 적은 금액이 손금산입액이 될 수밖에 없다.

나) 한도초과액의 시부인 방법

대손충당금 손금산입 한도액에 관하여 법인세법 시행령 제61조 제2항은 채권의 장부가액의 합계액에 100분의 1을 곱하거나 대손실적률을 곱하여 산정하도록 규정하고 있다. 따라서 개별채권별로는 위 각 비율에 따른 한도액을 초과하더라도 채권의 전체 장부가액 합계액을 기준으로 계산한 한도액을 초과하지 아니하면 전액 손금산입이 인정된다고 할 것이다. 같은 취지에서 국세청의 유권해석(서이 46012-10667, 2003. 3. 31.)은 익금귀속시기 미도래분 미수이자는 대손충당금 설정대상 채권에 해당하지 않으나, 대손충당금 손금산입한도액 범위의 대손충당금 설정액은 손금산입된다고 한다.

그래서 법인이 일부 채권에 대하여만 대손충당금을 설정한 경우 당해 채권가액을 기준으로 하면 대손충당금을 과다설정하였다고 할 수 있을지라도 대손충당금을 설정하지 아니한 나머지 채권가액까지 합한 금액을 기준으로 계산한 한도액의 범위 내라면 대손충당금 부인액은 없게 된다고 할 수 있다. 예를 들어 대손충당금 설정대상채권에 대한 대손충당금을 설정하면서 외상매출금 및 받을어음 등 채권에 대하여는 대손충당금을 과다하게 설정한 반면, 단기대여금 채권에 대하여는 대손충당금을 설정하지 않았을 경우 단기대여금 채권을 포함한 전체 채권합계액의 100분의 1에 상당하는 금액을 설정한도액으로 계산하여 그 한도액 범위 내에 있는 대손충당금설정액을 손금에 산입하고 그 손금산입액을 다음 사업연도에 익금산입하는 것이 옳다.

다) 한도설정방법의 변경 여부

법인이 회계처리상 대손충당금을 설정할 때 그 한도액의 설정방법 중 하나를 선택하였다가 나중에 세무조정을 할 때 그 한도액 설정방법을 변경하여 시부인하는 것이 가능한지, 나아가 세무조정 당시에 그 한도액 설정방법 중의 하나를 선택하여 대손충당금에 대한 시부인을 하였다가 과세관청의 부과처분시에 그 한도액 설정방법을 변경하거나 그 설정방법을 변경하여 경정청구하는 것이 가능한 것인지가 문제될 수 있다.

대손충당금의 회계처리와 손금산입은 별개의 제도로서 서로 준별되어야 하므로, 기업회계기준에 의한 대손충당금 설정방법은 법인세법상 대손한도액 계상방법과는 다르고, 기업회계상 대손충당금 설정은 법인세법이 정하고 있는 대손충당금 한도액 기준과는 무관하다. 따라서 대손충당금의 회계처리는 각 기업이 스스로 객관적이고 합리적인 기준을 정하여 설정할 수 있으며, 반드시 법인세법이 규정하고 있는 손금한도액 계산방식 중의 어느 하나를 선택하여 회계처리를 하여야만 하는 것이 아니다. 그래서 결산시 법인세법의 방식과 무관하게 독자적인 회계기준에 따라 대손충당금을 결정하되, 다만 세무신고에 있어서는 법인세법령에 따른 방법 중 하나를 선택하여 대손충당금 한도액을 계산하면 되는 것이다. 마찬가지로 과세관청의 부과처분시에도 납세의무자로서는 원래 세무조정시에 선택하였던 방법과 다른 방법을 선택하여 그 한도액을 주장할 수 있다고 보아야 한다.

이에 관한 사례로 대법원 2012. 8. 17. 선고 2009두14965 판결이 있다. 원고는 각 사업연도에 대한 결산시 금융감독위원회 기준에 따라 대손충당금을 적립하면서, 2000 하반기 사업연도에는 국가 등에 대한 채권에 대하여 대손충당금을 적립하지 아니하고 세무조정시에도 이를 대손충당금 한도액 산정에 반영하지 아니하였으며, 2001 사업연도에는 국가 등에 대한 채권에 대하여 대손충당금을 적립하지 아니하였다가 세무조정시 대손충당금 적립액이 대손충당금 한도액을 초과하게 되자 국가 등에 대한 채권을 그 한도액 산정에 반영하였다. 그러자 과세관청은 2000 하반기 사업연도 대손충당금 적립액에 대하여 국가 등에 대한 채권을 제외한 채권만을 대상으로 금융감독위원회 기준에 따라 산정한 한도액을 초과하는 금액을 손금불산입하고 2001 사업연도에 동액 상당을 손금산입하였으며, 2001 사업연도 대손충당금 적립액에 대하여도 같은 방법으로 산정한 한도액을 초과한 금액을 손금불산입하고 2002 사업연도에 동액 상당을 손금산입하였다. 이에 대하여 원심은, 금융기관은 결산시 채권잔액의 2%에 상당하는 금액과 채권잔액에 대손실적률을 곱한 금액 중 큰 금액의 범위 안에서 대손충당금을 적립하는 방법과 금융감독위원회 기준에 따라 대손충당금을 적립하는 방법 중 하나를 선택할 수 있으나 결산 당시 어느 한 방법을 선택하여 대손충당금을 적립한 후에는 법인세법상 대손충당금 한도액 산정시 다른 방법으로 변경할 수 없으므로 원고가 결산시 금융감독위원회 기준을 적용하여 대손충당금을 적립한 이상 채권잔액의 2%에 상당하는 금액과 채권잔액에 대손실적률을 곱한 금액 중 큰 금액을 법인세법상 손금산입 한도액으로 삼을 수 없고, 또한 원고가 결산시 국가 등에 대한 채권에 대하여는 대손충당금을 적립하지 아니한 이상 국가 등에 대한 채권이 다른 채권의 대손충당금 한도액을 늘려주는 방편이 되어서는 아니되므로 법인세법상 대손충당금 한도액 산정에 이를 반영할 수 없다고 판단하였다.

　그러나 대법원의 판단은 달랐다. 법인세법상 대손충당금에 관한 규정은 원고 등 금융기관이 각 사업연도에 대한 결산시 적립한 대손충당금에 관하여 결산 회계목적으로 사용된 적립방법에 관계 없이 법인세법의 고유목적을 위해서 손금산입할 수 있는 대손충당금 총액의 한도를 산정할 수 있는 방법을 선택적으로 정한 것으로 보아야 하므로, 원고로서는 결산시 어떠한 방법을 적용하여 대손충당금을 적립하였는지에 관계 없이 법인세 산정시에는 가장 유리한 한도액을 선택하여 그 범위 내에서는 결산시 적립한 대손충당금액을 손금산입할 수 있다고 해석해야 한다는 것이다. 그래서 원고가 결산시에는 금융감독위원회 기준에 따라 대손충당금을 적립하였다 하더라도 법인세법상으로는 원고의 선택에 따라 채권잔액의 2%에 상당하는 금액과 채권잔액에 대손실적률을 곱한 금액 중 큰 금액을 한도로 결산시 적립한 대손충당금액을 손금산입할 수 있고, 원고가 결산시 국가 등에 대한 채권에 관하여는 대손충당금을 적립하지 아니하였다 하더라도 그것이 법인세법상 대손충당금 설정대상 채권에 해당한다면 위 한도액 산정의 기준이 되는 채권잔액에 포함시킬 수 있다고 보아야 한다고 판시하였다. 이 판시는 위에서 검토한 취지에 부합하는 타당한 결론이다.

익금과 손금의 귀속시기

1. 권리의무확정주의

가. 개요

법인세법은 익금과 손금의 귀속시기에 관하여 제40조 제1항에서 내국법인의 각 사업연도의 익금과 손금의 귀속사업연도는 그 익금과 손금이 확정된 날이 속하는 사업연도로 한다라고 규정함으로써 권리의무확정주의를 채택하고 있다. 소득세법도 제39조 제1항에서 거주자의 각 과세기간 총수입금액 및 필요경비의 귀속연도는 총수입금액과 필요경비가 확정된 날이 속하는 과세기간으로 한다고 규정함으로써 법인세법과 같은 입장을 취하고 있다. 이러한 권리의무확정주의는 소득의 귀속시기에 관한 다른 기준인 발생주의와 현금주의에 대비되는 기준이므로 이들 다른 기준과 비교함으로써 그 정확한 의미를 파악할 수 있다.

일반적으로 권리의무확정주의란 소득의 원인이 되는 권리의 확정시기와 소득의 현실적인 실현시기 사이에 시간적 간격이 있는 경우 과세목적상 소득이 현실적으로 실현된 때까지 기다리지 아니하고 그에 관한 권리의무가 확정된 때를 기준으로 하여 그때 소득이 있는 것으로 보고 당해연도의 소득을 산정하는 방식을 말한다. 이때 '확정'의 의미가 무엇인지에 관하여 대법원 1998. 6. 9. 선고 97누19144 판결 등은, 세법의 과세대상이 되는 어느 소득이 발생하였다고 하기 위하여는 소득이 현실적으로 실현된 것까지는 필요없다고 하더라도 적어도 소득이 발생할 권리가 그 실현의 가능성에 있어 상당히 높은 정도로 성숙·확정되어야 한다고 일관되게 판시하여 왔다. 이 판시에서 말하는 확정이란 실현과 대비되는 개념이라기보다는 실현주의에서 말하는 실현의 시기를 법률적 관점에서 재구성한 것으로 이해되고 있다.[16] 여기서 주의할 것은 실현주의에서 말하는 실현과 현실적 실현은 다르다는 점이다. 현실적 실현은 현금주의에 가까운 것으로서 현금의 수령이나 법적 소유권의 이전이 있는 경우 등을 말하고 실현주의에서의 실현은 그 정도에까지는 이르지 않더라도 그에 관한 권리가 성숙된 경우를 말한다. 소득의 인식시기를 현실적으로 수입된 때가 아니라 현실적인 수입이 없더라도 그 원인이 되는 권리가 확정된 때로 정하는 이유에 대하여 대법원 1984. 3. 13. 선고 83누720 판결 등은, 납세자의 자의에 의하여 과세연도 소득이 좌우되는 것을 방지함으로써 과세의 공평을 기함과 함께 징세기술상 소득을 획일적으로 파악하여 징수를 확보하려는 요청에 따른 것이라고 한다. 이러한 원칙은 미국과 일본의 태도와 비슷하다고 할 수 있다.[17]

권리의무확정주의는 소득의 인식에 관한 발생주의 기준과 현금주의 기준의 사이의 어디쯤에 속한다고 할 수 있는데, 이러한 원칙이 세법상의 기본원칙으로 성립되기까지는 긴 역사적 과정을 거쳐 왔다.

나. 기업회계기준의 존중

권리의무확정주의에 관하여는 그 개념 자체가 상당히 추상적인 데다가 법인세법에서 완결적인 규정을 두기 어렵다는 한계가 있다. 법인세법 제40조 제1항에서 권리의무확정주의를 선언하면서 구체적인 내용에 관하여는 법인세법 시행령 제68조에 위임해두고 있는데, 이 시행령에서도 모든 경우를 빠짐 없이 언급하는 완결적 규정을 두는 것은 불가능하다. 이러한 한계를 극복하는 방안으로는 특별한 사정이 없는 한 기업회계기준에서 수익과 비용을 인식하는 기준을 받아들이는 것이라고 할 수 있다.

그래서 법인세법 제43조는 내국법인의 각 사업연도의 소득금액을 계산할 때 그 법인이 익금과 손금의 귀속사업연도와 자산·부채의 취득 및 평가에 관하여 일반적으로 공정·타당하다고 인정되는 기업회계기준을 적용하거나 관행을 계속 적용하여 온 경우에는 세법에서 달리 규정하고 있는 경우를 제외하고는 그 기업회계의 기준 또는 관행에 따른다고 규정하고 있는 것이라고 할 수 있다. 이는 국세기본법 제20조에서 기업회계기준을 존중하도록 한 취지에도 부합한다. 하지만 기본적으로 기업회계기준은 보수주의의 입장에서 수익의 인식은 가급적 늦게, 비용의 인식은 가급적 빠르게 하고자 하므로 세수의 확보를 목적으로 하는 세법의 정신과 배치되는 면이 없지 않다. 그래서 기업회계기준

---

16) 金子宏, 租稅法, 弘文堂; 이태로·한만수, 조세법강의, 박영사; 이창희, 세법강의, 박영사
17) 金子宏, 앞의 책

을 예외없이 무비판적으로 세법에서 수용하기는 어려울 것이므로 기업회계기준상의 수익과 비용의 인식시기를 세법에서 용인할 것인지 여부에 관하여는 어느 정도의 심사와 판단이 개재되어야 한다고 하겠다.

대법원 2017. 12. 22. 선고 2014두44847 판결은, 법인세법 제40조는 제1항, 제2항 등에서 권리의무확정주의를 선언하고, 거래유형 등에 따라 익금과 손금의 구체적인 귀속시기를 규정하고 있으나, 이러한 거래유형 등에 따른 세법상의 손익귀속에 관한 규정은 현대사회의 다종다양한 모든 거래유형을 예측하여 그 자체로서 완결적으로 손익의 귀속을 정한 규정이라고 할 수 없으므로, 위 규정들만으로 손익의 귀속을 정하기 어려운 경우에는 법인세법상의 권리의무확정주의에 반하지 아니하는 한, 법인세법 제43조에서 정하였듯이 일반적으로 공정·타당한 회계관행으로 받아들여지는 기업회계기준에 따라 손익의 귀속을 정할 수도 있다고 해석함이 타당하다고 하면서, 따라서 기업회계기준상의 손익의 귀속에 관한 규정이 세법의 개별 규정에 명시되어 있지 않다는 이유만으로 곧바로 권리의무확정주의에 반한다고 단정할 수는 없고, 특정 기업회계기준의 도입 경위와 성격, 관련된 과세실무 관행과 그 합리성, 수익비용대응 등 일반적인 회계원칙과의 관계, 과세소득의 자의적 조작 가능성, 연관된 세법 규정의 내용과 체계 등을 종합적으로 고려하여, 법인세법 제43조에 따라 내국법인의 각 사업연도 소득금액계산에 적용될 수 있는 '기업회계의 기준이나 관행'에 해당하는지를 판단하여야 한다고 판시하였다.

이 판결에서는, 보험계약 체결과 관련한 보험모집인의 모집수당 등 경비, 영업소의 인건비, 물건비, 진단비, 계약조달비 등으로 지출된 이른바 '신계약비'를 지출한 사업연도에 전액 손금산입할 것인지, 아니면 보험업회계처리기준에 의하여 7년간 균등상각하여 손금산입할 것인지가 문제되었다. 보험업회계처리준칙(1998. 12. 10. 제정) 제31조는 신계약비를 기타 자산으로 보아 해당 계약의 유지기간(7년을 초과할 경우에는 7년)에 걸쳐 균등하게 상각하여 비용으로 처리하도록 새로이 규정하였고, 1999. 3. 12. 개정된 보험업감독규정(금융감독위원회 고시) 제68조에서도 유사하게 규정하고 있었으나, 과세관청은 신계약비가 발생한 시점에 전액 손금산입하는 것을 전제로 과세하여 왔다. 이후 보험업을 영위하는 법인들은 초기에 막대한 신계약비를 지출하는데, 위와 같이 과세하는 경우 신계약비를 지출한 연도에 거액의 손금이 발생함에도 이월결손금 공제기간(당시 5년)이 경과하면 손금산입이 불가능하게 되는 불이익이 발생하게 된다는 이유로 다수의 민원을 제기하였고, 이에 따라 신계약비를 자산화하여 장래의 손금으로 산입될 수 있도록 하기 위하여 법인세법 기본통칙(2003. 5. 10. 개정된 것) 40-71…23은 "보험사업을 영위하는 법인이 각 사업연도에 지출한 사업비 중 장기보험계약으로 인하여 발생한 신계약비(모집수당, 점포운영비 등)는 그 보험계약에 의한 보험료 납입기간(그 기간이 7년을 초과하는 경우에는 7년)에 안분하여 손금에 산입한다."라고 규정하게 되었다. 이에 대하여 대법원은, 보험업회계처리준칙 제31조는 법인세법 제43조에 따른 '기업회계의 기준이나 관행'에 해당하므로 위 신계약비는 지출된 해당 사업연도에 전액 손금으로 산입하는 것이 아니라 보험료 납입기간(그 기간이 7년을 초과하는 경우에는 7년)에 안분하여 손금에 산입하는 것이 타당하다고 판시하였다. 그 이유로는, 보험업은 보험계약자의 이익 등 고도의 공공성이 요구되는 업종으로서 회계처리준칙을 엄격하게 준수하여야 할 필요성이 크고, 같은 취지에서 개정된 보험업감독규정도 이 사건 신계약비 조항과 유사한 내용을 두어 보험회사들의 회계처리를 규율 및 감독하고 있다는 점, 또한 보험업계의 요청에 따라 2003. 5. 10. 이 사건 통칙 조항이 신설됨에 따라 이 사건 신계약비 조항은 과세실무상 확고한 관행으로 자리잡아 운용되고 있는 점, 구 법인세법 시행령 제70조 제3항은 금융보험업을 영위하는 법인이 수입하는 보험료의 귀속사업연도는 그 보험료가 실제로 수입된 날이 속하는 사업연도로 정하고 있다는 점, 이러한 보험료의 수입시기에 대응하여 손금을 안분하도록 하는 이 사건 신계약비 조항은 수익비용대응 원칙에 부합할 뿐만 아니라 합리적인 것으로 볼 수 있는 점, 신계약비의 손금산입은 매년 균등하게 상각하여 비용으로 처리되고 특별한 평가가 수반되지도 아니하므로 보험업을 영위하는 법인들이 이를 이용하여 과세대상 소득을 자의적으로 조작할 염려가 거의 없는 점, 또한 신계약비가 법인세법 시행령 제24조 제2항 제2호 각 목에서 나열하고 있는 감가상각의 대상인 무형고정자산에 해당하지 않더라도 그러한 사정만으로는 신계약비에 대한 기업회계기준이나 관행에 따라 손금을 안분하는 것이 허용되지 않는다고 해석할 수도 없는 점 등을 들고 있다.

다. 미국에서의 논의

(1) 권리의무확정주의

소득을 과세대상으로 삼는 소득세와 법인세에 있어서 '소득'의 개념을 어떻게 파악할 것인가 하는 문제는 19세기 말 소득세제가 탄생한 이후 지금까지 큰 쟁점이 되어 오고 있다. 당초 미국의 Haig-Simons과 독일의 Schantz은 소득이란 소비와 순자산의 증가를 의미하며 여기서 그 소득의 실현(realization) 여부는 소득의 성립에 영향을 미치지 않는다는 주장인 반면에, Fisher나 Kaldor는 소득의 개념을 정하는 데 있어서 부의 증가로 인해 생긴 이득 가운데 다른 자산을 사는데 들어간 것을 뺀 나머지만 소득으로 삼아야 한다는 주장으로서 소득의 개념에서 투자를 배제하자는 것이며 여기서 실현(realization)

이 소득 개념의 핵심적 요소라고 주장하였다. 후자의 견해와 같이 실현된 소득이라야 과세대상인 소득이 된다는 관념을 실현주의라 하며 실현이란 일반적으로 자산의 교환을 통하여 의미 있는 차이가 생길 때에만 소득이 있는 것으로 본다는 원칙을 말한다.

이와 같이 실현된 소득이라야 소득으로 본다는 사고는 Eisner v. Macomber 판결[18]에 의하여 세법 영역에 자리잡게 되었다. 주식배당이 과세가능한 소득인가가 쟁점이었던 사건으로서, 다수의견은 실현은 소득의 요소라고 전제하고 주식배당은 원본으로부터의 분리라고 보기 어려우므로 실현되었다고 볼 수 없다고 판단한 반면, 소수의견은 실현은 소득의 요소로 볼 수 없다는 입장을 취하였다. 이러한 실현주의 원칙은 1930년대에 이르러 기업회계에까지 큰 영향을 미치게 된다. 하지만 소득세란 원래 얼마나 담세력이 있는가에 초점을 맞추어 과세해야 한다는 생각에서 출발한 세제라는 점에서 볼 때, 실현되어야만 소득이 된다는 사고는 소득이 아닌 소비에 대한 과세가 되는 결과로서 이는 소득세의 본지에서 벗어나는 문제가 발생하였으며, 이로 인해 미국의 경우 1940년 Brunn 판결 이후 실현주의는 다소 후퇴를 하기는 하였으나 여전히 상당한 영향력이 있는 것으로 평가되고 있다.[19]

이러한 실현주의의 영향이 가장 크게 나타나는 영역이 바로 손익의 귀속시기로서 '실현'의 개념을 그 귀속시기의 기준으로 삼고 있다. 이에 관한 대표적 사례가 1926년 미국의 US v. Anderson 사건이다.[20] 미국 연방대법원은 매년 탄약의 생산량에 따라 탄약생산업자에게 부과되는 munitions tax에 관하여 1916년에 발생한 것을 1917년에 납부한 경우 그것이 1916년도의 손금이 되는지가 쟁점이 된 사안에서, '비록 1916년 말까지 세금을 납부하지는 않았지만 세금의 금액을 확정하고 납세의무자에게 그런 채무가 있음을 확정함에 필요한 모든 요건이 충족되었다'라는 이유로 그 세금은 1916년의 손금이 된다고 판시하였다. 위 판결 이래로 '실현'의 개념을 '돈을 받을 권리의 확정'과 '소득금액의 예측가능성'으로 구성된다는 이론으로 정형화되었다. 세법에서 택하고 있는 이러한 실현의 개념은 경제적 의미의 소득개념과 어울리지 못함에도 불구하고 여전히 영향력을 발휘하는 이유는 경제적 의미의 소득개념에 충실하여 미실현이득에 대하여 과세하게 되면 그 평가의 객관성을 확보하기 어려운 데다가 납세자에게 현실적인 지불능력이 없는데도 과세하게 된다는 문제가 있다는 점에 대한 반성적 고려 때문이라고 할 수 있겠다.

---

18) 252 US 189, 1920.
19) Marvin Chirelstein, Federal Income Taxation, west Group
20) US v. Anderson, 269 US 422, 1926.

(2) 권리주장의 원칙(Claim of Rights Doctrine)

권리의무확정주의의 핵심적 요소를 '실현'으로 보는 주류적 입장에 대하여도 약간의 변형이 오기 시작했는데, 그 계기가 된 것이 1932년의 North American Oil Consolidated v. Burnett 판결에서 나타난 권리주장의 원칙(claim of rights doctrine)이다. 이 원칙에 따르면, 일정한 금원을 받을 권리가 있다고 주장하면서 실제로 그 금원을 받은 때에는 아직 권리가 확정되지 않았더라도 과세시기에 이른다는 원칙을 말한다.

위 사건에서, 납세자는 어떤 토지의 소유자로 행세하고 있었으나 1916년 국가가 소유권을 주장하며 토지명도소송을 제기하였고, 소송이 진행되는 사이에는 법원이 임명한 관리인이 토지임대료를 받아 관리하였다. 1917년 국가가 제1심에서 패소하자 관리인은 1916년분을 포함한 임대료를 납세자에게 지급하였다. 그 뒤 1920년에는 항소법원이, 1922년에는 대법원이 국가 패소판결을 내려 납세자의 권리는 확정되었다. 쟁점은 1916년분 임대료의 과세시기인데, 가능한 과세시기로는 임대료 청구의 기초가 된 1916년, 실제로 돈을 받은 1917년, 돈 받을 권리가 확정된 1922년의 세 가지가 있다. 연방 대법원은 우선 1916년은 권리확정이라는 기준에 맞지 않으므로 과세시기가 못 된다고 판단한 다음, 권리확정 기준으로만 따진다면 1922년이 과세시기가 되겠지만, 권리주장의 원칙에 따라 다음과 같이 판시하면서 돈을 실제로 받은 1917년을 과세시기로 정하였다. 즉, '납세의무자가 수익을 받으면서 그에 대한 권리 있음을 주장하고 또 그의 처분에 아무런 제한이 없다면, 아직 돈을 받을 권리가 확정되지 않았고 원상회복의무를 지게 될 가능성이 있더라도, 그가 받은 소득은 신고대상이 되며, 만일 1922년에 국가가 승소하여 납세의무자가 1917년에 받은 이익을 내놓게 된다면, 납세의무자는 이를 1922년의 소득에서 공제할 수 있을 뿐 그 앞의 사업연도의 소득에서 공제할 수는 없다'는 것이다.

이러한 권리주장 원칙의 논거는 일반적으로 조세채권을 조기에 순조롭게 확보하자는 현실적 요청으로 이해되고 있다. 즉, 다툼이 있어 종국적인 권리의 확정에 영향을 미치는 우발적 상황이 완전히 해결될 때까지 과세시기를 기다리는 것이 보다 공평하다고 볼 수 있겠지만, 이러한 과세시기의 이연(postponement)은 납세자가 세금을 내기 전에 지급불능이 될 위험을 국가가 떠안아야 한다는 점 및 소득이 발생했다고 볼 수 있는 '확정(certainty)'의 적정한 수준을 판단해야 하는 임무가 과세행정상 부담이 될 수 있다는 점에서 과세당국은 즉시 과세하는 것(immediate taxation)이 합리적이라고 할 수 있다는 것이다.[21]

그런데 이러한 권리주장의 원칙을 고수하게 되면, 나중에 확정판결에서 납세자가 패

---

21) Chirelstein, 앞의 책

소하여 이미 받은 수익을 돌려주어야 하는 경우에는 납세자에게 지나치게 가혹한 결과가 생길 수 있다. 이러한 가혹한 결과는 1951년 US v. Lewis 판결에서 쟁점으로 나타났는데, 여기서 납세자는 1944년에 상여금 22,000달러를 받아서 소득세 신고를 하였으나, 1946년에 주법원 판결로 이 중 11,000달러를 회사에 돌려주게 되자 납세자는 이 금액을 1944년 소득에서 감액해야 한다고 주장하였다. 그러나 대법원은 위에서 본 North American Oil Consolidated v. Burnett 판결의 취지에 따라 상여금 총액 22,000달러는 모두 1944년도 소득에 해당한다고 하면서, '권리주장의 원칙은 조세제도에 뿌리내린 최종적인 원칙이고 납세자가 그의 주장의 유효성에 대하여 실수가 있었다는 이유만으로 예외가 인정될 수 없다.'고 판시하였다.

이러한 판결의 입장에 따를 경우 납세자에게 종국적으로 소득이 없음에도 소득세가 과세되는 가혹한 결과가 생기므로 그에 대한 문제의식에서 1954년 내국세입법 개정시에 제1341조가 신설되어, 권리주장의 원칙에 따라 어느 과세연도의 소득에 포함되었으나 나중의 과세연도에 납세자가 그 소득을 일부 상실한 것으로 밝혀진 경우 나중의 과세연도에 대한 세금은, (a) 감소된 소득금액을 나중의 과세연도에 공제하여 계산한 세액과 (b) 앞선 과세연도의 소득에서 제외되었으면 감소하였을 앞선 과세연도의 세액을 나중 과세연도의 세액에서 공제한 금액 중 적은 금액으로 정하는 것으로 규정하였다. 즉, 위 신설규정은 제1341조는 연방대법원 판례가 확립한 권리주장의 원칙을 훼손하지 않으면서 이 원칙에 따라 발생할 수 있는 납세자의 불이익을 입법적으로 해결한 것으로 평가할 수 있다.[22]

라. 일본에서의 논의

일본에서도 권리의무확정주의가 세법에서의 일반적인 소득인식의 기준이 되고 있다. 그러나 미국의 권리주장의 원칙과 유사한 맥락에서 일본의 판례는 권리확정주의라는 법적기준에 대한 중대한 예외로써 관리지배기준을 적용하는 경우가 있다. 즉, 권리의 확정이라는 법적 기준으로 모든 경우를 규율하는 것은 타당하지 않고, 경우에 따라서는 이득이 납세자의 지배하에 들어간다고 하는 의미에서의 '관리지배기준'을 적용하는 것이 타당한 경우도 있다는 주장이다.

일본 최고재판소 판결(昭和 53年 2月 24日 民集 132卷 1号 43頁)이 대표적인 사례이다. 임대료의 증액청구소송을 제기한 경우에 있어서 가집행선고부 하급심 판결에 기해서 재판이 확정된 연도보다도 앞선 연도에 증액분 임료를 지급받은 경우에도 관리지배기준을 적용

---

22) Chirelstein, 앞의 책

해야 한다는 것이었는데, 구체적 내용은 다음과 같다.[23)]

원고는 A에게 토지를 임대하던 중 1955년 8월 A에 대하여 동년 9월부터 임대료를 증액키로 하는 뜻의 의사표시를 한 후, 이에 기해서 1957년 1월 A를 피고로 임대료 청구의 소를 제기하고 동년 10월에 임대료 미납을 이유로 해당 임대차 계약을 해지하는 의사표시를 함과 동시에 이를 원인으로 하는 건물철거·토지명도 및 임대료 상당의 손해배상을 구하는 소를 제기하였다. 1심 법원은 1960년 원고 승소 판결을 선고하였고, 이어 1962년에 항소심 재판부는 A의 항소를 기각하면서 1심과 마찬가지로 담보제공을 조건으로 가집행선고를 내렸으며, 1965년에는 A의 상고가 기각되어 최종 확정되었다. 한편, 원고는 항고심 계속 중인 1962년 가집행선고부 항소심 판결에 기해 A가 공탁하고 있던 보증금과 그 이자의 반환을 청구하는 압류·전부명령을 얻어서 같은 해에 지급받고 또한 A의 재산에 대한 압류를 계기로 몇 회에 걸쳐 같은 해에 금원을 수령하였다. 이에 대하여 과세관청은 원고가 위 금원을 수령한 1962년의 수입금액으로 보아 과세하자 원고가 이에 불복하여 소송을 제기하였는데, 쟁점은 원고가 수령한 위 금원이 어느 해의 소득인지 여부였다.

제1심 법원은, 비록 하급심의 가집행선고부 판결만으로 권리가 확정되었다고 볼 수는 없지만, 본 건과 같이 원고의 청구에 대응해서 '현실의 지급이 있는 경우는 과세대상이 되어야 할 경제적 이익을 향수하는 것이 확실하고, 또한 담세력을 결하는 경우는 아니므로, 현실의 지불 시점을 취해 수입할 권리가 확정되었다고 인정하는 것이 가능하다고 판시하였다. 하지만 항소심은 제1심과 반대로 전통적인 권리확정주의의 입장에서 과세관청의 처분을 취소하는 판결을 하였다.

그러나 최고재판소는, 우선 소득의 수입시기에 관한 일반원칙으로서의 권리확정주의를 확인한 다음, '소득세법이 소위 권리확정주의를 채용하는 취지는 과세에 있어서 현실수입이 있을 때까지 과세하지 못한다면 이는 납세자의 자의를 허락하여 과세의 공평을 기하기 어렵다는 징세정책상의 기술적 견지로부터 수입의 원인이 되는 권리가 확정된 시기에 과세하는 데에 있다는 점에 비추어보면, 증액임료채권 또는 계약해제 후의 임료 상당의 손해배상청구권에 대해서 아직 다툼이 진행 중이더라도 그것에 대해 이미 금원을 수입하고 소득의 실현이 있었다고 보는 것이 가능한 상태가 생긴 때에는, 그 시기가 속하는 연도의 수입금액으로 해서 소득을 계산해야 하는 것은 당연하고 이러한 이유는 가집행선고에 기한 급부로서 금원을 취득한 경우에 대해서도 적합하다.'고 판단하여, 항소심 판결을 취소하였다.

한편, 이자제한법 소정의 제한을 초과하는 이자손해금과 같이 사법상 무효인 채권의

---

23) 植松守雄, 賃料増額請求, 租稅判例百選(制3版), 有斐覺, 1992.

경우에는 약정의 변제기가 도래해도 법적 수단으로 제소해서 그 이행을 구하는 것이 가능하지 않으므로 관리지배기준을 적용해서 변제에 의해서 그것이 납세자의 지배하에 들어온 때부터 소득으로 실현한다고 해석한다.[24] 다만, 관리지배기준은 조세법률관계를 불안정하게 할 우려가 있으므로 그 적용범위를 함부로 확대하지 않도록 주의할 필요가 있다는 지적이 있다.[25]

마. 우리 대법원의 입장

(1) 권리의무확정주의를 취한 사례

권리의무확정주의에 관한 종래 우리 대법원의 대표적인 판결로는 대법원 1988. 9. 27. 선고 87누407 판결이 있다. 판시 내용은 다음과 같다. 소득이 발생하였다고 하기 위하여는 소득이 현실적으로 실현될 것까지는 필요없다 하더라도 적어도 소득이 발생할 권리가 그 실현의 가능성에 있어 상당히 높은 정도로 성숙·확정되어야 한다고 하면서, 소득의 지급자와 수급자 사이에 채권의 존부 또는 그 범위에 관하여 다툼이 있어 소송으로 나아간 경우에 그와 같은 분쟁이 사안의 성질상 명백히 부당하다고 할 수 없는 경우라면 수익이 확정되었다고 할 수 없고, 또 그 소송에서 가집행선고부의 수급자 승소판결이 선고되어 지급자가 불복상소한 후에 지급된 금원은 그것이 전적으로 임의변제라고 인정할 만한 특별한 사정이 없는 한 민사소송법 제201조 제2항의 '가집행선고로 인한 지급물'에 해당한다고 해석해야 할 것이므로 그 금원 지급은 확정적인 것이 아니고, 상소심에서 그 가집행선고 또는 본안판결이 취소되는 것을 해제조건으로 하는 잠정적인 것에 지나지 아니하므로 이를 원천징수의무가 발생하는 소득금액의 지급이라 할 수 없다고 판시하였다.

같은 취지에서, 대법원 1997. 6. 13. 선고 96누19154 판결도, 변호사인 원고가 A종중으로부터 소송사건을 수임하면서 승소확정시 소송 목적물의 일부를 성공보수로 받기로 하여 소송사무를 수행한 결과 1993. 5. 11. A종중의 승소판결이 확정된 사실 및 원고의 보수금 채권의 존부에 관하여 A종중과의 사이에 다툼이 생겨 소송으로까지 나아간 끝에 그에 관한 판결이 1995. 2. 19. 확정된 사실을 인정한 다음, 원고의 보수금 채권에 관한 분쟁이 그 경위 등에 비추어 원고에게 책임을 돌려야 할 명백히 부당한 것이라고는 보이지 아니하므로 보수금 채권에 관한 판결이 확정된 때에 원고의 권리가 확정되었다고 판단하였다.

위 사안은 변호사가 의뢰받은 원래의 사건에 대한 용역제공은 승소판결 확정으로 끝

---

24) 最判 昭和 46年 11月 9日 民集 25卷 8号 1120頁, 最判 昭和 47年 12月 22日 月報 19卷 6号 100頁
25) 金子宏, 앞의 책

났으나 보수금 채권의 존부에 관하여 변호사와 의뢰인 간에 다툼이 있어 소송이 진행 중인 경우에는 보수금에 관한 소송이 확정되어야 소득의 귀속이 있는 것이며, 원래 사건의 승소만으로 권리가 확정되었다고 볼 수 없다고 판단한 사안으로서 유사한 취지의 판결로는 대법원 1977. 12. 27. 선고 76누25 판결, 대법원 1982. 12. 14. 선고 82누180 판결, 대법원 1993. 4. 27. 선고 92누8934 판결 등이 있다. 대법원 2018. 9. 13. 선고 2017두56575 판결이, 약정에 따른 금원의 지급의무 전반에 관하여 다툼이 발생하여 민사소송이 제기되었고 이러한 분쟁이 그 경위나 사안의 성질 등에 비추어 명백히 부당하다고 볼 수 없는 이상, 그 약정만으로는 쟁점금액에 해당하는 소득의 실현가능성이 상당한 정도로 성숙·확정되었다고 보기 어렵고, 쟁점금액의 소득은 민사소송에서의 조정에 따라 확정되었다고 판시한 것도 같은 취지에 입각해 있다.

이들 판결은 소득의 귀속시기에 관하여 권리확정주의를 취하고 있는 것으로서 미국의 권리주장의 원칙이나 일본의 관리지배기준의 적용과는 거리를 두고 있는 대표적 판결들이며 이러한 판례의 태도는 현재까지 이어져 오고 있다.

한편, 대법원 2011. 9. 29. 선고 2009두11157 판결은, 보증보험업 등을 목적으로 하는 원고가 보험사고 발생으로 지급한 보증보험금을 손금에 산입한 다음 보험계약자 등에 대해 취득하는 구상채권은 취득한 사업연도에 익금산입하지 않고 실제로 회수한 사업연도에 익금 산입하는 방식으로 법인세 신고를 해 왔고 2005 사업연도에도 위와 같은 방법으로 법인세를 신고·납부하였는데, 이후 구상채권을 취득한 사업연도에 구상채권 중 과거 회수율을 기초로 장차 회수될 것으로 추정한 금액을 익금에 산입하고 회수불능이 확정되는 사업연도에 그 금액을 손금에 산입하는 방법으로 1999 내지 2004 사업연도의 소득금액 또는 결손금을 재산정하면 소득금액공제에 사용할 수 있는 이월결손금이 늘어나 2005 사업연도 과세표준 및 법인세가 감액되어야 한다는 취지의 경정청구를 하였으나, 과세관청이 이를 거부하는 처분을 한 사안에서, 원고가 보증보험금을 지급하고 보험계약자 등에 대해 취득하는 구상채권은 수익행위로 인하여 취득하는 채권이 아니라 보험금 비용의 지출과 동시에 비용 회수를 위해 민법 제441조 등에 따라 취득하는 채권에 불과하여 실질적인 자산가치를 평가하기 어려우므로 이를 취득한 사업연도에는 권리의 실현가능성이 성숙되었다고 보기 어려운 점, 구상채권 중 과거 회수율을 기초로 장차 회수될 것으로 추정한 금액 역시 추정치에 불과하여 구상채권을 취득한 사업연도에 그 금액만큼 권리의 실현가능성이 성숙되었다고 보기 어려운 점 등을 고려하면, 위 처분은 적법하다고 판시하였다. 권리의 실현가능성이 성숙되었는지 여부에 관한 판단의 기준이 될 만한 모범적인 판결이다.

(2) 권리의무확정주의를 완화한 사례

한편, 대법원 1983. 10. 25. 선고 81누136 판결은, 소득세법은 개인의 소득이라는 경제적 현상에 착안하여 담세력이 있다고 보여지는 것에 과세하려는데 그 근본취지가 있다 할 것이므로 과세소득은 이를 경제적 측면에서 보아 현실로 이득을 지배·관리하면서 이를 향수하고 있어 담세력이 있는 것으로 판단되면 족하고 그 소득을 얻게 된 원인관계에 대한 법률적 평가가 반드시 적법하고 유효한 것이어야 하는 것은 아니라 하면서, 원고의 소득이 범죄행위로 인한 위법소득에 해당된다 하더라도 원심 변론종결시까지도 원고의 위법소득에 대한 환원조치를 취하고 있지 않으니 이는 과세소득에서 제외시킬 수 없다고 판시하였다.

이 판결은 현실적으로 이득을 지배·관리하면 이에 대한 법률적 평가가 적법하지 않더라도 과세소득이 된다고 판단하여, 일명 '위법소득'에 대하여 권리확정주의의 예외를 인정한 것으로 볼 수 있다. 이 점에서 일본의 지배관리기준과 유사하며, 위법소득에 대하여 돈을 실제로 지배·관리하고 있다면 권리나 권리주장이 있는가를 따질 것 없이 과세해야 한다고 판시한 1961년 James v. US 판결 이후의 미국 판례의 태도와도 일치한다. 이 판례 이후 대법원은 위법소득에 대하여 법적 권리의 확정과 무관하게 현실적 지배·관리가 있으면 과세소득이 된다는 점을 일관되게 견지하고 있다. 대법원 1985. 5. 28. 선고 83누123 판결, 대법원 1985. 7. 23. 선고 85누323 판결, 대법원 1997. 12. 26. 선고 97누4456 판결 등이 그와 같은 취지이다.

그리고 대법원 1998. 6. 9. 선고 97누19144 판결은, 소득세법상 소득의 귀속시기를 정하는 원칙인 권리확정주의란, 과세상 소득이 실현된 때가 아닌, 권리가 발생한 때에 소득이 있는 것으로 보고 당해연도의 소득을 산정하는 것으로서, 실질적으로는 불확실한 소득에 대하여 장래 실현될 것을 전제로 하여 미리 과세하는 것을 허용하는 원칙이기는 하나, 그와 같은 권리확정주의에서 '확정'의 개념은 소득의 귀속시기에 관한 예외 없는 일반원칙으로 단정하여서는 아니되고, 구체적인 사안에 관하여 소득에 대한 관리·지배와 발생소득의 객관화 정도, 납세자금의 확보시기 등까지도 함께 고려하여 그 소득의 실현 가능성이 상당히 높은 정도로 성숙·확정되었는지 여부를 기준으로 귀속시기를 판단하여야 한다고 하면서, 국내의 수입 오퍼상이 해외 수출업자를 위하여 물품매도확약서의 발행용역을 제공하고 받는 수수료의 수입시기가 쟁점인 사건에서, 물품매도확약서 발행에 따른 신용장개설일로부터 선적일까지는 2~3개월이 걸리고, 수수료의 실제 수령은 통상 9개월 이상의 기간이 소요되는 상황에서, 현금의 수령시기가 아닌 선적일에 권리가 확정된다고 판단하였다. 이와 같이 대법원은 '확정'의 개념을 소득의 귀속시기에 관한 예외 없는 일반원칙으로 단정하지 않고 구체적인 사안에 따라 개별적으로 판단하여 그 소득의 실현가능성이 상당히 높은 정도로 성숙·확정되었는지 여부를 판단해야 한다는 법리를 설시하고 있다. 대법원 1993. 6. 22. 선고 91누8180 판결, 대법원 1997. 6. 13. 선고 96누19154 판결도 같은 취지이다.

대법원 2011. 6. 24. 선고 2008두20871 판결도 권리의무확정주의의 원칙을 완화한 사례로 평가될 수 있다. 원고가 A에 대한 대여금 18억 원과 그 이자를 회수하지 못하고 있던 중 연대채무자인 B를 상대로 대여원리금의 청구소송을 제기하여 원고의 청구를 인용하는 제1심의 가집행선고부 승소판결을 받아 이를 집행권원으로 하여 2004. 11. 19. B의 부동산에 대한 강제집행절차에서 대여원리금 중 4억 6천만 원을 배당받았으며, 그중 5천만 원은 원금의 변제에, 나머지 4억 1천만 원은 이자의 변제에 각 충당되었다. 이에 대하여 원심은 원고가 받은 배당금은 원고가 임시로 보관하는 것이 아니라 그 배당받은 날에 원고의 소유로 귀속되어 원고가 임의로 처분할 수 있는 것이며, 가령 그 후의 상소심에서 제1심의 가집행선고부 승소판결이 취소되는 경우가 생긴다고 하더라도 그 배당의 효력이 부인되는 것이 아니라 부당이득반환 의무만 발생할 뿐이라는 이유로 쟁점배당금에 의한 이자소득 4억 1천만 원의 수입시기는 구 소득세법 제45조 제9호의2 단서에 의하여 쟁점배당금을 받은 날이 속하는 2004년도라고 판단하면서, 이와 달리 그 이자소득의 수입시기를 대여원리금 청구소송의 상고심에서 B의 상고가 기각되어 쟁점배당금이 원고에게 확정적으로 귀속된 2005년도로 보아야 한다는 원고 주장을 배척하였다.

이에 관하여 대법원은, 소득세법상 이자소득의 귀속시기는 당해 이자소득에 대한 관리·지배와 이자소득의 객관화 정도, 납세자금의 확보시기 등을 함께 고려하여 그 이자소득의 실현가능성이 상당히 높은 정도로 성숙·확정되었는지 여부를 기준으로 판단하여야 하는 점, 납세자가 가집행선고부 승소판결에 의한 배당금의 수령에 관하여 이자소득세 등을 과세당한 후 상소심에서 그 판결이 취소되어 배당금을 반환하는 경우가 발생하더라도 국세기본법 제45조의2 제2항에 의하여 그 이자소득세 등에 대한 경정청구를 함으로써 구제를 받을 수 있는 점 등에 비추어 보면, 이 사건 이자소득의 수입시기에 관한 원심의 판단은 정당한 것으로 수긍할 수 있다고 판시하였다.

이 사안에서 대법원은 권리의무확정주의 원칙에 관한 종전의 법리를 그대로 인용하고 있어 그 원칙에 따른 것으로 볼 수도 있으나 그 속을 들여다보면 미국의 권리주장의 원칙이나 일본의 관리지배기준을 적용한 것으로 평가될 수 있다. 원고가 관련 민사사건에서 원리금에 관한 주장을 하는 한편, 그러한 권리에 해당하는 금원을 현실적으로 지배·관리하였으므로 그 배당금의 수령시기에 과세할 수 있다는 결론이기 때문이다. 비록 사후에 상급심에서 제1심의 판결이 파기될 가능성이 있지만 이는 후발적 경정청구를 통해서 해결할 수 있고, 실제로 배당금을 수령한 이상 현실적인 담세력을 갖추었다고 할 수 있으므로 대법원 판결과 같이 그 수령시점에 과세하여야 한다고 하는 것이 응능부담의 원칙과 공평과세의 원칙에 부합한다.

같은 취지에서, 대법원 2024. 11. 20. 선고 2022두47629 판결도, 수급자가 가집행선고부 승소판결에 의하여 지급자로부터 실제로 금전을 수령하였다면, 비록 아직 그 본안판결이 확정되지 않았더라도 특별한 사정이 없는 한 법인세법상 소득의 실현가능성은 상당히 높은 정도로 성숙·확정된다고 하면서, 원고가 가집행선고부 승소판결에 따라 서울특별시로부터 2010. 7. 19. 수용보상금을 수령한 이상 그 소득의 실현가능성이 상당히 높은 정도로 성숙·확정되었다고 볼 수 있으므로, 그 수용보상금은 2010 사업연도의 익금에 산입하여야 한다고 판시하였다.

(3) 판결에 대한 평가

우리나라의 판례는 소득의 귀속시기에 있어서 법인세법과 소득세법에서 말하는 확정의 의미를 '소득이 발생할 권리가 그 실현의 가능성에 있어 상당히 높은 정도로 성숙·확정되어야 할 것'이라고 함으로써 기본적으로 미국과 일본에서의 '권리확정주의'를 받아들인 것으로 볼 수 있다. 그러나 구체적인 경우에 있어서 확정의 시기를 정하는 일률적인 기준을 적용하는 것을 배제하면서 구체적인 사안에 따라 소득에 대한 관리·지배와 발생소득의 객관화 정도, 납세자금의 확보시기 등까지도 함께 고려하여 그 소득의 실현 가능성이 상당히 높은 정도로 성숙·확정되었는지 여부를 기준으로 판단하여야 한다는 점을 밝히고 있다는 점에 주목해야 한다. 이는 과세에 있어서의 구체적 타당성을 확보하기 위한 노력의 일환으로 볼 수 있다.

그리고 우리나라의 판례는 권리의무확정주의에서 나아가 미국의 권리주장의 원칙이나 일본의 관리지배기준을 부분적으로 받아들이고 있다는 점은 바람직한 태도라고 할 수 있다. 권리의무확정주의라는 하나의 잣대만으로 다양한 소득의 귀속시기를 일률적으로 정하는 데는 무리가 따르기 때문에 개별 사안에 따라 구체적 타당성을 확보하기 위하여 약간의 변형된 형태인 권리주장의 원칙이나 관리지배의 기준을 적용하는 것이다. 이러한 원칙들은 권리의무확정주의에 대립되는 기준이 아니라 권리의무확정주의를 보완하는 기준으로 볼 수 있고, 대법원 2011. 6. 24. 선고 2008두20871 판결이나 대법원 2024. 11. 20. 선고 2022두47629 판결도 그와 같은 입장에 있다고 할 수 있다. 이러한 기준들은 소득의 귀속시기를 현실적인 실현의 시기보다 앞당김으로써 납세자에게 불리한 결과를 초래하는 것이므로 그 적용에 있어서는 신중을 기할 필요가 있다.

2. 수익비용대응의 원칙

가. 개요

앞에서 살펴본 권리의무확정주의는 권리와 의무가 확정된 때에 그에 관한 익금과 손금을 인식한다는 원칙이지만 주로 권리 확정주의에 관하여 논의되고 의무확정주의는 소홀히 다루어지는 경향이 있다. 이는 익금은 손금과 별도로 독자적인 지위에 있어 그 귀속시기도 독자적으로 정해질 수 있지만, 손금의 경우는 익금과 별도의 독자적인 지위를 가지는 것이 아니라 익금에 종속되는 관계에 있어 그 귀속시기도 독자적으로 정해질 수 없는 한계가 있기 때문이다. 이와 같은 손금의 익금에 대한 종속적인 관계에서 그 귀속시기를 정할 때 등장하는 원칙이 수익비용대응의 원칙이다. 수익비용대응의 원칙이란 원래 회계에서 먼저 등장한 개념인데, 기간손익을 정확하게 파악하기 위하여 수익과 그 수익의 발생에 들어간 비용을 동일한 회계연도에 계상하여야 한다는 원칙이다. 이러한 원칙이 손금의 귀속시기를 정하기 위하여 세법의 영역에 도입되었다.

소득세법은 제27조 제1항은 이러한 수익비용대응의 원칙을 명시적으로 규정하고 있다. 즉, 사업소득금액을 계산할 때 필요경비에 산입할 금액은 해당 과세기간의 총수입금액에 대응하는 비용으로서 일반적으로 용인되는 통상적인 것의 합계액으로 한다는 것이다. 위 규정의 문언에는 손금의 일반적 요건도 함께 언급하고 있지만 수익비용대응의 원칙을 선언하고 있다. 그러나 법인세법에는 위와 같은 명시적인 규정이 없다. 다만, 단편적으로 법인세법 시행령 제68조 제2항에서 장기할부조건 판매나 양도의 경우 해당 사업연도에 회수하였거나 회수할 금액과 이에 대응하는 비용을 수익과 비용으로 계상한 경우를 이를 각각 당해 사업연도의 익금과 손금에 산입한다고 규정하고 있다.

이러한 법인세법의 태도는 입법의 공백이나 불비로 비춰질 수 있다. 그런데 법인세법 제43조는 내국법인의 각 사업연도의 소득금액을 계산할 때 그 법인이 익금과 손금의 귀속 사업연도 등에 관하여 일반적으로 공정·타당하다고 인정되는 기업회계기준을 적용하거나 관행을 계속 적용하여 온 경우에는 법인세법 등에서 특별히 달리 규정하고 있는 경우를 제외하고는 그 기업회계의 기준 또는 관행에 따른다고 규정하고 있다. 이 규정은 법인이 당해연도의 수익에 대응하는 비용을 당해연도의 비용으로 회계처리한 경우에 그 비용을 당해연도의 손금에 산입한다는 것으로서 법인이 그와 같은 회계처리를 하지 아니한 경우에는 수익비용대응의 원칙을 적용하기가 곤란해 보인다. 그래서 입법의 불비는 여전히 해소되지 않는다고 하겠다. 특히 법인세법은 손금의 귀속시기에 관하여도 법인세법 제40조에서 손금에 관한 의무의 확정주의를 채택하고 있고 이러한 의무확정주의는 수익비용대응의 원칙과 충돌할 여지가 있으므로 입법의 보완에 의하여 해결하는 것이 바람직하다.

비용은 제품원가나 감가상각비와 같이 특정 수익과 직접적 또는 개별적 관련성이 있는 직접 비용과 판매비나 일반관리비와 같이 그렇지 않은 간접 비용으로 구분할 수 있는데, 일반적인 의미의 수익비용대응의 원칙은 전자의 직접비용에 관하여 적용되는 것으로 이해되고 있다. 이러한 수익과 직접비용 간의 대응을 직접대응 또는 제품대응이라고 한다. 후자의 간접 비용에 대해서는 앞서 본 바와 같이 발생주의, 실현주의, 현금주의 등 다른 기준이 적용되는데, 이러한 비용의 경우에도 장기간에 걸쳐서 보면 궁극적으로 실현된 총 수익의 획득에 간접적으로 기여한 것이므로 수익에 간접적으로 또는 기간에 걸쳐서 대응하는 비용이라고 할 수 있다. 이러한 양자 간의 관계는 간접대응 또는 기간대응이라고 부르는데, 수익비용대응의 원칙을 광의로 이해할 때는 이러한 간접대응을 포함한다.[26]

나. 의무확정주의와의 관계

권리의무확정주의의 한 축인 의무확정주의는 손금의 귀속시기에 관하여 실현주의를 세법의 영역에서 재구성한 것으로 볼 수 있다. 따라서 의무확정주의에 따라 손금의 원인이 되는 의무를 현실적으로 이행하지 아니하였다고 하더라도 그 의무를 이행하여야 할 가능성에 있어서 상당히 높은 정도로 성숙·확정되어 있다면 그때에 손금산입해야 한다. 그런데 이러한 의무확정주의에 의한 손금산입의 시기와 수익비용대응의 원칙에 따른 손금산입의 시기가 항상 일치하는 것은 아니다. 수익비용대응의 원칙에 따르면 익금의 원인이 되는 권리가 확정된 시기에 그 익금을 과세표준에 산입하면서 그에 대응하는 손금도 같은 시기에 과세표준에 산입해야 하지만 그 손금의 산입시기가 그 원인이 되는 의무의 확정시기와 일치한다는 보장이 없기 때문이다. 그래서 이 두 가지 원칙을 어떻게 조화롭게 적용할 것인지가 문제가 되고 있다.

일반적으로는 이 문제에 관한 해결책으로 직접비용의 경우에는 의무확정주의에 우선하여 수익비용대응의 원칙을 적용하고, 간접비용의 경우에는 의무확정주의를 적용하는 방안이 제시되고 있고, 이것이 통설적 지위를 차지하고 있다.[27] 따라서 수익비용대응의 원칙이 적용되는 직접비용의 경우에는 수익의 실현시기에 손금에 산입되므로, 채무의 확정은 문제될 것이 없고 오로지 금액의 문제 즉, 수익에 대응하는 원가가 얼마인가 하는 '금액을 특정하는 문제'만이 남게 되며, 권리확정주의에 대응하는 의무확정주의는 이러한 수익비용대응의 원칙이 적용되지 않는 간접비용의 경우에만 적용된다.

---

26) 이태로·한만수, 앞의 책
27) 한만수, 이태로, 임승순, 이창희

다. 대법원 판례 분석

대법원 2011. 1. 27. 선고 2008두12320 판결은, 원고가 판매원들과 상품판매계약을 체결하고 계약금을 수령하면 이를 선수금으로 회계처리하였다가 판매원들에게 상품을 인도할 때 매출로 인식하였으며, 원고의 '마케팅 플랜' 등에는 매출이익이나 매출액의 일정 비율을 판매원들에게 판매수수료로 지급하도록 약정되어 있으나, 실제로 원고는 계약금만을 수령하고 아직 상품의 인도가 이루어지지 아니하여 매출이 실현되지 않은 상태에서 판매원들에게 계약금을 기준으로 매월 판매수수료를 지급하고 이를 비용으로 계상한 사안에서, 원고가 판매원들로부터 수령한 계약금은 상품이 인도된 때에 매출로 인식하면서도 판매수수료는 상품이 인도된 때가 아니라 계약금을 수령한 때에 비용으로 먼저 계상함으로써 수익과 비용이 대응되지 아니하였다는 이유로, 원고가 판매원들에게 계약금을 기준으로 지급한 판매수수료 중 매출 미실현분에 대한 부분을 선급비용으로 보고 손금불산입한 피고의 조치는 적법하고, 권리의무확정주의 및 수익비용대응의 원칙에 반하지 않는다고 판시하였다.

위 판결에서 대법원은, 다단계판매 및 방문판매업의 특성에 비추어 볼 때 원고가 판매원들에게 지급하는 판매수수료와 후원수당은 매출원가 또는 그에 준하는 것으로서 직접비용에 해당한다고 보고, 따라서 위 판매수수료 등의 지급채무가 매출의 실현시기 이전에 확정되었다고 하더라도, 위 판매수수료 등은 수익비용대응의 원칙에 따라 매출의 실현시기에 손금으로 산입되어야 한다고 본 것이다. 이 사안에서 의무확정주의와 수익비용대응의 원칙이 충돌될 수 있는 상황에 있었고, 여기서 대법원은 직접비용의 경우 후자의 원칙이 우선 적용되어야 한다는 통설의 입장을 취한 것으로 평가할 수 있겠다.

비슷한 취지에서, 대법원 1990. 8. 28. 선고 89누5744 판결은, 원고가 할부판매원과의 사이에 근로계약을 맺거나 고정급을 지급함이 없이, 다만 그 판매원이 고객과 할부매매계약을 체결하고 그 대금을 수령하여 입금하면 판매단가에 따라 판매수수료를 지급하여 온 사안에서, 원고의 매출수익과 판매수수료는 그 발생원인이 동일하다고 할 것이므로 그 판매수수료는 매출원가에 준하는 비용으로서 개별대응의 원칙에 따라 회계처리하여야 한다고 하면서, 한 사업연도의 판매수수료 중 당해 사업연도 회수기일 미도래 할부매출액에 대응하는 부분을 안분계산하여 그 사업연도의 손금에서 제외한 것은 정당하다고 판시하였다.

이 사안에서는, 당시 법인세법 제17조 제6항이 '내국법인이 대통령령이 정하는 장기할부조건으로 자산을 판매하거나 양도함으로써 생기는 익금과 손금의 귀속사업연도는 그 할부조건에 따라 당해 사업연도 및 그 후의 사업연도에 있어서 각 사업연도에 회수하였거나 회수할 판매 또는 양도금액과 이에 대응하는 비용을 해당 사업연도의 익금과 손금에 각각 산입한다'고 규정함으로써 당해 법인이 어떻게 회계처리하였는지에 관계 없이 수익비용대응의 원칙을 적용할 수 있었기 때문에 좀 더 손쉽게 그 원칙을 적용할 수 있었다. 하지만 위 규정에 대응하는 현행 법인세법 시행령 제68조 제2항에서는 앞서 본 바와 같이 당해 법인이 수익비용대응의 원칙에 따라 회계처리한 경우에 그에 따라 손금산입시기를 정할 수 있다고 규정하고 있어서 그 문언에 엄격히 따른다면 수익비용대응의 원칙의 적용범위가 좁아질 수밖에 없다. 그러나 앞서 본 대법원 2011. 1. 27. 선고 2008두12320 판결에서는 당해 법인이 수익비용대응의 원칙에 따른 회계처리를 하지 아니하였다고 하더라도 직접비용의 경우 그 원칙에 따라 손금산입시기가 정해져야 한다고 판시함으로써 입법의 공백을 법해석을 통해 보완하였다고 할 수 있다.

한편, 대법원 2012. 11. 15. 선고 2012두16282 판결은, 원고들이 상가의 소유권을 보유하면서 그 영구적인 사용권만을 수분양자들에게 양도한 것일 뿐 그 소유권을 처분한 것으로 볼 수는 없으므로, 상가의 취득가액 자체가 그 수입에 대응하는 비용이 될 수는 없고 상가의 내용연수에 따라 계상하는 감가상각비만을 비용으로 처리할 수 있다고 판단하였다. 감가상각비는 간접비용이므로 수익비용대응의 원칙이 적용될 수 없고 비용배분의 문제만 있다.

간접비용의 성격이어서 수익비용대응의 원칙을 고려하지 않고 의무확정주의 기준만 적용하여 손금산입 여부를 판단한 최근 사례가 있다. 대법원 2023. 4. 27. 선고 2018두62928 판결이다.

원고 신용협동조합중앙회는 감독당국의 인가를 받은 공제규정에 따라 2000 사업연도부터 2006 사업연도까지 계약자배당준비금으로 220억 원을 적립하였다. 그 후 2007년 말 위 공제규정이 개정되어 계약자배당준비금과 계약자이익배당준비금으로 구분하면서 개정 전 계약자준비금은 계약자이익배당준비금으로 계상하도록 규정하였다. 이에 따라 원고는 2000 사업연도부터 2006 사업연도까지 적립한 계약자배당준비금 210억 원을 2007 사업연도 결산시 환입하여 계약자이익배당준비금으로 적립하였다가 2009 내지 2011 사업연도에 다시 환입하여 계약자배당준비금(쟁점 적립금)으로 적립하면서 위 각 사업연도의 손금에 산입하였으나 과세관청은 이를 부인하였다. 이에 대하여 원심법원은 쟁점 적립금은 당초 계약자배당준비금으로 적립된 2000 내지 2006 사업연도 손금산입 대상에 해당하므로 그 환입에 대한 익금산입 없이 이를 이후 사업연도에 다시 계약자배당준비금으로 적립하면서 손금에 산입할 수 없다고 보아 원고 청구를 기각하였다.

그러나 대법원은, 법인세는 기간과세로서 사업연도에 따라 과세단위가 구분되므로 2009 사업연도부터 2011 사업연도까지의 법인세를 계산할 때 위 각 사업연도의 계약자

배당준비금 적립액이 손금산입의 대상이 될 수 있는지 여부는 해당 사업연도의 소득금액 계산에 적용되는 법인세법령이 정한 손금산입의 요건을 갖추었는지를 기준으로 판단하여야 한다고 전제하고, 원고가 개정 공제규정에 따라 계약자이익배당준비금으로 적립되어 있던 것을 2009 내지 2011 사업연도 결산시 환입하여 계약자배당준비금으로 적립하면서 위 각 사업연도의 손금으로 계상한 이상, 쟁점 적립금이 당초 계약자배당준비금으로 적립된 과거 사업연도의 손금산입 대상에 해당하는지 또는 그 환입액에 대한 익금산입이 필요한지 여부와 무관하게, 쟁점 적립금은 2009 내지 2011 사업연도의 소득금액을 계산할 때 손금산입의 대상이 된다고 판시하였다. 곁들여 원고는 2000 사업연도부터 2006 사업연도까지 계약자배당준비금을 적립한 시점과 개정 공제규정에 따라 위 준비금을 계약자이익배당준비금으로 계상한 시점에 모두 관련 적립액을 해당 사업연도의 손금에 산입하지 않았으므로 설령 쟁점 적립금이 2000 내지 2006 사업연도의 손금산입 대상에 해당한다 하더라도 그 환입액 역시 익금산입이 필요한 경우라고 보기 어렵다는 점도 지적해두었다.

　위 대법원 판결에서 나타나듯이, 법인세법은 기간과세원칙과 의무확정주의를 취하고 있으므로 그 의무가 확정된 사업연도에 손금요건을 갖추었으면 손금산입되어야 하고, 그 손금의 과거 원천이 과거의 사업연도에 적절하게 손금으로 처리되었는지 여부 등은 굳이 고려할 필요가 없다고 하겠다.

3. 작업진행률에 의한 익금과 손금의 귀속시기

가. 개요

　도급공사나 예약매출의 경우 그 완성물을 인도하기까지 장기간이 소요되기 때문에 권리의무확정주의를 그대로 적용하게 되면 그 완성물이 인도되기 전까지는 그에 관한 수익은 물론 비용도 전혀 과세표준에 반영하지 못하다가 그 완성물의 인도시에 한꺼번에 수익과 비용을 산입해야 한다. 이렇게 되면 완성물의 인도 전에도 장기간 동안 원가를 투입하였고 그것이 수익의 창출에 기여하였음에도 그 완성물 인도 전의 기간에 대하여는 이를 손익 계산에 전혀 반영할 수 없게 되어 기간손익의 왜곡이 발생하게 된다. 이러한 왜곡을 방지하기 위하여 도입한 것이 권리의무확정주의에 대한 예외로서 작업진행률에 의한 손익의 인식방법이다. 일찍이 기업회계기준에서 이러한 손익의 인식방법을 적용하여 왔고, 법인세법도 익금과 손금의 귀속시기를 정함에 있어 기업회계기준에서 적용하고 있는 작업진행률의 방식을 도입하였다.

법인세법 시행령 제69조 제1항은 법인세법 제40조 제1항의 손익의 귀속사업연도와 관련하여, 건설·제조 기타 용역(도급공사 및 예약매출을 포함하며, 이하 '건설 등'이라고 한다)의 제공으로 인한 익금과 손금은 그 목적물의 건설 등의 착수일이 속하는 사업연도부터 그 목적물의 인도일(용역제공의 경우에는 그 제공을 완료한 날을 말한다)이 속하는 사업연도까지 그 시행규칙이 정하는 바에 따라 그 목적물의 건설 등을 완료한 정도(이하 '작업진행률'이라고 한다)를 기준으로 하여 계산한 수익과 비용을 각각 해당 사업연도의 익금과 손금에 산입하도록 규정하고, 그 위임에 따른 법인세법 시행규칙 제34조는 제1항에서 작업진행률은 '해당 사업연도 말까지 발생한 총공사비누적액÷총공사예정비'의 산식에 의하여 계산하되, 건설 외의 경우에는 이를 준용하여 계산하도록 규정하며, 제3항에서 각 사업연도의 익금에 산입하는 금액은 계약금액에 작업진행률을 곱한 금액에서 직전 사업연도 말까지 익금에 산입한 금액을 뺀 금액으로 하고, 손금에 산입하는 금액은 당해 사업연도에 발생된 총비용으로 하도록 규정하고 있다.

위 규정에서 알 수 있듯이 작업진행률에 의하여 익금과 손금의 귀속시기를 정하는 방식은 익금의 귀속시기를 먼저 정한 다음 그에 대응하여 손금의 귀속시기를 정하는 일반적인 수익비용대응의 방식이 아니라 거꾸로 손금의 귀속시기를 먼저 정한 다음 그 손금에 대응하여 익금의 귀속시기를 정한다는 점에서 특수성을 지니고 있다. 즉, 작업진행률이란 익금을 기준으로 파악하는 것이 아니라 손금을 기준으로 파악하는 것으로서 총손금예정액 중 실제 발생한 손금액이 차지하는 비율을 말한다.

이와 같이 작업진행률은 원가에 의하여 산정하는 것을 원칙으로 하면서도 물량 등에 의하여 산정하는 것도 허용하고 있다. 즉, 법인세법 시행규칙 제34조 제1항 제1호는 그 단서에서 건설의 수익실현이 건설의 작업시간·작업일수 또는 기성공사의 면적이나 물량 등과 비례관계가 있고, 전체 작업시간 등에서 이미 투입되었거나 완성된 부분이 차지하는 비율을 객관적으로 산정할 수 있는 건설의 경우 그 비율로 할 수 있다고 규정하고 있다.

나. 발생주의에 의한 작업진행률의 산정

위에서 본 바와 같이 법인세법 시행규칙 제34조에서 작업진행률의 계산방법을 자세하게 규정하고 있는데 이는 기업회계기준의 방식을 거의 그대로 도입한 것으로 볼 수 있다. 기업회계기준에서는 작업진행률을 3가지 방식으로 결정할 수 있도록 규정하고 있는데(K-IFRS 제1011호 문단 30), 첫째는 수행한 공사에 대하여 발행한 누적계약원가를 추정총계약원가로 나눈 비율, 둘째는 수행한 공사의 측량, 셋째는 계약공사의 물리적 완성비율이다.

여기서 주목할 것은 법인세법에서든 기업회계기준이든 작업진행률 계산식에서 분자에 속하는 총공사비의 누적액이나 작업시간 등을 발생주의에 의하여 산정한다는 점이다. 법인세법 시행규칙 제34조 제1항 제1호는 작업진행률 산식의 분자 항목으로 '해당 사업연도 말까지 발생한 총공사비의 누적액'이라고 규정하고 있다. 그 문언에서 분명하게 나타나고 있듯이 지급의무가 확정된 총공사비의 누적액이 아니라 발생한 총공사비의 누적액이므로 권리의무확정주의를 따른 것이 아니라 발생주의를 따른 것임을 알 수 있다. 이는 작업시간 등의 비율에서 더 분명하게 나타난다. 작업시간, 작업일수 또는 기성공사의 면적이나 물량 등의 비율로 작업진행률을 계산할 때 그 산식의 분자 항목인 당해 사업연도 말까지의 작업시간, 작업일수 또는 기성공사의 면적이나 물량은 당연히 발생주의에 의하여 집계할 수밖에 없다. 이 경우는 가액기준이 아니라 작업시간 등의 물량 기준이기 때문에 권리의무확정주의를 적용할 여지가 없는 것이다. 이와 같이 작업진행률을 산정함에 있어 총공사비의 비율과 작업시간 등의 비율을 등가관계에 두고 있기 때문에 작업시간 등의 비율을 발생주의에 의할 수밖에 없는 이상 총공사비도 발생주의에 의하여 파악하는 것은 당연한 귀결이라고 할 수 있다.

따라서 작업진행률에 의하여 익금과 손금의 귀속시기를 정하는 방식은 익금과 손금의 귀속시기를 정한 권리의무확정주의의 원칙에 대한 중대한 예외가 된다고 할 수 있다.

다. 작업진행률을 적용하지 않는 경우

작업진행률 적용의 예외사유에 관하여도 자세하게 규정하고 있다. 법인세법 시행령 제69조 제1항 단서는 다음 각 호의 어느 하나에 해당하는 경우에는 그 목적물의 인도일이 속하는 사업연도의 익금과 손금에 산입할 수 있다고 하면서, 그 제1호에서 중소기업인 법인이 수행하는 계약기간이 1년 미만인 건설의 경우를, 제2호에서 기업회계기준에 따라 그 목적물의 인도일이 속하는 사업연도의 수익과 비용으로 계상한 경우를 규정하고 있다. 그리고 제2항은 다음 각 호의 어느 하나에 해당하는 경우에는 그 목적물의 인도일이 속하는 사업연도의 익금과 손금에 각각 산입한다고 하면서, 그 제1호에서 작업진행률을 계산할 수 없다고 인정되는 경우로서 시행규칙이 정하는 경우를, 제2호에서 유동화전문회사 등으로서 국제회계기준을 적용하는 법인이 수행하는 예약매출의 경우를 규정하고 있다. 그리고 법인세법 시행규칙 제34조 제4항은 법인이 비치·기장한 장부가 없거나 비치·기장한 장부의 내용이 충분하지 아니하여 당해 사업연도 종료일까지 실제로 소요된 총공사비누적액 또는 작업시간 등을 확인할 수 없는 경우를 말한다고 규정하고 있다.

한편, 기업회계기준에서는 건설계약의 결과를 신뢰성 있게 추정할 수 있는 경우, 건설계약과 관련한 계약수익과 계약원가는 보고기간 말 현재 계약활동의 진행률을 기준으로 각각 수익과 비용으로 인식한다고 규정하고 있다(K-IFRS 제1011호 문단 22 및 일반기준 제16장 문단 16.39). 먼저 건설계약이 정액계약인 경우에 다음 각 호의 조건이 모두 충족된다면 건설계약의 결과를 신뢰성 있게 추정할 수 있다고 하면서(K-IFRS 제1011호 문단 23 및 일반기준 제16장 문단 16.41), 제1호에서 총계약수익을 신뢰성 있게 측정할 수 있을 것, 제2호에서 계약과 관련된 경제적 효익이 건설사업자에게 유입될 가능성이 높을 것, 제3호에서 계약을 완료하는 데 필요한 계약원가와 보고기간 말 현재의 계약진행률을 신뢰성 있게 측정할 수 있을 것, 제4호에서 특정 계약에 귀속될 수 있는 계약원가를 명확히 식별할 수 있고 신뢰성 있게 측정할 수 있어 실제 발생한 계약원가를 이전 추정치와 비교할 수 있을 것을 규정하고 있다. 다음으로 건설계약이 원가보상계약인 경우에 다음의 각 호의 조건이 모두 충족된다면 건설계약의 결과를 신뢰성 있게 추정할 수 있다고 하면서(K-IFRS 제1011호 문단 24 및 일반기준 제16장 문단 16.42), 제1호에서 계약과 관련된 경제적 효익이 건설사업자에게 유입될 가능성이 높을 것(일반기업회계기준의 경우에는 '매우 높다'), 제2호에서 특정 계약에 귀속될 수 있는 계약원가(보상이 특정되어 있는지에 관계없이)를 명확히 식별할 수 있고 신뢰성 있게 측정할 수 있을 것을 규정하고 있다.

법인세법의 규정이든 기업회계기준이든 모두 작업진행률을 적용하기 위해서는 작업진행률을 객관적인 기준에 의하여 신뢰성 있게 산정할 수 있어야 하는데 이는 실제 발생원가의 정확한 집계와 전체 원가의 합리적 추정을 전제요건으로 하기 때문이다. 따라서 전체 원가나 작업시간 등을 합리적으로 추정할 수 없거나 실제 발생원가나 작업시간 등을 정확하게 집계할 수 없다면 작업진행률을 적용할 수 없다고 하겠다.

라. 사례 분석

이와 같이 작업진행률은 권리의무확정주의의 중대한 예외로서 발생주의의 원칙에 따른다는 점이 쟁점이 된 사례로 대법원 2014. 2. 27. 선고 2011두13842 판결이 있다.

원고는 주택건설 분양사업을 영위하는 법인으로서 A건설과 사이에, 2005. 12. 2.에는 M아파트 신축공사를 공사기간 2003년 5월부터 2006년 1월까지, 도급금액 880억 원에, 2006. 6. 7.에는 N아파트 신축공사를 공사기간 2004년 4월부터 2006년 6월까지, 도급금액 960억 원에 각 도급하는 계약을 체결하였다. 원고는 각 도급계약상의 공사대금 지급조건에 따라 'A건설이 원고에게 청구한 공사대금' 및 '원고에게 별도로 발생한 공사비'를 합한 금액을 총공사비 누적발생액으로 보고, 이를 총공사 예정비로 나누어 산출한 작업진행률에 따라 원고의 분양손익을 계산하여 2003년 내지 2007년 귀속 법인세액을 신고하였다. 과세관청은 원고가 A건설에게 각 공사를 일괄도급하였으므로 A건설의 공사비 발생액을 기준으로 작업진행률을 산출하여야 함에도 A건설이 청구한 공사대금을 기준으로 작업진행률을 산출하고 이에 따라 원고의 분양손익을 계산하였다는 이유로, 원고가 신고한 각 공사로 인한 2003년 내지 2006년 귀속 법인세를 인정하지 않고, A건설의 작업진행률을 적용하여 시공사의 공사비 누적액을 산정하고 여기에 시행사인 원고에게 별도로 발생한 공사비를 합한 금액을 기준으로 원고의 분양손익을 재계산하여 2003년 내지 2006년 귀속 법인세를 경정하였다.

원고는, 원고와 같은 시행사의 작업진행률은 시공사의 작업진행률을 그대로 적용할 수 없고, 시공사에게 지급하는 공사대금을 비롯해 당해 사업연도에 지급채무가 확정되는 시행사 자신의 총공사비 누적액을 기준으로 별도로 산출하여야 하고, 각 도급계약에 의하더라도 A건설의 작업진행 정도는 원고의 공사대금 지급의무와 전혀 관련성이 없으므로 권리의무확정주의에 따라 원고가 시공사에게 지급한 공사대금은 당해 공사대금에 대한 지급채무가 확정되는 사업연도에 원고의 총공사비 누적액으로 보아야 한다는 등의 이유로 과세관청의 경정처분을 다투었다.

이에 대하여 대법원은, 관련 규정의 문언 내용과 공사 등의 진행 정도에 맞추어 손익을 배분함으로써 기간손익의 왜곡을 방지하려는 입법 취지 등을 종합하여 보면, 작업진행률 산식의 분자인 '당해 사업연도 말까지 발생한 총공사비 누적액'은 당해 사업연도 말까지 목적물의 건설 등을 위하여 실제 투입된 총공사비의 누적액을 말하고, 이는 공사 등의 일부 또는 전부를 제3자에게 도급하여 목적물의 건설 등을 완료하는 경우라고 하여 달리 볼 것은 아니라고 하면서, 예약매출에 해당하는 아파트 분양사업을 하는 법인이 수급인에게 공사의 일부 또는 전부를 도급하여 아파트를 건설하는 경우, 그 도급계약과 관련하여 이 사건 산식의 분자인 '당해 사업연도 말까지 발생한 총공사비 누적액'에 포함되어야 하는 공사비는 그 도급계약에 따라 지급의무가 확정된 공사비가 아니라 '수급인의 실제 공사 진행 정도에 따라 그 법인에 사실상 지급의무가 발생한 공사비(= 도급금액×수급인의 작업진행률)'라고 해야 하므로 과세관청의 경정처분이 적법하다고 판단하였다.

이 사건에서 원고는 작업진행률을 산정함에 있어 권리의무확정주의의 적용을 주장하였으나 대법원은 발생주의에 의하여 산정되어야 함을 분명히 밝혔다. 관련 법규정의 문언과 그 입법 취지에 따른 적절한 판결이라고 할 수 있다. 대법원 2015. 11. 26. 선고 2015두1694 판결도 같은 취지이다.

4. 이자와 보험료의 귀속시기

가. 원칙

법인세법 시행령 제70조 제1항 제1호는 본문에서, 법인이 수입하는 이자 및 할인액의 귀속시기에 관하여 소득세법 시행령 제45조에 따른 수입시기, 즉 약정에 의한 상환일에 해당하는 날(금융보험업을 영위하는 법인의 경우에는 실제로 수입된 날로 하되, 선수입이자 및 할인액은 제외한다)이 속하는 사업연도로 한다고 하면서, 그 단서에서 결산을 확정함에 있어서 이미 경과한 기간에 대응하는 이자 및 할인액(원천징수되는 이자 및 할인액은 제외한다)을 해당 사업연도의 수익으로 계상한 경우에는 그 계상한 사업연도의 익금으로 한다고 규정하고 있고, 제2호는 본문에서 법인이 지급하는 이자 및 할인액의 귀속시기에 관하여도 소득세법 시행령 제45조의 규정에 의한 수입시기에 해당하는 날이 속하는 사업연도로 한다고 하면서, 그 단서에서 결산을 확정함에 있어서 이미 경과한 기간에 대응하는 이자 및 할인액을 당해 사업연도의 손금으로 계상한 경우에는 그 계상한 사업연도의 손금으로 한다고 규정하고 있다.

그리고 같은 조 제3항은 본문에서, 금융보험업을 영위하는 법인이 수입하는 보험료·부금·보증료 또는 수수료의 귀속사업연도는 그 보험료 등이 실제로 수입된 날이 속하는 사업연도로 하되, 선수입보험료 등을 제외한다고 하면서, 그 단서에서, 결산을 확정함에 있어서 이미 경과한 기간에 대응하는 보험료상당액 등을 해당 사업연도의 수익으로 계상한 경우에는 그 계상한 사업연도의 익금으로 한다고 규정하고 있다.

위 규정에 의하면, 일반법인이 수입하는 이자 또는 할인액에 대한 수입시기는 소득세법 시행령 제45조에 규정한 사업연도에 수익으로 계상함이 원칙이다. 따라서 약정에 의한 상환일이 되고, 그 기일 전에 상환하는 때에는 실제로 상환하는 날이 된다. 그리고 금융·보험업을 영위하는 법인의 경우는 현금주의에 의하여 이자가 실제 수입된 날로 한다.

나. 선수이자와 선수보험료

법인세법 시행령 제70조 제1항 제1호 본문은 이자소득 등의 귀속사업연도에 관하여 '법인이 수입하는 이자 및 할인액은 소득세법 시행령 제45조에 따른 수입시기에 해당하는 날(금융보험업을 영위하는 법인의 경우에는 실제로 수입된 날로 하되, 선수입이자 및 할인액은 제외한다)이 속하는 사업연도'로 한다고 규정하고 있다. 여기서 괄호규정인 '선수입이자 및 할인액은 제외한다'는 문언을 어떻게 해석할 것인지가 모호하다. 괄호 안에

국한하여 금융보험업을 영위하는 법인에 적용되는 현금주의에서만 제외된다는 취지로
해석하는 방법과 괄호 밖으로 확장하여 소득세법 시행령 제45조에 따른 수입시기에서
제외된다는 취지로 해석하는 방법이 있다. 전자로 해석하게 되면, 금융보험업을 영위하
는 법인의 선수입이자 및 할인액은 괄호안의 현금주의가 적용되지 않고 괄호 밖의 소득
세법 시행령 제45조의 수입시기에 따르게 된다. 그런데 소득세법 시행령 제45조는 약정
에 의한 상환일 전에 상환하는 선수입이자 및 할인액의 경우 실제로 상환된 날을 수입시
기로 본다는 현금주의를 택하고 있다. 여기서 충돌이 생긴다.

따라서 후자의 방법으로 해석하는 것이 합리적이다. 후자의 해석에 의하면, 선수입이
자 및 할인액은 소득세법 시행령 제45조에 따른 수입시기에 따르지 않게 된다. 즉, 현금
주의에 따르지 않는다는 취지이다. 이는 결국 발생주의에 따라야 한다는 취지로 해석할
수밖에 없다. 그렇다면 선수입이자 및 할인액은 발생주의에 따라 경과기간별로 안분한
금액이 그 경과기간에 해당하는 과세기간에 귀속된 것으로 보는 것이다. 여기서 중요한
것은 법인세법 시행령 제70조 제1항 제1호 단서의 요건이 필요 없다는 점이다. 즉, 결산
을 확정함에 있어서 경과한 기간에 대응하는 이자 및 할인액을 해당 사업연도의 수익으
로 계상한 경우에 국한하지 않고 그와 같이 계상하였는지를 불문하고 그 사업연도에 귀
속된 것으로 보아야 한다는 점이다. 왜냐하면 위 단서는 본문의 적용대상이 됨을 전제로
한 규정인데 선수입이자 및 할인액은 본문의 적용대상이 아니기 때문에 단서도 적용될
필요가 없기 때문이다.

선수보험료에 관한 법인세법 시행령 제70조 제3항은 보다 분명하다. 선수입보험료를
제외한다는 문언을 제1항과 같이 괄호 안에 두지 않고 본문 자체에 두고 있으므로 선수
입보험료는 본문의 적용대상이 아님이 명백하다. 따라서 그 단서의 규정은 미수보험료에
만 해당한다고 보아야 하므로 선수입이자 및 할인료와 마찬가지로 해석하면 된다.

다. 미수이자와 미수보험료

전항에서 살펴본 바에 의하면 법인세법 시행령 제70조 제1항 제1호 단서는 미수이자
및 할인료만을 그 적용대상으로 삼고 있음을 알 수 있다. 그래서 기간경과분에 관한 미수
이자에 대하여는 원칙적으로 그 본문의 규정에 의하여 소득세법 시행령 제45조에서 정
하는 수입시기를 따라 약정에 의한 상환일이 수입시기가 되지만, 그 단서의 규정에 의하
여 약정에 의한 상환일이 도래하지 않더라도 기업회계기준에 따라 결산에 반영하는 경
우 원천징수되는 이자 및 할인액을 제외하고는 기간경과분에 대한 미수이자를 익금에
산입할 수 있다.

여기서 원천징수되는 이자 및 할인액에 대하여 법인세법 시행령 제70조 제1항 제1호 단서 규정이 적용되지 않도록 한 취지는 원천징수대상 이자소득에 대하여도 미수이자계상분을 익금으로 인정하게 되면 원천징수의무자가 실제로 법인에게 이자를 지급할 때 지급받을 법인이 기간경과분 미수이자에 대하여 이를 익금에 산입하고 그에 관한 법인세, 즉 원천징수대상세액을 이미 납부하였는지를 일일이 확인해야 하는 불편이 따르므로 이러한 불편을 해소하는 데 있다고 할 수 있다. 이러한 취지를 고려하면 원천징수대상인 미수이자 및 할인액은 법인세법 시행령 제70조 제1항 제1호 본문이 적용되어 소득세법 시행령 제45조에 따라 그 수입시기가 정해진다고 해석하는 것이 합리적이다. 일반법인은 모든 이자가 원천징수되므로 소득세법 시행령 제45조의 적용을 받게 된다.

금융보험업을 영위하는 법인의 미수 보험료에 대하여는 앞서 본 바와 같이 법인세법 시행령 제70조 제3항의 본문과 단서가 모두 적용되므로, 그 본문의 규정에 의하여 소득세법 시행령 제45조에서 정하는 약정에 의한 상환일이 수입시기가 되는 것이 원칙이지만, 그 단서의 규정에 의하여 약정에 의한 상환일이 도래하지 않더라도 결산을 확정함에 있어서 이미 경과한 기간에 대응하는 보험료상당액 등을 해당 사업연도의 수익으로 계상한 경우에는 그 계상한 사업연도의 익금으로 할 수 있다.

라. 미지급이자와 미지급보험료

법인세법 시행령 제70조 제1항 제2호는 법인이 지급하는 이자 및 할인액에 관하여, 소득세법 시행령 제45조의 규정에 의한 수입시기, 즉 약정에 의한 상환일(기일 전에 상환하는 때에는 그 상환일)에 해당하는 날이 속하는 사업연도로 한다고 규정하여 원칙적으로 지급이자의 손금산입시기를 그 상대방의 수입이자 익금산입시기와 일치시키고 있다. 그러면서도 그 단서에서 결산을 확정함에 있어서 이미 경과한 기간에 대응하는 이자 및 할인액을 당해 사업연도의 손금으로 계상한 경우에는 그 계상한 사업연도의 손금으로 한다고 규정하고 있다. 그리고 같은 조 제3항에서 보험료도 위와 같음을 규정하고 있다.

대법원 2018. 2. 28. 선고 2017두68585 판결에서 위와 같은 미지급이자의 손금산입시기가 문제되었다. 원고는 A로부터 2008 내지 2010 사업연도 기간 동안 양수가액 합계 1조 5,846억 원 상당의 부실 프로젝트금융채권(사후정산대상채권)을 양수하는 한편, 그 대가로 같은 기간 A에게 양수가액과 동일한 액면가액으로 변동금리부 무기명식 이권부 무보증 사모사채를 발행하였다. 원고는 A와 체결한 사모사채 인수계약에서, 사채이자율은 '사채발행일 직전 월부터 이자지급일 직전 월까지의 공사채 AAA 3년 월평균수익률'로 하고, 이자는 '사채원금상환일에 일시 지급'하며, 이자계산 기간은 '사채발행일부터 사채

원금상환일 또는 사후정산대상채권 정산일 전일'까지로 약정하였다. 원고는 사모사채에 대한 지급이자의 계산 기간이 여러 과세기간에 걸쳐 있는 경우 매 과세기간 말에 해당 과세기간의 평균이자율로 계산한 경과이자를 해당 과세기간의 손금에 산입하는 방식으로 2008 내지 2010 사업연도 법인세를 신고·납부하였다. 그러나 과세관청은 그 지급이자의 손금귀속시기는 지급이자를 확정적으로 계산할 수 있는 그 채권의 정산일이 속한 사업연도로 보아야 한다면서, 원고가 정산일이 속하는 과세기간 이전의 과세기간에 인식한 경과이자를 모두 손금불산입하였다.

이에 대하여 원심은, 원고가 매 사업연도 결산 확정시 이미 경과한 기간에 대응하는 이자를 계산할 수 있었고 이에 따라 계산한 지급이자를 손금에 산입하였다면 원고가 손금으로 계상한 지급이자는 법인세법 시행령 제70조 제1항 제2호 단서에 따라 해당 사업연도의 손금으로 인정되어야 하는 점, 원고가 해당 과세기간의 월간 수익률을 이용하여 경과이자를 계산한 것은 과세기간 말일까지 주어진 이자율 정보를 활용한 결과로서 의도적인 손익 왜곡이 불가능하므로 합리적인 추정방법으로 볼 수 있는 점 등에 비추어 보면, 그 지급이자는 해당 사업연도의 손금에 산입할 수 있다고 판시하였고, 대법원이 이를 수긍하였다.

과세관청은 이 사건의 경우 그 채권의 정산에 이르러야 지급이자의 총액을 확정적으로 산정할 수 있다는 이유에서 미리 기간안분에 의한 이자의 손금산입을 허용할 수 없다는 입장이었으나, 법원은 합리적인 추정에 의하여 지급이자의 총액을 미리 추산할 수 있으므로 법인세법 시행령 제70소 제1항 제2호 단서의 취지에 따라 미리 기간안분에 의하여 손금산입하더라도 기간손익의 왜곡이 발생하지 않는다고 본 것이다.

5. 일시불 임대료의 귀속시기

법인세법 시행령 제71조 제1항은 그 본문에서, 자산의 임대로 인한 익금과 손금의 귀속사업연도는 계약 등에 의하여 임대료의 지급일이 정하여진 경우에는 그 지급일, 계약 등에 의하여 임대료의 지급일이 정하여지지 아니한 경우에는 그 지급을 받은 날이 속하는 사업연도로 한다고 하면서, 그 단서에서 결산을 확정함에 있어서 이미 경과한 기간에 대응하는 임대료상당액과 이에 대응하는 비용을 당해 사업연도의 수익과 손비로 계상한 경우 및 임대료 지급기간이 1년을 초과하는 경우 이미 경과한 기간에 대응하는 임대료상당액과 비용은 이를 각각 당해 사업연도의 익금과 손금으로 한다고 규정하고 있다.

위 단서 중 '임대료 지급기간'이라 함은 임대계약기간이 4년이라 할 때 임대료를 2년마다 지급하기로 한 경우 그 2년(임대료 지급대상기간)을 말하는 것이다. 국세청의 유권해석(서이 46012-10818, 2002. 4. 18.)도 같은 입장이다. 따라서 임대기간을 수년간으로 정하면서 임대료를 일시불로 받을 경우 임대료 지급기간이 1년을 초과하는 경우에 해당한다. 위 단서의 '임대료 지급기간이 1년을 초과하는 경우' 부분은 2001. 12. 31. 시행령이 개정되면서 추가된 것인데, 임대료 지급기간이 1년 이하인 경우에는 종전과 마찬가지로 결산확정시 기간 경과분 임대료를 손익에 계상한 경우에 이를 인정하여 기업회계의 발생주의를 선택적으로 적용하도록 하였으나, 임대료 지급기간이 1년 이상인 경우에는 기간 경과분 임대료에 대하여는 결산 반영 여부에 관계 없이 당해 사업연도의 손익에 산입하도록 하여 발생주의를 강제하고 있다고 할 수 있다.

위 단서에서 말하는 임대료에 미지급임대료뿐만 아니라 선수입임대료도 포함되는지가 문제가 된다. 앞서 본 이자와 보험료 소득에 관한 법인세법 시행령 제70조 제1항 제1호와 제3항의 본문에서 선수이자와 보험료를 그 적용대상에서 제외함으로써 그 단서의 적용대상에서도 제외되었는데, 법인세법 시행령 제71조 제1항은 그 본문에서 선수입임대료를 제외하고 있지 않다. 더구나 그 단서에서도 선수입임대료를 제외하고 있지 않다. 그렇다면 그 문언에 따라 선수입임대료에 대하여도 그 단서가 적용된다고 해석하는 것이 합리적이다.

그럼에도 대법원 2011. 10. 13. 선고 2008두21713 판결은, 위 단서의 후단 부분은 1년 이상 장기간의 임대료를 임대 개시 후 1년 이상 경과하여 수수하기로 한 경우 손비만 계상되고 수익이 계상되지 않아 과세가 이연되는 문제점을 해결함으로써 과세기간별 손익의 적정화를 도모하기 위한 데에 그 입법 취지가 있으므로 미수임대료만이 법인세법 시행령 제71조 제1항 단서의 적용대상이 된다고 해석함이 상당하다고 판시하였다. 대법원이 이와 같이 그 단서의 적용범위를 제한하여 해석할 만한 뚜렷한 명분이 없다. 대법원의 입장에 따르면 법인이 수년 이상의 장기간 임대용역에 관하여 임대료를 초기에 일시불로 수령하면 당해 법인이 기업회계기준에 따른 수익비용대응의 합리화를 위하여 귀속기간별로 안분하여 수익으로 회계처리하더라도 일시불로 수령한 시점에 모두 익금으로 계상하고 그에 따른 법인세를 납부하여야 한다. 그러나 그 법인은 그 익금에 상응하는 손비는 그 이후의 과세기간에 지속적으로 발생할 것이기 때문에 익금과 손금의 대응이 전혀 이루어지지 않는 문제가 생긴다. 그래서 담세력의 측면에서도 불합리하다. 선수입임대료 전액에 대한 법인세를 납부하고 나면 그 후에 임대용역의 제공과 관련된 손금이 발생함에도 그 손금을 그에 대응하는 익금에서 차감할 기회를 갖지 못하여 결과적으로 법인세를 과도하게 납부하게 되는 결과에 이른다. 따라서 위 대법원의 판결은 관련 규정의 문언에도 부합하지 않고 수익비용대응의 원칙에도 맞지 않는 것이어서 옳지 않다고 본다.

한편, 임대료가 장기간의 임대기간 만료시에 일시불로 지급하기로 약정하는 경우가 더러 있다. 토지 사용기간 만료시에 그 지상건물의 소유권을 토지 소유자에게 이전하기로 함으로써 토지 사용료의 지급에 갈음하기로 하는 것이다. 이러한 경우 임대료 총액은 토지 사용기간 만료시 지상건물의 시가가 될 것인데, 이를 토지 사용기간 동안 안분하여 익금산입함에 있어 현재가치로 할인한 금액을 기준으로 할 것인지 아니면 할인하기 전 금액을 기준으로 할 것인지가 다투어졌다. 대법원 2022. 1. 27. 선고 2017두51983 판결이 이에 관한 것이다. 대법원은 할인하기 전 금액을 기준으로 해야 한다고 판시하였다. 그 이유로는, 기업회계기준에서는 금전채권 또는 금전채무에 관하여 이를 현재가치로 평가하여 명목가액과 현재가치의 차액을 현재가치할인차금으로 계상하는 규정을 두고 있으나 법인세법에서 현재가치 평가는 그러한 회계처리를 인정하는 규정이 별도로 존재하는 경우에 한하여 허용되는데 건축물의 토지사용기간 만료시의 가액은 해당 시점의 잔존가치를 감정을 통하여 평가한 금액으로서 기업회계기준에 따른 현재가치 평가의 대상이 아니고 법인세법에 현재가치 평가를 인정하는 규정도 없는 점, 만약 토지사용기간 만료시의 건축물의 시가를 중간이자 공제를 통하여 해당 사업연도의 현재가치로 할인한 금액을 기준으로 각 사업연도의 익금에 산입할 임대료를 계산할 경우 중간이자로 공제된 금액 상당을 추가로 각 사업연도의 익금에 산입하지 않는 이상 해당 금액이 과세대상에서 누락되고 전체 토지사용기간의 임대료로서 각 사업연도의 익금에 산입된 금액을 합산한 금액도 원고가 취득할 당시의 이 사건 각 건축물의 시가에 미달하게 된다는 점을 들고 있다. 건축물의 시가를 현재시점에 일시에 모두 익금산입을 해야 한다면 현재가치로 할인하여야 할 필요성이 있지만, 미래 사용기간 내내 안분하여 익금산입하는 것이므로 현재가치로 할인한 금액을 기준으로 하면 왜곡이 발생하게 된다. 대법원 판결이 타당하다.

위 대법원 판결에서는 골프장용 토지의 임차인이 골프장 조성에 투입한 비용이 선수임대료에 해당하는지도 다투어졌다. 이에 대하여 대법원은 임차인이 지출한 골프장 조성비는 토지에 대한 자본적 지출에 해당하고, 토지사용기간이 종료하면 골프장 시설의 소유권이 임대인 측에 귀속되며, 다만 예외적으로 그 시설을 철거하여야 할 경우를 대비한 절차적인 조항이 마련되어 있을 뿐이고, 임대인이 임차인 골프장의 지분을 취득함으로써 향후 그 골프장을 운영하는 데 필요한 노하우를 배우기 위한 목적도 있었으므로 임대인이 토지 사용기간 종료시 골프장 부지를 거기에 설치된 골프장 시설 등을 철거하여 원상회복한 상태로 반환받을 가능성이 희박하였다는 등의 이유로 임대인은 골프장 공사 완료시에 골프장 조성비를 선수임대료로 받았다고 보아야 한다고 판시하였다. 토지 임대차 종료시 임대인이 그 토지를 골프장 용도로 계속 사용할 가능성이 높았기 때문에 임차인이 투입한 골프장 조성비의 효용가치가 임대인에게 귀속된다고 보는 것이 합리적이다. 그래서 그 자금을 선수임대료로 본 대법원 판결이 타당하다. 만약 이와 달리 임대인이 임대차 종료시 그 토지를 골프장이 아닌 다른 용도로 사용할 가능성이 높았다면 달리 판단되었을 것이다.

부당행위계산부인

1. 부당행위계산부인의 의의

가. 관련 규정과 입법 취지

법인세법 제52조 제1항은 내국법인의 행위 또는 소득금액의 계산이 특수관계인과의 거래로 인하여 그 법인의 소득에 대한 조세의 부담을 부당하게 감소시킨 것으로 인정되는 경우에는 그 법인의 행위 또는 소득금액의 계산에 관계 없이 그 법인의 각 사업연도의 소득금액을 계산할 수 있다고 규정하고, 제2항은 제1항을 적용할 때 건전한 사회통념 및 상거래 관행과 특수관계인이 아닌 자 간의 정상적인 거래에서 적용되거나 적용될 것으로 판단되는 가격을 기준으로 한다고 규정하고 있다.

이러한 부당행위계산부인 제도는 위 규정의 취지에서도 알 수 있듯이 사법상으로는 적법하고 유효하게 성립한 행위나 계산이라고 하더라도 그것이 특수관계로부터 영향을 받아 경제적 합리성을 무시하는 방향으로 이루어져 조세의 부담을 부당하게 감소시키는 결과를 초래하는 경우에는 세법상으로 이를 부인하고 그 대신 특수관계가 없었더라면 성립하였을 것으로 보이는 행위나 계산으로 재구성하여 이를 토대로 합리적인 과세소득을 파악하는 것이다. 이와 같이 재구성이 수반되므로 의제적인 성격이 강하다. 그래서 그 적용을 엄격히 제한할 필요가 있다.

대법원 2010. 10. 28. 선고 2008두15541 판결은, 부당행위계산부인이란 법인이 특수관계에 있는 자와의 거래에 있어 정상적인 경제인의 합리적인 방법에 의하지 아니하고 법인세법 시행령 제88조 제1항 각 호에 열거된 여러 거래형태를 빙자하여 남용함으로써 조세부담을 부당하게 회피하거나 경감시켰다고 하는 경우에 과세권자가 이를 부인하고 법령에 정하는 방법에 의하여 객관적이고 타당하다고 보이는 소득이 있는 것으로 의제하는 제도로서, 경제인의 입장에서 볼 때 부자연스럽고 불합리한 행위계산을 함으로 인하여 경제적 합리성을 무시하였다고 인정되는 경우에 한하여 적용되는 것이고, 경제적 합리성의 유무에 대한 판단은 거래행위의 여러 사정을 구체적으로 고려하여 과연 그 거래행위가 건전한 사회통념이나 상관행에 비추어 경제적 합리성을 결한 비정상적인 것인지의 여부에 따라 판단하되, 비특수관계자 간의 거래가격, 거래 당시의 특별한 사정 등도 고려하여야 한다고 판시하였다. 이와 같이 부당행위계산부인을 하더라도 그 효과는 법인세법상 합리적인 과세소득을 산정하는 범위 내에서만 미치고 당사자들 사이에 이루어진 행위나 계산의 사법적 효력까지 부인하는 것은 아니다.

부당행위계산부인제도는 법인세법에만 있는 것이 아니라 소득세법 제41조, 부가가치세법 제29조 제4항, 국제조세조정에 관한 법률 등에서도 같은 취지의 규정을 두고 있고, 상속세 및 증여세법에서도 비슷한 취지의 규정을 두고 있다.

나. 성립 요건

위의 규정에서 알 수 있듯이 부당행위계산부인을 위한 요건으로는, 먼저 당사자 요건으로서 특수관계가 있는 자와의 거래일 것(법인세법 시행령 제88조 제2항 괄호규정에 의하면 특수관계인 외의 자를 통하여 이루어진 거래를 포함한다), 객관적 요건으로서 행위·계산이 경제적 합리성을 결여한 이상한 형식을 취함으로써 부당하다고 평가될 수 있을 것, 마지막 결과의 요건으로 법인소득에 대한 조세의 부담을 감소시켰을 것 등으로 나누어 설명되고 있다.

여기서 납세자에게 조세회피의 목적이나 의도가 있어야 한다는 주관적 요건이 필요한지에 관하여 논란이 있었다. 장기부과제척기간이나 중과소신고가산세의 요건이 되고 있는 '부정한 행위'를 판단할 때 조세회피의 목적이나 의도 또는 그에 대한 인식 등의 주관적 요건이 필요한지가 논란이 되는 것과 비슷한 상황이다. 이러한 부정행위에는 주관적 요건이 필요하다는 것이 대법원의 입장임은 앞서 살펴본 바 있다.

그런데 대법원은 부당행위계산부인에 있어서는 이러한 주관적 요건이 필요없다는 입장을 취하고 있다. 즉, 대법원 1996. 7. 12. 선고 95누7260 판결은, '법인의 소득에 대한 조세의 부담을 부당히 감소시킨 것으로 인정되는 경우'라 함은 당해 법인이 행한 거래형태가 객관적으로 보아 경제적 합리성을 무시한 비정상적인 것이어서 조세법적인 측면에서 부당한 것이라고 인정되는 경우를 뜻하는 것이므로 반드시 조세부담을 회피하거나 경감시킬 의도가 있어야만 부당행위계산에 해당하는 것은 아니라고 판시하였다. 대법원 2000. 2. 11. 선고 97누13184 판결과 대법원 2006. 11. 10. 선고 2006두125 판결 등도 같은 취지이다. 이와 같이 대법원이 부당행위계산에 있어서는 부정행위의 경우와 달리 조세부담의 회피에 관한 주관적 요건이 불필요하다고 보는 것은 부당행위계산은 실질과세의 원칙에 터 잡아 있는 것으로서 공평과세의 원칙을 구현하기 위한 방편으로 보아 그 결과가 납세자에게 그다지 가혹하다고 보지 않기 때문인 것으로 보인다.

앞서 보았듯이 특수관계가 있는 자들 사이의 직접적인 거래뿐만 아니라 제3자를 통하여 특수관계가 있는 자들 사이에 이루어진 거래도 포함된다. 이에 관한 최근의 사례로 대법원 2019. 5. 30. 선고 2016두54213 판결이 있다. 원고 회사와 원고 회사의 이사들인 A, B, C(이하 '이사들')는 원고 회사가 보유한 코스닥 상장법인 P사 발행 주식 전부 및 P사에 대한 경영권과 이사들이 보유한 P사 발행 주식 중 약 1/3에 해당하는 주식을 하나의 계약으로 일괄하여 111억 원에 D에게 매도하고 위 돈을 지급받아 각자가 양도한 주식 수의 비율대로 이를 나누어 가졌는데, 이사들은 위 돈 중 경영권 프리미엄에 해당하는 부분을 분배받을 만한 경제적이고 합리적인 이유가 없으므로, 이사들이 받은 돈 중 그들이 양도한 주식의 한국거래소 종가를 넘는 부분은 원고 회사가 특수관계자인 이사들에게 원고 회사가 받아야 할 경영권 프리미엄 중 일부를 분여한 것이고, 위와 같은 행위는 부당행위계산부인의 대상이 된다고 판단하였다. 이 사안에서 특수관계인들이 서로 마주보는 당사자로서 거래한 것은 아니지만 제3자와의 거래에서 받은 대금을 분배하는 과정에서 P사가 특수관계인인 이사들에게 일정 부분 이익을 분여한 것이다. 이는 제3자와의 거래를 매개로 하여 특수관계인들 사이에 이익을 분여한 것이므로 부당행위계산부인의 대상이 되는 것이 합당하다.

그리고 특수관계에 있는 자들 사이의 직접적인 거래가 아니라 특수관계인들 사이에 제3자가 개재되어 있다고 하더라도 실질과세원칙에 의하여 그 제3자는 도관에 불과하다고 보아 특수관계에 있는 자들 사이의 거래로 보아 부당행위계산부인을 할 수 있는 경우가 있을 수 있다. 그러나 도관이라는 이유로 그 존재를 부인하는 데에는 법원이 매우 신중한 입장을 취하는 경향이 있다. 이에 관한 사례로 대법원 2018. 3. 15. 선고 2017두63887 판결이 있다. 카지노업 등을 영위하는 원고가 'A관광개발공사 정상화 유도를 통한 지역경제 활성화 기여'를 지정기탁사유로 150억 원의 기부금을 태백시에 지급하였고, A공사가 태백시로부터 위 기부금을 교부받아 운영자금으로 사용하였는데, 원고가 위 기부금이 지방자치단체에 무상으로 기증하는 금품에 해당한다고 보아 해당 사업연도의 손금에 산입한 후 법인세를 신고·납부하자, 과세관청이 원고가 특수관계인의 지위에 있는 A공사에 제3자인 태백시를 통하여 우회지원을 하였다는 이유로 부당행위계산부인 규정을 적용하여 위 기부금 전액을 손금불산입한 사안이다. 이에 대하여 대법원은, 원고의 기부행위는 기부금품법의 규정에 따라 공익적 목적을 달성하기 위하여 그 상대방 및 수혜자를 태백시로 하여 이루어진 것으로서 거기에 별다른 조세회피의 목적이 있었다고 보기 어려운 만큼, 그 기부금은 손금산입이 허용되는 법정기부금에 해당하는 것으로 보아야 하고, 그 최종적인 결과만을 내세워 그 기부행위와 태백시의 자금지원행위를 하나의 행위 또는 거래라고 섣불리 단정하여 과세대상으로 삼아서는 아니 된다고 판시하였다.

지방자치단체인 태백시가 원고와 A공사 사이에 단지 부당행위계산부인을 당하지 않기 위하여 끼어든 도관에 불과한 것으로 보기는 어렵다. 그리고 조세회피목적보다는 A공사의 정상화를 통하여 지역경제의 활성화에 기여할 공익적 목적이 있었다. 그래서 실질과세원칙을 이유로 함부로 태백시의 실체를 부인하여 원고와 A공사 사이의 부당한 이익분여로 보아서는 아니된다는 취지이다.

다. 부당행위계산의 판단 기준시기

부당행위계산부인의 대상에 해당하는지 여부를 판단하는 기준시기를 언제로 볼 것인지가 문제된다. 예를 들어 특수관계인 사이에 고가양도의 거래를 할 경우 매매계약체결시를 기준으로 할 것인지 아니면 잔금청산일 등을 기준으로 할 것인지에 관하여 논란이 있을 수 있다. 부당행위계산부인은 특수관계를 이용하여 조세의 부담을 줄일 목적으로 경제적 합리성이 결여된 거래조건으로 거래하는 것이므로 그 판단시기는 그와 같은 거래조건을 약정한 시기를 기준으로 하는 것이 옳고 그 후의 이행시기를 기준으로 할 것은 아니라고 하겠다.

대법원 2010. 5. 27. 선고 2010두1484 판결도, 부당행위계산부인 대상의 하나로 법인이 주주 등 특수관계에 있는 자에게 자산을 시가보다 낮은 가액으로 양도한 경우에 있어서 '시가'란 일반적이고 정상적인 거래에 의하여 형성된 객관적인 교환가치를 말하고, 그 판단은 거래 당시를 기준으로 하므로, 만약 거래계약 체결 시기와 양도 시기가 다르다면 그것이 부당행위계산에 해당하는지 여부는 그 대금을 확정짓는 거래 당시를 기준으로 판단하여야 하고, 다만 익금에 산입하여 소득처분할 금액은 특별한 사정이 없는 한 취득시기를 기준으로 산정하여야 한다고 판시하였다. 그래서 법인이 임직원 등에게 주식매수선택권을 부여한 경우에 주식매수선택권의 부여가 저가양도로서 부당행위계산부인의 대상이 되는지 여부는 주식매수선택권의 행사시기가 아니라 그 부여시기를 기준으로 판단하여야 할 것이어서, 만약 주식매수선택권의 부여 당시에 정한 선택권의 행사가격이 부여 당시의 주식의 시가보다 높은 경우에는, 그것이 미공개 내부정보로 인하여 단기간 내에 주가가 상승할 것이 예상되는 경우임에도 이를 반영하지 아니한 채 행사가격을 약정하였다는 등의 특별한 사정이 없는 한, 이를 부당행위계산부인의 대상이 되는 저가양도에 해당한다고 보기는 어렵다고 판시하였다. 대법원 1999. 1. 29. 선고 97누15821 판결도 같은 취지이다.

여기서 주목할 점은 부당행위계산부인의 대상이 되는지 여부는 거래약정 당시를 기준으로 판단하지만 그에 따라 종국적으로 익금산입을 하고 상대방인 특수관계인에게 소득처분을 함에 있어서는 그 거래가 이행된 결과에 따라야 한다는 점이다. 같은 취지에서 대법원 2010. 5. 13. 선고 2007두14978 판결은, 부당행위계산부인제도의 취지, 저가양도로 인한 부당행위계산부인에 있어 매매계약체결시기와 양도시기가 다른 경우 토지 등의 양도가 부당행위계산에 해당하는지 여부는 그 대금을 확정 짓는 거래 당시를 기준으로 판단하는 반면, 그 토지의 양도차익을 계산함에 있어서는 양도가액을 양도시기를 기준으로 산정하고 이는 그 선택의 이유와 기준을 달리하므로 양자가 기준시기를 달리 본다고 하여 불합리한 것은 아닌 점, 이러한 기준시기의 구별은 고가매입의 경우의 세무회계 처리방법, 소득처분의 시기와 방법에 비추어 동일하게 적용될 수 있는 점 등을 종합하면, 고가매입으로 인한 부당행위계산부인의 경우에도 토지 등의 취득이 부당행위계산에 해당하는지 여부 결정의 기준시기는 거래 당시인 반면, 그 익금에 산입하여 소득처분할 금액산정의 기준시기는 특별한 사정이 없는 한 그 취득시기로 봄이 상당하다고 판시하였다.

요컨대, 거래조건의 약정당시를 기준으로 저가양도나 고가매입 등의 부당행위계산 유형에 해당하지 않으면 그 거래의 이행시를 기준으로 볼 때 저가양도나 고가매입에 해당하더라도 부당행위계산부인의 대상이 될 수 없으며, 거래조건의 약정당시를 기준으로 저가양도나 고가매입에 해당하더라도 그 거래의 이행시를 기준으로 볼 때 결과적으로 저가양도나 고가매입에 해당하지 아니하면 역시 부당행위계산부인의 대상이 될 수 없다고 하겠다. 이러한 엄격한 태도를 취하는 것은 부당행위계산부인제도가 세법상 매우 의제적인 제도이기 때문에 그 적용을 제한할 필요가 있기 때문이라고 할 수 있다.

2. 특수관계인의 범위

가. 관련 규정과 해석

부당행위계산부인제도의 핵심요건인 특수관계인의 범위에 관하여는 법인세법 시행령 제87조 제1항에서 자세하게 규정하고 있었는데, 현행법에서는 국세기본법 시행령 제1조의2로 이관되어 통합적으로 규정하고 있다.

구 법인세법 시행령 제87조 제1항이 2012. 2. 2. 개정되면서부터는 특수관계인의 범위에 관하여 법인과 그 각 호의 어느 하나의 관계에 있는 자를 말한다고 하면서, 나아가 후문에서 이 경우 본인도 특수관계인의 특수관계인으로 본다고 규정함으로써 이른바 쌍방관계의 입장으로 정리가 되었다. 현행 국세기본법 시행령 제2조 제20호도 마찬가지이다. 따라서 예를 들어 당해 법인에 출자한 주주는 당해 법인의 특수관계인이 되며, 더 나아가 당해 법인이 출자한 상대방 법인도 당해 법인의 특수관계인이 된다.

나. 쌍방관계로 정리된 배경

구 법인세법 시행령 제87조 제1항이 2012. 2. 2. 개정되기 전에는 위에서 본 후문의 규정, 즉 이 경우 본인도 특수관계인의 특수관계인으로 본다는 규정이 없었고, 그래서 위 시행령 각 호의 규정을 일방관계로 해석해야 하는지 아니면 쌍방관계로 해석해야 하는지에 관하여 논란이 있었다.

쌍방관계설을 취하자는 견해는 특수관계인의 범위를 넓히기 위하여 주로 과세관청의 입장에서 주장된 것인데, 조세의 부담을 부당하게 감소시키는 거래나 행위는 쌍방의 의사합치하에 이루어지는 것으로서 그 쌍방이 특수관계에 있는 경우 그 관계가 거래조건에 영향을 미쳤다고 볼 수 있으므로 특수관계를 쌍방관계로 파악해야 한다는 점을 주된 논거로 삼는다. 만약 일방관계설의 입장을 취하게 되면 특수관계인들 사이에 조세의 부담을 부당하게 감소시키는 거래나 계산이 있더라도 그 절반만 부인할 수 있게 되어 나머지 절반과의 관계에서 형평에도 반하는 불합리한 결과가 초래된다는 점도 논거가 될 수 있다. 이에 대하여 일방관계설을 취하자는 견해는 법인세법 시행령 제87조 제1항 각 호의 규정이 일방관계를 전제로 하고 있음이 분명하므로 법문언에 따라 엄격하게 해석해야 한다는 입장이다. 예를 들어 위 시행령 제1항 제2호의 경우 법인의 주주 등과 그 친족이라고 규정하고 있는데 그 친족은 법인이 될 수 없으므로 문언상 쌍방관계로 파악할 수 없다는 것이다.

대법원도 이러한 논란 속에서 우왕좌왕하였다. 대법원 1986. 3. 25. 선고 86누30 판결은 일방관계설의 입장을 취한 반면에, 대법원 1984. 4. 10. 선고 83누84 판결과 대법원 1985. 3. 26. 선고 83누160 판결, 대법원 1991. 1. 11. 선고 90누7432 판결은 쌍방관계설의 입장을 취해 왔었다. 이들 판결의 모순을 해소하고 위 시행령 각 호의 규정에 대한 대법원의 분명한 입장을 선언하기 위하여 대법원 2011. 7. 21. 선고 2008두150 전원합의체 판결이 선고되었다. 법인세법 시행령 제87조 제1항은 납세의무자인 법인과 같은 항 각 호의 1의 관계에 있는 자를 특수관계자로 규정하고 있으므로 문언상 납세의무자인 법인을 기준으로 하여 그와 위 각 호의 1의 관계에 있는 자만이 특수관계자에 해당한다고 보아야 한다고 함으로써 일방관계설의 입장을 취하였다. 이와 달리 납세의무자인 법인과 거래를 한 상대방을 기준으로 하여 납세의무자인 법인이 위 각 호의 1의 관계에 있는 경우에 위 거래상대방이 특수관계인에 해당한다고 보는 것은 위 시행령 조항의 문언에 반하여 허용될 수 없다고 판시하였다. 나아가 특수관계인의 범위를 어떻게 정할지는 입법정책의 문제이므로 위 시행령 조항을 그 문언과 달리 확장해석하거나 유추해석하는 방법으로 특수관계자의 범위를 넓혀야 할 이유도 없다고 덧붙였다.

위 전원합의체 판결로 인하여 특수관계인의 범위가 절반으로 줄어들게 되자 과세관청은 입법을 통하여 쌍방관계설을 취하고자 하였다. 먼저 국세기본법 제2조 제20호가 위 전원합의체 판결이 선고된 지 불과 6개월만인 2011. 12. 31. 신설되었는데, 여기서는 특수관계인이란 본인과 다음 각 목의 어느 하나에 해당하는 관계에 있는 자를 말한다고 하면서, 그 후문에서 이 경우 이 법 및 세법을 적용할 때 본인도 그 특수관계인의 특수관계인으로 본다라고 규정하였다. 이러한 규정을 이어받아 법인세법 시행령 제87조 제1항이 2012. 2. 2. 개정되면서 후문을 신설하여 '이 경우 본인도 국세기본법 제2조 제20호 각 목 외의 부분 후단에 따라 특수관계인의 특수관계인으로 본다'라고 규정하였다.

위 전원합의체 판결이 선고되기 전에는 과세관청은 쌍방관계설의 입장을 취해왔고 대법원의 판결도 쌍방관계설의 입장이 우세하였는데도, 위 전원합의체 판결의 사건에서 원고 측 대리인들이 이에 굴하지 않고 일방관계설의 입장을 주장함으로써 결국 이를 관철한 것에 대하여는 그 노고를 높이 치하할 만하다. 반면에 위 전원합의체 판결이 심사숙고 끝에 충분한 논거를 갖추어 정돈된 법리를 선언하였음에도 그 결과가 과세관청에게 불리하다는 이유로 위 판결이 선고된 후 채 6개월도 되기 전에 관련 규정을 변경해버림으로써 대법원 판결을 사장시켜버리는 입법자의 태도는 최종심인 대법원 판결의 권위를 실추시키는 것이고, 법적 안정성도 저해시키는 것으로서 바람직하지 않은 태도라고 할 것이다.

다. 특수관계의 생멸과 부당행위계산부인

(1) 쟁점의 소재

부당행위계산부인은 기본적으로 특수관계가 있는 기간 동안에 부당한 거래나 행위를 시작하여 이를 종료하는 경우를 그 적용대상으로 상정하고 있다. 즉, 거래나 행위의 시작시점과 종료시점이 모두 특수관계가 있는 기간에 속해야 하는 것이다. 이와 달리 부당한 거래나 행위를 함으로써 비로소 특수관계가 성립되거나 특수관계가 있는 기간 동안에 그 거래나 행위를 개시하였지만 그 마무리는 특수관계가 종료된 후에 이루어졌다면 부당행위계산부인을 할 수 있는지 여부가 간단하지 않다. 궁극적으로는 특수관계가 거래나 행위의 조건에 영향을 미쳤다고 볼 수 있는지 여부에 따라 판단하여야 할 것으로 보인다. 이 점에 관한 몇 가지 사례를 살펴본다.

(2) 부당행위계산으로 특수관계가 성립된 경우

부당행위계산에 해당하는 거래가 이루어짐으로써 그에 의하거나 그에 수반하여 비로소 특수관계가 형성되는 경우 이를 특수관계인 사이의 부당행위계산으로 보아 부인할 수 있는지 여부는 일률적으로 판단할 수 있는 것이 아니고 그 거래가 이루어진 전후의 경위를 살펴보아 특수관계가 거래의 조건에 영향을 미쳤다고 볼 수 있는지 여부에 따라 판단하여야 할 것이다. 부당행위계산부인의 제도는 조세의 부담을 부당하게 감소시키는 내용의 거래를 한 것을 부인하는 것인데 그 부인의 대상은 거래의 내용이고, 그 내용이 특수관계로부터 영향을 받아 부당하게 정하여졌다는 것을 전제로 하는 것이다. 따라서 정해진 거래의 내용이 실제로 이행된 시기가 중요한 것이 아니라 거래의 내용을 정하는 시기가 중요하다. 그 거래의 내용을 정하는 단계에서 특수관계가 형성되어 있었고 그것이 거래의 내용을 정하는 데 영향을 미쳐야 하는 것이다. 따라서 일반적으로 거래가 성사됨으로써 비로소 특수관계가 형성되는 경우라면, 그 거래조건을 협상하는 과정에서는 아직까지 특수관계가 형성되어 있지 않기 때문에 특수관계가 거래조건의 형성에 영향을 미쳤다고 보기 어려울 것이므로 이러한 경우에는 부당행위계산부인의 대상이 될 수 없다고 보는 것이 합리적이다. 예를 들어 원고가 A사의 주식을 P사에 고가로 양도하면서 그 대가로 P사가 보유하고 있던 자기주식을 양도받았을 경우 이러한 주식의 교환계약이 성사됨으로써 비로소 원고는 거래상대방인 P사와 특수관계가 형성되므로 그 교환조건을 정하는 단계에서는 원고와 P사 사이에 특수관계가 없었기 때문에 원고가 P사에게 교환조건을 자신에게 유리하게 정하도록 영향력을 행사할 수 없었다고 할 수 있다. 따라서 이 경우는 부당행위계산부인의 대상이 아니라고 보아야 한다.

이 점에 관한 비슷한 사례로 대법원 2014. 11. 13. 선고 2012두24863 판결이 있다. 원고는 A사의 대표이사로서 그 발행주식 20%를 소유하고 있었는데, 2007. 8. 9. P사에 A사 주식 24,000주를 시가보다 높은 1주당 125,000원에 이를 양도하였다. 같은 날 원고는 P사의 대주주들로부터 P사의 주식 30%와 그 경영권을 120억 원에 양수하는 계약을 체결하면서 그 이후에는 원고의 서면에 의한 사전 동의 없이는 P사로 하여금 영업의 일부 또는 전부의 양도, 영업의 양수나 경영의 인수, 건당 1,000만 원을 초과하는 거래, 기타 자산이나 영업에 중대한 영향을 미치는 행위 등을 하지 아니하도록 약정하였다. 과세관청은, 원고가 2007. 8. 9. 특수관계자인 P사에게 A사 주식을 고가로 양도함으로써 이익을 분여받았다고 보아 증여세를 부과하였다.

위 사례는 법인세법상 부당행위계산부인에 관한 것이 아니라 상속세 및 증여세법상 특수관계인 사이의 이익분여에 관한 것이지만 쟁점의 성격은 비슷하다. 이 사례에서 원고는 원고가 P사에게 A사 주식을 양도한 2007. 8. 9.에는 P사 주식에 대한 권리행사를 할 수 있는 지위에 있지도 아니하였고, P사가 2007. 8. 9. 원고로부터 A사 주식을 양수한 것은 P사의 대주주들이 결정하고 실행한 것으로서 원고에 의하여 결정·실행된 것도 아니라고 주장하였다. 그러나 원심법원은, 원고가 2007. 8. 9. P사의 대주주들과 사이에 그들로부터 그 주식 2,000,000주와 경영권을 120억 원에 양수하는 내용의 주식 및 경영권 양수도계약을 체결한 이후에는 원고의 서면에 의한 사전 동의 없이는 P사로 하여금 영업의 일부 또는 전부의 양도, 영업의 양수나 경영의 인수, 건당 1,000만 원을 초과하는 거래, 기타 자산이나 영업에 중대한 영향을 미치는 행위 등을 하지 아니하도록 약정한 사정 등을 들어, 원고가 A사 발행주식 24,000주를 주당 125,000원으로 계산하여 대금 30억 원에 양도할 당시 이미 원고로서는 임원에 대한 임면권의 행사나 사업방침의 결정 등을 통하여 P사의 경영에 대하여 사실상의 영향력을 행사하는 지위에 있었다고 판시함으로써 원고의 주장을 배척하였고, 대법원은 원심의 판단을 수긍하였다.

이 사안에서는 하나의 교환계약에 의하여 거래가 이루어진 것이 아니라 같은 날 이루어진 두 개의 계약에 따라 거래가 이루어졌기 때문에 그 선후가 문제될 수 있다. 예를 들어 P사의 경영권 양수계약이 A사 주식의 양도계약보다 먼저 이루어졌다면 후자 계약 당시에 이미 특수관계가 형성되었다고 볼 여지가 있지만 그렇지 않고 두 계약이 동시에 이루어졌다면 그와 같이 보는 데는 무리가 따른다. 원심의 판시를 보더라도 그 선후관계가 분명하지 않아 동시에 이루어진 것으로 추정되는데 그럼에도 불구하고 원심은 뚜렷한 근거도 없이 A사 주식의 양도계약 당시 이미 원고가 P사에 대하여 영향력을 행사할 수 있는 지위에 있었다고 본 것은 무리가 따른다. 따라서 이러한 원심판단을 그대로 수긍한 대법원의 태도는 옳지 못하다고 하겠다.

(3) 특수관계 소멸 후 계약이 이행된 경우

특수관계가 있을 때 부당행위계산에 해당하는 거래의 계약을 체결하였으나 이를 이행할 당시에는 특수관계가 소멸되었을 때 부당행위계산부인 규정을 적용할 수 있는지 여부가 문제된다.

예를 들어 특수관계가 있을 때 어떤 재화를 저가로 양도하거나 고가로 매수하기로 하는 약정을 하였고, 그 약정에 따라 실제로 재화를 양도하거나 매수하고 그 대금을 수수한 때에는 특수관계가 소멸해 있었던 경우가 있을 수 있다. 여기서 부당행위계산을 결정짓는 요소는 저가양도나 고가매수이고 그 내용은 약정당시에 정해지는데 그 당시에 거래 당사자가 특수관계가 있었고 그 관계가 거래내용을 정하는 데 영향을 미쳤다고 볼 수 있다면 이는 부당행위계산부인의 대상이 되어야 할 것이다. 그 후에 그 약정의 내용을 실제로 이행하는 것은 그 약정에 내용에 기속되는 것이어서 달리 변경할 여지가 없으므로 그 이행 당시에 특수관계가 있었는지 여부는 중요하지 않다. 따라서 약정 후 그 이행 전에 우연히 특수관계가 소멸하였다고 하더라도 부당행위계산부인의 대상이 됨에는 변화가 없다고 해야 할 것이다.

그러나 당초의 원인행위에 구속되지 않고 원인행위의 결과를 철회할 수 있는 상황인데도 특수관계가 소멸된 후에 그 결과가 유지되었다면 이것은 특수관계에 영향을 받은 결과라고 할 수 없으므로 이에 대하여는 부당행위계산부인을 할 수 없다고 보아야 한다. 비슷한 취지에서 대법원 2014. 7. 24. 선고 2012두6247 판결은 법인이 특수관계자에게 업무와 무관하게 가지급금을 제공한 후 대손사유가 발생하기 전에 특수관계가 소멸하였다면 더 이상 비정상적으로 자금을 대여하고 있는 것이라고 볼 수 없으므로 업무무관 가지급금에 대한 세법적 규제를 가할 필요가 없는 점 등을 종합하여 보면, 대손금을 손금에 산입할 수 없는 특수관계자에 대한 업무무관 가지급금인지 여부는 대손사유가 발생할 당시를 기준으로 판단하여야 한다고 판시하였다. 이 판결에서는 특수관계가 소멸한 후에는 가지급금을 회수할 수 있음에도 이를 그대로 방치하였다면 이는 특수관계에 영향을 받은 것으로 볼 수 없고 따라서 그러한 상태에서 대손사유가 발생하였다면 그 당시에 특수관계자에 대한 업무무관 가지급금으로서의 성격을 이미 상실하였으므로 손금불산입의 대상이 될 수 없다고 보아야 한다는 취지로서 타당한 판결이다.

3. 시가의 의의

가. 시가의 산정 방법

부당행위계산부인의 기준이 되는 시가에 관하여, 법인세법 제52조 제2항은 건전한 사회 통념 및 상거래 관행과 특수관계인이 아닌 자 간의 정상적인 거래에서 적용되거나 적용될 것으로 판단되는 가격(요율·이자율·임대료 및 교환 비율과 그 밖에 이에 준하는 것을 포함하며, 이하 "시가"라 한다)을 기준으로 한다고 규정하고, 그 위임에 의한 법인세법 시행령 제89조는 해당 거래와 유사한 상황에서 해당 법인이 특수관계인 외의 불특정다수인과 계속적으로 거래한 가격 또는 특수관계인이 아닌 제3자간에 일반적으로 거래된 가격이 있는 경우에는 그 가격에 따른다고 규정하고 있다.

여기서 특수관계인 외의 불특정다수인과의 거래가격을 중시하는 이유는, 인간은 기본적으로 자기의 경제적 이윤을 추구하는 존재이므로 서로 간에 각자가 그러한 경제적 동기로 거래에 임하게 하면 시장경제의 원리에 의하여 수요와 공급의 균형점에서 형성되는 가격에 수렴하게 되고 그래서 그것을 시가로 볼 수 있기 때문이다. 그런데 이러한 거래가 특수관계인 사이에 이루어지면 사정이 달라진다. 이 경우에는 서로 자기의 경제적 이윤을 추구하는 존재로서가 아니라 상대방에게 이익을 주고 자기는 손해를 보는 거래를 할 수 있기 때문이다. 아버지와 아들 사이의 거래를 상정해보면 쉽게 이해할 수 있다. 이와 같이 상대방에게 이익을 주고 자기는 손해를 보는 거래를 함으로써 과세대상소득을 줄일 수 있으므로 세법은 이것을 방관할 수 없어 부당행위계산부인이라는 도구를 고안해낸 것이다. 특수관계인 사이에 이루어진 거래를 특수관계가 없는 불특정다수인 사이에 이루어지는 거래로 치환해보았을 때 어떠한 거래가액이 형성될 것인지를 보겠다는 것이며 이것이 시가에 해당한다.

이러한 시가가 현실에 항상 존재하는 것은 아니다. 그래서 이에 대비한 보충적 방법을 규정하고 있다. 법인세법 제89조 제2항은 시가가 불분명한 경우에는, 첫 번째로 감정평가법인이 감정한 가액이 있는 경우에는 그 가액을, 두 번째로 상증세법 제61조부터 제66조까지의 규정을 준용하여 평가한 가액으로 한다고 한다. 이러한 체계는 상증세법상의 시가 체계와 유사하다. 상증세법도 제60조 제2항에서 시가는 불특정다수인 사이에 자유롭게 거래가 이루어지는 경우에 통상적으로 성립된다고 인정되는 가액으로 하고, 수용가격·공매가격 및 감정가격 등 대통령령으로 정하는 바에 따라 시가로 인정되는 것을 포함한다고 규정하면서, 제3항에서 시가를 산정하기 어려운 경우에는 해당 재산의 종류, 규모, 거래 상황 등을 고려하여 제61조부터 제65조까지에 규정된 방법으로 평가한 가액을 시가로 본다고 규정하고 있다. 시가에 대한 증명책임은 그것이 부당행위계산부인의 기본적인 요건이 되므로 과세관청에게 있다는 것이 판례의 확립된 입장이다.

부당행위계산부인을 하기 위하여 시가를 찾기 위해서는 당해 거래와 동일한 거래를 찾아야 하는데 그것이 여의치 않은 경우가 대부분이므로 이러한 경우에는 유사한 거래를 찾아서 그 차이를 조정하는 방법으로 시가를 산정할 수밖에 없다. 시가에 관한 입증책임은 과세관청에게 있기 때문에 이러한 조정을 제대로 하는 것도 과세관청의 책임이며 그 책임을 다하지 못한 경우에는 부당행위계산부인을 할 수 없다.

이에 관한 사례로 대법원 2018. 7. 20. 선고 2015두39842 판결이 있다. 원고는 2005. 2.

14. 선순위 대주인 A 유동화전문 유한회사와 대출계약을 체결하면서, 근저당권 등을 설정해주고 선순위차입금 상환에 지장이 없어야 후순위차입금을 상환할 수 있으며 선순위차입금의 원리금은 2006년부터 10년간 분할상환하고 이자율은 만기에 따라 연 6.92%에서 8.62%, 지연이자율은 연 19%로 하기로 약정하였다. 이어서 원고는 2005. 5. 20. 원고의 주주로서 특수관계인인 B연금관리공단과 C은행으로부터 후순위차입금을 조달하면서 이자를 고정금리로 지급하기로 약정하였는데, 그 이자율은 차입일 또는 전환일로부터 2007년 말까지는 연 6%, 그 다음 날부터 2008년 말까지는 연 8%, 그 다음 날부터 2012년 말까지는 연 16%, 그 다음 날부터 최종상환일까지는 연 20%로 정하였고, 원금은 2025년부터 5년간 분할상환하는 것으로 하고 지연이자율은 정하지 아니하였다. 원고의 의뢰로 M, N회계법인이 각 후순위차입금 이자율의 시가를 분석한 결과 각각 17.3%와 19.8~23.75%로 산정하였다.

원고는 당초 선순위차입금 이자율 연 8.62%를 기준으로 만기프리미엄 1.53%, 후순위위험프리미엄 1.62%, 최소운영수입보장 감소프리미엄 2.59%, 최소운영수입보장의 조기종료 프리미엄 2%, 지급시기 이연분 가산이자 1.64% 등을 가산할 경우 이 사건 후순위차입금 이자율의 시가는 연 16%를 상회한다고 주장하였다. 이에 대하여 과세관청은 선순위차입금 이자율 연 8.62%를 기준으로 원고가 주장한 만기프리미엄, 후순위위험프리미엄, 지급시기 이연분 가산이자 관련 부분만을 더한 연 13.41%를 후순위차입금 이자율의 시가로 보았다.

대법원은, ① 후순위차입금은 선순위차입금과 그 지급조건, 담보, 상환기간 등에서 차이가 있고, ② 회계법인이 시가를 분석하여 산정한 후순위차입금 적정이자율의 범위는 원고가 정한 이자율 연 16%를 상회하며, ③ 건설교통부장관은 민간투자지원센터 등의 검토를 거쳐 후순위차입금의 이자율이 적정한 것으로 보아 자금재조달계획을 승인하였으며, ④ 원고는 민간투자사업기본계획에 따라 자금재조달절차를 진행하였고, 건설교통부장관은 자금재조달계획을 승인하면서 원고에 대한 최소운영수입보장률을 90%에서 82%로 인하하여 정부의 재정적 부담을 완화하였다는 등의 이유로 과세관청이 주장하는 연 13.41%의 후순위차입금 이자율이 구 법인세법 제52조 제2항의 시가에 해당한다고 단정하기 어렵다고 판시하였다.

여기서 원고와 과세관청 입장의 가장 큰 차이는 최소운영수입보장 감소프리미엄 2.59%와 최소운영수입보장의 조기종료 프리미엄 2%를 가산할 것인지에 있었다. 과세관청은 자금재조달에 따른 최소운영수입보장률의 감소로 인하여 약 4,219억 원의 매출감소가 있더라도 원고의 채무불이행 위험이 증가하지 않는다고 주장하였으나, 대법원은 민간투자사업은 그 사업기간이 장기여서 사업의 편익 및 비용이 당초 예측과 다르게 실제

사업환경에 따라 변동될 위험이 있는 점을 감안하여 볼 때, 정부와의 실시협약에 따른 최소운영수입보장률이 인하되면 이를 보전해주는 것이 없는 이상 채무불이행 위험이 증가하므로 그로 인한 프리미엄을 가산하지 않을 수 없다고 보았다. 과세관청이 유사거래를 찾긴 했으나 차이조정작업을 제대로 하지 못함으로써 당해 거래의 시가에 관한 증명책임을 다하지 못하였다는 이유로 납세자의 손을 들어준 모범적인 판결이다.

나. 상장주식의 시가

상장주식의 경우 통상적으로는 불특정다수인이 경쟁적으로 참여하는 증권거래소의 장내시장에서 거래되므로 그 거래가액은 법인세법 시행령 제89조 제1항 본문의 시가 개념에 가장 부합한다. 그래서 법인세법 시행령 제89조 제1항 본문 괄호규정은 주권상장법인이 발행한 주식을 한국거래소에서 거래한 경우 해당 주식의 시가는 그 거래일의 한국거래소 최종시세가액에 의한다고 규정하고 있었다. 거래소에서의 거래가액은 거래일 당일 중에도 등락을 거듭하므로 어느 때의 가액을 시가로 볼 것인지가 문제될 수 있는데 편의상 당일 최종거래가액을 시가로 보도록 의제하였던 것이다.

그런데 위 시행령 규정이 2021. 2. 17. 개정되면서 상장주식을 증권시장 외에서 거래하거나 대량매매 등 기획재정부령으로 정하는 방법으로 거래하는 경우에만 그 거래일의 거래소 최종시세가액으로 한다고 규정하게 되었다. 따라서 위 개정규정에 의하면, 특수관계인들이 한국거래소에서 신고대량매매나 시간외대량매매를 통하여 상장주식을 거래하는 경우 부당행위계산부인을 함에 있어 기준이 되는 시가는 거래당일 최종시세가액이 된다. 2021. 2. 17. 개정을 통하여 증권거래소의 장내시장에서 경쟁적으로 거래되는 통상적인 경우에 관하여는 별도로 명시적 규정을 두지 않게 된 것은 증권거래소의 장내시장은 불특정다수인들이 경쟁적으로 참여하는 거래구조이기 때문에 특수관계인 사이의 거래를 상정하기 어렵다고 본 것일 수도 있고, 증권거래소의 장내시장에서 거래되는 가격은 법인세법 시행령 제89조 제1항 본문이 규정하는 시가의 개념에 가장 부합하기 때문에 그 규정으로 족하다고 본 것일 수 있다.

그런데 법인세법과 같은 취지의 부당행위계산부인에 관한 규정을 두고 있는 소득세법에서는 시가에 관하여 법인세법과는 좀 다르게 규정하고 있었다. 배당소득, 사업소득 또는 기타소득이 있는 거주자에 대한 부당행위계산부인을 함에 있어서 시가에 관하여는 소득세법 시행령 제98조 제3항은 법인세법 시행령 제89조 제1항 및 제2항을 준용하도록 함으로써 법인세법에서의 시가와 동일한 체계를 유지하면서도, 양도소득이 있는 거주자에 대한 부당행위계산부인을 함에 있어서 시가에 관하여는 소득세법 시행령 제167조 제

5항이 시가는 상증세법 제60조부터 제66조까지의 규정을 준용하여 평가한 가액에 의하도록 규정하고 있었다.

이 때문에 상장주식의 양도소득에 관하여 부당행위계산부인을 함에 있어서는 상증세법 제60조 제1항 후문에 의하여 제63조 제1항 제1호 가목에 규정된 평가방법으로 평가한 가액, 즉 거래일 전후 각 2개월의 최종시세가액의 평균액을 시가로 보고, 제63조 제3항에 의하여 최대주주등의 주식은 위 시가에 20%를 할증한 가액을 시가로 보게 되었다. 특히 법인의 경우에는 20% 할증에 관한 규정이 적용되지 않음에도 개인의 경우에는 위 할증 규정이 적용된다는 점에서 차별이 있었다.

이와 같이 양도소득에 관한 부당행위계산부인을 함에 있어 법인세법과 달리 상증세법상의 시가체계를 그대로 수용한 소득세법 시행령 제167조 제5항이 시가의 본질을 벗어난 것으로서 모법의 위임범위를 벗어났는지 여부가 다투어졌다.

이에 대하여 대법원 2020. 6. 18. 선고 2016두43411 전원합의체 판결의 다수의견은, 모법의 위임범위를 벗어났다고 보기 어렵다고 하면서 그 효력을 인정하였다. 그 주된 논거는, 상장주식은 시세 변동의 폭이 매우 커 거래가 체결된 특정 시점의 시세가액만으로는 주식의 내재적 가치를 합리적으로 평가하기 어려우므로 거래일 전후 각 2개월 동안의 최종시세가액 평균액을 상장주식의 시가로 간주하는 규정은 합리적이고, 최대주주 등이 보유한 상장주식은 최대주주 등의 경영권 유지와 밀접한 관련이 있으므로 일반 주주가 보유한 상장주식에 비하여 양도성 등에 차이가 있어 거래현실상 일반적으로 그 가치가 높게 평가되는 점을 반영할 필요가 있어 현실적으로 경영권 이전의 결과가 발생하는지와 무관하게 최대주주등 보유의 상장주식을 그 지분 비율에 따라 일률적으로 20% 정도 할증 평가하는 것은 합리적 입법재량의 범위 내에 있다고 볼 수 있으며, 시가에 관하여 법인세법과 달리 규정하고 있는 것은 상증세법상 시가와 소득세법상 시가는 특별한 사정이 없는 한 동일하여야 한다는 관점이 있을 수 있고, 양도인이 법인인 경우에는 상대적으로 거래가액과 증빙자료의 조작이 어렵고 장부 등 증빙자료의 조사를 통한 실지거래가액의 파악이 용이한 데 반해, 양도인이 개인인 경우에는 거래 당사자들이 통모하여 거래나 자금 이동의 시기를 조작하거나 계약 해제 및 재계약 등의 외관을 꾸며내기가 상대적으로 용이하고 과세관청이 그러한 사정을 밝혀내기 어렵다는 점을 고려한 것으로도 보이므로 개인과 법인을 합리적 이유 없이 차별한 것으로 평가할 수 없다는 것이다.

위 전원합의체 판결에서 다수의견(7인)에 의하여 위와 같이 법리가 선언되긴 했지만, 6인의 반대의견이 있었고, 이러한 차별성에 관한 비판이 계속 지적되어서인지 소득세법 시행령이 2021. 2. 19. 개정되면서 제167조 제7항이 신설되어 주권상장법인이 발행한 주식의 시가는 법인세법 시행령 제89조 제1항에 따른 시가로 한다고 규정하게 되었다. 동시에 법인세법 시행령 제89조 제1항도 개정되어 그 단서에서 사실상 경영권의 이전이 수반되는 경우(해당 주식이 상증세법 시행령 제53조 제8항 각 호의 어느 하나에 해당하는 주식인 경우는 제외한다)에는 상증세법 제63조 제3항을 준용하여 그 가액의 100분의 20을 가산한다고 규정하게 되었다. 이로써 법인세법 시행령과 소득세법 시행령의 불일치는 해소되게 되었다. 바람직한 입법으로 평가될 수 있겠다.

4. 경제적 합리성의 결여

가. 의의

부당행위계산부인의 대상이 되기 위해서는 납세자가 조세의 부담을 부당하게 감소시키는 행위 또는 계산을 선택해야 하는데, 여기서 '부당하게'의 요건을 어떻게 볼 것인지가 문제된다. 일반적으로는 납세자가 통상적이라고 생각되는 행위 또는 형식을 선택하지 아니하고 이상한 행위 또는 형식을 선택하는 경우를 말한다고 설명하고 있다. 이에 관한 구체적 판단방법으로는 특수관계가 없는 자와의 거래형식과 비교하자는 견해, 경제적 합리성을 결여하고 있는지 여부로 판단하자는 견해, 경제적 합리성과 거래 당사자의 특수사정 등 일체의 사정을 참작하여 판단하자는 견해 등이 있는데, 서로 표현방법은 다소 상이하지만 기본 취지는 비슷한 것으로 보인다. 요지는 특수관계가 있음으로써 그에 영향을 받아 통상적인 경우에는 행하지 아니하였을 이상한 거래나 행위 형식을 취함으로써 그것이 경제적 합리성을 결여하였다고 볼 수 있다면 '부당하게'의 요건을 갖추었다고 볼 수 있다는 것이다. 결국 핵심이 되는 요소는 경제적 합리성을 결여하였다고 볼 수 있느냐이고, 그래서 아무리 특수관계인 사이의 행위나 계산이고 그것이 조세의 부담을 감소시키는 결과를 가져왔다고 하더라도 경제적 합리성을 갖춘 것이라면 함부로 부당행위계산부인의 대상으로 보아서는 아니된다고 할 것이다. 대법원 1990. 5. 11. 선고 89누8095 판결, 대법원 2004. 9. 23. 선고 2002두1588 판결 등도 법인의 행위계산이 법인세법 시행령 제88조 제1항 각 호에 열거된 제반 거래형태에 일응 해당한다고 하더라도, 경제인의 입장에서 부자연스럽고 불합리한 행위계산을 함으로 인하여 경제적 합리성을 무시하였다고 인정되지 아니하면 부당행위계산에 해당하지 아니한다고 판시하고 있다.

경제적 합리성의 결여에 관하여 대법원 2010. 10. 28. 선고 2008두15541 판결은 다음과 같이 판시하고 있다. 즉, 부당행위계산부인은 경제인의 입장에서 볼 때 부자연스럽고 불합리한 행위계산을 함으로 인하여 경제적 합리성을 무시하였다고 인정되는 경우에 한하여 적용되는 것이고, 경제적 합리성의 유무에 대한 판단은 거래행위의 여러 사정을 구체적으로 고려하여 과연 그 거래행위가 건전한 사회통념이나 상관행에 비추어 경제적 합리성을 결한 비정상적인 것인지의 여부에 따라 판단하되, 비특수관계자 간의 거래가격, 거래당시의 특별한 사정 등도 고려하여야 한다는 것이다. 거래당시의 특수사정으로는 당해 거래가 당사자 간의 합리적 경제의사에 따라 자발적으로 행하여진 것인지, 정부의 정책지침이나 행정지도 또는 관계회사의 압력, 거래처와의 관계 등에 의해 타율적으로 행하여진 것인지 여부,[28] 당해 거래가 당해 거래 자체로서 직접 달성하고자 하는 경제적 목적 외에 다른 외부적 목적을 가지고 있는지 여부 등을 들 수 있겠다. 그리고 대법원 2017. 1. 25. 선고 2016두50686 판결은 경제적 합리성의 유무를 판단할 때에는 해당 거래행위의 대가관계만을 따로 떼어 내어 단순히 특수관계인이 아닌 자와의 거래형태에서는 통상 행하여지지 아니하는 것이라 하여 바로 경제적 합리성이 없다고 보아서는 아니 되며, 거래행위의 제반 사정을 구체적으로 고려하여 과연 그 거래행위가 건전한 사회통념이나 상관행에 비추어 경제적 합리성이 없는 비정상적인 것인지의 여부에 따라 판단하여야 한다고 판시하였다.

이러한 경제적 합리성의 결여 여부를 판단하는 기준시기는 거래당시가 되어야 할 것이다. 대법원 1989. 6. 13. 선고 88누5273 판결도 같은 취지이다. 그리고 경제적 합리성의 결여는 부당행위계산부인을 위한 적극적 요건에 해당하므로 그에 관한 증명책임은 당연히 과세관청에게 있다고 해야 한다. 대법원 1996. 5. 10. 선고 95누5301 판결, 대법원 1995. 12. 26. 선고 95누3589 판결 등도 같은 입장이다.

실제 조세쟁송에서는 과세관청이 부당행위계산부인을 하였을 때 납세자가 그 기준이 되는 시가의 요건을 다투는 경우 못지 않게 경제적 합리성의 요건을 다투는 경우가 많고, 거기서 경제적 합리성을 결여하였다고 볼 수 없다는 이유로 납세자 승소 판결을 이끌어 내는 경우들이 더러 있다. 특수관계가 없다면 경제인으로서는 통상 시가에 부합하는 가액으로 거래를 할 것이므로, 특수관계인들 사이에 시가에 벗어나는 가액으로 거래를 하였다면 일응 경제적 합리성을 결여하였다고 보기 쉬울 것이다. 그러나 거래당시 당해 법인의 구체적 상황이나 그 거래의 특수성 때문에 시가에 벗어나는 거래를 하지 않을 수 없는 특별한 사정이 있을 수 있고, 그렇다면 그것은 특수관계로부터 영향을 받은 것이 아니라 다른 특별한 사정으로부터 영향을 받은 것으로 볼 수 있기 때문에 그로 인한 조세의 부담이 감소되는 결과가 초래되더라도 함부로 부당행위계산부인을 하여서는 아니 될 것이다. 그래서 경제적 합리성의 결여를 판단하는 데 있어서는 특수관계 외의 다른 특별한 사정이 있었는지에 초점이 맞추어질 것으로 보인다. 이하에서는 경제적 합리성에 관한 몇 가지 사례를 살펴본다.

---

28) 대법원 1990. 5. 11. 선고 89누8095 판결, 대법원 1992. 3. 31. 선고 91누8555 판결 등

나. 경제적 합리성이 없다고 본 사례

(1) 대법원 2014. 7. 10. 선고 2014두1772 판결

원고가 특수관계에 있는 H그룹의 계열사인 A사 등에게 상장주식인 B보험사 주식(지분율 20%)을 1주당 19,000원에 장외 매도하였는데, 당시 B보험사 주식의 최종 시세가액은 1주당 5,490원에 불과하였다. 그래서 과세관청은 A사 등이 특수관계자인 원고로부터 위 주식을 고가매입함으로써 원고에게 이익을 분여한 것으로 보아 부당행위계산부인을 하였고, 이에 대하여 원고는, C보험사에 의한 B보험사의 적대적 인수를 막고 B보험사를 H그룹의 D보험사와 합병하여 시너지 효과를 창출하려는 H그룹의 전략적 판단에 기하여 B보험사의 경영권 양도를 수반하여 이루어진 것이므로 경제적 합리성이 있다고 주장하였다. 그러나 원심은, 위 주식의 1주당 매매가액 19,000원은 최종 시세가액의 약 3.45배에 이르고, 상속세 및 증여세법에 따라 계산한 시가인 6,301원의 약 3배에 이르는 점 등을 종합하여 보면, 원고의 주장을 감안한다고 하더라도 A사 등이 위 주식을 위와 같이 높은 가격에 매수한 것은 건전한 사회통념이나 상관행 등에 비추어 경제적 합리성이 결여된 비정상적인 거래라고 판단하였고 대법원이 이를 수긍하였다. 이 사안의 원고는 H그룹 회장의 친족으로서 그 회장의 주도하에 원고에게 이익을 분여할 목적으로 비정상적인 거래를 하였을 가능성이 높다는 점이 중시된 것으로 보인다.

(2) 대법원 2014. 4. 24. 선고 2013두26606 판결

A사가 발행하는 사채에 대하여 B종금사가 보증계약을 체결하면서 A사가 지급할 사채원금 등을 B종금사가 대위변제할 경우 A사가 B종금사에게 그 원리금을 상환하기로 하였고, 원고는 특수관계자인 A사의 B종금사에 대한 모든 채무를 연대보증하였다. 원심은, 원고가 A사를 위하여 연대보증한 것은 A사와 같은 계열회사였기 때문으로 보일 뿐 그 외에 달리 사업과 관련한 경제적 합리성에 근거한 뚜렷한 이유가 있었다고는 보이지 않는 점, 원고는 위 보증약정 당시에 그 연대보증에 상응한 대가나 연대보증채무의 이행에 따른 손해보전을 위한 확실한 담보를 취득하지 않았던 점, 원고는 연대보증채무를 이행함으로써 현금의 감소가 초래되었음에도 A사에 대한 정리계획 인가조건에서 특수관계자인 원고의 일체 구상금채권이 면제됨으로써 순자산의 감소가 발생하게 된 점, 위 연대보증채무의 이행은 결과적으로 A사에 이익을 분여한 것으로 평가될 수 있는 점 등을 종합하면, 원고의 연대보증약정과 그 후에 이루어진 보증채무의 이행은 경제적 합리성이 없는 비정상적인 행위로서 부당행위계산부인의 대상이 된다고 판단하였고, 대법원이 이

를 수긍하였다. 일반적으로 특수관계자 사이가 아니라면 대가의 지급이나 손해의 보충을 위한 별도의 담보를 취득함이 없이는 연대보증 행위로 나아가지 않았을 상황에서 특수관계에 있는 주채무자의 자금 조달 등을 위한 방편으로 금융기관으로부터의 차용금에 대해 구체적 대가의 취득 없이 연대보증을 한 경우라면 이는 특별한 사정이 없으면 경제적 합리성이 없는 행위라고 평가할 수 있다는 판단에 터 잡은 것이라고 할 수 있다.

(3) 대법원 2018. 10. 25. 선고 2016두39573 판결

대법원 2018. 10. 25. 선고 2016두39573 판결은, 원고가 1999. 12. 3.경 주주인 군인공제회로부터 이자율 연 13.06%로 금전을 차입한 이래 2009년부터 2012년까지 사이에 각 이자를 지급할 당시의 차입 이자율은, 그 시가인 당좌대출이자율보다 높아 건전한 사회통념이나 상관행에 비추어 경제적 합리성을 결여한 비정상적인 것이라고 할 수 있다고 판시하였다. 장기차입계약이었고 차입기간 중 시중이자율이 하락추세에 있어 약정이자율이 시중이자율보다 높아졌던 것이 문제되었는데, 차입 약정에 원고의 조기 상환을 금지하는 어떠한 제한이 있다고 보이지 않고, 시중금리가 장기간 낮게 형성되었을 때 원고가 다른 금융업자로부터 낮은 이율로 자금을 대여받아 조기 상환을 하거나 이를 근거로 군인공제회를 상대로 이자율을 낮추는 것이 어려웠다고 보이지 않는다는 점을 논거로 삼고 있다.

그러나 차입계약 당시에는 약정이자율로 시장이자율이 별 차이가 없었고, 시중이자율이 낮아진다고 해서 당초 약정이자율의 변경을 요청할 수 있는 권원이 확보되어 있지 않았다는 점은 중시하지 않고 중도에 이자율이 낮은 다른 차입금을 조달하여 조기 상환을 했을 수도 있었다는 점 등을 더 중시하였다는 점에서 경제적 합리성을 너무 까다롭게 본 사안으로 평가할 수 있겠다.

다. 경제적 합리성이 있다고 본 사례

(1) 대법원 2014. 12. 11. 선고 2012두22553 판결

A사는 서울 광진구에서 회원제 골프장을 운영하던 비영리법인이었는데, 1972년경 골프장 부지에 어린이대공원을 설치한다는 국가시책에 따라 그 부지를 국가에 기부하고, 그 대신 고양시에서 회원제 골프장인 P골프장을 운영하고 있는 원고의 주식 100%를 인수하면서 그때부터 원고와 A사가 P골프장을 공동으로 이용하기로 하는 시설이용계약을 체결하였다. 이 계약에 따라 A사가 기존회원들로부터 받아두었던 입회금 21억 원을 원

고에게 시설이용보증금으로 지급하고 아울러 시설임대료로 월 9,000만 원을 납부하기로 하되, 매년 말 원고와 A사의 내장객 비율에 따른 적정임대료를 계상하여 월 납부한 임대료와 시설이용보증금에 대한 간주임대료를 차감하여 정산하기로 하였으며, A사 기존 회원들 및 그 가족회원들의 그린피는 A사의 수입으로 하고, A사 기존 회원들의 대여료, 연습장사용료 및 동반하는 비회원들의 입장료 등 나머지 수입은 모두 원고의 수입으로 하기로 하였다. P골프장은 비회원의 경우 회원과 동반하여서만 입장할 수 있었다. 피고는, 원고가 특수관계인인 A사로부터 받은 골프장시설 이용료가 시가에 못 미친다고 보고 부당행위계산부인을 하였다. 피고는, 원고의 입장에서 보았을 때 A사 역시 비회원에 해당하므로 원고가 A사로부터 비회원의 시설이용료 상당액을 받았어야 함에도 회원의 시설이용료 정도밖에 받지 못하였으므로 시설이용료를 저가로 수취하였다고 본 것이다.

이에 대하여 대법원은, 원고가 원고 회원으로부터 수령한 1인당 입회비와 A사가 원고에게 지급한 기존 회원 1인당 보증금 액수가 거의 동일한 점, 원고 회원과 마찬가지로 A사 회원들이 P골프장을 지속적으로 이용함을 전제로 위 시설이용계약이 체결된 것으로서 단지 시설의 1회성 이용에 그치는 비회원과는 분명히 구분되는 점, 과세관청은 1993년 8월경 원고에 대한 법인세 추징시 위 시설이용계약에서 정한 임대료 산정방식과 동일한 산정방식을 취한 바 있고, 국세청에서는 2008. 8. 27. 원고와 A사 사이의 시설임대료에 대하여 원고의 회원 입장료를 기준으로 산정하는 것이 타당하다는 견해를 취한 적이 있는 점 등을 종합하면, 원고가 A사로부터 위와 같은 시설이용료를 지급받은 행위가 건전한 사회통념이나 상관행에 비추어 경제적 합리성이 없는 비정상적인 행위로서 부당행위계산부인 사유에 해당한다고 보기 어렵다고 판시하였다.

이 사안에서 A사는 자신의 기존회원들로 하여금 원고의 P골프장을 이용하게 하고서는 그 대가로 원고 회원의 시설이용료를 약간 웃도는 이용료를 원고에게 지급하였으며, 그 가액이 비회원의 시설이용료에는 상당히 못 미쳤다. 여기서 핵심은 원고가 A사 회원들을 받아들이지 않았더라면 그 자리가 모두 비회원으로 채워질 수 있었겠느냐에 있다. 만약 모두 비회원으로 채워질 수 있었음에도 이를 A사 회원들에게 할애하였다면 과세관청의 입장이 옳을 수 있고, 그렇지 않다면 과세관청의 입장을 틀릴 수 있다. A사의 회원 및 동반 비회원은 원고의 회원 및 동반 비회원과 대등한 자격에서, 즉 서로 대체관계에서 P골프장을 이용하였고, 그중 동반 비회원의 골프장입장료는 모두 원고가 받아갔고 부당행위계산부인의 대상이 된 것은 A사 회원의 골프장입장료뿐이므로, A사 회원들의 자리가 모두 비회원으로 채워질 수 있었다고 보는 데는 다소 무리가 있다. 더구나 원고는 A사와의 약정으로 인하여 비회원 입장객 수가 더 늘어남으로써 그에 따른 수익의 증가가 있었다고 볼 여지도 있다. 그래서 원고의 입장에서는 A사와의 시설이용계약으로 인하여 전체 수입의 감소가 있었다고 단정하기 어려운 측면이 강하다. 대법원은 이러한 사정들을 감안하여 원고가 A사와의 위와 같은 시설이용계약을 체결하였다고 하더라도 그것이 경제적 합리성을 결여한 것으로 보기 어렵다는 결론에 이른 것으로 보인다.

이에 대하여는 A사가 원고와 특수관계에 없었고 A사로서는 원고의 P골프장을 이용하지 않을 수 없는 상황이었다면 과연 원고가 위 시설계약과 같은 내용의 계약을 체결하였을 것으로 보기 어렵다는 점에서 비판이 가능하다. 대법원은 A사와의 시설이용계약체결 전과 비교하여 원고에게 별 손해를 끼친 것이 없다는 점에 치중하였지만 부당행위계산부인은 부당한 거래가 있기 전과 후의 결과를 비교하여 그 부당성을 따지는 것이 아니라 부당한 거래가 있었다는 역사적 사실은 그대로 두고 그 결과와 그 거래를 특수관계인이 아닌 자와 하였을 경우의 결과를 비교하여 부당성을 판단하는 것이다. 따라서 위 대법원 판결은 비판의 여지가 많다.

(2) 대법원 2018. 7. 20. 선고 2015두45298 판결

원고가 2004. 1. 15. 당시 주주 등으로부터 2,144억 원을 후순위로 차입하면서 그 이자율을 연 13.9%로 정하였는데, 피고는 후순위차입금 이자율의 시가인 연 11.27%(선순위 차입 이자율 9%+만기 프리미엄 0.65%+후순위 프리미엄 시가 반영 1.62%)보다는 높다는 이유로 부당행위계산부인을 하였다.

이에 대하여, 법원은 다음과 같은 논거로 원고가 그 이자율을 연 13.9%로 정한 것이 건전한 사회통념이나 상관행에 비추어 경제적 합리성이 없는 비정상적인 것이라고 볼 수 없다고 판단하였다. 후순위차입금의 대주들은 선순위차입금의 상환 등 요건이 충족되지 않는 한 원금을 상환받을 수 없고, 기한의 이익이 상실되는 경우에도 후순위차입금원금지급조건이 충족되는 경우에 한하여 원금을 상환받을 수 있으며, 선순위대출의 만기는 10.5년인 반면, 후순위대출의 만기는 15년으로 1.5배에 달하는 등 그 지급조건, 상환시기 등에 있어서 선순위차입금 대주들보다 불리한 지위에 있었다. 그리고 정부와의 실시협약에 따라 원고의 최소운영수입이 보장된다 하더라도, 그 보장률이 인하되면 원고의 예상 영업현금흐름이 감소할 수밖에 없고, 정부와 실시협약에 대한 분쟁이 발생할 경우 분쟁이 해결될 때까지 보장률에 따른 보전금이 지급되지 않아 원리금회수를 예측하기 어려웠다.

이 사안에서는, 당초 원고의 주식을 인수하기 위하여 교원공제회 컨소시엄에 참여하였던 투자자들 일부는 최소운영수입보장률 인하조건을 포함한 연 13.9%의 후순위차입금이자율 등의 투자조건하에서 후순위 대출투자를 결정하였다가, 이후 정부가 추가 투자조건을 요구하자 사업의 수익성이 기대에 미치지 못한다고 판단하여 컨소시엄에서 탈퇴하기도 하였던 점, 회계법인이 국제조세조정에 관한 법률 규정에 따라 유동화증권 거래를 비교대상거래로 선정한 후순위차입금 적정 이자율에 따랐고 그 산정방법이나 평가과정에 비추어 비합리적으로 보기 어려운 점, 원고가 당시 시중은행으로부터 이 사건 후순위차입금과 같은 조건으로 피고가 주장하는 시가인 연 11.27%로 대출받을 수 있었다고 단정하기도 어려웠다는 점 등의 사정들이 특히 긍정적으로 작용한 것으로 보인다.

(3) 대법원 2020. 12. 10. 선고 2017두35165 판결

A사는 2007. 9. 19. 압연 및 압출 제품 제조·판매 등을 사업목적으로 하여 설립된 비상장법인으로 B사의 계열회사이다. C사는 2009. 7. 27. B사로부터 1주당 액면가 10,000원인 A사의 주식 20만 주를 1주당 20,000원 합계 40억 원에 매수하면서, 당시 B사의 최대주주이자 원고의 대표이사인 P와 사이에 C사가 '거래종결일로부터 1년이 경과한 날'부터 'A사의 기업공개일로부터 1년이 되는 날'까지 P에게 위 주식을 '당초 매수가격에 거래종결일부터 주식매수일까지 연복리 13%의 비율로 계산한 금액을 더한 금액'에 매도할 수 있는 이른바 '풋옵션'을 부여하는 계약을 체결하였는데, P는 제3자를 지정하여 위 주식을 매수할 수 있도록 되어 있었다. 한편, D은행도 2009. 7. 27. B사로부터 A사의 주식 20만 주를 1주당 20,000원 합계 40억 원에 매수하면서, P와 사이에 동일한 조건으로 하여 D은행에 풋옵션을 부여하는 계약을 체결하였다. C사는 2010. 8.경 비상장주식을 장기보유하기 어렵다는 이유로 풋옵션을 행사하자 P는 매수자를 원고로 지정하였고, 원고는 2010. 11. 23. 풋옵션계약에서 미리 정한 매매가격 산정방식에 따라 1주당 23,518원 합계 4,703,600,000원에 매수하였다. 한편, D은행도 풋옵션을 행사하자 P는 직접 2010. 11. 23. D은행으로부터 위와 동일한 가격에 매수하였다.

A사는 조선용 형강인 '인버티드 앵글'에 관한 독자적인 생산기술을 확보하여 2009. 4.경 생산을 개시한 결과 2009년에 최초로 약 955억 원의 매출액이 발생하였고, 2010년에는 전년도에 비하여 2배 이상 증가한 약 2,126억 원의 매출액이 발생하였으며, 이후 2013년까지 계속 2,000억 원대의 매출액을 유지하였다. 또한 2007년 설립된 이래 2007년 약 2억 원, 2008년 약 23억 원, 2009년 약 49억 원, 2010년 약 58억 원, 2011년 약 25억 원의 당기순손실을 기록하였으나, 영업이익률은 2009년 0.66%, 2010년 2.91%, 2011년 3.71%로 지속적으로 늘어나고 있었고, 2012년부터는 수익개선이 이루어져 2012년에 약 67억 원, 2013년에 약 169억 원의 당기순이익이 발생하였다. 이후 2013년경 상장을 위한 지분분산조치가 이루어짐에 따라 2014. 7.경 코스닥 시장에 상장되었다.

한편, 원고는 A사가 코스닥 시장에 상장되기 전인 2013. 12. 20. A사 주식을 매도하여 약 33억 원의 양도차익을 얻었다. 과세관청은 원고가 풋옵션계약에 따른 P의 주식매수 의무를 대신 이행하여 시가가 1주당 20,000원인 A사 주식을 1주당 23,518원에 고가로 매수함으로써 특수관계인인 P에게 이익을 분여하였다는 이유로 부당행위계산부인에 의한 과세처분을 하였다.

이에 대하여, 대법원은 경제적 합리성을 인정하였다. 그 이유로는 첫째, 원고는 A사와의 관계상 A사의 기업가치를 잘 알고 있었는데 A사는 2009. 7. 27. 무렵부터 기업공개와 상장을 준비한 것으로 보이고, 이후 매출액 증가와 수익구조 개선 등을 통해 2014. 7.경 코스닥 시장에 상장되었으며, 나아가 원고는 A사가 상장되기 전에 A사 주식을 처분하여 무려 약 33억 원의 양도차익을 얻기도 하였으므로, 원고가 A사 주식 매입 당시 A사의 미래가치를 감안할 때 그 주식의 1주당 시가가 23,518원보다 훨씬 높다고 판단하였고 이러한 판단은 객관적으로 타당하다고 보이는 점, 둘째, D은행도 C사와 같은 조건으로 풋옵션을 행사하여 P가 직접 그 주식을 매수하였는데, 만일 P가 당시 주식 가격이 시가보다 높다고 판단하여 이러한 주식매수의무를 면하려는 의도가 있었다면 원고를 매수자로 지정하여 원고로 하여금 매수하게 할 수 있었을 것임에도 직접 위 주식을 매수한 점으로 보아 그러한 의도가 있었다고 단정하기 어려운 점을 들었다.

원고가 A사 주식을 매수할 당시 상증세법상으로는 A사 주식의 시가가 20,000원으로 평가된다고 하더라도 그것이 A사의 구체적 사정에 터잡아 미래에 기대되는 수익가치를 충분히 반영한 것으로 보기 어렵고 이러한 미래가치에 대한 평가액과 기대는 평가자의 시각에 따라 제각각 다를 수 있으므로 A사의 사정을 잘 아는 원고 나름의 평가액이 법령상의 평가액과 일치하지 않는다는 이유만으로 불합리하다고 할 수 없으며, 전후의 사정들에 비추어 원고 나름의 평가액과 그에 대한 기대가 합리적인 근거가 있고 그래서 객관적으로 수긍할 만한 것이라면 경제적 합리성이 결여된 것이라고 할 수 없다고 하겠다. 위 대법원 판결은 이러한 취지를 잘 반영한 것으로서 경제적 합리성 판단에 관한 모범적인 판결이다. 대법원 2018. 12. 28. 선고 2017두47519 판결도 경제적 합리성을 인정한 사례이다.

(4) 대법원 2023. 6. 1. 선고 2019두31633 판결

원고는 관광호텔업을 영위하는 법인으로 P상표와 Q면세점 상표의 상표권자이다. 원고의 계열사인 A사는 P상표를 사용하였으나 상표권 사용료를 지급하지 않았다. 원고의 다른 계열사인 B, C, D사는 Q면세점 상표를 사용하였는데, 원고는 B, C, D사와 사이에 경영관리계약을 체결하고 경영관리수수료를 받아왔으나 상표권 사용료 명목의 돈은 별도로 받지 않았다. 과세관청은 원고가 특수관계자인 A, B, C, D사로부터 상표권 사용료를 받지 않은 것이 부당행위계산부인 대상에 해당한다고 보아 A, B, C, D사의 순매출액에 일정한 상표사용료율을 곱한 금액을 익금산입하여 과세처분을 하였다.

이에 관하여 대법원은 다음과 같이 판시하였다. 상표권자가 상표사용자로부터 상표권 사용료를 지급받지 않았다는 이유만으로 곧바로 그 행위가 경제적 합리성을 결여하였다고 단정할 것은 아니고, 상표권 사용의 법률상 계약성 근거 및 그 내용, 상표권자와 상표권 사용자의 관계, 양 당사자가 상표의 개발, 상표가치의 향상, 유지, 보호 및 활용과 관련하여 수행한 기능 및 그 기능을 수행하면서 투여한 자본과 노력 등의 규모, 양 당사자가 수행한 기능이 상표를 통한 수익창출에 기여하였는지 여부 및 그 정도, 해당 상표에 대한 일반 수요자들의 인식, 그 밖에 상표의 등록 사용을 둘러싼 제반 사정 등을 종합적으로 고려하여 상표권자가 상표권 사용료를 지급받지 않은 행위가 과연 경제적 합리성을 결여한 비정상적인 것인지 여부를 판단하여야 한다는 법리를 선언하였다.

이러한 법리를 전제로, P상표는 A사가 이를 영업에 사용하면서 그 관리에 필요한 비용을 직접 지출하여 온 반면, 원고는 P상표를 등록한 이후에도 이를 영업에 사용하거나 가치를 높이기 위한 노력을 하지 않았고, P상표가 가지는 재산적인 가치는 대부분 A사에 의하여 형성되었다는 이유로 원고가 A사로부터 상표권 사용료를 받지 않았더라도 경제적 합리성을 결여한 비정상적인 거래행위로 볼 수 없다고 하고, 원고가 B, C, D사로부터 받은 경영관리수수료에는 Q상표에 대한 상표권 사용료가 포함되어 있다고 봄이 상당하다는 이유로 원고가 Q상표에 대한 상표권 사용료를 별도로 지급받지 않았다고 하더라도 이 또한 경제적 합리성을 결여한 비정상적인 거래행위로 볼 수 없다고 판시하였다.

상표권는 다른 무체재산권과는 달리 상표 사용자가 이를 폭넓게 활발히 사용함으로써 그 상표권의 대외적 인지도가 높아져 그 가치가 더 높아지는 경향이 있으므로 상표권 사용료 수수에 있어 상표권 사용자의 이러한 기여도를 인정하는 것이 합리적이고, 경우에 따라서는 상표권의 대외적 이미지가 좋지 않아 상표 사용자의 수익창출에 별 도움이 되지 않거나 오히려 해로운 경우도 있으므로 이러한 상황도 고려하는 것이 합리적이다. 위 대법원 판결은 이러한 점들을 지적하면서 대기업 그룹의 계열사 간의 상표권 사용이 이슈화되고 있는 상황에서 천편일률적으로 정해진 산식에 따라 부당행위계산부인을 할 것이 아니라, 상표권의 특성을 잘 고려하여 경제적 합리성 여부를 잘 따져보도록 하였다는 점에서 시의적절하고 타당한 판결이라고 하겠다.

5. 부당행위계산부인의 유형

가. 개요

부당행위계산의 유형에 관하여는 법인세법 제52조 제4항의 위임에 의한 그 시행령 제88조 제1항 각 호에서 열거하고 있다. 제1호 내지 제8호의2에서는 개별적 유형을 열거하고 있고, 마지막 제9호는 이른바 유형적 포괄주의 규정으로서 '그 밖에 제1호 내지 제8호의2에 준하는 행위 또는 계산 및 그 외에 법인의 이익을 분여하였다고 인정되는 경우'를 규정하고 있다. 이러한 유형적 포괄주의 규정을 둔 것은 다양하고 우회적인 부당행위계산의 유형을 개별규정에서 빠짐없이 특정하여 열거한다는 것이 사실상 불가능한 점이 고려되었다고 할 수 있다. 이러한 규정 때문에 제1호 내지 제8호의2는 예시적 규정으로 볼 수밖에 없다. 유형적 포괄주의 규정의 적용범위에 관하여는 논란이 많다. 이에 대하여는 나중에 자세히 논하기로 한다.

나. 고가매입과 고가현물출자

법인세법 시행령 제88조 제1항 제1호는 '자산을 시가보다 높은 가액으로 매입 또는 현물출자받았거나 그 자산을 과대상각한 경우'를 규정하고 있다. 대표적인 부당행위계산부인의 유형이다. 법인이 자산을 고가로 매입하거나 고가로 현물출자를 받으면 그 자산이 시가보다 과다하게 계상되어 그 자산이 나중에 매출원가나 감가상각을 통하여 손금으로 계상될 때 손금이 과다하게 계상됨으로써 법인의 조세부담을 감소시키게 되므로 이를 부인하기 위한 것이다.

고가매입 당시에는 조세의 부담을 부당하게 감소시키지 아니하므로 법인의 소득으로 조정할 필요가 없지만 그 상대방인 특수관계인에게 시가와의 차액 상당의 이익이 분여된 것으로 볼 수 있기 때문에 그 이익의 분여에 대하여 소득세를 원천징수하기 위하여 상여나 배당 등의 소득처분을 할 필요가 있다. 그래서 고가매입시 시가와의 차액에 대하여 소득처분을 위한 익금산입을 하고 소득처분을 하면서 동시에 이를 같은 금액에 대하여 손금산입을 하면서 (-)유보처분을 해 둔다. 그 후 고가매입한 자산이 손금으로 계상될 때 과다계상된 손금을 부인하기 위하여 손금불산입 처분을 하면서 (+)유보처분을 한다. 그 결과 고가매입시 해두었던 (-)유보처분과 상계되어 소득처분이 종결된다. 고가매입시에 손금산입과 (-)유보처분을 하는 것은 그 당시에는 법인의 과세표준에 영향이 없기 때문에 익금산입을 상쇄시키기 위한 것이며 아울러 회계처리상의 순자산가액과 세법상의 순자산가액의 차액을 표시하기 위한 측면도 있다. 즉, 세법상의 순자산가액은 회계상의 순자산가액보다 (−)유보처분 금액만큼 적다는 뜻이다. 회계상으로는 그 자산가액을 시가보다 높은 매입가액으로 계상해 두었지만 세법상으로는 그 자산가액을 시가로 보겠다는 것이므로 세법상의 순자산가액이 그 차액만큼 적게 되는 것이다. 이와 같이 부당행위계산부인에 수반하여 소득처분을 함에 있어서 (−)유보처분과 (+)유보처분을 하게 되는 것은 당해 법인의 과세표준이 과소하게 계상되는 시기와 그 차액이 상대방에게 귀속되는 시기가 불일치하기 때문이다. 나중에 살펴보는 저가양도의 경우는 양 시기가 일치하므로 위와 같은 유보처분이 필요없다.

대법원 1989. 12. 22. 선고 88누7255 판결도 같은 취지에서, 고가매입의 경우 당해 자산을 양도하는 사업연도에 손익을 귀속시키기 위한 조정으로 세무회계처리는 매입연도에 시가 또는 정상가액을 초과하는 금액을 익금에 산입하여 소득처분하고, 동 금액을 손금에 산입하여 사내유보로 처분한 다음(따라서 매입연도에 있어서 법인세의 과세표준 자체의 증감은 없게 된다) 그 자산을 양도한 때에 그 초과액을 익금에 산입하여 과세표준을 증액시키고 그 소득에 대하여는 사내유보로 처분하게 될 것이다라고 판시하였다.

이와 같이 상대방에게 분여된 이익에 관하여 그 상대방이 영리법인이나 개인사업자로서 어차피 법인세나 소득세를 납부하는 관계에 있으면 원천징수를 위한 상여나 배당 등의 소득처분을 하지 않는다. 그래서 이러한 경우에는 법인세법 시행령 제106조 제1항 제1호 다목에 의하여 기타사외유출로 처리함으로써 당해 법인에게 원천징수의무를 부담시키지 아니한다.

이러한 부당행위계산부인에는 대응조정을 해 주지 않는다. 매입자의 입장에서 고가로 매입하였음에도 시가로 매입한 것으로 본다면 이에 대응하여 그 상대방에 대하여도 매도가액을 시가로 보아 주면 좋을 텐데 그렇게 하지 않고 원래의 고가로 매도한 것으로 보아 양도소득을 산정하는 것이다. 이 때문에 전체적으로는 이중과세의 문제가 생기게 되지만, 여기서의 부당행위계산은 조세의 부담을 덜고자 했던 고가매입자만을 조세정책적으로 규제하기 위한 것이므로 그 상대방의 거래에 대하여는 손을 대지 않겠다는 입법자의 의도를 탓할 수는 없다. 이와 달리 국제거래에 대한 부당행위계산부인에 있어서는 일정한 경우 대응조정을 허용하고 있다. 즉, 국제조세조정에 관한 법률 제10조 제1항은 체약상대국이 거주자와 국외특수관계인의 거래가격을 정상가격으로 조정하고, 이에 대한 상호합의절차가 종결된 경우에는 과세당국은 그 합의에 따라 거주자의 각 과세연도 소득금액 및 결정세액을 조정하여 계산할 수 있다고 규정하고 있다.

이와 같이 고가매입의 경우 상대방 입장에서는 고가양도에 해당하고 따라서 시가와의 차액만큼 양도소득이 높아져 양도소득세의 부담이 늘어남에도 여기에서 더 나아가 다시 시가와의 차액만큼 상여나 배당으로 소득처분을 받게 되어 종합소득세의 부담이 따르게 되므로 전체적으로 보아 삼중과세가 되는 문제가 있다. 그래서 이를 해소하기 위하여 소득세법 제96조 제3항 제1호가 특칙을 두고 있다. 즉, 법인세법 제52조에 따른 특수관계인에 양도한 경우로서 같은 법 제67조에 따라 해당 거주자의 상여·배당 등으로 처분된 금액이 있으면 해당 자산의 양도당시의 시가를 실지양도가액으로 보도록 규정하였다. 이로써 시가와의 차액에 대하여는 양도소득세는 과세되지 않고 종합소득세만 과세된다.

다. 무수익자산의 매입

(1) 개요

법인세법 시행령 제88조 제1항 제2호는 '무수익자산을 매입 또는 현물출자받았거나 그 자산에 대한 비용을 부담한 경우'를 규정하고 있다. 법인의 수익창출에 기여하지 않는 자산을 매입한다는 것은 당장은 법인의 소득을 감소시키는 결과가 나타나지 않지만 수익성이 없는 자산이기 때문에 향후 가치의 하락으로 인한 손실이 있을 수도 있고, 그 매입자금을 다른 수익적인 용도에 사용하였더라면 얻을 수 있었던 소득을 상실하는 이른바 기회손실이 있다고 할 수도 있다. 이로 인하여 법인의 소득이 감소됨으로써 조세의 부담이 감소될 경우 이를 부인하기 위한 규정이다. 그런데 구체적인 부인방법에 관하여 뚜렷한 규정이 없어 논란이 일고 있다.

우선적으로 생각할 수 있는 부당행위계산부인 방법은 그 매입가액 상당의 자금에 대한 기회손실을 부인하기 위하여 매입자금에 대한 인정이자를 계상하여 익금산입하고 그에 따른 소득처분을 하는 것이다. 왜냐하면 법인이 그 매입자금 상당액을 무수익자산의 취득에 사용하지 않고 유상으로 대여하였거나 수익자산의 취득에 사용하였더라면 적어도 인정이자 상당액의 익금이 발생하였을 것으로 볼 수 있기 때문이다. 그래서 대법원 2000. 11. 10. 선고 98두12055 판결도 부당행위계산부인의 대상이 되면, 무수익자산의 매입은 부인되고 대신 매입대금상당을 법인이 출자자 등에게 대여한 것으로 의제하여 인정이자를 익금산입하는 것이 타당하다고 판시하였다.

그리고 법인이 무수익자산을 취득한 후 이를 감가상각대상 자산에 편입하여 감가상각비를 손금산입하거나 그에 관한 유지관리비를 손금산입하고 향후 그 무수익자산을 처분함으로써 처분손실이 발생하여 이를 손금산입할 경우 이를 손금으로 인정하기는 어려울 것이다. 그 이유는 부당행위계산부인에 의하여 특수관계자로부터의 무수익자산 매입을 특수관계자에 대한 자금의 공여로 재구성하기 때문이라고 할 수도 있겠지만 그보다는 그와 같은 손금은 부당행위계산부인과는 별도로 업무관련성 내지 수익관련성이 없기 때문에 손금으로 인정받을 수 없다고 할 수도 있다. 이러한 성격의 비용이나 손실은 손금으로 인정받기 위한 일반적인 요건을 충족하지 못한 것이므로 특수관계자 사이의 부당행위계산으로 보지 않더라도 손금불산입할 수 있는 것이다. 그리고 인정이자의 익금산입과 위와 같은 손금불산입은 동시에 적용할 수 있다고 보아야 한다. 왜냐하면 생산적인 용처에 사용할 수 있었던 자금을 비생산적인 용처에 사용함으로써 상실한 수익을 익금산입하는 것과 업무관련성이나 수익관련성이 없어 손금을 부인하는 것은 다른 차원이기 때문이다.

여기서 인정이자를 계산하는 대상 기간은 무수익자산을 매입한 시점부터 그것을 처분하여 그 매입대금을 회수할 때까지의 기간이라고 해야 할 것이다. 여기서 무수익자산의 매입 후 이를 처분하기 전에 그 매입상대방과의 사이에 특수관계가 소멸하였다면 인정이자의 계산 대상기간의 종기를 특수관계 소멸시로 보아야 할지 아니면 여전히 무수익자산의 처분시까지로 보아야 할지가 문제될 수 있는데, 특수관계자로부터 무수익자산을 매입한 이상 나중에 특수관계가 소멸되어 특수관계의 영향으로부터 벗어났다고 하더라도 이미 매입한 무수익자산에 대하여 그 매입을 취소하거나 환매할 수 있는 것은 아니기 때문에 그때부터는 특수관계에 영향을 받지 않는 자금공여를 하고 있는 것으로 볼 수는 없을 것이므로 여전히 인정이자의 계산은 무수익자산을 처분할 때까지로 보는 것이 타당하다고 하겠다. 요컨대 특수관계자로부터의 무수익자산 매입이 특수관계자에 대한 무상대여와 비슷한 구조이긴 하지만 무수익자산의 매입은 한번 매입하면 더 이상 철회할 수 없는 일회성 거래라는 점에서 계속적 거래의 성격을 지니는 무상대여와는 성격을 달리하므로 인정이자의 계산기간은 서로 달리할 필요가 있는 것이다.

조세쟁송 실무에서는 무수익자산에 해당하는지 여부가 다투어지는 경우가 많다. 법인이 매입한 자산의 사용가치가 없다고 하더라도 장래의 시세차익이 발생할 것을 기대하고 당해 자산을 취득하였다면 무수익자산이라고 단정하기 어렵다.[29] 대법원 2014. 4. 10. 선고 2013두20127 판결도 같은 입장으로 볼 수 있다. 이러한 경우에는 당해 자산의 가격변동추이 등을 고려하여 무수익자산을 매입할 당시를 기준으로 하여 부당행위계산부인의 대상이 되는지를 판단하여야 할 것이다. 부당행위계산부인은 법인세법 시행령 제88조 제2항에서 규정하고 있듯이 그 행위당시를 기준으로 판단하여야 하기 때문이다. 그래서 당해 자산을 매입할 당시에는 그동안의 가격변동추이 등으로 보아 향후 가격이 상승할 가능성이 있었던 경우에는 사후에 결과적으로 가격이 하락하여 양도차손이 발생하였다

---

29) 시세차익을 기대할 수 있는 경우는 무수익자산의 배제사유가 아니라 경제적 합리성이 있다고 보는 사유에 해당한다는 견해도 있는데, 결과는 마찬가지이다.

고 하더라도 함부로 부당행위계산부인의 대상으로 보아서는 아니 될 것이다. 같은 취지에서 대법원 2000. 11. 10. 선고 98두12055 판결은, 무수익자산이라 함은 법인의 수익파생에 공헌하지 못하거나 법인의 수익과 관련이 없는 자산으로서 장래에도 그 자산의 운용으로 수익을 얻을 가망성이 희박한 자산을 말한다고 판시하였다. 이와 같이 원칙적으로 무수익자산이란 사용가치도 없고 교환가치의 상승도 기대할 수 없는 재산을 말한다.

(2) 고가매입과의 관계

법인세법 시행령 제88조 제1항은 부당행위계산의 유형으로 제1호의 고가매입과 별도로 제2호의 무수익자산의 매입을 열거하고 있는데 이는 고가매입에 해당하지 않을지라도 무수익자산의 매입에 해당한다면 특수관계자인 상대방으로의 이익분여가 있을 수 있고 그로 인해 법인의 조세부담을 부당하게 감소시킬 수 있기 때문에 이를 별도로 부인하기 위한 것이다. 즉, 서로 별개의 영역을 규율하고 있는 것이다. 그런데 특정한 자산을 고가로 매입함으로 인하여 그것이 무수익자산의 매입이 되는 경우가 있다. 법인의 입장에서 사용가치는 없지만 시가로 매입하였더라면 향후 양도차익을 기대할 수 있어 수익자산이 될 수 있었을 것임에도 고가로 매입하는 바람에 그러한 양도차익을 기대할 수도 없어 무수익자산이 된 경우가 여기에 해당한다. 이럴 때 무수익자산의 매입으로 보아 부당행위계산부인을 한다고 하면서 시가와 매입가액의 차액을 상대방에 대한 분여이익으로 보아 이를 익금산입하고 소득처분하는 것은 옳지 못하다. 그것은 고가매입에 관한 부당행위계산부인 방식이기 때문이다.

이러한 경우는 국제거래에서 가끔 나타나는 현상이다. 국제조세조정에 관한 법률 제3조는 국제거래에 있어서는 법인세법상의 부당행위계산부인 규정을 적용하지 아니하도록 규정하면서, 다만 그 시행령 제3조의2에서 무수익자산의 매입에 대한 규정은 적용할 수 있도록 하는 예외를 두고 있다. 그래서 과세관청은 고가매입에 관한 부당행위계산부인 규정을 적용하기 위한 방편으로 고가매입으로 인하여 무수익자산의 매입이 되었다고 하면서 부당행위계산부인을 하면서는 고가매입에 관한 부당행위계산부인과 마찬가지로 시가와 매입가액의 차액을 분여이익으로 계산하는 경우가 있는 것이다. 그러나 이러한 방식은 무수익자산에 대한 부당행위계산부인제도의 취지와도 맞지 않을뿐더러 국제조세조정법에서 국제거래에 적용할 수 없도록 한 법인세법상의 고가매입에 관한 부당행위계산부인 규정을 적용한 것과 다름 아니어서 용인될 수 없다고 하겠다. 그리고 무수익자산을 고가로 매입하는 경우에는 시가와의 차액에 대하여는 고가매입으로 부당행위계산부인을 하고 시가상당액에 대하여는 무수익자산의 매입으로 부당행위계산부인을 하는 것이 옳다.

한편, 사용가치가 있는 재산을 고가로 매입함으로써 교환가치의 하락으로 인한 손실이 사용가치를 상쇄하고 남음이 있을 경우 이를 무수익자산으로 볼 수 있는지가 문제된다. 이러한 경우 전체적으로는 수익창출에 기여할 수 없으므로 무수익자산에 해당한다고 볼 수도 있다. 동시에 고가매입에도 해당한다. 따라서 과세관청으로서는 고가매입에 관한 부당행위계산부인과 무수익자산매입에 관한 부당행위계산부인 중 어느 하나를 선택할 수 있다고 하겠다. 양자를 동시에 적용할 수는 없다. 왜냐하면 고가매입에 관한 부당행위계산부인을 하면 그로써 시가로 매입한 것으로 재구성되므로 무수익자산에 해당하지 않게 되기 때문이다.

(3) 부당행위계산부인을 수긍한 사례

무수익자산의 취득에 관하여 부당행위계산부인을 인정한 사례로는 대법원 2000. 11. 10. 선고 98두12055 판결이 있다. 이 영역에 대한 최초의 판시로 보인다. 원고는 도료·합성수지·접착제·안료의 제조·판매업, 전기·전자 및 반도체 재료의 제조·가공·판매업을 영위하는 회사로서 1992년경부터 1995년경까지 당시의 당좌대월이자율보다 높은 연 17.5%의 이율에 의한 차입금으로 인해 연 100억 원 이상의 이자를 부담해 오고 있었다. 원고는 A사로부터 골프회원권 30구좌를 취득함으로써 직원들의 체력단련 및 접대용으로 사용하기에 충분한 골프회원권을 이미 보유하고 있었다. 그런데 A사가 1991. 6. 26. 경 추가로 골프회원권 255구좌를 공개모집하였는데, 당시 시세가 하락 추세에 있어 그중 24구좌만 분양되고 나머지가 팔리지 않자, 특수관계에 있는 원고가 1992. 7. 4. 위 골프회원권 100구좌를 매입하였다. 원고는 그 후 골프회원권을 처분한 적도 없었고, 이로 인하여 어떤 수익을 얻은 바도 없었다. 이에 대하여 과세관청은 추가 골프회원권 취득은 특수관계에 있는 A사로부터 무수익자산을 취득하는 방법으로 변칙적으로 자금을 대여하고 그 이자 상당의 소득에 대한 조세의 부담을 부당히 감소시킨 것에 해당한다는 이유로 이를 부인하여 그 인정이자 상당액을 익금산입하였다. 원고는, 골프회원권은 시가의 등락에 따라 매도시 수익을 얻을 수 있으며 담보로도 제공될 수 있으므로 무수익자산이 아니라고 주장하였다. 아울러 원고가 골프회원권을 매입하면서 환매약정을 한 바 없으므로 그 매입가액 상당의 자금대여라고 볼 수 없다는 주장도 하였다.

원심은, 위 골프회원권은 무수익자산에 해당하고, 원고가 이를 매입한 행위는 무수익자산을 매입하는 방법으로 A사에 자금을 대여한 것으로서 부당행위계산에 해당하므로, 피고가 이를 부인하고 위 매입대금의 인정이자 상당의 소득이 있었던 것으로 의제하여 이를 익금에 산입한 것은 적법하다고 판단하였고, 대법원이 이를 수긍하였다. 이 사건에서는 원고가 추가 골프회원권을 매입할 당시에 업무상 필요한 만큼의 골프회원권은 이미 보유하고 있었고, 그 당시로서는 골프회원권의 시세가 하락하는 추세였다는 점이 무수익자산으로 판단하는 데 결정적인 요소가 되었다. 만약에 원고가 위 골프회원권을 처분함으로써 양도차손이 발생하여 이를 손금산입하였더라면 이 부분도 부인하여 손금불산입 처분을 할 수 있었을 것으로 보인다.

(4) 부당행위계산부인을 배척한 사례

가) 대법원 2014. 4. 10. 선고 2013두20127 판결

대법원 2014. 4. 10. 선고 2013두20127 판결은, 법인이 직원들의 숙소용 및 연수용으로 아파트와 호텔을 분양받은 것은 무수익자산의 취득에 해당한다고 볼 수 없다고 판시하였다. 원고는 기존에 보유하던 임직원들의 기숙사 13채와 독신자숙소 42실이 노후하고 도심 외곽에 위치하였을 뿐만 아니라 1999년 4월경 위 독신자숙소가 토지구획정리사업에 편입됨에 따라 새로운 기숙사를 물색하고 있던 차에 아파트분양사업 시행사인 A사로부터 아파트 50세대를 분양받았다. 원고는 A사와 사이에 위 아파트의 실거래가가 분양가 이하로 낮아지는 경우 환매를 청구할 수 있다는 특약을 체결하였고, 위 아파트의 공사가 2009년 10월경 중단되자 원고의 환매요구로 2010. 8. 31. 분양계약이 합의해제 되었으며, 원고는 2011. 5. 27. 위 아파트의 공매절차에서 그 분양내금과 이에 대한 연 5% 상당의 이자를 반환받았다. 그리고 원고는 호텔분양사업 시행사인 B사로부터 호텔객실 52실을 분양받았는데, 일반분양조건은 연 8%의 확정수익을 보장하고 자산운용에 따른 수익을 추가로 배당받는 것이었으나, 원고는 연 8%의 확정수익을 보장받는 대신 분양금액의 25%를 할인받았다. 원고는 위 호텔을 매수한 이후 연 60일의 한도 내에서 임직원들을 위한 연수 및 휴양시설로 이용하였고, 2007. 12. 14. 위탁관리회사와 자산운용위탁계약을 체결하여 나머지 기간은 위탁관리회사의 자산운용에 따른 수익금을 배분받기로 하였으며, 2011. 3. 4. 자산운용에 따른 배당수익금 141,000,000원을 지급받았다. 이들 아파트분양사업과 호텔분양사업에서 그 시공사는 원고의 특수관계인인 P사였고, A사와 B사는 원고로부터의 분양수입금으로 P사에 대한 대여금채무와 공사미수금채무를 변제하였다. 하지만 P사와 시행사들이 체결한 사업약정에는 분양수입금으로 P사에 대한 공사기성금 변제에 앞서 금융기관 대출금채무 등을 먼저 변제하도록 되어 있었고, 분양수입금에 관한 계좌가 P사와 시행사들의 공동 명의로 되어 있어 P사는 시행사들의 동의 없이 단독으로 분양수입금을 인출할 수는 없었다.

이에 대하여 원심은, 원고가 위 아파트와 호텔을 구입한 것은 원고의 주된 목적사업과 관련이 없을뿐더러 실질적인 이용가치가 낮고 가치상승을 통한 부가적인 수익도 기대되지 않으며 원고의 자금사정이나 경영실적, 매수목적물의 분양상황을 고려할 때 원고가 대규모 자금을 투입하여 단시일 내에 분양대금을 지급한 것은 매우 이례적인 점에 비추어 원고가 우회적으로 P사에 자금을 제공하기 위해 무수익자산인 아파트와 호텔을 매수한 것으로 보인다고 판시하였다.

그러나 대법원은, 법인이 매입한 자산이 수익파생에 공헌하거나 장래에 그 자산의 운용으로 수익을 얻을 가능성이 있는 등 수익과 관련이 있는 자산에 해당하고 그와 같은 매입행위가 행위 당시를 기준으로 할 때 건전한 사회통념이나 상관행에 비추어 경제적 합리성을 결여한 비정상적인 행위라고 할 수 없다면, 설령 법인이 특수관계 없는 자로부터 자산을 매입함으로써 법인과 특수관계에 있는 자가 경제적으로 어떠한 이익을 얻었다고 하더라도 무수익자산의 매입이나 이에 준하는 행위에 해당한다고 할 수 없다고 전제하고, 분양계약 당시를 기준으로 할 때 원고가 매입한 아파트와 호텔은 임직원들을 위한 복리후생시설이나 연수시설로 사용될 수 있어서 이를 보유하지 못하였을 경우와 비교하여 그에 관한 비용을 절감함으로써 수익에 기여할 가능성이 없었다고 할 수 없고 호텔의 운용수익이나 시세차익을 기대하는 것이 전혀 불합리하다고 볼 수 없으며 시행사들이 원고로부터 지급받은 분양대금을 반드시 P사에 지급하게 될 것으로 단정할 수도 없으므로, 원고가 매입한 아파트와 호텔을 원고의 수익과 전혀 관련이 없는 자산에 해당한다거나 원고의 매입행위가 건전한 사회통념이나 상관행에 비추어 경제적 합리성을 결여한 비정상적인 행위라고 할 수 없고, 설령 원고와 특수관계에 있는 P사가 원고가 지급한 분양대금을 재원으로 하여 공사대금채권을 변제받음으로써 결과적으로 경제적인 이익을 얻었고 분양계약 이후에 원고의 예상과 다른 사정이 일부 발생하였다고 하더라도 원고가 무수익자산을 매입하거나 이에 준하는 행위를 함으로써 우회적으로 특수관계에 있는 P사에 이익분여행위를 한 것으로 볼 수도 없다고 판시하였다.

앞서 업무무관 가지급금의 사례에서도 언급하였듯이 위 거래의 목적은 P사가 시행사들로부터 대여금채권과 공사미수금채권을 회수하는 것을 원고가 도와주는 것이므로 이를 위하여 원고가 직접 P사에 자금을 공여할 수는 없고 시행사들로부터 아파트와 호텔을 분양받을 수밖에 없으므로 이를 원고의 P사에 대한 직접적인 자금공여로 재구성할 수가 없는 구조이다. 그리고 원고가 분양받은 아파트와 호텔의 용처가 있었고 투자가치도 없지 않았으므로 무수익자산이라고 단정하기도 어렵다. 따라서 이를 특수관계자로부터의 무수익자산의 취득으로 의율할 수 없다고 본 대법원 판결은 타당하다고 하겠다.

나) 대법원 2016. 2. 18. 선고 2015두52913 판결

이 사안에서 원고가 2008. 12. 29. 특수관계법인인 A사로부터 광주시 소재의 5필지 토지 합계 32,969㎡를 320억 원에 매입한 데 대하여 과세관청은 특수관계자로부터 무수익자산을 매입하는 행위에 해당한다고 보아, 위 토지에 관한 유지비·관리비 등 375,630,490원과 그 토지의 매입관련대금에 지출된 지급이자 1,541,916,370원 등을 손금불산입하였다.

이에 대하여 원심은, 원고의 등기부상 목적사업 중에는 '주택건설사업 및 부동산개발업'이 포함되어 있고, 원고가 위 토지를 매입할 당시에 실제로 그 위에 아파트를 건설, 분양하는 방법으로 수익을 올리려는 계획을 가지고 있었으며, 이를 바탕으로 2010. 4. 14. 위 토지의 개발에 관한 구체적인 계획을 세웠던 점, 이후 원고가 2010. 8. 9. 광주시장에게 위 토지를 포함한 송정 3지구 일대의 토지에 대하여 주택건설사업계획승인 신청을 하였으나 거부당하자 원고는 이에 불복하여 수원지방법원에 행정소송을 제기하였는데, 제1심에서 2011. 9. 1. 원고의 청구를 인용하는 판결이 선고되기도 한 점, 원고가 위 토지를 매수한 가격인 320억 원은 위 토지에 대한 감정평가액 32,094,980,000원보다 낮은 것으로, 매도인인 A사의 경영상 이익을 도모하기 위하여 그 가격을 부당하게 높게 설정하였다고 볼만한 자료도 없는 점 등을 종합하면, 원고가 위 토지의 매입 당시에는 그 운용을 통하여 수익을 얻고자 하는 계획이 있었고 수익가능성 역시 존재하였으나 결과적으로 사업에 착수하지 못한 것에 불과하므로, 위 토지가 정한 무수익자산에 해당하지 아니한다고 보았고, 대법원이 이를 수긍하였다.

이 사안에서 과세관청이 무수익자산의 매입으로 보아 부당행위계산부인을 한 내용은 일반적인 무수익자산의 매입에 따른 인정이자의 익금산입이 아니라 그 무수익자산에 관하여 지출한 손금을 부인하는 것이었다. 그러나 이는 앞서 언급하였듯이 무수익자산의 매입에 관한 부당행위계산부인의 방법이라기보다는 업무관련성이나 수익관련성이 없는 손금이라는 이유로 부인한 것으로 볼 수 있다. 그러나 대법원은 업무관련성이나 수익관련성이 없지 않다고 보아 그 손금을 모두 인정한 것이다. 위 토지의 매입경위에 비추어 과세관청이 무리하게 무수익자산의 매입으로 단정한 것으로 보인다. 타당한 판결이다.

라. 저가양도와 저가현물출자

법인세법 시행령 제88조 제1항 제3호는 부당행위계산의 유형으로, 자산을 무상 또는 시가보다 낮은 가액으로 양도 또는 현물출자한 경우를 들면서, 다만 제20조 제1항 제3호 각 목 외의 부분에 해당하는 주식매수선택권 등의 행사 또는 지급에 따라 주식을 양도하는 경우는 제외한다고 규정하고 있다.

저가양도에 대한 부당행위계산부인은 비교적 단순하다. 세법상으로는 당해 법인이 양도의 대가로 그 시가만큼을 수령하였다가 실제 양도가액과의 차액만큼을 상대방에게 분여한 것으로 보는 것이다. 그래서 양도한 시기가 속하는 과세연도에 당해 법인의 과세표준이 양도가액과 시가와의 차액만큼 과소하게 계상되므로 이를 부인하기 위하여 그 차액만큼을 익금산입하고, 동시에 그 차액이 상대방에게 귀속된 것으로 보아 소득세의 원천징수를 위한 소득처분을 한다. 여기서는 고가매입에서 보는 바와 같은 (−)유보처분이나 (+)유보처분이 없다. 왜냐하면 당해 법인의 과세표준이 감소되는 시기와 상대방에게 이익이 분여되는 시기가 일치되기 때문이다.

저가양도의 경우도 고가매입의 경우와 마찬가지로 상대방에 대하여 대응조정을 하지 않으므로 전체적으로 이중과세, 삼중과세의 문제가 생긴다. 이러한 문제를 일부 해소하기 위하여 조정에 관한 규정을 두고 있다. 즉, 소득세법 시행령 제163조 제10항 제2호는 자산을 특수관계인(외국법인을 포함한다)으로부터 취득한 경우로서 거주자의 상여·배당 등으로 처분된 금액이 있으면 그 상여·배당 등으로 처분된 금액을 취득가액에 더한다고 규정하고 있다. 그래서 그 상대방의 입장에서는 소득처분이 이루어짐에 따라 종합소득세의 부담이 늘어나게 되지만 그 금액만큼 양도차익이 줄어들게 되어 양도소득세의 부담이 줄어들게 되므로 이중과세의 부담을 덜 수 있게 된다.

마. 용역의 저가제공 또는 고가수용

(1) 시가 산정의 곤란

법인세법 시행령 제88조 제1항은 제6호와 제7호에서 용역을 저가로 제공하거나 고가로 제공받는 경우를 부당행위계산의 유형으로 규정하고 있다. 같은 항 제1호와 제3호에서 정하고 있는 자산의 저가양도나 고가매입에 대응하는 것으로 그 대상이 유형의 자산이 아니라 무형의 용역이라는 점에서 차이가 있다. 일반적으로 자산은 정형화된 유형물로서 동종의 대체물들에 관하여 특수관계가 없는 자들 사이에 이루어진 거래실례가 존재하는 경우가 많기 때문에 그 시가를 산정하는 데 별 어려움이 없다. 그러나 용역의 경우는 개개의 용역마다 특수성이 있어 동종의 대체용역에 관한 특수관계 없는 자들 사이의 거래실례를 찾아내기가 쉽지 않아 그 시가를 산정하는 것이 어렵다.

시가란 원칙적으로 특수관계가 없는 자들 사이의 정상적인 거래에 의하여 형성된 객관적인 교환가격을 의미한다. 그래서 법인세법 시행령 제89조 제1항과 제2항은 당해 거래와 유사한 상황에서 당해 법인이 특수관계자 외의 불특정다수인과 계속적으로 거래한 가격 또는 특수관계자가 아닌 제3자간에 일반적으로 거래된 가격이 있는 경우에는 그 가격에 의하되, 시가가 불분명한 경우에는 보충적 평가방법으로 먼저, 일정한 자격을 갖춘 감정평가법인이 감정한 가액에 의하고, 그 다음으로 상속세 및 증여세법상의 평가방법에 의한 가액에 의하도록 하고 있다. 그리고 같은 조 제4항은 제2호에서 용역의 제공에 있어서는 위 제1항, 제2항의 규정에 의하여도 그 시가를 알 수 없는 경우에는 당해 용역의 제공에 소요된 원가와 그 원가에 당해 사업연도 중 특수관계인 외의 자에게 제공한 유사한 용역제공거래에 있어서의 수익률(기업회계기준에 의하여 계산한 매출액에서 원가를 차감한 금액을 원가로 나눈 율을 말한다)을 곱하여 계산한 금액을 합한 금액을 시가로 한다고 규정하고 있다.

여기서 당해 용역의 제공에 소요된 원가를 산정하는 데는 별 어려움이 없는데 당해 법인이 유사한 용역을 특수관계인 외의 자에게 제공한 사례를 찾아내어야 그 수익률을 산정하여 시가를 산출할 수 있는데, 그와 같은 유사한 용역을 찾는 것이 쉽지 않다. 조세쟁송에서는 이 점이 많이 다투어지고 있다.

(2) 사례 분석

물류용역의 시가 산정이 문제가 된 사례로 대법원 2012. 10. 25. 선고 2012두14255 판결이 있다. 원고는 자동차 제조·판매회사로서 종전에는 물류용역을 특수관계가 없는 몇몇 업체로부터 분산하여 제공받아왔는데, 2001년 2월경 원고의 특수관계인으로서 물류전문회사인 A사가 설립됨에 따라 그로부터 전체 물류용역을 제공받게 되었다. A사는 물류시스템을 통합하고 선진화하면서 2001년 10월경 원고에 대한 물류용역의 제공단가를 인상하였다. 그러나 과세관청은 2007년경 원고에 대한 세무조사를 실시하여 위 용역단가의 인상이 특수관계자 사이의 부당한 인상이라는 이유로 2004, 2005 사업연도에 대하여 특수관계인인 A사로부터 시가보다 높은 가격으로 물류용역을 제공받았다고 보아 부당행위계산부인을 하였다. 여기서 시가를 산정하는 것이 문제가 되었는데, 과세관청은, A사가 용역단가 인상 전의 단가로 원고와 거래하여 실현한 수익률이 A사 설립 전 원고와 특수관계가 없는 몇몇 업체들 사이의 수익률과 동일하다고 보고 그것은 A사가 특수관계자 외의 자에게 제공한 유사한 용역거래에 있어서의 수익률에 해당한다는 이유로 A사의 용역단가 인상 전 기간의 매출원가와 그 매출원가에 위 수익률을 곱하여 합산한 금액을 원고가 2004, 2005 사업연도에 A사로부터 제공받은 용역의 시가로 보았다.

이에 대하여 원고는 과세관청의 처분에 3가지의 잘못이 있음을 주장하였다. 첫째, 과세관청은 부과처분의 대상이 된 2004, 2005 사업연도가 아닌 2001 사업연도의 용역거래의 수익률을 시가로 적용하였고, 둘째 특수관계가 있는 원고와 A사 간의 용역거래의 수익률을 시가로 적용하였으며, 셋째 용역단가 인상 후의 용역 수준이 종전 몇몇 업체들의 용역 수준과 동일하지 않으므로 서로 유사성이 없다는 것이다.

원심은, 2001년도와 2004, 2005년도는 유가와 물가수준, 경제상황, 시장환경이 서로 다르고 A사가 제공한 용역의 품질수준에도 차이가 있으며, 더구나 과세관청이 선택한 2001년도의 수익률도 특수관계자 사이의 수익률이므로 그것을 시가로 볼 수 없다는 이유로 과세관청의 부당행위계산부인은 위법하다고 판시하였다. 그리고 대법원은 원심의 판단을 수긍하였다.

위 사안에서는 원고와 A사 사이의 2004, 2005 사업연도의 용역거래와 유사한 용역거래로서 특수관계가 없는 자 사이의 거래를 찾아내기가 어려웠고 그래서 과세관청은 고육지책으로 원고와 A사의 2001 사업연도 용역거래의 수익률을 찾아내어 그것이 원고와 특수관계가 없던 종전 몇몇 업체들의 수익률과 비슷하다고 보아 이를 시가로 산정하였다. 그러나 부당행위계산부인에 있어서의 시가란 당해 거래 당시의 시가를 의미하는 것이다. 즉, 당해 거래를 그 당시 특수관계인이 아닌 자와 하였을 때 정하여졌을 것으로 보는 가액이 시가이다. 그럼에도 위 사안에서 과세관청은 당해 거래 시기와 3년의 차이가 있는 2001 사업연도의 가액을 시가로 끌어들여 왔으므로 이 점에서 결정적인 잘못이 있다. 2001 사업연도와 2004, 2005 사업연도가 3년의 세월차가 있음에도 시가에 변화가 없다는 점에 대한 특별한 증명이 있다면 달리 볼 여지가 있으나 이러한 증명도 없는 것으로 보인다. 그리고 원심 판시에서 나타난 바와 같이 2001 사업연도 용역단가 인상 전의 용역의 수준과 그 후 용역의 수준이 비슷하다고 보기 어려우므로 유사성의 기준도 충족하지 못하였고, 더구나 그 수익률이 특수관계자 사이의 거래에서 도출된 것으로서 특수관계가 없는 자들 사이의 거래에서의 수익률과 동일하다는 보장도 없다. 그래서 어느 모로 보나 이 사안에서의 과세관청의 부당행위계산부인은 무리였다고 할 수 있다. 위 사안 이후 A사에 대한 일감 몰아주기에 대한 과세의 필요성이 제기되어 2011. 12. 31. 상속세 및 증여세법 제45조의3이 신설되어 증여세를 과세하도록 규정하였다. 결국은 이와 같은 입법을 통하여 과세의 정의를 구현하는 것이 옳다고 하겠다.

바. 상표권 사용료의 미수취

근래 그룹 계열사들 사이에 그룹의 상표권을 가진 회사가 그렇지 않은 회사로부터 상표권 사용료를 받지 않은 경우에 대하여 부당행위계산부인으로 과세처분을 한 사례들이 더러 있었다. 상표권을 사용하게 하는 것은 용역의 제공과 유사한 것이므로 그 대가를 제대로 받지 않았다면 용역의 무상 또는 저가 제공에 해당하여 부당행위계산의 유형에 속하게 된다. 여기서 상표권을 수취하지 않은 데에 경제적 합리성이 있는지가 많이 다투어졌는데, 상표권 사용자가 상표권을 사용하고 이를 홍보함으로써 오히려 상표권의 대외적 인지도를 높여 그 가치를 증가시켜주었으므로 상표권자에게 상표권 사용료를 지급할 필요가 없다는 주장들이 있었다.

이러한 논쟁에 관하여 대법원 2023. 5. 18. 선고 2022두31570, 31587 판결이 관련 법리를 정리하는 판시를 하였다. 상표는 자기의 상품과 타인의 상품을 식별하기 위하여 사용하는 표장으로, 상표제도는 상표를 보호함으로써 상표 사용자의 업무상 신용 유지를 도모하여 산업발전에 이바지함과 아울러 수요자의 이익을 보호함을 목적으로 한다고 전제하고, 상표에 화체된 업무상의 신용이나 고객흡인력 등 무형의 가치는 상표권자나 상표 사용자가 상표의 사용과 관련하여 투여한 자본과 노력 등에 의하여 획득되고 상표 사용의 정도, 거래사회의 실정, 상표의 인지도 등에 따라 변동될 수 있으므로 상표권자가 상표 사용자로부터 상표권 사용료를 지급받지 않았다는 이유만으로 곧바로 그 행위가 경제적 합리성을 결여하였다고 단정할 것은 아니고, 상표권 사용의 법률상·계약상 근거 및 그 내용, 상표권자와 상표 사용자의 관계, 양 당사자가 상표의 개발, 상표 가치의 향상, 유지, 보호 및 활용과 관련하여 수행한 기능 및 그 기능을 수행하면서 투여한 자본과 노력 등의 규모, 양 당사자가 수행한 기능이 상표를 통한 수익 창출에 기여하였는지 여부 및 그 정도, 해당 상표에 대한 일반 수요자들의 인식, 그 밖에 상표의 등록·사용을 둘러싼 제반 사정 등을 종합적으로 고려하여 상표권자가 상표권 사용료를 지급받지 않은 행위가 과연 경제적 합리성을 결여한 비정상적인 것인지 여부를 판단하여야 한다는 것이다.

이러한 법리를 전제로 하여, 상표권 사용자가 상표권의 가치증가에 기여한 바가 있다고 하더라도 상표권자 스스로도 상표권 가치증가에 많은 기여를 하였으므로 경제적 합리성을 고려하더라도 상표권 사용료를 면제해 줄 정도에 이르렀다고 보기는 어렵다고 하여 부당행위계산부인을 한 과세처분이 정당하다고 한 원심 판단을 수긍하였다. 이 사안에서 과세관청은 당초 과세처분시 산정한 상표권 사용료를 조세심판원 결정에 따라 1/10 수준으로 감액하였는데 상표권 사용자의 기여도를 감안하더라도 감액한 수준 정도의 사용료까지 면제해줄 정도는 아니라는 취지에서 과세관청의 손을 들어주었다.

사. 부동산의 저가임대 또는 고가임차

(1) 시가 산정 방법

법인세법 시행령 제88조 제1항은 제6호와 제7호에서 앞서 본 용역의 저가제공 또는 고가수용 외에도 자산의 저가임대 또는 고가임차도 부당행위계산의 유형으로 열거하고 있다. 그리고 그 시가에 관하여는 법인세법 시행령 제89조 제4항은 제1항 및 제2항의 규정에 의하여 시가를 산정할 수 없는 경우에는, 제1호에서 자산을 제공하거나 제공받는 경우에는 당해 자산 시가의 100분의 50에 상당하는 금액에서 그 자산의 제공과 관련하여 받은 전세금 또는 보증금을 차감한 금액에 정기예금이자율을 곱하여 산출한 금액을 시가로 한다고 규정하고 있다. 부가가치세법 제50조 제1항 제1호에도 같은 내용의 규정이 있다.

위 규정을 종합하면, 자산 임대용역의 시가 산정방법은 다음과 같이 요약할 수 있다. 먼저 임대사례가액에 의한 방법으로서, 법인세법 시행령 제89조 제1항에 근거하여, 동일한 건물에 대한 특수관계 없는 제3자와의 임대사례가 있고, 특수관계인으로부터 받은 임대보증금과 월세가 각각 임대사례의 임대보증금과 월세보다 적다면, 부당행위계산부인에 의하여 그 임대보증금의 차액에 대하여 정기예금이자율을 곱하는 등의 방법으로 계산한 가액과 월세의 차액을 합한 금액을 추가로 익금산입할 수 있을 것이다. 만약 여기서 임대보증금은 특수관계자의 경우가 더 높고 월세는 제3자의 경우가 더 높을 경우에는 서로 대등한 차원에서 단순비교하는 것이 불가능하므로 이 방법을 적용할 수 없다. 임대보증금과 월세가 서로 역비례관계에 있으므로 임대보증금과 월세를 단순비교하는 방법으로는 저가임대인지 여부를 판정할 수 없다. 그렇다고 해서 임대보증금을 월세로 환산하여 그 환산한 월세를 서로 비교하는 방법은 법인세법이 예정하고 있는 방법이 아니므로 허용될 수 없다고 할 것이다. 위와 같은 방법 외에 다른 방법이 없다면 몰라도 법인세법에서는 다음에서 보는 다른 대안의 방법들을 규정하고 있으므로 위와 같은 방법을 함부로 용인할 것은 아니다.

다음으로 법인세법 제89조 제2항에 근거하여 임대료의 감정평가액을 산정하여 이를 기준으로 부당행위계산부인을 하는 것인데, 2 이상의 감정평가액이 있는 경우 이를 적용할 수 있으므로 이러한 감정평가액이 없으면 이 방법은 적용할 수 없다. 마지막으로 법인세법 시행령 제89조 제4항에 의한 보충적 평가방법으로서, 위 두 가지 방법을 모두 적용할 수 없는 경우에는, 특수관계자로부터 받은 임대보증금이 당해 자산 시가의 50%에 미달하면 그 미달하는 금액에 정기예금이자율을 곱하여 산출한 금액을 익금산입하는 방법으로 부당행위계산부인을 하게 된다. 여기서 특수관계자로부터 받은 임대보증금이 당해 자산 시가의 50% 이상에 달하면 월세를 전혀 받지 않더라도 부당행위계산부인을 하지 아니한다. 이 경우 수령한 임대보증금의 금액이 적정하고 그 보증금이 수익적 용도에 사용되어 법인의 익금 창출에 기여하거나 손금의 절약에 기여함으로써 법인세의 과세표준 산정에 반영된다고 보고 더 이상 부당행위계산부인은 하지 않겠다는 취지로 이해할 수 있다.

(2) 사례 분석

법인세법 제89조 제4항이 규정하는 보충적 평가방법의 적용이 문제된 사안으로, 서울고등법원 2012. 9. 27. 선고 2012누2544 판결이 있다. 원고는 특수관계인인 A증권과 임대차계약을 체결한 후 그 임대료 수입을 익금산입하여 법인세를 신고·납부하였다. 원고는 A증권을 포함하여 그 소유건물의 임차인들과 임대차계약을 체결함에 있어 임대면적에 비례하여 전체 임대보증금을 책정한 다음 실제로 수령한 임대보증금을 차감한 잔액에 1.5%를 곱한 금액을 월차임으로 책정하였다. 원고는 특수관계가 없는 P사나 Q사에 대하여는 임대보증금의 비중을 30%로 낮추고 그 대신 월차임의 비중을 70%로 높인 반면, A증권에 대하여는 임대보증금의 비중을 70%로 높이고 월차임의 비중을 30%로 낮추었다.

이에 대하여 과세관청은 A증권에 대한 임대료가 시가보다 낮다고 보아 부당행위계산부인을 하였는데, 그 시가를 산정함에 있어 부가가치세법 시행령 제65조 제1항을 끌어들였다. 위 규정은 부동산임대용역에 있어서의 부가가치세법상 공급가액을 의제하는 규정인데, 이에 의하면 임대보증금을 수령하였을 경우 그 금액에 계약기간 1년의 정기예금이자율을 곱한 금액을 임대료로 간주하여 공급가액에 합산한다. 과세관청은 위 규정을 원용하여 원고가 A증권으로부터 받은 임대보증금에 정기예금이자율을 곱하여 산정한 부가가치세법상의 간주임대료에 원고가 실제로 A증권으로부터 받은 월차임을 합산한 금액을 임대료로 보아 이를 A에 대한 임대면적으로 나누어 A증권에 대한 임대단가를 산정하였다. 그리고 같은 층에 위치한 P사와 Q사가 각각 원고로부터 임차한 부분의 임대단가를 위와 같은 방법으로 산정한 후 이를 산술평균한 단가를 시가로 보아 이것과 A증권에 대한 임대단가를 비교하여 후자가 전자보다 낮은 것을 확인하고 원고가 A증권에게 시가보다 낮은 가격으로 부동산을 임대한 것으로 보았다. 그래서 위와 같이 산출한 시가와 A증권에 대한 임대단가와의 차액에 A증권에 대한 임대면적을 곱한 금액을 익금산입하였다.

이에 대하여 법원은, 시가 내지 적정임대료에 관한 주장·증명책임은 과세관청에 있다고 전제하고, 과세관청이 들고 있는 시가는 부동산임대용역에 대한 과세표준 계산의 특례규정인 부가가치세법 시행령 제65조 제1항에 따른 것으로서, 위 규정은 원래 부당행위계산부인의 기준이 되는 시가를 산정하기 위한 규정은 아닐 뿐만 아니라 임대보증금에 대하여는 적어도 은행의 정기예금이자율 상당의 수익을 얻을 것이라는 전제에 기초하여 부동산임대용역에 대한 부가가치세 과세표준 산출을 위한 최소한의 기준으로 볼 수밖에 없어, 위 규정에 터 잡아 산정한 시가를 원고가 A증권에 임대한 건물에 대하여 객관적이고 합리적인 방법으로 평가한 적정 임대료 가액이라고 인정하기도 어렵다고 하고, 나아가 원고는 P사, Q사와 A증권의 각 임대보증금 비중을 달리 책정하였고, A증권이 원고에게 지급한 임대보증금이 적정한 가액에 해당한다고 단정할 수는 없다고 하더라도, 임대차거래에 있어 임대보증금과 월차임의 배분 및 그 환산비율을 어떤 방식으로 정할지에 대하여는 기본적으로 임대인과 임차인 사이의 약정에 따른 선택의 문제이므로 그러한 사정만으로는 원고와 A증권 사이의 임대차거래가 건전한 사회통념이나 상관행에 비추어 경제적 합리성을 결여한 비정상적인 거래라고 단정하기는 부족하다고 판시하였다.

과세관청이 끌어들인 부가가치세법 시행령 제65조 제1항은 사업자가 부동산임대용역을 공급하고 임대보증금을 받는 경우에 월차임을 받은 경우와의 형평을 유지하기 위하여 간주임대료를 계산하는 산식이므로 그것을 법인세법상 부당행위계산부인에 있어서 기준이 되는 임대용역의 시가로 볼 수 없다. 위 사안에서는 A증권과 P사, Q사를 비교해 보면 전자는 후자에 비하여 임대보증금은 더 많되, 월차임은 더 적어 어느 쪽이 절대적으로 저가이거나 고가로 평가되기 어려운 관계에 있었기 때문에 법인세법 시행령 제89조 제1항의 거래사례비교법을 적용하기는 어렵다. 그렇다고 해서 임대보증금이 있는 경우에 관한 월차임의 감정가액이 있는 것도 아니어서 같은 조 제2항을 적용하기도 어렵다. 그래서 부득이 보충적 방법인 같은 조 제4항을 적용할 수밖에 없는 상황이었는데, 제4항의 취지는 특수관계인으로부터 받은 임대보증금이 당해 자산 시가의 50% 이상이면 부당행위계산부인의 대상으로 보지 않겠다는 것으로 이해할 수 있다. 따라서 과세관청으로서는 원고가 A증권에 임대한 부동산 부분의 시가를 감정하여 A증권으로부터 수령한 임대보증금이 그 시가의 50%에 미달하는지를 보아 만약 미달할 경우 그 차액에 대하여 정기예금이자율을 곱한 금액과 실제로 받은 차임을 비교하여 그 차액을 익금산입하였어야 하는데 이러한 방법을 택하지 아니하고 무리하게 그 취지가 다른 부가가치세법 시행령 제65조 제1항을 끌어들인 잘못이 있었다. 과세관청이 적용한 방법이 같은 조 제2항에서 규정하는 감정가액에 준하는 것이라고 주장할 여지가 없지 않으나 과세관청이 적용한 방법이 공정한 감정평가방법으로 인정된다고 볼 자료가 없다. 그래서 과세관청의 처분이 위법하다고 본 원심의 판단은 적정하다고 할 수 있다. 위 판결은, 대법원 2013. 2. 28. 자 심리불속행 상고기각 판결에 의하여 그대로 확정되었다.

아. 신주의 고가인수 또는 저가인수

(1) 관련 규정의 분석

법인세법 시행령 제88조 제1항 제8호는 부당행위계산의 한 유형으로 본문에서 '다음 각 목의 어느 하나에 해당하는 자본거래로 인하여 주주 등(주주와 출자자를 말한다)인

법인이 특수관계인인 다른 주주 등에게 이익을 분여한 경우'를 규정하면서, (가)목에서 특수관계인인 법인 간의 합병에 있어서 주식 등을 시가보다 높거나 낮게 평가하여 불공정한 비율로 합병한 경우를, (나)목에서 '법인의 증자에 있어서 신주를 배정·인수받을 수 있는 권리의 전부 또는 일부를 포기하거나 신주를 시가보다 높은 가액으로 인수하는 경우'를, (다)목에서 법인의 감자에 있어서 주주 등의 소유주식 등의 비율에 의하지 아니하고 일부 주주 등의 주식 등을 소각하는 경우를 각 열거하고 있다. 그리고 법인세법 시행령 제11조 제9호는 법인세법 시행령 제88조 제1항 제8호 각 목의 규정에 의한 자본거래로 인하여 특수관계자로부터 분여받은 이익을 익금의 범위에 포함하고 있다. 나아가 법인세법 시행령 제88조 제1항 제8호의2에서는 제8호 외의 경우로서 증자·감자, 합병·분할, 전환사채 등에 의한 주식의 전환·인수·교환 등 법인의 자본을 증가시키거나 감소시키는 거래를 통하여 법인의 이익을 분여하였다고 인정되는 경우를 규정하고 있다. 이는 2007. 2. 28. 신설된 이른바 유형적 포괄주의 규정으로서 제8호의 규정만으로는 다양하고 새로운 변칙적 행위에 일일이 적기에 대처하지 못하는 문제점이 있다고 보아 이에 대한 해결책으로 두게 된 규정으로 보인다. 구체적으로 어떠한 사안에 위 규정이 적용될지는 사례의 집적이 필요하다.

위 규정들과 관련하여 실제 쟁송에서 자주 문제가 되고 있는 법인의 증자와 관련한 부당행위계산부인에 관하여 살펴본다. 법인이 증자를 함에 있어 기존 주주가 신주를 배정받을 수 있는 권리의 전부 또는 일부를 포기하면 주주들 상호 간에 지분비율이 변동하게 되고 그 과정에서 신주발행가액이 시가와 차이가 있으면 상호 간에 이익의 분여가 있게 된다. 신주를 저가로 발행하면 신주인수권을 포기한 자는 신주를 인수한 자에 대하여 이익이 분여한 것이 되고, 신주를 고가로 발행하면 신주를 인수하는 자가 신주인수권을 포기한 자에 대하여 이익을 분여한 것이 된다. 이와 같이 이익이 분여되는 자들 사이에 특수관계가 있을 경우 그로 인한 조세부담의 감소를 규제하기 위하여 법인세법 시행령 제88조 제1항 제8호 (나)목은 이를 부당행위계산의 한 유형으로 규정하고 있는 것이다.

먼저 (나)목 전단의 '신주를 배정·인수받을 권리를 포기하거나' 부분은 저가로 발행하는 신주를 배정·인수받을 권리를 포기함으로써 그 실권주를 재배정하지 않거나 기존 주주나 제3자에게 배정함으로써 실권주주가 특수관계자인 기존 주주나 제3자에게 이익을 분여하는 경우에 관한 규정으로 해석할 수 있다. 다음으로 (나)목 후단의 '신주를 시가보다 높은 가액으로 인수하는' 부분은 신주를 고가로 인수함으로써 특수관계에 있는 다른 실권주주 또는 기존주주에게 이익을 분여하는 경우에 관한 규정이라고 할 수 있다. 즉, 전단 부분은 신주 인수를 포기하는 법인을 규제하기 위한 것이고, 후단 부분은 신주를 인수하는 법인을 규제하기 위한 것이라고 할 수 있는데, 어느 경우든 당해 법인이 상대방 특수관계자에게 이익을 분여하는 경우 이로 인한 조세의 부당한 감소를 규제하기 위한 규정으로 볼 수 있다. 그리고 이익을 분여받는 상대방 법인에 대하여는 법인세법 시행령 제11조 제8호에 의하여 그 이익을 익금산입하게 된다.

여기서 법인세법 시행령 제88조 제1항 제8호 본문에서 말하는 주주 등인 법인과 다른 주주 등을 기존 주주로 국한하여 해석·적용할 것인지 아니면 신주를 인수함으로써 비로소 주주가 되는 제3자도 포함하여 해석·적용할 것인지에 의문이 있을 수 있다. 그 문언을 제한적으로 해석할 여지도 없지 않다. 비슷한 취지의 상속세 및 증여세법 제39조 제1항에서는 기존 주주가 신주를 인수하는 경우와 별도로 기존 주주가 아닌 제3자가 신주를 인수하는 경우에 관하여 규정하고 있는데 비하여 법인세법 시행령 제88조 제1항 제8호에서는 이러한 별도의 규정을 두고 있지 아니하므로 더욱 그와 같이 제한적으로 해석할 여지가 있는 것이다. 그러나 위 시행령 규정이 특수관계인 사이의 이익의 분여에 무게 중심을 두고 있다고 보면 제3자가 주주의 지위를 가지게 됨으로써 이익의 분여가 있게 되므로 이익의 분여와 주주의 지위가 밀접하게 결부되어 있다고 할 수 있고 그 문언상 기존 주주만으로 제한하여 해석해야 할 필연성이 있어 보이지도 않는다. 따라서 신주를 인수함으로써 비로소 주주가 되는 제3자가 위 규정에서 말하는 주주 등의 범위에 포함된다고 보는 것이 타당하다고 하겠다.

그리고 앞서 본 바와 같이 법인세법 시행령 제11조 제8호는 제88조 제1항 제8호 각 목의 어느 하나 및 같은 항 제8호의2에 따른 자본거래로 인하여 특수관계인으로부터 분여받은 이익을 익금산입 항목으로 규정하고 있는데, 여기서 말하는 '특수관계인'에 법인 주주뿐만 아니라 개인 주주도 포함되는지가 문제될 수 있다. 제88조 제1항 제8호와 제8호의2만 보면 이익을 분여하는 주체는 법인 주주만 포함되고 개인 주주는 포함되지 않는 것이 분명해 보인다. 그런데 제11조 제8호에서는 그 문언에서 그냥 '특수관계인으로부터' 라고만 규정하고 있지 그 특수관계인이 법인 주주인지 개인 주주인지에 관하여 언급이 없다. 그래도 제11조 제8호가 제88조 제1항 제8호와 제8호의2를 인용하고 있는 만큼 여기서도 특수관계인이란 법인 주주만 포함된다고 제한하여 해석할 여지가 없지 않다. 그러나 대법원 2024. 6. 13. 선고 2023두39809 판결은 법인세법 시행령 제11조 제8호에서 말하는 '특수관계인'은 법인 주주뿐만 아니라 개인 주주도 포함된다고 해석하였다. 그 논거로는, 법인세법 시행령 제11조 제8호는 이익을 분여한 '특수관계인'을 '주주 등인 법인' 과 같이 법인 주주로 한정하고 있지 않는 점, 당초 구 법인세법 시행령 제11조 제9호(현행 제8호)는 수익의 하나로 '제88조 제1항 제8호의 규정에 의하여 특수관계자로부터 분여받은 이익'을 규정하였는데, 법인세법 시행령이 2000. 12. 29. 개정되면서 위 규정은 '제88조 제1항 제8호 각 목의 규정에 의한 자본거래로 인하여 특수관계자로부터 분여받은 이익'으로 개정되었는데, 그 취지는 자본거래의 유형만을 인용함으로써 이익 분여자가 개인 주주인 경우에도 그 분여받은 이익이 수익에 포함된다는 것을 명확히 하려는 데 있는 점, 법인세법 시행령 제11조 제8호는 일정한 유형의 자본거래로 인하여 특수관계인으로부터 분여받은 이익을 법인세 과세대상으로 포착하여 과세하는 규정으로, 이익 분여자가 법인 주주인지 개인 주주인지에 따라 과세 여부가 달라진다고 보기 어려운 점을 들고 있다. 입법의 연혁과 취지를 고려하고 법문언에 충실한 판결례라고 하겠다.

(2) 제3자 직접 배정에 의한 신주의 저가인수

가) 쟁점의 소재와 관련 규정의 분석

당해 법인이 신주발행법인이 발행하는 신주를 직접 배정받아 이를 저가로 인수할 경우 신주발행법인의 기존 주주들로부터 이익을 분여받은 것으로 볼 수 있는데, 이러한 경우도 법인세법 시행령 제88조 제1항 제8호 (나)목에 해당한다고 보아 법인세법 시행령 제11조 제9호에 의하여 그 이익을 익금산입할 수 있는지가 문제된다.

상법은 주주에게 신주인수권을 부여함을 원칙으로 하면서 예외적으로 제3자 배정의 신주발행을 허용하고 있으면서 양자 사이에 주식발행의 요건과 절차를 달리하고 있다. 즉, 상법은 증자를 목적으로 하는 신주발행에 관하여 상법 제418조 제1항에서 원칙적으로 주주의 신주인수권을 인정하면서 일정한 예외적인 경우(신기술의 도입, 재무구조의 개선 등 회사의 경영상 목적을 달성하기 위하여 필요한 경우)에 한하여 정관이 정하는 바에 따라 제3자 배정의 신주발행을 허용하고 있다. 신주인수권을 갖는 주주는 청약기일까지 청약을 하고 또 납입기일까지 발행가액의 전액을 납입하면 납입기일의 다음 날로부터 주주가 되는데, 신주인수권을 갖는 자가 청약기일까지 청약을 하지 않거나 또는 청약기일까지 주식인수의 청약을 하였더라도 납입기일에 납입을 하지 않으면 신주를 배정받을 수 있는 권리를 잃게 되어 실권주가 발생하고, 회사는 실권주에 관하여 새로이 주주를 모집할 수도 있고, 그냥 실권처리하여 미발행주식으로 남길 수도 있다. 이와 같이 상법상 주주가 신주인수권을 포기하여 실권주가 발생한 경우와 신주를 제3자에게 직접 배정한 경우는 명백히 다른 개념이다.

그리고 법인세법 시행령 제88조 제1항 제8호 (나)목과 동일한 취지에서, 불균등한 증자시 신주발행가액이 저가이거나 고가인 경우로 인하여 특수관계인으로부터 이익을 분여받은 개인주주에 대하여 증여세를 부과하는 구 상속세 및 증여세법(2000. 12. 29. 개정되기 전의 것) 제39조 제1항 제1호는 (가)목과 (나)목에서 당해 법인의 주주가 신주를 배정받을 수 있는 권리의 전부 또는 일부를 포기한 경우를 증여의제의 대상으로 규정하고 있었으나, 그 이후 2000. 12. 29. 개정된 상속세 및 증여세법 제39조 제1항 제1호는 (다)목을 신설하여 '당해 법인의 주주가 아닌 자가 당해 법인으로부터 신주를 직접 배정받거나, 당해 법인의 주주가 그 소유주식수에 비례하여 균등한 조건에 의하여 배정받을 수 있는 수를 초과하여 신주를 직접 배정받음으로써 얻은 이익'에 관하여도 증여의제의 대상으로 추가하였다. 이러한 규정은 2003. 12. 30. 상속세 및 증여세법 제2조 제3항 등에서 포괄적 증여개념을 도입하기 전의 규정이었으므로 제한적·열거적 규정으로 보는데 어려움이 없다. 이와 같이 상속세 및 증여세법에서도 '주주의 신주인수권 포기에 의한 실권주의 처리'와 '신주의 제3자 배정'은 명백히 구별하고 있다.

나) 검토

위에서 본 규정들의 취지를 종합하여 보면, 법인세법 시행령 제88조 제1항 제8호 (나)목에서, 그 전단인 '신주를 배정·인수받을 수 있는 권리를 포기하거나'에 신주의 제3자 배정이 해당한다고 보기는 어렵다. 신주를 제3자에게 직접 배정하는 경우는 기존 주주들에게 신주를 배정·인수받을 수 있는 권리를 부여한 바가 없기 때문에 그 권리를 포기하였다고 보기도 어렵기 때문이다. 그리고 법인세법 시행령 제88조 제1항 제8호 (나)목 후단의 '신주를 시가보다 높은 가액으로 인수하는 경우'에도 해당하지 않음은 의문이 없다. 따라서 저가발행 신주를 제3자에게 직접 배정한 경우는 법인세법 시행령 제88조 제1항 제8호 (나)목에 해당한다고 할 수 없고, 그로 인하여 그 제3자인 법인이 이익을 얻었다고 하더라도 법인세법 시행령 제11조 제9호에 의하여 그 이익을 익금산입할 수는 없다. 그리고 법인세법 시행령 제88조 제1항 제9호는 제8호에 준하는 행위 또는 계산을 규정하고 있고, 또한 앞서 본 바와 같이 제8호의2 규정을 두고 있으므로 제3자 직접 배정방식에 의한 신주인수가 제8호에 준하는 행위로서 위 제9호에 해당한다거나 제8호의2에 해당한다고 볼 여지는 있으나, 법인세법 시행령 제11조 제9호에서는 법 시행령 제88조 제1항 제8호만을 규정할 뿐, 같은 항 제9호는 규정하고 있지 않으므로 적어도 법 시행령 제11조 제9호에 해당한다고 할 수 없다.

물론 위와 같이 저가로 인수한 신주를 나중에 처분함으로써 처분이익이 발생한 경우에는 그 처분이익이 익금산입됨은 물론이다. 신주인수권의 포기 및 고가인수 등 법인세법 시행령 제88조 제1항 제8호의 자본거래로 인하여 다른 주주로부터 분여받은 이익이란 실은 계산상 명목상의 이익으로 미실현수익에 해당하여 그 수익이 실현되는 해당 주식의 처분시점에 과세되는 것이 원칙이라 할 것이다. 그런데 법인세법 시행령 제11조 제9호는 법인의 증자 등으로 이익을 받은 개인주주에게 증여세를 과세하는 것과 형평을 유지할 수 있도록 예외적으로 불공정합병, 신주인수권의 포기·신주의 고가인수 또는 불균등감자 등과 같은 자본거래를 통하여 특수관계자로부터 분여받은 이익을 당해 사업연도의 익금에 산입하는 규정이고, 자본거래를 통한 미실현수익에 대하여 어느 범위까지 익금의 범위에 포함시킬지 여부는 입법정책의 문제이므로 법인세법 시행령 제11조 제9호가 적용되는 위 시행령 제88조 제1항 제8호 (나)목의 그 문언과 달리 확장해석하거나 유추해석하는 방법으로 법인이 저가발행 신주를 제3자에게 직접 배정하는 경우를 포함하여야 할 합리적 이유가 있다고 할 수 없다.

과세관청으로서는 저가로 발행된 신주를 기존 주주와 특수관계자인 제3자가 직접 인수한 경우와 기존 주주가 신주인수권을 포기한 신주를 특수관계자인 제3자가 인수한 경우는 특수관계자인 기존 주주로부터 제3자가 이익을 분여받는다는 점에서 실질이 동일하므로, 전자의 경우에도 법인세법 시행령 제88조 제1항 제8호의 부당행위계산의 대상에 포함시켜야 한다고 주장할 수도 있다. 그러나 실질과세의 원칙은 조세의 회피를 목적으로 비합리적이고 비정상적인 거래를 하는 경우를 그 적용대상으로 하는 것인데, 제3자에 대한 신주배정은 상법에서 인정하고 있는 정상적인 자본거래의 유형이고 앞서 본 바와 같이 법인세법 시행령 제88조 제1항 제8호에서는 상속세 및 증여세법 제39조 제1항 제1호와 달리 제3자의 직접 배정에 의한 신주의 저가인수를 규정하고 있지 아니하므로 이는 입법자의 선택이라고 볼 수 있어 실질과세의 원칙을 이유로 법인세법 시행령 제88조 제1항 제8호에 해당한다고 보는 것은 무리이다.

같은 취지에서 대법원 2012. 3. 29. 선고 2011두29779 판결은, 원고가 A사로부터 신주를 저가로 인수한 것이 A사 기존 주주들의 신주인수권 포기와 실권주의 처리에 따른 것이 아니라 상법 제418조 제2항에 의하여 A사가 주주 외의 제3자에게 신주를 직접 배정하는 방식에 따른 사안에서, 법인세법 시행령 제11조 제9호에서 인용하고 있는 제88조 제1항 제8호는 (나)목에서 '법인의 증자에 있어서 신주를 배정받을 수 있는 권리의 전부 또는 일부를 포기하는 경우'만을 규정하고 있을 뿐 '상법 제418조 제2항에 의하여 당해 법인의 주주가 아닌 자가 당해 법인으로부터 신주를 직접 배정받는 경우'에 관하여는 규정하고 있지 않으므로, 원고가 이 사건 신주를 저가로 인수함으로 인하여 특수관계에 있는 기존 주주들로부터 분여받은 이익이 있다고 하더라도 이는 시행령 제11조 제9호에서 정하는 익금에 해당할 수 없다고 본 원심판결을 수긍한 바 있다. 대법원 2015. 12. 23. 선고 2015두50085 판결도 같은 취지이다.

(3) 실권주의 고가인수

가) 쟁점의 소재

특수관계인으로부터 신주를 시가보다 높은 가액으로 인수하면 그 외관상 자산의 고가매입과 비슷하여 일단 부당행위계산부인의 대상이 된다는 점에는 별 의문이 없다. 그런데 부당행위계산부인을 할 때 그 근거규정을 어디에 둘 것인가에 관하여는 의문이 있다. 법인세법 시행령 제88조 제1항은, 제1호에서 자산을 시가보다 높은 가액으로 매입하는 경우를 규정하고 있고, 또한 제8호의 (나)목에서 신주를 시가보다 높은 가액으로 인수함으로써 특수관계인인 다른 주주에게 이익을 분여한 경우를 규정하고 있다. 이 때문에 신주의 고가인수에 대하여 부당행위계산부인을 할 때 제1호에 의할 것인지 아니면 제8호의 (나)목에 의할 것인지, 양자를 선택적으로 적용할 수 있는 것인지에 관하여 논란이 있었다. 최근의 대법원 2014. 6. 26. 선고 2012두23488 판결과 대법원 2014. 7. 24. 선고 2013두15729 판결에 의하여 제8호 (나)목을 적용해야 한다는 것으로 법리가 정리됨으로써 그동안의 논란에 종지부를 찍은 것으로 볼 수 있다. 그럼에도 과세관청은 여전히 제1호가 적용되어야 한다는 입장에 미련을 버리지 못하고 있는 것 같다. 이하 그동안의 논의과정과 근거에 대하여 자세히 살펴보기로 한다.

나) 입법의 연혁과 문제점

법인세법 시행령이 1998. 12. 31. 전문 개정되기 전에는 부당행위계산의 구체적인 유형을 규정한 제46조 제2항이 제4호에서 자산을 시가를 초과하여 매입하는 경우는 규정하고 있었으나, 시가를 초과하는 신주 인수 등의 자본거래와 관련된 내용이 명문으로 규정되어 있지 않다가, 위 전문 개정에 따라 비로소 제88조 제1항은 부당행위계산의 유형으로 제1호에서 '자산을 시가보다 높은 가액으로 매입하는 경우'를 규정하면서, 아울러 제8호로 '법인의 증자에 있어서 신주를 배정받을 수 있는 권리의 전부 또는 일부를 포기하거나 신주를 시가보다 높은 가액으로 인수하는 경우'를 새로운 유형으로 신설하였다. 즉, 제8호는 부당행위계산의 유형으로 '다음 각 목의 1에 해당하는 자본거래로 인하여 주주 등인 법인이 특수관계인인 다른 주주 등에게 이익을 분여한 경우'를 규정하면서 (나)목에서 '법인의 증자에 있어서 신주를 배정받을 수 있는 권리의 전부 또는 일부를 포기하거나 신주를 시가보다 높은 가액으로 인수하는 경우'를 들고 있다.

제8호는 그 문언에서 이익을 분여받는 상대방을 특수관계인인 다른 주주로 규정하고 있으므로 실권주가 이익분여의 매개가 됨을 알 수 있다. 신주인수권이 있는 모든 주주들이 모두 같은 가액으로 신주를 인수한다면 그 주주들 사이에 이익의 분여가 있을 수 없고, 실권주가 생겨 그것을 다른 주주가 인수할 때 비로소 주주들 사이에 이익의 분여가 있을 수 있기 때문이다. 그래서 제8호 (나)목의 전단인 '신주를 배정받을 권리를 포기하는 경우'는 그로 인한 실권주를 다른 주주가 시가보다 저가로 인수함으로써 그 다른 주주에게 이익이 분여되는 경우를 의미하고, (나)목의 후단인 '신주를 시가보다 높은 가액으로 인수하는 경우'는 다른 주주가 인수를 포기한 실권주를 고가로 인수함으로써 그 다른 주주에게 이익이 분여되는 경우를 의미한다. 이와 같이 실권주의 고가 또는 저가인수로 인하여 이익을 주고받는 당사자는 실권주를 고가 또는 저가로 인수한 주주와 실권주주이며, 실권주를 발행한 법인은 적어도 위 규정이 적용되는 범위 내에서는 그 이익을 주고받는 당사자가 될 수 없다.

법인세법 시행령 제88조 제1항 제8호는 실권주가 생겼을 경우만을 그 적용대상으로 하고 있는데 비하여, 같은 항 제1호는 그 문언상의 자산에 신주가 포함된다고 본다면 실권주가 생겼을 경우만이 아니라 실권주 없이 신주인수권이 있는 모든 주주들이 고가로 신주를 인수하는 경우도 그 적용대상에 포함된다고 할 여지가 있다. 따라서 실권주가 있는 경우에는 제1호 및 제8호 중 어느 규정에 의하여 부당행위계산부인을 할 것인지가 문제되고, 실권주가 없는 경우에는 제1호에 의하여 부당행위계산부인을 할 수 있는지가 문제된다고 하겠다. 그리고 제8호가 1998. 12. 31. 신설되기 이전에도 신주의 고가 또는 저가인수에 대하여 종전의 법인세법 시행령 제46조 제2항을 적용하여 부당행위계산부인을 할 수 있는지 여부가 문제되었는데, 제8호의 규정이 확인적 규정이라면, 그 신설 이전에도 위 규정을 적용하여 부당행위계산부인을 할 수 있고, 그것이 창설적 규정이라면 신설 이전에는 위 규정에 의한 부당행위계산부인을 할 수 없을 것이다. 다음 항에서 자세히 살피는 바와 같이 대법원 판결은 위 규정을 확인적 규정으로 보고 있다. 이는 위 신설된 규정이 실권주의 고가인수 또는 저가인수에 따른 이익분여의 본질에 부합하는 규정이기 때문이다.

다) 실권주 아닌 신주의 고가인수

실권주가 아닌 신주를 기존 주주들이 시가보다 고가로 인수하는 것이 특수관계인인 신주발행법인에 대한 관계에서 자산을 고가로 매입한 것에 준하는 것으로 보아 법인세법 시행령 제88조 제1항 제1호를 적용할 수 있는지를 살펴본다.

법인이 신주를 발행하면 법인의 순자산이 증가하게 된다. 왜냐하면 법인은 신주를 인수한 주주들에게 아무런 반대급부를 함이 없이 주금을 납입받기 때문에 그만큼 순자산이 증가한다. 법인이 신주를 인수한 주주에게 주식을 발행하는 것은 납입한 주금에 대한 권리증서를 발행하는 것일 뿐 납입한 주금에 대하여 반대급부를 한 것이 아니다. 반대급부를 하였다면 그로 인하여 법인의 순자산이 감소되어야 할 것인데 그와 같은 순자산의 감소가 없다. 이와 같이 주주가 신주를 인수하면 그 인수가액이 시가를 초과하든 시가에 미달하든 관계 없이 그 납입한 주금만큼 법인의 순자산이 증가한다. 그래서 순자산의 증가를 법인의 익금으로 보는 순자산증가설의 입장을 예외 없이 적용한다면 주금납입으로 인하여 법인의 순자산이 증가하였으므로 이를 익금에 산입하여야 할 것이다. 그러나 법인세법 제15조 제1항은 익금에는 자본 또는 출자의 납입은 제외한다고 규정하고 있다. 주주가 법인에 납입한 주금은 자본금으로서 법인의 소득이 아니라 소득을 올리기 위한 투자금이므로 수득세의 과세대상이 될 수 없을뿐더러 여기에 수득세를 과세하게 되면 자본이 유출되게 되어 자본충실의 원칙에 벗어나게 되므로 이에 대하여는 소득세인 법인세의 과세대상에서 제외하고 있는 것이다.

이와 같이 실권주가 없는 경우의 신주인수에 있어서는 그 신주인수가액이 시가를 초과하든 시가에 미달하든 관계 없이 신주발행법인에게 인수가액만큼 순자산의 증가가 있어 외관상으로는 신주를 인수한 주주로부터 신주발행법인에게 이익의 분여가 있는 것으로 보인다. 특히 법인이 신주를 고가로 인수한 경우 나중에 그 신주를 처분할 때 손금에 산입되는 취득가액이 과다하게 계상됨으로써 법인의 조세부담을 감소시키는 것처럼 보이고 그래서 일반 자산의 고가매입의 경우와 같이 법인세법 시행령 제88조 제1항 제1호의 규정에 의하여 부당행위계산부인을 할 수 있을 것처럼 보인다. 그러나 신주와 일반자산은 중요한 차이가 있다. 법인이 일반자산을 시가보다 높은 가액으로 매입하면 시가 상당액만큼 자산의 유입이 있는 반면에 그 시가를 초과하는 매입자금이 유출되어 결국 법인은 시가와 매입가액의 차액만큼 손해를 보게 되고 이는 그 자산의 매도인에게 이익으로 귀속된다. 그리고 취득한 자산의 실질적인 가치가 시가 상당액임에도 그보다 높은 매입가액을 취득가액으로 계상해두었다가 나중에 이를 손금산입함으로써 특수관계인에게 분여한 이익만큼 손금산입을 과다하게 하여 법인의 조세부담을 감소시키게 된다. 요컨대 법인이 특수관계인에게 이익을 분여함으로써 손해를 자초하여 이를 손금산입함으로써 조세부담을 감소시킨 것으로 볼 수 있다. 그래서 부당행위계산부인의 대상이 되는 것이다.

반면에 실권주가 없는 상태에서 다른 주주들과 대등한 조건으로 법인이 신주를 시가보다 높은 가액으로 인수하는 경우 신주에 대하여는 시가와의 차액만큼 손해를 보게 되지만 당해 법인이 보유하고 있는 기존 주식의 가치가 그 차액만큼 상승하기 때문에 결과적으로 아무런 손해가 없다. 예를 들어, P법인의 주식을 A법인과 B법인이 50%씩 소유하고 있는 상태에서 P법인이 100% 증자를 하는데 당시 1주당 시가가 5,000원이었음에도 A법인과 B법인이 이를 1주당 10,000원에 인수하였다면 신주발행 후 P법인 1주당 가치는 7,500원이 될 것이다. 이 경우 A법인과 B법인이 모두 신주인수권이 부여된 주식을 인수하였기 때문에 실권주가 없다. 여기서 우선 일반 자산의 고가매입과 달리 신주 고가인수의 경우에는 인수 전과 인수 후의 시가가 변한다는 점에 주목해야 한다. 그래서 고가인수 여부를 따질 때 신주인수 후의 시가를 기준으로 하게 된다. A법인과 B법인의 입장에서 신주에 국한해서 본다면 1주당 10,000원을 지출하였음에도 그 결과 얻은 신주의 1주당 가치가 7,500원에 불과하므로 1주당 2,500원의 손해를 보았다. 그러나 A법인과 B법인이 가지고 있는 기존 주식은 1주당 시가가 5,000원에서 7,500원으로 상승하였으므로 그만큼 이익을 보았다. 결국 신주에서 본 손해가 그대로 기존주식의 이익으로 귀속되어 A법인과 B법인 모두 아무런 손해가 없다는 결론에 이른다. 따라서 신주발행법인에게 분여하였다고 볼 이익도 없는 것이다.

그리고 고가인수한 신주만 놓고 보면, 그 신주를 나중에 처분할 때 그 취득가액이 1주당 2,500원 과다하게 계상됨으로써 손금산입이 과다하게 되었다고 볼 수 있겠지만, 반면에 기존 주식의 가치가 1주당 2,500원 상승함으로써 그 기존 주식을 처분할 때 그만큼 처분가액이 높아져 익금산입이 증가하게 되어 결국은 전체적으로 보아 조세의 부담이 부당하게 감소된다고 할 수 없는 것이다. 따라서 실권주가 없는 신주의 고가인수의 경우 일반자산의 고가매입에 관한 법인세법 시행령 제88조 제1항 제1호에 의하여 부당행위계산부인을 할 수 없다.

라) 실권주인 신주의 고가인수

1) 종래 대법원 판결의 흐름

그동안 대법원 판결들의 추이를 보면, 일부 판결들은 실권주의 고가인수 또는 저가인수에 따른 이익분여의 본질과 그 당사자를 잘못 이해하여 실권주를 발행한 법인이 이익분여의 한 당사자가 되는 것으로 오인하였고, 다시 이러한 잘못을 바로잡는 판결이 등장하는 등 일관되지 못한 태도를 보여 왔다. 과거 대법원 판결 중에는 실권주 인수자와 실권주 발행법인을 이익분여의 당사자로 본 예가 있었지만, 최근 대법원 판결에서는 실권주 인수자와 실권주주를 이익분여의 당사자로 보았다. 이러한 대법원 판결의 엇갈림 현상은 실권주 저가인수의 경우에도 마찬가지로 나타났다.

대법원 1989. 12. 22. 선고 88누7255 판결은 고가배정된 신주를 인수한 주주에 대하여 부당행위계산부인 규정을 적용하여 그 주주가 신주발행 회사로부터 신주를 고가로 매입한 것으로 보면서 다음과 같이 판시하였다. 세무회계상 타법인 발행의 신주인수는 투자자산의 매입에 해당하므로 신주발행 당시 발행회사의 자산상태 등의 평가에 의한 실권주의 정당한 평가가액과 신주인수가액과의 차액을 비교하여 고가매입 여부를 따져 보아야 하며, 고가매입이거나 저가양도이거나 간에 그 초과액에 대한 법인세 자체의 귀속 사업연도가 달라진다고 볼 수 없고, 다만 이 경우에 특수관계의 존부를 주식양수인이 아닌 신주발행회사와의 관계에서 확정지어야 한다고 판시하였다. 위 판결은 실권주의 고가인수에 따른 이익분여의 상대방이 실권주주가 아니라 실권주 발행법인이라고 보고, 그것이 부당행위계산부인의 대상이 되기 위해서는 실권주를 고가로 인수한 자와 특수관계에 있는 자도 실권주를 발행한 법인이어야 한다는 점을 명시하고 있다. 따라서 위 판결에 의하면 실권주주는 실권주를 인수한 자와 사이에 특수관계에 있을 필요가 없다는 것이다. 대법원 2004. 2. 13. 선고 2002두7005 판결도 비슷한 취지이다. 다만, 이 판결은 위에서 본 대법원 1989. 12. 22. 선고 88누7255 판결을 참조판결로 들고 있기는 하지만, 그와 달리 이익분여의 상대방이 실권주를 발행한 법인이라는 점을 명시적으로 밝히지 아니하고 있고 실권주를 인수한 자와 실권주를 발행한 법인 사이에 특수관계가 있어야 한다는 언급도 없어 이익분여의 상대방을 누구로 본 것인지가 다소 불투명하다.

반면에, 대법원 2009. 11. 26. 선고 2007두5363 판결은 다음과 같이 판시하였다. 회사 및 그 계열회사의 대주주인 특수관계자가 신주인수를 포기한 실권주 등을 비롯하여 그 계열회사가 발행한 신주 전부를 인수한 경우, 회사가 특수관계자로 하여금 기존 보유주식의 실질적 가치가 증가하는 이익을 얻게 한 이상, '출자자 등으로부터 자산을 시가를 초과하여 매입한 경우'에 준하는 행위로서, 건전한 사회통념이나 상관행에 비추어 경제적 합리성이 있다고 볼 수 없으므로 부당행위계산부인 대상에 해당하며, 관계 법령이 그 분여이익의 계산방법을 따로 규정하고 있지 않더라도 부당행위계산부인제도의 취지 등에 비추어 보면, 객관적이고 합리적인 방법에 의하여 그 분여이익을 산정할 수 있다고 전제하고, 실권주를 배정함에 있어서 신주를 배정받을 수 있는 권리의 전부 또는 일부를 포기한 주주와 특수관계에 있는 자가 실권주를 인수함으로써 당해 권리를 포기한 주주가 이익을 얻는 경우 그 증여의제이익을 산정하기 위해 구 상속세 및 증여세법 시행령 (1998. 12. 31. 개정되기 전) 제31조의2 제1항 제1호에서 정한 산식에 의하여 신주를 고가로 인수한 주주와 실권주주 사이에서 이전되는 경제적 이익을 계산할 수 있다고 판시하였다. 이 판결에서는 실권주의 고가인수의 경우 그 이익분여의 상대방은 실권주주임을 분명하게 밝혔다.

2) 종래 대법원 판결에 대한 평가

실권주 고가인수의 경우 이익분여의 상대방은 실권주주와 실권주 발행법인 중 어느 하나일 수밖에 없으며 양자가 모두 이익분여의 상대방이 될 수는 없다. 즉, 하나의 이익이 복수의 당사자에게 중첩적으로 귀속될 수는 없을 것이기 때문이다. 그리고 이익분여의 상대방을 누구로 보느냐에 따라 부당행위계산부인의 대상이 되는 이익분여의 금액도 달라진다. 이익분여의 상대방을 특수관계자인 실권주주로 보면 실권주식의 평가액과 인수가액과의 차액 중 특수관계자가 실권한 주식수에 상응하는 부분만큼만 이익분여액이 되고, 이와 달리 그 상대방을 실권주의 발행법인으로 보면, 인수주식의 평가액과 인수가액의 차액 전부가 이익분여액이 된다.

예를 들어, 원고가 실권주 10만 주를 고가로 인수하였으나 원고와 특수관계에 있는 주주가 실권한 주식은 3만 주에 불과하고, 나머지 7만주는 원고와 특수관계에 없는 주주가 실권한 주식이라고 가정한다. 이익분여의 상대방을 특수관계에 있는 실권주주로 보게 되면, 원고가 인수한 실권주 10만 주의 인수가액과 평가액과의 차액 중 3만 주에 해당하는 부분만 부당행위계산부인의 대상이 된다. 이익분여의 상대방을 실권주의 발행법인으로 보게 되면, 원고와 발행법인 사이에 특수관계가 존재할 경우 원고가 인수한 실권주 10만 주의 인수가액과 평가액과의 차액 전부가 부당행위계산부인의 대상이 된다. 따라서 위에서 본 두 갈래의 대법원 판결은 법리상 양립할 수 없는 관계에 있다고 할 수 있다.

어느 쪽의 판결이 타당한지에 대하여는 전자의 대법원 1989. 12. 22. 선고 88누7255 판결 등에 대한 아래의 비판내용을 보면, 후자의 대법원 2009. 11. 26. 선고 2007두5363 판결이 타당하다는 것이 드러난다. 전자의 판결들에 대한 비판을 요약하면 다음과 같다.[30) 기업회계기준상 자본거래로부터는 자본거래 당사자인 법인에게 어떠한 손익도 발생할 수 없으므로 기업회계기준상의 손익에 기초한 법인세법상의 소득도 손익거래에서만 발생할 수 있을 뿐 자본거래로부터는 생길 수 없음에도, 상법의 하위규범인 기업회계기준에서 재무제표에의 기재의 편의상 출자에 의한 신주의 취득을 투자유가증권의 매입으로 표시할 수 있도록 규정하고 있다고 하여, 신주의 발행이라는 자본거래로부터 그 신주 발행법인에게 출자받은 금액의 일부에 상당하는 소득이 발생하는 것으로 본 대법원 판결은 소득과세의 근본 법리에 반한다는 것이다. 그리고 법인이 실권주를 평가액보다 높게 발행한다거나 낮게 발행한다고 해서 실권주 인수인, 즉 주주와의 관계에서 이익이 발생하거나 손해가 발생하지 않는다. 실권주 발행법인으로서는 그 발행시점에 무상으로 인수가액을 출연받았다가 청산시에 남아있는 자기자본을 남김없이 지분비율에 따라 주주들에게 돌려주면 그만이기 때문이다. 그 과정에서 법인에게 차익이나 차손이 생길 수가 없다. 다만, 주주들 간에는 차익이나 차손이 생길 수 있다. 실권주를 고가로 인수한 주주나 그 실권주를 포기한 주주나 보유하고 있는 주식 1주당 분배받는 청산금액은 동일하기 때문이다. 법인이 그 자산을 다른 법인의 자본으로 이전하는 경우 그 반환권을 표창하는 지분증권을 교부받으므로 그 이전하는 행위 자체로부터는 손익이 발생하지 않는다. 회사

---

30) 한만수, "자본거래의 부당행위계산부인에 관한 연구", 저스티스 제91호(2006. 6.), 한국법학원; 이창희, "증자감자를 통한 부의 이전에 대한 법인세", 조세판례백선, 박영사

와 주주 간의 거래의 경제적 손익을 다른 사람 사이의 손익과 똑같은 방식으로 따질 수 없음을 뜻한다. 이는 법인이라는 제도 자체에서 비롯된다. 경제적 실질에 있어서는 주주가 돈 1원을 법인에 출자한다는 것은 돈을 이쪽 주머니에서 저쪽 주머니로 옮기는 데 불과하다. 전자 판결의 취지에 따른다면 주주인 법인이 정당한 평가액을 초과하는 액면가액으로 출자대상 법인의 신주를 인수하는 모든 경우에 부당행위계산의 부인이 가능하게 되어 출자받은 자본금을 법인세로 징수해가는 불합리한 결과가 야기된다. 법인이 주식을 액면가를 초과하는 가격이나 미달하는 가격으로 발행하더라도 그 차액에 상당하는 금액의 소득이나 손실이 발생하는 것이 아니라는 취지는 미국의 내국세입법에도 반영되어 있다.[31] 전자 판결은 법인의 출자에 참여한 주주와 그 주주와 특수관계에 있는 실권주주 사이에 이루어진 이익의 분여에 대하여 부당행위계산부인을 할 수 있음을 간과한 것이다.

이러한 비판적 논거가 타당함은 2인 주주의 회사를 예로 들어 보면 자명해진다. A법인의 발행주식이 1,000주이고, 주주 X가 500주, 주주 Y가 500주를 각 보유하고 있으며, 그 주식의 평가액은 0원인데, A법인이 신주 1,000주를 1주당 10,000원에 추가로 발행함에 있어 주주 X가 자기 몫인 500주의 인수를 포기함에 따라 주주 Y가 1,000주를 모두 인수하였다고 가정한다. 여기서 신주 발행 후 그 주식의 1주당 평가액은 5,000원[=(0원×1,000주+10,000원×1,000주)÷2,000주]이 된다. Y는 1주당 10,000원을 지출하여 1주당 5,000원의 가치가 있는 주식 1,000주를 취득하였으므로 일단 5,000,000원의 손해(=5,000원×1,000주)를 보았다. 그러나 기존의 보유주식 500주의 가치가 1주당 0원에서 5,000원으로 상승함으로써 2,500,000원의 이익(=5,000원×500주)을 보았으므로, 결국 순손해는 2,500,000원이다. 이러한 Y의 순손해액 2,500,000원이 누구의 이익으로 귀속되었는지를 추적해보면, X임을 금방 알 수 있다. X가 보유하고 있던 500주의 주식은 1주당 평가액이 0원이었다가 신주발행 후 1주당 평가액이 5,000원으로 인상됨으로써 2,500,000원의 이익(=5,000원×500주)을 본 것이다. 그 이익은 Y로부터 이전되어 온 것이다. 신주발행법인인 A법인으로서는 이익을 본 것도 손해를 본 것도 없다. A법인을 구성하는 주주 X가 이익을 본 만큼 다른 주주 Y가 손해를 보았으므로, 주주들의 총합체인 A법인으로서는 이익을 본 것도 없고 손해를 본 것도 없다. 이는 앞서 살펴본 바 있는 실권주 없는 신주인수의 경우와 다를 바 없다.

요컨대 전자의 판결은 위 비판적 논거에서 적시한 대로 잘못된 판결이고, 그 잘못은 후자 판결에 의하여 정정되었다고 할 수 있다. 즉, 후자 판결에 의하여 전자 판결이 사실상 폐기되었다고 할 수 있다.

---

31) 내국세입법 §1032(a)

지금까지 살펴본 논거와 결론은 실권주를 저가로 인수한 경우에도 그대로 원용될 수 있다. 즉, 실권주를 저가로 인수한 경우에도 실권주를 인수한 자에게 이익을 분여한 자는 실권주를 발행한 법인이 아니라 실권주주라고 할 수 있다. 대법원은 실권주 저가인수의 경우에 있어서도, 실권주를 발행한 회사와 실권주를 인수한 자 사이에 이익의 분여가 있었다고 본 예(대법원 1996. 5. 28. 선고 96누4800 판결)가 있는가 하면, 이와 달리 실권주주와 실권주를 인수한 자 사이에 이익의 분여가 있었다고 본 예(대법원 1997. 2. 14. 선고 96누9966 판결, 대법원 2000. 2. 11. 선고 98두14303 판결, 대법원 2003. 10. 23. 선고 2002두4440 판결)도 있다. 이 경우에도 양자의 판결이 법리상 양립할 수는 없는 것이고, 후자의 판결들이 타당하며 전자의 판결은 잘못이다. 따라서 후자의 판결들에 의하여 전자의 판결이 사실상 폐기되었다고 볼 수 있다. 이러한 법리를 보다 명확히 하기 위하여 법인세법 시행령이 1998. 12. 31. 개정되면서 제88조 제1항 제8호를 신설하였다고 볼 수 있고, 따라서 위 규정은 창설적 규정이 아니라 확인적 규정이라고 할 수 있다.

3) 최근 대법원 판결의 흐름

이상에서 본 논란의 흐름에 종지부를 찍는 판결들이 최근에 선고되었다. 대법원 2014. 6. 26. 선고 2012두23488 판결과 대법원 2014. 7. 24. 선고 2013두15729 판결이다. 후자의 판결에 대하여 살펴본다. 원고가 2008. 6. 4. 총발행주식의 100%를 보유하고 있던 A사의 유상증자에 단독으로 참여하여 신주 150주를 30억 원에 인수하였다. 그 후 원고는 2008. 12. 29. 신주 150주를 포함한 A사 주식 175주를 3억 5,000만 원에 처분하고 그 처분손실을 손금산입하였다. 신주인수 당시 A사는 위 유상증자 당시 이미 3년 연속 순손실이 발생하였을 뿐만 아니라 자본잠식 상태에 있어 주식가치가 1주당 0원에 불과하였다. 과세관청은 원고가 신주를 특수관계자인 A사로부터 30억 원에 인수함으로써 그 시가와 인수가액의 차액 상당액을 A사에 분여한 행위는 법인세법 시행령 제88조 제1항 제1호에 정한 '자산을 시가보다 높은 가액으로 매입한 경우'에 해당한다는 이유로 부당행위계산부인을 하여 위 신주의 처분손실에 관한 손금산입을 부인하였다. 원심은 과세관청의 처분이 적법하다고 판시하였다.

그러나 대법원은 다음과 같이 판시하였다. 자본거래로 인한 순자산의 증가나 감소를 익금 또는 손금에 산입하지 않도록 규정한 법인세법 제15조, 제17조, 제19조, 제20조 및 자본거래로 인하여 주주 등인 법인이 특수관계자인 다른 주주 등에게 이익을 분여한 경우를 부당행위계산의 유형으로 규정한 법인세법 시행령 제88조 제1항 제1호, 제8호 각 목의 문언 내용과 취지 등을 종합적으로 살펴보면, 주주 등인 법인이 특수관계자인 다른 법인으로부터 그 발행의 신주를 시가보다 높은 가액으로 인수하였다고 하더라도 이를

'자산을 시가보다 높은 가액으로 매입하는 경우'로 보아 법인세법 시행령 제88조 제1항 제1호를 적용하여 부당행위계산부인을 할 수는 없고, 다만 신주의 고가인수로 인하여 특수관계자인 다른 주주에게 이익을 부여한 경우에 법인세법 시행령 제88조 제1항 제8호 (나)목을 적용하여 부당행위계산부인을 할 수 있을 뿐이라고 판시하였다. 비슷한 시기에 선고된 대법원 2014. 6. 26. 선고 2012두23488 판결도 같은 취지이다. 실권주의 고가인수에 대하여 법인세법 시행령 제88조 제1항 제1호가 적용되어서는 아니된다는 점을 명시적으로 밝힘으로써 그동안의 논란에 종지부를 찍고자 하였다는 점에서 이들 판결의 가치가 크다.

이와 같이 신주의 고가인수에 대하여 발행법인과 신주인수인과의 관계에서 법인세법 시행령 제88조 제1항 제1호를 적용할 수 없고 같은 항 제8호에 의하여 신주인수인과 실권주주 사이에서 부당행위계산부인을 할 수 있을 뿐이라는 판례가 유지되자 과세관청은 이를 비켜가기 위하여 발행법인과 신주인수인과의 관계에서 같은 항 제8호의2에 의하여 부당행위계산부인을 적용할 수 있다는 주장을 한 경우가 있었다. 그러나 이에 대하여 대법원 2020. 12. 10. 선고 2018두56602 판결은, 자본거래인 신주발행의 법적 성격상 발행법인이 발행가격을 높여 신주를 발행하였다고 하더라도 원칙적으로 발행법인과 신주인수인과의 관계에 있어 신주인수인이 발행법인에 이익을 분여한 것으로 보기 어려우므로 위 규정을 신주를 고가로 인수한 주주가 주식발행법인에게 이익을 분여한 것으로 보아 적용할 수 있는 규정으로 보기 어렵다고 판단하였다. 같은 항 제8호든 제8호의2든 모두 신주인수인과 실권주주 사이의 이익분여를 규제대상으로 하는 것이고, 제8호 외에 제8호의2를 별도로 둔 것은 자본거래의 유형을 포괄적으로 규정함으로써 제8호를 보완하여 제8호에 규정되지 않은 새로운 유형의 행위에 대처하기 위한 것이지 신주인수인과 발행법인과의 관계에서 부당행위계산부인을 할 여지를 남겨두기 위한 것이 아니다. 지당한 판결이다.

4) 신주인수법인과 실권주주의 관계

이상에서 살펴본 바와 같이 실권주를 고가로 인수할 경우 그로 인한 이익분여의 상대방은 실권주주이므로 그것을 법인세법상 부당행위계산부인의 대상으로 삼기 위해서는 실권주를 고가로 인수한 자와 실권주주 사이에 특수관계가 존재해야 한다. 실권주의 고가인수로 인하여 이익분여가 이루어졌다고 하더라도 그 상대방이 특수관계자가 아니라면 부당행위계산부인의 대상이 될 수 없다. 왜냐하면, 법인세법 제52조 제1항은 특수관계 있는 자와의 거래로 인하여 법인의 소득에 대한 조세의 부담을 부당히 감소시킨 것으로 인정되는 경우만을 대상으로 삼고 있기 때문이다.

그런데 실권주의 인수는 이것을 하나의 거래로 본다면 실권주를 인수한 자와 실권주를 발행한 자 사이의 거래로 보는 것이 무난할 것이다. 그러나 실권주의 인수로 인한 이익분여의 당사자는 실권주를 인수한 자와 실권주주이기 때문에 그 이익을 부당행위계산부인의 대상으로 삼기 위해서는 부득이 실권주를 인수한 자와 실권주주 사이의 거래관계를 설정하지 않을 수 없다. 그래서 대법원 1997. 2. 14. 선고 96누9966 판결은, 원고 및 소외 회사는 모두 그 주주가 법인주주를 포함하여 10인 정도에 불과한 비공개법인으로 그 출자자가 거의 동일하고 양 법인의 의사결정은 소수의 주주에 의하여 지배되고 있는 점에 비추어, 원고와 신주인수인 사이에 원고의 신주인수권 포기와 그에 따른 신주인수권의 처리에 대하여 적어도 묵시적인 합의가 있었다고 봄이 오히려 경험칙에 부합한다고 할 것이므로, 원고의 각 신주인수권 포기와 그에 따른 일련의 다단계, 우회적 행위가 특수관계 있는 자들과의 거래에 해당한다고 판시하였다. 이 사안은 원고가 실권주주이고 그와 특수관계에 있는 다른 주주가 실권주를 고가인수한 사안인데, 원심은 원고와 실권주 인수인 사이에 거래가 있었다고 볼 자료가 없다는 이유로 그것이 부당행위계산부인의 대상이 될 수 없다고 판단하였으나, 대법원은 원고와 실권주 인수인 사이에 묵시적 합의가 있었다고 봄으로써 그들이 거래의 당사자가 된다고 판시하였다.

그렇다면, 실권주 고가인수의 경우, 그로 인한 이익분여의 상대방과 고가인수인 사이에 특수관계가 아예 존재하지 않거나, 특수관계가 존재하더라도 그들 사이에 신주인수권의 포기와 실권주의 인수에 관한 묵시적 합의가 있었다고 볼 수 없다면, 부당행위계산부인의 대상이 될 수 없다 하겠다.

한편, 법인세법 시행령 제11조 제9호는 법인세법 제88조 제1항 8호 각 목의 규정에 의한 자본거래로 인하여 특수관계자로부터 분여받은 이익을 익금 범위에 포함되는 법인의 수익으로 규정하고 있다. 그리고 법인세법 시행령 제88조 제1항 8호는 부당행위계산부인의 대상이 되는 자본거래의 유형으로 (나)목에서 '법인의 증자에 있어서 신주를 배정받을 수 있는 권리의 전부 또는 일부를 포기하거나 신주를 시가보다 높은 가액으로 인수하는 경우'를 각 규정하고 있다. 따라서 위 시행령 조항에서 정한 법인의 증자로 주주인 법인이 특수관계자인 다른 주주에게 이익을 분여한 경우에 이익을 분여한 법인주주에게는 부당행위계산부인 규정을 적용하고, 이익을 분여받은 법인주주에게는 법 시행령 제11조 제9호에 의해 분여받은 이익을 익금에 산입하여야 한다.

(4) 평가액이 음수(−)인 실권주의 고가인수

가) 쟁점의 소재

실권주의 평가액이 실권주 인수 전후에 걸쳐 모두 0원 이상인 경우 그 실권주의 고가인수로 인한 이익분여의 상대방이 실권주주임은 앞서 살펴본 바와 같으나, 실권주 인수 전에는 그 평가액이 0원 미만이었다가 실권주 인수 후 그 평가액이 0원 이상이 된 경우나 실권주 인수 전후에 걸쳐 모두 그 평가액이 0원 미만인 경우에는 그 실권주의 고가인수로 인한 실권주주에게 이익의 분여가 있었다고 보아 법인세법 시행령 제88조 제1항 제8호 (나)목을 적용하여 부당행위계산부인을 할 수 있는지가 문제된다. 이를 구체적 사례를 통하여 살펴본다.

나) 사례의 설정과 검토

A법인의 대차대조표상 자산은 70만 원, 부채가 100만 원, 자본금이 30만 원, 결손금이 60만 원이다. 발행주식수는 300주로서 1주당 액면금액은 1,000원이다. X주주가 150주, Y주주가 150주 각 보유하고 있다. 순자산가액은 자산 70만 원에서 부채 100만 원을 차감한 가액이므로 −30만 원이다. 따라서 1주당 평가액은 −1,000원(−300,000 ÷ 300주)이다. 여기서 A법인이 신주 300주를 액면가액으로 발행한다고 가정한다. X주주와 Y주주에게 각 150주의 신주인수권이 부여된다. X주주는 신주인수권을 모두 포기하고, Y주주가 신주 300주를 모두 인수한다. 신주발행대금 30만 원이 A법인의 자본금으로 유입됨에 따라 신주발행 후 A법인의 대차대조표상 순자산가액은 0원으로 바뀌게 된다. 따라서 1주당 평가액도 0원이 된다.

신주발행 전후를 비교해 볼 때 X주주에게 신주발행으로 인하여 어떠한 이익이 귀속되었는지를 따져본다. 신주발행 전 대차대조표 상태에서 A법인이 청산한다고 할 경우 X주주에게 돌아갈 돈은 없다. 자산이 70만 원 있지만 부채가 100만 원이어서 먼저 부채변제에 충당하고 나면 남는 돈이 없다. 청산시 주주에게 돌아갈 돈은 부채를 청산한 후의 잔액일 뿐인데, 부채를 청산하기에도 부족하므로 X주주에게 돌아갈 돈이 없는 것이다. 그렇다고 해서 X주주가 미변제 부채 30만 원에 대하여 변제책임이 있는 것은 아니다. 주주 유한책임의 법리상 주주는 주금의 범위 내에서 회사에 대하여 출자의무만을 부담할 뿐 법인의 부채에 대한 변제책임은 없기 때문이다. 물론 법인격부인론에 의하여 지배주주에게 무한책임을 부담시키는 경우가 없지 않지만 이는 매우 예외적인 경우이다. 신주발행 후 대차대조표 상태에서 A법인이 청산한다고 할 경우 X주주에게 돌아갈 돈은 역시 없다. 자산이 100만 원으로 늘어났지만 부채가 100만 원이어서 먼저 부채변제에 충당하고 나면 남는 돈이 없기는 마찬가지이다. 요컨대 Y주주가 X주주의 실권 주식을 고가로 인수하였더라도 그로 인하여 X주주에게 돌아가는 돈이 한 푼도 없다는 점에서 변함이 없으므로, 결국 분여된 이익이 없다.

Y주주의 입장에서 보면, 신주발행 전이나 신주발행 후나 청산시 자신에게 돌아오는 돈이 없기는 마찬가지인데, 신주를 인수하느라고 30만 원의 돈을 지출하였으므로 결국 30만 원의 손해를 보았다. 1주당 1,000원을 지출하고 취득한 주식의 1주당 가액이 0원이므로 결국 그 차액인 1주당 1,000원의 손해를 본 것이다. 여기서 Y주주가 인수한 주식 300주 중 원래 자기에게 인수권이 있던 150주의 인수로 인한 손해 15만 원은 원래 자신에게 귀속되는 손해이지만, X주주가 실권한 주식 150주의 인수로 인한 손해 15만 원은 피할 수 있었음에도 원고 스스로 인수함으로써 자초한 것이다.

실권주 150주의 인수가액을 실권주의 취득가액으로 모두 인정하게 되면, 나중에 그 실권주를 양도할 때 그만큼 양도차익이 줄어들거나 양도차손이 늘어남으로써 과세소득이 줄어들게 될 것이므로 과세관청으로서는 원고가 자초한 15만 원의 손실에 대하여는 부당행위계산부인의 대상으로 삼고자 할 수 있다. 위 15만 원의 손실이 X주주의 이익으로 귀속되고, Y주주와 X주주 사이에 특수관계가 있다면 부당행위계산부인을 하는데 문제가 없다. 그런데 위에서 살펴본 바와 같이 X주주로서는 Y주주가 실권주를 고가인수함에 따라 이익을 본 것이 전혀 없다. 그렇다면 Y주주가 입은 손실은 누구의 이익으로 귀속된 것인지를 추적해볼 필요가 있다. A법인의 채권자들은 100만 원의 채권을 보유하고 있었음에도 신주발행 전에 청산이 이루어진다면 그중 70만 원만 변제받고 나머지 30만 원은 변제받지 못하는 손해를 입을 수밖에 없다. 그러나 신주발행 후에 청산이 이루어지면 100만 원의 채권을 모두 변제받게 된다. 결국 Y주주가 실권주를 고가로 인수함으로 인하여 자초한 15만 원의 손해와 원래 떠안아야 할 15만 원의 손해는 X주주의 이익으로 분여된 것이 아니라 A법인의 채권자들의 이익으로 귀속된 것임을 알 수 있다.

실권주의 계산상 평가액만을 비교해 보면 실권주 인수 전에 1주당 −1,000원이었다가 인수 후 0원이 되어 음수(−)가 줄어들었다는 점에서 그 평가액이 증가된 것은 분명하다. 만약에 주금의 범위 내에서만 책임을 지는 주주 유한책임의 법리가 적용되지 않고 무한책임사원과 같이 청산시 미변제 부채액에 대하여 무한의 변제책임이 있다고 한다면, 인수 전에 1주당 1,000원 상당의 부채변제 책임이 있다가 인수 후에 부채변제 책임이 없어졌으므로 실권주 고가인수로 인하여 실권주주인 X주주가 실권주 평가액의 음수(−)가 감소된 만큼 이익을 분여받았다고 할 수 있고, 반면에 A법인의 채권자들로서는 실권주 인수 전후에 걸쳐 아무런 이익이나 손해가 없다고 할 수 있다. 하지만, 주주 유한책임의 법리가 적용됨에 따라 실권주 인수 전에도 X주주는 1주당 1,000원 상당의 부채변제책임이 없으므로 실권주 고가인수로 인하여 실권주 평가액의 음수(-)가 감소되었더라도 아무런 이익을 받은 바 없고, 반면에 A법인의 채권자들이 실권주 고가인수로 인하여 이익을 얻게 된다. 주주의 유한책임제도에서는 주식의 가치가 음수(-)라는 것 자체가 성립될 수 없다. 단지, 0원일 뿐이다.

이러한 현상에 대한 인식은 다음의 대법원 판결들에도 나타난다. 대법원 2009. 3. 19. 선고 2006두19693 전원합의체 판결은, 구 상속세 및 증여세법(2002. 12. 18. 개정 전) 제63조 제1항 제1호 (다)목, 그 시행령 제54조 소정의 보충적 평가방법에 따라 1주당 가액을 산정한 결과 그 가액이 증여 등 거래를 전후하여 모두 음수(-)인 경우에는 증가된 주식 등의 1주당 가액은 없는 것으로 보는 것이 합리적이라 할 것이며, 거래를 전후하여 1주당 가액이 음수로 산정되는 데도 증여재산가액 또는 채무면제액 등 거래로 인한 가액만을 주식수로 나누어 산정하거나 단순히 음수의 절대치가 감소하였다는 이유로 주식 등의 1주당 가액이 증가된 것으로 보는 것은 증여세가 부과되는 재산의 가액평가에 관한 관계 규정을 전혀 감안하지 아니하는 결과가 되어 관계 규정의 해석상 허용될 수 없다고 판시하였다. 대법원 2003. 11. 28. 선고 2003두4249 판결, 대법원 2004. 11. 11. 선고 2003두11872 판결도 같은 취지이다.

상속세 및 증여세법 시행령(2002. 12. 30. 개정된 것) 제29조 제3항이 신설한 단서에서 증자 전·후의 주식 1주당 가액이 모두 영 이하인 경우에는 실권주주가 얻은 이익이 없는 것으로 본다고 규정한 것도 이러한 법리를 확인한 규정이라 할 것이므로 위 단서가 신설되기 전에도 위 규정의 법리가 당연히 적용된다고 해야 한다.

다) 법리의 정리

요컨대, 실권주를 고가로 인수하더라도 그로 인하여 실권주의 평가액의 음수(-)가 감소하는 정도에 불과하다면, 그로 인한 이익분여의 상대방은 실권주주가 아니라 실권주 발행법인의 채권자로 보아야 하고, 실권주주로서는 아무런 이익을 분여받은 바 없으므로, 실권주를 인수한 자와 위 채권자 사이에 특수관계가 없는 이상 부당행위계산부인의 대상이 될 수 없다. 그리고 실권주를 인수한 자와 위 채권자 사이에 특수관계가 있다고 하더라도 부당행위계산부인의 대상이 되기 위해서는 그들 사이의 거래관계가 설정될 수 있어야 하는데, 신주인수권의 포기와 그로 인한 실권주의 인수에 있어서 실권주 발행법인의 채권자가 관여하는 부분이 없기 때문에 그 채권자와 사이의 거래관계를 설정하기도 어렵다. 채권자는 실권주 고가인수에 관한 거래관계에 관여함이 없이 그로 인한 이익만 취할 뿐이다. 따라서 이러한 점에서도 부당행위계산부인의 대상이 될 수 없다.

같은 취지에서 대법원 2010. 11. 11. 선고 2008두8994 판결은, 부당행위계산부인의 대

상으로서 실권주주에게 이익을 분여한 경우라 함은 신주의 고가인수로 인하여 실권주주
가 보유하고 있던 주식의 1주당 가액이 상승하는 것을 의미하는데, 신주의 고가인수가
있더라도 이를 전후하여 실권주주가 보유하고 있던 주식의 1주당 가액이 모두 음수로
평가되고 단지 그 음수의 절대치가 감소한 것에 불과하다면 그 주식의 가액은 없다고
보아야 하므로 그 주식의 가액이 상승하였다고 할 수 없고, 따라서 이러한 경우는 신주의
고가인수로 인하여 신주 발행법인의 일반 채권자들이 이익을 분여받았음은 별론으로 하
고 적어도 실권주주가 이익을 분여받았다고 할 수는 없으므로 위 규정에 의한 부당행위
계산부인의 대상이 될 수 없다고 판시하였다. 지당한 판결이다.

(5) 채무의 출자전환에 의한 신주의 고가인수

법인이 특수관계에 있는 다른 법인에 대하여 가지고 있는 채권을 출자로 전환하는 방
식으로 그 다른 법인이 발행하는 신주를 고가로 인수하는 경우 실질적으로는 신주를 고
가로 인수하는 법인이 그 신주를 발행하는 법인에 대하여 채무면제이익을 제공하는 것
이므로 과세관청으로서는 이에 대하여 그 거래형식을 부인하여 과세하고자 할 것이다.
그래서 이러한 경우에도 부당행위계산부인을 할 수 있는지, 할 수 있다면 어떠한 규정을
적용하여야 하는지가 문제된다.

앞서 살펴보았듯이 먼저, 법인세법 시행령 제88조 제1항 제1호의 고가매입에 관한 규
정은 신주가 아닌 일반자산에 적용되는 것이므로 이 경우에 적용할 수는 없다. 그렇다고
해서 그 신주가 실권주가 아니라면 같은 항 제8호를 적용할 수도 없음은 앞서 살핀 바와
같다. 마지막으로 제8호의2가 있으나 이는 증자, 감자, 합병, 분할, 전환사채 등에 의한
주식의 전환·인수·교환 등 법인의 자본을 증가시키거나 감소시키는 거래를 통하여 법
인의 이익을 분여하였다고 인정되는 경우를 그 적용대상으로 하고 있는데, 신주를 발행
하는 법인이 그 신주를 출자전환에 의하여 고가로 인수하는 법인에게 이익을 분여하였
다고 볼 수는 없으므로 이 규정을 적용할 수도 없다. 결국은 부당행위계산부인 규정을
적용할 수는 없다는 결론에 이른다.

그렇다고 해서 방법이 없는 것은 아니다. 자산의 취득가액에 관한 규정인 법인세법 시
행령 제72조 제2항 제4호의2가 있기 때문이다. 이 규정은 채무의 출자전환에 따라 취득
한 주식 등의 경우 취득당시의 시가를 그 취득가액으로 하도록 규정하고 있다. 따라서
법인이 출자전환에 의하여 취득하는 주식의 취득가액을 출자전환에 투입된 채권의 가액
으로 기재하더라도 세법상으로는 그 주식의 시가만이 취득가액이 되므로 시가를 초과하
는 부분은 취득당시에 익금산입(소득처분은 기타사외유출)함과 동시에 같은 금액을 손

금산입(소득처분은 '△유보')하고, 그 주식의 처분일이 속한 사업연도에 주식처분손실금액 중 위 차액만큼을 손금불산입(소득처분은 '유보')하면 된다. 이는 결국 일반자산의 고가매입에 대한 부당행위계산부인과 같은 결과를 가져온다. 서울행정법원 2016. 5. 12. 선고 2015구합72115 사건에서 이 부분이 쟁점이 되었는데 위와 같은 취지를 판결하였고, 그 판결은 그대로 확정되었다.

(6) 불공정합병시 양 당사자 주식을 함께 보유한 경우

앞서 언급하였듯이, 법인세법 시행령 제88조 제1항 제8호 (가)목은 부당행위계산의 한 유형으로서 특수관계인인 법인 간의 합병에 있어서 주식을 시가보다 높거나 낮게 평가하여 불공정한 비율로 합병한 경우를 규정하고 있다. 불공정한 비율로 합병하면 주식을 저평가한 법인의 주주가 손해를 보면서 그 상대방법인의 주주에게 그만큼 이익을 분여하므로 주식을 저평가한 법인의 주주에 대하여는 부당행위계산부인에 의하여 익금산입하게 되고, 그 상대방법인의 주주에 대하여는 법인세법 시행령 제11조 제8호에 의하여 익금산입을 하게 된다. 이와 같이 상대방법인의 주주에 대하여 익금산입하는 별도의 규정이 있으므로 그에 대하여 소득처분을 할 필요는 없어 보인다.

그런데 합병 양 당사법인의 주식을 함께 보유한 주주가 있는 경우에도 위와 같은 규정들을 근거로 두 번에 걸쳐 익금산입을 할 수 있는지가 문제된다. 주식을 저평가한 법인의 주주로서는 손해를 보지만, 다른 한편으로 주식을 고평한 법인의 주주로서는 이익을 보게 되어 그 손해가 상쇄되는 측면이 있기 때문이다. 이에 관한 사례로 대법원 2022. 12. 29. 선고 2018두59182 판결이 있다.

이 판결은, 불공정합병이 이루어진 경우 합병당사법인들의 주식을 함께 보유하고 있는 법인에 대해서는 주가가 과소평가된 합병당사법인의 주주로서 입은 손실과 주가가 과대평가된 합병당사법인의 주주로서 얻은 이익을 통산하여 실질적으로 분여하거나 분여받은 이익이 있는지 밝힌 다음, 그 결과에 따라 부당행위계산부인 규정과 익금규정 중 어느 하나를 적용하여야 하며, 이와 달리 주가가 과소평가된 합병당사법인의 주주로서 분여한 이익에 대해서는 부당행위계산부인 규정을, 주가가 과대평가된 합병당사법인의 주주로서 분여받은 이익에 대해서는 익금 규정을 각각 적용하여 이익 상당액을 모두 익금에 산입하는 것은 허용될 수 없다고 판시하였다.

그 논거는 다음과 같다. 주식을 시가보다 높거나 낮게 평가하여 불공정한 비율로 합병을 하면 주가가 과소평가된 합병당사법인의 주주로부터 주가가 과대평가된 합병당사법인의 주주로 주식가치 변동에 따른 부의 이전 효과가 발생하게 되는데, 어느 법인이 합병

당사법인들의 주식을 함께 보유하고 있는 상태에서 불공정합병이 이루어지면 주가가 과소평가된 합병당사법인의 주주로서의 재산가치는 감소하지만 동시에 주가가 과대평가된 합병당사법인의 주주로서의 재산가치는 증가하므로 주가가 과소평가된 합병당사법인의 주주로서 입은 손실과 주가가 과대평가된 합병당사법인의 주주로서 얻은 이익의 크기가 같은 범위에서는 해당 법인에 불공정합병에 따른 부의 이전 효과가 발생하지 않는다. 불공정합병으로 인하여 주가가 과소평가된 합병당사법인의 주주가 입는 손실과 주가가 과대평가된 합병당사법인의 주주가 얻는 이익은 불공정합병이라는 하나의 자본거래에서 발생하는 것인데, 불공정합병 당시 어느 법인이 합병당사법인들의 주식을 함께 보유하고 있었다면 해당 법인에는 불공정합병에 따른 손실과 이익이 함께 귀속되므로 해당 법인이 불공정합병으로 인하여 이익을 분여하였는지는 그 손실과 이익을 통산하여 실질적으로 판단하여야 한다.

어느 법인이 합병당사법인들의 주식을 함께 보유하고 있는 상태에서 불공정합병이라는 하나의 자본거래가 이루어지는 경우 해당 법인의 순자산이 증가하였는지 여부는 순자산의 개념상 주가가 과대평가된 합병당사법인의 주주로서 얻은 이익과 주가가 과소평가된 합병당사법인의 주주로서 입은 손실을 통산하여 판단할 수밖에 없다.

이 판결은, 법인세법 시행령 제88조 제1항 제8호 (가)목과 법인세법 시행령 제11조 제8호 규정이 부당행위계산부인을 위한 의제적 규정들이므로 실상과 괴리가 있을 수 있는 점을 고려하여 형식적으로 방만하게 적용할 것이 아니라 실질적인 분여이익의 크기에 맞게 적용하도록 선언한 것으로서 납세자의 이익보호를 위한 바람직한 판결이라고 평가할 수 있겠다.

6. 유형적 포괄주의 규정의 적용범위

가. 법인세법 시행령 제88조 제1항 제9호의 분석

법인세법 시행령 제88조 제1항 제9호는 부당행위계산의 유형에 관한 규정의 마지막 항목인데, '그 밖에 제1호 내지 제7호, 제7호의2, 제8호, 제8호의2에 준하는 행위 또는 계산 및 그 외에 법인의 이익을 분여하였다고 인정되는 경우'를 규정하고 있다. 이는 이른바 유형적 포괄주의 규정으로서 제한적이고 열거적인 규정만으로는 변화무쌍한 경제사실들을 포괄하여 과세할 수 없는 한계가 있어 이를 극복하기 위한 입법의 수단으로 등장한 것이다. 이는 조세공평주의의 이념을 구현하기 위한 방편이라고 할 수 있다. 이러한 유형의 규정으로는 소득세법에서는 이자소득에 관하여 제16조 제1항 제12호에서, 배당소득에 관하여 제17조 제1항 제9호에서, 연금소득에 관하여 제20조의3 제1항 제3호에서 도입되었다. 이러한 유형적 포괄주의 규정의 존재로 인하여 그 앞에서 열거되고 있는 규정들은 제한적·열거적 규정이 아니라 예시적 규정으로 자리매김하게 된다. 그래서 일찍이 대법원 1992. 10. 13. 선고 92누114 판결도 부당행위계산의 태양을 규정하고 있는 구 법인세법 시행령(1998. 12. 31. 전부 개정되기 전) 제46조 제2항 각 호의 규정은 그 제9호에서 '기타 출자자 등에게 법인의 이익을 분여하였다고 인정되는 것이 있을 때'라고 규정하고 있음에 비추어 예시적인 것이라고 보아야 한다고 판시한 바 있다.

　법인세법 시행령 제88조 제1항 제9호는 전단과 후단으로 나눌 수 있다. 전단은 '그 밖에 제1호 내지 제7호, 제7호의2, 제8호, 제8호의2에 준하는 행위 또는 계산'이고, 후단은 '그 외에 법인의 이익을 분여하였다고 인정되는 경우'이다. 그 문언을 보면 전단은 이른바 유형적 포괄주의의 형식을 취하고 있고, 후단은 완전포괄주의의 형식을 취하고 있다. 즉, 전단은 포괄적인 규정이긴 해도 그 유형을 앞선 각 호에 준하는 행위 또는 계산이라는 제한을 둠으로써 유형적으로 제한하고 있고, 후단은 단지 '법인의 이익을 분여하였다고 인정되는 경우'라고만 함으로써 유형상의 아무런 제한을 두지 않고 있다. 법인세법 시행령이 1998. 12. 28. 전면 개정되기 전에는 위 후단의 규정만 두고 있었고, 위와 같이 전면 개정되면서 전단의 규정이 추가되었다.

나. 법인세법 시행령 제88조 제1항 제9호의 적용범위

　먼저, 법인세법 시행령 제88조 제1항 제9호의 후단 규정의 적용범위가 문제된다. 그 문언대로 해석하면 당해 법인과 특수관계에 있는 자에게 이익의 분여가 있었다고 인정될 수 있는 경우에는 그 거래나 행위의 유형을 막론하고 모두 부당행위계산으로 보아 이를 부인할 수 있다는 결론에 이를 수 있다. 이렇게 해석하면 그 앞의 각 호에서 행위유형과 요건을 정하고 있는 것이 별 실익이 없어 그 존재의의가 없어진다. 그 앞의 각 호의 규정을 둘 것도 없이 곧바로 위 후단의 규정만 두더라도 같은 결과에 이르게 되기 때문이다. 이렇게 되면 조세법률주의의 요체인 과세요건 명확주의가 무너지게 되고, 납세자들로서는 예측가능성과 법적 안정성을 확보할 수 없게 된다. 부당행위계산부인은 당사자들이 선택한 거래형식을 세법의 목적으로 이를 부인하여 재구성하는 것이기 때문에 그 요건을 방만하게 정하여서는 아니된다. 조세공평주의의 이념도 중요하지만 조세법률주의의 이념도 이에 못지 않게 중요하므로 이들 이념이 충돌할 경우 어느 하나를 몰각시킬 것이 아니라 상생할 수 있는 절충적 방법을 찾는 것이 합리적이다. 그래서 위 후단은 합목적적으로 축소해석할 필요가 있었던 것이다.

법인세법 시행령이 1998. 12. 28. 전부 개정되기 전에는 후단의 규정만이 있었는데, 이에 대하여 대법원이 위 규정을 축소해석한 것도 이러한 취지에 입각한 것으로 볼 수 있다. 대법원 1992. 9. 22. 선고 91누13571 판결은, 당시 법인세법 시행령 제46조 제2항이 조세의 부담을 부당하게 감소시키는 것으로 인정되는 경우에 관하여 제1호 내지 제8호에서는 개별적·구체적인 행위유형을 규정하고, 그 제9호에서는 '기타 출자자 등에게 법인의 이익을 분여하였다고 인정되는 것이 있을 때'라고 하여 개괄적인 행위유형을 규정하고 있으므로, 제9호의 의미는 제1호 내지 제8호에서 정한 거래행위 이외에 이에 준하는 행위로서 출자자 등에게 이익분여가 인정되는 경우를 의미한다고 판시한 바 있다. 그 후 같은 취지로서 대법원 1997. 5. 28. 선고 95누18697 판결과 대법원 2003. 6. 13. 선고 2001두9394 판결 등이 이어지고 있다.

이러한 대법원의 취지는 법인세법 시행령이 1998. 12. 28. 전부 개정된 이후에도 그대로 이어진다고 볼 수 있으므로 결국 법인세법 시행령 제88조 제1항 제9호의 후단 규정은 그 문언에도 불구하고 전단규정과 같은 의미로 해석하는 것이 옳다. 그 전단 규정의 핵심은 앞선 각 호에 준한다는 것이 어떤 의미인지를 해석하는 것이다. 앞선 각 호에 준한다는 것은 앞선 각 호와 유사하다는 것으로서 그와 동일하게 취급하는 것이 조세공평주의의 원칙에 부합하고 납세자의 예측가능성이나 법적 안정성을 해하지 않는 범위 내에 들어간다는 의미로 해석할 수 있을 것이다. 실제 사안에서 여기에 해당하는지 여부에 관하여는 사전에 일률적인 기준을 제시하기는 어렵고 구체적 타당성에 의한 합목적적 판단에 따라야 할 것으로 보인다.

다. 사례 분석

(1) 적용 긍정 사례

법인세법 시행령이 1998. 12. 31. 전문 개정되기 전의 사안으로서, 그 시행령 제46조 제2항 제4호(고가매입 또는 저가양도)에 준하는 것으로서 같은 항 제9호(그 밖에 이익을 분여하였다고 인정되는 경우)에 해당한다고 본 판결로 대법원 2009. 11. 26. 선고 2007두5363 판결이 있다.

원고 A는 같은 그룹 내의 계열회사인 P사의 주주로서, P사가 1997. 12. 2. 유상증자를 위하여 1주당 발행가액을 액면가액인 5,000원으로 하여 발행한 신주 중 당초 배정받은 주식은 물론 특수관계자인 원고 B가 신주인수를 포기한 실권주까지 인수함으로써 P사 발행 신주 전부를 인수하였는데, 과세관청은 원고 A가 실권주를 인수함으로써 원고 B에게 1주당 액면가액 5,000원에서 증자 후의 1주당 평가가액인 2,010원을 뺀 금액에 실권주 수를 곱하여 산정한 16억 원 상당의 이익을 분여한 것으로 보아 이를 실권주 고가매입에 의한 부당행위계산부인 대상에 해당한다고 보고 이를 원고 A의 1997 사업연도 소득금액 계산상 익금산입하여 소득처분하는 한편, 같은 금액만큼을 손금산입하여 사내유보로 처분하였다가, 이를 다시 위 신주가 무상소각된 1999 사업연도의 소득금액 계산상 익금산입하였다.

이에 대하여 원심은 원고 B의 신주인수권 포기와 그에 따른 원고 A에의 실권주 재배정 및 원고 A의 실권주 인수 등 일련의 행위는 원고들의 묵시적인 합의에 따른 거래로 봄이 상당하고, 그로 인하여 원고 A가 원고 B로 하여금 기존 보유주식의 실질적 가치가 증가하는 이익을 얻게 한 이상 이는 구 법인세법(1998. 12. 28. 전문 개정되기 전의 것) 제20조, 구 법인세법 시행령(1998. 12. 31. 전문 개정되기 전의 것) 제46조 제2항 제4호 소정의 '출자자 등으로부터 자산을 시가를 초과하여 매입한 경우'에 준하는 행위로서, 같은 항 제9호 소정의 부당행위계산부인 대상에 해당한다고 판단하였고, 대법원이 이를 수긍하였다.

법인세법 시행령이 1998. 12. 31. 전문 개정되면서는 제88조 제1항 제8호 (나)목에서 이에 관한 구체적 규정을 두고 있었지만 그전에는 이와 같은 규정이 없었다. 하지만 전문 개정된 취지로 보나 그 시행령 제46조 제2항 제4호와의 유사성으로 보나 부당행위계산 부인의 필요성과 합목적성이 충분히 인정되었기 때문에 위 제4호에 준하는 경우라고 보아 그 제9호를 적용한 것으로 이해할 수 있다.

그리고 대법원 2003. 6. 13. 선고 2001두9394 판결은, 원고가 1995년 4월경 같은 그룹의 계열사로서 특수관계자인 A사 등에게 같은 그룹 소속의 프로야구단인 P사 주식을 1주당 액면가인 5,000원에 양도하였으나 그로부터 불과 2개월 후에 H그룹이 위 프로야구단을 인수하면서 P사 주식을 모두 1주당 375,000원에 매수한 사안에서, 원고가 A사 등에게 P사 주식을 양도할 당시 이미 H그룹이 위 프로야구단의 경영권을 인수하기 위하여 P사의 주식을 시가보다 훨씬 높은 가격에 매수하려 한다는 사실을 알았거나 아니면 적어도 이를 예상하면서도 A사 등에게 P사 주식을 액면가로 양도함으로써 결과적으로 그 차액 상당의 이익을 A사 등에게 분여하는 한편, 스스로는 P사 주식을 양도함에 따른 소득에 대한 조세의 부담을 감소시켰다고 할 것이므로 이는 당시 법인세법 시행령 제46조 제2항 제9호가 정한 이익분여행위로서 부당행위계산에 해당한다고 판시하였다.

이 사안에서 H그룹의 P사 주식 양수가액인 1주당 375,000원을 원고의 A사 등에 대한 P사 주식 양도시의 시가로 볼 수 없었던 것은 원고가 A사 등에게 P사 주식을 양도할 때에는 경영권 프리미엄이 붙어 있지 않았지만 H그룹이 P사 주식을 양수할 때에는 경영권 프리미엄이 붙어 있었기 때문에 양자를 비슷한 조건의 거래로 볼 수 없었기 때문이다. 그래서 저가양도에 관한 규정인 당시 법인세법 시행령 제46조 제2항 제4호의 규정을 직접 적용할 수는 없었다. 하지만 원고가 A사 등에게 P사 주식을 액면가로 양도할 당시에 이미 가까운 시기에 P사 주식이 H그룹에 고가로 양도될 것이라는 것이 충분히 예상할 수 있었던 상황이었으므로 원고가 P사 주식을 계속 보유하였더라면 상당한 규모의 처분이익을 얻었을 것임에도 이를 A사 등에게 액면가로 양도함으로써 결과적으로 그 처분이익 상당의 이익을 A사 등에게 분여하였고 그로 인하여 원고는 조세부담의 감소를 초래하였으므로 부당행위계산부인의 필요성과 합목적성이 충분히 인정된다고 할 것이다. 그래서 위 제4호에 준하는 경우로서 제9호에 해당한다고 본 것으로 이해된다.

(2) 적용 부인 사례

위에서 본 대법원 2003. 6. 13. 선고 2001두9394 판결과 대비되는 사안으로 대법원 1996. 5. 10. 선고 95누5301 판결이 있다. 원고는 1986. 9. 11. P사의 발행주식 542,000주를 1주당 500원으로 계산하여 특수관계인인 A에게 양도하였다. 바로 그 다음 날인 1986. 9. 12. P사는 Q사와 사이에 순자산가치 비율이 1 : 2.2임에도 1 : 1 비율로 합병하기로 하는 계약을 체결하고 합병절차를 마친 후 다시 R사를 흡수·합병하였다. 그러자 과세관청은 P사가 Q사와 불공정합병 계약을 체결한 다음 원고가 그 합병을 예상하고 특수관계인인 A사에게 P사 주식을 양도하였고 합병이 완료된 시점을 기준으로 하면 그 주식의 시가가 1주당 1,637원이 되므로 원고가 위 주식을 A사에게 1주당 500원에 양도한 것은 합병으로 생길 경제적 이득을 미리 A사에 분여한 것이라고 보아 당시 법인세법 시행령 제46조 제2항 제4호에 준하는 경우로 보아 그 제9호에 의하여 부당행위계산부인을 하였다.

그러나 대법원은, 그 거래행위가 만일 위 제4호에서 정하는 '자산을 시가에 미달하게 양도한 때'에 해당하지 아니하는 경우에는 특별한 사정이 없는 한 위 제9호가 정하는 행위 유형에도 해당하지 아니한다고 보아야 한다고 하면서, 위 주식 양도당시는 그로 받게 될 장래의 기대이익이 불확실하거나 미확정적이었다 할 것이므로 법적 안정성과 예측가능성의 보장을 중핵으로 하는 조세법률주의의 원칙에 비추어, 원고가 그 주식을 양도한 행위가 위 제4호에 규정한 저가양도행위에 해당하지 아니하는 것이라면 양도 이후에 일어난 법인 합병계약과 그에 따른 합병 등의 일련의 행위를 이와 별개의 거래행위의 하나로 파악하여 이를 위 제9호 소정의 이익분여행위로 볼 수는 없다고 판시하였다.

앞서 본 대법원 2003. 6. 13. 선고 2001두9394 판결의 사안에서는 원고의 주식 양도 후 2개월이 지난 후에야 그 주식 발행회사의 인수가 있었지만, 이 사안에서는 원고의 주식

양도 후 바로 그 다음 날 그 주식 발행회사의 합병이 있었고 실제 합병계약을 그 전에 있었으므로 그로 인한 이익의 확실성과 예측가능성은 이 사안이 훨씬 더 높다고 할 것이다. 그럼에도 불구하고 위 제9호에 해당한다고 볼 수 없다고 한 것은 대법원 2003. 6. 13. 선고 2001두9394 판결과의 균형을 이루지 못할뿐더러 그 이유의 설시도 납득하기 어렵다. 위 제4호에 해당하지 않으면 제9호에도 해당하지 않는다는 설시는 부적절하다. 제4호에 해당하지 않기 때문에 제9호에 해당하는지 여부를 판단하는 것임에도 이들 양 규정의 관계를 오인한 듯한 판시를 한 것이다. 유형적 포괄주의 규정의 적용범위를 제한한 취지는 나쁘지 않지만 그 정도가 심하고 논리구성도 부실한 점에서 선례적 가치가 떨어진다고 평가할 수 있겠다.

소득처분과 소득금액변동통지

1. 소득처분과 소득금액변동통지의 의의

가. 소득처분의 의의와 종류

과세관청이 법인세의 과세표준을 조사함에 있어 탈루된 소득을 포착한 경우 이를 익금에 산입하는 처분을 한다. 익금산입액에 상당하는 법인세액에 대해서는 법인세 경정처분을 하고, 나아가 익금산입액이 어디로 귀속되었는지를 추적하여 소득세를 추가로 과세하기 위한 선행절차로서 소득처분을 하게 된다. 이에 관한 자세한 규정은 법인세법 제67조의 위임을 받은 그 시행령 제106조에 있다. 여기서의 익금산입에는 손금불산입이 당연히 포함된다고 보아야 한다.

법인세법 시행령 제106조 제1항 제1호는 익금에 산입한 금액이 사외에 유출된 것이 분명한 경우에는 그 귀속자에 따라 주주 등인 경우에는 그에 대한 배당으로, 임원 또는 사용인인 경우에는 그에 대한 상여로, 법인이거나 사업을 영위하는 개인인 경우에는 기타사외유출로(다만, 그 분여된 이익이 사업연도의 소득을 구성하는 경우에 한한다), 그 이외의 자일 경우에는 기타소득으로 각 처분하고, 귀속자가 불분명한 경우에는 대표자에 대한 상여로 간주하는 처분을 하도록 규정하고 있다. 그리고 제2항은 추계과세에 의하여 결정된 과세표준과 대차대조표상 당기순이익과의 차액(법인세를 공제하기 전의 금액)은 대표자에 대한 이익처분에 의한 상여로 소득처분하되, 다만 천재지변 등으로 장부나 그 밖의 증명서류가 멸실되어 추계하는 경우에는 기타사외유출로 소득처분하도록 규정하고 있다.

같은 항 제2호는 익금에 산입한 금액이 사외에 유출되지 아니한 경우에는 사내유보로 소득처분하도록 규정하고 있다. 대표적인 예로서 감가상각비를 한도 초과하여 과다하게 계상한 경우 그 초과액을 손금불산입하게 되는데 이는 자산평가의 문제로서 사외유출되는 것이 아니므로 '유보'로 처분하게 된다. '유보'의 소득처분은 회계상의 순자산의 크기와 세무상의 순자산의 크기의 차이를 나타낸다고 보면 된다. 이러한 '유보'의 소득처분은 잠정적 소득처분으로서 추후에 이루어지는 '△유보'의 소득처분과 상쇄되어 종결된다. 위의 예에서 본 바와 같이 회계상으로 감가상각을 과다하게 계상한 경우 그 자산을 처분할 때 처분가액에서 차감하는 장부가액이 과소하게 계상되어 처분이익이 과다하게 산정됨으로써 익금산입액이 그만큼 늘어나게 될 것이므로 이를 세무상 조정하기 위하여 그 차액만큼을 익금불산입하면서 '△유보'로 소득처분하게 되고 이것이 앞서 해둔 '유보'의 소득처분과 상쇄되어 종결되는 것이다.

그리고 법인세법 시행령 제106조 제1항 제3호는 그 각 목의 금액은 기타사외유출로 처분하도록 하면서, (자)목에서 귀속자에게 상속세 및 증여세법에 의하여 증여세가 과세되는 경우를 들고 있다. 증여세가 과세되는 마당에 다시 소득세의 과세를 위한 소득처분을 하면 동일한 소득에 대한 이중과세가 되기 때문에 이를 막기 위한 것이다. 대법원 2014. 11. 27. 선고 2012두25248 판결은, 법인세법 시행령 제106조 제1항 제3호는 법인의 익금에 산입한 금액이 사외에 유출된 경우라도 동일한 소득이 이미 귀속자의 과세소득을 구성하고 있는 등 귀속자에게 소득세의 납세의무를 지우는 것이 부적절한 경우에는 그 귀속자에 대한 소득처분 없이 유출사실만을 확정하는 '기타 사외유출'로 처분하도록 하는데 그 취지가 있다고 전제하고, 주식의 포괄적 교환에 의하여 완전자회사가 되는 회사의 주주가 얻은 이익은 '법인의 자본을 증가시키는 거래에 따른 이익의 증여'로서 상속세 및 증여세법 제42조 제1항 제3호에 따라 증여세가 과세되므로 주식의 포괄적 교환에 의하여 완전모회사가 되는 회사가 완전자회사가 되는 회사의 주식을 시가보다 높은 가액으로 양수함으로써 부당행위계산부인에 따라 법인의 익금에 산입되는 금액에 대하여는 구 법인세법 시행령 제88조 제1항 제8호의 경우에 준하여 '기타 사외유출'로 처분하여야 하고, 그 귀속자에게 배당, 상여 또는 기타소득의 처분을 할 수 없다고 판시하였다.

한편, 소득세법 제128조는 제1항에서 원천징수한 소득세는 그 다음 달 10일까지 이를 세무서에 납부하여야 한다고 규정하고 있다. 그리고 소득세법 시행령 제192조는 제1항에서 법인세법에 의하여 소득금액을 결정 또는 경정함에 있어서 처분되는 배당, 상여 및 기타소득은 법인소득금액을 결정 또는 경정하는 과세관청이 그 결정일 또는 경정일로부터 15일 이내에 소득금액변동통지서에 의하여 당해 법인에게 통지하여야 한다고 규정하면서 만일 법인의 소재지가 불분명하거나 그 통지서를 송달할 수 없는 경우에는 소득처분을 받은 개인에게 통지하도록 규정하고 있다. 그리고 소득세법 제131조 제2항 등에서 당해 배당, 상여 및 기타소득은 그 통지서를 받은 날에 지급된 것으로 본다고 규정하고 있다. 따라서 당해 법인은 소득금액변동통지를 받은 날의 다음 달 10일까지 배당, 상여, 또는 기타소득으로 처분된 금액에 대한 원천징수세액상당액을 납부하여야 한다. 그리고 법인이 소득금액변동통지에 따른 원천징수세액의 납부를 제대로 이행하지 않으면 과세관청은 법인에게 납세고지를 하여 징수고지처분을 하게 된다.

나. 소득처분의 취지

법인세 과세대상 소득을 산정함에 있어서는 기업회계와 세무회계의 차이로 인하여 발생하는 세무조정소득이나 매출누락금, 가공경비 등과 같이 허위·오류 등으로 인하여 어느 정도의 차액이 발생하기 마련이고, 이와 같은 차액은 법인세 과세대상 소득으로 추가로 익금에 가산하게 되는데, 이와 같이 추가된 익금산입액에 대하여는 법인세를 과세하는 것과는 별도로 그 소득의 귀속자와 소득의 종류 등을 확정하여 소득세를 원천징수방식에 의하여 과세하여야 할 필요성이 생긴다. 소득처분은 위와 같이 사외유출된 익금산입액에 대하여 과세관청의 엄격한 증명을 요구하지 아니하고 그 귀속자와 소득의 종류 등을 확정하는 세법상의 절차를 말한다. 과세관청은 탈루된 소득에 대하여 법인세만 추징하는 것으로 만족하지 않는다. 법인의 소득으로서 사외에 유출되어 실제로 개인의 소득으로 귀속되는 부분이 포착되면 다소 가혹하긴 해도 과세관청으로서는 당연히 과세요건을 입증하여 소득세를 추가로 과세할 수 있다. 그런데 과세관청은 실제로 개인에게 귀속되는 소득을 입증하여 과세할 수도 있지만 그 입증이 곤란한 경우에는 소득처분에 의하여 소득의 귀속을 의제할 수 있기 때문에 소득처분은 과세요건에 관한 과세관청의 입증책임을 현저히 덜어주게 되어 납세자의 입장에서는 불만이 많을 수밖에 없다.

개인에게 실지로 귀속된 소득을 확인하여 소득처분을 하는 것은 귀속소득을 확인하는 조치에 불과하지만, 그 귀속자가 불분명한 경우이거나 법인세법 제66조 제3항의 규정에 의한 추계조사방법에 의하여 법인세 과세표준과 세액을 결정하거나 경정하는 경우에는 익금산입된 소득의 귀속자를 밝힐 수 없다면 모두 대표자의 상여로 의제하는 소득처분을 한다. 대법원 1992. 7. 14. 선고 92누3120 판결 등은 법인세법상 대표자 인정상여 제도는 그 대표자에게 그러한 소득이 발생한 사실에 바탕을 두는 것이 아니라, 법인에 의한 세법상의 부당행위를 방지하기 위하여 그러한 행위로 인정될 수 있는 일정한 사실에 대해 그 실질에 관계 없이 무조건 대표자에 대한 상여로 간주하도록 하는데 그 취지가 있다고 하고, 대법원 1990. 9. 28. 선고 89누8231 판결 등은 특히 추계조사·결정 방법에 의하여 과세표준을 산정한 후 대표자에게 상여처분을 하는 경우에는 추계조사·결정 방법에 의하여 결정된 과세표준과 법인의 대차대조표상의 당기순이익과의 차액(법인세상당액을 공제하지 아니한 금액을 말한다)이 사외에 유출되었는지의 여부나 사외에 유출되었다면 실제로 누구에게 귀속되었는지를 묻지 아니한다고 판시한 바 있다.

일본에는 우리의 소득처분과 같은 제도가 없고, 다만 이와 유사한 제도로 '사도불명금(使途不明金)' 및 '역원상여(役員賞與)'라는 제도가 있다고 한다.[32] 사도불명금은 법인이 지출한 금액 중 그 지출용도가 불분명한 금액을 말하고, 역원상여는 법인이 임원상여로 회계처리하지 아니한 거래에 대하여 과세관청이 법인의 소득계산을 부인하고 임원상여로 인정하는 처분을 말한다. 법인이 지출한 금액이 사도불명금에 해당하는 것으로 인정되면 법인의 소득금액의 계산상 손금산입을 부인함에 그치지만, 나아가 그것이 역원상여로 인정되면 임원의 소득에 가산하여 소득세를 계산함으로써 법인에게 원천징수의무를 부과하게 된다. 따라서 용도불명의 지출금이 임원에게 지급된 것인지 여부에 관한 사실인정이 중요한 문제로 대두되고, 이러한 점에서 사도불명금 및 역원상여는 증명책임의 문제라고 일반적으로 설명된다. 사도불명금을 역원상여로 인정하기 위해서는 상여를 지급한 사실, 즉 당해 소득이 임원에게 귀속된 사실의 증명이 필요한데, 일반적으로 법인 내부에서 은밀히 행해진 소득귀속의 경우 그에 대한 증명이 상당히 어려우므로, 법원으로서는 간접증거에 의하여 상여의 지급사실을 추인하고 증명의 필요를 납세자 측에게 전환할 필요성이 제기된다. 이에 따라 일본 판결례는 여러 가지 간접사실에 의한 추인으로 역원상여를 인정하는 경우가 많다고 한다.

다. 소득처분과 소득금액변동통지의 관계

(1) 과세처분과 납세고지의 관계

일반적으로 행정처분은 그 효력이 발생하기 위해 상대방에게 통지되어야 한다. 따라서 통지는 행정처분의 효력발생요건으로 볼 수 있다. 조세법률관계에서도 과세처분이 있으면 반드시 상대방에게 이를 통지하여야 하는데, 이는 국세징수법 제9조의 규정에 의한 납세고지의 방식으로 이루어진다. 그런데 이러한 납세고지를 과세처분의 효력발생요건으로 보는 견해도 있지만, 과세처분의 대외적 성립 요건으로 보는 견해도 있다. 우리 대법원 판례도 납세의 고지를 과세처분의 성립 요건으로 보는 경우(대법원 1989. 1. 31. 선고 86누726 판결)와 과세처분의 효력발생요건으로 보는 경우(대법원 1991. 1. 29. 선고 90다카26072

---

32) 조인호, '소득처분에 의한 의제소득과 현실귀속소득', 특별법연구 제6권

판결)로 나누어져 있는데, 국세기본법 제22조 제1항과 그 시행령 제10조의2에서 국세는 당해 세법에 의한 절차에 따라 그 세액이 확정되고, 그 세액이 확정되는 때란 신고납세방식에서는 과세표준과 세액을 정부에 신고하는 때, 부과과세방식에서는 과세표준과 세액을 정부가 결정하는 때라고 규정하고 있을 뿐, 납세의무자에게 통지하는 행위를 따로 규정하고 있지 않으므로 납세고지는 납세의무의 확정시점을 기준으로 본다면 과세처분의 효력발생요건으로 보는 것이 타당하다고 하겠다.

한편, 대법원 1991. 9. 10. 선고 91다16952 판결에서 밝히고 있듯이, 과세관청이 과세표준과 과세액을 결정 또는 경정하고 그 통지를 납세고지서에 의하여 행하는 경우의 납세고지는 그 결정 또는 경정을 납세의무자에게 고지함으로써 구체적 납세의무의 효력을 발생시키는 부과처분으로서의 성질과 확정된 조세채권의 이행을 명하는 징수처분으로서의 성질을 아울러 갖는 것인바, 그렇다면 납세고지는 징수절차에 있어서는 그 자체로서 징수처분으로서의 성격을 지닌다고 할 것이다. 요컨대 납세고지는 과세절차에서는 과세처분의 효력발생요건으로 보아야 하고, 동시에 징수절차에서는 그 자체가 징수처분이라고 보는 것이 타당하다. 따라서 적어도 납세고지 자체를 과세처분으로 보는 것은 적절하지 못하다.

(2) 소득금액변동통지와 납세고지의 비교

그런데 소득처분과 소득금액변동통지의 관계를 보면, 과세처분과 그에 따르는 납세고지의 경우와 유사하게 소득금액변동통지는 소득처분을 그 처분의 상대방에게 고지하는 절차이므로 소득금액변동통지를 소득처분의 효력발생요건으로 볼 여지가 있다. 즉, 소득금액변동통지 자체는 어떠한 행정처분이 아니라 그 처분성이 문제되고 있는 소득처분의 대외적인 고지절차로서 그 효력발생요건으로 볼 수 있다는 것이다. 그럼에도 그동안의 논의과정에서는 주로 소득처분이 행정처분성을 가지느냐를 따지는 것이 아니라 소득금액변동통지가 행정처분성을 가지느냐를 따져왔다. 그러나 소득금액변동통지는 어디까지나 통지이므로 통지의 속성상 실제의 법률관계와 다르게 통지된 경우 통지된 내용대로 실제의 법률관계가 변경되는 것이 아니라고 하여 그 처분성을 부인할 수 있는 여지를 남긴다.

소득금액변동통지를 일반적인 과세처분의 고지와 다르게 그 자체를 놓고 행정처분성을 따지는 이유에 대해서 살펴보면, 소득금액변동통지는 일반적인 과세처분의 고지와 달리 소득처분의 내용을 대외적으로 고지하는 역할뿐만 아니라 소득처분에 의하여 그 지급이 의제된 소득의 지급시기를 확정하는 역할까지 하기 때문인 것으로 보인다. 그러나 지급시기를 확정하는 효력이 부가된다는 점 때문에 소득처분을 배제한 채 소득금액변동통지 자체를 행정처분의 지위로까지 격상시키는 것은 옳지 않다고 본다. 입법자의 의도도 그 용어에서 나타나듯이 소득처분을 행정처분으로 보고 소득금액변동통지는 소득처분의 대외적인 고지절차로서 규정한 것으로 보는 것이 더 타당하다고 사료된다. 그리고 굳이 소득금액변동통지 자체에 행정처분성을 부여하고자 하더라도 소득처분과 분리된 개념으로 볼 것이 아니라 소득처분과 소득금액변동통지를 한데 묶어서 소득금액변동통지를 소득처분의 대외적인 성립 요건 정도로 보는 것이 무난하지 않을까 생각된다.

(3) 소득처분과 소득금액변동통지의 통합적 고찰

위에서 언급한 바와 같이 소득금액변동통지의 행정처분성을 부정하는 입장에서는 소득금액변동통지를 소득처분으로부터 분리하여 별개의 대상으로 관찰하는 경향이 있다. 즉, 소득금액변동통지는 소득처분에 의하여 이미 지급이 의제된 소득에 대하여 단지 그 지급시기를 확정하기 위한 절차에 불과하다고 보는 것이다. 그렇다 하더라도 이것이 법률효과를 수반하지 않는 단순한 사실의 통지에 불과하다고 단정할 수 없다. 왜냐하면 그 통지로써 소득의 지급시기가 결정되기 때문이다. 일반적으로 통지행위는 비록 사실을 알리는 준법률적 행정행위이긴 하지만 법규정에 의한 통지로써 일정한 법적 효과가 부가되는 경우에는 행정처분으로서의 성질을 가진다고 볼 수 있다. 소득금액변동통지와 소득처분을 통합적으로 고찰하여 전자는 후자의 대외적인 성립 요건 또는 효력발생요건으로 볼 수 있다는 입장에서 보면, 부정설의 주장, 즉 소득처분에 의하여 이미 소득지급의제의 효력이 발생해 있고 소득금액변동통지는 단지 그 지급시기를 정하는 효력밖에 없다는 주장은 받아들이기 어렵다. 부정설의 주장이 유지되려면 소득처분에 대하여 소득금액변동통지가 있기 전에 소득처분의 효력을 대외적으로 발생시키기 위한 별도의 고지절차가 있어야 하는데 그러한 절차는 없다. 요컨대 소득금액변동통지가 있음으로써 비로소 소득처분의 지급의제효과가 대외적으로 발생하고, 아울러 그 지급시기도 의제된다고 보아야 한다. 그렇다면 소득금액변동통지를 법적 효과를 수반하지 않는 단순한 사실의 통지에 불과하다고 볼 수는 없다.

한편, 소득처분의 근거규정은 법인세법에 있는데, 소득금액변동통지의 근거규정은 같은 법인세법이 아니라 소득세법 시행령에 두고 있어 법체계의 형식만 놓고 보면, 소득금액변동통지가 소득처분에 대한 대외적 고지라고 보기에 다소 부적절한 면이 없지 않다. 하지만, 소득처분 자체가 법인세법에서 소득세법으로 넘어가는 가교역할을 하는 것이어서, 처분의 근거규정과 처분에 대한 고지의 근거규정이 같은 법규에 있지 않고 법인세법과 소득세법으로 나누어져 있다고 해서 반드시 이상하게 받아들일 것은 아니라고 생각된다.

2. 소득금액변동통지의 행정처분성

가. 소득금액변동통지의 상대방

소득금액변동통지를 누구에게 하여야 하는지에 관하여는 소득세법 시행령 제192조 제1항의 본문과 단서에서 규정하고 있다. 먼저 그 본문은 법인세법에 의하여 법인 소득금액을 결정 또는 경정함에 있어서 처분되는 배당·상여 및 기타소득은 결정 또는 경정일로부터 15일 이내에 소득금액변동통지서에 의하여 당해 법인에게 통지하여야 한다고 규정하고 있다. 그리고 그 단서는 당해 법인의 소재지가 분명하지 아니하거나 그 통지서를 송달할 수 없는 경우에는 당해 주주 및 당해 상여나 기타소득의 처분을 받은 거주자에게 통지하여야 한다고 규정하고 있다. 그리고 소득세법 시행령 제134조 제1항은 종합소득 과세표준 확정신고기한이 지난 후에 소득처분으로 인하여 소득금액에 변동이 발생함에 따라 소득세를 추가 납부하여야 하는 경우 해당 법인(법인세법 시행령 제192조 단서에 따라 거주자가 통지를 받은 경우에는 그 거주자를 말한다)이 그 소득금액변동통지를 받은 날이 속하는 달의 다음다음 달 말일까지 추가신고납부한 때에는 소득세법 제70조 내지 제74조의 기한까지 신고·납부한 것으로 본다고 규정하고 있다.

이와 같이 소득금액변동통지의 상대방은 원칙적으로 그에 따른 원천징수의무가 발생하는 당해 법인이지만 예외적으로 그에 따른 소득의 귀속자, 즉 원천납세의무자에게도 할 수 있다. 이러한 각각의 경우에 원천징수의무자인 당해 법인과 원천납세의무자인 그 소득귀속자의 입장에서 그 소득금액변동통지의 행정처분성을 인정하여 이를 항고소송으로 다툴 수 있는지가 쟁점이 된다. 특히 소득금액변동통지의 효과인 소득세법 시행령 제134조 제1항의 규정이 제재적 성격인지 수혜적 성격인지에 관한 다툼으로 이어져 그 행정처분성 여부의 논란이 있었다.

나. 당해 법인에 대한 소득금액변동통지의 행정처분성

(1) 당해 법인의 입장

당해 법인에 대한 소득금액변동통지에 대하여 당해 법인이 이를 행정처분으로 보아 항고소송의 대상으로 삼을 수 있는지에 관하여는 대법원 2006. 4. 20. 선고 2002두1878 전원합의체 판결에 의하여 종전 판례의 입장을 뒤집고 행정처분성을 인정한 바 있다.

위 판결의 다수의견은, 과세관청의 소득처분과 그에 따른 소득금액변동통지가 있는 경우 원천징수의무자인 법인은 소득금액변동통지서를 받은 날에 그 통지서에 기재된 소득의 귀속자에게 당해 소득금액을 지급한 것으로 의제되어 그때 원천징수하는 소득세의 납세의무가 성립함과 동시에 확정되고, 원천징수의무자인 법인으로서는 소득금액변동통지서에 기재된 소득처분의 내용에 따라 원천징수세액을 그 다음 달 10일까지 관할 세무서장 등에게 납부하여야 할 의무를 부담하며, 만일 이를 이행하지 아니하는 경우에는 가산세의 제재를 받게 됨은 물론이고 형사처벌까지 받도록 규정되어 있는 점에 비추어 보면, 소득금액변동통지는 원천징수의무자인 법인의 납세의무에 직접 영향을 미치는 과세관청의 행위로서, 항고소송의 대상이 되는 조세행정처분이라고 봄이 상당하다고 판시하였다. 그 보충의견은, 소득금액변동통지는 원천징수의무자인 법인의 납세의무에 직접 영향을 미치는 과세관청의 행위로서 항고소송의 대상이 되는 조세행정처분이라고 볼 이론적 근거가 충분하고, 또 종전의 판례하에서 소득금액변동통지를 받은 원천징수의무자는 그 원천징수의무의 성립 여부나 범위에 관하여 다투기 위해서는 당해 원천세액을 자진납부하지 아니하고 납부불성실가산세의 제재를 받으면서 징수처분이 있기를 기다렸다가 그 징수처분에 대한 취소소송으로 다툴 수밖에 없었는데, 이는 납세자의 권리보호에 미흡하고 형평에도 맞지 않는다고 할 것이므로 소득금액변동통지 자체를 항고소송의 대상으로 삼아 불복청구를 할 수 있도록 보장하여 주는 것이 진정으로 납세자의 권리보호와 조세정의에 부합한다고 덧붙였다.

조세채무의 성립과정에는 과세처분이 개입될 여지가 없고 단지 이를 확정하는 과정에 과세처분이 관여할 뿐이어서, 다른 일반적인 행정처분이 그에 의해서 국민의 권리와 의무가 직접 발생하는 점에 비추어 보면, 과세처분은 행정처분성이 약할 수밖에 없는 태생적 한계를 지니고 있다. 특히 자동확정방식의 원천징수절차에서는 과세처분이 개입될 여지가 거의 없으므로 일반적인 행정처분에 적용하는 엄격한 잣대로 행정처분성의 요건을 판단하면 그 요건을 충족할 수 있는 것이 없다고 해도 과언이 아니다. 그래서 소득처분과 그에 따른 일련의 원천징수절차에서 실질적으로 납세의무에 중대한 변화가 초래되는데도 납세의무자들은 그 불복의 대상을 지정하지 못하여 제대로 구제받지 못하는 불합리에 빠지게 된다. 행정처분성을 따지는 근본적인 이유는 그것이 불복절차인 항고소송의 대상으로 삼을 수 있느냐를 판단하는 데 있다. 항고소송을 제기해야 할 현실적인 필요성이 충분히 인정이 된다면 그 대상을 지정함에 있어서 너무 제한적인 입장을 취할 필요는 없다고 본다.

더군다나 소득처분은 소득의 실제적인 귀속을 단순히 확인하여 소득금액변동통지를 통해 이를 통지해주는 절차가 아니다. 소득처분이 있음으로써 그 귀속자로 지정된 자는 실제 소득의 귀속 여부에 관계 없이 그 통지를 받은 날 그 소득이 지급된 것으로 의제된다. 이는 대단히 강력한 의제의 효력을 지닌다. 이에 따라 자동적으로 원천징수의무와 그 원천세납세의무가 성립되고 확정되는 것이다. 그리고 소득지급의 의제효과와 원천징수의무는 불가분적으로 연이어서 발생한다. 다른 조세 부과처분은 기껏해야 이미 성립되어 있는 조세채무를 단지 확정하는 역할만 하지만, 소득처분과 소득금액변동통지는 새로운 원천징수의무를 성립시키는 효과까지 있다. 왜냐하면 소득처분이 있기 전까지는 소득지급의 귀속이 의제되지 않기 때문에 이에 대한 원천징수의무가 성립될 여지가 없다. 소득금액변동통지가 법률요건의 역할을 하고 이것이 법규정에 의하여 소득지급의 의제효과와 원천징수의무를 발생시키는 것으로 보아야 한다. 그렇다면, 처분성을 따질 때 소득금액변동통지가 일반 행정처분에 뒤질 것이 없다. 요컨대 소득처분과 그에 따른 소득금액변동통지는 조세채무의 성립과 확정에 직접적인 영향을 미침으로써 다른 일반적인 조세 부과처분보다 더 강력한 효력을 지닌다. 이 점에서 소득처분과 그에 따른 소득금액변동통지의 행정처분성을 인정할 수 있는 충분한 논거가 있는 것이다.

(2) 소득귀속자의 입장

당해 법인에 대한 소득금액변동통지에 대하여 그 소득의 귀속자로 지정된 자, 즉 원천세 납세의무자가 이를 행정처분으로 보아 항고소송의 대상으로 삼을 수 있는지가 문제된다. 이에 대하여는 대법원 2013. 4. 26. 선고 2012두27954 판결이 행정처분성이 없다고 판시하였다. 소득처분에 따른 소득의 귀속자의 원천납세의무는 법인에 대한 소득금액변동통지와 상관없이 국세기본법 제21조 제1항 제1호, 소득세법 제39조 제1항, 소득세법 시행령 제49조 제1항 제3호 등에 의하여 당해 소득이 귀속된 과세기간의 종료시에 성립하는 점, 과세관청이 원천납세의무자에게 소득세 등을 부과할 경우 원천납세의무자는 이에 대한 항고소송으로써 직접 불복할 수 있는 기회가 별도로 보장되어 있는 점 등에 비추어 보면, 원천징수의무자에 대한 소득금액변동통지는 원천납세의무의 존부나 범위와 같은 원천납세의무자의 권리나 법률상 지위에 어떠한 영향을 준다고 할 수 없으므로 소득처분에 따른 소득의 귀속자는 법인에 대한 소득금액변동통지의 취소를 구할 법률상 이익이 없다는 것이다.

위 판결의 논지는 소득금액변동통지의 직접 상대방도 아닌 원천납세의무자로서는 굳이 당해 법인에 대한 소득금액변동통지라는 중간단계의 행정행위에 대하여 불복할 것이 아니라 자신에 대한 종국적인 소득세 부과처분이 있을 때 이를 항고소송의 대상으로 삼으면 족하다는 것으로 이해된다. 그러나 이러한 논지에 대하여는 다음과 같은 비판이 가능하다.

우리 대법원은 그동안 일관되게 행정처분의 직접 상대방이 아닌 제3자라 하더라도 당해 행정처분으로 인하여 법률상 보호되는 이익을 침해당한 경우에는 취소소송을 제기하여 그 당부의 판단을 받을 자격이 있다고 판시함으로써[33] 항고소송에 있어서의 제3자의 원고적격을 제한적이나마 인정해 오고 있다. 그렇다면 그 소득의 귀속자는 소득금액변동통지에 의하여 법률상 보호되는 이익을 침해당하는 자로 볼 수 없는지가 문제된다. 그 소득의 귀속자는 소득금액변동통지로 인하여 원천납세의무 또는 종합소득세 추가신고 납부의무가 발생하는데, 원천납세의무는 그것이 비록 직접적으로는 원천징수의무자에 대한 관계에서 발생하는 것이지만 실질적으로 원천징수의무자는 과세관청의 위탁징수 기관의 역할을 하는 것으로 볼 수 있고,[34] 소득세법 시행령 제134조 제1항에 의한 원천납세의무자의 종합소득세 추가신고납부의무는 직접적으로 과세관청에 대한 관계에서 발생하는 것임은 의문의 여지가 없다. 이러한 점에서 보면, 과세관청의 소득금액변동통지는 그 소득의 귀속자로 지정된 원천납세의무자의 납세의무의 성립에 직접적인 영향을 미친다고 볼 수 있으므로 원천납세의무자는 법률상 보호되는 이익을 침해당하는 자에 해당한다고 해석할 수 있다.

그렇다면, 원천납세의무자가 종합소득세 경정처분의 단계나 원천징수의무자와의 구상 금청구소송에 가서야 비로소 소득금액변동통지의 당부를 다툴 수 있게 할 것이 아니라 소득금액변동통지의 단계에서도 항고소송을 제기할 수 있는 길을 열어주는 것이 원천납세의무자의 권리구제에 보다 효율적이라 할 것이다. 그렇게 한다고 해서 소송상의 비효율이 증가한다고 볼 수도 없다. 구상금청구소송의 경우는 원천납세의무자의 입장에서 볼 때 실질적인 상대방인 과세관청을 상대로 하지 않고 원천징수의무자를 상대로 다투어야 하기 때문에 효율적인 대응이 어렵고, 또한 구상금청구소송에서의 결과와 원천징수의무자가 제기한 항고소송에서의 결과가 상충할 우려도 배제할 수 없어 적절한 보호수단이 될 수 없다. 소송경제의 측면에서 비능률이 높지 않다면 납세자의 권익구제를 위하여 가급적 쟁송의 기회를 넓혀주는 것이 바람직하다.

여기서 한 가지 주목할 점은 2003. 12. 30. 개정된 국세기본법이 제45조의2 제4항에서 원천징수관계에서도 제한적으로 경정청구권을 도입하면서 그 청구권자로서 원천징수의무자뿐만 아니라 원천납세의무자를 포함시켰다는 것이다. 즉, 근로소득이나 퇴직소득, 연금소득, 원천징수되는 사업소득 등만이 있는 원천납세의무자의 경우 그 소득에 관하여 부당하게 원천징수를 당한 자는 과세관청을 상대로 원천징수세액에 대한 경정청구를 할 수 있는 길을 열어 준 것이다. 위에서 본 바와 같이 종래의 일반적인 해석론은 원천징수

---

33) 대법원 2002. 10. 25. 선고 2001두4450 판결, 대법원 2004. 5. 14. 선고 2002두12465 판결
34) 원천징수의무자의 국가에 대한 관계에 관하여는 공무수탁사인설, 사무관리설, 법정대리설, 채무인수설 등의 학설이 대립되고 있는데 대법원은 공무수탁사인설의 입장을 취한 바 있다.

에 관한 법률관계에서 원천납세의무자는 당사자가 아니므로 그에게는 경정청구권을 인정할 수 없다고 하면서 원천납세의무자의 권익보호에 소극적인 입장을 보여 왔는데, 오히려 입법자는 국세기본법의 개정과정에서 원천납세의무자의 권익보호에 보다 적극적인 자세를 보여 경정청구권을 인정한 것이다. 이러한 국세기본법의 개정취지에 부응하여 원천징수의무자인 당해 법인에 대하여 한 소득금액변동통지에 대하여 원천납세의무자에게도 행정처분성을 인정하여 이를 다투는 항고소송을 인정하는 것이 타당한 해석론이라고 생각된다.

다. 소득귀속자에 대한 소득금액변동통지의 행정처분성

(1) 소득귀속자의 입장

앞서 본 바와 같이 소득세법 시행령 제192조 제1항 단서에 의하여 당해 법인에 대한 소득금액변동통지가 곤란하여 그 소득귀속자로 지정된 자, 즉 원천납세의무자에게 소득금액변동통지를 한 경우 그 상대방인 원천납세의무자가 이를 행정처분으로 보아 항고소송으로 불복할 수 있는지가 문제된다. 이에 대하여 대법원 2014. 7. 24. 선고 2011두14227 판결은, 행정처분성이 없다고 판시하였다. 소득세법 시행령 제192조 제1항 단서의 취지, 소득처분에 따른 원천납세의무의 성립 요건 및 성립시기, 소득의 귀속자는 소득세 부과처분에 대한 취소소송은 물론 구 국세기본법 제45조의2 제1항 등에 따른 경정청구를 통해서도 소득처분에 따른 원천납세의무의 존부나 범위를 충분히 다툴 수 있는 점 등에 비추어 보면, 소득세법 시행령 제192조 제1항 단서에 따른 소득의 귀속자에 대한 소득금액변동통지는 원천납세의무자인 소득귀속자의 법률상 지위에 직접적인 법률적 변동을 가져오는 것이 아니므로, 항고소송의 대상이 되는 행정처분이라고 볼 수 없다는 것이다.

이 부분 논란의 핵심은 소득세법 시행령 제134조 제1항의 성격과 결부되어 있다. 위 규정은 원래의 과세표준 확정신고기한이 경과 후에 소득처분이 이루어져 소득금액에 변동이 생긴 경우에는 소득의 귀속자인 원천납세의무자에게 원래의 과세표준 확정신고기한 내에 그 변동된 소득금액에 대한 과세표준 및 세액을 신고·납부할 것을 요구하는 것이 현실적으로 불가능하므로, 이 경우에는 그 과세표준 확정신고 및 납부기한을 소득금액변동통지서가 송달된 다음다음 달 말일까지로 유예하여 주기 위하여 마련된 것으로 볼 수 있다. 이러한 시각에서 볼 때 소득세법 시행령 제192조 제1항 단서는 소득의 귀속자에게 종합소득세 과세표준의 추가신고 및 자진납부의 기회를 주기 위하여 마련한 특별한 규정이라고 볼 수 있다. 왜냐하면 소득세법 시행령 제192조 본문만을 두었더라면 당해 법인에게 소득금액변동통지를 할 수 없을 경우 그 소득의 귀속자에게는 소득세법 시행령 제134조 제1항이 적용될 여지가 없을 것임에도 소득세법 시행령 제192조에서 단서를 둠으로써 그 소득의 귀속자에게도 소득세법 시행령 제134조 제1항이 적용될 수 있게 되었기 때문이다.

이러한 배경하에서 보면, 행정처분성을 인정할 수 없다는 입장이 가능해진다. 즉, 소득의 귀속자에 대하여 소득금액변동통지를 하는 것은 그 귀속자에 대하여 납세의무의 성립이나 확정과 같은 추가적인 제재를 가하기 위한 것이 아니라 이미 성립되거나 확정되어 있는 납세의무에 관하여 그 납기를 유예해 주는 혜택을 부여하는 것이므로 이를 행정처분으로 볼 수 없다는 것이다. 그리고 일찍이 대법원 2006. 7. 13. 선고 2004두4604 판결, 대법원 2008. 4. 24. 선고 2006두187 판결 등에서 과세관청이 소득처분을 한 경우 당해 소득금액의 지급자로서 원천징수의무자인 법인에 대하여 소득금액변동통지서가 당해 법인에게 송달된 날에 그 원천징수의무가 성립하는 것과는 달리, 그 소득의 귀속자에 대하여는 법인에 대한 소득금액변동통지서가 송달되었는지 여부와 상관없이 소득처분이 있게 되면 소득세법 제20조 제1항 제1호 (다)목 소정의 '법인세법에 의하여 상여로 처분된 금액'에 해당하여 근로소득세의 과세대상이 되고 당해 소득금액은 부과처분의 대상이 되는 당해 사업연도 중에 근로를 제공한 날이 수입시기가 되므로, 소득의 귀속자의 종합소득세 납세의무는 국세기본법 제21조 제1항 제1호가 정하는 바에 따라 당해 소득이 귀속된 과세기간이 종료하는 때에 성립한다고 하였다. 이에 따르면 소득의 귀속자에 대한 소득금액변동통지는 원천납세의무의 존부나 범위에는 어떠한 영향도 미치지 않는다. 이 점에서 보더라도 그 소득의 귀속자에게 행정처분성을 인정할 명분이 약해진다. 그리고 소득의 귀속자는 소득금액변동통지가 있은 후에 이루어지는 종합소득세 부과처분을 직접 다투면 되므로, 굳이 그 앞 단계인 소득금액변동통지를 다투게 할 필요성도 없다는 점도 하나의 논거가 될 수 있다.

하지만 이에 대하여는 다음과 같은 반론이 가능하다. 소득처분과 소득금액변동통지를 분리하는 입장에서는 소득처분이 있으면 소득금액변동통지 유무와 무관하게 소득세 원천납세의무가 성립한다고 볼 수 있지만 소득금액변동통지를 소득처분의 대외적인 통지행위나 소득처분의 효력발생요건으로 보는 입장에서는 양자를 일체로 파악하는 것이 합리적이라고 할 수 있기 때문에 소득금액변동통지에 의하여 그 소득의 귀속자로 지정된 자는 실질적으로 원천납세의무를 부담한다고 할 수 있으므로 원천납세의무의 존부나 범위에 영향을 미치지 않는다고 하기 어렵다. 소득금액변동통지가 있으면 소득의 귀속자는 사실상 종합소득세의 과세표준에 대한 추가신고 및 자진납부를 하여야 하고, 만약 이를 이행하지 아니하면 가산세를 부담하게 되며, 소득처분 그 자체는 외부적으로 표시되지 않아 원천납세의무자인 소득의 귀속자가 이를 다툴 방법이 없으므로 소득의 귀속자에 대한 소득금액변동통지는 그의 권리의무에 직접 영향을 미치는 행정처분에 해당한다고 보는 것이 합리적이다. 관념적 논리를 떠나서 현실적으로 보면 원천납세의무자에 대한 소득금액변동통지가 있기 전에는 종합소득세 추가 신고납부의무가 없다가 그 통지가 있음으로써 비로소 그 신고납부의무가 생기게 되었다고 볼 수 있고, 원천납세의무자로서는 그 통지가 위법하다고 생각되면 곧바로 그것을 다투고 싶어 할 것이므로, 법리상 불가능하지 않은 것이라면 원천납세의무자의 조기 권리구제를 위하여 이를 항고소송의 대상이 되는 행정처분으로 보는 것이 바람직하다고 하겠다.

(2) 당해 법인의 입장

소득세법 시행령 제192조 제1항 단서에 의하여 당해 법인에 대한 소득금액변동통지가 곤란하여 그 소득귀속자로 지정된 자, 즉 원천납세의무자에게 소득금액변동통지를 한 경우 당해 법인이 이를 행정처분으로 보아 항고소송으로 불복할 수 있는지가 문제된다. 이에 대하여 대법원 2013. 9. 26. 선고 2010두24579 판결은, 소득세법 시행령 제192조 제1항 단서의 규정은 법인에게 소득금액변동통지서를 송달할 수 없는 경우에 소득처분을 받은 거주자에게 보충적으로 송달을 이행함으로써 법인에게 원천징수의무를 발생시키기 위한 규정이 아니라, 소득처분을 받은 거주자에게 구 소득세법 시행령 제134조 제1항에 따른 종합소득 과세표준의 추가신고 및 자진납부의 기회를 주기 위하여 마련한 특칙이라는 전제 아래, 위 단서의 규정에 의하여 소득처분을 받은 소득의 귀속자에게 소득금액변동통지를 한 것을 당해 법인에 대한 소득금액변동통지로 볼 수 없고, 그로써 당해 법인이 원천징수의무를 부담한다고 볼 수도 없으므로 그 소득금액변동통지에 의하여 당해 법인에 대한 어떠한 행정처분이 있었다고 볼 수 없다고 한 원심판단을 수긍하였다.

여기서는 먼저 소득세법 시행령 제192조 제1항의 단서가 당해 법인에 대한 보충적 송달방법에 관한 규정으로 볼 수 있는지가 쟁점이 된다. 만약 이를 긍정하게 되면 당해 법인에 대한 소득금액변동통지로서의 효력이 있으므로 당연히 당해 법인에 대하여 행정처분성을 인정하여야 할 것이지만 다음과 같은 이유에서 이를 부정하는 것이 타당하다. 소득의 귀속자로서 소득금액변동통지를 받을 수 있는 자에는 배당소득처분의 경우 당해 법인을 대표할 자격이 없는 주주가 포함될 수 있고, 기타소득처분의 경우 법인의 운영과는 아무런 관련이 없는 제3자가 포함될 수 있는데, 이러한 자들에 대한 송달로써 당해 법인에 대한 송달을 갈음하기는 어렵다. 그리고 소득세법 시행규칙 제100조 제24호는 법인통지용 소득금액변동통지서와 소득자통지용 소득금액변동통지서의 서식을 달리 규정하고 있어 후자를 전자에 갈음하는 것으로 보기 어렵고 오히려 각각 별도의 목적이 있다고 보는 것이 타당하다. 그리고 국세기본법 제11조 제1항은 공시송달을 규정하고 있기 때문에 원칙적으로 법인에게 송달할 수 없는 경우란 있을 수 없다. 즉, 과세관청은 법인에 대한 원천징수를 위해서는 공시송달을 할 수도 있기 때문에 별도의 보충적 송달방법을 둘 필요가 없다.

그렇다면 당해 법인으로서는 소득세법 시행령 제192조 제1항의 단서에 의하여 그 소득의 귀속자에게 소득금액변동통지가 송달되었다 하더라도 그에 의하여 그 소득의 지급시기가 의제되어 원천징수의무가 발생한다고 할 수는 없게 된다는 결론에 이르게 된다. 하지만 소득세법 시행령 제192조 제2항이 2010. 12. 30. 삭제되기 전에는 위 규정에서 '제1항의 경우에 당해 배당·상여 및 기타소득은 그 통지서를 받은 날에 지급하거나 회수한 것으로 본다'고 규정하여 제1항 단서에 의하여 소득의 귀속자에게 소득금액변동통지를 하는 경우를 제외하지 않고 있어서 마치 제1항 단서의 경우에도 당해 법인에게 원천징수의무가 발생한다고 해석할 여지를 남겨두고 있었다. 이러한 문제점을 인식하여서인지 2010. 12. 30. 위 규정이 삭제되면서 그 무렵인 2010. 12. 27. 개정된 소득세법 제131조는 제2항에서 당해 법인의 소득세 원천징수시기에 관하여 소득처분에 의한 배당에 대하여는 대통령령이 정하는 소득금액변동통지서를 받은 날 그 배당소득을 지급한 것으로 보아 소득세를 원천징수한다고 규정함으로써 이러한 문제점을 다소간 해소하였다고 할 수 있다. 하지만 '대통령령이 정하는 소득금액변동통지를 받은 날'에는 소득세법 시행령 제192조 제1항 단서가 포함되는 것으로 해석할 여지가 여전히 남아 있어서 위와 같은 문제점의 완전한 해소는 이루어지지 않았다고 할 수 있다. 그렇다고 하더라도 위에서 본 대법원 판결의 판시에서 소득세법 시행령 제192조 제1항 단서의 규정이 당해 법인에게 원천징수의무를 발생시키기 위한 규정이 아니라는 점을 명시함으로써 이 점에 대한 법리는 정리되었다고 할 수 있겠다.

그렇다면 소득세법 시행령 제192조 제1항 단서의 규정에 의한 소득금액변동통지의 송달은 적어도 당해 법인에게는 그 권리의무에 불리한 영향을 미치는 것이라고 할 수 없기 때문에 행정처분성을 인정할 수 없다고 할 것이다.

라. 소득금액변동통지 후 징수처분에 대한 불복

조세법률관계에 있어서 조세의 부과처분과 징수처분은 단계적으로 이루어지는 별개의 독립된 처분이다. 그래서 행정법의 일반 원칙에 따라 전단계의 부과처분에 하자가 있다고 하더라도 무효사유에 해당하지 않는 한 그 하자가 징수처분에 승계되지 않으며 따라서 징수처분 단계에서는 징수처분에 고유한 위법이 없다면 부과처분에 취소사유의 위법이 이유로 징수처분을 다툴 수 없다. 그런데 소득처분에 따른 원천징수처분에 있어서는 종래 소득처분에 따른 소득금액변동통지를 행정처분으로 보지 아니함에 따라 징수세액의 존부와 범위를 다툴 방법이 없어 부득이 종전의 대법원 2000. 3. 28. 선고 98두16682 판결, 대법원 2004. 4. 9. 선고 2002두9254 판결 등은 징수처분의 단계에서 이를 다툴 수 있도록 허용하여 왔다. 그러다가 대법원 2006. 4. 20. 선고 2002두1878 판결에서 소득금액변동통지를 행정처분으로 보아 원천징수대상이 되는 세액의 존부와 범위에 관하여 항고소송으로 다툴 수 있게 되었다. 이러한 상황에서도 계속적으로 원천징수처분의 단계에서 종전 판례와 같이 원천징수세액의 존부와 범위에 관하여 다투도록 허용할 것인지가 문제가 되었다.

이에 대하여 대법원 2012. 1. 26. 선고 2009두14439 판결은 허용할 수 없다는 입장을 취하였다. 과세관청의 소득처분과 그에 따른 소득금액변동통지가 있는 경우 원천징수의무자인 법인은 소득금액변동통지서를 받은 날에 그 통지서에 기재된 소득의 귀속자에게 당해 소득금액을 지급한 것으로 의제되어 그때 원천징수하는 소득세의 납세의무가 성립함과 동시에 확정되므로 소득금액변동통지는 원천징수의무자인 법인의 납세의무에 직접 영향을 미치는 과세관청의 행위로서 항고소송의 대상이 되고, 원천징수의무자인 법인이 원천징수하는 소득세의 납세의무를 이행하지 아니함에 따라 과세관청이 하는 납세고지는 확정된 세액의 납부를 명하는 징수처분에 해당하므로 선행처분인 소득금액변동통지에 하자가 존재하더라도 당연무효 사유에 해당하지 않는 한 후행처분인 징수처분에 그대로 승계되지 아니한다고 전제한 다음, 따라서 과세관청의 소득처분과 그에 따른 소득금액변동통지가 있는 경우 원천징수하는 소득세의 납세의무에 관하여는 이를 확정하는 소득금액변동통지에 대한 항고소송에서 다투어야 하고, 소득금액변동통지가 당연무효가 아닌 한 징수처분에 대한 항고소송에서 이를 다툴 수는 없다고 판시하였다.

이러한 판례의 입장은 원칙적으로 수긍할 수 있는 바이기는 하지만 다음과 같은 아쉬움이 남는다. 대법원 2006. 4. 20. 선고 2002두1878 전원합의체 판결이 소득금액변동통지의 처분성을 인정한 것은 납세자의 권리구제를 폭넓게 인정하기 위한 것으로서 위 판례 변경의 취지는 징수처분을 불복대상으로 삼는 것 이외에도 소득금액변동통지도 추가로 불복대상으로 삼을 수 있다는 것으로 볼 수 있으며, 소득금액변동통지와 징수처분 모두에서 그 세액의 범위와 존부를 다툴 수 있게 하더라도 조세쟁송상 별문제가 없다. 그리고 소득금액변동통지서에는 일반적인 부과고지나 징수고지와 같이 정확한 세액이나 불복 절차를 진행할 수 있는 점이 기재되어 있지도 아니하다. 원천징수의무자로서는 얼마의 세액을 납부하여야 하는지를 알 수도 없고, 소득금액변동통지가 처분이므로 불복할 수 있다고 생각하기도 쉽지 않다. 이에 반하여 징수처분은 최초로 정확한 세액이 명시되어 있고, 이로써 비로소 과세관청의 의견이 대외적으로 공식화된다고 볼 수 있으므로 이를 다툴 수 있도록 할 필요가 있다고 할 수 있다.

대법원 2020. 3. 26. 선고 2019두62314 판결도 대법원 2012. 1. 26. 선고 2009두14439 판결의 취지를 원용하면서, 원고가 주장하는 소득금액변동통지의 실체적 위법사유, 즉 원고가 A사 주식을 취득할 당시 원고의 실질적 대표자가 누구인지, 원고와 B 간의 거래가 대표권 남용으로 사법상 무효인지, 원고가 B나 C를 고소하거나 D를 상대로 손해배상을 청구하여 원상회복을 위한 조치를 진행하는 등 자발적 노력에 의하여 사외유출된 금액을 회수하였는지 여부는 정확한 사실관계를 면밀하게 조사하여야 비로소 밝혀질 수 있는 것이므로, 설령 과세관청의 판단이 잘못된 것이라고 하더라도 그 하자가 중대하고 외관상 명백하다고 할 수 없어 위 소득금액변동통지에 따라 확정된 근로소득세의 납부를 명하는 징수처분에 승계된다고 볼 수 없다고 판시하였다.

3. 소득금액변동통지의 주체와 통지내용

가. 관련 규정

앞서 보았듯이 소득세법 시행령 제192조 제1항은 법인세법에 의하여 세무서장 또는 지방국세청장이 법인소득금액을 결정 또는 경정함에 있어서 처분되는 배당·상여 및 기타소득은 법인소득금액을 결정 또는 경정하는 세무서장 또는 지방국세청장이 그 결정일 또는 경정일로부터 15일 이내에 시행규칙이 정한 소득금액변동통지서에 의하여 당해 법인에게 통지하여야 한다고 규정하면서, 다만 당해 법인의 소재지가 분명하지 아니하거나 그 통지서를 송달할 수 없는 경우에는 당해 주주 및 당해 상여나 기타소득의 처분을 받은 거주자에게 통지하여야 한다고 규정하고 있다. 그리고 소득세법 시행규칙 제100조 제24호는 별지 제22호 서식(1)에 의한다고 규정하면서, 다만 소득세법 시행령 제192조 제1항 단서의 규정에 의하여 통지하는 경우에는 별지 제22호 서식(2)에 의한다고 규정하고 있다. 위 별지 제22호 서식(1)을 보면, 먼저 수령자란에는 법인명과 사업자등록번호, 주소, 대표자 성명을 기재하는 란이 있고, 그 다음 소득의 종류로서 배당·상여·기타소득 중의 하나를 표시하는 란이 있으며, 사업연도와 귀속연도, 소득금액 및 소득자를 기재하는 란이 있고, 소득자란에는 성명과 주민등록번호 및 주소를 기재하는 란이 있다. 마지막으로 그 작성일과 작성권자인 세무서장의 직인을 날인하도록 되어 있다. 별지 제22호 서식(2)에는 먼저 수령자란에 성명과 주민등록번호, 주소를 기재하는 란이 있고, 소득발생 법인란에 법인명과 사업자등록번호, 소재지, 대표자를 기재하는 란이 있다. 그리고 소득

종류와 사업연도 소득귀속연도 소득금액을 기재하는 란과 그 작성일 및 작성권자인 세무서장의 직인을 날인하도록 되어 있는 것은 별지 제22호 서식(1)과 동일하다.

나. 소득금액변동통지의 관할권

위 관련 규정의 내용에 의하면, 소득금액변동통지의 주체는 법인세법에 의하여 당해 법인의 소득금액을 결정 또는 경정하는 관할 세무서장 또는 지방국세청장임을 알 수 있다. 국세기본법 제44조는 국세의 과세표준과 세액의 결정 또는 경정결정은 그 처분 당시 그 국세의 납세지를 관할하는 세무서장이 한다라고 규정하고 있고, 법인세법 제9조 제1항은 내국법인의 법인세 납세지는 그 법인의 등기부에 따른 본점이나 주사무소의 소재지로 한다라고 규정하고 있다. 따라서 소득금액변동통지의 관할은 소득금액의 결정 또는 경정 대상인 법인의 본점 또는 주사무소 소재지를 관할하는 세무서장 또는 지방국세청장에 있다고 할 수 있다. 이와 관련하여 소득처분에 있어서도 법인세법 제67조가 소득처분의 주체를 명시하고 있지는 않으나 제66조와 관련하여 '제66조의 규정에 의하여 법인세의 과세표준을 결정 또는 경정함에 있어서'라고 규정하고 있으므로 그 해석상 법인세법 제66조에 따른 법인세의 과세표준을 결정 또는 경정하는 과세관청(관할 세무서장 또는 지방국세청장)이 관련 소득처분의 주체가 된다고 해석하는 데 무리가 없다. 따라서 이러한 관할권이 없는 세무서장이나 지방국세청장이 행한 소득금액변동통지는 위법하다고 해야 한다. 같은 취지에서 대법원 2015. 1. 29. 선고 2013두4118 판결은, 소득세법 시행령 제192조 제1항 단서에 따른 소득금액변동통지를 납세지 관할 세무서장 또는 관할 지방국세청장이 아닌 다른 세무서장 또는 지방국세청장이 하였다면 이는 관할 없는 과세관청의 통지로서 흠이 있는 통지라고 판시하였다.

여기서 소득금액변동통지의 관할권이 없는 세무서장이나 지방국세청장이 한 소득금액변동통지의 효력이 어떠한지가 문제된다. 관할권이 없는 과세관청이 행한 조세 부과처분의 효력에 관하여 대법원 판결들은 위법하다고 보고 있다.[35] 나아가 이러한 조세 부과처분이 당연무효인지에 관하여는 하자가 객관적으로 명백하다고 할 수 없어 당연무효가 아니라고 한 판결들이 있다.[36] 이러한 판결들의 법리를 원용하면 소득금액변동통지의 관할권이 없는 과세관청이 행한 소득금액변동통지는 위법하여 이를 이유로 취소를 구할 수는 있고, 다만 무효확인을 구할 수는 없다고 할 것이다. 대법원 2012. 3. 29. 선고 2011두15800 판결도 같은 취지이다.

---

35) 대법원 2001. 6. 1. 선고 99다1260 판결, 대법원 2003. 1. 10. 선고 2002다61897 판결
36) 대법원 2001. 6. 1. 선고 99다1260 판결, 대법원 2003. 1. 10. 선고 2002다61897 판결

다. 소득금액변동통지서의 기재내용과 하자

위 관련 규정에서 보았듯이 소득금액변동통지서에는 적잖은 내용들이 기재되도록 규정하고 있다. 이들 내용들이 모두 제대로 기재된 경우에는 별문제가 없겠으나 그중 일부가 제대로 기재되지 않았거나 모호하게 기재된 경우 소득금액변동통지의 효력이 문제될 수 있다. 이들을 모두 필요적 기재사항으로 보아 어느 하나라도 부실하게 기재된 경우 위법하다고 보는 것은 무리이다. 이 문제는 소득금액변동통지서의 기재내용들의 경중을 가려 중요한 내용의 기재가 부실한 경우는 그 위법성을 인정하기 쉬울 것이고 중요하지 않은 내용의 기재가 부실한 경우는 그것만으로 소득금액변동통지의 위법성을 인정하는 데에는 신중을 기할 필요가 있다. 소득금액변동통지의 위법성을 논하는 것은 그것이 행정처분성을 지니고 있음을 전제로 하는 것이므로 주로 법인에 대한 소득금액변동통지가 문제가 될 것이다.

법인에게 소득금액변동통지를 하는 주된 이유는 그 법인에게 원천징수의무를 부여하기 위함이다. 그 원천징수의무의 핵심요소는 원천징수의무자, 원천징수의 상대방, 원천징수세액, 원천징수세액의 납부시기라고 할 수 있다. 따라서 소득금액변동통지서에는 이들 핵심요소에 관한 내용은 반드시 제대로 기재되어야 하고 그 어느 하나라도 부실하게 기재되었다면 소득금액변동통지가 위법하다고 할 여지가 많다. 그렇다면 먼저 원천징수의무자에 관한 기재사항인 법인명과 사업자등록번호, 주소, 대표자 성명에 관하여는 원천징수의무자를 특정할 수 있는 범위 내라면 그중 일부가 제대로 기재되어 있지 않더라도 위법하다고 보기는 어렵고, 이를 특정할 수 없는 정도로 기재되어 있다면 위법하다고 해야 할 것이다. 예를 들어 사업자등록번호에 오기가 있거나 아예 기재되어 있지 않더라도 법인명과 주소, 대표자 성명의 기재에 의하여 원천징수의무자가 특정되는 데 별문제가 없다면 위법하다고 보기는 어려울 것이다. 원천징수의 상대방에 관한 기재사항에 관하여도 마찬가지로 성명과 주민등록번호 및 주소 중 일부가 부실하게 기재되거나 아예 기재되어 있지 않더라도 그 상대방을 특정하는 데 별문제가 없다면 위법하다고 보기 어렵다. 만약 원천징수의 상대방이 여럿인데 그중 대표적인 1인만 기재하고 나머지는 '등'으로 기재하였다면 이는 원천징수의 상대방을 특정할 수 없는 경우라고 할 것이므로 위법하다고 해야 할 것이다. 소득의 종류도 원천징수세율에 영향을 미칠 수 있으므로 반드시 제대로 기재되어야 할 것이다. 그리고 사업연도와 귀속연도도 원천징수의무의 소멸시효와 원천납세의무의 부과제척기간을 판단하는 요소가 되므로 반드시 기재되어야 한다고 보아야 할 것이다. 소득금액변동통지서의 작성일은 그 일자에 소득금액이 지급된 것으로 의제되는 것이 아니라 당해 법인이 실제로 소득금액변동통지서를 받은 날에 그 소득금액이 지급된 것으로 의제되기 때문에 그 기재에 다소의 착오가 있다고 하더라도 위법하다고 보는 것은 무리이다. 마지막으로 소득금액변동통지의 작성주체는 앞서 보았듯이 관할권이 있는지를 판단하는 중요한 요소이므로 그 기재에 착오가 있다면 위법하다고 해야 할 것이다.

대법원 2013. 9. 26. 선고 2011두12917 판결은, 원천징수의무자인 법인에 대한 소득금액변동통지의 성격과 효과, 법인세법 시행령 제137조 제1항, 소득세법 시행령 제192조 제1항, 소득세법 시행규칙 제100조 제24호 등이 소득금액변동통지서에 '소득자의 성명·주소 등'과 소득금액을 기재하도록 규정하고 있는 점 등에 비추어 보면, 과세관청이 소득금액변동통지서에 소득의 귀속자나 소득의 귀속자별 소득금액을 특정하여 기재하지 아니한 채 소득금액변동통지를 하였다면 특별한 사정이 없는 한 그 소득금액변동통지는 위법하다고 하면서, 과세관청이 원고법인의 용역비용 중 4억 원이 사외유출되어 A 등 5개의 유한 파트너십에 귀속되었다고 보아 '배당'으로 소득처분을 하고 원고에게 그에 따른 소득금액변동통지를 하였는데 당시 원고에게 보낸 소득금액변동통지서에는 소득의 귀속자가 'A 외 4개 펀드'로, 소득금액이 2001 사업연도분 '335,422,455원', 2002 사업연도분 '54,779,758원'으로 각 기재되어 있을 뿐 A를 제외한 나머지 4개 유한 파트너십의 명칭이나 그 파트너십별 소득금액은 기재되어 있지 아니하였던 사안에서, 위 소득금액변동통지는 소득의 귀속자나 소득의 귀속자별 소득금액이 특정되지 아니하여 위법하다고 판시하였다. 대법원 2014. 8. 20. 선고 2012두23341 판결도, 법인에 대한 소득금액변동통지를 일정한 사항을 기재한 서면에 의하도록 한 이유는, 과세관청의 소득처분과 그에 따른 소득금액변동통지에 의하여 법인이 원천징수하는 소득세의 납세의무가 성립함과 동시에 확정되고, 원천징수의무자인 법인으로서는 소득금액변동통지서에 기재된 소득처분의 내용에 따라 원천징수세액을 납부할 의무를 부담하는 등의 법률효과가 뒤따르게 되어 소득종류, 소득자, 소득금액 및 그에 따른 원천징수세액을 특정하여 원천징수에 따른 법률관계를 명확히 하고 원천징수의무자가 이에 대하여 불복신청을 하는데 지장이 없도록 하려는 것이므로 과세관청이 소득금액변동통지서에 소득의 귀속자나 소득의 귀속자별 소득금액을 특정하여 기재하지 아니한 채 소득금액변동통지를 한 경우에는 특별한 사정이 없는 한 소득금액변동통지는 위법하다고 판시하였다.

그러나 대법원 2014. 8. 20. 선고 2012두23341 판결은 과세관청이 소득금액변동통지서에 기재하여야 할 사항을 일부 누락하거나 잘못 기재하였더라도 그것이 사소한 누락 또는 명백한 착오에 해당함이 소득금액변동통지서상 분명하거나 소득금액변동통지에 앞서 이루어진 세무조사결과통지 등에 의하여 원천징수의무자가 그러한 사정을 충분히 알 수 있어서 소득종류, 소득자, 소득금액 및 그에 따른 원천징수세액을 특정하고 원천징수의무자가 불복신청을 하는데 지장을 초래하지 아니하는 경우라면 소득금액변동통지를 위법하다고 볼 것은 아니라고 전제하고, 과세관청이 손금불산입한 경영자문료가 HIAI사에게 귀속되었다고 보아 이를 기타소득으로 소득처분하면서 원고에게 2007. 3. 29. 2002년 귀속분에 대하여, 2007. 5. 7. 2003년 내지 2005년 귀속분에 대하여 각 소득금액변동통지를 하였는데, 2007. 3. 29. 자 소득금액변동통지서에는 소득종류, 사업연도, 귀속연도, 소득금액은 물론, 소득자의 성명, 주소가 올바르게 기재되었고, 2007. 5. 7. 자 소득금액변동통지서에는 소득종류, 사업연도, 귀속연도, 소득금액 및 주소가 모두 올바르게 기재되었으나, 단지 소득자의 성명이 HII사(HIAI사의 모기업이다)로 잘못 기재된 사안에서, 2007. 5. 7. 자 소득금액변동통지서는 2007. 3. 29. 자 소득금액변동통지서와 마찬가지로 모두 원고가 2002 내지 2004 사업연도에 HIAI사에게 지급한 경영자문료를 손금불산입하고 이를 소득처분하는 내용을 담은 소득금액변동통지서인 점, 원고는 이미 2006년 3월경 경영자문료를 손금불산입하고 그에 관한 소득처분을 하겠다는 내용의 세무조사결과 통지를 받은 점 등에 비추어, 2007. 5. 7. 자 소득금액변동통지서에 소득자의 성명이 'HIAI'가 아닌 'HII'로 잘못 기재되었더라도 원고로서는 그것이 착오기재임을 충분히 알 수 있어 불복신청에 지장을 받지 아니한 것으로 볼 수 있다고 하여 2007. 5. 7. 자 소득금액변동통지가 위법하다는 원고의 주장을 배척하였다.

4. 사외유출

가. 쟁점

소득금액변동통지에 관한 쟁송에서 가장 자주 등장하는 쟁점이 당해 법인으로부터 사외유출이 있었는지 여부이다. 사외유출이 되었다고 볼 수 없다면 그 귀속자나 소득의 종류를 따질 필요도 없이 소득금액변동통지는 위법하게 되고 따라서 당해 법인에게 원천징수의무도 없게 된다.

나. 사외유출의 개념과 증명책임

소득처분에 있어서 사외유출이 되었다고 함은 법인의 소득이나 자산이 법인으로부터 빠져나가 법인이 아닌 제3자에게 귀속되었음을 의미한다. 즉, 법인의 지배관리권의 범위를 벗어나 제3자의 지배관리권의 범위에 들어갔다는 뜻이다. 여기서 법인의 지배관리권의 범위 내에 있는지 여부는 우선 법인의 회계장부에 계상되어 있는 경우를 기준으로 판단하는 것이 무난하다. 법인의 회계장부에 자산이나 소득으로 계상되어 있다면 법인의 지배관리권의 범위 내에 있다고 볼 수 있고 그렇지 않은 경우에는 원칙적으로 법인의 지배관리권의 범위를 벗어났다고 할 수 있다. 그러나 법인의 회계장부에 계상되어 있지 않더라도 법인 명의의 예금구좌에 입금되어 있어 제3자가 이를 함부로 인출해 갈 수 없다거나 법인 명의의 부동산으로 등기되어 있는 등의 특별한 사정이 있는 경우에는 사외유출되었다고 보기 어려울 것이다. 반면에 법인의 회계장부에 자산이나 소득으로 계상되어 있지만 그것이 실제로는 제3자에게 귀속되어 법인의 회계장부의 계상금액이 실제와 다른 경우에는 사외유출이 되었다고 보아야 한다. 예를 들어 법인의 예금계정에 1억 원이 계상되어 있지만 사실은 법인 명의의 예금계좌에서 3,000만 원이 빠져나가 그 잔고가 7,000만 원밖에 없다면 3,000만 원은 사외유출된 것으로 보아야 한다.

같은 취지에서 대법원 2013. 5. 23. 선고 2013두611 판결은, 법인이 그 자산을 양도하고도 그 양도대금을 장부에 기재하지 아니한 경우에는 특별한 사정이 없는 한 기장되지 않은 양도대금 상당액이 사외로 유출된 것으로 보아야 하며 사외로 유출된 것이 아니라고 볼 특별한 사정은 이를 주장하는 납세자가 증명하여야 한다고 판시하였다. 대법원 1986. 9. 9. 선고 85누556 판결과 대법원 2002. 12. 6. 선고 2001두2560 판결 등도 법인이 매출사실이 있음에도 불구하고 그 매출액을 장부상에 기재하지 아니한 경우에는 다른 특별한 사정이 없는 한 원료매입비 등 원가상당액을 포함한 그 매출누락액 전액이 사외로 유출된 것으로 보아야 하며 이 경우 그 매출누락액이 사외로 유출된 것이 아니라고 볼 특별사정은 이를 주장하는 법인 측에서 입증하여야 한다고 판시하였다.

다. 사례 분석

(1) 실수에 의한 매출누락

법인의 경리담당자 실수로 매출액과 외상매출금의 일부를 장부상 계상하지 않고 누락하였다가 외상매출금이 회수될 때 이를 외상매출금 계정에서 차감한 경우 그 누락된 매출액 상당이 사외유출되었다고 볼 수 있는지가 쟁점이 된 판결이 있다. 서울고등법원 2012. 7. 26. 선고 2011누39617 판결이다.

원고가 A쇼핑에 상품을 납품하면 A쇼핑은 구매카드로 대금을 결제하여 그 대금이 원고 명의의 은행계좌로 입금되는 방식으로 거래하여 왔다. 원고는 2005년 12월경 A쇼핑에 5,000만 원 상당의 상품을 납품하고 그 세금계산서를 A쇼핑에 교부하였음에도 경리담당자의 실수로 이를 장부에 기재하지 않고 그 매출세액의 신고도 누락하였으나, A쇼핑은 그 세금계산서상 금액을 외상매입금으로 장부에 기재하고 그 매입세액을 공제하여 부가가치세를 신고하고 그 대금은 구매카드로 결제하여 2006년 1월경 원고 명의의 은행 계좌에 입금되었다. 원고의 경리담당자는 위 대금 5,000만 원이 입금되자 A쇼핑에 대한 외상매출금이 그만큼 회수된 것으로 회계처리함으로써 A쇼핑에 대한 외상매출금 계정의 잔액이 실제 A쇼핑에 대한 외상매출금보다 5,000만 원 과소하게 계상된 채로 지속되었다. 그 때문에 A쇼핑의 원고에 대한 외상매입금 계정의 잔액과도 5,000만 원의 차이가 있었다. 그러자 과세관청은 원고의 2005 사업연도의 매출누락액 5,000만 원에 대하여 익금산입하면서 그것이 사외유출되었다고 보아 원고의 대표자에 대한 상여로 소득처분을 하였다.

그러나 서울고등법원은 위 5,000만 원 상당이 사외유출된 것이 아니라 사내유보되어 있다고 보아야 한다고 판결하였고, 그 판결은 대법원 2012. 12. 13. 자 심리불속행 상고기각 판결로 확정되었다. 판결의 근거로는 위 5,000만 원이 모두 정상적으로 원고의 계좌로 회수된 점, 그 회수된 돈이 원고의 운영자금으로 지출된 점 등을 들고 있다. 이러한 근거들은 다소 부적절해 보인다.

여기서 주목할 부분은 원고의 외상매출금 계정잔액이 5,000만 원 과소계상되어 있다는 점이다. 즉, 부외채권이 5,000만 원 존재한다는 것이다. 당초 누락한 5,000만 원의 채권이 회수된 것은 맞지만 그 금액을 A쇼핑에 대한 외상매출금 계정에서 차감함으로써 원고의 회계장부상으로는 여전히 5,000만 원의 채권이 계상되지 않고 부외채권으로 남아있는 것이다. 이러한 부외채권을 사외유출된 것으로 볼 수 있는지를 따져보아야 한다. 그런데 거래상대방인 A쇼핑은 원고에 대한 외상매입금 채무를 제대로 계상하고 있고 원고의 A쇼핑에 대한 세금계산서들은 모두 정상적으로 발행되어 있으므로 부외 채권으로 존재하는 원고의 A쇼핑에 대한 매출채권이 원고가 아닌 제3자에게 귀속된다거나 그 제3자가 이를 회수하여 처분할 가능성은 거의 없어 보인다. 특히나 A쇼핑은 원고에 대한 외상매입금 채무의 결제를 구매카드로 함으로써 그 대금은 모두 원고 명의의 예금계좌로 입금되는 구조를 취하고 있다. 이러한 사정들은 부외 채권임에도 불구하고 사외유출되지 않았다고 볼 만한 특별한 사정에 해당한다고 할 것이다. 서울고등법원 판결은 이러한 사정을 제대로 적시하지 못한 흠은 있지만 그 결론은 정당하다고 하겠다.

(2) 허위경비와 이에 대응하는 허위부채의 계상

법인이 법인세의 부담을 줄이기 위하여 허위의 경비를 계상하여 이를 손금산입하면서 그 상대계정에 허위의 부채를 계상해 둔 경우 그 허위경비 상당액이 사외유출되었다고 보아 대표자 상여 등으로 소득처분할 수 있는지가 문제된다. 이에 관한 판결로 대법원 2012. 7. 26. 선고 2010두382 판결이 있다.

A사는 2004 사업연도 법인세 과세표준과 세액을 신고하면서 B사로부터 수령한 허위의 매입세금계산서 8장을 이용하여 그 매입금액 합계 4억 원을 손금에 산입하였다. A사의 회계장부에는 그중 1억 원만이 2004. 10. 15. B사에 지급된 것으로 기장되어 있고, 나머지 3억 원에 대해서는 2004 사업연도 대차대조표에 B사에 대한 미지급금 채무가 명목상으로만 계상되어 있었다. 과세관청은 위 4억 원을 손금불산입하면서 그것이 모두 사외유출되어 귀속이 불분명하다고 보아 A사의 대표자에 대한 상여로 소득처분하였다.

이에 대하여 먼저 사외유출이 되었다고 보는 견해가 있는데, 이는 대법원 1997. 10. 24. 선고 97누447 판결과 대법원 1999. 12. 24. 선고 98두16347 판결 등을 근거로 들고 있다. 위 판결들은 가공의 비용을 장부에 계상한 경우 특별한 사정이 없는 한 가공비용 상당의 법인의 수익은 사외로 유출된 것으로 보아야 하고 이 경우 그 매출누락액 등의 전액이 사외로 유출된 것이 아니라고 볼 특별한 사정은 이를 주장하는 법인 측에서 입증할 필요가 있다고 판시하였다. 이 판결들이 허위비용계상의 경우 사외유출에 대한 '입증의 필요'를 납세의무자에게 부담시킨 이유는, 납세의무자가 허위비용계상이라는 부당한 행위를 하였고 그와 관련된 자료를 모두 갖고 있으므로 그 금액이 사외로 유출되지 않았다는 점에 관한 '입증의 필요'를 납세의무자가 부담하도록 하는 합리적이라는 점에 기초한 것이고 그 상대계정이 현금지출로 되어 있는 경우와 미지급채무로 되어 있는 경우를 구분하여 규율하지 않고 있으므로 가공비용의 상대계정이 '미지급채무'로 되어 있다고 하여 위와 같은 필요성이 소멸된다고 하기는 어렵다는 것이다. 즉, 허위의 부채를 계상하였다는 것은 위와 같은 입증의 필요를 소멸시킬 만한 특별한 사정이 되지 않는다는 취지이다.

그러나 사외유출이라는 것은 앞서 언급하였듯이 법인의 순자산이 밖으로 유출되어 제3자에게 귀속되는 것을 의미한다. 그런데 허위의 비용을 계상할 경우 통상 그에 상응하는 현금의 지출을 수반함으로써 그 현금이라는 자산이 사외로 유출된다. 그러나 이 사건과 같이 허위의 비용을 계상하면서 그 상대계정으로 허위의 부채를 계상해 두면 복식부기의 원리상 차변인 자산계정에는 아무런 변화가 없고 단지 대변에서 허위로 부채를 과다하게 계상함으로써 잉여금이 실제보다 과소하게 계상되어 있는 것뿐이다. 단지 회계상의 조작일 뿐이고 이를 이유로 법인의 순자산이 실제로 사외유출되었다고 볼 수는 없는 것이다. 사외유출은 회계상의 조작이 아니라 법인의 순자산이 실제로 사외로 유출하는 실물의 흐름이 있어야 한다. 대표적인 것이 자산의 실물이 사외로 유출하는 것이다. 그 외에도 실제로 채무를 부담할 경우 자산의 유출과 동일하게 법인의 순자산이 실제로 줄어들게 되므로 사외유출이 있다고 볼 수 있다. 예를 들어 허위의 경비를 계상하면서 그 상대계정에 허위의 부채를 계상하는 것이 아니라 실제로 제3자에 대한 채무부담의 약정을 하여 이를 부채로 계상하는 경우에는 사외유출이 있다고 볼 수 있다. 그 부채가 허위의 부채가 아니라 실제의 부채이고 이는 반대급부를 받음이 없이 부담한 것이므로 증여로 인한 채무로 볼 수 있다. 그러나 이 사안은 가공의 부채를 계상한 경우이기 때문에 사외유출이 있다고 보아서는 아니된다. 위의 반대견해가 들고 있는 대법원 판결들은 허위부채의 계상을 염두에 둔 판결들이 아니어서 이 사안에 원용하는 것은 부적절하다.

이러한 취지에서 대법원 2012. 7. 26. 선고 2010두382 판결은, 위 비용이 허위의 비용이라고 하더라도 그에 대응하는 명목상의 채무인 B사에 대한 미지급금 등 채무가 A사의 2004 사업연도 대차대조표에 계상되어 있는 이상 사외유출을 인정할 만한 다른 사정이 없다면 위 비용 상당액이 사외로 유출된 것으로 볼 수는 없다고 판시하면서 반대의 입장을 취한 원심판결을 파기하였다. 타당한 판결이다.

위 판결의 판시에서도 알 수 있듯이, 가공의 비용을 계상하면서 가공의 부채를 계상하였다는 것 자체가 사외유출을 인정할 수 없는 특별한 사정에 해당하므로 납세자로서는 가공의 부채를 계상하였다는 점을 밝힘으로써 위 특별한 사정에 관한 증명책임을 다했다고 보아야 하고, 반대로 과세관청이 그럼에도 불구하고 사외유출이 되었다고 볼 만한 다른 특별한 사정에 대한 증명책임을 부담한다고 보아야 한다.

(3) 매출액을 허위부채로 계상

매출액을 수익으로 계상하지 않고 허위부채로 계상하였다면 그 시점에 이로 인한 사외유출이 있다고 볼 수 있는지가 문제된다.

매출액을 손익계산서상의 수익항목으로 계상하지 않고 재무상태표상(종전의 대차대조표)의 허위 부채계정으로 계상하는 것은 가능하다. 왜냐하면 매출액이나 부채는 복식부기에 있어서 모두 같은 대변계정이므로 계정 이름만 바꾸면 되기 때문이다. 이러한 대변계정이 계상되어 있다면 그에 상응하는 차변계정이 계상되어 있다는 뜻이다. 왜냐하면 복식부기의 원리상 차변과 대변은 반드시 일치하게 되어 있기 때문이다. 그런데 차변계정에는 자산과 비용이 있으므로 매출액에 상응하는 자산이나 비용이 계상되어 있다고 볼 수 있다. 여기서 차변계정에 매출로 벌어들인 실재의 현금이나 매출채권을 계상하였다면 이는 진정한 회계처리이다. 반면에 차변계정에 허위비용이나 허위자산을 계상해두었을 수도 있다.

전자의 경우에는 매출로 벌어들인 현금이나 매출채권을 자산계정에 제대로 계상해두었기 때문에 그 시점에 매출액 상당의 자산이 사외유출되었다고 할 수 없다. 반면에 후자의 경우에는 매출로 벌어들인 실재의 현금이나 매출채권을 자산계정으로 계상해두지 않았기 때문에 그 시점에 매출액 상당의 자산이 사외유출되었다고 볼 수 있다. 그러면 전자의 경우에는 언제 사외유출이 이루어지는지에 관하여 보면, 허위부채로 계상해 둔 것을 이용하여 그 허위부채의 변제명목으로 현금 등 자산이 유출된 시점에 사외유출된 것으로 보아야 한다.

이와 관련된 사례로 대법원 2010. 6. 24. 선고 2007두18000 판결이 있다. 원고가 1992 사업연도에 외상매입금 채무 45,100,000원을, 1995 사업연도에 예수금 채무 570,080,000원을 각 허위로 계상하였으나, 그에 상응하는 허위 자산을 따로 계상하였음이 밝혀지지 않은 사안에서, 대법원은 1992 사업연도와 1995 사업연도의 순자산이 과소계상되었고 이는 원고가 당해 각 사업연도에 익금을 누락하였거나 손금을 과대계상한 결과라고 볼 수 있으므로 과세관청으로서는 허위 채무를 계상한 1992 사업연도와 1995 사업연도에 이를 부인하면서 그 금액 상당액을 익금산입하거나 손금불산입할 여지는 있으나, 그 후 1996 사업연도와 1998 사업연도에 원고가 허위 채무에 대한 변제 명목으로 현금을 인출하였다 하더라도 복식부기의 원리상 인출금액에 상당하는 자산계정과 부채계정이 동시에 감소하게 되어 그것이 당해 각 사업연도의 소득금액 계산상 손익에 어떠한 영향을 미치지는 아니하므로 그 인출금액을 익금산입하거나 손금불산입할 수 없다고 판시하였다. 위 판시에 나타난 바와 같이 매출액을 허위부채로 계상한 사업연도에는 법인의 익금만 누락한 것이고 그에 상응하는 자산의 사외유출은 없었으며, 그에 상응하는 자산의 사외유출은 허위부채에 대한 변제 명목으로 현금을 인출한 사업연도에 이루어졌다고 보아야 한다.

그런데 최근에 이와 다른 듯한 취지의 대법원 판결이 선고되었다. 대법원 2020. 8. 13. 선고 2019두300361 판결이 그것이다.

A사는 의류구매대행업을 하면서 미국 법인인 B사에 대한 매출액 중 2004년 이전부터 2008년까지의 매출액 합계 70억 원을 매출계정이 아니라 부채계정인 외화물품예수금 계정에 계상하였다. 과세관청은 A사의 2008 사업연도 법인세를 경정하면서, A사의 계좌에서 2008. 4.경부터 같은 해 6.경 사이에 경리직원인 P 명의의 계좌로 합계 70억 원이 출금되었다고 보고, 위 금원이 인출된 시점에 사외로 유출되었고 그 귀속이 불분명하다고 보아, 2013. 5. 13. A사의 대표이사인 원고에 대한 상여로 소득처분하고 2013. 7. 9. 원고에게 소득금액변동통지를 하였다. 원고는 위 소득금액변동통지를 받고 2013. 9. 30. 소득금액 변동에 따른 2008년 귀속 종합소득세를 신고하고 추가세액 24억 원을 납부하였다.

이 사안에서는 원고가 종합소득세를 신고·납부한 것이 부과제척기간이 만료된 후에 이루어진 것으로서 무효라고 볼 수 있는지가 쟁점이 되었다.

원심법원은 특별한 사정이 없는 한 A사의 2004년부터 2007년까지의 매출액 중 매출계정이 아닌 외화물품예수금 계정에 계상함으로써 발생한 매출누락액은 각각의 매출누락 시에 A사에서 사외유출된 것으로 보아야 한다고 하면서, 그 매출누락액은 소득처분에 따라 원고에게 당해 소득이 귀속된 과세기간인 2004년 내지 2007년의 다음 연도 6월 1일부터 5년이 경과하는 시점에 부과제척기간이 모두 경과하였다고 보아야 하므로, 원고의 신고·납부일 이전인 2013. 6. 1.에 이미 이에 관한 종합소득세의 부과제척기간이 모두 도과하였다고 판단하였고, 대법원이 이를 수용하였다.

이 사안에서 A사가 매출액을 허위의 부채계정인 외화물품예수금 계정으로 계상했을 때 그에 상응하는 차변계정으로 무엇을 계상하였는지를 알 수 없다. 하지만 당시 허위자산이나 허위비용계정으로 계상하였음이 드러나지 않은 이상 진정한 자산계정인 현금이나 매출채권을 계상해두었을 가능성이 높다. 그렇다면 그 시점에 사외유출이 있다고 할 수 없다. 그 시점에 허위자산이나 허위비용으로 계상하였는지 여부에 관한 증명책임이 누구에게 있는지가 문제이다. 위 대법원 판결은 법인이 매출사실이 있음에도 불구하고 매출액을 장부에 기재하지 아니한 경우 특별한 사정이 없는 한 그 매출누락액 법인의 수익은 사외로 유출된 것으로 보아야 한다는 법리를 들어 모든 증명책임을 납세자에게 부담시켜 버렸다. 그러나 위 법리는 매출누락만을 전제로 한 것일 뿐 허위부채를 계상한 경우까지 염두에 둔 것은 아니다. 그래서 매출을 누락하면서 허위부채를 계상하였음이 드러난 경우에 대해서까지 위 일반 법리를 들어 그 시점에 사외유출된 것으로 추정한 대법원의 태도는 타당하지 않다고 생각한다. 오히려 위에서 살펴본 대법원 2010. 6. 24. 선고 2007두18000 판결과 앞서 살펴본 대법원 2012. 7. 26. 선고 2010두382 판결의 취지에 비추어 볼 때 매출액을 허위부채로 계상해 둔 이상 그에 상응하는 허위자산이나 허위비용이 계상되었다는 점에 관하여 과세관청이 증명하지 못하는 한 그 시점에는 사외유출이 없었다고 보는 것이 타당하다고 할 것이다.

(4) 허위매입과 허위매출의 계상

법인이 허위의 매입과 허위의 매출을 동시에 계상하였을 경우 허위매입액에 상당하는 자금이 사외유출되었다고 볼 수 있는지가 쟁점인 판결로 대법원 2012. 11. 29. 선고 2011두4053 판결이 있다.

귀금속도매상인 A사는 2003년에 개업하여 그 사업연도 법인세를 신고하면서 수입금액으로 37억 원을 신고하였고, 2003년 제1기와 제2기의 부가가치세를 신고하면서 총매출액을 37억 원, 총매입액을 36억 원으로 신고하였다. 과세관청은 A사가 5억 원의 가공매입액을 계상하였다는 이유로 이를 손금불산입하면서 그것이 사외로 유출되었으나 귀속이 불분명하다고 보아 당시 A사 대표자인 원고에게 상여로 소득처분하였다. 한편, 원고는 2003. 7. 23. 서울지방법원 북부지원에서 'A사의 대표이사로 재직하면서 2003. 1. 28.부터 2003. 6. 2.까지 총 762회에 걸쳐 A사 명의로 12억 원 상당의 허위 신용카드 매출전표를 작성한 다음 그 금액에서 15%를 수수료로 공제한 나머지 10억 원 상당의 자금을 불법으로 융통하여 주었다'는 범죄사실로 유죄판결을 선고받아 그 판결이 확정되었는데 위 신용카드 허위매출액은 그 대부분이 A사가 2003 사업연도 법인세를 신고하면서 수입금액으로 신고한 위 37억 원에 포함되었다.

이에 대하여 대법원은, A사가 위 신용카드 허위매출액에 직접 대응하는 허위의 비용으로 허위매입액을 계상하였다는 사실이 인정되면 그로써 허위매입액 상당액이 사외로 유출된 것이 아니라고 볼 특별한 사정이 증명되었다고 할 것이지만, 원고가 제출한 증거만으로는 그와 같은 사실이 인정된다고 보기 어렵다고 보고, 이러한 사정과 아울러 A사의 2003 사업연도 수입금액은 신용카드 허위매출액 상당액을 제외하더라도 25억 원이나 되는데 이것이 전부나 대부분 허위라고 볼 자료도 부족한 점 등을 종합하여 보면, 원고가 2003 사업연도 수입금액으로 신고한 37억 원 중 위 신용카드 허위매출액에 상당하는 금액이 허위로 밝혀졌다는 이유만으로 허위매입액 상당액이 사외로 유출된 것이 아니라고 볼 특별한 사정이 증명되었다고 보기는 어렵다고 판단하였다.

대법원의 입장은, 12억 원의 허위매출이 있었다는 사정만으로는 허위매입액 5억 원이 형사재판에서 확정된 허위매출액 12억 원의 일부에 대응하는 것으로서 그 전액이 사외유출된 것이 아니라고 볼 특별한 사정이 입증되었다고 보기는 어렵다는 것이다. A사의 신고 매출액 37억 원 중에서 허위매출로 확정된 것은 12억 원에 불과하여 나머지 매출 약 25억 원이 전부 실제 매출로 밝혀진 바는 없지만 A사 스스로 실제 매출이 있었음을 주장하면서 부가가치세신고를 한 이상 실제 거래가 있었을 가능성이 더 높다고 볼 수 있고, 25억 원을 실제 매출로 보는 한 허위매입액 5억 원은 그 실제 매출액에 대응하는 것으로서 사외유출의 수단으로 사용되었을 가능성이 높다는 것이다. 그리고 허위경비계상의 경우 그 해당액이 사외 유출될 가능성이 매우 높고 사외유출 여부를 가장 잘 알고 있는 자는 당해 법인의 대표자인데 이 사건에서는 허위매입액 5억 원이 허위매출액 12억 원에 대응하는 것인지 여부에 관한 진상을 규명하지 못한 것은 원고가 신용카드 매출거래내역이 기재된 통장사본 등 A사의 장부 일체를 전혀 제출하지 아니하기 때문이라는 점도 불리한 사정으로 작용한 것으로 보인다.

그러나 A사가 허위매입액으로 계상한 5억 원은 허위매출액 약 12억 원에 대응하는 것으로서, 사외유출되지 않았다고 볼 특별한 사정이 있는 경우로 볼 수 있다. 법인이 허위매출액을 계상하면서 허위매입액도 계상한 경우, 이러한 허위매입액의 계상은 과다계상된 매출액을 상쇄하기 위한 목적 또는 허위매출에 필요한 재고자산의 확보를 위한 목적으로 이루어진 것으로 봄이 경험칙에 부합한다. 즉, 법인이 허위매출액을 계상하면 그만큼 과세소득이 늘어나 법인세 부담이 증가하므로 이를 줄이기 위하여 허위비용을 계상하는 것이 일반적이다. A사는 2003년 제1기에 개업한 회사로 사외로 유출한 현금이 많지 않았을 것으로 보이고, 허위매입액보다 허위매출액이 훨씬 많은 점에 비추어 보면, 허위매입액의 계상은 허위매출액을 상쇄하기 위한 것으로 볼 여지가 많다. A사의 실제 매출액 25억 원 중 5억 원 이상이 회수되고 신고한 매입액 36억 원에서 허위매입액 5억 원을 차감한 실제 매입액 31억 원이 전부 외상이라면 A사가 보유한 현금이 5억 원 이상이 되므로 이론상으로는 5억 원의 사외유출이 가능하기는 하다. 이러한 사정은 A사가 2003년 귀속 법인세 신고시 제출한 대차대조표 등을 통하여 과세관청이 밝힐 수 있는 내용이므로 과세관청에게 그에 관한 증명책임을 부담하도록 하는 것이 합리적이라고 생각된다. 대법원 1999. 5. 25. 선고 97누19151 판결, 대법원 1990. 12. 26. 선고 90누3751 판결 등은 법인이 매출사실이 있음에도 불구하고 매출액을 장부에 기재하지 아니하였으면 매출누락금액뿐만 아니라 그 대응경비까지 밝혀졌다고 하더라도 특별한 사정이 없는 한 매출원가 등 대응경비가 포함된 매출누락금 전액이 사외로 유출된 것으로 보아야 하고, 이 경우 매출누락금 전액이 사외로 유출된 것이 아니라고 볼 특별한 사정은 이를 주장하는 법인이 입증하여야 한다고 판시한 바 있으나, 매출누락에 대응하는 경비가 있었음이 증명되었다면 그 경비는 누락 매출액에서 지출되었다고 보는 것이 보다 경험칙에 부합하므로 차액만이 사외로 유출되었다고 보는 것이 합리적이라고 할 것이다.

(5) 법인 대표자의 횡령금

가) 판례의 동향

법인의 임직원이 법인의 자금을 횡령한 경우 이는 범죄행위로서 원칙적으로 법인은 그 임직원에 대하여 횡령금의 반환채권을 가지게 되고, 그에 따라 횡령금의 회수가능성이 남아 있으므로 그 횡령금이 종국적으로 사외유출되었다고 볼 수 있는지 여부가 간단하지 않다.

임직원의 횡령금에 대하여 종전의 대법원 판결들의 입장을 정리해보면, 법인의 '대표이사 등'의 횡령의 경우에는 애당초 회수를 전제한 것이 아니므로 횡령행위가 있으면 그 즉시 사외유출에 해당하여 상여로 소득처분되고 법인이 그로 인한 근로소득세 원천징수의무를 진다는 것이며,[37] 법인의 '피용자'의 지위에 있는 자의 횡령의 경우에는 법인이 횡령 등의 불법행위에 대응하는 손해배상채권 등을 보유하고 있는 한, 횡령 즉시 사외유출된 것으로 볼 수는 없고 그러한 손해배상채권 등이 실질적으로 소멸한 것과 같이 볼 수 있는 경우에만 사외유출로 보아 상여로 처분하여 근로소득세를 과세할 수 있다는 것이다.[38] 여기서 횡령의 주체가 법인의 대표이사 등인 경우에는 '애당초 회수를 전제로 하여 이루어진 것이 아니어서' 언제나 예외 없이 횡령 즉시 횡령금 상당액의 사외유출이 일어난 것으로 보아야 한다는 일반적인 법리를 선언한 것으로 볼 수 있는지, 즉 대표이사 등의 횡령은 애당초 회수를 전제로 하여 이루어진 것이 아닌 것으로 일반화하여 그에 대한 법인의 반증의 기회조차 전혀 허용되지 않는다는 취지인지가 문제되었다. 반증의 기회조차 허용되지 않는다고 본다면, 법인으로서는 대표이사 등이 법인의 자금을 횡령한 경우 대표이사 등에게 상여로 처분된 소득에 대하여 항상 원천징수의무를 부담하게 됨으로써, 결국 횡령의 피해자인 법인이 횡령 피해에 더하여 횡령 범죄자의 근로소득세까지 부담하여야 한다는 가혹한 결과가 초래된다.

이러한 점에 대한 반성적 고려하에서 대법원 2008. 11. 13. 선고 2007두23323 판결은 법인의 실질적 경영자인 대표이사 등이 법인의 자금을 유용하는 행위는 특별한 사정이 없는 한 애당초 회수를 전제로 하여 이루어진 것이 아니어서 그 금액에 대한 지출 자체로서 이미 사외유출에 해당한다고 하면서, 그 유용 당시부터 회수를 전제하지 않은 것으로 볼 수 없는 특별한 사정에 대하여는 횡령의 주체인 대표이사 등의 법인 내에서의 실질적인 지위 및 법인에 대한 지배 정도, 횡령행위에 이르게 된 경위 및 횡령 이후의 법인의 조치 등을 통하여 그 대표이사 등의 의사를 법인의 의사와 동일시하거나 대표이사 등과 법인의 경제적 이해관계가 사실상 일치하는 것으로 보기 어려운 경우인지 여부 등 제반 사정을 종합하여 개별적·구체적으로 판단하여야 하며, 이러한 특별한 사정은 이를 주장하는 법인이 입증하여야 한다고 판시하였다. 위 판결에 의하면 사외유출되지 않았다고 볼 특별한 사정의 요체는 당해 법인이 횡령을 추인 또는 묵인하지 않았다는 점이라고 할 수 있다. 묵인은 알면서도 모르는 체하고 내버려둠으로써 슬며시 인정한다는 것이고, 추인은 지나간 행위를 사후에 소급하여 인정하는 것이다.

여기서 묵인 또는 추인의 법적 주체는 횡령의 피해자인 법인이라고 할 수 있다. 그런데 법인은 추상적인 인격체여서 실제로는 그 기관의 구성원을 통하여 행동하므로 현실적으로 누가 묵인 또는 추인을 할 수 있는가가 문제되고 이는 손해배상채권을 누가 행사할 수 있는가의 문제라고도 할 수 있다. 횡령자가 실질적 경영자나 대표이사는 아닌 경우 그 대표이사가 그러한 권한이 있다고 볼 수 있다. 대표이사는 일반적으로 회사를 대표할

---

37) 대법원 1995. 10. 12. 선고 95누9365 판결, 대법원 1999. 12. 24. 선고 98두7350 판결, 대법원 2001. 9. 14. 선고 99두3324 판결 등 참조

38) 대법원 2004. 4. 9. 선고 2002두9254 판결

권한이 있으므로, 횡령 재산을 회수하기 위한 대외적인 조치 역시 회사를 대표하여 취할 수 있는 권한이 있다. 따라서 대표이사가 횡령 사실을 알고 나서도 사회통념상 상당한 기간 내에 횡령 재산의 회수를 위한 조치를 취하지 않은 경우에는 추인이 있는 것으로 보아야 할 것이다. 횡령자가 대표이사인 경우에는 대표이사 스스로 이러한 행동을 하지 않을 것이기 때문에 상법상 이사에 대한 소송에 있어서 회사를 대표하도록 되어 있고 이사의 불법행위에 대하여 유지를 청구할 수 있는 감사, 대표이사의 횡령 사실에 대한 손해배상을 대표이사에게 청구할 수 있고 대표소송을 통해 이사의 책임을 추궁할 수 있는 주주 등이 될 것이다. 따라서 감사나 소수주주들이 횡령 사실을 알고 나서도 역시 상당한 기간 내에 소송을 제기하지 않은 경우에는 추인이 있는 것으로 볼 수 있을 것이다.

　다음으로 법인이 어떤 행동을 보였을 때 횡령금 회수를 위한 법적 수단을 취한 것으로 볼 수 있는지, 횡령의 묵인이나 추인을 하지 않은 것으로 볼 수 있는지에 관하여 살펴볼 필요가 있다. 우선 법인이 회계상 횡령사실을 노출시키는 것이 첫째의 절차라고 보아야 할 것이다. 횡령에 관련된 거래를 정상적인 부분과 횡령 부분을 구분하여 기장하고 횡령 부분을 손해배상채권 등의 계정으로 관리한다면 일응 법인이 횡령금을 회수하려는 의지를 가진 것으로 인정할 수 있을 것이다. 다음으로는 일실된 재산의 회복을 위한 대외적 행위를 하여야 한다. 횡령자를 고소하고, 횡령금액의 반환을 청구하는 소송을 제기하거나 횡령자의 재산을 가압류하는 것, 보증인이 있다면 보증인에 대해 같은 조치를 취하는 것들이 회수를 위한 가장 확실한 조치라고 할 수 있다.

나) 사례 검토

　사외유출을 인정하지 않은 사례로는 위에서 본 대법원 2008. 11. 13. 선고 2007두23323 판결이 있다. A는 코스닥 상장법인인 원고회사의 대주주인 K로부터 원고회사 주식 55%를 양수하면서 그 양수대금 84억 원을 원고회사 자산으로부터 인출하여 지급함으로써 횡령하였다. 그리고 B는 A로부터 원고회사 주식 25%와 그 경영권을 인수하여 대표이사로 취임한 후 원고회사 명의의 융통어음을 발행하여 할인받는 방법으로 210억 원을 횡령하였고 이 때문에 원고회사는 부도에 이르렀다. 그러자 이러한 횡령사실을 알게 된 원고회사의 임직원들이 B를 형사고소하고 B를 상대로 손해배상청구소송을 제기하여 승소판결을 받았고 주주총회에서 B를 대표이사에서 해임하였다. 그리고 A에 대하여도 손해배상청구소송을 제기하여 승소판결을 받았다.

　이에 대하여 대법원은, A, B가 일련의 횡령행위에 이르게 된 경위, 소액주주 등이 40% 또는 70% 이상이나 되는 코스닥 상장법인인 원고회사에 있어서 A나 B의 의사를 원고회사의 의사와 동일시하거나 원고회사와 A, B의 경제적 이해관계가 사실상 일치하는 것으로 보기는 어려운 점, 원고회사가 A, B의 횡령을 묵인하였다거나 추인하였다고 볼 사정이 없고, 원고회사가 그 횡령사실을 알게 된 직후부터 A, B에 대한 권리행사에 착수하여 손해배상채권을 확보하고 있는 점 등 횡령 전후의 여러 사정을 종합해 보면, 위 횡령 당시 곧바로 회수를 전제로 하지 않은 것으로서 횡령금 상당액의 자산이 사외유출되었다고 보기는 어렵다고 판단하였다. 대법원 2017. 9. 7. 선고 2016두57298 판결도 비슷한 사안이다.

사외유출을 인정한 사례로는 위에서 본 대법원 2013. 2. 28. 선고 2012두23822 판결이 있다. 건설업체인 원고는 D그룹의 계열사이고 A는 원고의 대주주 겸 D그룹의 회장으로서 D그룹은 사실상 A의 1인 회사로 운영되어 왔다. 원고는 허위원가로 400억 원을 계상하여 법인세를 포탈한 것이 적발되어 과세관청이 이를 손금불산입하면서 그것이 사외유출되어 A에게 귀속되었다고 보아 A에 대한 상여로 소득처분하였다. 위 400억 원 중 300억 원이 원고의 계좌에서 경비지출 명목으로 인출되어 D그룹의 다른 계열사인 P사의 계좌를 거쳐 A의 계좌로 입금되었고, A가 이를 개인적인 용도로 사용하였음에도 원고는 이에 관하여 가지급금이나 대여금으로 계상하지 아니하였으며 이자나 변제기의 약정도 하지 않았다. 나머지 100억 원은 원고가 S사에게 연대보증과 사업자금대여 등의 편의를 제공하고 추진 중이던 개발사업의 시공권 지분을 포기함에 따라 받는 대가로서 원고에게 귀속되어야 할 돈임에도 P사의 계좌로 입금되었다가 A가 이를 인출하여 유용하였다. P사는 위의 돈이 입금되면 주주임원단기채무라는 계정과목으로 허위로 계상하였다가 A의 계좌에 이를 입금하면서 그 주주임원단기채무를 변제한 것처럼 회계처리하였다.

이에 대하여 대법원은, A는 변칙적인 회계처리를 동원하는 방법으로 쟁점금액의 유용행위를 적극적으로 은폐하였고, 원고의 내외부에서 A의 위와 같은 자금유용행위를 실질적으로 통제하거나 감독할만한 사람 등이 존재하지 않으며, 실제로 A의 횡령 등 불법행위에 대하여 형사고발이 이루어지거나 민사상 손해배상청구소송이 제기된 적이 없는 점 등에 비추어, 400억 원은 모두 원고로부터 사외유출되어 A에게 귀속되었다고 볼 수 있다고 판단하였다.

위에서 살펴본 두 사례는 뚜렷하게 대비되어 사외유출을 판단하는 데 이정표가 될 수 있을 것으로 보인다.

(6) 그 밖의 경우

법인이 특수관계자에 대한 대여금을 미회수한 것이 간이청산절차의 일환으로서 출자금의 반환과 상계처리된 것으로 볼 수 있는 경우에는 미회수된 대여금이 사외유출된 것을 전제로 하여 소득처분을 할 수 없다는 취지의 판결로서 대법원 2012. 6. 28. 선고 2011두30205 판결이 있고, 주금을 가장납입한 후 납입금을 인출하여 차입금을 변제한 경우에는 특별한 사정이 없는 한 그 납입금 상당액이 사외로 유출된 것으로 보아야 한다는 취지의 판결로서 대법원 2016. 9. 23. 선고 2016두40573 판결이 있다.

후자의 경우 실질과 결과만을 따져보면 가장납입의 경우 법인의 재무상태표상 허위자산과 자본금만 계상되었을 뿐 실질적인 자본금의 납입이 없었다고 볼 수 있으므로 법인의 자금이 사외유출된 것으로 보지 않을 수도 있음에도, 대법원은 가장납입이라는 불법행위에 대한 응징적 차원에서 회사법상 집단적 절차의 특성을 들어 자본의 유입과 그 자본의 유출이 있었다고 본 것으로 보인다. 그러나 그로 인해 실질과는 다소 괴리되었다는 아쉬움이 남는다.

5. 법인의 대표자에 대한 인정상여처분

가. 관련 규정

법인세법 제67조의 위임에 따라 법인세법 시행령 제106조 제1항 제1호는 '익금에 산입한 금액이 사외에 유출된 것이 분명한 경우에는 그 귀속자에 따라 배당, 상여, 기타소득, 기타사외유출로 처분하되, 다만 귀속이 불분명한 경우에는 그 대표자(소액주주 등이 아닌 주주 등인 임원 및 그와 특수관계에 있는 자가 소유하는 주식 등을 합하여 해당 법인의 발행주식총수의 30% 이상을 소유하고 있는 경우의 그 임원이 법인의 경영을 사실상 지배하고 있는 경우에는 그 자를 대표자로 하고, 대표자가 2명 이상인 경우에는 사실상의 대표자로 한다)에게 귀속된 것으로 본다'라고 규정하고 있다.

위와 같은 귀속의 의제는 실질과 괴리가 있을 수 있어 실질과세원칙이나 헌법상의 재산권을 침해하는 것이 아니냐는 등의 논란이 있었다. 일찍이 대법원 1974. 4. 30. 선고 73누155 판결은 위 규정이 실질과세의 원칙에 위배되지 않는다고 선언한 바 있다. 헌법재판소 2009. 3. 26. 선고 2005헌바107 전원재판부 결정은, 위 규정은 법인에 의한 세법상의 부당행위를 방지하고 법인의 사외유출된 소득의 귀속자를 빠짐없이 밝혀 소득세를 부과함으로써 조세부담의 공평을 실현하고자 하는 것으로서 실질과세의 원칙을 다소 희생시키더라도 법인의 대표자로 하여금 귀속이 불분명한 법인의 사외유출 소득의 귀속자를 밝히도록 하고 이를 밝히지 못하는 경우에는 대표자에게 귀속된 것으로 보아 대표자의 상여로 소득처분하도록 하는 것이므로 그 입법목적의 정당성이 인정되고, 수단의 선택도 적절하며, 귀속자가 불분명한 법인의 사외유출 소득이 대표자에게 귀속된 것으로 간주하는 것은, 경험칙에 비추어 볼 때 그것이 그 법인의 대표자에게 귀속하였을 개연성이 가장 높다는 점 및 대외적으로 회사를 대표하고 대내적으로 업무집행을 담당하는 대표자로서는 법인의 사정에 정통하여 법인의 다른 구성원이나 과세관청에 비하여 보다 용이하게 사외유출된 금액의 귀속자가 누구인지를 입증할 수 있는 지위에 있다는 점이 고려된 것이며, 법인의 대표자는 귀속자가 불분명한 법인의 사외유출 소득에 대하여 그 귀속자가 누구인지를 입증함으로써 위 조항의 적용에서 벗어나 소득처분을 받지 않을 수도 있다는 점에 비추어 보면 최소침해성원칙에 위반한다고 할 수도 없다고 판시하였다. 위 결정으로써 위헌성의 시비는 해소되었다고 할 수 있다.

나. 법인의 대표자

(1) 원칙적 규정의 적용범위

법인세법 시행령 제106조 제1항 제1호 단서는 인정상여처분의 상대방에 관하여 '대표자'라고만 규정하면서 나아가 그 괄호규정에서는 대표자 의제규정을 두고 있다. 괄호 밖의 대표자에 관한 규정은 원칙적 규정이라고 할 수 있는데, 여기서는 괄호 안의 의제적 규정과 달리 대표자에 관하여 특별한 요건을 규정하고 있지 않다. 그래서 상법상의 개념을 차용한 것으로 보아야 할 것이므로 원칙적으로 법인등기부상의 대표자로 등재되어 있는 자를 말한다고 할 것이다.

그 대표자는 실질적으로 그 회사에 대한 대표권을 행사할 수 있는 자이어야 할 것이고 그 대표권은 법인에 대한 운영권이 내포되어 있는 개념으로 이해하는 것이 옳다. 왜냐하면 인정상여처분의 상대방을 대표자로 정한 취지가 귀속불분명소득에 대한 사실상의 지배·처분권이 대표자에게 있다고 보는 것이므로 대표권만 있을 뿐 운영권이 없다면 그 소득에 대한 사실상의 지배·처분권이 있다고 할 수 없기 때문이다. 그래서 법인등기부상으로는 회사의 대표자로 등재되어 있지만 실질적으로 회사에 대한 운영권이 없다면 인정상여처분의 상대방으로 삼아서는 아니된다. 같은 취지에서 대법원 1989. 4. 11. 선고 88누3802 판결 등도 원고가 회사의 법인등기부상 대표자로 등재되어 있었다 하더라도 당해 회사를 실질적으로 운영한 사실이 없다면 같은 회사의 귀속불명소득을 원고에게 귀속시켜 종합소득세를 부과시킬 수 없다고 판시하였다. 법인의 대표자로 선임되어 법인등기부상 대표자로 등재된 자는 법인을 실질적으로 운영하고 있는 것으로 추정된다고 할 것이므로 이와 달리 법인을 운영한 바 없는 명목상의 대표자에 불과하다는 점은 이를 주장하는 자가 증명해야 할 것이다.

　실제로 대법원은 회사의 대표자로 등재되어 있지만 회사에 대한 운영권이 없는 명목상의 대표자들에 대하여는 인정상여처분을 할 수 없다고 판시해 왔고 그 근거는 실질과세의 원칙에 두고 있다. 그 유형으로는, 채권자들이 원고도 모르게 원고를 대표이사로 등기해 놓은 사안,[39] 채권자들이 실력으로 점령하여 폐업시까지 대표이사가 아무런 직무집행을 하지 못한 사안,[40] 휴업상태에 있어 직무집행이 없었던 사안,[41] 사실상 대표이사로서의 직무를 수행하지 못하고 있다가 사임한 사안,[42] 가처분으로 직무집행이 정지된 사안,[43] 실질적으로 업무수행을 전혀 하지 못한 사안,[44] 1인 회사의 대표이사로 일시 등재되어 있었으나 1인 회사의 실질적인 대표자에 고용되어 영업 및 개발업무 등의 이사 업무만 수행한 사안,[45] 정리회사의 관리인이 정리회사, 채권자, 주주 등으로 구성되는 이해관계인 단체의 관리자로서 그러한 자들을 위하여 정리법원의 감독 아래 회사경영 및 재산의 관리, 처분을 하는 일종의 공적 수탁자의 지위에 있었던 사안[46] 등이 있다.

(2) 의제적 규정의 적용범위

　앞서 본 바와 같이 법인세법 시행령 제106조 제1항 제1호 단서는 그 괄호에서, 법인등기부상의 대표자 등기 여부와 상관없이 '소액주주 등이 아닌 주주 등인 임원 및 그와 법인세법 시행령 제43조 제8항에 의한 특수관계에 있는 자가 소유하는 주식 등을 합하여 당해 법인의 발행주식총수 또는 출자총액의 100분의 30 이상을 소유하고 있는 경우의 그 임원이 법인의 경영을 사실상 지배하고 있는 경우에는 그 자를 대표자로 한다'는 의제 규정을 두고 있다. 법인의 경영을 사실상 지배한다고 함은 임원의 임면권의 행사, 사업방침의 결정 등 당해 법인의 경영전반의 의사결정과 집행에 적극적으로 참여하거나 회계와 업무에 관한 감독권을 행사하는 경우가 이에 해당된다고 할 것이다.

　여기서 말하는 임원의 범위가 문제될 수 있다. 임원에 해당하는지 여부를 법인등기부나 정관상의 등재 여부로만 판단할 수 있을 것인지, 아니면 비록 등기부나 정관상 등재되어 있지 않더라도 사실상 경영에 참여하여 경영전반의 의사결정과 집행에 적극적으로 참여하거나 회계와 업무에 관한 감독권을 행사하는 자는 실질적으로 임원의 지위에 있다고 보아야 할 것인지가 문제인 것이다. 임원의 범위에 관하여 법인세법 시행령 제20조

---

39) 대법원 1984. 3. 27. 선고 83누333 판결, 대법원 1986. 1. 28. 선고 85누526 판결
40) 대법원 1988. 4. 12. 선고 87누1238 판결
41) 대법원 1988. 5. 24. 선고 86누121 판결
42) 대법원 1989. 4. 11. 선고 88누3802 판결
43) 대법원 1980. 3. 11. 선고 79누322 판결
44) 대법원 1994. 3. 8. 선고 93누1176 판결, 대법원 1991. 3. 12. 선고 90누7289 판결
45) 대법원 2005. 8. 19. 선고 2005두6980 판결
46) 대법원 1992. 7. 14. 선고 92누3120 판결

제1항 제4호에서 정하고 있는데, 위 규정은 그 (가)목 내지 (라)목에서 법인의 회장, 사장, 부사장, 이사장, 대표이사, 전무이사 및 상무이사 등 이사회의 구성원 전원과 청산인, 합명회사, 합자회사 및 유한회사의 업무집행사원 또는 이사, 유한책임회사의 업무집행자, 감사를 열거한 다음, 마지막 (마)목에서 그 밖에 가목부터 (라)목까지의 규정에 준하는 직무에 종사하는 자를 규정하고 있고, 여기에 해당하는 자를 '이하 임원이라고 한다'라고 규정한다. 따라서 위 의제규정에서 말하는 임원도 법인세법 시행령 제20조 제1항 제4호에서 규정하는 임원을 의미한다고 보아야 할 것이므로 비록 등기부나 정관상 등재되어 있지 않더라도 사실상 경영에 참여하여 경영전반의 의사결정과 집행에 적극적으로 참여하거나 회계와 업무에 관한 감독권을 행사하는 자는 위 (가)목 내지 (라)목에 준하는 지위에 있는 자로서 위 (마)목에 의하여 의제적 규정에서 말하는 임원에 포함된다고 보는 것이 옳다. 같은 취지에서, 대법원 2013. 6. 27. 선고 2013두4231 판결은, 법인등기나 정관에 기재된 임원이 아니라고 하더라도 사실상 경영에 참여하여 경영전반의 의사결정과 집행에 적극적으로 참여하거나 회계와 업무에 관한 감독권을 행사하는 자는 위 의제규정의 '임원'에 포함된다고 한 전제를 수긍하였다. 그리고 서울고등법원 2011. 3. 24. 선고 2010누20197 판결과 서울고등법원 2012. 4. 20. 선고 2011누39228 판결 등도 같은 취지이다. 이들 판결은 모두 대법원의 심리불속행 상고기각 판결에 의하여 확정되었다.

　그리고 이러한 대표자 의제규정을 예시적 규정으로 볼 것인지 제한적·창설적 규정으로 볼 것인지에 대하여 논란이 있다. 과세관청은 이를 예시적 규정으로 보아 위 의제요건을 모두 충족하지 못하였더라도 법인의 경영을 사실상 지배하는 경우에는 그 자를 대표자로 볼 수 있다는 입장을 취하고자 한다. 그러나 이러한 입장을 수용할 경우 다소 위헌성이 있는 인정상여 제도의 적용범위를 지나치게 확대하게 되는 결과가 될 뿐만 아니라 과세관청에게 재량의 여지를 광범위하게 부여하는 것이므로 예시적 규정으로 보는 데는 무리가 따른다. 따라서 위 의제규정은 제한적·창설적 규정으로 보는 것이 합리적이다.

　같은 취지에서 대법원 2010. 10. 28. 선고 2010두11108 판결, 대법원 2017. 9. 7. 선고 2016두57298 판결 등은 법인세법 시행령 제106조 제1항 제1호 단서는 사외유출된 금액의 귀속이 불분명한 경우에는 대표자에게 귀속된 것으로 본다고 하면서 괄호 안에 예외적으로 소액주주가 아닌 주주 등인 임원 및 그와 특수관계에 있는 자가 소유하는 주식 등을 합하여 당해 법인의 발행주식총수 또는 출자총액의 100분의 30 이상을 소유하고 있는 경우의 그 임원이 법인의 경영을 사실상 지배하고 있는 경우에는 그 자를 대표자로 한다고 규정하여 대표자가 아니면서 사실상 대표자로 간주할 수 있는 경우를 위 규정상의 괄호 안의 사유로 제한하고 있는 점에 비추어 보면, 위 규정상 상여처분이 의제되는 대표자는 법인등기부상 대표자로 등재되어 있는 자이거나, 위 괄호 안의 요건을 갖춘 주주 등 임원 중 법인의 경영을 사실상 지배하고 있는 자이어야 할 것이므로, 법인등기부상 대표자로 등재되어 있지 아니하고 괄호 안의 주주 등인 임원으로서의 요건도 갖추지 못한 자의 경우에는 설령 그 자가 법인의 경영을 사실상 지배하고 있다고 하더라도 위 규정에서 말하는 대표자에 해당한다고 할 수 없다고 판시하였다. 대법원 2008. 1. 18. 선고 2005두8030 판결도 같은 취지에서, 과세관청이 위 의제규정에 해당한다고 주장하는 A와 B는 그 회사의 법인등기부상 대표이사나 이사로 등재되지 아니한 자들로서 대표이사나 이사의 업무를 실제 행하였다고 볼 수 없어 위 의제규정 소정의 '주주 등인 임원'이 아니라고 할 것이고, C와 D는 그 회사의 주주 겸 이사이나 그 회사의 경영을 사실상 지배하고 있는 경우라고 볼 수 없어 위 의제규정 소정의 인정상여처분의 상대방이 되는 대표자에 해당되지 아니한다고 판시하였다.

(3) 원칙적 규정과 의제적 규정의 관계

의제적 규정을 제한적·창설적 규정으로 본다고 해서 원칙적 규정에 해당하는 자와 의제적 규정에 해당하는 자가 서로 배타적 관계로서 양립할 수 없다고 보기는 어렵다. 그 문언만 놓고 보더라도 법인의 대표이사로서 30% 이상의 지분을 소유하는 자가 법인의 경영을 사실상 지배하는 경우는 원칙적 규정과 의제적 규정 모두에 해당할 것이다. 단지, 과세관청의 입장에서는 원칙적 규정에 해당함을 증명하는 것이 수월할 뿐이다.

그런데 만약 법인의 대표이사가 아닌 자가 임원의 지위에서 30% 이상의 지분을 소유하면서 법인의 경영을 사실상 지배한다는 것이 증명됨으로써 의제적 규정에 해당하는 자가 있음이 밝혀진 경우 원칙적 규정에 해당하는 법인의 등기부상 대표이사는 인정상여처분의 대상에서 제외되는지가 문제이다. 앞서 본 바와 같이 법인등기부상의 대표이사로 등재되어 있더라도 실질적으로 법인의 운영권과 대표권이 없는 명목상의 대표이사에 불과함이 증명된 경우에는 인정상여처분의 대상에서 제외된다. 그래서 법인등기부상 대표자가 자신이 명목상의 대표자임을 입증하기 위하여 의제규정에 해당하는 자가 별도로 있음을 입증한 경우 그 입증책임을 다한 것으로 볼 수 있는지 여부가 문제되는 것이다. 그러나 의제규정에 해당하는 자가 있다고 해서 그 자가 법인의 운영·지배권을 항상 배타적으로 행사한다고 보는 것은 무리일 수 있다. 즉, 의제적 규정에 해당하는 자가 원칙적 규정에 해당하는 자와 공동으로 법인을 운영할 수도 있는 것이다. 이러한 상정이 얼마나 현실적인지는 다소 의문이 있을 수 있지만 그와 같은 경우를 배제하기는 어려울 것이다. 그래서 의제적 규정에 해당하는 자가 있다는 점뿐만 아니라 그 자가 법인의 운영권과 대표권을 배타적으로 행사함으로써 등기부상의 대표자는 명목상의 대표자에 불과하다는 점까지 증명되어야만 인정상여처분의 대상에서 제외될 수 있다고 보는 것이 옳다.

이와 같이 해석하면 인정상여처분에 있어서 그 상대방이 될 법인의 대표자가 없는 공백상태가 초래될 수 있다. 법인의 등기부상 대표자가 아니면서 법인의 경영을 사실상 배타적으로 지배하고 있으나 그 법인의 소유지분이 30%에 미달할 경우, 법인의 등기부상 대표자는 명목상의 대표자가 되어 원칙적 규정에 해당할 수 없고, 법인의 경영을 사실상 지배하는 자도 소유지분의 요건을 갖추지 못하여 의제적 규정에 해당할 수 없으므로 결국 인정상여처분을 할 대상이 존재하지 않아 인정상여처분을 할 수 없다는 결론에 이르게 된다. 이러한 결과가 다소 불합리해 보일 수도 있으나 인정상여처분 제도 자체가 워낙 의제적 성격이 강하고 위헌의 시비가 있는 것이므로 가급적 제한적으로 적용하는 것이 옳고 그러한 과정에서 대표자의 공백상태가 생기더라도 과세관청은 이를 감수하는 것이 형평에 맞다고 할 수 있다. 이러한 경우 과세관청으로서는 유출된 소득의 귀속자를 밝히는 노력을 더함으로써 과세의 공백을 막는 것이 도리일 것이다.

다. 귀속불분명의 증명

법인 외부로 유출된 소득의 귀속이 불분명하다는 점은 법인의 대표자에 대한 인정상여처분의 중요한 요건 중 하나이므로 이에 대한 1차적 증명책임은 과세관청에게 있다고 보아야 한다. 그런데 그 증명의 대상이 귀속자를 알 수 없다는 점이므로 다분히 소극적이어서 증명의 대상으로서의 성격이 약하다. 과세관청으로서는 그 귀속자를 밝히려는 노력을 게을리 할수록 귀속자를 밝히기 어려울 것이므로 결국 귀속불분명에 대한 증명책임을 다했다는 결과에 이를 수 있기 때문이다. 따라서 귀속불분명에 대한 증명책임이 과세관청에게 있다는 것은 별 의미가 없고, 반대로 납세자 측에서 귀속이 불분명하지 않다는 점을 증명함으로써 과세관청의 소극적 증명을 탄핵할 수밖에 없다.

여기서 납세자인 대표자가 사외유출된 소득이 자신에게 귀속되지 않았다는 사실만을 증명하면 족한 것인지, 아니면 더 나아가 자신이 아닌 다른 특정인에게 귀속되었는지도 증명하여야 하는 것인지의 문제이다. 전자의 입장을 취하는 견해는 위 의제규정에서 '귀속이 불분명한 경우에는 대표자에게 귀속된 것으로 본다'는 의미는 이를 위헌적이지 않도록 하기 위해서는 간주규정이 아닌 추정규정으로 해석하여야 한다고 보고 그 적용을 탄핵하기 위해서는 그 소득이 대표자 자신에게 귀속되지 않았음을 증명하는 것으로 족하다는 것이다. 그러나 법인의 대표자가 유출된 소득이 자신에게 귀속되지 않았다는 사실을 증명하였다고 하더라도 여전히 귀속자가 불분명한 상태는 해소되지 않고 있다고 할 수 있다. 위 의제규정을 적용받지 않기 위해서는 귀속불분명 상태가 해소되어야 하므로 대표자 자신이 아닌 다른 제3의 특정인에게 귀속되었음을 증명하여야 한다고 해석하는 것이 타당하다.

같은 취지에서 대법원 2008. 9. 18. 선고 2006다49789 전원합의체 판결은, 대표자는 익금산입액의 귀속이 불분명하다는 사유로 상여처분된 소득금액에 대하여는 특별한 사정이 없는 한 그 금액이 현실적으로 자신에게 귀속되었는지 여부에 관계 없이 원천징수의무자인 법인이 납부한 갑종근로소득세액 상당을 당해 법인에게 지급할 의무가 있고, 이 경우 법인의 구상금청구를 거절하기 위해서는 법인의 업무를 집행하여 옴으로써 그 내부사정을 누구보다도 잘 알 수 있는 대표자가 인정상여로 처분된 소득금액이 자신에게 귀속되지 않았을 뿐만 아니라 귀속자가 따로 있음을 밝히는 방법으로 그 귀속이 분명하다는 점을 증명하여야 한다고 판시하였다. 위 판결은, 법인으로부터 유출된 소득의 귀속이 분명하다는 점에 대한 증명은 인정상여처분 자체를 탄핵하는 데에도 필요하지만 더 나아가 대표자가 자신에 대한 법인의 구상권을 거절하는 데에도 필요하다고 본다. 이는 소득귀속의 의제적 성격에서 오는 당연한 결과라고 할 수 있다.

6. 유보처분

가. 개념과 절차

앞서 몇 차례 언급한 바는 있지만 소득처분 중에서 가장 난해한 부분이 (+)유보처분과 (−)유보처분이다.

먼저 (+)유보처분은 법인이 익금을 누락하거나 손금을 과다하게 계상하였다고 하더라도 그만큼의 순자산이 사외로 유출되지 않고 법인 내부에 남아 있을 경우에 하는 소득처분이다. 이에 관한 규정이 법인세법 시행령 제106조 제1항 제2호인데, 익금에 산입한 금액이 사외에 유출되지 아니한 경우에는 사내유보로 할 것이라고 규정하고 있다. 이와 같이 법인이 기업회계상으로 익금을 과소하게 계상하거나 손금을 과다하게 계상하였음에도 그 금액이 사외유출되지 않고 법인에 남아 있으므로 그 금액만큼은 기업회계상의 순자산과 세법상의 순자산의 차액에 해당한다고 할 수 있다. 그래서 (+)유보처분이 있으면 기업회계상의 순자산보다 세법상의 순자산이 더 많다는 뜻이다.

다음으로 (−)유보처분은 (+)유보처분이 있었음을 전제로 그것을 나중에 상쇄시키기 위한 반대의 소득처분으로 이해하면 된다. 예를 들어 법인이 기업회계상으로 고정자산의 감가상각비를 과다하게 계상한 경우 세법상 한도액을 초과하는 부분은 손금불산입되겠지만 그 금액이 사외유출된 것이 아니므로 (+)유보처분을 해둔다. 나중에 그 고정자산이 처분될 때 기업회계상으로는 장부가액이 감가상각비 한도 초과액만큼 적게 계상됨으로써 고정자산의 처분이익이 세법상 인정되는 처분이익보다 그만큼 과다하게 계상될 것이므로 세법상 이를 조정해주기 위하여 그 금액을 익금불산입하면서 (-)유보처분을 한다. 이로써 앞서 해 두었던 (+)유보처분이 상쇄되어 소멸된다. 이 시점이 되면 회계상의 순자산과 세법상의 순자산이 일치하게 된다. 이와 같이 유보처분은 종국적인 소득처분이라기보다는 잠정적인 소득처분이라고 할 수 있다.

그런데 이보다 좀 더 어려운 유형의 (-)유보처분이 있다. 예를 들어 법인의 대표자가 법인의 현금을 횡령하였을 경우 그때 법인의 대표자에게 귀속된 횡령금에 대하여 상여 등으로 소득처분을 하게 되는데, 이러한 경우 당장 법인의 익금이나 손금에는 아무런 영향이 없으므로 익금산입이나 손금불산입이 필요하지 않다. 이때에 해두는 소득처분이 (-)유보처분이다. 즉, 법인의 회계장부상으로는 횡령금이 계속 법인에 남아 있는 것으로 처리되어 있을 것이지만 세법상으로는 그 돈이 이미 법인을 빠져 나간 것으로 보기 때문에 기업회계상의 순자산이 세법상의 순자산보다 더 많게 되고 이를 나타내는 의미에서 (-)유보처분을 해둔다고 이해하면 된다. 실제로는, 대표자에 대한 상여처분을 하기 위한 자금원을 인식한다는 의미에서 익금산입하면서 (+)유보처분을 하고, 다시 익금산입을 상쇄시키기 위하여 손금산입하면서 (-)유보처분을 한다. 그러다가 나중에 법인이 빠져 나간 횡령금을 법인의 현금계정에서 차감하는 회계처리를 하면서 이를 비용으로 계상할 경우 세법상으로는 그러한 비용은 업무관련성이나 수익관련성이 없기 때문에 손금으로 인정할 수 없어 손금불산입하면서 (+)유보처분을 한다. 이로써 앞서 해두었던 (-)유보처분과 상쇄되는 것이다. 이 시점이 되면 회계상의 순자산과 세법상의 순자산이 일치하게 된다. 요컨대 (+)유보처분은 익금산입이나 손금불산입을 할 때 하게 되고, (-)유보처분은 익금불산입이나 손금산입을 할 때 하게 되는 것으로 이해하면 된다.

이러한 (+)유보처분과 (-)유보처분은 과세관청의 입장에서만 하는 것이 아니라 아래의 사례에서 보는 바와 같이 납세의무자인 법인이 세무조정을 하는 과정에서도 한다.

나. 사례 분석

최근에 이러한 유보처분을 쟁점으로 한 좋은 사례가 있어 소개한다. 대법원 2017. 10. 12. 선고 2017두169 판결이다.

S사의 자회사인 원고는 2002년 5월경부터 2006년 3월경까지 원고의 임직원들에게 S사의 주식에 대한 차액정산방식의 주식매수선택권을 부여하였다. 한편, 원고는 임직원들

이 주식매수선택권을 행사할 경우 S사가 임직원들에게 지급할 차액정산 비용을 S사에 지급하기로 하였다. 원고는 2002년부터 2006년까지 장차 S사에 지급하여야 할 주식매수선택권 비용 43억 원을 기업회계기준에 따라 주식보상비용으로 처리하면서 같은 금액을 부채계정인 장기미지급비용으로 계상해 두었으나, 법인세 과세표준을 계산함에 있어서는 그 비용을 손금불산입하면서 (+)유보로 소득처분하는 내용의 세무조정을 하였다. 그러다가 주식매수선택권 중 일부가 2007년 중 행사되자, 원고는 2007년에 주식매수선택권을 행사한 임직원들에게 보전액 14억 원을 지급하였다. 이때 현금 14억 원이 인출되면서 부채로 계상해둔 장기미지급비용이 그만큼 줄어들었다. 한편, 원고는 2007. 10. 1. L사에 사업을 양도하면서 기업회계상 부채로 계상되어 있던 잔여 29억 원의 장기미지급비용도 함께 양도하였다. 그리고 원고는 2007 사업연도 법인세를 신고하면서 주식매수선택권 비용 43억 원(보전액 14억 원+양도액 29억 원)을 손금산입하면서 (-)유보처분을 함과 동시에 같은 금액을 손금불산입하면서 기타로 소득처분하는 세무조정을 하여 결과적으로 위 주식매수선택권 비용을 모두 손금에 산입하지 아니하였다. 원고는 2011. 3. 16. 주식매수선택권 비용 전부를 손금에 산입하여 달라는 취지로 경정청구를 하였으나, 피고는 이를 거부하는 처분을 하였다.

이에 대하여 원심법원은, 원고가 손금불산입하면서 (+)유보로 세무조정한 주식매수선택권 비용에 관한 금액이 사외로 유출되지 않고 법인 내부에 남아 있으나, 기업회계상 자산·부채와 세법상 자산·부채에 차이가 없는 경우에는 손금불산입하면서 기타로 소득처분하는 것으로 세무조정하는 것이 타당하므로, 양도액 29억 원은 손금에 산입할 수 없다고 판단하였다.

이에 대하여 대법원은 다음과 같이 판시하였다. 기업회계에 따라 부채 내지 비용이 발생하였더라도 권리의무확정주의를 취하고 있는 세무회계와의 차이로 인하여 기업회계에 따른 비용의 손금산입을 부인하고 부채를 '(+)유보'로 세무조정을 한 경우에는 나중에 사업양도로 그 부채가 소멸되었다고 하더라도, 세무회계상 부채로 볼 수 없는 이상 그 소멸의 효과를 부인하고 해당 사업연도에 손금산입을 하면서 '(-)유보'로 세무조정을 하여야 하는데, 이러한 조정을 거치지 아니하면 사업양도에 따른 세법상 양도차익이 과다하게 산정되기 때문이라고 전제하고, 따라서 원고가 기업회계상 장기미지급비용(부채)으로 계상해 두었던 양도액 29억 원 부분은 2002년부터 2006년까지 손금불산입(유보)으로 세무조정되었다가, 2007 사업연도에 사업양도로 인하여 그 부채가 소멸되었다고 하더라도, 그 소멸의 효과를 부인하여 손금산입하면서 '(-)유보'로 처분하는 것이 타당하다고 판시하였다. 그런데도 2007 사업연도에 위 양도액 부분이 손금불산입(기타)으로 처분되어야 한다고 판단한 원심판결에는 세무조정에 관한 법리를 오해한 잘못이 있다고 지적하였다.

이 사안에서, 일단 원고가 직접 지급한 보전액 14억 원이 업무관련성이 있다면 손금으로 인정되는 데에는 별 의문이 없다. 단지 손금산입시기에 있어서 기업회계와 세법상의 차이가 있을 뿐이다. 기업회계상으로는 보수주의 원칙상 2002년부터 2006년까지 추정액 43억 원을 비용으로 미리 계상하겠지만 그때까지는 그 지급의무가 확정된 것이 아니기 때문에 세법상으로는 전부 손금불산입하게 되고 이때 (+)유보처분을 하게 된다. 그 금액이 사외유출된 것이 아니고 단지 세법상 파악하는 순자산이 기업회계상의 순자산보다 그만큼 더 많을 뿐이기 때문이다. 그러다가 실제로 2007년에 보전액 14억 원을 지출할 때 기업회계상으로는 이를 비용으로 처리하는 것이 아니라 부채의 상환으로 처리하게 된다. 그러나 세법상으로는 이때 비로소 14억 원에 관하여는 그 지급이 확정된 것으로 보아 손금으로 인정해주게 된다. 그래서 그 금액을 손금산입하면서 (−)유보처분을 하게 되고 그것이 앞서 해 두었던 (+)유보처분과 일부 상쇄된다. 그러나 여전히 29억 원의 (+)유보처분이 남아 있다. 이는 기업회계상의 순자산보다 세법상의 순자산이 그만큼 더 많다는 뜻으로서 아직 29억 원 부분은 원고가 부채로 계상해두지만 세법상으로는 아직 그 지급의무가 확정되지 않았다고 보아 부채로 인정해주지 않는다는 뜻이다. 그래서 세법상의 순자산이 기업회계상의 순자산보다 그만큼 더 많다는 의미에서 (+)유보처분이 남아 있는 것이다.

그런데 원고는 2007년에 그 사업을 L사에 양도하면서 기업회계상 계상해두었던 부채 29억 원을 함께 양도하였다. 이때 기업회계상의 양도차익은 양도가액에서 기업회계상의 순자산장부가액을 차감하여 산정하는데, 기업회계상의 순자산장부가액은 세법상의 순자산가액보다 (+)유보처분된 금액만큼 과소하게 계상되어 있으므로 기업회계상의 양도차익이 세법상의 양도차익보다 그만큼 더 과대하게 계상되는 것이다. 이것을 세법상의 양도차익으로 조정해주는 작업이 필요하다. 그렇게 하지 않으면 과세대상이 되는 양도차익이 과다하게 계상되는 결과를 방치하게 된다. 그래서 세법상으로는 (+)유보처분되어 있는 금액만큼을 손금산입해주면서 양도차익을 그만큼 줄여주고 이에 대응하여 (−)유보처분을 하게 되는 것이다. 이러한 조정작업이 끝나면 다시 기업회계상의 순자산가액과 세법상의 순자산가액이 일치하게 된다. 왜냐하면 불일치하였던 부채계정인 장기미지급비용이 L사에 양도됨에 따라 기업회계에서든 세법상에서든 원고의 계정에서는 사라지기 때문이다. 그래서 (+)유보도 (−)유보와 상쇄되어 사라지는 것이다. 원심법원은 이러한 (+)유보처분과 (−)유보처분의 관계를 제대로 이해하지 못하여 결과적으로 사업양도시 원고가 손금산입할 수 있는 금액을 잘못 파악하였고, 대법원이 그 잘못을 제대로 잘 지적해주었다. 유보처분을 이해할 수 있는 좋은 사례이다.

과세표준과 세액의 계산

1. 개요

　법인세법 제13조는 과세표준의 계산에 관하여 규정하고 있는데, 법인의 소득에서 이월결손금과 비과세소득, 소득공제액을 순차로 공제한 금액으로 한다는 것이다. 법인세법 제55조 제1항은 위의 과세표준에 세율을 적용하여 계산한 금액을 산출세액으로 규정하고 있고, 제55조의2에서는 토지 등 양도소득에 대한 과세특례로서 그 산출세액에 부가되는 세액에 관하여 규정하고 있다. 그리고 법인세법 제57조 이하에서는 세액공제에 관하여 규정하고 있으며, 조세특례제한법에서 각종 세액감면과 세액공제에 관하여 규정하고 있다. 마지막으로 법인세법 제59조에서는 감면 및 세액공제액의 적용순서에 관하여 규정하고 있다. 이하에서는 과세표준의 계산 중 자주 쟁점이 되고 있는 이월결손금의 공제에 관하여 살펴보기로 한다.

2. 이월결손금의 공제

가. 의의

　법인세법 제13조는 제1항 제1호에서 각 사업연도의 개시일 전 15년 이내에 개시한 사업연도에서 발생한 결손금으로서 그 후의 각 사업연도의 과세표준계산에 있어서 공제되지 아니한 금액은 당해 사업연도의 소득 범위 내에서 공제할 수 있도록 규정하고 있다.

그리고 법인세법 시행령 제10조 제1항은 이월결손금의 공제에 있어서는 먼저 발생한 사업연도의 결손금부터 순차로 공제한다고 규정하고 있다. 법인세법이 2008. 12. 26. 개정되기 전에는 각 사업연도 개시일 전 5년 이내에 개시한 사업연도에서 발생한 결손금만 공제되도록 규정하고 있었는데 위 개정에 따라 그 기간이 10년으로 늘어났다가 2020. 12. 22. 다시 개정되면서 15년으로 늘어났다. 그리고 법인세법 제72조 제1항은 중소기업은 각 사업연도에 결손금이 발생한 경우 직전 사업연도의 소득에 대하여 과세된 법인세액을 한도로 그 결손금에 관한 세액의 환급을 신청할 수 있다고 규정하고 있다. 법인세법 제13조 제1호에 의한 결손금공제를 이월공제라고 하고, 법인세법 제72조 제1항에 의한 공제를 소급공제라고 한다.

법인세법상 결손금이란 당해 사업연도에 속하는 손금의 총액이 그 사업연도에 속하는 익금의 총액을 초과하는 경우에 그 초과하는 금액을 말하고, 이월결손금이란 당해 사업연도 이전에 발생하여 당해 사업연도로 이월된 결손금을 말한다. 법인세법상 각 사업연도 소득의 계산은 사업연도 독립의 원칙이 적용되므로, 과거 사업연도로부터 이월된 결손금은 당해 사업연도에 반영할 수 없음이 원칙이다. 그러나 이러한 원칙을 고수하면 과거 사업연도에 발생한 결손금으로 인하여 적자에 허덕이고 있고 당해연도에 다소 소득이 생겼다고 하더라도 그 결손을 만회할 수 있는 수준이 아님에도 이에 대하여 법인세를 과세하게 되면 전체적으로 결손인 법인에 대하여 법인세를 부과하는 불합리한 결과에 이르게 된다. 이러한 결과를 막기 위하여 법인세법은 결손금의 이월공제제도를 두어 일정한 기간 내에 발생한 결손금에 한해서 그 후 사업연도의 과세표준에서 공제할 수 있도록 허용하고 있는 것이다. 결손금의 소급공제는 중소기업에 대한 보다 즉각적인 세제상의 지원으로서 중소기업의 자금난 해소와 중소기업에 대한 투자장려를 위한 제도라고 할 수 있다. 쟁송실무에서 자주 문제가 되는 것은 결손금의 이월공제에 관한 것이므로 이에 관하여 살펴본다.

나. 이월결손금의 범위

어느 사업연도에 발생한 것으로서 이월공제가 가능한 결손금이란 법인세법 제14조 제1항에 의하여 그 사업연도에 속하는 손금의 총액이 그 사업연도에 속하는 익금의 총액을 초과하는 경우에 그 초과하는 금액을 의미한다. 이러한 결손금은 실제로 존재하는 결손금을 의미하며, 본질적으로는 법인의 과세표준 신고시에 신고한 금액이나 과세관청의 조사·결정에 의하여 정하여진 금액에 국한된 것으로 볼 것은 아니다. 따라서 법인의 결손금 신고내용이나 과세관청의 조사·결정에 의하여 확정되는 것이 아니어서 사후에 법인이 이월결손금의 정확한 액수를 산정하여 이를 증명하면 공제기간 내의 사업연도에 이를 공제받을 수 있다고 볼 수 있는 것이다.

그래서 대법원 1993. 11. 12. 선고 93누3677 판결도 어느 사업연도에 속하거나 속하게 될 손금의 총액이 그 사업연도에 속하거나 속하게 될 익금의 총액을 초과하는 금액은 법인세법상 결손금에 해당한다고 보아야 하고, 이와 달리 반드시 법인의 과세표준 등 확정신고나 정부의 조사·결정에 의해 과세표준 등 확정시에 결손금으로 조사된 금액만이 결손금에 해당하는 것은 아니라고 판시하였고, 대법원 2002. 11. 26. 선고 2001두2652 판결도 같은 취지이다.

그런데 이에 대하여 입법자가 반발하였다. 법인세법 제13조 제1호가 2009. 12. 31. 개정되면서, 결손금이란 법인세법 제14조 제2항의 결손금으로서 제60조에 따라 신고하거나 제66조에 따라 결정·경정되거나 국세기본법 제45조에 따라 수정신고한 과세표준에 포함된 결손금만 해당한다고 규정한 것이다. 여기서 '결정·경정'된 경우란 과세관청이 실제로 결정·경정한 경우를 말하는 것이지 과세관청이 실제로 결정·경정하지는 않았으나 납세의무자가 적법한 경정청구를 하였을 경우에 과세관청이 경정하여야 하는 결손금까지 포함하는 것은 아니다(대법원 2024. 12. 12. 선고 2021두34688 판결). 그래서 이제는 납세자가 공제를 주장할 수 있는 이월결손금의 범위가 상당히 줄어들게 되었다. 이는 원칙적으로 공제가 가능한 이월결손금의 범위를 신고·경정 등으로 확정된 결손금으로 축소하여 법적 안정성을 도모하기 위한 데 그 입법 취지가 있다고는 하지만(대법원 2020. 7. 9. 선고 2017두63788 판결 등 참조), 납세자의 권익보호의 측면에서는 바람직한 입법으로 보기 어렵다.

다. 결손금 감액경정의 처분성

위에서 본 바와 같이 법인세법 제13조 제1호(지금은 제13조 제1항 제1호)가 2010. 1. 1. 개정된 이후로는 이월공제가 가능한 결손금은 법인세법 제14조 제2항의 결손금으로서 제60조에 따라 신고하거나 제66조에 따라 결정·경정되거나 국세기본법 제45조에 따라 수정신고한 과세표준에 포함된 결손금에 국한되므로, 최초로 과세표준을 신고한 사업연도에 발생한 결손금 등에 대하여 과세관청의 결손금 감액경정이 있는 경우, 특별한 사정이 없는 한 납세의무자로서는 결손금 감액경정 통지가 이루어진 단계에서 그 적법성을 다투지 않는 이상 이후 사업연도 법인세의 이월결손금 공제와 관련하여 종전의 결손금 감액경정이 잘못되었다거나 과세관청이 경정한 결손금 외에 공제될 수 있는 이월결손금이 있다는 주장을 할 수 없게 되었다고 할 것이다.

그래서 대법원 2020. 7. 9. 선고 2017두63788 판결은, 개정 법인세법 제13조 제1호 후문의 문언 및 입법 취지 등에 비추어 보면, 개정 법인세법이 시행된 2010. 1. 1. 이후 최초로 과세표준을 신고한 사업연도에 발생한 결손금 등에 대하여 과세관청의 결손금 감액경정이 있는 경우, 특별한 사정이 없는 한 납세의무자로서는 결손금 감액경정 통지가 이루어진 단계에서 그 적법성을 다투지 않는 이상 이후 사업연도 법인세의 이월결손금 공제와 관련하여 종전의 결손금 감액경정이 잘못되었다거나 과세관청이 경정한 결손금 외에 공제될 수 있는 이월결손금이 있다는 주장을 할 수 없다고 보아야 할 것이므로, 이러한 과세관청의 결손금 감액경정은 이후 사업연도의 이월결손금 공제와 관련하여 법인세 납세의무자인 법인의 납세의무에 직접 영향을 미치는 과세관청의 행위로서, 항고소송의 대상이 되는 행정처분이라고 봄이 타당하다고 판시하였다.

한편, 대법원 2024. 12. 12. 선고 2021두34688 판결은, 과세관청이 결손금 감액경정을 하면서 법인세법에서 정한 통지 등 절차를 준수하지 않아 납세의무자에게 방어권행사 및 불복의 기회가 보장되지 않은 경우에는 납세의무자가 결손금 감액경정에 대하여 다투지 않았다고 하더라도 이후 사업연도의 법인세 부과처분에 대한 불복절차에서 선행하는 결손금 감액경정의 위법성을 다툴 수 있다고 판시하였다. 이 사안에서는, 법인세법 제70조가 '납세지 관할 세무서장 또는 관할지방국세청장은 제66조에 따라 내국법인의 각 사업연도의 소득에 대한 법인세의 과세표준과 세액을 결정·경정한 경우에는 대통령령으로 정하는 바에 따라 이를 그 내국법인에게 알려야 한다.'고 규정하고 있고, 그 위임에 따른 법인세법 시행령 제109조 제1항은 '각 사업연도의 과세표준이 되는 금액이 없거나 납부할 세액이 없는 경우에도 그 내용을 통지하여야 한다.'고 규정하고 있으며, 이와 관련하여 법인세 사무처리규정(2016. 12. 27. 개정전) 제77조는 세무서장은 과세표준 및 세액 등의 결정·경정을 한 때에는 그 내용을 통지하여야 하며, 납부할 세액이 없는 경우에는 '법인세과세표준 등 결정(경정)통지서(별지 제9호 서식)'로 통지하여야 한다고 규정하고 있음에도 과세관청이 이를 준수하지 아니한 잘못을 탓하고 있다.

라. 이월결손금 공제시기의 선택 여부

이월결손금을 공제받을 수 있는 시기에 관하여 법인세법 제13조는 각 사업연도 개시일 전 10년 이내에 개시한 사업연도에서 발생한 결손금이라고 규정하고 있으므로 결손금이 발생한 사업연도의 개시일로부터 10년 이내에 개시하는 사업연도이면 어떤 사업연도이든 소득이 발생한 사업연도에 순차로 이월결손금을 공제받을 수 있다. 법인세법 시행령 제10조 제1항은 결손금의 공제에 있어서는 먼저 발생한 사업연도의 결손금부터 순차로 공제한다고 규정하고 있는데, 이는 납세자가 이월결손금을 공제받을 수 있는 기간을 최대한 늘려주기 위하여 입법자가 선입선출법을 채택한 것으로 이해할 수 있다.

여기서 먼저 법인이 이월결손금을 공제받을 수 있는 시기를 선택할 수 있는지가 문제된다. 예를 들어 2010 사업연도에 결손금이 발생한 후 2011 사업연도에 이익이 발생하였음에도 그 사업연도에는 세액의 감면비율이 높아서 그 감면비율이 낮아질 2012 사업연도에 이월결손금을 공제받을 목적으로 2011 사업연도에는 이월결손금을 공제받지 않을 수 있는지의 문제이다. 이에 대한 해결책은 법규정의 문언과 입법 취지에서 찾을 수 있다. 법인세법 제13조는 각 사업연도의 과세표준의 계산에 있어서 이월결손금을 공제한 금액으로 한다고 규정하고 있으며 그 과세표준의 계산에 있어서 이월결손금을 공제받을 수 있다고 규정하고 있지는 아니하다. 위 규정을 문언대로 해석하면 이월결손금은 그 후 10년 이내에 사업연도에 소득이 발생하였을 경우 당연히 공제되는 것으로 보아야 한다. 이렇게 해석하는 것이 납세자의 자의적 선택에 따른 각 사업연도 과세표준의 왜곡을 막을 수 있고 이월결손금 공제의 입법 취지에도 부합한다고 하겠다. 그래서 법인세법 시행령 제10조 제1항에서 '먼저 발생한 사업연도의 결손금부터 순차로 공제한다'고 한 취지도, 각 사업연도에서 공제할 수 있는 이월결손금은 소득금액이 있는 사업연도에서 반드시 공제하고 그 나머지만 다시 이월된다는 취지로 이해하는 것이 옳다.

같은 취지에서 대법원 2004. 6. 11. 선고 2003두4522 판결은, 이월결손금은 법정공제기간인 5년 이내에서 먼저 발생한 것부터 순차로 공제하여야 하는 것인 데다가 어느 사업연도에 이월결손금을 공제할 것인가를 납세자의 선택에 맡길 경우 소득발생 여부에 따라 자의로 각 사업연도의 과세표준 및 세액을 왜곡시킬 가능성이 있어 객관적으로 존재하는 이월결손금의 액수를 산정하는 것이 상당하다는 점 등을 감안하면, 그 후 사업연도의 과세표준 등을 산출함에 있어서는 전의 사업연도에 공제가능하였던 정당한 이월결손금이 순차로 공제되었음을 전제로 당해연도에 공제할 결손금을 계산하여야 한다고 판시하였다. 대법원 2013. 2. 28. 선고 2012두24009 판결도, 1997 사업연도 결손금 6,729,079,092원과 1998 사업연도 결손금 14,072,188,199원이 추가로 인정되어야 하고, 그것을 이미 확정된 1997 내지 2000 사업연도의 각 결손금을 함께 발생순서에 따라 차례로 이월결손금의 공제기간인 5년의 범위 내에서 2001년 이후 각 사업연도의 법인세 과세표준에서 공제하여 나가면 2005 사업연도 법인세 과세표준 산정시 공제되어야 할 이월결손금은 116,672,554,463원이 된다고 보아, 이에 반하는 경정거부처분은 위법하다고 판단하였다.

합병과 분할에 대한 과세

1. 개요

IMF 금융위기 이후 이를 극복하기 위하여 대대적인 기업구조재편이 있었고 이를 지원하기 위하여 세제상의 정비가 필요했다. 그래서 법인세법은 제44조 이하에서 기업구조재편의 대표적 형태인 합병 및 분할, 현물출자 등에 관하여 과세특례규정을 두게 되었다. 기업구조재편의 다른 형태인 자산의 포괄적 양도, 주식의 포괄적 교환과 이전, 지주회사로의 전환 등에 관하여는 조세특례제한법 제5절에서 과세특례규정을 두고 있다. 그 내용들은 비슷하다.

과세특례의 핵심은 합병 등에 따른 피합병법인의 양도차익과 그 주주의 의제배당 등에 대한 과세를 이연하는 데 있다. 합병 등의 경우 법인 사이에 실물자산의 양도가 수반되고 아울러 그 주주나 출자자에게는 주식 등의 양도가 수반되는데, 그 과정에서 양도차익과 의제배당, 자산평가차익 등이 발생할 수 있고, 이는 법인세나 소득세의 과세대상이 될 수 있다. 합병의 경우 피합병법인이 합병법인에게 자산과 부채를 포괄적으로 현물출자하고 그 대가로 합병법인의 주식을 교부받은 다음 이를 피합병법인의 주주들에게 분배하는 일련의 과정으로 거치게 되는데, 여기서 피합병법인의 경우 현물출자에 따른 양도차익의 과세가 문제되고 피합병법인의 주주는 합병법인의 주식 가액과 피합병법인 주식의 취득가액의 차액인 의제배당에 대한 과세가 문제되며, 합병법인은 현물출자받은 자산의 시가와 장부가액의 차액 등에 관한 미실현이익에 대한 과세 여부가 문제된다.

법인세법과 소득세법은 자산에 대한 단순한 평가차익이 발생한 정도에 그친 경우 그

것이 매각 등을 통하여 소득이 실현될 때까지는 아직 담세력이 없는 것으로 보아 과세하지 않는 것을 원칙으로 하고 있다. 합병 등에 따라 자산이 법인 간에 이전되고 주식의 교환이 있는 경우에도 자산가치의 상승에 따른 이익이 드러나기는 하지만 아직 현금화된 것은 아니기 때문에 미실현이익의 성격이 강하다. 이러한 경우들에 대하여 모두 과세를 하게 되면 그 세부담으로 인하여 합병 등의 기업구조재편을 꺼려하게 될 뿐만 아니라 담세력이 제대로 없는 상태에서 과세되기 때문에 과세저항이 있을 수 있다. 그래서 법인세법은 정책적 결단에 의하여 이른바 적격합병과 같은 일정한 요건을 갖춘 경우에는 사실상 법인격의 승계가 있었다고 보아 그 단계는 과세의 계기로 삼지 아니하고 과세를 이연하였다가 승계한 법인이 나중에 그 자산을 처분하거나 주주가 신주를 처분함으로써 그 이익이 실현되었을 때 비로소 과세하는 방향으로 나아가고 있다.

2. 관련 규정의 변천 과정

가. 1998년 이전

관련 규정의 변천 과정을 살펴볼 때 시대를 구분하는 기준이 되는 것이 1998년에 몰아친 소위 IMF 금융위기이다. 그 이전에는 기업구조개편의 형식이 비교적 단순하여 합병의 경우만이 다루어졌다. 상법에서도 합병에 관한 규정만 있었을 뿐 분할에 관한 규정도 없었다. 그 당시에는 합병의 본질에 관한 인격합일설과 현물출자설의 대립 속에서 우리 세법은 인격합일설의 입장을 취하여 원칙적으로 합병을 과세의 계기로 삼지 않고 과세이연을 폭넓게 인정해주고 있었다. 그 당시에는 지금과 같은 적격합병과 비적격합병에 관한 구분도 따로 없었다.

(1) 피합병회사의 주주

먼저 피합병회사 주주의 경우, 의제배당소득이 과세대상이 된다. 이에 관하여 당시 법인세법 제19조 제5호는 합병으로 인하여 소멸한 법인의 주주·사원 또는 출자자가 합병 후 존속하는 법인 또는 합병으로 인하여 설립된 법인으로부터 그 합병으로 인하여 취득하는 주식 또는 출자의 가액과 금전의 합계액이 그 합병으로 인하여 소멸한 법인의 주식 또는 출자를 취득하기 위하여 필요한 금액을 초과하는 금액을 의제배당으로 보아 익금에 산입하도록 하였다. 이 규정은 그 주주가 법인인 경우에 적용되는 것인데, 그 주주가 개인인 경우에는 당시 소득세법 제17조 제2항 제4호에서 같은 내용의 규정을 두고 있었다.

여기서 취득하는 주식의 가액은 당시 법인세법 시행령 제45조의3 제2항 제1호에서 '시가'가 아니라 '액면가액'에 의하여 계상하도록 규정하였다. 당시 소득세법 시행령 제27조 제1항에서 마찬가지의 규정을 두고 있었다. 이 규정이 의제배당에 관한 과세이연을 하기 위한 중요한 도구가 되었다. 합병의 경우 소멸하는 피합병회사 주식의 시가와 새로이 취득하는 합병회사 주식의 시가가 일치하는 이른바 등가교환이 이루어진다. 따라서 의제배당액을 제대로 파악하기 위하여는 합병으로 취득하는 주식의 가액은 그 액면가액이 아니라 시가가 되어야 함이 합리적이다. 그럼에도 위 시행령 규정이 액면가액으로 하도록 한 것은 이를 방편으로 하여 과세이연이 가능하도록 하겠다는 취지이다. 합병이 이루어지기 전에 합병회사는 그 교부하는 주식의 액면가액을 조절하여 소멸하는 피합병회사의 주식 취득가액과 일치시킴으로써 의제배당액이 산출되지 않도록 할 수 있기 때문이다. 예를 들면, 피합병회사 주식의 1주당 취득원가가 2,500원이었고 합병 당시 그 1주당 시가와 합병회사의 1주당 시가가 각각 5,000원으로 일치하여 1 : 1로 등가교환을 하기로 했을 때 당시 합병회사의 주식의 액면가액이 5,000원이었다면 이를 그대로 교환했을 경우 1주당 2,500원(합병회사 1주당 액면가 5,000원 − 피합병회사 1주당 취득가액 2,500원)의 의제배당금액이 계상되겠지만, 합병 전에 합병회사가 발행주식의 50%에 대하여 무상감자를 실시하여 합병회사의 1주당 시가를 10,000원으로 올려놓고 등가교환을 하면 피합병회사의 1주식에 대하여 합병회사의 주식 0.5주식만을 교부하면 되므로 피합병회사 주주의 입장에서는 의제배당금액이 없어지게 된다. 이로써 과세이연의 목적을 달성할 수 있다.

이처럼 당시는 의제배당액에 대하여 직접적인 과세이연을 허용하지 않고 새로 취득하는 합병회사 주식의 액면가액을 조정하는 방법을 통한 간접적인 과세이연을 허용하였다는 점에서 다소 전근대적인 세제로 평가되고 있다. 대법원 1993. 6. 11. 선고 92누16126 판결은 당시 법인세법 시행령 제45조의3 제2항 제1호가 교부되는 자산이 주식인 경우에 주식의 가액을 액면금액에 의하여 계산하도록 규정한 것은 의제배당소득 계산에 있어서의 당연한 이치를 명문화한 것에 불과한 것이라고 판시하였으나, 이는 적절하지 못한 표현이다. 위 규정은 의제배당에 대한 과세이연을 허용하기 위한 입법정책에 따른 것이지 당연한 이치를 확인한 규정으로 보기는 어렵다.

(2) 피합병회사

피합병회사의 소득에 관하여는, 당시 법인세법 제43조 제3항에서 내국법인이 합병한 경우에 그 청산소득의 금액은 피합병법인의 주주사원 또는 출자자가 합병법인으로부터 받는 그 합병법인의 주식·출자의 가액 또는 금전 기타 자산의 가액의 총합계액에서 피합병법인의 합병일 현재의 자기자본의 총액을 공제한 금액으로 한다. 이와 같이 그 당시에는 피합병법인에 대하여는 청산소득에 대한 과세의 형식을 취하였다는 점에서 지금은 당해 사업연도의 소득에 대한 과세의 형식을 취하는 것과 차이가 있다.

여기서도 가장 중요한 것은 취득하는 합병법인의 주식가액을 어떻게 산정할 것인지의 문제이다. 단순하게 보면 청산소득은 피합병회사의 순자산장부가액에서 취득하는 합병회사의 주식가액을 차감한 금액인데 후자를 어떻게 산정할 것이냐에 따라 청산소득의 규모가 정해지는 것이다. 그런데 이에 관한 구체적 규정이 없었다. 앞서 본 피합병회사 주주의 의제배당소득을 계상할 때처럼 그 액면가액으로 볼 것인지 아니면 원칙대로 돌아가 그 시가로 볼 것인지가 문제된다. 이에 관하여 당시 과세당국에서는 의제배당에 관한 규정을 원용하여 그 액면가로 보는 입장을 취하였다(법인 1234.21 - 1914, 1972. 12. 23.). 합병회사의 주식은 피합병회사의 손을 거쳐 종국적으로 피합병회사의 주주에게 귀속되는데 피합병회사의 주주 입장에서 그 주식의 취득가액을 그 액면가액으로 보는 이상 그 전달자 역할을 하는 피합병회사의 입장에서도 그 주식의 취득가액은 액면가액으로 보는 것이 일관되고 합리적이라고 하겠다.

따라서 피합병회사의 입장에서는 앞서 의제배당에서 본 바와 같이 취득하는 합병회사 주식의 액면가액을 조절함으로써 청산소득을 줄이거나 없앨 수 있는 것이고, 이것이 합병회사의 피합병회사 자산 취득가액으로 이어져 과세이연이 이루어지게 된다.

(3) 합병회사

합병회사의 입장에서는 과세대상으로 포착될 수 있는 것이 합병차익이다. 이에 관하여 당시 법인세법 제15조 제1항 제3호는 합병차익은 익금불산입한다고 하면서, 다만 합병평가차익은 예외로 한다고 규정하였다. 그리고 당시 법인세법 시행령 제10조 제3항은, 합병차익이라 함은 회사합병의 경우에 있어서 소멸된 회사로부터 승계한 재산의 가액이 그 회사로부터 승계한 채무액 및 그 회사의 주주·사원 또는 출자자에게 지급한 금전, 기타자산의 합계액과 합병 후 존속하는 회사의 자본금 증가액 또는 합병으로 인하여 설립된 회사의 자본금을 초과한 경우 그 초과금액을 말한다고 규정하였다.

간단히 말하면, 합병차익은 승계하는 순자산가액에서 자본금의 증가액을 차감한 것이다. 이는 합병회사의 입장에서 보면 주식발행초과금의 성격이므로 자본거래로 인한 차익일 뿐 사업활동으로 인한 차익이 아니므로 원칙적으로 익금불산입하는 것이다. 여기서 승계하는 순자산가액은 앞서 본 바와 같이 합병회사가 합병대가로 교부하는 발행주식의 액면가액을 조절하여 피합병회사의 순자산 장부가액과 일치시킴으로써 피합병회사의 청산

소득이 없도록 만든 다음 그 장부가액을 그대로 승계하는 방식으로 과세이연을 꾀한다. 이렇게 하면 승계한 순자산가액과 자본금의 증가액이 일치하므로 합병차익이 존재할 수 없게 된다. 이와 같은 과세이연을 꾀하지 않는 경우에만 합병차익이 발생할 수 있다.

그런데 합병평가차익을 익금불산입에 대한 예외로 하는 이유는 다음과 같이 설명할 수 있다. 합병회사가 합병대가로서 신주를 교부하는데 그 대가는 앞서 본 바와 같이 보통 신주의 액면가액이고, 피합병회사에 대한 과세이연을 위하여 그 액면가액을 사전에 조절하여 피합병회사의 순자산 장부가액과 일치시켜 두므로 합병회사로서는 피합병회사의 순자산을 그 장부가액으로 승계하여야 합병대가와 일치하게 된다. 그럼에도 그렇게 하지 않고 합병회사가 피합병회사의 순자산을 시가로 평가하여 자산으로 계상하게 되면 이 과정에서 합병평가차익이 발생하게 된다. 이러한 합병평가차익은 추후 그 자산을 매개로 한 감가상각비나 처분원가 등에 반영되어 합병법인의 과세소득이 그만큼 줄어드는 결과를 초래하므로 세법상 이를 상쇄시키기 위하여 이 부분은 익금에 산입하도록 하는 것이다. 이러한 합병평가차익 부분은 피합병회사의 입장에서도 과세대상 소득이 된 바가 없기 때문에 합병회사의 단계에서는 당연히 과세대상 소득에 포함시키고자 하는 것이다.

그러나 이와 같이 익금산입한 합병평가차익에 대하여도 다시 과세이연을 위하여 감가상각대상 자산인 경우에는 다시 전액 손금산입하여 일시상각충당금을 설정할 수 있도록 하고, 감가상각대상 자산이 아닌 경우에도 전액 손금산입하여 압축기장충당금을 설정할 수 있도록 하고 있었다.

나. 1998년부터 2009년까지

소위 IMF 금융위기를 맞은 후 법인세법은 기업구조개편에 대한 대대적인 세제개혁을 단행하였다. 종래의 인격합일설에 입각한 원칙적 과세이연의 방침을 탈피하고 현물출자설에 입각한 미국식 과세이연제도를 도입하였다. 이 시절에는 적격합병과 비적격합병으로 구분한 다음 비적격합병에 대하여는 이를 과세의 계기로 삼고, 다만 적격합병에 대하여는 정책적으로 과세이연을 허용하도록 하였다.

그래서 적격요건을 갖춘 경우에는 앞서 본 바와 마찬가지로 합병회사가 합병대가로 피합병회사에게 교부하는 주식의 가액을 액면가액에 의하도록 함으로써 그 액면가액의 조절을 통한 간접적 과세이연이 가능하도록 하였다. 반면에 적격요건을 갖추지 못한 경우에는 합병회사가 합병대가로 피합병회사에게 교부하는 주식의 가액을 액면가액이 아니라 시가에 의하도록 함으로써 과세이연이 불가능하게 하였다.

적격요건을 갖춘 경우 피합병회사의 주주와 피합병회사, 합병회사의 입장에서 처리하는 방법은 전항에서 본 것과 동일하므로 설명을 생략하고, 여기서는 적격요건을 갖추지 못한 경우를 설명해 본다.

먼저 피합병회사 주주의 경우 교부받은 합병회사 주식의 시가에서 피합병회사 주식의 취득가액을 차감한 가액이 의제배당으로 되어 과세소득이 된다. 여기서는 합병회사 주식의 시가를 조절할 여지가 없으므로 과세이연을 꾀할 수가 없다. 그리고 피합병회사의 경우도 합병대가로 교부받은 합병회사 주식의 시가에서 피합병회사 순자산의 장부가액을 차감한 가액이 청산소득이 되어 과세대상이 된다. 여기서도 과세이연을 꾀할 수 없다.

마지막으로 합병회사의 경우를 본다. 합병거래가 등가교환이라면 승계한 피합병회사의 순자산 시가와 그 대가로 교부한 합병회사 신주의 시가가 일치할 것이다. 따라서 합병회사는 승계한 피합병회사의 자산을 시가로 승계하여 자산에 계상하게 될 것이고, 그 가액과 교부한 신주의 액면가액과의 차액을 합병차익으로 계상하게 될 것이다. 이러한 합병차익은 주식발행초과금의 성격을 지니므로 전부 익금불산입하게 된다. 여기서는 합병평가차익은 발생할 여지가 없다. 왜냐하면 교부한 합병대가와 승계한 순자산의 가액, 즉 시가가 일치하므로 그 시가로 평가하여 자산에 계상하더라도 평가차익이 발생할 수 없기 때문이다. 합병평가차익이란 승계하는 순자산의 장부가액 상당의 합병대가를 교부하면서도 그 순자산을 시가로 평가하여 자산에 계상함으로써 합병대가와의 차액이 생길 때 발생하는 것이다. 이와 달리 적격합병에서는 전항에서 본 바와 같이 합병평가차익이 발생할 수 있는데, 이는 합병대가를 합병회사 주식의 시가로 보지 않고 그 액면가액으로 의제하기 때문이다.

다. 2010년부터 현재까지

이 시대에 들어와서는 적격요건을 갖춘 경우에 대하여 미국식의 과세이연제도를 전면적으로 도입하였다고 평가할 수 있다. 전항에서 본 바와 같이 2009년까지는 적격요건을 갖추더라도 1998년 이전의 방식대로 합병회사의 신주가액을 액면가액으로 정하도록 하고 그 액면가액의 사전조절을 통한 과세이연을 허용하였는데, 이 시대에 들어와서는 합병대가로 교부하는 신주식의 가액을 피합병회사 순자산의 장부가액으로 보도록 함으로써 보다 직접적으로 과세이연이 가능하도록 하였다. 그리고 피합병회사 주주의 경우에도 그 취득하는 합병신주의 가액을 피합병회사 주식의 취득가액으로 보도록 함으로써 의제배당소득에 대한 과세이연을 허용하였다. 현행규정에 관하여는 다음 항에서 자세히 살펴보도록 한다.

3. 합병에 대한 과세

가. 피합병법인에 대한 과세

법인세법은 제44조 내지 제45조로서 합병에 관한 과세특례를 규정하고 있다. 먼저 제44조 제1항은 피합병법인이 합병으로 해산하는 경우에는 그 법인의 자산을 합병법인에 양도한 것으로 보고 그에 따라 발생하는 양도손익은 피합병법인이 합병등기일이 속하는 사업연도의 소득금액을 계산할 때 익금 또는 손금에 산입하도록 하고, 그 양도손익은 피합병법인이 합병법인으로부터 받은 양도가액에서 피합병법인의 합병등기일 현재의 순자산 장부가액을 뺀 금액을 말한다고 규정하고 있다.

여기서 인수하는 순자산의 장부가액이란 회계상의 장부가액이 아니라 세무상의 장부가액을 의미한다고 보아야 한다. 그렇지 않으면 이중과세가 되거나 아예 과세가 누락되는 부분이 생길 수 있다. 예를 들어 법인이 회계상으로 자산을 임의로 평가증하였으나 그 평가차익을 세무상 익금불산입으로 처리하였는데, 피합병법인의 양도손익을 계상할 때 회계상의 장부가액을 그대로 양도가액에서 차감하게 되면 그 평가차익만큼은 과세소득에서 누락되게 된다. 국세청의 유권해석도 같은 취지이다.[47] 그리고 합병법인으로부터 양도대가로 받은 것 중에 합병신주가 포함된 경우 앞서 합병차익에서 설명하였듯이 법인세법 시행령 제14조 제1항 제1호 (라)목에 의하여 그 액면가액이 아니라 그 시가를 양도가액에 합산하여야 한다. 이는 원칙적 규정으로서 합병 자체를 미실현이익이나 손실이 실현되는 계기로 보아 이를 과세대상으로 삼겠다는 것이다.

앞서 본 바와 같이 법인세법 제44조가 2009. 12. 31. 개정되기 전에는 합병·분할로 법인이 해산하는 경우 청산소득의 과세대상으로 보아 법인세법 제80조와 제81조에서 그 청산소득금액의 계산에 관하여 자세히 규정하고 있었으나, 위 개정에 따라 자산의 양도로 보아 양도손익에 대하여 과세함에 따라 규정들은 모두 삭제되었다.

이러한 원칙적 규정에 대하여, 법인세법 제44조 제2항은 과세이연을 위한 특례를 규정하고 있다. 일정한 요건을 갖춘 적격합병의 경우 피합병법인이 받은 양도가액을 피합병법인의 합병등기일 현재의 순자산 장부가액으로 보아 양도손익이 없는 것으로 한다는 것이다. 그 요건은, 첫째 합병등기일 현재 1년 이상 사업을 계속하던 내국법인 간의 합병일 것이고, 둘째 피합병법인의 주주 등이 합병으로 인하여 받은 합병대가의 총합계액 중 합병법인의 주식 등의 가액이 100분의 80 이상이거나 합병법인의 모회사의 주식 등의 가액이 100분의 80 이상인 경우로서 지분비율에 따라 배정되고 피합병법인의 주주 등이

---

47) 사전법령법인-264, 2015. 10. 5.

합병등기일이 속하는 사업연도의 종료일까지 그 주식 등을 보유할 것이며, 셋째 합병법
인이 합병등기일이 속하는 사업연도의 종료일까지 피합병법인으로부터 승계받은 사업
을 계속하여야 할 것이고, 넷째 합병등기일 1개월 전에 피합병법인에 종사하던 근로자의
고용승계비율이 80% 이상이고 합병등기일이 속하는 사업연도 말까지 그 비율을 유지하
여야 할 것이다.

이들 요건을 모두 갖춘 합병을 법인세법 제42조의2는 '적격합병'이라고 한다. 다만, 둘
째 요건과 셋째 요건, 넷째 요건은 법인세법 시행령 제80조의2 제1항이 정하는 부득이한
사유가 있는 때에는 이를 갖추지 않더라도 적격합병으로 인정받을 수 있다. 이러한 요건
들은 다른 형태의 기업구조 재편에도 거의 동일하게 적용된다. 이와 달리 이러한 요건을
갖추지 못한 경우는 '비적격합병'이라고 칭하고 앞서 본 원칙적 규정들이 적용된다.

이러한 특례규정에 따라 피합병법인이 받은 양도가액을 양도순자산의 장부가액으로
봄으로써 양도손익이 없게 된다고 하더라도 그 양도차익을 영원히 면제해주는 것은 아
니고 합병법인이 이를 처분할 때까지 그에 대한 과세를 이연해주겠다는 취지이다. 즉,
합병법인이 처분할 때 그 처분가액에서 피합병법인의 장부가액을 차감하여 손익을 산정
하여 과세함으로써 그때 가서 한꺼번에 과세되는 것이다.

이러한 특례규정도 그 적용대상은 내국법인에 국한된다. 대법원 2017. 12. 13. 선고
2015두1984 판결은, 외국법인 사이의 합병에 따라 소멸하는 피합병법인이 자산으로 보유
하던 내국법인 발행주식을 합병 후 존속하는 합병법인에 이전하는 것이 과세대상인 구
법인세법(2010. 12. 30. 개정 전) 제93조 제10호 (가)목의 '주식의 양도'에 해당하는지의
여부는 구 법인세법의 해석상 합병에 따른 위 주식의 이전을 계기로 위 주식에 내재된
가치증가분이 양도차익으로 실현되었다고 보아 이를 과세대상 소득으로 삼을 수 있는지
에 따라 판단하여야 한다고 하면서, 내국법인의 경우에 법인세법 구 제44조 제1항 제1호
및 제2호의 요건을 갖춘 경우에 한하여 피합병법인이 대가로 받은 주식의 액면가액을
양도대가로 의제함으로써 사실상 양도차익이 산출되지 않도록 하여 합병법인이 해당 자
산을 처분하는 시점까지 그에 대한 과세를 이연하는 정책적 특례를 제공하고 있지만 외
국법인의 경우에는 구 법인세법 제93조 제10호 (가)목 등에서 내국법인이 발행한 주식
등의 양도로 인하여 발생하는 소득을 과세대상으로 규정하고 있을 뿐 외국법인 사이의
합병에 따른 주식 등의 이전에 대하여 과세를 이연하는 정책적 특례규정을 두고 있지
아니하고, 외국법인 사이의 합병에 따른 국내 자산의 이전을 내국법인 사이의 합병에 따
른 국내 자산의 이전과 달리 양도차익이 실현되는 자산의 양도로 보지 않을 합리적인
이유도 없으므로 외국법인 사이의 합병에 따른 내국법인 발행주식의 이전은 양도차익이
실현되는 자산의 양도로서 구 법인세법 제93조 제10호 (가)목의 '주식의 양도'에 해당한

다고 보아야 하며, 이와 같이 보는 이상 합병법인이 합병 전에 피합병법인의 주식 전부를 보유하고 있는 경우라고 하여 달리 볼 것은 아니며 또한 위 경우에 합병법인의 주식이나 합병교부금이 피합병법인 주주에게 교부되지 아니하였다 하더라도 마찬가지라고 판시하였다.

나. 피합병법인의 주주에 대한 과세

피합병법인의 주주 등의 경우 합병에 따라 의제배당소득이 생길 수 있고, 이에 대하여 종합소득세가 과세된다. 소득세법 제17조 제2항 제4호는 합병으로 소멸한 법인의 주주·사원 또는 출자자가 합병 후 존속하는 법인 또는 합병으로 설립된 법인으로부터 그 합병으로 취득하는 주식 또는 출자의 가액과 금전의 합계액이 그 합병으로 소멸한 법인의 주식 또는 출자를 취득하기 위하여 사용한 금액을 초과하는 금액을 의제배당소득으로 규정하고 있다. 이는 앞서 본 비적격합병일 경우에 적용되는 규정이다.

이와 달리 적격합병의 경우 피합병법인의 소득에 대하여 과세를 이연하는 것과 마찬가지로 피합병법인의 주주 등에 대하여도 의제배당소득에 대한 과세를 이연하는 규정을 두고 있다. 즉, 소득세법 시행령 제27조 제1항 제1호 (나)목은 법인세법 제44조 제2항 제1호 및 제2호(주식 등의 보유와 관련된 부분은 제외한다)의 요건을 갖춘 경우 합병으로 취득하는 주식 등의 가액을 피합병법인의 주식 등의 취득가액으로 한다고 규정하고 있다. 이에 의하면 피합병법인의 주주가 보유하던 주식의 취득가액과 양도가액이 일치하게 되므로 의제배당소득이 생길 수 없다. 다만, 합병으로 주식만을 받은 것이 아니라 합병교부금 등의 금전이나 그 밖의 재산을 함께 받은 경우 그 받은 주식의 시가가 피합병법인의 주식의 취득가액보다 적은 경우에는 그 받은 주식의 시가를 양도가액으로 한다고 규정하고 있다. 이는 합병법인으로부터 받은 주식의 비중이 작을 경우 피합병법인의 주식을 사실상 청산하였다고 볼 여지가 커져 과세이연의 혜택을 주지 않겠다는 취지이다.

다. 합병법인에 대한 과세

합병법인에 관하여도 피합병법인의 경우와 마찬가지로 비적격합병에 관한 원칙적 규정과 적격합병에 관한 특례규정을 두고 있다. 법인세법 제44조의2가 전자의 규정이고 제44조의3이 후자의 규정이다. 적격합병의 요건은 앞서 본 바와 같다.

(1) 비적격합병

먼저, 비적격합병인 경우에 관하여 법인세법 제44조의2는 제1항에서 합병법인이 피합병법인으로부터 승계한 자산은 합병등기일 현재의 시가로 보도록 규정하고, 제2항에서 이 경우 피합병법인에 지급한 양도가액이 피합병법인의 합병등기일 현재의 순자산시가보다 적은 경우에는 그 차액을 합병등기일부터 5년간 균등하게 나누어 익금에 산입하도록 규정하고 있다. 이 경우의 차액이 바로 합병매수차익이다. 현행법에서는 종래의 합병평가차익이라는 용어 대신에 합병매수차익이라는 용어를 사용하고 있는데, 비슷한 의미이긴 하나 엄밀하게 보면 종래의 합병평가차익은 승계한 자산의 시가와 승계 전 자산의 장부가액과의 차액을 말하고, 합병매수차익은 승계한 순자산의 시가와 합병대가의 차액을 말한다. 반대로 같은 조 제3항에서 양도가액이 순자산시가보다 많은 경우는 그 차손을 합병매수차손이라 칭하여 이를 5년간 균등상각하여 손금산입하도록 하고 있다. 여기서의 양도가액에도 합병신주가 포함된 경우 그 시가를 합산하여야 함은 물론이다. 여기서의 합병매수차손은 영업권에 대한 대가의 성격을 지니는데 이 때문에 법인세법 시행령 제80조의3 제2항은 합병법인이 피합병법인의 상호·거래관계, 그 밖의 영업상의 비밀 등에 대하여 사업상 가치가 있다고 보아 대가를 지급한 경우로 그 적용을 국한하고 있다.

피합병법인의 소득을 계산할 때 앞서 본 바와 같이 합병법인으로부터 받은 양도가액에서 양도한 자산의 가액을 차감하므로 이와 일관성을 유지하기 위해서는 합병법인의 경우에도 피합병법인으로부터 승계한 자산은 그 대가로 지급한 양도가액으로 보는 것이 원칙적인 모습일 것이다. 이와 같이 합병법인이 인수한 자산의 가액을 합병대가로 지급한 양도가액으로 계상한다면 그 시점에서는 과세대상이 될 만한 차익이 있을 수 없다. 그럼에도 법인세법 제44조의2 제1항이 인수한 자산의 시가를 그 자산의 가액으로 계상하도록 함으로써 평가차익이 생기도록 한 것은 합병을 계기로 합병법인의 미실현이익을 노출시켜 조기에 과세하겠다는 의지가 담긴 것으로 볼 수 있다.

(2) 적격합병

적격합병에 관하여, 법인세법 제44조의3은 피합병법인으로부터 자산을 장부가액으로 양도받은 것으로 한다고 규정하고 있다. 즉, 양도가액을 양수한 자산의 장부가액과 일치시켰다. 일종의 강한 의제이다. 합병대가로 발행한 신주의 시가가 얼마이든 상관없이 그 합병대가를 인수한 자산의 장부가액으로 의제하겠다는 것이다. 이로써 합병평가차익이 발생할 여지가 없어져 버렸고, 합병을 과세의 계기로 삼지 않게 되었다.

그 자세한 처리에 관하여 법인세법 시행령 제80조의4 제1항은 양도받은 자산 및 부채의 가액을 비적격합병의 경우와 마찬가지로 시가로 계상하되, 시가에서 장부가액을 차감한 금액을 자산조정계정으로 계상하도록 한 다음, 감가상각자산에 설정된 자산조정계정은 그것이 양수(+)인 경우에는 그 감가상각비와 상계하고, 음수(-)인 경우에는 감가상각비에 가산하며, 이 경우 해당 자산을 처분하는 경우에는 상계하거나 가산하고 남은 금액을 그 처분하는 사업연도에 전액 익금 또는 손금에 산입하도록 규정하고 있다. 자산조정계정을 감가상각비와 상계하거나 가산할 때 그 감가상각비 중 자산조정계정에 상응하는 금액만큼씩을 비례적으로 상계하거나 가산해 가면 결과적으로는 장부가액을 기준으로 감가상각하는 것과 별 차이가 없다. 그리고 감가상각자산 외의 자산에 설정된 자산조정계정은 그 자산을 처분하는 사업연도에 전액 익금 또는 손금에 산입하도록 하고, 다만 자기주식을 소각하는 경우에는 익금 또는 손금에 산입하지 아니하고 소멸한다고 규정하고 있다. 이와 같이 적격합병인 경우에는 합병을 과세계기로 삼지 않고 그에 따른 이익을 미실현이익으로 보아 그것이 실현될 때까지 과세이연의 혜택을 주고 있다. 이왕 과세이연의 혜택을 주는 마당에 자산을 그냥 장부가액으로 계상하도록 할 수도 있었겠지만 사후관리의 목적상 시가와 장부가액의 차액이 나타나도록 한 것으로 보인다.

이러한 적격합병에 관하여는 다시 사후관리를 위하여, 법인세법 제44조의3 제3항에서 합병법인이 2년 이내에 피합병법인으로부터 승계한 사업을 폐지하거나 피합병법인의 주주가 합병법인으로부터 받은 주식을 처분하는 경우 승계한 자산의 장부가액과 시가와의 차액을 다시 익금산입하도록 규정하였다.

라. 합병 영업권

(1) 합병 영업권에 관한 규정의 변천

합병에서 합병법인이 피합병법인에 지급하는 합병대가가 피합병법인으로부터 승계하는 순자산가액을 초과하는 경우 그것이 합병으로 인한 영업권에 해당할 수 있다. 이에 관하여 2010년 법인세법 시행령이 개정되기 전에는 제24조 제4항에서 합병법인이 피합병법인의 자산을 평가하여 승계한 경우로서 피합병법인의 상호·거래관계 기타 영업상의 비밀 등으로 사업상 가치가 있어 대가를 지급한 것에 한하여 이를 감가상각자산으로 한다고 규정하고 있었다. 그래서 이러한 요건을 갖춘 경우에는 적격합병이든 비적격합병이든 영업권을 계상할 수 있었다. 법인세법 시행령 제24조에서 일반적인 경우의 영업권에 관하여는 이러한 까다로운 요건을 규정하지 않으면서 특별히 합병이나 분할의 경우에만 그 요건을 규정하고 있었던 것이다. 그런데 기업회계기준에서는 합병이나 분할로 인한 영업권의 계상에 관하여도 특별히 위와 같은 까다로운 요건의 규정을 두고 있지 않다. 합병대가가 합병으로 인하여 승계한 순자산가액을 초과하기만 하면 영업권으로 인정해주고 있는 것이다. 이 때문에 합병이나 분할의 경우에는 기업회계상으로 영업권을 계상하였다고 하더라도 세법상으로는 위 시행령의 요건을 충족하지 못하는 경우에는 영업권 상각액을 손금으로 인정받기 어렵다. 그런데 2010년 법인세법 시행령이 개정되면서 감가상각자산인 영업권의 범위에서 '합병 또는 분할로 인하여 합병법인 등이 계상한 영업권'은 제외하도록 하면서, 그 대신에 법인세법 제44조의2 제3항에서 앞서 언급한 바와 같이 비적격합병인 경우에 한하여 합병매수차손에 관한 규정을 신설하여 그 요건에 해당하는 경우에 5년간 균등상각할 수 있게 되었다.

(2) 합병 영업권의 익금산입 여부

최근에 합병에서 발생하는 영업권의 익금산입 여부가 큰 쟁점으로 부각되고 있고, 다수의 판결들이 선고되고 있다. 이들 사안은 합병매수차손익에 관한 법인세법 제44조의2가 2010. 12. 30. 신설되기 전의 사안이다. 앞서 본 바와 같이 합병에서 영업권이 발생하는 것은 합병법인이 지급한 합병대가가 인수한 순자산가액을 초과하는 경우이다. 그 초과분은 합병법인이 실제로 대가를 지급하였고 그것이 초과수익력을 가지고 있다면 자산성이 인정되어 일정기간 동안 상각을 통하여 손금산입이 되어야 하는데, 여기서 정작 쟁점이 되고 있는 것은 영업권 자체를 익금산입할 수 있는지 여부이다.

합병법인으로서는 영업권을 취득하기 위하여 응당의 대가를 지급하였는데, 왜 익금산입을 하라는 것인지 의문이다. 익금이란 순자산의 증가를 의미하는데, 합병법인의 입장에서는 영업권이라는 자산을 취득하는 대신에 합병대가를 지급하였으므로 순자산의 증가가 있을 수 없다. 이러한 의문을 해소하기 위해서는 적격합병과 비적격합병에 있어서 승계자산 가액의 산정에 관한 세법상 규정의 차이를 제대로 이해해야 한다.

전항에서 언급한 바와 같이 비적격합병에 있어서는 승계한 자산은 합병등기일 현재의 시가로 보며, 이것이 합병대가와 일치한다는 보장이 없다. 그래서 합병대가가 승계한 자산의 시가를 초과할 경우 그 초과분은 영업권의 대가가 될 수 있는데 여기서 영업권으로 인정될 만한 초과수익력이 있을 경우에는 영업권으로 계상하였다가 5년간 균등상각함으로써 손금산입을 할 수 있고, 영업권으로 인정할 만한 초과수익력이 없을 경우 자산성이 인정되지 않으므로 회계상으로는 곧바로 비용처리해야 할 것이고, 법인세법상으로는 그 비용이 업무관련성이 없다거나 비지정기부금에 해당한다고 보아 손금불산입될 가능성이 많다. 현행 법인세법상 합병매수차손에 관하여 5년간 균등손금산입을 인정하는 요건을 까다롭게 규정하고 있는 취지에 비추어 보더라도 그 요건에 해당하지 않을 경우 손금성을 인정받기는 어려울 것이다.

하지만 어느 경우이든 여기서 영업권 상당액을 익금산입할 이유는 전혀 없다. 순자산의 증가가 있다고 볼 아무런 이유가 없기 때문이다.

반면에 적격합병에서는 문제가 달라진다. 전항에서 언급하였듯이 적격합병에서는 합병법인이 피합병법인으로부터 자산을 장부가액으로 양도받은 것으로 본다. 합병차손익의 발생을 없애기 위한 강한 의제이다. 그래서 합병법인은 피합병법인의 장부가액을 그대로 승계하게 된다. 이에 따라 피합병법인의 입장에서도 합병대가와 양도한 자산의 장부가액이 일치함으로써 차손익이 발생할 수 없어 과세가 이연되게 된다. 이것은 어디까지나 세법상 그러하다는 것이다. 그런데 회계상으로는 이러한 의제가 적용되지 않기 때문에 합병법인의 입장에서는 실제의 합병대가가 승계한 순자산의 가액을 초과할 경우 이것을 영업권으로 계상할 수 있고 이를 5년간 균등상각함으로써 비용처리를 할 수 있는 것이다. 이러한 회계처리를 법인세법에서 그대로 용인하여 5년간의 영업권 상각액을 손금으로 인정해 줄 수는 없다. 왜냐하면 법인세법상으로는 적격합병에 있어서는 기본적으로 영업권이 발생할 수 없기 때문에 그 상각액을 손금산입으로 인정해줄 수는 없는 것이다. 과세관청의 입장에서는 합병대가를 피합병법인의 순자산 장부가액으로 보아 피합병법인에 대하여 합병으로 인한 양도차익에 대하여 과세를 하지 않았음에도 합병법인에 대하여는 영업권 상당액을 손금으로 인정해 주게 되면 그만큼 세수의 감소기 초래되므로 이를 용인해 줄 리 없다. 비적격합병에서야 영업권 상당액이 합병대가에 포함되어 있고 그래서 피합병법인에 대하여 그 영업권 상당액을 합병으로 인한 양도차익에 포함시켜 과세하였기 때문에 그 부분을 합병법인의 손금으로 인정해주더라도 세수의 감소가 있다고 할 수 없다.

이와 같이 적격합병에서는 세법상 합병법인에 대하여 영업권의 상각을 인정해 줄 이유가 없다. 그럼에도 굳이 합병법인이 영업권을 계상하여 이를 5년간 상각하여 손금산입한다면 과세관청의 입장에서는 그것이 법인세법에서 규정하고 있는 영업권의 요건을 충족하는 경우 합병평가차익에 해당하는 것으로 보아 익금산입하겠다는 것이다. 당시 법인세법 제7조 제1항 제3호는 합병차익을 익금불산입 항목으로 규정하면서, 다만 대통령령이 정하는 합병평가차익은 제외하도록 하였고, 법인세법 시행령 제12조 제1항 제1호는 합병평가차익이란 피합병법인으로부터 자산을 평가하여 승계한 경우 그 가액 중 피합병법인의 장부가액을 초과하는 가액이라고 규정하였다. 적격합병에서는 세법상 합병법인이 피합병법인의 자산을 장부가액으로 승계한 것으로 보는 데도 추가로 영업권을 계상한다는 것은 영업권의 가치를 평가하여 승계한 것으로 볼 수 있고 그 영업권은 피합병법인의 장부가액에는 포함되어 있지 아니하므로 결국 영업권의 가액만큼이 합병평가차익에 해당한다는 논리이다. 이렇게 하면 과세관청으로서는 조기에 영업권만큼 익금산입하였다가 추후 5년간 분할하여 손금산입해주는 것이기 때문에 세수의 측면에서 손해볼 것이 없다.

요컨대 적격합병에서 합병법인이 회계상 영업권을 계상할 경우 그것은 합병평가차익에 해당하는 것으로 보아 익금산입한다는 논리이다. 하지만 익금산입 여부는 어디까지나 세법의 영역이기 때문에 앞서 본 세법상 영업권의 요건을 충족해야 하는 것이다. 기업회계기준에서는 합병대가가 합병법인이 인수하는 순자산가액을 초과하는 경우 그것이 초과수익력을 가지는지 여부에 관계 없이 영업권으로 계상하는 것을 용인하고 있지만 법인세법에서는 영업권의 요건을 까다롭게 규정하고 있으므로 그 요건을 충족하여야 한다. 그 요건을 충족하지 못하면 영업권의 익금산입은 물론 그 상각액의 손금산입도 허용될 수 없다. 이것이 최근에 부상하고 있는 쟁점이다.

이러한 쟁점이 부상하게 된 근본적인 이유는 법인세법 시행령이 2010. 6. 8. 개정되기 전에는 제24조 제1항 제2호에서 감가상각자산의 하나로 영업권이라고만 규정하면서 합병 또는 분할로 인하여 합병법인 등이 계상한 영업권을 제외한다는 괄호규정이 없었고, 그래서 합병법인 등이 계상한 영업권은 그것이 적격합병이든 비적격합병이든 세법상 허용될 여지가 있었다는 데 있다. 하지만 이제는 법인세법 시행령에 위 괄호규정이 신설됨으로써 합병법인 등은 합병대가를 초과하여 지급하더라도 영업권을 계상할 수는 없고, 단지 법인세법 제44조의2에 의하여 비적격합병인 경우에 한하여 법인세법 시행령 제80조의3 제2항의 요건인 '합병법인이 피합병법인의 상호, 거래관계, 그 밖의 영업상의 비밀 등에 대하여 사업상 가치가 있다고 보아 대가를 지급한 경우'를 갖추었을 때 합병매수차손을 계상하여 이를 5년간 상각할 수 있을 뿐이다. 즉, 적격합병인 경우에는 법인세법상으로는 더 이상 영업권이든 합병매수차손이든 계상할 수 없게 되었으므로 이러한 쟁점이 발생할 여지가 없어졌다.

(3) 사례 분석

이상의 법리와 쟁점을 잘 이해할 수 있는 사례로 대법원 2018. 5. 11. 선고 2015두41463 판결이 있다. 물론 이 판결도 2010년 법인세법이 개정되기 전의 적격합병에 관한 사안으로 이해하면 된다.

대법원은 먼저, 법인 합병의 경우 영업권 가액을 합병평가차익으로 과세하기 위해서는 합병법인이 피합병법인의 상호 등을 장차 초과수익을 얻을 수 있는 무형의 재산적 가치로 인정하여 그 사업상 가치를 평가하여 대가를 지급한 것으로 볼 수 있어야 하고,

이때 사업상 가치의 평가 여부는 합병의 경위와 동기, 합병 무렵 합병법인과 피합병법인의 사업 현황, 합병 이후 세무 신고 내용 등 여러 사정을 종합하여 객관적으로 판단하여야 하고, 기업회계기준에 따라 영업권이 산출된다는 것만으로 이를 추단할 수 없다고 하면서 친절하게도 그 상세한 논거를 다음과 같이 들고 있다.

합병법인의 합병평가차익으로 과세하기 위해서는 논리적으로 먼저 합병법인의 자산으로 인정되어야 하고, 법인이 내부의 사업 활동으로 무형의 가치가 있는 영업권을 창출하였다고 하더라도 세법상 자산으로 인식되는 것은 아니며, 합병으로 피합병법인의 영업권을 취득하는 때에는 법인세법 시행령에서 정한 요건을 갖춘 경우에 한하여 세법상 합병법인의 자산으로 인정되는 점, 세법과 기업회계는 그 목적과 취지가 달라 법인세법령에서 별도로 규정을 두는 경우가 있는데, 합병 시 영업권의 인식 요건도 그러한 경우에 속하며 시행령에서 정한 '영업권에 관한 사업상 가치 평가 요건'은 1998. 12. 31. 법인세법 시행령 개정 시에 세법상 영업권을 제한적으로 인정하기 위해 도입된 것으로서, 합병 과세의 틀이 정비된 2010. 6. 8. 개정 법인세법 시행령에서도 제80조의3 제2항으로 옮겨 현재까지 유지되고 있는 점, 합병의 경우 영업권을 세법상 자산으로 인정하기 위한 요건 문제는, 구체적 평가방법의 적절성을 판단할 때 영업권 가액을 합병대가 중 순자산가액을 초과한 차액으로 계산하는 것이 적절한지라는 문제와는 논의 단계를 달리하므로 상호 등에 대한 사업상 가치 평가를 요구하는 것은 차액설에 따른 영업권 평가의 적절성을 수긍한 판례와 모순되는 것이 아닌 점, 합병평가차익 과세는 피합병법인이 합병 전까지 보유하던 유·무형의 자산에서 발생한 이득을 합병을 계기로 일정한 요건에 따라 과세하는 것으로서, 법인세법 시행령 제15조 제2항이 그 계산법으로 같은 법 시행령 제12조 제1항 제1호를 인용하고 있을 뿐, 개념상 자본준비금[구 법인세법 제16조 제1항 제2호 (가)목] 등과는 아무런 관련이 없고, 합병법인이 피합병법인으로부터 인계받은 순자산가액과 합병신주 액면가액 사이의 단순 차액인 합병차익은 합병평가차익 과세의 요건이 될 수 없다는 점 등이다.

이 사안에서는, 상장법인인 원고가 2007. 2. 16. 동일 그룹 내 계열사인 DE사를 흡수합병하면서 관련 법령 규정에 따라 평가기준일인 2007. 2. 15. 양사의 주가를 기준으로 합병비율을 산정하였고, 합병 신주 이외에 합병교부금은 따로 지급되지 않았다. 원고는 기업회계기준에 따라 합병일의 합병신주 가액과 피합병법인 순자산 공정가액의 차액인 약 2,930억 원을 영업권으로 회계장부에 계상하였으나, 2007 사업연도 법인세를 신고할 때에는 위 차액이 세법상 영업권에는 해당하지 않는다고 보아 스스로 영업권 감가상각부인 등 세무조정을 하였다. 합병 무렵 DE사는 자본잠식 상태가 지속되어 2006년 말 당기순손실이 약 3,330억 원, 누적결손금이 약 3,438억 원에 이르렀고, 반도체 산업 분야의 경쟁 기업들과 비교하여 기술력, 영업력 등이 취약하여 도산의 우려조차 있었다. 당시 원고는 같은 그룹 내에서 상대적으로 재무구조가 건전하고 지속적인 이익을 내고 있어 DE사는 원고의 합병을 통하여 위기를 넘기게 되었다.

대법원은, 이러한 사실관계를 토대로 하여, 원고가 회계장부에 영업권으로 계상한 금액은 관련 기업회계기준에 따른 것으로 보일 뿐이고, 피합병법인인 DE사의 상호·거래관계 그 밖의 영업상 비밀 등을 초과수익력 있는 무형의 재산적 가치로 인정하고 사업상 가치를 평가하여 대가를 지급한 것으로 보기 어려우므로 세법상 영업권의 자산 인정 요건을 갖추었다고 할 수 없고, 이처럼 법인 합병의 경우 법령에서 정한 영업권의 자산 인정 요건을 갖추지 못하였으므로, 영업권에 관한 회계상의 금액을 합병평가차익으로 보아 과세하는 것은 허용되지 않는다고 판시하였다.

이 판결에서도 잘 알 수 있듯이 적격합병으로서 원고가 피합병법인의 자산을 장부가액으로 승계하였음에도 그와 별도로 영업권을 계상하였다는 것은 합병평가차익을 계상한 것으로 볼 수 있는데, 세법상 영업권으로 인정되기 위한 요건을 갖추지 못한 이상 영업권의 계상을 인정할 수 없고, 따라서 합병평가차익도 인정될 수 없어 그 가액을 익금산입할 수 없고 그 상각액도 손금산입할 수 없다는 결론에 이르게 된다. 대법원 2018. 5. 15. 선고 2017두57509 판결과 대법원 2019. 1. 10. 선고 2018두521013 판결도 같은 취지이다.

마. 예제 풀이

이상의 규정을 제대로 이해하기 위하여 예제를 하나 풀어본다. 비적격합병인 경우를 전제로 한다. 피합병회사의 순자산 장부가액은 1,000,000원이고, 그 시가는 1,300,000원이다. 피합병회사의 주주가 가지고 있는 피합병회사 주식의 취득가액은 800,000원이다. 합병회사 주식의 1주당 액면가액은 1,000원이고, 그 시가는 1,500원이다. 합병회사가 합병대가로 신주 700주를 교부한다.

먼저 합병회사의 입장에서 본다. 피합병회사로부터 승계하여 취득하는 자산의 가액은 그 시가 1,300,000원으로 차변의 자산계정에 계상한다. 그리고 대변의 자본금계정에 자본금 700,000원을 계상한다. 그 차액 600,000원은 대변의 합병차익이 된다. 이 합병차익 600,000원은 원칙적으로 익금불산입이지만 그 속에 합병매수차익이 있으면 이를 익금산입해야 한다. 여기서 합병매수차익을 계산해 보면, 피합병회사로부터 승계한 순자산의 시가인 1,300,000원에서 합병대가인 신주의 시가 1,050,000원(700주×1,500원)을 차감한 가액인 250,000원이 된다. 따라서 이 금액은 향후 5년간 균등하게 나누어 익금산입하여야 한다.

다음으로 피합병회사의 입장에서 본다. 피합병회사의 과세대상 소득은 양도차익이다. 이것은 합병대가에서 피합병회사 순자산의 장부가액 1,000,000원을 차감한 가액이다. 여기서 합병대가는 피합병회사가 취득한 합병신주의 시가 1,050,000원(700주×1,500원)이다. 따라서 양도차익은 1,050,000원에서 1,000,000원을 차감한 50,000원이 된다.

마지막으로 피합병회사 주주의 입장에서 본다. 의제배당소득은 새로이 취득한 합병회사 신주의 시가 1,050,000원(700주×1,500원)에서 피합병회사 주식의 취득가액 800,000원의 차액이다. 따라서 의제배당소득은 250,000원이 된다.

4. 분할에 대한 과세

가. 인적분할에 대한 과세

(1) 개요

인적분할은 분할법인의 주주가 분할신설법인의 신주를 취득하는 구조이다. 즉, 분할법인의 주주가 분할신설법인의 주주가 되는 것이다. 그래서 합병의 경우와 비슷한 구조이다. 분할법인은 피합병법인에 대응하고, 분할신설법인은 합병법인에 대응한다. 관련 규정들도 합병의 경우와 비슷하다. 먼저 분할법인에 관하여 법인세법 제46조 제1항은 비적격분할에 관하여 규정하고, 제2항은 적격분할에 관하여 규정하고 있으며, 적격의 요건도 합병의 경우와 비슷하다. 다음으로 분할신설법인에 관하여 법인세법 제46조의2는 비적격분할에 관하여 규정하고, 제46조의3은 적격분할에 관한 과세특례를 규정하고 있다.

적격분할에 관하여는 적격합병의 경우와 마찬가지 방법으로 과세이연을 허용하고 있고, 비적격분할에 관하여는 비적격합병의 경우와 마찬가지 방법으로 과세이연을 허용하지 않고 있다. 그리고 분할매수차손익도 합병의 경우와 마찬가지로 비적격분할의 경우에만 발생한다.

(2) 적격분할의 요건

가) 관련 규정

적격분할의 요건은 적격합병의 요건보다 까다롭고 복잡하다. 이에 관하여 법인세법 제46조 제2항에서 다음 각 호의 요건을 모두 갖출 것을 규정하고 있다. 왜 이와 같이 까다롭게 규정하는지에 관하여 그 이유를 따져보면, 합병의 경우는 원래부터 독자적 생존능력이 있던 법인들이 합치는 것이므로 합병으로 탄생한 법인의 독자적 생존능력에 별 문제가 없을 것이지만, 분할의 경우는 독자적 생존능력이 있던 법인이 둘로 분리되는 바람에 분리된 각 법인이 독자적 생존능력이 없어질 우려가 있고 이러한 우려에도 불구하고 부실을 떨어내기 위한 방편으로 분할이 악용될 수 있기 때문이다.

제1호는, 분할등기일 현재 5년 이상 사업을 계속하던 내국법인이 그 각 목의 요건을 모두 갖추어 분할하는 경우일 것(분할합병의 경우에는 소멸한 분할합병의 상대방법인 및 분할합병의 상대방법인이 분할등기일 현재 1년 이상 사업을 계속하던 내국법인일 것)을 규정하면서, 그 각 목의 요건으로, 분리하여 사업이 가능한 독립된 사업부문을 분할하는 것일 것(가목), 분할하는 사업부문의 자산 및 부채를 포괄적으로 승계하되, 다만 공동으로 사용하던 자산, 채무자의 변경이 불가능한 부채 등 분할하기 어려운 자산과 부채 등으로서 대통령령으로 정하는 것은 제외한다(나목), 분할법인 등만의 출자에 의하여 분할하는 것일 것(다목)을 열거하고 있다.

제2호는, 분할법인 등의 주주가 분할신설법인 등으로부터 받은 분할대가의 전액이 주식인 경우(분할합병의 경우에는 분할대가의 100분의 80 이상이 분할신설법인 등의 주식인 경우 또는 분할대가의 100분의 80 이상이 분할합병의 상대방법인의 발행주식총수 또는 출자총액을 소유하고 있는 내국법인의 주식인 경우를 말한다)로서 그 주식이 분할법인 등의 주주가 소유하던 주식의 비율에 따라 배정(분할합병의 경우에는 대통령령으로 정하는 바에 따라 배정한 것을 말한다)되고 대통령령으로 정하는 분할법인 등의 주주가 분할등기일이 속하는 사업연도의 종료일까지 그 주식을 보유할 것을 규정하고 있다.

제3호는, 분할신설법인 등이 분할등기일이 속하는 사업연도의 종료일까지 분할법인 등으로부터 승계받은 사업을 계속할 것을 규정하고 있다.

제4호는, 분할등기일 1개월 전에 분할사업부문에 종사하던 근로자의 고용승계비율이 80% 이상이고 분할등기일이 속하는 사업연도 말까지 그 비율을 유지할 것을 규정하고 있다. 이 규정은 2017. 12. 19. 신설된 것이다. 아래에서 살펴보는 대법원 판결에 대한 반발의 의미가 있다.

나) 사례 분석

위에서 보는 바와 같이 적격분할의 요건 중 제2호와 제3호의 요건은 까다롭기는 하지만 그 의미는 분명하고 그 해당 여부를 판단하는 데 별 어려움이 없어 보인다. 그런데 제1호의 요건은 다분히 추상적이어서 그 요건에 해당하는지 여부를 판단하기가 쉽지 않다. 특히 제1호 가목의 '분리하여 사업이 가능한 독립된 사업부문을 분할하는 것'과 제1호 나목의 '분할하는 사업부문의 자산 및 부채를 포괄적으로 승계하는 것'이 문제가 된다. 이들이 쟁점이 된 사안이 있어 소개한다. 대법원 2018. 6. 28. 선고 2016두40986 판결이다. 이 판결의 사안은 전항에서 본 제4호의 요건이 신설되기 전의 것이다.

원고는 1959년경 소다회 등 각종 화학제품 제조, 판매 등을 목적으로 하여 설립된 회사로서 2008. 5. 1. 총 10개의 공장 중 염화칼슘 및 시약제품의 제조·판매업 등을 영위하는 인천공장의 화학제품제조 사업부문과 도시개발 사업부문을 분할하여 D사를 설립하고 2008. 5. 6. 분할등기를 마쳤다. 원고는 위 분할이 적격분할에 해당한다고 보고 그 분할로 발생한 자산양도차익을 모두 손금산입하였다.

먼저 과세관청은 제1호 가목의 요건에 관하여, ㉠ 인천공장 화학제품제조 사업부문의 경우 D사가 원고의 직원 95명 중 8명만을 승계하였을 뿐이고, 자체 생산인력, 공장유지보수인력, 구매부서, 영업부서조차 존재하지 않는 상태로 분할 직후 원고와 용역위탁계약을 체결한 점, D사의 영업구조가 원고로부터 원재료를 구매하여 원고의 인력으로 화학제품을 생산하고 이를 다시 원고에게 매출하는 형태인 점 등에 비추어, ㉡ 도시개발 사업부문의 경우 D사가 원고로부터 관련 부서 및 근로자를 승계하지 않았고, 도시개발 사업과 관련한 부서를 만든 것이 2011년 3월경인 점, 분할 이후 원고에게 도시개발 업무를 위탁한 점 등에 비추어 보면, 원고는 인천사업장에서 영위하던 영업단위를 해체하여 그 일부만을 D사에 분할하였으므로 '분리하여 사업이 가능한 독립된 사업부문을 분할하는 것'의 요건을 충족하지 못하였다고 보았다.

그러나 원심은, 분할 당시 독립된 사업부문이면 위 요건을 충족하는 것일 뿐 분할 당시 분할신설법인에 무엇을 승계시켰는지, 분할 이후 분할신설법인이 사업을 어떻게 운영하였는지는 위 요건과 무관하며, 법인세법이 인력의 승계를 적격분할의 요건으로 정하고 있지 않은 이상(당시는 인력 승계의 요건이 신설되기 전이다) 분할신설법인이 분할법인에 업무를 위탁함으로써 승계되지 않은 인력으로 하여금 업무를 수행하게 하는 것은 허용되고, 분할법인과 분할신설법인과의 거래의존성을 이유로 적격분할을 부인하는 것은 아무런 근거가 없으며, D사에 고용이 일부 승계되지 않았고 그에 따라 화학제품의 제조를 원고에게 위탁하고 D사가 대부분의 원료를 원고로부터 구매하고 원고에게 대부분의 생산제품을 판매한다고 하더라도 이로써 인천공장의 분할 전 사업부문의 영업이 해체되었다고 할 수 없다고 판시하였다.

다음으로 과세관청은 제1호 나목의 요건에 관하여, 원고가 분할기일 5일 전인 2008. 4. 25. 은행으로부터 인천공장 부지 등을 담보로 9,000억 원을 대출받았는데, 위 대출금은 D사에 이전될 부동산을 담보로 빌린 자금이므로 분할하는 사업부문의 자산에 해당함에도 원고는 D사에 위 대출금 중 일부만을 승계하였고, D사가 분할계약서 제2의 5)에 따라 협약에 의한 의무, 폐석회 매립공사와 관련한 채무, 지하폐석회 처리 관련 채무를 승계하지 않음으로써 인천공장의 화학제품제조 사업부문에 관한 채무를 승계하지 않았다고 판단하여 분리하는 사업부문의 자산 및 부채가 포괄적으로 승계되지 않았다고 보았다.

그러나 원심은, 현금은 그 성질상 특정 사업부문의 자산이 될 수 없을 뿐만 아니라 원고의 경우 하나의 통합계좌로 현금을 관리하여 왔고, 원고는 분할대상 사업만을 위해서가 아니라 일반운영자금 조달을 위하여 자금을 차입하였으며, 분할대상 사업에 속한 자산을 담보로 자금을 차입하였다고 하여 그 자금이 해당 사업부문의 자산이라고 볼 수 없으므로, 원고가 차입금 중 사용하고 남은 자금에서 전체 사업과 관련하여 지출이 예상된 금액을 제외하고 남은 현금을 D사에 승계한 것은 분리하는 사업부문의 자산을 포괄적으로 승계한 경우에 해당하고, 과세관청이 문제삼고 있는 분할계약서 제2의 5)는 원고가 폐석회 처리에 대한 책임을 다한다는 차원에서 그에 관한 비용을 부담하겠다는 의미로서 원고와 D사 간 내부 비용분담에 관한 약정일 뿐 폐석회 처리와 관련된 채무는 모두 D사에 승계되었으며, 설령 그렇지 않다고 하더라도 폐석회 처리 관련 채무는 우발부채에 해당하여 이를 승계하였는지 여부는 적격분할에 해당하는지 여부와 무관하다고 판시하였다.

이 사안에서 과세관청은 실질적으로 판단하여 원고가 독립된 사업부문을 완전하게 분리하여 포괄적으로 승계시킨 경우에 해당한다고 볼 수 없다는 입장이었고, 원심은 다분히 형식적으로 판단하여 일부 미흡한 부분이 있더라도 그것만으로 적격분할의 요건을 갖추지 못한 것으로 볼 수 없다는 입장이었다.

이에 대하여 대법원은, 원심의 편을 들어주었다. 그 논거는 다음과 같다. 원고의 인천공장 화학제품제조 사업부문과 도시개발 사업부문은 기존의 다른 사업부문에서 독립하여 사업활동의 영위가 충분히 가능한 사업부문이고, 이들 사업부문의 내용과 기능적 특성상 기존 사업부문의 종업원들이 일부를 제외하고 분할신설법인으로 옮겨가지 않았다는 점을 들어 독립된 사업부문의 분할이 아니라고 할 수 없다. 분할신설법인은 폐석회처리공사 관련 채무를 포함하여 분할되는 사업부문에 관련된 권리·의무를 포괄 승계하였고, 인천공장 부지를 담보로 한 차입금 채무는 원고의 다른 사업부문에도 공통적으로 관련된 것으로서 그중 회사채 상환, 법인세 납부 등에 사용될 일부를 제외한 나머지만을 분할신설법인에 승계시킨 것을 요건 불비로 보기 어렵다. 분할신설법인은 승계한 고정자산을 화학제품제조 사업부문과 도시개발 사업부문에 실제 사용하였고, 그 사용 방식에 있어 업무위탁을 하였다고 하여 달리 볼 수 없다. 또한, 분할신설법인이 승계한 사업을 계속하면서 금융기관 대출채무를 담보하기 위하여 신탁등기를 설정한 것이 법인세법령상 승계사업의 폐지로 간주되는 고정자산의 처분에 해당한다고 보기도 어렵다. 원고는 분할계약에 따라 분할의 대가로 분할신설법인의 주식만을 받았으며, 분할 직전에 대출받은 차입금 중 일부가 분할신설법인에 승계되지 않았다는 사정은 위에서 본 권리·의무의 포괄승계 요건과 관련하여 검토될 내용일 뿐 분할대가와는 아무런 관련이 없다.

적격분할은 그것이 인격의 분할에 해당한다고 볼 수 있기 때문에 정책적으로 과세이연을 허용하는 것이다. 이러한 과세이연의 요건에 해당하는지 여부에 관하여 어느 정도로 엄격한 입장을 취하여야 하는지가 문제인데, 이 사안에서 법원은 비교적 관대한 입장을 취하였으나, 입법자가 반발하여 앞서 본 바와 같이 제4호의 요건을 추가함으로써 앞으로는 적어도 인력의 승계에 관한 한 위 대법원 판결의 법리가 유지될 수 없게 되었다.

(3) 적격분할에 대한 사후관리

적격분할에 관하여는 적격합병의 경우와 마찬가지로 사후관리 규정을 두고 있다. 즉, 법인세법 제46조의3 제3항은 분할신설법인이 2년 이내에 분할법인으로부터 승계한 사업을 폐지하거나 분할법인의 주주가 분할신설법인으로부터 받은 주식을 처분하는 경우 양도받은 자산의 장부가액과 그 시가와의 차액을 다시 익금산입하도록 규정하고 있다. 여기서 승계한 사업을 폐지한다고 함은 법인세법 시행령 제82조의4 제7항에서 준용하는 법인세법 시행령 제80조의4 제8항에 의하여 분할법인으로부터 승계한 고정자산가액의 2분의 1 이상을 처분하거나 사업에서 사용하지 않는 경우도 포함한다.

위 규정들과 관련하여, 승계한 사업의 범위를 어떻게 볼 것인지, 그리고 고정자산의 범위를 어떻게 볼 것인지가 쟁점이 된 사안이 있다. 대법원 2017. 1. 25. 선고 2016두51535 판결이다.

원고는 2011. 9. 30. S사로부터 인적분할되어 부동산 매매·임대업, 유가증권투자업 등을 목적사업으로 하여 설립된 법인이다. 원고는 S사의 '모든 투자자산'과 '서울 소재 모든 재산'의 사업부문을 분할대상으로 한 분할계획에 따라 약 15억 원 상당의 부동산과 장기금융상품 외에도 약 200억 원 상당의 K사가 발행한 주식을 이전받았다. 이로써 원고는 적격분할의 요건을 승인받았다. 그 후 원고는 약 9개월 뒤인 2012. 6. 21. K사에 위 부동산을 매도하고 다른 부동산을 취득하였다. 그러자 과세관청은 원고가 S사로부터 승계한 고정자산가액의 1/2 이상을 처분하여 사업을 폐지한 것으로 보았다. 그런데 원고가 이전받은 K사 주식은 S사가 오랜 기간 보유하여 왔고, 원고는 위 주식을 S사로부터 승계받은 후 그중 일부를 처분하기도 하였으나 대부분을 보유하였다.

이에 대하여 대법원은 다음과 같이 판단하였다. 즉, 분할신설법인이 분할법인으로부터 지배목적으로 보유하는 주식과 그와 관련한 자산·부채로 구성된 사업부문을 적격분할의 요건을 갖추어 승계받은 경우에는, 지배목적으로 보유하는 주식은 기업지배라는 사업의 성격상 그 발행기업의 운영 및 통제에 직접 사용되는 것이므로 매각에 의한 시세차익을 얻기 위해 보유하는 일반적인 투자주식과는 그 목적과 기능에 있어서 구별되는 점, 지배목적 보유주식으로 구성된 사업부문의 경우에 유형자산 외에 당초 승계받은 주식의 대부분을 매각한 때에도 그 사업의 계속성과 연속성을 부정하는 것이 타당한 점 등을 종합하여 볼 때, 그 사후관리를 위하여 승계받은 사업의 폐지 여부를 판단함에 있어서 지배목적 보유주식의 가액을 분할법인으로부터 승계한 고정자산가액에 포함시켜 판정하여야 한다. 그리고 적격분할 과세특례에 대한 사후관리는 적격분할의 요건에 상응하는 것으로서 기업 전체적으로 회사분할이라는 조직변경에 불구하고 그 사업이 계속되는지를 확인하기 위한 것이므로, 그 폐지 역시 위 규정의 문언과 취지에 따라 개별 사업부문이나 개별 사업장이 아닌 승계받은 사업 전체를 기준으로 판단하여야 한다고 전제하고, S사는 K사 지배목적에 따라 오랜 기간 위 주식을 보유하여 왔고, 원고는 그 주식으로 구성된 사업부문을 적격분할의 요건을 갖추어 S사로부터 승계받은 것으로 볼 여지가 충분하므로, 승계받은 사업의 폐지 여부를 판단할 때에도 위 주식의 가액을 S사로부터 승계한 고정자산가액에 포함시켜 그 2분의 1 이상을 처분하였는지를 살펴보아야 하고, 원고가 임대사업에 사용하던 위 부동산을 처분하였더라도 승계받은 사업 전체가 아닌 임대사업부문이나 그 사업장만을 기준으로 판단할 수는 없다고 하였다.

법인세법 시행령 제80조의4 제8항에서 말하는 고정자산은 승계받은 사업의 기반이 되는 고정성 자산으로서 유동자산에 대비되는 개념이다. 따라서 그 범위에는 일반적인 부동산뿐만 아니라 장기간 기업의 지배목적으로 보유하는 투자자산도 포함된다고 보아야 한다. 과세관청의 입장처럼 위 고정자산을 부동산에 국한되는 것으로 보는 것은 사업폐지의 척도가 되는 고정자산의 개념에는 부합하지 않는다. 위 대법원 판결은 이러한 점을 잘 지적하였다.

대법원은 나아가 승계받은 사업의 범위도 비록 그것이 여러 사업부문으로 구분될 수 있다고 하더라도 적격합병의 사후관리에 관한 규정을 적용함에 있어서는 구분가능한 개별 사업부문이나 사업장별로 쪼개어 그 요건의 해당 여부를 판단하지 말고 승계한 사업을 전체적으로 보아 그 요건의 해당 여부를 판단하도록 하였다는 점에서 납세자에게 유리한 해석을 한 것으로 평가할 수 있겠다. 이러한 대법원의 입장은 적격분할의 경우 인격분할로 보아 과세를 이연하는 것인 만큼 사후에 그것을 다시 부정하기 위해서는 인격분할로 볼 수 없는 정도의 사업폐지가 있어야 하므로 사업폐지 여부도 분할신설법인의 전체적 차원에서 따져야지 그러지 아니하고 개별 사업부문별 차원에서 따지는 것은 부적절하다는 취지로 이해된다.

위 대법원 판례의 취지에 따르면 합병법인이나 분할신설법인이 피합병법인이나 분할법인으로부터 여러 개의 사업부문을 승계하였을 경우 그중 일부의 사업부문을 폐지하더라도 승계한 전체 사업부문의 폐지가 아니고 승계한 전체 사업부문의 고정자산의 2분의 1 이상이 처분된 경우가 아니라면 위 사후관리의 요건을 충족하였다고 볼 수 없다고 하겠다.

나. 물적분할에 대한 과세

인적분할에서는 분할법인의 주주들이 분할신설법인의 주식을 취득하는 데 비하여, 물적분할에서는 분할법인이 분할신설법인의 주식을 취득한다. 그래서 인적분할의 경우와 달리 분할법인의 주주는 과세대상에서 빠지게 된다. 그 대신 분할법인이 취득한 분할신설법인의 주식을 추후에 처분할 때 그 처분이익이 다시 과세대상에 포함된다. 그런데 분할신설법인도 분할법인으로부터 취득한 순자산을 추후에 처분할 때 역시 그 처분이익이 과세대상에 포함된다. 이와 같이 분할법인과 분할신설법인을 묶어서 보면 맞교환한 자산을 서로가 각각 보유하였다가 처분함으로 인하여 그 처분이익이 이중으로 과세되는 문제가 있다. 이러한 문제를 해소하기 위하여 법인세법은 물적분할의 경우 인적분할과는 다른 특별한 규정을 두고 있다.

법인세법 제47조 제1항은 물적분할에 있어서 앞서 본 적격분할의 요건을 갖춘 경우 분할법인이 취득하는 주식 등의 가액 중 물적분할로 인하여 발생한 자산의 양도차익에 상당하는 금액은 분할등기일이 속하는 사업연도의 소득금액을 계산할 때 손금에 산입할 수 있고, 그 금액에 대하여는 분할신설법인 주식 등의 압축기장충당금으로 계상하도록 규정하고 있다. 그리고 제2항과 제3항은 사후에 비적격사유가 발생하면 그 사업연도에 해당 주식 등과 자산의 처분비율을 고려하여 일정한 금액을 익금에 산입하도록 규정하고 있다.

그리고 법인세법 시행령 제72조 제2항 제3호의2는 물적분할에 따라 분할법인이 취득하는 주식 등의 경우에 그 주식의 취득가액은 물적분할한 순자산의 시가로 한다고 규정하고 있다. 그 주식의 시가로 하지 않은 점이 특색이다. 여기서의 물적분할에는 적격과 비적격을 불문한다. 이것은 다분히 의제적인 규정으로서 분할법인과 분할신설법인의 분할대가를 어떻게 산정하는지에 관계 없이 물적분할한 순자산의 시가로 함으로써 마치 부당행위계산부인에 있어서 당사자 사이의 거래가액을 부인하고 그 시가를 적용하는 것과 비슷한 모양이다.

따라서 분할법인의 입장에서는 적격분할이든 비적격분할이든 물적분할한 순자산의 시가에서 그 장부가액을 차감한 가액만큼의 양도차익이 발생하게 되고, 적격분할인 경우 그 양도차익에 대한 과세가 이연되고, 비적격분할인 경우에는 그 양도차익에 대한 과세가 이연되지 않는다.

그리고 위 규정에 따라 분할신설법인의 입장에서는 분할법인으로부터 승계한 자산의 가액을 그 시가로 계상하게 된다. 왜냐하면 분할신설법인이 분할법인으로부터 승계한 자산의 대가로 교부한 신주식의 가액, 즉 분할대가를 그 승계한 자산의 시가로 보기 때문이다. 그래서 분할신설법인 입장에서는 추후 승계한 자산을 양도할 때 양도가액에서 승계 당시 계상해둔 시가 상당액을 원가로 차감하여 양도차익을 산정하므로 이 단계에서는 이중과세의 문제가 발생하지 않는다. 그러나 분할법인이 분할신설법인으로부터 취득한 주식을 추후 양도할 때 그 양도차익이 다시 과세되므로 여기서 이중과세의 문제가 생긴다. 다만, 그 양도차익을 산정할 때 분할법인이 취득할 당시의 주식 시가를 취득원가로 차감하게 되므로 그 시가와 분할법인의 승계자산 장부가액과의 차액 상당액은 이중과세에서 배제된다고 이해하면 되겠다.

그리고 승계한 순자산의 시가와 분할대가가 일치하기 때문에 분할매수차익이 존재할 수도 없다. 다만, 승계한 순자산의 시가와 신주식의 액면가액의 차액이 분할차익이 되겠지만 이는 합병차익과 마찬가지로 익금불산입항목이다. 승계한 순자산의 시가는 추후 감가상각이나 처분원가에 반영되어 분할신설법인이 과세대상소득을 산정할 때 차감항목으로 작용하게 된다.

이와 같이 법인세법 시행령 제72조 제2항 제3호의2의 규정을 둔 것은 앞서 언급한 바와 같이 물적분할의 경우 분할법인과 분할신설법인이 서로 맞교환한 자산을 동시에 보유하다가 처분하는 경우 그 처분이익이 각각 과세대상이 됨으로써 전체적으로 보아 물적분할로 인하여 이중과세가 되는 문제가 있어 이를 해소하기 위한 방안인 것으로 이해된다.

5. 합병·분할에 따른 승계 항목

가. 합병·분할법인의 세무조정사항

법인세법이 1998. 12. 28. 전부 개정되기 전에는 합병으로 인한 세무조정사항의 승계에 관하여 아무런 규정을 두지 않았으므로, 원칙적으로 피합병법인의 세무조정사항은 합병법인에게 승계되지 아니하였다. 그러다가 법인세법이 1998. 12. 28. 전부 개정되면서 합병·분할로 인한 세무조정사항의 승계가 제한적으로 인정되었고, 그 후 법인세법 시행령 제85조가 몇 차례 개정되면서 합병으로 인하여 승계되는 세무조정사항이 조금씩 추가되었다. 이때에는 선택승계와 당연승계, 승계불가로 대별되었는데, 선택승계항목으로는 압축기장충당금, 일시상각충당금, 기업회계기준에 의한 퇴직급여충당금의 적립, 대손충당금의 적립 및 유가증권의 평가와 관련하여 익금에 산입하지 아니하거나 손금에 산입하지 아니한 금액, 기업회계기준에 의한 채권·채무의 재조정, 채권·채무의 현재가치에 의한 평가, 지급보증충당금의 적립과 관련하여 익금에 산입하지 아니하거나 손금에 산입하지 아니한 금액, 조세특례제한법에 의하여 손금에 산입한 준비금 등이었고, 강제승계항목은 손익의 귀속사업연도가 도래하지 아니하여 발생된 유보사항이었으며, 승계불가항목으로는 감가상각, 자산·부채의 평가 기타 세무조정과 익금에 산입하거나 손금에 산입하지 아니한 금액이 있었다.

그러나 현행 법인세법 시행령 제85조는, 내국법인이 합병 또는 분할하는 경우 다른 규정이 있는 경우 외에는 피합병법인 등의 각 사업연도의 소득금액 및 과세표준을 계산할 때 익금 또는 손금에 산입하거나 산입하지 아니한 금액(세무조정사항)의 승계는 다음 각 호의 구분에 따른다고 하면서, 제1호는 적격합병 또는 적격분할의 경우 세무조정사항은 모두 합병법인 등에 승계하고, 제2호는 그 외의 경우 퇴직급여충당금 또는 대손충당금을 합병법인 등이 승계한 경우에는 그와 관련된 세무조정사항을 승계하고 그 밖의 세무조정사항은 모두 합병법인 등에 미승계한다고 규정하고 있다. 그리고 법인세법 제44조의3 제2항과 법인세법 시행령 제81조 제2항에 의하여 이월결손금과 결손금도 적격합병이나 분할의 경우 승계되지만, 비적격합병이나 분할의 경우 승계되지 않는다.

현행규정이 이와 같이 적격과 비적격에 따라 간단·명료하게 승계에 관하여 규정한 것은 종전규정에서 정한 세무조정사항의 승계기준에 문제가 있다는 지적을 받아들여 세무조정사항의 승계 여부를 세무조정사항의 성격이 아니라 합병의 성격을 기준으로 일률적으로 정하도록 하기 위한 것으로 보인다.

나. 감가상각

(1) 감가상각 방법의 승계

가) 법인세법 시행령 제29조의2의 분석

법인세법 시행령 제29조의2 제1항은 내국법인이 기준내용연수의 100분의 50 이상이 경과된 중고자산을 합병·분할에 의하여 승계한 경우에는 중고자산의 일반적인 취득의 경우와 마찬가지로 그 자산의 기준내용연수의 100분의 50에 상당하는 연수와 기준내용연수의 범위에서 선택하여 납세지 관할 세무서장에게 신고한 수정내용연수를 내용연수로 할 수 있다고 규정하고 있다. 이는 제4항에서 내국법인이 정해진 기한 내에 내용연수변경신고서를 제출한 경우에 한하여 적용하도록 하였다. 위 규정이 2002. 12. 30. 개정되기 전에는 합병·분할에 의한 취득의 경우 그 경과연수를 불문하였으나 현행은 이 경우에도 기준내용연수의 100분의 50 이상 경과한 경우에만 위 규정을 적용하도록 하였다.

그리고 제2항은 적격합병, 적격분할 등에 의하여 취득한 자산의 상각범위액을 정할 때 그 취득가액은 적격합병 등에 의하여 자산을 양도한 법인의 취득가액으로 하고, 미상각잔액은 양도법인의 양도당시의 장부가액(양도당시의 시가에서 자산조정계정을 뺀 금액을 말한다)에서 적격합병 등에 의하여 자산을 양수한 법인이 이미 감가상각비로 손금에 산입한 금액을 공제한 잔액으로 하며, 해당 자산의 상각범위액은 다음 각 호의 어느 하나에 해당하는 방법으로 정할 수 있다고 규정하고, 그 제1호는 양도법인의 상각범위액을 승계하는 방법으로서 이 경우 상각범위액은 양도법인이 적용하던 상각방법 및 내용연수에 의하여 계산한 금액으로 한다고 규정하고, 제2호는 양수법인의 상각범위액을 적용하는 방법으로서 이 경우 상각범위액은 양수법인이 적용하던 상각방법 및 내용연수에 의하여 계산한 금액으로 한다고 규정하고 있다.

법인세법 시행령 제29조의2 제1항에 의하면, 예를 들어 기준내용연수 10년 중 7년이 경과한 중고기계장치를 합병·분할에 의하여 취득한 경우 내용연수를 10년과 5년 사이의 어느 연수를 선택하여 감가상각을 할 수 있다. 이는 중고자산의 경우 내용연수가 절반 이상 경과하였음에도 매입가액에 대하여 전체 내용연수를 다시 적용하게 하면 감가상각이 너무 지연되어 납세자에게 불리하므로 이를 구제해주기 위한 조치로 이해된다. 이와 같이 법인세법에서는 기본적으로 중고자산의 취득이나 합병·분할에 의한 취득의 경우도 그 전에 기준내용연수의 얼마가 경과하였는지 여부를 불문하고, 신규취득이 있었다고 보아 취득가액(또는 승계가액)에 대하여 기준내용연수를 새로이 적용하도록 하되, 다만 그것이 감가상각을 지나치게 지연시켜 가혹하다고 여겨지는 경우 수정내용연수를 신고한 경우에 한하여 기준내용연수를 최대 50%까지 줄인 수정내용연수를 적용할 수 있도록 특례를 둔 것으로 이해된다. 법인세법 시행령 제29조의2는 2000. 12. 29. 신설된 것인데, 그 입법 취지는 중고취득자산 및 합병·분할로 취득한 자산의 내용연수를 경제적 실질에 맞게 신규취득자산과 달리 적용할 수 있도록 함에 있다고 한다. 따라서 위 특례가 적용되지 않는 경우는 신규취득자산과 동일하게 취급한다는 것이 입법의 태도이다.

이러한 특례에 의하더라도 감가상각이 지연되는 것이 완전히 해소되지 아니할 수 있다. 예를 들어 기준내용연수 10년 중 7년이 경과한 중고기계장치를 합병·분할에 의하여 취득하였을 때 위 법인세법 시행령 제29조의2 제1항에 의하더라도 적어도 5년 동안은 감가상각을 하여야 하므로 합병·분할을 하지 않았더라면 3년 내에 감가상각을 할 수 있었던 것에 비하여 감가상각이 지연되는 것이다. 이러한 부분까지 해소하기 위한 특례를 다시 마련한 것이 현행 법인세법 시행령 제29조의2 제2항이다. 이 규정은 적격합병, 적격분할 등의 경우에는 아예 양도법인의 당초 취득가액을 양수법인의 취득가액으로 인정하면서 양도법인의 상각범위액을 그대로 승계하는 방법을 인정하고 있다. 이에 의하면, 합병과 분할 중 일정한 요건을 갖춘 적격합병과 적격분할에 한하여 분할신설법인이 분할법인으로부터 자산을 취득하더라도 사실상 새로운 취득으로 보지 아니하고 분할법인이 해오던 감가상각방법을 그대로 계속 적용해 나갈 수 있게 된다. 따라서 분할신설법인이 승계한 분할법인의 장부가액(당초 취득가액-감가상각누계액)을 분할법인과 같은 방법으로 잔존내용연수(기준내용연수-분할법인에서의 경과연수) 동안 상각하면 된다. 법인세법 시행령 제29조의2 제2항을 적용하는 데에는 그 제1항에서 규정하는 수정내용연수의 신고 등의 요건이 필요 없다.

나) 법인세법 제29조의2 제2항의 성격

적격합병·분할에 있어서의 특칙인 법인세법 시행령 제29조의2 제2항은 2010. 12. 30. 신설된 규정인데, 이 규정을 창설적 규정으로 볼 것인지, 아니면 확인적 규정으로 볼 것인지에 관하여 논란이 있다. 적격합병·분할은 인격 합일이나 분할의 성격을 지니므로 위 규정은 이러한 성격에 부합하는 것으로서 창설적 규정이 아니라 확인적 규정으로 볼 수 있다는 견해가 있다. 이 견해에 의하면 위 규정이 신설되기 전의 과세기간에도 적격합병이나 분할의 경우 위 규정을 적용할 수 있다는 주장이 가능하다.

이에 관한 사례로 대법원 2014. 5. 16. 선고 2011두32751 판결이 있다. 이 사안은 위 규정이 시행되기 전의 과세기간인 2002 내지 2006 사업연도에 관한 것이었는데, 원고 법인은 분할신설법인으로서 분할법인으로부터 감가상각 자산을 승계하면서 법인세법 시행령 제29조의2 제1항에서 규정하고 수정내용연수의 신고도 하지 않은 채 분할법인의 잔존내용연수에 따라 감가상각을 하였다. 그러자 과세관청은 기준내용연수에 따라 감가상각을 하여야 한다는 이유로 일부 감가상각비를 손금불산입하였다. 원고가 적용한 방법은 2010. 12. 30. 신설된 법인세법 시행령 제29조의2 제2항에 따른 방법이고 원고는 위 규정을 확인적 규정으로 보아야 한다고 주장하였다. 원심은, 감가상각제도의 본질에 비추어 법정된 내용연수는 신규자산을 기초로 하여 정하여진 것으로 봄이 상당하므로 합병법인·분할신설법인이 피합병법인·분할법인의 중고자산을 승계받아 기준내용연수의 100분의 25를 가감한 내용연수 범위 안에서 새로이 내용연수를 신고하였다면 그 내용연수는 당해 자산이 신규자산임을 전제로 한 법정내용연수를 의미하고, 따라서 승계취득한 자에게 적용되는 내용연수는 이미 기간이 경과하여 상각된 내용연수를 공제한 잔존내용연수라고 보아야 한다고 판시하였다. 이 판시는 2010. 12. 30. 신설된 법인세법 시행령 제29조의2 제2항이 확인적 규정이라는 취지의 원고 주장을 받아들인 것으로 이해할 수 있다.

그러나 대법원은, 당시의 법인세법 시행령 제29조의2의 취지는 내국법인이 합병·분할에 의하여 승계받은 자산과 중고자산에 대하여는 그 경제적 실질에 맞게 신규자산보다 짧은 내용연수를 적용하려는 데 있는 점, 합병·분할에 의하여 승계받은 자산이나 중고자산에 대한 감가상각기간 등을 정하는 것은 입법정책의 문제인 점 등을 종합하여 보면, 분할에 의하여 자산을 승계받은 분할신설법인이 당시의 법인세법 시행령 제29조의2 제2항(현행의 제4항) 제2호의 내용연수변경신고서를 제출하지 않은 경우에는 특별한 사정이 없는 한 당시 법인세법 시행령 제28조 제3항의 내용연수 신고에 따른 내용연수를 적용하여야 하고, 분할법인이 적용하여 온 내용연수에 따른 잔존내용연수를 적용할 것이 아니라고 판시하였다. 대법원은 명시적인 입장 표명은 없었지만 2010. 12. 30. 신설된 법인세법 시행령 제29조의2 제2항을 창설적 규정으로 본 것으로 이해할 수 있다.

조세법규는 다른 법규에 비하여 엄격해석의 원칙이 더 강조되고 있어 개정된 규정에 관하여 부칙에서 그 시행시기를 명시하고 있는 경우 그것이 납세자에게 유리한 규정이라고 하더라도 이를 확인적 규정으로 보아 소급하여 적용하는 데는 매우 신중한 태도를 보일 필요가 있다. 현행의 법인세법 시행령 제29조의2 제2항에서 정하는 방법은 조리상 당연히 인정되는 방법이 아니라 입법자가 선택할 수 있는 다양한 방법 중의 하나에 불과하므로 이를 단지 확인적 규정으로 보아 이 사건에도 소급적용할 수 있다고 보는 것은 무리이다. 특히 위 규정은 적격분할, 적격합병 등의 경우에만 적용되도록 규정하고 있으므로 이는 다분히 정책적·재량적 결단에 의하여 규정한 것이므로, 대법원의 입장과 같이 창설적 규정으로 보는 것이 합리적이다.

(2) 감가상각시부인액의 승계

법인세법 시행령 제85조는 적격합병·분할의 경우에는 세무조정사항을 모두 승계하고, 비적격합병·분할의 경우에는 퇴직급여충당금이나 대손충당금을 제외하고는 승계하지 않도록 규정하고 있다. 따라서 적격합병·분할의 경우 합병·분할 전 법인의 감가상각시부인액은 모두 합병·분할 법인에게 승계된다고 할 것이다.

감가상각시부인에 관하여 법인세법 시행령 제32조 제1항은, 법인이 각 사업연도에 손금으로 계상한 감가상각비 중 상각범위액을 초과하는 금액, 즉 시부인액은 그 후 사업연도에 있어서 법인이 손금으로 계상한 감가상각비가 상각범위액에 미달하는 경우에는 그 미달하는 금액, 즉 시인부족액을 한도로 하여 이를 손금으로 추인하도록 규정하고 있다. 여기서 법인이 감가상각비를 손금으로 계상하지 아니한 경우에도 상각범위액을 한도로 하여 그 상각부인액을 손금으로 추인하도록 함으로써 시부인액을 시인부족액에 충당하는 것에 대하여 법인의 선택권을 주지 않고 있는데, 이는 기간손익의 왜곡과 이월결손금의 공제기간을 부당하게 늘리는 것을 막고자 하는데 취지가 있는 것으로 보인다. 그리고 법인세법 제8조 제2항은 내국법인이 사업연도 중에 합병이나 분할에 따라 해산하는 경우에는 그 사업연도의 개시일부터 합병등기일 또는 분할등기일까지의 기간을 그 해산한 법인의 1 사업연도로 본다고 규정하고 있다.

위 규정들을 종합하면, 사업연도 중에 법인이 적격합병·분할을 하면 그 합병·분할 등기일까지를 1 사업연도로 보아 그 기간에 해당하는 감가상각을 하여 시부인을 함으로써 상각부인액이나 시인부족액을 다시 산정하여야 하고, 그것이 적격합병·분할 후 법인에게 그대로 승계된다고 할 것이다. 만약 그 기간에 대하여 법인이 별도의 감가상각을 하지 않았다면 시인부족액이 생길 것이고, 이 경우 이월되어 온 시부인액이 있었다면 그 시인부족액에 충당하고 남은 금액만이 적격합병·분할 후 법인에게 승계된다고 보아야 한다.

그런데 법인세법 시행령 제31조 제8항이 2010. 12. 30. 신설되면서, 감가상각자산이 진부화, 물리적 손상 등에 따라 시장가치가 급격히 하락하여 법인이 기업회계기준에 따라 손상차손을 계상한 경우에는 해당 금액을 감가상각비로서 손금으로 계상한 것으로 보아 시부인하도록 규정하였다. 따라서 법인이 고정자산 손상차손을 계상함으로써 시부인액이 생겼을 경우에도 그 후 사업연도에 적격합병·분할을 한 경우 그 합병·분할 등기일까지의 기간에 대하여 감가상각시부인을 할 때 손상차손의 계상으로 인한 시부인액을 반영하여야 한다.

법인세법 시행령 제31조 제8항이 신설되기 전에도 2003년경부터 국세청의 유권해석에 의하여 위 규정과 같이 처리해 오는 관행이 있었던 것으로 보이는데, 여기서 위 규정이 적용되기 전의 기간에 관한 것으로서, 적격합병·분할 전 법인이 고정자산 손상차손을 계상함으로써 발생한 시부인액을 적격합병·분할한 사업연도의 시인부족액에 충당하지 아니한 경우 그 시부인액이 모두 적격합병·분할 후의 법인에게 승계되는지가 문제된 사안이 있었다. 대법원 2014. 3. 13. 선고 2013두20844 판결이다. 원심은, 분할 당시에는 분할 전 법인이 계상한 고정자산 손상차손을 감가상각비와 동일하게 취급할 명확한 근거가 없다는 이유로 분할한 사업연도의 분할등기시까지의 기간 비율에 해당하는 금액은 자동으로 분할 전 법인의 감가상각비 시인부족액에 충당되고 나머지만 승계된다고 볼 수 없다고 판단하였다.

그러나 대법원은, 적격분할에 의하여 분할신설법인이 승계하는 것은 분할법인의 세무상 유보로 남아 있는 금액에 한정되고 분할법인의 사업과 관련하여 이미 손금으로 실현된 금액은 승계대상에 포함되지 않는다고 전제하고, 법인세법 시행령 제32조 제1항은 법인이 감가상각비를 손금으로 계상하지 아니한 경우에도 그 상각부인액을 손금으로 추인하도록 규정하고, 같은 조 제5항은 감가상각자산을 사업연도 중에 양도한 경우 당해 자산의 상각부인액은 양도일이 속하는 사업연도의 손금에 이를 산입하도록 규정하고 있으므로, 고정자산 손상차손 중 분할 전 법인의 사업에 사용되었던 기간에 해당하는 금액은 손금으로 계상하지 아니한 채 세무상 유보로 관리하였더라도 그 손금으로 추인되어야 할 뿐이므로 그 부분은 분할신설법인에게 승계할 수 없다고 보아야 한다고 판시하였다.

위 대법원 판결의 결론에는 큰 무리가 없으나 논리구성에는 문제점이 있다. 대법원은 감가상각 시부인액 중 시인부족액에 충당되고 남은 금액이 승계된다는 논리를 취하지 않고, 법인세법 시행령 제32조 제5항을 근거로 하여 분할에 의하여 감가상각 자산을 양도하므로 그 시부인액은 손금에 산입된다면서 분할 전 법인의 사업에 사용되었던 기간에 해당하는 금액은 분할 전 법인의 손금에 산입된다는 이유로 승계대상에서 제외된다고 설명하고 있다. 그러나 법인세법 시행령 제32조 제5항은 합병·분할과 같이 감가상각 시부인액의 승계가 문제되지 않는 일반적인 양도의 경우를 전제로 한 규정으로서 고정자산의 감가상각시부인액이 있을 경우 장부상 가액이 세무상 가액보다 시부인액만큼 적게 계상되어 있어 양도차익이 그만큼 과다하게 계상될 것이므로 이를 바로 잡기 위하여 그 시부인액을 손금산입함으로써 감가상각시부인액을 정산하도록 규정한 것이다. 따라서 위 규정을 적격합병·분할에 적용한 것은 부적절할 뿐만 아니라 위 규정을 적용한다면 시부인액의 정산을 위하여 모두 손금산입하여야 함에도 다시 사용기간 비율로 일부만 손금산입된 것으로 보는 것은 아무런 법적 근거가 없는 판단이다.

다. 대손금

합병·분할에 있어서 피합병법인이나 분할법인의 대손금이 합병법인이나 분할신설법인으로 승계될 수 있는지가 가끔 문제가 된다. 대손금이 발생하면 일정한 요건을 갖춘 경우 손금산입할 수 있는데, 피합병법인이나 분할법인이 손금산입하지 않은 대손금이 있을 경우 이를 합병법인이나 분할신설법인이 손금산입할 수 있는지의 문제이다.

법인세법 시행령 제19조의2 제1항은 대손금의 종류에 관하여 규정하면서, 제3항 제1호에서 제1항 제1호부터 제7호까지의 대손금은 해당 사유가 발생한 날이 속하는 사업연도의 손금으로 한다고 규정하고, 제3항 제2호에서 제1항 제8호부터 제13호까지의 대손금은 해당 사유가 발생하여 손금으로 계상한 날이 속하는 사업연도의 손금으로 한다고 규정하고 있다. 따라서 제1항 제1호부터 제7호까지의 대손금은 합병이나 분할 전에 그 사유가 발생하면 그 사유가 발생한 날이 속하는 사업연도, 즉 피합병법인이나 분할법인의 합병·분할 직전의 사업연도의 손금이 되므로 그것이 합병법인이나 분할신설법인으로 승계될 여지가 없다.

　그런데 제1항 제8호부터 제13호까지의 대손금은 대손사유가 발생하더라도 당해 법인이 이를 회계상으로 손금, 즉 비용으로 계상하여야만 그 계상한 날이 속하는 사업연도의 손금이 되므로, 만약 피합병법인이나 분할법인에게 대손사유가 발생하였음에도 이를 비용으로 계상하지 않고 있다가 합병이나 분할이 된 후 합병법인이나 분할신설법인이 나중에 이를 비용으로 계상함으로써 손금으로 인정받을 수 있는지가 문제될 수 있는 것이다. 이에 대하여 법인세법 시행령 제19조의2 제4항은 제3항 제2호에도 불구하고 법인이 다른 법인과 합병하거나 분할하는 경우로서 제1항 제8호부터 제13호까지의 규정에 해당하는 대손금을 합병등기일 또는 분할등기일이 속하는 사업연도까지 손금으로 계상하지 아니한 경우 그 대손금은 해당 법인의 합병등기일 또는 분할등기일이 속하는 사업연도의 손금으로 한다고 규정하고 있다. 위 규정에 의하면 제1항 제8호부터 제13호까지의 대손금은 당해 법인이 이를 비용으로 계상한 경우에 한하여 그 계상한 사업연도의 손금으로 인정되는 것이 원칙이지만, 예외적으로 합병이나 분할이 있는 경우 그 합병이나 분할 직전의 사업연도에 한하여는 당해 법인이 이를 비용으로 계상하지 않더라도 그 사업연도의 손금으로 인정하여 그것이 합병법인이나 분할신설법인으로 승계되지 않도록 하였다. 피합병법인이나 분할법인이 임의로 대손금을 합병법인이나 분할신설법인으로 승계하는 것을 막겠다는 입법자의 의도가 반영되어 있다.

　법인세법 시행령 제19조의2 제1항 제8호의 대손금, 즉 '채무자의 파산, 강제집행, 형의 집행, 사업의 폐지, 사망, 실종 또는 행방불명으로 회수할 수 없는 채권'의 승계 여부가 쟁점이 된 최근의 사안이 있다. 대법원 2017. 9. 7. 선고 2017두36588 판결이다.

　이 판결은, 내국법인이 보유하고 있는 채권 중에서도 '채무자의 파산, 강제집행, 형의 집행, 사업의 폐지, 사망, 실종 또는 행방불명으로 회수할 수 없는 채권'(회수불능채권)의 손금산입시기는 해당 사유가 발생하여 손금으로 계상한 날이 속하는 사업연도이고, 이와 같이 법인세법령에서 소멸시효가 완성된 외상매출금 등의 경우에는 해당 사유가 발생한 날이 속하는 사업연도의 손금으로 정하고 있는 것과는 달리, 회수불능채권의 경우에는 손금으로 계상한 때를 기준으로 손금귀속시기를 정하고 있는 것은 대손금의 형태가 그에 대응한 청구권이 법적으로는 소멸되지 않고 채무자의 자산상황, 지급능력 등에 비추어 회수불능이라는 회계적 인식을 한 경우이기 때문이라고 판시하였다.

　나아가 법인세법 시행령 제19조의2 제4항은 합병 시까지 피합병법인이 대손금으로 계상하지 않은 회수불능채권의 손금귀속시기를 세무회계상 인식 여부와 관계 없이 일률적으로 정함으로써 법인세법 제44조에 정하고 있는 합병에 따른 피합병법인의 합병등기일이 속하는 사업연도의 소득금액 계산 방식과 일치시키기 위한 것이므로 합병 당시 채무자의 사업폐지 등으로 피합병법인의 채권 전부를 회수할 수 없다는 사실이 이미 객관적으로 확정되었는데도 회수불능채권을 합병등기일이 속하는 사업연도의 손금으로 계상하지 않았더라도 대손금은 법인세법 시행령 제19조의2 제4항에 따라 피합병법인의 합병등기일이 속하는 사업연도의 손금으로 하여야 하고, 이러한 회수불능채권을 피합병법인이 대손금 처리를 하지 않은 데에 고의 또는 중대한 과실이 없다고 하여 달리 볼 것은 아니라고 판시하였다.

이 사안은 합병법인이 피합병법인으로부터 법인세법 시행령 제19조의2 제1항 제8호의 회수불능채권을 승계받아 이를 손금산입하였다가 과세관청에 의하여 부인된 것인데, 소송에서 원고는 합병 이후에 비로소 회수불능이 되었다고 다투었으나 받아들여지지 않았고, 합병 이전에 이미 회수불능상태에 있었던 이상 그것을 피합병법인이 비용으로 계상하지 않았다고 하더라도 합병법인에게 승계될 수 없다는 결론에 이르렀다.

이와 같이 대손금을 합병법인이나 분할법인의 단계에서 손금산입하여 그에 따라 결손금이 발생하였다면, 적격합병·분할의 경우에는 그 결손금이 합병법인이나 분할신설법인으로 승계되므로 큰 불이익은 없지만, 비적격합병·분할의 경우에는 그 결손금이 승계되지 않으므로 불이익이 크다고 할 수 있다.

6. 포합주식의 처리

가. 포합주식 가액의 합병·분할 대가에의 합산

법인세법 제44조가 2009. 12. 31. 개정되면서 종전에 합병·분할로 인하여 해산하는 법인에 대하여 청산소득금액을 산정하여 과세하던 것을 자산의 양도소득금액을 산정하여 그에 대하여 과세하는 체제로 바뀌었다. 과세대상을 청산소득금액으로 보든 양도소득금액으로 보든 합병·분할로 인하여 받은 대가에서 합병·분할로 인하여 양도하는 자산의 가액을 차감하여 산정한다는 원칙에는 변함이 없다. 통상 합병·분할 전 법인의 주주들이 합병·분할에 따라 받는 것은 합병·분할로 인하여 존속하거나 신설되는 법인의 주식이고 그 가액이 합병·분할의 대가이다. 그런데 합병·분할로 인하여 존속하거나 신설되는 법인이 합병·분할 전에 미리 취득해 둔 합병·분할 전 법인의 주식이 있는데, 이를 통상 포합주식이라고 하여, 이에 대하여는 합병·분할로 존속하거나 신설되는 법인의 주식을 교부하지 않는 경우가 있다. 이 때문에 합병대가를 산정하는 데 적잖은 문제점이 생기게 되었고 이를 규제하기 위한 규정을 두고 있었다. 대표적으로 합병의 경우에 관한 규정을 살펴본다.

법인세법이 1998. 12. 31. 전면 개정되기 전에는, 그 시행령 제117조의2 제1항에서 내국법인의 합병에 있어서 합병법인이 합병 전에 취득한 피합병법인의 주식 또는 출자(포합주식)가 있는 경우에 그 취득으로 인하여 피합병법인의 청산소득이 부당히 감소되는 것으로 인정되는 때에는 포합주식 취득가액은 합병교부금으로 보고, 청산소득을 계산한다고 하면서, 이 경우에 당해 포합주식에 대하여 합병법인의 주식을 교부한 때에는 포합주식 취득가액 중 당해 교부주식가액을 공제한 금액을 합병교부금으로 본다고 규정하였다. 여기서 청산소득의 부당한 감소란 합병법인이 피합병법인의 주식을 합병 전에 미리 취득해 둠으로써 합병시에 피합병법인의 주주들에게 교부하는 합병법인의 주식 수를 줄임으로써 합병대가를 줄여 합병으로 인한 과세대상 소득을 줄이고자 하는 것을 말한다.

그 후 1998. 12. 31. 전면 개정되면서 그 시행령 제80조 제2항은, 합병대가의 총합계액을 계산함에 있어서 합병법인이 합병등기일 전 2년 이내에 취득한 피합병법인의 주식 등(포합주식 등)이 있는 경우로서 그 포합주식 등에 대하여 합병법인의 주식 등을 교부하지 아니한 경우 합병대가의 총합계액은 당해 포합주식 등의 취득가액을 가산한 금액으로 하고, 이 경우 주식 등을 교부한 경우에는 당해 포합주식 등의 취득가액에서 교부한 주식 등의 가액을 공제한 금액을 가산한 금액으로 한다고 규정하였다.

이와 같이 1998. 12. 31. 개정 전에는 포합주식의 취득으로 인하여 피합병법인의 청산소득이 부당히 감소되는 것으로 인정되는 때에 한하여 포합주식 취득가액을 합병대가의 총합계액에 가산하도록 규정하고 있었으나, 그 후에는 2년 이내에 취득한 포합주식의 경우 그 취득으로 청산소득이 부당히 감소되는지 여부를 따지지 않고 모두 그 취득가액을 합병대가의 총합계액에 가산하도록 하였다. 사실상 합병법인의 포합주식 취득으로부터 합병에 이르기까지의 일련의 거래와 과정 등을 종합하여 포합주식의 취득으로 인하여 피합병법인의 청산소득이 부당히 감소될지 여부를 판단하는 것이 현실적으로 쉽지 않고, 합병등기일 전 2년 이내에 취득한 포합주식은 합병과 관련되었을 개연성이 상당히 높으며, 포합주식의 가액 중 합병대가의 총합계액에 가산되는 것을 객관적으로 정함으로써 법적 안정성을 가져올 수 있으므로 그 개정취지는 수긍할 수 있다. 이러한 규정들의 위헌 논란에 관하여는 헌법재판소 2007. 4. 26. 선고 2005헌바83 전원재판부 결정과 헌법재판소 2009. 12. 29. 선고 2007헌바78 전원재판부 결정 등에서 합헌결정을 한 바 있다.

그리고 법인세법이 2009. 12. 31. 개정되면서 현재는 법인세법 시행령 제80조 제1항 제2호가 비적격합병일 경우의 양도가액을 산정함에 있어 합병법인이 합병등기일 전 취득한 피합병법인의 주식 등(합병포합주식 등)이 있는 경우에는 그 합병포합주식 등에 대하여 합병교부주식 등을 교부하지 않더라도 그 지분비율에 따라 합병교부주식 등을 교부한 것으로 보아 합병교부주식 등의 가액을 계산하도록 규정하였다. 종전의 규정들과 비교해보면 피합병법인의 소득이 부당하게 감소되는지 여부를 따지지 않는다는 점에서는 1998. 12. 31. 개정 후의 규정과 비슷하고, 그 취득시기를 제한하지 않는다는 점에서는 위 개정 전의 규정과 비슷하다. 그러나 위 종전규정들은 기본적으로 합병의 대가에 포함시키는 가액이 포합주식의 취득가액이었으나, 현행규정은 포합주식에 대하여 교부되었을 합병법인의 주식가액이라는 점에서 크게 대비된다고 하겠다.

나. 합병대가의 부당한 감소를 요건으로 할지 여부

포합주식의 가액을 합병대가에 포함하는 것에 대하여는 앞서 본 바와 같이 위헌의 시비가 있었다. 포합주식에 대하여 실제로 합병·분할에 따른 대가로 교부하는 것이 없음에도 그 가액을 대가에 합산함으로써 과세대상소득이 증가하게 되기 때문이다. 그래서 1998. 12. 31. 개정 전에는 포합주식의 가액을 합병대가에 포함시키기 위한 요건으로 합병대가의 부당한 감소를 요건으로 하고 있었고, 이에 대하여 대법원 1990. 7. 24. 선고 89누6150 판결, 대법원 1992. 5. 26. 선고 91누8449 판결 등은, 합병법인이 합병 전에 취득한 포합주식이 있는 경우에 그 취득으로 인하여 피합병법인의 청산소득이 부당히 감소되는 것으로 인정되는 때란, 반드시 주관적 요소로서 청산소득을 부당히 감소시킬 목적이나 의사가 인정되어야 한다는 것은 아니고, 합병법인의 주식취득으로부터 합병에 이르기까지의 일련의 거래와 과정 등을 종합하여 판단되어질 성질의 것이라고 판시하였다.

그런데 1998. 12. 31. 개정된 법인세법 시행령 제80조 제2항에서는 비록 합병대가의 부당한 감소를 요건으로 삼지는 않았지만 그 취득일에 제한을 둠으로써 역시 위헌의 시비를 가라앉혔고, 앞서 본 헌법재판소의 결정에서도 이를 수긍하였는데, 그 논거로서 합병 전에 합병법인이 피합병법인의 주식을 매수한 경우에는 피합병법인에게 지급할 합병대가가 줄어들게 되고 그에 따라 피합병법인의 청산소득금액도 감소되는데 포합주식 조항이 합병등기일 전 2년 이내에 취득한 포합주식의 취득대가를 합병대가에 가산하도록 규정한 것은 합병법인이 합병 전에 피합병법인의 주식을 미리 취득하여 청산소득에 대한 법인세 부담을 부당하게 회피하는 것을 방지하기 위한 것이므로 입법목적이 정당하다고 판시하였다.

그런데 1998. 12. 31. 개정된 법인세법 시행령 제80조 제2항에 관하여도 그 적용요건으로 합병대가의 부당한 감소를 요건으로 삼아야 하는지가 문제된 사안이 있다. 대법원 2011. 5. 13. 선고 2008두14074 판결이다. 이 판결은 조세법률주의의 원칙상 과세요건이나 비과세요건 또는 조세감면요건을 막론하고 조세법규의 해석은 특별한 사정이 없는 한 법문대로 해석할 것이고 합리적 이유 없이 확장해석하거나 유추해석하는 것은 허용되지 아니하며, 위 법인세법 제80조 제2항이 포합주식의 취득으로 인하여 피합병법인의 청산소득이 부당히 감소되는 것으로 인정되는 것을 그 적용요건으로 규정하고 있지 아니하는 이상, 합병법인이 취득한 주식이 포합주식에 해당하는 것만으로 위 법인세법 제80조 제2항의 적용대상이 된다고 해석할 것이라고 하면서, 합병등기일 전 2년 이내에 피합병법인의 주식을 취득한 이상 그로 인하여 피합병법인의 청산소득이 부당히 감소되었는지 여부에 관계 없이 그 주식은 포합주식에 해당하여 위 법인세법 제80조 제2항의 적용대상이 된다고 한 원심판결을 수긍하였다. 이 판결은 헌법재판소 결정과 같이 포합주식의 취득시기를 제한함으로써 청산소득의 부당한 감소 요건이 상당부분 반영되어 있으므로 이를 다시 별도의 요건으로 삼을 필요는 없다는 입장으로 이해된다.

그렇다면 현행의 법인세법 시행령 제80조 제1항 제2호를 적용함에 있어서는 양도소득의 부당한 감소를 별도의 요건으로 삼을 것인지가 새로운 문제로 대두된다. 현행의 위 규정에서는 포합주식의 취득시기에 관하여 아무런 제한을 두고 있지 않으면서 그 포합주식에 대하여 교부하였을 합병교부주식의 가액을 양도가액에 포함시키도록 하고 있으므로 양도소득의 부당한 감소를 요건으로 삼지 않을 경우 위 규정의 위헌시비가 다시 불거질 수 있다. 대법원 2011. 5. 13. 선고 2008두14074 판결의 판시를 그대로 받아들이면 위 규정을 문언대로 해석하여 양도소득의 부당한 감소가 요건이 될 수 없다고 볼 수 있다. 그러나 앞서 본 헌법재판소의 판시 취지를 고려해 보면 현행규정을 대법원 판결과 같이 해석할 경우 위헌의 논란을 해소하기 어렵게 된다. 그래서 현행규정에서는 다시 양도소득의 부당한 감소가 그 요건이 되어야 하는지 여부에 관하여 신중하게 검토해 볼 필요가 있다고 할 것이다. 적어도 납세자의 입장에서 그 포합주식을 합병·분할과 전혀 무관하게 합병·분할로부터 상당히 오래전에 취득하였음을 적극적으로 입증한다면 위 규정의 적용을 배제할 여지가 있다고 하겠다.

다. 포합주식 평가차손익의 처리

합병법인이 사전에 피합병법인의 포합주식을 취득해 두었다가 사후에 피합병법인을 흡수합병하는 경우 피합병법인의 주주들에게 합병신주를 교부함에 있어서 포합주식에 해당하는 합병신주는 자신에게 발행하지 않고 그 포합주식을 소각하는 방법으로 처리하는 것이 간편한 방법이다. 이럴 경우 포합주식의 소각에 따른 소각차손익이 발생할 수 있는데 이것을 자본거래로 인한 합병차손익으로 보아 익금이나 손금에 산입하지 않을 것인지 여부가 문제된다.

자본거래로 인한 합병차손익이란 간단히 정의하면 합병법인이 피합병법인의 자산과 부채를 현물로 출자받으면서 그 대가로 합병법인의 신주를 발행하는 것이고 그때 합병신주의 액면가액이 현물출자의 가액보다 낮으면 그 차손익은 그야말로 자본거래로 인한 것이어서 법인의 영업의 성과에 의한 것이 아니므로 익금산입이나 손금산입에서 배제되어야 마땅하다. 그런데 법인이 포합주식을 취득한 경우 포합주식 발행법인과의 합병이 이루어질 때까지는 그 취득한 법인의 입장에서는 그 주식이 투자자산으로 분류되고 그 투자자산은 포합주식 발행법인의 순자산가치 변화에 따라 평가액이 달라지게 된다. 이러한 평가액의 증감은 평가차손익으로 내재되어 있다가 합병에 의하여 그 주식을 소각함으로써 그 평가차손익이 실현된다고 할 수 있다. 따라서 이러한 포합주식의 평가차손익은 자본거래로 인한 합병차손익이 아니라 투자자산의 평가차손익의 성격을 지닌다고 보아야 하고 그래서 합병대가에 포함되어야 할 포합주식의 가액도 원칙적으로는 합병당시 포합주식의 평가액이 되는 것이 논리적이라고 하겠다. 왜냐하면 포합주식이 소각됨으로써 그 평가액이 합병법인의 자산에서 사라지게 때문에 그 가액이 합병대가에 포함되는 것이다.

그런데 법인세법이 2009. 12. 31. 개정되기 전에는 그 시행령 규정에서 포합주식의 취득가액을 합병대가에 포함하도록 규정하고 있어 포합주식의 평가차손익은 모두 합병차손익에 흡수될 수밖에 없었다. 예를 들어 포합주식의 평가차익이 발생하더라도 합병대가에 포함되는 포합주식의 가액은 평가차익이 발생하기 전의 취득가액이 되므로 그 평가차익은 합병차익의 일부가 되는 것이다. 이는 성격상 합병차손익이 될 수 없는 것임에도 합병대가에 포함되는 포합주식의 가액을 취득가액으로 의제함에 따른 결과라고 할 수 있다. 그래서 대법원 2014. 7. 24. 선고 2012두6247 판결은, 합병법인이 합병 전에 피합병법인의 주식을 전부 보유하다가 합병을 하면서 보유하던 피합병법인의 주식을 전부 소각한 경우에 그 소각으로 인한 손익은 합병차손익에 포함된 자본거래로 인한 것으로 보아야 한다고 전제한 다음, 원고가 2004. 4. 13. 피합병법인인 A사의 주식 전부를 인수하여 보유하다가 2006. 5. 29. A사를 흡수합병하면서 그 주식을 모두 소각함으로써 합병으로 승계한 A사의 순자산가액 14,915,814,160원이 소멸된 주식가액 22,409,326,540원에 미달하여 지분법투자평가손실 7,493,512,380원이 발생하였더라도 이는 자본거래로 인한 것이어서 그 주식 소각으로 발생한 손실은 손금산입의 대상이 되지 않는다고 판시하였다.

그러나 현행 법인세법 시행령에서는 위와 같은 의제규정을 두지 않고 제80조 제1항 제2호 (가)목 단서에서 합병법인이 합병등기일 전 취득한 피합병법인의 주식이 있는 경우에는 그 합병포합주식에 대하여 합병교부주식을 교부하지 않더라도 그 지분비율에 따라 합병교부주식을 교부한 것으로 보아 합병교부주식의 가액을 계산한다고 규정하고 있다. 따라서 이제는 합병대가에 합산되는 것은 포합주식의 취득가액이 아니라 합병교부주식의 가액이고 이는 등가교환이 전제가 된다면 합병당시의 포합주식의 평가액이 될 것이므로 결국 포합주식의 평가차손익은 익금이나 손금에 산입되지 않는 합병차손익이 되는 것이 아니라 과세대상이 되는 평가차손익 또는 투자자산 처분손익에 해당한다.

비영리법인에 대한 과세

1. 개요

　법인은 영리를 목적으로 하는지 여부에 따라 영리법인과 비영리법인으로 나눈다. 영리법인은 일반적 법인으로서 영리를 목적으로 하는 법인을 말하고, 여기서 '영리'란 단순히 이윤추구를 목적으로 하는 사업을 영위하는 데에 그치지 않고, 그러한 사업에서 발생한 이윤을 구성원에게 분배하는 것을 가리킨다. 반면에 비영리법인은 영리 아닌 사업을 목적으로 하는 법인을 말하는데, 법인세법 제1조 제2호는 그 각 목에서 비영리내국법인의 종류를 열거하고 있다. (가)목은 민법 제32조의 규정에 의하여 설립된 법인을 들고 있는데, 민법 제32조는 학술, 종교, 자선, 기예, 사교 기타 영리 아닌 사업을 목적으로 하는 사단 또는 재단은 주무관청의 허가를 얻어 이를 법인으로 할 수 있다고 규정하고 있다. 그리고 (나)목은 사립학교법 기타 특별법에 의하여 설립된 법인으로서 민법 제32조에 규정된 목적과 유사한 목적을 가진 법인을 들면서 그 괄호규정에서 대통령령으로 정하는 조합법인 등이 아닌 법인으로서 그 주주, 사원 또는 출자자에게 이익을 배당할 수 있는 법인을 제외한다고 규정하고 있다. 위 문언의 취지가 불완전하기는 하지만 괄호규정을 반대해석하면 대통령령이 정하는 조합법인 등은 이익 배당을 불문하고 비영리법인에 해당한다고 볼 수 있을 듯하다. 마지막으로 (다)목은 국세기본법 제13조 제4항에 따른 법인으로 보는 단체를 들고 있다.

　비영리법인도 그 본질에 반하지 않는 범위 내에서 수익을 목적으로 하는 사업활동을 할 수 있으므로, 법인세법 제3조 제3항은 비영리내국법인의 각 사업연도의 소득 중 그 각 호에서 열거하고 있는 사업 또는 수입을 수익사업으로 보아 거기에서 생기는 소득을 과세대상 소득으로 규정하고 있다. 그 각 호에서는 제조업, 건설업, 도매업·소매업, 소비자용품수리업, 부동산·임대 및 사업서비스업 등의 사업, 이자소득, 배당소득, 주식·신주인수권 또는 출자지분의 양도로 인하여 생기는 수입, 고정자산(고유목적사업에 직접 사용하는 고정자산은 제외한다)의 처분으로 인하여 생기는 수입, 소득세법 제94조 제1항 제2호 및 제4호에서 정하는 부동산에 관한 권리나 영업권 등의 양도로 인하여 생기는 수입, 그 외에 대가를 얻는 계속적 행위로 인하여 생기는 수입 등을 열거하고 있다.

비영리법인이 영위하는 사업은 이익을 창출하더라도 그것을 구성원들에게 분배하기보다는 비영리적인 용처에 사용될 것이므로 굳이 과세대상으로 삼지 않아도 괜찮을 듯하나 그 사업의 태양이 영리법인의 영리사업과 같을 경우에 비영리사업의 사업이라고 해서 과세대상에서 제외하게 되면 경쟁관계에 있을 수 있는 영리법인과의 사이에서 과세상의 형평이 무너져 영리법인이 불리한 위치에 처하게 되므로 조세의 중립성과 조세공평주의를 실현하기 위해서는 과세대상으로 삼는 것이 옳다고 할 수 있다. 그래야만 실질은 영리법인이면서 비영리법인의 외관을 악용하는 사례도 막을 수 있다.

2. 구분경리

법인세법 제113조는 비영리법인의 수익사업에 관한 과세의 편의를 위하여 비영리법인의 자산·부채 및 손익을 수익사업에 속하는 것과 비수익사업에 속하는 것을 각각 다른 회계로 구분하여 기록하도록 규정하였다. 그리고 그 시행규칙 제76조는 제1항에서 구분경리에 있어 수익사업과 비수익사업에 공통되는 자산과 부채는 이를 수익사업에 속하는 것으로 하고, 제2항에서 수익사업의 자산에서 부채(충당금을 포함한다)를 공제한 금액을 수익사업의 자본금(잉여금을 포함한다)으로 하며, 제3항과 제4항은 비수익사업의 자산을 수익사업에 지출 또는 전입한 경우 그 자산의 시가를 자본의 원입으로 처리하며, 반대로 수익사업에 속하는 자산을 비수익사업에 지출한 경우 그 자산가액 중 수익사업의 소득금액을 초과하는 금액은 자본원입액의 반환으로 하도록 규정하였다. 아울러 제6항은 수익사업과 비수익사업에 공통되는 익금과 손금은 각각의 수입금액 또는 매출액에 비례하여 안분하고, 공통손금은 수익사업과 비수익사업의 업종이 동일한 경우 각각의 수입금액 또는 매출액에 비례하여, 그 업종이 다를 경우 각각의 개별손금에 비례하여 각 안분하도록 규정하고 있다. 다만, 여기서 개별손금이 없는 경우 등으로 위와 같은 안분기준을 적용할 수 없거나 적용하는 것이 불합리한 경우에는 작업시간, 시용시간, 사용면적 등의 기준으로 안분하도록 하였다.

3. 과세대상 소득의 범위

가. 수익사업에서 생긴 소득

비영리내국법인의 각 사업연도의 소득은 법인세법에서 열거하는 수익사업에서 생기는 소득으로 제한된다. 영리법인은 법인세법에서 손익에 관하여 특별히 규정한 것을 제외하고 순자산증가주의에 의하여 과세소득을 산정하지만, 비영리법인의 경우에는 수익사업으로 법인세법에서 열거한 소득원천으로부터 생긴 소득에 한정하여 과세소득으로 하고 열거되지 않은 소득원천으로부터 생긴 소득에 대하여는 과세하지 아니한다는 점에서 차이가 있다. 즉, 비영리법인에 대하여는 소득세법과 같이 과세소득 열거주의를 취하고 있는 것이다. 수익사업에서 생긴 소득이라 함은 당해 사업에서 생긴 주된 수입금액 및 이와 직접 관련하여 생긴 부수수익의 합계액에서 당해 사업수익에 대응하는 손비를 공제한 소득을 말한다.

부수수익에 관하여는 법인세법 기본통칙 3-2…1 제2항에서 예시하고 있는데, 부산물, 작업폐물 등의 매출액 및 역무제공에 의한 수입 등과 같이 기업회계관행상 영업수입금액에 포함하는 금액, 수익사업과 관련하여 발생하는 채무면제익, 외환차익, 매입할인, 원가차익 및 상각채권추심이익, 수익사업과 관련하여 지출한 손금 중 환입된 금액, 수익사업의 손금에 산입한 제준비금 및 충당금 등의 환입액, 수익사업용 자산의 멸실 또는 손괴로 인하여 발생한 보험차익, 수익사업에 속하는 수입금액의 회수지연으로 인하여 받은 연체이자 또는 연체료수입(수익사업과 관련된 계약의 위약, 해약으로 받는 위약금과 배상금 등을 포함한다) 등이다.

비영리내국법인이 수익사업용 자산을 증여받은 경우 그것이 수익사업에서 생긴 소득으로 보아 법인세를 과세할 수 있는지가 문제되었다. 이에 대하여 대법원 2025. 1. 23. 선고 2023두47893 판결은 비영리내국법인이 수익사업을 영위하는 경우 특별한 사정이 없는 한 그 사업활동에서 직접 발생한 소득만이 '수익사업에서 생기는 소득'으로서 법인세 과세대상에 해당하고, '타인으로부터 무상으로 이전받은 자산의 가액(이하 '자산수증익'이라고 한다)'은 거기에 포함되지 않는다고 봄이 타당하다고 하면서, 수익사업을 영위하는 비영리내국법인이 타인으로부터 증여받은 수익사업용 재산은 법인세 과세대상이 아니라 증여세 과세대상이라고 보아야 한다고 판시하였다.

그 논거로는, 법인세법은 '수익사업에서 생기는 소득'에 관하여 별도의 정의규정을 두고 있지 않으므로, 사전적 정의 등 일반적으로 받아들여지는 의미를 존중하여 해석하여야 하는데, '생기다'라는 단어의 사전적 정의는 '없던 것이 새로이 나타나게 되다.'라는

것이므로, '수익사업에서 생기는 소득'이란 '소득의 발생원천이 수익사업 자체에 있다.'는
취지이고, 따라서 비영리내국법인이 영위하는 법에서 열거하고 있는 수익사업으로부터
직접 발생한 사업소득을 가리킨다고 해석함이 타당한 점, 법인세 과세대상이 되는 비영
리내국법인의 각 사업연도 소득인 '수익사업에서 생기는 소득'은 법인세법 제4조 제3항
각호에 한정적으로 열거되어 있는데, 사업외수익 또는 특별이익에 해당하는 자산수증익
은 위 각호에 열거되어 있지 않은 점, 그런데도 관련 조항을 확대해석함으로써 '수익사업
과 관련 있는 소득'까지 널리 포함한다고 보면 문언의 통상적인 의미를 벗어나게 되는
점, 일반적으로 증여 거래는 사업활동으로 볼 수 있는 정도의 계속성과 반복성을 갖지
않는다는 점에서도 증여재산을 '수익사업에서 생기는 소득'이라고 보기 어려운 점, 비영
리법인에 속하는 공익법인이 출연받은 재산에 대한 증여세 과세가액 불산입 특례를 규
정한 상증세법 제48조는 그 재산의 가액을 증여세 과세가액에 산입하지 않음으로써 공
익법인이 재산을 출연받은 시점에는 증여세 과세대상에서 제외하되, 공익목적사업 사용
의무 위반 등 그 재산의 사후관리를 위한 법정사유가 발생하면 증여세를 부과하도록 규
정하고 있는데, 이는 입법자가 예정한 비영리법인의 증여세 과세체계로서, 비영리내국법
인의 자산수증익이 원칙적으로 증여세 과세대상에 해당한다는 전제에서 마련되었다고
해석함이 합리적인 점 등을 들고 있다.

수익사업용 자산은 수익사업으로부터 창출되어 나온 소득이 아니라 수익사업에 사용
할 밑천이 되는 자산이며, 그 자산의 수증으로 비영리내국법인의 순자산이 증가하기는
하지만 그 원천도 비영리내국법인의 수익사업이 아니라 제3의 증여자이다. 따라서 이것
을 소득으로 보아 법인세를 과세할 수는 없고, 판시대로 증여세 과세대상이 되는지만 문
제될 뿐이다.

나. 고유목적사업과의 관련성 여부

비영리법인의 수익사업이라고 하더라도 그것이 비영리법인의 고유목적사업에 해당한
다거나 그 수익사업에서 생긴 소득이 고유목적사업에 사용될 경우에도 그 소득이 과세
대상이 되는지에 관하여 의문이 있을 수 있다.

1998. 12. 28. 전문 개정되기 전의 법인세법 제1조 제1항 단서는 비영리내국법인에 대
하여는 그 법인의 정관 또는 규칙상의 사업목적에 불구하고 그 제1호 내지 제7호에서
열거하고 있는 수익사업 또는 수입에서 생긴 소득에 대하여만 법인세를 부과한다고 규
정하고 있으므로, 소득이 생기는 수익사업 또는 수입이 위 단서 제1호 내지 제7호에 해당
하는 이상 그것이 비영리법인의 고유목적을 달성하기 위한 것인가의 여부를 불문하고

그로부터 생기는 소득은 법인세 과세대상이 된다고 해석하는 것이 위 규정의 문언에 부합한다. 대법원 1984. 12. 26. 선고 81누266 판결도 같은 취지에서 그 사업이 비영리법인의 고유사업이라고 할지라도 법인세 부과대상이 된다고 하면서, 한국마사회가 실시하는 경마사업은 법인세법 제1조 제1항 단서 제1호에서 정한 수익사업인 서비스업에 해당한다고 볼 것이므로 1975년부터 위 마사회의 경마실시사업으로 인한 소득은 그 사업이 비영리법인인 위 마사회의 고유사업이라 할지라도 법인세 부과대상이 된다고 판시하였다. 그리고 대법원 1991. 5. 10. 선고 90누4327 판결은 비영리법인이 수행하는 어느 사업이 수익사업인지 아닌지 여부는 당해 사업이 수익성을 가진 것인지 여부에 의하여 판단할 것이며 그 사업에서 얻는 수익이 종국적으로 고유목적사업의 재원조달에 충당된다 하여 그 수익성을 부정할 것은 아니라고 판시하였다.

　1998. 12. 28. 전문 개정된 법인세법은 제3조 제2항에서 비영리내국법인의 수익사업의 종류를 열거하면서 종전규정에 있던 '목적에 불구하고'라는 부분은 삭제되었지만, 종전규정의 경우와 마찬가지로 비영리법인의 수익사업 여부를 판단함에 있어서 정관상 고유목적사업에 해당하는지 여부는 고려하지 않고 사업 그 자체 내용에 따라 수익사업 여부를 판단하여야 할 것이다. 왜냐하면 위 규정에서 비영리법인의 수익사업의 요건으로 그 소득원천을 제한적으로 열거하고 있을 뿐 고유목적사업의 자금조달에 충당할 것을 요건으로 하거나 또는 고유목적사업과 별개의 목적사업을 요건으로 하고 있지 않기 때문이다. 따라서 수익사업의 판단은 당해 사업 행위가 법에서 열거한 수익사업의 행위에 해당하는지 여부를 고려해서 판단하는 것이 옳다. 같은 취지에서 법인세법 기본통칙(3-2…3)도 비영리내국법인의 수익사업과 비수익사업은 해당사업 또는 수입의 성질을 기준으로 구분한다고 하고 있다.

다. 사업의 계속성 · 반복성 여부

　과세대상이 되는 수익사업에서 생기는 소득에 해당하기 위해서 계속 · 반복성이 필요한지 여부가 문제된다. 먼저 법인세법 제3조 제3항은 제1호에서 제조업, 건설업, 도매업 · 소매업, 소비자용품수리업, 부동산 · 임대 및 사업서비스업 등의 사업으로서 대통령령으로 정하는 것을 규정하고, 법인세법 시행령 제2조 제1항은 한국표준산업분류에 의한 각 사업 중 수입이 발생하는 것을 말한다고 규정하고 있다. 기본적으로 사업이란 계속 · 반복성을 그 본질로 하며, 법인세법 제3조 제3항의 마지막 제7호에서 제1호 내지 제6호 외에 대가를 얻는 계속적 행위로 인하여 생기는 수입을 규정하고 있는 취지에 비추어 여기서의 사업은 계속 · 반복성을 내재적 요건으로 한다고 보는 것이 옳다. 대법원 1995.

6. 30. 선고 94누14575 판결, 대법원 1995. 3. 3. 선고 94누11170 판결도 같은 취지에서, 부동산의 임대행위가 위 규정에서 말하는 수익사업으로서의 부동산임대업에 해당하는 지 여부는 그 임대행위가 수익을 목적으로 함은 물론, 그 규모·횟수·태양 등에 비추어 사업활동으로 볼 수 있을 정도로 계속성과 반복성이 있는지 여부를 고려하여 사회통념에 비추어 가려야 할 것이라고 판시하고 있다.

그러나 법인세법 제3조 제3항의 제2호 내지 제6호에서 과세대상으로 규정하고 있는 이자소득과 배당소득, 그리고 주식이나 고정자산 등의 처분으로 인한 소득의 경우 그 성질이 사업성을 전제로 하는 것이 아니므로 계속·반복성을 논할 여지가 없다. 그래서 이들 소득은 일시적·우발적인 소득이라도 과세대상 소득이 된다고 할 것이다. 이들 소득까지 포함하여 수익사업이라고 약칭하는 것은 다소 부적절해 보인다.

라. 수익 목적성 여부

과세대상 소득으로 보는데 있어서 수익성 내지 수익의 목적을 필요로 하는지가 문제다. 이는 법인세법 제3조 제3항의 제1호에 국한된 문제라고 할 것이다.

그것이 필요하다는 입장에서는 수익사업이란 수익을 얻는 것이 목적이므로 당초부터 그러한 계획이 있어야 하고, 판매나 용역의 대가로서의 가액이 채산성을 전제로 하여야 하므로, 당초의 계획이 수익성을 무시하였다고 하여도 객관적으로 보아 수익성이 나타나는 것은 이 요건을 만족하는 것이나 어느 경우에도 수익을 얻는 것을 목적으로 하고 있다는 인식은 필요하다고 본다.[48] 비영리법인은 영리법인과 달리 그 법인의 목적 자체가 영리성이 없고, 그 수익이 구성원들에게 분배될 수도 없으므로 수익성이 그 요건이 될 수 없다고 할 수도 있다. 그러나 대법원은 수익성을 그 요건으로 한다고 판시하고 있다.

대법원 2005. 9. 9. 선고 2003두12455 판결은, 비영리내국법인의 수익사업에 해당하는지의 여부를 가림에 있어 그 사업에서 얻는 수익이 당해 법인의 고유목적을 달성하기 위한 것인지의 여부 등 목적사업과의 관련성을 고려할 것은 아니나 그 사업이 수익사업에 해당하려면 적어도 그 사업 자체가 수익성을 가진 것이거나 수익을 목적으로 영위한 것이어야 한다고 판시하였다. 이러한 전제하에 중소기업진흥공단은 비영리 내국법인으로서 공익적 성격이 매우 강조되고 있는데, 중소기업의 구조고도화 등의 사업지원을 위하여 정부에 의해 설치된 기금인 중소기업구조고도화자금을 대출 등의 방법으로 운용·관리함을 목적으로 하는 사업은 그 대출금리가 조달금리보다 낮게 책정됨에 따라 매년 거액의 이차손실이 계속 발생하고 있으며 이러한 대출금리의 결정은 위와 같은 사업목

---

48) 하홍준, "법인세법상 비영리법인의 수익사업", 영남법학 제4권 제1, 2호(영남대학교 법학연구소 1998. 2.)

표의 달성을 위하여 주무관청의 승인을 얻어 이루어지는 점 등에 비추어 보면, 위 사업은 그 대출금리와 조달금리의 차이에서 뿐만 아니라 위 중소기업구조고도화자금의 성격 및 대출금리 결정 등 그 운용방법에 기인하는 사업 자체의 성격상으로도 수익성을 가진 것이거나 수익을 목적으로 영위되는 것이라고 볼 수는 없으므로 수익사업에 해당하지 않는다고 할 것이고, 따라서 원고가 위 사업에 관하여 정부로부터 얻은 이차보전출연금은 법인세의 과세대상이 되지 않는다고 판시하였다. 일종의 국고보조금적 성격을 가진 이차보전출연금은 위 사업의 손실을 보전하여 주는 부수수익으로서, 자금조달에 따른 지급이자를 비용으로 계상하는 이상 이차보전출연금을 수익으로 보아야 한다는 과세관청의 주장을 배척한 것이다. 대법원 1996. 6. 14. 선고 95누14435 판결도 비슷한 취지이다.

비영리법인의 수익사업의 소득에 대하여 과세하는 것은 비영리법인과 영리법인 간의 조세부담의 형평성 및 경쟁의 공정성을 제고함과 아울러 조세의 회피를 방지하려는 데 그 취지가 있는 점에 비추어 볼 때, 수익의 목적은 물론 수익성조차 없다면 그 사업에서 생긴 소득에 대한 법인세의 비과세가 거래의 공정을 저해한다거나 영리법인에 의하여 조세회피의 수단으로 이용될 가능성이 없다고 할 수 있으므로 그것이 과세대상이 되기 위해서는 대법원의 입장과 같이 그 사업 자체가 수익성을 가진 것이거나 수익을 목적으로 영위한 것이어야 한다고 봄이 타당하다고 하겠다.

마. 정부출연금이나 국고보조금에 대한 과세 여부

비영리법인에 대하여는 그 공익성을 중시하여 비수익사업 부문의 손실을 보전해 주기 위하여 정부출연금이나 국고보조금이 지급되는 경우가 더러 있다. 그것이 정확히 손실의 보전에만 그친다면 원천적으로 과세소득이 산출될 수 없으므로 과세대상이 될 것인지 여부를 논할 필요가 없다. 그러나 실상은 정부출연금이나 국고보조금이 손실의 보전에 충당하고도 남음이 있을 수 있고, 그것이 수익사업 부문으로 전용되는 경우도 있다. 이런 경우 그것을 과세대상 소득으로 볼 것인지가 문제된다.

비영리법인의 사업 중 그 사업 자체에서 수익성이 있는 경우에는 정부출연금 등이 교부되는 경우가 없을 것이다. 정상적으로 정부출연금 등이 교부되는 경우는 모두 그 사업 자체로서는 수익성이 없고 손실이 발생하기 때문에 이를 보전하기 위한 것이다. 그리고 정부출연금은 그 사업의 성과로서 생긴 소득이 아니라 비영리법인의 공익적 성격을 고려하여 그 사업의 결과 발생한 손실을 보전하기 위한 것이다. 따라서 기본적으로 정부출연금은 과세대상 소득이 아니라고 보는 것이 옳다. 한편, 정부출연금 등이 비수익사업의 손실액을 초과하는 경우가 있을 수 있는데, 그 결과 약간의 이익이 발생한 듯한 외관이 있지만 그것이 사업 자체의 성과물이 아닌 이상 수익사업으로 전환되었다고 보는 것이 부적절하고 따라서 여전히 과세대상이 아니라고 보는 것이 옳다. 그리고 정부출연금 등은 그 사업의 성과물이 아니기 때문에 그 사업이 수익성이 있는 수익사업인지 여부를 판단하는 데 있어서도 고려하지 않는 것이 타당하다. 즉, 정부출연금이 없을 경우에는 손실이 나는 사업인데 정부출연금이 있음으로써 손실이 보전되고 남음이 있다고 해서 이를 수익사업으로 보는 것은 수익사업의 본질에도 어긋날뿐더러 법인세법의 취지에도 부합하지 않는다. 앞서 본 대법원 2005. 9. 9. 선고 2003두12455 판결에서도 중소기업진흥공단이 중소기업을 상대로 하는 대출사업은 조달금리보다 대출금리가 낮아 손실이 발생하는 구조였는데, 그 손실을 보전하기 위하여 정부가 이차보전출연금을 교부하였고, 그 결과 다소간의 차익이 발생하였다고 하더라도 그것을 과세대상 소득으로 볼 수 없다는 취지의 판시를 하였다.

　반면에 정부출연금이 수익사업으로 전용된 경우가 있을 수 있는데, 이는 정당한 전용이 아니라 불법 또는 부적법한 전용으로서 정부출연금의 본래 용처와 맞지 않는 것이므로 정부출연금으로서의 본래 성격을 상실한 것으로 볼 수 있다. 따라서 이는 수익사업의 부수수익으로 보아 과세대상으로 삼는 것이 옳다고 본다.

4. 고유목적사업준비금

가. 의의

　법인세법 제29조는 비영리내국법인이 각 사업연도에 그 법인의 고유목적사업이나 지정기부금에 지출하기 위하여 고유목적사업준비금을 손금으로 계상한 경우에는 일정한 한도 내에서 그 사업연도의 소득금액을 계산할 때 이를 손금에 산입하도록 규정하고 있다. 그 한도는 수익사업 소득의 50%와 이자소득과 배당소득 등을 합한 금액이다. 여기 '수익사업 소득의 50%'에서의 '수익사업 소득'의 산정에 관하여 구 법인세법 시행령 (2016. 2. 12. 개정 전) 제56조 제3항은 수익사업에서 발생한 소득금액(고유목적사업준비금과 법 제24조 제2항에 따른 기부금을 손금에 산입하기 전의 금액을 말한다)에서 법 제24조 제2항에 따른 기부금 등을 뺀 금액을 말한다고 규정하고 있었는데, 괄호 부분 밖에서 말하는 '법 제24조 제2항에 따른 기부금'에 관하여 대법원 2019. 12. 27. 선고 2018두 37472 판결은 구 법인세법 제24조 제2항에 따라 손금에 산입되는 기부금인 '법정기부금의 손금산입한도액'이 아니라 '비영리법인이 법정기부금으로 지출한 금액'을 의미하는 것을 보아야 한다고 판시하였다. 그래서 비영리법인이 실제로 지출한 법정기부금이 그 손금산입한도액을 초과하더라도 실제로 지출한 법정기부금을 손금산입하기 전의 소득금액에서 법정기부금의 손금산입한도액만을 뺀 금액이 아니라 실제로 지출한 법정기부금 전부를 뺀 금액을 기준으로 고유목적사업준비금의 손금산입한도액이 산정되어야 한다. 현행 법인세법 시행령 제56조 제3항은 수익사업에서 발생한 소득금액(고유목적사업준비금과 법정기부금을 손금에 산입하기 전의 금액을 말한다)에서 법정기부금 등을 뺀 금액을 말한다고 규정하고 있는데, 위 판례의 취지에 비추어 볼 때 마찬가지로 괄호 밖의 법정기부금이란 실제로 지출한 법정기부금을 의미한다고 해석해야 할 것이다.

법인세법 제29조의 규정은 비영리법인의 수익사업의 소득금액을 계산할 때 실제로 수익사업에 지출된 손금이 아님에도 비영리법인의 특수성을 고려하여 손금으로 산입하도록 하는 특례규정이라고 할 수 있다. 고유목적사업준비금은 고유목적사업이나 지정준비금으로 사용하기 전에 미리 손금으로 인정함으로써 그 금액만큼 수익사업의 과세소득을 줄여 과세를 하지 않다가 이후 실제 사용되지 않게 되면 그 손금을 부인하여 과세하는 제도로서 과세이연의 효과가 있다.

법인세법 시행령 제56조 제5항은 고유목적사업이란 비영리내국법인의 설립목적을 직접 수행하는 사업으로서 수익사업 외의 사업을 말한다고 규정하고 있다. 비영리법인의 경우 수익사업과 비수익사업을 구분하면서 수익사업에 대하여만 과세하고 있으므로 수익사업에서 얻은 수입을 비수익사업에 사용한다고 해서 수익사업의 손금으로 산입하는 것은 원칙이 아니며, 더구나 비수익사업에 실제로 사용하기도 전에 그 사용계획이 있음을 전제로 고유목적사업준비금을 설정하기만 하면 미리 수익사업의 손금으로 산입한다는 것은 이례적이다. 그럼에도 법인세법에서 이와 같은 특례를 인정하는 것은 비영리법인의 수익사업소득에 대하여 영리내국법인과 동일하게 법인세를 과세한다면 공익성이 있는 비영리내국법인이 고유목적사업 등에 사용할 재원 중의 일부가 국가 등에 귀속되어 공익사업을 원활하게 수행하는 데 있어서 장애가 될 수 있으므로 고유목적사업준비금을 손금에 계상한 경우 일정금액의 범위 안에서 이를 손금으로 산입하도록 하여 고유목적사업 등에 사용할 재원을 비영리내국법인에 유보할 수 있도록 하기 위한 것으로 이해할 수 있다.

나. 손금산입 방법과 사후 처리

법인세법 제29조 제1항에서 고유목적사업준비금을 손금으로 계상한 경우를 요건으로 하고 있기 때문에 장부상 고유목적사업준비금을 설정하면서 이를 비용으로 계상한 경우에 한하여 손금산입된다. 고유목적사업준비금 설정가능한도를 초과하여 계상한 고유목적사업준비금은 손금불산입하여야 하고, 그 이후의 사업연도에 설정가능 한도를 미달하게 설정한 경우에도 손금으로 추인할 수 없고, 법인이 한도초과되어 손금불산입된 고유목적사업준비금을 환입하여 수익으로 계상한 경우에는 이월익금으로 보아 이를 익금불산입한다.

그리고 같은 조 제3항은 사후에 고유목적사업준비금을 고유목적사업 등에 지출하는 경우는 그 금액을 먼저 계상한 고유목적사업준비금과 차례로 상계하여야 하고, 그 지출액이 고유목적사업준비금의 잔액을 초과하는 경우 그 초과금액은 그 사업연도에 계상할 고유목적사업준비금에서 지출한 것으로 보아 제1항의 규정을 적용하도록 하였다. 따라서 고유목적사업준비금을 적립하지 않은 채로 고유목적사업에 지출하는 경우에도 그 시점에 지출 전액을 손금산입한 후 그 사업연도 말에 고유목적사업준비금을 설정할 때 그 금액만큼 적게 설정하여 손금산입하면 된다.

이와 관련하여 대법원 2020. 5. 28. 선고 2018두32330 판결은, 비영리법인의 경우 수익사업에서 얻은 소득을 고유목적사업 등에 지출한다고 하더라도, 특별한 사정이 없는 한 이는 수익사업의 소득을 얻기 위하여 지출한 비용으로 볼 수 없으므로, 이를 고유목적사업준비금의 손금산입한도액 범위 안에서 손금에 산입할 수 있을 뿐, 이와 별도로 비영리법인의 선택에 따라 그 지출금을 수익사업의 수익에 대응하는 비용으로 보아 손금에 산입하는 것은 허용될 수 없다고 봄이 타당하다고 판시하였다.

여기서 지출한 금액이라 함은, 비영리내국법인이 당해 고유목적사업의 수행에 직접 소요되는 인건비 등 필요경비로 사용하는 금액과 의료보험·연금관리 및 공제사업 등을 영위하는 특별법에 의하여 설립된 비영리내국법인이 법령의 규정에 의하여 기금 또는 준비금으로 적립한 금액, 의료법인이 의료기기 등 고정자산을 취득하기 위하여 지출하는 금액 등을 말한다. 단지, 고유목적사업이 속하는 비영리사업에 속하는 자산을 비영리사업에 전입하는 것만으로는 고유목적사업에 지출한 것으로 볼 수 없는 것이 원칙이다. 이에 관하여는 나중에 살펴보는 바와 같이 법인세법 시행규칙 제76조 제4항에서 예외를 인정하고 있다.

그리고 같은 조 제5항 제4호는 손금에 산입한 고유목적사업준비금으로서 그 사업연도 종료일 이후 5년이 되는 날까지 고유목적사업 또는 지정기부금에 사용하지 아니한 경우(5년 내에 사용하지 아니한 잔액으로 한정한다) 그 5년이 되는 날이 속하는 사업연도의 소득금액계산에 있어서 익금에 산입하도록 하고, 제7항은 이 경우 손금에 산입됨으로 인하여 감소된 법인세액의 이자상당액을 법인세에 가산하여 납부하여야 하도록 하였다. 이에 관하여, 대법원 2017. 3. 9. 선고 2016두59249 판결은, 위 규정들은 비영리내국법인이 고유목적사업준비금으로 계상한 부분에 대하여 고유목적사업 등에 지출하기 전이라도 미리 손금에 산입할 수 있도록 허용하는 대신 고유목적사업준비금을 손금에 계상한 사업연도의 종료일 이후 5년이 되는 날까지는 고유목적사업 등에 지출이 이루어져야 한다는 점을 전제로 하여 위 기간 동안 과세를 이연함으로써 비영리내국법인이 공익사업을 원활하게 수행할 수 있도록 하기 위한 것이므로, 비영리내국법인이 5년의 유예기간 중에 고유목적사업준비금을 고유목적사업 등이 아닌 다른 용도에 사용하여 더 이상 고유목적사업에 지출할 수 없다는 점이 분명하게 드러남으로써 과세혜택을 부여할 전제가 상실된 경우라면, 5년의 유예기간에도 불구하고 사용금액 상당을 사유가 발생한 사업연도의 익금에 곧바로 산입할 수 있다고 판시하였다.

당시 법 문언상으로는 5년이 되기 전에 다른 용도에 사용하더라도 5년이 되는 날까지 기다려주었다가 그때 익금산입하도록 되어 있음에도, 위 규정의 입법 취지를 고려하여 익금산입의 시기를 법문언보다 좀 더 앞당겼다는 점에서 과세관청에게 유리한 합목적적 해석을 한 사례로 평가할 수 있겠다. 이러한 취지를 반영하여 법인세법이 2022. 12. 31. 개정되면서 제5항에 제5호를 신설하여 고유목적사업준비금을 고유목적사업등이 아닌 용도에 사용한 경우를 규정함으로써 여기에 해당하는 경우에는 당해연도에 바로 익금산입할 수 있도록 명문화하였다.

다. 사례 분석

(1) 쟁점의 소재

법인세법 시행규칙 제76조 제4항은 그 후문에서 조세특례제한법 제74조 제1항 제1호를 적용받는 사립학교법인 등이 수익사업회계에 속하는 자산을 비영리사업회계에 전입한 경우에는 이를 비영리사업에 지출한 것으로 한다고 규정하고 있다. 즉, 실제로 비영리사업인 고유목적사업에 지출 또는 사용한 것이 아님에도 비영리사업회계로 전입한 것만으로 그 사업에 지출한 것으로 본다는 규정이다. 고유목적사업준비금의 손금산입에 있어서 대단한 특혜규정이라고 할 수 있다. 단지, 시행규칙에서 이러한 파격적인 규정을 두는 것이 적정한지는 의문이 있으나 납세자를 위한 규정이므로 수긍할 수는 있다.

그러나 이 규정이 부당하게 조세를 면탈하는 데 이용될 가능성이 있다. 사립학교법인 등이 수익사업부문의 자산을 실제로 고유목적사업에 지출하지 않을 것이면서도 그 가액 상당을 고유목적사업준비금으로 계상하여 손금산입한 후 그 자산을 비영리사업회계로 전입함으로써 위 시행규칙에 의하여 고유목적사업에 지출한 것으로 의제받은 다음 이를 다시 영리사업회계로 환입하여 영리목적으로 사용할 경우에도 위 시행규칙의 적용을 그대로 용인할 것인지가 문제될 수 있다.

(2) 사안의 내용과 판시

대법원 2013. 3. 28. 선고 2012두690 판결의 사안은 다음과 같다. 원고가 조세특례제한법 제74조 제1항 제1호를 적용받는 학교법인으로서 2005년 11월경 수익사업인 부동산 임대업에 제공하던 부동산을 260억 원에 매도하고 수익사업을 폐쇄한 다음 그 사업연도 결산시 그 매도대금을 전액 비영리사업회계에 전출시키고 이를 고유목적사업 전출금이라는 항목으로 전액 손금산입하였다. 원고가 위 부동산을 매각하기 전에 매각대금의 용도를 '수익용 임대건물 대체 취득 240억 원' 등으로 하여 관할 관청으로부터 매각허가를 받았다. 원고는 2006년 12월경 수익사업인 부동산 임대업을 재개할 목적으로 175억 원의 대지를 매입하고, 2007년 3월경 그 지상에 85억 원의 건물신축공사를 진행하였다. 그 과정에서 원고는 위 전출금 260억 원 중 200억 원을 대지매입대금과 공사대금 등으로 사용하였고, 나머지는 비영리사업회계에서 보유하고 있었다. 이에 대하여 과세관청은 위 전출금 중 실제로 고유목적에 사용된 것은 60억 원에 불과하다는 이유로 나머지 200억 원은 손금불산입하였다. 원심은 법인세법 시행규칙 제76조 제4항 후문을 근거로 고유목적사업에 실제로 사용되었는지 여부에 관계 없이 전액 손금산입되어야 한다고 판시하였다.

그러나 대법원은 다음과 같은 이유로 과세관청의 조치가 정당하다고 판단하였다. 원고는 당초 자산의 처분대금으로 대체수익용 재산을 취득할 목적으로 당초 자산에 대한 처분허가를 받아 이를 매도하였던 것이고, 당초 자산의 매도대금은 위 전출금의 대부분을 차지하고 있는데, 위 전출금은 이를 비영리사업회계로 전출할 당시에 이미 그 대부분을 수익사업에 사용하도록 그 용도가 예정되어 있었고, 그 후 실제 위 전출금 260억 원 중 60억 원만이 고유목적사업에 사용되고, 나머지는 수익사업에 사용되었으므로, 수익사업회계에 속하던 자산을 비영리사업회계로 전출할 당시부터 위 자산을 수익사업에 사용할 목적이었고, 그 후 실제 위 자산을 수익사업에 사용한 경우에는 법인세법 제29조의 입법 취지에 비추어 볼 때 수익사업회계에 속하던 자산을 비영리사업회계로 전출하였다는 이유만으로 이를 손금에 산입할 수는 없다고 하였다. 법인세법 시행규칙 제76조 제4항 후문을 악용한 사례에 대하여 제재를 가했다는 점에서 실질과세원칙과 규범성을 중시한 모범적인 판결이라고 평가할 수 있겠다.

비슷한 사안에 관한 것으로 대법원 2016. 4. 15. 선고 2015두52784 판결이 있다. 사립학교법인인 원고가 2009. 5. 7. 수익용 기본재산인 종전 자산을 매도하여 수령한 매매대금을 비영리사업회계의 자산인 정기예금에 예치하고, 2009 사업연도 법인회계를 하면서 그 매매대금에서 종전 자산의 취득원가를 뺀 차액인 13,853,980,870원을 비영리사업회계로 전입하였으나, 원고가 한국수자원공사로부터 종전 자산에 관한 손실보상협의 요청을 받기 전에 이미 종전 자산의 매각 가능성을 인식하고 적극적으로 조기 손실보상을 의욕하면서 향후 손실보상금의 활용 방안인 수익사업용 대체자산의 구입을 계획한 사안에서, 2009 사업연도 중에 수익사업용 대체자산의 취득자금으로 사용한 7,022,809,807원(이하 '전출금'이라 한다)은 원고가 정기예금에 예치할 당시부터 수익사업용 대체자산을 취득하는 데 사용할 목적이 있었다고 봄이 타당하고 이후 실제로 그러한 용도로 사용하였으므로, 이는 비영리사업회계의 자산인 정기예금에 명목상으로만 전입한 경우에 해당하며, 나아가 이와 같이 원고가 2009 사업연도에 위 전출금을 정기예금에 예치한 것이 명목뿐인 것이라면 이를 2009 사업연도의 손금에 산입할 수 없다고 보고, 2009 사업연도가 지나기 전에 이 사건 전출금이 수익사업용 대체자산 취득에 사용되어 고유목적사업에 사용될 수 없음이 명백하여졌다는 등의 이유를 들어 위 전출금 상당액을 2009 사업연도의 익금에 산입하여 원고에게 법인세를 부과한 과세관청의 처분이 적법하다고 한 원심의 판단을 수긍하였다.

이 사안에서 대법원은 위 전출금은 당초부터 수익사업에 사용하기로 예정되어 있어 비영리사업회계로의 전입은 명목에 불과하고 실제로 그 전입 직후에 예정된 수익사업에 사용된 사정 등에 비추어, 명목상으로만 비영리사업회계로 전입된 위 전출금에 대응하는 금액을 2009 사업연도의 고유목적사업준비금으로 계상하여 처리한 것 역시 명목에 불과하고 고유목적사업 등에 지출하기 위한 것이 아님을 알 수 있으므로, 명목에 그친 비영리사업회계로의 진입이나 고유목적사업준비금 계상 사실민을 가지고 법인세법 제29조 제1항에 의하여 손금으로 처리할 수 없다고 덧붙였다. 앞서 본 판결과 같은 흐름의 판결이라고 할 수 있다.

5. 주택조합에 대한 과세

가. 주택조합의 소득에 대한 과세

2002. 12. 30. 도시 및 주거환경정비법(이하 '도시정비법'이라 한다)이 시행되면서 그 제18조 제1항은 재건축 등을 위하여 설립된 정비사업조합(이하 '주택조합'이라 한다)을 법인으로 보도록 규정하고 있으므로 재개발조합이든, 재건축조합이든 모두 법인세법이 적용된다. 그런데 주택조합의 경우 영리활동에 의하여 얻은 이익은 궁극적으로 그 조합원에게 분배되기 때문에 영리법인에 해당한다고 볼 여지가 있으나, 조세특례제한법 제104조의7 제2항은 비영리내국법인으로 보도록 규정하면서, 그 시행령 제104조의4는 주택조합이 관리처분계획에 따라 조합원에게 종전의 토지를 대신하여 토지 및 건축물을

공급하는 사업은 법인세법 제3조 제3항에 따른 수익사업이 아닌 것으로 본다고 규정하고 있다. 따라서 조합원이 아닌 일반인에 대한 분양사업만을 수익사업으로 보아 그 소득에 대하여만 법인세를 과세하게 된다. 같은 취지에서 대법원 2005. 6. 10. 선고 2003두2656 판결은, 구 주택건설촉진법(2003. 5. 9. 주택법으로 전문 개정되기 전의 것)에 의한 인가를 받아 설립된 주택조합이 건축한 주택을 일반분양하여 소득이 발생한 경우, 주택조합은 국세기본법상 법인으로 보는 법인격이 없는 단체로서 법인세법상 비영리내국법인에 해당하고, 위 소득은 비영리법인의 사업소득으로 법인세 부과대상이 되므로, 주택조합이 위 소득에 대한 법인세 납세의무자가 된다고 판시하였다.

위 규정상에서 말하는 '조합원에게 종전의 토지를 대신하여 토지 및 건축물을 공급하는 사업'의 범위에 관하여 견해의 대립이 있을 수 있다. 즉, 주택조합이 관리처분계획에 따라 조합원에게 공급하는 공동주택 및 그 부수토지 가액의 전액이라는 견해, 조합원이 주택조합에 출자한 토지와 건축물 가격 범위 안의 금액이라는 견해, 조합원이 주택조합에 출자한 토지가격 범위 안의 금액이라는 견해가 그것인데, 명백한 규정이 없어 의문이기는 하나 과세실무는 조합원에게 유리하게끔 첫 번째의 견해를 취하고 있는 것으로 보인다.

대법원 2011. 7. 14. 선고 2008두17479 판결은, 주택조합이 조합원들에게서 대지와 주택 등을 출자받아 아파트를 재건축한 다음 일부는 조합원들에게 분양하고, 나머지는 일반 분양한 다음 일반 분양으로 인한 수입금을 지분비율에 따라 조합원들이 납부할 건축비에 충당한 사안에서, 일반 분양대금 등에서 취득원가에 해당하는 일반 분양분 토지 지분의 장부가액과 공사비 등을 공제한 금액 상당 소득이 A조합에 발생하였으므로 위 소득은 비영리내국법인의 사업소득으로서 법인세 부과대상이 되고, 이는 건축비 충당시가 아니라 조합이 조합원들에게 그들의 출자가액을 초과하는 아파트를 분양한 때에 분배되는 것이므로, A조합의 조합원들이 조합원 분양분 아파트를 취득하기 전에는 조합원들에게 유출되었다고 볼 수 없다고 판시하였다. 이 판결에 의하면, 조합원들이 자신들에게 분양된 아파트를 취득한 시점에 조합의 소득이 조합원들에게 귀속된다고 보므로 이때를 기준으로 소득금액변동통지가 이루어져야 하고 그에 따라 조합은 조합원들의 소득세를 원천징수하여 납부할 의무가 생긴다고 하겠다.

위와 같이 일반 분양사업만을 수익사업으로 보고 조합원 분양사업을 수익사업으로 보지 않을 경우 주택조합은 법인세법 제113조에 따라 일반 분양사업과 조합원 분양사업에 대하여 구분경리를 하여야 한다. 구분경리란 구분하여야 할 사업 또는 재산별로 자산·부채 및 손익을 법인의 장부상 각각 독립된 계정과목에 의하여 구분하여 기장하는 것을 말한다. 다만, 각 사업 또는 재산별로 구분할 수 없는 공통되는 익금과 손금은 구분경리의 대상에서 제외되나, 일정한 방법에 의하여 구분계산하여야 하고, 자본도 구분계산한다.

따라서 자산, 부채, 개별손익금은 구분경리를 하여야 하고, 자본·공통손익금은 세액계산의 필요에 의하여 구분경리가 아닌 구분계산을 하여야 한다.

한편, 조세특례제한법 제104조의7 제1항은 구 주택건설촉진법에 의한 설립인가를 받은 후 도시정비법에 의하여 법인으로 등기한 전환정비사업조합의 경우에는 전환정비사업조합 및 그 조합원을 각각 소득세법상 공동사업장 및 공동사업자로 보아 소득세법을 적용하되, 법인세법에 의하여 신고한 경우에는 법인세법에 의하여 과세하도록 규정하고 있다. 이와 같이 전환정비사업조합의 경우 원칙적으로 소득세법을 적용하고, 예외적으로 조합의 선택에 따라 법인세법을 적용하도록 한 취지는 도시정비법 시행 이전에 설립된 전환정비사업조합에 대해서는 종전과 같이 소득세법을 적용하도록 하여 법적 안정성 및 예측가능성을 제고하려는 데 있다고 한다.[49] 그러나 이러한 전환정비사업조합에 대한 과세특례는 위 대법원 2005. 6. 10. 선고 2003두2656 판결을 예상하지 못하고 규정한 것이어서, 위 규정의 시행 이전에는 위 판례에 따라 법인세를 부과하고, 위 개정규정의 시행 이후에는 원칙적으로 소득세를 부과해야 하는 불일치를 야기하게 되었다.

나. 조합원의 소득에 대한 과세

소득세법 제88조 제1항은 양도소득세의 과세원인인 양도란 자산에 대한 등기 또는 등록과 관계 없이 매도, 교환, 법인에 대한 현물출자 등으로 인하여 그 자산이 유상으로 사실상 이전되는 것을 말한다고 규정하고 있으므로 조합원이 재건축조합에 토지와 건축물을 현물출자하는 것은 위 조항에서 말하는 양도소득세의 과세원인인 양도에 해당한다고 할 것이다. 그런데 소득세법 제88조 제2항 제1호는 도시개발법이나 그 밖의 법률에 따른 환지처분으로 지목 또는 지번이 변경되거나 체비지로 충당되는 경우에는 이를 양도로 보지 아니하도록 규정하고 있고, 소득세법 시행령 제162조 제1항 제9호는 도시개발법 기타 법률에 의한 환지처분으로 인하여 취득한 토지의 취득시기는 환지 전의 토지의 취득일로 하되, 다만 교부받은 토지의 면적이 환지처분에 의한 권리면적보다 증가 또는 감소된 경우에는 그 증가 또는 감소된 면적의 토지에 대한 취득시기 또는 양도시기는 환지처분의 공고가 있은 날의 다음 날로 한다라고 규정하고 있다.

위 각 규정에 따르면, 환지처분으로 인하여 권리면적의 변동이 없이 취득한 토지는 환지 전의 토지 취득일을 당해 토지의 취득시기로 보게 되므로, 소득세법 제88조 제2항 제1호가 환지처분을 양도로 보지 아니한다고 규정한 것은 당초 토지 취득일부터 환지시점까지의 양도차익을 아예 비과세한다는 것이 아니라 나중에 보유기간 전체에 대한 양도

---

49) 국세청, 개정세법 해설(2004)

차익을 과세함으로써 환지처분 당시의 양도차익을 과세이연하는 효과를 가져오는 것이라고 하겠다.[50]

한편, 도시정비법 제55조 제2항은 조합원에게 분양하는 대지 또는 건축물은 도시개발법에 의한 환지로 보고, 보류지와 일반에게 분양하는 대지 또는 건축물은 도시개발법에 의한 보류지 또는 체비지로 보도록 규정하고 있다. 이에 따라 조합원이 재건축조합 또는 재개발조합에 토지 또는 건축물을 현물출자하고 관리처분계획에 따라 취득하는 건축물이 소득세법 제88조 제2항 제1호에 해당하는지 여부가 문제되는데, 과세관청은 도시정비법 시행 이전부터 재개발의 경우는 물론 재건축의 경우에도 위 조항에 해당하는 것으로 해석하여 왔던 것으로 보인다.[51]

대법원 2004. 6. 11. 선고 2002두6149 판결도, 주택개량재개발조합에게 토지를 제공하고 아파트와 상가를 분양받은 경우, 종전 토지 중 상가의 분양가액에 상응하는 부분은 양도소득세의 과세대상이 되는 자산의 양도가 아니라고 판시하였다. 이 사안에서 원고가 토지를 출자하고 아파트를 분양받은 부분은 자산의 양도가 아니라고 보는 데는 다툼이 없었고, 다만 상가를 분양받은 부분은 도시재개발법상의 분양처분에 의한 것인지 아니면 현금청산금에 대한 대물변제에 의한 것인지가 다투어졌는데 분양처분에 의한 것이라고 보아 상가를 분양받은 부분도 자산의 양도에 해당하지 않는다고 판시한 것이다. 따라서 위 판결은 분양처분에 의한 아파트와 상가의 취득이 소득세법 제88조 제2항 제1호에 해당한다는 것을 당연한 전제로 하고 있다고 하겠다.

이러한 법리를 반영하여 소득세법 시행령 제166조는 재개발사업은 물론 재건축사업의 경우에도 조합원이 관리처분계획에 따라 취득한 토지 또는 건물을 양도하는 때에는 과세이연된 양도차익까지 한꺼번에 과세하도록 규정하고 있다. 다만, 조합원이 재건축조합 등에 출자한 권리가액이 분양받은 아파트 등의 가액을 초과하여 재건축조합으로부터 청산금을 지급받은 경우 청산금은 자산의 유상양도에 해당하여 양도소득세 부과대상이 된다고 하겠다. 다만, 앞서 대법원 2011. 7. 14. 선고 2008두17479 판결에서 본 바와 같이 조합이 일반분양분을 통하여 얻은 수익사업의 소득을 조합원들이 취득한 아파트의 건축비에 충당한 경우에는 그 부분 소득은 조합원들이 아파트를 취득한 시점에 조합원들에게 귀속된 것으로 보므로 조합원들은 원천납세의무자로서 이에 대한 소득세를 부담하게 된다. 이 부분은 과세대상인 조합의 수익사업 소득이 조합원들에게 분배된 것에 불과하므로 과세이연의 대상이 되지 않는다고 보아야 한다.

---

50) 김청식, 주택재건축사업 소득에 관한 중복과세 문제와 개선방안, 조세연구(10-1집)
51) 재일 46014-1404, 1998. 7. 27.

제**3**편

소득세법

납세의무자

1. 거주자와 비거주자

가. 개요

　소득세법 제2조 제1항은 소득세의 납세의무자로 거주자와 비거주자를 규정하고 있다. 거주자는 국내외 원천소득 모두에 대하여 소득세를 납부할 의무를 부담하고, 비거주자는 국내원천소득에 한하여 소득세 납세의무를 부담하며, 국외원천소득에 대하여는 소득세 납세의무가 없다. 그래서 국외원천소득에 대하여 소득세를 과세하고자 할 때 거주자와 비거주자의 구별은 중요한 쟁점이 되고 있다. 실제로 국외원천소득이 많은 자들은 그에 대한 소득세를 부담하지 않기 위하여 거주자의 요건을 피하기 위한 여러 가지 묘책들을 강구하고 있고, 그것이 조세쟁송에 자주 문제시되고 있다.

　거주자와 비거주자의 정의에 관하여는 소득세법 제1조의2 제1항에서 규정하고 있다. 거주자란 국내에 주소를 두거나 183일 이상의 거소를 둔 개인을 말한다고 규정하고, 비거주자란 거주자가 아닌 개인을 말한다고 규정하고 있다. 소득세법이 2014. 12. 23. 개정되기 전에는 1년 이상의 거소를 둔 개인을 거주자로 보았으나 위 개정시에 현행과 같이 183일 이상의 거소를 둔 개인을 거주자로 봄으로써 거주자의 범위를 확대하였다. 위 규정의 체계에 의하면, 거주자와 비거주자의 구별에 관하여는 먼저 거주자의 요건을 충족하는지를 따져보고 그 요건을 충족하지 못하는 경우는 모두 비거주자로 보아야 한다. 거주자의 요건 중 핵심은 주소와 거소인데 거소에 관한 요건은 비교적 구체적이고 명확하지만 주소에 관한 요건은 추상적이어서 이에 관한 다툼이 많다. 이하 거주자의 요건에 관하여 자세히 살펴보기로 한다.

나. 거주자의 요건

(1) 관련 규정

소득세법상 거주자는 국내에 주소나 반년 이상의 거소를 둔 개인인데, 주소와 거소에 관하여는 소득세법 시행령 제2조에서 자세하게 규정하고 있다. 제1항은 주소는 국내에서 생계를 같이하는 가족 및 국내에 소재하는 자산의 유무 등 생활관계의 객관적 사실에 따라 판정한다고 규정하고, 제2항은 거소는 주소지 외의 장소 중 상당기간에 걸쳐 거주하는 장소로서 주소와 같이 밀접한 일반적 생활관계가 형성되지 아니한 장소로 한다고 규정하고 있다. 여기서 '국내에서 생계를 같이하는 가족'이란 우리나라에서 생활자금이나 주거장소 등을 함께하는 가까운 친족을 의미하고, '직업 및 자산상태에 비추어 계속하여 1년 이상 국내에 거주할 것으로 인정되는 때'란 거주자를 소득세 납세의무자로 삼는 취지에 비추어 볼 때 1년 이상 우리나라에서 거주를 요할 정도로 직장관계 또는 근무관계 등이 유지될 것으로 보이거나 1년 이상 우리나라에 머물면서 자산의 관리 · 처분 등을 하여야 할 것으로 보이는 때와 같이 장소적 관련성이 우리나라와 밀접한 경우를 의미한다고 한다(대법원 2014. 11. 27. 선고 2013두16876 판결 등). 그리고 거소는 주소지 외의 장소 중 상당기간에 걸쳐 거주하는 장소로서 주소와 같이 밀접한 일반적 생활관계가 형성되지 아니한 장소로 한다고 규정한다. 아울러 계속하여 183일 이상 국내에 거주할 것을 통상 필요로 하는 직업을 가진 때, 국내에 생계를 같이하는 가족이 있고 그 직업 및 자산상태에 비추어 계속하여 183일 이상 국내에 거주할 것으로 인정되는 때에는 국내에 주소를 가진 것으로 본다고 규정한다. 반대로 국외에 거주 또는 근무하는 자가 외국국적을 가졌거나 외국법령에 의하여 그 외국의 영주권을 얻은 자로서 국내에 생계를 같이하는 가족이 없고 그 직업 및 자산상태에 비추어 다시 입국하여 주로 국내에 거주하리라고 인정되지 아니하는 때에는 국내에 주소가 없는 것으로 본다고 규정한다. 그 밖에 외국을 항행하는 선박 또는 항공기의 승무원인 경우 그 승무원과 생계를 같이하는 가족이 거주하는 장소 또는 그 승무원이 근무기간 외의 기간 중 통상 체재하는 장소가 국내에 있는 때에는 당해 승무원의 주소는 국내에 있는 것으로 보고, 그 장소가 국외에 있는 때에는 당해 승무원의 주소가 국외에 있는 것으로 본다고 규정한다.

한편, 소득세법 시행령 제3조는 거주자나 내국법인의 국외사업장 또는 해외현지법인 (내국법인이 발행주식총수 또는 출자지분의 100분의 100을 직접 또는 간접 출자한 경우에 한정한다) 등에 파견된 임원 또는 직원이나 국외에 근무하는 공무원은 거주자로 본다고 규정하고 있다. 이러한 경우는 생계를 유지하는 수입의 근원이 국내에 있다고 보기 때문으로 짐작된다. 다만, 주의할 것은 내국법인의 국외사업장 또는 해외현지법인에 파견된 경우에 해당하여야 하므로 고용계약상의 고용자는 내국법인이어야 한다. 만약 내국법인에서 사직을 하고 해외현지법인에 새로 취업한 경우라면 파견으로 볼 수 없으므로 여기에 해당하지 아니한다. 대법원 2011. 4. 28. 선고 2010두15056 판결도 같은 취지이다.

주소에 관하여는 민법에 그 정의규정을 두고 있으므로 소득세법은 그 개념을 차용한 것으로 볼 수 있는데, 민법은 제18조에서 주소에 관하여 생활의 근거가 되는 곳을 주소로 한다고 하면서, 주소는 동시에 두 곳 이상 있을 수 있다고만 규정함으로써 그 내용에 구체성이 부족하다. 그래서 소득세법 시행령에서는 민법보다 자세하게 주소에 관하여 규정하고 있는 것이다. 거소에 관하여는 민법에서 별도의 정의규정을 두고 있지 않아 소득세법 시행령에서 위에서 본 바와 같이 별도의 정의규정을 두고 있는 것이다.

그리고 소득세법 시행령 제4조는 거소를 둔 기간에 관하여, 국내에 거소를 둔 기간은 입국하는 날의 다음 날부터 출국하는 날까지로 하고, 국내에 거소를 두고 있던 개인이 출국 후 다시 입국한 경우에 생계를 같이하는 가족의 거주지나 자산소재지 등에 비추어 그 출국목적이 관광, 질병의 치료 등으로서 명백하게 일시적인 것으로 인정되는 때에는 그 출국한 기간도 국내에 거소를 둔 기간으로 보며, 국내에 거소를 둔 기간이 1과세기간 동안 183일 이상(2과세기간에 걸쳐 계속하여 183일 이상인 경우 포함)인 경우에는 국내에 183일 이상 거소를 둔 것으로 본다고 규정하고 있다. 아울러 재외동포가 입국한 경우 생계를 같이하는 가족의 거주지나 자산소재지 등에 비추어 그 입국목적이 관광, 질병의 치료 등의 사유에 해당하여 그 입국한 기간이 명백하게 일시적인 것으로 인정되는 때에는 해당 기간은 국내에 거소를 둔 기간으로 보지 아니한다고 규정하고 있다.

(2) 주소와 거소의 판정

주소에 관하여는 민법 제18조와 소득세법 시행령 제2조는 서로 독립된 별개의 규정이 아니라 후자가 전자를 보다 구체화한 규정이라고 할 수 있으므로 이들 규정의 취지를 종합하여, 국내에 생계를 같이하는 가족이 있고 그 생계의 근간이 되는 자산과 수입원이 국내에 있는 경우에는 국내에 생활의 근거되는 곳이 있다고 보아 거주자로 판정할 수 있을 것이다. 그리고 거소에 관하여는 소득세법 시행령 제2조에 의하여 판단하면 족하다.

주소와 거소의 관계에 관하여 보면, 거소는 주소만큼 밀접한 일반적 생활관계가 형성되지 아니한 장소이므로 거주자성을 인정할 때 그 기간을 중시하여 국내에 183일 이상의 거소를 두었을 때만 거주자로 인정하는 것이다. 반면에, 주소는 국내에 밀접한 일반적 생활관계가 형성되어 있는 장소이므로 그 기간이 183일에 미달하더라도 거주자로 인정될 수 있다. 그러나 국내에 주소를 두었다는 기간이 183일에 미달하면서 단기간에 그친 경우 생활의 근거지로서의 주소라기보다는 일시적인 거소로 볼 여지가 커진다고 하겠다. 왜냐하면 생활의 근거지는 상당기간의 지속을 그 본질로 하기 때문이다.

그리고 국내에 거소를 두었는지 여부를 판단하는 데는 국내에 체류하였는지가 중요한 요소로 작용한다. 거소는 주소만큼 밀접한 일반적 생활관계가 형성된 장소가 아니므로 그 개인이 그곳에 체류하지 않으면 거소로서의 성질이 약해진다고 볼 수 있기 때문이다. 그래서 소득세법 시행령 제4조도 국내에 거소를 둔 기간은 입국하는 날의 다음 날부터 출국하는 날까지로 하는 것을 원칙으로 하되, 다만 국내에 거소를 두고 있던 개인이 출국 후 다시 입국한 경우에 생계를 같이하는 가족의 거주지나 자산소재지 등에 비추어 그 출국목적이 관광, 질병의 치료 등으로서 명백하게 일시적인 것으로 인정되는 때에는 그 출국한 기간도 국내에 거소를 둔 기간으로 본다고 규정하고 있다. 반면에 국내에 주소를 두었는지 여부를 판단하는 데는 국내에 체류하였는지 여부는 별로 중요시하지 않는 것으로 보인다. 국내에 밀접한 일반적 생활관계가 형성된 장소가 있다면 그 개인이 해외에 체류하더라도 국내에 주소를 두고 있다고 보는데 별 어려움이 없기 때문이다.

조세쟁송에서는 해외에 자주 체류하는 개인의 경우 국내 체류기간이 2과세기간에 걸쳐 183일에 미달하면 과세관청은 거소의 요건을 갖추었는지를 다투기보다는 오히려 국내에 주소를 두었다고 주장하는 방향으로 쟁송을 진행하는 경우가 많다. 그래서 그 개인의 해외체류에도 불구하고, 국내에 생계를 같이하는 가족이 있는지, 그 생계의 근간이 되는 자산과 수입원이 국내에 있는지 등을 밝히고자 한다. 결국 이러한 여러 가지 사정들을 두루 종합하여 국내에 주소를 두었는지 여부를 판단하게 될 것이고 최종 판단의 몫은 법원에 있다고 할 것이다.

지금까지 살펴본 주소와 거소의 요건에 의하면 개인이 국내와 국외에 동시에 주소나 거소를 둘 수 있어 우리나라에서 거주자성을 갖추면서 동시에 외국에서도 거주자성을 갖출 수 있다. 이러한 경우 동일한 소득에 대하여 이중으로 과세될 수도 있게 되는 것이므로, 이를 방지하기 위하여 각국 간 조세조약의 체결을 통해 별도의 규정을 두고 있다. 대법원 2008. 12. 11. 선고 2006두3964 판결은 이러한 경우 그 중복되는 국가와의 사이에 체결된 조세조약이 정하는 바에 따라 어느 국가의 거주자로 간주될 것인지를 결정하여야 하고 그 조세조약에 따른 거주지국 및 그 세율의 결정은 과세요건에 해당한다고 할 것이나, 국내 거주자인 납세의무자가 동시에 외국의 거주자에도 해당하여 조세조약이 적용되어야 한다는 점에 대하여는 이를 주장하는 납세의무자에게 그 증명책임이 있다고 판시하였다.

다. 사례 분석

(1) 비거주자로 인정한 사례

주식의 양도소득을 얻은 원고에게 과세관청이 양도소득세를 부과하였으나, 원고가 자신은 비거주자이므로 자신에 대한 양도소득세 부과처분은 부적법하고, 그 소득을 지급한 자에게 양도소득세를 원천징수하여야 한다고 다툰 사안에서, 비거주자성을 인정한 사례가 있다. 대법원 2016. 1. 28. 선고 2015두52050 판결이다.

원고는 1982년 미국으로 유학을 가서 대학을 졸업하고, 미국 시민권자와 결혼하여 슬하에 자녀 2명을 두었으며, 1986년경에 미국 영주권을 취득하였다. 원고의 배우자와 자녀들은 모두 미국에 거주하고 있다. 원고가 국내에 소재한 부동산을 소유하고 있지는 않았다. 원고가 미국에서 A사의 회장(대주주)으로 근무하면서 받은 2008년 근로소득은 55,690달러였고, 2008년 총소득은 118,191달러였다. 원고는 1999. 10. 15. B저축은행 설립당시부터 그 최대주주로서 주식을 보유하여 오다가 2008. 1. 9. 그 형제들이 대표이사로 있는 C사에게 양도대금 100억 원에 양도하였다. 그 양도소득세의 부과처분이 문제되었다.

원고는 2003. 9. 22.부터 위 주식 양도일까지 B저축은행의 등기이사로 근무하였으며, 그로부터 2005년 24,000,000원, 2006년 79,000,000원, 2007년 70,000,0000원의 급여를 받았다. 원고는 2007. 6. 14. G사를 설립한 후 발행주식 100%를 소유하면서 2010. 7. 10.까지 대표이사로 근무하였으나 G사의 2007년, 2008년, 2010년도 부가가치세확정신고서상 매출액은 0원이었다. 그리고 B저축은행 주식 양도 직후인 2008. 3. 7. 서울 여의도 소재 빌딩을 본점으로 하여 D자산운용사를 설립한 후 대표이사로 재직하고 있다. 2008. 5. 26.에는 S회계법인과 용역계약을 체결하여 자산운용회사 예비 허가 및 본 허가를 받기 위한 준비작업에 착수하여 2010. 5. 26. 금융위원회로부터 금융투자업 인가를 받았고, 2008. 9. 10. F저축은행 주식의 51%를 인수하였다. 원고의 국내체류일은 2007년 143일, 2008년 187일, 2009년 272일, 2010년 170일이었다.

이에 대하여 원심은 다음과 같은 사정을 이유로 위 주식의 양도당시 비거주자에 해당한다고 보았다. 원고의 처와 자녀는 모두 미국에 거주하고 있고, 원고는 국내에 원고와 생계를 같이하는 가족이 없으며, 국내에 소재한 부동산을 소유하고 있지도 않았다. 원고가 D자산운용의 대표이사로 취임한 것과 F저축은행의 주식과 경영권을 양수한 것은 위 주식 양도 이후이므로 이를 고려할 수는 없고, B저축은행의 최대주주로서 등기이사 직책으로 근무하면서 급여를 지급받아왔으나 그 직책을 '계속하여 1년 이상 국내에 거주할 것을 통상 필요로 하는 직업'에 해당한다고 보기는 어렵다. 원고가 A사로부터 2008. 2. 1.부터 2008. 4. 30.까지 사이에 지급받은 근로소득 2,100,000원은 그 금액이나 지급기간에 비추어 볼 때 일시적인 근로제공의 대가로 받은 것으로 보인다. 또, 원고는 2007. 6. 14. 국내에 G사를 설립한 후 2010. 7. 10.까지 대표이사로 근무하였으나 G사가 신고한 2007년도, 2008년도 부가가치세확정신고서에는 매출이 0원으로 기재되어 있는 점과 G사의 규모, 사업경위 등에 비추어 보면, G사의 대표이사 직책 또한 '계속하여 1년 이상 국내에 거주할 것을 통상 필요로 하는 직업'에 해당한다고 보기도 어렵다. 원고는 2007년과 2008년에 수차례 입국과 출국을 반복하였는데, 2007년도, 2008년도 2과세기간에 걸쳐 국내체류일의 합계는 1년을 넘지 않는다. 그리고 위에서 인정한 원고의 가족들의 거주지 등에 비추어 보면 원고의 출국목적이 명백하게 일시적인 것으로 인정되는 경우에 해당한다고 할 수도 없다.

이러한 원심판단을 대법원은 그대로 수긍하였다. 이 사안에서 비거주자로 본 주요 근거 중에 하나가 2과세기간에 걸쳐 국내체류일이 합계 1년을 넘지 않았다는 점이다. 이 사안 당시에는 소득세법 시행령 제4조 제3항이 국내에 거소를 둔 기간이 2과세기간에 걸쳐 1년 이상인 경우에는 국내에 1년 이상 거소를 둔 것으로 본다고 규정하고 있었으므로 원고가 위 규정을 피해갈 수 있었다. 그러나 위 규정이 2015. 2. 3. 개정되면서 1년이 183일로 단축됨에 따라 개정규정이 적용되었더라면 원고가 거주자로 인정되었을 것이다. 이 사안에서 원고의 직업활동의 터전과 생계의 원천이 국내에 있었다고 볼 여지가 많음에도 가족들이 국외에 거주하였고, 국내 체류기간이 당시 소득세법 시행령에서 정하는 기준에 미달하였다는 점, 국내에 소유하는 부동산이 없었다는 점을 중시하여 비거주자로 인정하였다는 점에서 거주자성에 대하여 다른 판결들에 비하여 비교적 엄격한 잣대를 적용한 사례라고 평가할 수 있겠다. 대법원 2011. 4. 28. 선고 2010두15056 판결도 비슷한 취지의 사례에 속한다.

(2) 거주자로 인정한 사례

세간을 떠들썩하게 하며 거주자성이 형사사건에서 치열하게 다투어진 사례로 대법원 2016. 2. 18. 선고 2014도3411 판결이 있다. 2006년부터 2010년까지의 국외원천소득에 대한 소득세납세의무에 있어서 거주자성을 인정할 수 있는지가 문제되었다. 형사사건답게 사실관계가 자세하게 드러나 거주자성의 요건이 될 만한 요소들이 거의 망라적으로 검토된 좋은 사례이다.

피고인은 2004년경 국내의 T주택을 취득하여 이주하였으며, 피고인과 처는 국내에 있을 경우 T주택에 거주하였고, 주로 근처 주유소에서 전용차의 주유가 이루어졌다. 피고인이 국외에 있을 때는 지인들이 T주택을 관리하였다. 딸은 외국에서 학교와 직장생활

을 하였는데 방학이나 휴가기간에 한국에 머무르는 동안 T주택에 기거하였다. 피고인은
사업목적상 홍콩과 일본을 오갈 때 대부분 한국을 경유하여 체류하다가 다시 출국하였고,
2003년부터 2010년까지 매년 짧게는 100일 남짓, 길게는 200일 가까이 한국에 거주하였으
며, 피고인의 처는 1994년경 피고인을 따라 자녀들과 함께 일본으로 건너갔으며, 피고인
의 내조나 모친을 간호하기 위하여 한국과 일본을 종종 왕래하였고, 국내체류기간이 2003
년부터 2007년까지 매년 200일 이상, 2008년부터 2010년까지 매년 150일 이상이었으며,
피고인과 동시에 국내에 체류하고 있던 기간이 2006년부터 2009년까지 각각 124일, 161일,
104일, 127일이었으며, 1995년 3월경부터 2005년 12월경까지 내국법인인 X사의 이사를,
2004년 5월경부터 2007년 12월경까지는 일본법인인 Y사의 한국영업소 대표를 맡아 급여
를 수령하고, 급여에 대한 세금을 납부하였고, 2006년경부터 2009년까지 153회의 국내 의
료보험혜택을 받았다. 또한 피고인의 아들은 2004년 5월경 일본에서 입국하여 2005년 11
월경부터 2006년 11월경까지 군복무를 하고 병원치료를 받다가 2007년 9월경 영국으로
유학을 떠났는데, 유학기간 중인 2008년 국내 체류일수가 95일이었고, 딸은 일본과 영국
에서 유학생활과 직장생활을 하고 있는데, 방학이나 휴가기간에는 한국으로 와서 지내고
있고, 2006년부터 2009년까지 한국에서 지내는 동안 63회의 의료보험혜택을 받았으며, 국
내 체류일수가 2004년 69일, 2005년 109일, 2009년 및 2010년 70일에 달하였다.

피고인은 1995년경 X사를 설립하여 2005월 11월경까지는 대표이사로서, 그 이후부터
는 회장의 직함을 가진 사실상의 대표로서 이를 운영하였고, 그 후에는 국내에 여러 회사
를 설립하여 X그룹을 형성하였다. 피고인은 국내에서 X그룹의 전체업무를 통제하고 사
업상 중요한 결정을 내리는 등 국내 계열사를 관리하고, 거래처와의 관계를 유지하며 병
원에 고정적으로 내원하여 자신의 건강관리를 하였다. 피고인과 처는 2004년부터 2007년
까지 X그룹의 국내 계열사에서 임원으로 근무한 대가로 급여를 수령하였고, 피고인과
가족은 2007년까지 국내에 X그룹 계열사의 주식과 부동산 등 상당한 자산을 보유하고
있고, 피고인 명의로 골프회원권도 여럿 보유하여 여가 및 사교활동을 하였다. 피고인과
가족은 국내 금융기관에 계좌를 개설하고 지속적으로 입·출금거래를 하였고, 국내에서
신용카드를 발급받아 사용하였으며, 국민건강보험가입자의 자격을 유지하고 국내 의료
기관만을 이용하였으며, 각종 문서의 주소가 T주택으로 기재되어 있다.

원심은, 이러한 사정들을 종합하여, 피고인이 과세기간 동안 국내에 거주한 일수는
2007년을 제외하고 연중 183일에 미치지는 못하지만 적어도 3분의 1에 거의 육박하거나
이를 초과하며, 국내를 생활의 근거지로 삼아 사회경제적 활동을 하기에 위 기간으로 부
족하다고 볼 수는 없고, 실제로도 피고인은 T주택에 거주하면서 사업활동을 통해 부를
창출하고 복지혜택을 받거나 여가를 보내는 등 국내에 삶의 터전을 형성한 것으로 보이

므로 피고인은 국내에 주소를 둔 개인으로서 소득세법상 거주자에 해당한다고 판단하였고, 대법원이 이를 수긍하였다.

이 사안에서는 거소의 요건은 충족하기 어려웠으므로 주소의 요건을 갖추었는지가 쟁점이 되었고 생계활동, 가족관계, 재산상태 등을 종합하여 국내에 생활근거지를 둔 것으로 판단하였다. 타당한 판시이다. 대법원 2015. 2. 26. 선고 2014두13959 판결도 비슷한 취지에서 거주자로 인정한 사례에 속한다.

(3) 한국과 외국에서 모두 거주자로 인정된 경우

앞서 본 바와 같이 대법원 2008. 12. 11. 선고 2006두3964 판결은, 국내 거주자인 납세의무자가 동시에 외국의 거주자에도 해당하면 양국 간의 조세조약이 적용되어야 하고, 그 점에 대하여는 이를 주장하는 납세의무자에게 그 증명책임이 있다고 하였다. 그런데 한·일 조세조약 제4조 제2항 (가)목은 '어느 개인이 양 체약국의 거주자가 되는 경우, 그는 그가 이용할 수 있는 항구적 주거를 두고 있는 체약국의 거주자로 본다. 그가 양 체약국 안에 이용할 수 있는 항구적 주거를 가지고 있는 경우, 그는 인적 및 경제적 관계가 더 밀접한 체약국(중대한 이해관계의 중심지)의 거주자로 본다.'라고 규정하고 있다. 여기서 '항구적 주거'란 개인이 여행 또는 출장 등과 같은 단기체류를 위하여 마련한 것이 아니라 그 이외의 목적으로 계속 머물기 위한 주거장소로서 언제든지 계속 사용할 수 있는 모든 형태의 주거를 의미하는 것이므로, 그 개인이 주거를 소유하거나 임차하는 등의 사정은 항구적 주거를 판단하는 데 고려할 사항이 아니며, 이러한 항구적 주거가 양 체약국에 모두 존재할 경우에는 한·일 조세조약상 이중거주자의 거주지국에 대한 다음 판단기준인 중대한 이해관계의 중심지, 즉 양 체약국 중 그 개인과 인적 및 경제적으로 더욱 밀접하게 관련된 체약국이 어디인지를 살펴보아야 하고, 이는 가족관계, 사회관계, 직업, 정치·문화 활동, 사업장소, 재산의 관리장소 등을 종합적으로 고려할 때 양 체약국 중 그 개인의 관련성의 정도가 더 깊은 체약국을 의미한다(대법원 2019. 3. 14. 선고 2018두60847 판결).

이에 관한 사례로 대법원 2014. 11. 27. 선고 2013두16876 판결이 있다.

원고는 2006. 1. 19.부터 2006. 2. 14.까지 6차례에 걸쳐 주권상장법인인 A증권사 주식 1,100,000주(취득가액 110억 원, 발행주식의 0.96%)를 장내에서 양수했다가, 2006. 7. 4.부터 2006. 7. 26.까지 총 8차례에 걸쳐 장내에서 양도가액 130억 원에 양도하여 총 20억 원의 양도차익을 얻었으나, 본인은 재외국민으로서 소득세법상 비거주자에 해당하는 것으로 보아 위 주식에 관한 양도소득세 신고를 하지 않았다. 과세관청은 원고가 100억 원 이상의 주식을 보유한 대주주로서 거주자에 해당한다는 이유로 양도소득세를 과세하였다.

원고는 2006년 6월경 서울 성북동에 고가의 주택을 소유하면서 국내 체류시 처와 함께 그곳에 계속 거주하고 있었고, 원고와 처의 국적 모두 대한민국으로 원고의 국내 체류일수는 2004년에 235일, 2005년에 183일, 2006년에 181일이었고, 처의 국내 체류일수는 2004년에 244일, 2005년에 191일, 2006년에 192일에 달하였다. 원고가 위 주식 양도당시 위 성북동 주택 외에도 고액의 국내 소재 골프회원권 및 원고가 이사로 재직 중인 법인의 비상장주식 등도 보유하는 등 국내에 고액의 자산을 보유하고 있었다. 원고는 2006년 6월에 국내 사회복지법인 2개의 대표이사를 역임하였고, 국내 영리법인들의 이사로 재직 중이었다. 원고는 위 주식 양도 전후로 국내에서 활발하게 투자활동을 하였고 이로 인한 이자소득도 발생하였다. 다른 한편, 원고는 일본에서 태어나 그곳에서 성장하였고, 원고의 자녀들도 계속 일본에서 거주하고 있었으며, 일본 도쿄에 부동산을 소유하고 있고 일본에 있을 때에는 그곳에서 생활했으며, 이와 관련된 각종 세금도 일본에 납부하고 있었다. 그리고 2006년 6월경 일본 회사의 대표이사로 재직 중이고 매월 일정액의 급여를 받고 있었으며, 일본 기업의 주식이나 골프회원권 등을 보유하고 있었다.

원심은, 원고와 그의 처가 국내에서 사회복지법인과 영리법인을 설립하고 그 대표이사 등의 지위에서 적극적으로 사회봉사활동과 경제활동을 병행하고 있는 점, 원고는 이 사건 주식의 양도 전후로 개인 자격으로 국내에서 거액의 자금을 여러 차례 대여하거나 투자를 하기도 하였던 점, 반면 원고는 일본 회사의 대표이사로 재직하면서 월 400만 원 가량의 급여를 받고 있는 외에 별다른 경제적 활동을 하지 아니한 점, 원고가 2006년 1월경과 2006년 2월경 위 주식을 110억 원에 양수하였다가 2006년 7월경 약 130억 원에 양도하는 등 그 투자규모와 보유기간이 상당하여 우리나라에서 일정한 기간 동안 경제 상황과 기업 동향에 상당한 관심을 기울이면서 투자활동을 할 필요가 있었던 점 등을 종합하여 볼 때, 위 주식에 관한 양도소득이 발생할 무렵에 원고의 중대한 이해관계의 중심지는 일본이라기보다는 한국이라고 보아야 한다는 이유로, 원고가 한·일 조세조약상 국내 거주자로 취급되어 구 소득세법상 납세의무자가 된다는 전제에서 한 이 사건 처분은 적법하다고 판단하였고, 대법원이 이를 수긍하였다.

이 사안은 개인이 국내의 거주자 겸 외국의 거주자가 모두 될 수 있음을 보여준 사례로서 외국의 거주자가 된다고 해서 국내 거주자가 될 수 없다는 것이 아님을 알 수 있다. 그래서 납세자로서는 거주자성을 다툴 때 국내의 거주자 요건을 갖추지 못하였음을 적극적으로 주장·증명할 필요가 있으며, 단지 국외에서 거주자성을 갖추었다는 것을 증명하는 것만으로 비거주자로 인정되는 것이 아님을 유의할 필요가 있다. 이는 앞서 본 바와 같이 비거주자로 간주하는 소득세법 시행령 제2조 제4항의 규정의 적용범위가 매우 까다롭고 협소하게 개정된 점에서도 그 취지가 나타나고 있다. 이 사안에서는 양국의 거주자성을 모두 인정한 후 양도소득이 발생한 위 주식의 취득자금원이 주로 국내에 있었던 점을 중시하여 한·일 조세조약상의 중대한 이해관계의 중심지를 국내로 보았다고 할 수 있겠다.

또다른 사례로 대법원 2019. 3. 14. 선고 2018두60847 판결이 있다. 원고는 고등학교를 졸업한 직후인 2007년부터 줄곧 일본 A구단, B구단 등에 소속되어 일본 프로축구리그에서 활동하다가, P사와는 계약기간을 2012년부터 2014년까지 3년으로 하여 계약을 체결한 다음 일본 C구단에서 프로축구선수로 활동하였다. P사는 원고와의 계약에 따라 위 3년의 기간 동안 원고와 그 가족을 위하여 가구와 세간이 갖추어진 일본에서의 주거(이하 '일본 주거')와 승용차, 주차장 등 생활에 필요한 물품을 제공하였다. 원고는 2012년부터 2014년까지 일본에서 축구선수로 활동할 당시 대부분의 시간을 일본에서 보내면서 일본 주거에서 머물렀다. 또한 P사는 원고의 가족에게 한국과 일본 간 왕복항공권을 제공하였고, 2012년부터 2014년까지 원고의 아버지는 적게는 53일에서 많게는 112일까지, 어머니는 적게는 90일에서 많게는 129일까지 일본으로 건너가 원고와 함께 일본 주거에서 생활하기도 하였다. 이렇듯 일본 주거는 원고의 단기체류를 위한 곳이 아니라 원고가 P사와의 계약기간 동안 계속 머물기 위한 주거장소로서 원고와 그 가족이 장기간 계속하여 실제 사용하기도 하였다. P사와의 계약에 의하면, 원고는 구단의 경기, 훈련, 합숙 일정을 따라야 하며, 축구 국가대표경기 등을 위하여 한국을 방문할 때에는 C구단의 허가를 받아야 한다. 원고는 2012년부터 2014년까지 C사로부터 매년 수억 원의 연봉을 지급받았고, 계약에 따라 구단이 주최하는 행사와 구단의 소재지에서 개최되는 각종 공공 행사 등에 참여하였다. 위 기간 동안 원고의 국외 체류일수가 평균 337일에 이르는 반면, 국내 체류일수는 평균 28일에 지나지 않았다. 원고는 2012년부터 2014년까지 국내에서 2012년에 11일, 2013년에 34일, 2014년에 39일을 체류하였는데, 이는 거의 대부분 축구 국가대표로 선발되어 일시적으로 한국을 방문한 것에 불과하고, 달리 우리나라에서 사회활동이나 사업활동을 하였다고 볼 자료도 없다. 원고의 국내 재산은 그 소유 국내 아파트와 예금 등뿐이어서 예금이자 등에 불과한 국내원천소득은 원고가 일본에서도 충분히 관리할 수 있었던 것으로 보이며, 원고의 부모와 누나들이 위 아파트에서 거주하기는 하였으나, 이는 성년인 원고가 별다른 소득이 없는 가족들을 부양하기 위한 것일 뿐이다.

대법원은 이러한 사정들을 종합하여 볼 때, 원고는 우리나라와 일본 모두에 항구적 주거를 두고 있으나, 원고와 인적 및 경제적 관계가 더욱 밀접하게 관련된 체약국은 우리나라가 아닌 일본이므로 한·일 조세조약상 일본의 거주자로 보는 것이 옳다고 판단하였다. 원심은 원고가 우리나라에 자기 소유의 아파트를 보유하고 있고 그곳을 주민등록지로 하고 있는 반면, 일본에서는 P사가 계약기간 동안 제공하는 주거가 있을 뿐이므로 이와 같이 일정기간에 한하여 제공하는 주거를 항구적 주거라고 할 수 없다는 이유로 우리나라의 거주자로 보았다. 대법원의 입장에 의하면 항구적 주거라고 하여 영구히 사용할 수 있는 주거로 제한하여 볼 것은 아니고 단기체류를 넘는 정도이면 족하다는 것이므로 계약기간 3년 정도의 주거이면 항구적 주거에 해당한다고 볼 수 있을 것이다.

2. 법인격 없는 단체

소득세법 제2조 제3항은 국세기본법 제13조 제1항에 따른 법인 아닌 단체 중 같은 조 제4항에 따른 법인으로 보는 단체 외의 법인 아닌 단체는 국내에 주사무소 또는 사업의 실질적 관리장소를 둔 경우에는 거주자로 보고, 그 밖의 경우에는 비거주자로 보아 소득세법에 따라 소득세를 과세하도록 규정하고 있다. 대법원 2012. 1. 27. 선고 2010두5950 판결은 외국 단체를 외국법인으로 볼 수 있는지에 관하여는 법인세법상 외국법인의 구체적 요건에 관하여 본점 또는 주사무소의 소재지 외에 별다른 규정이 없는 이상 그 단체가 설립된 국가의 법령 내용과 단체의 실질에 비추어 우리나라의 사법상 단체의 구성원으로부터 독립된 별개의 권리·의무의 귀속주체로 볼 수 있는지에 따라 판단하여야 한다고 판시한 바 있다.

이러한 단체에 대한 소득세의 구체적인 과세방법에 관하여는 소득세법 시행령 제3조의2에서 규정하고 있다. 즉, 구성원 간 이익의 분배방법이나 분배비율이 정하여져 있거나 사실상 이익이 분배되는 것으로 확인되는 경우에는 해당 구성원이 공동으로 사업을 영위하는 것으로 보아 구성원별로 과세하도록 하고, 구성원 간 이익의 분배방법이나 분배비율이 정하여져 있지 않거나 확인되지 않는 경우에는 해당 단체를 1거주자 또는 1비거주자로 보아 과세하도록 하고 있다.

그리고 구성원이 공동으로 사업을 영위하는 경우의 소득금액 계산에 관하여는 소득세법 제43조에서 특례를 규정하고 있다. 즉, 사업소득이 발생하는 사업을 공동으로 경영하고 그 손익을 분배하는 공동사업(경영에 참여하지 아니하고 출자만 하는 출자공동사업자가 있는 공동사업을 포함한다)의 경우에는 해당 사업을 경영하는 장소(공동사업장)를 1거주자로 보아 공동사업장별로 그 소득금액을 계산하되, 그 소득금액은 해당 공동사업을 경영하는 각 거주자 간에 약정된 손익분배비율(약정된 손익분배비율이 없는 경우에는 지분비율)에 의하여 분배되었거나 분배될 소득금액에 따라 각 공동사업자별로 분배하도록 하고 있다. 나아가 거주자 1인과 그의 특수관계인이 공동사업자에 포함되어 있는 경우로서 손익분배비율을 거짓으로 정하는 등 일정한 사유가 있는 때에는 그 손익분배비율이 큰 주된 공동사업자의 소득금액으로 보도록 하고 있다.

위법소득에 대한 과세

1. 위법소득의 성격과 과세문제

위법소득은 적법하지 아니한 행위에 의하여 얻은 소득을 총칭하는 말로서, 대표적인 것으로 형사상 범죄에 해당하는 행위로 인한 소득을 들 수 있다. 예를 들면, 사기나 절도·공갈·횡령·배임·수뢰·도박·도박개장·매춘·밀수·마약판매 등으로 인하여 취득한 소득이다. 그리고 민사상 유효한 요건을 갖추지 못하여 무효이거나 취소할 수 있는 법률행위에 의하여 취득한 소득, 예를 들면 토지거래허가를 받지 못한 매매계약으로 얻은 양도소득 등도 위법소득에 속할 수 있다. 그 밖에도 행정법규상 요구되는 허가 또는 인가를 받지 아니하고 얻은 소득, 예를 들면 무허가·미등록 영업으로 인한 소득도 넓은 의미의 위법소득에 포함될 수 있다.

이러한 위법소득의 특성은 경제적 측면에서는 일단 그 귀속자에게 향유할 수 있는 이익으로 귀속된다고 볼 수 있으나 법적인 측면에서는 그 소득이 적법·유효한 것이 아니어서 추후에 그 소득의 공여자에게 반환되거나 몰수·추징에 의하여 국가로 환수될 가능성이 남아 있다는 점이다. 즉, 위법소득의 귀속은 확정적이 아니라 잠정적이라는 것이 본질적 특성이고 이 때문에 그 잠정적 귀속 당시에 소득세를 과세할 수 있는지, 그리고 나아가 그 소득이 사후에 반환되거나 환수되었을 때의 과세문제는 어떻게 되는지가 논란이 된다.

2. 외국의 태도

가. 미국의 입장

미국 내국세입법(Internal Revenue Code) 제61조 (a)항은 총소득(gross income)을 '소득의 수입원을 불문하고 모든 소득을 의미한다'고 정의하면서 과세소득에 해당하는 소득유형을 예시하고 있어 과세대상인 총소득의 개념을 포괄적으로 파악하고 있다. 이 점에서 소득세의 과세소득을 열거주의 방식으로 규정하고 있어 과세소득으로 열거하고 있지 않은 소득유형은 과세소득에 해당하지 않는 우리나라의 소득세 과세체계와는 기본적으로 과세대상 소득의 개념 자체에 차이가 있다.

따라서 미국의 경우 법에서 예외 또는 배제되는 소득의 유형을 두고 있지 않는 한, 위법소득을 포함한 모든 소득이 과세대상 소득으로 인정된다고 할 것이고, 또 과세소득에 해당하는지 여부는 사법상 적법·유효한 행위에 기한 것인지에 관한 접근방식이 아니라, 경제적 효과에 중점을 두어 실제로 이득을 지배·관리하고 있다면 과세소득에 해당한다는 것이다. 다만, 수탁재산과 같이 그 성격상 반환의무를 당연히 수반하는 경우에는 처음부터 '소득'이 실현되지 않은 것으로 취급하여 과세하지 않고 있다. 미국 연방대법원은 1961년 횡령금이 문제된 James v. United States 사건에서 위법한 행위로 인하여 얻은 소득에 대하여 과세할 수 있다고 판시함으로써 위법소득에 대한 과세를 긍정한 이후, 절도, 사기, 약취유인 등 위법소득에 대한 과세가 일반적으로 인정되게 되었다.

나. 일본의 입장

일본 소득세법은 미국의 영향으로 제2차 세계대전 이후 종래 제한적 소득개념(열거주의 과세방식)에서 포괄적 소득개념을 취하는 것으로 바뀌었다. 즉, 일본 소득세법은 소득세 과세대상 소득을 이자·배당·부동산·사업·급여·퇴직·산림·양도소득 및 일시소득의 소득유형을 규정하는 한편, 위 이자소득 내지 일시소득의 9가지 유형의 소득 어디에도 해당하지 않는 소득을 제35조에서 모두 잡소득에 해당하는 것으로 규정하고 있다. 이 점에서 열거주의 입장을 취하고 있는 우리 소득세법상의 과세소득과는 차이가 있다. 따라서 소득의 발생원천을 불문하고 과세대상이 된다고 할 것이므로, 일본의 학설은 일반적으로 불법한 이득도 과세대상이 되며, 불법한 이득은 이득자가 그것을 사법상 유효하게 보유할 경우만이 아니라 사법상 무효라 하더라도 그것이 현실적으로 이득자의 관리지배하에 들어 온 경우에는 과세대상이 되는 것으로 해석하고 있다.[1]

---

1) 金子 宏, 앞의 책; 注解 所得稅法(四訂版)

이러한 입장에서 1969년 1월 일본 소득세기본통달 36－1에서 '법 제36조 제1항에서 규정하는 수입금액으로 할 금액 또는 총수입금액에 산입할 금액은 그 수입의 원인이 된 행위가 적법한지 여부를 묻지 아니한다'는 것으로 개정되어, 수입원천의 적법 여부를 불문하고 모두 과세소득으로 보고 있다. 일본 최고재판소 소화 46년 11. 9. 선고 소화 43년 (行ツ) 제25호 판결도 이자제한법 소정의 제한을 초과하는 이자·손해금이 현실로 수수된 때에는 제한초과부분도 포함시켜 현실적으로 수수된 약정이자 및 손해금 전부가 과세대상 소득이 되나, 이자제한법 소정의 제한이율을 초과하는 미수이자·손해금은 과세대상 소득으로 되지 않는다고 함으로써 일반적으로 위법소득에 대한 과세를 긍정하고 있다. 즉, 물가통제령에 위반한 거래로 인한 수입, 암거래로 인한 수입, 횡령에 의한 수입, 폭력도박단의 도박개장수입 등을 모두 과세소득으로 보고 있다.

다. 독일의 입장

독일 소득세법(Einkommens-teuergesetz)도 우리나라와 같이 과세대상 소득에 대하여 소득원천설에 입각한 열거주의 과세방식을 취하고 있다. 독일 소득세법 제2조 제1항에 의하면, 과세대상 소득유형을 ① 농업·산림소득, ② 사업소득, ③ 독립근로소득, ④ 비독립근로소득, ⑤ 자본소득, ⑥ 임대소득, ⑦ 기타소득 등 7가지로 나누어 과세하고 있다.

그러나 독일 조세기본법 제40조는 '법률 또는 양속에 반하는 행위(Gesetz-oder sittenwidriges Handeln)'라는 제목 아래 '과세요건의 전부 또는 일부를 충족시키는 행위가 법률상의 명령이나 금지에 반하거나 선량한 풍속에 반하는 경우에도 과세는 이에 의하여 방해받지 아니한다'고 규정하고 있고, 제41조는 '유효하지 아니한 법률행위(unwirksame Rechtsgeschäft)'라는 제목 아래 법률행위가 무효이더라도 납세자가 그 행위의 경제적 효과를 발생·성립시키는 한 이에 대하여 과세하며(제1항), 가장행위는 과세에 영향을 미치지 아니하고 가장행위의 숨은 행위가 있을 경우에는 그 숨은 행위에 대하여 과세한다(제2항)라고 규정함으로써 위법소득(형사상 위법소득 및 사법상 하자있는 소득 등을 포함)에 대한 과세를 입법적으로 해결하고 있다. 따라서 독일 세법상으로는 비록 양도행위가 무효라고 하더라도 세법에 달리 정하는 바가 없다면(제41조 단서), 당해 행위의 경제적 효과가 그대로 유지되는 경우에는 과세가 이루어진다. 다만, 그 후에 당사자 사이에 무효 또는 취소 등에 따른 원상회복 등의 사유가 발생하는 경우에는 독일 조세기본법 제175조 제1항 제2호에 따라 납세의무자는 그 과세처분의 변경, 즉 경정청구를 할 수 있다고 한다.

3. 위법소득 과세에 관한 대법원 판례의 흐름

위법소득에 대하여 예전에 대법원은 과세하여서는 아니된다는 입장을 취한 적이 있었다. 대법원 1964. 12. 22. 선고 64다925 판결이 그것인데, 세무관서에서 세금을 부과할 때 객관적 사실을 기초로 하여 소득의 유무를 인정하는 것이고 그 유효·무효까지 조사하지 아니함이 실정이라 할지라도 그것은 세금부과의 절차상 관례에 불과하고 소득이 있다고 하여 그것을 세원으로 하여 세금을 부과함은 그 소득의 원인이 되는 법률관계가 유효하다는 것을 전제로 하는 것이라고 판시하였다. 비록 오래된 판결이긴 하지만 소득의 원인이 되는 법률관계가 유효하지 않다면 그 소득의 귀속을 확정적인 것으로 보기 어려우므로 이를 과세소득으로 삼아서는 아니된다는 고전적 입장이 반영되어 있다.

그러나 대법원 1983. 10. 25. 선고 81누136 판결 이후의 일련의 판결들에서는 과세소득이 되는지 여부는 이를 경제적 측면에서 보아 현실로 이득을 지배·관리하면서 향수하고 있어 담세력이 있는 것으로 판단되면 족하고, 원인관계에 대한 법률적 평가가 반드시 적법·유효하여야 하는 것은 아니라는 이유를 들어 형사상 위법소득이거나 사법상 무효인 법률행위로 인한 소득이라 하더라도 그 귀속자에게 환원조치가 취해지지 않는 한 과세소득에 해당된다고 판시해 왔다. 비슷한 취지에서 대법원 2011. 7. 21. 선고 2010두23644 전원합의체 판결은 토지거래허가구역 내의 토지를 매수하였으나 토지거래허가를 받지 않고 제3자에게 전매하여 매매대금을 받고시도 최초 매도인이 제3자에게 직접 매도한 것처럼 매매계약서를 작성하여 그에 따른 토지거래허가를 받아 이전등기까지 마친 경우 그 매매계약이 무효라고 할지라도 매매대금을 반환하지 않은 채 보유하고 있는 때에는 양도소득이 있다고 보아 과세대상이 된다고 판시하면서, 반대의 취지인 대법원 1997. 3. 20. 선고 95누18383 판결과 대법원 2000. 6. 13. 선고 98두5811 판결 등을 폐기하기까지 하였다. 이러한 입장은 앞서 본 바와 같이 미국 연방대법원이나 일본 최고재판소의 판례에서도 나타난다. 그래서 이제는 위법소득에 대하여도 과세할 수 있다는 것이 확립된 입장으로 굳어졌다고 할 수 있다.

위법소득에 대하여도 과세하여야 한다는 논리가 힘을 얻게 된 것은 조세공평의 원칙 때문이라고 할 수 있겠다. 정당한 소득을 얻은 자나 위법한 소득을 얻은 자나 모두 그 소득을 실질적으로 향유하고 있다는 점에서는 다를 바 없음에도 정당한 소득은 확정적으로 귀속되었다는 이유로 과세하면서 위법한 소득은 잠정적으로 귀속되었다는 이유로 과세하지 않는다면 위법을 저지른 자를 세제상 우대하는 불합리한 결과가 초래되어 조세공평의 원칙에 반한다고 할 수 있기 때문이다. 이와 같이 위법소득을 과세대상으로 삼는 이상 이에 대응하여 위법비용도 원칙적으로 손금이나 필요경비로 인정하는 것이 형평에 맞고, 다만 사회질서에 심히 위반되는 비용은 제외되어야 할 것이다.

4. 위법소득의 과세에 관한 소득세법의 태도

위법소득을 과세해야 한다는 판례의 입장은 입법에도 반영되었다. 소득세법 제21조 제1항이 2005. 7. 13. 개정되면서 기타소득의 종류로 제23호에서 '뇌물'을, 제24호에서 '알 선수재 및 배임수재에 의하여 받은 금품'을 새로이 규정하였다. 그리고 소득세법 제21조 제1항이 2012. 1. 1. 개정되면서 제3호에서 사행행위 등 규제 및 처벌특례법에서 규정하 는 행위에 참가하여 얻은 재산상의 이익에 대하여는 그 행위가 '적법 또는 불법 여부는 고려하지 아니하고' 기타소득으로 본다고 규정하였다.

소득세법에서 위와 같은 규정을 신설한 것은 소득세법은 법인세법과 달리 과세소득에 관하여 소득원천설에 따른 열거주의 입장을 취하고 있기 때문에 소득세법에서 과세소득 으로 열거되지 않으면 아무리 소득의 성격이 있다고 하더라도 과세할 수 없기 때문이다. 반면에 법인세법은 순자산증가설에 따른 포괄주의 입장을 취하고 있어 위법소득도 그로 인하여 순자산의 증가가 있으면 과세할 수 있으므로 굳이 위와 같은 규정을 두고 있지 않는 것이다. 그런데 소득세법에서도 아직까지 민사상 하자있는 법률행위로 인한 소득에 대하여 과세할지 여부에 관한 규정은 두고 있지 않다. 그러나 앞서 본 바와 같이 대법원 은 이러한 경우도 과세소득이 된다는 입장을 거듭 밝혀 왔다.

5. 위법소득이 상실된 경우의 과세문제

가. 위법소득의 반환

앞서 본 바와 같이 위법소득을 얻은 자에 대하여도 과세하여야 한다는 논리는 정당한 소득을 얻은 자와 현실적으로 차이가 없다는 점을 출발점으로 한다. 그래서 조세공평의 원칙상 위법소득에 대하여도 과세하지 않을 수 없다는 것이다. 하지만 위법소득이 사후 에 그 소득 공여자에게 반환되었을 경우에는 정당한 소득을 얻은 자와 현실적으로 차이 가 발생한다. 이러한 경우에도 계속적으로 과세하여야 한다는 입장을 유지할지 여부는 조세공평의 원칙과는 다른 각도에서 살펴보아야 한다.

이러한 문제의식은 위법소득에 대하여 과세론의 입장을 취한 대법원 1983. 10. 25. 선 고 81누136 판결에서도 나타난다. 위 판결은 위법소득이라 하더라도 그에 대한 환원조치 가 취하여지지 않은 이상 과세되어야 한다는 원심판단을 수긍함으로써 그 소득의 환원조치가 취해질 경우 과세대상에서 제외될 수 있다는 여지를 남겨두고 있다. 보다 구체적 입장은 앞서 본 대법원 2011. 7. 21. 선고 2010두23644 전원합의체 판결의 다수의견에 관한 보충의견에 나타나 있다. 즉, 토지거래허가를 득하지 않은 경우 양도소득세가 과세된 후 어떤 사유로든지 매매대금 등을 상대방에게 반환하여 원상회복한 때의 구제수단이 문제될 수 있다고 하면서, 국세기본법 제45조의2 제2항의 위임에 따른 국세기본법 시행령 제25조의2 제2호, 제4호에 의하여 계약이 성립 후 부득이한 사유로 인하여 해제되거나 취소된 때에 준하는 경우로 보아 후발적 경정청구에 의하여 구제받을 수 있게 하면 된다는 것이다. 위법소득은 적법소득과 달리 그 보유의 정당한 권원이 없으므로 사실상 보유하고 있을 경우에만 예외적으로 과세하는 것이라고 볼 때 사후에 결과적으로 정당한 권원이 없어 이를 반환한 경우에는 원칙으로 돌아가 과세하지 않는 것이 위법소득의 본질에 부합하는 것이라고 하겠다. 이러한 반환에 관하여는 위 판결에 나타나듯이 후발적 경정청구 외에 다른 방법을 생각하기 어렵다.

나. 위법소득에 대한 몰수 · 추징

(1) 종전 판례의 태도

위법소득이 그 소득의 공여자에게 반환되지 아니하고 형사판결에 의하여 추징됨으로써 그 소득 상당액이 국가에 환수된 경우에도 여전히 과세할 수 있는지가 논란이 되었다. 대법원 1998. 2. 27. 선고 97누19816 판결에서는 추징판결이 확정됨으로써 원고가 받은 돈이 국가에 추징당하게 될 것이 확정되었다 하더라도, 이는 원고의 금품수수가 처벌대상이 되는 범죄행위가 됨에 따라 부가적인 형벌로서 추징이 가하여진 결과에 불과하여 원귀속자에 대한 환원조치와 동일시할 수는 없으므로, 그 소득이 실현되지 아니하였다고 할 수가 없다고 판시하였고, 대법원 2002. 5. 10. 선고 2002두431 판결도 같은 취지를 판시한 바 있다.

위 판결들은 기본적으로 위법소득이 사후에 박탈당하더라도 그것이 소득의 공여자에게 환원됨으로써 원상회복되지 아니한 이상 그 소득의 귀속을 부정할 수 없다는 입장에 터 잡아 있다. 추징판결에 의하여 소득의 귀속자로부터 소득 상당액이 박탈되었다고 하더라도 원공여자로부터 귀속자에게 그 소득이 공여되어 실제로 그가 이를 향유하였다는 점에는 변함이 없으며, 다만 사후의 추징판결에 의하여 별도로 그 향유소득 상당액을 국가에 납부해야 하는 금전적 손해를 본 것일 뿐이므로 여전히 과세대상으로 보아야 한다는 취지로 이해된다.

(2) 대법원 2015. 7. 16. 선고 2014두5514 전원합의체 판결

위와 같은 종전 판례의 입장이 유지되는 상황에서 위법소득이 몰수된 경우에는 과연 과세할 수 있는지가 문제되었다. 위법소득이 몰수된 경우도 종전 판례와 같은 입장을 취할 것인지 아니면 다른 입장을 취할 것인지에 관하여 견해의 대립이 있었던 것이다. 여기서는 몰수와 추징의 차이가 부각된다.

몰수판결과 추징판결은 그 집행을 당하는 자의 입장에서 받는 경제적 부담은 별 차이가 없고, 위법소득을 현금으로 받은 경우 일반적으로 다른 현금과 혼장되어 추징판결을 하게 되며, 현물로 받은 경우는 혼장이 어려워 몰수판결을 하게 될 것인데, 과세소득 인정에 있어 몰수판결과 추징판결을 차별화한다면 현금으로 위법소득을 얻는 자가 현물로 위법소득을 얻는 자보다 현저히 불리해지는 문제가 생기게 된다. 그래서 종전 판결을 유지한다면 몰수의 경우에도 과세해야 한다는 견해가 있었다. 반면에, 추징판결은 위법소득 자체를 박탈하는 것이 아니라 그 소득을 부당하게 향유하였음을 전제로 그에 대한 제재로서 그 가액 상당액을 별도로 추징하는 것이므로 위법소득이 종국적으로 귀속되었다고 볼 수 있지만, 몰수판결은 위법소득 그 자체를 국가가 박탈해 가는 것이어서 그 위법소득이 종국적으로 귀속되었다고 보기 어려운 측면이 있으므로 몰수의 경우에는 추징의 경우와 달리 과세소득으로 보아서는 아니된다는 반론이 있었다. 반론의 입장은 추징판결이 확정되더라도 집행의 문제가 남아 있고, 피고인의 자력에 따라서는 현실적으로 집행되지 않을 수도 있어 추징판결로써 위법소득이 박탈된다고 하기 어렵지만, 위법소득 현물자체의 압수를 전제로 하는 몰수판결은 집행의 문제가 없어 그로써 확정적으로 국가에 귀속되어 버린다는 점도 논거로 든다.

이러한 논란을 배경으로 하여 최근에 선고된 대법원 2015. 7. 16. 선고 2014두5514 전원합의체 판결은 위법소득이 몰수된 경우에는 이를 과세소득으로 삼을 수 없다고 하고, 더 나아가 위법소득이 추징되어 집행된 경우에도 이를 과세소득으로 삼을 수 없다고 하면서 이에 반하는 종전 판결들을 폐기하였다. 이 판결의 주된 논거는 몰수나 추징 모두 범죄행위로 인한 경제적 이득을 박탈하여 부정한 이익을 보유하지 못하게 하자는 것이므로 몰수나 추징이 이루어지면 과세대상으로 삼을 소득이 잠정적 귀속자에게 종국적으로 남아 있지 않다고 할 수 있고, 잠정적 귀속자의 입장에서 보았을 때 경제적 측면에서 위법소득이 그 소득의 공여자에게 환원된 경우와 다를 바 없다는 데 있다고 할 수 있다. 그리고 위 판결은 이러한 경우에 구제받을 수 있는 구체적 방법론도 설시하고 있다. 즉, 위법소득이 잠정적으로 귀속되었을 때 소득세가 과세되었다면 사후에 몰수나 추징에 의하여 그 소득이 박탈되었을 경우 후발적 경정청구를 할 수 있고, 이러한 후발적 경정청구사유가 발생하였음에도 그 후에 그에 관한 소득세 과세처분이 있었다면 항고소송으로 그 취소를 구할 수 있다는 것이다. 따라서 과세처분 후 몰수나 추징이 되면 후발적 경정청구를 하여 과세관청이 거부할 경우 그 거부처분 취소의 소를 제기하면 되고, 몰수나 추징이 된 후에 과세처분이 있으면 곧바로 그 과세처분 취소의 소를 제기하면 된다.

다만, 주의해야 할 것은 위법소득의 몰수판결은 이미 압수된 것에 대하여 이루어지므로 실질적으로 집행의 문제가 따르지 않지만 추징판결은 그 판결을 받은 자에게 재산이 없을 경우 집행이 제대로 되지 않을 수 있고, 이와 같이 실제로 집행이 이루어지지 않았다면 경제적으로도 위법소득이 박탈되었다고 할 수 없으므로 그에 대한 과세처분은 유지되어야 한다는 점이다. 그래서 위 전원합의체 판결에서 언급하고 있는 '추징이 이루어졌다면'의 의미는 단순히 추징판결이 확정되었다는 의미를 넘어 그 판결이 제대로 집행되었다는 의미로 해석하는 것이 타당하다. 위 전원합의체 판결의 사안도 추징판결에 따라 추징금이 모두 납부된 것이었다.

위 대법원 전원합의체 판결은 종래 판결들이 취해오던 규범적 태도를 지양하고 경제적 실질을 중시하는 방향으로 선회한 것으로 평가될 수 있다. 즉, 종래 대법원 판결들은 위법소득의 귀속자가 사후에 추징판결을 받은 경우 그것은 위법행위에 대한 응징이므로 그에 따른 경제적 불이익이 있더라도 세제상으로 이를 굳이 구제할 필요가 없다는 규범적 판단이 작용한 것으로 볼 수 있는 반면, 위 대법원 판결은 위법행위가 비난받아 마땅하다고 하더라도 사후 몰수나 추징판결 등에 의하여 그 위법소득이 박탈됨으로써 경제적 이익을 향유할 수 없다면 담세력이 없게 되므로 과세할 수 없다는 가치중립적 입장을 취한 것으로 평가할 수 있다. 그러나 조세 법규와 법리는 그 속성상 가치판단이 개재된 정책적 결단에 의존하는 바가 크므로 위와 같은 가치중립적 입장이 항상 옳다고 단정하긴 어렵지만 납세자의 이익보호라는 측면에서 볼 때는 환영할 만한 것이라고 하겠다.

이자소득에 대한 과세

1. 이자소득의 종류

소득세법은 법인세법과 달리 과세소득의 종류에 관하여 포괄적인 순자산증가주의의 입장을 취하지 않고 개별적 열거주의의 입장을 취하므로 이자소득에 관하여도 소득세법에서 열거하고 있는 이자소득의 종류에 해당하는 경우에만 과세대상이 된다.

이자소득의 종류에 관하여는 소득세법 제16조 제1항 각 호에서 열거하고 있는데, 국가나 지방자치단체가 발행한 채권 또는 증권의 이자와 할인액(제1호), 내국법인이 발행한 채권 또는 증권의 이자와 할인액(제2호), 국내에서 받는 예금(적금·부금·예탁금 및 우편대체를 포함한다)의 이자(제3호), 상호저축은행법에 따른 신용계 또는 신용부금으로 인한 이익(제4호), 외국법인의 국내지점 또는 국내영업소에서 발행한 채권 또는 증권의 이자와 할인액(제5호), 외국법인이 발행한 채권 또는 증권의 이자와 할인액(제6호), 국외에서 받는 예금의 이자(제7호), 대통령령으로 정하는 채권 또는 증권의 환매조건부 매매차익(제8호), 대통령령으로 정하는 저축성보험의 보험차익(제9호), 대통령령으로 정하는 직장공제회 초과반환금(제10호), 비영업대금의 이익(제11호), 제1호부터 제11호까지의 소득과 유사한 소득으로서 금전 사용에 따른 대가로서의 성격이 있는 것(제12호), 제1호부터 제12호까지의 규정 중 어느 하나에 해당하는 소득을 발생시키는 거래 또는 행위와 자본시장과 금융투자업에 관한 법률 제5조에 따른 파생상품이 대통령령으로 정하는 바에 따라 결합된 경우 해당 파생상품의 거래 또는 행위로부터의 이익(제13호)이 그것이다.

2. 소득의 종류에 관한 유형적 포괄주의 규정

가. 개요

위에서 본 소득세법 제16조 제1항 각 호의 규정 중 제12호가 이른바 유형적 포괄주의 규정이다. 오늘날 세계적인 추세가 세원을 넓히되, 세율을 낮게 적용하는 방향으로 나아가면서 종래 열거주의 규정에서 과세대상의 범위에 포함되지 않았지만 과세대상이 되는 경우와의 형평상 과세의 필요성이 인정되는 경우를 포괄적으로 과세대상으로 포섭할 목적에서 등장한 것이 유형적 포괄주의 규정이다. 이러한 규정이 없더라도 열거주의 규정을 계속 증설·보완해가면 입법목적을 달성할 수는 있겠지만 워낙 다양하고 복잡하게 변해가는 경제사실들에 대하여 입법자가 적시에 일일이 대응하여 과세대상을 포착하여 명시적으로 열거하는 것 자체가 매우 힘겨울뿐더러 효율성도 떨어진다는 점에서 유형적 포괄주의 규정의 등장은 충분한 입법상의 명분이 있다. 그렇다고 해서 완전포괄주의 규정을 도입하게 되면 과세의 편의는 도모할 수 있겠지만 과세요건의 명확성과 예측가능성이 저해되므로 그 적용을 제한하기 위하여 유형적 포괄주의 규정을 도입하는 것이 일반적인 입법례이다.

유형적 포괄주의 규정은 열거주의 규정과 대비되는 것으로서 법령에서 과세대상으로 열거된 항목들에 해당하지 않더라도 그 태양의 유사성이 인정되고 동일한 속성을 내포하고 있으며 담세력의 측면에서 차이가 없다면 과세대상으로 삼을 수 있도록 하고 있다. 소득세법에서는 2001. 12. 31. 소득세법 개정시 이자소득(당시 제13호 규정), 배당소득(제17조 제1항 제7호), 연금소득(제20조의3 제1항 제5호)에서 도입되었으며, 상속세 및 증여세법에서는 제42조(기타의 증여의제)가 신설되면서 도입되었고, 2002. 12. 18. 개정에서 그 규율범위가 확대되었고, 법인세법 시행령 제88조 제1항 제9호에서도 도입되었다.

이자소득에 있어서 유형적 포괄주의 규정인 제13호(현행의 제12호)를 신설한 이후에는 적어도 지금까지의 상황만 놓고 보면, 신종 이자소득원들이 등장하더라도 제13호에 의하여 이들을 일정한 정도 과세대상에 포섭할 수 있다는 취지에서 그에 맞는 새로운 규정을 신설하지 아니한 것으로 이해할 수 있다. 따라서 제13호가 추가됨으로써 종전의 열거주의를 포기하고 유형적 포괄주의를 채택한 이후부터는 제1호 내지 제12호에 들어맞지 않는다고 하여 당연히 비과세되는 것이 아니라 제13호의 규정에 해당되는지 여부를 다시 검토해야 한다. 유형적 포괄주의 규정에 해당하는지 여부를 검토할 때 요체가 되는 것은 열거된 개별항목과의 유사성을 인정할 수 있느냐이다. 그 유사성을 방만하게 인정하면 서로 다른 경제적 사실관계를 과세상 동일하게 다룸으로써 공평과세의 원칙이 오히려 침해될 수 있다. 그렇다고 해서 유사성을 너무 제한적으로 인정하면 유형적 포괄주의 규정의 취지를 살리지 못하게 된다. 실제 조세쟁송에서는 이러한 유사성의 판단에 관한 사안들이 많다. 이러한 판단에 있어서 고려해야 할 요소들은 조세공평의 원칙과 법적 안정성, 예측가능성, 담세력 등이라고 하겠다. 이들 요소들은 상충되는 측면도 없지 않기 때문에 전체적으로 조화를 이룰 수 있는 합리적인 방안을 찾는 것이 중요하다.

나. 유형적 포괄주의 규정의 적용을 긍정한 사례

(1) 교직원직장공제회 초과반환금의 쟁점

소득세법 제16조 제1항 제10호와 그 시행령 제26조 제1항은 직장공제회에 가입하였던 근로자가 퇴직하거나 탈퇴하면서 받는 반환금 중 납입한 부담금을 초과하는 부분에 대하여 이자소득세의 과세대상으로 규정하고 있는데, 직장공제회에 가입한 근로자가 퇴직이나 탈퇴 전에 반환금을 받는 경우 그중 납입한 부담금을 초과하는 부분에 대하여도 소득세법 제16조 제1항 제10호에 유사한 소득으로서 금전의 사용에 따른 대가로서의 성격이 있는 것으로 보아 유형적 포괄주의 규정인 그 제12호에 의하여 소득세를 과세할 수 있는지가 쟁점이 된 사안으로 대법원 2010. 2. 25. 선고 2007두18284 판결이 있다.

(2) 사실관계의 분석

원고는 한국교직원공제회로서 원고의 자본금은 전·현직 교육공무원 등인 회원이 예치한 부담금과 정부보조금 및 사업에서 생기는 순수익금으로 구성되고, 원고가 회원에게 지급하는 급여의 종류에는 장기저축급여와 목돈급여, 퇴직생활급여, 종합복지급여 등이 있는데, 장기저축급여는 회원의 퇴직이나 탈퇴시에 지급하되 회원의 부담금에 대하여 시중은행의 1년 만기 정기예금의 평균 이자율을 반영한 부가율에 의하여 산정한 부가금을 가산한 금액을 지급하고, 목돈급여와 퇴직생활급여, 종합복지급여는 회원의 퇴직이나 탈퇴 이전의 약정된 시기에 지급하되 회원의 부담금에 대하여 5개 시중은행의 1년 만기 정기예금의 평균 이자율에 0.5%를 더한 이율 이상의 부가율에 의하여 산정한 부가금을 가산한 금액을 지급하였다.

원고가 지급하는 부가금 중 장기저축급여에 따른 부가금은 퇴직 및 탈퇴시에만 지급하는 것이므로 소득세법 제16조 제1항 제10호에 해당하여 이자소득세의 과세대상이 됨에는 의문의 여지가 없다. 그러나 목돈급여와 퇴직생활급여, 종합복지급여의 경우 회원의 퇴직이나 탈퇴 이전에 그 부가금을 지급하므로 위 제10호를 직접 적용할 수는 없고,

다른 규정을 적용할 수 있는지가 문제되었다.

여기서 원고가 회원들에게 지급하는 부가금은 원본액과 사용기간에 비례하여 일정한 이율에 따라 산정되고, 그 지급이 사실상 보장되고 있으므로 외관상 예금에 대한 이자의 전형적인 모습을 갖추었다. 그 부가금의 원천인 부담금이 원고의 자본금으로 계상된다고 해서 위 부가금을 자본금의 운용실적에 따라 이익을 분여하는 배당금으로는 도저히 볼 수 없다. 이와 같이 위 부가금은 그 형식에도 불구하고, 실질은 예금 또는 예탁금 및 그에 대한 이자와 별 차이를 발견할 수 없고, 다만 차이가 있다면 위 부담금과 이 사건 부가금에 대하여는 그 반환을 담보하는 법적·제도적 장치가 없다는 점뿐이다. 그러나 이러한 사정만으로 그 금전의 사용에 따른 대가로서의 본질을 달리 보기는 어렵다 하겠다.

(3) 대법원의 판단과 평가

대법원은 소득세법 제16조 제1항에서 2001. 12. 31. 제13호(현행의 제12호)를 신설한 취지는 그 제1호 내지 제12호에 의하여 과세대상으로 열거된 이자소득의 범위에 포함되지 않더라도 그와 유사한 소득으로서 금전의 사용에 따른 대가의 성격이 있다면 이를 이자소득세의 과세대상에 포함시킴으로써 과세대상 소득에 관한 종래의 열거주의 방식이 갖는 단점을 일정한 정도 보완하여 공평과세의 원칙을 실현하고자 하는데 있는 점 등을 종합적으로 살펴보면, 위 제13호가 시행된 2002. 1. 1. 이후에는 그 제1호 내지 제12호에서 열거하고 있는 소득에 해당하지 아니하는 소득이라 하더라도 그와 성격이 유사하고 담세력도 대등하다고 볼 수 있으면 제13호에 의하여 이자소득세를 과세할 수 있다고 해석함이 상당하다고 전제하고, 이 사건 부가금은 금전의 사용에 따른 대가로서 제3호 소정의 예금의 이자와 성격이 유사하고 담세력도 대등하다고 볼 수 있으므로, 제13호가 신설된 이후에는 이자소득세의 과세대상이 된다고 판시하였다.

앞서 언급한 바와 같이 유형적 포괄주의 규정을 적용하는 데 있어서 중요한 고려요소는 조세공평의 원칙과 예측가능성, 법적 안정성, 담세력 등이라고 할 수 있다. 우선 담세력의 측면에서 이 사건 부가금은 예금의 이자에 비하여 전혀 모자라지 않는다. 원고의 회원들은 교직원들로서 신분이 보장되고 일정한 수준의 급여가 주어지고 있어 경제적·사회적 지위가 우리 사회의 평균인에 비하여 열악하다고 볼 수 없는 반면에 이 사건 부가금의 이율이 예금의 이자율보다 오히려 더 높으므로 이자소득세에 대한 담세력이 예금의 이자보다 결코 열위에 있다고 볼 수 없다. 또한 이 사건 부담금을 예치한 회원들 입장에서는 회원이라고 해서 일반인에 비하여 원고에게 특별한 의무를 부담하고 있지도 아니하므로 자신들의 지위가 은행 기타 금융기관에 대한 예금주의 지위와 별다른 차이를 느낄 수 없을 터이고, 그 대가로 지급받는 이 사건 부가금은 예금의 이자만큼이나 그 지급이 안정적이면서도 그 이율은 예금의 이자율보다 오히려 더 높아 실질적으로 더 많은 이익을 누리고 있으므로, 이 사건 부가금이 예금의 이자와 유사하다고 보아 이자소득세를 과세한다고 해서 그것이 조세공평의 원칙에 반한다고 보기 어렵다. 오히려 담세력이 열위에 있지 않다면 이자소득세를 과세하는 것이 공평과세의 원칙에 부합한다 할 것이다.

그리고 원고 공제회가 설립된 이후 수십 년간 이 사건 부가금에 대한 이자소득세를 비과세하여 왔다고 하더라도 소득세법 개정을 통하여 1995년부터는 원고의 급여 중 대부분을 차지하는 장기저축급여에 대한 부가금에 대하여 과세로 전환되었고, 2001년 말에는 입법자가 이 사건 부가금에 대하여도 과세할 의도로 유형적 포괄주의 규정인 제13호가 신설되었으며, 원고의 회원들도 이 사건 부가금이 예금의 이자와 유사하다는 점을 부인할 수는 없을 것이므로, 그 후부터 이 사건 부가금이 과세대상으로 전환된다고 하여 납세자의 입장에서 볼 때 예측가능성이나 법적 안정성이 없다고 보기도 어렵고, 그에 대한 조세저항감도 거의 없을 것으로 보인다.

입법자의 입장에서는, 제11호 및 그 시행령이 신설된 후 이 사건 부가금이 이자소득세의 과세대상이 되는지 여부에 관하여 논란이 생기자 제13호의 신설로서 그 문제가 해소되었다고 판단하였기 때문에 제11호에 대한 시행령 개정이라는 손쉬운 작업을 통한 해결을 아예 시도하지 아니한 것으로 보인다. 이러한 판단하에 과세관청은 제13호가 신설된 후 지금까지 계속 이 사건 부가금에 대한 원천징수세액을 수령해오고 있다. 이러한 상황에서 이 사건 부가금이 제13호의 규정에도 해당하지 않는다고 판단하는 것은 입법취지에 반하는 결과가 초래된다. 제13호가 신설될 무렵에 이 사건 부가금이 이자소득세의 과세대상이 되는지 여부에 관한 논란이 있었고, 그전부터 이미 과세관청에서는 이자소득세를 과세하여 옴으로써 이를 뒤집기가 어려웠기 때문에, 입법자의 입장에서 제13호의 신설만으로는 이 사건 부가금이 이자소득세의 과세대상에 포함된다고 해석하기 어려웠다면, 제11호에 대한 시행령의 개정이라는 손쉬운 작업을 통하여 이 사건 부가금을 이자소득세의 과세대상에 포함시켰을 것이다.

그리고 제11호 및 그 시행령에 의하여 이 사건 부가금이 과세대상에서 제외되었음에도 제13호에 의하여 다시 과세대상에 포함된다고 보는 것은 제11호 및 그 시행령에서 과세대상의 범위를 정한 것이 무색해진다는 비판이 있으나, 제11호의 과세대상의 범위를 정한 것은 하위 법령인 시행령 규정인 반면에, 제13호 규정은 상위 법령인 법률규정이고 제13호는 제11호 및 그 시행령이 제정된 이후에 신설된 것이므로, 상위 법령을 신설함으로써 기존의 하위 법령의 취지가 다소 무색해지는 결과가 초래된다고 해서 그것이 반드시 입법체계상 불합리하다거나 허용될 수 없다고 보기 어렵다. 이러한 점들을 종합하여 볼 때 이 판결의 논지는 타당하다고 하겠다. 이 판결은 유형적 포괄주의의 적용범위에 관한 상당히 모범적인 선례가 되고 있는 것으로 평가된다.

다. 유형적 포괄주의 규정의 적용을 부인한 사례

(1) 엔화스왑예금이자의 성격

앞서 실질과세의 원칙에서 살펴본 바와 같이, 대법원 2011. 5. 13. 선고 2010두5004 판결에서는 이른바 엔화스왑예금거래에서 예금주들의 확정소득인 선물환차익을 이자소득세의 과세대상으로 삼을 수 있는지가 문제되었는데, 여기서 유형적 포괄주의 규정인 당시 소득세법 제16조 제1항 제13호의 적용범위를 놓고 치열한 논란이 있었다. 제13호의 소득에 해당되는지 여부와 관련하여 구체적으로 다투어지는 부분은 같은 항 제3호(이하 '제3호'로 약칭한다)의 소득인 예금의 이자와 유사한 소득으로 볼 것이지, 아니면 같은 항 제9호(이하 '제9호'로 약칭한다)의 소득인 채권 또는 증권의 환매조건부 매매차익과 유사한 소득으로 볼 것인지이다.

거래의 형태를 다시 한번 요약해 보면, 고객들이 은행으로부터 원화로 엔화를 매입하고 이를 예금하여 연리 0.25% 전후의 확정이자를 지급받고 만기에 원리금을 반환받는 엔화예금에 가입함과 동시에, 위 예금계약의 만기 또는 해지 시에는 엔화예금 원리금을 은행에 미리 확정된 환율로 매각함으로써 이를 원화로 지급받기로 하는 선물환계약을 체결하는 것이다. 그 선물환계약이 이행됨으로써 고객은 미리 예정되어 있던 선물환차익을 얻게 된다. 위 선물환차익은 제9호의 소득과 비교해 볼 때 그것이 창출되는 거래과정과 그 소득의 성격이 매우 유사하고, 환위험이 수반되지 않으며, 금전의 사용에 대한 대가의 성격을 지니고 있고, 그 귀속자들이 고액의 자금보유자들로서 담세력도 제9호의 소득에 뒤지지 않는다고 할 수 있으나 제9호가 그 대상을 채권 또는 증권으로 제한하고 있음에 비하여 위 선물환차익은 채권 또는 증권이 아니라 통화 그 자체인 엔화라는 점에서 차이가 있으므로 이러한 차이에 어느 정도의 무게를 두느냐에 따라 이 사건 선물환차익이 제9호에 유사한 소득으로서 제13호의 소득에 해당하는지 여부가 판가름난다고 하겠다.

(2) 대법원 2011. 5. 13. 선고 2010두5004 판결의 분석

그런데 앞서 살펴본 바와 같이 대법원 2011. 5. 13. 선고 2010두5004 판결은 그 선물환차익이 구 소득세법 제16조 제1항 제3호의 '예금의 이자'와 유사한 소득이라고 볼 수 없고,

또한 같은 항 제9호는 그 적용대상을 '채권 또는 증권의 환매조건부 매매차익'으로 제한하고 있는 취지에 비추어 채권이나 증권이 아닌 엔화의 매매차익에 불과한 선물환차익을 같은 항 제9호의 '채권 또는 증권의 환매조건부 매매차익' 소득과 유사한 소득이라고 보기도 어렵다고 판시하였다. 대법원은 제9호는 환매조건부 매매차익 중 과세대상의 범위를 채권 또는 증권의 매매차익으로 한정하고 있음에도 제13호를 근거로 그 범위를 벗어나는 통화의 매매차익까지 확대하는 것은 제9호의 입법 취지에 반한다는 입장이다.

그러나 제1호 내지 제12호는 우리 소득세법이 과세소득의 종류에 관한 종래의 열거주의 방식을 채택하고 있던 시절의 규정들이고, 제13호의 규정은 우리 소득세법이 세계적 추세에 맞추어 과세소득의 종류에 관하여 열거주의 방식으로부터 포괄주의 방식으로 전향하는 과도기적 단계에서 신설된 유형적 포괄주의 규정으로서 그 입법 취지가 제1호 내지 제12호에 해당하지는 않지만 그와 유사한 소득이 출현하였을 경우 이에 대한 과세를 위해 계속 신설규정을 두어야 하는 입법상의 불편을 해소하기 위한 데 있으므로 제9호에 해당하지 않더라도 그와 유사한 경우 제13호를 적용할 수 있다는 비판이 가능하다. 제13호가 신설되기 전에는 제9호의 규정취지가 그 시행령에서 정하는 범위를 벗어나는 경우는 과세하지 않겠다는 것으로 볼 수 있지만, 제13호가 신설된 이후에는 제9호의 규정취지가 그와 유사한 소득이 제13호의 규정에 의하여 과세대상에 포함될 수 있음을 용인한 것으로 해석할 수 있는 것이다. 더구나 위 거래를 예금이자에 대한 소득세를 회피하기 위하여 고안된 것으로 볼 수 있다면 조세회피의 의도도 분명하므로 제13호를 적용할 규범적 명분이 있다고 할 수 있다.

앞서 본 대법원 2010. 2. 25. 선고 2007두18284 판결은 제11호 자체가 제3호(예금의 이자)와 유사하기 때문에 제11호의 적용범위에 포함되지 아니하는 소득을 제3호와 유사하다는 이유로 제13호에 해당한다고 본 것이며 그 취지 속에 제11호 외의 다른 항목에 유사하지 아니할 경우 제13호에 해당하지 않는다는 취지까지 내포되어 있다고 할 수 없다. 그리고 제11호의 경우 그 조항 신설 당시 직장공제회 초과반환금 중 그 적용범위에 포함하지 아니하는 부분이 이미 존재하였으므로 그 적용범위에 포함되지 않는 부분은 과세하지 않겠다는 취지가 있다고 할 여지가 있지만, 제9호의 경우 그 조항 신설 당시에는 이 사건 거래와 같이 통화를 대상으로 하는 환매조건부 매매가 존재하지 아니하다가 그 후 새로 등장한 것이므로 위 규정의 취지에 이 사건 거래는 과세하지 않겠다는 취지가 포함되어 있다고 보기도 어렵다.

그러나 만약 외화통화 역시 그 적용범위에 포함된다면 동산, 부동산이나 금 등과 같은 경우까지 모두 환매조건 매매차익의 대상이 될 수 있으므로, 결국 그 과세 여부를 그 대상으로 제한하지 아니하고 그 소득의 성격이나 담세력만으로도 위 규정을 적용하게 됨으로써 그 대상 자체가 확대될 수 있을 뿐 아니라 당사자로서는 과세대상 여부를 미리 예측할 수 없어 조세법률주의에도 반한다고 할 여지가 있다. 또한 제9호의 대상을 부동산이나 금이 아닌 채권과 증권으로 제한한 취지가 가격변동이 심한 자산을 배제하기 위한 것이라면, 매일 환율이 변동하는 외화통화 역시 배제되어야 한다고 할 수도 있다. 제13호가 비록 그 문언 자체로는 유형적 포괄주의의 형식을 취하고 있어 그 적용범위가 탄력적이긴 하지만 아직 우리나라 소득세법이 이자소득의 종류에 관하여 열거주의의 입장을 버리지 않고 있는 이상 위 규정의 적용범위를 너무 넓히면 열거주의의 입법 취지가 몰각될 수도 있고, 과세관청이 제13호의 적용을 남용하는 것을 막기 어려울 수도 있다.

이상에서 살펴본 바와 같이 위 선물환차익이 제13호에 해당한다고 볼 수 있는지에 관하여는 견해의 대립이 가능하고 어느 쪽의 논거가 절대적 우위에 있다고 평가하기 어려운 정도이므로 어느 쪽으로 갈 것인지를 선택함에 있어서는 순수한 법리의 적용만으로는 부족하고 대법원의 정책적 결단이 가미되지 않을 수 없었는데, 이러한 상황에서 대법원은 위 선물환차익이 제13호의 소득에 해당하지 않는다는 결단을 내렸고 이러한 결단은 조세법률주의와 실질과세의 원칙 및 제13호의 입법 취지 등에 비추어 수긍할 수 있는 측면이 있다고 할 수 있겠다.

이러한 대법원 판결에 반발하여 과세관청은 입법으로 위 선물환 차익을 과세대상에 포함시켰다. 소득세법 제16조 제1항에서 제13호를 신설하여 제1호부터 제12호까지의 규정 중 어느 하나에 해당하는 소득을 발생시키는 거래 또는 행위와 자본시장과 금융투자업에 관한 법률 제5조에 따른 파생상품이 결합된 경우 해당 파생상품의 거래 또는 행위로부터의 이익을 규정한 것이다. 종래의 유형적 포괄주의 규정인 제13호는 제12호로 자리이동을 하였다.

3. 비영업대금의 이익

가. 쟁점의 소재

이자소득에 대한 과세에 있어서 조세쟁송상 자주 등장하는 유형이 비영업대금의 이익이다. 사인 간에 돈을 빌려주고 이자를 받는 과정에서 원금을 회수하지 못하는 경우 권리확정주의, 변제충당의 법리와 관련하여 그 전에 받았던 이자에 대하여 소득세를 과세할 수 있는지, 그리고 과세할 수 있다면 과세시기가 언제인지가 주로 문제되고, 거래 관행상 자주 보이는 선이자 공제의 경우 이자소득세의 과세대상을 어떻게 파악할 것인지도 자주 문제된다.

나. 관련 규정의 분석

소득세법 제16조 제1항은 이자소득의 한 종류로 제11호에서 비영업대금의 이익을 규정하고 있다. 그리고 이자소득의 수입시기에 관한 소득세법 시행령 제45조는 제9호의2에서 비영업대금의 이익의 수입시기는 약정에 의한 이자지급일로 하되, 다만 이자지급일의 약정이 없거나 약정에 의한 이자지급일 전에 이자를 지급받는 경우 또는 제51조 제7항의 규정에 의하여 총수입금액 계산시 제외하였던 이자를 지급받는 경우에는 그 이자지급일로 한다고 규정하고 있다.

한편, 소득세법 시행령 제51조 제7항은 비영업대금의 이익의 총수입금액을 계산할 때 해당 과세기간에 발생한 비영업대금의 이익에 대하여 과세표준 확정신고 전에 해당 비영업대금이 채무자의 파산 등으로 인하여 채무자 또는 제3자로부터 원금 및 이자의 전부 또는 일부를 회수할 수 없는 경우에는 회수한 금액에서 원금을 먼저 차감하여 계산한다고 규정하면서, 나아가 이 경우 회수한 금액이 원금에 미달하는 때에는 총수입금액은 이를 없는 것으로 한다고 규정하고 있다. 이 규정은 1998. 12. 31. 신설되었는데, 당시에는 회수불능이 되는 시점을 과세표준 확정신고 전 또는 과세표준과 세액의 결정·경정 전으로 규정하고 있다가 2014. 2. 21. 개정되면서 과세표준 확정신고 전으로만 규정하였다. 따라서 이제는 과세표준 확정신고 후로서 과세표준과 세액의 결정·경정 전에 회수불능이 되더라도 위 규정이 적용될 수 없게 되었다. 납세자에게 불리한 내용으로 개정된 것이다.

이 규정은 민법 제479조에서 정하고 있는 비용, 이자, 원본에 대한 변제충당의 순서와 다르다. 민법 제479조는 채무자가 채무의 비용 및 이자를 지급할 경우에 변제자가 그 전부를 소멸하게 하지 못한 급여를 한 때에는 비용, 이자, 원본의 순서로 변제에 충당하여야 한다고 규정하고 있기 때문이다. 민법 제479조는 대여금 거래에서 채권자인 대주의 이자수입이 많아지도록 하기 위한 규정인 반면에, 소득세법 시행령 제51조 제7항은 대여금 거래에서 납세자인 대주의 이자수입이 적어지게 함으로써 조세부담을 덜어주기 위한 규정이다. 양 규정이 각각 민사법적 측면과 조세법적 측면에서 대주에게 유리하도록 하기 위하여 정반대의 모습을 취하고 있다는 점이 흥미롭다.

금전의 대여로 인한 소득이 이자소득의 일종인 비영업대금의 이익인지 아니면 사업소득인지는 금전대여행위가 소득세법상의 사업에 해당하는지에 달려 있고, 소득세법에서 말하는 사업에의 해당 여부는 금전대여행위의 영리성, 계속성, 반복성의 유무, 거래기간의 장단, 대여액과 이자액의 다과 등 제반 사정을 고려하여 사회통념에 비추어 결정하여야 한다.

다. 비영업대금의 이익과 회수불능

(1) 소득세법 시행령 제51조 제7항의 입법 취지

소득세법 시행령 제51조 제7항은 제45조 제9호의2의 규정이 권리확정주의와 배치되는 경우가 있을 수 있어 이를 보완하기 위한 규정으로 등장한 것이라고 할 수 있다. 소득세법 시행령 제45조 제9호의2에서 정하는 이자지급 약정일이 도래하더라도 실제로 이자를 수령하지 못하였을 뿐만 아니라 추후에 결국 원금조차 수령하지 못하고 끝나버린 경우 사전적으로든 사후적으로든 이자소득이 발생할 권리가 상당한 정도로 성숙·확정되었다고 보기 어려울 것이므로 권리확정주의 원칙에 따라 이자소득이 실현되지 아니하였다고 볼 수 있는 것이고 이를 인정하기 위한 규정이 제51조 제7항이라고 할 수 있는 것이다. 특히, 법인세법과는 달리 소득세법에서는 이자소득의 경우 나중에 원금조차 회수하지 못하여 결손이 발생하더라도 이를 이자소득의 차감항목으로 반영할 수 있는 제도적 장치가 없어 궁극적으로 이자소득이 있다고 할 수 없음에도 이자소득세를 과세하는 부당한 결과를 방지하기 위하여 신설된 규정으로 이해할 수 있다.

과세관청은 위 시행령을 신설할 당시 비영업대금 채권의 회수불능시 종래 민법상의 변제충당규정에 따라 이자소득이 먼저 실현된 것으로 보고 과세처분하는 것은 부당하다는 반성적 고려에서, 변제금의 충당순서를 원금·이자의 순서로 하여 이자소득금액 계산을 합리적으로 조정하고자 하는 데에 그 규정의 취지가 있다고 밝히고 있다.[2]

대법원은 위 시행령 규정이 신설되기 이전부터 위 규정취지와 같은 판시를 수차례 한 바 있다. 즉, 권리확정주의를 적용하면 세법관계에 사법상 변제충당의 법리를 그대로 적용할 수 없게 된다는 것이다. 대법원 1991. 11. 26. 선고 91누3420 판결은, 소득세법상 이자소득의 발생 여부는 그 소득 발생의 원천인 원금채권의 회수가능성 여부를 떠나서 논할 수 없으므로, 채권의 일부 회수가 있는 경우 그 회수 당시를 기준으로 나머지 채권의 회수가 불가능함이 객관적으로 명백하게 된 경우에는 그 회수금원이 원금에 미달하는 한 당해 과세연도에 있어서 과세요건을 충족시키는 이자소득 자체의 실현은 없었다고 볼 수밖에 없어 민법 제479조 제1항의 변제충당에 관한 규정은 그 적용의 여지가 없다고 판시하였고, 대법원 1998. 7. 24. 선고 97누10369 판결도 같은 취지를 판시하였다. 이러한 판결의 취지가 위 시행령 규정에 반영된 것으로 평가할 수 있다.

일본의 경우, 1962년 개정된 소득세법은 회수불능 등의 사유를 후발적 경정청구사유로 규정하여 입법적으로 해결하였는데, 일본의 현행 소득세법 제64조 제1항은, 각종 소

---

2) 국세청, 1999 개정세법해설

득금액(사업소득의 금액을 제외)의 계산의 기초가 되는 수입금액 혹은 총수입금액(부동산소득 또는 산림소득 제외)의 전부 혹은 일부를 회수하지 못하는 등의 경우에는 그 회수하지 못하는 금액 등에 대응하는 부분의 금액은, 소득금액 계산상 없는 것으로 간주하도록 규정하고, 제152조에서는 위와 같은 사유를 후발적 경정청구사유로 규정하고 있다. 그리고 1970년에는 국세통칙법을 개정하여 제23조 제2항으로 일반적인 후발적 경정청구제도를 도입하였다. 일본의 판례[3]는 '잡소득(雜所得)'으로서 과세의 대상으로 된 금전채권이 후일 회수불능으로 된 경우에 그 회수불능의 발생과 회수불능액이 객관적으로 명백하고, 과세관청에 특별히 인정판단권을 유보할 합리적 필요성이 없다고 인정되는 때에는 해당 과세처분 그 자체가 취소 또는 변경되지 않더라도, 동 처분에 근거하여 징수한 소득세 중 위 회수불능액에 대응하는 세액을 부당이득으로서 납세자에게 반환할 의무를 진다고 해석하여야 한다고 판시하였다. 이 판결은 권리확정주의는 그 권리에 관하여 나중에 현실적인 지불이 있다는 것을 전제로 하여 소득의 귀속연도를 결정하기 위한 기준에 지나지 않는다고 전제하고, 권리확정주의하에서 금전채권의 확정적 발생시기를 기준으로 하여 소득세를 부과징수하는 것은 실질적으로는 이를테면 미필소득에 대한 조세의 전납적(前納的) 성격을 가지는 것이므로, 그 후에 회수불능과 같은 사정이 발생한 경우에는 앞선 과세는 그 전제를 잃고 결과적으로 소득이 없는 곳에 과세한 것으로서 당연히 이에 대한 시정이 요구되고, 따라서 과세관청이나 국가는 납세자에 대하여 그 회수불능액의 한도에서는 해당 과세처분의 효력을 주장할 수 없고, 과세처분에 기초해서 조세를 징수하는 것은 물론 이미 징수된 것도 법률상의 원인을 흠결한 이득으로서 납세자에게 반환되어야 한다고 하였다. 회수불능사유가 발생하면 과세처분이 있기 전후 등을 불문하고 무효가 된다는 전제에서 부당이득 반환의무를 인정한 것이다.

(2) 소득세법 시행령 제51조 제7항의 적용범위

가) 대법원 2005. 10. 28. 선고 2005두5437 판결의 비판

일찍이 대법원 2005. 10. 28. 선고 2005두5437 판결은 법인세법 시행령 제51조 제7항의 적용범위에 관하여, 하나의 과세단위, 즉 동일한 과세기간에 원리금채권의 회수불능이라는 사유가 발생한 경우에 당해 사업연도에 회수한 금액이 원금에 미치지 못하는 때에는 이자로 우선 변제충당하지 않고 이자소득금액이 없는 것으로 본다는 취지를 규정한 것으로 해석하여야만 '기간과세'라는 소득세의 본질에 어긋나지 않는다는 입장에서 위 규정의 적용범위를 축소하는 방향으로 해석하였다.

---

3) 최고재판소 昭和 49. 3. 8. 선고 제2소법정 판결

그래서 원고가 A사에 21억 원을 연 24%의 이율로 대여하고 약정이자로 1997년에 4억 원, 1998년에 4억 원, 1999년에 1억 원을 각 지급받았는데, 1998년도 및 1999년도분 이자소득에 대하여는 과세표준신고를 하지 아니하였고, 그 후 A사가 1999년 7월경 부도남에 따라 피고는 1999년도분 수령이자 1억 원에 대하여는 소득세법 시행령 제51조 제7항을 적용하여 회수한 금액이 원금에 미달한다는 이유로 이자소득세를 과세하지 아니하였으나 1998년도분 수령이자 4억 원에 대하여는 이자소득세를 부과한 사안에서, 위 시행령 제51조 제7항이 시행되기 이전에 수령한 1998년도분 이자소득에 대하여는 위 시행령 규정을 적용할 수 없다는 이유에서 위 시행령 제51조 제7항의 적용을 전제로 한 원고의 주장을 배척하면서, 더 나아가 위 시행령 제51조 제7항의 규정이 시행되기 이전에 발생한 비영업대금의 이익에 관해서도 위 규정의 취지와 동일하게 총수입금액을 계산하여야 한다고 전제하더라도, 소득세는 매년 1월 1일부터 12월 31일까지 1년분의 소득금액에 대하여 과세하는 이른바 '기간과세'이고, 또 비영업대금의 이익으로 발생한 이자소득금액은 당해연도의 총수입금액으로 산정되는 것이므로, 채권의 일부 회수가 있는 경우 그 회수 당시를 기준으로 나머지 채권의 회수가 불가능함이 객관적으로 명백하게 된 경우에는 그 회수 금원이 원금에 미달하는 한 당해 과세연도에는 과세요건을 충족시키는 이자소득의 실현이 없는 것으로 보아야 할 것이지만, 회수불능사유가 발생하기 이전에 이미 구체적으로 실현된 이자소득의 납세의무에 대하여는 어떠한 영향을 미칠 수 없다고 판시하였다.

위 판시에서 회수불능사유가 발생하기 이전에 이미 구체적으로 실현된 이자소득이라 함은 현실적으로 이자소득의 명목으로 수령한 돈을 말하는 것으로 보인다. 즉, 소득세법 시행령 제45조 제9호의2에 의하여 이자소득은 현실적으로 수령하지 않더라도 약정에 의한 지급일이 도래하면 과세대상이 되는 것이 원칙이지만 원금 및 이자의 전부 또는 일부의 회수불능사유가 발생하였다면 그 단계에서는 구체적으로 이자소득이 실현되었다고 할 수 없을 것이므로, 위 판시에 의하더라도 회수불능사유가 발생한 때를 기준으로 그 전 사업연도에 약정에 의한 지급기일이 도래하였지만 그 기일에 이자를 현실적으로 수령하지 아니하였다면 이자소득의 과세대상이 되어서는 아니된다는 것으로 보인다. 그런데 문제는 위 판결이 회수불능사유가 발생한 때를 기준으로 그 전 사업연도에 실제로 이자 명목으로 돈을 수령하였다면 종국적으로 원금의 회수에도 못 미치는 결과에 이르더라도 종전 과세기간에 이미 현실적으로 이자 명목으로 수령한 돈에 대하여는 이자소득세가 과세되며, 회수불능사유가 발생한 당해 사업연도에 이자 명목으로 수령한 돈에 대하여만 원금에 먼저 충당함으로써 이자소득세의 과세대상에서 배제된다고 보는데 있다. 위 판시에서 그 논거의 하나로 이자소득세가 '기간과세'라는 점은 들고 있는 것은 이자소득세의 납세의무는 이자소득이 발생한 매 사업연도마다 독립하여 그 조세채무가 성립하는 것이고 사업연도를 달리하여 발생한 이자소득은 그 과세대상물건이 다른 별개의 조세채무를 이룬다는 시각에 기초한 것이다.

그러나 우선 판결에 대하여는 경제적으로 볼 때 이자소득의 발생은 종국적으로 원금의 회수 여부와 분리하여서 논할 수 없는 것이므로 담세력의 관점에서 문제가 있다고 비판할 수 있다. 또한 위 판시는 위 규정의 문언과 일치하지도 않는다. 위 규정은 과세표준신고 또는 결정·경정 전에 회수불능사유가 발생하여 당해 비영업대금의 원금 및 이자의 전부 또는 일부를 회수할 수 없게 된 경우 '회수한 금액'에서 원금을 먼저 차감하여 계산한다고 규정하고 있는바, 여기서의 '회수한 금액'에는 회수불능사유가 발생한 당해 과세연도에 회수한 금액으로 한정하는 문언이 없다. 즉, 위 규정의 문언상 회수불능사유의 발생으로 그때까지 회수한 금액이 원금 및 이자의 전부에 미치지 못한다는 것을 전제로 그 회수한 금액을 원금에 먼저 충당한다는 뜻으로 해석되므로 원금에 먼저 충당하게 되는 금액을 회수불능사유가 발생한 당해연도에 회수한 금액으로 국한하여 축소해석하는 것은 문언에 부합하지 아니한다.

위 판시와 같이 축소해석하게 되면, 조세법규에 관한 엄격해석의 원칙에도 부합하지 않을 뿐만 아니라 절대적으로 납세자에게 불리한 결과가 초래되므로 뚜렷한 합리적인 근거가 없는 한 수용하기 어렵다. 위 규정이 원칙적인 규정이 아니라 일종의 예외적인 특례규정이기 때문에 설령 위 판시와 같이 기간과세의 원칙에 다소 저촉되는 결과가 초래된다 하더라도, 기간과세의 원칙이 예외가 용인될 수 없는 절대적인 원칙이 아닌 이상 위 규정은 그 문언대로 해석하는 것이 타당하다고 할 수 있다. 금전대여를 영업으로 하는 경우는 사업소득이 되는데 나중에 소득의 실현이 불가능한 것으로 밝혀지면 대손금을 필요경비에 산입하는 방법으로 구제받을 수 있지만, 비영업대금의 이자소득에 대하여는 이러한 구제절차가 없으므로 이러한 사업소득과의 형평을 유지하기 위해서라도 위 규정은 문언대로 해석하는 것이 바람직하다.

나) 대법원 2012. 6. 28. 선고 2010두9433 판결의 분석

위에서 본 바와 같은 비판을 반영하여 대법원 2012. 6. 28. 선고 2010두9433 판결은 소득세법 시행령 제51조 제7항의 적용범위를 그 문언에 맞게 바로 잡았다. 즉, 소득세법 시행령 제51조 제7항은 법인세법과는 달리 소득세법에서는 비영업대금에 대하여 나중에 원금조차 회수하지 못하여 결손이 발생하더라도 이를 이자소득의 차감항목으로 반영할 수 있는 제도적 장치가 마련되어 있지 않아 궁극적으로 이자소득이 있다고 할 수 없음에도 이자소득세를 과세하는 부당한 결과를 방지하기 위한 규정으로 보이는 점, 위 규정은 그 문언에서 과세표준 확정신고 또는 과세표준과 세액의 결정·경정 전에 일정한 회수불능사유가 발생할 때까지 회수한 전체 금액이 원금에 미달하는 경우를 그 적용대상으로 하고 있으며 특별한 예외를 두고 있지 않은 점, 소득세법상 이자소득의 발생 여부는 그 소득발생의 원천이 되는 원금채권의 회수 가능성 여부를 떠나서는 논하기 어려운 점 등을 종합하면, 비영업대금의 이자소득에 대한 과세표준 확정신고 또는 과세표준과 세액의 결정·경정 전에 그 원리금 채권을 회수할 수 없는 일정한 사유가 발생하여 그때까지 회수한 금액이 원금에 미달하는 때에는 그와 같은 회수불능사유가 발생하기 전의 과세연도에 실제로 회수한 이자소득이 있다고 하더라도 이는 이자소득세의 과세대상이 될 수 없다고 보아야 한다고 판시하였다.

그러면서 원심이 인용한 위 대법원 2005. 10. 28. 선고 2005두5437 판결은 소득세법 시행령 제51조 제7항이 직접 적용되는 사안에 대한 것이 아니라는 이유로 원용하기에 적절하지 않다고만 판시하였다. 사실 대법원 2005. 10. 28. 선고 2005두5437 판결은 소득세법 시행령 제51조 제7항이 신설되기 전의 사안에 관한 것이었으므로 위 규정의 적용범위에 관하여 판단할 필요가 없었음에도 예비적으로 그에 관하여 판단하면서 그 적용범위를 축소해석한 것은 적절한 조치라고 할 수 없다. 그것이 예비적 판단에 불과하였기 때문에 굳이 위 판결을 폐기까지 하지는 않은 것으로 보이나 적어도 위 예비적 판단에 따른 법리는 폐기된 것으로 보아야 한다.

그래서 현행법하에서는 과세표준 확정신고 전에 원금 및 이자의 전부 또는 일부를 회수할 수 없음이 밝혀진 경우에는 그때까지 수령한 돈들에 대하여 그 수령시기가 속하는 과세기간이 언제인지를 불문하고 원금에 먼저 충당한 다음 남음이 있는 경우에 한하여 이자를 수령한 것으로 보아 그 이자를 수령한 시기가 속하는 과세기간에 이자소득세를 과세할 수 있는 것으로 해석하여야 한다. 만약 원금에 충당하고 남은 돈이 없을 경우에는 당해 과세기간이나 그 전의 과세기간을 불문하고 이자명목으로 수령한 돈에 대하여는 이자소득세를 과세할 수 없다고 보아야 한다. 타당한 결론이다.

(3) 회수불능의 판단과 증명책임

소득세법 시행령 제51조 제7항은 그 문언에서 과세표준 확정신고 전에 부도 등의 사유에 해당하여 회수불능이 된 경우를 그 적용대상으로 하고 있으므로 회수불능을 판단하는 종기는 과세표준 확정신고 전날이라고 할 것이다. 그래서 이자소득의 수입시기 당시에는 회수불능사유가 발생하지 아니하였더라도 그 후 과세표준 확정신고 전에 회수불능 사유가 발생하였다면 위 규정을 적용할 수 있다. 대법원 2014. 5. 29. 선고 2014두35010 판결도 같은 취지이다. 위 규정에 의하여 채권이 사실상 회수불능이 된 경우 그 과세대상에서 제외된다는 법리는 권리확정주의의 예외로서 이미 확정된 소득에 대한 소득세의 부과권 자체가 소멸된다는 의미가 아니라 소득세법에서 규정하고 있는 수입시기 이후의 사정을 감안하여 당해 채권이 객관적으로 회수불능 상태가 되었다면, 그 수입시기가 속하는 연도에 있어서 그 수입에 대한 권리가 확정되었다고 볼 수 없다는 의미로서 권리확정의 개념을 확장한 것으로 보는 것이 타당하다. 당해 채권의 회수불능 여부에 대한 판정은 사실상 구체적인 거래내용과 그 후의 정황 등을 따져서 할 수밖에 없으므로, 납세자로서는 조세소송의 사실심 변론종결시까지는 그 과세표준 확정신고 당시뿐만 아니라 그 이후에 객관적으로 존재한 사실상태를 종합하여 적어도 과세표준 확정신고 전에 회수불능에 이르렀다는 점을 입증할 수 있고, 법원도 그 변론종결 당시까지 제출된 자료를 종합적으로 고려하여 회수불능 여부에 대한 판단을 하게 될 것이다.

대법원 2002. 10. 25. 선고 2001두1536 판결, 대법원 2010. 1. 14. 선고 2009두11874 판결 등은 회수불능사실에 대한 입증책임은 납세자에게 있으며, 구체적인 거래내용과 그 후의 정황 등을 따져서 채무자의 자산상황·지급능력 등을 종합하여 사회통념에 의하여 객관적으로 평가하는 방법으로 판정하여야 한다고 한다. 경매절차의 배당 등을 통하여 원리금 채권의 일부만 회수하고 그 회수 당시를 기준으로 하여 나머지 채권의 회수가 불가능함이 객관적으로 명백하게 된 경우, 앞서 본 바와 같이 민사법상으로는 변제충당의 규정에 의하여 그 회수금원이 이자에 먼저 충당된다고 하더라도 소득세법상 이자소득을 계상함에 있어서는 회수금원 중 원금을 먼저 공제하고 남는 금액이 있을 경우에만 그 한도에서 이자소득의 실현이 있다고 해야 한다.

한편, 이자제한법 소정의 제한이율을 초과하는 이자, 지연손해금은 그 기초가 되는 약정 자체가 무효이어서 약정한 이행기가 도래하였다 하더라도 이자, 지연손해금채권은 발생할 여지가 없으므로 채무자가 임의로 이를 현실지급한 때가 아니면 과세대상소득을 구성한다고 볼 수 없다. 그래서 소득발생의 원인이 되는 이자채권이 발생한 때라 하더라도 그것이 법정제한의 이율을 초과하는 등의 법률상 장애사유로 장래 그 소득이 실현될 가능성이 없음이 객관적으로 명백한 때에는 그 경제적 이득을 대상으로 하는 소득세는 그 전제를 잃게 되고, 그와 같은 소득을 과세소득으로 하여 소득세를 부과할 수는 없다고 해야 한다. 원리금을 초과하는 담보물을 취득하고서 금원을 대여하였다면 특별한 사정이 없는 한 이자지급기일이 도래하기만 하면 그에 의하여 발생한 이자채권은 그 소득의 실현이 객관적으로 보아 상당히 높은 것이므로 그때 소득이 있는 것으로 보아 과세할 수 있다고 해야 할 것이다. 다만, 담보물에 의하여도 소득이 실현될 가능성이 전혀 없게 된 것이 객관적으로 명백한 때에는 납세의무자가 그와 같은 사정을 들어 과세할 소득이 없는 경우임을 밝혀야 할 것이다.

그리고 대법원 2014. 5. 29. 선고 2014두35010 판결은 비영업대금의 이자소득이 있는지는 개개 대여금 채권별로 구 소득세법 시행령 제51조 제7항을 적용하여 판단하여야 하므로, 여러 개의 대여원리금 채권 중 과세표준 확정신고 또는 과세표준과 세액의 결정·경정 당시 이미 회수되어 소멸한 대여원리금 채권이 있다면 특별한 사정이 없는 한 그 채권에 대하여는 이자소득이 있다고 보아야 하고, 이는 그 여러 개의 대여원리금 채권이 동일한 채무자에 대한 것이라고 하여도 마찬가지라고 판시하였다.

비영업대금 거래의 경우 통상 동일한 대주와 차주 사이에 한차례의 거래에 그치지 않고 여러 차례 걸쳐 회수와 대여를 반복하는 것이 흔하므로 대주의 입장에서는 소득세법 시행령 제51조 제7항의 적용에 있어서 동일한 차주에 대하여는 거래들을 전체적으로 보아 회수불능 여부를 판단받고 싶어 할 것이다. 그러나 대법원은 여기서 다소 엄격한 입장을 취하였다. 거래의 실상에서는 반복적인 대여와 회수가 있을 경우 각 거래별로 대여와 회수를 구분하기 어려운 경우가 많을 뿐만 아니라, 이자를 회수한 거래에 대하여는 이자소득세를 과세당하면서, 원금조차 회수하지 못하여 오히려 손해를 본 거래에 대하여는 그 손해가 이자소득계산에 있어 차감요소로 반영하지 않음으로써 전체적으로 손해를 보는 거래임에도 이자소득세를 납세해야 하는 결과에 이르게 되어 부당한 측면이 많다.

그리고 위 대법원 2014. 5. 29. 선고 2014두35010 판결의 입장에 충실하게 되면, 미회수 이자를 원금에 산입하는 내용의 새로운 소비대차계약을 체결하는 경우 그 시점에 종전 소비대차계약상의 미회수 이자와 원금이 모두 회수된 것으로 처리될 수 있어 부당해진다. 대주 입장에서는 미회수 이자의 회수시기를 늦추어 주는 대신 실질적인 이율을 좀 더 높이기 위해 위와 같은 새로운 약정을 하는 경우가 많으며 이러한 약정을 하였다고 하더라도 실질적으로는 종전 소비대차약정상의 원금은 물론 이자도 회수된 것으로 보기 어렵다고 할 것이므로 사후에 새로운 소비대차약정에 의한 원금조차 제대로 회수되지 않았다면 종전 소비대차약정상의 이자도 회수되지 않은 것으로 보는 것이 합리적이라고 하겠다.

그래서 동일한 차주에 대한 일련의 거래들에 있어서는 거래의 경위와 목적, 시기, 규모 등으로 보아 그들 사이에 연계관계가 높을 경우에는 회수불능 여부도 일체로서 파악하는 것이 타당하다고 할 수 있다.

(4) 회수불능에 관한 사례 분석

가) 회수불능을 긍정한 사례

대법원 2011. 9. 8. 선고 2009두13160 판결은, 원고가 2004. 8. 18. 복합상가건물 신축사업을 시행하던 A사에 10억 원을 대여하고 2개월 후 그에 대한 이자 10억 원을 합한 20억 원을 변제받기로 약정하였으나, 담보로 제공받은 당좌수표는 2004. 9. 24. A사의 부도로 지급거절되었고, 또 다른 담보로 제공받은 상가건물 지하 2층에 관한 분양계약서는 분양계약금이 수탁회사의 지정 계좌에 입금되지 아니하여 분양계약의 유효조건을 충족하지 못하였을 뿐만 아니라, 그 분양계약서를 근거로 위 복합상가건물 부지에 관하여 해 두었던 처분금지가처분등기도 법원의 결정으로 말소되었으며, A사를 흡수합병한 B사 역시 원고를 비롯한 채권자들에게 다액의 채무를 변제할 만한 뚜렷한 자력이 없었고, 시공사인 P사는 A사의 부도로 그로부터 복합상가건물에 관한 일체의 권리를 이전받기로 약정함에 따라 그 시행권도 P사에 이전하여야 할 처지에 있었을 뿐만 아니라 B사가 복합상가건물의 분양대행을 하였으나 분약실적이 거의 없었으며, B사가 수탁회사의 지정 계좌에 보유하던 분양대금 약 525억 원은 P사의 승낙 없이 사용할 수 없었고, B사는 P사에 대한 공사대금채무, 대여금채무 등 약 1,200억 원의 채무와 일반채권자에 대한 대여금채무 약 600억 원, 체납된 세금 약 50억 원을 부담한 채로 2008. 6. 30. 폐업한 사안에서, 이자채권의 회수불능을 인정하였다. 대법원 1986. 7. 8. 선고 85누518 판결과 대법원 1987. 5. 26. 선고 87누26 판결도 회수불능을 인정한 사례에 속한다.

나) 회수불능을 부정한 사례

대법원 2002. 10. 25. 선고 2001두1536 판결은, 원고가 A에게 토지를 매도하고 잔금 1억 5,500만 원은 1년 후에 지급받되 월 1%의 이자를 받기로 약정한 후, 약 4개월 동안 약정이자를 받아 오다가 A의 요청에 의하여 소유권이전등기를 마쳐주었으나 A가 잔금 및 이자를 지급하지 아니하자 원고가 A를 상대로 매매대금청구의 소를 제기하여 승소판결을 받은 다음 위 토지에 대한 강제경매를 신청하여 약 4,800만 원을 배당받고 A가 경영하던 철물점의 물건에 대한 유체동산강제경매신청을 하여 384만 원을 배당받아 잔금의 일부를 회수하였으며 추가로 경매신청을 하고자 하였으나 A의 가족들이 철물점을 운영하는 것처럼 하거나 사업자등록을 타인 명의로 해두어서 그 목적을 달성하지 못하였고, A 소유 명의로 된 토지에 대하여 강제경매를 신청하였다가 A 명의의 4/26 지분을 제외한 나머지 지분에 대한 말소를 명하는 판결이 선고되자 경매신청을 취하한 사안에서, 원고가 A로부터 나머지 양도대금을 지급받을 가능성이 전혀 없게 되어 양도대금채권이 회수불가능한 것으로 확정되었다고 단정할 수 없다고 본 원심의 판단을 수긍하였다. 대법원 1985. 11. 26. 선고 85누374 판결과 대법원 2000. 9. 8. 선고 98두16149 판결도 회수불능을 인정하지 않은 사례에 속한다.

라. 선이자 공제시 이자소득의 계산과 수입시기

(1) 쟁점의 소재

사인 간에 금전의 대여가 있을 때 대여기간에 관한 이자를 원금에서 공제한 다음 그 잔액만을 지급하는 경우가 더러 있다. 이러한 경우 차입자는 만기에 원금을 상환하는 방식을 취한다. 어음할인도 선이자공제와 비슷한 구조를 취하고 있으므로 같은 맥락에서 볼 수 있다. 이 경우 선이자에 대한 이자소득세의 과세시기를 언제로 볼 것인지가 문제된다. 그리고 나아가 만기에 원금의 전부 또는 일부를 회수할 수 없게 되었을 때 선이자로 공제한 부분에 대하여 이자소득세를 과세할 수 있는지가 문제된다.

(2) 선이자 공제에 대한 미국세법의 입장

미국은 대법원 판례를 통해, 채권 등의 선이자 공제는 채권의 양도에 따른 자본이득(capital gain)이 아니라 그 수익액이 예측가능하고 측정가능하므로 통상이득, 즉 이자로서 종합소득(gross income)에 포함된다고 판시하여, 선이자공제의 성격을 이자소득으로 파악하였고, 따라서 그것이 실현(realization)될 때 종합소득으로 과세되어야 한다는 원칙을 확립하였다.[4] 이와 같은 대법원의 태도를 반영하여 미국은 1984년 내국세입법 개정 이후 선이자 공제에 관하여 소위 유효이자율(constant interest rate)에 따른 과세방식을 확립하였다. 즉, 내국세입법 제1272조에 따르면, 모든 형태의 선이자공제(OID: original issue discount)는 해당 과세기간 동안 채권자인 납세자가 해당 채권을 보유한 일수에 상당하는 금액을 해당 과세연도의 종합소득금액에 포함하여야 한다. 이때 OID란 만기시 상환가격(stated redemption price)에서 발행가격(issue price)을 차감한 금액을 의미하며, 제1273(a)조에 의하면 그 금액이 만기시 상환가격의 0.25%에 만기연수를 곱한 금액에 미달하는 경우에는 OID로 취급되지 않는다. 그리고 제1272(a)조에 의하면, 해당 일수에 상당하는 금액(amount equal to the sum of the daily portions of the OID)은 일반적으로 기업회계기준에서 설명하는 유효이자율법과 동일한 방식으로 계산하는데, 발행가

---

4) US v. Midland-Ross Corp., 381 US 54(1965)

격에서 매년 감소하는 사채할인발행차금만큼씩이 더해지는 방식이다. 다만, 국채 및 지방채, 1년 미만의 단기채, 비영업대금 등 일정한 경우에는 위와 같은 유효이자율 방식이 적용되지 않는다. 위와 같이 실효이자율방법이 적용되지 않는 경우에는 결국 납세의무자가 현금주의 방식을 택하는지, 발생주의 방식을 택하는지에 따라, 전자의 경우 만기시에, 후자의 경우 매 과세기간 경과시에 수익을 인식하여야 한다. 다만, 이 경우에도 이른바 대응원칙(matching principle)에 의하여 이자의 지급자가 발생주의 방식을 택하고 있더라도 이자의 수령자가 수익을 인식할 경우에만 비용을 인식할 수 있도록 하고 있다.

(3) 수입시기에 대한 논란과 검토

먼저 선이자를 공제한 시기를 수입시기로 보는 견해로서 주로 과세관청이 취하고 있는 입장이다. 선이자로 공제되어 현실로 금전의 수수가 없는 부분은 대주가 차주에게 대여금을 지급할 때 함께 지급하였다가 이를 즉시 차주로부터 이자로 되돌려 받은 것과 동일하다고 할 수 있으므로 선이자만큼을 공제한 나머지 대여금을 지급한 시점에 선이자 상당의 금액을 수입하였다고 보아야 한다는 것이다. 소비대차의 성립에 관하여 요물성을 인정하지 않는 우리나라 법제하에서는 선이자계약이 유효하고, 따라서 선이자 공제의 계약에 있어서는 약정된 명목상의 원본 전부에 대하여 소비대차가 성립한다고 보는 입장에서의 주장이라고 볼 수 있고, 공제된 선이자가 이자제한법 소정의 제한이율을 초과하지 않는다면 채무자는 민법 제153조 제2항에 의한 기한이익의 포기를 한 것이 되어 약정원본에 대하여 소비대차가 성립하는데 관하여는 큰 문제가 없다고 본다. 이자소득의 수입시기는 약정에 의한 지급일을 이자의 수입시기로 보는 것이 원칙이고, 약정에 의한 지급일에 지급되지 않았다고 하여 실제 지급일을 수입시기로 보는 것은 아니므로 선이자라고 하여 실제 지급일을 수입시기로 볼 수는 없고 선이자에 있어 당사자의 약정에 의한 지급일은 선이자를 공제한 나머지 금원을 지급한 시점이 된다고 보아야 한다는 점도 근거로 들고 있다.

이에 대립하는 견해는 원금상환약정일 또는 실제 원금지급일을 수입시기로 보아야 한다는 입장이다. 이자의 본질은 대주가 당장 일정한 금액의 현금을 포기하고 장차 일정한 금액의 현금을 받는 것이고, 이자란 일정한 기간 돈을 사용한 데 대한 대가를 뜻하는 것인데, 선이자를 공제한 나머지 금원을 지급하는 시점에서는 아직까지 돈을 사용한 기간이 경과되지 아니한 상태이기 때문에 그 대가를 논할 여지가 없어 이를 이자소득의 수입시기로 볼 수는 없다는 것이다. 예컨대 선이자공제와 같은 구조인 어음할인의 경우 어음 소지자가 액면 100만 원의 어음을 은행에서 할인하여 91만 원을 수령하는 경우 91만 원을 수령하는 시점에서는 은행은 91만 원의 가치가 있는 어음을 91만 원을 주고 매입하였을 뿐이므로 어음을 매입하면서 현금을 교부하여 주었을 뿐인 단계에서 은행에 소득이 생겼다고 볼 수 없다고 할 수 있다. 더구나 국세기본법 제14조 제2항에 따라 세법 중 과세표준의 계산에 관한 규정은 거래의 명칭이나 형식에 관계 없이 그 실질 내용에 따라 적용하는 것이므로, 그 취지에 의하더라도 대주가 선이자에 해당하는 금액을 차주로부터 실질적으로 지급받게 되는 시기는 선이자를 공제한 때가 아니라 선이자가 포함된 대여금 전부를 상환받는 시점이라고 하는 것이 옳다는 것이다.

전자의 견해는 대주의 대여금 전액 지급행위와 차주의 선이자 지급행위가 동시에 이루어졌다고 보는 것인데, 실제로는 대주가 선이자를 공제한 잔액만을 차주에게 지급하는 행위 하나만이 존재하므로 전자의 견해는 실상과 다른 의제를 전제로 하는 것이어서 부적절하다고 할 수 있다. 그리고 전자의 견해에 의하면, 동일한 행위를 두고 당사자들이 원금과 이자라는 용어를 어떻게 사용하느냐에 따라 이자소득에 대한 과세시기가 달라지게 되는 문제점이 생기게 된다. 예를 들어 대주가 차주에게 1,000만 원을 주었다가 한 달 뒤에 1,100만 원을 돌려받은 동일한 행위에 대하여 대주와 차주가 1,000만 원에 대하여 원금이라고 이름붙인 경우와 원금 1,100만 원에서 선이자 100만 원을 공제한 잔액이라고 이름붙인 경우 그 100만 원에 대한 이자소득세 과세시기가 달라지게 되는 것이다. 이는 불합리하다. 그리고 대법원 1981. 1. 27. 선고 80다2649 판결, 대법원 1989. 1. 17. 선고 87다카2824 판결 등은 선이자공제에 대하여 이자제한법 적용이 문제된 사안들에서 선이자를 공제한 잔액에 대하여만 소비대차계약이 성립한 것으로 보아 대여원금은 선이자를 공제한 잔액이라고 판시하여 왔는데, 전자의 견해는 이러한 대법원의 입장에도 부합하지 아니한다. 선이자 공제의 경우 차주는 선이자 부분에 대하여는 처음부터 원본을 이용할 수 있는 기회를 가지지 못한다. 선이자 부분에 대하여도 원금의 대여가 있었다고 보는 것은 실질을 외면한 허구의 원금을 설정하는 것이어서 옳지 않다. 따라서 후자의 견해에 따라 차주가 원금 명목의 돈에 대한 상환약정일을 이자소득의 수입시기로 보고, 그 전에 원금 명목의 돈이 상환되었다면 그때를 이자소득의 수입시기로 보는 것이 옳다고 하겠다.

(4) 선이자 공제와 회수불능

선이자를 공제하여 대여하였다가 만기에 원금의 전부 또는 일부를 회수하지 못하게 된 경우 이자소득에 대한 과세가 가능한지 여부가 문제된다. 이자소득의 발생 여부는 실질적으로 이자소득이 실현되었느냐의 여부에 의하여 결정하여야 할 것인데 결국 원금조차 회수가 되지 않는 상황이라면 앞서 본 일반적인 경우와 마찬가지로 이자소득이 발생하였다고 볼 수 없다고 하겠다.

전항에서 본 견해의 대립에서 후자의 견해를 취하여 선이자를 공제한 잔액을 원금으로 보고 만기 약정일을 그 원금과 이자의 상환약정일로 본다면, 만기에 원금의 전부나 일부를 회수할 수 없게 되었다면 이자의 회수는 당연히 없는 것이고 따라서 이자소득의 수입은 없다고 볼 수 있다. 여기서는 먼저 수령한 이자명목의 돈이 없다고 보기 때문에 소득세법 시행령 제51조 제7항에서 말하는 충당의 문제는 아예 생기지 않는다. 반면에 전자의 견해를 취하여 선이자를 수령한 것으로 본다면 위 규정에서 말하는 충당의 문제가 생기게 된다. 따라서 이 점에서도 후자의 견해가 간명하다고 하겠다. 대법원 2012. 6. 28. 선고 2010두9433 판결도 같은 취지이다.

배당소득에 대한 과세

1. 개요

소득세법 제17조 제1항은 배당소득의 종류를 열거하고 있다. 제1호는 내국법인으로부터 받는 이익이나 잉여금의 배당 또는 분배금을, 제2호는 법인으로 보는 단체로부터 받는 배당금 또는 분배금을 규정하고 있다. 전형적인 배당금에 해당하는 것들이다. 제3호에서는 의제배당을 규정하고 있는데, 이에 관하여는 제2항에서 추가적인 규정을 두고 있다. 배당소득 중 실제 조세쟁송에서 가장 자주 등장하는 항목이다. 그리고 제4호에서는 법인세법에 따라 배당으로 처분된 금액을 규정하고 있는데, 소득처분 중 배당처분을 받은 상대방에 대하여 배당소득세를 과세하기 위한 규정이다. 그 밖에 제5호에서 국내 또는 국외에서 받는 대통령령으로 정하는 집합투자기구로부터의 이익을, 제5호의2에서 국내 또는 국외에서 받는 파생결합증권 또는 파생결합사채로부터의 이익, 제5호의3에서 금전이 아닌 재산의 신탁계약에 의한 수익권이 표시된 수익증권으로부터의 이익, 제5호의4에서 투자계약증권으로부터의 이익, 제6호에서 외국법인으로부터 받는 이익이나 잉여금의 배당 또는 분배금을, 제7호에서 국제조세조정에 관한 법률 제17조에 따라 배당받은 것으로 간주된 금액을, 제8호에서 공동사업에서 발생한 소득금액 중 같은 조 제1항에 따른 출자공동사업자의 손익분배비율에 해당하는 금액을 각 규정하고 있다. 제9호는 유형적 포괄주의 규정으로서 제1호부터 제7호까지의 규정에 따른 소득과 유사한 소득으로서 수익분배의 성격이 있는 것을 규정하고 있고, 제10호는 제1호부터 제9호까지의 규정 중 어느 하나에 해당하는 소득을 발생시키는 거래 또는 행위와 파생상품이 대통령령으로 정하는 바에 따라 결합된 경우 해당 파생상품의 거래 또는 행위로부터의 이익을 규정하고 있는데, 제9호는 이자소득에 관한 소득세법 제16조 제1항 제12호에, 제10호는 같은 항 제13호에 각 대응하는 규정이다.

법인의 출자자가 사외유출된 법인의 소득을 확정적으로 자신에게 귀속시켰다면 특별한 사정이 없는 한 이러한 소득은 주주총회 결의 여부, 배당가능이익의 존부, 출자비율에 따라 지급된 것인지 여부 등과 관계 없이 출자자에 대한 배당소득에 해당하는 것으로 추인할 수 있다는 것이 대법원 판례의 입장이다(대법원 2018. 12. 13. 선고 2018두128 판결 등).

2. 의제배당

가. 관련 규정과 의의

소득세법 제17조 제2항은 그 각 호에서 의제배당의 종류를 열거하고 있다. 배당으로 의제하는 것이기 때문에 이들 규정은 제한적·열거적 규정으로 보아야 한다.

제1호는 자본감소에 따른 의제배당으로서 주식의 소각이나 자본의 감소로 인하여 주주가 취득하는 금전, 그 밖의 재산의 가액 또는 퇴사·탈퇴나 출자의 감소로 인하여 사원이나 출자자가 취득하는 금전, 그 밖의 재산의 가액이 주주·사원이나 출자자가 그 주식 또는 출자를 취득하기 위하여 사용한 금액을 초과하는 금액을 규정하고 있다. 제2호는 주식배당에 따른 의제배당으로서 법인의 잉여금의 전부 또는 일부를 자본 또는 출자의 금액에 전입함으로써 취득하는 주식 또는 출자의 가액을 규정하면서, 다만 자본준비금과 재평가적립금(토지의 재평가차액에 상당하는 금액은 제외한다)의 자본전입에 의한 경우는 제외하도록 규정하고 있다. 여기서 말하는 취득하는 주식의 가액이란 그 시행령 제27조 제1항 제1호 (가)목에 의하여 그 액면가액을 의미한다. 제3호는 해산한 법인(법인으로 보는 단체를 포함한다)의 주주·사원·출자자 또는 구성원이 그 법인의 해산으로 인한 잔여재산의 분배로 취득하는 금전이나 그 밖의 재산의 가액이 해당 주식·출자 또는 는 자본을 취득하기 위하여 사용된 금액을 초과하는 금액을 규정하고 있는데, 그 실질은 제1호와 비슷하다고 하겠다.

제4호는 합병으로 소멸한 법인의 주주·사원 또는 출자자가 합병 후 존속하는 법인 또는 합병으로 설립된 법인으로부터 그 합병으로 취득하는 주식 또는 출자의 가액과 금전의 합계액이 그 합병으로 소멸한 법인의 주식 또는 출자를 취득하기 위하여 사용한 금액을 초과하는 금액을 규정하고, 제5호는 법인이 자기주식 또는 자기출자지분을 보유한 상태에서 제2호 각 목에 따른 자본전입을 함에 따라 그 법인 외의 주주 등의 지분비율이 증가한 경우 증가한 지분비율에 상당하는 주식 등의 가액을, 제6호는 법인이 분할하는 경우 분할되는 법인(분할법인) 또는 소멸한 분할합병의 상대방 법인의 주주가 분할로 설립되는 법인 또는 분할합병의 상대방 법인으로부터 분할로 취득하는 주식의 가액과 금전, 그 밖의 재산가액의 합계액(분할대가)이 그 분할법인 또는 소멸한 분할합병의 상대방 법인의 주식(분할법인이 존속하는 경우에는 소각 등으로 감소된 주식에 한정한다)을 취득하기 위하여 사용한 금액을 초과하는 금액을 규정하고 있다. 법인세법 제16조에도 법인이 주주인 경우에 관하여 이와 같은 취지의 규정을 두고 있다.

위 규정에서 알 수 있듯이 의제배당은 그 실질이 일반적인 현금배당과 유사하다고 할 수 있다. 일반적인 현금배당은 법인의 내부에 유보되어 있던 이익을 배당결의에 의하여 그 주주나 출자자들에게 현금으로 분배하는 것을 말하므로 그 출자지분을 유지하고 있는 상태에서 받는 이익금이라고 할 수 있는데, 위 제2호의 의제배당은 이와 동일한 상황에서 단지 그 이익을 현금이 아닌 주식의 형태로 분배받는다는 점에서만 차이가 있다. 그 밖의 의제배당들은 그 출자지분을 청산하는 단계에서 얻는 이익이라는 점에서 현금배당과 차이가 있지만 출자지분에 따른 이익이라는 점에서는 동일하다고 하겠다.

대법원은 1991. 9. 10. 선고 91다10565 판결, 대법원 2003. 11. 28. 선고 2002두4587 판결 등 다수의 판결에서 의제배당은 기업경영의 성과인 잉여금 중 사외에 유출되지 않고 법정적립금, 이익준비금 기타 임의적립금 등의 형식으로 사내에 유보된 이익이 법인의 해산, 합병, 자본전입 등의 사유로 주주나 출자자에게 환원되어 귀속되는 경우에 이러한 이익은 실질적으로 현금배당과 유사한 경제적 이익이므로 과세형평의 원칙에 비추어 이를 배당으로 의제하여 과세하는 것이라고 밝힌 바 있다.

나. 자본감소시의 의제배당

(1) 개요

앞서 본 바와 같이 소득세법 제17조 제2항은 의제배당의 유형을 열거하면서 제1호에서 주식의 소각이나 자본의 감소로 인하여 주주가 취득하는 금전 그 밖의 재산의 가액이 주주가 그 주식을 취득하기 위하여 사용한 금액을 초과하는 금액을 규정하고 있다. 그런데 법인의 주식을 소각할 때에 그 소각을 위하여 그 선행단계로 주주들로부터 그 주식을 양도받고 그 양도대가를 지불하는 경우가 더러 있다. 이러한 경우를 단순한 주식의 양도거래로 볼 것인지 아니면 그 후의 주식소각절차까지 포괄하여 일련의 과정을 주식소각이나 자본감소로 볼 것인지에 따라 주주에 대한 과세방법이 달라진다. 주식소각이나 자본감소로 보게 되면 의제배당에 대한 배당소득세의 과세가 이루어진다. 반면에 주식양도로 보게 되면 그 양도소득에 대한 양도소득세의 과세가 이루어지고 더구나 상장주식인 경우 소액주주에 대하여는 양도소득세가 비과세된다. 따라서 금융소득합산과세금액기준인 2천만 원을 초과하는 등 큰 경우에는 주식양도거래로 보는 것이 더 유리하다고 할 수 있다.

실제로 주주의 입장에서는 주식발행법인에게 주식을 양도하고 그 대가를 받은 것으로 족하고 그 후 법인에서 그 주식을 소각하는지에 관하여는 관심도 없고 관여하지도 않았으며 그 주식의 양수인이 우연히 주식발행법인이었을 뿐이었다는 이유로 주식양도거래라고 주장하는 경우가 많다. 그래서 이들 양자에 대한 구별기준의 정립이 필요하게 되었고 이는 실질과세의 원칙과 결부되어 있다고 할 수 있다.

(2) 주식양도와 주식소각의 구별

주식의 양도로 보든 주식의 소각으로 보든 그것은 주주가 얻은 소득의 성격을 규명하기 위한 것이므로 거래의 상대방인 주식 발행법인의 입장에서가 아니라 그 주식을 양도한 주주의 입장에서 파악하는 것이 합리적이다. 그래서 비록 주식 발행법인은 주식소각이나 자본감소를 목적으로 하여 그 주식을 취득하였다고 하더라도 주주의 입장에서 그와 같은 목적을 알지 못하였다면 주주가 그 주식을 양도한 것은 단순한 주식의 양도로 보는 것이 옳다. 반면에 주주가 주식발행법인의 그와 같은 목적을 알고 이에 협력하는 차원에서 주식을 양도하였다면 주식양도는 주식소각이나 감소를 위한 수단에 불과하다고 보아 주식소각이나 자본감소로 볼 수 있을 것이다.

그런데 종래 우리나라 상법은 자기주식의 취득은 자본충실에 반한다는 등의 이유로 이를 제한하고 있었다. 즉, 2011. 4. 14. 개정되기 전 구 상법 제341조는 주식을 소각하기 위한 때, 합병이나 영업양수로 인한 때, 회사의 권리실행을 위한 때 등 그 각 호의 경우 외에는 자기주식을 취득하지 못하도록 규정하였고, 이러한 규정에 위반한 자기주식의 취득에 대하여 대법원 2003. 5. 16. 선고 2001다44109 판결 등에서 무효라고 판시해 왔다. 그래서 구 상법 시대에는 주주가 그 발행법인에게 주식을 양도하는 경우 그것을 유효한 거래로 성사시키고자 하였고, 실제로 자기주식을 취득한 법인이 그 후 가까운 기간 내에 주식을 소각하거나 자본감소절차를 취하였다면 주주로서는 그 발행법인의 목적이 주식소각이나 자본감소에 있다는 사실을 알았던 것으로 추정하여 그 거래는 단순한 주식의 양도로 보기보다는 주식소각이나 자본감소의 일환으로 평가하는 것이 합리적이라고 할 것이다. 주주가 이에 맞서기 위해서는 주식발행법인의 목적이 주식소각이나 자본감소에 있었던 것이 아니라거나 적어도 자신은 그와 같은 목적을 알지 못하였다는 사실을 적극적으로 입증해야 할 것이다.

그런데 상법 제341조가 2011. 4. 14. 개정되면서부터는 배당가능이익의 범위 내에서 자기주식의 취득을 광범위하게 허용하고 있다. 따라서 주식소각이나 자본감소의 목적이 없더라도 자기주식을 취득할 수 있으므로 주주의 입장에서는 자기주식을 취득하는 주식발행법인의 목적이 주식소각이나 자본감소에 있다는 사실을 알았던 것으로 추정된다고 할 수 없다. 그래서 그로 인한 주주의 이익을 의제배당으로 보아 과세하기 위해서는 과세관청이 적극적으로 그 주식양도가 주식소각이나 자본감소의 일환으로 이루어졌고 그러한 사정을 주주가 알고 있었다는 점을 증명하여야 할 것이다. 이 경우에도 그 주주가 소액주주라면 발행법인의 내부사정을 잘 알 수 없을 것이지만 지배주주나 대주주인 경우에는 발행법인의 내부사정을 잘 알고 있고 주주총회 등 의사결정과정에 영향을 미칠 것이므로 자기주식을 취득한 후 가까운 기간 내에 주식소각이나 자본감소절차를 취한 사실이 드러나면 그 주식의 양도는 주식소각이나 자본감소의 일환이었다고 평가할 수 있을 것이다.

대법원 2010. 10. 28. 선고 2008두19628 판결은 주식발행법인에 대한 주식의 매도가 자산거래인 주식의 양도에 해당하는가 또는 자본거래인 주식의 소각 내지 자본의 환급에 해당하는가는 법률행위 해석의 문제로서 그 거래의 내용과 당사자의 의사를 기초로 하여 판단하여야 할 것이지만, 실질과세의 원칙상 단순히 당해 계약서의 내용이나 형식에만 의존할 것이 아니라, 당사자의 의사와 계약체결의 경위, 대금의 결정방법, 거래의 경과 등 거래의 전체 과정을 실질적으로 파악하여 판단하여야 한다고 판시하였다.

위 판결의 사안을 보면 다음과 같다. A는 1983년 12월경 원고회사에 생산부장으로 입사하여 근무하다가 2001. 7. 31. 전무이사로 퇴직하였는데, 당시 지병을 앓고 있었다. A는 입사 무렵 원고 주식 58,500주를 취득하여 그 후 매각과 취득, 주식합병과 무상증자 등을 통하여 1992. 1. 1.경 44,450주의 주식을 보유하였다. A는 퇴직 후 투병 중이던 2002년 6월경 원고의 회계담당이사인 B에게 위 주식의 매도 및 향후 설립될 P재단법인에 대한 주식매매대금의 출연 등에 관한 사항을 위임하였다. 원고는 위 주식을 제3자에게 매각하고자 하였으나 여의치 않아 2002. 10. 7. 이사회에서 위 주식을 130억 원에 매수하기로 결의하고 주식매매계약서를 작성하여 원고 앞으로 명의개서를 마쳤으며 당시 대금은 A에게 지급하지 않았다. 원고는 2002. 11. 14. 이사회를 개최하여 적합한 매수희망자가 없다는 이유로 임의소각을 통한 자본감소를 결의하였다. 원고는 2002. 12. 6. A 명의 예금계좌에 매매대금 130억 원을 입금하였고, 2002. 12. 17. 자본감소에 관한 변동등기를 마쳤으며, 2003. 2. 4. 원고의 최대주주가 대표자로 된 P재단법인이 설립되자 2003. 2. 14. A 명의의 계좌에서 각종 세액을 제외한 주식대금 120억 원을 인출하여 P재단에 출연하였다. 그리고 A는 2007. 5. 13. 사망하였다.

이러한 사실을 토대로, 원심은, A가 원고 회사를 퇴직하고 약 11개월 정도 지난 후에야 원고 회사에게 그 주식의 매수를 요청한 점에 비추어 원고 회사의 위 주식의 취득은 구 상법(2011. 4. 14. 개정되기 전) 제341조의2에서 자기주식의 취득을 허용하는 퇴직하는 이사나 감사의 주식을 양수하는 경우에 해당한다고 할 수 없는 점, 실제로 원고 회사는 위 주식에 대한 명의개서를 마친 후 불과 1개월만에 자본감소를 결의하였고, 주식의 소각대금을 전부 P재단에 출연하는 등 시간적으로 매우 근접하여 순차적으로 각각의 절차가 이행되었으므로 주식의 처분으로 볼 수 없는 점, 감자결의가 있었던 2002. 11. 15. 이후인 2002. 12. 6.이 되어서야 A 명의의 예금계좌로 소각대금이 입금되었다가 2003. 2. 14. 인출되어 P재단의 기금으로 출연된 일련의 과정에 A나 그 상속인들이 전혀 관여하지 아니한 점 등을 고려하여 보면, 원고 회사가 A로부터 위 주식을 취득한 것은 자본감소절차의 일환으로서 주식을 소각함으로써 원고 회사에 대한 출자금을 환급해 주기 위한 목적에서 이루어진 것으로 봄이 상당하다고 보아 그 양도차익을 A에 대한 배당소득으로 의제하여 원고회사에게 원천징수분 배당소득세를 고지한 과세관청의 처분은 적법하다고 판단하였고, 대법원이 이를 수긍하였다.

이 사안은 주식의 양도인인 A의 입장에서가 아니라 의제배당에 대한 소득세의 원천징수의무자인 원고회사의 입장에서 주식의 일반적인 양수로 보아야 하는지 아니면 주식소각의 일환으로 보아야 하는지를 판단한 것이었다. 위에서 본 사실관계에 비추어 A는 위 주식의 실질적 소유자가 아니라 명의수탁자에 불과했던 것으로 보이고, 원고 회사는 P재단법인의 설립자금으로 위 주식의 처분대금이 필요하였는데 이를 제3자에게 처분하기가 어려웠기 때문에 자기주식으로 취득하였던 것이며 이는 P재단법인의 설립자금을 마련할 목적에서 비롯된 것인데 이를 위해서는 자기주식을 소각하여 자본환급을 하는 방법 외의 다른 방법은 없었다고 할 수 있다. 따라서 원고가 A로부터 자기주식을 취득한 것은 그 자기주식의 소각이 예정되어 있었고 실제로 가까운 기간 내에 주식소각이 이루어졌으며 그 일련의 과정이 A가 아니라 원고의 주도하에 이루어졌으므로 A가 원고에게 그 주식을 양도한 것은 주식소각의 일환으로 평가될 수 있었던 것이다. 이와 같이 자기주식의 취득이 주식소각의 일환으로 볼 수 있는지를 판단함에 있어서는 자기주식을 취득하게 된 전후의 사정을 꼼꼼히 살펴볼 필요가 있다.

(3) 의제배당소득의 수입시기

소득세법 시행령 제46조는 배당소득의 수입시기에 관하여 그 제4호에서 주식의 소각이나 자본의 감소로 인한 의제배당의 경우 주식의 소각이나 자본의 감소를 결정한 날로 규정하고 있다. 이에 비하여 양도소득의 경우 소득세법 제98조에서 양도대금을 청산한 날을 원칙적인 양도시기, 즉 양도소득의 수입시기로 규정하고 있다. 그래서 주식의 양도를 주식의 소각이나 자본감소로 보아 의제배당으로 과세함에 있어서는 그 수입시기는 주식 양도대금의 청산시가 아니라 그 후 발행법인이 주식소각이나 자본감소를 결의한 날이 된다고 할 것이다. 이와 같이 과세시기가 늦추어진다는 점에 있어서는 주식양도로 보는 것보다 주식소각이나 자본감소로 보는 것이 납세자에게 유리하다고 하겠다.

대법원 2015. 12. 10. 선고 2015두48433 판결은, A사가 2000. 12. 6. 이사회 결의를 거쳐 당시 주주인 원고로부터 A사 발행주식 40,000주를 주당 200,000원에 양수하는 계약을 체결하고, 2000. 12. 21. 대금을 모두 지급하였으며, 2010. 9. 27. 임시주주총회를 개최하여 양수한 주식을 무상소각하여 자본을 감소하기로 결의하고, 공고 등 절차를 거쳐 2010. 12. 9. 자본감소의 변경등기를 마친 사안에서 위 계약은 단순한 주식의 양도가 아니라 주식소각 방법에 의한 자본감소 절차의 일환으로 이루어진 것으로서 의제배당소득은 일반적인 주식 양도소득과는 달리 소득세법 시행령 제46조 제4호에서 정한 자본감소 결정일에 그 수입시기가 도래하는 것이고, 위 계약에 따른 대금이 지급된 이후에 자본감소 결정이 이루어졌다고 하여 달리 볼 수는 없다는 이유로 의제배당소득의 수입시기를 2010년으로 본 원심판결을 수긍하였다.

이 사안에서 원고는, 소득세법 시행령 제46조 제4호는 권리의무확정주의 원칙상 완결적 규정이 아니라 예시적 규정이므로 예외 없이 이에 따라야 하는 것은 아니라고 하면서, 원고가 2000. 12. 21. 위 계약에 따라 주식을 양도하고 그 대금을 확정적으로 지급받았으며 그 이후 A사에 대하여 주주권을 행사한 바도 없으므로 의제배당소득은 이미 2000. 12. 21.에 그 실현가능성이 객관적으로 인식되는 상태에 이르러 권리가 확정되었다고 보아야 한다고 주장하였으나, 법원은 이를 배척한 것이다. 원고의 입장에서는 양도대금을 지급받은 시점에 그로 인한 이익이 확정되었다고 볼 수 있지만 그것이 주식소각이나 자본감소에 따른 이익으로 보는 한 주식소각이나 자본감소가 확정되기 전, 즉 그 결의가 있기 전에는 그 이익이 확정되었다고 보기는 어렵다. 따라서 대법원의 판단이 옳다고 하겠다.

다. 법인의 합병 · 분할시의 의제배당

(1) 의제배당금액의 산정방법

위에서 본 소득세법 제17조 제2항 제4호와 제6호에 의하면, 법인의 합병이나 분할로 인하여 종전 법인의 주주가 새로이 취득하는 주식과 금전의 합계액이 합병이나 분할로 인하여 소멸하는 주식의 취득가액을 초과하는 부분이 의제배당에 해당한다.

먼저 새로이 취득하는 주식의 가액을 액면가액으로 볼 것인지 시가로 볼 것인지, 아니면 장부가액으로 볼 것인지가 문제된다. 이에 관하여 소득세법 시행령 제27조 제1항 제1호 (나)목은 법인세법상 적격 합병과 분할의 요건(주식 등의 보유와 관련된 부분은 제외한다)을 갖춘 경우에는 새로이 취득하는 주식의 가액을 그 취득가액이라고 규정함으로써 의제배당이 전혀 생기지 않도록 규정하였다. 이는 법인세법에서 살펴보았듯이 과세이연을 위한 의제적 규정이다. 반면에 위와 같은 요건을 갖추지 못한 경우에는 새로이 취득하는 주식의 시가를 그 가액으로 규정하고 있다.

다음으로 소멸하는 주식의 취득가액의 의미가 문제되는데, 소득세법 제17조 제2항 제4호와 제6호는 소멸하는 주식을 취득하기 위하여 사용한 금액을 의미하는 취지로 규정하고 있다. 이에 관하여 대법원 1992. 2. 28. 선고 90누2154 판결, 대법원 1992. 11. 10. 선고 92누4116 판결 등은 그 주식을 취득하기 위하여 실제로 지출한 금액을 의미한다고 한다. 즉, 그 주식의 액면가액 등이 취득가액이 될 수 없음이 분명하다. 이는 다음 항에서 살펴보는 바와 같이 소멸하는 주식이 무상주인 경우에 중요한 의미를 가진다.

이상의 내용을 종합하면, 적격 합병과 분할이 아닌 경우에는 현금의 수수가 없다면 새로이 취득하는 주식의 시가에서 소멸하는 주식의 취득가액을 차감한 가액이 의제배당이 된다고 하겠다.

(2) 소멸하는 주식에 무상주가 포함된 경우

가) 무상주가 의제배당으로 과세되지 않은 경우

소멸하는 주식에 무상주가 포함된 경우 그 무상주의 취득가액을 무엇으로 볼 것인지가 까다로운 문제로 대두된다. 이는 그 무상주를 취득할 때 의제배당으로 과세되었는지 여부에 따라 결론이 달라진다.

앞서 보았듯이 소득세법 제17조 제2항 제2호는 법인의 잉여금의 자본전입에 따라 취득하는 무상주에 대하여 그 주식의 가액을 배당소득으로 규정하면서, 그 단서에서 자본준비금과 재평가적립금의 자본전입에 따른 무상주의 경우는 제외하도록 규정하고 있다. 여기서 다시 예외를 두어 재평가적립금에는 토지의 재평가차액에 상당하는 금액은 제외하도록 규정하였다. 결국 토지의 재평가차액에 상당하는 재평가적립금의 자본전입에 따라 받는 무상주는 의제배당소득이 된다고 하겠다.

그런데 소득세법 시행령 제27조 제2항은 소득세법 제17조 제2항 제2호 단서의 규정에

의하여 주식 등을 취득하는 경우 신·구 주식 등의 1주당 장부가액은 구주식 1주당 장부
가액을 (1＋구주식 1주당 신주 배정수)로 나눈 금액을 말한다고 규정하고 있다. 이 규정
은 자본전입 등으로 무상주가 교부되었으나 그 당시 의제배당으로 과세되지 않은 경우
로서 그 무상주가 기존의 유상주와 혼재된 상태에서 법인의 합병이나 분할 등의 사유로
인하여 일부가 소각되었을 때 그에 따른 의제배당액을 산정함에 있어 소각된 유·무상
주의 취득가액을 총평균법에 의하여 산정하기 위한 규정이다. 그러나 이 규정은 새로운
과세요건을 창설하거나 모법에서 규정하는 과세요건을 보충하는 것이라기보다는 모법
인 소득세법 제17조 제2항 각 호의 규정에 대한 확인적·예시적 규정에 불과하다고 볼
수 있다. 왜냐하면 소득세법 제17조 제2항 각 호는 의제배당소득금액을 산정함에 있어
포기하거나 소각하는 주식의 취득가액은 그것을 '취득하기 위하여 소요된 금액'이라고
규정하고 있고 그 '소요된 금액'이란 '실제로 지출한 금액'을 뜻하므로, 그 주식 속에 취득
을 위하여 실제로 지출한 금액이 없는 무상주가 포함되어 있다면 소각에 있어서 유상주
와 무상주의 법적 지위에 차이가 없고 무상주와 유상주를 분별할 수 없는 이상, 위 시행
령 제27조 제2항의 규정이 없더라도 소득세법 제17조 제2항 각 호의 규정에 의하여 총평
균법으로 소각된 주식의 취득가액은 당연히 유상주와 무상주의 1주당 평균 취득가액에
서 소각된 주식수를 곱하여 산정할 수밖에 없기 때문이다.

　이 규정에서 소득세법 제17조 제2항 제2호 단서의 규정이라 함은 자본전입시 의제배
당으로 과세하지 않는 경우로서 사본준비금과 재평가적립금의 자본전입 등이 여기에 해
당한다. 이러한 자본준비금이나 재평가적립금의 재원이 된 주식발행초과금이나 재평가
차익은 법인의 순자산을 증가시키지만 손익거래의 결과가 아니기 때문에 법인의 자본건
실화를 위한 조세정책적 차원에서 법인세법 제17조, 제18조 등이 익금불산입 항목으로
규정하고 있다. 이와 같이 무상주의 발행시 의제배당으로 과세하지 아니하였다고 해서
그것으로 과세가 종결되는 것이 아니라 과세를 유보해두었다가 합병법인이나 분할신설
법인의 주식과 교환하여 무상주를 소각하는 단계에 가서 그 액면가액을 취득가액에 포
함시키지 않음으로써 의제배당액에 포함되게 하여 그때 비로소 무상주의 액면가액에 대
한 배당소득세의 과세가 이루어진다는 결과에 이른다.

　대법원 1992. 2. 28. 선고 90누2154 판결도 같은 취지에서, 자본준비금과 자산재평가법
의 규정에 의한 재평가적립금을 자본에 전입하는 경우를 의제배당의 예외로 한 취지는,
자본전입에 따라 주주 등이 교부받는 주식의 가액에 대하여 비과세한다는 것이 아니라,
자본전입에 따른 증자를 통하여 회사채권자를 보호하고 기업의 신용도를 높여 기업경영
의 합리화를 도모하기 위하여 자본전입을 촉진하겠다는 정책적 고려에서 위 자본준비금
등의 자본전입시에는 이를 의제배당소득으로 보지 아니하고 법인의 해산, 합병 등의 사

유가 생겨 그 소정의 초과금액 또는 유보이익의 증가액이 발생할 때까지 과세를 유보한 것이라고 보아야 한다고 판시하였다. 대법원 1992. 3. 31. 선고 91누9824 판결, 대법원 1993. 5. 25. 선고 91누9893 판결도 같은 취지이다.

나) 무상주가 의제배당으로 과세된 경우

소득세법 시행령 제27조 제1항은 의제배당에 있어서 금전 외의 재산의 가액을 다음 각 호의 구분에 따라 계산한 금액에 의한다고 하면서, 제1호 (가)목은 취득한 재산이 주식인 경우 소득세법 제17조 제2항 제2호의 규정에 의한 주식의 경우에는 의제배당에 있어서의 주식의 가액을 말한다고 규정하고 있다. 위 규정에서 말하는 소득세법 제17조 제2항 제2호는 잉여금의 자본전입시 의제배당으로 과세대상이 되는 경우에 해당한다. 여기에 해당하는 항목들은 법인의 이익잉여금과 토지재평가적립금 등으로서 발생 당시 법인의 순자산을 증가시키는 손익거래의 결과로 보기 때문에 법인세법상 익금에 산입되는 항목이다. 위 규정은 본래 자본전입에 따라 발행된 무상주가 의제배당으로 과세되는 경우 그 의제배당금액을 산정하기 위한 규정이지, 그 무상주를 소각하는 등 처분할 경우의 의제배당액을 계산함에 있어 무상주의 취득가액을 산정하기 위한 직접적 규정으로 보기는 어렵다.

그러나 자본전입이 위 규정에 해당하여 그로 인해 취득한 무상주의 액면가액이 자본전입 당시 의제배당으로 과세된 경우 나중에 합병이나 분할 등으로 그것이 소각될 때 그 액면가액이 소각된 주식의 취득가액에 포함된다고 보는 것이 타당하다. 그래야만 무상주의 소각시 그 액면가액에 대한 이중과세를 막을 수 있기 때문이고, 대법원 1992. 11. 10. 선고 92누4116 판결도 같은 입장이다. 즉, 이익준비금의 자본전입에 따라 취득하는 무상주의 경우에는, 자본전입을 결정한 날에 이미 무상주의 액면금액이 의제배당소득으로 확정되어 과세대상이 되므로, 그 후 합병에 의하여 그 무상주에 대하여 합병신주가 교부되었다 하더라도 합병의제배당소득금액을 계산함에 있어서는 위 무상주의 액면금액을 구주의 취득비용으로 공제하여야 할 것이고 이는 과세관청이 무상주의 가액에 대하여 실제로 의제배당소득을 과세하지 아니하였다 하여 달라지는 것이 아니다. 따라서 소득세법 시행령 제27조 제1항 제1호 (가)목 자체에 의하여 무상주의 발행이 의제배당으로 과세된 경우 그 취득가액이 액면가액으로 된다는 결론이 당연히 도출되는 것이 아니라, 이중과세를 막는다는 조세정책적 고려 때문에 그 액면가액을 그 취득가액에 산입해주는 것뿐이다.

라. 동업기업 탈퇴 · 청산시의 의제배당

(1) 쟁점의 소재

동업기업에서 탈퇴하거나 동업기업을 청산하면서 분배받은 자산의 가액이 그 출자가액을 초과하는 경우 그 초과부분을 의제배당으로 보아 과세할 수 있는지가 쟁점이 된다. 소득세법 제17조 제2항 제1호가 탈퇴나 출자의 감소로 인하여 출자자가 취득하는 금전 기타 재산의 가액이 출자자가 출자를 취득하기 위하여 소요된 금액을 초과하는 금액에 유사한 소득으로서 수익분배의 성격이 있는 것을 의제배당으로 규정하고 있기 때문에 여기에 해당한다고 볼 여지가 있기 때문이다.

다른 한편, 소득세법 제43조는 공동사업에 대한 소득금액 계산의 특례를 두어 사업소득이 발생하는 사업을 공동으로 경영하고 그 손익을 분배하는 공동사업 경우에는 그 공동사업장을 1거주자로 보아 그 소득금액을 계산한 다음 공동사업자 간에 약정된 손익분배비율에 의하여 분배되었거나 분배될 소득금액에 따라 각 공동사업자별로 분배하도록 규정하고 있다. 이는 공동사업체는 단순한 도관으로 보아 공동사업체를 하나의 단위로 보아 사업소득금액을 계산하지만 그 사업소득금액은 지분비율로 공동사업자 개인들에게 직접 귀속된 것으로 보아 그 개인들에게 소득세를 과세한다는 취지이다. 이 규정을 중시하면, 조합관계에서 탈퇴하여 청산결과를 현물로 받는다는 것을 탈퇴조합원들이 존속조합원들로부터 이전받는 관계로 볼 여지가 있으므로 의제배당으로 볼 수 없고 탈퇴조합원의 사업소득이나 양도소득으로 보아야 한다는 입장이 가능해진다.

(2) 종래 대법원 판결의 흐름

종래 대법원은 이러한 소득을 양도소득으로 본 경우도 있고, 사업소득으로 본 경우도 있다.

대법원 1982. 9. 14. 선고 82누22 판결은, 원고가 A 외 5인과 공동으로 대지를 매수하여 그 지상에 A의 단독자금으로 5층 건물을 신축한 후 이를 제3자에게 양도하기 이전에 원고가 A에게 지분을 양도하고 자기 몫으로 6,000만 원을 지급받은 거래에 대하여 과세관청이 원고의 출자액 4,000만 원을 초과하는 차액 2,000만 원을 양도차익으로 보고 양도소득세를 부과한 사안에서, 과세관청의 손을 들어 주었다. 여기서 대법원이 지분양도대가를 양도소득으로 본 이유는 조합의 재산이 양도소득세 과세대상인 토지와 건물이기 때문인 것으로 보인다.

그리고 대법원 1989. 10. 24. 선고 89누3175 판결은, 원고가 A 외 2인과 동업으로 나이트클럽을 운영하다가 그 공동사업의 지분을 A에게 양도하고 대가를 지급받았는데, 위 나이트클럽은 동업개시 당시부터 A의 단독명의로 임차하여 운영되어 온 것이었으며, 과세관청은 위 거래를 원고가 점포임차인으로서의 지위를 양도한 것으로 보고 그로 인한 소득은 양도소득세의 과세대상이 된다고 보아 동업탈퇴시에 받은 금원을 양도가액으로 그 출자액을 취득가액으로 하여 양도차익을 산출한 다음 이를 기초로 양도소득세를 부과한 사안에서, 원고는 자신이 임대차계약상 임차인이 아니고 임차인의 동업자에 불과하므로 자신이 임차인으로서의 지위를 양도한 것이 아니고, 원고가 수령한 금원도 동업관계를 탈퇴하면서 민법 제719조에 따라 그 몫의 지분을 금전으로 계산하여 반환받은 것일 뿐 임차인의 지위를 양도한 대가가 아니라고 주장하였으나, 대법원은 위 나이트클럽의 임차권은 조합재산에 속한다 할 것이므로 조합원인 원고는 소득세법 시행령 제44조의2 제1항 제2호에서 규정한 점포임차인으로서의 지위를 가지고, 따라서 그 지분은 양도소득세 과세대상 자산에 해당한다고 판단하였다. 이 판결은 조합으로부터 탈퇴한 경우에도 그 대가로 수령한 금원이 조합지분의 상실과 대가관계가 있으므로 과세목적상 조합지분의 양도와 마찬가지로 볼 수 있다고 설시하고 있다.

한편, 대법원 1992. 3. 31. 선고 91누8845 판결은, 원고가 공유수면매립 면허권자인 A와 함께 매립공사를 공동으로 시공하여 공사로 인한 이익을 4 : 6의 비율로 분배하기로 하는 동업계약을 맺고 매립공사를 공동으로 시행하던 중 그 공사가 완공될 무렵 원고가 동업관계에서 탈퇴하면서 위 이익분배비율에 따라 수지결산을 하고 추가로 정산분배금을 수령한 데 대하여 과세관청은 위 정산분배금을 사업소득으로 보아 과세한 사안에서, 원고는 위 정산분배금은 양도소득으로 소득구분되어야 하고, 따라서 소득세법 제5조 제6호 (카)목에 따라서 비과세되어야 한다고 주장하였으나, 대법원은, 매립공사로 인한 소득은 소득세법 제20조 제1항 제5호, 그 시행령 제33조 제1항 제2호 소정의 토목건설업에서 발생하는 소득이라 할 것이고, 원고가 수령한 위 정산분배금은 같은 법 제56조 제2항 소정의 '공동으로 사업을 경영하는 경우 그 손익분배의 비율에 의하여 분배된 소득금액'이라고 할 것이므로, 원심이 원고가 수령한 위 정산분배금을 사업소득으로 본 것은 정당하다고 판시하였다. 이 판결은 원고가 지분을 양도하고 받은 대가를 동업사업에서 발생하는 소득과 마찬가지로 보고, 이를 조합이 얻는 소득의 소득구분에 따라 사업소득으로 본 것이다.

그리고 대법원 1995. 11. 10. 선고 94누8884 판결은, 외부적으로는 원고의 이름으로 활동하지만 내부적으로는 A와 공동사업의 약정을 체결하여, 이른바 내적 조합방식으로 오피스텔분양사업을 영위하던 원고가 A와 사업양수도계약을 체결하는 방식으로 조합을 탈퇴한 데 대하여 과세관청은 대외적으로 단독으로 사업을 영위해 온 원고가 사업양수도로 대지와 미완성건물을 양도한 것은 부동산매매업을 영위한 것으로 보고 사업소득세

를 과세한 사안에서, 대법원은 대외적으로는 1인의 이름으로 활동하더라도 내부적으로
는 2인 이상이 공동으로 사업을 경영하여 그 이익을 분배하기로 약정한 이른바 내적 조
합의 경우에는 내부관계에서는 민법상 조합과 동일하게 취급하여야 한다고 전제하고, 조
합의 대표자가 다른 조합원에게 자기의 공동사업의 지분만을 양도한 것이라면 그 실질
내용에 따라 조합에서의 탈퇴라고 볼 수 있으므로 이러한 경우에는 원고가 탈퇴시 취득
하는 금전 기타 재산의 가액 중 출자금을 초과하는 금액만이 과세의 대상이 된다고 판시
하였다. 이 판결은 내적 조합의 경우에도 내부관계에서는 엄연히 공동사업이므로 조합과
세의 법리가 적용된다고 판단한 것이고, 조합지분의 양도 내지 조합탈퇴의 경우 위 탈퇴
시 취득하는 대가 중 출자금을 초과하는 금액을 과세대상소득으로 보았다. 여기서 명시
적으로 그 소득이 사업소득임을 지칭하지는 않았지만 소득금액의 계산만 문제삼은 것으
로 보아 과세관청이 사업소득으로 본 것은 수긍한 것으로 해석할 수 있다.

(3) 대법원 입장의 정리

위에서 본 종래 대법원 판결들의 연장선에서 대법원 2015. 12. 23. 선고 2012두8977 판
결을 다음과 같이 법리를 정리하였다.

즉, 어느 조합원이 조합체에서 탈퇴하면서 지분의 계산으로 일부 조합재산을 받는 경
우에는 마치 합유물의 일부 양도가 있는 것처럼 그 개별 재산에 관한 합유관계가 종료하
므로, 이와 같은 지분의 계산은 세법상 탈퇴한 조합원과 공동사업을 계속하는 다른 조합
원들이 조합재산에 분산되어 있던 지분을 상호 교환 또는 매매한 것으로 볼 수 있다고
전제하고, 공동사업을 목적으로 한 조합체가 조합재산인 부동산을 양도함으로써 얻는 소
득은, 그것이 사업용 재고자산이라면 사업소득이 되며 사업용 고정자산으로서 양도소득
세 과세대상이라면 양도소득이 된다고 하였다. 그래서 탈퇴한 조합원이 다른 조합원들에
게 잔존 조합재산에 관한 자신의 지분을 양도하고 일부 조합재산을 받음으로써 얻는 소
득의 성질도 이와 다르지 않으므로, 탈퇴 당시 조합재산의 구성내역에 따라 탈퇴한 조합
원의 사업소득 또는 양도소득 등이 된다고 하였다. 그러면서, 당시 소득세법 제17조 제1
항 제7호는 '제1호 내지 제6호의 소득과 유사한 소득으로서 수익분배의 성격이 있는 것'
을 배당소득으로 규정하고 있는데 대하여, 조합체가 공동사업을 통하여 얻는 일정한 소
득금액은 소득세법 제43조, 제87조 등에 의하여 각 조합원의 지분 또는 손익분배비율에
따라 분배되어 조합원들 각자에게 곧바로 귀속되고 개별 조합원이 직접 납세의무를 부
담하므로 개별 조합원들이 조합체로부터 수익분배를 받는다고 할 수 없으며, 어느 조합
원이 탈퇴하면서 지분의 계산으로 일부 조합재산을 받는 경우에도 그로 인한 소득은 곧

바로 탈퇴한 조합원에게 귀속할 뿐이라고 보아 탈퇴한 조합원이 탈퇴 당시 지분의 계산으로 얻는 소득은 구 소득세법 제17조 제1항 제3호, 제7호, 제2조 제1항이 정한 배당소득에 해당한다고 할 수 없다고 판시하였다.

이 판결의 핵심은 동업기업은 과세에 있어서 도관에 불과하여 실체를 인정하지 않겠다는 전제에서 동업기업에서 탈퇴하거나 동업기업을 청산함에 따라 자산을 분배받더라도 그 거래의 상대방은 동업기업이 아니라 다른 동업자라고 보아 의제배당에 관한 규정은 적용할 수 없다는 입장이다.

(4) 동업기업에 대한 과세특례가 적용되는 경우

조세특례제한법에서는 2007. 12. 31. 동업기업에 대한 과세특례에 관한 규정으로 제100조의14 내지 제100조의26을 신설하였다. 제100조의14의 정의규정에 의하면, 동업기업이란 2명 이상이 금전이나 그 밖의 재산 또는 노무 등을 출자하여 공동사업을 경영하면서 발생한 이익 또는 손실을 배분받기 위하여 설립한 단체를 말한다. 그 범위가 넓음을 알 수 있다. 그리고 제100조의15는 그 과세특례는 동업기업 중 민법상 조합, 상법상 합자조합 및 익명조합, 합명회사, 합자회사 등이 관할 세무서장에서 그 특례규정의 적용을 신청한 경우에 적용하도록 규정하고 있다. 즉, 위 특례규정은 동업기업의 선택사항임을 알 수 있다.

여기서 제100조의22 제1항은 동업자가 동업기업으로부터 자산을 분배받은 경우 분배받은 자산의 시가가 분배일의 해당 동업자의 지분가액을 초과하면 동업자는 분배일이 속하는 과세연도의 소득금액을 계산할 때 그 초과하는 금액을 소득세법 제17조 제1항에 따른 소득으로 본다고 규정하고 있다. 소득세법 제17조 제1항에는 배당소득의 종류를 많이 열거하고 있음에도 그중 어디에 해당한다고 보는지를 구체적으로 명시하지 않은 것은 바람직한 입법태도는 아닌 것으로 보이나 그냥 배당소득으로 본다는 것은 배당소득으로 의제하겠다는 취지이므로 소득세법 제17조 제1항 제3호의 의제배당으로 본다는 취지로 해석하는 것이 무난하다. 그래서 동업기업이 제100조의15에 따른 신청을 한 경우에는 위에서 살펴본 대법원 판결들의 입장에도 불구하고 동업기업에서 탈퇴하거나 동업기업을 청산함에 따라 출자가액을 초과하는 소득은 의제배당으로 보아 배당소득세가 과세된다고 할 것이다.

마. 법인 해산시 의제배당에서 감자차손 공제 여부

소득세법 제17조 제2항 제3호는 해산한 법인의 주주 등이 해산으로 인한 잔여재산의 분배로 취득하는 재산가액이 해당 주식을 취득하기 위하여 사용된 금액을 초과하는 금액은 의제배당으로 보아 과세하도록 규정하고 있다. 그런데 그 법인이 해산하기 전에 유상감자 또는 무상감자를 한 적이 있는 경우 감자시의 차손액, 즉 감자주식의 취득가액과 감자로 인한 환급액의 차액을 해산시의 의제배당액 계산시 공제해 줄 것인지가 쟁점이 된다.

먼저 법인이 보유하고 있는 주식의 무상감자에 관하여 보면, 국세청의 유권해석에 의하면, 일부 무상감자의 경우 소유주식 가액을 감액처리하지 않고 주식수만 감소시킨 후 당해 주식을 처분하는 날이 속하는 사업연도의 손금에 산입하고(법인 46012-657, 1999. 2. 20.), 전부 무상감자의 경우 무상감자시에 소유주식 가액을 손금산입한다고 한다(법인, 사전-2017-법령해석법인-0666). 일부 무상감자의 경우 잔여주식이 있으므로 추후 처분시(주식발행법인의 해산을 포함) 처분손익을 산정할 때 감자차손을 반영해주면 되고, 전부 무상감자의 경우 잔여주식이 없으므로 감자시에 곧바로 손금으로 인정해주겠다는 것이다. 유상감자의 경우도 무상감자의 경우에 준해서 처리하면 될 것으로 보인다.

그런데 개인이 보유하고 있는 주식의 경우, 도중에 감자를 함으로써 감자차손이 생기더라도 법인과 달리 필요경비에 산입하는 것이 만만치 않다. 법인 소득의 경우 포괄주의 방식을 취하므로 순자산이 감소하면 특별히 손금불산입 규정에 해당하지 않는 이상 원칙적으로 손금산입이 되지만, 개인 소득의 경우 열거주의 방식을 취하므로 소득세법에서 개별적으로 정하고 있는 필요경비의 요건을 갖춘 경우에만 필요경비로 인정될 수 있기 때문이다. 따라서 개인이 보유하는 주식의 감자시 그 감자차손을 필요경비로 인정받는 것은 법인이 보유하는 주식의 경우보다 까다로울 수밖에 없다. 개인이 보유하고 있는 주식의 무상감자에 관하여는 위에서 본 법인이 보유한 주식의 경우와 마찬가지로 일부 무상감자의 경우에는 잔여주식의 처분시 처분소득을 산정할 때 그 감자차손을 반영하면 될 터이지만, 전부 무상감자의 경우에는 다른 주식의 양도소득 계산시의 통산규정에 해당하지 않는 한 반영되기 어려울 것이다.

개인이 보유한 주식의 일부에 관하여 일부 유상감자가 있었을 경우 그때 감자차손이 발생하더라도 그 당시에 이를 필요경비에 산입할 만한 마땅한 규정은 없어서 이 부분은 주식에 관련된 소득금액 산정시 반영되지 못하고 소멸해버린다고 볼 여지도 있다. 그러나 추후 잔여주식의 발행법인이 해산함으로써 의제배당이 발생한 경우 여기에 이를 반영할 여지는 남아 있다.

이에 관한 사안으로 대법원 2022. 11. 3. 자 2022두48929 심리불속행기각 판결이 있다. 원심인 부산고등법원 2022. 6. 15. 선고 2022누20327 판결은 소득세법에서는 법률적 형식 이외에 경제적 실질을 중시하여 본래 의미의 배당 이외에 경제적으로 배당과 같은 효과가 있는 거래를 배당으로 의제하여 과세대상으로 삼고 있으므로 실질과세의 원칙상 주주 등이 실질적으로 얻은 경제적 이익이 있음을 전제로 그에 비례하여 과세가 이루어져야 한다고 하면서, 법인 해산에 따른 의제배당소득의 과세표준을 계산함에 있어서도 '당해 법인의 주식을 취득하기 위하여 소요된 금액'이라 함은 당해 법인의 주식을 취득하기 위하여 실제로 지출된 금액을 의미한다고 보아야 하므로 이는 법인 해산 당시 주주가 보유하고 있는 당해 주식의 직접 매수가액만을 의미하는 것이라고 보기는 어렵고, 그 전에 보유하고 있었던 일부 주식에 관한 감자차손은 주주가 잔존주식만큼의 지분을 보유하기 위하여 실제로 지출한 비용을 포함하는 것이라고 봄이 타당하고 판시하였다. 과세관청은 감자차손에 관한 명시적 이월결손금 규정 없이 그 후 과세기간의 의제배당 소득으로 연계하는 것은 기간과세원칙에 위반된다는 취지의 주장도 하고 있으나 배척되었다.

소득세법에서는 법인세법과 달리 이익에 대하여는 빠짐없이 과세하면서 손실에 대하여는 특별한 통산규정이 없는 이상 관련된 다른 이익의 산정에 반영해주지 않는 불균형이 있어 납세자의 입장에서는 불만이 있기 마련이었는데 이 사안에서는 법원이 납세자의 이러한 불만을 실질과세원칙에 기대어 해소하였다. 해당 주식의 취득과 청산에 이르기까지의 전체 손익을 계산해 보면 해당 주식으로 인하여 유입된 돈은 법인 청산시 분배받은 돈과 그 전의 유상감자시 분배받은 돈의 합계액이고 유출된 돈은 해당 주식의 취득금액이므로 전자에서 후자를 차감한 금액을 과세대상 소득으로 보는 것이 실질소득의 셈법에 맞다. 따라서 유상감자된 주식의 취득가액과 그때의 환급금액의 차액인 감자차손은 법인해산에 따른 의제배당액 산정시 공제해주는 것이 맞고, 무상감자의 경우도 마찬가지로 보아야 한다.

사업소득에 대한 과세

1. 개요

소득세법 제19조는 제1항에서 사업소득의 종류를 열거하면서, 제2항에서는 사업소득 금액의 계산방법에 관하여 규정하고 있다. 제1항은 제1호부터 제20호까지 구체적 유형을 열거한 다음 마지막으로 유형적 포괄주의 규정인 제21호에서 제1호부터 제20호까지의 규정에 따른 소득과 유사한 소득으로서 영리를 목적으로 자기의 계산과 책임하에 계속적·반복적으로 행하는 활동을 통하여 얻는 소득이라고 규정하고 있다. 제21호의 규정에서 사업소득의 본질을 짐작할 수 있다. 즉, 영리의 목적이 있어야 하고, 자기의 계산과 책임하에 이루어져야 하며, 계속적·반복적으로 행해져야 한다. 자기의 계산과 책임하에 이루어진다는 것은 독립성을 갖춘 것을 의미하는 것으로서 종속적인 고용관계에 있는 자의 근로소득과 구별된다고 할 수 있고, 계속적·반복적으로 행해져야 한다는 점에서 이자소득이나 기타소득, 양도소득과 구별된다고 하겠다.

사업소득은 이자소득, 배당소득, 근로소득, 연금소득, 기타소득 등과 함께 종합소득으로 분류되어 과세되지만 소득세법 제19조 제2항의 규정에 필요경비가 공제된다는 점에서 다른 유형의 소득과 차이가 있고 이 점은 사업자에게 유리한 요소이다. 전체적인 소득금액의 계산구조는 법인세와 비슷하다. 영리법인이나 개인사업자나 영리사업의 운영주체라는 점에서는 동일한데 그 주체가 법인이냐 개인이냐에 따라 법인세와 소득세로 구별되어 과세되는 것뿐이다. 그래서 사업소득세의 과세에서 문제가 되는 요소들은 대부분 법인세의 과세에서도 문제가 되므로 법인세편에서 논한 쟁점들은 사업소득세에도 원용할 수 있는 것들이 많다.

사업소득에 있어서 자주 등장하는 쟁점은 사업소득과 다른 소득의 구별에 관한 것들과 사업소득의 수입시기라고 할 수 있다. 이하 이러한 쟁점들을 중심으로 살펴본다.

2. 사업소득과 다른 소득의 구별

가. 양도소득과의 구별

(1) 구별 기준

양도소득도 사업소득과 마찬가지로 소득금액을 계산할 때 필요경비가 공제되기는 하지만 소득금액과 세액계산의 구조가 다르며 특히 사업소득으로 분류될 경우 사업자로서의 부가가치세 납세의무까지 수반되므로 구별의 실익이 크다. 그래서 실제 조세쟁송에서도 이 점이 많이 다투어지고 있다.

사업소득의 속성 중 양도소득과 구별되는 부분은 계속성과 반복성에 있다고 하겠다. 이 점은 기타소득과 구별되는 요소이기도 하다. 계속성과 반복성은 사업성의 핵심이다. 여기서 계속성과 반복성은 재화나 용역의 공급행위가 계속적·반복적인 것을 의미하며, 그 공급행위는 일회성에 그치고 단지 그 대가의 수령만 계속·반복되는 경우는 여기에 해당하지 않는다고 보아야 할 것이다.

대법원 2001. 4. 24. 선고 99두5412 판결, 대법원 2010. 7. 22. 선고 2008두21768 판결 등은 부동산의 양도로 인한 소득이 소득세법상 사업소득인지 혹은 양도소득인지는 양도인의 부동산 취득 및 보유현황, 조성의 유무, 양도의 규모, 횟수, 태양, 상대방 등에 비추어 그 양도가 수익을 목적으로 하고 있는지 여부와 사업활동으로 볼 수 있을 정도의 계속성과 반복성이 있는지 등을 고려하여 사회통념에 따라 판단하여야 하고, 그 판단을 함에 있어서는 단지 당해 양도 부동산에 대한 것뿐만 아니라, 양도인이 보유하는 부동산 전반에 걸쳐 당해 양도가 행하여진 시기의 전후를 통한 모든 사정을 참작하여야 한다고 판시하고 있다. 일본 동경고등재판소 소화 51. 2. 25. 판결은 위와 같은 모든 사정을 참작하여야 하는 이유에 대하여 사람의 경제적 생활관계는 시간적으로도 내용적으로도 상당 정도의 일체성을 가지는 것이므로, 토지의 매도 등 그 경제활동의 의미, 내용을 파악하기 위하여는 그 일부를 추출하여 이를 평가하는 것은 타당하지 아니하고 종합적으로 전체를 관찰하여 판단하여야 하기 때문이라고 설명하고 있다.

이와 같이 대법원이 사업성, 즉 계속성·반복성에 대한 나름의 판단기준을 제시하고 있지만 그 기준 자체는 추상적인 수준에 머물고 있어서 구체적인 적용모습을 보기 위해서는 실제 사례들을 비교분석하는 작업이 필요하다. 구체적 사례들에서 사업성을 인정할 수 있는 징표가 되고 있는 것은, 거래규모가 크고 대금이 다액인 점, 거래횟수가 잦고 보유기간이 단기간인 점, 거래상대방이 고정되어 있지 않은 점, 양도자산의 보유목적이 사용가치를 누리는 데 있는 것이 아니라 교환가치 특히 매매차익을 누리는 데 있는 점, 거래규모가 갈수록 확대되는 점, 양도자가 부동산의 양도로부터 획득한 양도차익의 발생 원인이 우연한 외부경제적 사정에 의한 것이 아니라 양도인의 부동산에 대한 개량, 조성 행위에 기인한 점, 양도거래가 생계의 방편이거나 부득이한 사정에 의한 것이 아닌 점 등이라고 할 수 있다.

(2) 사업소득으로 인정한 사례

대법원 2014. 3. 13. 선고 2012두7370 판결은, 원고가 1991년경 주택신축판매업자로 사업자등록을 한 후 제1차, 제2차 공동주택을 신축하여 분양하였으며, 1998. 12. 21. 다시 A토지 4,300㎡를 매수하여 1999. 7. 29. P개인 명의로 건축허가를 받아 그중 2,300㎡ 부지에 19세대 규모의 공동주택인 제3차 공동주택을 신축하여 2002. 2. 2. 사용승인을 받은 후 이를 분양하였고, 1999. 9. 22. A토지 중 나머지 2,000㎡인 쟁점토지에 제5차 공동주택을 신축하다가 2002. 5. 20. 이를 원고 자신이 대표이사로 있던 T사에 양도하면서 신축 중이던 제5차 공동주택 건물의 양도차익에 대하여는 사업소득세를 신고·납부하면서, 쟁점토지의 양도차익에 대하여는 양도소득세를 신고·납부한 사안에서, 원심은, 원고가 주택을 신축한 후 분양하는 주택신축판매업자인 점, 원고는 1998. 12. 21. 쟁점 토지를 취득한 후 1999. 9. 2. 그 지상에 주택을 신축하기 위한 건축허가를 받았고, 건축 도중에 T사에 양도하였으므로, 원고는 주택을 신축·분양하기 위하여 쟁점 토지를 취득하였던 것으로 보이는 점, 제5차 공동주택 건물의 양도로 인한 소득은 사업소득으로, 쟁점 토지의 양도로 인한 소득은 양도소득으로 구분하는 것은 일반적으로 자신이 취득·소유한 토지 위에 건물을 신축하여 판매하는 경우 그 토지와 건물을 일괄하여 양도하는 거래의 관행에 비추어 부적절한 점 등을 이유로 쟁점 토지의 매도로 인한 소득은 사업소득으로 봄이 상당하다고 판단하였고, 대법원이 이를 수긍하였다.

이 사건에서 원고는, 당초 P명의로 제5차 공동주택에 대한 건축허가를 받았고, 사업개시 후 건축허가 명의를 원고로 변경하려고 하였으나, 부득이한 사정으로 제5차 공동주택의 건축 및 분양사업을 포기하기로 하고 그 부지인 쟁점 토지를 양도한 것일 뿐 수익을 얻을 목적으로 쟁점 토지를 양도한 것이 아닌 점, 쟁점 토지의 양도는 일회적·우발적인

성격을 띤 것으로서 사업성을 띤 양도라고 볼 수 없는 점 등을 이유로 쟁점 토지의 양도
분은 사업소득이 아니라고 주장하였으나 배척되었다. 원고는 쟁점 토지의 매각동기가 5
차 공동주택 신축분양사업의 청산 또는 포기에 있다는 점을 중시하여 사업성이 없다고
주장하였으나, 그 전에 있었던 일련의 공동주택 신축·분양사업의 연장선에서 이루어졌
고, 그 사업의 청산을 위한 양도라고 하더라도 사업성을 부인하기는 어려울 것이므로 대
법원의 결론은 타당하다고 하겠다.

그 밖에도 대법원 1990. 9. 25. 선고 90누1045 판결, 대법원 1991. 11. 26. 선고 91누4058
판결도 사업성을 인정한 사례에 속한다.

(3) 양도소득으로 인정한 사례

대법원 1990. 4. 24. 선고 89누6952 판결은 생계를 위한 방편으로 건물을 지어 임대하
기로 하고 사채를 얻어 건물을 신축하였다가 그 후 채무변제를 위하여 부득이 대지 및
건물을 매도한 경우에 대하여도 사업성을 부인하였다. 그리고 대법원 2008. 1. 31. 선고
2006두9535 판결은, 사업자가 사업을 영위하다가 그 사업장이 수용 또는 양도됨으로 인
하여 그와 관련하여 사업시행자로부터 지급받는 보상금은 그 내용이 양도소득세 과세대
상이 되는 자산 등에 대한 대가보상금인 경우는 양도소득으로, 그 이외의 자산의 손실에
대한 보상이나 영업보상, 휴·폐업보상, 이전보상 등 당해 사업과 관련하여 감소되는 소
득이나 발생하는 손실 등을 보상하기 위하여 지급되는 손실보상금인 경우는 그 사업의
태양에 따른 사업소득으로 보아 그 총수입금액에 산입함이 상당하다고 판시하였고, 대법
원 2014. 6. 26. 선고 2013두17527 판결도 같은 취지이다.

이러한 경우 사업용 부동산의 양도가 일회성에 그쳐 계속성·반복성이 없다는 점을
중시한 것으로 보인다. 그러나 사업을 청산하는 단계에서 사업용 부동산을 처분하는 경
우 사업의 일환으로 보아 사업성을 인정할 여지가 있다는 점에서 위와 같은 결론은 의문
이 있다. 부가가치세법 제14조 제1항은 제1호에서 주된 사업과 관련하여 우연히 또는 일
시적으로 공급되는 재화 또는 용역을 별도의 공급으로 본다는 규정을 두고 있어 사업의
청산을 위한 사업용 부동산의 양도를 부가가치세 과세표준에 포함시키고 있다. 이 규정
을 의제적 규정으로 볼 것인지 아니면 확인적 규정으로 볼 것인지에 대하여 논란이 있을
수 있으나 확인적 규정으로 볼 여지가 있고 그렇다면 소득세법에서도 그와 같은 사업용
부동산의 양도를 사업소득으로 볼 여지가 있는 것이다.

그리고 대법원 2013. 9. 13. 선고 2011두6493 판결 등은 임지와 함께 양도되는 임목의
소득이 사업소득인지 양도소득인지가 다투어진 사안에서, 임목의 양도로 발생하는 소득

이 사업소득에 해당하는 경우에는 원칙적으로 임목의 양도로 발생하는 소득을 제외한 나머지 소득만이 임지의 양도에 따른 양도소득세의 과세대상이 된다고 하면서, 이때 임목의 양도로 발생하는 소득이 사업소득에 해당하는지는 임목을 생산하기 위한 육림활동이 수익을 목적으로 하고 있는지 여부와 그 내용, 규모, 기간, 태양 등에 비추어 사업활동으로 볼 수 있는 정도의 계속성과 반복성이 있는지 여부 등을 고려하여 사회통념에 따라 판단하여야 한다고 전제하고, 임목이 임지와 함께 양도되었더라도 임목을 생산하기 위한 육림활동이 없었거나 육림활동이 있었더라도 거기에 사업성이 인정되지 아니하는 경우에는 임목이 임지와는 별도의 거래 대상이 되었다고 볼 만한 특별한 사정이 없는 한 그 양도로 발생하는 소득 전부가 양도소득세의 과세대상이 되고, 여기서 임목이 임지와는 별도의 거래 대상이 되었는지는 당사자의 거래 목적, 계약서의 기재 내용, 임목의 가치에 대한 평가 여부, 인근의 임지 등에 대한 거래의 실정 등을 종합적으로 고려하여 객관적으로 판단하여야 한다고 판시하였다.

여기서는 사업성 징표 중의 하나인 영리목적성이 중요시된 것으로 보인다. 임목 자체에서 영리를 추구할 목적이 있었다면 계속적이고 반복적인 육림활동이 있어야 하는데 그렇지 아니한 경우에는 사업성을 인정할 수 없다는 취지이다. 위 판결에는 영리를 목적으로 계속적이고 반복적인 육림활동을 했다면 그 육림의 양도행위가 일회성에 그치더라도 사업성을 인정할 수 있다는 취지가 깔려 있다. 그러나 사업성의 요체인 계속성·반복성은 앞서 본 바와 같이 재화나 용역의 제공행위 자체의 계속성·반복성을 의미하는 것이 원칙인데 이 경우는 재화인 임목의 양도행위 자체는 계속적·반복적이지 않다는 데 문제가 있다. 이러한 현상은 어류의 양식장에서도 나타날 수 있다. 어류의 양식행위 자체는 수익성을 목적으로 계속적·반복적으로 이루어지지만 상품성을 갖춘 어류를 특정인에게 한꺼번에 공급할 경우 그 공급행위는 일회성에 그칠 수 있는 것이다. 이러한 난점 때문에 소득세법이 2006. 12. 30. 개정되기 전에는 조림기간이 5년 이상인 임목의 벌채·양도로 발생하는 소득을 산림소득으로 따로 분류해 놓았다고 볼 수도 있다. 지금은 산림소득에 관한 규정이 폐지되고 임업으로 인한 소득은 사업소득으로만 규정하고 있으므로 임업의 특수성을 고려하여 임목의 공급행위 자체가 계속적·반복적으로 이루어지지 않고 일회성에 그쳤더라도 그 육림행위가 계속적·반복적으로 이루어졌다면 위 대법원 판결의 취지에 따라 사업성을 인정할 수 있을 것으로 보인다.

나. 기타소득과의 구별

사업소득과 기타소득의 구별기준도 사업소득과 양도소득의 구별기준과 마찬가지로 계속성과 반복성이라고 할 수 있다. 소득세법 제21조 제1항은 그 각 호에서 기타소득의 종류를 열거하고 있어 여기에만 해당하면 기타소득으로 인정될 수 있다는 잘못된 인식이 있을 수 있는데, 그 본문에서 사업소득 등 이외의 소득임을 전제로 한다는 점을 밝히고 있으므로 그 각 호의 소득이 계속적·반복적인 활동에 기인한 것이면 기타소득이 아니라 사업소득으로 분류되어야 한다. 기타소득으로 인정되면 소득세법 시행령 제87조에 의하여 일정한 경우 그 80%를 필요경비로 인정받을 수 있는 반면에 사업소득으로 인정되면 실제 지출한 경비만이 필요경비로 인정되므로 과세소득에 있어 현저한 차이를 가져 온다. 그래서 조세쟁송에서 자주 다투어지고 있다. 이에 관한 몇 가지 사례를 살펴본다.

서울고등법원 2012. 8. 10. 선고 2011누42811 판결은, 원고가 한의원을 운영하다가 1996. 4. 24. 의료법인 K재단을 설립하여 이사장으로 취임한 후 2006. 5. 2. K재단과 사이에 원고가 개발한 한방의료기술을 양도하되, 양도금액은 그 의료기술과 관련된 총수익금액의 50% 범위 내에서 최장 10년에 걸쳐 지급받기로 하는 계약을 체결하였고, K재단은 2006. 5. 1.부터 원고가 부교수로 근무하고 있던 A병원에 K재단 소속 한의사를 파견하여 위 의료기술을 제공하고 A병원으로부터 2006년 10억 원, 2007년 합계 7억 원, 2008년 26억 원의 대가를 받았는데, K재단은 그중 20% 내지 50%를 원고에게 지급하기로 하여 2006년에 3차례 합계 2억 원, 2007년에 7차례 합계 14억 원, 2008년에 합계 13억 원을 지급한 사안에서, 원고가 받은 대가와 관련한 원고의 활동은 2006. 5. 2. K재단에 위 의료기술을 양도하였다는 한 번의 양도행위뿐이고, 달리 원고가 그 대가와 관련하여 계속적이고 반복적인 활동, 예컨대 원고가 위 의료기술을 이용하여 A병원에서 계속적·반복적인 진료행위를 하였다거나 혹은 원고가 K재단이나 제3자에게 계속적·반복적으로 위 의료기술이나 다른 의료기술의 양도행위를 하였다는 등과 같은 활동을 하였다고 인정할 만한 아무런 증거가 없고, 그 대가가 한 번의 양도행위로부터 발생한 이상 K재단이 이를 계속적·반복적으로 원고에게 지급하였다는 사정은 위 돈의 소득구분에 어떠한 영향을 미친다고 볼 수 없다는 이유로 그 대가는 사업소득에 해당하지 않고 기타소득으로 보아야 한다고 판시하였다.

이 사안에서는 원고가 A병원에서 교수로 활동을 하는 과정에서 위 의료기술을 전수하는 내용의 의료행위를 하였다고 볼 여지가 있으나 그와 같은 행위에 대한 대가는 원고가 A병원으로부터 받는 급여에 포함되어 있다고 볼 수 있으므로 원고가 K재단으로부터 받은 대가와 결부시키기가 어려운 측면이 있다. 그리고 K재단이 A병원에 양도한 의료기술이라는 것은 처방집의 형태로 되어 있었는데 그 처방집의 실시를 위하여 원고에 의한 계속적인 기술지원이 필요하다고 볼 자료도 없었다는 점도 고려된 것으로 보인다. 결국 원고의 양도행위는 일회성에 그쳤고 그 대가만 계속적·반복적으로 받은 것에 불과하므로 사업성의 핵심인 용역제공의 계속성과 반복성을 갖추지 못하였다고 본 것이다. 위 판결은 대법원 2012. 12. 13. 자 2012두19649 심리불속행 상고기각 판결에 의하여 확정되었다.

반면에, 대법원 2001. 4. 24. 선고 2000두5203 판결은, 원고가 인기 연기자로서 화장품 회사 등 7개 회사와 전속모델계약을 체결하고 받은 계약금 13억 원이 사업소득인지 기타소득인지 다투어진 사안에서, 원고는 전속계약금은 소득세법 제21조 제1항에서 기타소득으로 열거하고 있고, 원고의 직업은 광고모델이 아닌 연기자이므로 광고모델료 수입은 계속성이 보장되지 않는 일시적·유동적 소득일 뿐만 아니라 원고가 용역을 제공하고 받은 대가가 아니라 다른 경쟁자에게 용역을 제공하지 않은 의무부담에 따른 대가이므로 사업소득이 아니라 기타소득이라고 주장하였으나, 원심은 원고의 직업 활동의 내용, 그 활동 기간 및 활동의 범위, 태양, 거래의 상대방, 주수입원, 수익을 얻어온 횟수 및 규모 등에 비추어 볼 때, 연기자 겸 광고모델로서의 원고의 활동 그 자체가 수익을 올릴 목적으로 이루어져 온 것인 데다가 사회통념상 하나의 독립적인 사업활동으로 볼 수 있을 정도의 계속성과 반복성도 갖추고 있다고 판단되므로 광고모델활동을 따로 분리할 것이 아니라 원고의 각종 연예계 관련활동 전체를 하나로 보아 그 직업 또는 경제활동을 평가하여야 할 것이어서 한국표준산업분류표상의 '자영예술가'에 해당된다고 할 것이므로, 그 실질에 비추어 원고의 전속계약금 소득은 사업소득으로 보아야 한다고 판시하였고, 대법원이 이를 수긍하였다.

이 사건에서 원고는 연기자로서의 수입과 광고모델로서의 수입을 분리시켜 후자는 계속성·반복성이 보장되지 않는다는 취지로 주장하였으나, 원심은 원고가 종래부터 독립적인 지위에서 방송매체에 출연하여 연기활동을 하는 과정에서 높은 인기를 누리게 된 것에 터 잡아 광고모델로서도 고액의 수입을 올려 왔고, 출연료보다 전속계약금 수입이 더 많아 양자의 수입이 밀접한 관련이 있다는 점을 중시하여 연기자의 활동과 광고모델의 활동을 통합하여 전체적으로 보아 계속성과 반복성을 판단하여야 한다는 입장에서 위와 같은 결론에 이른 것으로 보인다. 타당한 결론이다.

3. 사업소득금액의 계산

가. 수입금액의 계산

(1) 관련 규정

소득세법 제19조 제2항은 사업소득금액은 당해연도의 총수입금액에서 이에 소요된 필요경비를 공제한 금액으로 한다고 규정하고 있다. 그리고 소득세법 시행령 제51조 제3항은 수입금액의 계산에 관한 여러 가지 특칙을 두고 있다.

이에 따르면, 부동산을 임대하고 받은 선세금에 대한 총수입금액은 그 선세금을 계약기간의 월수로 나눈 금액의 각 과세기간의 합계액으로 하고(제1호), 환입된 물품의 가액과 매출에누리는 해당 과세기간의 총수입금액에 산입하지 아니하며, 다만 거래수량 또는 거래금액에 따라 상대편에게 지급하는 장려금과 그 밖에 이와 유사한 성질의 금액과 대손금은 총수입금액에서 빼지 아니하고(제1호의2), 외상매출금을 결제하는 경우의 매출할인금액은 거래상대방과의 약정에 의한 지급기일(지급기일이 정하여져 있지 아니한 경우에는 지급한 날)이 속하는 과세기간의 총수입금액 계산에 있어서 이를 차감하며(제1호의3), 거래상대방으로부터 받는 장려금 기타 이와 유사한 성질의 금액은 총수입금액에 이를 산입하고(제2호), 관세환급금 등 필요경비로 지출된 세액이 환입되었거나 환입될 경우에 그 금액은 총수입금액에 이를 산입하고(제3호), 사업과 관련하여 무상으로 받은 자산의 가액과 채무의 면제 또는 소멸로 인하여 발생하는 부채의 감소액은 총수입금액에 이를 산입하고(제4호), 확정급여형퇴직연금제도의 보험차익과 신탁계약의 이익 또는 분배금과 사업과 관련하여 해당 사업용 자산의 손실로 취득하는 보험차익은 그 소득의 성격에도 불구하고 총수입금액에 산입하고(제4호의2), 제1호, 제1호의2, 제1호의3, 제2호부터 제4호까지 및 제4호의2 외의 사업과 관련된 수입금액으로서 해당 사업자에게 귀속되었거나 귀속될 금액은 총수입금액에 산입한다(제5호).

위 규정들이 비록 특례의 형식을 취하고 있지만, 그 속성을 들여다보면 수입금액의 범주에 들어갈 수 있다고 보이는 것들이어서 확인적 규정의 성격을 지니고 있다고 하겠다. 특히 제5호에 유형적 포괄주의 규정을 두고 있어 제1호 내지 제4호의2 규정이 예시적 규정이 되고 있다. 부가가치세법 제29조는 부가가치세 과세표준인 매출액의 산정에 있어서도 위와 비슷한 취지의 규정을 하고 있다.

(2) 사례 분석

위 소득세법 시행령 제51조 제3항 제2호에서 규정하고 있는 거래상대방으로부터 받는 장려금 기타 이와 유사한 성질의 금액에 해당하는지 여부가 쟁점이 된 것으로 대법원 2016. 12. 29. 선고 2014두205 판결이 있다. 여기서는 장려금을 제공한 주체가 거래상대방인지 아니면 제3자인 은행인지가 다투어졌다.

사안을 요약하면 다음과 같다. 약국을 운영하는 원고와 거래하는 의약품 도매상인 S사는 2009. 1. 19. D은행과 '의약품 구매전용카드 발행특약'을 체결하여, S사가 CD 유통수익률에 3.35%를 더한 가맹점 수수료를 부담하고 S사로부터 의약품을 구매할 때에만 사용할 수 있는 전용카드의 회원을 추천하면, D은행은 그 회원에게 카드 연회비 및 발급수수료를 면제해주고 결제대금에 S사가 정한 적립률을 곱하여 산정되는 캐시백포인트를 제공하기로 약정하였다. 원고는 2009년 8월경 S사의 추천에 따라 D은행과 비씨카드회원 가입약정을 체결하는 한편, S사로부터 물품을 구매하고 그 대금을 결제하기 위한 의약품 구매전용카드 회원으로 가입한다는 추가약정을 체결하였으며, S사는 원고의 적립률을 결제대금의 3%로 정하고 원고가 D은행에 부담하는 카드대금채무에 관하여 연대보증을 하였다. 원고는 자신이 거래하는 다른 의약품 도매상인 M사 직원의 권유에 따라 H카드에도 가입하였는데, 그 카드의 포인트 적립구조는 원고가 M사로부터 의약품을 구매하고 그 카드로 대금을 결제하면 H카드사가 M사로부터 3.5%의 가맹점 수수료를 받아 그중 3% 상당을 원고에게 포인트로 적립해주는 것이었다. 원고는 2009년 7월경부터 2009년 12월경까지 D은행으로부터 위와 같이 발급받은 의약품 구매전용카드와 H카드를 사용하여 의약품 도매상으로부터 의약품을 구매하면서 그 결제대금의 3%에 해당하는 합계 17억 원 상당의 마일리지 또는 캐시백포인트를 제공받았고, 그 무렵 그중 11억 원을 현금으로 지급받았다. 과세관청은 원고가 2009년분 종합소득세를 신고하면서 위 11억 원을 수입금액에서 누락하였다고 보아 과세처분을 하였다. 원고는 위 11억 원은 신용카드 회사의 합리적인 의사결정에 따라 원고에게 제공된 것으로서 위 제2호에서 규정하고 있는 거래상대방으로부터 받는 장려금 기타 이와 유사한 성질의 금액이 아니므로 수입금액에 포함될 수 없다고 주장하였다. 즉, 그 제공 주체가 원고의 거래상대방인 S사나 M사가 아니라 제3자인 D은행이나 H카드사라는 것이다.

이에 대하여 원심은, 원고가 D은행 카드를 사용함에 따라 받은 마일리지 또는 캐시백포인트는 S사와 D은행이 체결한 특약에 따라 S사가 정한 적립률에 따라 제공된 것이고, 위 특약에 따른 캐시백포인트의 부담자는 D은행이 아닌 S사이므로, 그 마일리지 중 D은행 카드로 인한 부분의 실질적인 제공자는 D은행이 아닌 S사이고, H카드 또한 동일한 구조로서 그 포인트의 실질적 제공자는 M사인 점, 원고에게 제공된 위 마일리지의 액수는 S사 등 의약품 도매상들이 가맹점 수수료 명목으로 부담한 금액과 비례하는 점, S사 등 의약품 도매상들이 결제대금의 약 3.5%에 달하는 가맹점 수수료를 부담하지 않았다면 D은행과 H카드사가 원고에게 결제대금의 3%에 상당하는 마일리지 또는 포인트를 제공하지 않았을 것으로 보이고, D은행 카드의 경우 S사의 추천이 없으면 발급받을 수 없는 점 등에 비추어, 의약품 도매상들이 가맹점 수수료 명목으로 부담한 돈 중 실질적인 가맹점 수수료는 그 일부에 불과하고 나머지는 원고에게 지급하는 장려금 성격의 금액으로 보는 것이 관련 당사자들의 진정한 의사에 부합하는 점 등을 종합하여 보면, 위 마일리지는 S사 등 의약품 도매상들이 의약품을 판매하면서 원고에게 지급한 '장려금 기타 이와 유사한 성질의 금액'으로 원고의 사업소득에 해당한다고 판단하였고, 대법원도 이를 수긍하였다.

소득세법은 과세대상 소득에 관하여 기본적으로 열거주의의 입장을 취하고 있으므로 소득세법 시행령 제51조 제3항 제2호의 해당 여부가 다투어지는 상황에서 거기에 해당하지 않는다고 하면 수입금액에서 제외될 여지가 있었다. 그래서 원고는 위 마일리지의 제공 주체가 원고의 거래상대방이 아니므로 위 규정이 적용될 수 없다고 다투었다. 하지만 대법원은 그 제공 주체를 형식적으로 보지 아니하고 실질적으로 보아 거래상대방이라고 판단하였다. 실질과세의 원칙을 적용한 사례로 볼 수 있겠다.

나. 필요경비의 계산

소득세법 제27조 제1항은 사업소득금액의 계산에 있어서 필요경비에 산입할 금액은 당해연도의 총수입금액에 대응하는 비용으로서 일반적으로 용인되는 통상적인 것의 합계액으로 한다고 규정하고 있다.

소득세법 제27조 제1항의 규정은 필요경비에 산입할 금액은 총수입금액과 같은 기간 동안에 발생사실이 확정된 비용 중 총수입금액에 대응하는 비용으로 한다는 이른바 '기간손익계산의 원칙' 및 '수익비용대응의 원칙'을 규정한 것으로 이해할 수 있다. 여기서 수익비용대응의 원칙이란 기간손익을 정확하게 파악하기 위하여 수익과 그 수익의 발생에 들어간 비용을 동일한 회계연도에 계상하여야 한다는 원칙을 말한다.

필요경비의 입증책임에 관하여는, 과세처분의 위법을 이유로 그 취소를 구하는 행정소송에서 과세처분의 적법성 및 과세요건사실의 존재에 대한 입증책임은 원칙적으로 과세관청에게 있으므로 과세소득확정의 기초가 되는 필요경비도 원칙적으로 과세관청이 그 입증책임을 부담하나, 필요경비의 공제는 납세의무자에게 유리한 것일 뿐 아니라 필요경비의 기초가 되는 사실관계는 대부분 납세의무자의 지배영역 안에 있는 것이어서 과세관청으로서는 그 입증이 곤란한 경우가 있으므로, 그 입증의 곤란이나 당사자 사이의 형평을 고려하여 납세의무자로 하여금 입증케 하는 것이 합리적인 경우에는 입증의 필요를 납세의무자에게 돌려야 하고, 따라서 납세의무자가 신고한 어느 비용 중의 일부 금액이 실지비용이냐 아니냐가 다투어지고 과세관청에 의해 납세의무자 측이 주장하는 비용의 용도와 지급의 상대방이 허위임이 상당한 정도로 입증되었고, 납세의무자가 신고 내역대로의 비용지출은 아님을 시인하면서 같은 금액만큼의 다른 무엇인가의 비용소요 사실이 있었다고 주장하는 경우에는 그 신고비용과 다른 비용의 존재와 액수에 관하여는 구체적 비용지출사실에 관한 장부기장과 증빙 등 일체의 자료를 제시하기가 용이한

납세의무자 측에서 이를 입증할 필요가 있다는 것이 대법원 판결의 입장이다.[5]

법인에 비하여 개인사업자의 경우 필요경비가 사업관련성이 있는지 여부가 자주 다투어진다. 왜냐하면 개인사업자의 경우에는 사업자로서의 경비지출이 있음은 물론 자연인으로서 사업과 무관한 비용지출이 많으므로 그 구분이 자주 문제가 될 수밖에 없다. 물론 법인의 경우에도 업무관련성이 없는 경비의 지출은 손금성이 인정될 수 없겠지만 개인사업자에 비하여 그 정도가 덜할 것이다.

대표적인 예로서 개인사업자의 경우 차입금에 대한 지급이자인데, 그 차입금은 사업에 관련된 것뿐만 아니라 사업과 관련이 없는 일반 생활자금을 위한 차입금 등도 있을 수 있으므로 사업소득금액을 계산할 때 필요경비로 인정되는 지급이자는 사업관련성이 있는 차입금, 즉 사업에 사용된 차입금에 국한되어야 할 것이다. 대법원 2001. 11. 13. 선고 99두4082 판결은, 호텔을 경영하는 사업자가 당초 대출금을 호텔의 수선공사비로 사용할 목적으로 차용하고, 수리기간 중에 개인적으로 조달한 다른 금원을 그 수선공사비로 지출하였다고 하더라도, 위 대출받은 차입금을 호텔의 사업상 용도로 사용하지 않은 채 사업자 개인의 금융자산으로 관리하고 있는 이상, 위 차입금에 대한 지급이자는 사업소득금액의 계산에 있어서 필요경비로 인정할 수 없다고 판시하였다.

필요경비의 손금불산입에 관하여는 소득세법 제33조 제1항 각 호에서 자세히 열거하고 있다. 법인세법에서와 비슷한 취지로서 손금으로서의 적격을 갖추지 못하였거나 조세정책적으로 손금산입한도를 제한하는 것들이다.

---

5) 대법원 1995. 7. 14. 선고 94누3407 판결, 대법원 2005. 4. 14. 선고 2005두647 판결 등 참조

근로소득에 대한 과세

1. 개요

소득세법 제20조 제1항은 근로소득의 종류를 열거하여, 제1호에서 근로를 제공함으로써 받는 봉급·급료·보수·세비·임금·상여·수당과 이와 유사한 성질의 급여를, 제2호에서 법인의 주주총회·사원총회 또는 이에 준하는 의결기관의 결의에 따라 상여로 받는 소득을, 제3호에서 법인세법에 따라 상여로 처분된 금액을, 제4호에서 퇴직함으로써 받는 소득으로서 퇴직소득에 속하지 아니하는 소득을, 제5호에서 종업원 등 또는 대학의 교직원이 지급받는 직무발명보상금을 각 규정하고 있다.

제1호의 근로소득이 가장 일반적인 소득인데, 이에 관하여 대법원 2008. 12. 24. 선고 2006두4967 판결은, 이는 지급형태나 명칭을 불문하고 성질상 근로의 제공과 대가관계에 있는 일체의 경제적 이익을 포함할 뿐만 아니라, 직접적인 근로의 대가 외에도 근로를 전제로 그와 밀접히 관련되어 근로조건의 내용을 이루고 있는 급여도 포함된다고 하면서, 법인이 그 주주에 불과한 원고에 대하여 가지고 있는 대여금 및 가지급금 채권과 원고의 법인에 대한 주식양도대금 채권을 상계함으로써 원고가 얻은 경제적 이익은 근로소득에 해당하지 않는다고 판단하였다.

이와 같이 조세쟁송에서는 직접적인 근로의 대가보다는 근로를 전제로 그와 밀접히 관련되어 근로조건의 내용을 이루고 있는 급여로 볼 수 있는지 여부가 다투어진다. 대법원 2024. 12. 24. 선고 2024두34122 판결 등도 이러한 쟁점에 관한 것이다.

대법원 2024. 12. 24. 선고 2024두34122 판결 등은, 사용자가 선택적 복지제도를 시행하면서 근로자들에게 부여하는 복지포인트에 관하여 근로소득에 해당한다는 판시를 하였다. 그 논거로는, 복지포인트는 원고가 소속 임직원들에게 정기적으로 배정하여 사용하도록 한 것으로서, 직접적인 근로의 대가는 아니더라도 적어도 위 임직원들이 원고에게 제공한 근로와 일정한 상관관계 내지 경제적 합리성에 기한 대가관계가 인정되는 급여에는 해당하는 점, 복지포인트는 건강관리, 자기계발 등으로 사용 용도가 제한되어 있고, 일정 기간 내 사용하지 않는 경우 이월되지 않고 소멸하며, 양도가 불가능하기는 하나, 그렇더라도 정해진 사용기간과 용도 내에서는 복지포인트를 사용하여 필요한 재화나 용역을 자유롭게 구매할 수 있으므로, 임직원들이 복지포인트를 사용함으로써 상당한 경제적 이익을 얻는다고 볼 수 있는 점, 선택적 복지제도의 법적 근거가 되는 근로복지기본법 제3조 제1항은 근로복지의 개념에서 '임금·근로시간 등 기본적인 근로조건'을 제외하고 있으나, 이는 근로기준법의 규율 대상인 임금·근로시간 등 '기본적인 근로조건'을 근로복지기본법의 규율 대상에서 제외한다는 취지이지, 기본적인 근로조건이 아닌 후생 등 기타의 근로조건까지 모두 근로복지의 개념에서 제외한다는 취지가 아닌 점, 근로복지기본법 제3조 제1항을 근거로 근로복지와 근로조건을 양립불가능한 개념으로 볼 수는 없는 점 등을 들고 있다.

대법원 2019. 8. 22. 선고 2016다48785 판결에서 사용자가 선택적 복지제도를 시행하면서 직원 전용 온라인 쇼핑사이트에서 물품을 구매하는 방식 등으로 사용할 수 있는 복지포인트를 단체협약, 취업규칙 등에 근거하여 근로자들에게 계속적·정기적으로 배정한 경우라고 하더라도, 이러한 복지포인트는 근로기준법에서 말하는 임금에 해당하지 않고, 그 결과 통상임금에도 해당하지 않는다고 판시한 바 있는데, 대법원 2024. 12. 24. 선고 2024두34122 판결 등은 종합소득세의 과세대상이 되는 근로소득의 범위를 넓게 해석하여 근로기준법상 임금에 해당하지 않더라도 근로소득에 해당한다고 판시한 것이다. 이러한 판결을 하게 된 근거가 된 것은 위에서 본 대법원 2008. 12. 24. 선고 2006두4967 판결인 것으로 보인다.

한편, 소득세법 제12조 제3호에서는 비과세 근로소득을 규정하고 있는데, 복무 중인 병이 받는 급여, 육아휴직 급여, 육아기 근로시간 단축 급여, 출산전후휴가 급여, 대통령령으로 정하는 학자금, 대통령령으로 정하는 실비변상적 성질의 급여 등이 있다. 근로소득금액은 소득세법 제20조 제2항에 의하여 제1항 각 호의 소득의 금액의 합계액(비과세소득의 금액은 제외한다)에서 제47조에 따른 근로소득공제를 적용한 금액으로 한다. 근로소득공제는 필요경비를 의제하여 공제해주는 의미이다.

2. 근로소득과 다른 소득의 구별

근로소득과 다른 소득과의 구별이 문제되는 영역은 특정 법인으로부터 일정한 금원을 지급받았을 때 그것이 근로제공의 대가인지 다른 사유에 기인한 것인지가 애매한 경우일 것이다. 근로제공의 대가로 볼 수 없다면 기타소득이나 단순한 증여로 볼 여지가 많다. 최근의 실제 사례들을 통하여 그 구별기준에 관하여 살펴보기로 한다.

먼저, 근로소득인지 기타소득인지가 문제된 사례로 대법원 2017. 9. 12. 선고 2014두 7992 판결이 있다. 사안을 요약하면 다음과 같다. C사는 H사의 주식 100%를 보유하고 있었다. 공인회계사인 원고는 2004. 5. 1. H사에 입사하여 회계팀장으로 근무하면서, 손익계산서 등을 작성하여 이사회나 주주총회에 보고하였고, C사를 실질적으로 운영하고 있는 투자자산운용사인 D사에 매달 재무 관련 리포트를 제출하였다. D사는 2007년 6월 말경 H사 주식의 매각 주관사를 선정하고, 회계팀장인 원고 등에게 매각업무 보조를 요청하였다. 이에 원고는 2007. 7. 16.부터 같은 해 9. 14.까지 호텔 객실을 빌려 그곳에서 회사소개서 등을 작성하고, 리포트, H사의 공시자료 등을 취합하여 그 매출, 현금흐름분석, 미래 재무추정을 기재한 투자제안서를 작성한 후 매각주관사에 전달하였으며, 잠재적 매수자들과 접촉하는 등의 업무를 수행하였다. 이후 C사는 2008. 1. 30. S사에게 H사 주식 100%를 매각하였고, 2008. 2. 15. 매각에 따른 성공보수로 원고에게 10억 원을 지급하였다. 그 외에도 C사는 H사 임직원들에게 보상차원에서 특별상여금을 지급하였다. 원고는 2008. 2. 29. H사를 퇴사한 후 위 10억 원을 '기타소득'으로 분류하여 종합소득세를 신고 · 납부하였으나, 과세관청은 그것이 '근로소득'에 해당한다는 이유로 2011. 8. 1. 원고에게 2008년 귀속 종합소득세 325,224,300원(가산세 포함)을 부과 · 고지하였다.

이에 대하여, 원심은, 위 10억 원은 H사의 모회사로서 H사의 경영과 업무수행에 직접 또는 간접적으로 영향을 미치는 C사가 원고에게 지급한 것으로서 원고가 제공한 근로와 일정한 상관관계 내지 경제적 합리성에 기한 대가관계가 있다고 봄이 상당하다는 이유로 그것이 근로소득에 해당한다고 판단하였다.

그 논거로는, H사 주식을 매각하는 업무 자체는 C사 또는 D사의 업무라고 볼 수 있지만, H사의 매출, 현금흐름분석, 미래 재무추정 등 회사 내부 자료를 제공하여 매각 업무를 보조하는 업무는 H사의 업무라 할 것이고, 원고는 H사의 재경본부 소속 임직원으로서 위 업무를 수행한 것이지 H사와 무관하게 독립적으로 이를 수행하였다고 볼 수는 없다는 점, 원고는 자신의 비용을 들여 호텔 객실을 임차하고 개인 이메일을 사용하여 위 업무를 수행하는 등 H사와 무관하게 독립적으로 업무를 수행하였다고 주장하나, H사로서는 회사 매각이 추진되고 있다는 사실이 대내외적으로 알려져서는 안 되고, 이에 원고는 그 업무의 성격상 비밀을 유지하기 위하여 호텔 객실을 임차하여 업무를 수행하고, 개인 이메일을 사용한 것으로 보일 뿐인 점, 원고는 당시 H사의 직원으로서 H사에서 퇴사하지 않고 계속 근무하고 있었고, C사 또는 D사와 매각업무 위임에 관한 별도의 계약서를 작성하지 않았을 뿐만 아니라 계약금액, 지급시기에 관한 합의도 전혀 없었던 것으로 보이며, C사로부터 일방적으로 책정된 위 10억 원의 소득을 받았으므로 원고가 독립적인 지위에서 C사 또는 D사에 용역을 제공하였다고 볼 수 없는 점, C사는 H사 매각을 성공적으로 마친 후 그 보상차원에서 원고뿐만 아니라 H사 임원들에게도 거액의 특별상여금을 지급하였는데, 원고가 받은 위 10억 원은 그 지급주체·대상·금액·시기 등에 비추어 볼 때 H사의 다른 임원들이 받은 특별상여금과 다를 바 없는 점을 들었다. 대법원은 원심의 판단을 수긍하였다.

이 판결에서 알 수 있듯이, 원고가 받은 돈이 H사에 대한 근로제공의 대가로 볼 수 있는지가 중요하고 그 대가를 지급하는 주체가 H사인지 그 모회사인지는 중요하지 않다. 원고는 그 지급주체가 H사가 아니라 C사이고, C사와의 사이에는 근로계약이 없었다는 점을 강조하였으나 받아들여지지 않았다. C사가 H사와 전혀 무관한 제3자라면 H사에 대한 근로제공의 대가를 C사가 지급한다는 것을 상정하기 어렵지만 C사가 H사의 모회사인만큼 C사가 그 대가를 지급하였다고 해서 그것이 근로제공의 대가가 아니라고 보기는 어려울 것이다.

비슷한 사례로서 대법원 2016. 10. 27. 선고 2016두39726 판결도, 원고가 2007년 1월경부터 W사의 대표이사로 근무하면서 2008년까지 상당한 경영성과를 내자 W사의 최대주주인 Y사는 2008. 12. 2. 이사회 결의를 거쳐 원고에게 W사의 경영성과에 대한 보상으로 W사의 비상장주식 76,000주를 지급하였고, 이후로도 원고는 2011. 11. 14.까지 W사의 대표이사로 근무한 사안에서, 대법원은, 위 주식은 W사의 최대주주로서 W사의 경영과 업무수행에 직접 또는 간접적으로 영향을 미칠 수 있는 Y사가 원고에게 W사의 경영성과에 대한 보상 명목으로 지급한 것으로서 원고가 W사에 제공한 근로와 일정한 대가관계가 있으므로 근로소득에 해당하고, 이와 달리 증여임을 전제로 한 과세관청의 처분은 위법하다고 판시하였다.

제7장

기타소득에 대한 과세

1. 개요

소득세법은 과세소득의 범위에 관하여 열거주의를 취하여 제2절 제2관에서 소득의 종류로 이자소득, 배당소득, 사업소득, 근로소득, 연금소득, 기타소득, 퇴직소득을 규정하면서 제21조에서 기타소득을 다음과 같이 정의하였다. 즉, 기타소득은 이자소득·배당소득·사업소득·근로소득·퇴직소득 및 양도소득 외의 소득으로서 그 각 호에서 정하는 것으로 한다는 것이다. 그러면서 제1호부터 제26호까지 각종 기타소득들을 열거하고 있다. 워낙 이질적인 소득들로 구성되어 있기 때문에 이자소득이나 배당소득, 연금소득, 퇴직소득에 관한 규정에서 두고 있는 유형적 포괄주의 규정도 없다.

이들 기타소득은 소득세법상 다른 소득의 종류에 속하지 않는 것들이어야 한다는 전제가 충족되어야 하기 때문에 계속성과 반복성을 속성으로 하는 사업소득과의 관계에서 그에 속하지 않기 위하여 계속성과 반복성이 없어야 한다는 것을 기본적인 속성으로 하고 있다. 여기서 일시적·우발적 소득이라는 기타소득의 본질적 속성이 도출되는 것이다. 따라서 위 제1호부터 제26호까지의 각종 소득의 어느 하나에 해당하더라도 그것이 계속성과 반복성을 지니고 있으면 기타소득이 될 수 없다. 이 점이 조세쟁송에서 주요 쟁점이 되고 있음은 앞서 살펴본 바와 같다. 그리고 기타소득은 소득세법 제14조 제2항에 의하여 이자소득, 배당소득, 사업소득, 근로소득, 연금소득과 함께 종합소득의 한 종류를 이루므로 이들 소득과 합산하여 종합소득세로서 과세된다.

기타소득도 수입금액에서 필요경비를 공제하여 산출하게 되고, 그 필요경비는 실제로 지출한 비용을 의미하는 것이 원칙인데, 소득세법 시행령 제87조에서는 일정한 기타소득에 대하여는 필요경비를 의제해주는 규정을 두고 있다. 즉, 상금과 부상금 중 일정부분(제1호), 광업권·어업권·산업재산권·산업정보·상표권·영업권 등의 대가(제7호), 지역권·지상권의 대가(제9호), 주택입주 지체상금(제10호), 창작물 등의 대가(제15호), 일시적 인적 용역의 대가(제19호)의 경우에는 그 소득금액의 80%를 필요경비로 인정해 두고 있다. 그래서 조세쟁송에서는 이러한 필요경비의 인정과 관련하여 이들 소득에 해당하는지 여부가 자주 다투어진다.

2. 기타소득의 종류

가. 상금이나 포상금 등

소득세법 제21조 제1항은 기타소득의 종류로 제1호에서 상금, 현상금, 보로금 또는 이에 준하는 금품을 규정하고 있고, 소득세법 기본통칙 21-0…1은 이에 관하여 현상광고 또는 우수현상광고에 대하여 지급하는 현상금, 특별한 공로에 대하여 지급하는 상금, 경진·경연·경기대회·전람회 등에서 우수한 자에게 지급하는 상금, 그 밖에 법령에 의하여 지급하는 보상금·포상금·보로금·상금 등을 규정하고 있다. 한편, 소득세법 제12조 제5호는 그 (가)목 내지 (라)목에서 정하는 상금, 보로금, 보상금에 대하여는 소득세를 비과세하도록 규정하고 있다. 이러한 소득에 대하여까지 소득세를 과세하게 되면 상금, 보로금, 보상금 등을 수여하는 취지가 감해질 수 있기 때문으로 보인다.

소득세법 제12조 제5호 (라)목은 기타소득에 속하는 보상금 중 종업원이 발명진흥법 제15조에 따라 사용자로부터 받은 보상금을 비과세소득으로 규정하고 있고, 발명진흥법 제15조 제1항은 종업원 등은 직무발명에 의한 특허권 등을 사용자에게 승계하는 경우 보상을 받을 권리를 가진다고 규정하고 있는데, 그 보상금을 사용자로부터 받다보니 근로소득과의 구별이 모호해지는 경우가 있다. 근로소득과는 별개로 지급받은 보상금이라면 비과세되는 기타소득이 되겠지만 근로소득에 포함된다면 비과세대상이 될 수 없을 것이다. 더구나 그 연구개발활동이 종업원의 직무활동과 관련되어 있고 그 보상금의 지급이 계속적·반복적으로 이루어지면 근로소득과의 구별이 더욱 어려워질 수 있다.

이에 관한 사례로 대법원 2015. 4. 23. 선고 2014두15559 판결이 있다. 원고는 방송·통신 등 과학기술분야의 연구를 목적으로 하는 정부출연연구기관으로서, 소속 연구원이 그 직무를 수행하는 과정에서 특허권 등의 연구개발결과물을 발명한 경우 이를 승계한 후 사용·생산 등의 방법으로 실시하고자 하는 기업체 등과 실시계약을 체결하고 그 대가로 지급받은 기술료 중 일부를 그 연구원에게 내부규정인 지적재산권관리요령에 따라 실시보상금으로 지급하면서 이는 비과세소득인 발명진흥법상의 직무발명보상금에 해당하는 것으로 보고 소득세를 원천징수하지 아니하였다. 그러나 과세관청은 원고와 같은 비영리기관이 연구개발과제의 결과물을 기업체 등에게 실시하는 대가로 기술료를 징수하여 참여연구원 등에게 지급한 기술료 성과급 등은 발명진흥법상의 직무발명보상금과 성격이 다른 과세대상소득인 근로소득에 해당한다는 사유로 그 보상금에 대한 소득세를 징수하였다.

주요 논거는 연구개발결과물을 연구원이 원시취득하여 원고에게 이전한 것이 아니라 원고가 원시취득한 것이고, 그 보상금이 당해 연구에 참여하지 않은 지원인력에게도 지급되었으며, 계속적·반복적으로 지급되어 기타소득의 속성인 일시적·우발적 소득에 어울리지 않으므로 근로소득인 연구장려금이라는 것이었다.

이에 대하여 원심은, 위 보상금은 종업원들이 원고에게 직무발명에 대한 권리 등을 승계하여 주고 지급받은 실시보상금인 점, 그 금액이 내부규정에 따라 합리적으로 산정된 점, 보상금의 지급이 규칙적·반복적이었다거나 직무발명이 원고의 목적사업을 수행하는 과정에서 이루어졌다는 등의 사정만으로 그 보상금이 근로소득에 해당한다고 할 수 없는 점 등을 이유로 근로소득이 아니라 비과세 기타소득에 해당한다고 판단하였고, 대법원이 이를 수긍하였다.

이 사안에서도 보상금 소득의 계속성·반복성이 문제되었는데, 계속성·반복성의 요건을 갖추면 사업소득이나 근로소득으로 분류되어야 하고 기타소득 자체가 될 수 없으므로 비과세 여부를 따질 여지가 없어진다. 이 점에 대하여 원심은, 특허권 등의 권리에 대하여 제3자로부터 실시료를 지급받음에 있어서는 약정에 따라 이를 일시금으로 지급받거나 정기적으로 반복하여 지급받을 수도 있는 것이므로 일회성으로 지급되지 않았다는 이유로 기타소득이 아니라고 할 수 없다고 판시하였다.

앞서도 언급하였듯이 계속성·반복성이 있다는 것은 재화나 용역의 제공행위가 계속적·반복적으로 이루어졌다는 것을 의미하지 그 대가의 수령행위가 계속적·반복적으로 이루어졌다는 것을 의미하는 것이 아니라는 것이 대법원 판결들의 입장이다. 따라서 종업원의 연구개발결과물의 창출과 그것을 제3자에게 제공한 행위 자체가 계속적·반복적으로 이루어지지 아니한 이상 실시료 등의 그 대가를 계속적·반복적으로 수령하였다고 하더라도 이를 두고 기타소득이 아니라고 할 수 없다. 그래서 원심의 판시는 다소 미흡하지만 결론은 정당하다고 평가할 수 있겠다.

나. 위약금과 배상금, 부당이득반환금

(1) 개요

소득세법 제21조 제1항 제10호는 기타소득의 항목으로 (가)목과 (나)목에서 계약의 위약 또는 해약으로 인하여 받는 위약금과 배상금을 규정하고 있다. 나아가 2014. 12. 23.에는 (다)목을 신설하여 부당이득 반환시 지급받는 이자도 기타소득의 항목으로 열거하였다. 그리고 그 시행령 제41조 제7항은 위약금과 배상금이란 재산권에 관한 계약의 위약 또는 해약으로 받은 손해배상으로서 그 명목여하에 불구하고 본래의 계약의 내용이 되는 지급 자체에 대한 손해를 넘는 손해에 대하여 배상하는 금전 또는 그 밖의 물품의 가액을 말한다고 하면서, 이 경우 계약의 위약 또는 해약으로 반환받은 금전 등의 가액이 계약에 따라 당초 지급한 총금액을 넘지 아니하는 경우에는 지급 자체에 대한 손해를 넘는 금전 등의 가액으로 보지 아니한다라고 규정하고 있다.

여기서 계약이란 사법상의 개념에 기초한 것으로 보아야 하고, 위약이라 함은 계약에 따르는 채무를 정당한 사유 없이 이행하지 아니하는 것을 의미한다고 하겠다. 따라서 불법행위로 인한 손해배상금은 이 규정에서 말하는 위약금이나 해약금에 해당하지 아니한다. 그리고 해약이란 합의에 의한 해제나 해지뿐만 아니라 해약권의 행사에 의한 해제나 해지도 포함하는 개념으로 이해해야 한다. 그리고 (가)목의 위약금이든 (나)목의 손해배상금이든 그 속성상 이들은 모두 상대방의 위약이 전제가 되어야 한다. 그러하지 아니한 경우에는 (다)목의 부당이득반환시의 이자에 해당하는지 여부만 문제될 뿐이다.

조세쟁송에서 주로 쟁점이 된 것은 시행령에서 말하는 재산권에 관한 계약의 범위와 계약의 내용이 되는 지급 자체에 대한 손해의 범위를 어떻게 볼 것인지와 위약 또는 해약으로 반환받는 금전에 이자를 가산하여 지급받은 경우 이것을 기타소득으로 볼 수 있는지의 문제였다. 그리고 위에서 본 바와 같이 2014. 12. 23. 신설된 (다)목을 확인적 규정으로 볼 것인지 창설적 규정으로 볼 것인지도 문제된다.

(2) 계약의 위약 또는 해약에 해당하는지 여부

위약금 또는 해약금이 기타소득에 해당하기 위해서는 그 전제로서 계약의 위약이나 해약이 있어야 한다. 예를 들어 민법상의 매매계약을 체결하였다가 어느 일방이 위약하거나 해약하였어야 한다. 여기서 계약을 엄격하게 민법상의 계약, 즉 청약자와 승낙자의 합의에 의하여 체결되는 것으로 국한할 것인지 아니면 이보다 좀 더 넓게 볼 것인지에 관하여 견해의 대립이 있을 수 있다. 소득세법이 기본적으로 소득의 종류에 관하여 포괄주의가 아닌 열거주의를 취하고 있는 취지를 고려하여 그 범위는 가급적 제한적으로 해석하는 것이 바람직하다.

이 점과 관련하여 합자회사가 그 사원이 퇴사할 때 지급하여야 할 출자지분 환급금의 지급의무를 지체하였을 때 그것을 계약의 위약에 해당한다고 볼 수 있는지가 문제된 사안으로 대법원 1993. 6. 22. 선고 91누8180 판결이 있다. 퇴사하는 사원이 합자회사에 대하여 지분환급금의 지급을 청구하여 그 지연손해금을 함께 받게 되었는데, 그 지연손해금을 기타소득으로 볼 수 있는지가 다투어졌다. 이 판결은, 조세법규의 해석은 엄격히 해석하여야 하고 확장해석 내지 유추해석은 금지된다고 전제하고, 위약 또는 해약의 대상이 되는 '계약' 내지 '재산권에 관한 계약'이라 함은 엄격한 의미의 계약만을 가리키므로 지분환급금의 지연손해금은 '계약'의 위약으로 인하여 받는 배상금이라 할 수 없다고 판시하였다.

합자회사의 사원이 퇴사할 때 그 지분의 환급금을 받을 수 있는 것은 상법 제269조에 의하여 준용되는 제222조의 규정, 즉 퇴사한 사원은 노무 또는 신용으로 출자의 목적으로 한 경우에도 그 지분의 환급을 받을 수 있고, 정관에 다른 규정이 있으면 그러하지 아니하다는 규정에 근거한 것이다. 따라서 합자회사가 퇴사하는 사원에게 지분의 환급금을 지급할 의무는 계약상의 의무라기보다는 상법이나 정관에 의한 의무로 보는 것이 합리적이므로 계약의 위약으로 보기 어렵다고 하겠다. 정관은 설립당시의 사원들이 합의하여 작성하는 것으로서 그것을 계약으로 보는 견해와 자치법설로 보는 견해가 대립되고 있어 정관에 규정된 출자환급금의 반환을 위반한 경우에는 계약위반으로 볼 여지가 없지는 않지만 퇴사한 사원이 정관작성 당시 관여한 설립당시의 사원이었는지도 의문이거니와 우리나라에서는 자치법설이 통설적 지위에 있다고 하므로 대법원 판결의 입장과 달리 계약위반으로 보는데는 무리가 있다.

그리고 대법원 2014. 1. 23. 선고 2012두3446 판결은, 소송상 화해는 재산권에 관한 계약을 원인으로 하여 성립되었다는 등의 특별한 사정이 없는 한 재산권에 관한 계약에 포함된다고 할 수 없으며, 소송상 화해의 내용이 재산권에 관한 약정으로 이루어져 있다고 하더라도 달리 볼 수 없다고 판시하였다. 같은 취지에서 대법원 1991. 6. 14. 선고 90다11813 판결은, 해고무효확인소송 계속 중 사용자로부터 일정 금액을 지급받고 나머지 청구를 포기하기로 하는 소송상 화해가 이루어진 경우 그 화해금의 성질은 근로자가 해고무효확인청구를 포기하는 대신 받기로 한 분쟁해결금으로 보아야 하고 비록 그 화해금액을 산정함에 있어 근로자의 임금 등을 기초로 삼았다 하더라도 이를 임금 또는 퇴직금 등으로 볼 수는 없으며, 이를 계약의 위약 또는 해약으로 받은 위약금과 배상금으로 보기 어려울 뿐만 아니라, 재산권에 관한 계약에 근로계약은 포함되지 않는 것으로 보아야 할 것이라는 이유로 위 화해금은 기타소득에 포함되지 아니한다고 판시하였다.

(3) 지급 자체에 대한 손해를 넘는 부분

앞서 본 바와 같이 위약금이나 해약금 중 기타소득에 해당하는 부분은 본래의 계약의 내용이 되는 지급 자체에 대한 손해를 넘는 부분이고, 여기서 본래의 계약의 내용이 되는 지급 자체에 대한 손해란 본래 계약에 따라 지급한 금원 자체를 의미한다고 해야 할 것이다. 예를 들어 매수인이 매도인에게 매매계약에 따른 매매대금으로 1억 원을 지급하였는데, 매도인의 매매계약 위반으로 원상회복으로 1억 원을 반환받으면서 추가하여 연 5% 상당의 이자를 받았다면 지급 자체에 대한 손해는 1억 원이라고 해야 하므로 이를 초과하는 금원은 모두 기타소득에 해당한다고 보는 것이 원칙이다. 그 1억 원을 대여금 등의 다른 용처에 사용하지 못함으로써 입게 되는 기회손실, 즉 이자 상당액은 지급 자체에 대한 손해의 범위에 포함되지 않고 기타소득에 해당한다고 해야 할 것이다. 왜냐하면 이자상당액의 기회손실을 입지 않았다면 그 이자상당액의 소득이 실현되었을 것이고 그렇다면 그것은 이자소득 등의 과세대상 소득에 편입되었을 가능성이 높으므로 기타소득으로 과세하는 것이 합리적이기 때문이다. 이와 같이 계약의 위반으로 인하여 지급받는 금원 중 계약에 따라 지급한 금액을 초과하는 부분은 모두 기타소득에 해당하고, 그 명목이 약정이자든 법정이자든 지연손해금이든 가리지 않는다고 보아야 한다. 이를 확인하는 취지에서 소득세법 시행령 제41조 제8항은 그 후문에서 이 경우 계약의 위약 또는 해약으로 반환받은 금전 등의 가액이 계약에 따라 당초 지급한 총금액을 넘지 아니하는 경우에는 지급 자체에 대한 손해를 넘는 금전 등의 가액으로 보지 아니한다라고 규정하고 있다.

같은 취지에서, 대법원 1998. 5. 22. 선고 97누14293 판결은, 매수인이 매매대금으로 13,000,000원을 지급하였으나 매도인이 이를 제3자에게 처분함에 따라 매수인이 매도인으로부터 143,000,000원을 지급받으면서 매매계약을 해제하기로 합의한 사안에서, 매수인이 매매계약을 해약하면서 당초 지급한 매매대금 상당액을 넘는 금원을 지급받은 것은 기타소득에 해당한다고 판시하였다.

반면에 상대방에게 추가로 지급하는 이자상당액이 상대방이 계약금을 조달하는 과정에서 부담하였을 금융비용 등을 보전하는 성격의 돈이면 지급 자체에 대한 손해에 포함된다고 본 판결이 있다. 대법원 2019. 4. 23. 선고 2017두48482 판결은, 계약의 위약 또는 해약으로 인하여 위약금 또는 배상금 명목의 돈을 지급받았다고 하더라도, 그것이 계약과 관련하여 순자산의 감소를 일으키는 현실적인 손해에 대한 전보 범위 내라면 '본래의 계약내용이 되는 지급 자체에 대한 손해를 넘어 배상받는 금전'에 해당하지 않는다고 전제하고, 국내조선사인 P사와 외국선주사인 Q사가 선박건조계약을 체결하였고 A은행이 선박건조계약에 따라 P사가 Q사로부터 선수금으로 수령한 선박대금 등의 환급채무를 보증하는 계약을 체결하였으나 선박건조계약이 해제됨에 따라 A은행이 Q사에 선수금 및 그 이자를 지급하자 과세관청이 선수금이자가 기타소득으로서 외국법인의 국내원천소득에 해당하는데도 A은행이 이에 대한 원천징수를 하지 않았다는 이유로 원천징수세 처분을 한 사안에서, 제반 사정에 비추어 선수금이자는 Q사가 P사에 지급한 선수금을 조달하는 과정에서 통상 Q사가 부담하게 되는 금융비용과 그 밖의 선박건조계약 체결 과정에서 지출하게 된 비용 등에 대한 전보로서 지급이 예정되어 있었던 것으로 볼 수 있고, 그 범위 역시 선박건조계약의 체결 및 해제 경위, Q사가 입을 수 있는 재산상의 손해 내역 등에 비추어 보면, 선박대금 선지급에 따라 현실적으로 발생한 손해의 합리적인 범위 내에 있으므로, 선수금이자는 Q사가 실제로 입은 손해를 넘는 금액에 대한 손해배상금이 아니라 실제로 발생한 순자산 감소를 회복시키는 손해배상금이라고 보아야 한다고 판시하였다. 대법원 2019. 4. 25. 선고 2018두35131 판결도 같은 취지이다.

이 사안은 개인의 거래가 아닌 법인의 거래에 관한 것으로서 법인이 거액의 계약금이나 선수금을 지급할 때에는 개인의 경우와 달리 통상적으로 여유자금으로 조달하는 것이 아니라 금융기관으로부터의 대출금으로 조달하므로 금융비용의 지출이 수반되는 점 등을 특별히 고려하여 실제로 입은 손해를 폭넓게 인정해 준 판례이다. 이 판례의 취지에 비추어 볼 때 개인의 거래인 경우에도 위와 같은 금융비용 등의 지출을 잘 증명하면 기타소득의 범위에서 배제될 수 있을 것으로 보인다. 위에서 본 바와 같이 소득세법 시행령 제41조 제8항에서 당초 지급한 총금액을 넘지 아니하는 경우에는 지급 자체에 대한 손해를 넘는 가액으로 보지 아니한다는 규정을 두고 있지만 이는 배타적 제한적 규정이 아니라 예시적 규정으로 볼 수 있으므로 이 규정이 걸림돌이 될 수는 없다.

그리고 대법원 1994. 5. 24. 선고 94다3070 판결 등은 채무의 이행지체로 인한 지연배상금이 본래의 계약의 내용이 되는 지급 자체에 대한 손해라고 할 수는 없는 것이고, 나아가 그 채무가 금전채무라고 하여 달리 해석할 것은 아니므로, 금전채무의 이행지체로 인한 약정지연손해금의 경우도 위 법령에 의한 기타소득이 되는 위약금 또는 배상금에 포함되는 것이라고 판시하였다. 그래서 금전소비대차계약을 체결한 경우에도 약정 변제기까지의 이자는 이자소득에 해당하겠지만, 변제기를 지난 후의 기간에 대한 지연손해금은 위약으로 인한 것이므로 기타소득에 해당하는 것이다. 대법원 1994. 5. 24. 선고 94다3070 판결이 같은 취지이다.

부동산 매매계약 후 매수인의 이행지체로 매매계약이 해제되었으나 매수인에 의하여 그 부동산이 제3자에게 매각됨으로써 원상회복이 불가능하게 되어 매도인이 그로 인한 시가 상당의 손해배상청구권을 취득한 경우 (나)목의 손해배상금에 해당할 수 있는데, 여기서 본래의 계약의 내용이 되는 지급 자체에 대한 손해를 어떻게 산정할 것인지가 문제된다. 그 손해를 그 부동산의 취득가액으로 보면 시가와의 차액이 기타소득이 될 수 있지만 그 손해를 그 부동산의 시가로 보면 기타소득이 없어지게 된다. 이러한 경우 대법원 1989. 7. 11. 선고 88누8609 판결은 양도소득세의 과세대상은 아니라고 판시하고 있다. 하지만 매도인으로서는 그 부동산의 취득가액과 시가 상당의 차액만큼 이익을 취한 것은 분명하므로 이에 대한 과세의 공백을 막고 매매계약이 정상적으로 이행되어 매매대금을 수령한 경우와의 과세상 형평을 유지하기 위해서는 이러한 경우의 지급 자체에 대한 손해는 양도계약에 따라 양도한 부동산의 취득가액 상당이라고 보는 것이 합리적이라고 할 것이다. 그러나 그 부동산의 취득가액은 위 시행령 규정에서 말하는 '본래의 양도계약의 내용이 되는 지급 자체에 대한 손해'라는 문언과 부합하지 않는다는 비판이 있을 수 있고, 그래서 조세법률주의의 원칙상 과세의 공백에도 불구하고 양도한 부동산의 양도당시의 시가로 보아야 한다는 입장도 설득력이 있다고 하겠다.

(4) 계약위반과 무관한 약정이자나 법정이자

약정이자나 법정이자 중 계약의 위반에 의하여 지급받는 것이 아닌 경우가 있다. 이러한 경우는 기타소득에 포함된다고 할 수 없다. 대법원 1997. 9. 5. 선고 96누16315 판결은, 수탁보증인이 그 출재로 주채무를 소멸하게 한 다음, 주채무자를 상대로 제기한 구상금청구소송에서 그 출재액과 이에 대한 면책일 이후 소장송달일까지의 연 5푼의 민사법정이율에 의한 법정이자와 그 다음 날부터 완제일까지의 소송촉진등에관한특례법 소정의 연 2할 5푼의 비율에 의한 지연손해금에 관한 승소판결을 받고 그 확정판결에 기하여 법정이자와 지연손해금을 수령한 경우, 그 지연손해금은 '계약의 위약 또는 해약으로 인하여 받는 위약금과 배상금'에 해당하나, 법정이자는 이자의 일종으로서 채무불이행으로 인하여 발생하는 손해배상과는 그 성격을 달리하는 것이므로, '계약의 위약 또는 해약으로 인하여 받는 위약금과 배상금'에 해당하지 아니한다고 판시하였다.

수탁보증인의 주채무자에 대한 구상금채권은 민법 제387조 제2항에 의한 기한이 없는 채무에 해당하여 수탁보증인이 주채무자에게 그것을 청구하였을 때 비로소 지급기한이 도래하므로 그 청구 전까지는 주채무자가 구상금을 지급하지 않더라도 수탁보증인과의 관계에서 위약이라고 할 수 없다. 그럼에도 민법 제441조에서 준용하는 민법 제425조 제2항은 구상권은 면책된 날 이후의 법정이자 및 피할 수 없는 비용 기타 손해배상을 포함한다고 규정하고 있다. 그렇다면 수탁보증인에 의하여 주채무자가 면책된 날로부터 수탁보증인이 구상권을 행사하는 시점까지는 주채무자가 구상금을 지급할 의무가 없어 위약이 있다고 할 수 없었음에도 민법 제425조 제2항에 의하여 법정이자를 지급하는 것이므로 이 부분은 다음 항에서 보는 부당이득반환시의 이자로서 기타소득에 포함될 수 있음은 별론으로 하고, '계약의 위약 또는 해약으로 인하여 받는 위약금과 배상금'으로서의 기타소득에 포함할 수 없는 것이다. 하지만 수탁보증인이 구상권을 행사한 이후부터는 주채무자가 구상금을 지급할 의무가 있음에도 이를 이행하지 않음으로써 지연손해금이 발생하였다면 이는 위약으로 인한 손해배상금이고 그것이 수탁보증인이 주채무자와의 계약의 의하여 지급한 금액을 초과하는 것이므로 기타소득의 범위에 들어가게 되는 것이다. 마찬가지로 금전채무 불이행의 경우에도 변제기한까지는 변제할 의무가 없어 위약이 없으므로 이 기간에 발행하는 약정이자는 기타소득이 될 수 없고, 비영업대금의 이익에 해당할 여지가 있을 뿐이다.

(5) 부당이득반환시의 이자

소득세법 제21조 제1항 제10호는 2014. 2. 23. 개정되면서 종전규정에 있던 위약금과 배상금을 (가)목과 (나)목으로 열거하고, 나아가 (다)목으로 부당이득반환시 지급받는 이자를 신설하였다. 민법 제741조는 법률상 원인 없이 타인의 재산 또는 노무로 인하여 이익을 얻고 이로 인하여 타인에게 손해를 가한 자는 그 이익을 반환하여야 한다고 규정하면서, 제748조 제1항은 선의의 수익자는 그 받은 이익이 현존한 한도에서 반환책임이 있다고 규정하고, 제2항은 악의의 수익자는 그 받은 이익에 이자를 붙여 반환하고 손해가 있으면 이를 배상하여야 한다고 규정하고 있다. 여기서 법률상 원인이 없다는 것은 수익자가 이익을 보유할 권원이 없다는 뜻으로서 상당히 포괄적인 개념이다. 계약의 위반이나 해약에 따라 반환하여야 할 위약금이나 해약금도 넓게 보면 부당이득반환의 범위에 포섭될 수 있지만 계약관계가 없는 경우에도 얼마든지 부당이득반환의 문제는 발생한다. 여기서 악의의 수익자는 받은 이익에 이자를 가산하여 반환하여야 하는데 이러한 이자 부분은 이를 반환받는 입장에서 보면 본래의 손해나 손실을 초과하여 지급받는 금전의 성격이 있다. 즉, 위약금이나 해약금에서 계약의 내용이 되는 지급 자체에 대한 손해를 넘는 손해에 대하여 배상하는 금전과 유사한 성격을 띠고 있는 것이다.

이와 같은 부당이득반환청구권은 다른 청구권과의 관계에서 보충적으로 성립한다고 볼 수 있으므로, (다)목은 (가)목의 위약금이나 (나)목의 배상금을 포함하는 보다 더 넓은 개념이라고 할 수 있다. 예를 들어 계약의 해제로 인한 원상회복청구권은 부당이득반환청구권의 일종으로 볼 수 있으므로 이러한 경우에는 위약금이나 배상금에 해당하면서

(다)목에도 해당한다. 따라서 이러한 측면에서는 (다)목이 확인적 규정이라고 할 수 있다. 그러나 예를 들어 채무자가 착오로 진정한 채권자가 아닌 제3자에게 채무를 변제하였는데 그 제3자가 이러한 사실을 알고도 변제를 수령함으로써 그 부당이득금을 반환함에 있어 이자를 가산한 경우는 (가)목이나 (나)목과 무관하게 (다)목에만 해당한다. 이러한 경우는 (다)목이 신설되기 전에는 소득세법이 취하는 열거주의의 원칙상 기타소득으로 포섭하기 어렵다고 할 것이므로 이러한 측면에서는 (다)목이 창설적 규정으로서의 성격을 지니고 있다고 할 수 있다.

(다)목에 해당하는 모범적인 사안으로서 부산고등법원 2014. 8. 13. 선고 2013누21113 판결이 있다. 이 판결은 대법원 2014. 12. 11. 자 2014두41145 심리불속행 상고기각 판결에 의하여 확정되었다. 원고가 토지매도인에게 매매대금 중 60억 원 중 50억 원만 지급하고 잔금 10억 원의 지급을 이행하지 아니하여 매도인이 약정에 따라 매매계약을 해제하면서 50억 원과 함께 그에 대한 반환시까지의 이자 9억 원에서 위약금 7억 원을 공제한 나머지 2억 원을 지급함으로써 그 2억 원이 기타소득인 위약금이나 배상금에 해당하는지가 문제된 사안에서, 계약의 위약 또는 해약으로 받는 손해배상은 위약을 한 계약당사자의 상대방이 받는 것이고, 위약을 한 당사자가 지급받을 수는 없는 점, 민법 제548조 제2항은 계약해제를 위한 원상회복의무의 이행으로 반환하는 금전에는 그 받은 날로부터 이자를 가산하여야 한다고 규정하고 있는데 그 이자의 반환은 원상회복의 범위에 속하는 것으로서 일종의 부당이득반환의 성질을 가지는 점 등에 비추어 보면, 채무불이행을 한 원고가 매도인으로부터 지급받은 반환이자는 손해배상금이 아니라 계약해제에 따른 원상회복의 수단으로서 지급받은 것이므로, 소득세법 제21조 제1항 제10호 소정의 기타소득에 해당되지 않는다고 판시하였다.

위 판시에서 알 수 있듯이, 소득세법 제21조 제1항 제10호 (가)목의 위약금은 상대방의 위약이 전제가 되어야 하고, (나)목의 배상금 또한 그것이 손해배상금이므로 상대방의 계약위반행위가 전제가 되어야 하는데, 위 사안에서는 원고 자신이 계약을 위반하여 해약이 된 것이고 그로 인한 원상회복과정에서 약정 이자의 일부를 반환받은 것이므로 (가)목이나 (나)목으로 포섭하기가 곤란한 측면이 있다. 위 사안에서 반환이자는 민법 제548조 제2항에 의한 이자이다. 계약해제의 귀책사유가 누구에게 있는지를 불문하고 계약이 해제됨으로써 매도인 수령한 매매대금은 법률상 원인이 없어졌으므로 이를 부당이득으로 반환하여야 하는데 민법 제548조 제2항은 부당이득반환에 관한 특칙으로서 매수인의 귀책사유로 매매계약이 해제된 경우에도 매도인은 이자를 가산하여 반환하도록 하고 있는 것이다. 다른 한편 민법 제551조는 계약의 해제는 손해배상의 청구에 영향을 미치지 아니한다고 규정하고 있으므로 매도인은 원고의 채무불이행을 이유로 그에 따른 손해배상액으로서 위약금을 공제한 나머지만을 반환한 것이다. 결국 원고가 수령한 반환 이자는 부당이득의 반환에 해당한다. 이러한 경우도 기타소득에 포섭하기 위하여 (다)목이 신설된 것이다. 위 사안은 (다)목이 신설되기 전의 것이어서 결국 기타소득에 포함되지 않게 된 것이다. 타당한 판결이다.

(6) 위약금이나 배상금의 귀속시기

위약금이나 배상금으로 인한 기타소득의 귀속시기에 관하여 소득세법 시행령 제50조 제1항 제1호의2는 계약금이 위약금이나 배상금으로 대체되는 경우의 기타소득은 계약의 위약 또는 해약이 확정된 날로 하고, 제4호는 그 밖의 위약금이나 배상금은 그 지급을 받은 날로 한다고 각 규정하고 있다. 여기서 계약금이 위약금이나 배상금으로 대체되는 경우는 이미 계약금을 수령해 둔 상태이기 때문에 그것을 위약금이나 배상금으로 대체되는 것으로 확정되면 그때 위약금이나 배상금을 지급받은 것으로 볼 수 있기 때문에 그 확정시기로 볼 수 있는 위약 또는 해약이 확정된 날을 귀속시기로 볼 수 있다는 것이고, 그 밖의 경우에는 실제로 위약금이나 배상금을 지급받은 때를 그 귀속시기로 보겠다는 것이다.

만약 위약금이나 배상금의 지급을 위해 또는 그 지급에 갈음하여 채권의 양도가 이루어진 경우 그로 인한 기타소득의 귀속시기를 그 채권의 양도시기로 볼 것인지 아니면 그 채권을 실제로 변제받은 시기로 볼 것인지에 관하여 논란이 있었다. 이에 관하여 대법원 2016. 6. 23. 선고 2012두28339 판결은 다음과 같이 판시하였다. 채무자가 양도하는 채권의 가액에서 원래 채권의 원리금을 넘는 금액을 채무불이행으로 인한 위약금 또는 배상금으로서 채권자에게 귀속시키려는 의사로 채무변제에 갈음한 채권양도를 한 경우, 채권자로서는 비록 채무자 및 채권 액면금액 등이 변경되기는 하지만 여전히 채권이라는 형태의 자산을 보유한 채 그 실질적·종국적인 만족을 얻지 못한 상태에 머물게 된다는 점에서 종전과 다름이 없고, 소득세법 시행령 제50조 제1항도 기타소득의 수입시기를 원칙적으로 '지급을 받은 날'로 규정하고 있는 점에 비추어 보면, 채권자가 채무변제에 갈음한 채권양도로 원래 채권의 원리금을 넘는 새로운 채권을 양수함으로써 원래의 채권이 소멸한 것만으로는 특별한 사정이 없는 한 아직 원래의 채권에 대한 기타소득이 발생하였다고 할 수 없고, 그 양수한 채권에 기하여 채권자가 원래의 채권의 원리금을 초과하는 금액을 현실로 추심한 때에 비로소 원래의 채권에 대한 기타소득이 발생한다고 보아야 한다는 것이다. 소득세법 시행령 제50조 제1항 제4호의 취지에 충실한 판결로 이해할 수 있다.

다. 사례금

(1) 개요

소득세법 제21조 제1항 제17호에서는 '사례금'을 기타소득의 하나로 규정하고 있다. 매우 포괄적이고 추상적인 용어임에도 소득세법이나 소득세법 시행령 등에는 사례금을 정의하는 규정은 없다. 다만, 대법원 2015. 1. 15. 선고 2013두3818 판결은 사례금이란 사무처리 또는 역무의 제공 등과 관련하여 사례의 뜻으로 지급되는 금품을 의미하고, 여기에 해당하는지는 당해 금품 수수의 동기·목적, 상대방과의 관계, 금액 등을 종합적으로 고려하여 판단하여야 한다고 판시하였고, 대법원 2013. 9. 13. 선고 2010두27288 판결과 대법원 1999. 1. 15. 선고 97누20304 판결 등도 같은 취지이다. 소득세법 제21조 제1항이 2003. 12. 30. 개정되면서 제23호의 뇌물과 제24호의 알선수재 및 배임수재에 의하여 받은 금품이 신설되었는데, 이들도 사례금의 일종으로 볼 수 있다. 위 규정이 신설된 것은 사례금에 해당되는지 여부가 다투어졌기 때문에 그 논란을 잠재우기 위한 것으로 보인다. 대법원 2002. 5. 10. 선고 2002두431 판결은 제24호가 신설되기 전에 배임수재에 의하여 받는 금품은 사례금에 해당하므로 기타소득으로 과세할 수 있다고 판시한 바 있다.

대법원 1999. 1. 15. 선고 97누20304 판결은, 사설묘지 등을 설치·운영하는 A재단의 이사장인 원고가 1984. 9. 5. P, Q와 사이에서 A재단의 이사 및 이사장을 그들이 추천하는 사람으로 교체하여 주는 방법으로 A재단의 운영권을 15억 원에 넘겨주기로 약정하고, 1986. 1. 30. A재단의 이사장직을, 같은 해 8. 27. 이사직을 각 사임하는 한편, 같은 해 9. 12. P, Q가 추천한 R로 하여금 소외 재단의 이사로 취임하게 하였으며, 1987. 4. 8. Q가 재단의 이사장으로 취임한 후 원고가 1990년에 P로부터 위 약정금원의 일부로 1억 4천만 원을 지급받은 사안에서, 1억 4천만 원은 A재단의 이사 및 이사장의 선임권 등 그 재단의 실제 운영자로서의 지위를 물려받을 수 있는 절차를 밟아 준데 대한 사례의 뜻으로 지급된 것으로서 기타소득인 '사례금'에 해당한다고 판단하였다. 사례금의 전형을 보여주는 사안이라고 하겠다.

(2) 필요경비 특칙의 적용배제

기타소득의 소득금액은 총수입금액에서 필요경비를 공제한 금액이 되는데, 필요경비에 산입될 금액은 총수입금액에 대응하는 비용으로서 일반적으로 용인되는 통상적인 것의 합계액이 된다. 그런데 소득세법 시행령 제87조에서는 앞서 본 바와 같이 상금과 부상금 중 일정부분(제1호), 광업권·어업권·산업재산권·산업정보·상표권·영업권 등의 대가(제7호), 지역권·지상권의 대가(제9호), 주택입주 지체상금(제10호), 창작물 등의 대가(제15호), 일시적 인적 용역의 대가(제19호)의 경우에는 그 소득금액의 80%를 필요경비로 인정해 주는 특칙을 두고 있다. 여기서 알 수 있듯이 제17호의 사례금에 대하여는 위 특칙이 적용되지 않으므로 필요경비로 공제받기 위해서는 실경비의 지출을 밝혀내어야 하는 어려움이 따른다. 그래서 조세쟁송에서는 사례금이 아니라 위 특칙이 적용되는 항목에 해당한다는 주장이 많이 제기되고 있다.

사례금은 기타소득의 다른 항목들에 비하여 그 범위가 상당히 포괄적이기 때문에 다른 항목들의 범위를 내포하거나 그 범위와 겹치는 경우가 있다. 이럴 때에는 다른 항목들을 사례금 항목에 대한 특별항목으로 보아 그 다른 항목들을 우선 적용하여야 한다. 왜냐하면 사례금 항목에 대하여는 소득금액의 80%를 필요경비로 인정하는 특칙이 적용되지 않는 반면에, 다른 항목들은 그 특칙이 적용될 수도 있기 때문이다. 같은 취지에서 소득세법 기본통칙 21 - 0···5 제2항도 사례금에는 다른 소득에 속하지 아니하는 것으로서, ① 의무 없는 자가 타인을 위하여 사무를 관리하고 그 대가로 지급받는 금품(다만, 그 의무 없는 자가 타인을 위하여 실지로 지급한 비용의 청구액은 제외), ② 근로자가 자기의 직무와 관련하여 사용자의 거래선 등으로부터 지급받는 금품(단, 상속세 및 증여세법의 규정에 의하여 증여세가 과세되는 것은 제외), ③ 재산권에 관한 알선수수료 외의 계약 또는 혼인을 알선하고 지급받는 금품, ④ 방송국, 신문사, 전화국 등이 방송프로나 신문기사의 질 또는 종업원의 업무태도 등에 관하여 의견을 청취하고자 근로계약 없이 위촉한 모니터요원에게 그 의견을 청취한 대가로 지급하는 금액을 포함한다고 규정하고 있다.

(3) 산업재산권 등의 대가와의 구별

대법원 2015. 1. 15. 선고 2013두3818 판결에서는 제7호의 산업재산권·산업정보·상표권·영업권 등의 대가냐 제17호의 사례금이냐가 다투어졌다. 봉제완구 디자이너인 원고와 봉제완구업을 하던 A가 1994년경 동업하면서 디자인개발은 원고가 맡고, 영업은 A가 맡기로 하여 원고가 홍콩의 M법인 지분 25% 및 국내의 N법인 지분 49%를, A는 나머지 지분을 각 소유하였다. 2006년경 A가 원고에게 동업관계 청산을 요구하여 청산대가로 원고에게 15억 원을 지급하되, N법인의 자산을 처분하여 원고에게 그 가액의 50%를 추가로 지급하기로 약정하였다. 그리고 원고는 P거래처의 영업과 관련 제품의 디자인을 인수하고, N법인의 구 공장과 부대시설을 대가 없이 양수하며, A는 나머지 거래처의 영업과 관련 제품의 디자인을 인수하며, 향후 분리되는 영업 관할에 따라 거래처나 판매제품에 관하여 충돌이 없도록 하기로 약정하였다. 과세관청은 원고가 A로부터 받은 돈 중 일부는 M법인의 청산에 따른 배당으로 보고 나머지 12억 원을 제17호의 사례금으로 보아 소득세 부과처분을 하였고, 원고는 자신이 개발한 디자인을 동업청산 후 A에게 사용하게 한 대가로 받은 것으로서 제7호의 산업재산권에 유사한 자산이나 권리의 양도대가에 해당하므로 80%의 필요경비가 공제되어야 한다고 주장하였다. 이에 대하여 대법원은, 원고와 A가 동업관계를 청산하면서 각자의 지분에 상응하는 몫을 정하기 위하여 합의에 이르렀으므로 A가 원고에게만 일방적으로 동업에서 탈퇴하는 것 등에 대한 위로와 감사에 따른 사례의 뜻으로 선뜻 거액을 지급한다는 것은 매우 이례적이라고 할 수 있으므로 위 돈에는 디자인을 양도·대여한 대가가 포함되어 있을 가능성이 크다고 보아 과세관청의 처분을 적법하다고 본 원심판결을 파기하였다.

제17호의 사례금은 용어의 추상성 때문에 그 범위가 상당히 포괄적이어서 기타소득의 다른 항목들과 범위가 겹칠 수 있다. 특히 이 사건에서 문제된 제7호의 대가도 넓게 보면 사례금의 성격이 없다고 할 수 없다. 그러나 두 항목은 필요경비 공제에 있어 차이를 두고 있으므로 제7호 등 다른 각 호의 어느 하나에 해당할 수 있으면 납세자 보호의 입장에서 제17호에는 해당하지 않는 것으로 보는 것이 옳다. 대법원 판결도 이러한 취지에 입각한 것으로서 타당하다고 하겠다.

(4) 일시적 인적 용역 대가와의 구별

가) 일시적 인적 용역 대가의 개념

소득세법 제21조 제1항 제19호는 인적 용역(제15호 내지 제17호의 규정을 적용받는 용역을 제외)을 일시적으로 제공하고 지급받는 대가를 기타소득의 하나로 열거하면서, (가)목에서 강연료 등의 대가를 받는 용역을, (나)목에서 해설·계몽 또는 연기의 심사 등을 하고 대가를 받는 용역을, (다)목에서 변호사 등 전문지식 또는 특별한 기능을 가진 자가 이를 활용하여 대가를 받고 제공하는 용역을, (라)목에서 이와 유사한 성질의 대가를 받고 제공하는 용역을 규정하고 있다. 이러한 인적 용역의 대가와 사례금의 구별이 문제되고 있다. 왜냐하면 인적 용역의 대가에 대하여는 소득금액의 80%를 필요경비로 인정하는 특칙이 적용되지만, 사례비에 대하여는 그 특칙이 적용되지 않기 때문이다. 앞에서도 언급한 바와 같이 사례비는 그 범위가 워낙 포괄적이어서 인적 용역의 대가의 범위를 내포할 수 있다. 인적 용역을 제공한 데 대한 사례의 뜻으로 대가를 지급한 것으로 볼 수 있기 때문이다. 그래서 제19호와 제17호의 관계를 보면 제19호는 제17호의 특칙으로 볼 수 있으므로 제19호에 해당하면 제17호의 적용은 배제하는 것이 옳다. 제19호의 괄호규정에서 제17호의 규정을 적용받는 용역을 제외한다고 한 부분은 부적절한 표현이라고 할 수 있다. 거꾸로 제17호의 괄호규정에서 제19호의 규정을 적용받는 용역을 제외한다고 하는 것이 옳았을 것이다. 대법원 2017. 4. 26. 선고 2017두30214 판결은 용역 제공에 대한 보수 등 대가의 성격뿐 아니라 사례금의 성격까지 함께 가지고 있어 전체적으로 용역에 대한 대가의 범주를 벗어난 것으로 인정될 경우에는 제19호가 아니라 제17호의 소득으로 분류하는 것이 타당하다고 판시하였다.

제19호의 규정 취지에 비추어 볼 때, 전문적 지식 등을 가진 자에 해당하지 않거나 전문적 지식 등을 활용한 인적 용역의 제공이 아니라면 그 대가는 인적 용역 제공의 대가에 해당한다고 할 수 없고, 이러한 경우는 단순한 사무처리 또는 역무의 제공이 있었던 경우로서 그 대가는 사례금에 해당한다고 볼 여지가 크다. 예를 들어 특별한 전문지식 등이 필요 없이 다년간 옥바라지를 해준 데 대한 대가로 받은 것은 인적 용역의 대가가 아니라 사례금으로 보아야 할 것이다. 인적 용역 제공의 대가에 해당하는 경우는 계약 등에 의한 법률관계에 기하여 납세의무자는 인적 용역을 제공할 의무가 있고 상대방은 그 대가를 지급할 의무가 존재한다고 할 것인데, 사례금에 해당하는 경우는 이러한 계약 등에 의한 구체적인 법률관계가 존재하는 경우도 있지만 그렇지 않은 경우도 있고, 후자의 경우에는 사례금을 지급할 의무가 존재하지 않는 경우가 많다고 할 수 있다.

나) 사례 분석

인적 용역의 대가와 사례금의 구별이 문제된 사안으로 대법원 2012. 11. 15. 선고 2012두15883 판결이 있다. 원고는 1984년 11월경 P사와 공유수면매립공사 공동사업계약을 체결한 후, 1989년 7월경 토지 조성공사를 완료하고 공유지분에 대한 소유권보존등기를 마쳤으나, 복잡한 채권채무 관계로 인해 원고의 공유지분은 모두 임의경매 등을 통해 다른 사람에게 낙찰되거나 양도되었다. 원고는 2002. 7. 25. 주택분양사업을 위해 위 토지의 매입을 원하는 A사와 위 토지의 소유권이전에 관련된 문제점을 해결해 주는 대가로 60억 원을 받기로 약정한 후, A사로부터 먼저 20억 원을 수령하였다. A사가 나머지 잔금을 주지 않은 상태에서 부도가 났고, 원고는 2005년 11월경 A사로부터 위 사업을 승계한 B사로부터 나머지 40억 원을 수령하였다. 피고는 60억 원이 기타소득인 사례금에 해당한다고 보아 과세처분을 하였고, 원고는 인적 용역에 대한 대가로 보아 필요경비 80%를 공제하여야 한다고 주장하였다. 이에 대하여 대법원은, 약정에 의하여 받은 위 60억 원은 그 약정의 내용과 경위, 약정당시의 원고의 권리관계 등 제반 사정에 비추어, 원고가 A사 등의 주택분양사업을 위한 토지 매입 등에 협조한 대가로 받은 사례금으로서 기타소득에 해당한다고 판시하였다.

위 사안의 속을 들여다보면, 원고는 매립토지의 소유자 및 법적 조치 권리자의 대표자로서 A사와 대가 약정을 하였고, A사는 약정 이외에 별도의 토지매매계약을 체결하였으며, 위 60억 원은 A사의 원활한 사업 진행을 위하여 원고 스스로가 매립토지에 관한 처분금지가처분을 해제하는 등 권리행사를 포기하고, 그에 관한 각종 가처분, 가등기 등 복잡한 권리관계를 해결하고 점유관계 등의 민원관계를 해결하기 위한 대가로 인정할 수 있다. 여기서 60억 원이 원고가 제공하는 민원해결 등의 인적 용역에 대한 대가로 볼 수도 있으나, 모든 인적 용역의 대가가 제19호에 해당하는 것이 아니라 제19호 각 목의 어느 하나에 해당하여야 한다. 물론 제19호 (라)목은 단순히 그 밖에 고용관계 없이 수당 또는 이와 유사한 성질의 대가를 받고 제공한 용역이라고 하여 상당히 포괄적으로 규정하고 있으므로 그 문언만 놓고 보면 여기에 해당한다고 할 여지도 있으나 (라)목은 유형적 포괄주의 규정의 일종이므로 (가)목 내지 (다)목과의 관계에서 그 각 목의 용역에 준하는 정도의 전문성은 갖춘 용역이어야 한다고 해석하는 것이 합리적이다. 그런데 원고는 위 (가)목 내지 (다)목과의 용역에 준하는 정도의 전문성을 갖춘 용역을 제공한 것으로 보기는 어렵다. 원고는 위 매립토지에 토지조성공사 등을 수행한 이력이 있을 뿐, 가압류, 가처분의 처리나 불법점유자의 퇴거 등에 필요한 전문적 법률지식을 보유하고 있다거나 위와 같은 전문지식을 이용하여 위 용역계약상의 업무를 수행하였다고 보기도 어렵다. 대법원의 판단은 이러한 점들을 고려한 것으로 보이고, 더구나 원고가 취한 대가가 워낙 거액인 점과 그 취득경위 등에 비추어 60억 원의 80%를 필요경비로 인정해 줄 만한 당위성이 보이지 않는다는 규범적 판단도 가미된 것으로 보인다.

반면에 대법원 2016. 4. 28. 선고 2015두59402 판결은 사례금이 아닌 인적 용역 대가에 해당한다고 본 사안이다. 원고가 2006년 5월경 원고 및 원고의 계열회사 소속 임직원들을 대상으로 원고가 출시한 초고속인터넷 서비스에 대해 임직원 1인당 10건, 총 50만 명의 신규가입자를 유치하는 것을 목표로 하는 임직원추천가입행사를 시행하였다. 그 주요 내용에 따르면, 임직원이 신규가입자를 유치할 때마다 1건당 10만 원의 인센티브를 지급하고 5건 유치 시 10만 원을 추가로 지급하되, 신규가입자가 개통 후 3개월 내에 해지하거나 이용을 중지하는 경우에는 다음 달에 지급할 인센티브에서 이를 공제하며, 임직원은 위 인센티브를 가입자에 대한 사은품으로 사용할 수 있도록 하였다. 원고는 위 지급기준에 따라 2006. 10. 1.부터 2010. 12. 31.까지 임직원들에게 총 63,258,505,680원 상당의 인센티브를 지급하고 이를 인적 용역의 제공에 따른 기타소득으로 보아 필요경비 80%를 공제한 후의 소득세를 원천징수하여 납부하였다. 그러나 과세관청은 이를 사례금으로 보아 필요경비 80%를 부인하였다.

이에 대하여 대법원은, 위 인센티브의 지급은 원고와 임직원들 사이의 사전 약정에 따라 조직적·체계적으로 광범위하게 이루어진 것으로서 사례의 뜻으로 지급된 것으로 볼 수 없는 점, 임직원들이 수행하는 용역 업무의 양이 상당하여 그 용역 업무와 인센티브 사이에 대가성을 부정하기 어려운 점, 임직원들이 신규가입자들을 유치하는 과정에서 비용을 지출하거나 그에 상응하는 유치행위가 필요한 점을 감안하여 이 사건 인센티브 액수를 정한 점 등을 종합하여 보면, 위 인센티브는 소득세법 제21조 제1항 제17호의 '사례금'으로 볼 수 없다고 판시하였다.

그리고 대법원 2017. 4. 26. 선고 2017두30214 판결은 A사에서 장기간 근무하던 원고가 약 1년 3개월에 걸쳐 A사의 실질적인 최대주주인 B에 대한 구속수사 및 형사재판이 진행되는 동안 B 및 그 가족들과 변호인 사이의 연락 담당, 형사재판에 필요한 자료 수집, B의 구치소 및 병원생활 지원 등의 일을 맡아 수행하였고, B가 집행유예 판결에 따라 석방된 이후 B로부터 A사의 주식을 양수받기로 하였다가 민사소송을 거쳐 합계 75억 원을 지급받은 사안에서, 원고가 B의 형사재판 과정에 관여하게 된 이유는 원고가 A사에서 장기간 재직하였고 B와 오랜 친분 관계가 있어서 제반 사정을 잘 알고 있었기 때문인 것으로 보이는 점, 원고가 제공한 역무의 내용도 B와의 친분 관계에 기초하여 B의 옥바라지를 하거나 재판에 필요한 자료 등을 전달해 주는 것이었던 점, 원고가 B로부터 수령한 금원은 원고가 제공한 역무의 객관적 가치에 비하여 지나칠 정도로 거액이어서 여기에는 원고와 B의 친분 관계가 더 큰 영향을 미친 것으로 보이는 점 등에 비추어, 위 금원은 사례금에 해당한다고 판시하였다.

그 밖에도, 대법원 2017. 2. 9. 선고 2016두55247 판결은 주류 수입·판매 회사와 판촉행사 업무대행계약을 체결한 A사가 키맨(Keyman, 유흥업소에서 소비자의 주류 선택에 영향을 미칠 수 있는 종사자)들에게 주류 판매량에 따라 사전 약정한 프로모션 금액을 지급한 사안에서, 프로모션 지급액은 유흥업소에서 주류 수입·판매 회사의 주류를 구매한 것에 대한 사례금의 성격을 가진다고 판시하였고, 대법원 2017. 11. 9. 선고 2017두44244 판결은 노동조합이 조합원인 해고자에게 생계비 등을 지급한 것은 조합원이 신분상·재산상의 불이익을 당할 위험을 감수하고 주도적인 조합활동을 하였을 뿐만 아니라 해고 후에도 노동조합과 연관된 활동을 통하여 노동조합에 기여한 것에 대한 사례의 뜻이므로 사례금에 해당한다고 판시하였다.

(5) 사례금에 대한 필요경비

소득세법 제37조 제1항은 제2항에서 기타소득의 필요경비에 관한 일반원칙으로서 해당 과세기간의 총수입금액에 대응하는 비용으로서 일반적으로 용인되는 통상적인 것의 합계액을 필요경비에 산입한다고 규정하고 있다. 필요경비의 일반적인 속성을 표현하고 있을 뿐이다. 그런데 사례비에서는 필요경비의 범위가 많아 다투어지고 있다. 사례비는 사무처리 또는 역무의 제공 등과 관련하여 사례의 뜻으로 지급되는 것인데 사례비에 대하여는 필요경비로 소득금액의 80%를 인정해 주는 특칙이 적용되지 않기 때문에 실제로 소요된 비용이 입증되어야 한다. 그런데 통상 사례비 지급의 원인이 되는 사무처리나 역무의 제공에 있어서는 그에 수반되는 비용의 지출이 뚜렷하게 드러나지 않는 경우들이 많고, 그와 같은 비용이 사례금과 직접 관련이 있거나 비례관계에 있지도 않아 비용으로 인정받기가 쉽지 않다. 그래서 조세쟁송에서는 납세자들은 조금이라도 관련이 있는 것은 모두 필요경비라고 주장을 하여 그중 일부라도 필요경비로 인정받고자 하는 경향이 있다.

이에 관한 사례로 대법원 2013. 9. 13. 선고 2010두27288 판결이 있다. 원고는 2004년 7월경 A에게 학교법인 P학원의 이사장직과 P학원 소속 M학교와 N학교 중 M학교의 운영권을 임원변경 형식으로 넘겨주기로 하고 P학원의 이사장직에서 사임하였으며, A가 그 이사장직에 취임하였으며, 원고는 그 대가로 70억 원을 받았다. 그 후 원고는 A와의 약정에 따라 P학원의 금융기관 대출금채무 15억 원과 M학교 식당 보증금을 5억 원을 상환하였고, N학교를 분리하여 이를 운영할 학교법인 Q학원을 설립하는 데 20억 원이 소요되었다. 그리고 임원변경약정과는 별도로 이루어진 추가적인 약정과 합의와 관련된 소송비용으로 2억 원을 지출하였다. 원고는 자신이 지출한 위 돈들이 모두 사례금의 필요경비에 해당한다고 주장하였다. 이에 대하여 원심은, N학교를 운영할 Q학원의 설립비용, 금융기관 등의 채무상환액, M학교의 식당보증금 반환액 및 소송비용은 사례금인 보상금을 사후 지출한 것에 불과하거나 보상금 발생원인과 무관한 별개의 원인으로 지출한 것으로서 그 보상금의 발생과 직접 관련된 비용에 해당하지 아니한다는 이유로, 원고의 필요경비 공제 주장을 배척하였다. 대법원은 Q학원의 설립비용과 임원변경약정 등과 관련된 소송비용 부분에 대한 원심판단은 수긍하였지만, 금융기관 등의 채무상환액, M학교의 식당보증금 반환액은 보상금 발생원인과 무관한 별개의 원인으로 지출하는 것이 아니라 임원변경약정을 통해 원고가 수령하는 보상금에서 상환하기로 예정된 것으로서 실질과세의 원칙상 이를 사례금에 해당한다고 보기 어렵다고 판시하였다.

Q학원의 설립비용은 원고가 사례금을 받은 후 자신의 향후 이익을 위하여 사후적으로 그 일부를 지출한 것이지 사례금을 받기 위하여 지출한 것으로 볼 수 없기 때문에 필요경비로 인정되기 어렵다. 그리고 소송비용도 사례금 수령의 원인이 된 임원변경약정과는 별개로 사후에 이루어진 약정이나 합의의 이행과 관련하여 지출한 소송비용으로서 그것이 임원변경약정의 이행에 필요한 지출이라는 점이 드러나지 않은 이상 이 부분도 필요경비로 인정될 수 없다. 이 점에서 대법원 판단은 수긍할 수 있다. 그런데 대법원은 위

판시에서 금융기관 등의 채무상환액과 M학교의 식당보증금 반환액을 보상금의 발생원인과 무관하지 않다고 하면서도 이를 그 필요경비로 인정하지 아니하고 보상금 자체에서 제외한 것은 그 돈은 A로부터 지정한 용처로 사용하도록 따로 위탁받은 돈이라고 판단하였기 때문으로 보이는데, 이는 필요경비로 인정하는 것이 더 나았을 것으로 보인다. 위탁이라는 실질을 인정할 만한 사정이 잘 드러나지 않을뿐더러 이들 지출은 보상금을 온전하게 원고가 취하기 위한 조건이 되었기 때문에 보상금에 직접 대응하는 지출로 볼 수 있기 때문이다.

그리고 전항에서 본 대법원 2012. 11. 15. 선고 2012두15883 판결의 사안에서, 원고가 주택분양업자인 A사에게 매립토지의 소유권이전등기에 관련된 제반문제를 해결해주는 데 대한 사례로 받은 60억 원에 대하여 매립토지의 조성공사비로 27억 원이 소요되었다고 하면서 이를 사례금에 대한 필요경비로 공제하여야 한다고 주장하였는데, 대법원은 위 돈은 매립토지의 분양수입 등에 상응하는 필요경비로 보일 뿐 사례금을 위한 필요경비로 보기 어렵다는 이유로 원고의 주장을 배척하였다. 앞서도 설명한 바와 같이 원고가 A사에게 사례금 약정을 할 무렵에는 원고가 당초 조성하였던 매립토지에 대한 소유권은 이미 다른 제3자들에게 이전된 상태였으므로 원고가 주장하는 그 매립토지 조성비는 사례금을 얻기 위하여 지출된 것으로 볼 수 없어 그에 대응하는 필요경비라고 할 수 없다. 대법원 판결도 이러한 취지에 입각한 것으로 볼 것이다.

제8장

양도소득에 대한 과세

1. 과세대상

　소득세법은 제3장에서 양도소득세를 종합소득세, 퇴직소득세와 구별되는 별도의 세목으로 정하여 그에 대한 과세방법을 자세하게 규정하고 있다. 양도소득세는 자본이득에 대한 과세를 위한 것이므로 모든 자산의 양도소득에 관하여 과세하는 것이 아니라 자본이득의 성격을 지니고 있는 것들을 정책적으로 선택하여 과세하고 있다. 자본이득이란 일반적으로 자본자산의 처분가치 또는 시가와 그 자산의 취득원가와의 차액, 즉 가치상승에 따른 이득으로 정의된다. 일반적인 소득이 아닌 시간의 경과, 시장사정의 변화 등 외적 요인에 의하여 자본적 자산의 가치가 상승함으로써 생성된 소득이 바로 자본이득이며 자본이득과 손실은 자본자산의 시장가치가 증가하거나 감소한 결과 나타나는 이득과 손실이라고 할 수 있다. 자본이득의 예로는 소비목적보다는 소득을 얻기 위하여 취득한 자본자산, 즉 주식, 부동산, 채권 등으로부터 발생한 이득 등을 들 수 있다.

　자본이득과세는 미실현이득에는 과세하지 않고 자산의 처분, 즉 실현될 때 과세하는 실현주의 입장과 자본재를 보유한 상태에서 그 가치증가분이 미실현상태에 있는 경우에도 과세하는 발생주의 입장이 있는데, 우리나라에서는 자본재를 양도하였을 경우 개인의 경우에는 양도소득세를, 법인의 경우에는 법인세를 과세함으로써 실현주의에 입각하여 자본이득에 대한 과세방안을 채택하였다. 그래서 자본이득의 성격이 없는 재고자산의 양도소득 등은 당연히 과세대상에서 제외된다.

　과세대상이 되는 양도 목적물에 대하여는 소득세법 제94조 제1항의 각 호에서 자세히 규정하고 있는데, 토지와 건물, 부동산을 취득할 수 있는 권리, 지상권, 전세권과 등기된 부동산임차권, 비상장주식과 일정한 규모 이상의 상장주식, 영업권, 이용권, 회원권 등이 그것이다. 일정한 규모 이상의 상장주식에 관하여는, 소득세법 제94조 제1항 제3호 (가)목이 대통령령으로 정하는 대주주가 양도하는 것을 규정하고, 소득세법 시행령 제157조 제4항에서는 대주주의 범위와 요건에 관하여 자세히 규정하고 있다. 여기서 대주주를 당해 주주 1인뿐만 아니라 그와 특수관계에 있는 자까지 포함하도록 규정한 것은 포괄위임금지나 과잉금지의 원칙에 반한다는 주장이 있었는데, 대법원 2014. 6. 26. 선고 2012두20694 판결은, 위 법률 조항이 대주주의 범위에 관하여 대통령령에 위임하고 있으나 이로써 경제규모의 변동 등에 따라 유연하게 대처하여 그 범위를 정할 필요가 있고, 그 입법 취지 등에 비추어 통상인이라면 이와 같이 대통령령에 위임될 내용과 범위의 대강을 예측할 수 있으므로 위 법률 조항이 조세법률주의나 포괄위임입법금지원칙에 위배된다고 할 수 없고, 위 시행령 조항은 위 법률 조항의 입법목적을 달성하기 위하여 그 위임범위 내에서 정당하게 규정된 것이므로 무효라고 할 수 없고, 과잉금지의 원칙에 반한다고 할 수도 없다 판시하였다.

한편, 독일은 부동산과 같은 자산의 양도로 인한 소득은 별도 소득유형이 아니라 '기타소득'의 한 예로 열거하고 있다고 한다. 기타소득에 대해서는 독일 소득세법 제22조에서 열거하여 규정하고 있는데, 제2호에서 '사적 양도행위로부터의 소득'을 규정하고 제23조에서 사적 양도행위란 부동산의 경우 취득 후 양도행위시까지의 기간이 10년 미만인 부동산거래를 말한다고 규정하고 있다. 즉, 취득 후 10년 미만의 기간 내에 양도하는 것을 양도소득세로 과세하겠다는 것이며, 10년이 넘어서 양도하면 과세하지 않겠다는 것이다. 법률에서 열거하고 있지 않은 소득에 대하여는 소득세를 과세할 수 없다.

2. 다른 소득과의 구별

가. 사업소득과의 구별

양도소득은 사업소득과의 구별이 자주 문제되고 있다. 이에 관하여 정리된 법리는 목적물이 부동산일 경우 양도인의 부동산 취득 및 보유현황, 조성의 유무, 양도의 규모, 횟수, 태양, 상대방 등에 비추어 그 양도가 수익을 목적으로 하고 있는지 여부와 사업활동으로 볼 수 있을 정도의 계속성과 반복성이 있는지 등을 고려하여 사회통념에 따라 판단하여야 하고, 그 판단을 함에 있어서는 단지 당해 양도 부동산에 대한 것뿐만 아니라 양도인이 보유하는 부동산 전반에 걸쳐 당해 양도가 행하여진 시기의 전후를 통한 모든 사정을 참작하여야 한다는 것이다.

상장주식의 매매에 있어서도 같은 기준이 적용될 수 있다. 조세쟁송에서는 상장주식의 매매로 인한 소득이 사업소득인지 양도소득인지가 더러 다투어진다. 일반적인 경우는 상장주식의 경우 양도소득으로 분류되면 과세대상에서 제외되고 사업소득으로 분류되면 종합소득세가 과세되므로 납세자들은 양도소득에 해당한다는 주장을 많이 한다. 반면에 소득세법 시행령 제157조 제4항에서 규정하는 일정한 요건을 갖춘 상장주식의 양도소득은 양도소득세 과세대상이 되므로 이러한 경우 납세자는 오히려 사업소득에 해당한다는 주장도 한다. 왜냐하면 상장주식의 매매는 여러 차례 반복되기 마련이고 그 과정에서 차익을 누릴 때도 있지만 차손을 보는 때도 있는데 사업소득으로 인정되면 차익에서 차손을 공제한 순차익만이 과세대상이 되지만, 양도소득으로 인정되면 차손이 발생한 매매가 양도소득세 과세요건을 충족하지 못하는 경우 그 차손을 양도차익에서 공제할 수 없어 납세자에게 불리하기 때문이다.

그런데 개인이 상장주식을 반복적으로 매매하여 양도차익을 얻은 경우 그것이 사업소득에 해당할 수 있는지 여부는 거래의 계속성·반복성만의 기준으로 판단하기에는 부족하다. 왜냐하면 거래의 계속성·반복성만을 충족한다고 해서 사업소득이 되는 것이 아니라 소득세법 제19조 제1항에서 열거하고 있는 사업의 종류에 해당하여야 하기 때문이다. 이는 소득세법이 열거주의 방식을 취한 당연한 결과이다.

소득세법 시행령 제29조는 사업의 범위에 관하여 통계청장이 고시하는 한국표준산업분류에 의하도록 규정하고 있으므로 상장주식의 매매가 사업소득에 해당하기 위해서는 그 매매가 수익을 목적으로 하고 사업활동으로 볼 수 있을 정도의 계속성과 반복성이 있다고 하더라도 한국표준산업분류에서 정한 사업의 범위에 포함되어야만 사업소득에 해당할 수 있다. 상장주식의 매매주체는 한국표준산업분류상 금융업-기타 투자기관(65939)으로 분류될 수 있으나 여기의 기타 투자기관은 '기타 투자기관으로서 증권발행 및 신탁자금 이외의 자금(개인자산이나 채권, 어음 및 채무자산 등)으로 금융자산에 투자하는 산업활동'을 말하는 것으로 규정하고 있고, 증권거래법 제2조 제8항 제1호, 제28조 제1항에 의하면, 유가증권의 매매업을 영위할 수 있는 자는 금융감독위원회의 허가를 받은 주식회사로 규정하고 있는 점에 비추어 보면, 개인이 행하는 주식매매업은 구 한국표준산업분류에서 정한 사업의 범위에 포함되지 않는다고 할 것이다. 이와 같이 보더라도 소득세법이 자본시장의 충격을 완화하고 소액투자자의 이익을 어느 정도 보호해 주기 위하여 모든 상장주식을 과세대상으로 하지 아니하고 주주 및 그와 특수관계에 있는 자가 일정규모 이상의 주식을 소유하거나 소유주식의 시가총액이 일정규모 이상인 경우의 상장주식 양도차익을 양도소득세의 과세대상으로 삼고 있으므로 개인이 행하는 주식

매매업을 사업소득의 과세대상에서 제외한다고 하더라도 불합리하다고 볼 수 없다. 같은 취지에서 대법원 2013. 12. 12. 선고 2012두21956 판결도 원고가 양도한 상장주식은 소득세법 제94조 제1항 제3호 (가)목, 소득세법 시행령 제157조 제4항 제2호의 요건을 충족하므로 그 양도로 인한 소득은 양도소득세의 과세대상이 되고, 소득세법 제19조 제1항 제10호에서 정하는 금융업에서 발생하는 소득에 해당되지 아니하여 이를 사업소득으로 보아 과세할 수는 없다는 이유로 이를 다투는 원고의 주장을 배척한 원심의 판단을 수긍하였다.

다만, 소득세법이 2009. 12. 31. 개정되면서 사업소득의 종류에 관한 제19조 제1항에서 제20호를 신설하여 '제1호부터 제19호까지의 규정에 따른 소득과 유사한 소득으로서 영리를 목적으로 자기의 계산과 책임하에 계속적·반복적으로 행하는 활동을 통하여 얻는 소득'을 규정하고 있어, 개인의 반복적 상장주식의 매매가 여기에 해당하는지가 문제될 수 있으나, 사업소득은 자산과 근로가 결합하여 소득을 창출하는 반면, 양도소득은 보유로 인한 가치증가로 인하여 발생하는 소득인데, 상장주식 양도로 인한 양도차익은 시간의 경과, 시장사정의 변화 등 외적 요인에 의하여 자산의 가치가 상승함으로써 발생하는 자본이득의 성격이 강한 점, 일반적으로 개인 주식투자자는 다른 사업을 하면서도 직접 컴퓨터프로그램을 통하여 계속적·반복적으로 주식거래를 하고 있는데 이를 사업소득으로 보아 종합소득세를 과세한다면 상장주식의 양도차익에 대한 과세로 인하여 주식 발행기업의 자금조달을 어렵게 하고 투자자의 다양한 자금운용기회를 상실하게 함으로써 증권시장의 육성에 부정적인 결과를 초래할 수 있음을 이유로 상장주식 등에 대한 양도차익의 과세범위를 제한하여 '일정규모 이상의 주식을 소유한 대주주의 상장주식 등의 양도'의 경우에만 양도소득세를 과세하고자 하는 소득세법 제94조 제1항 제3호의 입법 취지가 몰각되는 점 등을 고려하면, 제19조 제1항에서 제20호에도 해당하지 않는다고 새기는 것이 합리적이다.

나. 기타소득과의 구별

양도소득은 기타소득과의 성격이 상이하여 그 구별이 문제되는 경우가 드물지만 부동산 등 매매계약에서 매도인이나 매수인의 이행지체로 매매계약이 답보상태에 있거나 제3자에게 전매되는 등의 사유가 발생한 경우 매도인이 당초 매수인으로부터 받은 매매대금의 일부가 제대로 정산되지 아니하면 그 돈이 부동산의 양도대금으로 보아야 할지 아니면 매매계약의 해제나 이행불능에 따른 위약금이나 손해배상금으로 보아야 할지가 모호해지는 경우가 있다. 이럴 때 양도소득과 기타소득의 구별이 문제된다. 위약금이나 손해배상금으로 인정되기 위해서는 그 매매계약이 어느 일방의 귀책사유로 해제되거나 이행불능의 상태에 빠지는 것이 전제가 되므로 이것이 중요한 구별기준이 된다. 이러한 사정이 드러나지 않으면 그 매매계약에 따라 매도인이 받은 돈은 위약금이나 손해배상금이 아니라 부동산의 양도대금으로 인정되기가 쉽다.

대법원 2011. 7. 28. 선고 2010두27752 판결이 이에 관한 사안이다. 원고는 2000. 7. 19. A에게 차용금 1억 원에 대한 담보로 원고 소유의 부동산에 관하여 소유권이전등기청구권 가등기를 마쳐 주고, 2001. 10. 26. B에게 이를 2억 5,000만 원에 매도하고 계약금 및 중도금으로 4,000만 원을 받은 후, 2002년 6월경 C가 B의 매수인의 지위를 인수하되, 원고에게 대금 2억 3,000만 원을 지급하기로 하였다. 그에 따라 원고는 2002년 7월경 C로부터 1억 5,000만 원을 받고 C에게 위 부동산에 대한 소유권이전등기를 마쳐 주었는데, C가 나머지 잔금 8,000만 원의 이행을 지체하고 있던 중, A가 2004. 2. 3. 위 소유권이전청구권가등기에 기하여 소유권이전의 본등기를 마침에 따라 C 명의의 소유권이전등기가 말소되자 C는 2005년 8월경 A와 원고를 상대로 소유권이전등기의 말소소송을 제기하였다. A는 위 소송 도중 D에게 위 부동산을 매도하였고, C는 D로부터 합의금 4억 원을 받고 위 소송을 취하하였다. 원고는 B와 C로부터 받은 돈 합계 1억 9,000만 원을 반환한 바가 없고, A에 대한 차용금을 변제하지도 아니하였다. 여기서 원고는 1억 9,000만 원을 부동산의 양도가액으로 보아 양도소득세를 신고·납부하였으나 과세관청은 이를 위약금이나 배상금으로 보아 기타소득으로 분류하여 과세하였다.

그러나 대법원은, 가등기권자인 A가 가등기담보 등에 관한 법률에 따른 청산절차도 거치지 않고 가등기에 기하여 본등기를 마쳤으므로 그 등기는 무효이고 따라서 원고의 C에 대한 소유권이전등기의무가 이행불능이 된 것이 아니라고 보았다. 그리고 원고와 C가 매매계약의 해제하지도 아니하였다는 점을 중시하였다. 그리고 C는 원고에게 잔금을 일부 지급하지 않았으나 그 소유권이전등기를 마침으로써 소유권을 취득한 상태에서 D로부터 합의금 4억 원을 지급받고 원고 및 A를 상대로 한 소송을 취하한 것은 위 부동산을 D에게 다시 매도하고 그 매매대금을 합의금의 형식으로 받은 것으로 볼 여지가 많다고 보았다. 나아가 C가 A에게 원고의 나머지 차용금채무를 대위변제함으로써 원고에 대한 매매대금 잔금채무를 모두 이행한 것으로 볼 수 있다고 했다. 이러한 사정들을 종합하여 위 부동산은 실질적으로 원고가 C에게 매도하고 C가 D에게 매도하여 순차 양도된 것으로 보고 원고가 B와 C로부터 받은 1억 9,000만 원은 위 부동산의 양도대가로 받았다고 보아 양도소득세로 과세하여야 한다고 판시하였다.

이 사안에서 과세관청과 같이 원고가 받은 돈을 기타소득인 위약금이나 배상금으로 보려면 원고와 C 사이에서 어느 일방의 귀책사유에 의하여 그 매매계약이 해제되거나 이행불능의 상태에 빠져야 하는데 C의 잔금일부 미지급이 있기는 하였으나 그로 인하여 매매계약이 해제되었다거나 이행불능에 빠졌다고 볼 수 없는 사정이 있다. 따라서 기타소득으로 분류될 수 없는 근원적인 한계가 있다고 할 수 있다. 오히려 원고와 C 사이의 부동산 매매계약은 유효하게 존속하는 상태에서 C가 그 부동산을 D에게 전매함으로써 그 전매대금을 합의하면서 원고의 A에 대한 차용금까지 모두 정산된 것으로 처리되었다고 할 수 있다. 그래서 A로서는 원고에 대한 차용금의 담보물인 위 부동산을 D에게 넘기면서 그에 상응하는 대가를 수령하였으므로 사실상 원고에 대한 차용금을 변제받은 셈이 되고 D가 C 사이에 전매에서 그 대금을 4억 원으로 합의함으로써 결국 원고와 A, B, C, D 사이의 모든 채권·채무관계가 정산완료된 것으로 볼 수 있는 것이다. 타당한 판결이다.

3. 양도의 범위

가. 개요

양도소득세에서 가장 기본전제가 되는 개념이 양도이다. 소득세법에서 규정하는 양도행위가 없으면 양도소득세가 과세될 수는 없다. 소득세법 제88조가 양도에 관한 정의를 하고 있다. 제1항은 양도란 자산에 대한 등기 또는 등록과 관계 없이 매도, 교환, 법인에 대한 현물출자 등으로 인하여 그 자산이 유상으로 사실상 이전되는 것을 말한다고 한다. 사실상 이전을 요건으로 한 것은 실질과세원칙을 반영한 것이라고 할 수 있다. 따라서 증여나 상속과 같은 무상이전은 증여세 및 상속세의 과세원인이 됨은 별론으로 하고 양도소득세의 과세대상에서는 제외된다. 매도, 교환, 현물출자는 대표적인 유상이전의 예시이고, 강제경매·임의경매 또는 체납처분으로 인한 공매로 자산의 소유권이 이전되는 경우도 이에 포함된다. 그리고 이전이라 함은 자산에 대한 권리주체가 바뀌는 것을 말하고, 유상의 이전이라 함은 권리주체의 변경에 대한 반대급부가 따르는 이전을 말한다.

대법원 1974. 10. 25. 선고 73누201 판결, 대법원 1993. 4. 27. 선고 92누8934 판결 등은 자산의 양도, 즉 자산이 유상으로 사실상 이전되는 것이라 함은 매매의 경우는 그 토지 등의 소유권이전등기가 이루어지기 전이라도 대가가 사회통념상 거의 전부 지급되었다고 볼 만한 정도의 대금지급이 이루어진 것을 의미한다고 판시하고 있다.

그리고 소득세법 제88조 제1호 후문은 부담부증여에 있어서 증여자의 채무를 수증자가 인수하는 경우에는 증여가액 중 그 채무액에 상당하는 부분은 그 자산이 유상으로 사실상 이전되는 것으로 본다고 규정하고 있다. 이 경우 증여자는 증여를 통하여 자신의 채무를 이전하므로 그 부분에 한하여는 사실상 유상양도에 해당하기 때문이다. 그 양도차익의 산정에 관한 자세한 내용은 소득세법 시행령 제159조에서 규정하고 있다. 양도의 범위에 관하여는 양도의 원인행위인 매매계약 등이 해제되거나 이행불능의 상태에 빠졌을 때, 그리고 매매계약이 취소되거나 강행법규 위반으로 무효가 되었을 때 등의 경우에 양도가 있다고 볼 수 있는지가 자주 다투어진다.

나. 현물출자

소득세법 제88조 제1호는 현물출자를 양도의 범위에 포함시키고 있다. 현물출자란 금전 이외의 재산으로써 하는 출자를 말한다. 동산, 부동산, 유가증권, 채권, 다른 회사에의 출자지분, 광업권, 특허권 등 재무상태표의 자산계정으로 기재할 수 있는 것이면 무엇이든 가능하다. 현물출자를 함으로써 자산의 소유권이 상대방에게 이전되고 그 대가로 지분을 취득하게 되므로 유상양도에 해당한다고 할 수 있다.

조합원이 조합에 토지와 건축물을 현물출자하는 것이 '양도'에 해당한다는 것은 확립된 법리이고, 대법원 1985. 5. 28. 선고 84누545 판결, 대법원 1985. 4. 23. 선고 84누680 판결 등 다수의 판결들이 조합에 대한 현물출자가 양도소득세의 부과대상이 되는 유상양도임을 밝히고 있다. 그리고 대법원 2002. 4. 23. 선고 2000두5852 판결은, 연립주택의 소유자들이 재건축을 함에 있어 주택 소유자들은 부지를 제공하고 공사업자는 그의 책임으로 공사비 등을 투자하여 연립주택을 신축하되 신축 주택 1세대씩은 기존 소유자들에게 제공하고 잔여 주택은 공사업자가 처분하기로 하는 내용의 계약을 체결한 경우, 위 계약을 연립주택 소유자들과 공사업자 사이의 동업계약이라고 전제하고, 그 동업체를 조합으로 보아 조합에 출자된 자산은 출자자의 개인재산과 구별되는 별개의 조합재산을 이루어 조합원의 합유로 되고 출자자는 그 출자의 대가로 조합원의 지위를 취득하는 것이므로, 조합에 대한 자산의 현물출자는 자산의 유상이전으로서 양도소득세의 과세원인인 양도에 해당한다고 보고 그 양도시기는 조합에 현물출자를 이행한 때, 즉 동업계약 체결일로 보았다. 대법원 2003. 5. 16. 선고 2003두2137 판결도 같은 취지이다.

다만, 위와 같은 일반적인 조합에의 현물출자와 달리, 소득세법 제88조 제1호 가목은 '도시개발법이나 그 밖의 법률에 따른 환지처분으로 지목 또는 지번이 변경되거나 체비지로 충당되는 경우'에는 이를 양도로 보지 아니하도록 규정하고 있다. 한편, 도시 및 주거환경정비법(이하 '도시정비법'이라 한다) 제55조 제2항은 조합원에게 분양하는 대지 또는 건축물은 도시개발법에 의한 환지로 보고, 보류지와 일반에게 분양하는 대지 또는 건축물은 도시개발법에 의한 보류지 또는 체비지로 보도록 규정하고 있는데, 조합원이 재건축조합 또는 재개발조합에 토지 또는 건축물을 현물출자하고 관리처분계획에 따라 취득하는 건축물이 소득세법 제88조 제2항에 해당하는지 여부에 대하여 이견이 있을 수 있으나, 과세관청은 도시정비법 시행 이전부터 재개발의 경우는 물론 재건축의 경우에도 위 조항에 해당하는 것으로 해석하여 왔고, 앞서 본 바와 같이 대법원 2004. 6. 11. 선고 2002두6149 판결도 주택개량재개발조합에게 토지를 제공하고 아파트와 상가를 분양받은 경우, 이를 환지로 보아 양도소득세의 과세대상이 되는 자산의 양도가 아니라고 판시하였다.

다. 양도계약의 해제

(1) 해제권의 행사

양도의 원인행위인 매매계약이 체결되었더라도 사후에 그 매매계약이 어느 일방의 해제권 행사로 해제되면 그 계약의 효력이 소급하여 소멸되므로 계약의 이행이 어느 정도 있었는지를 불문하고 민법 제548조에 의하여 각 당사자는 상대방에 대하여 그 이행의 결과물을 되돌려주어야 하는 원상회복의 의무를 부담하게 된다. 따라서 양도소득의 과세요건인 양도행위도 없었던 것이 되므로 양도소득이 있었더라도 이는 상대방에게 반환되어야 하는 것일 뿐 양도인에게 귀속되는 것으로 볼 수 없어 양도소득세가 과세될 수 없는 것이다. 대법원 1984. 12. 26. 선고 84누412 판결, 대법원 2002. 9. 27. 선고 2001두5972 판결 등도 같은 입장을 취하고 있다. 이행완료 여부, 부과처분의 전후, 해제의 유형, 원상회복 여부와 가능성, 말소등기의 유무 등을 묻지 않고 자산의 양도로 볼 수 없다거나 양도소득이 있다고 볼 수 없다는 것이다. 즉, 부동산에 대한 매매계약을 체결하면서 매수인 앞으로 미리 소유권이전등기를 경료하였는데 매수인이 잔대금지급채무를 이행하지 아니하여 매도인이 매매계약을 해제하였다면, 위 매매계약은 그 효력이 소급하여 상실되었다고 할 것이므로 매도인에게 양도로 인한 소득이 있었음을 전제로 한 양도소득세 부과처분은 위법하다는 것이고, 과세관청의 부과처분이 있은 후에 계약해제 등 후발적 사유가 발생한 경우 이를 원인으로 한 경정청구제도가 있다 하더라도 이와는 별도로 그 처분 자체에 관하여 다툴 수 있다고 한다.

이러한 입장은 해제의 소급효를 중시하고 해제의 효과에 관하여 물권적 효력설에 터 잡은 것이라고 할 수 있다. 물권적 효력설은 계약해제의 효과로서 이미 행해진 물권변동의 효력이 소급적으로 소멸하고 따라서 목적물의 소유권은 전소유자에게 자동적으로 복귀한다는 입장이다.

(2) 합의해제

　대법원은 해제권의 행사가 아닌 합의해제의 경우에도 같은 입장을 취하고 있다. 대법원 1993. 5. 11. 선고 92누17884 판결은, 토지 매매계약을 체결하고 소유권이전등기까지 마쳐주었으나 토지의 형질변경이 문제가 되어 매매계약을 합의해제하기로 하고 소유권이전등기의 말소등기절차까지 마친 사안에서, 당초의 양도계약을 합의해제하여 그 해제로 인한 말소등기까지 경료함으로써 위 계약의 이행으로 인한 물권변동의 효과는 소급적으로 소멸되고 양도소득세의 과세대상이 되는 양도는 처음부터 없었던 것으로 보아야 한다고 판시하였다. 대법원 1983. 4. 26. 선고 83누91 판결, 대법원 1990. 7. 13. 선고 90누1991 판결, 대법원 1989. 7. 11. 선고 88누8609 판결 등도 같은 취지이다. 합의해제가 매매계약에 따른 소유권이전등기 이전에 이루어지면 더더욱 양도가 있다고 보기 어려울 것이다. 과세실무에서는 양도시기가 도래한 이후, 즉 잔금을 지급하였거나 소유권이전등기를 마친 이후에 매매계약을 합의해제한 경우가 문제될 것이고 위 판례의 입장에 의하면 이러한 경우들은 양도소득세의 과세요건인 양도행위가 없었던 것으로 본다는 것이다.

　이러한 판례의 입장에 대하여는, 합의해제는 당사자 사이에 계약의 효력을 소멸시키기로 하는 새로운 계약에 불과하므로 당사자 사이에서 소급효를 가질 수 있음은 별론으로 하고, 대외적인 관계에서는 계약의 본질상 소급효를 지닐 수 없는 것이라 할 것이라는 이유로, 과세관청이 과세권을 행사하여 납세의무가 확정되기 이전의 단계에서 계약이 합의해제된 경우에만 양도소득세는 부과할 수 없다고 해석함이 타당하다거나 이와 같이 합의해제에 관하여 대외적인 관계에 있어 소급효를 부정하는 입장에 선다면 법 논리적으로 양도계약의 합의해제가 이미 성립한 납세의무에 영향을 미치지 못한다고 보아야 한다는 비판이 있다.[6) 그러나 국세기본법 시행령 제25조의2에서 후발적 경정청구사유를 폭넓게 인정하고 있는 취지에 비추어 보더라도 위의 비판적 견해와 같이 해석할 필요는 없다고 본다. 일본은 최고재판소 평성 2년 5월 11일 선고 평성 2년(行ツ) 제9호 판결에서, 양도계약 후에 발생한 사정을 고려하여 양도 토지지분 중 제3자에게 전매된 부분을 제외한 부분에 관한 양도계약부분만을 무효로 하기로 합의해제를 한 이상, 매도인은 무효로 하기로 한 지분가액상당 금원을 매수인에게 반환하여야 함에도 불구하고, 부과처분이 있은 때까지 이를 반환하고 있지 않고, 결국 위 양도계약에 의해 양도인에게 발생한 양도수입은 소멸하지 않고 있으므로 그 부과처분은 적법하다고 판단하였다.

　반면에, 취득세와 관련하여 대법원 1996. 2. 9. 선고 95누12750 판결은, '부동산 취득세는 부동산의 취득행위를 과세객체로 하여 부과하는 행위세이므로, 그에 대한 조세채권은

---

6) 김건일, "계약의 해제가 조세채권에 미치는 영향", 특별법연구(제5권), 특별소송실무연구회(1997)

그 취득행위라는 과세요건사실이 존재함으로써 당연히 발생하고, 일단 적법하게 취득한 다음에는 그 후 합의에 의하여 계약을 해제하고 그 재산을 반환하는 경우에도 이미 성립한 조세채권의 행사에 영향을 줄 수는 없다'고 판시하였는데, 이는 취득세가 부동산의 취득행위를 과세객체로 하여 부과하는 유통세 또는 행위세라는 점을 중시한 것으로 볼 수 있다.

그리고 대법원 1989. 7. 11. 선고 88누8609 판결은 부동산에 대한 매매계약이 합의해제되면 매매계약의 효력은 상실되어 양도가 이루어지지 않는 것이 되므로 양도소득세의 과세요건인 자산의 양도가 있다고 볼 수 없으며, 위 부동산에 대한 제3취득자가 있어 양도인 앞으로의 원상회복이 이행불능하게 됨으로써 양도인이 이로 인한 손해배상청구권을 취득하더라도 이를 위 부동산의 양도로 인한 소득이라고 볼 수는 없다고 한다.

(3) 사례 분석

실제 조세쟁송에서는 양도소득세의 과세와 관련하여 양도계약이 적법하게 해제되었는지 여부가 자주 다투어진다. 해제의 의사표시가 있었다고 하더라도 그것이 해제의 요건을 갖추지 못한 경우에는 양도계약이 해제되었다고 볼 수 없기 때문이다. 이러한 문제는 합의해제보다는 상대방의 채무불이행 등을 이유로 한 해제권의 행사에서 자주 등장한다. 이에 관한 사례로 대법원 2011. 9. 29. 선고 2009두15432 판결이 있다.

원고가 2004. 11. 24. 자기 소유의 M토지와 친척들 소유의 N토지 등을 합하여 A에게 32억 원(근저당권부 채무인수액 20억 원 포함)에 매도하고 2005. 12. 29. M토지에 관한 소유권이전등기를 마쳐준 다음, 2006. 5. 30. M토지에 대하여 양도가액을 5억 2천만 원으로 하여 양도소득세를 신고하였으나, 과세관청은 2007. 12. 17. M토지의 양도가액을 27억 원으로 경정하여 양도소득세 7억 원을 고지하였다가 2009. 2. 16. 일부 감액 경정하였다. 그 후 원고는 2009. 3. 31. A가 매매잔대금 1억 2,000만 원의 지급의무를 이행하지 않았다는 이유로 A에게 2009. 4. 20.까지 그 이행을 최고하면서 그때까지 이행이 없으면 매매계약 전부를 해제한다는 통지를 하였다. 그런데 원고는 N토지에 관하여는 소유권이전등기를 마쳐주지 않고 있던 중 M토지와 N토지에 대한 임의경매절차에서 제3자에게 낙찰되었다. 당초 원고는 과세관청의 부과처분에 대하여 불복하면서 M토지를 포함한 매매목적물의 매매대금이 그 소유권이전등기일 이전에 모두 청산되었다고 주장하였다가 그 주장을 배척한 제1심판결이 선고된 이후에야 비로소 위와 같이 최고서를 발송하고 계약해제를 주장하기 시작하였다. 원고는 제1심판결 선고 이후인 2009. 3. 19. 과세관청에게 N토지에 대한 소유권이전을 해 주지 않았다는 이유로 매수인 측에서 매매잔대금

1억 6,500만 원을 지급하지 않았으므로, N토지에 해당되는 금액은 양도대금에서 제외되어야 한다고 다투어 양도소득세의 감액경정 처분이 이루어지기도 하였다.

이에 대하여 대법원은, M토지에 관한 매매계약의 내용·목적·불이행의 결과, 원고가 M토지에 관한 계약해제 주장에 이르게 된 동기와 경위 및 원고가 이를 통하여 달성하고자 하는 목적 등 여러 사정을 종합해 보면, A가 잔대금을 일부 미지급하였다는 이유만으로 M토지의 매매계약이 적법하게 해제되었다고 볼 수 없다고 하여 양도가 있었던 것으로 본 원심판결을 수긍하였다. 결국 양도소득세 과세대상이 된다고 본 것이다. 대법원은 원고와 A 사이에서 A만의 일방적인 이행지체가 있었던 것이 아니라 원고에게도 이행지체가 있었으므로 원고의 해제권행사가 그 요건을 갖추지 못하였다고 보는 것 같다. 이 사안에서는 M토지와 N토지가 제3자에게 낙찰됨으로써 그 귀책사유가 어느 일방에 있다고 보기 어려운 상황에서 원고의 A에 대한 소유권이전등기의무가 이행불능에 이르게 되었고, 그들 사이에 수수한 매매대금의 정산이 제대로 완료되지 아니한 것으로 보이며, 특히 경매절차에 따라 매매대금의 상당부분에 해당하는 근저당권부 채무가 어느 정도로 정산되었는지도 알 수 없다. 만약 A가 근저당권채무 중 미정산 부분의 책임을 떠안고 원고는 면책되는 상황이라면 원고로서는 매매계약이 제대로 이행된 것과 비슷한 결과에 이르므로 양도소득세의 부과가 부당하지는 않지만 원고 근저당권부채무에 대하여 면책이 되지 않고 또한 A와의 사이에서 수령한 매매대금의 반환이 문제가 된다면 원고에게 양도소득세를 과세하는 것은 다소 부당해 보인다. 이 판결은 이러한 점에 대한 정확한 규명이 없이 결론을 내렸다는 점에서 아쉬움이 남는다.

라. 환매조건부 양도

양도계약의 체결 당시에 환매조건을 약정하였다가 사후에 그 환매조건이 성취되어 양도목적물이 다시 원상회복된 경우 양도가 있었다고 볼 수 있는지가 문제된다. 환매조건의 실질을 보면 해제조건과 별다른 바가 없다. 해제조건이 성취되면 원상회복이 이루어지는 것이고 환매조건이 성취되면 환매가 이루어지는 것인데 원상회복이나 환매가 다를 바가 없다. 따라서 환매조건의 성취로 환매된 경우 양도가 없는 것으로 보는 것이 합리적이다. 더구나 환매조건은 양도계약 체결 당시부터 붙어 있었던 것이므로 아무런 조건 없는 양도계약이 이루어진 후에 새로운 합의에 의하여 해제하는 경우도 양도가 없었던 것으로 보고 있는 것과의 균형을 유지하기 위해서도 위와 같이 해석하는 것이 바람직하다.

그런데 최근의 대법원 2015. 8. 27. 선고 2013두12652 판결은 이와 다른 입장을 취하여 주목이 되고 있다. 양도소득세는 자산의 양도와 그에 따른 소득이 있음을 전제로 하여 과세하는 것으로서, 매매계약이 해제되었다면 매매계약의 효력은 상실되어 자산의 양도가 이루어지지 아니한 것이 되므로 양도소득세의 과세요건인 자산의 양도가 있다고 할 수 없으나, 유효한 매매계약을 토대로 자산의 양도가 이루어진 후 환매약정에 따른 환매가 이루어지더라도 이는 원칙적으로 새로운 매매에 해당하므로 양도소득세의 과세요건을 이미 충족한 당초 매매계약에 따른 자산의 양도에 영향을 미칠 수는 없다는 것이다. 그래서 주식 양도인이 투자자인 양수인에게 주식을 양도하면서 투자금 회수 및 투자수익 보장을 약정하였다가 양도 이후 주식 발행법인의 수익 감소 내지 주식의 가치 하락 등의 사유가 발생함에 따라 당초의 양도대금에 약정된 수익금을 가산한 금액을 매매대금으로 하여 주식을 환매하는 방법으로 투자금 및 투자수익금 지급의무를 이행한 경우라면, 이러한 환매는 당초 매매계약의 해제 또는 해제조건의 성취 등에 따른 원상회복의무의 이행으로 볼 수 없고 약정된 투자수익금 등의 지급을 위한 별개의 매매에 해당하므로, 양도소득세의 과세요건인 당초 매매계약이 소멸된다거나 그에 따른 주식의 양도가 없어졌다고 할 수 없다고 판시하였다.

이 사안에서는 양도인과 양수인이 주식양도계약 체결 당시 주식 발행법인의 2년간 당기순이익이 일정금액에 미달할 경우 양수인은 그 발행법인이나 양도인에게 양도대금에 이자를 가산한 금액으로 소각해 줄 것을 요구할 수 있고, 이에 대해 양도인은 그 금액으로 주식을 다시 매수할 수 있도록 하는 약정을 하였다. 양도인이 그 주식발행법인의 대표이사 겸 대주주였기 때문에 위 약정은 양도인에게 환매조건의 부담을 지우는 것으로 볼 수 있다. 그 당초의 조건이 성취되어 양도인이 부득이 환매를 한 것이므로 일반적인 양도계약의 합의해제보다도 더 양도가 없었다고 보기가 수월해진다고 할 수 있다. 그럼에도 대법원은 위 약정을 양도인이 양수인에게 부담하는 투자수익금의 보전약정과 같은 성격으로 보아 양도계약 후 그 수익을 보전해 준 것만 중시하고, 양도인이 그에 따라 양도하였던 주식을 다시 환매함으로써 결과적으로 양도가 없었던 것과 같게 되었다는 점을 경시하였다는 점에서 부적절한 판결이라고 평가하고 싶다. 양도인의 입장에서는 주식을 다시 반환받으면서 양도대금에 이자까지 가산하여 반환함으로써 결과적으로 이자상당액만큼 손해를 입었음에도 양도가 있었음을 전제로 양도소득세까지 부담하는 것은 부당해 보인다.

마. 양도계약의 무효 또는 취소

(1) 개요

양도계약이 의사표시의 흠결, 통정허위표시, 불공정법률행위, 반사회질서 위반행위 등으로 무효가 되거나 의사표시의 하자에 의하여 취소된 경우 및 계약체결 절차에 하자가 있어 무효인 경우, 그 계약은 당초부터 무효이거나 소급하여 무효가 되므로 그 원상회복 여부를 불문하고 양도소득세 과세요건인 자산의 양도가 있다고 볼 수 없다는 것이 판례의 입장이다.[7] 예를 들어, 부동산을 교환하기로 하는 계약을 체결하고 서로 간에 소유권이전등기를 경료하여 주었으나 위 교환계약이 사기를 원인으로 취소되어 계약의 효력이 상실됨으로써 원상회복의 문제만이 남게 되었다면, 위 부동산에 관하여 선의의 제3취득자가 있어 양도인에게 소유권이전등기가 환원되지 못하고 있다 하더라도 양도인에게 양도로 인한 소득이 있다고 할 수 없다.

미국도 계약의 취소, 해제, 무효 등으로 인하여 반환의무가 존재하는 자산의 양도차익에 대한 과세 여부와 관련하여, 자산의 양도와 양도계약의 무효(Rescission) 사유가 동일 과세연도에 이루어진 경우에는 이득이 없는 것으로 보아 과세하지 않으며, 양자가 다른 과세연도에 이루어진 경우에는 양도가 있은 과세연도의 소득으로 과세되고, 다른 과세연도에 이루어진 반환이 내국세입법에서 정하는 조건을 충족시키는 경우에는 종전 과세연도의 소득을 경정하는 것이 아니라 그 반환이 이루어진 과세연도의 과세소득 산출시 해당 금액을 차감할 수 있다고 한다. 즉, 미국 내국세입법 제1341조는 권리주장의 원칙(Claim of right doctrine)[8]에 의하여 과거연도의 과세소득으로 인식한 금액을 추후 연도에 반환하는 경우에 위 조항에서 규정하는 특별사정이 충족되는 때에는 그 후발적 사정이 생긴 과세연도에 손실로 반영할 수 있도록 하고 있다.[9]

일본도, 양도계약이 무효인 경우 그 양도행위에 의한 소득이 현실적으로 반환되어 소멸한다면 과세할 수 없다는 입장을 취하고 있는 것으로 보인다. 일본 최고재판소 평성 2년 5월 11일 선고 평성 2년(行ツ) 제9호 판결은, 개인이 그 소유 자산의 양도에 의한 양도소득에 관하여 소정의 신고를 하지 않았다고 하더라도, 당해 양도행위가 무효이고 그 행위에 의하여 발생한 경제적 성과가 그 행위의 무효로 인하여 상실된 때에는, 위 소득은 특별한 절차를 요하지 않고 소급적으로 소멸하는 것이 되기 때문에, 세무서장은 그

---

7) 대법원 1987. 5. 12. 선고 86누916 판결, 대법원 1997. 1. 21. 선고 96누8901 판결 등
8) 납세자가 금전이나 자산을 수령하고 그가 그 금전이나 자산에 대하여 권리가 있다고 주장하며 그가 자유로이 그 금전 등을 처분할 수 있는 경우에는 바로 과세된다는 원칙
9) Internal Revenue Code, §1341. Computation of tax where taxpayer restores substantial amount held under claim of right.

후에 위 소득의 존재를 전제로 하여 결정 또는 경정을 할 수 없다고 판시하였다.

(2) 토지거래허가를 결여한 양도

위에서 본 바와 같이 당초 유효하였던 양도행위가 사후에 취소되거나 요건의 흠결로 무효가 된 경우 양도소득의 과세요건인 양도행위가 없는 것으로 되어 양도소득세를 과세할 수 없다는 것이 원칙이다. 그러나 대법원은 실질과세의 원칙에 기하여 이에 대한 예외를 인정하고 있다.

대법원 2011. 7. 21. 선고 2010두23644 전원합의체 판결은, 토지거래허가구역 내의 토지 양도에 관하여 다음과 같이 판시하였다. 소득세법 제88조 제1항 본문은 '양도'라 함은 자산에 대한 등기 또는 등록에 관계 없이 매도, 교환, 법인에 대한 현물출자 등으로 인하여 그 자산이 유상으로 사실상 이전되는 것을 말한다라고 규정하고 있을 뿐 자산이 유상으로 이전된 원인인 매매·교환·현물출자 등(이하 '매매 등'이라 한다) 계약이 법률상 유효할 것까지 요구하고 있지 않다고 전제하고, 매매 등 계약이 처음부터 국토의 계획 및 이용에 관한 법률(이하 '국토계획법'이라 한다)에서 정한 토지거래허가를 배제하거나 잠탈할 목적으로 이루어진 경우와 같이, 위법 내지 탈법적인 것이어서 무효임에도 당사자 사이에서는 매매 등 계약이 유효한 것으로 취급되어 매도인 등이 매매 등 계약의 이행으로 매매대금 등을 수수하여 그대로 보유하고 있는 경우에는 종국적으로 경제적 이익이 매도인 등에게 귀속되고, 그럼에도 매매 등 계약이 법률상 무효라는 이유로 매도인 등이 그로 말미암아 얻은 양도차익에 대하여 양도소득세를 과세할 수 없다고 보는 것은 매도인 등으로 하여금 과세 없는 양도차익을 향유하게 하는 결과로 되어 조세정의와 형평에 심히 어긋나므로, 국토계획법이 정한 토지거래허가구역 내 토지를 매도하고 대금을 수수하였으면서도 토지거래허가를 배제하거나 잠탈할 목적으로 매매가 아닌 증여가 이루어진 것처럼 가장하여 매수인 앞으로 증여를 원인으로 한 이전등기까지 마친 경우 또는 토지거래허가구역 내 토지를 매수하였으나 그에 따른 토지거래허가를 받지 않고 이전등기를 마치지도 않은 채 토지를 제3자에게 전매하여 매매대금을 수수하고서도 최초 매도인이 제3자에게 직접 매도한 것처럼 매매계약서를 작성하고 그에 따른 토지거래허가를 받아 이전등기까지 마친 경우, 이전등기가 말소되지 않은 채 남아 있고 매도인 또는 중간 매도인이 수수한 매매대금도 매수인 또는 제3자에게 반환하지 않은 채 그대로 보유하고 있는 때에는 예외적으로 매도인 등에게 자산의 양도로 인한 소득이 있다고 보아 양도소득세 과세대상이 된다고 보는 것이 타당하다고 판시하였다.

전항에서 본 양도계약의 무효나 취소의 경우에는 그에 따른 원상회복이 전제가 되었기 때문에 양도소득의 과세대상인 양도행위가 없었던 것으로 볼 수 있지만, 원상회복이 전혀 예정되어 있지 아니한 특수한 경우에는 그 효력의 유무를 떠나서 실질적으로 양도인에게 양도소득이 귀속되어 있기 때문에 양도행위가 있었던 것으로 보겠다는 것이다. 그렇지 않으면 강행법규를 위반하여 토지거래허가를 잠탈한 자들을 양도소득세 과세에 있어서 더 우대하는 불합리한 결과가 발생하기 때문이다.

(3) 양도계약 해제 후 가액배상

양도계약을 체결하였으나 양수인의 잔대금지급의무 불이행 등을 이유로 그 양도계약을 해제하고 원상회복을 청구하는 경우가 있는데, 이때에 양수인이 목적물을 제3자에게 전매해버림으로써 원상회복을 할 수 없어 가액배상을 하는 경우 양도소득세를 과세할 수 있는지가 문제된다. 가액배상이 이루어진 후의 결과만 보면 양도계약이 이행되어 양도소득이 실현된 것과 별 차이가 없다. 다만, 양도계약이 이행되었더라면 양도인이 양도대가를 얻었을 것이나 가액배상을 받았다면 가액배상 당시의 목적물 시가상당액이 될 것이라는 차이는 있다. 후자의 경우에도 가액배상액 중 취득가액을 초과하는 부분은 양도소득이 실현된 것이나 다를 바 없다고 할 수 있다.

일찍이 대법원 1989. 7. 11. 선고 88누8609 판결은, 부동산에 대한 매매계약이 합의해제되면 매매계약의 효력은 상실되어 양도가 이루어지지 않는 것이 되므로 양도소득세의 과세요건인 자산의 양도가 있다고 볼 수 없으며 그 부동산에 대한 제3취득자가 있어 양도인 앞으로의 원상회복이 이행불능이 됨으로써 양도인이 이로 인한 손해배상청구권을 취득하더라도 이를 그 부동산의 양도로 인한 소득이라고 볼 수는 없다고 판시하였다. 즉, 어디까지나 가액배상은 손해배상일 뿐이고 양도대가로 볼 수 없고 양도계약은 해제되었으므로 해제의 소급효에 의하여 양도가 있었다고 볼 수 없으므로 양도소득이 있었다고 볼 수 없다는 취지이다. 대법원 2011. 8. 25. 선고 2010두25152 판결, 대법원 2012. 11. 29. 선고 2011두31802 판결도 같은 취지이다.

이러한 판례의 태도에 의하면, 양도소득세 부과처분이 이루어진 후에 계약이 합의해제된 경우에까지 소급효를 이유로 양도소득세를 부과할 수 없다고 한다면 형식적으로만 해제를 하고 실제로는 전혀 원상회복을 하지 아니하는 등 부과처분의 법적 안정성을 해치고 조세회피의 수단으로 악용될 수 있다는 비판이 있을 수 있지만, 당사자 사이의 담합 가능성이 낮은 채무불이행을 원인으로 한 해제권 행사에 의한 법정해제 내지는 약정해제의 경우에 있어서는 부과처분의 전후를 상관하지 아니하고 양도의 효력을 부인하는 것이 상당하다고 볼 수도 있다.

앞서 기타소득에서 언급한 바와 같이 결국 이러한 경우에는 양도소득세를 과세할 수는 없는 노릇이어서 부득이 기타소득의 과세를 검토해야 한다. 소득세법 제21조 제1항 제10호는 계약의 위약 또는 해약으로 인하여 받는 위약금이나 배상금을 기타소득으로 열거하고 있고, 그 시행령 제41조 제7항은 그 위약금이나 배상금 중 본래의 계약의 내용이 되는 지급 자체에 대한 손해를 넘는 손해에 대하여 배상하는 금전 또는 그 밖의 물품의 가액을 기타소득금액으로 규정하고 있다. 여기서 본래의 계약의 내용이 되는 지급 자체에 대한 손해를 양도계약에 따라 양도한 부동산의 시가로 볼 것인지 아니면 그 부동산의 취득가액 상당으로 볼 것인지가 문제되는데 전자로 보면 기타소득금액이 없거나 미미하게 된다. 앞서 언급한 바와 같이 양도인의 입장에서는 결과적으로 그 부동산의 취득가액과 시가 상당의 차액만큼 이익을 취한 것은 분명하므로 이에 대한 과세의 공백을 막고 매매계약이 정상적으로 이행되어 매매대금을 수령한 경우와의 과세상 형평을 유지하기 위해서는 이러한 경우의 지급 자체에 대한 손해는 양도계약에 따라 양도한 부동산의 취득가액 상당이라고 보는 것이 합리적이라고 할 것이다. 그러나 그 부동산의 취득가액은 위 시행령 규정에서 말하는 '본래의 양도계약의 내용이 되는 지급 자체에 대한 손해'라는 문언과 부합하지 않는다는 비판이 있을 수 있고, 그래서 조세법률주의의 원칙상 과세의 공백에도 불구하고 양도한 부동산의 양도당시의 시가로 보아야 한다는 입장도 설득력이 있다고 하겠다. 대법원의 최종적인 결단이 필요한 쟁점이다.

4. 양도소득의 귀속자

양도소득세는 양도소득의 귀속자가 부담하여야 함이 원칙이다. 일반적인 양도에 있어서는 양도소득의 귀속자는 당연히 양도인이 되겠지만 다소 변칙적인 양도에 있어서는 양도소득의 귀속자를 누구로 볼 것인지가 다투어진다. 소득세법 제101조 제2항은 양도소득세를 회피할 목적으로 이루어지는 변칙적인 양도행위를 규제하기 위하여 거주자가 특수관계인에게 자산을 증여한 후 증여받은 자가 5년 이내에 다시 타인에게 양도한 경우로서 양도소득세를 감소시켰다고 볼 수 있는 경우에는 증여자가 그 자산을 직접 양도한 것으로 본다고 규정하고 있다. 변칙적인 양도에 관한 몇 가지 사례들을 살펴본다.

대법원 2012. 9. 13. 선고 2010두13630 판결은, 저당권의 실행을 위한 부동산 임의경매는 담보권의 내용을 실현하여 현금화하기 위한 행위로서 양도소득세 과세대상인 '자산의 양도'에 해당하고, 이 경우 양도소득인 매각대금은 부동산의 소유자에게 귀속되며, 그 소유자가 한정승인을 한 상속인이라도 그 역시 상속이 개시된 때로부터 피상속인의 재산에 관한 권리의무를 포괄적으로 승계하여 해당 부동산의 소유자가 된다는 점에서는 단순승인을 한 상속인과 다르지 않으므로 위 양도소득의 귀속자로 보아야 함은 마찬가지라고 판시하였다. 이 판결에 대하여는 한정승인 상속인이 상속재산을 매각한 경우 양도소득세를 과세한다는 것은 그 자산의 취득시(상속시)부터 매각시까지의 상승된 자산가치를 양도소득세로 과세하는 것인데, 상속재산의 경매절차 등에서 매각대금이 모두 상속채권자들에게 배당되어 한정승인을 한 상속인에게 재산이 없거나 부족한 경우에는 그 가치증가 부분은 한정승인자가 아니라 피상속인의 채권자인 상속채권자들에게 실질적으로 모두 귀속되었다고 할 수 있으므로 소득이 일부라도 귀속되었음을 전제로 한 양도소득세는 과세할 수 없다는 비판이 가능하다.

대법원 2014. 9. 4. 선고 2012두10710 판결은, 명의신탁자가 자신의 의사에 의해 명의신탁재산을 양도하는 경우에는 그가 양도소득을 사실상 지배, 관리, 처분할 수 있는 지위에 있다고 할 것이어서 양도소득의 납세의무자가 된다고 할 것이지만, 명의수탁자가 명의신탁자의 위임이나 승낙 없이 임의로 명의신탁재산을 양도하였다면 양도주체는 명의수탁자이지 명의신탁자가 아니고 양도소득이 명의신탁자에게 환원되지 않는 한 명의신탁자가 양도소득을 사실상 지배, 관리, 처분할 수 있는 지위에 있지 아니하므로 '사실상 소득을 얻은 자'로서 양도소득세의 납세의무자가 된다고 할 수 없고, 명의수탁자가 명의신탁자의 위임이나 승낙 없이 임의로 처분한 명의신탁재산으로부터 얻은 양도소득을 명의신탁자에게 환원하였다고 하기 위하여는, 명의수탁자가 양도대가를 수령하는 즉시 전액을 자발적으로 명의신탁자에게 이전하는 등 사실상 위임사무를 처리한 것과 같이 명의신탁자가 양도소득을 실질적으로 지배, 관리, 처분할 수 있는 지위에 있어 명의신탁자를 양도의 주체로 볼 수 있는 경우라야 하고, 특별한 사정이 없는 한 단지 명의신탁자가 명의수탁자에 대한 소송을 통해 상당한 시간이 경과한 후에 양도대가 상당액을 회수하였다고 하여 양도소득의 환원이 있다고 할 수는 없다고 판시하였다. 양도소득의 실질적인 귀속을 중시한 사례라고 할 수 있다.

위에서 본 소득세법 제101조 제2항과 관련하여, 대법원 2014. 1. 16. 선고 2013두18438 판결은, 원고가 2005. 12. 7. 아들인 A에게 주택을 증여하고 그 증여일부터 5년 이내인 2010. 8. 20. B에게 이를 양도하였으며, 수증자인 A는 증여세 8,100,000원을 신고·납부하였으나 그 양도소득에 관하여는 1세대 1주택 비과세대상으로 보아 양도소득세 신고를 하지 않았고, 원고가 위 주택을 직접 양도하는 경우로 보아 계산한 양도소득세는 46,890,663원인 사안에서, 위 주택의 매도대금 250,000,000원 중 244,000,000원이 직접 또는 A 명의의 계좌를 거쳐 원고 부부의 계좌로 이체된 점, 원고가 위 주택을 A에게 증여한 이후에도 계속하여 위 주택의 관리 및 처분에 관한 업무를 수행한 점, A는 증여 이후 이를 제3자에게 임대하였을 뿐 실제로 거주하지 않은 점, 위 주택의 증여가 없었다면 원고는 1세대 3주택 보유자에 해당하였을 것인 점 등에 비추어, 위 증여가 양도소득세를 부당하게 감소시키기 위한 경우에 해당하고 그 양도소득도 실질적으로 원고에게 귀속된 것으로 볼 수 있다는 이유로, 과세관청이 소득세법 제101조 제2항을 적용하여 위 증여를 부인한 후 원고가 위 주택을 직접 양도한 것으로 보아 원고에게 양도소득세를 부과한 처분은 적법하다고 판단하였다. 소득세법 제101조 제2항이 적용될 수 있는 전형적인 사안이다. 위 조항의 단서에서는 양도소득이 해당 수증자에게 실질적으로 귀속된 경우에는 증여자가 직접 양도한 것으로 보지 아니한다라고 규정하고 있는데, 이 사안에서는 그 양도소득이 수증자인 A에게 실질적으로 귀속되었다고 볼 수 없는 사정이 있어 원고가 직접 양도한 것으로 볼 수 있었다.

5. 취득시기와 양도시기

가. 개요

양도소득세에 있어서 취득시기와 양도시기는 중요한 의미를 가진다. 우선 취득가액과 양도가액을 정하는 기준이 되고, 보유기간에 따른 각종 가중·감면규정의 적용기준이 되며, 양도시기는 적용법령, 신고·납부기한의 기준 등이 된다. 특히 취득시기는 실거래가액이 아닌 기준시가에 의하여 취득가액을 정하는 경우에는 취득가액을 정하는 데 결정적인 영향을 준다. 그래서 조세쟁송에서는 취득시기와 양도시기를 두고 다툼이 자주 일어난다.

취득시기와 양도시기에 관하여는 소득세법 제98조에서 기본적인 규정을 두고 있다. 취득시기 및 양도시기는 대금을 청산한 날을 원칙으로 한다는 것이다. 이 경우 대금에는 해당 자산의 양도에 대한 양도소득세 및 양도소득세액의 부가세액을 양수자가 부담하기로 약정한 경우에는 해당 양도소득세 및 그 부가세액을 제외한다고 규정하고 있다. 그리고 소득세법 시행령 제162조는 제1호에서 대금을 청산한 날이 분명하지 아니한 경우에는 등기·등록접수일 또는 명의개서일로 하고, 제2호에서 대금을 청산하기 전에 등기·등록접수 또는 명의개서를 한 경우에는 그 날로 한다고 규정하고 있다. 다만, 대법원 2018. 11. 9. 선고 2015두41630 판결은 3자간 등기명의신탁 약정에 따라 매수인이 명의수탁자 명의로 마친 소유권이전등기는 매수인 명의의 등기가 아님은 물론이고 매도인과 매수인 사이의 매매계약을 등기원인으로 하는 것이 아니어서 무효이므로 위 규정에서 말하는 소유권이전등기에 해당하지 아니하기 때문에 명의수탁자 명의로 소유권이전등기를 마쳐준 다음 매수인인 명의신탁자와 대금을 청산한 경우는 그 대금을 청산한 날을 양도시기로 보아야 한다고 판시하였다.

그리고 제3호에서는 장기할부조건의 경우에는 소유권이전등기접수일·인도일 또는 사용수익일 중 빠른 날로 한다고 규정하고 있고, 제5호는 상속 또는 증여에 의하여 취득한 재산은 잔금청산일이 없기 때문에 그 상속개시일 또는 증여를 받은 날로 한다고 규정하고 있는데, 여기서 증여를 받은 날이 증여계약일인지 증여를 원인으로 한 소유권이전등기일인지 불분명하나 유상취득의 경우 잔금청산이 됨으로써 소유권이전등기를 청구할 수 있는 상태가 되면 그 등기 전이라도 취득이나 양도가 이루어진 것으로 보는 것과 균형을 맞추기 위해서는 증여계약서상 소유권을 넘겨주기로 약정한 날을 취득일이나 양도일로 새기는 것이 합리적이라고 할 것이다.

이에 대하여 대법원 2012. 3. 29. 선고 2011두8994 판결은, 취득시기와 양도시기에 관한 규정은 납세자의 자의를 배제하고 과세소득을 획일적으로 파악하여 과세의 공평을 기하려는 취지에서 원칙적으로 사실상 소유권을 취득한 시점을 기준으로 자산의 취득시기 및 양도시기를 정한 것으로 이해되므로, 유증이나 사인증여에 의하여 자산을 취득하는 경우에도 별도의 규정이 없는 한 유증 등의 효력이 발생하여 사실상 소유권을 취득하였다고 볼 수 있는 '상속이 개시된 날'이 자산의 취득시기가 되고, 다만 민법이 증여계약의 해제사유를 일반적인 계약에 비하여 넓게 인정하고 있고, 특히 서면에 의하지 아니한 증여의 경우에는 증여계약일을 객관적으로 파악하기도 쉽지 아니한 점 등을 고려하면, 권리의 이전에 등기를 요하는 자산을 증여에 의하여 취득하는 경우에는 예외적으로 '그 등기일'이 위 시행령 규정에서 말하는 '증여를 받은 날'로서 자산의 취득시기가 된다고 봄이 타당하다고 판시하였다. 이 판결은 증여의 특수성을 고려하여 다른 원인에 의한 취득·양도의 경우와는 달리 외부에서 확인하기가 용이하고 다툼의 소지가 작은 법적 소유권의 취득시기인 소유권이전등기일을 그 취득시기나 양도시기로 보겠다는 취지이다.

한편, 환지처분에 의하여 토지가 바뀌는 것은 소득세법 제88조 제2항에서 새로운 취득으로 보지 않기 때문에 소득세법 시행령 제1항 제9호에서도 환지처분으로 인하여 취득한 토지의 취득시기는 환지 전의 토지의 취득일로 한다고 규정하고 있다. 그래서 당초 토지 취득일부터 환지시점까지의 양도차익을 비과세한다는 것이 아니라 나중에 양도시 보유기간 전체에 대한 양도차익을 과세함으로써 환지처분 당시의 양도차익을 과세이연하는 효과를 가져오는 것으로 볼 수 있다.

나. 대금의 청산

취득시기와 양도시기가 되는 대금을 청산한 날이라 함은 대금이 한 푼도 빠짐없이 모두 지급된 날로 보는 것이 아니라 대금이 거의 전부가 지급됨으로써 사회통념상 청산이 사실상 완료된 날로 보는 것이 합리적이다. 이렇게 보지 않으면 극히 소액의 잔대금을 남겨둠으로써 양도시기를 늦추어 양도소득세의 부담을 면탈하는 것을 막기 어렵기 때문이다. 거의 전부 지급되었다는 것 자체가 모호하여 명확한 기준을 제시하기는 어렵지만 양도소득세를 면탈할 목적으로 양도시기를 일부러 늦추기 위한 의도가 보이는 경우에는 대금이 청산되었다고 보는데 무리가 없겠다. 그러나 이러한 의도가 보이지 않는 경우에는 신중하게 판단할 필요가 있다.

대법원 2014. 6. 12. 선고 2013두2037 판결도 부동산의 매매 등으로 대금이 모두 지급된 경우뿐만 아니라 사회통념상 대가적 급부가 거의 전부 이행되었다고 볼 만한 정도에 이른 경우에도 양도소득세의 과세요건을 충족하는 부동산의 양도가 있다고 봄이 타당하다고 전제하고, 대가적 급부가 사회통념상 거의 전부 이행되었다고 볼 만한 정도에 이르는지 여부는 미지급 잔금의 액수와 그것이 전체 대금에서 차지하는 비율, 미지급 잔금이 남게 된 경위 등에 비추어 구체적 사안에서 개별적으로 판단하여야 한다고 판시하였다. 이 판결은 원고가 1999. 12. 10. 도시개발사업을 추진하던 A사에게 토지를 대금 15억 6,825만 원에 매도하기로 하면서, 계약금 1억 4,600만 원은 계약일에, 중도금 14억 225만 원은 2000. 4. 10.에, 잔금 2,000만 원은 '사업승인 후 15일 내'에 각 지급받기로 약정한 다음, A사로부터 계약 당일 계약금을, 2000. 4. 11. 중도금을 각 지급받았고, 1999. 12. 16.에는 A사에 토지 사용승낙서를 작성해 주었으나 A사가 위 토지에 관하여 도시개발사업 승인을 받지 못한 상태에서 2006. 12. 22. 원고에게 잔금 2,000만 원을 지급한 사안에서, 중도금을 받은 2000. 4. 11.을 양도시기로 볼 수 있는지가 다투어졌으나, 2000. 4. 11.에는 총 매매대금의 98.72%를 받기는 하였으나 잔금을 남겨둔 경위나 미지급된 잔금의 액수 등에 비추어 볼 때 잔금 2,000만 원은 거래관행상 대금이 모두 지급된 것으로 볼 수 있을 정도로 적은 금액이라고 보기도 어렵다고 판시하였다. 이와 같이 미청산된 금액이 전체 금액에서 차지하는 비율이 미미하다고 해서 함부로 대금이 청산되었다고 볼 것은 아니고 미청산금이 남게 된 경위와 미청산금액의 절대적 크기 등을 두루 고려하여 합목적적으로 판단하여야 할 것이다.

잔금의 지급시기와 관련하여 무효등기의 유용이 문제가 된 사안이 있다. 대법원 2014. 3. 13. 선고 2013두24532 판결이다. P주택조합이 2005. 3. 31.경 원고 소유의 토지에 관하여 원고와의 동명이인인 제3자와 매매계약을 체결하고 2004. 6. 10. 소유권이전등기를 마쳤다. 그러자 원고가 2006. 2. 7. P주택조합을 상대로 진정명의회복을 원인으로 하는 소유권이전등기청구의 소를 제기하였다가 2008. 3. 3. P주택조합과 사이에 위 토지를 16억 원에 매도하기로 하고 위 소유권이전등기를 유효한 것으로 인정하는 합의가 이루어져 원고가 같은 날 16억 원을 수령한 후 소를 취하하였다. 원고는 위 토지의 양도시기를 2004. 6. 10.로 보아 양도가액을 기준시가로 산정하여 양도소득세를 신고하였으나, 과세관청은 그 양도시기를 2008. 3. 3.로 보아 양도가액을 실거래가액으로 산정하여 양도소득세를 부과하였다. 2006. 1. 1.부터 소득세법이 개정되어 양도가액을 기준시가에 의하여 산정하던 것을 실지거래가액에 의하여 산정하게 되었기 때문에 일어난 쟁송이다. 이에 대하여 대법원은, 원고가 P주택조합과 위 합의서를 작성함으로써 위 제3자와 P주택조합 사이에 체결된 매매계약을 추인한 것이 아니라 원고와 P주택조합 사이에 새로운 매매계약을 체결하였다고 보아야 하고, 따라서 위 토지의 양도시기는 원고와 P주택조합 사이의 위 합의에 따라 대금 지급이 이루어진 2008. 3. 3.로 보아야 한다고 판단하였다.

잔금지급시기보다 소유권이전등기일이 빠르면 소유권이전등기일을 양도시기로 보는 것이 원칙이지만 이 사안에서는 원래의 소유권이전등기일인 2004. 6. 10. 당시에는 그 등기가 원인무효이기 때문에 그때 소유권이전등기가 있었다고 볼 수 없고, 합의가 이루어진 2008. 3. 3. 비로소 위 소유권이전등기를 유용하기로 합의한 것이므로 그때서야 비로소 위 등기가 유효하게 되었고, 같은 때에 잔금도 청산되었으므로 이때를 양도시기로 보는 것이 맞다. 타당한 판결이다.

다. 교환

교환에 의한 취득이나 양도가 더러 있음에도 소득세법 시행령 제162조에서는 이 경우의 취득시기와 양도시기에 관하여 별 규정을 두고 있지 않다. 교환은 금전 이외의 재산권을 서로 이전하는 계약이고 매매에 관한 규정이 준용되므로 등가교환일 때에는 대금의 청산이 필요하지 아니하다. 따라서 교환계약에 의하여 대가로 취득하는 자산에 대한 등기나 주권의 교부 등이 바로 이루어졌을 때에는 그 등기일 또는 교부일이 양도시기로 될 것이다. 그러나 당사자 일방이 재산권의 교환에 즈음하여 차액에 관하여 금전으로 교환 차액을 지급하는 경우에는 그 금전에 대하여는 매매대금에 관한 규정을 준용하므로, 이 경우에는 그 차액에 대하여 지급을 하였을 때에 대금의 청산이 있었던 것으로 보아 이때를 양도나 취득시기로 보면 될 것이다.

일반적인 등가교환인 경우 언제를 취득시기나 양도시기로 볼 것인지에 관하여는 대법원 2011. 7. 28. 선고 2008두5650 판결이 시사점을 준다. 이 판결은 법인이 교환으로 취득하는 자산의 취득시기에 관한 것인데, 이에 관하여 법인세법에 별도의 규정을 두고 있지 아니하고, 조세법률주의 원칙상 소득세법 등 다른 세법의 취득시기에 관한 규정이나 법인세법상 익금 및 손금의 귀속 사업연도에 관한 규정을 그대로 적용할 수는 없으나, 기업회계상 자산의 인식 시점을 당해 자산에 내재된 미래의 경제적 효익이 회사에 유입할 가능성이 매우 높고 원가 또는 가치가 신뢰성 있게 측정될 수 있을 때로 보고 있는 점, 교환으로 인한 자산의 취득 및 양도시기는 특별한 사정이 없는 한 동일한 기준에 의하여 판단하는 것이 합리적인데, 교환으로 인한 자산의 양도시기는 교환으로 취득하는 자산에 대한 실질적인 처분권을 취득한 때로 보는 것이 타당한 점 등을 종합하면, 교환으로 취득하는 자산의 취득시기는 특별한 사정이 없는 한 자산에 대한 실질적인 처분권을 취득한 때로 보아야 한다고 판시하였다. 위 판결에 의하면 실질적인 처분권의 이전시를 취득시기나 양도시기로 본다는 것이다. 즉, 양도대가로 취득하는 자산의 실질적 처분권을 취득한 때를 양도시기로 보고 아울러 그때가 취득하는 자산의 취득시기가 된다. 여기서 실질적 처분권의 취득에 관하여는 결국 그 실질을 따져야 한다는 것이므로 기준이 간단·명료하지가 않아 개별 사안별로 구체적 타당성을 잘 고려하여 판단할 수밖에 없다.

이에 관한 구체적 판단 사례로는 대법원 2012. 12. 13. 선고 2012두11393 판결이 있다. 원고는 2001. 12. 20. A에게 P사의 주식 전부를 양도하고 그 대신 A로부터 Q사의 주식 전부를 양도받기로 하는 교환계약을 체결하고, 그에 따라 원고와 A는 2001. 12. 31. 각각 주식양수도계약서와 인감증명서를 교환한 다음 2002. 1. 1.부터는 각자가 양수받은 회사를 운영하였고, 그 무렵 정산이 이루어져 원고만 추가로 A에게 26억 원을 지급하기로 하여 원고가 2002. 3. 11. A에게 그 금액을 최종적으로 지급한 사안에서, P사 주식의 양도시기가 문제되었는데, 대법원은, 원고는 2001. 12. 31.에는 교환의 대가로 받기로 한 Q사 주식에 대한 실질적인 처분권을 취득한 것으로 봄이 상당하다 할 것이므로, 원고가 위 교환계약에 따라 양도한 P사 주식의 양도시기는 대금 청산이 이루어졌다고 볼 수 있는 2001. 12. 31.이라고 판단하였다.

이 사안에서 교환에 따른 대금청산은 2002. 3. 11. 이루어졌지만 그 청산의무는 원고의 일방적인 의무이고 상대방인 A의 의무는 아니었다. 따라서 원고가 양도한 P사 주식에 대한 대가는 Q사 주식의 실질적 처분권을 취득한 2001. 12. 31. 전부 수령한 셈이고, 이에 비하여 A는 자기가 양도한 Q사 주식에 대한 대가는 정산금을 받은 2002. 3. 11.에서야 비로소 전부 수령한 셈이 된다. 따라서 A의 입장에서 Q사 주식의 양도시기는 2001. 12. 31.이 아니라 2002. 3. 11.이 된다고 할 것이다.

라. 이혼에 의한 재산분할

(1) 기본 법리

이혼에 의한 재산분할제도는 혼인 중에 부부 쌍방의 협력으로 이룩한 공동재산을 청산 분배하는 것이어서 실질적으로는 공유물분할에 해당하는 것이므로 재산분할의 일환으로 부부 일방의 소유명의로 되어 있던 부동산을 상대방에게 이전하였다고 하여도 그와 같은 부동산의 이전은 양도소득세의 부과대상이 되는 유상양도에 해당하지 않는다고 보는 것이 대법원 1998. 2. 13. 선고 96누14401 판결의 입장이다. 그래서 공유물의 분할은 법률상으로는 공유자 상호 간의 지분의 교환 또는 매매라고 볼 것이나 실질적으로는 공유물에 대하여 관념적으로 그 지분에 상당하는 비율에 따라 제한적으로 행사되던 권리, 즉 지분권을 분할로 인하여 취득하는 특정부분에 집중시켜 그 특정부분에만 존속시키는 것으로 그 소유형태가 변경될 뿐이라고 할 것이므로 이를 자산의 유상양도라고 할 수 없으며, 이러한 법리는 한 개의 공유물을 분할하는 경우나 여러 개의 공유물 또는 공유자산을 일괄하여 분할하는 경우에도 마찬가지이다. 이와 같이 재산분할로 인하여 재산을 취득하는 것은 유상양도에 의하여 취득하는 것으로 보지 않기 때문에 그 취득자가 나중에 이를 제3자에게 양도함으로써 양도차익을 계산할 때 그 취득가액은 최초의 취득시기를 기준으로 해야 하며 재산분할시를 기준으로 할 것은 아니다. 대법원 2003. 11. 14. 선고 2002두6422 판결이 이러한 취지이다.

다만, 재산분할을 할 때 어느 일방이 자신의 몫을 초과하여 받아감으로써 그 초과분을 금전으로 정산하였다면 이 부분은 유상양도에 해당한다고 할 것이다. 그리고 재산분할이 아니라 위자료나 자녀양육비의 부담을 위하여 어느 일방이 상대방에게 자기 몫의 재산을 이전하여 주었다면 이는 대물변제의 성격을 지니는 것이므로 역시 유상양도에 해당한다. 대법원 2001. 5. 8. 선고 99두12014 판결, 대법원 2002. 6. 14. 선고 2001두4573 판결도 같은 취지이다.

(2) 사례 분석

조세쟁송에서는 이혼시 다른 일방으로부터 취득하는 재산이 재산분할에 의한 것인지 아니면 위자료나 자녀양육비 등 다른 채무에 대한 대물변제로 취득한 것인지가 가끔 다투어진다. 이에 관한 사안으로 대법원 2012. 9. 13. 선고 2012두10901 판결이 있다.

원고와 그 남편 A의 이혼 및 재산분할청구사건에서, 이혼 당시 원고에게는 재산분할대상이 되는 재산이 없었고, A에게는 아파트와 빌라 1채, 토지 8필지 등 10건의 부동산 시가 합계 45억 원 상당을 비롯하여 주식 등 총 135억 원 상당의 적극재산과 대출금 채무 15억 원의 소극재산이 있어 순재산은 120억 원이었기 때문에, 제1심 법원은, A로 하여금 순재산의 약 20%에 해당하는 24억 원을 원고에게 재산분할로 지급할 것을 명하였다. 당시 A는 위 아파트를 제외한 나머지 부동산과 주식에 대해서만 자신의 특유재산이라는 이유로 재산분할대상에서 제외되어야 한다고 주장하였다. 항소심에서는 2008. 1. 25.

조정이 성립하여 A가 원고에게 지급해야 할 금액은 재산분할 24억 원, 위자료 3,000만 원, 부양료 2,000만 원 합계 24억 5,000만 원에서 기 지급한 3억 원을 공제한 금액으로 확정하면서 재산분할은 A 소유의 아파트 소유권 20억 원으로 평가하여 이를 이전하는 것으로 갈음하기로 하되, 위 아파트의 실질적 가치(위 평가액 20억 원에서 아파트의 근저당채무액을 공제한 금액)를 제외한 나머지 금액을 현금으로 지급하기로 하였다. 그에 따라 원고는 2009. 6. 1. 위 아파트에 관하여 '2008. 1. 25. 재산분할'을 원인으로 자기 명의로 소유권이전등기를 마쳤다. 그리고 원고는 2009. 6. 23. 위 아파트를 제3자에게 양도하였는데, 양도소득세를 신고하면서 위 아파트를 대물변제로 취득하였다는 이유로 그 취득일을 2009. 6. 1.로 하여 취득가액을 산정하였으나, 과세관청은 위 아파트를 재산분할로 취득한 것이라는 이유로 그 취득일을 A가 취득한 2004. 7. 23.로 보아 취득가액을 산정하였다.

이에 대하여 원심은, 원고가 위 아파트를 취득한 원인은 재산분할이 아니라 대물변제로 보아야 한다는 이유로 원고의 청구를 인용하였으나, 대법원은, 법원이 이혼으로 인한 재산분할의 액수와 방법을 정하는 절차에서 이 사건 아파트를 당사자 쌍방의 협력으로 이룩한 재산으로서 재산분할의 대상인 재산으로 인정하고 당사자 일방인 A가 상대방인 원고에게 재산분할로, 그 가액이 원고에게 재산분할로 이전되어야 할 재산의 금전적 평가액 내인 위 아파트의 소유권을 이전함과 아울러 나머지를 금전으로 지급하도록 정한 조정이 성립한 이상, 이는 재산분할의 구체적인 방법으로서 현물분할과 금전지급에 의한 분할 방법을 혼용하여 재산분할을 한 것으로 볼 것이지, 재산분할의 조정조항 중에 A가 원고에게 지급해야 할 재산분할 금액을 특정한 금액으로 확정하고 재산분할은 위 아파트의 소유권을 이전하는 것으로 갈음한다는 표현이 포함되어 있다고 하여 원고가 위 아파트의 소유권을 취득한 원인이 재산분할이 아니라 재산분할채무금 지급에 갈음한 대물변제라고 볼 수는 없다고 판시하여 과세관청의 손을 들어 주었다.

이 사안에서, 분할대상 재산의 전체 가액을 약 120억 원으로 평가하고 그중 원고의 기여분을 20% 정도로 보아, 원고에게 재산분할로 귀속시킬 부분을 24억 원으로 정하여 이를 귀속시키는 방법으로 재산분할대상 재산 중 위 아파트를 원고에게 주기로 한 것이므로 전체적으로 보아 이는 전형적인 현물에 의한 재산분할에 해당한다고 할 것이다. 현물에 의한 재산분할이라고 해서 개개의 현물을 일일이 쪼개는 것은 매우 이례적이고, 일반적으로는 분할대상 재산의 전체 가액을 평가한 다음 그중 분할되어 귀속시켜야 할 비율로 가액을 정하고 그 가액에 상당하는 재산을 현물로 이전하며 이것이 현물에 의한 재산분할의 전형이며, 이 사안이 바로 여기에 해당한다. 만일 남편이 재산분할대상 재산인 위 아파트가 아니라 자신의 특유재산 24억 원 상당을 원고에게 이전하였다면 원심과 같이 대물변제로 볼 여지가 없지 않으나 남편이 원고에게 이전한 것은 바로 재산분할대상

재산 그 자체이므로 그와 같이 볼 수 없다. 원심의 논리처럼 재산분할을 현물분할에 의하지 않고 현금 24억 원을 지급하기로 먼저 약정하였다고 보아 먼저 현금채무가 성립하였다고 보고 그 현금채무의 지급에 갈음하기 위하여 위 아파트가 이전되었다고 보는 것은 그 실상과 동떨어진 매우 의제적이고 부자연스러운 구성이다. 그리고 재산분할로 원고에게 귀속시켜야 할 가액이 24억 원이고, 위 아파트의 가액은 20억 원으로 평가되었으므로 위 아파트는 재산분할에 전부 충당된 것으로 봄이 상당하다. 조정조항에서 위자료와 부양료가 일부 포함되어 정산되는 것으로 기재하였으나 재산분할액만으로도 위 아파트의 가액을 초과하고 위자료와 부양료는 재산분할액에 비하여 미미하며 남편은 위 아파트를 이전하는 것 외에 부족분은 현금으로 지급하기로 하였으므로 위자료와 부양료는 위 아파트에 포함되어 있지 않고 따로 현금으로 지급된 것으로 보는 것이 상당하다. 따라서 대법원의 판단이 타당하다고 할 것이다.

마. 양도대금의 공탁

양도계약을 이행함에 있어 양수인이 양도대금을 지급하고자 하여도 정당한 양도인이 누구인지를 알 수 없어 양도대금을 공탁하는 경우가 있다. 이럴 때 양수인의 입장에서는 양도대금을 '불확지공탁'함으로써 변제의 효과가 있기 때문에 잔금을 청산한 결과가 되고 따라서 그 취득시기가 도래한다고 할 것이다. 그러나 양도인의 입장에서는 그 공탁금에 대한 진정한 권리자가 자신이라는 것이 증명되지 않으면 그 공탁금을 출급받을 수 없다. 이러한 경우 양도인의 입장에서 양도시기가 도래하였다고 할 수 있는지가 문제된다. 이는 권리의무확정주의와 관련된 문제이다.

대법원 2012. 2. 23. 선고 2010두9372 판결은 수용 대상 토지에 대하여 소유권의 귀속에 관하여 다툼이 있어 수용보상금이 공익사업법 제40조 제2항 제2호에 따라 상대적 불확지공탁된 경우 토지의 양도시기는 피공탁자들 사이의 본안소송에 대한 판결이 확정된 때라고 보았다. 위 판결은, 한국토지공사가 원고의 토지를 수용하는 과정에서 A가 그 토지의 소유자라고 주장하면서 원고를 상대로 소유권보존등기 말소청구소송 등을 제기하자 한국토지공사가 수용보상금에 관하여 진정한 권리자가 원고인지 A인지를 알 수 없다는 이유로 수용보상금을 공익사업법 제40조 제2항 제2호에 따라 이들 모두를 피공탁자로 하는 상대적 불확지공탁을 한 사안에서, 원고로서는 A가 제기한 소유권보존등기 말소청구소송 등에서 그 청구를 기각하는 판결이 확정되기 전에는 위 공탁금에 대한 권리자로 인정받을 수 없어 이를 출급하는 것이 불가능하고 위 판결이 확정된 때에 비로소 위 공탁금에 대한 권리자로서 이를 출급할 수 있게 되는 것이어서 원고의 권리는 위 판결이 확정된 때에 비로소 그 실현의 가능성에 있어 상당히 높은 정도로 성숙·확정되었다고 할 것이므로 그 토지의 양도시기는 수용보상금의 공탁일이 아니라 위 판결의 확정일로 보아야 한다고 판시하였다. 이 사안과 같이 불확지공탁이 아니라 양도인이 수령을 거절한다는 이유로 확지공탁을 하였다면 그 공탁을 하는 때에 양도인에게 공탁금출급청구권이 확정적으로 귀속되므로 그때를 양도시기로 볼 수 있을 것이다.

대법원 2012. 5. 9. 선고 2010두22597 판결도 같은 취지이다. H공사가 원고종중 명의로 등기된 토지를 수용하면서 수용보상금을 지급하려고 하였으나, A종중이 2004. 11. 29. 위 수용보상금 채권의 처분금지가처분 결정을 받자 H공사가 2004. 12. 2. 수용보상금을 공탁하고, 2004. 12. 16. 그 토지에 관한 소유권이전등기를 마쳤고, A종중은 원고에 대하여 공탁금출급청구권이 A종중에게 있다는 확인을 구함과 아울러 원고에게 공탁금출급청구권에 대한 양도절차 이행을 구하는 소를 제기하였으나, 각하판결이 선고되어 그 판결은 2010. 5. 13. 확정된 사안에서, 원고로서는 A종중이 제기하는 공탁금출급청구권 확인청구소송 등에서 그 청구를 각하하는 판결이 확정되기 전에는 위 공탁금에 대한 권리자로 인정받을 수 없었으므로 위 토지의 양도시기로서 그 양도소득이 원고에게 귀속된 날은 그 수용보상금의 공탁일인 2004. 12. 2.이 아니라 위 판결의 확정일인 2010. 5. 13.로 보아야 한다고 판시하였다. 이와 같이 양도대금의 공탁시에는 양도인의 양도시기와 그 상대방의 취득시기가 불일치하는 경우가 발생하게 된다.

바. 장기할부조건부 양도

앞서 본 바와 같이 소득세법 시행령 제162조 제1항 제3호는 장기할부조건의 경우에는 소유권이전등기 접수일, 인도일 또는 사용수익일 중 빠른 날을 취득시기나 양도시기로 한다고 규정하고 있다. 그리고 소득세법 시행규칙 제78조는 장기할부조건이라 함은 자산의 대금을 월부·연부 기타의 부불방법에 따라 수입하는 것으로서 계약금을 제외한 양도대금을 2회 이상으로 분할하여 수입하되, 소유권이전등기 접수일·인도일 또는 수용수익일 중 빠른 날의 다음 날부터 최종 할부금의 지급기일까지의 기간이 1년 이상인 것을 말한다고 규정하고 있다. 이러한 장기할부조건은 양도계약의 조건이 되는 것이기 때문에 양도약정시 이러한 내용이 조건으로 확정되어 있어야 하며, 그 약정당시에는 이러한 내용이 불확실한 상태에 있다가 결과적으로 위와 같은 내용으로 되었다고 해서 장기할부조건이라고 볼 수는 없는 것이다.

대법원 2014. 6. 12. 선고 2013두2037 판결도 매매계약의 경우 그 계약 당시에 최종 할부금의 지급기일이 자산의 소유권이전등기 접수일·인도일 또는 사용수익일 중 빠른 날의 다음 날부터 최종 할부금의 지급기일까지의 기간이 1년 이상임이 확정되어 있어야만 장기할부조건부 매매의 요건을 갖춘 것으로 볼 수 있고, 단지 최종 할부금의 지급일까지 상당한 기간이 소요될 것으로 예상되었거나 구체적인 계약 이행 과정에서 최종 할부금의 지급이 지연되어 결과적으로 소유권이전등기 접수일·인도일 또는 사용수익일 중 빠른 날의 다음 날부터 1년 이상이 경과된 후에 지급되었다고 하여 장기할부조건부 매매라고 할 수는 없다고 판시하였다. 이 판결은, 앞서 본 바와 같이 원고가 1999. 12. 10. 도시개발사업을 추진하던 A사에게 토지를 대금 15억 6,825만 원에 매도하기로 하면서, 계약금 1억 4,600만 원은 계약일에, 중도금 14억 225만 원은 2000. 4. 10.에, 잔금 2,000만 원은 '사업승인 후 15일 내'에 각 지급받기로 약정한 사안에서, 매매계약 체결할 당시 잔금 2,000만 원을 '사업승인 후 15일 내'에 지급받기로 약정하였을 뿐이고, 사업승인이 언제 이루어질 것인지도 계약 당시 확정할 수 없었던 것이므로 소유권이전등기 접수일·인도일 또는 사용수익일 중 빠른 날의 다음 날부터 잔금의 지급기일까지의 기간이 1년 이상이라고 할 수 없어 장기할부조건부 매매에 해당하지 아니한다고 할 것이고, 잔금이 실제로 지급된 때까지의 기간이 결과적으로 1년 이상이 되었다고 하여 달리 볼 것은 아니라고 판시하였다.

그리고 사용수익일에 관하여 대법원 2015. 12. 10. 선고 2015두48266 판결은, '사용수익일'에는 양수인이 매매목적물인 자산을 현실적으로 사용·수익하기 시작한 날은 물론 매매계약의 내용 중 특약으로 정한 사용·수익이 가능한 날도 포함된다고 할 것이지만, 양수인이 양도인으로부터 매매목적물인 자산을 이용·관리할 수 있도록 하는 승낙을 받았다고 하더라도 그것이 그 자산을 잠정적으로 보존·유지·관리하거나 제한적인 목적에서 일시적으로 이용하도록 하는 것에 불과한 경우에는 양수인으로 하여금 그 자산을 독자적으로 사용·수익할 수 있게 한 것이 아니므로 그와 같은 승낙일은 이 사건 조항에서 정한 '사용수익일'에 해당한다고 할 수 없다고 판시하였다.

위 판결의 사안에서, 원고는 2004. 10. 1. 학교법인 A학원에게 과수원으로 이용하던 토지를 43억 원에 매도하면서, 그 매매대금을 분할하여 계약 시에 계약금 4억 원을, 2004. 11. 1.에 1차 중도금 17억 원을, 2005. 3. 2.에 2차 중도금 20억 원을, 2009. 12. 15.에 잔금 2억 원을 각각 지급받기로 정하였다. 그리고 농지법 등의 규정상 곧바로 A학원 명의로 소유권이전이 불가능하다는 등의 이유로, 원고는 A학원이 위 토지를 그 소속 대학교의 교지로 사용할 수 있도록 2차 중도금 수령 시에 토지편입신청승낙서를 발급하고 이후 소유권이전 때까지 인허가를 위한 제반 서류를 A학원의 요구에 따라 제공하되 그때까지 부과되는 각종 세금 등은 원고들이 부담하며, 소유권이전에 필요한 서류는 A학원 명의로 소유권이전이 가능할 때 제공하기로 특약하였다. 이에 따라 원고는 2005. 3. 3.에 2차 중도금을 지급받고 A학원에게 토지편입신청승낙서를 교부하였으나, 그 후 2009. 12. 15. A학원으로부터 잔금을 지급받기까지 위 토지를 과수원으로 계속 사용하였고, 그때까지의 세금 역시 원고들이 부담하였다. 위 토지는 2010년 8월경 학교부지 조성사업에 편입되었고, 2010. 9. 1. A학원 앞으로 소유권이전등기가 이루어졌다. 이에 대하여 대법원 2015. 12. 10. 선고 2015두48266 판결은, 원고가 2005. 3. 3. A학원에게 토지편입신청승낙서를 교부하였다고 하더라도 이는 원고가 위 토지를 계속 사용·수익하는 상태에서 A학원으로 하여금 위 토지에 관한 학교시설결정 등 각종 인허가를 받을 수 있도록 편의를 제공한 제한적인 것에 불과하므로, 위 특약에서 정한 토지편입신청승낙서 교부일은 '사용수익일'에 해당한다고 할 수 없고, 원고가 2005. 3. 4. 위 토지에 관하여 A학원 명의로 채권최고액 84억 원의 근저당권을 설정하여 주었다거나 그때까지 A학원으로부터 지급받은 매매대금이 전체 금액의 약 95%에 이른다는 등의 사정만으로 달리 볼 것은 아니라고 판시하였다. 위 사안에서 원심은 위 토지에 대한 사용수익일을 2005. 3. 3.로 보았으나, 원고가 2005. 3. 3. 이후에도 2009. 12. 15. 잔금을 수령할 때까지 위 토지를 본래의 과수원 용도로 계속 사용하고 있었으므로 원심과 같이 A학원의 위 토지에 대한 사용수익일을 2005. 3. 3.로 보는 것은 무리였다고 할 수 있다. 대법원 판결이 타당하다.

6. 양도가액

가. 개요

양도소득세에 있어서 양도차익은 양도가액에서 필요경비를 공제하여 산정하게 된다. 따라서 양도가액의 산정이 선행되어야 한다. 소득세법 제96조 제1항은 양도가액은 그 자산의 양도당시의 양도자와 양수자 간에 실제로 거래한 가액(실지거래가액)에 따른다고 규정하고 있다. 2006. 12. 31. 이전에는 양도가액과 취득가액을 기준시가에 의하여 산정하는 것이 원칙이었고 그래서 당시에는 실제 양도차익과 달리 양도소득세 과세를 위한 목적으로 양도차익이 따로 있었다고 할 수 있다. 그러나 2007. 1. 1.부터는 실지거래가액에 의하여 양도차익을 산정하는 것을 원칙으로 하고 있어서 조세쟁송에서는 양도가액에 관한 다툼이 더 많아졌다고 할 수 있다.

실지거래가액, 즉 실지양도가액이란 양도목적물의 양도당시의 객관적인 교환가치에 의한 가액이 아니라 양도자와 양수자 간에 실제로 거래한 가액, 즉 양도자가 양도목적물의 대가로 실제로 수령하거나 수령하기로 약정한 금액을 의미한다. 대법원 1992. 5. 12. 선고 91누10848 판결은 실지취득가액을 확인하는 것은 실질과세의 원칙에 충실하기 위하여 실지의 양도소득금액을 파악하기 위한 것이므로, 그것은 양도자가 당해 자산을 취득함에 있어서 실제로 소요된 가액임이 틀림없다는 것을 매매계약서 기타 증빙자료에 의하여 인식하는 것을 말하고, 소급 시가감정에 의한 취득당시의 객관적 교환가치에 대한 인식을 가리키는 것은 아니라고 판시하였다. 대법원 1994. 12. 9. 선고 94누6840 판결, 대법원 1997. 2. 11. 선고 96누860 판결 등도 같은 취지이다.

다만, 소득세법 제114조 제7항은 양도당시의 실지거래가액을 인정 또는 확인할 수 없는 경우에는 양도가액을 매매사례가액, 감정가액, 환산가액 또는 기준시가 등에 따라 추계할 수 있다고 규정하고 있다. 여기서 그 적용은 소득세법 시행령 제176조의2 제3항에 의하여 매매사례가액, 감정가액, 환산가액, 기준시가의 순서에 따라야 한다. 그 순서는 실지거래가액에 근접하는 정도의 순서로 볼 수 있다. 이는 취득가액의 산정에도 그대로 적용된다.

나. 부당행위계산부인시 상장주식의 양도가액

소득세법 제101조 제1항에 의하여 양도소득세 산정에 있어서도 부당행위계산부인제도가 적용되므로, 소득세법 시행령 제167조 제4항에 의하여 특수관계인 사이의 거래에 있어서 시가를 초과하여 취득하거나 시가에 미달하게 양도함으로써 조세의 부담을 부당히 감소시키는 것으로 인정되는 때에는 그 취득가액 또는 양도가액을 시가에 의하여 계산한다. 여기서 소득세법 시행령 제167조 제5항은 시가란 상속세 및 증여세법 제60조 내지 64조를 준용하여 평가한 가액에 의한다고 규정하고 있다. 즉, 시가에 관하여 독자적 규정을 두지 않고 상속세 및 증여세법의 규정을 전적으로 원용하고 있었다.

이에 반하여 법인세법 시행령 제89조 제1항은 해당 거래와 유사한 상황에서 해당 법인이 특수관계인 외의 불특정다수인과 계속적으로 거래한 가격 또는 특수관계인이 아닌 제3자간에 일반적으로 거래된 가격이 있는 경우에는 그 가격(주권상장법인이 발행한 주식을 한국거래소에서 거래한 경우 해당 주식의 시가는 그 거래일의 한국거래소 최종시세가액)에 따르도록 하면서, 그것이 불분명할 경우 상속세 및 증여세법 제61조 이하의 규정을 준용하도록 하고 있다.

이 때문에 상장주식의 경우 법인세법에서의 시가와 소득세법에서의 시가가 달라지게 된다. 법인세법에서는 원칙적으로 당해 거래일의 한국거래소 최종시세가액이 된다. 하지만 소득세법에서는 상속세 및 증여세법 제63조 제1항 (가)목에 의하여 당해 거래일 이전·이후 각 2개월간 공표된 최종시세가액의 평균액이 된다. 아울러 최대주주 등의 주식의 경우에도 법인세법에서는 불특정다수인 사이의 거래가격이나 한국거래소의 최종시세가액이 시가가 될 수 있지만 소득세법에서는 상속세 및 증여세법 제63조 제3항에 의하여 10% 내지 30% 할증평가한 가액이 시가가 된다. 다만, 소득세법 시행령 제167조 제6항은 개인과 법인 간에 재산을 양수도하는 경우로서 그 대가가 법인세법 시행령 제89조의 규정에 의한 가액에 해당되어 당해 법인의 거래에 대하여 법인세법 제52조의 규정이 적용되지 아니하는 경우에는 부당행위계산부인 규정을 적용하지 않도록 하고 있다.

같은 취지에서 대법원 2021. 5. 7. 선고 2016두63439 판결은, 위 소득세법 시행령 제167조 제6항은 특수관계에 있는 개인과 법인 사이의 주식 등 재산 양도에서 '그 대가가 법인세법 시행령 제89조에서 정한 시가에 해당함'을 전제로 하여, 해당 법인의 거래에 대하여 부당행위계산부인에 관한 법인세법 제52조가 적용되지 않는 경우 그 상대방인 개인에 대하여도 양도소득의 부당행위계산부인에 관한 소득세법 제101조 제1항을 적용하지 않는다는 것이며, 이와 달리 위 시행령 조항을 개인과 법인에 적용되는 시가를 법인세법상 시가로 일치시키려는 규정으로 볼 수는 없다고 판시하였다.

이와 같이 상장주식의 양도가액에 관하여 소득세법이 법인세법에 비하여 납세자에게 불리한 규정을 두고 있었는데 그 이유를 찾기가 어려웠다. 그래서 위 소득세법 시행령 제167조가 모법의 범위를 벗어나 무효라고 볼 수 있는지가 다투어졌다. 이에 대하여 대법원 2020. 6. 18. 선고 2016두43411 전원합의체 판결의 다수의견(7인)은 입법재량의 범위 내라는 이유 등으로 무효가 아니라고 판시하였다. 반면에 소수의견(6인)은 무효라고 보았다. 아슬아슬하게 그 효력은 유지되었지만 합리적인 이유를 들기가 어려워 결국 입법으로 해결하게 되었다.

2021. 2. 17. 소득세법 시행령 제167조가 개정되면서 제7항을 신설하여 제5항에도 불구하고 주권상장법인이 발행한 주식의 시가는 법인세법 시행령 제89조 제1항에 따른 시가로 한다고 함으로써 소득세법과 법인세법을 일치시켰다. 타당한 입법이다.

다. 교환시의 양도가액

(1) 실지거래가액의 적용

소득세법 제88조 제1항은 교환도 양도의 일종으로 규정하고 있으므로 실지거래가액에 의하여 양도가액을 산정하도록 한 소득세법 제96조 제1항은 교환의 경우에도 당연히 적용된다. 그런데 양도대가로 금전을 받을 경우 실지거래가액은 그 금전의 액수가 되므로 별문제가 없으나 금전 이외의 대가를 징수하는 교환의 경우 실지거래가액을 산정하는 것이 쉽지 않다. 교환에서는 교환의 비율이 중요한 것이지 교환가액은 중요하지 않다.

그래서 교환가액 자체가 정해지지 않는 경우도 있으며, 교환가액이 정하여져 있다고 하더라도 그것이 교환목적물의 실제 가치를 반영하지 못하는 경우도 있고 양도소득세 부담을 회피하기 위하여 일부러 교환가액을 높거나 낮게 정할 수도 있으므로 이를 그대로 실지거래가액으로 받아들이기는 어렵다.

교환의 형태에는 단순하게 물건과 물건을 교환하는 물물교환이 있고, 물건과 물건을 교환하면서 그 가치의 차이를 정산하기 위하여 금전의 수수가 이루어지는 정산부 교환이 있다. 앞서 언급한 바와 같이 실지거래가액은 시가와는 다른 개념이므로 교환에 있어서도 양도하는 목적물의 양도당시의 객관적인 교환가치에 의한 가액을 실지양도가액이라고 할 수 없을 뿐만 아니라 취득한 목적물의 객관적인 교환가치에 의한 가액 역시 양도하는 목적물의 실지양도가액이라고 할 수 없다. 그러므로 원칙적으로 교환에 있어서는 실지거래가액이 존재하지 않는다고도 할 수 있다.

그렇다고 교환에 있어서는 항상 실지거래가액이 존재하지 않는다고 할 수는 없다. 교환거래의 당사자들이 교환목적물의 금전가치를 평가하여 그 금전가치를 표준으로 하는 가치적 교환을 하면서 금전가치를 토대로 거래가액을 약정한 경우에는 교환으로 취득하는 목적물에 대해 당사자들이 평가한 금전가치가 양도하는 목적물의 실지양도가액이 될 수도 있는 것이다. 그래서 이러한 경우와 같이 교환에 있어서 위와 같은 실지양도가액이 존재한다는 점에 관하여는 이를 주장하는 자가 증명하여야 할 것이다.

(2) 감정평가와 평가차액의 정산

대법원 1994. 12. 9. 선고 94누6840 판결은, 거래가 교환인 경우에는 그것이 특히 목적물의 금전가치를 표준으로 하는 가치적 교환으로서 각 물건에 대한 시가감정을 하여 그 감정가액상의 차액에 대하여 금전의 보충지급 등 정산절차를 수반한 때에는 그 실지양도가액을 파악할 수 있다고 할 것이나 그렇지 아니한 단순한 교환의 경우에는 그 실지거래가액은 파악할 수 없는 것이라고 판시하였고, 대법원 1998. 2. 10. 선고 97누7455 판결도 같은 취지이다. 이러한 취지에 의하면 교환목적물에 대한 시가감정 및 감정가액의 차액에 대한 보충금의 지급 등이 교환에 있어서 실지양도가액을 인정하기 위한 '요건'이 된다는 취지로 이해된다.

대법원이 시가감정을 거친 경우에 실지거래가액의 존재를 인정하는 것은 다음과 같은 논거에서 비롯된 것으로 보인다. 즉, 교환의 당사자들이 양도소득세 부담을 줄이기 위해 교환목적물의 가액을 실제 평가액보다 줄여서 교환계약서에 기재한 다음 이를 증거로 제출하여 그 계약서상의 금액이 실지거래가액이라고 주장하는 경우가 많을 것이므로 법원으로서는 교환계약서상의 금액을 실지거래가액, 즉 교환의 당사자들이 실제로 평가하였거나 약정한 금액으로 인정하기가 쉽지 않을 것이고, 반면에 시가감정을 하여 그 감정가가 교환계약서에 기재된 경우에는 그 금액이 교환의 당사자들이 실제로 평가하였거나 약정한 금액이라는 점을 어느 정도 신뢰할 수 있으므로 이를 실지거래가액으로 인정할 수 있는 것이다. 그리고 이러한 입장은 소득세법 제118조에서 양도소득세에 관하여 준용하고 있는 소득세법 제24조 제2항의 규정, 즉 금전 외의 것을 수입할 때에는 그 수입금액을 그 거래당시의 시가에 의하여 계산하도록 한 취지를 반영한 것으로 볼 수 있다. 교환에 있어서는 그 대가로 금전 외의 것을 수입하므로 그 양도가액은 준용규정의 취지에 따라 그 대가로 취득하는 자산의 시가가 반영되어야 한다고 보는 것이다. 그래서 실지거래가액을 정할 때 시가감정을 토대로 할 것을 요구하는 것으로 이해할 수 있다.

대법원 1993. 2. 12. 선고 92누14472 판결은, 원고 소유의 A토지와 P 소유의 B토지를 교환했는데, 감정결과 A토지는 1억 4,000만 원, B토지는 1억 2,000만 원으로 평가되어 원고가 P로부터 정산금 2,000만 원을 지급받은 사안에서, B토지의 실지취득가액에 관하여, 원고가 B토지를 P로부터 취득하는 대가로 A토지를 P에 양도하고 그 감정가액상의 차액을 정산금으로 지급받았으므로 원고의 B토지의 실지취득가액은 A토지의 감정가격에서 정산금을 공제한 금 1억 2,000만 원이 된다고 하면서, 덧붙여 B토지의 감정가격이 실지로 교환에 의한 취득당시의 시가를 적정하게 반영하지 못한 것이라 하여 이를 달리 볼 것도 아니라고 판시하였다. 결과적으로 B토지의 감정가액이 B토지의 실지취득가액이 된다. 이 사안에서 원고와 P는 교환비율만 정한 것이 아니고 나름대로 감정평가를 거쳐 이를 토대로 그 교환액을 감정평가액으로 약정한 것으로 볼 수 있고 그에 따른 현금정산까지 수반되었으므로 그 약정가액을 실지거래가액으로 인정할 수 있다는 것이고 그 약정가액이 그 당시의 시가와 일치하지 않더라도 상관없다는 것이다. 당사자 사이의 약정가액이 객관성을 띠고 있으면 족하다는 취지이다. 여기서 감정평가액이 시가와 일치하지 않더라도 상관없다는 표현은 다소 부적절해 보인다. 이는 앞서 본 바와 같이 양도소득세에 관하여 준용하고 있는 소득세법 제24조 제2항의 취지에 배치될 수 있기 때문이다. 감정평가액이란 시가를 평가하는 것인데 감정평가결과가 시가와 일치하지 않는다는 것은 감정평가가 적절하지 않았다고 볼 수도 있기 때문이다.

이와 달리 교환목적물에 대한 시가감정 없이 당사자들이 임의로 각 가액을 정한 다음 그 차액을 현금으로 정산한 경우에는 그 차액의 객관성은 보장되지만 전체 교환가액의 객관성은 보장되지 않고 임의로 조작될 가능성이 있으므로 이를 실지거래가액으로 인정할 수는 없을 것이다. 대법원 1999. 11. 26. 선고 98두19841 판결이 이에 관한 사안이다. 원고와 A는 원고 소유인 M토지의 가액을 2억 5,000만 원으로, A 소유의 M주택의 가액을 2억 6,500만 원으로 정하여 교환하면서, 그 차액 1,500만 원을 원고가 A에게 지급하였다. 이에 대하여 대법원은, M토지나 N주택의 가액을 정하면서 시가감정을 하였다는 자료를 찾아볼 수 없으므로, M토지의 양도는 그 실지양도가액을 파악할 수 없는 경우에 해당한다고 판시하였다.

여기서 교환목적물 모두에 대하여 반드시 시가감정을 해야 한다고 볼 필요는 없다. 어느 하나의 목적물에 대하여만 시가감정을 하고 대가관계의 다른 목적물에 대하여는 이해관계가 대립하는 당사자가 협의하여 가액을 정하여 그 차액을 현금으로 정산하였다면 당사자들이 협의한 가액은 객관성이 보장되어 있고 조작될 우려가 적기 때문에 실지거래가액으로 인정하더라도 무방하다. 만약 어느 하나의 목적물에 대하여만 시가감정을 하고 대가관계의 다른 목적물에 대하여는 감정을 하지 아니한 채 양당사자가 등가라고 합의하여 차액정산금의 수수 없이 교환하였다면 양당사자의 이해관계가 대립되는 관계에 있고 등가라고 합의하는 과정에서 양도소득세 등의 부담을 줄이기 위하여 실지거래가액을 조작할 우려가 있다는 점이 드러나지 않는다면 당사자들이 등가로 약정한 가액을 실지거래가액으로 인정할 수 있을 것으로 보인다. 그러나 차액정산이 있었던 경우보다는 조작의 우려가 더 높기 때문에 엄격하게 심사가 이루어져야 할 것이다.

결국 교환거래의 당사자들이 교환목적물의 금전가치를 평가하여 그 금전가치를 표준으로 하는 가치적 교환을 한 외관을 형성했다고 하더라도, 그것이 양도소득세의 절감 등의 목적으로 외부에 보이기 위한 '형식'에 불과할 뿐 당사자가 실제로 그 금액으로 교환목적물의 금전가치를 평가한 것이 아니라는 점이 밝혀진 경우에는 위 금액을 실지양도가액이라고 할 수 없다. 이 경우 당사자들이 교환목적물의 금전가치로 실제로 평가한 금액이 얼마인지가 밝혀지면 이를 실지양도가액이라고 할 것이나, 밝혀지지 않으면 결국 실지양도가액을 확인할 수 없는 경우에 해당할 것이다.

(3) 감정평가와 평가차액의 포기

대법원 1984. 11. 27. 선고 84누407 판결은, 원고와 A학교법인이 원고 소유의 S토지와 A법인 소유의 M토지 및 N토지를 서로 교환하기로 약정하면서 당초 거래가액을 결정함이 없이 무조건 교환하기로 하였다가 관련 법규상 교환 목적물의 시가감정서를 첨부하여 그 평가차액 정산방법에 관한 관할 교육청의 허가를 받아야 함을 알고, 시가 감정을 한 결과 S토지는 7,000만 원, M토지는 4,600만 원, N토지는 2,200만 원으로 감정되었고, 원고는 그 시가차액 200만 원을 포기하는 각서를 쓴 다음 교환계약을 체결한 사안에서, M토지의 실지취득가액에 관하여 그 감정가액인 4,600만 원에다가 위 차액인 200만 원 중 교환으로 취득한 토지가액에 비례한 135만 원{=200만 원×(4,600만 원/6,800만 원)}을 보탠 금액이라고 판시하였다.

이 판결에서는 정산차액의 지급이 없었음에도 실지거래가액을 인정하였다는 점에서 의미가 있다. 교환거래가 반드시 등가적으로 이루어져야 하는 것은 아니므로 평가액의 차액에 대한 정산금의 지급이 없더라도 실지거래가액의 존재를 인정할 수 있다는 것을 밝힌 것이다. 원고가 취득한 M토지와 N토지의 실지취득가액은 원고가 그 대가로 양도한 S토지의 감정평가액인 7,000만 원이라고 할 것이고, 반면에 원고가 양도한 S토지의 실지양도가액은 원고가 취득한 M토지와 N토지의 평가액인 6,800만 원이라고 할 것이다.

대법원 1997. 2. 11. 선고 96누860 판결도 같은 취지이다. A학교법인의 설립자인 원고는 자기 소유의 M토지와 A학교법인 소유의 N토지를 교환하기로 하고, 시가감정을 한 결과 M토지의 시가가 8억 3,000만 원으로, N토지의 시가가 1억 원으로 각 평가되었는데, 원고는 A학교법인으로부터 지급받아야 할 평가차액인 7억 3,000만 원을 받지 아니함으로써 위 금액을 A학교법인에 기부하기로 하였다. 이에 대하여 대법원은, 교환으로 양도되는 목적물의 소유자가 교환으로 취득하는 목적물의 감정가액과의 차액을 현금으로 지급받는 경우에는 교환으로 취득하는 목적물의 감정가액과 그 현금을 합한 금액이 교환으로 양도되는 목적물의 실지양도가액이 되고, 그 감정가액의 차액을 포기하거나 기부하는 경우에는 이른바 저가양도에 해당하여 교환으로 취득하는 목적물의 감정가액이 그대로 교환으로 양도되는 목적물의 실지양도가액이 된다고 판시하였다.

교환목적물 모두에 대하여 시가감정을 한 결과 평가차액이 존재하지 않아 차액정산이 필요 없는 경우라면 그 시가감정가액대로 정한 가액을 실지거래가액으로 인정하여도 무방할 것이다.

(4) 감정평가가 없는 경우

교환목적물에 대한 감정평가가 없는 경우에도 예외적으로 당사자들 사이에 약정한 금액이 객관성을 지니고 있다고 판단되면 실지거래가액으로 인정될 여지가 있다. 대법원 1995. 6. 30. 선고 94누14551 판결이 이에 관한 사안이다.

원고와 A가 원고 소유의 M부동산을 5억 3,000만 원으로, A 소유의 B부동산을 7억 5,000만 원으로 각 정하여 교환하면서, 원고가 그 차액인 2억 2,000만 원에 대하여 일부는 A 소유의 부동산에 관한 임차보증금반환채무를 인수하고 나머지는 A에게 현금을 지급하는 방법으로 정산하였다. 원고는 M부동산의 양도가액이 불분명하다고 하여 환산가액(당시에는 투기목적거래 등 특정한 거래의 경우 기준시가가 아닌 실지거래가액으로 과세하였는데 양도시의 실지거래가액을 모르는 경우 지금과 달리 취득시의 실지거래가액을 기준으로 양도가액을 환산하는 규정이 있었다)인 1억 5,000만 원을 양도가액으로 하여 양도소득과세표준 신고를 하였으나, 피고는 원고와 A 사이의 교환계약서를 증거로 하여 M부동산의 실지양도가액이 5억 3,000만 원으로 확인되었음을 이유로 이를 양도가액으로 하여 양도소득세 부과처분을 하였다. 이에 대하여 대법원은 M부동산의 양도가액을 위 교환에 즈음하여 약정한 가액인 5억 3,000만 원이라고 본 것은 정당하다고 판시하였다.

이 사안은 교환목적물에 대한 시가감정을 거치지 않았음에도 당사자들이 약정한 금액을 실지거래가액으로 인정한 것이다. 여기서는 원고가 교환계약서를 증거로 제출하여 그 계약서상의 금액이 실지거래가액이라고 주장한 것이 아니라, 원고는 위 교환계약서의 존재를 숨긴 채 실지거래가액이 없었다고 주장함에 대하여 피고가 위 교환계약서를 증거로 제출하여 그 계약서상의 금액이 실지거래가액이라고 주장한 경우였다. 이와 같이 원고가 교환계약서를 숨기고자 한 것은 그 계약서상의 가액이 노출되어 실지거래가액으로 인정받는 것을 피하고자 한 것이므로 그 가액이 임의로 조작된 가액이 아니라 오히려 객관성이 보장된 가액임이 반증되었다고 할 수 있다. 그래서 이러한 경우에는 시가감정이 없더라도 위 교환계약서상의 금액이 이해관계가 대립된 당사자들이 객관적으로 평가하였거나 약정한 금액으로 볼 수 있으므로 이를 실지거래가액으로 인정하는 데 무리가 없었다고 할 수 있다.

라. 주식의 포괄적 교환시의 양도가액

상법은 2001. 7. 24. 자 개정에 의하여 제360조의2 내지 제360조의14에서 주식의 포괄적 교환제도를 신설하였다. 이는 완전자회사가 되려는 회사의 주주들과 완전모회사가 되려는 회사 사이에 직접적인 주식교환계약의 체결이 없더라도 완전자회사가 되려는 회사와 완전모회사가 되려는 회사 사이의 주식의 포괄적 교환계약의 체결 및 양 회사 주주총회의 승인을 통해 완전자회사가 되려는 회사의 주주들과 완전모회사가 되려는 회사 사이에 포괄적으로 주식교환이 이루어지도록 하는 제도이다. 이에 반대하는 주주들에게는 주식매수청구권을 부여함으로써 위 주식교환을 피할 수 있는 길을 열어주고 있다.

이러한 주식의 포괄적 교환에 대하여 앞서 본 일반적인 교환에 관한 대법원 판결의 기준을 엄격하게 적용하면 주식의 포괄적 교환의 양 당사자들 사이에 직접적인 금전가치의 평가나 교환계약의 체결이 없었다는 이유로 실지양도가액의 존재를 부정할 수도 있다. 그렇게 되면 주식의 포괄적 교환제도를 통한 주식교환에서는 언제나 실지양도가액이 인정될 수 없다는 부당한 결과가 초래된다. 완전자회사가 되려는 회사와 완전모회사가 되려는 회사 사이에 체결된 주식의 포괄적 교환계약에 대해 양 회사의 주주총회가 승인결의를 함으로써 그 효력이 완전 자회사가 되려는 회사의 주주들에게 미치게 되는 것이므로 완전자회사가 되려는 회사의 주주들과 완전모회사가 되려는 회사 사이에 주식교환계약이 체결된 것에 준하는 것으로 볼 수 있고, 그래서 그 각 주식의 금전가치에 대한 시가감정도 이들 사이에 이루어진 것에 준하는 것으로 보아 실지거래가액을 인정하는 것이 합리적이다.

이에 관한 사례로 대법원 2011. 2. 10. 선고 2009두19465 판결이 있다. 비상장사인 A사와 상장사인 B사가 2005. 5. 31. A사 주주들이 그 주식 전부를 B사에 이전하고 그 대가로 B사가 발행하는 신주를 취득함으로써 B사를 완전모회사, A사를 완전자회사로 만드는 주식의 포괄적 교환계약을 체결하였다. A사와 B사는 증권거래법이 정하는 평가방법에 따라 B사 주식의 가액을 당시의 시장가치에 근거하여 1주당 1,582.96원으로 산정하는 한편 회계법인에 의뢰하여 A사 주식의 가액을 1주당 15,973원으로 산정하였다. 그래서 주식교환의 비율은 10.09(=15,973원/1,582.96원)로 정하여 A사 주주들은 2005. 8. 31. 그 주식 전부를 B사에 양도함과 동시에 그 1주당 B사 발행 신주 10.09주를 취득하였다. 이 과정에서 원고는 2005. 8. 31. A사 주식 53,541주를 B사에 양도하고 B사가 발행한 신주를 취득하였다. 이에 대하여 원심은, 주식교환계약의 당사자는 A사와 B사이므로 원고와 B사 사이에는 교환계약이나 그 대가에 관한 합의가 있었다고 보기 어렵고, 설령 원고와 B사 사이에 합의가 있었다고 가정하더라도 주식의 등가적 교환에 중점을 둔 교환비율이 문제되었을 뿐 각 주식에 대한 객관적 가치평가는 별다른 문제가 되지 아니하였을 것으로 보이고, B사의 주가는 위 교환계약을 앞두고 폭등하던 상황이었으므로 그것이 B사 주식의 가치를 정확하게 반영하고 있다고 보기 어렵다는 이유로 실지거래가액을 확인할 수 없다고 판단하였다.

그러나 대법원은, 상법상 주식의 포괄적 교환은 그 소정의 절차와 요건을 충족하면 주식이 강제적으로 이전되는데, 원고로서는 이를 회피하기 위하여 상법 제360조의5에 따라 A사의 주주총회에서 위 주식교환계약의 승인을 결의한 날로부터 20일 이내에 그 주식의 매수를 청구할 수 있었음에도 그 매수청구를 하지 아니한 점 및 실지거래가액은 반드시 거래 당사자 간에 직접 목적물을 평가하여 합의한 가액이어야만 하는 것은 아닌 점 등을 함께 고려하면, 원고와 B사 사이의 주식교환은 결국 원고의 의사에 기한 것이라 할 수 있어 원고가 주식교환계약의 직접적인 당사자가 아니라고 하더라도 그 주식의 실지거래가액이 없는 것은 아니라고 판시하였다. 나아가 A사 주식은 회계법인이 증권거래법 등 따라 적정하게 평가한 감정평가액을 기초로 하여 산정되었고, B사 주식은 실제 증권시장에서 거래되는 가액을 기준으로 평가되어 그 가치평가가 객관성을 지니고 있다고 할 것이고, 당시 B사 주가가 위 주식교환계약을 앞두고 급상승한 사정이 있더라도 달리 그 주식가치가 허위로 조작된 자료 등에 의하여 과다하게 산정되었다고 볼 자료는 없는 점, 이러한 포괄적 주식교환의 방법으로 교환되는 주식들의 가치를 평가하여 평가된 가치에 해당하는 수의 주식을 새로 취득하였다면 이는 결국 합의된 가치의 교환에 해당한다고 보는 것이 당사자의 의사나 거래관념상 타당한 점 등을 고려하면, B사 주식 1주당 가액으로 평가된 1,582.96원은 원고의 A사 주식의 교환거래에 있어서 적용된 실지거래가액으로 봄이 타당하다고 판시하였다.

이 사안에서 원심은 교환거래 당사자의 범위를 너무 좁게 판단하였고, 주식의 포괄적 교환에 즈음하여 상장법인인 B주식의 가액이 급격히 증가한 것이 B주식의 객관적 가치를 반영할 수 없다는 점을 문제로 지적하였으나, 상승한 주가가 증권시장에서 실제로 거래된 가격인 이상 B사 주식의 객관적 가치를 반영하지 않는다고 할 수는 없고, 특히 증권거래법 등은 주권상장법인과 다른 법인이 주식의 포괄적 교환을 하는 경우 주식의 포괄적 교환계약 체결 무렵 주권상장법인의 주가가 급격히 상승할 수 있음을 감안하여 그 주식교환비율을 정함에 있어 주권상장법인이 발행한 주식의 가액을 주식교환계약 체결일 전 1개월간의 평균종가·1주일간의 평균종가·최근일의 종가를 산술평균한 금액과 최근일의 종가 중 낮은 금액으로 하도록 규정하고 있는데, B주식도 이러한 규정에 따라 주식교환계약일인 2005. 5. 31.을 기준으로 하여 그 가치를 반영하지 않는다고 할 수는 없다. 대법원의 판단이 타당하다.

같은 취지에서 대법원 2016. 3. 10. 선고 2015두3577 판결도, 주식의 포괄적 교환에 의하여 비상장법인의 주식이 양도되는 경우에도 자산의 유상이전으로서 양도소득세의 과세대상에 해당하고, 주식의 포괄적 교환이 단체법상의 행위라는 사정만으로 달리 볼 수 없다고 전제한 다음, A사와 B사 사이의 2006. 3. 20. 자 주식의 포괄적 교환계약에 의하여 주식이 교환되는 과정에서 회계법인이 관련 규정에 근거하여 A사와 B사 주식 1주당 가치를 객관적으로 평가한 점, 주식의 포괄적 교환으로 교환되는 주식들의 가치를 평가하여 그에 해당하는 수의 새로운 주식을 취득하는 것은 합의된 가치적 교환으로 볼 수 있는 점 등에 비추어 보면, 위 계약에 의하여 원고가 보유하던 A사 주식 127,486주를 양도하고 B사 주식 7,118,298주를 취득한 데 대하여 위 계약에서 정해진 주식 평가액으로 산정되는 B사 주식 7,118,298주의 가액을 실지양도가액으로 볼 수 있다고 한 원심판단을 수긍하였다.

마. 대물변제시의 양도가액

채무자가 채무변제에 갈음하여 양도소득세의 과세대상이 되는 자산을 채권자에게 양도하면 이는 유상양도에 해당하므로 양도소득세의 과세대상이 된다. 이때 양도가액을 어떻게 볼 것인지가 문제된다. 통상 대물변제시에는 채권자와 채무자 사이에 변제된 것으로 보는 채무액을 산정하는 것이 일반적이고 이러한 경우 양도인은 당해 자산을 양도함으로써 그 채무액을 면제받게 되므로 그 채무액이 실지거래가액이 된다고 할 것이다. 양도의 대가로서 적극적으로 금전을 취득하는 것이나 소극적으로 금전채무를 면하는 것이나 경제적 결과는 동일하기 때문이다. 반면에 채무액을 일정한 가액으로 특정할 수 없는 경우에는 실지거래가액을 확인할 수 없는 경우로 보아야 할 것이다. 설령 이 경우에 대물변제로 양도하는 자산의 시가감정이 이루어졌다고 하더라도 마찬가지라고 해야 할 것이다. 왜냐하면 양도가액은 양도하는 자산의 시가가 아니라 양도하는 대가로 취득하는 가액이 되는데, 이 경우 양도하는 대가로 면제되는 채무의 가액을 특정할 수 없기는 마찬가지이기 때문이다.

대법원 1999. 2. 9. 선고 97누6629 판결도, 원고가 남편과 이혼하면서 위자료로 자녀들의 양육비로 A부동산을 양도받은 사안에서, 양도약정당시 원고와 그 남편이 A부동산의 가액은 물론 그 대가인 위자료와 양육비의 액수도 정하지 아니하였고, A부동산을 그 시가 상당액으로 평가하여 취득하고 양도하기로 하는 묵시적 합의가 있었다고 볼 수도 없고 소급감정가액을 실지취득가액으로도 적용할 수 없으므로 실지취득가액을 확인할 수 없는 경우에 해당한다고 판시하였고, 이 판시는 양도인에게 그대로 원용할 수 있는 것이므로 실지양도가액도 확인할 수 없는 경우에 해당한다고 할 것이다.

바. 수용 보상금의 일부를 채권으로 수령한 경우

공익사업을 위한 토지 등의 취득 및 보상에 관한 법률에 의한 수용이나 협의취득도 양도소득세의 과세대상인 자산의 양도에 해당하므로, 수용이나 협의취득의 경우에도 당해 자산의 양도가액은 실지거래가액, 즉 실지의 거래대금 그 자체 또는 거래당시 급부의 대가로 실지 약정된 금액으로 계산하여야 하고, 실지거래가액을 인정 또는 확인할 수 없는 경우에는 당해 자산의 매매사례가액, 감정가액 또는 기준시가 등의 순서에 의하여 계산하여야 한다. 수용이나 협의취득의 경우 일반적으로는 수용가액이나 협의취득가액이 정해지고 그 가액이 전부 금전으로 지급되므로 실지거래가액을 산정하는 데 별문제가 없다.

그런데 수용가액이나 협의취득가액을 전부 금전으로 지급하지 않고 일부를 채권으로 지급하는 경우가 있다. 공익사업을 위한 토지 등의 취득 및 보상에 관한 법률은 토지의 가격이 상당히 높아 보상을 위한 재정부족으로 인하여 공익사업을 수행하는 데에 어려움이 있을 수 있고, 대규모 보상에 따른 투기를 막을 필요도 있으므로 일정한 요건하에서 보상액을 사업시행자가 발행하는 채권으로 지급할 수 있도록 하고 있다. 이때 채권의 가액을 평가해야 하는 문제가 수반될 수 있어 실지거래가액을 산정하는 것이 간단하지 않다.

이에 관한 사안으로 대법원 2013. 7. 25. 선고 2010두18536 판결이 있다. A공사는 원고와 협의를 거쳐 원고 소유의 M토지에 관하여 수용보상금을 10억 5,000만 원으로 정하여 수용하면서, 2007. 12. 3. 원고에게 수용보상금으로 현금 3억 3,000만 원과 보상채권 7억 2,000만 원(표면이율 5.06%의 복리채, 만기 3년)을 지급하고, 2008. 1. 10. 수용을 원인으로 소유권이전등기를 마쳤다. 위 보상채권 수령일인 2007. 12. 3.을 기준으로 할 때 평가차손은 3,000만 원이었다. 원고는 2008. 2. 27. M토지의 양도가액을 10억 5,000만 원으로 하여 양도소득세 2억 원을 신고·납부하였으며, 조세특례제한법 제77조는 채권지급분의 경우 15%의 세액감면을 해 주나 원고는 사업인정고시일로부터 2년 이전에 M토지를 취득한 것이 아니어서 그 세액감면은 받지 못하였다. 원고는 2008. 5. 1. 양도소득세를 일부 환급해 달라는 경정청구를 하였는데, 그 사유는 수용대가로 받은 보상채권의 평가차손 3,000만 원을 양도가액에서 차감하여 달라는 것이었다. 그러나 과세관청은 이를 거부하였다. 이에 대하여 원심은, 소득세법 제118조에 의하여 준용되는 소득세법 제24조 제2항은 '금전 외의 것'을 수입한 때에는 수입금액을 그 거래당시의 가액인 '시가'에 의하여 계산하도록 규정하고 있으므로 그 양도가액은 현금 3억 3,000만 원과 보상채권의 시가 6억 9,000만 원을 합한 10억 2,000만 원으로 보아야 한다고 하고, 덧붙여 조세특례제한법상 보상채권지급분에 대하여 일정한 요건을 구비한 경우에만 제한적으로 세액감면을 하고 있어 현금보상에 비해 차별을 하고 있으므로 그 차이를 양도가액에 반영할 필요가 있다고 판시하였다.

그러나 대법원은, 수용의 경우에도 당해 자산의 양도가액은 실지거래가액, 즉 실지의 거래대금 그 자체 또는 거래당시 급부의 대가로 실지 약정된 금액으로 계산하여야 하고, 실지거래가액을 인정 또는 확인할 수 없는 경우에는 당해 자산의 매매사례가액, 감정가액 또는 기준시가 등에 의하여 계산하여야 하며, 소득세법 제24조를 소득세법 제118조가 양도소득세에 준용하도록 규정하고 있으나, 수용의 경우에는 당해 자산의 양도가액을 실지거래가액 또는 기준시가 등으로 계산하여야 하는 이상, 수용의 대가로 보상채권과 같은 금전 외의 것을 수입하였다고 하더라도 소득세법 제24조 제2항을 준용하여 그 양도가액을 금전 외의 것의 시가로 계산할 것은 아니라고 전제하고, M토지의 양도가액은 실지의 거래대금 또는 거래당시 급부의 대가로 실지 약정된 금액인 10억 5,000만 원으로 보아야 한다고 판시하였다.

이 판결에서는 실지거래가액에 의하여 양도가액을 산정하도록 한 소득세법 제96조 제1항을 규정을 시가에 의하여 산정하도록 한 취지의 소득세법 제24조 제2항보다 우선하여 적용하였다. 소득세법 제24조 제2항의 취지는 당사자 사이에 약정한 거래가액을 소득세법 제96조 제1항의 실지거래가액으로 인정하는 데 필요한 고려 요소로만 받아들이겠다는 취지이다. 1994. 12. 22. 개정 전 소득세법은 일본 소득세법과 같이 양도소득을 포함한 각종 소득의 종류를 나열한 후에 제28조에서 현행 소득세법 제24조와 동일한 규정을 두었다. 그래서 당시 소득세법에서는 오히려 해당 규정이 양도소득세에 직접 적용될 여지가 있었음에도 대법원과 과세실무는 교환 등에서 실지거래가액 또는 기준시가 등으로 양도가액을 계산하였고, 양도대가로 수입한 금전 외의 것의 시가로 양도가액을 계산하지 않는 입장을 취하였으므로 현행 소득세법에서도 소득세법 제24조 제2항이 준용될 여지가 없다고 보는 입장을 취한 것으로 이해된다. 앞서 살펴본 교환에 관한 기존 대법원 판결들은 교환에 의하여 취득하는 자산의 시가를 실지거래가액으로 약정한 것으로 보아왔는데, 이 판결에서는 이러한 입장에 약간의 수정이 가해진 것으로 보인다. 다만, 이 사안에서는 조세특례제한법 제77조가 공익사업용 토지를 양도함으로써 발생하는 양도소득에 대하여 일정한 요건을 갖춘 경우 채권 지급분에 대하여는 추가적인 세액감면을 해줌으로써 그 손실을 양도가액에서 차감하도록 하지는 않겠다는 취지가 담긴 것으로 이해하여 당사자들 사이의 실지거래가액도 그에 맞춰 보상채권의 평가차손을 양도가액에서 차감하지 않기로 합의된 것으로 볼 수 있고, 그러한 합의가 비합리적이지 않다고 보는 것도 하나의 논거가 될 수 있겠다. 그럼에도 불구하고 이 판결은 종전의 대법원 판결들의 흐름에서 약간 벗어난 것으로 보여 선례적 가치는 약해 보인다.

사. 여러 부동산의 일괄 양도시 양도가액의 안분

(1) 토지와 건물의 일괄 양도

양도소득 계산시 취득가액을 알 수 없어 실지양도가액에 의하여 취득가액을 환산하여야 할 경우 실지양도가액을 취득시 기준시가와 양도시 기준시가 비율로 환산하여 취득가액을 산정하게 되는데, 통상 건물은 시간이 지날수록 가치가 떨어지므로 취득시 기준시가가 양도시 기준시가보다 높아 환산취득가액이 실지양도가액보다 높아 양도차손이 발생하고, 반대로 토지는 양도시의 기준시가가 취득시의 기준시가보다 높아 양도차익이 발생한다. 그래서 토지와 건물을 함께 양도한 경우 납세자는 전체 양도가액 중 건물의 양도가액 비율을 높이는 것이 더 유리하므로 조세쟁송에서는 토지와 건물을 일괄 양도하였다고 하지 않고 별개로 양도하였다고 하면서 건물의 양도가액도 별개로 약정되었다는 주장을 하는 경우가 많다. 이럴 때는 토지와 건물을 일괄 양도하였는지 아니면 별개로 양도하였는지가 먼저 다투어지고 일괄양도하였다면 그 양도가액을 어떻게 안분할 것인지가 다투어진다.

소득세법 제100조 제2항은 양도가액 또는 취득가액을 실지거래가액에 따라 산정하는 경우로서 토지와 건물 등을 함께 취득하거나 양도한 경우에는 이를 각각 구분하여 기장하되 토지와 건물 등의 가액의 구분이 불분명한 때에는 취득 또는 양도당시의 기준시가 등을 감안하여 대통령령이 정하는 바에 따라 안분계산하도록 규정하였고, 소득세법 시행령 제166조 제6항은 토지와 건물 등의 가액의 구분이 불분명한 때에는 부가가치세법 시행령 제64조에 따라 안분계산하도록 규정하고 있다. 그리고 부가가치세법 시행령 제64조는 안분계산방법은 감정평가법에 따른 감정평가법인이 평가한 감정평가가액, 기준시가, 장부가액, 취득가액 순서로 그 가액에 비례하여 안분한다고 규정하고 있다. 대법원 2005. 10. 28. 선고 2004두8873 판결은, 이러한 감정평가가액은 감정평가법인에 의하여 진정하게 성립된 감정평가서, 즉 감정평가에 관한 규정이 요구하는 형식적 요건을 구비한 감정평가서에 기재된 감정평가가액만을 의미하는 것이라고 판시하였다.

대법원은 이러한 안분에 관한 규정이 없는 경우에도 안분이 필요한 상황에서는 위와 같은 안분방법이 현저하게 불합리하다고 볼 사정이 없는 한 이를 적용할 수 있다는 입장이다. 대법원 2002. 11. 13. 선고 2001두8728 판결은 과세관청이 법인의 익금이 사외유출된 것으로 보아 소득처분을 한 후 위 사외유출금이 '기타소득'으로서 귀속된 자에게 종합소득세 부과처분을 하기 위하여 과세표준을 산정함에 있어서, 토지와 건물에 대한 매도가액의 총액은 알 수 있으나 토지와 건물의 매도가액의 구분이 되어 있지 않은 경우에 그 구분은 그 비율이 현저하게 불합리하다고 볼 특별한 사정이 없는 이상 토지와 건물의 기준시가에 의한 가액에 비례하여 안분계산하는 방식으로 하는 것이 합리적이라고 판시하였다. 그리고 대법원 1993. 6. 11. 선고 93누1435 판결은 아들이 아버지 소유의 대지 위에 건물을 신축하면서 부자 공동으로 임대한 신축될 건물과 대지의 임대보증금으로 신축대금을 조달한 경우 임대보증금을 건물과 대지의 기준시가에 따라 안분하여 건물귀속분을 신축대금에서 공제한 나머지 신축대금 부분을 아들이 아버지로부터 증여받은 것으로 보아야 한다고 판시하였다. 대법원 1997. 3. 14. 선고 96누3517 판결은 토지와 건물에 대한 임료의 총액은 알 수 있으나 토지와 건물의 임료의 구분이 되어 있지 않은 경우에 그 구분은 그 비율이 현저하게 불합리하다고 볼 특별한 사정이 없는 한 토지와 건물의 기준시가에 의한 가액에 비례하여 안분계산하는 방식으로 하여야 한다고 판시하였다.

대법원 2019. 1. 31. 선고 2018두57452 판결에서는 아버지와 아들이 토지를 공유하고 그 지상건물은 구분하여 소유하다가 이를 양도한 사안에서 일괄양도한 것으로 보아 양도가액을 기준시가 비율로 안분할 수 있는지가 쟁점이 되었다. 원고는 A토지 중 1/2 지분과 그 지상 건물 중 P부분을, 원고의 아버지는 A토지 중 1/2 지분과 그 지상 건물 중 Q부분을 각 소유하고 있었다. 즉, 토지는 공유하되 건물은 구분소유하고 있었다. 원고는 2014. 9. 16. B, C에게 자신의 소유부분을 45억 원에, 아버지는 같은 날 B, C에게 자신의 소유부분을 65억 원에 각 양도하였는데, 원고 소유부분에 관하여는 원고를 매도인으로 한 매매계약서(대금 45억 원)가, 아버지의 소유부분에 관하여는 아버지를 매도인으로 한 매매계약서(대금 65억 원)가 별개로 작성되었다. B, C는 2014년 8월경 아버지 소유부분이 시세보다 낮은 가격에 급매물로 나와 몇 번의 조정을 거쳐 65억 원에 매수하기로 협상을 진행하던 중, 원고 소유부분까지 같이 인수해 달라는 요청을 받아 그 부분 매매대금으로 45억 원을 제시하였는데, 원고가 이를 받아들여 거래가 성사되었다. 한편, 아버지는 그 소유부분의 매매대금 65억 원에서 임대보증금 3억 원을 제외한 나머지 62억 원을 자신이 운영하던 M사 명의의 은행 계좌로 입금받아 M사의 금융기관에 대한 채무변제 및 자신의 임차인에 대한 임대보증금반환에 사용하였고, 원고가 아버지 소유부분의 매매대금 중 일부를 지급받았다거나 사용하였다는 자료는 없다.

이에 관하여 대법원은 원고와 아버지는 각각의 소유부분을 각각 45억 원과 65억 원에 별도로 B, C에게 양도하였다고 봄이 타당하고, 각 매매계약서의 작성일자, 매수인들, 문서의 양식 및 그 밖의 조문 내용이 동일하다거나, B, C가 매수 후 건물에 관한 합병등기를 하여 토지와 건물 모두 각 1/2 지분씩 공유하고 있다는 등의 사정만으로는 원고와 아버지가 토지와 건물을 일괄하여 양도하였다고 볼 수 없다고 판단하였다. 이 사건 원심은 일괄양도로 보았으나, 위 사실관계에 나타난 매매계약 체결경위, 그 후 대금의 수령과정 등 제반 경위에 비추어 이 정도면 일괄양도가 아니라 별개의 양도로 보지 못할 바는 아니어서 대법원의 판단을 지지한다.

(2) 과세대상과 비과세대상의 일괄 양도

여기서 비과세대상 자산과 과세대상 자산을 일괄하여 양도한 경우로서 그 가액의 구분이 불분명한 때에도 위 안분규정을 유추적용하여 안분계산할 수 있는지가 문제될 수 있다. 대표적인 예로서 주상복합건물 중 주택부분은 1세대 1주택에 해당하여 양도소득세 비과세대상이고, 상가부분은 양도소득세 과세대상인 경우를 들 수 있다.

이에 관한 사안으로 대법원 2012. 1. 26. 선고 2010두21402 판결이 있다. 원고는 2004. 3. 9. 주상복합건물을 일괄하여 14억 6,000만 원에 취득하였다가 2007. 2. 29. 일괄하여 15억 8,000만 원에 양도하였다. 과세관청은 그중 주택부분은 1세대 1주택에 해당하여 비과세대상이고 상가부분은 과세대상임에도 양자가 함께 취득되고 양도되어 그 가액의 구분이 불분명하다는 이유로, 전항에서 본 안분규정을 유추적용하여 상가부분의 양도차익을 1억 6,600만 원으로 산정하였다. 원심은 위 안분규정을 유추적용하면 주택부분은 취득시의 실지거래가액이 양도시의 실지거래가액보다 높아 4,600만 원의 양도차손이 계상되는 반면, 상가부분은 양도시의 실지거래가액이 취득시의 실지거래가액보다 훨씬 높아 주택부분과 상가부분의 전체 양도차익 1억 2,000만 원보다 더 많은 1억 6,600만 원의 양도차익이 발생하는 점, 이러한 결과는 상가부분의 기준시가가 취득시에 비하여 양도시에 대폭 상승한 반면 주택부분의 기준시가인 개별주택가격은 취득시에 비하여 양도시에 소폭 상승하는 데 그쳤기 때문인 점, 주택부분의 개별주택가격이 소폭이나마 상승한 이상 전체 양도차익 1억 2,000만 원에는 주택부분의 가격상승으로 인하여 발생한 양도차익이 당연히 포함되어 있을 것임에도 위 안분규정은 이러한 사정이 전혀 반영되지 않는 점 등을 고려할 때, 위 안분규정의 유추적용이 실제 거래내용에 부합하지 아니하는 불합리한 결과를 가져오므로 그 유추적용을 하면 아니된다고 판단하였다.

그러나 대법원은, 위 안분규정은 공통의 취득가액이나 양도가액을 안분계산하기 위한 일반적이고도 합리적인 방법을 정한 것으로서 그 내용과 취지에 비추어 과세대상 자산들 상호 간에 적용됨은 물론이고, 과세대상 자산과 비과세대상 자산 상호 간에도 유추적용된다 할 것이며, 과세대상 자산과 비과세대상 자산의 기준시가 상승률이 서로 다르다는 점만으로는 이 경우에 부합하는 다른 합리적인 방법을 상정하기 어려운 이상 그 유추적용을 원천적으로 배제할 만한 불합리한 사정이 있다고 하기 어렵다고 판시하였다. 다만, 헌법상의 실질적 조세법률주의와 과잉금지의 원칙, 그리고 일정한 범위 내의 과세대상 자산들에 대하여 양도차손과 양도차익을 통산하도록 규정한 소득세법 제102조 제2항의 입법 취지 등에 비추어 보면, 위 안분규정을 과세대상 자산과 비과세대상 자산 상호 간에 유추적용하더라도 그에 따라 산정되는 과세대상 자산의 양도차익이 과세대상 자산과 비과세대상 자산의 전체 양도차익을 초과할 수는 없다고 판시하였다.

이러한 결론에 대하여는, 주택부분의 기준시가가 취득당시에 비하여 양도당시 소폭이나마 증가한 이상 전체 양도차익 1억 2,000만 원에는 주택부분의 가격상승으로 인하여 발생한 양도차익이 포함되어 있다고 할 수 있음에도, 위 전체 양도차익 한도 내에서 과세를 허용한다면 비과세대상인 부분까지 과세를 허용하는 결과를 초래된다는 비판이 있다. 그러나 이러한 문제가 있다고 하더라도 다른 합리적인 안분방법을 산정하기 어려운 것이 현실인 이상 위 안분규정의 적용 자체를 배제함으로써 과세의 공백을 초래하는 것보다는 위 안분규정의 유추적용을 허용하는 것이 보다 더 합리적이라고 할 것이다. 대법원의 입장을 지지한다.

7. 필요경비

가. 개요

양도차익을 산정하기 위하여 양도가액에서 공제하여야 하는 필요경비에 관하여는 소득세법 제97조 제1항에서 정하고 있다. 먼저 제1호는 가장 주된 부분으로서 취득가액을 규정하고 있는데, 실지거래가액에 의함을 원칙으로 하고 실지거래가액을 확인할 수 없는 경우에는 매매사례가액, 감정가액 또는 환산가액에 의하도록 하였다. 제2호는 자본적 지출액 등을 규정하고 있는데, 소득세법 시행령 제163조 제3항은 자본적 지출액, 취득 후 쟁송에서 소유권을 확보하기 위하여 지출한 소송비용 등, 협의취득이나 수용된 경우 그 보상금의 증액을 위하여 소요된 소송비용 등, 양도자산의 용도변경·개량 또는 이용편의를 위한 비용, 개발부담금, 재건축부담금 등을 규정하고 있다. 마지막으로 제3호는 양도비를 규정하고 있는데, 소득세법 시행령 제163조 제5항은 자산을 양도하기 위하여 직접 지출한 비용으로서 증권거래세, 양도소득세 과세표준 신고서 작성비용 및 계약서 작성비용, 공증비용, 인지대 및 소개비 등을 들고 있다. 이들 비용은 취득부대비용이거나 양도 부대비용으로서 양도가액을 얻기까지 소요된 일체의 경비들로서 양도가액과의 관련성이 있기 때문에 그 필요경비로 인정되는 것이다. 조세쟁송에서는 양도인이 양도가액을 얻기까지 지출한 비용에 관하여 양도가액과의 관련성이 있는 필요경비에 해당하는지 여부가 자주 다투어진다.

나. 취득가액

(1) 실지취득가액

앞서 언급한 바와 같이 소득세법 제100조 제1항에 의하면 자산의 양도차익을 산정함에 있어서 양도가액이나 취득가액은 각각 양도당시 및 취득당시의 실지거래가액에 의함을 원칙으로 하고, 양도가액이나 취득가액 중 어느 한쪽 또는 양쪽의 실지거래가액을 인정 또는 확인할 수 없는 경우, 양도가액은 양도당시의 매매사례가액·감정가액의 순으로 적용하여 산정하며, 취득가액은 매매사례가액·감정가액·환산가액의 순으로 적용하여 산정한다. 그리고 자산의 양도당시의 매매사례가액 또는 감정가액이 없는 경우에는 양도가액과 취득가액 모두 기준시가에 의하여 양도차익을 산정한다.

양도가액은 양도소득세를 신고할 무렵에 정해지는 것이어서 실지양도가액을 확인하는 데 별 어려움이 없지만, 실지취득가액은 그 취득시기가 오래전이어서 증빙불비 등으로 그 확인이 어려운 경우가 많다. 납세자의 입장에서는 실지거래가액이 클수록 유리하므로 조세쟁송에서는 납세자가 거액의 실지취득가액이 나타나는 증빙들을 제시하면서 이를 인정해달라는 주장을 하게 되고 과세관청은 그 가액이 지나치게 클 경우 그 증빙의 신빙성을 문제삼아 실지거래가액을 확인할 수 없다고 다투는 경우가 많다.

결국은 증명책임의 문제로 돌아가는데, 대법원 2013. 2. 15. 선고 2012두942 판결은 과세처분의 적법성에 대한 증명책임은 과세관청에게 있으므로 과세소득확정의 기초가 되는 필요경비도 원칙적으로 과세관청이 그 증명책임을 부담하는 것이지만, 필요경비의 공제는 납세의무자에게 유리한 것일 뿐만 아니라 필요경비의 기초가 되는 사실관계는 대부분 납세의무자의 지배영역 안에 있는 것이어서 과세관청으로서는 그 증명이 곤란한 경우가 있으므로 그 증명의 곤란이나 당사자 사이의 형평을 고려하여 납세의무자로 하여금 증명케 하는 것이 합리적인 경우에는 증명의 필요는 납세의무자에게 돌아간다고 판시하였다.

그래서 원칙적으로 납세자가 실지취득가액을 확인할 수 있는 증거자료를 제출할 책임이 있고, 과세관청이 실지취득가액을 확인할 수 없다는 이유로 매매사례가액 등 다른 가액을 적용하기 위해서는 납세자가 제출하는 증거를 탄핵하는 정도로 족하다고 할 것이므로 실지취득가액에 관한 한 증명책임의 부담은 납세자에게 좀 더 기울어져 있다고 할 수 있겠다. 비슷한 취지에서, 대법원 1996. 6. 25. 선고 95누3183 판결, 대법원 1992. 11. 24. 선고 92누282 판결 등은 실지거래가액에 관한 증빙서류로서 취득 및 양도에 관한 계약서와 계약상대방의 거래확인서 및 인감증명서 등을 제출하였다면, 과세관청으로서는 위 각 계약서가 실제와 달리 작성되었다는 등의 특별한 사정이 없는 한, 위 각 계약서상의 실지거래가액에 의하여 양도차익을 산정하여야 할 것이고, 이 경우 그러한 특별한 사정이 있다는 점은 어디까지나 과세관청이 이를 입증하여야 한다고 판시하였다.

구체적인 사례로서 대법원 2012. 12. 13. 선고 2012두18226 판결을 살펴본다. 원고는 P토지를 2005. 12. 20.경 A로부터 6억 원 상당의 대여금 채권의 대물변제조로 취득한 다음 2008. 11. 20.경 B에게 5억 7000만 원에 양도함으로써 양도차익이 발생하지 아니하였다는 이유로 양도소득세가 없다는 내용의 예정신고를 하였다. 그러나 과세관청은 원고가 A에게 실제 금전을 대여한 사실이 불분명하여 실지취득가액을 확인할 수 없다는 이유로, 환산가액인 5억 3,000만 원으로 인정하여 양도소득세를 부과하였다. 원고는 2005. 11. 15. A 와의 사이에, 2001년 7월경 이후 부동산 투자와 개발에 출자한 돈을 정산하면서, 원고의 A에 대한 채권액을 합계 6억 원으로 인정하고, 그 정산방법은 A가 원고와의 사이에 P토 지에 관한 매매계약을 체결한 후 원고에게 위 채권액에 갈음하여 그 소유권을 이전하는 것으로 약정하는 내용의 채무정산서를 작성하고, 이에 따라 A는 그 날 원고에게 P토지를 대금 6억 원에 매도하는 내용의 매매계약서를 작성한 후 원고의 위 채권액 6억 원에 대한 대물변제조로 2005. 12. 20. 원고에게 P토지에 관한 소유권이전등기를 마쳐주었다. A는 과세관청의 부과처분 이전에 과세관청에게 대물변제약정과 그에 따른 소유권이전의 경위 를 확인해주었고, 제1심 법원에 같은 내용의 확인서와 인감증명서를 제출하였다.

이에 대하여 과세관청은 원고와 A 사이에 차용증이 없고 담보물도 없었으며 대물변제 약정 이후에도 원고가 A에게 4,800여만 원을 송금한 적이 있다는 이유 등으로 대물변제 약정을 믿을 수 없다고 다투었으나, 원심은 원고는 A에게 계좌이체를 통하여 대여함으 로써 굳이 차용증을 작성할 필요가 없었다고 할 수 있고, 대물변제약정 후에 추가로 송금 한 것은 A에 대한 새로운 대여금이라는 원고의 변소가 경험칙에 반하지 않으며, 원고와 A의 친분관계에 비추어 담보물 없이 대여가 이루어질 수도 있다는 등의 사정을 반영하 여 피고의 주장을 배척하였으며, 대법원이 이를 수긍하였다. 사실인정에 관한 다툼의 전 형이라고 할 수 있다.

실지취득가액을 확인할 수 없다고 할 때 확인할 수 없는 실지취득가액의 범위에 취득 부대비용이 포함되는지가 문제될 수 있다. '실지거래가액'은 '실제로 거래한 가액'을 의 미하고, '취득에 소요된 실지거래가액'에는 '매입가액'과 '취득세·등록세 기타 부대비 용' 등을 들 수 있으므로, '취득당시의 실지거래가액을 확인할 수 없는 경우'는 '실제로 거래한 매입가액을 확인할 수 없는 경우'와 '실제로 거래한 매입가액은 확인할 수 있지 만 그에 가산되는 취득세·등록세 기타 부대비용 모두를 확인할 수 없는 경우'를 상정 할 수 있다. 그런데 '취득에 소요된 실지거래가액'을 대체하는 '매매사례가액, 감정가액 또는 환산가액'에는 매입가액에 가산되는 취득세·등록세 기타 부대비용이 포함되어 있지 않다. 즉, 매매사례가액이나 감정가액 또는 환산가액에는 개개의 거래마다 당사자 들의 주관적 사정이 달라 일률적으로 산정하기 어려운 취득세·등록세 기타 부대비용 이 반영되기는 어렵다고 할 것이다. 따라서 '취득당시의 실지거래가액을 확인할 수 없 는 경우'란 '취득당시의 매입가액의 실지거래가액을 확인할 수 없는 경우'만을 의미한다 고 봄이 상당하다. 그러므로 매입가액에 가산되는 기타 부대비용을 확인할 수 없다고 하더라도 취득가액을 환산가액으로 산정할 수 없다고 해야 한다. 이와 같은 구조에서 산정한 환산가액에는 위에서 본 취득세·등록세 기타 부대비용 등이 반영되어 있지 않기 때문에 이를 보충해주기 위하여 자산의 종류에 따라 일정 비율의 금액(3/100, 7/100, 1/100)을 필요경비에 가산하여 주는 개산공제제도를 두고 있는 것이다. 전체 실지취득가액의 대부분이 밝혀졌고, 미미한 부대비용이 밝혀지지 아니하였으며, 그 이유도 그에 관한 증빙을 가지고 있을 납세자가 자신에게 불리하여 그 제출을 기피하는 것으로 추정되는 상황에서 그것을 확인할 수 없다는 이유로 전체 취득가액을 실지거래가액에 의하지 아니하고 환산가액으로 산정한다는 것은 위 규정의 입법 취지에도 반하고, 그 문언에도 부합하지 아니한다.

(2) 소급감정가액에 의한 실지취득가액의 인정 여부

소득세법 제97조 제1항 제1호 (나)목은 실지취득가액을 알 수 없는 경우 대통령령이 정하는 매매사례가액, 감정가액 또는 환산가액에 의한다고 규정하고, 소득세법 시행령 제163조 제12항은 그에 관하여 제176조의2 제2항부터 제4항까지의 규정에 따른 가액을 말한다고 규정하고 있다. 그리고 소득세법 시행령 제176조의2 제3항은 매매사례가액, 감정가액, 환산가액, 기준시가를 순차로 적용한다고 규정하면서, 그 제2호는 감정가액에 관하여 취득일 전후 각 3개월 이내에 해당 자산에 대하여 둘 이상 감정평가업자가 평가한 것으로서 신빙성이 있는 것으로 인정되는 감정가액(감정평가기준일이 취득일 전후 3개월 이내인 것에 한한다)이 있는 경우에 그 감정가액의 평균액을 말한다고 규정하고 있다. 여기서 소득세법 제176조의2 제3항 제2호의 요건을 갖추지 못한 감정가액, 특히 평가기준일을 소급하여 한 감정가액으로 그 요건을 갖춘 감정가액이나 실지취득가액을 대신할 수 있는지가 문제된다.

그런데 매매사례가액, 감정가액은 실지거래가액이 아닌 '시가'에 준하는 것임에도 위 규정에서는 실지거래가액을 대신할 수 있는 것으로 규정하고 있다. 그래서 소급감정가액도 '시가'에 준하는 것이므로 신빙성이 있는 한 매매사례가액, 감정가액과 달리 취급할 합리적인 이유를 찾기 어렵다. 더구나 그 감정이 소송절차에서 법원이 지정한 감정인에 의하여 이루어진 것이라면 객관성과 신빙성을 갖춘 것으로 볼 수 있기 때문에 소득세법 제176조의2 제3항 제2호에서 규정하는 감정가액에 비교하여 열위에 있다고 보기 어렵다. 양도시 또는 취득시에 근접하여 한 감정이 사후에 한 감정과 본질적인 차이가 있다고 하기 어렵고, 오히려 양도시 또는 취득시에 근접하여 한 감정은 통상 임의로 이루어지는 반면에 사후에 하는 감정은 법원의 촉탁에 의하여 이루어지는 경우가 많을 것이므로 후자가 더 신빙성이 있는 경우도 많이 있을 것이다. 그리고 대법원 2010. 9. 30. 선고 2010두8751 판결 등은 소급감정가액을 상속 또는 증여받은 자산의 취득당시의 실지거래가액으로 인정하고 있기도 해서 이러한 판례의 입장을 상속 또는 증여받은 자산이 아닌 자산에도 확대하여 적용할 여지가 있다. 또한 대법원 2010. 2. 11. 선고 2007두15384 판결은 자가건축한 건물의 양도차익을 실지거래가액에 의하여 계산함에 있어서 건축공사비의 실지가액을 확인하기 어려워 그에 대한 법원의 소급감정가액을 건축공사비 가액으로 본 원심판결을 정당하다고 하였다. 이러한 사정들을 종합하면, 소급감정가액으로 소득세법 제176조의2 제3항 제2호의 감정가액이나 실지취득가액을 대체할 수 있다고 보는 것이 합리적이라고 할 것이다.

그러나 최근에 선고된 대법원 판결들은 이와 반대의 입장이다. 대법원 2015. 10. 15. 선고 2011두24286 판결은, 실지취득가액이란 객관적인 교환가치를 반영하는 일반적인 시가가 아니라 실지의 거래대금 자체 또는 거래당시 급부의 대가로 실지 약정된 금액을 의미하므로 사후에 취득당시로 소급하여 한 감정에 의하여 평가한 가액은 실지취득가액으로 볼 수도 없고, 소득세법 제97조 제1항 제1호 (나)목에서 '취득당시의 실지거래가액'을 대체할 수 있도록 정한 감정가액에 해당하지 아니한다고 한다. 그 논거로 들고 있는 소득세법 제97조 제1항 (나)목의 위임에 의한 소득세법 시행령 제163조 제12항, 제176조의2 제3항 제2호에 의하면 취득일 전후 각 3개월 이내에 해당 자산에 대하여 둘 이상 감정평가업자가 평가한 것으로서 신빙성이 있는 것으로 인정되는 감정가액(감정평가기준일이 취득일 전후 3개월 이내인 것에 한한다)이 있는 경우에 그 감정가액의 평균액이라고 규정하고 있기 때문이라는 것이다. 같은 취지에서 대법원 2015. 10. 15. 선고 2015두43148 판결도 본래의 실지거래가액이 아닌 매매사례가액, 감정가액, 환산가액에 의하여 취득당시의 실지거래가액을 대체하도록 한 소득세법 제97조 제1항 제1호 (나)목, 소득세법 시행령 제163조 제12항 등은 그 적용 순서뿐만 아니라 실지거래가액을 대체할 수 있는 가액의 유형도 그 요건을 정하여 제한적으로 규정한 것으로 해석되므로 1개의 감정평가법인이 평가한 감정가액은 소득세법 제97조 제1항 제1호 (나)목에서 '취득당시의 실지거래가액'을 대체할 수 있도록 정한 감정가액에 해당하지 아니한다고 판시하였다. 결국 대법원은 입법자가 실지취득가액이 아닌 것에 대하여 제한적으로 대체가능성을 인정하고 있는 만큼 그 취지를 존중해야 한다는 입장에 있다고 할 수 있다. 그러나 구체적 타당성의 측면에서 보면 불만이 있다.

(3) 국외자산의 취득가액

소득세법 제118조의4 제1항은 국외자산의 양도에 대한 양도차익을 계산할 때 양도가액에서 공제하는 필요경비에 관하여 별도의 규정을 두고 있다. 제1호는 취득가액에 관하여 해당 자산의 취득에 든 실지거래가액으로 하되, 다만, 취득 당시의 실지거래가액을 확인할 수 없는 경우에는 양도자산이 소재하는 국가의 취득 당시의 현황을 반영한 시가에 따르되, 시가를 산정하기 어려울 때에는 그 자산의 종류, 규모, 거래상황 등을 고려하여 대통령령으로 정하는 방법에 따라 취득가액을 산정한다고 규정하고, 제2호는 대통령령으로 정하는 자본적 지출액을, 제3호는 대통령령으로 정하는 양도비를 규정하고 있다.

그 위임에 의한 소득세법 시행령 제178조의3 제1항은 국외자산의 시가를 산정하는 경우 다음 각 호의 어느 하나에 해당하는 가액이 확인되는 때에는 이를 해당 자산의 시가로 한다고 하면서, 제1호에서 국외자산의 양도에 대한 과세와 관련하여 이루어진 외국정부(지방자치단체를 포함한다)의 평가가액을, 제2호에서 국외자산의 양도일 또는 취득일 전후 6월 이내에 이루어진 실지거래가액을, 제3호에서 국외자산의 양도일 또는 취득일전후 6월 이내에 평가된 감정평가법인등의 감정가액을, 제4호에서 국외자산의 양도일 또는 취득일전후 6월 이내에 수용 등을 통하여 확정된 국외자산의 보상가액을 규정하고 있다. 그리고 제2항은 대통령령으로 정하는 방법이란 다음 각 호의 어느 하나에 따라 평가하는 것을 말한다고 하면서, 제1호에서 부동산 및 부동산에 관한 권리의 경우에는 상증세법 제61조, 제62조, 제64조 및 제65조를 준용하여 국외자산가액을 평가하는 것. 다만, 상증세법 제61조, 제62조, 제64조 및 제65조를 준용하여 국외자산가액을 평가하는 것이 적절하지 아니한 경우에는 감정평가 및 감정평가사에 관한 법률에 따른 감정평가법인등이 평가하는 것을 말한다고 규정하고, 제2호에서 유가증권가액의 산정은 상증세법 제63조의 규정에 의한 평가방법을 준용하여 평가하는 것을 규정하고 있다.

여기서 소득세법 시행령 제78조의3 제1항 각 호의 규정이 예시적 규정인지, 제한적 규정인지가 다투어졌다. 이에 관하여 대법원 2023. 10. 26. 선고 2020두48215 판결은, 소득세법 제118조의4 제1항 제1호 단서의 시가가 국외자산의 양도에 대한 과세와 관련하여 이루어진 외국정부의 평가가액 등 소득세법 시행령 제178조의3 제1항 각호에 따라 시가로 인정되는 가액으로 한정되는 것은 아니므로, 소득세법 시행령 제178조의3 제1항 각호는 국외자산 취득 당시의 현황을 반영한 시가로 볼 수 있는 대표적인 경우를 예시한 것으로 볼 수 있고, 시가란 원칙적으로 정상적인 거래로 형성된 객관적 교환가치를 의미하지만 이는 객관적이고 합리적인 방법으로 평가된 가액도 포함하는 개념이므로, 재산세 과세와 관련하여 이루어진 외국정부의 평가가액도 국외자산 취득 당시의 현황을 반영하여 객관적이고 합리적인 방법으로 평가된 것이라면 시가로 볼 수 있다고 하면서, 원심이 소득세법 제118조의4 제1항 제1호 단서의 시가가 소득세법 시행령 제178조의3 제1항 각호에 따라 시가로 인정되는 것에 한정된다는 잘못된 전제에서, 과세관청이 산정한 취득가액이 취득 당시의 현황을 반영하여 객관적이고 합리적인 방법으로 평가한 가액으로서 시가로 볼 수 있는지 등에 관하여 별다른 심리를 하지 않은 채, 위 취득가액을 소득세법 시행령 제178조의3 제1항 제1호에 따른 평가가액으로 볼 수 없다는 이유만으로 양도소득세 부과처분이 위법하다고 판단한 것은 잘못이라고 판시하였다. 대체로 보아 시가의 평가에 관한 규정들은 시가의 본질에 접근하기 위한 입법자의 합리적 노력의 결과물이므로 특별히 실질과 괴리가 있는 의제적 규정이 아닌 이상 예시적 규정으로 보는 것이 타당하다. 그래야만 과세의 공백을 막을 수 있다. 타당한 판결이다.

(4) 부동산을 취득할 권리의 기준시가

소득세법 제94조 제1항은 양도소득세 과세대상으로 부동산뿐만 아니라 제2호 가목에서 부동산을 취득할 권리도 포함하고 있는데, 부동산을 취득할 권리에는 원칙적으로 장기보유특별공제가 적용되지 않고, 미등기 양도자산에 관한 중과세규정인 소득세법 제104조 제1항 제3호도 적용되지 않는다는 점에서 차이가 있다. 부동산을 취득할 수 있는 권리란 매매계약 또는 법률상 효력에 의하여 부동산을 취득할 수 있는 원인행위는 발생하였으나 매매대금의 미지급 또는 목적물의 미완성 등으로 취득시기가 미도래한 권리를 말한다. 부동산을 취득할 권리의 양도에 따른 양도소득을 산정함에 있어서도 실지거래가액에 의함이 원칙이고 그 실지거래가액을 확인할 수 없을 경우에는 취득가액은 매매사례가액·감정가액·환산가액·기준시가의 순으로 적용하여 산정하여야 할 것이다. 여기서 매매사례가액이나 감정가액, 환산가액의 개념을 이해하는 데는 별 어려움이 없으나 그 기준시가는 어떻게 산정할 것인지의 문제가 간단하지 않다.

부동산을 취득할 권리의 기준시가에 관하여, 소득세법 제99조 제1항 제2호 (가)목의 위임에 의한 소득세법 시행령 제165조 제1항은 취득일 또는 양도일까지 불입한 금액과 취득일 또는 양도일 현재의 프리미엄에 상당하는 금액을 합한 금액이라고 정의하고 있다. 상속세 및 증여세법 시행령 제51조 제2항에서도 비슷한 규정을 두고 있다. 즉, 부동산을 취득할 수 있는 권리의 가액은 평가기준일까지 납입한 금액과 그때의 프리미엄에 상당하는 금액을 합한 금액으로 한다는 것이다. 그런데 프리미엄에 대한 마땅한 정의규정은 찾을 수 없다.

통상 프리미엄이란 아파트와 같이 분양하고 있는 부동산에서 분양가와 시세가액의 차액을 의미한다고 하겠다. 그래서 프리미엄을 산정하기 위해서는 당해 부동산의 시가를 산정하여 거기에서 분양가를 차감하는 식으로 역산하는 방법이 합리적이다.

따라서 부동산을 취득할 권리의 취득기준시가는 그 권리를 취득할 시점의 프리미엄에 그때까지의 불입금액을 합산한 것이고, 그 프리미엄은 그 시점에서의 당해 부동산의 시가에서 분양대금을 공제한 차액이라고 할 수 있고, 결국 그 권리의 취득시점에 당해 부동산의 시가를 감정하여 그 감정가에서 그 부동산의 분양대금을 차감한 금액을 말한다고 할 것이다. 여기서 당해 부동산의 시가는 소급감정에 의한 시가감정가액도 포함된다고 보아야 할 것이다.

대법원 2012. 2. 9. 선고 2010두9297 판결은, 원고가 2004. 12. 17. M아파트를 2억 5,000만 원에 분양받아 2005. 5. 31.까지 분양대금 1억 원을 납부한 상태에서 2005. 8. 25. 그 수분양권을 처형인 A에게 양도하고 그 대가로 A가 분양받은 N아파트를 양수하기로 하는 교환계약을 체결한 데 대하여, 과세관청은 M아파트의 수분양권의 실지양도가액을 확인할 수 없다고 보아 M아파트의 수분양권에 관한 원고의 분양대금 불입액 1억 원과 그 프리미엄 상당액 2억 4,000만 원(M아파트의 소급감정가액 4억 9,000만 원과 분양가액 2억 5,000만 원의 차액) 등을 합산하는 방법으로 기준시가에 의한 양도가액을 산정한 후 그에 따라 양도차익을 추계하여 원고에게 양도소득세를 부과한 사안에서, 부동산을 취득할 수 있는 권리의 프리미엄을 산정하기 위한 요소인 당해 부동산의 시가에는 객관적이고 합리적인 방법으로 평가한 가액도 포함되므로 거래를 통한 교환가격이 없는 경우 공신력 있는 감정기관의 소급감정가격을 그 시가로 볼 수 있으므로 과세관청의 처분은 적법하다고 판시하였다. 여기서 알 수 있듯이 프리미엄은 그 자체의 가액을 감정 등을 통하여 직접 산정할 수 있는 것이 아니라 당해 부동산의 시가를 감정한 후 그때까지의 불입금을 차감하는 식으로 간접적으로 산정된다는 점을 유의할 필요가 있다.

다. 취득부대비용

(1) 개요

소득세법 제118조는 양도소득세에 대하여 제39조를 준용하도록 규정하고 있고, 제39조 제2항은 거주자가 매입·제작 등으로 취득한 자산의 취득가액은 그 자산의 매입가액이나 제작원가에 부대비용을 더한 금액으로 한다고 규정하고 있다. 그리고 소득세법 시행령 제89조 제1항 제1호는 타인으로부터 매입한 자산은 매입가액에 취득세·등록면허세 기타 부대비용을 가산한 금액을 취득가액으로 한다고 규정하고 있다. 당연한 규정이어서 이는 창설적 규정이 아니라 확인적 규정으로 볼 수 있다. 자산의 취득과정에 수반하여 그 취득을 위해 소요된 비용은 부대비용으로서 취득가액에 합산하는 것이 합리적이고 기업회계에서도 이와 같이 처리하고 있다.

(2) 소송비용 등

가) 개요

취득부대비용으로서 자주 문제가 되고 있는 것은 취득과정에서 지출된 소송비용이다. 그것이 취득을 위하여 지출된 것이면 취득부대비용으로 인정하는 데 무리가 없다. 소득세법 시행령 제163조 제3항 제2호도 취득에 관한 쟁송이 있는 자산에 대하여 그 소유권 등을 확보하기 위하여 직접 소요된 소송비용·화해비용 등의 금액으로서 그 지출한 연도의 각 소득금액의 계산에 있어서 필요경비에 산입된 것을 제외한 금액을 실지취득가액에 포함되는 것으로 규정하고 있다. 당연한 확인적 규정이라고 하겠다. 그리고 2015. 2. 3. 신설된 소득세법 시행령 제163조 제1항 제2호의2는 공익사업을 위한 토지 등의 취득 및 보상에 관한 법률이나 그 밖의 법률에 따라 토지 등이 협의매수 또는 수용되는 경우로서 그 보상금의 증액과 관련하여 직접 소요된 소송비용을 필요경비의 항목으로 규정하고 있는데, 대법원 2017. 4. 7. 선고 2016두1059 판결은 위 규정도 창설적 규정이 아니라 확인적 규정이라고 판시하였다.

소송비용은 민사소송법이 정한 비용과 변호사의 보수 등 자산 외 소유권 확보를 위하여 지출한 일체의 비용이 포함되고, 화해비용도 재판상 화해와 재판 외 화해를 불문하고 지출한 비용을 총칭한다. 또한 소송의 결과 승소판결을 받아 집행하는 비용도 포함된다고 볼 것이다. 여기에서 말하는 소송비용이나 화해비용은 원칙적으로 소모성 비용, 즉 되돌려받을 수 없는 지출을 의미한다. 그러나 취득과정에서 지출된 소송비용이라고 하더라도 취득 그 자체에 영향을 줄 수 없는 원인에 기한 것이면 취득부대비용으로 볼 수 없을 것이다. 여기서 이러한 비용에 관하여 원래 이를 부담하여야 할 자에 대하여 구상권을 행사할 수 있고 그 상대방이 변제자력이 있다는 사정이 밝혀진다면 취득부대비용으로 산입할 수 없다고 보아야 한다. 그러나 쟁송과정에서는 이러한 사정이 있다는 점에 대한 증명이 용이하지 않아 비교적 관대하게 취득부대비용으로 인정되는 경향이 있는 것으로 보인다. 그러나 과세관청의 입장에서 이러한 구상권의 행사가능성과 변제자력 등에 관하여 적극적으로 증명한다면 취득부대비용으로 인정할 수 없을 것이다.

나) 긍정 사례

대법원 2012. 6. 14. 선고 2011두26411 판결은, 원고가 2003. 12. 30. A로부터 P토지를 취득하였는데, P토지에는 2003. 8. 28. 채무자를 A, 채권자를 B로 하는 채권최고액 6억 원의 근저당권설정등기가 되어 있다가 2003. 9. 6. 말소등기가 되었으나 B가 2004. 10. 8. 근저당권의 회복등기를 구하는 소를 제기하여 그 판결이 확정됨에 따라 B가 P토지에 관하여 2007. 9. 13. 근저당권설정등기를 회복하고 임의경매를 신청하여 2007. 11. 26. 임의경매개시결정이 이루어지자, 원고가 2008. 1. 29. B와의 합의하에 B에게 5억 원을 지급하고 근저당권을 해지하고 경매신청이 취하된 사안에서, 위 5억 원은 소득세법 시행령 제163조 제1항 제2호 소정의 '양도자산을 취득한 후 쟁송이 있는 경우에 그 소유권을 확보하기 위하여 직접 소요된 화해비용으로서 거주자의 양도차익의 계산에 있어서 양도가액에서 공제할 필요경비'에 해당한다고 판시하였다.

이 사안에서는 채권자 B의 근저당권이 어떠한 연유로 말소된 것인지 알 수 없으나 원고로서는 근저당권의 물권적 효력으로 인하여 B에 대하여 물상담보책임은 부담한다고 할 것이고 통상 이러한 경우 원고가 A로부터 P토지를 취득할 때 피담보채무인 5억 원을 인수함으로써 A에 대한 취득가액을 5억 원만큼 적게 지불하므로 사후에 지출된 위 5억 원은 원래 취득가액에 포함되었어야 할 금액으로 볼 수 있어서 취득부대비용으로 보는 것이 합리적이다. 그렇지 않으면 취득가액이 실지취득가액보다 지나치게 저평가되는 불합리가 발생하게 된다. 그리고 이 사안에서는 A가 소재불명으로서 부채가 자산을 초과하여 무자력상태에 있었던 것으로 나타나 원고가 A에 대하여 구상권을 행사할 수 있는 상황도 아니었던 것으로 드러난다. 그래서 어느 모로 보나 이 판결의 결론은 타당하다고 하겠다.

그리고 대법원 2017. 4. 28. 선고 2016두56578 판결은, 토지 등의 협의매수 또는 수용에 따른 보상금의 증액과 관련하여 직접 지출한 소송비용·화해비용 등도 자산의 양도를 계기로 실현되는 양도소득을 얻기 위하여 직접 필요한 경비로서 양도가액에서 공제된다고 해석하여야 한다고 판시하였다. 이 판결은 취득부대비용에 관한 것이 아니라 양도비에 관한 것이긴 하지만 그 취지는 위에서 본 판결과 비슷하다고 하겠다.

다) 부정 사례

대법원 2013. 12. 26. 선고 2012두16619 판결은, 자산 취득의 효력 등에 관한 다툼이 없이 그 취득행위와 별도로 성립한 계약의 이행과 관련한 다툼으로 인하여 생긴 소유권 상실의 위험을 방지하기 위하여 지출한 소송비용이나 화해비용 등은 이에 포함되지 아니한다고 판시하였다. 이 사안에서, 원고는 2004. 5. 3. A에게 H공사에서 조성하는 P토지를 매매대금 3억 원에 매도하는 매매계약을 체결하고, 계약금 및 중도금으로 1억 원을 지급받은 다음, A에게 액면금액 1억 원인 약속어음을 발행하고 약속어음공정증서를 작성하여 준 후, 2004. 5. 31. H공사로부터 P토지를 분양받아 2007. 4. 20. 원고 명의로 소유권이전등기를 마치고, 그 지상에 신축한 Q건물에 관하여도 원고 명의로 소유권보존등기를 마쳤다. 그리고 원고는 2007. 4. 25. B에게 P토지와 Q건물을 40억 원에 매도한 후 P토지에 관하여 소유권이전등기를 마치고도 A에게 소유권이전등기의무를 이행하지 아니한 채 바로 B에게 소유권이전청구권가등기를 마쳐주자, A는 위 약속어음공정증서에 기하여 P토지와 Q건물에 대하여 강제경매신청을 하였고, 그 후 원고는 2007. 6. 8. A에게 그로부터 받은 1억 원에 2억 원을 더한 3억 원을 지급하고 그 대가로 A가 모든 권리를 포기하기로 하였다. 이에 대하여 대법원은 원고가 A에게 지급한 2억 원은 그 취득행위와 별도로 성립한 A와의 매매계약의 이행과 관련한 다툼으로 인하여 생긴 소유권 상실의 위험을 방지하기 위하여 지출한 화해비용 등에 해당할 뿐이므로, 소득세법 시행령 제163조 제1항 제2호에서 규정한 '양도자산을 취득한 후 쟁송이 있는 경우에 그 소유권을 확보하기 위하여 직접 소요된 소송비용·화해비용 등의 금액'이라고 볼 수 없어 양도가액에서 공제되는 필요경비에 해당한다고 볼 수 없다고 판시하였다.

이 사안에서 원고가 A에게 지급한 2억 원이 P토지의 취득부대비용에 해당하지 않음에는 별 의문이 없다. 그러나 원고가 P토지를 B에게 양도함에 있어서 그 양도목적물인 P토지를 확보함으로써 그 양도가 가능하게 하기 위하여 지출된 비용으로서 양도비용에 해당한다고 볼 수는 없는 것인지에 대한 의문이 있을 수 있다. 그러나 그 가액의 성격을 분석해보면 원고가 P토지를 취득함에 있어 지출한 실지취득가액은 H공사에 지출한 매입금액이 될 것이고 원고가 A에게 지급한 2억 원은 그 취득행위 및 B에 대한 양도행위와는 별개로 A와의 양도약정에 따라 그 계약금 및 중도금으로 지급받았다가 그 양도약정의 불이행에 따른 원상회복으로 이를 되돌려 준 것에 불과하여 원고에게 양도가액의 창출에 기여한 실질적인 경비의 지출이 있었다고 볼 수 없는 것이다. 따라서 이는 양도가액에서 공제되어야 할 양도비에 해당한다고 볼 수 없다.

같은 취지에서 대법원 2013. 12. 26. 선고 2011두24859 판결도, 원고가 A에게 지급한 손해배상금 3억 원은 원고가 A에게 아파트 분양권의 수분양자 명의변경절차를 이행할 의무가 있음에도 이를 B에게 양도함으로써 그 절차를 이행할 수 없게 됨에 따라 지급하게 된 것에 불과하여, 그 분양권의 취득에 소요된 비용이나 그 분양권 취득 후 그 소유권을 확보하기 위하여 직접 소요된 소송비용·화해비용 등에 해당한다고 볼 수 없다고 판시하였다. 그리고 상속재산분할을 위한 조정을 변호사에게 의뢰하면서 지급한 변호사보수는 당해 상속재산의 소유권 확보를 위해 지출한 비용이 아니므로 취득가액에 포함되지 않는다는 것이 일본 판례의 입장이다.[10]

(3) 위약금

이중양도계약에 있어서는 계약금이나 중도금을 원상회복하는 차원에서 반환하는 것

---

10) 東京地裁, 1979. 3. 28.(訟務月報 제25권 제7호 1973면)

외에 추가로 위약금을 부담하는 경우가 많다. 이러한 위약금을 양도소득을 산정함에 있어서 필요경비로 공제할 수 있는지가 문제된다.

일찍이 대법원 1980. 7. 8. 선고 79누374 판결은, 과세대상인 양도행위 이전에 한 계약을 해제하기 위하여 지급한 위약금은 필요경비가 아니라고 판시하였다. 이 판결에 대해서는 양도인은 후매수인에게 양도하기 위해서는 선매매계약을 해제하고 위약금을 지급하지 아니하면 안 되고, 만약 그렇게 하지 아니하면 양도인은 선매수인한테 형사상 배임죄의 죄책을 면하지 못하며, 또 후매수인에게 보다 유리한 조건으로 양도하기 위하여 선매수인에게 지급한 위약금은 당해 양도와 상당인과관계에 있다 할 것이므로 이때의 위약금은 당해 부동산을 양도하기 위하여 직접 지출한 비용에 해당한다고 봄이 타당하다는 비판이 있었다.[11)

그러나 대법원 2007. 9. 20. 선고 2005두15380 판결 역시 양도소득의 과세대상인 양도행위 이전에 한 별도의 매매계약을 해제하기 위하여 지출한 위약금은 위 양도행위와는 직접 관련이 없는 것일 뿐만 아니라 소득세법 제97조 소정의 필요경비도 아니므로 위 양도행위로 인한 총수입금액에서 이를 공제하거나 필요경비로 처리될 성질의 것이 아니다라고 판시하였다. 다만, 이 판결에 대해서도, 양도계약 후 더 유리한 가격으로 당해 부동산을 양도하기 위하여 이전 매매계약을 해제하면서 지급한 위약금은, 당해 양도로 인한 총수입금액, 즉 양도소득세액을 늘리기 위한 지출이라는 점에서 당해 양도와의 직접적 관련성을 부인하기 어렵고, 또한 이러한 위약금은 의무불이행에 따른 것이기는 하지만, 일반적으로 세법에서 필요경비로 인정하지 않는 벌금·과태료 및 불법행위로 인한 손해배상금과는 그 성질이 다르므로, 필요경비인 양도비로서 공제하는 것이 옳다는 비판이 있다.[12)

라. 자본적 지출액

소득세법 제97조 제1항은 양도가액에서 공제하는 필요경비의 하나로 제2호에서 자본적 지출액 등으로서 대통령령이 정하는 것을 규정하고 있고, 소득세법 시행령 제163조 제3항 제1호는 자본적 지출액을 제67조 제2항의 규정을 준용하여 계산한 자본적 지출액이라고 규정하고 있다. 그리고 소득세법 시행령 제67조 제2항은 자본적 지출이라 함은 감가상각자산의 내용연수를 연장시키거나 당해 자산의 가치를 현실적으로 증가시키기 위하여 지출한 수선비를 말한다고 하면서, 그 예시로서 본래의 용도를 변경하기 위한 개

---

11) 김백영, '조세 위약금과 양도소득세의 필요경비', 판례월보(제203호) ; 임영득, '양도행위이전에 지급한 위약금은 양도소득계산상 필요경비로 볼 수 있는가', 법률신문 제1441호
12) 구욱서, 사법과 세법, 유로 ; 김완석, 소득세법론, (주)광교이택스

조, 엘리베이터 또는 냉난방장치의 설치, 빌딩 등의 피난시설 등의 설치, 재해 등으로 인하여 건물·기계·설비 등이 멸실 또는 훼손되어 당해 자산의 본래 용도로의 이용가치가 없는 것의 복구, 기타 개량·확장·증설에 대한 지출 등을 들고 있다.

그 외에도 소득세법 시행령 제163조 제3항 제3호는 양도자산의 용도변경, 개량 또는 이용편의를 위하여 지출한 비용을 규정하고 있다. 이 부분 규정도 자본적 지출액에 관한 규정이라고 할 수 있다. 이에 관한 보다 구체적인 내용은 소득세법 시행규칙 제79조 제1항 제2호 내지 제5호에 나타나 있는데, 예시적 열거규정이라고 할 수 있다. 즉, 토지이용의 편의를 위하여 지출한 장애철거비용(제2호), 토지의 편의를 위하여 해당 토지 또는 해당 토지에 인접한 타인 소유의 토지에 도로를 신설하는 경우의 그 시설비(제3호), 토지이용의 편의를 위하여 해당 토지에 도로를 신설하여 국가 또는 지방자치단체에 무상으로 공여한 경우의 도로로 된 토지의 취득당시 가액(제4호), 사방사업에 소요된 비용(제5호)이 그것이다.

이러한 자본적 지출액을 필요경비로 공제하는 것은 나중에 설명하는 바와 같이 필요경비의 주요항목인 취득가액을 실지거래가액에 의하여 산정하는 경우에 한하며, 그렇게 하지 않고 취득가액을 매매사례가액 등 시가에 의하여 평가하는 경우에는 이른바 개산공제액을 공제하는 외에 별도로 자본적 지출액을 필요경비로 공제할 수 없다.

필요경비로 공제할 수 있는 자본적 지출액에 해당하는지 여부가 다투어진 사건으로 대법원 2013. 11. 14. 선고 2013두14146 판결이 있다. 원고가 2007. 1. 3. 공장을 신축하기 위하여 A토지를 취득하였다가 2007. 5. 20.경 A토지에 인접한 P종중 소유의 B토지를 공장진입로로 사용하기 위하여 P종중에 그 사용료로 4억 원을 지급하였다. 그런데 산지전용허가 등의 문제로 인하여 A토지에 공장을 설립할 수 없게 되자 원고는 2010년경 P종중을 상대로 사용료 4억 원의 반환을 구하는 소를 제기하였고, 2011. 9. 20. 원고와 P종중과 사이에 원고가 그중 2억 2,000만 원을 반환받되 B토지의 사용약정을 실효시키기로 하는 내용의 조정이 성립되었다. 그 후 A토지는 2010. 10. 29. 공매절차에서 제3자에게 매각되었다. 이 사안에서 원고는 B토지에 대한 사용료로서 지급한 4억 원 중 반환받지 못한 1억 8,000만 원은 A토지에 대한 자본적 지출액이라는 이유로 그 양도가액에서 이를 필요경비로 공제하여야 한다고 주장하였다.

그러나 원심법원은, B토지의 사용약정은 A토지 자체의 용도를 변경하거나 개량하기 위한 것이 아닌 점, 원고가 지출한 1억 8,000만 원은 당해 토지에 대한 도로개설비용 또는 이와 유사한 비용으로 보기 어려운 점, B토지에 대한 원고의 사용권은 채권적 권리로서 위 공매절차에서 B토지에 부수하여 그 매수인에게 함께 양도된 것도 아니고 오히려 법원의 조정절차에서 원고와 P종중은 B토지의 사용약정을 실효시키기로 합의까지 하였던 점 등에 비추어, 위 1억 8,000만 원은 소득세법 시행령 제163조 제3항 제3호나 제4호 소정의 '양도자산의 이용편의를 위하여 지출한 비용이나 이에 준하는 비용'에 해당하지 않는다는 이유로 이를 양도자산의 필요경비로 공제할 수 없다고 판시하였고, 대법원이 이를 수긍하였다.

이 사안에서 얼핏보면 위 1억 8,000만 원은 양도자산인 A토지의 이용편의를 위하여 지출된 비용이라고 할 여지도 없지 않다. 그러나 자본적 지출액을 양도자산의 양도가액에서 필요경비로 공제해 주는 기본적인 취지는 그와 같은 자본적 지출액이 있으면 양도자산의 객관적 가치가 증가하여 양도가액의 증가에 기여하기 때문에 양도소득을 계산할 때 수익관련성이 인정될 수 있어 이를 필요경비로 공제해 주겠다는 것이다. 이와 달리 양도자산의 객관적 가치를 증가시키지도 않고 나아가 양도가액의 증가에도 아무런 기여를 한 바가 없는 비용이라면 이를 자본적 지출로 보아 필요경비로 공제할 수는 없는 것이다. 위 사안에서 원고가 결과적으로 지출하게 된 1억 8,000만 원은 당초 지출의도는 양도자산인 A토지의 이용편의를 위하여 그 진입로를 확보하는 데 있었지만, 그 이용권리가 채권적 권리에 불과하였고 더군다나 A자산을 양도할 때에는 그 이용권리가 소멸된 상태였으므로 양도당시 A자산의 객관적 가치를 증가시키지 못하였을뿐더러 양도가액의 유지나 증가에도 아무런 기여를 한 바가 없다. 그래서 필요경비의 본질적인 요건인 수익관련성을 충족하지 못하였다고 할 수 있다. 원심판시의 내용은 다소 표현이 불충분하기는 하지만 이러한 취지를 담고 있는 것으로서 타당한 판결이라고 하겠다.

마. 폐업시 잔존재화에 대한 부가가치세

건물을 매입하여 임대사업 등을 영위하다가 그 건물이 수용되거나 양도됨으로써 임대사업을 폐업할 경우 폐업당시의 잔존재화인 건물에 관한 일정액의 부가가치세를 납부하여야 한다. 이러한 부가가치세를 양도소득의 산정에 있어서 필요경비로 공제할 수 있는지가 문제된다.

부가가치세법 제10조 제6항은 사업자가 사업을 폐지하는 때에 잔존하는 재화는 자기에게 공급하는 것으로 보도록 규정하고 있고, 부가가치세법 시행령 제66조 제2항 제1호는 그 공급가액은 건물 또는 구축물의 경우 그 '취득가액×(1−5/100×경과연수)'로 한다고 규정하고 있다. 이러한 규정의 취지는 사업을 폐지하는 때에 잔존하는 재화에 대하여 재화의 공급으로 보지 아니하면 당해 사업자는 폐업 후에는 부가가치세의 부담없이 그 잔존재화를 사용·소비하거나 공급할 수 있게 되므로, 사업을 폐지하는 때에 사업자가 자기에게 공급한 것으로 보아 그에 대한 부가가치세를 거래징수하여 이를 납부하도록 하고 거래징수당한 부가가치세는 최종소비자의 지위에서 이를 부담하게 함으로써, 그 잔존재화를 다른 사업자로부터 구입하여 사용하거나 소비하는 경우와 동일한 부담을 지도록 하여 이미 공제받은 매입세액을 과세관청에 회복시키고 부가가치세의 기본원리인 조세의 중립성을 유지하는 데에 있다.[13]

이러한 부가가치세를 양도소득세에서 필요경비로 공제할 수 있는지에 관하여, 부정설의 입장과 긍정설의 입장이 나뉠 수 있다. 부정설의 논거는, 일반적으로 취득시 소요된 부대비용으로 취득가액에 포함되기 위해서는 취득과 관련된 비용으로서 계약체결일 전후부터 소유권을 확보할 때까지 지출한 비용이어야 하는데 폐업시 잔존재화에 대한 부가가치세는 소유권을 취득한 이후 당해 자산을 보유하는 과정에서 부담하는 것이므로 취득시 소요되는 '기타 부대비용'에 포함되지 않는다고 할 수 있다는 것, 사업자는 사업을 위하여 취득한 사업용자산 등을 처분한 후 사업을 폐업하는 것이 일반적이고 이 경우에는 사업용자산을 처분하면서 부가가치세를 징수하여 납부하면 되므로 추가적으로 부가가치세를 부담하지 않게 되며 사업자가 사업용자산을 처분하지 아니하고 폐업 이후에도 계속하여 보유 또는 사용하고자 하는 경우에만 그 당시 사업용자산의 가액을 기준으로 한 부가가치세를 부담하는 것이므로 결국 폐업시 잔존재화에 대한 부가가치세는 당해 잔존재화를 보유하는데 소요되는 비용이라는 것, 폐업시 잔존재화에 대하여 부가가치세법상 폐업시 자신에게 공급한 것으로 보는 것은 조세의 중립성 차원에서 부가가치세법에 의하여 의제되는 것일 뿐이고 그 시점에 어떤 새로운 취득이 있었다고 볼 수 없다는 것, 취득 이후에 지급된 비용은 당해 자산의 가치를 증가시키는 것으로서 자본적 지출액 등에 해당하거나 별도의 규정이 있는 경우가 아닌 한 필요경비에 산입될 수 없다고 보는 것이 엄격해석의 원칙에 부합한다는 것 등이다.

그런데 폐업시 잔존재화에 대하여 부담하는 부가가치세는 재고자산인 경우와 고정자산인 경우 그 계산구조가 상이하다. 재고자산인 경우에는 부가가치세법 제29조 제3항 제3호에 의하여 폐업당시의 시가상당액을 과세표준으로 하여 부가가치세를 부담해야 하는 반면에, 감가상각 대상인 고정자산의 경우는 폐업당시의 시가상당액이 아니라 고정자산의 취득가액에서 감가상각비를 공제한 잔액을 과세표준으로 하여 부가가치세를 부담하게 된다. 이와 같이 고정자산의 경우 취득가액을 기준으로 과세표준을 산정하는 것은 당초 취득당시에 공제받았던 고정자산의 매입세액을 다시 환수하는 의미가 뚜렷하다. 반면에 재고자산의 경우 그 취득가액과 무관하게 폐업당시의 시가를 과세표준으로 부가가치세를 부담하기 때문에 당초 취득당시에 공제받았던 매입세액을 환수하는 의미는 약하고 오히려 폐업시에 재고자산의 새로운 자가공급이 있었다고 볼 수 있는 것이다. 그리고 고

---

13) 이성식, 부가가치세법해설, 조세신보사

정자산을 취득할 때 지출한 부가가치세 매입세액은 원칙적으로 취득부대비용으로서 양
도소득을 산정할 때 필요경비에 산입되어야 하는데 사업자의 경우 그 취득부대비용을
전부 부가가치세 매출세액에서 매입세액으로 공제받기 때문에 취득부대비용으로 인정
받지 못하는 것일 뿐이다. 그런데 폐업시에 다시 그 공제받았던 매입세액을 국가에 환수
당하게 되므로 그 부분만큼은 원칙으로 돌아가 취득부대비용으로서 양도소득을 산정할
때 필요경비에 산입된다고 보아야 한다. 여기서 필요경비에 산입되는 것은 폐업시에 국
가에 납부하는 부가가치세액 그 자체가 아니라 당초 그 고정자산을 취득할 때 지출하였
던 부가가치세 매입세액 중 폐업시 국가에 납부하는 부가가치세 상당액이라고 해야 할
것이다. 따라서 필요경비에 산입되는 부가가치세액의 지출시기는 폐업시가 아니라 당초
그 고정자산을 취득할 때라고 보아야 하고, 이렇게 보면 그 지출시기가 취득시기가 아니
라는 이유로 취득부대비용이 아니라고 하는 난관은 쉽게 극복할 수 있다. 대법원 2012.
12. 26. 선고 2012두12723 판결도 같은 취지이다.

바. 개산공제액

소득세법 제97조 제2항 제2호는 취득가액을 실지거래가액이 아닌 매매사례가액·감
정가액·환산가액 또는 기준시가에 의하는 경우의 필요경비는 '취득가액에 자산별로 대
통령령이 정하는 금액을 가산한 금액'에 의하도록 규정하고 있고, 소득세법 시행령 제
163조 제6항은 가산하는 비율을 기본적으로 3%로 규정하고, 미등기 양도자산 등의 경우
에는 0.3%로 규정하고 있다. 이와 같이 가산하는 비용을 흔히 개산공제액이라고 한다.
그리고 2010. 12. 27. 소득세법 개정으로 제97조 제2항 제2호 단서를 신설하여 취득가액
을 환산가액에 의하는 경우 환산가액에 의한 취득가액과 대통령령이 정하는 금액의 합
계액과 자본적 지출액과 양도비의 합계액을 비교하여 전자의 금액이 후자의 금액보다
적은 경우에는 후자의 금액을 필요경비로 할 수 있도록 하는 규정을 신설하였다.
이와 같이 개산공제액을 인정해주는 취지는 취득가액을 실지거래가액으로 산정할 경
우에는 자본적 지출액과 양도비도 필요경비로 인정해주지만 취득가액을 매매사례가
액·감정가액·환산가액 또는 기준시가에 의하여 산정할 경우에는 자본적 지출액이나
양도비를 필요경비로 인정해 주지 않으므로 그에 대한 대체보완책으로 위와 같은 일률
적인 비율에 의한 금액을 개산공제액으로 인정해주는 것이다. 따라서 개산공제액이 적용
되는 경우에는 자본적 지출액이나 양도비가 있더라도 이를 필요경비로 인정할 수 없다.
그렇지 않으면 이중의 공제혜택이 주어질 수 있기 때문이다. 다만, 앞서 본 바와 같이
제97조 제2항 제2호 단서에 해당하는 경우는 예외이다. 이러한 개산공제제도는 양도소득

의 실질을 반영한 것이라기보다는 입법자의 정책적 결단에 의한 것으로 볼 수 있다. 대법원 2015. 10. 15. 선고 2011두24286 판결도 같은 취지이다.

8. 장기보유특별공제

가. 관련 규정

소득세법 제95조는 제1항에서 양도소득금액을 산정할 때 양도가액에서 필요경비를 공제한 다음 장기보유특별공제액을 공제하도록 규정하고, 제2항에서 장기보유특별공제액이란 보유기간이 3년 이상인 토지·건물(미등기양도자산과 중과세대상주택은 제외)과 조합원입주권(조합원으로부터 취득한 것은 제외)에 대하여 그 양도차익에 보유기간별 공제율을 곱하여 계산한 금액을 말한다고 규정하고 있다. 그리고 해외자산은 소득세법 제118조의8 단서 규정에 의하여 장기보유특별공제액이 적용되지 않는다.

이 규정은 자산의 단기매매와 같은 투기행위로 인하여 얻은 소득에 대하여는 소득세를 중과세하면서 장기보유자산의 양도로 인하여 얻은 소득에 대하여는 과세상 우대하는 것이다. 즉, 장기간 보유함으로써 형성되었다가 양도시점에 와서 일시에 실현된 양도소득에는 물가상승에 따른 명목소득이 내포되어 있으므로 이 부분은 공제하여 주는 것이 실질적인 양도소득의 과세취지에 부합한다는 취지에서 마련된 제도이다.

소득세법 제95조 제2항은 본문에서, 일반 부동산이나 조합원입주권의 양도에 대한 장기보유특별공제율에 관하여는 〈표1〉에서 보유기간에 따라 최저 6%에서 최고 30%까지로 규정하고 있다. 그리고 그 단서에서는 대통령령이 정하는 1세대 1주택에 해당하는 자산의 경우는 〈표2〉에서 보유기간과 거주기간에 따라 최저 8%에서 최고 40%까지로 규정하고 있다. 2020. 8. 18. 개정되면서 거주기간의 요건을 추가하고 공제율도 줄였다.

다만, 소득세법 제95조 제2항은 그 괄호규정에서 조합원입주권의 경우 위 공제율이 적용되는 양도차익에 관하여, 도시 및 주거환경정비법에 따른 관리처분계획인가 및 빈집 및 소규모주택 정비에 관한 특례법에 따른 사업시행계획인가 전 토지분 또는 건물분의 양도차익으로 한정한다고 규정하고 있다. 그 취지에 관하여 대법원 2017. 10. 26. 선고 2017두52504 판결은, 조합원입주권에 대하여는 양도차익 중 재개발·재건축에 따른 개발이익을 장기보유특별공제 대상에서 제외하기 위하여 그 적용대상이 되는 양도차익의 범위를 관리처분계획인가 전으로 한정한 것으로 보인다고 판시하였다.

나. 비거주자에 대한 적용

위 소득세법 제95조 제2항 단서의 1세대 1주택에 관하여 소득세법 시행령 제159조의3은 1세대가 양도일 현재 국내에 1주택을 소유하고 있는 경우라고 규정한 것을 두고 비거주자에게도 위 단서 규정을 적용할 수 있는지가 논란이 되었다. 왜냐하면 '1세대'에 관하여 소득세법 시행령 제154조 제1항이 '거주자 및 배우자가 그들과 동일한 주소 또는 거소에서 생계를 같이하는 가족과 함께 구성하는 1세대'라고 정의하고 있으므로 비거주자는 '1세대'에 해당할 수 없다는 주장이 있을 수 있기 때문이다.

이에 대하여 대법원 2011. 7. 14. 선고 2009두21147 판결은, 소득세법 제121조 제2항은 토지 또는 건물의 양도소득 등이 있는 비거주자에 대하여는 '거주자와 동일한 방법으로 과세한다'고 규정한 것은 소득금액과 과세표준 및 세액 등을 산정함에 있어 거주자와 동일한 방법을 적용해야 한다는 의미인 점, 위 단서 규정은 양도소득금액의 산정시 공제되는 항목에 관한 규정이고, 비거주자도 그 요건을 갖출 수 있는 점 등을 이유로 위 단서 규정은 비거주자의 경우에도 그대로 적용된다고 해석함이 타당하다고 판시하였다.

소득세법 시행령 제154조 제1항의 '1세대'의 정의가 소득세법 시행령 제159조의2에도 그대로 타당하다고 하더라도 소득세법 제3장은 '거주자'의 양도소득에 대한 납세의무를 규정하고 있으므로 소득세법 제89조, 제95조 제2항 제3호 단서 및 소득세법 시행령 제154조, 제159조의2에서 말하는 '1세대'는 당연히 거주자를 전제로 한 개념정의에 불과한 점, 중과세율을 규정하고 있는 소득세법 제104조 제4항 및 소득세법 시행령 제167조의4 등에서 '1세대'라는 용어를 사용하고 있음에도 중과세율은 거주자는 물론 비거주자에게도 적용된다는 것이 일반적인 해석론이자 실무인 점, 중과세율을 적용할 때 거주자와 비거주자를 차별하지 않는다면 장기보유특별공제액을 적용하는 데에도 차별하지 않는 것이 형평의 원칙에 부합하는 점 등을 고려해 보면 소득세법 시행령 제159조의2를 적용함에 있어 1세대는 '거주자'를 '비거주자'로 대체하여 '비거주자 및 그 배우자가 그들과 동일한 주소 또는 거소에서 생계를 같이하는 가족과 함께 구성하는 1세대'라고 해석할 수도 있으므로, 1세대의 의미에 대한 해석이 위 단서규정의 비거주자에 대한 적용 여부를 좌우하는 논거가 될 수는 없다고 하겠다. 대법원 판결이 타당하다고 하겠다.

다. 재건축주택의 보유기간 통산

그리고 소득세법 시행령 제154조 제8항 제1호는 1세대 1주택의 보유기간을 계산함에 있어서 보유하고 있는 중에 노후 등으로 인하여 멸실되어 재건축한 주택의 경우에는 그 멸실된 주택과 재건축한 주택에 대한 보유기간을 통산하도록 규정하고 있다. 또한 소득세법 제154조 제3항 단서에서는 주택의 연면적이 주택 외의 부분의 연면적보다 적거나 같은 때에는 주택 외의 부분은 주택으로 보지 아니하도록 규정하고 있다.

이러한 규정들과 관련하여, 1세대 1주택의 경우에 해당하는 부분 및 그 보유기간이 얼마인지가 다툼의 대상이 되곤 한다. 물론 이때의 1세대 1주택은 양도소득세 비과세대상의 요건을 갖추지 못한 경우에 해당한다. 이에 관한 사례로 대법원 2014. 9. 4. 선고 2012두28025 판결이 있다. 원고는 1985. 1. 1. 전에 취득하여 보유하고 있던 종전 겸용주택(상가 365.89㎡, 주택 85.79㎡, 공용면적 51.74㎡, 합계 503.42㎡)을 주택재개발사업을 하는 정비사업조합에 제공하고 그에 관한 조합원입주권을 보유하다가 2005. 3. 24. 관리처분계획의 인가에 따라 새로운 주택(전용면적 243.85㎡)을 취득한 후 2010. 3. 8. 제3자에게 1세대 1주택 요건을 충족한 고가주택인 새로운 주택을 56억 원에 양도하였다. 여기서 새 주택 중 종전 겸용주택의 상가에 상응하는 부분과 주택에 상응하는 부분의 보유기간을 어떻게 산정할 것인지가 문제되었다.

이에 대하여 대법원은, 위에서 본 규정들과 1세대 1주택에 대하여 별도로 더 높은 비율의 장기보유특별공제율을 정한 취지 등에 비추어 보면, 장기보유특별공제를 적용하기 위한 보유기간은 소득세법 제94조 제1항 제1호에 규정된 자산을 계속하여 보유한 기간만을 통산하여야 하므로 그것이 멸실되었다가 신축되거나 다른 공제율을 적용하여야 하는 자산으로 변동된 경우에는 그 보유기간을 통산할 수 없음이 원칙이지만, 재건축·재개발 조합원이 기존주택과 토지를 제공하고 취득한 조합원입주권에 기하여 새로운 주택을 취득한 경우에는 소득세법 시행령 제159조의2에 의한 1세대 1주택에 해당하면 기존주택과 조합원입주권 등의 보유기간까지 통산하여 소득세법 제95조 제2항의 〈표2〉에 규정된 장기보유특별공제율을 적용하여야 할 것이나, 상가의 연면적이 주택의 연면적보다 크거나 같은 겸용주택을 제공하고 취득한 조합원입주권에 기하여 새로운 주택을 취득한 경우에는 종전 겸용주택의 상가부분과 그에 상응한 새로운 주택부분은 이를 1세대 1주택으로 보아 그 보유기간을 통산할 만한 아무런 법률적 근거가 없으므로 종전 겸용주택의 상가부분과 새로운 주택부분은 소득세법 제95조 제2항의 〈표1〉과 〈표2〉에 규정된 장기보유특별공제율을 적용하기 위한 보유기간을 각각 계산하여야 한다고 판시하였다. 즉, 새로운 주택 중 종전 겸용주택의 상가부분에 상응하는 부분은 종전 상가부분의 보유기간과 새로운 주택의 보유기간을 통산할 수 없고, 각각의 보유기간을 따로 계산하여 종전 상가부분은 〈표1〉에 의한 공제율을, 새로운 주택의 종전 상가부분에 상응하는 부분은 〈표2〉에 의한 공제율을 적용해야 한다는 것이다. 타당한 판결이다.

라. 중과세 제외 주택에 대한 적용

1세대 1주택에 관하여는 위와 같이 높은 공제율이 적용되는데, 그 취지에 비추어 볼 때 양도소득세가 중과세되는 1세대 3주택에서 제외되는 주택에 대하여도 1세대 1주택과 마찬가지로 높은 공제율을 적용할 수 있는지가 문제되었다.

소득세법 시행령 제167조의3 제1항 제1호는 양도소득세 중과세대상인 1세대 3주택 이상에 해당하는 주택의 범위에서 수도권 및 광역시 외의 지역에 소재하는 주택으로서 그 기준시가가 3억 원을 초과하지 않는 것을 제외시키고 있다. 그리고 높은 장기보유특별공제율이 적용되는 1세대 1주택의 범위에 관하여 소득세법 시행령 제159조의3은 1세대가 양도일 현재 국내에 1주택을 소유하고 있는 경우의 그 주택(제155조·제155조의2·제156조의2 및 그 밖의 규정에 의하여 1세대 1주택으로 보는 주택을 포함한다)을 말한다고 규정하고 있다.

조세쟁송에서 위 규정들을 두고 납세자가 소득세법 시행령 제167조의3 제1항 제1호에 해당하면 소득세법 시행령 제159조의3 괄호규정에서 말하는 그 밖의 규정에 의하여 1세대 1주택으로 보는 주택에 해당한다는 주장을 한 사건이 있다. 대법원 2012. 4. 26. 선고 2011두32874 판결이 그것인데, 납세자의 주장을 배척하였다. 그 논거는 다음과 같다. 즉, 소득세법 제104조 제4항이 대통령령이 정하는 1세대 3주택 이상에 해당하는 주택에 대하여 양도소득세율을 중과하도록 규정하면서, 소득세법 시행령 제167조의3 제1항은 '대통령령이 정하는 1세대 3주택 이상에 해당하는 주택'이란 '국내에 주택을 3개 이상(제1호에 해당하는 주택을 주택의 수를 계산함에 있어 이를 산입하지 아니한다) 소유하고 있는 1세대가 소유하는 주택으로서 그 각 호에 해당하지 아니하는 주택이라고 규정한 것과 관련하여, 소득세법 시행령 제167조의3 제1항 제1호는, 그 규정의 내용 및 모법인 소득세법과의 관계 등에 비추어 볼 때, '1세대 3주택 이상에 해당하는 주택'의 양도소득세율에 관한 규정인 소득세법 제104조 제4항에 관한 것으로서 위 법률규정이 위임한 1세대 3주택 이상에 해당하는 주택의 범위를 구체화한 것일 뿐이고, 이에서 더 나아가 위와 같은 장기보유특별공제율이 적용되는 '1세대 1주택으로 보는 경우'에 관한 규정이라고 할 수는 없다는 취지로 판시하였다.

따라서 양도인의 보유 주택이 소득세법 시행령 제167조의3 제1항 제1호에 해당한다면 1세대 3주택 이상의 주택으로 보지 아니하게 되어 양도소득세 중과세율의 적용을 면하게 되는 것일 뿐이고, 그 규정의 적용이 있다고 하여서 그 주택이 장기보유특별공제율이 적용되는 '1세대 1주택으로 보는 주택'에 해당하게 되는 것은 아니다.

마. 조합원입주권의 양도차익에 대한 적용

위 관련 규정에서 보았듯이, 소득세법 제95조 제2항 본문은 그 괄호규정에서 조합원입주권의 경우 위 공제율이 적용되는 양도차익에 관하여, 도시 및 주거환경정비법에 따른 관리처분계획인가 및 빈집 및 소규모주택 정비에 관한 특례법에 따른 사업시행계획인가 전 토지분 또는 건물분의 양도차익으로 한정하고 있다.

이와 관련하여 그 조합원입주권이 1세대 1주택에 해당하지 않아 소득세법 제95조 제2항 본문 〈표1〉의 낮은 공제율을 적용할 때에 그 적용대상이 되는 양도차익이 위 괄호규정에 의하여 제한된다는 점에 대하여는 의문이 없다. 그런데 그 조합원입주권이 1세대 1주택에 해당하여 소득세법 제95조 제2항 단서 〈표2〉의 높은 공제율을 적용할 때에도 그 적용대상이 되는 양도차익이 위 괄호규정에 의하여 제한되어야 하는지에 관하여 논란이 있었다. 1세대 1주택을 우대하는 취지에 비추어 제한되지 않는다고 보아야 한다는 주장이 있었다.

이에 대하여 대법원 2017. 10. 26. 선고 2017두52504 판결은, 장기보유특별공제는 물가상승에 따른 명목소득의 상승도 포함되어 있는 양도소득에 대하여 물가상승분을 공제하여 주기 위하여 마련된 제도라는 점에 비추어 볼 때, 입법자는 위 괄호규정의 신설 당시 조합원입주권에 대하여는 양도차익 중 재개발·재건축에 따른 개발이익을 장기보유특별공제 대상에서 제외하기 위하여 그 적용대상이 되는 양도차익의 범위를 관리처분계획인가 전으로 한정한 것으로 보이고, 이는 1세대 1주택으로 의제되는 조합원입주권이라고 하여 달리 볼 수 없다고 전제하면서, 조합원입주권이 소득세법 시행령 제155조 제17항에 따라 제154조 제1항 소정의 1세대 1주택으로 의제되고 9억 원을 초과하는 고가주택에 해당하는 경우, 장기보유특별공제의 대상은 위 괄호규정에 따라 조합원입주권의 양도차익 중 '관리처분계획인가 전 토지분 또는 건물분의 양도차익'으로 한정되는 것이지, 그 단서 소정의 공제율이 적용된다고 하여, 장기보유특별공제의 대상이 '1세대 1주택이 아닌 경우'와 달리 조합원입주권의 전체 양도차익으로까지 확대되는 것은 아니라고 판시하였다.

법규정의 본문에 특별한 제한규정을 둔 경우 본문과 단서의 관계상 그 단서에서 이를 명시적으로 배제하고 있지 않는 한 그 제한규정은 단서에도 그대로 적용된다고 보는 것이 문리해석의 원칙에 부합한다고 하겠다. 그리고 양도소득세가 비과세되지 않는 1세대 1주택에 해당하는 조합원입주권에 대하여는 1세대 다주택에 해당하는 조합원입주권에 비하여 장기보유특별공제에 있어서 그 적용률을 우대하는 정도로 족하고 더 나아가 그 적용대상이 되는 양도차익에 대하여까지 차별하여 우대하는 것으로까지 해석할 필요는 없다고 할 수 있다. 위 대법원 판결은 이러한 입장에 터 잡은 것으로 이해된다.

9. 양도소득세의 과세표준과 세율

가. 개요

소득세법 제104조 제1항은 거주자의 양도소득세는 해당 과세기간의 양도소득과세표준에 그 각 세율을 적용하여 계산한 금액을 산출세액으로 한다고 규정하고 있다.

양도소득과세표준에 관하여는, 먼저 양도가액에서 취득가액과 필요경비를 공제하여 양도차익을 계산한 다음 여기에서 장기보유특별공제를 공제하여 양도소득금액을 산정하고 여기에서 다시 양도소득기본공제를 차감함으로써 과세표준을 산정한다. 양도소득금액의 구분과 합산에 관하여는 소득세법 제102조에서 규정하고 있는데, 그 각 호별로 구분하여 계산하도록 하면서, 제1호는 토지와 건물, 부동산을 취득할 수 있는 권리, 기타 자산을, 제2호는 주식 등을, 제3호는 파생상품을 각 규정하고, 소득금액을 계산할 때 발생하는 결손금은 다른 호의 소득금액과 합산하지 아니하되, 양도차손이 발생한 자산이 있는 경우에는 위 각 호별로 해당 자산 외의 다른 자산에서 발생한 양도소득금액에서 그 양도차손을 공제하도록 하였다. 따라서 위 각 호 내의 자산들을 양도하는 과정에서 양도차익과 양도차손이 교차하는 경우에는 이들을 서로 상계할 수 있다.

양도소득세의 세율에 관하여는, 소득세법 제104조 제1항은 그 제1호에서 기본세율은 제55조의 종합소득세율에 의하도록 하면서, 양도자산의 종류에 따라 이보다 가중하거나 감경한 세율을 규정하고 있다. 즉, 제2호와 제3호에서는 보유기간이 단기간인 경우에 대하여, 제8호, 제9호에서는 비사업용 토지에 대하여, 제10호에서는 미등기양도자산에 대하여 각 가중세율을 규정하고 있고, 제11호에서는 중소기업 외의 법인의 주식과 중소기업의 주식에 대하여 차등세율을 규정하고 있다. 그리고 같은 항 후문에서는 하나의 자산이 그 각 호에 따른 세율 중 둘 이상에 해당할 때에는 해당 세율을 적용하여 계산한 양도소득 산출세액 중 큰 것을 그 세액으로 한다고 규정하고 있다. 그 각 호의 취지를 살리기 위한 당연한 규정이다.

대법원 2014. 10. 30. 선고 2012두15371 판결은 위 규정은 대상 자산이 하나의 자산임을 전제로 그 자산이 같은 항 각 호에서 정한 세율 중 두 가지 이상의 세율에 해당하는 경우 그중 가장 높은 것을 적용한다는 의미일 뿐이므로 한 필지의 토지가 사업용 토지와 비사업용 토지로 구분되는 경우 사업용 토지부분과 비사업용 토지부분을 각각 하나의 자산으로 보아 각기 다른 세율을 적용하여야 한다고 판시하였다. 이 또한 당연한 판결이다.

나. 중소기업 주식의 양도에 관한 감경세율

(1) 관련 규정

소득세법 제104조 제1항 제11호는 주식 등의 양도소득세율에 관하여, 중소기업 외의 법인의 주식 등으로서 대주주가 1년 미만 보유한 주식 등은 30%로, 중소기업의 주식 등은 10%(대주주는 20~25%), 그 밖의 주식 등은 20%로 규정하고 있다. 이와 같이 중소기업이 발행한 주식 등에 관하여는 양도소득세율을 특별히 우대하고 있다. 중소기업의 범위에 관하여는 소득세법 시행령 제167조의8에서 주식 등의 양도일이 속하는 사업연도의 직전 사업연도 종료일 현재 중소기업기본법 제2조의 규정에 의한 중소기업에 해당하는 기업을 말한다고 규정하고 있다. 한편, 중소기업기본법 제2조 제1항 제1호는 중소기업의 요건에 관하여 (가)목에서 업종별로 매출액 또는 자산총액 등이 대통령령으로 정하는 기준에 맞을 것을, (나)목에서 지분 소유나 출자관계 등 소유와 경영의 실질적인 독립성이 대통령령으로 정하는 기준에 맞을 것 등을 규정하고 있다. 그리고 제2조 제3항은 제1항을 적용할 때 중소기업이 그 규모의 확대 등으로 중소기업에 해당하지 아니하게 된 경우 그 사유가 발생한 연도의 다음 연도부터 3년간은 계속 중소기업으로 보되, 중소기업 외의 기업과 합병하거나 그 밖에 대통령령으로 정하는 사유로 중소기업에 해당하지 아니하게 된 경우에는 그러하지 아니하도록 규정하고, 중소기업기본법 시행령 제9조는 위 대통령령이 정하는 사유에 관하여, 중소기업이 중소기업 유예기간 중에 있는 기업을 흡수합병한 경우로서 유예기간 중에 있는 기업이 당초 중소기업에 해당하지 아니하게 된 사유가 발생한 연도의 다음 연도부터 3년이 지난 경우를 규정하고 있다.

(2) 중소기업에 대한 조세특례

중소기업기본법은 제1조에서 '창의적이고 자주적인 중소기업의 성장을 지원하고 나아가 산업구조를 고도화하고 국민경제를 균형있게 발전시키는 것을 목적'으로 한다고 규정하면서, 제19조 제2항에서 '정부는 중소기업시책을 효율적으로 실시하기 위하여 조세에 관한 법률에서 정하는 바에 따라 세제상의 지원을 할 수 있다'라고 규정하고 있다. 이에 따라 소득세법에서는 제104조 제1항 제11호에서 주식의 양도소득세율도 인하하고 있는 것 외에도 제35조에서 접대비한도를 상향하여 일반 사업자의 경우 1,200만 원이나 중소기업의 경우 1,800만 원으로 정하고 있고, 제85조의2는 중소기업의 경우 당해 과세기간의 결손금이 발생한 경우에는 직전 과세기간의 당해 중소기업의 사업소득에 부과된 소득세액을 한도로 하여 환급 신청이 가능하도록 하는 결손금의 소급공제제도를 규정하고 있다. 그리고 법인세법에서도 마찬가지로 제25조 제1항 제1호에서 중소기업에 대하여 접대비 한도를 상향하고 있고, 제85조의2에서 결손금 소급공제제도도 도입하고 있으며, 제64조 제2항에서는 법인세 분납기간을 2개월로 연장해주고 있다. 또한 조세특례제한법 제2장 제1절에서 중소기업투자세액공제(제5조), 중소기업에 대한 특별세액감면(제7조) 등 중소기업에 대한 조세특례 규정을 두고 있다. 이러한 특례규정들은 중소기업 육성이라는 조세정책적 차원에서 제정된 것이므로 그 적용의 전제가 되는 중소기업 해당 여부의 판단은 그 형식보다는 실질에 의하여야 한다는 것이 대법원 1997. 5. 7. 선고 96누2330 판결 등의 입장이다.

(3) 중소기업의 요건

가) 중소기업 유예기간 중에 있는 법인

위 규정에 의한 중소기업 유예제도는 1982. 12. 31. 중소기업을 본격적으로 육성할 수 있는 제도적 뒷받침을 마련하기 위하여 중소기업자의 정의를 재정립하는 과정에서 중소기업기본법에 신설된 제도로서 중소기업이 법적 지원을 받아오다가 그 인적·물적 시설의 확대 등으로 기준을 초과하는 경우 기존의 지원을 일시에 중단함으로써 받는 충격을 완화시켜 주기 위하여 사유가 발생한 연도의 다음 연도부터 3년간을 중소기업으로 의제하여 주는 제도이다.

중소기업기본법 제2조 제3항은 중소기업이 그 규모의 확대 등으로 중소기업에 해당하지 아니하게 된 경우 그 사유가 발생한 연도의 다음 연도부터 3년간은 계속 중소기업으로 본다고 규정하고 있으므로, 그 유예기간 중에 그 규모가 축소되어 다시 중소기업의 요건을 충족하게 되면 중소기업으로 보게 됨은 당연하고, 그 후 다시 규모가 확대된 경우 재차 유예기간의 규정이 적용되는지 여부에 대하여는 종래에는 명시적으로 이러한 경우를 제외한다는 규정이 없어 다시 유예기간이 주어진다고 해석하는 것이 타당하였고, 국세청 유권해석(재산-377, 2009. 2. 3.)도 과거의 기업규모와 관계 없이 중소기업 해당 여부를 판정할 당시 기업 규모가 중소기업 기준에 적합하면 중소기업에 해당하는 것으로 중소기업이었던 기업이 규모가 중소기업 기준을 초과하는 것이 반복되는 경우 유예기간도 반복하여 주어지는 것이라는 입장이었다. 그러나 중소기업기본법 시행령 제9조 제3호가 2014. 4. 14. 개정되면서, 이러한 경우는 유예기간이 반복하여 주어지지 아니하게 되었다. 이는 조세특례제한법 시행령 제2조 제2항에서는 최초의 1회에 한하여 특례규정을 적용하도록 제한하고 있는 것과의 통일성을 기하기 위한 것으로 보인다.

앞서 본 바와 같이 중소기업기본법 제2조 제3항은 본문에서 중소기업이 규모의 확대 등으로 중소기업에 해당하지 않게 된 경우 3년간 유예기간을 주도록 규정하면서, 그 단서에서 중소기업 외의 기업과 합병하거나 그 밖에 대통령령으로 정하는 사유로 중소기업에 해당하지 않게 된 경우는 예외로 한다고 규정하고 있는데, 여기 고유한 의미의 중소기업이 그 단서의 적용대상이 됨에는 의문이 없으나 중소기업유예기간 중에 있는 법인도 그 단서의 적용대상이 되는지에 관하여 논란이 있을 수 있다. 만약 그 적용대상이 아니라고 보면 중소기업의 유예기간 중에 있는 법인은 중소기업 외의 기업과 합병하거나 대통령령으로 정하는 사유가 발생하더라도 당초 부여된 유예기간은 계속 적용되지만, 그 적용대상이 된다고 보면 당초 부여된 유예기간이 실효되게 된다.

전자의 견해가 취하는 논거는, 중소기업 유예 및 유예 제외와 관련한 규정 내용과 형식, 취지 등에 따르면, 중소기업기본법 제2조 제3항 본문과 단서의 유기적 관계를 고려하여 그 주어는 모두 고유한 의미의 중소기업으로 보아야 한다는 점, 그 단서에서 '그러하지 아니하다'라고 하는 것은 '본문과 같지 아니하다', 즉 '유예기간이 주어지지 아니한다'는 것으로 해석될 뿐 '주어진 유예기간이 실효된다'는 의미로 해석하기는 어렵다는 점, 입법연혁을 보면 중소기업의 범위를 확대해 나가고 있는 추세임에도 단서의 적용범위를 확대하는 것은 입법 취지에 반한다는 점, 중소기업이 중소기업과 합병하여 유예기간 중에 있는 중소기업이 된 후 그 규모를 확대하는 경우에는 그 유예기간이 존속함에도 중소기업이 규모를 확대하여 유예기간 중에 있는 중소기업이 된 후 중소기업을 합병하는 경우에는 유예기간이 실효된다고 하는 것도 형평에 반한다는 점 등이다.

이에 반하여 후자의 견해가 취하는 논거는, 중소기업기본법 시행령 제9조가 2000. 12. 27. 개정되면서 종전에 '중소기업이 법 제2조 제3항 본문의 규정에 의하여 중소기업으로 보는 기업과 합병하는 경우'라고 규정하던 것을 '법 제2조 제3항 본문에 따라 중소기업으로 보는 기간 중에 있는 기업과 중소기업이 합병하는 경우'라고 변경한 것은 유예기간 중에 있은 중소기업도 그 적용대상이 되도록 하는데 목적이 있다는 것, 고유한 의미의 중소기업의 경우에도 중소기업기본법 제2조 제3항 단서, 중소기업기본법 시행령 제9조 각 호가 정한 사유에 해당될 경우 유예기간 중에 있은 중소기업이 될 수 없다는 점을 감안하면 유예기간 중에 있는 중소기업이 동일한 사유에 해당할 경우 유예기간 중에 있은 중소기업으로서 받던 혜택을 유지하지 못하게 하는 것이 균형에 맞다는 것 등이다.

이러한 논란 속에 대법원 2013. 2. 14. 선고 2012두17520 판결은, 전자의 입장을 취하였다. 즉, 중소기업기본법 제2조 제3항 본문과 단서는 모두 중소기업이 일정한 사유로 중소기업에 해당하지 아니하게 된 경우를 정하고 있으며, 그 본문에 의한 3년의 유예기간 중에 있는 기업은 대통령령이 정하는 사유가 발생하기 전에 이미 규모의 확대 등으로 중소기업에 해당하지 아니하게 된 기업이므로 다른 중소기업을 합병하더라도 그 단서가 정하는 '대통령령으로 정하는 사유로 중소기업에 해당하지 아니하게 된 경우'의 요건을 충족할 수 없는 점, 위 유예기간 중의 기업이 주체가 되어 중소기업을 합병할 경우 그때부터 그 유예기간이 바로 실효된다는 취지의 규정이 없는 점 등을 종합하면, 중소기업이 위 유예기간 중의 기업을 흡수합병함으로써 중소기업에 해당하지 아니하게 된 경우와 달리 위 유예기간 중의 기업이 중소기업을 흡수합병한 경우는 그 유예기간이 계속 적용되는 것으로 해석하여야 한다고 판시하였다. 대법원 2013. 2. 14. 선고 2012두22249 판결도 같은 취지이다.

위 판시에도 나타난 바와 같이 유예기간 중에 있는 기업은 대통령령이 정하는 사유가 발생하기 전에 이미 상시 근로자 수, 자산규모, 매출액의 증가 등 규모의 확대 등으로 중소기업에 해당하지 아니하게 된 기업이므로, 비록 다른 중소기업을 흡수합병한다고 하더라도 모법 단서에서 정하는 '그 밖에 대통령령이 정하는 사유로 중소기업에 해당하지 아니하게 된 기업'이라는 요건을 충족시킬 수가 없게 되므로 유예기간 중에 있는 법인은 위 단서의 적용대상이 될 수 없다는 것이 주요 논거로 작용하였다. 그리고 중소기업기본법 시행령 제9조 제1호가 2016. 4. 5. 개정되면서 중소기업이 중소기업기본법 제2조 제3항 본문에 따라 중소기업으로 보는 기간 중에 있는 기업을 흡수합병한 경우로서 중소기업으로 보는 기간 중에 있는 기업이 당초 중소기업에 해당하지 아니하게 된 사유가 발생한 연도의 다음 연도부터 3년이 지난 경우로 규정함으로써 위 단서의 적용대상이 고유한 의미의 중소기업임을 전제로 하고 있어 위 대법원 판결의 입장을 더 공고히 하게 되었다고 할 수 있다.

나) 상호출자제한기업집단의 미편입

앞서 본 바와 같이 소득세법 시행령 제167조의8은 중소기업의 요건에 관하여 주식 등의 양도일이 속하는 사업연도의 직전 사업연도 종료일 현재 중소기업기본법 제2조의 규정에 의한 중소기업에 해당하는 기업을 말한다고 규정하고 있고, 중소기업기본법 제2조의 위임에 의한 중소기업기본법 시행령 제3조 제1항 제2호는 소유와 경영의 실질적 독립성의 요건에 관하여, (가)목에서 정하는 독점규제 및 공정거래에 관한 법률(이하 '공정거래법'이라 한다) 제14조 제1항에 따른 상호출자제한기업집단 등에 속하는 회사 또는 같은 법 제14조의3에 따라 상호출자제한기업집단 등의 소속회사로 편입·통지된 것으로 보는 회사에 해당하지 아니할 것을 규정하고 있다.

위 (가)목의 규정이 2016. 4. 5. 개정되기 전에는 공정거래법 제14조 제1항에 따른 상호출자제한기업집단 등에 속하는 회사라고만 규정되어 있었다. 이 때문에 같은 법 제14조의3에 따라 상호출자제한기업집단 등의 소속회사로 편입·통지된 것으로 보는 회사도 위 (가)목의 적용대상이 되는지에 관하여 논란이 있었다. 공정거래법 제14조의3은 공정거래위원회는 제14조(상호출자제한기업집단 등의 지정 등) 제4항 또는 제14조의2(계열회사의 편입 및 제외 등) 제2항에 의한 요청을 받은 자가 정당한 이유 없이 자료제출을 거부하거나 허위의 자료를 제출함으로써 상호출자제한기업집단 등의 소속회사로 편입되어야 함에도 불구하고 편입되지 아니한 경우에는 대통령령이 정하는 날에 그 상호출자제한기업집단 등의 소속회사로 편입·통지된 것으로 본다고 규정하고, 그 시행령 제21조 제5항은 위 대통령령이 정하는 날에 관하여, 상호출자제한기업집단의 지정 당시 그 소속회사로 편입되어야 함에도 불구하고 편입되지 아니한 회사의 경우에는 그 상호출자제한기업집단의 지정·통지를 받은 날로, 상호출자제한기업집단의 지정 이후 그 소속회사로 편입되어야 함에도 불구하고 편입되지 아니한 회사의 경우에는 그 상호출자제한기업집단에 속하여야 할 사유가 발생한 날이 속하는 달의 다음 달 1일로 규정하고 있다. 위 규정들에 의하면 상호출자제한기업집단에 속하는 날이 과거로 소급하여 지정되게 되는 문제점이 있다.

이에 관하여 대법원 2015. 5. 14. 선고 2015두36034 판결은 다음과 같이 판시하였다. 구 중소기업기본법 시행령 규정(2016. 4. 5. 개정되기 전의 것)에서는 중소기업의 요건 중 하나로 공정거래법 제14조 제1항에 따른 상호출자제한기업집단에 속하지 아니하는 회사일 것을 규정하고 있을 뿐 제14조의3을 원용하고 있지 아니한 점, 소득세법 시행령 제167조의8은 주식양도 후 사정변경에 의하여 적용세율이 달라지는 문제를 방지하고 납세의무자의 예측가능성을 담보하기 위하여 주식양도 시 주식발행기업의 중소기업 해당 여부를 '양도일이 속하는 사업연도의 직전 사업연도 종료일'을 기준으로 판정하도록 정하고 있는 점, 일정한 시기로 소급하여 상호출자제한기업집단으로의 편입이 간주되도록 하는 제14조의3이 양도소득세에 대하여도 적용된다고 해석하는 것은 조세법률관계의 법적 안정성을 해치고 납세의무자의 예측가능성을 지나치게 침해하는 결과가 되는 점 등을 이유로, '중소기업의 주식'에 해당하는지를 판단할 때 공정거래법 제14조의3이 적용된다고 할 수 없다고 판단하였다. 이에 따라 원고가 중소기업인 A사 발행의 주식을 양도한 후 공정거래위원회가 공정거래법 제14조의3에 따라 A사가 그 설립일에 소급하여 상호출자제한기업집단에 편입되었다고 통보하였다는 이유로 원고의 위 주식양도에 대하여 100분의 20의 양도소득세율을 적용한 것은 위법하다고 하였다.

이 판결에 대한 반발로 중소기업기본법 시행령 제3조 제1항 제2호 (가)목의 규정이 2016. 4. 5. 개정되면서 공정거래법 제14조의3에 따라 상호출자제한기업집단 등의 소속회사로 편입·통지된 것으로 보는 회사를 추가하게 된 것으로 보인다. 이러한 입법은 위 대법원 판결에서 언급한 바와 같이 조세법률관계의 법적 안정성을 해치고 납세의무자의 예측가능성을 지나치게 침해하는 문제점을 안고 있다. 바람직하지 못한 입법이다. 소급과세금지의 원칙에 반한다고까지 할 수는 없을지라도 모법의 위임범위를 벗어났다고 볼 소지가 있다고 하겠다.

다. 단기보유자산의 양도에 관한 중과세율

(1) 관련 규정

소득세법 제104조 제1항은 제2호와 제3호에서 단기보유자산의 양도소득에 관하여는 양도소득세율을 가중하여 적용하도록 규정하고 있다. 투기목적의 단기성 부동산 거래를 규제하기 위한 것이다. 먼저 제2호는 토지 및 건물과 부동산에 관한 권리로서 그 보유기간이 1년 이상 2년 미만인 것에 대한 양도소득세율을 40%로 규정하면서, 다만 주택과 조합원입주권은 제외하도록 하였다. 그리고 제3호는 위의 자산으로서 보유기간이 1년 미만인 것에 대한 양도소득세율을 50%로 규정하면서, 여기서는 주택과 조합원입주권을 포함하되, 그 세율은 40%로 규정하였다. 주택과 조합원입주권은 주택경기의 활성화를 위하여 보유기간이 1년 이상이면 양도소득세율을 가중하여 적용하지 않도록 하면서, 다만 그 보유기간이 1년 미만인 경우에는 주택이나 조합원입주권이라고 할지라도 투기성 목적이 뚜렷하다고 보아 양도소득세율을 가중하여 적용하도록 한 것이다.

(2) 보유기간의 계산방법

보유기간은 양도소득세의 세율 적용 기준으로서의 보유기간뿐만 아니라 자산의 양도차익 산정에 있어 취득시기 및 양도시기, 양도가액을 실지거래가액으로 하는 기준으로서의 보유기간 및 장기보유특별공제 적용기준으로서의 보유기간 등 여러 국면에서 문제가 된다. 이러한 보유기간은 원칙적으로 '양도하는 자산'을 기준으로 그 취득시부터 양도시까지의 기간을 의미한다고 할 것이다. 따라서 보유기간의 문제는 취득시기와 양도시기를 정하는 문제와 결부된다. 양도대상 자산이 보유기간 동안 그 성질의 변화가 없으면 보유기간을 정하는 데 별 어려움은 없겠지만 부동산을 취득할 수 있는 권리가 부동산으로 변환된 다음 그 부동산을 양도하는 경우 그 보유기간을 정하는 문제가 간단하지 않다. 원칙적으로는 양도당시의 상태인 '부동산'으로서의 보유기간과 양도차익을 산정하면 되고, '부동산을 취득할 수 있는 권리'인 상태의 보유기간을 통산하거나 그 양도차익을 합산할 수는 없음이 원칙이라고 하겠다. 이러한 경우는 재건축이나 재개발주택의 양도에 있어서 특히 문제가 되는데 나중에 자세히 논하기로 한다.

라. 비사업용 토지의 양도에 관한 중과세율

(1) 개요

소득세법 제104조 제1항 제8호는 제104조의3에 따른 비사업용 토지의 양도에 관하여는 양도소득세율을 가중하도록 규정하고 있다. 그리고 소득세법 제104조의3은 비사업용 토지의 범위에 관하여 제1항에서 토지를 소유하는 기간 중 대통령령이 정하는 기간 동안 그 각 호의 어느 하나에 해당하는 토지를 말한다고 규정하면서, 제1호에서 거주나 경작 요건 등을 갖추지 아니한 농지를, 제2호, 제3호에서 거주요건이나 사업관련성을 갖추지 못한 임야와 목장용지 등을, 제4호에서 농지, 임야 및 목장용지 외의 토지 중 재산세가 비과세 또는 면제되는 토지, 별도합산과세대상 또는 분리과세대상 토지 등을 제외한 토지를, 제5호에서 주택부속토지 중 일정비율을 초과하는 토지를, 제6호에서 별장 등의 부속토지를 규정하고, 제7호에서 유형적 포괄주의 규정으로서 그 밖에 거주 또는 사업과의 관련성이 없는 토지를 규정하고 있다. 이러한 규정들의 취지를 종합하면 비사업용 토지의 분별기준은 거주 또는 사업과의 관련성이라고 하겠다. 위와 같이 비사업용 토지의 범위를 그 지목에 따라 분류하고 있는데, 그 지목의 판정은 소득세법 시행령 제168조의7에서 규정하는 바와 같이 다른 특별한 규정이 있는 경우를 제외하고는 사실상의 현황에 의하되, 그것이 분명하지 아니한 경우에는 공부상의 등재현황에 따라야 한다.

그리고 소득세법 제104조의3 제2항에서는 토지 취득 후 법률에 따른 사용 금지나 그밖에 대통령령으로 정하는 부득이한 사유가 있어 그 토지가 제1항 각 호의 어느 하나에 해당하는 경우에는 대통령령으로 정하는 바에 따라 그 토지를 비사업용 토지로 보지 아니할 수 있다고 규정하고 있고, 소득세법 시행령 제168조의14 제1항은 그 부득이한 사유에 관하여, 제1호에서 토지를 취득한 후 법령에 따라 사용이 금지 또는 제한된 토지를, 제2호에서 토지를 취득한 후 문화재보호법에 따라 보호구역 안의 토지를, 제4호에서 그밖에 공익, 기업의 구조조정 또는 불가피한 사유로 인한 법령상 제한, 토지의 현황·취득사유 또는 이용상황 등을 고려한 부득이한 사유가 있는 토지를 규정하고 있다. 토지의 소유기간 중에 이러한 부득이한 사유가 발생한 경우, 그 각각의 규정된 기간 동안은 비사업용 토지의 범위에 해당하지 아니하는 토지로 간주하여 비사업용 토지의 원칙적인 기간기준에 따라 비사업용 토지의 해당 여부를 판정한다. 이 규정은 비록 토지의 객관적인 상황은 비사업용 토지에 해당하더라도 그 소유자의 탓으로 돌릴 수 없는 사정이 있을 경우에는 비사업용 토지로 보지 않겠다는 취지이다. 이 때문에 조세쟁송에서는 부득이한 사유에 해당하는지 여부가 많이 다투어진다.

이러한 비사업용 토지의 양도소득세 중과 규정은 2005. 12. 31. 소득세법 개정시 실수요에 따라 생산적 용도로 사용하지 아니하고 재산증식 수단으로 토지를 보유하다 양도하는 자에 대한 세부담을 강화함으로써 부동산 투기수요를 억제하여 부동산시장을 안정화하고 투기이익을 철저히 환수하기 위하여 신설된 것으로서 2007. 1. 1. 이후 양도하는 분부터 적용되었고, 비사업용 토지에 대한 실지거래가액 과세 규정은 2006. 1. 1. 이후 양도하는 분부터 적용되었다. 이는 각종 개발사업 기타 사회·경제적 요인으로 지가의 상승에 대하여 그 소유자가 얻은 불로소득을 조세로 환수함으로써 조세부담의 형평과 지가의 안정 및 토지의 효율적 이용을 기하고 나아가 국민경제의 건전한 발전에 이바지하기 위해 도입된 것으로 이해되고 있다.

비사업용 토지가 되기 위해서는 당해 토지가 비사업용 토지의 범위에 해당하는 것만으로 부족하고 당해 토지의 보유기간별로 일정기간을 초과하여 비사업용 토지로 사용하여야 한다. 이는 재산세나 종합부동산세와 같은 보유세가 매 과세연도마다 과세기준일의 현황에 따라 부과되는 것과 달리 양도소득세는 장기보유로 인해 발생한 양도차익을 양도시점에 일시에 과세하는 것이므로 양도소득세를 중과하기 위한 비사업용 토지의 해당 여부도 그 양도시점뿐만 아니라 보유기간 중의 사용용도를 동시에 고려하여 판정함이 타당하기 때문이다.

(2) 비사업용 토지에서의 제외 사유

가) 재산세 별도합산과세대상 또는 분리과세대상 토지

소득세법 제104조의3 제1항은 비사업용 토지란 그 소유하는 기간 중 대통령령이 정하는 기간 동안 그 각 호의 어느 하나에 해당하는 토지를 말한다고 규정한 다음, 제4호에서 농지, 임야 및 목장용지 외의 토지 중 그 각 목을 제외한 토지를 비사업용 토지로 들면서, (나)목에서 지방세법 제106조 제1항 제2호 및 제3호에 의한 재산세 별도합산 또는 분리과세대상이 되는 토지를 규정하고 있다. 그리고 소득세법 시행령 제168조의6은 위 '대통령령이 정하는 기간'에 관하여 그 각 호에서 토지의 소유기간별로 해당 기간을 별도로 규정하고 있다. 따라서 각 호에서 규정하고 있는 기간의 어느 하나에라도 해당하면 비사업용 토지가 된다. 한편, 지방세법 제106조 제1항 제2호는 별도합산과세대상 토지를, 제3호는 분리과세대상 토지를 규정하고 있다.

그 위임에 의한 지방세법 시행령 제101조 제1항 제2호 및 제103조 제1항 제1호(2015. 12. 31. 삭제되었다)는 재산세 별도합산과세대상 토지의 하나로 '과세기준일 현재 건축물이 사실상 멸실된 날부터 6개월이 지나지 아니한 건축물의 부속토지 중 건축물의 바닥면적에 용도지역별 적용배율을 곱하여 산정한 면적 범위의 토지'를 들고 있었는데, 이와 관련하여 비사업용 토지의 해당 여부가 다투어진 최근 사례가 있다. 대법원 2019. 8. 30. 선고 2018두57940 판결이다. 이 판결은, 소득세법에서 양도소득금액 산정과 관련하여 재산세 별도합산과세대상이 되는 '농지, 임야 및 목장용지 외의 토지'의 소유기간 동안을 비사업용 토지로 이용된 기간으로 보지 않는 취지 등을 종합하면, 건축물의 부속토지 중 지방세법 시행령 제101조 제1항 제2호에 정한 면적의 토지는 그 건축물이 사실상 멸실된 날부터 6개월 동안 재산세 별도합산과세대상이 되는 '농지, 임야 및 목장용지 외의 토지'로서 그 기간을 비사업용 토지로 보는 기간에서 제외하여 소득세법 시행령 제168조의6 각 호의 기간 요건을 모두 충족하였는지 여부에 따라 장기보유특별공제 적용배제 대상인 소득세법 제104조의3 제1항이 정한 비사업용 토지인지 여부를 판정하여야 한다고 봄이 타당하다고 판시하였다. 원심은 6개월이 지나지 않았다면 재산세 부과시 별도합산과세대상으로 보아주겠다는 취지에 불과할 뿐이라는 이유로 그 기간도 비사업용 토지로 보는 기간에 포함시켜야 한다고 보았으나 이는 문언해석에 반하는 것으로서 타당하지 않고 그래서 대법원이 원심판결을 파기하였다.

그리고 지방세법 시행령 제102조 제5항 제7호는 분리과세대상 토지의 하나로 주택법에 따라 주택건설사업자 등록을 한 주택건설사업자가 주택을 건설하기 위하여 사업계획 승인을 받은 토지로서 주택건설사업에 제공되고 있는 토지를 규정하고 있다. 여기서 알 수 있듯이 비사업용 토지에서 제외되기 위해서는 지목의 요건과 기간의 요건을 모두 충족하여야 한다.

위 각 규정들에 의할 때, 주택건설사업에 제공되는 토지에는 주택건설사업자 소유의 토지만이 포함되는 것인지 아니면 제3자 소유의 토지도 포함하는 것인지가 논란이 될 수 있다. 이 문제는 지목의 요건뿐만 아니라 기간의 요건과도 맞물려 있다. 1999. 12. 31. 개정되기 전의 구 지방세법 시행령 제194조의15 제4항 제8호는 이 부분에 관하여 주택건설사업자가 주택을 건설하기 위하여 같은 법에 의한 사업계획의 승인을 받은 토지로서 사업계획의 승인을 받은 날부터 분양이 완료될 때까지 소유하고 있는 토지라고 규정함으로써 주택건설사업자의 소유를 요건으로 규정하고 있었으나, 현행 지방세법 시행령 제102조 제5항 제7호는 주택건설사업자의 소유를 요건으로 규정하지 않고 있다. 조세법규는 문언대로 해석하는 것이 원칙이고, 위 시행령 규정의 개정연혁에 비추어 입법자가 의도적으로 주택건설사업자의 소유 요건을 삭제한 것으로 볼 수 있으므로 주택건설사업에 제공되기만 하면 족하고 그것을 반드시 주택건설사업자가 소유하여야 하는 것으로 해석할 필요는 없다.

이에 관한 사례로 대법원 2012. 4. 26. 선고 2010두28632 판결이 있다. 원고는 주택건설사인 A사의 대주주로서 A사와 함께 주택건설사업을 하기 위하여 2001. 6. 29.경 P와 함께 M토지를 각 1/2지분씩 취득한 후 2003. 2. 11. A사 명의로 주택건설 사업계획 승인신청을 하여 2005. 12. 30. 사업계획 승인을 받았으나, P는 미분양을 우려하여 원고에게 1/2지분을 양도하였고, 그 후 원고는 M토지의 소유자가 나뉘어 있는 경우 토지의 분필, 합필 등에 있어서 법령상의 제약이 따라 사업진행이 늦어질 수 있다는 사정 등으로 A사와의 공동 주택건설 사업을 포기하고 2007. 6. 18. M토지를 A사에 양도하였다. 여기서 M토지의 양도가 비사업용 토지의 양도에 해당하는지 여부가 문제되었다. 원심은, 재산세 분리과세대상 토지인 주택건설사업 토지라 함은 주택건설사업자가 소유하고 있는 토지만을 의미한다고 전제하고, 원고가 A사와 공동으로 사업계획승인을 받은 사실이 없는 이상 원고를 M토지를 대상으로 진행한 주택건설사업의 공동사업주체에 해당한다고 볼 수 없으므로 원고가 취득한 M토지는 2005. 12. 30. 주택건설사업계획의 승인이 있었는지에 관계 없이 그 전후에 걸쳐 모두 재산세 분리과세대상인 토지에 해당하지 아니하므로 결국 비사업용 토지의 범위에서 제외되지 아니한다고 판단하였다.

그러나 대법원은, 지방세법 시행령 제102조 제5항 제7호는 주택건설사업자가 주택건설사업을 보다 효율적으로 수행할 수 있도록 하기 위하여 그 소유 여부에 관계 없이 주택건설사업이라는 공익적인 목적으로 사용되는 토지를 종합합산과세표준에서 제외하여 예외적으로 저율의 분리과세를 함으로써 조세부담을 경감하여 주는 데 그 입법 취지가 있는 데다가, 주택법 제16조 제2항은 주택건설사업계획의 승인을 얻고자 하는 사업자로 하여금 당해 주택건설대지의 소유권을 확보하거나 또는 이를 사용할 수 있는 권원 등을 확보하도록 정하고 있으므로 타인 소유의 토지라고 하더라도 그 사용권 등을 확보하여 주택건설사업계획의 승인을 받으면 주택건설사업에 공여되는 토지라고 볼 수 있다는 이유로 재산세의 분리과세대상인 주택건설사업토지가 주택건설사업자가 소유하고 있는 토지에 한정된다고 볼 수 없다고 판시하였다. 그래서 원고가 2005. 12. 30. 주택건설사업계획승인이 있은 후인 2007. 3. 29. P로부터 취득한 M토지의 1/2지분은 원고의 소유기간 동안 지속적으로 주택건설사업토지로 제공되었으므로 지방세법상 분리과세대상 토지에 해당하지만, 원고가 2001. 6. 29. 취득한 M토지의 1/2지분은 비록 2005. 12. 30. 주택건설사업계획의 승인으로 지방세법상 분리과세대상이 되었다고 하더라도 그 양도일인 2007. 6. 18.까지의 약 6년의 소유기간 중 소득세법 시행령 제168조의6의 제1호의 각 목 모두에 해당하는 기간 동안 분리과세대상 토지에 해당하였던 것이 아니므로[14] 비사업용 토지에서 제외될 수 없다고 판시하였다.

이 사안에서 2001. 6. 29. 취득한 M토지의 1/2지분은 2005. 12. 30.부터 비로소 주택건

---

14) 제1호는 '토지의 소유기간이 5년 이상인 경우 그 각 목의 모두에 해당하는 기간'이라고 규정하면서, 가목과 나목을 열거하고 있다.

설사업에 제공되는 토지가 되어 양도일인 2007. 6. 18.까지 약 1.5년만 분리과세대상 토지가 되었으므로 위 제1호의 가목의 요건인 '양도일 직전 3년 중 1년을 초과하는 기간' 동안에는 분리과세대상 토지에 해당하지만, 나목의 요건인 '양도일 직전 5년 중 2년을 초과하는 기간' 동안 분리과세대상 토지에 해당하는 것은 아니었으므로 결국 비사업용 토지 제외요건을 충족하지 못하였던 것이다.

나) 법령상의 제한 등에 따른 정당한 사유

앞서 본 바와 같이 소득세법 제104조의3은 제1항에서 비사업용 토지의 요건에 관하여 규정하면서, 제2항에서 제1항을 적용할 때 토지 취득 후 법률에 따른 사용금지나 대통령령이 정하는 부득이한 사유가 있어 그 토지가 제1항에 해당하게 된 경우에는 대통령령이 정하는 바에 따라 그 토지를 비사업용 토지로 보지 아니할 수 있다고 규정하고 있다. 그리고 소득세법 시행령 제168조의14 제1항은 그 각 호의 어느 하나에 해당하는 토지는 그 각 호에서 정하는 기간 동안 소득세법 제104조의3 제1항에 해당하지 아니하는 토지로 보아 비사업용 토지에 해당하는지 여부를 판정하도록 하면서, 제1호에서 토지를 취득한 후 법령에 따라 사용이 금지 또는 제한된 토지의 경우 그 사용이 금지 또는 제한된 기간을, 제2호는 토지를 취득한 후 문화재보호법에 따라 지정된 보호구역 안의 토지의 경우 보호구역으로 지정된 기간을 각 규정하고 있다. 소득세법 시행규칙 제83조의5 제1항 제12호는 당해 토지를 취득한 후 도시계획의 변경 등 정당한 사유로 인하여 사업에 사용하지 아니한 토지의 경우 당해 사유가 발생한 기간을 규정하고 있다. 이들 규정은 모두 당사자가 책임질 수 없는 사유로 인하여 당해 토지를 사업에 사용하지 않은 것이므로 이를 이유로 비사업용 토지로 보는 것은 가혹하다는 취지에서 정당한 사유를 인정한 것으로 이해할 수 있다.

위 규정의 문언에 의하면, 토지를 취득한 후의 사유로 인하여 토지를 사업에 사용하지 않은 경우이어야 하므로 토지를 취득하기 전에 이미 토지 사용의 금지·제한 등이 있었던 경우는 정당한 사유를 인정하지 않는 것이 원칙일 것이다. 대법원 1999. 4. 23. 선고 97누11423 판결 등도 비슷한 취지에서, 이미 법령상 사용이 금지·제한된 토지를 취득하는 것은 사용의 금지·제한으로 인하여 저가일 수밖에 없는 토지의 지가가 장차 제한이 해제되면 상승하게 될 것 등을 예상하여 그와 같은 사용의 금지·제한을 용인하고서 취득하는 것이므로, 토지의 취득 전에 이미 법령의 규정으로 사용이 금지·제한된 토지는 유휴토지 등에서 제외되지 않는 것이라고 판시하였다.

그런데 토지를 취득할 당시에 이미 토지의 사용이 금지되거나 제한되고 있었다고 하더라도 그 기간이 토지 취득 후에 더 연장이 된 경우 그 연장된 부분의 기간에 대하여도 정당한 사유를 인정하지 아니할 것인지는 신중한 검토를 요한다. 왜냐하면 그 부분은 토지 취득자에게 귀책사유가 있다고 보기 어려운 측면이 있기 때문이다.

이에 관한 사례로 대법원 2013. 2. 14. 선고 2011두28950 판결이 있다. A시장은 1994. 12. 28. 대지인 M토지가 속한 지역에 대하여 사업기간을 1994. 12.부터 1997. 12.까지로 하는 토지구획정리사업의 시행을 인가 및 공고하였는데, 원고가 M토지를 취득할 무렵인 2001. 12. 10.경에는 사업기간이 2003. 12. 27.까지로 연장된 상태였다. 그 후 위 토지구획정리사업은 다시 수차례 사업기간이 연장되어 원고가 M토지를 매도할 무렵인 2007. 11. 22. 경에는 2008. 12. 27.까지로 연장되었으며, 이러한 사업기간의 연장은 관련 법령에 따른 사업계획의 변경인가 및 공고 절차를 거쳐 이루어졌다. 당시 토지구획정리사업법 제39조 제1항에 의하면, 사업시행의 인가에 따른 공고가 있은 날부터 환지처분의 공고가 있는 날까지 시행지구 안에서 구획정리사업의 시행에 장애가 되는 토지 형질 변경, 건축물 등의 건축, 물건의 설치 등이 원칙적으로 금지되었다. M토지는 대지이므로 거주 또는 사업에 사용하여야 하는데, 원고가 M토지를 취득한 2001. 12. 10.부터 2003. 12. 27.까지는 M토지의 취득당시 이미 토지구획정리사업의 시행 중이어서 그 토지의 사용 금지, 제한이 예정되어 있었으므로 2001. 12. 10.부터 2003. 12. 27.까지는 '이 사건 토지를 취득한 후' 도시계획의 변경 등의 사유로 이 사건 토지를 사용할 수 없게 된 것은 아니라는 점은 분명하다. 그러나 2003. 12. 28.부터 2007. 11. 22.까지는 원고가 M토지를 취득한 후 토지구획정리사업 기간이 연장됨으로 인하여 이를 토지를 사용할 수 없게 된 것이므로 '토지 취득 후 도시계획의 변경 등'으로 토지를 사용할 수 없었던 것으로 볼 수 있는지가 문제된다.

이에 대하여 대법원은, 소득세법 시행규칙 제83조의5 제1항 제12호에서 규정한 '당해 토지를 취득한 후 도시계획의 변경 등 정당한 사유로 인하여 사업에 사용하지 아니하는 토지'에는 토지의 취득 후에 도시계획의 변경 등으로 인하여 새로이 사용의 금지 또는 제한이 생긴 토지뿐만 아니라, '토지의 취득 후에 기존 도시계획의 변경 등으로 인하여 사용이 금지 또는 제한된 기간이 연장된 토지'도 포함되고, 이러한 경우에 비사업용으로 사용한 것으로 보지 아니하는 기간은 '토지의 취득 후에 사용의 금지 또는 제한이 연장된 기간'이라고 판시하면서, 원고가 M토지를 취득한 후 토지구획정리사업계획의 변경으로 사용의 금지 또는 제한이 연장된 2003. 12. 28.부터 원고가 이를 매도한 2007. 12. 22.까지는 비사업용으로 사용한 것으로 보지 아니하여야 한다고 하였다. 이 사안에서 토지구획정리사업계획의 경우 그 사업의 종기가 연장되는 경우는 더러 있으므로 원고가 M토지를 취득할 때 그와 같이 사업기간이 연장될 것까지 예견할 수 있었다고 본다면 그 연장된 기간에 대하여도 원고에게 귀책사유가 없다고 보기 어려울 수 있지만, 사업기간의 연장은 취득 후의 사정변경에 해당하고 그러한 연장이 상시 이루어지는 것은 아니어서 이를 미리 예견하였다고 단정하기 어려우므로 대법원 판결의 입장이 타당하다고 하겠다.

그리고 대법원 2023. 6. 29. 선고 2023두34637 판결은, 원고가 도시개발사업 실시계획이 인가되어 환지예정지로 지정·공고된 토지를 매도한 후 관할 세무서장에게 일반누진세율과 장기보유 특별공제를 적용하여 양도소득세를 신고·납부하였으나, 위 토지는 비사업용 토지에 해당하여 양도소득세 산정 시 장기보유 특별공제를 배제하고 중과세율을 적용하여 양도소득세를 경정·고지한 사안에서, 위 토지는 사실상의 현황은 물론 공부상의 등재현황 모두 지목이 '전'으로서 원고도 그 지목이 '전'임을 전제로 제3자로 하여금 이를 경작하게 하였다고 밝힌 바 있으므로, 특별한 사정이 없는 한 도시지역 안의 농지로서 비사업용 토지에 해당하는 점, 위 토지를 양도할 때까지 실제 다른 용도로 사용하기 위하여 그 형질을 변경하거나 지상에 건축물을 신축하려는 어떠한 시도나 노력을 하였다고 볼 만한 뚜렷한 사정이 없어, 당시 위 토지가 적법한 다른 용도로 전환·사용될 가능성은 상당히 낮았던 것으로 보이고, 막연한 추상적인 용도변경의 가능성만으로 위 토지가 그 용도에 따른 통상적인 제한의 범위를 넘어 특별히 사용이 금지 또는 제한된 경우에 해당한다고 평가하기 어려워, 본래 용도인 농지로의 사용 제한 여부를 기준으로 '특별히 사용이 제한된 토지'인지를 판단하여야 하는 점, 농산물의 생산에 직접 이용되는 비닐하우스 등 간이공작물의 설치, 경작을 위한 토지의 형질변경, 일정한 범위에서의 토석채취, 관상용 죽목의 임시 식재 등은 시장 등의 허가 없이도 적법하게 할 수 있고 도시개발구역의 지정·고시만으로 기존 농지의 계속적인 사용을 금지·제한하는 효력이 생기는 것은 아니므로, 위 토지가 도시개발구역으로 지정되어 건축행위 등이 제한된다는 사정만으로 그 본래 용도인 경작용 농지로서의 사용까지 금지 또는 제한되는 것이라고 보기 어려운 점 등을 종합하면, '법령에 따라 사용이 금지 또는 제한된 토지'에 해당한다고 보기 어렵다고 판단하였다. 입법취지와 제반 사실관계를 종합적으로 고려한 합리적 판단으로 보인다.

한편, 소득세법 시행령 제168조의14 제1항 제3호는 그 제1호 및 제2호에 해당하는 토지로서 상속받은 토지의 경우 상속개시일부터 제1호 및 제2호에 따라 계산한 기간이라고 규정하고 있는데, 그 취지는 다음과 같이 설명할 수 있다. 소득세법 제104조의3이 비사업용 토지란 당해 토지를 소유하는 기간 중에서 일정한 기간 동안 사업에 사용하지 아니한 경우를 규정하고 있으므로 소득세법 시행령 제168조의14 제1항 제1호 및 제2호에 의하여 그 사업에 사용하지 아니하는 기간에서 제외하는 기간도 역시 당해 토지를 소유하고 있는 기간 중의 기간으로 보는 것이 합리적이다. 따라서 상속인의 경우도 상속개시 이후의 기간이 당해 토지를 소유하는 기간이 될 것이므로 소득세법 시행령 제168조의14 제1항 제1호 및 제2호에 의하여 그 사업에 사용하지 아니하는 기간도 상속개시 이후의 기간에 국한되는 것으로 해석하는 것이 옳고 그래서 소득세법 시행령 제168조의14 제1항 제3호는 이러한 당연한 법리를 확인한 규정으로 이해할 수 있다.

다) 건축물의 철거 등에 따른 유예기간 2년

소득세법 시행규칙 제83조의5 제1항은 부득이한 사유가 있어 비사업용 토지로 보지 아니하는 기간에 관하여 제9호에서 건축물이 멸실·철거되거나 무너진 토지의 경우 그로부터 2년간이라고 규정하고 있다. 즉, 그 2년간은 사업용으로 사용한 것으로 보겠다는 것이다. 이는 새로운 건물의 축조를 위한 준비기간으로 2년 정도가 필요하다고 보아 그 기간 동안은 나대지의 토지로 보지 않겠다는 취지이다. 건축물의 종류에 불구하고 모든 건축물이 포함되므로 주택, 일반건축물, 공장용 건축물 등의 건축물이 모두 해당되고, 멸실 후에 건물의 신축 여부에 불구하고 2년간은 사업용으로 의제한다. 건축물의 소유자와 토지의 소유자가 상이한 경우라도 동일하게 적용된다고 할 것이고, 다만 멸실 전 건축물의 부수토지는 기준면적 이내의 토지만 2년간 유예규정을 적용하여야 할 것이다. 즉, 기준면적을 초과하는 면적이 있는 경우에는 2년간의 유예규정을 적용할 수 없다.

위 규정이 예정하고 있는 것은 당해 토지의 소유자가 그 지상에 있던 건물을 철거하는 경우 그 소유자가 이를 다시 축조하는 데 필요한 준비기간을 주기 위한 것이므로 그 멸실·철거시의 토지 소유자에게 위 규정이 적용됨은 의문이 없다. 그러나 그 멸실·철거시의 소유자가 아니라 그로부터 그 토지를 승계한 자에게도 위 규정이 적용된다고 볼 것인지는 논란이 있을 수 있다. 긍정설의 입장에서는 당초 건축물이 '멸실·철거되거나 무너진 날로부터 2년간'에 있어서의 기산점은 멸실·철거 또는 무너진 날이라고 해석하는 것이 타당하고 그 2년의 기간 동안 당해 토지의 소유자가 바뀌었다고 해서 달리 볼 것은 아니며 이렇게 해석하는 것이 위 규정의 문언에도 부합한다는 점, 건축물이 멸실·철거되거나 무너진 후 토지의 소유자가 바뀌었다고 해서 건축물이 멸실·철거되거나 무너진 토지 위에 다시 건축물을 축조하는 데 소요되는 준비기간 및 축조기간이 필요 없게 된다고 보기는 어렵다는 점, 오히려 소유자가 바뀌면 그 준비기간 및 축조기간이 더 길어질 수 있으므로 적어도 당초의 2년간의 유예기간은 그대로 보장되어야 한다는 점 등을 논거로 들 수 있다. 부정설의 입장에서는, 소득세법 제104조의3 제2항은 토지의 취득 후 부득이한 사유가 있어 비사업용 토지에 해당하는 경우라고 명시적으로 규정하고 있다는 점, 매수인으로서는 나대지 상태의 토지임을 스스로 인식하고 매수하여 이용하려는 것이므로 부득이 사업용 토지가 나대지 상태가 된 경우에 구제하기 위한 사업용 토지 의제규정의 입법 취지에 부합하지 아니한다는 점, 만약 종전 소유자 시절에 철거·멸실된 경우에도 위 규정이 적용된다고 하면 그 승계인에 의한 단기성 토지거래를 조장할 우려가 있다는 점 등을 논거로 들 수 있다. 그런데 나대지를 취득하는 자의 입장에서는 그 취득 전에 그 지상에 건축물이 있다가 철거된 경우이든 원래부터 건축물이 없었던 경우이든 현실적으로 아무런 차이가 없다고 할 수 있다. 후자의 경우에는 당연히 위 규정을 적용하지 않을 것임에도 전자의 경우라고 해서 위 규정을 적용하는 것은 형평에 맞지 않다. 위 규정의 취지는 건축물이 존재하던 당시의 소유자에게는 그 건축물의 철거나 멸실이라는 사정변경을 당하면 그에 따른 준비기간이 필요하다고 보아 일정한 유예기간을 주겠다는 것으로 해석하는 것이 합리적이다. 따라서 이미 건축물이 철거된 상태에서 그 토지를 매수한 자는 위와 같은 사정변경을 당한 바가 없기 때문에 굳이 위 규정을 적용할 필요가 없다고 하는 것이 옳다고 본다.

하지만 종전 소유자로부터 그 토지를 상속받은 경우에는 위 규정이 적용된다고 할 수 있는지는 다소 다른 성격의 문제이다. 이에 대하여 대법원 2012. 11. 15. 선고 2010두21020 판결은, 위 규정에 의한 2년의 기간 동안에 토지소유자가 사망하여 상속이 이루어진 경우 상속 후와 상속 전을 달리 취급하여 양도소득세를 중과하여야 할 합리적인 이유가 없고, 건축물의 멸실·철거 등의 사유가 발생한 후 피상속인이 사망하여 상속이 이루어졌다는 우연한 사정에 의하여 그 상속 전후로 그 토지가 비사업용 토지에 해당하는지 여부 및 이에 따른 양도소득세율이 달라진다는 것은 형평의 관념에 비추어 현저히 부당하며, 비사업용 토지에 대한 양도소득세 중과의 목적이 부동산 투기 수요를 억제하여 부동산 시장을 안정화하고 투기이익을 환수하는 데에 있으나 상속으로 인한 취득의 경우에는 그러한 투기적 목적이 있다고 보기 어렵고, 상속인은 상속으로 인하여 피상속인의 권리의무를 포괄적으로 당연승계함에 따라 그 토지의 소유권을 취득하는 사정 등을 함께 참작하면, 피상속인이 토지와 지상 건축물을 취득한 후 그 건축물을 철거하여 위 규정의 적용 사유가 발생한 때에는, 피상속인이 그 토지를 양도하기 전에 사망하여 상속인이 이를 상속한 후 양도한 경우에도 피상속인이 양도한 경우와 마찬가지로 위 규정을 적용함이 상당하다고 한 원심판단을 수긍하였다.

상속은 포괄적 승계인 데다가 그 승계인에게 사실상 선택의 여지가 없으므로 위 규정을 적용하는 것이 구체적 타당성의 측면에서 옳다고 하겠다. 위 판결에 의하면, 피상속인과 상속인이 통산하여 건물이 철거되거나 멸실된 때로부터 2년간은 비사업용 토지로 보지 않게 된다. 위 판결의 연장선상에서 사업의 포괄적 승계인에게도 위 규정이 적용된다고 볼 것인지가 문제되는데, 포괄적 승계인이라는 점에서는 상속인과 다를 바 없지만 당해 토지의 승계라는 측면에서 보면 상속인보다는 당해 토지의 특정승계인에게 더 가깝고 승계인의 선택에 의한 것이므로 구체적 타당성의 견지에서 이러한 경우에는 위 규정이 적용되지 않는다고 하는 것이 옳다고 본다.

마. 미등기 양도자산에 관한 중과세율

(1) 관련 규정

소득세법 제104조 제1항 제10호는 미등기 양도자산에 대하여는 양도소득세율을 70%로 규정하고, 같은 조 제3항은 제94조 제1항 제1호 및 제2호에서 규정하는 자산(토지와 건물, 부동산을 취득할 수 있는 권리, 지상권, 전세권과 등기된 부동산임차권)을 취득한 자가 그 자산 취득에 관한 등기를 하지 아니하고 양도하는 것이라고 하면서, 다만 대통령령이 정하는 자산은 제외한다고 규정하고 있다. 그리고 소득세법 시행령 제168조 제1항은 위 단서에서 말하는 자산에 관하여 제1호부터 제7호에 걸쳐 열거하고 있는데, 대표적으로 제1호와 제2호에서는 장기할부조건으로 취득하는 자산으로서 그 계약조건에 의하여 양도당시 그 자산의 취득에 관한 등기가 불가능한 자산과 법률 또는 법원의 결정에 의하여 양도당시 그 자산의 취득에 관한 등기가 불가능한 자산을 규정하고 있다.

이러한 미등기 양도자산에 대하여는 고율의 제재세율인 70%가 적용될 뿐만 아니라 양도소득세의 비과세에 관한 규정을 적용하지 아니하며, 장기보유특별공제 및 양도소득 기본공제도 적용하지 아니한다. 그 취지는 자산을 취득한 자가 양도당시 그 취득에 관한 등기를 하지 아니하고 이를 양도함으로써, 양도소득세 등의 각종 조세를 포탈하거나 양도차익만을 노려 잔대금 등의 지급 없이 전전매매하는 따위의 부동산투기 등을 억제, 방지하려는 데 있다.

(2) 미등기 양도자산의 일반적 범위

미등기 양도자산의 전형적인 모습은 취득을 완료하고 그 취득에 관한 등기를 할 수 있음에도 이를 하지 아니한 채로 양도하는 자산을 말할 것이다. 그러나 양도당시 취득에 관한 등기가 불가능한 자산이 있을 수 있으므로 미등기 양도자산의 범위에서 제외하는 항목들을 소득세법 시행령 제168조 제1항에서 규정하고 있다. 먼저 제1호에서 장기할부조건으로 취득한 자산으로서 그 계약조건에 의하여 양도당시 그 자산의 취득에 관한 등기가 불가능한 자산을 규정하고 있는데, 그 요건에 관한 명시적인 규정을 두고 있지 않다. 그런데 소득세법 시행령 제162조 제1항 제3호에서 재정경제부령이 정하는 장기할부조건으로 취득 또는 양도하는 자산의 취득시기 또는 양도시기를 소유권이전등기 접수일·인도일 또는 사용수익일 중 빠른 날로 규정하고 있는 것은 양도당시 계약조건에 따라서는 그 자산의 취득에 관한 등기가 불가능할 수 있는 점을 고려한 것으로 보이므로 장기할부조건은 위 제3호의 위임에 의하여 소득세법 시행규칙 제78조 제3항에서 규정하고 있는 요건을 충족하여야 한다고 해석하는 것이 합리적이다. 즉, 양도소득세 과세대상이 되는 자산의 양도로 인하여 당해 자산의 대금을 월부·연부 기타의 부불방법에 따라 수입하는 것 중 당해 자산의 양도대금을 2회 이상으로 분할하여 수입하고, 양도하는 자산의 소유권이전등기 접수일·인도일 또는 사용수익일 중 빠른 날의 다음 날부터 최종 할부금의 지급기일까지의 기간이 1년 이상이어야 한다고 보는 것이다.

그리고 소득세법 시행령 제168조 제1항 제2호에서 규정하고 있는 법률의 규정 또는 법원의 결정에 의하여 양도당시 그 자산의 취득에 관한 등기가 불가능한 자산은 그 자산의 취득자에 대하여 법률상 일반적으로 그 취득에 관한 등기를 제한 또는 금지함으로 인하여 그 등기절차의 이행이 불가능한 경우를 말한다고 보아야 할 것이다. 예를 들어 토지구획정리사업이 종료되지 아니함으로써 토지의 취득등기를 하지 못하고 양도한 토지가 여기에 해당할 것이다. 반면에 농지 소재지에 거주하지 아니하는 자가 농지를 취득함으로써 그 취득에 관한 등기를 할 수 없는 경우는 대법원 1995. 4. 11. 선고 94누8020 판결이 밝힌 바와 같이 그 취득자가 자초한 상대적 불능에 불과하므로 여기에 해당하지 않는다고 보아야 할 것이다. 소득세법 시행령 제168조 제1항 제4호는 1세대 1주택으로서 건축법에 의한 건축허가를 받지 아니하여 등기가 불가능한 자산을 미등기 양도자산에서 제외하고 있는데 이는 입법자가 그 제2호의 외연을 일부 확대한 것으로 평가할 수 있다.

한편, 대법원 2005. 10. 28. 선고 2004두9494 판결, 대법원 1995. 4. 11. 선고 94누8020 판결 등은 애당초 그 자산의 취득에 있어서 양도자에게 자산의 미등기양도를 통한 조세회피목적이나 전매이득취득 등 투기목적이 없다고 인정되고, 양도당시 그 자산의 취득에 관한 등기를 하지 아니한 책임을 양도자에게 추궁하는 것이 가혹하다고 판단되는 경우, 즉 부득이한 사정이 인정되는 경우에는 미등기 양도자산에서 제외된다고 판시하고 있다. 미등기 양도자산에 대한 중과세의 규제가 워낙 과중하다보니 본래 규제의 취지에 맞지 않는 사안들에 대하여는 가급적 중과세의 규제를 면하게 하겠다는 입장으로 이해할 수 있다.

(3) 부동산을 취득할 권리가 포함되는지 여부

소득세법 제104조 제3항은 미등기 양도자산의 범위에 제94조 제1항 제1호뿐만 아니라 제2호도 포함하고 있는데, 제94조 제1호는 토지와 건물을 규정하고 있고 제94조 제2호는 (나)목과 (다)목에서 지상권, 전세권, 등기된 부동산임차권을 규정하면서, (가)목에서는 부동산을 취득할 수 있는 권리(건물이 완성되는 때에 그 건물과 이에 딸린 토지를 취득할 수 있는 권리를 포함한다)를 규정하고 있다. 그런데 부동산을 취득할 수 있는 권리는 그 범위가 광범위하여 매매계약을 체결하고 잔금까지 모두 지급한 상태의 권리도 있지만 계약금이나 중도금의 일부만 지급한 상태의 권리도 있어서 이들을 일률적으로 미등기 양도자산에 해당한다고 보기에는 어려움이 따른다. 그래서 입장의 대립이 있다.

먼저, 미등기 양도자산에 부동산을 취득할 수 있는 권리도 포함된다는 입장은, 소득세법 제104조 제3항에서 제94조 제1항 제2호에 규정하고 있는 자산을 취득한 자가 그 자산의 취득에 관한 등기를 하지 아니하고 양도하는 것을 미등기 양도자산이라고 정의하고 있으므로, 원칙적으로 제94조 제1항 제2호 가목에서 규정하고 있는 부동산을 취득할 수 있는 권리를 취득한 자가 부동산을 취득할 수 있는 권리의 취득에 관한 등기를 하지 아니하고 부동산을 취득할 수 있는 권리의 상태로 양도한 경우에는 미등기 양도자산에 해당한다는 것이다. 이 견해에 의하면, 부동산을 취득할 수 있는 권리 자체는 현행 등기법상 등기할 수 있는 방법은 없으므로 모든 부동산을 취득할 수 있는 권리의 양도는 미등기 양도자산에 해당하는 결과에 이르게 된다. 이에 반대하는 입장은, 원칙적으로 취득에 관한 등기가 불가능한 부동산을 취득할 수 있는 권리의 양도는 미등기 양도자산에 해당하지 아니하나 당해 부동산을 사실상 취득한 상태에서 부동산을 취득할 수 있는 권리를 양도한 경우에는 미등기 양도자산에 해당한다는 견해이다. 부동산에 관한 사실상의 소유권 양도도 양도소득세 과세대상이 되므로 부동산을 취득할 권리의 양도가 사실상 부동산을 양도한 경우로 볼 수 있는 경우에만 미등기 양도자산에 해당한다는 입장이라고 할 수 있다.

후자의 입장이 더 타당하다고 할 수 있다. 그 논거로는, 소득세법 시행령 제168조 제1항에서 취득에 관한 등기가 불가능한 자산을 미등기 양도자산에서 제외하고 있고, 특별히 모든 부동산을 취득할 수 있는 권리의 양도를 중과할 필요성이 있다고도 보이지 않는 점, 부동산등기 특별조치법 제2조 제3항은 대가적 급부가 사회통념상 거의 전부 이행되었다고 볼 만한 정도에 이른 경우에만 소유권이전등기 의무를 부여하고 있으므로 그 정도에 이르기 전에 계약당사자의 지위를 양도하는 경우, 즉 전형적인 부동산을 취득할 수 있는 권리의 양도의 경우에는 당초 계약에 따른 소유권이전등기를 하여야 할 의무가 없다고 할 수 있는 점, 부동산을 취득할 수 있는 권리의 양도로 인한 조세면탈이나 부동산 투기를 방지하기 위하여 부동산등기 특별조치법 제4조는 부동산을 취득할 수 있는 권리의 양도계약을 체결한 자는 검인을 받도록 규정하고 있고, 제9조 제1호에서 이를 위반한 경우에는 그 목적 여하에 불구하고 1년 이하의 징역이나 3,000만 원 이하의 벌금에 처하도록 규정하고 있는 점, 그 밖에 미등기 양도자산을 중과하는 입법 취지 등을 들 수 있다.

같은 취지에서, 종래 대법원 1992. 9. 14. 선고 91도2439 판결은, 부동산에 관한 권리 중에서 지상권, 전세권 등은 등기가 가능한 것이므로 이를 등기하지 아니하고 양도하는 경우에는 이에 해당하는 것은 당연하다 할 것이나, 부동산을 취득할 수 있는 권리의 양도, 즉 계약금과 중도금 일부를 준 상태에서 양도를 하는 경우에는 매매 당사자 간에 대금 완납 전이라도 소유권이전등기를 먼저 넘겨주기로 특약을 하는 등 특별한 사정이 없는 한 그 자산의 취득에 관한 등기 자체가 원칙적으로는 불가능한 것이므로 이를 양도하였다고 하여 그 취득에 관한 등기를 하지 아니하고 양도한 경우에 해당한다고는 볼 수 없으므로 미등기 양도자산에 관한 세율을 적용할 수는 없다고 판시하였다.

최근의 대법원 2013. 12. 12. 선고 2011두7557 판결도 같은 취지에서, 부동산 매매계약을 체결한 매수인이 대금을 청산하지 아니한 상태에서 매매계약상 권리의무 또는 매수인의 지위를 제3자에게 양도하고 그 매매계약 관계에서 탈퇴하는 경우에는, 매매당사자 사이에 잔금의 완납 전이라도 소유권이전등기를 먼저 넘겨주기로 특약을 하였다는 등 특별한 사정이 없는 한 그 취득에 관한 등기 자체가 불가능하므로 이를 양도하더라도 원칙적으로 구 소득세법 제104조 제1항 제3호 소정의 미등기 양도자산에 관한 중과세율을 적용할 수 없다고 판시하였다. 다만, 부동산매매계약을 체결한 매수인이 매매대금 중 계약금과 중도금뿐만 아니라 잔금의 상당 부분을 이미 지급하여 잔금 일부만을 지급하면 바로 그 취득에 관한 등기가 가능함에도, 양도소득세 중과세율 적용을 회피할 의도 등으로 그 대금을 지급하지 아니한 채 부동산에 관한 자신의 권리를 양도하는 등의 특별한 사정이 있다면, 이러한 경우에는 구 소득세법 제104조 제1항 제3호 소정의 미등기 양도자산에 관한 중과세율을 적용하여야 한다고 판시하였다. 이러한 대법원의 입장을 악용하여 미등기 전매차익을 누릴 목적으로 잔금을 미지급한 상태에서 전매하는 예외적인 경우가 있더라도 미등기 양도자산에 대한 중과세의 규제가 워낙 과중하므로 그 적용은 엄격히 제한될 필요가 있다는 점에서 대법원의 입장이 타당하다고 하겠다.

(4) 사례 분석

대법원 2013. 12. 12. 선고 2011두7557 판결은, 원고가 2002. 12. 3. A사로부터 P아파트를 분양받을 수 있는 권리를 취득한 후 6회에 걸쳐 중도금을 완납하고 2006. 1. 31. 잔금 중 180,000,000원을 납부함으로써 전체 분양대금 848,215,000원 중 74,464,500원을 제외한 나머지 분양대금을 모두 납부하였고, P아파트는 2005. 11. 22. 사용승인을 받아 2005. 12. 29. 소유권보존등기도 마쳐져 잔금 완납시 곧바로 입주가 가능하였는데, 원고는 미납잔금을 연체한 상태에서 2006. 4. 28. B에게 P아파트에 관한 권리를 19억 원에 양도하였고, 그 무렵 B가 A사에게 잔금 74,464,500원을 납부하고 소유권이전등기를 마쳤으며, 한편으로 원고의 남편은 2002. 11. 19. A사로부터 P아파트와 같은 동에 있는 Q아파트를 891,471,000원에 분양받아 분양대금을 완납하고 자신의 명의로 소유권이전등기를 마친 사안에서, P아파트에 관하여는 계약금과 중도금뿐만 아니라 분양잔금 중 상당 부분까지 이미 지급되어 있어 원고는 그 잔금의 일부만을 완납하면 곧바로 그 취득에 관한 등기를 할 수 있었음에도 불구하고, 미등기 양도자산에 관한 양도소득세 중과세 적용을 회피할 의도로 일부 잔금만을 미지급한 상태에서 P아파트를 양도한 것이므로, 이때의 양도는 소득세법 제104조 제3항이 규정한 미등기 양도자산의 양도에 해당한다고 판시하였다.

이 사안에서 원고가 미지급한 잔금이 약 7,400만 원으로서 미미한 금액이라고는 할 수 없으나 그 남편과 함께 2채의 아파트의 분양권을 취득한 후 Q아파트에 대하여는 정상적으로 잔금을 모두 지급하여 그 소유권을 취득하면서도 P아파트에 대하여는 굳이 잔금 일부를 남겨두고 양도한 것을 보면, P아파트의 경우 처음부터 전매목적이 있었다고 볼 수 있고, 그래서 양도소득세 등의 부담을 면탈하기 위하여 위와 같이 일부러 잔금 일부를 남겨두고 그 권리를 전매한 것으로 볼 수 있다. 만약 P아파트에 대하여도 정상적으로 잔금을 완납하고 소유권이전등기까지 마치고 매도하였다면 Q주택 때문에 1세대 1주택에 대한 양도소득세 비과세의 혜택을 누리지 못할 가능성이 있고 취득세와 등록세의 부담도 따르게 된다. 이를 면탈할 목적에서 위와 같은 형태의 전매가 이루어진 것으로 볼 수 있는 것이다. 이러한 사정이 드러나는 이상 소득세법 제104조 제3항의 적용을 배제하지 않는 것이 그 입법 취지에도 부합하고 구체적 타당성의 측면에도 부합한다고 하겠다. 앞으로의 유사사례에서는 미지급한 잔금의 액수보다는 그 잔금을 미지급한 상태로 양도한 경위에 양도소득세 면탈의 목적이 있었는지 여부가 중요한 고려요소가 된다고 하겠다.

같은 취지에서, 대법원 2015. 4. 23. 선고 2013두13563 판결도, 원고들은 2002. 12. 31. M으로부터 A사가 공급하는 P아파트를 분양받을 수 있는 권리를 취득한 후 2003. 2. 6. 중도금을 일부 할인받아 이를 완납하고 2006. 2. 10. 잔금 중 176,313,432원을 납부함으로써 전체 분양대금 637,545,000원 중 14,950,068원을 제외한 나머지 분양대금을 모두 납부하였고, P아파트는 2005. 11. 22. 사용승인을 받아 2005. 12. 29. 그 소유권보존등기도 마쳐져 잔금 완납시 곧바로 입주가 가능하였는데, 원고들은 미납 잔금을 연체한 상태에서 2006. 11. 17. B에게 P아파트에 관한 권리를 1,425,050,000원에 양도하였으며, B는 2006. 12. 27. A사에 잔금 14,950,068원을 납부하고 P아파트에 관한 소유권이전등기를 마쳤고, 한편 원고들은 위 양도당시 전용면적 170.06㎡의 아파트를 1/2 지분씩 소유하고 있었던 사안에서, P아파트에 관하여는 계약금과 중도금뿐만 아니라 분양잔금 중 상당 부분까지 이미 지급되어 있어 원고들은 잔금의 일부만을 완납하면 곧바로 그 취득에 관한 등기를 할 수 있었음에도 불구하고, 양도소득세 중과세 적용 등을 회피할 의도로 일부 잔금만을 연체한 상태에서 이 사건 아파트를 양도한 것이므로, 이때의 양도는 구 소득세법 제104조 제3항이 규정한 미등기 양도자산의 양도에 해당한다고 판시하였다.

바. 1세대 3주택 이상의 경우에 대한 중과세율

(1) 개요

소득세법 제104조 제4항은 부동산 가격이 급등하였거나 급등할 우려가 있는 지정지역에 있는 부동산으로서 대통령령이 정하는 1세대 3주택 이상에 해당하거나 1세대가 주택과 조합원입주권을 보유한 경우로서 그 수의 합이 3 이상인 경우의 해당 주택은 그에 딸린 토지를 포함하여 그 양도소득에 대하여는 일반 세율에 10%를 더한 세율을 적용하도록 규정하고 있다. 이는 투기 목적의 주택 소유를 억제하여 주택 가격의 안정과 주거생활의 안정을 도모하려는 취지에서 양도소득세를 중과세하는 규정이다.

그리고 소득세법 시행령 제167조의3과 제167조의4는 1세대 3주택 이상 또는 1세대 3주택·입주권 이상에 해당하더라도 투기적 목적이 없는 일정한 경우에는 폭넓게 예외를 인정하고 있다. 종래에는 1세대 3주택 이상에 해당하면 장기보유특별공제액에 관한 규정의 적용도 배제되었으나 소득세법이 2012. 1. 1. 개정되면서 그 적용이 가능하게 되었다.

(2) 주택 지분을 소유한 경우의 주택수 산입

1주택의 일부 지분을 소유하는 경우 1주택을 소유하는 것으로 볼 것인지에 관하여 논란이 있을 수 있는데, 소득세법 시행령 제154조의2는 1주택을 여러 사람이 공동으로 소유한 경우 특별한 다른 규정이 없는 한 주택 수를 계산할 때 공동 소유자 각자가 그 주택을 소유한 것으로 본다고 규정하고 있다. 이를 근거로 대법원 2013. 12. 26. 선고 2012두12747 판결은, 원고가 A주택을 양도하였을 당시 원고는 B주택을 적어도 1/3 지분으로 소유하고 있었고 원고의 남편도 C주택을 적어도 1/6 지분으로 소유하고 있어 1세대 3주택 소유자에 해당하므로, 그에 따른 중과세율을 적용하여 원고에게 양도소득세를 부과한 처분이 적법하다고 판단한 원심판단을 수긍하였다. 이 판결은 소득세법 시행령 제154조의2의 신설을 이유로 종전 판결들과 달리 1주택의 일부 지분을 소유하는 경우에도 1주택을 소유하는 것으로 보아 그 소유주택수를 계산하는 입장을 취하였다. 대법원 2014. 2. 13. 선고 2011두5056 판결도 이러한 입장을 전제로 하고 있다.

그러나 나중에 1세대 1주택 비과세 규정에서 자세히 검토하는 바와 같이 소득세법 시행령 제154조의2 규정은 위임의 근거도 모호하며 그 문언대로 해석하면 매우 불합리한 결과가 초래되어 위임의 범위를 벗어났다고 볼 여지가 있으므로 위와 같이 해석하여서는 아니되고 일부 지분만큼만 소유하고 있는 것으로 보아 주택수를 계산하는 것이 합리적이다. 즉, 2주택과 1주택의 1/2지분을 소유하고 있다면 2.5개의 주택을 소유하고 있는 것으로 보아 1세대 3주택에 해당하지 않는다고 보아야 할 것이다.

(3) 중과세율 적용제외 주택의 주택수 산입

소득세법 시행령 제167조의3 제1항은 1세대 3주택 이상에 해당하는 주택에 관하여 '국내에 주택을 3개 이상(제1호에 해당하는 주택은 주택의 수를 계산함에 있어 이를 산입하지 아니한다) 소유하고 있는 1세대가 소유하고 있는 주택으로서 다음 각 호의 1에 해당하지 아니하는 주택'이라고 규정하고 있다. 그 문언에 따르면 원칙적으로 모든 주택이 주택의 수를 계산할 때 포함되고, 다만 소득세법 시행령 제167조의3 제1항 제1호에 규정된 주택, 즉 '수도권 및 광역시 외의 지역에 소재하는 기준시가 3억 원 이하의 주택'만이 주택의 수를 계산할 때 포함되지 아니한다. 그래서 소득세법 시행령 제167조의3 제1항 제2호 내지 제10호에 규정된 장기임대주택 등은 1세대 3주택 여부를 가릴 때 주택의 수에는 포함되나 그 장기임대주택 등이 양도되는 경우에 중과되지 않는 것이다. 예를 들어 제2호에 규정하는 장기임대주택 5개와 일반주택 1개를 소유하고 있으면 1세대 3주택자에 해당하고 그중 장기임대주택 1개를 양도하는 경우 양도소득세가 중과되지 않지만, 일반주택 1개를 양도하면 양도소득세가 중과된다.

1세대 3주택 이상에 대하여 중과세하는 취지는 부동산 투기로 인한 이득을 세금으로 흡수하여 과세형평을 도모하고 부동산 투기를 차단하기 위한 것인데 여기서 제외되는 주택들은 그와 같은 투기의 목적이 없다고 보는 것이다. 그리고 나중에 살펴보듯이 1세대 1주택의 양도에 대하여는 양도소득세를 비과세하면서 주거이전 목적 등으로 일시적 1세대 2주택이 된 경우에 대해서까지 그 비과세의 적용범위를 확대하고 있다. 여기서 부동산 투기의 목적이 없는 장기임대주택들을 소유하고 있는 상황에서 주거이전의 목적으로 일시적으로 다른 주택을 2개 소유하다가 종전주택을 양도한 경우 일시적 1세대 2주택 비과세규정을 적용할 수 있다는 주장이 제기된다. 즉, 소득세법 시행령 제167조의3 제1항의 괄호규정에서 주택수를 제외하기로 한 주택의 범위에 그 제1호의 주택뿐만 아니라 제2호 등의 주택도 포함되는 것으로 해석할 수 있지 않느냐는 것이다.

조세법률주의의 원칙상 과세요건이나 비과세요건을 막론하고 조세법규의 해석은 엄격히 하여야 하며 확장해석이나 유추해석은 허용되지 아니한다는 입장에 의하면 위 괄호규정을 예시적 규정으로 보기 어려운 이상 위와 같은 주장은 받아들이기 어렵다고 할 것이다. 그러나 이에 대하여 대법원 2014. 2. 27. 선고 2010두27806 판결은 납세자에게 유리하도록 상당히 전향적인 입장을 취하였다. 원고가 A아파트를 양도한 2007. 12. 20. 당시 5개의 장기임대주택들 외에도 2007. 8. 29. 취득한 B아파트를 소유하고 있었던 사안에서, 원심은, A아파트의 양도는 양도소득세가 중과세되는 1세대 3주택 이상에 해당하는 주택의 양도에 해당하고, 원고가 B아파트를 취득한 지 4개월도 지나지 아니한 시점에 A아파트를 양도함으로써 장기임대주택들을 제외하면 일시적으로 2주택자가 되었다고 하여 달리 볼 수는 없다고 판단하였으나, 대법원은, 투기 목적의 주택 소유를 억제하여 주택 가격의 안정과 주거생활의 안정을 도모하려는 취지에서 1세대 3주택 이상에 해당하는 주택의 양도에 대하여 원칙적으로 중과세율을 적용하도록 하는 한편, 임대주택의 공급을 활성화함으로써 서민과 중산층의 주거안정을 지원하기 위하여 장기임대주택과 더불어 일반주택도 중과세율의 적용 대상에서 제외하고 있는 입법 취지와 관련 규정의 체계 등에 비추어 보면, A주택과 장기임대주택을 소유한 거주자가 B주택을 취득함으로써 장기임대주택을 제외하고도 2주택을 소유하게 되었더라도, 주거를 이전하기 위하여 대체주택을 취득한 것으로서 거주자에게 투기목적이 없고 대체주택을 취득한 후 종전주택을 양도하기까지 소요된 기간이 주택거래의 현실 등에 비추어 사회통념상 일시적이라고 인정되는 특별한 사정이 있는 경우에는 종전주택의 양도를 1세대 3주택 이상에 해당하는 주택의 양도로 보아 양도소득세를 중과할 수는 없다고 봄이 상당하다고 판시하였다.

이 판결은, 소득세법 시행령 제167조의3 제1항의 괄호규정을 예시적으로 본 것이라고 할 수 있다. 그러나 위 규정의 문언과 체계상 이를 예시적 규정으로 보는 것은 부적절하다. 그래서 위 판결은 조세법규의 엄격해석의 원칙에 부합하지 않는다고 하겠다. 다만, 대법원은 구체적 타당성을 위해서 합목적적인 해석을 하는 경우가 많이 있고 이 판결도 그와 같은 경우에 해당한다고 하겠다. 그러나 선례적인 가치는 떨어진다고 할 수 있다.

한편, 대법원 2014. 9. 4. 선고 2009두10840 판결은, 제1주택을 소유하던 A가 제2주택을 취득하여 보유하다가 또 다른 주택을 보유한 B와 혼인을 하였는데, 그 후 제1주택이 매각되자 A가 '1세대 3주택 이상에 해당하는 주택'의 양도에 대한 중과세율을 적용하여 양도소득세를 신고·납부하였다가 양도세율이 일반세율이어야 한다며 감액경정청구를 하였으나 과세관청이 이를 거부한 사안에서, 소득세법 제104조 제1항 제2호의3은 투기 목적의 주택 소유를 억제하여 주택 가격의 안정과 주거생활의 안정을 도모하려는 취지에서 양도소득세를 중과세하는 규정인데, 혼인으로 3주택 이상 보유자가 되는 경우에는 투기 목적의 주택 소유라고 보기 어려운 점, 1세대 3주택 중과세율의 적용이 배제된다고 하여 양도소득세가 비과세되거나 감면되는 것은 아니고 별도로 비과세 또는 감면요건에 해당하지 않는 한 일반세율이 적용되어 과세되므로 특혜라고 할 것은 아닌 점, 혼인으로 일시적으로 3주택자가 된 경우까지 1세대 3주택 중과세율을 적용하는 것은 헌법상 보장되는 혼인의 자유를 지나치게 침해하는 것으로서 허용되기 어려운 점 등을 종합하여 보면, 제1주택 양도에 대하여는 1세대 3주택 중과세율을 적용할 수 없다고 판시하였다. 헌법상의 혼인의 자유를 보장하기 위하여 해당 소득세법 규정을 합목적적으로 축소 해석·적용한 사례이다.

비슷한 사례로서 대법원 2009. 12. 24. 선고 2009두13788 판결은 양도자의 요청에 따라 매매잔금을 미리 지급함으로써 3주택자가 되었고 그 기간도 11일에 불과하며 투기의 목적은 전혀 없었다는 이유로 3주택자 중과세대상에 해당한 것으로 볼 수 없다고 판시한 바 있다. 구체적 타당성을 고려한 상당히 이례적인 판결이었음에도 사안이 비슷하다는 이유로 이를 원용하고자 하는 소송들이 가끔씩 등장하고 있는데, 대법원 2022. 1. 27. 선고 2021두48502 판결은 원고가 3주택자가 된 기간이 20일 정도로 짧긴 하지만 양도인의 요청으로 3주택자가 되었다고 볼 수 없다는 등 위 대법원 판결의 사안과 유사하다고 보기 어렵다는 이유로 원고의 주장을 배척하였다. 구체적 타당성은 개별사안마다 다를 수밖에 없기 때문에 구체적 타당성을 고려한 선행판결이 있었다고 해서 후속 사안에서 그대로 원용하기는 쉽지 않다.

10. 양도소득세 신고

가. 개요

신고납세방식의 조세에 있어 납세의무자의 신고는 추상적으로 성립한 납세의무를 구체적으로 확정하는 효력이 있다. 소득세법에서는 양도소득세에 대하여 종래에는 부과납세방식을 채택하고 있었으나 소득세법이 1999. 12. 28. 개정되면서 양도소득세에 대하여도 신고납세제도로 전환되었다. 소득세법 제5조에 의하여 양도소득세도 기간과세의 원칙이 적용되므로 종합소득세나 퇴직소득세와 마찬가지로 당해 과세기간(1월 1일부터 12월 31일까지) 중에 발생한 양도소득을 모두 합산하여 과세표준을 정하고, 소득세법 제110조, 제111조에 의하여 납세의무자는 다음 연도 5월 1일부터 5월 31일까지 양도소득과세표준을 납세지 관할 세무서장에게 확정신고하고 자진납부하여야 한다. 과세기간의 종료에 따라 성립한 양도소득세의 추상적 납세의무는 납세의무자의 신고에 의하여 구체적으로 확정되는 것이다.

그런데 소득세법 제105조, 제106조는 '양도소득세의 과세대상이 되는 자산을 양도한 자는 당해 과세기간이 종료하기 이전에도 일정기간 이내에 양도소득과세표준을 납세지 관할 세무서장에게 신고하고, 세액을 납세지 관할 세무서 등에 납부하여야 한다'는 취지로 규정하여, 양도소득에 대하여 이른바 예정신고납부제도를 채택하고 있다. 여기서 예정신고에 의하여 납세의무가 확정되는지, 예정신고 후에 확정신고가 있는 경우 예정신고의 효력에 어떤 영향이 있는지 등이 문제된다.

나. 예정신고의 개념

양도소득은 장기간의 보유기간에 걸쳐 가치의 증가가 이루어짐에도 그 양도시점에 그 증가된 가치가 일시에 실현된 것으로 보아 그 시점에 한꺼번에 일괄하여 양도소득세가 과세된다. 이러한 사정을 고려하여 과세자료를 조기에 처리함으로써 세원의 일실을 방지하고 소득 발생시점에 근접하여 예납적 성질의 과세를 함으로써 조세징수의 효율성을 살리기 위하여 양도소득에 대하여는 예정신고납부제도를 채택하고 있다. 부동산매매업자에 대하여도 같은 제도를 두고 있다. 대법원 2011. 9. 29. 선고 2009두22850 판결은, 예정신고납부제도는 소득의 발생 초기에 미리 세액을 납부하도록 함으로써 세원을 조기에 확보하고 징수의 효율성을 도모하며 조세 부담의 누적을 방지하려는 데 입법 취지가 있다고 설명하고 있다.

소득세법 제105조 제1항에 의하면 제94조 제1항 각 호의 자산(양도소득 과세대상이 되는 자산)을 양도한 자는 양도소득과세표준 예정신고를 하여야 하고, 제3항에 의하여 양도차익이 없거나 양도차손이 발생한 경우에도 예정신고를 하여야 한다. 소득세법 제105조 제1항 제1호는 토지, 건물, 부동산에 관한 권리 및 기타자산을 양도한 경우 양도일이 속하는 달의 말일부터 2월이 되는 날까지, 제2호는 주식 등을 양도한 경우 양도일이 속하는 반기의 말일부터 2월이 되는 날까지 예정신고를 하도록 규정하고 있다. 소득세법 시행령 제169조 제1항에 따라 예정신고를 하는 자는 '양도소득과세표준 예정신고 및 자진납부계산서'에 양도소득에 관한 증빙서류 등을 첨부하여 제출하여야 한다. '양도소득 과세표준 예정신고 및 자진납부계산서'는 소득세법 시행규칙 제103조 제2항의 별지 제84호 서식으로 정해져 있다. 그리고 소득세법 제107조 제1항에 의하여 당해연도에 누진세율의 적용대상자산을 2회 이상 양도하고 예정신고를 하는 경우 누진세율을 적용하여 산출된 정확한 세액을 신고하여야 한다. 즉, 이미 신고한 양도소득과세표준과 제2회 이후 신고하는 양도소득과세표준을 합산한 다음 누진세율을 적용하여 세액을 산출하고, 여기에서 이미 신고한 예정신고산출세액을 공제하여 제2회 이후 신고하는 세액을 산출하여 신고하여야 한다.

소득세법 제106조 제1항에 의하여 예정신고를 한 자는 자진납부를 하여야 한다. 종전에는 제108조에서 예정신고와 함께 자진납부를 하는 때에는 선납으로 인한 이자 상당액을 보상함과 아울러 자진납부를 장려함으로써 징수의 편의와 능률을 도모하기 위하여 그 산출세액에서 납부할 세액의 10%에 상당한 금액을 공제하는 예정신고납부세액공제제도를 두었으나 소득세법이 2009. 12. 31. 개정되면서 삭제되고 2011. 1. 1. 이후 양도분부터는 예정신고납부세액공제제도가 완전히 폐지되었다. 그 이유에 대해서는 1975년 당시 징세비용 절감을 위한 인센티브로 도입되었으나 경제여건 등의 변화로 존치가 불필요하고, 근로소득세·부가가치세의 경우에도 매월 또는 매분기 신고하지만 세액공제가 없으며, 양도세율 인하로 양도세 부담이 경감되었고, 2006년 1월경 실거래가신고제도가 도입되어 행정인프라도 정비되었기 때문이라고 설명하고 있다. 그 대신 국세기본법 제47조의2가 2010. 1. 1. 개정되면서 양도소득세 예정신고납부의무를 위반하는 경우에는 가산세가 부과되게 되었다.

소득세법 제114조 제1항, 제2항에 의하여, 과세관청은 예정신고를 하여야 할 자가 예정신고를 하지 않은 경우에는 양도소득과세표준과 세액을 결정하고, 예정신고내용에 탈루 또는 오류가 있는 경우에는 양도소득과세표준과 세액을 경정한다. 그리고 소득세법 제116조 제1항에 의하여 예정신고한 세액의 전부 또는 일부를 납부하지 아니한 때에는 그 미납된 부분의 세액은 국세징수법에 따라 징수한다. 위 규정이 2013. 1. 1. 개정되기 전에는 납부기한이 지난 날부터 3개월 이내에 징수하도록 규정하고 있었으나 위 개정에 따라 국세징수법상의 일반적인 징수절차에 따르도록 하였다. 굳이 양도소득세의 경우에 대해서만 특례를 둘 필요가 없다는 취지로 이해된다.

명의신탁한 부동산을 양도하고 그 신탁자가 수탁자의 이름으로 양도소득세 예정신고를 한 경우 이를 석법한 예정신고로 볼 수 있는지가 문제되는데, 대법원 1997. 10. 10. 선고 96누6387 판결은, 원고가 A토지의 2/3 지분을 취득하여 그중 1/3 지분은 원고 명의로, 나머지 1/3 지분은 명의수탁자 명의로 이전등기를 마친 후 2/3 지분을 모두 양도한 다음 자산양도차익 예정신고를 함에 있어 원고와 명의수탁자가 각자 1/3 지분씩 취득하여 양도한 것으로 분리하여 신고하고, 산출한 양도소득세를 각자 명의로 납부한 사안에서, 명의신탁된 부동산의 양도로 인한 자산양도차익 예정신고·납부를 해야 하는 자는 양도의 주체인 명의신탁자라고 할 것이므로 명의수탁자의 명의로 신고·납부한 것은 납세의무자의 적법한 신고·납부로 볼 수 없어 명의수탁자 명의의 신고 부분에 대한 예정신고납부세액공제를 배제하고 신고·납부불성실가산세를 부과한 처분을 적법하다고 판단하였다. 명의신탁은 주로 과세대상 소득을 분산·은닉하는 수단으로 악용되기 때문에 이를 규제하기 위하여 부동산의 경우 금지하고 있고, 주식 등의 경우는 증여로 의제하고 증여세를 과세하고 있다. 부동산 명의신탁은 양도소득에 있어서 수탁자 명의로 양도소득을 분산함으로써 누진세율 적용상의 불이익을 피하려는 의도에 의한 것으로 볼 수 있는데, 수탁자 명의의 양도소득세 신고·납부를 신탁자의 양도소득세 신고·납부로 보게 되면 위와 같은 부정한 의도를 용인하는 결과가 되므로 위 판결의 입장이 타당하다.

다. 확정신고의 개념

양도소득세도 신고납세방식의 조세이므로, 당해연도의 양도소득금액이 있는 거주자는 소득세법 제110조에 따라 양도소득과세표준을 당해연도의 다음 연도 5월 1일부터 5월 31까지 납세지 관할 세무서장에게 신고하여야 하는데, 이를 양도소득과세표준 확정신고라고 한다. 확정신고에 의하여 추상적으로 성립한 양도소득세 납세의무가 구체적으로 확정된다. 당해연도의 양도소득이 있는 자는 확정신고를 할 의무가 있고, 당해연도에 양도소득세의 과세표준이 없거나 결손금(양도차손)이 있는 때에도 확정신고를 하여야 한다.

중요한 것은 소득세법 제110조 제4항에 의하여 예정신고를 한 자는 당해 소득에 대한 확정신고를 하지 아니할 수 있다는 것이다. 예정신고를 한 자도 원칙적으로는 확정신고를 하여야 하나 그 의무가 면제될 수 있을 뿐이라고 해석되고 있다. 그러나 같은 조 제4항 단서에 의하여, 예정신고를 한 자라도 당해연도에 누진세율의 적용대상 자산에 대한 예정신고를 2회 이상 한 자가 법 제107조 제2항의 규정에 따라 누진세율을 적용하여 산출된 정확한 세액을 신고하지 아니한 경우, 토지, 건물, 부동산에 관한 권리 및 기타자산을 2회 이상 양도하거나 주식 등을 2회 이상 양도한 경우로서 소득세법 제103조 제2항의 규정을 적용할 경우 당초 신고한 양도소득산출세액이 달라지는 경우에는 확정신고를 하여야 한다. 대법원 2021. 11. 25. 선고 2020두51518 판결은 소득세법 제110조 제4항 단서에 해당하지 않는 한 예정신고를 한 자는 '당해 소득'에 대한 확정신고를 하지 않을 수 있고, 이는 예정신고를 한 양도소득 외에 동일한 과세연도에 귀속되는 양도소득이 더 있더라도 마찬가지라고 판시하였다. 그리고 예정신고의 내용이 정확하지 않은 경우, 특히 예정신고를 하였더라도 확정신고의무가 면제되지 않는 경우에는 정확한 내용으로 확정신고를 하여야 한다.

확정신고는 당해연도의 다음 연도 5월 1일부터 5월 31일까지 하여야 한다. 소득세법 시행령 제173조 제1항, 제2항에 의하여 확정신고를 하는 때에는 '양도소득과세표준 확정신고 및 자진납부계산서'에 양도소득에 관한 증빙서류 등을 첨부하여 제출하여야 한다. '양도소득과세표준 확정신고 및 자진납부계산서'는 '양도소득과세표준 예정신고 및 자진납부계산서'와 동일한 내용의 서식이고, 확정신고시 첨부하여야 하는 증빙서류 등도 예정신고의 경우와 동일하다. 소득세법 제111조 제1항에 의하여 확정신고를 한 자는 납부할 세액이 있는 경우에는 이를 납부하여야 한다. 확정신고납부를 하여야 함에도 그 의무를 이행하지 아니한 경우에는 가산세가 부과됨은 당연하다. 국세기본법이 2010. 1. 1. 개정되면서 양도소득세 예정신고납부의무를 위반하는 경우에는 가산세가 부과되게 되었고, 예정신고납부의무위반으로 가산세가 부과된 한도 내에서는 확정신고납부의무 위반으로 인한 가산세를 부과할 수 없다. 이중과세가 될 수 있기 때문이다.

소득세법 제114조 제1항, 제2항에 의하여 과세관청은 확정신고를 하여야 할 자가 확정신고를 하지 않은 경우에는 양도소득과세표준과 세액을 결정하고, 확정신고내용에 탈루 또는 오류가 있는 경우에는 양도소득과세표준과 세액을 경정한다. 이는 예정신고의 경우와 동일하다. 그리고 과세관청은 확정신고한 세액의 전부 또는 일부를 납부하지 아니한 때에는 예정신고의 경우와 마찬가지로 국세징수법상의 징수절차에 따라 징수한다.

라. 예정신고에 납세의무 확정력이 있는지 여부

예정신고가 양도소득세 납세의무를 확정시키는 확정력이 있는지, 즉 예정신고에 의하여 양도소득세 납세의무가 확정되는지가 문제된다. 소득세법에서 이를 명백하게 규정하지 아니한 이상 예정신고의 확정력을 긍정하는 견해와 부정하는 견해로 나눌 수 있다. 그런데 예정신고에 관하여, 대법원 2004. 9. 3. 선고 2003두8180 판결은 양도소득세는 2001. 1. 1. 이후 최초 양도하는 분부터는 신고납세방식으로 전환된 조세로서 납세의무자가 그 과세표준과 세액을 신고하는 때에 세액이 확정되어 신고와 함께 세액을 납부할 의무가 있는 것이라고 판시하면서 그 신고의 범위에 예정신고를 제외하지 않고 있으므로, 위 판결의 취지는 예정신고에 의하여도 세액이 확정된다는 취지로 이해할 수 있다. 과세실무(서면1팀-456, 2004. 3. 23.)에서도 예정신고에 확정력이 있다고 보고 있다.

마. 예정신고와 확정신고의 관계

(1) 신고내용이 서로 다른 경우

대법원 2008. 5. 29. 선고 2006두1609 판결은 예정신고에 의하여 잠정적으로 확정된 과세표준과 세액이 확정신고에 의하여 확정된 과세표준과 세액에 흡수되어 소멸한다고 했는데, 이 경우 흡수·소멸이 구체적으로 어떤 의미인지 문제된다. 즉, 납세의무자가 수정신고나 경정청구를 할 때 그리고 과세관청이 경정을 할 때, 예정신고와 확정신고 중 어느 것을 기초로 하여야 하는지, 예정신고를 전제로 한 후속절차, 즉 납부, 가산세, 가산금, 중가산금 등의 징수처분, 독촉, 체납처분 등이 확정신고에 의하여 어떤 영향을 받는지 등이 문제된다.

위에서 본 대법원 2008. 5. 29. 선고 2006두1609 판결은 흡수·소멸된 예정신고를 기초로 이루어진 징수처분인 납세고지의 효력도 상실된다고 하였고, 대법원 2010. 4. 29. 선고

2009두5237 판결은 과세관청이 흡수·소멸된 예정신고를 기초로 경정을 할 수 없다고 하였다. 흡수·소멸이라는 말은 원칙적으로 예정신고가 없었던 것과 마찬가지로 되어 예정신고의 효력이 없다는 것이므로 그 후속절차도 효력이 없는 것으로 된다는 취지이다. 대법원 2021. 12. 30. 선고 2017두73297 판결도, 예정신고를 한 후 그와 다른 내용으로 확정신고를 한 사안에서, 예정신고에 의하여 잠정적으로 확정된 과세표준과 세액은 확정신고에 의하여 확정된 과세표준과 세액에 흡수되어 소멸되었으므로 예정신고에 기초하여 이루어진 증액경정처분 역시 효력을 상실하였다고 보고 그래서 그 증액경정처분을 대상으로 한 경정청구는 그 대상이 없어 부적법하다고 판시하였다.

그러나 예정신고를 전제로 한 후속절차 중 그 효력이 유지된다고 보는 것이 타당한 경우가 있으므로 일률적으로 흡수·소멸된 예정신고를 기초로 한 모든 후속절차의 효력이 없다고 보는 것은 적절하지 않을 수 있다. 국세기본법 제22조의2가 신설됨에 따라 당초 처분에 기초한 납세고지 등 후속절차의 효력은 경정처분에 의하여 아무런 영향을 받지 않는다고 볼 여지가 있는 것이다. 실제로 증액경정처분에 따른 납세고지서에는 당초 처분시의 납세고지서상의 고지세액을 차감한 잔액만을 고지하는 것이 실무례이고 이러한 경우에 대하여도 대법원은 증액경정처분시의 납세고지서가 위법하다고 보는 것이 아니라 당초 처분시 납세고지서상의 세액과 증액경정처분시 납세고지서상의 세액을 합한 세액의 고지가 있었던 것으로 보고 있으므로 당초 처분시의 납세고지서의 효력을 전면적으로 부인하는 취지는 아니라고 할 수 있다. 따라서 당초 처분시의 납세고지에 기초한 징수처분이나 체납처분 절차는 그 효력을 함부로 부인하기 어려울 것이다.

(2) 신고내용이 서로 같은 경우

정작 어려운 문제는 예정신고의 내용과 확정신고의 내용이 사실상 동일할 경우에도 예정신고는 확정신고에 흡수·소멸된다고 볼 것인지 여부이다. 이 경우에도 흡수·소멸된다는 견해는, 예정신고에 확정력이 있다고 하더라도 이는 확정신고에 의하여 변경될 수 있는 잠정적인 확정력에 불과하고, 예정신고 후에 확정신고가 있다면 신고사실 자체만으로 예정신고의 확정력은 소멸되고, 예정신고와 같은 내용으로 확정신고한 경우를 예정신고와 다른 내용으로 확정신고한 경우와 달리 취급할 명문의 근거나 합리적인 이유가 없으며, 특히 확정신고의 내용이 예정신고의 내용과 다르기는 하지만 큰 차이가 없는 경우와 비교하면 더욱 그러하고, 납세의무자는 예정신고를 하지 않고 확정신고만을 할 수도 있는데 예정신고를 한 후 확정신고를 한 자를 예정신고하지 않은 채 확정신고만을 한 자에 비하여 불리하게 취급할 명문의 근거나 합리적인 이유가 없다는 입장이다.

그러나 대법원 2011. 9. 29. 선고 2009두22850 판결은, 소득세법 제110조 제4항 본문은 양도소득과세표준 예정신고를 한 자는 원칙적으로 당해 소득에 대한 양도소득과세표준 확정신고를 하지 아니할 수 있다고 규정하고 있는 점, 납세의무자가 예정신고를 한 후 그와 같은 내용으로 확정신고를 한 경우에는 확정신고에 따른 세액 정산이 이루어지지 아니하므로 예정신고를 한 후 확정신고를 하지 않은 경우와 실질적인 차이가 없는 점, 예정신고와 같은 내용으로 한 확정신고는 예정신고 내용을 추인함으로써 예정신고에 의하여 잠정적으로 확정된 과세표준과 세액을 종국적으로 확정하는 의미밖에 없는 점 등을 종합하면, 납세의무자가 예정신고를 한 후 그와 같은 내용으로 확정신고를 한 경우 예정신고에 의하여 잠정적으로 확정된 과세표준과 세액은 확정신고에 의하여 종국적으로 확정된 과세표준과 세액에 흡수되어 소멸하는 것이 아니라 그대로 유지되고, 따라서 예정신고를 기초로 한 징수처분 역시 효력이 소멸하지 아니한다고 판시하였다.

예정신고와 다른 내용으로 확정신고를 한 경우에만 확정신고에 따른 세액의 정산이 이루어짐으로써 확정신고가 실질적인 의미를 가진다. 그리고 과세관청이 예정신고에 따라 납부하여야 할 세액이 미납된 경우 이를 징수할 수 있고, 예정신고내용에 탈루 등이 있는 경우에는 경정을 한 다음 이를 징수하는 등 예정신고를 기초로 여러 후속절차를 진행할 수 있도록 규정하고 있다. 흡수·소멸 긍정설에 따르면 확정신고가 있었다는 사실자체만으로 과세관청이 예정신고를 전제로 진행한 후속절차의 효력이 대부분 상실되기 때문에 과세관청은 확정신고 후에 동일한 후속절차를 다시 진행하여야 하므로 불필요한 비용과 노력이 드는 결과가 발생한다. 또한 납세의무자가 예정신고를 하지 않는 경우 과세관청은 과세표준과 세액을 결정하고 징수할 수 있으며, 납세의무자가 납부기한이나 그 이후의 소정 기한까지 결정된 세액을 납부하지 않는 경우에는 가산금, 중가산금을 부담하게 되는데, 이 경우 납세의무자가 과세관청의 결정 내용과 동일한 내용으로 확정신고를 하였다고 해서 과세관청의 결정에 따른 납세고지나 그에 의한 가산금, 중가산금의 효력이 없어지게 된다고 보는 것은 타당하지 않다. 이러한 견지에서 보더라도 위 대법원 판결의 입장이 타당하다고 할 것이다. 따라서 당초 예정신고를 기초로 이루어진 납세고지 및 가산금, 중가산금의 효력이 유지된다고 할 것이다.

여기서 예정신고의 내용과 확정신고의 내용이 같다는 판단의 기준이 무엇인지가 또 문제가 된다. 소득세법 제105조 내지 제110조는 예정신고와 확정신고의 대상은 과세표준이고 세액은 납부할 때만 문제되는 취지로 규정한 점, 국세기본법 제47조의3은 신고한 과세표준을 기준으로 과소신고가산세의 부과 여부 및 가산세액을 정하도록 규정하고 있는 점 등에 비추어, 과세표준만이 그 판단기준이라고 볼 여지가 있다. 그러나 다음과 같은 점에서 과세표준뿐만 아니라 세액도 그 판단기준에 포함해야 할 것이다. 예정신고가 확정신고에 흡수되어 소멸한다는 법리는 당초 처분이 증액경정처분에 흡수되어 소멸한다는 법리를 참고한 것이고 증액경정처분인지 여부는 어디까지나 '세액'을 기준으로 한 것이다. 대법원 2008. 5. 29. 선고 2006두1609 판결도 예정신고와 확정신고에 의하여 과세표준과 세액이 확정되는 것으로 판시하였고, 대법원 2004. 9. 3. 선고 2003두8180 판결은 '납세의무자가 그 과세표준과 세액을 신고하는 때에 세액이 확정'된다고 판시하였다. 종래 예정신고납부세액공제제도가 있던 시절에 대법원 2004. 9. 3. 선고 2003두8180 판결은 양도소득과세표준 예정신고를 하면서 예정신고납부세액공제를 반영하였으나 세액을 납부하지 아니하여 후에 과세관청이 예정신고납부세액공제만을 배제하고 당초 신고한 내용에 따른 양도소득세의 납세고지를 한 경우 그것이 별도의 경정처분에 해당하지 않고 단지 징수처분에 불과하다고 판시하였는데, 이는 예정신고납부세액공제의 적용 여부가 다름에도 산출세액이 동일하였으므로 양도소득세 예정신고와 납세고지의 내용이 동일하다고 본 것이다.

11. 1세대 1주택에 대한 양도소득세 비과세

가. 개요

소득세법 제89조 제1항 제3호는 대통령령으로 정하는 1세대 1주택과 1세대가 1주택을 양도하기 전에 다른 주택을 대체취득하거나 상속, 동거봉양, 혼인 등으로 인하여 2주택 이상을 보유하는 경우로서 대통령령으로 정하는 주택의 양도로 발생하는 소득에 대하여는 양도소득세를 과세하지 아니한다고 규정하고 있다. 이와 달리 종래에는 1세대 3주택 이상에 해당하는 주택의 경우에는 양도소득세를 10% 더 중과하도록 규정하고 있다. 이러한 규정들은 주택을 투기의 목적으로 거래하는 것을 억제하면서 주택 실수요자의 세부담을 덜어주어 주거생활의 안정을 유지하기 위한 특례라고 할 수 있다.

여기서 1세대 1주택의 양도라 함은 주택건물과 그 부수토지를 함께 양도하는 것을 말하므로 주택건물을 제외한 그 부수토지만 양도하는 경우에는 양도소득세 비과세가 적용되지 않으며, 그 양도가 소유자의 의사와 무관하게 경매절차에 의하여 분리양도되는 경우라고 하더라도 달리 볼 수 없다(서울고등법원 2020. 11. 26. 선고 2020두45674 판결 참조).

1세대 1주택의 요건에 관하여는 소득세법 시행령 제154조 제1항에서 거주자 및 그 배우자가 그들과 동일한 주소 또는 거소에서 생계를 같이하는 가족과 함께 구성하는 1세대가 양도일 현재 국내에 1주택을 보유하고 있는 경우로서 해당 주택의 보유기간이 2년 이상인 것을 말한다고 규정하고 있다. 보유기간에 대하여는 일정한 경우 제한을 두지 않거나 3년으로 규정하고 있다. 소득세법 시행령 제152조의3은 배우자가 없는 때에도 1세대로 보는 경우를 규정하고 있다. 그리고 소득세법 시행령 제155조는 1세대가 2주택을 보유하는 일시적 1세대 2주택의 경우에 대하여 1세대 1주택과 같이 양도소득세를 비과세하는 요건을 상세하게 규정하고 있다.

나. 1세대 1주택의 범위

(1) 요건

소득세법 시행령 제154조 제1항에서 1세대 1주택에 관한 양도소득세 비과세규정이 적용되기 위해서는 1세대가 양도일 현재 국내에 1주택을 보유하고 있는 경우로서 보유기간이 2년 이상이어야 한다고 규정하고 있다. 따라서 1세대가 국내에서 전세대원을 통틀어 원칙적으로 1개의 주택을 소유하고 있다가 이를 양도해야 하고, 세대원 중에 주택을 소유한 자가 둘 이상이면 1세대 1주택의 범위에 들지 않는다. 다만, 소득세법 시행령 제155조의 특례규정에 해당하는 경우에는 일시 2주택이 되더라도 먼저 양도하는 주택은 1세대 1주택에 해당된다. 여기서 비과세대상이 되는 1주택은 1주택건물과 그에 딸린 토지로서 일정한 배율(5배 또는 10배)을 곱하여 산정한 면적 이내의 토지를 합한 것을 말하고, 그 가액이 9억 원을 초과할 경우 고가주택으로 분류하여 비과세대상에서 제외하고 있다.

여기서 1주택이라 함은 세법 고유의 개념으로서 반드시 건축법령의 규정에 구속될 것은 아니고 어디까지나 세법의 독자적인 입장에서 그 입법 취지에 비추어 개념을 정하여야 하는데, 대지 및 건물의 벽, 복도, 계단 기타 설비 등의 전부 또는 일부를 공동으로 사용하는 각 세대가 하나의 건축물 안에서 각각 독립된 주거생활을 영위할 수 있는 구조로 된 주택으로서 사회관념상 독립한 거래의 객체가 될 정도가 되어 그 실질에 있어 공동주택에 해당한다면, 비록 단독주택으로 건축허가를 받아 건축물관리대장상 단독주택으로 등재되었다거나 건축주 한 사람 앞으로 소유권보존등기가 경료되었다 하더라도 공동주택으로서 1주택이 아니라 다주택으로 보는 것이 옳다는 것이 판례의 입장이다(대법원 1993. 8. 24. 선고 92누15994 판결, 서울고등법원 2020. 7. 10. 선고 2019누67069 판결 등).

그리고 1세대란 동일한 주소 또는 거소에서 생계를 같이하는 가족을 뜻하는데, 소득세법 제88조 제6호는 가족이라 함은 거주자 및 그 배우자가 그들과 같은 주소 또는 거소에서 생계를 같이하는 자[거주자 및 그 배우자의 직계존비속(그 배우자를 포함한다) 및 형제자매를 말하며, 취학, 질병의 요양, 근무상 또는 사업상의 형편으로 본래의 주소 또는 거소에서 일시 퇴거한 사람을 포함한다]와 함께 구성하는 가족단위를 말한다고 규정하고 있다. 그리고 현실적으로 생계를 같이하는 동거가족을 말하므로, 반드시 주민등록 표상 세대를 같이함을 요하지는 않으나 일상생활에서 볼 때 유무상통하여 동일한 생활자금에서 생활하는 단위를 의미한다고 해야 하고, 대법원 1989. 5. 23. 선고 88누3826 판결과 일본 판결도 같은 입장이다.[15]

여기서 말하는 배우자는 법률상 배우자를 의미한다는 것이 대법원 2017. 9. 7. 선고 2016두35083 판결의 입장이다. 그래서 이 판결은, 원고와 A가 1997. 9. 25. 혼인신고를 마친 법률상 부부였으나 2008. 1. 11. 협의이혼신고를 하였는데, 원고는 2003. 5. 21. P아파트를 취득하였다가 2008. 9. 8. 양도하였고, 원고와 A가 2009. 1. 2. 다시 혼인신고를 마친데 대하여, 과세관청이 원고와 A가 이혼한 후에도 사실상 혼인관계를 유지하고 있고 A가 7채의 아파트를 소유하고 있으므로 P아파트의 양도는 '1세대 3주택 이상에 해당하는 주택의 양도'라는 이유로 양도소득세를 중과세한 사안에서, 원고가 양도소득세를 회피할 목적으로 이혼하였다거나 이혼 후에도 A와 사실상 혼인관계를 유지하였다는 사정만으로 그 이혼을 무효로 볼 수 없고, 따라서 원고는 P아파트의 양도당시 이미 이혼한 A와는 분리되어 따로 1세대를 구성하므로 P아파트는 비과세대상인 1세대 1주택에 해당한다고 판시하였다. 이 사안은 양도소득세 중과세를 면하기 위하여 일시적으로 이혼상태를 유지하였다는 점이 현저히 드러난다. 그래서 그 이혼의 진정성이 의심되지 않을 수 없다. 민사 법리에 치중한 나머지 조세법에서의 실질과세원칙을 소홀히 하였고, 그래서 양도소득세의 중과세를 면탈하고자 하는 납세자의 손을 들어주었다는 점에 아쉬움을 남기는 판결이다.

이러한 대법원 판결에 대하여 입법자가 관련 규정의 개정으로써 반항하였다. 소득세법 제88조 제6호가 2018. 12. 31. 개정되면서 배우자의 범위에 관하여 괄호규정을 신설하여 '법률상 이혼을 하였으나 생계를 같이하는 등 사실상 이혼한 것으로 보기 어려운 관계에 있는 사람을 포함한다'라고 규정하였다. 조세정의에 부합하는 합리적 규정이다. 이로써 위 대법원 판결의 법리는 더 이상 유지될 수 없게 되었다.

한편, 대법원 2005. 6. 24. 자 2005두3790 심리불속행 상고기각 판결로 확정된 대전고등법원 2005. 3. 17. 선고 2004누44 판결은, 원고는 오랫동안 처와 주민등록을 달리한 채 자신이 운영하는 사업장 소재지를 거주지로 하여 주민등록을 유지하여 왔으므로 원고의 주민등록상 주소지를 실질적인 생활의 근거지인 주소로 볼 수 있고, 아들은 그의 처자와 함께 원고의 사업장에 주민등록을 이전한 채 원고의 사업을 도와 원고의 주소지에서 실제 거주하면서 원고가 운영하는 회사의 관리부장으로 근무하는 한편, 그 처를 통하여 원고가 운영하는 회사의 종업원들에게 식사를 제공하기까지 한 점 등에 비추어 보면, 원고

---

15) 日本 京都地裁 昭和 37. 12. 26. 선고 34(행)6호 판결

와 그 아들은 동일한 주소에서 생계를 같이하는 동거가족에 해당한다고 봄이 상당하다고 판시하였고, 대법원 2010. 5. 27. 자 2010두3664 심리불속행 상고기각 판결에 의하여 확정된 서울고등법원 2010. 1. 27. 선고 2009누20733 판결은, 자매간인 원고와 A가 같은 아파트에서 거주하였지만, 급여액이 원고는 연 4,000만 원 이상, A는 연 2,000만 원 이상으로 각각 독립적이고 안정적인 소득이 있었고 서로 매월 생활비를 정확하게 계산하여 분담하였으며 그 아파트는 방이 2개로 생활하는 공간도 구분되어 있었으며, 건강보험료·지방세 등도 별도로 납부한 사안에서, 원고와 A는 비록 같은 아파트에서 함께 거주하였다고 하더라도 생계를 달리함으로써 독립된 세대를 구성하였다고 보아야 한다고 판시하였다.

그리고 소득세법 시행령 제154조 제1항 단서는 보유기간의 제한을 받지 아니하는 경우로서, 제2호 (다)목에서는 '1년 이상 계속하여 국외 거주를 필요로 하는 취학 또는 근무상의 형편으로 세대 전원이 출국하는 경우, 다만 출국일부터 2년 이내에 양도하는 경우에 한한다'라 하고, 제3호에서는 '1년 이상 거주한 주택을 재정경제부령이 정하는 취학, 근무상의 형편, 질병의 요양 기타 부득이한 사유로 양도하는 경우'라고 규정하고 있고 이에 따라 소득세법 시행규칙 제71조 제3항은 '취학, 근무상의 형편, 질병의 요양 기타 부득이한 사유'라 함은 세대 전원이 취학, 근무상의 형편, 질병의 요양 등으로 다른 시·군으로 주거를 이전하는 경우를 말한다고 규정하고 있다. 이와 같이 제2호 (다)목에는 거주기간 제한은 없고 양도기한 제한이 있는 반면에, 제3호 및 그 시행규칙에는 양도기한 제한은 없고 거주기간 제한은 있는데, 여기서 근무상의 형편으로 세대전원이 출국한 경우, 출국일로부터 2년이 도과한 후에 양도하는 1세대 1주택의 경우 제2호 (다)목에 의하지 아니하고 제3호 및 그 시행규칙에 의하여 양도소득세가 비과세된다고 할 수 있는지 여부가 문제된다. 이는 소득세법 시행규칙 제71조 제3항에서 말하는 '다른 시·군'에 해외도 포함된다고 볼 것인지의 문제로 직결된다.

대법원 2012. 7. 5. 선고 2012두3972 판결은, 위 제3호가 규정한 '근무상의 형편 등 부득이한 사유로 양도하는 경우'는 국내에서 주거를 이전하는 경우를 전제한 것이고, 따라서 그 위임에 의한 시행규칙 제71조 제3항의 '다른 시·군으로 주거를 이전하는 경우'에 국외이주는 당연히 포함되지 않는다고 봄이 상당하다고 하면서, 위 시행령 규정의 전체 체계상 해외로의 주거이전과 국내에서의 주거이전이 분명하게 구분되어 있고, 해외 출국 이후 2년이면 국내 주택의 처분을 위한 유예기간으로서는 합리적이라고 볼 수 있을 뿐 아니라 국외 이주자라고 하여 위 제2호와 제3호를 선택적으로 적용하여 비과세 특례를 적용받도록 할 합당한 이유도 없기 때문이라고 판시하였다. 제2호 (다)목에서 출국의 경우 출국일로부터 2년 이내라는 양도시기의 제한을 둔 취지는 그 기간이 1세대 1주택에 대한 비과세 특례의 취지에 따라 국민의 거주·이전의 자유 등을 보장하기 위한 충분한 기간임에도 그 기간을 도과한 이후에 해당 주택을 양도한 경우까지 모든 양도차익이 비과세되는 것은 불합리하다는 데 있다고 할 수 있다. 그런데도 근무상의 형편으로 해외로 출국한 경우에도 제3호와 그 시행규칙을 선택적으로 적용할 수 있다고 한다고 하면 제2호 (다)목 단서의 취지가 완전히 몰각되어 버리므로 대법원 판결과 같이 해석하는 것이 타당하다.

'1세대 1주택'의 개념은 모두 양도를 전제로 하는 것으로서 시행령에서 보다 명백히 규정되어 있듯이 양도일 현재 국내에 1주택을 보유하고 있는 경우이므로 그 판단의 기준시점은 '양도일'임이 분명하다. 즉, '1세대 1주택'의 개념은 양도일과 분리되어서는 정립될 수 없는 개념이라 할 수 있다. 따라서 양도당시 양도인이 구성하는 세대가 국내에 소유하는 1개의 주택이면 충분하고, 당해 주택의 취득일 이후 다른 주택을 취득한 사실이 일체 없거나 적어도 당해 주택을 보유한 기간 동안 다른 주택을 소유한 사실이 없을 것까지 요구하는 것은 아니다.

이러한 취지는 대법원 판결에서도 수차례 확인된다. 대법원 1993. 12. 28. 선고 93누11425 판결은, 양도자산이 1세대 1주택에 해당하는지 여부는 양도당시를 기준으로 하여 판단하여야 하고, 거주자의 지위에서 1세대 1주택의 요건을 갖춘 후 비거주자가 된 경우라 하더라도 거주자가 비거주자로 되는 시기를 기준으로 판단할 것은 아니라고 판시하였고, 대법원 1995. 8. 22. 선고 95누7383 판결은, 1세대 1주택 및 이에 부수되는 토지에 해당하는지 여부는 주택과 대지를 양도한 시점을 기준으로 하여 판단하여야 한다고 판시하였다.

(2) 비과세대상에서 제외되는 고가주택

소득세법 제89조 제1항 제3호는 1세대 1주택의 양도소득에 대하여 양도소득세를 비과세하도록 규정하면서, 그 1주택이 고가주택에 해당하는 경우에는 비과세대상에서 제외하고 있고, 소득세법 시행령 제156조 제1항은 고가주택이란 주택 및 그 부수토지의 양도당시의 실지거래가액이 9억 원을 초과하는 것을 말한다고 규정하고, 아울러 그 일부를 양도하거나 일부가 타인 소유인 경우에는 실지거래가액에 양도하는 부분(타인 소유부분 포함)의 면적이 전체 주택면적에서 차지하는 비율을 나누어 계산한 금액을 말한다고 규정하고 있다. 주택의 일부를 양도하더라도 그 전체의 실지거래상당액이 9억 원을 초과할 경우 고급주택의 양도로 보겠다는 취지로서 고급주택에 대한 양도소득세를 면할 목적으로 일부 지분씩 분할하여 양도하는 것을 규제하기 위함이다.

소득세법 제95조 제3항의 위임에 따라 소득세법 시행령 제160조 제1항 제1호는 양도소득세의 과세대상이 되는 '고가주택'의 양도차익에 관하여 '양도차익×(양도가액−9억 원)÷양도가액'의 산식으로 계산하도록 규정하고 있다. 이는 전체 양도가액 중 9억 원에 상당하는 부분의 양도차익에 대하여는 비과세하고 9억 원을 초과하는 부분만을 과세하겠다는 취지로서 형평과 비례의 원칙에 부합하는 규정이라고 하겠다.

한편, 소득세법 시행령 제154조 제3항은, '소득세법 제89조 제1항 제3호를 적용할 때 하나의 건물이 주택과 주택 외의 부분으로 복합되어 있는 경우와 주택에 딸린 토지에 주택 외의 건물이 있는 경우에는 그 전부를 주택으로 본다. 다만, 주택의 연면적이 주택 외의 부분의 연면적보다 적거나 같을 때에는 주택 외의 부분은 주택으로 보지 아니한다'고 규정하고 있다. 그리고 소득세법 시행령 제156조 제2항은, 실지거래가액이 9억 원을 초과하는 고가주택에 해당하는지를 판단함에 있어 제154조 제3항 본문에 의하여 주택으로 보는 부분(이에 부수되는 토지를 포함한다)에 해당하는 실지거래가액을 포함한다고 규정하고 있다.

이들 규정을 종합하면, 1세대 1주택의 경우 그 주택건물에 주택 외의 부분이 포함되어 있거나 그 주택부지에 주택 외의 건물이 있더라도 그 전체의 실지거래가액이 9억 원을 초과하는 고가주택에 해당하지 아니하고 주택의 연면적이 주택 외의 부분의 연면적보다 적지 않는 한 전체의 양도차익이 비과세대상에 포함된다고 보아야 한다. 그리고 고가주택인지 여부에 관하여도, 주택의 연면적이 주택 외의 부분의 연면적보다 클 경우에는 전체의 실지거래가액이 9억 원을 초과하는지 여부에 따라 판정하여야 하고, 주택의 연면적이 주택 외의 부분의 연면적보다 적을 경우에는 주택에 해당하는 부분의 실지거래가액만을 안분계산하여 그 가액이 9억 원을 초과하는지 여부에 따라 판정하여야 한다.

같은 취지에서, 대법원 2016. 1. 28. 선고 2015두37235 판결은, 주택의 연면적이 주택 외 부분의 연면적보다 넓은 겸용주택은 주택과 주택 외 부분을 포함한 전체의 양도당시의 실지거래가액이 9억 원을 초과하지 아니할 경우 주택뿐만 아니라 주택 외 부분의 양도소득도 비과세대상이 되고, 겸용주택의 전체 양도가액이 9억 원을 초과하는 경우에도 9억 원의 범위 내에서 양도소득세가 일정 부분 감면되고, 그 감면 범위에 주택 외 부분의 양도소득도 포함될 수 있으므로 소득세법 시행령 제160조 제1항 제1호에 따라 '고가주택'의 양도차익을 계산하면서 소득세법 제114조 제7항에서 정한 환산취득가액에 따르는 경우에도 특별한 사정이 없는 한 구 소득세법 시행령 제154조 제3항이 적용된다고 판시하였다.

다. 주택지분을 소유한 경우의 주택수 산입

(1) 쟁점

앞서 1세대 3주택에 대한 중과세에서 살펴본 바와 같이 1주택의 전부를 소유하지 않고 일부 지분만 소유하는 경우 1주택을 소유하는 것으로 볼지, 1주택의 일부를 소유하는 것으로 볼지, 주택을 소유하지 않는 것으로 볼지에 관하여 논란이 있다. 이 문제는 1세대 1주택에 대한 양도소득세 비과세에 있어서도 문제가 된다.

이 문제에 관하여 소득세법 시행령이 2010. 2. 18. 개정되면서 제154조의2가 신설되어 1주택을 여러 사람이 공동으로 소유한 경우 특별한 다른 규정이 없는 한 주택 수를 계산할 때 공동 소유자 각자가 그 주택을 소유한 것으로 본다고 규정하고 있음은 앞서 본 바와 같다. 그러나 이 규정에 대한 명시적인 위임규정이 없어 그 효력에 문제가 있을 수 있을뿐더러 위임이 있었다고 보더라도 모법에서 말하는 1주택의 본래 개념에 부합하는지에 관한 논란과 함께 위임범위를 벗어났다고 볼 여지도 없지 않다. 더구나 이 규정이 신설되기 전의 사안에서는 논란이 더 많았다. 여기서는 1세대 1주택 비과세의 경우에 관하여 살펴보기로 한다.

(2) 대법원 판결의 분석

대법원 1992. 4. 28. 선고 92누886 판결은, 주택 중 일부지분을 상속받아 보유한 상태에서 다른 주택을 취득하였다가 이를 양도하였다면 거주자가 상속받은 것이 주택의 일부지분에 불과하다고 하여도 위 주택의 양도가 소득세법이 비과세대상으로 정한 1세대 1주택의 양도에 해당한다고는 할 수 없다고 판시하였다. 이 판결의 취지가 1주택의 일부지분을 소유하는 것은 1주택을 소유하는 것과 같다는 것으로 해석하려는 경향이 있으나 이는 옳지 않다고 본다. 위 판시에서도 일부지분을 상속받아 보유하는 것은 주택의 일부지분에 불과하다고 했을 뿐 그것을 1주택을 보유하고 있는 것으로 보아야 한다고 하지는 않았다. 오히려 위 판결은 1주택의 지분을 소유하고 있는 경우 1주택의 소유로 보기보다는 1주택의 일부 소유로 보고 있는 것으로 본다는 취지로 해석하는 것이 합리적이다. 그 지분이 1주택에는 해당하지 않지만 적어도 1주택의 일부에는 해당하므로 이를 다른 주택과 합하여 보면 1주택을 초과하게 되고, 따라서 1세대 1주택으로 볼 수 없다는 결론에 이를 수 있는 것이다.

한편, 조세특례제한법 제99조의3 제1항 제1호는, 2001. 5. 23.부터 2003. 6. 30.까지의 기간 중에 주택건설사업자와 최초로 매매계약을 체결하고 계약금을 납부한 자가 취득한 신축주택을 그 취득일부터 5년 이내에 양도함으로써 발생하는 소득에 대하여는 양도소득세의 100분의 100에 상당하는 세액을 감면한다고 규정하고, 같은 조 제2항(특례규정)은 '소득세법 제89조 제1항 제3호의 규정을 적용함에 있어서 제1항의 규정을 적용받는 신축주택은 이를 당해 거주자의 소유주택으로 보지 아니한다'고 규정하고 있다.

이와 관련하여 대법원 2011. 1. 27. 선고 2010두6847 판결은, 원고가 주택건설사업자로부터 A신축주택을 분양받으면서 1/2지분은 처에게 증여하여 원고와 처가 A신축주택에 관하여 1/2지분씩 소유권이전등기를 마친 다음 원고가 다시 B주택을 취득하여 양도한 사안에서, 위 특례규정은 양도소득세의 감면 등을 통하여 주택신축 및 분양을 장려하여 침체된 건설경기 및 부동산 시장을 활성화하려는 데 그 입법 취지가 있는 점, 1세대 1주택 등의 해당 여부는 사회통념상 '하나의 주택'을 기준으로 '1세대'별로 판단하는 것으로서 1세대를 구성하는 세대원이 1개의 주택을 각자 지분으로 공유하고 있다고 하여 1세대가 다주택을 보유하고 있는 것으로 볼 수 없는 점, 원고가 보유하는 A신축주택의 1/2지분은 위 특례규정의 문언상 명백히 원고가 보유하는 주택으로 볼 수는 없는 점, 처의 나머지 1/2지분도 동일 세대원으로 최초 계약자인 원고로부터 A신축주택의 분양권 중 1/2지분을 증여받은 데 따른 것으로서 위 특례규정을 적용함에 있어 원고의 보유주택에서 제외되는 A신축주택의 1/2지분과 함께 A신축주택의 나머지 지분에 불과할 뿐 별도의 주택으로 보기 어려운 점 및 원고가 A신축주택을 분양받을 당시의 신뢰나 그 1/2지분을 증여하게 된 경위 등을 함께 고려하면, 원고가 보유하는 A신축주택의 1/2지분뿐만 아니라 동일 세대원인 원고 처가 보유하는 나머지 1/2지분을 합한 A신축주택 전체를 원고 세대의 보유주택에서 제외되는 신축주택으로 보아 위 특례규정의 적용대상이 된다고 봄이 상당하다고 판시하였다.

이 판결의 취지에 의하면 원고의 처가 보유하는 A신축주택의 1/2지분은 결과적으로 별도의 1주택으로 보지 않는다는 것이다. 이는 수학적 논리에 의해서라기보다는 1세대의 구성원인 부부간에는 지분을 나누더라도 그 세대로 보아서는 여전히 1주택을 보유하는 결과가 된다는 특수성을 감안한 것으로 볼 수 있다. 대법원 2010. 5. 13. 자 심리불속행 상고기각 판결로 확정된 부산고등법원 2009. 12. 16. 선고 2009누4784 판결도 같은 취지이다. 이에 대하여는 다음과 같은 비판이 가능하다. 원고의 처가 보유하는 1/2지분은 주택건설업자로부터 직접 취득한 것이 아니므로 위 단서 규정의 적용대상이 아님이 문언상 명백하고 이는 1주택이 아니라 1주택의 일부인 1/2주택으로 보아야 하므로 원고 세대는 1과 1/2주택을 보유한 것이 되고 A신축주택의 1/2지분과 B주택을 합하면 1주택을 초과하므로 1세대 1주택 비과세규정이 적용되어서는 아니된다는 것이다. 이렇게 해석하는 것이 대법원 1992. 4. 28. 선고 92누886 판결의 취지에도 부합한다고 하겠다.

그리고 대법원 2013. 12. 26. 선고 2012두12747 판결은, 원고가 A주택을 양도하였을 당시 원고는 B주택을 적어도 1/3 지분으로 소유하고 있었고 원고의 남편도 C주택을 적어도 1/6 지분으로 소유하고 있어 1세대 3주택 소유자에 해당하므로, 그에 따른 중과세율을 적용하여 원고에게 양도소득세를 부과한 이 사건 처분이 적법하다고 판단한 원심판단을 수긍하였다. 이 판결은 소득세법 시행령 제154조의2의 신설을 이유로 종전 판결들과 달리 1주택의 일부 지분을 소유하는 경우에도 1주택을 소유하는 것으로 보아 그 소유주택수를 계산하는 입장을 취하였다. 그러나 아래에서 보는 바와 같이 이러한 입장은 합리적이지 못하다.

(3) 합리적인 해석론

1세대 1주택 또는 일시적 1세대 2주택에 관한 양도소득세 비과세규정이나 1세대 3주택 이상의 양도소득세 중과세규정, 그리고 조세특례제한법 제99조의3 단서의 규정을 적용함에 있어 1주택의 일부 지분을 소유하는 경우에 관하여 법률에 특별한 의제규정을 두고 있지 않는 한 이를 본래의 의미 그대로 해석하는 것이 가장 합리적이다. 위 규정들을 적용함에 있어서 주택수를 계산할 때 1주택은 1주택 전부를 말하는 것이지 1주택의 일부를 말한다고 할 수 없다. 마찬가지로 1주택의 일부 지분만을 소유하는 경우도 그것을 1주택을 소유하는 것으로 보는 것은 특별한 의제규정이 없는 한 불가능하고 본래의 의미대로 1주택의 일부를 소유하고 있는 것으로 보는 것이 옳다. 그래서 1세대 1주택이나 일시적 1세대 2주택, 1세대 3주택에 해당하는지를 판단할 때 1주택의 일부 지분을 함께 소유하고 있으면 그 부분까지 합하여 1주택이나 2주택, 3주택에 해당하는지를 따져보면 되는 것이다. 예를 들어 일시적으로 2주택 전부와 1주택의 일부지분을 소유하고 있다면 이를 합할 경우 2주택은 초과하고 3주택에는 미달하므로 일시적 1세대 2주택에 관한 양도소득세 비과세규정은 적용될 수 없고, 나아가 1세대 3주택에 관한 양도소득세 중과세규정도 적용될 수 없다고 보아야 한다.

그리고 소득세법 시행령 제154조의2가 1주택을 여러 사람이 공동으로 소유한 경우 특별한 규정이 없는 한 주택 수를 계산할 때 공동 소유자 각자 그 주택을 소유한 것으로 본다는 규정은 문제가 많다. 이 규정은 납세자에게 상당히 불리한 규정이므로 모법에 뚜렷한 위임근거가 없으면 그 효력을 인정받기 어렵다. 위 시행령 규정을 문언 그대로 해석하면 1주택을 여러 사람이 공유하면 결과적으로 1주택이 여러 개의 주택으로 변모하게 되어 모법에서 말한 1주택의 본래개념에 부합하지 않을뿐더러 1세대 1주택의 적용범위가 지나치게 축소되는 결과에 이르게 되므로 위임의 범위를 벗어났다고 볼 수 있는 것이다. 헌법재판소 1997. 2. 20. 선고 95헌바27 전원재판부 결정에서 소득세법이 양도소득세가 면제되는 '1세대 1주택'의 범위만을 구체적으로 정하도록 대통령령에 위임하고 있어서 대통령령으로 정하여질 사항은 주택의 보유기간이나 일시적인 다주택소유의 문제 등 투기적 목적의 인정 여부와 관계되는 사항이 될 것임을 쉽게 예측할 수 있으므로 포괄적 위임에 해당하지 않는다고 판시한 데서도 알 수 있듯이, 모법의 위임 취지는 투기적 목적과 무관한 경우에 대하여 1세대 1주택의 범위를 확장할 수 있다는 것이지 반대로 투기적 목적과 무관함에도 1세대 1주택의 범위를 축소할 수 있다는 것은 아니라고 할 것이다.

단적인 예를 들어, 1세대의 구성원인 부부가 1주택의 1/2지분씩 소유하고 있다가 그 1주택을 양도하는 경우 1세대로 보아서는 1주택임이 분명함에도 위 시행령 규정을 그대로 적용하면 부부가 각각 1주택을 보유하고 있는 것이 되어 결과적으로 1세대 2주택을 보유하고 있는 것이 되고 그 상태에서 2주택을 양도한 것이 되어 1세대 1주택에 대한 양도소득세 비과세규정을 적용받을 수 없는 결과가 된다. 이는 매우 부당한 결과임에 의문이 없다. 위 시행령 규정이 이러한 경우에까지 적용될 것을 예상하고 있다고 보기는 어려울 것이다. 위에서 본 대법원 2013. 12. 26. 선고 2012두12747 판결도 이러한 경우까지 2주택을 소유한 것으로 보는 취지는 아닐 것으로 보인다. 따라서 위 시행령 규정에도 불구하고 1주택의 일부 지분을 소유하는 경우는 1주택의 일부를 소유하고 있는 것으로 해석하는 것이 타당하다. 위 대법원 판결은 재검토가 필요하다고 하겠다.

라. 일시적 1세대 2주택

(1) 개요

소득세법 시행령 제155조는 그 각 항에서 1세대 1주택이 아님에도 일시적으로 1세대 2주택이 된 경우 그 특별한 사정을 감안하여 일정한 요건을 갖춘 경우 1세대 1주택으로 본다는 특례를 규정하고 있다. 여기서의 특별한 사정이라 함은 양도당시 불가피한 사정으로 1세대 2주택이 된 경우를 말하는데, 제1항은 대체취득을 위하여 일시적으로 2주택을 보유한 경우를, 제2항은 상속으로 2주택을 보유한 경우를, 제4항은 직계존속의 동거봉양을 위한 합가로 2주택을 보유한 경우를, 제5항은 혼인으로 2주택을 보유한 경우를, 그 밖에 제6항에서는 지정문화재에 해당하는 주택과 일반주택을 보유하는 경우를, 제7항에서는 농어촌주택과 일반주택을 보유하는 경우, 제8항에서는 취학, 근무 등의 부득이한 사유로 수도권의 주택과 수도권 밖의 주택을 보유하는 경우를 각 규정하고 있다.

대법원 2025. 2. 13. 선고 2024두55426 판결이 선고한 바와 같이 위 규정들은 국내에 1주택을 소유한 1세대가 신규 주택을 취득함으로써 일시적으로 2주택이 된 경우를 전제로 한 규정으로 보아야 하므로 국내에 2주택을 소유한 1세대가 신규 주택을 취득함으로써 3주택이 되었다가 종전의 주택 중 1주택을 처분하여 2주택이 된 경우는 여기에 해당하지 않는다.

이하 조세쟁송에서 자주 등장하는 제1항과 제2항, 제5항, 제8항 및 이들 규정의 중첩적용에 관하여 살펴본다.

(2) 대체취득을 위한 1세대 2주택

소득세법 시행령 제155조 제1항은 국내에 1주택을 소유한 1세대가 그 주택을 양도하기 전에 다른 1주택을 취득함으로써 일시적으로 2주택이 된 경우 종전의 주택을 취득한 날부터 1년 이상이 지난 후 다른 주택을 취득하고 그 다른 주택을 취득한 날로부터 3년(종래에는 1년) 이내에 종전의 주택을 양도하는 경우에는 이를 1세대 1주택으로 보아 제154조 제1항을 적용한다는 특례를 규정하고 있다. 이 규정은 1주택을 보유한 1세대가 다른 1주택으로 거주를 이전하는 과정에서 그 과도기에 일시적으로 2주택을 보유하게 되는 경우에 불과하고 장기적으로 보면 계속 1주택만을 보유한 것으로 볼 수 있으므로 양도소득세를 비과세하겠다는 취지이다. 종전주택을 처분한 후에 신 주택을 취득한 경우에만 양도소득세를 비과세하게 되면, 종전주택의 처분 후 신 주택의 취득시까지 일정기간 무주택의 상태가 불가피하므로 주거의 안정과 거주이전의 자유를 방해한다는 점을 고려한 특례규정이라고 할 수 있다.

소득세법 시행령 제155조 제1항은 다른 주택을 취득한 날로부터 종전의 주택을 3년 이내에 양도할 것을 요건으로 규정하고 있는데, 그 3년이 되는 날이 공휴일일 경우에는 그 기간을 어떻게 계산할 것인지가 문제될 수 있다. 소득세법 시행령 제162조 제1항은 양도시기에 관하여, 대금을 청산한 날이 분명하지 아니하거나 대금을 청산하기 전에 소유권이전등기를 한 경우는 등기부 등에 기재된 등기접수일이라고 규정하고 있다. 이와 같이 등기접수일에 의하여 양도시기가 정해지는 경우 그 3년이 되는 날이 공휴일이어서 그 다음 평일에 등기가 접수된 경우 3년 이내에 양도한 것으로 볼 수 있는지가 문제되는 것이다. 국세기본법 제5조 제1항은 신고·신청·청구 그 밖의 서류의 제출·통지·납부 또는 징수에 관한 기한이 공휴일, 토요일이거나 근로자의 날일 때에는 공휴일·토요일 또는 근로자의 날의 다음 날을 기한으로 한다는 특례를 규정하고 있다. 그러나 위 규정은 '신고·신청·청구 그 밖의 서류의 제출·통지·납부 또는 징수에 관한 기한'이라고 명시적으로 규정하고 있으므로, 양도시기에 준용하기는 어려워 보인다. 그러나 대법원 2011. 6. 24. 선고 2010두2081 판결은, 신규주택의 취득일부터 1년(당시는 3년이 아니라 1년이었다)이 되는 기간의 말일이 휴무토요일인 경우 그 말일에는 등록세 수납업무나 등기접수업무가 행하여지지 아니하고 있으므로 그 다음 월요일에 종전주택에 관한 소유권이전등기가 접수되었다면 신규주택을 취득한 날부터 1년 이내에 종전주택을 양도한 것에 해당한다고 보아야 한다고 판시하였다. 물론 공휴일에 등기는 할 수 없지만 잔금은 지급할 수 있으므로 위 판결과 같이 양도기한을 연장해 줄 필요가 없다는 비판도 가능하지만 이는 잔금의 조기지급을 강요하는 결과가 되어 합리적이지 않다. 대법원 판결은 납세자의 구제를 위하여 합목적적인 해석을 한 것으로 평가할 수 있겠다.

그리고 규정의 요건상 '1주택을 소유한 세대'에 있어서의 '1주택'이라 함은, 그 '1주택'이 그것을 소유하는 자가 취득하는 '다른 주택'과 구별되고, 또한 그것과 합하여 2주택이 된다고 규정한 점에 비추어, 사실적 개념으로서의 '하나의 주택'을 의미한다 하겠다. 즉, 그 '다른 주택'은 위 제155조 각 항의 특례규정에 의하여 1세대 1주택으로 보는 주택이 아니라 사실적 개념으로서의 주택임을 전제로 하는 것이라 하겠다. 헌법재판소 1997. 2. 20. 선고 95헌바27 결정이 '1세대 1주택'이란 세대주를 중심으로 하는 1가족이 소유하는 1채의 주거용 건물을 의미하는 것임은 누구나 쉽게 이해할 수 있고, 위와 같은 사전적 의미에 투기적 목적이 없는 주택의 양도에 대하여 양도소득세를 부과하지 아니함으로써 국민의 주거생활의 안정 및 거주이전의 자유를 보장하여 주려는 데 입법 취지가 있다고 한 것도 같은 취지에 입각한 것이라고 할 수 있다.

그 효과는 그 양도되는 종전주택이 1세대 1주택의 양도로 의제된다는 것이다. 즉, 본래는 종전주택과 신 주택을 합하여 2개의 주택을 보유하던 자가 그중 하나인 종전주택을 양도하였으므로 실제로는 1세대가 1주택을 보유하고 있다가 이를 양도하는 경우에 해당하지 않지만 그 양도에 따른 양도소득세 과세 여부가 문제되었을 때 그와 같은 경우로 의제해 주겠다는 것이다. 이러한 의제효과는 그 요건을 모두 갖추었을 때에만 비로소 발생하는 것임은 물론이다. 따라서 1주택을 소유한 자가 다른 1주택을 취득한 후 3년 이내에 종전주택을 양도할 때 비로소 그 효과가 발생한다. 다시 말하면 종전주택을 양도하기 전에는 그 의제효과가 발생하지 않는다는 것이다. 사회일반에서 사용하는 1세대 1주택이라는 용어는 그 용어가 의미하는 대로 단순히 1세대가 1주택을 소유하고 있는 것을 의미하지만 위 규정에 의하여 간주되는 효과로서의 '1세대 1주택'이란 그 요건을 충족됨을 전제로 하므로 그 요건을 충족하지 못하면 비과세되는 '1세대 1주택'이 아닌 것이다. 통상 위 규정을 '일시적' 1세대 2주택 규정이라고 칭하는 것도 새로운 주택을 취득한 후 3년 이내에 종전주택을 양도함으로써 결과적으로 일시적인 2주택자로 볼 수 있기 때문이다. 따라서 종전주택을 양도하기 전에는 일시적인지 여부를 판단할 수조차 없으므로 위 규정이 적용될 여지가 없다.

그리고 이와 같은 의제 효과는 종전주택이 양도됨으로써 양도소득세가 과세될 것인지 여부가 문제되었을 때 그 경우에 한하여만 적용되는 효과일 뿐이며, 당해 법규에서 그 효과를 다른 특례규정의 요건 등에 원용한다는 규정이 없는 이상 그와 같은 원용을 할 수 없는 효과라고 할 수 있다. 이는 의제규정이 실제 현상과 다른 내용을 인정하기 때문에 가지게 되는 본질적인 한계라고 할 수 있다.

(3) 상속에 의한 1세대 2주택

소득세법 시행령 제155조 제2항은 상속받은 주택과 상속받지 않은 일반주택을 각각 1개씩 소유하고 있는 1세대가 일반주택을 양도하는 경우에는 1주택을 소유하고 있는 것으로 보아 소득세법 시행령 제154조 제1항을 적용한다는 특례를 규정하고 있다. 여기서는 상속주택이나 일반주택의 보유기간 및 거주기간의 제한이 없다. 그 취지는 1세대 1주택을 보유하여 양도소득세가 과세되지 않게 되어 있는 자가 그의 의사나 선택에 의하지 아니하고 상속이라는 사유에 의하여 1세대 2주택이 된 경우에는 비과세의 혜택을 부여함으로써 본의 아니게 1세대 2주택이 됨으로써 양도소득세의 비과세 혜택이 소멸됨으로 인한 불이익을 구제하자는 데에 있다.

그런데 소득세법 시행령 제155조 제2항 단서는 상속인과 피상속인이 상속개시 당시 1세대인 경우에는 1주택을 보유하고 1세대를 구성하는 자가 직계존속을 동거봉양하기 위하여 세대를 합침에 따라 2주택을 보유하게 되는 경우로서 합치기 이전부터 보유하고 있었던 주택만 상속받은 주택으로 본다(이하 제3항, 제7항 제1호, 제156조의2 제7항 제1호 및 제156조의3 제5항 제1호에서 같다)라고 규정하고 있다. 따라서 상속인과 피상속인이 상속개시 당시 동일 세대인 경우에는 위 단서규정에 해당하지 않는 한 제2항 본문의 특례가 적용되지 않는다. 왜냐하면 상속인과 피상속인이 상속 당시 이미 동일세대인 경우에는 상속으로 인하여 비로소 1세대 2주택이 된 경우에 해당하지 않기 때문이다. 다만 동거봉양을 권장하기 위하여 그 단서에서 예외규정을 둔 것일 뿐이다.

소득세법 시행령 제155조 제2항의 규정도 기본적인 골격은 앞서 본 규정과 비슷하므로 분석내용은 비슷하다. 다만, 위 규정에서는 일반주택을 양도하는 경우에만 당해 주택을 비과세대상으로 규정하고 있으므로 그보다 먼저 상속주택을 양도하는 경우 원칙적으로 그 주택은 비과세대상이 될 수 없다는 점이 다른 규정과의 차이점이다. 소득세법 시행령이 2002. 12. 30. 개정되기 전에는 반대로 상속주택을 양도하는 경우에만 위 특례규정을 적용하였다.

특이한 것은, 소득세법 시행령 제155조 제3항이 제154조 제1항의 규정을 적용함에 있어서 공동상속주택(상속으로 여러 사람이 공동으로 소유하는 1주택) 외의 다른 주택을 양도하는 때에는 당해 공동상속주택은 당해 거주자의 주택으로 보지 아니하되, 다만 상속지분이 가장 큰 상속인의 경우에는 그러하지 아니하다고 규정하고 있다는 점이다. 이 규정은 여타의 특례 규정, 즉 같은 조 제1항, 제4항, 제5항 등을 적용함에 있어 공동상속주택은 그 보유주택의 수에 산입하지 않는다는 취지이다. 그리고 위 규정의 적용요건으로 공동상속주택을 들고만 있고 다른 요건을 부가하여 규정하고 있지 않기 때문에 여타의 특례규정과 같이 당해 공동상속주택 외에 다른 주택을 1개만 소유하여야 한다는 등의 요건도 필요 없다. 예를 들면, 2주택을 소유하는 자가 공동상속으로 주택 1개를 더 취득하였을 경우 당해 공동상속주택 자체는 이를 양도하더라도 같은 조 제2항에 의한 비과세 대상이 될 수 없지만, 공동상속주택을 보유한 상태에서 다른 2주택 중 구주택을 신주택 취득일로부터 3년 이내에 양도할 경우 공동상속주택은 보유주택 수에 산입되지 않기 때문에 같은 조 제1항에 의한 비과세대상이 된다. 그러나 공동상속주택에 대한 상속지분이 가장 큰 상속인의 경우에는 그것이 다른 주택 양도시 보유주택 수에 산입되기 때문에, 일시적으로 2주택을 소유하는 자가 상속지분이 가장 큰 공동상속주택을 1개 더 소유하다가 어느 1주택을 양도하는 경우에는 같은 조 제1항이 적용될 여지가 없다.

그리고 앞서 본 바와 같이 소득세법 시행령 제155조 제2항 단서는 그 괄호규정에서 제3항에도 적용된다고 하고 있으므로 상속개시 당시 이미 상속인과 피상속인이 동일세대인 경우에는 제3항이 적용되지 않는다고 할 것이다. 같은 취지에서 대법원 2023. 12. 21. 선고 2023두53799 판결은 소득세법 시행령 제155조 제3항의 특례규정은 상속개시 당시 상속인과 피상속인이 별도의 독립한 세대를 구성하고 있음을 전제로 한 규정으로서, 동거봉양 합가에 관한 제155조 제2항 단서가 적용되는 경우 등 특별한 사정이 없는 한 상속개시 당시 이미 1세대 2주택 이상이어서 양도소득세 비과세 대상인 1세대 1주택에 해당하지 않는 경우에까지 적용된다고 볼 수 없으므로, 상속개시 당시 피상속인과 1세대를 구성하는 상속인이 공동으로 상속받은 주택은 위 특례규정의 '공동상속주택'에 해당하지 않는다고 보아야 한다고 판시하였다.

(4) 혼인에 의한 1세대 2주택

소득세법 시행령 제155조 제5항은 1주택을 보유하는 자가 1주택을 보유하는 자와 혼인함으로써 1세대가 2주택을 보유하게 되는 경우 또는 1주택을 보유하고 있는 60세 이상의 직계존속을 동거봉양하는 무주택자가 1주택을 보유하는 자와 혼인함으로써 1세대가 2주택을 보유하게 되는 경우 각각 혼인한 날부터 5년(종래에는 2년) 이내에 먼저 양도하는 주택은 이를 1세대 1주택으로 본다는 특례를 규정하고 있다. 위 규정의 취지는 혼인과

가족생활을 보장하는 헌법정신에 부응하여 혼인으로 인하여 1세대가 2주택을 보유하게 되었지만 단기간 내에 1주택을 양도한 경우에는 2주택 보유가 부득이한 과도기적 현상이라고 보아 1세대 1주택의 양도로 의제하겠다는 데 있다는 것이다.

여기서도 '1주택을 보유한 자' 또는 '1주택을 보유하고 있는 60세 이상의 직계존속을 동거봉양하는 무주택자'에 있어서의 '1주택'이라 함은, 그 '1주택'이 배우자가 보유하고 있는 '1주택'과 구별되고, 또한 그것과 합하여 2주택이 된다고 규정한 점에 비추어, 사실적 개념으로서의 '하나의 주택'을 의미한다 하겠다.

여기서도 그 요건을 모두 충족하면 1세대 1주택의 양도로 간주되는 효과가 발생하는데 그 효과는 혼인한 후 5년 이내에 먼저 양도하는 주택에 한하여 비로소 발생하는 것이므로 당해 주택을 양도하기 전에는 이러한 간주효과가 발생하지 않는다. 이와 같이 먼저 양도하는 주택이 비과세되면 그 후에 양도하는 주택도 보유기간에 관한 요건만 충족하면 1세대 1주택 양도에 해당할 수 있으므로 역시 양도소득세가 비과세된다.

이 규정은 1993. 5. 27. 소득세법 시행령이 개정되면서 신설된 것인데, 그 신설 전의 사안에서, 대법원 1993. 2. 9. 선고 92누15680 판결은, 1가구 1주택에 해당하는 자가 다른 사람과 혼인함으로 인하여 1가구 2주택이 되는 경우에는 배우자가 그의 주택이나 일부 지분을 상속에 의하여 취득한 것이었다고 하여도 1가구 2주택이 되는 것이 본인들의 의사나 선택에 의하여 막을 수 없는 것이 아니고 미리 그 하나를 처분할 수도 있는 것이어서 비과세 혜택을 받게 되어 있는 이익을 본의 아니게 잃은 것이라거나 이에 대비할 수 없었다고 할 수는 없으므로, 이와 같은 경우를 1가구 1주택에 해당하는 자가 상속에 의하여 1가구 2주택에 해당하게 된 자와 같이 취급하여 위 시행령의 규정을 확장 적용하는 것은 옳다고 할 수 없다고 판시하였다. 이 판결당시에는 혼인에 관한 특례규정이 없었기 때문에 혼인으로 인하여 2주택이 되는 것은 본인들의 의사나 선택에 의하여 사전에 막을 수 있다고 보았다. 이 판결은 혼인으로 인한 주택의 취득에 관한 특례규정이 없는 이상 헌법상의 혼인제도 보장을 이유로 다른 특례규정을 함부로 유추·확장할 수는 없다는 취지를 분명하게 밝혔다고 볼 수 있다.

(5) 수도권 주택과 그 외 주택의 보유

소득세법 시행령 제155조 제8항은 취학, 근무상의 형편, 질병의 요양, 그 밖에 부득이한 사유로 취득한 수도권 밖에 소재하는 주택과 그 밖의 일반주택을 국내에 각각 1개씩 소유하고 있는 1세대가 부득이한 사유가 해소된 날로부터 3년 이내에 일반주택을 양도하는 경우에는 국내에 1개의 주택을 소유하고 있는 것으로 보아 제154조 제1항을 적용한다고 규정하고 있다. 여기서 부득이한 사유를 취득에 관한 사유로 제한하여 해석할 것인지 아니면 양도에 관한 사유로 확대하여 해석할 수 있는지가 문제된다. 예를 들어 수도권 안에 있는 일반주택과 수도권 밖에 있는 주택을 각 1개씩 보유하고 있다가 근무상 형편으로 일반주택을 양도한 경우에도 위 규정이 적용된다고 볼 수 있는지가 다투어질 수 있는 것이다.

그런데 위 규정 문언의 전체 구조상 '부득이한 사유로'는 '취득한'을 수식하는 것임이 명백하고 이렇게 해석하는 것이 입법 취지에도 부합한다. '부득이한 사유로'가 '취득하는' 이 아니라 '양도하는'도 수식한다고 보는 것은 어법에 맞지도 않으며 그와 같이 보려면 그 문언이 '부득이한 사유로 일반주택을 양도하는 경우에는'으로 되었어야 한다. 국세청 발간 개정세법해설(2009년)에서도 위 규정의 입법 취지를 '부동산경기 활성화를 위해 취학, 근무상의 형편, 질병치료 목적으로 취득한 지방소재 1주택에 대하여 세제지원'이라고 적고 있어 '부득이한 사유'는 '취득한'을 수식한다는 취지를 밝히고 있다. 만약 부득이한 사유가 양도사유에만 해당하더라도 위 규정의 적용된다고 보게 되면, 투기목적으로 수도권 밖의 주택을 취득한 후 근무상의 형편으로 수도권 밖의 주택이 아닌 다른 곳으로 이사하기 위하여 수도권 안의 일반주택을 양도하는 경우 수도권 밖의 주택 보유에 세제상 혜택을 줄 아무런 이유가 없음에도 그 주택 보유가 없는 것으로 보아 일반주택의 양도소득세를 비과세하게 되는 부당한 결론에 이르게 되어 위 규정의 입법 취지에 반하게 된다. 대법원 2012. 11. 29. 자 2012두20816 심리불속행 상고기각 판결에 의하여 확정된 광주고등법원 2012. 8. 30. 선고 2012누569 판결도 같은 취지이다.

(6) 특례사유들의 중첩

위 각 항에서 규정하고 있는 사유가 중첩되어 1세대가 3주택 이상을 소유하다가 그중 1주택을 양도하는 경우에도 양도소득세가 비과세된다고 볼 수 있는지가 문제된다. 예를 들어 1주택을 소유한 자가 1주택을 소유하고 있는 자와 혼인하고 다른 1주택을 취득한 후 일정한 기간 내에 종전주택을 양도한 경우, 1주택을 소유한 자가 1주택을 소유하고 있는 아버지를 동거봉양하기 위하여 합가하고, 아버지와 별거하면서 1주택을 소유하고 있는 어머니를 동거봉양하기 위하여 합가한 다음 다른 1주택을 취득한 후 일정한 기간 내에 종전 1주택을 양도한 경우, 1주택과 지정문화재 1주택을 소유한 자가 아버지로부터 1주택을 상속받고 다시 어머니로부터 1주택을 상속받은 다음 1주택을 소유하고 있는 자와 혼인하고 다시 다른 1주택을 취득한 후 일정한 기간 내에 종전 1주택을 양도한 경우 등이 여기에 해당한다. 이상의 예들은 혼인의 경우 그 배우자가 1주택만을 소유하고 있는 경우를 상정하였는데, 만약 그 배우자에게도 두 개 항 이상의 사유가 중첩되면 위 사례들에서 그 보유주택 수가 배가되어 보유주택 수가 10개를 초과할 수도 있다.

소득세법이 양도소득을 과세대상 소득으로 열거하고 있는 이상 주택의 양도로 인한 양도소득이 발생하면 그에 대하여도 양도소득세가 과세되는 것은 원칙이다. 그럼에도 소득세법이 1세대가 1주택을 소유하다가 양도하는 경우를 양도소득세의 비과세대상으로 규정하였으므로 이는 원칙에 대한 예외규정에 해당한다. 여기에서 더 나아가 소득세법 시행령 제155조가 부득이한 사정으로 2주택을 보유할 수밖에 없는 상황에 대한 배려로서 '1세대 1주택'의 외연을 예외적으로 확장하여 그 경우만은 실제로는 1세대 1주택의 양도가 아님에도 1세대 1주택의 양도로 의제해 주겠다는 것이다. 즉, 위 특례규정은 예외의 범위를 다시 예외적으로 확장한 것이므로 예외적으로 2주택의 보유까지만 비과세대상에 포함시켜 주겠다는 취지를 선언한 것으로 보아야 한다. 각 특례규정에서 정하는 사유가 중첩된다는 이유로 그 보유주택 수에 관계 없이 각 특례규정이 모두 적용되어 비과세대상이 된다고 해석하게 되면, 앞서 본 사례들이 모두 비과세대상이 될 수 있어 심한 경우 1세대의 보유주택 수가 10개를 넘는 경우도 모두 비과세대상이 된다는 결론에 이르게 되는데, 이와 같이 위 특례규정이 비과세대상으로 1세대 2주택을 초과하여 3주택으로부터 심하게는 10주택을 넘는 경우까지 비과세대상에 포함시켜 준다는 취지를 담고 있다면 이는 기본적으로 상위법인 소득세법에서 1세대 1주택의 양도에 대하여 비과세한다는 원칙을 위배한 것으로서 그 위임의 범위를 벗어난 것으로 볼 수 있기 때문에 허용될 수 없다. 소득세법이 1세대 3주택 이상에 해당하는 주택에 대하여는 오히려 양도소득세를 중과하고 있는 취지에 비추어 보더라도, 특례사유가 중첩되어 1세대 3주택 이상에 해당하는 주택은 양도소득세 비과세대상이 될 수 없다고 봄이 상당하다.

같은 취지에서 대법원 2010. 1. 14. 선고 2007두26544 판결도, 1주택을 소유하다가 그 주택을 양도하기 전에 다른 1주택을 취득함으로써 일시적으로 2주택을 보유하게 된 자가 다른 2주택을 보유하는 자와 혼인함으로써 1세대가 4주택을 보유한 상태에서 그중 1주택을 양도하는 경우는 소득세법 시행령 제155조 제1항이나 제5항의 규정에 의한 양도소득세 비과세대상에 해당하지 않는다고 판시하였다.

마. 조합원입주권 또는 분양권을 소유한 경우의 특례

(1) 개요

조합원입주권은 아파트의 수분양권으로서 주택 자체는 아니고 주택을 취득할 수 있는 권리이다. 그럼에도 종래 대법원 1992. 12. 8. 선고 90누10346 판결, 대법원 2005. 3. 11.

선고 2004두9456 판결, 대법원 1994. 3. 8. 선고 93누17324 판결 등은 조합원입주권을 양도하는 경우라도 만약 조합원입주권이 주택이었다고 가정할 경우 1세대 1주택 비과세요건에 해당하는 경우에는 납세자에게 유리하게 주택을 양도한 것으로 보아 비과세대상에 해당한다고 판시하여 왔고, 보유기간의 요건도 관리처분계획인가일(조합원입주권 취득일)이 아니라 조합원입주권의 양도시까지 그 요건을 갖추면 '1세대 1주택'의 양도로서 비과세대상에 해당한다고 판시하여 왔다. 나아가 대법원 1999. 12. 10. 선고 98두3051 판결 등은 종전주택 멸실 후 조합원입주권 취득 사이의 기간에 조합원의 지위를 양도하는 경우까지도 주택을 양도한 것처럼 보아 비과세대상에 해당한다고 판시하였다. 조합원입주권 양도의 경우에도 1세대 1주택 비과세규정을 준용함으로써 납세자의 불이익을 제거하기 위한 것이다. 이에 따라 1998. 12. 31. 개정된 소득세법 시행령은 위와 같이 확립된 판례의 태도를 수용하여 조합원입주권을 '주택'과 마찬가지로 취급하여 '1세대 1주택'에 관한 소득세법 시행령 제154조 제1항의 규정을 분양권의 양도에 관해서도 적용할 수 있도록 소득세법 시행령 제155조 제16항의 규정을 신설하였다. 지금은 소득세법 제89조 제1항 제4호에 규정되어 있다.

여기서 양도하는 것이 조합원입주권이 아니라 주택인 경우 1세대 1주택 비과세규정을 적용할 수 있는지가 또 문제되었고, 이에 대하여 2005. 12. 31. 소득세법을 개정하면서 제89조 제2항을 신설하여 이 점에 관한 규정을 정리하게 되었다. 현재 소득세법 제89조 제2항은 1세대가 주택과 조합원입주권 또는 분양권을 보유하다가 그 주택을 양도하는 경우에는 제1항 제3호의 1세대 1주택 양도소득세 비과세규정을 적용하지 않는다고 하면서, 다만 주택재건축사업 또는 주택재개발사업의 시행기간 중 거주를 위하여 주택을 취득하는 경우나 그 밖의 부득이한 사유로서 대통령령으로 정하는 경우에는 그러하지 아니하다고 규정하고 있다. 그리고 위 단서 규정과 관련하여, 소득세법 시행령 제156조의2 제3항 내지 제11항은 일시적 1세대 1주택·1조합원입주권의 보유에 해당하는 경우에는 1세대 1주택 비과세 규정을 적용하도록 규정하고 있다. 이 규정은 조합원입주권은 그 자체로는 주택이 아니지만 주택의 전신에 해당하기 때문에 이와 함께 다른 주택을 보유하고 있는 경우에는 1주택만을 보유하고 있는 것으로 보지 않고 2주택을 보유하고 있는 경우에 준하는 것으로 보아 일시적 1세대 2주택의 경우와 비슷한 예외들을 두고 있는 것이다.

(2) 조합원입주권의 양도

소득세법 제89조 제1항 제4호는 조합원입주권을 1개 소유한 1세대[도시 및 주거환경정비법에 따른 관리처분계획의 인가일 및 빈집 및 소규모주택 정비에 관한 특례법에 따른 사업시행계획인가일(인가일 전에 기존주택이 철거되는 때에는 그 철거일) 현재 기존 주택을 소유하는 세대에 한한다]가 당해 조합원입주권을 양도하는 경우로서, 양도일 현재 다른 주택 또는 분양권이 없거나 1조합원입주권 외에 1주택을 소유한 경우(분양권을 보유하지 아니한 경우로 한정한다)로서 해당 1주택의 취득일로부터 3년 이내에 조합원 입주권을 양도하는 경우(3년 이내에 양도하지 못하는 경우로서 시행령으로 정하는 사유에 해당하는 경우를 포함한다)에는 1세대 1주택으로 본다고 규정하고 있다.

2021. 12. 8. 개정 전에는 주택을 보유하지 않기만 하면 되었는데, 개정으로 인해 분양 권을 보유한 경우도 1세대 1주택의 혜택을 볼 수 없게 되었다.

(3) 주택의 양도

소득세법 시행령 제156조의2 제3항은 국내에 1주택을 소유한 1세대가 그 주택을 양도 하기 전에 조합원입주권을 취득함으로써 일시적으로 1주택과 1조합원입주권을 소유하 게 된 경우로서 그 주택을 취득한 날부터 1년 이상이 지난 후에 조합원입주권을 취득하 고 그 조합원입주권을 취득한 날부터 3년 이내에 그 주택을 양도하는 경우(3년 이내에 양도하지 못하는 경우로서 기획재정부령으로 정하는 사유에 해당하는 경우를 포함한다) 에는 이를 1세대 1주택으로 보아 제154조 제1항을 적용한다고 규정하고 있다.

그리고 같은 조 제4항은 위와 같은 경우로서 조합원입주권을 취득한 날부터 3년이 지 나 종전의 주택을 양도하는 경우로서 그 각 호의 요건을 모두 갖춘 때에는 이를 1세대 1주택으로 보아 제154조 제1항을 적용한다고 하면서, 제1호에서 관리처분계획에 따라 취 득하는 주택이 완성된 후 2년 이내에 그 주택으로 세대전원이 이사(기획재정부령이 정 하는 취학, 근무상의 형편, 질병의 요양 그 밖의 부득이한 사유로 세대의 구성원 중 일부 가 이사하지 못하는 경우를 포함한다)하여 1년 이상 계속하여 거주할 것을, 제2호에서 관리처분계획에 따라 취득하는 주택이 완성되기 전 또는 완성된 후 2년 이내에 종전의 주택을 양도할 것을 규정하고 있다.

위 제4항에서 말하는 주택의 완성일은 그 주택의 '사용승인일'이라고 봄이 상당하다. 주택의 완성일은 위 제4항 제1호와 제2호에서 모두 동일한 의미로 사용되고 있는데, 그 중 제1호에서는 실수요 목적을 추단케 하는 일정한 기간 내의 이사 및 거주를 요건으로 하고 있고, 특히 이사기한은 새로운 주택에 입주하여 거주할 수 있는 객관적인 상태가 된 때로부터 기산된다고 보는 것이 대체취득으로 비과세하는 위 시행령 규정의 취지라 고 해석되므로 주택의 완성이란 종전주택의 소유자가 새로운 주택에 입주할 수 있는 때, 즉 사용승인을 받은 때라고 새기는 것이 합리적이기 때문이다. 그리고 건축주는 건축허가를 받았거나 신고를 한 건축물의 건축공사를 완료한 후 그 건축물을 사용하고자 하는 경우에는 허가권자로부터 사용승인을 받아야 하는데 이처럼 건축법상의 사용승인은 건축공사가 완료된 건축물에 대하여 이루어지므로 '주택의 완성일'은 주택의 신축공사가 완료된 후 허가권자로부터 받은 건축법상의 사용승인일로 보는 것이 자연스럽다. 반면에 신축주택의 소유권보존등기는 부동산에 관한 권리관계와 권리의 객체인 부동산의 사실적 사항을 기재하는 공적 장부인 등기부의 등기용지를 개설하는 것에 불과할 뿐 그 등기 여부에 따라 소유권을 취득하는 것은 아니므로, 소유권보존등기일을 주택의 완성일로 볼 수 없다고 할 것이다.

그리고 소득세법 시행령이 2021. 2. 17. 개정되면서 제156조의3을 신설하여 주택과 분양권을 소유하다가 주택을 양도한 경우에도 위에서 본 주택과 조합원입주권을 취득한 경우와 비슷하게 1세대 1주택으로 보아 비과세특례를 부여하였다. 조합원입주권과 분양권 간의 과세상 형평을 제고한 것이다.

12. 농지에 대한 양도소득세 감면

가. 요건

조세특례제한법 제69조 제1항은 농지소재지에 거주하는 거주자가 8년 이상 직접 경작한 농지의 양도로 인하여 발생하는 소득에 대하여는 양도소득세를 면제하도록 규정하고, 그 시행규칙 제27조 제1항은 여기서의 농지라 함은 전·답으로서 지적공부상의 지목에 관계 없이 실지로 경작에 사용되는 토지로 하며, 농지경영에 직접 필요한 농막·퇴비사·양수장·지소·농도·수로 등을 포함한다고 규정하고 그 시행령 제66조 제5항은 여기서의 농지는 양도일 현재의 농지를 기준으로 한다고 규정하고 있다. 따라서 양도당시 실제로 경작에 사용되고 있거나 일시적 휴경상태에 있지 않는 한 경작에 사용되지 않고 있는 농지는 양도소득세 면제대상이 될 수 없다. 대법원 2014. 6. 12. 선고 2012두3088 판결은, '8년 이상의 자경 농지'인지 여부는 원칙적으로 양도일 현재의 농지를 기준으로 하되, 다만 양도일 이전에 매매계약조건에 따라 매수자가 형질변경, 건축착공 등을 한 경우에는 매매계약일 현재의 농지를 기준으로 하여야 한다고 판시하였다.

실제 조세쟁송에서 양도소득세의 면제대상인 농지에 해당하는지 여부가 다투어지는 사건들은 전업 농민들이 자경하는 진정한 농지의 경우가 아니라 도회지 주변의 농지로서 전업 농민이 아닌 자들이 주말이나 휴일을 이용하여 경작하는 모양새를 갖춘 경우들이 대부분이다. 원래 위 면제제도의 본래 취지는 농민들의 생계를 보장해주고자 하는데 있다고 할 수 있는데 농민이 아닌 자들이 투기목적으로 농지를 매입하여 이를 양도하면서 양도차익을 누림에도 자경농지와 같은 외관을 취함으로써 거액의 양도소득세를 면탈하고자 하는 사례들이 많아 자경농지의 진위를 가리는 일이 만만찮다. 이와 같이 농지의 자경 여부가 치열하게 다투어지는 것은 8년 이상 자경농지인 경우에는 양도소득세가 전액 면제되는 혜택이 있지만 반대로 비자경농지로 인정이 되면 비사업용 토지의 양도에 해당되어 양도소득세가 중과세될 수 있어 세부담의 차이가 너무 현격하기 때문이다.

대법원 1994. 10. 21. 선고 94누996 판결 등에서는 농지 소재지에 거주하면서 양도한 토지를 8년 이상 자경한 사실에 대한 증명책임은 양도소득세의 면제를 주장하는 납세의무자에게 있다고 판시하고 있다. 이와 같이 양도소득세 면제요건으로서의 직접 경작에 관하여는 납세의무자에게 그 증명책임이 있지만 반대로 양도소득세 중과세요건으로서의 직접 경작하지 않았다는 점에 관하여는 과세관청에게 그 증명책임이 있다고 하겠다.

그리고 대법원 1998. 9. 22. 선고 97누706 판결 등은 농지 여부의 판단기준에 관하여, 공부상 지목이 농지이더라도 양도일 현재 실제로 경작에 사용되고 있지 아니한 토지는 농경지로 사용되지 않고 있는 것이 토지 소유자의 자의에 의한 것이든 또는 타의에 의한 것이든 일시적으로 휴경상태에 있는 것이 아닌 한 양도일 현재 농지라고 볼 수 없어 양도소득세 비과세대상인 토지에 해당하지 않는다고 보아야 할 것이나, 여러 사정에 비추어 그와 같은 농경장애 원인이 제거된다면 또다시 농경지로 이용될 수 있었다고 보여지는 경우에는 이는 일시적 휴경상태라고 보아야 할 것이고, 그와 같은 휴경상태하에서 양도된 것이라면 이는 농지의 양도라고 보아야 한다고 판시하였다.

'직접 경작'이라는 문언이 다분히 추상적이어서 논란이 제기되자 조세특례제한법 시행령 제66조 제13항은 이에 관하여 구체적으로 규정하고 있다. 즉, 거주자가 그 소유농지에서 농작물의 경작 또는 다년생식물의 재배에 상시 종사하는 것이나 거주자가 그 소유농지에서 농작업의 2분의 1 이상을 자기의 노동력에 의하여 경작 또는 재배하는 것이어야 한다는 것이다. 위 규정에 의하면 거주자가 상시 경작에 종사하지 않는 이상 농작업에 필요한 노동력의 절반 이상을 자기의 노동력으로 충당하여야 한다. 따라서 자기의 책임과 계산하에 다른 사람을 고용하여 경작하는 경우나 가족으로 하여금 경작하게 하는 경우는 자기의 노동력을 투입한 것이 아니므로 직접 경작의 범위에 포함될 수 없다. 대법원 2018. 2. 28. 자 2017두67278 심리불속행 상고기각 판결도 같은 취지이다.

그러다 보니 조세쟁송에서는 다른 전업적 직업이 있는 자가 직접 경작을 한 것으로 인정할 수 있는지 여부가 문제되는데 기본적으로 조세법리의 문제가 아니라 사실인정의 문제라고 할 수 있다. 다른 전업적 직업을 가진 자라고 하더라도 농업에 상시 종사할 수는 없지만, 그 농지의 농작업에 필요한 노동력의 2분의 1 이상을 자기의 노동력을 투입하여 경작하는 것이 불가능하지는 않을 것이므로, 농작업의 난이도, 여가시간 및 휴일의 활용가능성 등에 따라 구체적 경우에 개별적으로 판단해야 할 것이다.

나. 사례 분석

(1) 쟁점과 개요

직접 경작 여부가 치열하게 다투어진 사안으로서 선례적 가치가 높은 판결로 대법원 2012. 10. 25. 선고 2012두7899 판결이 있다. 직접 경작 여부를 판단하는 데 있어서 시금석이 될 만한 판결이다. 이 사안은 양도소득세 면제에 관한 것이 아니라 직접 경작하지 않았다는 이유에서 양도소득세를 중과세한 사안이다. 따라서 직접 경작하지 아니하였다는 점에 대한 증명책임이 과세관청에게 있는 사안이었다. 여기서 원심은 직접 경작을 인정하였으나 대법원은 직접 경작을 인정할 수 없다고 하였다. 직접 경작하였는지 여부는 사실인정의 문제라고 할 수 있으므로 사실심이 아닌 법률심인 대법원은 직접 경작 여부에 관하여는 판단을 하지 않는 것이 원칙임에도 원심의 사실인정에 대하여 손을 댄 것이다. 이는 그만큼 직접 경작 여부가 중요한 쟁점이고 이는 증명책임의 문제로 귀결될 수 있으며 이러한 증명책임의 문제는 법리의 문제로도 볼 수 있기 때문이다. 그래서 대법원은 원심이 직접 경작에 관하여 사실을 오인하였다는 이유로 원심판결을 파기한 것이 아니라 과세요건사실의 입증책임에 관한 법리를 오해하거나 논리와 경험의 법칙에 위반하였다는 것을 이유로 삼았다.

(2) 대법원의 판단

대법원은 다음과 같이 판단하였다. 원고들의 토지 소유기간 약 3년 4개월 동안 원고들의 가족 중 상당수가 해외에서 체류하여 국내에서 생활한 사람은 원고들 및 원고 B의 처, 그 자녀 중 1인 등 총 5명에 불과하였고, 위 기간 동안 원고 B의 출국일수가 256일, 원고 C의 출국일수가 163일로 적지 아니하였으며, 원고들의 부모들 역시 원고 A 소유의 포천시 소재 전 2,061㎡(약 623평)를 텃밭으로 경작하여 오고 있어 원고들이 자신의 가족들이 먹을 유기농 채소를 얻고자 경작을 하였다는 것은 쉽게 납득하기 어려운 점, 그 토지는 약 800평 정도의 상대적으로 넓은 면적으로 괭이·삽·호미 등의 농기구만으로는 이를 경작하기 어렵고, 통상 수확 후 새로운 농작물을 경작하기 위하여는 흙을 갈아엎고 고른 다음 고랑을 만드는 작업을 하여야 할 것인데 이는 원고들의 노동력만으로는 불가능하고 농기계에 의한 작업이 필수적으로 따라야 한다고 할 것임에도, 원고들은 순수한 노동력만으로 위 토지를 경작하였다고 주장하여 왔을 뿐 농기계를 대여받아 경작하였다고 인정할 수 있는 객관적인 자료를 전혀 제출한 바 없으며, 원심이 종결된 변론을 재개하면서 한 석명준비명령에 따라 비로소 '2006년 3월 말경 허물어진 이랑과 배수로 재정비를 하면서 포천에서 원고들의 부모님들 일을 돌봐주던 자로부터 도움을 받아 관리기라는 작업기계로 작업을 하였다'는 주장을 처음 하였던 점, 원고들은 2004년 말경부터 2년 이상 위 토지를 경작하였다고 주장하고 있음에도, 행정심판절차에서 위 토지를 경작하기 위하여 종자 등을 구입한 근거로 제출한 영수증 중 대부분은 원고들 소유의 다른 농지가 소재하고 부모들이 거주하면서 텃밭을 경작하고 있는 포천시에 소재하는 사업자에 의하여 발행된 것이어서 위 토지의 경작을 위한 것이라고 쉽게 단정할 수 없고, 위 토지 인근에 소재한 사업자에 의하여 발행된 영수증은 단 2장에 불과할 뿐만 아니라 그 발행일이 2004. 11. 30.과 2004. 12. 2.이어서 위 토지가 2004년 11월 말경 밭으로 처음 개간될 때 사용된 기구 구입과 관련된 것으로 보이고 개간 이후의 농작물 경작과 직접적인 관계가 있다고 할 수 없는 점, 위 토지에서 고구마·감자·옥수수·콩·들깨·호박·고추 등 매우 다양한 농작물이 경작되어 왔는데, 이와 같이 다양한 작물의 재배는 어느 정도 농사를 지어본 경험이 있는 사람이나 가능한 것으로 주변의 조언을 얻는다고 하더라도 농사 경험이 없는 원고들만이 쉽게 할 수 있는 것으로 보이지 아니하는 점, 원고 A가 포천시 신읍동 231-1 전 2,061㎡(약 623평)를 소유하고 있는 것 외에도 원고 B, C가 포천시 신북면 삼성당리 111 답 2,499㎡(약 756평)와 같은 리 112 답 1,250㎡(약 378평)를 각 2분의 1 지분씩 공유하고 있고, 원고들에 대한 각 농지원부상에 원고들이 위 각 농지 모두를 자경하여 온 것으로 기재되어 있는 점, 원고 A는 P주식회사의 기획실 상무로 재직하면서 그와 겸하여 연매출 2004년도 5억 원 이상, 2005년도부터는 10억 원 이상인 부동산임대업을 영위하였고, 원고 B는 2005년도와 2006년도에 폐업한 사업을 제외하고도 연매출 100억 원을 초과(2006년 및 2007년 기준)하는 2개의 주유소사업을, 원고 C는 연매출 2004년도 5억 원 이상, 2005년도부터는 7억 원 전후인 부동산임대업을 영위하여 왔는데, 위와 같은 원고들의 직업이나 운영 사업 규모를 고려할 때 원고들이 위 토지를 직접 경작한다는 것이 이례적이고 쉽지 아니한 것으로 보이는 점, 원고 A가 경부고속도로를 이용하여 위 토지를 방문하면서 교부받았다는 위 토지 인근 판교나들목의 통행료영수증과 관련하여, 발행일자가 주말이 아닌 평일인 것들이 다수 존재하고 이는 원고 A가 상무로 근무하던 회사 업무와 관련된 것으로 볼 여지가 있으며, 더구나 통행료영수증의 발행일자가 2006. 5. 20.인 1장을 제외하고는 통상 농한기에 해당하는 2005. 2. 13.부터 2005. 4. 6.까지, 2006. 3. 1.부터 2006. 3. 26.까지이고, 한편 원고 B, C가 위 토지를 방문하면서 교부받았다는 판교나들목 통행료영수증과 관련하여서도, 발행일자가 농한기라 할 것인 2005. 11. 1.부터 2006. 2. 23.까지인 것이 있고, 일부 통행료영수증은 발행일자가 2005. 11. 30.인 데다가 진출입 시간이 야간(18 : 30 진출, 22 : 57 진입)이었으며, 그 외에도 21시 이후에 판교나들목에 진입한 통행료영수증이 다수 있을 뿐만 아니라 가장 늦게는 23 : 06경 진입이 이루어진 것으로 되어 있기도 하여, 원고들이 제출한 통행료영수증을 원고들이 이 사건 토지 경작을 위하여 경부고속도로를 이용하면서 교부받은 것으로 단정하기 어려운 점, 나머지 자경사실확인원, 각 사실확인서 등 및 원심 증인의 증언은 그 작성자 내지 증인이 원고들로부터 위 토지를 매수한 자나 그 관계 병원의 직원 또는 원고들의 친척·지인 내지 직원이어서 그 기재나 증언 내용을 선뜻 믿기 어렵고, 원심의 석명준비명령에 따라 원고들이 위 토지에서의 경작활동에 관하여 상당히 구체적인 내용의 진술을 하였으나 그 내용 등이 원고들이 직접 경험한 내용이라고 쉽게 단정할 수 없는 점 등을 종합하여 보면, 원고들이 위 토지를 경작하지 아니하였다는 사실이 추정된다.

(3) 평가

대법원 판결의 내용을 들여다보면, 원심의 증거취사와 사실인정에 관하여 일일이 부당함을 지적하여 이를 파기하였다. 법률심의 권역을 벗어나는 느낌이 들지만 구체적 타당성에 반하는 원심판결을 방치할 수 없다는 입장에서 다소 무리를 하여서라도 이를 바로잡기 위한 고육책으로 법리에 관한 위법으로 보아 위와 같이 판단한 것으로 보인다. 위 판결의 과정을 잘 들여다보면 전업 농민이 아닌 도시 거주자가 주말농장의 형식으로 경작을 하였을 때 직접 경작을 인정받기 위해서는 어떠한 것을 갖추어야 하는지를 짐작할 수 있다고 하겠다. 선례적 가치가 높은 판결이다.

반면에, 대법원 2010. 1. 28. 자 2009두17087 심리불속행 상고기각의 사안에서는 경찰공무원인 원고가 농가주택에 전입하여 거주하면서 인근의 대토농지를 직접 경작한 사실을 인정한 적이 있다.

13. 조합주택의 양도소득세 과세

가. 개요

주택재건축·재개발사업은 장기간에 걸쳐서 이루어지고 그동안에 기존의 주택의 현물출자와 그에 따른 조합원입주권의 취득, 그리고 그에 의한 신축주택의 취득으로 이어지는데 그 과정에서 양도소득세의 과세대상이 될 수 있는 유상의 이전이 포착된다. 이에 대하여 어느 정도의 범위 내에서 양도소득세를 과세할 것인지가 어려운 문제로 대두되는데, 각 단계별로 유상이전으로 볼 수 있는 계기가 있다고 해서 모두 양도소득세를 과세한다는 것은 주택재건축·재개발사업의 취지에 부합하지 않을뿐더러 과세의 효율도 떨어진다. 그래서 관련 법규에서는 과세를 이연하는 규정을 두고 있다.

종래 재개발사업은 구 도시재개발법에 의하여, 재건축사업은 구 주택건설촉진법에 의하여 규율되었다. 그러다가 2002. 12. 30. 제정되어 2003. 7. 1.부터 시행된 도시 및 주거환경정비법(이하 '도시정비법'이라 한다)에 의하여 재개발사업과 재건축사업이 함께 규율되게 되었다. 구 주택건설촉진법에 따른 재건축사업은 노후·불량주택을 철거하고 그 철거한 대지 위에 새로운 주택을 건설하는 사업으로서 일정한 집합건물에 관하여 그 건물을 철거하고 다시 건물을 신축하는 순수 민간사업이다. 이는 재건축 추진위원회 구성, 재건축결의, 안전진단, 재건축조합설립·인가, 시공사 선정, 사업계획승인, 이주·철거 및 착공, 준공, 공급(입주), 청산 등의 순서로 진행된다. 민간사업이기 때문에 공용환권의 법리가 적용되지 않으므로 조합원은 재건축조합에 기존주택을 현물출자하여야 하고, 신축주택이 완성되면 특별한 약정이 없는 한 일반 도급의 법리에 따라 조합이 재료와 비용을 댄 도급인의 지위에서 신축주택을 원시취득하고 만약 조합이 비법인 사단일 경우 조합원의 총유로 원시취득하게 되며, 조합원은 다시 조합으로부터 신축주택을 승계취득하여야 하는데, 다만 주택조합이 신축하는 공동주택의 경우 구 주택건설촉진법과 등기예규에 의하여 조합원의 명의로 직접 소유권보존등기를 할 수 있도록 함으로써 절차를 간소화하였다.

구 도시재개발법에 따른 재개발사업은 재개발구역 안에서 토지의 합리적이고 효율적인 고도이용과 도시기능을 회복하기 위하여 시행하는 건축물 및 그 부지의 정비와 대지의 조성 및 공공시설의 정비에 관한 사업과 이에 부대되는 사업을 말하며, 노후·불량한 주택이 밀집되어 있거나 공공시설의 정비가 불량한 지역의 주거환경을 개선하기 위하여 시행한다. 이는 기본계획수립, 구역지정, 조합설립 및 인가, 시공사 선정, 사업시행인가, 토지수용·매입, 건축물 철거 등, 분양신청, 관리처분계획 인가, 준공, 분양처분·고시, 청산 등의 순서로 진행된다. 공용환권의 법리가 적용되어 이전고시(분양처분)가 있은 다음 날에 조합원이 신축주택을 원시취득한다.

도시정비법에 따른 재건축, 재개발사업은 기본계획, 구역지정(정비계획수립), 조합설립 및 인가, 사업시행인가, 시공사 선정, 토지수용 등, 분양신청, 관리처분계획 인가, 건축물 철거, 준공, 이전고시(분양처분), 청산 등의 순서로 진행된다. 도시정비법에 따른 재건축, 재개발사업은 모두 공용환권의 법리가 적용되므로 이전고시(분양처분)가 있은 다음 날에 조합원이 신축주택을 원시취득한다. 이와 같이 현행의 도시정비법에 의한 재건축·재개발사업은 구 도시재개발법에 의한 재개발사업과 유사한 성격을 지니고 있다.

나. 양도소득세 과세

(1) 종전주택의 신축주택으로의 전환

소득세법 제88조 제1항은, 양도란 자산에 대한 등기 또는 등록과 관계 없이 매도, 교환, 법인에 대한 현물출자 등으로 인하여 그 자산이 유상으로 사실상 이전되는 것을 말한다 라고 규정하고 있다. 대법원 2002. 4. 23. 선고 2000두5852 판결 등은 조합에 출자된 자산 은 출자자의 개인재산과 구별되는 별개의 조합재산을 이루어 조합원의 합유로 되고 출 자자는 그 출자의 대가로 조합원의 지위를 취득하는 것이므로, 조합에 대한 자산의 현물 출자는 자산의 유상이전으로서 양도소득세의 과세원인인 양도에 해당하고, 그 양도시기 는 조합에 현물출자를 이행한 때라고 판시하고 있다. 따라서 조합원이 주택재건축·재개 발조합에 기존 주택을 현물출자하는 것도 원칙적으로는 양도소득세의 과세대상인 유상 양도에 해당한다고 할 것이다.

그런데 소득세법 제88조 제1호 가목은, 도시개발법이나 그 밖의 법률에 따른 환지처분 으로 지목 또는 지번이 변경되거나 보류지로 충당되는 경우에는 이를 양도소득세의 과 세대상인 양도로 보지 아니하도록 규정하고 있다. 이는 공익사업의 원활한 수행을 위한 세제상의 지원으로 볼 수 있다. 이와 관련하여 앞서 본 바와 같이 구 도시재개발법에 따 른 재개발사업 및 도시정비법에 따른 재건축, 재개발사업의 경우는 기존주택의 소유자가 원시취득하는 신축주택을 '환지'로 보는 규정을 두고 있다. 구 도시재발법 제39조는 대지 또는 건축시설을 분양받은 자는 분양처분의 고시가 있는 날의 다음 날에 그 대지 또는 건축시설에 대한 소유권을 취득하며 이와 같이 취득하는 대지 또는 건축시설은 토지구 획정리사업법의 규정에 의한 환지로 본다고 규정하고 있었다. 그리고 현행의 도시정비법 제54조 제2항은 대지 또는 건축물을 분양받을 자는 이전고시가 있는 날의 다음 날에 그 대지 또는 건축물에 대한 소유권을 취득한다고 규정하고, 제55조는 제1항에서 대지 또는 건축물을 분양받을 자에게 제54조 제2항에 의하여 소유권을 이전함에 따라 취득하는 대 지 또는 건축물 중 토지 등 소유자에게 분양하는 대지 또는 건축물은 도시개발법 제40조 의 규정에 의하여 행하여진 환지로 보며, 보류지와 일반에게 분양하는 대지 또는 건축물 은 도시개발법 제34조에 의한 보류지 또는 체비지로 본다고 규정하고 있다. 따라서 구 도시재개발법에 따른 재개발사업 및 도시정비법에 따른 재건축, 재개발사업에 있어 기존 주택이 신축주택으로 변환되는 경우 소득세법 제88조 제1호 가목이 적용되어 양도소득 세가 과세되는 양도로 보지 않게 된다.

그런데 구 주택건설촉진법에 따른 재건축사업의 경우는 기존주택의 소유자가 원시취득 하는 신축주택을 '환지'로 보는 명백한 규정이 없어 소득세법 제88조 제1호 가목이 적용되는지에 관하여 논란이 있었다. 그런데 과세실무는 구 도시재개발법에 따른 재개발뿐만 아니라 구 주택건설촉진법에 따른 재건축의 경우에도 소득세법 제88조 제1호 가목을 적용하여 왔다.[16] 그리고 소득세법 시행령 제166조는 구 도시재개발법에 따른 재개발사업, 도시정비법에 따른 재건축, 재개발사업뿐만 아니라 구 주택건설촉진법에 따른 재건축사업에 대해서도 소득세법 제88조 제1호 가목이 적용됨을 전제로 하여 양도차익의 산정방법에 관하여 규정하고 있다. 예를 들어 소득세법 시행령 제166조 제1항은 양도차익을 산정함에 있어서 주택재개발사업 또는 주택재건축사업을 시행하는 정비사업조합의 조합원이 당해 조합에 기존건물과 그 부수토지를 제공(건물 또는 토지만을 제공한 경우를 포함한다)하고 취득한 입주자로 선정된 지위를 양도하는 경우 그 조합원의 양도차익은 다음 각호의 산식에 의하여 계산한다고 하면서, 제1호에서 청산금을 납부한 경우 [양도가액 − (기존건물과 그 부수토지의 평가액 + 납부한 청산금) − 필요경비] + [(기존건물과 그 부수토지의 평가액 − 기존건물과 그 부수토지의 취득가액) − 필요경비]를 규정하고 있다.

따라서 위와 같이 해석상으로는 다소간 문제가 있지만 소득세법 시행령 제166조에서 구 주택건설촉진법에 따른 재건축사업이 소득세법 제88조 제1호 가목이 적용됨을 전제로 하고 있는 점, 구 주택건설촉진법에 따른 재건축사업을 양도로 보지 않는 비과세관행이 있다고 볼 수 있는 점 등을 고려하면, 구 주택건설촉진법에 따른 재건축사업에 소득세법 제88조 제1호 가목이 적용되지 않는다고 하여 구 주택건설촉진법에 따른 재건축사업에 의하여 기존주택이 신축주택으로 변환되는 것을 양도로 보아 양도소득세를 부과하기는 어렵다고 하겠다. 결국 구 주택건설촉진법에 따른 재건축사업에도 소득세법 제88조 제2항이 적용되고, 따라서 구 주택건설촉진법에 따른 재건축사업에 의하여 기존주택이 신축주택으로 변환되는 것은 소득세법 제88조 제1호 가목에 따라 양도로 보지 않는 '환지'에 해당한다고 할 것이다. 이와 같이 재건축사업이나 재개발사업에서 기존주택이 신축주택으로 변환되는 것이 소득세법 제88조 제1호 가목에 따른 환지에 해당하므로 그 과정에서 양도소득세가 과세되지 않는다.

한편, 소득세법 시행령 제162조 제1항 제9호는, 도시개발법 기타 법률에 의한 환지처분으로 인하여 취득한 토지의 취득시기는 환지 전의 토지의 취득일로 하되, 다만 교부받은 토지의 면적이 환지처분에 의한 권리면적보다 증가 또는 감소된 경우에는 그 증가 또는 감소된 면적의 토지에 대한 취득시기 또는 양도시기는 환지처분의 공고가 있는 날의 다음 날로 한다라고 규정하고 있다. 이 규정에 따르면, 환지처분으로 인하여 권리면적의 변동이 없이 취득한 토지는 환지 전의 토지 취득일을 당해 토지의 취득시기로 보게 되므로, 소득세법 제88조 제1호 가목이 환지처분을 양도로 보지 아니한다고 규정한 것은

---

16) 재일 46014 − 1404, 1995. 6. 10. 등, 1994. 7. 30.

당초 토지 취득일부터 환지시점까지의 양도차익을 비과세한다는 것이 아니라 환지처분으로 인하여 취득한 토지를 양도하였을 때 보유기간 전체에 대한 양도차익을 과세하겠다는 것으로 이해할 수 있다. 즉, 과세의 이연에 해당한다. 따라서 보유기간을 통산하고 양도차익을 합산할 필요가 있고, 이에 관한 자세한 규정이 소득세법 시행령 제166조이다. 이와 같은 보유기간 통산에 관한 소득세법 시행령 제162조 제3항과 양도차익 합산에 관한 소득세법 시행령 제166조는 '양도자산'을 기준으로 보유기간 및 양도차익을 산정한다는 원칙에 대한 예외에 해당한다고 하겠다.

(2) 조합원입주권의 양도

재건축사업 등에 있어서 기존주택이 신축주택으로 변환되는 데는 상당한 시일이 소요되므로 그 사이의 중간 단계가 있게 된다. 대법원 판례는 이러한 중간 단계를 부동산을 취득할 수 있는 권리인 '조합원입주권'에 해당한다고 본다. 즉, 대법원 1993. 11. 23. 선고 93누1633 판결, 대법원 2007. 6. 14. 선고 2006두16854 판결 등은 재개발조합의 조합원이 재개발조합에 종전의 토지 및 건축물을 제공함으로써 관리처분계획에 따라 소유권을 취득하게 되는 분양예정의 대지 또는 건축시설을 분양받을 권리는, 재개발사업이 시행됨에 따라 장차 분양처분의 고시가 있은 다음 날에 그 분양받을 대지 또는 건축시설에 대한 소유권을 취득하기까지는, 환지지구 내의 토지나 종전의 토지 및 건축물로 보기 어려운 이상, 부동산을 취득할 수 있는 권리로 보아 그 양도차익을 계산할 수밖에 없다고 판시하였다.

이와 같이 그 중간 단계를 부동산을 취득할 수 있는 권리로 보게 되면 그 취득시기는 관리처분계획의 인가고시시가 되고, 취득가액은 실지거래가액에 의하는 경우에는 관리처분계획 인가고시시의 종전주택 및 대지의 가격이 될 것이며 기준시가에 의하는 경우에는 취득당시의 아파트분양권의 기준시가가 될 것이다. 이러한 입장에 의하면 재개발조합의 조합원이 아파트분양권을 양도하는 경우 종전 토지 및 건물의 취득시부터 관리처분계획인가시까지 부동산가액 상승분에 대하여 양도소득을 부과할 수 없는 문제가 발생한다. 이에 대하여 대법원 1993. 11. 23. 선고 93누1633 판결은 신축주택을 취득할 수 있는 권리인 조합원입주권의 취득시기는 관리처분계획의 인가고시가 있은 때라고 보아야 할 것이고 따라서 종전의 토지 및 건축물의 취득시기부터 위 권리의 취득시기까지 사이에 상승한 가액이 양도차익에서 제외되고, 납세자가 양도소득특별공제나 장기보유특별공제를 받을 수 없게 되는 등 불합리한 결과가 발생할 수 있다는 비판이 있을 수 있으나, 조합원입주권을 '부동산을 취득할 수 있는 권리'로 볼 수밖에 없는 이상 어쩔 수 없는 결과라고 판시하였다.

그러나 위 대법원 판결에도 불구하고 과세실무는 보유기간과 양도차익을 통산하고 있었고 기존주택의 보유기간과 조합원입주권의 보유기간을 합산한 기간을 기준으로 장기보유특별공제도 인정하고 있었다. 그러다가 2000. 12. 29. 소득세법 시행령 제166조 제1항이 신설되어 종전주택의 소유자가 조합원입주권을 양도한 경우 양도차익 산정에 관하여 〔(조합원입주권의 양도가액 – 기존주택의 평가액 – 기타 필요경비) + (기존주택의 평가액 – 기존주택의 취득가액 – 기타 필요경비)〕라고 규정함으로써, 조합원입주권의 양도차익(관리처분계획인가 후 양도차익)과 기존주택의 양도차익(관리처분계획인가 전 양도차익)을 각각 산정한 다음 이를 합하여 전체 양도차익을 산정하도록 하였다. 이로써 대법원 1993. 11. 23. 선고 93누1633 판결에 나타난 문제점들이 모두 해소되었다고 할 수 있다. 위 대법원 판결은 위 시행령 규정이 시행되기 전의 것이어서 이제는 더 이상 그 판결의 법리가 유지될 수 없게 되었다.

기존 주택의 소유자로서 조합원입주권을 취득한 경우가 아니라 조합원으로부터 조합원입주권을 승계취득한 경우에는 이를 양도하였을 때 보유기간의 통산이나 양도차익의 통산문제는 개입될 여지가 없다고 해야 할 것이다. 이러한 경우는 조합원입주권의 양도가액에서 조합원입주권의 취득가액과 필요경비를 공제함으로써 양도차익을 산정하여야 할 것이다.

(3) 신축주택의 양도

기존주택의 소유자가 조합원입주권을 가지고 있다가 신축주택을 취득하여 이를 양도하는 경우에는 보유기간과 양도차익을 통산하게 된다. 소득세법 제88조 제1호 가목은, 도시개발법 기타 법률의 규정에 의한 환지처분으로 지목 또는 지번이 변경되거나 체비지로 충당되는 경우에는 양도로 보지 아니한다고 규정하여, 그 적용대상이 기존주택의 소유자인 원조합원이 신축주택을 취득하는 경우를 전제로 하고 있고, 소득세법 시행령 제162조 제1항 제9호도 도시개발법 기타 법률에 의한 환지처분으로 인하여 취득한 토지의 취득시기는 환지 전의 토지의 취득일로 한다고 규정함으로써 원조합원이 신축주택을 취득한 다음 이를 양도하는 경우를 전제로 보유기간을 통산하도록 규정하고 있다. 그에 따라 소득세법 시행령 제166조 제2항은 이러한 경우에 관하여 전체 보유기간 동안의 양도차익을 합산하도록 규정하고 있다. 즉, 소득세법 시행령 제166조 제2항은 관리처분계획인가를 기준으로 관리처분계획인가 전 양도차익(기존주택의 양도차익)과 관리처분계획인가 후 양도차익(조합원입주권의 양도차익 + 신축주택의 양도차익)을 각각 산정한 다음 이를 합하여 전체 양도차익을 산정하였다. 소득세법 시행령 제166조 제2항이 시행되기 전의 사안에서는 어떤 방식으로 양도차익을 산정하여야 하는지 문제가 될 수 있는데, 대법원 2010. 12. 9. 선고 2010두14503 판결은 이 경우 신축주택의 양도가액에서 공제될 취득가액은 기존주택의 취득가액이라고 보았다. 보유기간이 통산되는 한 취득가액은 기존주택의 취득가액이 될 수밖에 없을 것이다.

반면에 대법원 2012. 12. 13. 선고 2010두12033 판결은, 재건축조합의 조합원이 당해 조합에 기존의 주택이나 대지를 제공하고 재건축사업계획에 따라 취득하게 되는 새로 건설되는 주택 및 부대·복리시설을 분양받을 권리(조합원 수분양권)를 그 조합원으로부터 양수한 양수인이 그 후 완공된 신축주택 등의 소유권을 취득하여 제3자에게 신축주택 등을 양도하는 경우에, 양도되는 자산은 완공된 후의 신축주택 등이므로, 특별한 사정이 없는 한 양도소득세 세율의 기준이 되는 자산의 보유기간은 당해 자산인 신축주택 등의 취득일부터 양도일까지라 할 것이라고 판시하였다.

요컨대, 소득세법은 기존주택의 소유자인 원조합원이 조합원으로서의 지위를 계속 유지하여 신축주택을 취득한 후 이를 양도한 경우에 대해서는 과세이연을 위한 보유기간에 관하여 명확한 규정을 둠으로써 문제의 소지를 남기지 않았으나 그 밖의 경우에 대하여는 명확한 규정을 두지 않아 해석상 문제가 발생한 것이다. 그런데 위 판결들에서 언급한 바와 같이 조합원입주권은 기존주택도 아니고 신축주택도 아닌 부동산을 취득할 권리에 불과하므로 기존주택을 취득하였다가 조합원입주권으로 변환된 상태에서 이를 양도한 경우나 조합원입주권을 취득하였다가 신축주택으로 변환된 상태에서 이를 양도한 경우에는 그 보유기간이나 양도차익을 합산할 수 있다는 특별한 규정이 없는 한 원칙으로 돌아가 이를 합산할 수 없고 양도당시의 자산에 대한 취득시기부터 그 양도시기까지의 기간을 보유기간으로 보고 그 보유기간 동안만의 양도차익을 산정하여야 함은 물론 그에 따라 양도소득세율도 정해져야 한다고 보는 것이 타당하다.

원천징수[17]

1. 개요

소득세법은 제5장에서 각종 소득에 대한 소득세의 원천징수에 관하여 자세하게 규정하고 있다. 소득세법 제127조 제1항은 국내에서 거주자나 비거주자에게 소득세법상의 각종 소득을 지급하는 자는 그 거주자나 비거주자에 대하여 소득세를 원천징수하여야 한다고 규정하고, 제2항은 원천징수를 하여야 할 자를 대리하거나 그 위임을 받은 자의 행위는 수권 또는 위임의 범위에서 본인 또는 위임인의 행위로 보아 제1항을 적용한다고 규정하고 있다.

원천징수는 소득금액 또는 수입금액을 지급하는 자(원천징수의무자)가 법이 정하는 바에 의하여 지급받는 자(원천납세의무자)가 부담할 세액을 정부를 대신하여 징수하는 것을 말한다. 여기에서의 '지급'에는 상대방에게 현실적으로 제공하는 경우뿐만 아니라 위약금과 같이 약정에 의하여 상대방으로부터 몰취되는 경우도 포함한다(대법원 2019. 7. 4. 선고 2017두38645 판결). 납세의무자가 실체법적으로 부담하고 있는 납세의무의 이행이 원천징수라는 절차를 통하여 간접적으로 실현되는 제도이다. 이러한 원천징수제도가 채택되고 있는 이유로는, 소득의 발생원천에서 원천징수를 하게 되므로 탈세를 방지하고, 소득의 지급시점에서 원천징수를 하게 되므로 조세수입의 조기확보와 정부재원의 평준화를 기할 수 있으며, 원천징수의무자가 국가를 대신하여 원천징수를 하게 되므로 징세비의 절약과 징수사무의 간소화 및 능률화를 기할 수 있고, 납세의무자의 세부담을 분산

---

17) 졸고, "원천징수의무와 원천납세의무의 관계", 재판자료(제121집), 법원도서관 참조

시키며, 소득의 발생과 당해 소득에 대한 조세의 납부 사이의 시차를 단축함으로써 경기의 자동조절기능을 강화한다는 점 등이 제시되고 있다.

이러한 원천징수세제에 있어서 특수성은, 원천징수의무자에게 원천징수대상 소득금액을 지급할 때 자동적으로 그 세액이 확정된다는 점, 위 확정을 위한 별도의 부과절차가 불필요하다는 점, 원천징수제도에 있어서 과세관청과 원천징수의무자, 그리고 원천납세의무자의 3 당사자가 존재함에 따라 과다 오납된 원천징수세액의 환급 등을 둘러싼 법률관계가 다른 경우에 비해 복잡하다는 점 등이다.

원천징수에는 원천징수만으로 조세채무가 종국적으로 소멸하는 완납적 원천징수와 추후의 확정신고납부를 전제로 하는 조세의 예납적 원천징수가 있는데, 전자에는 분리과세되는 일용근로자의 근로소득, 분리과세 이자소득, 분리과세 배당소득, 이자소득과 배당소득의 합계액이 종합과세기준금액 이하인 경우의 이자소득과 배당소득, 분리과세 기타소득에 대한 원천징수가 있고, 나머지는 후자에 해당한다. 예납적 원천징수는 원천징수에 의하여 원천납세의무자의 납세이행이 완결되지 아니하고, 단지 납세의무자에 대한 자진신고과세를 전제로 한 소득세의 예납에 지나지 아니하는 것으로서, 소득세확정신고 자진납부 및 정부의 징수할 세액에서 공제한다. 그리고 원천징수세액이 정부가 결정한 당해연도의 종합소득총결정세액 등을 초과하는 경우에는 그 초과하는 세액을 환급하거나 다른 국세·가산금과 체납처분비에 충당한다.

2. 원천징수의 대리·위임

가. 관련 규정

소득세법 제127조 제2항은, 제1항에 따른 원천징수를 하여야 할 자를 대리하거나 그 위임을 받은 자의 행위는 수권 또는 위임의 범위 안에서 본인 또는 위임인의 행위로 보아 제1항의 규정을 적용한다고 규정하고 있다. 그리고 같은 조 제3항은, 금융회사 등이 내국인이 발행한 어음, 채무증서, 주식 또는 집합투자증권을 인수·매매·중개 또는 대리하는 경우에는 그 금융회사 등과 해당 어음 등을 발행한 자 간에 대리 또는 위임의 관계가 있는 것으로 보아 제2항의 규정을 적용한다고 규정하고, 제4항은 신탁업자가 신탁재산을 운용하거나 보관·관리하는 경우에는 해당 신탁업자와 해당 신탁재산에 귀속되는 소득을 지급하는 자 간에 원천징수의무의 대리 또는 위임의 관계에 있는 것으로 보아 제2항을 적용한다고 규정하고, 제5항은 외국법인이 발행한 채권 또는 증권에서 발생하는 제1항 제1호 및 제2호의 소득금액을 거주자에게 지급하는 경우 국내에서 그 지급을 대리하거나 위임 또는 위탁받은 자가 그 소득에 대한 소득세를 원천징수하여야 한다고 규정하고 있다.

원천징수의 대리·위임에 관하여는 소득세법 제127조뿐만 아니라 내국법인에 대한 이자소득 등의 경우에 적용되는 법인세법 제73조 제4항이나 외국법인의 채권 등에 대한 특례를 규정한 법인세법 제98조의3 제3항에도 유사한 규정을 두고 있다.

나. 외국의 입법례

일본 소득세법에는 원천징수의 대리나 위임과 관련된 조항이나, 우리 소득세법 제127조의 여러 특별 규정들과 같은 규정은 없고, 다만 각각의 소득에 관하여 그 '지불을 하는 사람'은 그 '지불'의 때에 소득세를 원천징수하여 일정한 기한 내에 납부하여야 한다고 규정하고 있을 뿐이다.[18] 과세실무상으로는 비거주자가 원천징수 대상이 되는 소득을 거주자에게 지급할 때 비거주자 대신 거주자가 그러한 지급을 대신하는 경우, 거주자가 비거주자를 '대신하여 원천징수하고' 비거주자의 '이름으로 납부할 필요가 있다'고 하고 있다. 그리고 그 전제로서 '소득세법'에서 말하는 '지급'에는 스스로 하는 경우는 물론, '다른 사람에게 위탁하여 하는 지급'도 포함된다고 한다.[19] 따라서 대리인 등을 시켜서 하는 소득의 지급 역시 본인 등의 지급과 마찬가지로 취급되고, 이 경우에도 본인 등에게 원천징수의무가 있다는 것으로 이해되고, 원천징수의무의 이행 역시 대리인 등을 통하여 할 수도 있다.

미국의 원천징수 제도는 거주자의 급여 등에 대한 원천징수와 비거주자의 외국법인 소득에 대한 원천징수의 두 가지로 구분될 수 있는데,[20] 후자와 관련하여, '재무부 시행규칙(treasury regulations)'에서 원천징수의무자의 범위에 관하여 규정을 두고 있다. 재무부 시행규칙에서는, '원천징수의무자(withholding agent)'를 '비거주자(외국법인)에게 소득을 통제(control), 수령(receipt), 보관(custody), 처분(disposal), 지급(payment)하는' 사람으로 정의하고 있어,[21] 우리 소득세법이 단순히 '소득금액을 지급하는 자'를 원천징수의무자로 규정하고 있는 것과 대비된다. 이 규정은 '파트너십(partnership)'이나 '신탁(trust)'과 같이 독립된 납세의무를 부담하지 않는 법적 주체가 개입되어 있을 때에는 누가 원천징수의무자인지가 명확하지 않을 수 있으므로 비거주자에게 소득이 지급되

---

18) 일본 '소득세법' 중에서도 예컨대 '이자소득'과 '배당소득'에 관한 제181조 제1항, '급여소득'에 관한 제183조 제1항

19) 吉川敬明 編, 問答式 源泉所得税の實務(平成24年版)

20) 김재진·이정미·유현영, "원천징수의무자의 책임에 관한 제도 연구", 한국조세연구원

21) Treas. Reg. §1.1441-7(a)(1), 김선영, "원천징수 절차에 대한 개선방안", 조세실무연구 Ⅱ, 김·장 법률사무소

기 전에 최종적으로 자금을 보관·통제하는 자를 원천징수의무자로 규정하는 데 의미가 있다고 한다.[22] 한편, 대리 또는 위임의 문제에 관하여는 다시 별도의 조항을 두고 있는데, 원천징수의 원인이 되는 채무 자체를 인수한 경우 예를 들어 법인(corporation)의 재산을 매매할 경우에 매수인이 사채(원리)금의 지급이나 법인의 다른 채무(obligations)를 인수한 경우에는 매수인이 원천징수의 대상이 되는 소득의 범위 내에서 원천징수의무를 부담하게 된다. 따라서 매매나 채무인수가 없었다면 매도인인 회사가 원천징수하였을 금액을 매수인이 원천징수하여야 한다. 원천징수업무의 대리인(an agent of a withholding agent)의 행위(원천징수 관련 서류의 수령, 원천징수한 금액의 예치, 원천징수 대상인 소득금액의 지급을 포함함)의 효과는 모두 원천징수의무자 본인에게 귀속되므로, 원천징수의무를 부담하는 자는 여전히 원천징수의무자 본인이고, 그 대리인이 아니다. 다만, '권한 있는 외국 대리인(authorized foreign agent)'의 경우에는 위 원칙의 적용이 제한되어 원천징수의무자와 동일한 원천징수, 보고의무를 부담하게 된다. '권한 있는 외국 대리인'은 원천징수의무자와 그 대리인인 외국인 사이에 서면 계약이 있고, 그 대리인 임명의 과세관청에 대한 통지절차가 준수되어야 하고, 그 외국 대리인의 장부, 기록 관계 직원들은 그 관계가 종료된 이후에도 계속적으로 국세청의 조사에 응할 수 있어야 하고, 미국인 원천징수의무자가 그 대리인의 행위에 대하여 완전히 책임을 지는 등의 경우에 인정된다.

다. 원천징수의무를 부담하는 자

소득세법 제127조 제2항은 원천징수의무자의 대리인 또는 수임인의 행위에 대하여 '본인 또는 위임인의 행위로 보고 제1항의 규정(원천징수의무 조항)을 적용한다'고 규정하고 있다. 그런데 위 규정은 문언 자체로 볼 때 그 의미가 반드시 명확하다고는 하기 어렵다. 따라서 위 조항에서 규정하는 경우에는 본래의 원천징수의무자 본인이 원천징수의무를 부담한다는 의미인지, 아니면 원천징수의무자 본인을 대리하거나 그 위임을 받은 대리인이나 수임인이 원천징수의무를 부담한다는 의미인지에 관하여 견해가 나뉠 수 있다.

소득세법 제127조 제2항, 제3항, 제4항은 모두 본래의 소득의 지급자가 아닌데도 그 지급과정에 개재되었다는 이유로 과세의 편의를 위하여 원천징수의무를 부담하는 경우로 이해된다. 입법연혁상으로 보더라도 1974. 12. 24. 개정된 구 소득세법 제142조 제2항은 '외국인으로부터 소득의 지급을 위임받은 자에 대하여도 제1항의 규정을 적용한다'고 규정하고 있고, 제1항은 소득의 지급자가 '소득세를 원천징수하여야 한다'고 되어 있으므로 제2항은 소득지급의 위임이 있는 경우에 원천징수의무를 수임인에게 지우는 내용이

---

22) 김선영, 앞의 논문

라고 볼 수 있고, 그 후 1979. 12. 28. 개정되면서 현행 조항과 거의 유사하게 '수임인의 행위를 위임인의 행위로 보고 제1항의 규정을 적용한다'로 개정된 것인데, 문언 자체로는 종전대로 수임인에게 원천징수의무를 부담시키는 내용인지, 아니면 입장을 변경하여 위임인에게 부담시키는 내용인지 불명확하나, 후자와 같은 중요한 변경이었다면 위와 같이 불명확한 문언으로 하지는 않았을 것이므로 여전히 대리인 또는 수임인이 원천징수의무를 부담한다고 볼 수 있다. 대법원 2014. 7. 24. 선고 2010두21952 판결도 같은 취지이다.

라. 대리 · 위임의 범위

대리인 또는 수임인으로서 원천징수의무를 부담하기 위하여는 어느 정도의 범위에서 위임을 받아야 하는지에 관하여 견해의 대립이 있을 수 있다. 첫째 소득 지급의 위임으로 보는 입장, 둘째 원천징수의무의 위임으로 보는 입장, 셋째 소득발생 원인행위의 위임으로 보는 입장으로 나눌 수 있다.

이에 대하여 대법원 2014. 7. 24. 선고 2010두21952 판결은, 소득세법 제127조 제2항에 따라 '원천징수의무자를 대리하거나 그 위임을 받은 자로서 그 수권이나 위임의 범위 안에서 원천징수의무를 부담하는 자'는 소득금액을 지급해야 할 자로부터 원천납세의무자에 대한 소득금액의 지급과 아울러 원천징수업무, 즉 원천납세의무자로부터 소득세를 원천징수하는 업무와 원천징수한 소득세를 관할 세무서에 납부할 업무 등을 수권 또는 위임받은 자를 말하고, 이러한 원천징수업무의 위임은 명시적으로뿐만 아니라 묵시적으로도 이루어질 수 있으나, 원천징수의 성격과 효과 등에 비추어 볼 때 묵시적 위임이 있다고 하기 위하여는 명시적 위임이 있는 경우와 동일시할 수 있을 정도로 위임 의사를 추단할 만한 사정이 있어야 하는데, 다만 소득금액을 지급하여야 할 자를 대리하거나 그로부터 위임을 받아 원천징수대상 소득의 발생 원인이 되는 법률행위 등을 하고 소득금액을 지급한 경우에는 특별한 사정이 없는 한 적어도 원천징수업무의 묵시적인 위임이 있었다고 봄이 당사자의 의사에 부합한다고 판시하였다. 대법원 2014. 7. 24. 선고 2010두27479 판결도 같은 취지이다.

대법원은 위에서 본 첫째와 둘째의 견해를 모두 취하면서 여기에 셋째의 견해를 결합시킨 것이라고 볼 수 있다. 즉, 소득금액의 지급업무와 원천징수업무를 모두 위임받아야 하되, 소득의 지급을 위임받거나 소득의 발생원인이 되는 법률행위를 하고 소득금액을 지급한 경우에는 원천징수업무도 위임이 있었던 것으로 볼 수 있다는 것이다. 본래의 원천징수의무자가 아닌 대리인이나 수임인에게 원천징수의무를 부담시킨다는 점에서 요건을 엄격하고 까다롭게 해석한 것으로 평가할 수 있겠다.

3. 원천징수의무자와 원천납세의무자의 관계

가. 원천징수의무와 원천납세의무의 본질

국세기본법 제21조 제2항 제1호는 원천징수하는 소득세·법인세는 소득금액 또는 수입금액을 지급하는 때 그 납세의무가 성립한다고 규정하고, 제22조 제2항 제3호는 원천징수하는 소득세 또는 법인세는 납세의무가 성립하는 때에 특별한 절차 없이 그 세액이 그대로 확정된다고 규정하고 있으므로, 원천징수의무는 법에 의하여 원천징수대상 소득금액의 지급과 동시에 성립·확정되고, 그에 따라 원천납세의무자는 원천세액 공제를 수인할 의무를 부담하며, 다른 특별한 사정이 없는 한 그와 같은 수인의무 이외의 다른 의무는 부담하지 않는다. 따라서 이러한 원천징수의무자와 원천납세의무자는 연대납세의무를 지는 관계도 아니고 어느 일방이 다른 일방의 조세채무에 대해 제2차 납세의무를 지는 경우도 아닌 것으로 보고 있다.

일본 최고재판소 昭和 45년 12월 24일 선고 소43(オ) 제258호 판결은 다음과 같이 원천징수의무의 본질에 관하여 판시하였다. 즉, 원천징수의 대상이 되어야 하는 소득의 지급이 이루어지는 경우 그 지급자는 법령이 정하는 바에 따라 소득세를 징수하여 국가에 납부할 의무를 부담하는데, 이 납세의무는 그 소득의 지급 시에 성립하여 그 성립과 동시에 특별한 절차를 요하지 아니하고 납부해야 할 세액이 확정되는 것이며 따라서 원천징수에 의한 소득세에 있어서 신고납세방식에 의한 경우의 납세자의 세액의 신고와 이것을 보정하기 위한 세무서장 등의 처분(경정·결정), 부과과세방식에 의한 경우의 세무서장 등의 처분(부과결정) 없이 그 세액은 법령이 정하는 바에 따라 당연히 자동적으로 확정된다는 것이다. 이와 같이 원천징수의무의 성립과 확정에 관하여는 일본도 우리나라와 같은 입장을 취하고 있음을 알 수 있다.

소득지급자인 원천징수의무자의 법적 지위에 관하여는 징수기관설, 사무관리설, 법정대리인설, 법정준위임설, 채무인수설, 징수의무에 불과하다는 등의 견해의 대립이 있는데, 대체로 국가의 징수기관 겸 원천납세의무의 법정대리인인 지위를 겸한다는 것이 통설적 설명인 듯하다. 그래서 수급자에게는 납세의무가 없고 원천징수의무자의 원천징수를 단지 수인할 의무를 부담한다고 보는 수인설과 수급자 자신의 납세의무를 전제로 원천징수의무자의 원천징수의무가 있게 된다는 납세의무설의 대립이 있다. 수인설이 종전 일본의 다수설이었으나 일본의 최고재판소가 납세의무설을 취함으로써 일단락된 듯한데, 원천징수의무의 성질에 관한 우리판례의 일련의 설시도 납세의무설을 취한 것으로 보인다.[23]

---

23) 전수안, "사망후의 소득금액통지와 망인의 소득세 납세의무의 성부", 대법원판례해설(92년 상반기), 법원도서관

이와 같이 원천징수의무는 성립과 동시에 확정되므로 국가가 원천징수의무자에 대하여 하는 원천징수세액의 납세고지는 부과처분이 아니라 징수처분으로 보아야 한다. 앞서 본 일본 최고재판소 판결에서도 같은 취지에서, 만약 원천징수의무자에 대한 납세고지가 그 자체로서 세액을 확정하는 과세처분이라고 한다면 취소판결 등에 의하여 그 효력이 부정되지 않는 한 원천징수의무자로서는 납세고지에 의하여 확정된 세액을 징수하여 국가에 납부해야 할 의무가 존재한다는 사실을 다툴 수 없고, 그에 따른 원천납세의무자도 원천징수의무자의 청구권을 거부할 수 없는 불합리한 결과에 빠지게 된다(원천징수의무자가 원천징수의무를 부담하면 원천납세의무자도 원천납세의무를 부담하지 않을 수 없고, 양자는 표리를 이루는 관계에 있기 때문에 만약 납세의 고지가 과세처분이라고 한다면 그에 의하여 확정된 세액 및 그의 전제가 되는 징수의무의 존재는 그 과세처분이 취소되지 않는 한 원천징수의무자는 물론이고 원천납세의무자도 그것을 부정할 수 없는 결과에 이르게 된다)고 판시하였다.

한편, 대법원 2007. 9. 7. 선고 2005두5666 판결은, 원천징수처분과 원천납세의무자에 대한 소득세 부과처분과의 관계에 관하여, 과세관청이 소득처분에 의한 소득금액의 변동으로 그 소득의 귀속자에 대하여 특정연도 귀속 종합소득세의 과세표준과 세액을 다시 결정한 후 그 연도의 원천징수분으로 납부된 세액을 뺀 나머지 금액을 그 연도의 귀속 종합소득세로 부과·고지한 경우에 있어서는, 원천징수분으로 납부된 세액에 해당하는 부분은 이미 납세의무가 소멸된 것이어서 그에 관한 종합소득세의 부과처분이 있다고 할 수 없다고 판시하였다. 그러나 이에 대하여는 다음과 같은 비판이 있다. 즉, 원천징수의무자의 납부는 그 범위 내에서 원천납세의무자에게 미치고, 그 납부는 과세관청의 부과권이 아닌 징수권을 소멸시키므로 원천징수의무자의 납부로 인하여 그 범위 내에서 과세관청의 원천납세의무자에 대한 징수권을 소멸시키며, 과세관청은 원천징수된 세액을 기납부세액으로 공제한 나머지 세액에 대하여 추가로 정산확정을 하는 부과처분을 납세고지의 형태로 원천납세의무자에게 할 수 있고, 이러한 경우 납세고지는 부과처분성과 징수처분성을 동시에 가지는 것이나 부과처분은 정산확정되는 종합소득세 총액에 대하여 이루어지고 징수처분은 납세고지서에 기재된 추가 세액에 대해서만 이루어지므로 원천납세의무자는 원천징수된 세액을 초과하는 추가세액에 대한 부과처분취소를 구할 수 있을 뿐만 아니라 소송상 그 청구취지를 확장하여 귀속 종합소득세액 총액 전체에 대한 부과처분의 취소를 구할 수도 있다는 것이다. 즉, 위 판결은 부과권과 징수권을 구별하지 못하고 있다는 것이다.[24)]

---

24) 최원, "원천징수의무자에 의한 세액 납부가 과세관청의 원천납세의무자에 대한 부과권을 소멸시키는지 여부", 조세연구(9-1), 세경사

나. 원천징수의무와 원천납세의무의 성립상 견련관계

(1) 원천징수의무 불이행시 원천납세의무자에 대한 과세

가) 과세관청과 원천납세의무자 간의 기본적 법률관계

일찍이 대법원은 1984. 2. 14. 선고 82누177 판결에서, 법인세의 원천징수 제도에 있어서 조세법률관계는 원칙적으로 원천징수의무자와 과징권자인 세무관서와의 사이에만 존재하게 되고, 납세의무자와 세무관서와의 사이에 있어서는 원천징수된 법인세를 원천징수의무자가 세무관서에 납부한 때에 납세의무자로부터 납부가 있는 것으로 되는 것 이외에는 원칙적으로 양자 간에는 조세법률관계가 존재하지 아니한다고 판시하였다. 日本 東京高裁 昭和 55년 10월 27일 선고 소53(행ㄱ) 제41호 판결에서도 같은 취지에서 현행의 원천징수제도 하에서는 국가와 직접 관계를 맺고 있는 자는 지급자(원천징수의무자)이고, 본래의 소득세납세의무자인 수급자(원천납세의무자)는 제도상·법률상으로도 국가와 직접 관계를 맺지 않는 것으로 이해되고 있다고 판시하였다.

이러한 법리에 충실하다면 원천징수의무자가 원천징수를 하지 않거나 과소하게 원천징수를 함으로써 원천징수의무를 제대로 이행하지 아니한 경우에도 과세관청으로서는 원천징수의무자에 대해서만 과세권을 행사할 수 있을 뿐 원천납세의무자에 대해서는 과세권을 행사할 수 없다고 하는 것이 논리적이다. 그래서 원천납세의무자에게 과세권을 행사할 수 없다는 부정설과 반대의 입장인 긍정설의 대립이 있었다.[25]

부정설의 입장에서도 모든 경우에 과세관청과 원천납세의무자의 직접적 법률관계를 부정하는 것은 아니고, 예납적 원천징수에 있어서 원천징수가 일부 누락된 경우 과세관청이 직접 원천납세의무자에게 종합소득세를 부과하는 경우는 허용할 수 있다는 입장이다. 긍정설은 조세채권자인 과세관청과 조세채무자인 원천납세의무자는 사법상 채권자와 채무자의 관계에 비견되는 것으로서 직접적 법률관계를 형성한다는 입장이다. 그러나 긍정설의 입장에서도 완전한 의미의 직접적 법률관계를 주장하는 경우는 찾아보기 어렵고, 세법이 원천징수제도를 두고 있는 효과로 소득금액 또는 수입금액 지급시 원천징수의무자에 의하여 원천징수세액을 공제당하였다면 원천징수의무자가 그 징수한 세액을 과세관청에 납부하였는지 여부에 상관없이 그 납세의무를 면하게 된다고 한다.

나) 대법원 판결의 검토

대법원 1981. 9. 22. 선고 79누347 전원합의체 판결은 원고의 소득이 원천세를 징수할

---

25) 이하, 최원, 앞의 논문 참조

소득이라 하더라도 그 소득이 소득세법 소정의 종합소득금액으로 합산하여 신고하여야 하고 그 종합소득세의 부과대상이 되는 소득으로서 그 원천징수가 누락되었다면 그 소득자인 원고에 대하여도 종합소득세로서 이를 부과할 수 있다고 하면서, 이에 저촉되는 기존의 대법원 1980. 4. 22. 선고 80누4 판결 등을 폐기하였다. 그 후 같은 취지의 판결들이 계속되어 대법원 2006. 7. 13. 선고 2004두4604 판결에까지 이어지고 있다.

위 판결에 의하면, 원천징수소득이 예납적 원천징수소득인 경우에 한하여 원천납세의무자에게도 과세관청이 직접 과세권을 행사할 수 있다는 것이다. 그 논거에 대하여 위 판결이 명시적으로 밝히고 있지는 않지만, 예납적 원천징수의 경우 원천납세의무자는 종합소득세 신고납부의무가 있어 어차피 과세관청과 사이에 소득세법상 채권·채무관계를 맺을 수밖에 없으므로 과세관청이 원천징수대상 세액을 원천납세의무자에게 부과징수하더라도 부당하지 않다는 점을 그 논거로 하고 있다고 할 수 있다.

그러나 이는 논리필연적 법리는 아니라고 보여진다. 왜냐하면, 비록 원천납세의무자에게 종합소득세 신고의무가 있다고 하더라도 원천납세의무자는 원천징수세액을 기납부세액으로 공제한 나머지 잔액에 대해서만 종합소득세를 신고·납부할 의무가 있으므로 과세관청이 원천징수세액을 원천납세의무자로부터 직접 부과·징수할 수 없다고 하더라도 원천납세의무자가 자신의 종합소득세 납세의무를 이행함에 있어 그것이 어떠한 걸림돌이 되지도 아니할뿐더러 원천징수세액 상당에 대해서는 원천징수의무자에 대하여 구상책임을 지고 나머지 세액에 대해서만 국가에 대하여 직접 납세의무를 진다고 볼 수 있기 때문이다. 오히려 위 대법원판결은 과세관청의 징수편의를 도모하기 위하여 예외를 인정한 것으로 볼 수 있다. 그리고 원천징수의무자에게는 자력이 없고, 원천납세의무자에게는 자력이 있는 경우 조세채권의 실질적 확보를 위하여 원천납세의무자에 대하여도 직접 과세권을 행사할 수 있도록 하는 정책적 고려가 작용한 것으로 볼 수도 있다.

이러한 대법원 판례의 입장에 의하면, 원천징수가 완납적 원천징수에 해당할 경우에는 과세권자는 원천납세의무자에 대하여 직접 과세권을 행사할 수 없다고 해야 한다. 이러한 입장은 일응 원천납세의무자에게 유리한 것 같기도 하다. 그러나 이에 대하여는 앞서 본 긍정설의 입장에서 다음과 같은 비판을 할 수 있다. 즉, 과세권자가 원천납세의무자에 대하여 직접 과세권을 행사할 수 없다면 그 반면으로서 원천납세의무자도 원천징수세액의 부당성에 대하여 과세관청에게 대항할 수 없는 부작용이 생길 수 있다. 그리고 원천납세의무자가 과세관청을 상대로 직접 원천징수관련 과세처분의 취소를 구하지 못하고 원천징수의무자를 통하여 간접적으로만 대항할 수 있게 하면 원천납세의무자의 권리구제가 소홀해질 수 있고, 특히 원천징수의무자와 원천납세의무자 사이에 견해의 대립이 있는 경우 그 해결방안을 찾기가 어렵게 된다.

이러한 비판을 의식한 탓인지 대법원 2001. 12. 27. 선고 10649 판결에서는 원천납세의무자에게 종합소득세 신고의무가 없는 경우에도 과세관청은 원천납세의무자에 대하여 직접 과세권을 행사할 수 있다고 판시하였고, 그 판시는 대법원 2006. 7. 13. 선고 2004두4604 판결로 이어지고 있다. 위 판결이 들고 있는 논거를 보면 다음과 같다. 소득세를 원천징수할 갑종근로소득세에 대한 원천징수가 누락되었다면 그 소득자에 대하여 종합소득세로 이를 부과할 수 있다는 것이 대법원 1981. 9. 22. 선고 79누347 전원합의체 판결의 입장인데, 소득세법상 근로소득만이 있는 거주자는 당해 소득에 대한 과세표준 확정신고를 하지 아니하여도 된다고 하여도, 구 소득세법 제4조 제1항, 제15조에 의하면 근로소득을 종합소득에 합산하고 있고, 구 소득세법 시행령 제165조에서 근로소득만이 있는 것으로 확인된 거주자에 대하여는 통보 또는 보고된 지급조서에 의하여 과세표준과 세액을 서면조사 결정하여야 한다고 규정하고 있는 점 및 이미 지급된 소득에 대하여 그 지급 시 원천징수가 누락되었다고 하여 당해연도 말에 성립하는 소득세 납세의무의 범위에서 제외되는 것이 부당하다는 것이 원천징수 대상인 소득에 대하여 종합소득세 등의 부과를 긍정하는 기본취지인 점 등에 비추어 근로소득만이 있어 그에 대한 과세표준 확정신고의무가 면제된 거주자라 하여도 원천징수가 누락된 이상 그에게 종합소득세로 이를 부과할 수 있다는 것이다.

위 판결은 소득세법이 1994. 12. 22. 전문 개정되기 전의 사안에 관한 것인데, 그 당시의 구 소득세법 제101조 제1항 제1호에서 근로소득만이 있는 거주자에 대하여 확정신고를 하지 아니하여도 된다고 규정하고, 구 소득세법 제116조는 '정부는 제100조의 규정에 의하여 과세표준 확정신고를 하여야 할 자에 대하여는 당해연도의 과세표준과 세액을 다음 연도 7월 31일까지 결정하여야 한다'고 규정하고 있었다. 그러나 다른 한편 구 소득세법 시행령 제165조는 '주소지 관할 세무서장은 제161조 제2항의 규정에 의하여 소득을 합산한 결과 법 제101조 제1항 제1호 내지 제7호에 해당하는 자로서 확인된 거주자에 대하여는 통보 또는 지급조서에 의하여 법 제116조에서 규정하는 기한 내에 과세표준과 세액을 결정하여야 한다'고 규정하고 있어, 근로소득만이 있는 자라고 하더라도 과세관청에서 과세표준 및 세액을 결정할 수 없다고 할 수 없으며, 구 소득세법 제15조 제3항에서 원천납세의무자의 과세표준에 원천징수당하는 어떤 근로소득을 종합소득으로 합산시키고 있다면 이는 이미 원천납세의무자에게도 그 조세채무를 이행시키겠다는 입법 취지가 나타난 것이어서 그 신고납세나 부과과세의 절차에 관한 규정이 수반될 것이고, 원천징수 대상이 되는 어떤 소득이 분리과세대상소득으로서 원천납세의무자의 과세표준에서 제외하고 있다면 이는 이미 원천납세의무자에게 조세채무의 이행을 구하지 아니하겠다는 입법 취지로 보아야 할 것이므로, 근로소득만이 있는 자에게 과세표준 확정신고가 면제되지만 종합소득에 합산시키고 그에 대한 부과절차 규정인 구 소득세법 시행령 제165조의 규정이 있는 이상 이러한 원천납세의무자에게도 종합소득세 부과처분을 할 수 있다고 보아야 한다는 취지이고, 따라서 근로소득만이 있는 거주자와 같이 과세표준 확정신고의무가 면제되는 경우도 구 소득세법 시행령 제165조에 의하여 소득자에게 별도로 부과하는 절차가 있어 그 원천징수는 예납적이라고 볼 수밖에 없다는 것이 위 판결의 취지이다.

위 대법원 판결의 취지는 소득세법이 1994. 12. 22. 전문 개정된 이후의 사안에 대해서도 그대로 승계되어 대법원 2006. 7. 13. 선고 2004두4604 판결에서도 같은 취지를 판시하고 있다. 이와 같은 대법원 판결에 의하면 종합소득세 신고의무가 없는 경우라고 하더라도 소득세법 제73조 제1항 제1호 내지 제7호의 소득만이 있는 자와 같은 항 제8호, 제9호, 즉 분리과세 이자소득, 분리과세 배당소득, 분리과세 연금소득, 분리과세 기타소득만이 있는 경우를 달리 취급하고 있다.

이와 같은 대법원 판결은 그 논거의 제시가 다소 미흡하지만, 앞서 본 긍정설의 입장을 수용한 것으로 평가될 수 있다. 하지만, 종합소득세 신고의무가 없다는 점에서는 근로소득만이 있는 자와 분리과세 이자소득이나 분리과세 배당소득 등만이 있는 자가 다를 바 없는데 전자의 경우에는 과세관청이 원천납세의무자에게 직접 과세권을 행사할 수 있고, 후자의 경우에는 직접 과세권을 행사할 수 없다고 하는 것은 논리가 일관되지 못하다는 비판을 면하기 어렵다.

이러한 논란의 흐름 속에서 입법자가 관련 소득세법을 개정하여 위 판례의 입장을 반영하였다. 즉, 소득세법이 2006. 12. 30. 개정되면서 제80조 제2항 제1호의2(현행의 제2호)가 신설되어 연말정산 내용에 탈루 또는 오류가 있는 경우로서 원천징수의무자의 폐업·행방불명 등으로 원천징수의무자로부터 징수하기 어렵거나 근로소득자의 퇴사로 원천징수의무자의 원천징수이행이 어렵다고 인정되는 때에는 원천납세의무자에게 부과징수할 수 있다는 취지로 규정하였다. 이러한 신설규정을 예시적 규정으로 본다면, 앞서 본 대법원 판결들의 결론이 그대로 유지되어도 되지만, 한정적 규정으로 본다면 이러한 규정에 해당하는 경우에 국한해서만 원천납세의무자에게 부과징수할 수 있고, 그렇지 않은 경우에는 원천납세의무자에게 부과징수할 수 없다고 해야 하므로, 위 규정 신설 이후의 사안에 대하여는 기존 대법원 판결들의 입장이 변할 수 있다. 앞으로 판례의 입장을 지켜볼 필요가 있는 대목이다.

(2) 원천징수의무자의 원천납세의무자에 대한 구상권

가) 구상권 행사의 요건과 범위

원천징수제도는 원천납세의무자가 실체법적으로 부담하고 있는 원천납세의무의 이행이 원천징수라는 절차를 통하여 간접적으로 실현되는 제도로서 원천징수세액의 납부로 인하여 원천납세의무자는 국가에 대한 관계에서 당해 납세의무를 면하게 되므로, 원천징수의무자가 원천납세의무자로부터 원천징수세액을 원천징수함이 없이 이를 국가에 납부한 경우에는 원천납세의무자에 대하여 구상권을 행사할 수 있다. 그러나 원천징수에 따른 소득세의 납세자는 원천납세의무자가 아니라 원천징수의무자이기 때문에 이러한 원천징수나 세금 납부를 태만히 하여 생긴 가산세나 가산금은 원천징수의무자가 부담하여야 하므로, 원천징수의무자는 이와 관련된 부분에 대한 구상권을 행사할 수 없다. 대법원 2008. 9. 18. 선고 2006다49789 전원합의체 판결도 같은 취지를 판시하면서 이와 같은 구상권에 관한 법리는 대표자 인정상여의 경우에도 그대로 적용되어야 한다고 하였다.

나) 증명책임의 소재

여기서 필연적으로 증명책임의 문제가 제기된다. 원천징수의무자가 원천납세의무자를 상대로 제기하는 구상금 청구의 소를 일반적인 민사상의 금전지급 청구의 소로 본다면 구상금 행사의 요건을 갖추었다는 점에 대한 증명책임을 원천징수의무자가 부담한다고 하는 것이 원칙일 것이다. 그러나 원천징수의무자와 원천납세의무자의 관계에서는 과세관청의 지위가 필연적으로 영향을 미치므로 그 증명책임을 논하는 것이 간단하지가 않다.

먼저 구상권 행사의 가장 기본적인 요건, 소득의 지급이나 이전이 있었다는 점에 대한 증명책임은 원천징수의무자에게 있다고 보는 것이 합리적이다. 소득의 이전이란 원천징수의무자로부터 소득이 유출되어 원천납세의무자에게 귀속되는 것인데, 적어도 원천징수의무자로부터 소득이 유출되었다는 부분은 그에 관한 증거가 원천징수의무자에게 있을 것이고 그 증거에 대한 접근성을 고려해 보더라도 이에 대한 증명책임은 원천징수의무자에게 있다고 보는 것이 옳다. 실제로 소득을 지급하는 행위가 있음으로써 원천징수의무가 발생한 경우가 아니라 과세관청의 소득처분에 따른 소득금액변동통지에 따라 소득의 지급과 그 시기가 의제됨으로써 원천징수의무가 발생하는 경우에는 소득금액변동통지가 있었다는 사실에 대한 증명책임은 위와 마찬가지 논리에서 원천징수의무자가 이를 부담하는 것으로 보아야 할 것이다. 소득금액변동통지 자체가 소득이 유출된 법인에 대하여 이루어지고 있고 원천납세의무자로서는 이를 알기 어려울 것이므로 그 증명책임은 원천징수의무자가 부담하는 것은 당연하다. 이러한 경우 소득금액변동통지가 있었다는 사실의 증명으로 족한 것인지 아니면 더 나아가 소득의 유출이 있었다는 점까지 증명하여야 하는지가 문제될 수 있으나 소득금액변동통지가 있으면 그 시기에 소득이 지급된 것으로 의제되기 때문에 이 점까지 증명할 필요는 없다고 본다.

정작 어려운 것은 그와 같이 유출된 소득이 원천납세의무자에게 귀속되었는지 여부에 관한 증명책임을 누가 부담할 것인지의 문제이다. 우선 참고가 되는 판결로는 대법원 2008. 9. 18. 선고 2006다49789 전원합의체 판결이 있다. 이 판결은, 원천징수의무자인 법인이 대표자에게 인정상여처분된 소득금액에 관하여 납부한 갑종근로소득세액 상당을 구상하는 경우의 증명책임에 관하여 다음과 같이 판시하였다. 즉, 법인세법상의 대표자 인정상여제도는 그 대표자에게 그러한 소득이 발생한 사실에 바탕을 두는 것이 아니라 세법상의 부당행위를 방지하기 위하여 그러한 행위로 인정될 수 있는 일정한 사실에 대하여 그 실질에 관계 없이 무조건 대표자에 대한 상여로 간주하도록 하는데 그 취지가 있는 것이므로, 이 경우 대표자는 위 익금산입액의 귀속이 분명하다는 점을 증명하지 못하는 한 그 금원이 현실적으로 자신에게 귀속되었는지 여부에 관계 없이 갑종근로소득세를 납부할 의무가 있다고 하면서, 대표자는 익금산입액의 귀속이 불분명하다는 사유로 상여처분된 소득금액에 대하여는 특별한 사정이 없는 한 그 금액이 현실적으로 자신에게 귀속되었는지 여부에 관계 없이 원천징수의무자인 법인이 납부한 갑종근로소득세액 상당을 당해 법인에게 지급할 의무가 있고, 이 경우 법인의 구상금청구를 거절하기 위해서는 법인의 업무를 집행하여 옴으로써 그 내부사정을 누구보다도 잘 알 수 있는 대표자가 인정상여로 처분된 소득금액이 자신에게 귀속되지 않았을 뿐만 아니라 귀속자가 따로 있음을 밝히는 방법으로 그 귀속이 분명하다는 점을 증명하여야 한다는 것이다.

위 판결은 인정상여처분의 경우 소득이 원천납세의무자에게 귀속되지 아니하였다는 점과 다른 제3자에게 귀속되었다는 점에 대한 증명책임이 원천납세의무자에게 있다고 본 것이다. 이와 같이 대법원이 일반 민사상의 구상권 행사의 경우와 달리 구상권 행사의 상대방인 원천납세의무자에게 증명책임이 있다고 본 것은 구상권 행사의 원인이 제3자인 과세관청의 소득금액변동통지에 있다는 특수성을 고려한 것으로 볼 수 있다. 인정상여처분에 의한 소득금액변동통지는 원천징수의무자가 아닌 과세관청의 행위이고 그와 같은 과세관청의 행위에는 행정처분으로서의 공정력이 부여되어 있으므로 그에 따른 구상권 행사에 있어서 원천징수의무자의 증명책임을 완화시켜 준 것으로 볼 수 있다.

위 판결의 논리에 의하면 인정상여처분에 의한 소득금액변동통지가 아니라 단순한 상여처분에 의한 소득금액변동통지의 경우에도 그 소득이 원천납세의무자에게 귀속되지 아니하였다는 점에 대한 증명책임이 원천납세의무자에게 있다고 보아야 할 것이다. 인정상여처분에 따른 구상권 행사의 요건인 '귀속불분명'은 상여처분에 따른 구상권 행사의 요건인 '원천납세의무자로의 귀속'이 될 것이므로 그 등치관계상 전자에 대한 증명책임이 원천납세의무자에게 있다고 보면 후자에 대한 증명책임도 원천납세의무자에게 있다고 보는 것이 옳다. 다만, 이 경우는 인정상여처분과 달리 다른 제3자에게 귀속되었다는 점에 대하여는 증명할 필요가 없다고 할 것이다.

그렇다면 과세관청의 소득처분이 개재되지 않는 일반적인 소득의 지급의 경우 그 소득이 원천납세의무자에게 귀속되었는지 여부에 관한 증명책임은 누구에게 있다고 볼 것인지가 문제이다. 이러한 경우는 과세관청의 행정처분이 개재되어 있지 아니할뿐더러 그 소득의 유출과 귀속은 지급행위라는 하나의 행위에 묶여 밀접하게 연결되어 있으므로 유출에 대한 증명책임이 원천징수의무자에게 있다고 보는 것이 합리적인 이상 그 귀속에 대한 증명책임도 원천징수의무자에게 있다고 보는 것이 합리적이다. 그러나 그 유출과 귀속이 하나의 지급행위로 묶이지 않는 관계, 예를 들면 대표자나 종업원의 횡령과 같은 경우에는 달리 볼 여지가 많다. 이러한 경우에는 소득 귀속자의 일방적인 침탈행위만 있을 뿐 원천징수의무자의 지급행위는 없으므로 소득의 유출이 있었다는 점에 대하여만 원천징수의무자가 증명책임을 부담하고 그 소득이 자신에게 귀속되지 않았다는 점에 대한 증명책임은 원천납세의무자가 부담하는 것이 타당하다고 본다.

그런데 대법원 2016. 6. 9. 선고 2014다82491 판결은, 원천징수제도는 원천납세의무자가 실체법적으로 부담하는 원천납세의무의 이행이 원천징수라는 절차를 통하여 간접적으로 실현되는 제도로서 원천징수세액의 납부로 인하여 원천납세의무자는 국가에 대한 관계에서 해당 납세의무를 면하게 되므로, 원천징수의무자가 원천납세의무자로부터 원천징수세액을 공제·징수하지 아니한 채 이를 국가에 납부한 경우에는 원천납세의무자에 대하여 구상권을 행사할 수 있다고 전제하고, 원천징수의무자가 이와 같은 구상권을 행사할 때에는 국가에 원천징수세액을 납부한 사실뿐만 아니라 원천납세의무자의 납세의무가 존재한 사실까지 증명하여야 하는 것이 원칙이므로, 과세관청의 대표자 상여 소득처분 및 소득금액변동통지에 따라 원천징수세액을 납부한 법인이 구상권을 행사하고자 하는 경우에도 마찬가지로 원천징수의무자인 법인은 원천징수세액을 납부한 사실뿐만 아니라 원천납세의무자인 대표자의 해당 납세의무가 존재한 사실을 증명할 책임이 있다고 판시하였다.

이 판결은 소득처분이 개재된 경우로서 원천징수의무자의 원천납세의무자에 대한 구상권 행사가 갖는 특수성을 고려하지 않고 일반적인 민사상 구상권 행사에 관한 증명책임의 법리를 무비판적으로 수용하였다는 점에서 아쉬움이 남는다. 특히 위 판결은 대법원 2008. 9. 18. 선고 2006다49789 전원합의체 판결이 구상권 행사에 있어서 인정상여처분이 있었던 경우 그 유출된 소득이 자신에게 귀속되지 않았다는 사실뿐만 아니라 제3자에게 귀속되었다는 사실까지 증명하여야 한다고 한 법리와 조화를 이루지도 못한다. 대법원 2008. 9. 18. 선고 2006다49789 전원합의체 판결은 인정상여처분의 경우 일반적인 상여처분의 경우보다 구상권 행사를 당하는 원천납세의무자에게 귀속되었을 가능성이 더 낮음에도 그 증명책임이 원천납세의무자에게 있다고 하였는데, 대법원 2016. 6. 9. 선고 2014다82491 판결은 일반적인 상여처분의 경우 구상권 행사를 함에 있어 그 증명책임이 원천징수의무자에게 있다고 판시한 것이다. 이로써 대법원의 입장은, 원천징수의무자의 원천납세의무자에 대한 구상권 행사에 있어서 인정상여처분이 있었던 경우는 대법원 2008. 9. 18. 선고 2006다49789 전원합의체 판결에 의하여 원천납세의무자에게 증명책임이 있고, 일반적인 상여처분이 있었던 경우에는 대법원 2016. 6. 9. 선고 2014다82491 판결에 의하여 원천징수의무자에게 증명책임이 있다는 것으로 정리될 수 있겠다. 인정상여처분은 실질에 관계 없이 무조건 대표자에게 귀속된 상여로 간주하는 규정이 있다는 점에서 일반적인 상여처분과 차이가 있고 그것 때문에 대법원이 위와 같이 증명책임의 소재를 달리 본다고 이해할 수 있다. 그러나 인정상여처분은 그 자체로서 대표자에게 귀속되었는지 여부가 불분명하다는 것을 드러내는 경우여서 상여처분 경우보다 대표자에게 귀속되었을 가능성이 더 낮음에도 증명책임을 반대로 해석한 것은 타당하지 못하다.

그리고 원천납세의무자로서는 원천징수의무자가 어떠한 경위로 원천징수의무를 부담하든지에 관계 없이 자신에게 귀속되지 아니한 소득이라는 점에 대한 증명책임을 다하였다면 원천납세의무를 부담할 필요가 없다고 보는 것이 응능부담의 원칙에 부합한다. 원천납세의무자의 납세의무는 당해 소득이 그에게 귀속되었음을 요건으로 하고 있고, 그와 같은 요건의 충족 여부는 원칙적으로 과세관청에게 입증책임이 있는 것인데, 위 대법원 2008. 9. 18. 선고 2006다49789 전원합의체 판결은 원천납세의무자와는 무관한 사정, 즉 그 소득이 원천납세의무자 이외의 다른 제3자에게 귀속되었다는 점까지 입증하도록 요구한다는 점에서 다소 무리가 따른다.

다. 소득처분에 따른 원천징수의무와 원천납세의무의 성립

(1) 소득처분에 따른 원천징수의무의 성립시기

법인세법 제67조는 각 사업연도의 소득에 대한 법인세의 과세표준을 신고하거나 법인세의 과세표준을 결정 또는 경정함에 있어서 익금에 산입한 금액은 그 귀속자 등에게 상여·배당·기타사외유출·사내유보 등 대통령령이 정하는 바에 따라 소득처분한다고 규정하고 있고, 법인세법 시행령 제106조에서는 소득처분의 내용에 관하여 상세한 규정을 두고 있다. 한편, 소득세법 시행령 제192조 제1항에서 법인세법에 의하여 세무서장 또는 지방국세청장이 법인소득금액을 결정 또는 경정함에 있어서 처분되는 배당·상여 및 기타소득은 법인소득금액을 결정 또는 경정하는 세무서장 또는 지방국세청장이 그 결정일 또는 경정일로부터 15일 이내에 소득금액변동통지서에 의하여 당해 법인에게 통지하여야 한다고 규정하고 있고, 소득세법 제131조 제2항 등에서 당해 배당·상여 및 기타소득은 그 통지서를 받은 날에 지급하거나 회수한 것으로 의제하여 소득세를 원천징수하도록 규정하고 있다.

위 규정에 의하면, 법인세의 과세표준을 신고하거나 결정 또는 경정함에 있어서 익금산입하거나 손금불산입한 금액에 대하여는 소득처분이 뒤따르게 되어 있고, 그중 배당·상여 또는 기타 소득으로 처분된 금액에 대하여는 소득금액변동통지가 이루어진 시점에 그 소득이 지급된 것으로 의제되므로 그 시점에 당해 법인이 그에 대한 소득세를 원천징수하여 납부하여야 할 의무가 성립한다. 대법원 2006. 8. 25. 선고 2006두3803 판결, 대법원 2008. 4. 24. 선고 2006두187 판결과 대법원 2006. 7. 27. 선고 2004두9944 판결 등도 같은 취지이다.

(2) 소득처분에 따른 원천납세의무의 성립시기

소득처분과 소득금액변동통지에 따른 원천징수의무의 성립시기가 앞서 본 관련 규정과 판례에 의하여 정립되었듯이 그와 대응관계에 있는 원천납세의무의 성립시기에 관하여도 관련 규정과 판례를 통하여 정립할 수 있다. 원천징수의무에 대응되는 원천납세의무는 좁은 의미에서 원천징수를 수인할 의무만을 말하는 것이 아니라 넓은 의미에서 원천납세의무자의 납세의무를 말하는 것이므로 그 납세의무는 완납적 원천징수의 경우 원천징수를 수인하는 것으로서 족하지만, 예납적 원천징수의 경우 원천징수를 수인하는 것뿐만 아니라 그 소득에 대한 종합소득세 납세의무까지 포함하는 개념으로 이해해야 한다. 그런데 일반적인 경우 원천납세의무의 성립시기는 원천징수의무의 성립시기와 괴리되지 않고 거의 일치하는 것이 원칙이다. 완납적 원천징수의 경우는 그 시기가 정확히 일치할 것이고, 예납적 원천징수의 경우는 원천징수를 수인하는 의무에 있어서는 그 시기가 정확히 일치한다. 다만, 예납적 원천징수에 있어서 종합소득세 확정신고의무는 원천징수대상 소득을 수령한 다음 연도의 5월 31일이므로 다소의 괴리가 생기지만 그 괴리가 크지 않으므로 별문제는 없다. 그러나 소득처분의 경우 소득처분의 시기가 언제이냐에 따라 원천징수의무의 성립시기와 원천납세의무의 성립시기에 상당한 괴리가 생기고 이로 인하여 여러 가지 복잡한 문제가 생긴다.

　우선 소득처분에 따른 원천납세의무의 성립시기에 관한 관련 규정을 살펴보면 다음과 같다. 소득세법 제24조 제3항은 총수입금액을 계산할 때 수입하였거나 수입할 금액의 범위와 계산에 관하여 필요한 사항은 대통령령으로 정한다고 규정하고 있고, 그 위임에 따른 소득세법 시행령은 수입시기에 관하여 제46조 제6호는 법인세법에 의하여 처분된 배당은 당해 법인의 당해 사업연도의 결산확정일을, 제49조 제1항 제3호는 해당 사업연도의 소득금액을 법인이 신고하거나 세무서장이 결정·경정함에 따라 발생한 그 법인의 임원 또는 주주·사원, 그 밖의 출자자에 대한 상여의 경우 해당 사업연도 중의 근로를 제공한 날을, 제50조 제1항 제2호는 법인세법에 따라 기타소득으로 처분된 소득의 경우 그 법인의 해당 사업연도의 결산확정일을 각 수입시기로 한다고 규정하고 있다. 위 각 규정에 의하면, 소득처분에 의한 소득의 원천납세의무는 그 소득처분이 이루어진 시기와 관계 없이 위 각 규정이 정하는 시기에 성립한다. 이러한 법리는 앞서 살펴본 대법원 2008. 4. 24. 선고 2006두187 판결과 대법원 2006. 7. 27. 선고 2004두9944 판결 등에서 밝힌 바 있다.

　이에 비하여 소득처분과 소득금액변동통지에 따른 원천징수의무는 앞서 보았듯이 소득처분과 소득금액변동통지가 이루어진 시점에 성립하게 된다. 통상 소득처분은 법인의 누락익금에 대한 익금산입과 동시에 이루어지므로 법인의 해당 사업연도에 대한 법인세 부과제척기간이 도과할 때까지 소득처분이 이루어질 수 있다. 법인세 부과제척기간은 짧게는 5년, 길게는 10년이므로 소득처분은 해당 사업연도로부터 10년 후에도 이루어질 수 있다. 따라서 동일한 소득에 대한 원천징수의무의 성립시기와 원천납세의무의 성립시기는 최장 10년 정도의 괴리가 생길 수 있다.

　이와 같이 위 판례들은 소득처분이 있어야 비로소 그 대상 소득이 종합소득세 과세대상이 되고, 소득처분에 따른 그 소득세의 원천징수의무는 소득금액변동통지에 의하여 비로소 성립·확정된다고 보면서도 원천징수의무와 대응관계에 있는 소득세 납세의무는 당해 소득이 실제로 귀속된 과세기간이 종료하는 때 성립한다고 보는 이유는, 소득세의 원천징수의무는 소득세 납세의무와는 달리 '소득금액의 지급'이라는 요건이 발생하여야 그 납세의무가 성립하므로 그 지급시기의 확정이 필요한데 소득세법 시행령 제192조 제2항에 의하여 그 지급시기는 소득금액변동통지에 의하여 비로소 확정된다고 보기 때문이라고 생각된다. 즉, 법인으로부터 소득이 유출되어 개인에게 귀속된 경우, 법인에게 그 소득세에 대한 원천징수의무가 성립되기 위해서는 소득세법 제127조 제1항에 의하여 법인의 개인에 대한 '소득의 지급'이라는 요건이 충족되어야 하는데, 여기서 '소득의 지급'이란 법인이 자신의 의사에 따라 능동적으로 개인에게 소득을 수여하는 것을 의미하므로 법인의 임원이나 주주가 법인의 소득을 횡령한 경우와 같이 법인의 의사와 무관하게

(또는 법인의 의사에 반하여) 법인의 소득이 밖으로 유출된 경우에는 원천징수의무의 성립요건이 되는 '소득의 지급'이 있었다고 볼 수 없어 결국 그 소득이 실제로 개인에게 귀속된 무렵에는 그 소득세에 대한 원천징수의무가 성립될 수 없다. 다만, 사후에 과세관청에 의한 소득처분과 소득금액변동통지가 있게 되면 소득세법 시행령 제192조 제2항에 의하여 그 통지시에 당해 '소득의 지급행위'가 있었던 것으로 의제되기 때문에 그때 가서야 비로소 원천징수의무가 성립되는 것이다. 이와 상반되는 취지의 대법원 1992. 3. 13. 선고 91누9527 판결과 대법원 1992. 7. 14. 선고 92누4048 판결이 있으나 위에서 본 판결들에 의하여 사실상 폐기된 것으로 볼 여지가 있고, 그것이 전원합의체 판결을 통하지 아니하였다는 점이 유감으로 남는다.

(3) 원천징수에 관련된 과세요건의 판단 기준시기

이와 같이 소득처분과 소득금액변동통지의 경우 원천징수의무와 원천납세의무의 성립시기에 상당한 괴리가 발생함에 따라 원천징수에 관련된 과세요건의 충족 여부를 어느 시점을 기준으로 판단할 것인지가 어려운 문제로 대두된다. 원천납세의무의 경우는 그 성립시기가 원칙적으로 당해 소득이 실제로 귀속된 시기라고 보므로 그 시점을 기준으로 법령을 적용하여 과세요건을 판단하고 그에 따라 납세의무를 규율하면 되므로 별 문세가 없다. 그러나 그와 대응관계에 있는 원천징수의무의 경우 그 성립시기가 소득금액변동통지 시점으로 보고 있으므로 소득금액변동통지 당시를 기준으로 과세요건을 판단할 수 있는지는 간단한 문제가 아니다.

먼저, 인정상여처분의 상대방인 대표자에 관하여 보면, 대법원 2008. 9. 18. 선고 2006다49789 전원합의체 판결이 판시하였듯이, 법인세법상의 대표자 인정상여제도는 그 대표자에게 그러한 소득이 발생한 사실에 바탕을 두는 것이 아니라 세법상의 부당행위계산을 방지하기 위하여 그러한 행위로 인정될 수 있는 일정한 사실에 대하여 그 실질에 관계 없이 무조건 대표자에 대한 상여로 간주하도록 하는데 그 취지가 있는 것이고 여기서 부당행위계산을 방지할 의무가 있는 자라 함은 실제로 부당행위계산이 이루어진 시점의 대표자, 즉 원천납세의무의 성립 시의 대표자라고 해야 할 것이므로 결국 이 자가 인정상여처분의 상대방이 된다고 보는 것이 타당하다. 소득금액변동통지시의 대표자는 당해 법인의 부당행위계산과는 아무런 관련이 없는 자이므로 단지 그때 소득금액변동통지가 이루어졌다는 이유만으로 인정상여처분의 상대방이 된다는 것은 옳지 않다. 대법원 1992. 7. 14. 선고 92누4048 판결 등도 같은 취지에 입각해 있고, 과세실무도 이와 같은 것으로 보인다.

다음으로, 제2차 납세의무를 부담하는 과점주주에 관하여 보면, 원천징수의무 불이행에 관하여도 제2차 납세의무가 성립하는지에 관하여는 대법원 1991. 1. 15. 선고 90누1960 판결과 대법원 1982. 5. 11. 선고 80누223 판결 등이 긍정설에 입각한 듯한 태도를 보이고 있고, 법인이 원천징수하여 납부할 국세도 당해 법인의 납세의무로 못 볼 바 아니라는 취지에서 이를 지지하는 학설도 있고, 과세실무도 긍정설의 입장에 있다. 이와 같은 긍정설의 입장에 선다면, 국세기본법 제39조 제1항이 '그 국세의 납세의무 성립일 현재 다음 각 호의 어느 하나에 해당하는 자는 그 부족한 금액에 대하여 제2차 납세의무를 진다'고 규정하고 있고, 대법원도 2006. 12. 22. 선고 2005두8498 판결에서 제2차 납세의무가 성립하기 위하여는 주된 납세의무자의 체납 등 그 요건에 해당하는 사실이 발생하여야 하는 것이고 그 성립시기는 적어도 '주된 납세의무의 납부기한'이 경과한 이후라고 판시하였으므로, 주된 납세의무인 원천징수의무는 소득금액변동통지가 이루어진 시점에 성립한다고 보는 이상 그에 따른 원천징수의무의 납부기한이 경과한 후의 과점주주가 제2차 납세의무를 부담한다고 해석하는 것이 타당하다. 대법원 1982. 5. 11. 선고 80누223 판결도 같은 취지에 입각해 있다.

원천징수세율이 변경된 경우에 관하여 보면, 원천징수의무는 기본적으로 원천납세의무의 성립을 전제로 하므로 원천납세의무의 범위를 초과할 수는 없다고 해야 할 것이다. 원천납세의무 성립 당시의 원천징수세율보다 원천징수의무 성립 당시의 원천징수세율이 더 높아진 경우 원천징수의무자로서는 원천징수세액을 국가에 납부하기 전이나 납부한 후에 원천납세의무자에게 그 세액을 받아내어야 하는데 원천납세의무자로서는 당해 소득이 자신에게 귀속된 과세연도의 원천징수세율 이상의 세율에 따른 부담을 질 필요가 없으므로 원천징수의무자에게 원천징수의무 성립 당시의 세율에 따른 원천징수납부의무가 있다고 한다면 결국 양 시점의 세율 차이로 인한 원천징수세액 차액에 대한 부담을 원천징수의무자에게 지우는 결과가 되므로 부당하다.

라. 원천징수의무와 원천납세의무의 소멸상 견련관계

(1) 원천납세의무자의 소득세 납세의무 이행

대법원 1989. 3. 14. 선고 85누451 판결과 대법원 1986. 10. 28. 선고 86누323 판결, 대법원 1974. 11. 12. 선고 74다224 판결 등은, 원천징수의무자는 그 징수대상이 되는 납세의무자와의 거래에 있어서 소정의 세율에 따른 원천징수세액을 징수하여 국가에 납부할 의무를 부담하고 있으나, 원천납세의무자가 납부할 소득세액이 전혀 없거나 또는 그 소득세를 이미 납부하였다면 납세의무는 성립하지 않거나 소멸되었다 할 것이므로, 그 후에 원천납세의무자에 대한 납세의무의 존속을 전제로 원천징수의무자에게 원천소득세를 부과징수하는 것은 원천징수의무가 없는 자에 대하여 세액을 징수하거나 이중으로 세액을 징수하는 것으로서 무효라 할 것이라고 판시하였다.

원천징수의무자의 법적 지위에 관하여 국가의 조세징수사무를 위탁받아 집행하는 공무수탁사인으로 보는 위탁징수기관설, 조세법상 사무관리에 해당한다는 사무관리인설, 민법상 법정대리관계로 보는 법정대리인설 등 다양한 견해가 개진되고 있으나, 어느 견해를 취하더라도 기본적으로 원천징수의무자는 국가를 대신하여 원천납세의무자로부터 소득세를 징수·납부하는 위탁징수기관의 지위에 있다는 점 자체는 부인할 수 없고, 그것이 다수설을 차지하고 있으므로, 원천납세의무자가 원천징수의무자를 경유하지 않고 직접 국가에 대하여 당해 소득세를 납부한 경우에는 그로써 국가의 과세권이 충족된 이상 원천징수의무자의 원천징수의무도 소멸한다고 보는 것이 타당하므로 위 판결은 당연한 법리를 확인한 것이라 할 수 있다.

그리고 대법원 1984. 4. 10. 선고 83누540 판결이 판시하였듯이, 원천징수의무자가 원천납세의무자로부터 원천징수를 하면 원천납세의무자의 납세의무가 소멸한다고 할 것이므로 원천징수의무자가 그 원천징수한 세액을 관할 세무관서에 납부하지 아니하였다 하더라도 그 원천징수한 세액의 범위 내에서는 원천납세의무자는 면책된다. 따라서 과세관청이 원천납세의무자에게 이 부분 소득세의 부과처분을 할 수 없다.

(2) 원천납세의무자에 대한 부과제척기간의 도과

기본적으로 원천납세의무가 부과제척기간의 도과로 소멸한 경우 원천납세의무의 성립을 전제로 하는 원천징수의무도 소멸할 수밖에 없다고 보는 것이 원천징수의무와 원천납세의무의 견련관계에 비추어 볼 때 타당하다. 반면에 원천징수의무는 소멸시효의 완성으로 소멸하더라도 원천납세의무자에 대한 부과제척기간이 도과되지 않는 이상 원천납세의무자의 소득세 납세의무는 소멸하지 않는다고 보아야 할 것이다. 왜냐하면 원천납세의무자의 소득세 납세의무의 성립은 원천징수의무의 성립을 당연한 전제로 하지 않기 때문이다. 일반적으로 소득처분과 소득금액변동통지의 경우 원천징수의무자에 대한 징수권의 소멸시효 기산일은 원천납세의무자에 대한 부과제척기간의 기산일보다 훨씬 늦기 때문에 원천징수의무가 원천납세의무보다 먼저 소멸하는 경우는 상정하기 어렵다. 이하에는 그 반대의 경우, 즉 원천납세의무의 부과제척기간이 도과되어 먼저 소멸된 경우 원천징수의무가 존속할 수 있는지에 관하여 살펴본다. 실제로 재판에서 이러한 사례가 자주 등장한다.

앞서 본 대법원 2008. 4. 24. 선고 2006두187 판결, 대법원 2006. 7. 27. 선고 2004두9944 판결은 과세관청이 사외유출된 익금가산액이 임원 또는 사용인에게 귀속된 것으로 보고 상여로 소득처분을 한 경우, 소득처분이 있게 되면 소득세법 제20조 제1항 제1호 (다)목 소정의 '법인세법에 의하여 상여로 처분된 금액'에 해당하여 근로소득세의 과세대상이 되고, 당해 소득금액은 부과처분의 대상이 되는 당해 사업연도 중에 근로를 제공한 날이 수입시기가 되므로, 소득의 귀속자의 종합소득세(근로소득세) 납세의무는 국세기본법 제21조 제1항 제1호가 정하는 바에 따라 당해 소득이 귀속된 과세기간이 종료하는 때에 성립한다고 판시하였다.

이와 같이 원천납세의무자의 소득세납세의무가 성립된 경우 그 소득세에 대한 부과제척의 기산일은 다음의 규정에 의하여 정할 수 있다. 국세기본법 제26조의2 제1항은 부과제척기간에 대하여 원칙적으로 소득세는 이를 부과할 수 있는 날부터 5년이 경과한 후에는 부과할 수 없고, 다만 납세자가 사기 기타 부정한 행위로써 국세를 포탈하거나 환급·공제받는 경우에는 10년, 납세자가 법정신고기한 내에 과세표준신고서를 제출하지 아니한 경우에는 7년(제2호)이 경과한 후에는 부과할 수 없다고 규정하고 있다. 그리고 위 규정의 위임에 따라 국세기본법 시행령 제12조의3 제1항 제1호는 과세표준과 세액을 신고하는 국세의 경우 부과제척기간은 당해 국세의 과세표준과 세액에 대한 신고기한 또는 신고서 제출기한의 다음 날부터 기산한다고 규정하고 있다.

위 규정에 의하면, 위 대법원판결들이 소득처분에 의한 소득 귀속자의 당해 소득에 대한 소득세 납세의무는 당해 소득이 귀속된 과세기간이 종료하는 때에 성립한다고 보고 있는 이상, 그 소득세에 대한 신고기한은 그 과세기간의 다음 연도 5월 31일까지이므로, 그 날이 도과한 6월 1일부터 그 소득세에 대한 부과제척기간이 진행된다고 보아야 한다. 따라서 그로부터 5년이 경과하면 원칙적으로 원천납세의무자의 소득세 납세의무는 소멸한다고 보아야 한다. 그렇다면 이와 같이 원천납세의무자의 소득세 납세의무가 소멸한 이후에는 그 소득에 관한 소득처분과 소득금액변동통지를 하더라도 그에 따른 원천징수의무가 성립될 수 없다고 해야 할 것이다. 대법원 2010. 1. 28. 선고 2007두20959 판결도 같은 취지이다.

여기서, 소득처분이 있어야 비로소 그 소득이 소득세법상 근로소득세 과세대상이 된다고 하면서도, 그 납세의무의 성립시기를 실제 귀속된 시점으로 소급시켜 그때부터 그 소득세의 부과제척기간이 기산된다고 하는 것은 과세권의 행사에 지나치게 불리한 영향을 준다는 비판이 있을 수 있다. 그렇다고 해서 소득금액변동통지시에 비로소 원천납세의무자의 소득세에 대한 부과제척기간이 기산된다고 하면 그 기산일이 지나치게 늦추어져 납세자에게 불리할 수 있다는 점에서 받아들이기 어렵다. 과세관청의 입장에서는 법인세의 부과제척기간 범위 내에서는 언제든지 소득처분을 할 수 있고, 그 부과제척기간은 최장 10년까지 연장되므로 과세관청이 소득처분의 시기를 늦추면 원천납세의무자의 부과제척기간이 부당하게 늘어나는 결과가 초래된다.

한편, 일본 판례는 우리와 다른 입장을 취하고 있다. 東京高裁 昭和 55년 10월 27일 선고 소53(행ㄱ) 제41호 판결은 현행의 원천징수제도하에서는 지불자의 원천납세의무(원천징수의무를 말함)와 수급자의 소득세 납세의무(원천납세의무를 말함)와는 법률상 아무런 관계가 없으므로 후자에 있어서 생기는 사유가 전자에게 법률상 영향을 전혀 미칠 수가 없기 때문에 수급자의 본래의 소득세납세의무가 경정의 기간제한을 경과하여 이미 과세관청에 의한 증액경정을 할 수 없는 시기가 도래한 경우에 있어서도 과세관청은 증액경정해야 할 소득세 상당액에 있어서 지불자에 대한 원천징수소득세액의 납세고지처분을 할 수 있다고 판시하였다. 위 판결은 일본 최고재판소 昭和 57년 1월 22일 선고 소56(행ツ) 제27호 판결에 의하여 그대로 확정되었다.

위 판결에서 원천징수의무와 원천납세의무가 법률상 아무런 관계가 없다고 본 논거를 보면 다음과 같다. 원천징수단계에서 징수납부한 소득세액은 원천납세의무자가 종합소득세를 신고·납부하는 과정에서 다시 재계산해야 하고, 원천징수의무자와 원천징수의무의 성립·확정시기절차는 원천납세의무자의 소득세 납세의무의 그것과 전혀 다르기 때문에 양 조세채무는 법률상 동일성이 없다고 해야 한다는 것이다. 이와 같이 원천징수세액과 원천납세의무자의 신고소득세 사이에 동일성이 없는 이상 그 재계산에 있어서도 양자 간의 청산조정이 이루어질 여지가 없고, 그 재계산은 원천납세의무자의 신고소득세액을 산출하기 위한 계산관계에 지나지 않는다고 해야 한다는 것이다.

위 일본 판결은 원천납세의무자에 대하여 더 이상 증액경정처분을 할 수 없게 되었더라도 원천징수의무자에 대하여 증액경정처분을 할 수 있는 경우에는 그러한 증액경정처분을 할 수 있다는 판시를 하기 위한 것으로서 일본 판결 특유의 국고주의에 치우친 판결이라고 할 수 있다. 위 판결의 취지에 따르면, 원천납세의무자의 소득세에 대한 부과제척기간의 경과로 과세관청이 더 이상 증액경정처분을 할 수 없는 상황에서 원천징수의무자에 대한 소멸시효가 남아 있다는 이유로 과세관청이 원천징수세액에 대한 증액징수처분을 함으로써 원천징수의무자가 그 증액된 징수세액 상당에 대하여 원천납세의무자에게 구상권을 행사하게 되면 결과적으로 원천납세의무자로서는 확정된 자신의 소득세 납세의무를 초과하는 소득세를 부담하게 되므로 부당하다.

그리고 원천납세의무가 소멸하기까지 하였다면, 원천징수의무는 그 근간이 소멸되었으므로 원천징수의무도 소멸한다고 보는 우리나라 판결의 입장이 타당하다고 여겨지고,

위 일본 판결도 이러한 경우에 대해서까지 여전히 원천징수의무자에 대한 징수처분이 가능하다는 취지까지 내포하고 있다고 보는 것은 무리가 아닌가 생각된다.

(3) 원천납세의무자의 사망

소득처분 외의 일반적인 경우 원천납세의무자가 사망하더라도 그 납세의무는 상속인들에 의한 상속포기나 한정승인이 없는 한 소멸하지 않고 그대로 상속인에게 승계되므로 원천징수의무의 존부에 영향을 미치지 못한다. 그러나 소득처분의 상대방인 원천납세의무자가 소득처분 및 소득금액변동통지 당시에 이미 사망한 경우라면 원천징수의무가 성립될 수 있는지 여부가 문제될 수 있다. 소득처분의 상대방이라고 하더라도 그 소득에 대한 원천납세의무자의 소득세 납세의무는 그 소득이 실제로 귀속된 과세연도에 성립한다고 보는 이상, 그 후 소득처분 및 소득금액변동통지 전에 원천납세의무자가 사망하였다고 하더라도 역시 상속인들에게 그 소득세 납세의무가 승계된다고 보아야 할 것이므로 원천징수의무의 성립에는 영향이 없다고 보는 것이 합리적이다.

그러나 대법원 판결 중에는 반대의 입장을 취한 것이 있다. 앞서 본 대법원 1992. 3. 13. 선고 91누9527 판결과 대법원 1992. 7. 14. 선고 92누4048 판결들인데, 소득처분으로 인한 소득자의 납세의무가 성립하려면 그 성립시기, 즉 당해 법인이 소득금액변동통지를 받은 때에 소득을 지급받은 것으로 의제되는 법인의 대표자 등이 생존해 있어야 하고, 그가 사망하여 법률관계의 주체가 될 수 없는 이상 사망한 자에게 소득이 지급된 것으로 의제할 수도 없으며 대표자의 지위를 상속에 의하여 승계할 수 없는 상속인들에게 지급된 것으로 의제할 수도 없으므로 법인의 대표자 등이 사망한 경우에는 납세의무 자체가 성립할 여지가 없어 상속으로 인한 승계도 있을 수 없다고 보아, 피고의 부과처분 중 위 소득처분에 상응하는 부분의 부과처분은 그 소득의 귀속에 관해 살필 것도 없이 위법하다는 원심의 판단을 수긍하면서, 소득의 귀속이 있은 대표자 등이 단지 소득금액변동통지 전에 사망하기만 하면 그 소득에 대한 일체의 납세의무(원천납세의무만이 아니라 종합소득세 납세의무까지)를 완전히 면하게 되는 것이 부당하다는 과세관청의 주장을 배척하였다.

그러나 위 판결들은 앞서 검토한 바와 같이 대법원 2008. 4. 24. 선고 2006두187 판결과 대법원 2006. 7. 27. 선고 2004두9944 판결에 의하여 사실상 폐기되었다고 볼 수 있으므로, 소득처분 및 소득금액변동통지 전에 원천납세의무자가 사망하였다고 하더라도 원천징수의무가 소멸하지 않는다고 보는 것이 타당하다.

제4편

부가가치세법

부가가치세 제도의 개요

　부가가치세는 사업자인 납세의무자가 창출한 부가가치를 과세대상으로 하여 과세하는 세금이다. 하지만 그 세금은 납세의무자가 부담하여 납부하는 것이 아니라 거래상대방으로부터 징수하여 납부함으로써 그 최종적인 부담이 소비자에게 전가되므로 간접세이자 소비세의 일종으로 분류되고 있다. 그 세액의 계산방법에 따라 가산법과 공제법으로 나누어진다. 가산법은 사업자가 창출한 부가가치의 구성요소인 임금·이자·지대·이윤 등을 합산한 금액에 세율을 곱하여 세액을 산정하는 방법으로서 이론적으로는 가능해 보이나 현실적으로 이를 집계하는 어려움이 있어 실제로 채택된 예는 찾아보기 어렵다. 반면에 현실적으로 가능한 공제법에는 전단계거래액공제법과 전단계세액공제법이 있는데, 전자는 각 사업자의 매출액에서 그 사업자의 매입액을 공제한 금액을 과세표준으로 하여 여기에 세율을 곱하여 세액을 산정하는 방법이고, 후자는 사업자의 매출액에 세율을 곱한 매출세액에서 매입액에 세율을 곱한 매입세액을 공제하여 세액을 산정하는 방법이다.

　부가가치세 제도가 처음 등장하였던 EEC(유럽경제공동체) 회원국에서는 대부분 전단계세액공제법의 형태를 취하고 있었는데, 투자재화나 용역의 매입에 관한 매입세액은 공제하지 아니하는 등 원시적이고 초보적인 수준에 머물러 있었다. 그래서 EEC에서는 경제통합을 위해서는 회원국들 간의 공통된 부가가치세제도를 정착시킬 필요가 있다는 인식하에 부가가치세 지침(directive)을 마련하여 회원국들이 수용하도록 하였는데, 여기에서 제대로 모습을 갖춘 전단계세액공제법이 채택되었다. 이 지침은 여러 차례 개정을 거쳐 오늘날까지 시행되고 있으며, 각 회원국들의 부가가치세법에 우선하여 적용하도록 하고 있다.

일본에서는 전통적으로 사업세의 형태로 소비세제를 운영하고 있었는데 여러 가지 폐단이 지적되어 이를 개조하기 위하여 미국의 도움을 받아 유럽의 전단계세액공제법을 도입하기 위한 시도를 하였으나 경제단체들의 반대에 부딪혀 제대로 시행되지 못하였다고 한다. 2003년부터는 위에서 본 공제법이 아니라 가산법에 유사한 형태로 부가가치할 사업세 제도를 시행하고 있다고 한다.

우리나라는 종래에 영업세, 유흥음식세, 통행세, 물품세, 직물류세, 석유류세, 전기가스세, 입장세, 주세, 전화세, 인지세 등 다양한 형태의 소비세제를 운영하고 있었으나 그 내용과 체계가 제각각이어서 적용영역이 중복되기도 하고 과세관청은 물론 납세자에게도 많은 불편을 초래하고 있어 세제의 개선이 시급하다는 비판의 목소리가 높았다. 이러한 상황에서 정부가 EEC의 전단계세액공제법에 눈길을 돌려 그 제도를 도입하고자 하였는데, 당시 일본의 경우처럼 학계와 경제계에서 반발이 많았다고 한다. 그럼에도 불구하고 정부의 강력한 의지로 위 제도를 도입하여 일정한 홍보기간을 거쳐 1977. 1. 1.부터 정식으로 시행하게 되었다. 이로써 우리나라는 선진화된 유럽형 전단계세액공제법을 도입한 아시아 최초의 국가가 되었으며 세계에서는 23번째 국가였다고 한다.[1]

전단계세액공제제도는 다단계 판매세의 단점인 중복과세 등의 폐단을 없애면서 단단계 판매세의 단점인 특정단계의 집중부과와 탈세위험을 없앤 것으로서 가장 이상적이고 선진적인 제도로 평가받고 있다. 이 제도는 납세의무자가 거래상대방에게 공급하는 가액에 대하여 부가가치세율을 곱한 세액을 거래징수하여 이를 매출세액으로 하고, 자신이 전단계사업자로부터 공급받은 가액에 대하여 거래징수당한 세액을 매입세액으로 하여 그 매출세액에서 매입세액을 공제한 차액을 납부세액 또는 환급세액으로 하는 것이다. 이로써 최초의 사업자 단계에서 최종소비자 단계에 이를 때까지 각 거래단계마다 창출된 부가가치에 대한 세액을 각 거래단계의 사업자가 납부하되, 그와 같이 창출된 부가가치 전체에 대한 세액의 부담은 최종소비자에게 귀착하게 된다. 그래서 부가가치세는 납세의무자와 담세자(최종소비자)가 다른 간접세이자 소비세로 분류되는 것이다.

이러한 전단계세액공제제도의 과세체계에 관하여 부가가치세법은 제29조와 제37조, 제38조에서 자세한 규정을 두고 있다. 즉, 부가가치세법 제37조 제1항에서 매출세액은 제29조에 따른 과세표준에 제30조의 세율을 적용하여 계산한 금액으로 한다고 하고, 제29조 제1항에서 재화 또는 용역의 공급에 대한 부가가치세의 과세표준은 해당 과세기간에 공급한 재화 또는 용역의 공급가액을 합한 금액으로 한다고 하고 있다. 그리고 제37조

---

1) 이성식, 부가가치세법해설, 조세신보사; 박종수, 유럽연합(EU)의 부가가치세법제에 관한 연구, 한국법제연구원 등 참조

제2항에서 납부세액은 제1항에 따른 매출세액에서 제38조에 따른 매입세액을 뺀 금액으로 하되, 매출세액을 초과하는 부분의 매입세액은 환급세액으로 한다고 하고, 제38조 제1항에서 매입세액은 사업자가 자기의 사업을 위하여 사용하였거나 사용할 목적으로 공급받은 재화 또는 용역에 대한 부가가치세액 등을 말한다고 규정하고 있다.

그리고 부가가치세의 부담이 최종소비자에게 전가되기 위해서는 앞서 언급하였듯이 거래상대방으로부터의 부가가치세 거래징수가 필수적인데, 이에 관하여는 부가가치세법 제31조에서 '사업자가 재화 또는 용역을 공급하는 때에는 제29조 제1항에 따른 공급가액에 제30조에 의한 세율을 적용하여 계산한 부가가치세를 그 공급을 받는 자로부터 징수하여야 한다'라고 규정하고 있다. 대법원 2011. 1. 20. 선고 2009두13474 전원합의체 판결도 위 규정의 취지는, 사업자로부터 징수하고 있는 부가가치세 상당액을 공급을 받는 자에게 차례로 전가시킴으로써 궁극적으로 최종소비자에게 이를 부담시키겠다는 것을 선언한 것이라고 판시하고 있다.

이러한 전단계세액공제제도에서는 매출세액에서 공제되는 매입세액에 자본재 매입에 관한 세액이 전액 포함되어 사업자에게 투자를 유인하는 긍정적인 측면이 있는 반면에, 단일의 부가가치세율을 적용함에 따라 최종소비자로서는 담세력에 관계 없이 동일한 세부담을 안게 되어 간접세가 갖는 세부담의 역진성이 있다는 부정적 측면도 지적되고 있다.

납세의무자

1. 사업자

가. 요건

부가가치세법 제3조는 사업자, 재화를 수입하는 자에 해당하는 자로서 개인, 법인(국가, 지방자치단체와 지방자치단체조합을 포함한다), 법인격이 없는 사단·재단 또는 그 밖의 단체를 납세의무자로 규정하고 있다. 그리고 부가가치세법 제2조 제1항은 사업자를 "영리목적의 유무에 불구하고 사업상 독립적으로 재화 또는 용역을 공급하는 자"로 정의하고 있다. 위 규정에서 알 수 있듯이 재화를 수입하는 자는 사업자가 아니더라도 부가가치세의 납세의무자가 된다. 그러나 앞서 본 바와 같이 부가가치세는 최종소비자에게 모두 전가되므로, 부가가치세의 경제적 담세자는 소비자이고, 사업자는 이를 거래징수하여 납부할 법률상의 납세의무자가 되는 것이다.

대법원 1997. 4. 25. 선고 96다40677 판결, 대법원 1999. 11. 12. 선고 99다33984 판결 등은 사업자의 의미에 관하여, 부가가치를 창출해 낼 수 있는 정도의 사업형태를 갖추고 계속적·반복적인 의사로 재화 또는 용역을 공급하는 자를 말한다고 판시하고 있다. 부가가치세법 제2조 제1항의 정의규정에 나와 있듯이 영리목적은 필요하지 않다. 부가가치세는 어느 거래단계의 사업자가 부가가치를 창출하였다 하더라도 그에 과세된 부가가치세액이 소비자에게 전가될 것을 예상하고 있으므로 사업성의 판단에 영리성을 필요로 하지는 아니하는 것이다. 독립적이라는 의미는 자기책임 또는 자기계산으로 한다는 뜻이고, 이를 요건으로 하는 이유는 고용계약에 의하여 종속적인 관계에 있는 근로자를 납세의무자에서 제외하기 위한 것이다. 종속적인 관계에 있는지 여부는 형식적인 조직이나 계약에 의하여 판단할 것이 아니라 실질적으로 경제적인 면에서는 물론 법적인 면에서도 독립된 지위에 있는지 여부에 따라 판단하여야 할 것이다.

사업이란 기업과 비슷한 의미로 사용되고 있는데, 통상 인적 자원과 물적 시설을 갖추고 이를 토대로 계속적이고 반복적인 영리활동을 하는 것을 말한다. 여기서 계속적이고 반복적이라 함은 재화나 용역의 공급이 계속 반복된다는 것으로서 단 한 번의 공급만이 있었더라도 장래 계속적이고 반복적 공급이 예정되어 있고 그 시작으로서 이루어졌다면 계속적·반복적인 공급으로 볼 수 있다. 대법원 2010. 9. 9. 선고 2010두8430 판결도 '사업상 독립적으로 재화 또는 용역을 공급하는 자'란 부가가치를 창출하여 낼 수 있는 정도의 사업형태를 갖추고 계속적이고 반복적인 의사로 재화 또는 용역을 공급하는 자를 뜻한다고 판시하고 있다. 이러한 법리를 토대로 하여 대법원 2013. 6. 28. 선고 2012두4975 판결은, 원고가 처음에 불특정 다수인에게 분양하거나 임대할 목적으로 상가건물을 취득하였고 규모나 금액이 크다고 하더라도, 중도금까지 지급한 상황에서 잔금을 마련하지 못하자 투자금 회수를 위하여 취득가액과 동일한 가액으로 상가분양권을 일괄하여 제3자에게 매도하였으며, 거래를 위한 광고를 하거나 사무실의 설치운영 또는 판매중개인 등의 활용 등과 같은 영업적인 활동을 수행한 바가 없었던 사안에서, 원고가 상가분양권을 매도한 행위에는 수익의 목적이나 계속성과 반복성이 없으므로 원고는 부동산매매업자에 해당하지 않아 부가가치세 납세의무자로 볼 수 없다고 판단하였다.

부가가치세 납세의무자는 재화나 용역을 공급하는 자이므로 재화나 용역을 공급한 후 그 공급가액에 상당하는 채권을 양도하였더라도 공급의 주체는 대금채권의 양수인이 아니라 당초의 공급자로 보아야 할 것이다. 대법원 2016. 2. 18. 선고 2014두13812 판결은, 어떤 사업자가 역무의 제공을 완료하였으나 그 공급가액이 확정되지 아니한 상태에서 다른 사업자에게 용역대금 채권을 양도하고 그 후 비로소 공급가액이 확정된 경우에는, 역무의 제공을 완료한 것은 당초 사업자일 뿐만 아니라 용역대금 채권의 양도로 공급자의 지위에 어떠한 영향을 미치지 못하므로 당초 사업자를 공급자로 보아야 한다고 판시하였다. 이 판결에서도 알 수 있듯이 부가가치세 납세의무자는 재화나 용역의 공급행위를 실제로 한 자로서 최초로 그 공급대가가 귀속되는 자를 말한다고 할 것이다. 다만, 그 공급대금채권을 양수한 자가 사업양수인에 해당하는 경우에는 국세기본법 제41조에 의하여 제2차 납세의무자가 될 수는 있을 것이다.

그리고 앞서 본 바와 같이 국가, 지방자치단체, 지방자치단체조합도 납세의무자에 포함되며, 다만 부가가치세법 제26조 제1항 제19호는 그 시행령 제46조에서 규정하고 있는 재화 또는 용역(우편용역, 여객운송용역, 부동산임대용역 등)을 제외하고는 면세하도록 규정하고 있다. 이와 관련하여 대법원 2017. 7. 11. 선고 2015두48754 판결은, 국가나 지방자치단체가 어느 단체에게 시설의 관리 등을 위탁하여 이를 사용·수익하게 하고, 그 단체가 자신의 명의와 계산으로 제3자에게 재화 또는 용역을 공급하는 경우에는, 국가나 지방자치단체가 거래 당사자로서 제3자에게 직접 재화나 용역을 공급한 것이 아니므로, 구 부가가치세법 제12조 제1항 제17호(현행 제26조 제1항 제19호)에 따른 면세사업을 영위한 것으로 볼 수 없고, 해당 시설을 목적물로 하여 그 단체에게 부동산임대 용역을 공급한 것으로 보아야 하며, 국가나 지방자치단체가 사업상 독립적으로 공급주체가 되어 이러한 부동산임대 용역을 공급한 경우에는 대가를 받지 않은 경우가 아닌 한 부가가치세가 과세되고, 관련 매입세액은 공제되는 것이며, 임대 용역에 제공되는 시설이 행정재산에 해당하거나 그 단체가 공급하는 재화 또는 용역이 해당 시설의 용도 등과 결부되어 공익적 성격을 갖더라도 그 사정만으로 달리 볼 것은 아니라고 판시하였다. 규정의 문언에 맞는 정확한 해석이다.

나. 공동사업자

부가가치세법 제3조는 납세의무자의 범위에 법인격 없는 사단·재단 이외의 단체도 포함시키고 있다. 이러한 단체에는 공동사업을 목적으로 하여 사업용 자산을 합유하는 조합 등이 해당할 수 있는데, 이러한 공동사업체 자체가 하나의 납세의무자가 된다. 같은 취지에서 대법원 2005. 7. 15. 선고 2003두5754 판결은, 주택조합은 법인격이 없는 단체에 해당하고 주택조합이 국민주택규모 초과분 아파트와 상가를 일반분양한 것은 사업상 독립적으로 재화를 공급하는 사업자로서 재화를 공급한 것이어서 위 주택조합이 부가가치세 납세의무자가 된다고 하였다. 그리고 대법원 2010. 9. 9. 선고 2010두8430 판결은, 집합건물의 소유 및 관리에 관한 법률 제23조의 규정에 따라 집합건물 및 부대시설의 관리에 관한 사업의 시행을 목적으로 설립된 관리단은 그 관리에 관한 종국적인 권한과 책임을 가지고 주차료를 징수하여 그 수입금액을 관리, 집행하는 업무를 계속적·반복적으로 수행하였다면 사업상 독립적으로 용역을 공급하는 자로서 부가가치세를 납부할 의무가 있는 사업자에 해당한다고 판시하였다. 비법인 사단이나 조합을 독립된 납세의무자로 보겠다는 취지이다.

여기서 공동사업체의 구성원들의 납세의무가 어떻게 되는지가 문제된다. 국세기본법 제25조 제1항은 공동사업에 관한 국세는 공동사업자가 연대하여 납부할 의무가 있다고 규정하고 있다. 그리고 소득세법은 제43조에서 공동사업의 경우에는 해당 사업을 경영하는 장소를 1거주자로 보아 공동사업장별로 소득금액을 계산하되, 공동사업을 경영하는 각 거주자 간에 약정된 손익분배비율에 의하여 분배되었거나 분배될 소득금액에 따라 각 공동사업자별로 분배한다는 규정을 두고 있다. 이는 국세기본법 제25조 제1항에 대한 특칙으로 볼 수 있다. 그러나 부가가치세법에는 이러한 특칙이 없다. 따라서 공동사업체의 구성원들은 국세기본법 제25조 제1항에 의하여 이익분배비율에 관계 없이 부가가치세 전체에 대하여 연대납세의무를 지게 된다. 이와 같이 소득세법과 부가가치세법이 납세의무를 달리하는 것은 소득세는 수득세인 반면에 부가가치세는 거래세라는 성격상의 차이에서 기인한 것이라고 할 수 있다. 같은 취지에서 대법원 1999. 7. 13. 선고 99두2222 판결과 대법원 2012. 6. 14. 선고 2012두3279 판결 등도 공동사업자는 그 사업장에 관계되는 부가가치세에 관하여 자신의 지분비율과는 상관없이 연대하여 그 전부를 납세할 의무를 부담한다고 보아야 한다고 판시하였다.

이와 같이 공동사업체 자체가 독립된 납세의무자가 되는 이상 그 공동사업체가 구성원 개인에게 재화나 용역을 제공하게 되면 제3자에 대한 공급과 다를 바 없으므로 부가가치세 과세대상인 재화나 용역의 공급으로 보아야 할 것이다. 조합에 있어서의 합유는 비법인 사단 등에 있어서의 총유만큼 단체성이 강하지는 않지만 조합의 재산은 조합원 개인재산과는 구별되는 독립성을 가지고 있고 부가가치세는 수득세가 아니라 거래세이므로 재산의 귀속이 구별되는 조합과 조합원 사이의 거래도 부가가치세의 과세대상으로 보는 것이 부가가치세의 취지에 부합한다고 하겠다. 그래서 대법원 1999. 4. 13. 선고 97누6100 판결은, 상가를 건축하여 임대업을 할 목적으로 결성된 조합이 사업자등록을 하고 독립한 계산하에 상가건물을 신축하여 조합 명의로 상당수의 점포를 임대하고 조합원들에게는 공유물 분할의 형식으로 점포를 분양한 경우, 조합원들에 대한 분양이 부가가치세법상 재화의 공급에 해당한다고 판시하였다.

다. 신탁법상의 수탁자

신탁법 제2조는 신탁이라 함은 위탁자와 수탁자가 특별한 신임관계에 기하여 위탁자가 특정의 재산권을 수탁자에게 이전하거나 기타의 처분을 하고 수탁자로 하여금 수익자의 이익을 위하여 또는 특정의 목적을 위하여 그 재산권을 관리·처분하게 하는 법률관계를 말한다고 규정하고 있다. 이와 같이 신탁법상의 신탁은 위탁자가 수탁자에게 특정한 재산권을 이전하거나 기타의 처분을 하여 수탁자로 하여금 신탁 목적을 위하여 그 재산권을 관리·처분하게 하는 것이다.

여기서 알 수 있듯이 신탁에는 위탁자와 수탁자 및 수익자가 있는데, 수탁자가 신탁받은 재산을 제3자에게 공급할 경우 그로 인한 부가가치세 납세의무자를 누구로 볼 것인지가 문제된다. 종래 대법원 판결들(대법원 2003. 4. 22. 선고 2000다57733, 57740 판결, 대법원 2003. 4. 25. 선고 99다59290 판결, 대법원 2003. 4. 25. 선고 2000다33034 판결, 대법원 2006. 1. 13. 선고 2005두2254 판결, 대법원 2008. 12. 24. 선고 2006두8372 판결 등)은 신탁재산의 공급에 따른 부가가치세의 납세의무자는 그 처분 등으로 발생한 이익과 비용이 최종적으로 귀속되는 신탁계약의 위탁자 또는 수익자라고 판시하였다. 이 때문에 앞서 국세징수절차 편에서 본 바와 같이 신탁재산의 공급으로 인한 부가가치세가 체납되더라도 이를 이유로 해서는 신탁재산을 압류할 수 없는 문제가 있었다.

이러한 문제점에 대한 인식에서 출발하여 부가가치세는 수득세가 아니라 거래세의 성격이 있다는 점을 중시하여 그 납세의무자를 위탁자 또는 수익자로 보지 않고 수탁자로 보아야 한다는 취지의 대법원 2017. 5. 18. 선고 2012두22485 전원합의체 판결이 선고되었다. 수탁자가 위탁자로부터 이전받은 신탁재산을 관리·처분하면서 재화를 공급하는 경우 수탁자 자신이 신탁재산에 대한 권리와 의무의 귀속주체로서 계약당사자가 되어 신탁업무를 처리한 것이므로, 이때의 부가가치세 납세의무자는 재화의 공급이라는 거래행위를 통하여 재화를 사용·소비할 수 있는 권한을 거래상대방에게 이전한 수탁자로 보아야 하고, 그 신탁재산의 관리·처분 등으로 발생한 이익과 비용이 거래상대방과 직접적인 법률관계를 형성한 바 없는 위탁자나 수익자에게 최종적으로 귀속된다는 사정만으로 달리 볼 것은 아니라는 것이다. 그리고 세금계산서 발급·교부 등을 필수적으로 수반하는 다단계 거래세인 부가가치세의 특성을 고려할 때, 위와 같이 신탁재산 처분에 따른 공급의 주체 및 납세의무자를 수탁자로 보아야 신탁과 관련한 부가가치세법상 거래 당사자를 쉽게 인식할 수 있고, 과세의 계기나 공급가액의 산정 등에서도 혼란을 방지할 수 있다고 덧붙였다. 종전 대법원 판결들은 부가가치세가 지니는 거래세의 속성을 등한시하여 거래의 주체와 납세의무의 주체를 분리시킴으로써 적잖은 문제점과 혼란을 야기하였었는데, 위 전원합의체 판결에 의하여 모두 폐기됨으로써 이러한 문제점들이 해소되었었다.

그러나 2017. 12. 19. 부가가치세법 제10조 제8항이 신설되면서, 신탁재산을 수탁자 명의로 매매할 때 위탁자가 직접 재화를 공급하는 것으로 본다고 하였고, 다만 위탁자의 채무이행을 담보할 목적으로 신탁계약을 체결한 경우로서 수탁자가 그 채무이행을 위하여 신탁재산을 처분하는 경우에는 수탁자가 재화를 공급하는 것으로 본다고 하였다. 이로써 입법에 의하여 다시 종전 대법원 판례의 입장으로 회귀하게 되었으며, 위 전원합의체 판결은 과도기적 판결로 그치게 되었다. 그러다가 다시 부가가치세법이 2020. 12. 22. 개정되면서 제3조 제2항이 신설되어 신탁재산과 관련된 재화 또는 용역을 공급하는 때에는 수탁자가 신탁재산별로 각각 별도의 납세의무자로서 부가가치세를 납부할 의무가 있다고 규정하였다. 다만, 제3항에서 신탁재산과 관련된 재화 또는 용역을 위탁자 명의로 공급하는 경우와 위탁자가 신탁재산을 실질적으로 지배·통제하는 경우 등의 경우에는 위탁자를 납세의무자로 규정하였다. 그리고 제3조의2에서는 수탁자가 납부하여야 하는 부가가치세 또는 강제징수비를 신탁재산으로 충당하여도 부족한 경우에는 그 신탁의 수익자는 지급받은 수익과 귀속된 재산의 가액을 합한 금액을 한도로 하여 그 부족한 금액에 대하여 제2차 납세의무를 지도록 하였다. 결국은 절충적인 방안을 택하게 되었다고 볼 수 있다.

라. 위탁매매의 위탁자

앞서 본 신탁법의 경우와 달리 부가가치세법 제10조 제7항은 위탁매매 또는 대리인에 의한 매매를 할 때에는 위탁자 또는 본인이 직접 재화를 공급하거나 공급받은 것으로 본다라고 함으로써 그 납세의무자가 위탁자 또는 본인이라고 규정하고 있다. 다만, 그 단서에서 위탁자 또는 본인을 알 수 없는 경우로서 대통령령으로 정하는 경우에는 수탁자 또는 대리인에게 재화를 공급하거나 수탁자 또는 대리인으로부터 재화를 공급받은 것으로 본다고 규정하고, 그 시행령 제21조는 위탁매매 또는 대리인에 의한 매매를 하는 해당 거래 또는 재화의 특성상 또는 보관·관리상 위탁자 또는 본인을 알 수 없는 경우를 말한다고 규정하고 있다.

위탁매매인지 여부가 다투어진 사례가 있어 소개한다. 여기서는 납세의무자를 누구로 볼 것인지가 문제된 것이 아니라 공급가액을 얼마로 볼 것인지가 문제되었다. 판매자와 최종수요자 사이에 중간단계의 사업자가 끼어 있을 경우 판매자가 중간단계의 사업자를 수탁자로 하는 위탁판매라면 과세대상이 되는 공급가액은 최종 수요자에 대한 공급가액이 될 것이고, 반면에 판매자가 중간단계의 사업자에게 판매한 것으로 보면 공급가액은 중간단계의 사업자에 대한 공급가액이 될 것이다. 즉 어느 경우로 보느냐에 따라 중간단계의 사업자가 취하는 이윤만큼 공급가액에 차이가 생기게 되어 부가가치세액이 달라지게 된다.

대법원 2025. 5. 15. 선고 2023두47473 판결이다. 원고는 화장품 등 도·소매업자이고 국군복지단은 군인들의 복리후생 업무를 담당하는 국방부 직할부대이다. 원고는 국군복지단과 사이에 '위·수탁거래계약서'를 작성하고, 국군복지단이 운영하는 군 마트에 화장품 등을 납품하였다. 국군복지단은 매월 군인에 대한 제품의 판매가격에서 위수탁 계약서에서 정한 복지금 등을 공제한 나머지 금액을 원고에게 지급하였고, 원고는 국군복지단에 판매한 것으로 보고 군인에 대한 제품의 판매가격에서 복지금을 공제한 금액을 공급대가로 하여 부가가치세를 신고·납부하였는데, 과세관청은 원고가 복지금과 관련하여 부가가치세의 신고·납부를 누락하였다고 보았다.

이에 관하여, 대법원은 위탁매매에 해당한다고 판단하고, 따라서 공급가액은 군인에 대한 제품의 판매가격이 되어야 한다고 함으로써 과세관청의 손을 들어 주었다. 그 주요 논거로는, 처분문서는 진정성립이 인정되면 특별한 사정이 없는 한 그 문언에 따라 의사 표시가 있었던 것으로 객관적으로 해석하여야 하는 점, 이 건 계약서는 명칭이 '위·수탁 거래 계약서'일 뿐 아니라, 내용 중에는 국군복지단이 업체가 납품한 상품을 국군복지단 명의로 판매 후 일정액의 수수료를 공제한 상품 판매대금을 업체에 지급하는 형태의 계약을 말한다는 정의와 함께, 이 건 제품과 같은 방식으로 군 마트에서 판매되는 물품을 '업체가 국군복지단에 판매를 위탁한 물품' 내지는 '위탁물품'으로 칭하는 부분 등이 포함되어 있는 점, 원고는 군마트에 제품을 공급한 즉시 국군복지단으로부터 대가를 지급받은 것이 아니라, 국군복지단이 군인에게 제품을 판매한 대금에서 복지금 등을 공제한 나머지를 매월 정기적으로 지급받은 점, 복지금은 계약서에서 정한 방식에 따라 제품 판매가격에 일정 비율을 곱하여 산정됨으로써 국군복지단에 귀속되는 복지금은 판매실적에 연동하여 액수가 정해진다는 점에서 위탁매매인이 통상적으로 실적에 따라 위탁자로부터 받는 수수료와 유사한 점, 국군복지단은 제품 판매 후 정산을 거쳐 사전에 정하여진 계산방식에 따른 복지금 등만 얻는 데에 그친 반면, 원고는 계약서에 따라 국군복지단에 제품을 납품한 이후에도 위 제품이 군인에게 판매되기까지의 일련의 과정에서 생기는 모든 비용과 제품의 손·망실, 훼손 등에 따른 위험을 부담한 것으로 보이는 점, 제품의 판매가격은 원고의 시중최저판매가에 원고가 입찰 당시 제시한 할인율 등을 적용하여 결정되었고, 국군복지단은 제품이 계약 당시 시중최저판매가보다 낮은 가격으로 판매되는 것이 확인되는 경우에만 예외적으로 원고에게 판매가격 인하 등의 조치를 취해줄 것을 요구할 수 있어 제품에 대한 가격결정권이 원고가 아닌 국군복지단에 있었다고 보기 어려운 점 등을 들고 있다.

이 사건의 원심에서는 계약서의 내용보다 실질을 중시하여 위탁매매가 아니라 국군복지단에 판매한 것으로 판단하였으나, 대법원은 계약서의 내용을 중시하고 이에 부합하는 일부 사실관계에 비중을 두어 원심과 달리 판단하였다. 동일한 사실관계를 놓고 법원의 심급별로 법적 성격의 판단을 달리한 사례이다.

2. 재화를 수입하는 자

가. 개념

앞서 본 바와 같이 부가가치세법 제3조는 재화를 수입하는 자를 납세의무자로 규정하고 있다. 수입되는 재화의 경우에는 외국의 사업자가 수입자인 국내의 사업자 또는 소비자에게 재화를 공급하는 것인데 재화의 공급자인 외국의 사업자에게는 우리나라의 과세권이 미치지 않으므로, 수입재화에 부가가치세를 과세하되 부가가치세법 제35조에 의하여 세관장이 관세징수의 예에 의하여 재화를 수입하는 자로부터 이를 징수하고 수입세금계산서도 세관장이 수입자에게 교부하도록 하고 있다. 따라서 세관장은 마치 외국의 사업자를 대신하는 위치에 있게 되는 것이고, 이처럼 재화의 수입에 대하여 수입국인 우리나라에서 부가가치세를 과세하는 것은 생산지와 소비지가 다를 경우 세계적인 추세인 소비지과세의 원칙을 따르기 때문이다. 재화의 수입에 부가가치세를 부과하지 않으면 국내에서 생산된 재화의 사용·소비에는 부가가치세를 부담시키면서 수입재화의 사용·소비에는 부가가치세를 부담시키지 않는 것이 되어 담세상의 불공평이 야기되고 이 때문에 국내사업자와 국외사업자 간의 경쟁에 있어서 국내사업자가 불리해지는 문제가 초래되므로 재화의 수입도 부가가치세의 과세거래에 포함시키는 것이다.

여기서 재화를 수입하는 자는 재화를 공급받는 자와 마찬가지로 그 재화를 실제로 수입한 자를 의미한다고 봄이 상당하다. 재화의 수입에 있어서는 수입신고명의인이 존재하게 되는데 그 명의인을 곧바로 납세의무자인 재화를 수입하는 자로 볼 수 없는 경우가 있다. 대법원 2011. 4. 28. 선고 2009두11539 판결은, 재화를 수입하는 자라 함은 그 수입의 효과가 실질적으로 귀속되는 자를 의미한다고 할 것이므로 단지 형식상의 수입신고명의인에 불과할 뿐 그 수입의 효과가 실질적으로 귀속되지 아니하는 자는 여기에 해당하지 않는다고 판시하였다. 여기서 수입의 효과가 실질적으로 귀속되는 자란 그 물품을 실제로 수입한 소유자뿐만 아니라 재화를 인취할 수 있는 실질적인 처분권한을 가지는 자, 즉 실질적으로 수입의 효과가 귀속되는 자를 말한다고 해석하여야 할 것이다. 실질과세의 원칙상 당연한 이치를 판시한 것으로 볼 수 있다. 관세법 제19조 제1항 제1호 본문은 관세의 납세의무자를 수입신고한 물품인 경우 그 물품을 수입한 화주라고 규정하고 있는데 대법원 2010. 4. 15. 선고 2009두21260 판결은 그 물품을 수입한 화주란 그 물품을 수입한 실제 소유자를 의미하고 이에 해당하는지 여부는 수출자와의 교섭, 신용장의 개설, 대금의 결제 등 수입절차의 관여 방법, 수입화물의 국내에서의 처분·판매의 방법의 실태, 당해 수입으로 인한 이익의 귀속관계 등의 사정을 종합하여 판단하여야 한다고 하므로 그 물품을 수입한 화주는 부가가치세의 납세의무자인 재화를 수입하는 자와 같은 의미로 해석할 수 있을 것이다.

그런데 수입의 효과가 실질적으로 귀속되는 자란 반드시 소유자에 국한되는 것은 아니라고 하겠다. 임차를 위하여 수입하는 경우에도 수입으로 보고 있고, 여신전문금융업법의 규정에 의한 시설대여업자가 관세법의 규정에 의하여 관세가 감면되거나 분할납부되는 물품을 수입하는 때에는 관세법 제105조 제1항에 의하여 대여시설이용자를 납세의무자로 하여 수입신고할 수 있으며 이 경우 대여시설이용자가 납세의무자로 되는 것이다.

나. 사례 분석

대법원 2011. 4. 28. 선고 2009두11539, 2009두11546(병합) 판결은, 원고는 외국법인인 A사가 싱가포르에서 국내로 보낸 선박용품을 A사가 지정하는 외국항행 선박에 운반하는 용역을 제공하고 수수료를 받기로 함에 따라 그 선박용품을 수입·통관 절차 없이 보세장치장에서 곧바로 A사가 지정하는 외국항행 선박에 운반하였으나 일부는 수입·통관 절차를 거쳐 원고의 국내창고에 일시 보관하였다가 운반하였는데, 선하증권, 상업송장 등 선적서류상의 수하인은 원고로 되어 있었으나 원고가 제3자에 대하여 그 선박용품의 소유권이 A사에 귀속됨을 분명히 밝히고 그 소유권의 보호를 위한 모든 조치를 취하도록 약정하였으며 A사는 국내사업장인 A사 국내지점을 두고 그 선박용품의 판매수입도 A사 국내지점의 국내원천소득의 범위에 포함시킨 사안에서, 위 선박용품의 실질적인 수입자는 원고가 아니라 A사의 국내사업장인 A사 지점이라고 판시하였다. 이 사안에서 원고는 운반대행용역업체일 뿐 실제 수요자가 아니고 그 선박용품의 공급에 관한 교섭과 대금의 결제, 이익의 귀속관계 등을 보더라도 원고가 아닌 A사 국내지점이라고 할 수 있어 원고를 부가가치세 납세의무자인 재화를 수입하는 자로 보기는 어렵다고 할 것이다.

그리고 대법원 2015. 11. 27. 선고 2014두2270 판결은, 원고가 운영하는 인터넷쇼핑몰을 통해 국내소비자가 해외 판매자인 A사로부터 건강기능식품 등을 직접 구매하고 소액면세물품으로 배송받아 관세 등을 면제받았는데, 그 인터넷쇼핑몰은 국내 소비자만을 대상으로 개설되어 판매물품의 현금결제, 반품 및 환불이 국내에서 이루어졌으며, 반품된 물품이 원고에 의하여 국내에서 전량 재판매되거나 폐기처분되었고, 원고가 판매대금 중 일부를 자신의 부동산 구입자금 등으로 사용한 데 대하여, 과세관청은 원고가 인터넷쇼핑몰을 실질적으로 운영하면서 건강기능식품을 수입하여 국내 소비자에게 판매하였다고 보아 원고를 부가가치세 납세의무자로 본 사안에서, 국내 소비자가 해외 판매자로부터 물품을 직접 주문하여 국내 소비자 명의로 배송이 이루어지고 그 명의로 수입 통관절차를 거친 경우에는 국내 소비자의 편의나 해외 판매자의 판매촉진·반품 등과 관련하여 일부 보조적 행위를 한 국내사업자가 따로 있다고 하더라도 특별한 사정이 없는 한 물품을 수입한 실제 소유자는 국내사업자가 아니라 국내 소비자라고 봄이 타당하다고 판시하였다.

이 사안에서는 제1심과 원심은 실질과세의 원칙에 의하여 거래의 실질은 국내사업자가 해외 판매자에게서 수입한 것을 국내소비자에게 판매한 것으로 볼 수 있다는 입장을 취하였는데, 이에 대하여 대법원은, 거래의 실질이 국내사업자가 해외 판매자로부터 직접 수입하여 다시 국내 소비자에게 판매하는 거래에 해당하는 경우라면 그 물품을 수입한 실제 소유자를 국내사업자로 볼 수 있겠지만, 그와 같은 경우에 해당하기 위해서는 해외 판매자와 국내사업자, 그리고 국내사업자와 국내 소비자 간의 2단계 거래가 실질적으로 존재하는 사정 등이 증명되어야 하고, 설령 국내사업자가 해외 판매자를 실질적으로 지배·관리하면서 그 소득이나 수익을 지배·관리하였다고 하더라도 이는 국내사업자를 실질적인 해외 판매자로 보아 그와 국내 소비자 간에 수입 거래가 있었다고 할 수는 있을지언정 국내사업자와 국내 소비자 간에 별도의 국내 거래가 있었다고 단정할 수는 없다고 판시하였다. 거래의 형식만을 보면 국내 소비자가 직접적인 수입자임이 분명하고 그 실질이 형식을 뒤집을 만큼 다르다고 볼 증거가 부족한 사안이었으므로 대법원의 판단이 적절하다고 하겠다.

사업장과 사업자등록

1. 사업장

가. 사업장 단위 과세의 원칙

부가가치세법 제6조는 제1항에서 사업자의 부가가치세 납세지는 각 사업장의 소재지로 한다고 규정하면서, 제2항에서 그 사업장은 사업자가 사업을 위하여 거래의 전부 또는 일부를 하는 고정된 장소로 한다고 하며 자세한 내용에 관하여는 부가가치세법 시행령 제8조에서 규정하고 있다. 그리고 부가가치세법 제6조 제3항에서는 사업자가 제2항에 따른 사업장을 두지 아니하면 사업자의 주소 또는 거소를 사업장으로 한다고 규정하고 있다. 따라서 부가가치세는 사업장마다 신고·납부하여야 하므로 원칙적으로 사업장 소재지가 신고·납세지가 된다. 본래 부가가치세란 간접세로서 자본이나 노동과 같은 생산요소가 결합하는 단위를 과세단위로 삼는 세제이므로 직접세에서 필요로 하는 법인격 유무 등의 인적 요소는 중요하지 않다고 할 수 있다. 이러한 사업장 단위의 개념은 EU 부가가치세법 지침(EU Council Directive 2006/112/EC) 제9조[2]의 Taxable Person에 관한 정의규정에도 나타나 있다.

---

2) 'Taxable person' shall mean any person who, independently, carries out in any place any economic activity, whatever the purpose or results of that activity.

나. 사업장 단위 과세에 대한 예외

사업장 과세의 원칙에도 불구하고 부가가치세법 제8조 제3항은 사업장이 둘 이상인 사업자는 사업자 단위로 해당 사업자의 본점 또는 주사무소 관할 세무서장에게 사업자 등록신청을 할 수 있다고 규정하면서 이를 '사업자 단위 과세사업자'라고 칭하고, 부가가 치세법 제6조 제4항은 위와 같은 사업자 단위 과세사업자는 각 사업장을 대신하여 그 사업자의 본점 또는 주사무소의 소재지를 납세지로 한다고 규정하고 있다. 2003. 12. 30. 부가가치세법 개정시 신설되어 2005. 1. 1.부터 적용된 사업자 단위 신고·납부제도에서 는 사업자등록, 세금계산서 및 영수증의 수수, 납세관리인, 질문·조사는 사업장별로 하 고 그 이외의 나머지 사항에 대해서는 사업자 단위로 하게 되었으나 2008. 1. 1.부터 시행 된 사업자 단위 과세제도하에서는 신고·납부뿐만 아니라 사업자등록, 세금계산서 교부 까지 사업자 단위로 할 수 있게 되었다.

한편, 부가가치세법 제51조 제1항은 사업장이 둘 이상인 사업자가 주된 사업장의 관할 세무서장에게 주사업장 총괄납부를 신청한 경우에는 납부할 세액을 주된 사업장에서 총 괄하여 납부할 수 있도록 하였다. 이 경우는 사업자등록은 각 사업장마다 하여야 하는 점에서 위에서 본 사업자 단위 과세사업자와 차이가 있다. 이러한 주사업장 총괄납부제 도하에서는 납부세액의 계산에 관하여 사업장 간의 통산이 허용되고 그 납부도 총괄하 여 할 수 있다는 것일 뿐 납부의무 이외의 신고의무 등 각종 의무는 사업장마다 이행하 여야 한다. 납부를 주된 사업장에서 총괄한다는 점에서는 사업자 단위 과세사업자와 비 슷하다. 따라서 주사업장 총괄납부 사업자가 예정신고 또는 확정신고를 하면서 주사업장 총괄납부만을 하고 종된 사업장 관할 세무서장에게 신고하지 아니하면 종된 사업장 분 은 무신고가 되어 가산세 등의 제재가 따른다. 또한, 영세율 등 조기환급신고, 매입처 별·매출처별세금계산서합계표의 제출, 사업자등록, 기장의무 등은 사업장별로 하여야 하므로 납부세액이 아닌 매출세액이나 매입세액은 통산할 수 없다. 대법원 1989. 6. 27. 선고 88누9497 판결도 주사업장 총괄납부승인을 받은 사업자라 하더라도 부가가치세는 사업장마다 납부하여야 한다는 기본원칙에 따라 그 과세표준 및 세액의 신고는 각 사업 장에서 소관 세무서장에게 하여야 하며, 위 총괄납부승인제도는 단지 그 세액의 납부 또 는 환급만을 주된 사업장에서 총괄처리케 함으로써 사업자의 자금관리 등 편의와 세무 관서의 행정능률을 제고하려는 것에 불과하므로 어느 사업장에서 한 과세표준 및 세액 의 신고에 오류나 탈루가 있을 때에는 그 소관 세무서장이 이를 조사하여 경정처분을 하는 것이라고 판시하였다.

다. 사업장 간의 공급의제

부가가치세법상 공급의제라 함은 본래 의미의 '재화의 공급'의 요건을 갖추지 못하였으나 재화의 공급으로 간주하는 것을 말한다. 부가가치세법 제10조 제3항은 사업장이 둘 이상인 사업자가 자기의 사업과 관련하여 생산 또는 취득한 재화를 판매할 목적으로 다른 사업장에 반출하는 것은 재화의 공급으로 본다고 규정하고 있다. 다만, 사업자 단위 과세사업자의 적용을 받는 과세기간에 자기의 다른 사업장에 반출하는 경우와 주사업장 총괄납부의 적용을 받는 과세기간에 자기의 다른 사업장에 반출하는 경우는 공급으로 보지 아니하도록 하였다. 이러한 경우들은 사업자나 주사업장에서 통산하여 납부세액을 계산하여 납부함에 따라 사업장간의 공급에 관한 부가가치세는 상계가 이루어져 실질적인 추가 납세가 이루어지지 아니하므로 굳이 사업장 간의 반출을 재화의 공급으로 의제할 필요가 없기 때문이다.

이러한 공급의제의 취지에 관하여 대법원 2012. 5. 9. 선고 2010두23170 판결은, 사업장 과세의 원칙에 따라 과세거래를 용이하게 파악하고 납세자의 자금부담을 완화시켜 주려는 데 있다고 설명하고 있다. 이와 같이 공급의제를 하지 않으면 동일한 사업자에게 제조사업장과 판매사업장이 있다고 했을 경우 매입만 발생하고 매출은 없는 제조사업장에서는 환급세액이 생기나 매입은 없고 매출만 있는 판매사업장에서는 매출세액이 생겨 결국 그 사업자는 매출세액은 신고납부기한 내에 납부하면서 환급세액은 신고기한 경과 후 30일 내에 환급받게 되므로 자금부담이 따르게 되기 때문이다.

이러한 공급의제가 적용되기 위해서는 과세사업자가 자기의 사업과 관련하여 생산·취득한 재화를 반출하여야 하고, 직접 판매할 목적으로 재화를 반출하여야 한다. 판매목적이 아닌 보관·관리목적만으로 반출하는 것은 제외된다. 같은 취지에서 부가가치세법 기본통칙(10-0-1)도 자기의 다른 사업장에서 원료·자재 등으로 사용·소비하기 위하여 반출하는 경우 등은 재화의 공급으로 보지 아니한다고 규정하고 있다. 그리고 동일한 사업자가 운영하는 다른 사업장으로 반출하는 것이어야 한다.

이러한 공급의제의 경우 그 공급가액에 관하여는 부가가치세법 제29조 제3항 제5호에서 재화의 취득가액 등을 기준으로 하여 대통령령이 정하는 가액이라고 규정하고, 부가가치세법 시행령 제60조 제1항은 이에 관하여 소득세법 시행령 제89조 또는 법인세법 시행령 제72조 제2항 및 제4항에 따른 취득가액을 말한다고 하면서, 다만 취득가액에 일정액을 더하여 공급하여 자기의 다른 사업장에 반출하는 경우에는 그 취득가액에 일정액을 더한 금액을 공급가액으로 본다고 규정하고 있다.

라. 사업장과의 관련성

부가가치세의 납부세액은 매출세액에서 매입세액을 공제하여 산정하는데, 2개 이상의 사업장이 있는 경우 매입세액 공제의 장소와 관련하여서는 견해의 대립이 있다. 사업장 과세원칙을 엄격히 적용하여 당해 사업장과 관련된 매입세액에 한하여 공제를 허용하는 견해와 매입세액 공제의 기능이 자본재에 대한 세 부담을 없애는 것으로서, 세 부담의 전가에 의의가 있고 매출세액에 대응하거나 직접 관련이 있는 것도 아니므로 매입세액이 명백하다면 세액이 부담된 재화 또는 용역을 사용하는 사업장이 아니더라도 공제를 허용하는 견해의 대립이 그것이다.

전자의 입장에 가까운 대법원 2006. 1. 26. 선고 2005두14608 판결은, 원고가 기존의 사업장에서 부동산임대업을 하던 중 타인과 동업으로 다른 부동산의 임대업을 추가로 하기 위해 신규부동산을 공동으로 구입하여 자기지분 상당액의 대금을 지급하고 그 지분에 대한 소유권이전등기를 마친 다음, 그 대금 상당액을 공급가액으로, 기존사업장을 공급받는 자로 각 기재한 세금계산서를 교부받아 기존사업장의 부가가치세 신고시 그 매입세액을 공제한 사안에서, 부동산임대업에서는 부동산의 등기부상 소재지가 사업장이므로 원고의 기존사업장과 신규건물의 소재지인 신규사업장은 별개의 사업장으로 보아야 한다고 전제하고, 위 세금계산서는 신규사업장과 관련하여 공급받은 재화에 대하여 기존사업장의 등록번호를 기재한 것이므로 사실과 다른 세금계산서에 해당하여 매입세액 공제를 받을 수 없다고 판단하였다.

종래 대법원 2006. 12. 22. 선고 2005두1497 판결 등이 용역을 공급받는 자가 누구인지를 결정함에 있어서는 당해 용역공급의 원인이 되는 계약의 당사자 및 그 내용, 위 용역의 공급은 누구를 위하여 이루어지는 것이며 그 대가의 지급관계는 어떠한지 등 제반 사정을 고려하여야 한다고 판시하였던 점에 비추어 볼 때, 계약체결 및 대금결제의 주체가 누구인지에 대한 구체적인 언급 없이 사업장이 다르다는 이유만을 들어 '사실과 다른 세금계산서'에 해당한다고 본 결론의 타당성에 대해서는 의문이 있다. 따라서 위 판결은 신규사업장의 주체(원고와 타인)와 기존사업장의 주체(원고)가 다르다는 점에 주목하여 매입세액의 공제를 부인한 사례판결일 뿐 사업주체가 동일한 본점과 지점의 관계에서도 동일하게 적용되는 일반적인 법리를 선언한 판결로 받아들이기는 어렵다고 생각된다.

후자의 입장을 취한 대법원 2009. 5. 14. 선고 2007두4896 판결은, 원고의 서울사무소는 이천물류창고를 포함한 원고의 모든 사업장들에 대한 경영관리업무를 총괄하는 사업장으로서, 이천물류창고에 대한 관리용역 등을 공급받는 계약을 체결하고 그 대금을 지급한 후 서울사무소가 공급받는 자로 기재된 이 사건 세금계산서를 교부받은 후 서울사무소의 매입처별세금계산서합계표에 기재하여 그 매입세액을 공제하고 부가가치세를 신고한 사안에서, 구 부가가치세법 제5조(현행 제8조) 제1항이 사업을 개시하는 자로 하여금 사업장마다 사업자등록을 하도록 규정함으로써 사업장을 실질적인 납세단위로 삼고 있으므로 동일한 사업자에게 둘 이상의 사업장이 있는 경우 '용역을 공급받는 자'라 함은 계약상 또는 법률상의 원인에 의하여 역무 등을 제공받는 사업장을 의미한다고 할 것인바, 계약상의 원인에 의하여 용역을 공급받는 사업장이 어느 사업장인가를 결정함에 있어서는 당해 용역공급의 원인이 되는 계약의 체결과 대금의 지급을 어느 사업장에서 하였으며 용역공급이 어느 사업장을 위한 것인지, 계약체결의 경위와 각 사업장 간의 상호관계는 어떠한지 등의 제반 사정을 고려하여야 할 것이라고 전제한 다음, 위 관리용역을 공급받는 자는 서울사무소라 할 것이므로 이 사건 세금계산서는 공급받는 자가 사실과 다르게 기재된 세금계산서에 해당하지 않는다고 판단하였다. 여기서의 세금계산서는 서울사무소가 아닌 이천물류창고에 대한 용역에 대한 것임에도 서울사무소의 매입세액으로 인정한 것은 사업장 관련성을 엄격하게 요구하지 않았다고 할 수 있다.

그런데 대법원 2021. 10. 28. 선고 2021두39447 판결은, 원고 본점과 용인시 소재 물류센터인 용인사업장을 보유한 원고가 A사와 물류대행서비스계약을 체결하고 용역을 공급받은 사업장은 본점이지 용인사업장이 아니라는 이유로 그 용역에 관하여 '공급받는 자'를 용인사업장으로 하여 작성된 세금계산서는 '사실과 다른 세금계산서'에 해당한다고 판시함으로써 다소 엄격한 입장을 취하였다. 그러나 이 사안에서는 용역이 공급되는 기간 중 용인사업장에는 사업자등록도 제대로 되어 있지 않았고 직원도 제대로 상주시키지 않아서 사업장이라기 보다는 하치장 정도의 수준에 머물렀다고 볼 여지가 많았다. 그리고 이 사건 원고는 이 부분 용역에 관하여 나중에 본점 사업장에서 매입세액공제를 받았다. 그래서 굳이 관대하게 적법한 세금계산서로 인정해 줄 만한 명분이 적었다고 할 수 있다.

2. 사업자등록

가. 관련 규정

부가가치세법 제8조는 사업자등록에 관하여 규정하고 있다. 먼저 제1항은 원칙으로서 사업자는 사업장마다 사업개시일부터 20일 이내에 사업장 관할 세무서장에게 사업자등록을 신청하도록 규정하고, 신규로 사업을 시작하려는 자는 사업개시일 이전이라도 사업자등록을 신청할 수 있도록 규정하고 있고, 제3항은 사업자 단위 과세사업자의 경우에는 사업장이 둘 이상이더라도 사업자 단위로 해당 사업자의 본점 또는 주사무소 관할 세무서장에게 등록을 신청할 수 있도록 규정하고 있다. 그리고 제4항은 사업장 단위로 등록한 사업자가 사업자 단위 과세사업자로 변경하려면 사업자 단위 과세사업자로 적용받으려는 과세기간 개시 20일 전까지 사업자의 본점 또는 주사무소 관할 세무서장에게 변경등록을 신청하여야 하고, 그 반대의 경우도 마찬가지로 하도록 규정하고 있다. 제5항은 사업자등록신청을 받은 사업장 관할 세무서장은 사업자등록을 하고 등록번호가 부여된 사업자등록증을 사업자에게 발급하도록 규정하고 있다. 그리고 등록한 사업자가 휴업 또는 폐업을 하거나 등록사항이 변경되면 지체 없이 신고하도록 규정하고 등록을 신청한 자가 사실상 사업을 시작하지 아니하게 된 경우에도 마찬가지라고 규정하고 있다. 또한 제7항은 사업장 관할 세무서장은 등록된 사업자가 폐업하거나 등록신청을 하고도 사실상 사업을 시작하지 아니하게 된 경우에는 지체 없이 사업자등록을 말소하도록 규정하고 있다. 한편, 부가가치세법 시행령 제11조 제6항은 사업자가 사업자등록을 하지 아니하는 경우에는 관할 세무서장이 조사하여 직권으로 등록할 수 있도록 규정하고 있다.

나. 사업자등록의 의의와 절차

(1) 사업자등록의 의의

부가가치세법상의 사업을 신규로 개시하는 자가 위의 규정에 따라 사업장마다 법정기한 내에 사업자의 상호, 성명, 주민등록번호 및 사업장소재지와 사업의 종류, 사업개시일, 자본금, 주요취급품목, 주요거래처 등의 사업내용의 주요사항을 사업장 관할 세무서장에게 등록하는 것을 사업자등록이라고 한다. 사업자등록은 과세관청으로 하여금 납세의무자의 파악과 그 동태·사업내용 등을 쉽게 알 수 있도록 하면서 납세번호를 모든 거래관계 서류에 명시하도록 하여 과세자료의 양성화를 통해 근거과세 및 공평과세를 실현하도록 하기 위하여 설정된 제도이다. 사업자등록을 해야만 사업할 수 있는 권리가 부여되는 것은 아니므로 허가나 특허, 인가 등과는 성격이 다르다. 사업자등록은 부가가치세법상 납세의무자에게만 그 의무가 지워진다. 그러므로 부가가치세 납세의무가 없는 면세사업자에게는 부가가치세법상의 사업자등록의무도 없다.

위 규정에서 본 바와 같이 신규로 사업을 개시하는 자가 사업자등록 대상자이며, 사업을 개시하는 자이면 사업개시일 후는 물론 임대계약 전, 시공 중, 건설 중 등과 같이 사업개시일 전이라도 등록할 수 있다. 이는 신규로 사업을 개시하기 위한 준비기간 중에 발생하게 될 매입세액, 예컨대 공장을 신축하기 위하여 건축자재를 구입하거나 사무용 비품 등을 구입하는 경우에 그 매입세액을 환급하여 줌으로써 신규사업자의 조세부담을 잠정적으로 경감시켜 주고자 함에 그 목적이 있다. 그리고 사업자가 폐업하거나 사업개시일 전 등록한 후 사실상 사업을 개시하지 아니함으로써 위 규정에서 본 바와 같이 사업자등록이 말소된 자가 다시 당해 사업 혹은 신규사업을 개시하고자 하는 때에도 사업자등록을 하여야 한다.

그리고 사업자등록은 사업장마다 하여야 하는 것이 원칙이고, 사업자 단위 과세사업자의 경우는 예외이다. 사업장은 사업자 또는 그 사용인이 상시 주재하여 거래의 전부 또는 일부를 행하는 장소이다. 사업자등록은 사람을 기준으로 하는 것이 아니고 사업장을 기준으로 하는 것이므로 어느 한 사업장을 경영하면서 사업자등록을 했다고 하더라도 그 외에 또 다른 사업을 신규로 개시하면 그 신규사업장도 등록해야 한다.

대법원 2013. 12. 26. 선고 2013두17800 판결은, 동일한 납세의무자라도 사업자 단위 과세사업자가 아닌 자는 사업장마다 사업자등록을 하고 그 사업장마다 부가가치세를 별도로 계산하여 신고·납부하여야 하므로, 2 이상의 사업장을 가진 사업자가 지점에 관하여 별도의 사업자등록을 아니한 탓으로 지점의 공급가액을 본점의 공급가액에 포함시켜 부가가치세를 계산하고 그 예정 및 확정신고를 본점의 관할 세무서장에게 하였다면 그 신고는 본점과 별개의 사업장인 지점에 관한 예정 및 확정신고로서는 효력이 없다고 판시하였다.

(2) 사업자등록 신청

부가가치세법 시행령 제11조 제1항에 의하면, 사업자등록을 하고자 하는 사업자는 사업장마다 사업자의 인적사항, 사업자등록 신청사유, 사업개시 연월일 또는 사업장 설치 착수연월일, 기타 참고사항을 기재한 사업자등록신청서에 제3항에서 규정하고 있는 서류들을 첨부하여 관할 세무서장에게 제출하여야 한다. 사업자등록신청의 법적 성질에 있어서는 관할 세무서장의 수리가 필요한 행위인지에 관하여 논란이 있다. 사업자등록신청은 관할 세무서장에 대한 사인의 일방적 통지로서 신고에 해당하므로 그것이 관할 세무서장에게 제출되는 때에 관계법이 정하는 법적 효과가 발생하는 것이며 관할 세무서장의 별도의 수리행위가 필요한 것은 아니라는 견해와 사업자등록신청은 관할 세무서장에게 사업자등록을 해줄 것을 청구하는 의사표시인 신청에 해당하므로 사업자의 등록신청만이 있다고 하여 부가가치세법상 사업자등록이 있었다고 보기는 어렵고 적어도 관할 세무서장의 수리행위가 있어야 한다는 견해로 나눈다.

대법원 1983. 6. 14. 선고 81누416 판결, 대법원 2000. 12. 22. 선고 99두6903 판결 등은, 사업개시일 이후의 사업자등록신청에 관하여는 신고로 보아 '사업자등록은 단순한 사업사실의 신고로서 사업자가 관할 세무서장에게 소정의 사업자등록신청서를 제출함으로써 성립되는 것이고 사업자등록증의 교부는 그 등록사실을 증명하는 증서의 교부행위에 불과하다'고 판시하였다. 그런데 대법원 1987. 2. 10. 선고 85누53 판결은 사업개시일 이전의 사업자등록신청에 관하여는 '법 제17조 제2항 제5호에 의하여 매출세액에서 공제하지 않도록 되어 있는 등록을 하기 전의 매입세액이란 적법한 등록신청의 수리가 되기 전의 매입세액을 의미한다'고 하였다. 후자 판결의 경우 수리를 요하는 행위로 보는 것을 전제로 하고 있는데, 이와 같이 대법원이 사업 개시 전의 사업자등록신청을 수리를 요하는 행위로 보는 이유는 아래에서 보는 바와 같이 사업을 개시하지 아니할 것으로 인정되는 경우에는 등록을 거부할 수 있도록 하는 규정이 있어 사업개시 가능성을 심사하도록 하고 있기 때문으로 보인다.

(3) 사업자등록의 거부

부가가치세법 시행령 제11조 제7항은 신규로 사업을 개시하고자 하는 자로부터 사업 개시일 전에 사업자등록의 신청을 받은 세무서장은 신청자가 사업을 사실상 개시하지 아니할 것이라고 인정되는 때에는 등록을 거부할 수 있도록 규정하고 있다. 이 외에는 등록을 거부할 수 있는 경우에 관한 규정이 없다. 사업을 개시한 후에 사업자등록신청을 한 경우에는 그 사업에 필요한 허가 등의 요건을 갖추지 못하였다고 하더라도 부가가치세법 시행령 제11조 제12항에 의하여 10일 이내에 보정을 요구하고 그 보정이 될 때까지 사실상 그 수리를 거부하는 수밖에 없을 것으로 보인다. 그러나 이 경우는 앞서 대법원 판결에서 본 바와 같이 수리를 요하는 행위로 보지 않고 있으므로 신청의 요건을 갖추었는지 여부에 따라 그 신청의 효력을 가려야 할 것이다.

사업자등록신청의 수리거부가 행정처분에 해당하는가에 관하여는, 등록신청과 수리는 사업사실 내용의 신고와 이를 인정하는 사실인정 문제로서 그로써 납세자에게 권리나 이익을 창설하여 주는 효력이 있는 것이 아닐 뿐만 아니라 사업자등록신청이 거부된 경우에는 그 시점에서의 거래를 미루고 정식 등록이 된 후에 거래함으로써 매입세액 등을 공제하여 구제될 수 있다는 이유로 등록신청 거부행위에 의하여 납세자의 권리를 침해한 것으로 볼 수는 없고 따라서 이를 항고소송의 대상으로 할 수 없다는 부정설[3]과 등록신청의 수리거절은 불수리의 의사표시로서 소극적인 법률행위적 행정행위가 되므로 사업자등록신청에 대한 거부는 행정쟁송의 대상이 된다고 보아야 한다는 긍정설[4]로 나누어지고 있다. 이 점은 사업자등록신청의 법적 성질에 따라 구분하여 살펴볼 필요가 있다. 등록신청이 신고에 해당하는 경우에는 관할 세무서장의 수리행위가 필요하지 아니하므

---

3) 김두천, 부가가치세법의 이론과 실제, 조세정보사
4) 최명근·나성길 공저, 부가가치세법론, 세경사

로 수리거부에 대하여 행정처분성을 인정하기 어려울 것이고, 등록신청이 신청에 해당하는 경우에는 관할 세무서장의 수리행위가 필요하게 되므로 수리거부의 행정처분성을 인정할 수 있을 것이다. 따라서 앞서 본 판례에 따르면 사업개시일 이전의 신청은 신청에 해당한다 할 것이므로 그에 대한 등록거부행위는 처분성을 인정할 수 있을 것이고, 사업개시일 이후의 신청은 신고에 해당한다고 할 것이므로 그에 대한 등록거부행위는 처분성을 인정하기 어렵다 할 것이다.

(4) 사업자등록증의 교부

사업자등록증의 핵심은 사업자등록번호이다. 이 등록번호에 기하여 세금계산서의 발급이 이루어지며 과세관청도 이 등록번호에 의하여 세금계산서의 발급내역을 관리하고 있다. 사업자등록번호는 국세청 전산시스템에 의하여 부여된다. 사업자등록번호는 청·서코드(3자리), 개인·법인 기타 구분코드(2자리), 일련번호(4자리) 및 검증번호(1자리)의 순서에 의하여 10자리로 구성된다. 관할 세무서장은 과세자료를 효율적으로 처리하기 위하여 부가가치세법 제54조 제4항, 제5항에 규정하는 세관장·국가·지방자치단체·지방자치단체조합과 부가가치세 면세사업자 중 소득세·법인세의 납세의무가 있는 자에게도 등록번호에 준하는 고유번호를 부여할 수 있다.

부가가치세법 시행령 제11조 제5항에 의하여 사업자등록의 신청을 받은 세무서장은 사업자의 인적사항과 기타 필요한 사항을 기재한 사업자등록증을 신청일부터 3일 이내에 신청자에게 교부하여야 하고, 다만 사업장시설이나 사업현황을 확인하기 위하여 국세청장이 필요하다고 인정하는 경우에는 교부기한을 5일 이내에서 연장하고 조사한 사실에 따라 사업자등록증을 교부할 수 있다. 사업자등록증의 교부는 사업자등록의 사실을 증명하는 증서의 교부행위에 불과하다는 것이 대법원의 입장이다. 즉, 대법원 1988. 3. 8. 선고 87누156 판결은 사업자등록은 단순한 사업사실의 신고로서 사업자등록신청서를 제출함으로써 성립되는 것이고 사업자등록증의 교부는 이와 같은 등록사실을 증명하는 증서의 교부행위에 불과하다고 판시하였다.

다. 사업자미등록에 대한 제재

(1) 미등록가산세

부가가치세법은 전단계세액공제법에 의하여 부가가치세액을 전전시키도록 되어 있는데 세금계산서의 수수는 이러한 제도가 원활하게 운용될 수 있게 하는 가장 중요한 제도적 장치이므로 그 확보를 위하여 미등록가산세를 규정하고 있다. 부가가치세법 제60조 제1항 제1호는 사업을 개시한 후 20일 이내에 사업자등록을 신청하지 아니한 경우에는 사업개시일부터 등록을 신청한 날의 직전일까지의 공급가액의 합계액에 1%를 곱한 금액을 가산세로서 납부세액에 더하거나 환급세액에서 뺀다고 규정하고 있다. 타인 명의로 사업자등록을 하고 사업을 하는 경우에도 마찬가지이다.

(2) 매입세액 불공제

부가가치세법 제39조 제1항 제8호는 사업자등록을 신청하기 전의 매입세액은 매출세액에서 공제하지 아니하도록 규정하면서, 다만 공급시기가 속하는 과세기간이 끝난 후 20일 이내에 등록을 신청한 경우 등록신청일부터 공급시기가 속하는 과세기간의 기산일까지 역산한 기간 내의 것은 공제할 수 있도록 규정하고 있다. 이와 같이 매입세액의 공제·불공제의 시간적 한계는 사업자등록증 교부일이 아니라 사업자등록신청일이다. 등록신청일이란 사업자등록신청의 접수일을 의미한다. 여기서 사업자등록신청 전의 매입세액이란 사업자등록신청 전에 공급시기가 도래한 매입에 관한 매입세액을 의미한다고 해야 할 것이다. 사업자등록증이 교부되기 전에는 사업자등록번호가 없을 것이므로 부가가치세법 제32조 제1항 제2호에 의하여 공급받는 자의 주민등록번호를 기재한 세금계산서를 교부받을 수 있다. 국세청의 유권해석에 의하면, 관할 세무서장이 직권으로 사업자등록을 말소한 자로부터 사업자등록말소 후 교부받은 세금계산서는 법 제17조 제2항 제1호의2의 규정에 의하여 사실과 다른 세금계산서로서 매입세액이 공제되지 않으나, 실질적으로 사업을 계속 영위하는 사업자로부터 재화를 공급받고 세금계산서를 교부받은 경우 당해 세금계산서의 매입세액은 매출세액에서 공제되고, 관할 세무서장이 직권등록말소가 착오에 의한 것임을 이유로 직권등록말소를 취소한 경우에는 매입세액을 공제받을 수 있다. 타당한 해석이다.

라. 사업자등록의 직권말소

(1) 의의 및 절차

앞서 본 바와 같이 부가가치세법 제8조 제7항은 사업자등록을 한 사업자가 폐업을 한 경우와 사업개시 전 등록신청을 하고서 사실상 사업을 시작하지 아니하게 된 경우에는 직권으로 사업자등록을 말소하도록 규정하고 있다. 후자의 경우에서 사실상 사업을 시작하지 아니하게 된 경우로 부가가치세법 시행령 제15조 제2항은 사업자등록 후 정당한 사유 없이 6개월 이상 사업을 시작하지 아니하는 경우, 사업자가 부도발생, 고액체납 등으로 도산하여 소재불명인 경우, 인가·허가의 취소 또는 그 밖의 사유로 사실상 폐업상태에 있는 경우, 사업자가 정당한 사유 없이 계속하여 둘 이상의 과세기간에 걸쳐 부가가치세를 신고하지 아니하고 사실상 폐업상태에 있는 경우 등을 들고 있다.

이는 사업자등록증을 남용하여 부실한 세금계산서를 수수함으로써 거래질서가 문란해지는 것을 방지하고 선의의 제3자를 보호하기 위한 조치로서 다른 사업자 및 이를 인수한 자의 사업자등록을 용이하게 하며 과세행정을 정확하게 하기 위함이다.

사업자등록을 말소하기 위하여 관할 세무서장은 교부된 사업자등록증을 지체 없이 회수하고, 회수불능인 경우는 등록말소의 사실을 공시한다. 사업자등록을 직권으로 말소한 경우에는 사업자에게 그 사실을 사업자등록 말소통지서에 의하여 통지하여야 한다.

(2) 사업자등록말소의 불이익

사업자미등록에 대한 제재로 매입세액 불공제, 미등록가산세의 제재가 있음은 앞서 본 것과 같고, 사업자등록의 직권말소로 인하여 납세자가 받을 불이익도 이와 마찬가지이다.

대법원 1993. 12. 10. 선고 93누17355 판결은 원고가 사업자등록을 마친 후 사업을 영위해왔음에도 과세관청이 사업자등록을 직권으로 말소한 후 미등록사업자로 분류하여 매입세액을 매출세액에서 공제하지 아니하고 미등록가산세를 적용한 사안에서, 원고가 사업을 계속하여 이 사건 과세기간 중 매출세액과 매입세액이 발생하였다고 한다면 그와 같은 매입세액은 매출세액에서 공제하지 아니할 경우의 하나인 '사업자등록을 하기 전의 매입세액'에 해당하는 것이라 할 수 없다고 하면서, 매입세액 공제를 하여야 한다고 판시하였다. 따라서 과세관청이 부당하게 사업자등록을 직권말소한 경우에는 매입세액 불공제의 불이익은 없다. 마찬가지로 대법원 1993. 12. 10. 선고 93누17355 판결은 원고가 사업자등록을 마친 후 사업을 영위해왔음에도 과세관청이 사업자등록을 직권으로 말소한 후 미등록사업자로 분류하여 매입세액을 매출세액에서 공제하지 아니하고 미등록가산세를 적용한 사안에서, 사업자등록신청을 하지 아니한 때에 해당한다고 하여서 매입세액을 공제하지 않는다거나 가산세를 부과할 수도 없다고 판시하였다.

그리고 실제 공급자와 세금계산서상의 공급자가 다른 세금계산서는 공급받는 자가 세금계산서의 명의위장사실을 알지 못하였고 알지 못한 데에 과실이 없다는 특별한 사정이 없는 한 그 매입세액을 공제 내지 환급받을 수 없으며, 공급받는 자가 위와 같은 명의위장사실을 알지 못한 데에 과실이 없다는 점은 매입세액의 공제 내지 환급을 주장하는 자가 이를 입증하여야 한다는 것이므로 일반적으로 거래를 함에 있어 사업자등록증의 확인이 필요하다 할 것인데 과세관청에 의하여 사업자등록이 부당하게 말소되고 그와 함께 사업자등록증이 회수되게 되면 사업자로서는 거래상대방의 사업자등록증 확인 요구에 응할 수 없어 재화나 용역의 공급이 제한될 수 있다.

한편, 국가를 당사자로 하는 계약에 관한 법률 시행령 제12조 제1항 제4호는 경쟁입찰의 참가자격으로 '기타 기획재정부령이 정하는 요건에 적합할 것'을 규정하고 있고, 그 시행규칙 제14조 제1항은 '기획재정부령이 정하는 요건'으로 '부가가치세법 제8조에 의하여 당해 사업에 관한 사업자등록증을 교부받거나 납세번호를 부여받은 경우를 말한다'고 규정하고 있다. 따라서 사업자등록이 말소되면 그 입찰참가자격이 상실되는 불이익이 따른다.

(3) 사업자등록말소의 행정처분성

과세관청이 사업자등록을 직권으로 말소하는 것을 행정처분으로 볼 수 있는지에 관하여 논란이 있다. 행정처분성을 부정하는 입장은, 사업자등록은 과세관청으로 하여금 납세의무자를 파악하여 과세자료를 확보케 하려는 데에 취지를 둔 사업사실의 신고제도로서 사업자가 소관 세무서장에게 사업자등록신청서를 제출함으로써 성립하고, 사업자등록증의 교부나 검열 등은 그 등록사실을 증명하는 증서의 교부행위 내지 사업자의 신고사실을 증명하는 사실행위에 지나지 않으며, 사업자등록을 말소하는 것은 말소 또는 휴·폐업사실의 기재일 뿐 그에 의하여 사업자로서의 지위에 변동을 가져오는 것이 아니므로 이는 불복의 대상이 되는 행정처분으로 볼 수가 없다는 것이다. 반면에 행정처분성을 긍정하는 입장은, 사업자등록은 본래의 납세의무 외에 첨가된 행정상의 협력의무이고, 전항에서 본 바와 같이 그 협력의 불이행에 대하여 사업자에게 가산세를 부과하는 제재 외에 매입세액불공제의 불이익까지 주므로, 사업자등록말소는 사업자의 법적 이익에 영향을 주는 행정처분으로 보아야 한다는 것이다.

대법원은 처분성 부정설에 따라 사업자등록말소가 행정처분으로 볼 수 없다는 입장이다. 대법원 2000. 12. 22. 선고 99두6903 판결, 대법원 2011. 1. 27. 선고 2008두2200 판결 등은 사업자등록의 말소는 폐업사실의 기재일 뿐 그에 의하여 사업자로서의 지위에 변동을 가져오는 것이 아니라는 점에서 과세관청의 사업자등록 직권말소행위는 불복의 대상이 되는 행정처분으로 볼 수가 없다고 판시하였다. 그리고 대법원 2011. 1. 27. 선고 2008두2200 판결은, 더 나아가 과세관청이 사업자등록을 관리하는 과정에서 위장사업자의 사업자명의를 직권으로 실사업자의 명의로 정정하는 행위 또한 당해 사업사실 중 주체에 관한 정정기재일 뿐 그에 의하여 사업자로서의 지위에 변동을 가져오는 것이 아니므로 항고소송의 대상이 되는 행정처분으로 볼 수 없다고 판시하였다.

사업자등록 직권말소행위에 처분성을 인정할 것인지 여부는 실체상의 권리관계에 변동이 없더라도 권리행사에 대한 제한 또는 중대한 지장을 초래하는 경우, 즉 실체법상의 권리를 제대로 행사하기 위한 전제요건으로서 실체적 권리관계에 밀접하게 관련되어 있는 경우에 해당한다고 볼 수 있는지에 달렸다고 할 수 있다. 사업자등록이 말소된다 하여 사업자로서의 지위에 변동을 가져오는 것이 아니라는 점에는 크게 다툼이 없으나, 사업자등록이 말소되면 사업자로서 권리를 행사함에 있어 공법상 제한이 아니라 하더라도 사실상 제한이 따르게 됨을 부인할 수 없는 점, 사업자등록말소의 취소를 구하는 것이 가장 직접적인 불복방법인 점 등에 비추어 보면, 그 처분성을 인정할 수 있을 것으로 보인다. 물론 실제 사업자가 사업을 하는 경우에는 다시 사업자등록을 신청하면 과세관청이 이를 거부할 수 없고 3일 이내에 사업자등록증을 교부하도록 하고 있으므로 굳이 행정처분성을 인정할 필요가 없다고 볼 수도 있다. 그러나 기존의 사업자등록을 그대로 유지하는 것이 새로운 사업자등록을 하는 것보다 더 쉬울 수도 있고 사업상 편리할 수도 있으므로 신규 신청이 가능하다는 이유로 행정처분성을 부인할 것은 아니라고 본다.

마. 사업자등록정정신고

부가가치세법 시행령 제14조 제1항은 상호나 대표자, 사업종류의 변경 등 그 각 호에 해당하는 경우에는 지체 없이 사업자의 인적 사항, 사업자등록 등을 기재한 사업자등록 정정신고서를 세무서장에게 제출하도록 규정하고, 제2항은 그 신고를 받은 세무서장은 정해진 기한 내에 변경 내용을 확인하고 사업자등록증의 기재사항을 정정하여 재발급하도록 규정하고 있다. 이는 과세관청이 과세자료를 정리하고 과세행정을 하는데 편리를 도모하기 위한 것이다.

개인인 경우 사업자등록증에 기재된 당해 개인사업자가 사업을 하는 실체이므로 그 명의가 변경되는 것은 단순한 대표자의 명의변경으로 보는 정정사유가 아니고 사업을 양수·양도한 것으로 되어 변경 전 사업자는 폐업신고를 하고 변경 후 사업자는 신규로 사업자등록을 하여야 한다. 국세청 유권해석에 의하면, 공동사업을 영위하다가 각각 독립적으로 사업을 개시하는 경우 기존사업을 계속하여 영위하는 자는 사업자등록을 정정하여야 하고 신규로 사업을 개시하는 자는 사업자등록을 새로 하여야 하고,[5] 사업자등록정정을 하지 않고 교부한 매출세금계산서나 교부받은 세금계산서 혹은 사업자등록이 정정되지 않은 자로부터 받은 세금계산서 등에 대하여 부가가치세법상의 불이익은 없으

---

5) 부가 22601-1073, 1990. 11. 9.

며,[6] 사업장이전, 대표자변경 등과 같은 사업자등록정정 사유가 발생하였으나 지연한 경우도 가산세는 없고,[7] 이를 정정하지 않고 교부받은 세금계산서도 당해 거래사실이 확실하다면 매입세액을 공제하도록 하고 있어 결국 매출세금계산서의 효력에도 문제는 없다.[8]

대구고등법원 2012. 9. 21. 선고 2012누1090 판결은, 원고가 A와 공동명의로 사업자등록을 하고 동업을 해 오다가 A가 동업에서 탈퇴하였음을 이유로 사업자등록명의에서 A를 말소하여 달라는 사업자등록정정신청을 하였으나 과세관청은 동업해지계약서가 없다는 이유로 이를 거부한 사안에서, 거부행위가 행정처분에 해당하는지에 관하여, 과세관청이 공동사업자의 구성원의 변경이 있음을 이유로 하는 사업자등록정정신고의 수리를 거부하였다 하더라도, 그 신고는 단순한 사업사실 변경의 신고로서 사업자가 관할 세무서장에게 적법한 사업자등록정정신고서를 제출함으로써 성립하는 것이고, 나아가 과세관청이 그 신고를 수리하여 원고와 A의 공동사업자 명의를 원고 단독으로 정정하였다 하더라도, 이는 사업사실 중 주체에 관한 정정 기재일 뿐 그에 의하여 원고나 A의 사업자로서의 지위에 변동을 가져오는 것이 아니므로 과세관청이 원고의 사업자등록정정신고의 수리를 거부한 행위는 항고소송의 대상이 되는 행정처분으로 볼 수 없다고 판시하였다. 이 판결은, 대법원 2013. 2. 14. 자 심리불속행 상고기각 판결로 확정되었는데, 위에서 본 사업자등록말소를 행정처분으로 보지 않는 대법원 판결들의 입장의 연장선상에 있다고 할 수 있다.

---

6) 부가 22601 - 947, 1986. 5. 20.
7) 부가 1265 - 3030, 1982. 12. 1.
8) 부가가치세 기본통칙 17 - 0 - 6, 국심 2004중1135, 2004. 7. 20.

과세거래

1. 재화와 용역의 공급

가. 재화의 공급

(1) 개요

부가가치세법 제9조는 재화의 공급이란 계약상 또는 법률상 모든 원인에 따라 재화를 인도하거나 양도하는 것으로 한다고 규정하고, 그 시행령 제18조 제1항은 재화의 공급에 관하여 구체적 유형으로, 현금판매, 외상판매, 할부판매, 장기할부판매, 조건부 및 기한부 판매, 위탁판매 등에 따라 재화를 인도·양도하는 것, 자기가 주요자재의 전부 또는 일부를 부담하고 상대방으로부터 인도받은 재화를 가공하여 새로운 재화를 만드는 가공계약에 따라 재화를 인도하는 것, 교환계약에 따라 재화를 인도·양도하는 것, 경매, 수용, 현물출자 등에 따라 재화를 인도·양도하는 것, 국내로부터 보세구역에 있는 창고에 임치된 임치물을 국내로 다시 반입하는 것 등을 규정하고 있다.

나아가 재화의 공급으로 의제하는 경우로서, 부가가치세법 제10조 제1항은 사업자가 자기의 과세사업과 관련하여 생산하거나 취득한 재화로서 매입세액을 공제받은 재화를 자기의 면세사업을 위하여 직접 사용하거나 소비하는 경우를, 제2항은 사업자가 자기생산·취득재화를 매입세액이 매출세액에서 공제되지 아니하는 자동차로 사용 또는 소비하거나 그 자동차의 유지를 위하여 사용 또는 소비하는 것과 운수업, 자동차 판매업 등을 경영하는 사업자가 자기생산·취득재화 중 자동차와 그 자동차의 유지를 위한 재화를 해당 업종에 직접 영업으로 사용하지 아니하고 다른 용도로 사용하는 경우를, 제4항은 사업자가 자기생산·취득재화를 사업과 직접적인 관계 없이 자기의 개인적인 목적이나 그 밖의 다른 목적을 위하여 사용·소비하거나 그 사용인 또는 그 밖의 자가 사용·소비하는 것으로서 사업자가 그 대가를 받지 아니하거나 시가보다 낮은 대가를 받는 경우를, 제5항은 사업자가 자기생산·취득재화를 자기의 고객이나 불특정 다수에게 증여하는 경우(증여하는 재화의 대가가 주된 거래인 재화의 공급에 대한 대가에 포함되는 경우는 제외한다)를, 제6항은 사업자가 폐업할 때 자기생산·취득재화 중 남아 있는 재화와 사업개시일 이전에 사업자등록을 신청한 자가 사실상 사업을 시작하지 아니하게 되었을 때 남은 재화의 경우를 각 규정하고 있다.

이들 규정은 원래 제3자에 대한 재화의 공급은 아니지만 사업자가 과세사업에서 매입세액을 공제받아 취득한 재화를 면세사업에 전용하거나 최종소비자의 지위에서 사용하는 경우에 해당하는 것으로서 같은 입장에 있는 면세사업자나 최종소비자가 부가가치세를 부담하는 것과의 균형을 유지하기 위하여 재화의 공급으로 의제함으로써 부가가치세를 부담하게 하는 것이다.

(2) 재화의 개념과 범위

과세대상거래인 재화의 공급에 있어서 먼저 재화의 개념과 범위가 정립되어야 한다. 부가가치세법 제2조 제1호는 재화에 관하여 재산가치가 있는 물건 및 권리를 말한다고 정의하고, 부가가치세법 시행령 제2조 제1항은 위 정의에서 말하는 물건이란 상품, 제품, 원료, 기계, 건물 등 모든 유체물과 전기, 가스, 열 등 관리할 수 있는 자연력이라고 규정하고, 제2항은 권리란 광업권, 특허권, 저작권 등으로서 물건 외의 재산적 가치가 있는 모든 것이라고 규정하고 있다. 부가가치세법이 2013. 6. 7. 전부 개정되기 전에는 제1조 제2항에서 재화란 재산 가치가 있는 모든 유체물과 무체물을 말한다고 규정하고, 그 시행령 제1조 제2항은 무체물이란 동력·열 기타 관리할 수 있는 자연력 및 권리 등으로서 재산적 가치가 있는 유체물 이외의 모든 것을 포함한다고 규정하고 있었다.

개정 전과 개정 후를 비교해 보면, 개정 전에는 재화를 유체물과 무체물로 대별한 다음 무체물은 유체물 외의 재산적 가치가 있는 모든 것으로서 자연력, 권리 등이 해당한다고 보았고, 개정 후에는 재화를 물건과 권리로 대별한 다음 물건에는 유체물과 자연력이 해당하고, 물건 외의 재산적 가치가 있는 모든 것은 권리에 해당한다고 보았다. 자연력은 개정 전에는 무체물에 속하는 것으로 보았다가 개정 후에는 물건에 속하는 것으로 보게 되었으므로 별로 달라진 것이 없고, 권리는 개정 전에는 무체물에 속하는 것으로 보았다가 개정 후에는 물건과 대비되는 별도의 항목으로 분류된 것이다. 무체물은 물건의 의미가 강하고 권리는 물건과는 그 성격이 다소 다른 것이므로 권리를 무체물로 분류한 개정 전의 규정보다는 권리를 물건과 구별되는 별도의 항목으로 분류한 개정 후의 규정이 보다 합리적이라고 하겠다. 이와 같이 개정과정에서 재화의 분류만 다소 달라졌을 뿐 전체 재화의 범위에는 변화가 없다고 하겠다.

그리고 재화로 인정되기 위해서는 위 정의규정에서도 나타나듯이 재산적 가치가 있어야 한다. 유체물인 경우에는 재산적 가치가 별문제로 되지 아니하나 무체물이나 권리 등은 재산적 가치가 문제되는 경우가 많다. 대법원 2015. 6. 11. 선고 2015도1504 판결은, 부가가치세는 소비재의 사용·소비행위에 담세력을 인정하여 부과되는 소비세인 점, 재화인지 여부의 판단 기준이 되는 재산적 가치의 유무는 그 재화의 경제적 효용가치에 의하여 객관적으로 결정되어야 하고 거래 당사자의 주관적인 평가에 따라 달라져서는 아니 되는 점 등을 종합하면, 부가가치세의 과세거래인 '권리의 공급'에 해당하기 위해서는 그 권리가 현실적으로 이용될 수 있고 경제적 교환가치를 가지는 등 객관적인 재산적 가치가 인정되어야 한다고 판시하였고, 대법원 2015. 12. 10. 선고 2015두2284 판결도 같은 취지이다.

(3) 사례 분석

영업의 양수도 과정에서 영업권을 양도대상의 하나로 삼은 경우 그 영업권이 재화에 해당하는지 여부가 다투어진 사건이 있다. 대법원 2014. 1. 16. 선고 2013두18827 판결이다. 비철제조업과 부동산임대업을 하던 원고가 2009년 7월경 비철제조업을 A사에 양도하면서 사업장 토지와 건물은 양도대상에서 제외하고 전체 양도가액을 330억 원으로 정하되 그중 영업권의 양도가액을 127억 원으로 정한 사안에서 원고가 영업권은 재화에 해당하지 않는다고 주장하였으나, 대법원은 영업권은 재산적 가치가 있는 무체물에 해당하므로 재화에 해당한다고 판시하였다. 이 사안에서는 토지와 건물이 양도대상에서 제외됨으로써 사업의 양도로 볼 수 없어 부가가치세 과세대상인 재화의 공급에 해당하였고 영업권을 별도의 독립된 거래대상으로 삼았다. 그 영업권은 유체물은 아니지만 재산적 가치가 있었으므로 개정 전 부가가치세법상 재화의 분류에 의하면 유체물 외의 것으로서 재산적 가치가 있는 것이므로 결국 무체물에 해당하게 되고 따라서 재화의 범위에 포함되게 된다. 개정 후 부가가치세법상 재화의 분류에 의하면 영업권은 유체물이나 자연력은 아니므로 물건에는 해당하지 않고, 그것이 재산적 가치가 있으므로 결국 권리에 해당하여 재화의 범위에 포함되게 된다.

재산적 가치가 있는 권리에 해당하는지 여부가 문제된 사안으로서 대법원 2015. 12. 10. 선고 2015두2284 판결이 있다. 원고가 봉안당 사업을 추진하다가 설치신고 등 필요한 요건을 갖추지 못한 상태에서 봉안당 분양권을 인수단에게 양도한 사안에서, 봉안당 설치신고는 행정청의 수리가 있어야만 봉안당을 설치할 수 있고 일정수 이상의 봉안당 설치를 위해서는 재단법인이거나 종교단체여야 하는데 원고는 영리법인이어서 봉안당 설치신고가 반려됨에 따라 봉안당 사업에 필요한 기본적인 자격 요건조차 구비하지 못하여 봉안당을 설치할 수 없는 상태에서 인수단에게 양도한 봉안당 분양권은 이를 현실적으로 이용할 수 있는 것으로서 객관적인 재산적 가치가 있는 권리에 해당한다고 보기 어렵다는 등의 이유로 그 분양권의 양도는 재화의 공급에 해당하지 않는다고 판시하였다. 이 사안은 봉안당 설치에 대한 인·허가가 사실상 불가능한 상태에서 무리하게 사업을 추진하는 과정에서 인수단에게 양도하였고, 인수단 측도 양도대금을 지급하면서도 봉안당 설치 인·허가가 나지 않아 봉안당 분양권의 재산적 가치가 없게 될 경우에 대비하여 근저당권을 설정하는 등의 조치를 취하는 상황이었다. 따라서 그 재산적 가치가 없다고 본 대법원의 판단이 타당하다고 하겠다.

재화에 대한 공급행위가 있었는지가 문제된 사안으로 대법원 2015. 1. 29. 선고 2014두42346 판결이 있다. 원고는 P토지상에 1,000세대의 아파트를 신축·분양하는 사업을 시행하면서 A사와 주택분양보증계약을 체결하고 P토지와 그 지상 아파트건물을 A사에 신탁하기로 하고 P토지에 관하여 A사 앞으로 소유권이전등기를 마쳤다. 원고는 아파트건물의 공정률이 80%인 상태에서 부도 등으로 아파트 분양사업을 계속할 수 없게 되자 A사는 분양보증인으로서 분양계약자들에게 분양대금을 반환하고 원고에게 구상채무의 납입을 통지하였다. 원고와 A사의 협의하에 A사 주도로 P토지와 아파트건물을 B사에게 일괄매각하고 매각대금 중 A사 몫을 제외한 나머지를 원고에게 지급하였다. 원고는 B사로부터 일괄매각에 따른 부가가치세를 거래징수하여 과세관청에 납부하였다. 그러자 과세관청은 A사가 분양계약자들에게 분양대금을 환급함으로써 미완성인 아파트건물에 대한 실질적 통제권이 원고에게서 A사로 이전되었고 이는 원고로부터 A사로의 재화의 공급에 해당한다는 이유로 부가가치세 부과처분을 하였다. 이에 대하여 원심은, 아파트건물에 대하여는 A사 앞으로 이전등기나 신탁등기가 이루어지지 않았고 A사가 원고로부터 아파트건물을 인도받았다고 볼만한 사정도 없으며, 원고와 A사가 협의하여 A사 주도하에 B사에 일괄매각하였으나 그 부가가치세는 원고가 지급받아 과세관청에 납입한 점 등을 이유로 A사가 원고로부터 아파트건물을 공급받거나 그 처분권을 행사한 것으로 볼 수 없다고 하여 원고가 A사에게 아파트건물을 공급한 것에 해당하지 않는다고 판단하였고, 대법원이 이를 수긍하였다. 이 사안은 원고가 B사에게 재화를 공급한 것으로 보는 것이 합리적임에도 감사원의 사후 지적에 따라 과세관청이 무리하게 원고가 A사에게 재화를 공급한 것으로 보아 부가가치세와 가산세를 부과하였다가 법원의 판결에 의하여 취소된 것이다.

그리고 대법원 2017. 6. 15. 선고 2014두6111 판결은 신탁법에 의한 신탁에 있어서 수탁자는 위탁자로부터 재산권을 이전받고 이를 전제로 신탁재산을 관리·처분하면서 재화를 공급하는 것이므로, 채무자인 위탁자가 기존 채무의 이행에 갈음하여 수탁자에게 재산을 신탁하면서 채권자를 수익자로 지정하였더라도, 그러한 수익권은 신탁계약에 의하여 원시적으로 채권자에게 귀속되는 것이어서 위 지정으로 인하여 당초 신탁재산의 이전과 구별되는 위탁자의 수익자에 대한 별도의 재화의 공급이 존재한다고 볼 수 없다고 판시하였다. 이 판결은 앞서 본 대법원 2017. 5. 18. 선고 2012두22485 전원합의체 판결의 연장선상에 있다.

같은 취지에서 대법원 2017. 11. 23. 선고 2015두36959 판결은, 당초 위탁자가 신탁계약을 통하여 원고에 대한 대출금 채무의 지급을 담보하기 위하여 수탁자에게 신탁부동산을 이전하고 원고를 우선수익자로 지정한 다음, 위 신탁계약에서 정한 채무불이행 사유가 발생하여 원고가 신탁부동산의 처분을 요청하였더라도, 그와 같은 신탁설정에 따른 거래 등이 있었다는 사정만으로는 위탁자와 원고 사이에 부가가치세 과세원인이 되는 재화의 공급 자체를 상정할 수 없다고 판시하였다. 덧붙여 이를 재화의 공급으로 보고 한 과세처분은 과세대상이 되는 법률관계나 사실관계가 전혀 없어서 납세의무 자체가 성립하지 아니하는 경우에 대한 것으로서 객관적으로 타당한 법적 근거와 합리성이 없으므로 그 하자가 중대하고 명백하여 당연무효라고 하였다.

권리의 공급에 해당하는지가 문제된 사안으로는 대법원 2018. 4. 12. 선고 2017두65524 판결이 있다. 원고가 온실가스 배출 감축사업에 참여하여 정부로부터 그 사업을 위탁받은 에너지관리공단에 원고의 온실가스 감축실적을 판매하는 형식으로 위 공단으로부터 그 대가를 수령한 것은 권리의 공급에 해당한다고 판단하였다. 그 논거로는 원고가 인증받아 판매한 감축실적은 사업자, 거래중개 전문기관 등 사이에서 거래되거나 정부에 판매될 수 있었고, 민간거래가 활성화되기 전이라 하더라도 정부가 일정한 가액으로 감축실적을 구매하였다면 적어도 정부가 구매한 가액만큼의 재산적 가치는 인정할 수 있는 것이므로, 당장의 수요나 이용방법이 없다고 하여 감축실적의 재산적 가치를 부인할 수는 없고, 정부가 구매한 감축실적의 소유권은 정부에 귀속되고 에너지관리공단이 관리하는 원고의 감축실적은 그만큼 삭감되므로 에너지관리공단이 원고에게 대가를 지급하면서 원고의 감축실적을 삭감하고 그 결과를 취합하여 정부에 보고한 것은 이러한 '감축실적의 귀속'에 해당하여 부가가치세법상 재화의 공급이라고 볼 수 있고, 나아가 원고가 위 공단에 감축실적을 판매할 의사를 밝히고 금원을 지급받기까지 한 이상, 그에 상응하는 자신의 감축실적을 양도한다는 의사를 표시하였다고 봄이 타당하고, 추가로 권리양도의 의사표시를 할 필요는 없다는 점을 들었다.

나. 재화공급의 특례

독립된 사업자들 간의 공급이 아니어서 일반적인 의미에서의 재화의 공급으로 볼 수 없음에도 불구하고 부가가치세 부담의 형평성을 유지하기 위하여 부가가치세법 제10조에서는 재화공급의 특례를 규정하고 있다.

부가가치세법 제10조 제1항은, 사업자가 자기의 과세사업과 관련하여 생산하거나 취득한 재화로서 매입세액을 공제받은 재화를 자기의 면세사업을 위하여 직접 사용하거나 소비하는 것은 재화의 공급으로 본다고 규정하고 있다. 따라서 이 단계에서 매출세액의 부담이 발생하게 된다. 과세사업용으로 취득한 재화를 면세사업용으로 전용하는 경우 면세사업에서의 매출에 대하여는 매출세액을 부담하지 않으므로 면세의 취지상 그에 관한 매입세액도 공제되지 아니하여야 하는데 위와 같이 전용된 경우에는 이를 공급으로 의제하지 않으면 매입세액이 공제되는 효과가 있으므로 일반 면세사업자와의 관계에서 균형을 잃게 되고 실질적으로 영세율이 적용되는 것과 동일한 효과가 있다. 이러한 불합리를 배제하기 위하여 면세사업으로의 전용을 공급으로 의제하는 것이다.

그리고 부가가치세법 제10조 제2항은, 사업자가 과세사업에서 자기가 생산·취득한 재화를 매입세액이 매출세액에서 공제되지 아니하는 비영업용 소형승용차로 사용 또는 소비하거나 그 자동차의 유지를 위하여 사용 또는 소비하는 것 등의 경우도 공급으로 의제하고 있는데 이것도 같은 조 제1항과 비슷한 취지이다. 이에 관하여 대법원 2016. 7. 7. 선고 2014두1956 판결은, 사업자가 영업용 소형승용차를 상당한 기간 비영업용으로 사용하여 그 가치가 상당한 수준으로 하락한 경우에는 비영업용으로 전용한 것으로 봄이 타당하고, 이를 일시적·잠정적인 사용행위로 볼 수 없다고 하면서, 사업자가 부가가치세 매입세액을 공제받은 재화를 비영업용 소형승용차나 그 유지를 위한 용도로 사용하는 경우에 이를 재화의 공급으로 의제하는 취지는 사업자가 이러한 재화를 비영업용으로 취득하여 부가가치세 매입세액을 공제받지 못한 경우와 과세의 형평을 유지하기 위한 데 있는 점 등을 더하여 보면, 사업자가 자기의 사업과 관련하여 비영업용 소형승용차나 그 유지를 위한 재화를 생산·취득한 경우에는 그에 대한 매입세액이 공제되지 아니할 뿐 재화의 공급으로 의제되지는 않지만, 영업용 소형승용차나 그 유지를 위한 재화 또는 그 용도가 특정되지 않은 재화를 생산·취득한 경우에는 그에 대한 매입세액은 공제되고 그 이후에 이를 비영업용으로 사용하는 때에 비로소 재화의 공급으로 의제된다고 할 것이고, 이와 같이 재화의 공급으로 의제되어 과세된 경우라도 사업자가 계약상 또는 법률상의 원인에 의하여 그 재화를 다시 인도 또는 양도하는 경우에는 특별히 면세되거나 비과세한다는 별도의 규정이 없는 한 부가가치세 과세대상 거래에 해당한다고 판시하였다. 이는 자가공급이 있은 이후에 이를 토대로 제3자에 대한 새로운 공급이 있으면 새로운 부가가치세 과세대상이 된다는 당연한 원리를 밝힌 것이다.

아울러 부가가치세법 제10조 제3항은, 사업장이 둘 이상인 사업자가 자기의 사업과 관련하여 생산 또는 취득한 재화를 판매할 목적으로 자기의 다른 사업장에 반출하는 것은 재화의 공급으로 보되, 사업자 단위 과세사업자로 적용을 받는 과세기간에 자기의 다른 사업장에 반출하는 경우와 주사업장 총괄납부의 적용을 받는 과세기간에 자기의 다른 사업장에 반출하는 경우는 제외하도록 규정하고 있다.

그리고 부가가치세법 제10조 제4항은, 사업자가 자기생산·취득재화를 사업과 직접적인 관계 없이 자기의 개인적인 목적이나 그 밖의 다른 목적을 위하여 사용·소비하거나 그 사용인 또는 그 밖의 자가 사용·소비하는 것으로서 사업자가 그 대가를 받지 아니하거나 시가보다 낮은 대가를 받는 경우는 재화의 공급으로 본다고 규정하고 있다. 이는 사업자가 최종소비자의 지위에서 소비하는 경우이므로 일반 소비자와 마찬가지로 매출세액을 부담하도록 하기 위한 것이다. 제5항은 사업자가 자기생산·취득재화를 자기의 고객이나 불특정 다수에게 증여하는 경우(증여하는 재화의 대가가 주된 거래인 재화의 공급에 대한 대가에 포함되는 경우는 제외한다)는 재화의 공급으로 보되, 다만 사업자가 사업을 위하여 증여하는 것으로서 대통령령으로 정하는 것은 재화의 공급으로 보지 아니한다고 규정하고, 제6항은 사업자가 폐업할 때 자기생산·취득재화 중 남아 있는 재화는 자기에게 공급하는 것으로 보되, 제8조 제1항 단서에 따라 사업개시일 이전에 사업자등록을 신청한 자가 사실상 사업을 시작하지 아니하게 되는 경우에도 또한 같다고 규정하고, 제7항은 위탁매매 또는 대리인에 의한 매매를 할 때에는 위탁자 또는 본인이 직접 재화를 공급하거나 공급받은 것으로 보되, 다만 위탁자 또는 본인을 알 수 없는 경우에는 수탁자 또는 대리인에게 재화를 공급하거나 수탁자 또는 대리인으로부터 재화를 공급받은 것으로 본다고 규정하고 있다.

그리고 2021. 12. 8. 제8항이 신설되어 신탁법에 따라 위탁자의 지위가 이전되는 경우에는 기존 위탁자가 새로운 위탁자에게 신탁재산을 공급한 것으로 보고, 다만 신탁재산에 대한 실질적인 소유권의 변동이 있다고 보기 어려운 경우로서 대통령령이 정하는 경우는 예외로 하도록 규정하였다. 신탁재산의 소유권이 실질적으로 이전되는 경우를 과세하기 위한 규정이다.

다. 용역의 공급

(1) 개요

부가가치세법 제11조 제1항은 용역의 공급이란 계약상 또는 법률상의 모든 원인에 따른 것으로서 역무를 제공하는 것과 시설물, 권리 등 재화를 사용하게 하는 것이라고 규정하고, 부가가치세법 시행령 제25조는 건설업의 경우 건설업자가 건설자재의 전부 또는 일부를 부담하는 것, 자기가 주요자재를 전혀 부담하지 아니하고 상대방으로부터 인도받은 재화를 단순히 가공만 해 주는 것, 산업상 · 상업상 또는 과학상의 지식 · 경험 또는 숙련에 관한 정보를 제공하는 것을 용역의 공급으로 본다고 규정하고 있다.

그리고 부가가치세법 제12조 제1항은 자신의 용역을 자기의 사업을 위하여 대가를 받지 아니하고 공급함으로써 다른 사업자와의 과세형평이 침해되는 경우를 용역의 공급으로 본다고 규정하고 있다. 이는 위에서 본 재화의 공급의제와 같은 취지에 따른 것이다. 그러나 그 용역의 범위를 시행령으로 정하도록 하였음에도 아직까지 시행령에서 이에 관한 규정을 두고 있지 않아 용역의 자가공급에 대하여는 재화의 자가공급과 달리 부가가치세가 과세되지 아니하고 있다.

(2) 외국법인이 공급하는 용역

부가가치세법은 제13조에서 재화의 수입은 과세거래로 규정하고 있으나 용역의 수입은 과세거래로 규정하지 않고 있다. 재화는 외국에서 만들어진 재화자체가 국내로 수입될 수 있기 때문에 그 수입을 과세거래로 규정할 수 있지만 용역의 경우에는 외국에서 만들어진 용역을 국내로 수입한다는 개념을 상정할 수 없기 때문에 그 용역이 제공되는 장소가 국내인 경우에 한하여 부가가치세 납세의무가 있게 된다. 그래서 용역의 공급이 국내에서 이루어진 경우에 한하여 그 공급자가 외국법인이고 국내 사업장과 관련이 있는 경우에는 국내 사업장이 부가가치세를 거래징수하여 납부하여야 하고 국내 사업장이 없는 경우에는 부가가치세법 제52조 대리납부 규정에 따라 그 용역이 면세사업에 제공되는 경우에 한하여 용역을 공급받는 자가 그 대가를 받는 자로부터 부가가치세를 징수하여 납부하여야 한다. 여기서 면세사업인 경우로 국한하는 이유는 과세사업인 경우 용역을 공급받는 자가 자기로부터 부가가치세를 거래징수해 본들 동일한 금액을 매입세액으로 공제받을 수 있기 때문에 결국 국가에 납부할 부가가치세는 없게 되기 때문이다. 내국법인이 국외에서 공급하는 용역에 대하여도 부가가치세법 제22조에 의하여 영세율이 적용되기 때문에 실질적으로 부가가치세가 과세되지 않는다.

이와 같이 외국법인이 제공하는 용역의 경우 과세거래에 해당하기 위해서는 그 용역의 제공장소가 국내이어야 하는데, 구체적 사안에 있어서는 용역의 제공장소가 국내와 국외에 두루 걸쳐 있는 경우가 있기 때문에 그 장소를 가리는 것이 간단하지 않다. 이에 관하여 대법원 2016. 2. 18. 선고 2014두13829 판결은, 부가가치세법 제20조 제1항 제1호는 '용역이 공급되는 장소를 역무가 제공되거나 재화·시설물 또는 권리가 사용되는 장소'라고 규정하고 있으므로 과세권이 미치는 거래인지는 용역이 제공되는 장소를 기준으로 판단하여야 하는데, 외국법인이 제공한 용역의 중요하고도 본질적인 부분이 국내에서 이루어졌다면 그 일부가 국외에서 이루어졌더라도 용역이 공급되는 장소는 국내라고 보아야 한다고 판시하였고, 대법원 2006. 6. 16. 선고 2004두7528, 7535 판결도 같은 취지이다.

용역을 제공함에 있어 제공자뿐만 아니라 제공받는 자의 협력이 필요한 경우 제공받는 자의 협력행위가 이루어지는 장소도 용역이 공급되는 장소를 판단할 때 고려되어야 할 중요한 요소라고 본 사안으로 대법원 2022. 7. 28. 선고 2019두35282 판결이 있다. 이 판결에서 대법원은 역무가 제공되기 위해서 이를 제공받는 자의 협력행위가 필요한 경우에는 그 협력행위의 장소도 아울러 고려하여 역무의 중요하고도 본질적인 부분이 어디에서 이루어졌는지를 판단하여야 한다는 법리를 선언하였다.

사안은 다음과 같다. 원고는 국내신용카드회사로서 보조참가인인 미국 신용카드회사의 회원사이다. 보조참가인은 국내사업장을 두고 있지 않다. 원고는 참가인과 회원자격 협약 및 참가인의 상표 등을 국내에서 사용할 수 있는 라이선스 계약을 체결하고 국내에서 참가인의 상표를 부착한 신용카드를 발급하여 왔다. 원고는 참가인의 상표를 부착한 신용카드의 사용과 관련하여, 참가인에게 ① 국내 거래금액 중 신용결제금액과 현금서비스금액의 일정 비율에 해당하는 금액(발급사분담금)과 ② 국외 거래금액 중 신용결제금액 및 현금서비스금액의 일정비율에 해당하는 금액(발급사일일분담금)을 지급하였다.

이에 관하여, 대법원은, 위 분담금들은 그 일부가 상표권 사용의 대가에 해당하고 나머지가 포괄적 역무 제공의 대가에 해당하는 점, 원고는 국내에서 참가인의 상표를 부착하여 신용카드를 발급하거나 가입신청서에 참가인의 상표를 표시하는 등의 방법으로 참가인의 상표권을 사용하므로 참가인의 상표권은 국내에서 사용된 것으로 보아야 하는 점, 참가인이 원고에게 신용카드의 사용과 관련하여 제공하는 역무의 주된 내용은 참가인의 국제결제 네트워크 시스템을 통해 신용카드의 국외 사용이 가능하도록 서비스 및 관련 정보를 제공하는 것으로, 이는 참가인이 원고의 국내사업장에 설치한 결제 네트워크 장비와 소프트웨어를 통해 원고가 참가인의 시스템에 접속하여 신용카드 거래승인, 정산 및 결제 등에 관한 정보를 전달받거나 전달함으로써 그 목적이 달성되므로, 위 역무의 중요하고도 본질적인 부분은 국내에서 이루어졌다고 보이는 점 등을 이유로, 위 분담금들과 관련한 용역의 공급장소가 국내라고 보고, 원고에게 위 용역에 관한 부가가치세 대리납부의무가 있다고 판단하였다.

발급사일일분담금의 경우 참가인의 국제결제 네트워크 시스템 용역에 대한 대가로서 그 용역의 제공장소는 해외로 볼 소지가 다분히 있음에도 그 용역을 제공받는 국내 신용카드사의 시스템의 이용도 불가피하고 이 부분도 중요하므로 전체적으로 보아 용역의 제공장소를 국내로 못볼 바 아니라고 판단한 것이다.

같은 날 선고된 대법원 2022. 7. 28. 선고 2018두39621 판결도 같은 취지이다, 그런데 위 2018두39621 판결에서도 판시하고 있듯이 발급사일일분담금의 경우 원천징수의무가 있는 국내원천소득이 아니라고 판시하는 것과 대비되는 측면이 있고, 용역의 제공에 있어서 용역을 제공받는 자의 협력이 필요하더라도 그 정도가 용역을 제공하는 자의 역무에는 못미칠 것이므로 중요하고도 본질적인 부분을 기준으로 제공장소를 판단한다면 용역의 제공장소를 국외로 볼 여지가 많다는 점에서 비판의 소지가 있어 보인다.

주된 용역의 제공장소가 국내인지 국외인지를 판단한 또 하나의 사례로 위 대법원 2016. 2. 18. 선고 2014두13829 판결이 있다. 영국법인인 원고는 인천대교 건설사업의 시행자인 A에게 자문 서비스, 사업개발 및 관리 서비스, 기술관리 서비스, 사업계획 및 일정 서비스, 건설예측 서비스, 프로젝트 파이낸스관리 서비스, 법적관리 서비스, 연락 및 협력 서비스, 사업회계 서비스, 하도급조달 서비스, 교통조사관리 서비스 등의 용역을 국내·외에서 수행하기로 하는 국내제공용역계약과 국외제공용역계약을 체결하고, 국내에 원고 지점을 설치하였으며, 원고는 국내제공용역계약에 따른 용역에 관하여는 원고 지점을 통하여 제공된 것으로 보아 부가가치세를 신고·납부하였다. 그러나 국외제공용역계약에 따른 용역은 국외에서 제공된 것으로 보아 부가가치세를 신고·납부하지 않았으나, 과세관청은 이 부분에 대하여도 부가가치세를 부과하였다. 이에 대하여 원심은, 국내제공용역계약과 국외제공용역계약은 A사가 국내에 설치될 인천대교 건설사업의 시행자로서 수행할 업무와 관련된 자문 및 컨설팅 서비스를 받기 위해 체결된 것으로서, 그에 필요한 원고의 활동이 이루어지는 곳과 결과물이 사용되는 곳은 대부분 국내인 점, 원고가 제공한 용역은 인천대교 건설과 관련된 모든 전문영역을 포괄하여 인천대교 건설사업의 진행을 관리하는 것으로서, 국외용역제공은 그 자체로 독자적인 목적을 수행하는 것이라기보다 국내제공용역과 결합하여 제공되어야만 용역 공급의 목적을 달성할 수 있는 점, 원고도 단순히 업무수행자의 국내 또는 국외 체류 여부를 주요한 기준으로 삼아 국외제공용역의 대가를 산정하였을 뿐 국내제공용역과 명확히 구분되는 방식을 사용하지 아니한 점 등에 비추어, 국외제공용역은 국내제공용역과 유기적으로 결합하여 실질적으로 하나의 용역으로 공급된 것으로서 그 중요하고도 본질적인 부분이 원고 지점에서 이루어진 것으로 볼 수 있다는 이유로 피고의 부가가치세 부과처분은 적법하다고 판단하였고, 대법원도 이를 수긍하였다.

용역을 필요로 하는 핵심이 국내에 있는 인천대교의 건설이므로 그에 관련된 일부 용역이 해외에서 제공되었다고 하더라도 이는 결국 국내의 인천대교 건설로 연결될 수밖에 없어 국내에서 제공되는 용역에 부수적인 용역으로 볼 수 있다는 취지에 입각한 판결로 이해된다.

(3) 임대 용역

임대 용역은 재화나 시설물 등에 대한 임대차계약을 통하여 이를 사용하게 하는 용역으로서 유형물의 사용가치를 통해 생산에 이바지하거나 인간의 욕망을 충족시키는 용역이다. 부가가치세법 제11조 제1항 제2호도 시설물을 사용하게 하는 것을 용역의 공급으로 규정하고 있다. 임대차계약이 종료되더라도 임대보증금의 반환채무가 남아 있고, 그 반환을 받을 때까지 임차인이 시설물 등을 계속 사용할 경우에는 용역의 공급이 종료되지 아니하였다고 보아야 한다. 같은 취지에서 대법원 1995. 7. 14. 선고 95누4018 판결도, 임대인의 해지통고로 건물 임대차계약이 해지되어 임차인의 점유가 불법점유가 된다고 하더라도 임차인이 건물을 인도하지 아니하고 계속 사용하고 있고, 임대인 또한 임대보증금을 반환하지 아니하고 보유하고 있으면서 향후 월 임료 상당액을 보증금에서 공제하겠다는 취지의 통지를 하였다면, 이는 부가가치세의 과세대상인 용역의 공급에 해당된다고 판시하였고, 대법원 2002. 11. 22. 선고 2002다38828 판결도 같은 취지이다.

대법원 2015. 2. 26. 선고 2012두19533 판결은 임대인이 임차인과의 토지사용계약에 따라 임차인에게 토지를 사용하게 하였다가 해당 토지의 일부 지분에 관하여 소유권 등 임대권한을 상실하였다고 하더라도, 임대인이 임차인으로부터 토지사용에 관한 토지사용료를 선납으로 받았으며 임차인이 임대인의 토지 일부 지분에 관한 임대권한 상실에 불구하고 그 일부 반환 등을 요구하지 않은 채 종전의 토지사용계약 목적인 토지의 전부를 계속 사용하여 왔다면, 임대인과 임차인 사이에서는 종전의 토지사용계약에 의한 토지의 사용이라는 부가가치세의 과세대상인 용역의 공급은 계속되고 있는 것으로 볼 수 있다고 하고, 다만 당초 세금계산서의 공급가액이 후발적 사유로 증가하거나 감소한 경우 공급가액의 증감액은 그 사유가 발생한 날이 속하는 과세기간의 과세표준에 반영하여야 하므로, 임대인이 토지를 임대할 권한의 일부를 상실하여 당초 토지사용계약에서 정한 공급조건에 변화가 있었음을 이유로 하여 사용료 등 공급가액의 일부를 차감하기로 합의하는 등의 사유가 생겨 에누리액이 발생하였다면, 그 금액은 특별한 사정이 없는 한 해당 사유가 발생한 날이 속하는 과세기간의 총공급가액에서 차감될 수 있다고 판시하였다.

그리고 대법원 2003. 11. 28. 선고 2002두8534 판결은, 소외 회사가 계약종료 후 점유·사용하는 도중에 연체임료 등을 공제하면 임차보증금 잔액이 남지 않게 된다든가, 계약종료 이후에 임료 등을 받을 가능성이 별로 없다는 등의 사정이 그대로 인정된다 하더라도, 임대차기간 만료 후 소외 회사가 원상회복하지 않는 등 의무에 위반하는 경우 통상임료 및 관리비의 2배액 등을 지급하기로 약정함으로써 그 기간 만료 이후에도 임차인이 목적물을 계속 점유·사용한다면 원고가 그에 대한 대가를 지급받기로 하였으므로 소외회사의 점유가 계약상 또는 법률상 원인이 없는 불법점유가 되어 부가가치세 과세대상인 용역의 공급에 해당하지 않게 된다고 볼 수 없다고 판시하고 있다.

또한 대법원 1997. 11. 14. 선고 97누11164 판결 등은 사업상 독립적으로 재화 또는 용역을 공급하는 자는 부가가치세를 납부할 의무가 있고, 용역이 공급되는 시기는 역무가 제공되거나 재화, 시설물 또는 권리가 사용되는 때라고 할 것이고, 대가를 받기로 하고 타인에게 용역을 공급한 이상 실제로 그 대가를 받았는지의 여부는 부가가치세 납부의무의 성립 여부를 결정하는 데 아무런 영향도 미칠 수 없다고 판시하고 있다. 이와 같이 일단 과세대상이 되는 용역의 공급이 있다고 보는 이상 현실적으로 대가를 수수하지 못하였다고 하여 과세대상이 되지 않거나 납부의무가 생기지 않는다고 볼 수 없다. 따라서 임대인이 임차인을 상대로 계약기간 종료 이후의 임료상당액을 청구하여 그에 대한 확정판결을 받았으나 사후에 현실적으로 이를 집행하지 못하는 등의 사정이 있다 하더라도, 이는 매매계약의 해제 등과 같은 사유로 공급이 당초부터 없는 것으로 되는 경우와는 달리 납세의무 성립에 아무런 영향을 주지 않는다. 다만, 처음부터 대가를 받지 않기로 하고 임대 용역을 공급하였다면 부가가치세법 제12조 제2항에 의하여 용역의 공급으로 보지 아니한다.

임대 용역의 공급이 이루어진 상태에서 임대차계약이 취소되거나 해제된 경우 국세기본법 시행령 제25조의2 제2항에서 규정하고 있는 후발적 경정사유에 해당한다고 보아 임대 용역의 공급이 처음부터 없었던 것으로 볼 수 있는지 문제된다. 재화의 공급과 관련하여서는 대법원 1998. 3. 10. 선고 96누13941 판결이, 건물에 대한 분양계약이 부가가치세 부과처분 전에 합의해제되고 이미 수령한 분양대금까지 모두 반환되었다면 재화의 공급은 처음부터 없었던 것이 되므로 위 건물에 대한 부가가치세 부과처분은 위법하다고 판시하여 합의해제의 경우에 부과처분 전에 이루어진 경우에는 재화의 공급이 없었던 것으로 보았고, 대법원 2002. 9. 27. 선고 2001두5989 판결은, 건물에 대한 매매계약의 해제 전에 부가가치세 부과처분이 이루어졌다 하더라도 해제의 소급효로 인하여 매매계약의 효력이 소급하여 상실되는 이상 부가가치세의 부과 대상이 되는 건물의 공급은 처음부터 없었던 셈이 되므로, 위 부가가치세 부과처분은 위법하다고 판시하고 있다.

용역공급계약의 경우에도 계약의 해제에 의해 계약의 효력을 소급적으로 소멸시킴으로써 부가가치세의 부담에서 벗어나는 것이 가능할 것이나, 그 성질상 해제에 의한 소급효를 제한하거나 해지만 가능하다고 보아 이미 발생한 조세채권에 영향이 없다고 해석하여야 하는 경우가 있을 수 있다. 임대 용역의 경우 그 특성상 공급과 동시에 소비가 이루어지므로 일단 공급된 이후에는 그 원상회복이 불가능한 경우가 많아서 소급하여 공급의 효력을 부인함이 상당하지 아니한 경우에는 당사자 사이의 합의에 의한 해지 또는 해제로 이미 발생한 부가가치세 납세의무를 좌우할 수는 없다고 해석하는 것이 합리적이다. 그래서 대법원 2003. 5. 16. 선고 2001두9264 판결도, 공급단위를 구획할 수 없는 용역을 계속적으로 공급하는 것을 내용으로 하는 계약에 있어서 용역의 공급 도중 당사자 사이의 합의나 당사자 일방의 채무불이행 등으로 인해 계약관계가 종료하더라도 특별한 사정이 없는 한 이미 용역을 제공하여 공급시기가 도래함으로써 발생한 부가가치세 납세의무에는 아무런 영향을 미칠 수 없다고 판시하고 있다.

라. 재화공급이나 용역공급으로 보지 않는 경우

(1) 개요

부가가치세법 제10조 제3항은, 사업장이 둘 이상인 사업자가 자기의 사업과 관련하여 생산 또는 취득한 재화를 판매할 목적으로 자기의 다른 사업장에 반출하는 것은 재화의 공급으로 보면서도, 다만 사업자가 사업자 단위 과세사업자로 적용을 받는 과세기간에 자기의 다른 사업장에 반출하는 경우와 주사업장 총괄납부의 적용을 받는 과세기간에 자기의 다른 사업장에 반출하는 경우는 재화의 공급으로 보지 않는다고 규정하고 있다. 어차피 사업장간의 이동에 따른 매출세액과 매입세액이 서로 상쇄되어 최종적으로 납부하는 부가가치세액에는 영향이 없기 때문이다. 그리고 부가가치세법 제10조 제9항은 재화를 담보로 제공하는 것과 사업을 양도하는 것, 조세를 국가에 물납하는 것에 해당하는 경우에는 재화의 공급으로 보지 않는다고 규정하고 있다. 이들은 실질적으로 재화의 양도에 해당한다고 보기 어렵거나 부가가치세를 징수하기 곤란한 사정을 고려하여 재화의 양도로 보지 않겠다는 것이다. 그리고 부가가치세법 제12조 제2항은 대가를 받지 아니하고 타인에게 용역을 공급하는 것을, 제3항은 고용관계에 따라 근로를 제공하는 것을 각 용역의 공급으로 보지 아니한다고 규정하고 있다.

(2) 사업의 양도

가) 개요

부가가치세법 제10조 제9항 제2호는 사업을 양도하는 것으로서 대통령령이 정하는 것은 재화의 공급으로 보지 않는다고 하면서, 다만 그 사업을 양수받는 자가 대가를 지급하는 때에 그 대가를 받은 자로부터 부가가치세를 징수하여 납부한 경우에는 제외한다고 규정하고 있다. 이와 같이 부가가치세법이 사업의 양도를 재화의 공급으로 보지 아니하는 것은, 사업의 양도는 특정재화의 개별적 공급을 과세요건으로 하는 부가가치세법상의 공급의 본질적 성격에 맞지 않는다는 측면을 반영하고, 나아가 그 부가가치세액이 크지만 양수자로서는 그 부가가치세액을 거래징수당하더라도 나중에 이를 매입세액으로 공제받을 것이기 때문에 처음부터 부가가치세를 거래징수하지 않는 것이 사업양수자에게 불필요한 자금압박을 덜어줄 수 있다는 정책상의 배려에 연유하는 것으로 볼 수 있다.

부가가치세법 제10조 제9항 제2호는 그 단서의 규정을 통하여 납세의무자에게 사업양도를 과세대상인 재화의 공급으로 취급할 것인지 여부에 관한 선택권을 부여한 것으로 볼 수 있다. 그런데 여기서 눈여겨 볼 대목은 통상 과세대상으로 보는 경우에는 공급받는 자는 세금계산서를 발급받으면 공급자가 그 매출세액을 국가에 납부하지 않더라도 공급받는 자는 매입세액을 공제받을 수 있는데, 위 단서 규정에서는 공급하는 자가 부가가치세를 징수하여 국가에 납부한 경우에만 과세대상으로 인정함으로써 이 경우에만 공급받는 자는 매입세액을 공제받을 수 있도록 했다는 점이다. 위 단서가 까다롭게 규정하고 있는 이유는 사업양수자가 사업양도자와 담합하여 세금계산서를 수수한 후 사업양도자는 부가가치세를 납부하지 않고 폐업함으로써 매출세액이 국고에 귀속되지 않는 반면 사업양수자는 매입세액을 공제받음으로써 국가만 손해를 보는 경우가 자주 발생하였기 때문으로 보인다. 부가가치세법이 2014. 1. 1. 개정되기 전에는 위 단서의 까다로운 요건이 그 시행령에 규정되어 있어 모법의 위임범위를 벗어났는지 여부가 다투어졌었고 이에 대하여 대법원 2008. 2. 29. 선고 2006두446 판결은 모법의 위임범위를 벗어나지 않았다고 판단하였는데, 위 개정시에 아예 시행령 규정을 법률규정으로 격상시켰다.

나) 요건

부가가치세법 시행령 제23조는 사업의 양도의 구체적 요건에 관하여 사업장별로 그 사업에 관한 모든 권리와 의무를 포괄적으로 승계시키는 것을 말한다고 규정하면서, 다만 미수금과 미지급금, 해당 사업과 직접 관련이 없는 토지, 건물, 골동품 등을 포함하지 아니하고 승계시킨 경우에도 그 사업을 포괄적으로 승계시킨 것으로 본다고 규정하고 있다.

이 규정의 문언에 따르면, 먼저 사업의 양도 여부는 사업장별로 판단하여야 하는데 여기서의 사업장별은 사업장소별이라기보다는 사업단위별이라고 해석하는 것이 합리적이다. 따라서 사업자가 하나의 사업장에서 수개의 사업을 영위하는 경우에도 그중 하나의 사업을 분리하여 포괄적으로 양도하면 사업의 양도에 해당할 수 있다. 같은 취지에서 대법원 1983. 10. 25. 선고 83누104 판결도 하나의 사업장 내에서 장소를 구분하여 두 종목 이상의 사업을 하다가 그중 한 종목의 사업을 포괄하여 양도한 경우에는 부가가치세법상 사업의 양도에 해당하므로 부가가치세를 과세할 수 없다고 하면서, 원고가 사업의 종류를 시계와 귀금속도매업으로 하여 사업자등록을 한 후 4방형의 임차점포를 남북으로 구분하여 북쪽으로는 시계점포를 남쪽으로는 귀금속점포를 시설하여 놓고 그 가운데는 통로로 사용케 하여 마치 2개의 사업장과 같은 방식으로 시계 및 귀금속소매업을 경영하여 오다가 귀금속소매업 부분만은 분리하여 A에게 양도하기로 하여 A는 위 점포의 남쪽부분에 관하여 임대차계약을 따로 체결하고 원고가 A에게 귀금속소매업 부분의 재고품, 상품진열대 등 비품, 가공임채무 등 사업에 관한 권리, 의무일체를 포괄하여 양도한 사안에서, 이는 사업의 양도에 해당하여 부가가치세를 과세할 수 없다고 판시하였다.

그리고 사업의 양도는 사업장별로 그 사업에 관한 모든 권리와 의무를 포괄적으로 승계시켜야 하지만 그 사업에 관한 권리와 의무 중 미수금 또는 미지급금에 관한 것이거나 당해 사업과 직접 관련이 없는 토지·건물 등을 포함하지 아니하고 승계시킨 경우에도 당해 사업의 양도로 본다고 하고 있는데, 여기에서의 '미수금' 또는 '미지급금'에 관하여 부가가치세법 기본통칙 10-23-2는 그 명칭 여하에 불구하고 사업의 일반적인 거래 이외에서 발생한 미수채권·미지급채무를 말하는 것이라고 하지만, 대법원 1992. 5. 26. 선고 91누13014 판결은 사업에 관한 권리와 의무에서 제외되는 미수금 또는 미지급금에는 사업의 주된 거래에 관한 것도 포함된다고 볼 것이므로 사업용 재산을 비롯한 물적·인적 설비 및 권리의무 등을 포괄적으로 양도하여 사업의 동일성을 유지하면서 경영주체가 교체된 것이라면 위에서 말한 미수금이나 미지급금에 해당하는 외상매출금채권이나 외상매입금채무가 그 양도대상에서 제외되었다 하더라도 사업의 양도로 인정하는 데에 장애가 될 수 없다고 판시하였다. 회계학상으로는 미수금과 미지급금은 주된 영업거래로부터 발생한 것이 아닌 채권·채무를 말하는 것이지만 과세거래로 볼 것인지를 여부를 판단하는 데 있어서 굳이 그 범위를 좁혀서 해석할 만한 합리적인 이유도 없어 대법원이 그 범위를 넓힌 것으로 보인다.

그리고 일반적으로 인적 자원의 승계 여부도 사업양도 여부를 판단하는 데 있어서 중요한 요소가 된다고 할 것인데, 이와 관련하여 대법원 2008. 2. 29. 선고 2006두446 판결 등은 사업용 재산을 비롯한 물적·인적 설비 및 권리의무 등을 포괄적으로 양도하여 사업의 동일성이 유지되는 것이라면 종전의 종업원이 그대로 인수인계되지 아니하였다고 하여도 사업의 양도로 인정하는 데에 장애가 될 수 없다고 판시하였고, 대법원 2008. 12. 24. 선고 2006두17895 판결도 같은 취지이다.

사업의 양도가 있다고 하려면 무엇보다도 사업의 동일성이 유지되어야 한다. 영업재산의 조직적 일체성이 유지되어 양수인이 양도인과 동일한 상태에서 영업을 계속할 수 있는 상태이어야 한다는 것이다. 사업의 동일성이 유지되면서 이전된다면 그중 일부 재산이 빠진다든가 종업원의 일부를 승계하지 않더라도 무방해지는 것이다. 사업의 동일성이 인정되는지 여부는 사회통념 또는 거래관념에 따라 개별적, 구체적으로 결정될 것인데, 사업을 포괄적으로 승계함에 있어서 대고객관계·사업상의 비밀·경영조직 등 사실관계의 이전이 중요한 의미를 갖는다. 대법원 2006. 4. 28. 선고 2004두8422 판결과 대법원 2007. 11. 29. 선고 2005두17294 판결은, 사업의 동일성이 유지된다는 것은 물적·인적 시설 및 권리의무 등을 포괄적으로 양도함으로써 경영주체만 교체되는 것을 뜻한다는 취지로 판시하면서 이를 위해서는 그 사업이 인적·물적 시설의 유기적 결합체로서 경영주체와 분리되어 사회적으로 독립성을 인정받을 수 있어야 한다고 하였다.

종래에는 사업의 동일성 요건을 엄격하게 적용하였다. 즉, 사업양도 후 사업의 종류 등이 사업양도 전 사업의 그것과 동일하여 종전 사업의 경영주체만 바뀌고 사업양도 후에도 종전 사업의 계속성이 유지되는 경우에 한하여 재화의 공급으로 보지 아니하는 사업양도로 보았다. 그러나 사업양도 이후에 사업양수자가 사업의 종류를 추가하는 등 사업양수자의 일방적 행위에 따라 사업양도의 과세 여부가 결정되는 사례가 많아 거래의 법적 안정성을 침해한다는 지적이 일자, 부가가치세법 시행령이 2006. 2. 9. 개정되면서 제23조 괄호규정에서 양수자가 승계받은 사업 외에 새로운 사업의 종류를 추가하거나 사업의 종류를 변경한 경우에도 사업의 동일성이 유지되는 것으로 보도록 하였다.

다) 사례 분석

사업용 부동산이 양도대상에 제외되어 사업의 양도로 인정하지 아니한 사례로 대법원 2014. 1. 16. 선고 2013두18827 판결이 있다. 원고는 철강재 제조업을 영위하다가 부동산 임대업으로 전환하기 위하여 철강재 제조업을 양도하기로 하는 사업포괄양수도계약을 체결하였다. 양도대상에는 생산장비인 조관기, 도금설비 등 기계장치, 숙련 생산기능인력 전부, 영업조직 전부, 거래처의 권리, 의무, 인력 등 전부, 재고자산, 매출채권, 매입채무, 퇴직급여 충당금 등 사업관련 채권채무 등이 포함되었고, 일부 철근 관련 상품재고 및 사업장으로 사용하던 공장용 건물과 토지는 양도대상에서 제외되었다. 이에 따라 원고는 양수인에게 양도대상에 포함된 것을 모두 양도한 후 양수인과 사이에 공장용 건물과 토지에 대한 임대차계약을 체결하고 양수인이 그곳에서 양도받은 사업을 운영하였다. 이에 대하여 원심은, 양도대상에서 제외된 토지는 공장용지이고 그 지상건물에는 강관제조시설이 설치되어 사업에 직접 사용된 사업용재산이라고 보이고 그 가액은 양도 전 원고 자산의 약 25%를 차지하는 중요한 재산이므로 재화의 공급으로 보지 아니하는 사업의 양도에 해당한다고 볼 수 없다고 판시하였고, 대법원이 이를 수긍하였다.

부가가치세법 시행령 제23조에서 규정하고 있듯이 사업과 직접 관련이 없는 토지와 건물이라면 양도대상에서 제외하더라도 무방하지만 이 사안은 사업과 직접 관련이 있는 토지와 건물을 양도대상에서 제외하였으므로 사업의 양도로 볼 수 없었다. 양수인이 그 토지와 건물을 양도인으로부터 임차하여 사업용 부동산으로 계속 사용하였다고 하더라도 주된 사업용 부동산에 대하여 사업주가 양도 전에는 소유자의 지위에 있었던 데 비하여 양도 후에는 임차인의 지위에 있으므로 양도 전후에 걸쳐 사업의 동일성이 유지된다고 보기 어렵다고 하겠다.

대법원 2013. 2. 28. 선고 2010두29192 판결은, 원고가 건물을 신축하고 그 소재지에 부동산임대업의 사업자등록을 한 다음 그 건물을 일시적으로 임대하다가 이를 타인에게 양도한 사안에서, 그 건물의 양도가 부동산매매업자로서의 사업활동의 일환으로 이루어진 경우에는 '재화의 공급으로 보지 아니하는 사업의 양도'에 해당하지 아니한다고 판시하였다. 이 사안에서는 원고가 부동산임대업을 하다가 그 사업을 양도하기 위하여 사업용부동산인 건물을 양도한 것이 아니라 처음부터 부동산매매업을 위하여 건물을 신축하였다가 매매의 적기를 기다리기 위하여 일시적으로 임대업을 영위한 것이므로 그 건물을 양도한 것은 부동산 임대사업의 포괄적 양도가 아니라 단순한 부동산매매업의 일환으로 보아야 한다. 따라서 사업의 양도에 해당하지 않는다고 본 대법원의 판단이 옳다.

인적 자원의 일부를 승계하지 아니하였음에도 사업의 양도를 인정한 사례로는 대법원 2008. 12. 24. 선고 2006두17895 판결이 있다. 원고는 상가신축분양사업의 공동사업자인 A사와 B사로부터 사업시행권, 대출금채무, 분양계약과 용역계약에 따른 권리의무, 건축허가권 등의 각종 인허가권, 지상 및 지하를 포함하여 진행 중인 공사 부분 등 사업과 관련된 일체의 권리의무를 포괄적으로 양수하여 사업을 계속하여 실시하였고, 다만 그 과정에서 종업원 등의 인적 설비는 이를 승계하지 아니하였으나, A사와 B사는 상당한 인적 설비 등이 요구된다고 볼 수 있는 신축공사에 관하여는 공사도급계약에 의하여 시공사인 원고로 하여금 이를 실시하도록 하였고, 분양대금 등 자금의 관리에 관하여는 수탁회사인 P부동산신탁사에게 위임하였다. 이에 대하여 대법원은, A사 및 B사가 위 사업을 추진함에 있어서 인적 설비는 핵심적인 구성요소가 아니므로 그러한 인적 설비에 대한 승계가 이루어지지 않았다고 하더라도 사업의 양도로 인정하는 데에 장애가 되지 아니한다고 판시하였다. 이 사안은 원고가 사업 양수인임에도 양도인으로부터 양도대금에 관한 세금계산서를 교부받아 그 매입세액 환급을 신청하였으나 과세관청은 양도인이 매출세액을 납부하지 않았다는 이유로 환급을 거부한 사안이다. 앞서 보았듯이 부가가치세법 제10조 제9항 제2호 단서는 사업의 양도에 해당함에도 세금계산서가 수수된 경우에는 양수인이 양도인으로부터 부가가치세를 징수하여 대리납부한 경우에 한하여 재화의 공급으로 본다고 했는데 이 사안에서는 이 요건이 충족되지 않아 결국 재화의 공급에 해당하지 않게 되었고 그래서 원고는 매입세액을 환급받을 수 없었다.

사업의 양수인이 사업의 종류를 변경하더라도 사업의 양도에 해당한다고 본 사안으로는 대법원 2016. 6. 23. 선고 2016두34424 판결이 있다. A사는 자산운용 주식회사인 B사에 의해 특별자산 투자신탁의 일환으로 P부동산을 매입하기 위하여 설립된 특수목적법인이다. A사는 P부동산에서 부동산임대업을 영위하다가 B사가 향후 설립할 부동산펀드에게 P부동산에 대한 매수인 및 임대인 등의 지위를 양도할 예정이었다. 실제로 A사는 부동산임대업무 전속대행계약을 체결하였고, P부동산 중 일부에 대해 임대차계약을 체결하였으며, P부동산을 사업장으로 하여 부동산임대업 사업자등록도 마쳤다. 하지만 2008년경 세계적인 금융위기에 따른 경기침체로 임대실적이 부진하자, A사는 부동산펀드 설립 시 수익증권을 인수하기로 하였던 C사의 제안에 따라 당초 계획과 달리 특수목적법인인 D사에게 P부동산에 대한 매수인 및 임대인 지위를 비롯한 일체의 권리·의무를 포괄적으로 양도하였다. 그러나 D사는 그 양도를 받은 후 부동산임대업을 영위하지 않았다. 이에 대하여 원심은 D사로의 양도는 재화의 공급으로 보지 아니하는 '사업의 양도'에 해당하고, D사가 그 양도 이후에 부동산임대업을 영위하지 아니하였다는 사정만으로는 달리 볼 수 없다고 판단하였고, 대법원이 이를 수긍하였다.

마. 부수 재화 및 부수 용역의 공급

(1) 관련 규정

부가가치세법 제14조 제1항은 주된 재화 또는 용역의 공급에 부수되어 공급되는 것으로서 해당 대가가 주된 재화 또는 용역의 공급에 대한 대가에 통상적으로 포함되어 공급되는 재화 또는 용역과 거래의 관행으로 보아 통상적으로 주된 재화 또는 용역의 공급에 부수하여 공급되는 것으로 인정되는 재화 또는 용역의 공급은 주된 재화 또는 용역의 공급에 포함되는 것으로 본다고 규정하고 있다. 따라서 이러한 부수적인 재화나 용역의 공급이 과세대상인지 면세대상인지는 주된 재화나 용역의 공급의 성격에 따라 좌우된다고 할 것이다.

그리고 제2항은, 주된 사업에 부수되는 것으로서 주된 사업과 관련하여 우연히 또는 일시적으로 공급되는 재화 또는 용역과 주된 사업과 관련하여 주된 재화의 생산 과정이나 용역의 제공 과정에서 필연적으로 생기는 재화의 공급은 별도의 공급으로 보되, 과세 및 면세 여부 등은 주된 사업의 과세 및 면세 여부 등을 따른다고 규정하고 있다. 원래 일시적 우발적 재화의 공급은 계속성·반복성이 없어 사업성이 인정될 수 없기 때문에 부가가치세법상 과세거래로 볼 수 없는 것이지만 그것이 계속성·반복성이 있는 주된 사업과 관련된 것일 경우 계속성·반복성을 의제하겠다는 취지가 담겨져 있다. 이 경우는 주된 재화나 용역의 공급이 전제가 되지 않고 단지 주된 사업 과정에서 주된 재화나 용역의 공급이 존재하든 말든 관계 없이 주된 사업과 관련하여 우연히 또는 일시적으로 공급되는 재화 또는 용역을 말한다. 그래서 이것은 독립된 재화 또는 용역의 공급으로 보지만 과세 및 면세 여부는 주된 사업에 따른다는 것이다.

부가가치세법이 2013. 6. 7. 전부 개정되기 전에는 제1조 제4항에서 주된 거래인 재화의 공급에 필수적으로 부수되는 재화 또는 용역의 공급은 주된 거래인 재화의 공급에 포함되고, 주된 거래인 용역의 공급에 필수적으로 부수되는 재화 또는 용역의 공급은 주된 거래인 용역의 공급에 포함되는 것으로 본다고 규정함으로써 부수되는 것이 '필수적'이어야 했고 그래서 그 범위를 상당히 제한적으로 해석할 수밖에 없었다. 그런데 그 위임에 의한 시행령 제3조는 그 범위에 관하여, 당해 대가가 주된 거래인 재화 또는 용역의 공급대가에 통상적으로 포함되어 공급되는 재화 또는 용역(제1호), 거래의 관행으로 보아 통상적으로 주된 거래인 재화 또는 용역의 공급에 부수하여 공급되는 것으로 인정되는 재화 또는 용역(제2호), 주된 사업과 관련하여 우발적 또는 일시적으로 공급되는 재화 또는 용역(제3호), 주된 사업과 관련하여 주된 재화의 생산에 필수적으로 부수하여 생산되는 재화(제4호)를 규정하였다. 이와 같이 시행령에서는 제1호와 제2호에서는 '필수적'이라는 용어 대신에 '통상적'이라는 용어를 사용함으로써 그 범위를 다소 넓혔다고 할 수 있다. 이제는 위 시행령 규정이 모두 법률 규정인 부가가치세법 제14조 제1항으로 격상되었고 위에서 본 바와 같이 필수적이라는 용어는 더 이상 사용하지 않으므로 '부수되어'의 범위를 좀 더 넓고 탄력적으로 해석할 수 있게 되었다.

(2) 부수 재화 및 용역 공급의 세법상 취급

부가가치세법 제14조 제1항이 부수적인 재화 또는 용역의 공급은 주된 재화 또는 용역의 공급에 포함된다고 한 것은 부가가치세법상 과세나 면세 여부 등에 관하여 전자를 후자와 동일하게 취급하겠다는 취지로 이해할 수 있다. 전자를 독립된 재화 또는 용역의 공급으로 보지 않으므로 후자에 따를 수밖에 없는 것이다. 제2항이 주된 사업에 부수되는 그 각 호의 재화 또는 용역은 별도의 공급으로 보면서도 과세 및 면세 여부 등은 주된 사업의 과세 및 면세 여부 등을 따른다고 규정한 취지에 비추어 보더라도 주된 재화 또는 용역의 공급에 포함된 것으로 보는 부수적 재화 또는 용역의 공급은 당연히 주된 재화 또는 용역의 공급의 과세 및 면세 여부에 따르는 것이다. 그럼에도 부가가치세법 제26조 제2항은 면세되는 재화 또는 용역의 공급에 통상적으로 부수되는 재화 또는 용역의 공급은 그 면세되는 재화 또는 용역의 공급에 포함되는 것으로 본다라고 규정하고 있는데 이는 확인적 규정으로 볼 수 있다. 굳이 존재 의의를 부여하자면, 부가가치세법 제14조 제1항은 과세거래에 관한 규정이므로 과세 여부에 관하여만 주된 재화 또는 용역의 공급에 따른다는 취지로 좁게 해석하고 그래서 제26조 제2항은 면세 여부에 관하여 주된 재화 또는 용역의 공급에 따른다는 취지를 별도로 규정할 필요가 있었다고 할 수 있다.

(3) 사업자의 동일 여부

부가가치세법 제14조 제1항이 적용되기 위해서는 주된 재화 또는 용역을 공급하는 사업자와 부수적인 재화 또는 용역을 공급하는 사업자가 동일하여야 하는지가 문제된다. 제2항의 경우도 마찬가지로 주된 사업의 사업자와 우연히 또는 일시적으로 재화 또는 용역을 공급하는 사업자가 동일하여야 하는지가 문제된다. 이에 대하여는 동일하여야 한다는 것이 통설적 입장이다. 위 규정을 둔 이유는 주된 재화 또는 용역과 부수적 재화 또는 용역은 그 원천이 되는 매입거래가 공통되는 경우가 많을 것이므로 매출거래의 과세·면세 여부도 같이 취급하는 것이 매입세액 공제액을 산정하는 데 편리하고 부수적 재화 또는 용역의 비중이 크지 않을 것이므로 부가가치세 신고·납부절차도 간편하게 될 것이라는 점을 고려한 것으로 볼 수 있다. 이러한 취지를 고려하면 사업자가 동일하여야 한다고 보는 것이 합리적이다. 만약 그럴 필요가 없다고 해석하면 면세대상인 재화 또는 용역의 공급이 있는 경우 이에 편승하고자 하는 제3의 사업자들이 등장함으로써 면세대상의 범위가 대폭 늘어나는 부작용도 있을 수 있다.

같은 취지에서 대법원 2000. 12. 26. 선고 98두1192 판결은, '보험업'의 본질적인 부분이 포함되지 아니한 부수적인 업무는 이를 '보험업'을 하는 자가 하는 경우에는 필수적인 부수성의 법리에 따라 면세되지만, 부수적인 업무를 제3자가 독립적으로 영위하는 경우에는 면세대상인 보험용역에 포함되지 아니하므로, '보험업'의 부수적인 용역에 불과한 보험조사용역을 주된 사업으로 하는 사업자는 면세대상에 해당하지 않는다고 판시하였고, 대법원 2001. 3. 15. 선고 2000두7131 전원합의체 판결도 부가가치세가 면세되는 재화 또는 용역의 공급에 필수적으로 부수되는 재화 또는 용역의 공급으로서 면세되는 재화 또는 용역의 공급에 포함되는 것으로 보는 것의 범위는 부가가치세가 면세되는 주된 재화 또는 용역을 공급하면서 그에 필수적으로 부수되는 어느 재화 또는 용역을 공급하는 사업자 자신의 거래로만 국한하여야 할 것이라고 판시하였다.

여기서 동일한 사업자의 다른 사업장에서 부수적 재화 또는 용역의 공급이 이루어진 경우에는 어떻게 보아야 하는지가 문제된다. 부가가치세는 원칙적으로 사업자 단위의 과세가 아니라 사업장 단위의 과세이기 때문에 주된 재화 또는 용역의 공급이 이루어지는 사업장과 부수적 재화 또는 용역의 공급이 이루어지는 사업장이 서로 다른 경우 부가가치세법 제14조 제1항이 적용될 수 없다고 보는 것이 합리적이다. 주된 재화 또는 용역이 공급되는 사업장과 다른 별도의 업장에서 공급된다면 그것은 부수적 재화 또는 용역이 아니라고 볼 여지도 있겠다.

(4) 장례식장에서의 음식물 공급

부가가치세법 시행령 제35조는 면세하는 의료보건용역의 하나로 그 제6호에서 장의업자가 제공하는 장의용역을 규정하고 있다. 이러한 장의업자가 운영하는 장례식장에서는 통상 상주 등에게 음식물을 제공하고 있다. 이러한 음식물 제공용역이 면세사업인 장의용역에 부수하는 것으로서 면세대상에 해당한다고 볼 수 있는지가 문제되었는데 대법원 2013. 6. 28. 선고 2013두932 판결이 이에 대한 답을 제시하였다.

부가가치세법 제14조 제1항(당시는 구 부가가치세법 시행령 제3조 제2호)의 문언 내용, 국민의 복지후생 차원에서 장례의식을 위한 비용의 부담을 가볍게 하기 위한 부가가치세 면세제도의 취지 등에 비추어 볼 때, 부수성 인정 여부의 핵심은 거래 관행상 장의용역 공급 과정에서 누구에 의해서건 음식물 제공용역의 공급이 부수되어 이루어지고 있는 것인지에 있을 뿐, 음식물 제공용역의 공급이 장의용역 공급자에 의해 직접 이루어져야만 부수성을 인정할 수 있는 것으로 제한하여 해석할 아무런 이유가 없는 점, 다수의 장례식장들에서는 장의용역을 제공하면서 동시에 빈소를 찾는 조문객들에게 조문에 필요한 범위 내에서 음식물 등을 공급하고 있는 사실을 인정할 수 있는 점, 장례식장에서의 음식물 제공용역의 공급은 일반인이 아니라 특정 조문객만을 대상으로 빈소 바로 옆 공간이라는 제한된 장소에서 이루어지는 것이 일반적인 점 등에 비추어 보면, 거래의 관행상 장례식장에서의 음식물 제공용역의 공급이 부가가치세 면세 대상인 장의용역의 공급에 통상적으로 부수되고 있음을 충분히 인정할 수 있다고 판단하였고, 대법원이 이를 수용하였다.

장례식장에는 문상객들의 방문이 필수적이고 그들에게 음식물을 대접하는 것이 상주의 도리로 인식되고 있는데 장례식장의 운영자 측에서는 위생이나 청결문제 등을 이유로 상주 등이 외부로부터 장례식장으로 음식물을 반입하는 것을 금지하고 그 대신 장례식장에서 음식물을 제공하여 그것으로 문상객들에게 대접하도록 하는 경우가 일반적이다. 그리고 그 음식물의 제공이 이루어지는 장소도 다름 아닌 장의용역이 제공되는 장례식장 안이며, 그 제공시기도 장의용역이 제공되는 시기와 일치한다. 물론 장의용역의 제공주체와 음식물 제공주체도 동일하다. 이러한 점들을 종합하면 장례식장에서의 음식물 제공용역은 장의용역에 통상적으로 부수하는 용역의 공급에 해당한다고 볼 수 있는 것이다.

그런데 위 원심의 판시에서 부수성 인정 여부의 핵심은 거래 관행상 장의용역 공급과정에서 누구에 의해서건 음식물 제공용역의 공급이 부수되어 이루어지고 있는 것인지에 있을 뿐, 음식물 제공용역의 공급이 장의용역 공급자에 의해 직접 이루어져야만 부수성을 인정할 수 있는 것으로 제한하여 해석할 아무런 이유가 없다고 판시하고 있고, 대법원이 이에 대한 별다른 언급 없이 수긍하였다는 점에서 논란이 되고 있다. 이 사안에서는 주된 용역인 장의용역의 공급자와 부수적 용역인 음식물 제공용역의 공급자가 일치하므로 이러한 판시는 불필요해 보인다. 그리고 이 판시는 앞서 본 대법원 2001. 3. 15. 선고 2000두7131 전원합의체 판결의 취지와 모순되는 것처럼 보인다. 위 전원합의체 판결은 주된 용역의 공급자와 부수적 용역의 공급자가 일치할 것을 요구하고 있기 때문이다.

이에 대하여는 위 전원합의체 판결은 부가가치세를 창출하는 다수의 단계적 거래에 있어서 선행거래에서의 부수성의 판단이 후행 거래의 부수성의 판단을 기속하는 것은 아니고 각 대상거래에서의 재화, 용역의 부수성은 거래 당사자별 거래 내용과 경위에 따라 독자적으로 판단하여야 한다는 취지로만 이해하면 서로 모순 저촉되지 않는다는 견해도 있다.[9] 그러나 이러한 입장은 받아들이기 어렵다. 이 사안에서 과세관청인 피고가 장례식장에서의 음식물 제공은 장례식장의 운영자가 직접 하는 경우와 다른 사업자가 하는 경우가 비슷한 규모이므로 전자의 경우가 통상적이라고 할 수 없다는 주장을 하였고, 이에 대하여 원심법원이 통상성을 판단하는 데 있어서는 음식물 제공이 주된 거래인 장의용역에 부수하는 관행이 있는지를 보면 되는 것이고 그 공급자가 누구인지는 따질 필요가 없다는 취지에서 위와 같은 판시를 한 것으로 보인다.[10] 위 대법원 2001. 3. 15. 선고 2000두7131 전원합의체 판결은 이러한 통상성의 요건과는 별도의 추가적인 요건으로 공급주체, 즉 사업자가 서로 동일하여야 한다는 요건을 설정하고 있는 것이다. 따라서 대법원 2013. 6. 28. 선고 2013두932 판결을 주된 재화의 공급주체와 부수적 재화의 공급

---

9) 백제흠, "부수재화·용역 공급의 범위", 세정신문
10) 조윤희, 하태흥, "2013 조세분야 판례의 동향", 특별법연구(제11권), 특별소송실무연구회, 사법발전재단 참조

주체가 동일할 필요가 없다는 취지로 해석하여서는 아니된다. 하지만 위 대법원이 인용한 원심판결의 판시는 오해를 유발할 수 있는 것이어서 적절해 보이지는 않는다. 실제로 조세쟁송에서 위 판시의 취지를 오해한 데서 오는 주장들이 등장하고 있어 유감이다.

(5) 토지의 공급에 수반한 철거대상 건물의 공급

토지의 공급은 부가가치세법 제26조 제1항 제14호에 의하여 면세대상이다. 그런데 양도되는 토지상에 철거대상인 건물이 있는 경우 그 건물은 부가가치세법 제14조 제2항 제1호에서 규정하는 주된 사업과 관련하여 우연히 또는 일시적으로 공급하는 재화에 해당할 수 있기 때문에 이 경우를 별도로 재화의 공급으로 볼 수 있는지가 문제된다. 이와 관련하여 부가가치세법 시행령 제80조 제2호는 건축물이 있는 토지를 취득하여 그 건축물을 철거하고 토지만 사용하는 경우에는 철거한 건축물의 취득 및 철거비용과 관련된 매입세액은 토지에 관련된 매입세액으로서 매출세액에서 공제되지 아니한다고 규정하고 있다. 그리고 부가가치세법이 2013. 6. 7. 전부 개정되기 전에 그 시행령 제14조 제4항은 수용절차에 있어서 수용대상인 재화의 소유자가 해당 재화를 철거하는 조건으로 그 재화에 대한 대가를 받는 경우에는 재화의 공급으로 보지 않는다고 규정하고 있었다. 이 규정은 확인적 규정으로 보는 경향이 강하였고 그래서 위 전부 개정시에 삭제되었다.

토지상에 건물이 있더라도 철거될 것이라면 공급의 주된 목적은 토지에 있고 건물의 존재는 오히려 토지의 효용을 해하는 것이므로 형식적으로 그 건물이 양도대상에 포함되어 대가가 정해져 있더라도 토지만의 공급이 있고 건물의 공급은 없다고 보는 것이 당사자들의 의사에 부합한다고 할 수 있다. 따라서 이는 과세대상인 건물의 공급가액이 될 수 없다고 보는 것이 원칙일 것이다.

그러나 대법원은 그동안 구체적 사안에 따라 재화의 공급을 긍정하기도 하고 부정하기도 하였다. 건물에 관하여 매수인 앞으로 소유권이전등기가 경료되었는지 여부 및 건물의 철거약정 내용을 중요한 판단 척도로 삼고 있다. 재화의 공급을 부인한 사례들로는 대법원 1986. 2. 25. 선고 85누747 판결, 대법원 1989. 1. 17. 선고 88누4713 판결, 대법원 2003. 12. 26. 선고 2003두9664 판결, 대법원 2005. 7. 8. 선고 2004두10579 판결 등이 있는데, 모두 토지에 대한 소유권이전등기 이전에 건물이 철거됨으로써 건물에 대하여 매수인 앞으로 소유권이전등기가 경료되지 아니하였던 사안들이다. 재화의 공급을 인정한 사례들로는 대법원 1985. 11. 26. 선고 85누517 판결, 대법원 1987. 2. 24. 선고 86누571 판결, 대법원 2011. 12. 22. 선고 2010두2647 판결 등이 있는데, 대부분 건물에 관한 소유권이전등기가 경료된 사안들이었다. 이들 판결에 의하면 건물을 재화의 공급 대상에 포함시키기 위해서는 일반적인 재화의 공급처럼 당해 건물에 대한 소유권이 매수인에게 이전되는 것을 요건으로 삼고 있다고 할 수 있다. 이와 같이 건물의 소유권이 매수인에게 이전됨으로써 그 건물에 대한 처분권이 매수인에게 이전되고 매수인이 그 처분권을 행사함으로써 당해 건물을 철거하는 경우에는 재화의 공급이 있었다고 볼 수 있다는 논리이다.

다만, 재화의 공급을 인정한 대법원 2003. 4. 11. 선고 2001두212 판결은 예외적으로 건물에 대하여 매수인 앞으로 소유권이전등기가 경료되지 아니한 경우인데, 비록 소유권이전등기는 경료되지 아니하였지만 중도금 수령 후 건물을 매수인에게 명도해 줌으로써 매수인이 자신의 비용으로 건물을 철거하였으므로 건물에 대한 사실상의 처분권이 매수인에게 이전되었다고 판단한 것으로 볼 수 있다. 따라서 이 판결은 법률상 소유권이 이전되지 않더라도 사실상 소유권이 이전된 경우까지 재화의 공급으로 보았다는 점에서 재화의 공급의 인정범위를 다소 넓혔다고 평가될 수 있다.

매도인이 자기의 비용부담으로 철거하기로 약정하고 이를 이행하였다면, 재화의 공급으로 보기 어려울 것이고, 이러한 경우 대부분 토지에 대한 소유권이전등기 경료 전에 건물철거가 이루어짐에 따라 건물이 이전등기 경료의 대상에서 제외될 것이다. 매도인이 자기의 비용부담으로 철거하기로 약정하였음에도 이행하지 아니하여 매수인이 철거하였다면, 그 철거시기가 건물에 대한 소유권이전등기 이후인 경우에는 재화의 공급으로 볼 수 있겠으나, 그 이전이라면 매수인이 매도인을 대행하여 당해 건물을 철거한 것일 뿐 그 처분권까지 넘겨받아 이를 행사한 것으로 보기는 부족하므로 재화의 공급으로 단정하기 어려운 측면이 있다.

다만, 매수인이 자기의 비용부담으로 철거하기로 약정하고 이를 이행하였다면, 그 철거시기가 건물에 대한 소유권이전등기 이전이라는 이유만으로 재화의 공급에 해당하지 않는다고 단정할 수 없다. 이러한 경우 당해 건물에 대한 처분권이 사실상 매수인에게 이전되고 매수인이 그 처분권의 행사로써 당해 건물을 철거한 것으로 볼 수 있으므로 비록 건물에 대한 소유권이전등기가 없다고 하더라도 재화의 공급으로 볼 수 있다고 할 것이다. 대법원 2003. 4. 11. 선고 2001두212 판결이 이 경우에 해당한다. 그러나 이 경우에도 매도대상에 건물이 제외되어 있다면 건물의 처분권을 매수인에게 이전한 것으로 보기 어려워 재화의 공급으로 보지 않을 수 있다.

위에서 본 바와 같이 철거대상건물을 재화의 공급으로 보는 경우에 그 철거대상건물과 토지의 매수인은 그 건물의 매입가액에 대한 매입세액을 매출세액에서 공제받을 수 있는지가 문제이다. 그 건물을 취득한 후 과세사업에 사용하지 않고 바로 건물신축을 위하여 철거하였다면 이는 부가가치세법 시행령 제80조 제2호의 토지 관련 매입세액으로서 건축물이 있는 토지를 취득하여 그 건축물을 철거하고 토지만 사용하는 경우에는 철거한 건축물의 취득 및 철거 비용과 관련된 매입세액에 해당하므로 매입세액 공제를 받을 수 없을 것이다. 하지만 곧바로 철거하지 않고 상당기간 임대하는 등 과세사업에 사용하다가 철거하였다면 토지 관련 매입세액으로 단정하기는 어렵고 과세사업에 관련된 매입세액으로서 공제받을 수 있다고 하겠다. 그 후 이를 철거하는 단계에 가서는 임대사업 등의 폐업시 잔존재화에 해당할 경우 공급의제대상이 되어 잔존가액에 대한 부가가치세를 부담할 여지가 있을 수 있다. 만약 그 건물을 매입한 후 상당기간 과세사업의 사옥으로 사용하다가 그 과세사업의 신사옥을 신축하기 위해 철거하였다면 폐업시의 잔존재화가 아니므로 철거시에도 별도의 공급의제대상이 아니어서 잔존가액에 대한 부가가치세 부담이 없을 것이다. 위와 같은 여러 가지의 경우 중 어디에 해당하는지를 판단함에 있어서는 실질과세원칙에 의하여 형식보다는 실질을 중시해야 할 것이다.

바. 재화와 용역의 무상 공급

원칙적으로 부가가치세 과세의 대상은 대가를 받고 행해지는 유상거래에 한한다. 이러한 점은 우리나라 부가가치세법의 원조인 EU 부가가치세 지침에서 과세대상 거래(taxable transactions)가 'for consideration'이어야 한다는 점을 명시하고 있는 태도에서도 확인할 수 있다.[11] 그 이유는 무상거래는 과세하지 않더라도 다음 거래단계에 있어서 매입세액이 감소해서 그 부분만큼 납부해야 할 세액이 증가하므로 자동적으로 세부담의 조정이 이루어지기 때문이다. 또한 그러한 무상거래가 최종소비자와의 사이에서 행해지는 경우에는 소비세의 구조상 '소비' 그 자체가 아닌 '소비지출'에 담세력을 인정해서 과세되는 것이므로 무상거래에는 과세할 필요가 없다고 보기 때문이다.[12]

하지만 이러한 무상공급을 무제한 인정하는 경우 부가가치세의 부담이 없는 소비가 일어나게 되어 소비형 부가가치세제의 기본적 틀에서 벗어날 뿐만 아니라 소비자 간 과세형평이 침해되는 문제가 발생하므로 부가가치세법 제10조 제4항, 제5항은 재화의 무상공급에 대하여 이를 개인적 공급 또는 사업상 증여로 보아 특별히 공급으로 의제하여 과세하고 있다. 다만, 부가가치세법 시행령 제20조는 사업을 위하여 대가를 받지 아니하고 다른 사업자에게 인도하거나 양도하는 견본품과 특별재난지역에 공급하는 물품은 공급으로 보지 아니한다고 규정하고 있다. 그리고 부가가치세법 제29조 제1항 제4호는 위의 개인적 공급이나 사업상 증여에 해당하는 경우 공급가액 내지 소비하는 재화의 가액은 '시가'로 정하고 있다.

---

11) EU VAT 지침 제14조 내지 제30조
12) 金子宏, 앞의 책

한편, 재화의 무상공급과는 달리 용역의 무상공급에 관하여 부가가치세법 제12조 제2항은 사업자가 대가를 받지 아니하고 타인에게 용역을 공급하는 것은 용역의 공급으로 보지 아니하되, 다만 특수관계인에게 사업용 부동산의 임대 용역을 제공하는 것에 대하여는 원칙적으로 용역의 공급으로 본다고 규정하고 있다. 재화의 무상공급은 과세대상으로 삼으면서 용역의 무상공급은 과세대상으로 삼지 않는 것은 입법자의 조세정책적 재량에 따른 것으로서 필연성이나 당위성은 찾기 어렵다.

2. 재화의 수입

부가가치세법 제3조 제2호는 납세의무자로서 재화를 수입하는 자를 규정하고, 제4조에서 과세대상으로 재화의 수입을 규정하고 있다. 이에 따라 제13조는 재화의 수입은 외국으로부터 도착한 물품과 외국 선박에 의하여 공해에서 채집되거나 잡힌 수산물로서 수입신고가 수리되기 전의 것과 수출신고가 수리된 물품(수출신고가 수리된 물품으로서 선적되지 아니한 물품을 보세구역에서 반입하는 경우는 제외한다)을 국내에 반입하는 것을 말하며, 보세구역을 거치는 것은 보세구역에서 반입하는 것을 말한다고 규정하고 있다.

일반적인 수입의 경우와 달리 보세구역을 경유하는 경우에는 사안이 다소 복잡해진다. 보세구역을 경유하는 경우에는 보세구역으로부터 인취하는 것이 재화의 수입이므로 외국으로부터 보세구역에 재화를 반입하는 것은 아직 재화의 수입이라 할 수 없다. 따라서 재화의 수입이라는 측면에서 보면 보세구역은 아직 국내가 아닌 결과가 된다. 같은 취지에서 부가가치세법 기본통칙(9-18-7) 제1항 제1호는 외국에서 보세구역으로 재화를 반입하는 것은 재화의 수입에 해당하지 아니한다고 하고 있다. 그래서 보세구역에서 국내로 반입될 때에는 재화의 수입으로 보게 되고, 이 경우 부가가치세 납세의무는 세관장에게 수입신고를 하는 때에 성립한다. 그 공급시기에 관하여는 부가가치세법 시행령 제28조 제7항은 사업자가 보세구역 안에서 보세구역 밖의 국내에 재화를 공급하는 경우가 재화의 수입에 해당할 때에는 수입신고 수리일을 재화의 공급시기로 본다고 규정하고 있다.

부가가치세법 제35조에 의하면 수입재화에 대하여는 통관시 '세관장'이 부가가치세를 관세징수의 예에 의하여 징수하고 수입세금계산서를 교부한다. 즉, 세관장이 외국의 공급하는 사업자의 지위를 대신한다고 할 수 있다. 수입재화에 대한 관세의 납세의무자는 원칙적으로 수입신고를 한 물품의 화주이므로 수입재화에 대한 부가가치세의 납세의무자도 원칙적으로 수입물품의 화주가 된다. 앞서 설명한 바와 같이 재화 또는 용역의 공급의 경우 납세의무자는 '사업자'여야 함에 반하여, 재화수입의 경우에는 수입하는 자가 '사업자'이든

'최종소비자'이든 불문하고 과세한다. 부가가치세법 기본통칙(9-18-7) 제1항 제4호는 사업자가 보세구역 내에서 보세구역 외의 국내에 재화를 공급하는 경우에 공급가액 중 관세가 과세되는 부분에 대하여는 세관장이 부가가치세를 거래징수하고 수입세금계산서를 발급하며, 공급가액 중 관세의 과세가격과 관세·개별소비세·주세·교육세·교통에너지환경세 및 농어촌특별세의 합계액을 뺀 잔액에 대하여는 재화를 공급하는 사업자가 부가가치세를 거래징수하고 세금계산서를 발급하도록 하고 있다.

재화의 수입과 관련하여서는 보세구역이 국내의 영역이 아니라고 보는 것이지만, 보세구역도 엄연히 우리나라의 주권이 미치는 영토이므로 부가가치세법상의 재화의 공급에 관하여 부가가치세를 부과함에 있어서는 보세구역은 어디까지나 국내이고, 보세구역 내에서 재화를 제3자에게 공급하면 그 재화가 외국물품이든 국내물품이든 불문하고 부가가치세 과세대상인 재화의 공급에 해당하게 된다. 아직 통관되지 아니한 외국물품이라 하더라도 보세구역 내에 일단 반입된 이후 타인에게 판매·공급된 이상 그 재화이동의 개시장소는 보세구역, 즉 국내이므로 과세대상인 국내에서의 재화의 공급에 해당하는 것이다. 그래서 부가가치세법 기본통칙(9-18-7) 제1항 제2호도 동일한 보세구역 내에서 재화를 공급하거나 용역을 제공하는 것은 재화의 공급 또는 용역의 제공에 해당한다고 하고 있다.

여기서 수입재화를 보세구역 내에서 제3자에게 공급하여 그 제3자가 보세구역 외의 국내로 반입하는 경우에는 재화의 공급과 재화의 수입이 순차적으로 이루어진 결과가 되어 부가가치세가 중복하여 과세되는 문제가 생기게 된다. 이러한 문제를 해결하기 위하여 부가가치세법 시행령 제61조 제1항 제5호는 사업자가 보세구역 내에 보관된 재화를 다른 사업자에게 공급하고, 그 재화를 공급받은 자가 그 재화를 보세구역으로부터 반입하는 경우 그 재화의 공급가액에서 세관장이 부가가치세를 징수하고 발급한 수입세금계산서에 적힌 공급가액을 뺀 금액을 공급가액으로 한다고 규정하고 있다. 위 규정이 적용되기 위해서는 사업자가 보세구역 내에서 보세구역 이외의 국내로 재화를 공급하는 자이어야 하고, 보세구역 내에 사업자의 사업장이 설치되어 있을 필요는 없으며, 수입재화의 공급이 되면서 국내 재화의 공급이 되는 경우이어야 하고, 국내 재화의 공급만 해당되는 경우에는 여기에 해당하지 아니한다. 그리고 세관장이 수입재화에 대한 부가가치세를 징수한 경우이어야 한다. 공급받는 자의 수입재화에 대한 부가가치세가 법령에 의하여 면제되는 경우에는 여기에 해당하지 않는다. 2000. 12. 29. 부가가치세법 시행령이 개정되기 전에는 '수입재화에 해당하는 때'라고만 규정하고 있었기 때문에 대법원 1999. 8. 20. 선고 97다51490 판결은 수입재화에 대한 부가가치세가 면세되는 경우에도 여기에 해당한다고 판시한 적이 있다. 국내 재화의 공급에 대한 과세표준, 즉 공급가액은 통상의 공급가액에서 수입에 대한 부가가치세 과세표준인 관세의 과세가격과 관세·특별소비세·주세·교육세·교통세 및 농어촌특별세의 합계액, 즉 수입재화의 공급가액을 차감한 금액이 된다. 따라서 보세구역 내의 사업자는 거래상대방으로부터 위 수입재화의 공급가액을 차감하고 남은 잔액에 세율을 적용하여 계산한 부가가치세만을 거래징수하면 되고, 그 공급시기에 교부하여야 하는 세금계산서상의 공급가액 및 부가가치세액도 위와 같이 계산된 공급가액과 부가가치세액이어야 한다. 그렇지 않을 경우 사실과 다른 세금계산서가 될 것이다.

보세구역 내의 사업자가 내국신용장에 의하여 보세구역 이외의 장소로 재화를 공급하는 경우에도 위 규정에 준하여 마찬가지로 처리하면 된다. 그래서 부가가치세법 기본통칙(9-18-7) 제1항 제5호는 사업자가 보세구역 내에서 보세구역 외의 국내로 내국신용장에 의하여 재화를 공급하는 경우에 공급가액 중 관세가 과세되는 부분에 대하여는 세관장이 부가가치세를 거래징수하고 수입세금계산서를 발급하며, 공급가액 중 관세의 과세가격과 관세·개별소비세·주세·교육세·교통에너지환경세 및 농어촌특별세의 합계액을 뺀 잔액에 대하여는 재화를 공급하는 사업자가 영의 세율이 적용되는 세금계산서를 발급하도록 하고 있다.

국내 재화의 공급에 대한 통상의 공급가액에서 수입재화에 대한 공급가액을 차감한 후 잔액이 없어 부가가치세 과세표준이 되는 공급가액이 없는 경우에도 세금계산서를 교부할 의무가 있는지에 대하여는 이론의 여지가 있을 수 있으나 공급가액이 없어 거래징수할 부가가치세가 없는 경우이므로 공급가액이 있으나 영세율이 적용되어 징수할 부가가치세가 없는 경우와는 달리 세금계산서 교부의무가 없다고 보는 것이 합리적이고, 과세실무도 그와 같은 입장이다.

3. 거래시기

가. 개요

부가가치세는 개별과세가 아닌 기간과세이기 때문에 재화나 용역의 공급이 있으면 그 공급시기가 속하는 과세기간이 종료되었을 때 부가가치세 납세의무가 성립하고 그때를 기준으로 적용법조가 정해지므로 거래시기, 즉 공급시기는 중요한 의미를 가진다. 부가가치세법은 재화의 공급시기에 관하여는 제15조에서, 용역의 공급시기에 관하여는 부가가치세법 제16조에서 각 규정하고 있으며, 제17조에서는 공급시기의 특례를 규정하고 있고, 제18조에서는 재화의 수입시기에 관하여 규정하고 있다.

나. 재화의 공급시기

재화의 공급시기에 관하여 부가가치세법 제15조는 재화의 이동이 필요한 경우는 재화가 인도되는 때를, 재화의 이동이 필요하지 아니한 경우는 재화가 이용가능하게 되는 때를, 그 외의 경우에는 재화의 공급이 확정되는 때를 각 규정하고 있다. 보다 구체적으로는 부가가치세법 시행령 제28조에서 규정하고 있다. 이에 의하면, 현금판매, 외상판매 또는 할부판매의 경우는 재화가 인도되거나 이용가능하게 되는 때, 상품권 등을 현금 또는 외상으로 판매하고 그 후 그 상품권 등이 현물과 교환되는 경우는 재화가 실제로 인도되는 때, 재화의 공급으로 보는 가공의 경우는 가공된 재화를 인도하는 때를 공급시기로 본다. 그리고 반환조건부 판매, 동의조건부 판매, 그 밖의 조건부 판매 및 기한부 판매의 경우에는 그 조건이 성취되거나 기한이 지나 판매가 확정되는 때를 공급시기로 본다. 장기할부판매, 완성도기준지급조건부 공급, 중간지급조건부 공급의 경우와 전력이나 그 밖의 공급단위를 구획할 수 없는 재화를 계속적으로 공급하는 경우에는 대가의 각 부분을 받기로 한 때를 재화의 공급시기로 본다. 다만, 완성도기준지급조건부 공급, 중간지급조건부 공급의 경우 재화가 인도되거나 이용가능하게 되는 날 이후에 받기로 한 대가의 부분에 대해서는 재화가 인도되거나 이용가능하게 되는 날을 공급시기로 본다.

공급시기의 특례에 관하여 부가가치세법 제17조는 제1항에서 재화의 공급시기가 되기 전에 재화에 대한 대가의 전부 또는 일부를 받고, 이와 동시에 그 받은 대가에 대하여 세금계산서 또는 영수증을 발급하면 그 세금계산서 등을 발급하는 때를 각각 그 재화의 공급시기로 본다고 한다. 그리고 제2항에서 재화의 공급시기가 되기 전에 세금계산서를 발급하고 그 세금계산서 발급일부터 7일 이내에 대가를 받으면 해당 세금계산서를 발급한 때를 재화의 공급시기로 본다고 하면서, 다만 제3항에서는 거래 당사자 간의 계약서, 약정서 등에 대금 청구시기와 지급시기를 따로 적고, 대금 청구시기와 지급시기 사이의 기간이 30일 이내일 경우에는 세금계산서를 발급한 후 7일이 지난 후에 대가를 받더라도 세금계산서를 발급한 때를 공급시기로 본다고 한다.

다. 용역의 공급시기

(1) 관련 규정

용역의 공급시기에 관하여 부가가치세법 제16조는 역무의 제공이 완료되는 때, 시설물, 권리 등 재화가 사용되는 때를 공급시기로 본다고 규정하고 있다. 그래서 통상적인 용역의 공급의 경우 용역의 제공이 완료된 때에 공급시기가 도래하여 부가가치세의 납세의무가 성립하고, 그 대가를 받기로 하고 타인에게 용역을 공급한 이상 그 대가를 받았는지의 여부는 부가가치세 납세의무의 성립 여부를 결정하는 데 아무런 영향을 미칠 수 없다(대법원 2019. 9. 9. 선고 2017두47564 판결 등). 보다 구체적인 내용은 부가가치세법 시행령 제29조에서 정하고 있는데, 이에 의하면, 장기할부조건부, 완성도기준지급조건부, 중간지급조건부 등으로 용역을 공급하는 경우와 공급단위를 구획할 수 없는 용역을 계속적으로 공급하는 경우에는 대가의 각 부분을 받기로 한 때를 공급시기로 본다. 다만, 재화의 공급의 경우와 마찬가지로 완성도기준지급조건부 공급, 중간지급조건부 공급의 경우 역무의 제공이 완료되는 날 이후 받기로 한 대가의 부분에 대하여는 역무의 제공이 완료되는 날을 공급시기로 본다. 그리고 역무의 제공이 완료되는 때 또는 대가를 받기로 한 때를 공급시기로 볼 수 없는 경우에는 역무의 제공이 완료되고 그 공급가액이 확정되는 때, 부동산 임대 용역을 공급하면서 전세금 또는 임대보증금을 받는 경우와 여러 과세기간의 대가를 선불 또는 후불로 받는 경우에는 예정신고기간 또는 과세기간의 종료일, 둘 이상의 과세기간에 걸쳐 계속적으로 용역을 제공하고 그 대가를 선불로 받는 경우에는 예정신고기간 또는 과세기간의 종료일을 각 공급시기로 본다. 그리고 앞서 본 바와 같이 공급시기의 특례에 관하여 규정하고 있는 부가가치세법 제17조는 용역의 공급시기에도 그대로 적용된다.

(2) 통상적 용역의 공급시기

위의 규정에서 본 바와 같이 용역의 공급시기는 원칙적으로 용역의 공급이 완료된 때이다. 이에 관하여 대법원 2008. 8. 21. 선고 2008두5117 판결은, 거래사업자 사이의 계약에 따른 역무제공의 범위와 계약조건 등을 고려하여 역무의 제공사실을 가장 확실하게 확인할 수 있는 시점, 즉 역무가 현실적으로 제공됨으로써 역무를 제공받는 자가 역무제공의 산출물을 사용할 수 있는 상태에 놓이게 된 시점을 말한다고 판시하였다. 대법원 2015. 6. 11. 선고 2013두22291 판결도 같은 취지이다.

구체적 사안을 보면, 대법원 2008. 8. 21. 선고 2008두5117 판결은, 원고는 2000. 11. 20. A로부터 건물의 보수공사를 32억 원에 도급받으면서, 공사를 완성하면 준공검사를 하고, 검사에 합격하지 못하면 보수·개조하여 다시 준공검사를 받도록 하며 준공검사에 합격한 후 공사현장을 정리하고 공사대금의 지급을 A에게 청구할 수 있고 A는 건물을 인도받음과 동시에 원고에게 공사대금을 지급하기로 약정한 사안에서, 이 건물의 보수공사는 용역제공의 완료시 공급가액이 확정되는 통상적인 용역공급의 경우에 해당하고, 그 보수공사가 완료되었다고 하더라도 원고에게 사용검사승인을 받게 할 책임이 있으므로 사용검사승인일까지는 역무의 제공이 완료되었다고 볼 수 없어 사용검사승인일을 역무제공이 완료되는 용역의 공급시기로 보아야 한다고 판시하였다. 원고와 A의 약정상, 사용검사승인을 받을 책임이 원고에게 있고 그 승인이 있어야 건물이 A에게 인도되어 사용가능하게 되어 있었으므로 사용검사승인일을 용역의 공급시기로 볼 수밖에 없는 것이다.

위 사안과 비교되는 것으로서 대법원 2015. 6. 11. 선고 2013두22291 판결이 있다. 원고가 A사와 태양광발전설비 건설 공급계약을 체결하면서 2010년 1월로 준공시기를 정하였고 그 무렵 발전설비를 인수하여 한국전기안전공사로부터 사용전 검사필증과 전기설비검사서를 발급받고 가동하여 매출을 올리는 한편 A사에 공사대금의 80%를 지급하였다. 그 후 2010년 12월 공사기간을 2011. 3. 31.까지로 변경하는 수정계약을 체결하고 전체 모듈 4,800장 중 1장을 교체하고 2~3일간의 트래커 침하보수작업을 하였으며, 여기에 8명 정도가 투입되었고, 이후에도 계속적으로 보수공사가 필요한 상황이었고, 2011년 3월 공사대금의 잔금을 지급하였다. 이에 대하여 원심은, 발전설비 공사 용역이 현실적으로 제공됨으로써 A사가 용역공급의 산출물인 발전설비를 사용할 수 있게 된 상태에 놓이게 된 것은 2010년 1월이므로 용역의 공급시기는 2010년 제1기로 보아야 하고, 그 이후에 이루어진 공사는 2~3일간 8명이 모듈 1개를 교체하고 침하된 지반을 고르게 한 것으로서 준공 이후 통상적으로 이루어지는 유지보수공사에 불과하여 그 공사가 끝난 때를 역무의 제공이 완료된 것으로 볼 수는 없다고 판단하였다. 이 사안에서는 2010년 1월경에 발전설비를 가동할 수 있는 여건을 모두 갖추었고 실제로 그때부터 정상가동에 들어갔으며 그 후에 이루어진 보수작업은 공사규모가 미미하여 통상적인 A/S에 불과하다고 볼 수 있다. 따라서 2010년 1월경을 용역의 공급시기로 보는 것이 타당하다. 비슷한 사안에서 대법원 2016. 4. 12. 선고 2014두35553 판결도 같은 취지를 판시하였다.

(3) 완성도기준지급조건부 용역 등의 공급시기

앞서 본 바와 같이 완성도기준지급조건부에 의한 용역의 공급 등에 있어서는 원칙적으로 용역의 공급시기를 대가의 각 부분을 받기로 한 때로 한다. 완성도기준지급조건부에 의한 용역의 공급은 도급에 의한 건설공사용역이 대표적인 예인데, 통상 건설공사용역이 완료되기 이전에 완성도, 작업진행률에 따라 대가를 분할하여 받기로 하는 약정에 의하여 공급하는 것을 말한다. 중간지급조건부에 의한 용역공급의 범위에 대하여는 부가가치세법 시행규칙 제20조에 규정되어 있는데, 계약금을 받기로 한 날의 다음 날부터 용역의 제공을 완료하는 날까지의 기간이 6개월 이상인 경우로서 그 기간 이내에 계약금 외의 대가를 분할하여 받는 경우, 국고금관리법 제26조에 따라 경비를 미리 지급받는 경우, 지방재정법 제73조에 따라 선급금을 지급받는 경우가 여기에 해당한다. 완성도기준지급조건부 용역은 중간지급조건부 용역에도 해당될 수 있다. 장기할부조건부 공급에 대하여는 부가가치세법 시행규칙 제19조에 규정되어 있는데, 용역을 공급하고 그 대가를 월부, 연부 또는 그 밖의 할부의 방법에 따라 받는 것으로서, 2회 이상 분할하여 대가를 받고, 해당 용역의 제공이 완료되는 날의 다음 날부터 최종 할부금 지급기일까지의 기간이 1년 이상인 것을 말한다. 완성도기준지급조건부나 중간지급조건부와 다른 점은 용역의 제공이 먼저 이루어지고 그 대가를 나중에 분할하여 받는다는 점이다.

(4) 계속적 용역의 공급시기

계속적 용역의 공급에 관하여는, 부가가치세법 시행령 제29조 제1항 제4호가 공급단위를 구획할 수 없는 용역을 계속적으로 공급하는 경우에 관하여 대가의 각 부분을 받기로 한 때를 공급시기로 규정하고 있다. 그리고 같은 조 제2항 제2호는 부동산 임대 용역을 공급하는 경우로서 전세금 또는 임대보증금을 받는 경우와 둘 이상의 과세기간에 걸쳐 부동산 임대 용역을 공급하고 그 대가를 선불 또는 후불로 받는 경우에 예정신고기간 또는 과세기간의 종료일을 공급시기로 본다고 규정하고, 제2항 제3호는 그 대가를 미리 받고 스포츠센터나 상표권, 노인복지시설 등을 사용하게 하는 용역을 둘 이상의 과세기간에 걸쳐 계속적으로 제공하는 경우 예정신고기간 또는 과세기간의 종료일을 공급시기로 본다고 규정하고 있다.

위 각 규정을 종합해 보면, 계속적 용역의 공급의 경우 공급단위를 구획할 수 없는 용역과 공급단위를 구획할 수 있는 용역으로 대별하여 전자는 대가의 각 부분을 받기로 한 때를 공급시기로 보고, 후자는 대가가 기간에 비례하는 것으로 보아 각 과세기간의 종료일을 공급시기로 보고 있다고 할 수 있다. 공급단위를 구획할 수 있다는 것은 과세기간별로 공급량을 구분하거나 안분할 수 있다는 뜻이므로 그 대가도 과세기간별로 안분할 수 있고 따라서 그 안분된 가액을 각 과세기간에 귀속되는 것으로 보는 것이 합리적이기 때문에 그 공급시기를 각 과세기간의 종료일로 보는 것이다. 반면에 공급단위를 구획할 수 없다는 것은 과세기간별로 공급량을 구분하거나 안분할 수 없으므로 그 대가를 과세기간별로 합리적으로 안분하는 것이 불가능하여 부득이 대가의 각 부분을 받기로 한 때를 공급시기로 볼 수밖에 없는 것이다.

계속적 용역의 공급에 대하여 공급단위를 구획할 수 있는 것과 구획할 수 없는 것의 구별기준이 문제된다. 여러 과세기간에 걸쳐 제공되는 용역의 내용이 균등한 경우에는 일반적으로 그 대가가 기간에 비례하여 산정될 것이기 때문에 공급단위를 구획할 수 있는 경우에 해당한다고 할 수 있다. 반면에 여러 과세기간에 걸쳐 제공되는 용역의 내용이 균등하지 않고 과세기간별로 상이한 경우에는 일반적으로 그 대가도 기간에 비례하여 산정되지 않을 것이기 때문에 공급단위를 구획할 수 없는 경우에 해당한다고 볼 수 있다. 회원들에게 시설물을 사용하도록 하는 용역, 부동산임대 용역, 선박의 운항관리 용역, 탑승권 등의 판매대행 용역 등의 경우는 전자에 속하고, 건물이나 시설물의 건설용역, 재건축·재개발 관련 용역 등은 후자에 속한다고 할 수 있다.

같은 취지에서 대법원 2011. 10. 13. 선고 2008두21713 판결은, 구 부가가치세법 시행령 제22조 제2호(현행 부가가치세법 시행령 제29조 제1항 제4호에 해당한다)는 계속적 용역의 공급에 관하여 과세기간별 공급량을 구획할 수 없어 그 공급량에 따른 과세기간별 공급가액을 산정할 수 없는 경우에 적용되는 예외적인 규정인 점을 고려하면, 계속적 용역의 공급에 있어 그 대가를 일정한 기간을 단위로 산정하여 일시에 지급받는 경우에는 위 규정을 적용할 것이 아니라 과세기간별로 구분·특정되는 대가를 그 기간 동안 공급이 이루어진 용역의 공급가액으로 보아 이를 당해 과세기간의 과세표준으로 삼는 것이 타당하다고 판시하였다. 반면에 대법원 2003. 5. 16. 선고 2001두9264 판결은 건물의 분양 및 이에 부수되는 홍보, 시공비용의 융통 등 포괄적이고 복합적인 용역을 분양완료시까지 계속적으로 공급하고 그 대가를 지급받기로 하는 내용의 계약을 체결한 경우, 이는 그 공급단위를 구획할 수 없는 용역을 계속적으로 공급하는 경우에 해당하여 그 대가의 각 부분을 받기로 한 때가 그 공급시기가 된다고 판시하였다.

앞서 본 바와 같이 부동산임대 용역을 공급하기로 하고 받은 전세금 또는 임대보증금에 대하여 1년 만기 정기예금이자율을 적용한 간주임대료의 경우와 2과세기간 이상에 걸쳐 부동산 임대 용역을 공급하고 그 대가를 선불 또는 후불로 받는 경우로서 당해 금액을 계약기간의 월수로 나눈 금액의 각 과세대상기간의 합계액을 그 과세표준으로 하는 경우의 각 공급시기는 예정신고기간 또는 과세기간의 종료일로 한 것도 임대 용역의 공급단위를 구획할 수 있다고 보았기 때문이다.

여기서 대가로 받기로 한 금액에는 계약금도 포함됨이 원칙이다. 그러나 모든 계약금을 예외 없이 대가에 포함되는 것은 아니고, 계약의 취지·거래의 성질·거래관행 등을 고려하여 용역의 공급에 대한 대가의 일부로 계약금을 받는 경우로 인정되는 경우라야 할 것이다. 계약금·착수금 또는 선수금 등의 금액이 단순히 계약의 징표로서의 역할만 하는 것이 아니라 전체 대가에 충당될 것이 예정되어 있어야 할 것이다.

영세율과 면세

1. 영세율 제도

가. 개요

부가가치세법은 전단계세액공제방식에 의하여 매출세액에서 매입세액을 공제한 차액을 납부세액으로 정하고 있는데, 영세율 제도에서는 납부세액 계산시 그 매출액에 영의 세율을 적용함으로써 매출세액은 영이 되게 하고, 여기에서 자기가 부담한 매입세액을 공제하면 납부세액이 부수가 되므로 결국 매입세액을 전액 환급받게 되는 것이다. 이와 같이 영세율 제도는 완전면세제도인 데 비하여, 과세거래에서 창출되는 매출세액만을 면제하고 그 전단계의 과세거래에서 부담한 매입세액은 공제 · 환급하지 않는 부분면세제도가 있는데 이것이 부가가치세법 제26조 이하에 규정되어 있는 면세제도이다.

영세율 제도의 목적은 국가 간의 이중과세 방지, 수출 촉진 및 국가정책목적의 달성에 있다고 설명되고 있다. 현행 부가가치세제상 영세율 적용대상은 그 법적 근거에 따라 부가가치세법상의 영세율 적용대상과 조세특례제한법상의 영세율 적용대상으로 구분할 수 있는데, 부가가치세법상 영세율이 적용되는 대상은 제21조의 수출하는 재화, 제22조의 용역의 국외공급, 제23조의 외국항행용역의 공급, 제24조의 기타 외화를 획득하는 재화 또는 용역의 공급이 있다.

나. 관련 규정

부가가치세법 제21조 제2항은 영세율이 적용되는 수출의 종류로 세 가지를 규정하고 있다. 첫째는 수출로서 내국물품(대한민국 선박에 의하여 채집되거나 잡힌 수산물을 포함한다)을 외국으로 반출하는 것(제1호), 둘째는 중계무역방식의 수출, 위탁판매수출, 외국인도수출, 위탁가공무역방식의 수출 등으로서 국내사업장에서 계약과 대가수령 등 거래가 이루어지는 것(제2호), 셋째는 내국신용장 또는 구매확인서에 의하여 재화(금지금은 제외한다)를 공급하는 것(제3호)이다. 또한 부가가치세법 시행령 제31조 제2항 제5호는 수출로 보는 경우의 하나로서, 국외의 비거주자 또는 외국법인과 직접 계약에 따라 그 비거주자 등이 지정하는 국내의 다른 사업자에게 인도하는 것으로서 대금을 외국환은행에서 원화로 받으며 국내의 그 다른 사업자가 비거주자 등과의 계약에 따라 인도받은 재화를 그대로 반출하거나 제조·가공한 후 반출하는 것을 규정하고 있다.

그리고 부가가치세법 시행규칙 제21조는 내국신용장과 구매확인서의 요건에 관하여 규정하고 있는데, 제1호에서 내국신용장은 사업자가 국내에서 수출용 원자재, 수출용 완제품 또는 수출재화임가공용역을 공급받으려는 경우에 사업자의 신청에 따라 외국환은행의 장이 재화나 용역의 공급시기가 속하는 과세기간이 끝난 후 25일 이내에 개설하는 신용장을 말한다고 규정하고, 제2호에서 구매확인서는 대외무역법 시행령의 관련 규정에 따라 외국환은행의 장이나 전자무역기반사업자가 내국신용장에 준하여 재화나 용역의 공급시기가 속하는 과세기간이 끝난 후 25일 이내에 발급하는 확인서를 말한다고 규정하고 있다.

이와 같이 사업자가 자기가 생산하거나 취득한 내국물품을 자기 명의로 외국으로 반출하는 경우에는 유상으로 반출하든 무상으로 반출하든 모두 영세율 적용대상이 되며, 무역업 등록이 없는 자가 수출을 하려고 할 때에는 무역업자인 수출업자(수출대행자)와 수출대행계약을 체결하여 무역업자 명의로 수출하게 되는데, 이러한 대행수출에 대하여도 재화의 수출로 보아 영세율을 적용한다. 즉, 수출품 생산업자가 생산·수출하는 재화에 대하여는 영세율을 적용하나, 수출대행업자는 명의만 대여한 것일 뿐이므로 수출대행에 따른 대행수수료에 대하여는 영세율이 적용되지 아니한다.

위 규정에 나타난 바와 같이 영세율이 적용되는 '수출하는 재화'의 범위에는 내국신용장과 대외무역법에서 정하는 구매확인서에 의하여 공급하는 재화가 포함되는데, 내국신용장과 구매확인서에 의한 공급은 국내물품을 국외로 반출하는 것이 아니라 국내사업자 간의 거래이지만 외국으로 수출할 것을 전제로 하는 것이기 때문에 수출업자를 지원하기 위하여 영세율 적용대상에 포함시키고 있고, 부가가치세법 시행령 제31조 제2항 제5

호의 경우도 마찬가지이다.

다. 수출의제 요건의 엄격해석

위 규정에서 알 수 있듯이 부가가치세법은 전형적인 수출의 경우뿐만 아니라 국내에서의 공급에 대하여도 수출이 전제가 되는 등 일정한 요건을 갖춘 경우에는 수출로 보아 영세율의 적용대상으로 규정하고 있다. 그러나 그 요건들은 국내의 공급이지만 수출에 준하는 것으로 볼 수 있을 정도에 이를 것을 요구하고 있다고 할 수 있으므로 영세율을 적용받지 못하는 다른 일반적인 국내 공급과의 균형을 유지하기 위해서는 이를 엄격하게 해석·적용하는 것이 합리적이다.

그래서 일찍이 대법원 1983. 12. 27. 선고 83누409 판결은, 부가가치세제하에서 영세율의 적용은 국제간의 재화 또는 용역의 거래에 있어서 생산공급 면에서 부가가치세를 과세징수하고 수입국에서 다시 부가가치세를 과세하는 경우 위 이중과세를 방지하기 위하여 관세 및 조세에 관한 일반협정(GATT)상의 소비지 과세원칙에 의하여 수출의 경우에만 원칙적으로 인정되고 국내의 공급소비에 대하여는 위 수출에 준할 수 있는 경우로서 그 경우에도 외국환의 관리 및 부가가치세의 징수질서를 해하지 않는 범위 내에서 외화획득의 장려라는 국가정책상의 목적에 부합되는 경우에만 예외적, 제한적으로 인정되는 것이므로 이에 관한 법령은 엄격히 해석하여야 한다고 판시하였다. 같은 취지에서 대법원 2024. 4. 12. 선고 2023두58701 판결도, 통신용역의 국내공급에 영세율이 적용되기 위해서는 용역을 공급받는 자가 '국내사업장이 없는 비거주자 또는 외국법인'에 해당하여야 하고, 이때 '비거주자'에 해당하는지 여부는 특별한 사정이 없는 한 부가가치세법 제2조 제8호에 따라 소득세법 제1조의2 및 그 위임에 따른 소득세법 시행령 제2조, 제2조의2를 적용하여 판단하여야 한다고 하면서, 이러한 법리는 용역을 공급받는 자가 '주한미군지위협정'에 따라 우리나라에 주둔하는 미합중국군대의 구성원과 군속인 경우에도, 주한미군지위협정에 부가가치세법상 비거주자 판정기준에 관하여 별도의 규정을 두는 등 특별한 사정이 없는 한 마찬가지로 적용된다고 판시하였다.

대법원 2007. 6. 14. 선고 2005두12718 판결도 같은 취지를 판시하면서, 부가가치세법 시행령 제31조 제2항 제5호(당시는 구 부가가치세법 시행령 제26조 제1항 제1호)의 요건 중 대금을 외국환은행에서 원화로 받는 것에 관하여, 이는 단순히 세무행정의 편의를 위하여 훈시적으로 대금지급방법을 예시한 것이 아니므로 엄격히 해석하여야 하며, 부가가치세법 기본통칙 11-26-4에서는 국내사업장이 없는 비거주자 또는 외국법인에게 재화 또는 용역을 제공하고 그 대가를 당해 비거주자 또는 외국법인에게 지급할 금액에서 차감하는 경우에 영세율이 적용된다고 각 규정하고 있으나, 부가가치세법 기본통칙은 과세관청 내부에 있어서 세법의 해석기준 및 집행기준을 시달한 행정규칙에 불과하고 법원이나 국민을 기속하는 효력이 있는 법규가 아니라고 할 것이고, 오랫동안 시행되어 왔다는 사정만으로 법규적 효력을 인정할 수도 없으며 위 기본통칙 11-26-4는 과세관청의 국세관행이 될 수 있는지 여부는 별론으로 하고 외국환은행을 통한 대금결제절차를 밟을 것을 영세율의 적용요건으로 정하고 있는 위 부가가치세법 시행령 제31조 제2항 제5호의 요건에 관한 해석으로서는 온당하다 할 수 없다고 판시하였다.

대법원 2009. 4. 9. 선고 2007두22863 판결은 내국신용장 또는 구매승인서의 발급 및 그 시기와 관련하여, 내국신용장 또는 구매승인서에 의하지 아니한 국내거래, 그리고 재화의 공급시기가 속하는 과세기간이 경과한 후에 발급된 구매승인서에 의한 국내거래에 대하여 영세율의 적용을 부인한 처분이 적법하다고 판시하였다. 당시 구 부가가치세법 시행규칙 제9조의2 제2항은 현행규정과 달리 구매승인서는 재화의 공급시기가 속하는 과세기간 내에 발급하는 승인서를 말한다고 규정하고 있었다. 대법원은 위 발급기간에 관한 규정도 훈시적 규정이 아니라 엄격한 효력규정으로 본 것이다.

비슷한 취지에서, 대법원 2017. 1. 12. 선고 2016두49679 판결은, 원고가 외항선 또는 원양어선의 선원이나 국제항로에 취항하는 항공기 또는 여객선의 승객에게 판매할 목적으로 반출신고된 '특수용담배'를 국내업체인 도매거래업체들에게 '수출용'으로 판매하면서 거래업체들로부터 수출신고필증을 교부받았으나 내국신용장이나 구매확인서를 교부받지 아니하였고 거래업체들은 원고로부터 공급받은 담배 중 일부를 중국으로 수출하고 나머지 대부분은 국내로 유통시켰는데, 과세관청이 이 거래는 영세율 거래가 아닌 과세거래에 해당한다는 이유로 부가가치세 부과처분을 한 사안에서, 원고가 거래업체들에 내국신용장 또는 구매확인서에 의하지 아니하고 담배를 수출용으로 공급하였으므로 이 거래는 영세율 적용대상이 아니라고 판시하였다.

다만, 대법원 2005. 2. 18. 선고 2004두8224 판결은, 사업자가 부가가치세 예정신고 또는 확정신고시에 영세율 적용대상 과세표준을 신고하면서 부가가치세법 제56조에 규정하고 있는 영세율 첨부서류를 제출하지 아니한 경우에도 당해 과세표준이 영세율 적용대상임이 확인되는 때에는 영세율을 적용할 수 있다고 판시하였다. 이는 위 판례들에서 본 바와 같은 국내거래를 수출로 의제해 주는 요건에 관한 것이 아니라 영세율 적용 일반에 있어서의 첨부서류 제출에 관한 것으로서 영세율 적용 대상인지를 확인하기 위한 증거서류에 불과하기 때문에 이것을 제때 제출하지 않았다고 해서 영세율 적용을 거부할 수는 없다고 할 것이다. 타당한 판결이다.

라. 내국신용장과 구매확인서

부가가치세법 시행규칙 제21조에서 규정하는 내국신용장(Local L/C)이라 함은 수출업자가 수취한 수출신용장, 선수출계약서 및 외화표시물품공급계약서, 원내국신용장 등을 담보로 수출이행에 필요한 원자재 또는 완제품을 국내에서 원활히 조달하기 위하여 국내공급업자, 즉 제조생산자를 수혜자로 하여 개설된 외국환은행의 장이 발급하는 국내에서 통용되는 신용장을 말한다. 그리고 구매확인서는 수출금융 한도부족이나 단순송금방식에 의한 수출 등 내국신용장의 개설이 어려운 상황에서 국내에서 생산된 물품이나 수입된 물품을 외화획득용 원료 또는 물품으로 사용하기 위하여 대외무역법의 규정에 따라 외국환은행의 장이 내국신용장에 준하여 발급해 주는 증서를 말한다. 구매확인서에 의하여 물품을 공급한 경우 수출실적으로 인정되고, 외화획득용 원료의 사후관리에도 사용되며 부가가치세 부과에 있어서 영세율이 적용되는데, 이러한 무역실무상의 효용 때문에 수출용 원자재 등의 국내구입을 촉진시키는 작용을 하고 있다. 구매확인신청서에는 구매자와 공급자가 모두 기명날인하고, 각 인감증명을 첨부하게 되어 있다. 구매확인서는 공무원이 발급한 공문서에 해당한다. 구매확인서를 발급받는 수출업자에게 재화를 공급하는 자는 그 수출업자로부터 구매확인서 사본을 받아 부가가치세 신고를 할 때 이를 첨부서류로 제출하면 된다. 여기서 영세율 적용을 위해서는 구매확인서에 의하여 재화를 공급하는 것으로 족하고 그 공급을 받은 자가 실제로 이를 수출하였는지 여부는 불문한다고 보아야 한다.

구매확인서는 영세율을 적용받기 위한 필요적 요건이기 때문에 수출업자에게 물품을 공급하고 그 물품이 수출업자를 통하여 전량 수출되었다고 하더라도 그 수출업자가 구매확인서를 발급받은 바 없다면 그 수출업자에 대한 재화의 공급은 영세율 적용대상이 될 수 없다. 그래서 대법원 2011. 5. 26. 선고 2011두2774 판결도, 원고가 해당 과세기간 전·후로 국내 거래처에 의료용 특수주사바늘을 공급하였고 그것이 거래처를 통하여 외국으로 전량 수출되었는데, 원고는 해당 과세기간을 제외하고는 수출된 물품에 대하여 구매확인서가 발급되어 부가가치세 신고시 함께 제출하였으나 해당 과세기간에는 구매확인서가 발급되지 않은 사안에서, 해당 과세기간의 물품 공급은 구매확인서에 의하지 아니하였으므로 영세율 적용대상이 아니라고 판시하였다.

한편, 구매확인서는 그것이 위조되었거나 그 기재 내용이 허위임이 외관상 명백하다든가 하는 등의 특별한 사정이 없는 한 적법한 절차에 의하여 발급되고 그 기재내용은 사실과 같은 것으로 추정되며, 따라서 이를 신뢰하여 영세율을 적용하여 부가가치세를 거래징수하지 아니한 재화의 공급자는 보호되어야 한다. 그래서 대법원 2004. 6. 11. 선고

2003두3642 판결은, 구매확인서의 발급과정에 하자가 있다는 점만으로 외국환은행의 장이 발행한 구매확인서가 당연무효가 된다고는 볼 수 없고, 재화의 공급자가 구매확인서의 발급에 하자가 있음을 알고 있었다는 등의 특별한 사정이 없는 한, 그와 같은 발급과정의 하자만을 이유로 곧바로 그 구매확인서에 의하여 이루어진 재화의 공급을 부가가치세법상의 영세율 적용대상에서 제외할 수는 없다고 판시하였다. 대법원 2005. 2. 18. 선고 2004두12056 판결, 대법원 2006. 1. 26. 선고 2005두13735 판결 등도 같은 취지이다. 그래서 예를 들어 구매확인서 발급과정에 필요한 수출계약서가 첨부되어 있지 아니하였거나 허위의 수출계약서에 기인한 경우가 있는데 이러한 구매확인서를 발급받아 제시하는 자에게 재화를 공급하는 자가 그러한 사정을 몰랐다면 그 공급을 영세율 적용대상에서 제외할 수 없다고 할 것이다. 이러한 해석은 부가가치세법 제21조 제2항 제3호가 내국신용장 또는 구매확인서에 의하여 공급하는 것이라고만 규정하고 있을 뿐 그것이 실제로 수출에 사용되었음을 별도의 요건으로 규정하고 있지 않기 때문에 가능한 것으로 보인다.

이와 달리 구매확인서를 발급받은 자에게 재화를 공급하는 자가 제시된 구매확인서는 적법하게 발급된 것이 아니고 그래서 그 발급받은 자가 수출목적이 없다는 사정을 알았다면 그 공급에 대하여는 영세율을 적용할 수 없다고 해야 한다. 같은 취지에서 대법원 2008. 5. 15. 선고 2007두13456 판결은, 재화의 공급자가 구매자와 공모하여 허위의 구매확인서를 발급받았거나 구매확인서의 발급에 하자가 있음을 알면서도 영세율을 적용하여 판매한 경우, 구매자가 수출을 목적으로 하지 아니하고 국내에 판매함으로써 조세를 포탈할 의도하에 하자 있는 구매확인서를 이용하는 사정을 알면서도 이를 묵인하는 경우 등 부가가치세의 징수질서를 해하는 특별한 사정이 있는 경우에는 영세율의 적용을 받지 못한다고 판시하였다. 대법원 2009. 11. 26. 선고 2007두18093 판결, 대법원 2011. 6. 30. 선고 2010두8577 판결 등도 같은 취지이다.

마. 외국항행선박 등에 공급하는 재화 또는 용역

부가가치세법 제24조 제1항 제3호의 위임에 의하여 부가가치세법 시행령 제33조 제2항 제5호는 외국을 항행하는 선박 및 항공기 또는 원양어선에 공급하는 재화 또는 용역에 대하여도 영세율을 적용하도록 규정하고 있다. 그리고 부가가치세법 시행령 제101조 제1항은 이 경우 영세율을 적용한 예정신고나 확정신고시 관할 세관장이 발급하는 선적완료증명서를 첨부하여 제출하도록 규정하고 있다.

여기서 선적완료증명서를 앞에서 본 구매확인서와 비슷한 서면으로 보아 그 선적완료

증명서가 허위로 작성된 것이라고 하더라도 재화를 공급하는 자가 그러한 사정을 몰랐다면 영세율을 적용하여야 한다고 할 수 있는지가 문제된다. 이러한 문제는 외국을 항행하는 선박이나 항공기 등에 재화를 공급하는 자가 이를 직접 공급하는 것이 아니라 중간의 공급대행자를 통하여 공급하는 과정에서 그 공급대행자가 이를 외국을 항행하는 선박이나 항공기 등에 공급하지 아니하고 다른 곳으로 빼돌린 다음 선적완료증명서를 허위로 작성하여 원공급자에게 제출하는 경우에 발생하게 된다.

그런데 앞서 본 바와 같이 구매승인서에 의하여 공급하는 재화는 공급된 이후 당해 재화를 수출용도에 사용하였는지의 여부에 불구하고 영의 세율을 적용하는데, 이는 실제로 수출용도에 사용하는 것을 그 요건으로 하지 않고 있고, 구매승인서는 재화를 공급받는 자가 신청인이 되어 외국환은행장으로부터 발급받아 재화를 공급하는 자에게 교부하는 것이므로, 구매승인서를 교부받은 공급자는 이를 근거로 재화의 공급에 영세율을 적용받을 수 있는 것이어서 공급자가 관여할 여지가 없다는 점 때문이다. 반면에 선적완료증명서는 공급자 자신이 신청인이 되어 외국항행선박의 선장 등에게 적재확인을 받아 세관에 제출하여 발급받는 것으로서 그 확인의 주체는 외국항행선박 등에 재화나 용역을 공급하는 자 자신이고, 선적완료증명서에 의하여 영세율을 적용받기 위해서는 부가가치세법 시행령 제33조 제2항 제5호가 정하는 요건, 즉 외국을 항행하는 선박 등에 재화나 용역을 공급하여야 한다는 요건을 충족하여야 한다. 따라서 외국을 항행하는 선박에 공급하는 재화나 용역임을 이유로 부가가치세법상 영세율을 적용받기 위하여는 당해 재화나 용역이 외국항행선박에 실제로 공급되어야 하며, 그러하지 아니한 이상 관할 세관장으로부터 외국항행선박에 대한 선적완료증명서를 발급받아 제출하였다거나 그 선적완료증명서가 허위라는 사실을 알지 못하였다고 하더라도 당해 재화나 용역에 대하여 영세율을 적용받을 수 없다고 해야 한다.

같은 취지에서 대법원 2011. 11. 10. 선고 2009두13924 판결은, 원고가 외국항행선박회사인 A사에 23억 원 상당의 외국항행선박용 연료유를 영세율로 매출하기로 하고 그 연료유의 공급업무와 외국항행선박의 선장으로부터 유류공급확인서를 받아 이를 세관장에게 제출하여 선적완료증명서를 발급받는 업무를 P사에 위임하였는데, 사실은 P사가 그 연료유를 A사의 외국항행선박에 공급하지 않고 국내용으로 빼돌렸으며 원고가 부가가치세 신고서에 첨부하여 제출한 유류의 공급확인서와 선적완료증명서는 허위임이 밝혀진 사안에서, 원고가 그 선적완료증명서가 허위임을 알았는지에 관계 없이 그 연료유가 외국을 항행하는 선박에 실제로 공급되지 아니하였으므로 영세율의 적용대상이 될 수 없다고 판시하였다.

2. 면세

가. 면세대상 재화·용역

(1) 개요

부가가치세법 제26조 제1항은 그 각 호에서 부가가치세를 면제하는 재화 또는 용역의 공급을 열거하고 있다. 그 내용은 다음과 같다. 가공되지 아니한 식료품 및 우리나라에서 생산되어 식용으로 제공되지 아니하는 농산물, 축산물, 수산물과 임산물, 수돗물, 연탄과 무연탄, 여성용 생리 처리 위생용품, 의료보건 용역(수의사의 용역을 포함한다)과 혈액, 교육 용역, 여객운송 용역(항공기, 고속버스, 전세버스, 택시, 특수자동차, 특종선박 또는 고속철도에 의한 여객운송 용역 등은 제외), 도서(도서대여 용역 포함), 신문, 잡지, 관보, 뉴스통신 및 방송(광고는 제외), 우표(수집용 우표는 제외한다), 인지, 증지, 복권 및 공중전화, 담배 일부, 금융·보험 용역, 주택과 이에 부수되는 토지의 임대 용역, 공동주택 어린이집의 임대 용역, 토지, 저술가·작곡가 등이 직업상 제공하는 인적 용역, 예술 창작품, 예술행사, 문화행사 또는 아마추어 운동경기, 도서관, 과학관, 박물관, 미술관, 동물원, 식물원에 입장하게 하는 것, 종교, 자선, 학술, 구호, 그 밖의 공익을 목적으로 하는 단체가 공급하는 재화 또는 용역, 국가, 지방자치단체 또는 지방자치단체조합이 공급하는 재화 또는 용역, 국가, 지방자치단체, 지방자치단체조합 또는 공익단체에 무상으로 공급하는 재화 또는 용역 등이다.

그 유형들을 보면, 생활의 기초가 되는 필수적 재화나 용역, 문화생활에 관련된 재화나 용역 등에 대하여 역진적인 부가가치세의 부담을 덜어주기 위한 면세, 부가가치를 창출하는 수단적 성격이 있는 토지나 인적 용역 등 부가가치세의 부과대상으로서 부적절한 것에 대한 면세, 공익목적의 재화나 용역에 대한 조세정책적 차원에서의 면세 등이 있다. 이러한 면세제도는 궁극적으로는 최종소비자들의 부가가치세 부담을 덜어주기 위한 것이지만 최종소비자에게 면세재화나 용역을 공급하는 사업자가 자신의 매입액에 대하여 지출한 매입세액을 공제받을 수 없어 이를 최종소비자에게 전가하기 때문에 불완전한 면세가 될 수밖에 없어 본래 면세의 목적을 제대로 달성하기 어려운 측면이 있고, 면세사업자의 다음 단계에 과세사업자가 개재되면 과세사업자는 면세사업자로부터 전가받은 전단계 부가가치에 대한 부가가치세를 다음 단계의 사업자나 최종소비자에 대한 공급가액에 합산하여 다시 그에 대한 부가가치세를 거래징수함으로써 부가가치세가 이중으로 과세되는 누적효과(cascade effect)가 생기는 불합리한 면이 있다. 이와 같이 부가가치세법상의 면세제도는 시장경제를 왜곡하고 조세의 중립성과 공평성을 저해하는 요인이 되어 영세율 제도에 비하여 바람직하지 못한 제도로 평가되고 있고 그래서 세부담의 완화만을 고려하여 이를 확대하는 것에 대하여는 경계하는 목소리가 있다. 이하에서는 조세쟁송에서 자주 등장하는 항목들에 대하여 살펴보기로 한다.

(2) 미가공 식료품 등

부가가치세법 제26조 제1항 제1호는 가공되지 아니한 식료품(식용으로 제공하는 농산물, 축산물, 수산물과 임산물을 포함한다) 및 우리나라에서 생산되어 식용으로 제공되지 아니하는 농산물, 축산물, 수산물과 임산물로서 대통령령이 정하는 것을 면세대상의 하나로 규정하고 있다. 위 규정에서 대통령령이 정하는 것은 전단 부분과 후단 부분 모두의 수식을 받는 것으로 보아 대통령령에서 정하는 것은 식용으로 제공되지 아니하는 것뿐만 아니라 식료품을 포함하여 대통령령에서 정하는 것이 면세대상이 된다고 해석해야 하고, 실제로 부가가치세법 시행령 제34조에서는 양자를 모두 규정하고 있다. 위 규정의 후단 부분에서는 우리나라에서 생산된 것만으로 국한하고 있으면서 전단 부분에 대하여는 이러한 제한이 없으므로 가공되지 아니한 식료품은 외국에서 생산된 것도 면세대상에 해당한다.

여기서는 가공되었는지 여부가 먼저 쟁점이 된다. 어느 정도까지가 미가공으로 인정되는지에 관하여 부가가치세법 시행령 제34조 제1항이 규정하고 있다. 즉, 탈곡·정미·정맥·제분·정육·건조·냉동·염장·포장이나 그 밖의 원생산물 본래의 성질이 변하지 아니하는 정도의 제1차 가공을 하는 것은 가공되지 아니한 것의 범주에 포함된다고 규정하고 있다. 나아가 부가가치세법 시행령 제34조 제2항은 김치, 두부 등 단순 가공식료품,[13] 원생산물 본래의 성질이 변하지 아니하는 정도로 1차 가공을 하는 과정에서 필수적으로 발생하는 부산물, 미가공 식료품을 단순히 혼합한 것, 쌀에 식품첨가물 등을 첨가 또는 코팅하거나 버섯균 등을 배양한 것도 미가공 식료품으로 분류하고 있다. 이러한 규정들을 종합해 보면 물리적 성상이 변화하는 정도로는 미가공의 범주를 벗어나지 않은 것으로 볼 수 있지만, 화학적 성질이 변하면 가공된 것으로 보아야 할 것이다. 김치는 단순히 미가공 식료품들의 배합에 그치는 것이 아니라 발효의 과정을 거치기 때문에 그 화학적 성질이 바뀔 수 있고 두부도 그 제조공정에 열을 가하는 것이 있기 때문에 화학적 성질이 바뀔 수 있어 본래적 의미의 미가공 식료품에 해당하기 어려울 것으로 보이지만 조세정책적 입장에서 이를 미가공 식료품으로 의제해 주는 것으로 보인다. 다만, 부가가치세법 시행규칙 [별표 1]에서는 이 부분에 관하여 데친 채소류·김치·단무지·장아찌·젓갈류·게장·두부·메주·간장·된장·고추장을 미가공 식료품으로 분

---

13) 자세한 내용은 부가가치세법 시행규칙 [별표 1]에 나타나 있다.

류하면서도 제조시설을 갖추고 판매목적으로 독립된 거래단위로 관입·병입 또는 이와 유사한 형태로 포장하여 공급하는 것은 제외하되, 단순하게 운반편의를 위하여 일시적으로 관입·병입 등의 포장을 하는 경우를 포함한다고 규정함으로써 조세정책적 견지에서 대규모의 제조상품에 해당하는 정도에 이른 경우는 제외하고 있다.

일찍이 대법원 1983. 8. 23. 선고 82누310 판결은, 팥과 양대를 세척·분쇄하여 삶은 후 여과기로 거르고 다시 압력을 가하여 만든 앙금의 원료는 이미 위 원생산물의 본래의 성질이 변경된 것이므로 미가공 식료품이 아니라고 판시하였고, 대법원 1985. 2. 26. 선고 84누478 판결은 부가가치세법 시행규칙에서 정하는 관입·병입·목준입 기타 이와 유사한 형태로 포장된 것이라는 것은 소비자가 바로 식용에 공할 수 있는 상태로 포장된 것을 말한다고 할 것이므로 젓갈류를 비닐봉지에 넣은 다음 다시 이를 보루지함이나 쇠깡통에 넣어 열고 닫을 수 있는 뚜껑을 덮어 포장한 것은 운반을 위한 포장으로서 원생산물의 성질이 변경되지 아니하는 정도의 1차 가공의 정도에 지나지 아니하므로 이는 면세대상이 된다고 판시하였다.

상당 규모 이상의 사업자가 판매하는 포장김치가 면세대상인지 여부가 한동안 다투어졌는데, 서울고등법원 2020. 7. 10. 선고 2019누64312 판결은 부가가치세 면제대상이 아니라고 판시하였다. 내용물과 포장이 일체를 이루어 상품으로 공급되는 과정에서 내용물 이외에 상당한 정도의 부가가치가 창출되는 경우에는 "미가공" 상태가 유지된다고 보기 어렵다고 하면서, 부가가치세법 시행규칙 [별표 1]에서 제조시설을 갖추고 판매목적으로 독립된 거래단위로 관입·병입 기타 이와 유사한 형태로 포장하여 공급하는 것은 면세대상에서 제외하고 있는 취지에 비추어, "포장"이란 '일반소비자가 바로 식용에 공할 수 있는 정도에 이르지 아니한, 단순한 운반 및 보관 등을 위하여 한 포장'을 말하므로 영세한 농민들이 아닌 상당한 규모 이상의 기업에서 판매하는 포장김치는 면세대상으로 볼 수 없다는 것이다. 위 판결은 대법원 2020. 11. 26. 자 2020두46578 판결에 의하여 확정되었다.

최근 들어 가공되지 아니한 식료품의 공급과 관련하여 정육식당이라는 형태로 정육과 그 밖의 음식물을 분리하여 공급하는 영업을 할 경우 정육의 공급을 따로 분리하여 부가가치세 면세대상으로 볼 수 있는지가 문제가 된다. 정육에 대하여는 부가가치세를 면세받기 위한 방편으로 고안된 식당이다. 이에 관한 사례로 대법원 2015. 1. 29. 선고 2012두28636 판결이 있다. 원고는 2층 건물 중 1층에서는 쇠고기와 부산물들을 판매하는 정육매장을, 2층에서는 고객들이 구입하여 온 쇠고기를 조리하여 먹을 수 있는 접객시설을 갖춘 식당을 운영하였는데, 원고가 운영하는 1층 정육매장과 2층 식당은 출입문이 별도로 구분되어 있고, 각 층마다 별도의 계산대를 설치하여 계산이 이루어지고 있으며, 2층 식당의 메뉴는 기본 상차림, 양념, 된장찌개, 공기밥, 냉면류, 주류 및 음료 등으로서 쇠고기를 제외한 음식부재료 등으로만 이루어져 있었는데, 과세관청은 원고의 1층 정육매장에서 이루어진 쇠고기 매출 중 일부 고객들이 2층 식당에서 소비한 부분의 매출을 음식점 용역의 공급으로 인한 매출로 보아 부가가치세를 부과한 사안에서, 고객들이 1층 정육매장에서 쇠고기를 구입하고 계산함으로써 1층 정육매장에서의 재화 공급행위는 종료되었을 뿐만 아니라 원고가 2층 식당에서 고객들에게 쇠고기 자체를 조리하여 제공하지도 않았으므로, 비록 고객들이 그의 선택으로 1층 정육매장에서 쇠고기를 구입한 즉시 2층 식당으로 가서 별도로 구입한 음식부재료와 함께 이를 조리하여 먹었다거나 원고가 단일한 사업자로서 1층 정육매장과 2층 식당을 함께 운영하였다는 등의 사정만으로는, 원고가 고객들에게 음식점 용역을 제공한 것으로 볼 수 없다는 이유로 부가가치세 부과처분이 위법하다고 한 원심판결을 대법원이 수긍하였다. 이 사안에서 드러난 사실관계는 2층 식당에서는 고객들이 직접 쇠고기를 구워먹었다는 것이므로 만약에 식당 종업원이 쇠고기를 구워주는 서비스를 제공하였다면 2층 식당의 매출액도 모두 과세대상으로 분류되었을 것이다. 사실인정에 관한 문제로서 과세관청이 그 부분 입증책임을 제대로 다하지 못한 결과로 볼 수 있다.

(3) 직업상 제공하는 인적 용역

가) 개인이 물적 시설 없이 독립된 자격으로 공급하는 특정 인적 용역

부가가치세법 제26조 제1항 제15호는 저술가·작곡가나 그 밖의 자가 직업상 제공하는 인적 용역으로서 대통령령이 정하는 것을 면세대상으로 규정하고, 이에 관하여 부가가치세법 시행령 제42조는 독립된 사업(여러 개의 사업을 겸영하는 사업자가 과세사업에 필수적으로 부수되지 아니하는 용역을 독립하여 공급하는 경우를 포함한다)으로 공급하는 용역이라고 하면서, 그 제1호에서 개인이 물적 시설 없이 근로자를 고용하지 아니하고 독립된 자격으로 용역을 공급하고 대가를 받는 인적 용역으로서 저술, 감독, 음악, 직업운동가, 보험가입자 모집, 저작, 교정, 강연 등을 들고 있다. 물적 시설에 관하여는 부가가치세법 시행규칙 제29조에서 계속적·반복적으로 사업에만 이용되는 건축물·기계장치 등의 사업설비(임차한 것을 포함한다)를 말한다고 규정하고 있다.

위 규정은 순수한 개인적인 인적 용역이나 자유직업적 인적 용역 등은 부가가치의 기본적 구성요소인 자기노동력 제공 자체로 보아 면세하고 있는 것이다. 이러한 인적 용역은 개인으로서 제공하는 경우에만 면세대상으로 규정하고 있다. 개인인 경우는 물적 시설도 없을 경우 그가 제공하는 용역은 영세하고 순수하게 개인적 노동력 제공 자체라고 볼 수 있으며, 개인자격으로 활동하거나 용역을 공급하는 경우가 대부분이어서 기장능력 및 신고·납부의 제반절차를 이행할 형편이 아니어서 위 용역을 과세사업으로 볼 경우 사업자등록 및 부가가치세 신고 등에 따른 납세협력비용 및 행정비용이 과다하다는 측면도 고려된 것이라 할 수 있다. 반면에 법인, 외국법인의 지점 및 법인격 없는 사단·재단 또는 기타 단체가 이를 공급한다면 영세하다고 할 수 없고, 또한 공급하는 소속 개인의 노동력 자체라기보다는 결합된 부가가치가 창출된다고 보아 면세대상에서 제외된 것이라고 할 수 있다. 대법원 2003. 3. 11. 선고 2001두9745 판결은 개인적 인적 용역의 공급에 대하여 부가가치세를 면제하는 것은 개인이 순수하게 개인의 자격으로 자기 노동력을 제공한다는 데에 그 이유가 있는 것이므로 저작권에 대한 사용료라 하더라도 저작권자가 법인에 소속되거나 그 용역이 법인을 통하여 제공됨으로써 그 대가가 법인에게 귀속되는 등의 경우에는 이를 개인에 의한 자기 노동력의 제공이라 할 수 없어 특별한 사정이 없는 한 부가가치세 면제 대상에 해당하지 아니한다고 판시하였다.

이에 대하여는 부가가치세는 대물세로서 해당 용역자체를 기준으로 하는 것이 원칙이며 공급받는 자의 입장에서는 동일한 내용의 인적 용역에 대하여도 그 공급자가 개인이면 면세가 되어 부가가치세 부담이 없고 법인 등이면 과세되어 부가가치세 부담이 따른다는 점에서 불합리하다는 비판이 가능하다.

위 부가가치세법 시행령 제42조 제1호의 용역은 다른 재화나 용역의 공급에 부수되거나 종속적으로 공급되기도 하나 위 규정에 의하여 면세되기 위해서는 당해 인적 용역이 독립된 사업으로 공급하는 경우에 한하는데 이는 과세사업에 부수되지 아니하는 당해 인적 용역만을 별도로 공급한다는 의미이다. 즉, 다른 사업거래에 보완되거나 부수되거나 조건부로 제공되는 것이 아니고 당해 인적 용역이 완결된 형태로 혹은 주체적으로 공급되는 경우를 독립된 사업으로 공급되는 경우라고 볼 수 있고 수개의 사업을 겸영하는 경우도 다른 과세사업에 필수적으로 부수되지 않는 것을 별도로 공급한다면 이 또한 독립된 사업으로 공급하는 것이다. 대법원 2000. 8. 18. 선고 98두2713 판결은, 인적 용역을 공급하더라도 독립된 사업으로 영위하면서 과세사업에 부수되지 아니하는 경우라야 부가가치세가 면제된다고 할 것이라고 전제한 다음, 빌딩전산화시스템 구축을 위한 재화를 공급하는 한편 그에 부수하여 소속 직원들을 현장에 파견하여 기술검토, 종합관리 및 자문 등에 관한 용역을 공급하였다면 그 용역은 빌딩전산화시스템 구축과 관련한 부가가치세 과세대상인 재화의 공급에 부수되는 업무지원에 불과하므로 프로그램개발용역을 독립된 사업으로 영위하면서 과세사업에 부수되지 아니하는 경우에 해당한다고 볼 수 없어 부가가치세가 면제되지 않는다고 판시하였다.

그리고 '독립된 자격'이라 함은 다른 개인이나 법인에게 고용되거나 소속되지 아니하여야 한다는 것을 의미한다. 대법원 1983. 6. 28. 선고 82누312 판결은 '개인이 독립된 자격으로 용역을 공급하고 대가를 받는 것으로 개인적 자격 등을 기준으로 하여 기계시설 등 물적 용역과 관계없는 순수한 노동용역의 성질을 띠는 용역'이어야 한다고 판시하였다. 아울러 물적 시설이 없어야 하는데, 이러한 물적 시설은 주된 용역에 수반되는 것으로 제한할 필요는 없고 보조적인 수단에 그치는 경우도 포함된다고 해석하는 것이 문언에 부합한다. 근로자를 고용하여서는 아니된다고 한 것은 순수하게 개인의 자격으로 자기의 노동력을 제공하는 것이어야 한다는 취지임으로 그 인적 용역이 자기 노동력을 제공하는 것으로 볼 수 없거나 인적 자원을 갖춘 경우는 제외된다고 보아야 한다.

나) 개인·법인 등이 독립된 자격으로 공급하는 특정 인적 용역

전항에서 본 바와 같이 부가가치세법 시행령 제42조 제1호는 그 용역의 주체를 개인으로 국한하였지만, 제2호에서는 용역의 주체를 개인, 법인 또는 법인격 없는 사단·재단, 그 밖의 단체로 확대하여 이들이 독립된 자격으로 공급하는 인적 용역을 면세대상으로 규정하면서, 그 종류로서 국선변호와 법률구조, 학술연구용역과 기술연구용역, 직업소개소 및 상담소, 장애인보조견 훈련용역, 차관자금으로 국가 또는 지방자치단체가 시행하는 국내사업을 위하여 공급하는 용역(국내사업장이 없는 외국법인 또는 비거주자가 공급하는 용역을 포함한다)을 들고 있다. 제1호와 비교하면 그 주체의 요건과 용역의 종류가 모두 다르다. 여기서는 물적 시설의 유무는 문제삼지 않고 있다.

여기서도 독립된 자격으로 공급하는 것이어야 한다는 요건이 문제가 되는데, 이에 관하여 대법원 2016. 3. 10. 선고 2015두53978 판결은, 법인이 일정한 인적 용역을 공급하더라도 이를 독립된 사업으로 영위하면서 과세사업에 부수되지 아니하는 인적 용역을 공급하는 경우라야 부가가치세가 면제된다고 하면서, 여기서 독립된 사업으로 영위하는 경우라고 함은 다른 과세사업에 부수되지 않고 부가가치를 창출할 수 있는 정도의 사업형태를 갖추고, 해당 용역을 계속적·반복적인 의사로 공급하는 경우를 말하며, 해당 용역을 제공하기 위한 인적·물적 설비 등 사업형태를 갖추었다면, 다른 과세사업을 함께 영위하여 그 인적·물적 설비가 다른 과세사업과 공통된다는 사정이 있거나, 해당 용역을 실제로 공급한 횟수가 많지 않더라도 공급기간, 규모, 태양 및 상대방 등에 비추어 계속적·반복적인 의사로 공급한 것으로 볼 수 있다면 독립된 사업으로 영위하는 경우에 해당한다고 보아야 한다고 판시하였다. 그래서 수질오염방지설비기계 등의 제조와 환경오염방지연구개발 등을 사업 종목으로 하여 사업자등록을 한 원고가 수질오염방지기계의 제조·판매와는 별도로 서울대학교 산학협력단 및 한국농어촌공사와 각 계약을 체결하여 연구개발을 수행하고 그 대가를 수령하였으며, 그 연구개발의 수행기간이 3년 내지 5년의 장기간이고, 그 대가도 적지 않은 금액이고, 환경오염방지연구개발이 원고의 사업 종목 중 하나로 되어 있으며, 원고가 수질오염방지기계를 공급하면서 그에 수반하여 이 사건 연구개발 용역을 제공한 것도 아닌 점 등을 종합하여 원고는 독립된 사업으로 수질오염방지기계 제조업에 부수되지 아니하는 연구개발 용역을 공급하였다고 봄이 타당하므로, 이는 부가 가치세 면제대상이 된다고 판시하였다. 이 사건의 원심은, 원고가 과세사업인 수질오염방 지기계 제조업과 별개의 독립된 면세사업으로 연구개발 용역을 공급한 경우에 해당하지 아니한다고 판단하였는데 이는 '독립된 사업의 범위'를 너무 좁게 파악한 것으로 보인다.

구체적 용역의 하나로 직업소개소가 제공하는 용역에 관하여 살펴본다. 이는 과세대 상인 인력공급 용역과의 구별이 문제된다. 이에 관한 사례로 대법원 2014. 5. 29. 선고 2014두2089 판결이 있다. 이 판결은, 용역을 공급하는 사업의 구분은 부가가치세법 시행 령 제4조에 의하여 원칙적으로 통계청장이 고시하는 한국표준산업분류에 의하여야 한다 고 하면서, 한국표준산업분류에 의하면 직업소개소를 경영하는 것은 '고용주 또는 구직 자를 대리하여 일자리 및 구직자 정보를 기초로 인력을 선발, 알선 및 배치하는 것이 주 된 산업활동'인 고용알선업에 속하는 것으로서, 자기의 관리하에 있는 노동자를 계약에 의하여 타인 또는 타사업체에 일정기간 동안 공급하는 산업활동인 인력공급업과는 구별 된다고 판시하였다. 이를 전제로, 원고가 2003. 7. 4. 사업 종목을 '철거, 리모델링, 인력공 급'으로 하여 사업자등록을 하였다가 2010. 5. 20. 비로소 사업 종목을 '인력공급'에서 '직 업소개'로 변경한 점, 원고가 A사에 용역을 공급하고 발행한 계산서에도 원고가 한 사업 의 업태가 '건설, 서비스'로, 종목이 '리모델링, 인력공급'으로 되어 있는 점, 원고가 직업 소개용역을 제공하였다면 소개 수수료를 받으면 되었지 A사로부터 전체 근로자들의 임 금을 포함한 돈을 받을 이유가 없고, A사도 근로자들에게 직접 임금을 주는 것이 확실하 지 먼저 원고에게 지급한 다음 근로자들에게 다시 지급하게 함으로써 원고가 혹시 전해 주지 않을 경우 발생할 수 있는 위험 등을 부담할 이유가 없으며, 근로자들의 입장에서도 임금을 직접 지급받지 아니한 이유를 납득하기 어려운 점, 원고가 계산서의 공급가액으 로 수수료만을 기재한 것이 아니라 '수수료와 임금을 포함한 금액'을 기재한 점 등을 이 유로 원고가 A사에 제공한 용역은 부가가치세가 면제되는 직업소개용역이 아니라 부가 가치세가 과세되는 인력공급용역에 해당한다고 판시하였다.

(4) 학술·기술 연구단체가 공급하는 재화·용역

부가가치세법 시행령 제45조 제2호는 학술 및 기술 발전을 위하여 학술 및 기술의 연구 와 발표를 주된 목적으로 하는 단체가 그 연구와 관련하여 실비 또는 무상으로 공급하는 재화 또는 용역을 면세 대상으로 규정하고 있다. 위 시행령이 2015. 2. 3. 개정되기 전의 구 부가가치세법 시행령 제45조 제2호는 학술연구단체나 기술연구단체가 학술연구 또는 기술연구와 관련하여 공급하는 재화 또는 용역이라고 규정하고 있었다. 종전규정이나 현행규정이나 연구와의 관련성을 요구한다는 점에서는 변함이 없다. 이러한 학술연구 또는 기술연구와 관련하여 공급하는 용역의 범위에 관하여 부가가치세법 시행령 제42조 제2호에서 말하는 학술연구용역과 기술연구용역과의 관계에서 논란이 될 수 있다.

전항에서 본 바와 같이 부가가치세법 시행령 제42조 제2호는 면세용역의 하나로 개인, 법인 또는 법인격 없는 사단·재단, 그 밖의 단체가 독립된 자격으로 용역을 공급하고 대가를 받는 것으로서 기획재정부령이 정하는 학술연구용역과 기술연구용역을 규정하고 있고, 이에 관하여 부가가치세법 시행규칙 제32조는 새로운 학술 또는 기술 개발을 위하여 수행하는 새로운 이론·방법·공법 또는 공식 등에 관한 연구용역을 말한다고 규정하고 있다.

위와 같이 부가가치세법 시행령 제42조 제2호는 구 부가가치세법 시행령 제45조 제2호에서와 달리 '새로운'을 요건으로 하고 있다. 이 때문에 구 부가가치세법 시행령 제45조 제2호에 말하는 '학술연구와 관련하여 공급하는 용역'의 의미를 부가가치세법 시행령 제42조 제2호의 용역과 동일한 범위로 해석해야 한다는 견해와 그보다는 넓게 해석해야 한다는 견해의 대립이 있을 수 있다. 전자의 입장은 '학술연구단체가 학술연구와 관련하여 공급하는 용역'에 대하여 부가가치세를 면제하는 이유는 학술연구단체가 새로운 학술 또는 기술을 개발하기 위하여 행하는 새로운 이론·방법·공법 또는 공식 등에 관한 연구용역을 장려하기 위하여 세금 부담을 경감시키기 위한 것이고, 학술연구단체라 하더라도 단지 연구개발된 결과인 검사기법 등을 응용 또는 이용하는 것에 불과한 용역까지도 부가가치세를 면제하려고 한 것은 아니며, 학술연구단체가 새로운 이론 등의 연구용역과 관련되지 아니한 수익활동을 하는 경우 부가가치세를 면제한다면 학술연구단체가 영위하는 동일한 수익활동을 하는 납세의무자에 대하여는 불평등하게 부가가치세를 부과하게 되는 결과가 발생한다는 입장이다. 그래서 여기서의 학술연구용역이라 함은 새로운 이론·방법·공법 또는 공식 등을 연구하는 용역을 의미하고, 기존의 연구결과를 응용 또는 이용하는 것까지 포함한다고 보기 어렵다는 것이다. 반면에 후자의 견해는, 학술연구단체가 공급하는 용역은 그 용역 자체가 '새로운 이론 및 개술개발 등의 용역'이 아니라고 하더라도 학술연구와 관련된 것이면 면세대상으로 보는 것이 구 부가가치세법 시행령 제45조 제2호의 문언에도 부합하고 부가가치세법 시행령 제42조 제2호와 별도로 구 부가가치세법 시행령 제45조 제2호를 둔 입법 취지에도 부합한다는 입장이다. 그리고 학술연구단체는 그 설립목적과 주된 활동이 '학술연구활동'이라는 점에서 영리법인과 다르므로 공급 주체의 성격이 달라서 부가가치세법상 다른 취급을 하는 것을 두고 불평등하다고 단정할 수도 없다는 것이다.

이에 대하여 대법원은 후자의 입장에 가까운 판시를 하였다. 대법원 2012. 12. 13. 선고 2011두3913 판결은, 구 부가가치세법 시행령 제45조 제2호의 문언 내용과 취지, 그리고 관련 규정의 체계, 특히 부가가치세법 시행령 제42조 제2호가 부가가치세 면제 대상의 하나로 '개인 · 법인 또는 법인격 없는 사단 · 재단 기타 단체가 독립된 자격으로 공급하는 새로운 학술 또는 기술을 개발하기 위하여 행하는 새로운 이론 · 방법 · 공법 또는 공식 등에 관한 연구용역'을 별도로 규정하고 있는 점 등을 종합하여 보면, 구 부가가치세법 시행령 제45조 제2호의 규정에 의하여 부가가치세가 면제되는 '학술연구단체 또는 기술연구단체가 학술연구 또는 기술연구와 관련하여 공급하는 용역'의 범위에는 새로운 학술 또는 기술을 개발하기 위한 새로운 이론 · 방법 · 공법 또는 공식 등의 연구용역뿐만 아니라, 기존의 학술연구나 기술연구 결과의 타당성을 검토하고 그 내용을 수정 · 보완하기 위한 연구용역 등도 포함되지만, 단순히 기존의 학술연구나 기술연구 결과를 응용 또는 이용하는 용역은 포함되지 않는다고 봄이 타당하다고 판시하였다. 이러한 법리는 현행 부가가치세법 시행령 제45조 제2호의 '그 연구와 관련하여'의 의미를 해석하는 데에도 원용될 수 있다고 하겠다.

(5) 공익목적단체의 실비 또는 무상 공급 재화 · 용역

부가가치세법 시행령 제45조 제1호는 면세대상의 하나로, 종교, 자선, 학술, 구호, 그 밖의 공익을 목적으로 하는 단체로서 주무관청의 허가 또는 인가를 받거나 주무관청에 등록된 단체가 그 고유의 사업목적을 위하여 일시적으로 공급하거나 실비 또는 무상으로 공급하는 재화 또는 용역을 규정하고 있다.

먼저 여기서 국가나 지방자치단체가 관련법에 의하여 설립한 공사, 공단 등이 그 주체인 단체에 해당하는지가 문제될 수 있다. 긍정한 사례로서, 대법원 2000. 7. 4. 선고 98두9301 판결이 춘천시주차관리공단이 공영주차장의 관리운영, 불법 주 · 정차 차량의 견인과 관리(노상방치차량의 수거 포함)를 통하여 사회 일반의 복리증진을 그 고유의 직접 목적으로 하는 단체라고 보았고, 국세청의 유권해석에서 수도권지역에서 발생하는 폐기물의 자원화를 촉진하고 주변지역 주민의 쾌적한 생활환경의 조성에 기여함을 목적으로 2000. 7. 22. '수도권매립지관리공사설립 및 운영에 관한 법률'에 의거 설립된 수도권매립지관리공사를 공익목적단체로 보았으며, 한국자원재생공사법에 의하여 설립되어 '폐기물의 발생억제 및 재활용촉진을 위한 사업을 효율적으로 수행하게 함으로써 재활용 가능한 폐기물의 자원화를 촉진하고 환경보전에 기여'함을 목적으로 하는 한국자원재생공사를 공익목적단체로 보았다. 반면에 부정한 사례로서 국세청유권해석은 지방공기업법 및 지방공사설치조례에 의하여 설립되어 서울특별시의 사업을 위탁받아 수행하면서 사업수행시 얻은 수입금은 전액 서울특별시에 귀속시키고 예산 전도자금으로 일정금액을 지급받아 운영경비(인건비, 경비)로 사용하는 서울특별시 도시개발공사가 공익목적단체가 아니라고 하였고, 지방공기업법 및 지방공사설치조례에 의하여 설립된 지방공사가 지방자치단체의 사업을 위탁받아 수행하면서 당해 사업에 필요한 비용만을 지방자치단체로부터 받는 경우 설치조례 및 정관에 의해 민간자본의 출자가 가능하고 출자자에 대한 이익배당이 가능하므로 공익목적단체에 해당하지 아니한다고 하였다.

다음으로 실비로 공급하는 재화 또는 용역에 해당하는지 여부가 자주 쟁점이 되고 있다. 실비에 해당하는지 여부를 판단할 때에는 해당 용역을 공급할 때 받는 대가뿐만 아니라 그 전후에 받은 대가성 돈을 모두 고려하여야 할 것이다. 예를 들어 일정한 가입기간에 대한 입회비를 받은 다음 그 기간 동안 용역을 제공하면서 실비 상당의 대가를 받은 경우 입회비까지 고려하였을 때 실비 수준을 넘어선다면 이는 실비로 공급하는 용역에 해당한다고 보기 어렵다.

실비에 해당한다고 본 사례로는, 대법원 1997. 8. 26. 선고 96누17769 판결은 1964. 7. 6. 보사부장관의 허가를 받아 설립한 비영리사단법인이 1992. 7. 20. 노동부로부터 산업안전보건법에 따른 작업환경측정기관으로 지정을 받은 이래 과학기술처가 공고하는 기술용역대가의 기준에 따라 작업환경측정기술협의회에서 인건비·장비감가상각비·관리비 등을 고려하여 책정한 수수료를 받고 작업환경측정용역을 공급하여 온 경우 실비로 공급하는 용역에는 해당한다고 보았고, 대법원 1985. 4. 9. 선고 83누399 판결은 사단법인 농지개량조합연합회는 정부, 지방자치단체 등이 시행하는 농지개량사업 중 환지업무의 대행을 사업목적으로 하여 설립되어, 그 설립 이래 정부로부터 환지업무에 대한 정부업무의 대행자로 지정받고 정부의 직접 보조금과 간접 보조금을 재원으로 아무런 이익을 남기지 않고 실비로 공익사업인 환지사업을 수행하고 국가, 지방자치단체 등으로부터 수수료를 수수한 경우 실비로 공급한 용역에 해당된다고 하였으며, 대법원 2000. 7. 4. 선고 98두9301 판결은 원고(춘천시주차시설관리공단)가 내무부장관의 인가에 따라 설립되어 춘천시가 정한 조건에 따라 용역(공영주차장의 관리운영, 주·정차 위반차량에 대한 견인, 이동, 보관, 관리 및 이의 부대사업)을 공급하면서 발생하는 수입금을 전액 춘천시에게 지급하고 그 대신 예산 전도자금으로 그 용역의 공급에 필요한 인건비, 관리비 등의 운영경비를 지급받아 사용한 뒤 남은 금원마저 전액 반환한 경우 실비로 용역을 공급한 경우에 해당한다고 보았다.

실비에 해당하지 않는다고 본 사례로는, 대법원 2008. 6. 12. 선고 2007두23255 판결은,

원고(사단법인 대한요가협의)의 분사무소가 일반인인 준회원에게 용역(요가운동법의 연구 및 보급 용역)을 공급하면서 월정 회비 등의 명목으로(서울을 기준), 주 2회 교육시 6~7만 원, 주 3회 교육시 8~9만 원, 매일 교육시 10~13만 원을 그 대가로 지급받았는데 이러한 월정 회비 등의 규모, 교육 횟수에 따라 그 금액에 차등을 둔 점, 분사무소마다의 그 용역에 대한 대가도 차이가 있는 점 등에 비추어 실비로 용역을 제공하였다고 보기 어렵다고 판시하였고, 대법원 2011. 12. 8. 선고 2011두18410 판결은, 원고(광주지방공사)는 지방공기업법 및 경기도 광주시의 광주지방공사설치운영조례에 따라 환경기초시설 위탁관리 등의 사업을 수행하기 위하여 광주시의 출자로 설립된 지방공사로서 광주군과 '광주군 환경기초시설 운영·관리 위·수탁계약'을 체결하고 2000. 1. 1.부터 환경기초시설 운영·관리용역을 수행해 왔고, 2001. 4. 4.에 2000년도 당기순이익 220,200,000원을, 2005. 4. 13.에 2004년도 당기순이익 295,220,000원을 출자자에 배당하였으며, 광주시 조례에 따르면 원고가 그 용역 업무를 대행하는 데 필요한 비용은 광주시가 부담하지만 결산한 결과 이익이 생긴 때에는 '이월결손금의 보전, 이익준비금의 적립, 주주에 대한 이익 배당, 정관에 정하는 바에 의한 적립금의 적립'의 순서로 처리하도록 규정되어 있으며, 원고는 그 용역 수행과 관련하여 광주시로부터 매년 인건비, 경비, 일반관리비와 이윤으로 구성된 위탁관리비를 지급받아 온 사안에서, 원고가 그 용역을 공급한 대가로 광주시로부터 '이윤'을 포함한 위탁관리비를 지급받아 왔고, 나아가 원고의 결산 결과 이익이 생긴 때에는 주주에 대한 이익배당을 예정하고 있으며, 실제로 이익배당을 하기도 하였던 점 등을 종합하여 볼 때, 원고가 그 고유의 사업목적을 위하여 실비로 이 사건 용역을 공급하였다고 볼 수도 없다고 판시하였다.

위의 사례들에서 본 바와 같이 공익목적의 단체에 대하여는 정부나 지방자치단체가 공익사업을 위한 출연금이나 보조금을 지급하는 경우가 많고 이것 때문에 실비에 의한 공급인지를 판단하는 데 어려움이 있다. 왜냐하면 출연금이나 보조금은 비영리사업에 대하여 그 손실을 보전하기 위해 지급되는 것이 원칙이지만 실상은 재화나 용역의 공급에 대하여 어느 정도의 대가를 수령하고 있는 사업에 대하여도 출연금이나 보조금이 지급되고 있고 이들 출연금이나 보조금과 수령한 대가를 합하면 실비를 초과하는 경우가 더러 있기 때문이다. 물론 정기적으로 사후정산을 하여 실비를 초과하는 부분이 생기면 그 부분에 해당하는 출연금이나 보조금을 반환한다면 실비에 의한 공급으로 보는데 지장이 없지만 제대로 사후정산이 이루어지지 않는 경우가 있음은 물론이고 실비를 초과하는 부분을 반환하지 않고 적립해두는 경우도 있다. 그러나 출연금이나 보조금은 손실의 보전을 본래의 목적으로 하는 것이므로 출연금이나 보조금은 제외하고 재화나 용역을 공급한 상대방으로부터 받은 대가가 그 재화나 용역의 공급에 필요한 경비를 초과하지 않는다면 실비에 의한 공급으로 보는 것이 합리적이다. 출연금이나 보조금은 재화나 용역의 공급대가로 받은 것이 아니므로 실비에 의한 공급인지를 따질 때 이 부분을 고려하는 것은 부적절하다고 하겠다.

(6) 주택의 임대용역과 국민주택의 공급

부가가치세법 제26조 제1항 제12호는 주택과 이에 부수되는 토지의 임대용역을 면세대상으로 규정하고 있다. 이에 관하여 부가가치세법 시행령 제41조 제1항은 상시 주거용(사업을 위한 주거용의 경우는 제외한다)으로 사용하는 주택과 이에 부수되는 토지(주택의 연면적과 건물이 정착된 면적의 5배 중 넓은 면적을 초과하지 아니하는 범위 내)를 규정하고 있고, 제2항은 임대주택에 과세사업용 건물이 함께 설치되어 있는 경우에는 주택부분의 면적이 사업용 건물부분의 면적보다 큰 경우에는 그 전부를 주택의 임대로 보고, 주택부분의 면적이 사업용 건물부분의 면적과 같거나 그 보다 작은 때에는 주택부분 외의 사업용 건물부분은 주택의 임대로 보지 아니하며 이 경우 그 주택에 부수되는 토지의 면적은 총 토지면적에 주택부분의 면적이 총건물연면적에서 차지하는 비율을 곱하여 계산한다고 규정하고 있다. 이는 생활의 기본적인 요소인 주거의 확보에 들어가는 비용을 줄여주기 위하여 면세하는 것이므로 그 대상은 상시 주거용으로 사용되는 건물이어야 하고, 주말용 전원주택이나 별장의 경우는 상시 주거용으로 볼 수 없어 그 임대 용역은 면세대상이 아니라고 할 것이다.

여기서는 임대목적물이 주택인지 여부가 문제되는데, 대법원 2013. 6. 13. 선고 2013두1225 판결은, 주택의 임대에 해당하는지 여부는 임차인이 실제로 당해 건물을 사용한 객관적인 용도를 기준으로 하여 상시주거용으로 사용하는 것인지 여부에 따라 판단하여야 하고, 공부상의 용도구분이나 임대차계약서에 기재된 목적물의 용도와 임차인이 실제로 사용한 용도가 다를 경우에는 후자를 기준으로 하여 그 해당 여부를 가려야 하고, 주택의 임대 용역을 부가가치세 면세대상으로 규정한 취지가 사회정책적인 차원에서 소비자인 임차인의 부가가치세의 부담을 경감시켜 주려는 데에 있는 점 등을 고려하여 보면, 주택의 임차인이 그 임차한 주택을 직접 사용하지 아니하고 이를 이용하여 다시 최종소비자에게 임대한 경우 주택의 임차인이 제공받은 용역이 부가가치세 면세대상에 해당하는지 여부는 최종적인 임대 용역의 소비자가 실제로 사용한 용도를 기준으로 하여 판별하여야 한다고 판시하였다.

그래서 원고가 이른바 '서비스드 레지던스업'을 영위하기 위하여 그 소유자들로부터 임차하여 다시 투숙객들에게 임대한 부동산의 경우 7일 이하의 일회성 투숙객의 비율이 가장 높고 나머지 투숙객들도 그 사용기간이 대부분 1년 미만이며, 원고가 장·단기 투숙객 모두에게 투숙에 필요한 침구와 가구 및 세탁, 청소 등 각종 생활편의서비스를 제공하고 있고(장기투숙객의 경우 침구 및 수건 등 목욕용품 교체, 세탁 등의 서비스는 별도의 비용을 받고 제공한다), 장·단기 투숙객 모두 그 건물 내에 있는 수영장, 피트니스센터, 리셉션 데스크 등을 자유로이 이용할 수 있었으며, 원고가 투숙객들로부터 받는 대가에는 각 객실의 이용요금뿐 아니라 내부 집기 및 가전과 가구의 사용료, 수영장, 피트니스센터, 주차, 세탁 및 청소 등 편의시설의 사용대가 및 기타 서비스에 대한 대가가 포함되어 있었던 사안에서, 원고가 영위한 사업은 주택의 임대업이라기보다는 숙박업에 가깝고 원고가 받은 대가는 상시주거용인 주택을 임대할 경우 통상적으로 받게 되는 임대료로 보기 어렵다는 점 등을 이유로 이는 부가가치세 면세대상인 주택의 임대 용역에 해당한다고 볼 수 없다고 판단하였다.

이 사안에서는 그 건물의 최종적인 이용자가 상시주거용으로 사용하였는지가 문제되었는데 그 이용자들은 상시 주거용이 아니라 일시 거주용으로 사용하였다는 점이 중시되었다. 그 건물의 입장에서 보면 비록 이용자들이 계속 바뀌기는 하지만 계속적으로 거주용으로 사용되므로 상시 주거용으로 사용된다고 주장할 수도 있겠으나, 위 규정이 이를 면세대상으로 삼은 취지는 그 최종이용자가 생활의 기초가 되는 상시 주거용건물인 주택의 확보에 들어가는 비용부담을 덜어주기 위한 것이지 일시적인 숙박비용의 부담을 덜어주기 위한 것이 아니므로 이러한 주장은 받아들일 수 없다.

한편, 조세특례제한법 제106조 제1항 제4호는 대통령령이 정하는 국민주택 및 그 주택의 건설용역을 부가가치세 면세대상으로 규정하고 있다. 그 위임에 의한 조세특례제한법 시행령 제106조 제4항 제1호는 국민주택 규모의 '주택'이라고 규정하고 있다. 여기서의 국민주택에 주거용으로 사용될 수 있거나 사용되는 오피스텔이 포함되는지에 관하여 논란이 있었다. 즉, 공부상 용도가 주택이 아니라 오피스텔로 되어 있다고 하더라도 실질적으로 주거용으로 사용될 수 있고 그래서 주거용으로 사용되는 경우 주택과 동일시하여 면세대상으로 볼 수 있는지 여부가 문제된 것이다.

이에 대하여 대법원 2021. 1. 14. 선고 2020두40914 판결은 위 면세규정에 의한 면세대상으로 볼 수 없다고 판시하였다. 즉, 위 면세규정이 국민주택 규모 이하의 주택 공급에 대하여 부가가치세를 면제하는 취지, 주택과 오피스텔에 대한 각종 법적 규율의 차이, 특히 위 면세규정의 위임에 따른 시행령 제106조 제4항 제1호는 일정한 규모 이하의 '주택'이라고만 규정하고 있는 반면, 조세특례제한법령의 다른 규정에서는 위 규정과 달리 '오피스텔' 또는 '주거에 사용하는 오피스텔'이 '주택'에 포함된다고 명시하고 있는 점과의 균형 등을 종합하면, 특별한 사정이 없는 한 공급 당시 공부상 용도가 업무시설인 오피스텔은 그 규모가 주택법에 따른 국민주택 규모 이하인지 여부와 관계 없이 위 면세규정의 '국민주택'에 해당한다고 볼 수 없다고 하면서, 공급하는 건축물이 관련 법령에 따른 오피스텔의 요건을 적법하게 충족하여 공부상 업무시설로 등재되었다면, 그것이 공급 당시 사실상 주거의 용도로 사용될 수 있는 구조와 기능을 갖추었다고 하더라도 이를 건축법상 오피스텔의 용도인 업무시설로 사용할 수 있고, 이러한 경우 위 면세규정의 적용 대상이 될 수 없는 오피스텔에 해당하는지는 원칙적으로 공급 당시의 공부상 용도를 기준으로 판단하여야 하고, 나아가 해당 건축물이 공급 당시 공부상 용도가 업무시설인 오피스텔에 해당하여 위 면세규정에 따른 부가가치세 면제대상에서 제외된 이상 나중에 실제로 주거 용도로 사용되고 있더라도 이와 달리 볼 수 없다고 판시하였다.

앞서 본 대법원 2013. 6. 13. 선고 2013두1225 판결과 위 대법원 2021. 1. 14. 선고 2020두40914 판결을 비교하면 얼핏 모순되는 것처럼 읽힌다. 전자는 공부상의 용도보다 실제의 용도를 더 중시하는 반면, 후자는 실제의 용도보다 공부상의 용도를 더 중시한다. 그러나 이 두 판결은 부가가치세 면세대상의 요건에 관하여 엄격하고 제한적인 입장을 취한다는 점에서 기본적인 흐름은 다르지 않다. 면세대상은 특혜를 주는 예외적인 규정이므로 엄격해석하는 것이 입법 취지에 부합한다. 전자 판결의 경우는 부가가치세법에서 공부상의 요건을 특별히 규정하고 있지 않기 때문에 실제 용도를 중시하여 실질적인 요건을 갖추지 못했기 때문에 이를 면세대상에서 배제하겠다는 것이고, 후자 판결의 경우는 관련 규정들의 취지상 공부상의 용도가 주택일 것을 요건으로 하고 있으므로 이를 중시하여 공부상의 용도가 주택이 아닌 오피스텔인 경우 실제 주택의 용도로 사용할 수 있다거나 사용하고 있다고 하더라도 언제든지 본래 공부상의 용도인 오피스텔로 사용될 수 있으므로 면세대상에서 배제하겠다는 것이다. 요컨대 주택이 면세대상이 되기 위해서는 실질적 요건뿐만 아니라 법에서 공부상의 요건도 중시할 경우 그 요건도 함께 갖추어야 한다고 할 수 있겠다.

(7) 의료보건용역과 안마사의 용역

부가가치세법 제26조 제1항 제5호는 의료보건용역(수의사의 용역을 포함한다)을 면세대상으로 규정하고, 이에 관하여 부가가치세법 시행령 제35조는 제1호에서 의료법에 따른 의사, 치과의사, 한의사, 조산사 또는 간호사가 제공하는 용역(의료법에 따라 의료기관을 개설한 자가 제공하는 것을 포함한다)이라고 규정하면서도, 다만 쌍꺼풀수술, 코성형수술, 유방확대·축소술(유방암 수술에 따른 유방 재건술은 제외한다), 지방흡입술, 주름살제거술, 안면윤곽술, 치아성형(치아미백, 라미네이트와 잇몸성형술을 말한다) 등

성형수술(성형수술로 인한 후유증 치료, 선천성 기형의 재건수술과 종양 제거에 따른 재건수술은 제외한다)과 악안면 교정술(치아교정치료가 선행되는 악안면 교정술은 제외한다), 색소모반·주근깨·흑색점·기미 치료술, 여드름 치료술, 제모술, 탈모 치료술, 모발이식술, 문신술 및 문신제거술, 피어싱, 지방융해술, 피부재생술, 피부미백술, 항노화 치료술 및 모공축소술은 면세대상에서 제외한다고 규정하고 있다.

이에 관하여 대법원 2008. 10. 9. 선고 2008두11594 판결은, 부가가치세가 면제되는 '의료법에 따른 의사·치과의사·한의사·조산사 또는 간호사가 제공하는 용역'이란 의료법에 따른 의사 등의 의료인이 제공하는 모든 용역을 의미하는 것이 아니라 의료법상의 의료행위, 즉 질병의 예방과 치료행위뿐만 아니라 의학적 전문지식이 있는 의료인이 행하지 아니하면 사람의 생명·신체나 공중위생에 위해를 발생시킬 우려가 있는 행위와 그에 필수적으로 부수되는 용역의 제공만이 포함된다고 해석함이 상당하다고 판시하였다. 위와 같이 면세되는 의료용역의 범위를 제한하는 규정은 2010. 12. 30. 신설되었는데 위 대법원 판결의 취지가 반영된 것으로 볼 수 있겠다. 그리고 대법원 2002. 11. 8. 선고 2001두4849 판결은, 의료원과의 사이에 임대차계약을 체결하고 구내식당을 임차한 다음 독립된 사업형태를 갖추고 자신의 계산 하에 계속적으로 급식을 제공한 자는 의료원에 종속되어 용역만을 제공한 것이 아니라 독립된 사업자에 해당하므로 의료보건용역에 필수적으로 부수되는 재화나 용역의 공급으로 볼 수 없어 면세의 대상이 아니라고 판시하였다. 즉, 의료원 스스로가 환자들에게 음식물 등을 제공하여야만 면세대상에 해당하는 것이다.

한편, 부가가치세법 시행령 제35조 제2호는 의료법에 따른 안마사가 제공하는 용역을 의료보건용역의 범위에 포함시켜 면세대상으로 규정하고 있다. 그리고 의료법 제82조 제1항은 안마사는 시각장애인 중 소정의 교육과정을 거친 자로서 시·도지사에게 자격인정을 받아야 하도록 규정하고, 제2항은 안마사는 의료인이 아님에도 안마업무를 할 수 있도록 규정하고 있다. 여기서 안마사가 사업의 주체로서 제공하는 안마용역만을 면세대상으로 볼 것인지 아니면 안마사가 아닌 자가 사업자로서 안마사를 고용하여 그를 통해 안마용역을 제공하는 것도 면세대상에 포함할 것인지에 관하여 견해의 대립이 있을 수 있다. 그러나 부가가치세법 시행령 제35조 제2호의 문언상 안마사는 그 용역을 제공하는 주체이어야 하고 따라서 그가 사업자로서 제공하는 안마용역일 경우에만 면세대상이 된다고 해석하는 것이 옳다.

같은 취지에서, 대법원 2013. 5. 9. 선고 2011두5834 판결은, 의료법에 규정하는 안마사가 아닌 사람은 의료법에 규정하는 안마사와 공동으로도 안마시술소를 개설할 수 없다고 할 것이므로, 의료법에 규정하는 안마사가 아닌 사람과 의료법에 규정하는 안마사가 공동으로 안마시술소를 개설한 다음 의료법에 규정하는 안마사를 고용하여 제공하는 안마용역도 부가가치세 면세 대상에 해당하지 아니한다고 판시하였다.

3. 면세의 포기

부가가치세법 제28조는 부가가치세가 면제되는 재화 또는 용역의 공급으로서 영세율 적용대상이 되는 것과 제26조 제1항 제12호(주택과 그 부수토지의 임대 용역), 제15호 (저술가 등이 직업상 제공하는 인적 용역), 제18호(공익목적 단체가 공급하는 재화 또는 용역)에 따른 재화 또는 용역의 공급에 대하여는 대통령령이 정하는 바에 따라 면세의 포기를 신고하여 부가가치세의 면제를 받지 아니할 수 있도록 규정하고, 제2항은 이러한 면세의 포기를 신고한 사업자는 신고한 날부터 3년간 부가가치세를 면제받지 못하도록 규정하고, 제3항은 위 기간이 지난 뒤 부가가치세 면제를 받으려면 면세적용신고서를 제 출하여야 하며 이를 제출하지 않으면 계속 면세를 포기한 것으로 본다고 규정하고 있다. 그리고 부가가치세법 시행령 제57조는 부가가치세가 면제되는 재화 또는 용역의 공급이 영세율 적용대상이 되는 것과 부가가치세법 시행령 제45조 제2호에 따라 학술 등 연구단 체가 그 연구와 관련하여 실비 또는 무상으로 공급하는 재화 또는 용역에 대하여 부가가 치세의 면제를 받지 아니하려는 사업자는 사업자의 인적사항과 면세를 포기하려는 재화 또는 용역 등을 적은 면세포기서를 제출하여야 한다고 규정하고 있다.

부가가치세법상의 면세제도는 앞서 언급한 바와 같이 영세율 대상에 비하여 면세사업 자가 자신의 매입세액을 공제받지 못하는 불이익이 따를뿐더러 면세사업자가 과세사업 자에게 공급할 경우 부가가치세가 이중으로 부과되는 누적효과도 있어 소비자에 대한 실질적 가격 경쟁면에서 불리해질 수 있기 때문에 영세율 대상이 되는 경우와 일정한 면세 대상에 대하여는 면세사업자의 선택에 의한 면세포기제도를 두고 있는 것이다.

이와 같이 면세포기대상을 제한적으로 규정하고 있는 취지에 관하여 대법원 2012. 5. 10. 선고 1682 판결은, 원래 부가가치세법상의 면세제도는 세부담의 역진성을 완화하여 소비자의 부가가치세 부담을 경감시키는 데 그 근본적인 취지가 있는 것으로서 영세율제 도처럼 사업자의 부가가치세 부담을 덜어주는 제도가 아니므로 부가가치세법이 면세대상 중 일부에 한정하여 이를 면세포기대상으로 규정한 것은 면세사업자의 일방적인 면세포 기로 인하여 소비자의 세부담이 증가되는 것을 방지하기 위한 것이라고 설명하고 있다.

그런데 부가가치세법 제28조에서는 면세포기의 대상으로 영세율 적용대상뿐만 아니 라 부가가치세법 제26조 제1항 제12호(주택과 그 부수토지의 임대 용역), 제15호(저술가 등이 직업상 제공하는 인적 용역), 제18호(공익목적 단체가 공급하는 재화 또는 용역)까 지 열거하고 있는데, 부가가치세법 시행령 제57조에서는 면세포기의 절차에 관하여 규정하면서 그 대상을 영세율 적용대상과 부가가치세법 제26조 제1항 제18호 중 학술 등 연구단체가 그 연구와 관련하여 실비 또는 무상으로 공급하는 재화 또는 용역만으로 한정하고 있다. 결국 위 시행령 규정에서 열거하고 있는 것만이 면세포기대상이 된다고 해석할 수밖에 없다. 이에 대하여는 다음과 같은 의문이 제기될 수 있다. 즉, 면세포기대상에 관하여는 부가가치세법 제28조가 정하고 구체적 포기절차에 관하여만 시행령에 위임한 것임에도 부가가치세법 시행령 제57조가 면세대상까지 일부 제한한 것은 모범의 위임범위를 벗어난 것이 아니냐 하는 것이다.

이에 대하여 위 대법원 2012. 5. 10. 선고 1682 판결은, 부가가치세법에서 제한적으로 규정한 면세포기대상 재화 또는 용역 중 구체적으로 포기가 허용되는 재화 또는 용역의 범위 자체도 경제상황 및 시대상황에 맞추어 수시로 변경될 필요가 있음을 감안하여 그 범위와 신고절차 등에 관하여 대통령령에 위임함으로써 탄력적인 운영이 가능하도록 한 것이라고 해석되며, 이는 조세법률주의의 원칙이나 포괄위임 입법금지의 원칙에 반하지 아니하고, 따라서 시행령 제57조가 부가가치세법 제28조 제1항 제2호에서 규정한 주택과 그 부수토지의 임대 용역에 관하여 신고 및 등록절차를 정하지 아니한 것은 위 임대 용역에 대한 면세포기를 허용하지 아니하는 취지로서 부가가치세법 제28조 제1항의 위임범위를 벗어나지 아니하여 유효하다고 판시하였다.

부가가치세법 제28조 제1항의 문언을 보면 '대통령령이 정하는 바에 따라'라고 하였을 뿐 '대통령령이 정하는 절차에 따라'라고 하지 않았으므로 그 위임한 범위가 상당히 포괄적이어서 절차나 방식만이 아니라 적용대상까지 위임한 것으로 해석할 여지가 있는 것이다. 더구나 부가가치세법 제28조에서 면세포기대상으로 열거하고 있는 제26조 제1항 제12호(주택과 그 부수토지의 임대 용역), 제15호(저술가 등이 직업상 제공하는 인적 용역), 제18호(공익목적 단체가 공급하는 재화 또는 용역)에 있어서 그 구체적 면세의 범위가 다시 대통령령에 위임되어 있어 결국 면세포기대상도 대통령령에 의하여 가변적일 수밖에 없는 구조이므로 제28조 제1항에서 위임하고 있는 범위에는 면세포기대상도 포함되어 있다고 해석하는 것이 합리적일 수 있다. 그러나 이러한 해석은 예측가능성의 측면에서 비판의 여지가 남아 있다. 부가가치세법 제28조 제1항의 문언 자체에서 면세포기대상까지 시행령에 위임하였다는 취지가 분명하게 드러나지 않기 때문이다. 따라서 위임의 취지가 보다 분명하게 드러나도록 입법을 개선할 필요가 있다고 하겠다.

제6장

과세표준

1. 관련 규정

부가가치세법 제29조는 과세표준에 관하여 규정하고 있다. 먼저 제1항에 의하면 재화 또는 용역의 공급에 대한 부가가치세의 과세표준은 해당 과세기간에 공급한 재화 또는 용역의 공급가액을 합한 금액으로 하고, 제2항에 의하면 재화의 수입에 대한 부가가치세의 과세표준은 그 재화에 대한 관세의 과세가격과 관세, 개별소비세, 주세, 교육세, 농어촌특별세 및 교통·에너지·환경세를 합한 금액으로 한다.

그리고 제3항은 공급가액에 관하여 대금, 요금, 수수료, 그 밖에 어떤 명목이든 상관없이 재화 또는 용역을 공급받는 자로부터 받는 금전적 가치 있는 모든 것을 포함하되, 부가가치세는 포함하지 아니한다고 규정하면서, 제1호는 금전으로 대가를 받는 경우에는 그 대가를 공급가액으로 하되, 다만 그 대가를 외국통화나 그 밖의 외국환으로 받은 경우에는 환산한 가액으로 한다고 하고, 제2호는 금전 외의 대가를 받는 경우에는 자기가 공급한 재화 또는 용역의 시가를, 제3호는 폐업하는 경우에는 폐업 시 남아 있는 재화의 시가를, 제4호는 부가가치세법 제10조 제1항·제2항·제4항·제5항 및 제12조 제1항에 따라 재화 또는 용역을 공급한 것으로 보는 자가소비 또는 증여의 경우 자기가 공급한 재화 또는 용역의 시가를 각 공급가액으로 한다고 규정하고 있다. 그리고 제5호는 제10조 제3항에 따라 재화를 공급하는 것으로 보는 자기 사업장 간의 공급의 경우 해당 재화의 취득가액을 공급가액으로 한다고 하고, 제6호와 부가가치세법 시행령 제61조는 외상판매 및 할부판매의 경우 공급한 재화의 총가액, 장기할부판매, 완성도기준지급조건부 또는 중간지급조건부로 공급하는 경우와 계속적으로 공급하는 경우에는 계약에 따라 받기로 한 대가의 각 부분을 공급가액으로 한다고 규정하고 있다.

그리고 제4항은 부당행위계산부인에 관한 규정으로서 제3항에도 불구하고 특수관계인에게 공급하는 재화 또는 용역에 대한 조세의 부담을 부당하게 감소시킬 것으로 인정되는 경우로서 재화의 공급에 대하여 부당하게 낮은 대가를 받거나 아무런 대가를 받지 아니한 경우, 용역의 공급에 대하여 부당하게 낮은 대가를 받는 경우, 용역의 공급에 대하여 대가를 받지 아니하는 경우에는 공급한 재화 또는 용역의 시가를 공급가액으로 본다고 규정하고 있다.

한편, 제5항은 공급가액에 포함하지 아니하는 금액으로서, 제1호에서 재화나 용역을 공급할 때 그 품질이나 수량, 인도조건 또는 공급대가의 결제방법이나 그 밖의 공급조건에 따라 통상의 대가에서 일정액을 직접 깎아 주는 금액을, 제2호에서 환입된 재화의 가액을, 제3호에서 공급받는 자에게 도달하기 전에 파손되거나 훼손되거나 멸실한 재화의 가액을, 제4호에서 재화 또는 용역의 공급과 직접 관련되지 아니하는 국고보조금과 공공보조금을, 제5호에서 공급에 대한 대가의 지급이 지체되었음을 이유로 받는 연체이자를, 제6호에서 공급에 대한 대가를 약정기일 전에 받았다는 이유로 사업자가 당초의 공급가액에서 할인해 준 금액을 각 규정하고 있다. 반면에 제6항은 사업자가 재화 또는 용역을 공급받는 자에게 지급하는 장려금이나 이와 유사한 금액 및 제45조 제1항에 따른 대손금액은 과세표준에서 공제하지 아니하도록 규정하고 있다. 대손금액을 과세표준에서 공제하지 아니하는 이유는 제45조 제1항에 의하여 대손금액에 관한 매출세액은 대손세액으로서 매출세액에서 공제할 수 있기 때문이다.

그리고 제7항은 사업자가 재화 또는 용역을 공급하고 그 대가로 받은 금액에 부가가치세가 포함되어 있는지가 분명하지 아니한 경우에는 그 대가로 받은 금액에 110분의 100을 곱한 금액을 공급가액으로 한다고 규정하고, 제8항은 사업자가 과세사업과 면세사업 및 부가가치세가 과세되지 아니하는 재화 또는 용역을 공급하는 사업에 공통적으로 사용된 재화를 공급하는 경우에는 대통령령으로 정하는 바에 따라 안분계산한 금액을 공급가액으로 한다고 규정하고, 제9항은 사업자가 토지와 그 토지에 정착된 건물 또는 구축물 등을 함께 공급하는 경우에는 건물 또는 구축물 등의 실지거래가액을 공급가액으로 하되, 다만 실지거래가액 중 토지의 가액과 건물 또는 구축물 등의 가액의 구분이 불분명한 경우나 사업자가 실지거래가액으로 구분한 토지와 건물 또는 구축물 등의 가액이 대통령령으로 정하는 바에 따라 안분계산한 금액과 100분의 30 이상 차이가 있는 경우에는 대통령령으로 정하는 바에 따라 안분계산한 금액을 공급가액으로 한다고 규정하고 있다. 제10항과 부가가치세법 시행령 제65조는 임대 용역을 공급하고 전세금 또는 임대보증금을 받은 경우 등에 관한 공급가액에 관하여 규정하고 있고, 제11항과 부가가치세법 시행령 제66조는 제10조 제1항, 제2항 및 제4항부터 제6항까지의 규정에 따라 재화의 공급으로 보는 감가상각자산인 경우의 공급가액에 관하여 규정하고 있다.

2. 공급가액의 산정

가. 대가를 금전으로 받는 경우

부가가치세법 제29조 제1항 제1호는 금전으로 대가를 받는 경우에는 그 대가를 공급가액으로 규정하고 있다. 여기서는 재화나 용역을 공급하는 자가 받은 금전이 그 공급과 대가관계에 있는 금전인지가 쟁점이 될 수 있다.

대법원 2007. 9. 6. 선고 2007두9778 판결은 상가관리업자가 입주자들로부터 받은 관리비에 포함된 전기·가스요금 등 공공요금의 경우에도 그것이 재화 또는 용역의 공급과 대가관계에 있는지 여부에 따라 부가가치세의 과세표준에 포함되는지가 결정될 것이고, 단순히 재화 또는 용역의 공급자가 거래상대방을 위하여 그가 부담하는 공공요금을 재화 또는 용역공급에 따른 대가와 구분하여 편의상 함께 수령하여 납부를 대행한 것에 불과하다면 그 공공요금은 재화 또는 용역의 공급과 대가관계에 있다고 볼 수 없다고 하면서, 상가관리업자가 입주자들로부터 받은 관리비 중 전기 및 가스요금 부분이 일반 관리용역비 부분과 별도로 구분·징수하여 그 납부를 대행한 것으로 관리용역의 공급과 대가관계에 있다고 볼 수 없어 공급가액인 과세표준에 포함되지 않는다고 판시하였다. 그리고 대법원 2001. 6. 29. 선고 99두12229 판결은 공사도급계약과 관련하여 수급인이 도급인으로부터 받은 연체료는 공사용역과 대가관계에 있는 금전이라고 볼 수 없어 부가가치세의 과세표준인 공급가액에 포함되지 않는다고 판시하였고, 대법원 2019. 2. 28. 선고 2018두57063 판결도 같은 취지로 판시하였다.

대법원 2012. 6. 28. 자 2012두7158 심리불속행 상고기각 판결에 의하여 확정된 서울고등법원 2012. 2. 9. 선고 2011누23940 판결에서는 유스호스텔을 운영하는 원고가 회원들로부터 받은 회원가입비에 관하여, 회원으로 가입하는 자만이 원고가 제공하는 여행 알선이나 각종 할인을 받을 수 있는 지위에 있어 원고가 회원들에게 그와 같은 용역을 공급하는 경제적·실질적인 대가로 회원들이 회원가입비를 지급하였다고 보아야 하므로 대가관계가 있다고 해야 하고, 회원가입비가 이용 횟수에 비례하지 않는다거나 이용 횟수에 제한이 없는 점, 원고가 수년간 재정적자였던 사정이 있다고 하여 그 대가관계를 부정할 수 없다고 판시하였다.

나. 대가를 금전 외의 것으로 받는 경우

부가가치세법 제29조 제3항 제2호는 금전 이외의 대가를 받는 경우에는 자기가 공급한 재화 또는 용역의 시가를 공급가액으로 본다고 규정하고 있다. 여기서 중요한 것은 금전 이외의 대가로 받는 것의 시가가 아니라 공급하는 재화 또는 용역의 시가가 공급가액이 된다는 점이다. 예를 들어 카메라를 공급하고 그 대가로 토지를 받았을 때 공급가액은 토지의 시가가 아니라 카메라의 시가라는 점이다. 카메라와 토지가 정확하게 등가관계에 있으면 어느 쪽으로 보든 결과가 같지만 실제로는 등가관계에 있지 않기 때문에 결과가 달라진다. 그런데 법인세법 시행령 제72조 제1항 제7호는 교환에 의하여 취득하는 자산의 취득가액은 그 취득당시 취득하는 물건의 시가로 규정하고 있다. 그래서 예를 들어 A법인이 1,500,000원에 취득한 것으로서 시가가 4,800,000원인 M물건을 B법인에 공급하고 그 대가로 B법인으로부터 시가 5,000,000원인 N물건을 받았다면 A법인의 M물건 공급에 대한 부가가치세 과세표준은 4,800,000원이 된다. 그런데 A법인의 법인세 과세표준을 산정함에 있어서는 3,500,000원(취득한 N물건의 시가 5,000,000원－양도한 M물건의 취득원가 1,500,000원)을 익금산입해야 한다. 이러한 불일치를 존치할 명분이 약하므로 입법론상으로는 통일하는 것이 바람직하다고 하겠다.

다. 부동산 임대 용역의 공급가액

(1) 임대보증금 또는 전세금을 받는 경우

부가가치세법 제29조 제10항은 부동산 임대 용역의 공급유형에 따라 그 공급가액의 산정방법을 대통령령에 위임하고 있다. 이에 따라 부가가치세법 시행령 제65조 제1항은, 전세금이나 임대보증금을 받는 경우에는 "전세금 또는 임대보증금×계약기간 1년의 정기예금이자율×과세대상기간의 일수÷365"의 산식에 따라 계산한 금액을 공급가액으로 한다고 한다. 여기서 계약에 따라 전세금이나 임대보증금을 임대료에 충당하였을 때에는 그 금액을 제외한 가액을 전세금 또는 임대보증금으로 한다. 이 경우는 금전 외의 대가를 받는 것으로 보아 전세금 또는 임대보증금에 정기예금이자율을 적용함으로써 시가 상당의 임대료를 산정하여 이를 공급가액으로 하는 것이다.

(2) 임대료를 금전으로 받는 경우

앞서 본 바와 같이 대법원 2011. 10. 13. 선고 2008두21713 판결은, 구 부가가치세법 시행령 제22조 제2호(현행 부가가치세법 시행령 제29조 제1항 제4호에 해당한다)는 계속적 용역의 공급에 관하여 과세기간별 공급량을 구획할 수 없어 그 공급량에 따른 과세기간별 공급가액을 산정할 수 없는 경우에 적용되는 예외적인 규정인 점을 고려하면, 계속적 용역의 공급에 있어 그 대가를 일정한 기간을 단위로 산정하여 일시에 지급받는 경우에는 위 규정을 적용할 것이 아니라 과세기간별로 구분·특정되는 대가를 그 기간 동안 공급이 이루어진 용역의 공급가액으로 보아 이를 당해 과세기간의 과세표준으로 삼는 것이 타당하다고 판시하였다. 부동산 임대 용역이 이러한 경우에 해당하므로 해당 과세기간에 해당하는 임대료를 그 기간의 공급가액으로 보면 된다.

그리고 부가가치세법 시행령 제65조 제5항은 사업자가 둘 이상의 과세기간에 걸쳐 부동산임대 용역을 공급하고 그 대가를 선불이나 후불로 받는 경우에는 해당 금액을 계약기간의 개월 수로 나눈 금액의 각 과세대상기간의 합계액을 공급가액으로 한다고 규정하고 있다. 금전으로 대가를 일시에 받은 경우에 해당하므로 과세기간별로 안분하여 그 공급가액을 산정하도록 한 것이다. 예를 들어 2015. 1. 1.부터 2015. 12. 31.까지 부동산을 임대하고 그 대가로 2015. 12. 31. 임대료 12,000,000원을 받기로 한 경우, 위 12,000,000원에 대한 부가가치세 전부를 2015년 제2기분에 대한 부가가치세로 납부하는 것이 아니라, 2015년 제1기분으로 6,000,000원에 대한 부가가치세를, 2015년 제2기분으로 나머지 6,000,000원 대한 부가가치세를 납부하는 것이다.

(3) 임대료를 금전 이외의 것으로 받는 경우

앞서 본 원칙에 따라 자기가 공급한 부동산임대 용역의 시가가 공급가액이 된다. 부동산임대사업자가 특수관계 없는 자에게 임대한 임대가격 또는 제3자간에 일반적으로 거래되는 임대가격이 있는 경우에는 그것이 시가가 될 여지가 있으나, 부동산은 대체성이 크지 않고 과거의 임대료를 현재의 임대료로 보기 어려운 점을 고려할 때, 위와 같은 시가가 인정되기는 쉽지 않다. 그래서 시가가 불분명한 것으로 보아 감정평가법인이 감정한 가액을 시가로 보는 경우가 많을 것으로 보인다.

따라서 토지임대인이 토지임차인에게 토지임대 용역을 공급하고, 그 대가로 금전 이외의 것으로서 신축건물 또는 건물신축용역을 받은 경우 자신이 공급한 토지임대 용역의 시가가 공급가액이 될 것이다. 그러나 과세실무는 토지임대인이 받은 건물의 신축비용이 과세표준이 된다고 하고 있다.[14] 토지임대인이 그 대가로 건물의 신축비용 상당액을 금전으로 받은 것과 같기 때문이라고 한다. 징세의 효율성을 고려하면 위와 같은 과세

---

14) 부가 46015-1518, 2000. 6. 30.

실무를 이해할 수도 있다. 즉, 토지임대 용역의 시가를 부가가치세 과세표준으로 하면 이를 감정해야 하고 건물의 시가를 법인세 과세표준으로 하는 것과 일치하지 않게 되어 비효율이 초래되기 때문이다. 그러나 토지임대인이 신축건물 또는 건물신축용역을 받은 것을 건물의 신축비용 상당액을 금전으로 받은 것과 같이 볼 수는 없고, 신축건물 또는 건물신축용역을 받은 경우에 그 신축비용을 과세표준으로 하는 것은 부가가치세법 제29 조 제3항 제2호에 반하는 측면이 있다.

그리고 둘 이상의 과세기간에 걸쳐 부동산임대 용역을 공급하고 그 대가를 금전 이외의 것으로 선수령 또는 후수령하는 경우, 각 과세기간별로 그 기간의 부동산임대 용역의 시가를 과세표준으로 할 것인지 아니면 부가가치세법 시행령 제65조 제5항에 따라 전체 임대기간의 부동산임대 용역의 시가를 각 과세기간에 동일하게 안분한 금액을 과세표준으로 할 것인지가 문제되는데 전자의 방법이 합리적이라고 하겠다. 부가가치세법 시행령 제65조 제5항은 '부동산임대 용역을 공급하고 그 대가를 선불 또는 후불로 받는 경우'에 적용되는 규정인데, '선불'의 사전적 의미는 '일이 끝나기 전이나 물건을 받기 전에 미리 돈을 치름'이고, '후불'의 사전적 의미는 '물건을 먼저 받거나 일을 모두 마친 뒤에 돈을 치름'이므로 대가를 금전으로 받는 경우를 전제로 하는 규정이라고 할 수 있기 때문이다. 만약 위 시행령 규정이 대가를 금전 이외의 것으로 받는 경우에도 적용되는 것으로 해석하면, 전체 임대기간의 임대료를 모두 감정한 다음 단순히 과세기간수로 나눔으로써 평균한 값을 안분하게 되는데 그럴 만한 합리적인 명분도 없다. 임대기간이 길어지면 각 기간별로 임대료의 시가가 상이할 것임에도 그 평균값을 각 기간의 공급가액으로 보는 것은 실상과도 맞지 않기 때문이다.

(4) 임대료를 금전과 금전 외의 것으로 받은 경우

금전으로 받은 부분은 그 금전 자체가 공급가액에 합산되므로 문제가 없는데 일부 금전 이외의 것으로 받은 부분은 대가로 받은 것의 시가가 공급가액에 합산되는 것이 아니라 그에 대응하는 임대 용역의 시가를 공급가액에 합산하여야 하는데 그 시가 산정이 간단하지가 않다.

예를 들어 부동산임대사업자가 월 임대료의 시가가 900,000원 상당인 부동산을 임대하고 매월 임대료로 금전 400,000원과 시가 800,000원 상당의 물건을 받았다고 할 때 공급가액을 어떻게 산정할 것인지를 살펴본다. 먼저 첫째의 방법은, 각 대가의 가액을 기준을 안분하는 방법인데, 부동산임대 용역 중 1/3(금전 400,000원/대가 합계 1,200,000원)의 대가로 금전 400,000원을, 나머지 2/3(물건 800,000원/대가 합계 1,200,000원)의 대가로 시가 800,000원 상당의 물건을 받은 것으로 보아 금전 400,000원과 부동산임대 용역 2/3의 시가인 600,000원(900,000원×2/3)의 합계액 1,000,000원을 공급가액으로 보는 것이다. 둘째의 방법은 금전에 우선적으로 안분하고 나머지를 금전 이외의 것에 안분하는 방법인데, 부동산임대 용역 중 4/9(금전 400,000원/부동산임대 용역의 시가 900,000원)의 대가로 금전 400,000원을, 나머지 5/9의 대가로 시가 800,000원 상당의 물건을 받은 것으로 보아 금전 400,000원과 부동산임대 용역 5/9의 시가인 500,000원(900,000원×5/9) 합계 900,000원을 공급가액으로 보는 것이다. 후자의 방법에 따르면 부동산임대인이 월 임대료의 시가 이상의 금전과 물건을 받는 경우, 예를 들어 위 사례에서 임대료로 금전 900,000원과 시가 200,000원 상당의 물건을 받는 경우 부가가치세 과세표준을 산정함에 있어서 물건은 전혀 고려되지 않는 문제가 생길 수 있다. 그래서 첫째의 방법이 타당하다고 할 것이다.

대법원 2011. 6. 30. 선고 2008두18939 판결은, 행담도 휴게소 등 13개 고속도로 휴게소의 건설·운영사업에 관하여 원고와 A사는 원고가 토지를 제공하고 A사가 그 지상에 휴게소 등을 신축하여 운영하면서 그 대가로 월매출액에 일정한 사용료율을 곱한 금액을 월사용료로 지급하고 그 사업기간(12년 내지 36년)의 만료시점에 원고에게 휴게소 등을 무상으로 이전하기로 하는 내용의 협약을 체결한 다음 A사가 원고로부터 제공받은 토지 위에 휴게소 등을 신축하여 이를 운영한 사안에서, 원고의 과세기간별 부가가치세 과세표준을 산정함에 있어서는 당해 과세기간에 실제로 공급한 토지임대 용역 중 휴게소 등과 대가관계가 있는 부분의 시가를 합산하여야 한다고 판시하였다. 이 사안에서 토지의 임대 용역에 대한 대가는 금전으로 수령하는 월 사용료뿐만 아니라 사업기간 만료시점에 이전받을 휴게소 등의 시가를 전체 사업기간에 대하여 과세기간별로 안분한 부분도 포함되고 후자 부분은 금전이 아니기 때문에 결국 공급가액은 토지임대 용역의 시가가 될 수밖에 없는 것이다.

3. 공급가액에 포함되지 않는 금액

가. 개요

부가가치세법은 당초 약정된 공급가액의 조정항목들을 성격에 따라 공급가액에 포함시키지 않는 것과 포함시키는 것을 구분하여 규정하고 있다. 부가가치세법 제29조 제5항은 공급가액에 포함시키지 않는 항목으로, 제1호에서 재화나 용역을 공급할 때 그 품질이나 수량, 인도조건 또는 공급대가의 결제방법이나 그 밖의 공급조건에 따라 통상의 대가에서 일정액을 직접 깎아주는 금액을, 제4호에서 재화 또는 용역의 공급과 직접 관련되지 아니하는 국고보조금과 공공보조금을, 제6호에서 공급에 대한 대가를 약정기일 전에 받았다는 이유로 당초의 공급가액에서 할인해 준 금액을 각 규정하고 있다.

한편, 부가가치세법 제32조 제7항과 그 시행령 제70조 제1항 제3호에 의하면 계약의 해지 등에 따라 공급가액에 추가되거나 차감되는 금액이 발생한 경우에는 증감사유가 발생한 날을 작성일로 한 수정세금계산서를 발급할 수 있다고 규정하고 있는데, 여기서 '공급가액에 차감되는 금액이 발생한 경우'가 위의 항목들에 해당될 수 있다. 이들 차감 항목의 발생에 관한 종기를 특별히 규정하고 있지 않으므로 재화나 용역의 공급시기가 속하는 과세기간과 다른 과세기간에 차감 항목이 발생할 수 있고, 따라서 이 경우에는 원래의 과세기간의 공급가액에서 차감하는 방식이 아니라 수정세금계산서의 발급을 통하여 그 발급일이 속하는 과세기간의 공급가액에서 차감하는 방식으로 조정이 된다.

반면에 부가가치세법 제29조 제6항은 공급가액에 합산하는 항목으로 사업자가 재화 또는 용역을 공급받는 자에게 지급하는 장려금을 규정하고 있다. 그리고 부가가치세법 제29조 제12항의 위임에 의한 부가가치세법 시행령 제61조 제1항 제9호와 제10호는 사업자가 고객에게 매출액의 일정 비율에 해당하는 마일리지를 적립해 주고 향후 그 고객이 재화를 공급받고 대가의 일부 또는 전부를 적립된 마일리지로 결제하는 경우 그 마일리지 상당액을 공급가액에 포함시킬 것인지 여부에 관하여 자세히 규정하고 있다.

부가가치세법 제29조 제5항 제1호의 금액은 매출에누리라 칭하고, 제6호의 금액은 매출할인이라고 칭한다. 제6호의 금액은 부가가치세법이 2006. 12. 30. 개정되기 전에는 재화 또는 용역을 공급한 후의 그 공급가액에 대한 할인액에 해당하여 공급가액에서 차감하지 아니하였었다. 그리고 부가가치세법 제29조 제6항의 금액은 판매장려금이라고 칭한다. 요즘은 워낙 다양한 할인제도가 도입되고 있어서 그것이 매출에누리와 매출할인, 판매장려금 등의 항목 중 어디에 해당하는지를 판단하기 어려운 경우가 많다. 그리고 부가가치세법 시행령 제61조 제1항 제9호에서 규정하는 마일리지는 매출에누리나 매출할인과 실질적으로 어떠한 차이가 있는지가 문제가 되고 있고, 상품권을 교부하는 경우 어느 항목으로 규율해야 하는지도 간단한 문제가 아니다. 이하 항목별로 자세히 살펴보기로 한다.

나. 매출에누리와 매출할인

(1) 의의

가) 매출에누리

먼저 부가가치세법 제29조 제5항 제1호는 공급가액에 포함하지 않는 항목으로 매출에 누리액에 관하여 재화나 용역을 공급할 때 그 품질이나 수량, 인도조건 또는 공급대가의 결제방법이나 그 밖의 공급조건에 따라 통상의 대가에서 일정액을 직접 깎아주는 금액 이라고 정의하고 있다. 그 문언만 보면 깎아주는 시기가 재화나 용역을 공급할 때인 것처 럼 보이는데 그렇게 제한하는 것은 현실적이지도 않고 합리적이지도 않다. 깎아주는 행 위의 원인이 되는 품질이나 수량, 인도조건 또는 공급대가의 결제방법이나 그 밖의 공급 조건 등은 대부분 재화나 공급이 이루어지고 난 후에 이루어지거나 밝혀질 것이기 때문 에 재화나 용역을 공급한 후에 직접 깎아주기로 약정하더라도 무방하다고 보아야 한다. 대법원 2013. 4. 11. 선고 2011두8178 판결, 대법원 2015. 12. 23. 선고 2013두19615 판결 등도 같은 입장이다.

그리고 직접 깎아주게 된 원인이 품질이나 수량, 인도조건 또는 공급대가의 결제방법 이나 그 밖의 공급조건에 변화가 있어야 하는 것이 원칙이다. 여기서 '품질', '수량'은 재 화 또는 용역의 공급내용을 의미한다고 하겠다. '인도'는 인도방법, 시기, 장소 등을 의미 하고, '공급대가의 결제'는 공급대가의 결제방법, 시기, 장소 등을 의미하는 것으로 보인 다. 인도·공급대가의 결제 기타 공급조건은 재화 또는 용역의 공급과 관련된 부수적인 사항으로 통상 공급계약 등에서 정해진다고 할 수 있다. 그래서 매출에누리의 본래적 모 습은 당초 약정한 품질·수량에 미달되거나 인도·공급대가의 결제 등의 공급조건이 당 초의 약정과 달리 공급을 받는 자에게 불리하게 이루어지는 경우 그 때문에 일정한 금액 을 직접 감액해주는 것으로서 이러한 경우는 공급가액이 감액되고 남은 금액으로 변경 된 것으로 볼 수 있으므로 결국 그 남은 금액이 공급가액이 된다고 보는 것이다. 즉, 이는 공급대가를 수령할 때 공급가액이 변경되었고 그 변경된 금액만을 받았으므로 그 금액 만이 공급가액이 된다고 하는 것이다.

보다 중요한 것은 매출에누리가 되기 위해서는 당초 재화 또는 용역의 공급 대가로서 확정되었거나 확정될 금액에서 일부가 직접 감액되는 경우이어야 한다는 점이다. '직접 감액'이라는 요건이 매출에누리의 핵심을 이룬다고 할 수 있다. 공급대가에서 직접 감액 됨으로써 공급가액으로 직접 수령한 금액에 그 감액된 부분이 포함되어 있지 아니하므 로 이를 과세표준인 공급가액에 합산하여서는 아니된다는 것이다. 만약에 공급 대가에서 직접 감액된 것이 아니라면 사후나 사전에 별도로 일정한 금액을 공급받는 자에게 지급하는 것에 불과하고, 재화나 용역을 공급하고 직접 받는 금액은 공급대가 전액이므로 공급가액에 대한 차감항목으로 보아서는 아니된다는 것이다. 이 점에서 부가가치세법 제29조 제6항의 판매장려금과 구분된다. 여기서 직접 감액하는 경우나 사후 별도로 지급하는 경우나 경제적 실질은 별 차이가 없겠지만 부가가치세는 거래세의 성격이 강하여 거래대금을 수령할 때 그 대금의 10%를 부가가치세로 거래징수하는 것이므로 부가가치세를 거래징수할 때 받은 거래대금이 얼마인지가 상당히 중요한 의미가 있다. 그래서 공급가액에서 직접 차감함으로써 부가가치세를 거래징수할 때 실제로 수령한 금액을 부가가치세의 과세표준이 되는 공급가액으로 보겠다는 취지를 담고 있는 것이다.

그런데 대법원 2015. 12. 23. 선고 2013두19615 판결은 통상의 공급가액에서 직접 공제·차감되는 에누리액은 발생시기가 재화나 용역의 공급시기 전으로 한정되지 아니하고 공제·차감의 방법에도 특별한 제한이 없다고 하면서, 공급자가 재화나 용역의 공급 시 통상의 공급가액에서 일정액을 공제·차감한 나머지 가액만을 받는 방법뿐만 아니라, 공급가액을 전부 받은 후 일정액을 반환하거나 이와 유사한 방법에 의하여 발생할 수 있다고 판시하였다.

위 판시의 문언대로 공급가액을 전부 받은 후 그중 일정액을 반환하는 경우도 매출에누리의 범위에 포함시킨다면 이는 부가가치세법 제29조 제5항 제1호의 '통상의 대가에서 일정액을 직접 깎아주는 금액'이라는 문언에 부합하지 않는 해석이라는 비판을 받을 수 있다. 물론 위 대법원 판결의 사안에 적용되는 당시의 구 부가가치세법(2013. 6. 7. 개정 전) 제13조 제2항 제1호는 '에누리'라고만 규정하고, 그 구체적 범위에 관하여는 그 시행령 제52조 제2항에서 '통상의 공급가액에서 일정액을 직접 공제하는 금액으로 한다'고 규정하고 있었으므로, 위 시행령 규정을 모법에서 규정하는 에누리의 본래 범주에 맞추어 그 범위를 다소 확장하여 해석할 여지가 있었겠지만 지금은 위에서 보듯이 법률에서 에누리의 정의규정을 직접 두고 있으므로 그 문언에 부합되게 해석하는 것이 조세법률주의의 대원칙인 엄격해석의 원칙을 지키는 것이라고 하겠다. 다만, 그 구체적인 형식에도 불구하고 실질이 '직접 감액'된 것으로 볼 수 있다면 이는 실질과세의 원칙에 의해 매출에누리의 범주에 포함시킬 수 있는 여지는 남아 있다고 하겠다. 그래서 위 판시의 진정한 취지는 나중에 살펴보는 구체적 사안에서도 알 수 있듯이 공급가액을 전부 받고 별도로 일정액을 반환하는 듯한 외관을 취하였으나 실제로는 그와 같은 외관대로 이루어진 것이 아니라 공급가액에서 직접 차감하는 방식으로 이루어진 경우라야 매출에누리로 볼 수 있다는 것으로 이해하는 것이 옳다.

대법원이 이와 같이 매출에누리에 있어서 '직접 감액'의 요건을 그다지 중시하지 않는 이유는 다음 항에서 보는 매출할인에 영향을 받은 바도 있는 것으로 보인다. 매출할인의 경우는 '직접 감액'의 요건이 필요 없음에도 공급가액에 포함시키지 않고 있고, 매출에누리와 매출할인의 경계가 뚜렷하지도 않기 때문에 매출에누리에 있어서도 '직접 감액'의 요건은 중요하지 않다고 본 것으로 짐작된다. 어쨌든 이 부분 판시는 다소의 오해와 논란을 불러일으킬 수 있는 표현으로서 바람직한 것은 아니다. 나중에 살펴보는 바와 같이 위 판결의 사안은 '직접 감액'된 경우이었다. 위와 같은 판시가 꼭 필요하지도 않았던 것으로 보인다.

한편, 법인세법 시행령 제11조 제1호는 기업회계기준에 따른 매출에누리금액 및 다음 항에서 보는 매출할인금액은 수익금액에서 제외하도록 규정하고 있고, 소득세법 시행령 제51조 제3항 제1호의2에서도 매출에누리액은 해당 과세기간의 총수입금액에 산입하지 않는다고 규정하고 있고, 기업회계기준에서도 매출에누리와 매출할인은 매출액에서 차감하도록 규정하고 있는데 이들 규정의 취지가 모두 부가가치세법 제29조 제5항 제1호의 매출에누리액에 관한 규정과 같은 것이라고 하겠다. 따라서 이들 규정에 있어서 그 범위도 동일하게 해석하는 것이 합리적이다.

나) 매출할인

부가가치세법 제29조 제5항 제6호는 역시 공급가액에 포함하지 않는 항목으로 매출할인에 관하여 공급에 대한 대가를 약정기일 전에 받았다는 이유로 사업자가 당초의 공급가액에서 할인해준 금액으로 규정하고 있다. 이러한 매출할인은 공급대가의 결제방법에 따라 공급가액을 감액하는 것으로 볼 수 있으므로 매출에누리의 성격도 지니고 있다고 할 수 있다. 그럼에도 매출에누리와 별도로 매출할인을 규정하고 있는 것은 매출할인에는 매출에누리와 달리 '직접 감액'이라는 요건이 필요 없다는 점 때문으로 볼 수 있다. 그래서 매출할인은 약정기일 전에 대가를 수령한 후 할인액을 사후에 지급하더라도 이 부분은 공급가액에서 차감될 수 있는 것이다.

매출할인은 그 성격을 엄밀히 분석해 보면 공급가액에 포함되어 있던 금융이익인 이자수입이 사라진 것으로 볼 수 있다. 즉, 이 부분은 공급받는 자에게 대금결제의 기한을 유예하면서 그 유예기간에 대한 이자 상당액을 공급가액에 포함시켜 두었다가 조기결제가 됨으로써 그 이자상당액을 받을 수 없게 되어 당초의 공급가액이 그만큼 줄어드는 것이다. 그래서 원래부터 이 부분은 공급가액이라기보다는 이자수입의 성격이었는데 단지 그것이 공급가액에 포함되어 있었기 때문에 전체 금액을 공급가액으로 보았으나 조기결제시에는 현실적으로 이자수입 상당액이 분리되어 사라졌으므로 그 부분을 제외한 원래의 공급가액만을 공급가액으로 보겠다는 취지이다. 기업회계기준이나 법인세법과

소득세법에서 매출할인을 매출에누리와 마찬가지로 공급가액에서 차감하는 것은 이러한 이유 때문이다.

부가가치세법이 2006. 12. 30. 개정되기 전에는 제13조 제3항에서 재화 또는 용역을 공급한 후의 그 공급가액에 대한 할인액, 대손금, 장려금과 이와 유사한 금액은 과세표준에서 공제하지 아니한다고 규정하였으나 2006. 12. 30. 개정되면서 위 규정에서 '할인액' 부분이 삭제되면서 오히려 제2항 제6호가 신설되어 재화 또는 용역을 공급한 후의 그 공급가액에 대한 할인액으로서 대통령령이 정하는 할인액은 과세표준에 포함하지 아니한다고 규정하고, 그 시행령 제52조 제3항은 할인액이란 외상판매에 대한 공급대가의 미수금을 결제하거나 공급대가의 미수금을 그 약정기일 전에 영수하는 경우에 일정액을 할인하는 금액이라고 규정하였다.

이와 같이 위 개정당시에는 공급가액의 범위에서 차감되는 매출할인의 범위에 공급대가의 미수금을 그 약정기일 전에 영수하는 경우의 할인액뿐만 아니라 외상판매에 대한 공급대가의 미수금을 약정기일이나 그 후에 결제하는 경우의 할인액도 포함시키는 것으로 하여 매출할인의 범위를 넓게 규정하고 있었다. 즉, 외상판매에 대한 공급대가를 약정기일에 맞추거나 그보다 늦게 결제하더라도 그 결제시에 일정액을 할인해 주면 매출할인에 포함될 수 있었다. 그러나 이 부분은 위에서 살펴본 매출할인의 본질과 부합하지 않는다. 단지 사후의 약정에 의한 공급가액의 변경으로 볼 수 있을 뿐이다. 그리고 이 규정은 소득세법이나 법인세법 및 기업회계기준에서 규정하고 있는 매출할인의 범위와도 일치하지 아니하였다. 이러한 문제점을 개선하기 위하여 부가가치세법 시행령이 2012. 2. 2. 개정되면서 현행 부가가치세법 제29조 제5항 제6호와 같은 내용으로 바뀌었다. 타당한 입법태도이다.

따라서 이제는 공급대가의 미수금을 약정기일이나 그 후에 결제할 때 일정액을 할인해 주는 경우는 공급가액에 포함하지 않는 매출할인에 해당하지는 않는다고 하겠다. 그렇다고 하여 그 부분이 공급가액에 반드시 포함되어야 한다는 취지로 이해할 필연성은 없다. 왜냐하면 이는 공급가액의 재약정에 따른 감액으로 볼 여지가 있고 이를 공급가액에 합산한다는 취지의 구 부가가치세법(2006. 12. 30. 개정되기 전) 제13조 제3항과 같은 명문의 규정이 없기 때문이다. 다음 항에서 이에 관하여 좀 더 구체적으로 살펴본다.

(2) 공급조건 등의 변화 없는 대금감액

공급조건이나 공급대금의 결제방법에 별다른 변화가 없이 판매를 촉진하기 위하여 또는 공급받는 자의 사정을 고려하여 당초의 공급가액을 일부 감액하기로 합의하는 경우에 이를 매출에누리나 매출할인에 준하여 취급할 수 있는지가 문제가 된다. 예를 들어 이동통신회사가 대리점에 단말기를 공급한 후 판매촉진을 위하여 아무런 공급조건의 변경 없이 단말기의 대금을 인하하여 소비자들에게 판매하도록 하고 그 인하된 대금을 대리점으로부터 수령함으로써 대리점에 대한 공급가액의 결제를 마치는 것으로 했다면, 공급가액을 당초의 공급가액으로 보아야 할 것인지 아니면 감액하여 결제된 금액으로 할 것인지가 문제되는 것이다. 감액의 실질을 따져보면 매출에누리나 매출할인이라기보다는 판매촉진비, 접대비의 성격이 강하므로 공급가액에서 차감될 수 없다고 볼 여지도 있다. 그러나 이는 판매촉진비나 접대비와 같이 공급가액의 수령과 별도로 지출하는 것이 아니라 공급가액에서 직접 차감하는 것이고 그것이 사전 또는 사후 약정에 의한 것이므로 비용의 지출이라고 보는 것은 다소 무리가 따르고 오히려 공급가액의 재약정으로 볼 수 있다.

이와 같이 공급가액의 재약정으로 본다면 그에 따라 실제로 감액하여 수령한 금액을 공급가액으로 볼 수 있다. 부가가치세가 거래세로서 통상 거래가액을 받을 때 거래가액의 10%를 거래징수하는 것이므로 실제로 받은 거래가액이 감액된 금액이라면 그 가액을 부가가치세의 과세표준인 공급가액으로 보는 것이 합리적이다. 공급가액에 포함하지 않는 본래 형태의 매출에누리나 매출할인과 차별화할 합리적인 이유가 없다. 물론 매출에누리나 매출할인은 감액을 해주어야 할 합리적인 이유가 있고 이 경우는 그와 같은 합리적인 이유가 없다는 점에서 접대비나 판매촉진비의 성격이 있다고 할 수도 있겠지만 부가가치세는 수득세가 아닌 거래세여서 법인세나 소득세와 달리 접대비나 판매촉진비를 손금으로 계산할 수 없는 구조이고 그렇다고 매입세액으로 공제받을 수도 없으므로 공급가액에서 차감하는 것이 합리적이라고 하겠다. 부가가치세법 제29조 제5항에서는 공급가액에 포함하지 않는 항목으로 매출에누리와 매출할인을 규정하고 있는 것을 제한적·열거적 규정으로 본다면 여기에 해당하지 않는 감액분은 공급가액에 포함하여야 한다는 논리도 가능하지만, 부가가치세법 제29조 제3항 제1호는 공급가액을 금전으로 대가를 받는 경우 단지 그 대가라고만 규정하고 있고 공급가액의 재약정에 따른 대가를 배제하는 규정을 두고 있지 않다. 부가가치세법 시행령 제70조 제3호에서도 수정세금계산서의 발행요건으로 계약의 해지 등에 따라 공급가액에 추가되거나 차감되는 금액이 발생한 경우라고 하고 그 사유를 '계약의 해지 등'이라고만 하고 있어 재약정이 배제된다고 보기도 어렵다.

따라서 이러한 경우도 매출에누리나 매출할인의 범위에 포함된다고 보아 공급가액에서 차감된다고 해석하는 것이 옳다고 하겠다. 대법원 2016. 6. 23. 선고 2014두144 판결이 재화의 공급자로부터 판매를 위탁받은 홈쇼핑업체가 발행한 할인쿠폰의 사용에 따라 재화의 공급자가 그 금액만큼 대가를 적게 수취한 경우 그 할인쿠폰 상당액을 매출에누리에 포함시킨 것도 같은 취지라고 할 수 있다. 최근의 대법원 2016. 8. 26. 선고 2015두 58959 전원합의체 판결의 다수의견에 대한 보충의견에서 1차 거래의 실적을 반영하여 2차 이후의 거래에서 대금을 할인하여 주는 것은 구 부가가치세법 시행령 제48조 제1항 에서 정한 '기타 공급조건에 따라 재화 또는 용역의 공급당시의 통상의 공급가액에서 일 정액을 직접 공제'한 것에 해당한다고 판시한 것도 비슷한 취지이다.

(3) 휴대폰 단말기의 보조금

대법원은 매출에누리의 범위를 다소 확장하여 보고 있다. 대법원 2003. 4. 25. 선고 2001 두6586 판결은, 매출에누리는 그 품질·수량 및 인도·공급대가의 결제 기타 공급조건에 따라 정하여지면 충분하고 그 발생시기가 재화 또는 용역의 공급시기 전에 한정되는 것은 아니라고 판시하였다. 이 사안에서는 이동통신회사인 원고가 이동통신서비스를 개시할 무렵부터 그 대리점과 이동전화제품 공급계약을 체결하여 단말기를 공급하여 오다가, 통 화지역이 수도권과 충청권의 일부로 제한되어 서비스의 가입실적이 저조하자, 서비스 망 에 가입하여 1년 이상 사용할 것을 조건으로 대리점이 소비자들에게 할인판매를 하도록 권장하면서 그 할인액을 공급가액에서 공제해 주기로 약정하여, 이에 따라 대리점이 단말 기를 모델에 따라 개당 일률적으로 일정한 금액을 차감한 가격으로 할인판매를 하였다. 이에 대하여 대법원은, 그 할인액은 원고가 대리점에 단말기를 공급하면서 이를 이용 하여 소비자를 서비스 망에 가입시키면 할인해 준다는 공급조건에 따라 단말기의 공급 당시의 통상의 공급가액에서 일정액을 직접 공제한 금액으로서 과세표준에 포함되지 아 니하는 매출에누리액에 해당된다고 판시하였다. 덧붙여 그 할인액의 상당부분이 재화를 공급한 후에 정해지기는 했으나 미수금의 결제나 약정기일 전의 결제와 관련하여 할인 율이 정해진 것이 아니라 서비스 망 가입을 조건으로 한 것이기 때문에 당시 부가가치세 법 제13조 제3항, 부가가치세법 시행령 제52조 제3항 소정의 재화를 공급한 후 외상판매 에 의한 공급대가의 미수금을 결제하거나 미수금을 그 약정기일 전에 영수하는 경우에 일정액을 할인하는 금액에 해당하여 과세표준에서 공제되지 아니한다고 할 수 없다고 하였다. 앞서 언급하였듯이 당시 부가가치세법에서는 매출할인을 공급가액에서 차감하 여 주지 아니하였기 때문에 위와 같은 판단이 덧붙여진 것이나 현재로서는 부가가치세 법에서 이 부분도 공급가액에서 차감하기 때문에 불필요한 판단이 된다.

이 사안에서는 원고의 대리점에 대한 당초의 공급조건에는 가입자의 의무사용기간이 부여되어 있지 않았다가 원고가 대리점에 단말기를 공급한 후에 가입자의 의무사용기간 을 부여하는 내용으로 변경하면서 그에 대한 보상조로 할인액을 부여한 것으로서 원고는 대리점으로부터 받는 공급대가에서 그 할인액을 직접 차감하고 받았으므로 공급조건의 변경에 따라 공급가액을 직접 깎아준 것으로 볼 수 있는 것이다. 여기서 만약 공급조건에 아무런 변화를 주지 않으면서도 원고가 판매촉진을 위하여 대리점으로 하여금 할인판매를 하게 하고 그 할인액을 대리점에 대한 공급가액에서 직접 차감하면 앞서 살펴본 바와 같이 이것도 당연히 공급가액에 포함하지 아니하여야 할 것이다. 이는 공급가액의 재약정으로 볼 수 있는 것이기 때문이다. 그래서 가장 중요한 요소는 공급가액에서 직접 차감된 것으로 볼 수 있는지 여부라고 할 것이다.

최근의 대법원 2015. 12. 23. 선고 2013두19615 판결도 휴대폰 단말기 보조금에 관한 것이다. 앞서 살펴본 바와 같이 여기서는 매출에누리의 범위를 좀 더 확장하는 취지의 판시를 하였다. 재화나 용역의 공급과 관련하여 품질·수량이나 인도·공급대가의 결제 등의 공급조건이 원인이 되어 통상의 공급가액에서 직접 공제·차감되는 에누리액은 발생시기가 재화나 용역의 공급시기 전으로 한정되지 아니하고 공제·차감의 방법에도 특별한 제한이 없다고 하면서, 공급자가 재화나 용역의 공급시 통상의 공급가액에서 일정액을 공제·차감한 나머지 가액만을 받는 방법뿐만 아니라, 공급가액을 전부 받은 후 그중 일정액을 반환하거나 또는 이와 유사한 방법에 의하여 발생할 수 있다고 판시하였다.

이 판시에서도 감액약정의 시기가 반드시 공급시기 이전이어야 한다고 볼 필요는 없다고 하였다. 사전 감액약정은 물론 사후 감액약정도 무방하다는 것이다. 부가가치세의 과세표준을 정하는 데 있어서는 공급가액을 직접 감액한다는 것이 중요할 뿐 그 약정시기는 중요하지 않다고 볼 수 있기 때문이다. 사전 약정에 의한 감액이나 사후 약정에 의한 감액 또는 감액 청구권 행사에 의한 감액 모두 당초의 공급조건을 준수하지 못한 것이 공통적인 원인이고, 모두 '깎아준 금액'이라는 점에서도 공통되며, 계약상, 법상 정당한 근거에 기초하고 있다는 점도 공통되므로, 같이 규율하는 것이 균형을 갖춘다고 할 것이다.

위 판결의 사안은 다음과 같다. 이동통신사업자인 원고는 가입자에게 이동통신용역을 제공하고 단말기를 판매하는 이동통신사업자로서, 이동통신용역과 관련된 업무를 대행하는 대리점에게 단말기를 판매하여 왔다. 그런데 이동통신용역의 이용기간이 연속하여 18개월 이상인 이용자에 대한 단말기의 할인 판매, 현금지급, 가입비의 보조 등의 방법에 의한 단말기 구입비용의 지원이 허용되자, 원고가 제조사로부터 단말기를 납품받아 대리점에 출고가격으로 판매하지만, 대리점은 원고가 사전에 대리점에 공시한 보조금 지원 요건을 갖춘 가입자에 대하여는 위 매입 가격에서 보조금을 공제하여 감액된 가격으로 단말기를 판매하고 그 대금을 받았으며, 대리점이 그 가입자로부터 받는 대금액수만을 원고에게 지급하면 원고에 대한 위 매입대금이 모두 결제된 것으로 처리되었다.

이에 대하여 대법원은, 원고는 보조금 지원 요건을 갖춘 가입자에게 보조금을 지원하되 그 보조금의 용도를 단말기의 대가를 결제하는 것으로 제한함으로써 실질적으로 가입자에게 대리점으로부터 보조금 상당액을 할인받을 수 있는 권리를 부여하였고, 가입자도 보조금 상당액을 감액한 나머지 가액을 대리점에 지급하고 단말기를 공급받았으며, 대리점 역시 그 보조금 상당액만큼 감액된 대금을 원고에게 지급하여 원고에 대한 단말기 매입대금을 모두 결제하였으므로, 원고와 대리점 사이에 대리점이 보조금 지원 요건을 갖춘 가입자에게 보조금 상당액만큼 할인 판매하는 것을 조건으로 하여 단말기의 공급가액에서 보조금 상당액을 감액하여 결제하기로 하는 약정이 있었다고 볼 수 있고, 결국 그 보조금 상당액은 원고의 대리점에 대한 단말기 공급가액에서 직접 공제되는 가액에 해당한다고 볼 수 있다고 판시하였다.

이 사안에서는 앞서 본 사안과 달리 원고가 가입자들에게 별도로 보조금을 지급하여 그것을 대리점에 대한 단말기의 구입대금의 일부로 사용하게 하는 듯한 외관을 취하고는 있다. 앞서 본 대법원 2003. 4. 25. 선고 2001두6586 판결의 사안에서는 대리점이 가입자에게 단말기를 할인판매하고 원고는 대리점의 공급가액에서 그 할인액을 공제하기 주기로 하는 약정이 원고와 대리점 사이에 명시적으로 이루어졌다. 그러나 대법원 2015. 12. 23. 선고 2013두19615 판결의 사안에서는 원고가 가입자들을 상대로 하여 보조금을 지급하겠다는 선언을 하였을 뿐 대리점과의 사이에서는 그 보조금 상당액을 공급가액에서 공제해주기로 하는 명시적인 약정이 없었다는 점에서 차이가 있다. 그러나 실제로 그 보조금을 가입자들에게 지급한 바도 없고 단지 가입자들은 그 보조금만큼 감액된 금액을 단말기 구입대금으로 지급하였고 대리점은 그 지급받은 금액만을 원고에게 지급함으로써 단말기의 공급대금을 정산한 것이므로 원고도 실제로는 대리점으로부터 공급가액에서 그 보조금 상당액이 직접 차감된 금액만을 받은 것이다. 따라서 매출에누리의 요건인 공급가액에서 직접 깎아주는 금액에 해당할 수 있다. 회계처리나 형식은 중요하지 않다고 할 수 있다.

대법원 2015. 12. 23. 선고 2013두19615 판결에서 추가로 언급하고 있듯이 보조금이 공제된 금액에 의한 단말기 대금의 결제는 원고의 대리점에 대한 단말기 공급시부터 예정되어 있었던 사정에 비추어 보면, 비록 원고가 보조금을 판매장려금 등으로 계상하고 단말기의 공급가액의 감소에 따른 수정세금계산서를 발급하지 않았으며 마치 대리점이 가입자로부터 보조금채권을 승계취득하여 원고의 대리점에 대한 단말기 대금채권과 상계하는 형식으로 정산을 하였더라도, 이러한 회계 및 세무처리는 보조금을 에누리액으로 보지 않던 당시 과세행정을 고려한 부득이한 조치로 볼 수 있으며, 그로 인하여 보조금의 성격이 달라진다고 하기도 어렵다고 할 것이다. 위 판결은 실질과세의 원칙에 입각하여 그 형식에도 불구하고 실질에 의하여 대금감액이 직접 이루어졌다고 판단한 것으로 평가할 수 있겠다.

반면에 대법원 2022. 8. 31. 선고 2017두53170 판결은, 이동통신사업자와 단말기 공급자가 분리된 사안에서 이동통신사업자가 이동통신용역 이용자에게 제공한 단말기 보조금은 이동통신용역의 공급가액에 대한 매출에누리에 해당하지 않는다고 판시하였다.

사안의 내용은 다음과 같다. 이동통신사업자인 원고는 이동통신용역 이용자에게 해당용역을 제공하였는데, 그 단말기는 원고가 아닌 A사가 제조업자로부터 구입하여 원고의 이동통신용역 대리점에게 판매하고, 대리점은 이를 이용자에게 판매하였다. 원고는 이동통신용역 이용자에게 단말기 구입 보조금을 지원하였는데, 이용자가 단말기를 일시불로 구입하는 경우 원고가 보조금을 대리점에 직접 지급하고, 대리점은 원고로부터 보조금을, 이용자로부터 보조금 상당액을 제외한 나머지 단말기 대금을 지급받았다. 이용자가 단말기를 할부로 구입하는 경우에는 원고가 대리점으로부터 이용자에 대한 단말기 할부금 채권을 양수하거나 신용카드사가 대리점으로부터 양수한 단말기 할부금 채권의 추심업무를 수탁한 다음, 매월 이용자에게 이동통신용역의 이용요금과 단말기 할부금을 함께 청구하면서 보조금을 단말기 할부금 청구금액에서 차감하였는데, 이 경우 대리점에는 원고나 신용카드사가 단말기 할부금 채권을 양수할 때 단말기 대금 전부가 지급되었고, 신용카드사에는 원고가 매월 단말기 할부금 채권을 추심할 무렵 보조금을 포함한 단말기 할부금이 지급되었다.

이에 대하여 대법원은 보조금은 이용자의 단말기 구입을 위한 지원금으로서 원고가 공급한 이동통신용역의 공급가액에서 직접 공제된 것이 아니므로 이에 대한 에누리액에 해당하지 않는다고 판시하면서, 그 논거로 보조금이 이동통신용역의 일정기간 이용을 조건으로 단말기 구입비용을 지원하기 위하여 지급되는 것이라는 점에 대하여 원고와 이용자 사이에 의사의 합치가 있었으며, 원고가 대리점에 보조금을 직접 또는 신용카드사를 통하여 지급함으로써 단말기를 구입하는 이용자가 대리점에 지급하여야 할 단말기 대금 중 일부를 대신 변제한 것으로 볼 수 있고, 원고와 이용자 사이에 보조금을 이동통신용역의 공급가액에서 직접 공제하기로 하는 의사의 합치가 있었다고 보기 어렵다는 점을 들었다. 원고로서는 실질적으로 이동통신용역의 공급가액을 재원으로 하여 단말기 보조금을 지급하였으므로 보조금만큼 이동통신용역의 공급가액이 줄어든 것으로 볼 수 있어 매출에누리로 못 볼바 아닌 것 같지만, 원고는 단말기 공급자가 아니라는 점, 단말기 보조금을 그 성격이 다른 이동통신용역의 공급가액에 대한 에누리로 보는 것은 부자연스럽다는 점 등이 걸림돌이 되어 매출에누리에 해당하지 않는다고 판단한 것으로 보인다.

최근 대법원 2022. 11. 17. 선고 2022두33149 판결은, 이동통신사업자가 자신의 이동통신서비스 이용고객에게 포인트를 부여한 후 그 고객이 자신이 공급하는 단말기를 대리점을 통하여 구입할 때 구입대금에서 공제받을 수 있도록 한 사안에서, 대리점은 고객으로부터 포인트를 공제한 금액을 지급받아 이를 이동통신사업자에게 지급하면 대리점과 이동통신사업자 사이에서도 대금결제가 완료되는 것으로 약정되어 있었으므로, 그 포인트 상당액은 대리점의 고객에 대한 공급가액에서 공제되는 에누리에 해당할 뿐만 아니라 이동통신사업자의 대리점에 대한 공급가액에서 공제되는 에누리에도 해당한다고 판시하였다. 이 사안은 대리점이 원고가 되어 그 포인트가 매출에누리에 해당하므로 그에 상당하는 매출세액을 환급해달라는 소송이었는데, 대법원은 매출세액이 그만큼 줄어드는 것은 맞지만 동시에 매입세액도 그만큼 줄어들므로 환급해줄 세액이 없다고 보았다.

(4) 홈쇼핑업체의 할인쿠폰

대법원 2016. 6. 23. 선고 2014두144 판결은, 홈쇼핑업체가 구매고객들에게 제공하는 할인쿠폰에 의한 할인액은 매출에누리에 해당한다는 취지에서 다음과 같이 판시하였다. 원고는 컴퓨터 판매회사로서, 홈쇼핑업체와 위탁판매계약을 체결하고 컴퓨터를 판매하였고, 홈쇼핑업체는 원고와의 약정에 따라 할인쿠폰 등을 발행하여 당초 지정된 가격보다 할인된 가격으로 상품구매자에게 상품을 판매하기도 하였는데, 이때 홈쇼핑업체는 상품구매자로부터는 할인된 판매대금만 지급받고 원고로부터도 역시 약정에 따라 상품할인액만큼 차감된 판매수수료만을 지급받은 사안에서, 원고와 홈쇼핑업체 사이의 계약관계는 명시적인 위탁매매관계로서, 수탁자인 홈쇼핑업체는 상품구매자로부터 판매대금을 교부받아 위탁자인 원고에게 지급하여야 하고 원고는 홈쇼핑업체에게 상품판매대금에 관한 소정의 판매수수료를 지급하여야 하는 점, 상품구매자는 홈쇼핑업체가 발행한 할인쿠폰 등에 의하여 할인된 가격을 상품의 대가로 지급하였고, 이와 같은 상품 할인판매와 이에 따른 판매수수료의 차감은 위·수탁자 사이의 약정에 따라 이루어진 것인 점, 그 할인액은 상품구매자를 상대로 하여 상품의 판매가격 자체를 인하한 것인 반면, 판매수수료의 차감은 원고와 홈쇼핑업체 사이에서 이루어진 용역의 공급대가를 낮춘 것인 점 등을 종합하여 보면, 그 할인액은 상품의 공급조건에 따라 그 재화의 공급대가인 통상의 상품가격에서 직접 공제되는 것으로서 구 부가가치세법상 에누리액에 해당한다고 봄이 상당하다고 판시하였다.

이 사안에서 과세관청은, 홈쇼핑업체가 원고와의 사전약정 없이 할인쿠폰을 발행하였고 그 할인액 상당을 원고로부터 받을 판매수수료에서 공제하였으므로 이는 홈쇼핑업체가 상품구매자를 대신하여 원고에게 그 할인액만큼의 상품대금을 대신하여 지급한 것과 같으므로 그 금액은 원고의 공급가액에 포함되어야 한다고 주장하였으나 배척되었다. 과세관청의 논리는 원고로서는 홈쇼핑업체에 지급하여야 할 판매수수료를 위 할인액만큼 적게 지급하였으므로 그 할인액만큼을 상품구매자가 아닌 홈쇼핑업체로부터 대납받았다고 보았으나 이는 무리한 재구성이라고 하겠다. 원고와 상품구매자 사이에서 보면 원고는 홈쇼핑업체를 통하여 상품구매자로부터 할인액이 차감된 금액을 받았으므로 그 할인액은 매출액에서 직접 차감된 금액이라고 할 수 있어 매출에누리의 성격에 부합하고, 원고와 홈쇼핑업체 사이의 판매수수료 지급은 원고와 상품구매자 사이의 상품대금의 지급과는 별개의 거래에 관한 것이므로 그 거래에서 원고가 홈쇼핑업체에게 그 할인액만큼 판매수수료를 적게 지급하게 됨으로써 그 할인액의 종국적인 부담이 홈쇼핑업체에 귀속되었다고 하더라도 원고와 상품구매자 사이의 할인액의 성격이 달라진다고 볼 수 없다고 할 것이다.

같은 취지에서 대법원 2016. 6. 23. 선고 2014두298 판결은, '오픈 마켓'이라 불리는 인터넷상의 재화 및 용역의 거래공간인 S마켓을 운영하면서 S마켓에 가입한 판매회원과 구매회원 사이에 S마켓 시스템을 이용한 재화 및 용역의 매매 등 거래를 지원하고 그 대가로 판매회원으로부터 S마켓 시스템의 이용대가인 서비스 이용료를 지급받는 원고가 S마켓을 통한 재화 및 용역의 거래를 활성화하기 위한 마케팅 프로모션의 일환으로 '아이템 할인', '바이어 쿠폰' 제도를 시행하여 특정 물품을 구매하려는 모든 구매회원을 대상으로 해당 물품의 판매가격 중 일정 금액을 할인해 주거나 이용실적이 우수하거나 신규 가입한 구매회원에게 전체 또는 일정 범주의 상품에 적용되는 일정 금액의 할인 쿠폰을 제공하여 그 구매회원이 적용대상 상품을 선택해서 쿠폰을 사용하는 경우에 해당 물품의 판매가격 중 일정 금액을 할인해 주도록 하고 원고는 '아이템 할인'이나 '바이어 쿠폰'의 사용을 통하여 상품 거래가 이루어지는 경우에 그 할인액만큼의 금액을 원고가 판매회원으로부터 지급받아야 할 서비스 이용료에서 공제하여 준 사안에서, 그 공제액은 원고와 판매회원 사이에서 S마켓 시스템 지원 및 이용에 관한 용역계약상 '판매회원은 원고가 시행하는 아이템 할인이나 바이어 쿠폰 등의 프로모션에 동의하고 아이템 할인이나 바이어 쿠폰이 적용된 구매회원과의 매매 등 거래시 그 할인금액만큼 상품판매 가격을 인하한다'는 용역제공의 조건에 따라 서비스 이용료에서 직접 공제되는 것으로서 구 부가가치세법에서 정한 에누리액에 해당한다고 판시하였다.

(5) 상품권과 마일리지

가) 쟁점의 소재

판매자들이 1차 구매고객에게 사은의 표시로 상품권을 공급하거나 마일리지를 적립하여 이를 2차 구매시 사용하도록 하는 제도가 성행하고 있다. 이러한 상품권, 마일리지를 받은 자는 그 다음 재화나 용역을 공급받으면서 그 공급가액을 결제할 때 이를 사용함으로써 결제금액을 절약할 수 있다. 이럴 때 공급하는 자 입장에서 그 상품권, 마일리지에 상당하는 금액을 공급가액에서 차감할 수 있는지가 문제이다. 예를 들어 제1차 재화의 공급시 공급받는 자에게 제공하였던 상품권, 마일리지가 10,000원 상당이 있어 이를 제2차 재화의 공급시 공급받는 자가 이를 사용함으로써 원래 공급가액이 50,000원임에도 40,000원만 지급한 경우 제2차 재화의 공급가액을 50,000원으로 볼 것인지 아니면 40,000원으로 볼 것인지가 문제되는 것이다.

우선 그 성격을 분석해 보면 상품권, 마일리지는 제1차 재화의 공급을 받은 것에 대한 사은의 뜻으로 부여하면서 2차 공급을 받을 것을 유인하는 것에 불과하고 2차 재화의 공급에 있어서 통상의 공급조건이나 결제방법과 다른 공급조건이나 결제방법이 있음에 따라 공급가액을 깎아주거나 할인해 주는 것이 아니다. 즉, 그 원인은 1차 재화의 공급에 있는 것이다. 따라서 2차 공급의 입장에서 보면 당초의 공급조건이나 결제방법에 아무런 변화가 없음에도 불구하고 공급가액을 그만큼 차감하는 것이므로 매출에누리나 할인은 아니어서 공급가액에 포함할지 여부를 단언하기 어려운 상황이다. 그러나 앞서 검토한 바와 같이 공급조건으로 들고 있는 위 사유들은 예시적인 것들로 해석하여 그 범위를 폭넓게 해석하는 것이 합리적이고 그렇다면 상품권이나 마일리지의 사용에 따른 공급대가의 감액도 위 범위에 포함된다고 해석할 수 있다.

그런데 구 부가가치세법 시행령(2017. 2. 7. 개정되기 전의 것) 제61조 제4항은 부가가치세법 제29조 제12항의 위임에 따라 사업자가 고객에게 매출액의 일정 비율에 해당하는 마일리지를 적립해 주고 향후 그 고객이 재화를 공급받고 그 대가의 일부 또는 전부를 적립된 마일리지로 결제하는 경우 해당 마일리지 상당액은 공급가액에 포함한다고 규정하였다. 이 규정의 적용범위와 효력에 관한 논란이 있었다. 특히 마일리지의 적립과 사용이 하나의 공급자에 국한되지 않고 여러 사업자들 사이에 공유되어 그들 사이에 사후정산이 이루어지는 상황이어서 특정 사업자가 적립해준 마일리지를 다른 사업자에게 사용하였을 때 그 다른 사업자가 특정 사업자에 대하여 청구할 수 있는 마일리지 상당의 금전채권을 금전적 가치가 있는 것으로 보아 공급가액에 포함된다고 볼 것인지가 첨예하게 다투어졌다. 상품권도 같은 취지에서 다투어졌다.

나) 전원합의체 판결(2015두58959)의 다수의견

이에 대하여 대법원 2016. 8. 26. 선고 2015두58959 전원합의체 판결이 결론을 제시하였다. 여기서는 결국은 8 : 5의 근소한 차이로 다수의견과 소수의견이 나뉘었고, 다수의견은 공급가액에 포함되지 않는다는 입장을 취하였다. 다수의견의 요지는 다음과 같다.

사업자가 고객에게 재화를 공급하는 1차 거래를 하면서 매출액의 일정비율에 해당하는 점수(마일리지에 해당한다)를 적립해 주고, 향후 그 고객에게 다시 재화를 공급하는 2차 거래를 하면서 그 적립된 점수 상당의 가액을 공제하고 나머지 금액만 현금 등으로 결제할 수 있도록 한 경우에, 2차 거래에서 그 적립된 점수 상당만큼 감액된 가액은 결국 사업자와 고객 사이에서 미리 정해진 공급대가의 결제 조건에 따라 공급가액을 직접 공제·차감한 것으로서 에누리액에 해당한다. 즉, 1차 거래에서 적립된 점수는 사업자가 1차 거래 때 고객에게 약속한 할인 약정의 내용을 수치화하여 표시한 것에 불과하며 그 할인 약정에 따라 그 점수 상당만큼 공제된 가액은 2차 거래의 공급가액에 포함할 수 없다고 보아야 한다. 또한, 사업자가 위와 같은 점수 적립에 의한 대금 공제 제도를 다른 사업자들과 함께 운영하면서 각자의 1차 거래에서 고객에게 점수를 적립해주고 그 후 고객이 사업자들과 2차 거래를 할 때에 그 적립된 점수 상당의 가액을 대금에서 공제하고 나머지 금액만 현금 등으로 결제할 수 있도록 한 경우에, 이 역시 여러 사업자들과 고객 사이에 미리 정해진 공급가액 결제 조건에 따라 공급가액을 직접 공제·차감한 것으로서 에누리액에 해당하며, 그 점수 상당의 공제된 가액을 2차 거래의 공급가액에 포함할 수 없음은 마찬가지라 할 것이다.

사업자들 사이에 2차 거래에서 대금 공제에 사용된 점수와 관련하여 내부적으로 일정한 기간 등을 정하여 상호 간에 사용된 점수를 정산하고 그 차액 상당액을 정산금으로 지급하도록 하였더라도, 이는 특정한 2차 거래뿐만 아니라 사업자들 사이의 사전에 약정된 점수 적립 및 그 사용에 따른 계속적인 정산관계를 전제로 하여 각자 적립한 점수를 넘는 공급가액 공제와 관련한 손실을 서로 전보해 주는 것으로서, 다수 사업자들이 점수 적립에 의한 대금 공제 제도를 통합 운영함에 따른 위험을 분담하는 한편 대금 공제가 가능한 대상 거래를 확대하여 고객들의 활발한 구매를 유도함으로써 관련 사업자들 전체의 이익을 도모하려는 것이다. 즉, 이 경우에도 적립된 점수는 여러 사업자들이 공통적으로 고객과 사전에 마친 할인 약정에 따라 할인 가능 금액을 수치화하여 표시한 것에 불과하고, 2차 거래의 공급자 자신이 1차 거래에서 적립한 점수에 관하여는 2차 거래에서 사용하더라도 다른 사업자들로부터 정산금을 받을 수 없으며, 또한 사업자들 사이의 정산금은 2차 거래와 별도로 이루어진 통합 정산약정 및 계속적인 거래의 결과에 의하여 산정된다. 따라서 여러 사업자들 사이의 정산약정에 따라 사업자가 고객이 아닌 다른 사업자들로부터 정산금을 지급받더라도 이는 2차 거래의 공급과 대가관계에 있다고 볼 수 없고, 적립된 점수의 교차사용 및 정산이 예정되어 있다는 사정만을 가지고 적립된 점수에 의하여 할인된 가격이 에누리액이 아니고 2차 거래의 공급가액에 포함되어야 한다고 보기도 어렵다.

한편, 구 부가가치세법 시행령 제48조 제13항(2013. 6. 28. 전부 개정되기 전)은 '사업자가 고객에게 매출액의 일정비율에 해당하는 마일리지를 적립해 주고 향후 해당 고객이 재화를 공급받고 그 대가의 일부 또는 전부를 적립된 마일리지로 결제하는 경우 해당 마일리지 상당액은 과세표준에 포함한다.'라고 규정하고 있다. 그러나 구 부가가치세법 제13조(2013. 6. 7. 전부 개정되기 전, 현행의 제29조 제5항에 해당한다)는 부가가치세의 과세표준에 관하여 그 산정의 기초가 되는 공급가액의 기준과 범위를 구체적으로 정하고(제1항), 에누리액 등 공급가액에 포함되지 아니하는 가액(제2항)과 장려금 등 공급가액에 포함되는 가액(제3항)을 각 규정한 다음, 이들 사항 외에 과세표준의 계산에 필요한 사항만을 시행령에서 정하도록 위임하고 있으므로(제5항), 위 시행령 조항은 그 범위 내에서 의미를 가진다. 그리고 위 시행령 조항은 '마일리지' 및 '마일리지로 결제하는 경우'의 구체적인 의미에 관하여 정하고 있지도 아니하다. 이에 비추어 보면, 위 시행령이 개별적인 '마일리지'가 에누리액에 해당하는지 여부를 가리지 아니하고 '마일리지' 상당액을 무조건 과세표준인 공급가액에 포함하는 취지라고 단정할 수 없으며, 결국 위 시행령 조항만을 가지고 구 부가가치세법 제13조에서 정한 과세표준의 범위 및 에누리액의 해석에 관하여 위와 달리 볼 수 없다. 상품권도 마찬가지이다.

다) 전원합의체 판결(2015두58959)의 소수의견

2차 거래에서 마일리지가 대금의 일부로 결제된 경우에 고객으로서는 그 금액만큼 할인을 받은 것으로 받아들일 수 있지만, 사업자 측에서 볼 때는 포인트 수치 1점을 1원으로 환산하여 금전으로 지급받을 수 있는 권리를 표창하는 '금전 외의 대가'를 받은 것이고, 마일리지 제휴 거래의 주관 운영사인 L카드사로부터 포인트 상당의 금전을 지급받음으로써 그 권리는 그대로 실현되므로 이는 '금전적 가치 있는 것'이다. 포인트 시스템에 참여한 제휴사들 사이의 약정에 의하면, 주관 운영사인 L카드사는 각 제휴사가 고객과의 거래에서 받은 포인트에 관하여 일정기간마다 정산 요청을 받아 제휴사 사이에 주고받을 포인트를 상호 계산한 결과에 따라 각 제휴사가 정산금을 납부하게 하거나 상환받도록 하는 방식으로 결제가 이루어진다. 이러한 절차는 거래 시점에서 지급받은 대가를 제휴사 사이에 사후정산을 하는 것뿐이어서 '금전적 가치 있는 것'이라는 마일리지의 본질적 성격이 달라지는 것은 아니다. 따라서 사업자들이 2차 거래에서 지급받은 포인트는 '금전적 가치'가 있는 '금전 외의 대가'에 해당하고, 따라서 당연히 공급가액에 포함되어야 한다.

더군다나 2차 거래에서 사용된 마일리지가 2차 거래의 사업자가 아닌 다른 제휴사가 적립해 준 것이라면 2차 거래의 사업자는 나중에 포인트 상당 금전을 지급받음으로써 결국 통상의 공급가액 전부를 지급받게 되므로 에누리가 있다고 볼 여지는 없다.

어느 사업자가 단독으로 1차 거래에서 할인쿠폰을 발행하고 2차 거래에서 그 쿠폰 금액만큼 대금에서 깎아주는 제도를 운영하는 경우라면 그 쿠폰에 표시된 금액은 다수의견에서 말하는 것처럼 할인 가능 금액을 수치화하여 표시한 것에 불과하므로 에누리액으로 볼 수 있다. 그 사업자는 쿠폰 상당의 대가를 어느 곳에서도 받을 여지가 없기 때문이다. 그러나 여러 제휴사들이 포인트 시스템에 참여하여 포인트 금액만큼을 사후에 상호 정산하여 수수하는 거래 구조에서 각 제휴사가 1차 거래를 할 때 적립해 준 포인트는 1차 거래에서 이를 적립해 준 사업자에게는 해당 액수의 금전을 L카드사에 지급할 의무를 발생시키고(다만, 그 지급의무는 이 사건 포인트가 2차 거래에서 사용되는 것을 조건으로 발생한다), 동시에 2차 거래에서 그 사용을 받아 준 사업자에게는 해당 액수의 금전을 L카드사로부터 지급받을 권리를 발생시킨다. 자사 적립 포인트의 경우에는 이러한 금전을 지급할 의무와 금전을 지급받을 권리가 동일한 사업자에게 귀속되기 때문에 외관상으로는 L카드사와 그에 해당하는 금전을 수수하지 않게 되지만, 이는 굳이 같은 액수의 돈을 서로 주고받을 필요가 없어 정산의 편의상 생략하는 것일 뿐 그 실질을 들여다보면 자사 적립 포인트에 상응하는 금전을 받을 권리로서의 성격은 그대로 유지된다. 이러한 경우에 1차 거래에서 사업자가 적립해 준 포인트가 2차 거래에서 사용된 경우 이는 그 고객으로 하여금 향후 그 사업자 자신을 포함하여 그 포인트 시스템에 가입한 다른 사업자와 2차 거래를 하도록 장려하고자 하는 목적으로 제공하는 장려금에 해당한다고 볼 수 있을 뿐이다.

라) 분석

이 판결에서는 구 부가가치세법 시행령 제48조 제13항(2013. 6. 28. 개정 후, 2017. 2. 7. 개정되기 전에는 제4항, 이하 같다)에서 명시적으로 마일리지 상당액은 공급가액에 포함한다는 규정을 두고 있음에도 위 규정에 구애받지 않고 마일리지의 구체적 성격을 규명하여 그것이 상위법인 구 부가가치세법 제13조의 위임에 의한 구 부가가치세법 시행령 제48조 제1항의 규정, 즉 '에누리란 재화 또는 용역의 공급에 있어서 그 품질·수량 및 인도·공급대가의 결제 기타 공급조건에 따라 그 재화 또는 용역의 공급당시의 통상의 공급가액에서 일정액을 직접 공제한 금액'에 부합한다면 매출에누리에 해당한다고 보아야 한다고 판시함으로써 사실상 구 부가가치세법 시행령 제48조 제13항을 무효화시켰다고 할 수 있다. 위 규정의 입법자의 의도는 거의 분명하게 드러남에도 불구하고 그 규정 내용의 부실을 이유로 이를 외면해 버린 것이다.

대법원이 위 시행령 제48조 제13항이 모법의 위임범위를 벗어났다고 함으로써 무효를 선언할 수 있었을 것으로도 보이는데 굳이 그렇게 하지 아니한 것은 모법인 구 부가가치세법 제13조 제2항에서는 '매출에누리'에 관한 아무런 정의규정을 두고 있지 않은 상태에서 위 시행령 제48조 제1항에서 구체적인 정의규정을 두고 있어 위 시행령 제48조 제13항이 그와 동격의 시행령인 제48조 제1항과 부합하지 않는 정도로 보였기 때문이라고 짐작된다. 위 시행령 제48조 제1항은 매출에누리의 요건에 관하여 구체적으로 정의하고 있으므로 제48조 제13항은 제48조 제1항과의 관계에서 마일리지의 구체적 의미를 언급하여 그에 비추어 볼 때 제48조 제1항에도 불구하고 마일리지는 공급가액에 포함한다는 식으로 규정했어야 함에도 불구하고 이러한 언급 없이 공급가액에 포함한다는 결론만 제시하고 있어서 제48조 제1항에 부합하지 않을뿐더러 마일리지를 공급가액에 포함하도록 하는 요건에 관한 자족성을 갖추고 있지도 못하다고 보았다. 그래서 위 시행령 제48조 제13항의 문언에 드러나 있는 취지를 무시해 버린 것이다. 그러나 대법원은 위 규정은 모법이 과세표준의 계산에 관한 사항만을 시행령에 위임하였으므로 그 범위 내에서만 위 규정이 의미를 가진다고 함으로써 간접적으로 모법의 위임범위를 벗어났다고 선언한 것으로 볼 수도 있다.

여기서 가장 주되게 다투어진 부분은 2차 구매시의 공급사업자는 자기가 부여한 마일리지가 아닌 다른 사업자가 부여한 마일리지를 자기의 공급대금 결제에 사용하도록 하였다는 데 있다. 그 마일리지는 자기의 공급조건이나 공급대가의 결제조건과는 무관하게 다른 사업자가 부여한 것이고 공급대금 결제시 이를 고객으로부터 넘겨받아 나중에 주관운영사인 L카드사로부터 그 가액상당을 보전받기 때문에 소수의견의 주장대로 그 자체가 금전적 가치가 있는 것으로 볼 수 있고 따라서 이는 공급가액에서 차감되는 매출에누리의 성격이 아니라고 볼 여지가 많은 것이다. 이러한 입장은 위와 같은 일련의 거래를 단계별로 구분하여 미시적으로 따져보면 수긍할 수 있는 면이 충분히 있다. 즉, 제휴사들이 마일리지의 부여와 사용을 통합하기로 하는 협약을 체결하고 사후에 이를 정산하기로 하였다고 하더라도 제휴사업자들 각각은 서로 독립된 사업자이고 그 독립된 사업자의 지위를 분리해서 보면 적어도 다른 사업자가 부여한 마일리지를 사용하게 하여 이를 대금에서 공제해준 사업자는 그 마일리지만큼의 금전적 채권을 대금의 일부로 받은 것으로 볼 수 있는 것이다.

그러나 좀 더 거시적으로 보면 제휴사들은 전체적으로 같은 공급자 그룹의 지위에 있다고 할 수 있고 그 공급자들이 1차 거래를 한 고객에게 마일리지를 부여함으로써 2차 거래시에는 그 금액만큼을 대금에서 할인해 주겠다는 사전약정을 한 것으로 볼 수 있고, 그에 따라 실제로 2차 거래시에는 그 마일리지만큼은 대금에서 직접 공제되었기 때문에 이는 매출에누리로 볼 수 있는 것이다. 전체적으로 보았을 때 1차 거래시에 부여한 마일리지 상당액은 2차 거래시에 공급대금에서 직접 차감된 것이다. 사후에 제휴사들 사이에서 이루어진 정산은 실무적이고 부차적인 작업에 지나지 않으며 이러한 절차가 2차 공급시에 마일리지 상당액의 금액이 공급대금으로 수령한 바가 없다는 점에 영향을 줄 수는 없다. 그럼에도 그 마일리지 상당액을 공급가액에 포함하여 부가가치세를 과세한다면 존재하지 않는 거래가액에 대하여 거래세를 과세하는 결과가 된다.

다수의견은 상품권의 경우도 마일리지와 마찬가지로 취급하여야 한다고 설시하였다. 여기서의 상품권이 현금으로 환가할 수 없고 2차 구매시에만 사용할 수 있는 것이라면 마일리지와 같이 취급하는 데 아무런 문제가 없다. 그러나 그 상품권을 2차 구매에 사용하지 않고 적법하게 현금으로 환가할 수 있는 것이라면 달리 볼 여지가 많다. 이러한 경우는 그 상품권의 제공을 2차 구매시의 사전할인약정으로 보기 어렵다. 왜냐하면 상품권을 제공받은 고객은 이것을 현금으로 환가함으로써 2차 구매에 사용하지 않을 수 있고, 또한 2차 구매시의 공급자도 상품권을 대가의 일부로 받아 이를 현금으로 환가하면 결국 2차 공급가액을 모두 실제로 수령한 것과 동일하기 때문이다. 그러나 일반적으로 상품권은 구매자든 공급자든 현금으로 환가하는 것이 불가능한 경우가 보통이다.

요컨대 이 사안의 쟁점은 전체 거래를 거시적으로 통합하여 볼 것이냐 미시적으로 나누어 볼 것이냐에 관한 관점의 차이에서 유발된 것으로 보인다. 실질과세의 원칙을 구현하기 위해서는 미시적으로 보아 그 형식과 절차에 구애될 것이 아니라 전체적으로 보아 그 실질을 파악하는 것이 타당하다고 하겠다. 이 판결은 앞서 살펴본 대법원 판결들의 입장들과 방향을 같이 한다고 평가할 수 있다. 어떠한 형태로든 거래대금 중 실제로 수령하지 않고 직접 차감해 준 부분에 대하여는 거래세인 부가가치세를 부과하여서는 아니 된다는 기조가 유지되고 있다고 볼 수 있다. 거래세의 본질에 비추어 보더라도 이러한 태도가 바람직하다. 그래서 다수의견을 지지하는 바이다.

비슷한 취지의 판례로 대법원 2023. 6. 1. 선고 2019두58766 판결도 있다. 원고가 각자 포인트 제도를 운영하는 제휴사들과 개별적으로 업무 제휴 계약을 체결하여, 고객이 원고가 운영 중인 쇼핑몰에서 재화 또는 용역을 구입할 때 결제대금에서 제휴사들로부터 부여 또는 적립받은 제휴 포인트 상당액을 공제해 주었다. 제휴 포인트는 제휴사 포인트와 복지포인트로 구성되어 있었다. 제휴사 포인트의 경우 해당 제휴사의 회원은 제휴사가 운영하는 온라인 사이트에 링크된 쇼핑몰에서 재화 또는 용역을 구입할 때 그 대금의 일정 비율을 포인트로 적립할 수 있고, 적립한 포인트를 1포인트당 1원으로 환산하여 사용할 수 있었으며, 원고는 적립된 포인트 상당액을 해당 제휴사에게 현금 등으로 지급하고 사용된 포인트 상당액을 해당 제휴사로부터 현금으로 지급받았다. 반면에 복지포인트의 경우 해당 제휴사 또는 그 위탁사의 임직원은 제휴사가 운영하는 온라인 사이트에 링크된 원고의 쇼핑몰에서 재화 또는 용역을 구입할 때 보유 포인트를 1포인트당 1원으로 환산하여 사용할 수 있으나 포인트를 적립할 수는 없었고, 원고는 사용된 포인트 상당액을 해당 제휴사로부터 현금으로 지급받고 순매출액의 일정 비율로 계산한 수수료를 해당 제휴사에게 지급하였다.

대법원은 제휴 포인트 중 선택적 복지제도 시행으로 부여된 '복지포인트' 사용액은 에누리액에 해당하지 않으나, 그 밖의 '제휴사 포인트' 사용액은 에누리액에 해당한다고 본 원심판결을 수긍하였다. 제휴 포인트는 위에서 본 마일리지와 성격이 비슷하므로 매출에누리로 보는 데 무리가 없다. 하지만 복지포인트 사용액의 경우 고객이 원고로부터 공급받은 재화나 용역의 대가의 일부를 제휴사가 대납한 것으로 볼 수 매출에누리로 보기는 어렵다고 하겠다.

마) 시행령 규정의 개정

위 전원합의체 판결이 선고된 후 과세관청은 이에 대항하는 의미에서 예상했던 대로 2017. 2. 7. 부가가치세법 시행령 제61조(종래의 제48조)에 손을 대어 마일리지에 관하여 종래의 위 시행령 제61조 제4항을 삭제하고, 제1항에서 제9호 및 제10호를 신설하였다.

먼저 제9호는, 재화 또는 용역의 구입실적에 따라 마일리지, 포인트 또는 그 밖에 이와 유사한 형태로 별도의 대가 없이 적립받은 후 다른 재화 또는 용역 구입 시 결제수단으로 사용할 수 있는 것과 재화 또는 용역의 구입실적에 따라 별도의 대가 없이 교부받으며 전산시스템 등을 통하여 그 밖의 상품권과 구분 관리되는 상품권(마일리지 등)으로 대금의 전부 또는 일부를 결제받은 경우(제10호에 해당하는 경우는 제외한다)에는, '마일리지 등 외의 수단으로 결제받은 금액'(가목)과 '자기적립마일리지 등 외의 마일리지 등으로 결제받은 부분에 대하여 재화 또는 용역을 공급받는 자 외의 자로부터 보전받았거나 보전받을 금액을 합한 금액'(나목)을 합한 금액을 공급가액으로 한다고 규정하였다.

다음으로 제10호는, 자기적립마일리지 등 외의 마일리지 등으로 대금의 전부 또는 일부를 결제받은 경우로서, 제9호 나목에 따른 금액을 보전받지 아니하고 법 제10조 제1항에 따른 자기생산·취득재화를 공급한 경우이거나 제9호 나목과 관련하여 특수관계인으로부터 부당하게 낮은 금액을 보전받거나 아무런 금액을 받지 아니하여 조세의 부담을 부당하게 감소시킬 것으로 인정되는 경우에는 공급한 재화 또는 용역의 시가를 공급가액으로 한다고 규정하였다.

요컨대 자기적립마일리지의 사용은 매출에누리와 같이 취급하여 공급가액에서 차감해주지만, 타인적립마일리지의 사용은 매출에누리로 봐주지 않겠다는 취지로서 대법원 전원합의체 판결의 소수의견에 가까운 입장이라고 하겠다. 이러한 개정규정 중 타인적립마일리지 사용부분은 여전히 위 전원합의체 판결의 다수의견에 배치되는 것이고 대법원은 시행령의 효력을 판단할 수 있는 권능이 있기 때문에 향후 위 개정규정이 문제가 된 사안에서 대법원이 위 개정규정의 효력을 그대로 인정해줄지는 의문이었다. 이러한 의문때문이었는지 입법자는 그후 다시 입법을 보완하였다. 2017. 12. 19. 부가가치세법을 개정하면서 제29조 제3항 제6호에서 '대통령령으로 정하는 마일리지 등으로 대금의 전부 또는 일부를 결제하는 거래 등의 방법으로 재화 또는 용역을 공급하는 경우 공급 형태 등을 고려하여 대통령령으로 정하는 가액'을 공급가액에 산입하도록 규정하고, 그 위임에 따라 2018. 2. 13. 부가가치세법 시행령을 개정하여 제61조 제1항에서 마일리지 등에 관한 정의규정을 두어 '대통령령으로 정하는 마일리지 등이란 재화 또는 용역의 구입실적에 따라 마일리지, 포인트 또는 그 밖에 이와 유사한 형태로 별도의 대가 없이 적립받은 후 다른 재화 또는 용역 구입 시 결제수단으로 사용할 수 있는 것과 재화 또는 용역의 구입실적에 따라 별도의 대가 없이 교부받으며 전산시스템 등을 통하여 그 밖의 상품권과 구분 관리되는 상품권을 말한다'고 규정하였다. 이 정의규정은 종래 부가가치세법 시행령 제61조 제1항 제9호 본문에 있던 마일리지의 정의규정과 동일하다. 그리고 종래 제61조 제1항 제9호(위 정의규정을 제외)와 제10호는 제61조 제2항 제9호와 제10호로 위치를 옮겼다.

이와 같이 위 시행령 규정에 대하여 법률인 부가가치세법의 위임이 있다는 점을 분명히 함으로써 그 효력을 좀 더 강화하였지만 여전히 그 내용이 부가가치세법 제29조 제5항 제1호의 매출에누리에 관한 규정, 즉 '재화나 용역을 공급할 때 그 품질이나 수량, 인도조건 또는 공급대가의 결제방법이나 그 밖의 공급조건에 따라 통상의 대가에서 일정액을 직접 깎아주는 금액은 공급가액에 포함하지 않는다'는 규정과 충돌하는 면이 있어서 이를 법률의 규정으로 승격시키지 않는 한 향후 조세소송에서 위 시행령 규정의 효력에 관한 시비는 계속될 것으로 보인다.

(6) 손해배상을 위한 감액

재화나 용역의 공급계약에 따라 공급이 이루어지긴 했으나 그것이 계약에 따른 완전한 이행이 되지 않는 경우가 더러 있다. 예를 들어 공급계약에서 정한 품질이나 수량, 공급시기를 충족하지 못한 경우 등이다. 이 때문에 공급이 이루어진 후에 그로 인한 손해를 배상하기 위하여 별도로 손해배상액을 지급하지 아니하고 당초의 공급가액을 감액하기로 합의하거나 공급받는 자가 민사상 감액청구권을 행사함으로써 당초의 공급가액이 감액될 수 있다. 이러한 감액이 매출에누리에 유사한 경우로 보아 공급가액에서 차감할 수 있는지가 문제가 된다.

재화 또는 용역의 공급에 대한 대가가 부가가치세의 과세표준이 되는데, 사전 약정에 의하여 정하여진 그 대가가 채무불이행, 불완전 이행 등을 원인으로 하여 감액이 이루어진 경우 공급가액에서 직접 감액된 것이고 공급하는 자가 종국적으로 받은 대가는 그와 같이 감액되고 남은 잔액이다. 이와 같이 감액된 원인은 당초 공급조건의 불완전이행이므로 넓은 의미에서 공급조건에 따라 감액된 것으로 보는데에도 별 무리가 없으므로 이는 매출에누리에 해당한다고 볼 여지도 없지 않다. 다만, 원래 매출에누리에서 예정하고 있던 공급조건에 따른 감액과는 그 성격을 달리한다고 보더라도 공급하는 자의 귀책사유로 공급가액에서 직접 차감된 것이므로 매출에누리와 달리 취급할 아무런 합리적인 이유가 없다. 더구나 매출에누리에 있어서도 감액약정의 시기가 위에서 본 대법원 판결에 나타나듯이 공급시기가 도래한 후이더라도 무방하므로 손해배상을 위한 감액약정이 공급시기 이후에 이루어졌다고 해서 매출에누리와 달리 볼 이유도 없는 것이다. 특히 소득세법 시행규칙 제22조 제1항 제2호는 '매출한 상품 또는 제품에 대한 부분적인 감량·변질·파손 등으로 매출가액에서 직접 공제하는 금액'을 매출에누리금액으로 규정하고 있으므로 부가가치세법에서도 위와 같은 취지로 해석하는 것이 합리적이다.

한편, 대법원 1990. 10. 12. 선고 90누2383 판결에서 원고는 1983년도에 건물내부 시설공사용역을 제공하고 그에 따른 용역대가를 받아 세금계산서를 발행하여 1983년도분 부가가치세 신고까지 마쳤다가, 1984년도에 이르러 공사불성실 및 하자 등의 이유로 위 시설공사에 관련하여 받은 대가의 일부를 반환하거나 손해배상을 한 사안에서, 시설공사와 같은 용역공급은 그 성질상 일단 공급되면 반환받을 수 없는 것이고 그 공사에 하자 등이 생기면 손해배상 등의 방법으로 해결할 수 있을 뿐이므로 원고가 이미 1983년도에 용역공급을 마치고 그 대가를 받아 매출신고까지 마친 이상, 그 후 1984년도에 그 공사의 하자로 손해배상 등 책임을 졌다 하여 이를 1984년도 매출액에서 공제할 수는 없다고 판시하였다. 이 사안에서는 손해배상액을 공급가액에서 차감하지 아니하고 당초의 공급가액은 모두 수령한 후 사후에 별도로 손해배상액을 지급하였다는 것이므로 이는 공급가액에서 직접 차감한 경우에 해당하지 아니하여 매출에누리와 같이 취급할 수 없었던 것으로 이해하면 된다.

(7) 판매장려금과의 대비

부가가치세법 제29조 제6항은 사업자가 재화 또는 용역을 공급받는 자에게 지급하는 장려금이나 이와 유사한 금액은 과세표준에서 공제하지 않는다고 규정하고 있다. 위 문언에 의하면 장려금은 그 금액만큼 공급가액을 감액하는 것이 아니라 공급가액의 수령과는 별도로 지급하는 것이다. 따라서 당해 공급가액에서 이를 차감할 것은 아닌 것이다. 장려금과 유사한 경우로서 상품권이 있다. 장려금은 현금으로 지급하는 것이라면 상품권은 현금 대용물이라고 할 수 있다. 상품권의 경우도 당초의 공급가액은 그대로 모두 수령하되 그에 대한 보상으로 별도의 상품권을 지급하는 것이기 때문에 당초의 공급가액의 수령에는 변함이 없다는 점에서 장려금과 유사하다고 할 수 있는 것이다. 따라서 상품권도 공급가액에서 차감할 것은 아니다.

대법원 2008. 9. 25. 선고 2008두11211 판결도 같은 취지에서, 전단계세액공제방식을 채택하고 있는 부가가치세는 소득세·법인세와 달리 실질적인 소득이 아닌 형식적인 거래의 외형에 대하여 부과하는 거래세의 형태를 띠고 있어 비용 공제의 개념이 없고, 사업자의 손익 여부와 무관하게 부과되는 점, 상품권을 경품으로 제공하는 게임장에서 게임업자가 게임기 이용자에게 제공하는 것은 게임기 이용이라는 용역뿐이고, 상품권은 게임기 이용 후 게임기 이용자별로 게임의 우연한 결과에 따라 부수적으로 제공되는 경품으로서 장려금적 성격이 있다고 볼 여지가 있는 점, 게임업자가 경품을 쉽게 현금화하는 것을 엄격히 제한하고 있어 사실상 환가가 보장되더라도 상품권을 현금과 동일시할 수 없는 점 및 게임업자로서는 스스로 부가가치세가 부과되지 않는 상품권을 구입하여 경품으로 제공한 결과로 그 매입세액을 공제받지 못하는 것인 점 등을 종합하여 고려하면, 상품권을 경품으로 제공하는 게임장에서의 부가가치세 과세표준을 산정함에 있어 게임기 이용자들이 게임기에 투입한 총금액에서 게임업자가 게임기 이용자들에게 경품으로 제공한 상품권의 액면가액 또는 그 취득가액을 공제할 수는 없다고 봄이 타당하다고 판시하였다. 대법원 2011. 6. 24. 선고 2010두20140 판결도 같은 취지이다.

이와 같이 재화의 공급에 따른 공급대가를 모두 수령하면서 이와 별도로 고객에게 장려금이나 상품권을 준 경우 그 장려금이나 상품권 상당액을 공급가액에서 직접 공제한 것이 아니므로 공급가액에서 공제할 수 없다. 다만, 앞서 마일리지나 상품권의 사용에서 본 것처럼 그 장려금이나 상품권을 받은 고객이 2차 구매시에 이를 이용함으로써 그만큼 공급대가에서 공제받을 경우 2차 공급가액에 있어서는 이것이 매출에누리로서 차감될 수 있는 것이다. 다만, 그것이 상품권인 경우에는 그 용도가 2차 구매에만 사용되도록 제한되어 있는 경우 2차 공급가액에 대한 사전 할인약정으로 볼 수 있지만 그 용도가 제한되어 있지 않고 환가가 가능한 상품권인 경우나 현금으로 받는 장려금인 경우에는 2차 공급가액에 대한 사전 할인약정으로 볼 수 없어 설령 2차 공급에 이를 사용하였다고 하더라도 이는 매출에누리로 보기는 어려울 것이다. 왜냐하면 2차 공급시에 공급자가 공급가액의 일부로 상품권을 받아 이를 환가하면 공급가액을 온전하게 수령한 것이 되어 공급가액에서 깎아 준 것으로 보기 어렵기 때문이다. 그럼에도 실제로 그 상품권을 2차 구매에 사용함으로써 그만큼 공급대금에서 차감된 경우에는 여전히 2차 공급가액에 있어서는 매출에누리로 볼 여지가 있을 것이다.

다. 국고보조금과 공공보조금

부가가치세법 제29조 제5항 제4호는 공급가액에 포함하지 않는 항목으로서 재화 또는 용역의 공급과 직접 관련되지 아니하는 국고보조금과 공공보조금을 규정하고 있다. 그리고 보조금 관리에 관한 법률 제2조는 제1호에서 보조금이란 국가 외의 자가 수행하는 사무 또는 사업에 대하여 국가가 이를 조성하거나 재정상의 원조를 하기 위하여 교부하는 보조금(지방자치단체에 교부하는 것과 그 밖에 법인·단체 또는 개인의 시설자금이나 운영자금으로 교부하는 것만 해당한다), 부담금(국제조약에 따른 부담금은 제외한다), 그 밖에 상당한 반대급부를 받지 아니하고 교부하는 급부금을 말한다고 규정하고 있다. 그리고 공공보조금은 공공단체가 사인에 대하여 산업의 육성이나 사회공공사업의 조성 등 행정상의 목적을 위하여 무상으로 교부하는 것으로서 이는 법령에 의한 경우와 예산의 범위 안에서 행정청의 재량에 의한 경우 등이 있다. 공공보조금을 받는 자에 대하여는 일정한 공법상의 의무를 부여하고 특별히 국가적 감독을 가하는 것이 통례이다.

보조금을 과세표준에서 제외하는 취지는 재정지원의 목적을 효과적으로 달성하기 위한 것이라기보다는 보조금은 그 성격상 무상으로 지급되는 것이므로 과세표준에서 제외되는 것이라고 볼 수 있다. 재정지원을 효과적으로 하기 위한 것이라면 과세표준에서 제외할 것이 아니고 영세율이나 면세하는 방법이 더 나을 것이기 때문이다. 보조금과 같이 과세표준에 포함하지 아니하는 것으로서 규정하고 있는 매출에누리액, 환입된 재화의 가액, 공급받는 자에게 도달하기 전에 파손, 훼손 또는 멸실된 재화의 가액 등을 비추어 보더라도 입법 취지가 효과적인 재정지원에 그 목적이 있다고 보기 어렵다.

보조금의 지급유형은 다양하여 그 유형별로 성격에 따라 공급가액에 포함되는지 여부를 따져보아야 한다. 가장 중요한 요건은 부가가치세법 제29조 제5항 제4호에서 명시하고 있듯이 재화 또는 용역의 공급과 직접 관련되지 않아야 한다. 먼저 보조금이 그 수령자의 행위에 대한 반대급부로서가 아니라 무상으로 포괄적·직접적으로 지급하는 경우에는 그 수령자가 하는 재화 또는 용역의 공급에 대한 대가성이 없기 때문에 공급가액에 포함하지 않는 것이 타당하다. 다음으로 보조금이 수령자가 재화나 용역의 공급과 관련하여 입게 되는 전체적 손실을 보전하여 주기 위하여 지급되는 경우에는 비록 재화나 용역의 공급과 관련성은 없지는 않지만 개별적인 재화나 용역의 공급과 직접 관련성을 찾기는 어렵고 그 가액도 산정하기 어려우므로 공급가액에 포함하지 않는다고 보아야 한다. 예를 들어 공급하는 재화나 용역이 공공재에 해당하여 원가 이하로 공급하게 하고 대신 정기적으로 공급하는 자의 손실을 일정 부분 보전해주기 위하여 보조금을 지급하는 경우인데 이러한 경우 개별적인 재화나 용역의 공급과 직접 연결지어 그 가액을 추출하기 어려우며 그 보조금이 공급하는 자의 손실과 정확히 일치하지도 않으므로 개별적인 재화나 용역의 공급가액에서 차감하기 어려운 것이다. 마지막으로 보조금이 개별적인 재화나 용역의 공급과 연결지어 직접 지급되는 경우에는 대가성이 뚜렷하고 직접 관련성도 인정되므로 공급가액에 포함되어야 한다. 그 지급이 재화나 용역을 공급하는 자에게 직접 지급하는 것이든 그 공급받는 자를 통하여 지급하는 것이든 불문한다고 하겠다. 개별적인 재화나 용역의 공급과의 직접 관련성이 중요할 뿐이기 때문이다.

같은 취지에서 대법원 2001. 10. 9. 선고 2000두369 판결은, 재화 또는 용역을 공급함으로써 부가가치세 납세의무를 지는 사업자가 국고보조금의 교부대상이 되는 보조사업의 수행자로서 재화 또는 용역을 공급하고 국고보조금을 지급받은 경우에는 당해 사업자가 재화 또는 용역의 공급에 따른 부가가치세 과세표준에 위 국고보조금 상당액을 포함시키지 않는다는 것으로 해석된다고 전제하고, 원고는 국고보조금의 교부대상이 되는 보조사업인 수해복구사업의 수행자인 농경지복구추진위원회로부터 농경지복구공사를 도급받아 공사용역을 제공하고 그 대가를 지급받은 자에 불과하므로, 원고가 받은 위 대금이 국고보조금으로 마련된 자금에서 지급된 것이라는 이유만으로 그 금액을 원고의 용역 제공에 따른 부가가치세 과세표준에서 제외할 수는 없다고 판시하였다. 이 경우는 보조금이 용역을 공급받는 자를 통하여 개별 용역의 공급에 대한 대가로서 지급된 사안이다.

반면에 대법원 2010. 10. 14. 자 2010두12699 심리불속행 상고기각 판결에 의하여 확정된 서울고등법원 2010. 6. 4. 선고 2009누39256 판결은, 원고인 한국철도공사가 강릉시, 동해시, 삼척시 사이의 열차노선을 따라 이어진 동해안 경관 및 주변 관광자원을 이용한 관광열차상품을 개발하여 원고의 관광수익을 증대하고 철도의 이미지를 재고하며 위 각 지역의 관광산업 발전에 기여할 목적으로 바다열차운행사업을 추진하면서 강릉시장 등으로부터 열차개조비 등으로 공공보조금 9억 원을 지급받았으며 그 과정에서 원고가 강릉시 등의 관광홍보를 위해 노력할 의무가 부여된 사안에서, 원고가 지급받은 공공보조금이 강릉시 등에 대한 관광홍보 용역의 대가인지, 아니면 바다열차사업의 조성 및 재정상 원조인지가 다투어졌는데, 법원은 원고에게 강릉시 등의 관광홍보를 위해 노력할 의무를 부여하였으나 이는 부수적 의무에 불과하므로 공공보조금이 강릉시 등에 대한 용역의 대가로 지급된 것이 아니라 원고의 바다열차사업의 조성 및 재정상 원조 목적으로 지급받은 것으로 보아야 한다는 이유로 그 보조금은 관광홍보용역의 공급가액에 포함될 수 없다고 판시하였다.

그리고 대법원 2018. 1. 25. 선고 2017두55329 판결은, 한국철도공사는 영리목적의 영업활동과 관계 없이 국가 또는 지방자치단체의 정책이나 공공목적 등을 위하여 철도서비스 중 하나인 벽지노선 운영이나 특별동차 운영과 같은 공익서비스를 철도이용자에게 제공하게 되고, 이러한 공익적 기능을 유지하기 위하여 당해 공익서비스를 직접 요구한 원인제공자가 공익서비스 제공으로 발생하는 비용을 부담하여야 하며, 그 구체적인 내용은 원인제공자와 철도운영자 사이의 공익서비스비용의 보상에 관한 계약에서 정해진다고 전제하고, 한국철도공사가 제공하는 위 공익서비스를 통하여 철도이용자는 한국철도공사의 철도차량을 감면된 운임대가만을 지급하고 이용하거나 벽지노선의 철도서비스에 대하여 실제 비용보다 낮은 대가를 지급하고 이를 계속 이용할 수 있게 되는 등의 사정에 비추어 보면, 위와 같은 용역을 공급받는 상대방은 위 공익서비스를 직접 제공받은 철도이용자로 보아야 하며, 나아가 그 공익서비스보상액은 철도이용자에 대한 용역의 공급으로 인하여 발생하는 비용을 보상받기 위하여 공익서비스 수행자인 한국철도공사가 국토해양부장관과 체결한 보상계약에 따라 국가로부터 지급받은 것이므로, 용역의 공급 그 자체에 대한 반대급부로서의 대가가 아닌 재정상의 원조를 목적으로 교부된 시설·운영자금에 해당한다고 보아야 하므로 위 공익서비스보상액은 부가가치세 과세표준에서 제외되는 국고보조금에 해당한다고 봄이 타당하다고 판시하였다.

원심판결은 한국철도공사가 국토해양부장관으로부터 보상받은 돈은 위 공익서비스 이용자들이 부담해야 할 비용을 국가가 대신 부담한 것이므로 단순한 국고보조금이 아닌 위 공익서비스에 대한 대가의 성격이 있어 공급가액에 포함되어야 한다는 입장이었으나, 대법원은 국가는 그 공익서비스의 상대방이 아니라는 점을 중시하여 그 대가의 성격을 부인하였다.

비슷한 취지의 판결로서 대법원 2023. 12. 28. 선고 2020두56780 판결도 있다. A지방자치단체가 한국철도공사와 관광열차 운행 협약을 체결하고 매월 한국철도공사에 지급한 관광열차 전세운임의 성격이 문제 된 사안에서, 위 전세운임은 영업수지만으로는 기획하기 어려운 공공성 있는 사업의 진행을 위해 A지방자치단체가 사업자인 한국철도공사에 교부한 보조금에 해당하는 점, A지방자치단체는 관광열차의 운임 매출액에 비례하여 위 전세운임을 돌려받게 되는데 매출액 규모에 따라 위 전세운임 전부를 회수할 수도 있어, 위 전세운임의 성격을 열차 운행대행 용역의 공급대가로 보기 어려운 점, 한국철도공사로부터 관광열차 운행 용역을 직접 공급받은 상대방은 A지방자치단체가 아닌 철도이용자이고, 위 전세운임은 별도로 체결한 운행 협약에 따라 지급받은 것이므로 용역의 공급 그 자체에 대한 반대급부로서의 대가가 아닌 재정상의 원조를 목적으로 교부된 운영자금에 해당하는 점 등을 종합하면, 위 전세운임은 '용역의 공급과 직접 관련되지 아니하는 공공보조금'에 해당하여 부가가치세 과세표준에 포함되지 않는다고 판시하였다.

라. 통신서비스계약 중도해지에 따른 위약금

(1) 할인받은 통신요금에 관한 위약금

통신서비스 이용자가 약정기간을 정하여 통신서비스를 받기로 하면서 할인된 통신요금을 적용받아오다가 중도에 해지하게 되면 이미 할인받은 요금을 위약금으로 통신사에 지급하여야 하는데 이것을 통신서비스의 대가로 보아 공급가액에 포함할 수 있는지가 문제가 되고 있다.

과세관청은, 통신사가 이용자와 사이에 당초 약정한 기간이 만료되기 이전에 계약을 해지하는 경우에 통신사가 이용자로부터 추가로 금원을 지급받기로 한 약정은 기간 약정의 공급조건이 지켜지지 않을 경우 에누리로 받은 금액만큼을 회복시키기로 하는 '조건부 추가요금'에 대한 합의에 해당하고, 그 금액의 지급 여부는 이미 이용자에게 재화, 용역의 공급이 전제되어 있어 이용자의 중도해지 여부에 따라 그 대가를 얼마로 측정할 것인가의 문제에 불과하며, 이러한 대가결정은 당사자 간에 사전합의에 의하여 확정되어 있는 것이므로 그 금액은 통신사가 제공하는 용역과 직접적 관련성이 있는 대가로서 공급가액에 포함된다는 입장이다.

이에 대하여 서울고등법원 2017. 8. 17. 선고 2017누32915 판결은, 이용자의 약정기간 위반이라는 조건이 성취됨에 따라 서비스 제공자가 이용자에게 부과하는 제재금은 그 성격상 위약금에 해당한다고 보는 것이 자연스럽고, 당초 서비스이용계약을 체결하면서 이용자가 약정기간을 위반하여 중도에 서비스이용계약을 해지하는 경우 일정한 제재금을 지급하기로 약정하는 것은 위 위약금의 액수를 미리 약정하는 것으로서 그 금액이 당초 할인된 금액을 초과하지 않는 범위 내에서 정해지더라도 손해배상액의 예정에 해당한다고 하면서, 통신서비스 공급가액은 통신사가 서비스 용역을 제공하고 이용자가 그 대가로 당초의 할인된 요금제 약정에 의하여 다달이 요금을 납부함으로써 이미 지급되었고, 그 이후 이용자가 약정기간 만료 이전에 서비스이용계약을 해지함으로써 통신사에게 지급하게 되는 금액을 용역 공급의 대가라고 한다면 어느 시기에 공급된 용역의 대가인지 특정하기 어렵게 되는데, 이는 약정기간 위반으로 인하여 이용자가 지급하는 금액과 용역의 공급 사이에 직접적인 대가관계가 없음을 시사한다고 할 수 있고, 이용자가 약정을 위반하면 그에 대한 위약금을 얼마로 할 것인가를 미리 정해 놓는 것은 손해배상액의 예정으로서 통상적인 모습이라 할 것이고, 이 경우에 그 손해배상액의 예정금액을 산정함에 있어서 당초의 할인금액을 기초로 한다고 하여 그것이 용역공급의 대가라고 할 수는 없다고 판시하였다.

그러나 이에 대하여 대법원 2019. 9. 10. 선고 2017두61119 판결은, 재화나 용역을 공급하는 자가 이를 공급받는 자로부터 위약금 명목의 돈을 지급받았다고 하더라도 그 실질이 재화나 용역의 공급과 대가관계에 있는 것이라면 이는 부가가치세의 과세표준이 되는 공급가액에 포함된다고 전제하고, 의무사용약정에 따른 이동전화 요금 등의 할인은 이용자의 중도 해지를 해제조건으로 하는 조건부 할인으로서, 이용자는 의무사용 기간을 유지하여 끝까지 이동전화 요금 등의 할인을 받거나 중도 해지를 하고 할인받은 금액의 일부를 반환하는 것을 선택할 수 있었던 점, 이용자가 지급하는 위약금 등은 할인받은 금액의 반환이라는 성격을 가지고 일정기간이 지난 후에 반환하여야 하는 금액이 줄어드는 것은 단지 장기간 서비스를 이용한 이용자의 부담을 경감하기 위한 조치에 불과하다고 볼 수 있는 점, 설령 통신사가 일정한 공급조건에 따라 할인하여 준 요금을 에누리로 보아 공급가액에서 제외하여 세금계산서를 발급하였더라도 부가가치세법 제32조 제7항 및 부가가치세법 시행령 제70조 제1항 제3호에 따라 그 증가분에 대하여 수정세금계산서를 발급할 수 있었을 것인 점에 비추어, 위약금 등은 통신사와 의무사용약정을 체결한 이용자가 중도 해지를 선택함으로써 할인받은 금액 중 일부를 추가로 납부하여야 하는 금액으로 볼 수 있으므로, 그중 일부의 명목이 위약금으로 되어 있다 하더라도 전체적으로 볼 때 통신사의 재화 또는 용역의 공급에 대한 대가로 보아야 한다고 판시하였다.

위약금 약정의 내용을 보면 이용자가 약정기간 내에 그 약정을 위반하여 중도 해지할 경우에는 할인금액 범위 내에서 일정 금액의 위약금 또는 할인반환금을 받기로 되어 있어 위약금의 원천은 통신요금의 할인액 상당액으로서 원래 용역의 공급대가에 포함될 수 있었던 금액이므로 통신사의 입장에서는 그 할인액을 사후에 취소함으로써 공급대가를 사후에 조정하여 증액한 것으로 볼 여지가 있고, 위 대법원 판결도 이러한 입장에 서 있다. 하지만 이것은 위약금의 법적 성격을 외면한 채 약정의 형식적 내용과 경제적 실질에 너무 치중한 입장이다.

위약금 발생의 원인은 어디까지나 이용자가 약정기간을 지키지 못하였다는 데 있는 것이지 통신서비스의 공급을 받은 데 있는 것이 아니다. 그리고 통신서비스를 약정기간까지 받았더라면 부과되지 않았을 것이므로 굳이 경제적 실질을 따지자면 남은 약정기간까지 통신서비스를 공급하지 못함으로써 입게 되는 통신사의 경제적 손실을 일정 부분 보전해 주는 것이어서 통신서비스를 계속 공급하지 못하게 된 것이 직접적인 원인이라고 할 수도 있다. 이와 같이 통신서비스를 공급하지 못하게 됨으로써 부과되는 위약금을 통신서비스의 공급대가로 본 위 대법원 판결에는 아쉬움이 남는다.

(2) 할인받은 단말기 대금에 관한 위약금

통신사는 이동통신서비스 이용자에게 이동통신서비스를 약정기간 이용할 것을 약정하는 경우 이동통신서비스 이용요금 일부를 할인해 주는 경우도 있지만, 이용자의 선택에 따라 단말기 구입 보조금을 지원하는 경우도 있다. 어느 경우든 이용자가 약정기간 내에 그 약정을 중도 해지할 경우에는 위 할인금 또는 보조금 범위 내에서 일정 금액의 할인반환금 또는 위약금을 통신사가 직접 받기로 하는 내용의 약정을 체결하여 왔다. 단말기 공급의 경로에는 통신사가 제조사로부터 단말기를 공급받아 이를 대리점에 공급하는 경우와 제조사가 직접 대리점에 단말기를 공급하는 경우로 나뉘어 있었다.

이러한 두 가지의 경우 통신사가 단말기 보조금을 지원한 부분에 관하여 받은 위약금이 통신사의 공급가액에 포함되는지가 문제되었다.

이에 관하여, 대법원 2024. 12. 26. 선고 2022두49984, 49991 판결은, 통신사가 대리점에 단말기를 공급한 경우는 그 위약금이 통신사의 공급가액에 포함되지만, 제조사가 직접 대리점에 단말기를 공급한 경우는 그 위약금이 통신사의 공급가액에 포함될 수 없다고 판시하였다.

먼저, 전자의 결론에 관한 논거로는, 보조금 상당액은 대리점의 이용자에 대한 단말기 공급가액에서 직접 공제되는 가액으로서 대리점의 이용자에 대한 단말기 공급과 관련된 에누리액에 해당하고 동시에 원고의 대리점에 대한 단말기 공급과 관련된 에누리액에도 해당하는 점, 의무사용약정에 따른 단말기 대금의 할인은 이용자의 중도 해지를 해제조건으로 하는 조건부 할인으로서 이용자는 의무사용 기간을 유지하여 끝까지 단말기 대금 할인을 받거나 중도 해지를 하고 할인받은 금액의 일부를 반환하는 것을 선택할 수 있었던 점, 이용자가 보조금 지원(단말기 할인)을 선택하였다가 의무사용 기간 내에 중도 해지하는 경우 의무사용약정에 따라 추가로 지급하여야 하는 위약금 명목의 돈은 할인받은 단말기 대금 중 일부의 반환으로서 단말기 공급에 대한 대가로 보는 것이 타당하고, 당사자의 인식과 의사에도 부합하는 점, 이용자의 이용기간이 길어질수록 의무사용약정 중도 해지 시 반환하여야 하는 금액이 점차 감소하는 구조라 하더라도, 이는 이용자의 부담 경감 차원에서 반환하여야 하는 금액의 산정방식을 합리적으로 조정한 결과라고 볼 수 있는 점, 이용자가 의무사용약정에 따라 원고에게 위약금을 직접 지급한 것은 이른바 '단축급부'에 해당하고 원고 또한 대리점과의 단말기 할인판매계약에 따라 이를 정당하게 수령한 것으로 볼 수 있는 이상, 이 부분 위약금이 단말기 공급대가로서 부가가치세 과세표준이 되는 공급가액에 포함된다고 볼 수 있는 점을 들었다.

다음으로, 후자의 결론에 관한 논거로는, 제조사 유통 단말기의 경우 원고는 단말기 공급거래에 관여한 적이 없으므로, 이 부분 위약금이 당초 할인받은 단말기 공급대가의 추가 지급액으로서 원고의 재화 공급과 대가관계에 있다고 볼 수 없는 점, 단말기 할부매매 약정의 내용, 이용자의 원고에 대한 월 납부액 구성내역, 단말기 할인판매 거래에서의 원고 지위와 역할 등의 사정만으로는 원고, 대리점, 이용자가 3면 계약에 의하여 대리점의 이용자에 대한 단말기 할인판매계약상 공급자 지위를 원고에게 이전하기로 하는 합의가 있었다고 인정하기 어려운 점, 오히려 원고, 대리점, 이용자 사이의 권리의무관계에 비추어, 원고로서는 단말기 할부매매에 한하여 대리점으로부터 단말기 할부금 채권을 양수하였다고 볼 여지가 있을 뿐인 점, 이처럼 단말기 공급거래와 무관한 원고의 입장에서 재화의 공급 없이 받은 이 부분 위약금은 부가가치세 과세표준이 되는 재화의 공급가액에 포함된다고 볼 수 없는 점 등을 들었다.

통신사가 단말기의 공급자 지위에 있었던 경우는 통신사가 지원한 단말기 보조금은 단말기 공급가액의 할인금으로 볼 수 있고 나중에 위약금 형식으로 그 할인금을 회수하였으니 통신사의 공급가액이 늘어난 것으로 보아 통신사의 공급가액에 포함된다고 본 것이다. 반면에 통신사가 단말기의 공급자 지위에 있지 않았던 경우는 통신사가 위약금을 받았다고 하더라도 이를 가산할 단말기 공급가액 자체가 없으므로 통신사의 공급가액에 포함될 수 없다고 본 것이다. 후자의 경우에도 과세관청과 원심은 대리점의 이용자에 대한 단말기 공급자의 지위를 통신사가 이전받았다는 논리를 구성하고 그 위약금이 통신사의 공급가액에 포함된다고 보았으나 대법원은 그렇게 논리구성할 근거가 없다고 보았다. 통신사로서는 기껏해야 대리점으로부터 단말기 공급대금 채권을 양수한 것으로 볼 여지가 있을 뿐이라고 했다. 채권의 양수인이 추후에 양수대금을 추가로 받았다고 하더라도 이를 부가가치세법상 공급가액에 산입할 방법은 없는 것이다. 그리고 계약당사자 지위의 승계는 계약 주체의 변동을 초래하는 등 당사자 사이의 법률상 지위에 중대한 영향을 미치는 법률행위이므로 계약의 성질, 당사자의 거래 동기와 경위, 거래 형식 및 내용, 당사자가 그 거래행위에 의하여 달성하려는 목적, 거래관행 등에 비추어 신중하게 판단하여야 함으로써 이 사안에서는 계약인수를 인정할 사정이 부족하다고 본 것이다. 이 판결은 종래 선고해왔던 위약금에 관한 대법원의 판결들의 취지를 승계하면서도 계약인수에 관하여 엄격한 입장을 취함으로써 공급가액에 포함되는 위약금의 범위를 일부나마 제한하였다는 데에 의미가 있다.

매입세액 공제

1. 매입세액 공제의 본질

부가가치세법은 전단계세액공제제도를 채택하고 있기 때문에 사업자가 전단계의 과세사업자로부터 공급받은 재화나 용역에 대하여 거래징수당하는 부가가치세는 매입세액으로 하여 자신이 납부의무를 부담하는 매출세액에서 공제받을 수 있다. 부가가치세법 제38조 제1항은 매출세액에서 공제하는 매입세액으로, 제1호에서 사업자가 자기의 사업을 위하여 사용하였거나 사용할 목적으로 공급받은 재화 또는 용역에 대한 부가가치세액을, 제2호에서 사업자가 자기의 사업을 위하여 사용하였거나 사용할 목적으로 수입하는 재화의 수입에 대한 부가가치세액을 각 규정하고 있다.

전단계세액공제제도에서는 납세의무자가 과세대상이 되는 거래에 대하여 부가가치세를 별도로 징수하여 이를 매출세액으로 하고, 그 매출세액을 정부에 납부함에 있어서 당해 납세의무자가 다른 납세의무자로부터 징수당한 부가가치세액인 매입세액이 있는 경우 이를 공제한 차액을 납부하도록 함으로써 결과적으로 납세의무자는 각 과세기간마다의 매출세액과 매입세액을 계산하여 그 차액을 납부하거나 환급받게 된다. 이에 따라 최종소비자에게 이르게 될 때까지의 모든 거래단계마다 당해 거래단계에서 창출된 부가가치에 상당하는 세액을 납부하되, 각 창출된 부가가치에 대한 세액은 종국적으로 최종소비자에게 귀착하게 된다. 이와 같이 전단계세액공제제도하에서는 과세사업에 관한 한 최종소비자에게만 부가가치세 부담을 지우고 사업자들에게는 그 부담을 지우지 않는다는 취지에서 사업자가 부담하는 매출세액은 즉시 매입세액 공제의 방식으로 되돌려준다. 따라서 매입세액 공제의 본질은 중간단계의 사업자가 부담하는 매출세액을 환급해주는 것이다.

그런데 국가가 사업자로부터 직접 매출세액을 징수한다면 그 매출세액을 징수한 연후에 그 징수된 세액을 다시 매입세액 환급의 방식으로 되돌려주면 되겠지만, 실제로는 그 전단계의 사업자가 이를 징수하여 국가에 납부하게 되므로 사업자가 전단계의 사업자에게 매출세액을 지급하였음에도 전단계의 사업자가 이를 국가에 납부할 때까지 그 세액을 돌려받지 못하게 되면 그 시차로 인한 이자 상당액 등의 부담을 안게 된다. 이러한 시차로 인한 이자 상당액의 부담조차 안기지 않기 위해서 부가가치세법에서는 사업자가 그 전단계의 사업자로부터 재화나 용역을 공급받고 세금계산서를 교부받기만 하면, 전단계 사업자에게 매출세액을 지급하였으나 그 사업자가 이를 국가에 납부하지 아니한 경우는 물론이고, 전단계 사업자에게 매출세액을 아직 지급하지 아니한 경우에 대하여도 매입세액을 공제·환급해준다. 이러한 경우는 먼저 국가의 돈으로 매입세액을 환급해 주고, 나중에 전단계 사업자로부터 매출세액을 징수하여 이에 충당한다. 이와 같이 공제·환급하는 매입세액과 징수하는 매출세액은 시간적으로 선후를 달리 할 수는 있지만 서로 직접적인 견련관계에 있어 전자는 후자의 직접이고 유일한 재원이 되는 것이다. 즉, 매출세액을 징수하여 이를 재원으로 하여 매입세액을 공제·환급하는 것이다.

그런데 만약에 국가가 매출세액은 궁극적으로 징수하지 못하면서도 매입세액만 공제·환급해주면 매입세액만큼의 국고손실이 불가피해지므로, 부가가치세를 징수하여 국고에 충당함을 목적으로 하는 부가가치세법의 근간이 무너지게 된다. 부가가치세법이 사업자에게 매입세액을 공제하는 것은 사업자에게는 부가가치세의 부담을 면하게 해준다는 것뿐이지 국고의 손실을 무릅쓰고 사업자에게 재정적 지원을 하는 것은 아니다. 따라서 국가가 사업자에게 매입세액을 공제·환급해준 뒤에 전단계 사업자가 같은 금액의 매출세액을 납부하지 않으면, 우선 그의 재산을 대상으로 하여 매출세액을 징수하기 위하여 체납처분절차에 들어가게 되고, 전단계 사업자가 매출세액을 납부하지 못한 이유가 후단계 사업자로부터 매출세액을 징수하지 못하였기 때문이라는 사실이 드러나면 전단계 사업자의 후단계 사업자에 대한 매출세액 청구채권을 압류하여 후단계 사업자의 재산을 대상으로 추심절차에 들어가게 될 것이다.

요컨대, 전단계매입세액공제제도가 존속하기 위한 요건은 매출세액이 국가에 납부되어야 한다는 점이다. 그것이 충족되지 못할 경우에는 전단계매입세액공제제도는 유지될 수 없고, 그 결과 국가로서는 부가가치세를 징수하기는커녕 오히려 국고의 손실만 초래하기 때문에 전단계매입세액공제제도를 폐기하지 않을 수 없다. 따라서 매출세액의 미납부는 매입세액의 공제·환급에 있어서 내재적 한계 역할을 한다고 할 수 있다. 다만, 후

단계 사업자가 전단계 사업자에게 매출세액을 납부하였음에도 전단계 사업자의 파산 등으로 그 매출세액을 국가에 납부하지 못하는 결과에 이르렀고 그에 대하여 후단계 사업자에게 책임을 물을 수 없는 상황이라면, 책임이 없는 자에게 책임을 물을 수는 없으므로 예외적으로 국고손실을 초래하더라도 매입세액의 공제·환급을 허용해야 할 것이다.

2. 매입세액 공제의 요건

부가가치세법 제38조 제1항 제1호는 공제하는 매입세액을 '사업자가 자기의 사업을 위하여 사용하였거나 사용할 목적으로 공급받은 재화 또는 용역에 대한 부가가치세액'이라고 규정하고 있으므로, 그 첫째 요건은 자기의 사업이라고 할 수 있다. 여기서의 '자기의 사업'이란 자기계산에 의한, 즉 경제적 손익이 자기에게 귀속되는 사업을 말한다. 그리고 부가가치를 생산하여야 하므로 최종소비자로서의 매입인 경우는 이에 해당하지 않고 매출세액의 형태로 매입세액을 전가시키는 경우에만 자기의 '사업'에 해당된다. 따라서 자기사업에는 매입세액이 원가로 산입되는 면세사업은 해당될 수 없고 영세율이 적용되는 사업을 포함한 과세사업만이 해당된다.

다음의 요건은 '사업을 위하여'이다. 이는 사업에 관련된 것을 의미한다. 따라서 사업에 관련된 것이 아니고 개인적·비사업적 사용·소비를 위한 재화·용역의 구입에 따른 부가가치세액은 매입세액으로 공제를 받을 수 없다. 즉, 부가가치세법은 매입세액 공제 요건으로서 사업관련성의 개념을 도입하여 사업관련성이 있는 매입세액만이 공제의 대상이 된다고 규정하고 있다. 대법원 1987. 3. 24 선고 86누489 판결 등이 밝혔듯이 매출세액이 사업과 관련성이 있는 경우에만 납부할 의무가 있다고 보기 때문에 그에 대응하여 매입세액도 사업과 관련성이 있는 경우에만 공제받을 수 있다고 보게 된다.

그 다음의 요건으로, '사용되었거나 사용될 재화 혹은 용역'이다. '사용되었다'는 것은 자기계산에 의한 사업의 부가가치 창출과정에 이미 투입되어 그 사용이 완료된 것을 말한다. 그리고 '사용될'은 아직 사용되지 않았으나 장차 과세사업에 사용될 것이 예상되어 있는 재고상태의 것을 의미한다. 이와 같이 매입세액은 당장 과세사업에 사용되지 아니한 재화나 용역에 관한 것도 공제의 대상이 된다. 마지막 요건으로 과세거래에 대하여 거래시기에 부가가치세를 부담하였음(실제로 금전으로 지급하였는지 여부는 불문한다)을 증명하는 세금계산서를 교부받아 정부에 매입처별세금계산서합계표를 제출하여야 한다. 그래야만 비로소 매출세액에서 공제할 수 있다.

이러한 요건들을 갖추지 못하면 매입세액을 공제받을 수 없는데, 이는 바로 다음 항에서 살펴보면 매입세액 불공제의 사유가 되는 것이다.

3. 매입세액 불공제

가. 관련 규정

부가가치세법 제39조 제1항은 공제하지 않는 매입세액에 관하여 규정하고 있다. 먼저 제1호는 매입처별세금계산서합계표를 제출하지 아니한 경우의 매입세액 또는 제출한 매입처별세금계산서합계표의 기재사항 중 거래처별 등록번호 또는 공급가액의 전부 또는 일부가 적히지 아니하였거나 사실과 다르게 적힌 경우 그 기재사항이 적히지 아니한 부분 또는 사실과 다르게 적힌 부분의 매입세액을 들면서, 다만 부가가치세법 시행령 제74조에서 매입처별세금계산서합계표 또는 신용카드매출전표 등의 수령명세서를 과세표준 수정신고서와 함께 제출하는 경우 등 일정한 경우에 대하여는 예외를 인정하고 있다. 그리고 부가가치세법 제39조 제1항 제2호는 세금계산서 또는 수입세금계산서를 발급받지 아니한 경우 또는 발급받은 세금계산서 또는 수입세금계산서에 필요적 기재사항의 전부 또는 일부가 적히지 아니하였거나 사실과 다르게 적힌 경우의 매입세액을 들면서, 부가가치세법 시행령 제75조에서 일정한 예외를 인정하고 있다.

부가가치세법 제39조 제1항 제4호는 사업과 직접 관련이 없는 지출에 관한 매입세액을, 제5호는 개별소비세법 제1조 제2항 제3호에 따른 자동차(운수업, 자동차판매업 등의 업종에 직접 영업으로 사용되는 것은 제외한다)의 구입과 임차 및 유지에 관한 매입세액을, 제6호는 접대비 및 이와 유사한 비용의 지출에 관련된 매입세액을, 제7호는 면세사업 등에 관련된 매입세액(면세사업 등을 위한 투자에 관련된 매입세액을 포함한다)과 토지에 관련된 매입세액을, 제8호는 사업자등록을 신청하기 전의 매입세액(다만, 공급시기가 속하는 과세기간이 끝난 후 20일 이내에 등록을 신청한 경우 등록신청일부터 공급시기가 속하는 과세기간 기산일까지 역산한 기간 내의 것은 제외한다)을 규정하고 있다.

부가가치세법이 2014. 1. 1. 개정되기 전에는 제3호에서 부가가치세가 면제되는 재화 또는 용역(부가가치세가 과세되지 아니하는 재화 또는 용역을 포함한다)을 공급받으면서 세금계산서를 발급받은 경우의 매입세액도 공제하지 않는 매입세액으로 규정하면서, 다만 공급하는 사업자가 그 세금계산서에 관한 매출세액을 신고기간 내에 신고·납부한 경우로서 수정세금계산서를 발급하지 아니한 경우는 예외로 한다고 규정하고 있었는데, 위와 같이 개정되면서 이 규정은 삭제되었다. 위와 같이 삭제되기 전의 규정은 그 본문보다 단서에 존재의의가 있었는데 위와 같이 삭제되면서 단서가 사라졌으므로 면세사업자가 공급하는 재화 또는 용역에 관하여는 어떠한 경우에도 그 매입세액을 공제받을 수 없게 되었다. 이는 면세사업에는 매출세액이 있을 수 없다는 본래 취지를 살리기 위한 것으로 보인다.

나. 사실과 다른 세금계산서의 매입세액

부가가치세법 제39조 제1항 제2호는 부가가치세법 제32조 제1항 제1호부터 제4호까지의 규정에 의한 기재사항을 필요적 기재사항이라고 명명하면서 세금계산서 또는 수입세금계산서에 그 전부 또는 일부가 적히지 아니하였거나 사실과 다르게 적힌 경우의 매입세액은 공제하지 아니한다고 규정하고 있다. 부가가치세법 제32조 제1항은 필요적 기재사항으로, '공급하는 사업자의 등록번호와 성명 또는 명칭'(제1호), '공급받는 자의 등록번호. 다만, 공급받는 자가 사업자가 아니거나 등록한 사업자가 아닌 경우에는 고유번호 또는 공급받는 자의 주민등록번호'(제2호), '공급가액과 부가가치세액'(제3호), '작성연월일'(제4호)을 규정하고 있다.

다만, 부가가치세법 시행령 제75조는 다음과 같은 경우에는 예외를 인정하고 있다. 즉, 사업자등록을 신청한 사업자가 사업자등록증 발급일까지의 거래에 대하여 해당 사업자 또는 대표자의 주민등록번호를 적어 발급받은 경우(제1호), 필요적 기재사항 중 일부가 착오로 사실과 다르게 적혔으나 그 세금계산서에 적힌 나머지 필요적 기재사항 또는 임의적 기재사항으로 보아 거래사실이 확인되는 경우(제2호)에는 매입세액의 공제를 허용하고 있다.

위 규정의 문언에 의하면, 위와 같은 사실과 다른 세금계산서를 발급받은 자가 그에 대한 고의 또는 과실이 있는지를 불문하고 그 매입세액은 공제받을 수 없는 것으로 읽히지만 대법원 판결은 고의나 과실이 있는 경우에만 매입세액을 공제받을 수 없다고 해석하고 있다. 즉, 대법원 2002. 6. 28. 선고 2002두2277 판결, 대법원 1997. 6. 27. 선고 97누4920 판결, 대법원 1995. 3. 10. 선고 94누13206 판결 등은 실제 공급자와 세금계산서상의 공급자가 다른 세금계산서는 공급받는 자가 세금계산서의 명의위장사실을 알지 못하였고, 알지 못한 데에 과실이 없다는 특별한 사정이 없는 한 그 매입세액을 공제 내지 환급받을 수 없으며, 공급받는 자가 위와 같은 명의위장사실을 알지 못한 데에 과실이 없다는 점은 매입세액의 공제 내지 환급을 주장하는 자가 이를 입증하여야 한다고 판시하였다. 따라서 공급받는 자로서는 상당한 주의의무를 다하였음에도 사실과 다른 세금계산서라는 점을 몰랐다는 점을 증명하면 매입세액을 공제받을 수 있다. 실제 조세쟁송에서 이점에 관한 다툼이 많다. 사실과 다른 세금계산서의 자세한 유형에 대하여는 나중에 별도의 항목에서 자세히 살펴보기로 한다.

사실과 다른 세금계산서에 대하여 그 매입세액을 불공제하는 것은 부가가치세 제도 운영의 기초가 되는 세금계산서의 정확성과 진실성을 담보하기 위한 제도적 장치로서 제재적 성격을 지니고 있다. 따라서 사실과 다른 세금계산서를 발급한 자가 신고·납부한 부가가치세를 경정청구기간의 도과 등으로 종국적으로 환급받지 못하게 되었다고 하더라도 그 세금계산서를 발급받은 자는 위 규정에 따라 해당 부가가치세를 매입세액으로 공제받을 수 없다고 보아야 한다. 결과적으로는 국가가 부당이득을 취하였다고 볼 여지가 있다고 하더라도 위 규정이 지니고 있는 제재적 성격을 고려하면 수긍할 수 있다고 하겠다. 대법원 2021. 12. 30. 선고 2017두72256 판결이 같은 취지이다.

다. 사업과 관련 없는 매입세액

(1) 의의와 범위

부가가치세법 제39조 제1항 제4호는 사업과 직접 관련이 없는 지출로서 대통령령이 정하는 것에 대한 매입세액을 불공제 대상 매입세액으로 규정하고 있고, 그 위임에 의한 부가가치세법 시행령 제77조는 사업과 관련이 없는 지출의 범위는 소득세법 시행령 제78조 또는 법인세법 시행령 제48조, 제49조 제3항 및 제50조에 정하는 바에 따른다고 규정하고 있다.

그런데 앞서 본 바와 같이 부가가치세법 제38조 제1항 제1호는 공제하는 매입세액을 '자기의 사업을 위하여 사용하였거나 사용할 목적으로 공급받은 재화 또는 용역에 대한 부가가치세액'이라고 규정함으로써 사업관련성이 있는 경우에 매입세액으로 공제받을 수 있다고 규정하고 있고, 이를 반대해석하면 사업을 위한 것이 아닌 경우, 즉 사업관련성이 없는 경우에는 매입세액으로 공제되지 않는다는 결론에 이르게 되는데, 굳이 다시 부가가치세법 제39조 제1항 제4호에서 사업과 직접 관련이 없는 지출에 관한 매입세액을 불공제 대상으로 규정하고 있는 이유가 무엇인지 궁금해진다. 문언상으로는 부가가치세법 제39조 제1항 제4호에서는 불공제 대상의 범위를 사업과 '직접' 관련이 없는 것이라고 함으로써 부가가치세법 제38조 제1항 제1호의 반대해석에 따른 범위, 즉 '사업을 위한 것이 아니라는 것'보다 그 범위를 좀 더 좁혀 놓았다는 점이 눈에 띈다. 이들 양 규정을 체계적·합리적으로 해석하면, 사업과의 관련성은 있지만 직접 관련성이 없고 단지 간접 관련성만이 있는 경우는 제38조 제1항 제1호만을 적용한다면 공제되는 매입세액이 될 여지가 있겠지만, 제39조 제1항 제4호에 의하면 불공제되는 매입세액이 된다. 여기서 제39조 제1항 제4호가 제38조 제1항 제1호에 대한 특칙의 관계에 있다고 볼 수 있기 때문에 제39조 제1항 제4호가 우선 적용되어 그 매입세액은 불공제된다고 보아야 한다. 결국은 제39조 제1항 제4호에 의하여 사업과 직접 관련성이 있는 매입세액만 공제된다는 결론에 이르게 된다.

부가가치세법 제38조 제1항 제1호와 제39조 제1항 제4호의 관계에 관하여 대법원 1995. 12. 21. 선고 94누1449 전원합의체 판결은 다음과 같이 판시하였다. 즉, 다수의견은 '구 부가가치세법 제17조 제2항(현행의 제39조 제1항)은 공제하지 않는 매입세액을 규정하면서 허위세금계산서에 의한 매입세액 등(제1호, 제1호의2, 제3호 등)과 같이 과세절차의 편의나 조세정책상 공제를 부인하는 경우는 물론이고, 사업과 관련이 없는 지출에 대한 매입세액(제2호), 면세사업관련 매입세액(제4호) 등과 같이 부가가치세의 원리상 당연한 경우도 일일이 열거하고 있는데, 제17조 제2항 제2호를 열거할 이유가 없음에도 이를 열거하고 있는 것은, 그 공제 여부를 해석에 맡겨두지 않도록 함에 있으므로 제2항 제2호는 제한적 · 열거적 규정의 하나로 보아야 한다.'고 판시하였다. 이에 대하여 소수의견은 '제17조 제2항 제2호(현행의 제39조 제1항 제4호)에 해당하는 매입세액은 제17조 제1항(현행의 제38조 제1항)의 반대해석에 의하여 당연히 불공제되어야 하는 것으로서, 전체적으로 보아 제17조 제2항의 규정이 불공제되는 매입세액을 제한적으로 열거하고 있다고 보아서는 아니되고, 법 제17조 제2항에 해당하지 아니하는 매입세액이라 할지라도 우리 부가가치세제의 성질상 그 공제를 허용하여서는 아니되는 규정이 부가가치세법에 있다면 동 규정에 의하여 그 공제를 부인하여야 한다.'고 설시하였다.

위 전원합의체 판결은 '직접'이라는 용어에 큰 의미를 두고 있지 아니하면서, 사업과 관련되면 부가가치세법 제38조 제1항 제1호에 의하여 원칙적으로 매입세액을 공제하고, 사업과 관련이 없으면 부가가치세법 제39조 제1항 제4호에 의하여 매입세액이 공제되지 않는다는 입장인 것으로 보인다. 대법원 2013. 5. 9. 선고 2010두15902 판결도 같은 취지의 입장을 보였다. 위 판결들은 부가가치세법 제39조 제1항 제4호에 해당하는 것은 제38조 제1항의 반대해석에 의하여 당연히 불공제되어야 하는 것이라고 하였는데, 위에서 살펴본 바와 같이 그러하지 않다. 그 문언상 분명히 제39조 제1항 제4호는 매입세액 불공제의 범위를 제38조 제1항 제1호의 반대해석에 의한 범위보다 더 넓혀 두었기 때문이다. 대법원의 판단이 부적절해 보이는 대목이다.

한편, 부가가치세법 제39조 제1항 제4호는 사업과 직접 관련이 없는 지출이라고 하면서 그 구체적 범위를 시행령에 위임하고 있고, 부가가치세법 시행령 제77조는 그 범위에 관하여 '소득세법 시행령 제78조 또는 법인세법 시행령 제48조, 제49조 제3항 및 제50조에 규정하는 바에 의한다.'고 규정하고 있다. 따라서 위 소득세법 및 법인세법 각 시행령 규정에 해당할 경우에는 매입세액으로 공제받지 못함은 물론 필요경비에도 산입되지 아니함은 명백하다. 예를 들어 어떠한 기계장치가 법인세법 시행령의 업무무관 자산에 해당한다면 그 기계장치의 매입을 위하여 지출한 대금에 대한 매입세액은 공제될 수 없다. 그런데 위 각 시행령 규정에 해당하지 않는 경우에는 당연히 매입세액으로 공제되어야 하는지, 아니면 다시 부가가치세법 제39조 제1항 제4호에서 정하는 추상적인 기준에 의하여 다시 공제 여부를 판단하여야 하는지가 문제된다.

먼저 위에서 본 대법원 판결이 부가가치세법 제39조 제1항을 제한적·열거적 규정으로 해석하고 있고, 그중 하나인 제4호의 사업과 직접 관련 없는 지출의 범위에 관하여 시행령에 위임하고 있으므로 부가가치세법 시행령 제77조에 해당하지 않는다면 부가가치세법 제38조 제1항의 '사업을 위하여'의 요건을 충족하는 이상 별도로 부가가치세법 제39조 제1항 제4호의 '직접 관련'의 요건에 관한 판단을 할 필요없이 매입세액으로 공제되어야 한다는 입장이 있다. 이에 반대하는 입장은 소득세법 시행령 제78조 또는 법인세법 시행령 제48조, 제49조 제3항 및 제50조의 규정에 해당하는 지출은 특정사유로 인하여 필요경비에 산입하지 아니하도록 정하고 있는 것일 뿐이므로, 이에 해당하지 아니하는 것이라 하여 모두 사업과 관련있는 지출에 해당한다고 볼 수는 없으므로 이에 해당하지 아니하는 지출은 부가가치세법 제39조 제1항 제4호에 의하여 사업과 직접 관련성이 있는지를 다시 따져 보아 직접 관련성이 없다면 간접 관련성이 있더라도 매입세액으로 공제받을 수 없다는 입장이다. 위 소득세법 및 법인세법 각 시행령의 규정은 각 그 법의 필요에 의하여 일정한 경우 손금 또는 필요경비로 불산입하고 있을 뿐인데, 여기에 해당하는 경우만을 부가가치세법의 사업과 관련이 없는 지출의 모든 경우를 규정하고 있다고 보는 것은 다소 무리가 따른다. 그래서 위 소득세법과 법인세법의 각 시행령에 해당하지 않는 경우라고 하더라도 사업과 직접 관련이 없는 지출에 관한 매입세액은 공제될 수 없다고 해석하는 후자의 입장이 타당하다고 하겠다.

앞서 본 대법원 판결들은, 매입세액 공제의 요건이 되는 '사업을 위하여'와 불공제의 반대 요건이 되는 '사업과 직접 관련'을 같은 의미로 해석하고 있어서 그 범위를 어떻게 볼 것인지가 문제된다. 이에 대하여 첫째, 사업수행에 '상당한 관련'이 있는 지출에 대한 매입세액은 사업과 관련이 있는 매입세액으로 보아 공제하여야 하고, 상당한 관련이 없는 지출이라면 그 매입세액을 공제할 수 없다는 견해가 있다. 이는 사업자가 사업을 함에 있어서 여러 가지 방식이 존재하는 사업을 추진하는 경우 그 여러 가지 방식 중 하나의 방식을 선택한 경우는 사업수행을 위한 상당한 관련이 있는 경우에 해당하므로 이러한 경우 사업관련성이 없다고 할 수는 없다는 입장이다. 둘째, 사업수행에 '필수불가결'한 지출에 대한 매입세액만을 사업과 관련이 있는 매입세액으로 보아 공제하고, 그에 해당하지 않는다면 그 매입세액을 공제할 수 없다는 입장이다. 이 견해는 불공제의 반대요건인 '직접 관련'에 더 무게를 두는 입장이다. 그 사업에 직접 관련이 있는 지출, 즉 '필수불가결'한 지출로 해석하여야 하고, 사업을 위하여 필수불가결한 지출이 아닌 경우는 사업과 직접 관련이 없는 지출에 해당한다는 것이다. 셋째, 사업수행에 '필요'한 지출에 대한 매입세액은 사업과 관련이 있는 매입세액으로 보아 공제하고, 필요한 지출이 아니라면 그 매입세액을 공제할 수 없다는 입장이다. 첫째 입장과 같이 사업수행에 상당한 관련성이 있는 지출로 넓게 해석한다면 거의 모든 지출 관련 매입세액은 공제되고 사업관련성을 기준으로 공제되지 않는 매입세액의 범위가 협소하게 되는 불합리가 있으며, 반대로 둘째 입장과 같이 필수불가결한 지출로 좁게 해석한다면 공제되는 매입세액의 범위가 너무 협소하게 되는 불합리가 있으므로 법인세법의 손금의 인정요건 중 사업관련성과 동일한 정도의 범위로 해석하여 사업수행에 필요한 경우에만 사업관련성이 인정된다고 해석하여야 한다는 입장이다.[15]

이에 대하여 대법원 2013. 5. 9. 선고 2010두15902 판결은, 사업 관련성이 없는 지출에 대한 매입세액은 매출세액에서 공제될 수 없으나, 여기에서 말하는 사업 관련성의 유무는 지출의 목적과 경위, 사업의 내용 등에 비추어 그 지출이 사업의 수행에 필요한 것이었는지를 살펴 개별적으로 판단하여야 한다고 판시함으로써 셋째의 입장을 취한 것으로 보인다. 대법원 2012. 7. 26. 선고 2010두12552 판결도 같은 취지이다.

그러나 법 규정상의 요건은 '사업과의 관련'이고 그 문언 자체로 사회통념에 기초하여 범위를 정할 수 있음에도 굳이 '사업에 필요'라는 용어로 치환한 것은 별로 바람직한 태도가 아니라고 본다. '관련'이라는 용어를 '필요'라는 용어로 치환한다고 해서 그 범위가 좀 더 분명해지는 것은 아니다. 오히려 어감상으로는 '관련'의 범위보다 '필요'의 범위가 다소 좁아지는 느낌인데 그렇다고 해서 그것이 '직접 관련'의 취지를 반영한 것으로도 보이지 않는다. 대법원이 어떠한 기준을 제시할 때는 나름의 근거를 제시하는 것이 바람직함에도 여기서는 그러한 근거를 찾아보기 어렵다는 점에서 아쉬움이 남는다. 결국은 부가가치세법 제39조 제1항 제4호와 그 시행령 제77조에 따라 소득세법 시행령 제78조 또는 법인세법 시행령 제48조, 제49조 제3항 및 제50조에 정하는 기준에 의하여 사업 관련성의 범위를 판단하는 것이 옳다고 하겠다. 그래서 대법원 2013. 9. 26. 선고 2011두12917 판결은, 법인의 설립 전에 지출원인이 발생한 비용이라도 그 법인의 설립 목적과 설립 후의 영업 내용 등에 비추어 법인세법에서 규정한 손비의 요건을 갖추었다고 인정되는 경우에는 특별한 사정이 없는 한 그 법인에 귀속되는 손비로 보아야 하고, 그에 관한 매입세액은 매출세액에서 공제하는 매입세액에 해당한다고 봄이 타당하다고 판시하였다. 이 부분 판시가 옳은 기준이 된다고 하겠다.

---

15) 이무상, "부가가치세법상 사업 관련성 유무에 관한 판단기준", 대법원판례해설(2012년 하), 법원도서관

(2) 사례 분석

사업 관련성을 인정한 사례로 대법원 2012. 7. 26. 선고 2010두12552 판결이 있다. 원고는 재래시장에 주상복합건물을 신축·판매하는 내용의 시장정비사업을 추진하기로 하고, 그 사업구역 내 토지의 75%를 소유하고 있는 A사의 주식인수에 필요한 자문을 제공받기 위하여 2006. 8. 7. P사와 컨설팅계약을 체결하고 그 용역대금으로 25억 원을 지급하였다. 컨설팅계약에 따른 P사의 주요 업무는 인수대상 기업의 정보수집·분석·평가 및 선정을 위한 자문, 인수대상 기업 주주와의 교섭 및 투자의향서 작성을 위한 자문, 기타 인수의 성공적 종료를 위하여 필요하다고 인정되는 각종 자문 등이었다. A사는 약 67명의 주주가 820주 정도를 거의 균등하게 보유하고 있었는데, 2003년경부터 자체적인 시장개발계획을 추진하다가 2005년경 개별 주주의 주식을 매각하는 방식으로 시장개발을 하기로 방침을 정하였고, 이에 따라 2006년 4월경부터 여러 개발사업시행업체가 A사에게 주식 등의 매도를 제의하였다. 원고는 위 컨설팅계약에 의한 자문을 거쳐 A사 주식을 인수한 다음, 2006. 12. 29. A사와 사이에 시장정비사업에 관하여 사업승인신청 전의 제반 업무 및 소요자금조달, 사업과 관련된 인허가 업무 등 실질적인 업무 일체를 원고가 수행하되, 사업주체는 A사와 공동명의로 하기로 하는 내용의 공동사업약정을 체결하였다.

여기서 컨설팅대금에 관한 매입세액이 사업관련성이 있는지가 다투어졌는데, 원심은, 위 컨설팅대금은 원고가 정비사업 추진과정에서 지배적 지위를 확보하고 사업수익의 증대방안을 모색하기 위한 사업기반의 조성을 위하여 투입한 비용에 지나지 않으므로 사업 관련성이 없다고 보았다. 그러나 대법원은, 원고가 시장정비사업을 추진하기 위해서는 시장정비사업구역 내 토지면적의 대부분을 소유하고 있던 A사의 주식을 인수할 필요가 있었던 것으로 보이므로 그 주식인수를 위한 컨설팅대금의 지출은 시장정비사업의 수행에 필요한 것으로서 사업 관련성이 있어 그에 대한 매입세액은 불공제 대상 매입세액에 해당하지 않는다고 판단하였다. 원심은 '직접' 관련성이 있어야 한다는 부가가치세법 제39조 제1항 제4호의 문언을 중시하여 그 범위를 상당히 좁게 해석한 것인데, 이러한 해석이 그 문언에는 다소 부합하는 측면이 있지만, 소득세법 시행령 제78조 또는 법인세법 시행령 제48조, 제49조 제3항 및 제50조에 정하는 손금산입이나 필요경비의 인정기준에 비추어보면 그렇게까지 좁게 해석할 필요는 없어 보인다. 그래서 대법원 판결이 타당하다고 하겠다.

사업관련성을 부인한 사례로는, 대법원 2007. 9. 20. 선고 2005두11036 판결이 있다. A사는 전광판을 리스이용자로서 운영하고, 원고는 그 전광판을 매체로 하여 광고수주, 광고료수금, 광고소스를 교부받아 이를 A사에 넘겨주는 등 광고대행업무를 하였다. 원고와 A사는 전광판 사용료에 관한 계약을 체결하면서 전광판의 운영에 소요되는 전력비 등 전광판의 설치·운영에 따른 비용을 누가 부담할 것인지를 약정하지 않았다. 그럼에도 원고는 전광판에 대한 전력비와 그에 관한 매입세액을 지출하였다. 이 매입세액이 사업관련성이 있는지가 다투어졌다. 이에 대하여 원심은, 위 전광판은 A사가 직접 사용하는 것으로 그 운영에 소요되는 비용을 원고가 부담하여야 할 법률상·계약상의 근거가 있다고 할 수 없으므로 원고가 부담한 전광판의 전력비는 원고의 사업과 직접 관련이 없는 지출로서 매입세액 공제대상이 아니라고 판단하였고, 대법원이 이를 수용하였다. 이 사안은 A사가 대주주가 되어 원고를 설립하였는데, 서로간의 약정상 전광판의 유지·관리권은 A사에게 있으므로 A사가 그 전력비를 부담하여야 함에도 불구하고 이를 원고가 부담하게 하였는데 원고가 이를 부담할 약정상의 의무가 없으므로 사업과의 관련성을 인정받을 수 없었던 것이다.

마찬가지로 대법원 2023. 5. 18. 선고 2022두31570, 31587 판결은. 회사가 공사입찰에 있어 다른 특정 사업자가 낙찰받을 수 있도록 낙찰가능성이 낮은 입찰금액을 기재하는 속칭 '들러리 입찰'을 위하여 설계용역비를 지출한 것은 사업의 수행에 필요한 것이었다고 보기 어렵다는 이유로 사업과 직접 관련이 없는 지출이라고 판시하였다. 경제적 측면에서 보면, 들러리 입찰을 해준 대가로 추후 다른 입찰에서는 회사가 낙찰받을 수 있도록 다른 특정사업자가 들러리 입찰을 해주기로 하는 묵약이 있을 것이므로 넓게 보면 사업관련성이 없다고 하기 어렵겠지만 이러한 들러리 입찰은 사회상규에 반하여 공정한 입찰질서를 흐트리는 행위이므로 매입세액공제에 있어 규제를 할 필요가 있다고 할 것이고 이러한 관점에서 대법원이 규범적 판단을 한 것으로 이해된다.

라. 비영업용 승용차 관련 매입세액

부가가치세법 제39조 제1항 제5호는 개별소비세법 제1조 제2항 제3호에 따른 자동차의 구입과 임차 및 유지에 관한 매입세액은 불공제하도록 하면서, 다만 운수업, 자동차판매업, 자동차임대업, 운전학원업 등에 직접 영업용으로 사용되는 것은 제외하도록 규정하였다. 부가가치세법이 2011. 12. 31. 개정되기 전에는 이러한 승용차를 비영업용 소형승용자동차라고 명명하고 있었다. 이러한 자동차는 법인의 영업직 사원들이 영업용으로 사용할 경우 등 통상적으로 사업관련성이 있는 경우가 많을 것임에도 불구하고 위 단서에 해당하지 않는 한 사업관련성을 불문하고 모두 매입세액 불공제 대상으로 규정하고 있는데 입법자의 선택이긴 하지만 그 명분이 좀 약하다고 하겠다. 더 나아가 부가가치세법 제10조 제2항은 사업자가 자기의 과세사업과 관련하여 생산하거나 취득한 재화를 위와 같이 매입세액이 공제되지 않는 자동차로 사용 또는 소비하거나 그 자동차의 유지를 위하여 사용 또는 소비하는 것은 면세사업으로 전용하는 경우와 마찬가지로 재화의 공급으로 의제하고 있다.

부가가치세법 제39조 제1항 제5호와 제10조 제2항의 관계를 분석해 보면, 처음부터 비영업용 소형승용차의 용도로 구입한 경우에는 전자의 규정에 의하여 그 매입세액이 불공제되는데, 이와 달리 처음에는 비영업용 소형승용차의 용도로 구입하지 않았거나 그것이 불분명한 상태여서 매입세액을 공제받았다가 나중에 비영업용 소형승용차로 전용된 경우에는 후자의 규정에 의하여 자가공급으로 의제되어 매출세액이 과세되는 것이다. 전자의 경우 그 매입세액은 구입가액이 기준이 되지만 후자의 경우는 전용시의 시가가 기준가액이 된다.

대법원 2012. 10. 15. 자 2012두15982 심리불속행 상고기각 판결에 의하여 확정된 서울고등법원 2012. 6. 16. 선고 2011누46172 판결은, 수입자동차의 판매회사인 원고가 시승용으로 벤츠차량을 수입하면서 그 매입세액을 모두 공제받은 후 그중 일부를 임직원용 차량으로 사용하다가 이를 중고차로 제3자에게 판매한 사안에서, 자동차판매회사가 시승용으로 구입한 차량은 비영업용 소형승용차에 해당하지 않으므로 그 매입세액은 공제되어야 하고, 나중에 임직원차량으로 사용한 시점에 자가공급으로 보아 그 매출세액을 부담하여야 하며, 이를 제3자에게 판매하였을 때 다시 그 매출세액을 부담하여야 하고 이는 이중과세에 해당하지 않는다고 판단하였다.

이 사안에서는 이중과세의 문제가 치열하게 다투어졌는데, 자가공급의 의제는 원고가 자신에게 위 임직원차량을 공급한 것으로 의제한 것이므로 원고가 자가공급에 따른 부가가치세를 부담하는 것은 당연하고, 그 후 원고가 그 재화를 다시 제3자에게 공급하였다면 그 공급행위에 대하여 부가가치세를 납부하여야 하는 것인데, 이는 간접세의 성격상 공급받는 자에게 그 부담이 전가되므로 원고에게 실질적인 부담이 따른다고 볼 수 없다. 즉, 원고는 공급받는 자로부터 부가가치세를 거래징수하여 이를 국가에 납부하는 것뿐이고 또 공급받는 자는 최종소비자일 경우 자신의 부담으로 귀착되지만 최종소비자가 아닐 경우 이를 매입세액으로 공제받음으로써 그 다음 단계의 공급받는 자에게 전가되는 것이다. 원고는 자가공급받은 부분에 대하여는 최종소비자의 지위에 있었기 때문에 그에 관한 부가가치세를 한번 부담하였을 뿐이고, 그 후 사업자로서 제3자에게 판매한 부분에 대하여는 그 부담을 전가시켰을 뿐이므로 이중과세라고 할 수 없다. 더구나 현행 부가가치세법상 제3자에 대한 매출에 의한 매출세액을 자가공급에 따른 매출세액에서 공제받을 수 있는 어떤 법적 장치도 없다. 법원의 판단이 타당하다고 하겠다.

마. 접대비 관련 매입세액

부가가치세법 제39조 제1항 제6호와 그 시행령 제79조는 접대비 및 이와 유사한 비용의 지출에 관련된 매입세액을 불공제 대상으로 규정하고 있다. 여기서 '접대비 및 이와 유사한 비용의 지출'의 범위에 관하여 논란이 있다. 접대를 위한 소비적 지출로서 회계처리상 비용으로 처리되는 항목이 여기에 해당하는 것에는 아무런 이의가 없다. 예를 들어 접대용 식사비나 접대용 선물구입비 등이 여기에 해당할 것이다. 그런데 접대용 자산의 구입도 여기에 해당하는지에 관하여는 의문이 있다. 이는 소비적 지출로서 회계처리상 비용으로 처리되지 않고 자산의 취득으로 처리되기 때문에 비용에 해당하지 않고 그래서 위 규정의 적용대상이 아니라고 볼 여지가 있는 것이다. 예를 들어 법인이 거래처를 접대할 목적으로 사용하기 위하여 골프회원권을 취득한 경우인데, 그 회원권은 법인의 자산으로 계상된다.

이에 관한 사례로 대법원 2013. 11. 28. 선고 14887 판결이 있다. 반도체 관련장비 제조업 등을 영위하는 법인인 원고가 거래처 접대에 사용할 목적으로 골프회원권을 3억 원에 취득하면서 매입세액 3,000만 원을 지출하였다. 원고는 위 매입세액은 접대비의 지출에 관한 것이 아니라 접대용 자산의 취득에 관한 것이므로 그 매입세액은 공제되어야 한다고 주장하였다. 이에 대하여 원심은, 법인이 업무와 관련하여 접대의 목적으로 지출하는 금액은 그 명목 여하에 상관없이 매입세액 불공제 대상인 접대비로 보아야 하고, 법인이 이를 자산의 취득으로 분류하여 장부에 계상하였다고 하더라도 그것이 오로지 접대를 목적으로 취득한 것이 분명하다면 그 취득비용은 매입세액 불공제 대상인 접대비에 해당한다고 전제한 다음, 원고가 오로지 거래처의 접대를 목적으로 골프회원권을 구입한 이상 위 골프회원권의 취득비용은 매입세액 불공제 대상인 접대비로 보아야 한다고 하였다. 그리고 대법원은 부가가치세법은 사업과 '직접' 관련이 없는 지출에 대한 매입세액을 매입세액 불공제 대상으로 규정하고 있는데, 부가가치세법 제39조 제1항 제6호와 그 시행령 제79조는 이를 구체화한 것으로 보이는 점, 접대용 자산의 취득비용은 접대비와 마찬가지로 사업과 직접 관련이 있는 지출에 해당한다고 보기 어려운 점, 부가가치세법 제39조 제1항 제6호와 그 시행령 제79조는 접대비 등의 지출에 소요된 매입세액을 사업자가 부담하도록 함으로써 소비성 경비의 하나인 접대비 등의 지출을 억제하도록 하고자 함에 있고, 그 문언도 '접대비 및 이와 유사한 비용'으로 규정하고 있어 이를 회계학상 비용으로만 국한하여 볼 것은 아닌 점 등에 비추어 보면, 그 매입세액이 매입세액 불공제 대상에 해당한다고 본 원심의 판단은 정당하다고 판시하였다.

법인이 동일한 목적으로 접대용 자산을 취득하는 것과 접대비를 지출하는 것은 그 용처가 동일하고 법인이 선택가능한 것이다. 즉, 법인은 거래처에 골프 접대를 하고자 할 때 조기에 거액을 지출하여 골프회원권을 취득하는 대신 장래에 회원자격의 골프장 이용료를 지출함으로써 그 이용료를 절감할 수도 있고, 그렇게 하지 않고 장래에 비회원자격의 골프장 이용료를 지출할 수도 있는 것이다. 완전경쟁시장이라면 어느 방법이나 전체적 지출액의 현재가치에는 별 차이가 없을 수 있다. 그럼에도 후자의 경우에는 그 매입세액을 전부 불공제하면서 전자의 경우 조기 지출액에 관한 매입세액을 공제한다는 것은 형평에 맞지 않다. 타당한 판결이다. 이러한 논란을 사전에 차단하기 위해서는 입법으로 명확히 할 필요가 있다.

바. 사업자등록 전의 매입세액

부가가치세법 제39조 제1항 제8호는 사업자등록을 신청하기 전의 매입세액을 불공제 대상 매입세액으로 하되, 다만 공급시기가 속하는 과세기간이 끝난 후 20일 이내에 등록을 신청한 경우 등록신청일부터 공급시기가 속하는 과세기간 기산일까지 역산한 기간 내의 것은 제외하도록 규정하고 있다. 사업자등록을 신청하기 전에는 사업자등록번호도 부여되어 있지 않아 재화나 용역을 공급받더라도 필요적 기재사항이 빠짐없이 기재된 세금계산서를 발급받을 수 없어 원천적으로 매입세액 공제를 받을 수 없는 문제점이 있다. 그러나 사업자등록을 신청하기 전에도 사업준비를 하는 과정에서 매입액이 있을 수 있고 이는 사업관련성이 인정되는 것이기 때문에 그 매입세액을 공제할 당위성이 있는 것이다. 그래서 부가가치세법 시행령 제75조 제1호는 사업자등록을 신청한 사업자가 사업자등록증 발급일까지의 거래에 대하여 해당 사업자 또는 대표자의 주민등록번호를 적어 세금계산서를 발급받으면 그 매입세액은 공제받을 수 있도록 규정하였다.

여기서 매입세액 공제 대상을 규정한 부가가치세법 시행령 제75조 제1호의 범위와 매입세액 불공제의 예외 대상으로 규정한 부가가치세법 제39조 제1항 제8호의 범위가 다르다. 전자는 사업자등록을 신청한 후 등록증 발급일까지의 기간에 속하는 거래에 대하여 규정한 반면, 후자는 사업자등록신청 전의 일정한 기간에 속하는 거래에 대하여 규정하고 있다. 이러한 입법의 태도는 별로 바람직해 보이지 않는다. 일괄해서 함께 규정하는 것이 혼란을 줄일 수 있는 방법이라고 하겠다. 전자의 경우나 후자의 경우나 모두 사업자등록 번호가 없는 상태여서 필요적 요건이 기재된 세금계산서를 발급받을 수 없음에도 전자의 경우에는 세금계산서를 발급받을 수 있는 방법에 관하여 규정하고 있는데, 후자의 경우에는 그와 같은 규정이 없다. 입법의 미비라고 하겠다. 이에 관하여 국세청 유권해석(서면법령부가-383, 2015. 7. 23.)은 등록신청일부터 공급시기가 속하는 과세기간 기산일까지 역산한 기간 이내에 해당 공연장의 신축과 관련하여 재화 또는 용역을 공급받으면서 대표자 주민등록번호로 발급받은 세금계산서의 매입세액에 대해서는 공제가능하다고 하고 있다. 부득이한 해석으로서 후자의 경우도 전자의 경우를 준용하겠다는 취지이다.

헌법재판소 2011. 3. 31. 선고 2009헌바319 전원합의체 결정은, 사업자등록 전 매입세액에 관하여 원칙적으로 공제를 허용하고 있지 않은 위 규정의 위헌성시비에 관하여, 부가가치세 제도 운영의 기초가 되는 사업자등록이 제대로 이루어지지 않으면 법인세, 소득세, 지방세 등의 정확한 과세산정이 곤란할 뿐 아니라 실질적 담세자인 최종소비자에 대한 조세의 전가가 원활하고 적정하게 이루어지는 것을 기대하기 힘들어 결국 부가가치세 제도는 물론이고 세제 전반의 부실한 운영을 초래할 우려가 있고 현재까지도 세금계산서의 수수질서가 확립되어 있지 못하고 있어 무자료 거래가 성행하고 과세자료의 노출을 회피하고자 세금계산서의 수수를 기피하는 관행이 완전히 고쳐졌다고도 볼 수 없고, 나아가 납세자들이 사업자등록 자체를 회피함으로써 근거과세와 공평과세의 실현에 역행하는 일까지 발생하고 있으므로 이에 적절하고 효율적으로 대처할 현실적 필요성이 절실하며 사업자미등록가산세만으로는 부가가치세 제도의 근간인 사업자등록을 이행하도록 강제하기에 충분하지 못하다고 볼 여지가 있으므로 위 규정은 납세자의 재산권을 침해한다고 볼 수 없어 합헌이라고 판시하였다. 대법원 2011. 7. 14. 선고 2009두20847 판결도 같은 취지이다.

사. 토지 관련 매입세액

(1) 범위

부가가치세법 제39조 제1항 제7호는 공제하지 않는 매입세액의 하나로 대통령령으로 정하는 토지에 관련된 매입세액을 규정하고, 이에 관하여 그 시행령 제80조는 토지의 조성 등을 위한 자본적 지출에 관련된 매입세액으로서 토지의 취득 및 형질변경, 공장부지 및 택지의 조성 등에 관련된 매입세액(제1호), 건축물이 있는 토지를 취득하여 그 건축물을 철거하고 토지만 사용하는 경우에는 철거한 건축물의 취득 및 철거비용과 관련된 매입세액(제2호), 토지의 가치를 현실적으로 증가시켜 토지의 취득원가를 구성하는 비용에 관련된 매입세액(제3호)을 규정하고 있다.

부가가치세법이 1993. 12. 31. 개정되기 전의 구 부가가치세법 제17조 제2항 제4호에서 부가가치세가 면제되는 재화 또는 용역을 공급하는 사업에 관련된 매입세액을 불공제하도록 규정하고 있었는데 뚜렷한 위임의 근거도 없이 당시 부가가치세법 시행령 제60조

제6항은 위 제17조 제2항 제4호의 매입세액에는 토지의 조성 등을 위한 자본적 지출에 관련된 매입세액이 포함된다고 규정하고 있었다. 이 때문에 토지의 조성 등을 위한 자본적 지출에 관련된 매입세액 중 면세사업에 관련된 매입세액만 불공제 대상이 되는 것인지 아니면 과세사업에 관련된 매입세액도 불공제 대상이 되는 것인지에 관하여 논란이 있었다. 이에 대하여 대법원 1995. 12. 21. 선고 94누1449 전원합의체 판결은, 위 부가가치세법 시행령 제60조 제6항이 구 부가가치세법 제17조 제2항 제4호 소정의 불공제 매입세액에는 토지의 조성 등을 위한 자본적 지출에 관련된 매입세액을 포함한다라고 규정한 취지는, 토지의 조성 등에 따른 거래행위가 구 부가가치세법 제17조 제2항 제4호가 전제로 하고 있는 부가가치세의 납부의무가 면제되는 사업을 영위하기 위한 목적으로 이루어진 경우에 한하여 그 토지의 조성 등을 위한 자본적 지출에 관련된 매입세액을 매출세액에서 공제하지 않는다는 당연한 이치를 규정한 것으로 보아야 한다고 판시하였다. 그래서 골프장 사업자가 골프장 부지인 토지를 조성할 때에는 골프장으로 이용하기 적당하도록 조성하는 것뿐이지 토지 그 자체를 '공급'하기 위하여 조성하는 것이 아니므로, 골프장 부지인 토지의 조성공사 용역이 토지조성 이후에는 골프장 부지와 일체가 되는 것이지만, 그 용역의 공급에 대한 부가가치세는 그 토지 자체의 공급에 대한 것이 아니라 토지를 골프장으로 사용하기에 적당한 토지로 조성하기 위한 용역의 공급에 대한 매입세액임이 분명하므로, 그것이 수익적 지출에 대한 매입세액이든지 자본적 지출에 대한 매입세액이든지 간에 사업을 위하여 사용될 용역에 대한 매입세액으로서 골프장업의 매출세액에서 당연히 공제되어야 하는 것이고, 구 부가가치세법 제12조 제1항 제12호가 토지를 면세재화로 규정하고 있어 토지 자체의 공급에 대하여는 그것이 과세사업을 위한 것이거나 면세사업을 위한 것이거나 간에 매입세액 또는 매출세액이 발생할 수 없다는 것과는 아무런 관련이 없다고 판시하였다.

그러자 이에 반발하여 부가가치세법이 1993. 12. 31. 개정되면서 제17조 제2항 제4호에서 면세사업에 관련된 매입세액과 별도로 대통령령이 정한 토지 관련 매입세액을 불공제 대상 매입세액으로 규정하고, 그 시행령 제60조에서 위 규정에서 말한 토지 관련 매입세액이라 함은 토지의 조성 등을 위한 자본적 지출에 관련된 매입세액을 말한다고 규정함으로써 그것이 면세사업에 관련된 것뿐만 아니라 과세사업에 관련된 것이더라도 불공제 대상 매입세액에 포함되도록 하였다. 이러한 규정이 현행의 부가가치세법 제39조 제1항 제7호와 부가가치세법 시행령 제80조로 이어져 오고 있다.

그래서 대법원 2006. 7. 28. 선고 2004두13844 판결은, 골프장을 운영하는 사업자인 원고가 골프장 조성공사를 하면서 잔디·수목 식재공사와 그린·티·벙커 조성공사를 한 것은 골프장 용지의 조성에 필수불가결한 것으로 그 공사로 식재 또는 조성된 잔디·수목과 그린·티·벙커는 당해 골프장 토지에 부합되어 토지와 일체를 이룸으로써 골프장 용지의 구성부분이 되는 것이고, 실제로도 그 공사 등으로 인하여 골프장 토지의 가격이 5배 이상 상승한 사실이 인정되는 이상, 잔디·수목 식재공사와 그린·티·벙커 조성공사에 소요된 공사비용은 원고가 골프장 조성을 위한 토지의 개량 등을 위하여 지출한 비용으로 그 지출로 인하여 토지의 가치가 현실적으로 증가되었으므로 이는 토지의 조성을 위한 자본적 지출에 해당하고, 따라서 이에 관련된 매입세액은 매출세액에서 공제할 수 없다고 판시하였다.

부가가치세법 제80조는 토지에 관련된 매입세액으로서 3가지를 열거하고 있는데 이는 토지의 취득가액과 그 부대비용 및 자본적 지출액에 해당한다고 할 수 있다. 이는 모두 토지의 실질적 가치를 형성하거나 증가시키는 데 필요한 항목들이다. 그래서 그 지출액들은 회계처리상 토지의 장부가액에 포함될 수 있는 것들이다. 이는 토지 자체가 면세재화이므로 그 가치를 형성하거나 증가시키는 지출에 관련된 매입세액도 불공제 대상으로 하겠다는 취지이다.

(2) 사례 분석

토지의 소유자가 아닌 임차인이 토지와 관련된 지출을 하였을 경우 그 매입세액이 공제될 수 있는지가 다투어진 사안이 있다. 대법원 2010. 1. 14. 선고 2007두20744 판결은, 토지 관련 매입세액을 불공제하는 취지는 토지가 부가가치세법상 면세재화이어서 그 자체의 공급에 대해서는 매출세액이 발생하지 않으므로 그에 관련된 매입세액도 공제하지 않는 것이 타당하다는 데 있고, 일반적으로 토지의 조성 등을 위한 자본적 지출은 당해 토지의 양도시 양도차익을 산정함에 있어 그 취득가액에 가산하는 방법으로 회수되는 점 등에 비추어 보면, '토지의 조성 등을 위한 자본적 지출'은 토지 소유자인 사업자가 당해 토지의 조성 등을 위하여 한 자본적 지출을 의미한다고 봄이 타당하므로, 당해 토지의 소유자 아닌 사업자가 토지의 조성 등을 위한 자본적 지출의 성격을 갖는 비용을 지출한 경우 그에 관련된 매입세액은 특별한 사정이 없는 한 불공제 대상인 '토지 관련 매입세액'에 해당하지 않는다고 판시하였다.

토지가 면세재화이므로 그 토지의 소유자가 나중에 당해 토지를 매도할 때 매출세액을 부담하지 않기 때문에 이에 대응하여 그 매입세액도 공제해주지 않겠다는 것이다. 이는 토지의 소유자에게 해당되는 법리이다. 그러나 토지의 임차인은 토지의 매도에 따른 매출세액의 면제의 혜택과는 전혀 무관한 자이므로 그 토지에 대한 자본적 지출 성격의 지출이 있더라도 그 매입세액을 공제하지 않을 명분이 없다. 즉, 부가가치세법 제39조

제1항 제7호와 그 시행령 제80조는 면세재화인 토지의 소유자를 그 적용대상으로 한다고 보는 것이 옳다. 같은 취지의 대법원 판결이 타당하다고 하겠다.

그리고 대법원 2016. 2. 18. 선고 2012두22447 판결은, 과세대상인 주택과 면세대상인 토지를 함께 공급하는 사업을 하는 경우에, 주택과 관련하여 지출한 비용에 대한 매입세액은 과세사업에 관련된 매입세액으로서 매출세액에서 공제될 수 있는 반면, 재고자산인 토지와 관련하여 지출한 비용에 대한 매입세액은 면세사업에 관련된 매입세액으로서 매출세액에서 공제될 수 없다고 전제하고, 매출세액에서 공제되지 아니하는 토지에 관한 매입세액은 토지의 취득원가를 구성하여 토지를 양도할 때에 취득원가에 산입하는 방법으로 회수되고, 매출세액에서 공제되는 매입세액의 경우에는 매입세액 공제의 방법으로 회수되므로 주택재개발정비사업을 시행하는 사업자가 재고자산인 토지와 지상의 종전 건축물을 취득하여 종전 건축물을 철거한 후 주택 등 건축물을 신축하기 위하여 지출한 비용이 토지의 취득원가를 구성하는 것이 아니라면, 이를 토지와 관련하여 지출한 매입세액에 해당한다고 쉽게 단정할 것은 아니고, 그 비용이 토지와 관련하여 지출한 면세사업 비용에 대한 매입세액인지 아니면 토지와 무관하게 주택과 관련하여 지출한 과세사업 비용에 대한 매입세액인지는 사업의 내용, 지출의 목적과 경위 등에 비추어 각 비용마다 개별적으로 판단하여야 한다고 판시하였다.

그래서 감정평가수수료 중 분양예정인 대지와 건축물의 추산액을 산정하는 데에 소요된 용역대가는 종전의 토지 또는 건축물의 가격을 평가함에 소요된 용역대가와 달리 토지의 취득과 관련이 없으며, 토지의 취득원가를 구성한다고 볼 수 없고, 환경·교통영향평가비용은 사업으로 인한 소음, 진동, 인구밀집, 수질, 토양 및 교통 등이 주변 환경에 미치는 영향을 평가하기 위하여 지출한 것으로서 그 평가항목에 따라서는 토지의 취득과 관련이 없는 비용이 있을 수 있으며, 정비기반시설 조성을 위한 토목설계·설치비용은 해당 구축물의 취득비용에 해당하는 것으로서, 원칙적으로 토지와 관련하여 지출한 비용이나 토지의 취득원가에 해당하지 아니하고, 측량비용은 종전 건축물의 철거의 편의를 위한 것이라면 토지의 취득을 위하여 지출한 비용으로 볼 수 있을 것이나, 그 측량의 목적과 용역대가의 내역 등에 비추어 조합원 분담금 산정 등을 위한 것이라면 달리 볼 여지가 있고, 소송비용은 그 소송내용에 비추어 볼 때 조합원들과의 법률적 분쟁을 해결함으로써 이 사건 사업의 원활한 진행을 위하여 지출한 것이라면, 이를 토지와 관련하여 지출한 비용이라거나 토지의 취득원가라고 할 수 없다고 판시하였다.

4. 공통매입세액의 안분

가. 관련 규정

　부가가치세법 제40조는 사업자가 과세사업과 면세사업 등을 겸영하는 경우에 과세사업과 면세사업 등에 관련된 매입세액의 계산은 실지귀속에 따라 하되, 실지귀속을 구분할 수 없는 공통매입세액은 총공급가액에 대한 면세공급가액의 비율 등 대통령령으로 정하는 공통매입세액 안분기준을 적용하여 대통령령으로 정하는 바에 따라 안분하여 계산한다고 규정하고 있다. 이에 따라 부가가치세법 시행령 제81조는 제1항에서 과세사업과 면세사업 등을 겸영하는 경우로서 실지귀속을 구분할 수 없는 공통매입세액이 있는 경우 면세사업 등에 관련된 매입세액은 인원 수 등에 따르는 등 기획재정부령으로 정하는 경우를 제외하고는 '면세사업 등에 관련된 매입세액=공통매입세액×면세공급가액/총공급가액'의 계산식에 따라 안분하여 계산하되, 다만 예정신고를 할 때에는 예정신고기간에 있어서 총공급가액에 대한 면세공급가액의 비율에 따라 안분하여 계산하고, 확정신고를 할 때에 정산하도록 규정하였다. 여기서 면세공급가액에는 비과세공급가액을 포함하도록 하였다. 다만, 제2항에서는 해당 과세기간의 총공급가액 중 면세공급가액이 5% 미만인 경우의 공통매입세액(다만, 5백만 원 이상인 경우는 제외)과 공통매입세액이 5만 원 미만인 경우의 매입세액, 재화를 공급하는 날이 속하는 과세기간에 신규로 사업을 시작하여 직전 과세기간이 없는 경우의 공통매입세액은 안분하지 않고 전부를 공제되는 매입세액으로 한다고 규정하였다. 이는 안분의 필요성이 적어 계산의 편의를 위한 규정이라고 할 수 있다.

　그리고 제4항에서는 제1항을 적용할 때 해당 과세기간 중 과세사업과 면세사업 등의 공급가액이 없거나 그 어느 한 사업의 공급가액이 없는 경우에 해당 과세기간에 대한 안분계산은 다음 각 호의 순서에 따른다고 하면서, 제1호에서 '총매입가액(공통매입가액은 제외한다)에 대한 면세사업 등에 관련된 매입가액의 비율'을, 제2호에서 '총예정공급가액에 대한 면세사업 등에 관련된 예정공급가액의 비율'을, 제3호에서 '총예정사용면적에 대한 면세사업 등에 관련된 예정사용면적의 비율'을 규정하고 있다. 다만, 건물 또는 구축물을 신축하거나 취득하여 과세사업과 면세사업 등에 제공할 예정면적을 구분할 수 있는 경우에는 제3호를 제1호 및 제2호에 우선하여 적용하도록 하였다.

　부가가치세의 납부세액을 계산함에 있어서 과세사업과 관련된 매입세액은 공제되나 면세사업에 관련된 매입세액은 공제되지 아니하고 다만 원가에 산입되어 법인세법상 손금산입되거나 소득세법상 필요경비로 인정될 뿐이다. 그런데 과세사업과 면세사업을 겸영하는 사업자가 과세사업과 면세사업에 사용되는 재화·용역을 구입하는 경우, 당해 재화·용역의 구입에 대하여 과세사업에 사용되거나 사용될 부분과 면세사업에 사용되거나 사용될 부분의 구분이 명확한 경우에는 실지귀속에 의하여 매입세액의 공제 여부를 판단하면 되나, 과세사업과 면세사업에 공통으로 사용되어 실지귀속을 구분할 수 없는 매입세액은 일정한 산식에 따라 안분계산하여야 한다. 위에서 본 규정은 이러한 안분계산을 위한 것이다.

나. 안분 요건

먼저 동일한 사업자가 부가가치세법상 과세사업과 면세사업을 함께 운영하여야 한다. 그러나 반드시 동일한 사업장에서 겸영을 할 필요는 없다. 사업장을 각각 달리하여 과세사업과 면세사업을 영위하더라도 공통되는 매입세액은 얼마든지 발생할 수 있는 것이고 이때에는 안분계산이 필요하기 때문이다. 다만, 하나의 사업장에서 과세사업과 면세사업을 겸영하는 경우에는 사업장과세의 원칙에 따라 당해 사업장만의 총공급가액에 대한 면세공급가액 등의 비율에 따라서 안분하여야 하며 다른 사업장의 면세공급가액 등을 고려하여서는 아니된다. 대법원 2012. 5. 9. 선고 2010두23170 판결도 같은 취지이다.

그리고 공통사용이란 실제로 공통사용하는 경우뿐만 아니라 공통사용될 예정인 경우도 포함하여야 한다. 왜냐하면 실제로 공통사용된 시점만을 기준으로 안분계산해야 한다면 통상 매입세액은 그것을 부담한 재화 등의 부가가치 창출을 위한 투입 여부와 관계없이 재화 등을 공급받은 날이 속하는 과세기간에 공제받을 수 있다고 하는 원칙과 조화될 수 없고, 공통사용될 가능성이 있거나 공통사용되지 않았다는 뚜렷한 증거가 없는 한 공통사용으로 추정하여 실지귀속을 구분할 수 없는 것으로 볼 수밖에 없기 때문이다.

다음으로 실지귀속이 불분명해야 한다. 취득한 재화 등이 과세사업에 사용된 것이 명백하거나 면세사업에 사용될 것이 명백하게 구분될 경우에는 매입세액 계산이 그 실지귀속에 따라 산정되어 공제된다. 즉, 매입세액이 과세사업 또는 면세사업에 어느 것에 관련된 것인지의 실지귀속이 구분되면 그 귀속에 따라 매입세액 공제 여부를 결정하는 것이 원칙이고, 실지귀속을 구분할 수 없는 공통매입세액의 경우에만 부득이 시행령 제61조 제1항, 제4항에 따라 안분계산하는 것이다. 실지귀속이 불분명하다고 보는 기준시점에 관하여는 매입시부터 불분명이어야 하는지 아니면 사용·소비시 불분명하여여 하는지가 문제되는데, 원칙적으로 매입된 재화나 용역을 실제로 사용할 당시 공통사용이어야 하므로 공통사용 당시 그 구분이 불명해야 할 것이나, 장차 사용될 재화에 대한 매입세액도 공제하여 주는 취지에 비추어 재화 매입 당시까지도 고려하여야 할 것이므로 재화의 구입·관리, 제조, 가공과정의 투입, 제품공정, 제품생산관리 등 제반 실태를 고려하여 전체적으로 구분할 수 있는지 여부를 결정하여야 한다.

대법원 1987. 6. 9. 선고 86누251 판결도, 과세사업과 면세사업에 공통으로 사용되어 실지귀속을 구분할 수 없는 때의 판단기준에는 매입재화의 공통사용 당시뿐만 아니라 재화매입 당시도 고려되어야 할 것이므로 면세재화의 구입, 관리, 제조, 가공과정의 투입, 제품공정, 제품생산관리 등 제반실태를 고려하여 전체적으로 구분할 수 있는지 여부를 결정하여야 하고 재화의 사용량을 구분할 수 없을 때는 물론 사용량은 구분가능하더라도 그 사용량의 공급가액을 알 수 없는 경우에도 실지귀속을 구분할 수 없다고 보아야 한다고 판시하였다. 그 사용량을 구분할 수 없는 경우뿐만 아니라 그 사용량은 구분가능하더라도 그 사용량의 가액이 단가차이 등으로 알 수 없을 경우도 불분명한 경우에 해당한다고 할 것이다. 대법원 1987. 6. 9. 선고 86누251 판결도 같은 취지이다.

마지막으로 안분계산의 대상이 되는 매입세액은 부가가치세법에 의하여 매출세액에서 공제할 수 있는 요건을 구비하고 있는 것이어야 한다. 불공제 대상이 되는 매입세액은 안분계산의 대상이 될 수 없다. 공통매입세액의 안분계산은 매입세액 중 매출세액에서 공제할 것과 공제하지 않을 것을 구분하는 것이기 때문이다.

다. 안분 방법

앞서 관련 규정에서 보았듯이 안분계산은 우선적으로 공급가액 기준에 따른다. 그리고 사업자가 수종의 과세사업과 면세사업에 관련된 전체의 공통매입세액을 전체 사업의 당해 과세기간의 총 공급가액에 대한 총 면세공급가액의 비율에 의하여 계산하는 방법에 의할 것이 아니고, 어느 과세사업과 면세사업만에 관련된 공통매입세액으로 구분하여 이를 그 공통매입세액에 관련된 사업부문만의 당해 과세기간의 총공급가액에 대한 면세공급가액의 비율에 의하여 계산하는 방법에 의하여야 한다. 대법원 1982. 9. 28. 선고 82누170 판결이 같은 취지이다. 따라서 공통매입세액인지 여부는 실지귀속 관계를 따져 판단해야 하고, 관련된 사업부문을 단계별로 세분화하여 실지귀속을 더 이상 확인할 수 없는 단계까지 내려간 다음, 그 단계의 사업부문만의 비율을 적용하여 안분계산해야 한다. 예컨대, A사업장에 농산물 부문과 축산물 부문이 있고, 각 부문에서 면세사업과 과세사업을 겸영하고 있을 때 공통매입세액이 축산물 부문에만 관련된 경우, 면세사업에 관련된 매입세액을 안분계산할 때 A사업장 전체의 면세비율을 적용하지 말고, 축산물 부문의 면세 비율을 적용해야 하는 것이다.

같은 취지에서, 대법원 2017. 1. 25. 선고 2016두52606 판결은, 원고의 물류용역비용은 원고가 협력업체들로부터 위탁받은 물류대행용역을 제공하는 데 소요되는 비용으로서 물류대행업으로 인한 매출액에 대응하는 것으로 볼 수 있는 점, 원고가 상품유통업을 영위하는 데 물류용역비용이 필수적으로 소요되는 것은 아니라는 점, 원고는 상품유통업과는 별도의 물류대행업을 영위하면서 물류용역비용을 물류대행업에 관련한 비용으로 회계처리하여 그 기장상의 구분도 확연한 점 등을 종합하면, 물류용역비용에 관한 매입세액은 과세사업인 물류대행업에 관련된 것으로 보아야 하고, 과세·면세사업인 상품유통업에 공통으로 사용되어 실지귀속을 구분할 수 없는 공통매입세액에 해당한다고 볼 수 없다고 판시하였다.

반면에, 대법원 2016. 12. 29. 선고 2014두10714 판결이 판시한 바와 같이, 공통매입세액이 하나의 과세사업 또는 면세사업 중 일부분에 관련되는 경우에, 그 부분이 사업 장소와 운영 실태 등에 비추어 나머지 부분과 구분되는 별개의 독립된 사업 부분이라고 볼 수 없다면 사업 전체의 공급가액을 기준으로 하여 면세사업에 관련된 매입세액을 계산하여야 한다.

다만, 과세사업의 공급가액과 면세사업의 공급가액 중 어느 하나라도 없으면 부가가치세법 시행령 제81조 제4항에 의하여 매입가액의 비율, 예정공급가액의 비율, 예정사용면적의 비율 순서로 기준을 정하여 안분하여야 하고, 제82조에 의하여 해당 재화의 취득으로 과세사업과 면세사업 등의 공급가액, 과세사업과 면세사업 등의 사용면적이 확정되는 과세기간에 대한 납부세액을 확정신고할 때에 정산한다.

대법원 2017. 1. 25. 선고 2016두51788 판결은, 공통매입세액이 발생한 사업부문과 공급가액이 발생한 사업부문이 서로 분리·독립되어 있다는 등의 사유로 과세기간 중 과세사업과 면세사업의 공급가액이 없거나 그중 어느 한 사업의 공급가액이 없을 때에는 공통매입세액은 공급가액의 비율에 따라 안분할 수 없으므로, 매입가액의 비율, 예정공급가액의 비율 등을 적용하여 안분하되, 건물을 신축 또는 취득하여 과세사업과 면세사업에 제공한 경우에 예정면적을 구분할 수 있을 때에는 총예정사용면적에 대한 면세사업에 관련된 예정사용면적의 비율에 따라 안분하여야 한다고 판시하였다.

라. 사례 분석

(1) 과세사업·면세사업 안분

전형적인 형태인 과세사업과 면세사업에 공통된 매입세액의 안분에 관한 사례로 대법원 2013. 12. 26. 선고 2013두17336 판결이 있다.

시내버스회사인 원고는 A신문사와 사이에, A신문사가 그의 비용으로 광고물의 설계·제작·설치·관리 및 광고주의 유치 등 제반사항을 대행하고 원고가 버스 내·외부에 그 광고물을 부착한 채 버스를 운행함으로써 A신문사로부터 대가를 지급받기로 하는 시내버스 광고사업 대행계약을 체결함으로써, 원고는 면세사업인 시내버스 여객운송업과 아울러 과세사업인 광고사업을 겸영하게 되었다. 원고는 2006년 제2기부터 2011년 제1기까지의 버스구입비, 유류비, 수리를 위한 부품비 등에 대한 매입세액 중 공급가액에 비례하여 안분한 부분을 광고사업의 매출세액에서 공제되는 매입세액으로 신고하였으나, 과세관청은 위 매입세액은 모두 면세사업인 여객운송업에만 관련된 매입세액에 해당한다고 보아 그 매입세액을 불공제하였다. 원심은, 광고사업은 버스 승객 또는 행인들에게 광고물이 노출되도록 하는 용역을 제공하고 대가를 지급받는 사업으로서 버스의 운행을 전제로 하고 있으므로 버스구입비, 유류비, 수리를 위한 부품비 등 버스 운행과 관련된 매입세액은 면세사업인 여객운송업뿐만 아니라 과세사업인 광고사업에도 공통되는 매입세액에 해당한다는 등의 이유로, 총공급가액에 대한 면세공급가액의 비율에 의하여 안분한 매입세액을 매출세액에서 공제하지 아니한 것은 위법하다고 판단하였다.

그러나 대법원은, 광고사업이 버스의 운행을 전제로 한다고 하더라도, 버스구입비, 유류비, 수리를 위한 부품비 등은 면세사업인 여객운송업을 위하여 필수적으로 소요되는 비용으로서 원고가 광고사업을 영위하지 않는 경우에도 당연히 필요로 하는 것이고, 광고물의 설계·제작·설치·관리에 소요되는 비용은 A신문사가 전적으로 부담하고 있어 광고물의 부착에 따라 원고에게 버스구입비, 유류비, 수리를 위한 부품비 등이 추가로 소요되는 것이 아닌 이상, 원고의 매입세액은 모두 면세사업인 여객운송업에만 관련된 매입세액에 해당하여 이를 매출세액에서 공제할 수 없다고 보아야 한다고 판시하였다. 대법원은 광고사업을 하지 않더라도 원고의 매입세액에는 아무런 변화가 없을 것이므로 그 매입세액은 광고사업에 기여하는 바는 없다고 보는 것이다.

이 사안에서의 매입액은 여객운송사업의 매출에 비례하는 관계에 있고 광고사업의 매출과는 아무런 관련이 없다. 그래서 실질적으로는 그 매입세액이 광고사업에 기여하는 바가 있다고 하더라도 매입액 발생의 구조상 공통매입세액으로 보기 어려운 측면이 강하다. 만약 그 매입액이 운송사업의 매출에도 비례관계가 없는 그야말로 고정비의 성격이었다면 원심과 같이 공통매입세액으로 볼 여지가 많았을 것이다.

그리고 종합병원의 공통매입세액인 신관 건물의 공사비에 관한 매입세액을 어떻게 안분할 것인지가 문제된 사안으로 대법원 2016. 12. 29. 선고 2014두10714 판결이 있다. 병원에는 면세사업인 의료사업과 과세사업인 부동산임대업, 주차장업, 장례식장업이 있다. 신관 건물이 이러한 면세사업과 과세사업에 공통으로 공여될 경우 그 매입세액을 어떤 기준으로 안분할 것인지가 문제되었다. 원고는 신관 건물의 경우 아직 면세사업과 과세사업의 공급가액이 없기 때문에 신관 건물의 과세사업과 면세사업 예정사용면적비율로 안분하여야 한다고 주장하였다.

이에 대하여 원심은, 신관 건물은 원고가 병원을 운영하면서 사용해오던 기존 건물과 연결통로 등으로 구조적으로 연결되어 있는 점, 원고는 기존 건물에서 환자를 진료하던 일부 진료과목을 신관 건물에 재배치함과 아울러 신관 건물의 채혈실, 영상의학과, 주차장 등을 기존 건물에 내원한 환자를 위하여도 제공한 점 등에 비추어 보면, 신관 건물에서 원고가 수행하는 사업이 기존 건물에서 운영하던 병원의 의료업 등과 완전히 분리된 별개의 사업에 해당한다고 보기 어렵고, 신관 건물은 환자 수 증가에 따른 기존 건물의 공간부족 문제를 해결하기 위하여 진료공간 등을 확장하여 기존 건물에서 수행하던 의료업 등을 좀 더 원활하고 효율적으로 운영하기 위한 것으로 봄이 상당하므로, 실지 귀속을 구분하기 어려운 신관 건물의 신축 관련 공통매입세액에 관하여 병원 전체의 과세사업과 면세사업의 공급가액 비율에 따라 안분하여 면세사업 관련 매입세액을 계산하여야 한다고 판시하였고, 대법원이 이를 수긍하였다.

이 사건에서 신관 건물 자체가 구조적으로나 기능적으로나 기존 건물과 완전히 분리되어 있었다면 원고의 주장대로 신관 건물 자체의 예정사용면적만을 기준으로 공통매입세액을 안분할 수 있었겠지만, 신관 건물이 기존 건물과 연결되어 있는데다가 기존 건물과 그 이용자들에게도 편익을 제공하고 있어 기존 건물의 공급가액에 기여하고 있다고 할 수 있으므로 기존 건물과 단절된 상태에서 신관 건물만을 기준으로 공통매입세액을 안분하는 것은 부적절하고 기존 건물과 신관 건물 전체의 공급가액 기준으로 안분하여야 한다. 대법원 2017. 1. 25. 선고 2016두51788 판결도, 가락시장의 신축건물에 관하여 비슷한 취지의 판시를 하였다.

(2) 과세사업 · 비과세사업 안분

부가가치세법 제40조는 과세사업과 면세사업 등을 겸영하는 경우에 공통매입세액을 안분하도록 규정하였고 여기서 면세사업 등이란 부가가치세법 제29조 제8항에서 면세사업 및 부가가치세가 과세되지 아니하는 재화 또는 용역을 공급하는 사업이라고 정의함으로써 과세사업과 면세사업에 공통된 매입세액뿐만 아니라 과세사업과 비과세사업에 공통된 매입세액도 안분대상이 된다는 점을 명시하였다. 부가가치세법이 2013. 6. 7. 개정되기 전에는 과세사업과 비과세사업에 공통된 매입세액을 안분할 것인지에 관한 규정이 없어 이 점에 관한 논란이 있었다.

이에 대하여 대법원 2006. 10. 27. 선고 2004두13288 판결은, 동일한 사업자가 부가가치세 과세사업과 면세사업을 겸영하는 경우에 과세사업과 면세사업에 공통으로 사용되어 실지 귀속을 구분할 수 없는 매입세액 중 과세사업에 관련된 매입세액으로서 과세사업의 매출세액에서 공제받을 수 있는 세액과 면세사업에 관련된 매입세액으로서 그 매출세액에서 공제받을 수 없는 세액을 안분계산하는 방법 등을 규정한 취지와 부가가치세 비과세사업에 관련된 매입세액 역시 과세사업의 매출세액에서 공제받을 수 없는 것으로서 면세사업에 관련된 매입세액과 다를 바 없다는 점 등에 비추어, 동일한 사업자가 부가가치세 과세사업과 비과세사업을 겸영하는 경우에도 그 안분규정이 적용된다고 판시하였다. 그래서 카지노사업의 수입은 고객으로부터 카지노시설물 입장의 대가로 받는 입장료수입과 카지노시설물에 입장한 고객이 도박을 하기 위해 건 돈에서 고객이 받아간 돈을 제외한 도박수입으로 대별될 수 있는데, 입장료수입은 부가가치세 과세대상에 해당하나 도박수입은 부가가치를 창출하는 것이 아니어서 부가가치세 과세대상에 해당하지 아니하므로 카지노사업은 부가가치세 과세사업과 부가가치세 비과세사업을 함께 하는 사업인바, 매입세액은 그 전체가 과세사업과 비과세사업에 공통으로 사용되어 실지 귀속을 구분할 수 없는 공통매입세액이므로 그 매입세액을 안분계산하여 그중 과세사업에 관련된 부분은 매출세액에서 공제하여야 하나, 비과세사업에 관련된 부분은 매출세액에서 공제할 수 없다고 판시하였다.

그리고 대법원 2011. 9. 8. 선고 2009두16268 판결은, 원고의 방송용역 제공은 무상의 용역제공으로서 비과세사업에 해당하고 수신료 등은 그에 대한 대가가 아니어서 그 비과세사업의 공급가액이 없는 경우에 해당하므로 그 비과세사업과 과세사업에 공통되는 공통매입세액의 안분계산에 관하여 면세사업과 과세사업의 공급가액 비율에 따라 공통매입세액을 안분계산하도록 한 규정은 유추적용할 수 없다고 판시하였다. 무상의 용역제공은 면세사업이 아니라 비과세사업이다. 그래서 여기서의 비과세사업에는 공급가액이 없다. 따라서 공급가액을 기준으로 하는 부가가치세법 시행령 제81조 제1항을 적용할 수 없음은 물론 제2항도 적용할 수 없다. 제2항은 면세사업이나 비과세사업의 공급가액이 있음을 전제로 그 비율이 미미할 경우에 적용하는 규정이기 때문이다. 이 사건은 부가가치세경정거부처분취소 사건이었으므로 원고에게 증명책임이 있었는데 파기환송 후 원심에서 원고가 소취하함으로써 종결되었다. 원고로서도 다른 합리적인 안분방법을 찾기 어려워 경정청구가액을 입증하기 어려웠거나 아니면 과세관청이 직권취소하였기 때문으로 짐작된다. 같은 취지에서 대법원 2016. 6. 23. 선고 2015두45731 판결도, 해당 사업자가 비과세사업에 해당하는 용역의 공급에 관하여 거래상대방으로부터 별도로 공급대가를 지급받는 경우가 아니라 국가나 지방자치단체로부터 국고보조금 등을 지급받는 경우로서 비과세사업에 해당하는 용역의 공급에 대한 대가로 볼 수 없는 경우라면 면세사업과 과세사업의 공급가액 비율에 따라 공통매입세액을 안분하여 계산하도록 부가가치세법 시행령 제61조 제1항의 규정을 유추적용할 수는 없고, 이러한 경우에는 부가가치세법 시행령 제61조 제4항 각 호의 방법 등 다른 합리적인 안분계산 방법들 중에서 공통매입세액의 안분계산에 적합한 것을 적용하여 비과세사업에 안분되는 매입세액을 가려내야 할 것이라고 판시하였다.

마찬가지로 대법원 2019. 1. 17. 선고 2015두60662 판결도, 금융지주회사가 자회사 등에 대한 자금지원업무를 수행하면서 조달금리, 조달부대비용, 대손충당금 적립비율, 업무원가만을 더한 금액을 이자율로 정하여 그에 따른 대여이자를 수령하고 거기에 별도의 수수료 명목의 금전을 포함하지 않은 사안에서, 금융지주회사는 경영관리업무 등의 하나로 자신이 지배·경영하고 있는 특정 자회사 등에 단순히 개별적인 자금지원을 할 수 있을 뿐 은행업자 등이 인가 등을 받은 다음 불특정 다수인을 상대로 자금을 융통하거나 중개하여 수수료 성격의 대가를 받는 은행업 등에 해당하지 않으므로 이는 면세사업이 아닌 비과세사업에 해당하고, 그 대여이자 전부가 곧바로 비과세사업에 해당하는 용역의 공급에 대한 대가로 볼 수 없으므로, 과세사업과 면세사업을 겸영하는 경우의 공통매입세액 안분에 관한 부가가치세법 시행령 규정을 유추적용하여 위 대여이자를 비과세사업의 공급가액으로 보아 비과세사업에 안분되는 매입세액을 가려낼 수 없다고 판시하였다. 위 대여이자에는 자금대여 수수료는 포함되어 있지 않는 반면, 대여자금의 조달금리 등이 포함되어 있는데, 이러한 조달금리 등이 전부 비과세사업인 자금대여용역 자체의 대가로 보기는 어렵다는 입장에 있는 것으로 이해된다.

한편, 대법원 2023. 8. 31. 선고 2020두56384 판결은, 국가철도공단이 한국철도공사에 철도시설을 임대하고 사용료를 지급받는 임대계약을 체결하고, 별도로 한국철도공사와 일반철도 건널목 관리업무 위·수탁계약을, 민간업체와 국가중요시설에 대한 방호용역계약을 각각 체결하여 정부출연금으로 건널목 관리용역 및 방호용역(이하 '이 사건 용역')에 대한 대가를 지급한 사안에서, 이 사건 용역비가 과세사업인 철도시설 임대용역에 관련된 것으로서 매입세액공제대상이 되는지가 문제되었는데, 원고가 한국철도공사에 이행해야 할 임대용역의 내용에 이 사건 용역은 포함되어 있지 않고, 위 임대용역의 공급에 원고가 공익적 목적에서 수행하는 건널목 관리용역과 방호용역이 통상적으로 수반한다고 볼 수도 없으며, 또한 원고는 관련 법령에 따라 정부가 위탁한 업무를 대행하기 위하여 정부로부터 출연금을 교부받아 건널목 관리용역과 방호용역을 일반 공중에 무상으로 공급하였으므로 위 각 용역의 공급은 원고가 스스로의 설립목적을 달성하기 위하여 행하는 비과세사업에 해당하여, 원고는 과세사업인 위 임대사업 이외에 비과세사업인 철도건널목 관리사업과 국가중요시설 방호사업을 겸영하고 있는 것으로 보아야 한다고 전제한 다음, 이 사건 용역은 원고가 정부로부터 위탁받은 사업을 수행하기 위하여 정부 출연금을 재원으로 외부로부터 공급받은 것이고, 원고는 출연사업별로 회계를 구분하여 기록하고 있으며, 철도시설 임대용역의 사용료는 이 사건 용역의 공급과는 무관하게 책 정되어 이 사건 용역의 공급 여부가 위 임대용역의 공급대가에 아무런 영향을 미치지 않고, 원고가 위 임대사업을 영위하는 데 이 사건 용역 관련 비용이 필수적으로 소요되는 것도 아니라는 등의 이유로 이 사건 용역의 매입세액은 모두 비과세사업인 철도건널목 관리사업과 국가중요시설 방호사업에만 관련된 것으로서 매입세액 불공제대상이 된다 고 판시하였다.

철도시설 임대계약에서 원고는 철도운행에 적합한 건전한 선로 등을 제공하여야 한다 는 의무를 정하고 있으므로 그 의무이행의 일환으로 이 사건 용역을 공급받았다고 볼 수도 있어 과세사업인 위 임대계약에 관련된 매입세액으로 볼 여지가 있음에도 불구하 고, 대법원은 원고의 건널목 관리와 주요시설 방호 업무는 어디까지나 그 제공의 상대방 이 한국철도공사가 아닌 일반 국민이라고 보았고, 위 임대 용역비도 이 사건 용역과는 무관하게 한국철도공사와 별도로 체결된 철도시설유지보수 위수탁계약의 유지보수비의 70%로 정한 점을 고려하여 이 사건 용역비는 과세사업인 위 철도시설 임대용역과는 무 관하다고 보았다. 과세사업과의 관련성에 있어서 대법원이 엄격한 입장을 취한 사례로 평가된다.

(3) 예정사용면적 비율에 따른 안분

부가가치세법 시행령 제81조 제4항 제3호는 총예정사용면적에 대한 면세사업 등에 관 련된 예정사용면적의 비율에 따라 안분계산한다고 규정하고, 제82조는 이와 같이 안분계 산한 경우에는 해당 재화의 취득으로 과세사업과 면세사업 등의 사용면적이 확정되는 과세기간에 대한 납부세액을 확정신고할 때에 정산하도록 규정하고 있다.

이에 관하여 대법원 2015. 11. 12. 선고 2012두28056 판결은 '예정공급가액'이나 '예정 사용면적'에 따른 공통매입세액의 안분계산에 대하여 추후 확정된 수치에 따른 정산을 전제하고 있으므로, '예정공급가액'이나 '예정사용면적'은 실제로 공급 또는 사용이 이루 어지는 과세기간에 발생할 공급가액이나 제공될 사용면적의 확정치를 의미하는 것이 아 니라, 사업자가 부가가치세를 신고할 당시의 사업계획 등을 기초로 하여 향후 발생할 것 으로 추정한 공급가액이나 사용면적의 예상치를 의미한다고 전제하고, 따라서 건물을 신 축 또는 취득하여 과세사업과 면세사업을 겸영하는 사업자가 부가가치세 신고 당시 과거의 사업실적, 시장 상황, 사업계획서, 금융기관용 대출제안서 등과 같은 자료를 토대로 과세사업과 면세사업에 제공할 것으로 구분하여 추정한 예정면적이 존재한다면, 그것이 객관적이고 합리적이지 않다는 등의 특별한 사정이 없는 한, '건물을 신축 또는 취득하여 과세사업과 면세사업에 제공할 예정면적을 구분할 수 있는 경우'에 해당한다고 보아야 하고, 확정된 면세사용면적에 따른 정산은 예정면적을 기초로 공제받은 매입세액을 차감하는 방식으로 이루어지므로 당초의 예정면적이 과세기간에 따라 일부 변동되었다고 하여 달리 볼 것도 아니라고 판시하였다.

그래서 A사, B사가 2006년 제2기에 원고에 대한 금융자문 및 신용평가를 위하여 작성한 서류, C사, D사가 2008년 제1기에 원고에 대한 금융자문 등을 위하여 작성한 서류, 사업부지의 88.8%를 취득한 원고가 2008년 제1기에 금융기관 대출을 받기 위하여 작성한 사업계획서 등 각 서류에는 분기별로 약간의 변동이 있기는 하나 국민주택 규모 이하분과 국민주택 규모 초과분의 각 세대수 등 분기별 예정면적이 구체적으로 나타나 있었던 사안에서, 위와 같이 각 서류에 나타난 분기별 예정면적은 원고의 과거 사업실적, 당시 시장 상황, 사업계획 등을 근거로 하여 원고가 과세사업과 면세사업에 제공할 것으로 구분한 면적으로서 객관적이고 합리적인 방법에 따라 향후 사용할 것으로 추정한 면적의 예상치로 볼 수 있으므로, 이는 '건물을 신축 또는 취득하여 과세사업과 면세사업에 제공할 예정면적을 구분할 수 있는 경우'에 해당하여 그 공통매입세액 중 면세사업에 관련된 매입세액은 각각의 과세기간별로 알 수 있는 '총예정사용면적에 대한 면세사업에 관련된 예정사용면적의 비율'로 안분계산하여야 한다고 판시하였다.

(4) 다른 사업장으로의 반출에 따른 안분

부가가치세법 제10조 제3항은 사업장이 둘 이상인 사업자가 자기의 사업과 관련하여 생산 또는 취득한 재화를 판매할 목적으로 다른 사업장에 반출하는 것은 재화의 공급으로 본다고 규정하고 있다. 따라서 자기의 다른 사업장에서 원료·자재 등으로 사용하거나 소비하기 위하여 반출하는 것은 재화의 공급으로 의제하지 않는다. 여기서 어떤 사업장에서 생산한 재화의 일부는 직접 판매하고 나머지는 다른 사업장의 자재로 사용하기 위하여 반출하는 경우에는 직접 판매하는 부분에 관하여는 공급가액이 있지만 다른 사업장에 반출하는 부분에 관하여는 공급가액이 없다. 이러한 경우 그 사업장의 매입세액을 어떻게 안분할 것인지가 문제된다. 이에 관한 사안이 대법원 2012. 5. 9. 선고 2010두23170 판결이다.

원고의 수원지점은 원재료 등을 매입하여 방화문 등을 제조한 후 일부는 직접 판매하고 대부분은 주사업장인 본점으로 반출하였는데, 본점에서는 수원지점으로부터 공급받은 방화문 등을 그대로 판매하거나 건설회사 등으로부터 하도급받은 방화문 설치공사의 시공 등에 사용하였는데, 본점에서 시공한 공사 중 일부는 면세대상이었다. 과세관청은 수원지점의 매입세액 중 본점과 수원지점의 총공급가액에 대한 면세공급가액의 비율로 안분계산한 금액은 면세사업에 관련된 매입세액에 해당한다고 이유로 공제대상에서 제외하였다. 원심은, 원고가 수원지점에서 제조한 방화문 등을 그 설치공사 등의 시공에 사용하기 위하여 본점으로 반출하는 것은 타인에게 직접 판매할 목적이 아니라 본점에서 원료·자재 등으로 사용·소비하기 위한 것이어서 '재화의 공급으로 보는 경우'에 해당하지 아니하므로 위 방화문 등은 비과세사업에 사용된 것이고, 나아가 과세사업과 면세사업을 겸영하는 경우의 공통매입세액의 안분계산방법은 과세사업과 비과세사업을 겸영하는 경우에도 적용되므로, 수원지점의 공통매입세액은 수원지점과 본점의 총공급가액의 합계액에 대한 비과세 및 면세 공급가액의 합계액의 비율에 따라 안분계산하여야 하는데, 위와 같이 안분계산한 수원지점의 불공제 매입세액보다 과세관청이 계산한 수원지점의 불공제 매입세액이 적어 원고에게 유리한 이상 과세관청의 처분이 위법하다고 볼 수는 없다는 취지로 판단하였다.

그러나 대법원은, 둘 이상의 사업장이 있는 사업자가 자기 사업과 관련하여 생산 또는 취득한 재화를 타인에게 직접 판매할 목적이 아니라 다른 사업장에서 원료·자재 등으로 사용·소비하기 위하여 반출하는 경우 그것이 재화의 공급으로 의제되지 않는다고 하여 그 재화가 비과세사업에 사용되었다고 할 수는 없으며, 따라서 원고의 수원지점이 방화문 등을 제조하여 본점으로 반출하는 것이 재화의 공급에 해당하지 않는다는 사정만으로 수원지점이 과세사업과 비과세사업을 겸영하는 경우에 해당한다고 볼 수 없고, 나아가 원고의 수원지점이 과세사업과 면세사업 등을 겸영하고 있다고 하더라도, 부가가치세는 사업장 과세의 원칙에 따라 사업장마다 납부하여야 하고 원칙적으로 각 사업장 소재지가 납세지가 되며 각 사업장은 과세상 독립된 장소적 단위가 되므로, 수원지점의 공통매입세액 중 매출세액에서 공제하지 아니하는 면세사업 등에 관련된 매입세액은 특별한 사정이 없는 한 수원지점만의 총공급가액에 대한 면세공급가액 등의 비율에 의하여 안분계산하여야 한다고 판시하였다.

이 판결에 대하여는 다음과 같은 비판이 가능하다. 원고의 수원지점에서 본점으로 방화문 등을 반출한 것은 재화의 공급으로 보지 않으므로 이는 본점에서 그에 관한 매출이 발생할 때 비로소 그 공급이 면세인지 과세인지가 밝혀진다고 할 수 있다. 그런데 수원지점의 매입액은 직접 매출분과 본점으로의 반출분에 공통으로 기여하는 것이므로 결국은 수원지점의 매입액 중 면세사업에 관련된 부분은 수원지점으로부터 공급받은 것에서 발생한 본점의 매출액 중 면세에 해당하는 부분이라고 할 것이다. 이러한 경우의 안분계산을 수원지점에서의 매출분에 국한하게 되면 본점으로의 반출분에 대응하는 매입액 부분을 따로 반영할 수 없는 불합리에 빠지게 된다. 그래서 이 사안에서의 안분계산은 수원지점 매출액의 면세부분과 과세부분, 그리고 본점으로의 반출분에 관한 본점의 매출액 중 면세부분과 과세부분을 합하여 그중 면세부분이 차지하는 비율만큼을 면세사업에 관련된 매입세액으로 보아 공제를 부인하는 것이 타당하다고 하겠다.

5. 대손세액공제

가. 관련 규정과 입법 취지

부가가치세법 제45조는 대손세액공제에 관한 특례를 규정하고 있다. 먼저 제1항은, 사업자는 부가가치세가 과세되는 재화 또는 용역을 공급하고 매출채권(부가가치세를 포함한 것을 말한다)의 전부 또는 일부가 공급을 받은 자의 파산·강제집행이나 그 밖에 대통령령으로 정하는 사유로 대손되어 회수할 수 없는 경우에는 그 대손금액에 110분의 10을 곱하여 계산한 대손세액을 그 대손이 확정된 날이 속하는 과세기간의 매출세액에서 뺄 수 있고, 다만 그 사업자가 대손금액의 전부 또는 일부를 회수한 경우에는 회수한 대손금액에 관련된 대손세액을 회수한 날이 속하는 과세기간의 매출세액에 더한다고 규정하고 있다.

이어서 제3항은 재화 또는 용역을 공급받은 사업자가 대손세액에 해당하는 금액의 전부 또는 일부를 매입세액으로 공제받은 경우로서 그 사업자가 폐업하기 전에 재화 또는 용역을 공급하는 자가 제1항에 따른 대손세액공제를 받은 경우에는 그 재화 또는 용역을 공급받은 사업자는 관련 대손세액에 해당하는 금액을 대손이 확정된 날이 속하는 과세기간에 자신의 매입세액에서 뺀다고 규정하고 있다. 그리고 제4항은, 제3항에 따라 매입세액에서 대손세액에 해당하는 금액을 뺀 해당 사업자가 대손금액의 전부 또는 일부를 변제한 경우에는 변제한 대손금액에 관련된 대손세액에 해당하는 금액을 변제한 날이 속하는 과세기간의 매입세액에 더한다고 규정하고 있다.

그리고 부가가치세법 시행령 제87조 제1항은, "파산·강제집행이나 그 밖에 대통령령으로 정하는 사유"란 소득세법 시행령 제55조 제2항 및 법인세법 시행령 제19조의2 제1항에 따라 대손금으로 인정되는 사유를 말한다고 규정하고, 제2항은 법 제45조에 따른 대손세액공제의 범위는 사업자가 부가가치세가 과세되는 재화 또는 용역을 공급한 후 그 공급일부터 5년(2020. 2. 11. 개정되면서 10년으로 연장되었다)이 지난 날이 속하는 과세기간에 대한 확정신고기한까지 제1항의 사유로 확정되는 대손세액으로 한다고 규정하고 있다.

대손세액공제제도의 취지를 살펴본다. 전단계세액공제제도에 의하면 재화나 용역을 공급하는 사업자는 그 상대방으로부터 부가가치세를 거래징수하여 국가에 납부하는 것이 원래의 모습이다. 하지만 공급하는 자는 거래징수 여부를 불문하고 부가가치세의 납세의무를 부담한다. 그런데 공급하는 자가 그 상대방으로부터 부가가치세는 물론이고 그 공급가액 조차 회수하지 못한 경우에도 부가가치세 납부의무를 부담지우는 것은 너무 가혹한 측면이 있다. 이를 사후적으로 구제하기 위하여 마련한 제도가 대손세액공제제도이다. 그래서 시행령에서 정하는 대손의 요건을 갖추었을 때 공급하는 자에게는 매출세액의 부담을 덜어주고, 동시에 공급받는 자로부터는 매입세액 공제의 혜택을 박탈하는 것이다.

조세쟁송에서는 실제로 대손이 발생하였다고 볼 수 있는지 여부 및 그 시기가 언제인지가 많이 다투어진다. 이는 소득세법 시행령 제55조 제2항 및 법인세법 시행령 제19조의2 제1항에 따라 대손금으로 인정될 수 있는지 여부 및 그 시기가 언제인지의 문제이다. 아래에서 살펴보는 사례도 이러한 쟁점을 포함하고 있다.

나. 사례 분석

대손세액공제에 관한 거의 모든 쟁점을 포함하고 있는 사례가 있어 소개한다. 대법원 2004. 10. 28. 선고 2003두9695 판결이다. 한때 우리나라 경제계를 크게 흔들어 놓았던 큰 사건에 관한 것이다.

사안의 내용은 다음과 같다. M사는 N사가 시행하는 D제철소 신축공사를 일괄 도급받아 이를 다시 하청업체에 하도급을 준 다음 그 공사대금은 N사가 발행한 약속어음을 교부받았다가 이를 다시 하청업체에 배서·양도하는 방식으로 결제하였다. 그런데 M사와 N사가 1997. 1. 23.경 부도가 나자 하청업체들은 그 배서·양도받은 어음의 부도발생일로부터 6월이 경과한 날이 속하는 1997년 제2기분 매출세액에서 대손세액을 차감하였다. 그러자 과세관청은 2000. 7. 10. M사가 1997년 제2기분 부가가치세를 신고하면서 위 대손세액 상당액을 매입세액에서 차감하지 아니한 채 매입세액 공제를 받았다는 이유로 그 대손세액 상당액을 매입세액에서 차감하는 내용의 과세처분을 하였다. 한편, M사는 1997. 10. 7. 회사정리절차가 개시되어 1998. 11. 19. 정리계획인가결정이 있었고, N사 역시 1997. 8. 27. 회사정리절차가 개시되어 1999. 7. 27. 정리계획인가결정이 있었다.

이에 대하여 원심은, M사가 배서·양도한 N사 발행의 어음이 그 부도발생일로부터 6월이 경과하도록 결제되지 아니함으로써 1997년 제2기분 부가가치세 신고시에는 그 대손이 확정되어 대손세액공제의 요건이 갖추어졌고, 이러한 경우 M사는 대손세액 상당액을 매입세액에서 차감하여야 하는데도 이를 차감하지 아니한 채 1997년 제2기분 부가가치세를 신고하였으므로 과세관청이 위 대손세액 상당액을 매입세액에서 차감하는 처분을 한 것은 적법하며, 설사 위 어음을 소지한 하청업체들이 M사에 대하여 소구권을 행사하지 않았다거나 그 어음금채권을 M사에 대한 정리채권으로 신고하지 않았다고 하더라도 1997년 제2기분 부가가치세 신고 당시 그 어음금채권을 포기하였다고 볼 수는 없고, 그 후 1999. 7. 27. 자 N사에 대한 회사정리계획인가결정에서 그 어음소지인들이 그 어음금채권을 분할·변제받기로 정하여졌다고 하더라도 위 대손세액공제는 '회사정리계획인가결정'이 있었음을 사유로 하는 것이 아니라 '어음 부도발생일로부터 6월이 경과'하였음을 사유로 하는 것이어서 회사정리계획인가결정이 어떠한 영향을 미칠 수는 없으며, 나아가 과세관청이 N사에 대한 위 정리계획인가결정에 의하여 M사가 위 어음소지인들을 포함한 하청업체에 대한 채무를 N사에 대한 채권과 상계함으로써 모두 변제한 것으로 보고, 2002년 6월경 그 변제한 대손금액에 관련된 대손세액을 1999년 제2기분 매입세액에 가산하여 부가가치세를 감액경정하는 결정을 하였다고 하더라도, 변제한 대손금액에 관련된 대손세액을 변제한 날이 속하는 과세기간의 매입세액에 가산할 것인지의 여부는 대손세액 상당액을 매입세액에서 차감한 이후에 관련 대손금액이 변제되었는지 여부에 따라 결정될 문제에 불과하므로, 그러한 사정만으로 대손세액 상당액을 1997년 제2기분 매입세액에서 차감한 과세관청의 처분이 위법하거나 부당하다고 할 수는 없다고 판단하였고, 대법원이 이를 수긍하였다. 대손세액공제제도를 전체적으로 이해하는 데 도움이 되는 좋은 사례이다.

그리고 대법원 2018. 6. 28. 선고 2017두68295 판결은, 원고의 회생절차개시신청에 따라 법원이 A사의 원고에 대한 회생채권 중 현금변제하기로 한 부분을 제외한 나머지 상거래채권을 출자전환하기로 하면서, 출자전환은 원고가 신규로 발행하는 주식의 효력발생일에 당해 회생채권의 변제에 갈음하고, 출자전환에 따라 발행된 주식 전부에 대하여 무상감자한다는 내용의 회생계획인가결정을 함에 따라 원고는 A사가 채무의 출자전환으로 받은 주식을 모두 무상감자를 통하여 소각한 사안에서, 회생계획안은 통상의 출자전환과 달리 미리 출자전환에 의하여 발행된 주식은 무상감자하여 소각한다고 정하고 있는 점 등에 비추어 보면, 회생계획인가결정으로 출자전환된 A사의 원고에 대한 매출채권은 법인세법 시행령 제19조의2 제1항 제5호에서 정한 '회생계획인가의 결정에 따라 회수불능으로 확정된 채권'에 해당하므로, 그에 상응하는 금액을 원고의 부가가치세 매입세액에서 공제한 과세관청의 처분이 적법하다고 판단하였다. 이 사건에서는 말이 채권의 출자전환이지 실은 채권의 포기에 해당하므로 회수불능으로 확정된 채권으로 보는데 무리가 없다.

세금계산서

1. 세금계산서의 의의

세금계산서는 재화나 용역을 공급하는 자와 공급받는 자 사이에 의무적으로 수수하게 함으로써 거래증빙으로서의 역할을 함은 물론 이를 통해 과세관청이 공급하는 자의 매출액과 매출세액 및 공급받는 자의 매입액과 매입세액을 대조·검증할 수 있게 함으로써 전단계세액공제제도의 근간이 될 뿐만 아니라 법인세나 소득세에 있어서도 과세표준과 세액을 파악하는 데 있어서 필수불가결한 수단이 되고 있다. 그래서 부가가치세법에서는 세금계산서에 관하여 엄격히 규제하고 있다.

부가가치세법 제32조는 사업자가 재화 또는 용역을 공급하는 경우에는 그 각 호의 사항을 기재한 세금계산서를 그 공급을 받는 자에게 발급하여야 한다고 규정하면서, 제1호에서 공급하는 사업자의 등록번호와 성명 또는 명칭을, 제2호에서 공급받는 자의 등록번호, 다만 공급받는 자가 사업자가 아니거나 등록한 사업자가 아닌 경우에는 고유번호 또는 공급받는 자의 주민등록번호를, 제3호에서 공급가액과 부가가치세액을, 제4호에서 작성연월일을 들고 있고, 부가가치세법 시행령 제67조 제2항은 그 밖의 기재사항으로, 공급하는 자의 주소, 공급받는 자의 상호·성명·주소, 공급하는 자와 공급받는 자의 업태와 종목, 공급품목, 단가와 수량, 공급 연월일, 거래의 종류, 사업자 단위 과세 사업자의 경우 실제로 재화 또는 용역을 공급하거나 공급받는 종된 사업장의 소재지 및 상호를 규정하고 있다.

세금계산서의 발급시기에 관하여는, 부가가치세법 제34조 제1항은 세금계산서는 사업자가 재화 또는 용역의 공급시기에 재화 또는 용역을 공급받는 자에게 발급하도록 하였고, 제2항은 사업자는 재화 또는 용역의 공급시기가 되기 전 제17조(재화 및 용역의 공급시기의 특례)에 따른 때에 세금계산서를 발급할 수 있도록 하였다. 그리고 제3항은 그 각 호의 어느 하나에 해당하는 경우에는 재화 또는 용역의 공급일이 속하는 달의 다음 달 10일(그 날이 공휴일 또는 토요일인 경우에는 바로 다음 영업일을 말한다)까지 세금계산서를 발급할 수 있다고 하면서, 제1호에서 '거래처별로 1역월의 공급가액을 합하여 해당 달의 말일을 작성연월일로 하여 세금계산서를 발급하는 경우'를, 제2호에서 '거래처별로 1역월 이내에서 사업자가 임의로 정한 기간의 공급가액을 합하여 그 기간의 종료일을 작성연월일로 하여 세금계산서를 발급하는 경우'를, 제3호에서 '관계 증명서류 등에 따라 실제거래사실이 확인되는 경우로서 해당 거래일을 작성연월일로 하여 세금계산서를 발급하는 경우'를 들고 있다. 세금계산서상의 해당 거래일이 중요한 것이고 그에 따라 과세기간의 귀속이 정해지는 것이므로 그와 같은 내용만 제대로 기재된다면 실제로 그 세금계산서가 언제 발행되었는지는 덜 중요하다고 보아 위와 같은 특례를 인정하고 있는 것이다. 그러나 이러한 경우에도 다음 달 10일까지의 기한은 준수하여야 한다.

한편, 부가가치세법 제32조 제2항은 법인사업자와 일부 개인사업자(직전연도의 사업장별 공급가액 합계액 1억 원 이상)는 대통령령이 정하는 바에 따라 전자적 방법에 따라 전자세금계산서를 발급하도록 규정하고, 제3항에서 이러한 전자세금계산서를 발급하였을 때에는 그 발급일의 다음 날까지 전자세금계산서 발급명세를 국세청장에게 전송하도록 하였다.

그리고 부가가치세법 제54조 제1항은, 사업자는 세금계산서를 발급하였거나 발급받은 경우에는 매출처별세금계산서합계표와 매입처별세금계산서합계표를 해당 예정신고 또는 확정신고를 할 때 함께 제출하여야 한다고 규정하고, 제2항은 전자세금계산서를 발급하거나 발급받고 전자세금계산서 발급명세를 해당 재화 또는 용역의 공급시기가 속하는 과세기간(예정신고의 경우에는 예정신고기간) 마지막 날의 다음 달 11일까지 국세청장에게 전송한 경우에는 제1항에도 불구하고 해당 예정신고 또는 확정신고(제48조 제3항 본문이 적용되는 경우에는 해당 과세기간의 확정신고)시 매출·매입처별세금계산서합계표를 제출하지 아니할 수 있다고 규정하고 있다.

대법원 2013. 3. 28. 선고 2012두26074 판결은, 전자세금계산서 제도의 조기정착을 위하여 마련한 규정들의 취지 등을 종합하여 보면, 법인사업자가 전자세금계산서를 발급한 경우에는 전자세금계산서 발급명세 전송의무와 아울러 세금계산서합계표 제출의무도 함께 부담하고, 전자세금계산서를 발급한 법인사업자가 전자세금계산서 발급명세를 전송하면 세금계산서합계표 제출의무를 면하게 되어 전자세금계산서 발급명세 미전송가산세는 물론 세금계산서합계표 미제출가산세도 면하게 되나, 세금계산서합계표를 제출하였을 뿐 전자세금계산서 발급명세를 전송하지 않았으면 전자세금계산서 발급명세 미전송가산세를 부담하여야 하며, 세금계산서합계표를 제출하지 않고 전자세금계산서 발급명세도 전송하지 않으면 전자세금계산서 발급명세 미전송가산세 규정의 적용이 배제되어 세금계산서합계표 미제출가산세만 부담하게 된다고 판시하였다.

2. 수정세금계산서

가. 관련 규정

부가가치세법 제32조 제7항은, 세금계산서 또는 전자세금계산서의 기재사항을 착오로 잘못 적거나 세금계산서 또는 전자세금계산서를 발급한 후 그 기재사항에 관하여 대통령령으로 정하는 사유가 발생하면 대통령령으로 정하는 바에 따라 수정세금계산서 또는 수정전자세금계산서를 발급할 수 있다고 규정하고 있다. 그 위임에 따라 부가가치세법 시행령은 착오가 있었던 경우와 사후의 사정변경이 있었던 경우로 대별하여 수정세금계산서 발급방법에 관하여 자세하게 규정하고 있다.

먼저 사후의 사정변경이 있었던 경우에 관하여, 부가가치세법 시행령 제70조 제1항 제1호 내지 제4호에서, 처음 공급한 재화가 환입된 경우에는 환입된 날을 작성일로 적고 비고란에 처음 세금계산서 작성일을 덧붙여 적은 후 붉은색 글씨로 쓰거나 음(−)의 표시를 하여 발급하고, 계약의 해제로 재화 또는 용역이 공급되지 아니한 경우에는 계약이 해제된 때에 그 작성일은 계약해제일로 적고 비고란에 처음 세금계산서 작성일을 덧붙여 적은 후 붉은색 글씨로 쓰거나 음(−)의 표시를 하여 발급하고, 계약의 해지 등에 따라 공급가액에 추가되거나 차감되는 금액이 발생한 경우 증감 사유가 발생한 날을 작성일로 적고 추가되는 금액은 검은색 글씨로 쓰고, 차감되는 금액은 붉은색 글씨로 쓰거나 음(−)의 표시를 하여 발급하고, 재화 또는 용역을 공급한 후 공급시기가 속하는 과세기간 종료 후 25일 이내에 내국신용장이 개설되었거나 구매확인서가 발급된 경우에는 내국신용장 등이 개설된 때에 그 작성일은 처음 세금계산서 작성일을 적고 비고란에 내국신용장 개설일 등을 덧붙여 적어 영세율 적용분은 검은색 글씨로 세금계산서를 작성하여 발급하고, 추가하여 처음에 발급한 세금계산서의 내용대로 세금계산서를 붉은색 글씨로 또는 음(−)의 표시를 하여 작성하고 발급하도록 하였다.

다음으로 착오가 있었던 경우에 관하여, 부가가치세법 시행령 제70조 제1항 제5호는, 필요적 기재사항 등이 착오로 잘못 적힌 경우(과세표준 또는 세액을 경정할 것을 미리 알고 있는 경우는 제외한다)에는 처음에 발급한 세금계산서의 내용대로 세금계산서를 붉은색 글씨로 쓰거나 음(-)의 표시를 하여 발급하고, 수정하여 발급하는 세금계산서는 검은색 글씨로 작성하여 발급하도록 규정하고 있다.

그리고 부가가치세법 시행령 제70조 제1항 제6호는, 필요적 기재사항 등이 착오 외의 사유로 잘못 적힌 경우(과세표준 또는 세액을 경정할 것을 미리 알고 있는 경우는 제외한다) 재화나 용역의 공급일이 속하는 과세기간에 대한 확정신고기한 다음 날부터 1년 이내에 세금계산서를 작성하되, 처음에 발급한 세금계산서의 내용대로 세금계산서를 붉은색 글씨로 쓰거나 음(-)의 표시를 하여 발급하고 수정하여 발급하는 세금계산서는 검은색 글씨로 작성하여 발급하도록 하되, 과세표준 또는 세액을 경정할 것을 미리 알고 있는 경우는 제외하도록 규정하였다. 이 규정은 2012. 2. 2. 전자세금계산서 제도의 시행으로 공급받는 자의 확인 등이 어려워 잘못 기재된 세금계산서가 다량 발급되고 있는 상황 등을 고려하여 착오 여부와 관련 없이 확정신고기한까지는 수정세금계산서의 발급을 허용하도록 하기 위하여 신설되었다가 다시 확정신고기한 다음 날부터 1년 이내로 그 기간을 연장하였다고 한다.

나. 요건과 발급시기

위에서 본 수정세금계산서는 원칙적으로 당초에 적법한 세금계산서를 발급하였거나 착오로 일부 기재사항을 잘못 기재한 경우에 한하여 사후에 발급할 수 있는 것이므로 당초에 세금계산서를 발급하지 않았거나 면세거래로 보아 세금계산서를 발급하지 아니하고 계산서를 발급한 경우에는 수정세금계산서의 발급대상이 될 수 없다. 따라서 당초의 세금계산서가 재화 또는 용역의 공급 없이 가공으로 교부한 세금계산서인 경우이거나 과세사업자가 재화 또는 용역을 공급하고 실제 공급받는 자와 세금계산서상 공급받는 자가 다른 위장 세금계산서를 교부한 경우로서 고의에 의한 경우에는 수정세금계산서를 교부할 수 없다고 해야 할 것이지만, 부가가치세법 시행령 제70조 제1항 제6호가 정하는 범위 내에서 구제될 수는 있겠다.

착오에 의하여 잘못 기재하였다 함은 공급하는 사업자가 당해 거래의 내용을 객관적 사실과 달리 인식함으로써 세금계산서상의 기재사항을 잘못 기재한 것을 의미한다. 그와 같은 착오에 과실이 있더라도 무방하다고 할 것이다. 세금계산서를 작성하여 발급하는 자의 착오여야 하며, 그것을 교부받는 자의 착오 여부는 문제되지 않는다. 착오의 대상에 관하여는 부가가치세법 시행령 제70조 제1항 제5호에서 착오의 대상을 필요적 기재사항 등이라고 규정하고 있어서 그 대상의 범위에 관하여 견해의 대립이 있다. 세금계산서상의 모든 기재사항이 그 범위에 포함된다는 비제한설과 공급자나 공급받는 자와 같은 근본적인 사항은 세금계산서의 동일성을 해하므로 이를 제외한 나머지 기재사항은 모두 그 범위에 포함된다는 제한설, 세금계산서 교부질서를 해할 수 있는 유형은 그 범위에서 배제하여야 한다는 절충설 등이 있다. 세금계산서의 수정을 무제한 허용할 경우 세금계산서 교부질서를 해할 수 있으므로 세금계산서 발급질서의 투명성을 위하여 수정세금계산서 발급이 가능한 유형을 제한하여야 할 필요가 있으므로 제한설이나 절충설을 수긍할 만하다. 그러나 수정세금계산서는 납세자에게 사후에나마 올바른 세금계산서를 발급할 기회를 부여하는 것이므로 부가가치세법 관련 규정에서 그 적용범위를 특별히 제한하고 있지 않다면 비록 이를 남용할 위험이 있다고 해도 입법의 개정으로 해결할 문제이고 그 개정이 이루어지기까지는 함부로 그 범위를 제한하는 것은 조세법률주의 원칙에 부합하지 않는 것이라고 하겠다.

대법원 2013. 10. 17. 선고 2010두12972 판결은, 실제로는 영세율 적용대상이 아님에도 영세율에 해당한다고 착오를 일으켜 당초 세금계산서를 발행한 사안에서, 영세율 적용대상 여부에 착오가 있는 경우도 필요적 기재사항 등에 해당하는 '공급가액과 부가가치세액'에 관하여 착오가 있는 경우로 보아야 할 것이므로 수정세금계산서의 발급대상이 된다고 하고, 아울러 당초 세금계산서 발행일이 속하는 과세기간과 수정세금계산서의 실제 발행일이 속하는 과세기간이 서로 다른 경우에도 수정세금계산서의 발행이 불허된다고 할 수 없다고 판시하였다.

사후의 사정변경으로는 부가가치세법 시행령 제70조 각 호에서 나열하고 있는 바와 같이 환입, 계약의 해제, 해지, 내국신용장의 개설 등이 있다. 이는 제한적·열거적 규정이라기보다는 예시적 규정으로 보는 것이 옳을 것이다. 사후의 사정변경으로 인하여 당초의 세금계산서를 수정할 일은 위 규정의 각 호에서 열거하고 있는 것 외에도 더 있을 수 있고 그것을 굳이 부인할 필요는 없기 때문이다.

수정세금계산서 발급사유는 위에서 본 바와 같이 '착오'와 '사정변경' 및 '착오 외'가 있는데, 착오의 경우 그 발급시기를 종전에는 세무서장이 경정하여 통지하기 전까지로 제한하였으나 부가가치세법 시행령의 개정으로 2012. 7. 1.부터는 이러한 시기의 제한이 없어지고 다만 과세표준 또는 세액을 경정할 것을 미리 알고 있는 경우에는 그 발급을 하지 못하도록 하고 있고, '사정변경'의 경우에는 그 사정변경이 이루어진 때가 그에 관한 수정세금계산서의 작성일이 되며, '착오 외'의 경우는 그 발급시기가 앞서 본 바와 같이 당초 과세기간에 대한 확정신고기한 다음 날부터 1년 이내로 제한된다.

다. 효과

수정세금계산서는 '착오'에 의한 경우에는 착오의 대상이 발급일자가 아니라면 당초 세금계산서상의 발급일자를 그대로 둔 채 착오를 일으킨 필요적 기재사항 등을 정정하여 발급하게 되므로, 수정의 대상이 공급가액일 경우 당초 과세기간의 매출세액이나 매입세액에서 가감하여 조정하게 되고 이에 따라 부가가치세 수정신고의 필요성이 생긴다. '착오 외'에 의한 경우도 당초 세금계산서상의 발급일자를 그대로 두게 되며, 그 발급시한이 과세기간에 대한 확정신고기한까지이므로 이를 반영하여 확정신고하면 되고, 따라서 수정신고까지 나아갈 필요는 없다고 하겠다.

반면에 '사정변경'에 의한 경우에는 사정변경일을 발급일로 하여 수정세금계산서를 발급하게 되므로 수정의 대상이 공급가액일 경우 사정변경일이 속하는 과세기간의 매출세액이나 매입세액에서 가감하여 조정하게 되고, 따라서 부가가치세 수정신고의 필요성이 없다.

비슷한 취지에서 대법원 2011. 7. 28. 선고 2009두19984 판결은, 당초 세금계산서상 공급가액이 후발적 사유로 증가하거나 감소한 경우 과세관청과 납세자의 편의를 도모하기 위하여 그 사유가 발생한 날을 작성일자로 하여 그에 관한 수정세금계산서를 교부할 수 있도록 한 것은 공급가액 증감액을 수정세금계산서 교부일이 속하는 과세기간의 과세표준에 반영하도록 하는 데에 있으므로, 그와 같이 후발적 사유로 당초 세금계산서상 공급가액이 감소함에 따라 수정세금계산서를 교부받은 경우 그에 대응하는 매입세액 공제액 감소로 인하여 발생한 부가가치세액 증가분에 관하여는 그에 따라 수정세금계산서 교부일이 속하는 과세기간의 과세표준신고기한 다음 날부터 부과제척기간이 진행한다고 판시하였다. 그래서 A사가 B사와 공동으로 주택건설사업을 시행하면서 도로개설비용 분담금을 지급하기로 하고, 2000. 2. 14. B사로부터 세금계산서를 교부받은 다음 2000년 제1기 부가가치세를 신고하면서 이를 매출세액에서 공제하였는데, 이후 이를 감액하는 내용의 조정에 갈음하는 결정이 확정되었고, 이에 따라 2006. 7. 18. B사에게서 그 차액에 해당하는 금액을 당초 공급가액에서 차감하는 내용의 수정세금계산서를 교부받았는데도 2006년 제2기 부가가치세를 신고하면서 이를 전체 매입세액 공제액에서 차감하지 않은 사안에서, 부가가치세 증가분에 관한 부과제척기간은 수정세금계산서 교부일이 속하는 과세표준신고기한 다음 날인 2007. 1. 26.부터 진행한다고 하였다.

만약에 수정세금계산서를 발급할 사유가 있음에도 이를 발급하지 아니할 경우 당초의 세금계산서가 사실과 다른 세금계산서가 되어 세금계산서 불성실가산세나 세금계산서 합계표 불성실가산세의 제재가 따르게 된다. 같은 취지에서 부가가치세법 기본통칙(60 −

108-2)은 사업자가 세금계산서를 발급한 후 당초의 공급가액에 더하거나 **빼는** 금액이 발생한 경우 수정세금계산서를 발급하지 아니하거나 발급한 분에 대한 매출처별세금계산서합계표를 제출하지 아니한 때에는 부가가치세법 제20조 제2항 및 제6항에 따른 세금계산서와 그 합계표 부실기재가산세를 적용한다고 하고 있다. 이와 반대로 수정세금계산서를 발급하면 당초 세금계산서가 사실과 다르다고 하더라도 수정세금계산서 제도의 취지에 비추어 세금계산서 불성실가산세나 세금계산서합계표 불성실가산세 등의 제재는 따르지 않는다고 보아야 한다.

라. 수정수입세금계산서

부가가치세법 제35조 제1항은 세관장은 수입되는 재화에 대하여 부가가치세를 징수할 때에는 수입된 재화에 대한 수입세금계산서를 발급하도록 규정하고 있다. 일반적인 세금계산서는 공급자가 발급하는데 수입 재화의 경우는 공급자가 국외에 있는 수출자이어서 그 자에게 세금계산서 발급의무를 부여하기가 곤란하여 세관장이 대신 발급하도록 하는 것이다. 수입자는 이와 같이 세관장으로부터 발급받은 수입세금계산서를 근거로 매입세액 공제나 환급을 받을 수 있다.

한편, 같은 조 제2항은 세관장이 수정수입세금계산서를 발급하여야 하는 경우들을 규정하고 있는데, 그 제1호는 세관장이 과세표준 또는 세액을 결정 또는 경정하기 전에 수입하는 자가 수정신고 등을 하는 경우를, 제2호는 세관장이 과세표준 또는 세액을 결정 또는 경정하거나 수입하는 자가 세관공무원의 관세 조사 등으로 과세표준 또는 세액을 결정 또는 경정할 것을 미리 알고 수정신고하는 경우를 각 규정하고 있다. 그런데 제2호가 적용되는 경우는 다시 세 가지 경우로 제한하고 있는데, 그 가목에서 관세품목분류위원회 등에서 품목분류를 변경하는 경우를, 나목에서 합병에 따른 납세의무 승계 등으로 당초 납세의무자와 실제 납세자가 다른 경우를, 다목에서 수입자의 착오 또는 경미한 과실로 확인되거나 수입자가 자신의 귀책사유가 없음을 증명하는 경우를 각 규정하고 있다.

그리고 같은 조 제3항은 세관장이 제2항에 따른 수정수입세금계산서를 발급하지 아니하는 경우 일정한 기간 내에 세관장에게 수정수입세금계산서의 발급을 신청할 수 있도록 규정하고 있다. 위 각 규정에서 눈에 띄는 내용은 위 다목에서 수입자에게 귀책사유가 있는 경우에는 수정수입세금계산서를 발급하지 않도록 규정하고 있다는 점이다. 그런데 귀책사유가 있는지 여부는 획일적으로 정할 수 있는 것이 아니고 구체적인 사실관계를 토대로 하여 규범적 관점에서 판단을 해야 하는 것이다. 그러다 보니 판단자에 따라 판단이 서로 엇갈리는 경우가 더러 생긴다.

　　대표적인 사례가 대법원 2020. 12. 24. 선고 2019두44378 판결이다. 원고는 1998. 1. 8. M사와 위탁수입계약을 체결한 후 식품류 등을 수입하여 M사에 공급하였다. M사는 미국 N사와 라이선스 계약을 체결하여 N사의 레스토랑 운영 시스템을 사용하는 대가로 총매출액의 5%에 해당하는 로열티를 지급하였다. 원고는 2008. 1. 2.부터 2010. 12. 30.까지 L사가 제조한 냉동감자를 H사로부터 수입하여 M사에 공급하면서 위 로열티를 과세가격에 가산하여 관세 및 부가가치세를 신고·납부하였다. 그 후 원고는 2011. 8.경 세관장에게 위 로열티가 과세가격에 가산될 수 없다는 이유로 이미 신고·납부된 관세 및 부가가치세 중 로열티에 상당하는 세액의 환급을 구하는 경정청구를 하였고 세관장은 2012. 1.경 이를 인용하였다. 그러자 원고는 그때부터 2014. 5.경까지 수입하는 냉동감자에 대하여는 로열티를 과세가격에 가산하지 않은 채 관세 및 부가가치세를 신고·납부하였다. 그런데 세관장은 2014. 3.경 관세조사를 실시하여 위 로열티가 과세가격에 가산되어야 한다고 보고 원고가 환급받은 관세 및 부가가치세와 당초 감액경정 이후 2014. 5.경까지 수입신고된 분에 대한 로열티 미가산분 상당의 관세 및 부가가치세를 경정·고지하였고, 원고가 이를 납부하자 수정수입세금계산서를 발급해주었다. 그러나 감사원이 2016. 1.경 세관에 대한 감사를 실시한 후 원고에게 귀책사유가 있다고 보고 수정수입세금계산서의 발급을 취소하도록 요구하여 세관정이 그 발급을 취소하였다. 원고가 다시 수정수입계산서 발급을 신청하였으나 세관장이 이를 거부하자 거부처분취소소송을 제기하였다.

　　이에 대하여 대법원은 다음과 같은 이유로 원고에게 귀책사유가 없다고 판단하면서 이와 달리 판단한 원심판결을 파기하였다. 즉, 원고로서는 위 로열티가 과세가격에 가산되어야 하는지에 대해서 대법원 판결의 법리가 있더라도 이를 다툴 수도 있으므로 경정청구를 하였다는 사정만으로 원고에게 귀책사유가 있다고 볼 수 없고, 위탁수입계약과 라이선스 계약은 당사자가 다르고 계약의 효력 또는 존속 여부가 서로 연관되어 있지 않으므로 원고가 경정청구 과정에서 위 계약들이 상호 간에 독립된 계약이라고 설명하였더라도 이를 사실과 다른 주장이라고 보기 어려우며, 냉동감자에 무형재산권이 체화 또는 구현되었는지에 대해서 법리상 다툴 수 있는 여지가 있는 이상 원고가 경정청구 과정에서 냉동감자에 무형재산권이 체화 또는 구현되지 않았다고 설명하였더라도 귀책사유라고 볼 수 없고, 원고가 경정청구 과정에서 세관장의 요구에 따라 위탁수입계약의 사본과 가격합의서 등을 제출하기는 하였으나 위탁수입계약이 종료되었다고 명시적으로 주장한 사실은 없다는 등의 이유로 귀책사유가 없다고 보았다. 법률심인 대법원 판결로서는 이례적이다 싶을 정도로 원심이 인정한 사실관계를 뒤집어가면서까지 원심의 판단을 탓하였다.

법규정의 취지에 비추어 볼 때, 수입자에게 귀책사유가 있는지 여부는 수입자가 수입신고를 함에 있어 관세나 부가가치세를 면탈할 목적에서 의도적으로 과세가격을 과소신고하였는지 여부 등 수입신고과정에서 수입자가 취한 태도를 보고 판단하는 것이 기본적으로 옳은 방향이며, 그 후의 경정청구나 관세조사 과정에서 수입자가 취한 태도를 문제삼아 귀책사유를 인정하는 것은 옳지 못하다. 위 대법원 판결도 이러한 취지에 입각한 것으로서 귀책사유를 판단하는 데에 기준이 될만한 좋은 판결이다.

3. 사실과 다른 세금계산서

가. 개요

앞서 본 바와 같이 부가가치세법 제39조 제1항 제2호는 세금계산서 또는 수입세금계산서에 필요적 기재사항의 전부 또는 일부가 적히지 아니하였거나 사실과 다르게 적힌 경우의 매입세액은 공제하지 아니한다고 규정하고 있다. 부가가치세법 제32조 제1항은 필요적 기재사항으로, '공급하는 사업자의 등록번호와 성명 또는 명칭'(제1호), '공급받는 자의 등록번호, 다만 공급받는 자가 사업자가 아니거나 등록한 사업자가 아닌 경우에는 고유번호 또는 공급받는 자의 주민등록번호'(제2호), '공급가액과 부가가치세액'(제3호), '작성연월일'(제4호)을 규정하고 있다. 다만, 부가가치세법 시행령 제75조는 필요적 기재사항 중 일부가 착오로 사실과 다르게 적혔으나 그 세금계산서에 적힌 나머지 필요적 기재사항 또는 임의적 기재사항으로 보아 거래사실이 확인되는 경우에는 매입세액의 공제를 허용하고 있다.

대법원 2016. 2. 18. 선고 2014두35706 판결은, 전단계세액공제제도의 정상적인 운영을 위해서는 과세기간별로 각 거래 단계에서 사업자가 공제받을 매입세액과 전단계 사업자가 거래징수할 매출세액을 대조하여 상호 검증하는 것이 필수적인 점을 고려하여, 필요적 기재사항이 사실과 다르게 적힌 세금계산서에 의한 매입세액의 공제를 제한함으로써 세금계산서의 정확성과 진실성을 확보하기 위한 제재장치를 마련하고 있고, 필요적 기재사항이 사실과 다르게 적힌 세금계산서이더라도 전단계세액공제제도의 정상적인 운영을 저해하거나 세금계산서의 본질적 기능을 해치지 않는 것으로 볼 수 있는 경우에는 매입세액의 공제를 허용하는 것이 부가가치세제의 기본원리에 부합하는 점을 고려하여, 매입세액의 공제가 허용되는 경우의 하나로 '세금계산서의 필요적 기재사항 중 일부가 착오로 적혔으나 해당 세금계산서의 그 밖의 필요적 기재사항 또는 임의적 기재사항으로 보아 거래사실이 확인되는 경우'를 규정하고 있다고 밝혔다.

조세쟁송 실무에서 '사실과 다른 세금계산서'는 가장 많이 다투어지고 있는 쟁점이라고 할 수 있다. 그중에서도 특히 '공급하는 자'와 '공급가액'이 사실과 다른지 여부가 많이 다투어지는데, '공급하는 자'의 경우 실제로 재화나 용역의 공급은 있었지만 그것이 공급하는 자의 명의를 위장한 것인지가 다투어지고, '공급가액'의 경우 실물거래가 있었는지가 다투어진다. 그리고 사실과 다른 세금계산서에 해당한다고 할 경우 공급받는 자의 선의·무과실도 치열하게 다투어지고 있다.

이러한 쟁점은 대부분 사실인정에 관한 다툼으로 귀착되고, 일부는 사실관계에 관한 법적 평가의 다툼으로 이어진다.

나. 주요 유형별 검토

(1) 공급하는 자가 사실과 다른 세금계산서

세금계산서에 기재된 공급하는 자가 실제로 공급하는 자와 일치하지 않는 경우 그 공급받는 자로서 그 세금계산서를 받은 자는 매입세액 공제를 받을 수 없다. 공급받는 자로서는 세금계산서에 기재된 재화나 용역을 실제로 공급받았음에도 그 공급하는 자가 사실과 다르게 기재되었다는 이유로 위와 같은 불이익을 당하게 되므로 조세쟁송에서 치열하게 다투어지고 있다. 이와 같이 공급하는 자가 사실과 다른 경우는 그가 다른 사람의 명의로 위장하여 공급하는 것이므로 이를 통상 명의위장거래라고 하고 조세쟁송에서 가장 빈도가 높은 유형 중의 하나에 속한다. 이러한 경우 주위적으로는 공급하는 자가 사실과 다르지 않다는 주장을 하게 되고 예비적으로는 사실과 다르다고 하더라도 그와 같은 사정을 몰랐고 그에 관한 과실이 없다는 주장을 하게 된다. 명의위장거래는 아니지만 공급하는 자의 사업자등록번호와 명칭이 잘못 기재된 경우 그것이 착오에 의한 것이라고 하더라도 수정세금계산서가 발행되지 않는 한 동일성이 인정되지 않는다면 사실과 다른 세금계산서에 해당한다고 보아야 할 것이다. 왜냐하면 그 세금계산서상의 공급가액에 관한 매출세액 등의 세부담이 실제의 공급자에게 귀속되지 않음으로써 세금계산서 본래의 기능을 다할 수 없기 때문이다. 대법원 2015. 4. 9. 선고 2014두37740 판결도 비슷한 취지이다.

명의위장거래는 다른 사람 명의의 기존 사업자등록증을 이용하여 세금계산서를 발급하는 경우가 일반적이지만, 다른 사람 명의를 빌려 사업자등록을 하고 이를 이용하여 세금계산서를 발급하는 경우도 여기에 해당한다고 보는 것이 원칙일 것이다. 후자의 경우도 공급하는 자가 사실과 다른 세금계산서에 해당한다고 보지 않을 수 없는 것은 세금계산서상 공급하는 자로 기재된 자와 실제로 공급하는 자가 다르다는 점에는 변함이 없기 때문이다. 그래서 대법원 2016. 10. 13. 선고 2016두43077 판결도 같은 취지에서, 원고회사의 대표이사인 A가 친인척인 B로부터 명의를 차용하여 사업자등록을 마친 후 인테리어 업체를 실제 운영하면서 원고에게 세금계산서를 교부하였는데, 그 세금계산서의 '상호'란에는 인테리어 업체의 상호가, '성명'란에는 A 대신 명의대여자인 B의 성명이 각 기재된 사안에서, 위 세금계산서는 필요적 기재사항인 '공급하는 사업자의 성명'이 사실과 다르게 적힌 세금계산서에 해당하므로 그 매입세액은 매출세액에서 공제될 수 없다고 한 원심의 판단을 수긍한 바 있다.

그런데 다른 한편으로, 대법원 2015. 2. 26. 선고 2014도14990 판결은, 형식적으로 제3자 명의로 사업자등록이 된 사업체를 운영하여 재화 등을 공급하는 사람이 비록 제3자 명의로 세금계산서를 발행하였다고 하더라도, 제3자 명의를 빌려 사업자등록을 마친 행위로 처벌되거나 세금계산서를 거짓으로 기재하여 교부한 행위로 처벌될 수 있음은 별론으로 하고, 실제로 세금계산서에 기재된 수량의 재화 등을 그 기재된 가격으로 공급한 이상, 재화 등을 공급하지 아니한 사람이 세금계산서를 발급하였다 할 수 없다고 판시하였다. 이 판결에서 세금계산서를 거짓으로 기재하여 교부한 행위로 처벌될 수 있음은 별론으로 한다는 여운을 남기긴 했지만 재화 등을 공급하지 아니한 사람이 세금계산서를 발급하였다고 할 수 없다고 함으로써 적어도 공급하는 자가 사실과 다른 세금계산서에 해당하지 않는다고 판단하고 있다. 비록 형사판결이긴 하지만 위에서 본 대법원 2016. 10. 13. 선고 2016두43077 판결의 취지와 모순되는 측면이 없지 않다.

이러한 모순을 해소하기 위하여 대법원 2025. 5. 29. 선고 2023두41314 판결이 선고되었다. 대법원 2015. 2. 26. 선고 2014도14990 판결의 손을 들어 준 것이다. 판시의 요지는 다음과 같다. 대법원 2015. 2. 26. 선고 2014도14990 판결을 논거로 들면서, 재화 등을 공급하거나 공급받은 자가 실제로는 자신이 직접 사업체를 운영하면서 형식적으로 사업자등록 명의만을 제3자로 한 경우에는 그 명의자인 제3자가 아니라 실제로 사업체를 운영하면서 재화 등을 공급하는 거래행위를 한 자가 사업자가 되는 것은 물론이고 자신의 거래행위를 나타내는 세금계산서를 발급·수취하여야 할 주체에 해당한다고 보아야 한다고 하면서, 따라서 형식적으로 제3자 명의로 사업자등록이 된 사업체를 운영하여 재화 등을 공급하거나 공급받는 자가 비록 제3자 명의로 된 세금계산서를 수수하였다고 하더라도, 실제로 그 세금계산서에 기재된 수량의 재화 등이 그 기재된 가격대로 공급되었다면 필요적 기재사항의 전부 또는 일부가 적히지 아니하였거나 사실과 다르게 적힌 경우에 해당한다고 볼 수 없고, 나아가 위와 같은 경우 재화 등을 실제 공급하거나 공급받는 자가 그 세금계산서에 기재된 수량의 재화 등을 그 기재된 가격으로 실제 공급하거나 공급받은 이상, 재화 등의 공급 없이 가공으로 세금계산서를 발급·수취하였다고 볼 수 없다고 판시하였다.

다만, 세금계산서 제도의 취지, 관련 법령의 내용과 세금계산서의 기능 등에 비추어 보면, 세금계산서의 기재가 제3자 명의로 되어 있음에도 불구하고, 예외적으로 명의자인 제3자가 아니라 실제로 사업체를 운영하면서 재화 등을 공급하거나 공급받는 거래행위를 한 자를 세금계산서를 발급·수취하는 주체로 인정할 것인지는, '제3자' 명의의 세금계산서를 통한 거래가 부가가치세, 소득세, 법인세의 세원 포착 관련 과세행정에 곤란을 야기한 정도와 세금탈루의 가능성 등을 기준으로 판단하되, 명의자인 '제3자'와 '실제 사업체를 운영하는 자'의 경력, 지위 및 관계, 해당 사업장에 제3자 명의의 사업자등록을 하거나 이용하게 된 동기나 목적, 경위 및 시기, 해당 사업장에서 제3자 명의로 운영하는 사업의 구체적인 내용, 그 형태나 거래 방식, 해당 사업장 내 수익이나 비용 등의 관리 및 자금 운영 방식, 세금계산서 발급·수취 등에 명의자인 '제3자'가 관여한 정도와 그와 같은 발급·수취 등을 통해 '제3자'가 얻은 이익의 유무 등과 같은 사정들을 종합적으로 고려하여 신중하게 판단하여야 한다고 판시하고, 이러한 법리는 부가가치세법에 따른 세금계산서와 매출·매입처별세금계산서합계표뿐만 아니라 이와 유사한 기능을 수행하는 소득세법과 법인세법에 따른 계산서, 매출·매입처별계산서합계표 등에 있어서도 마찬가지로 적용된다고 하였다. 이러한 판시는 조금 앞서 형사판결인 대법원 2025. 2. 27. 선고 2021도7108 판결에서 이미 설시된 바 있다.

대법원 2025. 5. 29. 선고 2023두41314 판결의 사안은, 식품 제조 판매업을 영위하는 A그룹 회장의 업무상 횡령 과정에서, 원고들 중 일부인 모회사(이하 '원고 모회사들')가 자회사 명의로 세금계산서를 발급·수취하자 과세관청이 이를 사실과 다른 세금계산서로 보아 원고들을 상대로 부가가치세 부과처분한 것이었는데, 원심은 원고 모회사들이 자신의 계산과 책임으로 사업을 영위하지 않는 자회사의 명의를 빌려 그 명의로 사업자등록을 하되, 그 등록된 사업을 온전히 자신의 계산과 책임으로 영위하면서 부가가치세를 신고·납부해 온 것으로 평가할 수 있다는 전제에서, 원고 모회사들이 자회사 명의로 발급·수취한 세금계산서가 사실과 다른 세금계산서가 아니라고 판단하였으나, 대법원은 위에서 본 법리를 설시하면서, 원고 모회사들과 자회사는 별도로 설립 및 사업자등록이 이루어진 점, 과세당국으로서는 자회사 명의로 된 사업자등록의 실질적인 귀속자가 원고 모회사들인지 자회사인지 혼동을 일으킬 가능성이 높았을 것으로 보이는 점, 원고 모회사들은 대표이사 등의 자금 횡령을 목적으로, 자회사 명의의 기존 사업자등록을 이용하여, 원고 모회사들의 매출의 외형을 자회사로 이전시키면서 자회사의 거래행위를 나타내는 세금계산서를 발급·수취하였을 뿐이라고 볼 소지가 큰 점 등의 사정을 종합하여 보면, 원고 모회사들이 자회사 명의로 발급·수취한 세금계산서가 사실과 다른 세금계산서에 해당한다고 보아야 한다고 판시하였다.

이 판결에서 특히 주목해야 할 부분은 원고 모회사들과 자회사가 완전히 합체되어 있는 동일체가 아니라 별도로 실제로 병존하는 법인이라는 점이다. 이런 상황에서 실제 거래행위자는 원고 모회사임에도 자회사 명의로 세금계산서를 수수하였으니 형식으로 보나 실질로 보나 공급하는 자나 공급받은 자가 사실과 다르다고 볼 수밖에 없다. 대법원 2015. 2. 26. 선고 2014도14990 판결이나 대법원 2025. 5. 29. 선고 2023두41314 판결에서 사실과 다른 세금계산서가 아니라고 보아 구제해준 사안은 실거래행위자와 명의자가 완전히 합체되어 있는 동일체라는 것이다. 즉, 실거래행위자가 제3자 명의의 사업체를 지배운영하는 주체인 것이고 그래서 그 제3자 명의의 거래행위 중에는 실거래행위자의 거래 아닌 것 없는 경우이다. 그리고 여기에 조세회피의 목적이 없어야 한다. 이런 상황에선 제3자 명의의 거래가 실거래행위자의 거래인지 제3자의 거래인지 혼동을 일으킬 가능성이 원천적으로 없으며 양자 사이에 과세표준을 이전시켜 조세회피를 시도할 가능성도 없고 그래서 부가가치세 납세의무의 귀속주체도 실거래행위자임이 확연하다. 그러나 이 판결의 사안은 원고 모회사와 자회사는 실질적으로 합체되어 있지 않고 엄연히 분리되어 병존하는 별개의 회사들이므로 자회사 명의의 거래가 있을 경우 그것이 실제로 자회사의 거래인지 원고 모회사의 거래인지 혼동을 일으킬 가능성이 있고, 그에 따라 서로 간에 과세표준의 이전도 가능하며 부가가치세 납세의무의 귀속주체도 달라질 수 있는 것이다. 이러한 경우는 사실과 다른 세금계산서로 보아 규제를 하지 않을 수 없다.

위에서 본 대법원 2015. 2. 26. 선고 2014도14990 판결과 대법원 2025. 2. 27. 선고 2021도7108 판결에 대한 보다 자세한 분석은 이 책 제8편 조세형법의 제3장 세금계산서 관련 범죄 제3항의 마목에 설시되어 있으니 참고하기 바란다.

한편, 공급하는 자가 사실과 다른 경우인 명의위장거래의 대표적인 사례로 대법원 2012. 3. 29. 선고 2011두26695 판결이 있다. 주유소를 운영하는 원고는 A사로부터 유류를 구입하였다는 내용으로 세금계산서를 교부받았다. 당시 A사가 발행한 세금계산서의 대부분이 가공거래에 의한 것이었고, 그 사업장은 이미 실물거래 없는 자료상 거래를 하다가 적발된 곳이었다. 원고가 A사로부터 출하전표로 교부받았다는 판매 및 인수확인서는 정상적으로 저유소에서 발행된 출하전표와는 그 양식 및 기재사항이 상이하였다. A사가 정상적으로 유류를 매입했던 경우는 대부분 2006. 1. 1.부터 2006. 3. 31. 사이에 정유사인 P사로부터 유류를 매입한 것인데, 원고가 A사로부터 받은 판매 및 인수확인서와 세금계산서의 거래일자는 그로부터 수개월이 경과한 2006. 10. 17.부터 2006. 12. 30. 사이였다. 이에 대하여 원심은 원고가 A사로부터 교부받은 세금계산서는 공급자가 사실과 다르게 기재된 세금계산서로 봄이 상당하다고 판시하였고, 대법원이 이를 수용하였다. 그리고 원고가 사실과 다른 세금계산서라는 점에 관한 선의·무과실을 주장하였으나, 대법원은 실제 공급자와 세금계산서상의 공급자가 다른 세금계산서는 공급받는 자가 세금계산서의 명의위장사실을 알지 못하였고 알지 못한 데에 과실이 없다는 특별한 사정이 없는 한 그 매입세액을 공제 내지 환급 받을 수 없으며, 공급받는 자가 위와 같은 명의위장사실을 알지 못한 데에 과실이 없다는 점은 매입세액의 공제 내지 환급을 주장하는 자가 이를 입증하여야 한다고 전제하고, 원고가 제출한 증거들만으로는 원고가 그 세금계산서의 발행자인 A사의 명의위장사실을 알지 못하였고 알지 못한 데에 과실이 없다는 점을 인정하기에 부족하다고 한 원심의 판단을 수긍하였다.

이런 유형의 사건에서는 주유소에 실제로 유류를 공급하는 중간도매상이 있으나 매출세액의 부담을 꺼려하여 자신이 세금계산서를 발급하지 않고 소위 실물거래 없이 세금계산서를 남발하는 자료상을 내세워 세금계산서를 발급하게 한다. 그런데 그와 같은 자료상이 보통 완전한 자료상이 아니라 소량이나마 실제 유류공급을 하는 경우가 있고 따라서 그 자료상으로부터 세금계산서를 발급받은 주유소는 실제로 그 자료상으로부터 유류를 공급받았을 가능성을 완전히 배제하기는 어렵다. 이 때문에 쟁송실무에서는 그에 관한 증명의 곤란으로 사실인정에 상당한 어려움을 겪는다. 그러나 자료상들이 실물거래를 한 비율이 미미하기 때문에 그로부터 세금계산서를 받은 경우 실물거래가 없었다고 추정되기 쉬우며 이를 뒤집기 위해서는 실물거래가 있었음을 증명할 수 있는 객관적인 증거가 제출되어야 한다. 자료상들이 실물거래를 한 비율이 높아질수록 추정을 뒤집을 가능성은 높아진다고 할 수 있다. 대법원 2014. 5. 29. 선고 2014두2027 판결은 위와 같은 유형의 사건에 관하여, 일반적으로 세금부과처분 취소소송에서 과세요건사실에 관한 증명책임은 과세권자에게 있다 할 것이나, 구체적인 소송과정에서 경험의 법칙에 비추어 과세요건사실이 추정되는 사실이 밝혀진 경우에는 납세의무자가 문제로 된 해당 사실이 경험의 법칙을 적용하기에 적절하지 아니하다거나 해당 사건에서 그와 같은 경험의 법칙의 적용을 배제하여야 할 만한 특별한 사정이 있다는 점 등을 증명하지 못하는 한 해당 과세처분이 과세요건을 충족시키지 못한 위법한 처분이라고 단정할 수 없다고 하여 입증책임을 납세자에게 상당부분 전환시키고 있다.

(2) 선의·무과실 여부

선의·무과실의 쟁점은 사실관계에 관한 법적 평가의 문제인데, 자료상으로부터 세금계산서를 받은 자가 그 분야에 어느 정도의 경력을 가지고 있는지가 중요한 척도가 된다.

그 분야에 생소한 자는 자료상이 개재된 위장거래의 실태를 파악하기 어려울 것이므로 선의·무과실이 인정될 여지가 다소 있지만 그 분야에 상당한 경력을 가진 자라면 그와 같은 위장거래의 실태를 잘 알고 있거나 알 수 있었다고 보여지기 때문에 선의·무과실이 인정될 여지가 줄어들게 된다. 또 하나 중요한 단초는 위장거래의 경우 정상거래에 비하여 거래단가가 다소 낮다는 점이다. 자료상들은 어차피 세금계산서를 발행하더라도 국가에 매출세액을 납부할 의사나 능력이 없고 실제 공급자도 세금계산서를 발행하지 않기 때문에 매출세액의 납부가 예정되어 있지 않아 실질적으로는 면세거래와 비슷한 결과로 거래된다. 이러한 효과 때문에 거래단가가 다소 낮아지게 되고 그렇다면 그와 같은 유류를 공급받는 자는 그 거래가 자료상이 개재된 위장거래라는 점을 짐작할 수 있었다고 볼 여지가 많다. 따라서 이러한 사정이 드러나면 선의·무과실을 인정받기가 어려워진다.

　선의·무과실에 관한 대표적인 사례로 대법원 2013. 7. 25. 선고 2013두6527 판결이 있다. 원고와 A사 사이의 폐동거래는, A사의 대표자 P의 제안에 따라 시작되었는데, 거래를 시작하기 이전에 원고는 A사의 사업자등록증 사본과 P의 신분증 사본 내지 명함을 교부받아 A사의 대표자가 P와 동일한지를 확인하였고, A사로부터 공급받은 폐동의 거래대금도 P 명의로 된 은행계좌에 입금하였으며, 그 거래당시에 원고에게 폐동을 실제로 공급한 자가 P가 아니라고 의심할 만한 특별한 사유나 계기가 없었다. 검찰도 과세관청이 원고에 대하여 A사로부터 사실과 다른 세금계산서를 수취하였다는 이유로 조세범처벌법 위반 혐의로 고발한 사건에 대해 증거불충분을 이유로 '혐의없음' 처분을 하였다. 원고가 P의 은행계좌를 통하여 지급한 폐동의 거래대금과 그 부가가치세 상당액을 되돌려 받았다고 볼 증거도 없다. 원고의 거래장부 등에는 원고가 A사로부터 세금계산서에 기재된 거래일, 공급가액 등의 조건으로 폐동을 공급받은 내용이 상세히 기재되어 있고, 그와 같은 내용이 나중에 조작되었다고 볼 정황이 없다. 폐동 거래는 운송비의 절감과 거래 편의상 중간도매상들이 각지에서 폐동을 수집하여 이를 자기의 사업장에 상·하차하지 않고, 직접 폐동을 싣고 가서 원고와 같은 납품처에서 계근과 대금 수령 및 세금계산서의 교부 등을 동시에 하는 경우가 많다. 이러한 사정을 고려하여 원심은, 원고가 폐동의 실제 공급자가 사업자 명의를 위장하였다는 사실을 알지 못하였을 뿐만 아니라 이를 알지 못한 데에 과실이 있다고 보기도 어렵다고 판단하였고, 대법원이 이를 수용하였다. 대법원 2015. 12. 10. 선고 2015두1304 판결도 같은 입장에 있다. 선의·무과실이 인정될 수 있는 요건적 사정들이 잘 열거되어 선례적 가치가 높은 판결들이라고 하겠다.

(3) 공급받는 자가 사실과 다른 세금계산서

세금계산서상 '공급받는 자'도 필요적 기재사항의 하나이므로 그것이 실제로 공급받는
자와 다른 경우에는 매입세액을 공제하지 아니한다. 예를 들면, 종업원이 개인적으로 구
입하는 재화에 대하여 회사의 명의로 세금계산서를 발급받거나, 수입위탁자가 발급받아
야 할 수입세금계산서를 수입대행업자가 발급받는 경우 등과 같이 수탁자, 대리인, 기타
타인의 명의로 세금계산서를 발급받은 경우가 이에 해당한다. 그러나 세금계산서상의 공
급받는 자가 사실과 다른 경우에도 다른 기재내용에 의하여 그 거래사실이 확인되는 때
에는 매입세액을 공제받을 수 있다.

실제로 공급을 받는 자가 이미 존재하는 타인명의의 사업자등록을 이용하여 그 명의
로 세금계산서를 교부받는 경우에는 공급받는 자가 사실과 다른 세금계산서에 해당한다
는 점에는 별 의문이 없다. 대법원 2012. 5. 10. 선고 2010도13433 판결이, 재화 등을 공급
하거나 공급받은 자가 제3자의 위임을 받아 제3자의 사업자등록을 이용하여 그 제3자가
공급받는 자로 기재된 세금계산서를 교부받은 경우에는, 제3자가 위 세금계산서 수수행
위를 한 것으로 볼 수 있으므로 그가 재화 등을 공급받지 아니한 이상 사실과 다른 세금
계산서를 수수한 죄로 처벌되고, 재화 등을 공급받은 자는 가담 정도에 따라 그 죄의 공
동정법이나 방조범이 될 수 있다고 판시한 것도 같은 맥락이라고 할 것이다. 즉, 이 판결
은 실제로 공급받은 자와 세금계산서상의 공급받은 자가 사실과 다름을 당연한 전제로
한 것이다.

그런데 실제로 공급을 받는 자가 타인명의로 사업자등록을 하고 그 명의로 세금계산
서를 교부받는 경우에도 공급받는 자가 사실과 다른 세금계산서에 해당한다고 볼 수 있
는지에 관하여는 논란이 있다.

이에 대하여 부가가치세법 기본통칙(60-108-1)은 사업자가 타인의 명의로 사업자
등록을 하고 부가가치세를 신고·납부하여 관할 세무서장 등이 경정하는 경우 그 타인
명의로 발급받은 세금계산서의 매입세액은 실질과세의 원칙에 따라 해당 사업자의 매출
세액에서 공제하며, 이 경우 타인명의의 사업자등록에 관한 가산세는 적용한다고 하고
있다.

최근의 대법원 2019. 8. 30. 선고 2016두62726 판결도 독특한 법리를 내세워 위의 기본
통칙과 같은 입장을 취하였다. 이 판결은, 부가가치세법 제32조 등에서 '공급하는 자'의
경우 '성명 또는 명칭과 등록번호'까지를 필요적 기재사항으로 규정하면서도 '공급받는
자'의 경우 그 '등록번호'만을 필요적 기재사항을 규정한 취지에 비추어 보면, 세금계산
서에 기재된 '공급받는 자의 등록번호'를 실제 공급받는 자의 등록번호로 볼 수 있다면

'공급받는 자의 성명 또는 명칭'이 실제 사업자의 것과 다르다는 사정만으로 이를 매입세액공제가 인정되지 않는 사실과 다른 세금계산서라고 단정할 수는 없다고 전제하고, 따라서 자기의 계산과 책임으로 사업을 영위하지 아니하는 타인의 명의를 빌린 사업자가 어느 사업장에 대하여 그 타인의 명의로 사업자등록을 하되 온전히 자신의 계산과 책임으로 사업을 영위하며 부가가치세를 신고·납부하는 경우와 같이 그 명칭이나 상호에도 불구하고 해당 사업장이 온전히 실제 사업자의 사업장으로 특정될 수 있는 경우 그 명의인의 등록번호는 곧 실제 사업자의 등록번호로 기능하는 것이므로, 그와 같은 등록번호가 '공급받는 자'의 등록번호로 기재된 세금계산서는 사실과 다른 세금계산서라고 할 수 없다고 판시하였다. 즉, 성명 또는 명칭과 사업자등록번호의 귀속주체를 분리시켜서 성명 또는 명칭은 비록 타인의 것이라고 하더라도 사업자등록번호는 자기의 것으로 볼 수 있다는 절묘한 논리를 내세운 것이다. 일반적인 상식과 법감정과는 다소 괴리가 있지만 사실과 다른 세금계산서에 관한 규정들이 모두 제재를 목적으로 하는 것으로서 다소 가혹한 측면이 있다는 점이 고려된 것으로 보인다. 그런데 이러한 경우가 부가가치세의 부과와 징수에는 별문제가 없지만 그에 관한 소득을 타인명의로 분산하거나 무자력자에게 귀속시킴으로써 법인세나 소득세의 부과와 징수에는 문제를 일으킬 수 있으므로 규제를 할 필요성이 있다는 점, 그리고 세금계산서 수수질서를 흩트리는 점에서는 타인 명의의 기존 사업자등록을 이용하는 것이나 신규로 타인 명의의 사업자등록을 하여 이용하는 것이나 별 차이가 없다는 점 등을 고려하면, 위 대법원 판결에 대한 평가는 엇갈릴 수 있겠다.

수입세금계산서의 경우는 그 수입자가 공급받는 자가 된다고 할 것인데, 수입자가 세관장으로부터 수입세금계산서를 교부받은 경우에 재화의 수입이 실질적으로 수입자의 책임과 계산하의 수입이라면 당해 세금계산서의 매입세액은 수입업자의 매출세액에서 공제받을 수 있는 것이나 그렇지 아니한 경우에는 사실과 다른 세금계산서에 해당하여 그 매입세액을 공제받을 수 없을 것이다. 같은 취지에서 대법원 2011. 4. 28. 선고 2009두11539 판결도 수입되는 재화에 대하여 세금계산서를 교부받아야 할 '수입자'라 함은 그 수입의 효과가 실질적으로 귀속되는 자를 의미한다고 할 것이므로 단지 형식상의 수입신고 명의인에 불과할 뿐 그 수입의 효과가 실질적으로 귀속되지 아니하는 자를 수입자로 하여 교부받은 세금계산서는 사실과 다른 세금계산서에 해당하여 그 매입세액은 공제되지 아니한다고 판시하였다. 그 자세한 내용은 앞서 '재화를 수입하는 자'의 사례 분석에서 살펴본 바 있다.

그리고 대법원 2016. 5. 12. 선고 2016두30187 판결은, 국가가 원고로 하여금 철도의 선로 등 철도시설의 건설 및 관리 등에 관한 업무를 대행하도록 하고, 한국철도공사로 하여금 철도 여객 및 화물운송 등 철도운영사업을 수행하도록 하면서 철도자산의 유지·보수의 구체적 시행업무는 한국철도공사로 하여금 시행하도록 하되, 그 유지·보수에 대한 계획수립 등의 업무는 원고가 시행하기로 하는 한편, 국가가 한국철도공사와 선로 등의 사용계약을 하고 그 사용료징수 등 사용계약관리는 원고가 수행하기로 함에 따라 원고는 한국철도공사의 유지·보수 업무와 관련하여 각종 지시와 검토를 하면서 일반철도 관리업무를 수행하여 왔으며, 선로 등 사용료는 원고가 선로 등을 제공하는 것을 전제로 하여 한국철도공사가 원고에게 납부하기로 하되, 원고가 한국철도공사에 지급하여야 할 유지·보수비를 상계 처리하고, 원고는 한국철도공사로부터 위 유지·보수비에 관하여 원고가 '공급받는 자'로 된 세금계산서를 교부받아 이를 매입세액으로 공제하여 부가가치세를 신고·납부한 사안에서, 선로 유지·보수 업무의 구체적인 시행이 한국철도공사에게 위탁되었더라도 그 업무 자체는 원고에게 위탁된 업무로 보아야 하고, 한국철도공사는 선로 등의 유지·보수 업무를 실제 시행함에 있어서도 유지·보수 사업계획 및 예산안 승인, 집행계획서 검토, 철도시설 보수 지시 등 유지·보수 업무 전반에 걸쳐 원고의 지시와 검토를 따라 왔으므로 선로 등 유지·보수 용역의 원인이 되는 계약상의 권리의무와 그에 따른 법률효과는 종국적으로 원고에게 귀속되었고, 그 용역의 공급은 원고를 위하여 이루어진 것이며, 그 대가 역시 원고가 지급하였다고 봄이 상당하므로, 원고는 철도시설관리자로서 위탁사무를 수행하는 과정에서 계약상의 원인에 의하여 한국철도공사로부터 선로 등의 유지·보수 용역을 공급받는 자에 해당한다고 판단하였다.

(4) 공급시기가 사실과 다른 세금계산서

세금계산서상의 공급시기는 부가가치세의 과세기간과 직결되는 것이므로 그것이 사실과 다르게 기재된 경우 과세기간이 왜곡될 수 있어 매입세액을 불공제하는 제재가 가해지는 것이 원칙이다. 실제의 공급시기가 2015. 5. 17.임에도 2015. 7. 17.로 기재하여 발급된 경우를 예로 들 수 있다. 그러나 세금계산서상의 공급시기가 실제의 공급시기와 불일치하지만 양자가 동일한 과세기간에 속할 경우에도 사실과 다른 세금계산서의 제재를 가할 것인지는 그 입법 취지를 고려하여 판단할 필요가 있다.

당초 대법원 1995. 8. 11. 선고 95누634 판결 등은, 세금계산서 작성·교부시기와 실제 공급시기가 다르더라도 같은 과세기간에 속하는 경우에는 사실과 다른 세금계산서로 보지 않는다고 판시하여 왔다. 즉, 세금계산서의 작성일이 사실상 거래시기와 다르게 되어 있을 뿐 그 거래사실은 그 세금계산서 기재대로 확인된다면 위 거래사실에 관한 매입세액은 공제되어야 하는 것이지만, 이는 어디까지나 세금계산서 작성일이 속하는 과세기간과 사실상의 거래시기가 속하는 과세기간이 동일한 경우에 한한다는 것이었다. 그리고 대법원 2001. 8. 24. 선고 2000두8097 판결 등은 공급시기나 과세기간이 경과한 후에 작성일자를 공급시기로 소급하여 작성·교부했더라도 그 세금계산서의 기재사항에 의하여 거래사실이 확인된다면 당해 부가가치세의 매입세액은 공제되어야 한다고 판시하여 왔다. 그러다가 대법원 2004. 11. 18. 선고 2002두5771 전원합의체 판결은, 매입세액 공제가 허용되는 경우는 어디까지나 세금계산서의 실제작성일이 속하는 과세기간과 사실상의 거래시기가 속하는 과세기간이 동일한 경우(이러한 경우이면 세금계산서상의 '작성연월일'이 실제 작성일로 기재되든, 사실상의 거래시기 또는 어느 특정시기로 소급하여 기재되든 묻지 아니한다)에 한한다고 보아야 하며, 그 이유는, 세금계산서가 부가가치세액을 정하기 위한 증빙서류로서 그것을 거래시기에 발행·교부하게 하는 것은 그 증빙서류의 진실을 담보하기 위한 것이기도 하지만, 나아가 전단계세액공제법을 채택하고 있는 현행 부가가치세법 체계에서 세금계산서 제도는 당사자 간의 거래를 노출시킴으로써 부가가치세뿐 아니라 소득세와 법인세의 세원포착을 용이하게 하는 납세자 간 상호검증의 기능을 갖고 있으며, 세액의 산정 및 상호검증이 과세기간별로 행하여지는 부가가치세의 특성상 위와 같은 상호검증 기능이 제대로 작동하기 위해서는 세금계산서의 작성 및 교부가 그 거래시기가 속하는 과세기간 내에 정상적으로 이루어지는 것이 필수적이기 때문이라 할 것이므로, 과세기간이 경과한 후에 작성한 세금계산서는 작성일자를 공급시기로 소급하여 작성하였다 하더라도 '필요적 기재사항의 일부가 사실과 다르게 기재된' 세금계산서에 해당하므로 이 경우의 매입세액은 매출세액에서 공제되어서는 아니 된다고 판시하였다.

이러한 판례의 취지에 따라 현행 부가가치세법 시행령 제75조 제3호도 재화 또는 용역의 공급시기 이후에 발급받은 세금계산서로서 해당 공급시기가 속하는 과세기간에 발급받은 경우에는 그 매입세액을 매출세액에서 공제할 수 있다고 규정하고 있었다. 그러다가 위 규정이 2016. 2. 7. 개정되면서 해당 공급시기가 속하는 과세기간에 대한 확정신고기한까지 발급받은 경우로 함으로써 그 발급시기의 범위를 좀 더 넓혔다. 더 나아가 부가가치세법 시행령 제75조가 2019. 2. 12. 개정되면서 제7호가 신설되어, 재화 또는 용역의 공급시기가 속하는 과세기간에 대한 확정신고기한이 지난 후 세금계산서를 발급받았더라도 그 세금계산서의 발급일이 확정신고기한 다음 날부터 6개월(2022. 2. 15. 개정되면서 1년으로 연장) 이내이고 국세기본법 시행령 제25조 제1항에 따른 과세표준수정신고서와 제25조의3에 따른 경정청구서를 세금계산서와 함께 제출하는 경우이거나 해당 거래사실이 확인되어 과세관청이 결정 또는 경정하는 경우에도 그 매입세액을 매출세액에서 공제할 수 있다고 규정하였다. 실질적인 매입이 있었다면 세금계산서의 형식적 하자를 이유로 매입세액을 불공제하는 것은 아무리 제재의 성격이 있다고 하더라도 납세자에게 가혹한 측면이 있기 때문에 이를 완화하여 납세자의 권익 보호를 위한 것으로 보여 타당한 입법이라고 할 것이다.

이러한 문제는 세금계산서상의 공급시기가 실제의 공급시기보다 늦은 경우뿐만 아니라 이른 경우에도 마찬가지로 발생한다. 앞서 본 대법원 전원합의체 판결이나 부가가치세법 시행령 제75조 제3호의 취지에 비추어 보면 이러한 경우도 원칙적으로는 양자가 동일한 과세기간에 속하고 그 발급시기도 동일한 과세기간을 벗어나지 않는다면 매입세액의 공제가 허용되어야 할 것이다. 다만, 동일한 과세기간에 속하더라도 실제의 공급시기보다 이르게 세금계산서가 발급된 경우 부가가치세를 부당하게 조기환급받을 여지가 있기 때문에 이 점에 대한 고려가 필요하다.

그래서 대법원 2016. 2. 18. 선고 2014두35706 판결은, 사업자가 부가가치세를 부담하지 아니한 채 매입세액을 조기환급받을 의도로 공급시기 전에 미리 세금계산서를 발급받는 등의 특별한 사정이 없는 한, '공급시기 전에 발급된 세금계산서'이더라도 그 발급일이 속한 과세기간 내에 공급시기가 도래하고 그 세금계산서의 다른 기재사항으로 보아 거래사실도 진정한 것으로 확인되는 경우에는 그 거래에 대한 매입세액은 공제되어야 한다고 판시하였다. 따라서 조기환급을 목적으로 하였음이 밝혀진 경우에는 매입세액 공제를 허용하여서는 아니 될 것이다.

한편, 부가가치세법 제17조 제1항은 사업자가 재화 또는 용역의 공급시기가 되기 전에 재화 또는 용역에 대한 대가의 전부 또는 일부를 받고, 이와 동시에 그 받은 대가에 대하여 세금계산서 또는 영수증을 발급하면 그 세금계산서 등을 발급하는 때를 각각 그 재화 또는 용역의 공급시기로 본다고 규정하고, 제2항은 재화 및 용역의 공급시기에 관한 특례로서 사업자가 재화 또는 용역의 공급시기가 되기 전에 세금계산서를 발급하고 그 세금계산서 발급일로부터 7일 이내에 대가를 받으면 해당 세금계산서를 발급한 때를 재화 또는 용역의 공급시기로 본다고 규정하고 있고 다시 제3항에서 예외적으로 그 범위를 넓히고 있으며, 제34조 제2항은 사업자는 재화 또는 용역의 공급시기가 되기 전 제17조에 따른 때에는 세금계산서를 발급할 수 있다고 규정하고 있다. 그래서 세금계산서상의 공급시기가 실제의 공급시기보다 이른 경우로서 매입세액 공제가 허용되는 것은 위 규정에 해당하는 경우로 국한해야 된다는 주장이 있을 수 있다. 그러나 이에 대하여 위 대법원 판결은, 위 규정은 '필요적 기재사항이 사실과 같은 세금계산서'로 보는 경우에 관한 규정이므로, 그 규정으로 인하여 위에서 본 법리의 적용범위가 제한될 수 없다고 판시하였다. 타당한 판결이다.

(5) 공급가액이 사실과 다른 세금계산서

매입세액 공제를 과다하게 받을 목적으로 실제의 공급가액보다 과다한 공급가액이 기재된 세금계산서가 발급된 경우 이는 공급가액이 사실과 다른 세금계산서에 해당한다. 공급가액을 과다하게 기재하는 방법으로는 판매단가나 판매수량의 조작이 있을 수 있고, 다른 공급하는 자의 공급가액을 합산하여 기재하는 경우도 있을 것이다. 이러한 경우 공제를 부인하여야 할 매입세액은 그 세금계산서의 전체 매입세액이 아니라 실제의 공급가액을 초과하는 부분에 관한 매입세액으로 국한하는 것이 타당하다. 부가가치세법이 2019. 12. 31. 개정되면서 제39조 제1항 제2호에서 괄호규정이 신설되어 '공급가액이 사실과 다르게 적힌 경우에는 실제 공급가액과 사실과 다르게 적힌 금액의 차액에 해당하는 세액을 말한다'라고 규정함으로써 공제를 부인하는 매입세액의 범위를 그 차액으로 분명히 하였다. 바람직한 입법이다.

이에 관한 사례로 대법원 2014. 12. 24. 선고 2014두41404 판결이 있다. 원고는 P통신사의 인터넷 등 통신회선 가입유치 및 통신회선 서비스 관리를 주업종으로 하는 인터넷사업관련 대리점이고, A사와 B사는 원고의 영업대리점으로서 초고속인터넷, 인터넷전화, 인터넷TV 등의 가입자를 유치하는 영업을 하고 그 대가로 원고로부터 판매대행수수료를 지급받았다. 원고가 2009년 4월 A사, B사와 체결한 판매대행계약서에 의하면 A사는 원고를 대신하여 P사에서 제공하는 초고속인터넷 등을 이용할 고객을 유치하고 유치고객에게 현금사은품을 지급하되, 원고가 A사에 현금사은품을 포함한 금액을 판매대행수수료 명목으로 지급하기로 되어 있었다. 원고는 A사와 B사로부터 현금사은품 금액을 판매대행수수료에 합산한 금액을 기준으로 세금계산서를 발급받아 그에 따른 매입세액을 공제하는 방식으로 부가가치세를 신고·납부하였다. 그런데 판매대행계약서상의 원칙적 거래형태와는 달리 원고가 인터넷 가입자에게 직접 현금사은품을 지급하였다. 원고는 A사와 B사를 제외한 59개 판매대리점과는 위와 같은 판매대행계약서를 작성하지 아니하였을 뿐만 아니라 그들로부터 수취한 매입세금계산서에는 현금사은품 금액이 용역의 대가에 포함되어 있지 않았다. A사와 B사의 업무도 다른 59개 판매대리점의 업무와 실질적 차이가 없었다. 현금사은품은 종국적으로 P사의 인터넷 통신회선 서비스에 가입하는 모든 고객에게 일률적으로 귀속되었다. 여기서 원고가 A사와 B사로부터 발급받은 세금계산서에 기재된 공급가액 중 현금사은품 금액만큼이 실제의 공급가액과 다르게 과다하게 기재된 것인지, 즉 그 금액이 A사와 B사의 원고에 대한 실제 용역의 공급가액에 포함될 수 있는지 여부가 문제되었는데, 원심은 원고가 지급한 현금사은품은 A사와 B사로부터 제공받은 용역에 대한 대가로 보기 어렵다는 이유로, 과세관청이 현금사은품 부분에 해당하는 매입세액의 공제를 부인한 것은 적법하다고 판단하였고, 대법원이 이를 수긍하였다. 이 사안에서 현금사은품은 원고가 A사나 B사를 경유하지 않고 고객들에게 직접 지급하였으므로 이를 A사나 B사로부터 제공받은 용역대가로 보기 어려웠던 것이다. 원고가 A사나 B사를 통하여 고객들에게 지급하였고 하더라도 그 금액은 A사나 B사가 원고를 대행하여 고객들에게 지급한 것으로 볼 여지가 많으므로 여전히 그 금액을 A사나 B사의 용역에 대한 대가로 보기는 어려울 것이다.

신고 · 납부와 가산세

1. 신고와 납부

부가가치세법상 신고 · 납부에는 예정신고 · 납부와 확정신고 · 납부가 있다. 먼저 부가가치세법 제48조는 예정신고 · 납부에 관하여 규정하고 있다. 제1항은, 사업자는 각 과세기간 중 예정신고기간인 3개월이 끝난 후 25일 이내에 각 예정신고기간에 대한 과세표준과 납부세액 또는 환급세액을 납세지 관할 세무서장에게 신고하여야 하도록 하고, 다만 신규로 사업을 시작하거나 시작하려는 자에 대한 최초의 예정신고기간은 사업개시일(사업개시일 이전에 사업자등록을 신청한 경우에는 그 신청일을 말한다)부터 그 날이 속하는 예정신고기간의 종료일까지로 한다고 규정하고 있다. 그리고 제2항은 예정신고를 할 때 그 예정신고기간의 납부세액을 납부하도록 규정하고 있다. 제3항은 개인사업자에 대하여는 각 예정신고기간마다 직전 과세기간에 대한 납부세액(납부세액에서 공제하거나 경감한 세액이 있는 경우에는 그 세액을 뺀 금액으로 하고, 결정 또는 경정과 수정신고 및 경정청구에 따른 결정이 있는 경우에는 그 내용이 반영된 금액으로 한다)에 50%를 곱한 금액을 결정하여 해당 예정신고기간이 끝난 후 25일까지 징수하도록 함으로써 예정신고의 불편함을 덜어주었다. 제4항은 이 경우에도 휴업 또는 사업 부진으로 인하여 사업실적이 악화된 경우 등의 사유가 있는 개인사업자는 예정신고를 하고 그에 따라 예정신고기간의 납부세액을 납부할 수 있도록 하고 있다.

부가가치세법 제49조는 확정신고 · 납부에 관하여 규정하고 있다. 제1항은 사업자는 각 과세기간에 대한 과세표준과 납부세액 또는 환급세액을 그 과세기간이 끝난 후 25일 이내에 납세지 관할 세무서장에게 신고하여야 하되, 다만 예정신고를 한 사업자 또는 조기에 환급을 받기 위하여 신고한 사업자는 이미 신고한 과세표준과 납부한 납부세액 또는 환급받은 환급세액은 신고하지 아니하도록 규정하였다. 제2항은 확정신고를 할 때 그 신고세액을 납부하도록 규정하였다.

한편, 부가가치세법 제49조 제1항은 폐업하는 경우 폐업일이 속한 달의 다음 달 25일까지 부가가치세를 신고·납부하도록 규정하고 있다. 이는 부가가치세법 제5조 제3항이 사업자가 폐업하는 경우의 과세기간은 폐업일이 속하는 과세기간의 개시일부터 폐업일까지로 한다고 하고 있기 때문에 예정신고기간이나 확정신고기간과의 균형상 그 폐업일로부터 25일 이내에 신고·납부하도록 한 것이다. 대법원 2013. 2. 28. 선고 2010두29192 판결은, 부가가치세법상 폐업은 해당 사업장에서 영위하는 모든 사업을 폐지하는 경우를 의미하고 사업자가 해당 사업장에서 여러 종류의 사업을 영위하다가 그중 일부 사업만을 폐지한 경우는 사업자등록 정정사유가 될 뿐 폐업에 해당하지 않는다고 전제하고, 원고가 그 사업장에서 제1부동산의 임대업과 부동산매매업을 함께 영위하다가 2001. 3. 15. 제1부동산을 양도함으로써 제1부동산의 임대업은 폐지하였지만 부동산매매업은 폐지하지 아니한 채 계속 이를 영위하였으므로 원고가 2001. 3. 15. 그 사업장의 사업을 폐업하였다고 할 수 없고, 따라서 원고는 2001. 3. 15.부터 25일 이내에 부동산 임대수입에 대한 부가가치세 신고·납부를 하여야 하는 것이 아니라 2001년 제1기분 부가가치세 예정신고기한 내에 그 사업장에 대한 부가가치세 신고·납부를 하면 족하다고 판시하였다. 이 사안은 납세자가 법정신고기한 내에 과세표준신고서를 제출하지 아니함으로써 부과제척기간이 7년으로 연장되는지가 문제되었는데, 과세관청은 2001. 3. 15.부터 25일 이내가 법정신고기한으로 보아 그때까지 원고가 부가가치세 신고를 하지 않았으므로 부과제척기간이 7년으로 늘어난다고 보았으나, 대법원은 원고가 2001년 제1기분 부가가치세 예정신고기한인 2001. 4. 25.까지 부가가치세를 신고하였으므로 부과제척기간이 5년이라고 보아야 한다고 판단하였다.

그리고 부가가치세법 제50조는 재화의 수입에 대하여는 관세법에 따라 관세를 세관장에게 신고하고 납부하는 경우에는 재화의 수입에 대한 부가가치세를 함께 신고하고 납부하여야 하도록 규정하였다. 나아가 부가가치세법 제52조 제1항, 제2항은 국내사업장이 없는 비거주자 또는 외국법인으로부터 국내에서 용역 또는 권리를 공급받거나 국내사업장이 있는 비거주자 또는 외국법인이라고 하더라도 그 국내사업장과 관련 없이 용역 또는 권리를 공급받는 자는 그 대가를 지급하는 때에 그 대가를 지급받는 자로부터 부가가치세를 징수하여 납부하도록 규정하고 있다. 원래 이러한 경우에 그 비거주자 또는 외국법인 및 그 국내사업장은 부가가치세 신고·납부의무가 없으므로 그로부터 용역 등을 공급받는 자는 부가가치세를 거래징수당할 필요가 없지만, 국내사업자로부터 동일한 용역 등을 공급받음으로써 매입세액을 거래징수당하는 자들과 형평을 유지하기 위하여 위와 같은 규정을 둔 것으로 이해된다.

다만, 여기서 그 공급받은 용역 등을 과세사업에 제공하는 경우는 제외하되, 매입세액이 공제되지 않는 용역 등을 공급받는 경우는 포함하도록 규정하고 있는데 이는 그 매출세액을 대리 징수하여 납부할 의무가 있다고 하더라도 그 용역 등을 과세사업에 제공함으로써 매입세액 공제가 가능한 경우에는 대리납부할 매출세액은 매입세액으로 공제할 수 있어 납부할 매출세액과 공제할 매입세액이 대등액에서 상계되어 결과적으로 납부할 세액이 없게 되기 때문으로 보인다.

위 규정에 의하면 국내사업장이 있는 외국법인이나 비거주자로부터 그 국내사업장과 관련된 용역 등을 공급받는 경우에는 그 외국법인이나 비거주자가 직접 부가가치세를 신고·납부하여야 하므로 그 공급받는 자에게 대리납부의무가 없다고 해야 한다. 이에 관한 사례로 대법원 2016. 2. 18. 선고 2014두13812 판결이 있다. 캐나다법인인 원고가 인천광역시와 51 : 49 지분으로 인천대교 건설사업을 추진하기 위하여 특수목적법인인 A사를 설립하였다. 원고는 서울에 소재하는 A사 본점 사무실에서 그 고용인을 통하여 A사에 인천대교 건설사업과 관련한 자문, 구조, 기술 및 기타 엔지니어링 서비스, 건설 관련 기획, 사업계획서 준비 등의 용역을 제공하고 그 결과물로 사업제안서 등을 마련하였다. 그 후 원고는 영국법인의 자회사인 B사에 그 용역의 결과물을 양도하였다. 한편, A사는 회계법인의 실사를 통해 그 용역대금을 확정한 후 B사에 그 대금을 지급하였다. 원고는 위 용역을 수행할 당시 국내사업장을 보유하고 있지 않다고 보아 부가가치세를 신고·납부하지 않았으나, 과세관청은 원고가 A사의 본점 사무실을 국내사업장으로 하여 용역을 수행하였다는 이유로 원고에게 부가가치세 부과처분을 하였다. 이에 대하여 원고는 국내에 처분권한 또는 사용권한을 가지는 사업장소를 보유하지 않았다거나 A사의 본점 사무실은 A사의 사업장소에 불과할 뿐이라고 주장하였다. 그러나 원심은, A사의 본점 사무실은 원고가 고용인을 통하여 인천대교 건설사업을 위한 사업관리용역을 6월 넘게 수행한 장소 또는 유사한 종류의 용역을 2년 이상 계속적·반복적으로 수행한 장소로서 국내사업장에 해당하고, A사는 특수목적법인으로서 원고가 이 사건 용역을 제공할 당시에는 실질적으로 인천대교 건설사업을 추진할 만한 독립된 인적·물적 시설을 갖춘 것으로 볼 수 없다는 등의 이유로 원고의 주장을 배척하면서 과세관청의 처분이 적법하다고 판단하였고, 대법원이 이를 수긍하였다.

이 사안에서 형식적으로는 원고의 국내사업장이 없었지만 A사의 본점사무소가 실질적인 원고의 국내사업장 역할을 하였다고 본 것이고 이는 원고가 A사의 지배주주로서 A사의 본점사무소를 자신의 국내사업장으로 사용할 수 있는 지위에 있었다는 점이 적극적으로 고려된 것으로 볼 수 있다.

2. 가산세

가. 개요

가산세에 관하여는 총괄적으로 국세기본법 제47조의2 이하에서 무신고가산세, 과소신고 · 초과환급신고가산세, 납부불성실 · 환급불성실가산세를 규정하고 있고, 부가가치세에 고유한 가산세에 관하여는 부가가치세법 제60조에서 규정하고 있다. 그 종류에 관하여는 제1항부터 제7항까지 규정하고 있는데, 주요 유형으로는 사업자미등록가산세, 사업자허위등록가산세, 세금계산서 지연발급 · 수취가산세, 세금계산서미발급가산세, 전자세금계산서발급명세 지연전송 · 미전송 가산세, 세금계산서부실기재가산세, 세금계산서 가공발급 · 수취가산세, 세금계산서 위장발급 · 수취가산세, 매출처별 및 매입세별세금계산서합계표 기재불성실가산세 등이 있다. 그리고 부가가치세법 제60조 제2항 후문과 제9항에서 가산세의 중복적용을 일부 배제하고 있다. 이들 가산세에 관하여도 국세기본법 제48조 제1항에 의하여 그 의무를 이행하지 아니한 데 대한 정당한 사유가 있으면 해당 가산세를 부과하지 아니함은 물론이다.

나. 과소신고가산세

부가가치세뿐만 아니라 모든 세목에 있어서 과소신고가산세는 가장 자주 등장하는 가산세의 종류에 해당한다. 그런데 다른 세목에서는 과소신고 여부를 납세자 단위로 파악하지만 부가가치세에서는 사업장 단위로 파악한다는 점에서 특이하다. 부가가치세는 사업장마다 부가가치세를 신고 · 납부하여야 하기 때문이다. 사업장은 과세상 독립된 장소적 단위가 되므로, 동일인이 수개의 사업장을 겸영하는 경우에도 매출세액 · 매입세액은 각 사업장 간에 통산되지 않는 것이 원칙이다. 다만, 2 이상의 사업장이 있는 경우 당국의 승인을 얻은 경우 일정한 요건에 따라 주된 사업장에서 총괄납부할 수 있으나 이 경우에도 납부의무를 제외한 신고의무 등은 사업장마다 이행하여야 하고, 납부세액이 아닌 매출세액이나 매입세액은 통산할 수도 없다.

이러한 주사업장 총괄납부제도하에서 어느 사업장의 매출을 다른 사업장의 매출로 잘못 신고하는 바람에 어느 사업장에 대하여는 과소신고를, 다른 사업장에 대하여는 과다신고를 한 경우 그래서 전체 사업장의 신고금액은 과소하지 않은 경우 과소신고한 사업장에 대한 과소신고가산세를 면제할 정당한 사유가 있다고 볼 수 있는지가 문제된 사안이 있다. 대법원 2011. 4. 28. 선고 2010두16622 판결이다. 사안의 요지는 다음과 같다.

원고는 본점 소재지를 사업장주소로 하여, 원고를 주된 사업장으로, 원고 소속 사업부서 11개를 종사업장으로 하여 사업자등록을 한 상태에서 2006년 제2기 부가가치세 신고를 함에 있어, '부가가치세는 사업장마다 신고·납부하여야 한다'는 부가가치세법 제4조 제1항의 규정에 따라 원고 소속 전략본부의 매출액 1,915억 91,433,000원을 원고 소속 마케팅부문의 매출액으로 신고함으로써 전략본부의 과세표준 중 위 매출액 상당을 과소신고하였다. 이는 원고가 2006. 7. 13. 자로 단행한 조직개편에 의하여 마케팅부문에 속해 있던 요금기획팀을 전략본부로 이전하면서 그에 따른 전산시스템 중 접속료 정산시스템을 정비하는 과정에서 원고의 IT본부에서 관리하던 접속료 정산시스템의 조직 기관코드가 그대로 부가가치세 시스템으로 이체·전환된 결과, 2006년 7월부터 2006년 11월까지의 접속료 수입이 조직개편 이전과 동일하게 마케팅부문으로 이체되었고, 그 결과 동일한 금액에 대한 전략본부의 접속료 수입이 누락되었는데 원고가 그와 같이 누락된 전산상의 매출액에 따라 부가가치세를 신고하였기 때문이었다.

이에 대하여 원심은, 원고가 주사업장 총괄납부승인을 받은 사업자로서 결과적으로 그 과세표준에 따른 부가가치세를 모두 납부하였다거나 위와 같은 과소신고가 원고 직원의 실수로 인한 것으로서 그로 인하여 피고의 행정력이 과도하게 소모되었다고 보기도 어렵다는 등의 그 이유로 원고에게 부가가치세 과소신고를 탓할 수 없는 정당한 사유가 있었다고 판단하였다. 그러나 대법원은, 원고의 부가가치세 신고에 있어 매출액의 과소신고가 원고의 전산시스템 운영상의 잘못에서 비롯된 것으로서 위와 같은 잘못은 원고가 전산시스템을 운영함에 있어 좀 더 주의를 기울였다면 충분히 예방할 수 있었다고 보이는 점, 원고는 정보통신 관련 대기업으로서 전산시스템의 운영·관리에 전문적 지식을 보유하고 있을 터이므로 그에 따른 책임은 원고 스스로 지는 것이 마땅한 점, 누락된 매출액의 규모가 1,915억 원이 넘은 거액이었기에 원고로서는 부가가치세 신고시에 각 사업장별 신고 매출액이 정확한 것인지 확인하였더라면 위 매출액의 누락사실을 발견할 수도 있었을 것으로 보이는 점 등을 종합하여 보면, 원고에게 원고의 부가가치세 과소신고를 탓할 수 없는 정당한 사유가 있었다고 볼 수 없고, 원고가 주사업장 총괄납부승인을 받은 사업자라고 하여 달리 볼 것이 아니라고 판단하였다.

대법원의 입장은 사업장 단위의 신고라는 원칙을 중시한 것이지만 결과적으로 국가의 세수에 아무런 영향을 미치지 않았던 것이고 실수에 의한 것이 명백하므로 굳이 가산세를 부과할 만큼의 당위성이 있어 보이지 않아 원심과 같이 정당한 사유를 인정할 수도 있었을 것으로 여겨진다. 대법원이 지나치게 엄격한 태도를 취한 것이라는 아쉬움이 남는다.

다. 세금계산서합계표 부실기재가산세

가산세의 종류 중 매출처별세금계산서합계표 부실기재가산세가 자주 문제가 된다. 부가가치세법 제60조 제6항 제2호는 제출한 매출처별세금계산서합계표의 기재사항 중 거래처별 등록번호 또는 공급가액의 전부 또는 일부가 적혀 있지 아니하거나 사실과 다르게 적혀 있는 경우에는 매출처별세금계산서합계표의 기재사항이 적혀 있지 아니하거나 사실과 다르게 적혀 있는 부분의 공급가액에 0.5%를 곱한 금액이라고 규정하고 있다. 대법원 2003. 12. 26. 선고 2002두10032 판결은, 세금계산서합계표 부실기재가산세의 주된 목적은 부가가치세 과세권의 행사와 조세채권의 실현을 용이하게 하기 위하여 납세의무를 지는 사업자에게 그 기재사항을 사실대로 정확하게 기재하여 과세관청에 제출할 의무를 부과하는 데에 있다고 판시하였다. 위 합계표는 매출세액의 과세표준을 산정하는 직접적 근거자료가 되기 때문이다. 그 가산세에서 공급가액의 부실기재뿐만 아니라 거래처별 등록번호의 부실기재도 그 대상으로 삼은 것은 거래상대방의 매입자료를 제대로 집계하여 그 매입세액 공제와 그에 대응하는 매출세액의 정당성을 담보하기 위한 것으로 볼 수 있다.

대법원 2003. 12. 26. 선고 2002두10032 판결에서는 세금계산서합계표상의 면세사업자의 등록번호 부실기재가 가산세의 적용대상이 되는지가 쟁점이 되었다. 위 대법원 판결은, 매출처별세금계산서합계표 부실기재가산세에 있어서의 '등록번호'는 특별한 사정이 없는 한 부가가치세법상 사업자등록에 의하여 교부받은 등록번호라고 해석하여야 한다고 전제하고, 부가가치세의 납세의무가 없는 면세사업자는 부가가치세법상의 사업자등록의무도 없으므로 면세사업자가 사업자등록신청을 하여 등록증을 교부받았다고 하더라도 이는 소득세법상의 사업자등록을 한 것이거나 부가가치세법상의 고유번호를 받은 것으로 볼 수 있을 뿐 부가가치세법 소정의 사업자등록을 한 것이라고는 볼 수 없는 것이어서 면세사업자의 고유번호 또는 소득세법상 등록번호는 '거래처별 등록번호'에 해당한다고 할 수 없고, 따라서 원고가 피고에 대하여 세금계산서합계표를 제출하면서 면세사업자에 대한 공급분에 대하여 당해 면세사업자의 고유번호 대신 주민등록번호를 기재하였다고 하더라도 이를 이유로 매출처별세금계산서합계표 부실기재가산세를 부과할 수 없다고 판시하였다.

한편, 보세구역에서 보세구역 외로 재화를 공급한 경우 세금계산서상 공급가액에는 세관장이 징수하는 부가가치세 과세표준을 공제한 금액을 기재하도록 되어 있는데, 이는 앞서 언급한 바와 같이 중복과세를 막기 위한 것이다. 이러한 법리에 대한 착오나 무지로 인하여 공급가액을 과다하게 기재함으로써 매출처별세금계산서합계표가 부실하게 기재되어 그 가산세를 부담하는 경우가 있는데, 이에 관한 사례로 대법원 2011. 8. 25. 선고 2009두10901 판결이 있다. 이 판결은, 사업자가 보세구역 내에서 보세구역 이외의 국내에 재화를 공급하고 그 공급을 받은 자가 이를 수입함으로써 세관장이 부가가치세를 징수한 경우 사업자는 당해 재화의 공급에 대한 부가가치세의 과세표준으로 되는 공급가액, 즉 원래의 공급가액에서 당해 재화의 수입에 대한 부가가치세의 과세표준에 해당하는 금액을 공제한 금액을 매출처별세금계산서합계표의 공급가액으로 기재하여야 하므로 사업자가 이와 달리 당해 재화의 수입에 대한 부가가치세의 과세표준에 해당하는 금액을 공제하지 아니한 금액을 매출처별세금계산서합계표의 공급가액으로 기재하였다면, 이는 사업자가 그 거래 부분에 대하여 납세의무를 부담하는지 여부와 상관없이 '매출처별세금계산서합계표의 기재사항 중 공급가액이 사실과 다르게 기재된 경우'에 해당하여 매출처별세금계산서합계표 부실기재가산세 과세대상이라고 판시하였다.

이 사안에서, 원고는 보세구역 내의 사업자로서 보세구역 외의 A사에게 내국신용장에 의하여 재화를 26억 원에 공급하였고, A사는 그 재화에 대하여 수입신고를 하고 보세구역으로부터 인취하면서 세관장으로부터 과세표준을 26억 원으로 하는 부가가치세를 징수당하였다. 따라서 원고의 위 재화의 공급에 대한 부가가치세 과세표준은 영이 되므로 세금계산서 교부의무도 없었다. 그런데도 원고는 A사에 공급가액 26억 원에 영세율을 적용한 세금계산서를 교부하였으므로, 이는 사실과 다른 세금계산서가 된다. 이 세금계산서를 기재된 대로 보면 보세구역 내의 원고가 보세구역 이외로 재화를 공급한 것으로 볼 수 없고, 보세구역 내에서 보세구역 내로 재화를 공급한 경우이든지, 아니면 보세구역 외에서 일반적인 재화를 공급한 경우로 볼 수밖에 없다. 즉, 공급가액으로 기재한 것이라고 할 수밖에 없다. 따라서 그 세금계산서가 포함된 매출처별세금계산서합계표도 부실기재한 경우에 해당하므로 가산세 부과대상이 되는 것이다.

라. 세금계산서 부실기재가산세

부가가치세법 제60조 제3항은 사업자가 그 각 호의 어느 하나에 해당하면 해당 각 호에 따른 금액을 납부세액에 더하거나 환급세액에서 뺀다고 규정하면서, 제1호에서 재화 또는 용역을 공급하지 아니하고 세금계산서 또는 신용카드매출전표 등(이하 '세금계산서 등'이라 한다)을 발급한 경우 그 세금계산서 등에 적힌 공급가액의 3%, 제2호에서 재화 또는 용역을 공급받지 아니하고 세금계산서 등을 발급받은 경우 그 세금계산서 등에 적힌 공급가액의 3%, 제3호에서 재화 또는 용역을 공급하고 실제로 재화 또는 용역을 공급하는 자가 아닌 자 또는 실제로 재화 또는 용역을 공급받는 자가 아닌 자의 명의로 세금계산서 등을 발급한 경우 그 공급가액의 2%, 제4호에서 재화 또는 용역을 공급받고 실제로 재화 또는 용역을 공급하는 자가 아닌 자의 명의로 세금계산서 등을 발급받은 경우 그 공급가액의 2%, 제5호에서 재화 또는 용역을 공급하고 세금계산서 등의 공급가액을 과다하게 기재한 경우 실제보다 과다하게 기재한 부분에 대한 공급가액의 2%, 제6호에서 재화 또는 용역을 공급받고 제5호가 적용되는 세금계산서 등을 발급받은 경우 실제보다 과다하게 기재된 부분에 대한 공급가액의 2%를 각 규정하고, 부가가치세법 제60조 제4항은 사업자가 아닌 자가 재화 또는 용역을 공급하지 아니하고 세금계산서를 발급하거나 재화 또는 용역을 공급받지 아니하고 세금계산서를 발급받으면 사업자로 보고 그 세금계산서에 적힌 공급가액의 3%를 그 세금계산서를 발급하거나 발급받은 자에게 가산세로 징수한다고 규정하고 있다.

이들 규정에 관하여 대법원 2016. 9. 23. 선고 2014두9912 판결은, 세금계산서 제도가 당사자 사이의 거래를 노출시킴으로써 부가가치세뿐만 아니라 소득세와 법인세의 세원 포착을 용이하게 하는 납세자 간 상호검증의 기능을 갖고 있음을 감안하여, 과세권의 적정한 행사와 조세채권의 용이한 실현을 위하여 부가가치세 납세의무를 지는 사업자로 하여금 재화나 용역의 공급 없이 세금계산서를 발급하거나 발급받지 않도록 할 의무를 부과하고, 사업자가 정당한 사유 없이 이를 위반하여 재화 또는 용역의 공급 없이 세금계산서를 수수할 경우에는 행정상 제재로 세금계산서불성실가산세를 부과하도록 한 것이라고 판시하였다.

위 판결에서는 사실과 다른 세금계산서라는 점은 의문이 없고 가산세를 면제할 정당한 사유가 있는지가 쟁점이었다. 사안의 요지는 다음과 같다. A는 유통업체인 M사를 실제로 운영한 사람이고, P사는 중소기업 제품의 판로 개척과 경영활성화 등을 위하여 중소기업진흥공단이 100% 출자하여 설립한 법인이다. M사는 2005년부터 P사와 상품의 매입과 납품 등에 관한 위탁계약을 체결하고 그 업무를 대행하여 왔다. A는 투자 손실로 인하여 거액의 채무를 부담하게 되자 M사가 P사로부터 매입과 매출업무를 모두 위탁받고 있음을 이용하여, 실제로는 상품이 유통되지 않는데도 마치 상품의 유통흐름이 M사로부터 P사나 Q사를 거쳐 다시 M사로 되돌아오는 것처럼 순환거래를 가공하고, 이를 모르는 Q사 등으로부터 대금을 먼저 지급받아 자신의 채무변제 등에 사용하여 왔다. 원고는 2009. 7. 1. 설립되어 전자상거래 및 전자상거래 관련 솔루션 사업을 운영하는 회사인데, P사로부터 매출처 다변화를 위하여 P사와 M사 사이의 거래를 중개해달라는 제안을 받고 2010. 3. 1. M사와 물품납품계약을, 2010. 3. 2. P사와 2010년 사은품 납품계약을 각각 체결하고 거래를 시작하였다.

이에 따라 원고는 2010년에 P사로부터 공급가액 합계 8,200,598,264원의 매입세금계산서 9장을 발급받고, M사에게 공급가액 합계 8,322,688,855원의 매출세금계산서 9장을 발급하였는데, 위 매출세금계산서는 모두 위와 같은 가공의 순환거래 중 일부를 토대로 한 것으로서 물품의 공급 없이 수수되었다. 원고가 매입처인 P사와 체결한 계약에 의하면 매도인인 P사는 원고가 정한 장소에 물품을 납품하도록 되어 있을 뿐 원고의 검수의무에 대한 규정이 없고, 원고가 매출처인 M사와 체결한 계약에 의하면 매수인인 M사가 지정한 고객에게 발송하도록 되어 있다. 실제로 원고와 매입처 및 매출처들은 물품이 원고를 거치지 않고 매입처에서 곧바로 매출처로 납품되도록 거래하는 것으로 하면서, 물품대금은 원고가 매출처로부터 먼저 지급받은 후에 자기 몫의 수수료를 뗀 나머지를 매입처에게 지급하는 방식으로 처리하였다. 그 거래대상으로 된 물품은 면도기 등이었고, 원고가 얻은 수수료율은 매출금액의 1.4% 정도였다. 이에 대하여 과세관청은 원고의 세금계산서는 허위세금계산서라고 보아 그 허위매출세액을 감액하고 허위매입세액을 불공제하는 한편, 세금계산서불성실가산세를 부과하였다.

이에 관하여 대법원은, 원고는 P사와 M사 사이의 거래를 중개한다는 명목으로 위 각 계약을 체결하였지만, 실제로는 P사가 매입처로, M사가 매출처로 이미 정해진 상태에서 중간에 끼어든 점, 원고는 매출처로부터 물품 주문을 받으면 그대로 매입처에게 주문하였고, 배송이나 검수에 실제로 관여한 바도 없었으므로, 중간에서 수수료를 제외한 물품대금을 전달하고 세금계산서를 수수하는 외에 거래 과정에서 대상품목과 가격을 결정하고 매출처 또는 매출처를 물색하는 영업활동을 하거나 물품의 재고에 대한 부담을 지는 등 통상적인 중개 또는 물품판매거래 당사자로서의 역할은 전혀 한 바가 없었던 점, 그럼에도 원고는 물품대금을 선지급받음으로써 그에 관한 위험도 전혀 부담하지 아니한 채 일방적으로 유리하기만 한 거래에 참여한 것인 반면에, 이와 같은 거래형태는 이미 정해진 매입처와 매출처가 부정한 목적으로 실물의 공급 없이 외관상으로만 거래를 가공해내는 데 이용할 수 있는 것이고 위 세금계산서상 공급가액의 합계가 총 165억 원을 넘는 등 그 규모 또한 상당한 점, 반면 A가 그 직원을 물류업체에 근무하게 하면서 위와 같은 가공의 순환거래를 진성거래인 것처럼 꾸미기 위하여 허위 화물입출고확인증을 작성하도록 지시한 바 있지만, 그 지시는 원고가 이미 위 각 계약을 체결하고 세금계산서를 수수하기 시작한 이후에 비로소 있었던 것인데다가 정작 원고는 물류업체를 방문하여 화물입출고확인증을 받은 적도 없었던 점, 그럼에도 원고는 주문에 사용된 거래명세서와 세금계산서에 기재된 물품이 매입처로부터 매출처로 배송되었음을 확인할 수 있는 적절한 조치를 전혀 취하지 아니한 채 세금계산서를 발급받거나 발급하면서 수수료 상당의 이익을 얻어 온 점 등을 종합하여 보면, 원고가 실물거래 없이 위 세금계산서를 발급받거나 발급한 데 대하여 그 의무해태를 탓할 수 없는 정당한 사유가 있는 경우에 해당한다고 보기 어렵고, 매입처인 P사가 공기업이라거나 또는 원고가 A에게 속아 상품의 공급 없이 세금계산서를 수수한다는 사실을 알지 못하였다는 등의 사정만으로 달리 볼 수는 없다고 판시하였다. 정당한 사유가 있다고 인정하기 어려운 사정들이 많이 드러나 있는 사안으로서 정당한 사유가 있는지를 판단하는 데 척도를 제공하는 좋은 사례이다.

제5편

상속세 및 증여세법

납세의무자

1. 상속세의 납세의무자

각국의 상속세 과세제도는 그 나라의 역사적 배경과 사회적·법적 사상의 차이에 따라 다르게 운영되고 있는데, 유산세방식과 유산취득세방식에 의한 과세제도로 대별된다. 우리나라는 그중 유산세 방식을 취하고 있다. 유산세 방식은 피상속인을 기준으로 하여 그의 전체 유산을 과세대상으로 삼아 상속세를 산정하여 상속인들에게 부과하는 방식이고 유산취득세 방식은 상속인을 기준으로 하여 그가 유산받은 재산만을 과세대상으로 삼아 상속세를 산정하여 그 상속인에게 부과하는 방식이다. 일반적으로 유산세 방식이 부의 집중을 억제할 수 있고 과세행정에 편리한 점이 있어 미국과 영국 등 선진국에서도 이를 채택하고 있다.

상속세 및 증여세법(이하, 이 편에서는 '상증세법'이라 약칭한다)은 유산세 방식에 따라 제3조에서 상속세 과세대상으로 피상속인이 거주자인 경우에는 모든 상속재산을, 피상속인이 비거주자인 경우에는 국내에 있는 모든 상속재산을 규정하고 있다. 대부분의 국가들이 거주자와 비거주자에 대하여 위와 같은 규정을 둠에 따라 동일한 상속재산에 대하여 이중으로 과세하는 문제가 생길 수 있다. 이에 대한 해결책으로, 첫째 거주지국에서 일방적으로 국외 상속재산에 대하여 과세를 면제해 주는 방법, 둘째 상속재산에서 국외 상속재산에 대한 외국납부세액을 공제해 주는 방법, 셋째 외국납부세액에 대하여 자국에서 세액공제를 인정하는 방법 등이 있는데, 스위스, 벨기에는 둘째의 방법을, 우리나라, 미국, 일본, 프랑스, 영국, 캐나다 등은 셋째의 방법을, 나머지 대부분의 국가는 첫째

의 방법을 사용하고 있다고 한다.[1)]

그리고 상증세법 제3조의2 제1항은 상속인 또는 수유자는 상속재산 중 각자가 받았거나 받을 재산을 기준으로 상속세를 납부할 의무가 있다고 규정하고 있다. 그래서 대법원 2014. 10. 15. 선고 2012두22706 판결은, 수인의 상속세 납세의무자들은 전체 상속재산에 관하여 산출된 상속세를 각자 일정한 범위에서 납부할 의무가 있으므로, 과세관청이 이들 전부를 상속세 납세의무자로 삼아 상속세를 부과하지 아니한 채 일부 상속세 납세의무자에 대하여만 상속세 전액을 부과하였다면 그중 일부 상속세 납세의무자가 납부하여야 할 세액을 초과하여 부과한 부분은 위법하다고 판시하였다.

상증세법 제2조 제4호는 상속인의 범위에 민법 제1019조 제1항에 따라 상속을 포기한 사람 및 특별연고자를 포함시키고 있다. 상증세법 제13조가 상속세의 과세가액에 상속개시일 전 10년 이내에 피상속인이 상속인에게 증여한 재산가액과 상속개시일 전 5년 이내에 피상속인이 상속인이 아닌 자에게 증여한 재산가액을 포함시키고 있는데, 그와 같은 사전증여재산을 받은 상속인 중 상속포기자나 특별연고자를 상속인에게 포함시키지 않으면 이들은 사전 증여받은 재산에 관한 상속세와 증여세의 차액의 부담을 면하게 되고 그 차액이 상속을 포기하지 않은 상속인 및 수유자에게 전가되어 이들은 실제로 상속받은 재산을 초과하여 상속세를 납부하는 경우도 생길 수 있기 때문에 이를 배제하기 위한 규정이 상증세법 제2조 제4호이다. 이 규정이 1998. 12. 28. 신설되기 전의 구 상속세법 시대에 관하여는, 대법원 2009. 2. 12. 선고 2004두10289 판결이 상속인이었던 자가 상속개시 후 상속을 포기하는 경우에는 그 소급효에 의하여 상속개시 당시부터 상속인이 아니었던 것과 같은 지위에 놓이게 되는 점, 상속세 납세의무를 부담하는 '상속인'에 상속포기자가 포함된다고 해석하게 되면 상속포기의 소급효에 의하여 상속세 납부의무를 부담하지 않을 것으로 신뢰하여 행위한 상속포기자의 예측가능성이나 신뢰보호에 반하게 되는 점 등을 종합해 보면, 상속포기자는 상속세 납세의무를 부담하는 '상속인'에 해당한다고 보기 어렵다고 판시한 바 있다.

그런데 국세기본법 제24조 제1항은 상속인은 피상속인이 납부할 국세 등을 상속재산의 한도에서 납부할 의무를 진다고 규정하고 있는데, 여기에 상속포기자가 포함될 수 있는지가 문제가 된다. 위 규정의 제2항에서 제1항에 따른 납세의무 승계를 피하면서 재산을 상속받기 위하여 피상속인이 상속인을 수익자로 하는 보험계약을 체결하고 상속인은 상속을 포기한 것으로 인정되는 경우로서 상속포기자가 피상속인의 사망으로 인하여 보험금(상증세법 제8조에 따른 보험금을 말한다)을 받는 때에는 상속포기자를 상속인으로 보고, 보험금을 상속받은 재산으로 보아 제1항을 적용한다고 규정하고 있으므로 이러한

---

1) 백제흠, "국제상속과세와 상속세조약", 조세법연구(13-3), 세경사

경우에 해당하지 않는 한 상속포기인은 제1항의 적용대상이 아니라고 보아야 할 것이다. 대법원 2013. 5. 23. 선고 2013두1041 판결도, 원래 상속을 포기한 자는 상속포기의 소급효에 의하여 상속개시 당시부터 상속인이 아니었던 것과 같은 지위에 놓이게 되는 점, 상증세법 제3조 제1항은 상속세에 관하여는 상속포기자도 상속인에 포함되도록 규정하고 있으나 이는 사전증여를 받은 자가 상속을 포기함으로써 상속세 납세의무를 면하는 것을 방지하기 위한 것으로서, 국세기본법 제24조 제1항에 의한 납세의무 승계자와 상증세법 제3조 제1항에 의한 상속세 납세의무자의 범위가 서로 일치하여야 할 이유는 없는 점, 조세법률주의의 원칙상 과세요건은 법률로써 명확하게 규정하여야 하고 조세법규의 해석에 있어서도 특별한 사정이 없는 한 법문대로 해석하여야 하며 합리적 이유 없이 확장해석하거나 유추해석하는 것은 허용되지 않는 점 등을 종합하여 보면, 적법하게 상속을 포기한 자는 국세기본법 제24조 제1항이 피상속인의 국세 등 납세의무를 승계하는 자로 규정하고 있는 '상속인'에는 포함되지 않는다고 보아야 한다고 판시하였다. 특별연고자나 수유자가 영리법인인 경우에는 그에 대하여 법인세를 부담하므로 따로 상속세를 부담하지 않는다.

그리고 상증세법 제3조의2 제3항에 의하면 상속세는 상속인 또는 수유자가 각자가 받았거나 받을 재산을 한도로 연대하여 납부할 의무가 있다. 이와 같이 상속인들은 자신의 고유한 상속세 납세의무와 연대납세의무를 함께 부담하고 있다. 이러한 고유의 납세의무와 연대납세의무의 관계에 관하여 대법원 2016. 1. 28. 선고 2014두3471 판결은 공동상속인의 연대납부의무는 다른 공동상속인이 고유의 상속세 납부의무를 이행하면 그 범위에서 일부 소멸하는 것일 뿐 다른 공동상속인의 납부 여부에 따라 원래부터 부담하는 연대납부의무의 범위가 변동되는 것은 아니라고 하였다. 그리고 대법원 2001. 11. 27. 선고 98두9530 판결은, 공동상속인의 상속세 연대납부의무는 다른 공동상속인 각자의 고유의 상속세 납부의무가 그들 각자에 대한 과세처분에 의하여 확정되면 상증세법의 규정에 의하여 당연히 확정되는 것이어서 과세관청은 별도의 확정절차 없이 바로 그 연대납부의무자에 대하여 징수절차를 개시할 수 있고, 납세고지에 의하여 공동상속인 중 1인에게 한 다른 공동상속인의 상속세에 대한 연대납부의무의 징수고지는 다른 공동상속인 각자에 대한 부과처분에 뒤따르는 징수절차상의 처분으로서의 성격을 가진다고 판시한 바 있고, 이에 따라 대법원 2016. 1. 28. 선고 2014두3471 판결은 공동상속인이 상속재산 중 받았거나 받을 재산을 한도로 한 연대납부의무만을 부담함에도 과세관청이 공동상속인이 부담하는 상속세 전액에 대하여 징수고지를 한 경우 그 연대납부의무의 한도는 다른 공동상속인에 대한 부과처분을 다투는 방법으로는 불복할 수 없는 그 공동상속인 자신에 한정된 징수절차상 고유의 하자에 해당하므로, 연대납부의무의 한도를 다투려는 공동상속인은 자신의 연대납부의무에 직접 영향을 미치는 과세관청의 처분인 징수고지를 대상으로 항고소송을 제기할 수 있다고 판시하였다.

그리고 대법원 2018. 11. 29. 선고 2016두1110 판결은, 미리 재산을 증여받은 상속인의 연대납부의무 한도를 정하는 '각자가 받았거나 받을 재산'에 사전증여재산을 가산한 경우, 그에 상응하여 부과되거나 납부할 증여세액을 공제하여야 하는지 여부에 관하여 긍정하는 입장을 취하였다. 즉, 대법원은 사전증여재산의 경우 시기의 차이만 있을 뿐 당사자들 사이에 재산이 무상으로 이전된다는 실질이 동일하다는 점과 더불어 상속세 특유의 과세 목적을 달성하기 위하여 이를 일반적인 상속재산과 동등하게 취급하고 있는 것인 만큼, 미리 재산을 증여받은 상속인의 연대납부의무 한도를 정하는 '각자가 받았거나 받을 재산'에 사전증여재산을 가산하였다면 그에 상응하여 부과되거나 납부할 증여세액을 공제하여야 한다고 보는 것이 타당하다고 판시하였다. 그 주요 논거 중의 하나로 상증세법 시행령 제3조 제3항 역시 상속인의 연대납부의무를 정하는 기준인 '각자가 받았거나 받을 재산'을 상속으로 인하여 얻은 자산총액에서 부채총액과 그 상속으로 인하여 부과되거나 납부할 상속세를 공제한 가액으로 규정하여, 상속인이 실제 취득한 상속재산만큼의 연대납부의무를 부담하도록 함으로써 실질적 담세력에 부합하는 과세가 이루어지도록 하고 있다는 점을 들고 있다.

한편, 고유납세의무와 연대납세의무의 범위를 정하는 기준이 되는 '각자가 받았거나 받을 재산'에 있어서 피상속인이 비거주자인 경우 '국외에 있는 상속재산'이 여기에 포함되는지 여부가 문제된다. 고유납세의무의 범위에 관한 상증세법 제3조의2 제1항이나 연대납세의무의 범위에 관한 같은 조 제3항은 단순히 '각자가 받았거나 받을 재산'이라고만 했지 '각자가 받았거나 받을 국내에 있는 재산'이라고 하지 않고 있기 때문에 문제가 생긴 것이다.

이에 관하여 대법원 2024. 9. 12. 선고 2022두64143 판결은, 국내에 있는 재산만 포함되는 것으로 해석해야 한다고 판시하였다. 그 이유는, 상증세법 제3조는 피상속인이 거주자인 경우와 비거주자인 경우를 구분하여 상속세 과세대상을 달리 정하고 있는 점, 상증세법 제13조는 피상속인이 거주자인 경우와 비거주자인 경우를 구분하여 상속세 과세가액 산정방법을 달리 정하고 있는 점, 상증세법 제3조의2는 상속세 과세대상이 되는 상속재산을 기초로 산출한 상속세 총액에 대하여 상속인 각자가 받았거나 받을 재산을 기준으로 상속인 고유의 상속세 납세의무와 연대납부의무를 정하고 있는 점, 여기서 말하는 '상속인 각자가 받았거나 받을 재산'은 상속세 과세대상이 되는 상속재산을 구 상증세법에 따라 평가한 재산가액에서 채무 등을 공제하는 과정을 거쳐 이를 상속분으로 나누어야 비로소 확정되는 점 및 관련 규정의 문언과 체계, 취지 등을 들고 있다.

상속세 고유납세의무든 연대납세의무든 모두 상속세 과세대상이 되는 재산을 모태로 하여 여기에 일정한 기준을 적용하여 그 가액이 산정되는 것인데 이러한 모태에 속하지도 않는 비거주자의 국외자산을 기준금액에 포함시킨다는 것은 입법취지나 산식의 체계에 맞지 않다. 해당 법문언에는 이러한 내용이 명시적으로 언급되어 있지 않지만, 관련 규정들의 체계와 입법취지 등을 고려해 보면 대법원 판결과 같이 해석하는 것이 타당하다. 법문언에 따른 엄격한 해석보다는 합목적적, 체계적 해석을 한 사례로 꼽힌다.

2. 증여세의 납세의무자

상증세법 제4조의2는 증여세의 납세의무자에 대하여 다음과 같이 규정하고 있다. 제1항은 수증자가 거주자(본점이나 주된 사무소의 소재지가 국내에 있는 비영리법인을 포함한다)인 경우에는 증여세 과세대상이 되는 모든 증여재산에 대하여 납세의무가 있고, 수증자가 비거주자(본점이나 주된 사무소의 소재지가 외국에 있는 비영리법인을 포함한다)인 경우에는 증여세 과세대상이 되는 국내에 있는 모든 증여재산과 거주자로부터 증여받은 국외 예금이나 국외 적금 등에 대하여 납세의무가 있다고 규정하고 있다.

그리고 상증세법 제4조의2 제5항은 수증자가 제35조부터 제37조까지 또는 제41조의4에 해당하는 경우로서 수증자가 증여세를 납부할 능력이 없다고 인정되는 경우에는 그에 상당하는 증여세의 전부 또는 일부를 면제한다고 규정하고 있다. 위 제35조부터 제37조까지 또는 제41조의4는 저가양수 또는 고가양도에 따른 이익의 증여, 채무면제 등에 따른 증여, 부동산의 무상사용에 따른 증여, 금전의 무상대출 등에 따른 이익의 증여로서 수증자가 직접 재산을 증여받은 경우가 아니므로 증여세를 납부할 재원이 되는 증여재산이 수증자에게 직접적으로 확보되어 있지 않다고 볼 수 있기 때문에 입법정책에 의하여 증여세 납부능력이 없으면 그 납세의무를 면제하도록 하고 있는 것이다. 대법원 2016. 7. 14. 선고 2014두43516 판결도 같은 취지에서 수증자가 소극적으로 채무면제를 받는 것에 그치거나(제36조), 저가·고가양도에 따른 시가와 실제 대가와의 차액(제35조) 또는 부동산이나 금전을 무상으로 사용하거나 대출받음에 따른 이익 상당액(제37조, 제41조의4) 등을 얻은 경우에까지 적극재산을 증여받은 경우와 동일하게 증여세를 과세하는 것은 지나치게 가혹하다는 고려에서 예외적으로 그와 같은 경우에 증여세를 납부할 능력이 없는 수증자에 대하여는 증여세 납세의무를 부담하지 아니하도록 한 규정이라고 하면서, 나아가 증여세 납부능력의 판단시점을 언제로 볼 것인지의 논란에 관하여, 증여세 납세의무의 부담 여부에 관한 규정에서 정한 요건이 충족되는지 여부는 이를 사후적 요건으로 볼 특별한 사정이 없는 이상 원칙적으로 증여세 납세의무의 성립 시점을 기준으로 판단하여야 할 것인 점, 위 규정이 '수증자가 증여세를 납부할 능력이 없다고 인정될 때'에 해당하는지 여부의 판단 시점에 관하여 따로 정하지 아니하고 있는바 만일 증여세 납세의무의 성립 이후 과세관청의 부과처분 등 집행 시점을 기준으로 이를 판단하게 되면 결국 증여세 납세의무의 부담 여부가 과세관청의 임의에 따라 좌우될 우려가 있어 부당한 점 등에 비추어 보면, 위 규정에서 정한 '수증자가 증여세를 납부할 능력이 없다고 인정될 때'에 해당하는지 여부는 문제되는 증여세 납세의무의 성립 시점, 즉 그와 같은 증여가 이루어지기 직전을 기준으로 판단하여야 하고, 그 시점에 이미 수증자가 채무초과 상태에 있었다면 채무초과액의 한도에서 증여세를 납부할 능력이 없는 때에 해당한다고 판시하였다.

또한 상증세법 제4조의2 제6항은 증여자에 대하여도 연대납세의무를 부과하고 있는데 그 사유로는, 수증자의 주소나 거소가 분명하지 아니한 경우로서 증여세에 대한 조세채권을 확보하기 곤란한 경우, 수증자가 증여세를 납부할 능력이 없다고 인정되는 경우로서 체납처분을 하여도 증여세에 대한 조세채권을 확보하기 곤란한 경우, 수증자가 비거주자인 경우, 명의신탁에 의한 증여의제의 경우를 들고 있다.

한편, 상증세법 제4조의2 제8항은 법인격이 없는 사단·재단 또는 그 밖의 단체는 국세기본법 제13조 제4항에 따른 법인으로 보는 단체에 해당하는 경우에는 비영리법인으로 보고, 그 외의 경우에는 거주자 또는 비거주자로 보아 상증세법을 적용하도록 규정하고 있다. 이 부분 규정은 변천의 과정이 있었다. 2003. 12. 31. 개정되기 전에는 법인격 없는 사단·재단 기타 단체를 모두 비영리법인으로 보아 증여세법을 적용하고 있다가 2003. 12. 30. 개정되면서 국세기본법 제13조에 의하여 법인으로 취급되는 법인격 없는 단체에 대하여만 비영리법인으로 보아 증여세의 과세대상으로 삼는 규정을 두고 있었다. 그래서 법인격 없는 단체 중 국세기본법에 의하여 법인으로 취급되지 않는 것을 증여세의 납세의무자로 본다는 명시적인 규정이 없어 증여세의 납세의무자가 될 수 있는지에 관하여 논란이 있었다.

이에 대하여 대법원 2014. 4. 24. 선고 2012두14897 판결은, 2003. 12. 30. 개정되기 전의 구 상증세법은 제4조 제6항에서 법인격이 없는 사단·재단 기타 단체는 비영리법인으로 보아 위 법을 적용한다고 규정한 반면, 2003. 12. 30. 개정된 구 상증세법은 제4조 제6항에서는 증여자에 대한 통지에 관하여 규정하고, 제7항에서는 국세기본법 제13조 제4항의 규정에 의하여 법인으로 보는 법인격이 없는 사단·재단 기타 단체를 비영리법인으로 보아 그 법을 적용한다고 규정하였으므로, 위와 같이 개정된 제4조 제7항에 의하면 국세기본법 제13조 제4항에 따라 법인으로 보는 법인격이 없는 사단·재단 기타 단체는 증여세 납세의무자가 될 수 있지만, 법인으로 보는 단체에 해당하지 않는 법인격이 없는 사단·재단 기타 단체의 경우에는 증여세 납세의무자가 될 수 없고, 2014. 1. 1. 개정된 상증세법이 제4조 제7항에 제2호를 신설하여 국세기본법 제13조 제4항에 따른 법인으로 보는 단체 외의 법인격이 없는 사단·재단 또는 그 밖의 단체의 경우 이를 거주자 또는 비거주자로 보아 위 법을 적용하도록 규정하였으나, 부칙 제2조에서 그 법 시행 후 증여받는 분부터 이를 적용하도록 규정하여 이 사건 처분에 관하여는 적용할 수 없는 점 등에 비추어 보더라도 더욱 그러하다고 판시하였다.

대법원이 입법의 흠결에 대하여 납세자의 입장에 유리하도록 엄격해석의 입장을 취하였고, 이러한 문제점은 결국 입법의 보완에 의하여 해결되었다고 할 것이다. 이러한 대법원의 태도는 바람직하다고 하겠다. 과세요건에 관한 규정의 흠결이 있을 때 조세공평주의의 입장에 치중하여 과세되는 것이 당연하다는 인식하에 그 규정의 흠결을 해석에 의하여 보완하는 판결이 가끔 보이는데 이는 사법권의 영역을 벗어난 입법권의 영역이므로 바람직하지 못하다. 입법의 흠결이 있을 때는 오히려 그것을 지적함으로써 입법의 보완을 자극하는 것이 삼권분립의 취지에 부합하는 것이라고 하겠다.

3. 증여세와 소득세·법인세의 관계

상증세법 제4조의2 제3항은 증여재산에 대하여 수증자에게 소득세법에 따른 소득세 또는 법인세법에 따른 법인세가 부과되는 경우에는 증여세를 부과하지 아니하고, 소득세 또는 법인세가 소득세법, 법인세법 또는 다른 법률에 따라 비과세되거나 감면되는 경우에도 또한 같다라고 규정하고 있다.

위 규정의 전단만을 보면 동일한 이익이 소득세나 법인세의 과세대상이 됨과 동시에 증여세의 과세대상이 될 경우 과세관청이 소득세나 법인세를 부과할 경우 중복하여 증여세를 부과하지 아니한다는 뜻으로 읽히므로 과세관청의 선택에 따라 소득세나 법인세를 부과하지 아니하면 증여세를 부과할 수 있는 것처럼 보인다. 즉, 증여세가 소득세나 법인세에 대하여 보충적·열위적 관계에 있는 것은 아닌 것처럼 보인다. 그런데 위 규정의 후단을 보면 소득세나 법인세가 비과세되거나 감면되는 경우에도 증여세를 부과할 수 없다는 것이므로 소득세나 법인세의 규정이 우선 적용되고, 증여세의 규정은 보충적·열위적으로 적용되는 것으로 이해된다. 그래서 전단과 후단을 종합하여 읽으면 어떤 이익이 소득세나 법인세의 과세대상이 되는 이상 과세관청에 의하여 실제로 소득세나 법인세가 부과되었는지, 감면되거나 비과세되었는지를 불문하고 증여세를 부과할 수는 없다고 해석하는 것이 합리적으로 보인다. 같은 취지에서 대법원 1992. 11. 10. 선고 92누3441 판결은 법인세법에 의하여 상여로 처분된 금액은 소득세법상 소득세의 과세대상으로 되고, 한편 타인의 증여에 의하여 재산을 취득함으로써 증여세가 부과될 수 있는 경우라 하더라도 그 재산취득으로 인한 소득에 소득세법에 의한 소득세가 부과되는 때에는 증여세를 부과하지 아니하도록 되어 있으므로, 법인의 임원에게 사외유출되어 상여처분되는 소득에 대하여는 소득세를 부과하는 외에 증여세를 부과할 수 없고, 이와 같은 이치는 당해 소득에 대하여 실제로 소득세를 부과하였는지 여부와는 상관이 없다고 보아야 할 것이라고 판시하였다.

그런데 이러한 원칙에도 불구하고 소득세법이나 법인세법의 규정과 상증세법의 규정들의 상호관계를 잘 따져보면 항상 증여세가 보충적·열위적 관계에 있다고 보기 어렵고, 오히려 입법자의 의도는 증여세를 우선적으로 과세할 수 있다는 취지로 해석해야 하는 경우가 있다. 예를 들어 양도소득세와 증여세의 관계에서, 소득세법 시행령 제163조 제10항은 상증세법 제3조의2 제2항, 제33조부터 제39조까지, 제39조의2, 제39조의3, 제40조, 제41조의2부터 제41조의5까지, 제42조, 제42조의2, 제42조의3, 제45조의3부터 제45조의5까지의 규정에 따라 증여세를 과세받은 경우에는 해당 증여재산가액(같은 법 제45조의3부터 제45조의5까지의 규정에 따라 증여세를 과세받은 경우에는 증여의제이익을 말한다)을 취득가액에 더한다고 규정하고 있다. 이 규정은 동일한 이익이 양도소득세와 증여세의 과세대상에 중첩적으로 해당될 때 증여세가 과세된 경우 이를 양도소득세의 과세대상인 양도차익을 산정할 때 취득가액에 더하도록 함으로써 양도소득세의 과세대상에서 제외되도록 하는 것이므로 과세관청은 증여세를 우선하여 과세할 수 있다는 취지를 담고 있다. 즉, 소득세나 법인세에 우선하여 증여세를 과세할 수 있는 선택권을 과세관청에게 주겠다는 것이다.

이러한 쟁점에 관한 최근 사례로서 대법원 2017. 3. 30. 선고 2016두55926 판결이 있다. 이 사안에서는 합병에 따른 의제배당소득이 소득세 과세대상이 됨과 동시에 증여세의 과세대상이 되는 경우로서 소득세법이 과세이연을 허락하였음에도 증여세를 과세할 수 있는지가 쟁점이 되었다. 상증세법 제4조의2 제2항 후단에서 소득세가 비과세되거나 감면된 경우에도 증여세를 과세할 수 없다고 하였으므로 이 사안과 같이 소득세가 과세이연된 경우에도 증여세를 과세할 수 없다고 볼 여지가 있다. 그러나 대법원의 판단은 달랐다. 대법원은, 소득세법 제17조 제1항, 제2항 제4호에 따른 의제배당소득 과세는 피합병법인의 주주가 합병으로 인하여 구 주식에 갈음하여 취득하는 합병신주의 가액이 구 주식의 취득가액을 초과하는 부분을 배당으로 의제하여 과세하는 것인데, 소득세법 시행령 제27조 제1항 제1호에 따라 합병신주의 가액을 액면가액으로 하여 의제배당소득을 계산함에 따라 합병신주 등의 가액이 구 주식의 취득가액을 초과하지 않는 경우에는 의제배당소득이 없어 과세되지 않고, 나아가 소득세법 시행령 제163조 제10항은 수증자가 증여세를 과세받은 경우에는 그 증여재산가액을 취득가액에 가산하여 양도차익을 산정하도록 하여, 향후 수증자가 합병신주를 매각하더라도 증여재산에 해당하는 부분에 대하여는 양도소득세 또한 부과되지 않도록 규정하고 있으므로 의제배당소득이 없는 것으로 계산되어 과세되지 않은 경우에는 상증세법 제41조의5 제1항의 증여재산인 합병상장이익에 관하여 '소득세법에 의한 소득세가 수증자에게 부과되거나 비과세 또는 감면되는 때'에 해당한다고 볼 수 없고, 상증세법 제41조의5 제1항에 따라 증여세를 과세하더라도 구 상증세법 제2조 제2항이나 그 단서(현행의 제4조의2 제3항)에 위반되지 않는다고 판시하였다. 이 판결에서도 입법자가 소득세법 시행령 제163조 제10항을 두고 있는 취지가 증여세를 먼저 과세하는 것을 허용한 것이라고 보아 그에 따른 증여세의 과세가 상증세법 제4조의2 제2항에 위반되지 않는다고 본 것이다.

그리고, 대법원 2024. 3. 12. 선고 2022두32931 판결은, 구 상증세법 제41조의2 제1항이 '법인이 이익이나 잉여금을 배당하는 경우로서 최대주주 등이 본인이 지급받을 배당금액의 전부 또는 일부를 포기하거나 본인이 보유한 주식 등에 비례하여 균등하지 아니한 조건으로 배당을 받음에 따라 그 최대주주 등의 특수관계인이 본인이 보유한 주식 등에 비하여 높은 금액의 배당을 받은 경우에는 그 최대주주 등의 특수관계인이 본인이 보유한 주식 등에 비례하여 균등하지 아니한 조건으로 배당을 받은 금액(이하 '초과배당금액'이라 한다)을 그 최대주주 등의 특수관계인의 증여재산가액으로 한다.'라고 규정하고, 같은 조 제2항이 '제1항에 따라 초과배당금액에 대하여 증여세를 부과할 때 해당 초과배당금액에 대한 소득세 상당액은 제56조에 따른 증여세산출세액에서 공제한다.'라고 규정하고, 제3항이 '초과배당금액에 대한 증여세액이 초과배당금액에 대한 소득세 상당액보다 적은 경우에는 제1항을 적용하지 아니한다.'라고 규정하고 있는 것에 관하여, 그 입법취지는 최대주주의 배당포기 등에 따라 초과배당금액을 받은 특수관계인은 그 최대주주로부터 증여를 받는 것과 같은 효과가 발생하므로 그 이익에 대해 과세함으로써 조세평등을 도모하되, 배당소득에 대해서는 소득세가 과세될 수 있으므로 초과배당금액에 대한 증여세액이 소득세 상당액 이상인 경우에만 증여세를 부과함으로써, 세율 등의 차이로 증여세 부담이 소득세보다 커지는 구간에서 최대주주의 배당포기 등으로 인해 발생할 수 있는 증여세 부담 회피를 방지하려는 데 있다고 판시하면서, 상증세법 제41조의2에 따라 초과배당금액에 대하여 증여세를 부과할 때 제3항의 "초과배당금액에 대한 증여세액"은 10년 이내 재차증여 가산규정인 상증세법 제47조 제2항을 적용하여 산출한 증여세액을 의미한다고 봄이 타당하다고 판시하였다.

한편, 상증세법 제4조의2 제4항, 제5항은 영리법인이 증여받은 재산 또는 이익에 대하여 법인세법에 따른 법인세가 부과되는 경우(법인세가 법인세법 또는 다른 법률에 따라 비과세되거나 감면되는 경우를 포함한다) 해당 법인의 주주에 대해서는 제45조의3부터 제45조의5까지의 규정에 따른 경우를 제외하고는 증여세를 부과하지 아니하도록 하고 있는데, 이는 법인세가 과세될 경우 그 주주에 대한 배당소득에 관하여 이중과세를 막기 위한 배당세액공제제도를 두고 있는 것과 마찬가지의 취지에 따른 것이다.

상속세의 과세대상

1. 개요

  상증세법 제2조는 정의규정에서 '상속재산'이란 피상속인에게 귀속되는 모든 재산을 말하며 금전으로 환산할 수 있는 경제적 가치가 있는 모든 물건과 재산적 가치가 있는 법률상 또는 사실상의 모든 권리가 포함되고, 다만 피상속인의 일신에 전속하는 것으로 피상속인의 사망으로 인하여 소멸하는 것은 제외하도록 규정하고 있다. 그리고 제8조 내지 제10조는 상속재산으로 의제하는 경우들을 열거하고 있다.

  먼저 제8조는 피상속인의 사망으로 인하여 받는 생명보험 또는 손해보험의 보험금으로서 피상속인이 보험계약자인 보험계약에 의하여 받는 것은 상속재산으로 보고, 보험계약자가 피상속인이 아닌 경우에도 피상속인이 실질적으로 보험료를 납부하였을 때에는 피상속인을 보험계약자로 본다고 규정하고 있다. 이러한 경우는 보험계약상 보험금의 수취인이 상속인이어서 상속인이 피상속인으로부터 승계하여 취득하는 것이 아니라 자신의 고유한 권리에 의하여 직접 취득하는 것이므로 본래적 의미의 상속재산에 해당하지 않는다고 볼 수 있으나 실질적으로 상속재산을 취득한 것과 동일하다고 보아 상속재산으로 의제하는 것이다.

  제9조는 피상속인이 신탁한 재산은 상속재산으로 보되, 타인이 신탁의 이익을 받을 권리를 소유하고 있는 경우 그 이익에 상당하는 가액은 상속재산으로 보지 아니하고, 피상속인이 신탁으로 인하여 타인으로부터 신탁의 이익을 받을 권리를 소유하고 있는 경우에는 그 이익에 상당하는 가액을 상속재산에 포함한다고 규정하고 있다.

제10조는 피상속인에게 지급될 퇴직금, 퇴직수당, 공로금, 연금 또는 이와 유사한 것이 피상속인의 사망으로 인하여 지급되는 경우 그 금액은 상속재산으로 보되, 국민연금법에 따라 지급되는 유족연금 또는 사망으로 인하여 지급되는 반환일시금, 공무원연금법 또는 사립학교교직원 연금법에 따라 지급되는 유족연금, 유족연금부가금, 유족연금일시금, 유족일시금 또는 유족보상금, 군인연금법에 따라 지급되는 유족연금, 유족연금부가금, 유족연금일시금, 유족일시금 또는 재해보상금, 산업재해보상보험법에 따라 지급되는 유족보상연금·유족보상일시금·유족특별급여 또는 진폐유족연금, 근로자의 업무상 사망으로 인하여 근로기준법 등을 준용하여 사업자가 그 근로자의 유족에게 지급하는 유족보상금 또는 재해보상금과 그 밖에 이와 유사한 것들은 제외하도록 규정하였다. 이와 같이 제외하는 항목들은 상속인들의 생계유지를 고려한 입법정책적 결단에 따른 것으로 이해할 수 있다.

한편, 상속세 비과세대상에 관하여, 상증세법 제11조는 전사나 그 밖에 이에 준하는 사망 또는 전쟁이나 그 밖에 이에 준하는 공무의 수행 중 입은 부상 또는 질병으로 인한 사망으로 상속이 개시되는 경우에는 상속세를 부과하지 아니하도록 규정하였고, 제12조는 국가, 지방자치단체 또는 공공단체에 유증(사망으로 인하여 효력이 발생하는 증여를 포함한다)한 재산, 문화재보호법에 따른 국가지정문화재 및 시·도지정문화재와 같은 법에 따른 보호구역에 있는 토지, 일정한 범위 내의 묘지, 정당에 유증 등을 한 재산, 근로복지기본법에 따른 사내근로복지기금 등에 유증 등을 한 재산, 사회통념상 인정되는 이재구호금품, 치료비 및 그 밖에 이와 유사한 용처의 재산, 상속재산 중 상속인이 신고기한 이내에 국가, 지방자치단체 또는 공공단체에 증여한 재산을 규정하고 있다.

그리고 상증세법 제16조는 상속재산 중 피상속인이나 상속인이 종교·자선·학술 또는 그 밖의 공익을 목적으로 하는 사업을 하는 자에게 출연한 재산의 가액으로서 상속세 신고기한(상속받은 재산을 출연하여 공익법인 등을 설립하는 경우로서 부득이한 사유가 있는 경우에는 그 사유가 없어진 날이 속하는 달의 말일부터 6개월까지를 말한다) 이내에 출연한 재산의 가액은 상속세 과세가액에 산입하지 아니하도록 규정하고, 제17조는 상속재산 중 피상속인이나 상속인이 공익신탁법에 따른 공익신탁으로서 종교·자선·학술 또는 그 밖의 공익을 목적으로 하는 신탁을 통하여 공익법인 등에 출연하는 재산의 가액도 상속세 과세가액에 산입하지 아니하도록 규정하고 있다.

2. 과세대상에 포함되는 항목

가. 사전에 증여한 재산

상증세법 제13조 제1항은 상속개시일 전 10년 이내에 피상속인이 상속인에게 증여한 재산가액과 그 5년 이내에 피상속인이 상속인이 아닌 자에게 증여한 재산가액을 상속재산가액에 합산하도록 규정하고 있다. 이는 누진세인 상속세의 부담을 덜기 위하여 생전에 상속재산이 될 것을 분할하여 증여하는 것을 규제하기 위한 규정이다. 이 경우 생전 증여에 따라 납부한 증여세는 이중과세의 방지를 위하여 상속세 산출세액에서 공제한다. 그것이 상증세법 제28조에서 규정하는 증여세액 공제이다. 생전 증여재산이 상속재산에 합산됨으로써 누진세율의 적용에 따라 늘어나게 되는 상속세보다 공제되는 증여세가 적기 때문에 결국 상속세의 부담이 증가하는 결과가 된다. 헌법재판소 2006. 7. 27. 선고 2005헌가4 결정은 상증세법 제13조 제1항 제2호의 취지는 피상속인이 생전에 증여한 재산의 가액을 가능한 한 상속세 과세가액에 포함시킴으로써 조세부담에 있어서의 상속세와 증여세의 형평을 유지함과 아울러 피상속인이 사망을 예상할 수 있는 단계에서 장차 상속세의 과세대상이 될 재산을 상속개시 전에 상속인 이외의 자에게 상속과 다름없는 증여의 형태로 분할, 이전하여 누진세율에 의한 상속세 부담을 회피하려는 부당한 상속세 회피행위를 방지하는 데 있다고 판시하였다.

그리고 상증세법 제15조에서는 피상속인이 상속개시일 전에 처분한 재산에 대하여 상속을 추정하는 규정을 두고 있다. 피상속인이 재산을 처분하여 받은 금액이나 피상속인의 재산에서 인출한 금액이 상속개시일 전 1년 이내에 재산 종류별로 계산하여 2억 원 이상인 경우와 상속개시일 전 2년 이내에 재산 종류별로 계산하여 5억 원 이상인 경우로서 용도가 객관적으로 명백하지 아니한 경우와 피상속인이 부담한 채무를 합친 금액이 상속개시일 전 1년 이내에 2억 원 이상인 경우와 상속개시일 전 2년 이내에 5억 원 이상인 경우로서 그 용도가 객관적으로 명백하지 아니한 경우에는 이를 상속받은 것으로 추정한다는 것이다. 정확히 표현하면 상속받은 것으로 추정한다기보다는 증여받은 것으로 추정함으로써 상속재산에 합산된다고 하는 것이 옳겠다. 그리고 피상속인이 국가, 지방자치단체 및 금융회사 등이 아닌 자에 대하여 부담한 채무로서 상속인이 변제할 의무가 없는 것으로 추정되는 경우에도 상속세 과세가액에 산입하도록 규정하고 있다. 이는 상속개시에 임박하여 피상속인이 재산을 처분할 경우 그것이 상속인에게 흘러들어갔을 개연성이 있다고 보아 상속인에게 귀속된 것으로 추정하고 그 반대사실에 관한 증명책임을 상속인에게 부담지우겠다는 취지이다. 따라서 상속인으로서는 그 돈이 다른 용처에 사용됨으로써 자신에게 귀속되지 않았다는 점을 적극적으로 증명하여야 한다.

조세쟁송에서는 사전 증여사실 자체를 다투는 경우가 많다. 대법원 2007. 11. 15. 선고 2005두5604 판결은, 피상속인 A명의의 예금계좌가 개설된 P은행 인천지점은 원고가 상무이사인 Q사의 소재지와 가까운 반면 A 소유 토지에 관한 매매계약 체결 당시 77세의 고령이던 A의 주소지와는 떨어져 있는 점, 위 예금계좌가 위 토지에 대한 계약금 지급 당일 개설되어 A 사망까지 매매대금 아닌 돈은 입금되지 않았으며, 그 입금액의 대부분을 원고가 Q사의 계좌에 입금하거나 수표로 인출한 후 배서하여 사용하였고, 그 거래장소도 대부분 P은행 인천지점이었던 점, 원고는 Q사의 계좌로 입금된 돈은 A가 Q사에 대여한 것이라고 주장하면서도 아무런 관련 자료도 제출하지 않는 점, A는 과거 잠시 Q사의 감사로 재직하였을 뿐 Q사에 입금할 사정이 있다고 볼 수 없는 반면 원고는 Q사의 상무이사로 주식도 보유하고 있어 입금할 충분한 이유가 있었다고 보이는 점, 위 토지 매매계약의 체결 및 대금의 수령을 원고가 사실상 주도한 점 등에 비추어 보면, 위 예금계좌의 실제 소유자는 원고이고, 원고는 A로부터 위 토지 매매대금 중 위 예금계좌에 입금된 7억 원과 위 예금계좌에 입금되지 않은 채 직접 원고의 다른 계좌에 입금되거나 원고가 배서하여 사용한 수표금액 4억 원의 합계 11억 원을 증여받았다고 보아 이를 상속재산에 합산한 것은 정당하다고 판시하였다.

나. 취득 중 사망한 경우의 재산

피상속인이 재산을 취득하는 계약을 체결하였으나 아직 이행이 되지 않아 그 소유권을 취득하지 못하였다면 상속재산에 포함되지 않는 것이 원칙이고, 다만 그 재산을 취득할 권리가 상속재산에 포함될 것이다. 반대로 피상속인이 재산을 양도하는 계약을 체결하였으나 아직 이행이 완료되지 않은 경우에는 그 재산은 상속재산에 포함되어야 할 것이고 이미 받은 계약금이나 중도금 부분은 이중으로 상속재산에 산입되지 않도록 하기 위해서 채무액으로 공제하거나 그 재산가액의 평가시에 차감하여야 할 것이다. 국세청의 유권해석(심사 상속 2000-3, 2000. 4. 21.)도 같은 입장이다.

이와 같이 원칙적으로 당해 재산의 소유권이 이전되었는지를 기준으로 하여 판단하면 될 것이지만 자산의 취득이나 양도에 관하여는 소득세법에서 그 시기를 규정하고 있으므로 이를 준용할 것인지가 문제되는데, 이에 관하여 대법원 2007. 6. 15. 선고 2005두13148 판결은, 상증세법에는 재산양도계약이 이행되는 도중에 상속이 개시되는 경우 상속재산의 범위에 관하여 별도의 규정이 없고, 다만 소득세법에 양도소득세의 과세표준인 양도차익을 산정함에 있어 기준이 되는 자산의 양도시기 또는 취득시기에 관한 규정이 있을 뿐이나 이들 규정은 상증세법에 있어 상속재산의 귀속을 결정함에 있어서도 준용된다고 해석하는 것이 세법의 전체적 체계에 부합한다고 판시하였다. 따라서 예를 들어 장기할부조건부 매매의 경우 소득세법 시행령 제162조 제1항 제3호는 소유권이전등기접수일·인도일 또는 사용수익일 중 빠른 날을 그 취득시기 및 양도시기로 한다고 규정하고 있으므로 위 규정에 따라 상속개시일을 기준으로 그 취득시기나 양도시기가 도래하였는지를 보아 상속재산에 포함되는지 여부를 가리면 된다. 이 경우 상속재산에 포함되었음에도 미상환할부금이 남아 있다면 그 채무는 상속채무로서 상속재산에서 공제되어야 한다.

다. 증여채무 이행 중 사망한 경우의 재산

상증세법 제2조 제1호는 상속에 포함되는 것의 하나로, (나)목에서 증여자의 사망으로 효력이 생길 사인증여를 규정하면서, 상속개시일 전 10년 이내에 피상속인이 상속인에게 진 증여채무 및 상속개시일 전 5년 이내에 피상속인이 상속인이 아닌 자에게 진 증여채무의 이행 중에 증여자가 사망한 경우의 그 증여를 포함한다고 규정하고 있다.

이 규정은 2002. 12. 18. 신설된 것인데, 이러한 신설 규정이 없다면, 증여채무의 이행이 종료되지 않은 재산은 당연히 상속재산에 포함되어 상속세 부담은 따르지만 그 증여채무를 상속채무로 공제할 수 없으므로 상속인들 입장에서는 실질적으로 상속받은 재산이 없음에도 상속세를 부담하는 불합리한 문제가 생기게 된다. 이러한 경우의 증여채무를 상속채무로 공제하지 못하는 이유는 피상속인의 증여채무가 상속세의 누진효과를 회피하는 수단으로 악용되는 것을 막기 위하여 상증세법 제14조 제1항 제3호 괄호규정이 상속채무에서 상속개시일 전 10년 이내에 피상속인이 상속인에게 진 증여채무와 상속개시일 전 5년 이내에 피상속인이 상속인이 아닌 자에게 진 증여채무는 상속재산에서 공제하는 채무에서 제외한다고 규정하고 있기 때문이다. 뿐만 아니라 위 신설 규정이 없다면 상속인들이 상속 후 그 재산으로 증여채무를 이행할 경우 수증자가 다시 증여세를 부담하게 되며 그 증여세를 상속세에서 공제할 수도 없으므로 피상속인으로부터 수증자로 증여되는 재산이 상속인을 경유하였다는 이유로 결국 상속세와 증여세가 이중으로 과세되는 문제도 생긴다.

이러한 문제들을 해소하기 위하여 상증세법 제2조 제1호에서 상속개시일 전 10년 이내에 피상속인이 상속인에게 진 증여채무 및 상속개시일 전 5년 이내에 피상속인이 상속인이 아닌 자에게 진 증여채무의 이행 중에 증여자가 사망한 경우의 그 증여를 사인증여로 보아 상속재산에 포함시키는 규정을 신설한 것이다. 위 신설 규정에 의하여, 그 증여

채무의 대상 재산이 상속재산에 포함되어 누진세율에 의하여 상속세가 산정되지만 그 증여채무의 대상 재산을 사인증여재산으로 의제함으로써 상증세법 제3조의2 제1항에 의하여 그 증여재산의 수증인이 기존의 상속인들과 공동상속인이 되어 자신이 수증받을 재산의 비율만큼 상속세의 납세의무를 지게 되는 것이다. 결국 증여채무의 이행 중에 증여자가 사망한 경우의 증여는 사인증여와 동일하게 상속세 과세가액의 증가를 가져오기는 하나 상속인들은 누진세율인 상속세율이 높아짐으로 인한 상속세 부담의 증가를 제외하고는, 증여재산에 대한 상속세를 부담하지 않고, 수증자가 그에 대한 상속세를 부담하며, 상속 이후 상속인들이 실제로 수증자에게 증여채무를 이행하더라도 그때 가서 수증자가 다시 증여세를 부담하지도 않는다. 요컨대 위 규정이 신설되기 전에는 증여채무의 대상이 되는 재산이 피상속인으로부터 상속인을 경유하여 수증자에게 이전되는 것으로 취급하여 과세하였으나, 위 규정의 신설에 의하여 그 재산이 상속인을 경유하지 않고 피상속인으로부터 곧바로 수증자에게 이전되는 것으로 취급하여 과세함으로써 상속인들의 상속세 부담도 덜어주고 이중과세의 문제도 해결하게 된 것이다. 타당한 입법이다.

위 규정에 의하면, 피상속인이 상속인에 대하여 상속개시일로부터 10년 전에 부담한 증여채무와 피상속인이 상속개시일로부터 5년 전에 부담한 증여채무의 대상이 되는 재산은 그 이행이 종료되지 않았을 경우 결과적으로 상속재산에 포함되지 않게 된다고 할 수 있다. 왜냐하면 이러한 증여채무의 대상이 되는 재산에 대하여는 상증세법 제14조 제1항 제3호의 괄호규정에 해당하지 않아 그 증여채무가 상속채무로서 공제되므로 결국 상속세 과세표준에 산입되는 금액은 영(0)이 되기 때문이다.

상증세법 제2조 제1호 (나)목의 문언에 의하면 증여채무의 '이행 중'이어야 하므로 증여계약 체결만으로는 부족하고 증여채무의 이행에 착수한 단계에 이르는 것을 말한다는 주장도 있을 수 있다. 그러나 위 규정의 입법 취지에서 살펴보았듯이 피상속인이 생전에 증여계약을 체결하고 이를 이행하기 전에 사망하여 상속인들이 실질적으로 재산을 상속받지 않았음에도 상속세를 부담하게 되고, 상속개시 후 수증자가 부담한 증여세를 기납부세액으로 공제하지도 못하는 문제를 해소하기 위한 것이므로, 상속개시 전에 증여계약이 체결되었다는 사실이 중요한 것이지 그 이행에 착수하였는지 여부는 중요하지 않다고 할 것이다. 특히 증여계약은 중도금이나 잔금지급 등이 없어 소유권을 넘기기만 하면 되므로 이행의 착수와 동시에 이행이 완료되는 경우가 대부분일 것이다. 그래서 위 문언의 의미는 '증여계약의 이행이 완료되기 전'의 의미로 다소 폭넓게 해석하는 것이 합리적이라고 할 것이다.

같은 취지에서 대법원 2014. 10. 15. 선고 2012두22706 판결은, 일정한 증여채무의 이행 중에 증여자가 사망한 경우의 당해 증여재산에 관하여 이를 사인증여로 보는 특별한 규정을 둔 취지는, 상증세법 제14조 제1항 제3호 괄호규정에 의한 증여채무가 상속세의 누진효과를 회피하는 수단이 될 수 있으므로 이를 상속재산의 가액에서 차감하지 않되, 당해 증여재산은 비록 상속개시 당시에는 상속대상인 재산에 해당하더라도 결국에는 증여채무로 인하여 상속인들이 수증자에게 이전하여야 할 재산이므로 상속인들 대신 그 수증자를 곧바로 상속세 납세의무자로 삼고자 함에 있다고 전제하고, 그래서 '증여채무의 이행 중에 증여자가 사망한 경우의 당해 증여재산'이란 증여계약이 성립하여 효력이 발생함으로써 증여채무가 생겼으나 그 이행이 완료되기 전에 증여자가 사망한 경우 증여채무의 목적이 된 증여재산을 뜻한다고 보아야 한다고 판시하였다.

위 판결의 사안은 A가 P사에게 P사 발행의 A 소유 주식에 관하여 B교회에 기부해줄 것을 요청하면서, 증권거래카드와 도장을 포함하여 '주식 및 이와 관련한 모든 재산상 권리를 P사가 유가증권시장 또는 코스닥시장에 상장 후 B교회에 기부하여 주시기 바라며, 주식기부증서를 제출합니다'라는 취지가 기재된 주식기부증서를 제출한 후 2009. 4. 22. 사망하였고, P사는 2009. 9. 29. 기업공개를 목적으로 유가증권신고를 하였으며, 2010. 1. 22. 그 주식이 코스닥시장에 등록되자 2010. 2. 27. 위 주식기부증서를 근거로 A의 증권거래카드를 이용하여 위 주식을 B교회의 증권계좌에 입고하는 방식으로 그 출연절차를 이행한 것이었다. 이에 대하여, 원심은, 위 주식기부증서에 의한 A의 증여의사표시는 '유가증권시장 또는 코스닥시장에 상장'이라는 장래에 발생할 불확실한 사실을 부관으로 하는 정지조건부 증여의사표시에 해당하여 그 주식기부증서의 작성만으로는 수증자인 B교회가 위 주식에 대한 이전청구권을 가지지 못하므로, 위 주식은 '증여채무의 이행 중에 증여자가 사망한 경우의 증여재산'에 해당하지 않는다는 이유로, B교회를 상속세 납세의무자로 삼지 않은 채 A의 상속인들인 원고들만을 상속세 납세의무자로 본 과세관청의 처분은 적법하다고 판단하였다.

그러나 대법원은, 위 주식기부증서의 문언, P사가 기부를 위임받으면서 주식이전에 필요한 증권거래카드와 도장까지 수령한 점, 증여계약의 체결과 이행 경위 등을 보면, A는 P사의 상장이 확정되는 경우는 물론 상장되지 않는 것으로 확정되더라도 위 주식을 B교회에 기부할 의사를 가지고 있었다고 볼 수 있으므로, P사의 상장은 정지조건이 아니라 증여채무의 이행을 유예하는 불확정기한에 해당하고, 위 주식에 관한 증여계약은 A의 사망 당시 이미 성립되어 효력이 발생함으로써 증여채무가 생겼으며 상대방인 B교회는 그에 상응하는 권리를 취득하였으므로, A의 사망 당시 P사의 상장이라는 불확정기한이 도래하지 않았다 하더라도 위 주식은 '증여채무의 이행 중에 증여자가 사망한 경우의 당해 증여재산'에 해당한다고 판시하였다. 따라서 그 수증자인 B교회도 상속인들인 원고들과 함께 위 주식이 포함된 전체 상속재산에 관하여 산출된 상속세를 각자 일정한 범위에서 납부할 의무가 있다고 결론지었다.

이 사안에서 대법원은 'P사의 상장'을 정지조건이 아닌 불확정기한으로 봄으로써, A는 상장이 되든 말든 P사 주식에 대한 증여채무를 이행할 의사가 있었고, 단지 그 이행기한을 상장이 되거나 상장이 되지 않는 것으로 확정될 때까지 유예한 것으로 보아 상속개시 당시 그 증여채무가 성립된 것으로 판단하였다. 상속 후 얼마 지나지 않아 실제로 P사가 상장이 되었고, P사 주식을 사인증여재산에 포함시켜 주는 것이 상속인들의 무리한 상속세 부담을 덜어 준다는 면에서 대법원의 결론이 합리적이고 타당하다고 하겠다.

3. 과세대상에서 제외되는 항목

가. 전사자의 상속재산

상증세법 제11조는 전사나 그 밖에 이에 준하는 사망 또는 전쟁이나 그 밖에 이에 준하는 공무의 수행 중 입은 부상 또는 질병으로 인한 사망으로 상속이 개시되는 경우에는 상속세를 부과하지 아니하도록 규정하고 있다. 그리고 상증세법 시행령 제7조는 '전쟁이나 그 밖에 이에 준하는 공무'란 사변 또는 이에 준하는 비상사태로 토벌 또는 경비 등 작전업무를 수행하는 것을 말하고, '전사에 준하는 사망'이란 위 공무로 인하여 사망한 것을 말한다고 규정하고 있다.

위 규정은 공익적인 목적 또는 사회정책적 배려에서 본래 상속재산에 포함되는 것임에도 상속세를 과세하지 않겠다는 취지이다. 이는 원천적으로 상속세 납세의무를 배제하는 것이므로 사후관리가 필요 없다. 그 입법 취지는 국가유공자와 그 유족에게 합당한 예우를 다하고 이들의 생활안정과 복지향상을 도모하며 국민의 애국정신을 기르도록 하는데 있다고 할 수 있다.

전사자 등에 대한 상속세 비과세 규정은 1950. 3. 22. 상속세법이 제정될 당시부터 있었고, 1996. 12. 30. 상속세법이 상증세법으로 전부 개정되면서 그 전까지 단서 조항으로 있던 '다만, 상이자 또는 질병자로서 부상 또는 발병 후 1년을 경과하여 사망한 때에는 예외로 한다'는 규정이 삭제된 것을 제외하고는 현재까지 변화가 없다. 위 개정으로 비과세의 범위를 더 넓혔다고 할 수 있다.

위 규정 중 '전사나 그 밖에 이에 준하는 사망'의 경우는 그 범위를 정하는 데 별 어려움이 없으나, '전쟁이나 그 밖에 이에 준하는 공무의 수행 중 입은 부상 또는 질병으로 인한 사망으로 상속이 개시되는 경우'는 그 범위를 정하기가 쉽지 않다. 특히 질병의 경우 그것이 '공무의 수행 중 입은 질병'으로 볼 수 있는지를 판단하는 것이 간단하지 않다.

여기서의 질병이 전쟁 등의 수행 중에 발병하여야 하는 것인지 전쟁 등이 종료된 후에 발병하였더라도 그 원인이 전쟁 등의 공무수행에 있으면 족한 것인지에 관하여 견해가 나뉠 수 있으나 위 규정의 입법 취지를 살리기 위해서는 후자의 견해로 해석하는 것이 타당하다고 하겠다. 전쟁 등의 수행기간은 길지 않는 반면에 그로 인한 질병의 잠복기간이 상당히 길어질 수 있기 때문에 실제로는 전쟁 등이 종료된 후에 질병이 발견되는 경우가 흔할 것이기 때문이다. 그리고 의학적으로도 그 발병시기를 정확히 가늠하는 것은 어려울 것이다.

그리고 '전쟁 수행으로 인하여 발생한 질병으로 인한 사망'이 되기 위해서는 전쟁 수행과 질병, 질병과 사망 사이에 인과관계가 있어야 할 것인데, 여기서 인과관계는 그 입법 취지와 공무상 질병이나 업무상 재해에 있어서 공무 및 업무와 질병 사이에 요구되는 인과관계에 대하여 그동안 대법원이 취한 입장 등을 고려하면, 반드시 의학적·자연과학적으로 명백히 증명하여야 하는 것은 아니고 제반 사정을 고려할 때 전쟁 수행과 질병 사이에 상당인과관계가 있다고 추단될 수 있으면 족하다고 할 것이다.

사회적 관심을 모았던 고엽제후유증 환자들이 사망하였을 때 '전쟁 수행으로 인하여 발생한 질병으로 인한 사망'에 해당하는지 여부가 문제되었는데, 대법원 2014. 2. 27. 선고 2012두16275 판결이 이에 관한 것이다. 원고들의 피상속인으로서 월남전에 참전하였던 A가 2003. 6. 24.경 구 고엽제후유의증 환자지원 등에 관한 법률(이하 '고엽제법'이라 한다) 제4조, 제5조 제1항 등에 따라 고엽제 후유증(다발성 골수종)환자로 등록되고, 아울러 국가유공자(전상군경 3급)로 지정·등록되었으며, A의 직계친족 중 다발성 골수종을 앓고 사망한 사람이 없었다. 그리고 미국 국립과학원 보고서 등 각종 역학조사 결과에 의하면, 고엽제에 함유된 유해물질의 노출과 다발성 골수종 등 사이에는 역학적 인과관계가 있다고 발표되었다. 원심은, A가 월남전에 참전하여 고엽제의 유해물질로 인하여 다발성 골수종을 앓게 되었다고 추단된다는 이유로, 원고들에 대한 상속세 부과처분은 위법하다고 판단하였다.

그러나 대법원의 판단은 달랐다. 먼저, 고엽제법은 국가유공자법에서 정한 국가유공자 요건의 증명이 어려운 고엽제 후유증환자를 위하여 특별히 별도의 절차를 마련하여 고엽제 살포지역에서 복무하고 전역하였다는 등의 사실이 인정되면 전투 등의 직무수행과 질병 사이의 인과관계를 따지지 않고 일단 국가유공자법 제4조 제1항 제4호의 '전상군경'으로 보도록 규정하고 있으므로, 고엽제법 제4조, 제5조 제1항 등에 따라 국가유공자로 등록되었다는 사정만으로 그 질병이 전투 등의 직무수행과 상당인과관계가 있다고 추단할 수는 없다고 전제하였다. 그리고 A가 걸린 다발성 골수종은 고엽제에 포함된 유해물질의 노출에 의하여만 생기는 특이성 질환이 아니라, 다른 여러 선천적·후천적 요인들에 의하여 생길 수 있는 비특이성 질환이라고 보았다.

나아가 미국 국립과학원 보고서는 고엽제 노출과 다발성 골수종 등 비특이성 질환 사이에 연관성이 있다는 점, 즉 고엽제 노출과 비특이성 질환의 발병 위험의 증가 사이에 통계학적 연관성이 있다는 점만을 나타낼 뿐, 양자 사이에 인과관계가 존재함을 나타내는 것은 아니라는 점을 명확히 하고 있고, 나아가 통계학적 연관성은 일반적인 인구군에서 고엽제 노출과 그 결과 사이의 연관성을 나타내는 것일 뿐, 어느 개인이 걸린 질환이 고엽제 노출과 연관되어 있을 가능성이나 고엽제 노출로 인하여 유발될 가능성이 있음을 나타내는 것이 아니라는 점도 밝히고 있고, 연세의료원과 국가보훈처 공동 작성의 '고엽제 피해 역학조사' 보고서에는 월남전 참전 군인들의 다발성 골수종의 발병률과 사망률이 그와 비교대상인 남자 전체 인구의 발병률 등과 비교하여 통계적으로 유의하게 높다고 기재되어 있으나 고엽제에 노출되었는지 여부가 분명하지 않은 월남전에 참전한 군인 전부의 집단과 그들을 포함한 남자 전체 인구를 일반집단으로 비교하고 있는 점에서 고엽제에 노출된 집단과 고엽제에 노출되지 않은 다른 일반 집단을 대조하여야 한다는 역학조사의 기본적인 요청을 충족하였다고 보기 어렵고, 더구나 위 보고서는 월남전에 참전한 군인들 중 소량의 고엽제에 노출된 집단(저노출군)과 다량의 고엽제에 노출된 집단(고노출군) 사이에 다발성 골수종의 발병률에 특별한 차이가 없다고 하고 있으므로 미국 국립과학원 보고서와 연세의료원 등 작성의 '고엽제 피해 역학조사'만으로는 고엽제의 유해물질과 다발성 골수종 사이의 인과관계를 인정할 만한 상당한 개연성이 증명되었다고 볼 수도 없다고 판시하였다.

이 판결에서도 나타나듯이 전사나 부상으로 인한 사망이 아닌 질병으로 인한 사망은 그 발병시기 또는 질병의 발견시기가 전쟁 등이 종료된 후인 경우에는 역학적인 인과관계를 증명하는 것이 매우 어려운 문제가 되고 있고, 대법원에서는 다소 엄격한 입장을 취한 것으로 보인다.

같은 취지에서 대법원 2013. 7. 12. 선고 2006다17539 판결은, 베트남전 참전군인들이 외국법인인 A사 등에 의해 제조되어 베트남전에서 살포된 고엽제 때문에 당뇨병 등 각종 질병에 걸렸다며 A사 등을 상대로 제조물책임 등에 따른 손해배상을 구한 사안에서, 고엽제 노출과 당뇨병 등 비특이성 질환 사이에 통계학적 연관성이 있다는 사정과 참전군인들 중 일부가 비특이성 질환에 걸렸다는 사정만으로 그들 개개인이 걸린 비특이성 질환이 베트남전 당시 살포된 고엽제에 노출되어 발생하였을 개연성을 인정할 수 없는데도, 일부 참전군인들이 고엽제의 TCDD에 노출되어 당뇨병 등 비특이성 질환이 발생하는 손해를 입었다고 본 원심판결에 역학적 인과관계와 개연성 등에 관한 법리오해 등 위법이 있다고 하여 원심판결을 파기환송하였다.

나. 공익법인 등에 대한 출연재산

상증세법 제16조는 공익법인 등에게 출연한 재산은 일정한 요건을 갖춘 경우 상속세 과세가액에 산입하지 아니한다고 규정하고 있고, 증여세의 경우에도 같은 취지의 규정이 제48조에서 마련되어 있다. 위 규정은 상속에 즈음하여 국가나 지방자치단체 등이 수행할 책임이 있는 공익사업 등에 상속재산을 출연함으로써 실질적으로 상속인들이 이를 수혜하지 못하므로 정책적 고려에서 상속세 과세를 하지 않겠다는 취지로 이해된다. 다만, 공익사업을 내세워 상속세를 면탈하기 위한 변칙적 재산출연행위를 막기 위하여 그 요건을 매우 까다롭게 규정하고 있다. 그 출연의 주체는 피상속인뿐만 아니라 상속인도 포함된다.

상증세법 제16조는 그 요건으로서 출연기간에 관하여 엄격하게 규정하고 있다. 즉, 상증세법 제67조에 따른 신고기한인 상속개시일이 속하는 달의 말일부터 6개월 이내의 기간 내에 출연하여야 하고, 다만 부득이한 사유가 있는 경우에는 그 사유가 없어진 날이 속하는 달의 말일부터 6개월까지 출연하여야 한다고 규정하고 있다. 그리고 상증세법 시행령 제13조 제1항은 부득이한 사유로서, 재산의 출연에 있어서 법령상 또는 행정상의 사유로 출연재산의 소유권의 이전이 지연되는 경우와 상속받은 재산을 출연하여 공익법인 등을 설립하는 경우로서 법령상 또는 행정상의 사유로 공익법인 등의 설립허가 등이 지연되는 경우를 들고 있는데 이는 예시적 규정으로 보아야 할 것이다. 대법원 2014. 10. 15. 선고 2012두22706 판결은, 여기서의 '부득이한 사유'는 공익법인 등에 재산을 출연하고자 하였으나 자신의 책임으로 돌릴 수 없는 법령상 또는 행정상의 장애사유 등이 있어 그 출연이 지연되는 사유를 의미하고, 상속인이 상속재산의 존재 자체를 알 수 없어 출연기한 내에 출연하지 못하였다는 사정만으로는 이에 해당한다고 볼 수 없다고 판시하였다.

'출연'의 의미에 관하여 대법원 2001. 6. 29. 선고 2000두4156 판결은 출연계약에 그치는 것이 아니라 현실적인 출연의 이행까지 이루어진 것을 의미한다고 판시하였다. 상증세법 시행령 제13조 제1항은 부득이 사유의 하나로 재산의 출연에 있어서 법령상 또는 행정상의 사유로 출연재산의 소유권의 이전이 지연되는 경우라고 규정한 취지에 비추어 보더라도 소유권의 이전, 즉 출연의 이행이 되어야 출연되었다고 볼 수 있는 것이다. 대법원 1990. 5. 25. 선고 90누1062 판결도 같은 취지이다. 그래서 현금출연의 경우에는 실제로 현금이 지급되어야 하고, 토지 등 소유권이전이 필요한 재산의 경우는 그 소유권이 전등기가 마쳐져야 하는 것이다. 그리고 출연의 대상은 상속재산 그 자체뿐만 아니라 그 상속재산을 처분한 대가 등의 대체물도 포함된다고 해석하는 것이 타당하다.[2] 왜냐하면

---

2) 최진수, "공익사업 출연재산에 대한 상속세 과세가액 불산입의 요건", 대법원판례해설(2001년 하반

출연받는 공익법인 등의 입장에서는 상속재산 자체보다는 그 가액이 필요할 수도 있고 그래서 현금 등의 대체물을 출연하였다면 출연하는 자의 입장에서는 상속재산을 출연한 것과 마찬가지로 볼 수 있기 때문이다.

상증세법 제17조 제1항은 피상속인 또는 상속인이 공익신탁법에 따른 공익신탁으로서 종교·자선·학술 또는 그 밖의 공익을 목적으로 하는 공익신탁을 통하여 공익법인 등에 출연하는 재산의 가액도 상속세 과세가액에 불산입한다고 규정하고 있다. 그 입법 취지는 공익신탁이 그 목적 및 사회적 기능에 있어서 공익법인과 사실상 큰 차이가 없고 공익법인에 비하여 사후관리가 용이하다는 장점이 있으므로 공익신탁에 재산을 신탁하는 것이 공익법인에 재산을 출연하는 것에 비하여 불리하지 않도록 세제상 우대조치를 할 필요가 있어 공익신탁에 출연한 재산에 대하여도 상속세 과세가액에 산입하지 않도록 한 것이라고 한다.[3] 상증세법 시행령 제14조는 이 경우 공익신탁의 수익자가 공익법인 등이거나 그 공익법인 등의 수혜자일 것과 공익신탁의 중도해지 또는 종료시 잔여신탁재산이 국가·지방자치단체 및 다른 공익신탁에 귀속될 것을 요건으로 하고 있고, 그 이행기간에 관하여는 위에서 본 공익법인 등에의 출연의 경우와 같은 내용으로 규정하고 있다. 여기서도 그 이행기간까지 출연의 이행이 완료되어야 함은 마찬가지라고 할 것이다. 공익신탁법 제3조는 공익사업을 목적으로 하는 신탁을 인수하려는 수탁자는 법무부장관의 인가를 받아야 한다고 규정하고 있으므로 출연의 이행이 완료되었다고 하기 위해서는 이러한 인가까지 있어야만 한다고 할 것이다.

대법원 2014. 10. 15. 선고 2012두22706 판결은, A가 B교회에 그 소유의 P사 주식 40만 주를 기부하고자 2003. 3. 4.과 2008. 2. 19. P사에 그 절차의 이행을 요청하면서 증권거래카드와 도장 등을 맡겨 두었는데, A가 2009. 4. 22. 사망함에 따라 그 상속인인 원고들은 2009. 10. 28. 위 주식의 가액을 상속세 과세가액에 산입하지 아니한 채 상속세 신고를 하였으며, P사는 2010. 2. 27. 위 요청에 기하여 B교회에 위 주식의 출연을 이행한 사안에서, 원심은, 원고들이 위 주식의 존재를 몰랐다는 사정은 출연기한을 연장할 부득이한 사유로 볼 수 없어 원고들의 상속세 과세표준 신고기한 경과 후에 출연된 위 주식은 공익법인 출연재산에 해당하지 않고, B사가 주무관청의 허가를 얻어 공익신탁을 인수하였다고 볼 만한 자료가 없어 위 주식은 공익신탁재산에도 해당하지 않는다는 이유로, 위 주식이 공익목적 출연재산에 해당하여 상속세 과세가액에 산입할 수 없다는 원고들의 주장을 배척하였고, 대법원이 이를 수긍하였다.

기), 법원도서관
3) 김진수, "공익법인에 대한 과세제도의 개선방안", 한국조세연구원, 1996

상속채무와 각종 공제

1. 개요

상증세법 제14조 제1항은 거주자의 사망으로 상속이 개시된 경우 상속재산에서 공제하는 항목으로 제3호에서 '채무'라고만 하여 포괄적으로 규정하고 있고, 제2항은 제2호에서 비거주자의 사망으로 인하여 상속이 개시되는 경우에는 해당 상속재산을 목적으로 하는 유치권, 질권, 전세권, 임차권, 양도담보권, 저당권 또는 동산·채권 등의 담보에 관한 법률에 따른 담보권으로 담보된 채무를, 제3호에서 피상속인의 사망 당시 국내에 사업장이 있는 경우로서 그 사업장에 갖춰 두고 기록한 장부에 의하여 확인되는 사업장의 채무를 규정하고 있다.

이와 같이 비거주자의 경우는 거주자와 달리 공제하는 상속채무를 제한하고 있는 것은 거주자의 경우는 모든 재산이 상속재산에 포함되는 데 비하여 비거주자의 경우는 국내에 있는 재산만이 상속재산에 포함되기 때문이다. 이와 같은 상속채무의 공제기준도 국가에 따라 다를 수 있기 때문에 국제적 이중과세의 문제가 제기될 수 있는데, 이를 조정하기 위하여 1982년 OECD 모델 상속세 및 증여세 조약 제8조에서는, 부동산에 의하여 담보된 채무 및 부동산의 취득, 전환, 보수, 유지를 위한 채무는 그 부동산의 가액에서 공제하고, 고정사업장에 귀속되는 채무는 그 고정사업장의 자산가액에서 공제하되, 그 공제하여야 할 채무가 당해 부동산의 가액 및 고정사업장의 자산가액을 초과하는 경우에는 그 소재지국의 다른 부동산의 가액이나 다른 고정사업장의 자산가액에서 초과부분을 공제하고, 그 밖의 채무는 피상속인의 거주지국 상속재산의 가액에서 공제하며, 그 후에도 체약국 일방에 공제되지 않은 채무가 남아 있을 경우에는 상대방 체약국에 있는 상속재산의 가액에서 이를 공제하도록 규정하고 있다. 그러나 아직은 우리나라가 위 모델을 적용하여 체결한 조세조약은 없다고 한다.

그리고 상증세법 제14조 제3항에서 채무의 금액은 대통령령으로 정하는 방법에 따라 증명된 것이어야 한다고 규정하고, 상증세법 시행령 제10조 제1항은 제1호에서, 국가·지방자치단체 및 금융회사 등에 대한 채무는 해당 기관에 대한 채무임을 확인할 수 있는 서류로, 제2호에서는 제1호 외의 자에 대한 채무는 채무부담계약서, 채권자확인서, 담보설정 및 이자지급에 관한 증빙 등에 의하여 그 사실을 확인할 수 있는 서류로 증명되는 것을 말한다고 규정하고 있다.

상속세에 있어서도 일반적인 과세요건사실에 대하여는 과세관청이 이를 입증할 책임이 있는 것이 원칙이나, 상속재산가액에서 공제할 피상속인의 채무는 상속세과세가액 결정에 영향을 미치는 특별한 사유에 속하므로 그 존재사실에 대한 주장·입증책임은 상속세 과세가액을 다투는 납세의무자 측에 있다는 것이 대법원 1983. 12. 13. 선고 83누410 판결 등의 입장이다. 위 규정들의 입법 취지에 비추어 보더라도 이와 같이 해석하는 것이 옳다.

그 증명의 정도에 관하여, 대법원 2008. 11. 27. 선고 2008두13569 판결은, 상속재산가액에서 공제될 피상속인의 채무는 상속개시일 현재 피상속인이 종국적으로 부담하여 이행하여야 할 것이 확실하다고 인정되는 채무를 말한다 할 것이고, 상속인이 공제대상으로 신고한 금융기관의 대출채무가 피상속인의 채무인지 여부에 다툼이 있는 경우, 이는 기본적으로 대출계약의 당사자인 채무자 확정의 문제라 할 것이므로 계약 당사자의 의사와 계약 체결 전후의 구체적인 사정 등을 종합하여 판단하되, 그 대출약정이 통정허위표시로서 무효라는 등의 특별한 사정이 없는 한 계약상의 대출명의자를 채무자로 보는 것이 당사자들의 의사에 부합하는 합리적인 해석이라고 판시하였다.

상속채무의 공제에 있어서 상속개시 당시 확정된 채무는 공제 여부에 별 논란이 없는데 비하여 그 당시 불확정적인 채무의 경우 공제대상 상속채무에 해당하는지 여부에 관하여는 논란이 많다.

2. 가압류 채무

거주자의 경우 모든 채무가 공제대상이 되고 그 채무의 이행을 담보하기 위한 사전절차로서 가압류를 한 경우에도 당연히 공제대상이 된다. 단지, 부동산등기부상 가압류등기만 되어 있는 경우에는 등기부상 기재된 피압류채권금액은 등기부만으로는 상증세법 시행령 제10조 제1항에 의한 증명이 되었다고 볼 수 없다. 가압류의 속성상 증명이 아닌 소명에 의하여 등기가 이루어지고 가압류이의절차 등을 통하여 번복될 가능성이 많기 때문이다.

비거주자의 경우에는 위에서 본 바와 같이 공제되는 상속채무의 범위를 제한하고 있고 거기에 가압류된 채무를 따로 규정하고 있지 않아 이 경우가 비거주자의 공제대상 상속채무에 포함되는지가 문제된다. 이에 대하여 대법원 2011. 7. 14. 선고 2008두4275 판결은, 비거주자의 경우 상속세 과세대상이 국내에 있는 상속재산으로 제한되는 것을 고려하여 상속재산 가액에서 차감하는 채무도 국내 상속재산으로 담보되거나 국내 상속재산과 일정한 경제적 관련성이 있는 것으로 제한함으로써 비거주자 사망으로 인한 상속세의 국제적 과세권을 합리적으로 배분하려는 입법 취지 등에 비추어 보면, '국내 상속재산에 대한 가압류에 의하여 보전된 피상속인의 채무'는 판결에 의하여 존재 및 범위가 확정되었다고 하더라도 '당해 상속재산을 목적으로 하는 유치권·질권 또는 저당권으로 담보된 채무'에 포함되지 않는다고 해석하는 것이 타당하다고 판시하였다. 당해 부동산과의 견련관계를 비교해보면 가압류와 저당권 등은 큰 차이가 있다. 저당권 등은 순위보전의 효과가 있어 저당권 등에 의해 담보된 채권은 그 후의 가압류채권이나 조세채권 등에 비하여 우선순위가 보장되는 데 비하여 가압류는 그 후의 가압류채권이나 조세채권 등에 비하여 우선순위가 보장되지 않으며, 그 채권의 증명정도에 있어서도 저당권 등은 채무자와의 합의에 의하여 이루어지므로 증명이 되었다고 볼 여지가 많은 반면, 가압류는 채권자의 일방적인 신청에 의하여 채권액에 대한 증명이 아닌 소명만으로 이루어지기 때문에 증명이 되었다고 볼 수 없다. 이러한 점들을 고려하여 가압류채권은 공제대상 채무에서 제외한 것으로 보이므로 위 판결이 타당하다고 하겠다.

3. 불확정 채무

앞서 본 바와 같이 상증세법 제14조 제4항과 그 위임에 의한 그 시행령 제10조 제1항이 상속재산에서 차감하는 채무의 금액은 상속개시 당시 피상속인의 채무로서 상속인이 실제로 부담하는 사실이 객관적인 증빙에 의하여 증명되는 것을 말한다고 규정하고 있으므로 원칙적으로 상속개시 당시 그 부담 여부가 확정되지 않는 채무는 상속재산에서 차감할 수 없을 것이다. 대표적인 예가 보증채무라고 하겠다. 주채무자의 자력 여하에 따라 보증채무의 현실화가 좌우되기 때문이다.

미국의 내국세입법에 관한 재무부 규칙에서도 피상속인의 사망 당시 존재하는 개인채무로서 피상속인의 재산에 대하여 집행가능한 경우에는 공제할 수 있으나, 그 채무가 확정적이지 않고 변제기가 도래하지 않은 경우에는 원칙적으로 공제할 수 없다고 규정하고 있다.[4] 일본 상속세법 제13조에서도 차감할 수 있는 채무는 확실하다고 인정되는 것에 한한다고 규정하고, 이는 채권자의 채무이행을 구하는 의사를 객관적으로 인식할 수 있는 채무 또는 그 이행이 사실상 의무화되어 있거나 그 개연성이 드러나는 채무를 말하는 것으로 해석되고 있다.[5]

이에 관하여 대법원 2007. 11. 15. 선고 2005두5604 판결이 선례적 가치가 있는 기준을 제시하고 있다. 상속재산 가액에서 공제될 피상속인의 채무는 상속개시 당시 피상속인이 종국적으로 부담하여 이행하여야 할 것이 확실하다고 인정되는 채무를 뜻하는 것이므로, 상속개시 당시 피상속인이 제3자를 위하여 연대보증채무를 부담하고 있거나 물상보증인으로서의 책임을 지고 있는 경우에 주채무자가 변제불능의 무자력 상태에 있기 때문에 피상속인이 그 채무를 이행하지 않으면 안될 뿐만 아니라 주채무자에게 구상권을 행사하더라도 변제를 받을 가능성이 없다고 인정되는 때에는 그 채무금액을 상속재산 가액에서 공제할 수 있다고 할 것인바, 이러한 경우에 상속개시 당시에 주된 채무자가 변제불능의 상태에 있는가 아닌가는 일반적으로 주된 채무자가 파산, 화의, 회사정리 혹은 강제집행 등의 절차개시를 받거나 사업폐쇄, 행방불명, 형의 집행 등에 의하여 채무초과의 상태가 상당 기간 계속되면서 달리 융자를 받을 가능성도 없고, 재기의 방도도 서 있지 않는 등의 사정에 의하여 사실상 채권을 회수할 수 없는 상황에 있는 것이 객관적으로 인정될 수 있는가 아닌가로 결정하여야 할 것이고, 한편 이와 같은 사유는 상속세 과세가액을 결정하는 데 예외적으로 영향을 미치는 특별한 사유이므로 그와 같은 사유의 존재에 대한 주장·입증책임은 상속세 과세가액을 다투는 납세의무자 측에 있다고 보는 것이 상당하다고 판시하였다. 그래서 A사가 1994. 8. 19. P은행으로부터 대출받음에 있어 피상속인이 연대보증한 4억 원 및 그 지연손해금 채무는 그 후 A사가 이를 변제하지 아니한 채 부도가 났으므로 상속세 과세가액에서 공제되어야 한다는 원고의 주장에 대하여, 피상속인의 사망 당시 위 연대보증채무의 주채무자인 A사가 변제불능의 상태에 있었다고 단정하기 어렵다는 이유로 위 주장을 배척하였다.

상속개시 후의 사정을 고려하지 않고 상속개시 당시를 기준으로 판단한 것이다. 이러한 판례의 태도에 대하여는, 납세자에게 가혹한 면이 있다고 하면서 상속개시 후 불과 몇 달 혹은 몇 년 안에 상속재산의 가액을 초과하는 연대보증채무 등을 이행해야 하는 경우에도 상속세를 부담해야 한다는 것은 실질적으로는 상속받은 재산이 없음에도 상속세를 납부해야 하는 결과가 되기 때문에 상속개시 후의 사정도 충분히 고려하여 상속채

---

4) §20.2053-4 (a), (d)
5) 岩下忠吾, 總說 相續稅贈與稅(新版), 財經詳報社, 188; 山口地裁, 昭和 56. 8. 27. 昭55(行ウ)4号 판결 등

무의 확정 여부를 좀 더 탄력적으로 판단할 필요가 있다는 비판적 견해도 있다.[6]

이러한 비판에 터 잡아 대법원 2010. 12. 9. 선고 2008두10133 판결이 선고되었다. 이 판결은, 피상속인이 제3자를 위하여 연대보증채무를 부담하고 있었지만 상속개시 당시에는 아직 변제기가 도래하지 아니하고 주채무자가 변제불능의 무자력 상태에 있지도 아니하여 피상속인이 그 채무를 종국적으로 부담하여 이행하여야 하는지가 확실하지 않다는 이유로 과세관청이 그 채무액을 상속재산의 가액에서 공제하지 아니한 채 상속세 부과처분을 하였으나, 그 후 주채무자가 변제기 도래 전에 변제불능의 무자력 상태가 됨에 따라 상속인들이 사전구상권을 행사할 수도 없는 상황에서 채권자가 상속인들을 상대로 피상속인의 연대보증채무의 이행을 구하는 민사소송을 제기하여 승소판결을 받아 그 판결이 확정되었을 뿐만 아니라 상속인들이 주채무자나 다른 연대보증인에게 실제로 구상권을 행사하더라도 변제받을 가능성이 없다고 인정되는 경우에는, 이와 같은 승소확정판결에 의하여 피상속인의 연대보증채무는 상속세 부과처분 당시와는 달리 피상속인이 종국적으로 부담하여 이행하여야 할 채무로 사실상 확정되었다고 볼 수 있고, 따라서 이러한 판결에 따른 피상속인의 연대보증채무의 확정은 국세기본법 제45조의2 제2항 제1호 소정의 후발적 경정청구사유에 해당한다고 판시하였다. 후발적 경정청구의 범위를 다소 넓혀서 상속개시 후의 사정을 반영하여 결과적으로 상속재산에서 공제되는 채무를 인정해 준 사례이다. 법리적으로 명쾌하지는 않지만 납세자 구제를 위한 구체적 타당성의 측면에서 볼 때 수긍할 수 있는 판결이라고 하겠다.

상속재산에서 공제될 채무로 인정한 사례로는 다음과 같은 판결들이 있다. 대법원 1986. 3. 11. 선고 85누760 판결은, 망인의 재산상속인들이 A사의 연대보증인으로서 A사에 대하여 가지고 있는 2,500만 원의 구상권을 가지고 있으나 A사는 수표부도로 폐업하여 사무소 및 사업장과 자산도 실재하지 않고 법인세적까지 제각됨으로써 변제능력을 상실하여 구상권 행사가 불가능하므로 연대보증채무를 상속재산의 가액에서 공제하여야 한다고 판시하였다. 그리고 대법원 1987. 5. 12. 선고 87누20 판결은, 피상속인의 사망 당시인 1983. 12. 2. 현재 주채무자인 A사가 계속된 적자의 누증과 과다한 채무부담 등으로 이미 부도직전의 상태에 있다가 1984. 4. 23.경 부도를 내고 도산하였고, 그 무렵 A사의 사실상 총재산에 해당하는 공장대지와 건물 및 기계 일체에 저당권이 실행되어 사실상 잔여재산이 없었으므로 주채무자의 변제능력이 없고 구상권의 행사도 불가능하다고 보아 그 연대보증채무를 상속재산의 가액에서 공제한 것은 옳다고 판시하였다. 대법원 1998. 2. 10. 선고 97누5367 판결은, 연대보증인 중에서 변제불능의 상태이고 구상하여

---

6) 조윤희, "대법원 2010. 12. 9. 선고 2008두10133 판결에 대한 평석", 대법원판례해설(2010 하반기), 법원도서관

변제를 받을 가능성이 없는 자가 있어 그 부담 부분까지 같은 연대보증인인 피상속인의 상속재산에서 변제되었다면 그 부분도 상속채무로서 공제되어야 한다고 판시하였다. 대법원 2000. 7. 28. 선고 2000두1287 판결은, A사는 경영악화로 인하여 상속개시 전에 이미 대부분의 재산을 담보로 엄청난 부채를 지고 있었고 이자를 지급하고 있어서 부채가 자본을 완전히 잠식하고 있는 상태였으며, 상속개시 당시인 1989. 12. 25.경 부채가 자본금을 200억 원 상당 초과하였고, 1989. 12. 31. 당시 순손실이 50억 원에 달하였으며, 부동산 등과 선박 등을 담보로 금융기관으로부터 차입한 채무원리금의 합계가 570억 원에 이르러 담보를 제공하고 대출을 받을 길이 없어 단기차입금으로 회사를 운영하고 있었는데, 그 단기차입금의 액수도 430억 원에 달하였으며, 상속개시 이후 A사는 회사정리절차를 밟게 되었으므로, A사는 상속개시 당시 변제불능의 무자력 상태에 있었기 때문에 피상속인이 물상보증인으로서의 책임을 이행하지 않으면 안 될 뿐만 아니라 A사에 구상권을 행사하더라도 변제받을 가능성이 없다고 보아 물상보증채무 100억 원은 물상보증에 제공된 부동산의 가액 50억 원의 한도 내에서 상속재산의 가액에서 공제되어야 한다고 판시하였다. 이들 판결들의 사안을 보면, 상속개시 당시에는 아직 채무자의 부도가 확정되지 않았으나 실제로 얼마 지나지 않아 부도가 났다는 사후의 사정들이 긍정적인 요소로 고려된 것을 알 수 있다.

4. 상속공제와 세액공제

가. 기초공제와 인적공제

상증세법에서는 각종 상속공제 제도를 두고 있다. 상속인들의 생계유지나 그들의 기여도 등을 감안하여 일정액의 범위 내에서는 상속세를 과세하지 않겠다는 취지이다. 먼저 제18조는 기초공제를 규정하여 제1항에서 거주자뿐만 아니라 비거주자의 경우에도 2억 원은 무조건 공제하도록 하였으며, 제2항에서 중소기업으로서 피상속인이 10년 이상 계속하여 경영한 가업의 상속에 대하여 그 가업상속 재산가액을 공제하도록 하고, 영농상속에 대하여도 영농상속 재산가액을 공제하도록 하였다.

제19조는 배우자상속공제를 규정하여 거주자의 사망으로 배우자가 실제 상속받은 금액은 상속세 과세가액에서 공제하되, 다만 그 금액은 상속재산의 가액에 배우자의 법정상속분(공동상속인 중 상속을 포기한 사람이 있는 경우에는 그 사람이 포기하지 아니한 경우의 배우자 법정상속분을 말한다)을 곱하여 계산한 금액에서 상속재산에 가산한 증여재산 중 배우자에게 증여한 재산에 대한 과세표준을 뺀 금액(그 금액이 30억 원을 초

과하는 경우에는 30억 원)을 한도로 하였으며, 이 규정을 적용받기 위해서는 상속세 과세표준 신고기한의 다음 날부터 6개월이 되는 날까지 배우자의 상속재산을 분할(등기·등록·명의개서 등이 필요한 경우에는 그 등기·등록·명의개서 등이 된 것에 한정한다)한 경우에 적용하고, 상속인은 상속재산의 분할사실을 배우자상속재산분할기한까지 납세지 관할세무서장에게 신고하여야 한다고 규정하고 있다. 그리고 부득이한 사유로 배우자상속재산분할기한까지 배우자의 상속재산을 분할할 수 없는 경우에는 그 기간을 6개월 더 연장하도록 하였다.

이에 관하여 대법원 2023. 11. 2. 선고 2023두44061 판결은, 배우자 상속공제는 배우자 간 상속이 수평적 이전이고 세대 간 이전은 아니므로 이를 감안하여 상속재산 중 일정 비율까지는 과세를 유보한 후 잔존배우자 사망 시 과세하도록 하는 이른바 '1세대 1회 과세원칙'과 잔존배우자의 상속재산에 대한 기여인정 및 생활보장을 반영한 것이며, 특히 상증세법 제19조 제2항에 따라 상속개시 후 배우자상속재산분할기한 내 배우자 앞으로 실제 상속재산분할이 완료되어야 배우자 상속공제를 허용하는 것은 상속재산 미분할 상태로 일단 배우자 상속공제를 받은 다음 추후 협의분할을 거쳐 자녀에게 재산을 이전하는 방법으로 부를 무상이전하려는 시도를 방지하고 상속세에 관한 조세법률관계를 조속히 확정하기 위한 데 그 입법 취지가 있다고 하고, 한편 상증세법 제19조 제3항에 따른 부득이한 사유로 배우자상속재산분할기한까지 배우자의 상속재산을 분할할 수 없는 등 특별한 사정이 없는 한, 상증세법 제19조 제2항 후문의 상속재산분할신고는 그 문언 내용과 취지 및 체계, 개정 연혁 등에 비추어, 상속인으로 하여금 배우자상속재산분할기한까지 상속재산의 분할사실을 신고하도록 협력의무를 부과한 것에 불과하고, 배우자 상속공제의 필수적 요건으로 볼 것은 아니라고 판시하였다. 즉, 분할기한까지의 분할등기는 필수적 요건이지만, 관할 세무서장에 대한 신고는 필수적 요건은 아니라는 것이다. 나아가 위 판결은, 상속인인 배우자가 상속재산인 부동산에 관하여 그 명의의 상속등기를 마치지 아니한 채 부동산등기법 제27조(등기원인이 발생한 후에 등기권리자 또는 등기의무자에 대하여 상속이나 그 밖의 포괄승계가 있는 경우에는 상속인이나 그 밖의 포괄승계인이 그 등기를 신청할 수 있다는 규정)에 따라 등기권리자에게 직접 등기를 마쳐 주었다는 이유만으로 이 사건 부동산이 상증세법 제19조 제2항에서 정하는 '분할에 등기가 필요한 상속재산'에서 제외된다고 볼 수는 없다고 판시하였다. 이러한 경우라고 해서 예외를 인정해주면 배우자상속공제를 받은 후에 상속인들간에 추후 협의분할을 거쳐 자녀에게 재산을 이전하는 방법으로 부를 무상이전하려는 시도를 방지하기 어렵기 때문이다.

그리고 배우자가 실제 상속받은 금액이 없거나 상속받은 금액이 5억 원 미만이면 5억 원을 공제하도록 하였다. 제20조는 그 밖의 인적공제로서 거주자의 사망으로 상속이 개시된 경우 자녀 1명에 대해서 5천만 원, 상속인 및 동거가족 중 미성년자에 대해서는 19세가 될 때까지의 연수에 1천만 원을 곱한 금액을, 65세 이상인 사람에게는 5천만 원을, 장애인에 대해서는 기대여명의 연수에 1천만 원을 곱한 금액을 각 공제하도록 하였다.

나. 가업상속공제

(1) 가업상속공제 요건

기초공제 중 가업상속공제가 조세쟁송에서 가끔 쟁점으로 등장하고 있다. 상증세법은 제18조의2는 가업상속공제에 관하여 규정하는데, 가업상속의 경우 가업상속 재산가액에 상당하는 금액을 상속세 과세가액에서 공제하되, 피상속인이 10년 이상 20년 미만 계속하여 경영한 경우는 300억 원, 피상속인이 20년 이상 30년 미만 계속하여 경영한 경우에는 400억 원, 피상속인이 30년 이상 계속하여 경영한 경우에는 600억 원을 한도로 한다고 한다. 여기서 가업이라 함은 대통령령으로 정하는 중소기업 또는 대통령령으로 정하는 중견기업(상속이 개시되는 소득세 과세기간 또는 법인세 사업연도의 직전 3개 소득세 과세기간 또는 법인세 사업연도의 매출액의 평균금액이 5천억 원 이상인 기업은 제외한다)으로서 피상속인이 10년 이상 계속하여 경영한 기업을 말한다고 한다.

한편, 조세특례제한법에서는 가업의 증여에 대한 증여세 과세특례를 규정하고 있다. 즉, 제30조의6 제1항은, 18세 이상인 거주자가 60세 이상의 부모로부터 상증세법 제18조의2 제1항에 따른 가업의 승계를 목적으로 해당 가업의 주식 등을 증여받고 승계한 경우에는 그 주식 등의 가액 중 가업자산상당액에 대한 증여세 과세가액(부모가 10년 이상 20년 미만 계속하여 경영한 경우 300억 원, 부모가 20년 이상 30년 미만 계속하여 경영한 경우 400억 원, 부모가 30년 이상 계속하여 경영한 경우 600억 원을 한도로 한다)에서 10억 원을 공제하고 세율을 100분의 10(과세표준이 60억 원을 초과하는 경우 그 초과금액에 대해서는 100분의 20)으로 하여 증여세를 부과한다고 규정하고 있다.

위 규정들의 취지에 관하여, 대법원 2014. 3. 13. 선고 2013두17206 판결은 중소기업의 영속성을 유지하고 경제 활력을 도모할 수 있도록 일정한 가업의 상속과 증여에 대하여 세제지원을 하고자 함에 있다고 설시하고 있다.

상증세법 시행령 제15조는 가업상속공제의 요건에 관하여 자세히 규정하고 있다. 먼저 제1항은 중소기업의 요건에 관하여, 그리고 제2항은 중견기업의 요건에 관하여 각 규정하고 있다. 제3항은, 피상속인과 상속인의 요건에 관하여 규정하고 있는데, 이에 의하면, 피상속인은 중소기업 또는 중견기업의 최대주주 등인 경우로서 피상속인과 그의 특수관계인의 주식 등을 합하여 해당 기업의 발행주식총수 등의 100분의 40(상장법인이면

100분의 20) 이상을 10년 이상 계속하여 보유하고 가업의 영위기간 중 일정한 기간 이상을 대표이사(개인사업자인 경우 대표자를 말한다)로 재직해야 하며, 상속인은 상속개시일 현재 18세 이상으로서 상속개시일 전에 2년 이상 직접 가업에 종사하여야 하며, 상속세과세표준 신고기한까지 임원으로 취임하고, 상속세 신고기한부터 2년 이내에 대표이사 등으로 취임하여야 한다.

이러한 요건에 관하여, 대법원 2014. 3. 13. 선고 2013두17206 판결은, 개인의 경우에는 그 자신이 곧바로 기업 경영의 주체가 될 수 있으므로 상속인이나 수증자가 부모로부터 가업용 자산을 상속받거나 증여받아 그 기업을 계속 경영한다면 가업을 승계한 것으로 볼 수 있지만, 법인의 경우 기업 경영의 주체는 법인일 뿐 그 법인의 주주가 아니므로 원래 상속인이나 수증자가 최대주주 등인 부모로부터 어떠한 법인의 주식 등을 상속받거나 증여받고 법인의 대표기관으로서의 업무를 이어받았다고 하더라도 가업을 승계하였다고 볼 수는 없을 것이나, 상증세법은 부모가 법인의 형태로 기업을 경영하는 경우 장기간 최대주주 등으로서 그 특수관계자의 주식 등을 합하여 당해 법인을 지배할 수 있을 정도로 주식 등의 지분을 보유함과 아울러 법인의 대표기관인 지위를 갖고 있었고 상속인이 이를 그대로 유지한다면 개인이 가업을 승계한 경우와 크게 다를 바 없다고 보아 일정한 요건 아래 상속세의 과세특례를 부여하고 있다고 설시하고 있다. 나아가서 이처럼 기업 경영의 형태에 따라 과세특례의 적용대상인 가업의 승계로 볼 수 있는 요건에 차이가 있으므로, 법인의 형태로 기업을 경영한 경우 '가업'에 해당하려면 위 시행령 조항이 정한 대로 피상속인인 부모가 최대주주 등으로서 10년 이상 계속하여 그 특수관계자의 주식 등을 합하여 일정 비율 이상으로 주식 등의 지분을 보유할 것이 요구된다고 판시하였다.

위 판결은, A가 1995. 5.경 비상장법인인 K사를 설립하여 약 15년간 대표이사로 재직하면서 경영하던 중 2009. 12. 24. 그가 보유하던 K사 주식 전부를 아들인 원고에게 증여하였는데, A는 2005년 이후 증여일까지 발행주식총수의 100%를 보유하였으나 1999년부터 2004년까지는 발행주식총수 중 48%를 보유하였을 뿐인 사안에서, A가 최대주주이자 대표이사로서 K사를 경영하였더라도 10년 이상 계속하여 위 시행령 조항이 정한 비율 이상으로 주식 지분을 보유하지 못하였으므로 원고가 가업의 승계를 목적으로 위 주식을 증여받은 것으로 볼 수 없다고 판시하였다.

(2) 가업상속공제 재산가액

상증세법 시행령 제15조 제5항은 가업상속공제의 대상이 되는 가업상속 재산가액에 관하여 규정하고 있는데, 소득세법을 적용받는 가업의 경우 가업에 직접 사용되는 토지,

건축물, 기계장치 등 사업용 자산의 가액에서 해당 자산에 담보된 채무액을 뺀 가액을 말하고, 법인세법을 적용받는 가업의 경우 그 법인의 주식 등의 가액(해당 주식 등의 가액에 그 법인의 총자산가액 중 상속개시일 현재 사업무관자산을 제외한 자산가액이 차지하는 비율을 곱하여 계산한 금액에 해당하는 것)을 말한다고 한다. 그리고 위 규정은 여기서 말하는 '사업무관자산'에 관하여, 법인세법 제55조의2에 해당하는 자산(가목), 법인세법 시행령 제49조에 해당하는 자산 및 타인에게 임대하고 있는 부동산(나목), 법인세법 시행령 제61조 제1항 제2호에 해당하는 자산(다목), 과다보유현금[상속개시일 직전 5개 사업연도 말 평균 현금(요구불예금 및 취득일부터 만기가 3개월 이내인 금융상품을 포함한다)보유액의 100분의 200을 초과하는 것을 말한다](라목), 법인의 영업활동과 직접 관련이 없이 보유하고 있는 주식 등, 채권 및 금융상품(마목)을 열거하고 있다.

위 규정에서 정하는 사업무관자산 중 마목에서 정하고 있는 '법인의 영업활동과 직접 관련이 없이 보유하고 있는 주식'에 해당하는지가 쟁점이 된 사안이 있다. 서울행정법원 2017. 8. 25. 선고 2016구합80595 판결인데, 가업상속 대상기업이 보유하는 자산 중 그 자회사 주식이 법인의 영업활동과 직접 관련이 없이 보유하고 있는 주식으로 볼 수 있는지 여부가 다투어졌다. 사안을 요약하면, 다음과 같다.

피상속인은 1994. 1. 7. 주방용품 제조·판매업 등을 목적으로 하는 법인인 A사를 설립하여 대표이사로 취임한 후 약 20년 동안 A사를 가업으로 경영하다가 2014. 7. 30. 사망하였다. 가업상속 대상기업인 A사는 베트남에 있는 B사의 지분 전부를 보유하고 있었다. B사는 1994년경 베트남에 연마와 조립 및 포장 등을 담당하는 베트남공장을 신축하였고, A사는 1995년경 부산에 금형제작과 스테인리스 재단 공정 등을 담당하는 부산공장을 신축하였다. A사는 1996. 8.경 인건비와 임대료 상승 등의 이유로 부산공장을 폐쇄하고 부산공장의 기계장치 전부를 B사에 매각하였다. 이후 주방용품 제조는 B사가 전적으로 담당하였다. A사는 베트남공장에 필요한 주요 원자재 구매, B사가 생산한 주방용품 판매 등을 담당하고 있었다. A사는 2015년 소속 임직원 7명을 B사에 파견하여 근무하게 하였다. 이들의 급여는 B사가 아닌 A사가 부담하였다. 또한 B사 소속 베트남 국적 직원들의 기술교육은 A사가 담당하였다. A사의 매출은 B사에 대한 상품(원자재 등)수출매출, 중계무역 과정에서 지급받는 수입수수료매출 등으로 구성되어 있는데, 그 매출은 전부 B사와 관련된 사업에서 발생하고 있었다. 그리고 B사로부터 받은 배당금 수익이 위 매출액에 육박하였다. 과세관청은 A사가 보유하고 있는 B사의 지분이 법인의 영업활동과 직접 관련이 없이 보유하고 있는 주식에 해당한다는 이유로 이를 A사의 총자산가액에서 제외한 후 가업상속공제액을 산정하였다.

이에 대하여 법원은, 위 마목의 영업활동과 직접 관련이 없이 보유하고 있는 주식은 그 문언 그대로 영업활동과 직접 관련이 있는지 여부만으로 판단하여야 하고, 영업활동의 의미를 지나치게 축소해석하거나 자의적으로 다른 요건을 부가하여 해석하여서는 아니된다고 전제하고, A사가 보유하고 있는 B사의 주식지분은 위 마목에 해당한다고 할 수 없다고 결론지었다. 그 논거는 다음과 같다. B사가 영위하고 있는 사업은 주방용품 제조업으로, A사의 사업목적인 주방용품 제조업과 일치한다. A사의 사업목적인 주방용품 제조업을 영위하기 위해서는 주방용품을 생산할 수 있는 생산공장이 반드시 필요한데, B사를 통하여 간접적으로 소유하고 있는 베트남공장 이외에는 다른 생산공장을 소유하고 있지 아니하므로, 베트남공장이 존재하지 않는 이상 A사는 사업목적인 주방용품 제조업을 영위할 수 없다. A사의 매출은 전부 B사와 관련된 사업에서 발생하고 있다. 또한 A사는 매년 영업손실을 보고 있기 때문에 B사로부터 지급받는 배당금수익이 없다면 매년 당기순손실을 볼 수밖에 없고, A사의 자산 중 B사 주식이 약 80%에 달하여 A사는 B사 없이는 영업활동을 지속할 수 없다.

이 소송에서 과세관청은, 모회사와 완전자회사는 별개의 법인이므로, 모회사가 완전자회사의 주식을 보유하고 있는 경우에는 모회사와 완전자회사가 같은 업종을 영위하는지 여부와 상관없이 그 주식은 무조건 영업활동과 직접 관련이 없는 것으로 보아야 한다고 주장하였으나, 법원은 모회사가 완전자회사의 주식을 영업활동과 관련하여 보유하고 있는지 여부를 살펴보지도 아니한 채 무조건 영업활동과 관련이 없이 보유하는 주식으로 볼 수 없다는 이유로 그 주장을 배척하였다. 또한 과세관청은, 투자자산은 기업이 투자수익 등의 목적으로 보유하는 자산이지 영업활동을 위해 보유하는 자산이 아니므로, A사가 B사 주식을 투자자산인 지분법적용투자주식으로 분류하고 B사로부터 배당금을 지급받아온 이상 B사 주식은 영업활동과 직접 관련이 없는 것으로 보아야 한다고 주장하였으나, 투자기업이 사업을 확장하거나 새로운 사업을 시도하는 등 영업활동과 관련된 목적으로 피투자기업의 의결권 있는 지분 20% 이상을 취득하는 경우 등에는 그 지분증권은 지분법적용투자주식으로 분류하므로 단기매매증권이나 매도가능증권이 아닌 지분법적용투자주식으로 분류된 지분증권은 오히려 투자기업의 영업활동과 직접 관련이 있을 가능성이 높다는 이유로 그 주장도 배척하였다.

모회사와 자회사가 별개의 독립된 법인이라는 이유로 모회사가 보유하는 자회사 주식이 모회사 영업활동과 무관하다고 보는 것은 비합리적이다. 모회사의 주된 영업목적이 자회사에 대한 투자일 수도 있다는 점을 생각해보면 더욱 그러하다. 다른 회사에 대한 투자는 무조건 영업활동이 될 수 없다는 과세관청의 입장은 납득하기 어렵다. 투자전문회사도 얼마든지 존재하기 때문이다. 이 사안에서는 A사의 자산이나 이익의 구성비율을 보면 그 영업목적이 제조·판매업 및 자회사에 대한 투자로 볼 수 있고, 그러한 점에서

A사에 있어서 자회사인 B사의 존재는 필수적이다. 따라서 A사가 보유하는 B사의 주식은 영업활동과 직접 관련이 없이 보유하는 자산이라고 할 수 없고, 같은 취지의 법원 판결이 타당하다. 이 판결은 서울고등법원 판결을 거쳐 대법원 2018. 7. 13. 자 2018두39713 심리불속행 기각 판결로 확정되었다.

다. 금융재산 상속공제

상증세법 제22조는 거주자의 사망으로 상속이 개시되는 경우로서 상속개시일 현재 상속재산가액 중 금융재산의 가액에서 금융채무를 뺀 순금융재산의 가액이 있으면 그 가액이 2천만 원을 초과하는 경우 그 순금융재산의 가액의 100분의 20 또는 2천만 원 중 큰 금액을, 순금융재산의 가액이 2천만 원 이하인 경우 그 순금융재산의 가액을 상속세 과세가액에서 공제하도록 하되 그 금액이 2억 원을 초과하면 2억 원을 공제하도록 하였다. 다만, 최대주주 또는 최대출자자가 보유하고 있는 주식 등과 상속세 과세표준 신고기한까지 신고하지 아니한 타인 명의의 금융재산은 포함되지 아니하도록 하였다. 그리고 상증세법 시행령 제19조에서는 금융재산이란 금융회사 등이 취급하는 예금·적금·부금·계금·출자금·금전신탁재산·보험금·공제금·주식·채권·수익증권·출자지분·어음 등의 금전 및 유가증권 등을 말하며, 금융채무란 제10조 제1항 제1호에 따라 객관적인 증빙에 의하여 입증된 금융회사 등에 대한 채무를 말하고, 최대주주 또는 최대출자자란 주주 등 1인과 그의 특수관계인의 보유주식 등을 합하여 그 합계가 가장 많은 경우의 해당 주주 등 1인과 그의 특수관계인 모두를 말한다고 규정하고 있다.

이 규정은 금융실명제 실시 이후 금융재산의 보유를 장려함으로써 상속세 과세대상을 포착하기 쉽도록 하기 위한 조세정책적 유인수단으로 평가되고 있다. 이 규정이 금융재산가액에서 금융채무를 차감한 순금융재산의 가액을 기준으로 상속공제액을 산정하도록 한 것은 금융채무를 차감하지 않은 금융재산가액을 기준으로 상속공제의 혜택을 주게 되면 금융채무를 부담함으로써 조달한 자금으로 금융재산을 취득할 경우 실질적으로 상속재산의 증가가 없음에도 상속공제액만 늘어나는 불합리한 현상이 생길 수 있으므로 이를 막기 위한 것이다. 이러한 입법 취지에 보다 충실하기 위해서는 금융재산에서 차감되는 금융채무는 원칙적으로 그 금융재산의 자금원천이 될 수 있는 것에 국한되는 것이 바람직하다고 할 수 있다.

여기서 민법상 조합의 조합원이 사망함에 따라 상속이 개시되는 경우 그 조합의 금융채무로서 그 조합원에게 변제책임이 있는 것이 순금융재산의 가액을 산정할 때 금융재산의 가액에서 차감할 수 있는지가 문제된다. 피상속인이 조합원으로 있던 조합의 채무가 피상속인의 사망에 따라 그 상속인들에게 어떻게 귀속되는지는 민법상의 까다로운 문제가 되고 있다. 일반적으로 조합채무는 조합원 전원에게 합유적으로 귀속된다고 보고 있으나, 조합은 법인격이 없기 때문에 조합채무의 부담주체가 될 수 없고 결국은 각 조합원이 그 부담주체가 될 수밖에 없다. 따라서 조합채무에 대하여는 조합재산으로 책임을 부담하면서도 나아가 조합원의 개인재산으로도 책임을 부담하게 된다. 이들 양자의 책임관계에 대하여는 전자가 주된 것이고 후자가 보충적이라고 보는 견해도 있으나 병존적인 관계에 있다고 보는 견해가 우세하다. 그런데 민법 제712조는 조합원 개인재산에 의한 책임에 관하여 조합채권자는 그 채권발생 당시에 조합원의 손실분담의 비율을 알지 못한 때에는 각 조합원에게 균분하여 그 권리를 행사할 수 있도록 규정하고 있다. 즉, 조합원은 조합재산이 아닌 개인재산에 대하여는 채권자의 청구에 따라 조합채무를 조합원 수에 따라 균분한 범위 내에서 책임을 부담할 여지가 남아 있는 것이다. 따라서 조합원이 사망한 경우에도 그 사망 당시에 조합이 부담하고 있었던 금융채무에 대하여는 그 채권자의 권리행사에 따라서는 피상속인이 조합원 수에 따라 균분한 범위 내에서 책임을 부담할 수 있고 그러한 금융채무는 상속인에게 상속된다. 그러나 통상 조합의 재산이 조합의 채무를 초과하는 경우 조합채권자는 조합재산에 대하여 먼저 책임을 물을 것이므로 조합원 개인재산에 의한 책임을 부담할 가능성은 높지 않다고 하겠다.

민법 제717조에 의하여 민법상 조합인 동업체에 있어서 조합원의 1인이 사망한 때에는 그 조합관계로부터 당연히 탈퇴되고, 따라서 특별한 약정이 없는 한 사망한 조합원의 지위는 상속인에게 승계되지 아니하므로, 동업체의 재산인 합유재산은 잔존 조합원이 2인 이상일 경우에는 잔존 조합원의 합유로 귀속되고 잔존 조합원이 1인인 경우에는 잔존 조합원의 단독소유로 귀속된다.

이에 따라 그 상속인은 민법 제719조 제1항, 제2항에 따라 잔존 조합원에 대하여 상속개시 당시 조합의 적극재산과 소극재산을 반영한 재산상태를 기준으로 평가한 조합의 순자산가액 중 피상속인의 지분에 해당하는 금액의 환급을 청구할 권리가 있다. 이러한 환급청구권의 가액은 상속재산의 범위에 포함될 것이다. 그럼에도 불구하고 앞서 본 바와 같이 사망한 조합원으로서는 조합채권자의 청구 여하에 따라서는 조합채무 중 조합원 수로 균분한 범위 내에서는 개인재산인 상속재산으로 그에 대한 변제책임을 부담할 여지가 남아 있었다. 그러나 채권자가 조합원이 사망할 당시까지 그의 개인재산에 관하여 변제책임을 물은 바가 없다면 그와 같은 변제책임은 확정되어 있는 상태가 아니라 단지 가능성의 상태로만 남아 있었다고 볼 수 있다. 이러한 조합채무가 금융채무인 경우 피상속인의 입장에서는 그 변제책임의 부담 여부가 불확실한 상태임에도 이를 상속공제 대상인 순금융재산의 가액을 산정할 때 금융재산의 가액에서 차감하여야 하는지에 관하여는 회의적이 아닐 수 없다.

이에 관한 사례로 대법원 2016. 5. 12. 선고 2015두60167 판결이 있다. 이 사안에서 과세관청은 피상속인이 조합원으로 있던 조합의 금융채무가 피상속인의 개인적 금융재산보다 많아 순금융재산이 존재하지 않는다는 이유로 금융재산 상속공제를 전면 부인하였다. 이에 대하여 대법원은, 상속개시 당시 상속인이 환급을 청구할 수 있는 조합의 잔여재산이 있는 경우 피상속인이 사망으로 인하여 조합을 탈퇴하기 이전에 생긴 조합의 채무는 탈퇴로 인한 계산에 따라 상속재산가액에서 제외되게 되고, 상속인은 탈퇴로 인한 계산에도 불구하고 여전히 조합과 함께 조합의 채권자에게 위 채무 중 피상속인의 지분에 해당하는 부분을 직접 부담하기는 하지만, 이는 특별한 사정이 없는 한 상속개시 당시 피상속인이 종국적으로 부담하여 이행하여야 할 것이 확실하다고 인정되는 채무가 아니므로 금융재산 상속공제에서 순금융재산의 가액을 산정함에 있어 차감되어야 할 금융채무로 볼 수 없다고 판시하였다.

위와 같이 대법원이 조합의 금융채무는 사망한 조합원의 순금융재산가액을 산정할 때 차감되는 금융채무로 볼 수 없다고 한 것은 그와 같은 금융채무가 사망한 조합원이나 그 상속인이 부담할 것이 확실한 상태가 아니라는 점을 중시한 것으로 볼 수 있다. 그리고 대법원이 언급한 바와 같이 조합재산에서 조합의 채무를 차감한 조합의 순자산가액에 대한 피상속인의 지분가액만이 상속재산에 합산될 뿐이므로 조합의 금융채무가 상속채무의 형태로 상속재산가액의 산정에 반영될 여지도 없다. 그래서 이러한 조합의 금융채무는 조합의 재산에 대한 자금원천이 될 수 있을 뿐 상속재산인 금융재산의 자금원천이 된다고 보기는 어려우므로 이를 상속재산인 금융재산가액에서 차감하여 상속공제를 위한 순금융재산가액을 산정한다는 것은 앞서 본 상증세법 제22조 제1항의 입법 취지와도 부합하지 않는다. 위 대법원 판결은 이러한 사정들을 그 논거로 삼고 있다고 할 수 있다.

다만, 대법원은 그 판결에서 조합의 금융채무가 상속개시 당시 피상속인이 종국적으로 부담하여 이행하여야 할 것이 확실하다고 인정되는 것이라면 순금융재산의 가액을 산정함에 있어 이를 차감하여야 한다고 언급하였는데, 이는 조합의 채권자가 피상속인 생전에 그를 상대로 소송을 제기하여 민법 제712조의 규정에 따라 변제책임을 물은 경우를 의미한다고 할 것이다. 이러한 경우라면 사망한 조합원이 생전에 이미 개인적으로 금융기관에 대하여 금융채무를 부담하는 것이 확실하다고 할 수 있을 것이므로 비록 그것이 피상속인의 금융재산에 대한 직접적인 자금원천이 된다고 보기는 어려워 상증세법 제22조 제1항의 입법 취지에 정확히 부합하는 것은 아니지만 그 문언에서 말하는 금융채무에 해당하지 않는다고 하기 어렵다. 위 대법원 판결의 취지에 의하면 조합원이 사망한 후에야 비로소 조합의 채권자가 상속인을 상대로 소송을 통하여 민법 제712조의 규정에 의하여 변제책임을 물었다면 상속개시 당시로서는 그 금융채무가 종국적으로 부담하여 이행하여야 할 것이 확실하다고 할 수 없으므로 상속공제를 위한 순금융재산가액을 산정할 때 금융재산가액에서 이를 차감할 수 없다고 할 것이다. 대법원의 위 판단은 상증세법 제22조 제1항의 입법 취지와 문언을 조화롭게 해석한 타당한 결과이다.

라. 동거주택 상속공제

상증세법 제23조의2는 동거주택 상속공제에 관하여 규정하고 있다. 거주자의 사망으로 상속이 개시되는 경우로서 상속주택가액(주택부수토지의 가액을 포함한다)의 100분의 80에 상당하는 금액을 상속세 과세가액에서 공제하되, 그 공제할 금액은 5억 원을 한도로 하도록 하였다. 이 규정이 적용되기 위해서는, 피상속인과 상속인(직계비속 및 민법 제1003조 제2항에 따라 상속인이 된 그 직계비속의 배우자인 경우로 한정한다)이 상속개시일부터 소급하여 10년 이상(상속인이 미성년자인 기간은 제외한다) 계속하여 하나의 주택에서 동거할 것과 피상속인과 그 상속인이 상속개시일부터 소급하여 10년 이상 계속하여 1세대를 구성하면서 1세대 1주택(고가주택을 포함한다)에 해당할 것(이 경우 무주택인 기간이 있는 경우에는 해당 기간은 전단에 따른 1세대 1주택에 해당하는 기간에 포함한다), 상속개시일 현재 무주택자로서 피상속인과 동거한 상속인이 상속받은 주택일 것의 요건을 모두 갖추도록 하고 있다. 다만, 징집, 취학, 근무상 형편, 질병 요양 등의 사유로 동거하지 못한 경우에는 계속하여 동거한 것으로 보되, 그 동거하지 못한 기간은 같은 항에 따른 동거 기간에 산입하지 아니하도록 하였다. 그리고 1세대 1주택의 범위는 양도소득세 감면에 있어서의 1세대 1주택의 범위와 비슷하게 규정하고 있다.

동거주택 상속공제제도는 1981. 12. 31. 개정된 상속세법 제11조의2에 최초로 신설되었는데, 상속세 납부를 위한 1가구 1주택의 처분을 방지하여 중산층의 기본재산을 보호 유지하고 재산형성을 세제상 지원하기 위하여 신설하였다고 한다. 과세공평상 상속세 인적공제와 합하여 4,000만 원으로 한정하였고, 주된 생활근거지로서 공제대상이 되는 주택은 1주택으로 한정하였다. 그 후 1996. 12. 30. 상속세법이 상증세법으로 전부 개정되면서 주택상속공제 규정이 삭제되었는데, 물적공제제도는 상속인의 물적 기초재산을 계속 유지시켜준다는 의미는 있으나 1억 원의 한도제한으로 그 취지를 충분히 살리지 못하고 있고 물적공제 대상자산의 유무에 따른 과세상 불형평문제가 있으므로 물적공제를 폐지하는 대신 한도액 1억 원만큼 기초공제액을 인상하여 공제제도를 단순화하였다고 한다. 그 후 2008. 12. 26. 상증세법이 개정되면서 다시 동거주택 상속공제규정이 신설되었는데,

부동산 실거래가 신고 등으로 1세대 1주택 실수요자의 상속세 부담이 증가한 점을 감안하여 그 부담을 완화하기 위한 것이라고 한다. 2010. 12. 27. 상증세법이 개정되면서는 이사 등으로 일시적 2주택이 된 상태에서 상속개시된 경우와 10년 동안 근무 등의 형편으로 이사를 다닌 경우도 동거주택 상속공제의 범위에 포함되도록 하였다.

이 규정이 적용되기 위해서는 피상속인이 거주자이어야 하고, 비거주자인 경우에는 적용이 되지 않는다. 그리고 피상속인과 상속인이 상속개시일부터 소급하여 10년 이상 계속하여 동거한 주택이어야 한다. 동거기간은 계속하여 동거한 기간을 말하며, 단속적으로 동거한 기간을 합산하여서는 아니 된다. 다만, 위 규정에서 보았듯이 피상속인과 상속인이 부득이한 사유에 해당하여 동거하지 못한 경우에는 동거주택 상속공제 제도의 실효성을 제고하기 위하여 이를 계속하여 동거한 것으로 보되, 그 동거하지 못한 기간은 동거기간에 합산하지는 못하도록 하였다. 그래서 7년간 동거하다가 부득이한 사유가 2년간 동거하지 못하였으나 그 후 다시 4년간 동거하였다면 앞의 동거기간 7년과 뒤의 동거기간 4년을 합산하여 10년 이상이 되므로 동거주택 상속공제의 대상이 되는 것이다. 위 규정에서의 요건이 '상속개시일 전 10년 이상'이 아니라 '상속개시일부터 소급하여 10년 이상'이므로 상속개시일까지 당해 상속주택에서 동거하고 있어야 한다고 할 것이다. 상속받은 동거주택이 일부 지분에 불과한 경우라도 그 동거요건을 충족하였다면 그 지분가액은 상속공제 대상에 해당한다고 보아야 한다.

그리고 상증세법 시행령 제20조의2 제1항은 1세대 1주택이란 소득세법 시행령 제154조 제1항에 따른 1세대가 1주택을 소유한 경우를 말한다고 하고 있고, 소득세법 시행령 제154조 제1항은 거주자 및 그 배우자가 그들과 동일한 주소 또는 거소에서 생계를 같이 하는 가족과 함께 구성하는 1세대가 양도일 현재 국내에 1주택을 보유하고 있는 경우로서 해당주택의 보유기간이 2년 이상인 것을 말한다고 규정하고 있다. 상증세법 시행령 제20조의 제1항에서 인용하고 있는 부분은 그 문언의 구조상으로 '소득세법 시행령 제154조 제1항에 따른 1세대'만을 의미한다고 해석하는 것이 무난하다. 그 보유기간에 관한 부분은 상증세법 제23조의2에서 이미 규정하고 있기 때문에 그와의 충돌을 피하기 위해서도 소득세법 시행령 제154조 제1항에서 규정하는 보유기간의 요건은 인용하지 않는 것으로 해석하는 것이 옳다는 것이다.

여기서 10년 이상의 동거요건 외에 10년 이상의 소유요건이 필요한지에 관하여 논란이 있을 수 있다. 상증세법 제23조의2 제1항 제2호는 피상속인과 상속인이 상속개시일부터 소급하여 10년 이상 계속하여 1세대를 구성하면서 대통령령으로 정하는 1세대 1주택에 해당할 것이라고 규정하고 있고, 상증세법 시행령 제20조의2 제1항은 1세대가 1주택을 소유한 경우를 말한다고 하고 있다. 상증세법 제23조의2 제1항 제2호의 '10년 이상 계속하여' 문언이 '1세대를 구성하여'만을 수식한다고 보면 10년 이상 계속하여 그 주택을 보유하고 있을 필요는 없다고 할 수 있겠지만, 이와 달리 그 문언이 '1세대를 구성하면서 대통령령으로 정하는 1세대 1주택에 해당할 것'을 수식한다고 보면 10년 이상 계속하여 그 주택을 보유하고 있어야 한다. 위 문언의 체계상 다소 불명확한 면은 있지만 위 제2호의 후단이 '이 경우 무주택인 기간이 있는 경우에는 해당 기간은 전단에 따른 1세대 1주택에 해당하는 기간에 포함한다'고 규정하고 있는 점, 그리고 위 규정의 입법 취지 등을 아울러 고려하면 후자의 경우로 해석하여 원칙적으로 10년 이상 계속 보유할 것을 요건으로 한다고 보는 것이 합리적이다. 따라서 10년 이상의 동거요건을 구비하였다고 하더라도 다른 주택을 보유하면서 동거하던 주택을 보유하지 않았던 기간이 있었고 그 기간을 빼면 10년에 미달한다면 동거주택 상속공제의 요건을 갖추지 못하였다고 하겠다.

구 상증세법(2010. 12. 27. 개정되기 전) 제23조의2는 현행규정과 달리 상속개시일로부터 소급하여 10년 이상 계속하여 동거한 주택으로서 '상속개시일 현재' 소득세법 제89조 제1항 제3호에 따른 1세대 1주택일 것을 요건으로 하고 있었다. 그래서 이때에도 10년 이상의 동거요건에 추가하여 10년 이상 보유요건이 필요한지에 관하여 다툼이 있었다. 필요하다는 견해는, 동거주택 상속공제제도는 상속재산인 주택이 상당한 기간 동안 피상속인 및 상속인의 거주 장소로 사용되어 온 경우에 상속인의 주거 안정 등을 위하여 상속세 부담을 경감할 필요가 있다는 고려에서 마련된 것이므로 피상속인이 당해 주택을 소유하지 않으면서 위 주택에서 거주한 기간까지 위 '동거'기간에 포함시킨다면 피상속인이 이미 소유권 이외의 다른 권리에 기하여 상당한 기간 당해 주택을 사용하다가 사망시점에 즈음하여 당해 주택에 관한 소유권을 취득하게 된 경우까지 상속공제를 허용하게 되는데, 이는 위 제도의 취지에 부합하지 않고, 상속세는 본래 피상속인에게 귀속되는 재산으로서 금전으로 환산할 수 있는 경제적 가치가 있는 모든 물건과 재산적 가치가 있는 법률상 또는 사실상의 모든 권리를 그 과세대상으로 하는 것으로, 피상속인이 상속재산인 일정한 물건 또는 권리를 '보유'하고 있음을 당연한 전제로 하기에 위 규정이 '보유'를 명시하지 않았더라도 '피상속인과 상속인이 상속개시일로부터 소급하여 10년 이상 계속 동거한 주택'의 의미 속에 '보유'라는 요건이 포함되어 있다고 보는 것이 문언의 합리적인 해석 범위를 넘어선다고 할 수는 없다는 입장이었다.

그러나 대법원 2014. 6. 26. 선고 2012두2474 판결은, 구 상증세법 제23조의2가 동거주택을 상속세 과세가액에서 공제하도록 규정한 취지는 1세대 1주택 실수요자의 상속세 부담을 완화시키기 위한 것일 뿐만 아니라 상속인의 주거안정을 도모하려는 데에 있다고 할 것이고 피상속인의 주택 보유기간은 상속인의 주거안정과 직접적인 관련이 없는 점, 위 규정의 문언도 '피상속인과 상속인이 상속개시일부터 소급하여 10년 이상 계속 동거한 주택'이라고 하였을 뿐이므로 위 '동거'라는 용어에 주택의 '소유' 또는 '보유'라는 개념이 포함되어 있다고 보기는 어려운 점, 위 규정이 정한 '상속개시일 현재 소득세법 제89조 제1항 제3호에 따른 1세대 1주택'이라는 요건에 의하여 보유요건이 별도로 요구되는 점 등을 종합하여 보면, 구 상증세법 제23조의2 제1항이 동거주택 상속공제의 대상으로 정하고 있는 '피상속인과 상속인이 상속개시일부터 소급하여 10년 이상 계속 동거한 주택'은 피상속인이 상속개시일부터 소급하여 10년 이상 계속 소유한 주택에 국한되는 것으로 볼 수 없다고 판시하였다.

과세요건에 관한 규정은 엄격해석의 원칙에 따라 문언대로 해석하는 것이 기본이다. 상증세법 제23조의2와 그 시행령 제20조의2 제1항 그 어디에도 10년 이상 보유하여야 한다는 요건을 규정하고 있지 않다. 그리고 위 시행령 규정이 인용하고 있는 소득세법 시행령 제154조 제1항에는 별도로 보유기간의 요건을 2년으로 규정하고 있다. 따라서 2년의 보유기간 요건으로 충분하다고 해석하는 것이 옳다. 더구나 동거주택 상속공제의 제도적 취지는 부동산 실거래가 신고 등으로 1세대 1주택 실수요자의 상속세 부담을 완화시키기 위한 것일 뿐만 아니라, 상속인의 주거 안정을 도모하려는 데에 있는데, 피상속인의 보유기간이 10년인지 그에 미치지 않는지는 주거 안정과 별다른 관련이 없는 반면, 동일한 주택에서 10년 이상을 거주하였는지는 장기간 거주라는 점에서 주거 안정과 상당한 관련이 있어 거주 기간에 따라 과세가액을 달리 정할 필요성이 크다고 하겠다. 따라서 위 대법원 판결이 타당하다고 하겠다. 그러나 그 법리는 현행 상증세법 제23조의2에는 적용될 수 없다는 점을 유의할 필요가 있다. 조세쟁송에서는 당사자들이 자기의 주장을 뒷받침하는 근거로 그 적용법령이 개정되었음에도 개정되기 전의 법령에 관한 대법원 판례를 그대로 원용하는 경우가 가끔 보이는데 이러한 실수는 그러한 주장 전체의 신뢰를 떨어뜨리기 때문에 특별히 조심하여야 할 필요가 있다.

마. 증여세액 공제

앞서 본 바와 같이 상증세법 제13조는 상속세의 과세가액에 상속개시일 전 10년 이내에 피상속인이 상속인에게 증여한 재산가액과 상속개시일 전 5년 이내에 피상속인이 상속인이 아닌 자에게 증여한 재산가액을 가산하도록 규정하고 있다. 그에 따른 증여세와 상속세의 이중과세 문제를 해결하기 위하여 상증세법 제28조 제1항은, 제13조에 따라 상속재산에 가산한 증여재산에 대한 증여세액(증여당시의 그 증여재산에 대한 증여세 산출세액을 말한다)은 상속세 산출세액에서 공제하며, 다만 상속세 과세가액에 가산하는 증여재산에 대하여 부과제척기간의 만료로 인하여 증여세가 부과되지 아니하는 경우와 상속세 과세가액이 5억 원 이하인 경우에는 그러하지 아니하다고 규정하고 있다. 부과제 척기간으로 증여세가 부과될 수 없는 경우 및 상속세 과세가액이 5억 원 이하로서 상증세법 제21조에 의한 일괄공제액 5억 원을 초과하지 않아 상속세가 부과될 수 없는 경우에는 이중과세의 문제가 없으므로 증여세액 공제를 인정하지 않는 것이다. 그리고 공제할 증여세액은 상속세 산출세액에 상속재산(제13조에 따라 상속재산에 가산하는 증여재산을 포함한다)의 과세표준에 대하여 가산한 증여재산의 과세표준이 차지하는 비율을 곱하여 계산한 금액을 한도로 하고, 이 경우 그 증여재산의 수증자가 상속인이거나 수유자이면 그 상속인이나 수유자 각자가 납부할 상속세액에 그 상속인 또는 수유자가 받았거나 받을 상속재산의 과세표준에 대하여 가산한 증여재산의 과세표준이 차지하는 비율을 곱하여 계산한 금액을 한도로 각자가 납부할 상속세액에서 공제하도록 하였다.

위 규정들은 기본적으로 상속시를 기준으로 하여 상속인의 지위에 있는 자가 증여시에도 그대로 유지되고 있음을 전제로 하는 것이다. 예를 들어 아들인 경우 증여시는 물론 상속개시시에도 여전히 아들이며, 타인인 경우도 마찬가지이다. 그런데 배우자의 경우는 다르다. 증여시에는 배우자로서 상속인이 될 수 있었으나 상속개시시에는 이혼한 상태여서 상속인이 아닐 수 있다. 이러한 경우 증여세액 공제에는 다소 복잡한 문제가 생긴다. 입법자는 이러한 상황에 대비한 별도의 규정을 두지 않았으므로 기존의 규정을 합목적적으로 해석하여 합리적인 결과를 도출하여야 할 것이다.

상증세법 제53조 제2호는 배우자로부터 증여를 받은 경우 증여재산공제로서 6억 원을 공제하도록 규정하고 있다. 배우자로부터 증여를 받을 당시에는 법률상 부부관계를 유지하여 증여재산가액에서 배우자공제액 6억 원을 공제한 잔액을 증여세과세표준으로 하여 증여세를 납부한 이후, 부부가 이혼하여 증여받은 배우자가 혼인관계의 해소로 제3자가 되었다가 증여자가 사망하여 상속인에 해당하지 아니하는 경우, 즉 남편이 처에게 증여할 당시에는 부부였다가 이혼함으로써 그 후 남편이 사망할 당시에는 처가 상속인이 아닌 경우에 상증세법 제13조 제1항 제2호에 따라 상속재산가액에 가산할 '증여한 재산가액'에 배우자증여공제액 6억 원이 포함되는지 여부가 문제된다.

상속세와 증여세의 계산단계별로 법문이 사용하는 용어는 다음과 같다. 상증세법 제47조 제1항은 증여세 과세가액은 증여재산가액을 합친 금액에서 그 증여재산에 담보된 채무로서 수증자가 인수한 금액을 뺀 금액으로 한다고 규정하고 있고, 제53조 제1항 제1호는 배우자로부터 증여받은 경우 6억 원을 증여세 과세가액에서 공제한다고 규정하고 있다. 그리고 상증세법 제13조 제1항 제2호는 상속세 과세가액은 상속재산가액에서 상속개시일 전 5년 이내에 피상속인이 상속인이 아닌 자에게 증여한 재산가액을 가산한 금액으로 한다고 규정하고 있다. 이상에서 보는 바와 같이 상증세법 제13조 제1항 제2호는 상속재산가액에 합산하는 것으로서 '증여재산가액'을 규정하고 있고, 여기서 증여재산가액이란 증여세 과세가액 이전 단계의 개념이고, 증여재산공제는 증여세 과세가액 이후 단계의 개념이다. 상증세법 제13조 제1항 제2호의 기본취지는 사전증여재산은 그것이 상속인에 대한 것이든 제3자에 대한 것이든 모두 상속개시시에 상속이 이루어진 것으로 보아 누진상속세율을 적용하겠다는 것이고 그에 따른 각종 공제액도 상속개시 당시를 기준으로 판단하겠다는 것이다. 그 취지에 의하면, 사전증여 당시 배우자로서 상속개시 당시에도 배우자이면 사전증여재산을 상속개시 당시에 상속받은 것으로 보아(다만, 가액평가는 증여당시를 기준으로 함) 합산하되 배우자로서의 상속재산공제액을 차감한 다음 누진상속세율을 적용하여 상속세액을 산출하되, 배우자로서 기납부한 증여세액을 공제하게 된다.

이러한 논리에서 보면, 증여 후 상속개시 전에 이혼한 배우자는 상속개시 당시를 기준으로 보면 배우자가 아닌 제3자에 불과하므로 사전증여재산 모두를 상속재산가액에 합산하여야 하되 배우자상속공제를 받지 못한 상태에서 누진상속세율을 적용하여 상속세액을 산출하여야 한다. 다만, 여기서 공제해야 할 증여세액은 배우자임을 전제로 실제로 납부한 증여세액이 아니라 배우자가 아닌 제3자를 기준으로 계산한 증여세액을 말한다고 보아야 한다. 왜냐하면 배우자로서의 배우자상속공제를 받지 못한 제3자이기 때문이다. 이러한 계산구조를 취하여야만 누진세율을 회피하기 위한 사전증여를 규제할 수 있을 뿐만 아니라 상속인들이 상속받지도 못한 재산에 대하여 부당하게 상속세를 과세하는 결과를 피할 수 있다. 이러한 계산구조는 관련 규정의 법 문언과도 배치되지 아니한다. 상증세법 제28조 제1항은 '상속재산에 가산한 증여재산에 대한 증여세액(증여 당시의 당해 증여재산에 대한 증여세 산출세액을 말한다)은 상속세 산출세액에서 이를 공제한다'라고 규정하였을 뿐 실제로 납부한 증여세액을 말한다고 규정하고 있지 않다. 여기서의 증여세액은 그 증여재산에 대하여 납부한 증여세액 또는 납부할 증여세액만을 뜻하는 것이 아니고, 당해 증여재산에 대한 증여세의 과세, 비과세 여부에도 불구하고 과세되었을 경우의 증여세(산출세액)상당액을 말하는 것이라고 해석함이 타당하다. 그래서 영리법인에 대한 증여는 법인세가 과세되므로 증여세를 면제하지만 그것이 사전증여에 해당하면 상속재산가액에 합산하되, 증여세 산출세액 상당액을 공제하는 것이다.

이에 관한 사례로 대법원 2012. 5. 9. 선고 2012두720 판결이 있다. 원고들의 아버지 A가 2005. 10. 31. 당시 배우자인 B에게 토지매입자금 469,200,000원을 증여하였고, B가 위 증여액에서 배우자증여공제액 3억 원을 뺀 169,200,000원을 증여세 과세표준으로 하여 계산한 증여세 23,840,000원을 납부하였는데, A와 B가 2006. 11. 16. 협의이혼하였고, A가 2007. 8. 13. 사망하여 원고들이 상속한 사안이었다. 원심은 구 상증세법(2007. 12. 31. 개정되기 전의 것) 제13조 제1항 제2호에 따라 A의 상속재산 가액에 가산할 증여한 재산가액은 위 토지매입자금에서 당시의 배우자증여공제액 3억 원을 뺀 169,200,000원이라고 판단하고, 이를 기준으로 한 상속세 산출세액에서 이미 납부된 증여세 23,840,000원을 공제하는 방법으로 상속세를 계산하였다. 그러나 대법원은 A가 B에게 증여한 재산은 위 토지매입자금 469,200,000원인데, 상속세 과세가액을 결정하기 위해 A의 상속재산에 가산할 증여재산은 위 토지매입자금 자체이고, 그 가액은 증여 당시의 가액인 469,200,000원 전부라고 할 것임에도 원심은 A가 증여한 위 토지매입자금에서 배우자증여공제액 3억 원을 뺀 나머지 가액만을 상속재산의 가액에 가산하여야 한다고 판단한 것은 잘못이라고 하였다.

나아가 구 상증세법 제28조 제1항은 상속세 산출세액에서 상속재산에 가산한 증여재산에 대한 증여세액(증여 당시의 당해 증여재산에 대한 증여세 산출세액을 말한다)을 공제한다고 규정하였는데, 이는 상속개시일로부터 일정한 기간 내에 증여한 재산가액을 상속재산 가액에 가산하도록 한 것에 대한 조정 조항으로, 증여한 재산가액이 상속재산 가액에 가산되어 상속세의 산출기준인 상속세 과세가액으로 되기 때문에 증여세를 고려하지 않는다면 동일한 재산에 대하여 상속세와 증여세를 이중으로 과세하거나 비과세 증여재산에 대한 상속세를 부과하는 결과를 초래하기 때문에 이런 불합리한 점을 제거하기 위하여 위와 같은 조항을 두게 된 것이므로, 위 조항에서 말하는 증여세액이란 증여재산에 대하여 부과된 또는 부과될 증여세액 혹은 비과세 증여재산의 경우는 과세대상인 것으로 가정하여 산출된 증여세액 상당액을 말한다고 전제하고, 따라서 증여당시 수증자가 배우자인 관계로 배우자증여공제를 받았다가 상속개시 당시에는 이혼으로 상속인이 아니어서 배우자상속공제를 받을 수 없게 된 경우, 구 상증세법 제28조 제1항에 따라 상속세 산출세액에서 공제할 증여세액은 실제로 납부된 증여세액이 아니라 증여한 재산가액에 대하여 배우자증여공제를 하지 아니하였을 때의 증여세 산출세액임을 지적하여 둔다고 판시하였다. 증여세 공제에 관한 법리를 잘 지적한 모범적인 판결이다.

한편, 증여자의 자녀가 아닌 직계비속에 대한 증여에 해당하여 상증세법 제57조에 따른 할증과세가 이루어진 이후에 증여자의 사망으로 인한 상속이 개시되어 수증자가 민법 제1001조의 대습상속 요건을 갖추어 상속인이 된 경우, 상속세산출세액에서 공제하는 증여세액에 할증과세로 인한 세대생략가산액이 포함되는지 여부가 문제된 사안이 있다. 세대를 건너뛰어 이루어진 증여나 상속의 경우 할증과세를 하고 있는데, 다만 상증세법 제27조 단서는 세대생략에 정당한 사유가 있는 대습상속의 경우는 할증의 대상에서 제외하고 있다. 이에 관하여 대법원 2018. 12. 13. 선고 2016두54275 판결은, 세대를 건너뛴 증여로 상증세법 제57조에 따른 할증과세가 되었더라도, 그 후 증여자의 사망으로 상속이 개시된 시점에 수증자가 대습상속의 요건을 갖춤으로써 세대를 건너뛴 상속에 대하여 할증과세를 할 수 없게 되어 세대생략을 통한 상속세 회피의 문제가 생길 여지가 없다면, 세대생략 증여에 대한 할증과세의 효과만을 그대로 유지하여 수증자 겸 상속인에게 별도의 불이익을 줄 필요가 없다고 하여 상속재산에 가산된 증여재산에 대한 증여세 산출세액과 아울러 세대생략가산액까지 포함하여 상속세 산출세액에서 공제함이 타당하다고 판시하였다. 이러한 대법원의 입장은 상증세법 제28조 제1항 본문이 상속재산에 가산한 증여재산에 대한 증여세액(증여당시의 그 증여재산에 대한 증여세 산출세액을 말한다)은 상속세 산출세액에서 공제한다고 규정한 문언에도 부합하고, 정책적으로도 타당한 결단이다.

증여세의 과세대상

1. 완전포괄주의 규정의 적용과 한계

가. 서언

종래 상증세법은 증여세의 과세대상에 관하여 제한적 열거주의 방식을 취하여 오다가 변칙적인 증여에 대한 과세를 확대하기 위하여 2000. 12. 29. 상증세법 제42조를 개정하여 이른바 유형적 포괄주의를 도입하였다. 그러나 이것만으로는 갈수록 지능화되어 가는 변칙증여에 신속히 대처하기가 어려워지자 2003. 12. 30. 상증세법 제2조 제3항(2015. 12. 15. 개정되면서 제2조 제6호가 되었다. 이하 같다)을 신설하여 증여세의 과세대상에 관한 완전포괄주의를 도입하게 되었다. 위 규정에 관한 과세관청의 입법자료에는 위 규정이 독자적인 과세근거규정이 된다는 취지가 나타나 있지만, 상증세법 제32조 내지 제41조 등 다른 관련 규정들과의 관계에서 위 규정의 적용범위와 한계에 관하여 그동안 논란이 많았다. 이 때문에 과세관청은 위 규정의 신설에도 불구하고 한동안 위 규정만을 근거로 하는 증여세 과세에 다소 소극적인 태도를 보여 왔다. 그러다가 2007년 들어 2007. 5. 29. 자 국세청 질의회신 서면4팀-1767 등을 계기로 상증세법 제2조 제3항의 적용에 관하여 보다 적극적인 태도로 전환한 것으로 보인다.

대법원 2015. 10. 15. 선고 2013두13266 판결은 이러한 논란에 대하여 2년여의 숙고 끝에 최종심으로서 상증세법 제2조 제3항의 적용범위와 한계에 관하여 정책적 결단에 입각한 법리를 선언하였다. 같은 날 같은 취지의 판결이 12건이나 선고되었다. 이로써 그동안의 논란은 상당한 정도 해소되었다고 할 수 있겠으나 그 후에도 논란의 여진이 이어지고 있다. 이하에서는 먼저 상증세법 제2조 제3항의 탄생 배경과 입법 취지, 상증세법 제32조 내지 제42조와의 관계, 문제점, 그동안의 논란 등을 살펴보고, 이를 토대로 대법원 판결의 법리를 음미해본 다음, 향후 과세방향을 전망해 보기로 한다.

나. 완전포괄주의 증여개념의 분석

(1) 탄생 배경과 변천 과정

1996. 12. 30. 종래의 상속세법이 상증세법으로 전부 개정되었을 때 상증세법은 제2조 제1항에서 증여세의 과세대상에 관하여 '타인의 증여로 인하여 증여일 현재 증여재산이 있는 경우에는 그 증여재산에 대하여 이 법이 정하는 바에 의하여 증여세를 부과한다'라고만 규정하고, '증여'의 개념에 관한 별도의 규정을 두고 있지 않았다. 그래서 여기서의 '증여'란 민법상의 증여개념을 차용한 것으로 해석할 수밖에 없었다. 그런데 민법 제554조는 '증여는 당사자 일방이 무상으로 재산을 상대방에게 수여하는 의사를 표시하고 상대방이 이를 승낙함으로써 그 효력이 생긴다'라고 규정하고 있고, 그 문언에 의하면 증여란 증여자와 수증자 사이의 의사합치에 의한 계약이다. 이러한 전형적인 증여만을 증여세의 과세대상으로 삼을 경우 증여의 형태에 약간의 변형만 가하면 그 과세대상에서 벗어날 수 있게 된다. 그래서 상증세법은 그 보완책으로 제32조 내지 제42조에서 민법 제554조의 증여와는 다소 거리가 있지만 경제적 이익의 무상이전이 수반되는 변칙적인 증여유형을 상정하여 이를 증여로 의제하는 규정을 두었다. 특히 제32조에서는 '특수관계에 있는 자로부터 경제적 가치를 계산할 수 있는 유형·무형의 재산(금전으로 환가할 수 있는 경제적 이익 및 법률상 또는 사실상의 권리를 포함한다)을 직접적이거나 간접적으로 무상이전을 받은 경우에는 그 무상으로 이전된 재산에 대하여 증여세를 부과한다'라고 규정함으로써 그 적용대상을 비록 특수관계에 있는 자들 사이로 국한하기는 하였지만 상당히 포괄적인 증여의제규정을 두었었다.

하지만 위와 같은 증여의제규정 자체가 제한적이고 열거적인 규정이어서 그 규정의 적용을 피하기 위하여 고안된 새로운 유형의 변칙증여가 등장하면 그에 맞는 증여의제규정으로 제39조의2(감자에 따른 증여의제), 제41조의3(주식의 상장 등에 따른 이익의 증여의제), 제41조의4(금전대부에 따른 증여의제) 등을 추가로 신설하기도 하였지만 그것만으로는 온전하게 대처하기가 어려웠다. 그래서 2000. 12. 29. 이른바 유형적 포괄주의 규정이라는 제42조를 신설하여 증여의제규정에 정확히 부합하지는 않지만 '그와 유사한 경우'를 증여로 의제하도록 규정하였다. 즉, 제38조(합병시의 증여의제), 제39조의2

(감자에 따른 증여의제), 제41조(결손법인 등과의 거래를 통한 이익에 대한 증여의제), 제41조의3(주식의 상장 등에 따른 이익의 증여의제)에서 규정하는 것과 방법 및 이익이 유사한 경우에는 이익을 증여받은 것으로 본다고 규정하고, 이 경우 이익의 계산 등에 관하여는 제38조 내지 제41조 또는 제41조의3의 규정을 준용하도록 하였다.

그러나 위와 같은 유형적 포괄주의 규정도 열거적인 증여의제규정과 유사한 경우만을 적용대상으로 할 수 있고 그와 유사하지 않은 새로운 변칙적인 증여행위에 대하여는 이를 적용할 수 없는 한계가 있었다. 이를 타개하기 위하여 등장한 것이 완전포괄주의 규정인 상증세법 제2조 제3항이다. 2003. 12. 30. 신설된 위 규정은 증여의 개념을 민법 제554조와는 다르게 아주 폭넓게 정의하고 있다. 즉, '이 법에서 증여라 함은 그 행위 또는 거래의 명칭·형식·목적 등과 관계 없이 경제적 가치를 계산할 수 있는 유형·무형의 재산을 직접 또는 간접적인 방법으로 타인에게 무상으로 이전하거나 현저히 저렴한 대가를 받고 이전하는 것 또는 기여에 의하여 타인의 재산가치를 증가시키는 것을 말한다'라고 규정하였다. 위 규정 중 전단부분, 즉 '직접 또는 간접적인 방법으로 이전하는 것'은 상증세법 제42조 제1항 등에 비슷한 취지의 문언이 있어 새로운 느낌이 덜하지만, 후단부분, 즉 '기여에 의하여 타인의 재산가치를 증가시키는 것'은 새로운 문언으로서 이로 인하여 상증세법상 증여의 외연이 획기적으로 넓어졌다.

그러나 나중에 살펴보는 바와 같이 이러한 완전포괄주의 증여개념의 규정인 상증세법 제2조 제3항만으로 증여세의 독자적 과세근거로 삼을 수 있는지에 관하여 논란이 계속되자, 이에 대처하기 위하여 2015. 12. 15. 관련 규정을 보완하여 상증세법 제2조 제3항을 상증세법 제2조 제6호로 위치를 바꾸고, 상증세법 제4조 제1항에서 증여세의 과세대상 규정을 신설하여, '무상으로 이전받은 재산 또는 이익'(제1호), '현저히 낮은 대가를 주고 재산 또는 이익을 이전받음으로써 발생하는 이익이나 현저히 높은 대가를 받고 재산 또는 이익을 이전함으로써 발생하는 이익. 다만, 특수관계인이 아닌 자 간의 거래인 경우에는 거래의 관행상 정당한 사유가 없는 경우로 한정한다.'(제2호), '재산 취득 후 해당 재산의 가치가 증가한 경우의 그 이익. 다만 특수관계인이 아닌 자 간의 거래인 경우에는 거래의 관행상 정당한 사유가 없는 경우로 한정한다.'(제3호), '제33조부터 제39조까지, 제39조의2, 제39조의3, 제40조, 제41조의2부터 제41조의5까지, 제42조, 제42조의2 또는 제42조의3에 해당하는 경우의 그 재산 또는 이익'(제4호), '제44조 또는 제45조에 해당하는 경우의 그 재산 또는 이익'(제5호), '제4호 각 규정의 경우와 경제적 실질이 유사한 경우 등 제4호의 각 규정을 준용하여 증여재산의 가액을 계산할 수 있는 경우의 그 재산 또는 이익'(제6호)을 열거하였다.

그리고 이에 앞서 2013. 1. 1. 상증세법 제31조에서 완전포괄주의 증여개념에 따른 증여재산가액 계산의 일반 원칙에 관한 규정을 신설하여, 제1항은, '재산 또는 이익을 무상으로 이전받은 경우: 증여재산의 시가 상당액'(제1호), '재산 또는 이익을 현저히 낮은 대가를 주고 이전받거나 현저히 높은 대가를 받고 이전한 경우: 시가와 대가의 차액, 다만 시가와 대가의 차액이 3억 원 이상이거나 시가의 100분의 30 이상인 경우로 한정한다.'(제2호), '재산 취득 후 해당 재산의 가치가 증가하는 경우: 증가사유가 발생하기 전과 후의 재산의 시가의 차액으로서 대통령령으로 정하는 방법에 따라 계산한 재산가치상승금액, 다만 그 재산가치상승금액이 3억 원 이상이거나 해당 재산의 취득가액 등을 고려하여 대통령령으로 정하는 금액의 100분의 30 이상인 경우로 한정한다.'(제3호)를 규정하고, 제2항은 제1항에도 불구하고 제4조 제1항 제4호부터 제6호까지 및 같은 조 제2항에 해당하는 경우에는 그 규정에 따라 증여재산가액을 계산한다고 규정하고 있다.

이로써 완전포괄주의 증여개념에 의한 증여세 과세에 관하여 그 과세근거와 과세방법에 관한 규정이 대폭 보완되었다고 할 수 있다.

(2) 외국의 입법례[7]

상증세법이 이와 같은 완전포괄주의 규정을 도입하는 용기를 보인 데에는 외국의 입법례가 우호적인 참고자료로 작용된 것으로 보인다.

미국 내국세입법(Internal Revenue Code) 제2511조 (a)항은 '제2501조에 따른 증여세는 이전이 신탁이든 아니든, 증여가 직접적이든 간접적이든, 재산이 부동산이든, 동산이든, 또 유형재산이든 무형재산이든 관계 없이 적용한다'라고 규정하고, 제2512조 (b)항은 '재산이 금전 또는 금전이 상당하고 충분하다고 할 수 없는 대가에 의해서 이전되는 경우에는 그 재산의 가치 중 대가의 가치를 넘는 부분을 증여로 본다'라고 규정하고 있다. 그리고 미국 재무성규칙 25.2511 – (g)(1)은 '증여세과세의 적용에 있어서 이전에 관한 증여자의 의사는 본질적인 요소가 아니고 증여세의 적용은 증여자의 주관적 동기보다 이전이라는 객관적 사실과 증여가 행해진 상황에 기초하고 있다'라고 규정하고 있다. 이와 같이 미국의 내국세입법에는 우리나라의 증여의제나 증여추정과 같은 개별규정이 없고 포괄적인 형태의 규정만이 있다.

그래서 증여의 개념에 대하여 해석에 의존하는 경향이 강한데, 미국 연방대법원은 Dickman v. Commissioner(1984) 사건에서 '증여에 의한 재산의 이전은 어떠한 수단에 의하든지 증여세의 과세대상이 된다고 하면서, 재산은 법에 의하여 보호되는 모든 종류

---

7) 김두형, "완전포괄주의 증여의제입법의 과제", 월간 공인회계사(2003. 6.), 한국공인회계사회; 국세청, "완전포괄주의의 증여세 과세제도 해설" 참조

의 권리 또는 이익으로서 교환가치를 가지는 것을 말하고, 이전은 그 목적달성을 위하여 선택하는 수단 또는 방법이 무엇인가를 묻지 아니하고 재산 또는 재산권이 증여에 의하여 다른 곳으로 이행 또는 부여되는 모든 거래를 포함한다'고 판시하였다.

독일 상속세법 제7조 제1항 제1호도 완전 포괄주의 규정의 형태로서 '생존자 간에 수증자가 증여자의 비용으로 대가성 없이 하는 모든 재산의 출연행위로 이득을 얻은 혐의가 있는 경우'를 증여로 규정하고 있다. 위 규정에 대하여 대부분의 학설은 제한적인 입장을 취하여 위 규정을 적용함에 있어서 민법상 증여계약의 성질이 완전히 무시되거나 완전히 이탈하여서는 안 되고 그 실질이 증여인 것에 한정하여 엄격하게 해석해야 한다는 입장을 보이고 있다.

일본의 경우 상속세법 제9조는 제4조 내지 제8조에서 증여로 보는 경우 외에 '대가를 지불하지 아니하거나 현저히 낮은 대가로 이익을 받은 경우 그 받은 이익의 가액에 상당하는 금액'에 관하여 증여세를 과세하도록 규정하고 있다.

(3) 상증세법 제33조 내지 제42조의3과의 관계

상증세법 제2조 제6호가 증여세 과세대상인 증여의 개념을 워낙 포괄적으로 규정하다보니 기존의 개별적 증여의제규정들인 상증세법 제33조 내지 제42조의3 등이 모두 제2조 제6호에 포함될 수 있게 되었다. 그래서 미국의 내국세입법처럼 상증세법 제33조 내지 제42조의3 등의 규정은 더 이상 존치할 필요가 없어졌다고 말할 수도 있다. 하지만 상증세법 제2조 제6호는 증여의 개념만 규정하고 있을 뿐 증여가액의 계산에 관한 구체적 규정이 없는 반면에, 상증세법 제33조 내지 제42조의3 등에는 증여재산가액의 계산방법에 관한 규정들이 일부 내포되어 있어서 일단 이 점에서도 위 규정들을 존치할 이익이 있었다.

하지만 이들 규정과 상증세법 제2조 제6호의 관계를 조정하는 입법작업이 필요했다. 그래서 입법자는 위 증여의제규정들을 존치하는 것으로 하되 그 규정형식을 바꾸었다. 먼저 상증세법 제33조 내지 제42조의3 등이 포함되어 있던 제2절의 제목을 '증여의제 등'에서 '증여재산 가액의 계산'으로 변경하고, 제33조 내지 제42조의3 등의 문언도 종전의 증여의제의 내용에서 증여재산 가액의 계산에 관한 내용으로 변경하였다. 예를 들면 상증세법 제33조는 제목을 '신탁의 이익을 받을 권리의 증여의제'에서 '신탁이익의 증여'로 변경하고, 그 제1항의 내용을 '위탁자가 타인을 수익자로 지정한 경우 신탁의 이익을 받을 권리를 증여한 것으로 본다'에서 '위탁자가 타인을 수익자로 지정한 경우 신탁의 이익을 받을 권리의 가액을 증여재산가액으로 한다'로 변경하였다.

그러면서 특수관계자들 사이의 포괄적인 증여의제규정이던 상증세법 제32조는 2003. 12. 30. 삭제하였다. 위 규정의 문언은 특수관계자로 적용범위를 제한하는 것 외에는 상증세법 제2조 제6호의 문언의 일부에 해당하며, 완전포괄주의 과세제도가 원칙적으로 특수관계 여부에 불구하고 재산의 무상이전을 모두 과세대상으로 보겠다는 취지이므로 위 규정을 굳이 존치할 필요가 없었기 때문이다. 그래서 상증세법 제33조 내지 제42조의3 등에서 특수관계자에 대한 부분이 다소 변경되었다. 예를 들어 증여의제규정이었던 종래의 상증세법 제35조(저가·고가 양도시의 증여의제)는 특수관계자들만을 그 적용대상으로 규정하였으나 2003. 12. 30. 개정되면서 제2항에서 특수관계가 없는 자들 사이에서도 거래의 관행상 정당한 사유 없이 현저히 낮은 가액 또는 높은 가액으로 양수도가 이루어진 경우 시가와의 차액을 증여받은 것으로 추정하여 대통령령이 정하는 이익에 상당하는 금액을 증여재산가액으로 한다고 규정하고 있다.

위와 같은 개정과정의 입법형식만을 놓고 보면, 증여세 과세대상은 완전포괄주의 규정인 상증세법 제2조 제6호에서 정해지고, 그 과세대상의 증여재산가액의 계산에 관하여는 상증세법 제32조 내지 제42조의3 규정이 적용된다고 하겠다. 그런데 상증세법 제33조 내지 제42조의3 등이 상증세법 제2조 제6호가 예정하고 있는 모든 유형의 증여에 대하여 그 증여재산가액의 계산방법을 규정하고 있지는 아니하므로 위 규정들은 증여재산가액의 계산에 관한 예시적 규정으로 볼 수밖에 없다.

그런데 이들 규정을 증여재산가액의 계산에 관한 예시적 규정으로만 보기에는 부적합한 내용들이 많다. 우선 국세청이 발간한 '완전포괄주의증여세 과세제도의 해설'에서는 이들 규정에서 특수관계자의 적용범위를 개정한 것에 관하여 다음과 같이 그 취지를 설명하고 있다. 즉, '그동안 증여의제로 과세해 온 관행이나 국민의 법적안정성과 예측가능성을 감안하여 원칙적으로는 재산의 매매, 합병, 증자, 감자, 전환사채 등의 인수·취득 및 주식전환 등, 비상장주식의 상장·협회등록 전 매매 등을 통한 이익의 증여에서 특수관계자 간의 거래를 과세대상으로 하고, 특수관계가 없는 자 간의 거래에 있어서는 거래의 관행상 정상거래로 인정할 수 없는 경우에만 예외적으로 과세대상으로 규정'한 것이라는 것이다. 위 설명에는 위 규정들은 단순히 증여재산가액의 계산에 관하여만 규정하고 있는 것이 아니라 과세대상에 관하여도 규정하고 있다는 점이 뚜렷하게 나타난다. 실제로 상증세법 제33조 내지 제42조의3 규정을 보면 과세요건에 관한 문언들이 포함되어 있음을 알 수 있다.

그리고 예를 들어 상증세법 제41조의4(금전 무상대출 등에 따른 이익의 증여)에서는 제1항과 제2항에서 금전의 무상대여 중 대여금이 1억 원 이상 등 일정한 요건을 갖춘 경우에 증여재산가액의 계산방법에 관하여 규정하면서, 제3항에서는 특수관계가 없는 자 간의 거래인 경우에는 거래의 관행상 정당한 사유가 없는 경우에 한정하여 제1항을 적용한다고 규정하고 있는데, 제3항의 문언은 단순히 계산방법에 관한 예시적인 규정인 제1항을 적용하지 않고 다른 계산방법을 적용할 수 있다는 취지가 아니라 거래의 관행상 정당한 사유가 있는 경우에는 아예 증여로 보지 않겠다는 취지로 해석하는 것이 합리적이다.

이러한 단적인 예들을 보면 상증세법 제33조 내지 제42조의3 등을 단순히 증여재산의 계산방법에 관한 예시적인 규정으로만 볼 수 없다고 할 수 있다.

다. 논쟁의 핵심

상증세법 제2조 제6호가 들어선 이후 논쟁의 핵심은 상증세법 제33조 내지 제42조의3과의 관계에서 후자의 규정들에 해당하는 경우에는 그에 따라 증여세가 과세됨에는 별 이론이 없는데, 문제는 위 규정들에서 정하고 있는 요건들에 해당하지 아니하는 경우 상증세법 제2조 제6호를 독자적인 과세근거로 삼아 증여세를 과세할 수 있는지 여부이다. 이에 관하여는 부정하는 견해와 긍정하는 견해의 대립이 있었다. 이러한 논란은 완전포괄주의 증여개념에 따른 증여세 과세대상에 관한 규정인 상증세법 제4조 제1항과 그에 따른 증여재산가액계산의 일반 원칙에 관한 규정인 상증세법 제31조가 보완되기 전에 더욱 심하였다.

부정설[8]은, 상증세법 제2조 제6호가 일반적이고 추상적인 선언적 규정에 불과하여 이것만으로는 구체적으로 어떠한 경우가 증여세의 과세대상인지 예상하기 어렵고 더구나 증여재산가액을 어떻게 산정할 것인지를 알 수 없으므로 법적 안정성과 예측가능성을 유지하기 위해서는 위 규정을 독자적인 과세근거로 삼아서는 아니된다고 주장한다. 위 규정을 독자적인 과세근거로 삼게 되면 과세요건 및 과세표준의 산정방법에 관한 불명확한 입법형식이 되므로 과세요건법정주의와 과세요건명확주의에 위반된다는 점을 부정설의 논거로 들고 있고, 과세요건과 증여재산가액의 계산방법에 관한 개별적 규정으로서 상증세법 제33조 내지 제42조의3 등을 둔 것은 이들 규정에 해당하지 않을 경우 증여세의 과세에서 제외하겠다는 입법자의 의사에 따른 것으로 볼 수 있다는 견해도 있다.

긍정설[9]은 상증세법 제2조 제6호의 입법 취지가 증여세 과세대상에 관하여 완전포괄주의를 도입하는 데 있으므로 위 규정을 단순한 확인적·선언적 규정으로 보기 어렵고, 위 규정에 의하면 증여세 과세대상은 '경제적 가치를 계산할 수 있는 유형·무형재산의

---

8) 이전호, "증여세 완전포괄주의 규정의 문제점", 조세연구 제4집(2004) ; 박요찬, "증여세의 포괄증여규정 및 개별예시규정의 위헌성 연구", 서울시립대학교 세무전문대학원
9) 하태흥, "대법원 2011. 4. 28. 선고 2008두17882 판결 평석", 대법원판례해설(2011 상반기), 법원도서관. 유철형, "흑자법인에 대한 증여시 주주에 대한 증여세 과세 여부", 조세법연구(18-3), 한국세법학회

무상이전'과 '타인의 기여에 의하여 증가된 재산가치'로 볼 수 있고, 그 증여재산가액의 계산방법에 관하여는 그 예시적 규정인 상증세법 제33조 내지 제42조의3 규정 등을 준용하면 된다는 입장이다.

앞서 살펴본 바와 같이 상증세법 제2조 제6호의 입법 취지는 종전의 증여세 과세대상에 관하여 제한적 열거주의나 유형적 포괄주의만으로는 새롭게 등장하는 변칙적 증여행위에 효율적으로 대처할 수 없어 조세공평주의가 무너진다는 반성적 차원에서 완전포괄주의를 도입하고자 하는데 있으므로 이를 독자적 과세근거규정이 아니라고 보는 부정설은 위 규정의 입법 취지와는 거리가 있다. 그리고 부정설에서 문제점으로 지적한 증여재산가액의 계산에 관한 구체적 규정이 없다는 점은 입법으로서 상당부분 해결되었다. 즉, 앞서 보았듯이 완전포괄주의의 도입에 따라 삭제되었던 상증세법 제31조가 2013. 1. 1. 증여재산가액 계산의 일반원칙에 관한 규정으로 되살아났다. 위 규정에 의하면, 개별규정인 제33조 내지 제42조의3 등과 유사한 경우에는 그 규정에 따라 증여재산가액을 계산하면 되고, 그러하지 아니한 경우로서 일정한 기준 이상의 이익을 얻었을 때 고가 또는 저가로 재산을 이전한 경우에는 시가와 대가의 차액을, 타인의 기여에 의하여 재산가치가 증가한 경우에는 증가사유가 발생하기 전과 후의 시가의 차액을 증여재산가액으로 한다.

원래 위와 같은 부정설과 긍정설의 대립은 상증세법 제31조가 등장하기 전의 상황이었는데, 위 규정이 새롭게 등장한 이후부터는 부정설보다는 긍정설이 더 힘을 얻고 있다고 할 수 있겠다. 그런데 보다 어려운 문제는 상증세법 제33조 내지 제42조의3 등의 요건에 해당하지 않는다고 해서 모두 상증세법 제2조 제6호의 적용대상으로 볼 수 있느냐이다. 위 규정들이 정하고 있는 요건들 중 일부를 충족하지 못하면 증여세의 과세대상으로 삼지 않겠다는 것이 그 입법 취지라고 볼 여지도 있는데 그러한 경우들이 모두 상증세법 제2조 제6호에 의하여 다시 증여세 과세대상이 된다고 해석하면 상증세법 제33조 내지 제42조의3 등의 존재의의가 사라지게 될 수 있기 때문이다. 그럼에도 과세관청은 이러한 경우에도 제2조 제6호에 의하여 증여세를 과세할 수 있다는 입장을 취하였다. 이에 관한 대법원의 입장을 최초로 밝힌 것이 아래에서 보는 대법원 판결이다. 이 판결은 상증세법 제4조 제1항과 제31조가 보완되기 전의 사안에 관한 것이다.

라. 대법원 2015. 10. 15. 선고 2013두13266 판결 검토

(1) 관련 규정

구 상증세법(2014. 1. 1. 개정되기 전) 제41조(현행의 제45조의5) 제1항은 결손금이 있는 법인의 주주와 특수관계에 있는 자가 당해 법인에 재산을 무상제공하는 거래를 통하여 특정법인의 주주가 이익을 얻은 경우에는 그 이익을 증여재산가액으로 한다고 규정하고, 그 시행령 제31조 제1항은 '결손금이 있는 법인이란 증여일이 속하는 사업연도까지 법인세법 시행령 제18조 제1항 제1호의 규정에 의한 결손금이 있는 법인, 이 경우 결손금은 법 제41조 제1항의 규정에 의하여 재산의 증여 등에 의한 결손금 보전 전의 것으로 하되, 증여일이 속하는 사업연도의 결손금은 법 제41조 제1항의 규정에 의한 재산의 증여 등의 금액을 법인세법의 규정에 의하여 익금에 산입하기 전의 것으로 한다.'라고 규정하고 있고, 제6항은 '법 제41조 제1항에 의한 이익은 증여재산가액(결손금이 있는 법인의 경우에는 당해 결손금을 한도로 한다)에 주식 지분의 비율을 곱하여 계산한 금액(당해 금액이 1억 원 이상인 경우에 한한다)으로 한다'라고 규정하고 있다.

위 시행령 제31조 제1항 제1호에서 '결손금이 있는 법인'을 '증여일이 속하는 사업연도까지 결손금이 있는 법인'이라고 규정한 것은 종전의 '2년 이상 계속하여 결손금이 있는 법인'에 '증여일이 속하는 사업연도의 결손금이 있는 법인'을 추가하여 그 범위를 확대하기 위한 것인 점 등에 비추어, 이월결손금이 없이 증여일이 속하는 사업연도의 결손금만 있는 법인의 경우에는 특별한 사정이 없는 한 증여일이 속하는 사업연도의 개시일부터 증여일까지의 손금이 익금을 초과하여야 '결손금이 있는 법인'에 해당한다.[10]

(2) 사안의 개요

원고는 2006. 2. 27. 외사촌으로부터 A사의 발행주식 5,000주 중 391주(지분율 7.82%)를 액면가액인 1주당 10,000원에 양수하였다. 원고의 외조부는 그 다음 날인 2006. 2. 28. A사에 부동산을 증여하고, 2006. 3. 3. 소유권이전등기를 마쳐 주었다. A사는 위 부동산 증여에 따른 자산수증이익 63억 원을 익금에 산입하여 2006 사업연도 법인세 15억 원을 신고·납부하였다. 피고는 2011. 7. 4. 위 부동산 증여로 인하여 원고가 그 보유 주식의 가치 증가분 상당의 이익을 증여받은 것으로 보아 당시 상증세법 제2조 제3항, 제42조 제1항 제3호를 적용하여 증여세 54,000만 원을 부과하였다. A사는 2006 사업연도 종료일을 기준으로 결손금이 약 800만 원에 그치는 등 위 부동산 증여일 당시 결손금이 없거나 결손금이 있더라도 원고가 얻은 이익이 과세최저한도 기준에 미달하여 그 시행령 제31조 제6항 제1호에서 정한 과세대상에 해당하지 않았다.

---

10) 대법원 2015. 10. 15. 선고 2014두5392 판결 등

(3) 대법원의 판단

과세권자가 증여세의 과세대상을 일일이 세법에 규정하는 대신 본래 의도한 과세대상뿐만 아니라 이와 경제적 실질이 동일 또는 유사한 거래·행위에 대하여도 증여세를 과세할 수 있도록 함으로써 공평과세를 구현하기 위하여 2003. 12. 30. 개정된 상증세법은, 민법상 증여뿐만 아니라 '재산의 직접·간접적인 무상이전'과 '타인의 기여에 의한 재산가치의 증가'를 증여의 개념에 포함하여 증여세 과세대상을 포괄적으로 정의하고 종전의 열거방식의 증여의제규정을 증여시기와 증여재산가액의 계산에 관한 규정(이하 '가액산정규정'이라 한다)으로 전환함으로써, 이른바 증여세 완전포괄주의 과세제도를 도입하였다. 따라서 원칙적으로 어떤 거래·행위가 상증세법 제2조 제3항(현행의 제6호)에서 규정한 증여의 개념에 해당하는 경우에는 같은 조 제1항에 의하여 증여세의 과세가 가능하다고 보아야 한다.

그러나 증여의제규정의 가액산정규정으로의 전환은 증여의제에 관한 제3장 제2절의 제목을 '증여의제 등'에서 '증여재산가액의 계산'으로 바꾸고, 개별 증여의제규정의 제목을 '증여의제'에서 '증여'로, 각 규정 말미의 '증여받은 것으로 본다'를 '증여재산가액으로 한다'로 각 개정하는 형식에 의하였고, 그로 말미암아 종전의 증여의제규정에서 규율하던 과세대상과 과세범위 등 과세요건과 관련된 내용은 그대로 남게 되었다. 즉, 개별 가액산정규정은 일정한 유형의 거래·행위를 대상으로 하여 거래 당사자 간에 특수관계가 존재할 것을 요구하거나, 시가 등과 거래가액 등의 차액이 시가의 30% 이상일 것 또는 증여재산가액이 일정 금액 이상일 것 등을 요구하고 있고, 이러한 과세대상이나 과세범위에 관한 사항은 수시로 개정되어 오고 있다. 이는 납세자의 예측가능성과 조세법률관계의 안정성을 도모하고 완전포괄주의 과세제도의 도입으로 인한 과세상의 혼란을 방지하기 위하여 종전의 증여의제규정에 의하여 규율되어 오던 증여세 과세대상과 과세범위에 관한 사항을 그대로 유지하려는 입법자의 의사가 반영된 것으로 보아야 한다.

따라서 납세자의 예측가능성 등을 보장하기 위하여 개별 가액산정규정이 특정한 유형의 거래·행위를 규율하면서 그중 일정한 거래·행위만을 증여세 과세대상으로 한정하고 그 과세범위도 제한적으로 규정함으로써 증여세 과세의 범위와 한계를 설정한 것으로 볼 수 있는 경우에는, 개별 가액산정규정에서 규율하고 있는 거래·행위 중 증여세 과세대상이나 과세범위에서 제외된 거래·행위가 상증세법 제2조 제3항의 증여의 개념에 들어맞더라도 그에 대한 증여세를 과세할 수 없다.

상증세법 제41조 제1항, 그 시행령 제31조 제6항은 정상적으로 사업을 영위하면서 자산수증이익 등에 대하여 법인세를 부담하는 법인과의 거래로 인하여 주주 등이 얻은 이익을 증여세 과세대상에서 제외하고자 하는 입법의도에 기한 것이고 완전포괄주의 과세제도의 도입으로 인하여 이러한 입법의도가 변경되었다고 볼 수 없으므로, '결손법인과의 거래로 인한 이익 중 결손금을 초과하는 부분'이나 '결손금이 없는 법인과의 거래로 인한 이익'에 대하여는 주주 등에게 증여세를 과세하지 않도록 하는 한계를 설정한 것으로 보아야 한다. 따라서 이와 같은 이익에 대하여는 이를 증여세 과세대상으로 하는 별도의 규정이 있는 등의 특별한 사정이 없는 한 상증세법 제2조 제3항 등을 근거로 하여 주주 등에게 증여세를 과세할 수 없다.

원고의 외조부가 A사에 부동산을 증여함으로써 간접적으로 원고가 보유한 주식 가치가 상승하는 이익이 발생하였다고 하더라도, 부동산 증여는 결손금 없는 법인에 재산을 증여하거나 결손법인에 과세대상에 이르지 않는 범위 내에서 재산을 증여한 경우에 해당하고 A사가 그 자산수증이익에 대한 법인세를 부담하였으므로, 그로 인하여 원고가 얻은 이익에 대하여는 상증세법 제2조 제3항 등에 의하여 증여세를 부과할 수 없고, 위 부동산의 증여가 상증세법 제42조 제1항 제3호의 '사업양수도 등'에도 해당하지 아니하므로 결국 상증세법 제2조 제3항, 제42조 제1항 제3호를 적용하여 원고에게 증여세를 부과한 것은 위법하다.

(4) 판결의 해석과 제2조 제6호의 적용범위

위 사안은 '법인과의 거래를 통한 이익의 증여' 유형에 속하는데, 이에 관하여는 구 상증세법 제41조가 그와 같은 유형에 대하여 증여세를 과세할 수 있는 요건과 증여재산가액의 계산방법에 관하여 규정하고 있었다. 그런데 위 사안은 구 상증세법 제41조 제1항에서 규정하는 '결손금이 있는 법인'의 요건을 충족하지 못하였고, 나아가 그 시행령 제31조 제6항에서 정하는 과세최저한도액인 1억 원의 기준도 충족하지 못하여 구 상증세법 제41조를 적용할 수 없었다. 그러자 과세관청은 모두에서 본 2007. 5. 29. 자 국세청 질의회신(서면4팀-1767, 2007. 5. 29.)을 토대로 상증세법 제2조 제6호와 제42조를 근거규정으로 하여 증여세 부과처분을 하였다. 위 국세청 질의회신은 결손금이 없는 흑자법인에 재산을 증여함으로써 그 주주에게 이익이 돌아간 경우 상증세법 제2조 제6호와 제42조에 해당하는지를 판단하여 증여세과세 여부를 결정하여야 한다는 취지였다.

그러나 제1심과 제2심은, 위 사안은 상증세법 제41조 제1항 제1호가 규율하는 영역에 해당하는 것으로 보인다고 하면서 그 규정의 요건에 해당하지 아니하고, 상증세법 제42조의 적용대상도 될 수 없으므로, 상증세법 제2조 제6호를 적용할 수 없다는 취지로 판단하였다. 이들 하급심에서는 상증세법 제2조 제6호가 독자적인 증여세 과세근거규정이 될 수 있는지에 관하여는 명시적인 판단을 하지 않고 있다. 그런데 대법원은 이러한 하급심 판단을 원칙적으로 수용하면서도 나아가 상증세법 제2조 제6호와 개별 가액산정규정인 상증세법 제33조 내지 제42조의 관계에 관한 법리를 구체적으로 설시하였다.

대법원은, 먼저 상증세법 제2조 제6호가 증여세 완전포괄주의 과세제도를 도입하는 데 그 취지가 있으므로 원칙적으로 위 규정이 독자적인 증여세의 과세근거규정이 될 수 있다고 선언하였다. 이 부분은 과세관청의 입장에 부합한다고 하겠다. 그러나 개별 가액산정규정인 상증세법 제33조 내지 제44조에 대하여는 과세관청과는 다른 입장에 섰다. 과세관청은 위 규정들이 단순히 증여재산가액의 산정만을 위한 예시적 규정이라고 보았으나, 대법원은 그 규정들의 개정과정과 문언, 입법 취지 등을 고려해 볼 때 증여세 과세대상을 한정하고 과세범위도 제한적으로 규정한 것으로 보아야 한다고 판시하였다. 그래서 위 규정들이 규율하고 있는 거래·행위에 대하여는 거기서 정하고 있는 과세대상이나 과세범위의 요건을 충족하지 못한 경우 설령 상증세법 제2조 제6호의 증여개념에 부합하더라도 위 규정만을 독자적인 근거로 삼아 증여세를 과세할 수 없다는 결론을 내렸다.

이러한 대법원의 해석태도는 문언대로의 엄격해석방법과 합목적적 해석방법 중 후자를 택한 것이라고 하겠다. 상증세법 제2조 제6호와 제33조 내지 제42조의 문언만 놓고 그에 따르는 엄격해석방법을 적용할 경우 과세관청의 입장이 가능해진다. 그러나 그와 같은 해석의 결과가 구체적 타당성을 결여하게 되는 경우에 통상 합목적적 해석방법을 적용한다. 합목적적 해석의 법적 근거로는 국세기본법 제18조를 들 수 있다. 위 규정은 제1항에서 세법을 해석·적용할 때에는 과세의 형평과 해당 조항의 합목적성에 비추어 납세자의 재산권이 부당하게 침해되지 아니하도록 하여야 한다고 규정하고 있다. 대법원이 위 사안에서 합목적적 해석을 하게 된 것은 상증세법이 증여세 과세대상에 관하여 제한적 열거주의에서 유형적 포괄주의를 거쳐 완전포괄주의로 개정되어 오는 과정에서 입법의 미비와 혼란이 드러났고 그 때문에 납세자들의 예측가능성과 법적 안정성이 저하되었다고 보아 법해석을 통하여 이에 대한 보완과 치유가 필요하다고 보았기 때문이라고 할 수 있다.

여기서 주목할 부분은 개별 가액산정규정들이 규율하고 있는 거래·행위의 범위를 어떻게 정할 것인가이다. 대법원의 입장을 보면, 먼저 개별 가액산정규정들이 규율하고 있는 거래·행위의 범위를 상정한 다음, 그중에서 위 규정들이 정하는 요건을 충족하는 경우는 증여세를 과세하고 그 요건을 충족하지 못하는 경우는 증여세를 과세하지 않겠다는 것이 위 규정들의 입법 취지라는 것이다. 따라서 위 규정들이 규율하고 있는 거래·행위의 범위를 벗어나는 거래는 당연히 위 규정들이 정하는 요건을 충족하지 못할 것이고 그렇다고 해서 그러한 거래까지 증여세 과세대상에서 제외하겠다는 취지가 위 규정들에 포함되어 있다고는 볼 수 없다는 논리가 전제되어 있다고 할 수 있다. 이러한 경우들에 대하여는 상증세법 제2조 제6호의 독자적 적용에 의하여 증여세가 과세될 수 있는 것이다. 그래서 개별 가액산정규정들이 규율하고 있는 거래·행위의 범위를 정하는 것이 중요하다.

그 규율의 범위는 총기의 사정거리에 비유할 수 있겠다. 총기의 사정거리 내에 있는 표적에 대하여 사격이 없었다면 이는 그 총기 소유자가 살려주겠다는 의사표시를 한 것으로 해석할 수 있지만, 사정거리 밖에 있는 표적에 대하여는 사격이 없었다고 해서 그 총기 소유자가 살려주겠다는 의사표시를 한 것으로 볼 수는 없고, 따라서 사정거리가 더 긴 다른 총기로 그에 대하여 사격을 가할 여지가 남아 있는 것과 같은 이치이다. 아마도 과세관청에게는 상증세법 제2조 제6호만큼 사정거리가 긴 총기가 없을 것이고, 입법자가 과세관청에게 큰 선물을 한 셈이다.

개별 가액산정규정들이 정하는 요건을 충족하지 못한 경우들에는 위 규정들이 정하고 있는 거래·행위와 유사한 유형의 거래·행위는 물론이겠고, 그와 전혀 이질적인 유형의 거래·행위도 있겠는데, 후자의 경우는 위 규정들이 규율하는 거래·행위의 유형으로 보기는 어렵다고 할 것이다. 따라서 전자의 경우만이 그에 해당할 수 있겠는데, 여기서도 '유사한 유형'의 범위를 어떻게 정할 것인지가 문제될 수 있다. 유사성의 정도가 높으면 위 규정들이 규율하는 범위에 들어간다고 보기가 쉽겠지만 유사성의 정도가 낮으면 그 규율하는 범위에 들어가는지를 판단하기가 쉽지 않다. 개별 사안의 성격과 취지상 위 규정들이 그 요건을 충족하지 않을 경우 증여세 과세대상에서 제외하겠다는 범주에 들어간다고 해석할 수 있는지에 달려있다고 하겠다. 유사성이 높으면 개별규정을 입법할 때 과세대상으로 함께 포섭하기가 쉬웠을 것임에도 그렇게 하지 아니한 것은 과세대상에서 제외하고자 하는 의도에서 비롯된 것으로 해석할 수 있다. 반면에 유사성이 낮으면 그 개별규정을 입법할 때 과세대상으로 함께 포섭하기가 곤란할 수 있으므로 과세대상에 포섭되지 않았다고 해서 과세대상에 제외하겠다는 의도가 있었다고 보기 어렵다. 유사성의 판단기준으로는 거래나 행위의 주체, 객체, 목적, 방법 등을 들 수 있다. 이에 관하여는 일률적으로 기준을 제시하기는 어렵고 개별사안들의 구체적 성격과 위 규정들의 입법 취지 등을 종합적으로 고려하여 합목적적으로 판단하여야 할 것으로 보인다. 최종적인 판단의 몫은 법원에 있다고 할 것이다.

납세자의 이익을 두텁게 보호하기 위해서는 개별 가액산정규정들이 규율하는 거래·행위의 범위를 가급적 넓게 해석하여 상증세법 제2조 제6호의 독자적 적용범위를 좁혀야 할 것이다. 적어도 위 대법원 판결에 의하면, 구 상증세법 제41조가 규율하는 범위는 법인과의 거래를 통하여 그 주주에게 이익을 분여하는 거래·행위라고 할 수 있고, 여기서의 법인에는 결손법인이든 흑자법인이든 가리지 않는다고 할 것이다. 따라서 이들 거래·행위 중 결손법인의 요건과 과세최저한도액의 요건을 충족한 경우에 한하여 증여세를 과세하고 그 밖의 경우는 증여세를 과세할 수 없다. 추가적인 사례들을 통하여 그 규율의 범위를 좀 더 가늠해 보고자 한다.

마. 개별 증여재산가액 산정규정들의 규율범위

(1) 대법원 2015. 10. 15. 선고 2014두37924 판결

구 상증세법(2013. 1. 1. 개정되기 전) 제37조 제1항은 '특수관계에 있는 자의 부동산을 무상으로 사용함에 따라 이익을 얻은 경우에는 그 이익에 상당하는 금액을 무상 사용자의 증여재산가액으로 한다'고 규정하고, 제41조의4 제1항 제1호는 '특수관계에 있는 자로부터 1억 원 이상의 금전을 무상으로 대출받은 경우에는 그 금전을 대출받은 날에 대출금액에 적정이자율을 곱하여 계산한 금액을 그 금전을 대출받은 자의 증여재산가액으로 한다'고 규정하고 있다. 그리고 제42조 제1항은 '제37조, 제41조의4 등에 따른 증여 외에 '무상으로 1억 원 이상의 재산(부동산과 금전은 제외한다)을 사용함으로써 얻은 이익'(제1호), '무상으로 용역(불특정 다수인 간에 통상적인 지급 대가가 1천만 원 이상인 것만 해당한다)을 제공받음으로써 얻은 이익'(제2호)을 증여재산가액으로 한다고 규정하고 있다. 여기서 특수관계가 없는 자에게 금전을 무상으로 대여한 것이 구 상증세법 제37조 제1항의 규정 등이 규율하고 있는 범위 내에 속하는지가 문제되었다.

대법원은 다음과 같이 판결하였다. 구 상증세법 제41조의4 제1항은 특수관계자 간의 직접 증여에 따른 증여세 부담을 회피하기 위하여 금전을 무상대여하거나 낮은 이자율로 대여하는 경우 적정이자율과의 차액에 대해 증여세를 과세하려는 취지에서, 특수관계자 간의 금전의 무상대여 등의 거래에 한정하여 증여이익을 산정하도록 규정하고 있고, 제42조 제1항 제1호는 부동산과 금전을 제외한 나머지 재산의 경우에만 특수관계에 있지 아니한 자 간의 무상사용 등의 거래에 대하여 증여이익을 산정하도록 규정하고 있다고 전제하고, 이는 특수관계에 있지 아니한 자 간의 금전의 무상대여 등의 거래를 증여세 과세대상에서 제외하고자 하는 취지임이 분명하고, 완전포괄주의 과세제도의 도입으로 인하여 이러한 입법의도가 변경되었다고 볼 수 없으므로, 그 거래로 인하여 금전을 대여받은 자가 얻은 이익에 대하여는 증여세를 과세하지 않도록 하는 한계를 설정한 것으로 보아야 한다는 것이다. 그래서 이와 같은 이익에 대하여는 이를 증여세 과세대상으로 하는 별도의 규정이 있는 등의 특별한 사정이 없는 한 법 제2조 제6호 등을 근거로 하여 주주 등에게 증여세를 과세할 수 없다고 판시하였다.

위 판결에서는 구 상증세법 제41조의4 제1항이 규율하는 거래·행위의 범위는 금전의 무상 대여이고 그 당사자들 사이에 특수관계가 있는지 여부는 불문한다고 할 수 있다. 그중에서 위 규정이 정하는 특수관계자의 요건 등을 충족하는 경우에 한하여 증여세를 과세하고 그 밖의 경우는 증여세를 과세하지 않겠다는 것이 위 규정의 입법 취지이며 위 사안은 이와 같은 그 밖의 경우에 해당한다는 것이다. 대법원 2015. 12. 23. 선고 2014 두40722 판결도 같은 취지이다. 개별 가액산정규정의 규율범위를 비교적 폭넓게 해석한 사례라고 할 수 있다.

(2) 대법원 2017. 3. 30. 선고 2016두55926 판결

구 상증세법(2011. 12. 31. 개정되기 전의 것) 제41조의3 제1항은 최대주주 등과 특수관계에 있는 자가 얻은 비상장주식의 상장이익에 대하여 증여세를 부과하도록 함으로써 증여나 취득당시 실현이 예견되는 부의 무상이전까지 과세함으로써 조세평등을 도모하고 있다. 그리고 제41조의5 제1항은 합병을 통한 상장 역시 비상장주식을 직접 상장하는 것과 실질적으로 차이가 없다는 점을 고려하여 제41조의3 제1항과 같은 취지에서 합병에 따른 상장이익에 대하여 증여세를 과세하도록 하고 있다. 그리하여 구 상증세법 제41조의3 제1항과 제41조의5 제1항은 특수관계에 있는 자가 그 주식을 최대주주 등으로부터 증여받거나 유상으로 취득한 경우 또는 증여받은 재산으로 취득한 경우를 그 적용요건으로 규정하고 있고, 제41조의5 제3항 본문에서 준용하는 제41조의3 제6항은 제41조의3 제1항이 적용됨을 전제로 하여 주식 등을 증여받거나 취득한 후 그 법인이 자본금을 증가시키기 위하여 신주를 발행함에 따라 신주를 인수하거나 배정받은 경우를 포함한다고 규정하고 있다.

이에 대하여 먼저 대법원 2017. 3. 30. 선고 2016두55926 판결은, 구 상증세법 제41조의3 제6항에서 정한 '신주'에는 최대주주 등으로부터 증여받거나 유상으로 취득한 주식에 기초하지 아니하고 또한 증여받은 재산과도 관계 없이 인수하거나 배정받은 신주가 포함되지 아니하며, 이러한 신주에 의하여 합병에 따른 상장이익을 얻었다 하더라도 위 조항이 준용되는 제41조의5 제1항에서 정한 증여재산가액에 해당한다고 해석할 수 없다고 판시하였다. 이에 관해서는 나중에 해당 항목에서 자세히 살펴본다. 그렇다면 여기서 이러한 신주에 의하여 합병에 따른 상장이익을 얻었을 경우 완전포괄주의 증여개념 규정인 당시 상증세법 제2조 제3항에 의하여 과세할 수 있는지가 문제된다. 이 문제는 제41조의3 또는 제41조의5의 규율범위, 보다 구체적으로는 제41조의3 제6항의 규율범위를 어떻게 볼 것이냐에 따라 결론이 달라진다.

사안의 내용을 보면, 비상장법인인 A사가 자신의 임직원이자 A사의 최대주주와 특수관계에 있는 P 등에게 제3자 배정 방식으로 신주인수권을 부여하여 유상증자를 실시함으로써 P 등이 주식을 인수하고 5년 이내에 코스닥상장법인인 B사가 최대주주이던 A사를 흡수합병하면서 P 등이 B사의 주식을 배정받자, 과세관청이 흡수합병으로 인한 인수주식의 가액 증가가 구 상증세법 제41조의5 제1항 또는 제2조 제3항에 정한 과세요건에 해당한다고 보아 P 등에게 증여세 부과처분을 한 것이었다.

이에 대하여, 대법원은, 비록 P 등이 A사의 최대주주와 특수관계에 있지만 위 회사의 제3자 배정 방식에 의한 유상증자 절차에서 최대주주와 관계 없이 직접 신주인수대금을 부담하여 주식을 인수하였으므로 구 상증세법 제41조의5 제1항 및 제3항이 정한 적용요건을 충족하지 아니하고, 구 상증세법 제41조의5 제1항 등은 그 규정들에서 정하지 아니한 위 주식과 같은 신주의 취득에 대하여는 과세하지 아니하도록 하는 한계를 설정한 것이므로 P 등이 얻은 합병에 따른 주식의 상장이익에 대하여는 특별한 사정이 없는 한 구 상증세법 제2조 제3항에 근거하여서도 과세할 수 없다고 판시하였다. 즉, 대법원은 제41조의3 제6항의 규율범위에 관하여, 최대주주 등으로부터 증여 등의 방법으로 주식을 취득한 후에 합병이나 상장되기 전에 다시 신주를 취득하는 경우를 모두 규율하면서, 그 중 최대주주와 관계 없이 직접 신주인수대금을 부담하여 취득한 신주는 과세대상에서 제외하기로 한 것이 입법자의 의도인 것으로 본 것이다. 대법원 2017. 9. 21. 선고 2017두35691 판결도 같은 취지이다.

대법원 2018. 12. 13. 선고 2015두40941 판결은 구 상증세법 제41조의3은 특수관계인이 법인의 주식 등을 증여받거나 유상으로 취득한 경우에 그 주식 등의 상장 등에 따른 이익을 증여재산으로 정하고 있을 뿐이고, 법인 설립 전 발기인이 자금을 증여받아 신설법인의 주식을 인수한 경우에 대해서까지 규율한 것이라고 볼 수는 없다고 하면서, 그 규정에서 상세히 정한 법인의 주식 취득 등에 대해서만 적용되고, 그 밖에 법인 설립 전 발기인의 주식 인수 등 다른 유형의 주식 취득에 대해서는 이후 상장으로 이익을 얻더라도 증여세를 부과하지 않도록 한계를 정하였다고 봄이 타당하므로 이 규정의 적용 요건에 해당하지 않는 주식의 취득 등에 대해서는 위 규정을 유추하여 증여세를 부과할 수 없다고 판시하였다. 이 판결의 결론은 맞는데 그 내용 중 위 규정이 법인 설립 전 발기인이 자금을 증여받아 신설법인의 주식을 인수한 경우에 대해서까지 규율한 것이라고 볼 수는 없다고 설시한 것은 잘못된 것 같다. 규율하면서 과세대상에 포함시키지 않아야 과세대상의 한계를 설정한 것으로 해석할 수 있는 것이지 규율하지 않으면서 과세대상에 포함시키지 않았다면 포괄주의 증여규정에 의하여 과세할 여지가 있기 때문이다. 같은 취지의 대법원 2018. 12. 13. 선고 2015두41821 판결에서는 제대로 '규율하면서'라고 표현하고 있다.

(3) 대법원 2011. 4. 28. 선고 2008두17882 판결

상장법인인 A사가 화의인가결정을 받자, 그 채권단이 2002. 12. 29. A에 대한 채권 400억 원을 7,500원당 1주로 환산하여 출자전환하면서 기존 대주주들의 경영정상화 노력을 독려하기 위하여 2004. 12. 31.까지 출자전환 주식의 매각을 금지하되, 기존 대주주 및 그가 지정하는 제3자에게 출자전환 주식의 35% 한도 내에서 1주당 5,000원에 매수할 수 있는 우선매수청구권을 부여하였다. 그에 따라 A사의 대주주 11인 중 원고를 제외한 나머지 10인은 위 우선매수청구권의 행사를 포기하고 그 대신 원고만이 그 우선매수청구권을 모두 행사함으로써 원고가 채권단으로부터 당시의 시가보다 훨씬 저렴한 주당 5,000원에 A사 주식 990,550주를 매수하였다. 그러자 과세관청은 원고가 다른 대주주들로부터 그들의 지분비율별로 위 주식의 우선매수청구권을 증여받은 것으로 보고 우선매수청구권 행사 당시의 시가와 행사가격의 차액을 우선매수청구권의 가액으로 평가하여 증여세 19억 원을 과세하였다.

원심은, 위 우선매수청구권은 A사의 대주주 및 그가 지정한 제3자만이 행사할 수 있는 것이며 그 행사시점의 주식 시가가 5,000원을 초과할 경우 5,000원과의 차액 상당의 이익이 예정되어 있으므로 위 우선매수청구권은 재산적 가치가 있는 권리로서 증여재산에 해당할 수 있고, 이는 A사의 대주주들이 경영정상화 노력을 기울이면 A사의 경영권을 되찾을 수 있다는 동기를 부여하기 위하여 대주주들 모두에게 부여한 것이므로 대주주들 내부관계에서 각자의 주식보유비율에 상응한 비율로 그 우선매수청구권을 부여받았다고 볼 수 있음에도 A사의 대주주 10인이 자신들의 주식보유비율에 상응하는 우선매수청구권을 포기하는 등의 방법으로 원고로 하여금 혼자서 위 우선매수청구권을 행사하게 한 것은 원고의 주식보유비율을 초과한 범위에서는 그 주식의 시가와 우선매수청구권 행사가격과의 차액 상당의 이익을 무상으로 이전한 것으로 볼 수 있어 증여세의 과세대상에 해당한다고 판단하였다.

이에 대하여 대법원은 구 상증세법 제2조 제1항, 제3항, 제31조 제1항의 각 규정과 입법 취지 및 구 상증세법 제2조 제3항에서 완전포괄주의에 의한 증여개념을 도입함으로써 증여세의 과세범위를 확대한 점 등에 비추어 보면, 원심의 판단은 정당하다고 판시하였다. 대법원 판결에서 알 수 있듯이 위 사안에서는 구 상증세법 제2조 제3항이 독자적인 과세근거가 되었다.

위 사안은 신주가 아닌 기존 주식의 우선매수청구권 포기에 따른 재산상 이익의 이전에 해당하는데, 개별 가액산정규정인 상증세법 제33조 내지 제42조가 규율하는 거래·행위들의 유형 중에 이와 유사한 유형을 찾기가 어렵다. 굳이 찾는다면 상증세법 제39조(증자에 따른 이익의 증여) 규정을 들 수 있는데, 그 제1항 제1호는 신주를 시가보다 낮은 가액으로 발행하는 경우에 있어서 주주가 신주를 배정받을 수 있는 권리를 포기함에 따라 그 신주를 배정받은 자가 얻는 이익을 증여세 과세대상으로 규정하고 있다. 위 규정은 신주인수권의 포기에 따른 이익의 이전에 관한 것이고, 위 사안은 기존 주식의 우선매수청구권의 포기에 따른 이익의 이전이다. 유사한 측면이 전혀 없지는 않다. 하지만 이전의 대상물이 다르다는 점에서 유사하지 않은 측면이 강하다.

위 대법원은 명시적인 판단은 하지 않았지만 위 사안의 거래·행위는 상증세법 제39조가 규율하는 범위를 벗어난 것으로 보았다는 것이 전제가 된다고 할 수 있다. 물론 위 판결은 대법원 2015. 10. 15. 선고 2013두13266 판결이 선고되기 훨씬 전에 선고된 것이어서 그 판결이 선언한 법리를 전제로 하고 있다고 단정하기 어렵지만 그 판결의 취지와 모순된다거나 충돌된다고 보기는 어렵다. 위 판결은 구 상증세법 제2조 제3항이 독자적인 과세근거규정이 될 수 있다고 판시한 최초의 판결이고 이 때문에 과세관청은 구 상증세법 제2조 제3항에 대하여 더욱 적극적인 태도를 취하게 되었다고 한다.

바. 상증세법 제4조 제1항 제6호 신설 후의 과세체계

상증세법이 2015. 12. 15. 개정되면서 상증세법 제4조 제1항 제6호가 신설되었다. 그 내용은 제1항 제4호 각 규정(개별 가액산정규정들을 열거하고 있다)의 경우와 경제적 실질이 유사한 경우 등 제4호의 각 규정을 준용하여 증여재산의 가액을 계산할 수 있는 경우의 그 재산 또는 이익도 증여세 과세대상을 한다는 것이다. 이 규정은 앞서 본 대법원 2015. 10. 15. 선고 2013두13266 판결이 완전포괄주의 증여규정의 적용범위를 제한한 데 대한 반발로 입법화된 것으로 짐작된다. 위 대법원 판결은 개별 가액산정규정들의 규율범위 내에 있는 것은 완전포괄주의 증여규정으로 과세하여서는 아니된다고 판시하였는데 비하여 이 규정은 개별 가액산정규정들과 경제적 실질이 유사한 경우라면 완전포괄주의 증여규정에 의하여 과세할 수 있다는 취지이고, 개별 가액산정규정들과 경제적 실질이 유사한 경우란 개별 가액산정규정들이 규율하는 범위 내라고 볼 수 있기 때문이다.

그래서 일부 과세관청에서는 위 규정이 신설되었음을 이유로 개별 가액산정규정들과 경제적 실질이 유사하면 그 규정들이 과세대상으로 규정하고 있지 않은 경우에 대하여도 증여세를 과세할 수 있다는 입장을 취하고 있다. 즉, 위 대법원 판결이 말하는 개별

가액산정규정들의 규율범위 내에 있으면서도 그 규정들이 과세대상에 포함시키지 않은 사안에 대하여도 증여세를 과세할 수 있다는 것이다. 그러나 이러한 입장은 신설된 상증세법 제4조 제1항 제6호의 의미를 너무 확대해석하는 것이라고 할 수 있다. 위 규정이 종전의 완전포괄주의에 관한 규정의 적용범위를 조금 더 확대한 것으로 해석할 수 있다면 모르겠으나 종전의 완전포괄주의에 관한 규정은 말 그대로 더 이상 범위를 넓힐 수 없는 완전포괄주의 규정이기 때문에 위 제6호가 다시 그 범위를 더 넓힐 수는 없는 것이다. 그래서 위 제6호가 신설되었다고 해서 대법원 판례가 선언한 법리를 뛰어 넘어 개별 가액산정규정들의 규율범위 내에 있으면서 그 규정들이 과세대상에 포함시키지 않은 재산 또는 이익에 대하여 증여세를 과세할 수 있다고 보기는 어렵다고 할 수 있다.

이러한 논란 속에서 대법원 2024. 4. 12. 선고 2020두53224 판결이 선고되어 교통정리가 되었다. 위 제6호의 신설에도 불구하고 종전 대법원 2015. 10. 15. 선고 2013두13266 판결의 법리가 그대로 유지되어야 한다고 선언한 것이다. 자세한 판시내용은 다음과 같다.

먼저 위 제6호의 입법경위를 다음과 같이 설명하고 있다. 2015. 12. 15. 개정된 상증세법은 증여세 완전포괄주의 관련 규정을 정비하여, 당시 여러 조항에 분산되어 있던 증여세 과세대상을 제4조 제1항 각 호에 열거하면서, 제4호에서 '구 상증세법의 개별 가액산정규정(제33조부터 제39조까지, 제39조의2, 제39조의3, 제40조, 제41조의2부터 제41조의5까지, 제42조, 제42조의2 또는 제42조의3)에 해당하는 경우의 그 재산 또는 이익'을 규정하는 한편, 이와 별도로 제6호에서 '제4호 각 규정의 경우와 경제적 실질이 유사한 경우 등 제4호의 각 규정을 준용하여 증여재산의 가액을 계산할 수 있는 경우의 그 재산 또는 이익'을 규정하였다고 하면서, 그와 같이 증여세 완전포괄주의를 강화하는 내용의 규정 정비를 하면서도 종전의 개별 가액산정규정에서 요구하던 과세대상이나 과세범위에 관한 사항을 개정하고, 제42조, 제42조의2 및 제42조의3의 개별 가액산정규정을 신설하는 등의 정비도 함께 이루어졌다고 하였다.

그러면서, 납세자의 예측가능성 등을 보장하기 위하여 개별 가액산정규정이 특정한 유형의 거래·행위를 규율하면서 그중 일정한 거래·행위만을 증여세 과세대상으로 한정하고 그 과세범위도 제한적으로 규정함으로써 증여세 과세의 범위와 한계를 설정한 것으로 볼 수 있는 경우에는, 개별 가액산정규정에서 규율하고 있는 거래·행위 중 증여세 과세대상이나 과세범위에서 제외된 거래·행위가 구 상증세법 제2조 제6호의 증여 개념에 들어맞더라도 그에 대한 증여세를 과세할 수 없다는 대법원 2015. 10. 15. 선고 2013두13266 판결의 법리를 다시 한번 확인하였다.

나아가서 상증세법 제4조 제1항 제6호의 의미와 적용범위에 관하여 다음과 같이 판시하였다. 앞서 본 증여세 완전포괄주의 관련 법령의 문언, 체계, 개정 경과, 입법 취지 및 개별 가액산정규정이 설정한 증여세 과세의 범위와 한계에 따라 증여세 과세대상에서 제외된 거래·행위에 대하여 상증세법 제4조 제1항 제6호를 근거로 증여세를 과세할 경우 납세자의 예측가능성과 법적 안정성을 현저히 침해하게 되는 점 등을 종합하여 보면, 상증세법 제4조 제1항 제6호는 새로운 금융기법이나 자본거래 등의 방법으로 부를 무상 이전하는 변칙적인 증여에 대처하기 위하여 그 거래·행위의 경제적 실질이 개별 가액 산정규정과 유사한 경우 개별 가액산정규정을 준용하여 증여세를 부과하기 위한 규정이라고 봄이 상당하고, 개별 가액산정규정이 설정한 증여세 과세의 범위와 한계에 들어맞지 않아 증여세 과세대상에서 제외되는 거래·행위도 특별히 과세대상으로 삼기 위한 별도의 규정으로 볼 수는 없다는 것이다.

위 대법원 판결의 사안에서는, 개별가액산정규정인 상증세법 제40조 제1항 제2호 다목이 전환사채등으로 주식전환을 함으로써 얻은 이익을 과세하면서 그 대상자를 전환사채등을 발행한 법인의 최대주주나 그의 특수관계인으로 규정하고 있는 것과 관련하여 최대주주의 특수관계인은 아니지만 그 친밀도가 특수관계인과 유사하다고 볼 수 있는 정도이면 상증세법 제4조 제1항 제6호로 과세할 수 있는지가 문제되었는데, 대법원은 전환사채 등을 인수·취득한 자가 발행 법인 최대주주의 특수관계인으로서 발행 법인의 주주가 아닐 것을 요구하는 등 과세대상과 과세범위를 한정함으로써 증여세 과세의 범위와 한계를 설정한 것으로 보아야 하고, 따라서 위 조항의 과세대상이나 과세범위에서 제외된 거래·행위, 즉 발행 법인 최대주주의 특수관계인이 아닌 자가 전환사채를 인수한 거래·행위로 인하여 얻은 이익에 대하여는 이를 증여세 과세대상으로 하는 별도의 규정이 있는 등의 특별한 사정이 없는 한 상증세법 제4조 제1항 제6호를 근거로 하여 증여세를 과세할 수 없다고 하였다.

위 판결에서 유념해야 할 부분은 상증세법 제4조 제1항 제6호에서 말하는 '유사한 경우'의 의미이다. 개별과세규정에서 특별히 배제하고 있지 않는 부분은 '유사한 경우'의 의미에 포섭될 수 있지만 개별과세규정에서 특별히 배제하고 있는 부분은 '유사한 경우'의 의미에 포섭될 수 없다는 점이다. 상증세법 제40조 제1항 제2호 다목이 과세대상을 최대주주의 특수관계인으로 규정하였다는 것은 특수관계인이 아닌 경우에 대하여는 과세여부에 대하여 유보적인 입장을 취하였다기 보다는 과세대상에서 배제한 것으로 보는 것이 합리적이므로 상증세법 제40조 제1항 제2호 다목의 경우와 유사하다고 볼 수 없다. 반면에 전환사채등은 아니지만 그와 유사한 금융상품이거나 주식전환등은 아니지만 실질이 그와 유사한 경우등은 상증세법 제40조 제1항 제2호 다목에서 과세대상으로 배제한 것으로 보기는 어려우므로 상증세법 제4조 제1항 제6호에서 말하는 '유사한 경우'의 범위에 포섭될 수 있다고 하겠다. 위 대법원 판결이 '그 거래·행위의 경제적 실질이 개별

가액산정규정과 유사한 경우'라고 언급한 부분이 이러한 경우를 의미한다.

대법원이 상증세법 제4조 제1항 제6호의 적용범위를 제한한 취지는 완전포괄주의 증여규정과 개별과세규정의 모순·충돌을 막겠다는 것과 납세자의 예측가능성과 법적 안정성을 보장하겠다는 것에 있다. 개별과세규정만 보면 과세대상에서 배제되는 것이 명백해 보이는데도 완전포괄주의 증여규정에 의하여 과세된다고 하게 되면 상증세법 내에서 모순·충돌되는 모습을 피할 수 없다. 그리고 '유사한 경우'의 문언적 의미가 모호하고 경계도 흐릿하여 과세관청이 이를 남용할 우려가 있기 때문에 납세자의 입장에서는 예측가능성과 법적 안정성이 무너질 수도 있다. 위 대법원 판결은 이러한 사정들을 종합적으로 고려한 합리적인 판결이라고 평가할 수 있겠다.

사. 향후의 전망

지금까지 살펴본 일련의 대법원 판결들에 의하면 완전포괄주의 증여규정과 개별과세규정 사이에는 팽팽한 긴장관계가 형성될 수밖에 없다. 납세자의 입장에서는 조세쟁송에서 상증세법 제4조 제1항 제6호의 적용범위를 좁히기 위하여 개별 가액산정규정이 규율하는 거래·행위의 범위를 가급적 넓게 해석할 수 있도록 공격방어방법을 잘 다듬어야 하겠다. 앞서 살펴본 대법원 2017. 3. 30. 선고 2016두55926 판결이나 대법원 2017. 9. 21. 선고 2017두35691 판결 등이 개별 가액산정규정의 규율범위를 넓게 보고 있다는 점에서 납세자들은 환영할 만하다. 반면에 과세관청의 입장에서는 상증세법 제4조 제1항 제6호의 독자적 적용범위가 넓지 않기 때문에 증여세 과세범위를 확장하기 위하여 개별 가액산정규정들에 대하여 그 적용범위를 확대하는 방향으로 계속 개정해 나갈 것으로 보인다. 실제로 대법원 2015. 10. 15. 선고 2013두13266 판결에서 문제가 되었던 상증세법 제45조의3에 관하여도 그 적용범위를 결손금이 있는 법인뿐만 아니라 흑자법인까지 확대하기 위하여 2014. 1. 1. 이를 일부 개정하여 결손법인이나 휴업·폐업법인뿐만 아니라 지배주주와 그 친족이 지배하는 영리법인도 일부 포함시켰다. 상증세법 제4조 제1항을 독자적인 과세근거로 적용할 수 있는 범위를 어디까지 허용할 것인지에 대하여는 향후 대법원 판례의 축적을 기다려야 할 것이다.

2. 증여재산의 반환

상증세법 제4조 제4항은 수증자가 증여재산(금전은 제외한다)을 당사자 간의 합의에 따라 증여세 과세표준 신고기한 이내에 증여자에게 반환하는 경우(반환하기 전에 과세 표준과 세액을 결정받은 경우는 제외한다)에는 처음부터 증여가 없었던 것으로 보며, 증여세 과세표준 신고기한이 지난 후 3개월 이내에 반환하거나 증여자에게 다시 증여하는 경우에는 그 반환하거나 다시 증여하는 것에 대해서는 증여세를 부과하지 아니하도록 규정하고 있다.

위 규정에서 당사자 사이의 합의에 따라 증여재산을 반환한 경우란, 증여계약의 합의 해제에 다름 아니므로, 일단 납세의무가 성립한 후에는 당사자 사이의 합의에 의하여 이 미 성립한 납세의무의 효력을 좌우할 수 없음을 전제로 하여 납세자로 하여금 신고기한 내에는 증여재산을 반환할 수 있도록 제한적인 범위 내에서 퇴로를 열어준 것으로 이해 된다. 여기서 증여재산이 금전인 경우에는 제외하였는데, 이는 금전이 동산이지만 일반 적인 재화의 교환수단으로서 대상 목적물이 특정되지 아니하여 현실적으로 반환 여부가 불확실하기 때문인 것으로 보인다.

대법원 2016. 2. 18. 선고 2013두7384 판결은, 증여받은 금전은 증여와 동시에 본래 수 증자가 보유하고 있던 현금자산에 혼입되어 수증자의 재산에서 분리하여 특정할 수 없 게 되는 특수성이 있어 현실적으로 '당초 증여받은 금전'과 '반환하는 금전'의 동일성을 확인할 방법이 없고, 또한 금전은 증여와 반환이 용이하여 증여세의 신고기한 이내에 증 여와 반환을 반복하는 방법으로 증여세를 회피하는 데 악용될 우려가 크기 때문에, 상증 세법 제4조 제4항의 '(금전을 제외한다)' 부분은 과세행정의 능률을 높이고 증여세 회피 시도를 차단하기 위하여, 증여세의 신고기한 이내에 반환한 경우 처음부터 증여가 없었 던 것으로 보도록 하는 대상에서 금전을 제외하였다고 판시하고 있다. 나아가 일단 수증 자가 증여자에게서 금전을 증여받은 이상 그 후 합의해제에 의하여 같은 금액 상당의 금전을 반환하더라도 법률적인 측면은 물론 경제적인 측면에서도 이미 수증자의 재산은 실질적으로 증가되었다고 할 수 있고, 또한 증여계약의 합의해제에 의한 반환은 원래의 증여와 다른 별개의 재산 처분행위에 해당하는 사정 등에 비추어 보면, 위 규정이 금전을 증여받은 경우에는 증여세의 신고기한 이내에 같은 금액 상당의 금전을 반환하더라도 증여가 없었던 것으로 보지 않고 증여세의 부과대상으로 삼고 있다 하여도, 재산권의 본 질적인 내용을 침해하거나 과잉금지원칙 또는 평등원칙에 위배되는 위헌·무효의 규정 이라고 할 수는 없다고 판시하였다. 그래서 조세특례제한법 제76조 제3항에 의하여 불법 정치자금의 기부를 증여로 보아 증여세를 부과하는 경우에, 기부받은 불법정치자금을 반환하는 것을 증여받은 금전을 반환하는 것과 달리 취급할 이유가 없으므로, 위 규정은 기부받은 불법정치자금에 대하여 증여세가 부과되는 경우에도 적용된다고 보아야 한다고 판시하였다. 그리고 위 규정에서 반환기간을 증여세 과세표준 신고기한까지로 제한한 것이 위헌인지의 논란에 관하여, 헌법재판소 1999. 5. 27. 선고 97헌바66 전원재판부 결정은, 위헌이 아니라고 결정하였다.

만약 증여계약의 사후 합의해제에 의하여 반환이 이루어진 것이 아니라 당초의 증여계약이 원인무효이거나 취소사유로 무효가 되어 원상회복으로서 반환이 이루어졌다면 당초부터 증여가 없었던 것으로 보아야 하므로 그 반환시기가 언제인지를 불문하고 증여세 과세대상이 될 수 없으며 만약 이미 과세처분이 이루어졌다면 무효나 취소사유에 해당한다고 할 것이다. 그래서 상증세법 기본통칙(31 - 0 - 3)은 피상속인의 증여에 따라 재산을 증여받은 자가 민법 제1115조에 따라 증여받은 재산을 유류분 권리자에게 반환한 경우 그 반환하나 재산가액은 당초부터 증여가 없었던 것으로 본다고 규정하고 있다.

3. 저가인수 또는 고가양도

가. 관련 규정

상증세법 제4조 제1항 제2호는 증여세의 과세대상으로, 현저히 낮은 대가를 주고 재산 또는 이익을 이전받음으로써 발생하는 이익이나 현저히 높은 대가를 받고 재산 또는 이익을 이전함으로써 발생하는 이익을 규정하고, 다만 특수관계인이 아닌 자 간의 거래인 경우에는 거래의 관행상 정당한 사유가 없는 경우로 한정한다고 하고 있다. 따라서 특수관계인이 아닌 자 간의 거래인 경우에는 거래의 관행상 정당한 사유가 밝혀지면 증여세의 과세를 면할 수 있다.

그리고 상증세법 제35조는, 제1항에서 특수관계인 간에 재산(전환사채 등 대통령령이 정하는 재산은 제외한다)을 시가보다 낮은 가액으로 양수하거나 시가보다 높은 가액으로 양도한 경우로서 그 대가와 시가의 차액이 시가의 30% 상당액과 3억 원 중 적은 금액 이상인 경우에는 해당 재산의 양수일 또는 양도일을 증여일로 하여 그 대가와 시가의 차액에서 위 적은 금액을 뺀 금액을 그 이익을 얻은 자의 증여재산가액으로 한다고 규정하고, 제2항에서 특수관계인이 아닌 자 간에 거래의 관행상 정당한 사유 없이 재산을 시가보다 현저히 낮은 가액으로 양수하거나 시가보다 현저히 높은 가액으로 양도한 경우로서 그 대가와 시가의 차액이 시가의 30% 상당액 이상인 경우에는 해당 재산의 양수일 또는 양도일을 증여일로 하여 그 대가와 시가의 차액에서 3억 원을 뺀 금액을 그 이익을 얻은 자의 증여재산가액으로 한다고 규정하고 있다. 이와 같이 상증세법에서는 저가인수나 고가양도의 경우 시가와의 차액 전부를 증여가액으로 보지 아니하고 그중 시가의 30% 상당액 또는 3억 원을 초과하는 부분만을 증여가액으로 보고 있다.

여기서 전환사채 등 시행령으로 정하는 재산은 저가인수나 고가양도에 해당하더라도 과세대상에서 제외하고 있는데, 상증세법 시행령 제26조는 전환사채 외에도 거래소에 상장되어 있는 주식 및 출자지분으로서 증권시장에서 거래된 것(시간외시장에서 매매된 것은 제외한다)을 들고 있다. 이는 거래소시장에서 이루어지는 장내 경쟁매매의 경우 불특정다수인들이 개입할 여지가 많아서 특정인들 사이의 가격합의에 의하여 이익을 분여하는 것을 상정하기 어렵기 때문이다. 반면에 시간외시장에서 매매되는 경우를 제외한 것은 불특정다수인들이 개입할 여지가 없고 특정인들 사이의 가격합의가 가능하기 때문에 이익분여가 있을 수 있다고 본 것이다.

한편, 제35조 제3항에서 개인과 법인 간에 재산을 양수하거나 양도하는 경우로서 그 대가가 법인세법 제52조 제2항에 따른 시가에 해당하여 그 법인의 거래에 대하여 같은 법 제52조 제1항 및 소득세법 제101조 제1항(같은 법 제87조의27에 따라 준용되는 경우를 포함한다)의 부당행위계산부인 규정이 적용되지 아니하는 경우에는 제1항 및 제2항을 적용하지 아니하고, 다만 거짓이나 그 밖의 부정한 방법으로 상속세 또는 증여세를 감소시킨 것으로 인정되는 경우에는 그러하지 아니하다고 규정하고 있다. 이는 법인세법상의 시가 규정과 균형을 맞추기 위한 것이다.

제35조의 규정에 의한 수증자가 증여세를 납부할 능력이 없다고 인정되는 경우에는 제4조의2 제4항에 의하여 그에 상당하는 증여세의 전부 또는 일부를 면제하게 되는데, 이는 제35조의 규정에 의한 증여가액은 미실현이익이라고 볼 수 있으므로 이를 감안하여 수증자가 자력이 없을 경우 증여세의 과세를 유예하였다가 나중에 양도소득으로 그 이익이 실현되었을 때 양도차익에 합산하여 양도소득세로 과세하겠다는 취지로 이해할 수 있다.

나. 이중과세의 배제

상증세법 제4조의2 제3항은 증여재산에 대하여 수증자에게 소득세법에 따른 소득세 또는 법인세법에 따른 법인세가 부과되는 경우에는 증여세를 부과하지 아니하는 소득세나 법인세 우선원칙을 규정하고 있고, 소득세법이나 법인세법에서는 양도가액을 실지거래가액에 의하도록 규정하고 있다. 따라서 고가양도의 경우 양도인이 소득세법이나 법인세법에 따라 시가보다 높은 실지거래가액을 양도가액으로 하여 소득세나 법인세를 부담하고서도 다시 시가와의 차액에 대하여 증여세가 과세되면 상증세법 제4조의2 제2항에 배치되는지가 문제된다.

이러한 문제를 해결하기 위하여 소득세법 제96조 제3항 제2호는 특수관계인 외의 자에게 자산을 시가보다 높은 가격으로 양도한 경우로서 상증세법 제35조에 따라 해당 거주자의 증여재산가액으로 하는 금액이 있는 경우에는 그 양도가액에서 증여재산가액을 뺀 금액을 실지거래가액으로 한다고 규정하고 있다. 이에 따르면 양도가액 중 시가에 해당하는 부분은 양도소득세를 부담하고, 시가를 초과하는 부분은 증여세를 부담하게 되므로 이중과세의 문제는 발생하지 않게 된다. 그러나 이 규정은 특수관계인 외의 자 사이의 거래에 국한된 것으로서 소득세와 증여세의 분할과세를 규정하고 있으므로 상증세법 제4조의2 제2항의 입법 취지를 반영한 것이긴 하지만 그 규정의 일반적인 적용례에 관한 규정으로 보기는 어렵다. 따라서 소득세법 제96조 제3항 제2호는 상증세법 제4조의2 제2항이 적용되는 모든 영역에 유추적용할 수는 없다고 하겠다.

고가양도의 경우는 특수관계인에 대한 것이든 아니든 양도가액 중 시가와의 차액부분은 증여세가 과세될 수 있고, 다른 한편으로 양도가액에서 취득가액을 차감한 양도차익에 대하여 양도소득세가 과세될 수 있다. 그래서 실제 양도가액을 기준으로 하여 양도소득세가 과세된다면 그 양도차익과 증여가액이 중첩되기 때문에 상증세법 제4조의2 제2항에 의하여 증여세는 과세되어서는 아니된다고 해야 할 것이다. 그러하지 않고 과세관청이 양도소득세와 증여세의 이중과세문제를 피하기 위하여 시가와 취득가액의 차액만을 양도차익으로 하여 양도소득세를 과세한다면 시가와 실제 양도가액의 차액에 관하여 증여세를 과세하더라도 중복과세의 문제가 생기지 않으므로 이는 용인되어야 할 것이다.

대법원 2012. 6. 14. 선고 2012두3200 판결은, 증여세와 양도소득세는 납세의무의 성립요건과 시기 및 납세의무자를 서로 달리하는 것이어서 과세관청이 각 부과처분을 할 경우에는 각각의 과세요건에 따라 실질에 맞추어 독립적으로 판단하여야 할 것으로 각각의 과세요건에 모두 해당할 경우 양자의 중복적용을 배제하는 특별한 규정이 없는 한 어느 한쪽의 과세만 가능한 것은 아니라 할 것이라고 전제하고, 상증세법 제4조의2 제2항에 규정된 증여재산에 대하여 수증자에게 소득세법에 따른 소득세가 부과되는 때에는 증여세를 부과하지 아니한다고 규정하고 있다 하더라도 이는 그 문언 내용이나 증여세가 소득세의 보완세로서의 성격도 가지는 점에 비추어 보면, 수증자에 대하여 증여세를 부과하는 경우 그에 대하여 소득세가 부과되는 때에는 증여세를 부과하지 아니한다는 뜻으로서 양도소득세 규정과 증여세 규정의 중복적용을 배제하는 특별한 규정에 해당하지 않는다고 판시하였다. 대법원 2015. 10. 29. 선고 2013두15224 판결도 이 판시를 그대로 인용하고 있다.

하지만 이 부분 판시는 저가양수의 경우에는 타당하지만 고가양도의 경우에는 타당하지 않으므로 저가양수와 고가양도를 구분하지 않고 일반 법리로 선언한 것은 부적절하다. 저가양수의 경우에는 양수인이 양수가액과 시가와의 차액에 대하여 증여세를 부담하게 되지만 양도인은 그 양수가액, 즉 양도가액과 취득가액의 차액에 대하여 양도소득세를 과세당하므로 증여세의 납세의무자와 양도소득세의 납세의무자가 서로 다를 뿐 아니라 증여가액과 양도차익이 서로 중첩되지도 않는다. 대법원 1999. 9. 21. 선고 98두11830 판결, 대법원 2003. 5. 13. 선고 2002두12458 판결 등이 같은 취지이다. 원래 이 부분 법리는 저가양수의 사안에 적용하던 법리였는데, 고가양도의 경우에도 무비판적으로 인용해 온 것으로 보인다.

하지만 고가양도의 경우에는 앞서 본 바와 같이 증여가액과 양도차익이 서로 중첩되기 때문에 양도소득세가 과세되면 증여세는 과세되어서는 아니되는 것이다. 그래서 고가양도의 경우에는 위 법리를 설시하여서는 아니된다. 다만, 대법원 2012. 6. 14. 선고 2012두3200 판결의 사안을 보면 원고들이 A사에게 주식을 고가로 양도한 것에 대하여, 과세관청이 그 주식의 실지양도가액과 상증세법상의 평가액과의 차액부분에 대하여 증여세를 부과하는 한편, 양도소득세는 실지양도가액에서 취득가액을 차감하여 양도차익을 산정하지 않고 그 평가액에서 취득가액을 차감하여 양도차익을 산정하여 부과함으로써 양도차익과 증여가액이 중첩되지 않도록 하였다. 그래서 대법원은 과세관청의 처분에 잘못이 없다고 판시하였으므로 일반 법리설시는 다소 부적절했지만 결론에는 아무런 문제가 없다고 하겠다. 그리고 대법원 2015. 10. 29. 선고 2013두15224 판결은 저가양수에 관한 사안이었으므로 역시 결론에는 아무런 문제가 없었다.

그리고 저가양수한 경우에는 나중에 양도할 때 저가양수한 가액을 그대로 취득가액으로 하여 양도차익을 산정할 경우 증여세가 과세된 부분과 양도차익이 중첩하는 문제가 생긴다. 그래서 이를 조정하기 위하여 소득세법 시행령 제163조 제10항 제1호는 상증세법 제3조의2 제2항, 제33조부터 제39조까지, 제39조의2, 제39조의3, 제40조, 제41조의2부터 제41조의5까지, 제42조, 제42조의2, 제42조의3, 제45조의3부터 제45조의5까지의 규정에 따라 상속세나 증여세를 과세받은 경우에는 해당 상속재산가액이나 증여재산가액(같은 법 제45조의3부터 제45조의5까지의 규정에 따라 증여세를 과세받은 경우에는 증여의제이익을 말한다) 또는 그 증·감액을 취득가액에 더하거나 뺀다고 규정하고 있다.

다. 특수관계인의 범위

특수관계인 간의 저가인수나 고가양도에 있어서 특수관계인의 범위에 관하여 상증세법 제2조 제10호는 '특수관계인'이란 본인과 친족관계, 경제적 연관관계 또는 경영지배관계 등 대통령령으로 정하는 관계에 있는 자를 말하고, 이 경우 본인도 특수관계인의 특수관계인으로 본다고 규정하고 있다. 이 규정에서 '본인도 특수관계인의 특수관계인으로 본다'는 부분은 특수관계를 저가인수의 경우는 양수인, 고가양도의 경우에는 양도인만을 기준으로 일방관계에서 파악할 것인지 아니면 그 상대방을 기준으로도 하여 쌍방관계로 파악할 것인지의 논란 속에서 입법에 의하여 쌍방관계를 취한 것으로 볼 수 있다. 쌍방관계에 의하면 특수관계인의 범위가 넓어져 증여세의 과세범위가 넓어지므로 납세자에게 불리하다.

이러한 입법은 2012. 2. 2. 상증세법 시행령 제12조의2 제1항에서 처음 도입된 것으로 보이는데, 그 전의 사안에서 대법원 2013. 9. 12. 선고 2011두11990 판결은, '특수관계에 있는 자'인 '사용인'이나 '출자에 의하여 지배하고 있는 법인의 임원'은 증여세 납세의무자인 고가양도에서의 양도자 또는 저가양수에서의 양수자를 기준으로 하여 그의 사용인이나 그가 출자에 의하여 지배하고 있는 법인의 임원을 의미한다고 봄이 타당하고, 따라서 고가양도에서의 양도자 또는 저가양수에서의 양수자가 그 거래상대방의 사용인이나 그 거래상대방이 출자에 의하여 지배하고 있는 법인의 임원에 해당한다고 하여 그 거래상대방을 위 규정상의 '특수관계에 있는 자'에 해당한다고 볼 수는 없다고 판시하였다. 대법원 2013. 10. 11. 선고 2012두21604 판결도 같은 취지이다. 이는 법인세에서 부당행위계산부인과 관련하여 특수관계인의 범위를 설정할 때 일방관계에 의하여 파악하여야 한다는 대법원 2011. 7. 21. 선고 2008두150 전원합의체 판결과 궤를 같이 한다.

그리고 그 특수관계의 판단기준시기는 저가인수나 고가양도의 약정당시를 기준으로 하는 것이 타당하다. 왜냐하면 특수관계가 거래의 조건을 정하는 데 영향을 미친 것으로 보아 증여세를 과세하는 것이기 때문에 거래의 조건을 정할 당시, 즉 저가인수나 고가양도의 약정당시를 기준으로 판단하여야 하는 것이다. 따라서 그 약정당시에 특수관계가 있으면 족하고 그 이행당시에 특수관계가 소멸하였다고 하더라도 달리 볼 수 없으며, 반대로 그 약정당시에는 특수관계가 없었는데 그 이행 당시에 특수관계가 생겼다고 하더라도 특수관계인 사이의 저가인수나 고가양도로 보아 증여세를 과세할 수는 없다고 할 것이다. 대법원 1988. 1. 19. 선고 87누698 판결도 같은 취지이다.

상증세법 시행령 제2조의2 제1항 제2호는 특수관계인의 하나로 '사용인(출자에 의하여 지배하고 있는 법인의 사용인을 포함한다)'을 규정하고 있다. 이와 같이 사용인에는 양도인 또는 양수인의 직접적인 사용인뿐만 아니라 양도인 또는 양수인이 출자에 의하여 지배하고 있는 법인의 사용인도 포함된다. 그런데 상증세법 시행령 제2조의2 제3항은 '출자에 의하여 지배하고 있는 법인'이란 제1항 제6호 또는 제7호에 해당하는 법인이거나 제1항 제1호부터 제7호까지에 해당하는 자가 발행주식총수 등의 50% 이상을 출자하고 있는 법인이라고 규정하고 있다. 그리고 제1항 제6호는 '본인, 제1호부터 제5호까지의 자 또는 본인과 제1호부터 제5호까지의 자가 공동으로 발행주식총수 등의 30% 이상을 출자하고 있는 법인'을, 제7호는 '본인, 제1호부터 제6호까지의 자 또는 본인과 제1호부터 제6호까지의 자가 공동으로 발행주식총수 등의 50% 이상을 출자하고 있는 법인'을 규정하고 있다.

여기서 발행주식총수 등의 30% 이상을 출자하는 자와 관련하여, 본인이 반드시 일부라도 출자를 함으로써 제1호부터 제5호까지의 자와 공동으로 발행주식총수 등의 30% 이상을 출자한 것이어야 하는지 아니면 본인은 출자하지 않더라도 제1호부터 제5호 또는 6호까지의 자가 발행주식총수 등의 30% 이상을 출자한 것이어야 하는지가 문제될 수 있는데, 제6호의 문언에서 '본인, 제1호부터 제5호까지의 자 또는 본인과 제1호부터 제5호까지의 자가 공동으로'라고 하고 있어 '또는'의 후단 부분에서는 '공동으로'라는 문언이 있지만, 그 전단 부분에는 '공동으로'라는 문언이 없이 단지 '본인, 제1호부터 제5호까지의 자'라고만 되어 있어 전체적으로 보아 반드시 공동으로 출자할 필요가 없고, 양도인 또는 양수인은 출자하지 않더라도 그와 제1호부터 제5호의 관계에 있는 자가 발행주식총수 등의 30% 이상을 출자하면 족하다고 할 것이다. 제7호의 경우도 마찬가지이다.

그런데 2012. 12. 2. 개정되기 전의 구 상증세법 시행령 제13조 제12항은 '출자에 의하여 지배하고 있는 법인'이라 함은 제19조 제2항 제6호 또는 제7호에 해당하는 법인이거나 제1호 또는 제2호의 법인과 제19조 제2항 제1호 내지 제5호에 해당하는 자가 발행주식총수 등의 50% 이상을 출자하고 있는 법인이라고 규정하고, 제19조 제2항 제6호는 '주주 등 1인과 제1호 내지 제5호의 자가 발행주식총수 등의 100분의 30 이상을 출자하고 있는 법인'을, 제7호는 '주주 등 1인과 제1호 내지 제6호의 자가 발행주식총수 등의 100분의 50 이상을 출자하고 있는 법인'을 규정하고 있었다. 이러한 규정을 두고 저가양수인 또는 고가양도인 본인도 일부 출자를 하여야만 위 규정에 해당하는지 여부가 다투어졌다.

이에 대하여 대법원 2011. 1. 27. 선고 2009두1617 판결은, 구 상증세법 시행령 제19조 제2항 제6호에서 주식의 보유 주체를 '양도자 등과 제1호 내지 제5호의 자가'라고 규정하고 있는 점, 구 상증세법 시행령 제13조 제6항 제2호의 '상속인과 출연당시 사용인의 관계에 있는 자'는 '상속인의 직접 피용자'만을 의미할 뿐 '상속인의 특수관계자의 직접 피용자'까지 여기에 포함된다고 볼 수는 없고, 따라서 상속인은 전혀 출자하지 아니한 채 그의 특수관계자만이 출자하여 지배하고 있는 법인의 임원 역시 상속인의 사용인에 해당하지 않는다고 해석함이 상당한 점, 조세법률주의의 원칙상 과세요건은 엄격하게 해석하여야 하는 점 등을 종합해 보면, 구 상증세법 시행령 제19조 제2항 제6호는 '양도자

등이 단독으로' 또는 '양도자 등과 구 상증세법 시행령 제19조 제2항 제1호 내지 제5호에 규정하는 자가 함께' 발행주식총수 등의 100분의 30 이상을 출자하고 있는 법인을 의미한다고 해석하여야 하고, '양도자 등은 출자하지 아니한 채 제19조 제2항 제1호 내지 제5호의 자만이 발행주식총수 등의 100분의 30 이상을 출자하고 있는 법인'은 이에 해당하지 않는다고 판시하였다. 대법원 2016. 1. 28. 선고 2015두52241 판결도 같은 취지이다. 그 당시의 규정은 현행규정과 다른 형태를 취하고 있었고 그래서 위와 같은 판시가 가능하였으며 이러한 판시에 대항하기 위하여 현행과 같은 규정으로 개정된 것으로 보인다.

라. 시가

고가양도나 저가인수에 해당하는지 여부를 판단하는 기준이 되는 것은 시가이다. 상증세법 제31조는 시가에 관하여 제4장에 따라 평가한 가액을 말한다고 하면서, 제35조에서도 같다고 규정하고 있다. 그리고 제4장의 제60조는 제1항에서 제63조 제1항 제1호 가목 및 나목에 규정된 평가방법으로 평가한 가액(제63조 제2항에 해당하는 경우는 제외한다)을 시가로 본다고 규정하고, 제2항에서 제1항에 따른 시가는 불특정 다수인 사이에 자유롭게 거래가 이루어지는 경우에 통상적으로 성립된다고 인정되는 가액으로 하고 수용가격·공매가격 및 감정가격 등 대통령령으로 정하는 바에 따라 시가로 인정되는 것을 포함한다고 규정하고, 제3항에서 제1항을 적용할 때 시가를 산정하기 어려운 경우에는 해당 재산의 종류, 규모, 거래 상황 등을 고려하여 제61조부터 제65조까지에 규정된 방법으로 평가한 가액을 시가로 본다고 규정하고 있다. 따라서 위 각 규정의 문언상 고가양도나 저가인수의 판단기준이 되는 시가에는 상증세법 제61조 제65조에 의한 평가액도 포함된다고 할 것이다. 다만, 제60조 제1항에 의한 시가를 산정하기 어려운 사정이 있어야만 할 것이다.

그런데 2010. 1. 1. 개정되기 전의 구 상증세법 제60조 제3항은 제1항의 규정을 적용함에 있어서 시가를 산정하기 어려운 경우에는 당해 재산의 종류·규모·거래상황 등을 감안하여 제61조 내지 제65조에 규정된 방법에 의하여 평가한 가액에 의한다라고만 규정하고 있고 이를 시가로 본다는 규정이 없었기 때문에 이러한 보충적 평가방법에 의하여 평가한 가액을 시가로 보아 고가양도나 저가인수의 판단기준으로 삼을 수가 있는지 다투어졌다. 이에 대하여 대법원 2004. 12. 10. 선고 2003두11575 판결, 대법원 2012. 4. 26. 선고 2010두26988 판결 등 이러한 보충적 평가방법에 의한 평가액이 시가에 해당함을 당연한 전제로 하여 고가양도나 저가인수를 판단해 왔다. 만약 보충적 평가방법에 의하여 평가한 가액은 '시가'에 해당하지 않는다고 보면, 불특정인 사이에서 객관적 교환가치를 적정하게 반영하였다고 인정되는 거래의 실례가 있는 경우 이외에는 고가양도나 저가인수에 대하여 증여세를 부과하는 것이 사실상 불가능해지는데 이는 입법의도에 반하게 된다. 그래서 대법원 2012. 6. 14. 선고 2012두3200 판결은, 상증세법 제60조 제2항은 시가의 본질에 부합하는 정의 규정으로 상증세법상 시가의 정의에 관한 다른 규정이 없는 점, 제60조 제3항은 현실적으로 제2항에 의한 시가를 산정하기 어려운 경우의 대안으로 제61조 내지 제65조에 따른 평가액을 들고 있는 점, 제61조 내지 제65조는 시가를 합리적으로 추정하는 평가방법을 규정하고 있는 점 등을 종합하면, 상증세법 제60조 제3항에 따라 제61조 내지 제65조에 규정된 방법으로 평가한 가액은 증여세가 부과되는 재산의 가액을 산정하는 기준이 되는 시가에 해당함은 물론이고, 제35조 제2항 등에 의하여 증여세 부과대상이 되는지 여부를 판단하는 기준이 되는 시가에도 해당한다고 봄이 타당하다고 판시하였다. 대법원 2012. 10. 25. 선고 2011두6783 판결도 같은 취지이다. 구체적 타당성을 고려한 합목적적 해석을 한 것으로 평가할 수 있다.

마. 특수관계인이 아닌 경우의 정당한 사유

(1) 증명책임의 소재

앞서 본 바와 같이 상증세법 제35조 제2항은 특수관계인이 아닌 자 간에 거래의 관행상 정당한 사유 없이 재산을 시가보다 현저히 낮은 가액으로 양수하거나 시가보다 현저히 높은 가액으로 양도한 경우를 증여세 과세대상으로 규정하고 있다. 특수관계인이 아닌 자 간의 거래에서는 특수관계인 간의 거래와 달리 '정당한 사유 없이'라는 요건이 추가되어 있다. '정당한 사유'의 유무는 상당히 추상적인 요건이어서 조세쟁송에서는 그 판단방법과 증명책임의 소재가 중요하다. 증명책임을 지는 측에서 그 사유의 유무를 증명하지 못하면 상대방이 이기는 것이다. 이에 관하여 종래 다툼이 많았다.

그 판단방법에 관하여는 소득세 및 법인세법상 부당행위계산에서의 부당성 판단기준을 원용하여 거래행위의 제반사정을 구체적으로 고려하여 과연 그 거래행위가 건전한 사회통념이나 상관행에 비추어 경제적 합리성이 있어서 실질적으로 증여가 있다고 보기에 부당한 경우에는 정당한 사유가 있다고 봄이 상당하다고 할 수 있다. 과세실무(서면4팀-2551, 2006. 7. 28.)에서는, 당해 거래의 경위, 거래 당사자의 관계, 거래가액의 결정과정 등을 감안할 때에 적정한 교환가치를 반영하여 거래하였다고 볼 수 있는지 여부 등 구체적인 사실관계를 기초로 판단하고 있다.

증명책임의 소재에 관하여는 견해가 갈린다. 납세자에게 있다는 입장에서는, 증여세 과세대상에 관한 완전포괄주의 규정의 도입에 따라 특수관계인이 아닌 자 사이의 거래에 대하여도 고가양도나 저가인수를 통하여 이익의 분여가 있으면 증여세를 과세할 수 있음이 원칙이므로 그 과세의 예외사유에 해당하는 정당한 사유가 있다는 점에 대하여 납세자가 증명책임을 져야 한다는 것이다. 그리고 과세관청으로서는 납세의무자의 협조 없이는 당해 거래의 구체적 사정을 알 수 없으므로 증거의 접근성을 고려해 보더라도 납세자가 증명책임을 진다고 하는 것이 형평에 맞다는 것이다. 더구나 증여세 과세대상을 시가보다 현저히 초과하는 경우로 규정하고 있으므로 그 정도의 사정이라면 정당한 사유가 없다고 추정될 수 있다는 점도 논거로 들 수 있다. 반면에 과세관청에게 있다는 입장에서는 상증세법 제35조 제2항의 문언상 '정당한 사유 없이'를 다른 과세요건과 병렬적으로 규정하고 있으므로 다른 과세요건과 마찬가지로 그 증명책임을 과세관청이 져야 한다는 것이다. 특히 특수관계인이 아닌 자 사이에서는 정상적인 경제인으로서 거래에 임하게 되므로 서로 손해를 보지 않는 거래를 한 것으로 추정될 수 있고, 따라서 설령 시가에서 벗어나는 거래를 하였다고 하더라도 정당한 사유가 있다고 추정될 수 있다는 것이다. 이러한 논란에 대하여 대법원 2011. 12. 22. 선고 2011두22075 판결은 후자의 입장을 취하였다. 아무리 상증세법에서 증여세 과세대상에 관하여 완전포괄주의 규정을 도입하였다고 하더라도 제35조 제2항의 문언 체계상 후자의 입장이 불가피한 것으로 보인다. 대법원 2018. 3. 15. 선고 2017두61089 판결도 같은 취지이다.

그리고 상증세법 제42조는 제1항에서 재산사용 및 용역제공 등에 따른 이익의 증여를 과세대상으로 규정하면서 제3항에서 특수관계인이 아닌 자 간의 거래인 경우에는 거래의 관행상 정당한 사유가 없는 경우에 한정하여 제1항을 적용한다고 규정하고 있고, 여기서의 '정당한 사유가 없는 경우'의 요건도 상증세법 제35조 제2항에서의 '정당한 사유 없이'의 요건과 체계가 비슷하므로 그 증명책임은 과세관청에게 있다고 보아야 하고, 대법원 2015. 2. 12. 선고 2013두22495 판결도 같은 입장이다.

(2) 사례 분석

가) 정당한 사유가 있다고 본 사례

먼저 정당한 사유가 있다고 본 사례로는 대법원 2014. 6. 12. 선고 2012두20915 판결이 있다. 코스닥상장법인인 P사의 대주주 겸 대표이사인 A는 P사의 경영권을 확보하기 위해 B에게 P사에 투자하여 우호지분이 되어 달라고 부탁하였고, B의 권유로 원고가 2005년 12월경부터 P사 주식 약 35만 주를 추가로 취득하여 A의 우호지분이 되었다. A는 2007년 6월경 P사의 주식 및 경영권을 양도하기로 하고 C에게 그에 관한 권한을 위임하였고, 그 결과 2007년 8월경 A, B, 원고 등을 대표한 C와 매수인인 D 사이에 P사 주식

200만 주와 경영권을 150억 원에 매도하기로 하는 내용의 양해각서가 체결되었다. 그에 따라 2007년 9월경 원고는 P사 주식 1,149,143주 및 경영권을 80억 원에 D에게 양도하기로 하는 내용의 주식양수도계약을 체결하고, A도 같은 날 P사 주식 850,857주 및 경영권을 70억 원에 D에게 양도하기로 하는 내용의 주식양수도계약을 체결하였다. 이에 따라 원고는 2007년 9월경 D에게 P사의 주식 599,490주를 1주당 6,962원에 장외 양도하였다. 과세관청은 원고를 비롯한 P사 주주들이 정당한 사유 없이 2007. 9. 27. 특수관계자가 아닌 D에게 주식 1,149,143주를 1주당 시가인 3,783원보다 높은 1주당 6,962원에 양도하였다고 보아 증여세를 부과하였다.

이에 대하여 원심은, 위 주식양수도계약은 P사의 대주주인 A와 원고 등이 회사 주식 및 경영권 양도계약을 처리한 경험이 있는 C에게 권한을 위임하여 추진된 것으로 거래 양 당사자 사이에 자유로운 협상을 거쳐 거래대금이 정해진 점, D에게 P사 주식을 매도하기로 결정하기 전 C는 대우증권으로부터 P사를 120억 원 또는 130억 원에 인수하기를 희망하는 투자자가 있다는 사실을 전해 들었고, 실제로 P사의 주식 및 경영권을 인수할 의향을 가지고 있는 4명의 투자자들이 140억 원에서 160억 원에 이르는 금액을 인수대금으로 제시하였던 점에 비추어 150억 원으로 정해진 인수대금이 거래의 관행상 정당한 사유가 없다거나 비정상적인 거래행위에서 비롯된 것이라고 할 수 없는 점 등을 들어 원고가 특수관계에 있지 아니한 D에게 P사의 주식을 시가보다 현저히 높은 가액으로 양도한 것에 '거래의 관행상 정당한 사유가 없다'고 볼 수 없다 판시하였고, 대법원이 이를 수긍하였다.

이 사안에서는 과세관청의 입장에 의하면 D가 정당한 사유 없이 고가로 P사 주식을 인수함으로써 스스로 손해보는 거래를 함으로써 원고 등에게 이익을 분여하였다고 볼 수 있어야 하는데, D로서는 그와 같은 손해보는 거래를 하였다고 볼 사정이 없다. 오히려 위 거래는 경영권이 포함된 대규모의 주식거래여서 경영권 프리미엄이 가산될 수 있었고 다른 경쟁적인 투자자들이 비슷한 가격을 제시하고 있는 상황이었으므로 D의 입장에서 정당한 사유가 없었다고 보기는 어려운 것이다. 타당한 판결이다.

정당한 사유가 있다고 본 사례로는 대법원 2018. 3. 15. 선고 2017두61089 판결도 있다. D사는 2009. 10. 12. 설립된 비상장법인으로서 H사를 상대로 의약품 포장용역사업과 H사 직원들을 위한 차량대여사업을 영위하였다. 원고는 특수관계인이 아닌 A로부터 D사의 주식을 매수하는 과정에서 회계법인의 평가결과(1주당 18,884원)를 참고하여 2013. 2. 28. 2,000주를 1주당 15,000원에 양수하였다. 과세관청은 상증세법 제63조의 보충적 평가방법에 따라 위 주식의 가액을 1주당 305,991원으로 산정하여 원고에게 증여세를 부과하였다. 원심은, 위 거래가액이 D사 주식의 객관적 교환가치를 적정하게 반영하는 시가

로 보기 어렵다고 판단하고, 나아가 회계법인이 위 주식을 평가할 당시 D사의 차량대여
사업 매각이 객관적으로 확정되어 있었다고 보기에 부족한 점, 원고가 D사의 의사결정
권 중 절반을 확보하게 되는 50%의 주식을 한 번에 취득하면서 회계법인의 평가가액보
다 낮은 가격으로 주식을 양수한 것은 납득하기 어려운 점, D사는 그 매출의 주요 부분
을 차지하는 의약품 포장용역사업을 H사에만 의존하고 있었는데 당시 H사의 매출액 성
장으로 D사의 매출액도 증가할 것으로 예상되었던 점 등을 종합하여 보면, 원고가 A로
부터 위 주식을 시가보다 현저히 낮은 가액으로 양수한 것에 거래의 관행상 정당한 사유
도 없다고 판단하였다.

그러나 대법원은 거래의 관행상 정당한 사유가 있다고 보았다. 그 논거는 다음과 같다.
H사는 2012. 11.경 D사가 제공하는 차량대여서비스를 2013. 9.까지만 이용할 것이라고
D사에 통보하였고, 실제로 2013. 9.경 차량대여서비스 이용을 중지하였다. 나아가 H사의
D사에 대한 우월적 지위 등에 비추어 볼 때, 회계법인이 위 주식을 평가할 당시 차량대
여사업의 중단이 객관적으로 예정되어 있었을 가능성이 높고, 설령 원심판단과 같이 차
량대여사업의 매각이 확정되지 않았더라도, D사의 차량대여사업은 H사 직원들을 위한
것이므로 원고와 A로서는 거래대금을 결정함에 있어서 이러한 사정을 감안하는 것이 합
리적으로 보인다. 또한 회계법인의 평가결과 중 D사의 미래수익 추정액이 2013년 및
2014년 D사의 실제 영업손익과 큰 차이가 없었던 점, H사의 매출액 증가가 D사의 영업
이익 증가로 이어지지 않았을 뿐만 아니라, 오히려 D사는 2013. 9.경 차량대여사업을 중
단한 이후 2014년 44,072,240원, 2015년 26,514,545원의 당기순손실이 발생하였던 점 등을
고려하면, 원고와 A가 회계법인의 평가가액을 기초로 하여 거래대금을 최종적으로 결정
한 것이 비정상적이었다고 보기 어렵다. A가 원고의 중학교 동창이라고 하나 특별히 원
고에게 이익을 분여할 만한 관계에 있다고 보기는 어렵고, 당시 그 소유 부동산이 압류되
는 등 경제적으로 어려운 상태에 있었다. 또한 위 거래대금이 회계법인의 평가가액에 다
소 미치지 못하나, A는 취득 후 약 2년 만에 그 취득가액의 3배인 1주당 15,000원에 이
사건 주식을 양도하여 상당한 양도차익을 얻게 된 점 등에 비추어 보더라도, 위 거래대금
은 거래 당사자 사이에 자유로운 협상을 거쳐 정하여졌을 가능성이 높아 보인다. 한편,
A는 B와 함께 D사의 주식을 절반씩 보유하고 있었고, A가 그 보유 주식을 원고에게 양
도한 것이므로, 위 거래가 회사의 온전한 경영권을 수반하는 것으로 보기도 어렵다.

이상과 같이 대법원은 정당한 사유가 있다는 논거를 상당히 자세히 설시하고 있다. 정
당한 사유의 존부는 바라보는 시각에 따라 달라질 수 있다는 점을 염두에 둔 것이다. 여
기서는 주로 미래가치의 평가를 중시하였다. 거래당시에는 미래의 상황이었지만 재판의
변론종결일 무렵에는 과거의 상황이 되었고 그 상황이 거래당시 회계법인이 평가한 미

래상황과 상당부분 일치한다는 점을 중시하였다. 오히려 상증세법상 보충적 평가방법은 거래당시의 미래상황을 제대로 반영하지 못한 한계가 있었다. 특히나 아무리 중학교 동창지간이라고 하지만 일부러 이익을 분여할 만큼의 관계는 아니라고 보아 나름의 정당한 사유가 있었다고 본 것이다. 정당한 사유의 존부에 관하여 과세관청에게 엄격한 입장을 취한 사례로 평가할 수 있겠다.

또 하나의 사례로 대법원 2019. 4. 11. 선고 2017두57899 판결이 있다. 신주인수권부사채에 붙어 있던 신주인수권을 특수관계가 없는 자로부터 매수함으로써 이익을 얻은 사안에서 정당한 사유가 존재하는지 여부가 다투어졌다.

A사가 2011. 6. 28. 사모의 형태로 신주인수권부사채를 발행하자, 캐피탈 회사인 P사와 Q사는 같은 날 A사로부터 신주인수권부사채를 취득하여 위 사채에서 분리된 신주인수권을 A사의 대표이사 겸 최대주주인 원고에게 곧바로 매도하였다. A사는 신주인수권부사채를 발행할 당시 신규사업에 자금을 투자할 계획이어서 운영자금의 조달이 필요한 상황이었다. 특히 위 사채의 이자율은 A사가 당시 다른 금융기관들로부터 받았던 대출금의 이자율보다 유리한 조건이었다. 원고가 사채가 발행된 당일에 신주인수권을 매수하게 된 것은, P사와 Q사가 사채로부터 분리된 신주인수권을 조기에 처분함으로써 이익을 얻음과 동시에 주가변동의 위험을 회피하고자 위와 같은 매수를 원고에게 요구하였기 때문이다. 원고가 신주인수권을 취득한 가격(권면가의 4.5%)은 당시 증권가에 거래되던 신주인수권 프리미엄 기준(권면가의 4~5%)에 부합한다. 또한, 신주인수권의 당초 행사가격은 '증권의 발행 및 공시 등에 관한 규정'에 따라 객관적으로 결정되었고, 행사가격의 조정도 일정기간마다 특수관계가 없는 P, Q사와 A사 사이에서 일률적으로 정해졌다.

이에 대하여 대법원은, 특수관계가 없는 자 사이의 거래에서는 이해관계가 서로 일치하지 않는 것이 일반적이고 자신이 쉽게 이익을 얻을 수 있는 기회를 포기하면서 거래상대방으로 하여금 증여이익을 얻도록 하는 것은 이례적이므로 '거래의 관행상 정당한 사유가 없을 것'이라는 과세요건을 추가하고 있으며, 그래서 특수관계가 없는 자 사이의 거래를 통해 거래상대방이 이익을 얻는 결과가 발생하더라도, 거래 당사자가 객관적 교환가치를 적절히 반영하여 거래를 한다고 믿을 만한 합리적인 사유가 있거나 그러한 거래조건으로 거래를 하는 것이 합리적인 경제인의 관점에서 정상적이라고 볼 수 있는 사유가 있었던 경우에는 '거래의 관행상 정당한 사유'가 있다고 보아야 한다고 전제하고, A사가 신주인수권부사채를 발행한 것은 사업상 목적이 있는 거래에 해당하고 신주인수권의 매매도 사업상 목적이 없었다고 볼 수 없는 점, 원고가 신주인수권의 취득과 행사를 통해 이익을 얻었더라도 이는 주가 하락의 가능성을 상당기간 감수한 데에 따른 것이고, 그 밖에 A사의 자금조달과 신규사업 진출 등 여러 가지 복합적인 요인이 작용한 결과인 점, 원고가 신주인수권을 취득할 당시 A사의 주가 상승이 이미 예상되었다고 인정할 만한 증거도 없는 점, 원고가 처음부터 신주인수권부사채의 발행, 신주인수권의 취득과 행사라는 일련의 행위를 통하여 차익을 얻을 것을 예정하였다고 보기 어려운 점 등을 종합하면, 이러한 일련의 행위가 처음부터 주가 상승을 예정하고 원고에게 주가 상승으로 인한 이익을 과다하게 분여하기 위한 목적을 가지고 그 수단으로 이용된 행위라고 단정할 수 없으므로 별다른 사업상 목적 없이 증여세를 부당하게 회피하거나 감소시키기 위하여 비정상적으로 이루어졌다고 볼 수 없어 거래관행상 정당한 사유가 없다고 할 수 없다고 판시하였다. 이 사안에서 P사와 Q사가 신주인수권부사채를 인수한 것이나 이를 원고에에 매도한 것 모두 나름의 경제적 합리성이 있었으며 그래서 A사와 그 특수관계인이 원고 사이의 이익분여에 단순한 들러리 역할을 한 것으로 볼 수 없다. 타당한 판결이다. 대법원 2019. 7. 25. 선고 2018두33449 판결도 비슷한 취지이다.

나) 정당한 사유가 없다고 본 사례

다음으로, 정당한 사유가 없다고 본 사례로는 대법원 2015. 2. 12. 선고 2013두22495 판결이 있다. 코스닥상장법인인 M사와 N사가 2004. 12. 14. 분리형 신주인수권부사채를 각 발행하면서 신주인수권의 행사기간을 2005. 1. 14.부터 2011. 12. 13.까지로 정하였다. 원고는 2007. 1. 24. A와 B로부터 M사의 신주인수권증권 2,780,782주를 매수하여 2007. 9. 20.과 2007. 10. 5. 1주당 행사가격 620원에 모두 행사함으로써 972,203,988원 상당의 이익을 얻었다. 또한 원고는 2007. 7. 24. A로부터, 2007. 8. 13. B로부터, 2007. 9. 6. 및 2007. 9. 20. C로부터 N사의 신주인수권증권 3,134,700주를 매수하여 2007. 7. 30.부터 2007. 9. 21.까지 4차례에 걸쳐 각각 1주당 행사가격 500원에 모두 행사함으로써 1,930,945,425원 상당의 이익을 얻었다. 그러자 과세관청은 원고가 A, B, C로부터 위 각 신주인수권증권을 취득하고 이를 행사함으로써 위 각 행사일에 증여이익을 얻었다고 보아 원고에게 증여세를 부과하였다.

이에 대하여 대법원은 다음과 같이 판단하였다. 위 신주인수권증권의 양도당시 이미 신주인수권의 행사기간이 도래하여 있었을 뿐만 아니라 원고가 N사 신주인수권증권을 매수한 바로 다음 날부터 6일 이내에 신주인수권을 행사하였으므로, 양도인 A, B, C가 신주인수권을 직접 행사하여 곧바로 이익을 얻거나 그 예상이익을 적절히 감안하여 거래가격을 정하는 데에 별다른 장애가 없었을 것으로 보이고, M, N사 모두 코스닥상장법인이어서 신주인수권의 행사로 수일 내에 인수하는 주식을 코스닥시장에서 자유로이 거래할 수 있으므로 이를 매수할 제3자를 찾는 것도 그리 어려운 일이 아니며, 따라서 양도인들이 신주인수권을 직접 행사하여 신주를 처분하는 등의 방법으로 단기간에 이익을 취득할 수 있었던 이상, 미래의 주가의 등락에 따른 위험의 부담이 위 신주인수권증권의 거래가격을 현저히 낮게 할 만한 요인이 되기에는 부족하다고 하였다.

나아가 원고가 위 신주인수권증권을 취득하고 행사할 무렵에는 M, N사의 주가에 어느 정도의 변동은 있었지만 그 이후로는 전반적으로 상승 추세에 있어 일시적으로 주가가 하락하였더라도 약 3, 4개월 내에 다시 원래의 주가 수준으로 회복되었으므로 위 신주인수권증권을 양도할 당시 신주인수권의 행사기간이 4년 넘게 남아 있어 주가 변동이 심할 때를 피하거나 주가가 상승 추세에 있는 때에 신주인수권을 행사할 수 있을 정도로 시간적 여유가 충분하였고, 따라서 M, N사의 주식의 가치에 근본적인 영향을 미치는 상황이 발생하였다는 등의 특별한 사정이 없는 한 그 주가에 일시적인 변동이 있었다고 하여 거래 당사자들이 신주인수권증권의 거래가격을 결정함에 있어서 신주인수권의 행사로 인한 이익을 완전히 배제한 채 신주인수권증권의 이론가격보다 훨씬 낮은 가격으로 거래를 함으로써 수일 내지 수개월 내에 특정한 거래상대방인 원고로 하여금 약 9억 원 내지 약 19억 원의 막대한 이익을 얻도록 하는 것은 합리적인 경제인 간의 거래로 보기 어렵고, 위 양도인들이 원고 이외의 불특정 다수인에게 M, N사의 신주인수권증권을 원고와 같은 거래조건으로 양도하였다는 사정도 기록상 찾아볼 수 없다고 하였다.

덧붙여, 위 신주인수권증권의 발행 당시 원고의 아버지가 M, N사의 대표이사였고 그와 그 특수관계인이 M사 주식 36.89%, N사 주식 44.18%를 각 보유하고 있었으며, A, B는 2007년경 원고의 아버지와 특수관계에 있던 P사의 주식을 522,450주씩 보유하다가 양도한 적이 있었으므로 비록 위 양도인들과 원고 사이에 법령에서 정하는 직접적인 특수관계가 없다고 하더라도 이러한 관계가 이들의 거래에 영향을 미쳤을 가능성도 배제할 수 없다고 하였다. 이러한 사정을 토대로 거래의 관행상 정당한 사유가 있다고 보기 어렵다고 판단하였다.

특수관계인이 아닌 자 사이의 거래 중 정당한 사유를 결여하였다고 인정되는 사안들은 거래 당사자 사이의 이익 분여를 목적으로 하여 그 막후에 있는 누군가의 조정에 의해서 이루어지는 경우가 많다. 그 막후의 조정자가 거래 당사자들을 실질적으로 지배함으로써 그와 같은 비정상적인 거래를 하거나 그들과의 친분관계 또는 별도의 다른 이면 거래를 매개로 하여 그러한 거래를 하는 경우들이다. 이 사안도 막후에 있는 원고의 아버지가 A, B 등과의 관계를 매개로 하여 원고에게 이익을 분여하기 위하여 거래가액의 약정에 영향을 미쳤다고 볼 여지가 많다. 그렇지 않고서는 A, B 등이 그와 같은 밑지는 거래를 할 리가 없는 것이다. 거래의 실체를 꿰뚫어 본 타당한 판결이다.

4. 증자에 따른 이익의 증여

가. 개요

상증세법 제39조는 제1항에서 법인이 자본금을 증가시키기 위하여 신주를 발행함으로써 다음 각 호의 어느 하나에 해당하는 이익을 얻은 경우에는 주식대금 납입일 등을 증여일로 하여 그 이익에 상당하는 금액을 그 이익을 얻은 자의 증여재산가액으로 한다고 규정하면서, 제1호에서 신주를 시가보다 낮은 가액으로 발행하는 경우로서, 법인의 주주 등이 신주인수권을 포기하고 그 실권주를 배정(주권상장법인이 자본시장과 금융투자업에 관한 법률 제9조 제7항에 따른 유가증권의 모집방법으로 배정하는 경우는 제외한다)하는 경우에는 그 실권주를 배정받은 자가 실권주를 배정받음으로써 얻은 이익을, 법인의 주주 등이 신주인수권의 전부 또는 일부를 포기한 경우로서 해당 법인이 실권주를 배정하지 아니한 경우에는 그 신주 인수를 포기한 자의 특수관계인이 신주를 인수함으로써 얻은 이익을, 법인의 주주 등이 아닌 자가 해당 법인으로부터 신주를 직접 배정(자본시장과 금융투자업에 관한 법률 제9조 제12항에 따른 인수인으로부터 그 신주를 직접 인수·취득하는 경우를 포함한다. 이하 이 항에서 같다)받음으로써 얻은 이익을, 법인의 주주 등이 소유한 주식 등의 수에 비례하여 균등한 조건으로 배정받을 수 있는 수를 초과하여 신주를 직접 배정받음으로써 얻은 이익을 각 규정하고 있다. 그리고 제2호에서는 신주를 시가보다 높은 가액으로 발행하는 경우에 관하여도 같은 내용으로 규정하고 있다.

그 발행가액에 관하여, 대법원 2017. 5. 17. 선고 2014두14976 판결은, 신주의 발행가액이 증권거래법령의 위임에 따라 상장법인이 유상증자하는 경우의 발행가액에 관하여 정하고 있는 유가증권 발행규정에 따라 결정되었다고 하더라도, 위 규정은 신주의 발행조건과 청약권유절차의 공정성과 투명성을 확보하기 위하여 신주발행의 기준 등에 대하여 일정한 제한을 둔 것으로 위 규정에 따른 발행가액을 곧바로 상증세법 제39조 제1항 제1호가 정한 시가로 볼 수 없고, 위 규정에 따라 신주가 발행되었다는 이유만으로 상증세법 제39조 제1항 제1호가 적용되지 않는다고 볼 수도 없다고 판시하였다.

한편, 상증세법 제39조는 제2항은 제1항 제1호를 적용할 때 이익을 증여한 자가 소액주주로서 2명 이상인 경우에는 이익을 증여한 소액주주가 1명인 것으로 보고 이익을 계산한다고 규정하고 있는데, 이에 관하여 대법원 2017. 5. 17. 선고 2014두14976 판결은, 신주를 배정받을 수 있는 권리를 포기한 소액주주가 2인 이상인 경우 소액주주 1명이 그 권리를 포기한 것으로 보아 이익을 계산하도록 하고 있는데, 이는 증여자별로 증여이익을 계산하는 것이 복잡하고 그 증여가액이 과세 최저한에 미달하여 과세를 못하게 되면 증여세 회피수단으로 악용될 우려가 있다는 점을 고려한 것이다. 따라서 위 조항은 증자에 따른 이익에 대한 증여세 과세 제도의 목적을 달성하기 위하여 불가피한 것으로 과잉금지의 원칙 또는 조세평등주의 원칙에 반한다고 보기 어렵다고 판시하였다.

그리고 상증세법 시행령 제29조는 증여일로 보는 주식대금 납입일 등에 관하여, 상장주식을 발행한 법인이 해당 법인의 주주에게 신주를 배정하는 경우에는 권리락이 있는 날을, 주식대금 납입일 이전에 실권주를 배정받은 자가 신주인수권증서를 교부받은 경우에는 그 교부일을, 그 외의 경우에는 주식대금 납입일로 한다고 규정하고 있다. 상증세법 제39조 제1항 제1호의 입법 취지는 법인이 신주를 시가보다 낮은 가액으로 발행하는 경우 증자에 따른 이익이 실권주를 배정받은 주주 등에게 무상으로 이전되는 효과가 발생하므로 그 이익에 대하여 과세함으로써 조세평등을 도모하려는 데에 있다. 대법원 2017. 5. 17. 선고 2014두14976 판결은 이사회 결의일과 주식대금 납입일 사이의 주가 상승분 역시 실권주를 배정받은 주주 등이 기존 주주 등으로부터 무상으로 이전받는 이익이라고 할 것이므로, 원칙적으로 주식대금 납입일을 기준으로 주식의 시가를 평가하는 것이 위 조항의 문언과 체계에도 부합한다고 판시하였다.

나. 제3자의 저가인수에 의한 증여

법인이 설립 후 추가적인 자금조달 등의 목적으로 신주를 발행하는 경우, 정관에 다른 정함이 없는 한 기존주주는 주주권에 기하여 다른 자보다 우선하여 그 소유하는 주식의 수에 비례하여 신주배정을 받을 권리가 있으나, 주주가 신주인수권을 행사하지 아니하고 포기한다면 이른바 실권주가 발생하게 된다. 이러한 실권주에 대하여 법인은 당초 증자의 목적을 달성하기 위하여 소정의 절차를 거쳐 당해 주주 외의 제3자에게 실권주를 배정하여 인수시킬 수도 있고, 제3자에게 재배정하지 않고 실권주를 그대로 방치할 수도 있는데, 이러한 경우에는 증자 전과 비교하여 주주의 지분비율이 변동하게 된다. 법인이 주주가 아닌 제3자에게 신주를 직접 배정하는 경우에도 마찬가지이다. 이러한 경우들에 있어서 신주의 발행가액이 그 평가액(시가)에 미달하거나 초과하는 경우 그 차액에 상당하는 경제적 이익이 기존 주주와 제3의 신주인수자 사이에 무상이전되는 효과를 가져오게 되는데, 이와 같은 제3자의 신주인수라는 절차를 통하여 주식의 납입금액과 시가와의 차액상당액을 증여하는 것을 증여세 과세대상으로 포착하여 과세하고자 하는 데에 상증세법 제39조 제1항 제1호의 취지가 있다.

상증세법 제39조 제1항 제1호에서 수증자는 신주를 인수한 제3자임이 분명한데, 증여자가 누구인지가 법문언상 분명하지 않아 다툼이 있었고, 이에 대하여 대법원 2025. 4.

24. 선고 2022두42228 판결은 증여자는 기존 주주이고 상증세법 제39조 제1항 제1호가 규정한 증여세 과세대상은 해당 법인의 기존 주주로부터 신주인수인에게 무상으로 이전되는 증자에 따른 이익으로 봄이 상당하다고 판시하였다.

구체적인 이유로는, 상법 제418조 제1항은 "주주는 그가 가진 주식 수에 따라서 신주의 배정을 받을 권리가 있다."라고 규정하여 원칙적으로 기존 주주만이 신주의 배정을 받을 권리가 있으므로 법인이 시가보다 낮은 가액으로 발행한 신주를 기존 주주가 아닌 제3자에게 배정하게 되면 법인의 지분비율에 변화가 생기고, 기존 주주가 보유한 주식의 가치가 희석되어 새로이 주주가 된 제3자에게 기존 주주의 부가 이전하는 효과가 발생하게 되는 점, 상증세법 제39조 제1항 제1호의 입법취지는 위와 같이 신주를 저가에 발행한 법인의 기존 주주로부터 신주인수인에게 무상으로 이전되는 증자에 따른 이익에 대하여 과세함으로써 조세평등을 도모하려는 데에 있는 점, 상증세법 제39조 제2항은 위 조항 등을 적용할 때 이익을 증여한 자가 소액주주로서 2인 이상인 경우에는 이익을 증여한 소액주주가 1명인 것으로 보고 이익을 계산하도록 규정하고 있는데, 이는 증자에 따른 이익을 증여한 자가 신주발행법인의 기존 주주임을 전제로 한 규정인 점 등을 들고 있다. 당연한 법리를 확인한 판결이다.

제3자가 신주를 저가로 인수함에 따른 증여이익의 계산에 관하여 상증세법 시행령 제29조 제2항은 [(증자 전의 1주당 평가가액×증자 전의 발행주식총수) + (신주 1주당 인수가액×증자에 의하여 증가한 주식)]÷(증자 전의 발행주식총수 + 증자에 의하여 증가한 주식수)의 산식에 의하여 계산한 가액(이하 '가중평균액'이라 한다)에서 신주 1주당 인수가액을 차감한 가액에 배정받은 실권주수를 곱하여 계산한 금액으로 한다고 규정하고 있다.

1996. 12. 30. 상증세법으로 전문 개정되기 전의 구 상속세법에서는 그 증여이익에 관하여 신주발행 후 1주당 평가가액에서 1주당 인수가액을 차감한 가액에 배정받은 실권주수를 곱하여 계산하도록 규정하였다. 구 상속세법상의 '신주발행 후 1주당 평가가액'은 상증세법상의 위 '가중평균액'에 상응하는 값이다. 두 방법의 차이는 다음과 같이 설명될 수 있다. 법인이 증자를 하면서 신주를 발행하면 법인의 순자산가액 등의 재무구조가 달라지기 때문에 그로 인하여 주식의 시가에 변화가 오는데, 이론적으로는 증자금액만큼만 시가에 반영되겠지만, 실제로는 증자금액보다 증폭되거나 축소되어 반영된다. 예를 들면 재무구조는 부실하지만 성장성이 있는 법인은 증자의 효과가 증폭되어 시가에 반영될 것이고, 그 반대의 경우에는 축소되어 반영될 것이다. 구 상속세법상의 평가방법은 증자가 증자 후의 시가에 미치는 영향이 증자금액보다 증폭되든 축소되든 관계 없이 그 영향이 모두 반영된 증자 후의 시가와 1주당 인수가액을 비교하는 반면에, 상증세법상의 평

가방법은 증자가 증자 후의 시가에 미치는 영향을 증자금액 만큼만으로 제한하여 그것만 반영된 증자 후의 평가가액과 1주당 인수가액을 비교한다. 상증세법상의 평가방법에서의 가중평균액은 장부가액의 의미에 더 가깝다고 할 수 있고, 이는 증자 후의 시점을 기준으로 하여 보충적 평가방법에 의하여 평가한 가액도 아니고, 증자 후의 시점을 기준으로 한 거래가액도 아니다. 따라서 이것은 오로지 실권주의 저가인수에 있어서의 증여가액을 산정하기 위하여 도입된 특수한 개념일 뿐이므로 그 후에 이루어진 다른 증자에 있어서의 증여의제가액을 산정할 때 증자 전 1주당 평가가액으로 볼 수 없다. 대법원 2007. 1. 25. 선고 2005두2063 판결도 같은 취지이다. 따라서 위 가중평균액을 증자 후의 거래가액으로 대신할 수 없다. 그렇다고 해서 증자 전의 거래가액으로도 대신할 수 없다. 다만, 상증세법 시행령 제29조 제2항 제1호 단서는 상장주식의 경우 증자 후 1주당 평가가액이 위 가중평균액보다 적은 경우에는 증자 후 1주당 평가가액에 의하도록 규정하였다. 이에 대하여 대법원 2015. 9. 10. 선고 2013두22437 판결은 상증세법상 시가주의 원칙에 비추어 볼 때 여기에서 말하는 '증자 후의 1주당 평가가액'은 시가를 의미하는 것으로 보아야 한다고 판시하였다.

그리고 위 가중평균액의 산정산식에서 증자 전의 1주당 평가액의 산정방법에 관하여는 명시적인 규정을 두고 있지 않다. 이에 관하여 대법원 2009. 6. 25. 선고 2007두5110 판결은, 증자로 인하여 당해 법인의 주식가치가 달라지게 되므로 '증자 전의 1주당 평가가액'과 '증자 후의 1주당 평가가액'을 동일시할 수 없는 점, 상증세법 시행령 제49조 제1항 제1호는 증여세가 부과되는 재산의 가액이 증여 자체로 인하여 변동되지 않는 재산의 평가에 관한 규정이므로 이를 증자시 증여의제가액의 계산방법에 그대로 적용하기 곤란한 점 등을 고려하면, 위 산식 중 '증자 전의 1주당 평가가액'이라 함은 증자 전의 시점을 기준으로 한 주식의 평가가액을 의미하므로, 상증세법 시행령 제49조 제1항 제1호의 규정이 '증자 후 3월 중 이루어진 매매거래가액'을 증여세가 부과되는 재산의 시가로 볼 수 있다고 하여 이를 '증자 전의 1주당 평가가액'으로 볼 수는 없다고 판시하였다.

증자 전의 주식이 상장주식인 경우에는 증자 전의 주식의 1주당 평가가액을 평가하는 데 있어서 고려하여야 할 점이 있다. 증자 전의 주식이 상장주식인 경우 그 1주당 평가가액을 산정할 때에도 증자 직전의 어느 한 시점의 시가를 가지고 평가하는 것은 상장주식의 평가에 관한 상증세법 제63조 제1항 제1호 가목의 취지, 즉 일정기간의 종가의 평균액으로 하는 취지와 맞지 않다. 그래서 이 경우에도 위 규정이 준용된다고 보는 것이 합리적이라고 할 수 있다. 다만, 위 규정은 평가기준일 전후 2개월의 기간 동안 종가 평균액으로 평가하도록 하고 있지만 증자 전의 1주당 평가가액에서는 증자 직전의 기간의 종가평균액으로만 하여야 할 것이다.

이와 관련하여 대법원 2016. 6. 28. 선고 2014두2560 판결은, 상장주식의 가액을 원칙적으로 평가기준일 이전·이후 각 2월의 기간 동안 안정적으로 형성된 주가의 평균액으로 산정하되, 평가대상 주식의 가치와 본질적인 차이가 있는 기간을 그 평가기간에서 제외하도록 정하고 있으며, 신주의 저가인수에 따른 이익을 유상증자로 인한 주가의 희석이 발생한 후의 주식가치인 '증자 후의 1주당 평가가액'에서 '신주 1주당 인수가액'을 차감한 가액에 '배정받은 신주수'를 곱하는 방법으로 계산하도록 정하고 있으나, '증자 후의 1주당 평가가액'을 산정하기 위한 기초가 되는 '증자 전의 1주당 평가가액'의 계산방법에 관하여는 명시적인 규정을 두고 있지 않다고 전제하고, '증자 전의 1주당 평가가액'은 유상증자에 따른 주가의 희석이 발생하기 전의 주식가치를 뜻하는 것일 뿐만 아니라 '주금납입일'을 기준으로 하여 신주의 저가인수에 따른 이익을 계산하도록 정하고 있으므로 '증자 전 1주당 평가가액'을 산정함에 있어서 주금납입일 이후의 기간은 평가기간에서 제외하여야 하고, 상증세법 제39조 제1항 제1호 (다)목에서 정한 신주의 저가인수에 따른 이익은 당해 유상증자 전후로 그 주식의 가치 변화를 고려하여 산정하는 것이므로 주금납입일 전의 평가기간 중에 다른 유상증자가 없는 이상 당해 유상증자가 있다는 사유는 상증세법 제63조 제1항 제1호 (가)목 단서에서 평가기간의 제외사유로 정한 '증자·합병 등의 사유'에 해당한다고 할 수 없으므로 '증자 전 1주당 평가가액'은 그 평가기준일인 주금납입일 전날을 기준으로 하여 특별한 사정이 없는 한 그 이전 2월의 기간 동안 형성된 주가의 평균액으로 산정하여야 할 것이라고 판시하였다.

다. 증여세 과세배제 사유인 간주모집

상증세법 제39조 제1항 제1호 가목의 괄호규정에서 실권주 배정의 제외사유로 규정하고 있는 '주권상장법인이 자본시장과 금융투자업에 관한 법률 제9조 제7항에 따른 유가증권의 모집방법으로 배정하는 경우'의 범위에 관하여 논란이 많다. 위 괄호규정은 전환사채 등의 주식전환 등에 따른 이익의 증여에 관한 규정인 상증세법 제40조 제1항 제1호 나목에도 똑같이 등장한다. 자본시장과 금융투자업에 관한 법률 제9조 제7항은 모집이란 대통령령으로 정하는 방법에 따라 산출한 50인 이상의 투자자에게 새로 발행되는 증권의 취득의 청약을 권유하는 것을 말한다고 규정하고 있고, 그 시행령 제11조 제1항은 법 제9조 제7항에 따라 50인을 산출하는 경우에는 청약의 권유를 하는 날 이전 6개월 이내에 해당 증권과 같은 종류의 증권에 대하여 모집이나 매출에 의하지 아니하고 청약의 권유를 받은 자를 합산한다고 규정하고, 제3항은 제1항에 따라 산출한 결과 청약의 권유를 받는 자의 수가 50인 미만으로서 증권의 모집에 해당되지 아니할 경우도 해당 증권이 발행일부터 1년 이내에 50인 이상의 자에게 양도될 수 있는 경우로서 증권의 종류 및 취득자의 성격 등을 고려하여 금융위원회가 정하여 고시하는 전매기준에 해당하는 경우에는 모집으로 본다고 규정하고 있다.

위 시행령 제11조 제3항은 이른바 '간주모집규정'으로서 청약을 권유받은 자의 수가 50인 미만인 경우에도 그 소정의 요건을 갖춘 경우에는 자본시장과 금융투자업에 관한 법률 제9조 제7항의 모집으로 간주하겠다는 것이다. 이러한 간주모집규정에 해당하는 경우도 상증세법 제39조는 제1항의 괄호규정에 해당한다고 볼 수 있는지에 관하여 논란이 있었다. 대법원 2014. 3. 13. 선고 2012두14866 판결이 이에 관한 것이다. 이 사안은 자본시장 및 금융투자업에 관한 법률의 제정으로 폐지된 구 증권거래법에 관한 것인데, 그 체계는 현행규정의 체계와 비슷하다. 제1심과 원심은 위 간주모집규정은 투자자보호를 위한 발행공시의 규제를 회피하는 것을 방지하기 위하여 1998. 2. 24. 새롭게 도입된 제도이므로 그 취지에 비추어 볼 때, 위 괄호규정에서 '유가증권의 모집방법에 의한 배정'에는 위 간주모집 규정에 의한 신주 배정은 포함되지 않고, 유가증권의 취득의 청약을 권유받은 자의 수가 50인 이상인 경우의 일반적인 공모의 경우만을 가리키는 것으로 제한적으로 해석하여야 한다고 판시하였다.

이에 대하여 대법원은 다음과 같이 판시하였다. 위 괄호규정은 상장법인이 유가증권의 모집방법에 따라 신주를 발행하는 경우에는 그 발행에 관한 사항을 공시하여야 할 뿐만 아니라 원칙적으로 유가증권시장 등에서 형성되는 주식가격에 근접한 가격으로 발행가액을 정하여야 하는 등 엄격한 규제를 따라야 하고, 상장법인이 유상증자를 통하여 자금을 조달하기 위해서는 어느 정도의 할인발행이 불가피하다는 점 등을 감안하여 상장법인이 유가증권의 모집방법에 따라 신주를 발행하면서 신주의 발행가액을 시가보다 낮게 결정함으로써 신주인수인이 이익을 얻더라도 그에 대하여는 증여세를 과세하지 아니하도록 규정하고 있다고 하였다. 그런데 위 간주모집도 신주의 발행절차 및 발행가액 등에 관하여 각종 규제를 받는다는 점에서는 일반적인 모집과 아무런 차이가 없고, 간주모집규정은 모법의 위임에 따라 그 유가증권의 모집에 해당하는 경우의 하나로 간주모집을 규정한 것으로 해석할 수 있으며, 유가증권의 모집은 '청약의 권유를 받은 자'의 수에 따라 간주모집의 방법으로 변경될 수 있으므로, 간주모집의 방법에 의한 신주의 배정을 위 괄호규정의 적용범위에서 배제하면 상장법인의 유상증자에 참여하는 일반 투자자로서는 장차 유가증권의 모집이 간주모집의 방법으로 진행되어 할인발행에 따른 발행가액과 시가와의 차액에 대한 증여세를 부담하게 되는 사정도 고려하여 투자 여부를 결정하여야 하므로, 유가증권의 매매 등 거래의 안정성이나 투자의 예측가능성을 저해할 수도 있다고 하였다. 이러한 점들을 종합하여 위 괄호규정에서 말하는 '유가증권의 모집방법'에는 간주모집의 방법도 포함된다고 봄이 타당하다고 판시하였다. 덧붙여 구 증권거래법 시행령 제2조의4 제4항의 문언 내용과 유가증권의 발행에 관한 법령상의 각종 규제를 회피하는 행위를 방지하려는 입법 취지 등에 비추어 보면, 구 증권거래법 시행령 제2조의4 제4항은 '청약의 권유를 받은 자의 수'가 아니라 '전매가능성의 유무'를 기준으로 간주모집에 해당하는지를 판단하도록 정하고 있는 것으로 해석되므로, 청약의 권유가 없었더라도 유가증권 발행규정 제12조 제1항 제1호에서 정한 전매가능성 기준을 충족하는 경우에는 구 증권거래법 시행령 제2조의4 제4항이 규정한 간주모집에 해당한다고 봄이 타당하다고 판시하였다.

제1심과 원심은 입법 취지에 치중하여 위 괄호규정의 적용범위를 그 문언과 달리 축소해석하였다는 점에서 법적 안정성과 예측가능성을 해하는 결과를 초래하였다고 평가할 수 있다. 자본시장과 금융투자업에 관한 법률의 내용이 조세정책 등의 면에서 바람직하지 못하다고 생각된다면 상증세법을 개정하여 증여세 비과세대상을 좁히면 될 것이고, 그와 같이 과세 및 비과세요건을 명확히 하지 아니한 상태에서 자본시장과 금융투자업에 관한 법률의 취지만 고려하여 상증세법의 규정을 제한하여 해석하는 것은 조세법률주의가 지향하는 법적 안정성 및 예측가능성을 해치는 결과를 초래하는 것이다. 다만, 위 간주모집규정을 적용함에 있어서 청약의 권유조차 없었다고 하더라도 무방하다고 판시한 부분에는 다소의 무리가 따른다. 위 판시는 구 증권거래법에서 청약의 권유절차를 워낙 폭넓게 규정하고 있으므로 굳이 청약절차를 거치지 않아도 간주모집규정에 해당한다고 보는 것이 위 규정의 취지를 살릴 수 있다는 입장으로 보인다. 왜냐하면 구 증권거래법 시행령 제3항에서는 청약의 권유라 함은 권유받는 자에게 유가증권을 취득하도록 하기 위하여 신문·방송·잡지 등을 통한 광고, 안내문·홍보전단 등 인쇄물의 배포, 투자설명회의 개최, 전자통신 등의 방법으로 유가증권을 발행 또는 매도한다는 사실을 알리거나 취득의 절차를 안내하는 활동을 말한다고 규정하고 있었기 때문이다. 그렇다고 하더라도 위 간주모집규정에서는 엄연히 '청약을 받을 것'을 요건으로 하고 있음에도 그 범위가 넓다고 해서 그 요건 자체가 필요없다고 하는 것은 엄격해석의 원칙에 반한다고 할 수 있다.

이러한 문제점에 대한 인식 때문인지는 몰라도 자본시장과 금융투자업에 관한 법률 시행령 제2조 제2호에서는 청약의 권유란 권유받는 자에게 증권을 취득하도록 하기 위하여 신문·방송·잡지 등을 통한 광고, 안내문·홍보전단 등 인쇄물의 배포, 투자설명회의 개최, 전자통신 등의 방법(법 제249조의5에 따른 투자광고의 방법을 포함한다)으로 증권 취득청약의 권유 또는 증권 매도청약이나 매수청약의 권유 등 증권을 발행 또는 매도한다는 사실을 알리거나 취득의 절차를 안내하는 활동을 말하고, 다만 인수인의 명칭과 증권의 발행금액을 포함하지 아니하는 등 금융위원회가 정하여 고시하는 기준에 따라 그 각 목의 사항(발행인의 명칭, 발행 또는 매도하려는 증권의 종류와 발행 또는 매도 예정금액, 증권의 발행이나 매도의 일반적인 조건, 증권의 발행이나 매출의 예상 일정, 그 밖에 투자자 보호를 해칠 염려가 없는 사항으로서 금융위원회가 정하여 고시하는 사항) 중 전부나 일부에 대하여 광고 등의 방법으로 단순히 그 사실을 알리거나 안내하는 경우는 제외한다고 규정하였다. 이와 같이 청약의 절차를 엄격하게 규정하고 있는 이상 현행법하에서는 위 대법원의 판시가 그대로 유지되기는 어렵겠다.

한편, 위 간주모집규정에서 말하는 금융위원회가 정하여 고시인 '증권의 발행 및 공시 등에 관한 규정' 제2-2조 제2항은 증권을 발행한 후 지체 없이 한국예탁결제원에 예탁하고 그 예탁일부터 1년간 해당 증권을 인출하거나 매각하지 않기로 하는 내용의 예탁계약을 예탁결제원과 체결한 후 그 예탁계약을 이행하는 경우 등에는 전매기준에 해당되지 않는 것으로 본다고 규정하고 있다. 이러한 경우를 이른바 '1년간 보호예수'라고 한다.

이에 관한 사례로 대법원 2015. 12. 10. 선고 2015두47362 판결이 있다. A사가 2007. 4. 9. 유상증자를 위한 이사회 결의절차를 거친 후 2007. 5. 11. 제3자 배정 방식의 유상증자를 통하여 원고에게 1년간 보호예수되는 신주 9백만 주를 배정하였는데, A사는 위 유상증자를 통하여 발행되는 신주 1주당 납입가격을 1주당 3,960원으로 결정하였고, 원고는 그 소유의 B사 주식을 현물출자하여 유상증자대금을 납입하자, 피고가 유상증자 후 위 주식의 시가를 1주당 4,478원으로 평가한 다음, 원고가 이를 1주당 558원(4,478원 - 3,960원)만큼 저가로 배정받았다고 보아 증여세를 부과한 사안에서, 원심은, 구 유가증권 발행규정(현행 증권의 발행 및 공시 등에 관한 규정에 해당한다) 제12조 제1항은 본문에서 유가증권의 모집으로 보는 전매가능성 기준을 규정하되, 그 단서규정에서 전매가능성 기준을 충족하더라도 당해 유가증권이 1년간 보호예수되는 경우에는 모집으로 보지 아니하도록 규정함으로써 상장법인에 모집방식의 선택권을 부여하고 있는 점, 그럼에도 A사가 원고에게 배정된 주식을 1년간 보호예수될 것을 전제로 발행하였고, 원고도 이를 수용하여 이를 인수한 점, 위 단서규정 등 구 유가증권 발행규정과 그 모법인 구 증권거래법 시행령 제2조의4 제4항 등은 유가증권의 발행에 관한 법령상의 각종 행정규제를 회피하는 행위를 방지하기 위한 규정인 점 등에 비추어 보면, 1년간 보호예수되는 주식의 경우에는 위 단서규정에 따라 유가증권의 모집으로 간주되지 아니하는 결과 위 괄호규정에서 정한 비과세대상에도 해당하지 아니하게 되어 증여세가 부과된다고 하여 이를 이유로 이 사건 단서규정이 헌법상 재산권 보장 또는 평등의 원칙에 위배된다고 할 수는 없다고 판단하였고, 대법원이 이를 수긍하였다. 위 단서규정의 해석상 당연한 판시로 보인다.

한편, 대법원 2017. 5. 17. 선고 2014두14976 판결은, 주주배정 방식으로 진행된 유상증자에서 실권주가 발생하여 이를 제3자에게 배정하는 때에는 그 발행가액을 제한하는 규정이 없고, 이에 따라 유가증권 발행규정 제57조의 제한보다도 높은 할인율이 적용된 가액으로 발행된 신주가 제3자에게 배정되어 그 시가와 발행가액의 차액에 해당하는 이익이 무상으로 이전된 경우에는 처음부터 제3자 배정방식에 의하여 일반적인 모집 또는 그와 마찬가지의 규제를 받는 간주모집 방법으로 신주를 배정하는 경우와 동일하게 취급하여야 할 이유가 없으므로 이러한 경우에는 설령 간주모집의 요건을 충족하더라도 이 사건 괄호규정이 정한 비과세대상인 '유가증권의 모집방법'에는 해당하지 않는다고 보아야 한다고 판시하였다.

라. 자본시장법상 인수인으로부터의 취득

상증세법 제39조 제1항 제1호 다목은 해당 법인의 주주 등이 아닌 자가 해당 법인으로부터 신주를 직접 배정받음으로써 얻은 이익도 증여세 과세대상으로 규정하면서 그 괄호규정에서 자본시장과 금융투자업에 관한 법률(이하 '자본시장법'이라 한다) 제9조 제12항에 따른 인수인으로부터 인수·취득하는 경우를 포함한다고 하고 있다. 위 괄호규정은 전환사채 등의 주식전환 등에 따른 이익의 증여에 관한 규정인 상증세법 제40조 제1항 제1호 나목에도 똑같이 등장한다. 여기서 '인수인'의 범위에 관하여 논란이 있다. 자본시장법상 인수인이기만 하면 되는 것인지 아니면 제3자에게 취득하게 하기 위한 중개의 목적을 가진 경우로 제한되는 것인지 여부이다.

이에 관한 사례로 대법원 2019. 5. 30. 선고 2017두49560 판결이 있다. 이 판결은, 자본시장법 제9조는 제7항에서 모집을 '50인 이상의 투자자에게 새로 발행되는 증권의 취득의 청약을 권유하는 것', 제8항에서 사모를 '새로 발행되는 증권의 취득의 청약을 권유하는 것으로서 모집에 해당하지 아니하는 것', 제9항에서 매출을 '50인 이상의 투자자에게 이미 발행된 증권의 매도의 청약을 하거나 매수의 청약을 권유하는 것'이라고 각 정하고 있고, 같은 조 제11항은 인수를 '증권을 모집·사모·매출하는 경우 다음 각 호의 어느 하나에 해당하는 행위를 하는 것'이라고 정하면서, 제1호에서 '제3자에게 그 증권을 취득시킬 목적으로 그 증권의 전부 또는 일부를 취득하는 것'을 들고 있고, 같은 조 제12항은 인수인을 '증권을 모집·사모·매출하는 경우 제11항 각 호의 어느 하나에 해당하는 행위를 하는 자'라고 정하고 있으므로, 상증세법 제40조 제1항에서 정하고 있는 인수인은 전환사채 등의 발행법인을 위하여 제3자에게 취득의 청약을 권유하여 전환사채 등을 취득시킬 목적으로 이를 취득하는 자를 의미할 뿐이고, 이러한 목적 없이 단순한 투자목적으로 취득하는 자는 특별한 사정이 없는 한 인수인에 해당하지 않는다고 판시하였다. 인수인이 투자목적으로 취득한 것인지 아니면 제3자에게 취득시킬 목적으로 취득한 것인지는 사실인정의 문제 또는 사실관계에 대한 평가의 문제인데, 이 사안에서 제1심은 투자목적으로 취득한 것이라고 인정한 반면 제2심은 제3자에게 취득시킬 목적으로 취득한 것이라고 인정하였으나, 대법원은 제1심의 손을 들어주었다. 요컨대 자본시장법상 인수인이라고 하더라도 투자목적으로 취득한 것을 그 인수인으로부터 취득한 것은 인수인이 실질적으로 중개역할만 한 것이 아니므로 발행법인과의 거래가 아니라 발행법인은 단절된 인수인과의 거래로 보아야 하기 때문에 위 상증세법 규정이 적용될 수 없다는 것이다.

5. 법인의 조직변경 등에 따른 이익의 증여

상증세법 제42조의2는 제1항에서 주식의 포괄적 교환 및 이전, 사업의 양수·양도, 사업 교환 및 법인의 조직변경 등에 의하여 소유지분이나 그 가액이 변동됨에 따라 이익을 얻은 경우에는 그 이익에 상당하는 금액(소유지분이나 그 가액의 변동 전·후 재산의 평가차액을 말한다)을 그 이익을 얻은 자의 증여재산가액으로 하고, 다만 그 이익에 상당하는 금액이 대통령령으로 정하는 기준금액 미만인 경우는 제외한다고 규정하고 있다. 제2항은 특수관계인이 아닌 자 간의 거래인 경우에는 거래 관행상 정당한 사유가 없는 경우에 한정하여 제1항을 적용하도록 하였다. 그리고 상증세법 시행령 제32조의2 제1항은 그에 따른 이익의 계산방법에 관하여, 소유지분이 변동된 경우에는 '(변동 후 지분 - 변동 전 지분)×지분 변동 후 1주당 가액'으로 산정하고, 평가액이 변동된 경우에는 '변동 후 가액 - 변동 전 가액'으로 산정하도록 규정하고, 그 기준금액은 변동 전 해당 재산가액의 100분의 30에 상당하는 가액과 3억 원 중 적은 금액으로 하도록 규정하고 있다. 그 취지는 법인의 조직변경이 있으면 그 전의 구주식이 그 후의 신주식으로 대체되므로 이를 교환으로 보아 교환차익을 계산하여 증여이익으로 본다는 것이다.

이 규정은 2015. 12. 15. 신설된 것인데, 그 전에는 이러한 경우의 증여이익을 산정할 수 있는지, 있다면 그 근거규정은 무엇인지에 관하여 논란이 있었다. 대법원 2014. 4. 24. 선고 2011두23047 판결은 주식의 포괄적 교환에 관하여 다음과 같이 판시하였다.

먼저, 구 상증세법 제35조 제1항 제2호, 제2항에서 '재산의 고가양도에 따른 이익의 증여'에 관하여, 제39조 제1항 제1호 각 목에서 '증자에 따른 이익의 증여 중 신주의 저가발행에 따른 이익의 증여'에 관하여 규정하는 한편, 제42조 제1항에서 '기타 이익의 증여 등'에 관하여 '제33조 내지 제41조, 제41조의3 내지 제41조의5, 제44조 및 제45조의 규정에 의한 증여 외에 다음 각 호의 1에 해당하는 이익으로서 대통령령이 정하는 기준 이상의 이익을 얻은 경우에는 당해 이익을 그 이익을 얻은 자의 증여재산가액으로 한다.'고 규정하면서 제3호에서 '출자·감자, 합병(분할합병을 포함한다)·분할, 제40조 제1항의 규정에 의한 전환사채 등에 의한 주식의 전환·인수·교환 등(주식전환 등) 법인의 자본(출자액을 포함한다)을 증가시키거나 감소시키는 거래로 인하여 얻은 이익 또는 사업 양수도·사업교환 및 법인의 조직변경 등에 의하여 소유지분 또는 그 가액이 변동됨에 따라 얻은 이익, 이 경우 당해 이익은 주식전환 등의 경우에는 주식전환 등 당시의 주식가액에서 주식전환 등의 가액을 차감한 가액으로 하고, 주식전환 등 외의 경우에는 소유지분 또는 그 가액의 변동 전·후의 당해 재산의 평가차액으로 한다.'고 규정하고, 같은 조 제3항에서 '제1항의 규정을 적용함에 있어서 거래 관행상 정당한 사유가 있다고 인정되면 특수관계에 있는 자 외의 자 간에는 이를 적용하지 아니한다.'고 규정하고 있다고 함으로써 관련되는 법규들을 정리하였다.

다음으로 주식의 포괄적 교환과 그에 따른 이익의 속성에 관하여 다음과 같이 판시하였다. 상법 제360조의2에 의하면, 회사는 주식의 포괄적 교환에 의하여 다른 회사의 발행주식의 총수를 소유하는 회사(이하 '완전모회사'라 하고, 다른 회사를 '완전자회사'라 한다)가 될 수 있는데(제1항), 주식의 포괄적 교환이 이루어지면 완전자회사가 되는 회사의 주주가 가지는 그 회사의 주식은 주식을 교환하는 날에 완전모회사가 되는 회사에 이전되고, 그 완전자회사가 되는 회사의 주주는 그 완전모회사가 되는 회사가 주식교환을 위하여 발행하는 신주의 배정을 받음으로써 그 회사의 주주가 되며(제2항), 이처럼 상법상의 주식의 포괄적 교환은 완전자회사가 되는 회사의 주식이 완전모회사가 되는 회사에 이전되는 거래와 완전자회사가 되는 회사의 주주가 완전모회사가 되는 회사로부터 완전자회사가 되는 회사의 주식과 대가관계에 있는 신주를 배정받아 완전모회사가 되는 회사의 주주가 되는 거래가 결합하여 일체로 이루어지므로 완전자회사가 되는 회사의 주주가 주식의 포괄적 교환을 통하여 이익을 얻었는지 여부는 주식교환비율 산정의 기초가 된 완전자회사가 되는 회사 주식의 1주당 평가액이 상증세법상의 평가액보다 높은 가액이었는지 또는 완전모회사가 되는 회사로부터 배정받은 신주의 인수가액이 상증세법상의 평가액보다 낮은 가액이었는지 여부만에 의하여 결정되는 것이 아니라, 완전자회사가 되는 회사의 주주가 완전모회사가 되는 회사에 이전한 완전자회사가 되는 회사의 주식에 대한 상증세법상의 평가액과 완전모회사가 되는 회사로부터 배정받은 신주에 대한 상증세법상의 평가액의 차액, 즉 교환차익이 존재하는지 여부에 따라 결정된다고 하였다.

그래서 결론적으로 이러한 상법상 주식의 포괄적 교환거래의 구조와 특성, 그리고 앞서 본 규정을 비롯한 상증세법상 관련 규정의 문언 내용과 입법 취지 및 체계 등을 종합하여 보면, 상법상의 주식의 포괄적 교환에 의하여 완전자회사가 되는 회사의 주주가 얻은 이익에 대하여는 '재산의 고가양도에 따른 이익의 증여'에 관한 구 상증세법 제35조 제1항 제2호, 제2항이나 '신주의 저가발행에 따른 이익의 증여'에 관한 구 상증세법 제39조 제1항 제1호 (다)목을 적용하여 증여세를 과세할 수는 없고, '법인의 자본을 증가시키는 거래에 따른 이익의 증여'에 관한 구 상증세법 제42조 제1항 제3호를 적용하여 증여세를 과세하여야 할 것이라고 판시하였다. 대법원 2014. 9. 26. 선고 2012두6797 판결도 같은 취지이다.

위 판시에서 말하는 구 상증세법 제42조 제1항 제3호 안에 현행 상증세법 제42조의2 제1항이 포함되어 있었다. 법인의 조직변경이 있으면 구 주식과 신주식의 교환이 이루어진다. 여기서의 이익은 구주식의 가액과 신주식의 가액의 차액으로 파악하는 것이 전체 이익을 제대로 파악하는 길이다. 그러지 않고 구주식의 양도행위와 신주식의 인수행위로 분리하여 어느 하나의 이익만 계산하거나 각각의 이익을 계산하여 이를 합산하는 방법을 택하게 되면 어느 하나에서는 이익이 발생하고 다른 하나에서는 손해가 발생하는 경우 그 상계문제도 간단하지 않아 전체 이익을 제대로 파악할 수 없게 된다. 따라서 위 대법원 판결처럼 교환으로 보아 교환차익을 계산하는 방법이 합리적이고 그것이 상증세법 제42조의2의 취지라고 할 수 있다. 타당한 판결이다.

한편, 대법원 2022. 12. 29. 선고 2019두19 판결은, 주식의 포괄적 교환으로 인한 증여재산가액은 구 상증세법 제42조 제1항 제3호에 의하여 산정하여야 함을 다시 한번 확인하면서, 나아가 구 상증세법 시행령 제31조의9 제2항 제5호 (나)목(현행 상증세법 시행령 제32조의2 제1항 제2호)에 따라 '변동 전 가액'과 '변동 후 가액'의 차액으로 계상해야 한다고 하고, 여기서 '변동 후 가액'을 산정함에 있어서는 그 방법에 관한 별도의 규정이 없으므로 합병에 관한 규정을 준용해야 한다고 판시하였다. 그 논거로는 주식의 포괄적 교환은 기업결합제도의 하나로서 교환당사회사들이 모회사와 자회사로 존속하기는 하나 그 경제적 실질이 합병과 유사하고, 이러한 점을 고려하여 구 증권거래법(2007. 8. 3. 폐지되기 전) 제190조의2 및 구 증권거래법 시행령(2008. 7. 29. 폐지되기 전) 제84조의8은 주권상장법인 또는 코스닥상장법인이 주식의 포괄적 교환을 하고자 하는 경우 그 요건·절차 등에 관하여 합병에 관한 규정을 준용하도록 정하고 있다는 것이다.

그런데 구 상증세법 시행령 제28조 제5항은 합병법인이 상장법인인 경우에 합병법인의 1주당 평가가액을 '법 제63조 제1항 제1호 (가)목 및 (나)목의 규정에 의하여 평가한 가액(제1호)'과 '주가가 과대평가된 합병당사법인의 합병 직전 주식가액과 주가가 과소평가된 합병당사법인의 합병 직전 주식가액을 합한 가액을 합병법인의 주식수로 나눈 가액(제2호)' 중 적은 가액으로 한다고 하고, 제2호의 경우 '합병 직전 주식가액의 평가기준일'을 상법 제522조의2의 규정에 의한 대차대조표 공시일 또는 증권거래법 제190조의2의 규정에 의한 합병신고를 한 날 중 빠른 날로 하도록 하고 있다.

위 대법원 판결은, 위 규정의 취지에 관하여, 합병계약 당시 예상하지 못했던 주식 시세변동으로 인하여 증여세가 부과되는 불합리한 결과가 발생하는 것을 방지하기 위하여 합병에 따른 이익을 계산할 때 합병법인의 1주당 평가가액을 합리적인 방법으로 산정하도록 한 것이라고 하면서, 이러한 문제는 주식의 포괄적 교환의 경우에도 동일하게 발생할 수 있으므로, 주식의 포괄적 교환에 따른 증여재산가액을 계산할 때에도 위 규정을 준용하여 '변동 후 가액'을 산정하는 것이 합리적이며, 변동 전·후 재산의 평가차액을 합리적으로 산정하기 위해서는 '변동 전 가액'의 평가기준일 역시 합병규정을 준용하여 '변동 후 가액'의 평가기준일과 일치시킬 필요가 있다고 하였다. 요컨대 주식의 포괄적 교환이나 합병 거래에 대한 시장의 기대심리로 본래의 가치 증가와 무관하게 가치가 급등하는 수가 있고 이러한 부분까지 증여가액에 산입하는 것은 납세자에게 너무 가혹하므로 주식의 포괄적 교환의 경우도 명문의 규정은 없지만 합병의 경우와 마찬가지로 이러한 부분은 배제하는 것이 타당하다고 본 것이다.

주식의 포괄적 교환과 비슷한 경우로서 합병에 있어서도 합병비율을 공정하게 산정하지 않으면 이를 통해 합병법인과 피합병법인의 주주 사이에 이익의 분여가 있을 수 있는데, 그에 대한 증여세 과세 근거규정으로 상증세법 제38조를 두고 있고, 구체적인 이익의 계산방법에 관하여는 상증세법 시행령 제28조에서 규정하고 있다. 그런데 합병의 경우 합병법인이 합병전에 보유하는 피합병법인의 주식, 즉 포합주식이 있을 수 있는데, 이들 주식에 대하여도 합병신주가 교부될 경우 합병에 따른 이익액을 어떻게 산정할 것인지가 문제될 수 있다.

합병법인이 합병 전 보유하던 피합병법인의 주식, 즉 포합주식에 대하여 합병신주를 배정받아 자기주식으로 보유하게 되는 경우, 상증세법 시행령 제28조가 정한 방법에 따라 합병에 따른 증여이익을 계산하면 합병법인의 합병 전 주식가액에 이미 반영되어 있는 피합병법인의 주식가액이 다시 반영되는 결과 합병법인의 주식가액이 과대평가되므로, 합병법인이 합병 전 보유하던 피합병법인의 주식을 소각한 경우와 마찬가지로 그 주식가액을 합병법인의 주식가액에서 공제하여 합병에 따른 증여이익을 계산하여야 하는 것이 아니냐는 주장이 있을 수 있다. 이에 대하여 대법원 2021. 9. 30. 선고 2017두66244 판결은 포합주식에 대하여 합병신주를 배정받아 이를 자기주식으로 상당한 기간 보유한 이상, 이에 대하여 합병신주를 배정받지 않거나 합병신주를 배정받아 합병과 동시에 이를 소각한 경우와 동일하게 취급할 수 없고, 그러한 자기주식에도 양도성과 자산성이 있어 이를 다른 주주들이 소유한 주식과 달리 취급할 이유가 없다는 등의 이유로, 상증세법 시행령 제28조가 정한 방법에 따라 합병에 따른 증여이익을 계산한 것은 잘못이 없다고 판시하였다. 포합주식에 대하여도 합병신주가 교부되었고 그것을 즉시 소각하지 않고 유통가능한 상태로 상당기간 보유하고 있었다면 독자적인 자산가치도 가지므로 통상의 합병신주와 달리 취급하기 어렵다고 하겠다.

6. 주식 상장에 따른 이익의 증여

가. 관련 규정

상증세법 제41조의3 제1항은 기업의 경영 등에 관하여 공개되지 아니한 정보를 이용할 수 있는 지위에 있다고 인정되는 최대주주 등의 특수관계인이 제2항에 따라 해당 법인의 주식 등을 증여받거나 취득한 경우 증여받거나 취득한 날부터 5년 이내에 그 주식 등이 상장됨에 따라 그 가액이 증가한 경우로서 그 주식 등을 증여받거나 취득(주식 등을 유상으로 취득한 날부터 소급하여 3년 이내에 최대주주 등으로부터 증여받은 재산으로 최대주주 등이 아닌 자로부터 해당 법인 주식 등을 취득한 경우를 포함한다)한 자가 당초 증여세 과세가액(증여받은 재산으로 주식 등을 취득한 경우는 제외한다) 또는 취득가액을 초과하여 이익을 얻은 경우에는 그 이익에 상당하는 금액을 그 이익을 얻은 자의 증여재산가액으로 한다고 규정하고 있다. 그리고 제3항은 제1항에 따른 이익은 해당 주식 등의 상장일부터 3개월이 되는 날(그 주식 등을 보유한 자가 상장일부터 3개월 이내에 사망하거나 그 주식 등을 증여 또는 양도한 경우에는 그 사망일, 증여일 또는 양도일을 말한다)을 '정산기준일'로 하여 계산한다고 규정하고, 제4항은 제1항에 따른 이익을 얻은 자에 대해서는 그 이익을 당초의 증여세 과세가액(증여받은 재산으로 주식 등을 취득한 경우에는 그 증여받은 재산에 대한 증여세 과세가액을 말한다)에 가산하여 증여세 과세표준과 세액을 정산하되, 다만 정산기준일 현재의 주식 등의 가액이 당초의 증여세 과세가액보다 적은 경우로서 그 차액이 일정기준 이상이면 그 차액에 상당하는 증여세액(증여받은 때에 납부한 당초의 증여세액을 말한다)을 환급받을 수 있다고 규정하고 있다. 제6항은 제1항을 적용할 때 주식 등을 증여받거나 취득한 후 그 법인이 자본금을 증가시키기 위하여 신주를 발행함에 따라 신주를 인수하거나 배정받은 경우를 포함한다고 규정하고 있다.

제8항은 전환사채 등을 증여받거나 유상으로 취득(발행 법인으로부터 직접 인수·취득하는 경우를 포함한다)하고 그 전환사채 등이 5년 이내에 주식 등으로 전환된 경우에는 그 전환사채 등을 증여받거나 취득한 때에 그 전환된 주식 등을 증여받거나 취득한 것으

로 보아 제1항부터 제6항까지의 규정을 적용하고, 이 경우 정산기준일까지 주식 등으로 전환되지 아니한 경우에는 정산기준일에 주식 등으로 전환된 것으로 보아 제1항부터 제6 항까지의 규정을 적용하되, 그 전환사채 등의 만기일까지 주식 등으로 전환되지 아니한 경우에는 정산기준일을 기준으로 과세한 증여세액을 환급한다고 규정하고 있다.

그 이익의 계산방법에 관하여 상증세법 시행령 제31조의3 제1항은 정산기준일 현재 1주당 평가가액(제1호)에서 주식 등을 증여받은 날 현재의 1주당 증여세 과세가액(취득 의 경우에는 취득일 현재의 1주당 취득가액)(제2호)과 1주당 기업가치의 실질적인 증가 로 인한 이익(제3호)을 차감한 가액에 증여받거나 유상으로 취득한 주식 등의 수를 곱한 금액으로 한다고 규정하고 있다. 다만, 상증세법 시행령 제31조의3 제2항은 그 이익이 위 제2호 및 제3호의 가액의 합계액에 증여받거나 유상으로 취득한 주식 등의 수를 곱한 금액의 30%에 상당한 가액과 3억 원 중 적은 금액에 미달하는 경우는 제외하도록 규정 하고 있다. 그리고 제4항은 1주당 기업가치의 실질적인 증가로 인한 이익(제3호)의 계산 에 관하여, 당해 주식 등의 증여일 또는 취득일이 속하는 사업연도 개시일부터 상장일 등 전일까지의 사이의 1주당 순손익액의 합계액(사업연도 단위로 계산한 순손익액의 합 계액을 말한다)을 당해 기간의 월수(1월 미만의 월수는 1월로 본다)로 나눈 금액에 당해 주식 등의 증여일 또는 취득일부터 정산기준일까지의 월수(1월 미만의 월수는 1월로 본 다)를 곱하여 계산하도록 규정하였다.

나. 입법 취지와 평가

법인의 경영정보를 장악하고 있는 최대주주 등이 그 법인의 주식 등을 상장함으로써 시가를 증가시켜 그 시세차익을 특수관계인에게 증여할 목적으로 그 주식 등을 상장하 기 전에 미리 특수관계인에게 증여하는 경우가 있다. 이 경우 그 주식 등을 증여할 당시 를 기준으로 하면 그 시가가 증가되기 전이어서 증여세의 부담이 적어 실질적인 증여이 익에 대한 증여세를 면탈하는 결과를 낳게 된다. 이러한 부의 변칙적 세습을 규제하기 위하여 1999. 12. 28. 상증세법이 개정될 때 위 규정이 신설되었다. 대법원 2012. 5. 10. 선고 2010두11559 판결은, 이 규정은 기업의 내부정부를 이용하여 한국증권거래소 상장 또는 한국증권업협회 등록에 따른 거액의 시세차익을 얻게 할 목적으로 최대주주 등이 자녀 등 특수관계에 있는 자에게 비상장주식을 증여하거나 유상으로 양도함으로써 변칙 적인 부의 세습을 가능하게 하거나 또는 수증자 내지 취득자가 이를 양도하지 아니하고 계속 보유하면서 사실상 세금부담 없이 계열사를 지배하는 문제를 규율하기 위해 그 차 익에 대하여 과세하기 위해서 마련된 규정이라고 설명하고 있다.

이 규정은 비상장주식의 증여당시에는 드러나지 않은 상장시세차익에 대한 증여세 과세를 유보하였다가 나중에 상장됨으로써 그 상장시세차익이 현실적으로 드러났을 때 이를 당초의 증여가액에 합산하여 전체적인 증여세를 새로이 산정하여 정산하는 구조로 되어 있다. 그러면서도 위 규정의 위헌성 논란을 회피하고 형평을 유지하기 위하여 상장 후 오히려 그 주식의 가치가 현저히 하락한 경우에는 당초 납부한 증여세를 환급해주도록 하였다. 아울러 상장시세차익 중 상장시까지의 기간 동안 당해 법인의 영업이익 등으로 실질가치가 증가됨에 따라 생긴 부분은 당초 증여시의 증여이익에 포함된 것이 아니라 사후에 발생한 것으로 보아야 하므로 이 부분은 증여이익에서 공제하도록 하였다. 이 규정은 당초 증여의제규정이었으나 2003. 12. 30. 상증세법 개정시 제2조 제3항에 포괄적인 증여의 개념 규정이 도입됨에 따라 증여재산가액을 계산하기 위한 예시규정으로 전환되었다.

이 규정은 현실적 필요성에는 공감하지만 조세법의 일반 법리에 비추어 보면 다소 모순되거나 이례적인 측면이 강하다. 당초의 증여행위에 대하여 증여세를 과세한 후에 상장이라는 별개의 사유가 발생하여 그로 인해 그 증여재산의 가액이 증가하였다는 이유로 당초 과세하였던 증여세를 증액경정하는 결과에 이르기 때문에 납세의무의 성립 및 확정의 법리에 맞지 않다는 비판이 있다. 나중에 발생한 별개의 사유를 당초의 증여행위와 묶어서 하나의 증여행위로 평가하겠다면 당초의 증여세 과세 자체를 하지 않고 유보해 두었다가 별개의 사유가 발생하였을 때 비로소 과세요건이 완성된 것으로 보아 증여세를 과세하는 것이 오히려 논리적이라는 것이다.

위 규정에 의하면 최종적인 증여세액은 상장일로부터 3개월이 되는 날 정산을 하게 되고 따라서 당초 과세된 증여세액은 일부 예납적 의미밖에 없다. 결과적으로 증여일과 증여가액의 평가일이 분리된다고 할 수 있다. 그렇다고 해서 정산기준일을 증여세 납세의무의 성립일로 볼 수는 없다. 위 규정에서 증여가액을 계산함에 있어 당초 증여시점부터 정산기준일까지의 기업가치의 실질적 증가분을 제외하고 있고, 정산기준일 현재의 주식 등의 가액이 당초의 증여세 과세가액보다 적은 경우에는 환급하도록 하고 있는 점 등에 비추어 보면, 당초 증여재산가액에 가산되는 상장차익은 증여 당시 실제 가치보다 낮게 평가되었던 것이 상장이라는 후발사건을 계기로 확인된 것이라 할 수 있고, 위 규정은 이 부분을 처음부터 증여받은 것으로 보아 정산하여 과세할 수 있도록 하는 규정이라 할 수 있다. 즉, 위 규정은 당초 증여시점에 평가를 유보하였던 상장시세차익을 실제로 상장되어 그 평가가 정확해진 때에 비로소 당초의 증여가액과 상장시세차익을 합하여 정산하여 과세하는 것이라 할 것이다. 따라서 위 규정에 의한 증여가액에 대한 납세의무 성립시점인 증여시점은 당초 증여가 이루어진 시점이라고 보는 것이 옳다. 그러나 그 납세의무의 확정일은 위 정산기준일로 보는 것이 현실적이다. 정산이 되기 전에는 그 세액이 구체적으로 확정될 수 없기 때문이다. 부과제척기간도 이때부터 진행된다고 보아야 할 것이다.

만약 증여일로부터 상장일까지 사이에 무상주식의 발행이 있었다면 이를 증여받은 주식에 합산하여 증여가액을 산정하여야 한다. 무상주식의 발행으로 당초 증여받은 주식이 분할된 것과 같은 효과를 가져오므로 당초 증여받은 주식과 무상주식을 합하여 상장에 따른 가액의 증가분을 계산하여 증여재산가액에 합산하여야 하는 것이다. 그리고 그 무상주식에 대한 당초 증여세 과세가액은 없는 것으로 보아야 한다. 당초 증여세 과세당시에는 무상주식이 과세대상에 포함되지 않았기 때문이다. 무상주식은 당초 증여받은 주식이 분할된 것에 불과하므로 증여이익을 계산할 때 당초 증여주식의 과세가액을 차감하였다는 것은 무상주식의 당초 과세가액도 차감하였다는 의미를 내포하고 있다고 할 수 있다.

그리고 납세의무의 성립일을 당초 증여시로 보는 이상 대법원 2023. 11. 9. 선고 2020두51181 판결이 판시한 바와 같이, 세금의 부과는 납세의무의 성립 시에 유효한 법령의 규정에 따라야 하고, 세법의 개정이 있을 경우에도 특별한 사정이 없는 한 개정 전후의 법령 중에서 납세의무가 성립될 당시의 법령을 적용하여야 하므로 당초 증여시의 법을 적용하여야 한다. 그래서 위 판결은, 주식의 취득 당시 시행되던 상증세법 제41조의3 제1항과 제4항이 주식 상장에 따른 증여이익 산정과 관련하여 자본시장과 금융투자업에 관한 법률 제9조 제13항에 따른 증권시상에서 최초로 주식 등의 매매서래를 시작한 날을 주식의 상장일로 규정하고 있었는데, 당시 시행되던 자본시장과 금융투자업에 관한 법률 제9조 제13항은 '증권시장'이란 증권의 매매를 위하여 거래소가 개설하는 '유가증권시장'과 '코스닥시장'을 말한다고 규정하고 있었고, 비록 2013. 2. 22. 개정된 코스닥시장 업무 규정에서 코스닥시장의 하나로 코넥스시장을 추가하였다고 하더라도 코넥스시장은 코스닥시장과는 동일성이 인정되지 아니하는 새로운 시장이므로 주식이 코넥스시장에 상장된 날 또는 코넥스시장이 코스닥시장으로부터 독립하여 개설된 2013. 9. 17.에 구 상증세법 제41조의3 제1항에서 말하는 '증권시장에 상장'된 것으로 볼 수는 없다고 판단하였다.

다. 증여자인 최대주주 등의 범위

상증세법 제41조의3 제1항은 증여자로서의 최대주주 등에 관하여 그 제1호에서 제22조 제2항에 따른 최대주주 또는 최대출자자를, 제2호에서 내국법인의 발행주식총수 또는 출자총액의 25% 이상을 소유한 자로서 대통령령으로 정하는 자를 규정하고 있다. 그리고 상증세법 시행령 제19조 제2항은 상증세법 제22조 제2항에서 말하는 최대주주 또는 최대출자자란 주주 등 1인과 그의 특수관계인의 보유주식 등을 합하여 그 보유주식 등의 합계가 가장 많은 경우의 해당 주주 등 1인과 그의 특수관계인 모두를 말한다고 규정하고 있고, 제31조의3 제3항은 출자총액의 25% 이상을 소유한 자로서 대통령령으로 정하는 자란 특수관계인의 소유주식 등을 합하여 25% 이상을 소유한 경우의 해당 주주 등을 말한다고 규정하고 있다. 위 규정에 의하면 최대주주 등에는 제1호의 '최대주주 또는 최대출자자'인 경우와 제2호의 '지분비율이 25% 이상'인 경우가 해당한다. 제1호는 지분비율을 불문하고, 제2호는 최대주주 또는 최대출자자 여부를 불문한다. 그리고 양자 모두 해당 주주 1인과 그 특수관계인의 지분비율을 합산하는데, 제1호의 경우는 해당 주주 1인뿐만 아니라 그의 특수관계인도 최대주주 등에 해당한다고 보는 반면, 제2호의 경우에는 해당 주주 1인만이 최대주주 등에 해당하고 그의 특수관계인은 거기에 해당하지 않는다고 보는 점에서 형식상 차이가 있지만, 지금은 특수관계를 쌍방관계로 파악하고 있기 때문에 실질적인 차이는 없다고 할 수 있다.

상증세법 제31조의3 제3항의 전신인 구 상증세법 시행령(2009. 2. 4. 개정되기 전의 것) 제31조의6 제2항이 당해 주주의 소유지분뿐만 아니라 그 특수관계인의 소유지분까지 합산하도록 규정한 것이 모법의 위임범위를 벗어났는지가 다투어졌는데, 대법원 2015. 10. 29. 선고 2012두25187 판결은, 상증세법 제41조의3이 규율하고자 하는 변칙적인 증여 등은 단독으로 25% 이상의 주식 등을 소유한 주주 등뿐 아니라 자신의 소유 주식 등과 친족 등 특수관계인의 소유 주식 등을 합하여 25% 이상인 주주 등에 의하여도 이루어질 수 있는 점, 상증세법 제41조의3 제1항 제2호는 최대주주 등에 관하여 규정하면서 단독으로 25% 이상의 주식 등을 소유한 주주 등 1인으로 한정하지 아니하고 대통령령에서 그 구체적인 범위를 정하도록 위임한 점, 상증세법 제22조 제2항, 구 상증세법 시행령 제19조 제2항에 의하면 상증세법 제41조의3 제1항 제1호의 최대주주 등에 해당하는지 여부는 당해 주주 등의 소유 주식 등뿐 아니라 친족 등 일정한 관계에 있는 자의 소유 주식 등까지 합쳐서 판단하여야 하는 점 등에 비추어 보면, 구 상증세법 시행령 제19조 제2항 각 호의 1의 관계에 있는 자의 소유 주식 등을 합하여 상증세법 제41조의3 제1항 제2호의 최대주주 등에 해당하는지 여부를 판단하도록 규정한 구 상증세법 시행령 제31조의6 제2항은 위임입법의 한계를 벗어나 무효라고 할 수 없다고 판시하였다.

다른 한편, 2010. 2. 18. 개정 전의 구 상증세법 시행령 제19조 제2항은 상증세법 제22조 제2항에서 말하는 최대주주 또는 최대출자자란 주주 등 1인과 그의 특수관계인의 보유주식 등을 합하여 그 보유주식 등의 합계가 가장 많은 경우의 당해 주주 등을 말한다고 규정하고 있었기 때문에 당해 주주 등 외에 그의 특수관계인도 최대주주 등에 해당하는지 여부가 다투어졌다. 이에 관하여 대법원 2012. 5. 10. 선고 2010두11559 판결은, 상증세법 제41조의3의 규정은 기업의 내부정부를 이용하여 한국증권거래소 상장 또는 한국증권업협회 등록에 따른 거액의 시세차익을 얻게 할 목적으로 최대주주 등이 자녀 등 특수관계에 있는 자에게 비상장주식을 증여하거나 유상으로 양도함으로써 변칙적인 부의 세습을 가능하게 하거나 또는 수증자 내지 취득자가 이를 양도하지 아니하고 계속 보유하면서 사실상 세금부담 없이 계열사를 지배하는 문제를 규율하기 위해 그 차익에 대하여 과세하기 위해서 마련된 규정인 점, 위 규정이 최대주주 등과 특수관계에 있는 자가 최대주주 등으로부터 당해 법인의 주식 등을 증여받거나 유상으로 취득한 경우에 주식 등의 상장 등에 따른 이익에 대하여 과세하도록 규정함으로써 위 규정의 적용 요건에서 최대주주 등과 그와 특수한 관계에 있는 자의 거래상 지위를 구별하고 있고, 구 상증세법 시행령 제19조 제2항 본문이 최대주주 등을 정의하면서 일정한 경우에 '당해 주주 등'이라고 규정하고 있는데 '당해'의 문언적 의미가 '바로 그'를 뜻하는 점에 비추어 그 앞에서 규정하고 있는 '주주 등 1인'을 가리킨다고 해석하는 것이 자연스러우며, 구 상증세법 시행령 제31조의6 제1항은 최대주주 등과 특수관계에 있는 자의 범위에 관하여 정의하면서 주주 등 1인과 그와 구 상증세법 시행령 제19조 제2항 각 호의 1의 관계에 있는 자를 뜻한다고 규정함으로써 주주 등 1인과 그와 특수관계에 있는 자를 구별하고 있고, 구 상증세법 시행령 제19조 제2항 제2호 역시 최대주주 등과 특수관계에 있는 자 중의 하나로 '사용인과 사용인 외의 자로서 당해주주의 재산으로 생계를 유지하는 자'라고 규정함으로써 최대주주 등에 해당하는 당해주주와 그에 해당하지 아니하는 특수관계에 있는 자를 구별하고 있으며, 조세법률주의의 원칙상 과세요건은 엄격하게 해석하여야 하는 점 등을 종합해 보면, 구 상증세법 제41조의3 제1항, 구 시행령 제19조 제2항 본문에서 규정하고 있는 '최대주주 등'이라 함은 주주 등 1인과 위 시행령 규정 각 호 소정의 특수관계에 있는 자의 보유주식 등을 합하여 그 보유주식 등의 합계가 가장 많은 경우의 당해 주주 등 1인을 의미하고, 여기에는 그와 특수관계에 있는 자는 포함되지 아니한다고 해석함이 상당하다고 판시하였다.

그래서 원고들에게 P사의 주식 8,000주씩을 양도한 A는 P사의 주식을 11.8%밖에 보유하고 있지 아니하였고, 원고들이 P사의 임원일지라도 A의 사용인이 아닌 이상 구 상증세법 시행령 제19조 제2항 제2호를 적용하여 A의 주식에 원고들의 보유주식을 합할 수 없으므로, A는 상증세법 제41조의3 제1항, 상증세법 시행령 제19조 제2항 본문에서 규정하고 있는 '최대주주 등'에 해당한다고 볼 수 없고, 또한 상증세법 제41조의3 제1항은 '최대주주 등'과 특수관계에 있는 자가 최대주주로부터 주식을 취득한 경우에 한하여 적용되므로, 위 주식을 양수한 원고들이 '최대주주 등'에 해당할지라도 위 주식을 양도한 A가 최대주주가 아닌 이상 위 주식양도에 대하여 상증세법 제41조의3 제1항을 적용할 수 없다고 판단하였다.

위 사안의 당시에는 특수관계를 쌍방관계가 아닌 일방관계로 파악하고 있었으므로 A를 기준으로 보면 원고들은 A의 특수관계인 자체가 될 수 없었다. 그런데 위 사안에서 원고들의 P사에 대한 각 지분이 44.1%여서 A는 원고들이 지배하는 법인인 P사의 이사로서 사용인이었으므로 A는 원고들의 특수관계인이었다. 그러나 이제는 상증세법 제2조 제10호가 '본인도 특수관계인의 특수관계인으로 본다고 함으로써 특수관계를 쌍방관계로 파악하고 있으므로 A가 원고들의 특수관계인인 이상 원고들도 A의 특수관계인으로 보게 된다. 따라서 A의 보유주식과 A의 특수관계인인 원고들의 보유주식을 합산할 수 있고 이를 합산하면 보유주식 수가 가장 많은 경우에 해당한다. 따라서 현행규정에 의하면 A는 당해 주주에 해당하게 되므로 상증세법 제41조의3 제1항 제1호와 제2호 모두에 해당하게 되어 원고들에게는 상증세법 제41조의3 제1항이 적용되게 된다. 상증세법 시행령 제19조 제2항이 최대주주 또는 최대출자자란 주주 등 1인과 그의 특수관계인의 보유주식 등을 합하여 그 보유주식 등의 합계가 가장 많은 경우의 해당 주주 등 1인과 그의 특수관계인 모두를 말한다고 규정하고 있고 그중 '그의 특수관계인 모두를 말한다'는 부분은 2012. 2. 2. 신설되었으나 그때 제12조의2에서 현행 상증세법 제2조 제10호와 마찬가지로 특수관계를 쌍방관계로 파악하도록 개정하였으므로 위 신설부분은 불필요하다고 할 수 있다. 위 신설부분이 없더라도 특수관계를 쌍방관계로 파악하는 이상 위 신설부분과 같은 효과가 생기기 때문이다.

라. 증여 후 상장 전에 인수한 신주의 포함 여부

앞서 본 바와 같이 상증세법 제41조의3 제7항은 제2항을 적용할 때 주식 등의 취득에는 법인이 자본을 증가시키기 위하여 신주를 발행함에 따라 인수하거나 배정받은 신주를 포함한다고 규정하고 있다. 여기에 무상신주가 포함된다는 점에 대하여는 별 다툼이 없으나 유상신주가 포함되는지 여부에 관하여는 다툼이 있었다.

부정하는 입장에서는, 상증세법 제41조의3 제1항의 취지에 비추어 볼 때, 제7항의 유상증자주식은 '최대주주 등'으로부터 증여받은 재원을 증자대금으로 하여 취득한 경우에만 적용된다고 해석해야 한다고 한다. 즉, 제7항은 제1항의 '주식 등의 취득'에는 신주인수도 포함된다는 보충적·한정적 의미를 갖고 있음에 불과하다고 보는 것이다. 위와 같이 해석하지 않는다면, 최대주주의 특수관계자가 자기재산으로 제3자로부터 취득한 주식이 상장될 경우에는 상장차익이 비과세 됨에도, 최대주주의 특수관계자가 신주인수에 참여하여 자기재산으로 취득한 주식이 상장될 경우에는 상장차익이 과세되는 결과가 되고 유상증자주식 중 주주배정방식으로 유상증자를 받은 경우에는 과세되고, 제3자 배정방식으로 유상증자를 받은 경우에는 비과세되어 실질이 동일함에도 과세대상이 되는 범위가 달라지는 부당한 결과가 발생한다고 한다. 유상증자의 경우에는 증자대금의 납입으로 인하여 회사의 자본구조가 달라지게 됨으로써 기업가치와 주식가치가 달라짐에도 유상증자의 경우에도 무상증자와 동일한 방법으로 상장차익을 계산함으로써 결국 증여받은 주식으로부터 창출되지 않은 상장차익까지 증여로 의제하여 과세하는 것은 부당하다고 한다. 입법 연혁상으로 상증세법이 2002. 12. 18. 법률 제6780호로 개정되면서 제1항에 '최대주주 등으로부터 증여받은 자금으로 제3의 주주로부터 주식을 취득한 경우'가 새로 추가되었고, 동시에 쟁점규정 제7항이 신설되었는데, 이러한 개정연혁에 비추어 제7항은 제1항의 위 추가규정에 따라 최대주주 등으로부터 증여받은 자금으로 신주인수를 하는 유상신주인수의 경우에 한정하여 적용되는 것으로 보아야 한다는 것이다.

긍정하는 입장은 제7항의 문언에 충실하자는 것이다. 제7항의 문언상으로는 '신주인수'가 유·무상 여부에 관하여 구별하여 규정하고 있지 않으므로, 그 신주인수에는 무상신주인수와 유상신주인수가 모두 포함되는 것으로 해석해야 하고 부정설과 같이 함부로 축소해석하여서는 아니된다는 것이다. 그리고 최대주주로부터 직접적으로 취득하거나 증여받은 자금으로 취득한 주식을 모태로 하여 신주인수를 받은 경우에, 그 신주인수가 무상신주인수이든지 또는 유상신주인수이든지 관계 없이 그 인수받은 주식이 그 후의 상장으로 인하여 상장이익이 발생하는 경우에 이에 대하여 증여세를 부과하는 것이 쟁점규정의 입법 취지와 조세형평에도 부합한다는 것이다. 무상증자로 수증주식에 배정된 주식은 수증주식이 분할된 것과 동일하다고 보게 되는 점에 비추어 보면, 제6항이 없더라도 최대주주로부터 받은 수증주식에 배정된 무상증자주식은 수증주식과 동일성이 인정되어 그 상장이익에 대하여 제1항에 따라 증여세과세가 가능할 것이므로 제7항은 무상증자주식에 대하여는 선언적 의미밖에 없는 조항이라고 볼 수도 있고, 유상증자주식의 경우에는 그 상장이익에 대하여 과세할 수 있는 근거조문이 없었으므로 제7항이 신설된 것으로 보아야 한다는 것이다.

이에 대하여 2015. 10. 29. 선고 2012두25620 판결은, 상증세법 제41조의3 제1항이 비상장주식의 상장이익에 대하여 증여세를 부과하는 취지는 증여나 양도당시 그 실현이 예견되는 부의 무상이전에 대하여까지 과세함으로써 조세평등을 도모하기 위한 데에 있으므로, 상증세법 제41조의3 제7항의 '신주'에는 최대주주 등으로부터의 증여나 양도로 취득한 주식에 기초한 무상신주는 물론 그에 기초한 유상신주도 포함된다고 보아야 한다고 판시함으로써 긍정설의 입장을 취하였다. 대법원 2015. 10. 29. 선고 2013두14559 판결과 대법원 2017. 3. 30. 선고 2016두55926 판결도 같은 취지이다.

다만, 이들 판결에서 유념해야 할 부분은 최대주주 등으로부터 증여나 양도로 취득한 주식에 '기초한'이 무상신주뿐만 아니라 유상신주도 수식한다는 점이다. 신주발행이 주주배정방식인 경우에는 신주의 인수가 구주에 기초한 것이고 그 구주가 특수관계인으로부터의 증여주식이므로 상증세법 제41조의3 제1항에 의한 과세의 합리성이 보장되지만 제3자 배정방식인 경우에는 구주와는 전혀 관계없는 사유로 신주를 인수하게 되는 것으로서 구주에 기초한 것으로 볼 수 없으므로 위 규정에 의하여 과세할 명분이 없다. 그래서 특수관계인인 최대주주의 증여행위와 무관하게 신주를 취득한 것이므로 적어도 위 규정에 의하여 과세할 수는 없다고 보아야 한다.

이와 같이 유상신주를 포함할 경우 증여가액을 산정함에 있어서 상증세법 시행령 제31조의3 제1항의 정산기준일 현재 1주당 평가가액(제1호)에서 차감하는 주식 등을 증여받은 날 현재의 1주당 증여세 과세가액(취득의 경우에는 취득일 현재의 1주당 취득가액)(제2호)에 그 인수가액이 포함될 것이다. 그리고 위 제1호에서 제2호와 함께 차감하는 1주당 기업가치의 실질적인 증가로 인한 이익(제3호)은 인수한 신주와 구주와 합산하여 이를 기초로 산정하므로 유상신주의 인수가 기업가치의 실질적 증가에 기여한 부분도 증여가액 산정시 차감되는 구조로 이해할 수 있다. 즉, 유상신주가 가지는 수익력이 반영된 순손익액을 유상신주수로 나누어 1주당 기업가치의 실질적인 증가액을 산정함으로써 그 부분만큼이 증여가액에서 차감되는 것이다. 상증세법 제41조의3 제6항의 위헌 여부도 다투어졌으나 헌법재판소 2015. 9. 24. 선고 2012헌가5 전원재판부 결정은 위헌이 아니라고 판시하였다.

7. 합병에 따른 상장 등 이익의 증여

상증세법 제41조의5 제1항은 앞서 본 상증세법 제41조의3과 유사한 경우로서, 최대주주등의 특수관계인이 주식등을 증여받거나 취득한 날부터 5년 이내에 그 주식등을 발행한 법인이 특수관계에 있는 주권상장법인과 합병되어 그 주식등의 가액이 증가함으로써 그 주식등을 증여받거나 취득한 자가 당초 증여세 과세가액 또는 취득가액을 초과하여 이익을 얻은 경우에는 일정한 기준금액 이상인 경우 그 이익에 상당하는 금액을 그 이익을 얻은 자의 증여재산가액으로 하도록 규정하고 있다. 그 규정의 내용이 상증세법 제41조의3과 유사하고, 그래서 상증세법 제41조의3 제3항부터 제9항까지의 규정을 준용하도록 하고 있다. 따라서 1주당 증여이익은 '정산기준일 현재 1주당 평가가액'에서 '주식 등을 증여받은 날 현재의 1주당 증여세 과세가액(취득의 경우에는 취득일 현재의 1주당 취득가액)’ 및 ‘1주당 기업가치의 실질적인 증가로 인한 이익’을 각각 차감하는 방법으로 계산한다. 주식등을 증여받거나 취득한 후 당해 주식을 발행한 법인이 직접 상장하는 경우나 상장법인과 합병하는 경우나 그 법인이 상장법인으로 되는 경제적 실질은 별 다르지 않기 때문에 위와 같이 상증세법 제41조의3과 마찬가지로 과세하는 규정을 둔 것으로 이해된다.

이 규정의 입법취지에 관하여 대법원 2023. 7. 13. 선고 2020두52405 판결은 주식 등의 증여 또는 취득 당시 실현이 예견되는 부의 무상이전까지 과세함으로써 조세평등을 도모하려는 취지에서 실제로 합병된 후의 합병상장이익을 증여 또는 취득 시점에 사실상 무상으로 이전된 재산의 가액으로 보아 과세하는 규정이라고 말하고 있다. 그리고 이 판결은 위 규정에서 말하는 증여받거나 취득한 주식에는 자기자금으로 취득한 주식에 기초한 유상신주로서 최대주주 등으로부터 증여받은 재산으로 인수한 것이 당연히 포함된다고 판시하였다.

위 판결의 사안에서는, 해당 법인의 최대주주의 특수관계인인 원고가 당초 해당 법인의 구주를 취득할 때에는 자신들의 자금으로 취득하였다가 구주에 기초한 신주를 인수할 때에는 최대주주로부터 증여받은 재산으로 인수하였으며, 그 후 해당 법인이 상장법인과 합병하였다. 이에 대하여 원고는 신주의 인수가액이 저가였고 이로써 원고가 가지고 있던 구주의 가치가 신주의 가치와 희석됨으로써 자기증여가 이루어졌으므로 합병상장이익을 계산할 때 이러한 자기증여분은 공제되어야 한다고 주장하였다. 즉, 정산기준일 현재 1주당 평가가액에서 신주의 취득가액을 차감하는 산식에 의하여 합병상장이익을 산정하는데 신주의 취득가액이 저가인 경우 구주의 가치와 희석되어 신주의 가치가 상승하게 되고 이 부분은 자기증여에 해당함에도 위 산식에 의하면 합병상장이익에 포함되게 되어 불합리하다는 것이다.

이에 대하여 원심법원은, 합병에 따른 상장이익의 계산방법에 관한 규정은 1주당 합병상장차익은 ‘정산기준일의 평가가액’에서 ‘취득가액’ 및 ‘기업가치의 실질증가로 인한 이익’을 차감하여 계산한다고 정하고 있을 뿐, 자기자금으로 취득한 구주에 기초한 유상증자에서 발생한 자기이익 분여분을 증여재산 가액에서 차감하여야 한다고 정하고 있지는 않고, 또한 신주가 발행됨으로써 구주의 가치가 하락한 것은 신주의 저가발행으로 인한 일시적 손해일 뿐 구주의 주주로부터 신주의 주주에게 이익이 분여 또는 증여된 것이라고 보기도 어려우며, 나아가 이 부분 과세의 본질은 주식저가발행에 대한 과세가 아니라 합병상장이익에 대한 과세이고 그 이익의 계산도 합병등기일로부터 3월이 되는 날 공개시장 종가를 기준으로 하게 되어 있으므로, 유상증자 당시 자기증여 성립 여부가 이 부분과세의 적법여부와 관련이 있다고 볼 수도 없다고 하여 원고의 주장을 배척하였고, 대법원도 이를 수긍하였다.

상증세법 제41조의5가 과세하고자 하는 합병상장이익의 실질을 따져보면 원고가 주장하는 자기증여분은 여기에 포함되지 않아야 한다고 볼 여지도 있다. 그러나 위 규정이 정하고 있는 합병상장이익의 크기는 다분히 의제적인 것이고 그것이 증여이익의 본질에 크게 벗어나지 않아 위헌으로까지 볼 정도가 아니라면 조세법률주의의 원칙에 따라 법규정대로 과세하는 것이 타당하다는 취지가 이 판결에 담겨져 있다고 하겠다. 일감몰아주기 증여의제 규정에 관한 대법원 2022. 11. 10. 선고 2020두52214 판결에서도 자기증여에 해당하는 부분은 제외되어야 한다는 주장이 있었으나 원심이 관련 법규정의 내용을 들어 배척하였고 대법원이 이를 수긍하였다. 이러한 일련의 대법원 판결의 태도는 조세법률주의의 원칙에는 부합하고 그래서 법적 안정성과 예측가능성은 높일 수 있겠으나, 실질적으로 증여가 있었다고 볼 수 없는 부분까지 과세대상에 포함된다고 볼 여지가 있으므로 헌법이 규정하고 있는 국민의 재산권보호의 측면에서는 비판의 소지가 있다고 하겠다.

8. 금전의 무상대출에 따른 이익의 증여

상증세법 제41조의4 제1항은 타인으로부터 금전을 무상으로 또는 적정이자율보다 낮은 이자율로 대출받은 경우에는 그 금전을 대출받은 날에, 무상으로 대출받은 경우에는 대출금액에 적정이자율을 곱하여 계산한 금액을, 적정이자율보다 낮은 이자율로 대출받은 경우에는 대출금액에 적정이자율을 곱하여 계산한 금액에서 실제 지급한 이자 상당액을 뺀 금액을 그 금전을 대출받은 자의 증여재산가액으로 한다고 규정하고 있다. 다만, 그 각 금액이 1천만 원 미만인 경우에는 제외하도록 하였다. 제2항은 대출기간이 정해지지 아니한 경우에는 그 대출기간을 1년으로 보고, 대출기간이 1년 이상인 경우에는 1년이 되는 날의 다음 날에 매년 새로 대출받은 것으로 보아 해당 증여재산가액을 계산한다고 규정하고 있다. 그리고 제3항은 특수관계인이 아닌 자 간의 거래인 경우에는 거래의 관행상 정당한 사유가 없는 경우에 한정하여 제1항을 적용하도록 하였다.

제2항과 관련하여 대출기간이 1년 이상인 경우 그 증여시기를 금전의 무상대출일로 볼 것인지 아니면 매 1년이 되는 날로 볼 것인지가 다투어졌다. 전자로 보는 견해는 금전 자체를 증여하는 경우와 형평성을 고려하면 증여시기는 제1항에 의하여 최초로 대출받은 날이 되고 제2항은 증여재산가액의 계산방법에 관한 규정에 불과하다고 보고 있다. 후자로 보는 견해는 제2항에서 매년 새로 대출받은 것으로 본다고 하고 있으므로 증여시

기는 매 1년이 되는 날이 된다는 것이고 제2항은 그와 같이 증여시기도 의제하여 그에 따라 증여재산가액도 계산하도록 하는 규정이라고 보고 있다. 전자의 견해에 의하면 최초의 금전대출일만이 증여세 납세의무의 성립시기가 되고 그 다음해부터 매 1년이 되는 날마다 과세되는 증여세 납세의무의 성립시기도 소급해서 마찬가지로 보아야 하는 결론에 이르게 되는데 이럴 경우 부과제척기간이나 가산세 처리가 곤란해진다.

그래서 대법원 2012. 7. 26. 선고 2011두10959 판결은 상증세법 제41조의4 제1항 전문이 금전을 무상 또는 낮은 이자율로 대부받는 경우에 '금전을 대출받은 날'에 그 각 호에서 정한 금액을 대출받은 자의 증여재산가액으로 한다고 규정하면서 아울러 후문에서 대출기간이 1년 이상인 경우에는 그 1년이 되는 날의 다음 날에 '매년 새로 대출받은 것으로 보아' 적정이자율과의 차액을 계산한다고 규정한 점, 그 입법 취지는 특수관계자 간의 직접 증여에 따른 증여세 부담을 회피하기 위하여 금전을 무상대여하거나 낮은 이자율로 대여하는 경우 적정이자율과의 차액에 대해 증여세를 과세하려는 데 있는 점 등에 비추어 보면, 대출기간이 1년 이상인 금전 무상대출 또는 낮은 이자율에 의한 대출에 있어 그 이익의 증여시기는 금전을 대출받은 날 및 그 후 1년마다 도래하는 그 대출받은 날의 다음 날이 된다고 보아야 하고, 상증세법 제13조 제1항 제2호에 의하여 상속세 과세가액에 포함되는 '상속개시일 전 5년 이내에 피상속인이 상속인이 아닌 자에게 증여한 재산가액'에 해당하는지 여부도 위 각 증여시기를 기준으로 결정하여야 한다고 판시하였다.

여기서 적정이자율에 관하여 상증세법 시행령 제31조의4 제1항은 당좌대출이자율을 말한다고 규정하고, 다만 법인으로부터 대출받은 경우에는 법인세법 시행령 제89조 제3항에 따른 이자율, 즉 가중평균차입이자율을 적정이자율로 본다고 규정하고 있다. 위 단서의 규정에 의하여 법인으로부터 대출받은 경우 법인세법상 부당행위계산부인의 기준이 되는 시가인 이자율과 상증세법상 증여이익계산의 기준이 되는 적정이자율을 통일시킴으로써 양자 간에 불일치를 막았다.

그런데 2014. 2. 21. 개정되기 전의 구 상증세법 시행령 제31조의7에서는 위와 같은 단서의 규정이 없어 양자 간에 불일치가 있었고 이 때문에 다툼이 있었다. 법인이 가중평균이자율에 의하여 특수관계인에게 금전을 대출한 경우 정상적인 대출행위로 보아 부당행위계산부인 규정이 적용되지 않음에도 그 가중평균이자율이 당좌대출이자율보다 낮다는 이유로 증여세를 과세하는 것은 모순이라는 주장이 있었다. 이에 대하여 대법원 2014. 5. 16. 선고 2013두17633 판결은, 금전거래 행위가 상증세법 제41조의4 제1항에 따른 증여에 해당하는지 여부나 법인세법 제52조 제1항이 정한 부당행위계산부인 대상이 되는지 여부를 판단함에 있어서, 그 기준이 서로 다르게 규정되어 있고, 관련 조세법규에 양자 사이의 차이를 조정하는 규정도 존재하지 아니하는 점, 가중평균차입이자율은 법인의 대여시점 현재 각각의 차입금 잔액에 차입 당시의 각각의 이자율을 곱한 금액의 합계액을 해당 차입금 잔액의 총액으로 나눈 비율을 말하는 것인데, 해당 법인의 재무 상황, 금전 대여자와의 관계 등에 따라서는 일반적이고 정상적인 금전거래에서 형성될 수 있는 객관적·합리적인 이자율을 제대로 반영하지 못할 가능성도 있으므로, 법인과 그 특수관계자인 개인 사이의 금전거래가 가중평균차입이자율에 의하여 이루어졌다는 이유만으로 그 거래상대방인 개인이 해당 법인으로부터 위 이자율로 금전을 빌린 행위를 상증세법상 증여로 보아서는 아니 된다는 해석이 논리 필연적으로 도출되는 것은 아닌 점, 적정이자율을 일률적으로 규정하는 방식을 취하였더라도 이는 변칙 증여행위에 대한 공평한 조세부담을 통한 조세정의의 실현 요구, 징세의 효율성이라는 조세 정책적·기술적 요구를 종합적으로 고려한 것으로 보이는 점 등의 사정에 비추어 보면, 법인과 그 특수관계자인 개인 사이의 금전거래에 이 사건 규정이 정한 적정이자율을 적용한 것은 타당하다고 한 원심의 판단을 수긍하였다.

입법자가 굳이 동일한 금전거래에 대하여 법인세법과 상증세법에서 그 과세의 기준이 되는 이자율을 달리 정할 필요성이 없어 보임에도 이러한 불일치를 초래한 것은 법인세법 규정을 개정하는 과정에서 관련 상속세법 규정을 그대로 두는 실수를 범한 것이 아닌가 여겨진다. 그래서 위에서 본 바와 같이 이제는 통일적으로 규정하고 있는 것이다. 사법부의 판단이 입법자의 영역을 침해할 수는 없으므로 입법자 스스로 그와 같은 불일치를 수정하지 않는 한 그 상태대로 적용·판단할 수밖에 없다고 할 것이어서 위 대법원의 판단은 부득이한 결과라고 할 수 있겠다.

9. 재산사용 및 용역제공 등에 따른 이익의 증여

가. 개요

상증세법 제42조 제1항은, 타인에게 시가보다 낮은 대가를 지급하거나 무상으로 타인의 재산(부동산과 금전은 제외한다. 이하 같다)을 사용함으로써 얻은 이익(제1호), 타인으로부터 시가보다 높은 대가를 받고 재산을 사용하게 함으로써 얻은 이익(제2호), 타인에게 시가보다 낮은 대가를 지급하거나 무상으로 용역을 제공받음으로써 얻은 이익(제3호), 타인으로부터 시가보다 높은 대가를 받고 용역을 제공함으로써 얻은 이익(제4호)이 있는 경우에는 시가와 대가의 차액에 상당하는 금액을 증여재산가액으로 한다고 규정하고 있다. 제1호와 제2호는 재산의 사용에 따른 이익의 증여이고, 제3호와 제4호는 용역의 제공에 따른 이익의 증여이다.

여기서 눈여겨 볼 것은 제1호와 제2호의 재산에서 부동산과 금전은 제외하고 있다는 점이다. 부동산에 관하여는 상증세법 제37조에서 별도로 규정하고 있고, 금전에 관하여는 전항에서 살펴본 바와 같이 제41조의4에서 별도로 규정하고 있기 때문이다. 따라서 금전의 경우 제41조의4에 의하여 규율할 수 있을 뿐이고 제42조 제1항 각 호에 의하여 규율할 수는 없다. 상증세법 제41조의4가 2013. 1. 1. 개정되기 전에는 현행규정과 달리 특수관계인 사이의 금전 사용의 경우만을 그 적용대상으로 규정하고 있었다. 그러다 보니 과세관청의 입장에서는 당시 특수관계가 없는 자들 사이에 이루어진 금전의 무상사용에 대하여도 증여세를 과세할 필요가 있음에도 제41조의4를 적용할 수 없게 되자 부득이 특수관계인 사이의 거래로 그 적용대상을 제한하고 있지 않는 제42조 제1항 제3호나 제4호를 적용하고자 하였다. 즉, 금전의 사용도 넓게 보면 용역의 사용에 해당한다고 볼 수 있다는 것이었다. 나아가 제42조 제1항 제3호나 제4호의 적용대상으로 볼 수 없다는 포괄주의 증여규정인 상증세법 제2조 제3항에 의하여 증여세를 과세할 수 있다는 입장을 취하였다.

그러나 이에 대하여 대법원 2015. 10. 15. 선고 2014두37924 판결은 다음과 같이 판시하였다. 상증세법은 제37조 제1항과 제41조의4 제1항 제1호에서 부동산과 금전의 무상사용·대여에 따른 이익의 증여에 관하여, 제42조 제1항 제1호에서 부동산과 금전을 제외한 나머지 재산의 무상사용에 따른 이익의 증여에 관하여 각 규정하고, 같은 항 제2호에서 용역의 무상제공에 따른 이익의 증여에 관하여 별도로 규정함으로써, 재산의 무상사용에 따른 이익의 증여를 용역의 무상제공에 따른 이익의 증여와 구분하여 규정하고 있는 점 등에 비추어 살펴보면, 제41조의4 제1항 제1호에서 규정한 금전의 무상대여에 따른 적정이자율에 의한 이자 상당액의 이익은 제42조 제1항 제2호에서 규정한 '무상으로 용역을 제공받음으로써 얻은 이익'에는 해당하지 아니한다고 하였다.

나아가 납세자의 예측가능성을 보장하고 조세법률관계의 안정성을 도모하기 위하여 개별 가액산정규정이 특정한 유형의 거래·행위를 규율하면서 그중 일정한 거래·행위만을 증여세 과세대상으로 한정하고 그 과세범위도 제한적으로 규정함으로써 증여세 과세의 범위와 한계를 설정한 것으로 볼 수 있는 경우에는, 개별 가액산정규정에서 규율하고 있는 거래·행위 중 증여세 과세대상이나 과세범위에서 제외된 거래·행위가 상증세법 제2조 제3항의 완전포괄주의 증여의 개념에 들어맞더라도 그에 대한 증여세를 과세할 수 없다고 전제하고, 제41조의4 제1항은 특수관계에 있는 자로부터 1억 원 이상의 금전을 무상으로 대출받은 경우에는 그 대출금액에 적정이자율을 곱하여 계산한 금액을, 적정이자율보다 낮은 이자율로 대출받은 경우에는 그 대출금액에 적정이자율을 곱하여 계산한 금액에서 실제 지급한 이자 상당액을 뺀 금액을 각 그 금전을 대출받은 자의 증여재산가액으로 하도록 규정하고 있는 것은 특수관계자 간의 직접 증여에 따른 증여세 부담을 회피하기 위하여 금전을 무상대여하거나 낮은 이자율로 대여하는 경우 적정이자율과의 차액에 대해 증여세를 과세하려는 데 그 취지가 있으므로 특수관계에 있지 아니한 자 간의 금전의 무상대여 등의 거래를 증여세 과세대상에서 제외하고자 하는 취지임이 분명하고, 완전포괄주의 과세제도의 도입으로 인하여 이러한 입법의도가 변경되었다고 볼 수 없으므로, 그 거래로 인하여 금전을 대여받은 자가 얻은 이익에 대하여는 증여세를 과세하지 않도록 하는 한계를 설정한 것으로 보아야 하고, 따라서 이와 같은 이익에 대하여는 이를 증여세 과세대상으로 하는 별도의 규정이 있는 등의 특별한 사정이 없는 한 상증세법 제2조 제3항 등을 근거로 하여 증여세를 과세할 수 없다고 하였다.

이 판결은 상증세법은 제37조, 제41조의4, 제42조의 상호관계와 완전포괄주의 증여개념의 한계에 관하여 합리적인 법리를 설시한 것으로서 선례적 가치가 높다고 하겠다.

나. 무상의 보증 또는 담보제공

한편, 용역제공에 따른 이익의 증여와 관련하여 타인이 금전을 차용함에 있어서 무상으로 담보를 제공하거나 보증을 서는 경우 그에 따른 증여이익을 어떻게 산정할 것인지가 문제된다.

우선 그 본질에 관하여 이를 금전의 무상대부로 보아야 한다는 입장과 용역의 무상제공으로 보아야 한다는 입장의 대립이 있다. 전자의 입장은 금전의 대부자는 금전을 사용할 수 없고 차용인이 이를 사용하며 그 대신 대부자는 이자를 수령하는 한편 원금을 회수하지 못할 손실의 위험을 부담하는데, 보증인이나 담보제공자도 금전을 사용할 수 없고 차용인이 이를 사용하며 그 대신 보증인이나 담보제공자는 이자를 수령하지도 않으면서 원금을 대신 변제할 손실의 위험을 부담하므로 보증인이나 담보제공자는 대부자와 실질적으로 동일한 입장이면서 단지 이자를 수령하지 못하는 것뿐이므로 금전의 무상대부와 실질적으로 동일하다고 볼 수 있다는 것이다. 그래서 그 이익도 대부자가 수령할 이자 상당액이어야 한다는 입장이다. 상당히 기교적인 입장이라고 할 수 있다. 반면에 후자의 입장은 금전의 대부와 달리 보증이나 담보제공행위는 금전과 같은 재산을 대부하는 행위가 아니라 무형의 담보가치를 제공하는 것이므로 용역의 제공으로 보아야 한다는 입장이다. 그래서 그로 인한 이익도 그 용역의 시가 상당액으로 보아야 한다는 것이다. 그 시가는 불특정다수인 사이에 유상으로 보증이나 담보제공거래를 할 경우 수수하게 될 보증수수료나 담보제공수수료가 될 것이다. 예를 들면 보증보험회사의 보증수수료가 여기에 해당할 수 있겠다.

대법원 2013. 11. 14. 선고 2011두18458 판결은 후자에 가까운 입장을 취하였다. A가 그의 정기예금을 담보로 제공하여 원고로 하여금 대출을 받을 수 있게 한 것은 원고에게 정기예금의 담보가치를 일정기간 사용하게 함으로써 금전대출에 관한 신용을 무상으로 공여한 것으로서 일종의 용역 제공으로 인한 이익의 증여에 해당한다고 전제한 다음, 그에 따른 증여재산가액은 원칙적으로 당해 거래와 유사한 상황에서 불특정 다수인 사이에 통상적으로 지급되는 대가인 시가에 의하여 산정하여야 한다는 이유로, 그와 달리 피고가 금전의 저리 대부에 따른 증여이익의 계산에 관한 구 상증세법 제41조의4 제1항 제2호를 유추적용하여 대출금액에 적정이자율을 곱하여 계산한 금액에서 원고가 실제 지급한 이자 상당액을 뺀 금액을 증여재산가액으로 산정하여 원고에게 증여세를 부과한 이 사건 처분은 위법하다고 판시하였다. 이 판결은 위에서 본 전자의 입장은 잘못되었고, 후자의 입장에 따라야 한다고 판시하였는데, 후자의 입장에 따를 경우 구체적으로 증여이익을 어떻게 산정하여야 하는지에 대한 판시가 없다는 점이 다소 아쉽다.

10. 재산취득 후 개발사업 등으로 재산가치 증가에 따른 증여

가. 관련 규정과 입법 취지

상증세법 제42조의3은 재산 취득 후 재산가치 증가에 따른 이익의 증여에 관하여 규정하고 있다. 제1항은 직업, 연령, 소득 및 재산상태로 보아 자력으로 해당 행위를 할 수 없다고 인정되는 자가 그 각 호의 사유로 재산을 취득하고 그 재산을 취득한 날부터 5년 이내에 개발사업의 시행, 형질변경, 공유물 분할, 사업의 인가 · 허가 등 대통령령으로 정하는 재산가치증가사유로 인하여 이익을 얻은 경우에는 그 이익에 상당하는 금액을 그 이익을 얻은 자의 증여재산가액으로 한다고 규정하면서, 제1호에서 특수관계인으로부터 재산을 증여받은 경우를, 제2호에서 특수관계인으로부터 기업의 경영 등에 관하여 공표되지 아니한 내부 정보를 제공받아 그 정보와 관련된 재산을 유상으로 취득한 경우를, 제3호에서 특수관계인으로부터 증여받거나 차입한 자금 또는 특수관계인의 재산을 담보로 차입한 자금으로 재산을 취득한 경우를 열거하고 있다. 그리고 제2항은 제1항에 따른 이익은 재산가치증가사유 발생일 현재의 해당 재산가액, 취득가액(증여받은 재산의 경우에는 증여세 과세가액을 말한다), 통상적인 가치상승분, 재산취득자의 가치상승 기여분 등을 고려하여 대통령령으로 정하는 바에 따라 계산한 금액으로 하고, 이 경우 그 재산가치증가사유 발생일 전에 그 재산을 양도한 경우에는 그 양도한 날을 재산가치증가사유 발생일로 본다고 규정하고 있다. 그 위임에 따른 상증세법 시행령 제32조의3은 재산가치증가사유란 그 각 호의 어느 하나에 해당하는 사유를 말한다고 하면서, 제1호에서 개발사업의 시행, 형질변경, 공유물 분할, 지하수개발·이용권 등의 인가·허가 및 그 밖에 사업의 인가·허가를, 제2호에서 비상장주식의 자본시장과 금융투자업에 관한 법률 제283조에 따라 설립된 한국금융투자협회에의 등록을, 제3호에서 그 밖에 제1호 및 제2호의 사유와 유사한 것으로서 재산가치를 증가시키는 사유를 들고 있다.

먼저, 위 시행령 각 호의 규정들이 열거적 규정인지 예시적 규정인지에 관하여 다툼이 있었는데, 대법원 2023. 6. 1. 선고 2019두31921 판결은, 구 상증세법 제42조 제4항(현행 제42조의3 제1항)은 재산가치증가사유를 '개발사업의 시행, 형질변경, 공유물 분할, 사업의 인허가 등 대통령령으로 정하는 사유'라고 규정하고 있는데, 이는 재산가치증가사유의 유형을 열거한 다음 이와 유사한 것을 대통령령으로 정하라는 취지로서 재산가치증가사유를 예시적으로 보는 전제에서 규정되어 있는 점, 구 상증세법 시행령 제31조의9 제5항은 2010. 2. 18. 및 2013. 6. 11. 각각 개정되면서 기존 재산가치증가사유들을 각호에서 개별적으로 열거하였는데, 제4호에서 '지하수개발·이용권 등인 경우에는 그 인가·허가'라고만 규정하고 있을 뿐 말미에 '인가·허가 등'이라고 규정하고 있지 않는데, 이러한 개정 연혁에 비추어 볼 때 구 상증세법 시행령 제31조의9 제5항이 지하수개발 등의 '신고수리'를 고려하여 '인허가 등'이라고 규정한 것이라고 보기 어렵고, 위 '등'은 재산가치증가사유를 예시적으로 규정하기 위하여 부가된 것으로 봄이 자연스러운 점, 위 법령조항이 변칙증여에 대응하기 위하여 입법되었다는 점 등을 종합하여 보면, 재산가치증가사유를 예시하고 있다고 봄이 타당하다고 판시하였다.

위 판결은 상증세법 시행령이 2016. 2. 5. 개정되기 전의 제23조 제1항 제3호에 관한 것이었는데, 위와 같이 개정되면서 제32조의3 제1항 제3호에서 '그 밖에 제1호 및 제2호의 사유와 유사한 것으로서 재산가치를 증가시키는 사유'까지 두고 있어 이제는 입법상으로도 예시적 규정임이 보다 분명해졌다. 이러한 유형적 포괄주의 규정을 얼마나 폭넓게 해석할 것이냐에 따라서 재산가치증가사유의 전체적 적용 범위가 정해진다고 하겠다.

나. 취득재산과 재산가치 증가사유의 관련성

취득재산이 재산가치증가사유의 직접적 대상이 되어야 하는지 아니면 간접적 대상이 되어도 무방한지에 관하여 다툼이 있었다. 예를 들어 직접적 대상이 되는 경우란 토지를 취득하였는데 그 지상에 개발사업의 시행이 이루어짐으로써 그 토지의 가치가 증가한 경우를 이를 것이다. 반면에 간접적 대상이 되는 경우란 법인의 주식을 취득하였는데 그 법인이 개발사업을 시행함으로써 법인의 가치가 증가하여 그 법인의 주식가치도 증가하는 경우를 이를 것이다.

간접적 대상이 되는 후자의 경우에 상증세법 제42조의3의 적용대상이 되는지에 관한 사안으로 대법원 2023. 6. 29. 선고 2018두41327 판결이 있다. 이 판결은 위 규정에서 정한 재산가치증가사유로 인하여 법인의 재산가치가 증가함에 따라 해당 법인의 주주가 주식가치 증가의 이익을 얻은 경우라도 재산가치증가사유와 주식가치 증가분 사이에 인과관계가 인정된다면 그 이익도 위 규정의 과세대상 이익에 해당한다고 보아야 하고, 취득한 재산과 재산가치증가사유의 직접적 대상이 되는 재산이 동일하지 않다는 이유만으로 위 규정의 과세대상에서 배제된다고 볼 것은 아니라고 판시하였다. 그 논거를 다음과 같이 제시하였다. 위 규정의 문언을 보면, 과세대상 이익인 '그 재산가치의 증가에 따른 이익'에서 '그 재산'이 반드시 '재산가치증가사유'의 직접적 대상이 되는 재산과 동일한 것이어야 한다고 보기는 어렵다. 즉, 위 규정의 문언만으로는 수증자가 일정한 취득사유에 따라 취득한 재산의 가치가 '재산가치증가사유'로 인하여 증가할 것을 요건으로 할 뿐, 재산가치증가사유의 직접적 대상이 되는 재산만이 수증자의 취득재산이 되어야 하고 그 재산의 가치 증가분만을 과세대상으로 삼은 것이라는 해석이 도출되지 않는다. 수증자의 취득재산이 반드시 재산가치증가사유의 직접적 대상 재산에 한정된다고 해석한다면 그 대상 재산을 보유한 법인의 주식을 취득하는 등의 방법으로 위 규정에 따른 증여세를 쉽게 회피할 수 있게 되는데, 이는 변칙증여 방지를 위한 위 규정의 입법 취지에도 부합하지 않는다. 위 규정의 위임에 따른 상증세법 시행령 제32조의3 제1항 제2호는 비상장주식 과 같은 특정 재산과 관련하여 그 재산에 직접 적용되는 재산가치증가사유를 규정하고 있는 반면, 같은 항 제1호는 '개발사업의 시행' 등 재산가치증가사유만을 그대로 규정하고 있을 뿐 그 재산가치증가사유가 적용되는 재산을 별도로 규정하고 있지 않다. 법인의 재산가치 증가에 따른 주주의 이익이 위 규정의 과세대상 이익에 포함된다고 해석하더라도, 그 밖에 주체요건, 재산취득요건, 재산가치증가사유요건 등 이 사건 조항에서 요구하는 다른 과세요건이 모두 충족되어야 증여세를 과세할 수 있으므로, 그와 같은 해석이 법적 안정성이나 예측 가능성을 현저히 침해한다고 볼 것도 아니다.

이상에 본 대법원 판결의 논거를 보면, 조세법률주의의 원칙인 엄격해석의 원칙에도 부합하고, 상증세법 제42조의3의 입법취지에도 부합하므로 타당한 결론이라고 할 것이다.

다. 재산가치 증가사유로서 개발사업시행의 범위

상증세법 시행령 규정에서 보았듯이 재산가치증가사유들 중에는 개발사업의 시행이 대표적인 것으로 꼽힌다. 그런데 개발사업이라는 용어의 추상성과 포괄성 때문에 그 범위를 가늠하기가 쉽지 않다. 이 용어는 상증세법이 개발이익환수에 관한 법률의 용어를 차용한 것으로 보이는데 세법과 개발이익환수에 관한 법률의 취지가 달라 동일한 범위의 의미로 보기도 어렵다. 과세관청으로서는 가급적 그 범위를 넓히고자 할 것이지만 이에 대한 법원의 태도는 비교적 엄격한 편이다.

앞서 본 대법원 2023. 6. 1. 선고 2019두31921 판결은 상증세법의 '개발사업'을 개발이익환수에 관한 법률에서 정의하고 있는 '개발사업'과 완전히 동일한 의미라고 볼 수는 없다고 하면서 개발이익환수에 관한 법률은 토지에 대한 투기를 방지하고 토지의 효율적인 이용을 촉진하여 국민경제의 건전한 발전에 이바지하기 위하여 제정된 법률로서 변칙증여에 대하여 증여세를 과세하려는 데 그 취지가 있는 상증세법과는 그 입법 목적이나 취지를 달리하기 때문이라고 한다. 그러면서 '개발사업의 시행'을 재산가치증가사유로 규정한 것은 어떤 토지가 개발구역으로 지정·고시되면 그 자체의 경제적 효과로서 아직 개발사업의 시행이 완료되지 않았더라도 장차 개발사업이 이루어져 발생할 것으로 예상되는 기대이익이 현실화되어 그 시점에서 토지의 가치가 상승하게 된다는 전제에 있다고 해석된다고 하였다. 이 판결에서는 석유화학공장의 신축완공이 개발사업의 시행에 해당하는지가 다투어졌는데, 부정적 입장을 취하였다. 그 논거로는 상증세법 시행령 제24조 제1항 각호에서 재산가치증가사유별 증여재산 취득시기, 즉 각 재산가치증가사유의 발생일을 구체화하였는데 그에 따른 각 재산가치증가사유 발생일은 모두 해당 재산가치증가사유와 관련한 절차 등이 종료되어 그로 인한 최종 손익이 확정되는 때가 아니라 그 사유의 발생을 명확히 인식할 수 있는 시점으로서 장래의 이익이 현실화된다고 볼 수 있는 때로서 그 중 제3호 가목은 '개발사업의 시행'의 경우 '개발구역으로 지정되어 고시된 날'을 증여재산 취득시기로 규정하고 있는 점, 상증세법 제42조의3에서 정한 재산가치증가사유 발생일 이후 해당 재산의 가치가 하락하더라도 세액을 조정하는 장치를 두고 있지 않으므로 장래의 재산가치 증가가 객관적으로 예정된 것이어야 한다는 내재적 한계를 갖고 있는 점, '개발사업의 시행'을 재산가치증가사유로 규정한 것은 어떤 토지가 개발구역으로 지정·고시되면 그 자체의 경제적 효과로서 아직 개발사업의 시행이 완료되지 않았더라도 장차 개발사업이 이루어져 발생할 것으로 예상되는 기대이익이 현실화되어 그 시점에서 토지의 가치가 상승하게 된다는 전제에 있다고 해석되는 점, 그런데 '개발사업의 시행'과 달리 공장이 완공되었다는 사유만으로는, 그 자체의 경제적 효과로서 장차 그 공장을 이용한 사업으로 발생할 기대이익이 객관적으로 예상된다거나, 그 기대이익이 현실화되어 완공 시점에서 그 공장 부지의 가치 증가분 등과 무관하게 해당 법인의 주식가치가 증가하게 된다고 볼 수 없는 점 등을 들었다.

단순한 공장의 완공은 '개발사업의 시행'의 일반적 의미에 포섭되기도 어렵거니와 개발사업에 비하여 장래 발생할 기대이익을 객관적으로 예견하기가 어렵다고 본 것이다. 나아가서 위 판결은 위 상증세법 시행령 제32조의3 제1항 제3호로 '그 밖에 제1호 및 제2호의 사유와 유사한 것으로서 재산 가치의 증가시키는 사유'가 추가된 것을 보면, 열거되지 않은 어떤 사유가 재산가치증가사유에 포섭되기 위해서는 열거된 재산가치증가사유와 유사한 것으로서 위와 같은 공통된 특징을 가진 사유여야 하는데 공장의 신축완공은 일정한 토지에 대한 개발과 그로 인한 토지 가치 상승분을 예정하고 있는 '개발사업의 시행'이라는 재산가치증가사유와 유사하다고 보기 어렵다고 판시하였다.

그러나 위 사안처럼 단발적인 공장의 신축완공에 그치지 않고 일련의 개발사업의 시행의 일환으로서 공장의 신축완공이 있을 경우, 그래서 장래 발생할 기대이익을 객관적으로 예견할 수 있는 상황이라면 달리 볼 여지가 있다고 하겠다.

11. 공익법인 출연재산의 비과세

가. 관련 규정과 입법 취지

상증세법 제48조 제1항은 공익법인 등이 출연받은 재산의 가액은 증여세 과세가액에 산입하지 아니하도록 규정하고 있다. 이는 공익법인 등이 영위하는 사업의 공익성을 고려하여 그 공익적 활동을 조세정책 차원에서 지원하기 위한 규정으로 설명되고 있다(대법원 2017. 4. 20. 선고 2011두21447 전원합의체 판결 참조).

먼저, 여기서 주체가 되는 공익법인 등에는 거주자 또는 이에 포함되거나 거주자로 간주되는 '본점이나 주된 사무소의 소재지가 국내에 있는 비영리법인', '법인격 없는 사단·재단 또는 그 밖의 단체'만 해당하는지, 아니면 비거주자 또는 이에 포함되거나 비거주자로 간주되는 '본점이나 주된 사무소의 소재지가 외국에 있는 비영리법인', '법인격 없는 사단·재단 또는 그 밖의 단체'도 해당되는지가 문제된다.

이에 관하여 대법원 2025. 5. 15. 선고 2025두30806 판결은, 관련 규정들을 종합적 체계적으로 분석한 결과로서 후자의 입장을 취하였다. 먼저, 관련 규정을 보면, 상증세법 제4조의2 제1항은 수증자가 거주자(본점이나 주된 사무소의 소재지가 국내에 있는 비영리법인을 포함한다)인지, 비거주자(본점이나 주된 사무소의 소재지가 외국에 있는 비영리법인을 포함한다)인지를 가리지 않고 증여세 납부의무를 지도록 하되, 거주자에 관하여는 증여세 과세대상이 되는 모든 증여재산, 비거주자에 관하여는 증여세 과세대상이 되는 국내에 있는 모든 증여재산을 증여세 납부의무 대상으로 규정하고 있고, 상증세법 제4조의2 제7항은 법인격이 없는 사단·재단 또는 그 밖의 단체가 국세기본법 제13조 제4

항에 따른 '법인으로 보는 단체'에 해당하는 경우에는 비영리법인으로 보고(제1호) 그 외의 경우에는 거주자 또는 비거주자로 보아(제2호) 구 상증세법을 적용하도록 규정하고 있다.

대법원은, 이러한 규정들을 종합해보면, 증여세 납부의무가 성립하는 국면에서 상증세법 제4조의2 제1항, 제7항은 거주자와 비거주자 모두를 납부의무자로 상정하는 한편, 그 납부의무를 법인격이 없는 사단·재단 또는 그 밖의 단체에 대해서도 지우고 있는 반면, 증여세 과세가액 산입 여부의 국면에서 상증세법 제48조 제1항 본문은 공익법인 등이 출연받은 재산은 증여세 과세가액에 산입하지 않는다고 규정함으로써 거주자에게만 적용된다는 제한을 두고 있지는 않다고 전제하고, 조세법규의 해석은 특별한 사정이 없는 한 법문대로 하여야 한다는 조세법률주의의 원칙, 증여세 납부의무의 성립과 증여세 과세가액 불산입 상호 간의 균형 등을 고려하면, 비거주자 또는 이에 포함되거나 비거주자로 간주되는 '본점이나 주된 사무소의 소재지가 외국에 있는 비영리법인', '법인격 없는 사단·재단 또는 그 밖의 단체'도, 상증세법 제48조 제1항 본문에 따라 증여세 과세가액 불산입이 적용되는 '공익법인 등'에 해당한다고 보아야 한다고 판시하였다.

나아가 대법원은 '공익법인 등'의 사업으로 열거된 상증세법 시행령 제12조 제1호의 '종교의 보급 기타 교화에 현저히 기여하는 사업'이 국내에서 이루어지는 사업만 가리킨다고 볼 수도 없고, 그렇게 해석할 법률 문언의 근거가 없을 뿐만 아니라, 위와 같은 사업이 외국에서 이루어진다는 사정만으로 그 사업이 공익과 무관하다거나 공익을 증대하지 않는다고 할 수 없기 때문이라고 하면서, 공익법인 등의 결산서류 등의 공시의무에 관하여 규정한 상증세법 제50조의3 제1항 및 상증세법 시행령 제43조의3 제4항에 따라 상증세법 시행규칙(2018. 3. 19. 개정 전) 제25조 제7항에서는, 상증세법 시행령 제12조 제1호의 사업을 영위하는 공익법인 등에 관하여 별지 제31호의2 서식을 마련하고 있는데, 해당 서식은 고유목적사업 내용에 '국제개발, 해외원조', '종교의 보급 및 활동'을 포함시키면서 이들을 중복으로 선택할 수 있도록 하고 국외 주요사업지역을 표기하도록 하고 있어, 이러한 점도 외국에서의 '종교의 보급 기타 교화에 현저히 기여하는 사업'이 공익법인 등의 사업에 포함될 수 있음을 보여준다고 하였다. 그래서 상증세법 시행령 제12조 제1호의 '종교의 보급 기타 교화에 현저히 기여하는 사업'을 국내가 아닌 외국에서 수행하는 비거주자 또는 이에 포함되거나 비거주자로 간주되는 '본점이나 주된 사무소의 소재지가 외국에 있는 비영리법인', '법인격 없는 사단·재단 또는 그 밖의 단체'도, 구 상증세법에 따른 '공익법인 등'에 해당한다고 보아야 한다고 결론지었다.

한편, 상증세법 제48조 제2항은 그 각 호의 어느 하나에 해당하는 경우에는 공익법인 등이 증여받은 것으로 보아 즉시 증여세를 부과하도록 하면서, 제1호에서 '출연받은 재산을 직접 공익목적사업 등(직접 공익목적사업에 충당하기 위하여 수익용 또는 수익사업용으로 운용하는 경우를 포함한다. 이하 이 호에서 같다)의 용도 외에 사용하거나 출연받은 날부터 3년 이내에 직접 공익목적사업 등에 사용하지 아니하거나 3년 이후 직접 공익목적사업 등에 계속하여 사용하지 아니하는 경우, 다만 직접 공익목적사업 등에 사용하는 데에 장기간이 걸리는 등 부득이한 사유가 있는 경우로서 그 보고서를 제출할 때 납세지 관할 세무서장에게 그 사실을 보고하고, 그 사유가 없어진 날부터 1년 이내에 해당 재산을 직접 공익목적사업 등에 사용하는 경우는 제외한다'를, 제2호에서 '출연받은 재산(그 재산을 수익용 또는 수익사업용으로 운용하는 경우 및 그 운용소득이 있는 경우를 포함한다)을 내국법인의 주식 등을 취득하는 데 사용하는 경우'를, 제3호에서 '출연받은 재산을 수익용 또는 수익사업용으로 운용하는 경우로서 그 운용소득을 직접 공익목적사업 외에 사용한 경우'를, 제4호에서 '출연받은 재산을 매각하고 그 매각대금(매각대금에 의하여 증가한 재산을 포함하며 대통령령으로 정하는 공과금 등은 제외한다)을 공익목적사업 외에 사용하거나 매각한 날부터 3년이 지난 날까지 공익목적사업에 사용하지 아니한 경우'를, 제5호에서 '제3호에 따른 운용소득을 기준금액에 미달하게 사용하거나 제4호에 따른 매각대금을 매각한 날부터 3년 동안 기준금액에 미달하게 사용한 경우'를 각 규정하고 있다. 그리고 제3항은 공익법인 등이 출연받은 재산 등을 출연자나 그 친족 등 특수관계인이 임대차, 소비대차 및 사용대차 등의 방법으로 사용·수익하게 하는 경우에는 대통령령으로 정하는 가액을 공익법인 등이 증여받은 것으로 보아 즉시 증여세를 부과하되, 다만 공익법인 등이 직접 공익목적사업과 관련하여 용역을 제공받고 정상적인 대가를 지급하는 경우에는 그러하지 아니하다고 규정하고 있다. 상증세법 제16조에서는 상속세에 관하여 비슷한 취지의 규정을 두고 있다.

위 각 호의 규정에 해당하여 증여세를 부과할 때 증여재산의 평가기준일을 언제로 볼 것인지에 관하여 대법원 2017. 8. 18. 선고 2015두50696 판결은 다음과 같이 판시하였다. 위 각 호의 규정에 의한 증여세 과세대상은 공익법인 등이 당초 출연받은 재산 자체가 아니라, 각 호에 규정된 사유가 발생할 경우에 증여로 의제되는 '대통령령으로 정하는 가액'으로 법문상 규정되어 있는 점과 그 입법 취지 등을 종합적으로 고려하여 보면, 상증세법 제48조 제2항 제1호 본문을 적용하는 경우 증여재산가액의 평가기준일은 공익법인 등이 재산을 출연받은 이후에 위 규정이 정한 과세사유가 발생함으로써 증여로 의제되는 시점으로 보아야 하고, 이러한 해석은 증여재산가액을 증여일 현재의 시가에 따르도록 한 상증세법 제60조 제1항 전단의 규정에도 부합한다고 하였다.

위 사건에서 원고는 상증세법 제48조 제2항 제1호의 규정이 증여세 비과세의 사후관리 규정임을 이유로 사후관리 규정을 위반한 경우 당초 비과세하였던 증여세를 과세하는 것이므로 그 재산의 평가기준일도 당초 증여시점이 되어야 한다고 주장하였으나 대법원은 사후관리 규정 자체를 과세요건의 의제에 관한 규정으로 보고 그 규정에 해당하게 된 시점을 증여로 의제되는 시점으로 보고 그 날이 평가기준일이 되어야 한다고 본 것이다. 그 당시에는 구 상증세법 제48조 제2항 본문에서 그 각 호의 어느 하나에 해당하는 경우에는 대통령령이 정하는 가액을 증여받은 것으로 본다고만 하고 그 평가기준일에 관한 명문의 규정이 없어 논란이 된 것인데, 위 규정이 2019. 12. 31. 개정되면서 그 각 호의 어느 하나에 해당하는 경우에는 '그 사유가 발생한 날에' 대통령령이 정하는 가액을 증여받은 것으로 본다고 함으로써 위 판결의 취지를 입법에 반영하였다.

비영리공익법인은 사회일반의 이익에 공헌하는 사업을 목적으로 하고 있어 이러한 공익사업을 수행하는 자는 국가 또는 지방자치단체가 수행하여야 할 업무의 일부를 대신 수행한다 할 것이므로, 비영리공익법인이 그 고유목적사업을 원활히 수행할 수 있도록 공익사업에 출연한 재산에 대하여는 증여세를 부과하지 않도록 한 것이다. 다만, 공익법인 등은 출연받은 재산을 그 목적에 맞게 사용할 의무가 있고 공익법인 등이 그 의무를 이행하지 아니한 경우에는 본래대로 증여받은 것으로 보아 즉시 증여세를 부과하도록 규정하고 있다. 위 규정의 입법 취지에 관하여 대법원 2013. 6. 27. 선고 2011두12580 판결은, 공익사업을 앞세우고 변칙적인 재산출연행위를 하여 탈세나 부의 증식수단으로 악용하는 것을 방지하기 위하여 공익법인 등에 출연된 재산에 대하여는 공익법인 등이 해당 재산이나 그 운용소득을 출연목적에 사용할 것을 조건으로 증여세 과세가액에 정책적으로 산입하지 아니하는 데 있다고 하였다.

나. 내국법인 주식의 출연

(1) 관련 규정의 분석

위에서 본 바와 같이 공익법인에 출연한 재산은 상속세나 증여세의 과세대상에서 제외하면서도, 예외규정을 두어 상증세법 제16조 제2항 본문과 제48조 제1항 단서에서 공익법인이 내국법인의 주식을 출연받은 경우로서 출연받은 주식과 그 당시 당해 공익법인이 이미 보유하고 있는 당해 내국법인의 주식, 출연자와 그 특수관계자가 다른 공익법인에 출연한 당해 내국법인의 주식, 출연자 및 그의 특수관계인으로부터 재산을 출연받은 다른 공익법인 등이 보유하고 있는 동일한 내국법인의 주식을 합한 것이 당해 내국법인의 의결권 있는 발행주식총수의 일정 비율을 초과하는 경우에는 그 초과부분에 대하여 상속세나 증여세를 과세하도록 하고 있다. 그 비율은 상증세법 제16조 제2항 제2호에 규정된 바와 같이 원칙은 10%이고, 그 (가)목에 해당할 경우 20%로 완화되고, (나) ·

(다)목에 해당할 경우 5%로 강화된다.

이와 같이 주식의 보유한도를 규제하는 취지는 출연자가 공익법인을 지주회사처럼 활용하여 간접적으로 내국법인을 계속 지배하는 것을 막기 위한 것이라고 한다. 이러한 행위는 공익을 위한 선행이 아니라 사익을 유지하기 위한 편법에 불과하므로 비과세의 혜택을 주지 않겠다는 것이다. 또한 공익법인의 재정을 건실하게 하기 위해서도 특정 내국법인의 주식을 과다하게 보유하는 것보다는 다양한 우량주식을 분산하여 보유하는 것이 낫다는 입장도 반영되어 있다. 미국의 경우도 공익법인이 보유한도 20%를 넘어 주식을 보유하면 보유주식 가치의 10%에 상당하는 규제세를 부과하고 있다고 한다.

이에 대하여 다시 또 예외조항을 두고 있는데, 상증세법 제48조 제1항 단서의 괄호규정에서 인용하고 있는 제16조 제3항 단서에서는 그 출연자와 특수관계에 있지 아니한 내국법인의 주식을 출연하는 경우에는 상속세나 증여세를 과세하지 아니한다고 규정하고, 그 위임에 따라 상증세법 시행령 제13조 제8항은 출연자 또는 그의 특수관계인(당해 공익법인을 제외한다)이 주주이거나 임원의 현원 중 5분의 1을 초과하는 내국법인으로서 출연자 및 그의 특수관계인(여기서는 당해 공익법인이 제외되지 않는다)이 보유하고 있는 주식의 합계가 가장 많은 내국법인에 해당하지 않으면 출연자와 특수관계에 있지 아니한 내국법인에 해당한다고 규정하고 있다. 여기서 다시 출연자 및 '그의 특수관계인'의 범위가 문제되는데, 이에 관하여 상증세법 시행령 제2조의2는 특수관계인의 하나로 제4호에서 주주와 그 친척, 사용자 등이 이사의 과반수를 차지하거나 '재산을 출연하여 설립한 비영리법인'이라고 규정하고 있다.

위 상증세법 제16조 제3항 단서 규정들은 2000년 12월경에 신설된 것인데 그 취지는 출연자와 당해 내국법인 사이에 특수관계가 없으면 출연자가 공익법인을 통하여 내국법인을 간접적으로 지배할 가능성이 낮다고 보고 공익법인에의 출연을 좀 더 권장하는 의미에서 다시 비과세의 혜택을 부여한 것이라고 한다. 이와 같이 관련 규정들은 원칙에 대한 예외, 그 예외에 대한 예외규정들이 반복되고 각 규정들이 또 다른 규정들을 인용하는 형식을 취하고 있어 매우 복잡한 양상을 보이고 있다. 입법기술상 불가피한 측면이 없지 않겠지만 가능한 한 좀 더 간명하게 정리될 필요가 있다고 하겠다.

(2) 출연자와 내국법인의 특수관계

위에서 본 바와 같이 공익법인에 대한 내국법인 주식의 출연이 상속세나 증여세의 비과세대상에 포함되는지 여부는 그 주식의 출연자와 그 주식을 발행한 내국법인 사이에 특수관계가 존재하느냐에 따라 결론이 갈린다. 상증세법 시행령 제13조 제8항에 의하면

두 가지 요건이 모두 구비되어야 특수관계에 있지 아니한 내국법인이 되는데, 첫째는 출연자 또는 그의 특수관계인(당해 공익법인은 특수관계인이더라도 제외한다)이 내국법인의 주주이거나 임원의 현원 중 5분의 1을 초과하여야 하고, 둘째는 출연자 및 그의 특수관계인(당해 공익법인이 특수관계인이면 제외되지 않는다)이 합하여 최대주주이어야 하는 것이다. 둘째 요건이 충족되면 첫째 요건 중 '주주'의 요건도 당연히 충족되는 것처럼 보이지만 특수관계인의 범위에 관한 괄호규정이 다르고 '또는'과 '및'의 차이도 있어 그렇게 볼 수 없다. 이러한 차이점은 나중에 살펴보는 출연당시설과 출연결과설의 입장 대립에서 주요 쟁점으로 부상한다.

예를 들어 설명해 본다. A가 내국법인 S사의 주식 100%를 보유하고 있다가 공익법인인 P법인에게 그중 90%를 출연함으로써 P법인이 S사 주식을 90% 보유하게 되었다면, 5%를 초과하는 부분은 원칙적으로 증여세의 과세대상이 된다. 그러나 S사가 A와 특수관계에 있는 내국법인에 해당하지 아니하면 예외규정이 적용되어 증여세 비과세대상이 된다. 그런데 S사가 A와 특수관계에 있는 내국법인이 되지 않기 위해서는 A 또는 그의 특수관계인(P법인은 제외한다)이 S사의 주주이면서 아울러 A 및 그의 특수관계인(여기서는 P법인이 제외되지 않는다)이 보유하고 있는 주식의 합계가 가장 많은 내국법인에 해당하지 않으면 된다.

여기서 첫 번째 쟁점으로, S사가 A와 특수관계에 있는 내국법인인지를 판단하는 기준시점을 주식출연 직전(즉, 주식출연 당시)으로 볼 것인지 아니면 주식출연 직후(즉, 주식출연 결과)로 볼 것인지가 문제된다. 주식출연 당시를 기준으로 보게 되면, A는 S사의 주주이면서 아울러 A가 보유하고 있는 그 주식의 합계가 100%이므로 당연히 최대주주가 되어 S사는 A와 특수관계에 있는 내국법인에 해당하기 때문에 증여세 과세대상이 된다는 결론에 이른다. 반면에 주식출연 결과를 기준으로 보게 되면 A는 S사의 주주로서 그 주식 10%를 보유하고, P법인이 S사 주식 90%를 보유하게 되는데, 여기서 다시 두 번째 쟁점으로, P법인이 A의 특수관계인에 해당하는지 여부가 문제된다. P법인이 A의 특수관계인에 해당하면 A가 S사의 주주이면서 아울러 A와 그 특수관계인인 P법인이 보유하는 S사 주식의 합계가 100%이므로 최대주주가 되어 S사는 A와 특수관계에 있는 내국법인에 해당하기 때문에 증여세 과세대상이 되고, 반대로 P법인이 A의 특수관계인에 해당하지 않는다면 A가 S사의 주주이기는 하지만 A가 보유하고 있는 S사의 주식이 10%에 불과하여 최대주주가 되지 아니하므로(최대주주는 A와 특수관계가 없는 P법인이다) S사는 A와 특수관계에 있는 내국법인에 해당하지 않게 되어 증여세 비과세대상이 되는 결론에 이르게 된다.

두 번째 쟁점에 관하여는 다음 항에서 살펴보기로 하고, 먼저 첫 번째 쟁점에 관하여 본다. 이에 관하여는 출연당시설과 출연결과설의 대립이 있다. 출연당시설의 입장에서는 관계법령에서 주식출연한도를 규제하는 입법 취지를 다음과 같이 보고 있다. 즉, 주식출연자가 주식출연 직전에 내국법인의 최대주주의 요건을 충족하고 있으면 당시 그 내국법인에 대한 지배력을 가지고 있는 것이고 이를 바탕으로 하여 그 주식의 전부 또는 일부를 공익법인에 출연하더라도 그 공익법인을 통하여 간접적으로 내국법인에 대한 지배력을 계속 보유할 수 있으므로 이러한 경우에는 증여세의 비과세혜택을 부여하지 않는 것이라고 한다. 그리고 상증세법 제16조 제3항 단서에서 '특수관계에 있지 아니한 내국법인의 주식 등을 출연하는 경우로서'라고 하는 문언의 어법 구조상 특수관계 여부는 출연당시를 기준으로 하는 것이 분명하다는 것이다. 그리고 부당행위계산부인 등 일반적으로 특수관계인이 문제가 되는 영역에서도 거래당시를 기준으로 특수관계 여부를 판단해 왔다는 점도 논거로 들고 있다.

이에 반하여 출연결과설의 입장에서는, 주식출연한도를 규제하는 입법 취지는 출연자가 주식출연 이후에 그 결과로서 공익법인을 통하여 여전히 간접적으로 내국법인을 지배하는 행위를 막기 위한 것이므로 출연자와 그 특수관계인이 내국법인의 최대주주인지 여부도 출연 결과, 즉 출연 직후를 기준으로 판단하여야 한다는 것이다. 출연자와 그 특수관계인이 출연 직전에는 아무리 내국법인에 대한 지배력을 가지고 있었더라도 출연 결과 그 지위를 상실하였다면 공익법인을 통한 간접적 지배가 어렵게 된다고 보는 것이다. 그리고 상증세법 시행령 제13조 제8항은 출연자와 특수관계에 있는 내국법인의 요건으로서 출연자나 특수관계인이 내국법인의 주주이면서(단순주주 요건) 아울러 최대주주일 것(최대주주 요건)을 요구하고 있는데, 출연당시설의 입장에 따르게 되면 출연자가 출연할 주식을 보유하고 있는 이상 당연히 내국법인의 주주가 되는 것이므로 별도로 '최대주주 요건'을 규정하고 있는 이상 '단순주주 요건'에 관한 규정은 의미 없는 무용한 규정이 되고 만다는 것이다. 그러나 출연결과설의 입장에서는 '단순주주 요건'의 규정이 중요한 의미를 지니게 된다. 출연자가 보유 주식을 모두 공익법인에 출연한 경우 그 결과 자신은 더 이상 내국법인의 주주의 요건을 충족할 수 없게 되고 공익법인이 출연자와 특수관계인이라 하더라도 그 공익법인은 위 관계법령에서 본 바와 같이 '단순주주의 요건'에서 배제되므로 결국 '단순주주의 요건'을 충족하지 못함으로써 특수관계에 있는 내국법인에 해당하지 않게 되어 증여세가 비과세된다는 것이다. 즉, 위 '단순주주의 요건'은 보유주식 전부를 출연한 경우를 비과세대상으로 삼기 위한 특별한 규정이라는 것이다.

이러한 논란에 대하여 나중에 살펴보는 대법원 2017. 4. 20. 선고 2011두21447 전원합의체 판결이 입장을 제시하고 있다.

(3) 출연자와 공익법인의 특수관계

위에서 본 바와 같이 두 번째 쟁점은 P법인이 A와 특수관계에 있는지 여부인데, 이는 P법인이 상증세법 시행령 제2조의2 제4호에서 말하는 A가 '재산을 출연하여 설립한 법인'에 해당하는지 여부이다. 여기서는 P법인이 설립되는 과정에서 A가 재산을 출연하기만 하면 이에 해당한다고 할 것인지, 아니면 A가 재산출연행위에 그치지 않고 정관작성행위와 같은 설립행위를 직접 해야 이에 해당한다고 할 것인지의 문제로 귀착된다.

이에 관해서는, 설립행위설과 출연행위설의 대립이 있다. 설립행위설은 상증세법 시행령 제19조 제2항 제4호가 '재산을 출연하여 설립한 비영리법인'이라고 규정함으로써 출연행위뿐만 아니라 설립행위를 모두 요구하고 있음을 근거로 든다. 그리고 상증세법이 비영리법인에 대하여 증여세를 과세하는 것은 법인세법에서 비영리법인의 수익사업에 대하여만 과세하기 때문이므로 비영리법인의 범위는 상증세법이나 법인세법이 동일해야 하는데 법인세법 제1조 제2호에서는 비영리법인을 민법 제32조에 의하여 설립된 법인이라고 규정하고 있으므로 상증세법상의 설립의 개념은 민법상 설립의 개념과 동일하게 보아야 한다고 하면서 민법상 본래의 설립행위는 사단법인이든 재단법인이든 정관작성행위이고 출연행위는 재단법인의 설립에 추가되는 절차에 불과하다는 것이다. 그래서 단순히 출연행위만 하여서는 부족하고 정관작성 등의 설립행위를 겸하여야 한다는 것이다.

반면에, 출연행위설은 위 시행령 규정을 '출연행위에 의하여 설립에 이른 비영리법인'의 의미로 해석할 수 있으므로 설립과정에서 출연행위만 하는 것으로도 족하다는 것이다. 재단법인의 설립에는 정관의 작성뿐만 아니라 재산의 출연이 포함되는데 위 시행령 규정을 출연행위설과 같이 해석하면 '재산을 출연하여 설립(재산출연과 정관작성, 기명날인)한 비영리법인'이 되어 재산출연이 반복되는 모순이 생긴다는 것이다. 나아가 출연행위설의 입장을 취하게 되면 주식을 보유하는 자가 증여세를 회피하기 위하여 공익법인을 설립하면서 주식만을 출연하고 정관작성이나 기명날인 등의 업무를 제3자에게 맡겨버리는 경우에도 증여세를 과세할 수 없는 불합리가 생기게 된다고 비판한다.

이러한 논란에 대하여도 아래에서 살펴보는 대법원 2017. 4. 20. 선고 2011두21447 전원합의체 판결이 입장을 제시하고 있다.

(4) 대법원 2017. 4. 20. 선고 2011두21447 전원합의체 판결

가) 특수관계 판단의 기준 시점

1) 다수의견 – 출연결과설의 입장

다수의견은, 공익법인에 출연한 주식이 '출연자 및 그와 특수관계에 있는 자가 보유하고 있는 주식의 합계가 가장 많은 내국법인'의 주식인 경우에는, 내국법인에 대한 지배력을 바탕으로 배당 등에 관한 영향을 통하여 그 공익법인에 영향을 미침으로써 공익법인을 내국법인에 대한 지배수단으로 이용할 수 있으면서도 이러한 공익법인에 대한 주식 출연의 방법으로 상속세 또는 증여세를 회피할 수 있으므로, 이러한 폐해를 방지하고자 이러한 규정을 두게 된 것으로 이해된다고 하여 먼저 그 입법 취지를 설명하였다.

이러한 취지에 입각하여, 다수의견은, '최대주주 요건'에 해당하는지 여부는 주식이 출연되기 전의 시점이 아닌 출연된 후의 시점을 기준으로 판단하여야 한다고 하여 출연결과설의 입장을 취하면서, 그 이유에 관하여, 비록 주식이 출연되기 전에 최대주주였다고 하더라도 그 출연에 따라 최대주주로서의 지위를 상실하게 되었다면 출연자는 더 이상 내국법인에 대한 지배력을 바탕으로 공익법인에 영향을 미칠 수 없고 공익법인을 내국법인에 대한 지배수단으로 이용할 수 없기 때문이라고 설명하고 있다. 나아가 이러한 취지는 상증세법 제48조 제1항 단서가 공익법인이 출연을 받은 후의 시점에서, 그 '출연받은 주식과 출연자가 출연할 당시 당해 공익법인이 보유하고 있는 동일한 내국법인의 주식 등을 합한 것이 그 내국법인 발행주식 총수의 100분의 5를 초과하는 경우'를 과세요건으로 정하고 있는 데서도 확인된다고 부연하였다.

2) 소수의견 – 출연당시설의 입장

반면에, 소수의견은, 상증세법 제48조 제1항 단서는 공익법인을 이용한 기업의 간접적 지배구조의 형성 자체를 차단하고자 하는 것이 아니라, 출연자가 기존에 지배하고 있던 특정한 기업의 주식을 출연함으로써 공익법인을 특정기업의 간접적 승계의 수단으로 이용하는 경우에만 증여세를 과세하도록 규정하고 있음이 명확하다고 하면서 출연당시설의 입장을 취하고, 상증세법 제48조 제1항에서는 출연자가 직접 공익법인에 주식을 출연하는 경우가 적용대상이기 때문에 '주주 요건'은 '최대주주 요건'과 따로 따질 필요 없이 항상 자동적으로 충족되는 결과가 되지만, 그렇다고 해도 '주주 요건'과 '최대주주 요건'을 출연 당시를 기준으로 해석하는 데 아무런 모순이나 장애가 없다고 부연설명하였다.

나) 재산을 출연하여 설립한 비영리법인의 의미

1) 다수의견 – 설립행위설의 입장

다수의견은, 상증세법 시행령 제19조 제2항 제4호 중 '설립'의 의미를 도외시하거나 무의미한 것으로 만드는 해석은 허용될 수 없고, 위 규정을 '주식 출연자 등이 재산을 출연하여 설립에 이른 비영리법인'이라는 의미로 해석하는 것은, '설립'이라는 문언을 사실상 삭제함으로써 주식 출연자 등이 비영리법인의 설립을 위하여 재산을 '출연'한 경우에는 설립과정에 관여하지 않더라도 언제나 그 비영리법인을 특수관계자의 범위에 포함시키는 결과가 되어 채택할 수 없다고 하여 설립행위설의 입장을 취하였다. 영리법인에 '출자'한 주식 출연자는 출자자의 지위에서 영리법인의 의사결정과정에 참여할 수 있는 반면, 비영리법인에 '출연'한 주식 출연자는 출자자와 달리 출연자의 지위에서 비영리법인의 의사결정과정에 참여할 방법이 없다는 점에서도 비영리법인인 공익법인의 경우 출연과 설립을 동일시할 수 없고 출연에서 나아가 정관작성 등의 행위가 있어야 비로소 설립으로 볼 수 있다는 입장이다.

2) 소수의견 – 출연행위설의 입장

소수의견은, 재산을 출연받는 공익법인은 대개 재단법인일 것이고, 사단법인이라면 상증세법 시행령 제19조 제2항 제4호 중 출연자가 '이사의 과반수를 차지하는 비영리법인'인지 여부로 규율될 것이므로, '재산을 출연하여 설립한 비영리법인'인지는 주로 재단법인이 문제된다고 하면서, 재단법인은 사단법인과 같은 인적 결합이 아니라 설립자가 정한 목적의 실현을 위한 재산의 집합체이므로, 재산 출연이 그 설립에 가장 핵심적이고 중요한 요소가 되며, 재단법인이 실현하고자 하는 설립목적에는 재산을 출연하여 재단법인이 설립되도록 한 사람의 의사가 반영되기 마련이고, 설립과정에서 상당한 재산을 출연한 자는 구체적인 설립행위에 개입하지 않더라도 공익법인에 영향을 미칠 수 있는 길이 얼마든지 있다고 하여 출연행위설의 입장을 취하였다. 따라서 재산을 출연하여 재단법인이 설립되도록 한 자라면 그 재단법인 사이에 특수관계가 있다고 보는 것이 타당하다는 입장이다.

다) 대법원 판결의 평가

다수의견은, A와 그의 6촌 동생인 B가 장학재단인 원고에게 내국법인인 S사 발행의 주식을 출연한 후에 A가 그 주식의 10%를, 원고가 그 주식의 90%를 각 보유한 사안에서, 원고가 A 등이 '재산을 출연하여 설립한 공익법인'에 해당하여야 주식의 출연자인 A가 주식을 출연받은 원고와 '특수관계에 있는 자'에 해당하게 되고, 그 결과 원고가 보유하게 된 S사 주식 90%도 '최대주주 요건'을 결정하는 주식의 수에 포함시킬 수 있으므로 A 등이 원고에게 주식을 출연한 사실이 인정된다고 하더라도, 나아가 A 등이 원고의 정관작성, 이사선임 등의 설립과정에서 실질적으로 지배적인 영향력을 행사함으로써 원고를 설립한 것으로 볼 수 있는지를 더 면밀하게 심리할 필요가 있다고 하면서, 그럼에도 원심은 단지 A 등이 원고에게 출연하였다는 이유만으로 원고가 A 등이 재산을 출연하여 설립한 공익법인에 해당한다고 보아 A 등이 원고와 '특수관계에 있는 자'라고 하여 A의 원고에 대한 S사 주식 출연이 증여세의 비과세대상에서 제외된다고 판단한 것은 잘못이라고 결론지었다.

세법에서 과세요건에 관한 원칙적인 규정은 조세법리에 입각한 것이지만, 그에 더하여 중과세하거나 비과세·면세하는 예외규정을 두고 있는 것은 대부분 조세법리에 입각한 것이 아니라 조세정책에 따른 것이다. 이러한 예외규정의 의미를 해석할 때는 기본적인 조세법리보다는 입법자의 정책적 의도가 무엇인지를 살피는 것이 더 중요하다.

이 사안에서 장학재단에 대한 주식출연은 엄연한 증여행위이므로 원칙적인 조세법리에 의하면 증여세의 과세대상이 됨에도 상증세법 시행령 제13조 제8항에서 정하는 요건을 갖춘 경우에는 예외적으로 증여세를 과세하지 않겠다는 것이다. 그 입법 취지가 장학재단을 그 주식발행법인에 대한 간접적 지배나 승계의 수단으로 삼는 것을 방지하겠다는 데 있다는 것에는 별 다툼이 없다. 이러한 간접적 지배나 승계는 사전적 의미보다 사후적 의미가 더 중요하다. 장학재단에의 주식출연 전에 아무리 장학재단을 통한 간접적인 지배나 승계가 가능한 구조였다고 하더라도 장학재단에의 출연 결과 그와 같은 구조가 유지될 수 없다면 비과세를 하는 것이 입법 취지에 맞다. 이 점에서 첫째의 쟁점에 관하여는 출연결과설의 입장을 취한 대법원 다수의견이 더 설득력이 있다.

둘째의 쟁점은 과세요건이나 비과세요건에 관한 문언의 의미가 분명하지 아니할 때에는 납세자에게 유리한 방향으로 해석하는 것이 조세법률주의의 기본 이념에 부합한다는 입장에서 볼 때 역시 납세자에게 유리한 방향으로 해석한 대법원 다수의견이 더 타당하다. 더구나 다수의견과 같이 해석하는 것이 상증세법 시행령 제19조 제2항 제4호의 문언에도 더 부합한다. 소수의견의 해석은 위 규정의 문언과도 다소 거리가 있을뿐더러 그 해석결과가 납세자에게 불리하다는 점에서 채택하기가 어려워 보인다.

(5) 여러 공익법인에 동시 또는 순차로 출연하는 경우

앞서 본 바와 같이, 동일한 내국법인의 주식이 여러 공익법인에 출연된 경우 공익법인별로 보유한도 초과액을 산정할 때 이를 합산하도록 하고 있고, 공익법인의 성격에 따라 보유한도의 비율도 다르다. 그래서 동일한 출연자가 동일한 내국법인의 주식을 여러 공익법인에 동시에 또는 순차로 출연하는 경우 각 공익법인별로 보유한도 초과액을 어떻게 산정할 것인지의 문제가 간단하지 않다. 이것이 쟁점이 된 사안으로 대법원 2023. 2. 23. 선고 2019두56418 판결이 있다.

이 사안에서는, 동일한 출연자가 4개의 공익법인에 동일한 내국법인의 주식을 순차로 출연하였다. 먼저 1차로 P재단에 4.94%를 출연하였다. 그로부터 상당 기간이 지난 후 같은 날 2차로 Q재단에게 0.29%, 원고 A에게 0.09%, 원고 B에게 0.49%를 각 출연하였다. P재단과 Q재단은 당시 성실공익법인으로서 보유한도가 10%였고, 원고 A, B는 일반공익법인으로서 보유한도가 5%였다. 2차 출연으로 4개의 공익법인들이 보유한 비율의 합산액은 5.81%(4.94+0.29+0.09+0.49)로서 P, Q재단의 경우 보유한도 10% 범위 내이므로 증여세 문제가 없었으나 원고 A, B의 경우 보유한도 5%를 초과하므로 증여세 문제가 생기게 되었다.

이에 대하여 원고들은 먼저 P, Q재단의 보유한도(10%)가 원고들 보유한도(5%)의 2배이므로 원고들 보유주식에 P, Q재단이 보유한 주식을 합산할 때 단순합산하지 말고 경감치 0.5를 적용하는 것이 재단별 보유한도를 차별화한 입법 취지에 부합한다고 주장하였다. P, Q재단은 성실공익법인으로서 그들이 보유하고 있는 주식은 일반공익법인인 원고들이 보유하고 있는 주식에 비하여 규제 강도가 절반에 불과하므로 이를 반영하여야 한다는 취지이다. 그러나 대법원은, 출연자가 동시에 또는 순차로 성실공익법인등과 일반공익법인등에 주식을 출연한 경우 구 상증세법 제48조 제1항 단서에 따른 증여세 과세가액 불산입 한도의 초과 여부를 판단할 때에는 성실공익법인등과 일반공익법인등의 과세가액 불산입 한도의 차이를 고려하지 않고 성실공익법인등과 일반공익법인등이 출연받은 각 주식을 단순 합산하여야 한다고 하고, 이와 달리 성실공익법인등이 출연받은 주식에 일정한 가중치를 적용하여 합산하는 방법이나 성실공익법인등이 출연받은 주식과 일반공익법인등이 출연받은 주식을 종류별로 합산하는 방법으로 그 한도 초과 여부를 판단하여야 한다는 원고들의 주장은 받아들일 수 없다고 판시하였다. 원고들의 이 부분 주장은 입법 취지에 기댄 기발한 발상이었지만 조세법률주의의 굳건한 벽을 뚫지는 못했다. 원고들의 주장은 입법 보완이 있어야만 관철될 수 있을 것 같다.

다음으로 원고들은 여러 공익법인에 같은 날 출연하더라도 동시에 출연된 것으로 의제하지 말고 출연시점의 선후를 가려 각 출연시점을 기준으로 다른 공익법인이 보유하고 있는 주식을 합산하여야 한다고 주장하였다. 과세관청은 같은 날 출연된 것은 동시에 출연된 것으로 볼 수밖에 없고 그래서 전체 초과비율 5.81%를 2차 출연시의 각 공익법인별 출연주식의 비율로 안분하여 각 공익법인별 초과비율을 산정하였다. 그러나 대법원은 과세관청의 이런 기발한 발상을 받아들이지 않았다. 대법원은 상증세법 제48조 제1항 제

1호 및 구 상증세법 시행령 제37조 제7항 제2호, 제3호는 공익법인등이 출연받은 주식이 증여세 과세가액 불산입 한도를 초과하는 지 여부를 판단할 때 '출연 당시'를 기준으로 관련 법령에서 정하는 일정한 주식을 합산하도록 정하고 있으므로 같은 날 다수의 공익법인등에 출연된 주식이라 하더라도 시간적 선후관계가 확인된다면 각 출연 시점을 기준으로 합산 대상 주식을 확정하는 것이 타당하다고 하면서, 같은 날 출연된 주식을 동시에 출연된 것으로 의제하는 규정을 찾아볼 수도 없고, 출연자는 다수의 공익법인등에 주식을 출연하는 경우 증여세 과세가액 불산입 한도 등을 고려하여 각 공익법인등에 대한 주식의 출연 시기와 순서를 자유롭게 정할 수 있으므로 출연자가 증여세 과세가액 불산입 한도 등을 고려하여 주식을 순차로 출연하였음에도 같은 날 이루어졌다는 이유만으로 출연자의 의사를 무시한 채 각 주식이 동시에 출연된 것으로 의제하여야 할 합리적인 이유를 찾기 어렵다고 판시하였다.

이 사안에서는 2차 출연시 출연자가 원고들과 합의하여 비록 같은 날이지만 원고 A, 원고 B, 그리고 Q재단 순으로 출연하였다고 주장하였고, 그것이 사실이라면 원고 A가 0.09%를 출연받을 시점에는 아직 원고 B와 Q재단에는 출연이 되기 전이므로 당시 P재단이 보유하던 4.94%만을 합산하여 보유한도 5%를 초과하는 0.03%(4.94+0.09−5.00)만 과세대상이 되게 된다. 이 부분 판시도 조세법률주의에 충실한 것으로 볼 수 있다. 사실관계를 의제하면 납세자들 간에 이해충돌이 있을 수 있으므로 뚜렷한 근거규정이 없는 한 함부로 의제하여서는 아니된다. 상증세법 제48조 제1항 제1호 및 ＋ 상증세법 시행령 제37조 제7항 제2호, 제3호는 '출연 당일'이라고 하지 않고 '출연 당시'라고 하고 있으므로 '출연 시점'별로 구분해주는 것이 법문언에 맞다. 대법원이 같은 날 출연하였다고 해서 동시에 출연된 것으로 보는 의제규정이 없고 과세관청이 들고 있는 구 상증세법 시행령 제37조 제1항 각 호의 규정을 유추확장해석하여 동시출연의 의제근거로 삼을 수는 없다고 한 것도 이런 취지에 입각한 것이다.

다. 공익목적사업 사용이 지연된 경우

앞서 본 바와 같이 현행 상증세법 제48조 제2항 제1호 단서는 '직접 공익목적사업 등에 사용하는 데에 장기간이 걸리는 등 부득이한 사유가 있는 경우로서 그 보고서를 제출할 때 납세지 관할 세무서장에게 그 사실을 보고하고, 그 사유가 없어진 날부터 1년 이내에 해당 재산을 직접 공익목적사업 등에 사용하는 경우는 제외한다'라고 규정하고 있다. 그래서 부득이한 사유가 종료된 후 1년이 경과하도록 직접 공익목적에 사용하지 아니하는 경우에는 증여세를 추징하게 된다. 하지만, 2010. 12. 27. 개정되기 전의 구법에서는

'그 사용에 장기간을 요하는 등 부득이한 사유가 있는 경우로서 보고서의 제출과 함께 납세지 관할 세무서장에게 그 사실을 보고한 경우를 제외한다'라고만 함으로써 부득이한 사유가 없어진 후에 증여세를 과세할 수 있는 요건에 관한 규정이 없었다. 이 때문에 증여세의 과세 여부와 요건에 관하여 논란이 있었다. 증여세 과세요건에 관한 규정이 없는 이상 증여세를 과세할 수 없다는 견해와 부득이한 사유가 없어지면 즉시 증여세를 추징할 수 있다는 견해, 부득이한 사유가 없어진 때로부터 일정기간 내에 직접 공익목적사업 등에 사용하지 아니한 경우에는 증여세를 추징할 수 있다는 견해 등으로 나누어졌다.

이에 대하여 대법원 2013. 6. 27. 선고 2011두12580 판결은, 구 상증세법 제48조 제2항 제1호 단서는 위와 같은 입법 취지를 관철하기 위하여 과세관청이 그 조건의 이행 여부를 사후관리할 수 있도록 공익법인 등으로 하여금 제5항의 규정에 의한 보고서의 제출과 함께 납세지 관할 세무서장에게 부득이한 사유를 보고하게 하고 있다고 전제하고, 출연받은 재산을 부득이한 사유로 그 출연받은 날부터 3년 이내에 직접 공익목적사업 등에 사용하지 아니한 공익법인 등은 늦어도 부득이한 사유가 소멸한 날부터 3년 이내에는 출연받은 재산을 직접 공익목적사업 등에 사용하여야 할 것이므로 공익법인 등이 부득이한 사유가 소멸한 날부터 다시 3년이 경과하도록 출연받은 재산을 직접 공익목적사업 등에 사용하지 아니하거나, 부득이한 사유가 소멸한 날부터 3년이 경과하기 전이라도 출연받은 재산을 직접 공익목적사업 등에 사용할 수 없는 것으로 확정된 때에는 특별한 사정이 없는 한 구 상증세법 제48조 제2항 제1호를 적용하여 증여세를 추징할 수 있다고 봄이 타당하다고 판시하였다.

위 판결은 부득이한 사유가 없어지면 다시 처음으로 돌아가 3년의 유예기간을 주겠다는 취지인데, 입법의 흠결을 해석을 통하여 보충한 사례로 평가할 수 있겠다. 입법자의 입장에서는 3년의 유예기간을 다시 주는 것은 과도한 유예라고 보아 1년의 유예기간을 주는 것으로 개정한 것으로 볼 수 있겠다. 위 대법원 판시에서는 공익목적에의 사용불능이 확정된 경우에는 그 즉시 증여세를 추징할 수 있다고 했는데, 사용불능이 확정되면 더 이상 유예기간을 부여할 필요가 없으므로 현행법에서도 유효한 법리라고 하겠다.

한편, 부득이한 사유와 관련하여 공익법인 등이 출연받을 당시부터 직접 공익목적에 사용할 수 없다는 사정을 알았거나 알 수 있었던 경우에도 위와 같은 유예기간을 부여하는 부득이한 사유에 해당되는지 여부가 다투어졌다. 이에 대하여 대법원 2014. 1. 29. 선고 2011두25807 판결은, 공익법인 등이 출연받은 재산을 직접 공익목적사업 등에 사용할 수 없는 법령상의 장애사유가 있음을 알았거나, 설령 몰랐다고 하더라도 조금만 주의를 기울였더라면 그러한 장애사유의 존재를 쉽게 알 수 있었던 상황에서 재산을 출연받았고, 그 후 3년 이내에 당해 출연받은 재산을 직접 공익목적사업 등에 사용하지 못한 것이 동일한 사유 때문이라면, 재산을 출연받을 당시 존재하였던 법령상의 장애사유가 장래에 충분히 해소될 가능성이 있었고 실제 그 해소를 위하여 노력하여 이를 해소하였음에도 예측하지 못한 전혀 다른 사유로 공익목적사업 등에 사용하지 못하였다는 등의 특별한 사정이 없는 한, 그 법령상의 장애사유는 상증세법 제48조 제2항 제1호 단서 등에서 정한 증여세 추징의 제외사유인 '출연받은 재산을 직접 공익목적사업 등에 사용하지 못한 부득이한 사유'가 될 수 없고, 상증세법 제48조 제2항 제1호 단서 등에서 정한 증여세 추징의 제외대상에 해당하는지는 '출연받은 재산을 직접 공익목적사업 등에 사용하지 못한 부득이한 사유'가 있는지에 따라 결정되는 것이지 상증세법 시행령 제38조 제3항에서 말하는 주무부장관의 인정 여부에 따라 결정되는 것이 아니라고 판시하였다.

그래서 공익법인인 원고가 출연받은 임야에 종교시설을 건축하는 등의 방법으로 그 목적사업에 사용함으로써 상증세법 제48조 제1항의 혜택을 받을 것을 염두에 두고 위 임야를 출연받은 원고로서는 출연받을 당시 이미 위 임야가 개발제한구역 내에 있어 그 목적사업에 사용하기 위한 종교시설의 건축이 불가능하다는 법률상 장애사유를 알았거나, 설령 몰랐다고 하더라도 조금만 주의를 기울였다면 그러한 사정을 알 수 있었고 아울러 이러한 법률상 장애사유는 가까운 장래에 해소될 가능성도 거의 없었다고 보이므로, 위 임야에 종교시설을 건축하는 것이 불가능하였다고 하더라도 직접 공익목적사업 등에 사용하지 아니한 데에 부득이한 사유가 있었다고 볼 수 없다고 판시하였다.

처음 출연받을 때부터 공익목적에 직접 사용할 수 없음이 예견되어 있었고 그 후 실제로도 그와 같이 된 경우이므로 부득이한 사유로 인한 유예기간을 주지 아니하고 출연받은 날로부터 3년 이내에 직접 공익목적사업에 사용하지 아니하였다는 이유로 증여세를 과세한 것은 타당하다는 것이다.

그리고 대법원 2017. 8. 18. 선고 2015두50696 판결은, 상증세법 제48조 제2항은 사후관리를 위하여 각 호에 규정된 일정한 사유가 발생한 때에는 증여세를 부과하도록 규정하고 있는데, 이때의 증여세 과세대상은 공익법인 등이 당초 출연받은 재산 자체가 아니라, 각 호에 규정된 사유가 발생할 경우에 증여로 의제되는 '대통령령으로 정하는 가액'으로 법문상 규정되어 있으므로 상증세법 제48조 제2항 제1호 본문을 적용하는 경우 증여재산가액의 평가기준일은 공익법인 등이 재산을 출연받은 이후에 위 규정이 정한 과세사유가 발생함으로써 증여로 의제되는 시점으로 보아야 하고, 이러한 해석은 증여재산가액을 증여일 현재의 시가에 따르도록 한 상증세법 제60조 제1항 전단의 규정에도 부합한다고 판시하였다.

라. 출연재산을 출연자가 사용·수익한 경우

앞서 본 바와 같이 상증세법 제48조 제3항 본문은 '제1항의 규정에 의하여 공익법인 등이 출연받은 재산 등을 출연자 및 그 친족 등에게 임대차·소비대차 및 사용대차의 방법으로 사용·수익하게 하는 경우에는 대통령령이 정하는 가액을 공익법인 등이 증여받은 것으로 보아 즉시 증여세를 부과한다'고 규정하고, 그 시행령 제39조 제3항은 '대통령령으로 정하는 가액'이란 무상으로 사용·수익하게 한 경우에는 해당 출연재산가액을 말하며 정상적인 대가보다 낮은 대가로 사용·수익하게 한 경우에는 그 차액에 상당하는 출연재산가액을 말한다고 규정하고 있다. 그 차액에 상당하는 출연재산가액에 관하여는 상증세법 기본통칙(48-39…6)은 '당해 출연재산가액×(정상적인 대가－실제 지급한 대가)/정상적인 대가'의 산식에 의하여 산정하도록 하고 있다.

한편, 상증세법 제48조 제3항 단서는 '공익법인 등이 직접 공익목적사업과 관련하여 용역을 제공받고 정상적인 대가를 지급하는 등 대통령령으로 정하는 경우에는 그러하지 아니하다'고 규정하고 있는데, 그 정확한 의미를 파악하기 어렵다. 공익법인이 출연받은 재산을 직접 공익목적사업에 사용하지 않고 출연자 등이 사용수익하게 한다는 요건과 위 단서가 서로 어떤 관계로 연결되는 것인지 알기 어렵다. 그 출연자가 출연재산을 사용하여 공익법인에게 공익목적사업에 관련된 용역을 제공하고 공익법인이 그에 대한 정상적인 대가를 지급하는 경우를 의미하는 듯하기도 하다. 이러한 경우 증여세 과세의 예외를 인정하는 이유는 출연자가 비록 출연재산을 사용하지만 그 사용의 결과가 공익법인의 공익목적사업으로 귀속되기 때문으로 볼 수 있는데, 굳이 공익법인이 정상적인 대가를 지급하는 것을 요건으로 하는 이유를 알 수 없다. 정상적인 대가를 지급하지 않고 그 용역을 무상으로 제공받으면 증여세 과세의 예외를 인정해 줄 필요성이 더 커 보이기도 하기 때문이다. 정작 그 시행령 제39조 제2항에서는 '공익법인 등이 직접 공익목적사업과 관련하여 용역을 제공받고 정상적인 대가를 지급하는 등 대통령령으로 정하는 경우'란 출연받은 재산을 출연받은 날로부터 3개월 이내에 사용하는 경우(제1호), 교육기관이 연구시험용시설 등을 출연받아 이를 그 공익법인 등과 출연자가 공동으로 사용하는 경우(제2호), 공익법인 등이 의뢰한 연구용역 등의 대가 또는 직접 공익목적사업의 수행과 관련한 경비 등을 지급하는 경우(제3호)라고 규정함으로써 제1호와 제2호에서는 정상적인 대가의 지급에 관하여 아무런 규정을 하고 있지 않다. 별로 바람직한 입법태도가 아니라고 할 것이다.

상증세법 제48조 제3항 본문의 규정과 관련하여 공익법인에 토지를 출연한 자가 그 토지를 자신의 건물부지로 사용하면서 그 건물을 공익법인이 받은 대출금채무에 대한 담보로 제공한 경우 증여세 과세대상이 되는지 된다면 증여가액을 어떻게 산정할 것인지가 문제된 사례가 있다. 대법원 2011. 10. 13. 선고 2009두17575 판결이다. A는 그 소유의 토지에 상가주택을 소유하고 있다가 그 토지를 학교법인인 원고에게 증여하였다. 그 후 원고가 위 토지를 담보로 B은행으로부터 운영자금을 대출받을 때 A는 위 상가주택을 담보로 제공하였다. 이에 대하여 대법원은, 원고가 위 토지를 출연받은 후 출연자로 하여금 위 상가주택의 부지로 사용·수익하게 하였으므로 상증세법 제48조 제3항 본문의 규정에 의하여 위 토지는 증여세 과세대상이 될 수 있고, A가 원고를 위하여 상가주택을 물상담보로 제공한 것이 위 토지의 사용·수익과 대가관계에 있다면 상증세법 시행령 제39조 제3항에 의하여 위 토지의 가액 중 그 대가에 상당하는 부분은 증여세 과세대상에서 제외되어야 한다고 전제하고, 원고가 위 토지를 증여받을 당시 그 지상에는 A 소유의 상가주택이 이미 존재하고 있었으므로 증여자의 입장인 A로서는 종전과 같이 위 토지의 일부를 상가주택의 부지로 계속 사용·수익하는 데 대하여 별도의 대가를 지급하고자 하지 않았을 것으로 보이고, 실제로 원고와 A 사이에 위 토지의 사용·수익에 대하여 대가를 지급하기로 하는 약정은 없었던 것으로 보이며, 또한 A가 원고를 위하여 상가주택을 물상담보로 제공하였다고 하더라도 이는 원고가 대출을 받는 데에 필요한 공동담보의 편의를 제공한 것에 불과하고 그로 인한 원고의 경제적 이익을 위 토지의 사용·수익 기간과 대응시킨 것도 아니라고 보일 뿐만 아니라 물상담보의 제공으로 인한 경제적 이익을 쉽게 토지의 사용·수익에 대한 대가로 인정하게 되면 공익법인에 재산을 출연한 자가 공익법인의 대출금에 대하여 일부라도 물상담보를 제공하기만 하면 그 재산에 대한 증여세 과세를 모두 면하게 되는 불합리한 결과가 초래되므로 A가 원고를 위하여 상가주택을 물상담보로 제공한 것은 위 토지의 사용·수익과 대가관계에 있다고 할 수 없고, 따라서 원고가 출연받은 위 토지는 증여세의 과세대상에서 제외될 수 없다고 판시하였다. 즉, A가 출연재산을 사용하는 것과 물상보증을 한 것은 서로 대가관계가 있다고 보기 어렵다고 보아 출연재산 중 A가 상가주택의 부지로 사용하는 부분 전체가 증여세의 과세대상이 되어야 한다고 본 것이다.

마. 출연재산으로 내국법인 주식을 취득한 경우

상증세법 제48조 제2항 제2호 본문은 재산을 출연받은 공익법인 등이 출연받은 재산(그 재산을 수익용 또는 수익사업용으로 운용하는 경우 및 그 운용소득이 있는 경우를 포함한다)을 내국법인의 주식 등을 취득하는 데 사용하는 경우로서 그 취득하는 주식 등과 다음 각 목의 주식 등을 합한 것이 그 내국법인의 의결권 있는 발행주식 총수 등의

100분의 10(성실공익법인 등에 해당하는 경우에는 100분의 20)을 초과하는 경우에는 대통령령으로 정하는 가액을 공익법인 등이 증여받은 것으로 보아 증여세를 부과하도록 규정하면서, (가)목에서 '취득당시 해당 공익법인 등이 보유하고 있는 동일한 내국법인의 주식 등'을, (나)목에서 '해당 내국법인과 특수관계에 있는 출연자가 해당 공익법인 등 외의 다른 공익법인 등에 출연한 동일한 내국법인의 주식 등'을, (다)목에서 '해당 내국법인과 특수관계에 있는 출연자로부터 재산을 출연받은 다른 공익법인등이 보유하고 있는 동일한 내국법인의 주식 등'을 정하고 있다.

위 (다)목이 신설되기 전에는 구 상증세법 시행령 제37조 제7항이 있었는데 여기서 "법 제48조 제1항 각 호 외의 부분 단서 및 동조 제2항 제2호의 규정에 의하여 공익법인 등에 출연하거나 공익법인 등이 취득하는 주식 등이 발행주식총수 등의 100분의 5(성실공익법인 등인 경우에는 100분의 10)를 초과하는 가액의 계산은 동일한 내국법인의 주식 등으로서 다음 각 호의 주식 등을 합하여 계산한다."라고 규정하면서, 제1호에서 '출연 또는 취득하는 주식 등'을, 제2호에서 '출연 또는 취득당시 당해 공익법인 등이 보유하고 있는 주식 등'을, 제3호에서 '출연 또는 취득당시 해당 내국법인과 특수관계에 있는 출연자로부터 재산을 출연받은 다른 공익법인 등이 보유하고 있는 주식 등'을 정하고 있었다. 상증세법 제48조 제2항 제2호 (다)목이 2016. 12. 20. 신설되면서 불필요해진 위 상증세법 시행령 제37조 제7항은 2017. 2. 7. 삭제되었다.

삭제된 위 상증세법 시행령 제37조 제7항의 제3호, 즉 상증세법 제48조 제2항 제2호 (다)목의 적용에 관한 사안으로 대법원 2021. 6. 24. 선고 2016두58659 판결이 있다. 원고는 A가 출자하여 설립한 성실공익법인이고, M의료법인은 역시 A가 출자하여 설립한 공익법인이다. 원고는 2011. 3. 2. P방송사의 주식 약 9.92%를 취득하였는데, M의료법인도 같은 날 P방송사 주식 약 4.97%를 취득하였다. 과세관청은 원고가 취득한 P방송사의 주식과 M의료법인이 취득하여 보유하고 있는 P방송사의 주식을 합한 것이 10%를 초과한다고 보고 그 초과분 중 일정 부분에 대한 취득가액을 증여재산가액으로 하여 증여세를 부과하였다.

이에 관하여 위 판결은, 위 시행령 조항의 문언, 관련 규정의 내용과 체계 및 개정 경과, 상증세법 제48조 제2항 제2호 본문의 취지가 공익법인 등을 내국법인에 대한 지배수단으로 이용하면서도 증여세를 회피하는 것을 막기 위한 데에 있는 점 등을 고려하면, 공익법인 등이 출연받은 재산 등으로 내국법인의 주식을 취득하는 경우 주식보유 제한 비율 초과 여부를 판단할 때 취득하는 주식 등에 합하여 계산하는 위 시행령 조항 제3호가 정한 주식은 '해당 내국법인과 특수관계에 있는 출연자'로부터 재산을 출연받은 다른 공익법인 등이 보유하고 있는 동일한 내국법인 주식을 가리킨다고 봄이 타당하다고 전제하고, A는 P방송사와 특수관계에 있지 않으므로, A가 M의료법인의 출연자라고 하더라도 원고가 취득한 P방송사의 주식에 M의료법인이 취득하여 보유하고 있는 P방송사의 주식을 합하여 주식보유 제한비율 초과 여부를 판단할 수는 없다고 판시하였다.

위 시행령 조항의 문언에서 말하는 '해당 내국법인과 특수관계에 있는 출연자'에서 '출연자'는 원고에 대한 출연자 A를 의미하고, 위 문언상 A가 내국법인인 P방송사의 특수관계에 있어야만 A로부터 출연받은 M의료법인이 보유하는 P방송사의 주식을 합산할 수 있는 것이다. 조문들의 내용이 워낙 복잡하다보니 과세관청은 A가 M의료법인과 특수관계에 있어야 한다는 요건을 놓친 것으로 보인다. 이를 지적한 타당한 판결이다.

바. 출연재산 매각대금의 범위

상증세법 제48조 제1항 본문은 공익법인 등이 출연받은 재산의 가액은 증여세 과세가액에 산입하지 아니한다고 규정하고, 제2항 본문은 '세무서장 등은 제1항의 규정에 의하여 재산을 출연받은 공익법인 등이 다음 제1호 내지 제4호까지, 제6호 및 제8호의 어느 하나에 해당하는 경우에는 그 사유가 발생한 날에 대통령령이 정하는 가액을 공익법인 등이 증여받은 것으로 보아 즉시 증여세를 부과한다.'고 규정하면서, 제4호(2016. 12. 20. 개정전)에서 '출연받은 재산을 매각하고 그 매각대금(매각대금에 의하여 증가된 재산을 포함하며 대통령령이 정하는 공과금 등을 제외한다)을 공익목적사업 외에 사용하거나 매각한 날부터 3년이 경과한 날까지 대통령령이 정하는 바에 따라 공익목적사업에 사용하지 아니한 경우'를 각각 들고 있다. 그리고 그 위임에 따른 상증세법 시행령 제38조 제4항(2010. 2. 18. 개정전)은 '출연받은 재산의 매각대금'의 범위에 관하여 '(매각대금에 의하여 증가된 재산을 포함하되, 당해 자산매각에 따라 부담하는 국세 및 지방세를 제외한다)'고 규정하고 있었다. 현행법에서는 제4호에서 괄호규정이 삭제되었고, 그 시행령에서도 괄호규정이 삭제되었다.

위 규정에서 말하는 '출연받은 재산의 매각대금'에 '출연받은 당해 재산의 매각대금' 외에 '출연받은 재산으로 취득한 재산의 매각대금'이나 '출연받은 재산의 매각대금으로 취득한 재산의 매각대금', '출연받은 재산의 운용소득으로 취득한 재산의 매각대금' 등까지 포함된다고 해석할 수 있는지에 관하여 의견이 갈렸다.

이에 관하여 대법원 2024. 9. 13. 선고 2021두54293 판결은 부정설의 입장을 취하였다. 그 논거로는, 조세법률주의 원칙은 과세요건 등은 국민의 대표기관인 국회가 제정한 법률로써 규정하여야 하고, 그 법률의 집행에 있어서도 이를 엄격하게 해석·적용하여야 하며, 비록 과세의 필요성이 있다 하여도 행정편의적인 확장해석이나 유추적용에 의해 이를 해결하는 것은 허용되지 않음을 의미하는 점, 사전적 의미에 따르면 '출연'은 '금품을 내어 도와줌. 또는 어떤 사람이 자기의 의사에 따라 돈을 내거나 의무를 부담함으로써 재산상의 손실을 입고 남의 재산을 증가시키는 일'을 의미하는 점, 구 상증세법 시행령(1996. 12. 31. 개정전) 제3조의2 제3항은 '출연이라 함은 기부 및 증여를 포함하는 것으로 한다.'고 규정하였는데, 위와 같은 '출연'의 사전적 의미와 종전의 규정 내용 등을 조세법률주의의 엄격해석 원칙에 비추어 보면, 쟁점조항의 '출연받은 재산'이란 공익법인 등이 증여받은 당해 재산만을 가리킨다고 해석함이 타당한 점, 상증세법 제48조 제1항은 증여세 과세가액에 산입하지 않는 대상을 '출연받은 재산'의 가액으로 정하고 있는데, '출연받은 재산'의 유무와 가액은 증여일 현재를 기준으로 판단하여야 하므로 증여일 현재의 증여재산에 해당할 수 없는 '증여받은 재산으로 (사후에) 취득한 재산'이나, '증여받은 재산의 운용소득으로 (사후에) 취득한 재산'이 제1항의 '출연받은 재산'에 포함된다고 보는 것은 자연스럽지 않는 점, 상증세법 제48조 제2항 제1호는 '출연받은 재산'의 공익목적사업 등 사용의무의 기한을 '출연받은 날부터 3년 이내'로 설정하고 있는데, 이는 '출연받은 재산'의 의미를 출연받은 당해 재산으로 한정할 때에만 자연스럽게 이해될 수 있는 점, 상증세법 제48조 제2항 제2호에서는 '출연받은 재산' 바로 옆에 '그 운용소득이 있는 경우를 포함한다.'는 내용의 괄호규정을 두어 '출연받은 재산'의 범위를 확장하고 있는 데 반하여, 쟁점조항에서는 '매각대금' 바로 옆에 괄호규정을 두어 '매각대금'의 범위를 '매각대금에 의하여 증가된 재산을 포함하되, 대통령령이 정하는 공과금 등을 제외한 것'으로 확장하고 있을 뿐, '출연받은 재산'의 범위를 확장하는 규정은 두고 있지 않는 점, 상증세법 제48조 제2항 제3호는 '출연받은 재산'과 '운용소득'이 서로 구분되는 개념임을 전제로 '운용소득'에 대한 추징요건을 별도로 규정하고 있으므로, '출연받은 재산의 운용소득으로 취득한 재산'도 '출연받은 재산'에 포함되지 않는다고 해석하는 것이 규정체계에 부합하는 점, 한편 쟁점조항의 '출연받은 재산'은 그 바로 뒤에 따라오는 문언에 비추어 '매각'이라는 관념을 상정할 수 있는 금전 외 현물만을 의미한다는 점에서도, 공익법인 등이 출연받은 금전을 취득자금으로 활용하여 사후에 취득한 재산은 위 '출연받은 재산'에 포함되지 않는다고 보아야 하는 점 등을 들고 있다.

관련 문언들의 체계적 해석을 가미하였으나 전체적으로 보면 과세요건의 명확성과 납세자의 권익보호를 위하여 해당 규정의 문언에 충실한 엄격해석을 한 사례로 평가될 수 있겠다.

증여추정 및 증여의제

1. 개요

상증세법 제44조 내지 제45조의5에서는 증여추정과 증여의제규정을 두고 있다. 제44조는 배우자 등에게 양도한 재산의 증여추정을, 제45조는 재산 취득자금 등의 증여추정을, 제45조의2는 명의신탁재산의 증여의제를, 제45조의3은 특수관계법인과의 거래를 통한 이익의 증여의제를, 제45조의4는 특수관계법인으로부터 제공받은 사업기회로 발생한 이익의 증여의제를, 제45조의5는 결손법인 등 특정법인과의 거래를 통한 이익의 증여의제를 각 규정하고 있다.

이들 규정은 증여사실 자체가 증명되지 아니하더라도 그 전제가 되는 사실이 증명된 경우 증여사실이 있는 것으로 보겠다는 것으로서 증여사실에 대한 과세관청의 증명책임 부담을 덜어주기 위한 것이다. 갈수록 증여세 회피를 위한 지능적이고 변칙적인 증여행위가 늘어나고 있어 과세관청이 증여사실 자체를 증명하는 것이 어려워지고 있는 실정인데, 그 때문에 이러한 증여세 회피행위에 대하여 증여세를 과세할 수 없게 된다면 조세회피행위를 더 양산하게 될 것이고 정직한 납세자와의 사이에서 심각한 불균형이 초래되어 조세공평의 원칙이 무너지게 된다. 이를 방지하기 위하여 입법적 결단에 따라 증여추정과 증여의제규정을 두게 된 것이다.

증여추정규정은 과세관청에 의하여 그 전제사실이 증명되면 증여로 추정된다는 것이므로 납세자가 그럼에도 불구하고 증여가 없었다는 점을 증명해야 한다. 즉, 증여사실의 존재에 대한 증명책임을 과세관청이 부담하는 것이 아니라 증여사실의 부재에 대한 증명책임을 납세자가 부담하는 것이므로 증명책임이 전환되는 결과가 된다. 반면에 증여의제규정은 과세관청에 의하여 그 전제사실이 증명되면 증여로 의제되기 때문에 납세자로서는 그 전제사실의 증명을 탄핵하지 않는 한 증여사실이 없었다고 다툴 수 없고 이를 증명할 수도 없다. 이 점에서 증여의제는 증여추정에 비하여 납세자에게 훨씬 불리하고 그래서 위헌의 시비가 계속 일고 있다. 올바른 입법방안은 가급적 증여의제규정을 줄이고 이를 증여추정규정으로 전환하여 납세자가 증여사실이 없었다는 점을 증명할 수 있는 기회를 부여하는 것이라고 할 수 있다.

2. 배우자 등에게 양도한 재산의 증여추정

가. 관련 규정

상증세법 제44조 제1항은, 배우자 또는 직계존비속(이하 '배우자 등'이라 한다)에게 양도한 재산은 양도자가 그 재산을 양도한 때에 그 재산의 가액을 배우자 등이 증여받은 것으로 추정하여 이를 배우자 등의 증여재산가액으로 하고, 제2항은 특수관계인에게 양도한 재산을 그 양수자가 양수일부터 3년 이내에 당초 양도자의 배우자 등에게 다시 양도한 경우에는 양수자가 그 재산을 양도한 당시의 재산가액을 그 배우자 등이 증여받은 것으로 추정하여 이를 배우자 등의 증여재산가액으로 하도록 하되, 다만 당초 양도자 및 양수자가 부담한 소득세법에 따른 결정세액을 합친 금액이 양수자가 그 재산을 양도한 당시의 재산가액을 당초 그 배우자 등이 증여받은 것으로 추정할 경우의 증여세액보다 큰 경우에는 그러하지 아니하도록 규정하고 있다. 그리고 제3항은 그 양도행위 중 증여로 추정되기 곤란한 경우들, 즉 법원의 결정으로 경매절차에 따라 처분된 경우(제1호), 파산선고로 인하여 처분된 경우(제2호), 국세징수법에 따라 공매된 경우(제3호), 증권시장을 통하여 유가증권이 처분된 경우(제4호), 배우자 등에게 대가를 받고 양도한 사실이 명백히 인정되는 경우로서 대통령령이 정하는 경우(제5호)에는 제1항, 제2항을 적용하지 아니하도록 하였고, 위 제5호에 관하여 상증세법 시행령 제33조 제3항은, 권리의 이전이나 행사에 등기 또는 등록을 요하는 재산을 서로 교환한 경우(제1호), 당해 재산의 취득을 위하여 이미 과세(비과세 또는 감면받은 경우를 포함한다)받았거나 신고한 소득금액 또는 상속 및 수증재산의 가액으로 그 대가를 지급한 사실이 입증되는 경우(제2호), 당해 재산의 취득을 위하여 소유재산을 처분한 금액으로 그 대가를 지급한 사실이 입증되는 경우(제3호)를 들고 있다. 마지막으로 제4항은, 제2항 본문에 따라 해당 배우자 등에게 증여세가 부과된 경우에는 소득세법의 규정에도 불구하고 당초 양도자 및 양수자에게 그 재산 양도에 따른 소득세를 부과하지 아니하도록 하였다.

1996. 12. 31. 이전에는 증여로 의제하다가 위와 같이 증여로 추정되게 되었는데, 증여추정에 있어서는 납세자가 증여가 아님을 적극적으로 증명하면 그 추정을 면할 수 있다는 점에서 증여의제와 큰 차이가 있다. 위 제3항 제5호와 그 시행령 규정은 증여가 아님이 증명되는 경우들에 관한 규정인데 이 부분에 대한 증명책임이 납세자에게 있다고 보아야 하는 이상 이는 당연한 규정이다. 즉, 증여의제에서는 위 규정이 필요한 규정일 수 있지만, 증여추정에서는 위 규정은 추정의 당연한 결과로서 불필요한 규정이다.

위 규정의 입법 취지에 관하여, 대법원 1991. 5. 28. 선고 90누10230 판결은, 배우자나 직계존비속에게 재산이 양도되는 때에는 정상적인 대가가 지급되는 유상양도인 경우보다는 증여하는 것일 개연성이 높은데다가, 이와 같은 특수한 관계에 있는 사람들 간에는 그 거래의 내용을 은폐하기 쉬워서 양도행위의 실질을 객관적으로 파악하기 매우 곤란하기 때문에, 상당한 대가를 지급하고 정상적으로 양도받은 사실이 객관적인 증거에 의하여 명백하게 인정되는 경우 외에는 증여한 것으로 추정하는 것이라고 판시하였다. 위 규정에서 말하는 배우자의 범위에 법률상 배우자 외에도 사실혼관계에 있는 배우자가 포함될 수 있는지가 문제될 수 있는데, 증여추정은 납세자에게 불리한 내용이어서 그 요건을 엄격하게 해석하여야 하므로 법률상 배우자에 국한된다고 보는 것이 타당하다. 대법원 1991. 4. 26. 선고 90누6897 판결도 같은 취지이다.

나. 명의신탁과의 관계

여기서의 재산의 양도는 완전한 소유권의 이전을 의미한다고 보아야 한다. 그러하지 아니하고 명의만 이전된 경우라면 이는 명의신탁에 해당하고 이에 대하여는 별도로 상증세법 제45조의2에 의하여 규율된다. 따라서 재산의 명의이전이 있으면 직계존비속 간에는 물론이고 부부간에도 별산제가 적용되기 때문에 소유권이 이전되었다고 추정된다고 할 것이고 따라서 상증세법 제44조 제1항에 의하여 그 재산가액이 증여된 것으로 추정된다고 할 것이다. 이와 달리 그 명의이전이 단지 명의신탁에 불과하다고 주장한다면 이를 주장하는 납세자가 증명하여야 할 것이다. 위와 같이 배우자나 직계비속에 대하여 재산 자체를 양도하는 경우뿐만 아니라 배우자나 직계비속이 자신의 명의로 재산을 취득함에 있어 그 취득자금의 출처가 자신의 배우자나 직계존속인 경우에도 마찬가지의 법리가 적용된다고 할 것이다. 배우자나 직계비속이 자신의 명의로 재산을 취득하였다면 그것이 명의신탁이라는 것이 특별히 밝혀지지 않는 한 배우자나 직계비속이 소유권을 취득하였다고 보아야 하고 그 취득자금의 출처가 그 상대방 배우자나 직계존속이라면 마찬가지로 상증세법 제44조 제1항에 의하여 그 취득자금이 배우자나 직계비속에게 증여된 것으로 추정된다고 할 것이다.

같은 취지에서 대법원 2008. 9. 25. 선고 2006두8068 판결은, 민법 제830조 제1항에 의하여 부부의 일방이 혼인 중 그의 단독 명의로 취득한 부동산은 그 명의자의 특유재산으로 추정되므로 당해 부동산의 취득자금의 출처가 명의자가 아닌 다른 일방 배우자인 사실이 밝혀졌다면 일단 그 명의자가 배우자로부터 취득자금을 증여받은 것으로 추정할 수 있고, 이 경우 당해 부동산이 명의자의 특유재산이 아니고 다른 일방 배우자로부터 명의신탁된 것이기 때문에 그 취득자금을 증여받은 것으로 볼 수 없다는 점에 대하여는 납세자가 이를 주장·입증하여야 한다고 판시하였다. 덧붙여 위 판결은, 민법 제830조 제1항 소정의 '특유재산의 추정'을 번복하기 위하여는 다른 일방 배우자가 실제로 당해 부동산의 대가를 부담하여 그 부동산을 자신이 실질적으로 소유하기 위해 취득하였음을 증명하여야 하므로, 단순히 다른 일방 배우자가 그 매수자금의 출처라는 사정만으로는 무조건 특유재산의 추정이 번복되어 당해 부동산에 관하여 명의신탁이 있었다고 볼 것은 아니라고 판시하였다.

위 판결과 달리 명의신탁이 있었다고 보고 따라서 그 재산의 취득자금이 증여되었다고 추정할 수 없다고 판시한 것으로 대법원 2014. 11. 13. 선고 2012두7141 판결이 있다. 원고의 남편이 미국에 있는 원고에게 15억 원을 송금해주어 원고가 그 돈에 자신이 모기지론으로 대출받은 800,000달러를 보태어 2,400,000달러의 주택을 구입한 사안이다. 이에 대하여 대법원은, 원고 부부는 그 자녀들이 미국에서 학교에 다니고 있고 그 뒷바라지를 위하여 원고가 미국에서 자녀들과 함께 생활하고 있어, 원고와 자녀들의 보다 안정적인 체류를 위하여 주택을 구입하기로 하고, 그에 따라 그 남편이 주택구입자금으로 원고에게 돈을 송금한 점, 주택 구입 당시 부동산중개업자가 미국에 거주하면서 사업을 하는 원고 명의로 매수하여야 모기지 대출을 받을 수 있다고 하여 원고가 자신의 명의로 주택을 매수하면서 모기지 대출을 받아 그 매수자금에 보탠 점, 남편이 송금한 돈의 대부분은 빌린 것으로서 원고와 정상적으로 혼인 생활 중이던 남편이 이처럼 큰돈을 빌리면서까지 하여 이를 원고에게 증여하여 원고로 하여금 미국에 있는 주택을 매수하여 원고의 단독소유로 하게 할 만한 사정이 있었다고 보기는 어려운 점, 주택 매수 후 수리업체에 맡겨 몇 차례 수리를 하였는데 그 수리계약서 중에는 남편이 계약당사자로서 직접 서명한 것들도 있는 점, 원고는 그 후 위 주택을 처분하여 그 대금 중 모기지 대출금과 세금 등을 공제한 나머지 10억 원을 다시 남편에게 송금하여 남편이 이를 자신의 사업 자금이나 채무 변제에 사용한 점 등을 종합해 보면, 남편은 가족이 체류할 주택을 구입하기 위하여 위와 같이 구입자금을 처인 원고에게 송금하고, 다만 현지에서의 모기지 대출 편의상 위 주택을 원고 명의로 취득한 것일 뿐, 원고로 하여금 위 주택을 단독소유하도록 하기 위하여 그 구입자금을 원고에게 증여하였다고 보기는 어렵다고 판시하였다. 전후 경위를 살펴보면 위 주택은 남편과 원고의 공동소유 주택으로 보아야 하고 따라서 원고 단독 명의로 소유권이전등기를 한 것은 그중 남편지분에 관하여는 명의신탁이 있었던 것으로 보는 것이 타당하다.

다. 배우자 은행계좌로의 입금

한편, 최근에 상증세법 제44조 제1항의 적용에 관하여 상당히 소극적인 태도를 취한 판결이 나왔다. 대법원 2015. 9. 10. 선고 2015두41937 판결이다. 원고의 배우자가 2006. 3. 9.부터 2008. 10. 31.까지 총 35회에 걸쳐 자신의 급여 13억 원을 자기앞수표 입금이나 계좌이체의 방법으로 원고 명의의 은행계좌에 입금하였다. 원심은, 입금된 돈은 원고에게 증여된 것으로 추정된다는 전제 아래, 그 돈이 원고 명의의 계좌에 입금된 것이 증여가 아닌 다른 원인으로 이루어졌다는 점에 관한 원고의 증명이 부족하다는 이유를 들어, 위 돈이 원고에게 증여된 것으로 보아 증여세를 부과한 이 사건 처분은 적법하다고 판단하였다.

그러나 대법원은 조세 부과처분 취소소송의 구체적인 소송과정에서 경험칙에 비추어 과세요건사실이 추정되는 사실이 밝혀진 경우에는 과세처분의 위법성을 다투는 납세의무자가 문제된 사실이 경험칙을 적용하기에 적절하지 아니하다거나 해당 사건에서 그와 같은 경험칙의 적용을 배제하여야 할 만한 특별한 사정이 있다는 점 등을 증명하여야 하지만, 그와 같은 경험칙이 인정되지 아니하는 경우에는 원칙으로 돌아가 과세요건사실에 관하여 과세관청이 증명하여야 한다고 전제하고, 부부 사이에서 일방 배우자 명의의 예금이 인출되어 타방 배우자 명의의 예금계좌로 입금되는 경우에는 증여 외에도 단순한 공동생활의 편의, 일방 배우자 자금의 위탁 관리, 가족을 위한 생활비 지급 등 여러 원인이 있을 수 있으므로, 그와 같은 예금의 인출 및 입금 사실이 밝혀졌다는 사정만으로는 경험칙에 비추어 해당 예금이 타방 배우자에게 증여되었다는 과세요건사실이 추정된다고 할 수 없다고 판시하였다. 그러면서 원심이 근거로 삼은 대법원 2001. 11. 13. 선고 99두4082 판결은 사안이 달리 원용할 수 없다고 판시하였다.

한편, 대법원 2001. 11. 13. 선고 99두4082 판결에서는 과세관청에 의하여 증여자로 인정된 자 명의의 예금이 인출되어 납세자 명의의 예금계좌 등으로 예치된 사실이 밝혀진 이상 그 예금은 납세자에게 증여된 것으로 추정되므로, 그와 같은 예금의 인출과 납세자 명의로의 예금 등이 증여가 아닌 다른 목적으로 행하여진 것이라는 등 특별한 사정이 있다면 이에 대한 입증의 필요는 납세자에게 있다고 판시하였다.

두 판결의 판시상의 법리만 놓고 단순 비교해 보면 서로 모순된다고 할 수 있다. 그럼에도 대법원 2015. 9. 10. 선고 2015두41937 판결은 대법원 2001. 11. 13. 선고 99두4082 판결과는 사안이 서로 다르다고 판시하였다. 타인명의의 예금 계좌에 입금된 것은 워낙 그 사유들이 다양하므로 후자의 판결처럼 그 사유들을 불문하고 항상 증여로 추정한다고 하는 것을 일반법리화하는 것은 무리이다. 전자의 판결과 같이 입금사유를 따져 증여로 추정할 수 있는 경우에 한하여 추정하는 것이 합리적이라고 할 것이다. 부부는 공동생활체를 운영함으로써 서로 부양의무가 존재하고 자녀의 양육책임도 공동으로 부담하는 특수성을 지니고 있으므로 부부의 어느 일방이 자신의 급여를 상대방의 계좌에 송금한 것은 그와 같은 공동생활체의 운영자금, 자녀의 양육을 위한 자금의 위탁 등의 원인이 있을 수 있고 이는 단순한 증여로 볼 수는 없는 것이므로 단지 배우자의 계좌에 돈을 입금하였다는 사실만으로 그 소유권이 이전되었다고 추정하여 증여가 있었다고 보는 것은 무리이다. 위 대법원 판결과 같이 공동생활체의 운영자금으로 집행하기 위하여 맡겨둔 것이 오히려 일반적일 수 있기 때문이다. 상증세법 제44조 제1항이 적용되기 위해서는 그 자금의 소유권이 상대방 배우자에게 완전히 이전되는 것이 전제가 되어야 하는데 그와 같이 이전되었다고 추정할 수 없는 경우에는 소유권이 이전되었음이 과세관청에 의하여 증명되지 않는 한 위 규정이 적용될 수 없다고 할 것이다. 다만, 이 사안의 경우처럼 배우자의 계좌에 입금된 돈의 규모가 공동생활체의 운영자금으로 볼 수 있는 수준을 초과하는 거액인 경우에는 그 초과부분에 관하여는 증여로 추정하는 것이 합리적이라고 할 것이지만 그 명확하게 경계를 구분지어 증명책임의 소재를 나누는 것이 사실상 불가능하기 때문에 부득이 전체적으로 증여로 추정할 수 없다고 판시할 수밖에 없었다고 보인다.

라. 이혼에 따른 재산분할과 위자료의 지급

부부가 이혼을 하면서 어느 일방이 상대방에게 재산분할이나 위자료의 명목으로 재산을 이전하였을 때 그것을 증여로 볼 수 있는지가 문제된다. 증여는 대가를 수령하지 않고 재산을 이전하는 것인데, 재산분할이나 위자료로 재산을 이전할 때에도 대가를 수령하지 아니하므로 외관은 서로가 비슷하다. 그러나 재산분할은 부부가 공동체 생활을 하면서 함께 이룩한 재산임에도 어느 일방의 명의로 소유하고 있을 때 실질적인 상대방의 몫을 되돌려 주는 것이므로 아무런 대가관계 없이 일방의 소유재산을 상대방에게 이전하는 증여와는 그 성격이 다르다. 그리고 위자료도 상대방의 정신적 손해에 대한 배상의 성격을 지니므로 이 또한 증여와 동일시할 수 없다.

1994. 12. 22. 개정되기 전의 구 상속세법 제29조의2 제1항 제1호에서는 이혼한 자의 일방이 다른 일방으로부터 재산분할을 청구하여 상속세에 있어서 배우자공제액을 초과하는 재산을 취득하는 경우 그 초과부분은 증여로 본다고 규정하고 있었다. 이에 대하여 헌법재판소 1997. 10. 30. 선고 96헌바14 전원재판부 결정은 다음과 같이 판시하였다. 이혼시의 재산분할제도는 본질적으로 혼인 중 雙방의 협력으로 형성된 공동재산의 청산이라는 성격에, 경제적으로 곤궁한 상대방에 대한 부양적 성격이 보충적으로 가미된 제도여서 재산의 무상취득을 과세원인으로 하는 증여세를 부과할 여지가 없으며, 설령 증여세나 상속세를 면탈할 목적으로 위장이혼하는 것과 같은 경우에 증여와 동일하게 취급할 조세정책적 필요성이 있다 할지라도, 그러한 경우와 진정한 재산분할을 가리려는 입법적 노력없이 반증의 기회를 부여하지도 않은 채 상속세 인적공제액을 초과하는 재산을 취득하기만 하면 그 초과부분에 대하여 증여세를 부과한다는 것은 입법목적과 그 수단 간의 적정한 비례관계를 벗어난 것이므로 이혼시 재산분할을 청구하여 상속세 인적공제액을 초과하는 재산을 취득한 경우 그 초과부분에 대하여 증여세를 부과하는 것은, 증여세제의 본질에 반하여 증여라는 과세원인 없음에도 불구하고 증여세를 부과하는 것이어서 현저히 불합리하고 자의적이며 재산권보장의 헌법이념에 부합하지 않으므로 실질적 조세법률주의에 위배된다는 것이다. 이는 위자료에도 마찬가지로 적용될 수 있는 법리이다.

그런데 재산분할이든 위자료이든 정당한 범위를 초과하여 이를 빌미로 과다한 재산이 상대방에게 이전된다면 정당한 범위를 책정하여 그 초과분은 증여로 보아야 할 것이다. 이러한 경우마저 증여세를 과세하지 않는다면 증여세를 면탈할 목적으로 위장이혼을 하고 재산분할이나 위자료의 명목으로 거액의 증여가 이루어지는 경우를 방치하는 불합리한 결과가 초래될 것이다. 정당한 범위를 정하는 문제는 결국은 조세쟁송을 통하여 종국적으로 법원의 합리적 재량적 판단에 의하여 해결되어야 할 것이다.

최근의 대법원 2017. 9. 12. 선고 2016두58901 판결은, 법률상의 부부관계를 해소하려는 당사자 간의 합의에 따라 이혼이 성립한 경우 그 이혼에 다른 목적이 있다 하더라도 당사자 간에 이혼의 의사가 없다고 말할 수 없고, 이혼이 가장이혼으로서 무효가 되려면 누구나 납득할 만한 특별한 사정이 인정되어야 하며, 이혼에 따른 재산분할은 부부가 혼인 중에 취득한 실질적인 공동재산을 청산·분배하는 것을 주된 목적으로 하는 제도로서 재산의 무상이전으로 볼 수 없으므로 그 이혼이 가장이혼으로서 무효가 아닌 이상 원칙적으로 증여세 과세대상이 되지 않는다고 판시하였다. 다만, 민법 제839조의2 제2항의 규정 취지에 반하여 상당하다고 할 수 없을 정도로 과대하고 상속세나 증여세 등 조세를 회피하기 위한 수단에 불과하여 그 실질이 증여라고 평가할 만한 특별한 사정이 있는 경우에는 그 상당한 부분을 초과하는 부분에 한하여 증여세 과세대상이 될 수 있다고 덧붙였다.

위 판결은, 원고는 1982. 5. 24. A와 혼인신고를 한 후 약 30년간 혼인생활을 하여 왔고, 혼인 당시 A에게는 전처 사이의 5명 자녀가 있었고, 원고와 A 사이에는 자녀가 없었는데, 원고는 2011. 3. 2. 전처의 자녀들과의 상속재산분쟁을 회피하기 위하여 당시 만 82세인 A를 상대로 이혼 및 재산분할 청구소송을 제기하여 2011. 4. 15. 원고와 A 사이에 '원고와 A는 이혼하되, A가 원고에게 재산분할로 현금 10억 원을 지급하고 액면금 40억 원의 약속어음금 청구채권을 양도한다'는 등의 내용으로 조정이 성립되어 그에 따라 현금지급 등이 모두 이행되었으며, 원고는 이혼 후에도 A의 사망 시까지 A의 수발을 들고 재산을 관리하면서 A와 함께 종전과 같은 주소지에서 동거하였고, A는 이혼 후 약 7개월이 경과한 2011. 12. 1. 위암으로 사망한 사안에서, 위 이혼은 법률상의 부부관계를 해소하려는 원고와 A 간의 합의에 따라 성립된 것으로 보이며, 설령 그 이혼에 다른 목적이 있다 하더라도 원고와 A에게 이혼의 의사가 없다고 할 수 없으며, 장차 A가 사망했을 때 발생할 수 있는 전처 자녀들과의 상속재산분쟁을 회피하기 위하여 원고와 A가 미리 의견을 조율하여 A의 사망이 임박한 시점에 이혼을 한 것으로 의심되는 사정이나 이혼 후에도 원고가 A와 동거하면서 사실혼 관계를 유지한 사정만으로는 그 이혼을 가장이혼으로 인정하기 어렵고, 따라서 위 재산분할은 원칙적으로 증여세 과세대상이 될 수 없고, 다만 그 재산분할이 민법 제839조의2 제2항의 규정 취지에 반하여 상당하다고 할 수 없을 정도로 과대하고 상속세나 증여세 등 조세를 회피하기 위한 수단에 불과하여 그 실질이 증여라고 평가할 수 있는 경우에 해당한다면, 그 상당한 부분을 초과하는 부분에 한하여 증여세 과세대상이 될 수 있을 뿐이라고 판시하였다.

이 사안에서 원고와 A가 이혼하지 않았더라면 A가 사망함에 따라 원고가 적어도 법정상속분만큼은 재산을 상속받았을 것이고 그것이 배우자 상속공제한도액 30억 원을 초과하는 부분에 대하여는 상속세의 과세대상이 되었을 것이다. 위 40억 원이 법정상속분에 해당하는 정도의 가액이라면 원고가 이것을 상속을 통하여 취득하였다면 10억 원 부분만큼은 상속세를 부담했어야 한다. 그런데 그 재산이 이혼을 통한 재산분할 형식으로 원고에게 귀속됨으로써 상속세 과세를 면할 수 있게 된다. 이러한 사정이 고려되면 원고와 A의 이혼은 상속세를 일부 면탈하기 위한 목적이 있었다고 볼 여지가 있으므로 30년의 혼인생활이 있었다고 하더라도 그 재산가액 40억 원 모두를 재산분할로 인정하기는 어려울 것으로 보인다.

3. 명의신탁 재산의 증여의제

가. 개요

상증세법 제45조의2 제1항은 권리의 이전이나 그 행사에 등기 등이 필요한 재산의 실제소유자와 명의자가 다른 경우에는 국세기본법 제14조에도 불구하고 그 명의자로 등기 등을 한 날(그 재산이 명의개서를 하여야 하는 재산인 경우에는 소유권취득일이 속하는 해의 다음 해 말일의 다음 날을 말한다)에 그 재산의 가액(그 재산이 명의개서를 하여야 하는 재산인 경우에는 소유권취득일을 기준으로 평가한 가액을 말한다)을 실제소유자가 명의자에게 증여한 것으로 본다고 규정하고 있다. 이러한 명의신탁재산에 관한 증여의제 규정은 실질과세의 원칙인 국세기본법 제14조에도 반하는 것으로서 강력한 증여의제규정이기 때문에 그 예외를 인정하지 않을 수 없고, 그래서 단서에서, 조세회피의 목적 없이 타인의 명의로 재산의 등기 등을 하거나 소유권을 취득한 실제소유자 명의로 명의개서를 하지 아니한 경우(제1호), 자본시장과 금융투자업에 관한 법률에 따른 신탁재산인 사실의 등기 등을 한 경우(제3호), 비거주자가 법정대리인 또는 재산관리인의 명의로 등기 등을 한 경우(제4호)의 경우는 제외하도록 규정하였다.

헌법재판소 2005. 6. 30. 선고 2004헌바40 결정 등은, 명의신탁재산 증여의제규정은 조세회피목적의 명의신탁을 방지하기 위한 것으로 입법목적이 정당하고 이를 달성하기 위한 수단으로 증여세를 과세하는 것은 적합한 수단이며 조세회피목적의 명의신탁에 대한 제재방법으로 증여세를 과세하는 것이 형벌이나 과징금 등을 과하는 등의 다른 대체수단에 비하여 납세의무자에게 더 많은 피해를 준다고 볼 수 없고 명의수탁자가 입게 되는 재산상의 불이익보다 이로써 달성되는 공익이 현저히 크므로 비례의 원칙에 반하지 않고, 증여를 받지 않은 명의수탁자에게 증여세를 과세하는 것은 조세정의와 조세의 공평을 실현하기 위한 적절한 방법으로 합리성이 인정되므로 평등의 원칙에도 반하지 않는다고 결정하였다. 그러나 회피하고자 하는 조세가 증여세에 국한된 것도 아닌데 그와 같은 회피행위에 대한 제재로서 증여세를 과세한다는 것은 아무래도 입법론상으로는 납득하기 어렵고 그래서 학계에서는 위 규정이 비례의 원칙이나 과잉금지의 원칙에 반한다는 비판을 계속하고 있다.

명의신탁 재산에 대한 증여의제의 경우에도 증여세 신고의무가 있는지, 나아가 그 신고의무를 이행하지 않은 경우 가산세 부과처분이 가능한지 그리고 증여세 부과제척기간이 15년으로 늘어나는지에 관하여 다툼이 있었다. 이에 대하여 대법원 2019. 6. 13. 선고 2016두50792 판결은 당사자의 합의에 의하여 증여를 받은 자뿐만 아니라, 법령에 의하여 증여받은 것으로 의제되거나 추정되는 자에게도 증여세의 신고의무가 있다고 보아야 하고, 이러한 신고의무를 부과한다고 하여 명의수탁자의 헌법상 양심의 자유나 재산권 등을 침해한다고 보기 어렵다고 전제한 다음, 주식의 명의수탁자도 증여세의 과세가액 및 과세표준을 신고할 의무를 부담하므로 증여세 신고서를 제출하지 않은 이상 증여세부과제척기간은 15년으로 보아야 하고, 무신고가산세 부과처분도 적법하다고 판시하였다. 명의신탁의 경우 조세회피의 목적이 인정되어야 증여세 납부의무가 있는 것인데, 납세의무자가 사전에 스스로 조세회피의 목적을 인정하여 증여세를 신고기한 내에 신고할 것을 기대하는 것은 무리이긴 하지만, 결과적으로 조세회피의 목적이 인정되어 증여세 납세의무가 있다고 보는 경우에는 다른 증여세 납세의무가 있는 경우들과 마찬가지로 그 신고의무가 있다고 보는 것이 일률적이고 형평에 맞다는 취지로 이해된다.

한편, 구 국제조세조정에 관한 법률 제21조는 거주자가 비거주자에게 국외에 있는 재산을 증여하는 국외 증여의 경우 증여자에게 증여세 납세의무를 지우면서(제1항), 증여세 과세대상, 증여세과세가액, 세율 등에 관한 상증세법의 여러 규정을 열거하여 준용하고 있으나(제4항), 명의신탁 증여의제에 관한 제45조의2는 준용하고 있지 않았다. 그래서 대법원 2018. 6. 28. 선고 2018두35025 판결은 상증세법 규정에 의하여 비로소 증여로 의제되는 명의신탁은 구 국제조세조정법 제21조의 특례규정에 의하여 증여세 과세대상이 되는 국외 증여에 포함되지 않는다고 보아야 하므로 구 국제조세조정법 제21조 제1항을 적용하여 명의신탁에 대한 증여세를 부과할 수는 없다고 하였다. 국제조세조정에 관한 법률이 2020. 12. 22. 전부개정되면서 제35조로 이관되었다.

나. 증여세 납세의무자

종전에는 증여세의 주된 납세의무자는 수증자인 명의수탁자로 규정되어 있었고, 실질적인 소유자인 명의신탁자는 연대납세의무만을 부담하도록 하였다. 통상의 증여자 연대납세의무는 수증자의 소재가 불분명하거나 수증자가 증여세를 납부할 능력이 없다고 인정되는 경우에 성립하는데, 종전 상증세법 제4조의2 제4호에서 제45조의2에 따라 재산을 증여받은 것으로 보는 경우 곧바로 증여자에게 증여세를 연대하여 납부할 의무가 있다고 규정하고 있었으므로 명의신탁자의 증여세 연대납세의무의 성립시기는 명의수탁자의 증여세 납세의무의 성립시기와 동일하였다. 그래서 대법원 2018. 4. 12. 선고 2015두50917 판결도 명의신탁자의 증여세 연대납세의무는 명의신탁재산 증여의제의 과세요건이 충족된 때에 성립한다고 판시하였다.

그런데 명의신탁 증여의제규정이 조세회피의 목적이 있는 자에 대한 제재적 규정이고 실제로 조세회피의 목적이 있는 자는 명의수탁자가 아니라 명의신탁자임에도 종전규정에서 명의수탁자를 주된 납세의무자로 규정한 것은 형평에 맞지 않다는 비판이 있어 왔다. 이러한 비판을 받아들여 상증세법이 2018. 12. 31. 개정되면서 제4조의2 제2항에서 제45조의2에 따라 재산을 증여한 것으로 보는 경우(명의자가 영리법인인 경우를 포함한다)에는 실제소유자가 해당 재산에 대하여 증여세를 납부할 의무가 있는 것으로 규정하였다. 여기서 주목할 것은 실제소유자가 영리법인인 경우에도 증여세 납세의무가 있다는 점이다.

종전규정에 의하여 명의수탁자가 증여세를 납부할 의무가 있을 때 명의수탁자가 영리법인인 경우에도 증여세 납세의무가 있는지가 문제되었었다. 종전 상증세법 제4조의2 제2항은 영리법인이 증여받은 재산 또는 이익에 대하여 법인세가 부과되는 경우에는 증여세를 부과하지 않는다고 규정하고 있으므로 명의신탁에 있어서의 증여세는 증여의 이익에 관하여 부과하는 것이 아니라 조세회피목적의 명의신탁행위를 제재하기 위하여 부과하는 것이라는 성격을 고려한다면 명의수탁자가 영리법인이라고 하더라도 증여세를 부과할 수 있음이 원칙이라고 할 것인데, 종전 상증세법 제45조의2 제2항에서는 영리법인이 명의수탁자인 경우의 증여세에 관하여도 그 영리법인에 대하여는 증여세를 부과하지 않도록 규정하면서 실제 소유자가 증여세를 납부하도록 하고 그 실제 소유자가 영리법인인 경우에도 증여세를 부과하지 않도록 규정하였다. 결국 종전규정에 의하면 영리법인의 경우에는 명의신탁자가 되든 명의수탁자가 되든 위 규정에 의한 증여세 납세의무는 면하였다. 이 때문에 명의신탁에 대한 제재를 유독 영리법인에 대하여만 면제할 합리적인 이유가 없어서 입법론상으로는 비판이 있었다. 그래서 이번 개정규정에서는 영리법인이 실소유자인 경우 증여세 납세의무가 있다고 규정한 것으로 보인다. 영리법인이 증여세 납세의무를 면하는 경우는 상증세법 제4조의2 제3항에 의하여 증여재산에 대하여 법인세법에 따른 법인세가 부과되는 경우인데 영리법인이 명의신탁을 한다고 해서 법인세가 부과될 증여재산이 생기는 것이 아니므로 위 상증세법 제4조의2 제3항이 적용될 여지가 없기 때문이다.

다. 명의신탁의 약정

여기서의 명의신탁은 원칙적으로 신탁자와 수탁자의 의사합치에 의하여 이루어진 것이어야 한다. 만약 수탁자의 동의 없이 신탁자의 일방적인 의사에 의하여 명의신탁이 이루어진 경우, 즉 명의도용의 경우라면 아무런 귀책이 없는 수탁자에게 그 제재로서의 증여세를 부과한다는 것은 모순이다. 그래서 대법원 2008. 2. 14. 선고 2007두15780 판결은,

명의신탁에 관한 증여의제규정은 권리의 이전이나 행사에 등기 등을 요하는 재산에 있어서 실질소유자와 명의자가 합의 또는 의사소통을 하여 명의자 앞으로 등기 등을 한 경우에 적용되는 것이므로 명의자의 의사와 관계 없이 일방적으로 명의자의 명의를 사용하여 등기 등을 한 경우에는 적용될 수 없으며, 이 경우 과세관청이 실질소유자가 명의자와 다르다는 점만을 입증하면 되고 그 명의자의 등기 등이 명의자의 의사와는 관계 없이 실질소유자의 일방적인 행위로 이루어졌다는 입증은 이를 주장하는 명의자가 하여야 한다고 판시하였고, 대법원 2015. 6. 24. 선고 2015두39316 판결도 같은 취지이다.

이 경우 명의신탁자에 대하여도 증여세를 과세할 수 없는지가 문제되는데, 종래에는 명의신탁자는 고유한 납세의무자가 아니라 상증세법 제4조의2 제5항에 의한 연대납세의무자이므로 그 전제가 되는 고유한 납세의무자가 없는 이상 연대납세의무도 없다고 보는 것이 논리적이었다. 물론 이러한 해석은 제재의 성격을 가지는 명의신탁 증여의제규정의 입법 취지에는 부합하지 않는 측면이 있다. 수탁자의 동의 없이 일방적으로 명의신탁을 함으로써 조세회피의 목적을 달성한다는 점에서는 수탁자의 동의가 있는 경우보다 더 비난의 소지가 크다고 할 수 있음에도 그 제재를 면한다는 것은 조세공평의 원칙에도 반한다. 이제는 명의신탁자가 증여세의 주된 납세의무자가 되었으므로 이 경우 명의신탁자에게 증여세를 과세할 수 있는 여지가 더 커졌다.

여기서 토지와 건물을 제외한 이유는 부동산 실권리자명의 등기에 관한 법률에서 부동산에 관한 명의신탁은 무효라고 선언하면서 그에 대하여는 별도로 부동산가액의 30% 상당이라는 거액의 과징금으로 부과하고 있어 굳이 그에 대한 제재로 다시 증여세를 부과할 필요가 없기 때문이다. 그러다 보니 실제로 상증세법 제45조의2 제1항이 적용되는 영역의 대부분은 명의개서가 필요한 주식인 경우이다.

라. 주식의 명의개서

상증세법 제45조의2 제1항은 그 명의자로 등기한 날에 그 재산의 가액을 실제소유자가 명의자에게 증여한 것으로 본다고 규정하면서, 제4항은 주식의 명의신탁과 관련하여, 제1항을 적용할 때 주주명부 또는 사원명부가 작성되지 아니한 경우에는 납세지 관할 세무서장에게 제출한 주주 등에 관한 서류 및 주식등변동상황명세서에 의하여 명의개서 여부를 판정하도록 규정하였다. 다만, 이 경우 증여일을 언제로 볼 것인지에 관하여는 명시적인 규정이 없었는데, 상증세법이 2019. 12. 31. 개정되면서 제4항에 후문이 신설되어 이 경우 증여일은 증여세 또는 양도소득세 등의 과세표준신고서에 기재된 소유권이전일(이것이 없을 경우 주식등변동상황명세서에 기재된 거래일)로 한다고 규정하고 있다.

대법원 2020. 4. 29. 선고 대법원 2014두2331 판결은, 상증세법 제45조의2 제1항과 제60조 제1항의 규정을 종합해 보면, 원칙적으로 주식의 경우 위 각 규정에 따라 증여일로 의제되는 명의개서일을 기준으로 그 가액을 평가해야 하고, 유상증자에 따른 신주인수의 경우에도 증여의제되는 재산가액의 평가기준일은 신주의 명의개서일로 보아야 한다고 판시하였다.

그리고 대법원 2014. 5. 16. 선고 2011두11099 판결은, 상증세법 제45조의2 제4항은 주식등변동상황명세서 등에 주식 등의 소유자 명의를 실제 소유자와 다르게 기재하여 조세를 회피하려고 하였더라도 주주명부나 사원명부 자체가 없어 명의개서가 이루어지지 아니한 경우에는 상증세법 제45조의2 제1항 본문을 적용할 수 없었던 문제점을 보완하여 그러한 경우에도 증여세를 과세하려는 데 입법 취지가 있다고 전제하고, 이와 같은 입법 취지와 위 규정이 적용대상을 '주주명부 또는 사원명부가 작성되지 아니한 경우'로 명백히 한정하고 있는 점 등을 종합하여 보면, 주주명부가 작성되어 있는 경우에는 설령 주식등변동상황명세서 등에 주식의 소유자 명의가 실제 소유자와 다르게 기재되어 있다고 하더라도, 명의자 앞으로 주식에 대한 명의개서가 이루어지지 아니하였다면 명의자에게 위 규정을 적용하여 증여세를 과세할 수 없다고 판시하였다. 상증세법 제45조의2는 납세자에게 불리한 매우 의제적인 규정이므로 그 요건은 문언대로 엄격하게 해석하여야 한다는 입장을 취한 것이다. 그리고 대법원 2018. 6. 28. 선고 2018두36172 판결은, 위 조항에 따른 증여의제일은 실제소유자와 명의자가 다른 주식의 변동사실이 외부에 분명하게 표시되었다고 볼 수 있는 주식등변동상황명세서 등의 제출일로 보아야 하고, 그 부칙 제10조는 위 조항은 '2004. 1. 1. 이후 주식등변동명세서를 제출하는 분부터 적용한다'고 규정하고 있으므로 2004. 1. 1. 이후 주식등변동상황명세서 등을 제출하였고 이에 따라 명의개서 여부가 판정되었다면 그 제출일에 명의신탁 증여의제 요건이 완성되었다고 보아야 하며, 이로 인한 증여세 납세의무가 2004. 1. 1. 이후 성립된 경우이므로 명의신탁 약정의 체결이나 주식 등의 인도가 그 이전에 있었다고 하더라도 위 규정을 적용하여 증여세를 과세할 수 있다고 보아야 한다고 판시하였다.

한편, 대법원 2017. 5. 17. 선고 2016두55049 판결에서는 실제로 명의수탁자가 주주로 등재되어 있는 주주명부가 실제로 존재하였는지 여부가 다투어졌다. 이 판결의 사안은 상증세법 제45조의2 제4항이 신설되기 전의 것이었기 때문에 주주명부가 존재하지 않았다면 주식의 명의신탁 자체를 인정할 수 없었다. 그래서 원고는 수탁자 명의를 등재한 주주명부 자체가 없었다고 주장했다.

이에 대하여 대법원은 다음과 같이 판시하였다. ① P사는 1990년 설립된 이래 원고들이 이 사건 주식거래를 한 2003년 이전에 여러 차례에 걸쳐 유상증자를 실시하였고, 이미 대주주와 친족관계에 있지 아니한 주주들이 존재하고 있었던 점, ② 상법상 주식회사가 유상증자를 실시할 때에는 주주명부에 기재된 주주가 신주인수권을 가진다는 뜻을 공고하도록 규정하고 있고, 자본금이 변경되어 법인등기변경신청을 할 때에는 주주명부를 첨부하여 공증을 받는 것이 통례인데, 대주주와 친족관계에 있지 아니한 주주들이 상당수 존재하는 P사가 주주명부의 존재를 전제로 규정되어 있는 절차들을 밟지 않았다는 것은 매우 이례적인 점, ③ P사가 2014년에 유상감자로 인한 자본금 감소의 변경등기를 하면서 유상감자 직후의 주주명부를 제출하기도 하였는데, P사가 설립 후 24년간 주주명부를 작성하지 않고 있다가 2014년에 이르러 비로소 주주명부를 작성하였다는 원고의 주장은 선뜻 납득하기 어려운 점, ④ 대주주 또는 그의 가족들이 발행주식 전부를 보유하고 있는 이른바 1인 회사 또는 가족회사의 경우에는 상법 및 세법의 규정에 불구하고 주주명부를 작성·비치할 현실적 필요성이 낮아 이를 지키지 않는 경우도 있을 것이나, P사는 원고들의 주식 거래당시 그러한 가족회사가 아니었으며, 2003년부터 2009년까지 매년 7억 원씩 합계 49억 원의 현금배당을 실시하였고, 현금배당에 따른 소득세 원천징수의무를 수행하면서 각 주주의 성명과 주소, 주민등록번호, 보유 주식의 수 등을 기재한 서류를 매번 정확히 작성하였으며, '주식이동현황'이라는 제목의 문서를 작성·관리하면서 설립 이후부터 원고들의 주식거래에 이르기까지 각 주주의 주식 수, 취득연월일, 취득사유, 지분율 등을 상세히 기록하여 온 점 등에 비추어, P사는 주주명부가 존재함에도 불구하고 그 제출을 거부하고 있는 것은 아닌지 의심이 든다는 이유로, P사가 주주명부의 작성·비치의무를 이행하지 않은 데에 어떠한 사정이 있는지 등을 살펴보지 아니한 채 만연히 원고들의 주식거래당시 P사 주주명부의 존재를 인정할 증거가 없다는 이유로 과세관청의 증여세부과처분이 위법하다고 본 원심은 잘못이라고 판시하였다.

대법원은 사실심이 아닌 법률심임에도 주주명부의 존부에 관한 원심의 사실인정을 뒤집은 사례이다. 그 사실관계가 중요한 과세요건에 해당하고 사실심의 사실인정이 현저하게 잘못된 경우에는 대법원이 이를 뒤집는 경우가 가끔 있다.

마. 명의신탁이 무효인 경우

상증세법 제45조의2 제1항이 적용되기 위해서는 명의신탁이 유효하여야 할 것이다. 즉, 실질적인 소유권의 취득행위와 제3자에 대한 명의신탁행위가 모두 유효하여야 함이 원칙이다. 만약 여기서 이러한 명의신탁이 강행법규에 위반되어 무효인 경우에도 위 규정에 의하여 증여세를 과세할 수 있는지가 문제된다. 대표적인 예가 주식회사가 상법규정에 반하여 자기주식을 취득하면서 이를 제3자에게 명의신탁하는 경우이다.

상법 제341조에서는 자기주식 취득의 요건을 엄격하게 제한하고 있고 그 요건을 충족하지 못한 경우의 효력에 관하여는 유효설과 무효설의 대립이 있는데, 대법원 2003. 5. 16. 선고 2001다44109 판결은, 주식회사가 자기의 계산으로 자기의 주식을 취득하는 것은 회사의 자본적 기초를 위태롭게 하여 회사와 주주 및 채권자의 이익을 해하고 주주평등의 원칙을 해하며 대표이사 등에 의한 불공정한 회사지배를 초래하는 등의 여러 가지 폐해를 생기게 할 우려가 있으므로 상법은 일반 예방적인 목적에서 이를 일률적으로 금지하는 것을 원칙으로 하고 있으므로 이러한 금지규정에 위반하여 회사가 자기주식을 취득하는 것은 당연히 무효라고 하면서, 누구의 명의로 하거나를 불문하고 회사의 계산으로 부정하게 그 주식을 취득하는 행위를 처벌대상으로 규정하고 있는 점 등을 근거로, 비록 제3자의 명의로 회사의 주식을 취득하더라도, 그 주식취득을 위한 자금이 회사의 출연에 의한 것이고 그 주식취득에 따른 손익이 회사에 귀속되는 경우라면 상법 제341조가 금지하는 자기주식의 취득에 해당하여 무효라는 취지로 판시하였다.

이러한 경우 명의신탁의 효력 자체가 없으므로 상증세법 제45조의2 제1항이 적용될 여지가 없다는 주장이 가능하다. 이 주장은 명의수탁자가 유효하게 대외적인 소유권을 취득하거나 그 권리를 행사할 수 있는 지위에 있지 아니함에도 단지 그 명의로 등기 등이 마쳐졌다는 이유로 당해 재산이 증여된 것으로 볼 수는 없고, 부동산의 명의신탁과 주식의 명의신탁 사이에 본질적인 차이가 있다고 보기도 힘들다는 점 등을 논거로 들수 있다. 그러나 위 규정은 명의신탁행위 자체를 규제하기 위한 것이라기보다는 명의신탁을 통한 조세회피행위를 규제하기 위한 것이다. 비록 위의 경우 명의신탁 자체의 법적 효력은 없을지라도 그것을 통한 조세회피목적이 달성될 수 있음에도 위 규정에 의한 증여세 과세를 할 수 없다고 한다면 이를 위 규정의 취지에도 어긋날 뿐만 아니라 조세공평의 원칙에도 반한다고 할 수 있다.

이러한 논란 속에서 대법원 2011. 9. 8. 선고 2007두17175 판결은, 상증세법 제45조의2 제1항의 입법 취지는 명의신탁제도를 이용한 조세회피행위를 효과적으로 방지하여 조세정의를 실현한다는 취지에서 실질과세원칙에 대한 예외를 인정한 데에 있는데 위 규정의 단서 제1호에서 말하는 조세는 증여세에 한정되지 아니하는 점, 위 규정이 재산의 실제 소유자와 명의자가 다른 경우를 그 규율대상으로 한다고 규정하고 있을 뿐 명의자 앞으로의 등기 등이 법률상 유효할 것까지를 요구하고 있지는 아니한 점, 명의신탁약정에 따른 등기 등이 이루어진 이상 그 등기 등이 강행법규 위반 등으로 인하여 무효인 경우에도 조세회피의 목적은 달성될 수 있는 점 등에 비추어 보면, 명의신탁약정에 따라 실제 소유자가 아닌 제3자 명의로 이루어진 등기 등이 강행법규 위반 등으로 인하여 무효라는 이유만으로 위 규정의 적용이 배제되는 것은 아니라고 판시하였다. 위 규정의 입법 취지를 충실히 고려한 판결로서 수긍할 수 있다고 하겠다.

바. 다층적 지배구조와 명의신탁

어떤 지배주주가 자회사와 손자회사 등을 설립하여 다층적 지배구조를 취하고 있을 때 그 자회사가 1인 주주회사로서 지배주주에 의하여 완전히 지배되고 있다는 이유로 자회사가 소유하고 있는 손자회사의 주식을 지배주주가 자회사에 명의신탁한 것으로 보거나 손자회사의 주식이 제3자에게 명의신탁되었을 때 손자회사 주식의 명의신탁자를 자회사가 아닌 자회사의 지배주주로 볼 수 있는지가 문제되고 있다. 이것은 조세회피의 목적이 있는지 여부의 단계로 나아가기 전에 명의신탁자를 누구로 볼 것인지를 확정하는 문제이다. 과세관청의 입장은 이러한 경우 손자회사 주식의 실질적 소유자는 지배주주이고 자회사는 도관회사에 불과하므로 그 지배주주가 손자회사의 주식을 자회사나 제3자에게 명의신탁한 것으로 볼 수 있다는 입장이다.

이것이 쟁점으로 다투어진 사례가 대법원 2018. 10. 25. 선고 2013두13655 판결이다. 사안의 내용은 다음과 같다. A는 내국법인인 N사 주식을 취득하여 보유하기 위한 목적으로 말레이시아 라부안에 M사를 설립하였는데, M사의 주식 모두는 영국령 버진아일랜드(BVI)에 설립된 L사가 보유하였고, 당시 A는 L사의 주식 모두를 보유하였다. M사는 N사의 주주들과 사이에 M사가 위 주주들로부터 위 주주들이 보유한 주식 16만 주를 80억 원에 매수하는 내용의 계약과 M사가 N사 발행 신주 24만 주를 120억 원에 인수하는 내용의 계약을 체결하였다. 그 무렵 N사 이사회는 신주 24만 주를 120억 원에 발행하여 M사에 배정하기로 하였다. M사는 미화 1,675만 달러를 한미은행 역삼역지점에서 원화 203억 2,277만 5천 원으로 환전한 후 위 매매대금과 인수대금 상당액을 정해진 계좌에 입금하였다. 위 자금은 A가 홍콩에서 P사와 Q사를 운영하며 얻은 소득으로 조달한 것이었다. M사는 위 신주 24만 주의 주주로 자신이 표시된 주식인수증을 교부받았고, 주식등변동상황명세표에 위와 같이 매수 또는 인수한 주식의 주주로 기재되었다. 이로써 M사는 N사 발행주식의 약 49.26%를 보유한 최대주주가 되었다. M사가 취득한 위 주식은 무상증자·무상감자·액면분할되고, 일부 주식이 양도되어 430만 주가 됨으로써 M사의 지분율은 약 44.13%가 되었다. M사는 그 발행주식을 코스닥 시장에 상장하기 위하여 D증권을 주관 증권회사로 선정하여 준비하였고, D증권은 그에 대한 검토결과를 제시하였는데, 그 내용은 'N사의 최대주주인 M사가 외국계 명목회사(Paper Company)여서 상장심사 과정에서 경영의 안전성 및 경영의 독립성 등 질적 심사항목에서 문제되므로, 명목회사에 의한 지배구조를 변경하여야 한다'는 것이었다. 당시 M사의 주식 모두는 L사가, L사의 주식 모두는 BVI에 설립된 K사가 각 보유하고 있었고, K사의 주식 모두는 A와 명의주주약정(Nominee shareholder agreement)을 체결한 명의주주가 보유하고 있었다. 이처럼 지주회사 지배구조의 실질적인 최종 1인 주주로서 M사 발행주식 모두를 지배·관리하면서 M사를 실질적으로 운영하던 A는, B와 합의서를 작성하였다. 위 합의서 중 '주식양수도 계약의 내용'에는 '양도인: M사', '양수인: B', '양도대상주식: N사 보통주 300만 주'라는 내용이 기재되어 있고, 그 아래 '확인사항'에는 '1. 상기의 주식 매매계약서상의 주식 양수도 거래는 주식의 실제 양수도 거래가 아니라 양수인의 명의를 양도인에게 대여하는 거래이다. 2. 동 계약서상의 양도인인 M사의 실제 소유주는 A이다.'라는 내용이 기재되어 있다. 이에 따라 M사는 N사 주식 300만 주에 관하여 B 명의로 명의개서를 마쳤다.

　이에 대하여 대법원은, A가 아니라 M사가 N사 주식을 취득하여 소유하였고, M사를 실질적으로 운영하는 A가 M사를 대표하여 M사 보유한 N사 주식을 B에게 명의신탁한 것으로 볼 수 있으므로, A가 아니라 M사 N사 주식을 B에게 명의신탁하였다고 봄이 타당하다고 판시하였다. 그 논거는 다음과 같다. M사와 그 상위 지주회사는 적법하게 설립된 법인으로 법인격을 가진다. A가 지주회사 지배구조의 최종 1인 주주로서 명목회사인 M사를 지배·관리하고 있다는 사정만으로는, M사의 법인격이나 이를 전제로 한 사법상 효과 및 법률관계를 부인하여 M사가 아니라 그 최종 지배주주인 A가 N사 주식을 취득하였다고 볼 수 없다.

　A는 N사 주식에 투자하기 위하여 이를 취득·보유·처분하려는 등의 목적으로 M사를 설립하였고, M사는 자신의 명의로 주식매매계약 및 주식인수계약을 체결하고 그 자금을 지급함으로써 설립 당시부터 예정된 목적대로 N사 주식을 취득하였다. 따라서 M사는 대외적으로는 물론 지주회사 지배구조의 최종 1인 주주인 A와의 관계에서도 소유권을 취득하였다고 볼 수 있고, 이와 달리 A가 M사와의 관계에서 소유권을 유보하고 있었다고 보기 어렵다. 한편, A가 세무조사 과정에서, 'M사를 설립하여 위 회사를 통해 N사 주식을 취득하는 방법으로 투자하였는데, 이처럼 명목회사로 투자하는 것이 일반적이라고 생각하였고, 그 취득자금을 자신이 조달하였다'는 내용 등의 진술을 하였다는 사정만으로 A와 M사 사이에 명의신탁 약정이 있었다고 단정하기 어렵고, 달리 A와 M사 사이에 명의신탁 관계가 있었다거나 그러한 관계를 설정하는 합의가 있었다고 볼 만한 증거가 없다. N사 주식을 B에게 명의신탁할 당시까지도 이러한 법률관계는 계속 유지되었다.

　이 판결에서의 시사점은 지배주주가 지배의 방법으로 다층적 지배구조를 취하더라도 중간 단계 법인들의 법인격이나 소유자의 지위를 함부로 부인하여서는 안된다는 것이다.

다층적 지배구조의 설정이 위법이 아니라 용인되고 통용되는 것이기 때문이다. 물론 중간 단계의 법인들이 그야말로 형식적 껍데기만 있을 뿐 실체관계를 인정할 만한 것이 없을 때에는 실질과세의 원칙에 의하여 실질적인 주주를 달리 볼 여지가 있다. 하지만 이렇게 보기 위해서는 이러한 다층적 지배구조의 설정이 조세회피의 목적에서 비롯되었다는 점이 인정되어야 한다. 대법원 2012. 1. 19. 선고 2008두8499 전원합의체 판결에서 판시하였듯이 조세의 부담을 회피할 목적으로 실질과 괴리되는 비합리적인 형식이나 외관을 취하는 경우에 그것을 부인할 수 있기 때문이다. 위 사안에서는 M사가 A에 의하여 지배되고 있다는 것뿐이지 고유목적이나 실체가 없는 껍데기라거나 조세회피의 목적에서 M사가 다층적 지배구조에 끼어들었다고 볼 만한 사정들이 드러나 있지 아니하다. 이와 같은 사정들이 밝혀지지 않는 한 향후 유사사건들에서도 대법원은 같은 기조를 유지할 것으로 전망된다. 명의신탁에 대한 증여세 과세에 대하여는 비판적 견해가 많다는 점도 과세관청에게 불리하게 작용한 것으로 보인다.

사. 재차 명의신탁

(1) 제3자 명의에 의한 주식의 반복 매매

제3자에 명의신탁한 주식을 매도하고 그 대금으로 역시 그 제3자 명의로 새로운 주식을 취득하는 과정을 반복하는 경우 새로운 주식의 취득을 새로운 명의신탁으로 보아 상증세법 제45조의2 제1항에 의하여 증여세를 과세할 수 있는지가 문제된다.

표면적으로 보면, 종전의 주식과 새로운 주식은 그 성격이 엄연히 다르므로 종전 주식을 매각함으로써 종전 주식에 대한 제3자와의 명의신탁관계는 소멸하고 그 대금으로 새로운 주식을 역시 그 제3자 명의로 취득하면 새로운 명의신탁이 있었다고 보고 조세회피목적을 따져서 상증세법 제45조의2 제1항의 적용 여부를 결정하는 것이 맞다. 그러나 실질을 들여다보면 반복매매시의 매매대금에 큰 변화가 없다면 동일한 금액에 대하여 여러 차례 증여세가 과세됨으로써 납세자에게 과대한 부담이 따를 수 있다는 문제가 따른다. 극단적인 예를 들면 1억 원 상당의 상장주식을 제3자 명의로 신탁해 둔 다음 이를 토대로 하여 순차로 5차례 정도 다른 주식으로의 매매를 거듭하였고 그 가액은 계속 1억 원 정도 유지되었다면 결과적으로 5억 원에 대한 증여세가 과세되어 증여세액이 최종적으로 보유하고 있는 주식가액인 1억 원을 초과하는 결과에 이를 수 있다. 그래서 이러한 결과는 비례의 원칙이나 과잉금지의 원칙에 반한다는 주장이 제기될 수 있다.

서울고등법원 2011. 4. 19. 선고 2010누27778 판결은, A가 원고 명의의 차명 증권위탁계좌를 통하여 2005년도에 보유하였던 주식들을 매각하여 2006년도에 다른 주식을 보유하게 되었다면, 2006년도 보유 주식 중 2005년과 다른 신규 보유 주식과 증가된 주식에 대하여서는 별도의 명의신탁이 이루어진 것으로 보아 증여세를 추가로 부과할 수 있고, 이러한 해석이 침해되는 사익에 비하여 현저하게 다대한 공익의 우선적 추구에 기여하고 있다고 보이는 이상, 원고가 주장하는 바와 같이 헌법상의 비례의 원칙이나 과잉금지의 원칙에 위배된다고 할 수 없다고 판시하였다.

이에 대하여 대법원 2017. 2. 21. 선고 2011두10232 판결은, 최초로 증여의제 대상이 되어 과세되었거나 과세될 수 있는 명의신탁 주식의 매도대금으로 취득하여 다시 동일인 명의로 명의개서된 주식은 그것이 최초의 명의신탁 주식과 시기상 또는 성질상 단절되어 별개의 새로운 명의신탁 주식으로 인정되는 등의 특별한 사정이 없는 한 다시 이 사건 법률조항이 적용되어 증여세가 과세될 수는 없다고 봄이 타당하다고 판시하였다. 그 논거로는, ① 명의신탁에 대한 증여의제는 조세회피목적의 명의신탁행위를 방지하기 위하여 실질과세원칙의 예외로서 실제소유자로부터 명의자에게 해당 재산이 증여된 것으로 의제하여 증여세를 과세하도록 허용하는 규정이므로, 조세회피행위를 방지하기 위하여 필요하고도 적절한 범위 내에서만 적용되어야 하는 점, ② 증여의제 대상이 되어 과세되었거나 과세될 수 있는 최초의 명의신탁 주식이 매도된 후 그 매도대금으로 다른 주식을 취득하여 다시 동일인 명의로 명의개서를 한 경우에 그와 같이 다시 명의개서된 다른 주식에 대하여 제한 없이 별도로 증여세를 부과하는 것은 증여세의 부과와 관련하여 최초의 명의신탁 주식에 대한 증여의제의 효과를 부정하는 모순을 초래할 수 있어 부당한 점, ③ 최초의 명의신탁 주식이 매도된 후 그 매도대금으로 취득하여 다시 동일인 명의로 명의개서되는 이후의 다른 주식에 대하여 각각 별도의 증여의제규정을 적용하게 되면 애초에 주식이나 그 매입자금이 수탁자에게 증여된 경우에 비하여 지나치게 많은 증여세액이 부과될 수 있어서 형평에 어긋나는 점 등을 들고 있다.

결국 비례의 원칙이나 과잉금지의 원칙은 일률적인 법리가 있을 수 없고 개별사안들의 특수성을 고려하여 구체적 타당성을 추구하는 방향으로 판단이 이루어져야 한다. 적어도 증여세의 가액이 종국적으로 보유하고 있는 주식의 가치를 초과하는 경우라면 비례의 원칙이나 과잉금지의 원칙에 반한다고 볼 여지가 많다고 할 것이고, 위 대법원 판결은 이러한 취지에 입각한 것으로 그 결론을 수긍할 수 있다. 그런데 그 논거로 들고 있는 것 중에 ②의 논거, 즉 다시 명의개서된 다른 주식에 대하여 제한 없이 별도로 증여세를 부과하는 것은 증여세의 부과와 관련하여 최초의 명의신탁 주식에 대한 증여의제의 효과를 부정하는 모순을 초래할 수 있어 부당하다는 논거는 부적절하다. 명의신탁에 대하여 증여로 의제하는 것은 증여에 의하여 소유권이 명의수탁자에게 이전되었다는 것을 의제하는 것이 아니라 단지 증여세를 과세하기 위한 요건으로서의 증여만을 의제하는 것이다. 대법원 2006. 9. 22. 선고 2004두11220 판결도 밝혔듯이, 명의신탁 증여의제규정은 실질과세원칙에 대한 예외의 하나로서 명의신탁제도가 조세회피의 수단으로 악용되는 것을 효과적으로 방지하여 조세정의를 실현하고자 하는 한도에서 증여로 추정한 것일 뿐, 이로 인하여 명의신탁재산의 귀속 여부까지 달라지는 것은 아니므로, 명의신탁재산의 실질적인 소유자는 위 증여추정규정에도 불구하고 여전히 명의신탁자이다. 따라서 최초 명의신탁에 의하여 증여세를 과세하였다고 하더라도 이후 명의신탁자가 여전한 소유자로서 재차 명의신탁을 할 수 있는 것이고 그에 대하여 다시 증여세를 과세한다고 해서 당초의 증여의제 효과가 부정되는 모순관계에 빠지는 것이 아니다.

제3자 명의로 주식의 반복매매를 하는 경우 매년 말 잔존하는 명의신탁 주식에는 이미 명의신탁을 이유로 증여세가 과세된 주식과 그 주식의 매매대금으로 다시 취득한 주식, 새로운 자금으로 취득한 주식들이 혼재하기 마련이다. 이러한 경우에 새로운 증여세의 과세대상이 되는 명의신탁주식을 어떻게 산정할 것인지는 현실적으로 상당히 어려운 숙제가 된다.

이에 관한 사례로 대법원 2020. 6. 25. 선고 2019두36971 판결이 있다. A는 원고 명의로 된 P계좌를 이용하여 2007. 10. 16. B사 주식 1,300주(1차 주식)를 매수하고 2007. 11. 9.경 원고 명의로 명의개서를 마쳤다.

이후 A는 P계좌를 통해 2007. 11. 19.부터 2007. 11. 21.까지 B사 주식 합계 6,120주를 매수하고 2007. 11. 30.부터 2007. 12. 4.까지 B사 주식 합계 5,820주를 매도하는 등 B사 주식의 매수·매도를 여러 차례 반복하였는데, 주주명부 폐쇄일인 2007. 12. 28.경 P계좌에 남아 있는 B사 주식은 22,506주(2차 주식)였다.

원고는 나중에 취득한 주식을 먼저 처분한 것으로 보는 이른바 '후입선출법'에 따라 2차 주식 중 이미 증여의제 대상이 된 주식을 제외한 21,206주를 증여의제 대상 주식으로 보아야 한다고 주장한 반면, 피고는 먼저 취득한 주식을 먼저 처분한 것으로 보는 이른바 '선입선출법'에 따라 증여의제 대상 주식을 특정하여야 한다고 주장하였다.

이에 대하여 대법원은, 먼저 거래 당사자의 의사 등 제반 사정을 고려하여 당사자들이 주장한 선입선출법과 후입선출법 중 합리적이라고 판단되는 방식에 따라 증권계좌별로 1차 주식과 그 후 취득한 주식이 매도된 시기와 수량을 특정한 다음, 2차 주식 중에서 이미 증여의제 대상이 된 1차 주식을 제외하고 새로 증여의제 대상이 된 주식 수가 얼마인지를 심리하여야 하고, 만약 그 심리 결과 2차 주식 중 새로 증여의제 대상이 된 주식이 남아 있다면, 다음 단계로 그 주식이 최초로 증여의제의 대상이 된 1차 주식의 매도대금을 사용하여 동일인 명의로 재취득한 주식에 해당하는지를 심리하여 그 결과에 따라 증여세 과세 여부를 판단하여야 한다고 판시하면서, 그럼에도 원심은 2차 주식 중에 이미 증여의제 대상이 된 1차 주식이 남아 있는지 등을 심리하여 그 1차 주식을 증여의제 대상에서 제외할지 여부를 판단하지 아니한 채 2차 주식이 1차 주식의 매도대금을 사용하여 재취득한 주식이라고 보기 어렵다는 이유만으로 2007. 12. 28. 증여의제분에 대한 증여세 부과처분 전부가 적법하다고 판단한 것은 잘못이라고 하여 파기환송하였다.

수년간에 걸쳐 타인 명의로 주식을 반복하여 매매하는 경우 각 연도별로 증여세 과세대상이 되는 주식을 파악할 수 있는 합리적인 대강의 기준을 제시하였다는 점에서 이 판결의 의의가 있다.

그리고 대법원 2022. 9. 15. 선고 2018두37755 판결은, 원고는 차명 증권계좌를 통해 주식에 관하여 거래를 하면서 기존 명의신탁 주식을 담보로 받은 대출금으로 새로운 주식을 취득하여 동일인 명의로 명의개서를 한 사안에서, 그러한 경우에도 기존 명의신탁과는 별개의 새로운 명의신탁이 있는 것이므로 이 사건 규정에 따라 증여세가 부과되어야 하지만, 새로운 주식에 관한 명의개서가 이루어지기 전에 기존 명의신탁 주식을 매도하여 그 매도대금으로 해당 대출금을 변제한 경우에는 다시 증여세를 부과할 수 없다고 판시하였다. 새로운 주식에 관하여 명의신탁이 이루어지기 전에 기존 명의신탁 주식이 매각된 경우는 비록 중간에 대출금이 개재되어 있기는 하지만 그 실질이 기존 명의신탁 주식의 매각대금으로 새로운 명의신탁 주식을 취득한 것으로 볼 수 있다고 하겠다.

(2) 명의신탁 주식에 대한 신주의 인수

제3자에게 명의신탁된 재산에서 파생되어 나오거나 대체되는 새로운 재산이 있는 경우 그 명의를 실질소유자 명의로 회복하기 위한 별도의 절차를 거치지 않을 경우 그 제3자의 명의로 귀속될 것이다. 이와 같이 제3자 명의로 귀속되는 새로운 재산에 대하여 새로운 명의신탁이 있었다고 보아 상증세법 제45조의2 제1항에 의하여 증여세를 과세할 수 있는지가 문제된다.

먼저 제3자에게 명의신탁된 주식에 대하여 그 발행회사에서 유상증자를 하면서 신주를 발행함에 따라 그 제3자에게 신주가 배정되고 그 주금을 명의신탁자가 납부한 경우에는 새로운 명의신탁이 있었다고 보는데 별 무리가 없다. 그래서 대법원 2006. 9. 22. 선고 2004두11220 판결도, 명의신탁 증여추정규정은 실질과세원칙에 대한 예외의 하나로서, 명의신탁제도가 조세회피의 수단으로 악용되는 것을 효과적으로 방지하여 조세정의를 실현하고자 하는 한도에서 증여로 추정한 것일 뿐, 이로 인하여 명의신탁재산의 귀속 여부까지 달라지는 것은 아니므로, 명의신탁재산의 실질적인 소유자는 위 증여추정규정에도 불구하고 여전히 명의신탁자라고 할 것이고, 따라서 최초 명의신탁 주식이 증여로 추정되는 경우, 유상증자분 주식에 대한 신주인수권은 최초 명의신탁된 주식의 실질적 소유자에게 귀속되는 것이고, 그 실질적 소유자가 신주인수권을 행사하여 명의수탁자 명의로 인수대금을 납입하여 유상증자분 주식을 명의수탁자에게 명의신탁한 것이므로 그 증여가액은 유상증자분 주식가액으로 평가함이 상당하다고 판시하였다.

다음으로, 제3자에게 명의신탁된 주식에 대하여 그 발행회사에서 자본잉여금을 자본전입함에 따라 그 제3자에게 무상으로 신주를 배정하는 경우가 있다. 이에 대하여 대법원 2009. 3. 12. 선고 2006두20600 판결은, 주식발행초과금 등 자본준비금과 자산재평가법상의 재평가적립금 등의 자본전입에 따라 무상주가 발행되는 경우에는, 기존 주식의 재산적 가치에 반영되고 있던 주식발행초과금 또는 자산재평가적립금 등이 전입되면서 자본금이 증가됨에 따라 그 증자액에 해당하는 만큼의 신주가 발행되어 기존의 주주에게 그가 가진 주식의 수에 따라 무상으로 배정되는 것이어서, 회사의 자본금은 증가되지만 순자산에는 아무런 변동이 없고 주주의 입장에서도 원칙적으로 그가 가진 주식의 수만 늘어날 뿐 그가 보유하는 총 주식의 자본금에 대한 비율이나 실질적인 재산적 가치에는 아무런 차이가 없다고 전제하고, 원고 명의로 된 P사 발행의 신주인 1주식은 A가 원고에게 P사 발행의 1주식을 명의신탁한 이후 P사가 주식발행초과금을 자본에 전입함에 따라 1주식의 명의수탁자인 원고에게 그 지분비율대로 무상으로 배정된 것이므로 원고 명의의 2주식은 기존의 명의수탁주식인 1주식이 실질적으로 분할된 것에 불과하여 원고가 A로부터 기존의 명의수탁주식과 별도로 명의신탁받은 것으로 볼 수는 없고, 따라서 1주식 이외에 2주식에 대해서까지 상증세법 제41조의2 제1항을 적용하여 증여세를 부과한 것은 위법하다고 판시하였다. 자본잉여금의 자본전입에 따른 무상주의 배정은 소득세법 제17조 제2항 제2호에서 배당으로 의제하지도 않는다. 왜냐하면 그 실질이 기존주식의 분할에 불과하기 때문이다. 따라서 이미 명의신탁된 재산의 단순한 분할에 불과한 것을 새로운 명의신탁이 있었다고 보아 다시 증여세의 제재를 가하는 것은 가혹하다는 취지에서 위와 같은 판결이 선고되었다고 할 수 있다.

여기에서 더 나아가 제3자에게 명의신탁된 주식에 대하여 그 발행회사에서 이익잉여금의 자본전입에 따라 무상주를 배정하는 경우에도 마찬가지로 볼 수 있는지가 문제된다. 이러한 경우의 무상주에 대하여는 소득세법 제17조 제2항 제2호에서 배당으로 의제하고 있다는 점에서 전자의 경우와 큰 차이가 있다. 그러나 자본잉여금의 자본전입이든 이익잉여금의 자본전입이든 모두 동일한 크기의 자기자본 내에서 계정과목만 서로 달리 구성하고 있는 것이고 주식은 자기자본에 대한 지분이다. 따라서 양자의 경우 자본전입이 있더라도 기존의 자기자본 크기에는 아무런 변화가 없기 때문에 제3자에게 명의신탁된 기존 주식에 대하여 자본전입에 따라 무상주가 교부되더라도 그 주식들의 전체 지분가액에는 아무런 변화가 없고 단지 주식수만 늘어나게 된다. 이는 결국 그 실질이 기존 주식의 분할에 불과하다고 볼 수 있는 것이다. 그럼에도 불구하고 소득세법에서는 양자의 경우 의제배당에 있어서 차이를 두고 있는 이유에 관하여 이익잉여금을 자본에 전입하면 자본충실의 원칙상 그 전입으로 인하여 증자된 만큼 회사재산을 유지하여야 하므로 회사재산의 사내유보가 가능하게 될뿐더러 이익준비금을 자본전입한 때에는 다시 일정한도까지 이익준비금을 적립하여야 되므로 자본잉여금을 자본전입한 경우보다 자본충실도가 높아진다는 점을 고려하여 입법자가 입법재량에 의하여 배당으로 의제한 것으로 볼 수 있다. 그러나 자본잉여금의 자본전입에 대하여는 배당으로 의제하지 않는다고 해서 종국적으로 이 부분에 대한 과세를 하지 않는다는 것이 아니라 그 양도시점에 양도차익에 대하여 과세할 때까지 과세를 이연하는 것에 지나지 않는다. 즉, 양자의 경우 서로 과세시기만 달리할 뿐이지 종국적으로 과세되는 금액은 별 차이가 없다고 할 수 있다. 그래서 이러한 차이 때문에 이익잉여금의 자본전입에 따른 무상주에 대하여는 새로운 명의신탁이 있었다고 보아 증여세를 과세하는 것은 무리라고 할 수 있다.

같은 취지에서 대법원 2011. 7. 14. 선고 2009두21352 판결은, 상증세법 제45조의2 제1항의 본문은 실질과세원칙에 대한 예외의 하나로서 명의신탁이 조세회피 수단으로 악용되는 것을 방지하여 조세정의를 실현하고자 하는 한도 내에서 제한적으로 적용되는 규정인 점, 주식의 실제소유자와 명의자가 다른 상태에서 주식 발행법인이 이익잉여금을 자본에 전입함에 따라 명의인에게 무상주가 배정되더라도 발행법인의 순자산이나 이익 및 실제주주의 지분비율에는 변화가 없으므로 실제주주가 무상주에 대하여 자신의 명의로 명의개서를 하지 아니하였다고 해서 기존 주식의 명의신탁에 의한 조세회피목적 외에 추가적인 조세회피목적이 있다고 할 수 없는 점 등을 고려하면, 특별한 사정이 없는 한 기존 명의신탁 주식 외에 이익잉여금의 자본전입에 따라 기존 명의수탁자에게 보유주식에 비례하여 배정된 무상주는 위 규정에 의한 증여의제의 적용대상이 아니라고 판시하였다.

(3) 주식의 포괄적 교환에 의한 신주의 취득

주식의 포괄적 교환에 관하여 상법 제360조의2 제2항은 완전자회사가 되는 회사의 주주가 가지는 그 회사의 주식은 주식을 교환하는 날에 주식교환에 의하여 완전모회사가 되는 회사에 이전하고, 그 완전자회사가 되는 회사의 주주는 그 완전모회사가 되는 회사가 주식교환을 위하여 발행하는 신주의 배정을 받음으로써 그 회사의 주주가 된다고 규정하고 있다. 여기서 완전자회사의 주식을 제3자에게 명의신탁한 경우 주식의 포괄적 교환에 의하여 명의수탁자 명의로 완전자회사의 주식을 양도하고 그 대가로 완전모회사의 주식을 취득하게 된다. 이 경우 완전모회사의 주식을 명의수탁자 명의로 취득한 것을 새로운 명의신탁으로 보아 상증세법 제45조의2 제1항에 의하여 증여세를 과세할 수 있는지가 문제된다.

기존의 명의신탁주식은 완전자회사 발행의 주식이고 새로운 주식은 완전모회사 발행의 주식이다. 물론 완전모회사가 완전자회사의 주식 100%를 소유하고 있으므로 새로이 취득한 완전모회사 발행의 주식에는 완전자회사 주식의 가치가 그대로 반영되어 있는 것은 분명하다. 완전자회사의 주식이 완전모회사의 자산이 되어 있고 그 자산에 상응하는 만큼 완전모회사의 주식이 발행되었기 때문이다. 그러나 엄연히 완전자회사의 주식과 완전모회사의 주식은 별개로 존재하고 있고 실질적인 지분의 성격도 다르다. 완전자회사의 주식은 완전자회사의 자기자본에 대한 지분이었지만 완전모회사의 주식은 완전자회사의 자기자본 상당액에 해당하는 완전모회사의 자산과 완전모회사의 다른 자산의 합산액에서 부채를 공제한 완전모회사의 자기자본에 대한 지분이기 때문이다. 따라서 새로운 주식의 취득에 해당하고 따라서 그것을 명의수탁자 명의로 하였다면 새로운 명의신탁이 있었다고 보는 것이 원칙이다. 그렇다고 해서 이러한 경우들에 대하여 다른 일반적인 명의신탁의 경우와 마찬가지로 다시 조세회피의 목적이 있었다고 볼 수 있는지에 관하여는 고민이 필요하다.

먼저, 대법원 2013. 8. 23. 선고 2013두5791 판결은, 주식의 포괄적 교환은 소득세법 제88조 제1항이 규정하는 자산의 유상양도에 해당하므로 완전자회사가 되는 회사의 주주가 받는 완전모회사의 신주는 양도한 주식의 처분대가로 받는 새로운 자산이고 그가 종전에 보유하던 주식의 대체물이나 변형물이라고 할 수 없는 점, 상법 제360조의3 제1항과 제2항이 주식의 포괄적 교환을 주주총회 특별결의사항으로 규정하고 상법 제360조의5가 반대주주의 주식매수청구권을 규정하고 있으므로 완전자회사가 되는 회사의 주주는 주식교환계약의 당사자가 아니라고 하더라도 주식매수청구권을 행사하지 않은 이상 그의 의사에 기하여 주식교환계약이 이루어진 것으로 볼 수 있는 점, 명의신탁자와 명의수탁자는 주식의 포괄적 교환으로 인하여 명의수탁자가 새로이 배정받는 신주에 관하여도 명의신탁관계를 유지하려는 의사를 가졌다고 봄이 합리적인 점, 소득세법 제94조 제1항 제3호는 주식의 상장 여부나 소유주식의 비율·시가총액 등에 따라 양도소득세 과세대상 여부를 달리 규정하고 있으므로 주식의 포괄적 교환으로 인하여 새로이 조세회피의 가능성이 발생할 수 있는 점 등을 종합하여 보면, 주식의 명의신탁을 받은 자가 주식의 포괄적 교환으로 인하여 그의 명의로 완전모회사의 신주를 교부받아 명의개서를 마친 경우 그 신주에 관하여는 명의신탁자와 명의수탁자 사이에 종전의 명의신탁관계와는 다른 새로운 명의신탁관계가 형성되므로, 그에 관하여 새로운 조세회피의 목적이 없다는 등의 특별한 사정이 없는 한 이는 상증세법 제45조의2 제1항이 규정하고 있는 명의신탁 재산 증여의제의 적용대상이 된다고 판시하였다.

그러나 이러한 대법원의 원칙적 입장에 대하여는 주식의 포괄적 교환이 지니는 속성을 제대로 반영하지 못하여 가혹하다는 비판이 많았고 그래서 최근에 대법원이 사실상 종전 입장의 변경을 선언하였다. 대법원 2018. 3. 29. 선고 2012두27787 판결이 그것이다. 이 판결은 위에서 언급한 판결이 원칙적 입장임을 선언하면서도 그 결과의 가혹함 등을 이유로 다음과 같이 입장변경을 선언하였는데, 그 논거는 앞서 살펴본 대법원 2017. 2. 21. 선고 2011두10232 판결의 논거와 같다. 즉, 주식의 포괄적 교환의 경우에도 최초의 명의신탁 주식과 명의수탁자가 완전모회사가 되는 회사로부터 배정받은 신주에 대하여 각각 별도의 증여의제규정을 적용하게 되면, 대법원 2017. 2. 21. 선고 2011두10232 판결의 논거에서 본 바와 마찬가지로 증여세의 부과와 관련하여 최초의 명의신탁 주식에 대한 증여의제의 효과를 부정하는 모순을 초래하고 형평에 어긋나는 부당한 결과가 발생하므로 원칙적으로 위 판결의 법리가 주식의 포괄적 교환의 경우에도 그대로 적용된다고 판시하였다. 상증세법 제45조의2 제1항의 제재적 성격과 결과의 가혹함 때문에 그 적용대상을 가급적 제한하고자 하는 대법원의 입장이 이 판결에까지 이어지고 있다.

(4) 합병·분할에 의한 신주의 취득

제3자 명의로 취득한 주식의 발행법인이 다른 법인에 흡수합병되거나 신설합병함으로써 새로운 주식을 제3자 명의로 취득한 경우 그것을 새로운 명의신탁으로 보아 상증세법 제45조의2 제1항에 의하여 증여세를 과세할 수 있는지가 역시 문제된다. 흡수합병의 경우는 주식의 포괄적 교환에서 한 단계 더 나아간 경우로 볼 수 있다. 즉, 흡수합병법인이 피합병법인의 주주들로부터 그들이 보유하는 주식을 전부 취득하면서 그 대가로 그들에게 합병법인의 신주를 교부한 다음 피합병법인의 자산과 부채를 인수하면서 피합병법인의 주식을 소각하는 절차를 취함으로써 흡수합병절차가 종료되는 것이다. 그래서 피합병법인의 주주입장에서 취득하는 합병법인 발행의 신주의 성격은 주식의 포괄적 교환과 다를 바 없다고 할 것이므로 이에 대하여 상증세법 제45조의2 제1항을 적용할 것인지 여부에 대하여는 주식의 포괄적 교환의 경우와 같은 입장을 취하는 것이 합리적이다.

그런데 당초 대법원 2013. 9. 26. 선고 2011두181 판결은, A사의 1주식을 P가 원고에게 명의신탁해 두었다가 B사가 A사를 흡수합병하는 과정에서 B사가 1주식을 매수함과 동

시에 그 매매대금을 신주인수대금으로 하는 B사의 유상증자가 이루어져 원고에게 2주식
이 배정되어 1주식이 2주식으로 교환되었으며 그 후 B사가 A사를 흡수합병하여 합병등
기가 된 사안에서, 원고가 1주식을 B사에 양도하는 내용의 주식매매계약을 체결한 다음
그 매매대금을 신주인수대금으로 하여 B사로부터 2주식을 그들 명의로 인수한 이상, 2
주식은 1주식과는 그 취득원인 등을 달리하는 별도의 새로운 재산으로서 1주식의 단순
한 변형물이라고 볼 수는 없고, 나아가 원고가 2주식을 그 명의로 인수하는 것에 대하여
원고와 P 사이에 별도의 의사합치도 있었다고 보아야 할 것이므로, 2주식의 명의신탁은
1주식의 명의신탁과는 별도의 명의신탁으로 볼 수밖에 없으며, 2주식은 1주식과는 달리
대주주의 주식 양도에 대하여 양도소득세가 과세되는 주권상장법인 발행주식으로서, 그
와 관련된 조세회피는 명의신탁이 이루어짐으로써 비로소 현실화되는 점 등을 고려하면,
2주식의 명의신탁에는 조세회피의 목적도 있었다고 봄이 타당하다고 판시하였다.

　그러나 2019. 1. 31. 선고 2016두30644 판결은, 흡수합병이 이루어짐에 따라 소멸회사
의 합병구주를 명의신탁받았던 사람이 존속회사가 발행하는 합병신주를 배정·교부받
아 그 앞으로 명의개서를 마친 경우, 합병구주와는 별도의 새로운 재산인 합병신주에 대
하여 명의신탁자와 명의수탁자 사이에 합병구주에 대한 종전의 명의신탁관계와는 다른
새로운 명의신탁관계가 형성되기는 한다고 하면서도, ① 이 사건 법률조항은 조세회피
목적의 명의신탁행위를 방지하기 위하여 실질과세원칙의 예외로서 실제소유자로부터
명의자에게 해당 재산이 증여된 것으로 의제하여 증여세를 과세하도록 허용하는 규정이
므로, 조세회피행위를 방지하기 위하여 필요하고도 적절한 범위 내에서만 적용되어야 하
고, ② 증여의제 대상이 되어 과세되었거나 과세될 수 있는 최초의 명의신탁 주식인 합병
구주에 상응하여 명의수탁자에게 합병신주가 배정되어 명의개서가 이루어진 경우에 그
와 같은 합병신주에 대하여 제한 없이 이 사건 법률조항을 적용하여 별도로 증여세를
과세하는 것은 증여세의 부과와 관련하여 최초의 명의신탁 주식에 대한 증여의제의 효
과를 부정하는 모순을 초래할 수 있어 부당하고, ③ 더구나 흡수합병에 따라 존속회사는
소멸회사의 권리의무를 승계하게 되고, 이때 소멸회사의 주주는 통상 합병구주의 가치에
상응하는 합병신주를 배정·교부받게 되므로, 합병 전후로 보유한 주식의 경제적 가치에
실질적인 변동이 있다고 보기 어려운 사정도 감안하여야 하고, ④ 또한 최초로 명의신탁
된 합병구주와 이후 합병으로 인해 취득한 합병신주에 대하여 각각 이 사건 법률조항을
적용하게 되면 애초에 주식이나 그 인수자금이 수탁자에게 증여된 경우에 비하여 지나
치게 많은 증여세액이 부과될 수 있어서 형평에도 어긋난다고 하면서, 이와 같은 사정들
을 고려할 때, 최초로 증여의제 대상이 되어 과세되었거나 과세될 수 있는 합병구주의
명의수탁자에게 흡수합병에 따라 배정된 합병신주에 대해서는 특별한 사정이 없는 한

다시 상증세법 제45조의2 제1항을 적용하여 증여세를 과세할 수 없다고 판시하였다. 이상과 같이 대법원은 합병에 의한 신주의 취득도 주식의 포괄적 증여의 경우와 마찬가지로 원칙적으로 상증세법 제45조의2 제1항을 적용하여서는 아니된다고 선언하였다.

법인의 분할도 합병의 경우와 마찬가지로 볼 수 있다. 주식의 분할과 달리 법인의 분할은 하나의 법인이 영업을 둘 이상으로 분리하여 그 분리된 영업재산을 자본으로 하여 새로운 법인을 신설하거나 다른 법인과 합병시키는 조직법적 행위이고 그 분할에 따른 신주는 분할로 인하여 신설하는 법인이나 다른 합병법인이 발행하는 것이므로 구주와는 그 성격이 다르고 발행주체도 다르다. 따라서 제3자에게 명의신탁하였던 구주를 근거로 분할신설법인이나 분할합병법인으로부터 그 제3자 명의로 신주를 인수하였더라도 상증세법 제45조의2 제1항을 적용하여서는 아니될 것이다.

(5) 전환사채에 의한 신주의 취득

기명식 전환사채도 그 이전에 관하여 사채명부의 명의개서가 대항요건으로 되어 있으므로(상법 제479조), 권리의 이전이나 그 행사에 등기 등을 요하는 재산에 해당하여 타인 명의로 기명식 전환사채를 인수할 경우 상증세법 제45조의2에 의하여 증여의제로 증여세 과세대상이 된다.

이와 같이 증여의제로 증여세 과세대상이 되었던 타인 명의의 전환사채를 가지고 전환권을 행사하여 다시 타인 명의로 신주를 배정·교부받아 그 타인 명의로 명의개서를 한 경우 앞서 본 사례들과 마찬가지로 새로운 명의신탁이 있었던 것으로 보아 증여의제로 증여세를 다시 과세할 수 있는지가 문제된다.

이에 대하여 최근 대법원 2019. 9. 10. 선고 2016두1165 판결은, 앞서 본 사안들의 경우와 마찬가지로 종전의 명의신탁과 다른 새로운 명의신탁이 있었다고 보면서도, 최초로 증여의제 대상이 되어 과세되었거나 과세될 수 있는 기명식 전환사채의 명의수탁자에게 전환권 행사에 따라 배정된 주식에 대해서는 특별한 사정이 없는 한 다시 이 사건 조항을 적용하여 증여세를 과세할 수 없다고 판시하였다. 그 논거로 들고 있는 내용들은 앞서 본 사안들의 판결에서 든 논거의 내용과 동일하다.

아. 명의신탁 재산의 반환

앞서 살펴본 바와 같이, 상증세법 제4조 제4항은 수증자가 증여재산(금전은 제외한다)을 당사자 간의 합의에 따라 증여세 과세표준 신고기한 이내에 증여자에게 반환하는 경우(반환하기 전에 과세표준과 세액을 결정받은 경우는 제외한다)에는 처음부터 증여가 없었던 것으로 보며, 증여세 과세표준 신고기한이 지난 후 3개월 이내에 증여자에게 반환하거나 증여자에게 다시 증여하는 경우에는 그 반환하거나 다시 증여하는 것에 대해서는 증여세를 부과하지 아니하도록 규정하고 있다. 이 규정은 상증세법이 2015. 12. 15. 개정되기 전에는 제31조 제4항과 제5항에 규정되어 있었다. 이 규정이 명의신탁재산의 반환에도 적용될 수 있는지가 문제된다.

부정설은, 명의신탁에 대한 증여세는 증여로 인한 이익을 담세력으로 한 수득세의 성격이 아니라 명의신탁행위에 대한 제재로서의 성격을 지니므로 명의신탁재산을 명의신탁자나 제3자에게 반환하였더라도 당초 명의신탁행위가 소급하여 사라지는 것은 아닌 이상 제재로서의 증여세가 여전히 과세되어야 한다는 입장이다. 반면에 긍정설은, 명의신탁재산에 대한 증여세는 증여세의 본질에 부합하지도 않고 제재의 목적으로 과세하는 것이므로 가급적 그 적용범위를 제한하여야 하는데 명의신탁재산을 반환함으로써 명의신탁을 소멸시킨 이상 제재로서의 증여세를 과세할 필요가 없다는 입장이다.

이에 대하여 대법원 2011. 9. 29. 선고 2011두8765 판결은, 상증세법 제45조의2에서 증여로 의제되는 명의신탁에 대하여 구 상증세법 제31조 제4항의 적용을 배제하는 규정을 따로 두고 있지 않고, 증여세 과세표준 신고기한 내에 당사자들 합의에 의하여 증여재산을 반환하는 경우나 명의신탁받은 재산을 반환하는 경우 모두 그 재산을 수증자 또는 명의수탁자가 더 이상 보유하지 않게 된다는 면에서 실질적으로 다르지 아니한 점 등에 비추어 볼 때, 구 상증세법 제31조 제4항은 증여로 의제된 명의신탁재산에 대하여 명의신탁을 해지하고 반환하는 경우에도 적용된다고 보아야 하고, 이는 명의수탁자가 명의신탁받은 재산을 명의신탁자 명의로 재산을 반환하는 경우뿐 아니라 명의신탁자의 지시에 따라 제3자 명의로 반환하는 경우도 마찬가지라고 보아야 한다고 판시하였다. 명의수탁자의 입장에서 명의신탁재산을 반환하였다는 점은 수증자가 증여재산을 반환하였다는 점과 동일한 실질을 가지고 있으므로 그 성격은 다를지라도 같은 세목인 증여세를 과세할 것인지에 관하여 차별적으로 다룰 필요가 없다는 점을 중시한 판결로 이해된다. 더구나 명의신탁을 증여로 의제하면서도 일반적인 증여의 경우와 다르게 해석한다는 것도 부담이 따른다는 점도 고려된 것으로 보인다. 여기서 명의신탁재산의 반환은 그 재산 자체의 반환을 의미하는 것이지, 명의신탁재산을 처분한 대금을 반환하는 것은 포함하지 않는다(대법원 2007. 2. 8. 선고 2005두10200 판결 참조).

자. 명의개서의 해태

(1) 관련 규정과 입법 취지

상증세법 제45조의2 제1항에서는 적극적으로 타인에게 명의를 신탁한 경우뿐만 아니라 타인으로부터 재산을 취득하면서 소극적으로 자신의 명의로의 이전을 게을리하는 경우에 대하여도 같은 제재를 가하고 있다. 즉, 그 괄호규정에서 그 재산이 명의개서를 하여야 하는 재산인 경우에는 소유권취득일이 속하는 해의 다음 해 말일의 다음 날을 증여의제일로 보겠다는 것이다. 따라서 소유권취득일이 속하는 해의 다음 해 말일까지 명의개서를 하면 증여세를 과세할 수 없다.

대법원 2023. 9. 21. 선고 2020두53378 판결은, 위 괄호 규정은 명의신탁 증여의제 규정의 적용 요건인 명의신탁의 합의가 없더라도 명의를 넘겨가지 않는 경우 증여의제 대상이 되도록 한 예외적인 규정으로서, 주식을 취득한 자에게 일정기간 내에 명의개서를 할 의무를 부여하고 이를 해태하면 그 상대방을 명의수탁자와 마찬가지로 취급하여 과세상 불이익을 과하도록 한 것이라고 하면서, 이와 같이 명의개서해태 증여의제 규정은 그 문언뿐만 아니라 관련 규정의 체계 및 입법 취지 등에 비추어 그와 같이 명의개서를 해야 하는 특별한 의무가 부여되었다고 명확하게 인정되는 경우에 한하여 적용된다고 보아야 하고, 따라서 명의신탁 합의가 존재하는 등 명의신탁 증여의제 규정의 과세요건이 충족되어 증여세가 과세되었거나 과세될 수 있는 주식에 대하여는 그 이후에 명의개서해태 증여의제 규정의 과세요건이 별도로 충족된다 하더라도 명의신탁 증여의제 규정만 적용되어야 하고, 명의개서해태 증여의제 규정이 다시 적용될 여지는 없다고 보아야 한다고 판시하였다. 위 괄호규정의 적용대상이 되는 경우 증여의제가액은 위 괄호규정의 문언에 따라 소유권취득일이 속하는 다음 해 말일의 다음 날이 된다고 보는 것이 타당하겠다.

위 괄호규정의 취지는 권리를 취득하였음에도 불구하고 명의개서를 하지 아니하는 경우 과세당국에서 주식 변동을 파악하지 못하는 문제가 있고, 장기간 명의개서를 하지 아니하는 경우 그 실질이 명의신탁과 같으므로 이를 명의신탁으로 의제하여 과세를 강화하고자 하는 것이라고 할 수 있다.

위 괄호규정은 2002. 12. 18. 신설되었는데 그 이유는, 2001. 12. 31. 법인세법 시행령 제161조 제5항의 개정 전에는 주식 등 변동상황명세서에 사실상의 모든 소유권 변동내역을 작성·제출하도록 하던 것을 위 개정에 의하여 명의개서 내역을 기준으로 작성·제출하도록 변경되어 명의개서를 하지 아니하는 경우에는 과세당국이 주식 등 변동상황을 파악하지 못하는 문제점이 발생하자 상당한 기간 명의개서를 하지 아니하는 경우에는 그 실질이 명의를 신탁한 경우와 같다고 보아 명의신탁으로 의제하기 위함이었다.

　그리고 상증세법 제45조의2 제3항 단서는 실제소유자 명의로 명의개서를 하지 아니하더라도, 매매로 소유권을 취득한 경우로서 종전 소유자가 양도소득 과세표준신고 또는 증권거래세법에 따른 신고와 함께 소유권 변경 내용을 신고하는 때와 상속으로 소유권을 취득한 경우로서 상속인이 상속세 과세표준신고 등과 함께 해당 재산을 상속세 과세가액에 포함하여 신고한 경우(상속세 과세표준과 세액을 결정 또는 경정할 것을 미리 알고 수정신고하거나 기한 후 신고를 하는 경우는 제외)에는 조세회피목적이 있는 것으로 추정하지 아니한다고 규정하고 있다.

(2) 명의신탁 주식이 양도 또는 상속된 경우

　명의신탁된 주식이 명의신탁자에 의하여 제3자에게 양도되거나 명의신탁자의 사망으로 상속인에게 소유권이 이전되는 경우 새로 소유권을 취득한 제3자나 상속인 명의로 명의개서가 이루어지지 않으면 명의개서해태가 있게 되어 위 괄호규정에 의하여 새로이 증여세 과세를 할 수 있는지가 문제된다. 이에 관하여는 견해의 대립이 있을 수 있다.
　먼저, 긍정설의 입장이다. 괄호규정의 '소유권취득일'에 있어서 소유권취득에 아무런 제한이 없고 특히 상속이 제외되어 있지 않으므로 괄호규정이 그대로 적용되어야 한다는 것이다. 2015. 12. 15. 신설된 상증세법 제45조의2 제3항 제2호가 상속으로 소유권을 취득한 경우로서 조세회피목적이 추정되지 않는 경우를 규정한 것은 상속도 괄호규정의 적용대상임을 전제로 한 것으로 볼 수 있고, 명의신탁 주식이 양도된 경우도 명의신탁 주식의 상속과 다를 바 없으므로 역시 괄호규정의 적용대상이 된다는 점도 근거로 들고 있다. 그리고 기존의 명의신탁에 대하여 증여세를 부과하는 것은 명의신탁자나 피상속인과 명의수탁자 사이의 명의신탁 때문인 것이고, 괄호규정에 의하여 다시 증여세를 부과하는 것은 제3의 취득자나 상속인과 명의수탁자의 새로운 명의개서해태에 대하여 제재를 가하는 것이므로 이중과세라고도 볼 수도 없다고 한다.
　다음으로 부정설의 입장이다. 괄호규정은 법률행위로 주식의 양도가 이루어졌음에도 양수인이 장기간 명의개서를 하지 않고 있는 경우 과세당국에서 주식변동을 파악하지 못하는 문제가 있어 양도인과 양수인 간에 명의신탁 합의가 없더라도 이를 명의신탁으로 의제하려는 취지에서 신설된 규정이므로 이미 명의신탁된 주식의 양도나 상속의 경우에는 괄호규정이 적용되어서는 아니된다는 입장이다. 당초 명의신탁자와 제3취득자, 상속인이 명의개서를 게을리하면 명의수탁자로서는 괄호규정을 피할 방법이 없다는 것을 주요 논거로 들고 있다. 그리고 명의수탁자는 당초 명의신탁시에 증여세 납세의무를 부담하였는데 그 후 명의신탁 상태가 그대로 유지되었을 뿐임에도 자신과 무관한 사정,

즉 명의신탁 주식이 양도되거나 상속되었다는 사정 때문에 그에 따른 명의개서가 이루어지지 않았다고 하여 다시 증여세를 부담하게 되면 자기책임의 원칙에도 반할 뿐더러 이중과세로 볼 수 있다는 점도 지적한다.

마지막으로 절충설의 입장이다. 괄호규정이 적용되는 것이 원칙이나, 예외적으로 명의수탁자가 명의개서를 해태하였다고 볼 수 없는 특별한 사정이 있는 경우에는 그 적용이 배제되어야 한다는 것이다. 명의수탁자가 그 주식이 양도되거나 상속된 사실 자체를 모르거나 알더라도 양수인이나 상속인이 누구인지를 알 수 없어 명의개서를 종용할 수 없는 사정이 있는 경우에는 그 적용을 배제해야 자기책임의 원칙에 부합하게 된다는 것이다.

이에 관한 사례로 대법원 2017. 1. 12. 선고 2014두43653 판결이 있다. 이 판결은 명의신탁주식이 상속된 경우에 관한 것인데, 다음과 같이 판시함으로써 부정설의 입장을 취하였다.

즉, 위 괄호규정은 주식을 취득한 자가 장기간 명의개서를 하지 아니함으로써 결과적으로 전 소유자에게 그 명의를 신탁한 것과 다름없게 된 경우 조세회피의 목적이 부정되지 아니하는 한 명의신탁의 합의가 있었던 경우와 마찬가지로 증여의제의 대상이 되도록 한 것으로, 이는 명의신탁 증여의제규정의 적용 요건인 명의신탁의 합의가 없더라도 증여의제 대상이 되도록 한 예외적인 규정으로서, 주식을 취득한 자에게 일정기간 내에 명의개서를 할 의무를 부여하고 이를 해태하면 그 상대방을 명의수탁자와 마찬가지로 취급하여 과세상 불이익을 과하도록 한 것이므로, 그와 같은 특별한 의무가 부여되었다고 명확하게 인정되는 경우에 한하여 적용된다고 전제하였다.

그리고는, 위 괄호규정의 전형적인 적용 대상은 주식을 양수한 자가 장기간 명의개서를 하지 아니한 경우로서, 그 규정이 적용되면 증여세의 1차적인 납세의무자는 명의수탁자의 지위에 있는 양도인이 되는데, 주식의 양도인은 명의개서의 해태로 인하여 명의신탁과 같은 외관이 형성되는 데에 직접 관여하였다고 볼 수 있고, 상증세법 제45조의2 제3항 단서에 따라 양도소득세 또는 증권거래세의 과세표준 등과 소유권변경내역을 신고함으로써 조세회피목적의 추정이 번복되어 증여의제 대상에서 벗어날 수 있는 길도 열려 있는 반면, 명의신탁된 주식이 상속된 경우에는 기존의 명의수탁자는 당초 명의개서일에 이미 명의신탁 증여의제규정의 적용 대상이 될 뿐만 아니라, 명의신탁된 주식에 관하여 상속으로 인하여 상속인과 사이에 법적으로 명의신탁관계가 자동 승계되는 것을 넘어 어떠한 새로운 행위를 한 것이 아니며, 명의수탁자 스스로 상속인의 명의개서를 강제할 수 있는 마땅한 수단이 없고, 주식 양도인의 경우와 같은 증여의제 배제 규정도 마련되어 있지 않음에도 주식의 명의신탁자가 사망한 후 일정기간 내에 상속인이 명의개서를 하지 않았다고 하여 명의수탁자가 다시 증여세 과세 대상이 된다고 보는 것은 지나치게 가혹할 뿐만 아니라 자기책임의 원칙에 반하여 부당하다고 하였다.

덧붙여, 부동산 실권리자명의 등기에 관한 법률 제10조 및 부동산등기 특별조치법 제2조 제1항에 의하면 부동산에 관한 장기미등기로 인한 과징금은 "소유권이전을 내용으로 하는 계약을 체결한 자"에 한하여 부과하도록 규정하고 있어 상속으로 인한 취득의 경우는 과징금 부과 대상에 해당하지 않음이 명백하므로 이러한 취지에 비추어 보더라도 명의신탁 주식이 상속된 경우에는 명의개서해태 증여의제규정의 적용 대상에 해당하지 않는다고 봄이 타당하다고 판시하였다.

명의신탁자 지위에 상속에 관한 법리를 잘 반영하면서 구체적 타당성까지 함께 고려하여 합목적적 해석을 한 판결이다. 이 판결의 취지는 명의신탁주식이 명의신탁자에 의하여 제3자에게 양도된 경우에도 원용될 수 있다고 할 것이다.

(3) 명의개서 해태 중 명의신탁 합의가 있는 경우

명의개서의 해태가 있는 동안 명의자와 새로운 소유자 사이에 명의신탁의 합의가 이루어진 경우에 상증세법 제45조의2 제1항의 괄호 밖 규정을 적용할 것인지 아니면 여전히 괄호규정을 적용할 것인지가 문제될 수 있다. 구체적으로 보면, 주식의 양도가 이루어졌음에도 양도인과 양수인 사이에 합의하여 주식 소유 명의를 양도인 명의로 그대로 두기로 하는 경우와 기존의 명의신탁 주식의 양도나 상속이 이루어졌음에도 명의수탁자와 새로운 소유자 사이에 합의하여 주식 소유 명의를 명의수탁자 명의로 그대로 두기로 하는 경우가 여기에 해당한다. 이에 관하여도 견해의 대립이 있을 수 있다.

먼저, 괄호 밖 규정을 적용할 수 없고 그래서 괄호규정을 적용해야 한다는 입장이다. 새로운 명의신탁 합의가 있더라도 그 주식에 관한 새로운 명의개서가 없으므로 괄호 밖 부분이 적용될 수 없다는 것이 주된 논거이다. 법문언에 충실한 입장으로서 괄호 밖 규정은 그 명의자로 등기한 날, 즉 새로운 명의개서일을 핵심 요건으로 하는데 이 경우에는 그 핵심 요건이 결여되어 있다는 것이다. 대법원 2014. 5. 16. 선고 2011두11099 판결이 주주명부가 작성되어 있는 경우에는 설령 주식변동상황명세서 등에 주식의 소유자 명의가 실제 소유자와 다르게 기재되어 있다고 하더라도, 그 명의자 앞으로 주식에 대한 명의개서가 이루어지지 않았다면 그 명의자에게 괄호 밖 규정을 적용하여 증여세를 과세할 수 없다고 판시한 점도 논거로 들고 있다.

다음으로, 괄호 밖 규정이 적용되고 증여의제시기는 새로운 합의일이라는 입장이다. 새로운 명의개서가 없다고 하더라도 명의신탁의 합의가 있는 경우에는 그 합의일에 기존의 소유명의를 명의개서로 원용하기로 합의한 것으로 볼 수 있으므로 괄호 밖 부분을 준용하여 그때를 증여의제일로 보자는 것이다. 즉, 괄호 밖 규정이 명의개서일을 증여의제시기로 보는 것은 그때에 비로소 명의신탁이 완성된다는 것인데, 기존의 명의를 그대로 원용하는 경우에는 새로운 명의신탁합의만으로 명의신탁이 완성된다고 할 수 있다는 것이다. 새로운 소유자가 그 주식을 제3자에게 명의신탁하는 경우와 기존의 명의자와 새로운 명의신탁 합의를 하여 그 명의를 그대로 두는 경우는 제재의 필요성에 관하여는 별 차이가 없다는 점도 논거로 든다. 같은 입장에서 조세심판원(조심 2011서1091, 2011. 11. 24. 결정)도 당초 명의신탁자가 주식 명의신탁을 한 상태에서 당해 주식을 제3자에게 증여하였음에도 명의개서는 당초 명의수탁자 명의로 그대로 둔 사안에서, 새로운 명의신탁자(수증자인 제3자)와 명의수탁자 사이에 묵시적 합의나 의사소통이 있는 것으로 보아 그 증여 시점에 새로운 명의신탁을 인정한 바 있다. 이러한 경우에도 괄호규정이 적용된다고 하면, 명시적인 명의신탁의 합의로 명의개서를 하지 아니한 경우에도 최장 2년 동안 아무런 제재 없이 명의신탁 관계의 존속을 허용하는 부당한 결과를 초래한다는 것이다.

마지막으로 절충설로서 괄호 밖 규정이 적용되나 증여의제시기는 괄호규정을 적용하자는 입장이다. 명의신탁의 합의가 있는 경우에는 괄호 밖 규정이 적용되나, 증여의제시기는 새로운 명의개서일이 없으므로 괄호규정의 증여의제일인 '소유권취득일이 속하는 연도의 다음 연도 말일의 다음 날'로 보자는 것이다. 다소 일관성은 떨어지지만 괄호 밖 규정의 취지를 살리면서 괄호규정의 문언도 활용하자는 입장으로 이해된다.

두 번째 견해는 입법 취지에 부합하고 논거가 풍부하며 구체적 타당성도 있지만 괄호 밖 규정의 문언과 부합하지 않아 유추확장해석을 해야 한다는 단점이 있다. 반면에 첫 번째와 세 번째 견해는 결과적으로 같은 입장으로서 괄호규정의 입법 취지와는 다소 괴리가 있지만 괄호규정의 문언에 부합하는 강점이 있다. 괄호규정의 문언은 "그 재산이 명의개서를 하여야 하는 재산인 경우에는 소유권취득일이 속하는 해의 다음 해 말일의 다음 날을 말한다"라고만 되어 있고 달리 명의신탁의 합의가 없는 경우임을 전제로 한다는 문언은 없다. 그래서 명의신탁의 합의가 있는 경우로서 괄호 밖 규정이 적용되는 경우와 비교해 볼 때 형평성에 문제가 있다.

이러한 논란에 관하여 대법원 2023. 9. 21. 선고 2020두53378 판결은 두 번째 입장을 취하였다. 즉, 명의신탁 증여의제 규정에 따르면 문언상 원칙적으로 명의신탁자와 명의수탁자 사이에 명의신탁 합의가 존재하고 명의수탁자 앞으로 등기 등을 하여야 과세요건이 성립하는데, 명의신탁관계의 성립에 명의수탁자 앞으로의 새로운 명의개서 행위가 반드시 필요한 것은 아니므로 명의신탁자가 명의수탁자 소유 주식을 취득하면서 명의수탁자와 사이에 명의신탁 합의를 하여 기존에 명의수탁자 앞으로 마친 명의개서를 유용하기로 한 경우 새로운 명의신탁관계가 성립하고, 명의신탁자는 명의신탁관계가 성립한 때로부터 명의신탁 증여의제 규정에 따른 증여세 과세 대상이 된다고 하면서, 이 경우 해당 주식의 증여의제일은 위 명의신탁관계가 성립하는 명의신탁 합의일이 된다고 판시하였다. 대법원의 법리적 결단이므로 존중되어야 하겠다. 이러한 경우 증여세부과제척기간의 기산일은 괄호규정에 의한 '소유권취득일이 속하는 해의 다음 해 말일의 다음 날'이 아니라 '명의신탁 합의일'이 된다고 하겠다.

차. 조세회피의 목적

(1) 개요

앞서 본 바와 같이 명의신탁이 증여로 의제되기 위해서는 조세회피의 목적이 있어야 하고 그 목적이 없다는 점에 대한 증명책임을 납세자가 부담한다. 명의신탁자가 주식을 명의신탁함으로써 회피할 수 있는 조세는 증여세에 국한되는 것이 아니다. 대법원 2004. 12. 23. 선고 2003두13649 판결, 대법원 2006. 5. 12. 선고 2004두7733 판결 등도 같은 입장이다.

오히려 증여세 외의 세목인 경우가 일반적일 것이다. 증여세를 회피하기 위하여 명의신탁을 한다는 것은 명의자에게 이전등기를 하면서 등기원인을 증여로 하지 않고 매매 등으로 하는 경우 정도를 상정할 수 있을 뿐이다. 실은 증여를 해 놓고도 증여세가 과세되려고 하니까 명의신탁이라고 주장하는 경우도 증여세를 회피하기 위한 명의신탁이라고 볼 수는 있겠다. 그보다는 주식의 경우 명의신탁으로 주식을 분산시킴으로써 배당소득이 분산되어 누진세율의 적용에 의하여 증가되는 종합소득세만큼을 회피할 수 있을 것이고 주식의 양도소득을 기준시가에 의하여 평가할 경우 최대주주 등이 보유한 주식에 대해서는 상증세법 제63조 제3항에 의하여 할증평가하게 되므로 최대주주 등이 명의신탁을 하면 위와 같은 할증평가를 피할 수 있을 것이다. 나아가 상장주식이나 코스닥 등록주식의 경우에는 명의신탁자가 대주주에 해당하는 반면, 명의수탁자가 대주주에 해당하지 않으면 양도소득세가 아예 과세되지 않을 수도 있다. 그 밖에 명의신탁자가 비상장주식을 명의신탁함으로써 회피할 수 있는 조세로는, 대주주에 대한 양도소득세 중과세, 과세과점주주의 간주취득세, 과점주주의 제2차 납세의무 등을 들 수 있다. 그리고 조세회피목적의 주체는 명의자가 아니라 실질 소유자로 보아야 할 것이다. 그 명의자는 실질소유자의 조세회피를 위한 도구로만 사용된 것으로 볼 수 있기 때문이다. 그래서 대법원 2005. 1. 28. 선고 2004두1223 판결도 실질 소유자에게 조세회피의 목적이 있는 한 명의자 자신에게 그 목적이 없다는 점만으로 증여추정 규정의 적용을 회피할 수 없다고 판시하였다.

(2) 증명 정도에 관한 판례의 변천

명의신탁에 조세회피의 목적뿐만 아니라 다른 목적도 함께 있다고 할 때 주된 목적이 조세회피가 아닌 경우에도 증여로 의제하여 증여세를 과세할 수 있는지 여부이다. 이에 관하여 그동안 대법원은 몇 차례 입장의 변화를 겪었다.

대법원 1995. 11. 14. 선고 94누11729 판결은, 명의신탁이 조세회피목적이 아닌 다른 이유에서 이루어졌을 뿐 그에 부수하여 사소한 조세차질이 생기는 것 등을 제외하고, 그 주된 목적이 조세회피에 있는 경우에는 그 단서 소정의 조세를 증여세에 한정할 필요는 없다고 판시함으로써, 명의신탁의 주된 목적이 조세회피에 있는 경우에만 증여로 의제되고, 조세회피목적이 아닌 다른 이유에서 이루어진 경우에는 그에 부수하여 '사소한 조세차질'이 생기더라도 이를 증여로 의제할 수 없다는 입장을 취하였고, 대법원 1995. 12. 5. 선고 95누7124 판결도 같은 취지이었다.

그러나 이후 대법원에서 '조세회피목적'이 없다고 인정된 사례는 거의 없었고, 대부분은 '명의신탁의 주된 목적이 다른 데에 있다거나 사소한 조세차질에 불과하다'는 납세자의 주장을 배척하고 있는데, 대표적인 사례로서, 대법원 1998. 6. 26. 선고 97누1532 판결은, 신탁자가 수탁자에게 주식을 명의신탁한 것은 기업공개에 대비하는 목적 이외에도 과점주주로 받게 되는 세법상의 불이익을 피하고 과도한 종합소득세의 부담을 경감시키려는 목적도 있었으므로 조세회피의 목적이 없었다고 할 수는 없다고 판시하였고, 대법원 2004. 12. 23. 선고 2003두13649 판결은, 명의신탁재산의 증여의제규정의 입법 취지에 비추어 볼 때, 명의신탁의 목적에 조세회피의 목적이 포함되어 있지 않은 경우에만 증여의제로 의율할 수 없는 것이라는 취지로 판시하였고, 대법원 2005. 1. 27. 선고 2003두4300 판결은, 채권단으로부터 재무구조 개선 압력을 받는 상황이어서 이를 회피하기 위하여 이 사건 명의신탁에 이르게 된 것이라는 원고의 주장에 대하여, 위와 같은 사정만으로는 조세회피의 목적이 없었다고 인정하기에 부족하고, 조세회피목적 여부는 명의신탁 당시를 기준으로 판단하여야 하므로 명의신탁 이후 계속된 결손으로 실제 주주에게 배당을 실시한 바가 없다고 하더라도 명의신탁 당시 종합소득세 등의 조세회피의 목적이 없었다고 볼 수는 없다고 하여 원고 주장을 배척하였다.

이들 판결에 의하면, 명의신탁을 한 목적이 조세를 회피하기 위한 유일한 또는 가장 주된 목적일 것은 요구하는 것이 아니고, 다른 목적과 아울러 조세회피의 의도도 있었다고 인정된다면 조세회피목적이 없었다고 할 수는 없다고 할 것이다. 이들 판결이 '조세회피목적이 있었다'고 하지 않고 '조세회피목적이 없었다고 할 수 없다'고 한 것은 조세회피목적이 없었다는 점은 납세자가 증명을 하여야 하기 때문이고 그 증명이 실패하였다는 의미이다.

이러한 판결들에 대하여, 조세회피에 대한 제재가 회피되는 조세의 크기와는 무관하게 일률적으로 고율의 증여세가 부과되어 비례의 원칙 또는 과잉금지의 원칙에 위배된다는 점, 명의신탁을 주도하는 자는 신탁자임에도 명의신탁에 대한 제재로 행해지는 증여세 과세는 명의를 빌려 준 수탁자에게 부과되는 점, 명의신탁자에게 조세회피의 목적이 있는 한 명의수탁자에게 그 목적이 없다 하더라도 증여의제규정의 적용을 피할 수 없게 되는 점, 명의신탁이 조세회피목적이 아닌 다른 이유에서 이루어졌다고 하더라도 장래 조세회피의 가능성이 존재한다는 이유로 조세회피목적이 없었다고 볼 수 없게 되면 사실상 '조세회피목적'을 과세요건으로 하지 않는 것과 다름없게 되어 부당하다는 점 등을 이유로 비판이 계속 제기되고 있었다.

이러한 비판을 반영하여 대법원 2006. 5. 12. 선고 2004두7733 판결은, '조세회피목적'의 부존재에 대한 증명을 엄격히 요구하던 그 동안의 판례의 태도를 완화하여 조세회피목적의 추정이 번복될 수 있는 여지를 넓혔다. 즉, 명의신탁이 조세회피목적이 아닌 다른 이유에서 이루어졌음이 인정되고 그 명의신탁에 부수하여 사소한 조세경감이 생기는 것에 불과하다면 그와 같은 명의신탁에 조세회피목적이 있었다고 볼 수 없고, 단지 장래 조세경감의 결과가 발생할 수 있는 가능성이 존재할 수 있다는 막연한 사정으로 달리 볼 것은 아니라고 판시하였다. 이러한 취지의 판결 흐름은 그 후 대법원 2006. 5. 25. 선고 2004두13939 판결, 대법원 2006. 6. 9. 선고 2005두14714 판결, 대법원 2006. 6. 29. 선고 2006두2909 판결 등으로 이어졌다.

그러다가 다시 조세회피목적이 없었다는 점에 대한 엄격한 증명을 요구하던 종전 판결의 입장으로 회귀하는 듯한 판결이 등장하였다. 대법원 2006. 9. 22. 선고 2004두11220 판결이 그것이다. 여기서는 조세회피의 목적이 없었다는 점에 대하여는 조세회피의 목적이 아닌 다른 목적이 있었음을 증명하는 등의 방법으로 입증할 수 있으나, 입증책임을 부담하는 명의자로서는 명의신탁에 있어 조세회피의 목적이 없었다고 인정될 정도로 조세회피와 상관없는 뚜렷한 목적이 있었고, 명의신탁 당시에나 장래에 있어 회피될 조세가 없었다는 점을 객관적이고 납득할 만한 증거자료에 의하여 통상인이라면 의심을 가지지 않을 정도의 입증을 하여야 한다고 전제하고, 명의신탁자가 채무자로부터의 강제집행을 모면하기 위하여 명의신탁을 한 것이라는 원고의 주장을 배척하면서, 오히려 증거에 의하면 명의신탁으로 인하여 주식평가시 최대주주로서의 할증평가를 피하고, 배당에 대한 종합소득세 과세시 받게 되는 세법상의 불이익을 피하는 등의 조세회피목적이 없었다고 단정할 수 없다는 원심의 판단을 수긍하였다. 이 사안에서는 실제로 회피되거나 경감된 조세는 없었다.

그러나 다시 그 증명책임을 완화하는 취지의 판결로서, 대법원 2008. 11. 27. 선고 2007두24302 판결은, 명의신탁이 조세회피의 목적이 아닌 다른 이유인 상호저축은행법상 주식취득 신고의무를 회피하기 위한 데에서 이루어졌음이 인정되고 그 명의신탁에 부수하여 사소한 조세경감이 생기는 것에 불과하다면 그와 같은 명의신탁에 '조세회피목적'이 있었다고 볼 수 없고, 단지 장래 조세경감의 결과가 발생할 수 있는 막연한 가능성이 존재한다거나 명의신탁에 부수하여 사소한 조세경감이 생기는 정도에 불과하다는 이유로 '조세회피목적'이 없었다는 원고의 주장을 받아들였다. 최근의 대법원 2014. 5. 16. 선고 2014두786 판결도 명의신탁제도를 이용한 조세회피행위를 효과적으로 방지하여 조세정의를 실현하려는 입법 취지에 비추어 볼 때, 명의신탁이 조세회피목적이 아닌 다른 이유에서 이루어졌음이 인정되고 그 명의신탁에 부수하여 사소한 조세경감이 생기는 것에 불과하다면 그와 같은 명의신탁에는 같은 항 단서 제1호가 정한 '조세회피목적'이 있었다고 볼 수 없다고 판시하였다.

위와 같은 일련의 판례들을 종합하면, 명의신탁이 조세회피의 목적 이외에 다른 이유에서 이루어졌음이 인정되고, 그 명의신탁에 부수하여 사소한 조세경감이 생기는 것에 불과하거나 현실적으로 회피된 조세액은 없는 반면, 단지 장래에 조세경감의 결과가 발생할 수 있는 가능성이 있다는 막연한 사정이 있는 것에 불과하다면 조세회피목적이 있었다고 볼 수는 없으나, 그에 대한 증명책임은 이를 주장하는 명의자에게 있는 것으로 정리할 수 있겠다.

그런데 문제는 어느 정도의 조세부담의 감소를 '명의신탁에 부수하여 발생한 사소한 조세경감'으로 볼 것인지, 그 증명방법 및 정도는 어떠한지 등에 대한 합리적이고 통일적인 기준을 마련하기 어렵다는 점에 있다. 결국, 이러한 '조세회피목적'은 당사자 내심의 의사이고 조세회피목적이 없었다는 사실은 소극적 사실이므로 이에 대한 증명은 조세회피의 의도를 가지고 있지 않음을 추단할 수 있는 정황사실을 통한 간접적인 방법에 의할 수밖에 없을 것이다. 통상은 명의신탁이 조세회피가 아닌 다른 목적에서 이루어진 것임을 입증하는 방법이 가능할 것이나, 이 경우에도 조세회피의 목적이 유일한 또는 가장 주된 목적일 것을 요구하는 것은 아니므로 다른 목적으로 명의신탁하였음이 인정된다면 그 목적과 아울러 조세회피목적이 있었는지 여부는 실제로 조세의 회피 내지 경감이 발생하였는지, 아니면 그 가능성만 있는 것에 불과한 것인지, 조세의 경감 등이 발생하였다면 그 규모는 명의신탁에 부수하여 생긴 사소한 규모로 볼 수 있는 것인지, 아니면 상당한 액수에 달하는 것인지 등을 종합하여 개별적·구체적으로 납세의무자의 '조세회피목적이 없었다'는 점에 대한 증명이 성공하였다고 볼 수 있는지 여부를 판단하여야 할 것이다. 명의신탁 후에 실제로 회피되는 조세가 발생하였는지, 발생가능성이 있었는지 여부가 사실상 중요한 판단의 요소가 된다. 예를 들어 명의신탁한 주식을 발행한 회사가 그 후 상당한 액수의 배당을 하였다거나 배당의 재원인 잉여금의 적립이 많았던 경우, 명의신탁한 주식을 양도하여 양도차익이 발생한 경우, 간주취득세의 납부요건이 충족되었던 경우 등의 사정이 있었고, 그러한 사정을 명의신탁할 당시 어렵지 않게 예견할 수 있었다면 조세회피의 목적을 인정하기가 용이할 것이다.

(3) 사례 분석

가) 조세회피의 목적이 없다고 본 사례

먼저 조세회피의 목적이 없었다고 본 사례로서, 대법원 2014. 5. 16. 선고 2014두786 판결은, A사의 최대주주인 원고는 코스닥상장법인인 B사와의 합병을 통하여 A사를 우회 상장하기 위한 방안으로 A사 주식을 B사에 양도하면서 B사의 신주를 인수하여 B사의 최대주주가 되었으며, 당시 원고는 A사에 대하여 210억여 원의 가지급금 채무를 부담하고 있었고, A사 주식의 양도에 따른 양도소득세 70억여 원을 납부하여야 하는 상황이었는데, 원고는 A사와의 합병 등에 따라 B사의 주가가 상승할 것으로 예상하고 B사 주식을 추가로 취득한 후 처분하여 변제자금을 마련하고자 하였으나, 당시 관련 규정 때문에 원고 명의로 B사 주식을 취득하면 2년간 처분이 제한되게 되자 N 명의로 B사의 신주인수권부 사채 100억 원 상당을 인수하는 한편, M 명의로 B사의 주식을 취득하였으며 1년 뒤에 그 주식을 그 취득금액에도 못 미치는 가액에 처분하여 A사에 대한 가지급금 채무의 변제에 사용하였고, B사는 원고가 B사 주식을 보유한 기간 동안 주주들에게 배당한 적이 없으며 결손금이 320억 원에 달하였던 사안에서, 원고로서는 B사 주식을 M 명의로 취득할 당시 B사의 재무상태나 경영상태에 비추어 주주들에게 배당하기 어렵다는 사정을 알 수 있었다고 보이는 점, 그 주식을 2년 내의 단기간에 처분할 예정이었으므로 명의신탁에 종합소득 합산과세에 따른 누진세율 적용을 회피하려는 의도가 있었다고 보기는 어려운 점, 그 주식은 B사 발행주식의 11%에 달하므로 누구 명의로 취득하여 양도하든 간에 '대주주'의 주식양도에 해당하여 양도소득세 과세를 피할 수 없었고, 다만 B사의 기존 주주인 원고 대신 M 명의로 취득함으로써 거주자별로 적용되는 연 250만 원의 양도소득 기본공제를 추가로 받을 수 있었지만, 그로 인하여 경감되는 세액은 25만 원에 불과한 점, 달리 원고에게 제2차 납세의무나 간주취득세 등 다른 조세를 회피할 가능성이 있었다고 볼 만한 사정도 없었던 점 등을 이유로 B사 주식에 관하여 N에게 명의신탁할 당시 원고에게는 조세회피목적이 없었다고 봄이 상당하다고 판시하였다. 이 사안에서는 주식을 명의신탁한 주된 목적이 주식의 처분제한을 피하는 데 있었고 부수하여 발생한 조세의 감소는 아주 미미하였고 나머지 조세의 회피는 그 가능성조차 증명되지 아니하였다. 그래서 조세회피의 목적이 있었던 것으로 볼 수 없다고 판단할 수 있었던 것이다.

대법원 2017. 6. 19. 선고 2016두51689 판결도 조세회피목적이 없다고 본 사례이다. 원고와 그 배우자 A가 S사 주식을 B 등에게 명의신탁하게 된 것은 건설공제조합에 대한 연대보증인을 A에서 B로 교체하는 등 S사의 경영상 어려움을 타개하기 위한 조치로 보이고, 명의수탁자들은 모두 명의신탁자인 원고 및 A와 친족관계에 있으므로 과점주주로서의 제2차 납세의무를 회피할 목적이 있었다고 보기 어려우며, 또한 S사가 한 번도 이익배당을 실시한 적이 없어 주식의 명의신탁으로 인하여 회피된 종합소득세도 없으며, 설령 S사가 이익배당을 실시하였다고 하더라도 명의신탁 전후로 주주의 수가 같고, 지분율 구성에도 큰 변화가 없으며, A에게 이미 신용불량 사유가 발생하였거나 원고가 대표이사로 있던 회사가 부도처리된 사정 등에 비추어 볼 때, 명의수탁자들과 동일한 세율이 적용되어 그 세액에 있어 거의 차이가 없을 것으로 보이므로 명의신탁 당시 S사 주식과 관련된 배당소득의 종합소득합산과세에 따른 누진세율 적용을 회피할 목적이 없었다고 볼 여지가 크다고 판단하였다.

나) 조세회피의 목적이 있다고 본 사례

다음으로 조세회피의 목적이 있었다고 본 사례로서, 대법원 2013. 10. 17. 선고 2013두9779 판결은, A가 원고 명의로 다단계유통업체인 P사 발행의 주식 300,000주를 양수하고, 다시 그 주식 5,000,000주를 25억 원에 유상증자받아 P사의 지분 52%를 보유하다가 그 후 실시된 유상증자에 참여하지 않음으로써 그 지분이 40%로 떨어졌고, 한편 A의 처가 위 유상증자시 2,000,000주를 인수하여 P사의 지분 13%를 보유하게 되었는데, 관할 세무서장은 이후 원고를 P사의 제2차 납세의무자로 지정하여 부가가치세 54,000,000원을 부과하였다가 원고의 이의에 따라 그 지정을 취소한 사안에서, 원고 명의로 취득한 주식의 인수자금은 A가 부담하였고 원고에게는 그 인수자금을 마련할 고유한 재력이 없었으며 원고가 지분 52%의 지배주주에 해당함에도 P사의 대표이사를 선임하거나 그 경영에 전혀 관여한 적이 없었던 점 등에 비추어, Q사의 대표이사 A가 경업금지의무로 인하여 동종업체인 P사의 주식을 자신의 명의로 취득할 수 없게 되자 그의 형과 사돈지간인 원고의 명의를 빌려 위 주식을 취득한 것으로 보이고, A가 향후 다른 수탁자 명의로 위 주식을 분산하거나 주식 보유비율이 자연스레 낮아질 경우 실질 주주인 A와 특수관계인 사이의 관계를 은닉함으로써 제2차 납세의무를 회피할 여지가 있었던 점, 실제로 A는 위 주식의 명의신탁으로 인하여 P사에 대한 제2차 납세의무를 회피한 결과도 발생하였던 점 등에 비추어, A가 원고에게 위 주식의 명의를 신탁한 데에는 경업금지의무를 회피하면서 동종 영업을 하기 위한 주된 목적 외에도 제2차 납세의무를 회피하려는 의도도 있었다고 보인다는 이유로, 그 명의신탁에 대한 증여세를 부과한 처분은 적법하다고 판단하였다.

이 사안에서도 명의신탁의 주된 목적은 경업금지위반을 피하는 데 있었지만 그에 수반되어 회피된 제2차 납세의무의 세액 54,000,000원으로서 미미한 수준을 넘어선다고 보았기 때문에 조세회피의 목적이 없었다고 볼 수 없다고 판단한 것으로 보인다. 이 사안에서 회피한 조세의 규모는 앞에서 본 사안에서 회피한 조세 25만 원보다 훨씬 크다는 점에 주목할 필요가 있다.

다) 조세회피의 목적이 있다가 없어졌다고 본 사례

당초에는 조세회피의 목적이 있었으나 나중에는 조세회피의 목적이 있었다고 볼 수 없다고 본 사례로 대법원 2017. 12. 13. 선고 2017두39419 판결이 있다. 먼저 A는 조세채무 등의 연체로 개인사업체를 폐업한 이후 1999. 3. 24. 배우자인 원고 명의로 주식을 발행·취득하여 P사를 설립하였으므로 자신이 대주주로서 P사를 설립·운영할 경우에 발생할 수 있는 금융기관 및 거래처 등으로부터의 거래제한뿐 아니라 체납된 조세채무의 납부를 회피할 의도로 회사설립과정에서 P사의 주식을 원고 명의로 인수한 것으로 볼 수 있다고 하였다. 그리고 이러한 목적의 위 주식 명의신탁을 유지한 상태에서 다시 2006. 4. 18.경 원고 명의로 주식을 취득한 것은 그때까지 조세를 계속 체납하고 있던 A가 동일한 의도에서 원고에게 명의를 신탁한 것으로 볼 수 있다고 하였다. 즉, 체납세금은 1994년부터 2001년까지 부과된 부가가치세, 종합소득세 등으로서 이미 다년간에 걸쳐 체납상태가 계속되고 있었고, 과세관청은 1999년부터 2006년까지 여러 차례 A 명의의 자동차, 보험계약 해약환급금 채권 등을 압류하기도 하였음에도 A는 그 후로도 여전히 세금을 납부하지 아니하여 체납세금 중 일부는 시효로 소멸하였고, 파주세무서장이 2010. 4. 21. 자신 명의의 금융계좌를 압류하자 비로소 체납세금 중 그때까지 소멸시효가 완성되지 아니한 부분을 납부한 사정 등에 비추어 보면, 2006년 주식 취득은 이미 체납상태에 빠져있던 A가 조세채권의 확보를 곤란하게 하고 그 납부를 회피할 의도 등에서 원고에게 명의신탁을 한 것으로 보이며, 위 명의신탁에 조세회피의 목적이 아닌 다른 뚜렷한 목적이 있었다고 볼 만한 사정도 없다고 하였다. 그러나 2009년 주식 취득은 원고 명의로 P사의 주식 전부를 보유하고 있던 A가 P사의 자본금을 늘리기 위하여 유상증자를 하면서, 주주인 원고 명의로 배정된 신주의 대금을 납입하여 취득한 것인데, 당시에는 2006년 주식 취득의 경우와는 달리 그 취득에 앞서 이미 자신의 명의로 금융계좌를 개설하거나 부동산을 취득하는 등 자신의 금융거래내역이나 자산보유현황을 감추려 하지 아니하였을 뿐만 아니라, 체납세금에 이르는 상당한 가액의 자산을 자신의 명의로 보유하고 있는 상태였고 이에 따라 위에서 본 것과 같이 위 예금계좌에 대한 파주세무서장의 압류도 가능하였으며, 또한 연체하고 있던 기존 채무에 대한 변제가 이루어지기도 한 사정 등에 비추어 보면, 2009년 주식 취득은 A가 경영상 필요에 의하여 유상증자를 하면서 절차상의 번거로움을 피할 목적에서 종래 주식보유현황에 기초하여 원고 명의로 인수한 것으로서, 체납된 조세채무의 회피와는 무관하게 이루어진 것이라고 볼 수 있고, 나아가 2009년 주식 취득당시 이미 명의자인 원고 역시 국세기본법이나 지방세법상의 제2차 납세의무 또는 간주취득세의 부담을 지게 되는 상황이었으므로, 원고 명의로 주식을 취득하였다 하여 그 당시 A에게 과점주주로서의 제2차 납세의무나 간주취득세를 회피할 목적이 있었다고 볼 수 없으며, 또한 P사는 그 설립 당시부터 현재에 이르기까지 이익배당을 실시한 사실이 없으므로 2009년 주식 취득으로 인하여 회피된 종합소득세도 없고, 설령 P사에 배당가능한 이익잉여금이 있었다고 하더라도, 원고가 P사 주식 전부의 명의자로서 P사로부터 급여를 받고 있어 원고 명의로 배당소득 전부에 대한 과세가 가능하였던 상황이었으므로, 2009년 주식 취득당시 그 주식과 관련된 배당소득의 종합소득합산과세에 따른 누진세율 적용을 회피할 목적이 있었다고 보기도 어렵다고 판시하였다.

한번 조세회피의 목적이 있었다고 해서 그 후 그 목적이 계속 그대로 유지된다고 보는 것은 무리이다. 상황이 변하고 특히 납세자의 자력이 변하면 조세회피의 목적이 있다가도 없어질 수 있으므로 그때그때 상황에 맞게 조세회피의 목적을 따져야 할 것이다.

카. 부당무신고 가산세 부과 여부

앞서 부과제척기간에 관하여 논할 때, 명의신탁 재산에 대하여 증여세를 과세함에 있어서 명의신탁행위가 그 증여세를 은닉하기 위한 사기 기타 부정행위로 보기 어려우므로 15년의 장기부과제척기간을 적용할 수 없다는 법리를 설명한 바 있다. 이러한 법리는 특별한 사정이 없는 한 부당무신고 가산세의 적용 여부에 있어서도 동일하게 적용될 수 있다고 하겠다.

대법원 2018. 12. 13. 선고 2018두36004 판결은, 명의수탁자는 명의신탁을 통하여 실제의 소유관계에도 불구하고 그 명의로 주식을 보유하는 외관을 형성함으로써, 대외적으로 주식보유를 매개로 한 여러 가지 납세의무 등을 부담하게 되어 오히려 자신의 조세부담이 늘어날 처지에 있게 되므로, 명의신탁자가 명의를 위장하여 소득을 얻는 경우와는 분명한 차이가 있고, 자신의 명의를 빌려준 명의수탁자는 부수행위 등을 수반한 명의신탁이 인정되면 거기에 증여의 실질이 없음에도 실제소유자로부터 재산을 증여받은 것으로 의제되어 명의수탁자로서 증여세를 부담하는 것인 만큼, 명의신탁의 결과로 증여세를 부담할 따름인 명의수탁자가 이를 포탈할 목적으로 부수행위 등을 동반하여 과세요건사실인 명의신탁과 같은 부정한 적극적인 행위를 하였다고 보기는 어렵고, 이와 달리 해석할 경우 명의수탁자에 대한 과도한 제재로 보인다는 이유로 명의수탁자에 대하여 부당무신고 가산세를 부과할 수 없다고 판시하였다.

최근 대법원 2022. 9. 15. 선고 2018두37755 판결은, 명의신탁 증여의제에 따른 증여세의 납세의무자는 명의수탁자이고 명의신탁자는 명의수탁자와 연대하여 해당 증여세를 납부할 의무를 부담할 뿐이므로(2018. 12. 31. 상증세법 개정 전 사안으로 그 당시에는 명의수탁자가 증여세 납세의무자였다), 증여세의 과세가액 및 과세표준을 신고할 의무는 납세의무자인 명의수탁자에게 있고 부당무신고가산세는 '납세의무자'가 부정행위로 법정신고기한까지 세법에 따른 국세의 과세표준 신고를 하지 아니한 경우에 부과되는 점을 고려하면, 명의수탁자에게 증여세에 관한 부당무신고가산세를 부과하거나 명의신탁자에게 이에 대한 연대납세의무를 부담시키기 위해서는 그 무신고와 관련하여 본래의 증여세 납세의무자인 명의수탁자가 부정행위를 하였다고 평가할 수 있어야 한다고 판시하였다. 그런데 위에서 본 대법원 2018. 12. 13. 선고 2018두36004 판결은 명의수탁자에게 부당무신고가산세를 부과할 수 없다고 판시하였으므로 결국 대법원 2022. 9. 15. 선고 2018두37755 판결에서도 부당무신고가산세를 부과할 수 없다는 결론을 내린 셈이다.

상증세법이 2018. 12. 31. 개정되면서 명의신탁 증여의제에 관한 증여세 납세의무자가 명의수탁자에서 명의신탁자로 바뀌었지만 명의신탁행위는 증여세의 과세요건 내지 과세원인이 될 뿐이고 그 증여세를 포탈하기 위한 부정행위로 평가되기는 어려우므로 개정 상증세법하에서도 명의신탁자에게 부당무신고 가산세는 부과하기 어려울 것이어서 대법원 2022. 9. 15. 선고 2018두37755 판결의 결론은 그대로 유지될 것으로 보인다.

4. 일감몰아주기 거래를 통한 이익의 증여의제

가. 관련 규정과 입법 취지

상증세법 제45조의3 제1항은 법인의 사업연도 매출액 중에서 그 법인의 지배주주와 대통령령으로 정하는 특수관계에 있는 법인(이하 '특수관계법인'이라 한다)에 대한 매출액이 차지하는 비율(이하 '특수관계법인거래비율'이라 한다)이 그 법인의 규모 등을 고려하여 대통령령으로 정하는 비율(이하 '정상거래비율'이라 한다)을 초과하는 경우에는 그 법인(이하 '수혜법인'이라 한다)의 지배주주와 그 지배주주의 친족[수혜법인의 발행주식총수 또는 출자총액에 대하여 직접 또는 간접으로 보유하는 주식보유비율이 대통령령으로 정하는 보유비율(이하 '한계보유비율'이라 한다)을 초과하는 주주에 한정한다]이 '수혜법인의 세후영업이익×정상거래비율(중소기업은 정상거래비율, 중견기업은 정상거래비율의 1/2, 그 외 기업은 5/100)을 초과하는 특수관계법인거래비율×한계보유비율(중소기업은 한계보유비율, 중견기업은 한계보유비율의 1/2)을 초과하는 주식보유비율(그 외 기업은 주식보유비율)'의 계산식에 따라 계산한 이익(이하 '증여의제이익'이라 한다)을 각각 증여받은 것으로 보도록 정하고 있다.

이는 특수관계법인의 지배주주가 특수관계법인으로 하여금 수혜법인에 일감을 몰아주게 하여 수혜법인의 기업가치를 상승시켜 그 지배주주의 부를 증식하는 변칙적인 증여행위에 대하여 증여세를 과세함으로써 과세의 공평을 도모하기 위하여 도입된 규정이다. 수혜법인의 매출액 중 정상비율을 초과하는 부분은 특수관계법인이 수혜법인의 지배주주에게 증여할 목적으로 수혜법인에게 일감을 만들어 준 것으로 보겠다는 것이다. 그런데 정상거래비율, 한계보유비율 등 각종 비율에 관한 규정의 구체적 내용을 들여다 보면 증여가액의 산정이 다분히 의제적인 것임을 알 수 있고, 그래서 실제의 증여액과는 상당한 괴리가 있을 수 있으므로 납세자의 입장에서는 가혹하다고 느껴질 수 있다. 이 때문에 재산권침해 등을 이유로 위헌의 시비가 생긴다.

이에 대하여 헌법재판소 2018. 6. 28. 선고 2016헌바347 전원재판부 결정에서 헌법에 위반되지 않는다고 판시하였다. 일감몰아주기로 수혜법인의 지배주주에게 발생한 이익에 대하여 증여세를 부과함으로써 적정한 소득의 재분배를 촉진하고 시장의 지배와 경제력의 남용 우려가 있는 일감몰아주기를 억제하려는 것이며, 일감몰아주기 거래에서 발생한 이익에는 증여에 의한 이익과 그 외의 이익이 혼재할 수 있으나 이를 분리해내는 것이 불가능에 가까우므로 일정한 비율에 의하여 증여가액을 산정하는 것은 불가피하다는 등의 이유를 들고 있다.

나. 완전포괄주의 증여규정과의 관계

앞서 언급하였듯이 상증세법은 제2조 제6호와 제4조 제1항 등에서 총론적 규정으로 완전포괄주의 증여규정을 두고 있다. 어떤 형태로든 이익의 분여가 있으면 증여세를 과세한다는 취지이다. 이는 곧 그와 같은 이익의 분여가 없으면 증여세를 과세하지 않는다는 취지로 이해할 수 있다. 그런데 일감몰아주기 증여의제규정의 요건을 충족하더라도 실제로 이익의 분여가 없다고 볼 수 있거나 반대로 이익을 분여받는다고 볼 여지가 있을 수 있다. 이러한 경우는 총론적 규정인 완전포괄주의 증여규정에 부합하지 않을 수 있으므로 그럼에도 일감몰아주기 증여의제규정을 적용할 수 있는지에 관하여 논란이 있을 수 있다.

이에 관한 판례가 대법원 2022. 11. 10. 선고 2020두52214 판결이다. A사 매출의 대부분이 B사에 대하여 이루어졌는데 A사 주식을 간접적으로 보유하고 있는 원고가 B사의 대주주로 있었다. 원고는 B사가 A사에 일감을 몰아주어 B사의 매출을 일으킨 것이 아니라 반대로 A사가 B사에게 독점판매권을 부여한 것이어서 B사가 A사에 이익을 분여한 바 없고 반대로 A사로부터 이익을 분여받았을 뿐이므로 완전포괄주의 증여규정에 부합하지 않는다는 등의 이유로 이에 대하여 일감몰아주기 증여의제규정도 적용할 수 없다고 주장했다.

그러나 위 판결은, 상증세법 제45조의3의 문언과 조세법률주의의 원칙 등에 비추어 어느 행위 또는 거래가 '기여에 의한 재산가치 증가'라는 완전포괄주의 증여규정에 부합해야만 상증세법 제45조의3에 의한 증여세를 과세할 수 있는 것은 아니며, 완전포괄주의 증여규정의 증여 개념이 증여의제규정인 상증세법 제45조의3에 그대로 적용된다고 보기 어렵고, A사가 B사에 이익과 사업기회를 일방적으로 제공하는 관계라고 보기 어려운 점 등을 들어, 상증세법 제45조의3에 의한 증여세 과세요건을 충족하였다고 하면서, B사가 A사에 기여를 한 것이 아니므로 완전포괄주의 증여 개념에 부합하지 않아 일감몰아주기 증여의제규정의 요건을 충족하지 못하였다는 원고 주장을 배척한 원심판단을 수긍하였다. 특히 위 판결은 원심이 일감몰아주기 증여의제규정을 증여세 완전포괄주의 과세제도의 개별적 예시규정이라고 설시한 부분은 다소 부적절하다고 판시하였다.

이 판결은 일감몰아주기 증여의제규정은 그 요건을 충족하면 그야말로 증여가 있었다고 의제하는 규정이기 때문에 실제로 완전포괄주의 증여규정에 말하는 증여가 있었는지 여부는 불문한다는 취지로 읽힌다. 그래서 이 규정을 완전포괄주의 과세제도의 예시규정으로 볼 수도 없다고까지 판시한 것으로 보인다. 그러나 이러한 판시는 다소 무리하다고 여겨진다. 증여가 없는데도 증여세를 과세한다면 납세자의 재산권을 부당하게 침해할 우려가 있어 위헌의 시비가 생길 수밖에 없다. 앞서 본 바와 같이 헌법재판소에서 위 규정을 합헌으로 판시한 것은 어떤 형태로든 이익의 분여가 있었음을 전제로 한 것이고, 다만 실제의 분여이익을 가려내기 어려우므로 분여이익을 의제하는 것은 불가피하다는 취지 정도로 이해된다. 물론 명의신탁 증여의제규정은 실제 이익의 분여가 없음에도 증여세를 과세하고 있지만 이는 증여세라기보다는 명의신탁행위를 제재하기 위한 과징금의 성격을 띠고 있는 것이다. 이와 달리 일감몰아주기 증여의제규정은 과징금 성격의 증여세로 볼 수 없는 이상 어떤 형태로든 이익의 분여가 있음을 전제로 하는 것이 조세정의에 부합한다. 이 판결대로라면 실제로 이익의 분여가 없음에도 입법자가 증여의제규정을 두기만 하면 증여세를 과세할 수 있다는 무리한 결론에 이르게 되어 조세정의에 부합하지 않을 뿐만 아니라 재산권 침해에 관한 위헌시비를 막을 길이 없을 것으로 보인다. 이 판결문을 보면 그나마 조세정의에 벗어나지 않기 위하여 A사가 B사에 이익과 사업기회를 일방적으로 제공하는 관계라고 보기 어려운 점을 언급하고 있으나 이러한 언급만으로는 부족하다. 완전포괄주의 증여규정은 증여세법의 총론규정에 해당하고 개별 증여세 과세규정은 그것이 증여추정규정이든 증여의제규정이든 위 총론규정을 전제로 한 각론규정으로 보는 것이 증여세법 체계의 정합성을 유지하는 길이고 그래야 재산권 침해의 위헌시비에서 벗어날 수 있다. 위 대법원 판결은 증여세법의 기본체계에 관한 판시치고는 논거가 좀 무리하고 약해 보인다. 후속판결을 통하여 이 부분 법리가 개선되기를 기대해 본다.

5. 특정법인과의 거래를 통한 이익의 증여의제

가. 관련 규정과 입법 취지

상증세법 제45조의5는 제1항에서 특정법인의 주주 등과 특수관계에 있는 자가 그 특정법인과 거래를 함에 따른 그 특정법인의 이익에 특정법인의 주주 등의 주식보유비율을 곱하여 계산한 금액을 그 특정법인의 주주 등이 증여받은 것으로 본다고 규정하면서, 특정법인이란 대통령령으로 정하는 결손금이 있는 법인(제1호), 증여일 현재 휴업 또는 폐업상태인 법인(제2호), 그 외의 법인으로서 지배주주와 그 친족의 주식보유비율이 50% 이상인 법인(제3호)을 말한다고 규정하고, 제2항은 특정법인과의 거래란, 재산이나 용역을 무상으로 제공하는 것(제1호), 재산이나 용역을 통상적인 거래 관행에 비추어 볼 때 현저히 낮은 대가로 양도·제공하는 것(제2호), 재산이나 용역을 통상적인 거래 관행에 비추어 현저히 높은 대가로 양도·제공받는 것(제3호), 그 밖에 이와 유사한 거래(제4호)를 말한다고 규정하고 있다.

그리고 상증세법 시행령 제34조의4 제3항은 '결손금이 있는 법인'이란 증여일이 속하는 사업연도의 직전 사업연도까지 법인세법 시행령 제18조 제1항 제1호에 따른 결손금이 있는 법인을 말한다고 규정하고 있다.

이 규정에 관하여 대법원 2006. 9. 22. 선고 2004두4727 판결은, 위 증여의제규정은 특정법인의 주주 등과 특수관계에 있는 자가 당해 법인에게 재산을 증여하거나 채무를 면제하는 등의 방법으로 당해 법인의 주주 등에게 나누어준 이익에 대하여는 그 특수관계에 있는 자에게 증여의사가 있었는지 여부에 관계 없이 그 이익에 상당하는 금액을 당해 특정법인의 주주 등이 그 특수관계에 있는 자로부터 증여받은 것으로 본다는 의제규정이므로, 당해 법인의 주주 등이 그와 같이 얻은 이익은 증여세 회피목적에 관계 없이 위 규정에 의한 증여세 과세대상이 된다라고 하고 있다.

영리법인이 증여를 받는 경우에는 개인과 달리 증여세의 납세의무가 없는데, 이는 영리법인의 경우 순자산증가설에 따라 증여재산가액이 각 사업연도 소득금액에 포함되어 그에 대한 법인세를 납부하기 때문에 동일한 과세대상에 대하여 법인세와 증여세를 이중으로 과세하는 것을 방지하기 위한 것이다. 그리고 영리법인이 증여를 받는 경우에는 간접적으로 당해 법인의 주주에게도 증여로 인한 경제적 이익이 발생한다고 할 수 있지만, 주주의 이익은 배당이나 주식의 양도시점에서 소득세 과세가 이루어질 뿐만 아니라 증여받은 법인의 주주는 민사법상 증여의 당사자가 아니기 때문에 일반적으로는 증여받는 법인의 주주에게 증여세를 과세하지 않는다. 이 때문에 결손법인에 대한 증여는 법인세를 납부하지 아니하면서도 간접적으로 당해 법인의 주주에게 경제적 이익을 주는 변칙적인 증여방법으로 이용될 가능성이 있다. 예를 들어, 우선 자녀에게 결손법인의 주식을 증여한 후 동 법인의 결손금 범위 내에서 부동산 등을 증여하게 되면 증여세와 법인세를 전혀 부담하지 않고서도 증여의 효과를 거둘 수 있는 것이다.

이에 따라 1996. 12. 30. 상증세법 전면 개정시 제41조를 신설하여 특정법인의 지배주주 등과 특수관계에 있는 자가 당해 법인에게 재산을 증여하는 등의 거래를 통해 당해 법인의 지배주주 등에게 이익을 주는 경우에는 그 이익에 상당하는 금액을 증여로 의제하여 과세하도록 하였다. 그런데 이와 같은 경위로 증여세를 납부한 주주가 나중에 그 주식을 양도할 경우에는 다시 그 가액의 증가분에 대하여 양도소득세를 과세하게 되는데, 이 경우 동일한 소득에 대하여 이중과세를 한다는 비판이 있을 수 있다. 특정법인의 증여이익만큼 주주의 주식가치가 상승할 것이고 이는 주식의 양도시 양도가액에 반영될 것이므로 증여세를 과세당한 동일한 이익에 대하여 다시 양도소득세를 과세당한다고 볼 수 있기 때문이다. 이러한 비판을 면하기 위하여 소득세법 시행령 제163조 제10항 제1호에서는 증여세를 과세받은 경우에는 해당 증여재산가액 또는 그 증·감액을 취득가액에 더하거나 뺀다고 규정하고 있다.

나. 관련 규정의 변천 과정

2010. 1. 1. 개정되기 전까지의 구 상증세법 제41조 제1항에서는 결손금이 있거나 휴업 또는 폐업 중인 법인(특정법인)의 주주 등과 특수관계에 있는 자가 당해 특정법인과의 거래를 통하여 그 주주 등이 이익을 얻은 경우에는 그 이익에 상당하는 금액을 특정법인

의 주주 등의 증여재산가액으로 한다고 규정하고, 제2항에서 제1항에 규정하는 주주 등이 얻은 이익의 계산에 관하여는 대통령령이 정하는 바에 의하도록 규정하였다. 이에 따라 2003. 12. 30. 개정되기 전까지의 구 상증세법 시행령 제31조 제6항에서는 위 제41조 제1항의 규정에 의한 이익은 특정법인이 얻는 이익의 상당액으로 인하여 '증가된 주식 등의 1주당 가액'에 그 주주 등의 주식 등의 수를 곱하여 계산한 금액으로 한다라고 규정하고 있었다.

여기서 특정법인이 완전자본잠식상태의 법인으로서 위의 이익을 받은 후에도 완전자본잠식상태를 벗어나지 못한 경우에도 그 주주 등이 이익을 받은 것으로 볼 수 있는지가 논란이 되었다. 이에 대하여 대법원 2006. 9. 22. 선고 2004두4727 판결은, 위 '증가된 주식 등의 1주당 가액'은 증여 등의 거래를 전후한 주식 등의 가액을 비교하여 산정하는 것이 타당하고, 이 경우 주식 등의 가액을 산정하기 위하여 재산의 가액을 평가함에 있어 그 시가를 산정하기 어려운 경우 보충적 평가방법에 따라 1주당 가액을 산정한 결과 그 가액이 증여 등 거래를 전후하여 모두 음수인 경우에는 증가된 주식 등의 1주당 가액은 없는 것으로 보는 것이 합리적이라 할 것이며, 거래를 전후하여 1주당 가액이 음수로 산정되는데도 증여재산 또는 채무면제 자체의 가액을 주식 수로 나누어 산정하거나 단순히 음수의 절대치가 감소하였다는 이유로 주식 등의 1주당 가액이 증가된 것으로 보는 것은 증여세가 부과되는 재산의 가액평가에 관한 관계 규정을 전혀 감안하지 아니하는 결과가 되어 관계 규정의 해석상 허용될 수 없다고 판시하였다. 이와 같이 판시한 이유는 주주 등이 무한책임을 진다면 그 주식 등의 평가액이 음수이더라도 음수의 절대치가 감소하면 책임의 범위가 줄어들기 때문에 이익을 얻었다고 할 수 있지만, 법인의 주주 등은 출자액의 범위 내에서만 유한책임을 지므로 그 주식 등의 평가액이 음수인 상태에서 그 절대치가 감소한다고 하더라도 주식의 가치가 0원이라는 점에서 동일하기 때문에 이익을 얻었다고 할 수 없고, 그 이익은 법인의 채권자들에게 돌아간다고 할 수 있기 때문이다.

이러한 문제점을 해소하기 위하여 2003. 12. 30. 개정된 구 상증세법 시행령 제31조 제6항에서 상증세법 제41조 제1항의 규정에 의한 이익은 특정법인이 얻은 이익에 주주 등의 주식 또는 출자지분의 비율을 곱하여 계산한 금액으로 한다라고 규정함으로써 '증가된 주식 등의 1주당 가액'이라는 문언을 삭제하였다. 이는 위 대법원에서 지적한 바 있는 주식 등의 가치가 음수의 절대치가 감소하는 수준에 머물더라도 증여세를 과세할 수 있도록 하기 위함이었다. 그러나 이 규정에 대하여 대법원 2009. 3. 19. 선고 2006두19693 전원합의체 판결은, 구 상증세법 제41조는 특정법인과의 재산의 무상제공 등 거래를 통하여 최대주주 등이 '이익을 얻은 경우'에 이를 전제로 그 '이익의 계산'만을 시행령에 위임하고 있음에도, 그 시행령 제31조 제6항은 특정법인이 얻은 이익이 바로 '주주 등이 얻은 이익'이 된다고 보아 증여재산가액을 계산하도록 하고 있고, 또한 개정 법 제41조 제1항에 의하면 특정법인에 대한 재산의 무상제공 등이 있더라도 주주 등은 실제로 이익을 얻은 바 없다면 증여세 부과대상에서 제외될 수 있으나 개정 시행령 제31조 제6항은 특정법인에 재산의 무상제공 등이 있다면 그 자체로 주주 등이 이익을 얻은 것으로 간주하여 증여세 납세의무를 부담하게 되므로, 결국 그 시행령 제31조 제6항의 규정은 모법인 구 상증세법 제41조 제1항, 제2항의 규정취지에 반할 뿐 아니라 그 위임범위를 벗어난 것으로서 무효라고 봄이 상당하다고 판시하였다. 따라서 비상장주식의 경우와 같이 보충적 평가방법에 따라 1주당 가액을 산정하여 그 가액의 증가 여부를 판단할 수밖에 없는 상황에서 특정법인이 이익을 분여받더라도 그 주주 등의 주식의 평가액이 여전히 음수에 머무는 경우에는 위 시행령 규정을 적용할 수 없으므로 증여세를 과세할 수 없게 되었다.

그러자 다시 상증세법 제41조가 2010. 1. 1. 개정되면서 제1항에서 특정법인의 주주 등과 특수관계에 있는 자가 특정법인과 거래를 하여 그 특정법인의 주주 등이 '대통령령으로 정하는 이익'을 얻은 경우에는 그 이익에 상당하는 금액을 그 특정법인의 주주 등의 증여재산가액으로 한다라고 규정하게 되었다. 종래의 '이익을 얻은 경우에는'을 '대통령령으로 정하는 이익을 얻은 경우에는'으로 개정함으로써 그 이익의 정의와 범위를 정하는 것까지 대통령령으로 위임한 것이다. 그러나 여기서도 앞서 제1편에서 언급한 바와 같이 그 위임의 범위와 관련하여 계속적으로 문제가 제기되고 있었다. 위임의 취지는 실제로 주주 등이 이익을 얻은 경우에 한하여 그 이익의 범위를 정하도록 위임한 것이지 그렇지 아니한 경우에 대하여까지 그 이익을 의제하여 범위를 정하도록 위임한 것은 아니라고 해석해야 한다고 볼 여지가 있고, 이렇게 보는 것이 상증세법의 전반적인 취지에도 부합한다는 것이다.

다. 판결의 동향

위와 같이 상증세법 제41조가 2010. 1. 1. 개정된 후의 위 시행령 규정에 관하여 서울행정법원 2016. 4. 7. 선고 2015구합74586 판결은 위 시행령 규정은 모법의 위임범위를 벗어난 것으로서 무효라고 판시하였다. 그러나 항소심인 서울고등법원 2016. 9. 22. 선고 2016누44362 판결은, 상증세법 제41조 제1항의 입법 취지가 결손금이 있는 특정법인에게 재산을 증여하여 그 증여가액을 결손금으로 상쇄시킴으로써 증여가액에 대한 법인세를 부담하지 아니하면서 특정법인의 주주 등에게 이익을 주는 변칙증여에 대하여 증여세를 과세하는 데 있는 점, 폐쇄적인 비상장법인의 경우 일반적인 상장법인과는 달리 주식의 공정가격 산정이 불가능한 점, 실제로 비상장법인의 주주들이 비상장회사를 통하여 비용처리 등의 많은 무형의 편익을 누리고 있는 점 등을 고려하여 보면, 무상증여를 전후하여 비상장법인의 1주당 가액이 모두 음수인 경우에도 그 법인의 주주 등이 얻은 이익이 전혀 없다고 단정할 수 없으므로, 채무면제를 전후하여 원고들이 보유한 법인의 주식가액이 모두 음수였다는 사정으로 증여세 과세대상이 되는 '증여'에 해당하지 않는다거나, 상증세법 제41조 제1항을 적용한 과세처분이 재산권을 과도하게 침해하여 위법하다거나, 증자에 따른 이익의 증여 및 법인이 해산된 경우와 비교할 때 합리적 이유 없이 원고들을 차별적으로 취급한 것이어서 평등원칙에 위반되어 위법하다고 할 수는 없다고 판시하였다.

위 항소심 판결에서는 계산상으로는 채무면제를 전후하여 원고들이 보유한 주식의 가액이 음수인 점에 변화가 없다면 이익을 얻었다고 볼 수 없지만 현실적으로는 채무면제익을 바탕으로 하여 주주들이 비용처리 등을 통하여 무형의 이익을 얻을 수 있다는 점을 중시한 것으로 보인다. 그러나 이러한 입장은 불확실한 현실론에 치우친 느낌이 있고 더구나 그 무형의 이익은 주주의 지위와 관련이 있다고 보기도 어려우며 조세법리에 부합하지 않는 측면도 있어 제1심 판결이 더 타당해 보인다.

이에 대하여 대법원 2017. 4. 20. 선고 2015두45700 전원합의체 판결은 위 시행령 규정이 여전히 모법의 위임범위를 벗어나 무효라고 판시함으로써 원심판결을 파기하고 제1심의 손을 들어 주었다. 증여세의 과세체계와 증여 및 증여재산의 개념 등에 비추어 볼 때 개정 법률조항은 여전히 결손법인에 대한 증여로 주주가 이익을 얻었음을 전제로 하는 규정으로 보아야 하고, 그 이익은 주식가액 증가분 외에 다른 것을 상정하기 어려우므로 그 개정에도 불구하고 결손법인의 주주가 이익을 얻었음을 전제로 하여 그 이익의 정당한 계산방법에 관한 사항만을 대통령령에 위임한 것으로 보아야 한다고 하면서, 결손법인에 대한 증여가 있더라도 주주의 주식가액이 증가하지 않은 경우에는 주주가 얻은 증여이익이 없으므로 증여세를 부과할 수는 없음에도 그 시행령 조항은 결손법인에 증여가 있으면 그 자체로 주주가 이익을 얻은 것으로 간주함으로써 주주가 실제로 얻은 이익의 유무나 다과와 무관하게 증여세 납세의무를 부담하도록 정하고 있으므로, 이는 모법의 취지에 반할 뿐만 아니라 위임범위를 벗어난 것으로서 여전히 무효라고 하였다. 이러한 대법원 판결은 주식가액의 음수의 절대치가 감소하였다는 이유로 주식가액이 증가된 것으로 볼 수 없다는 대법원 2006. 9. 22. 선고 2004두4727 판결에서 이미 예고되어 있었던 것이라고 할 수 있다.

위 판결에서 주목할 부분은 법인에 대한 증여로 그 주주가 얻는 이익은 주식가액의 증가분 외에 다른 것을 상정하기 어렵다는 것이다. 원심판결에서는 비상장법인에 대한 증여가 있으면 그 주주들이 비상장회사를 통하여 비용처리 등의 많은 무형의 편익을 누리고 있으므로 이익이 있다고 하였으나, 이는 합법적인 이익이 아닐뿐더러 그러한 이익은 그 법인에 대한 증여와 직결된다고 보기도 어려우므로 세법상 이익으로 보기는 어렵다고 할 것이고 이러한 취지를 위 대법원 판결이 분명히 한 것이다. 타당한 판결이다.

한편, 2014년에 상증세법 제41조 제1항이 개정되면서 특정법인의 범위에 영리법인이 추가되었고, 그에 따라 법인의 소득금액에 대한 법인세와 그 주주 등의 이익에 대한 증여세가 함께 부과될 수 있음을 고려하여 2014년에 상증세법 시행령 제31조 제6항도 개정되어 증여재산가액에서 특정법인이 부담하는 법인세 중 일정액을 공제하는 것으로 바뀌었다. 여기서도 여전히 위 시행령 규정의 효력이 문제되었는데, 대법원 2021. 9. 9. 선고 2019두35695 전원합의체 판결은 종전 판결들과 마찬가지 취지에서 위 시행령 규정은 모법의 위임범위를 벗어난 것으로서 무효라고 판시하였다. 즉, 2014년 개정 상증세법 제41조 제1항은 문언의 일부 개정에도 불구하고 개정 전과 마찬가지로 재산의 무상제공 등 특정법인과 거래를 통하여 그 주주 등이 이익을 얻었음을 전제로 하여 그 이익, 즉 '주주 등이 보유한 특정법인 주식 등의 가액 증가분'의 정당한 계산방법에 관한 사항만을 대통령령에 위임한 규정으로 보아야 하는데, 2014년 개정 상증세법 시행령 조항이 특정법인에 대한 재산의 무상제공 거래 등이 있으면 그 자체로 주주 등이 이익을 얻은 것으로 간주하여 주주 등이 실제로 얻은 이익의 유무나 다과와 무관하게 증여세 납세의무를 부담하도록 정하고 있는 것은 2014년 개정 전 상증세법 시행령 제31조 제6항과 동일한바, 특정법인의 주주 등과 특수관계에 있는 자가 특정법인에 재산을 증여하는 거래를 하였더라도 거래를 전후하여 주주 등이 보유한 주식 등의 가액이 증가하지 않은 경우에는 그로 인하여 주주 등이 얻은 이익이 없으므로 2014년 개정 상증세법 제41조 제1항에 근거하여 증여세를 부과할 수는 없다고 보아야 한다는 것이다.

이러한 문제점 때문에 상증세법이 2015. 12. 15. 개정되면서는 제41조가 삭제되고 제45조의5가 신설되면서, 여기서 아예 특정법인이 이익을 얻은 경우 그 이익에 특정법인의 주주 등의 주식보유비율을 곱하여 계산한 금액을 그 특정법인의 주주 등이 증여를 받은 것으로 의제하도록 규정하였다. 이로써 더 이상 위임의 범위에 관한 시비는 벗어나게 되었다고 할 수 있다. 따라서 그 특정법인이 그 이익을 얻었음에도 여전히 완전자본잠식의 상태를 벗어날 수 없어 그 주식의 장부가치가 음수인 점에는 변함이 없더라도 그 주주에게 증여가 있었던 것으로 의제하게 되었다.

그러나 이는 이익의 본질에 반하는 것을 이익으로 의제하는 것이어서 위헌의 시비가 있을 수 있다. 하지만 주식의 실질적인 가치가 보충적 평가방법에 의한 평가액과 반드시 일치하는 것은 아니다. 완전자본잠식 상태의 법인이어서 보충적 평가방법에 의한 평가액이 음수라고 하더라도 그 법인에 이익을 주는 거래를 하고 그것이 장래 새로운 수익창출의 원천이 될 수 있는 것으로 기대할 수 있다면 그러한 기대가 보충적 평가방법에 제대로 반영되지 아니하여 비록 그 주식의 평가액이 음수이더라도 실질적인 가치는 양수가 될 여지도 있는 것이다. 그래서 위 의제규정이 위헌인지 여부에 대한 판단은 간단하지 않을 것으로 보인다. 헌법재판소의 최종적인 판단을 기다려 볼 일이다.

라. 특정법인의 범위

상증세법 제45조의5 제1항은 특정법인의 종류로 3가지를 열거하고 있었는데, 대통령령으로 정하는 결손금이 있는 법인(제1호), 증여일 현재 휴업 또는 폐업상태인 법인(제2호), 증여일 현재 위 제1호 및 제2호에 해당하지 아니하는 법인으로서 지배주주와 그 친족의 주식보유비율이 100분의 50 이상인 법인(제3호)이 그것이다. 종래에는 제1호와 제2호만을 특정법인으로 규정하고 있다가 2014. 1. 1. 개정되면서 제3호가 추가되면서 특정법인의 범위가 대폭 확대되었다.

결손법인에 관하여는 위에서 본 바와 같이 '대통령령으로 정하는 결손금이 있는 법인'이라고만 규정함으로써 그 구체적 범위에 관하여는 시행령에 위임하고 있었다. 이에 따라 2017. 2. 7. 개정되기 전의 상증세법 시행령 제34조의4 제3항은 '대통령령으로 정하는 결손금이 있는 법인이란 증여일이 속하는 사업연도의 직전 사업연도까지 법인세법 시행령 제18조 제1항 제1호에 따른 결손금이 있는 법인을 말한다. 이 경우 결손금은 법 제45조의5 제2항에 따른 거래를 통한 결손금 보전 전의 것으로 하되, 증여일이 속하는 사업연도의 결손금은 법 제45조의5 제2항에 따른 거래를 통한 이익을 법인세법의 규정에 따라 익금에 산입하기 전의 것으로 한다.'라고 규정하고 있었다. 이에 관하여, 2016. 2. 5. 개정되기 전의 상증세법 시행령 제31조 제1항 제1호에서는 '증여일이 속하는 사업연도까지 법인세법 시행령 제18조 제1항 제1호의 규정에 의한 결손금이 있는 법인. 이 경우 결손금은 법 제41조 제1항의 규정에 의하여 재산의 증여 등에 의한 결손금 보전전의 것으로 하되, 증여일이 속하는 사업연도의 결손금은 법 제41조 제1항의 규정에 의한 재산의 증여 등의 금액을 법인세법의 규정에 의하여 익금에 산입하기 전의 것으로 한다'라고 규정하고 있었다.

2016. 2. 5. 개정 후와 개정 전의 큰 차이는, 전자의 경우 '증여일이 속하는 사업연도의 직전 사업연도까지' 결손금이 있어야 하고, 후자의 경우는 '증여일이 속하는 사업연도까지' 결손금이 있어야 한다는 점이다. 여기서의 결손금은 공히 법인세법 시행령 제18조

제1항 제1호에 따른 결손금을 말하는데, 법인세법 시행령 제18조 제1항 제1호에서는 '법 제14조 제2항에 따른 결손금으로서 법 제13조 제1호에 따라 그 후의 각 사업연도의 과세표준을 계산할 때 공제되지 아니한 금액'이라고 규정하고 있고, 법인세법 제14조 제2항은 '내국법인의 각 사업연도의 결손금은 그 사업연도에 속하는 손금의 총액이 그 사업연도에 속하는 익금의 총액을 초과하는 경우에 그 초과하는 금액으로 한다'라고 규정하고 있으며, 법인세법 제13조는 법인세의 과세표준은 각 사업연도의 소득의 범위 안에서 다음 각 호의 규정에 의한 금액을 순차로 공제한 금액으로 한다고 규정하면서, 그 제1호에서 '각 사업연도의 개시일 전 10년 이내에 개시한 사업연도에서 발생한 결손금으로서 그 후의 각 사업연도의 과세표준계산에 있어서 공제되지 아니한 금액'이라고 규정하고 있다. 이상에서 본 바와 같이 2016. 2. 5. 개정 전후의 위 시행령 조항의 전문은 3개의 조문을 경유하는 복잡한 구조를 통하여 정의되고 있다.

2016. 2. 5. 개정 전의 위 시행령 조항에서 말하는 결손금에 이월결손금뿐만 아니라 증여일이 속하는 사업연도의 결손금이 포함되는지 여부에 관하여 논란이 있었다. 이에 관하여 대법원 2011. 4. 14. 선고 2008두6813 판결은, 위 규정은 결손금이 있는 특정법인에게 재산을 증여하여 그 증여가액을 결손금으로 상쇄시킴으로써 증여가액에 대한 법인세를 부담하지 아니하면서 특정법인의 주주 등에게 이익을 주는 변칙증여에 대하여 증여세를 과세하는 데 그 입법 취지가 있다고 할 것이므로 이월결손금이 있는 법인과 증여일이 속하는 사업연도의 결손금이 있는 법인을 달리 취급할 필요가 없는 점, 특정법인에 관하여 구 상증세법(2002. 12. 18. 개정되기 전의 것) 제41조 제1항이 '2년 이상 계속하여 결손금이 있는 법인'이라고 규정하던 것을 구 상증세법(2003. 12. 30. 개정되기 전의 것) 제41조 제1항이 단순히 '결손금이 있는 법인'이라고 개정한 것은 증여일이 속하는 사업연도의 결손금이 있는 법인도 특정법인의 범위에 포함시키고자 하는데 그 주요한 취지가 있다고 여겨지는 점, 그 시행령 제31조 제1항 제1호 후문의 후단은 특정법인의 범위에 관한 그 전문의 취지를 보다 명확히 하여 증여일이 속하는 사업연도의 결손금이 있는 법인도 특정법인의 범위에 포함되는 것을 당연한 전제로 하여 규정한 것으로 해석되는 점 등을 고려하면, 이월결손금이 없더라도 증여일이 속하는 사업연도의 결손금이 있는 법인은 그 시행령 제31조 제1항 제1호 전문에서 말하는 '결손금이 있는 법인'에 해당한다고 판시하였다.

그런데 2016. 2. 5. 개정 후 상증세법 시행령 제34조의4 제3항에 관하여는 위 대법원 판결의 법리를 그대로 적용하기가 곤란하다. 왜냐하면 위 시행령 규정의 전문에서 '증여일이 속하는 사업연도의 직전 사업연도까지 법인세법 시행령 제18조 제1항 제1호에 따른 결손금이 있는 법인'이라고 규정하고 있기 때문이다. 따라서 증여일이 속하는 사업연도의 직전 사업연도까지의 결손금, 즉 증여일이 속하는 사업연도의 입장에서 보았을 때 이월결손금이 있어야만 여기에 해당할 수 있는 것이다. 그러나 다른 한편, 위 시행령 규정의 후문에서 '이 경우 결손금은 법 제45조의5 제2항에 따른 거래를 통한 결손금 보전 전의 것으로 하되, 증여일이 속하는 사업연도의 결손금은 법 제45조의5 제2항에 따른 거래를 통한 이익을 법인세법의 규정에 따라 익금에 산입하기 전의 것으로 한다'라고 규정하고 있는데, 그중 후단 부분이 어떤 의미를 갖는지를 해석하기가 어려워진다. 이 후단부분은 위 대법원 판결의 법리처럼 2016. 2. 5. 개정 전 시행령 규정에 의하여 증여일이 속하는 사업연도의 결손금도 포함될 때 비로소 의미를 가질 수 있는 것이고, 2016. 2. 6. 개정 후 시행령 규정에서는 아무런 의미를 가질 수 없기 때문이다. 이는 입법의 실수가 아닌가 생각된다. 위 시행령 규정의 전문이 2016. 2. 5. 개정되면서 후문의 후단은 삭제했어야 하는데 이를 그대로 두는 바람에 전문과 후문의 후단이 서로 모순되게 된 것이다. 전체 문언의 무게를 보면 전문에 더 무게를 두어야 하고 후문은 전문의 부연설명의 의미를 가지는 것이므로 그 부연설명에 모순되는 부분이 있으면 이를 배제하고 전체 문언을 해석하는 것이 체계적·합목적적 해석이 될 수 있는 것이다. 하지만 이러한 모순이 존치하고 있는 상황에서는 그 문언을 일의적으로 명확하게 해석할 수 없다는 점에서 헌법상의 대원칙인 과세요건 명확주의에 반한다고 할 수 있다. 그리고 모법에서 이와 같이 불명확하고 모순된 규정을 하도록 위임한 바도 없을 것이므로 이러한 비판은 결국 모법의 위임범위를 벗어났다는 주장으로까지 이어질 수도 있겠다.

이러한 지적이 따르자 상증세법 시행령 제34조의4 제3항이 2017. 2. 7. 개정되면서 후문이 아예 삭제되었다.

그런데 상증세법이 2019. 12. 31. 개정되면서 제45조의5가 대폭 개정되었다. 결손법인과 흑자법인의 구분을 폐지하고 지분율 요건만 둠으로써 과세대상 주주를 일원화하였다. 먼저 제1항은 지배주주와 그 친족('지배주주 등')이 직접 또는 간접으로 보유하는 주식보유비율이 100분의 30 이상인 법인('특정법인')이 지배주주의 특수관계인과 다음 각 호에 따른 거래를 하는 경우에는 거래한 날을 증여일로 하여 그 특정법인의 이익에 특정법인의 지배주주 등의 주식보유비율을 곱하여 계산한 금액을 그 특정법인의 지배주주 등이 증여받은 것으로 본다고 하면서, 제1호에서 재산 또는 용역을 무상으로 제공받는 것을, 제2호에서 재산 또는 용역을 통상적인 거래 관행에 비추어 볼 때 현저히 낮은 대가로 양도·제공받는 것을, 제3호에서 재산 또는 용역을 통상적인 거래 관행에 비추어 볼 때 현저히 높은 대가로 양도·제공하는 것을, 제4호에서 그 밖에 제1호부터 제3호까지의 거래와 유사한 거래로서 대통령령으로 정하는 것을 규정하였다. 그리고 제2항은 제1항에 따른 증여세액이 지배주주 등이 직접 증여받은 경우의 증여세 상당액에서 특정법인이 부담한 법인세 상당액을 차감한 금액을 초과하는 경우 그 초과액은 없는 것으로 본다고 규정하였다. 그 위임에 의한 상증세법 시행령 제34조의5 제4항에서 특정법인의 이익을 산정하는 구체적 방법을 규정하면서 제5항에서 증여의제이익이 1억 원 이상인 경우로 한정한다고 규정하고 있다.

재산의 평가

1. 개요

세법은 기본적으로 실거래가액에 따라 과세함이 원칙이다. 그런데 상속재산이나 증여재산에는 실거래가액이라는 것이 없다. 그래서 평가에 의하여 가액을 산정할 수밖에 없고 그 평가의 기본원칙이 시가에 의한 평가이다. 상증세법에서는 제4장에서 재산의 평가에 관한 규정들을 두고 있는데 가장 중요한 부분 중의 하나이다. 이는 상속세나 증여세의 과세대상을 평가하는 기준이 될 뿐만 아니라 소득세법이나 법인세법, 부가가치세법 등 다른 세법에서 들고 있는 시가에 관한 평가의 기준이 된다. 그 다른 세법들에서는 독자적으로 시가의 평가에 관한 규정을 두지 않고 상증세법의 시가 평가에 관한 규정들을 원용하는 경우가 많기 때문이다. 상증세법에서는 제4장의 제60조 내지 제66조에서 이에 관한 규정들을 두고 있다.

먼저 제60조는 시가의 개념을 정의하면서 시가에 의한 평가의 기본원칙을 규정하고 있고, 제61조 내지 제65조에서는 본래의 시가를 산정하기 어려운 경우 자산의 종류별로 시가의 대체물로서 보충적 평가방법에 관하여 구체적으로 규정하고 있다. 보충적 평가방법을 적용하기 위해서는 본래 의미의 시가를 산정하기 어려워야 하고 그 점에 대한 주장·증명책임은 과세관청에게 있다고 보는 것이 대법원 2001. 9. 14. 선고 2000두406 판결 등의 입장이다. 종전의 판례는 시가를 산정하기 어렵다는 점에 관한 입증의 정도를 매우 엄격하게 요구하였으나 이러한 입장을 고수하게 되면 거의 모든 사건에서 소급하여 시가감정을 하여야 한다는 결과가 되고 그것이 본래의 시가를 제대로 반영하고 있다고 보기도 어려우므로 불합리한 측면이 있다. 그래서 그 후 대법원 1995. 12. 8. 선고 94누 15905 판결 등에서는 상속개시 당시까지 목적물이 처분된 사실이 없고 별도로 감정가격 도 존재하지 않는 경우 등에는 시가를 산정하기 어려운 경우로 판단하여 그 입장을 완화 하는 추세에 있다.

그리고 보충적 평가방법조차도 적용할 수 없거나 그 적용이 부적절한 경우에는 평가 를 포기하고 과세할 수 없다는 것이 아니라 보충적 평가방법 등을 유추적용하여 객관적 이고 합리적인 방법을 찾아 그에 따라 평가한 가액에 의할 수 있다고 할 것이다. 대법원 2013. 11. 14. 선고 2011두31253 판결과 대법원 2014. 4. 26. 선고 2010두26988 판결 등이 이와 같은 입장이다. 대법원 2016. 9. 23. 선고 49986 판결도 피상속인에게 귀속되는 재산 으로서 금전으로 환산할 수 있는 재산적 가치가 있는 권리는 상속재산에 포함되고, 그 가액의 산정은 상속개시일 현재의 시가에 따라야 할 것이지만, 어떤 상속재산이 불특정 다수인 사이에 자유롭게 거래가 이루어지는 것이 아니고 달리 그 가액을 평가하는 규정 도 없어서 그 자체의 시가를 곧바로 산정할 수 없는 때는 해당 상속재산의 재산적 가치 에 가장 부합하는 금액을 기준으로 과세할 수밖에 없다고 판시하였다.

2. 관련 규정의 변천 과정과 분석

가. 상증세법 제60조

상증세법 제60조는 제1항에서 '상속세나 증여세가 부과되는 재산의 가액은 상속개시 일 또는 증여일(평가기준일) 현재의 시가에 따른다고 하면서, 제2항에서 '제1항에 따른 시가는 불특정 다수인 사이에 자유롭게 거래가 이루어지는 경우에 통상적으로 성립된다 고 인정되는 가액으로 하고 수용가격·공매가격 및 감정가격 등 대통령령으로 정하는 바에 따라 시가로 인정되는 것을 포함한다'라고 하고 있다. 제1항은 시가평가의 기본원 칙을 선언한 것이고, 제2항은 시가의 개념과 그 범위를 규정한 것으로 볼 수 있다.

나아가 제3항에서는 '제1항을 적용할 때 시가를 산정하기 어려운 경우에는 해당 재산 의 종류, 규모, 거래상황 등을 고려하여 제61조부터 제65조까지에 규정된 방법으로 평가 한 가액을 시가로 본다'라고 하고 있다. 이것이 이른바 보충적 평가방법에 관한 규정들이 다. 시가의 본질에 부합하는 가액을 찾기 어려운 경우 그에 대한 대체수단으로 보충적 평가방법이 필요한 것이다. 그런데 2010. 1. 1. 개정되기 전의 구 상증세법 제60조 제3항 은 '제1항의 규정을 적용함에 있어서 시가를 산정하기 어려운 경우에는 당해 재산의 종 류·규모·거래상황 등을 감안하여 제61조 내지 제65조에 규정된 방법에 의하여 평가한 가액에 의한다'라고 하고 있었다. 그래서 그 당시에는 제61조 내지 제65조에 규정된 방법에 의하여 평가한 가액을 상속세 및 증여세의 과세대상의 평가액으로 보는데는 문제가 없었는데 그것을 시가로 볼 수 있는지에 관하여 논란이 있었다. 상증세법 제60조 제1항에서는 보충적 평가방법에 의한 평가액 중 제63조 제1항에 의한 평가액만을 시가로 본다고 규정하고 있었고 제63조 제2항에 의한 평가액은 시가로 보지 않는다는 취지로 규정하고 있었기 때문이다. 이는 다른 세법에서 시가에 의한 평가의 원칙을 적용할 때 위 보충적 평가방법에 의한 평가액을 시가로 볼 수 있는지의 논란과 결부되어 있다. 예를 들어 소득세법 시행령 제167조 제5항은 양도소득의 부당행위계산의 기준이 되는 시가에 관하여 상증세법 제60조 내지 제64조를 준용하여 평가한 가액에 의한다고 규정하고 있는데 여기서 상증세법 제61조 내지 제64조에 의하여 평가한 가액을 시가로 볼 수 있는지가 문제가 될 수 있다. 이러한 논란을 잠재우기 위하여 2010. 1. 1. 개정된 상증세법 제60조 제3항에서는 그 보충적 평가방법에 의한 평가액을 시가로 본다고 규정한 것이다. 따라서 제60조 제2항은 본래의 시가를 의미하고 제60조 제3항은 의제된 시가를 의미한다고 할 수 있다. 어느 것이든 시가의 범위에 포함된다는 점에서 차이는 없다.

그런데 제60조 제1항이 2020. 12. 22. 개정되기 전에는 후문에서 '제63조 제2항에 의한 평가액'은 시가로 보지 않는다는 취지의 규정을 두고 있었는데 이는 제60조 제3항의 규정과 모순되는 것처럼 보였다. 그러나 제1항의 위 규정은 제63조 제2항에 의한 평가액은 본래의 시가로 볼 수 없다는 취지이고, 제3항은 이를 의제된 시가에는 포함된다는 취지의 규정으로 이해하는 것이 체계적인 해석이라고 하겠다. 입법론적으로는 제3항이 있는 만큼 제1항의 후문은 삭제하는 것이 바람직하다는 비판이 있었고, 그래서 2020. 12. 22. 개정되면서 제1항 후문이 삭제되었다. 바람직한 입법이다.

한편, 2015. 12. 15. 신설된 제5항에서는, 제2항에 따른 감정가격을 결정할 때에는 대통령령으로 정하는 바에 따라 둘 이상의 감정기관에 감정을 의뢰하여야 하고, 이 경우 감정기관이 평가한 감정가액이 다른 감정기관이 평가한 감정가액의 100분의 80에 미달하는 등 대통령령으로 정하는 사유가 있는 경우에는 대통령령으로 정하는 바에 따라 대통령령으로 정하는 절차를 거쳐 1년의 범위에서 기간을 정하여 해당 감정기관을 시가불인정 감정기관으로 지정할 수 있으며, 시가불인정 감정기관으로 지정된 기간 동안 해당 시가불인정 감정기관이 평가하는 감정가액은 시가로 보지 아니한다고 규정하고 있다. 이 규정은 매우 실무적이고 감독적인 성격의 규정으로서 과연 법률의 단계에 이와 같은 규정을 둘 필요가 있는지에 관하여 의문이 있다. 위 규정에 따라 상증세법 시행령 제49조 제6항에서는 상증세법 제60조 제5항 후단에서 '대통령령으로 정하는 사유'란 납세자가 제시한 감정기관(원감정기관)의 감정가액(원감정가액)이 세무서장 등이 다른 감정기관에 의뢰하여 평가한 감정가액(재감정가액)의 100분의 80에 미달하는 경우를 말한다라고 규정하고 있다. 그 취지에 비추어 상증세법 제60조 제5항의 취지가 처음부터 둘 이상의 감정기관에 감정을 의뢰하여야 한다는 취지가 아니라 납세자 측이 제시하는 감정가액을 두고 과세관청에 재차 감정할 수 있도록 함으로써 납세자가 제시하는 감정가액이 적합한지를 검증할 기회를 부여하겠다는 취지로 보인다.

대법원은 2008. 2. 1. 선고 2004두1834 판결 등에서 상속가액이나 증여가액을 다투는 조세소송에서 납세자인 원고의 신청에 의하여 법원이 지정한 감정인에 의하여 감정이 이루어진 경우 그것이 소급감정에 의한 것이라고 하더라도 시가로 볼 수 있다고 판시하여 왔는데, 위 규정에 의하면 이러한 대법원의 태도가 계속 유지될 수 있는지 의문이다. 상증세법 제60조 제5항의 취지에 충실하자면 이러한 경우에도 피고인 과세관청이 재차 감정을 하여 그 가액이 20% 이상 높게 평가되었을 때에는 법원의 감정가액을 부인할 수 있다고 볼 여지도 없지 않다. 만약 이를 허용한다면 법원이 지정한 감정인의 공신력을 무너뜨리는 것으로서 재판권이 침해되는 결과를 초래할 수도 있다. 따라서 위 규정을 법원이 지정한 감정인에 대하여까지 적용하는 것은 무리가 있다.

나. 상증세법 시행령 제49조 제1항

상증세법 제60조 제2항 후단의 위임에 의하여 시가의 범위를 정하고 있는 상증세법 시행령 제49조 제1항의 규정들이 예시적인 것인지 한정적·열거적인 것인지가 문제된다. 상증세법 제60조 제2항 후단은 전단과의 관계에서 그 문언상 시행령에서 정하는 것은 시가에 포함된다고 규정하고 있을 뿐 시행령에서 정하는 것만을 시가로 본다고 규정하고 있지는 아니하므로, 시행령에서 규정하는 것만 국한하여 시가로 본다고 해석하기는 어렵다. 그래서 후단의 위임에 따라 시행령에서 규정하는 시가는 예시적인 것으로 보는 것이 문리해석에는 부합한다. 대법원 2001. 8. 21. 선고 2000두5098 판결도 상증세법 제60조 제2항의 문언상 시가가 수용·공매가격 및 감정가격 등 대통령령이 정하는 바에 의하여 시가로 인정되는 것에 한정되는 것은 아니라고 할 것이므로 위 규정의 위임에 의한 상증세법 시행령 제49조 제1항 각 호는 상속재산의 시가로 볼 수 있는 대표적인 경우를 예시한 것에 불과하다고 판시하였다.

1998. 12. 31. 개정되기 전의 구 상증세법 시행령 제49조는 다음과 같이 규정하고 있었다. 먼저 제1항에서 '대통령령이 정하는 바에 의하여 시가로 인정되는 것'이라 함은 평가기준일 전 6월(증여재산의 경우에는 3월로 한다)부터 과세표준신고의 기간 중 그 각 호의 1의 규정에 의하여 확인되는 가액을 포함한다고 하면서, 제1호는 '당해 재산에 대한

매매사실이 있는 경우에는 그 거래가액, 다만 그 거래가액이 특수관계에 있는 자와의 거래 등 그 가액이 객관적으로 부당하다고 인정되는 경우를 제외한다.'를, 제2호는 '당해 재산에 대하여 2 이상의 공신력 있는 감정기관이 상속세 및 증여세 납부외의 목적으로 재산을 평가한 감정가액이 있는 경우에는 그 감정가액의 평균액'을, 제3호는 '당해 재산에 대하여 수용 또는 공매 사실이 있는 경우에는 그 보상가액 또는 공매가액'을 규정하고 있었다. 그리고 제2항에서는 제1항의 규정에 의한 시가로 보는 가액이 2 이상인 경우에는 평가기준일부터 가장 가까운 날에 해당하는 가액에 의한다고 하였다.

위 규정에서는 시가로 인정되는 가액들에 대한 규정만 두고 있을 뿐, 시가에서 제외되는 규정을 별도로 두고 있지 않았으므로 이들을 예시적 규정으로 해석하는 데 아무런 문제가 없다. 제1호에서 특수관계자와의 거래가액을 제외한 것은 객관적으로 부당하다고 인정하는 경우로 한정하고 있고 이는 당연한 확인적 규정이라고 할 수 있기 때문에 별 의미는 없다. 입법 취지도 위 규정들은 예시적 규정에 해당한다고 보고 있다. 국세청 발간 개정세법 해설서에 의하면, 1998. 12. 31. 개정 전의 위 규정은 예시적으로 규정하였던 것이라고 기재하고 있다.

그러나 상증세법 시행령 제49조 제1항이 1998. 12. 31. 개정된 후부터는 상황이 현저히 달라진다. 제1항은, '대통령령이 정하는 바에 의하여 시가로 인정되는 것'이라 함은 평가기준일전 6월(증여재산의 경우에는 3월로 한다)부터 상속세과세표준신고 또는 증여세과세표준신고의 기간 중 매매·감정·수용·경매(민사소송법에 의한 경매를 말한다) 또는 공매가 있는 경우에 한하여 다음 각 호의 1의 규정에 의하여 확인되는 가액을 말한다고 하면서, 제1호에서 '당해 재산에 대한 매매사실이 있는 경우에는 그 거래가액, 다만 그 거래가액이 제26조 제4항에 규정된 특수관계에 있는 자와의 거래 등 그 가액이 객관적으로 부당하다고 인정되는 경우를 제외한다'를 제2호에서 '당해 재산(법 제63조 제1항 제1호에 규정된 재산을 제외한다)에 대하여 2 이상의 재정경제부령이 정하는 공신력 있는 감정기관이 상속세 및 증여세 납부외의 목적으로 재산을 평가한 감정가액이 있는 경우에는 그 감정가액의 평균액'을 규정하였고, 제3호는 위에서 본 바와 같다.

위 규정에서는 제1항 본문에서 '경우에 한하여'라는 문언을 사용하면서 그 내용이 예시적이 아니라 제한적임을 분명히 밝히고 있고, 경매는 민사소송법에 의한 경매만을 말한다고 하여 그 외의 경매는 제외된다는 취지를 규정하고 있으며, 특히 그 괄호규정에서 상증세법 제63조 제1항 제1호에 규정된 재산, 즉 주식의 경우는 감정가액을 시가로 보지 아니한다고 규정하고 있다. '경우에 한하여'라는 문구는 위 시행령이 2000. 12. 29. 개정되면서 다시 '경우에'로 바뀌었으나 제외규정이 계속 추가되는 점에 비추어 '한하여'라는 문구가 삭제되었다고 해서 입법자가 위 규정을 예시적 규정으로 바꾸었다고 보기는 어렵다. 이후에도 몇 차례 개정을 통하여 위 규정에 시가로 보지 아니하는 제외규정들을 늘여 나갔다. 그 내용을 요약하면, 감정가액이 보충적 평가방법에 의한 가액의 100분의 80에 미달할 경우(제2호), 물납재산에 대한 경매가액 또는 공매가액(제3호 가목), 경매 또는 공매로 취득한 비상장주식의 액면가액 합계액이 발행주식 총액의 100분의 1 또는 3억 원에 미달하는 경우(제3호 나목), 경매 또는 공매절차의 개시 후 수의계약에 의하여 취득하는 경우(제3호 다목), 납세의무자가 제시한 감정가액이 세무서장의 의뢰에 의한 감정가액의 100분의 80에 미달하는 경우 등이다.

이와 같이 입법자가 상증세법 시행령 제49조 제1항에서 시가에서 제외되는 규정을 계속 신설해 나간 것은 위 규정들이 예시적 규정이 아니라 제한적·열거적 규정이라는 입장에 기초하고 있는 것으로 보인다. 통상적으로 예시적 규정에서는 시가에 포함되는 것을 규정할 뿐, 나아가 시가에서 제외되는 것까지는 규정하지 않기 때문이다. 그럼에도 대법원 2010. 1. 14. 선고 2007두23200 판결에서는 여전히 위 규정들이 예시적 규정이라고 판시하였다. 위 판결이 위에서 본 '제외규정'들을 염두에 두고 판시한 것으로는 보이지 않지만, 제외규정이 들어선 이후에도 여전히 위 규정들이 포괄적으로 예시적 규정이라고 최초로 판시함으로써 제외규정의 법적 성격을 해석하는 데 있어서 상당히 중요한 의의를 가지게 되었다. 이상에서 보는 바와 같이 상증세법 시행령 제49조 제1항은 전체적으로 시가에 포함되는 것을 예시적으로 보는 것이 대법원의 일관된 입장이고, 위 시행령의 모법인 상증세법 제60조 제2항의 문언에도 부합한다. 만약 위 시행령 규정을 제한적·제한적 열거적 규정으로 보게 되면 모법의 위임범위를 벗어난다고 볼 여지도 있다. 왜냐하면, 모법인 상증세법 제60조 제2항 후단에서는 '수용가격·공매가격 및 감정가격 등 대통령령이 정하는 바에 따라 시가로 인정되는 것을 포함한다'고 규정함으로써 대통령령에서는 시가에 포함되는 것을 규정할 것을 위임하였을 뿐 시가에서 제외되는 것까지 규정할 것을 위임하였다고 볼 수 없기 때문이다.

이와 같이 상증세법 시행령 제49조 제1항을 예시적 규정으로 보지 않을 수 없는 이상, 위 규정에서 두고 있는 제외규정들은 그에 해당하는 가액이 시가에서 제외된다는 한정적 의미가 아니라, 시가에 포함되는 것으로 인정되는 가액에 해당하지 않는다는 정도의 의미 밖에 없다고 해석함이 상당하다. 즉, 제외규정은 그 소정의 가액이 시가에 포함된다는 규정이 없다는 정도의 의미로 해석하는 것이다. 따라서 위 제외규정에 해당하는 가액이라고 해서 절대적으로 시가에 해당할 수 없다고 볼 것은 아니고, 그것이 시가의 본래 요건을 충족할 경우에는 시가에 해당한다고 볼 여지가 남아 있다고 할 수 있다. 이는 시가에 관한 예시적 규정에서 열거되지 아니한 가액도 시가의 본래 요건을 충족할 경우 시가로 볼 수 있는 것과 마찬가지의 논리에 따른 것이다.

이러한 제외규정의 성격에 관하여 언급한 판결로는, 대법원 2007. 9. 21. 선고 2005두 12022 판결이 있다. 원고들이 비상장주식을 증여받을 당시에 적용되던 구 시행령 제49조 제1항 제3호는 별다른 제한 없이 공매가액을 시가로 인정하였고, 2003. 12. 30. 대통령령 제18177호로 개정된 상증세법 시행령 제49조 제1항 제3호 단서에 의하여 비로소 일정한 경우 공매가액 등을 시가에서 배제하는 제한 규정이 도입된 점 등 공매가액의 시가성과 관련된 법령의 내용, 취지 및 개정경과 등에 비추어, 그 공매절차의 공정성이 훼손되었다 는 등의 특별한 사정이 없는 한 구 시행령 제49조 제1항 제3호에 의한 당해 재산의 공매 가액은 시가로 인정되고, 비상장주식에 대한 공매가액에 대하여도 같은 법리가 적용된다 고 판시하였다. 위 판결에 의하면 배제규정이 적용되는 경우는 아예 시가에서 배제된다 는 취지가 내포되어 있다고 볼 여지가 있으나, 예외 없이 항상 배제된다는 취지로까지 읽히지는 아니하므로 여기서의 판시가 위 배제규정이 제한적·열거적 규정임은 선언한 것으로 해석할 필요는 없다.

3. 시가

가. 시가의 범위

앞서 본 바와 같이 상증세법 제60조은 제1항에서 상증세가 부과되는 재산의 가액은 시가에 의한다고 규정하면서, 제2항은 '제1항의 규정에 의한 시가는 불특정다수인 사이 에 자유로이 거래가 이루어지는 경우에 통상 성립된다고 인정되는 가액으로 하고 수 용·공매가격 및 감정가격 등 대통령령이 정하는 바에 의하여 시가로 인정되는 것을 포 함한다'고 규정하고 있다. 제2항의 전단은 시가의 정의규정이라고 할 수 있고, 후단은 시 가에 포함될 수 있는 것에 관한 규정으로서 그 구체적인 내용에 관하여는 시행령에 위임 하고 있다.

한편, 대법원은 시가란 '일반적이고 정상적인 거래에 의하여 형성된 객관적 교환가 격'[11] 또는 '불특정 다수인 간에 자유로이 거래가 되는 경우 통상 성립한다고 인정되는 가액'[12]으로 정의하고 있는데 상증세법 규정과 같은 취지의 다른 표현이라고 할 수 있 다. 그런데 이러한 시가의 정의 규정을 충족하기 위해서는 불특정 다수인 사이에 일정한 가액으로 거래가 이루어질 수 있을 만큼 당해 재산의 풍부성과 등가성이 있어야 한다. 상장주식이나 자동차, 동일한 형태의 아파트 등의 경우에는 이러한 요건을 충족할 수 있

---

11) 대법원 2000. 6. 23. 선고 97누1679 판결, 대법원 1994. 12. 22. 선고 93누22333 판결
12) 대법원 1999. 12. 10. 선고 98두1369 판결

지만, 토지나 비상장주식의 경우는 위의 요건을 충족하는 것이 현실적으로 불가능하다. 토지의 경우는 현실적으로 동일한 조건의 토지가 여럿 존재할 수 없으므로 불특정 다수인 사이의 거래가 이루어질 수 없고, 비상장주식의 경우는 동일한 조건의 주식이 여럿 존재하지만 그것들은 가족이나 사용인 등 특수관계자 사이에 거래가 이루어지는 경우가 대부분이고 거래의 사례도 풍부하지 않으므로 역시 불특정 다수인 사이에 거래가 이루어진다고 볼 수 없다. 따라서 토지나 비상장주식 등의 경우에는 위 상증세법상 시가의 요건을 충족하는 가액은 이상적·관념적으로 상정할 수는 있지만 현실적으로는 존재하지 않는다고 할 수 있다. 그렇다고 해서 이러한 경우들에 대하여 시가에 의한 평가의 원칙을 포기할 수는 없으므로 상증세법 제60조 제2항 후단에서는 부득이 시가의 외연을 확장하지 않을 수 없었고, 그에 관한 구체적 권한을 시행령에 위임한 것이다.

나. 매매사례가액

시가로서 자주 사용되는 것 중의 하나가 매매사례가액이라고 할 수 있다. 실제 거래사례가액이기 때문에 주관적인 평가과정에 개입될 수 있는 주관적 편차가 없어 가장 객관적인 가액이라고 할 수 있겠다. 다만, 그 거래의 유사성이 담보되어야 함은 물론이다.

상증세법 시행령 제49조 제1항 제1호는 평가기준일 전후 6개월(증여재산의 경우에는 평가기준일 전 6개월부터 평가기준일 후 3개월까지로 한다) 이내의 기간 중 매매가 있는 경우에 그 거래가액으로 하고, 특수관계인과의 거래 등으로 그 거래가액이 객관적으로 부당하다고 인정되는 경우를 제외하도록 하고, 평가기간에 해당하지 아니하는 기간으로서 평가기준일 전 2년 이내의 기간 중에 매매가 있는 경우에도 가격변동의 특별한 사정이 없다고 보아 납세자 등이 신청하는 때에는 평가심의위원회의 심의를 거쳐 해당 매매거래가액도 시가로 본다고 규정하고 있다. 그리고 같은 조 제4항은 제1항의 규정을 적용함에 있어 당해 재산과 면적·위치·용도·종목 및 기준시가가 동일하거나 유사한 다른 재산에 대한 같은 항 각 호의 어느 하나에 해당하는 가액이 있는 경우에는 당해 가액을 시가로 본다고 규정하고 있다. 요컨대 제1항 제1호는 당해 재산에 대한 매매사례가액을 규정한 것이고, 제4항은 당해 재산과 유사한 재산에 대한 매매사례가액을 규정한 것이다.

대법원 2001. 8. 21. 선고 2000두5098 판결, 대법원 2010. 1. 14. 선고 2007두23200 판결 등은 이러한 시행령 규정들을 예시적 규정으로 보고 있다. 따라서 평가기간을 넘은 시점의 매매거래가액으로서 평가심의위원회의 심의를 거치지 않았다고 하더라도 시가로서의 요건, 즉 일반적이고 정상적인 거래에 의하여 형성된 객관적 교환가치의 요건을 충족하였다고 볼 수 있는 경우에는 시가로 인정하여야 할 것이다.

조세쟁송에서는 시가로 인정될 수 있는 매매사례가액에 해당하는지 여부가 자주 다투어진다. 주된 다툼의 대상은 거래의 유사성에 있다고 하겠다.

대법원 2014. 8. 20. 선고 2014두4566 판결은, A가 원고에게 비상장법인인 P주식회사 주식 20,250주를 명의신탁한 데 대하여 과세관청이 그 시가 상당액을 과세표준으로 하여 증여세를 과세하면서 위 명의신탁 직후 B가 A에게 P사 주식 29,250주를 1주당 170,940원에 양도한 것을 시가로 볼 수 있는 매매사례가액이라고 주장한 사안에서, 위 양도 전에는 P사 발행주식 65,000주 중 32,500주를 보유한 B가 그 최대주주였으나 위 양도로 인하여 A가 최대주주의 지위를 취득하게 된 점, 위 양도당시 작성된 '영업권 양도 등 계약서'에도 A가 위 양도와 동시에 P사에 대하여 의사결정권한을 보유하고 P사를 경영한다고 명시되어 있는 점 등에 비추어 보면, B와 A 사이의 위 양도는 P사의 주식을 경영권과 함께 양도하는 경우에 해당하여 그 거래가액을 명의신탁 주식의 객관적 교환가치를 반영하는 시가로 볼 수 없다고 한 원심의 판단을 수긍하였다. 유사성이 없다고 본 것이다.

대법원 2012. 4. 26. 선고 2011두30038 판결도 매매사례가액의 시가성을 부인하였는데, 평가기준시점과 매매사례의 거래시점 사이에 사정변경이 있다는 것이 주된 이유였다. 2005. 9. 21. 상속된 아파트와 같은 단지에 있는 같은 면적의 아파트에 대하여 상속개시일이 속한 2005년 9월 기준 일반적으로 거래되는 아파트의 평균가인 일반평균가는 13억 원, 고가로 거래되는 선호 아파트의 평균가인 상위평균가는 14억 원인데, 비교대상 아파트 거래일이 속한 2006년 3월 기준 일반평균가는 14억 5,000만 원, 상위평균가는 16억 5,000만 원이었다. 그리고 상속 아파트에 대한 2005. 5. 2. 자 고시 기준시가는 7억 8,400만 원으로 전년 7억 9,650만 원과 비교하여 하락하였는데, 2006. 4. 28. 자 고시 기준시가는 10억 4,000만 원으로 전년 대비 상승하였다. 비교대상 아파트의 2006. 3. 14. 자 매매가액 17억 5,000만 원은 위 평균거래가나 기준시가보다 상당히 높았다. 이에 대하여 대법원은, 평균거래가나 기준시가의 변동폭, 비교대상 매매가액과의 차이, 상속개시일과 유사 매매사례의 거래일 사이의 기간 등을 종합하면, 상속개시일인 2005. 9. 21.부터 비교대상 아파트 매매계약일인 2006. 3. 14. 사이에 가격 변동이 있었다고 봄이 타당하므로 비교대상 아파트의 매매가액을 상속 아파트의 상속개시 당시 시가로 볼 수 없다고 판시하였다. 이 사안은 매매사례의 거래시점이 평가기준일로부터 6개월 이내로서 상증세법 시행령 제49조 제1항이 규정하는 평가기간의 요건을 충족하기는 했지만, 그 평가기간 사이에 시가가 상승하였다고 볼 특별한 사정이 있었기 때문에 그 매매사례가액을 상속개시 당시의 시가로 볼 수 없었던 것이다.

다. 감정가액

(1) 소급감정가액의 제한

상증세법 시행령 제49조는 시가에 포함될 수 있는 감정가액에 관하여, 평가기준일 전후 6개월(증여재산의 경우에는 평가기준일 전 6개월부터 평가기준일 후 3개월) 이내의 기간 중에 당해 재산(법 제63조 제1항 제1호 규정된 재산을 제외한다)에 대하여 2 이상의 기획재정부령이 정하는 공신력 있는 감정기관이 평가한 감정가액이 있는 경우에는 그 감정가액의 평균액이라고 규정하면서 다시 제외되는 경우들을 규정하고 있다. 위 규정에 의하면 평가기준일 전후 6개월 이내에 감정이 이루어졌을 경우 그것이 시가에 포함되는 것이고 그 기간을 지난 후에 소급해서 한 감정가액은 해당될 수 없다. 그럼에도 대법원은 종래부터 소급감정가액도 시가에 포함될 수 있다고 판시해 왔다. 그 이유는 위 시행령 규정은 예시적 규정으로 보고 있기 때문이다.

먼저, 대법원 1990. 9. 28. 선고 90누4761 판결은 다음과 같이 판시하였다. 구 상속세법 제9조 제1항, 구 상속세법 시행령 제5조 제1항은 상속재산의 가액은 상속개시 당시의 현황에 의하고, 그 현황은 당시의 시가에 의하되 시가를 산정하기 어려울 때에는 구 상속세법 시행령 제5조 제2항 내지 제5항에 규정하는 보충적 평가방법에 의하도록 하였는바, 여기서 시가란 원칙적으로 정상적인 거래에 의하여 형성된 객관적 교환가격을 의미하지만 이는 객관적이고 합리적인 방법으로 평가한 가액도 포함하는 개념이므로, 위와 같이 거래를 통한 교환가격이 없는 경우에는 공신력있는 감정기관의 감정가액도 시가로 볼 수 있는 것이고, 그 가액이 소급감정에 의한 것이라 하여 달라진다고 볼 수 없다고 판시하였다. 대법원 1996. 8. 23. 선고 95누13821 판결, 대법원 2003. 2. 11. 선고 2001두6906 판결, 대법원 2003. 5. 30. 선고 2001두6029 판결도 같은 취지이다.

그 후 대법원 2008. 2. 1. 선고 2004두1834 판결은, 증여세를 부과함에 있어 과세관청이 증여재산의 증여당시의 시가를 평가하기 어렵다는 이유로 보충적 평가방법에 의하여 평가하여 과세처분을 하였다 하더라도 그 과세처분 취소소송의 사실심 변론종결시까지 증여재산의 시가가 입증된 때에는, 그 증여재산의 시가에 의한 정당한 세액을 산출한 다음 과세처분의 세액이 정당한 세액을 초과하는지 여부에 따라 과세처분의 위법 여부를 판단하여야 하고, 여기에서 시가라 함은 원칙적으로 정상적인 거래에 의하여 형성된 객관적 교환가격을 의미하지만 이는 객관적이고 합리적인 방법으로 평가한 가액도 포함하는 개념이므로 거래를 통한 교환가격이 없는 경우에는 공신력 있는 감정기관의 감정가격도 시가로 볼 수 있고, 그 가액이 소급감정에 의한 것이라 하여도 달라지지 않는다고 판시하였다. 대법원 2001. 8. 21. 선고 2000두5098 판결, 대법원 2004. 3. 12. 선고 2002두10377

판결, 대법원 2005. 9. 30. 선고 2004두2365 판결도 같은 취지이다.

전자의 판결들은 구 상속세법이 시행되던 때의 판결이고, 후자의 판결들은 상증세법이 시행된 이후의 판결이다. 후자의 판결들은 전자의 판결들을 참고판결로 들면서 그 판시를 그대로 인용하고 있다. 이들 판결에 대하여는 시가의 범위를 너무 넓혔다는 점에서 비판이 제기되고 있다. 즉, 시가란 정상가액과는 다른 개념으로서 객관적으로 존재하고 있는 시가에 정상가액을 포함시키는 것은 조세법률주의에 반하고, 감정평가방법이 구구한 것과 개개의 평가방법이 객관적이고 합리적인가의 여부를 어떻게 증명할 것인가의 문제 및 과세관청이 편의적으로 과세한 후 소송단계에 이르러 소급감정으로 문제해결을 도모할 우려가 있다는 것이다.

그런데 구 상속세법과 상증세법은 시가에 관한 규정에 있어서 다음과 같은 차이를 보이고 있다. 구 상속세법 제9조 제2항은 상속재산의 가액은 상속개시 당시의 시가에 의한다고 규정하면서도 시가에 대한 정의규정을 두고 있지 않았다. 그리고 시가를 산정하기 어려울 때는 대통령령이 정하는 방법에 의한다고 규정하고, 그 위임에 따라 상속세법 시행령 제5조에서 보충적 평가방법을 규정하였다. 그러나 1997. 1. 1.부터 새로 시행된 상증세법은 위에서 본 바와 같이 제60조 제2항에서 시가에 대한 까다로운 정의규정을 두면서 시행령의 규정에 의하여 그 시가의 외연을 넓히고 있다. 구 상속세법에서는 시가에 대한 정의규정을 두고 있지 않았기 때문에, 시가의 범위를 넓게 보아 공신력 있는 감정기관의 감정가액으로서 객관적이고 합리적으로 평가된 가액을 시가로 보더라도 큰 문제는 없었던 것으로 보인다. 그러나 상증세법은 시가에 대한 분명한 정의규정을 두고 있기 때문에 감정기관의 감정가액이 시가의 범위에 포함된다고 하기 위해서는 위 정의규정이 정하는 요건을 충족한다는 점에 대한 설명이 따라야 할 것으로 보인다. 그럼에도 위 대법원 2008. 2. 1. 선고 2004두1834 판결 등이 구 상속세법 시절의 판시를 그대로 인용하여 감정가액, 특히 소급감정가액이 시가에 포함된다고 판시하는 것은 논리적으로 문제를 안고 있다.

하지만 후자의 판결들은 다음과 같은 취지에서 이루어진 것으로 선해할 수 있다. 상증세법 시행령 제49조 제1항은 평가기준일 전후 6개월(증여의 경우 3개월) 이내의 기간 중에 2 이상의 공신력 있는 감정기관의 감정가액이 있는 경우 그 평균액을 시가의 범위로 포함하는 것으로 규정하고 있는데, 이는 기본적으로 감정가액도 시가의 범위에 포함된다고 함으로써 시가의 외연을 감정가액으로까지 확장하면서, 다만 감정시기와 감정기관의 수 등을 까다롭게 제한한 것은 그 감정가액의 공정성을 확보하는 데 그 취지가 있는 것으로 해석된다. 그런데 위 규정을 예시적 규정으로 보는 만큼, 공정성의 측면에서 위 시행령 규정에서 정하는 감정가액에 버금가는 감정가액이 있는 경우 그 가액이 위 규정의 요건을 충족하지 않더라도 시가의 범위에 포함된다고 해석하더라도 위 규정의 취지에 반한다고 볼 수 없다. 그래서 소급감정가액도 객관적이고 합리적으로 평가되어 공정성이 충분히 확보된 경우에는 시가로 볼 수 있다는 해석이 가능하다.

그런데 모두에 언급하였듯이 2015. 12. 15. 신설된 상증세법 제60조 제5항에서는, 제2항에 따른 감정가격을 결정할 때에는 대통령령으로 정하는 바에 따라 둘 이상의 감정기관에 감정을 의뢰하여야 한다고 함으로써 소급감정에 의하는 경우라도 둘 이상의 감정기관에 감정을 의뢰하도록 하고 있어 위와 같은 대법원 판결의 입장과 같이 법원이 하나의 감정기관에 대하여만 감정을 명하여 그 감정결과를 시가로 보는 종래의 관행에는 다소의 수정이 필요할 것으로 보인다.

그리고 상증세법 제60조 제5항의 위임에 따른 상증세법 시행령 제49조 제1항 제2호는 둘 이상의 공신력 있는 감정기관이 평가한 감정가액이 있는 경우에는 그 감정가액의 평균액이라고 규정하면서, 단서에서 일정한 조건이 충족될 것을 전제로 당해 재산을 평가하는 등 상속세 및 증여세의 납부목적에 적합하지 아니한 감정가액과 평가기준일 현재 당해 재산의 원형대로 감정하지 아니한 경우의 당해 감정가액은 제외하도록 하면서, 나아가 해당 감정가액이 법 제61조 · 제62조 · 제64조 및 제65조에 따라 평가한 가액과 제4항에 따른 시가의 100분의 90에 해당하는 가액 중 적은 금액(기준금액)에 미달하는 경우(기준금액 이상인 경우에도 제49조의2 제1항에 따른 평가심의위원회의 심의를 거쳐 감정평가목적 등을 고려하여 해당 가액이 부적정하다고 인정되는 경우를 포함한다)에는 관할세무서장이 다른 감정기관에 의뢰하여 감정한 가액에 의하되, 그 가액이 납세자가 제시한 감정가액보다 낮은 경우에는 그렇지 않도록 규정하고 있다.

이에 관하여 대법원 2024. 4. 12. 선고 2020두54265 판결은, 상증세법 제60조 제5항의 위임에 따른 상증세법 시행령 제49조 제1항 각 호는 재산의 시가로 볼 수 있는 대표적인 경우를 예시한 것에 불과하고, 시가란 원칙적으로 정상적인 거래에 의하여 형성된 객관적 교환가치를 의미하지만 이는 객관적이고 합리적인 방법으로 평가한 가액도 포함하는 개념이므로 공신력 있는 감정기관의 감정가액도 시가로 볼 수 있고, 그 가액이 소급감정에 의한 것이라 하여도 달라지지 않는다는 원칙을 선언하면서도, 과세관청의 재감정에 관하여는 다소 엄격한 입장을 취하였다. 즉, 감정평가의 목적에 따라 평가액이 달라질 수 있는 현실적인 한계 등을 고려하여 납세자가 신고한 원감정가액을 시가로 보는 것이 객관적으로 부당하다고 인정되는 경우에 한하여 과세관청의 재감정 권한을 예외적으로 인정함으로써 감정기관을 이용한 재산평가의 왜곡을 방지하는 데 취지가 있다고 하면서, 관련 규정의 문언, 체계, 개정 경과 및 입법 취지 등을 종합하여 보면, 비록 상증세법 시행령 제49조 제1항 각 호의 예시적 성격을 감안하더라도 어떠한 토지에 관하여 상증세법 시행령 제49조 제1항 제2호 본문에 따른 원감정가액이 존재하고 그 원감정가액에 대하여 같은 호 단서에서 정하고 있는 재감정 사유가 인정되지 않는 경우에는, 과세관청의 의뢰에 따른 재감정가액은 공신력 있는 감정기관이 평가한 가액이라 하더라도 이를 시가로 볼 수 없으며, 나아가 평가심의위원회는 국세청장이 과세관청에 설치하는 기관으로서 과세관청이 평가심의위원회의 자문결과에 구속되지 않는 점 등에 비추어 보면, 상증세법 시행령 제49조 제1항 제2호 단서 중 두 번째 괄호 부분, 즉 원감정가액이 기준금액 이상인 경우의 재감정 사유가 인정되는지 여부는 평가심의위원회의 자문을 거쳤는지 여부를 기준으로만 판단할 것은 아니고, 원감정가액의 감정평가목적, 납세자와 감정기관과의 관계, 통모 여부, 납세자의 조세회피 의사, 평가심의위원회의 자문내용 및 결과 등을 함께 고려하여 개별적으로 판단하여야 한다고 판시하였다.

이와 같이 대법원이 과세관청의 재감정에 관하여 엄격한 입장을 취하는 이상 공평의 관점에서 앞으로 납세자의 재감정에 관하여도 엄격한 입장을 취할 가능성이 있어 보인다.

(2) 비상장주식에 대한 감정가액의 배제

상증세법 시행령 제49조 제1항에서는 일정한 요건을 갖춘 매매사례가액, 감정가액, 수용 · 공매가액을 시가에 포함하는 것으로 규정하면서, 그 제2호의 괄호규정에서 상증세법 제63조 제1항 제1호에 규정된 재산에 대한 감정가액은 제외한다고 규정하고 있다. 상증세법 제63조 제1항 제1호는 주식 및 출자지분을 규정하고 있는데 여기에는 상장주식 등과 비상장주식 등을 모두 포함한다. 상증세법 시행령 제49조 제1항의 규정이 시가에 대한 예시적 규정이라고 하더라도 주식의 그 감정가액은 위 예시적 규정에서 제외되었으므로 시가로 인정받는 것이 사실상 불가능하다고 할 수 있다. 다만, 나중에 살펴보는 바와 같이 상증세법 시행령 제54조 제6항에서 일정한 요건을 갖추어 평가심의위원회의 심의를 거치는 경우에는 감정가액으로 평가를 할 수 있는 예외를 허용하고 있다.

상증세법 시행령 제49조 제1항 제2호의 괄호규정에서 주식에 대하여는 그 감정가액을 시가에 포함시키지 않은 이유는 다음과 같이 설명될 수 있다. 우선 상장주식의 경우, 완전경쟁시장이라고 할 수 있는 증권거래소에서 시시각각 시가로 공표되고 있으므로 그 시가를 놔두고 굳이 감정가액을 시가의 범위에 포함시킬 필요가 없다. 그래서 주로 문제가 되는 것은 비상장주식이다. 비상장주식의 경우, 그 가액의 평가방법으로는 순손익가치법, 순자산가치법, 잉여금할인평가법, 경제적 부가가치평가법, 장부가치평가법, 비준평가법, 이들을 결합한 방법 등 다양한 방법이 존재하고, 각각의 방법에 있어서도 손익이나 부가가치 등의 흐름을 예측하는 방법이 다양하기 때문에, 평가방법에 따라서 평가액이 얼마든지 다르게 산출될 수 있다. 부동산 가격공시 및 감정평가에 관한 법률 제31조의 위임에 의한 감정평가에 관한 규칙 제31조 제2항에서도 비상장주식의 경우 순자산가치에 의한 평가를 원칙으로 하면서도, 그 가격이 적정하지 아니한 경우에는 수익환원법에 의한 평가를 할 수 있다고 규정하고 있고, 다시 제10조 제2항에서는 이 규칙에 의한 평가가 부적정하게 될 요인이 있는 때에는 적정하다고 판단되는 다른 방식으로 평가할 수 있다고 규정하고 있다. 결국 감정평가인의 주관에 따라 다양한 평가방법이 선택될 수 있다. 비상장주식에 비하여, 토지의 경우는 공시지가를 기준으로 평가되고, 건물의 경우는 원가법에 의한 평가됨이 원칙이므로 감정평가방법의 차이로 인한 평가결과의 차이가 크지 않은 것이 일반적이다. 세법에서 비상장주식에 대한 모든 감정평가액을 수용하게 되면, 동일한 주식에 대해서도 과세표준이 달라져 과세행정의 통일을 기할 수 없고 납세자들 사이의 형평이 무너질 수 있다. 그래서 상증세법과 그 시행령에서는 입법자의 선택에 의하여 상증세법 시행령에서 정하고 있는 보충적 평가방법에 의한 평가가액만을 인정하게 된 것으로 볼 수 있다.

이와 같이 주식에 대한 감정가액이 비록 위 상증세법 시행령에서 시가로 보는 가액에서 제외되긴 하였지만 그 때문에 절대적으로 그 가액이 시가가 될 수 없는 것은 아니고, 상증세법 제60조 제2항 전단이 정하는 시가의 요건을 충족하는 경우에는 시가로 볼 여지가 있다. 위 괄호규정이 그 문언상으로는 주식의 경우 감정가격이 시가로 인정될 수 있는 여지를 원천적으로 배제하고 있는 것으로 보이지만, 그와 같이 해석할 경우 법률에 의하여 위임된 범위를 초과하는 것이어서 위헌·위법이라고 볼 여지가 있다는 비판적 견해도 있다.[13] 위 견해는 비상장주식의 경우도 공신력 있는 감정기관에 의한 감정가격을 시가의 인정범위에 포함시키는 것이 공평과세의 실현에 도움이 될 수 있다는 입장을 취하고 있다.

그러나 시가의 본질상 비상장주식의 경우에는 그 가액이 감정평가인의 감정에 의하여 도출하는 것은 현실적으로 거의 불가능하다. 즉, 비상장주식에 관하여는 불특정 다수인 사이의 거래가 이루어지 않는 것이 현실이므로 불특정 다수인 사이에 거래가 이루어지는 경우에 성립되는 가액을 감정한다는 것 자체가 모순이다. 불특정 다수인 사이의 거래가 없는 비상장주식에 대한 감정평가인의 감정가액은 기껏해야 적절한 평가방법에 의하여 비상장주식의 객관적 가치를 도출해 낸 것에 불과한데, 불특정 다수인 사이에 거래가 이루어질 경우의 거래가액은 시장경제의 원리에 따라 수요와 공급의 균형점에서 형성되는 것이므로 객관적 가치와 동일하다는 보장이 없다. 따라서 비상장주식에 대한 감정가액은 위 괄호규정에서 시가로 인정하는 가액에서 제외함으로써 상증세법 제60조 제2항 후단에 의하여 시가로 인정하는 가액에 포함될 수 없고, 같은 항 전단이 규정하는 시가의

---

13) 신호영, "상증세법상 비상장주식의 평가방법의 합리성", 재판자료(제115집), 법원도서관

요건을 충족한다고 볼 수도 없으므로 결국 시가에 해당하지 아니한다고 할 것이다. 다만, 이러한 결론은 예외가 인정될 수 없는 절대적인 것이라고 할 수는 없다. 예외적이긴 하지만 비상장주식이라고 하더라도 불특정다수인 사이에 거래가 이루어지는 특별한 사정이 있을 수 있고 따라서 그에 대한 감정가액이 그러한 거래를 통하여 형성되는 가액과 일치하는 경우가 있을 수 있기 때문이다. 이러한 특별한 사정은 매우 예외적인 경우이므로 그러한 사정이 있다는 점에 대하여 그 감정가액을 시가로 원용하고자 하는 자가 입증한 경우에는 시가로 인정될 여지를 남겨두어야 할 것이다. 대법원 2011. 5. 13. 선고 2008두1849 판결도 같은 취지이다.

상증세법 시행령 제49조 제1항 제2호가 상증세법 제60조 제2항 후단에 의하여 시가로 인정되는 가액에서 비상장주식에 대한 감정가액을 명시적으로 제외한 것이 모법인 상증세법 제60조 제2항 후단의 위임범위를 벗어난 것인지도 다투어졌다. 이에 대하여 대법원 2016. 2. 18. 선고 2015두53558 판결은, 상증세법 제60조 제2항은 시가로 인정되는 감정가격의 범위를 대통령령에서 정하도록 위임하고 있으므로, 감정가격이라 하더라도 해당 재산의 종류, 규모, 거래상황 등의 사정을 고려하지 아니하고 항상 시가에 포함되어야 한다고 볼 수는 없고, 위 시행령 규정의 취지는, 비상장주식의 경우에는 통상적으로 불특정다수인 사이에서 거래가 이루어지지 아니하고 또한 시가를 평가하는 방법이 정립되어 있지 아니함에 따라 감정평가방법별로 현저히 다른 감정가액이 산출될 수 있으므로 이를 시가로 인정하면 조세공평의 원칙에 반하는 결과가 초래될 수 있음을 고려하여, 비상장주식에 대하여는 위 시행령 규정에서 정한 감정가액이라 하더라도 특별한 사정이 없는 한 상증세법 제60조 제2항에서 정한 시가에 해당하지 아니하도록 규정한 것으로 해석되므로 모법인 상증세법 제60조 제2항에 따른 위임의 범위와 한계를 벗어난 무효의 규정이라고 할 수 없다고 판시하였다.

4. 상장주식의 평가

가. 관련 규정

상증세법 제63조 제1항 제1호 (가)목과 상증세법 시행령 제52조의2는, 유가증권시장과 코스닥시장에서 거래되는 주권상장법인의 주식 및 출자지분은 평가기준일 이전·이후 각 2개월 동안 공표된 매일의 거래소 최종 시세가액(거래실적 유무를 따지지 아니한다)의 평균액으로 하고, 다만 평균액을 계산할 때 평가기준일 이전·이후 각 2개월 동안에 증자·합병 등의 사유가 발생하여 그 평균액으로 하는 것이 부적당한 경우에는 평가기준일 이전에 증자·합병 등의 사유가 발생한 경우에는 동 사유가 발생한 날(증자·합병의 사유가 2회 이상 발생한 경우에는 평가기준일에 가장 가까운 날을 말한다)의 다음 날부터 평가기준일 이후 2월이 되는 날까지의 기간의 평균액, 평가기준일 이후에 증자·합병 등의 사유가 발생한 경우에는 평가기준일 이전 2월이 되는 날부터 동 사유가 발생한 날의 전일까지의 기간의 평균액, 평가기준일 이전·이후에 증자·합병 등의 사유가 발생한 경우에는 평가기준일 이전 동 사유가 발생한 날의 다음 날부터 평가기준일 이후 동 사유가 발생한 날의 전일까지의 기간의 평균액으로 하도록 규정하고 있다. 다만, 제38조에 따라 합병으로 인한 이익을 계산할 때 합병(분할합병을 포함한다)으로 소멸하거나 흡수되는 법인 또는 신설되거나 존속하는 법인이 보유한 상장주식의 시가는 평가기준일 현재의 거래소 최종 시세가액으로 한다고 한다.

나아가 상증세법 제63조 제3항은 최대주주 또는 최대출자자 및 그의 특수관계인에 해당하는 주주 등(최대주주 등)의 주식 등(평가기준일이 속하는 사업연도 전 3년 이내의 사업연도부터 계속하여 결손금이 있는 법인의 주식 등은 제외한다)에 대해서는 제1항 제1호에 따라 평가한 가액에 따라 인정되는 가액에 그 가액의 100분의 20(중소기업 및 3년 이내 계속하여 결손금이 있는 법인의 주식은 제외)을 가산하도록 규정하고 있다.

나. 상증세법 제63조 제1항 제1호 (가)목의 성격

상증세법 제60조 제1항은 2020. 12. 22. 개정전에는 그 후문에서 제63조 제1항 제1호 (가)목에 규정된 평가방법으로 평가한 가액을 시가로 본다고 규정하고 있었다. 그러면서 제2항에서는 시가의 고유 개념을 정의하고, 다시 제3항에서는 제1항을 적용할 때 시가를 산정하기 어려운 경우에는 제61조 내지 제65조까지에 규정된 방법으로 평가한 가액을 시가로 본다고 규정하고 있었다. 여기서 제63조 제1항 제1호 (가)목은 순환논법에 빠져 있음을 알 수 있다. 즉, 제60조 제3항을 문면 그대로 해석하면 제60조 제1항에 포함되어 있는 제63조 제1항 제1호 (가)목으로 시가를 산정하기 어려운 경우에는 다시 제63조 제1항 제1호 (가)목에 규정된 방법으로 평가한 가액을 시가로 본다는 것이 되기 때문이다. 이러한 모순에 대한 합리적 해석방법으로 두 가지 입장이 있을 수 있다. 제63조 제1항 제1호 (가)목은 상장주식에 대하여 제60조 제2항에 의한 시가를 산정하기 어려운 경우에 적용되는 보충적 평가방법에 불과하다고 보는 입장과 위 규정은 상장주식에 대한 시가를 산정하는 특칙으로서 제60조 제2항에 우선한다고 보는 입장이다.

이에 대하여 대법원은 후자의 입장을 취하였다. 즉, 대법원 2011. 1. 13. 선고 2008두4770 판결은, 상장주식의 평가에 관하여 시가주의를 원칙으로 하되 평가에 있어서 자의

성을 배제하고 객관성을 확보하기 위하여 제63조 제1항 제1호 (가)목에 규정된 평가방법에 의하여 평가한 가액을 시가로 간주하도록 한 입법 취지, 상장주식의 평가방법에 관한 상증세법 제60조 및 제63조의 규정 체제 등을 종합하여 보면, 상장주식의 시가는 특별한 사정이 없는 한 상증세법 제60조 제1항 후문에 의하여 제63조 제1항 제1호 (가)목의 평가방법에 따라 산정한 평가기준일 이전·이후 각 2월간 공표된 매일의 한국증권거래소 최종시세가액의 평균액만이 시가로 간주된다고 판시하였다. 대법원 2013. 12. 12. 선고 2013두13723 판결도 같은 취지이다.

상장주식의 경우 불특정 다수인 사이에 거래가 이루어지므로 평가기준일 현재의 매매사례가액인 종가를 시가로 못 볼 바는 아니다. 그러나 상장주식의 경우 증권시장에서의 거래사례가 너무 많아 평가기준일의 거래사례도 여러 개에 달할 수 있고 그 거래가액도 다양하여 그중 어느 하나를 시가로 정하기가 곤란하다. 이러한 증권시장의 민감성 때문에 특정시점의 거래가액 하나만을 시가로 보기가 어렵고 특히 큰 손에 의한 시세조작의 우려도 있으므로 이에 대한 해결책으로 입법자의 정책적 결단에 의하여 일정한 기간의 폭을 두어 그 기간 동안의 평균가액을 시가로 봄으로써 거래가액의 변동성과 우연성을 완화시켜 보겠다는 것이 제63조 제1항 제1호 (가)목의 입법 취지라고 할 것이다. 따라서 위 규정에 의한 평가액은 제60조 제2항에 의한 일반적인 시가에 우선한다고 해석하는 것이 합리적이다. 위 대법원 판결은 이러한 취지에 입각한 것으로 볼 수 있다.

어쨌든 이러한 모순적 입법은 바람직하지 못하다는 비판이 따랐고, 그래서 2020. 12. 22. 개정되면서 제60조 제1항 후문이 삭제되었다.

비슷한 취지에서, 대법원 2023. 6. 1. 선고 2019두38472 판결은, A사가 특수관계에 있는 B사와 사이에 A사가 최대주주인 P사의 발행주식을 일부를 양도하기로 하는 내용의 양해각서를 체결 후 그에 따라 장외거래를 통해 위 주식을 양해각서에 따른 가격에 양도한 데 대하여 과세관청이 상증세법 제63조 제1항, 제3항을 준용하여 계산한 가격을 위 주식의 시가로 평가한 다음 A사가 위 주식을 시가보다 낮은 가격으로 양도한 것으로 보아 부당행위계산부인에 의하여 그 차액을 A사의 익금에 산입한 사안에서, 양해각서에 따른 거래가격을 위 주식의 객관적인 교환가치를 적정하게 반영한 시가로 볼 수 없고, 위 주식은 경영권 프리미엄 산정의 어려움으로 인하여 시가가 불분명한 경우에 해당한다는 이유로 보충적 평가방법으로서 상증세법 제63조 제3항에 의한 경영권 프리미엄을 가산한 가액을 시가로 본 과세관청의 처분이 정당하다고 수긍하였다.

다. 평가기준일 전후 2개월 이내의 증자·합병

상증세법 제63조 제1항 제1호 (가)목과 상증세법 시행령 제52조의2에 의하면, 평가기준일 전후 2개월 내에 증자·합병 등의 사유가 발생한 경우에, 평가기준일 전에 그 사유가 발생하였다면 그 발생일 이후부터, 평가기준일 후에 그 사유가 발생하였다면 그 발생일까지의 기간에 대한 거래가액의 평균액으로 시가를 산정하여야 하는데, 이는 그 사유 발생 전의 주식과 사유발생 후의 주식은 그 본질이 달라져 그 차이를 무시하고 이들을 단순합산하여 1주당 거래가액을 평균할 수가 없기 때문이다. 그래서 대법원 2016. 6. 9. 선고 2013두23058 판결도 위 규정은 그 평가기간 내에 증자·합병 등의 사유가 발생한 경우 그로 인하여 영향을 받기 전의 기간 또는 받은 후의 기간을 제외하고 상장주식을 평가하도록 한 것은 그러한 사유가 유가증권시장에서 형성되는 주가에 상당한 영향을 미침으로써 평가기준일이 속한 기간의 주가와는 본질적인 차이를 가져옴을 감안한 것이라고 설명하고 있다. 주식에 본질적인 차이를 가져온다는 점에서는 주식의 분할도 마찬가지이다. 분할 후의 주식과 분할 전의 주식은 동일하지 않기 때문이다. 그래서 대법원 2015. 12. 10. 선고 2015두41531 판결은 주식 분할의 경우 납입 자본금의 증감이 없지만 기존 주식을 일정 비율로 분할함으로써 발행주식총수가 늘어나고 같은 비율로 각 주주의 소유주식 수도 늘어날 뿐만 아니라 1주당 가격을 낮추어 주식 거래를 촉진함으로써 통상적으로 주가상승을 초래하게 되는 점 등에 비추어 보면, '증자·합병 등의 사유'에는 주식 분할도 포함된다고 판시하였다. 결국 증자·합병은 주식의 본질이 바뀌는 사유의 대표적 예시에 불과하다고 보아야 하고 그래서 그 외에도 상증세법 기본통칙(63-0-2)에서 밝힌 바와 같이 감자, 주식 등의 액면분할 또는 병합, 회사의 분할 등도 포함된다고 할 것이다.

그런데 증권시장에서는 증자나 합병 등의 사유가 있으면 실제로 증자나 합병이 이루어진 날 그 주식의 본질이 달라지는 것이 아니라 그 전에 권리락일이 정해져 있어 그 날을 기준으로 주식의 본질이 달라지게 된다. 이러한 경우에 증자나 합병 등의 사유의 발생일을 언제로 볼 것인지에 대하여 주의할 필요가 있다. 이에 관하여 위 대법원 2016. 6. 9. 선고 2013두23058 판결은 다음과 같이 판시하였다. 주주배정 방식의 유상증자가 이루어진 경우 권리락일 전일에는 신주인수권이 있음을 전제로 주가가 형성되지만 권리락일에는 신주인수권이 소멸하였음을 전제로 주가가 형성되므로 그 전후로 유가증권시장에서 형성되는 각각의 주가는 본질적이고 상당한 차이가 있는 점, 주주배정 방식의 유상증자가 있었으나 주주의 실권으로 그 실권주에 대하여만 다시 같은 조건으로 제3자 배정이 이루어진 경우 특별한 사정이 없는 한 그에 대한 이사회결의 및 공시는 주주배정 방식의 유상증자 공시와 권리락 조치에 따라 이미 형성된 주가에 새로운 영향을 미치지 않는 점 등을 종합하여 보면, 평가기준일 이후에 주주배정 방식의 유상증자와 권리락이 있는 경우에는 권리락일을 상증세법 시행령 제52조의2 제2호에서 정한 '증자사유가 발생한 날'로 보아 평가기준일 이전 2개월이 되는 날부터 그 전날까지의 기간을 상장주식의 평가기간으로 삼아야 하고, 평가기준일 이전에 주주배정 방식의 유상증자와 권리락이 있었으나 주주의 실권으로 그 실권주에 대하여만 다시 같은 조건으로 제3자 배정이 이루어진 경우에는 주주배정 방식의 유상증자에 따른 권리락일을 상증세법 시행령 제52조의2 제1호에서 정한 '증자사유가 발생한 날의 다음 날'로 보아 그때부터 평가기준일 이후 2개월이 되는 날까지의 기간을 상장주식의 평가기간으로 삼아야 한다고 하였다.

그리고 상장주식에 관하여 매매거래가 정지된 기간 동안은 유가증권시장에서 불특정 다수인의 거래에 의하여 정상적으로 형성된 주가가 존재할 수 없고, 상증세법 시행령 제52조의2 각 호도 평가기준일 이전·이후 각 2개월간의 합산기간이 4개월에 미달하더라도 당해 합산기간의 주가만으로 상장주식을 평가하도록 하고 있으므로, 상증세법 제63조 제1항 제1호 (가)목, 상증세법 시행령 제52조의2 각 호가 정한 평가기간에 매매거래정지 기간이 포함되어 있다면 원칙적으로 이를 제외하고 나머지 기간만을 평가기간으로 삼아야 하고, 평가기준일 이전 2개월이 되는 날부터 평가기준일까지 사이에 매매거래정지가 해제되는 경우에는 권리락 조치일인 매매거래정지 해제일을 평가의 시점으로 보아 그때부터 평가기준일 이후 2개월이 되는 날까지의 기간을 상장주식의 평가기간으로 삼아야 한다. 또한 평가기준일 이전에 시작된 매매거래정지가 평가기준일 후에 해제되고 그 동안에 유상증자와 증여가 순차로 이루어진 경우에도 특별한 사정이 없는 한 권리락 조치일인 매매거래정지 해제일을 평가의 시점으로 보아 그때부터 평가기준일 이후 2개월이 되는 날까지의 기간을 상장주식의 평가기간으로 삼아야 하며, 매매거래정지로 인하여 평가기준일이 변동될 수는 없고 상증세법 제63조 제1항 제1호 (가)목은 '평가기준일 이전·이후 각 2개월의 기간' 중 일정한 기간만을 평가기간으로 하고 있으며 상증세법 시행령 제52조의2를 적용함에 있어 평가기준일 이전·이후 중 2개월의 평가기간을 반드시 확보하여야 하는 것도 아니므로 이러한 경우 매매거래정지 해제일을 평가기준일로 보아 그때부터 이후 2개월이 되는 날의 기간을 상장주식의 평가기간으로 삼을 것은 아니라고 하였다.

통상적으로 증자에 있어서 시가보다 낮은 가액으로 신주를 발행하게 되면 권리락 전의 구주에 붙어 있는 신주인수권의 가액이 (+)가 되어 구주의 가액이 증가하게 되고, 반대의 경우에는 신주인수권의 가액이 (-)가 되어 구주의 가액이 감소하게 된다. 그러다가 권리락이 되면 그 신주인수권이 분리됨으로써 구주의 가액은 본래의 가액으로 회복하게 된다. 이와 같이 권리락 전의 구주와 권리락 후의 구주는 그 성격이 달라서 그 거래가액도 다를 수밖에 없다. 그래서 평가기준일 당시의 주식이 권리락 전의 주식인지 권리락 후의 주식인지 여부에 따라 평균가액을 산정하는 기간도 권리락 전까지의 기간 또는 권리락 후부터의 기간으로 제한하지 않을 수 없는 것이다. 그리고 권리락 후에는 그 신주를 신주인수권자가 인수하든 실권에 의하여 제3자가 인수하든 권리락 후의 구주의 본질에 변화를 주는 것은 아니다. 왜냐하면 신주인수가액은 사전에 정해져 있었고 그 가액과 구주의 시가와의 차액은 신주인수권의 가액에 반영되어 있었으며 그 신주인수권은 권리락 후에는 구주로부터 분리되었으므로 그 신주인수권을 당초의 신주인수권자가 행사하든 제3자가 행사하든 당초 정해진 인수가액대로 인수한다면 인수 주체의 차이가 권리락 후의 구주의 성격에 영향을 줄 수는 없기 때문이다. 위 대법원 판결은 이러한 취지에 입각해 있다.

5. 비상장주식의 평가

가. 개요

비상장주식에 대하여는 상장주식과 달리 상증세법 제63조 제1항 제1호 (가)목과 같은 시가에 관한 특칙이 없다. 그래서 일반적인 경우로 돌아가 상증세법 제60조 제2항에 해당하는 시가가 있으면 그에 의하고, 그 시가를 산정하기 어려운 경우에는 제63조 제1항 제1호 (나)목의 보충적 평가방법에 의한 평가액을 시가로 보아야 한다. 제63조 제1항 제1호 (나)목은 거래소에 상장되지 아니한 주식 및 출자지분은 해당 법인의 자산 및 수익 등을 고려하여 대통령령으로 정하는 방법으로 평가한다고 함으로써 구체적인 평가방법을 대통령령에 위임하고 있다.

비상장주식에 대한 보충적 평가방법에는 순손익가치법, 순자산가치법, 양자를 혼합하는 혼합법이 있는데, 전자는 법인이 미래 창출할 것으로 기대되는 수익의 현재가치를 법인의 정당한 평가액으로 보는 방법으로서 이는 향후 미래에도 계속기업으로 존속하는 것을 전제로 하는 것이며, 순자산가치법은 평가기준일 현재의 순자산가치를 평가하는 방법이고, 혼합법은 양자를 적절히 가중치를 두어 혼합하는 방법이다.

순자산가치법은 비교적 단순한 반면에 순손익가치법은 복잡하다. 특히 미래의 기대수익력을 직접 예측하는 것이 어려우므로 그 대안으로 평가기준일 직전 3개 사업연도의 수익력을 측정하여 그 수익력이 미래에도 지속될 것으로 보아 미래의 수익력과 같은 것으로 본다. 그러나 직전 3개 사업연도의 수익력이 미래에도 그대로 지속된다고 볼 수 없는 사정이 있는 경우에는 순손익가치를 적용할 수 없다. 그래서 상증세법 시행령에서는 순손익가치를 적용할 수 없는 예외에 관한 규정들을 두고 있는 것이다.

이와 같이 상증세법 시행령 제54조 제1항은 혼합법을 채택하여 1주당 순손익가치와 순자산가치를 각각 3 : 2의 비율로 가중평균한 가액에 의하되, 부동산과다보유법인의 경우에는 거꾸로 2 : 3의 비율로 가중평균한 가액에 의하고, 다만 그 가중평균한 가액이 1주당 순자산가치에 100분의 80을 곱한 금액보다 낮은 경우에는 1주당 순자산가치에 100분의 80을 곱한 금액을 비상장주식 등의 가액으로 하도록 규정하고 있다. 1999. 12. 21. 시행령 개정 이전에는 순손익가치법에 의한 가액과 순자산가치법에 의한 가액을 1 : 1로 단순평균하였고, 1999. 12. 21. 시행령 개정 이후 2003. 12. 30. 시행령 개정 이전까지는 순손익가치법에 의한 가액으로 하되 그것이 순자산가치법에 의한 가액에 미달할 경우 순자산가치법에 의한 가액으로 하였으며, 2003. 12. 30. 시행령 개정 이후 현행까지 순손익가치법에 의한 가액과 순자산가치법에 의한 가액을 3 : 2로 가중평균한 가액으로 하고 있다. 1999. 12. 21. 시행령이 개정된 취지는 결손법인이라 하더라도 최소한 기업매각시 순자산가치만큼은 인정됨에도 그 이하로 평가된다는 것은 불합리하며, 기업의 진정한 가치는 미래의 수익력이 반영된 내재가치인 수익가치라고 보아야 하므로 수익가치로 평가하는 것을 원칙으로 하되, 기업처분시 최소한 순자산가액만큼은 받을 수 있으므로 그것을 하한으로 한다는 것이었고, 2003. 12. 30. 시행령 개정 취지는 회계이론상 기업의 가치는 순이익과 순자산가치에 의해 서로 보완적으로 결정된다고 보는 것이 일반적이고, 상당수 비상장법인의 경우 순자산가치법에 의한 가액이 선택되는 경우가 많아 기업을 순자산의 집합체로만 평가되어 기업의 실질가치에 비해 과대평가된다는 지적이 있어 순손익가치와 순자산가치의 가중평가제를 도입하였으며, 증권거래법에 의한 유가증권 평가시 자산가치와 손익가치의 가중치를 적용하므로 이와 균형을 맞출 필요도 있다는 것이었다.

여기서 상증세법 시행령 제54조 제1항, 제2항은 1주당 순손익가치는 '1주당 최근 3년간의 순손익액의 가중평균액÷순손익가치 환원율'의 산식에 의하여 산정하고, 1주당 순자산가치는 '당해 법인의 순자산가액÷발행주식총수'의 산식에 의하여 산정하도록 하면서, 제56조 제1항은 최근 3년간의 순손익액의 가중평균액은 평가기준일에 가까운 연도순으로 3 : 2 : 1의 비율로 가중하여 산정하도록 하도록 하고 있다.

그리고 상증세법 시행령 제56조 제2항은 일정한 요건을 갖춘 경우 1주당 추정이익으로 최근 3년간의 순손익액의 가중평균액을 대신할 수 있는 경우를 규정하고 있는데, 1주당 추정이익이란 신용평가전문기관, 회계법인, 세무법인 중 둘 이상이 금융위원회가 정한 수익가치에 순손익가치환원율을 곱하는 방식으로 산출한 방식으로 산출한 가액을 말한다. 여기서 금융위원회가 정한 수익가치란 자본시장과 금융투자업에 관한 법률 시행령

제176조의5 제2항에 의하여 금융위원회가 정하여 고시한다. 나아가 상증세법 시행령 제54조 제6항은, 중소기업 및 해당 법인의 자산·매출액 규모 및 사업의 영위기간 등을 감안하여 같은 업종을 영위하고 있는 다른 법인(주권상장법인 등을 말한다)의 주식가액과 비교할 때 제54조 제1항·제4항, 제55조 및 제56조에 따라 평가하는 것이 불합리하다고 인정되는 법인이 발행한 비상장주식을 평가할 때 납세자가 평가심의위원회에 비상장주식의 평가가액 및 평가방법에 대한 심의를 신청하는 경우에는 평가심의위원회가 심의하여 제시하는 평가가액에 의하거나 그 위원회가 제시하는 평가방법 등을 고려하여 계산한 평가가액에 의할 수 있도록 하였다.

나. 순자산가치의 평가

상증세법 시행령 제55조는 1주당 순자산가치를 평가함에 있어서 순자산가액은 당해 법인의 자산을 상증세법 제60조 내지 제66조에 의하여 평가한 가액에서 부채를 차감한 가액으로 하며 순자산가액이 0원 이하인 경우에는 0원으로 하도록 하고 있고 자산 중 무형고정자산과 부채 중 준비금과 충당금 등 자산과 부채의 평가와 관련된 항목은 자산과 부채의 가액에 포함하지 않도록 하였다. 실질적인 자산과 부채만을 평가대상으로 하겠다는 것이다. 그리고 순자산가치의 평가는 평가기준일을 기준으로 해야 하고 그 기준일이 결산기준일과 다를 경우에는 가결산이 필요하다.

상증세법 시행규칙 제17조의2는, 평가기준일 현재 지급받을 권리가 확정된 가액은 이를 자산에 가산하여 계산하고, 선급비용(평가기준일 현재 비용으로 확정된 것에 한한다)과 무형고정자산의 가액은 이를 자산에서 차감하여 계산하며, 평가기준일까지 발생된 소득에 대한 법인세액, 법인세액의 감면액 또는 과세표준에 부과되는 농어촌특별세액 및 지방소득세액과 평가기준일 현재 이익의 처분으로 확정된 배당금·상여금 및 기타 지급의무가 확정된 금액, 평가기준일 현재 재직하는 임원 또는 사용인 전원이 퇴직할 경우에 퇴직급여로 지급되어야 할 금액의 추계액은 부채에 가산하고, 평가기준일 현재의 제충당금과 조세특례제한법 및 기타 법률에 의한 제준비금(충당금 중 평가기준일 현재 비용으로 확정된 것과 보험업을 영위하는 법인의 책임준비금과 비상위험준비금은 제외)은 부채에서 차감하여 계산하도록 하고 있다.

순자산가치의 평가대상이 되는 자산과 부채는 당해 법인에게 실제로 귀속되는 자산과 부채를 의미하는 것이지 당해 법인의 재무상태표에 기재되어 있다고 해서 그에 따르는 것은 아니다. 그래서 부외자산이나 부채가 발견되면 이도 포함하여야 하고 법인의 재무상태표에 계상되어 있지만 실제로는 타인의 자산이나 부채인 경우에는 이를 제외하여야 할 것이다. 대법원 1996. 6. 10. 선고 95누5301 판결도 같은 취지이다. 그리고 상증세법 시행령 제55조는 유상으로 매입한 영업권이 아니라 자기가 창출한 영업권, 즉 초과수익력의 확보가 있을 경우 이를 평가하여 순자산가치에 합산하도록 규정하고 있다는 점이 특이하다. 순손익가치를 산정할 때 초과수익력이 반영되므로 그와 함께 가중평균하는 순자산가치에도 일관되게 초과수익력을 영업권으로 평가하여 반영하도록 하는 취지로 이해된다.

순자산가치를 평가할 때 자주 문제가 되는 항목은 채권의 평가이다. 채권은 그 장래에 회수할 금액에 관한 권리이므로 이를 현재에 평가할 때는 먼저 회수가능성을 평가하여야 하고 또 그 가액을 현재가치로 할인해야 할 필요가 있다. 이에 관하여 상증세법 시행령 제58조 제2항은 대부금·외상매출금 및 받을 어음 등의 채권가액은 원본의 회수기간·약정이자율 및 금융시장에서 형성되는 평균이자율 등을 감안하여 기획재정부령으로 정하는 바에 따라 평가한 가액으로 하되, 채권의 전부 또는 일부가 평가기준일 현재 회수불가능한 것으로 인정되는 경우에는 그 가액을 산입하지 아니한다고 규정하고 있다. 회수불가능 여부를 판단하는 데에는 대손금의 손금산입에 관한 법인세법 제19조의2와 그 시행령 제19조의2가 기준이 될 수 있을 것이다. 하지만 법인이 평균 대손율을 고려하여 설정하는 대손충당금액은 채권금액에서 차감하여 표시하지만 이는 평가성 충당금에 불과하기 때문에 앞서 본 바와 같이 채권의 가액을 평가함에 있어서 이를 차감하지는 아니한다(상증세법 시행령 제55조 제2항). 실제 조세쟁송에서는 법인의 장부상 계상되어 있는 채권이 실제로는 상당부분 회수불능이라는 이유로 이를 차감하여야 한다는 주장이 있고 그에 따라 이 부분에 대한 사실판단이 중요한 쟁점으로 등장하는 경우가 더러 있다. 현행과 같이 채권의 평가에 있어 회수가능한 채권과 회수불가능한 채권으로만 양분하지 말고, 그 사이에 해당하는 채권들이 있으므로 이에 관하여는 입법을 통하여 대손충당금의 일정 부분 채권금액에서 차감하게 하는 것이 합리적이다.

대법원 2006. 7. 13. 선고 2004두6211 판결은, 순자산가액은 평가기준일 현재 당해 법인의 자산을 상증세법 제60조 내지 제66조의 규정에 의하여 평가한 가액에서 부채를 차감한 가액으로 산정하도록 규정하고 있는데, 위 각 규정의 취지에 의하면, 법인이 평가기준일 현재 회수가능한 채권을 가진 경우 그 채권은 당연히 위 순자산가액에 포함된다 할 것이고, 이 경우 그 채권의 가액은 평가기준일 당시의 현황에 의하여 산정하는 것이 원칙이지만, 손실보상채권과 같이 평가기준일 당시에는 그 채권의 액수가 구체적으로 확정되지 않았다고 하더라도 과세관청의 부과처분 이전에 그 채권액이 구체적으로 확정되어 당해 법인이 이를 수령하였다면 그 수령한 손실보상금액을 법인의 자산에 포함하여 순자산가액을 산정할 수 있다고 판시하였다. 채권은 미래에 현실화되는 권리이므로 평가기준일에는 그 가액을 특정할 수 없는 한계가 있을 수 있는데 그렇다고 해서 그 채권의 평가를 포기해 버리면 상속세나 증여세의 과세표준에 왜곡이 생기게 되므로 사후에라도 부과처분 전까지 그 가액이 특정될 수 있다면 그 가액으로 평가할 수 있다는 예외를 인정한 것이다. 하지만 당해 채권의 회수불능 여부는 원칙으로 돌아가 평가기준일을 기준으로 평가하여야 할 것이므로, 평가기준일에는 회수불능이었다면 사후의 사정변경으로 회수가능하게 되었더라도 다른 항목으로 과세할 수 있음은 별론으로 하고 평가기준일의 자산가액에는 포함시켜서는 아니 될 것이다.

다. 순손익가치의 평가

(1) 평가방법

앞서 본 바와 같이 상증세법 시행령 제56조 제1항은 최근 3년간의 순손익액의 가중평균액은 평가기준일에 가까운 연도순으로 3 : 2 : 1의 비율로 가중하여 산정하도록 하도록 하고 있다.

순자산가치는 평가기준일 당시를 기준으로 산정하지만 순손익가치는 평가기준일 당시가 아니라 그에 가까운 직전 3개 사업연도의 순손익가치를 산정한다. 이는 당해 주식의 수익창출능력을 평가하는 것으로서 직전 3개 사업연도의 수익창출능력이 미래에도 계속될 것이라는 점을 전제로 직전 3개 사업연도의 1주당 순손익가치를 평가기준일의 1주당 순손익가치로 보겠다는 것이다. 이러한 논리가 적용되기 위해서는 직전 3개 사업연도 말의 발행주식수와 평가기준일의 발행주식수가 일치되어야 하므로 그 사이에 유·무상증자나 유·무상감자가 있으면 그 발행주식수를 환산할 필요가 있다. 그래서 상증세법 시행령 제56조 제3항, 상증세법 시행규칙 제17조의3 제5항은 1주당 순손익가치를 산정할 때 각 사업연도의 주식수는 각 사업연도 종료일 현재의 발행주식총수에 의하되, 다만 평가기준일이 속하는 사업연도 이전 3년 이내에 증자 또는 감자를 한 사실이 있으면, 증자의 경우 환산주식수는 '증자 전 각 사업연도 말 주식의 수×(증자 직전 사업연도 말 주식수＋증자 주식수)÷증자 직전 사업연도 말 주식수'의 산식으로 산정하고, 감자의 경우 환산주식수는 '감자 전 각 사업연도 말 주식의 수×(감자 직전 사업연도 말 주식수＋감자 주식수)÷감자 직전 사업연도 말 주식수'의 산식으로 산정하도록 하고 있다. 아울러 상증세법 시행령 제56조 제3항은 유상증자나 유상감자의 경우 유상증자 또는 유상감자를 한 사업연도와 그 이전 사업연도의 순손익액은 위에서 산정한 각 사업연도의 순손익가치에 '유상증자한 주식 등 1주당 납입금액×유상증자에 의하여 증가한 주식 등 수×순손익가치환원율'의 산식에 의한 금액을 더하고, '유상감자시 지급한 1주당 금액×유상감자에 의하여 감소된 주식 등 수×순손익가치환원율'의 산식에 의한 금액을 뺀 금액으로 한다고 규정하고 있다.

대법원 2003. 10. 10. 선고 2002두9667 판결은, 주식의 순손익가치는 사업연도라는 일정한 기간 동안 올린 순손익액을 해당 사업연도의 발행주식총수로 나누어 산정되는 것으로서, 그 기간 동안의 순손익액 실현에 전혀 기여한 바 없는 신주의 수를 합산하지 아니하고 '사업연도 종료일 현재의 발행주식총수'를 기준으로 이를 산정한다 하더라도 실질과세원칙이나 시가주의원칙에 위배된다고 볼 수 없고, 더구나 관계 규정에 따른 '사업연도 종료일 현재의 발행주식총수' 대신 '평가기준일 현재의 발행주식총수'를 적용하여 순손익가치를 산정할 아무런 근거가 없다고 판시하였다. 평가기준일 현재의 발행주식총수와 순손익가치의 산정기간인 각 사업연도 종료일 현재의 발행주식총수가 다르다고 하더라도 그 차이의 조정은 위 규정에서 본 바와 같이 별도의 환산방법에 의하여 조정하여야 하는 것이지 해당 사업연도의 순손익액을 평가기준일의 발행주식총수로 나누어 순손익가치를 산정하는 것은 시점의 불일치로 용납될 수 없다고 하겠다.

이러한 순손익가치의 평가에 관한 상증세법 시행령 규정이 평가기준일 현재의 주식가치를 제대로 반영하지 못하여 무효라는 주장들이 있었는데, 대법원 2012. 5. 24. 선고 2010두12378 판결은, 시가를 알기 어려운 비상장주식의 평가를 위하여 그 산정요소의 하나인 순손익가치를 평가기준일 이전 3년간 각 사업연도의 1주당 순손익액을 가중평균하는 방법으로 계산하도록 한 것으로서, 그 평가기준일이 속하는 당해 사업연도의 손익상황을 충분히 반영하지 못하는 점은 있으나 이는 조세법규의 해석·적용에 관한 일관성을 확보하기 위하여 입법기술상 불가피하다고 보이는데다가 위 평가방법의 획일적 적용에 따른 불합리를 보완하기 위하여 추정이익에 의한 평가방법을 별도로 마련해 두고 있으므로 국세기본법 제14조 제2항이나 상증세법 제60조에 위배되어 무효라고 볼 수 없다고 판시하였다.

상증세법 시행령 제56조 제4항은 순손익액은 법인세법상 각 사업연도의 소득(익금 – 손금)에 제1호의 금액을 더한 금액에서 제2호의 금액을 뺀 금액으로 하고, 이 경우 각 사업연도 소득을 계산할 때 손금에 산입된 충당금 또는 준비금이 세법의 규정에 따라 일시 환입되는 경우에는 해당 금액이 환입될 연도를 기준으로 안분한 금액을 환입될 각 사업연도소득에 가산하도록 하면서, 제1호에서는 익금불산입되었던 국세 또는 지방세의 과오납금의 환급금에 대한 이자, 수입배당금액 중 익금불산입액, 법인세법 제24조 제4항(기부금한도초과액의 이월 손금산입)에 따라 해당 사업연도의 손금에 산입한 금액 등을 규정하고, 제2호에서 당해 사업연도의 법인세액, 농어촌특별세액 및 지방소득세액, 납부하였거나 납부할 세액, 기부금 손금산입 한도를 넘어 손금에 산입하지 아니한 금액 등을 규정하고 있다. 제1호의 금액은 수익 또는 익금의 성질을 가지면서도 조세정책상의 이유로 당해 사업연도의 소득금액 계산에 있어서 익금불산입된 금액 등이고, 제2호의 금액은 당해 사업연도의 소득금액 계산에 있어 손금에 산입되지 않았지만, 그 실질은 법인의 순이익을 감소시킨 지출에 해당하는 금액들이다. 따라서 상증세법 시행령에서 말하는 순손익액은 법인세법상 당해 사업연도의 소득을 말하는 것이 아니라 상증세법에서의 고유한 의미의 순손익액이다.

위 제1호와 제2호의 규정을 예시적 규정으로 볼 것인지 제한적·열거적 규정으로 볼 것인지에 대하여 논란이 있다. 제1호의 항목을 가산하고 제2호의 항목을 차감하는 것은 법인세법상의 소득금액과 달리 실질적인 순손익액을 산정하는 데 그 취지가 있으므로 제1호와 제2호의 규정은 예시적 규정으로 보는 것이 타당하다. 같은 취지에서 대법원 2011. 7. 14. 선고 2008두4275 판결은, 위 제1호와 제2호의 입법 취지가 평가기준일 이전 최근 3년간 기업이 산출한 순손익액의 가중평균액을 기준으로 평가기준일 현재의 주식가치를 정확히 파악하려는 데 있는 점에 비추어 보면, 최근 3년간 '순손익액'을 산정할 때에는 당해 사업연도 말의 퇴직급여추계액을 기준으로 한 퇴직급여충당금 과소계상액을 차감하는 것이 타당하다고 판시하였다. 기업회계상 퇴직급여추계액 상당의 퇴직급여충당금은 부채의 성격으로서 장래 지출될 퇴직급여 상당액을 미리 부채항목인 충당금으로 설정하면서 그 설정금액을 비용으로 처리하는 것인데, 법인세법에서는 그중 일정한도 내에서만 손금과 부채로 인정하고 나머지는 부인하고 있고, 그 한도초과액에 대하여는 위 제2호에 열거하고 있지 아니하다. 그러나 이러한 한도초과로 인하여 법인세법상 손금으로 계상하지 못한 퇴직급여충당금은 실제로는 손금의 성격을 가지므로 실질적인 순손익가치를 산정하기 위해서는 이를 차감하는 것이 타당하다는 취지이다.

마찬가지로 대법원 2013. 11. 14. 선고 2011두22280 판결도, 조세특례제한법상의 중소기업투자준비금이나 연구 및 인력개발준비금은 장래의 일정한 과세기간까지 사업용 자산의 개체 또는 신규취득이나 연구 및 인력개발 등에 소요될 비용에 충당하기 위하여 설정하는 것으로서, 이를 손금으로 계상한 경우에는 일정한 금액 범위 안에서 실제 지출 여부를 묻지 않고 그 사업연도의 소득금액 계산 시 손금에 산입되었다가 나중에 위 각 규정에서 정한 바에 따라 일정 과세기간에 걸쳐 균등하게 안분하여 환입되거나 일시에 환입되게 되는데, 이는 이러한 준비금은 일정한 정책적 목적을 달성하기 위하여 먼저 설정 사업연도의 소득금액 계산 시 이를 가공의 손금으로 산입하였다가 나중에 환입되는 사업연도에 그 환입액을 가공의 익금으로 산입하는 방법으로 일정기간 동안 조세부과를 유예해 주기 위한 것에 불과하므로, 그 설정과 환입에 따른 손금이나 익금은 당해 법인의 손익이나 그 주식의 가치에 아무런 영향을 미칠 수 없음이 분명하므로 그 환입액을 각 사업연도 소득에 가산하여 1주당 순손익가치 산정의 기초가 되는 '순손익액'을 산정하는 것은 허용되지 않는다고 판시하였다. 나아가 상증세법 시행령 제56조 제3항 후문은 각 사업연도 소득 계산 시 손금에 산입된 충당금 또는 준비금이 세법의 규정에 따라 일시 환입되는 경우에는 당해 금액이 환입될 연도를 기준으로 안분한 금액을 환입될 각 사업연도 소득에 가산하도록 규정하고 있으나, 이는 조세특례제한법상의 준비금 환입액과는 달리 그 성질이 가공의 익금에 해당하지 아니하는 충당금 또는 준비금이 일시 환입되는 경우의 특례를 정한 것으로 보아야 한다고 판시하였다.

위 대법원 판결에서는 상증세법 시행령 제56조 제3항 후문 규정은 가공의 익금에 해당하지 않는 충당금 또는 준비금이 일시에 환입되는 경우의 특례를 정한 것으로 보아야 한다는 이유로 배척하였는데 그렇다면 위 후문 규정에 해당하는 충당금이나 준비금에 어떠한 것이 있는지 알기 어렵다. 가공의 익금에 해당하지 않는 충당금 또는 준비금이라면 대손충당금이나 퇴직급여충당금 등 미래에 일시적으로 지출될 비용을 기간손익계산을 위하여 미리 일정액씩 적립하면서 그 적립액을 손금산입하고 실제로 지출되는 경우에는 적립해둔 충당금과 상계하는 것인데 이러한 충당금은 매년 균등하게 환입해야 할 것을 일시에 환입하는 경우를 상정하기 어렵다. 오히려 가공의 익금과 손금에 해당하는 조세특례제한법상의 충당금이나 준비금은 매년 균등하게 환입해야 할 것을 일시에 환입하는 경우가 있는 것이므로 위 후문 규정은 여기에 걸맞는 규정이다. 그럼에도 위 후문 규정을 그대로 적용하게 되면 가공의 익금을 해당 사업연도의 순손익가치를 산정할 때 이익항목으로 계산하는 결과에 이르게 되므로 부당하다. 따라서 위 후문 규정은 모법의 취지에 반하여 무효라고 선언하는 것이 더 나았을 것으로 보인다.

(2) 순손익가치 평가법 적용의 예외

최근 3년간의 순손익가치의 평균을 산정하기 어려운 경우도 있고 설령 산정이 가능하다고 하더라도 그 가액으로 평가기준일 현재의 수익창출력으로 평가하는 것이 부적절한 경우, 예를 들어 계속기업의 전제가 충족되지 않을 때가 있다. 상증세법 시행령에서는 이에 대한 보완책을 규정하고 있다.

먼저, 상증세법 시행령 제54조 제4항은 그 각 호의 어느 하나에 해당하는 경우에는 순손익가치와 순자산가치의 가중평균법을 적용하지 않고 순자산가치법만을 적용하도록 하면서, 제1호에서 과세표준신고기한 이내에 평가대상 법인의 청산절차가 진행 중이거나 사업자의 사망 등으로 인하여 사업의 계속이 곤란하다고 인정되는 법인의 주식 등을, 제2호에서 사업개시 전의 법인, 사업개시 3년 미만의 법인 또는 휴업·폐업 중인 법인의 주식 등을, 제3호에서 법인의 자산총액 중 소득세법 제94조 제1항 제4호 다목 1) 및 2)에서 정하고 있는 부동산등의 합계액이 차지하는 비율이 100분의 80 이상인 법인의 주식등을, 제5호에서 법인의 자산총액 중 주식등의 가액의 합계액이 차지하는 비율이 100분의 80 이상인 법인의 주식등을, 제6호에서 법인의 설립시 정관에 존속기한이 확정된 법인으로서 평가기준일 현재 잔여 존속기한이 3년 이내인 법인의 주식등을 규정하고 있다.

다음으로, 상증세법 시행령 제56조 제2항은 순손익가치 산정방법에 관한 제1항의 규정에도 불구하고 그 각 호의 요건을 모두 갖춘 경우에는 1주당 추정이익의 평균액으로 1주당 최근 3년간의 순손익액의 가중평균액을 대신할 수 있도록 규정하면서, 제1호에서 일시적이고 우발적인 사건으로 해당 법인의 최근 3년간 순손익액이 증가하는 등 기획재정부령으로 정하는 경우에 해당할 것을, 제2호에서 상속세표준 신고기한 및 증여세 과세표준 신고기한까지 1주당 추정이익의 평균가액을 신고할 것을, 제3호에서 1주당 추정이익의 산정기준일과 평가서작성일이 해당 과세표준 신고기한 이내일 것을, 제4호에서 1주당 추정이익의 산정기준일과 상속개시일 또는 증여일이 같은 연도에 속할 것을 규정하고 있다. 이러한 요건을 모두 충족한 경우에는 신용평가전문기관, 회계법인, 세무법인 중 둘 이상의 기관이 금융위원회가 정한 수익가치에 순손익가치환원율을 곱하여 산출한 1주당 추정이익의 평균가액으로 할 수 있다는 것이다. 그리고 상증세법 시행규칙 제17조의3은 일시적·우발적 사건이 있는 경우에 관하여 거액의 자산수증이익, 채무면제이익, 보험차익 등이 있는 경우, 합병 또는 분할을 하였거나 주요 업종이 바뀐 경우 등을 규정하고 있다.

대법원 2015. 2. 26. 선고 2014두39203 판결은, 여기서 말하는 '분할'을 한 법인에는 분할되는 법인뿐만 아니라 분할에 따라 신설되는 법인도 포함된다고 보는 것이 합리적이므로, 분할에 따라 신설된 법인의 발행주식의 순손익가치를 '1주당 최근 3년간의 순손익액의 가중평균액'을 기초로 산정하는 것은 특별한 사정이 없는 한 위법하다고 보아야 한다고 판시하였다. 그리고 합병에 관하여, 대법원 2017. 2. 3. 선고 2014두14228 판결은 완전모회사인 비상장회사가 자회사를 청산하여 모든 자산·부채를 그대로 승계한 경우에는 실질적으로 자회사를 합병한 경우와 유사한 결과가 발생하기 때문에, 평가기준일부터 최근 3년 이내에 이와 같은 청산이 있었다면 비상장회사의 과거 실적을 토대로 미래의 기대수익을 예측하는 것이 불합리하다는 점에서 자회사를 합병한 경우와 다름이 없으므로, 특별한 사정이 없는 한 완전모회사인 비상장회사가 자회사를 청산하여 모든 자산·부채를 그대로 승계하는 경우도 포함된다고 판시하였다.

위 규정을 종합하면, 상증세법 시행령 제54조 제4항에 해당하는 경우에는 순자산가치법에 의하여야 하고, 그렇지 않은 경우에는 순손익가치법을 적용하는 것이 불합리하더라도 상증세법 시행령 제56조 제2항 각 호의 요건을 모두 충족하여 1주당 추정이익을 적용할 수 있는 경우가 아닌 한 상증세법 시행령 제56조 제1항에 의한 순손익가치법을 그대로 적용할 수 있다는 결론에 이르게 된다. 왜냐하면 1주당 추정이익을 적용할 수 있는 것은 하나의 선택사항일 뿐 1주당 순손익가치법을 적용하는 것이 불합리한 경우에 해당한다고 선언하고 있지는 않으므로 1주당 추정이익을 적용할 수 있는 요건이 모두 충족되지 못하면 다시 상증세법 시행령 제56조 제1항으로 돌아가 순손익가치법을 적용할 여지가 있는 것이다. 그러나 아래의 판례의 입장에서 유추할 수 있는 바와 같이 이러한 결론은 불합리하다.

상증세법 시행령이 2014. 2. 21. 개정되기 전에는 제56조 제1항에서 해당 법인이 일시·우발적 사건으로 해당 법인의 최근 3년간의 순손익액이 비정상적으로 증가하는 등 순손익가치법에 의하는 것이 불합리한 것으로 기획재정부령으로 정하는 경우에는 제2호의 1주당 추정이익의 방법에 의할 수 있도록 규정하고 있었다. 그 문언에서 일시·우발적 사건으로 해당 법인의 최근 3년간의 순손익액이 비정상적으로 증가하는 등의 사유가 있으면 순손익가치법에 의하는 것이 불합리한 경우라고 선언하면서 이러한 경우에는 1주당 추정이익의 방법으로 할 수 있다고 하고 있으므로 여기에 해당하면서 1주당 추정이익의 방법을 적용하기 위한 다른 추가적인 요건을 충족하지 못하면 다시 순손익가치의 방법으로 되돌아가기가 곤란해진다. 왜냐하면 이러한 경우는 순손익가치법에 의하는 것이 불합리한 경우에 해당한다고 명시되어 있기 때문이다. 그래서 이러한 경우에는 어떠한 방법으로 평가를 할 것인지가 문제되었다.

이에 대하여 대법원 2012. 4. 26. 선고 2010두26988 판결은 다음과 같이 판시하였다. 당해 법인이 사업개시 후 3년 미만이거나 일시우발적 사건에 의하여 최근 3년간의 순손익액이 비정상적으로 증가하는 등의 사유로 순손익가치법에 의하는 것이 불합리한 것으로 그 시행규칙이 정하는 경우에는 1주당 추정이익의 평균가액(증여세 과세표준신고의 기한 내에 신고한 경우로서 1주당 추정이익의 산정기준일과 평가서 작성일이 과세표준신고기한 내에 속하고, 산정기준일과 증여일이 동일연도에 속하는 경우에 한한다)으로 할 수 있도록 규정하고 있음을 전제로 하여, 그 시행규칙에 정하는 사유가 있다면 특별한 사정이 없는 한 순손익가치법을 적용할 수는 없고, 이러한 법리는 '1주당 추정이익의 평균가액'이 산정되지 아니하였거나 그 요건을 갖추지 못함으로써 1주당 추정이익 방법을 적용할 수 없다고 하더라도 순손익가치법에 의하는 것이 불합리한 이상 마찬가지라고 하면서, 만일 비상장주식의 1주당 가액을 순손익가치와 순자산가치를 가중평균한 금액으로 평가할 수 없는 경우에는, 상증세법 제65조 제2항이 상증세법에서 따로 평가방법을 규정하지 아니한 재산의 평가는 같은 조 제1항 및 제60조 내지 제64조에 규정된 평가방법을 준용하도록 규정하고 있는 점, 상증세법이 규정한 보충적 평가방법에 의하더라도 그 가액을 평가할 수 없는 경우에는 객관적이고 합리적인 방법으로 평가한 가액에 의할 수밖에 없는 점 등에 비추어 볼 때, 순자산가치만에 의하여 평가하는 상증세법 시행령 제54조 제4항의 방법 등 상증세법이 마련한 보충적 평가방법 중에서 객관적이고 합리적인 방법을 준용하여 평가할 수 있을 것이라고 판시하였다. 대법원 2013. 11. 14. 선고 2011두31253 판결, 대법원 2012. 6. 14. 선고 2011두32300 판결 등도 같은 취지이다.

현행 상증세법 시행령 제56조 제2항에서는 위 개정 전 상증세법 시행령 제56조 제1항과 달리 1주당 추정이익 방법을 적용할 수 있는 요건 중의 하나인 일시적이고 우발적인 사건으로 해당 법인의 최근 3년간 순손익액이 증가하는 등 그 시행규칙이 정하는 경우에 해당하는 것을 순손익가치법을 적용하기 곤란한 경우라고 명시적으로 선언하고 있지는 않지만 그 본질은 동일하므로 위 요건에 해당하면서 1주당 추정이익을 적용할 수 있는 나머지 요건을 모두 충족하지 못한 경우에는 위 판례의 입장과 마찬가지로 다시 상증세법 시행령 제56조 제1항의 순손익가치법으로 돌아갈 수는 없다고 해석하는 것이 합리적이다. 그래서 위 판결의 입장대로 순자산가치법을 준용하는 등 다른 합리적인 방법에 의하여 평가하는 것이 옳다고 하겠다.

대법원 2023. 5. 18. 선고 2023두32839 판결은, 현행 상증세법 시행령 규정을 해석하면서 같은 취지를 판시하였다. 즉, 평가기준일로부터 최근 3년 이내에 합병이 있는 경우 등 상증세법 시행규칙 제17조의3 제1항 각 호의 사유가 있다면 특별한 사정이 없는 한 상증세법 시행령 제56조 제1항의 가액인 '1주당 최근 3년간의 순손익액의 가중평균액'을 기초로 1주당 순손익가치를 산정할 수 없다고 봄이 타당하고, 이는 상증세법 시행령 제56조 제2항의 가액인 '1주당 추정이익의 평균가액'이 산정되지 아니하였거나 위 규정에서 정한 적용요건을 모두 갖추지 못함으로써 추정이익의 평균가액을 기초로 1주당 순손익가치를 산정할 수 없다고 하여 달리 볼 것도 아니라고 판시하였다. 나아가서 만일 비상장주식의 1주당 가액을 상증세법 시행령 제56조 제1항 또는 제2항의 가액을 기초로 한 순손익가치와 순자산가치를 가중평균한 금액으로 평가할 수 없는 경우에는, 상증세법 제65조 제2항이 같은 법에서 따로 평가방법을 규정하지 아니한 재산의 평가는 같은 조 제1항 및 제60조 내지 제64조에 규정된 평가방법을 준용하도록 규정하고 있는 점, 상증세법이 규정한 보충적 평가방법에 의하더라도 그 가액을 평가할 수 없는 경우에는 객관적이고 합리적인 방법으로 평가한 가액에 의할 수밖에 없는 점 등에 비추어 볼 때, 순자산가치만에 의하여 평가하도록 한 상증세법 시행령 제54조 제4항의 방법 등 구 상증세법이 마련한 보충적 평가방법 중에서 객관적이고 합리적인 방법을 준용하여 평가할 수 있다고 판시하였다.

같은 취지에서, 대법원 2025. 1. 9. 선고 2021두53320 판결도, 비상장주식의 순손익가치를 평가할 때 구 상증세법 시행령(2008. 2. 22. 개정전) 제56조 제1항 제1호 가액인 과거의 실적으로 미래의 기대수익을 대신하는 것은 그 과거의 실적이 미래에도 계속되리라는 것을 전제로 하는데, 유형자산 처분손익은 경상적·반복적으로 발생하는 것이 아니어서 대규모의 유형자산 처분손익이 발생하였다면 그에 기초한 최근 3년간의 순손익액의 가중평균액은 일시우발적이거나 비정상적일 가능성이 높아 미래의 기대수익을 대신하기에 적합하지 않고, 달리 위 제1호 가액을 기초로 1주당 순손익가치를 산정하는 것이 객관적이고 합리적이라고 볼 만한 특별한 사정이 있다고 볼 수도 없으므로, 과세관청이 제1호 가액을 기초로 이 사건 주식의 1주당 순손익가치를 산정한 것은 위법하다고 판시하였다.

(3) 순손익가치 평가법의 한계

순손익가치법은 법인의 미래에 기대되는 이익흐름의 현재가치를 기업의 정당한 평가액으로 인식하는 방법이다. 이러한 미래의 이익흐름을 산정하기 위하여는 미래에 발생할 이익을 기간별로 예측할 수 있어야 하는데 그것이 어려우므로, 실무적으로는 미래의 이익을 예측하는 대신 현재의 이익 또는 최근 일정기간 동안의 이익의 가중평균액 등을 사용하는 경우가 많으며, 상증세법에서도 최근 3년간의 가중평균 순손이액을 기초로 계산하도록 규정하고 있다. 미국세법에서도 순손익가치법을 비상장주식의 평가방법의 하나로 허용하고 있는데, 미래의 수익은 최근 5년간의 손익계산서상 세후이익에서 경영정책상의 재량에 좌우되는 임원 급료와 자본적 지출, 연구개발비, 광고비 등은 적정한 수준으로 가감하고, 통상성이 없는 비회귀적이고 불규칙적인 손익항목은 제외하여 산정한다. 이는 미래 이익의 흐름과 무관하거나 우연적인 것이므로 제외하는 것이 옳다. 우리 상증세법은 순손익을 산정함에 있어서, 경영정책상의 재량에 좌우되는 임원 급료와 자본적 지출, 연구개발비, 광고비를 조정하지 않고, 비회귀적이고 불규칙적인 손익항목을 제외하지 않고 있다. 따라서 미래의 예측치로서의 적합성이 현저히 떨어진다. 그나마 2000. 12. 29. 상증세법 시행령 제56조 제1항을 개정하여, 사업개시 후 3년 미만이거나, 일시·우발적 사건에 의하여 최근 3년간의 순손익액이 비정상적으로 증가하는 등의 사유가 있는 경우에는 2개 이상의 감정기관이 감정한 1주당 추정이익의 평균가액으로 하도록 규정하였다.

미국의 비상장법인의 주식에 대한 과세평가는 내국세입법 제2031조, 제2032조, 제2512조와 Federation Easter Tax and Gift Tax Regulation에 근거한다. 상세한 원칙은 미국 국세청이 발간하는 Internal Revenue Service Ruling의 59-60호에서 볼 수 있다. 공정시장가격, 즉 양 당사자가 관계사실에 관하여 합리적인 지식을 가지고 매도와 매수에 대한 강제가 없는 상태하에서 자유로운 의사로 재산을 교환하는 가격을 기준으로 과세평가하여야 한다고 하고, 그때 고려요소로는 사업의 성격과 기업의 역사, 일반적인 경제전망과 특정부문 산업의 전망 및 조건, 주식의 장부가격과 그 사업의 재무조건, 법인의 수익창출능력, 배당지급능력, 동업종 또는 유사업종에서 법인주식 등의 증권거래소 또는 장외의 공개시장에서 실지로 자유롭게 거래된 시장가격 등을 들고 있다. 미국의 관련 법규의 특징은 모든 경우에 일률적으로 적용하는 규정을 설정하지 않고 평가의 원칙만을 제시하는 것이다. 따라서 구체적인 경우의 상황을 평가에 고려할 수 있으므로 합리성이 보장되는 측면이 있다. 이는 우리나라나 일본에서 보는 정형화된 계산식의 설정과는 다르다. 미국의 기업평가실무에서는 다양한 평가방법 중 비준평가법, 즉 비교가능한 시가가 존재하는 유사기업을 선택하여 그 기업의 시가를 기준으로 평가하는 방법이 단연 우세하게 적용되고 있고, 다음으로 순손익가치법의 일종인 현금흐름할인법이 사용되며, 드물게 중공업분야나 지주회사 등에 대한 평가에서 순자산가치법도 적용되고 있다.

그리고 미래의 이익흐름을 합리적으로 산정하였다 하더라도 현재가치로의 할인율, 즉 자본환원율을 적정하게 선택하지 못하면 주식의 평가치는 왜곡될 수밖에 없다. 자본환원율은 예금금리 또는 무담보사채의 이자율과 같은 안정된 수익률에 주식투자 자체에 내재하는 위험프리미엄이 가산된 것이어야 한다.[14] 달리 표현하면 평균이자율에 기업활동의 리스크 측면을 고려하여 적절한 수순만큼 할증시킨 것이어야 한다.[15] 위험성이 높은 기업의 미래수익일수록 변동가능성(variability)이 높고 따라서 실현가능성이 낮으므로 그만큼 할인율(자본환원율)이 높아야 하기 때문이다. 자본환원율은 현재가치 할인율과 동일하다. 미국세법에서는 자본환원율의 표준치를 공식화하지 않고, 이를 결정함에 고려할 요소로서, 사업의 성질, 사업의 연관된 리스크, 이윤의 안정성 또는 불규칙성을 들고 있다. 다만, 유형고정자산의 환원율은 8~10%, 무형고정자산의 환원율은 15~20% 정도가 적당한 것으로 보고 있다. 따라서 미국에서의 자본환원율은 우리나라와 달리 개별기업마다 다르게 산정된다. 미국과 독일의 시장의 평균 이자율, 즉 무위험 수익률이 6%이하라고 본다면, 미국의 자본환원율은 평균적으로 2배 이상으로 책정되며, 독일의 경우는 3%를 가산하거나 50%를 할증한 수준으로 결정된다고 한다.

우리 상증세법 시행령 제54조 제1항은 이러한 자본환원율을 순손익가치환원율이라고 칭하면서 금융회사 등이 보증한 3년 만기 회사채의 유통수익률을 감안하여 기획재정부장관이 정하여 고시하는 이자율이라고 규정하고 있다. 이는 무위험 수익률, 즉 평균이자

---

14) 최명근, "비상장주식의 과세평가방법의 합리화방안", 1986, 한국경제연구원
15) 김유찬, "비상장주식의 과세평가방법에 대한 연구", 2003, 한국경제연구원

율만 반영하고, 당해 기업의 위험프리미엄을 전혀 고려하지 않고 있다. 미래수익에 대한 자본환원율의 크기는 그 미래수익의 위험성의 정도, 즉 변동가능성과 실현가능성에 따라 좌우되는데 이러한 요소들이 반영되지 않은 한계가 있다.

이러한 한계 때문에 외국의 비상장법인의 주식을 우리 상증세법 시행령상의 순손익가치법을 그대로 적용하는 것은 불합리한 결과를 초래할 수 있다. 그래서 대법원 2010. 1. 14. 선고 2007두5646 판결은, 위 순손익가치는 미래의 기대수익을 우리나라의 3년 만기 회사채 유통수익률을 반영한 이자율에 의하여 현재가치로 할인한 것이므로 이는 원칙적으로 우리나라에 있는 비상장법인의 주식을 그 적용대상으로 한다고 볼 수 있으므로 평가대상 주식이 외국에 있는 비상장법인의 주식인 경우 상증세법상의 보충적 평가방법을 그대로 적용하는 것이 부적당하지 아니한 때에 한하여 위 보충적 평가방법을 적용할 수 있고, 위 보충적 평가방법을 적용하는 것이 부적당하지 아니하다는 점에 대한 입증책임은 과세관청에게 있다고 판시하였다.

이 사안에서의 법인은 미국에 소재하는 비상장법인이었는데, 우리나라가 아닌 미국에 소재하는 기업이 미국의 경제환경에서 향후 창출할 수익으로서 그것의 변동가능성이나 실현가능성은 미국 경제환경의 지배를 받으므로 미국 경제환경에서의 무위험수익률 또는 평균이자율에 그 법인의 고유한 위험프리미엄이 가산된 율을 자본환원율로 적용해야 하는 것이 마땅하다. 그럼에도 위 법인이 처한 경제환경과 무관한 우리나라에서의 무위험수익률을 자본환원율로 적용하는 것은 논리적으로 맞지 않고, 따라서 미국에서의 시가를 제대로 반영할 수 없다. 이 사안에서 과세관청이 적용한 우리나라의 무위험수익률은 미국의 무위험수익률도 아니고, 그 무위험수익률에 그 법인의 위험프리미엄이 가산된 율도 아니었으므로 이를 적용할 수는 없다. 타당한 판결이다. 대법원 2015. 2. 12. 선고 2014두43226 판결도 같은 취지이다.

반면에 순자산가치 평가법에 의하는 경우는 위와 같은 자본환원율의 차이에 의한 평가의 왜곡이 있을 수 없기 때문에 외국의 비상장법인의 주식이라고 하더라도 우리 상증세법에 의한 보충적 평가방법을 적용하는 것이 부적당하지 아니하는 때에 해당할 수 있다. 같은 취지에서 대법원 2020. 12. 30. 선고 2017두62716 판결은, 순자산가치에 의한 보충적 평가방법을 적용하여 외국에 있는 비상장법인의 주식인 홍콩법인 A사와 B사의 주식 가액을 평가한 것은 합리적이고 적절한 조치로서, 과세관청이 홍콩법인의 주식에 이와 같이 '순자산가치에 의한 보충적 평가방법을 적용하는 것이 부적당한 경우'가 아니라고 봄이 타당하다고 판시하면서, 과세관청이 외국에 있는 재산인 A사와 B사의 주식 가액을 평가하면서, 2005. 3. 15. 평가기준일 당시 A사는 휴·폐업 중인 법인, B사는 사업개시 후 3년 미만의 법인임을 이유로 상증세법에 따라 순손익가치를 고려하지 않는 순자산가치에 의한 보충적 평가방법을 적용한 것은 휴·폐업 중인 법인이나 신설 법인의 특수성을 반영한 객관적이고 합리적인 평가방법이며, 또한 과세관청은 A사에 대해서는 B사로부터 미수령한 사업양수도대금을 순자산가액으로 보았고, B사에 대해서는 평가기준일 직후 홍콩 세법상 사업연도 말인 2005. 3. 31.을 기준으로 작성되어 홍콩 공인회계사의 회계감사를 받은 대차대조표에 계상된 자산의 장부가액을 순자산가액으로 보아 A사와 B사의 순자산가치를 산정한 것 또한 기업의 순자산가치를 평가하는 합리적이고 적절한 방법이라고 하였다.

6. 부동산 및 부동산을 취득할 권리의 평가

상증세법 제61조는 부동산 등의 평가에 관하여 규정하고 있다. 먼저 제1항은 토지는 개별공시지가로 평가하되, 다만 개별공시지가가 없는 토지의 가액은 납세지 관할 세무서장이 인근 유사 토지의 개별공시지가를 고려하여 대통령령으로 정하는 방법으로 평가한 금액으로 하고, 지가가 급등하는 지역으로서 대통령령으로 정하는 지역의 토지 가액은 배율방법으로 평가한 가액으로 하도록 하고, 일반 건물은 신축가격, 구조, 용도, 위치, 신축연도 등을 고려하여 매년 1회 이상 국세청장이 산정·고시하는 가액으로 평가하며, 오피스텔 및 상업용 건물은 건물에 딸린 토지를 공유로 하고 건물을 구분소유하는 것으로서 건물의 용도·면적 및 구분소유하는 건물의 수 등을 고려하여 대통령령으로 정하는 오피스텔 및 상업용 건물(이들에 딸린 토지를 포함한다)에 대해서는 건물의 종류, 규모, 거래 상황, 위치 등을 고려하여 매년 1회 이상 국세청장이 토지와 건물에 대하여 일괄하여 산정·고시한 가액으로 하며, 주택은 부동산 가격공시 및 감정평가에 관한 법률에 따른 개별주택가격 및 공동주택가격으로 하도록 하였다.

그리고 제3항은, 부동산을 취득할 수 있는 권리와 특정시설물을 이용할 수 있는 권리는 그 권리 등이 남은 기간, 성질, 내용, 거래 상황 등을 고려하여 대통령령으로 정하는 방법으로 평가한 가액으로 하도록 하였는데, 상증세법 시행령 제51조 제2항은 부동산을 취득할 수 있는 권리(건물이 완성되는 때에 그 건물과 이에 부수되는 토지를 취득할 수 있는 권리를 포함한다) 및 특정시설물을 이용할 수 있는 권리의 가액은 평가기준일까지 납입한 금액과 평가기준일 현재의 프리미엄에 상당하는 금액을 합한 금액으로 하도록 하였다.

부동산을 취득할 수 있는 권리와 관련하여, 도시 및 주거환경 정비법에 의한 재건축사업이나 재개발사업에 있어서 기존주택이 신축주택으로 변환되는 과정에서 신축주택을 취득할 수 있는 권리인 조합원입주권이 문제가 된다. 대법원 2011. 11. 24. 선고 2010두

13807 판결과 대법원 2009. 11. 26. 선고 2008두11310 판결 등은 관리처분계획의 인가일에 기존주택의 소유자는 조합원입주권을 취득하게 된다고 판시하고 있다. 따라서 기존주택의 소유자가 관리처분계획이 인가된 후에 사망하게 되면 상속재산은 기존 주택이 아니라 관리처분계획에 따른 신축주택을 취득할 권리가 된다. 그러므로 상증세법 시행령 제51조 제2항에 의하여 평가하여야 하는데 여기에 필요한 평가요소인 평가기준일까지 납입한 금액과 평가기준일 현재의 프리미엄을 알 수 없는 경우가 많다. 이럴 때는 위 규정을 적용할 수는 없고, 상증세법 제65조 제2항에 따라 제1항 및 제60조부터 제64조까지에 규정된 평가방법을 준용한 합리적인 평가방법을 찾아서 적용할 수밖에 없다.

이 부분이 쟁점이 된 사안으로 대법원 2014. 6. 12. 선고 2012두18615 판결이 있다. 원고의 남편이 2009. 1. 10. 사망하였는데, 남편 소유이던 부동산이 2007. 9. 21. 도시환경정비구역에 편입되었고 거기에서 도시환경정비사업을 시행하는 조합은 2008. 11. 17. 관리처분계획을 인가받았다. 과세관청은 위 부동산이 관리처분계획의 인가에 의하여 '부동산을 취득할 수 있는 권리'로 변환되었다고 보아 사업시행인가일을 기준으로 한 부동산의 감정가액에 비례율(관리처분계획에 따른 도시환경정비사업 완료 후의 자산 평가액에서 총 예정사업비용을 공제하여 이를 종전 자산 평가액으로 나눈 값)을 곱하여 산정한 금액을 그 권리의 가액으로 평가하여 상속재산에 포함시켰다. 이에 대하여 대법원은, 조합에 부동산을 제공한 망인은 관리처분계획의 인가에 의하여 분양예정의 부동산을 분양받을 권리를 취득하게 되므로 상속재산에 포함되는 것은 '부동산을 취득할 수 있는 권리'에 해당하는데, 과세관청이 이를 평가한 방법은 상증세법 시행령 제51조 제2항에서 규정하고 있는 평가방법에 해당하지도 아니하고 달리 이를 정당화할 수 있는 근거규정이 존재하지 아니하여 허용될 수 없다고 판시하였다. 이 사안에서는 추정비례율이 관리처분계획 신청당시에 비하여 관리처분계획인가일에 하향조정되었고 정비사업의 원활한 진행이 어려워 금융비용 등의 증가로 계속적으로 하향조정될 전망이어서 이러한 추정비례율에 의한 평가가 합리성을 지니기 어려웠다. 이럴 때는 공신력 있는 감정기관에 의하여 조합원입주권 자체에 대한 시가감정을 시도하는 것이 합리적이라고 할 것이다.

7. 금전 채권의 평가

상속재산 중에는 금전채권이 상당한 비중을 차지하고 있고, 비상장주식의 평가에 필요한 순자산가치를 구성하는 요소도 되고 있음에도 상증세법에서는 이에 관한 구체적인 평가 규정을 두고 있지 않다. 한편, 상증세법 시행령 제58조 제2항은 대부금·외상매출금 및 받을어음 등의 채권가액과 입회금·보증금 등의 채무가액은 원본의 회수기간·약정이자율 및 금융시장에서 형성되는 평균이자율 등을 감안하여 기획재정부령으로 정하는 바에 따라 평가한 가액으로 하되, 다만 채권의 전부 또는 일부가 평가기준일 현재 회수불가능한 것으로 인정되는 경우에는 그 가액을 산입하지 아니한다고 규정하고 있을 뿐이다. 그리고 그 위임에 의한 상증세법 시행규칙 제18조의2 제2항은 원본의 회수기간이 5년을 초과하거나 회사정리절차 또는 화의절차의 개시 등의 사유로 당초 채권의 내용이 변경된 경우에는 각 연도에 회수할 금액(원본에 이자상당액을 가산한 금액)을 적정할인율에 의하여 현재가치로 할인한 금액으로 하고, 이 경우 시설물이용권에 대한 입회금·보증금 등으로서 원본의 회수기간이 정하여지지 아니한 것은 그 회수기간을 5년으로 본다고 규정하고 있다.

그런데 상증세법 시행령 제58조 제2항은 모법에서 위임의 근거를 찾아보기 어렵다. 그래서 상증세법 제65조 제3항의 규정, 즉 그 밖에 이 법에서 따로 평가방법을 규정하지 아니한 재산의 평가에 대해서는 제1항 및 제60조부터 제64조까지에 규정된 평가방법을 준용하여 평가한다는 규정의 예시적 규정으로 볼 수밖에 없을 것이다. 그래서 대법원 2005. 5. 27. 선고 2003두13298 판결도 상속개시 당시에 회수불가능한 것으로 인정되는 채권은 그 재산적 가치를 인정할 수 없어 이를 상속세의 과세대상으로 삼을 수는 없을 것이므로 상증세법 시행령 제58조 제2항 단서가 상속개시 당시에 채권의 전부 또는 일부가 회수불가능한 것으로 인정되는 경우에 이를 상속재산가액에 산입하지 아니한다고 규정한 것은 이와 같은 당연한 이치를 명문화한 것에 불과하여 상속세의 과세대상이 되는 상속재산의 범위에 관하여 규정한 모법에 반하거나 이를 확장하는 내용이 아니라 오히려 부합하는 내용이므로 상증세법 시행령 제58조 제2항 단서 규정을 조세법률주의 또는 실질과세의 원칙에 반한다거나 재산권을 침해하는 규정이라고 볼 수 없으며, 또 채권의 회수가 가능한지 여부를 획일적으로 그 기준을 정하여 법령에 명문화한다는 것은 현실적으로 불가능하다고 할 것이므로, 상증세법 시행령 제58조 제2항 단서 규정이 회수불가능한 채권의 범위에 관하여 구체적으로 규정하지 않았다고 하더라도 이를 들어 위 규정이 무효라고 볼 수도 없다고 판시하였다. 그런데 상증세법 시행규칙 제18조의2 제2항은 현재가치로 평가하는 경우는 금전채권의 회수기간이 5년을 초과하는 경우 등의 일정한 경우로 제한하고 있고, 더 나아가 시설물이용권에 대한 입회금·보증금 등으로서 원본의 회수기간이 정해져 있지 아니한 경우를 회수기간이 5년인 것으로 의제하여 현재가치에 의한 평가의 대상에서 제외하고 있다. 이러한 시행규칙의 규정은 확인적 규정으로 볼 수는 없고 그 위임근거가 되는 상증세법 시행령 제58조 제2항이 모법의 위임근거가 없으므로 결국 확인적 평가 규정의 성격을 벗어나는 부분들은 그 효력이 부인되어야 할 것으로 보인다.

위 시행령 규정과 관련하여 조세쟁송에서 자주 등장하는 문제는 회수가능성에 관한 것이다. 위 시행령 규정의 단서에서는 채권의 전부 또는 일부가 평가기준일 현재 회수불가능한 것으로 인정되는 경우에는 그 가액을 산입하지 아니한다고 규정하고 있는데 여기서 회수불가능한 경우에 관한 판단기준으로는 법인세법이나 소득세법상의 대손금의 인정기준이 준용될 수 있을 것이다. 그런데 앞서 순자산가치법에서도 언급하였듯이 채권이 회수불가능에까지 이르지는 아니하였지만 회수가 곤란한 사정이 있을 때 이를 채권의 평가에 반영할 수 있는지 여부의 문제가 있다. 위 시행령 규정은 이에 관한 언급이 없다. 법인세법이나 소득세법, 그리고 기업회계기준에서 인정하고 있는 대손충당금은 회수가능성에 대한 평가를 하여 일정 비율만큼의 대손율을 추정하고 이를 채권의 평가성 충당금인 대손충당금으로 설정하도록 하면서 그 설정액을 미리 손금이나 필요경비로 인정해주는 제도이다. 상증세법상의 채권의 평가에도 이러한 제도를 도입할 수 있는지가 검토되어야 한다.

이에 관하여 대법원 2014. 8. 28. 선고 2013두26989 판결은, 상속재산의 가액은 상속개시일 현재의 시가에 의하는 것이 이상적이지만 현실적으로는 시가를 산정하는 것이 어려운 경우가 많으므로, 상증세법 제60조는 제1항에서 시가주의 원칙을 선언하면서 제3항에서 시가를 산정하기 어려운 경우에는 당해 재산의 가치를 적절히 반영하고 있는 것으로서 객관성과 합리성이 있다고 인정되는 보충적 평가방법에 의하여 평가한 가액으로 시가를 갈음할 수 있도록 규정하고 있는데, 그 취지와 관련 규정의 체계, 응능과세원칙 등에 비추어 보면, 상속재산인 금전채권의 전부 또는 일부가 상속개시일 현재 회수 불가능한 것으로 인정되지는 아니하더라도, 상속개시일 당시에 이미 채무자의 자금사정이 어려워 상당 기간 채권의 회수가 지연되거나 채무자의 신용상태가 급격히 악화되는 등 그 회수 가능성을 의심할 만한 중대한 사유가 발생하여 액면금액에 상속개시일까지의 미수이자 상당액을 가산한 금액으로 그 채권의 가액을 평가하는 것이 현저히 불합리하다고 인정되는 경우에는 그 금액을 상속재산의 가액으로 평가할 수 없고, 다른 객관적이고 합리적인 방법에 의하여 평가하여야 할 것이라고 판시하였다. 타당한 판결이다. 다만, 이 판결에서 다른 객관적이고 합리적인 평가방법에 관하여는 구체적으로 언급하고 있지 않다는 점이 아쉽다.

결국은 회수가능성에 관한 전문기관의 객관적이고 공정한 평가에 따를 수밖에 없을 것으로 보인다. 예를 들어 채권의 액면금액이 1억 원인데 평가기준일 현재 회수가능성이 20% 정도에 이른다고 평가될 수 있다면 20,000,000원으로 평가하는 방법이 있을 수 있고, 담보가 되는 재산의 가액을 사정하여 그 가액대로 평가하는 방법도 있을 수 있다. 국채 등의 평가에 관한 상증세법 시행령 제58조 제1항 제2호 (나)목, 상증세법 시행규칙 제18조의2 제1항 등을 참고하여 적절한 평가방법이 강구되어야 한다는 견해도 있다.[16)]

요컨대 현행법에서는 채권의 평가를 이분법에 의존하여 회수가능한 것과 회수불가능한 것으로만 구분하고 있지만 그 중간의 어디쯤인 것들이 많고 이에 대하여는 평가성 충당금을 통하여 합리적으로 평가할 수 있는 길이 열려야 한다.

그리고 앞서 비상장주식의 순자산평가에서도 언급하였듯이, 평가기준일 현재에는 채권이 회수가능하였으나 사후에 사정변경으로 회수불가능하게 되었다고 하더라도 이러한 사정은 반영되어서는 아니될 것이고, 반대로 그 당시에는 회수불가능하였으나 사후에 사정변경으로 회수가능하게 되었다고 하더라도 이는 별도로 법인세나 소득세의 과세대상이 됨은 별론으로 하고 상속세나 증여세의 과세대상으로서는 고려되어서는 아니 될 것이다.

8. 보험계약상 지위의 평가

상속에 의하여 피상속인의 보험계약상 지위를 상속받은 경우가 있다. 그런데 보험계약의 내용에 따라 그 상속되는 내용이 달라질 수 있어 이를 평가하는 것이 간단하지가 않고 특히 상증세법에서는 이러한 경우의 평가규정이 제대로 구비되어 있지 않다. 상증세법 제8조 제1항은 피상속인의 사망으로 인하여 받는 생명보험 또는 손해보험의 보험금으로써 피상속인이 보험계약자인 보험계약에 의하여 받는 것은 상속재산으로 본다고 규정하고 있으나 이는 생명보험이나 손해보험에만 적용될 수 있는 규정이다. 그러나 실제로 보험계약은 매우 다양하여 위 규정을 적용할 수 없는 경우가 많다. 그렇다고 해서 평가를 포기할 수도 없는 노릇이어서 가장 적정하고 합리적인 평가방법을 강구할 수밖에 없다.

이에 관하여 대법원 2016. 9. 23. 선고 2015두49986 판결은, 피상속인에게 귀속되는 보험계약상 지위는 여러 권리를 발생시키는 것이고 그 자체의 시가를 곧바로 산정할 수 있는 적절한 방법이 없는 반면, 상속개시시점에 보험계약을 해지하거나 청약을 철회하여 지급받을 수 있는 각종 환급금 등 그 보험계약상 여러 권리의 금전적 가치를 산정할 수 있고 그와 같은 권리들이 서로 양립할 수 없는 관계에 있다면, 특별한 사정이 없는 한 그러한 권리들의 가액 중 가장 높은 것이 해당 상속재산의 재산적 가치에 가장 부합한다고 할 것이므로, 이를 기준으로 상속세를 부과할 수 있다고 판시하였다.

사안의 요지는 다음과 같다. P는 2012. 5. 30. 및 2012. 6. 5. 계약자 및 수익자를 P로, 피보험자를 원고 A로, 일시납 보험료를 540,000,000원 및 500,000,000원으로 정한 즉시연금보험계약 2건을 체결하였고, 2012. 6. 4. 및 2012. 6. 5.에도 계약자 및 수익자를 P로, 피보험자를 원고 B로, 일시납 보험료를 각 500,000,000원으로 정한 즉시연금보험계약 2

---

16) 조윤희, "상속재산인 금전채권의 평가", 조세와 법 7, 서울시립대학교 법학연구소

건을 체결하였으며, 그 보험료 합계 2,040,000,000원을 모두 납부하여 그 보험계약상의 권리를 취득하였다. P가 2012. 6. 18. 사망하자 배우자인 C와 자녀인 원고들이 위 즉시연금보험의 계약상 권리를 포함한 P의 재산을 상속하였다. 원고들은 2012년 12월경 위 즉시연금보험의 계약상 권리가 상증세법 제65조 제1항 및 상증세법 시행령 제62조에 정한 정기금을 받을 권리에 해당한다고 보아 그 상속재산가액을 1,466,223,468원으로 평가하여 신고하였다. 그러나 과세관청은 2013. 11. 1. 위 즉시연금보험에 의한 정기금 지급이 개시되기 전에 상속이 이루어졌으므로 P가 납부한 보험료를 상속받은 것으로 보아야 한다는 이유로 위 즉시연금보험의 가액을 납입보험료인 2,040,000,000원으로 평가하였다.

이에 대하여 대법원은, 원고들은 즉시연금보험의 계약상 권리를 상속받음에 따라 그 청약을 철회하거나 계약을 해지하고 보험료를 환급받을 수 있는 권리를 취득하게 되었는데, 즉시연금보험의 약관에 의하면 보험계약자는 청약한 날부터 15일 이내에 청약을 철회하고 납입한 보험료 전액을 환급받거나 계약이 소멸하기 전에 언제든지 계약을 해지하고 미리 정해진 산출방법에 따라 계산된 해지환급금을 지급받을 수 있도록 되어 있으므로 즉시연금보험의 보험료 환급권의 가액은 청약철회기간 내에 상속이 개시된 경우에는 납입보험료 전액이고 그 이후에 상속이 개시된 경우에는 약관에 따라 계산되는 해지환급금 상당액이라고 봄이 타당하며, 원고들이 상속개시일 당시 실제로 즉시연금보험의 청약을 철회하거나 계약을 해지한 바 없었다고 하여 보험료 환급권을 취득하지 아니하였다고 보거나 그 가액을 달리 산정하여야 할 것은 아니라고 판시하였다. 나아가 원고들은 즉시연금보험을 유지한 채 연금개시시점 전에는 생활자금을, 연금개시시점 후에는 종신연금을 지급받을 수 있는 지위도 아울러 취득하였으나, 약관에 의하면 생활자금은 '매월 또는 매년 보험계약 해당일에 보험계약이 유효할 것'을, 종신연금은 '피보험자가 매년 연금지급 해당일에 살아 있을 것'을 각각 보험사고로 하여 그와 같은 보험사고가 발생하여야 비로소 받을 수 있는데다가 액수 역시 매년 해당일을 기준으로 변동되는 공시이율에 연동되는 것이어서 상속개시일 당시에는 앞으로 생활자금 또는 종신연금을 받을 수 있는지의 여부 및 그 정확한 액수를 알 수 없고, 상속개시일이 속하는 해에 받을 수 있는 액수를 바탕으로 상증세법 시행령 제62조를 적용하여 가액을 추산하여 보더라도 그와 양립할 수 없는 즉시연금보험의 보험료 환급권의 가액보다 적은 이상 이를 원고들의 상속재산의 가액이라고 볼 수는 없다고 판시하였다. 그래서 결론적으로 상속개시일 당시를 기준으로 한 보험료 환급금의 가액이 원고들의 상속재산인 즉시연금보험의 계약상 권리의 재산적 가치에 가장 부합하는 금액이라고 봄이 타당하다는 것이었다.

이 사안에서의 즉시연금보험은 보험계약을 해제할 경우 지급받게 될 환급금액이 보험계약을 유지할 경우 장래 지급받게 될 연금의 현재가치보다 더 높은 특이한 보험이었다.

이러한 경우 시가를 상속인의 선택에 따라 보험계약을 해제하였는지 여부에 따라 평가한다면 객관적인 시가가 상속인의 주관적 선택에 따라 달라지는 결과가 되어 부당하다. 그래서 대법원은 상속개시 당시 상속인이 선택할 수 있는 대안들 중 가장 높은 가액을 시가로 보겠다는 것으로서 객관적이고 합리적인 평가방안이라고 할 수 있겠다. 요컨대 상증세법에서 명시적으로 정하고 있는 평가방법이 없다고 해서 그 평가를 포기하면 상속재산이 있음에도 상속세의 과세공백이 생기는 불합리가 있으므로 관련 규정들을 종합하여 가장 합리적인 방법을 강구하여 평가해야 한다고 하겠다.

9. 소송 중인 권리의 평가

상증세법 제65조 제1항 및 그 시행령 제60조 제1항 제3호는 소송 중인 권리의 가액은 평가기준일 현재의 분쟁관계의 진상을 조사하고 소송진행의 상황을 고려한 적정가액으로 평가한다고 규정하고 있다. 규정 자체로 보면 참 막연하다. 평가기준일 현재로서는 진행중인 소송의 최종 결과가 어떻게 될 지를 예측하는 것이 쉽지 않다. 승소율을 예측하여 가액을 산정하기도 쉽지 않다. 여하튼 적정가액을 평가하지 않을 수 없으니 전문 감정인의 도움을 받아야 할 것이고, 객관적인 척도가 없는 만큼 납세자에게 유리하게끔 보수적으로 평가하는 것이 합리적이라고 본다. 그 후 소송이 확정되어 소송 중인 권리의 가액이 당초 신고 납부시의 평가액과 다르게 결정된 경우에는 납세자는 후발적 경정청구 등을 통하여 불이익을 구제받을 수 있을 것이다.

그런데 적정가액에 관한 다툼으로 과세처분취소소송이 제기되었을 경우, 그 취소소송의 변론종결 이전에 소송 중인 권리의 가액이 법원 판결에 의하여 확정되었다면 그 판결가액에 따르는 것이 비록 사후적 판단이긴 하지만 객관성을 갖춘 적정한 가액이라고 할 것이다. 같은 취지에서, 대법원 2024. 5. 9. 선고 2021두36080 판결은, 상속개시 당시 그 귀속에 관한 다툼이 진행 중이던 A 명의 주식은 '소송 중인 권리'에 해당하지만, 관련 확인소송의 판결에 의하여 그 주식의 귀속주체가 피상속인임이 확정되었다면, 그 판결에 따라 확정된 권리의 가액인 A 명의 주식의 상속개시 당시 시가를 기초로 상속재산가액을 산정할 수 있다고 판시하였다. 그리고 대법원 2005. 5. 26. 선고 2003두6153 판결은 상속개시 당시에 A사가 광주군수를 상대로 취득세부과처분취소소송을 제기하여 소송 계속중에 있다가 그 후 상속세부과처분 이전에 취득세부과처분에 대한 취소판결이 확정되어 기왕에 납부한 취득세를 모두 환급받았다면, A사의 순자산가액을 평가함에 있어서는 위 판결에 의하여 확정된 취득세환급금을 포함하여 평가하여야 한다고 판단하였다.

신고와 납부

1. 신고

　상증세법 제67조는 상속세 과세표준의 신고에 관하여, 제1항에서 상속세 납부의무가 있는 상속인 또는 수유자는 상속개시일이 속하는 달의 말일부터 6개월 이내에 상속세의 과세가액 및 과세표준을 납세지 관할 세무서장에게 신고하도록 하고, 제2항에서 그 신고를 할 때에는 그 신고서에 상속세 과세표준의 계산에 필요한 상속재산의 종류, 수량, 평가가액, 재산분할 및 각종 공제 등을 증명할 수 있는 서류 등을 첨부하도록 하며, 제3항은 제1항의 기간은 유언집행자 또는 상속재산관리인에 대해서는 그들이 제1항의 기간 내에 지정되거나 선임되는 경우에 한정하며, 그 지정되거나 선임되는 날부터 계산하도록 하고 있다. 다만, 제4항에서 피상속인이나 상속인이 외국에 주소를 둔 경우에는 제1항의 기간을 9개월로 하도록 하고, 제5항은 제1항의 신고기한까지 상속인이 확정되지 아니한 경우에는 제1항의 신고와는 별도로 상속인이 확정된 날부터 30일 이내에 확정된 상속인의 상속관계를 적어 납세지 관할 세무서장에게 제출하도록 하고 있다.

　그리고 제68조는 증여세 과세표준의 신고에 관하여, 제1항은 증여세 납부의무가 있는 자는 증여받은 날이 속하는 달의 말일부터 3개월 이내에 증여세의 과세가액 및 과세표준을 납세지 관할 세무서장에게 신고하도록 하고, 다만 비상장주식의 상장 또는 법인의 합병 등에 따른 증여세 과세표준 정산 신고기한은 정산기준일이 속하는 달의 말일부터 3개월이 되는 날로 하며, 제45조의3 및 제45조의5에 따른 증여세 과세표준 신고기한은 수혜법인 또는 특정법인의 법인세법 제60조 제1항에 따른 과세표준의 신고기한이 속하는 달의 말일부터 3개월이 되는 날로 하도록 하고 있으며, 제2항은 그 신고를 할 때에는 그 신고서에 증여세 과세표준의 계산에 필요한 증여재산의 종류, 수량, 평가가액 및 각종 공제 등을 증명할 수 있는 서류 등을 첨부하도록 하고 있다.

제69조에서는 위와 같이 신고기한 내에 상속세나 증여세를 신고한 경우에는 7%의 신고세액공제를 인정해주고 있고, 반대로 그 신고기한을 넘기게 되면 신고불성실가산세를 부과하게 된다. 따라서 신고기한의 준수 여부에 따라 부담세액이 크게 달라진다고 할 수 있다.

신고기한과 관련하여 상증세법 제67조가 2014. 1. 1. 개정되기 전에는 제3항에서 유언집행자나 상속재산관리인이 선임된 경우 제1항의 기간은 유언집행자 또는 상속재산관리인이 지정되거나 선임되어 직무를 시작하는 날부터 계산하도록 규정하고 있었다. 민법에는 상속재산관리인으로 4가지 종류가 있는데, 그 선임시기에 별다른 제한을 가하지 않고 있다. 이 때문에 위 개정 전 규정의 문언을 그대로 따를 경우 상속인들이 당초 상속세 신고·납부기한이 도과되도록 신고·납부의무를 이행하지 않더라도 나중에 위 4가지 유형의 상속재산관리인 중에 하나를 선임하기만 하면 그때부터 새로이 신고기한이 부여되므로 신고·납부불성실 가산세를 면할 수 있게 되어 조세공평의 원칙에 반하는 불합리한 결과가 초래된다. 이러한 문제점을 해소하기 위하여 2014. 1. 1. 개정되면서 본래의 상속세 과세표준 신고기한 내에 선임된 경우에 한하여 그 선임일부터 다시 신고기간이 기산되도록 하였다.

위와 같이 개정되기 전의 사안에서 대법원 2014. 8. 26. 선고 2012두2498 판결은, 상속인이 상증세법 제67조 제1항이 정한 신고기한 내에 상속세의 과세가액 및 과세표준을 신고하지 아니한 때에 곧바로 그에 따른 신고세액불공제, 가산세 등의 법적 효과가 발생하는 점, 2014. 1. 1. 개정된 상증세법 제67조 제3항도 '제1항의 기간은 유언집행자 또는 상속재산관리인에 대해서는 그들이 제1항의 기간 내에 지정되거나 선임되는 경우에 한정하며, 그 지정되거나 선임되는 날부터 계산한다.'라고 규정하고 있는 점 등에 비추어 보면, 구 상증세법 제67조 제1항이 정한 신고기한이 지난 후에 상속재산관리인이 선임된 경우에는 특별한 사정이 없는 한 상속재산관리인이 선임되어 직무를 시작하는 날부터 새로이 상속세의 신고기한이 기산된다고 할 수 없다고 판시하였다. 조세공평의 원칙이 훼손되는 것을 방지하기 위하여 입법의 공백을 합목적적 해석으로 보완한 사례로 평가할 수 있겠다. 구체적 타당성의 측면에서 충분히 수긍할 수 있는 판결이다.

2. 물납

가. 관련 규정

상증세법 제73조 제1항은, 관할 세무서장은 그 각 호의 요건을 모두 갖춘 경우에는 대통령령으로 정하는 바에 따라 납세의무자의 신청을 받아 물납을 허가할 수 있으되, 다만 물납을 신청한 재산의 관리·처분이 적당하지 아니하다고 인정되는 경우에는 물납허가를 하지 아니할 수 있다고 규정하면서, 제1호에서 상속재산(상속재산에 가산하는 증여재산을 포함한다) 중 부동산과 유가증권(국내에 소재하는 부동산 등 대통령령으로 정하는 물납에 충당할 수 있는 재산으로 한정한다)의 가액이 해당 상속재산가액의 2분의 1을 초과할 것을, 제2호에서 상속세 납부세액이 2천만 원을 초과할 것을, 제3호에서 상속세 납부세액이 상속재산가액 중 대통령령으로 정하는 금융재산의 가액을 초과할 것을 각 규정하고 있다. 상증세법 제73조가 2015. 12. 15. 개정되기 전에는 증여세에 있어서도 물납을 허용하였으나 위와 같이 개정되면서 상속재산에 가산하는 증여재산에 대한 상속세 외에 일반적인 증여세에 대하여는 물납을 허용하지 않고 있다. 이러한 개정은 물납으로 인한 세수의 일실을 방지하기 위한 것이라고 한다.

그리고 상증세법 시행령 제70조는 물납의 신청과 허가에 관하여는 연부연납에 관한 제67조의 규정을 준용하되, 물납신청의 허가기한은 원칙적으로 그 신청을 받은 날로부터 14일 이내로 하고, 그 허가를 한 날부터 30일 이내의 범위에서 물납재산의 수납일을 지정하여야 하며, 그 수납일까지 수납이 이루어지지 아니하는 때에는 해당 물납허가는 그 효력을 상실하도록 규정하고 있다. 제71조는 물납신청을 받은 재산이 지상권·지역권·전세권·저당권 등 재산권이 설정된 경우, 물납신청한 토지와 그 지상건물의 소유자가 다른 경우, 토지의 일부에 묘지가 있는 경우, 기타 이와 유사한 경우로서 관리·처분상 부적당하다고 인정하는 경우에는 물납허가를 하지 아니하거나 다른 물납대상재산으로의 변경을 명할 수 있도록 하고 있고, 제73조 제1항은 물납을 신청할 수 있는 납부세액은 상속재산 중 물납에 충당할 수 있는 부동산 및 유가증권의 가액에 대한 상속세 납부세액을 초과할 수 없도록 하고, 제2항은 상속재산이 부동산 및 유가증권 중 제1항의 납부세액을 납부하는 데 적합한 가액의 물건이 없을 때에는 제1항에도 불구하고 해당 납부세액을 초과하는 납세세액에 대해서도 물납을 허가할 수 있도록 규정하고 있다. 마지막으로 상증세법 시행령 제75조는 물납에 충당할 부동산 및 유가증권의 수납가액은 원칙적으로 상속재산의 가액으로 하도록 규정하고 있다.

나. 물납세액의 범위

상증세법 제73조 제2항에서는 물납에 충당할 수 있는 재산의 범위, 관리·처분이 적당하지 아니하다고 인정되는 경우, 그 밖에 물납절차 및 물납신청에 필요한 사항을 그 시행령에 위임하고 있는데, 상증세법 시행령 제73조 제1항은 물납할 수 있는 납부세액의 범위를 제한하고 있어서 모법의 위임범위를 벗어나는 것이 아닌지에 관한 논란이 있었다.

이에 대하여 대법원 2013. 4. 11. 선고 2010두19942 판결은, 물납제도는 조세의 현금납부원칙에 대한 예외로서 인정되는 것이고, 위 법률 규정이 물납이 허용되는 재산의 범위를 부동산과 유가증권으로 한정하고 있는 점에 비추어 보면, 그 취지가 상속세 납부세액 전부에 대하여 물납을 허용하려는 데 있다고 보기 어려울 뿐 아니라 위 법률 규정 제2항의 문언에 의하더라도 물납신청의 방법과 허가의 절차뿐만 아니라 물납의 허가에 관한 사항도 그 시행령에서 정하도록 위임한 것으로 보이므로, 그 시행령 제73조 제1항이 물납이 허용되는 납부세액의 한도를 규정한 것은 위 법률 규정의 위임에 근거한 것이라고 할 것이고, 위 법률 규정이 상속재산 중 부동산과 유가증권의 가액이 차지하는 비율을 물납요건의 하나로 규정하면서 물납이 허용되는 재산을 부동산과 유가증권으로 한정하고 있는 점에 비추어 보면, 그 시행령 제73조 제1항이 물납을 청구할 수 있는 납부세액의 한도를 '당해 상속재산인 부동산 및 유가증권의 가액에 대한 상속세 납부세액'으로 규정한 것이 위 법률 규정의 취지에 반한다고 볼 수도 없다고 판시하였다.

그리고 위 대법원 판결은 상증세법 시행령 제73조 제2항의 적용범위에 관하여는, 위 규정의 취지가 물납이 허용되는 상속재산은 있으나 이를 같은 조 제1항에서 규정한 물납을 청구할 수 있는 납부세액에 맞추어 분할할 수 없어 그 납부세액조차도 물납할 수 없게 되는 것을 방지하려는 데에 있으므로, 위 규정에서 말하는 '상속재산인 부동산 및 유가증권 중 제1항의 납부세액을 납부하는 데 적합한 가액의 물건이 없을 때'란 물납할 재산의 수납가액이 시행령 제73조 제1항에서 규정한 물납을 청구할 수 있는 납부세액의 한도인 '당해 상속재산인 부동산 및 유가증권에 대한 상속세액'을 초과하는 경우를 의미한다고 보아야 하고, 여기에다 물납제도는 조세의 현금납부원칙에 대한 예외로 특별히 인정된 것이라는 점과 상증세법이 물납제도와는 별도로 연부연납제도를 마련하고 있는 점 등을 아울러 고려하면, 세무서장은 특별한 사정이 없는 한 시행령 제73조 제2항에서 규정하고 있는 위와 같은 요건이 갖추어진 경우에만 시행령 제73조 제1항에서 규정한 한도를 초과하여 물납을 허가할 수 있다고 판시하였다.

즉 물리적으로 물납재산을 분할할 수 없는 경우에 국한하여 위 규정이 적용되어야 하며, 분할하는 것이 경제적으로 불합리한 경우까지 위 규정의 적용대상으로 삼을 수 없다는 엄격한 입장이다. 그래서 1주 단위로 물납을 할 수 있는 비상장주식은 당해 상속재산인 부동산 및 유가증권의 가액에 대한 납부세액에 상당하는 수량을 물납하는 방법으로 그 납부세액을 납부할 수 있으므로 특별한 사정이 없는 한 시행령 제73조 제2항에서 규정한 '상속재산인 부동산 및 유가증권 중 제1항의 납부세액을 납부하는 데 적합한 가액의 물건이 없을 때'에 해당한다고 볼 수 없고, 상속재산인 비상장주식 중 일부에 대하여만 물납을 허가할 경우 나머지 부분의 경제적 가치가 잔존 비율만큼 유지되지 않을 수 있다고 하여 달리 볼 것은 아니라고 판시하였다.

다. 물납의 수납가액

앞서 본 바와 같이 상증세법 시행령 제75조는 물납에 충당할 부동산 및 유가증권의 수납가액은 원칙적으로 상속재산의 가액으로 하도록 규정하고 있다. 이는 평가기준일인 상속개시일이나 증여일을 기준으로 재산가액을 평가하여 상속세나 증여세가 확정되기 때문에 물납재산의 수납가액은 원칙적으로 과세가격 계산의 기준이 되었던 해당 재산의 평가기준일 현재의 가액으로 하도록 하는 것이다.

여기서 과세가액이 변경되면 물납의 수납가액도 변경되는지가 문제된다. 이러한 문제는 당해 물납재산에 대한 과세가액의 변경으로 인한 증액이나 감액경정처분이 이루어진 것을 전제로 하는 것이므로 그와 같은 경정처분이 없는 경우에는 설령 경제사정의 변화로 인하여 물납재산의 실질적 가치가 증가되거나 감소되더라도 수납가액을 변경할 수 없음은 당연하다.

상증세법 시행령 제75조에 말하는 상속재산의 가액은 상속세 과세가액을 의미하므로 당해 상속재산(물납재산)의 가액이 변경되면 수납가액도 변경된다고 보아야 할 것이다. 따라서 당초 과세처분시 기초가 된 상속재산의 가액이 물납 이후 과세관청의 경정에 의하여 증액됨에 따라 상속세 증액경정처분이 이루어진 경우에는 당초의 수납가액도 증액된 상속재산의 평가액에 따라 증액된다고 보아야 한다. 이와 달리, 상증세법 시행령 제75조에서 말하는 수납가액은 당초 평가된 상속재산의 가액을 의미하는 것으로서 물납허가 당시 한번 결정된 수납가액은 변경될 수 없다고 보게 되면, 상속세 증액경정처분을 함에 있어서는 증액된 평가액을 기준으로 하면서도 이미 이루어진 물납의 수납가액에 대하여는 당초의 수납가액을 기준으로 한다는 것으로서, 당해 증여재산을 물납재산으로 하는 물납제도의 취지에도 맞지 않을 뿐만 아니라, 납세의무자에게 지나치게 가혹한 결과라고 할 것이다. 같은 취지에서 대법원 2014. 1. 16. 선고 2013두17305 판결은, '물납에 충당할 부동산 및 유가증권의 수납가액'은 과세표준 계산의 기초가 된 당해 물납재산의 가액,

즉 과세가액을 의미하는 것이므로, 그 과세가액이 과세관청의 경정이나 법원의 판결에 따라 변경됨으로써 증액이나 감액경정처분 등이 이루어진 때에는 특별한 사정이 없는 한 수납가액도 변경된 과세가액에 따라 변경되는 것으로 보아야 하고, 그 후 물납재산이 공매로 매각·처분되었다는 사정만으로 공매로 매각·처분된 가액으로 수납가액이 변경되는 것은 아니라고 판시하였다. 대법원 2012. 7. 12. 선고 2011다443 판결도 같은 취지이다.

라. 물납재산의 환급

국세기본법 제51조의1 제1항은 상속세 등을 물납한 후 그 부과의 전부 또는 일부를 취소하거나 감액하는 경정결정에 따라 환급하는 경우 해당 물납재산으로 환급하도록 하면서, 다만 그 물납재산이 매각되었거나 다른 용도로 사용되고 있는 경우에는 현금으로 환급하도록 하고 있다.

물납재산의 환급이라 함은, 국가가 법률상 원인 없이 수령하거나 보유하고 있는 물납재산을 환급하여야 하는 것을 의미하므로, 당해 물납재산의 과세가액이 감액됨에 따라 감액경정처분이 이루어진 경우 그 물납재산을 환급함에 있어서 그 범위는 무엇보다도 먼저 국가가 법률상 원인 없이 보유하게 된 물납재산이 얼마인지를 판단하여야 하는데, 이는 결국 국가가 정당하게 보유하고 있는 부분이 얼마인지 문제로 귀착된다. 국가가 정당하게 보유하고 있는 물납재산의 범위는 과세가액이 감액됨으로써 그에 따라 변경된 수납가액을 기준으로 물납에 의하여 지급받은 세액이 얼마인지 여부를 판단한 후 그 범위를 초과하는 부분을 환급하여야 할 것이다. 이렇게 보는 것이 물납 이후에 물납재산의 과세가액이 증감되어 이에 따라 증액경정처분이나 감액경정처분이 있는 경우 그 증감분만큼 물납의 수납가액도 변경된다고 보는 것에 논리적으로 부합하는 해석이라고 하겠다.

다만, 이러한 해석에 대하여는, 당초부터 과세관청이 과세가액을 높게 평가하지 않고 정당하게 평가하였다면 당연히 상속세액도 그에 비례하여 낮았을 것이고, 따라서 납세의무자로서는 그 낮은 상속세의 납부에 대하여는 굳이 물납을 선택하지 않았을 수도 있으므로 환급함에 있어서는 당초 수납가액을 기준으로 환급하도록 하고 당초 수납가액에 따른 환급액과 정당한 세액과의 차액에 대하여는 금전으로 납부하는 것을 허용하는 것이 물납 제도의 취지에 부합한다는 비판이 있을 수 있으나, 이는 부당이득반환의 기본적인 법리에 어긋난다고 할 것이다. 즉, 부당이득의 반환이라 함은 부당이득자가 자신이 적법하게 보유할 원인 없이 부당이득한 부분을 반환하는 것이므로, 먼저 적법하게 보유할 권한이 있는 부분을 확정한 후 그 초과하는 부분만을 반환하여야 하는데, 위 비판에 의할 경우에는 국가로서는 자신들이 적법하게 보유할 권한이 있는 부분까지도 반환한 후 그 후 또 다시 초과 반환분에 대하여 금전으로 추가로 납부받아야 한다는 것으로서, 명문의 규정이 없는 이상 이를 받아들이는 것은 부당이득반환의 법리에 어긋난다.

과세관청이 물납받은 후 그 부과처분이 무효로 밝혀졌거나 전부 취소된 경우, 국가가 그 물납재산을 공매하지 않고 그대로 보유하고 있다면 이를 전부반환하면 되므로 별다른 문제가 없다. 당해 물납재산인 상속재산에 대한 과세가액의 감액으로 인하여 감액경정처분이 이루어진 경우에는 수납가액도 그에 따라 감액하고 그 감액된 수납가액 중 물납하여야 할 세액을 초과하는 부분의 비율만큼 물납재산을 환급하면 될 것이다. 예를 들어 상속받은 주식이 5,000주임을 전제로 1주당 10,000원으로 평가하여 상속세 과세가액을 50,000,000원으로 산정한 후 그에 대한 상속세액 5,000,000원을 위 주식 500주로 물납하였는데, 나중에 상속받은 주식이 4,000주에 불과하고 그 주식의 1주당 평가액도 7,000원인 것으로 밝혀져 상속세 과세가액이 28,000,000원으로 산정되어 그에 대한 상속세액이 2,800,000원으로 감액결정되었다면, 물납재산의 수납가액은 3,500,000원이 되고 그것이 물납해야 할 상속세 2,800,000원을 초과하는 비율인 20%에 상당하는 물납주식 100주를 환급하면 될 것이다.

그리고 당해 물납재산인 상속재산에 대한 과세가액의 감액으로 인하여 감액경정처분이 이루어진 경우에, 과세관청이 이미 공매하는 등의 사유로 물납재산을 보유하고 있지 않다면 금전으로 환급하여야 하는데 그 금액을 얼마로 볼 것인지가 문제되는데, 여기서도 변경되어 감액된 수납가액을 기준으로 하여 납부하여야 할 세액을 초과하는 부분의 금액을 반환하는 것이 타당하다. 같은 취지에서, 대법원 2010. 8. 26. 선고 2010다25018 판결은, 원고는 주식 1,507주를 증여받은 후, 직전의 공매가액이었던 1주당 285,880원으로 계산하여 증여세로 82,092,150원을 자진신고·납부하였으나 과세관청은 증여주식의 가액을 1주당 1,070,866원으로 평가하여 추가로 증여세 539,959,940원을 부과하였고, 이에 원고는 위 주식을 1주당 1,070,866원으로 평가하여 504주를 물납한 후 제기한 항고소송에서 위 공매가액을 위 주식의 시가로 보아 자진납부한 세액이 정당하다는 취지의 판결이 확정되자, 과세관청이 종전의 증여세 고지세액 539,959,940원 중 532,159,940원을 감액하는 감액경정처분을 하였으나, 그 전에 위 물납주식이 공매를 통해 원고에게 1주당 693,099원에 매각·처분된 관계로, 물납재산의 환급을 위하여 위 물납주식 504주의 가액을 위 항고소송의 판결에서 과세가액으로 인정된 1주당 285,880원으로 계산한 161,467,850원(환급가산금 포함)을 원고에게 환급한 사안에서, 그 환급액은 정당하다고 판단하였다.

제6편

국제조세법

총설

　요즘과 같은 글로벌 시대에는 개인이나 기업의 활동영역이 국경을 넘어서는 국제거래가 일반화되어 있어서 국내의 세법만으로 이에 따른 조세문제를 해결할 수 없어 국제조세분야에 대한 관심이 커지고 있다. 국제거래에 대하여는 필연적으로 여러 나라의 과세권이 개입하게 되므로 과세권의 충돌이 있을 수 있어 이에 대한 조정이 필요하다. 그래서 각국 간에 조세조약을 체결하여 과세권의 행사를 조정하고 있다. 그리고 우리나라와 같이 국제조세조정에 관한 법률과 같은 내국법을 두어 국제거래에 대한 과세권을 규율하기도 한다.

　국제조세조정에 관한 법률은 제1조의 목적에서도 언급하고 있는 바와 같이 국제거래에 관한 조세의 조정 및 국가 간의 조세행정 협조에 관한 사항을 규정함으로써 국가 간의 이중과세 및 조세회피를 방지하고 원활한 조세협력을 도모함을 목적으로 한다. 그 외에도 법인세법이나 소득세법에서 외국법인이나 단체, 비거주자 등의 소득에 관한 과세에 관한 규정을 두어 국제거래를 규율하고 있다.

　국제조세의 본질적인 영역은 조세조약 등에 의한 국가간의 과세권의 조정에 있다고 할 것인데, 정작 국제조세에 있어서 쟁송이 많은 영역은 유리한 조세조약에 편승하거나 불리한 조세조약을 기피하기 위한 비정상적이고 변칙적인 국제거래에 대하여 실질과세의 원칙을 적용하는 것이라고 하겠다.

　최근 몇 년 사이에 대법원의 판결도 이 분야에 집중되어 있었다고 할 수 있다. 그리고 국제거래에 있어서도 국내거래와 마찬가지로 특수관계자인 해외 자회사 등과의 관계에서 조세부담을 덜기 위한 목적으로 비정상적인 거래를 하는 경우가 많아 이에 대한 과세문제가 중요한 분야로 자리매김하고 있는데 이것이 이전가격세제이다. 아울러 각국 간에 체결한 조세조약의 해석·적용문제도 조세쟁송의 쟁점으로 자주 등장하고 있다. 그 밖에도 과소자본세제나 특정외국법인의 유보소득에 대한 합산과세문제가 가끔 등장하고 있다.

제2장

실질과세원칙의 적용

1. 관련 규정

국제조세조정에 관한 법률 제3조는, 제1항에서 국제거래에서 과세의 대상이 되는 소득, 수익, 재산, 행위 또는 거래의 귀속에 관하여 사실상 귀속되는 자가 명의자와 다른 경우에는 사실상 귀속되는 자를 납세의무자로 하여 조세조약을 적용한다고 하고, 제2항에서 국제거래에서 과세표준의 계산에 관한 규정은 소득, 수익, 재산, 행위 또는 거래의 명칭이나 형식과 관계 없이 그 실질 내용에 따라 조세조약을 적용한다고 하며, 제3항에서 국제거래에서 조세조약 및 이 법의 혜택을 부당하게 받기 위하여 제3자를 통한 간접적인 방법으로 거래하거나 둘 이상의 행위 또는 거래를 거친 것으로 인정되는 경우에는 그 경제적 실질에 따라 당사자가 직접 거래한 것으로 보거나 연속된 하나의 행위 또는 거래로 보아 조세조약과 이 법을 적용한다고 하고 있다. 이는 2006. 5. 24. 신설된 규정으로서 국세기본법 제14조의 실질과세의 원칙에 관한 규정과 거의 흡사하다. 실질과세의 원칙을 국제거래에도 적용하기 위한 근거 규정이라고 할 수 있다. 특히 위 규정에서는 조세조약을 적용함에 있어서도 실질과세의 원칙이 적용될 수 있음을 선언함으로써 유리한 조세조약에 편승하거나 불리한 조세조약을 피하기 위하여 비정상적인 거래의 외관을 작출한 경우 실질과세의 원칙에 의하여 그 외관을 부인할 수 있도록 하고 있다. 그동안 대법원이 조세조약의 해석·적용에 있어서도 실질과세원칙이 적용될 수 있다는 입장을 누차 밝혀왔는데, 이러한 입장이 입법에 반영된 것으로 평가할 수 있겠다.

여기서 더 나아가 구 국제조세조정에 관한 법률이 2019. 12. 31. 개정되면서 제4항이 신설되어 제3항의 우회거래를 통하여 우리나라에 납부할 조세부담이 대통령령으로 정하는 비율(50%) 이상으로 현저히 감소하는 경우[해당 우회거래의 금액 및 우리나라에 납부할 조세부담의 감소된 금액 등이 대통령령으로 정하는 요건에 해당하는 경우(우회거래의 금액이 10억 원 이하이면서 조세부담 감소액이 1억 원 이하인 경우)는 제외한다] 납세의무자가 해당 우회거래에 정당한 사업목적이 있다는 사실 등 조세를 회피할 의도가 없음을 입증하지 아니하면 조세조약 및 이 법의 혜택을 부당하게 받기 위하여 거래한 것으로 추정하여 제3항을 적용한다고 규정하고 있다. 국제거래의 경우 과세자료가 해외에 편재되어 있는 경우가 많아 과세관청의 입증책임이 곤란한 점을 고려하여 그 입증책임을 납세자에게 전가하는 규정이다.

2. 조세조약에 대한 적용 여부

가. 학설의 대립

위 규정에도 불구하고 조세조약의 해석과 적용에 있어서도 실질과세의 원칙을 적용할 수 있는지 여부가 논란이 되었다. 특히 위 규정이 신설된 2006. 5. 24. 이전에는 이러한 논란이 더욱 심하였다.

적용긍정설의 입장에서는 OECD 모델조약의 주석을 그 근거의 하나로 들고 있다. 이는 OECD에 가입한 회원국 상호 간에 체결된 조세조약을 해석하는 데 있어서 권위를 인정받은 기준이 되고 있다. 1989년 OECD가 채택한 Double Taxation Conventions and the Use of Conduit Companies 제45문단은 조세조약의 규정을 남용하는 행위에 대하여는 일일이 입법에 의하여 규제하는 것이 부담스러울 수 있으므로 실질과세원칙에 의하여 이에 대처할 수 있다는 취지를 규정하고 있고, 2003년 개정된 OECD 모델조약 주석(제1조에 대한 주석 22-24 문단)에서는 회원국의 국내법에서 납세자가 조세조약의 규정을 악용하거나 남용하는 행위를 규제하기 위한 규정을 두는 것은 조세조약에 배치되지 아니하며 그 규정을 적용하는 것은 조세조약에 의하여 영향을 받지 않는다고 하고 있다는 점을 논거로 삼고 있다. 그리고 위 주석에서는 납세의무를 부여하는 거주자의 개념에 대하여도 자국법에서 규정하고 있는 거주자의 요건에 따라 판정하며, 여기에는 거래를 실질적으로 통제하고 관리하는 장소가 어디에 있는지를 중요한 판단요소로 삼는다고 하고 있다는 점도 논거로 들고 있다.[1] 이는 요즘 자주 문제가 되는 조세피난처에 설립되는 이른바 페이퍼컴퍼니를 겨냥한 것으로 볼 수 있다는 것이다.

---

1) 김석환, "조세조약 해석에 있어서 국내법상 실질과세원칙의 적용 여부", 조세판례백선 2.(2016), 박영사 참조

적용불가설의 입장의 논거는 다음과 같다. 실질과세의 원칙은 순수하게 국내법에서 규정하고 있는 원칙이므로 국가 간에 체결된 조세조약의 해석과 적용에 이를 적용할 수는 없다는 것이다. 즉, 조세조약은 상대방 국가의 이해관계가 개입되어 있기 때문에 어느 일방국가의 입장만을 고려하여 조세조약에도 실질과세의 원칙을 적용하는 것은 월권으로 볼 수 있다는 취지이고, 이렇게 되면 조세조약보다 국내법이 우위에 서는 결과가 된다는 것이다. 그래서 굳이 조세조약의 해석과 적용에도 실질과세의 원칙을 도입하기 위해서는 조약체결의 양 당사국이 조세조약에 그와 같은 내용을 규정하여야 한다는 것이다. 이러한 주장은 스웨덴의 Roland Gustaffson 등 국내외 학자들에 의하여 상당한 지지를 받고 있다고 한다.

나. 대법원의 입장

우리나라의 조세쟁송에서도 위에서 본 논란이 재현되어 조세조약의 해석과 적용에 있어서는 함부로 실질과세의 원칙이라는 칼을 들이대서는 아니된다는 주장들이 있었다. 이에 대하여 대법원 2012. 4. 26. 선고 2010두11948 판결이 답변을 하였다. 국세기본법 제14조 제1항에서 규정하는 실질과세의 원칙은 소득이나 수익, 재산, 거래 등의 과세대상에 관하여 귀속 명의와 달리 실질적으로 귀속되는 자가 따로 있는 경우에는 형식이나 외관을 이유로 귀속 명의자를 납세의무사로 삼을 것이 아니라 실질직으로 귀속되는 자를 납세의무자로 삼겠다는 것이므로, 재산의 귀속 명의자는 이를 지배·관리할 능력이 없고, 명의자에 대한 지배권 등을 통하여 실질적으로 이를 지배·관리하는 자가 따로 있으며, 그와 같은 명의와 실질의 괴리가 조세를 회피할 목적에서 비롯된 경우에는 그 재산에 관한 소득은 재산을 실질적으로 지배·관리하는 자에게 귀속된 것으로 보아 그를 납세의무자로 삼아야 할 것이고, 이러한 원칙은 법률과 같은 효력을 가지는 조세조약의 해석과 적용에 있어서도 이를 배제하는 특별한 규정이 없는 한 그대로 적용된다고 판시하였다.

다. 검토

위 대법원 2012. 4. 26. 선고 2010두11948 판결의 사안은 국제조세조정에 관한 법률 제2조의2가 2006. 5. 24. 신설되기 전의 것이어서 위 규정에 대한 언급은 하지 않고 있다. 위 판결이 선고된 후 대법원 2013. 7. 11. 선고 2010두20966 판결도 같은 취지를 선고하고 있다. 그리고 위 국제조세조정에 관한 법률 제2조의2가 신설된 이후의 사안에서도 대법원 2015. 8. 19. 선고 2014두40166 판결은 같은 취지를 선고하고 있다. 이 판결에서는 그 판시에서 위 규정을 근거로 언급할 수 있었음에도 그렇게 하지 않는 것이 다소 아쉬움으로 남는다. 이러한 일련의 대법원 판결들의 입장을 종합하면 조세조약의 해석에 있어서도 당연히 실질과세의 원칙이 적용되며, 위 국제조세조정에 관한 법률 제2조의2 규정은 창설적 규정이 아니라 확인적 규정이라고 할 수 있다.

이러한 대법원의 입장에 대하여는 국제적 규범이나 논리적 고찰에 의해서만 결론을 내릴 수는 없고 각국 법원의 사법적 전통에 따른 판단에 의할 수밖에 없다. 비록 OECD 주석이 기속력 있는 법규범은 아닐지라도 조약해석에 있어서 유력한 전거 또는 참고자료의 가치는 충분히 인정되는 점, 이러한 OECD의 해석기준 및 도관회사 규제에 대한 각국의 입법 및 법원의 대응과정, 2003년 OECD 주석 변경의 영향을 받아 2006년 국제조세조정에 관한 법률 제2조의2에서 다단계 거래나 우회거래의 부인 등 경제적 관찰방법을 정면으로 입법한 점, 국제거래에서의 조세회피행위에 대하여도 국내거래와 마찬가지로 사법적 규제의 필요성이 없지 않은 점 등을 종합하여 볼 때 대법원 판결의 입장이 타당하다는 견해가 있다.[2]

실질과세의 원칙이 등장한 것은 납세자가 조세의 부담을 면하기 위하여 조세법규를 악용하는 사례를 방치하지 않도록 하기 위함이다. 실질적인 면에서는 납세의무가 있음에도 조세법규를 악용하여 비정상적이고 비효율적인 방법으로 과세요건에 관한 조세법규를 피하기 위한 형식을 작출하는 행위를 규제하기 위한 것이다. 이러한 조세법규에는 국내세법뿐만 아니라 조세조약도 당연히 포함되므로 국내세법의 적용에 있어서는 실질과세의 원칙이 적용되는 것을 당연시 하면서도 조세조약의 적용에 있어서는 그 원칙이 적용되어서는 아니된다는 주장은 논리의 일관성이 결여되어 있다. 조세조약을 체결하는 양 당사국의 입장은 서로 간에 조세조약에 의하여 행사할 수 있는 각국의 과세권을 보호해 주고자 하는 것으로 이해해야 한다. 조세조약에 의한 과세권의 분배협정에 있어서 어느 한 당사자국에 과세권을 부여하였다면 그 과세권을 보호해 주는 것이 양 당사자국의 진정한 의사로 볼 수 있다. 따라서 조세조약에 의하여 어느 한 당사자국에 부여된 과세권을 피하기 위하여 조세조약을 남용하는 사안에 대하여 그 당사자국에서 실질과세의 원칙을 적용한다고 해서 그것이 상대방 당사자국의 이해관계에 나쁜 영향을 미친다고 할 수는 없는 것이다. 위에서 본 대법원 판결들은 이러한 입장에 입각한 것으로서 타당한 것이고 이제는 더 이상 조세조약에 있어서 실질과세의 원칙을 적용할 수 있는지 여부의 문제는 논란의 대상이 되어서는 아니 될 것이다.

같은 취지에서 대법원 2019. 7. 11. 선고 2016두865 판결은 한·독 조세조약과 관련하여, 조약 제27조 제1항 (가)목은 '한·독 조세조약은 일방체약국이 자국의 국내법 규정

---

2) 김석환, 앞의 논문

이 한·독 조세조약에 포함된 원칙과 부합하는 한 탈세나 조세회피의 방지에 관한 이들 규정을 적용하지 아니한다고 의미하는 것으로 해석되지 아니한다'고 정하고 있고, 같은 조 제2항은 "제1항의 규정에 따를 것을 조건으로 제10조 제2항, 제11조 제2항, 제12조 제2항 및 제21조의 규정에 언급된 제한은 배당 지급에 관한 주식 또는 기타 권리의 설정이나 양도 또는 이자 지급에 관한 채권의 설정이나 양도, 또는 사용료 지급에 관한 권리의 설정이나 양도 또는 기타소득의 지급에 관한 권리의 설정이나 양도에 있어서 관련 사업운영에 대한 적정한 경제적 이유 없이 그 설정이나 양도에 의하여 제10조, 제11조, 제12조 및 제21조를 이용하는 것이 관계인의 주요한 목적일 경우에는 적용하지 아니한다."라고 규정하고 있으며, 한편 국세기본법 제14조 제1항은 "과세의 대상이 되는 소득·수익·재산·행위 또는 거래의 귀속이 명의일 뿐이고 사실상 귀속되는 자가 따로 있는 때에는 사실상 귀속되는 자를 납세의무자로 하여 세법을 적용한다."라고 하여 실질과세 원칙을 천명하고 있으므로 형식이나 외관을 이유로 귀속명의자를 납세의무자로 삼을 것이 아니라, 실질과세원칙에 따라 실질적으로 당해 과세대상을 지배·관리하는 자를 납세의무자로 삼아야 하고, 이러한 원칙은 법률과 같은 효력을 가지는 조세조약의 해석과 적용에서도 이를 배제하는 특별한 규정이 없는 한 그대로 적용된다고 판시하였다.

국제조세사건에서 실질과세의 원칙이 문제되는 사건들은 조세조약상의 유리한 조항에 편승하기 위하여 다분히 형식적인 도관회사를 앞세워 거래를 하고 소득을 취할 경우 그 도관회사를 소득의 실질적 귀속자로 보아 당해 조세조약상의 조항을 적용할 것인지가 다투어진다. 그리고 이러한 경우 실질과세원칙을 적용하는 것이 조세조약상의 무차별 원칙에 반하는지도 같이 다투어지곤 한다. 이하에서는 실질과세원칙의 적용이 무차별 원칙에 반하는지 여부를 먼저 살펴보고, 도관회사에 관한 다양한 국내외 사례 분석을 통하여 실질과세원칙을 적용하는 모습을 살펴보기로 한다.

3. 실질과세원칙과 무차별원칙의 관계

가. 무차별원칙의 의의

조세조약에는 통상 무차별원칙을 규정하고 있다. OECD 모델 조세조약 제24조는 무차별의 원칙에 관하여, 제1항에서 일방체약국의 국민은 타방체약국에서 동일한 상황에 있는 동 타방국 국민이 부담하거나 부담할 수 있는 조세 또는 이와 관련된 요건과 다르거나 또는 그보다 더 과중한 조세 또는 이와 관련된 요건을 부담하지 않고, 본 규정은 일방 또는 양 체약국의 거주자가 아닌 자에게도 적용한다고 하고, 제2항은 일방체약국의 거주자인 무국적자는 양 체약국에서 동일한 상황에 있는 당해 국민이 부담하거나 부담할 수 있는 조세 또는 이와 관련된 요건과 다르거나 또는 그보다 더 과중한 조세 또는 이와 관련된 요건을 부담하지 않는다고 하고, 제6항은 본조의 규정은 모든 종류 및 명칭의 조세에 대해 적용한다고 하고 있다.

이러한 무차별의 원칙 중 조세쟁송에서 자주 다투어지는 부분은 제1항의 국적에 따른 차별금지규정이다. 일방 체약국의 국민이 타방 체약국에서 과세요건이 되는 행위를 하였을 때 과세에 있어서 타방 체약국의 국민보다 불리한 처분을 받아서는 아니된다는 것이다. 이는 호혜평등의 원칙에 근거한 것으로서 타당한 규정이라고 할 수 있다. 서로 간에 조세조약을 체결하였음에도 각 국에서 국적이 다르다는 이유만으로 동일한 과세요건에 관하여 차별대우를 한다면 조세조약을 체결한 의의가 반감될 것이기 때문이다. 문제는 동일한 과세요건에 해당되는지 여부이다. 동일한 상황에서는 동일한 대우를 해야 하지만 동일하지 않은 상황에서는 동일한 대우를 할 수도 없고 그럼에도 동일한 대우를 하였다면 그것이 오히려 무차별의 원칙에 반한다고 할 수 있기 때문이다. 그래서 조세쟁송에서는 동일한 상황이었는지가 자주 다투어진다. 나중에 살펴보는 바와 같이 과소자본세제가 무차별원칙에 반하는지 여부가 국제조세에서 중요한 쟁점이 되고 있다.

나. 미국의 판례

무차별원칙이 문제된 사안으로 대표적인 판례가 미국의 판례인 Square D case[3]이다. 미국 내국세입법 제267(a)(2)조는 납세자가 그 특수관계자에게 지급하는 비용은 그 지급받는 자가 이를 익금에 산입하는 경우에만 손금산입이 허용된다고 규정하고, 그에 관한 미국 재무부 시행규칙(Treas. Reg.) §1.267(a)-3은 국외 특수관계자에게 지급한 비용의 손금산입은 현금으로 지급한 경우에 국한한다고 규정하고 있다. 이는 아마도 국외 특수관계자에 대하여 지급하는 비용을 현금주의에 의하지 아니하고 발생주의에 의할 경우 특수관계를 이용하여 과다한 비용을 작출하여 세부담을 회피할 수 있다는 우려가 작용한 것으로 보인다. 이 사안에서는 프랑스에 모회사를 둔 미국의 자회사가 그 모회사에 대하여 발생한 차입금의 이자를 손금산입하자 과세관청은 위 재무부시행규칙을 근거로 그 이자가 현금으로 지급된 것이 아니라는 이유로 손금산입을 부인하였다. 이에 대하여 납세자는 위 재무부 규칙이 미국 회사의 소유회사가 프랑스 회사라는 이유로 그 소유회사가 미국의 회사인 경우에게는 없는 부담을 지운 것이므로 미국과 프랑스 간의 조세조약상 무차별원칙에 반한다고 주장하였다.

---

3) Square D Company and Subsidiaries v. Commissioner, 438 F. 3d. 739(2006)

이에 대하여 미국법원은, 조세조약상 무차별원칙의 위반에 해당하기 위해서는 국적에 따른 추가적 부담이 지워져야 한다고 전제하고, 위 재무부 규칙은 국외 특수관계자에 대한 모든 이자지급은 당해 회사의 소유자의 국적에 관계 없이 현금주의 방식을 사용하도록 요구하고 있고 이는 당해 회사가 단순히 외국회사의 소유이기 때문이 아니라 국외 특수관계자에 대한 지급이기 때문이므로 비록 당해 회사가 미국 모회사에 의해 소유되고 있다고 하더라도 그 국외 특수관계자에게 지급하는 이자는 마찬가지로 현금주의를 사용하여야 하며, 따라서 이와 같은 요건은 이자를 지급받는 자인 특수관계자의 국적에 달려있는 것이지 당해 회사의 소유자의 국적에 달려 있는 것은 아니며 그 이자를 지급받은 자인 국외 특수관계자가 당해 회사의 소유자에도 해당하는 사실은 단순한 우연일 뿐이다라는 이유로 무차별의 원칙에 반하지 않는다고 판시하였다.

조세조약상의 무차별의 원칙을 제대로 꿰뚫은 타당한 판결이다. 만약 미국의 자회사가 국외 특수관계자에게 지급하는 이자를 손금산입할 수 있는 요건에 관하여 그 소유자인 모회사가 프랑스 회사인 경우에만 현금주의를 적용하고 그 소유자인 모회사가 미국 회사인 경우에는 현금주의를 적용하지 아니하였다면 동일한 상황임에도 그 모회사의 국적이 다르다는 이유로 차별대우를 하는 것이므로 무차별의 원칙에 반한다고 할 수 있다. 그러나 위 사안에서 보듯이 과세관청은 당해 회사의 모회사가 프랑스 회사라는 이유로 현금주의를 적용한 것이 아니라 당해 회사가 국외의 특수관계자에게 지급하는 이자라는 이유 때문이었고 이러한 요건은 당해 회사의 소유자가 미국 회사였더라도 마찬가지로 적용되었을 것이므로 무차별의 원칙에 반하지 않는 것이다.

다. 우리나라의 판례

(1) 대법원 2009. 6. 11. 선고 2006두5175 판결

우리나라에서 조세조약상 무차별원칙을 다룬 우리나라의 판결로는 대법원 2009. 6. 11. 선고 2006두5175 판결이 있다. 여기서도 위의 사례와 비슷하게 한국과 프랑스 간의 조세조약상 무차별원칙이 문제가 되었다.

당시 한·불 조세조약 제7조 제3항은 '고정사업장의 이윤을 결정함에 있어서 경영비와 일반관리비를 포함하여 동 고정사업장의 목적을 위하여 발생된 경비는 동 고정사업장이 소재하는 국내에서 또는 다른 곳에서 발생되는가에 관계 없이 비용공제가 허용된다'고 규정하고 있었고, 당시 법인세법 시행령(1998. 12. 31. 개정되기 전의 것) 제121조 제1항 제1호는 외국법인의 각 사업연도의 국내원천소득의 총합계금액 계산에 관하여 '법

제9조에서 규정하는 손금은 법 제55조에 규정하는 국내원천소득에 관련되는 수입금액·자산가액과 국내원천소득에 합리적으로 배분되는 것에 한한다'고 규정하고 있었다. 이에 관하여 대법원 1990. 3. 23. 선고 89누7320 판결, 대법원 1989. 1. 31. 선고 85누883 판결 등은 국내에 지점을 둔 외국법인이 각 지점의 통할기능과 지점관리기능을 수행하기 위하여 지출한 비용으로서 특정된 사업장 등에게 전속시킬 수 없는 본점경비 중 국내지점의 업무에 대응하는 부분을 적정하게 국내원천소득에 배부하여 외국법인의 국내원천소득의 총합계금액을 계산함에 있어서 이를 손금으로 인정하여 주려는 데 그 목적이 있으므로, 국내지점에 배부된 본점경비배부액이 국내원천소득에 합리적으로 배부된 것이라면 당해 지점이 외국법인의 본점에 실제로 이를 송금하였는지 여부에 관계 없이 손금으로 인정된다고 할 것이고, 여기에서 말하는 국내원천소득에 합리적으로 배부된 금액이라 함은 국내원천소득에 관련된 실액을 반영할 수 있는 것으로 일반적으로 시인된 방법에 따라서 산출한 금액을 의미한다고 판시하여 왔다.

이러한 법리를 토대로 하여, 대법원 2009. 6. 11. 선고 2006두5175 판결은, 외국법인 본점으로부터 국내지점에 배부된 본점경비배부액은 대외적 거래에 의하여 발생하는 것이 아닐 뿐만 아니라 이를 외국법인 본점에 실제로 송금하지 않더라도 손금으로 인정되는 점 등에 비추어 보면, 위와 같은 본점경비배부액은 제3자에 대하여 지급의무를 부담하는 부채에 해당하지 않는다고 할 것이므로 이를 화폐성 외화부채로 볼 수는 없으므로 이에 대하여는 외화환산손익 및 외환차손익을 계상할 수 없다고 판시하였다.

이에 대하여 원고은행 서울지점이 프랑스에 있는 원고은행 본점에게 부담하여야 할 본점경비를 송금함에 있어 송금일의 환율에 따라 원화금액이 지출될 수밖에 없음에도 불구하고, 과세관청과 같이 연평균환율을 적용하여 원화를 환산할 경우 이를 초과하는 액수의 원화환산액은 비용으로 인정될 수 없는데, 이는 내국법인이 외국인으로부터 경영지원용역을 제공받고 그 비용을 상환하기 위하여 외화를 송금하는 경우에 실제 송금일의 환율에 따라 환산된 원화 액수를 당연히 비용으로 공제받는 것과 비교하여 볼 때 서울지점에 대하여 내국법인보다 불리하게 비용을 과소 인정하여 조세를 과다하게 부과하는 것이 되어 한·불 조세조약 제24조 소정의 무차별원칙에 위배된다고 주장하였다.

그러나 원심은, 한·불 조세조약상 무차별원칙은 일방국의 국민 또는 기업이 동일한 상황에 있거나 동일한 활동을 수행하는 타방국의 국민 또는 기업에 부과되는 조세보다 불리하게 부과되지 아니한다는 것을 정한 것인데, 내국법인이 외국인으로부터 경영지원용역을 제공받고 그 비용을 상환하기 위하여 외화를 송금하는 경우는 서울지점이 본점경비배부액을 송금하는 경우와 '동일한 상황에 있거나 동일한 활동을 수행하는 것'으로 볼 수 없다는 이유로, 본점경비배부액을 연평균 기준환율에 따라 원화로 환산한 금액만을 손금에 산입함으로써 서울지점이 본점에 송금한 금액 중 일부에 대하여 손금불산입되는 경우가 있다고 하더라도 이를 두고 한·불 조세조약 제24조 소정의 무차별원칙에 위배되는 것으로 볼 수 없다고 판단하였고, 대법원이 이를 수긍하였다.

여기서도 결국 동일한 상황인지가 문제가 된 것이다. 그런데 본점이 외국에 있는 외국법인의 국내지점이 본점경비배부액을 부담하는 경우와 동일한 상황에 있는 내국법인이란 있을 수가 없다. 그래서 이 경우는 무차별원칙을 적용함에 있어서 비교대상이 되는 내국법인이 아예 존재하지 않기 때문에 외국법인을 어떻게 취급하든 무차별원칙에 반한다고 할 수 없는 것이다. 비교대상이 없는 이상 차별 여부를 논하는 것 자체가 불가능하기 때문이다. 실제 조세쟁송에서 무차별원칙이 다투어지는 사안들을 살펴보면 이와 같이 비교대상 자체를 설정할 수 없는 경우가 많다.

(2) 대법원 2012. 4. 26. 선고 2010두11948 판결

우리나라와 벨기에 사이의 소득에 대한 조세의 이중과세회피와 탈세방지를 위한 조약(한·벨 조세조약) 제13조 제3항은 주식양도로 인한 소득은 양도인의 거주지국에서만 과세하도록 규정하고 있었다. 영국의 유한 파트너십(limited partnership)인 원고는 벨기에 법인인 B를 통해 국내 부동산에 투자하여 양도소득이 발생하였는데 과세관청이 B는 벨기에 내에서 실질적으로 경제활동을 영위하고 있지 않으며 단지 한·벨 조세조약 제13조 제3항을 이용한 조세회피목적에서 설립된 형식적인 것에 불과하고 그 양도소득의 실질적인 귀속자는 원고라고 보아 원고에게 양도소득에 대한 법인세를 과세하였다. 그러자 원고는 국내의 자산유동화전문회사가 사실상 서류상의 회사에 불과함에도 국내세법 하에서 수익적 소유자로서의 지위를 인정하고 있고, 그와 비슷한 지위에 있는 벨기에 법인인 B도 벨기에 세법에 따라 관련 소득에 대한 소득에 대한 수익적 소유자로서의 지위가 인정되어야 하므로 B를 형식적인 도과에 불과하다고 보아 그 지위를 부정하는 것은 무차별원칙에 반한다고 주장하였다. 즉, 국내의 자산유동화전문회사와 마찬가지의 지위를 부여해 달라는 취지이다.

이에 대하여 원심은, 원고나 B와 같이 조세조약의 남용을 통하여 국내의 원천소득에 대한 조세를 회피할 목적으로 설립된 회사와 국내원천소득이 직접적으로 귀속되는 국내 자산유동화전문회사는 동일한 상황에 놓여 있다고 볼 수 없으므로 B를 양도소득의 귀속자로 보지 아니하고 원고들을 실질적 귀속자로 본다고 해서 무차별원칙에 반한다고 할 수 없다고 판단하였고, 대법원이 이를 수긍하였다.

이 사안에서 원고가 비교대상으로 삼은 국내의 자산유동화전문회사 등과 같은 특수목적회사들은 이들이 수행하는 독자적 사업상 기능 및 역할을 고려하여 국내 법률이 정책적으로 주체성을 인정한 것이고 그에 따라 소득귀속의 주체로도 인정되는 것이므로 이러한 입장은 그와 같은 회사들의 국적과는 무관한 것이다. 그리고 B에 대하여 실질과세원칙을 적용하여 그 양도소득의 실질적 귀속자가 아니라고 보는 것도 B의 국적과는 무관한 것이고 벨기에 법인뿐만 아니라 내국 법인인 경우에도 실질과세원칙의 적용은 피할 수 없는 것이다. 즉, 여기서도 B는 조세조약을 악용하여 조세부담을 면하기 위하여 형식적으로 설립된 것이라는 점에서 그러한 의도가 없이 국내법에서 인정하고 있는 다른 특수목적을 위하여 설립된 자산유동화전문회사와 동일하거나 비슷한 상황에 있다고 할 수 없는 것이다. 따라서 무차별원칙이 적용될 수 있는 영역이 아니다.

(3) 대법원 2017. 12. 13. 선고 2015두1984 판결

독일 법률에 따라 설립된 A외국법인이 같은 외국법인인 B의 지분 100%를 보유하던 중 B법인을 흡수합병함에 따라 B법인이 보유하던 내국법인의 상장주식이 A법인에 이전되었고, A법인은 이와 관련하여 B법인 또는 그 주주에게 신주를 발행하거나 합병대가를 지급하지 않았는데, 과세관청이 위 주식의 이전이 내국법인이 발행한 유가증권 양도에 해당한다는 이유로 법인세와 증권거래세를 결정·고지한 사안에서, A법인과 B법인 사이의 합병에 따라 B법인이 자산으로 보유하던 내국법인의 상장주식을 A법인에 이전하는 것은 법인세법 제93조 제10호 (가)목 및 증권거래세법 제2조 제3항의 '주식의 양도' 및 '주권의 양도'에 해당하고, 위와 같은 과세가 대한민국과 독일연방공화국 간의 소득과 자본에 대한 조세의 이중과세회피와 탈세방지를 위한 협정 제24조 제1항에서 규정한 무차별원칙에 위배되지 않는다고 판시하였다. 그 이유는 외국법인들인 A법인과 B법인 사이의 합병에 따른 내국법인 주식의 이전을 자산의 양도로 보아 내국법인 사이의 합병과 달리 과세한다고 하더라도, 외국법인이 내국법인과 원칙적으로 동일한 상황에 있다고 할 수 없고 또한 그 과세를 두고서 그 설립의 준거법이 다르다는 이유만에 따른 차별이라고 볼 수도 없다는 것이다.

우리나라에 있어서는 내국법인은 거주자성이 인정되는 법인이고, 외국법인은 거주자성이 인정되지 않는 법인이라는 점에서 근본적인 차이점이 있어 동일한 상황에 있다고 할 수 없다. 그리고 합병에 따른 과세이연 혜택을 내국법인에 국한하는 것은 우리나라의 과세권이 미치는 범위가 원칙적으로 내국법인의 분할·합병에 제한된다는 점을 고려할 때 당연한 이치라 할 수 있고, 여기에 국적에 따른 차별이 있다고 볼 수가 없는 것이다. 이러한 이유에서 위와 같은 판결이 선고된 것으로 이해할 수 있다. 대법원 2013. 11. 28. 선고 2009다79736 판결에도 이러한 취지가 담겨져 있다.

4. 조세조약 편승을 위한 도관회사의 규제

가. 외국의 사례

(1) 도관회사의 소득귀속을 부인한 사례

조세조약상의 유리한 조항에 편승하기 위하여 형식적인 도관회사를 설립하는 것은 비단 우리나라에서만 문제되는 것이 아니고 외국에서도 그 사례를 어렵지 않게 찾아 볼 수 있다. 실제로 국제조세에 관한 쟁송사건에서는 실질과세의 원칙이 가장 자주 문제가 되는 쟁점이 바로 도관회사이다. 그 실체를 인정하여 소득의 귀속자로 보아 줄 것인지 여부가 다투어지는 것이다.

도관회사의 소득귀속을 부인한 사례로는 미국 연방조세법원의 판결로 Aiken Industries v. CIR, 56 T.C. 925(1971)이 있다. 바하마에 있는 모회사 A는 미국에 있는 자회사 M과 에콰도르에 있는 자회사 N의 지분을 100% 소유하고 있었다. A가 M에게 자금을 대여하고 원금과 이자를 9회 분할하여 상환받기로 약정하였다. 그로부터 1년여 후에 N이 100% 출자하여 온두라스에 있는 P를 설립하고 A는 M에 대한 위 대여금채권을 P에게 양도하였다. 미국과 온두라스 간의 조세조약에 의하면 일방 체약국의 회사가 상대방 체약국의 회사로부터 지급받는 이자에 대하여는 소득세를 면제하도록 되어 있었다. M은 P에게 이자를 지급하면서 위 조세조약에 근거하여 이자소득세를 원천징수하지 아니하였으나, 과세관청은 P는 조세조약을 악용하기 위하여 설립된 도관에 불과하고 그 이자소득의 실질적인 귀속자는 A라는 이유로 이자소득세를 원천징수하여야 한다고 보았다. 이에 대하여 법원은 P는 온두라스의 유효한 회사이지만 A가 M으로부터 이자를 지급받는 데 사용한 수금대리인, 단순한 도관에 불과하여 P가 그 이자를 실질적으로 취득하였다고 볼 수 없고 결국 A가 그 이자소득의 실질적인 귀속자에 해당한다고 함으로써 과세관청의 손을 들어 주었다.

같은 취지의 비슷한 판결로 미국연방항소법원 판결인 Del Commercial Properties Inc. v. CIR, 251 F. 3d 210 (2001)이 있다. 캐나다 법인 A는 캐나다 법인 B에게 1,800만 달러를 대여하였으며, 같은 날 B는 캐나다 법인으로서 100% 자회사인 C에게 1,400만 달러를 대여하였고, 이어서 C는 그 1,400만 달러를 케이만 아일랜드 법인 D에게 출자하였다. 그리고 D는 그 1,400만 달러를 네덜란드 법인 F에게 출자하였고, 같은 날 F는 그 1,400만 달러를 네덜란드 법인 G에게 출자하였으며, 그 다음 날 G는 그 1,400만 달러를 미국법인인 H에게 대여하였다. G의 H에 대한 대여조건은 당초 A의 B에 대한 대여조건과 유사하였다. 그리고 H는 B의 A에 대한 상환의무를 보증하면서 이를 위하여 미국에 있는 H 소유의 부동산에 저당권을 설정하여 주고, 그 밖에도 필요한 재무적 제한 조치를 수락하였다. H는 처음 몇 달 동안은 거래상대방인 G에게 원리금을 분할상환하였으나, 나중에는 A에게 직접 그 원리금을 분할상환하였다.

당시 미국 내국세입법 제881조 (a)는 외국법인이 미국 원천의 이자소득을 취할 경우 그 이자를 지급하는 자는 30%의 이자소득세를 원천징수하도록 하고 있었다. 그런데 당시 미국과 네덜란드 간의 조세조약은 미국 원천의 이자소득을 수취하는 자가 네덜란드인인 경우에는 미국이 이자소득세를 과세하지 않도록 하고 있었다. 그래서 H는 네덜란드 법인인 G에게 이자를 지급한다는 이유로 위 조세조약에 근거하여 이자소득세를 원천징수하지 않았다. 이에 대하여 과세관청은 네덜란드 법인인 G는 조세조약을 악용하기 위하여 설립된 도관에 불과하고 A가 실질적인 이자소득의 귀속자로 보아 위 조세조약이 적용되지 않는다는 입장을 취하였다. 이에 대하여 법원은 G는 조세조약을 남용하여 조세를 회피하고자 하는 목적 외에 다른 어떤 목적도 없었으므로 그 이자소득의 귀속주체로 인정할 수 없고 A를 이자소득의 귀속주체로 본 과세관청의 처분에 잘못이 없다고 판단하였다. 이 사안에서는 이자소득의 실질적인 귀속자인 A와 이자소득의 지급자인 H를 최대한 벌려 놓기 위하여 그 사이에 도관회사를 6개나 끼워 넣어 다단계의 거래구조를 취하였다. 그러나 법원은 이들 도관들의 실체를 모두 부정한 것이다. 그렇게 할 수 있었던 데에는 H가 직접 A에게 이자소득을 지급하기도 하였다는 점이 중요하게 기여하였다고 할 수 있다.

이와 같이 미국의 조세법원은 형식적인 도관회사에 대하여 실질과세원칙을 적용함에 있어서 적극적인 태도를 보였고, 이러한 태도는 입법에 반영되어 1993년 미국 내국세입법이 개정되면서 제7701조 (l)항에 도관규정(Regulations relating to conduit arrangements)이 신설되었는데, 여기서 과세관청은 거래의 재구성이 미국세법이 부과하는 세금의 회피를 방지하는 데 적절하다고 판단하는 경우 어떠한 다수 당사자들 사이의 다단계 금융거래도 그보다 단단계의 직접적인 거래로 재구성할 수 있도록 규정하였다. 바람직한 입법태도라고 하겠다.

(2) 도관회사의 소득귀속을 인정한 사례

반면에 도관회사의 소득귀속을 인정한 미국조세법원 판결로 Northern Indiana Public Service Co. v. CIR, 105 T.C. 341(1995)이 있다. 미국법인인 A는 유럽의 채권시장에서 자금을 조달할 목적으로 2만 달러를 출자하여 네덜란드 법인인 B를 설립하였다. B는 유럽의 채권시장에 17.25%의 이자율로 7,000만 달러의 회사채를 발행하였고 A는 B의 회사채발행에 따른 채무를 보증하면서 B에게 추가로 2,800만 달러를 출자하고 B의 순자산가액이 회사채발행금액의 40%이상을 유지하도록 약정하였다. 그리고 B는 회사채를 발행하여 모금한 자금을 A에게 대여하였으며 그 이자율을 18.25%로 정하였다. 그 후 A는 위 보증약정을 이행하기 위하여 자신의 거래처에 대한 매출채권을 B에게 양도하였다. 그러나 그 채권을 양도함에 있어 채무자인 거래처에 그 사실을 통지하지는 않았고 실질적인 채권양도를 위한 회계처리절차 등을 취하지 않았다. A는 B에게 약정이자율 18.25%에 의한 이자를 지급하였고, B는 그 이자를 토대로 회사채의 약정이자율 17.25%에 의한 이자를 지급하였다. 이로써 그 차액 이자율 1%의 이자가 B의 수익으로 귀속되었다. A는 그가 지급하는 이자의 수취인이 네덜란드 법인인 B이므로 앞에서 본 조세조약에 따라 그 이자소득세의 원천징수의무가 없다고 주장하였고, 과세관청은 B는 단순한 도관에 불과하고 그 이자소득의 실질적인 귀속자는 회사채의 소유자들이라는 이유로 위 조세조약이 적용될 수 없다는 입장을 취하였다.

이에 대하여 법원은, 비록 B가 단지 1% 이자율 차익만을 수익으로 취하였지만 그 수익은 B의 사업목적과 이윤동기 등에 비추어 과세목적상 그 귀속을 부인할 수 없으며, 여기서의 일련의 거래에서 조세회피의 동기는 본질적으로 중요하지 않고, 납세자는 거래형태를 정함에 있어 조세를 감소시킬 수 있는 방안을 선택할 권리가 있다고 판시함으로써 납세자의 손을 들어 주었다.

이 사안에서는 기본적으로 B가 고유한 목적을 가지고 A로서는 하기 힘든 유럽채권시장에서의 회사채발행이라는 본래의 역할을 실제로 수행하였고 그 결과로서 미흡하나마 자체적인 수익도 실현시키고 있었다. 따라서 B의 실체를 쉽사리 부인할 수 있는 상황이 아니었다. 그리고 여기서는 A가 B를 설립한 것이 조세조약의 남용에 의한 조세회피목적보다는 유럽 채권시장에서의 회사채발행이라는 목적에서 비롯된 바가 더 크다고 여겨진다. 균형감이 있는 타당한 판결로 평가될 수 있겠다.

나. 우리나라의 사례

(1) 도관회사의 소득귀속을 부인한 사례

도관회사의 소득귀속을 부인한 사례로 대법원 2015. 8. 19. 선고 2014두40166 판결이 있다. 여기서는 한국과 네덜란드 간의 조세조약이 문제가 되었는데, 제14조 제4항에서는 주식의 양도로 인한 소득은 양도인의 거주지국에서만 과세하도록 규정하고 있었다.

A사는 아부다비 정부가 100% 지분을 보유하면서 세계 각국의 석유 관련 사업에 대한 투자를 목적으로 설립한 아랍에미리트연합국 법인이다. A사는 오스트리아 법인인 B사

의 발행주식 100%를 보유하고 있고, A사가 네덜란드 법인인 원고의 발행주식 99.93%를, B사가 원고의 나머지 발행주식 0.07%를 각각 보유하고 있었다. 원고는 2010. 8. 12. P사에 Q사가 발행한 우선주 49,016,485주를 1주당 15,000원에 양도함으로써 소득을 얻었다. P사는 2010. 8. 12. 위 주식양도에 따른 법인세 29,753,006,390원을 원천징수하여 납부하였는데, 원고는 위 조세조약 제14조 제4항에 따라 위 주식양도로 인한 소득에 대하여 법인세가 면제된다는 이유로 피고에게 위 원천징수세액의 환급을 구하는 경정청구를 하였으나, 피고는 원고와 B사는 도관회사에 불과하고 위 주식양도로 인한 소득의 실질귀속자는 A사로서 위 조세조약이 적용될 수 없다고 보아 이를 거부하였다.

이에 대하여 원심은, 원고는 위 주식양도에 관하여 형식상 거래 당사자의 역할만을 수행하였을 뿐 그 실질적 주체는 A사이며, 이러한 형식과 실질의 괴리는 오로지 위 조세조약을 적용받아 조세를 회피할 목적에서 비롯된 것으로 볼 수 있다는 이유로, 위 주식양도로 인한 소득에 대하여는 위 조세조약을 적용할 수 없다고 판단하였고, 대법원이 이를 수긍하였다.

이 사안에서도 원고는 임차사무실의 규모가 20㎡에 불과하였고, 한두 명 정도의 직원들만이 고용되었으며, 설립 이후 위 주식양도계약을 체결한 이외에 다른 사업활동을 한 흔적이 없었고, Q사 주식에 대한 실제 투자자금 조달자는 A사였다. 그리고 Q사는 원고에게 배당금을 지급하면서 한국과 네덜란드 간의 조세조약에 따라 15%의 법인세를 원천징수하여 납부하였는데 이 법인세율은 한국과 아랍에미리트연합국 간의 조세조약에 따른 세율보다 높았다. 그래서 A사로서는 주식양도소득에 대한 조세 회피를 목적으로 하지 않고서야 상대적으로 높은 배당소득세를 부담하면서까지 원고를 네덜란드에 설립하는 투자구조를 취할 리가 없었다고 볼 여지가 있었다. 이러한 사정들을 고려해 볼 때 원고는 단지 한국과 네덜란드 간의 위 조세조약에 편승할 목적으로 설립된 형식적 도관회사에 불과하다고 보는데 무리가 없다고 하겠다. 이에 대하여 원고는, 원고 설립 초기에 모회사인 A사가 투자 및 의사결정에 관여하였다고 하여도 이는 모자회사 관계에서는 당연한 것으로서 주식 취득당시의 사정이 아닌 위 주식양도가 이루어진 2010. 8. 12.을 기준으로 원고가 도관회사에 해당하는지 여부를 판단하여야 한다는 취지로 주장한 바 있는데, 원심은, 원고의 설립 목적이나 활동 내역, A사나 Q사 사이의 지위 또는 관계에서 원고가 설립될 당시부터 위 주식양도가 이루어진 시점까지 사이에 실질적인 변화가 있었다고 보기 어렵다는 등의 이유로 위 주장을 배척하였다. 타당한 판단이다. 대법원 2013. 7. 11. 선고 2011두4411 판결, 대법원 2013. 7. 11. 선고 2010두20966 판결, 대법원 2018. 11. 9. 선고 2014도9026 판결 등도 같은 취지의 판결들이다.

최근의 대법원 2019. 6. 27. 선고 2016두841 판결에서도 도관회사의 실체를 부인한 바 있다. A 독일회사가 M 독일회사와 N 독일회사를 설립한 다음 이들로 하여금 P 한국회사의 발행주식 전부를 50%씩 취득하게 하였고, 이후 P사가 M사와 N사에 지급한 배당금에 대하여 한·독 조세조약 제10조 제2항 (가)목의 제한세율 5%(수익적 소유자가 법인으로서 25% 이상 지분을 보유하는 경우)를 적용함으로써 법인세를 원천징수하여 과세관청에 납부하였는데, 과세관청이 한·독 조세조약의 적용을 배제하고 구 법인세법 (2008. 12. 26. 개정되기 전)에 따라 25%의 세율을 적용하여 P사에 해당 사업연도 원천징수 법인세를 경정·고지한 사안에서, 위 배당금의 실질귀속자인 A사가 귀속명의자에 불과한 M사 및 N사를 설립하여 P사의 발행주식을 취득하였으므로 M사와 N사가 각 25% 이상의 지분을 보유한 법인이라는 이유로 제한세율 5%를 적용할 수는 없으며, 다만 A사는 투과과세단체로서 관련 사업운영에 대한 적정한 경제적 이유 없이 한·독 조세조약 제10조 제2항 (나)목의 15% 제한세율 적용을 주요한 목적으로 삼은 것이라고 보기 어려우므로, A사에 대하여는 한·독 조세조약 제27조 제2항을 이유로 한·독 조세조약 제10조 제2항 (나)목의 제한세율 15%의 적용을 배제할 수는 없다고 판시하였다.

이 판결의 사안에서, M사와 N사는 P사 주식을 보유하는 것 외에는 별다른 사업활동이 없었고 P사와 소재지, 연락처, 이사가 동일하며 독립된 인적 구성원이 없었을 뿐 아니라 P사 주식을 취득하는 데 필요한 자금을 모두 A사로부터 제공받았으며 P사로부터 받은 배당소득도 곧바로 전부 A사에 지급되었기 때문에 명목상의 도관회사로만 인정된 것이다. 그리고 한·독 조세조약 제10조 제2항 (나)목은 배당금의 수익적 소유자가 법인이 아닌 경우에는 (나)목의 15% 제한세율을 적용받도록 규정하면서, 제27조 제2항에서 권리의 창설이나 부여에 있어서 관련 사업운영에 대한 적정한 경제적 이유 없이 그 창설이나 부여에 의하여 제10조 등을 이용하는 것이 주요한 목적일 경우에는 제10조 등을 적용하지 아니하도록 규정하고 있는데, 이에 관하여 대법원은 A사가 비록 명목상의 법인인 M사와 N사를 도관으로 이용하였지만 A사로서는 사업운영에 관한 적정한 경제적 이유 없이 창설된 것으로 볼 수 없으므로 M사와 N사에 대하여는 제10조의 적용을 배제하더라도 A사에 대하여는 제10조의 적용을 배제할 수 없다고 본 것이다. 그리고 여기서 A는 비록 법인이지만 독일법상 투과과세단체이므로 법인에 대하여 적용하는 제10조 제2항 (가)목이 아니라 그 외의 경우에 적용되는 (나)이 적용되어야 한다고 보았다. 대법원 2019. 7. 11. 선고 2016두865 판결도 같은 취지이다.

(2) 도관회사의 소득귀속을 인정한 사례

한국과 영국 간의 조세조약이 문제된 사안으로 대법원 2016. 7. 14. 선고 2015두2451 판결이 있다. 이 사안은 위 조약 제10조는 제1항에서 '일방체약국의 거주자인 법인이 타 방체약국의 거주자에게 지급하는 배당에 대하여는 동 타방체약국에서 과세할 수 있다.' 라고 규정하는 한편, 제2항에서 '그러나 그러한 배당에 대하여는 배당을 지급하는 법인 이 거주자로 되어 있는 체약국에서도 동 체약국의 법에 따라 과세할 수 있다. 그러나 수 취인이 배당의 수익적 소유자인 경우, 그렇게 부과되는 조세는 다음을 초과할 수 없다.' 라고 규정하면서 (가)목에서 '수익적 소유자가 배당을 지급하는 법인 의결권의 최소한 25%를 직접 또는 간접으로 지배하는 법인(조합은 제외)인 경우에는 배당총액의 5%'라 고 규정하고 있다.

A그룹은 1924년 프랑스법에 따라 설립된 A사를 최종 모회사로 하여 석유가스 관련 사업을 하는 기업이고, B사는 1983년 영국법에 따라 설립된 법인으로 A그룹 내에서 석 유화학 관련 사업을 영위하는 중간지주회사로서 30여 개의 자회사를 두고 있다. B사는 별도의 영업부서를 두지 아니한 채 일상업무의 대부분은 자회사 직원이 수행하도록 하 였으나, 이사회를 두고 중요 의사결정을 하면서 자회사로부터 배당을 받는 한편, 자회사 에 대한 지급보증을 하는 등 지주회사로서의 역할을 수행하였고, 그에 따라 영국에서 법 인세를 납부하고 재무제표에 대하여 회계감사법인으로부터 매년 외부감사를 받았으며, 관계회사에 대한 투자활동 내역을 명시한 연차보고서, 환경 및 사회적 책임 보고서 등을 발간하여 업무내역을 공시하여 왔다. 우리나라의 S사는 2001년경부터 A사와 합작계약 에 관한 협상을 진행하여 2002. 12. 2. 합작에 관한 양해각서를 체결하였고, 2003. 5. 27. 프랑스 A사에서 합작계약을 체결하였는데 이때 계약상대방이 B사로 되었으며, 준거법 은 한국법으로 지정하였다. 이 과정에서 A그룹 쪽에서는 당시 석유화학부문 계열사인 C사가 실무적인 역할을 수행하였으나 그와 관련한 법률 및 회계비용은 최종적으로 B사 가 부담하였고, B사의 이사회는 위 합작계약의 체결 및 그에 따른 투자에 관하여 의사결 정을 하였다. 위 합작계약에 따라 2003. 8. 1. 합성수지, 석유제품 관련 사업을 위한 대한 민국 법인인 원고가 설립되었고 B사는 원고 주식 중 50%를 보유하게 되었는데, 이를 위한 투자자금은 A사의 금융자회사인 D사로부터 송금되었으며 이는 B사의 지시에 따 라 송금된 B사의 자금이었다. B사는 이사회를 열어 원고의 주주총회에 참석할 권한을 위임하거나 원고의 배당정책과 이사책임 면책 등에 관하여 논의하였고, 2007년 8월경에 는 위 합작계약에 따른 이사지명권한을 행사하여 재무담당임원으로 P를 임명하여 근무 하도록 하는 등 주주로서의 권한을 행사하였다. 원고는 2006년부터 2010년까지 B사에게

배당금을 지급하면서 한·영 조세조약 제10조 제2항 (가)목에 따른 5% 제한세율을 적용하여 산출한 법인세를 원천징수하여 납부하였다. 이와 같이 원천징수되고 난 나머지 배당금은 HSBC 은행 서울지점의 B사 명의 계좌, HSBC 은행 런던지점의 다른 명의 계좌 등을 거쳐 최종적으로 B사에 송금되었고, B사는 이를 영국 내 자금관리회사에 예치하여 운용·관리하면서 그 이자를 수취하거나 또는 다른 자회사에게 대여하는 등으로 사용하였다. 과세관청은 B사가 한·영 조세조약 제10조 제2항 (가)목에서 정한 수익적 소유자가 아님을 전제로, 최종 모회사인 A사를 위 배당소득의 수익적 소유자로 보아 한국과 프랑스 간의 조세조약에 정한 15% 제한세율을 적용하여 원고에게 법인세 등의 부과처분을 하였다.

이에 대하여 원심은 과세관청의 처분이 적법하다고 판단하였으나, 대법원은 B사의 설립 경위와 사업활동 내역, 원고 주식의 취득과 관련한 의사결정과정과 비용부담 및 그 취득자금의 원천, 주주활동 경과, 위 배당소득의 지급 및 사용 내역 등을 종합하여 보면, B사는 독립된 실체와 사업목적을 갖고 있는 A그룹 내 석유화학 관련 사업의 중간지주회사로서 위 배당소득을 지배·관리할 수 있는 실질적인 귀속자 또는 그에 관한 한·영 조세조약 제10조 제2항의 수익적 소유자에 해당한다고 볼 여지가 충분하다고 판단하였다.

이 사안에서 원심은, B사가 지주회사로서 자체 영업부서 등을 갖추는 대신에 대부분의 업무를 자회사 직원들을 통하여 수행하였다거나, A그룹의 최종 모회사인 A사 또는 다른 자회사 등이 그룹 차원의 전략적 의사결정을 위하여 위 합작계약의 체결 및 주주활동 과정에 B사와 함께 관여하였다거나, 또는 A사 내지 프랑스 내 다른 자회사를 통하여 원고 주식을 취득하였을 경우와 비교하여 B사가 원고 주식을 취득함으로써 그 배당소득에 관한 조세부담이 일부 경감될 수 있다는 등의 사정을 들어 B사를 형식적 도관회사로 보았지만 대법원은 이러한 사정만으로 B사가 위 배당소득의 실질귀속자 또는 수익적 소유자가 아니라고 단정할 것은 아니라고 덧붙였다.

이 사안에서도 B사는 상당한 역사와 조직, 자금을 가지고 있었고 A사가 대신해주지 않는 고유한 기능과 업무를 수행하여 왔으며, 그 과정에서 원고 주식을 취득하여 배당소득을 취하였고, 그 소득도 바로 A사에게 귀속시키지 아니하였다. 이 정도의 사정에서는 아무리 실질과세원칙을 적용한다고 하더라도 B사의 존재를 쉽사리 부인하기는 어렵다고 하겠다. 대법원 2014. 7. 10. 선고 2012두16466 판결도 도관회사의 실체를 인정한 사례이다.

이전가격세제

1. 개요

국제조세조정에 관한 법률 제7조 제1항은 거주자와 국외특수관계인 간의 국제거래에서 그 거래가격이 정상가격보다 낮거나 높은 경우에는 정상가격을 기준으로 거주자(내국법인과 국내사업장을 포함한다)의 과세표준 및 세액을 결정하거나 경정할 수 있다고 규정하고, 제2항은 정상가격 산출방법 중 동일한 정상가격 산출방법을 적용하여 둘 이상의 과세연도에 대하여 정상가격을 산출하고 그 정상가격을 기준으로 일부 과세연도에 대한 과세표준 및 세액을 결정하거나 경정하는 경우에는 나머지 과세연도에 대하여도 그 정상가격을 기준으로 과세표준 및 세액을 결정하거나 경정하여야 한다고 규정하고 있다. 이는 국제거래에 있어서도 부당행위계산부인 규정을 적용할 수 있다는 원칙을 선언한 것으로 볼 수 있다.

이를 이전가격세제라고 하는데, 특수관계에 있는 자들 사이의 국제거래에서 행하여지는 부당행위계산을 부인하기 위한 제도이다. 특수관계인들 사이의 거래가격은 이해관계가 상반되는 자들 사이에서 시장원리에 의하여 형성되는 가격이 아니라 임의로 조정할 수 있는 가격이고 이를 국제거래에서는 이전가격이라는 용어로 통용하고 있고, 국제조세조정에 관한 법률 시행령 제23조 제2항 제2호에서도 이 용어를 사용하고 있다. 이전가격이라는 용어가 사용되는 것은 거주자가 조세부담을 회피하기 위하여 거주자의 소득을 국외특수관계인에게 이전하기 위하여 책정한 가격이라는 데서 연유한 것이다. 이전가격세제, 즉 정상가격에 의한 과세조정은 이와 같이 거주자 등이 국외특수관계인과의 국제거래시 정상가격보다 높은 대가를 지불하거나 낮은 대가를 받아 과세소득을 국외로 이전시키는 경우에 과세당국은 당해 국제거래에 있어서 거주자 등이 조세회피의도가 있었는지를 불문하고 그 조작된 가격, 즉 이전가격을 부인하고 정상가격으로 과세함으로써 자국의 과세권을 보호하고 국제적인 조세회피를 방지하려는 제도이다.

이전가격세제에 관하여는 국제조세조정에 관한 법률 제2장에서 자세히 규정하고 있다. 국제조세조정에 관한 법률 제8조는 정상가격의 산출방법에 관하여 규정하고 있다. 정상가격은 부당행위계산부인에 있어서 시가에 상응하는 개념이다. 제1항은 정상가격으로 다섯 가지를 제시하면서 그중 가장 합리적인 방법으로 계산한 가격으로 하도록 하고 있다. 제1호의 비교가능 제3자 가격방법은 거주자와 국외특수관계인 간의 국제거래와 유사한 거래 상황에서 특수관계가 없는 독립된 사업자 간의 거래가격을 정상가격으로 보는 방법이고, 제2호의 재판매가격방법은 거주자와 국외특수관계인 간의 국제거래에서 거래 당사자 중 어느 한쪽인 구매자가 특수관계가 없는 자에 대한 판매자가 되는 경우 그 판매가격에서 그 구매자가 판매자로서 얻는 통상의 이윤으로 볼 수 있는 금액을 뺀 가격을 정상가격으로 보는 방법이며, 제3호의 원가가산방법은 거주자와 국외특수관계인 간의 국제거래에서 거래 당사자 중 어느 한쪽이 자산을 제조·판매하거나 용역을 제공하는 경우 자산의 제조·판매나 용역의 제공 과정에서 발행한 원가에 자산 판매자나 용역 제공자의 통상의 이윤으로 볼 수 있는 금액을 더한 가격을 정상가격으로 보는 방법이고, 제4호의 거래순이익률방법은 거주자와 국외특수관계인 간의 국제거래와 유사한 거래 중 거주자와 특수관계가 없는 자 간의 거래에서 실현된 통상의 거래순이익률을 기초로 산출한 거래가격을 정상가격으로 보는 방법이고, 제5호의 이익분할방법은 거주자와 국외특수관계인 간의 국제거래에서 거래 당사자 양쪽이 함께 실현한 거래순이익을 합리적인 배부기준에 의하여 측정된 거래 당사자들 간의 상대적 공헌도에 따라 배부하고 이와 같이 배부된 이익을 기초로 산출한 거래가격을 정상가격으로 보는 방법이다.

그리고 제6호는 위와 같은 방법을 적용할 수 없을 경우에는 그 시행령이 정하는 그 밖에 합리적이라고 인정되는 방법에 의하도록 하고 있는데, 이에 관하여 국제조세조정에 관한 법률 시행령 제10조는 거래의 실질 및 관행에 비추어 합리적이라고 인정되는 방법을 말한다고 하고 있다. 이에 관하여 대법원 2015. 12. 10. 선고 2013두13327 판결은, A사가 2000년 및 2001년경 특수관계 없는 해외채권자들로부터 P채권 등을 원금의 32.3%로 매입한 다수의 거래가 이루어진 사안에서, 과세관청이 제출한 증거만으로는 원고가 2001. 4. 24. 그의 오스트레일리아 현지법인으로부터 원금의 32.3%의 가격으로 매입한 P채권의 정상가격을 국제조세조정에 관한 법률 제5조 제1항 제1호 내지 제3호의 방법 등으로 산출하는 것이 불가능하거나 원고의 매입가격이 정상가격을 초과한다는 사실을 인정하기에 부족하다는 등의 이유로, 과세관청이 국제조세조정법 제5조 제1항 제6호에 따라 산출한 가격을 정상가격으로 보아 원고의 매입가격과의 차액을 손금불산입한 것은 위법하다고 판단하였다.

제6호의 방법은 구체적이지 않고 포괄적이어서 그 방법의 통일성과 객관성이 보장되지 않으며 과세관청에게 상당한 재량권이 부여되어 있으므로 납세자의 보호를 위하여 반드시 제1호부터 제5호까지의 방법으로 정상가격을 산출할 수 없는 경우에만 적용하도록 한 것이다. 따라서 제6호의 방법을 적용하는 요건은 엄격히 심사되어야 한다는 것이 위 대법원 판결의 기본 취지라고 하겠다. 위 사안에서 과세관청은 원고가 P채권을 그 특수관계자인 유동화전문 유한회사에 양도한 가격을 정상가격으로 보았는데 이는 위 제1호부터 제5호까지의 방법의 어디에도 해당하지 않을뿐더러 정상가격이 갖추어야 할 기본인 특수관계가 없는 자들 사이의 가격이어야 한다는 요건도 충족하지 못하였다. 따라서 이는 제6호의 방법에 해당하지도 않는다고 할 것이다.

국제조세조정에 관한 법률 제8조 제2항은 과세당국은 제1항을 적용할 때 거주자와 국외특수관계인 사이의 상업적 또는 재무적 관계 및 해당 국제거래에서 중요한 거래조건을 고려하여 해당 국제거래의 실질적인 내용을 명확하게 파악하여야 하며 해당 국제거래가 그 거래와 유사한 거래 상황에서 특수관계가 없는 독립된 사업자 사이의 거래와 비교하여 상업적으로 합리적인 거래인지 여부를 판단하여야 한다고 규정하고, 제3항은 과세당국은 제2항을 적용하여 거주자와 국외특수관계인간의 국제거래가 상업적으로 합리적인 거래가 아닌 것으로 판단하고, 해당 국제거래에 기초하여 정상가격을 산출하는 것이 현저히 곤란한 경우 그 경제적 실질에 따라 해당 국제거래를 없는 것으로 보거나 합리적인 방법에 따라 새로운 거래로 재구성하여 제1항을 적용할 수 있다고 규정하고 있다.

2. 특수관계인의 범위

국제조세조정에 관한 법률의 이전가격세제는 법인세법이나 소득세법상의 부당행위계산부인과 마찬가지로 특수관계인들 사이를 그 규제대상으로 한다. 그런데 특수관계인의 범위에 상당한 차이가 있다. 즉, 여기서의 특수관계인 범위가 더 좁다는 것이다.

국제조세조정에 관한 법률 제2조 제1항 제3호는 특수관계란 그 각 목의 어느 하나에 해당하는 관계를 말하며 그 세부기준은 대통령령으로 정한다고 하면서, (가)목에서 거래 당사자의 어느 한쪽이 다른 쪽의 의결권 있는 주식(출자지분 포함)의 50% 이상을 직접 또는 간접으로 소유하고 있는 관계를, (나)목에서 제3자가 거래 당사자 양쪽의 의결권 있는 주식의 50% 이상을 직접 또는 간접으로 각각 소유하고 있는 경우 그 양쪽 간의 관계를, (다)목에서 자본의 출자관계, 재화·용역의 거래관계, 금전의 대차관계 등에 따라 소득을 조정할 만한 공통의 이해관계가 있고, 거래 당사자 중 어느 한쪽이 다른 쪽의 사업 방침을 실질적으로 결정할 수 있는 경우 그 거래 당사자 간의 관계를, (라)목에서 거래 당사자 간에 자본의 출자관계, 재화·용역의 거래관계, 금전의 대차관계 등에 따라 소득을 조정할 만한 공통의 이해관계가 있고, 제3자가 거래 당사자 양쪽의 사업 방침을 실질적으로 결정할 수 있는 경우 그 거래 당사자 간의 관계를 규정하고 있다. 그리고 그 시행령 제2조에서 보다 세부적인 기준을 설정하여 두고 있다.

반면에 법인세법이나 소득세법상 부당행위계산부인의 요건이 되는 특수관계는 법인세법 시행령 제87조 제1항 각 호 등에서 정하는 바와 같이 임원의 임면권행사, 사업방침의 결정 등 당해 법인의 경영에 대하여 사실상 영향력을 행사하고 있다고 인정되는 자와 그 친족, 주주와 그 친족, 법인의 임원·사용인 또는 주주 등의 사용인이나 사용인 외의 자로서 법인 또는 주주 등의 금전 기타 자산에 의하여 생계를 유지하는 자 등이다.

양자를 비교해 보면 국제조세조정에 관한 법률상의 특수관계인의 범위가 법인세법이나 소득세법상의 특수관계인의 범위보다 좁다는 사실을 알 수 있다. 이는 국경을 넘는 원격거래의 특성상 조세의 부담을 감소시키기 위한 부당행위를 함에 있어 거래 조건에 영향을 미칠 수 있는 특수관계는 국내거래의 경우보다 더 밀접해야 한다는 인식을 바탕으로 하고 있다고 할 수 있다. 따라서 국내거래인 경우에는 부당행위계산부인을 할 수 있는 특수관계인에 해당하더라도 국제거래에서는 이전가격세제를 적용할 수 없는 경우가 많고, 대표적인 예를 든다면 거래상대방에 대한 출자자이기는 하지만 그 출자비율이 50%에 못 미치는 경우이다. 이는 다음 항에서 보는 바와 같이 국제조세조정에 관한 법률 제3조가 이전가격세제를 적용하는 대신 소득세법이나 법인세법상의 부당행위계산부인 규정을 적용하지 못하게 함으로써 과세관청의 입장에서 볼 때는 과세의 공백을 초래하고 있다고 할 수 있다.

3. 부당행위계산부인과의 관계

가. 부당행위계산부인제도와의 비교

이전가격세제는 국제거래에 있어서의 부당행위계산부인에 해당하므로 국제조세조정에 관한 법률 제2장과 법인세법 제52조나 소득세법 제41조의 부당행위계산부인 규정과의 관계가 문제된다. 관련 규정의 문언상 법인세법이나 소득세법에서 부당행위계산부인의 요건은 시가를 기준으로 하여 그 시가에 의하지 않은 거래로 인하여 조세의 부담을 부당하게 감소시킨 것으로 인정되어야 하는 것인데 비하여 국제조세조정에 관한 법률에서의 이전가격세제의 적용요건은 시가가 아닌 정상가격을 기준으로 정상가격보다 낮거나 높은 경우이어야 하는 것이다.

우선 이전가격세제에서는 부당행위계산부인 규정과는 달리 부당성(경제적 합리성 결여)을 필요로 하지 않는다는 점이다. 즉, 부당행위계산부인에 있어서는 조세를 부당히 감소시킨 것으로 인정되어야 적용할 수 있으나, 국제조세조정에 관한 법률상의 정상가격에 의한 과세조정에서는 조세를 부당히 감소시킨 것으로 인정되는지 여부를 불문하고 정상가격을 기준으로 특수관계인과의 거래에서 정상가격에 미달하게 매출하거나 정상가격을 초과하여 매입하는 경우에 적용된다. 국제조세조정에 관한 법률 기본통칙(4 - 0…1)에도 이러한 취지가 나타나 있다. 즉, 국외특수관계인과의 국제거래에 있어서 그 거래의 정상가격에 의한 과세조정은 조세회피목적이나 당해 국외특수관계인의 과세소득실현을 전제조건으로 하지 아니한다고 하고 있다.

다음으로 이전가격세제에서는 그 기준이 되는 것이 시가가 아니라 정상가격이라는 점에서 차이가 있다. 그러나 국제조세조정에 관한 법률 제2조 제1항 제10호는 정상가격이란 거주자, 내국법인 또는 국내사업장이 국외특수관계인이 아닌 자와의 통상적인 거래에서 적용되거나 적용될 것으로 판단되는 가격을 말한다고 하고 있고, 법인세법 제52조는 시가에 관하여 특수관계인이 아닌 자 간의 정상적인 거래에서 적용되거나 적용될 것으로 판단되는 가격이라고 규정하고 있어, 실질적으로 동일한 내용을 규정하고 있는 것으로 볼 수 있다. 그래서 시가와 정상가격이라는 용어의 차이에서 양 제도의 차이가 있다고 보는데는 다소 무리가 따른다.

다만, 시가는 그 용어 자체가 시장원리에 의하여 정해지는 것을 의미하므로 하나의 거래에 대하여 하나의 시가가 존재한다고 볼 여지가 큰 반면에 정상가격은 그 용어 자체에서 시장원리가 전제되지 않기 때문에 하나의 정상가격이 아닌 여러 개의 정상가격이 존재할 여지가 크다. 더구나 국제조세조정에 관한 법률 제5조에서는 정상가격을 산정하는 방법을 여러 가지 인정하고 있기 때문에 정상가격이 여러 개가 존재할 수 있는 것이다. 따라서 일정한 범위가 존재한다고 수 있는 것이고 그 범위 내에 들어가면 모두 다 정상가격으로 인정될 수 있는 것이다. 국제조세조정에 관한 법률 시행령 제6조 제4항에도 이러한 취지가 담겨져 있다.

대법원 2014. 9. 4. 선고 2012두1747 판결은, 국제조세조정에 관한 법률에 의하여 국외특수관계자와 국제거래를 행하는 납세의무자는 국제거래명세서를 제출할 의무, 가장 합리적인 정상가격 산출방법을 선택하고 선택된 방법 및 이유를 과세표준 및 세액의 확정신고 시 제출할 의무, 정상가격 산출방법과 관련하여 필요한 자료를 비치·보관할 의무 등을 부담하므로 과세관청이 스스로 위와 같은 정상가격의 범위를 찾아내 고려해야만 하는 것은 아니고, 국외 특수관계자와의 이전가격이 과세관청이 최선의 노력으로 확보한 자료에 기초하여 합리적으로 산정한 정상가격과 차이를 보이는 경우에는 비교 가능성이 있는 독립된 사업자 간의 거래가격이 신뢰할 만한 수치로서 여러 개 존재하여 정상가격의 범위를 구성할 수 있다는 점 및 당해 국외 특수관계자와의 이전가격이 그 정상가격의 범위 내에 들어 있어 경제적 합리성이 결여된 것으로 볼 수 없다는 점에 관한 증명의 필요는 납세의무자에게 돌아간다고 판시하였다.

그리고 국제조세조정에 관한 법률 제13조에서는 소득처분 및 세무조정에 관한 규정을 두어 익금에 산입되는 금액이 국외특수관계인으로부터 내국법인에 반환된 것임이 확인되지 아니한 경우에는 그 금액은 법인세법상의 소득처분에 관한 규정에도 불구하고 대통령령으로 정하는 바에 따라 국외특수관계인에 대한 배당으로 처분하거나 출자로 조정한다고 규정하고 있다. 이는 법인세법상의 소득처분에 관한 특칙에 해당한다고 하겠다.

나. 부당행위계산부인 규정의 적용배제

이러한 차이 등을 전제로 하여, 국제조세조정에 관한 법률 제4조 제1항은 이 법은 국세와 지방세에 관하여 규정하는 다른 법률보다 우선하여 적용한다고 하고, 제2항에서 국제거래에 대해서는 소득세법 제41소와 법인세법 제52조를 직용하지 아니한다고 하면서, 다만 대통령령으로 정하는 자산의 증여 등에 대해서는 그러하지 아니하다고 하고, 국제조세조정에 관한 법률 시행령 제4조는 여기서 말하는 '대통령령으로 정하는 자산의 증여 등'이란, 자산을 무상으로 이전(현저히 저렴한 대가를 받고 이전하는 경우는 제외한다)하거나 채무를 면제하는 경우(제1호), 수익이 없는 자산을 매입하였거나 현물출자를 받았거나 그 자산에 대한 비용을 부담한 경우(제2호), 출연금을 대신 부담한 경우(제3호), 그 밖의 자본거래로서 법인세법 시행령 제88조 제1항 제8호 각 목의 어느 하나 또는 같은 항 제8호의2에 해당하는 경우(제4호)를 말한다고 하고 있다.

이에 대하여 대법원 2015. 9. 10. 선고 2013두6862 판결은 다음과 같이 판시하였다. 국제조세조정에 관한 법률이 제정되기 전의 법인세법 시행령 제46조 제4항은 국제거래의 경우 부당행위계산부인의 기준이 되는 시가 등의 산정방법을 정함으로써 국제거래에 관하여도 법인세법에 따른 부당행위계산부인을 할 수 있도록 정하였으나, 1995. 12. 6. 제정된 국제조세조정에 관한 법률은 특수관계 있는 자 간의 국제거래에 대하여 국제적으로 일반화되어 통용되고 있는 기준에 따르기 위하여 국제조세조정에 관한 법률을 다른 법률에 우선 적용하도록 하고 이와 아울러 법인세법 등에서 관련 규정을 모두 삭제하였는데, 다만 국제조세조정에 관한 법률에서 정한 정상가격에 의한 과세조정(이른바 '이전가격세제')의 적용 요건과 법인세법에서 정한 부당행위계산부인의 요건이 서로 달라 이들 규정의 적용범위에 관하여 논란의 소지가 있자, 2002. 12. 18. 개정된 국제조세조정에 관한 법률은 제3조 제2항을 신설하여 이전가격세제의 적용이 어려운 일정한 자산의 증여 등에 대하여는 법인세법의 부당행위계산부인 규정을 적용하도록 하였다고 전제하고, 이러한 법인세법과 국제조세조정법의 제·개정 연혁과 상호관계, 국제조세조정법 제3조 제2항의 내용과 그 신설 경위, 부당행위계산부인과 이전가격세제의 취지와 목적 등을 종합하여 보면, 국외특수관계인과의 국제거래에 대하여, 구 국제조세조정법이 제정·시행된 후 개정 국제조세조정법이 시행되기 전까지는 구 국제조세조정법의 정상가격에 의한 과세조정에 관한 규정이 적용될 뿐 법인세법의 부당행위계산부인 규정이 적용되지 아니하는 반면, 개정 국제조세조정법이 시행된 이후부터는 그 제3조 제2항에서 정한 일정한 자산의 증여 등에 한하여는 법인세법의 부당행위계산부인 규정이 적용되고, 나머지 거래에 관하여는 개정 국제조세조정법의 정상가격에 의한 과세조정에 관한 규정이 적용된다고 해석함이 타당하다고 판시하였다.

그리고 대법원 2015. 11. 26. 선고 2014두335 판결은, 국제조세조정에 관한 법률의 제·개정 연혁, 그 제3조 제2항의 신설 경위, 법인세법과 국제조세조정에 관한 법률의 상호관계, 부당행위계산부인의 대상과 유형을 정한 법인세법 시행령 제88조 제1항 각 호와 국제조세조정에 관한 법률의 적용배제 범위를 정한 국제조세조정에 관한 법률 시행령 제3조의2 각 호의 성격과 체계 등을 종합하여 보면, 특수관계 있는 사람들 사이의 국제거래에 대하여 국제조세조정에 관한 법률에서 정한 이전가격세제의 적용이 어렵고 그 거래의 실질이 내국법인의 국외특수관계인에 대한 이익의 무상이전에 해당하는 경우에는 구 국제조세조정에 관한 법률 시행령 제3조의2 각 호에 포함되는 것으로 해석하여야 할 것이라고 판시하였다. 그래서 내국법인이 국외특수관계인과 함께 파생상품에 근거한 권리를 보유하다가 그 보유비율에 상응하는 권리를 행사하지 아니한 채 국외특수관계인으로 하여금 권리의 전부를 행사할 수 있게 하는 방법으로 국외특수관계인에게 이익을 분여하는 행위는 국제조세조정에 관한 법률 시행령 제3조의2 제1호에서 정한 '자산의 무상이전'에 준하는 것으로서 법인세법 제52조 제1항, 법인세법 시행령 제88조 제1항 제7호의2에 따른 부당행위계산부인의 대상이 된다고 판시하였다.

국제거래에서의 부당행위계산을 부인하기 위한 규정으로 국제조세조정에 관한 법률 제2장의 규정들이 있기는 하지만, 그 내용이 법인세법상의 부당행위계산부인 규정만큼 충분하지 않아서 전자의 규정만으로 규제할 수 있는 부당행위계산의 유형들이 있을 수 있으므로 이러한 규정의 공백에 대하여는 법인세법상의 부당행위계산부인 규정을 적용하도록 함으로써 그 공백을 보충하겠다는 것이 국제조세조정에 관한 법률 제3조 제2항 단서의 취지이다. 그럼에도 그 단서에 해당하는 경우들을 국제조세조정에 관한 법률 시행령 제3조의2 각 호에서는 너무 제한적 열거적으로 규정하고 있다 보니 그 각 호에 해당하지 않으면 법인세법상의 부당행위계산부인 규정조차도 적용할 수 없어 이에 대한 규제를 할 수 없게 되어 조세공평의 원칙에 반하는 결과가 초래될 수 있다. 그래서 위 대법원 판결은 위 시행령 제3조의2 각 호의 적용범위를 넓게 해석하여 법인세법상의 부당행위계산부인 규정이 적용될 수 있도록 한 것이라고 평가할 수 있다.

다. 무수익자산의 매입에 관한 부당행위계산부인

국제조세조정에 관한 법률 제4조에서 명시적으로 그 적용을 배제한 규정을 억지로 끌고 와서 변칙적으로 이를 적용하는 것은 용인될 수 없다. 국제조세조정에 관한 법률 시행령 제4조에서 적용을 허용하고 있는 수익이 없는 자산을 매입한 경우와 관련하여, 국제조세조정에 관한 법률상의 특수관계인에는 해당하지 않지만 법인세법상 특수관계인에는 해당하는 국외거래자로부터 고가로 자산을 매입한 경우 고가매입으로 인하여 그 자산이 무수익자산이 될 수 있는데, 여기서 무수익자산의 매입이라고 하면서도 정작 부당행위계산부인은 시가를 초과하는 매입가액을 부인하여 이를 소득처분함으로써 고가매입에 대한 부당행위계산부인과 같은 방법을 취하는 경우가 있다. 그러나 이는 용인될 수 없다. 법인세법 시행령 제88조 제1항이 부당행위계산의 유형으로 제1호의 고가매입과 별도로 제2호의 무수익자산의 매입을 열거하고 있는 것은 고가매입에 해당하지 않을지라도 무수익자산의 매입에 해당한다면 특수관계인인 상대방으로의 이익 분여가 있을 수 있고 그로 인해 법인의 조세부담을 부당하게 감소시킬 수 있기 때문에 이를 별도로 부인하기 위한 것이고, 국제조세조정에 관한 법률 시행령 제4조 제2호에서 이 부분의 적용을 허용하고 있는 것도 이 때문이다.

그런데 무수익자산의 매입에 관한 부당행위계산부인 방법은 법인이 그 매입대금 상당의 자금을 수익자산의 매입에 사용하였더라면 적어도 그 보유기간 동안 수익자산의 운용을 통하여 인정이자 상당의 이익이 법인에게 귀속되었을 것임에도 이를 무수익자산의 매입에 사용함으로써 그 인정이자 상당의 이익이 법인에게 귀속되지 않고 상대방에게 이전되었다고 볼 수 있으므로 법인이 그 무수익자산의 취득일로부터 이를 처분하여 매입대금을 회수할 때까지의 기간 동안 그 매입대금 상당액을 상대방에게 대여한 것으로 재구성하여 그 기간 동안의 인정이자 상당액을 익금산입하고 그에 따른 소득처분과 소득금액변동통지를 하는 것이다. 대법원 2000. 11. 10. 선고 98두12055 판결 등도 같은 취지이다. 따라서 국제거래에 있어서도 무수익자산의 매입으로 보아 부당행위계산부인을 하고 그에 따른 소득금액변동통지를 함에 있어서 그 처분가액은 시가와 매입가액의 차액이 아니라 무수익자산의 매입가액에 대한 그 보유기간 동안의 인정이자 상당액이 되어야 한다.

이와 달리 무수익자산의 매입에 관한 부당행위계산부인이라고 하면서도 그 처분가액을 매입가액과 시가와의 차액으로 한다는 것은 무수익자산에 대한 부당행위계산부인제도의 취지와도 맞지 않을뿐더러 국제조세조정법에서 국제거래에 적용할 수 없도록 한 법인세법상의 고가매입에 관한 부당행위계산부인 규정을 적용한 것과 다름 아니어서 용인될 수 없다고 할 것이다. 실제로 과세관청은 국제거래에서 고가매입이 있었으나 국제조세조정에 관한 법률상의 특수관계인에는 해당하지 않아 이전가격세제를 적용할 수 없게 되자 국제조세조정에 관한 법률 시행령 제4조 제2호에서 허용하고 있는 무수익자산 매입에 관한 부당행위계산부인 규정을 적용한다고 하면서 위와 같이 고가매입에 관한 부당행위계산부인방법을 적용한 사례가 있었고, 이에 대하여 대법원 2020. 8. 20. 선고 2017두44084 판결은 같은 취지에서 부당행위계산부인을 통해 다시 계산하는 소득금액은 매입대금 상당액에 대한 그 보유기간 동안의 인정이자 상당액이 되어야 하고, 이와 달리 매입대금 중 시가초과액으로 보는 것은, 국외특수관계인과의 국제거래에 대하여만 정상가격에 따른 과세조정을 허용하고, 그 이외의 자로부터 자산을 시가보다 고가에 매입하는 경우 법인세법 제52조의 적용을 배제하고 있는 국제조세조정법의 규정과 취지에 반하므로 용인될 수 없다고 판시하였다.

4. 정상가격에 관한 증명책임

앞서 언급한 바와 같이 이전가격세제의 기준이 되는 정상가격은 시가와 달리 일정한 범위가 있을 수 있기 때문에 그 범위에 관한 증명책임의 소재가 문제된다. 부당행위계산부인과 마찬가지로 이전가격세제의 적용요건에 관한 기본적인 증명책임이 과세관청에게 있다고 본다면 특수관계인 사이의 국제거래에 관하여 먼저 정상가격의 범위를 증명하고 그 거래에서의 이전가격이 그 정상가격의 범위를 벗어났다는 점까지 증명하여야만 이전가격세제를 적용할 수 있다는 결론에 이르게 된다. 이러한 입장은 국내거래에 비하여 관련 과세자료를 확보하기가 더 어려운 국제거래에 있어서 국내거래보다 더 과도한 증명책임을 과세관청에 부담시키는 것이어서 합리적이지 못하다.

이러한 문제점에 대한 해결책의 일환으로 국제조세조정에 관한 법률 제14조는 거주자가 스스로 정상가격 산출방법을 정하여 국세청장의 사전승인을 받아 이를 적용할 수 있도록 하고 과세관청은 그 결과를 수용하도록 하고 있으며, 제16조는 특수관계인 간에 국제거래를 할 경우 국제거래정보통합보고서, 국제거래명세서, 요약손익계산서, 정상가격 산출방법 신고서 등을 제출하도록 하고 있다. 한편, 국제조세조정에 관한 법률 시행령 제15조 제5항은 과세관청이 정상가격을 산출하는 경우에는 특수관계가 없는 자 간에 있었던 둘 이상의 거래를 토대로 정상가격 범위를 산정하여 이를 법 제6조에 따라 거주자가 정상가격에 의한 신고 등의 여부를 결정하거나 법 제7조에 따라 과세당국이 정상가격에 의한 결정 및 경정 여부를 판정할 때 사용할 수 있다고 규정하고, 제6항은 거주자 또는 과세당국이 제5항에 따른 정상가격 범위를 벗어난 거래가격에 대하여 법 제6조 또는 제7조에 따라 신고 또는 결정 및 경정 등을 하는 경우에는 그 정상가격 범위의 거래에서 산정된 평균값, 중위값, 최빈값, 그 밖의 합리적인 특정 가격을 기준으로 해야 한다고 규정하고 있다. 여기서 제6항은 제5항에 의할 경우의 의무규정이지만 제5항은 의무규정이 아니라 임의적 선택규정이다. 즉, 과세관청이 스스로 정상가격의 범위를 정하여 적용할 수도 있지만 그것은 의무가 아니라 과세관청의 선택인 것이다.

이러한 사정들을 감안하여, 대법원은 정상가격의 범위에 관한 기본적인 증명책임을 납세자에게 전환시키고 있다. 대법원 2014. 9. 4. 선고 2012두1747 판결은, 구 국제조세조정에 관한 법률 제11조, 제13조, 그 시행령 제7조, 제23조 등에 의하면, 국외특수관계인과 국제거래를 행하는 납세의무자는 국제거래명세서를 제출할 의무, 가장 합리적인 정상가격 산출방법을 선택하고 선택된 방법 및 이유를 과세표준 및 세액의 확정신고 시 제출할 의무, 정상가격 산출방법과 관련하여 필요한 자료를 비치·보관할 의무 등을 부담하므로 과세관청이 스스로 위와 같은 정상가격의 범위를 찾아내 고려해야만 하는 것은 아니고, 따라서 국외특수관계인과의 이전가격이 과세관청이 최선의 노력으로 확보한 자료에 기초하여 합리적으로 산정한 정상가격과 차이를 보이는 경우에는 비교 가능성이 있는 독립된 사업자 간의 거래가격이 신뢰할 만한 수치로서 여러 개 존재하여 정상가격의 범위를 구성할 수 있다는 점 및 당해 국외특수관계인과의 이전가격이 그 정상가격의 범위 내에 들어 있어 경제적 합리성이 결여된 것으로 볼 수 없다는 점에 관한 증명의 필요는 납세의무자에게 돌아간다고 판시하였다.

위 판시에 의하면 정상가격은 하나의 가격이 아니라 일정한 폭을 가진 가격일 수 있지만, 일단 과세관청이 하나의 정상가격을 산정하여 제시하였을 경우 이전가격이 그것과 차이가 있으면 정상가격이 아닌 것으로 추정을 하고 그 추정을 번복하기 위해서는 납세자가 과세관청이 제시한 가격뿐만 아니라 그것을 포함하는 일정한 범위의 것이 정상가격에 해당하고 납세자가 정한 이전가격이 그 정상가격의 범위에 들어간다는 점을 납세자가 증명하여야 한다는 것이다. 이와 같이 증명책임을 사실상 납세자에게 전환시킬 수 있었던 근거는 국제조세조정에 관한 법률 제16조에 규정한 납세자의 관련 자료 제출의 무에 있다고 할 수 있다. 정상가격을 산정할 수 있는 자료에 대한 접근성이 우월한 납세자에게 그 제출의무를 부여한 입법 취지는 과세관청으로서는 그 자료에 근거하여 하나의 정상가격을 산정하는 정도로서 증명책임을 다한 것으로 볼 수 있다는 것이고 따라서 그 이상의 정상가격 범위 등에 관한 증명책임은 납세자에게 전환된다는 것이다.

하지만 과세관청이 제시하는 정상가격 자체가 적법하게 산출되었다는 점에 대한 증명책임은 과세관청에게 있음은 당연하다. 대법원 2015. 12. 10. 선고 2013두13327 판결은 과세관청이 거주자와 국외특수관계인 사이의 거래에 대하여 구 국제조세조정에 관한 법률 제4조 제1항을 적용하여 정상가격을 기준으로 과세처분을 하기 위해서는 납세의무자에 대한 자료제출 요구 등을 통하여 수집한 자료를 토대로 비교가능성 등을 고려하여 가장 합리적인 정상가격 산출방법을 선택하여야 하고, 비교되는 상황 사이의 차이가 비교되는 거래의 가격이나 순이익에 중대한 영향을 주는 경우에는 그 차이를 합리적으로 조정하여 정상가격을 산출하여야 하며, 과세처분의 기준이 된 정상가격이 이와 같은 과정을 거쳐 적법하게 산출되었다는 점에 대한 증명책임은 과세관청에 있다고 판시하였다.

5. 비교대상거래

가. 당해 거래와의 차이에 대한 합리적 조정

이전가격세제에서는 정상가격의 산정이 필수적이고 그 근거가 되는 것이 비교대상거래라고 할 수 있다. 그런데 당해 거래와 정상가격의 산정근거가 되는 비교대상거래가 동일할 수는 없으므로 정상가격을 산정할 때 그 차이에 대한 조정작업이 필요하다. 그래서 국제조세조정에 관한 법률 시행령 제15조 제1항은 정상가격을 산출하는 경우에는 기획재정부령으로 정하는 바에 따라 납세자의 사업 환경 및 특수관계 거래 분석, 내부 및 외부의 비교가능한 거래에 대한 자료 수집, 정상가격 산출방법의 선택 및 가격·이윤 또는 거래순이익 산출, 비교가능한 거래의 선정 및 합리적인 차이 조정 등의 분석절차를 거쳐야 한다고 규정하고 제4항은 정상가격을 산출하는 경우 해당 거래와 특수관계가 없는 자 간의 거래 사이에서 비교가능성 분석요소의 차이로 인하여, 적용하는 가격·이윤 또는 거래순이익에 차이가 발생할 때에는 그 가격·이윤 또는 거래순이익의 차이를 합리적으로 조정하여야 한다고 규정하고 있다.

이와 같이 조정작업이 수반된다고 해서 당해 거래와의 유사성이 없는 거래를 정상가격의 산정대상으로 삼는 것까지 허용될 수 있는 것은 아니다. 유사성이 없는 거래는 조정작업을 통하여 정상가격으로 접근하는 것 자체가 불가능하다고 볼 수 있기 때문이다. 즉, 합리적인 조정의 범위를 벗어난다고 보아야 한다. 그래서 조정작업이란 상당한 유사성이 있는 거래를 전제로 하는 개념으로 이해하여야 한다.

이에 관하여 국제조세조정에 관한 법률 시행령 제14조 제1항 제1호는 당해 거래와 비교대상거래 사이에 비교가능성이 높을 것을 요건으로 삼으면서 여기에 해당하기 위해서는, 비교되는 상황 간의 차이가 비교되는 거래의 가격이나 순이익에 중대한 영향을 주지 아니하는 경우(가목) 또는 비교되는 상황 간의 차이가 비교되는 가격이나 순이익에 중대한 영향을 주는 경우에도 그 영향에 의한 차이를 제거할 수 있는 합리적 조정이 가능한 경우(나목)이어야 한다고 규정하고 있다. 가목은 무리가 없는 규정인데 나목은 실제로 적용함에 있어서 다소 무리가 따른다. 차이가 중대한 영향을 미친다는 것은 유사성이 떨어진다는 것인데 이것을 합리적인 조정으로 보완한다는 것이 현실적으로 가능할 것인지가 의문이기 때문이다. 즉, 중대한 차이와 합리적 조정은 양립하기 어려운 것이다. 그래서 조세쟁송에서는 나목에 해당하는지가 쟁점이 될 경우 부정적인 결론에 이를 가능성이 많다.

같은 취지의 대표적인 판결로서, 대법원 2012. 11. 29. 선고 2010두17595 판결은 당해 제1, 2유동화증권 발행거래와 비교대상 유동화거래 사이의 비교되는 상황의 차이는 정상이자율의 산정에 중대한 영향을 줄 뿐만 아니라, 과세관청이 정상이자율을 산정하면서 한 조정이 이러한 상황의 차이를 제거할 수 있는 합리적인 조정이었다고 보기 어려워 과세관청이 비교대상 유동화거래를 기초로 산정한 연 13.31%의 이자율을 정상가격(정상이자율)으로 볼 수 없다고 판단하였다.

나. 비교대상거래에 국내거래도 포함되는지 여부

국외특수관계인 간의 국제거래와 비교되는 거래, 즉 정상가격을 산정하는 기초가 되는 거래 역시 국제거래에 국한되어야 하는지 아니면 국내거래이더라도 무방한 것인지가 논란이 되었다. 국제조세조정에 관한 법률 제2조 제1항 제5호는 정상가격은 거주자, 내국법인 또는 국내사업장이 국외특수관계인이 아닌 자와의 통상적인 거래에서 적용되거나 적용될 것으로 판단되는 가격이라고 규정하고 있어 비교대상거래를 특별히 국제거래로 제한하고 있지는 아니하였다.

그리고 국제조세조정에 관한 법률 시행령 제4조 제1항은 정상가격을 산출할 때에는 특수관계가 있는 자 간의 국제거래와 특수관계가 없는 자 간의 '거래' 사이에 비교가능성이 높을 것(제1호), 특수관계가 있는 자 간의 국제거래와 특수관계가 없는 자 간의 '거래'

를 비교하기 위하여 설정된 경제여건, 경영환경 등에 대한 가정이 현실에 부합하는 정도가 높을 것(제3호)의 기준 등을 고려하여 가장 합리적인 방법을 선택하도록 하였다. 위 규정이 2004. 12. 31. 개정되기 전에는 특수관계가 있는 자 간의 국제거래와 특수관계가 없는 자 간의 '국제거래' 사이에 비교가능성이 높을 것(제1호), 특수관계가 있는 자 간의 국제거래와 특수관계가 없는 자 간의 '국제거래'를 비교하기 위하여 설정된 경제여건, 경영환경 등에 대한 가정이 현실에 부합하는 정도가 높을 것(제3호)으로 규정되어 있었다. 이 때문에 비교대상거래도 국제거래에 국한되어야 한다는 주장이 더욱 강하였다.

위 규정들을 보면 비교대상거래를 국제거래로 국한하고 있지 아니하다. 2004. 12. 31. 개정되기 전의 시행령 제5조 제1항 제1호, 제3호도 합리적인 방법을 선택할 때 고려하여야 할 요소 중의 하나를 정한 것으로서 이는 예시적 규정으로 볼 수 있다. 비교대상거래는 어차피 당해 거래와 동일하지 않는 유사거래이고 그 유사성에 있어서 정도의 차이가 있을 뿐이며 비교대상거래가 국내거래이냐 국제거래이냐는 그 차이를 가져오는 여러 가지 요소 중의 하나에 불과하다. 정작 중요한 것은 그 차이를 합리적으로 조정할 수 있는지 여부인데, 국내거래라도 차이조정이 쉬운 유사한 거래가 있을 수 있는 반면, 국제거래라도 차이조정이 어려운 상이한 거래가 있을 수 있으므로 국내거래라는 이유로 그 차이조정의 가능성을 따지기도 전에 원천적으로 비교대상거래에서 배제하는 것으로 해석하는 것은 국조법의 전반적인 취지에 부합하지 아니하다고 할 것이다.

같은 취지에서, 대법원은 2004. 12. 31. 개정되기 전의 위 시행령 제5조 제1항 제1호, 제3호가 적용된 사안에서, 위 시행령 제5조 제1항의 취지가 국제거래만 하는 업체를 비교대상업체로 삼아 정상가격을 산출하라는 것으로 볼 수 없고, 비교대상업체가 국제거래뿐만 아니라 국내거래를 하는 경우에도 그로 인한 차이가 거래가격이나 이익에 미치는 영향을 제거할 수 있는 합리적 조정이 가능하다면 그 국내거래로부터도 통상이익률을 산출할 수 있다고 보아 피고가 비교대상업체들의 국내거래를 포함한 전체거래로부터 통상이익률을 산출하였다고 하여 잘못이라고 할 수 없다고 한 원심의 판단에 대하여 위 시행령 제5조 제1항 제1호는 재판매가격방법을 비롯한 법 소정의 정상가격 산출방법을 적용함에 있어 특수관계가 없는 자 사이의 거래 중 국제거래를 비교대상거래로 선택할 경우에 고려해야 할 요소를 예시적으로 규정한 것일 뿐 특수관계가 없는 자 사이의 국내거래를 비교대상거래에서 배제하려는 취지는 아닌 것으로 해석된다는 이유로 원심의 판단을 정당한 것으로 수긍하였다. 이 판결의 취지에 따르면 현행 국제조세조정에 관한 법률 시행령 제5조 제1항에 적용되는 사안에서는 더더구나 국내거래도 비교대상거래가 될 수 있다고 할 것이다.

6. 정상가격 산정방법

가. 비교가능 제3자 가격방법

국제조세조정에 관한 법률 제8조 제1항 제1호는 정상가격 산정방법의 하나로 비교가능 제3자 가격방법을 규정하고 있다. 이는 거주자와 국외특수관계인 간의 국제거래에서 그 거래와 유사한 거래 상황에서 특수관계가 없는 독립된 사업자 간의 거래가격을 정상가격으로 보는 방법이다. 나중에 살펴보는 다른 정상가격 산정방법에 비하여 가장 직접적인 가격산정방법이라고 하겠다.

비교가능 제3자 가격방법을 적용함에 있어서 가장 중요한 요소는 비교대상거래가 유사성을 지녀야 한다는 점과 해당거래와의 차이에 대한 합리적인 조정작업을 거쳐야 한다는 점이다. 어느 하나의 요소라도 충족하지 못하면 그에 따라 산출된 가격을 정상가격으로 볼 수 없다. 비교가능 제3자 가격방법에서 정상가격으로 인정될 수 있는지 여부는 유사성 여부보다는 합리적 조정작업이 있었는지 여부에 따라 좌우되는 경향이 있다.

정상가격으로 인정된 사례로는 대법원 2011. 10. 13. 선고 2009두15357 판결이 있다. 내국법인인 원고와 버뮤다 법인인 M 및 아일랜드 법인인 N는 모두 미국계 사모펀드인 L펀드에 의해 설립되어 그 지배력 아래에 있고, 원고는 M 및 N과 사이에 특수관계가 있다. 원고는 2000. 8. 31. 서울 충무로에 있는 P빌딩의 매수자금 104억 원을 조달하기 위하여 M에 이자율 19%, 만기 7년 조건으로 미화 7,000달러 상당의 사채를 발행하였고, M은 2001. 1. 23. 이를 다시 N에 미화 7,200달러에 양도하였다. 원고는 위 사채발행거래 이후 이자를 지급하지 않고 있다가 2001. 9. 7. A은행으로부터 65억 원을 이자율 8%로 차입하면서부터 원리금을 변제하기 시작하여 2002. 10. 15. 그 상환을 완료하였다. 과세관청은 위 사채발행거래의 이자율이 정상이자율을 초과하는 것으로 보고, 비교가능 제3자 가격방법에 의하여 정상이자율을 산정함에 있어 A은행으로부터의 위 차입거래를 비교대상거래로 선정한 다음 위 차입거래당시 그 이자율에 가장 근접한 회사채 이자율이 3년 만기 회사채(공모사채) BBB+ 등급의 이자율인 7.94%인 점에 착안하여 같은 조건의 회사채 이자율이 위 사채발행거래 당시인 2000. 8. 31.에는 10.2%이었다는 이유로 이를 위 사채발행거래의 정상이자율로 보아 원고가 N에 지급한 이자 중 10.2%를 초과한 부분을 손금불산입하였다. 이에 대하여 원심은 위 사채발행거래와 차입거래는 그 사용목적이 동일하고 금전차용거래로서의 속성도 동일하며, 양 거래의 시기가 근접하여 경제여건 및 원고의 경영환경에 근본적인 변화가 없었다는 등의 이유로 과세관청이 비교가능 제3자 가격방법을 적용함에 있어 위 사채발행거래와 유사한 거래상황에서 형성된 차입거래를 비교대상거래로 삼아 차입시기의 차이 등에 대한 조정을 거쳐 정상이자율을 10.2%로 산정한 것은 정당하다고 판단하였고, 대법원이 이를 수긍하였다.

이 사안에서 과세관청은 사채발행거래의 전체금액 75억 원에 정상이자율을 적용하지 않고 원고에게 유리하도록 위 차입거래금액 65억 원에 대하여만 정상이자율을 적용하였다. 즉, 차입시기와 채무액의 크기에 따른 조정을 한 셈이다. 반면에 담보제공, 연체이자, 조기상환수수료, 환율 등의 차이에 대한 조정은 보이지 않는다. 그러나 이들 차이에 관한 조정에 있어서는 서로 상쇄하는 관계에 있을 수도 있고 원고의 신용도에 미치는 영향이 불명확하여 원고에게 마냥 유리한 조정요소로 보기 어려운 측면도 있다. 특히 이 사안에서는 채무액의 크기에 관한 조정에서 원고에게 상당히 유리한 결과를 가져왔다. 이러한 사정들을 종합하면 과세관청의 처분은 수긍할 수 있는 수준에 이르렀다고 할 수 있다.

정상가격으로 인정받지 못한 사례로는 대법원 2012. 11. 29. 선고 2010두7796 판결이 있다. 원고가 2002. 12. 27. 기업구조조정전문회사인 A사로부터 미화 2억 달러 및 760억 원 상당의 화의채권 및 사모전환사채를 212억 원에 양수한 다음 이를 기초자산으로 하여 54,000,000불 상당의 후순위 유동화사채(만기 7년, 이자율 연 18%)를 발행하여 원고의 국외특수관계인인 B사가 인수하여 2003. 2. 3. 이를 다시 원고의 다른 국외특수관계인인 C사에 매도하였다. 과세관청은 위 유동화사채의 이자율이 정상이자율을 초과하는 것으로 보아, 15개 국내 유동화전문회사들이 공모방식으로 발행한 후순위사채의 이자율을 비교대상거래로 선정하고 그 이자율을 기초로 발행형식, 발행통화, 만기, 기초자산에 대한 유동화증권의 발행비율, 신용보강, 발행시기의 차이에 대한 조정을 거쳐 비교가능 제3자 가격방법에 의한 정상이자율을 연 16.98%로 산정한 다음, 원고가 C사에 지급한 이자 중 위와 같이 산정된 정상이자율을 초과하는 부분을 손금불산입하였다. 이에 대하여 대법원은, 위 유동화사채 발행거래와 비교대상 유동화거래 사이의 발행형식, 발행통화, 만기, 기초자산에 대한 유동화증권의 발행비율, 신용보강, 발행시기의 차이 및 그에 대한 피고의 조정 내용, 그 밖에 위 각 거래 사이의 기초자산의 차이 및 선·후순위사채의 비중과 구조의 차이 등을 종합해 보면, 정상이자율의 산정에 중대한 영향을 주는 위 유동화사채 발행거래와 비교대상 유동화거래 사이의 비교되는 상황의 차이에 대하여 피고가 합리적인 조정을 하였다고 보기는 어렵다고 판단하였다.

이 사안에서 원고의 유동화사채는 무담보 대출채권과 무보증 전환사채를 기초로 한 것이었는데 비하여 비교대상거래의 경우 평균 담보비율이 96%를 넘었다. 선순위와 후순위의 구조도 서로 달랐다. 그리고 과세관청은 정상이자율을 산정함에 있어서 사분위법을 사용하여 정상이자율의 범위를 하위 4분위(1/4) 값은 15.12%, 상위 4분위(3/4) 값은 17.39%로 계산하였는데, 원고의 유동화사채의 이자율은 18%로서 위 상위 4분위 값

(17.39%)과의 차이는 0.61%에 불과하다. 따라서 과세관청이 합리적으로 조정하지 않은 비교상황의 차이 요소 중 일부를 추가로 조정한다면 유동화사채의 이자율이 정상이자율의 범위 내에 있을 가능성을 완전히 배제할 수 없다. 이러한 사정들이 종합적으로 고려되어 위와 같은 결론에 이른 것으로 보인다. 여기서도 알 수 있듯이 정상가격과 이전가격의 차이가 미미할 경우에는 그 차이를 이유로 이전가격세제를 적용하는 것은 상당한 부담이 따른다고 하겠다.

나. 재판매가격방법

재판매가격방법은 정상가격을 직접 산정하는 방식이 아니라 국제조세조정에 관한 법률 제8조 제1항 제2호에서 정의하고 있듯이 거주자와 국외특수관계인이 자산을 거래한 후 그 자산의 구매자가 특수관계가 없는 자에게 그 자산을 다시 판매하는 경우 그 판매가격에서 그 구매자의 통상의 이윤을 뺀 가격을 정상가격으로 보는 방법이다. 실질적으로 보면 거래순이익률방법 중 매출에 대한 거래순이익률을 적용하는 방법과 비슷하다고 할 수 있다. 여기서는 통상의 이윤이 가장 중요한데, 이에 관하여 국제조세조정에 관한 법률 시행령 제6조는 제1항에서 구매자의 통상의 이윤은 구매자가 특수관계가 없는 자에게 자산을 판매한 금액에 판매기준 통상이익률을 곱하여 계산된 금액으로 하고, 판매기준 통상이익률은 구매자와 특수관계가 없는 자의 거래 중 해당 거래와 수행된 기능, 사용된 자산 및 부담한 위험의 정도가 유사한 거래에서 실현된 매출총이익률로 한다고 한다. 그리고 제3항은 그 구매자가 특수관계가 없는 자와의 거래에서 적정한 통상이익률을 산출할 수 없는 경우에는 특수관계가 없는 자 간의 제3의 거래 중 해당 거래와 수행된 기능, 사용된 자산 및 부담한 위험의 정도가 유사한 거래에서 발생한 통상이익률을 사용할 수 있다고 하고 있다.

이에 관한 사례로는 대법원 2011. 10. 13. 선고 2009두24122 판결이 있다. 원고는 다국적기업으로서 폴리우레탄의 주원료인 MDI의 제조업을 영위하고 있고 아울러 국외특수관계회사로부터 기초화학 상품을 직접 수입하여 국내고객에게 판매(스톡판매)하거나, 국내고객으로부터 신용장을 개설받아 원고의 홍콩지점이 국외특수관계회사에 주문한 다음 국외특수관계회사의 국내 보세창고에 입고된 상품의 소유권을 국내고객에게 인계하고 관세 및 통관비용을 국내고객이 부담하게 하는 방식으로 상품을 통관(신용장판매)하는 도매업 등을 영위하였다. 원고는 법인세 과세표준신고서를 제출하면서 국외특수관계인으로부터의 매입거래에 대한 정상가격 산출방법을 '재판매가격방법'으로 하여 신고하였으나 구체적 자료를 제출하지 않았다. 원고가 영위하고 있는 도매업의 판매비중은 신용장판매가 84.4%이고, 스톡판매가 15.6%이었다. 과세관청은 원고의 거래형태가 상품을 매입한 후 단순히 재판매하는 방식으로 보고 원고의 도매업 중 국외특수관계인과 매입거래가 정상가격보다 높은 가격으로 이루어졌다고 보아 재판매가격방법을 선택하였다. 원고는 특수관계가 없는 자와의 거래비중은 전체대비 3% 미만에 불과하고, 매출총이익률은 −2.43∼15.04%의 범위를 이루고 있어, 과세관청은 원고와 특수관계 없는 자와의 거래로부터는 적정한 매출총이익률을 산출할 수 없다고 보아 비교대상업체를 선정하여 매출총이익률을 산출하였다. 원고와 동종업종인 '산업용 기초화합물' 및 '합성수지·플라스틱물' 도매업을 영위하는 1,565개 업체를 선정하고 그중 외부감사에서 '적정의견'을 받은 24개 업체를 선정한 다음 부적격업체를 제외한 나머지 5개 업체를 비교대상업체로 선정하여 매출총이익률을 산출하였다. 비교대상업체들의 주된 거래방식도 원고처럼 상품을 구입하여 추가적인 변형·가공절차 없이 국내 고객에게 단순 재판매하는 스톡판매 형태였다. 여기에 과세관청은 재무구조의 차이 조정, 판매기능상의 차이 조정, 관세 및 통관비용의 공헌이익 상당액 차이 조정 등을 한 후 상위 사분위와 하위 사분위에 해당하는 2개 업체를 제외하고 3개 업체의 연도별 평균 매출총이익률을 적용하여 정상가격을 산정하였다.

이에 대하여 대법원은 원고와 비교대상업체들 사이에 매출규모나 수입기능 등의 차이가 있다고 하더라도 합리적 조정이 불가능할 만큼 비교가능성이 없다고 할 수 없으며, 그 밖에 원고가 주장하는 사유들은 통상이익률에 영향을 미치는 요소가 아니므로 차액조정의 대상이 아니라고 본 원심의 판단을 수긍하였다. 이 사안에서는 비교대상업체의 선정과정이 매우 치밀하고 합리적이어서 상당한 유사성이 확보되었다고 할 수 있고, 특히 차액조정작업이 충실히 이루어진 점이 고려되어 그 적법성이 인정될 수 있었던 것으로 보인다.

다. 거래순이익률법

(1) 의의

거래순이익률방법은 국제조세조정에 관한 법률 제5조 제1항 제4호에서 규정하고 있는데, 거주자와 국외특수관계인 간의 국제거래에 있어 거주자와 특수관계가 없는 자 간의 거래 중 해당 거래와 비슷한 거래에서 실현된 통상의 거래순이익률을 기초로 산출한 거래가격을 정상가격으로 보는 방법이다. 해당 거래의 이전가격과 유사한 거래의 가격을 직접 비교하는 방식이 아니라 유사한 거래의 거래순이익률을 산정하여 이것을 해당 거래에 적용하여 정상가격을 산정하는 간접적인 방법이라고 할 수 있다.

예를 들어 거래순이익률을 매출에 대한 거래순이익률의 비율로 산정할 경우 유사한 거래의 거래순이익률을 해당 거래의 매출에 적용하여 해당거래의 정상 거래순이익을 도출한 다음 이를 해당 거래의 매출에서 공제함으로써 정상가격, 즉 해당 거래의 정상 매입가액을 산정하는 것이다. 이러한 방법은 매출원가 및 판매비와 일반관리비 등 영업비용이 반영된 순이익률지표 또는 영업이익률에 기초하여 정상가격을 산정하므로, 다른 정상가격 산출방법 중 거래가격에 기초하는 비교가능 제3자 가격방법이나 매출총이익률에 기초하는 재판매가격방법이나 원가가산방법과 달리 상품의 차이나 거래단계 등 사업활동의 기능상 차이 등에 의한 영향이 적다고 평가되고 있다.

국제조세조정에 관한 법률 시행령 제8조 제1항 제1호는 거래순이익률의 종류로, 매출에 대한 거래순이익률의 비율, 자산에 대한 거래순이익률의 비율, 매출원가 및 영업비용에 대한 거래순이익률의 비율, 영업비용에 대한 매출총이익률(거래순이익과 영업비용을 합산한 것을 말한다)의 비율, 그 밖에 합리적이라고 인정될 수 있는 거래순이익률의 비율을 들고 있다. 영업비용에 대한 매출총이익률을 Berry ratio라고도 하는데 이는 주로 용역거래나 단순유통업 등에 적용된다. 국제조세조정에 관한 법률 통칙(5-4-1)은 Berry ratio를 적용하기 위해서는 영업비용과 수행된 용역의 정도가 상당한 상관관계가 있어야 하고, 영업비용 증가에 대응하여 매출총이익이 증가하여야 하며, 해당 기업과 비교대상 기업의 회계처리방식이 다른 경우에는 동일한 회계처리방식하에서 비교가 될 수 있도록 조정이 되어야 한다고 하고 있다. 이러한 요건은 Berry ratio뿐만 아니라 다른 거래순이익률에도 마찬가지로 적용되어야 한다고 할 수 있다.

(2) 사례 분석

과세관청의 거래순이익률법 적용을 긍정한 사례로는 대법원 2014. 9. 4. 선고 2012두1747 판결이 있다. 원고는 S그룹의 계열회사로서 한국에 지점을 두고 있다. 원고는 한국지점을 통하여 특수관계인인 S그룹의 계열회사 또는 비계열회사들로부터 스티렌모노머, 솔벤트 등의 액체 화학제품을 구입한 다음 국내기업에 수백 또는 수천 톤 단위로 판매하여 왔다. 원고는 국내사업장인 원고 지점을 통한 제품판매에 따른 매출액과 매출원가에 관하여 2001, 2002 사업연도 각 법인세를 신고하였는데, 2001 사업연도 영업이익률은 -3.3%, 2002 사업연도 영업이익률은 -1.5%이었다. 과세관청은 거주자에 해당하는 원고 지점이 S그룹 계열회사인 국외특수관계인으로부터 정상가격을 초과하여 화학제품을 구입함으로써 국외특수관계인에게 과세소득을 이전하였다고 보아 거래순이익률방법에 따라 산업용 기초화합물 등의 수입·판매업(도매업)을 영위하는 7개 업체를 비교대상업체로 선정하여 2001, 2002 사업연도 영업이익률을 계산하여 이를 토대로 원고와 비교대상업체 간의 재무자료 및 위험수준, 재고자산 보유금액과 기타 영업자산에 대한 투하자본 수준 등에 대한 차이를 조정하여 정상가격을 산출한 다음, 원고의 화학제품 재판매사업부문에 관한 2001, 2002 사업연도 매출총이익률과 비교하여 계산한 이전가격 소득조정액을 원고의 2001, 2002 사업연도 익금에 산입하였다.

이에 대하여 원심은, 위 거래가 석유화학제품만을 해외에서 우리나라로 수출하는 형태를 띠고 있는 반면 비교대상업체의 거래는 무기화학제품, 화공약품 등 다양한 품목을 국내에 수입하여 재판매하는 것이어서 취급 제품이나 거래단계에 질적인 차이가 있어 비교 가능성이 결여되어 있고, 원고의 수익성은 국제유가의 변동이나 석유화학산업의 국제경기변동에 영향을 받아 변동하지만 비교대상업체의 수익성은 이로부터 별다른 영향을 받지 않고 안정적이었으므로 이러한 차이가 가격이나 순이익에 중대한 영향을 미쳤을 것임에도, 과세관청이 산출한 정상가격은 원고와 비교대상업체 간의 본질적이고 가장 중요한 취급 제품의 차이, 그로 야기되는 경제여건의 차이와 순이익에 영향을 미치는 차이를 조정하지 않은 것으로 보이며, 그러한 차이를 극복할 수 있을 정도의 합리적인 조정을 거쳤다고는 볼 수도 없다고 하여 과세관청의 처분이 위법하다고 하였다.

이에 대하여 대법원은, 거래순이익률방법은 비교가능 제3자 가격방법이나 매출총이익률에 기초하는 재판매가격방법이나 원가가산방법과 달리 상품의 차이나 거래단계 등 사업활동의 기능상 차이 등에 의한 영향이 적으므로 과세관청이 당해 거래의 조건과 상황이 유사한 거래를 행하는 비교대상업체를 선정하고 최선의 노력으로 확보한 자료에 기하여 합리적으로 정상가격을 산출하였다면, 특별한 사정이 없는 한 거래품목이나 비교대상업체와의 거래단계 등의 차이에 따른 별도의 조정을 하지 아니하였다는 이유만으로 그와 같이 산출한 정상가격이 틀렸다고 단정할 수는 없다고 전제하고, 비교대상업체들은 유기화학품을 비롯한 기초 화학제품이나 기초 화합물을 국내로 수입하여 판매하는 기업들로서 원고 지점이 행한 거래의 조건과 상황이 비슷한 거래를 하였으며, 거래순이익률방법에 따라 산출한 정상가격은 영업이익률에 영향을 미칠 수 있는 운전자본 등에 대한 차이도 조정된 것이므로, 과세관청으로서는 비교대상업체를 선정하고 최선의 노력으로 확보한 자료에 기하여 합리적으로 정상가격을 산출한 것으로 볼 수 있고, 따라서 일정한 정상가격의 범위가 존재하고 당해 거래의 이전가격이 그 정상가격의 범위 내에 들어 있어 경제적 합리성을 결여한 것으로 볼 수 없다는 특별한 사정을 원고가 증명하지 못하는 한, 과세관청이 산출한 정상가격이 틀렸다고 단정할 수는 없다고 판시하였다. 과세관청으로서는 가능한 범위 내에서 비교대상업체의 선정과 합리적인 조정작업을 다하였다고 보아 이를 탄핵할 나머지 사정들에 대하여는 납세자가 증명책임을 부담해야 한다는 취지에서 과세관청의 처분을 수긍한 것이다.

과세관청의 거래순이익률법 적용을 부정한 사례로는 대법원 2014. 8. 20. 선고 2012두23341 판결이 있다. 미국법인인 HII의 100% 출자로 설립된 내국법인인 원고는 HII로부터 제공받은 기술정보를 이용하여 체중관리 및 영양제품 등을 구입한 후 이를 국내 다단계판매원에게 판매하는 형태의 다단계판매업을 영위하면서, HII의 100% 출자로 설립된 미국법인인 HIAI와 사이에 경영자문서비스 계약을 체결한 후 다단계판매업에 필요한 마케팅, 전산시스템, 다단계판매원의 관리 및 회계·재무지원 등의 용역서비스에 대한 대가로 HIAI에 경영자문료를 지급하여 왔다. 과세관청은 원고가 2001 내지 2004 사업연도에 경영자문료, 기술사용료, 프랜차이즈사용료 등을 과다하게 지급함으로써 국외특수관계인인 HII 및 HIAI에게 과세소득을 이전하였다고 보아 거래순이익률방법에 따라 정상가격을 산정하면서 4개 업체를 비교대상업체로 선정하여 이들 업체의 2001 및 2004 사업연도 영업이익률을 계산하고, 이를 원고의 2001 및 2004 사업연도 영업이익률과 비교하여 계산한 이전가격 소득조정액을 원고의 2001 및 2004 사업연도 익금에 산입하였다.

이에 대하여 원심은, 2001 내지 2004 사업연도 기간 동안 원고가 취급하는 제품 중 매출 상위 5개 제품은 건강보조식품(다이어트식품)으로서 전체 매출액의 절반 이상에 이르고 원고의 거래는 OEM 방식을 통하여 제조·수입한 제품을 다단계판매원에게 판매하는 다단계판매방식인 데 반하여, 비교대상업체 중 A사를 제외한 나머지 업체들은 모두 의류나 화장품 등을 취급하고 건강보조식품을 취급하지 아니할 뿐만 아니라 다단계판매방식이 아닌 일반적인 도매 또는 소매방식을 취하고 있는 점, 원고는 HII 및 HIAI에 대하여 미국 달러화로 기술사용료, 프랜차이즈사용료 및 경영자문료를 지급하였기 때문에 환율변동에 따라 영업이익의 상당 부분이 좌우되고 있으나, 비교대상업체 중 A사는 순수하게 국내에 기반을 둔 다단계업체로서 환율변동에 거의 영향을 받지 아니한 점 등에 비추어, 비교대상업체들은 원고와는 취급제품의 종류 및 거래단계, 환율변동을 비롯한 경제여건 등에 있어서 본질적인 차이가 존재함에도 그로부터 야기되는 차이를 극복할 수 있는 합리적 조정이 이루어졌음을 인정할 만한 자료가 없다고 보아 과세관청의 처분이 위법하다고 판단하였고, 대법원이 이를 수긍하였다.

이 사안은 앞에서 본 사안과 달리 원고와 비교대상업체의 거래의 성격이 너무 상이하였기 때문에 비록 거래순이익률방법이 다른 방법에 비하여 상품의 차이가 거래단계 등 사업활동의 기능상 차이의 영향을 적게 받는다고 하더라도 합리적인 조정으로 그 차이가 극복될 수 없다고 본 것이다. 이와 같이 정상가격 산정에 있어서는 비교대상업체의 유사성이 가장 중요한 척도가 되고 있는데, 대법원 2011. 8. 25. 선고 2009두23945 판결도 과세관청이 그 기준으로 삼은 것은 국외의 제3자로부터 판매권을 부여받지 아니하고 국내에서 직접 연구개발활동과 판매활동을 수행하는 비교대상업체들의 거래에 의한 순이익률로서 그와 같은 거래는 국외의 제3자로부터 판매권을 부여받아 판매활동만을 수행하는 원고의 거래와 유사하다고 하기 어렵다고 하여 과세관청의 거래순이익률방법의 적용을 위법하다고 판단하였다.

국제적 이중과세의 조정

1. 개요

국제거래에서는 납세의무자의 거주지국에서 속인주의를 채택하여 소득의 원천지가 어디인지에 관계 없이 그 납세의무자의 모든 소득을 과세대상소득으로 삼고 있는 한 이중과세의 문제가 대두되기 마련이다. 납세의무자가 국제거래를 통하여 해외에 원천을 둔 소득을 얻었을 경우 납세의무자의 거주지국에서 그 소득을 과세대상 소득으로 삼고 있는데, 여기에 그치지 않고 그 소득의 원천지국에서도 통상 이를 과세대상소득으로 삼고 있으므로, 납세자로서는 동일한 소득에 대하여 거주지국과 원천지국에서 이중으로 세금을 납부해야 하기 때문이다. 우리나라 세법에서도 이러한 이중부담의 결과가 나타날 수 있음을 알 수 있다. 예를 들어 법인세법 제2조 제1항은 납세의무자에 관하여 제1호에서는 내국법인, 제2호에서는 국내원천소득이 있는 외국법인이라고 규정하고, 제3조는 과세소득의 범위에 관하여 규정하면서 내국법인에 대하여는 그 원천지를 제한하고 있지 않는 반면에, 외국법인에 대하여는 국내원천소득 중 수익사업에서 생긴 소득으로 국한하고 있다. 이러한 입법방식은 외국의 경우에도 비슷하므로 결국 내국법인이 국외원천소득을 취한 경우 우리나라뿐만 아니라 원천지국에서도 세금을 납부하여야 한다.

이러한 이중과세의 문제를 조정해주지 않으면 납세의무자들은 해외진출을 꺼려할 수밖에 없고 이러한 현상은 당해 거주지국은 물론 전 세계적으로도 소득의 창출을 억제하는 결과가 되어 좋을 것이 없다. 즉, 조세의 중립성이 유지되지 못함으로써 세계경제에 악영향을 미치게 되는 것이다. 그래서 각국의 세법에서는 이중과세를 해소하기 위한 여러 가지 제도를 두고 있고 조세조약에서도 이 부분에 관한 규정을 두고 있는 경우가 많다.

일반적으로 채택하고 있는 이중과세의 조정방안으로는 외국납부세액공제방법과 외국소득면제방법이 있다. 그리고 외국납부세액공제방법에는 다시 외국납부세액 직접 공제방법과 외국납부세액 손금산입방법이 있다. 우리나라 세법은 외국소득면제방법은 채택하고 있지 않고 외국납부세액공제방법인 외국납부세액 직접공제방법과 외국납부세액 손금산입방법을 두고 있다. 각 방법들은 나름의 장단점을 안고 있어 각국이 정책적 판단하에 선택하고 있는 실정이다.

외국납부세액 직접공제방법은 외국원천소득에 대하여 그 원천지국에서 납부한 세액을 거주지국의 전체 세액에서 직접 공제해주는 방식이다. 이 방법에 의하여 그 공제한도 없이 무제한으로 공제를 해주게 되면 납세의무자로서는 국내에서 소득을 얻는 경우나 외국에서 소득을 얻는 경우나 종국적으로 납부하는 세금은 국내법의 세율에 의한 세금이라는 점에서 동일하게 된다. 예를 들어 거주지국의 세율이 25%이고 원천지국의 세율이 30%라고 했을 때, 100원의 소득을 거주지국에서 얻었을 경우 25원의 세금을 납부하게 되고, 100원의 소득을 외국에서 얻었을 경우 외국에서 30원의 세금을 납부하고 국내에서는 25원의 납세의무가 생기지만 그 25원에서 외국납부세액 30원을 공제하여 그 초과금 5원을 환급받게 되면 전체적으로 25원의 세금만 납부하는 결과가 되는 것이다. 즉, 거주지국의 세율과 외국의 세율의 차이부분을 거주지국의 세법에서 보전해준다고 할 수 있다. 이러한 제도하에서는 납세자는 국내에 투자하여 소득을 얻든 외국에 투자하여 소득을 얻든 종국적으로 동일한 세부담을 안게 되므로 투자의 중립성, 즉 자본수출의 중립성이 보장된다고 할 수 있다. 그러나 실제로 공제한도 없이 세액공제를 해주는 경우는 드물고 우리나라 세법도 마찬가지여서 자본수출의 중립성이 완전히 보장된다고 할 수는 없다.

다음으로 외국납부세액 손금산입방법은 외국에서 납부한 세금을 거주지국의 과세소득을 계산할 때 손금으로 산입해주는 방법이다. 납세의무자의 입장에서는 외국에서 얻은 소득 중 외국에서 납부한 세금을 제외한 나머지만을 실질적인 소득으로 얻었으므로 거주지국의 과세소득에 이를 합산할 때에도 그 세금을 제외한 나머지만을 합산한다는 개념이다. 이 제도에서는 자본수출의 중립성은 보장되지 않는다. 왜냐하면 외국의 세율이 거주지국의 세율보다 높더라도 그 세율의 차이를 보전해주지는 않고 단지 외국에서 납부한 세액만을 과세대상 소득에서 공제하여 줄 뿐이기 때문이다. 이 방법은 거주지국의 입장에서는 납세자가 국내에 투자하든 국외에 투자하든 과세대상소득에 편입되는 금액이 동일하다는 점에서 국가적 중립성이 있다고 말하고 있다.[4]

---

4) 이창희, "외국납부세액공제 제도의 제문제", 서울대학교 법학(2014년 3월), 서울대학교

그리고 외국소득면제방법은 거주지국에서 납세자의 과세대상소득을 산정할 때 외국에서 세금을 낸 소득은 합산하지 않고 아예 배제하는 방법이다. 즉, 이 방법은 외국원천소득에 대하여는 외국의 세율에 따라 세금을 내고, 거주지국의 원천소득에 대하여는 거주지국의 세율에 따라 세금을 내는 방법이다. 결과적으로 원천지과세방식이라고 할 수 있다. 국내자본이든 외국자본이든 관계 없이 동일한 소득에 대하여는 동일한 세금이 부과된다는 점에서 자본수입의 중립성이 보장된다고 말할 수 있다.

이하에서는 먼저 우리나라에서 채택하고 있는 외국납부세액 직접공제방법과 외국납부세액 손금산입방법의 내용을 알아보고, 나아가 자회사가 외국에서 납부한 세금을 내국법인인 모회사가 공제받을 수 있는 간접외국세액공제방법에 대하여도 살펴본 다음, 마지막으로 간주외국납부세액 공제방법과 이를 둘러싼 쟁점에 관하여 검토하기로 한다.

2. 외국납부세액 공제제도

가. 공제방법

법인세법 제57조 제1항은 내국법인의 각 사업연도의 과세표준에 국외원천소득이 포함되어 있는 경우 그 국외원천소득에 대하여 대통령령으로 정하는 외국법인세액을 납부하였거나 납부할 것이 있는 경우에는 제21조 제1호에도 불구하고 그 각 호의 방법 중 하나를 선택하여 적용받을 수 있다고 하면서, 제1호에서 제55조에 따라 산출한 해당 사업연도의 법인세액(토지 등 양도소득에 대한 법인세액과 제56조에 따른 미환류소득에 대한 법인세액은 제외한다)에 국외원천소득이 해당 사업연도의 과세표준에서 차지하는 비율(조세특례제한법이나 그 밖의 법률에 따라 면제되거나 세액 감면을 적용받는 경우에는 대통령령으로 정하는 비율)을 곱하여 산출한 금액을 한도로 외국법인세액을 해당 사업연도의 법인세액에서 공제하는 방법을 규정하고 있다. 그리고 제2호에서는 국외원천소득에 대하여 납부하였거나 납부할 외국법인세액을 각 사업연도의 소득금액을 계산할 때 손금에 산입하는 방법을 규정하고 있었다. 그런데 법인세법이 2020. 12. 22. 개정되면서 이러한 손금산입 방법은 삭제되었다.

법인세법 시행령 제94조 제1항은 위에서 말하는 '대통령령으로 정하는 외국법인세액'이란 외국정부(지방자치단체를 포함한다)에 의하여 과세된 그 각 호의 세액(가산세 및 가산금은 제외한다)을 말하되, 국제조세조정에 관한 법률 제10조 제1항에 따라 내국법인의 소득이 감액조정된 금액 중 국외특수관계인에게 반환되지 아니하고 내국법인에게 유보되는 금액에 대하여 외국정부가 과세한 금액과 해당 세액이 조세조약에 따른 비과세·면제·제한세율에 관한 규정에 따라 계산한 세액을 초과하는 경우에는 그 초과하는 세액은 제외한다고 하면서, 제1호에서 초과이윤세 및 기타 법인의 소득 등을 과세표준으로 하여 과세된 세액을, 제2호에서 법인의 소득 등을 과세표준으로 하여 과세된 세의 부가세액을, 제3호에서 법인의 소득 등을 과세표준으로 하여 과세된 세와 동일한 세목에 해당하는 것으로서 소득외의 수익금액 기타 이에 준하는 것을 과세표준으로 하여 과세된 세액을 규정하고 있다. 소득세법 제57조 제1항 및 그 시행령 제117조 제1항에도 비슷한 내용을 규정하고 있다.

먼저 여기서 세액공제의 대상이 되는 세액은 법인세법 시행령 제94조 제1항 각 호에 나타나 있듯이 우리나라 법인세법상의 과세소득의 범위에 들어갈 수 있는 소득에 관한 세금이어야 한다는 점을 유념할 필요가 있다. 외국납부세액 공제제도의 취지가 앞서 보았듯이 이중과세의 배제를 위한 것이므로 우리나라 법인세의 과세표준에 산입되지 아니하는 어떠한 세원에 대하여는 아무리 외국에서 납부한 세금이 있다고 하더라도 우리나라에서 과세하는 법인세에서 그 납부세액을 공제해 줄 이유는 없는 것이다. 예를 들어 외국에서 우리나라의 부가가치세와 같은 거래세를 납부한 경우에는 그 거래세의 과세표준과 우리나라 수득세인 법인세의 과세표준은 그 성질을 달리하는 것이기 때문에 그 부가가치세를 우리나라의 법인세에서 공제해 줄 수는 없는 것이다. 이러한 취지가 위 법인세법 시행령 제94조 제1항 각 호에 담겨져 있고, 같은 조 제3항은 외국납부세액은 해당 국외원천소득이 과세표준에 산입되어 있는 사업연도의 산출세액에서 공제한다고 규정하고 있는 것도 이러한 취지가 반영되어 있다고 할 수 있다.

대법원 1982. 12. 28. 선고 80누316 판결이 오래된 것이긴 하지만 이 부분 쟁점에 관한 거의 유일한 판결로 보이는데 위와 같은 취지에 입각하여, 인도네시아 및 필리핀에서 원고가 당해국에 납부한 각종 세금을 법인세 성질의 것으로 볼 것인가 아니면 손금에 해당하는 공과금이라고 볼 것인가가 바로 피고의 과세처분의 적법 여부를 판별하는 관건이라고 전제하고, 원심이 이를 손금에 해당하는 제세공과금이라고 인정한 자료로 삼은 증거 중 청구서는 원고 회사의 대리인인 세무사가 피고의 법인세 부과처분에 대하여 한 심사청구서에 불과하고, 증인은 원고 회사와 같은 영업을 하는 다른 회사의 직원으로서 그 증언내용은 동인이 당해 외국의 세법에 대한 전문가로서 그 지식을 토대로 한 것이라기보다는 단순한 자기의 의견을 진술한 것이며, 외국세법의 내용은 그 방면의 전문가가 아니면 쉽게 이해하기 어려운 것이므로 원심으로서는 관계 외국세법전문가에의 감정 또는 관계기관에의 사실조회 등에 의하여 위 각국의 조세제도에 입각한 위 외국납부세액의 성질을 규명하였어야 할 것이라고 판시하였다. 실제로 국가별 세제가 달라 외국에서 납부한 금액이 공제대상인 세액인지 아니면 단순한 손금으로서의 공과금인지가 모호할 때가 많다. 이러한 부분을 사실심에서 충분히 조사하여야 한다는 점을 일깨워주는 판결이다.

그리고 공제대상인 외국납부세액은 법인세법 제57조 제1항의 문언에 나타난 바와 같이 '납부하였거나 납부할 세액'이다. 여기서 납부한 세액의 의미는 논란의 여지가 없는데, 납부할 세액은 그 시점과 관련하여 논란의 여지가 있다. 외국의 세법에도 우리나라 세법과 마찬가지로 납세의무의 성립시기와 확정시기 등이 다르게 정해져 있을 수 있는데, 어느 단계에 이른 세액을 납부할 세액으로 볼 것인지 명확하지가 않고, 그 범위에 관한 직접적인 규정이 없다. 그런데 법인세법 시행령 제94조 제3항은 외국납부세액은 해당 국외원천소득이 과세표준에 산입되어 있는 사업연도의 산출세액에서 공제한다고 하고 있으므로 당해 국외원천소득이 우리나라의 법인세 과세소득에 산입이 되어 있는 이상 그 부분의 법인세가 과세될 것이므로 이중과세를 배제하기 위해서는 그 국외원천소득에 대한 외국의 세액은 납세의무의 성립이나 확정 여부를 가릴 것 없이 세액을 산정하여 그 법인세에서 공제하는 것이 타당하다. 그렇지 않고 그 국외원천소득에 대한 외국의 세액이 성립되거나 확정되지 않았다는 이유로 그 국외원천소득이 포함된 과세표준에 대한 법인세액에서 공제하지 아니하고 그 외국의 세액이 성립되거나 확정되기를 기다렸다가 그때가서 우리나라의 법인세에서 이를 공제하면 그 법인세의 과세표준에서는 국외원천소득이 포함되어 있지 아니하므로 결국 기간이나 소득의 대응이 이루어지지 않게 된다. 하지만 현실적으로 외국납부세액에 대한 납세의무가 성립이나 확정도 되기 전에 그 세액을 산정한다는 것은 어려운 문제이다. 그래서 법인세법 시행령 제94조 제4항은 내국법인은 외국정부의 국외원천소득에 대한 법인세의 결정·통지의 지연, 과세기간의 상이 등의 사유로 법 제60조의 규정에 의한 신고와 함께 외국납부세액공제세액계산서를 제출할 수 없는 경우에는 외국정부의 국외원천소득에 대한 법인세 결정통지를 받은 날부터 2개월 이내에 외국납부세액공제세액계산서에 증빙서류를 첨부하여 제출할 수 있다고 규정하고 있다. 요컨대 국외원천소득이 과세표준에 산입된 이상 그 성립시기나 납부시기를 가리지 말고 합리적인 방법으로 외국납부세액을 추산하여 세액공제를 받은 다음, 나중에 그 납부세액이 다르게 확정되면 그 차액에 관하여는 수정신고나 경정청구를 통하여 바로잡는 것이 합리적인 방안이라고 하겠다.

한편, 대법원 2024. 1. 11. 선고 2023두44634 판결은, 1994년 체결된 한·중 조세조약 제23조 제1항에서 한국 거주자의 이중과세 회피방법에 관한 규정을 두고 있다가 2006년 체결된 한·중 조세조약의 제2의정서 제4조로 대체된 것에 관하여, 제2의정서 제4조가 우리나라 외의 국가에서 납부하는 조세에 대하여 우리나라의 조세로부터 세액공제의 허용에 관한 우리나라 세법의 규정에 따를 것을 조건으로, 중국 내에서의 원천소득에 관하여, 직접적이든 공제에 의하여서든 중국의 법과 협정에 따라 납부하는 중국조세는 동 소득에 관하여 납부하는 우리나라 조세로부터 세액공제를 허용한다고 규정하고 있는 점 등의 내용과 문맥, 조약의 대상과 목적 등을 종합하면, 위 의정서 규정만으로 체약국의 의사에 따라 외국납부세액의 구체적인 공제방법이나 공제범위가 명확히 한정되어 있다고 보기 어렵고, 위 의정서 규정은 한국 거주자가 이중과세를 회피하는 방법으로 외국납부세액의 세액공제를 허용하여야 한다는 일반원칙을 정하면서도, 구체적인 공제방법이나 공제범위 등에 관하여는 한국 세법에 따르도록 정한 것으로 보아야 하고, 이중과세를 조정함에 있어 어느 정도의 공제와 한도를 둘 것인지 등은 여러 가지 요소를 고려하여 결정될 것으로서, 이에 관하여는 입법자에게 광범위한 입법형성권이 부여되어 있으므로 법인세법에 따른 외국납부세액 공제제도만으로 외국납부세액의 이중과세가 완전히 회피되지 않더라도, 위 의정서 규정을 근거로 하여 해당 사업연도의 법인지방소득세액에서 중국에서 납부하였거나 납부할 세액을 공제할 수는 없다고 판시하였다.

나. 공제한도의 산정

(1) 공제한도의 산정방법

앞서 본 바와 같이 우리나라 법인세법 제57조 제1항은 무제한의 외국납부세액 공제방법을 택하지 않고 그 공제한도를 정하여 두고 있다. 다만, 제2항에서는 외국정부에 납부하였거나 납부할 외국법인세액이 공제한도를 초과하는 경우 그 초과하는 금액은 해당 사업연도의 다음 사업연도 개시일부터 10년 이내에 끝나는 사업연도에 이월하여 그 이월된 사업연도의 공제한도 범위에서 공제받을 수 있도록 하고 있다. 이와 같이 공제한도를 두고 있기 때문에 완전한 자본수출의 중립성은 보장되지 않지만, 외국의 세율이 거주지국의 세율보다 높을 경우 완전공제제도에 따르게 되면 거주지국 정부가 거두어들일 수 있는 세금을 외국정부에 이양하는 결과가 되므로 국익의 측면에서 이러한 제도를 수용하기는 어려울 것이다.

그 공제한도에 관하여는 법인세법 제55조에 따라 산출한 해당 사업연도의 법인세액(토지 등 양도소득에 대한 법인세액과 제56조에 따른 미환류소득에 대한 법인세액은 제외한다)에 국외원천소득이 해당 사업연도의 과세표준에서 차지하는 비율(조세특례제한법이나 그 밖의 법률에 따라 면제되거나 세액 감면을 적용받는 경우에는 대통령령으로 정하는 비율)을 곱하여 산출한 금액이라고 규정하고 있다. 즉, 국외원천소득에 대하여 원천지국인 외국에서 얼마의 세금을 납부하였든지 간에 우리나라에서 공제해주는 세액은 그 국외원천소득에 대하여 우리나라에서 부과되는 세금을 한도로 하겠다는 것이다.

그리고 법인세법 시행령 제94조 제7항은 공제한도를 계산함에 있어서 국외사업장이 2 이상의 국가에 있는 경우에는 국가별로 구분하여 이를 계산한다고 규정하고 있다. 이는 이른바 국별한도제와 일괄한도제 중 전자를 택한 것이다. 위 시행령이 2015. 2. 3. 개정되기 전에는 국별한도제와 일괄한도제 중 법인이 선택하여 적용할 수 있도록 규정하고 있었다. 결손금이 발생한 국가와 이익이 발생한 국가가 혼재할 경우에는 국별한도제를 적용하면 그 결손금이 이익에서 차감되지 않기 때문에 그 이익만큼의 공제한도가 그대로 유지되지만, 일괄한도제를 적용하면 이익에서 결손금이 차감된 잔액만큼의 공제한도만 남게 된다. 따라서 납세자의 입장에서는 국별한도제가 더 유리하다고 할 수 있다. 반대로 국가별로 모두 이익이 발생하는 경우에는 국가별로 세율의 차이가 있다면 일괄한도제가 납세자에게 더 유리할 수도 있다.[5] 법인세법 시행령이 2015. 2. 3. 개정되기 전에 납세자가 국별한도제를 택하였을 경우에 관하여 법인세법 기본통칙 57 - 94 - 1은 어느 국가의 소득금액이 결손인 경우의 기준국외원천소득금액 계산은 각국별 소득금액에서 그 결손금액을 총소득금액에 대한 국가별 소득금액 비율로 안분계산하여 차감한 금액으로 한다고 하고 있었는데, 이는 국별한도제를 적용함에도 일괄한도제를 적용한 것과 같은 결론에 도달하기 위한 것으로서 납세자에게 불리한 내용의 규정이다. 이러한 내용을 법규적 효력이 없는 통칙에서 정한다는 것은 옳지 못하고 따라서 그 효력을 인정할 수 없다고 할 것이다. 2015. 2. 3. 위 시행령이 개정된 후에도 위 통칙이 유지되고 있어서 문제이다. 과세관청이 위 통칙을 고집하고자 한다면 그 내용을 시행령 규정으로 편입하여야 할 것이다.

여기서 문제가 되는 것은 국외원천소득을 어떻게 합리적으로 산정하느냐의 문제이다. 우선 이 점에 관하여 대법원 1987. 2. 24. 선고 86누219 판결은, 외국납부 법인세공제 한도액을 결정함에 있어 국외 원천소득금액을 계산하는 경우에 법인의 당해연도 과세표준금액계산상 손금에 산입한 각종 충당금, 준비금 또는 국내외 전체 영업을 위한 공통경비 등이 있을 때에는 이를 그 발생원인에 따라 적정하게 안분하여 그중 외국지점 영업에 관련된 부분은 당해 외국지점의 손금으로 계산하여야 한다고 하면서, 그 이유에 관하여는 법인세법 제57조가 외국납부 법인세액은 법인의 당해연도 법인세액 중 국외원천소득이 당해연도 과세표준금액에서 차지하는 비율을 곱하여 산출한 금액을 한도로 이를 공제하도록 규정하면서 국외원천소득금액의 결정방법에 대하여는 아무런 규정을 두고 있지 않으므로 위의 국외원천소득은 구 법인세법 제9조 제1항(현행의 제14조 제1항)이 정하는 소득개념에 따라 외국지점의 당해연도 익금총액에서 그 손금총액을 공제하는 방법으로 계산하여야 할 것이고, 위에서 본 각 손금은 그것이 외국지점에서 직접 지출된 경비는

---

5) 이창희, 앞의 논문

아니지만 그중 외국지점 영업에 관련된 부분은 실질적으로 당해 외국지점 영업을 위하여 지출되거나 또는 당해 외국지점 경영상의 필요에서 인정되는 손금에 해당하는 것이어서 이는 당해 외국지점의 손금으로 봄이 상당하며, 또 위와 같이 외국지점의 영업을 위하여 지출되거나 그 경영상의 필요에서 인정되는 손금상당액을 당해 외국지점의 국외원천소득금액 계산상 그 외국지점의 손금으로 인정하지 않는다면 당해 외국지점의 국외원천소득금액을 그 실질소득금액보다 많게 하여 외국납부 법인세공제한도액 계산에 있어서도 그 공제한도액을 부당하게 높이는 결과가 되기 때문이라고 판시하였다. 대법원 2011. 2. 24. 선고 2007두21587 판결도 같은 취지이다.

위 판시에 의하면 위와 같이 외국지점의 손금으로 인정해야 하는 금액을 외국정부에서도 손금으로 인정하여 그만큼 외국납부세액이 줄어들었는지 여부에 관계 없이 우리나라의 입장에서 공제한도를 정함에 있어서는 그 부분을 외국지점의 손금으로 보아 국외원천소득을 계산하여야 한다는 것이고, 특히 거주지국 본점의 공통경비의 배분도 필수적이며, 그 배부방법은 합리적 기준에 의하여야 한다는 것이다.

(2) 사례 분석

본점의 공통경비 배부에 관한 사례로 위에서 본 대법원 2011. 2. 24. 선고 2007두21587 판결이 있다. 원고의 미주방송지사는 1995 사업연도에 원고 본사로부터 제공받은 방송프로그램을 비디오 등으로 제작하여 미국 내에서 판매한 총수입 1,080,894,002원에서 판매관리비 504,107,086원 등을 공제한 576,786,916원을 미국 내 원천소득으로 계산하여 미국 과세당국에 법인세 244,450,178원을 납부하였다. 원고는 미주방송지사의 위 국외원천소득 576,786,916원을 포함한 22,617,624,391원을 과세표준으로 하여 1995 사업연도 법인세를 신고하면서, 산출세액에 위 국외원천소득이 과세표준금액에서 차지하는 비율을 곱하여 산출한 172,730,054원(＝법인세 산출세액 6,773,287,317원×576,786,916원÷22,617,624,391원)을 외국납부세액으로 공제하였다. 그런데 과세관청은, 원고가 미주방송지사의 국외원천소득금액을 계산함에 있어 원고 본사의 방송프로그램 평균매출원가율 62.08%를 적용하여 산출한 매출원가 578,699,048원(＝미국 내 총수입에서 작가사용료를 공제한 수익 932,182,745원×62.08%)과 원고 본사에서 파견된 직원의 인건비 등 187,472,642원을 공제하지 않음으로써 외국납부세액을 과다하게 공제받은 것으로 보고, 미주방송지사의 국외원천소득금액을 -189,384,770원(＝1,080,894,002원-504,107,086원-578,699,048원-187,472,642원)으로 재계산하여 외국납부세액 공제한도를 0원으로 산출한 다음 원고의 외국납부세액공제를 배제하여 1995 사업연도 법인세 부과처분을 하였다.

여기서는 미국방송지사가 원고 본사로부터 제공받은 방송프로그램의 판매로 인한 국외원천소득을 계산함에 있어서 원고 본사가 그 방송프로그램을 제작하는 데 소요된 비용 중 일부가 미국방송지사의 방송프로그램 매출액에 대한 매출원가로 분배되어야 한다는 것이 주된 쟁점이 되었다. 이에 관하여 원심은 다음과 같이 판단하였다. 원고 본사의 방송프로그램 평균매출원가율을 적용하여 미주방송지사의 매출원가를 산정한다면 향후에 판매되는 방송프로그램의 매출액에 따라 매출원가율이 변하게 되고, 국외원천소득금액을 재계산함에 있어서 공제한 방송프로그램의 매출원가를 회계처리할 방법도 없으므로 과세관청이 원고 본사의 방송프로그램 평균매출원가율을 적용하여 미주방송지사의 매출원가를 산정한 것은 위법하고, 오히려 한·미 조세조약 제8조 제2항 소정의 독립기업의 원칙에 따르면 미주방송지사는 방송프로그램의 해외 복제배포권을 부여받는 대가로 미국 내 판매수익의 30%를 원고 본사에 방송프로그램의 사용료로 지급하였을 것으로 인정되므로 그에 상당하는 금액을 공제하여 미주방송지사의 국외원천소득금액을 계산하는 것이 타당하다고 하였다.

즉, 원심은 이른바 독립기업의 원칙을 국외원천소득을 계산함에 있어 필요한 공통경비의 배부방법에도 적용한 것이다. 그런데 한·미 조세조약은 제8조 제2항과 별도로 같은 조 제3항에서는 '고정사업장의 산업상 또는 상업상의 이윤을 결정함에 있어서 경영비와 일반관리비를 포함하여 합리적으로 그 이윤에 관련되는 경비는 고정사업장이 소재하는 체약국 내에서 또는 다른 곳에서 발생되는가에 관계 없이 비용공제가 허용된다'고 규정하고 있었다. 제8조 제3항은 국내 본사와 해외 지사 사이에 실제 발생한 공통경비를 배부하는 것인 반면, 제8조 제2항은 해외 지사가 독립된 기업이었을 경우 지급하였어야 할 경비를 공제하는 것이다. 이와 같은 모순된 규정이 존재하고 있어 어느 규정을 따라야 할지가 논란이 된 것이다. 여기서 원심은 제8조 제2항을 적용하여야 한다는 입장을 취한 것이다.

그러나 대법원은 제8조 제3항을 적용하여야 한다는 입장을 취하였다. 미주방송지사의 국외원천소득과 관련하여서도 한·미 조세조약 제8조 제2항이 적용될 수 있다고 할 것이지만, 그와 별도로 한·미 조세조약 제8조 제3항이 고정사업장에 귀속되는 사업소득의 구체적인 결정방법을 규정하고 있는 점, 위 각 규정과 관련하여 그동안 국제적으로 통용되어 온 해석은 무형자산의 경우에는 이를 동일기업 내부의 본사 또는 고정사업장 등 어느 특정 부문에 전적으로 귀속시키는 것이 어려우므로 설령 본사와 고정사업장 사이에서 그 사용료가 수수된다 하더라도 그것을 고정사업장의 손금이나 익금에 산입할 수는 없다는 것이었던 점, 한·미 조세조약 체결 당시 대한민국 정부 및 미합중국 정부도 그와 같은 국제적인 해석의 범위 안에서 위 각 규정을 조약의 내용에 포함시킨 것으로 보이는 점, 소득에 관한 이중과세를 회피하고자 하는 외국납부세액 공제제도의 취지 등을 종합하여 보면, 원고가 당해 사업연도의 과세표준금액 계산상 손금에 산입한 방송프로그램의 실제 제작원가 중 미주방송지사의 국외원천소득에 합리적으로 배분되는 금액을 손금에 산입하여 미주방송지사의 국외원천소득금액을 계산하는 것은 별론으로 하고, 원심과 같이 한·미 조세조약 제8조 제2항을 근거로 미주방송지사가 독립기업일 경우 원고 본사에 지급하였을 것으로 예상되는 방송프로그램의 사용료에 상당하는 금액을 공제하여 미주방송지사의 국외원천소득금액을 계산하는 것은 허용될 수 없다는 것이다.

공통경비의 배부에 있어서도 독립기업의 원칙을 적용하게 되면 실제 배부되어야 할 공통경비보다 훨씬 더 많은 경비가 미국방송지사에 배부될 수 있다는 점과 프로그램제작비는 초기투입비용으로서 매출액이 늘어남에 따라 비례적으로 늘어나는 것이 아니어서 무형자산의 성격을 지니는데 이는 독립기업의 원칙과 같이 미주방송지사와 원고 본사 사이에서 그 대가를 주고받을 수 있는 성질의 것이 아니라 양자에게 공통으로 귀속되는 성질의 것이라는 점, 나아가 독립기업의 원칙을 적용하게 되면 가상의 비용을 공제함으로써 납세자에게 불리한 결과를 초래한다는 점 등이 크게 고려된 것으로 보인다. 이중과세배제를 위한 외국납부세액 공제제도를 채택하고 있지만 완전한 이중과세의 배제를 추구하는 것이 아니라 일정한 한도 내에서만 공제하고 있고 그 한도를 정하는 것은 각국의 조세정책에 따르는 것이므로 어느 입장을 취하여 공제한도를 정할 것인지의 문제도 조세법리에 의한 본래의 정답이 존재하는 것이 아니라고 할 것이고 따라서 법규정에서 명문으로 규정하고 있지 않다면 그 해석에 관한 최종 권한을 가진 대법원이 정책적 결단에 의하여 어느 한 입장을 택할 수 있는 것이라고 하겠다. 반대론에서의 비판이 있겠지만 대법원 판결이 존중되어야 한다고 보는 이유는 여기에 있다.

다. 공제대상 여부

(1) 거주지국에 납부한 원천징수세액의 공제여부

외국법인의 거주지국에서 발생하여 우리나라에 소재한 외국법인의 고정사업장에 귀속된 소득에 대하여 외국법인의 거주지국에서 원천징수를 하였을 때 그 원천징수세액이 우리나라 고정사업장의 법인세에서 외국납부세액으로 공제받을 수 있는지가 문제된다. 이에 대하여 대법원 2024. 1. 25. 선고 2021두46940 판결은 공제받을 수 없다는 입장을 취하였는데 국제조세분야에 선례적 가치가 큰 판결이므로 소개한다.

법인세법 제97조 제1항은 국내사업장을 가진 외국법인의 법인세에 대하여 외국납부세액의 공제에 관한 제57조 제1항 제2항의 규정을 준용하도록 규정하고 있는데, 법인세법 제57조 제1항은 공제되는 '외국법인세액'의 범위에 관하여 특별히 원천징수된 장소를 제한하고 있지 않다. 한편, 한·중 조세조약 제23조 제2항은 중국 거주자가 한국으로부터 소득을 취득할 경우 한국법에 따라 납부하는 소득세액은 중국 거주자에게 부과되는 중국의 조세로부터 공제될 수 있다고 규정하고 있다. 이 규정은 거주지국과 사업장 소재지국의 관계에서 이중과세조정시 사업장 소재지국의 과세권이 거주지국의 과세권에 우선한다는 취지이다.

이 사안은 중국이 거주지국이면서 동시에 소득의 발생지인 원천징수국에 해당하는 경우였는데, 거주지국과 소득발생지국의 지위를 겸하는 경우에 법인세법 제97조 제1항과 한·중 조세조약 제23조 제2항의 관계에서 고정사업장 소재지국인 한국에서 중국의 원천징수세액을 외국납부세액으로 공제해주어야 하는지가 쟁점이 되었다. 중국이 소득의 발생지로서 원천징수국이라는 점을 중시하면 법인세법 제97조 제1항의 문언에 따라 긍정설의 입장을 취할 수 있는 반면에, 중국이 거주지국이라는 점을 중시하면 한·중 조세조약 제23조 제2항을 우선시하여 법인세법 제97조 제1항의 적용범위를 제한함으로써 부정설의 입장을 취할 수 있게 된다. 이에 대하여 대법원은 한·중 조세조약 규정들의 문언 및 체계 등에 의하면, 원고의 거주지국인 중국에서 발생하여 우리나라 소재 고정사업장에 귀속된 소득에 대하여는 우리나라가 먼저 과세권을 행사할 수 있고, 이중과세의 조정은 그 후에 거주지국인 중국이 원고에 대한 과세를 하면서 우리나라에 납부한 세액에 대하여 세액공제를 하는 등의 방법으로 이루어지게 되며, 나아가 이와 같은 한·중 조세조약 규정들에 따른 결과를 같은 조약 제24조 제2항의 무차별원칙 위반으로 볼 수도 없다고 전제하고, 법인세법 제97조 제1항에서 같은 법 제57조 제1항을 준용하는 취지는 기본적으로 국내사업장이 있는 외국법인에도 내국법인과 동일하게 제3국에서 납부한 세액에 대하여 외국납부세액공제 등을 허용함에 있다고 하면서, 외국법인의 거주지국에서 발생하여 우리나라에 소재한 위 외국법인의 고정사업장에 귀속된 소득으로서 거주지국과 체결한 조세조약의 해석상 그 소득에 대하여 우리나라가 먼저 과세권을 행사할 수 있고, 그에 따른 이중과세 조정은 거주지국에서 이루어지게 되는 경우에는, 그 소득에 대하여 거주지국에 납부한 세액이 있더라도 그 세액이 법인세법 제97조 제1항, 제57조 제1항 제1호에 따른 외국납부세액공제 대상에 해당한다고 볼 수는 없다고 판시하였다.

대법원은 한·중 조세조약 제23조 제2항을 가장 중요한 근거규정으로 보고 부정설의 입장을 취하였다. 이 규정에서는 한국과 중국 간의 이중과세조정에 있어 사업장 소재지국인 한국의 과세권이 거주지국인 중국의 과세권에 우선한다고 정하고 있으므로 중국이 거주지국의 지위에 있다는 사실이 중요할 뿐이고, 소득의 발생지국 지위를 겸하고 있다는 것은 중요하지 않다고 본 것 같다. 특히나 한·중 조세조약에서 이중과세조정을 함에 있어 거주지국과 사업장 소재지국의 관계에 관한 규정만 두었을 뿐 소득의 발생지국과 사업장 소재지국의 관계에 관한 규정은 두고 있지 않다는 점도 고려된 것으로 보인다. 그래서 비록 법인세법 제97조 제1항과 이 규정이 준용하는 제57조 제1항, 제2항에서 외국납부세액의 공제대상에 관하여 지역에 관한 특별한 제한을 두고 있지는 않지만 그보다 상위 규범인 조세조약에서 사업장 소재지국의 과세권이 거주지국의 과세권에 우선한다는 규정을 두고 있는 이상 법인세법 제97조 제1항과 이 규정이 준용하는 제57조 제1항, 제2항의 적용범위는 그 문언보다 축소하여 거주지국이 아닌 제3국이 소득의 발생지로서 그곳에서 원천징수한 세액으로 제한된다고 해석하였다.

그런데 대법원이 주된 근거규정으로 들고 있는 한·중 조세조약 제23조 제2항이 납세자의 주장과 모순된다거나 충돌되지 않는다는 점에서 납세자의 입장에서는 아쉬움이 남는다고 하겠다. 납세자의 입장에 따르면, 예를 들어 거주지국인 중국에서 발생소득에 관하여 10% 원천징수를 한 경우, 사업장 소재국인 한국에서 20% 법인세를 과세할 때 중국의 원천징수세액 10%를 공제하고 나머지 10%만을 과세하고, 거주지국인 중국에서는 종국적인 법인세 20%를 과세할 때 한·중 조세조약 제23조 제2항에 따라 한국에서 납부한 10%와 당초 원천징수한 10%를 공제해주면 된다. 이렇게 하면 전체 세율 20%에 대하여 중국과 한국이 각각 소득의 발생지국과 사업장 소재지국의 지위에 있음을 고려하여 10%씩 공평하게 배분받게 되어 합리적인 결과에 이르게 된다고 할 수 있다.

한편, 이 사안에서는 중국에서 발생한 이자소득으로서 한국의 고정사업장에 귀속된 소득이 한·중 조세조약상 이자소득에 해당하는지 사업소득에 해당하는지도 문제된 바 있다. 이자소득으로 볼 경우 법인세법에 의하더라도 국외원천소득임이 분명하므로 그에 관하여 중국에서 원천징수된 세액은 고정사업장 소재지국인 한국에서 외국납부세액으로 공제되어야 한다는 주장을 좀 더 강하게 할 수 있기 때문으로 보인다. 그러나 이자소득의 범위를 규정한 한·중 조세조약 제11조는 '일방체약국에서 발생하여 타방체약국의 거주자에게 지급되는 이자'를 규정하고 있는데, 이 사건 소득은 중국에서 발생하여 한국이 거주지국인 기업에 지급된 것이 아니라 중국이 거주지국인 한국의 고정사업장에게 지급되는 이자이므로 '일방체약국에서 발생하여 일방체약국의 거주자에게 지급되는 이자'에 해당한다. 그래서 한·중 조세조약 제11조에서 규정하는 이자소득에는 해당할 수 없다. 같은 취지에서 대법원도 이 사건 소득과 같이 '일방체약국에서 발생하여 일방체약국의 거주자에게 지급되는 이자'에 해당하는 소득에 관하여는 따로 규정하고 있지 아니하고, 다만 한·중 조세조약 제22조 제2항에서는 '같은 조약의 전기 각 조에서 취급되지 아니한 일방체약국 거주자의 소득 항목'과 관련하여, '일방체약국의 거주자인 소득의 수취인이 타방체약국에 소재하는 고정사업장을 통하여 동 타방체약국에서 사업을 경영하고, 소득의 지급원인이 되는 권리 또는 재산이 그러한 고정사업장과 실질적으로 관련되는 경우'에 제7조 등의 규정을 적용하도록 하고 있다고 함으로써 사업소득에 해당한다고 판시하였다. 이 부분은 타당한 판시이다.

위 사안에서 대법원 판결이 취한 결론은 조세법률주의 기본방향인 문언대로의 엄격해석에 따르지 않고 한·중 조세조약 제23조 제2항의 취지 등을 고려하여 합목적적 해석을 한 것으로 이해할 수 있다. 왜냐하면 법인세법 제97조 제1항과 이 규정이 준용하는 제57조 제1항, 제2항에서는 외국납부세액의 공제대상에 관하여 지역에 관한 특별한 제한을 두고 있지 않음에도 거주지국이 아닌 제3국에서의 원천징수세액으로 제한되는 것으로 해석하였기 때문이다.

그리고 이러한 합목적적 해석의 태도를 취한 이상 한·중 조세조약 조약 제24조 제2항의 무차별원칙에도 반하지 않는다고 선언하는 것은 당연한 귀결로 보인다. 국제조세사건에서는 납세자가 예비적으로 무차별의 원칙에 반한다는 주장을 하는 경우가 많은데 실제로 받아들여진 사례는 드물다. 이 세상에 완전히 동일한 경우란 있기 힘들므로 어떻게든 차이를 드러내면 무차별원칙 주장을 배척할 수 있기 때문이다. 이 사안에서도 거주지국과 소득발생지국을 겸하는 경우와 겸하지 않는 경우는 서로 동일하다고 볼 수 없기 때문에 무차별의 원칙이 적용될 수 없다고 본 것이다.

이 판결은 직접적으로는 한·중 조세조약 제23조 제2항의 해석 적용에 관한 것이긴 하지만, 다른 나라들과의 조세조약의 내용도 거의 대동소이하므로, 향후 다른 나라와의 유사사건 처리에도 원용될 수 있는 것이어서 선례적 가치가 높다고 하겠다. 향후 방향에 대한 좀 더 명확성과 예측가능성을 높이고자 한다면 구 법인세법 제97조 제1항을 개정하여 외국납부세액공제대상에 관하여 거주지국을 제외한 제3국으로 국한한다는 규정을 두는 것이 입법정책적으로 바람직하다고 하겠다.

(2) 과세권 없는 국가에 납부한 원천징수세액의 공제여부

원천지국에 원천징수세액을 납부하였더라도 조세조약상 그 원천지국에 과세권이 없는 경우 거주지국에서 이를 외국납부세액으로 공제받을 수 있는지가 문제된다. 이에 관하여 대법원 2024. 2. 8. 선고 2021두32248 판결은 공제받을 수 없다고 판단하였다.

내국법인인 원고는 2009년경부터 A중국법인이 우리나라 또는 중국의 금융기관으로부터 대출을 받는 것에 지급보증을 제공하고 그 대가로 지급보증수수료를 수취하여 왔다. A중국법인은 2014. 12. 19. 원고에게 위 지급보증에 따른 지급보증수수료를 지급하면서,

한·중 조세조약 제11조 제2항의 이자소득에 해당한다고 보고, 10%의 제한세율을 적용하여 계산한 세액을 원천징수하여 중국 과세당국에 납부하였다.

한·중 조세조약과 관련 규정을 보면 다음과 같다. 한·중 조세조약 제11조는 이자소득에 대한 과세권의 배분을 정하면서 제1항에서 '일방체약국에서 발생하여 타방체약국의 거주자에게 지급되는 이자에 대하여는 동 타방체약국에서 과세할 수 있다.'고 규정하고, 같은 조 제2항에서 '그러한 이자에 대하여는 이자가 발생하는 체약국에서도 동 국의 법에 따라 과세할 수 있다. 단, 수취인이 동 이자의 수익적 소유자인 경우 그렇게 부과되는 조세는 이자 총액의 10퍼센트를 초과하지 아니 한다.'고 규정하고 있다. 반면 한·중 조세조약 제22조 제1항에서는 기타소득에 대한 과세권의 배분을 정하면서 '같은 조약의 전기 각조에서 취급되지 아니한 일방체약국 거주자의 소득 항목에 대하여는 동 일방체약국에서만 과세한다.'고 규정하고 있다. 한편 한·중 조세조약은 제23조 제1항에서 우리나라 거주자의 이중과세 회피방법에 관한 규정을 두고 있었는데, 2006년에 체결된 한·중 조세조약의 제2의정서 제4조가 이를 대체하였고, 같은 조 제1항 (가)목은 '우리나라 외의 국가에서 납부하는 조세에 대하여 우리나라의 조세로부터 세액공제의 허용에 관한 우리나라 세법의 규정에 따를 것을 조건으로, 중국 내에서의 원천소득에 관하여, 직접적이든 공제에 의하여서든 중국의 법과 협정에 따라 납부하는 중국조세는 동 소득에 관하여 납부하는 우리나라 조세로부터 세액공제를 허용한다.'고 규정하고 있다. 또한 법인세법 제57조 제1항 제1호는 내국법인의 각 사업연도의 과세표준에 국외원천소득이 포함되어 있는 경우 그 국외원천소득에 대하여 납부하였거나 납부할 외국법인세액이 있는 때에는 공제한도의 범위 내에서 외국법인세액을 해당 사업연도의 법인세액에서 공제할 수 있도록 정하고 있다.

이에 관하여 대법원은 다음과 같이 판단하였다. 즉, 관련 규정들의 문언 및 체계 등에 따르면 우리나라 거주자의 이중과세 조정과 관련하여, 한·중 조세조약에서는 거주지국인 우리나라의 제한 없는 과세권을 전제로 하여 원천지국인 중국의 과세권을 일정한 범위로 제한하되 그러한 범위 내에서 이루어진 중국의 과세권 행사에 따라 중국에 납부하는 세액에 대하여 우리나라가 우리나라 세법의 규정에 따른 세액공제를 허용한다는 내용 등을 정하고 있고, 나아가 거주지국인 우리나라는 구 법인세법 제57조 제1항 제1호에서 외국납부세액공제 제도를 두는 등으로 원천지국인 중국의 과세권을 존중하는 방법을 취하고 있다고 하면서, 내국법인의 국외원천소득에 대한 법인세법 제57조 제1항 제1호에 따른 외국납부세액공제는 한·중 조세조약상 그 소득에 대하여 원천지국인 중국의 과세권이 인정되는 범위에서 중국에 납부하였거나 납부할 세액을 대상으로 하는 것이고, 이와 달리 그 소득에 대하여 원천지국인 중국의 과세권이 인정되는 범위를 초과하여 중국에 납부한 세액이 있더라도 이를 구 법인세법 제57조 제1항 제1호에 따른 외국납부세액 공제 대상으로 볼 수는 없다고 선언하였다.

이러한 법리를 토대로 하여, 한·중 조세조약 제11조 제4항은 "이 조에서 사용되는 '이자'라 함은 저당 여부와 채무자의 이윤에 대한 참가권의 수반 여부에 관계없이 모든 종류의 채권으로부터 발생하는 소득과 특히 정부채권, 공채 또는 회사채로부터 발생하는 소득 및 그러한 채권에 부수되는 프리미엄과 장려금을 말한다."라고 규정하고 있다(한·중 조세조약 제29조는 위 조약의 해석상에 상위가 있을 경우에 한국어본이나 중국어본보다 영어본이 우선한다고 정하고 있는바, 제11조 제4항의 영어본은 다음과 같다. The term "interest" as used in this Article means income from debt-claims of every kind, whether or not secured by mortgage and whether or not carrying a right to participate in the debtor's profits, and in particular, income from government securities and income from bonds or debentures, including premiums and prizes attaching to such securities, bonds or debentures)고 하면서, 위 조약 규정의 문언과 문맥 등을 종합하면, 어떠한 소득을 한·중 조세조약에서 정한 '이자'라고 보기 위해서는 그 소득은 수취인이 자금을 제공한 것에 대한 대가에 해당하여야 한다고 전제하고, 이 사건 지급보증수수료는 원고가 제공한 지급보증의 대가일 뿐 원고 자신이 자금을 제공한 것에 대한 대가는 아니므로 한·중 조세조약 제11조에서 규정하고 있는 '이자'에 해당하지 아니한다고 봄이 타당하고, 이러한 경우 이 사건 지급보증수수료가 그 외의 다른 조항에서 취급하고 있는 소득 항목에도 속하지 아니하는 한 한·중 조세조약 제22조 제1항에 따라 거주지국인 우리나라에만 과세권이 있으므로, 중국에 납부한 원천징수세액은 법인세법 제57조 제1항 제1호에 따른 외국납부세액공제 대상에 해당하지 않는다고 결론 내렸다.

반면에 이 사건의 원심에서는 '이자'를 금전채권을 비롯하여 일정 범위의 청구권을 포함하는 의미로 해석할 여지도 있고, '중화인민공화국 기업소득세법' 제6조는 '이자수입' 외에 '노무(용역)제공수입'이나 '기타수입' 등을 별도로 규정하고 있으나, 중국 과세당국은 지급보증수수료가 '이자소득'에 해당한다고 판단하였으며, 중국 외의 다른 국가에서도 지급보증수수료와 같은 성격의 수수료를 '이자소득'으로 취급하는 경우가 있는 점, 국내 조세법령에서도 지급보증수수료가 성격상 이자를 대체하는 의미도 있다는 점 등을 고려하여 중국 과세당국이 지급보증수수료를 한·중 조세조약 상 '이자소득'에 해당한다고 보아 원천징수세액을 원천징수한 것에 합리적인 근거가 없다고 단정할 수도 없다는 등의 이유로 외국납부세액 공제대상이 된다고 보았다.

원심 판결과 대법원 판결을 비교해보면, 원심은 이자소득의 범위를 실질에 터잡아 좀 넓게 인정해주려고 하였으나, 대법원은 조세조약의 원문 등에 근거하여 엄격하게 한정하였다. 대법원은 원천지국의 과세당국이 원천징수하였다는 이유만으로 조세조약상의 적법성을 따지지 않고 거주지국에서 공제해줄 필요는 없다는 입장을 밝힘으로써 거주지국의 과세권을 확립하였다는 점에서 의미있는 판결이라고 하겠다.

3. 간접외국납부세액 공제제도

가. 의의

간접외국납부세액 공제제도는 거주지국의 법인이 외국에 직접 투자하여 소득을 얻은 것이 아니라 자회사를 설립하여 이를 통해 소득을 얻는 경우 그 자회사가 외국에서 납부한 세금을 거주지국의 모회사 법인세에서 외국납부세액으로 공제받도록 하는 제도이다. 모회사가 외국의 자회사가 벌어들인 소득에 대하여 배당 등을 통하여 소득을 취하여 그것이 모회사의 과세표준에 산입되었을 때 그 배당 등의 소득에 대하여는 결과적으로 외국의 자회사가 세금을 납부함은 물론 거주지국의 모회사도 세금을 납부하게 되어 이중과세의 문제가 생기는 것이다. 이를 해소하기 위한 제도가 간접외국납부세액 공제제도인 것이다.

법인세법 제57조 제4항이 이에 관하여 규정하고 있다. 내국법인의 각 사업연도의 소득금액에 외국자회사로부터 받는 이익의 배당이나 잉여금의 분배액(수입배당금액)이 포함되어 있는 경우 그 외국자회사의 소득에 대하여 부과된 외국 법인세액 중 그 수입배당금액에 대응하는 것으로서 대통령령으로 정하는 바에 따라 계산한 금액은 세액공제 또는 손금산입되는 외국법인세액으로 본다는 것이다. 그리고 제5항에서는 외국자회사란 내국법인이 의결권 있는 발행주식총수 또는 출자총액의 100분의 10(조세특례제한법 제22조에 따른 해외자원개발사업을 하는 외국법인의 경우에는 100분의 5를 말한다) 이상을 출자하고 있는 외국법인으로서 대통령령으로 정하는 요건을 갖춘 법인을 말한다고 규정하고, 제6항은 내국법인의 각 사업연도의 소득금액에 외국법인으로부터 받는 수입배당금액이 포함되어 있는 경우로서 그 외국법인의 소득에 대하여 해당 외국법인이 아니라 출자자인 내국법인이 직접 납세의무를 부담하는 등 대통령령으로 정하는 요건을 갖춘 경우에는 그 외국법인의 소득에 대하여 출자자인 내국법인에게 부과된 외국법인세액 중 해당 수입배당금액에 대응하는 것으로서 대통령령으로 정하는 바에 따라 계산한 금액은 제1항에 따른 세액공제 또는 손금산입의 대상이 되는 외국법인세액으로 본다고 규정하고 있다.

법인세법 시행령 제94조 제8항은 공제세액의 계산식에 관하여 '외국자회사의 해당 사업연도의 법인세액×수입배당금액÷(외국자회사의 해당사업연도 소득금액－외국자회사의 해당사업연도 법인세액)'으로 규정하고 있다. 즉, 외국자회사의 법인세액 중 모회사의 소득으로 귀속된 수입배당금액에 상당하는 법인세액만을 외국납부세액으로 공제하여 주겠다는 취지이다. 개인의 경우에는 위와 같은 간접외국납부세액 공제제도를 채택하지 않고 있는데 이는 배당소득세액 공제제도를 통하여 이중과세의 문제를 해소하고 있기 때문으로 보인다. 여기서 간접외국납부세액 공제제도를 적용받기 위해서는 거주지국의 모회사가 출자한 외국의 단체가 외국법인으로서 법인세를 납부하여야 할 대상에 해당하여야 한다.

나. 사례 분석

그 외국의 단체가 외국세법에 의하여 법인으로서의 법인세를 납부하는 방법을 선택하지 않고 투과과세단체로서 그 투자자들이 법인세나 소득세를 납부하는 방법을 선택한 경우에는 간접외국납부세액 공제제도를 적용할 것인지 아니면 직접외국납부세액 공제제도를 적용할 것인지가 문제된다. 이에 관하여 대법원 2016. 1. 14. 선고 2015두3393 판결은, 내국법인이 출자한 외국법인인 단체의 소득에 대하여 부과된 외국법인세액은 내국법인이 납부하였거나 납부할 세액이 아니므로 특별한 사정이 없는 한 그 내국법인은 직접외국납부세액 공제 조항에 따른 외국납부세액 공제를 적용받을 수 없고, 간접외국납부세액 공제 조항의 요건이 충족되는 경우에 한하여 간접외국납부세액 공제를 적용받을 수 있을 뿐이며, 내국법인이 출자한 단체가 외국법인에 해당하는지는 법인세법상 외국법인의 구체적 요건에 관하여 본점 또는 주사무소의 소재지 외에 별다른 규정이 없는 이상 단체가 설립된 국가의 법령 내용과 단체의 실질에 비추어 우리나라의 사법상 단체의 구성원으로부터 독립된 별개의 권리·의무의 귀속주체로 볼 수 있는지에 따라 판단하여야 한다고 판시하였다.

위 판결 사안의 요지는 다음과 같다. 원고는 미국 델라웨어주 법률에 따라 설립된 유한파트너십(Limited Partnership)인 M투자펀드 4호, 5호 및 6호에 투자하였다. 위 각 펀드는 미국 유한책임회사(Limited Liability Company) 등 다단계 거래구조를 통하여 다양한 투자처에 투자하였는데, 그중 일본에 있는 부동산에 대한 투자는 일본에 설립된 특정목적회사 등을 통하여 부동산을 취득하는 등의 방법으로 하였다. 일본의 특정목적회사 등은 주주인 미국 유한책임회사에 배당소득을 지급하면서 그를 소득자로 하여 배당소득에 대한 법인세를 원천징수하여 일본 국세청에 납부하였고, 그 배당소득을 차례로 지급받은 위 각 펀드와 미국 유한책임회사 등은 미국에서 법인과세 방식을 선택하지 아니함으로써 법인세를 납부하지 아니하였으며, 원고는 위 각 펀드의 유한책임사원(Limited Partner) 중 하나로서 그 지분에 따라 위 각 펀드로부터 그 배당소득 중에서 일본에서 원천징수한 세액 및 운용비용 등을 공제한 나머지를 배당받았다. 이에 대하여 원고는 일본에서 원천징수당한 법인세 중 원고 부담분은 실질적으로 원고가 직접 납부한 것이기 때문에 직접외국납부세액 공제제도가 적용되어야 한다고 주장하였고, 과세관청은 원고가 직접 납부한 것이 아니라 원고가 투자한 위 각 펀드가 납부한 것이기 때문에 직접외국납부세액 공제제도는 적용할 수 없고, 간접외국납부세액 공제제도의 요건을 갖춘 경우에 한하여 이를 적용할 수 있을 뿐이라고 주장하였다. 제1심은 원고의 손을 들어 주었고, 제2심은 과세관청의 손을 들어 주었다. 이에 대하여 대법원은 제2심의 판단을 수긍하였다.

이 사안에서는 원고가 투자한 각 펀드가 법인으로서의 법인세 과세방식을 택하지 않고 투과과세단체로서 투자자들의 과세방식을 택하였다는 점에서 그 투자자의 1인인 원고가 납세의무자가 되었다고 볼 여지가 있다. 그래서 위 각 펀드가 일본에서 원천징수된 세액도 결국은 원고가 실질적인 납세의무자라고 볼 여지가 있는 것이다. 제1심의 판단이 이러한 취지에 입각한 것으로 보인다. 그러나 대법원은 외국의 단체가 법인인지 아닌지 여부는 외국의 세법에 의하여 판단할 것이 아니라 우리나라의 사법에 의하여 판단하여야 한다는 입장을 견지해 왔다. 그래서 위 각 펀드가 미국의 세법상 투과과세단체의 지위를 선택함으로써 법인세를 납부하지 않았다고 하더라도 그것은 미국세법상의 사정일 뿐이고 우리나라 입장에서 위 각 펀드가 법인인지 아닌지는 우리 사법에 의하여 판단하여야 하고 그에 따르면 위 각 펀드는 법인으로 보아야 한다는 것이다. 그래서 일본에서 원천징수된 세액도 그 납부자는 위 각 펀드의 투자자들이 아니라 위 각 펀드 자체로 보아야 한다는 논리이다. 특히 일본에서 원천징수할 때에도 그 소득자를 위 각 펀드 등으로 삼았다는 점도 중시된 것으로 보인다. 정작 원천징수하는 일본의 입장에서도 위 각 펀드에 대한 투자자들이 누구인지는 알 수도 없을뿐더러 알 필요도 없었을 것이고 그래서 위 각 펀드를 납세의무자로 하여 원천징수를 하였을 것이다. 다만, 미국의 세법상 위 각 펀드의 선택권 행사에 의하여 위 각 펀드가 법인세를 납부하지 않고 그 투자자들에 대한 과세로 미루었을 뿐이다. 이 사안에서 원고는 간접외국납부세액의 요건은 갖추지 못한 것으로 보인다. 그래서 실질적인 납부자가 원고라는 주장을 한 것으로 보인다. 실질을 중시하고, 또한 국제적 이중과세의 해소를 위해서는 제1심 판결과 같이 직접외국납부세액 공제제도를 적용해 줄 여지도 있어 보인다. 그럼에도 제2심과 대법원은 엄격한 입장을 보였고 그렇게 할 만한 조세법리상의 뚜렷한 명분이 없는 듯하여 다소 아쉬움을 남긴다.

4. 간주외국납부세액 공제제도

가. 의의

간주외국납부세액 공제제도는 소득의 원천지국인 외국에서 당해 기업의 원천지국에 대한 투자촉진 등을 위한 유인조치로서 그 소득에 대하여 조세감면 등의 혜택을 주었을 때 거주지국에서 그 취지를 존중함으로써 원천지국에서 감면해준 세액을 원천지국에서 납부한 것으로 간주하여 외국납부세액 공제액에 포함시켜 주는 제도이다. 만약 이러한 조치가 없으면 원천지국에서 당해 기업에게 부여하고자 했던 세금의 이익을 엉뚱한 거주지국의 정부에서 뺏어가는 결과가 초래되어 부당하다고 보는 것이다. 예를 들어 원천지국에서 외국기업에 대하여는 국내기업에 적용하는 세율 30%보다 낮은 20%의 세율을 적용한다고 가정했을 때 거주지국에서 실제로 원천지국에서 납부한 세금만을 외국납부세액 공제액으로 인정하면 거주지국으로서는 원천지국이 세금감면의 혜택을 주지 않았을 경우에 비하여 10% 세율만큼의 세수증가가 있게 된다. 이는 원천지국의 정부에서 포기한 세액을 거주지국의 정부가 취하게 되고 당해 기업으로서는 아무런 세금상의 혜택을 받지 못하는 결과가 된다. 이는 원천지국에서 세액감면의 혜택을 준 취지에 정면으로 반하게 된다. 그래서 거주지국에서도 원천지국의 감면취지를 살려 주자는 취지에서 간주외국납부세액 공제제도가 도입된 것이다. 이러한 제도는 조세조약에 그 내용이 반영되어 있다.

원래 위 제도는 원천지국이 저개발국이고 거주지국이 선진국인 경우를 염두에 둔 것이었는데, 위 제도를 악용하는 사례가 늘어나고 실제로 저개발국에 대한 투자유치의 효과도 불확실하다는 이유로 비판이 일어 지금은 많이 퇴보한 상태라고 할 수 있다. 우리나라는 아직도 각국 간의 조세조약에 위와 같은 간주외국납부세액 공제에 관한 규정을 두고 있는 경우가 많고, 법인세법에도 그 규정을 두고 있다. 즉, 법인세법 제57조 제3항은 국외원천소득이 있는 내국법인이 조세조약의 상대국에서 해당 국외원천소득에 대하여 법인세를 감면받은 세액 상당액은 그 조세조약으로 정하는 범위에서 세액공제 또는 손금산입의 대상이 되는 외국납부세액으로 본다고 규정하고 있다. 소득세법 제57조 제3항에도 같은 취지의 규정을 두고 있다.

나. 한 · 중 조세조약에 관한 사례 분석

간주외국납부세액과 관련하여 한국과 중국 간의 조세조약에서 중국에 자본을 많이 투자한 기업에 대하여 그렇지 않은 기업보다 낮은 차등세율을 적용하도록 한 것에 대하여 그것이 중국의 조세감면규정으로서 간주외국납부세액 공제의 대상이 되는지 아니면 단순히 한국 간의 과세권 분배에 관한 규정으로서 간주외국납부세액 공제의 대상이 될 수 없는지에 관하여 논란이 있고 조세쟁송에서 이를 다투는 사안들이 많다. 사안의 내용을 요약하면 다음과 같다.

한·중 조세조약 제23조 제1항은 '한국 거주자의 경우, 이중과세는 다음과 같이 회피된다. 한국 이외의 국가에서 납부하는 조세에 대하여 허용하는 한국의 조세로부터의 세액공제에 관한 한국세법의 규정에 따를 것을 조건으로, 중국 내의 원천소득에 대하여 직접적이든, 공제에 의해서든, 중국의 법과 이 협정에 따라 납부하는 중국의 조세는 동 소득에 대하여 납부할 한국의 조세로부터 세액공제가 허용된다. 그러나 그 공제세액은 중국 내의 원천소득이 한국의 조세납부대상이 되는 총 소득에서 차지하는 비율에 해당하는 한국의 조세액의 부분을 초과하지 아니한다'고 규정하고, 제10조 제2항은 '배당에 대하여는 배당을 지급하는 회사가 거주자인 체약국이 동 국의 법에 따라 과세할 수 있다. 단, 수령인이 배당의 수익적 소유자인 경우 그렇게 부과되는 조세는 다음을 초과하지 아니한다'고 규정하면서 가목에서 '수익적 소유자가 배당을 지급하는 회사의 자본의 25% 이상을 직접 소유하는 회사인 경우 총배당액의 5%', 나목에서 '기타의 모든 경우 총배당액의 10%'로 각 규정하고 있다. 그리고 한·중 조세조약 제23조 제1항은 제2의정서 제4조에서 정하는 제1항 가목 및 나목으로 대체되었고, 한·중 조세조약 제23조 제3항을 대체한 제2의정서 제5조 제1항은 '3. 이 조 제1항 가목 및 제2항에서 언급하고 있는 일방 체약당사국에서 납부하는 조세는 조세경감, 면제 또는 경제발전 촉진을 위한 그 밖의 조세유인조치 관련 법률규정이 없었더라면 납부하였어야 할 조세를 포함하는 것으로 간주한다. 이 항의 목적상 제10조 제2항, 제11조 제2항과 제12조 제2항의 경우에는 세액은 각각 배당, 이자 및 사용료 총액의 10%인 것으로 간주한다.'라고 규정하고 있다.

과세관청의 논리는 한·중 조세조약 제10조 제2항에서 중국에 25% 이상 투자한 회사에 대하여 그렇지 않은 회사에 대하여 적용하는 10%의 세율보다 낮은 5%의 세율을 적용한 것은 투자유인을 위한 조세감면이 아니라 우리나라 정부와의 사이에 과세권을 그와 같이 분배한 것에 지나지 않으므로 우리정부로서는 당해 기업이 중국에서 실제로 납부한 5% 세율의 세액만을 외국납부세액으로 공제해주면 된다는 것이다. 즉, 한·중 조세조약 제23조 제3항 전단과 후단은 중국정부가 조세감면을 해 주었을 때 적용되는 규정이므로 이와 무관한 제10조 제2항과 관련하여서는 적용할 필요가 없다는 것이다. 이를 지지하는 유력한 견해도 있다.[6]

한·중 조세조약 제10조 제2항에서 정하고 있는 제한세율은 일반적으로 배당소득에

---

6) 김석환, "간주세액공제에 관한 일 고찰", 한국국제조세협회(2016)

있어서는 일방 체약당사국의 거주자가 타방 체약당사국의 법인 등으로부터 지급받는 배당소득에 대하여 그 배당소득의 원천지국인 타방 체약당사국에서 과세할 수 있는 세율의 한도로 작용하여 원천지국과 거주지국 사이의 과세권 조정을 통한 이중과세방지의 기능을 하는 측면이 있기는 하다. 하지만 이는 배당소득에 대한 원천지국의 제한세율을 단일세율로 정하고 있지 아니하고 원천지국에 대한 투자의 정도에 따라 차등세율로 정하고 있는데, 이는 원천지국, 즉 중국의 경제발전의 촉진을 목적으로 투자를 유인하기 위하여 중국 내의 회사에 더 많은 투자를 한 회사에 대하여 그렇지 아니한 회사보다 상대적으로 더 낮은 제한세율을 적용하여 조세상 혜택을 주기 위한 것으로 볼 수 있다. 조세조약에 규정되어 있다고 해서 그것이 단순히 과세권의 분배에 불과한 것으로 단정하는 것은 합리적이지 못하다. 조세조약을 체결함에 있어서도 양 체약국의 의사합의하에 어느 일방 또는 쌍방의 조세정책적 감면규정을 용인하여 이를 조세조약에 편입할 수 있는 것이다.

이렇게 보지 않고 위 조항을 오로지 양 당사자국 간의 과세권 분배에 관한 것으로만 본다면 원천지국의 입장에서는 자국에 투자를 더 많이 하여 이익을 준 기업에 대하여는 아무런 혜택을 주지 않고 상대방 국가에 대하여 과세권만 양보한다는 결과에 이르게 되는데 그렇게 할 만한 합리적인 이유를 찾기 어렵다. 그리고 위 제2의정서 제5조 제1항의 연혁과 전문 및 후문의 관계를 살펴보면, 2008. 1. 1. 이전에는 중국 국내법상 외국자본투자기업에 대하여 배당소득에 대한 세금을 전액 면제하였는데 위와 같이 차등적인 제한세율이 있는 상황에서 후문 규정 없이 전문 규정만 적용되는 경우에는 자본투자를 많이 한 기업은 5%의 간주외국납부세액 공제만을 받을 수 있는 반면, 자본투자를 적게 한 기업은 10%의 간주외국납부세액 공제를 받을 수 있게 되어 자본투자를 많이 한 기업이 오히려 불리하게 되는 문제점이 발생하였기 때문에 이 사건 제2의정서 제5조 제1항 후문은 자본투자를 많이 한 기업에 대해서도 세액공제 대상 조세의 세율을 일률적으로 10%로 간주함으로써 조세혜택에 있어서의 불리함을 방지하는 역할을 하였다. 그런데 위와 같은 외국자본투자기업의 배당소득에 대한 세금면제규정이 폐지된 2008. 1. 1. 이후에도 제2의정서 제5조 제1항 후문이 삭제되지 아니하고 그대로 존치되고 있다. 이는 후문 규정이 계속 적용되어 중국의 회사에 대하여 25% 이상의 지분을 보유한 수익적 소유자인 회사에 대하여는 여전히 10%의 간주외국납부세액 공제를 적용해주기 위한 것으로 볼 수 있다.

이에 대하여 과세관청은 2008. 1. 1. 이후에도 자본투자를 많이 한 기업에 대해서 제2의정서 제5조 제1항 후문을 적용할 경우에는 자본투자를 적게 한 기업은 중국에서 10%로 과세되고 10%의 직접외국납부세액 공제가 적용됨에 반하여, 자본투자를 많이 한 기업은 중국에서 제한세율인 5%로 과세되나 5%의 직접외국납부세액 공제 외에 5%의 간주외국납부세액 공제가 추가로 적용되어 자본투자를 적게 한 기업보다 유리해지는 과세 불형평이 발생한다고 지적하고 있으나, 앞서 본 바와 같이 한·중 조세조약 제10조 제2항이 차등적인 제한세율을 정하고 있는 취지가 원천지국에 자본투자를 많이 한 외국기업에게 원천지국이 더 낮은 세율을 적용하는 조세감면혜택을 줌으로써 원천지국에 대한 투자를 촉진하기 위함에 있으므로 이는 오히려 한·중 조세조약의 당초 목적이나 의도에 부합하는 결과라고 할 것이다.

또한 제2의정서 제5조 제1항 후문의 문언 그 자체에 의하더라도, 한·중 조세조약 제10조 제2항의 경우 배당금에 대한 세액의 세율은 10%로 간주된다고 명확히 규정하고 있는 점에서도 위와 달리 해석하기는 어렵다. 이에 대하여 과세관청은 제2의정서 제5조 제1항 후문은 문언상 '이 항의 목적상'이라고 규정하고 있어 전문과 후문을 별개로 해석할 수 없다고 하면서, 전문에서 '조세경감, 면제 또는 경제발전 촉진을 위한 그 밖의 조세유인조치 관련 법률규정이 없었더라면 납부했어야 할 세액'에 대해서 간주외국납부세액 공제를 할 수 있는 것으로 규정하고 있고, 2008. 1. 1. 이후에는 더 이상 중국 국내법상 조세감면규정을 두고 있지 아니하며, 가사 한·중 조세조약 제10조 제2항을 조세유인조치라고 본다고 하더라도 이는 '조약'일 뿐 '법률규정'에는 해당하지 아니하므로 전문과 별개로 후문을 독자적으로 적용할 수 없다는 입장을 취하고 있다. 그러나 제2의정서 제5조 제1항 후문의 '이 항의 목적상'의 영어 원문이 'For the purpose of this paragraph'라고 되어 있는 것에 비추어 볼 때, 이는 '전문에 해당하는 경우에 한하여'라는 식으로 제한적 해석을 할 것이 아니라 '전문의 입법 취지를 살리기 위하여'라고 해석하는 것이 합리적이고, 따라서 제2의정서 제5조 제1항이 전문 외에 후문을 추가로 규정한 것은 중국 국내법률보다 낮은 제한세율을 규정하여 조세감면혜택을 부여하고 있는 한·중 조세조약 제10조 제2항이 조세유인조치에는 해당하나 그 형식상 제2의정서 제5조 제1항 전문의 '조세유인조치 관련 법률규정'에는 해당하지 아니하기 때문에 전문을 곧바로 적용할 수 없는 문제가 있어 이를 해소하기 위해 전문과 마찬가지의 간주외국납부세액 공제 효과를 부여하기 위하여 특별의제규정으로 둔 것으로 해석할 수 있는 것이다.

이 부분 쟁점에 관하여는 위와 같은 취지의 하급심 판결이 있었고 그에 대하여 대법원 2014. 10. 15. 자 2014두38019 심리불속행 상고기각 판결이 있었다. 그러나 대법원이 명시적인 법리를 선언하지 않은 탓에 여전히 하급심에서는 결론이 엇갈리고 있어서 대법원의 명시적 법리선언이 있어야 하는 상황이었는데, 드디어 대법원 2018. 3. 13. 선고 2017두59727 판결이 선고되었다. 종전 심리불속행 상고기각 판결과 같은 입장을 유지하였다. 판시내용은 다음과 같다. 한·중 조세조약 제10조 제2항 (가)목은 '배당의 수익적 소유자가 배당을 지급하는 회사의 자본 25% 이상을 직접 소유하는 회사(조합은 제외)인 경우'에는 이중과세를 최소화하고 국제투자를 촉진할 필요성이 일반적인 경우보다 크다고 보아 일반적인 경우에 적용되는 제한세율인 총배당액의 10%보다 낮은 5%의 한도 내에서만 배당소득에 대한 원천지국 과세를 인정하면서, 위 조항 후문은 그와 같은 경우에 실질적으로 투자유치의 효과를 거둘 수 있도록 일률적으로 10%의 세율이 적용되는 것으로 간주하여 외국납부세액을 산정하도록 하고 있는데, 이처럼 공제세율을 간주함으로써 특별한 조세혜택을 부여하는 방식은 한·중 조세조약 체약국의 의사에 따라 적용대상과 시한이 명확히 한정되어 있는 만큼, 원천지국의 국내법률에서 거주지국 투자회사가 받는 배당소득에 대한 세율이 변경되었다고 하여 그에 따라 위 조항 후문의 의미가 달라진다고 보기 어렵다고 전제하고, 이러한 규정의 체계와 내용 등에 비추어 보면, 한·중 조세조약 제10조 제2항 (가)목에 의하여 원천지국에서 5%의 제한세율로 배당소득에 대한 조세를 납부하였더라도, 위 조항 후문에 따라 원천지국에 납부한 것으로 간주되는 세액은 총배당액의 10%로 보아야 한다는 것이다. 타당한 판결이다.

제5장

조세조약

1. 조세조약의 의의

국제조세조정에 관한 법률 제2조 제1항 제7호는 조세조약이란 소득·자본·재산에 대한 조세 또는 조세행정의 협력에 관하여 우리나라가 다른 나라와 체결한 조약·협약·협정·각서 등 국제법에 따라 규율되는 모든 유형의 국제적 합의를 말한다고 규정하고 있다. 그 주된 목적은 국제적인 이중과세의 조정과 조세회피의 방지에 있다고 한다.

조세조약의 효력에 관하여는 헌법 제6조 제1항에서 근거를 찾을 수 있는데, 여기서는 헌법에 의하여 체결·공포된 조약과 일반적으로 승인된 국제법규는 국내법과 같은 효력을 갖는다고 규정하고 있다. 따라서 조세조약도 조약의 일종인 만큼 위 규정에 의하여 국내법과 같은 효력을 지닌다고 하겠다. 만약 국내법과 조세조약의 규정이 충돌하는 경우 어떻게 될 것인지가 문제인데, 통상적인 국내법 상호 간의 충돌에서와 마찬가지로 특별법 우선의 원칙이나 신법 우선의 원칙에 따라 그 효력의 우열을 가리면 될 것이다. 대법원 1986. 7. 22. 선고 82다카1372 판결, 대법원 2006. 4. 28. 선고 2005다30184 판결 등도 우리 정부가 체결한 조약은 국내법의 특별법으로서 국내법에 우선하여 적용된다고 판시하여 오고 있다. 일반적으로는 조약은 포괄적으로 규정하고 있고 국내법이 세부적으로 규정하고 있으므로 양자가 정면 충돌하는 경우는 많지 않을 것으로 보인다.

미국 헌법도 우리나라 헌법과 비슷하게 제6조 제2항에서 조약은 법률과 마찬가지로 국가의 최고법(the supreme law of the land)이라고 규정하고 있을 뿐 양자 간의 우열을 정하고 있지 않음에 따라 내국세입법 제7852조 제(d)(1)항은 조약과 법률의 관계에서 어느 쪽도 다른 한쪽에 대하여 우월적 지위를 갖지 않는다고 규정함으로써 특별법과 일반법의 관계로 설정하고 있지도 아니하여 신법 우선의 원칙만 적용되는 것으로 보이고, 그래서 국내법이 조세조약의 규정을 배제하는 이른바 'Treaty Override'라 인정되고 있다고 한다. 그러나 독일, 일본 등 다수의 국가에서는 조약이 법률보다 상위라는 견해가 지배적이고 그에 관한 명문의 규정을 두고 있다.

각국이 체결하는 조세조약은 OECD 모델조약이 모델이 되고 있어 그 해석에 관하여도 OECD 모델조약의 주석(보고서 포함)이 국제적으로 권위를 인정받는 기준이 되고 있다. 따라서 우리나라가 체결한 각국간의 조세조약을 해석함에 있어서도 위 모델조약의 주석이 중요한 참고자료가 된다고 하겠다. 하지만 그 자체로서 법규적 효력을 인정할 수 없음은 물론이다.

OECD 모델조약은 OECD 회원국인 선진국 간의 조세조약을 염두에 두고 작성한 것이기 때문에 선진국과 후진국 간 조세조약에는 적합하지 않은 측면이 있다. 왜냐하면, 이는 호혜주의에 입각하여 소득원천지국의 과세권을 축소·제한한 것이기 때문에 경제적으로 자본수입국이라고 할 수 있는 개발도상국에게 세수감소라는 희생을 강요하는 것이므로 개발도상국들이 그대로 채택하는데 어려움이 있기 때문이다. 그래서 UN은 개발도상국에 적합한 조세조약의 표준모델을 다시 만들었는데 이것이 UN 모델조약이다. 여기서는 OECD 모델조약에 비하여 개발도상국인 원천지국(자본수입국)의 과세권을 넓게 인정하고 있다는 점이 특징이다.

국제조세조정에 관한 법률 제5조는 '조세조약에서 용어 및 문구에 대하여 정의하지 아니한 경우에는 국세기본법 제2조 제2호에 따른 세법에서 정의하거나 사용하는 의미에 따라 조세조약을 해석·적용한다'라고 규정하고 있다. 우리나라 세법에서의 사용례에 따라 해석하라는 것인데 조약은 우리나라만의 일방적인 법규가 아니라 상대방 국가와의 합의에 의한 법규인 점을 고려해 보면 우리나라 세법에서의 사용례에 따라 해석하는 것이 타당한지는 의문이다.

법인세법 제98조의4는 외국법인에 대한 조세조약상 비과세 또는 면제 적용 신청에 관하여 자세히 규정하고 있는데, 먼저 제1항은, 제93조에 따른 국내원천소득(같은 조 제5호 및 제6호의 소득은 제외한다)을 실질적으로 귀속받는 외국법인(실질귀속자)이 조세조약에 따라 비과세 또는 면제를 적용받으려는 경우에는 대통령령으로 정하는 바에 따라 비과세·면제신청서를 국내원천소득을 지급하는 자(소득지급자)에게 제출하고 해당 소득지급자는 그 신청서를 납세지 관할 세무서장에게 제출하여야 한다고 하고, 제2항은 해당 국내원천소득이 국외투자기구를 통하여 지급되는 경우에는 그 국외투자기구가 실질귀속자로부터 비과세·면제신청서를 제출받아 그 명세가 포함된 국외투자기구신고서와 제출받은 비과세·면제신청서를 소득지급자에게 제출하고 해당 소득지급자는 그 신고서와 신청서를 납세지 관할 세무서장에게 제출하여야 한다고 한다.

그리고 같은 조 제3항은 소득지급자는 실질귀속자 또는 국외투자기구로부터 비과세·면제신청서 또는 국외투자기구신고서를 제출받지 못하거나 제출된 서류를 통해서는 실질귀속자를 파악할 수 없는 등 대통령령으로 정하는 사유에 해당하는 경우에는 비과세 또는 면제를 적용하지 아니하고 제98조 제1항 각 호의 금액을 원천징수하여야 한다고 하고, 제4항은 제3항에 따라 비과세 또는 면제를 적용받지 못한 실질귀속자가 비과세 또는 면제를 적용받으려는 경우에는 실질귀속자 또는 소득지급자가 제3항에 따라 세액이 원천징수된 날이 속하는 달의 말일부터 5년 이내에 소득지급자의 납세지 관할 세무서장에게 경정을 청구할 수 있다고 한다.

이하 조세조약을 둘러싼 주요 쟁점들에 관하여 살펴보기로 한다.

2. 조세조약상 고정사업장의 소득

가. 고정사업장

(1) 일반적 요건

일반적으로 조세조약에서는 고정사업장에 관한 규정을 두어 외국법인이 우리나라에 원천을 둔 소득을 얻더라도 우리나라에 고정사업장을 두고 있지 않거나 고정사업장을 두고 있더라도 해당 소득이 그 고정사업장에 귀속되지 않는 경우에는 우리나라에 과세권을 부여하지 않는 것으로 정하고 있다. 한·미 조세조약이 그 대표적인 예이다.

우리나라와 조세조약을 체결하고 있지 않은 국가의 법인이 우리나라에서 사업을 영위하여 국내에 원천이 있는 소득을 얻은 경우 우리나라에서 과세하는 방법에는 2가지가 있다. 즉, 외국법인이 우리나라에 국내사업장을 갖고 있으면 법인세법 제97조 제1항과 제91조 제1항에 의하여 그 국내사업장에 귀속되는 소득에 대하여 법인세를 신고·납부하여야 하고, 그와 같은 국내사업장이 없는 경우에는 그 국내원천 사업소득의 지급자가 세금을 원천징수하여 납부하여야 한다. 이와 같이 국내사업장의 존재 여부는 과세방식의 구분에 있어 매우 중요한 역할을 한다.

그런데 우리나라가 체결한 대부분의 조세조약에서는 법인세법상의 국내사업장과 유사한 고정사업장(Permanent Establishment) 개념을 두어 우리나라의 원천에서 사업소득을 얻은 체약 상대방 국가의 법인이 우리나라에 고정사업장을 두고 있지 않거나, 고정사업장을 두고 있더라도 해당 사업소득이 그 고정사업장에 귀속되지 않는 경우에는 우리나라의 과세대상에서 제외하도록 하고 있고, 고정사업장에 귀속되는 소득은 내국법인의 소득과 동일한 방식으로 과세하고 있다. 이와 같이 고정사업장은 대부분의 조세조약에서 일방 체약국의 법인이 타방 체약국에서 올리는 소득에 대하여 그 타방 체약국이 과세권을 행사하기 위한 요건으로 삼고 있다.

대표적인 예로서, 한·미 조세조약 제9조 제1항에서는 '이 조약의 목적상 고정사업장이라 함은 어느 체약국의 거주자가 산업상 또는 상업상의 활동에 종사하는 사업상의 고정된 장소를 의미한다.'라는 일반적 규정을 두고, 제2항에서는 지점, 사무소, 공장 등 여러 가지 유형의 고정사업장을 예시적으로 열거하고 있으며, 제3항에서는 고정사업장으로 인정되지 않는 형태를 규정하고 있다. 그리고 제4항에서는 종속대리인 형태에 의한 고정사업장 구성요건을 규정하고 있고, 그 이하에서 고정사업장의 구성요건이나 그 의미에 관해 부수적으로 규정하고 있다.

OECD 모델 조세조약 주석의 내용에 의하면 고정사업장의 물리적 구성요건으로는 장소적 요건으로 당해 외국법인에 처분권한이 있는 물리적인 사업장소가 존재하여야 하고, 기간적 요건으로 그 장소가 시간적으로 어느 정도 항구성이 있어야 하며, 기능적 요건으로 그 장소에서 조세조약에서 정해진 일정한 활동이 있어야 한다고 한다. 그리고 고정사업장은 당해 사업을 수행하는 터전이 되어야 한다. 터전이 되어야 한다는 뜻은 그 사업장이 사업활동에 있어서 예비적이거나 부수적인 것이 아니라 본질적이고 중요한 요소여야 한다는 취지이다. 그렇다고 해서 모든 사업활동이 고정사업장과 관련하여 이루어져야 한다고까지 해석할 필요는 없겠다. 사업활동에 있어서 필수불가결한 부분이 고정사업장에서 이루어지고 있으면 족하다고 하겠다. 고정사업장이 있으나마나 하는 존재이어서는 곤란할 것이다.

대법원 2011. 4. 28. 선고 2009두19229 판결도, 국내에 미국법인의 고정사업장이 존재한다고 하기 위하여는 미국법인이 '처분권한 또는 사용권한'을 가지는 국내의 건물, 시설 또는 장치 등의 '사업상의 고정된 장소'를 통하여 미국법인의 직원 또는 그 지시를 받는 자가 예비적이거나 보조적인 사업활동이 아닌 '본질적이고 중요한 사업활동'을 수행하여야 하며, '본질적이고 중요한 사업활동'인지 여부는 그 사업활동의 성격과 규모, 전체 사업활동에서 차지하는 비중과 역할 등을 종합적으로 고려하여 판단하여야 한다고 판시하였다.

한·미 조세조약 제9조 제3항은. 거주자에 속하는 재화 또는 상품의 보관·전시 또는 인도를 위한 시설의 사용, 거주자를 위한 광고, 정보의 제공, 과학적 조사 또는 예비적이거나 보조적인 성격을 가지는 유사한 활동을 위한 사업상의 고정된 장소의 보유 등을 예비적이거나 부수적인 사업활동으로 예시하고 있다. 이러한 활동이 이루어지는 장소를 고정사업장에서 제외하는 이유 중의 하나는 이들 활동이 기업의 생산성 향상을 제고하는 데에 기여는 하고 있으나 그 기업이윤의 실현과는 직접적인 관련이 없으므로 이러한 장소에 이윤을 배분하기가 사실상 어렵기 때문이라고 한다.[7] OECD 모델 조세조약에서는 예비적이거나 부수적인 활동들도 이를 모아서 수행하고 있는 장소라면 고정사업장이 될 수도 있다는 입장인 데 비하여 UN 모델 조세조약은 이들을 모아서 수행하는 장소라도 여전히 고정사업장이 될 수 없다는 입장이다. 그러나 일률적으로 말할 수는 없는 문제이다. 개별사안에 따라 구체적으로 판단할 문제이다. 예비적이거나 부수적인 활동들도 하나로 합치면 그 성격이 주된 또는 중요한 활동으로 변모할 수 있기 때문이다.

사업자가 고정사업장을 직접 소유할 필요는 없으며 임차하여도 무방하나 그 사업장을 지배하고 있어야 한다. OECD 모델 조세조약 제5조의 주석 제42항에 의하면, 외국법인의 국내 자회사가 단순히 외국법인에게 외국법인 소유가 아닌 자신의 자산에서 자신의 직원을 사용하여 자신의 사업 일환으로 용역을 제공하는 경우 자회사를 외국법인의 고정사업장으로 볼 수 없지만, 외국법인이 자회사 소유 자산을 외국법인의 처분 하에 두면서 그 장소를 통해 사업활동을 하는 경우에는 외국법인의 고정사업장으로 볼 수 있다.

대법원 2017. 10. 12. 선고 2014두3044, 3051 판결은, 국내에 외국법인의 고정사업장이 존재한다고 보기 위해서는 외국법인이 처분 또는 사용권한을 갖는 국내의 건물, 시설 또는 장치 등의 사업상 고정된 장소를 통하여 외국법인의 직원이나 그 지시를 받는 사람이 예비적이거나 보조적인 사업활동이 아닌 본질적이고 중요한 사업활동을 수행하는 경우여야 하고, 이때 본질적이고 중요한 사업활동에 해당하는지 여부는 그 사업활동의 성격과 규모, 전체 사업활동에서 차지하는 비중과 역할 등을 종합적으로 고려하여 판단하여야 한다고 전제하고, ① LS펀드의 수익창출과정 중 투자자들로부터 자금을 모집하고, E은행 등 주식에 대한 투자를 결정하며, 이후 자산을 매각하여 투자금을 회수하는 데 대한 주요한 결정은 모두 원고들의 무한책임사원인 LSP 또는 LSGA를 통하여 미국에서 이루어진 점, ② LS펀드가 수익창출을 위하여 부실기업을 인수하고 그 경영에 개입하는 과정에서 B, C, D 등이 상당부분 개입하였지만, 이들의 역할은 LSP와 법적으로 별개 법인인 LSAK 또는 HAK의 대표이사나 임원 자격으로 이루어진 것으로 보이고, LSAK나 HAK가 LS펀드와 밀접한 관계가 있고 실질적으로 A에 의하여 지배되고 있더라도, 그러한 사정만으로 LS펀드와 별개 법인격을 갖는 실체임을 부인하기는 어려운 점, ③ B 등이 E은행의 경영에 관여하고, E카드사와의 합병비용을 줄이기 위하여 주가조작까지 하였으나, 이러한 사정만으로는 곧바로 LS펀드의 대리인이나 유한책임사원의 지위에서 이

---

7) 홍용건, "조세조약상 고정사업장에 대한 약간의 고찰", 행정재판실무연구(2007), 법원도서관

루어진 것이라고 단정하기 어렵고, 더욱이 이들은 E은행 등 주식의 매각과정에는 전혀 관여하지 아니한 점, ④ LSAK와 HAK의 설립 목적이나 활동 내용에 비추어 B 등이 E은행 등의 인수 및 경영에 관여한 활동은 LSP나 LSGA가 투자 여부를 결정하기 위한 사전적·예비적 활동 또는 자산을 관리하며 그 처분시점을 결정하는 데 도움을 주기 위한 보조적 활동으로 볼 수 있는 점 등을 종합하여 보면, 원고들이 국내에 고정사업장을 가지고 있다고 보기는 어렵다고 판단하였다.

고정사업장의 범위에 관하여는 앞서 언급하였듯이 조세조약뿐만 아니라 국내법에도 규정을 두고 있다. 법인세법 제94조가 그것이다. 그런데 법인세법 제94조가 2018. 12. 24. 개정되면서 그 범위가 확대되었다. 이는 고정사업장 판정기준을 의도적으로 회피함으로써 원천지국 과세를 면탈하려는 사례를 막기 위하여 발간된 Base Erosion and Profit Shfitimg(BEPS)에 관한 Action Plan 7 보고서와 이를 반영한 2017년 OECD 모델 조세조약 개정사항을 법인세법에 도입한 것이다. 그 내용을 보면, 먼저 종속대리인의 범위를 확대하였는데 개정 전에는 국내에 외국법인을 위하여 계약을 체결할 권한을 가지고 그 권한을 반복적으로 행사하는 자 또는 이에 준하는 자로 규정되어 있었으나, 개정 후에는 국내에서 외국법인을 위하여 외국법인 명의의 계약등을 체결할 권한을 가지고 있지 아니하더라도 계약을 체결하는 과정에서 중요한 역할(외국법인이 계약의 중요사항을 변경하지 아니하고 계약을 체결하는 경우로 한정한다)을 반복적으로 수행하는 자를 포함시켰다. 나아가 고정사업장에 포함되지 아니하는 장소의 범위에 관한 규정에 대하여 다시 예외 조항(제94조 제5항)을 신설하여 특정활동 장소와 같은 장소 또는 국내의 다른 장소에 해당 외국법인 또는 특수관계가 있는 자의 국내사업장이 존재하고 그 특정활동 장소에서 수행하는 활동과 고정사업장에서 수행하는 활동이 상호 보완적일 경우 및 외국법인 또는 특수관계가 있는 자가 특정활동 장소와 같은 장소 또는 국내의 다른 장소에서 상호 보완적인 활동을 수행하고 각각의 활동을 결합한 전체적인 활동이 외국법인 또는 특수관계가 있는 자의 사업활동에 비추어 예비적이며 보조적인 성격을 가진 활동에 해당하지 아니하는 경우에는 그 특정활동 장소는 고정사업장에서 제외되지 아니하도록 하였다.

이와 같이 국내법인 법인세법에서는 고정사업장의 범위를 확대함으로써 원천지국으로서의 과세범위를 넓혀 놓았지만 정작 우리나라가 체결한 조세조약에는 아직 이러한 내용이 반영되어 있지 아니하여 조세조약상 고정사업장의 범위가 법인세법상의 고정사업장의 범위보다 좁을 수 있어 충돌이 생길 수 있다. 이러한 경우에는 조약우선의 원칙에 따라 조세조약상의 고정사업장의 범위에 관한 규정이 우선 적용된다고 보아야 할 것이다. 그래서 법인세법의 개정규정이 기존의 조세조약과 충돌하는 범위 내에서는 실효성을 발휘할 수 없고 추후 조세조약이 같은 방향으로 개정되었을 때 비로소 실효성을 발휘할 수 있다고 할 수 있겠다.

한편, 국제조세조정에 관한 법률이 2023. 12. 31. 개정되면서 제61조 제1항 제3호에서도 독자적인 정의규정을 두고 있다. 즉, 고정사업장(Permanent Establishment)이란 사업의 전부 또는 일부를 수행하는 고정된 장소로서 다음 각 목의 사업장을 말한다고 하면서, 가목에서 적용가능하고 유효한 조세조약(우리나라가 체약당사자가 아닌 조세조약을 포함한다. 이하 이 장에서 같다)에 따라 고정된 사업장이 있는 것으로 인정되고 국제적으로 합의한 소득과 자본에 관한 경제협력개발기구모델조세조약(Model Tax Convention on Income and on Capital)에 따른 사업소득의 계산방법이나 이와 유사한 방법으로 그 사업장의 소재지국이 해당 사업장에 귀속되는 소득에 대하여 과세하는 사업장을, 나목에서 적용가능하고 유효한 조세조약이 없는 경우의 사업장으로서 그 사업장의 소재지국 세법에 따른 거주자에 대한 과세방법과 유사한 방법으로 그 사업장의 소재지국이 해당 사업장에 귀속되는 소득에 대하여 과세하는 사업장을, 다목에서 사업장 소재지국의 세법에 따라 그 사업장에 귀속되는 소득에 대하여 과세하지 아니하는 사업장으로서 국제적으로 합의한 소득과 자본에 관한 경제협력개발기구모델조세조약에 따르면 그 사업장의 소재지국이 해당 사업장에 귀속되는 소득에 대하여 과세권을 가지는 것으로 인정되는 사업장을, 라목에서 가목부터 다목까지에서 규정한 사업장 외의 사업장으로서 그 사업장의 소재지국이 해당 사업장에 귀속되는 소득에 대하여 과세하지 아니하는 사업장을 규정하고 있다. 이로써 조세조약과 국내법간의 조화를 꾀하고 있다.

(2) 전자상거래의 고정사업장

외국기업이 우리나라에서 행하는 사업활동이 조세조약상의 고정사업장을 토대로 하고 있는 것인지 여부는 사업활동의 구체적 태양에 따라 달리 판단될 수 있다. 일반적인 상거래에 있어서는 그 외관상의 상거래가 이루어지는 장소에 따라 고정사업장 유무를 판단할 수 있는데 비하여 요즘 널리 행하여지고 있는 전자적 수단을 통한 상거래(electronic commerce)와 관련하여서는 그 판단문제가 간단하지 않다. 전자상거래는 대부분의 경우 컴퓨터 외에 뚜렷한 고정된 물적 시설의 존재 없이 이루어지기 때문에 전통적 의미의 '고정된 물적 시설'의 존재 여부만을 기준으로 고정사업장의 성립 여부를 가려야 하는 입장을 고수하게 되면, 전자상거래를 통한 사업의 영위는 대부분의 경우 고정사업장을 구성하지 않는다는 비합리적인 결론으로 이어질 수 있다. 그래서 이 부분에 대하여는 신중한 접근이 필요하다.

전자상거래는 어떤 상품이나 용역의 거래에 관한 계약의 체결, 대가의 지급, 상품이나 용역의 전달, 상품이나 용역의 홍보, 상품이나 용역의 이용정보의 제공 등 거래의 성립과 이행에 관한 핵심적 또는 부수적 절차의 전부나 일부를 전자적 수단에 의하여 행하는 경우라고 정의할 수 있다. 전자상거래의 가장 대표적인 수단은 인터넷상의 웹시스템이다. 웹시스템은 컴퓨터 내에 재생 가능한 상태로 계층적 방식으로 저장된 정보에 다른 컴퓨터 사용자들이 그가 소속된 조직이나 조직 내에서의 위치와 관계 없이 원하는 언어나 도식의 조합을 이용하여 문자 도표 탐색장치(graphical browser)를 통해 접근할 수 있는 시스템을 말하며, 어떤 컴퓨터에서 사용한 웹페이지는 임시저장소나 비교적 오래 지속되는 미러 사이트(mirror sites)에 복사되기도 한다. 웹페이지는 컴퓨터 서버에 게재되어 운용되는데, 컴퓨터 서버란 다른 컴퓨터 프로그램들이나 그 사용자들에게 다양한 서비스를 제공할 수 있는 능력을 가진 컴퓨터 프로그램을 구동하고 있는 컴퓨터 하드웨어를 의미하며, 서버로부터 서비스를 제공받는 컴퓨터 프로그램은 서버가 장착된 컴퓨터와 같은 컴퓨터 내에 있을 수도 있고, 다른 컴퓨터에 있을 수도 있다. 서버의 핵심 기능은 복수의 요청을 동시에 처리할 수 있는 능력을 가진다는 데 있다. 웹 이용자가 서버의 운용자에게 웹페이지를 게재해 줄 것을 요청하면 서버의 운용자는 웹의 이용자에게 웹 페이지를 전송하다. 이러한 작동구조로 인해 서버는 물론 서버에 의해 서비스를 제공받는 웹페이지는 모두 고유한 주소(domain name)를 가져야 한다.

이러한 전자상거래의 특수성에 비추어 볼 때, 고정사업장으로 인정되기 위해서는 그 장소가 전자상거래에 이용되는 전자적 수단과 관련되어 있어야 하고, 그 장소에서 그러한 전자적 수단을 사용 · 지배하고 있어야 하며, 그와 같은 사용 · 지배가 소득의 획득에 실질적으로 기여하여야 한다는 요건이 충족되어야 할 것이다. 따라서 전자상거래에 있어서의 고정사업장 구성요건과 비전자적 상거래에 있어서의 고정사업장 구성요건이 본질적인 차이는 없다고 하겠고, 다만 비전자적 상거래에서 이용되는 기존의 물리적 시설이 전자상거래에서는 전자적 수단으로 대체되기 때문에 전자상거래에서 소득의 획득에 필수적인 기능을 수행하는 전자적 수단의 소재지가 어디인지 또는 그 기능을 발휘케 하는 작동의 장소는 어디인지가 중요한 판단요소가 된다고 하겠다.

그런데 전자상거래에 이용되는 전자적 수단은 형체를 가진 컴퓨터 하드웨어와 그 안에 내장된 소프트웨어 및 그 소프트웨어에 저장된 정보의 결합으로 구성되고, 그 가운데 특정의 장소와 관련될 수 있는 것, 즉 특정의 장소에 고정될 수 있는 것은 다른 컴퓨터 프로그램들이나 그 사용자들에게 다양한 서비스를 제공할 수 있는 능력을 가진 컴퓨터 프로그램을 구동하는 컴퓨터 하드웨어, 즉 컴퓨터 서버이므로, 결국 전자상거래에 있어서 고정사업장으로 보는 장소는 컴퓨터 서버가 존재하는 장소라고 하는 것이 타당해 보인다. 같은 취지에서 OECD 모델 조세조약 제5조의 주석 제42.3항도 웹사이트를 통하여 사업을 운영하는 기업이 그 서버에 대한 처분권한을 가지고 있는 경우, 예를 들어 웹사이트가 저장되고 사용되는 '서버'를 소유하거나 리스하고 그 서버를 운영하는 경우에는 이 조문의 다른 요건을 충족하면, 서버가 위치하는 장소가 고정사업장을 구성할 수 있다고 한다.

(3) 사례 분석

전자적 상거래에 있어서 우리나라에 고정사업장이 존재하는지 여부가 쟁점이 된 사안으로 대법원 2011. 4. 28. 선고 2009두19229 판결이 있다.

원고인 블룸버그사는 미국 뉴욕에 주된 사무소를 둔 파트너십 형태의 회사로서 전 세계 고객들을 대상으로 금융정보 데이터베이스에 대한 접근허용, 금융상품의 평가를 위한 분석자료 및 종합적인 뉴스의 제공 등 금융정보서비스를 전자적 방식에 의하여 판매, 제공하는 서비스업을 영위하고 있다. 블룸버그코리아 유한회사는 원고가 100% 출자하여 설립한 한국 내 자회사로서 원고와 용역계약을 체결하고 원고에게 한국 내 금융정보수집 및 정보전달장치에 관한 설치, 유지, 보수 등의 용역을 제공하고 있다. 원고는 국내에 한·미 조세조약 제8조에 따른 고정사업장이 존재하지 아니한다고 하여 고객으로부터 받은 용역대가에 대하여 별도의 법인세 등의 신고를 하지 아니하였으나, 과세관청은 국내에서 자회사 등의 인적·물적시설 등을 이용하여 원고 사업의 본질적이고 중요한 활동을 해오는 등 국내에 고정사업장을 두고 사업을 해왔다는 이유로 원고가 국내에서 행한 사업활동으로 인하여 취득한 소득 등에 대하여 법인세 등을 납부할 의무가 있다고 보았다. 그래서 한국 내 자회사의 본점 소재지를 원고의 사업장 주소지로 하여 원고 명의의 사업자등록을 직권으로 행하고, 아울러 원고가 국내에서 취득한 총 수입금액에 원고의 본점 영업이익률을 적용하여 산출한 총 영업이익금액의 50%를 원고의 국내 고정사업장에 귀속되는 소득으로 보고 법인세 등을 부과하였다.

그러나 원심은, 원고의 사업활동은 세계 각국의 정보수집요원들이 각국의 금융정보 등을 수집하여 원고의 미국 본사에 송부하면, 원고의 미국 본사가 그 정보의 정확성을 검증한 후 이를 가공·분석하여 미국에 소재하는 주컴퓨터에 입력하고, 그 정보에 대한 판매계약을 체결하여, 주컴퓨터에 입력된 정보를 노드(Node) 장비와 수신기 등을 통하여 판매고객에게 전달하는 과정으로 이루어지는데, 그중 가장 본질적인 부분은 정보를 수집하고 이를 가공·분석하여 그 부가가치를 극대화하는 부분과 이를 판매하는 부분이라고 전제하고, 국내에 설치되어 있는 노드 장비는 미국의 주컴퓨터로부터 가공·분석된 정보를 수신하여 고객에게 전달하는 장치에 불과한 점, 수신기의 주된 기능은 원고로부터 송부된 정보를 수신하는 장비인 점 등에 비추어 원고가 위 각 장비를 통하여 국내에서 수행하는 활동은 원고의 전체 사업활동 중 본질적이고 중요한 부분을 구성한다고 볼 수 없으므로 노드 장비와 수신기 소재지에 원고의 고정사업장이 존재한다고 할 수 없다고 판단하였다. 나아가 원고 홍콩지점의 한국담당 직원들이 한국을 방문하여 고객의 사무실 등에서 원고가 제공하는 서비스에 대한 광고·선전 등과 같은 판촉활동을 하고 정보이용료 등의 계약조건을 안내해 주며, 원고의 한국자회사 사무실에서 고객에게 장비사용법 등에 관한 교육훈련을 실시한 것 역시 원고의 본질적이고 중요한 사업활동으로 볼 수 없으며, 노드 장비와 블룸버그 수신기를 통하여 수행되는 정보의 전달, 홍콩지점 영업직원들에 의하여 한국 자회사 사무실 등에서 이루어지는 판촉 및 교육활동 등을 모두 결합한다고 하더라도, 이를 사업의 본질적이고 중요한 사업활동에 해당한다고 할 수 없어 이 점에서도 국내 고정사업장이 존재한다고 볼 수 없다고 판단하였다. 그리고 대법원은 이러한 원심의 판단을 수긍하였다.

앞서 본 바와 같이 사업활동 중 예비적이거나 부수적인 사업활동만이 수행되는 장소는 고정사업장으로 볼 수 없다고 하였다. 이 사안에서도 국내에 미국법인의 고정사업장이 존재한다고 하기 위하여는, 미국법인이 처분권한 또는 사용권한을 가지는 건물, 시설 또는 장치 등의 고정된 사업장소를 통하여 미국법인의 직원 또는 그 지시를 받는 자가 예비적이거나 보조적인 활동이 아닌 본질적이고 중요한 활동을 수행하여야 하고, 여기서 본질적이고 중요한 활동인지 여부는 그 활동의 성격과 규모, 전체 사업활동에서 차지하는 비중 등을 종합적으로 고려하여 판단하여야 할 것이다. 원고가 정보전달장치에 불과한 노드 장비와 수신기를 통하여 국내에서 수행하는 활동은 한·미 조세조약에서 예비적·보조적 행위로 예시한 '상품의 인도를 위한 시설의 사용'에 해당할 수 있고, 원고 홍콩지점의 한국담당 직원들이 국내에서 수행하는 활동은 같은 예시인 '거주자를 위한 광고, 정보의 제공'에 해당한다고 할 수 있다. 하지만 다른 측면에서 보면 위 노드 장비나 수신기는 미국법인이 수집처리한 정보를 고객들에게 판매하는 데 필수적인 요소라고 할 수 있고 사업활동에 있어서 판매활동은 생산활동 못지 않게 중요하고 필수불가결한 활동이라고 할 수 있으므로 그와 같은 필수불가결한 판매활동을 하기 위한 장비가 있는 장소라면 고정사업장으로 볼 여지도 없지 않다. 하지만 판매활동의 주된 부분인 판매계약의 체결은 미국 본사에서 이루어졌고 주된 서버도 외국에 있으며 노드 장비나 수신기는 이미 체결된 판매계약의 이행을 위하여 그 정보를 단순히 전달하는 단말기 역할만을 한다는 측면에서는 다소 중요성이 떨어지기는 한다. 그럼에도 판매계약의 이행은 결코 소홀히 할 수 없는 중요한 사업활동의 하나로 평가할 수도 있다. 대체로 보아 원심의 판단을 수긍할 여지가 많아 보이지만 달리 판단할 여지도 없지는 않아 보인다.

나. 고정사업장에 귀속되는 사업소득

앞서 언급하였듯이 조세조약상 타방체약국에 고정사업장이 있는 경우 그 고정사업장에 귀속되는 사업소득에 대하여는 타방체약국에서 과세할 수 있다. 통상적으로 조세조약에서 일방체약국의 기업의 이윤은 동 기업이 타방체약국 내에 소재하는 고정사업장을 통하여 동 타방체약국 내에서 사업을 영위하지 아니하는 한 그 일방국에서만 과세된다고 하면서, 동 기업의 이윤 중 동 고정사업장에 귀속시킬 수 있는 부분에 대하여서만 동 타방국에서 과세될 수 있다고 규정하고 있기 때문이다. 그런데 고정사업장의 경우 본사와 완전히 독립된 지위에서 사업을 영위하기 보다는 본사와 어느 정도의 연계관계를 가지고 사업을 영위하는 경우가 많기 때문에 그 사업의 소득 중 고정사업장에 귀속되는 부분을 분리하여 파악하는 것이 쉽지 않을 수 있다. 그렇다고 해서 고정사업장이 관여하였다는 이유로 그 소득의 모두를 고정사업장에 귀속되는 소득으로 보아서도 아니된다.

이에 관한 사례로 대법원 2020. 6. 25. 선고 2017두72935 판결이 있다. 한국과 필리핀 간의 조약 제7조는 제1항에서 "일방체약국의 기업의 이윤은 동 기업이 타방체약국 내에 소재하는 고정사업장을 통하여 동 타방체약국 내에서 사업을 영위하지 아니하는 한 그 일방국에서만 과세된다. 동 기업이 전술한 바와 같이 사업을 영위하는 경우에 동 기업의 이윤 중 동 고정사업장에 귀속시킬 수 있는 부분에 대하여서만 동 타방국에서 과세될 수 있다."라고 정하고, 제2항에서 "일방체약국의 기업이 타방체약국 내에 소재하는 고정사업장을 통하여 동 타방체약국 내에서 사업을 영위하는 경우에 동 고정사업장이 동일 또는 유사한 조건하에서 동일 또는 유사한 활동에 종사하며 또한 동 고정사업장인 기업과 전적으로 독립하여 거래하는 별개의 분리된 기업이라고 가정하는 경우에 동 고정사업장이 취득할 것으로 기대되는 이윤은 각 체약국에서 동 고정사업장에 귀속된다."라고 정하고 있다.

이에 관하여 대법원은 필리핀법인이 대한민국 내 고정사업장을 통하여 사업을 영위하는 경우에는 고정사업장이 필리핀법인과 독립하여 거래하는 별개의 분리된 기업으로서 얻었을 이윤만이 고정사업장에 귀속되어 대한민국에서 과세될 수 있고, 이와 같이 고정사업장에 귀속되는 이윤에 관하여는 과세관청이 증명책임을 부담한다고 판시하였다.

구체적 사실관계는 다음과 같다. 필리핀 법인인 원고는 2007. 6. 30. 국내에서 외국인전용 카지노를 운용하는 A에게 카지노 이용고객(정켓이라 한다)을 모집·알선하여 주는 대가로 수수료를 지급받기로 하고서, 한국을 제외한 아시아 전 지역을 대상으로 정켓을 모집하였는데, 개별적인 고객모집활동은 대부분 각 나라에 있는 여러 하위 정켓업자들을 통하여 수행하였다. 그 이외에도 원고는 모집한 정켓들이 한국으로 출국하기 전에

A의 영업장에서 게임을 할 수 있도록 정켓들로부터 자금을 원고 등의 해외 계좌로 받아 A의 홍콩 계좌로 송금하였고, 정켓들이 게임과정에서 자금대여를 요청할 경우에 대비하여 정켓들로부터 해당 금액을 미리 받아두거나 담보 등을 설정하기도 하였으며, 정켓들과의 정산 업무와 향후의 고객유치를 위한 고객관리 업무 등을 수행하기도 하였다. 원고는 국내에서 A의 영업장 내 사무실(고정사업장)에 직원들을 두고 원고가 모집한 정켓들에게 칩을 제공하거나 롤링게임에서 발생한 매출액을 확인하기도 하였고, 위 정켓들에 대한 항공권 예약 및 탑승 안내 업무, 공항에서 A의 영업장까지 안내하는 업무, 호텔과 식당의 예약 및 안내 업무 등을 수행하였다. 과세관청은 원고가 A로부터 받은 모집수수료 전액이 원고의 고정사업장에 귀속되는 수입금액이라고 보고 과세처분을 하였다.

이에 대하여 원심법원은, 원고의 직원들이 고정사업장에서 수행하는 활동이 원고의 본질적이고 중요한 사업활동에 해당한다고 하더라도, 원고의 보다 본질적이고 핵심적인 업무는 국외에서 이루어지고 있고, 그 비용도 대부분 국외에서 지출되고 있는 것으로 보인다고 하면서, 모집수수료 중 고정사업장에 귀속되는 수입금액은 고정사업장에서 수행한 업무에 대한 대가로 국한되고, 원고가 국외에서 수행한 각종 업무에 대한 대가까지 포함된다고 볼 수 없다고 하여 모집수수료에는 원고의 필리핀 본점에 귀속되어야 할 수입금액이 있음이 명백하고 그 액수도 상당할 것으로 보인다는 이유로 과세처분을 전부 취소하였고, 대법원이 이를 수긍하였다.

결국 전체 모집수수료 수입 중 국내 고정사업장에 귀속되는 부분은 합리적으로 할당하여 과세해야 했음에도 전부를 과세대상으로 삼은 것이 잘못되었다는 것을 지적한 것이고, 그 부분 증명책임은 과세관청에게 있는 이상 법원으로서는 정확한 세액을 계산할 수 없어 과세처분 전부를 취소할 수밖에 없었던 것이다.

3. 조세조약상 거주자성

조세조약이 적용되기 위해서는 기본적으로 체약당사자국의 거주자성이 인정되어야 한다. OECD 모델협약 제4조(거주자) 제1항은 일방체약국의 거주자란 그 국가의 법에 의하여 주소·거소·관리장소 또는 이와 유사한 성질의 다른 기준에 의하여 그 국가에서 포괄적인 납세의무를 부담하는 자를 의미한다고 하면서, 이와 달리 국내 원천소득에 대하여만 그 체약국에서 납세의무를 부담하는 자는 제외한다고 규정하고 있다. 이러한 포괄적인 납세의무가 인정되는 이상 법정 요건을 갖춘 면세혜택 등에 따라 실제로 과세되지 않았더라도 납세의무가 없다고 할 수 없어 거주자에 해당한다고 보아야 한다(대법원 2020. 1. 16. 선고 2016두35854 판결 참조). 우리나라 세법에서 거주자는 국내외 모든 원천소득에 대하여 납세의무를 부담하고 비거주자는 국내 원천소득에 대하여만 납세의무를 부담하는 것과 비슷한 구조의 규정이다.

어느 개인이 소득세법상 국내 거주자인 동시에 외국의 거주자에도 해당하여 그 외국 법상 소득세 등의 납세의무자에 해당하는 경우에는 하나의 소득에 대하여 이중으로 과세될 수 있으므로 이러한 경우에 대비하여 조세조약에는 별도의 규정을 두고 있다. 통상적으로 어느 개인이 양 체약국의 거주자가 되는 경우, 먼저 그가 이용할 수 있는 항구적 주거(permanent home)를 두고 있는 체약국의 거주자로 보고, 양 체약국 안에 모두 항구적 주거를 가지고 있는 경우에는 그의 인적 및 경제적 관계가 더 밀접한 체약국(중대한 이해관계의 중심지, center of vital interests)의 거주자로 본다. 여기서 항구적 주거란 개인이 여행 또는 출장 등과 같은 단기체류를 위하여 마련한 것이 아니라 그 이외의 목적으로 계속 머물기 위한 주거장소로서 언제든지 계속 사용할 수 있는 모든 형태의 주거를 의미하는 것이므로, 그 개인이 주거를 소유하거나 임차하는 등의 사정은 항구적 주거를 판단하는 데 고려할 사항이 아니며, 이러한 항구적 주거가 양 체약국에 모두 존재할 경우에는 그 다음 판단 기준인 중대한 이해관계의 중심지, 즉 양 체약국 중 그 개인과 인적 및 경제적으로 더욱 밀접하게 관련된 체약국이 어디인지를 살펴보아야 하고, 이는 가족관계, 사회관계, 직업, 정치·문화 활동, 사업장소, 재산의 관리장소 등을 종합적으로 고려할 때 양 체약국 중 그 개인의 관련성의 정도가 더 깊은 체약국을 의미한다(대법원 2019. 3. 14. 선고 2018두60847 판결 참조).

그런데 개인이나 법인의 경우는 거주자성을 판단하는 데 어려움이 없지만 법인격이 없는 단체이거나 투과과세단체인 경우 누구를 기준으로 거주자성을 판단하여 조세조약의 적용 여부를 결정할 것인지가 어려운 문제로 부각된다. 이 문제는 그 단체의 구성원의 주소나 거소가 어디에 있는지의 문제뿐만 아니라 궁극적인 납세의무를 그 단체가 부담하는지 아니면 그 구성원들이 부담하는지의 문제와도 결부되어 있다.

한·미 조세조약에서의 거주자성이 쟁점이 된 사례로 대법원 2014. 6. 26. 선고 2012두11836 판결이 있다. 여기서는 미국의 투과과세단체와 그 구성원들의 관계에서 미국의 거주자성을 인정할 수 있는지 여부가 다투어졌다. 한·미 조세조약의 관련 규정과 투과과세단체의 내용은 다음과 같다.

한·미 조세조약 제16조 제1항은 "일방 체약국의 거주자는 아래의 경우에 해당하지 아니하는 한, 자본적 자산의 매각, 교환 또는 기타의 처분으로부터 발생하는 소득에 대하여 타방 체약국에 의한 과세로부터 면제된다."고 규정하고 있는데, 그 각 호에는 '주식의 양도로 인한 소득'이 열거되어 있지 않으므로, 결국 한·미 조세조약상 일방 체약국의 '거주자'가 얻은 주식의 양도소득은 원천지국에 의한 과세로부터 면제된다. 한편, 한·미 조세조약 제3조 제1항 (b)호는 "'미국의 거주자'라 함은 다음의 것을 의미한다."라고 규정하면서, (i)목에서 '미국법인'을, (ii)목에서 '미국의 조세 목적상 미국에 거주하는 기타의 인(법인 또는 미국의 법에 따라 법인으로 취급되는 단체를 제외함), 다만 조합원 또는 수탁자로서 행동하는 인의 경우에, 그러한 인에 의하여 발생되는 소득은 거주자의 소득으로서 미국의 조세에 따라야 하는 범위에 한한다'를 들고 있는데, 한·미 조세조약 제2조 제1항 (e)호 (ii)목은 "'미국법인' 또는 '미국의 법인'이라 함은 미국 또는 미국의 제주 또는 콜럼비아 특별구의 법에 따라 설립되거나 또는 조직되는 법인, 또는 미국의 조세 목적상 미국법인으로 취급되는 법인격 없는 단체를 의미한다."라고 규정하고 있다.

대법원은 위 조약의 규정을 다음과 같이 해석하였다. 즉, 한·미 조세조약 제3조 제1항 (b)호 (ii)목 단서는 그 문언과 체계상 미국의 거주자 중 조합과 같이 미국법인에 이르지 아니하는 단체 등과 관련된 규정으로 보이는 점, 위 단서는 조약의 문맥에 비추어 볼 때 미국세법에 따라 어떠한 단체의 활동으로 얻은 소득에 관하여 단체가 아니라 그 구성원이 납세의무를 부담하는 이른바 투과과세단체(Fiscally Transparent Entity)의 경우 원칙적으로 한·미 조세조약의 적용을 받을 수 있는 미국의 거주자가 될 수 없으나 그 구성원이 미국에서 납세의무를 지는 경우 예외적으로 그 단체에게 조세조약의 혜택을 부여하려는 특별규정으로 이해할 수 있는 점, 조합과 유한책임회사 등 조합의 형식을 취하지 아니한 단체가 미국세법상 투과과세단체로서 취급이 같은 이상 그 조합의 형식을 취하지 아니한 단체를 위 단서 규정의 적용대상에서 배제할 만한 뚜렷한 이유를 찾기 어려운 점, 그 밖에 한·미 조세조약의 체결목적이 소득에 대한 이중과세의 방지라는 점 등을 종합하여 보면, 위 단서가 규정한 '미국의 조세 목적상 미국에 거주하는 기타의 인' 중 '조합원으로서 행동하는 인'이란 미국세법상 조합원 등의 구성원으로 이루어진 단체의 활동으로 얻은 소득에 대하여 그 구성원이 미국에서 납세의무를 부담하는 단체를 뜻한다고 보아야 하고, '그러한 인에 의하여 발생되는 소득은 거주자의 소득으로서 미국의 조세에 따라야 하는 범위에 한한다'는 의미는 그러한 단체의 소득에 대하여 그 구성원이 미국에서 납세의무를 부담하는 범위에서 그 단체를 한·미 조세조약상 미국의 거주자로 취급한다는 뜻으로 해석함이 옳다고 하였다.

그래서 우리나라의 사법상 외국법인에 해당하는 미국의 어떠한 단체가 우리나라에서 소득을 얻었음에도 미국에서 납세의무를 부담하지 않는 경우 그 구성원이 미국에서 납세의무를 부담하는 범위에서만 한·미 조세조약상 미국의 거주자에 해당하여 조세조약을 적용받을 수 있고, 그 단체가 원천지국인 우리나라에서 얻은 소득 중 그 구성원이 미국의 거주자로 취급되지 아니하는 범위에 대하여는 한·미 조세조약을 적용할 수 없다고 결론내리면서, 미국의 유한책임회사인 AI는 미국세법에 따라 법인과세와 구성원과세 중 구성원과세를 선택한 단체로서 미국세법상 투과과세단체에 해당함을 알 수 있으므로, 이러한 경우 원심으로서는 그 구성원이 미국에서 납세의무를 부담하는지 등을 심리하여 AI가 한·미 조세조약상 미국의 거주자에 해당하는지 여부나 한·미 조세조약의 적용을 받는 범위를 확정한 다음, 그에 따라 피고의 처분 중 AI에 귀속된 양도소득의 60%에 해당하는 부분을 과세대상으로 볼 수 있는지를 판단하였어야 할 것임에도, 그렇게 하지 않고 피고의 처분 중 AI에 귀속된 양도소득의 60%에 해당하는 부분이 위법하다고 한 것은 잘못이라고 판시하였다.

위 법리에 의하면, 미국법인으로 볼 수 없는 투과과세단체의 그 구성원을 기준으로 미국의 거주자성을 따져야 하고, 미국법인으로 볼 수 있는 단체라고 하더라도 법인과세와 구성원과세 중에 구성원과세를 선택하였다면 투과과세단체와 마찬가지로 취급할 수 있고, 이러한 경우 그 구성원들이 미국에서 포괄적 납세의무를 부담하는 범위 내에서 미국의 거주자성이 인정된다고 할 것이다. 위 법리는 OECD 모델협약을 따라 한 다른 조세조약에도 원용될 수 있을 것으로 보인다.

4. 조세조약상 특허권, 상표권 사용료 등 소득의 원천지

가. 관련 규정과 쟁점

외국법인의 국내원천소득에 대하여는 그것이 국내의 고정사업장과 관련된 것이 아닌 경우에는 그 소득을 지급하는 자가 법인세를 원천징수하여 납부하도록 하고 있음은 앞서 살펴본 바와 같다. 그런데 국내원천소득이 문제가 되는 소득 중 외국법인의 일정한 자산이나 권리를 국내에서 사용하고 그 대가를 지급하는 경우 그것이 국내원천소득에 해당하는지가 문제가 된다.

이에 관하여는 우선 법인세법 제93조 제8호 (가)목은 저작권, 특허권, 상표권, 디자인, 모형, 도면, 비밀스러운 공식 또는 공정, 라디오·텔레비전방송용 필름 및 테이프, 그 밖에 이와 유사한 자산이나 권리를 '국내에서 사용'하거나 그 대가를 '국내에서 지급'하는 경우 그 대가를 외국법인의 국내원천소득의 하나로 규정하고 있다. 이는 곧 사용료 원천지의 기준으로서 이른바 '사용지 주의'와 '지급지 또는 지급자 거주지 주의'를 모두 채용한 것으로서 국내원천소득의 범위를 상당히 넓힌 것으로 볼 수 있다. 여기서 '지급지 또는 지급자 거주지'의 개념은 뚜렷하게 알 수 있는데 '사용지'의 개념은 명확하지 않다. 그러나 구 법인세법(2019. 12. 31. 개정 전) 제93조 제8호는 그 단서에서, 소득에 관한 이중과세 방지조약에서 사용지를 기준으로 하여 그 소득의 국내원천소득 해당 여부를 규정하고 있는 경우에는 국외에서 사용된 권리 등에 대한 대가는 국내 지급 여부에도 불구하고 국내원천소득으로 보지 아니한다고 규정하고 있었다. 이는 조세조약에 사용지주의만을 채택한 경우에는 조세조약을 우선하겠다는 취지로서 당연한 규정이고, 그래서 2019. 12. 31. 개정시에 이 부분은 삭제되었다.

하지만 현행 법인세법 제93조 제8호는 (다)목에서 특허권, 실용신안권, 상표권, 디자인권 등 그 행사에 등록이 필요한 권리가 국내에서 등록되지 아니하였으나 그에 포함된 제조방법·기술·정보 등이 국내에서의 제조·생산과 관련되는 등 국내에서 사실상 실시되거나 사용되는 것은 국내원천 사용료 소득으로 본다고 규정하고 있다. 강한 의제규정이다.

다른 한편, 국제조세조정에 관한 법률 제28조는 비거주자 또는 외국법인의 국내원천소득의 구분에 관하여 소득세법 제119조 및 법인세법 제93조에도 불구하고 조세조약이 우선하여 적용된다고 규정하고 있다. 이는 조세조약과 내국법이 충돌할 경우 앞서 본 바와 같이 특별법의 지위에 있는 조세조약이 우선해야 하는 당연한 법리를 확인한 규정이라고 할 수 있다. 그런데 한·미 조세조약 제14조 제4항은 본 조에서 사용되는 '사용료'라 함은 다음의 것을 의미한다고 하면서, 제a호에서 '문학·예술·과학작품의 저작권 또는 영화필름·라디오 또는 텔레비전 방송용 필름 또는 테이프의 저작권, 특허, 의장, 신안, 도면, 비밀공정 또는 비밀공식, 상표 또는 기타 이와 유사한 재산 또는 권리, 지식, 경험, 기능, 선박 또는 항공기의 사용 또는 사용권에 대한 대가로서 받는 모든 종류의 지급금'을 규정하고, 제6조는 이 조약의 목적상 소득의 원천은 다음과 같이 취급된다고 하면서, 제3항에서 '제14조 제4항에 규정된 재산의 사용 또는 사용할 권리에 대하여 동 조항에 규정된 사용료는 어느 체약국 내의 동 재산의 사용 또는 사용할 권리에 대하여 지급되는 경우에만 동 체약국 내에 원천을 둔 소득으로 취급된다'고 규정하고 있다. 이는 원천지의 판단기준으로 사용지 주의를 채택한 것으로 보고 있다.

여기서 법인세법 제93조 제8호 (다)목의 의제규정이 한·미 조세조약 제6조 제3항에서 규정하고 있는 내용과 배치되는 규정인지 아니면 한·미 조세조약 제6조 제3항에서 정하고 있지 않는 내용을 정한 것으로서 그것과 배치되지 않는 규정인지가 문제이다. 전자의 경우라면 위 법인세법 규정은 효력이 없고 그에 우선하는 조세조약의 규정만이 효력이 있다고 할 것이고, 후자의 경우라면 위 법인세법 규정이 효력을 가진다고 하겠다. 위 법인세법의 규정은 그 문언이 비교적 뚜렷한데 위 조세조약의 규정은 그 문언의 의미가 뚜렷하지 않아 결국 위 조세조약의 규정을 어떻게 해석하느냐에 따라 위 법인세법 규정의 효력유무가 결정된다고 하겠다.

나. 특허권 사용료 소득의 원천지

(1) 견해의 대립

조세조약상 사용료 소득의 과세권 분배에 OECD 모델조약과 UN 모델조약이 서로 다른 입장을 취하고 있다. 선진국인 기술수출국이 주도하는 OECD 모델 조세조약은 사용료 소득에 관해서 원천지국을 배제하고 그 소득을 얻은 자의 거주지국에서만 과세하도록 하는 입장을 취하고 있는 반면에, 개발도상국 위주의 UN 모델조약에서는 원천지국의 과세권을 인정하면서 그 원천지 판단기준으로 지급자의 거주지국을 채택하고 있다. 우리나라가 체결한 조세조약 중 4개국(몰타, 아랍에미리트, 아일랜드, 헝가리)의 조약만이 OECD 모델 조세조약과 같이 소득을 얻은 자의 거주지국에서만 과세하는 규정을 두고 있고, 나머지 조세조약은 모두 원천지국 과세권을 허용하고 있으며, 원천지 판단 기준으로 한·미 조세조약만이 사용지 주의를 규정하고 있을 뿐 그 외에는 지급지 주의를 규정하고 있다고 한다.[8]

그런데 위에서 본 바와 같이 한·미 조세조약은 사용지 주의를 채택하면서도 사용지의 개념에 관하여 구체적인 규정을 두고 있지 않다. 그래서 여기서의 사용지의 개념에 관하여 견해의 대립이 있다. 먼저 특허권 등의 권리가 등록된 국가만이 사용지가 될 수 있다는 견해로서 특허권 등이 등록된 국가 외의 국가에서는 그 특허권 등의 내용을 이루는 지식을 이용하여 제품을 생산하거나 판매하고 그 사용료를 지급하더라도 그 사용료 소득의 원천지는 특허권 등이 등록된 국가만이 될 있다는 것이다. 이른바 특허권 등의 속지주의의 입장이다. 주된 논거는 특허권 등은 그 등록된 국가에서만 효력이 미치며 그 외의 국가에선 특허권 등의 침해도 발생할 수 없어 이를 사용하거나 그 사용의 대가를 지급한다는 것을 상정할 수 없다는 입장이다. 이에 반대하는 견해는 특허권 등의 내용이 되는 지식을 활용하여 제품을 생산하거나 판매하는 국가도 그 사용료 소득의 원천지가 될 수 있다는 입장이다. 특허권 등이 이를 활용하여 제품을 생산하거나 판매하는 국가에 등록되어 있지 않아 그 효력이 미치지 않는다고 하더라도 그 특허권 등의 내용이 되는 제조방법이나 기술, 정보 등은 그 자체로서 활용의 대상이고 그래서 그것을 생산이나 판매에 활용하였다면 그 활용지가 곧 사용지가 된다는 점을 주된 논거로 한다.

---

8) 정광진, "국내 미등록 특허의 사용대가와 한·미 조세조약상 국내원천사용료 소득", 대법원판례해설 (2015), 법원도서관

(2) 대법원 판결의 흐름

일찍이 대법원 1992. 5. 12. 선고 91누6887 판결은, 특허권은 국가에 의한 특허처분에 의하여 특허출원인에게 부여되는 권리로서 각국의 특허법과 그 법에 따라 특허를 부여할 권리는 각국에 있어서 독립적으로 존재하여 지역적 제한을 지니게 되므로 특허권자가 특허물건을 독점적으로 생산, 사용, 양도, 대여, 수입 또는 전시하는 등의 특허실시에 관한 권리는 특허권이 설정 등록된 국가의 영역 내에서만 그 효력이 미치는 것이라고 할 것이고 따라서 외국법인의 특허권이 등록되어 있지 않은 대한민국에서 당해 특허제품이 생산되어 특허권이 등록된 외국으로 수출, 판매되는 경우에 있어서, 당해 특허권의 사용 혹은 침해문제는 특허권을 가진 외국법인이 그 특허권의 효력이 미치는 외국 내에서 위 특허제품의 수입, 판매에 대하여 가지는 특허실시권의 사용, 침해에 관한 문제일 뿐 대한민국 내에서의 특허제품 사용 자체에 관한 문제와는 관계가 없다고 판시하였다.

나아가 법인세법에서 외국법인의 국내원천소득의 하나로 규정하고 있는 '특허권 등을 국내에서 사용하는 경우에 당해 대가로 인한 소득'이나 한·미 조세조약 제6조, 제14조 제4항에서의 '특허권 등에 대한 사용료는 어느 체약국내의 동 재산의 사용 또는 사용할 권리에 대하여 지급되는 경우에만 동 체약국내에 원천을 둔 소득으로 취급된다'는 규정의 의미는 어느 것이나 외국법인 혹은 미국법인이 대한민국에 특허권을 등록하여 대한민국 내에서 특허실시권을 가지는 경우에 그 특허실시권의 사용대가로 지급받는 소득을 의미한다고 해석하여야 하므로 원고가 설립한 미국 현지법인이 미국의 A사에 지급한 특허사용료는 원고가 생산한 자동차가 미국에 수입, 판매되어 A사가 미국 내에서 가지는 특허실시권을 침해 또는 사용한 데 따른 대가로 지급된 것이지 A사의 특허물질을 대한민국에서 사용한 데 따른 대가로 지급된 것이 아님이 분명하므로 이는 A사의 미국 내의 소득이 될지언정 대한민국에 원천을 둔 소득이라고는 볼 수 없다고 판시하였다.

그 후 대법원 2007. 9. 7. 선고 2005두8641 판결도, 특허권의 속지주의 원칙상 특허권자가 특허물건을 독점적으로 생산, 사용, 양도, 대여, 수입 또는 전시하는 등의 특허실시에 관한 권리는 특허권이 등록된 국가의 영역 내에서만 그 효력이 미치는 것이므로, 법인세법에서 외국법인의 국내원천소득의 하나로 규정하고 있는 '특허권을 국내에서 사용하는 경우에 당해 대가로 인한 소득'이나 한·미 조세조약 제6조 제3항, 제14조 제4항에서의 '특허권에 대한 사용료는 어느 체약국 내의 동 재산의 사용 또는 사용할 권리에 대하여 지급되는 경우에만 동 체약국 내에 원천을 둔 소득으로 취급된다'는 규정의 의미는 외국법인 혹은 미국법인이 대한민국에 특허권을 등록하여 대한민국 내에서 특허실시권을 가지는 경우에 그 특허실시권의 사용대가로 지급받는 소득을 의미한다고 판시하였다.

대법원 2014. 11. 27. 선고 2012두18356 판결과 대법원 2018. 12. 27. 선고 2016두42883 판결도 같은 취지를 판시하면서, 덧붙여 한·미 조세조약의 해석상 특허권이 등록된 국가 외에서는 특허권의 침해가 발생할 수 없어 이를 사용하거나 그 사용의 대가를 지급한다는 것을 관념할 수도 없으므로 미국법인이 국외에서 등록하였을 뿐 국내에는 등록하지 아니한 특허권과 관련하여 지급받는 소득은 국내의 사용에 대한 대가가 될 수 없어 이를 국내원천소득으로 볼 수 없다고 판시하였다.

(3) 검토

앞서 본 견해의 대립과 위 판결들의 흐름에서 알 수 있는 바와 같이 특허권 등의 사용대가를 지급하게 되는 것은 특허권 등의 침해가 있을 수 있는 상황이다. 위 판결들의 사안들도 한결같이 한국법인이 국내에서 생산하여 미국에 판매한 제품에 관하여 미국에 특허권을 등록한 미국법인이 특허권을 침해하였다는 이유로 소송을 제기함에 따라 그 침해에 대한 보상으로 사용료를 지급하게 된 사안들이다. 이와 같이 특허권은 그 등록된 국가에서만 효력이 미치므로 그 효력이 미치는 국가의 영역을 벗어나면 특허권의 침해가 있을 수 없고 따라서 그 특허권에 대한 사용료를 지급할 일도 없는 것이 일반적이라고 할 수 있다. 이 점은 위 대법원 판결들에서 거듭 강조되고 있다. 그래서 이러한 경우의 특허권에 대한 사용료는 보다 정확히 표현하면 특허권의 침해에 대한 손해배상이거나 특허권의 침해가 되지 않도록 하기 위한 사용료의 성격을 지닌다고 하겠다. 왜냐하면 특허권의 침해문제가 없었더라면 위와 같은 사용료는 지급되지 않았을 것이기 때문이다.

그렇다면 그 사용료는 특허권이 등록된 국가에서의 특허권침해의 문제를 해소하기 위하여 지급하는 것이므로 그 원천지는 특허권이 등록된 국가라고 보는 것이 합리적이다. 그 명칭을 사용지라고 붙이는 것은 특별히 중요하지 않고, 썩 어울리지도 않는 것으로 보인다. 이러한 취지가 위 한·미 조세조약의 사용지 개념에 내포되어 있다고 볼 수 있고 그렇다면 법인세법 제93조 제8호 (다)목의 의제규정은 위의 취지에 배치되는 범위 내에서는 효력이 없다고 해야 할 것이다. 같은 취지의 대법원 판결들이 타당하다.

그러나 위와 같이 특허권 등의 침해문제를 해소하기 위하여 그 사용료를 지급하는 것이 아니라 특허권자로부터 특허권 등의 내용이 되는 지식이나 기술을 전수받으면서 그 대가로 사용료를 지급하는 경우에는 그 특허권의 사용지는 그 지식이나 기술을 이용하여 제품을 생산하거나 판매하는 국가가 사용지가 된다고 할 것이다. 법인세법 제93조 제8호 (다)목의 의제규정은 이러한 범위 내에서는 한·미 조세조약의 규정과 충돌하지 않으므로 그 효력이 있다고 해야 할 것이다. 만약 위 판결들의 사안에서도 특허권 등의 사용료에 특허권 등의 침해문제를 해소하기 위한 것이 아니라 순수하게 그 특허권 등의 내용이 되는 지식이나 기술의 사용대가가 포함되어 있고 그 부분을 따로 추출할 수 있다면 이는 사용지가 위 (다)목의 의제규정에 따라 우리나라라고 할 수도 있을 여지가 있다.

이와 관련하여 최근에 대법원이 의미있는 판결을 하나 선고하였다. 대법원 2022. 2. 10. 선고 2018두36592 판결은, 종래의 판결들과 같이 특허권이 등록된 국가 외에서는 특허권의 침해가 발생할 수 없어 이를 사용하거나 그 사용의 대가를 지급한다는 것을 상정할 수 없으므로 미국법인이 특허권을 국외에서 등록하였을 뿐 국내에는 등록하지 않은 경우에는 미국법인이 그와 관련하여 지급받는 소득은 국내 사용의 대가가 될 수 없어 이를 국내원천소득으로 볼 수 없다고 하면서도, 계약상 사용료 지급대상에 포함된 무형자산 중 발명, 기술 등에 관한 비공개 정보를 국내에서 무선기기를 제조하는 데 사용하고 미국법인에게 그 대가를 지급하였다면, 그와 관련한 미국법인의 사용료소득은 원천징수대상이 되는 국내원천소득에 해당한다고 판시하였다. 즉, 계약상 지급한 사용료 중 특허권의 사용 대가로 볼 수 없는 부분이 포함되어 있다면 이는 특허권의 효력범위와는 무관한 영역이라고 할 수 있으므로 이를 국내에서 사용한 경우 국내원천소득으로 볼 수 있다는 것이다. 그동안 과세관청이 보여온 거센 저항에 대하여 대법원이 법리면에서는 후퇴하지 않는 모습을 보였지만 사실관계의 면에서 일부 양보하는 모습을 보임으로써 다소 절충적인 입장을 취한 것으로 평가될 수 있겠다. 이 사건의 파기환송심에서는 지급된 사용료 중 특허권 사용료가 아닌 부분을 적절히 추출해내는 작업을 숙제로 안게 되었다.

다. 상표권 사용료 등 소득의 원천지

국내신용카드회사가 미국의 마스터카드사에게 마스터카드 상표가 부착된 신용카드를 사용하는 등의 대가로 지급하는 수수료가 국내원천소득에 해당하는지 여부가 다투어졌다. 대법원 2022. 7. 28. 선고 2018두39621 판결이 이에 관한 것이다.

원고들은 국내 신용카드회사들이고, 원고들 보조참가인은 미국의 마스터카드사로서 국내사업장을 가지고 있지 않다. 원고들은 참가인과 회원자격협약 및 참가인의 상표 등을 국내에서 사용할 수 있는 라이선스계약을 체결하고 국내에서 참가인의 상표를 부착한 신용카드를 발급하여 왔다. 원고들은 참가인의 상표를 부착한 신용카드의 사용과 관련하여 ① 국내 거래금액 중 신용결제금액의 0.03% 및 현금서비스금액의 0.01%에 해당하는 돈(Issuer Assessment 또는 Domestic Assessment, 이하 '발급사분담금')과 ② 국외 거래금액 중 신용결제금액 및 현금서비스금액의 각 0.184%에 해당하는 돈(Daily Assessment Incoming 또는 Cross-border volume fee, 이하 '발급사일일분담금')을 지급하였다.

먼저 관련 규정을 간단히 정리하면, 앞서 본 바와 같이, 법인세법 제93조 제8호 (가)목은 상표권을 국내에서 사용하거나 그 대가를 국내에서 지급하는 경우의 당해 대가를 국내원천소득으로 규정하고 있다. 한편, 한·미 조세협약 제14조 제4항 제(a)호는 '문학·예술·과학작품의 저작권 또는 영화필름·라디오 또는 텔레비전 방송용 필름 또는 테이프의 저작권, 특허, 의장, 신안, 도면, 비밀공정 또는 비밀공식, 상표 또는 기타 이와 유사한 재산 또는 권리, 지식, 경험, 기능(기술), 선박 또는 항공기의 사용 또는 사용권에 대한 대가로서 받는 모든 종류의 지급금'을 사용료의 하나로 정하고, 제6조 제3항은 '제14조 제4항에 규정된 재산의 사용 또는 사용할 권리에 대하여 동 조항에 규정된 사용료는 어느 체약국 내의 동 재산의 사용 또는 사용할 권리에 대하여 지급되는 경우에만 동 체약국 내에 원천을 둔 소득으로 취급된다'고 규정하고 있다. 그리고 한·미 조세협약 제8조는 사업소득에 관하여 규정하면서 제1항에서 '일방 체약국의 거주자의 산업상 또는 상업상의 이윤은 그 거주자가 타방 체약국에 소재하는 고정사업장을 통하여 동 타방 체약국 내에서 산업상 또는 상업상의 활동에 종사하지 아니하는 한 동 타방 체약국에 의한 조세로부터 면제된다'고 규정하고 있다.

위 규정을 종합해보면, 마스터카드사가 원고들로부터 받는 분담금 중 상표권 사용료에 해당하는 부분은 그 사용지가 국내로 인정되면 국내원천소득에 해당하고, 사업소득에 해당하면 마스터카드사가 국내사업장이 없기 때문에 원천징수의무가 면제된다.

이러한 규정과 법리를 토대로 하여, 대법원은, 참가인의 상표가 부착된 신용카드를 국내에서 사용하는 경우 원고들은 참가인의 상표를 부착하여 신용카드를 발급하거나 가입신청서에 참가인의 상표를 표시하는 등의 방법으로 국내에서 참가인의 상표권을 사용하며, 원고들이 자체적으로 구축한 전자결제 네트워크 시스템만 이용될 뿐 참가인의 국제결제 네트워크 시스템이 전혀 이용되지 않으므로, 발급사분담금은 상표권 사용료로서 국내원천소득에 해당한다고 판시하였다.

그러나 대법원은 발급사일일분담금은 사업소득으로서 원천징수의무가 면제된다고 판시하였다. 그 논거는 다음과 같다. 참가인은 참가인의 시스템을 통해 원고들이 발급한 신용카드의 소지자가 이를 국외에서 사용할 수 있도록 관련 서비스를 제공한다. 발급사일일분담금은 참가인의 시스템을 이용한 신용카드의 국외 거래금액을 기준으로 산정되고, 참가인이 위 시스템을 통해 제공한 포괄적 역무와 관련하여 발생한 것이므로, 참가인이 원고들에게 제공한 포괄적 역무의 대가로 볼 수 있다.

신용카드의 국내 거래금액을 기준으로 산정되는 발급사분담금과는 달리 신용카드의 국외 거래금액만을 기준으로 산정되는 발급사일일분담금이 상표권 사용의 대가라고 보기는 어렵다. 발급사일일분담금은 분기별로 산정하여 지급되는 발급사분담금과 달리 매일의 국외 거래금액을 기준으로 매일 지급되므로 발급사일일분담금은 그 금액의 산정 및 지급 방식 등에서도 상표권 사용의 대가에 해당하는 발급사분담금과 확연하게 구분된다.

위 대법원 판결은, 발급사분담금은 마스터카드사가 국내 신용카드사들에게 어떠한 용역을 제공한 바는 없고 단지 자신의 상표를 사용하도록 허용해 준 것에 불과하므로 이는 사업소득이 아니라 상표권 사용료에 불과하고 그 상표의 사용지도 국내이므로 국내원천소득으로 본 것이며, 이에 비하여 발급사일일분담금은 참가인의 국제결제 네트워크 시스템에서 제공하는 용역을 제공받은 대가로 볼 수 있으므로 사업소득으로 볼 수 있고 참가인이 국내사업장을 가지고 있지 아니하므로 원천징수의무가 면제되는 소득이라고 본 것이다.

이와 관련하여 국내원천소득으로서 원천징수의무가 있는 상표권 사용료와 원천징수의무가 없는 사업소득이 혼재되어 있는 상황에서 상표권 사용료 부분을 구분할 수 있는지가 문제된 사건으로 대법원 2022. 7. 28. 선고 2019두52706 판결이 있다. 원심법원은 양자를 구분할 수 없다는 이유로 원고에 대한 원천징수처분을 전부 취소하였으나, 대법원은 양자를 구분할 수 있다고 보아 원심판결을 파기하였다.

그 판단논거는 다음과 같다. 발급사분담금은 마스터카드 소지자의 국내 거래금액을 기준으로 산정하여 분기별로 지급되지만, 발급사일일분담금은 국외 거래금액을 기준으로 산정하여 매일 지급되어 서로 확연하게 구분되고, 회원사들은 원고의 상표를 부착하여 마스터카드를 발급하거나 가입신청서에 원고의 상표를 표시하는 등의 방법으로 상표권의 사용이 국내에서 이루어지므로 그 대가는 국내 거래금액을 기준으로 산정되는 발급사분담금과 밀접한 관련이 있다. 한편, 원고의 상표가 부착된 마스터카드를 국내에서 사용하는 경우 회원사들이 자체적으로 구축한 전자결제 네트워크 시스템만 이용될 뿐 원고의 시스템은 전혀 이용되지 않으므로 국내 거래금액을 기준으로 산정되는 발급사분담금이 원고가 그 시스템을 통해 제공하는 포괄적 역무의 대가에 해당한다고 보기는 어렵다.

원고는 그 시스템을 통해 회원사들이 발급한 마스터카드의 소지자가 이를 국외에서 사용할 수 있도록 관련 서비스를 제공하며, 발급사일일분담금은 그 시스템을 이용한 마스터카드의 국외 거래금액을 기준으로 산정되고 원고가 이 사건 시스템을 통해 제공하는 포괄적 역무와 관련하여 발생한 것이므로, 원고가 회원사들에게 제공한 포괄적 역무의 대가로 볼 수 있다. 회원사들이 국내에서 원고의 상표권을 사용하는 것과는 달리 마스터카드의 소지자가 이를 국외에서 사용하는 과정에서 회원사들이 원고의 상표권을 사용한다고 보기 어렵다.

발급사분담금과 발급사일일분담금은 각각 독립된 소득을 구성한다고 평가할 수 있으므로 소득의 성격도 별개로 파악하는 것이 자연스럽고, 이와 달리 그 일부는 사용료소득으로 나머지는 사업소득으로 구분하는 것은 합리적이지 않다.

이상에서 본 바와 같이, 대법원은 원천징수의무가 없는 국외원천소득에 관하여 일률적으로 원천징수의무가 없다고만 하는 것이 아니라 그 속을 자세히 들여다보아 원천징수의무 있는 국내원천소득이 내포되어 있는 경우에는 그 부분을 따로 추출해내어 원천징수의무를 부과하도록 하고 있다. 국내 과세권을 방만하게 포기하지는 않겠다는 의지가 담긴 바람직한 판결이라고 하겠다.

5. 조세조약상 배당소득에 대한 제한세율

가. 개요

법인세법 제98조 제1항 제3호는 외국법인의 국내원천 배당소득으로서 국내사업장과 실질적으로 관련되지 아니하거나 그 국내사업장에 귀속되지 아니하는 소득의 금액에 대하여는 국내에서 그 소득을 지급하는 자가 그 지급액의 20%를 법인세로 원천징수하도록 규정하고 있다. 다만, 이에 대하여는 우리나라와 각국이 체결한 조세조약에서 따로 제한세율을 정하고 있는데, 이는 원천지국에서 과세할 수 있는 최고한도의 세율을 의미하므로 위 조세조약의 규정이 우선 적용되어 법인세법 제98조 제1항 제3호에도 불구하고 조세조약상의 제한세율을 초과하여 원천징수할 수는 없다.

나. 수익적 소유자

조세조약에서는 제한세율의 적용대상으로 배당소득의 '수익적 소유자'를 규정하고 있다. 그 용어가 다소 추상적이어서 선뜻 파악하기가 어렵다.

수익적 소유자 개념은 1940년대 영국이 체결하는 조세조약에 처음으로 등장하기 시작하여 1966년 영·미 조세조약에 편입되었으며, 1977년 OECD 모델조약에도 규정되기에 이르렀다. 하지만 OECD 모델조약에서는 수익적 소유자에 대한 정확한 개념정의를 하지 않고 있어 그 적용범위에 대한 논란이 있어 왔다. 조세조약상 제한세율 적용의 요건으로 수익적 소유자의 개념이 도입된 것은 그 조약에 편승하여 조세를 회피하려는 행위를 방지하는 데 있다고 하겠다. 즉, 제한세율의 적용에 관한 조세조약을 체결한 체약국의 거주자가 아님에도 위 조약에 편승하기 위하여 그 체약국의 거주자를 배당소득의 수취를 위한 도관으로 사용하는 것을 용인하지 않겠다는 것이다. 그와 같은 도관은 실질적인 배당소득의 귀속자로 볼 수 없기 때문이다. 특히 이러한 배당소득은 일회성의 투자만 이루어지면 그 후 배당소득을 수취하기 위한 별도의 사업활동이 필요하지 않은 이른바 수동적인 소득이므로 형식적 귀속자의 거주지를 자유롭게 조작할 여지가 많기 때문에 위와 같은 조약편승행위가 더 심하다고 할 수 있으므로 이를 규제하기 위함이다.

수익적 소유자의 원어는 'beneficial owner'인데 이는 영국법상의 기술적·법률적 개념으로서 '처분권이 붙어 있는 소유권' 정도의 의미를 가진다고 한다. 그래서 원래는 소득이 아니라 재산에 대하여 위와 같은 용어를 사용하여 왔는데 이를 소득에 대하여까지 확대하여 사용함으로써 그 의미가 다소 모호해진 것이다. 대법원 2019. 12. 24. 선고 2016두35212 판결은 수익적 소유자는 해당 소득을 지급받은 자가 타인에게 이를 다시 이전할 법적 또는 계약상의 의무 등이 없는 사용·수익권을 가지는 경우를 뜻하며, 이러한 수익적 소유자에 해당하는지는 해당 소득에 관련된 사업활동의 내용과 현황, 그 소득의 실제 사용과 운용 내역 등 여러 사정을 종합하여 판단하여야 한다고 하였다. 이와 같이 재산이나 소득에 대한 실질적 수익적 소유자란 그 재산이나 소득에 대한 실질적인 처분권을 가진 자를 말하므로, 예를 들어 재산에 대한 매매계약을 체결하여 잔금까지 완불함으로써 매수인이 언제든지 소유권이전청구권을 행사할 수 있는 상태라면 그 재산의 매도인은 법적 소유권은 아직까지 보유할지언정 실질적인 처분권이 없기 때문에 그 매수인을 수익적 소유자로 보는 것이 타당하다. 영·미 법에서도 실제로 소득에 대한 수익적 소유자의 개념은 신탁재산에서 나오는 수익에 대하여 신탁자가 그 수익적 소유자라는 정도의 의미로만 사용되어 왔다고 한다.

어쨌든 위 개념은 실질과세의 원칙을 적용함으로써 조세조약을 악용하는 사례를 막고자 하는데 취지가 있고 재산에 대한 수익적 소유자의 개념을 원용할 수 있다고 할 것이므로 실질과세원칙의 취지에 입각하여 소득의 실질적 귀속자와 같은 의미로 해석하고 그 이상의 의미는 없다고 보는 것이 타당하다. 2005년 말 법인세법이 개정되면서 신설된 제98조의5에서 외국법인에게 일정한 국내원천소득을 지급하는 내국법인의 원천징수 특례절차에 관하여 규정하면서 그 제2항에서 '국내원천소득을 실질적으로 귀속받는 법인'이라는 문언을 사용하고 있는데, 이 또한 같은 취지에 입각한 것으로 볼 수 있다. 국내 학자들도 대부분 수익적 소유자 개념을 실질과세원칙에 의한 실질귀속자와 동일한 의미로 이해하고 있는 것으로 보인다.

수익적 소유자에 해당하는지 여부가 쟁점이 된 사례로 최근의 대법원 2019. 12. 24. 선고 2016두35212 판결이 있다. 독일 법인인 A유한회사가 독일 투자법에 따라 설정한 상장·공모형 투자펀드인 B펀드의 투자자금으로 부동산임대업을 하는 대한민국 법인인 C주식회사의 발행주식 100%를 취득하였고, C사는 건물의 임대 등으로 발생한 소득을 A

사에 배당금으로 지급하였는데 A사가 제한세율의 적용을 받은 배당금의 수익적 소유자로 볼 수 있는지가 문제가 되었다. 과세관청은 B를 수익적 소유자로 보았다.

원고인 A사는 1966. 11.경 집합투자기구에 관한 독일 투자법(Investmentgesetz)에 따라 투자펀드를 설정하고 운용할 목적으로 설립된 독일 유한회사이다. B펀드는 2002년경 A사가 독일 투자법에 따라 설정한 상장·공모형 투자펀드로서 전 세계 부동산에 투자하여 얻은 수익을 일반투자자들에게 배당하는 펀드(Sondervermogen)이다. C사는 1999. 10. 11. 설립되어 서울 중구 명동에 위치한 P빌딩을 소유하면서 부동산임대업을 하는 대한민국 법인이다. A사는 B펀드의 투자자금으로 C사의 발행주식 100%를 취득하였다. C사는 2008년 9월부터 2012년 6월까지 P빌딩의 임대 등으로 발생한 소득 합계 약 250억 원을 A사에게 배당금으로 지급하면서 한·독 조세조약 제10조 제2항 (가)목의 5% 제한세율을 적용하여 원천징수한 법인세를 피고에게 납부한 후, 그 나머지 금액을 A사가 B펀드를 위하여 개설한 M방크 계좌로 송금하였다. 원고는 위 주식과 배당소득을 포함하여 펀드에 속하는 재산을 자신의 명의로 소유할 수 없는 B펀드를 대신하여 그 투자자산을 A사의 명의로 소유하였고, B펀드에 귀속된 투자자산을 처분하거나 그로부터 발생하는 권리를 보유·행사하였으며, C사의 100% 주주로서 P빌딩의 임대에 관한 경영상 의사결정을 하였고, M방크를 수탁은행으로 지정하여 B펀드를 위한 계좌를 개설하였는데, 이와 같은 A사의 권한과 업무는 독일 투자법에 따른 것이었다. C사는 그 100% 주주인 원고의 의사결정에 따라 배당소득을 위 계좌로 송금하였다. A사는 위 배당소득을 B펀드의 소득에 포함시켜 독일 과세당국에 세무신고를 하였고, B펀드는 위 배당소득에 대하여 법인세와 영업세를 면제받았는데, 이는 독일 투자세법(Investmentsteuergesetz)에 따른 것이었다.

이에 관하여 대법원은, 독일 거주자인 A사는 B펀드와 함께 하나의 집합투자기구로 기능하였고, 위 배당소득을 B펀드의 일반투자자 등 타인에게 이전할 법적 또는 계약상의 의무를 부담하지 않은 채 수익적 소유자로서 그에 대한 사용·수익권을 향유하고 있었다고 보아야 하므로 A사를 수익적 소유자로 보아야 한다고 판시하였다. 이 판결에서는 A사와 B펀드를 분리된 각각의 실체로 보지 않고 실질적으로 통합된 하나의 집합투자기구로 보아 위 배당소득은 이에 귀속된 것이고, B펀드의 일반투자자와의 관계는 배당을 수수하는 것으로서 집합투자기구가 일반투자자들에게 그 배당금을 이전할 법적 또는 계약상의 의무를 부담하는 것이라기보다는 이를 처분하는 것으로 보아 A사를 수익적 소유자로 보지 않을 수 없다고 판시한 것으로 이해된다. 대법원 2018. 11. 29. 선고 2018두 38376 판결도 비슷한 취지에서 수익적 소유자를 인정한 사례이다.

다. 자본의 소유 요건

(1) 조약상의 일반적인 규정

OECD 모델조약에서는 관계회사 간 배당소득에 대하여는 제한세율을 적용하되, 그 요건으로 배당소득의 수익적 소유자가 배당지급 법인의 자본금을 '직접' 소유할 것을 규정하고 있다. 즉, 제10조 제1항은 배당금으로서 한 체약국 거주자인 회사가 다른 체약국 거주자에게 지급하는 것은 후자의 다른 체약국에서 과세할 수 있다고 하고, 제2항은 배당금은 배당금을 지급하는 회사가 거주자로 있는 체약국에서도 자국법에 따라 과세할 수 있으되, 다만 배당금의 실소득자가 다른 체약국 거주자라면 실소득자가 회사(파트너십은 제외)로서 배당금 지급회사 자본의 25% 이상을 직접 소유하고 있다면 배당금 지급총액의 5%, 다른 경우라면 배당금 지급총액의 15%를 초과하여 과세할 수 없다고 규정하고 있다.

이 모델조약에 따라 우리나라가 체결한 다수의 조세조약(한·말레이시아, 한·룩셈부르크, 한·네덜란드, 한·독일 등)에서도 배당소득에 대한 제한세율의 적용요건으로 배당지급법인의 자본금을 직접 소유할 것을 규정하고 있고, 2006. 12. 18. 체결된 한·캐나다 사이의 조세조약은 관계회사 간 제한세율 적용요건으로 수익적 소유자가 배당지급법인 의결권을 25% 직접적으로 지배하고 있는 법인으로 규정하고 있다.

그러나 다른 한편, 1996. 12. 29. 체결된 한·영 조세조약 제10조는 수익적 소유자가 배당을 지급하는 법인 의결권의 최소 25%를 직접 또는 간접으로 지배하는 법인인 경우 5%의 제한세율을 적용하도록 규정하여, 명시적으로 직접 또는 간접 소유하는 경우를 포함하고 있고, 2003. 7. 25. 발효된 한·칠레 조세조약 제10조 제2항 가목도 '그 수익적 소유자가 직접 또는 간접으로 배당을 지급하는 법인의 의결권 있는 주식을 25퍼센트 이상 보유하고 있을 것'을 요건으로 규정하고 있다. 2004. 3. 30. 개정된 미·일 조세조약 제10조 제2항 가목도 '당해 배당의 수익자가 배당지급법인의 의결권 있는 주식의 10% 이상을 직접 또는 간접 소유하고 있는 법인인 경우 5%의 제한세율을 적용'하는 것으로 규정하고 있다.

여기서 말하는 직접 소유와 간접 소유의 차이는 자회사 등을 경유하지 않는 경우와 경유하는 경우의 차이를 말하는 것으로 보인다. 따라서 조세조약에서 위와 같이 직접 소유하는 경우로만 제한하는 경우에는 그 문언에 따라 자회사 등을 경유하여 소유하는 경우는 포함되지 않는다고 보아야 할 것이다. 이는 체약 당사국들의 합의에 의한 선택사항이었다고 할 수 있으므로 그 문언을 존중하여야 할 것이다.

(2) 한·일 조세조약상의 규정

그런데 한·일 조세조약 제10조에서는 위에서 본 두 가지 유형과 달리 직접 소유인지 직접 또는 간접 소유인지를 구분하지 않고 있다는 점이 특징이다. 즉, 제2항에서는 일방 체약국의 법인이 타방체약국의 거주자에게 배당을 지급하는 경우 그 배당을 지급하는 법인이 거주자인 일방 체약국에서도 동 체약국의 법에 의하여 과세할 수 있되, 다만 그 배당금의 수익적 소유자가 이윤배분이 발생한 회계기간의 종료 직전 6월 동안 배당을 지급하는 법인이 발행한 의결권 주식을 적어도 25% '소유하고' 있는 법인인 경우에는 배당총액의 5%를 초과하여 과세할 수 없다고 하고 있다.

다른 조세조약과 달리 한·일 조세조약에서 굳이 직접이나 간접의 문언 없이 그냥 '소유'라고만 규정하고 있는데 대하여 과세관청은 이 경우는 '직접 소유'의 의미로 해석해야 한다는 입장을 보인다. '간접'이라는 용어를 수식어로 사용하지 않았다는 것은 그 반대해석으로서 '직접 소유'로 해석할 수 있다는 취지이다.

이에 관한 사례로서 대법원 2013. 5. 24. 선고 2012두24573 판결이 있다. 일본 법인인 A사가 100% 출자하여 말레이시아 라부안 법인인 B사를 설립하였고, B사가 우리나라의 원고 회사에 100%를 출자하였다. 원고 회사는 B사에 배당금을 지급하면서 당시 법인세법 제1항 제3호에 따라 원천징수세율 25%를 적용한 법인세를 원천징수하여 납부하였다. 그 후 B사가 한·말 조세조약에 의한 제한세율 9%를 적용받고자 경정청구를 하였으나 과세관청은 B사가 배당소득의 실질적 귀속자가 아니라는 이유로 경정청구를 거부하였다. 그러자 다시 A사가 한·일 조세조약상의 제한세율 5%를 적용받고자 경정청구를 하였으나 역시 거부하였다. 이때는 A사가 원고 회사의 주식 100%를 직접 소유하고 있지 않다는 이유에서였다.

이에 대하여 원심은 한·일 조세조약 제10조 제2항 (가)목에서 배당의 수익적 소유자가 배당을 지급하는 법인이 발행한 주식을 '소유'하고 있을 것을 요건으로 하고 있을 뿐 수익적 소유자가 '직접' 소유할 것을 명시적으로 규정하고 있지 않은 이상 위 조항의 '소유'의 의미를 '직접 소유'만으로 축소하여 해석할 수 없다고 전제한 다음, 원고들의 100% 출자자인 말레이시아 라부안 소재 투자법인 B사가 배당소득의 형식적 귀속자에 불과하고, 그 배당소득의 실질귀속자를 B사의 100% 출자자인 일본국 법인 A사로 보는 이상 한·일 조세조약 제10조 제2항 (가)목에서 정한 수익적 소유자에 해당하는 A사가 원고가 발행한 의결권 있는 주식을 25% 이상 '소유'하고 있다고 보아 위 배당소득에 대하여 5%의 제한세율이 적용되어야 한다고 판단하였고, 대법원이 이를 수긍하였다. 대법원 2013. 5. 24. 선고 2013두659 판결도 같은 취지이다.

위 조약에서는 형식적 배당수령자가 아니라 수익적 소유자를 기준으로 하여 제한세율의 적용요건을 따지고 있고, 앞서 본 바와 같이 수익적 소유자의 의미가 실질과세원칙상의 실질귀속자와 동일한 의미로 보아야 하는 이상 그 실질귀속자가 형식적 도관회사를 경유하여 주식을 소유하는 경우도 그 주식을 실질적으로 소유하는 경우에 해당하여 위 조약상의 '소유' 요건을 충족하는 것으로 보는 것이 합리적이라고 하겠다. 즉, 위 조약에서 '직접'이나 '간접'의 용어를 사용하지 않고 단순히 '소유'의 용어만 사용하고 있고 그 주체를 실질과세원칙에 의한 수익적 소유자로 설정하고 있으므로 여기서의 '소유'는 '실질적인 소유'의 의미로 해석하는 것이 논리적이고 체계적이라는 것이다. 타당하다.

그렇다면 다른 조세조약에서 말하는 '직접' 소유에는 형식적으로는 간접 소유이지만 실질적 소유에 해당할 경우가 포함되는지 여부가 문제되는데 단순한 형식적 도관회사를 경유하는 경우는 실질적으로 '직접 소유'하는 경우에 해당할 수 있다고 할 것이며, 그렇지 않고 중간에 경유하는 회사가 단순한 형식적 도관회사가 아닌 경우에는 '직접 소유'에는 해당한다고 할 수 없을 것으로 보인다.

한편, 위 한·일 조세조약 제10조 제2항에서 말하는 '이윤배분이 발생한 회계기간의 종료 직전 6월 동안'에 있어서 '이윤배분이 발생한 회계기간'의 의미가 '배당결의일이 속한 회계기간'인지, 아니면 '배당의 대상이 되는 회계기간'인지가 다투어졌는데, 대법원 2021. 7. 21. 선고 2018두54408 판결은 '이윤배분이 발생한 회계기간'은 '배당결의일이 속한 회계기간'이 아니라 '배당의 대상이 되는 회계기간'을 의미한다고 보아야 한다고 판시하였다. 그 논거로는 이익배당은 그 배당결의일이 속한 회계기간이 아니라 그 직전 회계기간의 재무상태에 대한 것이므로 주식 소유 여부의 판단 시점도 배당결의의 대상이 되는 그 직전 회계연도를 기준으로 하여야 하는 점, 위 규정의 취지는 이중과세를 최소화하고 국제투자를 촉진하기 위하여 제한세율의 한도 내에서만 원천지국 과세를 인정하며, 특히 배당의 수익적 소유자가 배당을 지급하는 법인이 발행한 의결권 있는 주식을 25% 이상 소유하고 있는 법인인 경우에는 그와 같은 필요성이 크다고 보아 일반적인 경우보다 낮은 세율, 즉 5%의 제한세율을 적용하도록 하고 있는 것으로 볼 수 있는 점, 위 규정은 낮은 제한세율을 적용받기 위하여 배당 직전에 주식 소유 비율을 일시적으로 높이는 남용행위를 방지하기 위한 것으로 볼 수 있으므로 배당금을 수령한 이후에까지 일정기간 동안 주식 보유를 강제할 합리적 이유를 찾기 어려운 점, '배당결의일이 속한 회계기간'을 의미하는 것으로 보면 원천징수의무가 성립하는 배당금 지급 시점에 원천징수세율이 확정되지 않을 뿐만 아니라, 배당금 지급 이후에 발생한 주식의 취득이나 양도 등의 사정에 따라 원천징수세율이 사후적으로 달라지는 불합리한 결과가 생길 수 있는 점 등을 들고 있다. '이윤배분이 발생한 회계기간'이라는 문언만 놓고 보면 실제로 이윤배분이 이루어진 회계기간을 의미하는 것으로 해석하지 못할 바 아니지만, 일본어 원문을 그대로 번역하면 '이득의 분배에 관련된 사업연도'가 되고, 여기에 위 규정의 입법 취지와 그 적용과정까지 종합적으로 보태어 보면 대법원 판결이 타당하다고 하겠다.

라. 제한세율 적용을 위한 경정청구권

(1) 관련 규정

법인세법 제98조의6은 외국법인에 대한 조세조약상 제한세율 적용을 위한 원천징수 절차 특례를 규정하고 있다. 먼저 제1항에 의하면 국내원천소득의 실질귀속자인 외국법인이 조세조약에 따른 제한세율을 적용받으려는 경우에는 제한세율 적용신청서 및 국내원천소득의 실질귀속자임을 증명하는 서류를 원천징수의무자에게 제출하여야 한다. 이 경우 제93조의2 제1항 제1호에 해당하여 국외투자기구를 국내원천소득의 실질귀속자로 보는 경우에는 그 국외투자기구에 투자한 투자자의 국가별 현황 등이 포함된 국외투자기구신고서를 함께 제출하여야 한다. 그리고 제2항에 의하면, 제1항을 적용할 때 해당 국내원천소득이 국외투자기구를 통하여 지급되는 경우에는 그 국외투자기구가 실질귀속자로부터 신청서등을 제출받아 이를 그 명세가 포함된 국외투자기구신고서와 함께 원천징수의무자에게 제출하여야 한다. 제3항은 제1항 또는 제2항에 따라 실질귀속자 또는 국외투자기구로부터 신청서등을 제출받은 원천징수의무자는 제출된 신청서등에 누락된 사항이나 미비한 사항이 있으면 보완을 요구할 수 있으며, 실질귀속자 또는 국외투자기구로부터 신청서등 또는 국외투자기구신고서를 제출받지 못하거나 제출된 서류를 통해서는 실질귀속자를 파악할 수 없는 등 대통령령으로 정하는 사유에 해당하는 경우에는 제한세율을 적용하지 아니하고 제98조 제1항 각 호의 금액을 원천징수하도록 하고 있다.

한편, 제4항은 제1항 및 제2항에 따라 적용받은 제한세율에 오류가 있거나 제3항에 따라 제한세율을 적용받지 못한 실질귀속자가 제한세율을 적용받으려는 경우에는 실질귀속자 또는 원천징수의무자가 제3항에 따라 세액이 원천징수된 날이 속하는 달의 말일부터 5년 이내에 대통령령으로 정하는 바에 따라 원천징수의무자의 납세지 관할 세무서장에게 경정을 청구할 수 있도록 하고, 국세기본법 제45조의2 제2항 각 호의 어느 하나에 해당하는 사유가 발생하였을 때에는 본문에도 불구하고 그 사유가 발생한 것을 안 날부터 3개월 이내에 후발적 경정도 할 수 있도록 하고 있다.

(2) 경정청구권자에 국외투자기구 포함 여부

위에서 본 법인세법 제98조의6 제4항에 의하면, 경정청구권자는 실질귀속자 또는 원천징수의무자이다. 그런데 법인세법 제93조의2 제1항 각 호에 해당하면, 같은 항 단서에 의하여 국외투자기구를 실질귀속자로 보는 특례를 두고 있으므로 여기에 해당하는 국외투자기구는 경정청구권자가 된다고 보는 데에 무리가 없다. 위 특례규정은 2018. 12. 24. 신설되었는데 그전에는 국외투자기구를 실질귀속자로 볼 수 있는 특례가 없었으므로 과연 국외투자기구에 경정청구권이 있다고 볼 수 있는지가 문제되었다. 현행법하에서도 위 특례규정에 해당하지 않는 국외투자기구가 있을 수 있으므로 이러한 경우에도 경정청구권이 있는지는 여전히 문제된다.

이에 관한 사안으로 대법원 2022. 10. 27. 선고 2020두47410 판결이 있다. 이 판결은 위 특례규정이 신설되기 전의 사안이었는데, 국외투자기구도 법인세법 제98조의6 제1항에서 정한 '국내원천소득을 실질적으로 귀속받는 외국법인'에 해당하면 조세조약에 따른 제한세율을 적용받기 위한 경정청구를 할 수 있다고 보아야 한다고 판시하였다. 그 논거로는, 국외투자기구도 설립된 국가의 법에 따라 법인격이 부여되거나 구성원과 독립하여 직접 권리·의무의 주체가 되는 경우 등에는 법인세법상 외국법인에 해당할 수 있고, 국외투자기구가 해당 국내원천소득과 관련하여 법적 또는 경제적 위험을 부담하고 그 소득을 처분할 수 있는 권리를 가지는 등 그 소득에 대한 소유권을 실질적으로 보유하는 경우에는 해당 국내원천소득이 국외투자기구에 실질적으로 귀속된다고 볼 수 있으며(법인세법 시행령 제138조의5 제2항 제1호, 제138조의7 제1항 참조), 법인세법 제98조의6 제2항 및 제3항이 국외투자기구와 실질귀속자를 구별하고 있다고 하여 국외투자기구에는 이 사건 규정에 따른 경정청구권이 인정되지 않는다고 볼 수 없고, 실질귀속자가 해당 국내원천소득을 국외투자기구를 통하여 지급받는 경우에 국외투자기구가 아니라 실질귀속자가 조세조약에 따른 제한세율을 적용받기 위한 절차를 정한 규정일 뿐이며, 위 각 규정이 국외투자기구에는 이 사건 규정에 따른 경정청구권을 부여하지 않으려는 취지라고 볼 근거도 없다는 것이다.

요컨대 국외투자기구도 그 실질에 비추어 국내원천소득의 실질귀속자로 볼 수 있다면 경정청구권이 인정되어야 한다는 것이다. 2018. 12. 24. 위 특례규정의 신설은 이러한 대법원 판결의 취지가 상당부분 입법에 반영된 것으로 볼 수 있다. 그러나 이러한 특례규정에 해당하지 않는 경우라도 실질귀속자로 평가될 수 있는 경우가 있을 수 있으므로 대법원 판결의 취지에 따르면 이러한 경우에도 경정청구권이 인정된다고 할 여지가 있다. 경정청구권은 납세자의 절차적 권리를 보장하는 것이므로 다소 무리한 청구가 있더라도 실체적 판단의 단계에서 충분히 걸러낼 수 있으므로 이러한 절차적 권리를 엄격하게 제한적으로 해석하여 문전박대할 필요성은 적어 보인다. 이러한 시각에서 볼 때 대법원 판결은 납세자의 절차적 권리를 넓게 보장한 것으로서 바람직하다고 평가된다.

6. 그 밖의 조세조약상 쟁점들

가. 이자소득의 범위

통상적으로 조세조약에서 이자소득에 대하여 원천지국에서 과세할 수 있도록 하면서도 제한세율을 규정하고 있다. 대표적인 예로 한·미 조세조약 제13조 제2항은 이자소득에 대하여 원천지국이 부과하는 세율은 그 이자 총액의 12%를 초과해서는 아니된다고 규정하고, 제6항은 '이 조약에서 사용되는 이자라 함은 공채, 사채, 국채, 어음 또는, 그 담보의 유무와 이익 참가권의 수반 여부에 관계없는, 기타의 채무증서와 모든 종류의 채권으로부터 발생하는 소득 및 그 소득의 원천이 있는 체약국의 세법에 따라 금전의 대부에서 발생한 소득으로 취급되는 기타의 소득을 의미한다.'라고 규정하고 있다. 그리고 제2조 제2항 제1문은 '이 조약에서 사용되나 이 조약에서 정의되지 아니한 기타의 용어는, 달리 문맥에 따르지 아니하는 한, 그 조세가 결정되는 체약국의 법에 따라 내포하는 의미를 가진다.'라고 규정하고 있다.

여기서 금전채무의 이행지체에 따라 지급하는 지연손해금이 위 제한세율의 적용대상이 되는 이자소득에 포함될 수 있는지가 문제되었다. 이러한 지연손해금은 실질적으로 이자의 성격을 내포하고 있기 때문에 견해의 대립이 있었다.

이에 관한 사안이 대법원 2016. 6. 10. 선고 2014두39784 판결이다. 원심은 이자소득에 포함된다는 입장이었다. 그러나 대법원은 다음과 같이 판시함으로써 이러한 지연손해금은 이자소득과 구별되는 별도의 기타소득이기 때문에 위 제한세율의 적용을 받지 않는다는 것이다. 그 판시내용은 다음과 같다.

한·미 조세조약은 소득을 이자, 배당, 사용료 등 종류별로 구분한 다음 각 소득별로 원천지국과 거주지국 사이에 과세권을 조정하는 조항을 두고 있으므로, 한·미 조세조약 제13조 제6항 전단의 '모든 종류의 채권으로부터 발생하는 소득'의 의미를 채권으로부터 유래된 소득이기만 하면 모두 이자에 해당한다는 것으로 볼 수 없음은 분명하다. 한편, 한·미 조세조약에서 '모든 종류의 채권으로부터 발생하는 소득'에 관하여 특별한 정의 규정을 두고 있지 아니하고 달리 문맥상 위 문언의 의미가 명확하게 드러난다고 할 수도 없는데, 이와 같은 경우에 한·미 조세조약 제2조 제2항 제1문에 의하면 해당 용어는 그 조세가 결정되는 체약국의 법에 따라 내포하는 의미를 가진다. 우리나라 국내법에 이 사건 쟁점조항이 말하는 '모든 종류의 채권으로부터 발생하는 소득'에 해당되는 정의규정은 없으나, 법인세법 제93조가 인용하는 소득세법 제16조 제1항은 이자소득으로 제12호에서 '제1호부터 제11호까지의 소득과 유사한 소득으로서 금전 사용에 따른 대가로서의 성격이 있는 것'을 규정하고 있는 반면, 법인세법의 해석에 있어서 채무의 이행지체로 인한 지연손해금은 본래의 계약의 내용이 되는 지급 자체에 대한 손해가 아니고 그 채무가 금전채무라고 하여 달리 볼 것도 아니므로 법인세법 제93조 제1호의 '이자소득'이 아니라 제11호 (나)목의 '위약금 또는 배상금'에 해당할 수 있을 뿐이다. 이러한 관련 규정들의 문언과 체계 등에 비추어 보면, 금전채무의 이행지체로 인하여 발생하는 지연손해금은 이 사건 쟁점조항에서 정한 이자에 해당하지 아니한다고 봄이 타당하다.

금전채권의 이행과 관련된 것이라고 하더라도 이자약정에 따라 지급받는 이자소득과 그 이행의 지체에 대한 손해배상으로 받는 지연손해금은 법적 성격이 다르고, 관련 세법 규정에서도 그 소득의 종류를 다르게 취급하고 있으며, 비록 지연손해금이 금전채권의 이행지체로 인한 것이어서 이자의 성격을 내포하고 있다고 하더라도 조세조약상의 취급을 달리 하고 있는 이상 그 지연손해금을 이자소득의 범주에 포함시킬 수는 없다고 할 것이다. 타당한 판결이다.

나. 사용료 소득과 인적 용역 소득의 구별

통상적으로 조세조약에서 특정한 지식이나 노하우에 대한 사용료 소득은 그 사용지의 국가에서 과세할 수 있지만 인적 용역 소득인 경우에는 일반적인 사업소득으로 보아 그 대가를 지급하는 자의 거주지국이라고 할지라도 거기에 고정사업장이 없다면 과세할 수 없도록 하고 있다.

대표적인 예로서 한·독 조세조약 제7조 제1호는 사업이윤에 관하여 '일방체약국 기업의 이윤에 대하여는, 그 기업이 타방체약국 안에 소재하는 고정사업장을 통하여 동 타방체약국에서 사업을 수행하지 아니하는 한, 동 일방체약국에서만 과세한다. 기업이 전단과 같이 사업을 수행하는 경우, 그 기업의 이윤 중 동 고정사업장에 귀속시킬 수 있는 부분에 대해서만 동 타방국에서 과세할 수 있다.'라고 규정하고 있고, 제12조는 사용료 소득에 관하여 제1호에서 '일방체약국에서 발생하여 타방체약국의 거주자에게 지급되는 사용료에 대하여는 동 타방국에서 과세할 수 있다.'고 규정하고, 제2호에서 '그러나, 그러한 사용료는 사용료가 발생하는 체약국에서도 동 국가의 법에 따라 과세될 수 있다. 다만, 그 수취인이 사용료의 수익적 소유자인 경우 그와 같이 부과되는 조세는 다음을 초과할 수 없다.'라고 정하면서 (나)목에서 '기타의 모든 경우에는 그러한 사용료 총액의 10 퍼센트'로 규정하고, 제3호에서 '이 조에서 사용되는 사용료라 함은 영화필름, 라디오·텔레비전방송용 필름이나 테이프를 포함한 문학적·예술적 또는 학술적 작품에 관한 저작권, 특허권, 상표권, 의장이나 신안, 도면, 비밀공식이나 공정의 사용 또는 사용권, 산업적·상업적 또는 학술적 장비의 사용이나 사용권, 또는 산업적·상업적 또는 학술적 경험에 관한 정보에 대한 대가로 받는 모든 종류의 지급금을 말한다.'라고 규정하고 있다.

그런데 전문지식을 수반한 용역의 제공인 경우에 그것이 사용료 소득에 해당하는지 아니면 인적 용역 소득에 해당하는지 여부를 판별하기가 쉽지 않다. 사실인정에 관한 문제이기도 해서 조세쟁송에서 자주 다투어지고 있다.

일반적인 판단기준에 관하여는 일찍이 대법원 1986. 10. 28. 선고 86누212 판결에서, 외국법인으로부터 기술용역을 도입하는 경우 그 제공하는 용역이 공개되지 아니한 기술적 정보를 전수하는 것이 아닌 한 용역제공계약의 당사자, 계약목적, 계약의 내용과 성질 및 그 대가 관계 등을 고려하여 동종의 용역수행자가 통상적으로 보유하는 전문적 지식 또는 특별한 기능으로 업무를 수행하는 것인 경우에는 단순한 인적 용역에 해당한다고 판시하였다.

비슷한 취지에서 법인세법 기본통칙 93-132-7에서 자세한 구분기준을 제시하고 있다. 법규적 효력은 없지만, 대법원 판결의 취지를 보다 구체화한 것으로 볼 수 있으므로 판단기준으로 삼을 수 있다. 그 내용의 요지는 다음과 같다. 먼저 사용료의 지급대상이 되는 노하우 등은 지적재산권의 목적이 될 수 있는지 여부와 관계 없이 제품 또는 공정의 산업적 재생산을 위하여 필요한 모든 비공개 기술정보로서 동 정보를 제공하기 전에 이미 존재하는 것을 말한다고 하면서 노하우 등에 해당하는지 여부는 비밀보호규정이 있거나 제3자에게 공개되지 못하게 하는 특별한 장치가 있는지 여부, 기술용역제공대가가 당해 용역수행에 투입되는 비용에 통상의 이윤을 가산한 금액을 상당히 초과하는지 여부, 사용자가 제공한 노하우 등을 적용함에 있어서 제공자가 특별한 역할을 수행하도록 요구되는지 또는 제공자가 그 적용결과를 보증하는지 여부를 고려하여야 한다고 한다. 다음으로 인적 용역은 기술자가 정형화된 전문직업적 용역이나 정형화되지는 않았으나 그 용역의 성질이 동종의 용역수행자가 통상적으로 보유하는 전문지식이나 기능을 활용하여 수행하는 용역을 말한다고 한다. 나아가 양자가 혼합되어 있는 경우에는 주된 부분에 따르고 주된 부분을 정하기 어려운 경우에는 합리적인 기준에 따라 안분하도록 하고 있다. 이는 OECD 모델조약의 주석에서 제시하는 기준을 참고한 것으로서 타당해 보인다.[9]

---

9) 양승종, 서재훈, "국외에서 제공한 설계도면 작성용역에 대한 대가의 소득구분(사용료 소득과 인적 용역

최근의 대법원 2015. 6. 24. 선고 2015두950 판결은 모범적인 사례가 된다. 독일 법인인 원고는 한국의 A사와 일관제철소 설비구매 계약을 체결하여, 코크 오븐 플랜트 및 가스 정제 플랜트 등 이 사건 각 플랜트의 공사를 위한 설비의 공급, 설계 및 엔지니어링, 감리 등 용역을 제공하고 그 대가로 국외설비 대금 117,422,000유로, 설계 및 엔지니어링 용역대금(설계대금) 21,000,000유로, 감리 용역대금 17,575,000유로를 각 지급받기로 하였다. A사는 원고에게 설계대금 중 총 16,800,000유로를 지급하면서, 위 설계대금이 한·독 조세조약 제12조 제2호 (나)목의 사용료 소득에 해당한다고 보아 원천징수세율 10%를 적용하여 법인세를 원천징수하여 납부하였다. 그러나 원고는 위 설계대금은 사용료 소득이 아니라 인적 용역의 제공에 따른 소득으로서 국내에서 원천징수할 수 없다는 이유로 법인세 환급을 구하는 경정청구를 하였으나 과세관청이 위 설계대금이 사용료 소득에 해당한다는 이유로 2011. 5. 6. 원고의 경정청구를 거부하였다.

이에 대하여 원심은, 위 계약의 주된 목적은 원고가 A사에게 특정한 사양의 플랜트 설비를 공급하는 것이고, 그에 관한 설계 및 엔지니어링 용역은 각 플랜트 설비를 공급하는 데 필수적으로 수반되는 설계 및 도면작성 작업인 점, 위 용역이 고도의 기술력을 필요로 하는 것이라 하더라도 동종의 용역수행자가 통상적으로 보유하는 전문적 지식이나 특별한 기능으로는 수행할 수 없는 수준이라고 단정할 수 없는 점, 위 계약상 비밀보호 조항은 쌍방에게 동등하게 비밀보호의무를 부과하는 것으로서 일반적인 용역계약 또는 판매계약에서 전형적으로 사용되는 내용인 점, 위 용역이 약 2년 6개월의 장기간에 걸쳐 이행되었고 그 대가인 위 설계대금은 대부분 인건비 등 실비변상적 요소로 지출되는 등 그 설계대금이 인적 용역의 대가로 보기에 지나치게 높은 금액이라고 보기도 어려운 점, 위 계약에 따라 원고는 위 용역의 이행과 결과를 보증하고 있는 점, 원고가 보유한 코크 오븐 플랜트 설비 등 분야에 관한 고도의 기술력 및 비공개 기술정보가 위 용역의 수행 과정에서 일부 A사에게 공개 또는 이전되었을 가능성이 있으나 이는 인적 용역의 제공 과정에서 부수적으로 발생한 것으로 보이는 점 등을 종합하여 보면, 국내에 고정사업장이 없는 독일법인인 원고가 지급받은 위 설계대금은 인적 용역의 대가로서 한·독 조세조약 제7조에 의하여 국내에서 원천납세의무가 없다고 판단하였고, 대법원이 이를 수긍하였다.

원심의 판단은 위에서 살펴본 법인세법 기본통칙 93-132-7이 제시하는 판단기준에 충실하였음을 알 수 있다. 위 사안은 위 기본통칙이 언급한 바 있는 사용료의 성격과 인적 용역의 성격이 혼재하고 있는 경우에 해당한다고 보인다. 일부 비공개 노하우의 전수가 수반될 수 있다는 점에서 더욱 그러하다. 이러한 경우에는 위 기본통칙의 기준이 제시

소득", 조세실무연구 7, KIM & CHANG

하는 바와 같이 주된 부분을 가릴 수 있으면 그에 따라야 하는데 이 사안에서는 주된 부분이 인적 용역에 해당한다고 보았고, 이는 사실인정의 문제이므로 대법원이 원심의 판단을 존중한 것으로 보인다.

다. 수증재산의 양도소득에 대한 과세권

조세조약에 따라서는 부동산 소득이나 양도소득 등과 같은 특정소득에 대하여는 원천지국에서도 과세할 수 있도록 하면서 그 외의 기타소득은 소득을 얻은 자의 거주지국에서만 과세하도록 규정하고 있다. 여기서 주식을 증여받아 양도하는 경우 그 양도인의 소득에는 수증으로 인한 소득과 양도로 인한 소득이 혼재하고 있다고 볼 수 있는데 이 경우 과세권의 분배가 어떻게 되는지에 관하여 최근에 논란이 된 사건이 있다. 대법원 2016. 9. 8. 선고 2016두39290 판결이다.

한국과 룩셈부르크 간의 조세조약 제21조 제1호는 소득의 발생지를 불문하고 조약에서 특별한 규정이 없는 한 일방체약국의 거주자의 소득에 대하여는 동 일방체약국에서만 과세될 수 있다고 규정하면서, 한·룩 조세조약에 대한 의정서(1986. 12. 26.) 제3조는 '제21조의 규정에도 불구하고 이 조약은 재산의 양도소득에 대한 조세에는 적용되지 아니한다'고 정하고 있다. 이 조약에서 증여로 인한 수증소득에 관하여는 특별한 규정을 두고 있지 않았기 때문에 수증자의 거주지국에서만 과세권을 행사할 수 있고 양도소득에 관하여는 원천지국에서도 과세할 수 있다.

그런데 법인세법 제98조 제1항은 '국내사업장이 없는 외국법인에 대하여 제93조 제9호 등의 규정에 따른 국내원천소득을 지급하는 자는 그 지급을 할 때에 법인세를 원천징수하여 납부하여야 한다'고 규정하고, 제93조는 외국법인의 국내원천소득의 하나로 제9호 가목에서 '일정한 요건을 갖춘 내국법인이 발행한 주식을 양도함으로써 발생하는 소득'을, 제10호 다목에서 '국내에 있는 자산을 증여받아 생기는 소득'을 들고 있다. 그리고 국내사업장이 없는 외국법인의 국내원천소득 금액의 계산을 정하고 있는 법인세법 제92조 제2항은 제1호 단서에서 '제93조 제9호에 따른 국내원천소득의 경우에는 그 수입금액에서 대통령령으로 정하는 바에 따라 확인된 해당 유가증권의 취득가액 및 양도비용을 공제하여 계산한 금액으로 할 수 있다'고 규정하고 있고, 그 위임에 따른 법인세법 시행령 제129조 제3항은 유가증권의 취득가액 및 양도비용에 관하여 제2호 본문(이하 '이 사건 본문 조항'이라 한다)에서 '수증자가 양도한 유가증권의 취득가액은 해당 양도자산이 당초의 증여자를 해당 유가증권의 양도자로 보고 제1호에 따라 계산한 금액'으로 규정하면서 그 단서(이하 '이 사건 단서 조항'이라 한다)에서 '해당 유가증권이 법 제93조 제10

호 다목에 따라 과세된 경우에는 해당 유가증권의 수증 당시의 시가'로 규정하고 있다.

이 사건 본문과 단서조항에 의하면 우리나라가 원천지국인 경우 과세대상인 국내원천의 양도소득을 계산함에 있어 수증이익이 과세된 경우에는 양도가액에서 수증시의 시가를 차감하여야 하고, 그렇지 않은 경우에는 양도가액에서 양도인의 취득가액을 차감해야 한다. 그런데 한·룩 조세조약은 수증이익에 대하여는 원천지국인 우리나라에서는 과세할 수 없도록 하고 있으므로 이 경우 이 사건 단서 규정을 적용할 것인지 아니면 그 본문 규정을 적용할 것인지가 분명하지 않다. 원고는 이 사건 단서 규정을 적용하게 되면 수증소득에 대하여는 원천지국에 과세권을 부여하고 있지 않음에도 결과적으로 원천지국에서 수증소득의 일부까지 양도소득에 포함하게 되므로 위 조세조약의 취지에 반한다는 주장을 하였다.

이에 대하여 대법원은 다음과 같이 판시하였다. 한·룩 조세조약 및 그 의정서는 원천지국에서 얻은 소득에 대하여 거주지국과 원천지국이 모두 과세권을 행사할 경우 이중과세의 문제가 발생하므로 거주지국의 과세권과 원천지국의 과세권을 적정하게 배분·조정하고자 체결된 것으로서, 소득을 사업소득, 이자소득, 배당소득, 기타소득 등으로 구분한 다음 각 소득별로 원천지국과 거주지국 사이에 과세권을 조정하는 조항을 두고 있을 뿐 각 소득금액의 구체적인 산정방법이나 양도소득 및 수증소득의 범위 등에 관하여는 따로 정하고 있지 아니하다고 전제하고, 한편 국내사업장이 없는 외국법인이 증여받은 내국법인 발행주식을 양도함으로써 발생하는 소득을 계산함에 있어서 증여자가 주식을 보유한 기간 동안의 가치증가액에 상응하는 자본이득을 수증법인에게 귀속되는 양도소득으로 보아 과세할지의 여부는 입법정책의 문제이고, 이 사건 본문 조항은 수증법인이 그 주식을 양도할 때에 그와 같은 자본이득이 수증법인에게 실현된 것으로 보아 양도소득금액을 계산하도록 규정하여 한·룩 조세조약에 따라 원천지국의 과세권이 인정되는 양도소득의 범위를 정하고 있을 따름이므로, 증여재산 자체의 가치에 대하여 그 증여를 과세의 계기로 삼아 수증소득으로 과세하는 규정으로 볼 수 없다고 하면서, 따라서 과세관청이 국내사업장이 없는 룩셈부르크 법인이 증여받은 내국법인 발행주식을 양도함으로써 발생하는 양도소득금액을 계산하면서 이 사건 본문 조항을 적용한 것을 두고 수증소득에 대한 원천지국의 과세권을 제한하는 한·룩 조세조약 제21조 제1호에 위반된다거나 소득구분에 있어서 조세조약의 우선 적용을 규정한 국제조세조정법 제28조에 반하여 위법하다고 볼 수 없다고 판단하였다. 나아가 이 사건 단서 조항은 그 문언의 내용과 취지 등에 비추어 볼 때 수증법인이 양도하는 내국법인 발행주식의 취득가액을 수증 당시의 시가로 정하면서 조세조약을 이용한 조세회피 등을 방지하기 위하여 그 적용 범위를 수증소득이 과세된 경우로 한정하고 있음을 알 수 있으므로, 수증소득이 실제 과세된 바가 없다면 한·룩 조세조약에 따라 비과세되더라도 이 사건 단서 조항이 적용될 수 없다고 보아야 한다고 판시하였다.

한·룩 조세조약에서는 분명히 수증소득에 대하여는 원천지국에서 과세권을 행사하지 않는다고 하고 양도소득에 대하여는 원천지국에서 과세할 수 있다고 합의하면서도 수증 후 양도하는 것과 같은 특수한 경우 그 양도소득을 계산할 때 계산방법에 따라서는 수증소득까지 양도소득에 포함될 수 있다는 점에 대한 문제의식이 없어 이 점에 관한 구체적인 규정을 두지 않았다. 이러한 공백을 이용하여 우리 법인세법 시행령은 이 사건 본문조항에서 과세권을 넓히기 위하여 수증소득을 양도소득에 포함하도록 양도소득의 계산식을 규정한 것이고 따라서 이러한 계산식이 양도소득의 본질에 반한다고 보기 어렵다면 입법재량권의 범위로 보아 용인될 수밖에 없다고 할 것이다.

하지만 이 사건 본문조항에 따라 양도소득을 계산하면 거기에는 수증이익의 일부가 분명히 포함되게 된다. 즉, 양도인의 취득가액과 수증시의 시가의 차액 부분은 수증이익의 일부임에도 수증자의 양도소득에 합산되게 되는 것이다. 이는 수증소득에 대하여는 원천지의 과세권을 배제한 취지와 맞지 않다. 그리고 이 사건 본문 조항은 양도소득의 부당행위계산부인 규정인 소득세법 제101조 제2항을 본뜬 규정이다. 위 소득세법 규정에서는 조세부담을 감소시킬 목적으로 거주자가 특수관계인에게 자산을 증여한 후 그 수증자가 5년 이내에 다시 타인에게 양도한 경우 증여자가 직접 양도한 것으로 보는 규정이다. 이는 특수관계인들 사이의 부당행위계산을 부인하기 위한 규정임에도 이 사건 본문조항에서는 국제거래에서 이러한 조세부담을 감소시킬 목적의 부당행위계산이 있었는지 여부를 불문하고 위 법인세법 규정을 그대로 도입한 것은 바람직한 입법태도가 아니다. 그것이 법률도 아닌 시행령의 규정일 때는 더욱 그러하다. 법률보다 우위에 있는 조세조약의 규정 취지를 법률보다 하위에 있는 시행령 규정으로 무산시키는 것은 무리한 국수주의의 입법태도라는 비판을 받을 수 있다. 이 사건 본문과 단서의 규정을 무효라고 단정하기 어려운 이상 대법원의 판단을 수긍하지 못할 바는 아니지만 원천지국의 과세권에 대한 욕심을 많이 드러낸 과세관청의 태도를 그대로 받아들인 것 같아 바람직한 판결이라고 평가하기는 어려워 보인다.

제6장

과소자본과 과다유보소득에 대한 과세

1. 과소자본세제

해외 모법인이 국내에 현지법인이나 국내사업장을 설치하는 경우 출자를 통하여 배당소득으로 이익을 취하면 그 배당금 부분이 이익의 처분에 해당하여 국내 현지법인 등이 손금산입할 수 없으므로 국내에서의 과세소득이 그만큼 늘어나게 되지만, 대여금의 형식으로 출자하여 이자소득의 형식으로 이익을 취하면 국내 현지법인 등은 그 부분을 손금산입할 수 있으므로 국내에서의 과세소득이 그만큼 줄어들게 된다. 나아가서 해외 모법인이 이자소득의 형식으로 수취할 경우 조세조약 등에서 제한세율의 혜택을 적용받지만, 배당소득의 형식으로 수취할 경우 이러한 혜택도 없다. 그래서 해외 모법인들은 실질적으로는 출자이면서도 이를 자본금 형식으로 하지 않고 대여금 형식을 취하고자 할 것이고 이 때문에 현지법인이나 국내사업장의 과세소득이 줄어들게 되므로 그 거주지국에서는 이를 그대로 좌시할 수가 없다. 그래서 차입금이 과다한 현지법인 등에 대하여는 지급이자를 손금으로 산입해주지 않는 제도를 두고 있다. 이와 같이 조세부담을 회피할 목적으로 차입금을 지나치게 늘이고 자기자본을 줄이는 행위를 규제하는 제도를 흔히 과소자본세제라고 일컫는다.

그러나 이 제도는 조세조약에서 일반적으로 채택하고 있는 무차별의 원칙과의 관계에서 긴장을 야기하고 있다. 차입금이 과다한 내국법인이라도 그 모회사가 내국법인인 경우에는 과소자본세제를 적용하지 않으면서 그 모회사가 외국법인인 경우에만 과소자본세제를 적용하는 것은 무차별의 원칙에 반한다는 것이다.[10] 아직 우리나라에서는 이 부분이 쟁점으로 부상된 사례를 찾을 수 없지만 해외에서는 많은 사례들이 쌓여가고 있는 것으로 보인다. 무차별의 원칙도 일반 공리가 아니라 조세조약에 규정된 내용이므로 세계 각국이 과소자본세제를 포기할 수 없는 입장이라면 조세조약에서 무차별의 원칙과의 관계에서 서로 충돌하지 않도록 하는 조정규정을 둘 필요가 있다고 하겠다.

국제조세조정에 관한 법률 제22조 제1항은 내국법인(외국법인의 국내사업장을 포함한다)의 차입금 중 국외지배주주로부터 차입한 금액(특수관계인으로부터 차입한 금액을 포함한다)과 국외지배주주의 지급보증(담보의 제공 등 실질적으로 지급을 보증하는 경우를 포함한다)에 의하여 제3자로부터 차입한 금액이 그 국외지배주주가 출자한 출자금액의 2배를 초과하는 경우에는 그 초과분에 대한 지급이자 및 할인료는 그 내국법인의 손금에 산입하지 아니하며 대통령령으로 정하는 바에 따라 배당 또는 기타사외유출로 처분된 것으로 본다고 규정하고 있다. 이에 따라 국제조세조정에 관한 법률 시행령 제49조는 국외지배주주로부터 차입한 금액에 대한 이자 중 손금에 산입되지 아니한 금액은 법인세법 제67조에 따른 배당으로 처분된 것으로 보며, 특수관계인으로부터 차입한 금액이나 국외지배주주의 지급보증에 의하여 제3자로부터 차입한 금액에 대한 이자 중 손금에 산입되지 아니한 금액은 법인세법 제67조에 따른 기타사외유출로 처분된 것으로 본다고 규정하고 있다.

그런데 여기서 배당으로 처분된 것으로 본다고 해서 반드시 배당소득에 관한 원천징수의무가 생긴다고 할 수는 없다. 국외지배주주가 속한 국가와 우리나라 사이에 체결된 조세조약에 의하여 그것이 배당소득으로 인정되는 경우에 한하여 그와 같은 원천징수의무가 있고 그렇지 않은 경우에는 달리 보아야 한다. 그 사례로 한·싱가포르 조세조약에 관한 대법원 2018. 2. 28. 선고 2015두2710 판결이 있다. 이 판결은, 위에서 본 바와 같이 국내 세법상 배당으로 간주되는 이상 국내원천 배당소득에 해당하고, 그 결과 법인세가 면제되는 국제금융거래에 따른 이자소득에는 해당하지 않는 것이나, 다만 국내 세법보다 우선하는 한·싱가포르 조세조약상으로는 배당소득이 아닌 이자소득에 해당한다면 이를 전제로 제한세율 등이 정해진다고 하면서, 한·싱가포르 조세조약은 제3조 제1항 (바)목에서 '법인'을 '법인격이 있는 실체 또는 조세 목적상 법인격이 있는 실체로 취급되는 기타 실체'로 규정하고 있고, 제5조 제2항 (나)목에서 고정사업장의 하나로 '지점'을 규정하고 있으며, 같은 조 제7항에서 "일방체약국의 거주자인 법인이 타방체약국의 거주자인 법인 또는 타방체약국에서(고정사업장을 통하거나 또는 다른 방법에 의하여) 사업을 영위하는 법인을 지배하거나 또는 그에 의하여 지배되고 있다는 사실만으로 어느 법인이 타 법인의 고정사업장으로 되지는 아니한다."라고 규정하는 등 법인과 지점을

---

10) 이창희, "과소자본세제의 현황과 전망", 법학(2007), 서울대학교 법학연구소

명확히 구분하고 있으므로, 한·싱가포르 조세조약상 싱가포르 법인의 국내 지점을 '법인'으로 보기는 어렵다고 전제하고, 한·싱가포르 조세조약 제10조 제4항은 배당을 '주식으로부터 생기는 소득과 분배를 하는 법인이 거주자로 되어 있는 체약국의 세법에 의하여 주식에서 발생되는 소득과 동일하게 취급되는 다른 소득'으로 규정함으로써 법인이 아닌 지점 소재지국의 세법에 의한 배당소득은 상정하지 않고 있고, 또한 싱가포르의 세법에 지점이 법인에 지급한 이자를 주식에서 발생되는 소득과 동일하게 취급하는 규정이 있다고 볼 아무런 자료가 없으므로 한·싱가포르 조세조약에서 규정하는 '배당소득'에 해당하지 않는다고 판시하였다. 이와 같이 조세조약상의 소득구분에 국내세법이 완전히 기속될 필요는 없고, 단지 그 제한세율에만 기속되면 된다는 대법원 판결의 취지를 살려, 국제조세조정에 관한 법률 제28조의 규정, 즉 비거주자 또는 외국법인의 국내원천소득의 구분에 관하여는 소득세법 제119조 및 법인세법 제93조에도 불구하고 조세조약이 우선하여 적용된다는 규정은 2018. 12. 31. 삭제되었다.

한편, 같은 조 제3항은, 내국법인이 차입금의 규모 및 차입 조건이 특수관계가 없는 자 간의 통상적인 차입 규모 및 차입 조건과 같거나 유사한 것임을 증명하는 경우에는 그 차입금에 대한 지급이자 및 할인료에 대해서는 제1항을 적용하지 아니한다고 규정하고 있다. 이는 이른바 독립기업의 원칙에 부합할 경우에는 과소자본세제를 적용하지 않겠다는 취지이다.

2. 과다유보소득에 대한 합산과세

가. 의의와 관련 규정

앞서 본 과소자본세제는 국제거래에서 조세회피를 목적으로 하는 외국법인을 규제하기 위한 것이라면 과다유보소득에 대한 합산과세제도는 같은 목적의 내국법인을 규제하기 위한 것이다. 내국법인이 세율이 낮은 조세피난처에 현지법인을 설립하여 국제거래의 소득을 그 현지법인에 집중시켜 낮은 세율의 세금만 부담하고서는 내국법인으로의 송금을 하지 않음으로써 우리나라에서의 조세를 회피하고자 하는 경우를 규제하기 위하여 그 현지법인에 과다하게 유보되어 있는 이익은 내국법인에게 배당하지 않더라도 배당한 것으로 의제하여 내국법인의 과세소득을 산정하는 것이다. 이에 관하여는 국제조세조정에 관한 법률 제27조 이하에서 자세하게 규정하고 있다.

제27조 제1항 제1호는 법인의 실제부담세액이 실제 발생소득에 대하여 법인세법 제55조에 따른 세율 중 최고세율의 70%를 곱한 금액 이하인 국가 또는 지역에 본점 또는

주사무소를 둔 외국법인에 대하여 내국인이 출자한 경우에는 그 외국법인 중 내국인과 특수관계가 있는 법인(특정외국법인)의 각 사업연도 말 현재 배당 가능한 유보소득 중 내국인에게 귀속될 금액은 내국인이 배당받은 것으로 본다고 규정하고, 제2항은 제1항을 적용받는 내국인의 범위는 특정외국법인의 각 사업연도 말 현재 발행주식의 총수 또는 출자총액의 10% 이상을 직접 또는 간접으로 보유한 자로 규정하고 있다.

한편, 제28조는 특정외국법인의 각 사업연도 말 현재 실제발생소득이 대통령령으로 정하는 금액(2억 원) 이하인 경우(제1호), 특정외국법인이 특정국가 등에 사업을 위하여 필요한 사무소, 점포, 공장 등의 고정된 시설을 가지고 있고, 그 법인이 스스로 사업을 관리하거나 지배 또는 운영을 하며, 그 국가 또는 지역에서 주로 사업을 하는 경우(제2호), 특정외국법인이 대통령령으로 정하는 요건에 따라 주식의 보유를 주된 사업으로 하면서 그 특정외국법인이 각 사업연도 말 현재 그 각 목의 요건을 모두 갖추어 자회사의 주식을 보유하고 있는 경우(제3호)에는 제27조를 적용하지 않는다고 하고 있다. 제2호는 특정외국법인이라고 할지라도 적극적인 사업활동을 하여 능동적인 소득을 얻는 경우는 그 출자자인 내국인과 실질적으로 독립된 지위에 있다고 보아 설령 유보소득이 많다고 하더라도 합산과세를 하지 않겠다는 것이고, 제3호는 해외지주회사의 특수성을 고려한 배려규정이라고 하겠다. 그런데 제29조에서는 다시 제2호에 대한 예외를 두어 도매업, 금융 및 보험업, 부동산업, 전문, 과학 및 기술 서비스업(건축기술, 엔지니어링 및 관련 기술서비스업은 제외한다), 사업시설관리 및 사업지원서비스업 등과 주식 또는 채권의 보유, 지식재산권의 제공, 선박·항공기·장비의 임대, 투자신탁 또는 기금에 대한 투자를 주된 사업으로 하는 법인은 제2호의 적용대상에서 제외한다고 규정하고 있다.

그리고 제30조는 배당간주금액의 산출방법(특정외국법인의 각 사업연도 말 현재 배당 가능한 유보소득×해당 내국인의 특정외국법인 주식보유비율)을 규정하고, 제31조는 배당간주금액은 특정외국법인의 해당 사업연도 종료일의 다음 날부터 60일이 되는 날이 속하는 내국인의 과세연도의 익금 또는 배당소득에 산입하도록 하고 있고, 제33조 제1항은 특정외국법인이 내국인에게 실제로 배당을 지급할 때에 외국에 납부한 세액이 있는 경우 제31조에 따라 익금 등에 산입한 과세연도의 배당간주금액은 국외원천소득으로 보고, 실제 배당 시 외국에 납부한 세액은 제1항에 따라 익금 등에 산입한 과세연도에 외국에 납부한 세액으로 보아 외국납부세액공제규정을 적용하도록 하고 있다. 아울러 제32조 제1항은 배당간주금액이 내국인의 익금 등으로 산입된 후 그 법인이 그 유보소득을 실제로 배당한 경우에는 법인세법 제18조 제2호에 따른 이월익금으로 보거나 소득세법 제17조 제1항에 따른 배당소득에 해당하지 아니하는 것으로 본다고 규정하고 있다. 이는 동일한 소득에 대한 이중과세를 방지하기 위한 당연한 조정규정이다.

나. 사례 분석

국제조세조정에 관한 법률 제28조 제2호에서 정하고 있는 능동적인 사업을 위한 설비를 갖추고 있는지 여부가 쟁점이 된 사례로 대법원 2016. 2. 18. 선고 2015두1243 판결이 있다.

원고 개인은 선주사업과 자동차해상운송사업을 주로 영위하는 S그룹의 실질적인 경영자이다. S그룹은 선박을 소유하기 위하여 편의치적국인 라이베리아 등에 설립된 다수의 특수목적법인(선박 1척의 소유 목적으로 설립된 법인으로서 '단선회사'라고 한다)들과 각 단선회사의 지분을 100% 보유한 지주회사로서, 파나마에 설립된 A사, B사 등으로 구성되어 있었다. 각 단선회사는 소유 선박을 용선·대선하는 사업을 영위하면서 얻는 용선·대선료를 주된 수입원으로 하고 있었다. 원고는 명의신탁을 통하여 A사와 B사의 주식을 100% 보유하고 있었다.

이에 대하여 원심은, 단선회사가 소유한 선박은 고정된 시설이 아닌 점, A사와 B사 및 각 단선회사는 모두 거주지국에서 사업을 영위할 고정된 시설이 없고, 고정된 시설을 통하여 실질적으로 사업을 영위하고 있다고 볼 수 없는 점 등에 비추어 보면 A사, B사 및 각 단선회사는 국제조세조정법에서 정한 특정외국법인 배당간주 과세의 적용 제외 대상이 아니라고 판단하였고, 대법원이 이를 수긍하였다.

사실관계에 비추어 볼 때 선박 이외에 실질직인 설비가 없고 그나미 선박도 해상에 운항 중이었을 것이다. 각 단선회사들이 선박을 직접 운항한 것이 아니라 단순히 용선·대선하는 것이었으므로 주주들로부터 자금을 확보하여 그 선박을 취득한 후에는 사실상 능동적인 사업활동을 할 것이 없을 뿐만 아니라 위 각 단선회사들은 실질적으로 편의치적을 위하여 설립한 형식적인 도관회사에 불과하다고 볼 수 있으므로 원심의 사실인정과 판단에 별 무리가 없어 보인다. 타당한 판결이다.

외국법인에 대한 원천징수

1. 관련 규정

가. 일반세율의 적용

 법인세법 제98조는 외국법인에 대한 원천징수 또는 징수의 특례를 규정하고 있다. 제1항은, 외국법인에 대하여 제93조 제1호(이자소득)·제2호(배당소득) 및 제4호부터 제10호까지(부동산소득을 제외한 사업소득, 기타소득 등)의 규정에 따른 국내원천소득으로서 국내사업장과 실질적으로 관련되지 아니하거나 그 국내사업장에 귀속되지 아니하는 소득의 금액(국내사업장이 없는 외국법인에 지급하는 금액을 포함한다)을 지급하는 자(제93조 제7호에 따른 소득의 금액을 지급하는 거주자 및 비거주자는 제외한다)는 그 지급을 할 때에 그 각 호의 구분에 따른 금액을 해당 법인의 각 사업연도의 소득에 대한 법인세로서 원천징수하여 그 원천징수한 날이 속하는 달의 다음 달 10일까지 납부하여야 한다고 규정하고 있다.

 그리고 제6항은, 외국을 항행하는 선박이나 항공기를 운영하는 외국법인의 국내대리점으로서 제94조 제3항에 해당하지 아니하는 자가 그 외국법인에 외국을 항행하는 선박이나 항공기의 항행에서 생기는 소득을 지급할 때에는 제1항에 따라 그 외국법인의 국내원천소득 금액에 대하여 원천징수하여야 한다고 규정하고, 제8항은 외국법인에 건축, 건설, 기계장치 등의 설치·조립, 그 밖의 작업이나 그 작업의 지휘·감독 등에 관한 용역을 제공함으로써 발생하는 국내원천소득 또는 제93조 제6호에 따라 인적 용역을 제공함에 따른 국내원천소득(조세조약에서 사업소득으로 구분하는 경우를 포함한다)의 금액을 지급하는 자는 그 소득이 국내사업장에 귀속되는 경우에도 제1항에 따른 원천징수를 하여야 하고, 다만 그 국내사업장이 제111조에 따라 사업자등록을 한 경우는 제외한다고 규정하고 있다. 제9항은 제1항에 따른 국내원천소득이 국외에서 지급되는 경우 그 지급자가 국내에 주소, 거소, 본점, 주사무소 또는 국내사업장을 둔 경우에는 그 지급자가 그 국내원천소득 금액을 국내에서 지급하는 것으로 보아 제1항을 적용한다고 규정한다. 그리고 제11항은 원천징수의무자를 대리하거나 그 위임을 받은 자의 행위는 수권 또는 위임의 범위에서 본인 또는 위임인의 행위로 보아 제1항 및 제5항부터 제10항까지의 규정을 적용한다고 한다.

그리고 제98조의3 제1항은 외국법인에게 원천징수대상채권 등의 이자 등을 지급하는 자 또는 원천징수대상채권 등의 이자 등을 지급받기 전에 외국법인으로부터 원천징수대상채권 등을 매수하는 자는 그 외국법인의 보유기간을 고려하여 대통령령으로 정하는 바에 따라 원천징수하여야 한다고 규정한다.

나. 비과세·면제 또는 제한세율의 적용

한편, 법인세법 제98조의4는 제1항에서 국내원천소득(같은 조 제5호 및 제6호의 소득은 제외한다)을 실질적으로 귀속받는 외국법인(실질귀속자)이 조세조약에 따라 비과세 또는 면제를 적용받으려는 경우에는 비과세·면제신청서를 국내원천소득을 지급하는 자에게 제출하고 해당 소득지급자는 그 신청서를 납세지 관할 세무서장에게 제출하여야 한다고 하고, 제2항은 해당 국내원천소득이 국외투자기구를 통하여 지급되는 경우에는 그 국외투자기구가 실질귀속자로부터 비과세·면제신청서를 제출받아 그 명세가 포함된 국외투자기구신고서와 제출받은 비과세·면제신청서를 소득지급자에게 제출하고 해당 소득지급자는 그 신고서와 신청서를 납세지 관할 세무서장에게 제출하여야 한다고 하며, 제3항은 소득지급자는 실질귀속자 또는 국외투자기구로부터 비과세·면제신청서 또는 국외투자기구신고서를 제출받지 못하거나 제출된 서류를 통해서는 실질귀속자를 파악할 수 없는 등 대통령령으로 정하는 사유에 해당하는 경우에는 비과세 또는 면제를 적용하지 아니하고 제98조 제1항 각 호의 금액을 원천징수하여야 한다고 규정하고 있다. 위 제2항과 제3항은 2014. 1. 1. 신설되었다.

그리고 제98조의6 제1항은, 제93조에 따른 국내원천소득을 실질적으로 귀속받는 외국법인(실질귀속자)이 조세조약에 따른 제한세율을 적용받으려는 경우에는 제한세율 적용신청서를 제98조 제1항에 따른 원천징수의무자에게 제출하여야 한다고 하고, 제2항은 제1항을 적용할 때 해당 국내원천소득이 국외투자기구를 통하여 지급되는 경우에는 그 국외투자기구가 실질귀속자로부터 제한세율 적용신청서를 제출받아 그 명세가 포함된 국외투자기구신고서를 원천징수의무자에게 제출하여야 한다고 한다. 아울러 제3항은 원천징수의무자는 실질귀속자 또는 국외투자기구로부터 제한세율 적용신청서 또는 국외투자기구신고서를 제출받지 못하거나 제출된 서류를 통해서는 실질귀속자를 파악할 수 없을 때에는 제한세율을 적용하지 아니하고 제98조 제1항 각 호의 금액을 원천징수하여야 한다고 하고, 제4항은 제3항에 따라 제한세율을 적용받지 못한 실질귀속자가 제한세율을 적용받으려는 경우에는 실질귀속자 또는 원천징수의무자가 제3항에 따라 세액이 원천징수된 날이 속하는 달의 말일부터 5년 이내에 원천징수의무자의 납세지 관할 세무서장에게 경정을 청구할 수 있다고 한다. 위 제98조의6은 2011. 12. 31. 신설되었다.

2. 원천징수의무자

위 규정에서 알 수 있듯이 원천징수의무자는 원칙적으로 해당 소득을 지급하는 자이며, 다만 원천징수의무자를 대리하거나 그 위임을 받은 자의 행위는 수권 또는 위임의 범위에서 본인 또는 위임인의 행위로 보아 그 대리하거나 위임받은 자를 원천징수의무자로 한다. 여기서 소득을 지급하는 자가 누구인지를 확정하는 것이 간단하지가 않다. 특히 대리나 위임이 있었다고 볼 수 있는 경우에 더욱 그러하다.

이것이 쟁점이 된 사안으로 대법원 2009. 3. 12. 선고 2006두7904 판결이 있다. 이 판결은, 법인세법 제98조 제1항에서 국내원천인 이자소득에 대한 원천징수의무는 외국법인에게 소득의 금액을 지급하는 자가 그 지급하는 때에 부담하는 것으로 규정하고 있는 점, 소득의 발생원천에서 그 지급시점에 원천징수를 함으로써 과세편의와 세수확보를 기한다는 원천징수제도의 본질 및 기타 국내원천소득에 대한 원천징수 관련 규정의 내용이나 체계 등을 종합하면, 외국법인에게 지급되는 국내원천인 이자소득에 대하여 원천징수의무를 부담하는 '소득금액을 지급하는 자'라 함은 계약 등에 의하여 자신의 채무이행으로서 이자소득의 금액을 실제 지급하는 자를 의미한다고 봄이 타당하다고 판시하였다.

원심은, 원고가 P를 통하여 외국법인인 A은행으로부터 미화 5,000만 달러를 차입하고 내국법인인 S은행과 스왑거래계약을 체결한 사실, S은행은 위 스왑거래계약에 따라 채권증서의 소지인에 대하여 "단순한 보증인으로서가 아니고 유일한 주채무자인 것처럼 보증책임을 부담한다"고 규정된 보증서를 발급한 후 위 채권증서의 소지인인 A은행에게 그 이자를 6회에 걸쳐 지급한 사실 등을 인정한 다음, A은행과의 금전차입계약의 주채무자인 원고는 외국법인으로서 국내사업장이 없는 A은행에게 위 금전차입계약에 따른 국내원천소득인 이자를 비록 직접 지급하지는 아니하였더라도, 그 이자가 S은행을 통하여 지급될 때마다 원천징수를 하여야 할 의무를 부담하고 있다고 판단한 후, 법률상 소득금액의 지급자에게 부담시키는 원천징수의무는 사인 간의 계약에 의하여 변동된다고 할 수 없고, 원천징수의무자를 대리하거나 그 위임을 받은 자에게 원천징수의무가 완전히 이전된다는 규정으로 볼 수도 없는데, S은행은 스왑거래계약과 보증계약에 기한 채무를 이행한 것일 뿐 A은행에 대한 차입금채무를 이행한 것이 아니므로 원고의 원천징수의무가 S은행에게 면책적으로 이전되었다는 주장은 이유 없다고 배척하였다.

그러나 대법원은, S은행은 주채무자와 독립하여 채권증서의 소지인에 대하여 원리금 상환의 보증책임을 부담하는 보증서를 발급하고 이에 따라 1998. 1. 15.부터 2000. 7. 17.까지 위 채권증서의 소지인인 A은행에게 이자를 각 지급한 사실을 알 수 있고, 이와 같이 내국법인인 S은행이 위 보증서에 따른 채무의 이행으로서 외국법인인 A은행에게 이자를 실제 지급한 이상 '국내원천인 이자소득에 대한 원천징수의무자'에 해당한다고 판시하였다.

S은행은 보증인의 지위에서 이자를 지급하였다고 보면 지급자 본인에 해당하고, 차입금채무의 이행으로 이자를 지급하였다고 보면, 본인의 대리인이나 수임인에 해당할 수 있다. 어느 쪽으로 보든 S은행이 원천징수의무자에 해당함에도 원심은 잘못 판단하였고 대법원이 그 잘못을 잘 지적하였다.

3. 원천납세의무자

법인세법 제98조 이하의 규정은 소득을 지급받는 자, 즉 그 소득의 실질적인 귀속자가 외국법인임을 전제로 한다. 외국법인으로 볼 수 없는 단체에 불과하다면 그 이면에 있는 단체의 구성원들이 소득을 지급받는 자에 해당할 것이다. 소득을 지급받는 자, 즉 원천납세의무자가 어디에 있는 누구로 볼 것이냐에 따라 원천징수하는 세금이 법인세인지 소득세인지가 정해지고 그에 따라 원천징수세율도 달라질뿐더러 어느 나라와의 조세조약을 적용할 것인지도 정해지는데, 간단하지 않은 문제이다. 특히 외국법인으로 볼 수 있는 투과과세단체가 상대방인 경우 누구를 소득의 실질적인 귀속자로 보아 원천징수를 할 것인지는 까다로운 쟁점이 되고 있다.

먼저, 소득을 지급받는 자가 외국법인인지 아닌지에 관하여 대법원 2014. 6. 26. 선고 2012두11836 판결 등은, 외국의 법인격 없는 사단·재단 기타 단체가 국내원천소득을 얻어 이를 구성원들에게 분배하는 영리단체에 해당하는 경우, 법인세법상 외국법인으로 볼 수 있다면 그 단체를 납세의무자로 하여 국내원천소득에 대하여 법인세를 징수하여야 하고, 법인세법상 외국법인으로 볼 수 없다면 단체의 구성원들을 납세의무자로 하여 그들 각자에게 분배되는 소득금액에 대하여 그 구성원들의 지위에 따라 소득세나 법인세를 징수하여야 하며, 여기서 그 단체를 외국법인으로 볼 수 있는지 여부에 관하여는 법인세법상 외국법인의 구체적 요건에 관하여 본점 또는 주사무소의 소재지 외에 별다른 규정이 없는 이상 단체가 설립된 국가의 법령 내용과 단체의 실질에 비추어 우리나라의 사법상 단체의 구성원으로부터 독립된 별개의 권리·의무의 귀속주체로 볼 수 있는지 여부에 따라 판단하여야 한다고 판시하여 왔다.

소득을 지급받는 상대방이 투과과세단체인 경우에 관한 사안으로 대법원 2015. 3. 26. 선고 2013두7711 판결이 있다. 이 판결은, 조세조약은 거주지국에서 주소, 거소, 본점이나 주사무소의 소재지 또는 이와 유사한 성질의 다른 기준에 의한 포괄적인 납세의무를 지는 자를 전제하고 있으므로, 거주지국에서 그러한 포괄적인 납세의무를 지는 자가 아니라면 원천지국에서 얻은 소득에 대하여 조세조약의 적용을 받을 수 없음이 원칙이고, 한·독 조세조약 제1조와 제4조 제1항 역시 거주지국에서 포괄적인 납세의무를 지는 거주자에 대하여만 조세조약이 적용됨을 밝히고 있으며, 한·독 조세조약은 어떠한 단체의 활동으로 얻은 소득에 관하여 단체가 아니라 구성원이 포괄적인 납세의무를 부담하는 이른바 '투과과세단체'(Fiscally Transparent Entity)가 '거주자'로서 조세조약의 적용대상인지에 관하여 아무런 규정을 두고 있지 않으나, 우리나라의 법인세법상 '외국법인'에 해당하는 독일의 투과과세단체가 거주지국인 독일에서 포괄적인 납세의무를 부담하지 않는다고 하더라도 구성원이 위 단체가 얻은 소득에 관하여 독일에서 포괄적인 납세의무를 부담하는 범위에서는 조세조약상 독일의 거주자에 해당하여 한·독 조세조약의 적용을 받을 수 있고, 단체가 원천지국인 우리나라에서 얻은 소득 중 구성원이 독일에서 포괄적인 납세의무를 부담하지 아니하는 범위에서는 한·독 조세조약의 적용을 받을 수 없다고 보아야 한다고 판시하였다. 그리고 독일의 투과과세단체가 우리나라의 법인세법상 '외국법인'에 해당하더라도 독일 세법에 따라 법인세와 같은 포괄적인 납세의무를 부담하지 않는다면 이를 한·독 조세조약상 '법인'으로 볼 수는 없으므로, 원천지국인 우리나라에서 얻은 배당소득에 대하여는 구성원이 독일에서 포괄적인 납세의무를 부담하는 범위 안에서 한·독 조세조약 제10조 제2항 (나)목에 따른 15%의 제한세율이 적용될 수 있을 뿐이라고 판시하였다.

위 판결의 사안을 보면, 독일의 유한합자회사인 A사가 독일의 유한회사인 B사를 설립하여 발행주식 전부를 보유하고, B사는 우리나라의 유한회사인 C사를 설립하여 발행주식 전부를 보유하는데, C사가 우리나라의 부동산을 매수한 후 임대수익과 양도차익 등으로 발생한 소득금액을 B사에게 배당금으로 지급하면서 '한·독 조세조약' 제10조 제2항 (가)목에 따른 5%의 제한세율을 적용하여 원천징수한 법인세를 납부하였으나, 과세관청은 위 배당소득의 실질귀속자를 A사로 보아 구 법인세법(2008. 12. 26. 개정되기 전의 것) 제98조 제1항 제3호에 따른 25%의 세율을 적용하여 C사에 법인세 징수처분을 하였다.

이에 대하여 원심은, 배당소득의 실질귀속자를 B사로 보고, B사가 독일 세법에 따른 법인세 및 영업세 납세의무가 있어 한·독 조세조약상 '거주자'에 해당할 뿐만 아니라, C사의 발행주식 전부를 직접 보유한 이상 위 배당소득에 대하여는 한·독 조세조약에 따른 5%의 제한세율이 적용된다는 등의 이유로, 이와 달리 본 과세처분이 위법하다고 하였다.

그러나 대법원은, ① B사는 A사가 투자건별로 아시아 각국에 설립한 독일의 유한회사의 하나로서 오로지 우리나라에 있는 빌딩의 취득, 임대, 매각 등으로 인한 소득의 관리를 목적으로 설립되었고, 본점이 있는 독일에서는 아무런 영업활동을 하지 않았던 점, ② B사는 A사와 소재지, 연락처, 이사가 동일하며 독립된 인적 구성원이 없었을 뿐만 아니라 원고의 발행주식을 취득한 자금도 모두 A사로부터 제공받았고, 2006. 4.경부터 2008. 12.경까지 C사로부터 받은 배당금 중 독일의 자본이득세를 제외한 금액 전부를 곧바로 A사에게 지급하였으며, 2008. 7.경 A사의 의사결정에 따라 곧이어 C사의 주주총회에서 빌딩의 매각결의를 하기도 한 점, ③ 한편, A사는 독일 상법에 의하여 설립된 인적회사로서 단체의 구성원으로부터 독립된 별개의 권리·의무의 귀속주체인 점, ④ 그런데 A사는 독일의 법인세법에 따른 법인세 납세의무가 없고 주소와 같은 장소적 관련성을 이유로 하는 포괄적 납세의무라고 볼 수 없는 영업세법(Gewerbesteuergesetz)에 따른 영업세 납세의무만 있을 뿐이며 A사에 귀속되는 소득에 관하여는 그 구성원이 직접 포괄적인 납세의무를 부담하는 점, ⑤ A사의 구성원은 독일인, 오스트리아인 및 룩셈부르크인으로 이루어져 있는 점 등을 이유로, 배당소득의 실질적인 귀속자는 B사가 아니라 A사로 보고 이와 달리 판단한 원심판결을 파기하였다.

위 대법원이 밝힌 법리에 의하면, 이 사안에서 배당소득의 실질적인 귀속자인 A사는 독일법인이었지만 투과과세단체에 불과하였고, 그 구성원들은 독일인뿐만 아니라 오스트리아인과 룩셈부르크인들로 구성되어 있어 그 구성원들이 모두 독일에서 포괄적인 납세의무를 부담한다고 볼 수 없으므로 한·독 조세조약상의 제한세율 5%를 적용받을 수 없게 된다. 대법원 2019. 6. 27. 선고 2016두841 판결이 수긍한 서울고등법원 2016. 6. 9. 선고 2015누1269 판결에서도 이러한 법리를 다시 한번 확인하고 있다.

위에서 본 법인세법 제98조의6 제2항이 해당 국내원천소득이 국외투자기구를 통하여 지급되는 경우에는 그 국외투자기구가 실질귀속자로부터 제한세율 적용신청서를 제출받아 그 명세가 포함된 국외투자기구신고서를 원천징수의무자에게 제출하여야 한다고 규정한 것을 근거로 투과과세단체와 같은 국외투자기구를 실질적 귀속자로 볼 여지가 있다고 하면서 위 규정이 신설된 이상 대법원 2015. 3. 26. 선고 2013두7711 판결의 법리가 변경되어야 한다는 견해가 있으나, 위 규정의 문언에 의하더라도 국외투자기구를 실질귀속자로 의제하지 아니하고 단지 실질귀속자를 대신하여 제한세율 적용신청을 할 수 있다는 것이므로 이러한 견해는 채택하기 어렵다고 하겠다.

지방세법

총설

  지방세는 국세에 대비되는 개념으로서 세목의 명칭은 아니고 지방세법에 규정되어 있는 취득세, 등록세, 재산세 등을 총칭하는 명칭이다. 국세는 세목별로 별도의 법이 규정되어 있는 것과 달리 지방세는 모든 세목들을 합쳐 지방세법이라는 하나의 법률에 규정하고 있다. 이는 국세의 각 세목들과는 달리 지방세의 세목들은 과세구조가 복잡하지 않고 세목별로도 큰 차이가 없다는 의미가 내포되어 있다고 할 수 있다. 하지만 지방세는 국세와 달리 각 지방자치단체의 고유한 사정들이 반영될 수 있어서 과세구조가 마냥 간단하다고 하기는 어렵다. 특히 지방세는 과세요건에 관하여 법률과 시행령, 시행규칙에 규정하고 있을 뿐만 아니라 각 지방자치단체에서 제정하는 조례에도 규정하고 있기 때문에 상당히 복잡한 양상을 띠는 경우가 있고, 그 문언의 정확한 의미를 해석에 있어서도 견해의 대립이 있곤 한다.

  종래에는 지방세법이라는 하나의 법률에서 모든 것을 규정하고 있었으나 위에서 본 바와 같은 간단하지 않은 사정들이 있어 지방세법도 그 편제를 정비하지 않을 수 없었고, 그래서 2010. 3. 31. 전면 개편하여 지방세도 국세와 같은 편제를 취하게 되었다. 이에 따라 지방세법은 지방세기본법과 지방세법, 그리고 지방세특례제한법으로 재편되게 되었다. 지방세기본법은 국세기본법에 해당하는 것이고, 지방세법은 법인세법, 소득세법 등의 개별세법에 해당하며, 지방세특례제한법은 조세특례제한법에 해당한다. 서로의 체계와 내용이 비슷한 측면이 있다. 물론 지방세의 고유한 특성에 맞는 규정들도 많이 존재한다.

  이러한 재편과정에서 그동안 미비되었던 납세자의 권리보호에 관한 규정이 대폭 보완되어 국세의 수준으로 근접하게 되었다. 다만, 징수절차에 관한 규정과 범칙행위 등의 처벌에 관한 규정은 국세징수법과 조세범처벌법과 같은 별도의 법률을 만들지 않고 지방세기본법에 함께 실어 두었다. 하지만 그 내용은 종래 지방세법에서 규정되어 있었던 것보다 훨씬 보완되어 있다. 그리고 지방세법에서는 그 처분을 다투는 소송을 제기함에 있어 필요적 전치주의를 취하지 않고 여전히 임의적 전치주의를 취하고 있다.

지방세도 그 세목은 국세만큼이나 다양하다. 취득세, 등록면허세, 레저세, 담배소비세, 지방소비세, 주민세, 지방소득세, 재산세, 자동차세, 지역자원시설세, 지방교육세 등이 있는데, 지방소득세와 같이 국세의 종속세가 있는가 하면, 지방교육세와 같이 취득세 등 다른 지방세의 종속세도 있다. 이들 세목들 중에 실제 조세쟁송에 자주 다투어지고 있는 세목들은 비교적 제한되어 있다고 할 수 있다. 취득세, 등록세, 재산세가 그 대표적인 세목이다. 종합부동산세는 국세로 분류되고는 있지만 그 납세의무자가 재산세의 납세의무자로서 실질적으로는 재산세의 일종으로 파악되고 있어서 통상은 지방세 편에서 이를 다루고 있다. 이하에서는 지방세의 세목들 중 그 다툼이 치열한 취득세, 등록세, 재산세, 종합부동산세에 관하여 주요 쟁점별로 살펴보기로 한다.

취득세

1. 납세의무자

가. 취득의 대상

취득세의 납세의무자는 과세대상 자산을 취득하는 자이다. 당연한 문언인데, 지방세법 제7조 제1항이 이렇게 규정하고 있다. 취득세는 부동산, 차량, 기계장비, 항공기, 선박, 입목, 광업권, 어업권, 골프회원권, 승마회원권, 콘도미니엄회원권, 종합체육시설 이용회원권 또는 요트회원권을 취득한 자에게 부과한다고 하고 있다. 여기서 취득세의 과세대상이 모두 드러난다. 여기에서 열거되고 있지 않는 재산은 이를 취득하더라도 취득세의 과세대상이 될 수 없다. 이는 한정적 열거규정이기 때문이다. 그래서 예를 들어 주식 등을 취득할 경우 취득세의 납세의무가 없는 것이다. 이들 과세대상의 구체적 정의에 관하여는 지방세법 제6조 각 호에서 규정하고 있다.

취득세 과세대상 중 다른 것들은 비교적 그 범위가 명확한 편인데, 선박은 워낙 종류와 형상이 다양하여 선박에 해당하는지 여부가 분명하지 않은 경우가 있다. 선박의 정의에 관하여 지방세법 제6조 제10호는 선박이란 기선, 범선, 부선 및 그 밖에 명칭에 관계없이 모든 배를 말한다고 규정하고 있고, 선박법 제1조의2에서는 선박이란 수상 또는 수중에서 항행용으로 사용하거나 사용할 수 있는 배 종류를 말한다고 하면서, 여기에는 기선, 범선, 부선이 있다고 하고, 부선이란 자력항행능력이 없어 다른 선박에 의하여 끌리거나 밀려서 항행되는 선박이라고 정의하고 있다.

선박의 범위와 관련하여, 플로팅 독(Floating Dock)이 선박에 해당하여 취득세의 과세대상이 되는지가 문제된 사안이 있었는데, 여기서 대법원 2014. 6. 26. 선고 2014두3945 판결은 플로팅 독은 바다에 떠 있는 상태에서 계선줄에 의하여 부두와 연결되어 있을 뿐 토지에 정착하거나 지하 또는 다른 구조물에 설치되어 있지 아니한 점 등에 비추어 플로팅 독을 취득세의 과세대상인 '선박'에 해당한다고 판단하였다. 이 사안에서는 선박 의 정의에 관한 지방세법 제6조 10호의 규정이 있었지만 그것만으로는 명확하지가 않아 선박법의 정의규정을 차용하여야 했었고, 그 정의규정에 의하면 위 플로팅 독은 선박의 범주에 들어간다고 할 수 있어서 취득세의 과세대상으로 본 것이다. 이와 같이 세법에서 는 그 과세요건에 관한 완결적 규정을 두고 있지 않아 관련 법규들까지 추적하여 분석해 야만 그 정확한 범위를 알 수 있는 경우들이 있다.

나. 취득행위

(1) 개요

취득이라는 용어가 상당히 추상적이고 포괄적이어서 그 정의가 필요하다. 그래서 지 방세법 제6조는 제1호에서 취득이란 매매, 교환, 상속, 증여, 기부, 법인에 대한 현물출자, 건축, 개수, 공유수면의 매립, 간척에 의한 토지의 조성 등과 그 밖에 이와 유사한 취득으 로서 원시취득, 승계취득 또는 유상·무상의 모든 취득을 말한다고 정의하고 있다.

그리고 지방세법 제7조 제2항은, 취득은 관계 법령에 따른 등기·등록 등을 하지 아니 한 경우라도 사실상 취득하면 각각 취득한 것으로 보고 해당 취득물건의 소유자 또는 양수인을 각각 취득자로 한다고 규정하고 있다. 여기서 사실상의 취득이란 일반적으로 등기와 같은 소유권 취득의 형식적 요건을 갖추지는 못하였으나 대금의 지급과 같은 소 유권 취득의 실질적 요건을 갖춘 경우를 말한다(대법원 1999. 11. 12. 선고 98두17067 판결, 대 법원 2006. 6. 30. 선고 2004두6761 판결 등 참조). 그래서 소유권 취득을 위한 등기를 갖추지 못하였거나 부동산 명의신탁 등기와 같이 그 등기의 효력이 없다고 하더라도 실질적인 매수인으로서 대금을 모두 지급하였다면 사실상 취득한 자에 해당하여 취득세의 납세의 무가 있다고 해야 한다.

이와 관련하여 소유권의 취득에는 실질적으로 완전한 내용의 소유권을 취득하는 것인 지에 관하여 그럴 필요가 없다는 입장과 그럴 필요가 있다는 입장이 대립되었는데, 전자 는 취득세를 유통세로 파악하는 입장이고, 후자는 장래의 소득세에 대한 과세로 파악하 는 입장이다.

대법원은 전자의 입장에 있다. 대법원 2014. 5. 29. 선고 2011두13613 판결은, 취득세는 본래 재화의 이전이라는 사실 자체를 포착하여 거기에 담세력을 인정하고 부과하는 유통세의 일종으로서 취득자가 재화를 사용·수익·처분함으로써 얻을 수 있는 이익을 포착하여 부과하는 것이 아니므로 취득자가 실질적으로 완전한 내용의 소유권을 취득하는가의 여부에 관계 없이 사실상의 취득행위 자체를 과세대상으로 하는 것이라고 판시하였다. 즉, 법적으로 완전한 소유권을 취득할 필요까지 없다는 것으로서 과세대상이 되는 취득의 범위를 통상적인 민법상의 소유권 취득보다 다소 넓혔다고 할 수 있다. 대법원이 이렇게 판시할 수 있었던 것은 지방세법 제7조 제2항에서 취득은 관계 법령에 따른 등기·등록 등을 하지 아니한 경우라도 사실상 취득하면 취득한 것으로 본다고 규정하고 있기 때문으로 보인다.

(2) 매매계약의 해제

가) 취득세 과세 포함

가장 흔한 취득행위는 아마도 매매일 것이다. 그러나 매매도 간단하지가 않다. 매매계약이 체결되어 위에서 본 사실상 취득의 요건을 갖춘 후에 여러 가지 사정으로 해제되는 경우 취득세의 과세대상인 취득행위가 있다고 볼 것인지가 문제된다.

먼저 사후 합의해제에 관하여 대법원 2014. 5. 29. 선고 2011두13613 판결은, 부동산에 관한 매매계약을 체결하고 매매대금을 모두 지급하면 소유권이전등기를 마치지 아니하였더라도 취득세의 과세대상이 되는 사실상의 취득행위가 존재하게 되어 그에 대한 조세채권이 당연히 성립하고, 그 후 합의에 의하여 매매계약을 해제하고 그 부동산을 반환하였더라도 이미 성립한 조세채권의 행사에 영향을 줄 수 없다고 판시하였다. 대법원 2013. 11. 28. 선고 2011두27551 판결, 대법원 2018. 9. 13. 선고 2015두57345 판결 등도 같은 취지이다.

그렇다면 합의해제에 의하여 재산을 다시 반환받은 자는 새로운 취득행위가 있었던 것으로 볼 것인지가 문제된다. 유통세의 관점에서 합의해제에도 불구하고 당초의 취득행위가 취득세의 과세대상이 된다고 보면 반환행위도 새로운 취득행위로 보아 취득세의 과세대상이 된다고 보는 것이 논리가 일관된다고 할 수 있다. 그러나 대법원 1993. 9. 14. 선고 93누11319 판결이나 대법원 1986. 23. 25. 선고 85누1008 판결 등은 소유권이전등기의 원인이 되었던 당초의 양도계약을 소급적으로 실효시키는 합의해제의 약정을 함에 따라 그 약정에 기초하여 제3자 앞으로 경료된 부동산에 관한 소유권이전등기를 말소하는 원상회복조치의 결과로 원고가 그 소유권을 취득한 이상, 이는 취득세 과세대상이 되는 부동산취득에 해당되지 아니한다고 판시하였다. 그 논거는 새로운 취득이 아니라 원상회복이라는 것이다. 대법원은 논리의 일관성이 다소 약하지만 원상회복의 경우까지 취득세의 과세대상으로 보는 것은 너무 가혹하다는 입장에서 위와 같이 판시한 것으로 보인다. 마찬가지의 논리에서 대법원 2020. 1. 30. 선고 2018두32927 판결은 해제권의 행사에 따라 부동산매매계약이 적법하게 해제되면 계약의 이행으로 변동되었던 물권은 당연히 계약이 없었던 상태로 복귀하는 것이므로 매도인이 비록 원상회복의 방법으로 소유권이전등기의 방식을 취하였다 하더라도 특별한 사정이 없는 이상 이는 매매 등과 유사한 새로운 취득으로 볼 수 없어 취득세 과세대상이 되는 부동산 취득에 해당하지 않는다고 판시하였다.

이와 같은 유통세인 취득세가 아닌 수득세, 즉 양도소득세 등의 경우에 있어서는 대법원 1986. 7. 8. 선고 85누709 판결이나 대법원 1990. 7. 13. 선고 90누1991 판결 등은 양도계약의 이행이 완료되기 전에 계약이 해제된 경우는 물론이고, 그 이행이 완료된 후에 계약이 합의해제된 경우에도 자산의 양도 또는 소득이 있다고 볼 수 없다는 이유로 양도소득세를 과세할 수 없다고 판시하였다. 유통세와 수득세의 차이에서 오는 판단의 차이라고 하겠다.

당초의 매매계약이 사후에 합의해제된 경우가 아니라 해제권의 행사 등에 의하여 해제된 경우는 합의해제보다는 당초의 취득행위에 미치는 영향이 좀 더 크다고 볼 수도 있는데, 대법원 1992. 5. 12. 선고 92누459 판결 등은 취득세는 취득행위를 과세객체로 하여 부과하는 행위세이므로 조세채권은 그 취득행위라는 과세요건사실이 존재함으로써 당연히 발생하고, 일단 그 취득자가 적법하게 취득한 이상 그 이후에 매매계약이 해제조건의 성취 또는 유보된 해제권행사 등에 의하여 소급적으로 실효되었다 하더라도 이로써 이미 성립한 조세채권의 행사에는 아무런 영향을 줄 수 없다고 판시하였다. 아무리 유통세의 관점에서 본다고 하더라도 합의해제와는 달리 해제권 행사의 경우에는 당초 취득당시에 해제권 행사의 요소가 내포되어 있었기 때문에 불완전한 소유권의 취득이라고 볼 여지가 있어서 그것이 사후에 현실화되었다고 본다면 취득세의 과세대상이 아니라고 볼 수도 있는 것이다. 이점에서 대법원이 해제권의 행사와 합의해제의 차이에 관한 깊은 검토 없이 양자를 같은 법리로 다루었다는 점에서 아쉬움이 남는다.

나) 취득세 과세 제외

이러한 대법원의 법리는 해제를 당하여 소유권을 상실하는 입장에서는 가혹한 측면이 있다. 그래서 지방세법 시행령 제20조에서 예외를 규정하고 있다. 제1항 단서는 무상승계취득의 경우 해당 취득물건을 등기·등록하지 아니하고 화해조서·인낙조서, 공정증서, 계약해제신고서에 의하여 취득일로부터 60일 이내에 계약이 해제된 사실이 입증되는 경우에는 취득한 것으로 보지 않는다고 규정하고 있다. 그리고 제2항 제2호 단서는 지방세법 제10조 제5항 제1호부터 제4호까지에 해당하지 아니하는 유상승계취득의 경우에는 해당 취득물건을 등기·등록하지 아니하고 위에서 본 것과 같은 서류에 의하여 취득일로부터 60일 이내에 계약이 해제된 사실이 입증되는 경우에는 취득으로 보지 아니한다고 규정하고 있다.

위 각 단서의 규정이 2014. 8. 12. 개정되기 전에는 증명서류의 작성시기에 관한 제한을 두지 않다가 위와 같이 개정되면서 공정증서나 계약해제신고서는 그 작성시기나 제출시기를 취득일로부터 60일로 제한하였다. 그 개정 전의 규정과 관련하여 대법원 2016. 1. 28. 선고 2015두52012 판결은, 엄격해석의 원칙상 무상승계취득의 경우에 그 취득일부터 60일 이내에 계약이 해제되고 그 사실이 화해조서·인낙조서·공정증서 및 공증인이 인증한 사서증서에 의하여 증명되는 때에는 위 시행령 규정 단서에 해당하여 해당 물건을 취득한 것으로 보지 아니한다고 해석함이 타당하며, 그 화해조서·인낙조서·공정증서의 작성 및 위 사서증서에 대한 공증인의 인증이 그 취득일부터 60일이 지난 후에 이루어졌다는 사유만으로 달리 볼 것은 아니라고 판시하였다.

여기서 지방세법 시행령 제20조 제2항 제2호 단서가 지방세법 제10조 제5항 제1호부터 제4호까지를 그 적용대상에서 제외한 것은 합리적인 명분이 없다. 국가 등으로부터의 취득이나 외국으로부터의 수입, 판결문·법인장부 등에 의하여 취득가격이 증명되는 증명, 공매방법에 의한 취득 등이 여기에 해당하는데 이들의 경우 그 성격상 사후 해제가 드물 것으로는 보이지만 전혀 불가능하지는 않음에도 그 취득사실과 취득가액의 증명이 뚜렷하다는 이유로 해제시의 과세에 있어서 다른 경우와 차별하는 것은 납득하기 어렵다. 입법의 개선이 필요한 부분이다. 위 규정은 지방세법 제10조 제7항에서 취득시기에 관하여는 대통령령으로 정한다고 하는 규정을 위임의 근거로 삼고 있는데, 위 규정은 취득시기에 관한 규정이 아니라 취득 여부에 관한 규정이어서 위임의 범위를 벗어났다고 볼 여지도 있다. 위 규정은 대법원의 법리에 의하면 원래 취득세의 과세대상임에도 입법정책에 의하여 그 과세대상에서 제외시켜주는 수혜적 규정이므로 입법자의 재량이라고 볼 수도 있으나 그것이 조세공평의 원칙에 벗어날 때에는 개선이 필요한 것이다. 그렇다고 해서 모법의 위임범위를 벗어났다고 하여 무효를 선언할 수도 없는 노릇이다. 무효를 선언하게 되면 그나마 존재하던 위 수혜적 규정마저 없어지므로 여전히 지방세법 제10조 제5항 제1호부터 제4호의 경우에는 구제받을 수 없기는 마찬가지이기 때문이다. 이러한 경우에는 국세기본법 편에서 언급한 바와 같이 헌법소원을 통하여 구제받는 방법을 검토해 볼 수 있을 것으로 판단된다.

(3) 매매계약의 무효

매매계약이 무효인 경우에도 잔금이 지급되거나 소유권이전등기가 되면 취득이 있었다고 볼 것인지가 문제된다. 이는 유효하였던 매매가 사후에 해제를 통하여 무효가 되는 경우와 달리 처음부터 무효인 경우이다. 따라서 취득세의 과세대상이 아니라고 보는 것이 타당하다.

같은 취지에서 대법원 1964. 11. 24. 선고 64누84 판결은, 권리자 아닌 자와 매매계약을 체결한 다음 매매대금을 지급하고 위조된 등기서류를 교부받아 소유권이전등기를 마친 사안에서, 실체적인 법률관계에 있어서 그 소유권을 취득한 것이라고 볼 수 없는 원인무효의 등기명의자는 취득세의 납세의무자가 될 수 없다고 판단하였고, 대법원 1997. 11. 11. 선고 97다8427 판결은 토지거래허가를 받지 못한 경우 매매계약이 무효이므로 매매대금을 전액 지급하였어도 취득이라고 할 수 없다고 판시하였다.

다. 사실상의 취득자

취득세의 납세의무자는 앞서 보았듯이 지방세법 제7조 제2항의 취지에 따라 사실상 취득한 자를 의미한다고 해야 한다. 사실상 취득자는 명의수탁자와의 관계에서의 명의신탁자, 취득을 위한 등기명의를 넘겨받지 않았지만 사실상 처분권을 행사할 수 있는 자 등을 포함시키기 위한 개념적 도구이다.

사실상 취득의 개념을 가장 잘 표현한 판결로는 대법원 2014. 1. 23. 선고 2013두18018 판결이 있다. 사실상의 취득이라 함은 일반적으로 등기와 같은 소유권 취득의 형식적 요건을 갖추지는 못하였으나 대금의 지급과 같은 소유권 취득의 실질적 요건을 갖춘 경우를 말하는데, 매매의 경우에 있어서는 사회통념상 대금의 거의 전부가 지급되었다고 볼 만한 정도의 대금지급이 이행되었음을 뜻한다고 보아야 하고, 이와 같이 대금의 거의 전부가 지급되었다고 볼 수 있는지 여부는 개별적·구체적 사안에 따라 미지급 잔금의 액수와 그것이 전체 대금에서 차지하는 비율, 미지급 잔금이 남게 된 경위 등 제반 사정을 종합적으로 고려하여 판단하여야 한다고 판시하였다.

대법원 2018. 2. 28. 선고 2017두64897 판결은, 원고들이 토지의 매매계약을 체결하였으나 잔금을 지급하지 않은 상태에서 그 토지에 관하여 A자산신탁회사와 신탁계약을 체결하면서 매수인으로서의 권리의무 일체를 A자산신탁회사에 승계시켜주기로 하고 매매계약에서 탈퇴하였으며 A자산신탁회사가 그 명의로 매도인에게 잔금을 납부한 사안에서, 잔금지급일을 기준으로 A자산신탁회사가 토지의 사실상 취득자에 해당하고 신탁계약에서 정한 내부적 비용부담 약정에 따라 원고들이 잔금을 부담하였다고 하더라도 달리 볼 것은 아니라고 판시하였다. 이 사안에서는 원고들이 취득세 납부를 회피하기 위하여 신탁계약을 체결하였는지 그리고 원고들이 매수인의 지위를 유지하면서 등기명의만 A자산신탁회사 앞으로 하기 위한 3자간 등기명의신탁인지가 문제되었으나 대법원은 그렇게 볼 사정이 없다고 하였다. 대법원 2018. 3. 15. 선고 2017두64798 판결도 같은 취지이다.

사실상 취득자에 관한 규정의 하나로 2015. 12. 29. 신설된 지방세법 제7조 제15항이 있다. 여기서는 신탁법에 따라 신탁재산의 위탁자 지위의 이전이 있는 경우에는 새로운 위탁자가 해당 신탁재산을 취득한 것으로 보되, 위탁자 지위의 이전에도 불구하고 신탁재산에 대한 실질적인 소유권변동이 있다고 보기 어려운 경우에는 예외로 한다고 규정하고 있다. 원래 지방세법 제9조 제3항은 신탁법에 의한 신탁으로서 위탁자로부터 수탁자에게 신탁등기가 이루어진 것은 취득세를 과세하지 아니한다고 규정하고 있다. 이러한 상황에서 위탁자의 지위 이전이 있더라도 수탁자의 지위에 변화가 없으므로 형식적인 소유권에는 변동이 없다고 할 수 있지만 실질적인 소유자인 위탁자가 그 지위를 이전하였다면 그 이전을 받은 자는 사실상 소유권을 취득하였다고 할 수 있으므로 취득세의 납세의무자로 삼는 것이다. 대법원 2018. 2. 8. 선고 2017두67810 판결에서 위 규정은 위탁자 지위의 이전이 있는 경우 취득세를 부과함으로써 과세공백을 메우기 위하여 특별히 마련된 조항이므로 창설적 규정으로 보아야 한다고 판시하였다. 따라서 위 규정을 확인적 규정으로 보아 소급적용할 수는 없다.

다른 한편, 대법원 2012. 6. 14. 선고 2010두2395 판결은, 부동산 신탁에 있어 수탁자 앞으로 소유권이전등기를 마치게 되면 소유권이 수탁자에게 이전되는 것이지 위탁자와의 내부관계에 있어 소유권이 위탁자에게 유보되는 것은 아닌 점, 신탁법 제19조는 '신탁재산의 관리 · 처분 · 멸실 · 훼손 기타의 사유로 수탁자가 얻은 재산은 신탁재산에 속한다.'고 규정하고 있는데, 위 규정에 의하여 신탁재산에 속하게 되는 부동산 등 취득에 대한 취득세 납세의무자도 원칙적으로 수탁자인 점 등에 비추어 보면, 신탁법에 의한 신탁으로 수탁자에게 소유권이 이전된 토지에 있어서 지목의 변경으로 인한 취득세 납세의무자는 수탁자로 봄이 타당하고, 위탁자가 토지의 지목을 사실상 변경하였다고 하여 달리 볼 것은 아니라고 판시하였다. 수탁자의 대외적 지위를 고려한 판결이다.

대법원 2019. 10. 31. 선고 2016두42487 판결은, 지방세특례제한법 제54조 제1항이 관광단지개발 사업시행자가 관광단지개발 사업을 시행하기 위하여 취득하는 부동산에 대하여 취득세를 경감하도록 특례를 두고 있고, 지방세법 제7조 제4항, 제1항은 토지의 지목이 사실상 변경됨으로써 가액이 증가한 경우를 취득으로 보아 취득세의 과세대상으로 삼고 있는데 대하여, 신탁법에 의한 신탁으로 수탁자에게 소유권이 이전된 토지의 지목이 사실상 변경됨으로써 가액이 증가한 경우 위탁자가 그 토지의 지목을 사실상 변경하였다고 하더라도 취득세의 납세의무자는 위탁자가 아니라 수탁자이므로 취득세의 납세의무자인 수탁자가 관광단지개발 사업시행자로서 관광단지개발 사업을 시행하기 위하여 해당 토지의 지목이 사실상 변경됨으로써 가액이 증가한 것으로 볼 수 있어야만 이 사건 특례규정을 적용할 수 있다고 판시하고 있는데, 위에서 본 판결들과 같은 취지라고 하겠다.

그리고 지방세법 제7조 제2항 단서는 차량, 기계장비, 항공기 및 주문을 받아 건조하는 선박은 승계취득인 경우에만 취득으로 본다고 하고, 지방세법 시행령 제20조 제3항은 차량, 기계장비, 항공기 및 주문을 받아 건조하는 선박의 경우에는 그 제조·조립·건조 등이 완성되어 실수요자가 인도받는 날과 계약상의 잔금지급일 중 빠른 날을 최초의 승계취득일로 본다고 규정하고 있다. 이에 관하여 대법원 2013. 4. 11. 선고 2012두5763 판결은, 위 규정들은 판매회사나 실수요자에게 공급하기 위하여 차량·기계장비·항공기 및 선박을 제조·조립·건조 등의 방법으로 취득하는 경우 또는 실수요자에게 공급하기 위하여 제조자 등으로부터 차량 등을 취득하는 경우를 취득세의 과세대상에서 제외하려는 데 있는 점 등에 비추어 보면, 위 규정에서 말하는 '실수요자'란 차량 등의 제조자 등이나 판매회사에 대응하는 소비자 또는 수요자를 의미하므로, 실수요자에게 공급하기 위하여 차량 등을 그 제조자 등으로부터 취득한 자는 특별한 사정이 없는 한 여기에 해당하지 않는다고 판시하였다. 사실상 취득자의 개념을 실수요자로 보고 그 전단계의 제조자나 판매자를 제외한 것인데 이는 입법재량에 의한 것으로 볼 수 있겠다.

라. 부동산의 명의신탁

(1) 개요

이상에서 본 바와 같이 지방세법 제7조 제2항은 취득의 개념을 사실상 취득이라고 정의함으로써 법적으로 완전한 효력을 갖춘 취득의 경우로 국한하지 않고 그 범위를 넓혔다. 그래서 부동산실명법을 위반한 명의신탁의 경우에도 실질적인 매수당사자로 나서서 매매대금을 모두 지급한 자는 그 등기의 효력 여부를 떠나 취득세의 납세의무가 있다고 보아야 한다.

반면에 명의수탁자, 즉 등기명의자는 부동산실명법 시행 이후 명의신탁약정에 의하여 소유권이전등기를 하더라도 부동산실명법 제4조 제1항에 의하여 그 명의신탁약정은 무효이고 그 등기도 원인무효이므로 등기명의자에게 취득세의 과세대상인 취득행위가 있다고 볼 수 없다. 대법원 1997. 11. 11. 선고 97다8427 판결이 토지거래허가를 받지 못한 경우 매매계약이 무효이므로 매매대금을 전액 지급하였어도 취득이라고 할 수 없다고 판시한 것에 비추어 보더라도 위와 같이 해석하는 것이 타당하다.

다만, 부동산실명법 제4조 제3항이 명의신탁약정의 무효를 제3자에게 대항할 수 없다고 규정하고 있어 대외적으로는 명의수탁자가 소유권을 취득할 것으로 볼 여지가 없지 않으나 제3자가 소유권을 취득할 수 있다고 한 것은 거래의 안정을 보호하기 위한 것일 뿐이며 그 당연한 귀결로서 수탁자가 소유권을 취득한 것으로 보기는 어렵다고 하겠다. 대법원 2017. 12. 13. 선고 2015두52296 판결도 같은 취지에서 명의신탁으로 소유권보존 등기가 이루어진 경우 그 등기는 무효이므로 수탁자의 상속인들은 취득세 납세의무가 없다고 판시하였다.

(2) 3자간 등기명의신탁

명의신탁자가 소유자로부터 부동산을 양수하면서 명의수탁자와 사이에 명의신탁약정을 하여 소유자로부터 바로 명의수탁자 명의로 해당 부동산의 소유권이전등기를 하는 3자간 등기명의신탁의 경우 취득세의 납세의무는 명의신탁자에 있다. 대법원 2018. 3. 22. 선고 2014두43110 전원합의체 판결의 취지이다.

그 논거는 다음과 같다. 명의신탁자가 매매계약의 당사자로서 매도인과 매매계약을 체결하고 매매대금을 지급하며, 매매계약에 따른 법률효과도 명의신탁자에게 귀속된다. 부동산실명법은 매도인과 명의신탁자 사이의 매매계약의 효력을 부정하는 규정을 두고 있지 아니하므로 그 매매계약이 효력이 없다고 보기 어렵다. 이렇듯 3자간 등기명의신탁에서 명의신탁자의 매수인 지위는 일반 매매계약에서 매수인 지위와 근본적으로 다르지 않다. 3자간 등기명의신탁의 명의신탁자에게 지방세법 제7조 제2항(구 지방세법 제105조 제2항)이 적용되지 않는다고 볼 만한 법적 근거도 없다. 따라서 명의신탁자가 부동산에 관한 매매계약을 체결하고 매매대금을 모두 지급하였다면 잔금지급일에 구 지방세법 제105조 제2항의 '사실상 취득'에 따른 취득세 납세의무가 성립한다.

부동산실명법에 의하면 명의신탁약정이 무효라는 것이지 그 전단계인 매매계약이 무효라는 것은 아니므로 그 매매계약의 실질적인 당사자로서 매매대금을 모두 지급한 자는 그에 부합하는 등기는 갖추지 못하여 법적 소유권을 완전하게 취득하지는 못하였다고 하더라도 사실상 취득한 경우에 해당하여 취득세의 납세의무가 있는 것이다.

그리고 3자간 등기명의신탁에서 명의신탁자가 명의수탁자 명의의 소유권이전등기를 말소한 다음 그 부동산에 관하여 매도인으로부터 자신의 명의로 소유권이전등기를 마치더라도, 이는 당초의 매매를 원인으로 한 것으로서 잔금지급일에 '사실상 취득'을 한 부동산에 관하여 소유권 취득의 형식적 요건을 추가로 갖춘 것에 불과하므로 명의신탁자가 당초의 매매를 원인으로 매도인으로부터 소유권등기를 이전받는 것이 아니라 명의수탁자로부터 바로 소유권등기를 이전받는 형식을 취하였다고 하여 위와 달리 평가할 수도 없고, 따라서 어느 경우이든 잔금지급일에 성립한 취득세 납세의무와 별도로 그 등기일에 새로운 취득세 납세의무가 성립한다고 볼 수는 없다(대법원 2018. 3. 22. 선고 2014두43110 전원합의체 판결).

반면에, 명의수탁자의 경우 3자간 등기명의신탁에 의하여 자신의 명의로 등기가 이전되더라도 그 명의신탁은 무효이고 매매계약의 실질적 당사자도 아니었으며 매매대금을 지급한 자도 아니므로 사실상 취득한 자에 해당할 수 없어 취득세 납세의무가 없다고 해야 한다. 이는 위 전원합의체 판결 다수의견의 당연한 귀결이다. 그런데 위 전원합의체 판결의 소수의견은 이 경우 명의수탁자가 취득세 납세의무자가 된다는 입장이었는데, 부동산실명법 시행 이후 명의수탁자가 3자간 등기명의신탁 약정에 따라 매도인으로부터 부동산의 등기를 이전받은 경우에도 등기의 효력과 관계 없이 명의수탁자에게 '취득'을 원인으로 한 취득세 납세의무가 성립한다고 보아야 하고, 이러한 경우에는 명의신탁자가 부동산에 관한 매매계약을 체결하고 매매대금을 모두 지급하였더라도 '사실상 취득'에 따른 취득세 납세의무가 성립한다고 볼 수 없고, 그 후 명의신탁자가 무효인 명의수탁자 명의의 등기를 말소하고 당초 매매계약에 기하여 자기 앞으로 소유권등기를 이전받거나 또는 명의수탁자로부터 직접 자기 앞으로 소유권등기를 이전받는다면 그 등기 시에 명의신탁자에게 '취득'을 원인으로 한 취득세 납세의무가 성립한다는 것이다.

위 전원합의체 판결에서 다수의견과 소수의견이 극명하게 대립된 영역은 '사실상 취득'이었는데, 다수의견은 이것을 과세대상으로 격상시킨 반면, 소수의견은 이것을 과세시기의 요건 정도로 격하시켰다. 그래서 다수의견은 '사실상 취득'을 '실질적 취득'의 의미로 해석하여 실질적 취득이 수반되지 않는 형식적 취득의 경우는 취득세 과세대상이 될 수 없다는 입장이었고, 소수의견은 취득세의 유통세적 성격을 강조하여 형식적 취득도 취득세의 과세대상이 되면 단지 예외적인 경우 과세시기를 사실상 취득시기로 당길 수 있을 뿐이라는 입장이었다. 다수의견에 의하면, 3자간 등기명의신탁에서 실질적 소유권이 취득되는 경우는 신탁자가 매도인에게 잔금을 지급한 때뿐이므로 이 경우만 취득세 과세대상이고, 나머지 등기이전의 경우들은 실질적 소유권 이전이 수반되지 않으므로 취득세 과세대상이 될 수 없다. 마찬가지로 2자간 명의신탁에서 수탁자 명의로의 등기이전이나 신탁자 명의로의 등기회복도 실질적 소유권 이전이 수반되지 않으므로 취득세의 과세대상이 아니라고 보게 된다. 취득세가 유통세의 성격을 일부 지니는 것은 맞지만 부동산의 경우 취득시에 통상적으로 등록세도 함께 과세되므로 유통세로서의 과세는 등록세로 족하고 취득세는 실질적 소유권 취득이 있을 때에만 과세된다고 보는 다수의견이 납세자의 담세력 측면에서 더 타당하다고 하겠다. 그리고 다수의견이 실질과세의 원칙이나 부동산 명의신탁을 무효로 보는 부동산실명법의 취지에도 더 부합한다. 반면에, 소수의견은 납세자들의 의식과 과세실무에는 더 어울릴 수 있으나 신탁자가 자금을 완납함으로써 사실상 소유권을 취득하였을 때 취득세 납세의무가 성립되지 않는 이유를 합리적으로 설명하지 못하고 있으며, 부동산실명법의 취지와 어울리지 않는 측면이 있고, 결과적으로 납세자에게 이중과세의 부담이 따른다는 점에서 환영할 바가 못된다.

한편, 매도인이 수탁자 명의의 등기를 자신의 명의로 회복하더라도 원인무효의 등기를 없애는 것에 불과하므로 새로운 취득행위로 볼 수 없을 것이다. 위 전원합의체 판결도 같은 취지에서 매수인이 부동산에 관한 매매계약을 체결하고 소유권이전등기에 앞서 매매대금을 모두 지급한 경우 사실상의 잔금지급일에 '사실상 취득'에 따른 취득세 납세의무가 성립하고, 그 후 그 사실상의 취득자가 부동산에 관하여 매매를 원인으로 한 소유권이전등기를 마치더라도 이는 잔금지급일에 '사실상 취득'을 한 부동산에 관하여 소유권취득의 형식적 요건을 추가로 갖춘 것에 불과하므로, 잔금지급일에 성립한 취득세 납세의무와 별도로 등기일에 '취득'을 원인으로 한 새로운 취득세 납세의무가 성립하는 것은 아니며, 이러한 법리는 매매대금을 모두 지급하여 부동산을 사실상 취득한 자가 3자간 등기명의신탁 약정에 따라 명의수탁자 명의로 소유권이전등기를 마쳤다가 그 후 해당 부동산에 관하여 자신의 명의로 소유권이전등기를 마친 경우에도 마찬가지로 적용된다고 판시하였다. 대법원 2013. 3. 14. 선고 2010두28151 판결도 같은 취지이다.

(3) 계약명의신탁

수탁자가 매매계약의 매수인으로 나선 계약명의신탁의 경우 매도인이 명의신탁약정을 몰랐다면 명의신탁약정 자체는 무효이지만 수탁자 명의의 등기는 부동산실명법 제4조 제2항 단서에 의하여 유효하고, 그 매매계약도 일반적인 매매계약과 다를 바 없이 유효하며, 그에 따라 매매대금도 모두 지급되었다면 수탁자가 사실상 취득자로서 취득세의 납세의무가 있다고 해야 한다(대법원 2017. 9. 12. 선고 2015두39026 판결 참조).

이 경우에는 신탁자는 매매계약의 당사자가 아니고 매매대금을 지급한 바도 없어 매도인에게 소유권이전을 청구할 권리가 없으므로 설령 매매대금이 모두 지급되었다고 하더라도 사실상 취득자로 볼 수 없어 취득세의 납세의무가 없다고 보아야 한다(대법원 2017. 7. 11. 선고 2012두28414 판결).

 반면에 계약명의신탁에서 매도인이 명의신탁약정을 알았다면 수탁자 명의의 등기가 무효이므로 수탁자는 취득세의 납세의무가 없다고 해야 한다. 이때 신탁자도 계약자가 아니므로 역시 취득세 납세의무가 없다. 대법원 2017. 7. 11. 선고 2014두8803 판결, 대법원 2017. 12. 13. 선고 2014두40067 판결이 같은 취지이다. 하지만 이 경우 매도인과 신탁자 사이에 당초의 매매계약을 원용하여 신탁자 앞으로 소유권이전등기를 해주기로 했다면 신탁자가 취득세의 납세의무자가 될 수 있을 것이다.

 그리고 명의수탁자가 실제 소유자에게 별도로 매매대금을 지급하였다면 이때 새로운 취득이 있으므로 취득세 납세의무가 성립함은 물론이다. 명의신탁 당시 수탁자가 취득세를 납부한 적이 있다 하더라도 이는 환급이나 충당의 대상이 될 뿐이므로 이를 이유로 새로운 취득세 납세의무가 성립하지 않는다고 할 수는 없다. 대법원 2018. 4. 24. 선고 2013두3078 판결도 같은 취지이다.

마. 간주취득세에서의 과점주주

(1) 간주취득세 제도의 의의

 지방세법 제7조 제5항은 비상장법인의 과점주주에 대하여 당해 법인이 취득세 과세대상물건에 관하여 취득세를 부담한 것과 별개로 당해 법인이 소유하고 있는 취득세 과세대상물건을 과점주주의 소유주식비율만큼 취득한 것으로 간주하여 그 취득세 납세의무를 부과하고 있는데, 이를 '과점주주 간주취득세'라고 한다. 우리 세법에서 개인 또는 법인이 특별히 어느 특정법인의 '과점주주'에 해당하여 조세채권채무관계를 만들어내고 있는 경우로는, 비상장법인 과점주주의 제2차 납세의무와 비상장법인 과점주주의 간주취득세 납세의무 등 2가지가 있다. 이 중 과점주주의 제2차 납세의무를 정한 국세기본법 제39조와 지방세법 제7조 제5항은 규정형식상 약간의 차이를 보일 뿐 그 의미내용이 동일한 구조로 되어 있으며, 이때 '과점주주'의 구체적 범위를 정하고 있는 국세기본법 시행령 제20조 및 지방세법 시행령 제6조 또한 동일한 내용으로 되어 있다.

 그 입법 취지는 과점주주가 되면 당해 법인의 재산을 사실상 임의처분하거나 관리·운용할 수 있는 지위에 서게 되어 실질적으로 그 재산을 직접 소유하는 것과 크게 다를 바 없으므로 이 점에서 담세력이 나타난다고 보고 취득세를 부과하는 데 있다고 한다. 또한 주식 또는 지분의 독과점을 억제하고 이를 분산하도록 세제면에서 규제하는 데 그 목적이 있는 것으로서 주주나 출자자의 개인적인 입장에서 볼 때에는 당해 법인 자산의 사실상 법률상 취득이 전혀 이루어지지 아니하였으나 주식 또는 지분을 취득하여 과점주주가 된 경우에는 당해 법인의 자산을 임의처분하거나 관리·운용할 수 있는 지위를 취득한 것으로 보고 그 자산 자체를 취득한 것으로 의제하여 취득세를 부과하는 것이라고 설명하기도 한다. 본질적으로 위 규정은 실질과세의 원칙에 근거하고 있다고 할 수 있다. 이 규정에 관하여는 상장법인과 비상장법인의 과점주주를 차별함으로써 헌법상 평등의 원칙에 위반된다는 등의 이유로 위헌이라는 주장이 있으나, 헌법재판소 2006. 6. 29. 선고 2005헌바45 전원재판부 결정은 비상장법인의 특성 등에 비추어 볼 때, 위헌이 아니라고 판시하였다.

과점주주에 대한 취득세 납세의무를 부여하기 위해서는 과점주주가 되었을 때 그 법인이 부동산 등을 소유하고 있어야 한다. 따라서 법인이 그 부동산 등을 취득한 시기가 과점주주가 된 후라면 과점주주는 그에 대하여는 취득세의 납세의무가 없다고 해야 한다.

미국이나 일본에는 실질과세의 원칙 외에 이러한 간주취득세에 관한 규정은 두고 있지 않으나, 독일의 경우, 부동산취득세법(Grunderwerbsteuergesetz) 제1조 제3항에서 지분집중(Vereinigung)을 취득세 과세대상으로 삼아 제13조(납세의무자) 제5항은 회사 지분 중 95% 이상이 취득자에게 집중된 경우 그 취득자에게 납세의무를 부과함으로써 우리나라의 간주취득세와 유사한 제도를 두고 있다. 다만, 지분요건이 95%로서 매우 높다는 점에서 큰 차이가 있다.

(2) 관련 규정

지방세법 제7조 제5항은 법인의 주식 또는 지분을 취득함으로써 과점주주가 된 때에는 그 과점주주는 당해 법인의 부동산 등(법인이 신탁법에 따라 신탁한 재산으로서 수탁자 명의로 등기·등록이 되어 있는 부동산 등을 포함한다)을 취득(법인설립시에 발행하는 주식 또는 지분을 취득함으로써 과점주주가 된 경우에는 취득으로 보지 아니한다)한 것으로 본다고 규정하고 있다. 과점주주에 관하여는 지방세기본법 제47조 제2호가, 주주 또는 유한책임사원 1명과 그의 특수관계인 중 대통령령으로 정하는 자로서 그들의 소유주식 등의 합계가 당해 법인의 발행주식 등 총수의 100분의 50을 초과하면서, 그에 관한 권리를 실질적으로 행사하는 자로 정의하고 있다.

그리고 지방세법 시행령 제10조 제1항은 법인의 과점주주가 아닌 주주 또는 유한책임사원이 다른 주주 또는 유한책임사원의 주식 등을 취득하거나 증자 등으로 최초로 과점주주가 된 경우에는 최초로 과점주주가 된 날 현재 해당 과점주주가 소유하고 있는 법인의 주식 등을 모두 취득한 것으로 보아 취득세를 부과한다고 하고, 제2항은 이미 과점주주가 된 주주 또는 유한책임사원이 해당 법인의 주식 등을 취득하여 해당 법인의 주식 등의 총액에 대한 과점주주가 가진 주식 등의 비율이 증가된 경우에는 그 증가분을 취득으로 보아 취득세를 부과하고, 다만 증가된 후의 주식 등의 비율이 해당 과점주주가 이전에 가지고 있던 주식 등의 최고비율보다 증가되지 아니한 경우에는 취득세를 부과하지 아니하도록 규정하고 있다. 나아가 제3항은 과점주주였으나 주식 등의 양도, 해당 법인의 증자 등으로 과점주주에 해당하지 아니하게 되었다가 해당 법인의 주식 등을 취득하여 다시 과점주주가 된 경우에는 다시 과점주주가 된 당시의 주식 등의 비율이 그 이전에 과점주주가 된 당시의 주식 등의 비율보다 증가된 경우에만 그 증가분만을 취득으로 보아 취득세를 과세하도록 규정하고 있다.

(3) 과점주주의 요건

어느 특정주주를 중심으로 하여 특수관계에 있는 모든 주주들의 주식수를 종합하여 당해 법인의 발행주식 총액의 100분의 50을 초과하면 비록 그중 어느 주주들 사이에는 아무런 관계가 없더라도 그 주주 전원이 과점주주가 된다.

그리고 대법원 2021. 5. 7. 선고 2020두49324 판결 등이 판시하였듯이, 과점주주에 해당하는지는 과점주주 중 특정 주주 1명의 주식의 증가를 기준으로 판단하는 것이 아니라 과점주주 집단이 소유한 총주식 비율의 증가를 기준으로 판단하여야 한다. 따라서 과점주주 집단 내부에서 주식이 이전되거나 기존의 과점주주와 친족 기타 특수관계에 있으나 해당 법인의 주주가 아니었던 자가 기존의 과점주주로부터 그 주식의 일부 또는 전부를 이전받아 새로 과점주주가 되었더라도 기존의 과점주주와 새로운 과점주주가 소유한 총주식의 비율에 변동이 없다면 간주취득세의 과세대상이 될 수 없다.

과점주주에 해당하는지는 주주명부상의 주주명의가 아니라 주식에 관하여 의결권 등을 통하여 주주권을 실질적으로 행사하여 법인의 운영을 지배하는지를 기준으로 판단하여야 한다. 대법원 2018. 10. 4. 선고 2018두44753 판결, 대법원 2012. 1. 29. 선고 2008두8499 판결도 같은 취지이다.

주식에 관한 권리 행사는 반드시 현실적으로 주주권을 행사한 실적이 있어야 할 것을 요구하는 것은 아니고, 현재 소유하고 있는 주식에 관하여 주주권을 행사할 수 있는 지위에 있으면 족하다고 보아야 할 것이므로, 발행주식총액의 51% 이상을 소유한 주주라면 특별한 사정이 없는 한 그가 소유 주식에 관한 권리를 실질적으로 행사할 수 있는 지위에 있는 것으로 보아야 한다는 것이 대법원 2003. 7. 8. 선고 2001두5354 판결 등의 입장이다.

대법원 2018. 10. 4. 선고 2018두44753 판결은, A사에 대한 워크아웃 절차가 개시된 후 대표이사인 P의 처 Q가 채권금융기관협의회의 요구사항이 이행되지 않음으로써 워크아웃 절차가 중단될 것을 우려하여 투자자들이 보유하고 있던 A사의 보통주와 전환상환우선주를 매수한 결과 A사의 과점주주인 P, Q 등의 주식보유비율이 16.24% 증가하였고, 그 후 P와 Q는 A사의 주채권은행에 '현재 보유하고 있는 주식 전부에 대한 양도, 담보설정 및 소각 등 처분에 관한 일체의 권한을 은행에 일임한다'는 내용의 주식포기각서, 주식처분위임장 및 주주총회 의결권행사 위임장을 각 작성하여 교부하였는데, 관할 구청장이 A사의 과점주주인 Q가 주식을 추가로 취득하여 주식보유비율이 증가하였음을 이유로 그 증가분 상당의 간주취득세를 부과한 사안에서, Q가 주식을 취득한 것은 워크아웃 절차에 따라 기존 주주의 보유주식을 무상감자하기 위한 것이었고, P와 Q는 주식을 취득한 직후 주채권은행에 보유주식 전부에 대한 처분권을 일임함과 동시에 협의회와 경영권포기, 주식포기 및 주주총회 의결권행사 위임 등을 내용으로 하는 '경영정상화계획 이행을 위한 특별약정'을 체결함으로써 협의회가 A사의 경영을 상시 관리·감독하는 등 실질적인 지배력을 행사하기에 이르렀다고 보이므로 Q가 주식을 취득함으로써 주식 비율의 증가분만큼 A사의 운영에 대한 지배권이 실질적으로 증가하였다고 보기는 어렵다고 보아 간주취득세를 부과할 수 없다고 판시하였다. 실질을 잘 규명한 판결이다.

그리고 대법원 1999. 12. 28. 선고 98두12161 판결은, 주주명부상 주식의 소유명의가 차명인의 명의로 되어 있었던 때라고 하더라도 그는 명의상의 주주에 불과하고 주식의 실질주주는 원고라고 할 것이어서 원고가 위 주식에 관한 주주명부상의 소유 명의를 그에게로 개서하였다고 하더라도 이는 실질주주가 주주명부상의 명의를 회복한 것에 불과하여 새로이 주식을 취득한 경우에 해당하지 않는다고 판시하였다. 대법원 1999. 12. 28. 선고 98두7619 판결도 같은 취지이다. 따라서 납세의무자가 주주명부상의 명의인은 형식상의 주주에 불과하고 실질주주가 따로 있음을 입증한 경우에는 그 실질주주가 과점주주에 해당한다고 보아야 할 것이다.

주식의 실질적인 추가 취득이 있어 지분비율이 높아졌다고 볼 수 있는지가 문제된 사안으로 대법원 2017. 5. 31. 선고 2014두13706 판결이 있다. 이 판결은, ① 원고는 G사의 실질적인 1인 주주로서 1999. 5. 28. 위 회사를 설립할 당시 발행주식의 80%를 A, B 등에게 명의신탁하고, 2005. 5. 31. 그중 일부를 C, D에게 다시 명의신탁하고, ② 원고는 E, F의 G사에 대한 투자금채권을 담보하기 위하여 2005. 5. 31. A 명의의 6,000주를 E에게, B 명의의 4,500주를 F에게 각각 이전하였으며, ③ 이후 원고는 E, F에게 투자원금과 보상금을 지급하기로 하고 2006. 10. 31. 원고 명의로 6,000주를, 명의수탁자인 C, D 명의로 3,000주 및 1,500주를 다시 이전받았고(이하 원고와 C의 각 명의개서를 '이 사건 각 명의개서'라 한다), ④ 피고는 이 사건 각 명의개서에 따라 원고와 원고의 특수관계자인 C가 G사의 과점주주(총발행주식의 79.67%)가 되었다는 이유로 2011. 3. 18. G사가 소유하고 있는 취득세 과세대상 물건의 장부가액을 과세표준으로 하여 원고에게 취득세 등을 부과한 사안에서, E, F가 명의신탁 주식 중 일부를 양수한 것은 실제로 G사의 주주로서 권리를 행사하기 위한 것이 아니라 G사에 대한 투자금을 보전하기 위한 양도담보에 해당하므로, 원고가 위 담보를 반환받으면서 이 사건 각 명의개서를 마쳤다고 하여 '주식을 취득하여 과점주주가 된 경우'에 해당하지 아니하며, 설령 그렇지 않더라도, 원고는 G사의 설립 시점인 1999. 5. 28.부터 E, F에 의한 명의개서가 이루어지기 전인 2005. 5. 30.까지 본인 또는 제3자 명의로 G사의 발행주식 전부를 보유한 1인 주주였으므로, 이 사건 각 명의개서에 의하여 E, F의 주식을 취득하였어도 그 이전 5년 내에 보유하던 주식의 최고비율보다 증가된 경우가 아니므로, 취득세 등의 비과세대상이 된다고 판시하였다. 주식 신규취득의 실질을 부정한 사례이다.

앞서 본 대법원 2021. 5. 7. 선고 2020두49324 판결은 과점주주 집단 내부에서의 상호 간 주식거래로서 총주식의 비율이 증가되지 않았다고 본 사안인데, A 등은 원고의 임원인 B의 배우자와 자녀들이므로 B와 생계를 함께한다면 '원고의 임원과 생계를 함께하는 친족'으로서 원고의 특수관계인에 해당할 수 있으므로 A 등이 원고의 특수관계인에 해당하면 원고도 A 등의 특수관계인으로 보아야 하고, 원고가 A 등으로부터 P사의 주식 전부를 양수하여 새로 과점주주가 되었더라도, 특수관계에 있는 원고와 A 등이 소유한 총주식의 비율에 변동이 없으므로 간주취득세의 과세대상이 되지 않을 수 있다고 판시하면서 원심이 이 부분 추가심리를 하라고 하여 파기환송하였다. 지방세기본법 제2조 제34호가 특수관계인의 범위를 정함에 있어 쌍방관계설의 입장을 취하고 있으므로 과점주주 집단을 판단함에 있어서도 이에 따라야 한다는 점을 지적하였다.

2. 납세지

가. 관련 규정

취득세와 같은 지방세는 국세와 달리 납세지가 중요한 의미를 가진다. 그 납세지가 속한 지방자치단체의 세입으로 귀속되기 때문이다. 그래서 납세지가 분명하지 않는 경우 지방자치단체들 사이에 서로 과세권을 주장하는 경우도 있다. 지방세법 제8조에서 납세지에 관하여 자세하게 규정하고 있다.

지방세법 제8조 제1항은, 취득세의 납세지는 다음 각 호에서 정하는 바에 따른다고 하면서, '부동산: 부동산 소재지'(제1호), '차량: 자동차관리법에 따른 등록지. 다만, 등록지가 사용본거지와 다른 경우에는 사용본거지를 납세지로 하고, 철도차량의 경우에는 해당

철도차량의 청소, 유치, 조성, 검사, 수선 등을 주로 수행하는 철도차량기지의 소재지를 납세지로 한다.'(제2호), '기계장비: 건설기계관리법에 따른 등록지'(제3호), '항공기: 항공기의 정치장 소재지'(제4호), '선박: 선적항 소재지'(제5호), '입목: 입목 소재지'(제6호), '광업권: 광구 소재지'(제7호), '어업권: 어장 소재지'(제8호), '골프회원권, 승마회원권, 콘도미니엄 회원권, 종합체육시설 이용회원권 또는 요트회원권: 골프장·승마장·콘도미니엄·종합체육시설 및 요트 보관소의 소재지'(제9호)를 열거하고 있다. 그리고 제2항은, 제1항에 따른 납세지가 분명하지 아니한 경우에는 해당 취득물건의 소재지를 그 납세지로 한다고 하고, 제3항은 같은 취득물건이 둘 이상의 지방자치단체에 걸쳐 있는 경우에는 대통령령으로 정하는 바에 따라 소재지별로 안분한다고 한다.

나. 차량 취득세의 납세지

위 규정에서 알 수 있듯이 대부분의 과세물건들은 그 납세지를 파악하는 데 어려움이 없지만, 차량의 경우는 좀 특이하다. 원칙적인 납세지인 등록지는 어디인지가 분명하지만 그 등록지가 사용본거지와 다를 경우 사용본거지가 납세지가 되는데 차량은 움직이는 것이기 때문에 사용본거지가 어디인지를 판단하는 것이 간단하지가 않다.

이와 같이 차량의 사용본거지가 어디인지를 놓고 서울의 기초자치단체와 지방의 기초자치단체 사이에 치열한 과세권 다툼이 있었다. 이에 관한 대표적인 사례가 대법원 2017. 11. 9. 선고 2016두40139 판결이다.

대법원은 먼저 관련 규정을 분석하였다. 지방세법 제8조 제1항 제2호(이 사건 조항)는 차량의 취득세 납세지를 자동차관리법에 따른 등록지로 하되, 다만 등록지가 사용본거지와 다른 경우에는 사용본거지를 납세지로 한다고 규정하고 있다. 자동차관리법의 위임을 받은 자동차등록령 제2조 제2호는 '사용본거지'를 '자동차의 소유자가 자동차를 주로 보관·관리 또는 이용하는 곳으로서 국토해양부령으로 정하는 일정한 장소'로 정의하고 있고, 자동차등록규칙 제3조 제1항은 위 등록령 제2조 제2호에서 '국토해양부령으로 정하는 일정한 장소'란 자동차 소유자가 개인인 경우에는 그 소유자의 주민등록지(제1호), 자동차 소유자가 법인인 경우에는 그 법인의 주사무소 소재지(제2호)를 말한다고 규정하고 있으며, 제2항은 법인의 주사무소 소재지 외의 다른 장소를 사용본거지로 인정받으려는 자동차 소유자는 그 사유를 증명하는 서류를 등록관청에 제출하여야 한다고 규정하고 있다.

대법원은 이러한 관련 규정의 문언과 체계에 더하여 이 사건 조항의 입법 취지와 개정 경위, 자동차등록의 법적 성격과 취득세 납세지의 의의 등 다음과 같은 사정들을 종합하여 다음과 같이 판시하였다. 즉, 법인이 자동차등록을 하면서 등록관청으로부터 주사무소 소재지 외의 다른 장소를 사용본거지로 인정받아 그 장소가 자동차등록원부에 사용본거지로 기재되었다면, 그 등록이 당연무효이거나 취소되었다는 등의 특별한 사정이 없는 한 차량의 취득세 납세지가 되는 이 사건 조항의 '사용본거지'는 법인의 주사무소 소재지가 아니라 '자동차등록원부에 기재된 사용본거지'를 의미한다고 보아야 한다고 하였다. 그 구체적 논거를 다음과 같이 열거하였다.

첫째, 취득세는 본래 재화의 이전이라는 사실 자체를 포착하여 거기에 담세력을 인정하고 부과하는 유통세의 일종이므로, 그 납세지는 원칙적으로 취득일을 기준으로 해당 취득물건의 소재지로 보아야 하고, 2010. 3. 31. 전부 개정되기 전의 지방세법도 제105조 제1항에서 그와 같이 규정하고 있었다. 하지만 납세지는 납세의무자가 세법에 따른 의무를 이행하고 권리를 행사하는 데 기준이 되는 장소이고, 더구나 취득세와 같은 지방세는 납세지에 따라 과세권이 귀속되는 지방자치단체가 결정되므로, 가능한 한 객관적이고 일률적인 기준에 따라 납세지를 정할 필요가 있다. 특히 차량과 같이 이동성이 높은 과세물건은 과세관청이 차량의 소재지를 파악하는 데 현실적인 어려움이 있을 뿐만 아니라 과다한 행정비용이 발생하므로, 납세지를 정할 때 차량의 소재지가 아닌 다른 합리적인 기준이 요구된다. 이에 과세실무는 지방세법에 명시적인 규정이 없었음에도 자동차관리법상의 자동차등록 제도에 착안하여 해당 차량의 '등록원부상 사용본거지'를 관할하는 시·군·구에서 그 취득세를 과세하여 왔다. 또한 2010. 3. 31. 전부 개정된 지방세법은 종래 등록세 중 취득과 관련된 과세대상을 취득세로 통합하면서 제8조 제1항에서 과세물건별로 취득세 납세지를 구체적으로 규정하였고, 차량의 취득세 납세지에 대하여는 과세실무를 반영하여 '자동차관리법에 따른 등록지'로 명시하였다. 이처럼 지방세법은 차량의 취득세 납세지에 대하여 객관적이고 일률적인 기준을 마련하고자 자동차 관리에 관한 사항을 제도적으로 규율하고 있는 자동차관리법상의 자동차등록 개념을 그대로 차용하고 있다. 따라서 이 사건 조항의 '사용본거지'의 의미를 해석할 때도 지방세법상 차량의 취득세 납세지 규정의 입법 취지를 충분히 고려하여야 한다.

둘째, 이 사건 조항은 앞서 본 바와 같이 차량의 취득세 납세지에 대하여 당초 '자동차관리법에 따른 등록지'로만 규정하고 있었는데, 2010. 12. 27. 지방세법이 개정되면서 그 단서에 '등록지가 사용본거지와 다른 경우에는 사용본거지를 납세지로 한다'는 내용이 신설되었다. 이는 종래 자동차등록이 사용본거지를 관할하는 등록관청에서만 가능하였던 것과는 달리 2009. 10. 19. 개정된 자동차등록령 제5조 제2항에 의하여 2010. 6. 1.부터는 자동차등록에 관한 사무를 해당 자동차의 사용본거지를 관할하지 아니하는 다른 등록관청에서도 처리할 수 있게 된 데 따른 것이다. 즉, 자동차등록령의 개정에 따라 '등록행위가 실제로 이루어진 등록지'와 '사용본거지'가 달라질 수 있게 되자, 납세지와 관련하여 발생할 수 있는 혼란을 방지하기 위해 위 단서 부분이 신설된 것에 불과하다. 따라서 이 사건 조항에서 단서 부분이 신설되었다고 하더라도 지방세법상 차량의 취득세 납세지 판정 기준은 실질적으로 달라지지 않았다.

셋째, 이 사건 조항에서 그 개념을 차용하고 있는 자동차관리법상의 '사용본거지'의 의미에 대하여, 구 자동차등록령 제2조 제2호는 '자동차의 소유자가 자동차를 주로 보관·관리 또는 이용하는 곳으로서 국토해양부령으로 정하는 일정한 장소'로 규정하고 있었지만, 그 의미를 구체적으로 밝히고 있는 구 자동차등록규칙 제3조 제1항은 자동차 소유자가 개인인 경우에는 그 소유자의 '주민등록지'(제1호)로, 자동차 소유자가 법인인 경우에는 그 법인의 '주사무소 소재지'(제2호)로 각각 규정하여 이 또한 일률적으로 정하는 것을 원칙으로 하고 있다. 그리고 구 자동차등록규칙 제3조 제2항에 의하면, 자동차 소유자가 법인인 경우 주사무소 소재지 외의 다른 장소를 사용본거지로 신청할 수 있고, 이를 사용본거지로 인정받기 위해서는 그 사유를 증명하는 서류를 등록관청에 제출하여야 하는데, 그러한 경우에도 구 자동차등록규칙 제27조 제2항은 제출서류로 사업자등록증 또는 법인등기부 등본을 들고 있을 뿐이고, 등록관청은 제출된 사업자등록증 또는 법인등기부 등본을 확인하여 사용본거지로 신청한 장소가 사업자등록증 또는 법인등기부 등본에 지점 등으로 기재되어 있으면 그 장소를 사용본거지로 인정하여 자동차등록원부에 등재하고 있다. 이처럼 자동차등록 관계 법령에서도 사용본거지에 대하여 주민등록지 등으로 사실상 추단하고 있고, 법인의 지점 등 주사무소 소재지 외의 다른 장소를 사용본거지로 신청하는 경우에도 그 지점 등이 갖추고 있는 인적·물적 설비에 관한 자료제출을 요구하고 있지 않다.

넷째, 더구나 차량을 취득할 당시에는 실제로 차량을 보관·관리 또는 이용하는 곳이 확정되지 않은 상태이므로 이를 기준으로 차량의 취득세 납세지를 결정할 수 없다. 개인인 자동차 소유자의 사용본거지인 주민등록지나 법인인 자동차 소유자의 원칙적인 사용본거지인 주사무소 소재지 역시 실제로 차량을 주로 보관·관리 또는 이용하는 곳이라기보다는 그러할 개연성이 높은 곳에 불과하다. 차량을 취득할 당시에는 구 자동차등록령 제2조 제2호의 사용본거지에 관한 정의 규정도 그와 같은 의미로 해석할 수밖에 없다. 따라서 구 자동차등록규칙 제3조 제2항의 법인의 주사무소 소재지 외의 사용본거지도 실제로 자동차를 주로 보관·관리 또는 이용하는 곳이 아니라 자동차등록 당시 자동차 소유자가 이를 예정한 곳으로서 등록관청에 의하여 사용본거지로 인정받은 곳이라고 보아야 한다. 그리고 취득세 납세지는 늦어도 취득세를 신고·납부할 무렵에는 확정되어야 하므로, 차량의 취득세를 신고·납부한 이후 그 차량을 실제로 어디에서 주로 보관·관리 또는 이용하였는가와 같은 사정은 원칙적으로 취득세 납세지를 결정하는 기준이 될 수 없다. 만약 그러한 사정도 취득세 납세지를 결정하는 기준이 될 수 있다고 본다면, 취득세 납세지를 객관적이고 일률적인 기준에 따라 정하도록 하여 과다한 행정비용의 발생을 피하고자 한 입법 취지가 무색해지고, 실제로 차량을 어디에서 주로 보관·관리 또는 이용하는지를 어느 시점 내지 기간을 기준으로 판단하여야 하는가 하는 어려운 문제에도 직면하게 된다. 또한 개인의 사용본거지인 '주민등록지'나 법인의 원칙적 사용본거지인 '주사무소 소재지'에 대하여는 차량을 주로 보관·관리 또는 이용하는 곳이 어디인지를 실질적으로 심사하고 있지 않은데, 법인의 주사무소 소재지 외의 사용본거지를 이와 달리 취급할 근거도 없다.

위에서 본 바와 같이 대법원은 매우 장황한 이유를 들어 차량의 사용본거지는 자동차등록원부에 기재한 사용본거지로 보아야 한다고 선언하였다. 실은 이 사안은 물론이고 유사사안들에서 납세자들은 취득세 부담을 줄이기 위하여 취득세율을 낮게 정한 지방에 있는 지방자치단체에 가서 그곳을 사용본거지로 하여 차량을 등록하였는데, 그곳을 실질적인 사용본거지로 보기에는 부적절한 사정들이 많았다. 하지만 움직이는 차량의 특성상 진정한 사용본거지를 취득당시에 확정하는 것도 어려운 이상 특별한 사정이 없는 한 그 취득자의 의사를 존중하여 자동차등록원부상에 기재한 사용본거지를 사용본거지로 보아주자는 취지이다. 특히나 지방에 있는 지방자치단체는 재정사정이 서울의 지방자치단체에 비하여 열위에 있다는 점도 감안한 것으로 보인다. 조세법리의 측면에서 보면 별로 바람직한 판결은 아니지만 정책적 결단이 가미된 판결로서는 수긍할 만하다고 할 것이다.

3. 취득시기

가. 관련 규정과 사례

지방세법 시행령 제20조는 지방세법 제10조 제7항의 위임에 따라 취득시기에 관하여 자세히 규정하고 있다. 취득시기는 취득세 납세의무의 성립시기가 되며, 지방세법 제20조 제1항에 의하여 원칙적으로 그 취득일로부터 60일 이내에 취득세를 신고·납부하여야 한다.

먼저 제20조 제1항은 무상승계취득의 경우에는 그 계약일(상속 또는 유증으로 인한 취득의 경우에는 상속 또는 유증 개시일을 말한다)에 취득한 것으로 본다고 하고, 제2항은 유상승계취득의 경우에는 지방세법 제10조 제5항 제1호부터 제4호까지의 규정 중 어느 하나에 해당하는 유상승계취득의 경우에는 그 사실상의 잔금지급일로 한다고 규정하고(제1호), 제1호에 해당하지 아니하는 유상승계취득의 경우에는 그 계약상의 잔금지급일(계약상 잔금지급일이 명시되지 아니한 경우에는 계약일부터 60일이 경과한 날을 말한다)로 한다고 규정하고 있다(제2호). 제3항은 차량·기계장비·항공기 및 주문을 받아 건조하는 선박의 경우에는 그 제조·조립·건조 등이 완성되어 실수요자가 인도받는 날과 계약상의 잔금지급일 중 빠른 날을 최초의 승계취득일로 본다고 하고, 제4항은 수입에 따른 취득은 해당 물건을 우리나라에 반입하는 날(보세구역을 경유하는 것은 수입신고필증 교부일을 말한다)을 취득일로 본다고 하고, 제5항은 연부로 취득하는 것은 그 사실상의 연부금 지급일을 취득일로 본다고 하고, 제6항은 건축물을 건축 또는 개수하여 취득하는 경우에는 사용승인서를 내주는 날(사용승인서를 내주기 전에 임시사용승인을 받은 경우에는 그 임시사용승인일을 말하고, 사용승인서 또는 임시사용승인서를 받을 수 없는 건축물의 경우에는 사실상 사용이 가능한 날을 말한다)과 사실상의 사용일 중 빠른 날을 취득일로 본다고 한다.

위 제2항 제1호와 제6항에 관련된 사례로 대법원 2021. 5. 27. 선고 2017두56032 판결이 있다. A사가 A프라자 신축·분양 사업을 진행하다가 자금난으로 1995. 2. 28.경 공사를 중단하였다. 원고는 A사에 대한 대여금채권 회수를 위해 1996. 2. 1. A사와 A프라자 중 53개 점포의 분양계약을 체결하고 위 대여금채권과 상계하는 방법으로 그 분양대금을 납부하였다. 원고를 제외한 A프라자의 수분양자들은 입주자대표회의를 결성한 다음, 2000. 9.경 A사로부터 기존 분양계약상 분양자로서의 지위를 비롯한 사업권 등을 넘겨받아 2004. 8. 31.경 A플라자를 완공하였다. 원고는 2005. 9. 15.경 입주자대표회의에 위 점포들에 관한 소유권 이전을 촉구하였고, 이에 입주자대표회의는 2005. 11. 7. 원고에게 추가부담금을 납부하면 준공검사가 완료되는 대로 소유권이전등기를 마쳐줄 계획임을 통보하였다. 원고는 2006. 7. 19. 입주자대표회의를 상대로 위 점포들에 관한 처분금지가처분결정을 받았고, 이에 따라 같은 날 입주자대표회의 명의의 소유권보존등기와 위 가처분등기가 마쳐졌다. 입주자대표회의는 2006. 10. 10. 위 점포들에 관하여 임시사용승인을 받았다. 이후 원고는 입주자대표회의를 상대로 위 점포들의 소유권이전등기를 구하는 소를 제기하여 항소심에서 승소판결을 받았고, 위 판결은 2012. 4. 20. 상고가 기각되어 그대로 확정되었다. 이 사안에서 과세관청은 취득시기를 판결 확정일인 2012. 4. 20.로 보았으나, 대법원은 임시사용승인일인 2006. 10. 10.로 보았다. 이 사안은 원시취득이 아닌 승계취득이어서 원시취득에 적용되는 제6항(임시사용승인일)을 그대로 적용할 수는 없고, 제2항 제1호(사실상 잔금지급일)을 고려해야 한다. 임시사용승인일 이후에 추가부담금을 납부문제로 소유권이전등기 소송이 진행되고 있었으므로 사실상 잔금이 모두 지급되었는지가 다소 불확실한 측면이 있다. 그러나 원고가 승소한 점에 비추어 추가부담금 문제가 심각하지는 않았을 것으로 보이고 그래서 대법원은 사실상 취득시기를 판결

확정일이 아닌 임시사용승인일로 본 것 같다. 만약 추가부담금 문제로 다툼이 치열하였다면 취득시기를 다르게 볼 여지가 있었을 것이다.

그리고 제8항은 관계 법령에 따라 매립·간척 등으로 토지를 원시취득하는 경우에는 공사준공인가일을 취득일로 보되, 다만 공사준공인가일 전에 사용승낙·허가를 받거나 사실상 사용하는 경우에는 사용승낙일·허가일 또는 사실상 사용일 중 빠른 날을 취득일로 본다고 하고, 제9항은 차량·기계장비 또는 선박의 종류변경에 따른 취득은 사실상 변경한 날과 공부상 변경한 날 중 빠른 날을 취득일로 본다고 한다. 제10항은 토지의 지목변경에 따른 취득은 토지의 지목이 사실상 변경된 날과 공부상 변경된 날 중 빠른 날을 취득일로 본다. 다만, 토지의 지목변경일 이전에 사용하는 부분에 대해서는 그 사실상의 사용일을 취득일로 본다고 하고, 제11항은 골프회원권, 승마회원권, 콘도미니엄 회원권, 종합체육시설 이용회원권 및 요트회원권의 존속기한 또는 입회기간을 연장하는 경우에는 기간이 새로 시작되는 날을 취득일로 본다고 한다. 제12항은 재산분할로 인한 취득의 경우에는 취득물건의 등기일 또는 등록일을 취득일로 본다고 한다.

마지막으로 제13항은 위에서 본 제1항, 제2항 및 제5항에 따른 취득일 전에 등기 또는 등록을 한 경우에는 그 등기일 또는 등록일에 취득한 것으로 본다고 한다. 여기서 건축물의 건축에 관한 제6항은 제외하고 있는데, 이에 관하여 대법원 2018. 7. 11. 선고 2018두33845 판결은, 사용승인서(또는 임시사용승인서)를 받을 수 없고 사실상 사용도 가능하지 않은 미완성 건축물을 매수하여 소유권이전등기를 마친 경우라면 소유권이전등기와 무관하게 그 이후의 사용승인일(또는 임시사용승인일)과 사실상의 사용일 중 빠른 날이 건물의 취득일이 된다고 보아야 한다고 판시하였다. 비슷한 취지에서 대법원 2023. 12. 28. 선고 2020두49997 판결은 건축물을 건축하여 취득하는 경우에는 사용승인일과 사실상의 사용일 중 빠른 날이 그 건축물의 취득일이 되고, 당시의 건축물 소유자가 취득세 등의 납세의무자에 해당한다고 보아야 하며, 이와 같은 건축물의 취득시기가 도래하기 전까지는, 비록 사회통념상 독립한 건물이라고 볼 수 있는 형태와 구조를 갖추었고 그 건물에 대하여 사용승인을 신청하였다거나 소유권보존등기를 마쳤다 하더라도 그 건물에 대하여 취득세 등 납세의무가 성립하였다고 볼 수 없다고 판시하였다. 법규정의 문언에 충실한 판결들이다.

지방세법 시행령 제20조는 취득의 유형에 따라 취득시기를 구체적으로 규정하면서도, 도시정비사업시행자가 도시 및 주거환경정비법(이하 '도시정비법') 제97조 제2항 후단에 따라 정비기반시설을 무상으로 승계취득하는 경우의 취득시기에 관하여는 아무런 규정을 두고 있지 않다. 도시정비법 제97조 제2항은 "시장·군수 또는 주택공사 등이 아닌 사업시행자가 정비사업의 시행으로 새로이 설치한 정비기반시설은 그 시설을 관리할 국가 또는 지방자치단체에 무상으로 귀속되고, 정비사업의 시행으로 인하여 용도가 폐지되는 국가 또는 지방자치단체 소유의 정비기반시설은 그가 새로이 설치한 정비기반시설의 설치비용에 상당하는 범위 안에서 사업시행자에게 무상으로 양도된다."라고 규정하고 있다. 이에 대하여 대법원 2020. 1. 16. 선고 2019두53075 판결은 취득세 납세의무 성립일인 취득시기는 도시정비법 제97조 제5항에서 정한 '정비사업이 준공인가되어 관리청에 준공인가통지를 한 때'라고 보아야 한다고 판시하였는데, 그 논거로는 도시정비법 제97조 제2항 후단에 의한 취득은 계약에 의한 취득이 아니어서 '계약일'을 상정할 수 없고, 같은 조 제5항에서 소유권변동시기를 규정하고 있으며, 그 이전에는 사실상의 취득이 있다고 보기 어렵다는 점을 들고 있다.

나. 토지거래허가구역에서의 취득시기

취득시기는 취득의 개념인 사실상 취득과 직결되어 있다. 즉, 사실상 취득을 하였다고 볼 수 있는 시점이 취득시기가 되는 것이다. 이는 법적으로 완전한 소유권을 취득하는 시기보다 앞당기는 의미가 크다.

토지거래허가구역 내의 토지를 취득할 때는 대법원 판례에서 언급한 법리상 아무리 매매계약을 체결하고 잔금지급을 완료한다고 하더라도 토지거래허가를 받기 전에는 매매의 효력이 발생하지 않고 사후에 토지거래허가를 받으면 소급하여 매매의 효력이 발생한다고 보고 있다. 이러한 경우 사실상 취득의 시기를 잔금지급시로 볼 것인지 아니면 토지거래허가시로 볼 것인지가 문제이다.

먼저, 토지거래허가를 받기 전에는 유동적 무효의 상태에 있고 토지거래허가를 받은 때에 대금지급의 효과도 발생하는 것이므로 토지거래허가일을 취득시기로 보아야 하고, 취득세 신고납세의무의 이행기한도 이때를 기준으로 산정한다는 견해가 가능하다. 이 사안의 제2심 판결이 취한 입장이다. 토지거래허가를 받지 아니하여 무효의 상태에 있다면 토지를 양도 또는 취득하였다고 볼 수 없으므로 양도시기를 토지거래허가시로 볼 수밖에 없고, 이와 일관되게 하기 위해서는 취득시기도 토지거래허가일로 볼 수밖에 없으며, 토지거래허가구역 내의 토지거래에 관한 사법이론과도 조화를 이룰 수 있다는 입장이다.

반면에, 취득세 납세의무의 이행기간과 부과제척기간의 기산 등의 조세절차법의 적용에 있어서는 토지거래허가일을 기준으로 하되, 과세표준 산정 및 적용법령 결정 등 조세 실체적인 면에서의 기준이 되는 취득시기는 잔금청산일로 보아야 한다는 견해로서 이 사안의 제1심 판결이 취한 입장이다. 토지거래허가 전이어서 매매계약의 유무효가 확정되지 않았음에도 신고납부의무의 해태를 이유로 가산세를 부과하는 것은 부당하다는 점을 논거로 들고 있다.

이에 대하여 대법원 2012. 12. 27. 선고 2012두19229 판결은, '사실상 취득'이란 일반적으로 등기와 같은 소유권 취득의 형식적 요건을 갖추지는 못하였으나 대금의 지급과 같은 소유권 취득의 실질적 요건을 갖춘 경우를 말한다고 전제하고, 국토의 계획 및 이용에 관한 법률에 의한 토지거래계약허가구역 내의 토지에 관하여 장차 허가를 받을 것을 전제로 매매계약을 체결하여 그 대금을 지급한 경우, 비록 그 매매계약이 허가를 받을 때까지는 법률상 미완성의 법률행위로서 효력이 발생하지 아니하지만, 그 후 허가를 받거나 그 토지가 토지거래계약허가구역에서 해제되었다면 그 매매계약은 소급하여 유효한 계약이 되므로, 취득세 부과에 있어서의 토지의 취득시기는 잔금지급일로 보아야 한다고 판시하였다.

그러면서도 대법원 2012. 11. 29. 선고 2012두16695 판결은, 취득세의 신고·납부의무에 관하여는, 토지거래 허가구역 내의 토지에 관한 매매계약이 토지거래 허가를 받지 아니하여 유동적 무효 상태에 있다면, 지방세법 시행령에서 취득 시기로 정한 사실상 또는 계약상 잔금지급일이 도래하였다고 하더라도 그 매매계약이 확정적으로 유효하게 되었다고 할 수 없으므로 취득세 신고·납부의무가 있다고 할 수 없고, 그 후 토지거래 허가를 받거나 토지거래 허가구역 지정이 해제되는 등의 사유로 그 매매계약이 확정적으로 유효하게 되었을 때 비로소 취득세 신고·납부의무가 있다고 할 것이므로, 취득세 신고·납부는 그때부터 30일 이내에 하면 된다고 해석함이 타당하다고 판시하였다. 현실적인 판단이다.

이러한 판결의 법리를 입법에 반영하여, 지방세법 제20조 제1항이 2014. 1. 1. 개정되면서 취득세의 신고·납부기한에 관하여 토지거래계약에 관한 허가구역에 있는 토지를 취득하는 경우로서 그 허가를 받기 전에 거래대금을 완납한 경우에는 그 허가일이나 허가구역의 지정해제일 또는 축소일로부터 60일 이내로 규정하였다. 바람직한 입법이다. 따라서 취득세 납세의무의 실체적 요건에 관한 적용법령은 잔금지급일 당시의 법령이어야 할 것이고, 신고기간이나 부과제척기간의 기산 등과 같은 절차적 요건에 관한 적용법령은 토지거래허가일 또는 허가구역의 지정해제일 또는 축소일 당시의 법령으로 보아야 할 것이다.

다. 주택조합에서의 취득자와 취득시기

주택조합의 경우 일반적으로 조합이 조합원들로부터 토지와 구주택을 현물출자받아 구주택은 철거하고 그 지상에 신주택을 신축하여 일부는 조합원들에게 분양을 하고 나머지는 일반인들에게 분양하여 일반인들에 대한 분양수입으로 건축비에 충당을 한다. 여기서 조합원들이 현물출자한 토지가 부족할 경우 추가로 토지를 매입하기도 한다. 이러한 일련의 단계에서 취득세의 과세대상으로 삼을 수 있는 취득행위가 여러 차례 있게 되는데 그때 취득세의 과세대상으로 삼을 수 있는지 여부 및 누구를 취득자로 보아 취득세의 납세의무자로 삼을 것인지가 문제된다. 이에 관하여는 관련 규정의 변천 과정에 따라 법리를 잘 정리한 것으로 대법원 2013. 1. 10. 선고 2011두532 판결이 있다. 그 요지는 다음과 같다.

구 지방세법(2008. 12. 31. 개정되기 전의 것. 이하 '구법'이라고 한다) 제105조 제1항, 제2항 및 제104조 제8호에 의하면, 취득세는 부동산 등의 취득자 또는 사실상의 취득자에게 부과하는데, 여기에서 취득이란 '매매, 교환, 상속, 증여, 기부, 법인에 대한 현물출자, 건축, 개수, 공유수면의 매립, 간척에 의한 토지의 조성 등과 기타 이와 유사한 취득으로서 원시취득, 승계취득 또는 유상무상을 불문한 일체의 취득'을 말한다. 한편, 구법 제105조 제10항은 주택법 제32조의 규정에 의한 주택조합과 '도시 및 주거환경정비법' 제16조 제2항의 규정에 의한 주택재건축조합(이하 '주택조합 등'이라 한다)이 당해 조합원용으로 취득하는 조합주택용 부동산(공동주택과 부대·복리시설 및 그 부속토지를 말한다. 이하 '조합원용 부동산'이라고 하고, 이에 해당하지 아니하는 조합주택용 부동산을 '비조합원용 부동산'이라고 한다)은 그 조합원이 취득한 것으로 보도록 정한다. 그리고 구 지방세법 시행령(2008. 12. 31. 개정되기 전의 것. 이하 '시행령'이라고 한다) 제73조는 유상승계취득의 경우 사실상의 잔금지급일 등을 원칙적인 취득시기로 하되(제1항), 사실상의 잔금지급일 등 전에 등기 또는 등록을 한 경우에는 그 등기일 또는 등록일을 취득시기로 본다고 정한다(제3항).

이들 규정의 문언 내용과 취지 및 신탁의 법리 등에 비추어 보면, 주택조합 등이 조합원으로부터 신탁받은 금전으로 매수하여 주택조합 등의 명의로 소유권이전등기를 마친 조합원용 부동산은 구법 제105조 제10항에 따라 그 조합원이 취득하는 것으로 간주되므로 그 조합원이 취득세의 납세의무자가 되지만, 비조합원용 부동산은 구법 제105조 제10항의 적용대상이 아니므로 구법 제105조 제1항, 제2항에 따라 주택조합 등이 납세의무자가 되고, 그 납세의무는 시행령 제73조 제1항 및 제3항에 따라 사실상의 잔금지급일 또는 등기일 등이 된다.

한편, 구법 제110조 제1호는 본문에서 수탁자가 위탁자로부터 신탁재산을 신탁에 의하여 이전받는 경우의 취득 등으로서 신탁등기를 병행하는 경우에는 취득세를 부과하지 아니한다고 하면서, 그 단서에서 '주택조합 등과 조합원 간의 신탁재산 취득'에 대하여는 본문의 적용이 배제된다고 정하고 있다. 이 단서규정은 주택조합 등이 취득하는 조합원용 부동산은 비록 신탁의 방법에 의하여 이를 취득하더라도 구법 제105조 제10항에 따라 그 조합원이 취득한 것으로 간주되기 때문에 그에 대하여는 더 이상 구법 제110조 제1호 본문이 적용될 여지가 없다는 취지에 기한 것이므로, 위 단서에서 말하는 '주택조합 등과 조합원 간의 신탁재산 취득'이란 주택조합 등과 조합원 간의 모든 신탁재산의 이전을 의미하는 것이 아니라, 구법 제105조 제10항에 의하여 조합원이 취득하는 것으로 간주되는 신탁재산의 이전, 즉 조합원용 부동산의 이전만을 의미하는 것으로 해석되었다. 따라서 주택조합 등이 조합원으로부터 조합주택용으로 신탁에 의하여 취득하면서 신탁등기를 병행한 부동산 중 비조합원용 부동산의 취득은 구법 제110조 제1호 본문에 따라 취득세 부과대상이 되지 아니하였다.

그런데 2008. 12. 31. 개정된 지방세법(이하 '개정 법'이라고 한다) 제110조 제1호 단서는 그 본문의 적용이 배제되는 대상으로 '주택조합 등의 비조합원용 부동산 취득'을 추가하였다. 그리고 2008. 12. 31. 개정된 구 지방세법 시행령(이하 '개정 시행령'이라고 한다)은 제73조 제5항으로 '주택조합 등이 주택건설사업을 하면서 조합원에게 귀속되지 않은 토지를 취득하는 경우 주택법 제29조에 따른 사용검사를 받은 날 등에 그 토지를 취득한 것으로 본다'는 내용을 신설하였다.

위와 같은 개정 법과 개정 시행령 규정의 문언 내용과 개정 경위, 그리고 '주택조합 등이 조합원으로부터 신탁받은 금전으로 매수하여 그 명의로 소유권이전등기를 마친 조합주택용 부동산'은 조합원용인지 또는 비조합원용인지를 가리지 아니하고 구법 제110조 제1호 본문이 적용되는 '신탁등기가 병행되는 신탁재산'에 해당하지 아니하여 그 취득에 대하여는 구법 제110조 제1호 단서의 규정과 관계 없이 취득세가 부과되었던 점 등을 고려하면, 개정 법 제110조 제1호 단서가 그 본문 적용의 배제대상으로 '주택조합 등의 비조합원용 부동산 취득'을 추가한 것은 종전의 관련 법령상 취득세 부과대상이 아니었던 '주택조합 등이 조합원으로부터 조합주택용으로 신탁에 의하여 취득하면서 신탁등기를 병행한 부동산 중 비조합원용 부동산의 취득'에 대하여 그 본문의 적용을 배제함으로써 취득세 부과대상으로 삼기 위한 것이고, 개정 시행령 제73조 제5항은 이 경우의 납세의무의 성립시기를 정한 것으로 볼 것이다.

따라서 거기에 해당하지 아니하는 '주택조합 등이 조합원으로부터 신탁받은 금전으로 매수하여 그 명의로 소유권이전등기를 마친 조합주택용 부동산 중 비조합원용 부동산의 취득'의 경우에는 개정 법 제110조 제1호 단서의 개정과 개정 시행령 제73조 제5항의 신설에도 불구하고 여전히 주택조합 등이 사실상의 잔금지급일 또는 등기일 등에 이를 취득한 것으로 보아 취득세를 부과하여야 하고, 개정 시행령 제73조 제5항에서 규정한 '주택법 제29조에 따른 사용검사를 받은 날 등'에 주택조합 등이 이를 취득한 것으로 보아 취득세를 부과할 것은 아니다.

이상이 대법원 판결의 요지이다. 위에서 본 개정법과 개정법 시행령 규정은 현행법에 잘 전수되어 있다. 즉, 현행법 제7조 제8항은 개정법 제110조 제1호와 그 내용이 동일하고, 현행법 제10조 제7항은 개정법 시행령 73조 제5항과 그 내용이 동일하다. 따라서 위 대법원 판결이 밝힌 법리는 현행법하에서도 유효하다고 할 것이다.

그런데 주택조합이 조합원으로부터 신탁받은 금전으로 토지를 취득함에 있어 잔금지급일이나 등기일 당시에는 그 토지 중 비조합원 분양용 토지 부분과 조합원 분양용 토지 부분을 구획할 수 없는 경우가 대부분이다. 왜냐하면 정확한 구획은 그 지상에 주택이 완성되어 이전고시가 되어야 알 수 있기 때문이다. 이러한 경우에는 조합의 납세의무를 부담하는 취득세액을 특정할 수 없는 문제가 생긴다. 이러한 경우에는 부득이 조합으로서는 그 취득당시 사업시행계획이나 관리처분계획에 나타난 조합원 분양용 토지와 비조합원 분양용 토지의 비율 등에 근거하여 잠정적으로 취득세액을 산정하여 납부하였다가 추후 이전고시에 따라 비조합원 분양용 토지의 비율이 확정되면 그에 따라 정확한 취득세액을 산정하여 당초 신고·납부한 세액과의 차액에 대하여 수정신고나 경정청구를 함으로써 정당한 세액으로 바로 잡을 수 있다고 함이 상당하다.

라. 간주취득세에서의 취득시기

간주취득세는 부동산 등을 소유한 법인의 주식 등을 취득함으로써 과점주주가 되었을 때 그 법인의 부동산 등을 취득한 것으로 의제하여 과세하는 것이므로 여기서의 취득시기는 법인의 주식 등을 취득하는 시기라고 하겠다. 다시 말하면 과점주주가 되는 시기이다. 그렇다면 과점주주가 되는 시기를 어떻게 정할 것인지가 문제된다.

이에 관하여 대법원 2013. 3. 14. 선고 2011두24842 판결은, '주주'나 '소유'의 개념에 대하여 지방세법이 별도의 정의 규정을 두고 있지 않은 이상 민사법과 동일하게 해석하는 것이 법적 안정성이나 조세법률주의가 요구하는 엄격해석의 원칙에 부합하는 점, 주식은 취득세의 과세대상물건이 아닐 뿐만 아니라, 지방세기본법 제47조 제2호는 출자자의 제2차 납세의무에 관하여 규정하면서 그 이하의 조항에서 말하는 과점주주의 개념을 일률적으로 정의하고 있어서 위 규정에서 말하는 '주주'가 되는 시기나 주식의 '소유' 여부를 결정할 때도 취득세에서의 취득시기에 관한 규정이 그대로 적용된다고 보기는 어려운 점 등을 종합하면, 이들 규정에서 말하는 '주주'나 '과점주주'가 되는 시기는 특별한 사정이 없는 한 사법상 주식 취득의 효력이 발생한 날을 의미한다고 할 것이라고 전제하였다.

나아가 상법 제335조 제3항 소정의 주권발행 전에 한 주식의 양도는 회사성립 후 또는 신주의 납입기일 후 6월이 경과한 때에는 회사에 대하여 효력이 있는 것으로서, 이 경우 주식의 양도는 지명채권의 양도에 관한 일반원칙에 따라 당사자의 의사표시만으로 효력이 발생하는 것이고, 상법 제337조 제1항에 규정된 주주명부상의 명의개서는 주식의 양수인이 회사에 대한 관계에서 주주의 권리를 행사하기 위한 대항요건에 지나지 아니하므로, 주권발행 전 주식을 양수한 사람은 특별한 사정이 없는 한 양도인의 협력을 받을 필요 없이 단독으로 자신이 주식을 양수한 사실을 증명함으로써 회사에 대하여 그 명의개서를 청구할 수 있고, 따라서 주권발행 전 주식을 양수한 사람은 주주명부상의 명의개서가 없어도 회사에 대하여 자신이 적법하게 주식을 양수한 자로서 주주권자임을 주장할 수 있으며, 주권발행 전의 주식의 양도행위는 그 원인행위인 매매·증여 등 채권계약과 외형상 하나의 행위로 합체되어 행하여질 수 있고, 당사자가 특히 주식양도의 효과의 발생을 유보한 경우가 아니라면 통상 원인행위와 함께 행하여진다고 봄이 상당하다고 판시하였다.

그래서 주권발행 전의 주식에 대한 양도는 의사표시주의에 따라 주식양도의 의사표시를 한 것만으로 효력이 발생한다는 것으로서 주식의 양도대금을 모두 지급할 때로 그 시기를 미루어서는 아니된다는 취지이다. 물론 위 판결에서도 주식에 대하여 양도계약 체결당시에 항상 그 주식의 소유권을 양도하기로 하는 합의가 있었다고 보겠다는 취지는 아닌 것으로 보인다. 당사자들의 진정한 의사가 양도대금의 청산시에 주식의 소유권을 양도하겠다는 것일 수도 있고 이는 사실인정의 문제라는 취지이다.

하지만 이 판결은 주식도 채권의 일종이라는 점에 집착하여 채권양도의 법리에만 충실한 나머지 사회통념과 다소 괴리되는 측면이 있다. 간주취득세에서의 과점주주는 형식상의 주주가 아니라 실질적인 주주이어야 하고, 따라서 과점주주가 되기 위하여는 소유하고 있는 주식에 관하여 의결권행사 등을 통하여 주주권을 실질적으로 행사할 수 있는 지위에 있어야 하는데, 잔금도 지급되기 전에 단순히 주식양도계약을 체결하였다는 사정만으로는 그와 같은 지위에 있다고 보는 것은 무리이다. 그리고 과점주주의 간주취득세는 과점주주가 되는 때에 그 법인의 부동산 등을 취득하는 것으로 의제하여 부과하는 것으로서 취득세의 성격을 지니고 있으므로 일반적인 취득세에 있어서의 취득시기에 관한 지방세법의 규정을 같이 적용하여 잔금지급시기나 등기에 준하는 명의개서일로 보는 것이 균형에 맞다고 할 것이다.

그리고 앞서 본 바와 같이 법인이 토지거래허가구역 내의 토지를 취득한 경우 그 취득시기는 잔금지급시기이고, 신고·납부기한의 기준일은 토지거래허가시라고 하였는데 이러한 법리가 간주취득세의 납세의무에 영향을 미치게 된다. 즉, 법인이 토지거래허가구역 내의 토지를 매입하면서 잔금을 지급한 후 토지거래허가를 받기 전에 그 법인의 과점주주가 되면 그 과점주주는 당해 토지에 대하여 간주취득세의 납세의무를 부담하게 되는 것이다. 대법원 2012. 2. 27. 선고 2012두19229 판결이 같은 취지이다.

4. 취득가액

가. 관련 규정

취득가액은 곧 취득세의 과세표준으로 연결된다. 지방세법 제10조 제1항이 취득세의 과세표준은 취득당시의 가액으로 한다고 규정하고 있기 때문이다. 취득당시의 가액이란 원칙적으로 과세물건을 취득하는 데 든 사실상의 취득가액을 의미한다(대법원 2003. 9. 26. 선고 2002두240 판결 참조). 여기서 기준시점은 취득당시이다. 따라서 취득당시 후에 지출된 비용은 취득가액에 합산될 수 없음이 원칙이다.

취득가액에 관하여는 지방세법 제18조에서 상세하게 규정하고 있다. 제1항은 취득가격 또는 연부금액은 취득시기를 기준으로 그 이전에 해당 물건을 취득하기 위하여 거래상대방 또는 제3자에게 지급하였거나 지급하여야 할 직접비용과 다음 각 호의 어느 하나에 해당하는 간접비용의 합계액으로 하되, 다만 취득대금을 일시급 등으로 지급하여 일정액을 할인받은 경우에는 그 할인된 금액으로 한다고 하면서, 건설자금에 충당한 차입금의 이자 또는 이와 유사한 금융비용(제1호), 할부 또는 연부 계약에 따른 이자 상당액 및 연체료(다만, 법인이 아닌 자가 취득하는 경우는 취득가격에서 제외한다)(제2호), 농지법에 따른 농지보전부담금, 산지관리법에 따른 대체산림자원조성비 등 관계 법령에 따라 의무적으로 부담하는 비용(제3호), 취득에 필요한 용역을 제공받은 대가로 지급하는 용역비·수수료(제4호), 취득대금 외에 당사자의 약정에 따른 취득자 조건 부담액과 채무인수액(제5호), 부동산을 취득하는 경우 주택도시기금법 제8조에 따라 매입한 국민주택채권을 해당 부동산의 취득 이전에 양도함으로써 발생하는 매각차손(이 경우 금융회사 등 외의 자에게 양도한 경우에는 동일한 날에 금융회사 등에 양도하였을 경우 발생하는 매각차손을 한도로 한다)(제6호), 제1호부터 제6호까지의 비용에 준하는 비용(제7호)을 열거하고 있다.

반면에 제2항에서는 그 각 호의 어느 하나에 해당하는 비용은 취득가격에 포함하지 아니한다고 하면서, 취득하는 물건의 판매를 위한 광고선전비 등의 판매비용과 그와 관련한 부대비용(제1호), 전기사업법, 도시가스사업법, 집단에너지사업법, 그 밖의 법률에 따라 전기·가스·열 등을 이용하는 자가 분담하는 비용(제2호), 이주비, 지장물 보상금 등 취득물건과는 별개의 권리에 관한 보상 성격으로 지급되는 비용(제3호), 부가가치세

(제4호), 제1호부터 제4호까지의 비용에 준하는 비용(제5호)을 열거하고 있다. 위 제1항과 제2항의 규정은 취득가액의 본질에 부합하는 규정으로서 그 각 호의 규정은 예시적 규정으로 볼 수 있다.

나. 취득시기 전의 경비

조세쟁송에서 자주 문제되는 것은 취득시기 전의 경비인지 그리고 그것이 취득을 위한 경비로 볼 수 있는지이다. 과세관청은 가급적 취득시기 전의 경비로서 취득을 위한 것으로 보아 과세표준에 산입하고자 하고, 납세자는 이와 반대의 입장을 취하고 있다. 결국 그 경비의 객관적 성격을 고려하여 판단할 문제이다.

먼저, 취득시기 전의 경비와 그 후의 경비를 구분하는 문제가 쟁점이 된 사례를 소개한다. 대법원 2013. 9. 12. 선고 2013두7681 판결은, 취득세의 과세표준이 되는 '취득가격'에는 과세대상 물건의 취득시기 이전에 지급원인이 발생 또는 확정된 비용만이 포함되고, 건축물의 준공검사 이전에 임시사용승인을 받았다면 그 건축물에 대한 취득세의 과세표준을 산정함에 있어서는 임시사용승인일을 기준으로 그 이전에 지급원인이 발생 또는 확정된 비용만을 포함시켜야 하고, 임시사용승인일 이후 그 건축물에 추가로 소요된 비용을 포함시켜서는 아니되며, 이 경우 취득시기 이전에 지급원인이 발생 또는 확정된 비용은 건축공사 도급계약의 체결이나 공사대금 지급의 약정 이행기가 도래하였다는 것 또는 그때까지 이미 지급한 공사대금 금액을 의미하는 것이 아니라 취득시기까지 실제 공사가 완료된 부분의 기성고 금액을 뜻한다고 보아야 한다고 판시하였다.

이 판결은 취득시기를 기준으로 그때까지 취득을 위하여 실제로 투입된 실물의 양에 상당하는 금액만을 취득가액으로 산입해주겠다는 취지이다. 즉, 선급금 성격의 부분은 배제하고 미지급금 성격의 금액은 합산하게 된다. 그래서 건물 일부의 수분양자 등이 주체구조부와 일체가 되고 건축물의 효용가치를 증대시키는 부대설비 등의 가설공사를 하였으나 당해 건축물의 임시사용승인일 등 그 취득일까지 가설을 완료하지 못한 경우에는 그때까지의 기성고 비율에 따른 공사비 상당만을 취득세의 과세표준에 포함시킬 수 있을 뿐이고, 취득일 이전에 그에 관한 공사도급계약을 체결하였다거나 기성고를 초과하는 공사대금을 미리 지급하였다고 하더라도 그 도급계약금액이나 기성고를 초과하는 공사대금은 이를 취득세의 과세표준에 포함시킬 수 없으며, 취득일 이후의 공사로 인한 부분은 독립적으로 취득세의 과세대상이 되는 경우에 한하여 주체구조부 소유자 또는 수분양자 등에게 별도로 취득세를 부과할 수 있을 뿐이라고 보았다.

대법원 2018. 3. 29. 선고 2017두35844 판결은, 어느 토지 지상에 건축물 공사가 수반되는 경우 해당 토지가 건축물 부속토지로서의 기능을 갖추게 되는 시점에 비로소 그 지목이 사실상 변경된다고 보아야 하는데, 토지의 지상에 아파트가 완공됨으로써 주된 용도가 사실상 대지로 변경되었으므로 그 전에 이미 지급되거나 지급원인이 발생한 조경공사비는 토지의 지목변경에 관한 취득세의 과세표준에 포함되어야 한다고 판단하였다. 조경공사비도 아파트를 위한 것이므로 종국적으로 대지로의 지목변경을 위하여 지출된 경비로 볼 수 있다.

다. 취득을 위한 경비

취득을 위한 경비인지는 취득과의 관련성을 판단하는 문제이다. 관련성의 정도에 있어서는 상당한 정도의 관련성이라는 추상적 기준이 제시될 수 있겠다. 희박한 정도의 관련성까지 범위를 확대하면 과세표준이 지나치게 높아지게 되어 불합리하다. 그 범위가 문제된 사안으로 대법원 2013. 9. 12. 선고 2013두5517 판결이 있다. 여기서는 취득가액에 합산되는 건설자금이자의 범위가 문제되었다. 위 판결은, 지방세법상 취득세의 과세표준에 산입되는 건설자금이자는 법인세법상 손금불산입 대상인 건설자금이자와 그 범위가 반드시 일치하는 것은 아니지만, 자산을 건설 등에 의하여 취득하는 데에 사용할 목적으로 직접 차입한 자금의 경우에, 그 이자는 취득에 소요되는 비용으로서 해당 자산의 원가를 구성하는 자본적 지출이 된다는 점에서 양자가 서로 공통되므로 그 건설자금이자는 같은 방식으로 산정함이 타당하고, 취득세의 과세표준에 산입되는 건설자금이자는 법인세법상 손금불산입 대상인 건설자금이자와 마찬가지로 특정차입금의 차입일부터 해당 자산의 취득일 등까지 발생한 이자에서 특정차입금의 일시예금에서 생기는 수입이자를 차감하는 방법으로 산정하여야 하고, 설령 특정차입금을 실제로 사용하기 전에 미리 차입을 하였다고 하더라도 그에 관한 이자는 여전히 해당 자산의 취득에 소요된 비용에 해당하므로 이를 취득세의 과세표준에서 제외할 것은 아니라고 판시하였다.

골프장건설을 목적으로 2005. 10. 17. 550억 원을 차입하여 그때부터 이자를 지급하였는데, 그 골프장에 대한 도시계획시설 실시계획인가고시가 2006. 1. 24. 이루어졌으므로 이때부터 골프장건설사업이 시작되었다고 보아 그때부터의 이자만 취득가액에 합산되어야 하는지가 다투어졌는데, 대법원은 위 법리에 입각하여 2005. 10. 17.부터의 이자가 모두 취득가액에 합산되어야 한다고 판시하였다. 이 사안은 그나마 차입시기와 골프장건설사업의 개시시기가 근접하여 대법원의 결론에 별 무리는 없으나 차입시기가 골프장건설사업의 개시시기보다 훨씬 이전이라면 차입초기의 상당부분 이자는 골프장취득과의 상관성이 떨어져 취득가액에 산입하기가 어려울 것으로 보인다.

취득과의 관련성에 관한 다른 사례로 대법원 2013. 6. 27. 선고 2013두3641 판결이 있다. 이 판결은, 원고가 A사와 B사로부터 양수한 각 사업권은 그들이 고양식사구역 도시개발사업을 추진하면서 얻은 신용·명성·거래선과 같은 영업상의 이점과 사업시행 등에 있어서 가질 수 있는 우선적인 지위 등으로서 취득세의 과세대상인 토지와는 별도의 권리이므로, 그 각 사업권 양수비를 토지의 취득가격에 산입하여서는 아니되고, 원고가 고양식사구역 도시개발사업과 관련하여 프로젝트 파이낸싱의 방법으로 대출을 받으면서 지급한 취급수수료 등은 토지 취득, 사업권 확보, 아파트공사 등을 비롯하여 도시개발사업 전체에 사용할 자금을 대출받는 과정에서 지급되었으므로 그 취급수수료 등은 토지와 그 지상에 건축된 아파트의 가액 등으로 안분하여 토지에 관하여 지출된 것만을 토지의 취득가격에 산입하여야 한다고 판시하였다.

그리고 대법원 2019. 11. 28. 선고 2019두45074 판결은, A학원과 원고가 A학원 소유의 P토지와 원고 소유의 Q토지를 상호교환하기로 하면서 P토지의 감정가액 30억 원과 Q토지의 감정가액 56억 원의 차액인 26억 원은 원고가 A학원에 무상출연하기로 한 사안에서, 감정가액의 차액 26억 원은 원고가 A학원에 증여한 것으로 P토지를 취득하는 데 들었다고 할 수 없으므로 P토지의 취득세 과세표준은 그 감정평가액 상당인 30억 원을 보아야 하며, 원고가 A학원에 증여한 30억 원이 취득가격에 포함되는 간접비용인 '취득대금 외에 당사자의 약정에 따른 취득자 조건 부담액'이나 '이에 준하는 비용'에 해당한다고 볼 수도 없다고 판시하였다. 30억 원의 증여가 P토지의 취득에 반드시 필요한 것이 아니며 취득행위와 별개로 이루어진 증여행위로 본 것이다. P토지의 감정가액과 비교해 볼 때 증여가액이 그 취득부대비용을 보기에는 너무 큰 금액이어서 이를 취득가액에 합산하면 P토지의 취득가액이 그 객관적인 가치보다 너무 커진다는 불합리가 있어 위와 같이 선고한 것으로 이해된다.

최근 대법원 2022. 12. 1. 선고 2022두42402 판결은 아파트를 경매절차에서 취득하는 과정에서 승계한 전 소유주의 체납관리비는 취득세 과세표준에 산입되는 취득부대비용으로 볼 수 없다고 판시하였다. 체납관리비의 승계는 경매절차에 있어서 법정매각조건에도 해당하지 않으므로 아파트를 취득하기 위한 전제조건으로서의 채무인수가 아니라 아파트를 취득함으로써 비로소 부담하게 된 채무에 불과하다는 것이다.

반면에, 대법원 2022. 10. 27. 선고 2019두56654 판결은, 택지개발사업시행자인 원고가 승인받은 실시계획에 따라 기반시설을 설치하고 관계법령 등에 따른 기반시설 부담금을 납부하지 않고서는 당해 토지에 대한 사용승인을 받을 수 없고 지목변경 신청도 할 수 없다는 이유로, 기반시설 부담금과 기반시설 설치공사비는 토지의 지목변경에 든 비용으로서 간주취득세의 과세표준에 포함된다고 판단하였다. 원고는 기반시설 부담금과 기반시설 설치공사비를 간주취득세의 과세표준에 포함시키는 것은 실질적으로 국가 등에 귀속 등을 조건으로 설치되는 사회기반시설에 대하여 취득세를 부과하는 결과가 되므로 국가등에 귀속 또는 기부체납하는 부동산에 대하여 취득세를 부과하지 않는 지방세법 제9조 제2항의 취지에 반한다고 주장하였으나, 원고가 기반시설 부담금과 기반시설 설치공사비를 택지조성원가에 포함시켜 회수하게 되므로 이를 간주취득세의 과세표준에 포함시킨다고 하여 지방세법 제9조 제2항의 취지에 반하는 것은 아니라는 이유로 원고의 주장은 배척당했다. 앞선 판례에서 본 체납관리비의 승계와 달리 기반시설 부담금과 기반시설 설치공사비의 부담은 지목변경과 사용승인의 전제조건이 되므로 취득부대비용으로 보아야 하며, 원고가 기반시설 부담금과 그 설치공사비를 부담한다고 해서 그 기반시설을 직접 취득하여 국가에 기부채납하는 것이 아니므로 지방세법 제9조 제2항의 요건에도 해당하지 않아 조세법률주의의 원칙상 이 부분 원고 주장은 받아들이기 어려운 것이었다.

라. 취득가액의 증명

지방세법 제10조 제1항, 제2항은 취득세의 과세표준은 취득당시의 가액으로 하고, 그 취득당시의 가액은 취득자가 신고한 가액에 의하되, 다만 신고 또는 신고가액의 표시가 없거나 그 신고가액이 시가표준액에 미달하는 때에는 그 시가표준액에 의한다고 규정하는 한편, 같은 조 제5항에서는 그 각 호의 경우에는 사실상의 취득가액 또는 연부금액을 과세표준으로 한다고 규정하면서, 제1호에서 국가, 지방자치단체 또는 지방자치단체조합으로부터의 취득을, 제2호에서 외국으로부터의 수입에 의한 취득을, 제3호에서 판결문·법인장부 중 대통령령이 정하는 것에 의하여 취득가격이 증명되는 취득을, 제4호에서 공매방법에 의한 취득을, 제5호에서 부동산거래신고에 관한 법률 제3조에 따라 검증이 이루어진 취득을 각 규정하고 있다. 그리고 제6항에서는 법인이 아닌 자가 건축물을 건축하거나 대수선하여 취득하는 경우로서 취득가격 중 100분의 90을 넘는 가격이 법인장부에 따라 입증되는 경우에는 사실상의 취득가액 또는 연부금액을 과세표준으로 할 수 있도록 규정하였다.

제6항은 2010. 3. 31. 신설된 규정으로서 건축비의 경우 개인사업자들에게 지급하는 설계비 등의 일부 경비들은 전체 건축비에서 차지하는 비중이 미미함에도 그것이 법인장부에 의하여 증명할 수 없다는 이유로 전체 건축비를 사실상의 취득가액으로 삼을 수 없다는 폐단을 시정하기 위하여 도입된 규정이다. 이 규정이 신설되기 전의 사안에서도 위 규정과 같은 예외를 인정해 줄 수 있는지가 다투어진 사건이 있었는데, 앞서 총론에서

살펴본 바와 같이 대법원 2011. 8. 18. 선고 2009두22614 판결은, 조세법률주의의 원칙상 과세요건이나 비과세요건 또는 조세감면요건을 막론하고 조세법규의 해석은 특별한 사정이 없는 한 법문대로 해석하여야 하고, 합리적 이유 없이 확장 또는 유추 해석하는 것은 허용되지 아니하는 점, 구 지방세법 제111조(현행의 제10조) 제5항 각 호에 열거된 사유는 납세의무자의 신고유무 및 금액 등에 관계 없이 사실상의 취득가격을 과세표준으로 할 수 있는 제한적·한정적 요건에 해당하는 점 등을 고려하면, 지방세법 제111조 제5항 제3호에 의하여 사실상의 취득가격을 취득세의 과세표준으로 삼을 수 있는 취득은 대통령령이 정하는 판결문·법인장부에 의하여 그 취득가격의 전부가 입증되는 경우에 한한다고 해석함이 상당하다고 판시하였다. 이 판결을 할 당시에 이미 현행 지방세법 제10조 제6항이 신설된 후여서 위 신설의 취지를 살려 원고에게 예외를 인정해줄 수 있는 것이 아닌지에 대한 논란이 있었을 것으로 보이는데 위 신설규정과 같이 그 범위를 90%로 정하는 기준이 없는 상황에서는 어느 정도의 범위까지 예외를 인정할 것인지를 정하기가 어려워 엄격해석의 원칙으로 귀착된 것으로 짐작된다.

취득가액의 증명에 관하여 이러한 엄격해석의 원칙을 준수한 다른 사례로 대법원 2011. 6. 10. 선고 2009두23570 판결이 있다. 앞서 본 바와 같이 지방세법 제10조 제5항 제5호는 사실상 취득가액을 과세표준으로 하는 경우의 하나로 부동산 거래신고에 관한 법률(부동산거래신고법) 제3조에 따른 신고서를 제출하여 같은 법 제5조에 따라 검증이 이루어진 취득'을 규정하고 있다. 여기서 국토해양부장관이 상가에 관하여는 부동산거래가격 검증체계를 구축하지 아니함으로써 그 검증을 받을 수 없었던 경우에는 위 제5호를 적용할 수 있는지가 문제되었다. 원고는 자신의 귀책사유로 검증을 받지 않은 것이 아니고 달리 검증을 받을 방법이 없기 때문에 위 제5호를 적용하여야 한다고 주장하였다.

그러나 대법원은, 위 제5호의 규정 등에 열거된 사유는 사실상의 취득가격에 의하여 과세표준을 정할 수 있는 제한적·한정적 요건인 점 등을 비추어 보면, 토지 또는 건축물의 매매당사자가 구 부동산거래신고법에 의한 부동산거래신고를 하였다고 하더라도 부동산거래가격 검증체계에 의하여 신고내용의 적정성에 관한 검증이 이루어지지 않은 경우는 위 제5호의 요건에 해당하지 않는다고 판시하였다. 더 나아가 대법원 2011. 6. 10. 선고 2008두17783 판결에서는 구 부동산거래신고법 제28조의 문언 내용과 그 입법 취지에 비추어 볼 때 여기서의 검증이라 함은 부동산거래가격 검증체계에 의하여 일정한 기준에 따라 토지 또는 건축물의 매매당사자가 실제 거래가격으로 신고한 가액이 적정한지 여부만을 판정하는 절차일 뿐 그 신고가액이 실제 거래가격인지 여부를 확인하거나 신고가액과 다른 실제 거래가격을 밝혀내는 절차는 아니라 할 것이므로 위 제5호의 규정은 토지 또는 건축물의 매매당사자가 실제 거래가격으로 신고한 가액이 부동산거래가격

검증체계에 의하여 적정하다고 판정된 경우 그 신고가액이 실제 거래가격과 다르다고 볼 특별한 사정이 없는 한 그 신고가액을 사실상의 취득가격으로 보아 이를 취득세의 과세표준으로 한다는 뜻으로 해석함이 상당하고, 부동산거래신고를 받은 시장·군수 또는 구청장이 위 검증절차와는 무관하게 실지조사 등을 통하여 신고가액과 다른 실제 거래가격을 밝혀냈다고 해서 그 가격을 취득세의 과세표준으로 할 수 있다는 뜻으로까지 확대해석할 것은 아니라고 판시하였다

사실상 취득가액에 의하도록 한 위 제5호의 규정을 납세자에 대한 은혜적 규정으로 보아 그 법적 요건을 모두 구비하지 못한 이상 납세자의 귀책사유의 유무를 불구하고 위 규정을 적용할 수 없다는 입장으로 이해된다. 전자의 판결은 수긍할 수 있으나 후자의 판결은 위 제5호의 입법 취지를 고려하지 않고 너무 엄격한 해석론에 치우친 것으로서 대법원이 사안에 따라서는 합목적적 해석을 하는 흐름에 부합하지 않는 측면이 있어 보인다.

5. 취득세율

가. 관련 규정

지방세법이 2010. 3. 31. 법률 제10221호로 전부 개정되기 전에는 등기가 필요한 부동산의 취득과 관련하여 취득을 과세대상으로 한 취득세와 등기행위 자체를 과세대상으로 한 등록세가 별도로 존재하였으나, 그 개정에서 세목 체계를 간소화하기 위해 취득과 관련된 등록세의 과세대상을 취득세의 그것에 통합하고 이러한 통합 취득세의 세율을 취득세와 등록세의 그것들을 합산한 것으로 조정하였으며, 취득과 관련이 없는 등록세의 나머지 과세대상에 대하여는 별도의 세목인 등록면허세를 신설하였다.

지방세법 제11조는 부동산 취득의 세율에 관하여 규정하고 있고, 제12조는 부동산 외 취득의 세율에 관하여 규정하고 있다. 제11조 제1항은 상속으로 인한 취득의 경우 농지는 1,000분의 23, 농지 외의 것은 1,000분의 28, 원시취득의 경우 1,000분의 28, 공유물, 합유물, 총유물 등의 분할로 인한 취득의 경우 1,000분의 23, 그 외의 무상취득의 경우는 농지가 1,000분의 35, 농지 외의 것이 1,000분의 40, 유상거래에 의한 주택 취득의 경우 6억 원 이하는 1,000분의 10, 9억 원 초과는 1,000분의 30, 그 사이는 소정의 산식에 의한 세율로 규정하고 있다.

나. 사례 분석

도시정비사업시행자가 도시 및 주거환경정비법(이하 '도시정비법')의 규정에 따라 용도폐지되는 정비기반시설을 국가 등으로부터 양도받아 취득하는 경우 그것이 무상취득에 해당하여 그에 따른 취득세율을 적용할 수 있는지가 다투어졌다. 대법원 2019. 4. 11. 선고 2018두35841 판결은, 도시정비법 제97조(당시는 제65조) 제2항은 '시장·군수 또는 주택공사 등이 아닌 사업시행자가 정비사업의 시행으로 새로이 설치한 정비기반시설은 그 시설을 관리할 국가 또는 지방자치단체에 무상으로 귀속되고, 정비사업의 시행으로 인하여 용도가 폐지되는 국가 또는 지방자치단체 소유의 정비기반시설은 그가 새로이 설치한 정비기반시설의 설치비용에 상당하는 범위 안에서 사업시행자에게 무상으로 양도된다'고 정하고 있는데, 이는 민간 사업시행자에 의하여 새로이 설치된 정비기반시설을 당연히 국가 또는 지방자치단체에 무상귀속되는 것으로 함으로써 공공시설의 확보와 효율적인 유지·관리를 위하여 국가 등에게 그 관리권과 함께 소유권까지 일률적으로 귀속되도록 하는 한편, 그로 인한 사업시행자의 재산상 손실을 합리적인 범위 안에서 보전해 주기 위하여 새로 설치한 정비기반시설의 설치비용에 상당하는 범위 안에서 용도폐지되는 정비기반시설은 사업시행자에게 무상양도하도록 강제하는 것이라고 전제하고, 따라서 사업시행자는 용도폐지되는 정비기반시설을 국가 등으로부터 무상으로 양도받아 취득할 따름이고 따로 그에 대한 대가를 출연하거나 소유권을 창설적으로 취득한다고 볼 사정도 없는 이상, 사업시행자가 위 정비기반시설을 구성하는 부동산을 취득한 것은 무상의 승계취득에 해당하므로, 그에 따른 세율을 적용하여야 한다고 판시하였다. 이 사안에서 원심은 그 취득당시 소유권보존등기를 하였다는 이유로 무상의 원시취득에 해당한다고 보아 1,000분의 28 세율을 적용하여야 한다고 보았으나, 대법원은 무상의 승계취득에 해당하므로 1,000분의 35 세율을 적용하여야 한다고 판단하였다. 소유권보존등기의 형식에도 불구하고 그 실질은 소유권을 창설적으로 취득하였다고 볼 사정이 없는 이상 대법원 판결이 타당하다고 하겠다. 그리고 대법원 2020. 6. 12. 자 2020두42699 판결에 의하여 확정된 서울고등법원 2020. 6. 12. 선고 2019누66110 판결은, 임의경매절차에서 경락받아 취득한 부동산은 전소유자에게 있던 권리제한을 승계하지 않는다고 하더라도 이를 이유로 원시취득이라고 볼 수 없고 승계취득에 해당한다고 판시하였다.

다른 사례로 미완성 주택을 취득한 경우 주택의 취득에 관한 세율을 적용할 수 있는지가 다투어진 것이 있다. 대법원 2018. 7. 11. 선고 2018두33845 판결은, 유상거래를 원인으로 한 농지 외의 부동산에 관한 취득세율을 1천분의 40으로 규정한 것과 달리 유상거래를 원인으로 취득하는 주택의 취득세율을 인하한 것은 주택거래에 따른 취득세 부담을 완화하여 주거안정 및 주택거래 정상화를 도모하기 위한 것이므로 그 인하된 취득세율이 적용되는 경우는 세대의 구성원이 장기간 독립한 주거생활을 할 수 있는 구조로서 건축물대장에 주택으로 기재되고 주거용으로 사용될 수 있는 건축물과 그 부속토지를 납세자가 유상거래를 원인으로 취득한 경우에 한정된다고 봄이 타당하다고 전제하고, 매수인이 주택의 용도로 건축 중인 미완성 건축물 및 그 부속토지를 매수하고 그에 관한 소유권이전등기를 마쳤다고 하더라도 당시 그 건축물의 구조가 주거에 적합하지 않은 상태로 건축물대장에 주택으로 기재된 바 없고 실제 주거용으로 사용될 수 없는 경우에는 위와 같은 소유권이전등기를 마쳤다는 사정만으로 그 건축물의 부속토지에 관하여 인하된 취득세율이 적용된다고 볼 수는 없으며, 또한 위와 같이 매수인이 미완성 건축물을 취득한 이후 추가공사를 완료하고 사용승인을 받아 건축물대장에 등록하였다고 하더라도 이는 '건축물대장에 주택으로 기재된 건축물을 유상거래를 원인으로 취득'한 것이 아니므로, 그 건축물에 관하여 인하된 취득세율이 적용된다고 볼 수도 없다고 판시하였다. 비록 가까운 기간 내에 주거용으로 사용될 것이 예정되어 있었다고 하더라도 취득세의 과세요건은 취득일을 기준으로 판단하여야 한다는 점을 중시하여 위와 같은 결론에 이른 것으로 보인다.

또 하나의 사례로 지방세법 전부개정에 의하여 종전의 취득세와 등록세가 통합된 후에 상속등기가 필요없는 상속의 경우에도 통합세율이 적용되어야 하는지가 다투어진 사건이 있다. 피상속인이 그 소유 부동산을 매도하였으나 소유권이전등기를 마쳐주지 않은 상태에서 사망하자 상속인들이 상속등기를 하지 않고 피상속인 명의로부터 곧바로 매수인 명의로 소유권이전등기를 마쳐준 사안이다. 제1심과 원심은 이 경우 상속인들이 그 부동산을 취득함에 있어 상속등기를 할 필요가 전혀 없는 사안이라는 이유로 통합세율을 적용하여서는 아니되고 종전의 취득세율만을 적용해야 한다고 판시하였다. 그러나 대법원은, 종래와는 달리 부동산을 상속한 경우 통합 취득세의 과세대상이 되는 외에는 별도로 등록면허세의 과세대상이 될 여지가 없으므로, 그 세율을 정할 때 상속에 따른 등기가 마쳐지지 않았다는 이유로 별도의 세목인 등록면허세에 관한 세율을 고려하거나 반영할 이유가 없고 따라서 상속인이 상속을 원인으로 농지 외의 부동산을 취득하였으나 등기를 마치지 아니한 경우에도 그에 관한 통합세율이 적용된다고 봄이 타당하다고 판시하였다. 제1심과 원심의 고민은 이해되나 조세법률주의의 원칙상 전부 개정된 지방세법의 문언에 따라 대법원 판결과 같이 해석하지 않을 수 없다고 할 것이다.

6. 취득세의 신고·납부기한

　지방세법 제20조는 제1항에서 취득세 과세물건을 취득한 자는 그 취득한 날(토지거래 허가구역에 있는 토지를 취득하는 경우로서 같은 법 제11조에 따른 토지거래계약에 관한 허가를 받기 전에 거래대금을 완납한 경우에는 그 허가일이나 허가구역의 지정 해제일 또는 축소일을 말한다)부터 60일[상속으로 인한 경우는 상속개시일이 속하는 달의 말일부터 6개월(외국에 주소를 둔 상속인이 있는 경우에는 9개월)] 이내에 신고·납부하여야 한다고 하고, 제2항에서 취득세 과세물건을 취득한 후에 그 과세물건이 제13조 제1항부터 제7항까지의 세율의 적용대상이 되었을 때에는 대통령령으로 정하는 날부터 60일 이내에 제13조 제1항부터 제7항까지의 세율을 적용하여 산출한 세액에서 이미 납부한 세액(가산세는 제외한다)을 공제한 금액을 세액으로 하여 신고·납부하여야 한다고 하고, 제3항은 취득세를 비과세, 과세면제 또는 경감받은 후에 해당 과세물건이 취득세 부과대상 또는 추징 대상이 되었을 때에는 제1항에도 불구하고 그 사유 발생일부터 60일 이내에 신고·납부하여야 한다고 한다.

　한편, 같은 조 제4항에서는 제1항부터 제3항까지의 신고·납부기한 이내에 재산권과 그 밖의 권리의 취득·이전에 관한 사항을 공부에 등기하거나 등록하려는 경우에는 등기 또는 등록 신청서를 등기·등록관서에 접수하는 날까지 취득세를 신고·납부하여야 한다고 규정하고 있다.

　같은 조 제4항이 2018. 12. 31. 개정되기 전에는 그 기한에 관하여 현행처럼 '등기 또는 등록 신청서를 등기·등록관서에 접수하는 날까지'로 규정하지 않고 '등기 또는 등록을 하기 전까지'로 규정하고 있었고, 그 시행령 제35조에서는 '등기 또는 등록을 하기 전까지'의 의미에 관하여 "법 제20조 제4항에 따른 등기 또는 등록을 하기 전까지는 등기 또는 등록의 신청서를 등기·등록관서에 접수하는 날까지로 한다."라고 규정하고 있었다. 그런데 위 시행령 제35조에 관하여 모법에 위임근거규정이 없었다. 이 때문에 위 시행령 규정이 무효라는 주장이 제기되었다.

　이에 관하여 대법원 2020. 10. 15. 선고 2017두47403 판결은, 위 시행령 규정은 무효라고 볼 수 없다고 판시하였다. 그 논거로, 지방세법령의 개정 연혁과 취지 등에 비추어 보면, 구 지방세법 제20조 제4항이 '등기 또는 등록을 하기 전까지'의 의미에 관하여 대통령령 등 하위 법령에 위임하는 규정을 두지는 아니하였으나, 그 취지는 종전 등록세 관련 규정과 마찬가지로 재산권 등의 이전 등을 등기 또는 등록하려는 경우의 취득세 신고·납부기한을 '등기 또는 등록의 신청서를 등기·등록관서에 접수하는 날까지'로 정하려는 데에 있었던 것으로 보일 뿐인 점, 구 지방세법 제21조는 취득세 납세의무자가 구 지방세법 제20조 제4항이 정한 취득세 신고·납부기한까지 취득세를 신고 또는 납부하지 아니하는 경우 과세관청이 가산세를 징수하는 내용을 포함하고 있는데 원고의 주장과 같이 구 지방세법 제20조 제4항의 '등기 또는 등록을 하기 전까지'를 '등기 또는 등록절차가 완료되는 날까지'로 보는 경우, 재산권 등의 이전 등을 등기 또는 등록하려는 경우의 취득세 신고·납부기한은 등기 또는 등록절차가 완료되는 날이 되어 그 등기 또는 등록절차는 취득세가 납부되지 아니한 상태에서는 완료될 수 없으므로, 결국 과세관청이 구 지방세법 제21조에 근거하여 구 지방세법 제20조 제4항이 정한 취득세 신고·납부기한의 미준수로 가산세를 징수하는 경우는 존재할 수 없게 되는 점, 또한 구 지방세법 시행령 제36조 제1항, 제2항은 취득세 등을 등기 또는 등록신청서의 접수 전까지 선납할 것을 전제로 등기 또는 등록신청서에 취득세 영수필 통지서 등을 첨부하도록 정하고 있고, 부동산등기법 제29조 제10호도 마찬가지 전제하에 취득세를 내지 아니한 경우를 등기 또는 등록신청의 각하사유로 정하고 있는 점, 한편 취득세 신고·납부기한을 '등기 또는 등록의 신청서를 등기·등록관서에 접수하는 날까지'로 보는 경우 취득세 납세의무자가 취득세를 내지 아니한 상태에서 등기신청을 하였다가 등기신청을 취하하거나 등기신청이 각하된 경우 가산세를 부담하지 않게 되는 반면, 등기관의 보정명령에 응하여 등기신청서의 접수일 이후 취득세를 납부한 경우 가산세를 부담하게 되는 결과에 이르게 되나 취득세 납세의무자는 등기신청의 접수번호에 따른 등기의 우선순위 확보를 위해 자신의 필요에 따라 등기신청을 먼저 하고 나중에 취득세를 납부하는 경우가 있을 수 있고, 나아가 등기신청을 먼저 한 경우라도 가산세 부담을 피하기 위하여 등기신청을 취하할 것인지 또는 순위확보의 이익을 위하여 보정명령에 응하여 취득세를 납부할 것인지 선택할 수 있으며, 그렇지 않은 경우라도 이는 법령을 준수하지 아니한 결과에 불과하므로, 이를 두고 보정명령에 응한 자를 부당하게 차별하는 것이라고 볼 수 없다는 점을 들고 있다.

취득세 납세의무는 등기 또는 등록절차가 완료됨으로써 소유권을 취득한 때에 성립한다고 할 것임에도 취득세의 신고·납부기한을 그보다 앞선 시기로 규정하다 보니 이런 복잡한 문제가 생긴다. 위와 같은 논란을 해소하기 위하여 2018. 12. 31. 위 시행령 규정을 아예 법률규정으로 격상시켰다. 그럼에도 불구하고 취득세 납세의무의 성립시기와 취득세 신고·납부기한이 역전되어 있다는 점에서 여전히 어색하고 이는 다분히 취득세 징수행정의 편의를 도모하다가 초래된 바람직하지 않은 결과라고 할 수 있겠다.

7. 취득세의 감면

가. 감면규정의 체계

취득세를 비롯한 각종 지방세의 감면에 관하여 지방세법이 2010. 3. 31. 전부 개정되기 전에는 제5장의 제261조 이하에서 규정하고 있다가 위와 같이 전부 개정되면서 별도의 법률인 지방세특례제한법에서 이를 규정하고 있다. 일반적으로 감면규정은 조세정책적 차원에서 입법재량에 의하여 마련되는데, 취득세의 경우 그 취득당시에 일정한 목적을 가지고 있으면 감면의 혜택을 부여하였다가 사후에 그 요건을 심사하여 당초 면제하였던 취득세에 대하여 다시 부과처분을 하거나 추징처분을 한다.

당초 취득시에 필요한 목적은 아직 실현되기 전의 것이어서 실제로 그와 같은 목적이 있었는지를 심사하는 것이 어렵다. 그래서 취득자가 취득세 신고의무를 이행할 때에는 그 목적이 있다고 의사표시만 하면 일단 감면을 해주지 않을 수 없는 한계가 있다. 하지만 이러한 경우에는 사후심사가 필요하다. 그 방편으로 두 가지 방법이 채택되고 있는데, 첫째는 취득세 면제요건을 사후요건으로 규정하여 사후심사결과 그 요건이 충족되지 않으면 당초 면제하였던 취득세를 다시 부과하는 것이고, 둘째는 면제요건을 사후요건으로는 규정하지 않고 사후의 사정변경을 요건으로 규정하여 여기에 해당할 경우 면제하였던 취득세를 추징하는 것이다. 첫째의 경우는 처음부터 그 목적이 없었다고 보는 것이며, 사후요건을 충족하지 못하더라도 별도로 추징한다는 규정을 두고 있지 않으며, 둘째의 경우는 처음에는 그 목적이 없었다고 볼 수 없으나 사후에 사정변경으로 그 목적이 소멸되었다고 보는 것이며 그와 같이 볼 수 있는 요건을 단서에 규정하여 여기에 해당하면 추징하도록 하고 있다.

예를 들어 지방세특례제한법 제46조 제1항은 대통령령으로 정하는 기업부설연구소에 직접 사용하기 위하여 취득하는 부동산에 대해서는 취득세를 100분의 50을 경감하도록 규정하면서, 제4항은 연구소설치 후 4년 이내에 정당한 사유 없이 연구소를 폐쇄하거나 다른 용도로 사용하는 경우 그 해당 부분에 대해서는 경감된 취득세를 추징한다고 규정하고, 그 시행령 제23조 제1항은 여기서의 기업부설연구소는 토지나 건축물을 취득한 후 1년 또는 2년 이내에 소정의 기준을 갖춘 연구소로서 주무부장관에게 신고하여 인정을 받은 것을 말한다고 규정하고 있다. 여기서 그 시행령 제23조 제1항이 감면요건에 해당하는데 그 내용에서 알 수 있듯이 사후에야 그 충족 여부를 알 수 있는 요건이다. 그래서 이러한 사후요건을 충족하지 못하면 처음으로 돌아가 감면해주었던 취득세를 부과하는 것이다. 엄밀하게 말하면 부과처분을 유예해 두었다가 사후요건이 충족되지 못하였음이 확인된 때에 비로소 부과처분을 하는 것이다. 그리고 지방세특례제한법 제46조 제4항의 경우는 위에서 본 사후요건을 일단 갖춘 후에 이를 지속하지 않고 사후에 사정변경을 일으킴으로써 감면의 목적달성을 하지 못하게 한 때에 해당하는 것으로서 이에 대하여는 추징처분을 하는 것이다.

같은 취지에서 대법원 2013. 11. 28. 선고 2011두27551 판결은, 위 시행령 조항에서 정한 기업부설연구소를 설치하지 못한 경우에는 처음부터 위 법률 조항 본문에 따른 취득세 등의 면제대상에서 제외되어 원칙대로 과세되는 것이고, 이때의 부과처분은 면제된 취득세 등을 새로운 부과처분의 형태로 추징하는 위 법률 조항에서 따로 정하는 추징처분과는 그 요건을 달리하는 별개의 처분이라고 판시하였다.

납세자가 받게 되는 부담면에서는 양자 사이에 별 차이가 없지만 법리상으로는 엄연히 구별되는 개념이다. 양자의 부과제척기간의 기산점을 정할 때 추징처분의 경우에는 추징처분을 할 수 있을 때를 기준으로 하는데 별문제가 없으나 부과처분의 경우에는 취득세 납세의무의 성립요건을 갖춘 당초 취득시를 기준으로 해야 할지 사후면제요건을 충족하지 못한 때로 보아야 할지 의문이 있다. 이에 대하여 대법원 2010. 6. 24. 선고 2010두4094 판결은, 후자의 입장을 취하여, 지방세의 사후감면요건을 충족하지 못하여 과세대상이 된 경우 부과제척기간의 기산점은, '비과세 또는 감면받은 세액 등에 대한 추징사유가 발생하여 추징하는 경우에는 그 신고납부기한의 다음 날'을 지방세를 부과할 수 있는 날로 정하는 구 지방세법 시행령(2005. 1. 5. 개정되기 전의 것) 제14조의2 제2항에 따라, 당해 토지의 취득일로부터 2년이 경과한 날에서 신고납부기한인 30일이 경과한 다음 날이라고 할 것이라고 판시하였다.

사후심사에 의하여 부과처분이나 추징처분을 할 때 주로 문제되는 것은 취득한 날로부터 일정한 유예기간 내에 정당한 사유 없이 당초 목적한 용도에 사용하지 않는 경우인데, 여기서 유예기간의 기산일을 당초 취득일로만 국한할 것인지 아니면 정당한 사유가 소멸된 날로부터 다시 유예기간을 기산할 수 있는지가 문제될 수 있다. 전자의 견해에 의하면, 취득일로부터 기산하여 유예기간 동안 당초 목적한 용도에 사용하지 않더라도 정당한 사유가 있다면 더 이상 부과처분이나 징수처분이 불가능한데, 후자의 견해에 의하면 정당한 사유가 소멸한 후로부터 다시 유예기간을 산정하여 그 기간 동안 정당한 사유 없이 당초 목적한 용도에 사용하지 않으면 부과처분이나 징수처분을 할 수 있게 된다. 이에 관하여 대법원 2024. 5. 30. 선고 2021두58059 판결은 전자의 입장을 취하였다. 법 문언상 유예기간의 기산일을 취득일로 명시한 이상 그때로부터만 유예기간을 따져서 그 기간동안 정당한 사유가 있으면 그 기간이 종료한 후에는 더 이상 정당한 사유를 불문하고 부과처분이나 징수처분을 할 수 없다고 판시하였다. 조세법규의 엄격해석의 원칙에 부합하는 타당한 판결이다.

나. 감면규정의 적용방법

위에서 본 바와 같이 감면규정을 적용할 때는 먼저 감면요건의 존부를 심사하여 부과처분을 할 수 있는지를 따져보고 다음으로 추징요건의 존부를 심사하여 추징처분의 당부를 따져보아야 한다. 특히 사후의 감면요건과 추징요건의 구별에 주의하여야 한다.

그런데 감면규정이 복수가 적용되는 경우가 있다. 이 경우 그 감면규정 중 어느 하나의 추징사유에만 해당하게 된 경우 과연 추징처분을 할 수 있는지가 문제될 수 있다. 이에 대하여 대법원 2012. 1. 27. 선고 2010두26414 판결은, 동일한 과세대상에 대하여 조세를 감면할 근거규정이 둘 이상 존재하는 경우에 어느 하나의 감면규정에 정한 감면요건이 충족되고 그 규정에 따른 감면에 대해서는 추징규정이 없거나 추징사유가 발생하지 아니하였다면 나머지 다른 감면규정에 부속된 추징사유가 발생하여 그 규정에 따른 추징처분은 가능하게 되었다고 하더라도 원래의 감면사유가 여전히 존재하는 이상 추징처분을 하는 것은 허용되지 않는다고 판시하였다. 당연한 판결이다. 감면사유는 하나만 존재하여도 감면이 되는 것이다. 두 개 이상의 감면사유가 존재하다가 어느 하나의 감면사유에 대하여 추징사유가 생긴다고 하더라도 여전히 다른 하나의 감면사유가 존재하기 때문에 감면이 유지되어야 하고 추징처분이 이루어져서는 아니되는 것이다.

따라서 위 판결이 판시한 바와 같이 복수의 감면규정 중 어느 하나의 규정에 따라 감면이 이루어진 후 다른 감면규정에 종속하는 추징규정에 근거하여 추징처분이 이루어진 경우에는 당초에 한 감면결정의 근거가 된 감면사유가 존재하는지를 먼저 판단하여 그 감면사유가 존재한다면 다른 감면규정에 따른 추징요건을 충족하는지와 상관없이 추징처분은 위법하다고 할 것이다. 반면에 당초 감면결정의 감면사유가 인정되지 않는다면 거기에서 나아가 추징처분의 바탕이 된 감면규정에 정한 감면사유 및 추징사유의 존부를 가려 그 처분의 위법 여부를 판단해야 한다. 그리고 이 경우 추징처분이 적법하기 위해서 전제가 되는 감면결정이 먼저 있어야 하는지는 해당 법령의 성격 등을 따져서 할 것이므로, 그 감면결정에 당사자의 감면신청이 필요적 요건이 아니라면 따로 감면결정이 없었더라도 곧바로 추징처분을 할 수 있다고 볼 수 있다.

다. 사례 분석

취득세의 감면과 추징규정은 별개의 항목으로 규정하거나 본문과 단서의 관계로 규정하는데 구 지방세법 시절에는 후자의 방법을 많이 사용한 반면에 지방세특례제한법에서는 전자의 방법이 많이 사용되고 있다. 그런데 이들 규정들과의 상호관계가 분명하게 연결되지 않아 그 해석·적용에 있어서 혼란이 있다. 관련 규정들이 전부 동시에 탄생하여 유지되어 온다면 이러한 혼란이 작지만 그렇지 않고 입법자가 그때그때 필요에 따라 보완입법을 해 온 경우에는 어느 한 부분에 손을 대면서 다른 부분과의 관계를 제대로 고려하지 않는 바람에 서로 충돌되는 양상을 보이기도 한다. 이럴 때는 문언대로만 해석하여서는 답을 구하기 어렵고 결국 입법 취지를 잘 고려해서 합목적적이고 체계적인 해석을 하여 답을 구할 수밖에 없다. 즉, 입법의 실수나 모순을 해석을 통하여 치유하는 것이다. 그러나 그와 같은 해석에는 조세법률주의라는 분명한 한계를 준수하여야 한다. 해석이 새로운 입법수준으로까지 나아가서는 아니된다.

대표적인 사례를 소개한다. 구 지방세법(2005. 1. 5. 개정되기 전의 것) 제276조 제1항은 '산업단지 안에서 공장용 건축물·연구시설 및 시험생산용 건축물(이하 공장용 건축물 등이라 한다)를 신축하거나 증축하고자 하는 자(공장용 부동산을 중소기업자에게 임대하고자 하는 자를 포함한다)가 취득하는 부동산에 대하여는 취득세를 면제한다. 다만, 그 취득일로부터 3년 내에 정당한 사유 없이 공장용 건축물 등의 용도에 직접 사용하지 아니하는 경우 또는 그 사용일로부터 2년 이상 공장용 건축물 등의 용도로 직접 사용하지 아니하고 매각하거나 다른 용도로 사용하는 경우 그 해당부분에 대하여는 면제된 취득세를 추징한다'고 규정하고 있다. 이 규정은 현행 지방세특례제한법 제78조 제4항 제2호 (가)목 및 제5항에 비슷하게 승계되어 있다.

위 규정은 '공장용 건축물 등을 신축하거나 증축하고자 하는 자가 취득하는 부동산'이라고 하여 취득의 주체를 따로 규정하면서 취득의 대상에 대하여는 그냥 '부동산'이라고만 규정함으로써 아무런 제한을 두고 있지 않다. 일반적인 감면규정에서는 취득의 대상을 직접 규정하면서 그 용도를 제한하고 있는 것과 차이를 보이는 것이다. 위 규정도 일반적인 감면규정의 형식을 취하였다면, '공장용 건축물 등을 신축하거나 증축하기 위하여 취득하는 부동산' 또는 '공장용 건축물 등을 신축하거나 증축하는 데 직접 사용하기 위하여 취득하는 부동산', '공장용 건축물 등을 신축하거나 증축하고자 하는 자가 취득하는 공장용 건축물 등의 신축 또는 증축용 부동산'이라는 형식이 되었을 것이다. 여기서의 부동산에는 토지와 건축물이 모두 포함됨은 물론이다. 그리고 공장용 건축물이라 함은 순수한 제조시설뿐만 아니라 이를 지원하는 각종 부대시설로서 공장의 울타리 안에 들어 있는 것은 모두 포함된다고 해석된다. 그리고 신축과 증축의 의미에 관하여는 직접적인 준용규정을 두고 있지는 않지만, 건축법의 규정에 따르는 것이 합리적일 것이다.

위 규정이 감면받는 주체에 관하여는 '신축하거나 증축하고자 하는 자'로 그 범위를 제한하고 있는 취지에 비추어, 이를 유기적·체계적으로 해석한다면 그가 취득하는 부동산이 신축·증축행위와 전혀 무관한 부동산까지 면제대상에 포함되는 것으로 확대하기는 곤란할 것으로 보인다. 여기서 면제대상을 어느 정도의 범위에서 제한할 것인지가 어려운 문제로 등장한다.

그리고 규정은 본문과 단서로 규정되어 있는데, 본문에서는 면제의 요건을, 단서에서는 추징의 요건을 각 규정하고 있다. 통상의 규정들은 본문에서 감면의 요건을 규정하고, 단서에서는 그 감면요건을 충족하지 못할 경우 감면세액을 추징한다고 규정하고 있다. 즉, 일반적으로 본문의 요건과 단서의 요건은 동전의 양면관계에 있다고 할 수 있다. 그런데 위 규정은 본문에서 규정하는 면제요건과 단서에서 규정하는 추징의 요건이 서로 같은 동전의 양면관계를 이루지 못하고 있다. 위 규정은 본문에서는 '산업단지 안에서 공장용 건축물 등을 신축하거나 증축하고자 하는 자가 취득하는 부동산에 대하여 취득세 등을 면제한다'고 규정하면서, 단서에서는 '그 취득일로부터 3년 내에 정당한 사유 없이 공장용 건축물 등의 용도에 직접 사용하지 아니하는 경우 그 해당부분에 대하여는 면제된 취득세 등을 추징한다'고 규정하고 있다. 이와 같이 본문에서는 공장용 건축물을 신축·증축하고자 하는 것을 감면의 요건으로 규정하면서, 단서의 추징요건에서는 위 감면의 요건을 충족하지 아니하는 경우(즉, 공장용 건축물의 신축·증축에 직접 사용하지 아니한 경우)를 규정한 것이 아니라, 공장용 건축물의 용도에 직접 사용하지 아니한 경우를 규정하고 있다.

문리해석을 하게 되면, 공장용 건축물 등을 신축·증축하고자 하는 자가 기존의 공장용 부동산을 취득한 후 사후에 공장용 건축물 등을 신축·증축하지 아니하고 당초 취득한 상태대로 공장용 건축물의 용도에 직접 사용할 경우에는 면제된 세액을 추징할 수 없다는 해석이 가능해진다. 이와 같이 해석하면 결과적으로 기존의 공장용 건축물 등을 승계취득하여 그대로 사용하는 경우도 모두 취득세 등의 감면대상에 포함되게 되어, 취득세 등을 감면받는 주체에 관한 규정, 즉 '공장용 건축물 등을 신축 또는 증축하고자 하는 자'의 의미가 무색해져버린다.

이와 달리 목적론적 해석을 하게 되면, 위 규정의 단서에서 '공장용 건축물 등의 용도에 직접 사용하지 아니하는 경우'라고 규정하여 '공장용 건축물 등'이라는 용어를 사용하고 있고, 이것은 이 사건 규정의 본문의 '공장용 건축물 등을 신축하거나 증축하고자 하는 자'에서의 '공장용 건축물 등'의 용어와 일치하는 점, 감면규정과 추징규정은 서로 동전의 양면관계를 이루고 있으므로 유기적·체계적으로 해석할 필요가 있는 점 등에 비추어, 위 규정의 단서에서 말하는 '공장용 건축물 등의 용도에 직접 사용하지 아니하는 경우'라 함은 취득세 등을 감면받은 자가 감면의 취지에 따라 사후에 '신축하거나 증축한 공장용 건축물 등'을 그 용도에 직접 사용하지 아니하는 경우를 말하는 것으로 해석될 수 있다. 이렇게 해석하면, 위 규정에 의하여 취득세 등을 면제받은 자가 사후에 공장용 건축물 등을 아예 신축·증축하지 아니하거나 신축·증축하였다 하더라도 이를 그 본래의 용도에 직접 사용하지 아니하고 매각한 경우 등에는 면제된 취득세를 추징할 수 있게 된다. 목적론적 해석이 타당함은 물론이다.

그리고 위 규정 본문의 괄호부분, 즉 '공장용 부동산을 중소기업자에게 임대하고자 하는 자를 포함한다'는 부분도 괄호 밖의 부분과 단서의 부분과 조화를 이루지 못한다. 괄호 밖과 단서에서는 '공장용 건축물 등'이라는 용어를 사용하고 있기 때문이다. 그리고 위 괄호규정이 '신축하거나 증축하고자 하는 자' 다음에 위치하고 있는 점에 비추어, '임대하고자 하는 자'는 '신축하거나 증축하고자 하는 자'와 병렬적인 지위에 있는 것처럼 보인다. 따라서 문리해석에 충실하게 되면 공장용 부동산을 임대하고자 하는 자는 신축하거나 증축하고자 하지 아니하고 단지 기존의 공장용 부동산을 승계취득하는 경우에도 취득세 등을 면제받을 수 있다는 해석도 가능하다. 그러나 자가사용의 경우에는 신축·증축하고자 하는 자만이 취득세 등을 면제받을 수 있는데 비하여, 임대의 경우에는 신축·증축하고자 할 필요도 없다고 해석하는 것은 조세공평의 원칙상 문제가 있다. 왜냐하면, 조세정책적 측면에서 볼 때 자가사용의 경우가 임대의 경우보다 오히려 더 불리하게 취급받을 이유는 없을 것이기 때문이다. 따라서 임대의 경우와의 형평을 유지하기 위한 측면에서 자가사용의 경우 취득세 등의 면제요건을 완화하는 방향으로 해석할 수도 있다. 즉, 취득세 등의 면제의 대상은 반드시 신축·증축용 부동산만으로 국한되는 것이 아니라고 해석하는 것이다. 그러나 이와 같이 해석하면 괄호 밖의 규정과 단서의 규정이 괄호 안의 규정 때문에 문언과 다르게 해석되어 꼬리가 몸통을 흔드는 결과가 되어 합리적이지 못하다. 그래서 괄호 안의 '공장용 부동산'을 괄호 밖의 규정과 단서의 규정과 같이 공장용 건축물 등의 의미로 해석하는 것이 합리적이라고 할 것이다.

같은 취지에서 대법원 2013. 2. 28. 선고 2012두23426 판결은, 위 괄호규정에서 '공장용 부동산을 중소기업자에게 임대하고자 하는 경우'를 예외적으로 본문에 의한 취득세와 등록세 면제 대상에 포함하고 있는데, 위 규정의 입법 취지와 개정 연혁, 본문과 단서의 관계 등에 비추어 볼 때, 위 괄호규정의 '공장용 부동산'은 본문규정의 '산업용 건축물 등'과 달리 보기 어렵고, 따라서 산업용 건축물 등이 건축되지 않은 공장용지는 위 괄호규정의 '공장용 부동산'에 포함되지 않으므로 위와 같은 공장용지를 위 괄호규정이 정하는 중소기업자에게 임대하여 그 중소기업자가 산업용 건축물을 신축하였다 하더라도 위 규정의 본문에 의한 취득세의 면제 대상에 해당하지 않는다고 해석함이 타당하다고 판시하였다. 그리고 같은 취지에서 대법원 2012. 11. 29. 선고 2012두17179 판결은, 산업용 건축물 등을 신축 또는 증축하고자 하는 자가 부동산을 취득하더라도 스스로 이를 산업용 건축물 등의 용도에 직접 사용하지 아니하고 제3자에게 임대할 목적이 있는 경우에는 그 임대가 위 괄호규정이 정하는 중소기업자에 대한 임대가 아닌 한 위 규정의 본문에 의한 취득세와 등록세의 면제대상에 해당하지 않는다고 해석함이 상당하다고 판시하였다. 타당한 판결들이다.

그리고 대법원 2023. 8. 18. 선고 2022두48721 판결은, 지방세특례제한법 제38조 제1항이 의료법 제48조에 따라 설립된 의료법인이 의료업에 직접 사용하기 위하여 특별시 지역에서 일정 기한까지 취득하는 부동산에 대해서는 취득세를 경감하도록 규정하고 있고, 지방세특례제한법 제178조 제1호는 그 부동산을 정당한 사유 없이 취득일부터 1년의 유예기간까지 해당 용도로 직접 사용하지 아니하는 경우 그 해당 부분에 대하여 감면된 취득세를 추징하도록 규정하고 있는 데 대하여, 지방세특례제한법 제178조 제1호에서 정하는 '정당한 사유'라고 함은 법령에 의한 금지, 제한 등 납세의무자가 마음대로 할 수 없는 외부적인 사유는 물론 해당 용도로 사용하기 위한 정상적인 노력을 다하였으나 시간적인 여유가 없어 유예기간을 넘긴 내부적인 사유도 포함되고, 정당한 사유의 유무를 판단할 때에는 납세의무자에 의하여 수행되는 사업의 공익성을 감안하여 취득세를 부과하지 않는 입법 취지를 충분히 고려하면서, 부동산의 취득목적에 비추어 그 목적사업에 직접 사용하는 데 걸리는 준비기간의 장단, 목적사업에 사용할 수 없는 법령상, 사실상의 장애사유 및 장애정도, 납세의무자가 목적사업에 사용하기 위한 진지한 노력을 다하였는지 여부 등을 아울러 참작하여 구체적인 사안에 따라 개별적으로 판단하여야 한다고 판시하였다. 위 사안에서 원심은, 원고가 해당 부동산을 의료업이 아닌 다른 목적이나 용도로 사용하는 것은 사실상 불가능하고 그 부동산에 종합병원을 건축하는 데에 세부개발계획이 지구단위계획으로 수립되어야 하는 등 상당한 시간이 소요되며 원고가 종합병원을 건축하기 위한 정상적인 노력을 다하였으나 원고가 마음대로 할 수 없는 다양한 사유로 유예기간을 경과하였다는 등 판시와 같은 이유로, 원고가 그 부동산을 유예기간 내에 의료업에 직접 사용하지 못한 데에 정당한 사유가 있다고 판단하였고, 대법원이 이를 수긍하였다. 정당한 사유가 있는지 여부에 관하여 여러 가지 상황을 종합적, 현실적으로 고려한 합리적 판단을 한 것으로 보인다.

8. 취득세의 중과

가. 중과규정 해석의 기본 원칙

지방세법에는 취득세의 중과규정도 두고 있다. 세율의 적용에 있어서 차이를 두는 것이다. 6억 원 이상의 고가주택의 취득에 대한 중과규정인 지방세법 제11조 제1항 제8호나 과밀억제권역 안의 취득에 대한 중과규정인 지방세법 제13조 제1항과 별장, 고급오락장 등의 취득에 관한 중과규정인 같은 조 제5항이 그 예이다. 중과규정이든 감면규정이든 조세법규는 문언대로 엄격하게 해석하는 것이 원칙이다. 하지만 특히 중과규정은 납세자에게 과다한 부담이 주어지는 침익적인 규정이기 때문에 엄격해석의 원칙을 유지하여야 하고 입법 취지에 치중하여 함부로 유추해석이나 확장해석을 하여서는 아니된다. 이러한 경우는 새로운 입법으로 해결하는 것이 합리적이다. 오히려 중과규정의 가혹한 성격을 고려하여 축소해석하는 데 있어서는 다소간의 탄력성을 부여하는 것은 무방하다고 본다.

이러한 중과규정의 적용대상이 되는지를 판단하는 기준시점은 당연히 취득세 납세의무 성립시인 취득시기가 되어야 할 것이다. 즉, 취득 후 보유기간 중의 사정변경은 고려되지 않는 것이 원칙이다. 취득세가 거래세의 일종이기 때문이고 재산세와 같은 보유세가 아니기 때문이다. 대법원 2012. 2. 9. 선고 2009두23938 판결도 같은 취지에서 취득세가 중과세되는 고급오락장에 해당하는지는 해당 부동산을 취득한 때의 현황이 객관적으로 법령이 규정한 고급오락장으로서 실체를 갖추고 있는지에 따라 판단하여야 할 것이라고 판시하였다. 하지만 취득당시의 현황은 중과세대상이었지만 취득자의 의도가 중과세대상이 아닌 용도로 사용하고자 하는 것이었고 그것이 취득 후 단기간 내에 객관적인 현상으로 드러났다면 그 입법 취지상 예외를 인정해 줄 필요가 있다고 하겠다. 특히 고급오락장과 같은 경우가 여기에 해당할 수 있다. 그래서 위 대법원 판결은, 취득세 중과세규정의 입법 취지가 사치·향락적 소비시설의 유통을 억제하고자 하는데 있는 점 등을 고려하면, 취득당시의 현황이 고급오락장이더라도 취득 전후의 객관적 사정에 비추어 취득자가 이를 취득한 후 바로 고급오락장이 아닌 다른 용도로 이용하고자 함을 명확히 확인할 수 있을 뿐만 아니라, 나아가 취득자가 취득 후 짧은 기간 안에 실제 고급오락장이 아닌 용도로 사용하기 위해 그 현황을 변경시킨 경우까지 취득세를 중과세할 수는 없다고 판시하였다. 이러한 대법원의 입장이 반영되어 현행의 지방세법 제13조 제5항 제4호는 단서를 두어 고급오락장용 건축물을 취득한 날부터 30일 이내에 고급오락장이 아닌 용도로 사용하거나 고급오락장이 아닌 용도로 사용하기 위해 용도변경공사를 착공하는 경우에는 중과세대상에서 제외하도록 명문으로 규정하였다. 그래서 이제는 중과세를 면하기 위해서는 위 30일의 기한을 준수하는 것이 필요하다고 하겠다. 하지만 이에 대하여도 아래 사례 분석에서 보는 바와 같이 대법원은 그 기한을 준수하지 못한 데에 정당한 사유가 있는 경우에는 취득세를 중과세할 수 없다는 입장이다.

나. 사례 분석

취득세 중과규정에 해당하는지 여부를 판단함에 있어서 그 문언에 충실한 해석을 할 것인지 아니면 입법 취지를 고려하여 그 문언을 탄력적으로 확장해석할 것인지가 다투어진 사례로 고가주택에 대한 취득세 중과사건들이 있다.

지방세법 제11조 제1항 제8호는 취득가액이 6억 원 이하인 주택을 취득하는 경우에는 1,000분의 10의 세율을, 6억 원 초과 9억 원 이하의 주택을 취득하는 경우에는 1,000분의 20의 세율을, 9억 원 초과 주택을 취득하는 경우에는 1,000분의 30의 세율을 각각 적용하도록 하고 있다. 그리고 그 후문에서 이 경우 지분으로 취득한 주택의 취득당시의 가액은 전체 주택의 취득당시의 가액으로 한다고 규정하고 있다. 이 후문의 규정은 2015. 7. 24. 신설된 것인데 그 신설 전에도 과세관청은 주택의 지분으로 취득한 경우에도 주택 전체 가액을 기준으로 그 적용세율을 결정하였다. 이에 대한 하급심의 판결들이 엇갈리고 있다. 종래의 주류적인 하급심 판결들은 과세관청의 입장을 수긍하는 것이었다. 이들 판결의 주된 논거는, 지방세법 제10조는 과세표준에 대하여 정하고 있고, 제11조는 취득세율에 대하여 정하고 있으며, 제11조 제1항의 각 호는 구체적인 세율을 정하고 있는데, 같은 법 제11조 제2항은 '제1항 제1호, 제2호, 제7호, 제8호의 부동산이 공유물인 경우 그 취득지분의 가액을 과세표준으로 하여 제1항에서 정한 각 세율을 적용한다.'라고 정하고 있는 것은 공유물의 과세표준에 대한 규정이고, 세율에 관한 규정이 아니며, 따라서 취득한 주택이 공유물인 경우, 그 '취득당시의 전체 주택의 가액'에 따라 취득세율이 결정되는 것이고, 각 공유자별로 취득지분의 가액을 과세표준으로 삼아 위 결정된 취득세율을 적용하여 계산한 금액을 세액으로 정하게 된다는 것이다. 제11조 제1항 제8호가 유상거래를 원인으로 제10조에 따른 취득당시의 가액이 6억 원 이하인 주택을 취득하는 경우라고 규정하여 '주택'의 가액을 기준으로 적용 세율을 정하고 있는 것은 주택을 공유지분으로 취득하더라도 공유자는 그 공유물 전부를 지분비율로 사용·수익할 수 있는 것이므로 주택전체의 가액을 기준으로 세율을 적용하는 것이 당연해 보인다는 것이다.

그러나 이는 문언의 범위를 벗어나는 해석이라는 느낌을 지울 수 없다. 조세법률주의 원칙상 과세요건이나 비과세요건 또는 조세감면요건을 막론하고 조세법규의 해석은 특별한 사정이 없는 한 법문대로 엄격하게 해석할 것이고 합리적 이유 없이 확장해석하거나 유추해석하는 것은 허용되지 아니한다. 지방세법 제10조 제1항은 취득세의 '과세표준'은 '취득당시의 가액'으로 한다고 규정하고 있고, 제2항은 제1항에 따른 '취득당시의 가액'은 '취득자가 신고한 가액'으로 한다고 규정하고 있으며, 제11조 제1항은 부동산에 대한 취득세에 적용되는 세율을 정하면서 제10조의 과세표준을 그 적용대상으로 규정하고 있고 제8호에서 주택 취득의 경우 '취득당시의 가액'을 기준으로 구간별 세율을 정하고 있으며, 제11조 제2항은 부동산이 공유물일 경우에는 '그 취득지분의 가액'을 과세표준으로 하여 각각의 세율을 적용하도록 규정하고 있다. 이와 같이 지방세법 제11조 제1항 제8호는 '제10조에 따른 취득당시의 가액'의 크기에 따라 구간별로 세율을 달리 정하고 있는데, 제10조 제1항 본문은 '취득세의 과세표준은 취득당시의 가액으로 한다'라고 하고, 제2항 본문도 '취득당시의 가액은 취득자가 신고한 가액으로 한다'라고 하므로, 제11조 제1항 제8호에서 말하는 '제10조에 따른 취득당시의 가액'이란 제10조 제1항의 '취득세의 과세표준'을 의미한다고 보아야 한다. 그런데 제11조 제2항은 제1항 제8호의 부동산이 공유물일 때에는 그 '취득지분의 가액'을 과세표준으로 하여 각각의 세율을 적용한다고 규정하고 있으므로 공유지분의 취득에 대하여 제11조 제1항 제8호를 적용함에 있어서는 그 '제10조에 따른 취득당시의 가액'이란 '취득지분의 가액'을 의미한다고 새기는 것이 위 각 규정의 문언에 부합한다.

이와 달리 주택의 일부 지분만을 취득함에도 불구하고 지방세법 제11조 제1항 제8호를 적용함에 있어 '제10조에 따른 취득당시의 가액'을 '전체 주택의 취득당시의 가액'으로 보아 그에 따른 높은 세율을 적용한다면 이는 납세자에게 불리한 내용을 법률의 명시적 규정도 없이 함부로 의제하는 것으로서 조세법률주의의 원칙상 용인될 수 없다. 지방세법 제11조 제8호가 2015. 7. 24. 개정되면서 후문으로 '이 경우 지분으로 취득한 주택의 취득당시의 가액은 소정의 계산식에 따라 산출한 전체 주택의 취득당시의 가액으로 한다'라는 부분을 신설한 것은 이러한 법률 규정의 흠결을 입법으로 보완한 것인데, 이 부분은 납세자에게 불리한 의제적 규정인 만큼 확인적 규정이 아니라 창설적 규정으로 보아야 한다. 따라서 이 부분은 그 부칙 제2조에 의하여 위 개정규정의 시행일인 2015. 7. 24. 이후 최초로 납세의무가 성립하는 분부터 적용되어야 한다. 따라서 위 후문 규정이 신설되기 전에는 지방세법 제11조 제1항 제8호 및 제2항을 적용함에 있어 2인 이상이 하나의 주택을 공유지분으로 취득한 때에 적용되는 취득세율은 '전체 주택의 취득당시의 가액'이 아니라 '취득지분의 취득당시의 가액'을 기준으로 판단함이 타당하다고 할 것이다.

이 부분 쟁점이 위 후문의 신설로 인해 과도기적 성격의 것에 그치기는 하지만 지방세 중과규정의 해석에 관한 기본적인 입장과 연결되어 있기 때문에 대법원이 최종심으로서의 현명한 법리판단을 선언하는 것이 바람직하다고 하겠다.

그리고 대법원은 앞서 언급한 바와 같이 고급오락장용 건물을 취득한 날로부터 법정기한인 30일이 지나도록 용도변경공사에 착공하지 못하였지만 정당한 사유가 있다는 이유로 취득세가 중과세되어서는 아니된다는 판결을 선고하였다. 대법원 2017. 11. 29. 선고 2017두56681 판결이다. 이 판결은 A가 무도유흥주점으로 사용되던 부동산을 제2종 근린생활시설(스포츠센터) 등으로 사용할 목적으로 취득하고, 위 부동산에 관하여 일반세율을 적용하여 취득세 등을 신고·납부한 후 용도변경사용승인을 얻어 용도변경공사를 착공하려고 하였으나, 위 부동산에 대한 유치권을 주장하는 B가 인도를 거부하여 용도변경공사를 착공하지 못하였는데, 관할관청이 A가 고급오락장인 위 부동산을 취득한 날부터 30일 이내에 고급오락장이 아닌 다른 용도로 사용하거나 이를 위한 용도변경공사를 착공하지 않았고 재산세 과세기준일까지 고급오락장으로 이용되고 있다는 이유로 A에게 위 건물에 관하여 중과세율을 적용한 취득세와 재산세 등의 부과처분을 한 사안에서, 위 부동산의 취득 목적과 그에 따른 후속 용도변경공사의 착공이 늦어지게 된 경위 등에 비추어 보면, A가 위 부동산을 취득한 날부터 30일 이내에 용도변경공사를 착공하지 못하였더라도 용도변경공사를 착공하지 못한 데에는 A에게 책임지울 수 없는 장애가 있었고, 그러한 장애가 해소되자마자 곧바로 용도변경공사를 착공하려고 한 이상 위 부동산의 취득에 대하여는 고급오락장 취득에 따른 취득세 중과세율을 적용할 수 없는 정당한 사유가 있으며, 이와 같이 고급오락장용 부동산의 취득에 따른 취득세 중과세율을 적용할 수 없는 장애가 취득 시점에 연이은 재산세 과세기준일까지 계속되었고, 그러한 장애사유가 없었다면 재산세 과세기준일에 용도변경공사가 이루어졌을 것으로 보이는 특별한 사정이 존재하므로 고급오락장용 부동산의 보유에 따른 재산세 중과세율 역시 적용할 수 없다고 판시하였다. 이 판결은 해당 규정의 문언을 뛰어넘는 합목적적 해석을 한 것으로서 납세자를 탓할 수 없는 사정이 있을 경우 중과세의 제재는 가혹할뿐더러 입법 취지에도 부합하지 않는다는 입장을 취한 것이다. 최고법원인 대법원이 할 수 있는 결단적 판결이라고 평가할 수 있겠다.

또 하나의 최근 사례를 소개한다. 과밀억제권역 안의 취득에 대한 중과세의 예외에 해당하는지 여부가 다투어진 사건이다. 앞서 언급한 바와 같이 지방세법 제13조는 과밀억제권역 안의 취득에 대하여 중과세를 규정하면서, 제2항 단서에서 대도시에 설치가 불가피하다고 인정되는 업종에 직접 사용할 목적으로 취득하는 부동산은 취득세 중과의 예외를 인정하고 있으며, 제4항은 임대가 불가피하다고 인정되는 업종에 대하여는 임대를 직접 사용하는 것으로 본다고 하고, 지방세법 시행령 제26조 제1항 제6호는 유통산업발전법에 따른 유통산업을 중과세 제외업종의 하나로 규정하면서, 같은 조 제4항 제2호는 유통산업발전법에 따라 임대가 허용되는 매장의 전부 또는 일부를 임대하는 경우를 임대가 불가피한 경우로 규정하고 있다. 여기서 유통산업발전법에 따라 임대가 허용되는 매장이 유통산업발전법에서 정한 대규모점포 등에 국한되는지 여부가 쟁점이 되었는데, 대법원 2019. 9. 10. 선고 2019두39918 판결은, 대규모점포 등에 국한된다고 볼 수 없다고 판시하였다. 그 주요 논거로는 유통산업발전법은 그 법에 따른 매장의 임대를 허용하거나 제한하는 규정을 두고 있지 않으며 임대가 허용되는 매장이 대규모점포 등만을 의미한다고 볼 근거가 없고, 대규모점포 등 개설자가 매장을 임대하는 경우만 유통산업발전법에 따라 허용되는 임대로 보아 중과세율이 적용되지 않도록 하고 대규모점포 등 개설자가 아닌 자의 임대에 대해서는 이와 달리 중과세율을 적용한다면 입법 취지에 어긋날 뿐만 아니라 조세형평에도 반한다는 점을 들고 있다. 대법원은 비록 유통산업발전법에서 대규모점포 등의 개설요건 등에 관하여 많은 규정을 두고 있지만 임대를 허용하는 매장에 관한 제한 규정을 두고 있지 않는 점을 중시하고 관련 제반 규정을 문언대로 엄격하게 해석하여 중과세 제외 업종의 해당 여부를 판단하여야 한다고 본 것이다.

등록면허세

1. 개요

등록행위와 면허행위는 별개이므로 종래에는 등록세와 면허세로 구분되어 있었으나 지방세법이 전면 개편되면서 이들이 통합되어 등록면허세라는 명칭을 사용하고 있다. 하지만 과세요건이나 세율은 여전히 분리되어 있다. 여기서는 조세쟁송에서 자주 문제가 되는 등록세에 국한하여 살펴본다.

지방세법 제23조 제1호는 등록이란 재산권과 그 밖의 권리의 설정·변경 또는 소멸에 관한 사항을 공부에 등기하거나 등록하는 것을 말한다고 규정하고 있다. 다만, 취득을 원인으로 이루어지는 등기 또는 등록은 원칙적으로 제외하도록 함으로써 이 부분은 취득세의 세목에서 통합하여 과세하도록 하였다.

대법원 2018. 4. 26. 선고 2017두74672 판결은, 지방세법이 2010. 3. 31. 전부 개정되기 전에는 등기가 필요한 부동산의 취득과 관련하여 취득을 과세대상으로 한 취득세와 등기행위 자체를 과세대상으로 한 등록세가 별도로 존재하였으나, 그 개정에서 세목 체계를 간소화하기 위해 취득과 관련된 등록세의 과세대상을 취득세의 그것에 통합하고 이러한 통합 취득세의 세율을 취득세와 등록세의 그것들을 합산한 것으로 조정하였으며, 취득과 관련이 없는 등록세의 나머지 과세대상에 대하여는 별도의 세목인 등록면허세를 신설하였으므로 종래와는 달리 부동산을 상속한 경우 통합 취득세의 과세대상이 되는 외에는 별도로 등록면허세의 과세대상이 될 여지가 없다고 하면서, 그 세율을 정할 때 상속에 따른 등기가 마쳐지지 않았다는 이유로 별도의 세목인 등록면허세에 관한 세율을 고려하거나 반영할 이유가 없다고 판시하였다. 나아가 지방세법 제28조 제1항 제1호 (나)목에서 상속으로 인한 소유권이전등기에 대하여 등록면허세의 세율을 규정하여 두고 있기는 하나, 이것은 통합 취득세를 납부할 의무가 있는 경우를 전제로 한 것이 아니라 단지 지방세법 제23조 제1호 단서에 의하여 취득을 원인으로 하지 아니하여 취득세가 아닌 등록면허세를 납부할 의무가 있을 때에만 적용되는 것에 불과하다고 덧붙였다.

지방세법 제24조에 의하여 납세자는 당연히 등록을 하는 자가 되는 것이고, 제27조 제1항에 의하여 과세표준은 등록 당시의 가액으로 한다. 여기서의 과세표준도 취득세의 경우와 마찬가지로 제27조 제2항에 의하여 그 과세표준은 조례로 정하는 바에 따라 등록자의 신고에 따르되, 다만 신고가 없거나 신고가액이 시가표준액보다 적은 경우에는 시가표준액을 과세표준으로 하고 있다. 마찬가지로 그 제3항은 취득세에 있어서 사실상 취득가액에 의할 수 있는 지방세법 제10조 제5항 및 제6항도 적용하고 있다.

2. 등기 · 등록의 효력

등록세는 등기 또는 등록이 효력이 있어야 과세요건을 충족한다고 봄이 원칙이다. 그러므로 그 등기나 등록이 원인무효의 사유가 있다면 이는 말소의 대상이 될 뿐 처음부터 효력이 없는 것이므로 등록세 과세대상이 아니라고 보는 것이 합리적이다. 그러나 대법원은 등록세도 유통세와 비슷하게 보아 등기나 등록이라는 사실 자체가 있으면 등록세의 과세대상이 된다고 보고 있다. 대법원 1983. 2. 22. 선고 82누509 판결, 대법원 1986. 2. 25. 선고 85누858 판결, 대법원 1996. 7. 26. 선고 95누14855 판결 등은 등록세는 재산권 기타 권리의 취득, 이전, 변경 또는 소멸에 관한 사항의 등기 또는 등록행위가 있으면 그 과세요건이 충족되는 것이며, 등기 또는 등록 자체에 하자가 있어 법률상 등기 또는 등록된 효과를 인정할 수 없는 경우가 아닌 한 그 등기 또는 등록의 유 · 무효나 실질적인 권리귀속 여부와는 관계가 없는 것이므로 등기 또는 등록명의자와 실질적인 권리귀속 주체가 다르다거나 일단 공부에 등재되었던 등기 또는 등록이 뒤에 원인무효로 말소되었다 하더라도 위와 같은 사유는 그 등기 또는 등록에 따른 등록세 부과처분의 효력에 아무런 영향이 없다고 판시하였다. 여기서 '등기 또는 등록 자체에 하자가 있는 경우'란 등기명의인의 의사와 무관하게 제3자에 의한 위조서류에 의하여 등기나 등록이 이루어진 경우 등을 말하는 것으로 보인다. 그 외의 경우에는 원인무효의 사유가 있더라도 등록세의 과세대상이 된다는 것이다.

그러나 취득세의 경우 대법원 2007. 1. 25. 선고 2006두14384 판결 등은 소유권을 취득한 것이라고 볼 수 없는 원인무효의 등기명의자는 취득세의 납세의무자가 될 수 없다고 판시하였다. 나아가 대법원 2014. 5. 29. 선고 2012두12709 판결은 통정허위표시에 의한 소유권이전등기에 관하여 취득세의 납세의무는 없지만 등록세의 납세의무는 있다고 판시하였다.

원인무효의 취득등기에 관하여 대법원이 취득세의 경우에는 유통세의 일종으로 보면서도 그 납세의무가 없다고 하면서, 등록세의 경우에는 납세의무가 있다고 하는 것은 다음과 같은 근거에 입각한 것으로 보인다. 등록세의 과세객체는 재산권 기타 권리의 취득·이전·변경·소멸에 관한 사항을 공부에 등기·등록하는 행위이며, 그 등기·등록을 하게 된 권원의 실질적인 정당성 여부나 그 경위의 합법성 여부를 따져 합법적이고 정당한 등기·등록만을 뜻하는 것이 아니라 외형상 등기·등록의 형식요건만 갖추어 등기·등록이 되는 경우를 말하며 등기·등록명의자가 목적물을 실제로 취득할 의사가 있었는지 여부는 과세요건 충족에 영향을 미치지 않는다는 것이다. 그러나 이에 대하여는 반론이 가능하다. 그와 같은 등기는 외관만이 있을 뿐 실질이 없어 결국 말소될 등기이고, 민법상으로도 그 등기나 등록의 효력을 인정하지 않는 이상 실질과세의 원칙에 비추어 그것을 등록세의 과세요건으로 삼는 것은 과세대상을 지나치게 확대하는 것으로 볼 수 있다는 것이다.

한편, 대법원 2018. 4. 10. 선고 2017두35684 판결은, 지방세법은 등록면허세의 과세대상인 등록에서 취득을 원인으로 이루어지는 등기 등을 제외하면서 법률상 유효한 취득을 원인으로 한 등기로 한정하고 있지는 않으므로 등기의 원인이 무효인 경우라도 그 등기 자체가 등록면허세의 과세대상인 등록에서 제외되는 이른바 '취득을 원인으로 이루어지는 등기'가 아니라고 할 수는 없다고 판시하였다. 따라서 취득을 원인으로 하는 등기는 그 등록세가 취득세로 편입된 이상 등기가 원인무효라고 하더라도 별도로 등록세를 과세할 수는 없다. 종국적으로 취득세가 과세될 수 없으면 등록세라도 과세하여야 한다는 과세관청의 입장을 배척한 것이다.

3. 과세표준과 세율

등기의 종류가 다양하여 과세표준을 정하는 것이 간단하지 않다. 지방세법은 제28조 제1항 각 호에서 등기의 종류별로 과세표준을 따로 표시하고 있다. 가장 일반적인 소유권 보존등기나 이전등기, 지상권 등은 당해 부동산의 가액을 과세표준으로 하고, 저당권의 경우에는 채권금액을, 전세권의 경우에는 전세금액을, 임차권의 경우에는 월 임대차 금액을 과세표준으로 정하고, 경매신청, 가압류, 가처분 등기는 채권금액을, 가등기는 부동산 가액 또는 채권금액을 과세표준으로 정하고 있다. 근저당권의 경우는 등기상 공시되는 금액은 실제 채권액이 아니라 채권최고액이므로 등록세의 취지에 비추어 여기서의 채권액은 채권최고액을 의미하는 것으로 해석하는 것이 합리적이다. 그리고 저당권의 경우 무조건 채권금액이라고 정하고 있는데, 저당권등기, 특히 근저당권 등기는 채권금액이 당해 부동산가액보다 많은 경우도 있는데, 이러한 경우에도 위 규정에 의하면 채권금액을 과세표준으로 하고 있어 다소 가혹하다고 할 수 있다. 그런데 지방세법 제29조, 그 시행령 제46조는 같은 채권을 위한 저당권의 목적물이 종류가 달라 둘 이상의 등기 또는 등록을 하게 되는 경우에 등기·등록관서가 이에 관한 등기 또는 등록 신청을 받았을 때에는 채권금액 전액에서 이미 납부한 등록면허세의 산출기준이 된 금액을 뺀 잔액을 그 채권금액으로 보고 등록면허세를 부과하도록 규정하고 있다. 따라서 이 규정까지 염두에 둔다면 저당권의 과세표준은 무조건 채권최고액으로 하는 것이 더 합리적이라고 하겠다. 일본도 1960. 1. 1. 이전에는 저당권 또는 처분제한의 목적이 되는 것의 가격이 채권금액보다 적을 때에는 그 가격을 채권금액으로 한다는 규정을 두고 있다가 위와 같은 추가담보의 경우가 문제되자 위 규정을 폐지하였다.

한편, 지방세법 제27조 제4항은 '채권금액으로 과세액을 정하는 경우에 일정한 채권금액이 없을 때에는 채권의 목적이 된 것의 가액 또는 처분의 제한의 목적이 된 금액을 그 채권금액으로 본다'고 규정하고 있다. 일본 등록면허세법도 이와 비슷한 취지로 규정하고 있다. 일본의 해석을 보면, 채권의 목적이 된 것의 가액이란 금전의 지급을 목적으로 하지 않는 비금전채권을 피담보채권으로 하는 근저당권 등을 말하고, 처분의 제한의 목적이 된 금액은 처분금지가처분에 관한 것이라고 한다. 예를 들어 저당권의 피담보채권이 물건인도채권과 같은 비금전채권인 경우 채권금액이 존재하지 않으므로 그 피담보채권의 목적인 된 것, 즉 그 물건의 가액을 채권금액으로 보게 될 것이다. 그런데 부동산등기법 제77조는 일정한 금액을 목적으로 하지 아니하는 채권을 담보하기 위하여 저당권설정등기를 할 때에는 그 채권의 평가액을 등기부에 기재하도록 하고 있으므로 그 채권의 평가액을 과세표준으로 보면 될 것이다.

처분금지가처분등기의 경우에는 보통 등기부나 가처분신청서에 피보전권리의 가액이 기재되지 않으므로 그 금액을 채권금액으로 보기는 어렵다. 따라서 이 경우에는 일정한 채권금액이 없는 경우에 해당한다고 보는 것이 합리적이다.

그리고 사해행위취소청구권 보전을 위한 가처분등기의 경우 사해행위취소권 자체의 피보전채권이 있으므로 그 채권금액을 과세표준으로 삼을 수 있는지가 문제이다. 사해행위취소권은 채무자의 제3자에 대한 소유권이전행위가 채권자를 해하는 행위에 해당한다고 보아 그 제3자를 상대로 소유권이전등기 말소를 구하는 것인데, 그 말소청구권을 보전하기 위하여 하는 가처분등기에 있어서 채권자의 채무자에 대한 채권금액을 그 등록세의 과세표준으로 삼을 수 있는지에 관하여 논란이 있는 것이다. 그런데 사해행위취소권을 행사하여 채무자에게 회복시킨 부동산은 채권자만을 위한 책임재산이 되는 것이 아니라 그 채무자에 대한 모든 채권자들을 위한 공동책임재산이 되는 것이므로 사해행위취소권의 가치, 즉 가처분등기의 가치는 채권자의 채무자에 대한 채권과 직접 관련성이 없다고 할 수 있다. 굳이 채권금액을 산정해본다면 그 채무자의 모든 채권자들이 가지는 채권금액을 합산한 것이 될 것인데 이는 알 수도 없고 등기상 공시되지도 않는다. 반면에 그 제3자가 채권자에 대한 채무자의 채권만을 변제하면 그 가처분등기는 유지될 수 없다는 점에서는 그 채권액이 그 가처분등기의 실질적인 채권금액이라고 볼 여지도 없지는 않다. 그러나 어느 것이 그 가처분등기의 가치를 가리는 본질적인 요소인지를 평가해보면 전자가 더 가깝다고 할 수 있다. 더구나 채권자의 채무자에 대한 채권금액이 등기부상 공시되지도 않는다. 이런 사정을 종합하면 채권자의 채무자에 대한 채권을 과세표준으로 삼을 수는 없다고 할 것이다.

같은 취지에서 대법원 2013. 2. 28. 선고 2011두9683 판결은, 부동산에 관한 처분금지가처분은 다툼의 대상이 된 부동산에 대한 등기청구권 등을 보전하기 위하여 하는 것으로서, 일정한 금액의 지급을 목적으로 하는 금전채권은 그 피보전권리가 될 수 없고, 이에 따라 부동산에 관한 경매신청이나 가압류의 경우와는 달리 그 결정문이나 등기촉탁서 등에 청구금액이 기재되지 않는다고 하면서, 이러한 사정과 등록세의 성격 등을 종합하여 보면, 부동산에 관한 처분금지가처분등기는 '일정한 채권금액이 없을 때'에 해당한다고 봄이 타당하므로, 특별한 사정이 없는 한 그 등기에 의하여 처분이 제한되는 부동산의 가액을 과세표준인 채권금액으로 보아 그에 대한 등록세를 산정하여야 한다고 판시하였다. 합리적인 판결이다.

그리고 지방세법 제28조는 등기나 등록의 종류에 따라 등록세의 세율을 자세히 구분하여 규정하고 있다. 대표적인 예를 들면, 부동산 등기의 경우 소유권보존등기는 1,000분의 8, 유상에 의한 소유권이전등기는 1,000분의 20, 무상에 의한 소유권이전등기는 1,000분의 15, 상속에 의한 소유권이전등기는 1,000분의 8이다.

여기서 무상인지 유상인지가 다투어지는 경우가 있는데, 대법원 2017. 6. 8. 선고 2014두38149 판결은, 신탁법상의 신탁은 위탁자가 수탁자에게 특정한 재산권을 이전하거나 기타의 처분을 하여 수탁자로 하여금 신탁 목적을 위하여 그 재산권을 관리·처분하게 하는 것으로서 수탁자는 위와 같이 재산권을 이전받기 위하여 따로 대가를 출연하는 것이 아니므로, 수탁자가 신탁재산을 이전받아 그에 관한 소유권이전등기를 마쳤다면 이는 무상으로 인한 소유권의 취득에 해당한다고 보아야 하고, 무상으로 인한 소유권의 취득에 해당하는지는 등기신청서 또는 등기부의 기재에 불구하고 등기원인 또는 권리관계의 실질에 따라 판단하여야 한다고 전제한 다음, A보증공사가 아파트 신축사업과 관련하여 B건설사와 주택분양신탁표준계약을 체결하고 토지에 관하여 신탁을 원인으로 한 소유권이전등기를 마치고, 보증사고로 분양계약을 이행할 수 없게 되는 경우 A보증공사가 아파트의 분양이행 또는 납부한 계약금 및 중도금의 환급을 부담하는 내용의 주택분양보증약정을 체결하였는데, 아파트 신축공사가 장기간 중단되고 사용승인검사가 지연되자 주택분양보증약정에 따라 수분양자들에게 환급이행금을 반환하고 신탁계약의 부속계약으로 체결한 양도계약을 원인으로 아파트에 관하여 소유권이전등기를 마친 후 토지와 아파트를 매각하여 매각대금을 환급이행금 등에 변제충당한 사안에서, A보증공사가 B건설사로부터 아파트에 관하여 소유권이전등기를 넘겨받은 것은 수탁자의 지위에서 신탁계약에서 정한 바에 따라 신탁부동산을 관리·운용·처분을 하기 위한 것이므로, 비록 등기원인을 '양도'로 하여 소유권이전등기를 마쳤다거나 토지와 아파트의 매각대금으로 A보증공사의 B건설사에 대한 구상채권 중 일부에 변제충당하였더라도, 등기원인의 실질을 신탁계약으로 볼 수 있는 이상 무상으로 인한 소유권의 취득'에 해당한다고 판시하였다. 이 사안에서 토지와 달리 아파트에 관하여는 이전등기의 원인을 '신탁'으로 하지 않고 단순히 '양도'로 하였지만 그 아파트의 이전등기가 신탁계약에 따른 것이지 A보증공사의 B건설사에 대한 구상채권에 대한 대물변제로 이루어진 것으로 보기 어려운 이상 그 실질적인 등기원인을 무상인 신탁으로 볼 수 있었던 것이다.

4. 중과와 감면

등록세의 중과에 관하여는 지방세법 제28조 제2항에서 자세히 규정하고 있다. 대도시에서 법인을 설립(설립 후 또는 휴면법인을 인수한 후 5년 이내에 자본 또는 출자액을 증가하는 경우를 포함한다)하거나 지점이나 분사무소를 설치함에 따른 등기(제1호) 및 대도시 밖에 있는 법인의 본점이나 주사무소를 대도시로 전입(전입 후 5년 이내에 자본 또는 출자액이 증가하는 경우를 포함한다)함에 따른 등기(제2호)에 대하여는 해당세율의 3배로 중과하도록 하고 있다. 다만, 과밀억제권역(산업단지는 제외한다)에 설치가 불가피하다고 인정되는 업종은 제외하도록 하였다. 그리고 제3항은 제2항 각 호 외의 부분 단서에도 불구하고 위 제외 업종으로 법인등기를 한 법인이 정당한 사유 없이 그 등기일부터 2년 이내에 그 제외 업종 외의 업종으로 변경하거나 다른 업종을 추가하는 경우 그 해당 부분에 대하여는 제2항 본문을 적용한다고 하였다. 이는 대도시의 과밀화를 억제하기 위한 정책적 규정으로서 지방세법 제13조에서는 취득세에 관하여도 같은 취지의 규정을 두고 있다. 여기서 설립하거나 설치함에 따른 등기라 함은 지방세법 시행령 제45

조 제4항에서 준용하는 제27조 제3항에 의하여 그 설립·설치 이전에 취득·등기하는 것을 의미한다고 해석하여야 한다.

과밀억제권역에 전입한 건물이 본점인지 아닌지가 자주 다투어진다. 대표적인 사례로 서울고등법원 2017. 12. 13. 선고 2017누36986 판결이 있다. 이 사안에서 원고는 원고회사가 속한 그룹의 수뇌부가 그 건물에 있었으므로 그 건물의 일부만 원고회사의 업무와 관련이 있고, 실제로 그 건물은 원고가 속한 그룹의 계열사 전체가 사용하는 것이므로 원고가 다른 계열사들에게 무상임대한 것으로 볼 수 있어 원고가 건물 전체를 직접 사용하고 있다고 보아 중과세한 것은 부당하다고 주장하였으나 배척되었다. 법원이 그 건물을 원고의 본점으로 본 징표로는 원고회사가 속한 그룹의 회장, 부회장, 기획조정실장은 원고의 사내이사로서 원고의 중추적인 의사결정권을 행사하고 있었는데 그 건물에는 위 회장 등의 집무실인 회장실, 부회장실, 기획조정실장실, 회의실이 있었고, 그 건물에서 원고의 위 사내이사 및 이들을 보좌하는 조직인 기획조정실에 파견된 원고의 직원 3명이 수행하는 업무는 원고의 경영 점검 등의 감사업무, 신규사업개발을 위한 재무현황 파악 보고, M&A 업무 지원, 경영실적 집계 및 계열사 간 업무 조정, 원고의 신입사원 공채 및 교육 등 원고의 경영 전반에 관한 의사결정에서 가장 중추적이고 필수적인 기획·조정·총괄·재무·인사·감사 등이었으며, 그 건물에서 원고가 속한 그룹 전체를 총괄하는 업무를 수행하고 있다고 하더라도 원고를 포함한 계열사와는 분리된 그룹이라는 법적 실체가 존재한다고 볼 수 없는 이상, 그 업무 중 적어도 원고의 경영에 관련된 사항의 범위 내에서는 원고의 본점 업무에 해당한다고 볼 수밖에 없고, 또한 그룹 전체를 총괄하는 업무와 원고의 본점 업무가 혼재되어 이를 명확하게 구분할 수 없는 이상, 그 건물이 원고의 본점으로서 기능을 수행하고 있다는 점을 부인하기 어렵고, 원고가 다른 계열사에 이 사건 건물을 무상 임대하였다고 보기도 어려우며, 그 건물에 근무하는 종업원은 당초 8명이었으나 위 사건 변론 종결일 무렵 19명으로 늘어나 과밀억제권역 내에서 인구 유입과 산업 집중이 일어나고 있는 것으로 보인다는 점이다. 이 판결은 대법원 2018. 4. 26. 자 심리불속행 상고기각 판결로 확정되었다.

반면에 지방세특례제한법에서는 각종 등록세의 감면규정을 두고 있다. 예를 들어 대도시에 등기되어 있는 법인이 대도시 외의 지역으로 본점 또는 주사무소를 이전하는 경우에 그 이전에 따른 법인등기 및 부동산등기에 대해서는 2018. 12. 31.까지 등록면허세를 면제하도록 규정하고 있다. 그 취지는 위에서 본 바와 같이 대도시의 과밀화를 억제하기 위한 것으로서 중과규정과 서로 마주보고 있는 규정이다. 이러한 감면규정은 보통 일몰시를 정해두고 있다가 이를 연장해나가는 형식을 취하고 있다. 여기서도 대도시 외의 지역으로 이전한 것이 본점인지 아닌지가 다투어질 수 있는데, 위 사례를 참고하여 판단하면 되겠다.

그리고 지금은 일몰기한이 도래한 규정이지만 지방세특례제한법 제81조 제2항에서는 지방으로 이전한 공공기관의 법인등기에 대해서는 2016. 12. 31.까지 등록면허세를 면제하도록 하고 있었는데, 그 면제되는 등록면허세의 범위에 관하여 다툼이 있었다. 납세자는 모든 등록면허세가 면제대상이라는 주장이었고, 과세관청은 이전에 관한 등기의 등록면허세만 면제대상이라는 입장이었다. 이에 대하여 대법원 2017. 12. 22. 선고 2017두45063 판결은, 위 조항은 국가균형발전 특별법 제18조의 규정에 따른 공공기관 지방이전 시책 등에 따라 지방으로 이전하는 공공기관에 대하여 지방세 감면의 혜택을 부여함으로써 공공기관의 지방이전을 촉진하는 등의 목적으로 마련된 세제지원 방안 중의 하나인데, 법인등기에 따른 등록면허세 세율은 영리법인의 자본증가 또는 출자증가에 대하여는 '납입한 금액 또는 현금 외의 출자가액의 1천분의 4'로 정하여져 있는 반면, 본점 또는 주사무소 이전에 대하여는 '건당 112,500원'으로 정하여져 있는 등 법인등기의 사유에 따라 분명한 차이가 있음에도, 위 조항은 이전공공기관의 법인등기의 사유를 묻지 않고 전부 등록면허세의 면제대상으로 삼고 있으며, 이는 지방세특례제한법이 시행되기 전 구 지방세법(2010. 3. 31. 전부개정되기 전의 것) 제274조의2에서 등록세가 면제되는 이전공공기관의 법인등기를 '그 이전에 따른 법인등기'로 제한하여 규정하고 있는 것이나 이전공공기관에 대한 취득세 및 재산세 감면에 관하여 규정하고 있는 구 지방세특례제한법 제81조 제1항이 그 감면 대상을 이전공공기관이 '이전할 목적으로 취득하는 부동산'에 한정하고 있는 것과 구별되므로, 이전공공기관의 법인등기에 해당하는 이상 이 사건 조항에 의하여 그 사유를 불문하고 그 정한 기한까지 등록면허세가 면제된다고 해석함이 타당하다고 판시하였다. 조세법률주의의 기본이념인 문리해석의 원칙에 부합하는 판시로서 납세자의 권익을 옹호한다는 점에서 정확하고도 합리적인 판결이라고 평가할 수 있겠다.

지방소득세

1. 과세체계의 전환

  지방소득세법 제86조 제1항은 지방소득세의 납세의무자로서 소득세법에 따른 소득세 또는 법인세법에 따른 법인세의 납세의무가 있는 자로 규정하면서, 제2항은 지방소득세의 납부의무의 범위는 소득세법과 법인세법에서 정하는 바에 따르도록 규정하고 있다. 이러한 속성 때문에 종래에는 지방소득세는 소득세 및 법인세에 대하여 부가세 형식으로 부과·징수하여 왔는데, 지방세법이 2014. 1. 1. 개정되면서 독립세 형식으로 바뀌었다. 즉, 종래에는 지방소득세의 과세표준이 소득세액이나 법인세액 자체였고, 그래서 여기에 10%의 세율을 적용하여 지방소득세액을 산정하였다. 그러다가 위와 같이 개정되면서 지방소득세의 과세표준이 소득세액이나 법인세액 자체가 아니라 소득세 과세표준이나 법인세 과세표준으로 되었고 따라서 세율도 독립세율로서 종전 세율보다 훨씬 낮아지게 되었다.

  이에 따라 개인지방소득세에 관하여는 지방세법 제91조 제1항은 거주자의 종합소득에 대한 개인지방소득세 과세표준은 소득세법 제14조 제2항부터 제5항까지에 따라 계산한 소득세의 과세표준(조세특례제한법 및 다른 법률에 따라 과세표준 산정과 관련된 조세감면 또는 중과세 등의 조세특례가 적용되는 경우에는 이에 따라 계산한 소득세의 과세표준)과 동일한 금액으로 한다고 규정하고, 세율에 관하여는 제92조에서 규정하고 있는데, 과세표준의 구간별로 최저 0.006%에서 최고 0.45%까지로 규정하고 있다.

  그리고 법인지방소득세에 관하여는 지방세법 제103조의19 제1항은 내국법인의 각 사업연도의 소득에 대한 법인지방소득세의 과세표준은 법인세법 제13조에 따라 계산한 법인세의 과세표준(조세특례제한법 및 다른 법률에 따라 과세표준 산정과 관련된 조세감면 또는 중과세 등의 조세특례가 적용되는 경우에는 이에 따라 계산한 법인세의 과세표준)과 동일한 금액으로 한다고 규정하고, 세율에 관하여는 제103조의20 제1항에서 과세표준의 구간별로 최저 0.009%에서 최고 0.24%까지로 규정하고 있다. 이와 같이 지방소득세를 부가세 방식에서 독립세 방식으로 전환함에 따라 지방세 과세에 있어 지방세 고유의 목적과 정책을 반영하여 보다 재량적이고 탄력적으로 운용할 수 있게 되었다.

2. 취소소송의 피고적격과 소의 이익

지방소득세가 위에서 본 바와 같이 종래의 부가세 방식에서 독립세 방식으로 전환되었다고는 하지만 아직도 부가세 방식의 잔재가 관련규정의 곳곳에 남아 있다. 이 때문에 지방소득세 부과처분에 대하여 쟁송으로 다투고자 할 때 누구를 피고로 삼아야 하는 것인지 그리고 소득세나 법인세 부과처분에 대하여 쟁송으로 이미 다투고 있을 때 실질적으로 종속관계에 있는 지방소득세에 대하여 별도로 다툴 이익이 있는지 여부 등이 문제가 되고 있다.

이에 관하여 대법원 2023. 8. 18. 선고 2023두40588 판결이 관련 법리를 일목요연하게 정리하는 판시를 하였다. 이 판결에 터잡아 그 법리를 정리해 보면 다음과 같다.

먼저, 관련 규정들을 살펴 본다. 개인지방소득세에 관하여 지방세법 제95조 제1항은 거주자가 소득세법에 따라 종합소득 또는 퇴직소득에 대한 과세표준확정신고를 하는 경우에는 해당 신고기한까지 종합소득 또는 퇴직소득에 대한 개인지방소득세 과세표준과 세액을 대통령령으로 정하는 바에 따라 납세지 관할 지방자치단체의 장에게 확정신고·납부하여야 한다고 규정하고, 제97조 제1항은 납세지 관할 지방자치단체의 장은 거주자가 제95조에 따른 신고를 하지 아니하거나 신고 내용에 오류 또는 누락이 있는 경우에는 해당 과세기간의 과세표준과 세액을 결정 또는 경정하도록 규정하고 있다. 그리고 법인지방소득세에 관하여 지방세법 제103조의23 제1항은 법인세법 제60조에 따른 신고의무가 있는 내국법인은 각 사업연도의 종료일이 속하는 달의 말일부터 4개월 이내에 대통령령으로 정하는 바에 따라 그 사업연도의 소득에 대한 법인지방소득세의 과세표준과 세액을 납세지 관할 지방자치단체의 장에게 신고하여야 한다고 규정하고, 제103조의25 제1항은 내국법인이 제103조의23에 따른 신고를 하지 아니하거나 신고내용에 오류 또는 누락이 있는 경우에는 해당 사업연도의 과세표준과 세액을 결정 또는 경정하도록 규정하고 있다. 다만, 부칙 제13조 제2항은 과도기적으로 2019년 12월 31일까지 제97조의 개정

규정에 따른 결정과 경정(제103조의9의 개정규정에 따라 준용되는 경우를 포함한다) 및 제98조의 개정규정에 따른 수시부과결정(제103조의9의 개정규정에 따라 준용되는 경우를 포함한다)에 관한 업무는 제97조 및 제98조의 개정규정에도 불구하고 관할 세무서장 또는 지방국세청장이 행하도록 규정하고 있었다.

한편, 지방세법 제103조의59 제1항 제5호는 세무서장등은 국세기본법 또는 소득세법에 따라 소득세를 환급한 경우 환급한 날이 속하는 달의 다음 달 15일(다만 소득세법 제70조, 제71조, 제74조, 제87조의23 및 제110조에 따른 과세표준 확정신고에 따라 소득세를 환급하는 경우에는 신고를 받은 날이 속하는 달의 다음 달 1일부터 2개월)까지 지방자치단체의 장에게 통보하도록 규정하고, 제2항 제5호는 법인세에 관하여 같은 내용을 규정하고 있으며, 제103조의59 제3항은 지방자치단체의 장은 제1항 제5호 또는 제2항 제5호에 따른 통보를 받은 경우 해당 소득세 또는 법인세와 동일한 과세표준에 근거하여 산출한 지방소득세를 다시 계산하여 환급세액이 발생하는 경우 이를 환급하여야 한다고 규정하고 있다.

이러한 법규정들을 종합하여 보면, 지방소득세의 부과 및 환급이 비록 소득세나 법인세에 실질적으로 종속되어 있지만 그 주체는 어디까지나 지방자치단체장임을 알 수 있다. 따라서 지방소득세 부과처분에 대하여 굳이 독립적으로 다투고자 한다면 그 소의 이익은 별론으로 하고 국세에 관한 세무서장이 아니라 지방자치단체장을 상대로 해야 한다고 할 것이다. 이러한 취지에서 위 대법원 판결은, 지방세법 부칙 제13조 제2항이 한시적으로 부칙 조항을 두어 그에 따라 세무서장이 종합소득세 부과고지를 하면서 개인지방소득세 부과고지를 함께 하였다고 하더라도 이는 그에 관한 처분권한을 위임·위탁받아 자기의 권한에 기하여 한 것이 아니라 위 부칙 규정에 따라 단순히 그 부과고지 업무만을 대행한 것에 불과하다고 보아야 하므로 개인지방소득세 부과처분의 취소를 구하는 항고소송의 피고는 원고의 소득세 납세지를 관할하는 지방자치단체장이 되어야 하는 것이 원칙이라고 판시하였다. 따라서 만약 세무서장을 상대로 항고소송을 제기하면 피고적격이 없는 자를 상대로 한 것이어서 부적법하다는 것이다.

다만 지방자치단체장을 상대로 소송을 제기하는 것에 관하여도 소의 이익의 관점에서 원칙적으로 부정적인 입장을 취하였다. 즉, 위 대법원 판결은 특별한 사정이 없는 한 납세자로서는 세무서장을 상대로 한 소송에서 종합소득세 부과처분의 취소판결을 받으면 족하고, 이와 별도로 개인지방소득세 부과처분의 취소를 구하는 소를 제기할 필요도 없다고 판시하였다. 즉, 소의 이익이 없으므로 지방자치단체장을 상대로 한 소송도 역시 부적법하다는 것이다. 왜냐하면 지방소득세에 관하여 불복하는 자는 그 모태인 소득세에 대하여 관할 세무서장을 상대로 소송을 제기하여 다툴 것이고 그 소송에서 승소하면 지방소득세에 관하여 별도의 항고소송을 제기하지 않더라도 제103조의59 제3항에 의하여 지방소득세도 환급받게 되기 때문이다. 이러한 법리는 법인지방소득세에 관하여도 마찬가지로 적용된다고 하겠다.

하지만 이러한 법리는 지방소득세 부과처분의 위법사유와 그 모태인 소득세나 법인 부과처분의 위법사유가 동일한 것이 전제가 되어야 할 것이다. 그렇지 않고 소득세나 법인세 부과처분에 대한 위법사유는 없고 지방소득세 부과처분에 대한 고유한 위법사유만 있는 경우나 그 위법사유가 서로 다른 경우에는 지방소득세 부과처분을 항고소송으로 이익이 있다고 보아야 할 것이다. 이러한 경우는 위 대법원 판결에서 말하는 '특별한 사정'이 있는 경우에 해당한다고 하겠다.

3. 종전 규정에 대한 신뢰보호원칙의 적용여부

앞서 총론의 신뢰보호원칙에서 자세히 언급하였듯이, 세법이 개정되면 통상적으로 부칙규정을 두어 개정법 시행 당시 중전의 규정에 의하여 부과 또는 감면하였거나 부과 또는 감면하여야 할 조세에 대하여는 종전의 규정에 의하도록 하고 있는데, 이에 관하여 대법원 2001. 5. 29. 선고 98두13713 판결 등은 납세의무자의 기득권 내지 신뢰보호를 위하여 납세의무자에게 유리한 종전 규정을 적용할 경우가 있다고 하더라도, 납세의무가 성립하기 전의 원인행위시에 유효하였던 종전 규정에서 이미 장래의 한정된 기간 동안 그 원인행위에 기초한 과세요건의 충족이 있는 경우에도 특별히 비과세 내지 면제한다거나 과세를 유예한다는 내용을 규정하고 있지 않는 한 설사 납세의무자가 종전 규정에 의한 조세감면 등을 신뢰하였다 하더라도 이는 단순한 기대에 불과할 뿐 기득권에 갈음하는 것으로서 마땅히 보호되어야 할 정도의 것으로 볼 수는 없다고 판시해 왔다. 위 판례의 취지에 의하면, 종전 규정에서 장래의 한정된 기간 동안 과세요건의 충족이 있는 경우 비과세 내지 면제한다는 규정이 있으면 신뢰보호의 대상이 되어 개정법에서도 비과세 내지 면제를 해주어야 한다는 것이다.

지방세법이 2014. 1. 1. 개정되면서 지방소득세에 관하여 종래의 부가세방식에서 독립세방식으로 변경하였고, 그 부칙 제15조에서 '이 법 시행 당시 종전의 규정에 따라 부과 또는 감면하였거나 부과 또는 감면하여야 할 지방세에 대하여는 종전의 규정에 따른다'고 규정하였다. 그래서 여기서도 신뢰보호원칙의 적용문제가 대두되었다.

대표적인 예가 구 조세특례제한법 제144조등에 의한 연구인력개발비 세액공제액의 이월공제에 관한 것이다. 지방소득세에 관한 규정이 2014. 1. 1. 독립세 방식의 과세로 개정되기 전에는 연구인력개발비 세액공제에 관하여 구 조세특례제한법은 연구인력개발비

중 일정 비율로 계산한 금액을 해당 과세연도의 법인세에서 공제하되, 해당 과세연도에 납부할 세액이 없거나 법인세 최저한세액에 미달하여 공제받지 못한 부분은 다음 과세 연도 개시일부터 5년 이내에 끝나는 각 과세연도의 법인세에 이월하여 공제할 수 있도록 정하고 있었다. 당시 구 지방세법은 지방소득세를 부가세방식으로 과세하고 있었기 때문 에 법인지방소득세가 법인세액을 기초로 산출됨으로써 법인세액 산정 시 반영된 구 조세특례제한법에 따른 연구인력개발비 세액공제의 이월공제 효과를 함께 5년간 누리는 효과가 있었다. 그런데 개정 지방세법은 독립세 방식으로 전환함에 따라 법인세법 제13 조에 따라 계산한 금액을 과세표준으로 하여 그에 따른 세율을 적용한 세액을 법인지방 소득세로 정하면서도, 지방세특례제한법에 법인지방소득세에 대한 세액 공제·감면 규 정을 두지 않음으로써 기존의 조세특례제한법에 따른 세액 공제·감면이 이루어지지 않 게 되었다. 이러한 경우 신뢰보호의 원칙이 적용될 것인지가 다투어졌는데, 대법원 2013. 12. 7. 선고 2020두42668 판결은, 위 부칙규정은 지방세법의 개정에 따른 신구 법령의 적 용관계를 정한 것이므로, '종전의 규정'은 개정의 대상이 된 구 지방세법 본칙만을 가리 킨다고 보아야 하고, 따라서 구 지방세법 본칙에 있지 않고 개정의 대상이 되지도 않은 구 조세특례제한법 규정은 '종전의 규정'에 해당한다고 볼 수 없다고 하고, 구 조세특례 제한법 규정은 법인세에 대한 세액공제·이월공제 규정일 뿐 지방소득세 법인세분에 대 한 조세감면 등을 정한 규정도 아니며, 구 지방세법 본칙에 있는 제89조 제1항, 제94조 제1항은 개정의 대상이 된 규정이기는 하나, 지방소득세 법인세분의 산출방법만 규정하 였을 뿐 직접 지방소득세 법인세분에 관한 조세감면 등을 명시하였다고 볼 수 없으므로 결국 '장래의 한정된 기간 동안 조세감면 등을 명시적으로 규정한 종전의 규정'이 존재한 다고 볼 수 없으므로, 위 부칙규정을 근거로 구 지방세법의 과세표준 및 세율을 적용할 수는 없다고 판시하였다.

이에 반하여 원심법원은 구 지방세법은 법인지방소득세에 관하여 법인세법에 따라 납 부하여야 하는 법인세액을 과세표준으로 하여 100분의 10의 세율을 적용하여 계산한다 고만 규정하고 있어서 그 최종적인 세액을 확정하기 위해서는 법인세법 제13조, 제55조 등 법인세액을 산출하는 규정과 구 조세특례제한법 제10조, 제144조 제1항 등과 같은 법 인세액을 감면하는 규정 등을 아울러 적용하여야 하므로 위 규정들이 모두 유기적으로 결합하여 법인지방소득세의 세액이 확정되는 것으로서 위 규정들은 일체로서 부칙에서 말하는 '종전 규정', 즉 법인지방소득세를 부과 또는 감면하는 규정이 된다고 보아 신뢰 보호의 원칙이 적용된다고 판시하였다.

대법원 판결과 원심 판결을 비교해보면, 종전 규정의 범위에 관하여 대법원은 다분히 형식적으로 접근하여 파악하였고, 원심 판결은 실질적으로 접근하여 파악하였다고 할 수 있다. 납세자의 신뢰보호에 관한 원칙 자체가 그 유래를 보면 대법원이 부칙 규정의 문언을 다소 넘어서서 납세자를 보호하기 위한 법리로 확대한 것임에도 위 대법원 판결은 너무 형식적으로 접근함으로써 그 적용범위를 제한하였다는 점에서 납세자로서는 아쉬움이 남는 판결이 되었다.

재산세와 종합부동산세

1. 납세의무자

　재산세의 경우 지방세법 제107조 제1항은 재산세 과세기준일 현재 재산을 사실상 소유하고 있는 자는 재산세를 납부할 의무가 있다고 규정하고 있다. 다만, 신탁법에 따라 수탁자 명의로 등기·등록된 신탁재산의 경우 위탁자별로 구분된 재산에 대해서는 그 수탁자를 납세의무자로 한다. 그리고 종합부동산세의 경우 종합부동산세법 제7조 제1항은 과세기준일 현재 주택분 재산세의 납세의무자는 종합부동산세를 납부할 의무가 있다고 규정하고 있다, 그리고 2020. 12. 29. 개정되면서 제2항이 신설되어 신탁법 제2조에 따른 수탁자의 명의로 등기 또는 등록된 신탁주택의 경우에는 제1항에도 불구하고 같은 조에 따른 위탁자(주택법 제2조 제11호 가목에 따른 지역주택조합 및 같은 호 나목에 따른 직장주택조합이 조합원이 납부한 금전으로 매수하여 소유하고 있는 신탁주택의 경우에는 해당 지역주택조합 및 직장주택조합을 말한다)가 종합부동산세를 납부할 의무가 있고, 이 경우 위탁자가 신탁주택을 소유한 것으로 본다고 규정하고 있다. 신탁을 활용한 종합부동산세의 회피를 방지하기 위한 조치라고 한다.

　종합부동산세법 제8조 제1항은 주택에 대한 종합부동산세의 과세표준은 납세의무자별로 주택의 공시가격을 합산한 금액(과세기준일 현재 세대원 중 1인이 해당 주택을 단독으로 소유하는 경우로서 대통령령이 정하는 1세대 1주택자의 경우에는 그 합산한 금액에서 3억 원을 공제한 금액)에서 6억 원을 공제한 금액에 부동산 시장의 동향과 재정 여건 등을 고려하여 100분의 60부터 100분의 100까지의 범위에서 대통령령으로 정하는 공정시장가액비율을 곱한 금액으로 한다고 규정하고 있다. 그리고 제12조 제1항은 과세기준일 현재 토지분 재산세의 납세의무자로서 종합합산과세대상인 경우 국내에 소재하는 해당 과세대상 토지의 공시가격을 합한 금액이 5억 원을 초과하는 자와 별도합산과세대상인 경우에는 국내에 소재하는 해당 과세대상 토지의 공시가격을 합한 금액이 80억 원을 초과하는 자는 종합부동산세를 납부할 의무가 있다고 규정하고 있다. 재산세와 종합부동산세는 전형적인 보유세이고, 종합부동산세는 재산세 중 토지와 주택에 관한 한계가중세의 성격을 지닌다고 할 수 있다.

주택의 부속토지만을 소유하고 있는 경우의 과세방법에 관하여, 서울고등법원 2017. 11. 1. 선고 2017누48330 판결은, 종합부동산세법 제7조 제1항은 주택에 대한 종합부동산세의 납세의무자를 "과세기준일 현재 주택분 재산세의 납세의무자"로, 제12조 제1항은 토지에 대한 종합부동산세의 납세의무자를 "과세기준일 현재 토지분 재산세의 납세의무자"로 규정하고 있고, 지방세법 제104조는 재산세에서 사용하는 용어의 뜻을 정의하면서 토지와 건축물과 주택을 각각 별도로 정의하고 특히 제3호 후문에서는 토지와 건축물의 범위에서 주택은 제외한다고 규정하고 있으며, 제105조에서도 주택을 토지와 건축물과는 별도의 과세대상으로 규정하고 있는 점을 종합하여 보면, 주택의 부속토지는 지방세법상 재산세의 과세대상으로서는 토지가 아니라 주택에 해당된다고 보는 것이 타당하므로 주택의 부속토지에 대한 재산세의 납세의무자는 토지분 재산세의 납세의무자가 아니라 주택분 재산세의 납세의무자에 해당되는 것으로 보아야 하며 그 결과 부속토지 안분액에 관하여 주택분 종합부동산세의 납세의무자에 해당된다고 판시하였다. 이 판결은 대법원 2018. 3. 15. 자 2017두72430 심리불속행 상고기각 판결에 의하여 확정되었다.

사실상 소유자의 범위에 관하여 대법원 2012. 12. 13. 선고 2010두4964 판결 등은 사실상의 소유자란 공부상 소유자로 등재된 여부를 불문하고 당해 토지나 재산에 대한 실질적인 소유권을 가진 자를 말한다고 하고 있다. 그래서 대한민국 명의로 원인무효인 소유권보존등기가 경료된 상태에서 대한민국이 토지를 사실상 사용·수익하여 왔더라도, 원고가 대한민국을 상대로 제기한 소유권보존등기 말소등기청구소송에서 원고가 진정한 소유자임이 밝혀져 2006. 4. 28. 승소 확정판결을 받고 2007. 9. 11. 대한민국으로부터 2001. 2. 25. 이후의 차임 상당 부당이득으로 합계 14억 원을 지급받았다면 원고는 2003년부터 2007년까지의 각 과세기준일 당시 위 토지에 대하여 소유자로서의 권능을 실제로 행사하였는지 여부와 관계 없이 위 판결 확정 전의 과세기간에 대하여도 사용·수익·처분권능을 행사할 수 있는 지위에 있는 자로서 특별한 사정이 없는 한 사실상 소유자에 해당한다고 판시하였다. 대한민국 명의의 소유권보존등기가 원인무효이므로 원고가 처음부터 소유자로서의 지위를 가지고 있었다고 보아야 하고 비록 소급하였기는 하지만 2001년 이후분에 대하여는 차임까지 취득하였으므로 그 후의 기간에 대하여는 사실상의 소유자의 지위에 있었다고 볼 수 있는 것이다.

그리고 대법원 2017. 3. 9. 선고 2016두56790 판결은, A도시개발사업조합이 B 등 소유의 토지 일대에 관하여 도시개발사업 실시계획인가 및 환지계획인가를 받아 환지예정지 지정공고를 하자, 관할 관청이 B 등이 환지예정지의 사실상 소유자라는 이유로 B 등에게 재산세 등 부과처분을 한 사안에서, 도시개발법 제36조 제1항은 환지예정지가 지정되면 종전 토지 소유자는 환지예정지 지정의 효력발생일로부터 환지처분이 공고되는 날까지 환지예정지에 대하여 종전과 같은 내용의 권리를 행사할 수 있으며 종전의 토지는 사용하거나 수익할 수 없다고 규정하고 있는 점 등의 이유를 들어 B 등이 환지예정지 지정처분 효력 발생 이후인 과세기준일 당시 환지예정지를 사실상 소유하고 있는 자에 해당한다고 판단하였다.

반면에 대법원 2020. 11. 15. 자 2020두43458 판결에 의하여 확정된 광주고등법원 2020. 6. 17. 선고 2019누1994 판결은 다음과 같은 사정을 들어 원고가 사실상의 소유자에 해당하지 않는다고 판시하였다. 국가가 간척토지를 조성한 후 국가 소유로 등기할 경우 장기임대를 통한 민간자본유치가 어려울 수 있어 국가 명의로 소유권보존등기를 하였다가 곧바로 국가가 100% 출자한 공법인인 원고 명의로 등기하였다. 원고는 국가에게 그 대가를 지불한 적이 없고, 원고가 그 토지를 사용·수익·처분하려면 국가의 승인을 얻어야 하고, 수익금이나 처분대금은 농지관리기금 등에 귀속되어 국가의 수익이 되거나 방조제 등 시설물 유지관리에 사용해야 했다. 원고가 일부 토지를 처분하였으나 국가의 승인하에 국가와 함께 계약당사자가 되었으며 계약금은 국고에 입금하였다. 원고는 위 토지를 재무제표에 자산으로 계상하지 않고 부외자산으로 별도 관리하였으며, 그 유지·관리에 필요한 비용은 모두 국고로 충당되었다. 이 사안은 사실상 소유자로 볼 수 없는 사정들이 총 망라된 듯한 사례이므로 개별사안들의 판단에 있어서 좋은 참고사례가 될 것 같다.

그리고 대법원 2023. 8. 18. 선고 2023두37315 판결은, 한국농어촌공사 및 농지관리기금법 한국농어촌공사가 공유수면을 매립하는 대단위농업개발사업 등을 시행한 결과 공유수면 관리 및 매립에 관한 법률 제46조 제1항에 따라 그 매립지의 소유권을 취득한 경우에는, 비록 공사가 국가가 설치한 정부출자기관으로서 사업비용 전액을 국고로부터 지원받아 시행하였고 그 매립지를 국가의 감독하에 관리·처분하여야 하는 지위에 있더라도 해당 매립지의 소유권은 법률상·사실상 국가와 별개로 독립한 법인격을 가진 공법인인 공사에 귀속되는 것이고, 이러한 토지는 국가의 소유에 속하지 않으므로 공사가 재산세 납세의무자가 된다고 판시하였다.

부동산실명법을 위반한 부동산의 명의신탁에 관하여 대법원 2020. 9. 3. 선고 2018다 283773 판결은, 명의신탁자가 소유자로부터 부동산을 양수하면서 명의수탁자와 사이에 명의신탁약정을 하여 소유자로부터 바로 명의수탁자 명의로 해당 부동산의 소유권이전 등기를 하는 3자간 등기명의신탁의 경우 명의신탁자의 매수인 지위는 일반 매매계약에서 매수인 지위와 근본적으로 다르지 않으므로(대법원 2018. 3. 22. 선고 2014두43110 전원합의체 판결 참조), 명의신탁자가 부동산에 관한 매매계약을 체결하고 매매대금을 모두 지급하였다면 재산세 과세기준일 당시 그 부동산에 관한 소유권이전등기를 마치기 전이라도 해당 부동산에 대한 실질적인 소유권을 가진 자로서 특별한 사정이 없는 한 그 재산세를 납부할 의무가 있다고 판시하였다.

부동산 명의신탁에 있어서 사실상 소유자를 누구로 볼 것인지에 관한 법리는 취득세 납세의무자를 정함에 있어서도 적용되는 것으로서 취득세 항목에서 자세히 설명하였으니 참조하기 바란다.

2. 과세대상

재산세의 과세대상에 관하여는 지방세법 제105조에서 재산세는 토지, 건축물, 주택, 항공기 및 선박을 과세대상으로 한다고 규정하고 있다. 그리고 앞서 보았듯이 종합부동산세의 과세대상은 재산세 과세대상 중 주택과 토지이다.

지방세법 제106조 제3항은 재산세의 과세대상 물건이 토지대장, 건축물대장 등 공부상 등재되지 아니하였거나 공부상 등재현황과 사실상의 현황이 다른 경우에는 사실상의 현황에 따라 재산세를 부과하되, 다만, 재산세의 과세대상 물건을 공부상 등재현황과 달리 이용함으로써 재산세 부담이 낮아지는 경우 등 대통령령으로 정하는 경우에는 공부상 등재현황에 따라 재산세를 부과한다고 규정하고 있다.

사실상의 현황이 주택인지 오피스텔인지가 다투어진 사안에서, 대법원 2023. 11. 16. 선고 2023두47435 판결은, 원고가 오피스텔을 민간임대주택에 관한 특별법에 따라 민간임대주택으로 등록한 후 주거용으로 임대한 데 대하여, 위 오피스텔의 공부상 등재 현황은 일반업무시설인 오피스텔이고, 주택법 및 그 시행령이 업무시설에 해당하는 오피스텔(업무를 주로 하며, 분양하거나 임대하는 구획 중 일부 구획에서 숙식을 할 수 있도록 한 건축물로서 국토교통부장관이 고시하는 기준에 적합한 것)을 준주택(주택 외의 건축물과 그 부속토지로서 주거시설로 이용가능한 시설 등)으로 분류하고 있더라도 사실상의 현황에 따라 주택으로 취급하여 재산세 등을 부과한 처분은 적법하다는 취지의 원심 판단을 수긍하였다.

건축물의 경우도 워낙 종류가 다양하여 그 범위를 파악하는 것이 간단하지 않다. 건축물에 관하여는 지방세법 제6조 제4호에서 정의하고 있다. 건축물이란 건축법 제2조 제1항 제2호에 따른 건축물(이와 유사한 형태의 건축물을 포함한다)과 토지에 정착하거나 지하 또는 다른 구조물에 설치하는 레저시설, 저장시설, 도크시설, 접안시설, 도관시설, 급수·배수시설, 에너지 공급시설 및 그 밖에 이와 유사한 시설(이에 딸린 시설을 포함한다)로서 대통령령으로 정하는 것을 말한다고 하고, 그 시행령 제5조에서는 보다 구체적인 내용을 규정하고 있다.

급수·배수시설과 관련하여 재산세의 과세대상이 되는지 여부가 쟁점이 된 사례가 있다. 대법원 2014. 2. 13. 선고 2013두13716 판결은, 급수·배수시설이란 구조, 형태, 용도, 기능 등을 전체적으로 고려할 때 토지에 정착하거나 지하 또는 다른 구조물에 설치되어 급수와 배수기능을 발휘하는 시설을 의미하고, 과세대상이 아닌 다른 시설과 연결하여 사용된다고 하여 과세대상인 급수·배수시설에 해당하지 않는다고 볼 것은 아니라고 전제하고, 하부저수지의 물을 상부저수지로 끌어올리고, 발전설비를 통과한 물을 하부저수지로 배수하는 등 급수와 배수기능을 발휘하는 수로터널은 재산세의 과세대상인 급수·배수시설에 포함되며, 그것이 지하발전소의 발전전동기와 연결되어 있기는 하나 그 구조, 형태, 용도, 기능 등에 비추어 볼 때 그와 일체화되어 급배수기능을 발휘한다고 볼 수 없으므로, 이를 재산세의 과세대상이 아닌 발전전동기의 일부에 불과하다고 볼 것도 아니라고 판시하였다. 급수·배수시설을 별도의 재산세 과세대상으로 규정하고 있으므로 수로터널 발전전동기에 일체화된 부속물로 볼 수 없는 한 독립된 재산세 과세대상인 급수·배수시설로 보아야 한다는 것이다. 구조적·기능적 독립성을 어느 정도 갖추었는지를 판단한 사안이다.

3. 토지에 대한 구분 과세

지방세법 제106조 제1항은 토지에 대한 재산세의 과세대상은 종합합산과세대상, 별도합산과세대상 및 분리과세대상으로 구분하여 과세하도록 규정하고 있다. 다른 재산세 과세대상 및 취득세나 등록세에서는 볼 수 없는 내용이다. 이는 제한된 국토를 효율적으로 사용하기 위한 것으로 볼 수 있다.

일반적으로 적용세율은 종합합산과세대상이 가장 높고, 별도합산과세대상이 그 다음이며, 분리과세대상이 가장 낮다. 다만, 분리과세대상 중 골프장은 예외이다. 분리과세대상은 국가정책상 특정한 토지에 대하여 특히 저율 또는 고율로 과세할 필요가 있는 경우 분리하여 단일세율을 적용하는 것을 말한다. 대법원 2023. 8. 31. 선고 2019두55903 판결은 재산세의 분리과세제도는 정책적 고려에 따라 중과세 또는 경과세의 필요가 있는 토지에 대하여 예외적으로 별도의 기준에 의하여 분리과세를 함으로써 종합합산과세에서 오는 불합리를 보완하고자 하는 데에 그 취지가 있으며, 이러한 분리과세제도의 취지에 비추어 보면, 분리과세요건을 규정하는 권한은 입법자의 입법형성권의 범위에 속한다고 판시하였고, 대법원 2023. 9. 14. 선고 2021두40027 판결은, 분리과세대상토지를 규정한 지방세법 시행령 규정들은 예시적 규정이 아니라 한정적 규정으로 보아야 한다고 판시하였다.

저율분리과세를 적용하는 경우에는 낮은 세율을 적용하여 세부담을 경감하여 주는 것으로서 주로 전, 답, 과수원, 목장용지, 임야와 사권제한 토지 및 국가경제기반산업용 토지인 공장용지, 조세의 실질적인 부담자가 따로 있는 공급용 토지 등 저율로 과세할 상당한 이유가 있는 토지에 대하여는 일정한 기준을 정하여 기준에 적합한 토지에 대하여는 낮은 단일세율로 과세하고 있다. 반면, 고율의 분리과세는 골프장, 고급오락장에 대하여는 고율의 세율로 분리하여 중과세하게 되는데 이는 중과세를 통해 보유를 억제하는 성격을 띠고 있다. 별도합산과세대상은 소유자별로 지방자치단체 관할 구역별로 합산하는 과세표준 중 일정기준의 토지를 별도로 구분하여 합산과세하되, 그 세율이 종합합산과세대상보다 다소 낮게, 그러나 분리과세대상보다는 높게 하여 과세한다. 별도합산과세대상 토지는 공장용 건축물의 부속토지 등을 말하며, 종합합산과세대상 토지는 분리과세대상 토지와 별도합산과세대상 토지를 제외한 것으로서 토지소유자별 지방자치단체별 합산을 통해 세금을 부담하게 된다.

도시개발사업의 시행으로 종전 토지에 대하여 환지예정지가 지정된 경우 재산세 과세대상을 구분할 때 종전 토지의 현황에 따를 것인지 환지예정지의 현황에 따를 것인지가 문제된다. 재산세 과세기준일 당시에 이미 환지예정지가 지정된 경우 종전 토지 소유자의 법적 권리가 종전 토지에 그대로 남아 있는지 아니면 환지예정지로 이전되는지에 달려 있다. 이에 관하여 대법원 2023. 4. 27. 선고 2023두30529 판결은 환지예정지 지정의 효력이 발생한 경우 종전 토지 소유자는 재산세 과세기준일 당시 환지예정지를 사실상 소유하고 있는 자로서 재산세 납세의무를 부담하고(대법원 2017. 3. 9. 선고, 2016두56790 판결 참조), 이러한 경우 종전 토지가 아니라 재산세 과세대상 물건인 환지예정지의 현황에 따라 재산세가 부과된다고 판시하였다. 환지예정지가 지정되면 종전 토지의 소유자는 환지예정지에 관하여 소유자로서 처분권을 행사할 수 있는 반면 종전 토지에 대하여는 처분권을 행사할 수 없고, 환지예정지에 대한 종전 소유자 역시 환지예정지에 대하여 처분권을 행사할 수 없으므로 환지예정지를 지정받은 자가 이를 사실상 소유하고 있다고 볼 수 있기 때문이다. 이 사안은 종전 토지에 건축물이 있어 별도합산과세대상이었으나 환지예정지가 지정되면서 종합합산과세대상으로 재산세가 부과된 것이었는데, 납세자는 제자리 환지라고 하면서 환지예정지에 여전히 건축물이 남아 있으므로 별도합산과세대상이어야 한다고 주장하였으나, 환지예정지상에 건축물이 남아 있더라도 이는 철거대상일뿐 그에 대한 처분권을 행사할 수도 없으므로 이를 이유로 환지예정지가 별도합산과세대상이 된다고 볼 수 없다고 보았다.

그리고 지방세법 시행령 제102조 제5항 제24호가 정하고 있는 재산세 분리과세대상인 '도시개발사업에 제공하는 주택건설용 토지'의 범위에 관하여 대법원 2013. 7. 25. 선고 2012두16688 판결은, 그 토지의 용도가 '주차장, 학교, 문화집회시설'인 부분은 모두 공익목적을 위하여 제공된 것으로서 장차 그 용도로 이용될 예정이어서 주택건설에 필수불가결하게 수반되는 시설용 토지에 해당한다고 할 수 있으나 그 토지의 용도가 '준주거용지와 상업용지'인 부분은 주택건설에 필수불가결하게 수반되는 시설용 토지로 볼 수 없다는 이유로 공익시설용 토지 부분만큼은 재산세 분리과세대상인 '도시개발사업에 제공하는 주택건설용 토지'에 해당한다고 본 원심의 판단을 수긍하였다. 주택부지로 한정하지 않고 주택건설용 토지라고 규정하였기 때문에 주택부지뿐만 아니라 주택을 건설하는 데 필수적으로 수반되어야 하는 것으로서 그 자체로서는 무상공급의 성격이 강하여 수익성이 없는 토지는 공익목적을 고려하여 분리과세의 혜택을 준 것이고, 준주거용지와 상업용지는 물론 어느 정도 주택건설과 관련성은 있지만 그 자체로서 수익성이 있기 때문에 공익목적이 약하다고 보아 분리과세대상의 혜택을 배제한 것으로 해석된다. 법원의 재량에 의한 구분이라고 볼 수 있다.

또한 대법원 2023. 9. 14. 선고 2021두40027 판결은, 지방세법 시행령 제102조 제6항 제5호가 정하는 재산세분리과세대상인 '전기사업법에 따른 전기사업자가 전원개발촉진법 제5조 제1항에 따른 전원개발사업 실시계획에 따라 취득한 토지 중 발전시설 또는 송전·변전시설에 직접 사용하고 있는 토지'와 관련하여, 집단에너지사업법에 따라 집단에너지사업의 허가를 받은 사업자가 취득한 열병합발전시설부지가 여기에 해당한다고 볼 수 있는지가 문제된 사안에서, 집단에너지사업법 제48조가 집단에너지사업법에 따른 전기의 공급에 관하여 사업자가 사업의 허가를 받은 경우에는 전기사업법에 따른 발전사업의 허가를 받은 것으로 본다라고 규정하고 있더라도, 더 나아가 전기사업법에 따라 발전사업의 허가를 받았음을 전제로 하는 지방세법의 모든 규정까지 당연히 적용되는 것은 아니라고 하면서, 지방세법 시행령이 '전기사업법상 전기사업자가 직접 사용하고 있는 일정한 토지'를 재산세 분리과세대상으로 규정하는 한편, 이와 별도로 집단에너지사업에 사용되는 토지 가운데 '집단에너지사업법에 따라 설립된 한국지역난방공사가 열생산설비에 직접 사용하고 있는 토지'(지방세법 시행령 제102조 제6항 제7호)와 '산업단

지 등에서의 집단에너지공급시설용 토지'(지방세법 시행령 제102조 제8항 제4호 나목)
를 재산세 분리과세대상으로 규정하는 등 분리과세대상 토지의 범위에 관하여 집단에너
지사업을 전기사업과 구분하여 규율하고 있으므로 집단에너지사업자라도 여기에 해당
하지 않으면 분리과세대상규정이 적용되는 전기사업자에 해당한다고 볼 수 없다고 판시
하였다. 위 사안의 토지에 관하여는 지방세법 시행령이 2021. 12. 31. 개정되면서 제102조
제6항 제7호의 2를 신설하여 '집단에너지사업법에 따른 사업자 중 한국지역난방공사를
제외한 사업자가 직접 사용하기 위하여 소유하고 있는 공급시설용 토지로서 2022년부터
2025년까지 재산세 납부의무가 성립하는 토지'를 재산세 분리과세대상 토지로 추가함으
로써 여기에 해당하게 되었다. 따라서 위 신설된 규정에 따라 분리과세대상이 정해지는
것이지, 지방세법 시행령 제102조 제6항 제5호의 적용대상으로 볼 수는 없다는 것이다.
분리과세대상토지에 관한 규정이 예시적 규정이 아니라 한정적 규정이라고 본 대법원의
엄격한 입장이 드러난 판결이라고 하겠다.

4. 재산세와 종합부동산세의 중복과세 배제

2005. 1. 5. 부동산 보유세제 개편에 따라 도입된 종합부동산세의 취지는 과세대상 재
산을 보유하는 자에게 먼저 낮은 세율로 지방세인 재산세를 부과하고 다시 국내에 있는
모든 과세대상을 합산하여 일정한 과세기준금액을 초과하여 부동산을 보유하는 자에게
높은 세율로 국세인 종합부동산세를 과세함으로써 부동산보유에 대한 조세부담의 형평
을 제고하고 부동산의 가격안정을 도모하고자 하는 데에 있다. 이와 같이 재산세와 종합
부동산세는 과세대상 재산의 보유라는 동일한 담세력을 바탕으로 한 조세이기 때문에
2005. 1. 5. 제정된 종합부동산세법은 종합부동산세 산출세액에서 재산세로 부과된 세액
을 공제하도록 하였다. 일정한 과세기준금액을 초과하는 부분은 재산세와 종합부동산세
가 중복하여 과세가 되므로 이를 조정할 필요가 있는 것이다.

그 방법에 관하여 대법원 2015. 6. 24. 선고 2012두7073 판결은 다음과 같이 판시하였
다. 종합부동산세법 시행령 제4조의2, 제5조의3 제1항 및 제2항에 따라 종합부동산세의
과세기준금액을 초과하는 부분에 대한 재산세액은 '(공시가격 − 과세기준금액)×재산세
공정시장가액비율'의 산식을 기초로 계산되고, 같은 부분에 대한 종합부동산세액은 '(공
시가격 − 과세기준금액)×종합부동산세 공정시장가액비율'의 산식을 기초로 계산되는데,
이 두 금액은 '공시가격 − 과세기준금액' 부분에 관하여 각각 재산세와 종합부동산세가
부과되는 부분을 뜻하므로, 그중 서로 중첩되는 부분, 즉 '(공시가격 − 과세기준금액)×종
합부동산세 공정시장가액비율'보다 적거나 같은 '(공시가격 − 과세기준금액)×재산세 공

정시장가액비율' 부분은 중복하여 재산세가 부과되는 부분에 해당하고, 더불어 종합부동산세 공정시장가액비율을 벗어나 종합부동산세 과세표준에서 제외된 부분에 대하여는 아예 종합부동산세가 부과되지 않으므로 중복 부과임을 이유로 공제되는 재산세액을 산정할 때 이 부분은 고려할 필요가 없다고 하고, 그래서 공제되는 재산세액은 '(공시가격 − 과세기준금액)×재산세와 종합부동산세의 공정시장가액비율 중 적은 비율×재산세율'의 산식에 따라 산정하여야 한다고 판시하였다. 그래서 이에 반하는 종합부동산세법 시행규칙 제5조 제2항 [별지 제3호 서식 부표(2) 중 작성요령]에서 정한 '(공시가격 − 과세기준금액)×종합부동산세 공정시장가액비율×재산세 공정시장가액비율×재산세율'의 산식 (시행규칙 산식)에 따라 산정한 것은 잘못이라고 판시하였다.

위 시행규칙과 같이 공제금액을 산정하면 재산세 공정시장가액비율을 한 번 더 곱함으로써 공제금액이 그만큼 줄어들어 중복과세부분이 완전 해소되지 않는 문제가 생기기 때문이다. 위 시행규칙 산식은 시행규칙의 일부이므로 그것이 모법인 위 시행령 규정에 반한다는 이유로 무효를 선언할 수도 있었겠으나, 이는 법령의 위임이 없음에도 법령에 규정된 처분 요건에 해당하는 사항을 시행규칙에서 변경하여 규정한 경우에는 그것은 행정청 내부의 사무처리 기준을 정한 것으로서 행정조직 내부에서 적용되는 행정명령의 성격을 지닐 뿐 국민에 대한 대외적 구속력이 없다고 보아 굳이 무효를 선언하지는 않고, 과세처분이 그에 따라 이루어졌다고 해서 적법하다고 할 수 없다고만 판시하였다. 위임 자체가 없었기 때문에 위임의 범위를 문제삼기 어려웠다고 할 수 있다. 타당한 판결이다.

이 판결이 선고된 후 종합부동산세법 시행령 제4조의2 제1항이 2015. 11. 30. 개정되어 위 시행규칙에서 정하는 방법대로 산정한 가액만을 공제하도록 규정함으로써 위 시행규칙 산식의 내용을 시행령 규정으로 격상시켰다. 중복과세를 막는다는 취지에 비추어 볼 때 위 시행령 규정은 다시 모법의 위임범위를 벗어났는지 여부가 문제될 수 있다.

이에 관하여 대법원 2023. 8. 31. 선고 2019두39796 판결은, 종합부동산세의 과세기준금액을 초과하는 영역에서 종합부동산세가 재산세의 과세 부분부터 먼저 과세되는지 아니면 재산세의 과세 부분과 그 외의 부분 사이에 안분하여 과세되는지 여부에 의하여 주택 등의 종합부동산세액에서 공제되는 재산세액의 범위가 달라지게 된다고 전제하고, 종합부동산세법 제9조 제3항, 제14조 제3항과 제6항에서는 주택 등의 '과세표준 금액에 대하여' 해당 과세대상 주택 등의 재산세로 부과된 세액을 주택 등의 종합부동산세액에서 공제하도록 규정하고 있을 뿐이며, 같은 법 제9조 제4항과 제14조 제7항에서는 주택 등의 재산세로 부과된 세액의 공제 등에 관하여 필요한 사항은 대통령령으로 정하도록 규정하고 있는 점과 그 입법 취지 등에 비추어 보면, 종합부동산세의 과세기준금액을 초과하는 영역에서 종합부동산세가 재산세의 과세 부분부터 먼저 과세되는지 아니면 재산세의 과세 부분과 그 외의 부분 사이에 안분하여 과세되는지 여부는 기본적으로 입법자에게 광범위한 입법형성의 자유가 주어진 영역인데 2015. 11. 30. 개정된 종합부동산세법 시행령에서는 종합부동산세의 과세기준금액을 초과하는 영역에 대하여 부과되는 재산세액 중 일부만이 공제되는 결과에 이르게 되나, 이는 입법자가 종합부동산세의 과세기준금액을 초과하는 영역에서 종합부동산세가 재산세의 과세 부분과 그 외의 부분 사이에 안분하여 과세되도록 함으로써 주택 등의 종합부동산세액에서 공제되는 재산세액의 범위를 구체적으로 명확하게 하였기 때문이므로 기준금액을 초과하는 영역에 부과되는 재산세액 중 일부만을 공제하도록 하였더라도 종합부동산세법 제9조 제4항과 제14조 제7항의 위임 범위와 한계를 벗어나 무효라고 볼 수 없다고 판시하였다.

결국 기준금액을 초과하는 영역에서 재산세와 종합부동산세가 각각의 공정시장가액비율을 적용한 영역을 과세대상으로 삼는데 여기서 과세대상이 겹치는 영역을 어떤 관점에서 산정할 것인지는 관념적으로나 이론적으로는 대법원 판시처럼 두 가지의 관점이 모두 가능할 수 있고, 그래서 입법자가 그 중 하나를 선택한 것은 입법재량으로 볼 수 있다. 하지만 직관적으로 보면 종합부동산세가 재산세의 과세 부분부터 먼저 과세된 것으로 보는 관점이 더 자연스러우며 시행령이 취한 관점은 기교적인 면이 있어서 다소 아쉬움이 남는 판결이라고 하겠다.

조세형법

조세형법의 체계

1. 조세형법의 종류

실체법으로서 내국세에 관하여는 독립된 법률인 조세범처벌법이 있고, 관세에 관하여는 관세법 제11장의 제270조 등에, 지방세에 관하여는 지방세기본법 제9장에 각 규정을 두고 있다. 그리고 이들에 대한 가중처벌규정으로 특정범죄가중처벌등에관한법률(이하 '특가법'이라 한다) 제8조와 제8조의2에 규정을 두고 있다. 절차법으로서는 내국세에 관하여 조세범처벌절차법이 따로 있고, 관세와 지방세에 관하여는 각각 관세법과 지방세기본법에서 함께 규정되어 있다.

지방세기본법이 2010. 3. 31. 제정되기 전에는 구 지방세법 제84조 제1항에서 조세범처벌법령과 조세범처벌절차법령을 준용하도록 규정하고 있었고, 특가법 제1조에서는 관세법과 조세범처벌법에 규정된 범죄의 가중처벌 등을 규정한다고만 하고 지방세법에 관하여는 별도의 언급이 없어 지방세 포탈범에도 특가법 제8조가 적용되는지가 논란이 되었는데, 구 지방세법 제84조가 준용대상을 '조세범처벌법'으로 특정하지 않고, '조세범처벌법령'이라고 한다는 등의 이유로 긍정적인 입장의 하급심 판례도 있으나, 죄형법정주의의 엄격성에 비추어 부정적인 입장을 취하는 견해도 더러 있었다. 이에 대하여 대법원 2008. 3. 27. 선고 2007도7561 판결은 구 지방세법 제84조 제1항의 문언 및 제82조의 다른 법률 준용 형식에 비추어 볼 때 '조세범처벌법령'은 조세범처벌법과 그 부속 하위 법령을 의미한다고 할 것이며, 제84조 제1항의 규정은 입법의 편의상 지방세에 관한 범칙행위에 대하여 조세범처벌법에 정한 규정을 준용하여 처벌하도록 한 것에 불과할 뿐, 위 규정으

로 인하여 지방세에 관한 범칙행위가 곧바로 조세범처벌법 위반죄에 해당하는 것은 아
니라고 할 것이라고 하면서, 특정범죄가중처벌등에관한법률은 지방세법 위반죄를 가중
처벌 대상에 포함시키지 않고 있으므로 구 지방세법 제84조 제1항의 '조세범처벌법령'에
특정범죄가중처벌등에관한법률도 포함된다고 해석하는 것은 수범자인 일반인의 입장에
서 이를 쉽게 예견하기 어려운 점에 비추어 형벌법규의 명확성의 원칙에 위배되는 것이
거나 형벌법규를 지나치게 확장·유추해석하는 것으로서 죄형법정주의에 반하여 허용
되지 않는다고 판시하였다. 지방세기본법의 제정으로 이러한 논란은 종식되었다. 지방세
기본법은 2011. 12. 31. 개정되면서 제129조 이하에서 지방세포탈범에 대한 규정을 대폭
정비하였다. 그 개정이유는 지방세의 특성에 맞게 지방세기본법에서 명확하게 규정함으
로써 죄형법정주의와 적정절차의 원리를 충실하게 구현하고 지방세 범칙사건 처리의 공
정성과 실효성을 높이려는 것이라고 한다.

2. 주요 규정의 내용

가. 조세범처벌법

조세범처벌법은 1951. 5. 7. 제정된 이래 여러 차례 개정을 거듭해오다가 2010. 1. 1.
전면 개정이 이루어졌다. 개정이유는, 1951년 제정된 이후 총 22차의 부분적인 개정이
있었으나 범칙유형, 형량 등 법의 주요 구조는 제정 당시의 틀을 그대로 유지하고 있어
그간의 경제·사회적 여건의 변화를 반영하지 못하여 조세범죄에 효율적으로 대응하지
못하고 있는 현실을 감안하여, 조세포탈죄의 양형체계를 개선하여 고액·상습 탈세범에
대한 처벌을 강화하고, 최근 문제되고 있는 면세유의 부정유통행위 등을 처벌하도록 하
며, 단순 행정질서벌 성격의 위반행위는 과태료로 전환하고 조세범처벌에 있어 책임능
력, 종범경감 등 형법상의 책임주의 원칙을 구현하는 등 이 법을 전반적으로 개선하여
법의 실효성을 제고하려는 것이라고 한다.

(1) 제3조(조세포탈 등)의 분석

먼저 조세범처벌법 제3조가 조세포탈 등의 죄에 관하여 규정하고 있다. 제1항은, 사기
나 그 밖의 부정한 행위로써 조세를 포탈하거나 조세의 환급·공제를 받은 자는 2년 이
하의 징역 또는 포탈세액, 환급·공제받은 세액(이하 '포탈세액 등')의 2배 이하에 상당
하는 벌금에 처하되, 다만 다음 각 호의 어느 하나에 해당하는 경우에는 3년 이하의 징역

또는 포탈세액 등의 3배 이하에 상당하는 벌금에 처한다고 규정하고, 그 제1호에서 포탈세액 등이 3억 원 이상이고, 그것이 신고·납부하여야 할 세액(또는 결정·고지하여야 할 세액)의 100분의 30 이상인 경우, 제2호에서 포탈세액 등이 5억 원 이상인 경우를 각 규정하고 있다. 그리고 제2항은 제1항의 죄를 범한 자에 대해서는 정상에 따라 징역형과 벌금형을 병과할 수 있다고 규정하고, 제3항은 제1항의 죄를 범한 자가 포탈세액 등에 대하여 법정신고기한이 지난 후 2년 이내에 수정신고를 하거나 법정신고기한이 지난 후 6개월 이내에 기한 후 신고를 하였을 때에는 형을 감경할 수 있다고 규정하고 있다.

제5항은 제1항의 범칙행위에 대한 기수시기에 관하여, 제1호에서 '납세의무자의 신고에 의하여 정부가 부과·징수하는 조세: 해당 세목의 과세표준을 정부가 결정하거나 조사결정한 후 그 납부기한이 지난 때, 다만 납세의무자가 조세를 포탈할 목적으로 세법에 따른 과세표준을 신고하지 아니함으로써 해당 세목의 과세표준을 정부가 결정하거나 조사결정할 수 없는 경우에는 해당 세목의 과세표준의 신고기한이 지난 때로 한다'를, 제2호에서 '제1호에 해당하지 아니하는 조세: 그 신고·납부기한이 지난 때'를 각 규정하고 있다.

그리고 제6항에서는 제1항에서 말하는 '사기나 그 밖의 부정한 행위'에 관하여 '다음 각 호의 어느 하나에 해당하는 행위로서 조세의 부과와 징수를 불가능하게 하거나 현저히 곤란하게 하는 적극적 행위를 말한다'라고 규정하고, '이중장부의 작성 등 장부의 거짓 기장'(제1호), '거짓 증빙 또는 거짓 문서의 작성 및 수취'(제2호), '장부와 기록의 파기'(제3호), '재산의 은닉, 소득·수익·행위·거래의 조작 또는 은폐'(제4호), '고의적으로 장부를 작성하지 아니하거나 비치하지 아니하는 행위 또는 계산서, 세금계산서 또는 계산서합계표, 세금계산서합계표의 조작'(제5호), '조세특례제한법 제24조 제1항 제4호에 따른 전사적 기업자원관리설비의 조작 또는 전자세금계산서의 조작'(제6호), '그 밖에 위계에 의한 행위 또는 부정한 행위'(제7호)를 규정하고 있다.

제3조가 조세범처벌법의 핵심규정이다. 전면 개정되면서 직접세와 간접세의 차등처벌을 폐지하고, 포탈세액의 규모와 비율 등에 따라 법정형을 차등화하였으며, 상습범에 대한 가중처벌규정을 신설하고, 주세포탈의 미수범처벌규정은 삭제하였다. 미수범을 처벌하지 않는 이유는 국고주의적 사고에 입각하여 아직 국고의 손실을 가져 오지 않았고, 상당수의 범죄에서 처벌범위를 확장하여 예비 또는 미수단계의 행위를 독립적으로 규정하여 가벌성을 앞당겨 놓았다는 점(예 제8조의 장부 소각·파기죄 등) 등을 고려한 것으로 보인다.

제5항에서 정하고 있는 조세포탈죄의 기수시기는 세목별로 신고기한 또는 납부기한이 도래한 때이다. 이는 납세의무의 확정시기와 대체로 일치한다. 따라서 소득세포탈범의

경우 각 과세연도의 소득세마다 그 신고·납부기한이 도래한 때에 1개의 죄로서 기수가 되고, 법인세포탈범은 각 사업연도의 법인세마다, 부가가치세의 포탈범은 각 과세기간인 6월의 부가가치세마다 그 신고·납부기한이 도래한 때에 1개의 죄로서 기수가 된다.

조세포탈죄 중 부당환급·공제의 경우 위 제5항의 취지에 비추어 실제로 그 세액을 환급·공제를 받은 때가 기수시기가 아니라 그 환급·공제세액에 대한 신고기한이 도래한 때를 기수시기로 보아야 할 것이다. 예를 들어 부가가치세 매입세액 부당환급의 경우 부가가치세법 제49조 제1항이 사업자는 각 과세기간에 대한 과세표준과 납부세액 또는 환급세액을 그 과세기간이 끝난 후 25일 이내에 신고하도록 규정하고 있으므로 여기서의 신고기한이 도래한 때가 기수시기이다.

대법원 2017. 4. 7. 선고 2016도19704 판결은, 피고인 등이 공모하여 사설 스포츠 도박 인터넷사이트를 개설·운영하면서 발생한 소득을 관할 세무서에 신고하지 않는 방법으로 종합소득세를 포탈하였다고 하여 조세범처벌법 위반으로 기소된 사안에서, 신고·납부방식의 조세인 종합소득세를 포탈한 경우 신고·납부기한이 지난 때에 조세포탈행위의 기수가 되므로, 납부기한 후에 몰수나 추징의 집행이라는 후발적 사유가 발생하여 당초의 부과처분을 경정하더라도 조세포탈죄의 성립에 영향을 미치지 않는다고 판시하였다. 조세법과 조세형법의 차이를 보여주는 대목이다.

그리고 제6항에서 '사기 그 밖의 부정한 행위'에 관한 정의규정을 신설하였다. 개념 자체가 추상적이고 명확하지 않은데다가 종전에는 아무런 정의규정이 없어 죄형법정주의의 명확성의 원칙에 위반될 수 있다는 비판이 있어 왔고, 판례의 집적에 의하여 그 행위유형의 대강을 파악할 수 있는 정도였다. 제6항은 종래 판례에서 인정되어 오던 행위유형들을 제1호 내지 제6호에 반영하였다.

전면 개정 전에는 제9조의2에서 '사기 그 밖의 부정한 행위'로 인하여 생긴 소득금액으로 보지 아니하는 항목으로, ① 법에 의한 소득금액결정에 있어서 세무회계와 기업회계와의 차이로 인하여 생긴 금액, ② 법인세의 과세표준을 법인이 신고하거나 정부가 결정 또는 경정함에 있어서 그 법인의 주주·사원·사용인 기타 특수한 관계에 있는 자의 소득으로 처분된 금액을 열거하고 있었다가 전면 개정에 따라 삭제되었다.

그러나 위 규정은 한정적 규정이 아니라 예시적 규정으로 보아야 하는데 전면 개정된 조세범처벌법 제3조 제6항에서 '사기 그 밖의 부정한 행위'에 해당하는 유형을 예시함에 따라 그에 해당하지 않는 경우들을 다시 예시할 필요가 없다고 보아 삭제하였다고 한다.

마지막으로 다시 제7호에서 포괄적으로 '그 밖에 위계에 의한 행위 또는 부정한 행위'라고 규정하였는데, 이는 '사기 그 밖의 부정한 행위'의 동어반복에 불과하다는 비판이 있다. 그러나 제1호 내지 제6호가 모든 유형을 망라적으로 규정한 것이 아니라 주요 유형을 예시적으로 규정한 것에 불과하므로, 그 유형에서 벗어나는 행위에 대하여 '사기 그 밖의 부정한 행위'의 해당 여부를 판단하지 않을 수 없고, 그러기 위해서는 제7호의 규정을 두지 않을 수 없어 불가피한 입법이라고 할 수 있다.

(2) 제7조(체납처분 면탈)의 분석

조세범처벌법 제7조 제1항은 납세의무자 또는 납세의무자의 재산을 점유하는 자는 체납처분의 집행을 면탈하거나 면탈하게 할 목적으로 그 재산을 은닉·탈루하거나 거짓 계약을 하였을 때에는 3년 이하의 징역 또는 3천만 원 이하의 벌금에 처하도록 규정하고 있다. 그 주체는 납세의무자 또는 납세의무자의 재산을 점유하는 자이므로 기본적으로 면탈행위를 할 당시에 납세의무가 성립되어 있어야 한다. 만약 납세의무가 성립되기 전이면 면탈행위가 있더라도 범죄가 성립한다고 볼 수 없게 된다.

이에 관한 사례로 대법원 2022. 9. 29. 선고 2022도5826 판결이 있다. 피고인은 2018. 3. 16.경 피고인 소유의 상가 분양권을 9억 원에 매도하는 계약을 체결하고 2018. 4. 20.경 매도대금을 수령함으로써 양도소득세 321,917,020원의 납세의무가 부과될 것이 예상되자 2018. 4. 20.경 위와 같이 수령한 매도대금 중 4억 1,000만 원을 배우자에게 증여하고, 2018. 6. 12.경 피고인 소유 주택과 부속 토지의 지분 중 4분의 3은 배우자에게, 나머지 지분 4분의 1을 아들에게 증여하였다.

그러자 검찰은 피고인을 체납처분 면탈죄로 기소하였는데, 대법원은 2018. 4. 20. 자 매도대금 증여는 체납처분 면탈죄가 성립할 수 없고, 2018. 6. 12. 자 부동산 증여는 체납처분 면탈죄가 성립한다고 판시하였다.

그 논거는 다음과 같다. 조세범처벌법 제7조 제1항 위반죄에서의 납세의무자는 국세기본법 제2조 제9호에 의하여 세법에 따라 국세를 납부할 의무를 말하는데, 국세기본법 제21조 제1항은 국세를 납부할 의무는 과세요건이 충족되면 성립한다. 부동산을 취득할 수 있는 권리의 양도에 따른 양도소득세는 과세표준이 되는 금액이 발생한 달, 즉 양도로 양도차익이 발생한 부동산을 취득할 수 있는 권리의 양도일이 속하는 달의 말일에 소득세를 납부할 의무가 성립한다. 여기에서 양도는 대가적 수입을 수반하는 유상양도를 가리키고 소득세법 제98조, 같은 법 시행령 제162조에 따르면 양도일은 대금을 청산하기 전에 소유권이전등기를 하는 경우 등 예외적인 경우를 제외하고는 대금이 모두 지급된 날을 가리킨다. 따라서 부동산을 취득할 수 있는 권리 양도인에게 '양도소득세 납세의무자'의 지위는 위 국세기본법 규정에 더하여 소득세법령에 따라 양도목적재산의 대금을 모두 지급받은 날이 속한 달의 말일에 성립한다. 피고인은 2018. 3. 16. 상가 분양권을 양도하는 계약을 체결하고 2018. 4. 20. 그 매매대금을 모두 지급받았으므로, 피고인의 양도소득세 납세의무는 양도일, 즉 매매대금을 모두 지급받은 날이 속한 달의 말일인 2018. 4. 30. 성립하고, 그 날에 상가 분양권 양도에 따른 양도소득세의 납세의무자가 된다. 그래서 피고인이 납세의무자가 되기 전인 2018. 4. 20.경 위 매매대금 중 4억 1,000만 원을 배우자에게 증여하였다고 하더라도 조세범처벌법 제7조 제1항 위반죄가 성립한다고 볼 수 없고, 반면에 피고인이 2018. 6. 12.경 체납처분의 집행을 면탈할 목적으로 배우자와 아들에게 부동산을 증여한 행위는 양도소득세 납세의무 성립 이후에 이루어졌으므로 위 범죄가 성립한다는 것이다.

체납처분을 면탈할 의도와 그 면탈의 효과면에서는 2018. 4. 20. 자 증여와 2018. 6. 12. 자 증여가 별 차이가 없다고 할 수 있음에도 세법에서 규정한 납세의무의 성립시점이 양도행위시보다 다소 뒤쳐져 있다 보니 이 시점을 기준으로 유무죄가 엇갈리게 되었다. 일반인의 법감정에는 다소 어긋나는 면이 있지만 죄형법정주의의 정신에 투철한 판결로 평가될 수 있겠다. 하지만 조세정의에 다소 반하는 측면이 있으므로 이 부분 입법개선이 이루어질 가능성도 있다.

(3) 제9조(성실신고 방해행위)의 분석

조세범처벌법 제9조는 제1항에서 납세의무자를 대리하여 세무신고를 하는 자가 조세의 부과 또는 징수를 면하게 하기 위하여 타인의 조세에 관하여 거짓으로 신고를 하였을 때에는 2년 이하의 징역 또는 2천만 원 이하의 벌금에 처하도록 하고, 제2항에서 납세의무자로 하여금 과세표준의 신고(신고의 수정을 포함한다)를 하지 아니하게 하거나 거짓으로 신고하게 한 자 또는 조세의 징수나 납부를 하지 않을 것을 선동하거나 교사한 자는 1년 이하의 징역 또는 1천만 원 이하의 벌금에 처하도록 하고 있다.

조세범처벌법위반죄의 주체를 납세의무자에 국한하지 않고 더 확대하기 위한 규정이다. 제1항은 납세의무자가 직접 신고행위를 하지 않고 제3자가 대리하는 경우를 전제하고 그 대리인이 거짓 신고를 하는 경우를 처벌하기 위한 규정이며, 제2항은 납세의무자가 직접 신고행위를 하는 경우를 전제하고 제3자가 그 신고를 하지 않게 하거나 거짓 신고하게 하는 제3자가 주체가 된다.

제2항의 주체에 관하여는 아무런 제한이 없으나 제1항의 주체에 관하여는 대리하여 세무신고를 하는 자로 제한하고 있어 그 자격의 범위에 관하여 논란이 있었다. 대법원 2019. 11. 14. 선고 2019도9269 판결은, 제1항은 행위주체를 단순히 '납세의무자를 대리하여 세무신고를 하는 자'로 정하고 있을 뿐, 세무사법 등의 법령에 따라 세무대리를 할

수 있는 자격과 요건을 갖춘 자 등으로 한정하고 있지 않으며, 위 조항은 납세의무자를 대리하여 거짓으로 세무신고를 하는 경우 그 자체로 조세포탈의 결과가 발생할 위험이 매우 크다는 점 등을 고려하여 조세포탈행위와 별도로 그 수단이자 전 단계인 거짓신고 행위를 처벌하는 것으로 볼 수 있으므로 '납세의무자를 대리하여 세무신고를 하는 자'에 는 세무사 자격이 없더라도 납세의무자의 위임을 받아 대여받은 세무사 명의로 납세의 무자를 대리하여 세무신고를 하는 자도 포함된다고 판시하였다. 허위로 신고하였을 경우 세무사 자격이 있는 자보다 세무사 자격이 없는 자가 더 비난가능성이 높을 것임에도 후자의 경우 처벌대상에서 제외된다면 정의에 너무 반하는 결과가 될 것이다. 타당한 판 결이다.

(4) 제10조(세금계산서의 발급의무 위반 등)의 분석

조세범처벌법 제10조는 세금계산서의 발급의무 위반 등에 관한 규정을 두고 있다. 제1 항은 부가가치세법에 따라 세금계산서(전자세금계산서 포함)를 작성하여 발급하여야 할 자와 매출처별세금계산서합계표를 정부에 제출하여야 할 자가 다음 각 호의 어느 하 나에 해당하는 경우에는 1년 이하의 징역 또는 공급가액에 부가가치세의 세율을 적용하 여 계산한 세액의 2배 이하에 상당하는 벌금에 처한다고 규정하면서, 제1호에서 '세금계 산서를 발급하지 아니하거나 거짓으로 기재하여 발급한 경우'를, 제2호에서 '거짓으로 기 재한 매출처별세금계산서합계표를 제출한 경우'를 규정하고 있다. 그리고 제2항은 부가 가치세법에 따라 세금계산서를 발급받아야 할 자와 매입처별세금계산서합계표를 정부 에 제출하여야 할 자가 통정하여 다음 각 호의 어느 하나에 해당하는 행위를 한 경우에 는 1년 이하의 징역 또는 매입금액에 부가가치세의 세율을 적용하여 계산한 세액의 2배 이하에 상당하는 벌금에 처한다고 규정하면서, 제1호에서 '세금계산서를 발급받지 아니 하거나 거짓으로 기재한 세금계산서를 발급받은 경우'를, 제2호에서 '거짓으로 기재한 매 입처별세금계산서합계표를 제출한 경우'를 규정하고 있다. 제3항은 재화 또는 용역을 공 급하지 아니하거나 공급받지 아니하고 다음 각 호의 어느 하나에 해당하는 행위를 한 자는 3년 이하의 징역 또는 그 세금계산서 및 계산서에 기재된 공급가액이나 매출처별세 금계산서합계표, 매입처별세금계산서합계표에 기재된 공급가액 또는 매출처별계산서합 계표, 매입처별계산서합계표에 기재된 매출·매입금액에 부가가치세의 세율을 적용하여 계산한 세액의 3배 이하에 상당하는 벌금에 처한다고 규정하면서, 제1호에서 '부가가치 세법에 따른 세금계산서를 발급하거나 발급받은 행위'를, 제2호에서 '소득세법 및 법인세 법에 따른 계산서를 발급하거나 발급받은 행위'를, 제3호에서 '부가가치세법에 따른 매출·매입처별계산서합계표를 거짓으로 기재하여 정부에 제출한 행위'를, 제4호에서 '소득세법 및 법인세법에 따른 매출·매입처별계산서합계표를 거짓으로 기재하여 정부에 제출한 행위'를 규정하고 있다.

조세범처벌법 제10조는 제3조와 함께 조세범처벌법에서 가장 중요한 규정이 되고 있는데, 세금계산서의 수수질서를 어지럽히는 행위를 저지하기 위한 처벌규정이다. 제1항과 제2항은 재화나 용역의 공급거래를 함으로써 세금계산서를 발급할 의무가 있는 자와 그 상대방이 실제와 다른 세금계산서를 수수하는 경우를 처벌하는 규정이고, 제3항은 재화나 용역의 공급거래가 없이 오로지 가공의 세금계산서만을 발급하는 이른바 '자료상'과 그 상대방을 처벌하는 규정이다. 제3항은 실물거래 없이 세금계산서를 수수하는 행위를 처벌함으로써 세금계산서 수수질서의 정상화를 도모하려는 데에 있다. 제1항과 관련하여 그 주체가 사업자등록을 한 자로 국한되는지 여부가 다투어졌는데, 대법원 2019. 7. 24. 선고 2018도16168 판결은, '세금계산서를 발급하여야 할 자'에 관하여, 구 부가가치세법(2013. 6. 7. 전부 개정되기 전)에서는 '납세의무자로 등록한 사업자'가 재화 또는 용역을 공급하는 경우에는 세금계산서를 발급하여야 한다고 규정하고 있다가(제16조 제1항), 전부 개정되어 2013. 7. 1. 시행된 부가가치세법에서는 '납세의무자로 등록한 사업자'가 '사업자'로 개정되었으므로(제32조 제1항), 여기서 '사업자'란 부가가치세법상 사업자등록 여부를 불문하고 사업 목적이 영리이든 비영리이든 관계 없이 사업상 독립적으로 재화 또는 용역을 공급하는 자를 말한다고 전제하고, 개정된 부가가치세법이 시행된 2013. 7. 1. 이후에 재화 또는 용역을 공급한 '사업자'는 부가가치세법에 따른 사업자등록을 하였는지와 상관없이 조세범처벌법 제10조 제1항 제1호의 '부가가치세법에 따라 세금계산서를 작성하여 발급하여야 할 자'에 해당한다고 봄이 타당하다고 판시하였다. 그리고 대법원 2019. 6. 27. 선고 2018도14148 판결은, 다만 위에서 '사업자'는 일반과세자를 말하므로 간이과세자 및 면세사업자는 이에 해당하지 않고, 일반과세자도 세금계산서 발급의무가 면제되는 경우(부가가치세법 제33조)와 영수증 발급대상인 경우(같은 법 제36조)에는 조세범처벌법 제10조 제1항 제1호의 '부가가치세법에 따라 세금계산서를 작성하여 발급하여야 할 자'에 해당하지 않는다고 판시하였다.

조세범처벌법이 1994. 12. 22. 개정되기 전에는 현행 조세범처벌법 제10조 제1항, 제2항과 같은 규정은 두면서 제3항과 같은 규정은 두고 있지 않았다. 그래서 당시에는 '재화 등을 공급하지 아니하고 세금계산서를 교부하는 행위'를 현행 조세범처벌법 제10조 제1항, 제2항과 같은 규정에 해당한다고 보아 기소하였는데, 대법원은 입법의 흠결을 지적하여 재화 등을 공급하지 아니한 자는 세금계산서 작성·교부의무를 부담하지 않아 제1항 소정의 '부가가치세법의 규정에 의하여 세금계산서를 작성하여 교부하여야 할 자'에

해당하지 않으므로 허위기재 세금계산서 교부죄로 처벌할 수 없다고 판시하였다.[1]

실물거래가 없는 경우는 실물거래가 있는 경우보다 죄질이 더 나쁜데도 대법원이 죄형법정주의의 엄격성에 입각하여 처벌할 수 없다고 하자, 1994. 12. 22. 조세범처벌법을 개정하면서 제11조의2 제4항을 신설하여 현행의 조세범처벌법 제10조 제3항과 같은 규정을 신설하면서 법정형도 실물거래가 있는 경우보다 더 무겁게 하였다. 신설 당시에는 '재화 등을 공급하거나 공급받지 아니하고 세금계산서를 교부하거나 교부받는 행위'에 대한 처벌규정만 두다가 2004. 12. 31. 개정으로 '재화 등을 공급하거나 공급받지 아니하고 매출·매입처별세금계산서합계표에 허위기재를 하여 정부에 제출한 행위'에 대한 처벌규정을 추가하였다.

조세범처벌법 제10조 제2항은 세금계산서를 발급받는 자를 처벌하는 규정인데, 세금계산서를 발급하는 자를 처벌하는 제1항과 다르게 '통정하여'라는 요건이 행위의 태양에 추가되어 있다. 그 이유는 다음과 같이 설명할 수 있다. 부가가치세법 제32조 제1항은 과세재화용역을 공급하는 자에게는 세금계산서를 발급하여야 할 의무가 있다는 규정을 두고 있으나, 그 상대방인 공급받는 자에게는 세금계산서를 발급받아야 한다는 의무규정을 두고 있지 않고 적극적으로 세금계산서 발급을 청구할 수 있는 권리가 있는지에 대해서는 명확히 규정된 바가 없다. 공급자가 탈세 등의 목적으로 세금계산서의 발급을 거부할 경우 공급받는 자는 매입세액을 공제받지 못하는 불이익이 있을뿐더러 공급자의 탈세행위에 협조하거나 방조하는 결과가 되어 정상적인 납세풍토를 흐리게 하는 요인이 되고 있다.[2]

따라서 단지 공급자가 세금계산서를 발급하지 않음에 따라 공급받는 자가 이를 수령하지 못하는 결과에 이른 경우에는 처벌하지 아니하고 공급받는 자가 공급자와 통정하여 공급자의 세금계산서 미발급에 대하여 적극 협조하거나 방조하는 정도에 이른 경우만을 처벌하도록 하기 위하여 조세범처벌법 제10조 제2항에 '통정하여'라는 요건을 추가한 것이다.

조세범처벌법이 2010. 1. 1. 전면 개정되기 전에는 '통정하여'뿐만 아니라 '폭행·협박·선동·교사'도 행위의 태양에 포함되어 있었으나, '폭행·협박'은 형법상 강요죄에, '선동·교사'는 형법상 교사범으로 처벌할 수 있기 때문에 이들 행위 태양은 삭제되었다.

---

[1] 대법원 1989. 2. 28. 선고 88도2337 판결, 대법원 1994. 6. 28. 선고 92도2417 판결 등
[2] 이러한 문제점이 부각됨에 따라, 2006. 12. 30. 조세특례제한법 제126조의4에서 매입자발행세금계산서 제도를 도입하였다. 즉, 매입자발행세금계산서 제도란 공급받는 자가 공급자로부터 세금계산서를 발급받지 못하더라도 공급받는 자가 스스로 세금계산서를 발행하여 세무당국에 신고함으로써 매입세액을 공제받을 수 있도록 한 것이다.

(5) 제11조(명의대여행위 등)의 분석

조세범처벌법 제11조 제1항은 조세의 회피 또는 강제집행의 면탈을 목적으로 타인의 성명을 사용하여 사업자등록을 하거나 타인 명의의 사업자등록을 이용하여 사업을 영위한 자는 2년 이하의 징역 또는 2천만 원 이하의 벌금에 처하도록 하고, 제2항은 조세의 회피 또는 강제집행의 면탈을 목적으로 자신의 성명을 사용하여 타인에게 사업자등록을 할 것을 허락하거나 자신 명의의 사업자등록을 타인이 이용하여 사업을 영위하도록 허락한 자는 1년 이하의 징역 또는 1천만 원 이하의 벌금에 처하도록 하고 있다.

사업자등록에 있어서 명의대여가 이루어지면 세금계산서를 통한 거래질서가 무너질 수 있고, 소득의 진정한 귀속자를 파악할 수 없어 조세부과권과 징수권의 행사를 곤란하게 하므로 이를 규제하기 위한 것이다. 명의차용이 이루어지면 이를 수단으로 하여 본인에게 귀속될 조세의 포탈이 가능해지므로 조세포탈죄로 처벌될 수도 있겠지만 조세포탈 여부를 불문하고 그와 별도로 그 자체의 보호법익을 위하여 사업자등록에 있어서의 명의대여와 명의차용을 독립된 범죄행위로 규율한다.

대법원 2016. 11. 10. 선고 2016도10770 판결은 조세범처벌법 제11조 제1항은 조세의 회피 등을 목적으로 타인의 성명을 사용하여 사업자등록을 하는 행위를, 동조 제2항은 그와 같이 자신의 성명을 사용하여 사업자등록을 할 것을 허락하는 행위를 각 구성요건으로 하는데, 위 규정의 내용, 입법 취지 및 형벌법규는 엄격하게 해석하여야 한다는 죄형법정주의의 원칙 등에 비추어 보면, 위 구성요건은 사업자등록에서의 사업자의 성명자체를 다른 사람의 것을 사용하거나 이를 허락한 경우를 말하는 것일 뿐이고, 다른 특별한 사정이 없는 한 법인의 사업자등록을 하면서 단지 법인의 대표자 성명을 다른 사람의 것을 사용하거나 이를 허락한 경우는 위 구성요건에 해당하지 않는다고 판시하였다. 형벌법규인만큼 구성요건을 특히 더 엄격하게 해석한 사례이다.

(6) 제18조(양벌 규정)의 분석

제18조는 양벌 규정으로서, '법인(국세기본법 제13조에 따른 법인으로 보는 단체를 포함한다)의 대표자, 법인 또는 개인의 대리인, 사용인, 그 밖의 종업원이 그 법인 또는 개인의 업무에 관하여 이 법에서 규정하는 범칙행위를 하면 그 행위자를 벌할 뿐만 아니라 그 법인 또는 개인에게도 해당 조문의 벌금형을 과한다. 다만, 법인 또는 개인이 그 위반행위를 방지하기 위하여 해당 업무에 관하여 상당한 주의와 감독을 게을리하지 아니한 경우에는 그러하지 아니하다.'고 규정하고 있다.

위 규정은 2010. 1. 1. 전면 개정되면서, 법인의 범위에 국세기본법상 법인으로 의제되는 법인격 없는 단체를 포함시켜 형평을 유지하였다. 한편, 단서를 신설하여 법인 혹은 개인이 위반행위방지를 위해 해당 업무에 관하여 상당한 주의와 감독을 한 경우에는 면책하는 조항을 두었는데, 이는 헌법재판소 2013. 10. 24. 선고 2013헌가18 결정의 취지에 따른 것으로서 종업원 등의 범죄행위에 관하여 비난할 근거가 되는 법인의 의사결정 및 행위구조, 즉 종업원 등이 저지른 행위의 결과에 대한 법인의 독자적인 책임에 관하여 전혀 규정하지 않은 채, 단순히 법인이 고용한 종업원 등이 업무에 관하여 범죄행위를 하였다는 이유만으로 법인에 대하여 형사처벌을 과하는 것은 다른 사람의 범죄에 대하여 그 책임 유무를 묻지 않고 형벌을 부과하는 것으로서, 헌법상 법치국가의 원리 및 죄형법정주의로부터 도출되는 책임주의원칙에 반한다는 것이다.

나. 특정범죄가중처벌등에관한법률

특정범죄가중처벌등에관한법률(이하 '특가법'이라 한다) 제8조는 조세범처벌법 제3조의 조세포탈죄에 대한 가중처벌규정을, 제8조의2는 조세범처벌법 제10조의 세금계산서 관련 범죄에 대한 가중처벌 규정을, 제6조는 관세법 위반죄에 대한 가중처벌 규정을 각 두고 있다. 제8조 제1항은 '조세범처벌법 제3조 제1항, 제4조 및 제5조, 지방세기본법 제129조 제1항에 규정된 죄를 범한 사람은 다음 각 호의 구분에 따라 가중처벌한다.'고 규정하면서, 제1호에서 '포탈하거나 환급받은 세액 또는 징수하지 아니하거나 납부하지 아니한 세액(이하 '포탈세액 등')이 연간 10억 원 이상인 경우에는 무기 또는 5년 이상의 징역에 처한다.'를, 제2호에서 '포탈세액 등이 연간 5억 원 이상 10억 원 미만인 경우에는 3년 이상의 유기징역에 처한다.'를 규정하고 있다. 그리고 제2항은 제1항의 경우 그 포탈세액 등의 2배 이상 5배 이하에 상당하는 벌금을 병과한다고 규정하고 있다. 필요적 병과 규정이다.

한편, 제8조의2는 세금계산서 교부의무 위반 등의 가중처벌규정을 두고 있는데, 제1항은 '영리를 목적으로 조세범처벌법 제10조 제3항 및 제4항 전단의 죄[3]를 범한 사람은 다음 각 호의 구분에 따라 가중처벌한다.'고 규정하면서, 제1호에서 '세금계산서 및 계산서에 기재된 공급가액이나 매출처별세금계산서합계표·매입처별세금계산서합계표에 기재된 공급가액 또는 매출·매입금액의 합계액(공급가액 등의 합계액)이 50억 원 이상인 경우에는 3년 이상의 유기징역에 처한다.'를, 제2호에서 '공급가액 등의 합계액이 30억 원 이상 50억 원 미만인 경우에는 1년 이상의 유기징역에 처한다.'를 규정하고 있다. 그리고 제2항은 제1항의 경우에는 공급가액 등의 합계액에 부가가치세의 세율을 적용하

---

3) ④ 제3항의 행위를 알선하거나 중개한 자도 제3항과 같은 형에 처한다.

여 계산한 세액의 2배 이상 5배 이하의 벌금을 병과한다고 규정하고 있다. 이것도 필요적 병과규정이다.

제8조를 적용함에 있어 연간 포탈세액을 어떤 시점을 기준으로 합산할 것인지가 문제가 되고, 제8조에서는 포탈세액의 합산기간을 1년으로 제한하고 있는데 비하여 제8조의2에서는 공급가액 등의 합계액의 합산기간에 제한을 두고 있지 않아 이를 어떻게 제한할 것인지가 문제가 되고 있으며, 또한 제8조의2를 적용함에 있어 세금계산서의 공급가액과 그에 관한 세금계산서합계표의 공급가액을 합산할 것인지도 문제가 되고 있다.

앞서 본 바와 같이 조세범처벌법 제10조 제3항은 재화나 용역의 공급 없이 세금계산서만을 발행하는 이른바 '자료상'과 그 상대방을 처벌하는 규정이라고 하였는데, 이에 관한 가중처벌규정인 특가법 제8조의2에서 말하는 '영리의 목적'이 무엇을 의미하는지가 다투어지고 있다. 세금계산서 자체를 사고팔면서 그 대가를 수수하여 이익을 취하는 것에 국한할 것인지, 아니면 그 세금계산서를 이용하여 부당하게 매입세액 공제를 받음으로써 이익을 취하는 것도 포함할 것인지의 문제이다.

조세포탈죄

1. 조세포탈의 의의

조세범처벌법 제3조에서 처벌하는 행위는 '조세포탈'과 '부정환급', '부정공제'의 3가지 유형으로 분류된다. '조세포탈'은 조세수입의 감소를 초래하는 결과의 발생에 의하여 국가의 과세권이 현실적으로 침해되는 것이고, '부정환급'은 세법이 일정한 경우에 세액을 환급하도록 정한 경우에 정당하게 환급받을 수 없는 세액을 환급받거나, 정당하게 환급받을 수 있는 세액을 초과하여 환급받는 것을 말하며, '부정공제'는 세법상 세액의 산출에 있어서 세액의 공제를 허용하는 경우에 정당하게 공제받을 수 없는 세액을 공제받거나, 정당하게 공제받을 수 있는 세액을 초과하여 공제받는 것을 말한다. 부가가치세에서는 매입세액의 부정공제액이 매출세액을 초과하면 부정환급액이 된다.

조세포탈과 구별되는 개념으로 조세회피행위가 있다. 조세회피행위는 조세법이 예정하고 있는 거래형태를 취한 납세자와 비교하여 볼 때에 부담세액에서 상당히 불공평한 결과에 이르게 되는 행위를 말하여, 거래형태가 비정상적인 것일 뿐 당사자의 진의에 기한 사법상의 적법한 행위라는 면에서 위법행위는 아니고 공시된 행위라는 점에서 과세요건사실의 전부 또는 일부를 은폐하는 조세포탈행위와 구별된다. 따라서 조세회피행위는 세법상의 부당행위계산부인 규정 등에 의하여 거래를 재구성함으로써 그 회피소득에 대하여 과세될 따름이다. 납부하여야 할 정당세액을 납부하지 않았다는 점에서는 조세포탈과 같은 결과에 이르지만, 위법성이 없으므로 조세포탈죄로 처벌할 수 없다.

조세포탈죄가 성립하기 위해서는 다음과 같은 요건이 충족되어야 한다. ① 납세의무가 성립되어야 하고, ② 사기 그 밖의 부정한 행위가 있어야 하며, ③ 조세 감소의 결과가 있어야 하며, ④ 인과관계(②와 ③ 사이)가 있어야 하고, ⑤ 주관적 요건으로서 고의가 있어야 한다. 이하 주요 요건에 관하여 살펴본다.

2. 납세의무의 성립

조세포탈죄는 납세의무자가 국가에 대하여 부담하는 조세채무의 존재를 전제로 하므로 세법이 정한 과세요건이 충족되어 납세의무가 성립하여야 한다. 대법원 2005. 6. 10. 선고 2003도5631 판결도 같은 취지이다. 나아가 대법원 2020. 12. 30. 선고 2018도14753 판결은, 과세관청이 조세심판원의 결정에 따라 당초 부과처분을 취소하였다면 그 부과처분의 효력은 처분시에 소급하여 효력을 잃게 되어 원칙적으로 그에 따른 납세의무는 없어진다고 전제하고, 이러한 법리는 조세포탈로 공소제기된 처분사유가 아닌 다른 사유로 과세관청이 당초 부과처분을 취소한 경우에도 마찬가지로 적용된다고 하면서 이러한 경우에는 조세채무의 성립을 전제로 하는 조세포탈죄가 성립될 수 없다고 판시하였다. 이는 기간과세항목인 법인세나 소득세 등의 과세처분에 대한 소송에서 소송물을 쟁점주의가 아닌 총액주의로 파악하는 종래 판례의 입장에 기초한 것으로서 조세포탈죄에 관한 형사재판 도중에 어떠한 사유로든 전제가 되는 납세의무가 소급하여 소멸한 것으로 볼 수 있으면 조세포탈죄도 성립하지 않는다는 법리를 명확하게 밝힌 판결이다. 그래서 기간과세항목에 관한 조세포탈죄의 소송에서 납세자인 피고인은 동일한 과세기간에 대하여 다른 익금불산입사유나 손금산입사유를 들어 포탈세액의 감액을 주장할 수 있고, 검찰은 다른 익금산입사유나 손금불산입사유를 들어 이에 맞설 수 있다.

조세범처벌법상 납세의무의 성립을 직접적으로 언급하고 있는 규정은 없고, 다만 조세범처벌법 제3조 제5항에서 정하고 있는 조세범의 기수시기는 대체로 납세의무의 확정시기와 일치한다. 예전의 조세범처벌법에서는 미수범을 처벌하는 규정을 두었었기 때문에 미수범 성립의 전제로서 납세의무의 성립이 의미가 있었다. 그러나 현행 조세범처벌법에서는 미수범의 처벌규정을 두고 있지 않기 때문에 큰 의미는 없고, 납세의무의 확정이 기수시기와 관련하여 중요한 의미를 지닌다고 하겠다.

3. 사기 그 밖의 부정한 행위

가. 의의

조세의 포탈을 가능하게 하는 행위로서 사회통념상 부정이라고 인정되는 행위, 즉 조세의 부과징수를 불가능하게 하거나 현저히 곤란하게 하는 위계 기타 부정한 적극적 행위를 말한다. 사회통념상 부정이라고 보기 어려운 통상적인 행위나 상당히 보편화되어 가고 있는 행위라면 그것이 조세의 포탈을 염두에 둔 행위라고 하더라도 사기 그 밖의 부정행위로 인정되기 어렵다. 대법원 2018. 11. 9. 선고 2014도9026 판결에서 피고인이 조세피난처에 기지회사들을 두어 다단계의 지배구조를 구성한 후 종국적으로 피고인에게 귀속되는 소득을 이들 기지회사들 사이의 용역대금 명목으로 수수하게 함으로써 피고인의 소득을 은닉하였다고 하더라도 이러한 다단계의 지배구조가 통상적인 투자구조의 형태를 벗어난 것으로 보기 어렵다는 이유로 장부나 증빙조작과 같은 추가적인 부정행위가 덧붙여지지 않는 한 사기 그 밖의 부정행위라고 할 수 없다고 판시한 것도 같은 취지이다. 사회통념상 용인되는 통상적인 행위를 한 경우에는 그로 인해 조세가 저감되는 효과가 있다고 하더라도 함부로 사기 그 밖의 부정한 행위로 볼 것은 아니다. 납세자의 선택의 자유를 존중해주는 것이 타당하다. 지나치게 규범적 판단을 하여 납세자의 의도가 조세 저감에 있다는 점에 치중하여 사회통념상 용인되는 행위에 대하여까지 형사처벌의 제재를 가하는 것은 조세형사법의 취지를 넘어서는 것일 수 있기 때문이다.

조세범처벌법이 2010. 1. 1. 전부 개정되면서 제3조 제1항에서 '사기나 그 밖의 부정한 행위로써 조세를 포탈하거나 조세의 환급·공제를 받은 자'를 조세포탈 등의 죄로 처벌하도록 규정하였다. 그리고 그 제6항에서 '사기나 그 밖의 부정한 행위'에 대한 정의규정을 별도로 두었는데, '다음 각 호의 어느 하나에 해당하는 행위로서 조세의 부과와 징수를 불가능하게 하거나 현저히 곤란하게 하는 적극적 행위를 말한다'고 하면서, '이중장부의 작성 등 장부의 거짓 기장'(제1호), '거짓 증빙 또는 거짓 문서의 작성 및 수취'(제2호), '장부와 기록의 파기'(제3호), '재산의 은닉, 소득·수익·행위·거래의 조작 또는 은폐'(제4호), '고의적으로 장부를 작성하지 아니하거나 비치하지 아니하는 행위 또는 계산서, 세금계산서 또는 계산서합계표, 세금계산서합계표의 조작'(제5호), '전사적 기업자원관리설비의 조작 또는 전자세금계산서의 조작'(제6호)을 열거한 다음, 마지막으로 유형적 포괄주의 규정인 '그 밖에 위계에 의한 행위 또는 부정한 행위'(제7호)를 두었다. 이는 그동안 대법원 판례에 나타난 사안들과 법리를 유형화하여 반영한 것이라고 할 수 있다.

'사기 그 밖의 부정한 행위'는 조세포탈죄의 행위요건도 되지만, 국세기본법상 국세부과제척기간을 10년으로 정하는 요건이 되기도 하고, 부당무신고가산세나 부당과소신고 가산세와 같은 중가산세의 요건이 되기도 한다. 조세범처벌법의 정비에 발맞추어 국세기 본법이 2011. 12. 31. 개정되면서 제26조의2 제1항 제1호가 국세부과제척기간에 관하여 납세자가 대통령령으로 정하는 사기나 그 밖의 부정한 행위(이하 '부정행위'라 한다)로 국세를 포탈하거나 환급·공제받은 경우'에는 그 국세를 부과할 수 있는 날부터 10년간 이라고 규정하였다. 이와 같이 사기나 그 밖의 부정한 행위를 '부정행위'라고 통칭하면서 그 구체적 유형을 시행령에서 규정하도록 위임하였고, 2012. 2. 2. 신설된 국세기본법 시 행령 제12조의2 제1항은 '사기나 그 밖의 부정한 행위란 조세범처벌법 제3조 제6항 각 호의 어느 하나에 해당하는 행위를 말한다'라고 규정하였다. 이로써 사기 그 밖의 부정행 위의 개념에 관하여 국세기본법과 조세범처벌법에서 통일을 기하게 되었다.

나. 성립 요건

(1) 객관적 요건

'사기 그 밖의 부정한 행위'의 성립요건을 제대로 파악하기 위해서는 죄형법정주의의 정신에 입각하여 이에 관한 정의규정인 조세범처벌법 제3조 제6항을 살펴볼 필요가 있 다. 위 규정은 '사기나 그 밖의 부정한 행위'란 그 각 호의 어느 하나에 해당하는 행위로 서 조세의 부과와 징수를 불가능하게 하거나 현저히 곤란하게 하는 적극적 행위라고 정 의하고 있다. 위 문언에 나타난 바와 같이 그 각 호에 열거되어 있는 행위로서 조세의 부과와 징수를 불가능하게 하거나 현저히 곤란하게 하는 행위에 해당하여야 한다. 만약 그 각 호에 열거되어 있는 행위에 해당하더라도 그것이 조세의 부과와 징수를 불가능하 게 하거나 현저히 곤란하게 하는 정도의 행위가 아니라면 사기 그 밖의 부정한 행위가 성립되지 않는다. 여기서 객관적 요건이 추출된다. 즉, 조세범처벌법 제3조 제6항의 각 호에 해당하여야 하고 그것이 조세의 부과와 징수를 불가능하게 하거나 현저히 곤란하 게 하는 행위여야 한다.

실제 쟁송에서는 문제가 되는 행위가 조세의 부과와 징수를 불가능하게 하거나 현저 히 곤란하게 하는 정도의 행위에 해당하는지가 다투어진다. 대법원 2006. 6. 29. 선고 2004도817 판결은, 회사가 임직원들에 대한 대여금의 인정이자 익금산입 등을 피하기 위 하여 그 대여금을 변제받은 사실이 없음에도 사업연도 말경에 일시 변제받은 것처럼 분 개전표를 작성하고 대여금이 없는 것으로 결산장부를 정리하였으나 사업연도 중의 종업 원단기대여금 원장 등 회계장부에는 그 대여금의 대여 및 상환일시 등이 기재되어 있어 일시 변제받은 것으로 처리한 기간을 제외한 나머지 사업연도 중의 대여금의 존재를 쉽게 알 수 있으므로 조세의 부과를 불가능하게 하거나 현저히 곤란하게 하는 행위에 해당한다고 보기 어렵다는 취지를 판시하였다. 이 판결은 그 세액의 차이가 기업회계와 세무회계의 차이에서 비롯된 것이라는 사정도 중요하게 고려하였다. 그리고 대법원 2007. 6. 28. 선고 2002도3600 판결도 변호사가 사건진행부, 사건수임명세서 등에 수임료를 누락한 후 소득세 과소신고를 하였다고 하더라도 과세관청으로서는 수임료를 지급한 고객이나 지방변호사회에 대한 사실조회로 세무조사를 용이하게 할 수 있다는 등의 이유에서 조세의 부과를 불가능하게 하거나 현저히 곤란하게 하는 행위에 해당하지 않는다는 취지를 판시하였다.

(2) 주관적 요건

대법원은 위에서 본 객관적 요건 외에 주관적 요건도 갖추어야 비로소 사기 그 밖의 부정한 행위가 성립될 수 있다고 하고 있는데, 그 주관적 요건은 '조세포탈을 위한 적극적 은닉의도'라고 표현할 수 있겠다. 위에서 본 객관적 요건은 행위의 외관과 결과에 관한 것이라면 여기서의 주관적 요건은 그 행위를 이끌어내는 내심의 주관적 동기나 의도에 관한 것이다. 아무리 객관적 요건이 충족된다고 하더라도 그것이 조세포탈을 위한 적극적 은닉의도가 아닌 다른 의도에서 비롯된 것이면 사기 그 밖의 부정한 행위는 성립될 수 없다. 이러한 주관적 요건은 그 행위를 이끌어내는 동인으로서의 역할을 하는 것이다.

주관적 요건으로서 '조세포탈을 위한 적극적 은닉의도'가 필요하다는 점을 언급한 대법원 판례들을 소개한다. 대법원 2012. 6. 14. 선고 2010도9871 판결은 '사기 기타 부정한 행위'라 함은, 조세의 포탈을 가능하게 하는 행위로서 사회통념상 부정이라고 인정되는 행위, 즉 조세의 부과와 징수를 불가능하게 하거나 현저히 곤란하게 하는 위계 기타 부정한 적극적 행위를 말하므로 다른 행위를 수반함이 없이 단순히 세법상의 신고를 하지 아니하거나 허위의 신고를 함에 그치는 것은 이에 해당하지 않지만, 과세대상의 미신고나 과소신고와 아울러 수입이나 매출 등을 고의로 장부에 기재하지 않는 행위 등 '적극적 은닉의도'가 나타나는 사정이 덧붙여진 경우에는 조세의 부과와 징수를 불능 또는 현저히 곤란하게 만든 것으로 인정할 수 있다고 판시하였다. 대법원 2011. 3. 24. 선고 2010도13345 판결, 대법원 2016. 2. 18. 선고 2015두12343 판결, 대법원 2016. 2. 16. 선고 2014도341 판결 등 다수의 판결들이 같은 취지를 판시하고 있다.

객관적 요건은 갖추었으나 주관적 요건을 갖추지 못하였다는 이유로 사기 그 밖의 부정행위에 해당하지 않는다고 본 대표적 판결의 하나로 대법원 2018. 4. 12. 선고 2016도

1403 판결이 있다. A사의 대주주가 경영권 확보를 위하여 회사 임직원 등에게 일부 주식을 명의신탁하였는데 각 차명계좌의 주식이 상장주식 양도소득세 과세대상 대주주 요건인 지분율 3% 미만이어서 양도소득세를 납부하지 않았다. 이에 대하여 대법원은 피고인이 차명주식의 거래를 통한 양도 차익 등의 이익을 도모한 것이 아니라, 주로 경영권 확보·유지를 위하여 차명주식을 취득·관리하였던 것으로 보이는 점, 차명주식의 보유기간이 약 8년 내지 11년의 장기에 이르고, 그 매각 경위를 보면 피고인의 이익실현 등을 위한 것이 아니라 모두 명의인 측의 요청에 따른 불가피한 사정에 기한 것인 점, 차명주식에 관하여 자본시장법상의 보고의무 등을 이행하지 않은 것은 명의신탁의 목적상 실질적인 소유관계를 드러내지 않기 위한 것이었으므로, 그러한 보고의무를 이행하지 않았다는 사정만으로 '차명주식을 보유하고 있다'는 의미를 넘는 '적극적인 부정행위'가 있었다고 볼 수 없는 점 등을 근거로, '사기 기타 부정한 행위'로 양도소득세를 포탈하였다는 점이 합리적 의심의 여지 없이 입증된 것으로 볼 수 없다고 판시하였다. 이 사안에서 비록 차명주식의 이용이라는 은닉행위가 있었지만 그것이 조세포탈을 위한 적극적 은닉의도에서 비롯된 것이라기보다는 경영권 확보·유지의 의도에서 비롯된 것으로 보아 사기 그 밖의 부정한 행위에 필요한 주관적 요건을 갖추지 못한 것으로 본 것이다.

(3) 기수시기 이후의 부정한 행위

앞서 언급한 바와 같이, 조세범처벌법 제3조 제5항은 조세포탈죄의 기수시기를 정하고 있는데 신고주의 세목의 경우에는 신고납부기한이 지난 때, 부과주의 세목의 경우에는 부과고지서상의 납부기한이 지난 때로 정하고 있다. 이러한 기수시기 이후에 사기나 그 밖의 부정한 행위(이하 '부정행위')가 이루어질 경우 조세포탈죄가 성립할 수 있는지가 문제된다.

일반적인 형사법리에 의하면, 어떠한 범죄의 기수시기 이후에 그 범죄를 위하여 이루어지는 추가적인 범법행위는 불가벌적 사후행위에 해당하여 별도로 범죄가 성립하지 않는다고 보는 것이 원칙이다. 같은 취지에서 대법원 2013. 2. 21. 선고 2010도10500 전원합의체 판결은 횡령죄에서 특정한 처분행위로 인하여 법익침해의 위험이 발생함으로써 횡령죄가 기수에 이른 후 종국적인 법익침해의 결과가 발생하기 전에 새로운 후행 처분행위가 이루어졌을 때, 후행 처분행위가 선행 처분행위에 의하여 발생한 위험을 현실적인 법익침해로 완성하는 수단에 불과하거나 그 과정에서 당연히 예상될 수 있는 것으로서 새로운 위험을 추가하는 것이 아니라면 후행 처분행위에 의해 발생한 위험은 선행 처분행위에 의하여 이미 성립된 횡령죄에 의해 평가된 위험에 포함되는 것이므로 후행 처분행위는 이른바 불가벌적 사후행위에 해당한다고 하고, 다만 후행 처분행위가 이를 넘어서서, 선행 처분행위로 예상할 수 없는 새로운 위험을 추가함으로써 법익침해에 대한 위험을 증가시키거나 선행 처분행위와는 무관한 방법으로 법익침해의 결과를 발생시키는 경우라면, 이는 선행 처분행위에 의하여 이미 성립된 횡령죄에 의해 평가된 위험의 범위를 벗어나는 것이므로 특별한 사정이 없는 한 별도로 횡령죄를 구성한다고 보아야 한다고 하였다.

위와 같은 법리에 충실하자면, 조세포탈죄의 기수시기 이후에 조세범처벌법 제3조 제6항에서 규정하고 있는 부정행위가 있다면 원칙적으로 별도의 조세포탈죄가 성립하지 않는다는 것이므로 그 기수시기 이전에 부정행위가 없었다면 조세포탈죄가 성립하지 않는다고 보아야 할 것 같다.

그런데 조세범처벌법 제3조 제6항은 부정행위란 조세의 부과와 징수를 불가능하게 하거나 현저히 곤란하게 하는 적극적 행위라고 정의하고 있다. 여기서 조세의 부과와 징수 행위는 실은 조세포탈죄의 기수시기가 도래한 때부터 시작하여 부과제척기간이 도래하거나 징수소멸시효가 완성될 때까지 이루어질 수 있다. 그러므로 이러한 조세의 부과와 징수를 불가능하게 하거나 현저히 곤란하게 하는 부정행위는 조세포탈죄의 기수시기 이전에 미리 이루어질 수도 있겠지만 그 후에도 얼마든지 이루어질 수 있고, 현실적으로도 그 후에 이루어지는 경우가 많다. 조세포탈죄의 기수시기가 도래한 후 과세관청의 세무조사에 대비하여 장부나 증빙을 조작해 두는 일은 얼마든지 있을 수 있기 때문이다.

이러한 부정행위들이 있음에도 불구하고 단지 조세포탈죄의 기수시기 후에 이루어졌다는 이유로 무죄를 선고하는 것은 기수시기 이전에 부정행위를 하여 유죄를 선고받은 경우와 비교해 볼 때 형평에 맞지 않고 법감정에도 반하는 측면이 있다. 이러한 문제는 조세범처벌법이 조세포탈죄의 기수시기를 너무 앞당겨 규정한 데서 비롯되는 것이다.

부정행위는 조세의 부과와 징수를 불능 또는 곤란하게 하는 행위인만큼 부정행위로 인하여 조세의 부과와 징수가 불능 또는 곤란하게 된 때를 기수시기로 정하는 것이 현실에 부합하고 합리적이다.

아직 이러한 쟁점에 관하여 명시적인 대법원 판례가 없는 상태이다. 대법원 판례나 입법의 개정을 통하여 해결되어야 하겠다.

다. 주요 유형

(1) 장부의 거짓 기장

법인의 수입금을 수입금원장으로부터 일부 누락시켜 이를 비밀장부로 만들어 별도로 기장·관리하게 한 경우(대법원 1986. 12. 23. 선고 86도156 판결), 실제 거래상황이 기재된 장부인 일기장을 작성·보관하는 외에 그보다 매출액을 적게 기재한 허위의 매입·매출장을 작성하여 이를 토대로 세무 신고한 경우(대법원 1989. 9. 26. 선고 89도283 판결), 부동산매매회사의 경영자가 토지 등의 매매금액을 감액하여 허위내용의 매입·매출장부를 작성하고 그 차액을 차명계좌에 보관하는 한편, 장부상 금액을 기준으로 법인세 과세신고를 한 경우(대법원 2007. 10. 11. 선고 2007도4697 판결), 유흥업소 남자 웨이터들에게 성과급으로 지급하기로 약정한 매출액의 일정비율에 해당하는 금액을 매출액에서 제외되는 봉사료인 것처럼 신용카드매출전표와 봉사료지급대장에 허위로 기재한 경우(대법원 2007. 3. 15. 선고 2006도8690 판결) 등이 있다.

수입금을 장부에 기장하지 않고 누락시키는 경우에는 과세관청의 입장에서 그 사실을 발견하기가 어려워 장부의 누락만으로 조세의 부과를 불가능하게 하거나 현저히 곤란하게 하는 경우에 해당한다고 보는데는 무리가 없지만, 허위의 경비를 장부에 계상하는 경우에는 그 경비에 관한 증빙조작과 같은 추가적인 부정행위가 없다면 그 경비가 이미 노출되어 그 진정성에 관하여 추적할 수 있는 길이 열려 있기 때문에 조세의 부과를 불가능하게 하거나 현저히 곤란하게 하는 행위에 해당하지 않는다고 보아야 한다는 견해가 있다. 경청할 만한다.

(2) 거짓 증빙 또는 문서의 작성 및 수취

취득신고가액의 과소신고와 아울러 허위 신고가액에 신빙성을 부여하고 실제 거래가격을 은닉하기 위하여 매도가격을 과소하게 기재한 법인장부와 함께 허위의 이중계약서를 작성하여 함께 제출한 경우(대법원 2004. 6. 11. 선고 2004도2391 판결), 사업자등록이 되어 있지 않던 9개 입주업체의 사업자등록을 대행한 다음, 그 사업자등록 이전의 거래이거나 이미 과세기간이 경과함으로써 매입세액을 환급받을 수 없는 경우임에도 세금계산서 작성일자를 허위로 기재하여 그 거래시기가 마치 사업자등록 이후이며 환급신고 당시의 과세기간에 이루어진 것처럼 가장하여 매입세액을 환급받은 경우(대법원 1996. 6. 14. 선고 95도1301 판결) 등이 있다.

(3) 장부와 기록의 파기

영업실적에 따른 일계표, 월말계산서, 비공식지불장부 등을 감춘 채 관할 세무서에 외형수입액을 과소신고한 경우(대법원 1982. 1. 19. 선고 80도1474 판결 등), 실제의 거래현황이 기재된 일계표와 월말결산서 등을 소각 등의 방법으로 없애버리고, 또 일부의 매입자들에 대하여는 세금계산서를 교부하지 아니하였을 뿐만 아니라, 세무신고시에는 교부하였던 세금계산서의 일부마저 누락시킨 채 일부의 세금계산서와 그를 토대로 만든 허위의 매입·매출장을 제출하는 방법으로 매출금액을 과소신고한 경우(대법원 1988. 3. 8. 선고 85도1518 판결) 등이 있다.

(4) 재산의 은닉, 소득·수익·거래의 조작 또는 은폐

과세대상을 은닉하거나 은폐하는 행위는 조세포탈을 위한 부정행위의 전형적인 유형에 해당한다. 하지만 여기서는 그 의도가 중요하다. 세원을 은닉하고자 하는 적극적인 의도가 있어야 하는 것이다. 객관적인 행위의 태양이 과세대상을 은닉하는 행위에 해당하더라도 그것이 조세를 포탈할 의도가 아닌 다른 의도에서 이루어질 수도 있고, 이러한 경우에는 조세를 과소납부하는 결과에 이른다 하더라도 조세포탈을 위한 부정행위로 볼 수는 없다. 채권자들로부터의 독촉이나 재산압류 등을 피하기 위하여 과세대상을 숨기는 행위가 대표적인 예이다. 더군다나 은닉 또는 은폐행위가 부작위의 형태로 나타나는 경우가 있는데 이를 단순한 부작위의 경우와 구별하는 척도가 되는 것이 적극적인 은닉의도이므로 사기 기타 부정한 행위의 요건으로서 적극적 은닉의도는 반드시 고려하여야 한다. 대법원 2016. 2. 18. 선고 2014도3411 판결이 과세대상의 미신고나 과소신고와 아울러 수입이나 매출 등을 고의로 장부에 기재하지 않은 행위 등 적극적 은닉의도가 나타나는 사정이 덧붙여진 경우에는 조세의 부과와 징수를 불능 또는 현저히 곤란하게 만든 것으로 볼 수 있다고 판시한 것도 같은 취지이다.

그런데 하나의 은닉행위에 관하여 하나의 의도만이 존재한다고 보기는 어렵다. 복합적인 의도가 작용할 수 있는 것이다. 그래서 예를 들어 채권자들을 피하기 위한 의도와 조세를 포탈하기 위한 의도가 병존할 경우 조세포탈을 위한 부정행위로 볼 수 있는지가 문제된다. 두 가지의 의도가 비슷한 비중을 가지고 있다면 별 고민의 여지가 없지만 전자의 의도가 월등하고 후자의 의도는 미미할 경우에는 판단이 쉽지 않다. 의도가 미미한 경우에는 조세를 포탈하기 위한 적극적 은닉의도가 있다고 볼 수도 있겠지만 그러한 의도에까지 이르지는 아니하고 단지 조세의 저감을 용인하는 정도에 그친 것으로 볼 여지도 있기 때문이다. 후자의 경우로 판단된다면 조세포탈죄로 처벌할 수 없을 것이다. 구체적 사안에 따라서 합리적인 판단이 있어야 하겠지만 실제 쟁송에서는 판단이 어려운 문제로 부각되어 치열하게 다투어지기도 한다.

조세쟁송에서 가장 자주 등장하는 유형으로서, 정상적인 사업을 영위하다가 조세를 포탈할 목적으로 폐업신고를 하고 사업자등록 없이 비밀공장을 설치하여 영업한 뒤에 세금계산서 등 발행과 세무신고를 아니한 경우(대법원 1981. 12. 22. 선고 81도337 판결), 피고인이 직접 매수한 부동산을 제3자인 A가 이를 매수한 후 다른 제3자인 B에게 전매하였다가 B가 부동산을 매도한 것처럼 위장하여 B명의로 A로부터 매입한 가격을 기초로 양도차액 확정신고한 경우(대법원 1983. 9. 13. 선고 83도1231 판결), 토지를 매도하여 그 매수인과 공모하여 매수인이 그 지상에 아파트를 건축하여 분양하였음에도 매도인 명의로 사업자등록을 하고 건축허가를 받아 마치 매도인이 아파트를 건축하여 직접 분양한 것처럼 위장한 후 매도인이 양도소득세를 납부하지 않은 경우(대법원 1983. 11. 8. 선고 83도2365 판결), 제3자의 이름으로 사업자등록을 한 뒤 그 이름으로 카드가맹점을 개설하고 신용카드 매출전표를 작성하여 피고인의 수입을 숨기는 등의 행위를 하는 경우(대법원 2004. 11. 12. 선고 2004도5818 판결), 피고인이 다른 사람들의 명의를 빌려 3개의 위장 사업체를 설립하여 매출을 분산하는 등의 방법으로 매출을 과소신고한 경우(대법원 2009. 5. 28. 선고 2008도7210 판결), 원래의 법인의 매출로 입금 처리되어야 할 금액을 관계서류를 수정·조작하여 그 법인의 매출에서 제외시키고 이를 적자 누적으로 인하여 법인세가 부과되지 아니하는 다른 법인에 입금처리하는 방법으로 원래 귀속되어야 할 법인의 매출을 누락한 경우(대법원 1996. 12. 10. 선고 96도2398 판결), 상속·증여받은 부동산을 매수한 것처럼 매매를 원인으로 한 소유권 이전등기를 경료한 후 신고기한을 도과한 경우(대법원 1984. 6. 26. 선고 81도2388 판결), 피고인이 자신의 자녀들에게 차명주식을 증여하였는데도 적극적으로 자녀들과 차명주주들 사이에 실질적인 매매가 있는 것과 같은 외관을 만들어 구 상증세법 제41조의5 제1항에서 정한 의제증여세 부과의 전제가 되는 '최대주주인 피고인과 특수관계에 있는 자녀들 사이의 차명주식 증여 사실'을 숨기는 등의 방법으로 의제증여세를 포탈한 경우(대법원 2011. 6. 30. 선고 2010도10968 판결) 등이 있다.

4. 조세포탈죄의 주관적 요건

가. 조세포탈의 고의

조세포탈죄는 고의범이다. 따라서 구성요건에 대한 고의가 있어야 한다. 여기서 고의가 주로 문제되는 영역은 조세포탈의 결과에 대한 고의이다. 조세포탈을 목적으로 하는 구체적 행위는 '사기 그 밖의 부정한 행위'이고, 그에 따라 '조세포탈의 결과'가 발생한다. 따라서 사기 그 밖의 부정한 행위를 할 당시에 조세포탈의 결과가 발생하거나 가까운 장래에 발생할 것이라는 사실에 대한 인식이 있어야 한다. 이러한 인식이 없다면 결과적으로 조세가 포탈된다고 하더라도 조세포탈죄로 처벌할 수 없다. 대법원 2014. 2. 27. 선고 2013두19516 판결은 조세포탈결과에 대한 고의가 없으면 '사기 그 밖의 부정한 행위' 자체가 성립하지 않는다고 보기도 한다. 조세포탈죄에 있어서의 고의와 장기부과제척기간 및 중가산세에 있어서의 주관적 요건에 별 차이가 없다는 점은 총론 편에서 자세히 살펴본 바 있다.

대법원 2011. 6. 30. 선고 2010도10968 판결은, 고의범인 조세포탈죄에 있어서 '사기 기타 부정한 행위'에 해당하는 것을 인식하고 그 행위로 인하여 조세포탈의 결과가 발생한다는 사실을 인식하면서 부정행위를 감행하거나 하려고 하는 경우에 조세포탈의 범의가 인정된다. 이러한 법리는 구 상증세법 제41조의5 소정의 의제증여세를 포탈하는 범죄의 경우에도 그대로 적용되므로, 의제증여세 포탈 범죄가 성립하기 위해서는 구 조세범처벌법 소정의 조세포탈 주체가 조세의 부과와 징수를 불가능하게 하거나 현저히 곤란하게 하는 '사기 기타 부정한 행위'를 할 당시에, '합병에 따른 상장 등 이익'에 대한 증여세 납부의무를 염두에 두고 자신의 부정한 행위로 인하여 의제증여세 포탈의 결과가 발생한다는 사실을 인식할 것을 요한다고 판시하였다.

그리고 피고인이 2003. 9.경 자녀들에게 차명주식을 이전한 것을 적극적으로 숨김으로써 의제증여세 부과의 전제가 되는 '주식의 증여 사실이나 3년 내에 증여받은 재산으로 주식을 취득한 사실'의 발견을 어렵게 하여 의제증여세의 부과와 징수를 불가능하게 하거나 현저히 곤란하게 할 당시에, 피고인이 자녀들에게 차명주식의 발행회사인 그 판시 회사의 우회상장을 염두에 두고 이를 위하여 그 판시 협회등록법인(코스닥상장법인)을 인수한 것으로 볼 수 있으므로, 피고인에게는 합병을 통한 우회상장을 전제로 주식을 거래한 후 합병을 통한 우회상장으로 양도된 주식의 가치를 증가시켜 그 증가된 가액을 자녀들에게 증여하고 그에 따른 의제증여세를 포탈하겠다는 범의가 있었다고 볼 수 있다고 판단하였다. 그러나 위 사안에서 피고인이 자녀들에게 차명주식을 이전할 당시로서는 그 차명주식 발행회사의 우회상장 계획도 없었고 이를 염두에 두지도 않았다가 그 후의 사정변경으로 그와 같은 우회상장이 이루어졌다면 여기서의 의제증여세의 포탈죄로 처벌할 수는 없을 것이다.

이러한 조세포탈의 고의는 앞서 본 사기 그 밖의 부정행위의 주관적 요건인 '조세포탈을 위한 적극적 은닉의도'와는 서로 차원을 달리하는 개념으로 이해하는 것이 합리적이다. 조세포탈의 고의는 '사기 그 밖의 부정한 행위'와 '조세포탈의 결과발생'에 관한 인식이다. 그 인식의 정도는 '미필적 고의'의 정도에 이르는 것을 말하고 '인식있는 과실'의 정도에 그치는 것은 아니될 것이다. 반면에 조세포탈을 위한 적극적 은닉의도는 앞서 언급한 바와 같이 고의의 대상인 '사기 그 밖의 부정한 행위'의 주관적 요소로서 그 은닉의도의 대상은 조세가 아니라 과세대상이 되는 소득이나 거래 등이다. 그리고 그 인식의 정도도 단순한 인식이 아니라 적극적 의도로서 행위를 이끌어내는 동인으로서의 역할을 해야 하므로 고의에서의 인식보다는 더 중하다고 보아야 할 것이다. 따라서 '조세포탈의 고의'와 '조세포탈을 위한 적극적 은닉의도'를 혼동하여 그 인식의 정도를 동일시하는 것은 잘못이다.

나. 허위세금계산서 수수에 관한 조세포탈의 고의

허위세금계산서 수수에 의하여 부가가치세를 포탈하는 경우의 고의에 관하여는 대법원이 다른 조세포탈범의 고의와 다른 특수한 법리를 선언하고 있다. 대법원 2001. 2. 9. 선고 99도2358 판결은, 허위의 세금계산서를 교부받아 세무서에 제출하여 매입세액을 환급받은 경우, 피고인에게 조세범처벌법 제9조 소정의 조세포탈 등 죄의 고의가 있다고 하려면, 피고인에게 허위의 세금계산서에 의하여 매입세액의 환급을 받는다는 인식 이외에 그 상대방이 위 허위의 세금계산서상의 매출세액을 제외하고 부가가치세의 과세표준 및 납부세액을 신고·납부하거나 또는 위 허위의 세금계산서상의 매출세액 전부를 신고·납입한 후 그 매출세액을 환급받는 등으로 위 허위의 세금계산서상의 부가가치세 납부의무를 면탈함으로써 결과적으로 피고인이 위 허위의 세금계산서에 의한 매입세액의 공제를 받는 것이 국가의 조세수입의 감소를 가져오게 될 것이라는 인식이 있어야 한다는 것이다. 이 판결의 취지는 대법원 2010. 1. 14. 선고 2008도8868 판결에도 이어지고 있다.

조세포탈의 인식은 납세자 자신의 차원에 국한하여 파악하는 것이 일반적이다. 즉, 거래상대방이나 관련 제3자가 조세면탈을 하였는지 여부는 불문하고 당해 납세자가 과소신고를 하거나 과다환급을 받았고 그에 대한 인식이 있으면 조세면탈의 인식이 있다고 보는 것이다. 법인세나 소득세, 상속세 등 일반적인 세목이 여기에 해당한다. 그런데 부가가치세의 경우는 전단계매입세액공제제도를 택하고 있어 다소 특수한 모습이 있다. 전단계세액공제제도하에서는 허위의 세금계산서를 받아 매입세액의 공제나 환급을 받는다고 하더라도 그 세금계산서를 발급한 상대방에게 매입세액을 지급함으로써 그 상대방이 이를 재원으로 하여 매출세액을 국가에 납부한다면 국가로서는 세수의 감소가 없게 된다. 즉, 부당하게 공제·환급받는 세액이 있다고 하더라도 원래 납부의무가 없는 같은 금액의 매출세액이 국고로 들어오므로 서로 상쇄되어 국고에 손해가 없는 것이다. 이러한 경우에는 매입세액을 부당하게 공제·환급받은 자가 결과적으로는 그 공제·환급받은 매입세액 상당액을 국가에 납부한 셈이 되므로 조세포탈의 인식이 없었다고 볼 수 있는 것이다. 전단계세액공제제도의 취지가 국가는 사업자들에게는 부가가치세의 부담을 지우지 않고 최종소비자에게 전가시켜 그로부터 부가가치세를 징수하고자 하는 것이므로 사업자들 단계에서 어느 사업자의 과소납부 부가가치세가 그 다음 단계 사업자의 과다납부 부가가치세로 서로 상쇄된다면 굳이 부가가치세의 면탈이 있었다고 볼 필요까지 없다고 할 수 있고 이러한 입장이 부과제척기간의 측면에서도 납세자에게 유리하므로 위 대법원 판결들의 입장이 타당하다고 하겠다. 이러한 입장은 앞서 총론에서 살펴본 바와 같이 장기부과제척기간에 있어서의 주관적 요건에 관한 대법원 2014. 2. 27. 선고 2013두19516 판결과 중가산세에 있어서의 주관적 요건에 관한 대법원 2015. 1. 15. 선고 2014두11618 판결에서도 그대로 승계되고 있다.

5. 포탈세액의 산정

가. 포탈세액 산정의 의의

조세범처벌에 있어서 포탈세액은 법정형을 정하는 기준이 되고, 특히 벌금형의 상한을 정하는 기준이 되며 가중처벌규정인 특가법의 적용 여부도 이에 따라 정해진다. 일반적으로 조세포탈범에 대한 형사절차에서 확정하여야 할 포탈세액은, 당해 포탈범에 대하여 부과되어야 할 세법상의 납세의무액수와 그 범위를 같이 하여야 한다(대법원 1988. 3. 8. 선고 85도1518 판결). 그리고 가산세는 벌과금적 성질을 가지므로 조세범처벌법상의 벌금형 산정기준이나 특가법 제8조 제1항 적용기준인 포탈세액에서 제외하여야 한다(대법원 2002. 7. 26. 선고 2001도5459 판결). 가산세는 조세포탈의 결과에 대하여 부과하는 징벌적 성격의 세금이므로 이를 다시 포탈세액에 합산하는 것은 모순이다.

나. 추계방법에 의한 포탈세액 산정

합리적 의심이 없는 객관적인 포탈세액 산출이 요구되는 형사절차에서는 원칙적으로 세법상 추계방법에 의한 포탈세액을 인정하는 것은 허용되어서는 아니된다. 그러나 대법원은 예외적인 경우에 현실적 필요에 의하여 추계에 의한 포탈세액의 산정을 허용하고 있다. 대법원 2005. 5. 12. 선고 2004도7141 판결 등은, 조세포탈죄에 있어서 수입·지출에 관한 장부 기타 증빙서류를 허위 작성하거나 이를 은닉하는 등의 방법으로 그 수입금액을 줄이거나 지출경비를 늘림으로써 조세를 포탈한 경우 그 포탈세액의 계산기초가 되는 수입 또는 지출의 각개 항목에 해당하는 사실 하나하나의 인정에까지 확실한 증거를 요한다고 고집할 수는 없는 것으로서 이러한 경우에는 그 방법이 일반적으로 용인될 수 있는 객관적·합리적인 것이고 그 결과가 고도의 개연성과 진실성을 가진 것이라면 추정계산도 허용된다고 한다.

그리고 조세법령에서 구체적으로 규정하고 있는 추계결정의 방법들은 제한적으로 열거하고 있는 것은 아니고, 그 방법이 일반적으로 용인될 수 있는 객관적·합리적인 것이고 그 결과가 고도의 개연성과 진실성을 가진 것이라면 이에 의한 포탈세액의 추계도 허용된다. 그러나 위와 같이 법령에 추계방법이 규정되어 있는 경우에는 구체적 사안에서 그 방법이 불합리하다고 볼 특별한 사정이 없는 한 이를 적용하여야 한다고 보는 것이 타당하다.[4]

실제 소송에서는 추계의 요건을 갖추었는지가 다투어지는데, 그 요건으로는, ① 납세자의 장부나 증빙서류 등이 없거나 그 중요 부분이 미비 또는 허위로 기재되어 신뢰성이 없고 달리 과세관청이 그 소득의 실액을 밝힐 수 있는 방법이 없는 경우이어야 하고, ② 추계의 내용과 방법이 구체적인 사안에서 가장 진실에 가까운 수입금액의 실액을 반영할 수 있도록 합리적이고 타당성이 있는 것이어야 하며, ③ 추계결과가 고도의 개연성과 진실성을 가진 것이어야 한다는 것이다.[5]

6. 쟁점별 분석

가. 주요 사례들

대법원 2008. 6. 12. 선고 2008도2300 판결은, 피고인이 다른 사람으로부터 그 명의의 현금카드를 교부받아 이를 장기간 사용하였으나 증여세의 과세를 회피하기 위한 목적으로 또다시 차명계좌를 이용하여 소위 '자금세탁'을 하거나 인출한 수표를 현금으로 교환하는 등의 적극적인 소득 은닉행위를 하지는 아니하였으므로 조세포탈죄가 성립하지 아니한다고 하였다. 그리고 대법원 2014. 5. 16. 선고 2011두29168 판결은, 회사가 임시주주총회 의사록과 이사회 회의록을 작성하여 정관을 변경하고 본점을 과밀억제권역이 아닌 용인시로 이전등기한 후 그 다음 날 취득한 토지에 관하여 소유권이전등기를 마치면서

---

4) 대법원 2013. 9. 12. 선고 2013도865 판결 등
5) 대법원 2005. 5. 12. 선고 2004도7141 판결 등

등록세 등을 신고·납부하였으나 관할 행정청이 갑 회사가 실질적으로 본점을 이전하지 않아 위 토지에 관한 소유권이전등기가 구 지방세법 제138조 제1항 제3호 등에 해당한다는 이유로 중과세하여 갑 회사에 등록세 등 부과처분을 한 사안에서, 본점 이전등기 당시 갑 회사에 본점 이전의 의사가 전혀 없었다고 단정하기 어렵고, 회사가 작성한 임시주주총회 의사록과 이사회 회의록 및 그에 따라 변경된 정관은 당시 시행되던 비송사건절차법에 따라 본점 이전등기를 하기 위하여 반드시 갖추어야 하는 것들이어서 그 작성이나 변경은 본점 이전등기에 부수한 것이며, 달리 조세의 부과와 징수를 불가능하게 하거나 현저히 곤란하게 하는 적극적인 행위를 하였다고 볼 만한 자료는 없으므로, 회사의 행위가 '사기 기타 부정한 행위'라고 보기 어렵다고 하였다. 또한 대법원 2000. 4. 21. 선고 99도5355 판결은, 만기 전의 약속어음을 할인·매입하여 되파는 영업을 하는 자가 세법상 요구되는 장부를 비치·기장하지 아니하는 대신 거래내역과 그로 인한 손익을 매입·매출대장 또는 손익계산서의 형태로 손쉽게 출력하여 확인할 수 있도록 약속어음의 매입·매출에 관한 사항을 사실대로 정확하게 컴퓨터에 입력하여 보관·관리함으로써 소득세의 부과·징수에 필요한 거래 내역 및 손익에 관한 기록을 컴퓨터 자료의 형태로 사실대로 정확하게 유지·관리하여 왔다면 세법상 요구되는 장부를 그것과 별도로 따로 비치·기장하지 아니하였다 하여 그것을 가지고 소득을 감추는 부정한 행위를 하였다고 하기는 어렵다고 하였다.

나. 부작위의 검토

재판실무에서는 납세의무자의 부작위가 조세범처벌법상의 구성요건인 '사기 그 밖의 부정한 행위'에 해당하는지 여부가 자주 다투어지고 있다. 납세의무자가 과세소득이 있음에도 장부기장을 하지 않음은 물론 거래증빙도 전혀 수취하지 아니하고 세액신고납부도 하지 아니하는 등 그야말로 아무런 작위도 없이 오로지 부작위로만 일관한 경우가 특히 문제이다.

대법원은 조세의 부과와 징수를 불가능하게 하거나 현저히 곤란하게 하는 위계 기타 부정한 적극적인 행위를 수반함이 없이 단순히 조세법상의 신고를 하지 아니하거나 허위의 신고를 하거나 또는 조세를 납부하지 않은 사실은 '사기 그 밖의 부정한 행위'에 해당하지 않는다고 수차례 밝혀 왔다(대법원 2003. 2. 14. 선고 2001도3797 판결, 대법원 2014. 5. 16. 선고 2011두29168 판결 등). 그러면서도 대법원은 과세대상의 미신고나 과소신고와 아울러 수입이나 매출 등을 고의로 장부에 기재하지 않는 행위 등 적극적 은닉의도가 나타나는 사정이 덧붙여진 경우에는 조세의 부과와 징수를 불능 또는 현저히 곤란하게 만든 것으로 인정할 수 있다고 하면서, 이때 적극적 은닉의도가 객관적으로 드러난 것으로 볼 수 있는지 여부는 수입이나 매출 등을 기재한 기본 장부를 허위로 작성하였는지 여부뿐만 아니라, 당해 조세의 확정방식이 신고납세방식인지 부과과세방식인지, 미신고나 허위신고 등에 이른 경위 및 사실과 상위한 정도, 허위신고의 경우 허위 사항의 구체적 내용 및 사실과 다르게 가장한 방식, 허위 내용의 첨부서류를 제출한 경우에는 그 서류가 과세표준 산정과 관련하여 가지는 기능 등 제반 사정을 종합하여 사회통념상 부정이라고 인정될 수 있는지에 따라 판단하여야 한다고 한다(대법원 2014. 2. 21. 선고 2013도13829 판결). 결국 납세자의 부작위가 세원의 적극적인 은닉의도에서 비롯된 것으로 평가될 수 있으면 '사기 그 밖의 부정한 행위'에 해당한다고 볼 것이고, 그것이 납세의무자의 단순한 태만이나 무능력, 불필요에서 비롯된 것으로 평가될 수 있다면 '사기 그 밖의 부정한 행위'에 해당하지 않는다고 볼 것이다. 겉으로 드러난 부작위의 모습은 동일하지만 그 내심의 의도를 어떻게 평가하느냐에 따라 결과가 달라지게 된다.

먼저 대법원 1982. 1. 26. 선고 80도3221 판결은 피고인은 1979. 1. 1.부터 같은 해 12. 29.까지의 전후반기 부가가치세 확정신고를 함에 있어 사진현상 수입금을 과소신고함으로써 9,116,161원의 부가가치세를 포탈하였지만, 소득금액을 과소신고(허위신고)하였다는 점은 알 수 있어도 여기에 어떤 적극적인 행위가 수반되었는지는 알 수 없으므로 '사기 그 밖의 부정행위'에 해당한다고 단정할 수 없다고 판시하였다. 반면에 대법원 2013. 9. 12. 선고 2013도865 판결은 피고인이 부동산을 개발하여 전매하는 사업을 영위하면서 상당한 양도차익을 얻었음에도 매입·매출에 관한 장부를 기장·비치하지 아니하였고 그 사업과정에 관한 세금계산서를 전혀 발급하거나 발급받지 아니하였으며 법인세 확정신고도 전혀 하지 아니한 것은 조세의 부과와 징수를 불가능하게 하거나 현저히 곤란하게 하는 적극적 행위로서 사기 기타 부정한 행위에 해당한다고 판단하였다.

위 두 판결 사이에 30년이 넘는 시차가 있어 단순 비교하기는 어렵지만, 드러난 부작위의 모습은 동일해 보이는데도 결론을 서로 달리하고 있다는 점에서 중요한 시사점을 얻을 수 있다. 세원의 기초가 되는 거래나 영업의 규모가 커서 납세의무자가 이를 관리하기 위해서는 장부의 비치·기장과 증빙의 수수·비치가 필요해 보이는 경우임에도 그와 같은 것을 전혀 하지 아니한 경우에는 세원을 적극적으로 은닉하기 위한 행위로 평가될 수 있을 것이고, 그 규모가 작아서 장부의 비치·기장과 증빙의 수수·비치가 필요해 보이지 않는 경우에는 납세의무자가 그와 같은 것을 하지 않은 것이 과세관청의 조세부과·징수업무에 불편을 초래하였다고 하더라도 세원의 적극적인 은닉행위로 평가되기는 어려울 것이다. 이러한 경우는 설령 세법상의 장부비치·기장의무에 위반된다고 하더라도 달리 보기 어렵다고 하겠다.

실제로 대법원 1982. 1. 26. 선고 80도3221 판결의 사안은 피고인이 포탈한 부가가치세의 규모가 1천만 원에 못 미치는 것이어서 당시의 물가를 반영하더라도 대규모가 아니어서 장부의 비치 · 기장이나 증빙의 수수 · 비치가 필요하였다고 보기 어려운 측면이 있고, 대법원 2013. 9. 12. 선고 2013도865 판결의 사안은 피고인은 부동산 매입 · 매도로 인하여 2007년 사업연도에 394,542,000원의, 2008년 사업연도에 2,185,219,000원의, 2009년 사업연도에 933,431,000원의 각 매매차익을 얻었다는 것이므로 그 거래의 규모도 크고 횟수도 많아 장부의 비치 · 기장과 증빙의 수수 · 비치가 필요하였다고 보임에도 이를 전혀 하지 아니한 것이었다.

다. 소득처분에 따른 소득세의 면탈

조세범처벌법이 2010. 1. 1. 전면 개정되기 전에는 제9조의2에서 '사기 그 밖의 부정한 행위'에 의한 소득금액으로 보지 않는 항목으로 아래의 두 가지를 예시하고 있었다. 위 규정을 단순한 확인적 규정으로 본다면 위 규정이 삭제되었다는 이유로 '사기 그 밖의 부정한 행위'의 범위를 달리 해석할 필요는 없겠지만, 위 규정이 단순한 확인적 규정을 넘어 의제적 성격을 내포하고 있다면 위 규정의 삭제로 인하여 '사기 그 밖의 부정한 행위'의 범위가 달라질 수 있다.

첫째 항목은 세무회계와 기업회계의 차이로 인하여 생긴 금액이다. 대표적인 예로서 기업회계상으로 적절하게 계상한 접대비가 세법상의 한도를 초과하여 그 초과액이 손금불산입됨으로써 과세소득이 증가하게 된 경우를 들 수 있다. 이 항목에 해당하는 소득은 기업회계기준의 관점에서는 적법한 회계처리를 하였음에도 그것이 세법상의 처리기준과 상이하여 세무조정을 통하여 증가하게 된 소득을 일컫는다고 보아야 한다. 그러하지 아니하고 기업회계기준의 관점에서도 도저히 용인될 수 없는 부적절한 회계처리를 하고 이를 은폐하기 위하여 관련 장부나 증빙을 조작하거나 폐기한 후 그것이 나중에 세무조사과정에서 드러나 과세소득이 늘어났다면 이는 위 항목에 해당하지 않고 '사기 그 밖의 부정한 행위'에 해당한다고 보아야 한다. 예컨대 기업회계기준상으로 접대비임에도 직원들의 복리후생비인 것처럼 허위로 회계처리를 하여 세법상 한도액의 적용이 없는 것처럼 하여 과세표준을 신고하였다가 세무조사 과정에서 발각된 경우는 위 항목에 해당하지 않는다고 해야 한다. 같은 취지에서 대법원 2002. 6. 11. 선고 99도2814 판결도 특수관계자들로부터 주식을 시가보다 12배 이상되는 고액으로 매수하면서 그 고가매입사실이 발각되지 않기 위하여 매수일자가 소급된 허위의 매매계약서와 회계장부를 작성 · 비치하는 등 부당행위계산에 해당하는 거래임을 은폐하기 위하여 적극적으로 서류를 조작하고 장부상 허위기재하는 경우까지 세무회계와 기업회계의 차이로 인한 것으로 보아 조세포탈에 해당하지 않는 것으로 볼 수는 없다고 판시하였다.

이러한 관점에서 첫째 항목을 보면 당연한 확인적 규정에 불과하므로 위 규정이 삭제되었다고 해서 '사기 그 밖의 부정한 행위'의 범위에 어떠한 변화가 있을 것은 없다. 둘째 항목은 법인세의 과세표준을 법인이 신고하거나 정부가 결정 또는 경정함에 있어 그 법인의 주주·사원·사용인 기타 특수한 관계에 있는 자의 소득으로 처분된 금액이다.

우선 소득처분의 성격을 파악해 볼 필요가 있다. 소득처분에 의하여 비로소 그 소득금액에 대한 납세의무가 성립하는 창설적 효과가 있는 것이 아니라 소득의 귀속자가 누구이고 그가 얻은 이익이 소득세법의 어느 조문에 따라 과세소득이 되는지에 대한 확인적 판단으로 보는 것이 일반적이다. 단지 소득의 지급시기만을 소득처분에 따른 소득금액변동통지시로 의제하여 그때를 기준으로 소득세원천징수의무가 성립되도록 할 뿐 원래 소득의 귀속자가 부담하는 소득세 납세의무는 소득처분과는 무관하게 실제로 당해 소득이 귀속된 시점을 기준으로 판단하게 된다.

그런데 소득처분의 계기를 보면, 앞에서 본 기업회계와 세무회계의 차이에 대하여 법인 스스로가 세무조정을 하면서 소득처분하는 선량한 경우가 있는가 하면, 익금을 은닉하거나 손금을 과다계상한 후 이를 은폐한 사실이 세무조사 과정에서 드러나 과세관청이 그 탈루소득에 관하여 그 귀속자에 따라 소득처분을 하는 경우도 있다. 전자의 소득처분으로 인한 소득이 '사기 그 밖의 부정한 행위'로 인한 소득으로 보지 않음에는 별 의문이 없다. 그러나 후자의 경우 실제로 부당하게 귀속된 소득에 대하여 이를 확인하는 소득처분이 있었다는 이유만으로 이를 '사기 그 밖의 부정한 행위'로 인한 소득으로 보지 않으면 매우 부당해 보인다. 과세관청으로서는 소득처분을 하지 않더라도 그 소득의 실질 귀속을 밝혀 소득세를 부과할 수 있는 것이고 이러한 경우 그 소득의 귀속자가 그 소득의 은닉을 위한 적극적인 부정행위를 하였다면 당연히 '사기 그 밖의 부정한 행위'로 인한 소득으로 보아 그 귀속자를 조세범처벌법으로 처벌할 수 있을 것인데, 단지 확인적인 소득처분을 하였다는 이유만으로 그 소득의 귀속자에게 위와 같은 적극적인 부정행위가 있었음에도 위 둘째 항목의 규정 때문에 그 귀속자를 조세범처벌법으로 처벌하지 않는다는 것은 매우 부당하다.

법인의 모든 탈루소득은 법인의 장부상 법인의 소득으로 계상되어 있지 않으므로 어떠한 형태로든 그 법인의 주주·사원·사용인 기타 특수한 관계에 있는 자의 소득으로 처분될 수밖에 없음에도 둘째 항목을 문언대로만 해석하여 그 법인의 주주·사원·사용인 기타 특수한 관계에 있는 자의 소득이라는 측면에서는 무조건 '사기 그 밖의 부정한 행위'로 인한 소득이 아니라고 본다면 법인으로부터 유출된 소득에 대한 탈루세금에 대하여는 당해 법인만을 처벌하는 데 그치고 그 귀속자에 대한 처벌은 하지 않겠다는 것과 마찬가지이다.

실제로 종래 법원에서는 소득처분에 의한 소득귀속자의 '사기 그 밖의 부정한 행위' 여부를 판단함에 있어 위 둘째 항목의 영향으로 인하여 소극적인 태도를 보였다고 할 수 있다. 대표적인 예로서, 대법원 2005. 6. 10. 선고 2005도1828 판결은, 법인의 대표자인 피고인이 법인의 회계장부 등을 조작하고 법인으로부터의 횡령 이득에 대한 소득세신고를 하지 아니한 행위가 '사기 기타 부정한 행위'에 해당한다고 보기 어렵고, 그 이득이 과세소득의 대상이 된다는 점을 인식하였거나 위 횡령행위를 은폐하기 위한 행위로 인하여 조세(소득세)포탈의 결과가 발생한다는 사실을 인식하였다고 보기도 어려우며, 조세범처벌법 제9조의2 제2호가 소득처분된 금액에 대하여 조세범처벌법 제9조의 적용을 배제하고 있는데, 위 횡령부분에 대한 과세관청의 소득처분은 이루어지게 될 것이므로, 피고인을 조세범처벌법 제9조에 의하여 처벌할 수 없다고 판단한 원심은 수긍할 수 있다고 판시하였다. 위 판시를 보면 오로지 조세범처벌법 제9조의2 제2호만을 논거로 삼은 것은 아니지만 그 영향 때문에 피고인이 법인의 회계장부를 조작한 것은 법인의 탈루소득을 은폐하기 위한 행위로는 평가할 수 있을지언정 피고인 개인에게 귀속된 소득까지 은폐하고자 하는 고의에서 비롯된 행위로 평가하기는 어렵다고 보았다.

이와 같이 둘째 항목은 예시적 항목이긴 하지만 다분히 의제적 성격을 내포하고 있었고 그 영향으로 '사기 그 밖의 부정한 행위'의 범위가 축소되었다고 할 수 있다. 이제는 조세범처벌법이 전면 개정되어 위 항목이 삭제되었으므로 원칙으로 돌아가 '사기 그 밖의 부정한 행위'의 범위를 판단하면 될 것으로 보인다. 예를 들어 법인의 실질적인 대표자가 법인의 소득을 횡령하여 대표자 개인이 착복하고서 그 사실을 은폐하기 위하여 적극적으로 법인의 장부나 증빙서류를 조작하였다면 법인 소득의 탈루와 개인 소득의 귀속은 필연적으로 연결되는 것이니만큼 그와 같은 조작행위는 법인 소득뿐만 아니라 개인 소득까지 은폐하기 위한 행위로 평가하는 것이 자연스러우므로 그 개인소득세의 포탈에 대하여도 조세범처벌법으로 처벌할 수 있다고 해야 할 것이다.

한편, 부당행위계산부인에 따른 소득처분에 의하여 귀속된 소득도 '사기 그 밖의 부정한 행위'로 인한 포탈소득이 될 수 있다는 견해가 있다.[6] 그 논거는 부당행위계산의 부인에 해당하는 거래라고 하더라도 그 거래가 기업회계상으로도 인정되지 아니하는 경우이거나 부당행위계산의 부인을 회피하기 위하여 부당행위에 해당하지 아니하는 것처럼 장부를 조작하고 허위신고하는 경우에는 조세포탈이 성립한다는 것이다. 부당행위계산부인의 대상이 되는 거래는 기본적으로 사법상 적법한 거래이지만 그것이 과세소득을

---

6) 안대희, 조세형사법, 법문사

부당하게 줄이기 위한 비정상적인 거래라는 것이다. 비정상적인 거래의 외관을 그대로 드러내어 그 외관대로 소득을 산정해 달라는 것이므로 기본적으로 납세자의 은닉행위라는 것은 상정하기 어렵다. 나아가 비정상적인 거래를 마치 정상적인 거래인양 조작하는 행위도 상정하기 어렵다. 예를 들어 특수관계인에 대한 저가양도에 있어서는 시가를 조작할 수밖에 없는데 이는 납세자가 좌우하기 어려운 외부적인 요소여서 상정하기 어렵고, 특수관계인에 대한 무상대여에 있어서는 무상대여가 아닌 것처럼 조작한다는 것은 이자를 받지 않았음에도 이자를 받은 것처럼 장부를 조작한다는 말인데 복식부기의 원리상 그것이 가능할 것으로 보이지 않는다. 굳이 가능하다면 다른 수익항목을 숨기고 그것을 특수관계인으로부터의 수입이자로 계상하는 방법밖에 없는데 이는 부당행위계산부인의 대상을 조작하였다기보다는 다른 수익항목을 탈루한 것으로 평가하는 것이 더 적절할 것이다. 요컨대 부당행위계산부인에 따른 소득처분이 있는 경우 그 소득처분에 의한 소득은 '사기 그 밖의 부정한 행위'로 인한 소득으로 보기 어렵다 하겠다.

라. 조세징수의 방해행위

2010. 1. 1. 조세범처벌법이 전면 개정되기 전에는 '사기 그 밖의 부정한 행위'에 대한 정의규정이 없어 납세의무자가 조세의 확정에는 적극 협력하였으나 그 조세의 징수만을 불가능하게 하거나 곤란하게 하는 행위를 '사기 그 밖의 부정한 행위'에 해당한다고 보아야 하는지가 논란이 되었었다. 2010. 1. 1. 전면 개정된 조세범처벌법은 제3조 제6항의 '사기 그 밖의 부정한 행위'의 정의규정에서 '다음 각 호의 어느 하나에 해당하는 행위로서 조세의 부과와 징수를 불가능하게 하거나 곤란하게 하는 적극적 행위를 말한다'고 규정함으로써 '조세의 징수'를 어렵게 하는 행위도 포함된다는 취지를 밝히고 있으므로 이 문제는 해소되었다고 할 수 있다. 여기서도 '조세의 부과와 징수'라고 할 것이 아니라 '조세의 부과 또는 징수'라고 표현하는 것이 더 나았을 것으로 보인다.

종전에 논란이 되었던 사건은 변칙적 금지금 거래에 의한 부가가치세 포탈 사건으로서, 이에 대한 대법원 2007. 2. 15. 선고 2005도9546 전원합의체 판결이 있다. 이 사안에서는 이른바 폭탄업체가 영세율 또는 면세로 매입한 금지금을 과세 사업자들에게 저가로 매도한 후 그들이 매입세액 공제를 받을 수 있도록 세금계산서를 발행해 주고 자신은 부가가치세 매출세액을 신고함으로써 조세채권의 확정은 가능하게 하였으나, 처음부터 그 확정된 매출세액을 국가에 납부할 의사나 능력이 없어 이를 납부하지 아니한 경우[7]

---

7) 폭탄업체는 매입가액보다 더 낮은 가액으로 매도를 하여 손해를 보면서도 상대방으로부터 징수한 매출세액을 국가에 납부하지 않고 포탈함으로써 그 손해를 보전하면서 이익을 남기는 거래구조를 취하였기 때문에 매출세액을 국가에 납부할 수 없는 상황이었다.

그 폭탄업체를 조세포탈죄로 처벌할 수 있는지 여부가 문제되었다.

위 전원합의체 판결의 다수의견은 긍정하는 입장을 밝혔는데, 그 논거로는 조세가 일단 정당하게 확정되면 국세기본법 제38조 이하의 제2차 납세의무에 의한 납세의무자의 확장과 같은 법 제42조의 물적 납세의무 및 일반채권에 대한 국세의 우선권의 보장, 그리고 체납처분을 통한 국세의 강제징수절차 등 조세채권의 만족을 위한 여러 가지 제도적 장치가 마련되어 있는 한편, 구 조세범처벌법 제12조 제1항이 체납자 또는 체납자의 재산을 점유하는 자가 조세를 면탈할 또는 면탈케 할 목적으로써 그 재산을 은닉, 탈루하거나 또는 허위의 계약을 하였을 때를 체납자 등의 불법행위로서 따로 처벌하는 규정을 두고 있는 점 등을 고려하면, 조세의 확정에는 지장을 초래하지 않으면서 그 징수만을 불가능하게 하거나 현저히 곤란하게 하는 행위도 조세포탈죄에 해당한다는 것이다. 다만, 그 행위의 동기 내지 목적, 조세의 징수가 불가능하거나 현저히 곤란하게 된 이유와 경위 및 그 정도 등을 전체적, 객관적, 종합적으로 고찰할 때, 처음부터 조세의 징수를 회피할 목적으로 사기 기타 부정한 행위로써 그 재산의 전부 또는 대부분을 은닉 또는 탈루시킨 채 과세표준만을 신고하여 조세의 정상적인 확정은 가능하게 하면서도 그 전부나 거의 대부분을 징수불가능하게 하는 등으로 과세표준의 신고가 조세를 납부할 의사는 전혀 없이 오로지 조세의 징수를 불가능하게 하거나 현저히 곤란하게 할 의도로 사기 기타 부정한 행위를 하는 일련의 과정에서 형식적으로 이루어진 것이어서 실질에 있어서는 과세표준을 신고하지 아니한 것과 다를 바 없는 것으로 평가될 수 있어야 한다고 한다.

위 전원합의체 판결의 별개의견은 반대의 입장을 밝혔는데, 그 논거는 다수의견에 따르게 되면 조세채무의 정당한 신고가 있었는지 여부는 별 의미가 없고 오로지 징수권의 침해만이 문제될 수 있으며, 납세의무자가 책임재산을 은닉·탈루하여 조세의 징수를 불가능 또는 현저히 곤란하게 한 때 바로 범죄의 기수시기가 도래한 것으로 보아야 하므로, 신고납부기한이라는 기수시기를 따로 두고 있는 이유를 합리적으로 설명할 수 없다는 것 등이다.

조세의 확정을 곤란하게 하는 행위나 조세의 확정은 제대로 하였으되 징수를 곤란하게 하는 행위나 모두 궁극적으로 국가에 귀속되어야 할 조세가 포탈되었다는 점에서는 동일하고 그래서 처벌가치의 측면에서도 차별하여 볼 필요가 없다고 보면 다수의견이 타당하다고 보이고, 이러한 입장이 전면 개정된 조세범처벌법에 반영된 것으로 볼 수 있겠다.

세금계산서 관련 범죄

1. 범죄의 내용과 처벌규정

세금계산서 관련 범죄에 관하여는 기본적인 처벌규정으로 조세범처벌법 제10조[8]를 두고 있다. 그 제1항과 제2항은 세금계산서 및 그 합계표의 발급의무가 있는 자와 그 상대방이 범죄의 주체가 되는 것이고, 제3항은 세금계산서 및 그 합계표를 발급하여서는 아니되는 자와 그 상대방이 범죄의 주체가 되는 것이다.

---

8) 제10조(세금계산서의 발급의무 위반 등)
  ① 부가가치세법에 따라 세금계산서를 작성하여 발급하여야 할 자와 매출처별세금계산서합계표를 정부에 제출하여야 할 자가 다음 각 호의 어느 하나에 해당하는 경우에는 1년 이하의 징역 또는 공급가액에 부가가치세의 세율을 적용하여 계산한 세액의 2배 이하에 상당하는 벌금에 처한다.
  1. 세금계산서를 발급하지 아니하거나 거짓으로 기재하여 발급한 경우
  2. 거짓으로 기재한 매출처별세금계산서합계표를 제출한 경우
  ② 부가가치세법에 따라 세금계산서를 발급받아야 할 자와 매입처별세금계산서합계표를 정부에 제출하여야 할 자가 통정하여 다음 각 호의 어느 하나에 해당하는 행위를 한 경우에는 1년 이하의 징역 또는 매입금액에 부가가치세율을 적용한 세액의 2배 이하에 상당하는 벌금에 처한다.
  1. 세금계산서를 발급받지 아니하거나 거짓으로 기재한 세금계산서를 발급받은 경우
  2. 거짓으로 기재한 매입처별세금계산서합계표를 제출한 경우
  ③ 재화 또는 용역을 공급하지 아니하거나 공급받지 아니하고 다음 각 호의 어느 하나에 해당하는 행위를 한 자는 3년 이하의 징역 또는 그 세금계산서 및 계산서에 기재된 공급가액이나 매출처별세금계산서합계표, 매입처별세금계산서합계표에 기재된 공급가액 또는 매출처별계산서합계표, 매입처별계산서합계표에 기재된 매출·매입금액에 부가가치세의 세율을 적용하여 계산한 세액의 3배 이하에 상당하는 벌금에 처한다.
  1. 부가가치세법에 따른 세금계산서를 발급하거나 발급받은 행위
  2. 소득세법 및 법인세법에 따른 계산서를 발급하거나 발급받은 행위
  3. 부가가치세법에 따른 세금계산서합계표를 거짓으로 기재하여 정부에 제출한 행위
  4. 소득세법 및 법인세법에 따른 계산서합계표를 거짓으로 기재하여 정부에 제출한 행위

처벌대상을 요약하면, ① 재화나 용역을 공급한 자가 세금계산서를 발급하지 않은 경우, ①-1 공급받은 자가 통정하여 세금계산서를 발급받지 않은 경우, ② 재화나 용역을 공급한 자가 거짓으로 기재한 세금계산서를 발급한 경우, ②-1 공급받은 자가 통정하여 거짓으로 기재한 세금계산서를 발급받은 경우, ③ 재화나 용역을 공급하지 않은 자가 세금계산서를 발급한 경우, ③-1 재화나 용역을 공급받지 않은 자가 세금계산서를 발급받은 경우로 분류할 수 있다. 조세범처벌법 제1항은 위의 ①, ②를, 제2항은 위의 ①-1, ②-1을 그 대상으로 하고, 제3항은 ③, ③-1을 그 대상으로 한다. 여기서 '거짓으로 기재'라 함은 재화나 용역을 공급한 실제 내용과 다르게 기재하는 것을 말한다. 대표적인 예가 공급가액을 부풀려 기재하는 것이다. 그리고 세금계산서를 발급받아야 하거나 발급받는 자의 경우 '통정하여'를 요건으로 하는 이유는 세금계산서를 직접 발급하는 행위를 하는 당사자가 아니므로 그 자와 통정한 경우에만 책임을 물을 수 있기 때문이다.

세금계산서 합계표에 관하여는, 제1항은 제화나 용역을 공급한 자가 거짓으로 기재한 매출세금계산서합계표를 제출한 경우를, 제2항은 재화나 용역을 공급받은 자가 거짓으로 기재한 매입세금계산서합계표를 제출한 경우를, 제3항은 재화나 용역을 공급하지 아니하거나 공급받지 아니한 자가 거짓으로 기재한 세금계산서합계표를 제출한 경우를 규정하고 있다. 여기서 특이한 점은 제3항이 세금계산서에 대하여는 '거짓으로 기재'를 요건으로 규정하고 있지 않은데 비하여 세금계산서합계표에 대하여는 '거짓으로 기재'를 요긴으로 규정하고 있다는 것이다. 그 이유에 관하여 생각해보면, 세금계산서합계표는 여러 개의 세금계산서를 합계한 표이므로 그 속에 재화나 용역의 공급이 전혀 없는 세금계산서와 재화나 용역의 공급이 있는 세금계산서(금액이 부풀려진 세금계산서 포함)가 혼재할 수 있어 이러한 경우도 처벌하기 위한 것으로 보인다. 이러한 경우에 '거짓으로 기재'를 요건으로 넣지 않으면 세금계산서합계표상의 모든 세금계산서가 재화나 용역의 공급이 없는 경우만이 처벌대상이 되고 하나라도 재화나 용역의 공급이 있는 세금계산서가 끼어 있으면 처벌대상에서 제외되는 불합리가 생기기 때문이다.

이 때문에 세금계산서합계표의 경우 '거짓으로 기재' 부분은 제1, 2항과 제3항의 영역에서 겹치는 현상이 생긴다. 이에 대한 교통정리가 필요하다. 그래서 대법원 2021. 2. 4. 선고 2019도10999 판결은 합계표에 기재된 매입처의 공급가액에 해당하는 실물거래가 전혀 존재하지 않거나 일부 실물거래가 존재하더라도 전체적으로 그 공급가액을 부풀려 허위로 기재한 합계표를 정부에 제출한 경우에는 그 가공 혹은 허위의 공급가액 부분 전체에 관하여 위 허위기재를 내용으로 하는 제3항에 해당하고(대법원 2010. 5. 13. 선고 2010도336 판결 참조), 이 경우에 통정하여 일부 실물거래가 존재하나 전체적으로 공급가액을 부풀려 거짓으로 기재한 매입처별세금계산서합계표를 정부에 제출한 부분에 대하여는 제2항이 별도로 성립하며, 양자는 상상적 경합범의 관계에 있다고 판시하였다. 타당한 판결이다.

제1항과 제2항은 법정형이 1년 이하의 징역 또는 세액의 2배 이하의 벌금인데, 제3항은 실물거래 자체가 없어 죄질이 더 나쁘므로 법정형이 3년 이하의 징역 또는 세액의 3배 이하의 벌금형으로서 더 무겁다. 그리고 제3항의 경우는 특정범죄가중처벌 등에 관한 법률 제8조의2에 의하여 일정한 금액 이상인 경우는 가중처벌된다.

2. 조세범처벌법 제10조 제1, 2항과 제3항의 경계

조세범처벌법 제10조 제1항, 제2항과 같은 조 제3항의 구별기준은 일응 재화나 용역의 공급이 있었는지 여부라고 할 수 있다. 제3항은 제1항, 제2항과 달리 '재화 또는 용역을 공급하지 아니하거나 공급받지 아니하고'를 그 요건으로 하기 때문이다. 즉, 세금계산서나 그 합계표와 관련하여 재화 또는 용역의 공급이 있는 경우는 제10조 제1항, 제2항이 적용되고, 그렇지 않은 경우는 같은 조 제3항이 적용된다. 그러나 세금계산서나 그 합계표에 관련된 재화 또는 용역의 공급이 있는지 여부를 판단하는 것이 간단하지 않다. 특히 ②, ②-1과 ③, ③-1의 구별은 어렵다. '재화 또는 용역의 공급'의 있었는지 여부를 판단하는 주요 요소로는, 공급 당사자, 공급 시기, 공급 수량을 들 수 있다.

먼저 공급 당사자의 측면에서 본다. A가 B에게 재화를 공급하였는데, A가 세금계산서상 공급받는 자를 C로 작성하여 교부하였다면, 이는 ②, ②-1과 ③, ③-1 중 어디에 해당한다고 보아야 하는지 문제된다. A가 재화를 공급하였고 단지 세금계산서상 공급받는 자만을 B가 아닌 C로 허위 기재한 것으로 본다면 ②, ②-1에 해당한다고 할 수 있을 것이다. 그러나 세금계산서상 공급하는 자와 공급받는 자로 기재된 A와 C 사이에는 재화의 공급이 없었음에도 그들 사이에 세금계산서가 수수되었다고 보면 ③, ③-1에 해당하게 된다. 재화의 공급이 있었는지 여부는 그 공급의 당사자, 즉 공급하는 자와 공급받는 자 사이에서 이를 따져야 하고, 양 당사자 중 어느 하나라도 공급과 무관한 자라면 그들 사이에서는 공급 자체가 없었다고 보는 것이 맞다. 따라서 위의 경우에는 ③, ③-1에 해당하여 조세범처벌법 제10조 제3항이 적용된다. 다음 항에서 살펴보는 대법원 판례들의 입장도 같다.

다음으로 공급시기와 공급수량의 측면에서 본다. A가 B에게 2014. 10. 15. 재화를 공급하였는데 A가 세금계산서상 공급시기와 세금계산서 작성일자를 2015. 1. 15.로 작성하여 교부한 경우와 A가 B에게 재화 20개를 공급하였는데 그 공급일자에 재화 30개를 공급하였다는 세금계산서를 작성하여 교부한 경우에도 ②, ②-1과 ③, ③-1 중 어디에 해당한다고 보아야 하는지 문제될 수 있다. 첫 번째의 경우, 재화의 공급은 있었고 단지 세금계산서상의 공급시기와 작성일자만 허위로 기재된 것으로 본다면 ②, ②-1에 해당한다고 할 것이고, 2015. 1. 15. 당시로서는 A와 B 사이에 재화의 공급이 없었다는 점에 치중한 다면 ③, ③-1에 해당한다고 볼 여지도 있다. 두 번째의 경우 재화의 공급은 있었고 단지 세금계산서상의 공급수량만 허위로 기재된 것으로 본다면 ②, ②-1에 해당한다고 할 것이고, 적어도 세금계산서상의 공급수량 중 실제 공급수량을 초과하는 부분인 재화 10 개에 관한 한 재화의 공급 자체가 없었다는 점에 치중하면 ③, ③-1에 해당한다고 못 볼 바도 아니다. 그러나 재화의 공급이 있었는지 여부는 당사자의 측면에서만 따지고 공급시기나 수량에 대하여까지 따지지 않는 것이 조세범처벌법 제10조의 취지에 부합한다. 제10조 제3항은 원래 재화의 공급 없이 세금계산서를 남발하는 이른바 자료상들과 그 상대방을 중하게 처벌하기 위한 것이므로 실제로 재화의 공급을 있으되, 공급시기나 공급수량만 허위로 기재한 경우까지 제10조 제3항을 적용하여 제10조 제1항보다 중하게 처벌하는 것은 옳지 않다. 만약 이러한 경우까지 예외적인 제10조 제3항을 확대 적용하면 오히려 기본적인 조항인 제10조 제1항의 적용영역이 거의 없어지게 된다. 따라서 위와 같은 경우들은 모두 ②, ②-1에 해당하여 조세범처벌법 제10조 제1항, 제2항이 적용된다고 보는 것이 옳다.

대법원 2014. 7. 10. 선고 2013도10554 판결도 같은 취지에서, 조세범처벌법 제10조 제3항에는 재화 또는 용역을 아예 공급하지 아니하거나 공급받지 아니하고 세금계산서만을 발급하거나 발급받는 행위뿐만 아니라, 재화 또는 용역을 공급받은 자가 그 재화 또는 용역을 실제로 공급한 자가 아닌 다른 사람이 작성한 세금계산서를 발급받은 경우도 포함되고, 마찬가지로 재화 또는 용역을 공급한 자가 그 재화 또는 용역을 실제로 공급받은 자가 아닌 다른 사람에게 세금계산서를 발급한 경우도 포함되며, 재화 또는 용역을 공급한 자가 그 재화 또는 용역을 실제로 공급받은 자에게 세금계산서를 발급하지 아니한 행위에 대해서는 법 제10조 제1항 제1호에서 정한 세금계산서 미발급으로 인한 죄가 별개로 성립하고, 한편 세금계산서를 발급받아야 할 자가 재화 또는 용역을 공급받으면서 공급자와의 통정에 의하여 공급가액을 부풀리는 등 허위 기재를 한 세금계산서를 발급받은 경우 이러한 행위는 법 제10조 제2항 제1호에서 정한 거짓으로 기재한 세금계산서를 발급받은 죄에 해당하며, 마찬가지로 세금계산서를 발급하여야 할 자가 재화 또는 용역을 공급하면서 공급가액을 부풀리는 등 허위 기재를 한 세금계산서를 발급한 경우 이러한 행위는 법 제10조 제1항 제1호에서 정한 세금계산서를 거짓으로 기재하여 발급한 죄에 해당한다고 판시하였다.

같은 취지에서, 대법원 2009. 10. 29. 선고 2009도8069 판결은, 실물거래 없이 가공의 세금계산서를 발행하여 교부한 것이 아니라 단순히 실물거래에 따른 공급가액을 부풀려

허위 기재한 세금계산서를 교부한 것에 불과하므로, 이러한 행위가 조세범처벌법 제10조
(당시 제11조의2) 제1항 제1호에 해당함은 별론으로 하더라도 이를 조세범처벌법 제10조
제3항(당시 제11조의2 제4항) 제1호를 적용하여 처단할 수는 없다고 판시하였다. 입법론으
로는 제10조 제1항과 제2항에서 그 적용대상을 좀 더 구체적으로 명시하는 것이 바람직
하다고 하겠다.

3. 유형별 분석

조세범처벌법 제10조 제1항, 제2항, 제3항의 적용 대상은 재화나 용역의 공급이 전혀
없이 세금계산서만을 수수하는 단순한 형태에서부터 재화나 용역의 공급이 있으나 그
실물거래의 방향과 세금계산서 수수의 방향이 서로 다른 경우까지 거래의 유형이 다양
하게 존재한다. 그리고 거래의 유형에 따라서는 세금계산서의 발급과 수령 주체를 누구
로 볼 것인가가 문제되는 경우도 있다. 이하에서는 다음과 같이 6가지의 유형으로 분류
하여 검토해 본다.

가. 공급 없는 발급

A가 B에게 재화를 공급한 적이 없음에도 B에게 세금계산서를 발급하는 경우이다. A
나 B는 다른 제3자와의 사이에서도 재화공급거래를 한 적이 없는 경우이다. 가장 단순한
유형으로서, A는 전형적인 자료상에 해당하고, B는 자료상으로부터 세금계산서를 구입
하여 부당하게 매입세액 공제를 받는 데 사용하게 된다. 여기서 A는 세금계산서의 발급
주체이고, B는 세금계산서를 발급받은 자로 보는데 아무런 문제가 없다. 따라서 A와 B
는 각 조세범처벌법 제10조 제3항에 의하여 처벌받게 된다. 여기서는 제2유형과 달리 B
가 A와 통정하였는지 여부는 불문한다.

나. 제3자로부터 수취

C가 B에게 재화를 공급하였는데, B가 A에게 부탁하여 A가 B에게 그에 관한 세금계
산서를 발급한 경우이다. 세금계산서를 발급한 A가 B에게 재화를 공급하지 않았다는 점
에서는 제1유형과 같지만 C가 B에게 그에 상응하는 재화를 공급하였다는 점에서 차이가
있다. C가 사업자등록을 하지 아니하여 자기 명의로 세금계산서를 발급할 수 없거나 매
출세액을 줄이기 위하여 세금계산서 발급을 꺼려하자, B가 매입세액 공제를 받기 위하

여 A에게 부탁하여 그 명의의 세금계산서를 발급받는 경우이다. 여기서도 A가 세금계산서의 발급주체이고, B는 세금계산서를 발급받은 자로 보는데 별문제가 없다. 따라서 A와 B 사이에는 재화의 공급이 없었음에도 A가 B에게 세금계산서를 발급하였으므로 제1유형과 마찬가지로 A와 B는 조세범처벌법 제10조 제3항에 의하여 처벌된다. 비록 B가 C로부터 그에 상응하는 재화를 공급받았다고 하더라도 달리 볼 수 없다.

대법원 2010. 1. 28. 선고 2007도10502 판결도 같은 취지에서, 구 조세범처벌법 제11조의2 제4항(2004. 12. 31. 개정되기 전의 것으로서 현행법 제10조 제3항과 같은 내용이다)은 재화나 용역을 공급하고 공급받음이 없이 세금계산서를 교부하거나 교부받는 행위를 처벌하고 있는데, 여기에는 재화나 용역을 아예 공급하거나 공급받음이 없이 세금계산서만을 교부하거나 교부받는 행위뿐만 아니라, 재화나 용역을 공급받은 자가 그 재화나 용역을 실제로 공급한 자가 아닌 다른 사람이 작성한 세금계산서를 교부받은 경우도 포함된다고 판시하였다. 그리고 재화나 용역의 공급 없이 세금계산서의 발행을 업으로 하는 전형적인 이른바 '자료상'으로부터 이 사건 세금계산서를 교부받은 것이 아니라고 하더라도 이와 달리 볼 것이 아니라고 하였다.

한편, C는 B에게 재화를 공급하였으므로 B에게 그에 관한 세금계산서를 발급할 의무가 있음에도 그 의무를 이행하지 않았으니 조세범처벌법 제10조 제1항에 의하여 처벌될 수 있다. C가 사업자등록을 하였는지 여부는 불문한다. 그리고 B는 C의 세금계산서 미발급에 대하여 C와 통정을 하였다면 같은 조 제2항에 의하여 처벌될 수 있다.

종래 대법원 판결은 사업자등록을 하지 않은 사업자는 재화를 공급하더라도 부가가치세법상 세금계산서의 발급의무가 없으므로 조세범처벌법 제10조 제1항에 의하여 처벌할 수 없다는 입장이었다(대법원 1999. 7. 13. 선고 99도2168 판결 등). 이러한 판결이 부당하고, 현재는 부가가치세법이 개정되어 사업자등록 여부와 관계 없이 재화를 공급한 자는 세금계산서를 발급할 의무가 있으므로 C가 사업자등록을 하지 않았더라도 세금계산서 미발급죄로 처벌된다고 보는 것이 옳다. 이에 대하여는 나중에 상론하기로 한다.

다. 제3자의 발급

C가 B에게 재화를 공급하였는데, C가 A에게 부탁하여 C가 A로부터 B 앞으로 발행된 세금계산서를 발급받아 B에게 전달한 경우이다. 이는 C가 사업자등록을 하지 아니하여 자기 명의로 세금계산서를 발급할 수 없거나 매출세액을 줄이기 위하여 세금계산서 발급을 하기 싫어서, C가 A에게 부탁하여 B 앞으로 발행된 세금계산서를 받아 B에게 전달하여 B가 매입세액 공제를 받을 수 있도록 한 경우이다.

앞서 본 나.항의 유형과 거의 동일하지만 세금계산서를 C가 B에게 교부하였다는 점에서 세금계산서의 발급주체를 A로 볼 것인지 아니면 C로 볼 것인지가 문제된다. 세금계산서의 작성명의와 작성행위에 무게를 두면 A가 될 것이고 실제로 거래상대방에 대한 세금계산서의 교부행위에 무게를 두면 C가 될 것이다. 여기서 세금계산서의 발급주체를 A로 보면 나.항의 유형과 동일한 결론에 이르지만, 만약 A가 아닌 C로 보게 되면 C와 B 사이에 재화의 공급이 있었고 C가 B에게 세금계산서를 발급하였으므로 그것이 사실과 다른 세금계산서가 아니어서 C와 B 모두 조세범처벌법 제10조 제3항의 적용대상이 아니게 된다. 공급자가 C인데도 A로 기재되어 있으므로 제10조 제1항의 세금계산서 작성의무 있는 자가 사실과 다른 세금계산서를 교부하였으므로 제10조 제1항의 적용대상이 된다고 보아야 하겠다. 조세범처벌법 제10조 제1항은 '세금계산서를 작성하여 발급하여야 할 자'로 규정하고 있고, 2010. 1. 1. 전면 개정되기 전의 구 조세범처벌법 제11조의2 제1항은 '세금계산서를 작성하여 교부하여야 할 자'로 규정하고 있다. 어느 경우나 작성행위와 교부 또는 발급행위를 일체로 규정하고 있고 세금계산서 작성행위자와 분리된 개념으로서의 교부 또는 발급행위자를 규정하고 있지 않다.

그리고 전단계매입세액공제법을 채택하고 있는 현행 부가가치세법 체계에서 세금계산서는 당사자 간의 거래를 노출시킴으로써 납세자 간의 상호검증기능을 수행하고 있는데, 이러한 상호검증기능이 제대로 수행되기 위해서는, 세금계산서의 발급의무가 있는 자와 세금계산서상의 공급하는 자가 일치하는 것이 바람직하다. 이러한 관점에서 볼 때 여기서의 세금계산서 발급 주체는 세금계산서를 자기 명의로 작성한 A로 보는 것이 타당하고, C는 A가 발급한 세금계산서를 B에게 단순히 전달하는 자에 불과하다고 해야 할 것이다.

대법원 2010. 1. 28. 선고 2007도10502 판결도 같은 취지에서 '피고인들이 P사로부터 잔토반출운반 용역을 제공받은 사실이 없음에도 Q를 통하여 P사로부터 허위세금계산서를 교부받은 이상 조세범처벌법 위반죄가 성립한다'고 판시하였다. 이 판결의 사안은 용역의 공급자인 Q가 P사에 부탁하여 세금계산서를 발급받아 이를 피고인들에게 전달한 것인데, 위 판결에서 Q가 아닌 P사를 세금계산서의 발급주체로 보았다.

따라서 나.항의 유형과 마찬가지로 A와 B는 조세범처벌법 제10조 제3항에 의하여 처벌된다. 그리고 C는 B에게 재화를 공급하였으므로 B에게 그에 관한 세금계산서를 발급할 의무가 있음에도 그 의무를 이행하지 않았으니 조세범처벌법 제10조 제1항에 의하여 처벌될 수 있고, B는 C의 세금계산서 미발급에 대하여 C와 통정을 하였다면 같은 조 제2항에 의하여 처벌될 수 있다. 또한 C는 전달자로서 A의 행위에 적극 가담하였으므로 A의 공동정범이나 교사범 또는 방조범에 해당할 수 있다.

라. 제3자 명의로 발급

C가 B에게 재화를 공급하였는데, C가 A로부터 위임을 받아 A의 사업자등록을 이용하여 A 명의로 세금계산서를 작성하여 B에게 교부한 경우이다. 앞서 본 다.항의 유형과 달리 여기서는 C가 A 명의의 세금계산서에 대한 작성행위와 교부행위를 직접 하였다는 점이다. 이 점에서 세금계산서의 발급 주체를 C로 볼 것인지 아니면 작성명의인인 A로 볼 것인지가 더욱 어려운 문제로 부각된다. 세금계산서 작성·교부의 사실행위는 C가 하였으나 C는 A의 위임을 받아 A 명의로 이러한 행위를 하였으므로 A를 그 발급 주체로 보아야 한다는 견해와 A는 아무런 행위를 하지 않았고 C가 세금계산서의 작성·교부행위를 하였으므로 C를 그 발급 주체로 보아야 한다는 견해의 대립이 있을 수 있다.

조세범처벌법 제10조 제3항 제1호는 재화를 공급하지 아니하였음에도 가공의 세금계산서를 작성하여 교부함으로써 이를 수취한 자로 하여금 부당하게 매입세액 공제를 받도록 하는 이른바 자료상 등을 처벌하기 위한 조항인데, 이 유형에서 자신의 명의로 세금계산서가 작성·교부되도록 함으로써 이를 수취한 B로 하여금 매입세액 공제를 받도록 한 장본인은 A로 볼 수 있다. 다.항의 유형과 같은 상황에서, 다만 C가 A가 작성한 세금계산서를 받아 B에게 전달한 것이 아니라 A의 위임하에 A 명의로 세금계산서를 작성하여 B에게 전달한 것은 사실상의 작성행위를 누가 했는지에 차이가 있을 뿐 그 실질은 같으므로 이 경우에도 A를 세금계산서의 발급주체로 보는 것이 타당하다.[9]

대법원 2012. 5. 10. 선고 2010도13433 판결도 같은 취지에서 '재화 등을 공급하거나 공급받은 자가 제3자의 위임을 받아 제3자의 사업자등록을 이용하여 제3자를 공급하는 자로 기재한 세금계산서를 교부하거나 제3자가 공급받는 자로 기재된 세금계산서를 교부받은 경우 및 제3자 명의로 재화 등의 공급에 관한 세금계산서합계표를 작성하여 정부에 제출한 경우에는, 제3자가 위 세금계산서 수수 및 세금계산서합계표 작성·제출행위를 한 것으로 볼 수 있다'고 판시하였다. A를 세금계산서의 발급주체로 보는 이상 결론은 제3유형과 동일하다.

여기서 만약 C가 A로부터 위임을 받지 못하였다면, C는 A 명의의 세금계산서를 위조한 것이므로 사문서위조 및 그 행사죄로 처벌될 수 있다. 그리고 여기서의 세금계산서 발급주체는 C로 볼 수밖에 없으며 그가 B에게 그에 상응하는 재화를 공급한 이상 조세범처벌법 제10조 제3항이 적용되기는 어려울 것이다. 오히려 C에 대해서는 세금계산서의 발급의무자가 세금계산서를 거짓으로 기재하여 발급한 행위를 처벌하는 조세범처벌

---

9) 한승, "재화를 공급한 자가 타인의 사업자등록을 이용하여 그 명의로 세금계산서를 작성·교부한 경우의 형사책임', 안대희 대법관 재임기념 논문집, 사법발전재단

법 제10조 제1항 제1호를 적용할 수 있을 것이다.[10] 왜냐하면 C가 세금계산서상의 공급자를 거짓으로 기재하였기 때문이다. 그리고 B는 C와 통정하여 이러한 세금계산서를 발급받았다면 같은 조 제2항 제1호가 적용될 수 있다. 같은 취지에서, 대법원 2014. 11. 27. 선고 2014도1700 판결은, 조세범처벌법 제10조 제3항 제1호는 재화 또는 용역을 공급하지 아니한 자가 자신을 공급하는 자로 기재한 세금계산서를 교부한 행위를 처벌 대상으로 규정한 것이므로, 재화 또는 용역을 공급하지 아니한 자가 타인 명의를 위조하여 그를 공급하는 자로 기재하여 세금계산서를 교부한 경우에는 세금계산서에 자신을 공급하는 자로 기재하지 않은 이상 사문서위조죄로 처벌할 수 있을지언정 조세범처벌법 제10조 제3항 제1호가 정한 처벌 대상에 해당한다고 할 수 없다고 판시하였다.

마. 제3자 명의로 사업자등록 후 발급

C가 A의 위임하에 A 명의로 사업자등록을 하고 B에게 재화를 공급한 다음, A 명의로 세금계산서를 작성하여 B에게 교부한 경우이다. C가 A로부터 기존의 사업자등록을 차용한 것이 아니라, C가 처음부터 자신의 사업자등록을 하면서 A의 명의만을 차용하였다는 점에서 앞서 본 라.항의 유형과 차이가 있다. 라.항의 유형에서는 C가 자신의 사업과 별도로 존재하는 A의 사업을 위한 사업자등록을 차용한 것인데, 이 유형에서는 C의 사업과 별도로 존재하는 A의 사업이라는 것이 없고 A 명의의 사업자등록은 바로 C의 사업을 위한 사업자등록이다. 여기서도 세금계산서의 발급주체를 A로 볼 것인지 아니면 C로 볼 것인지가 문제된다. 반드시 C가 A명의로 사업자등록을 한 경우뿐만 아니라 이미 존재하는 A명의의 사업자등록이라고 하더라도 A명의의 다른 사업이 존재하지 않고 C가 A명의의 사업을 완전히 지배하는 경우라도 실질이 서로 다르지 않으므로 같이 볼 수 있을 것이다.

이에 대하여 대법원 2015. 2. 26. 선고 2014도14990 판결은 C를 세금계산서의 발급주체로 보아야 한다는 취지의 판시를 하였다. 재화 등을 공급하는 사람이 실제로는 자신이 직접 사업체를 운영하여 사업자등록을 하면서 형식적으로 그 명의만을 제3자로 한 경우에는, 그 명의자인 제3자가 아니라 실제로 사업체를 운영하면서 재화 등을 공급하는 거래행위를 한 사람을 세금계산서를 발급하고 세금계산서합계표를 기재·제출하여 부가가치세를 납부하여야 하는 주체로 보아야 한다는 것이다. 따라서 형식적으로 제3자 명의로 사업자등록이 된 사업체를 운영하여 재화 등을 공급하는 사람이 비록 제3자 명의로 세금계산서를 발행하고 세금계산서합계표를 기재·제출하였다고 하더라도, 조세범처벌

---

10) 한승, 앞의 논문

법 제11조 제1항에 의하여 제3자 명의를 빌려 사업자등록을 마친 행위로 처벌되거나 조세범처벌법 제10조 제1항에 의하여 세금계산서를 거짓으로 기재하여 교부한 행위로 처벌될 수 있음은 별론으로 하고, 실제로 그 세금계산서 및 세금계산서합계표에 기재된 수량의 재화 등을 그 기재된 가격으로 공급한 이상, 이에 대하여 재화 등을 공급하지 아니한 사람이 세금계산서를 발급하거나 그 공급에 관한 세금계산서합계표를 거짓으로 기재하였다 할 수 없으므로 조세범처벌법 제10조 제3항 제1호 및 제3호에 해당한다고 할 수 없고, 이러한 경우 실제로 재화 등을 공급하는 사람으로부터 재화 등을 공급받고 제3자 명의의 세금계산서를 발급받은 상대방도 조세범처벌법 제10조 제3항 제1호에서 정한 재화 등을 공급받지 아니하고 세금계산서를 발급받은 경우에 해당한다고 할 수 없다고 하였다.

위 판결을 지지하는 견해는, A 명의의 사업자등록은 다름 아닌 C의 사업장에 관한 것이고, 이러한 경우 과세관청이 직권으로 사업자등록 명의를 실제 사업자인 C명의로 정정할 수 있고, 종래에는 타인 명의로 사업자등록을 한 경우에는 그에 대한 제재로서 가산세를 부과한다는 근거규정이 없으므로 가산세를 부과할 수 없어 이를 탓하기 어렵다는 점과 아울러 조세범처벌법 제11조에서 타인의 성명을 사용하여 사업자등록을 한 자에 대하여는 별도의 처벌규정을 두고 있으므로, 세금계산서 허위발급에 대하여 굳이 다시 처벌할 필요가 없다는 점을 논거로 들고 있다.[11] 아울러 위 견해는, 대법원 2010. 7. 22. 선고 2010도4068 판결은 C가 A의 명의를 빌려 그를 대표이사로 하는 회사인 P사를 설립하여 그 회사명의로 사업자등록을 한 다음 재화의 공급 없이 그 회사 명의로 세금계산서를 발급한 사안에서, C가 세금계산서의 발급주체임을 전제로 하여 C에게 허위세금계산서 교부죄가 성립한다고 판시한 적이 있다는 점도 논거로 들고 있다.

위 견해에 따르면, 이 유형에서는 세금계산서 발급주체가 A가 아니라 C가 되고, 따라서 C가 A 명의의 세금계산서를 B에게 발급하였다고 하더라도 C가 B에게 그에 상응하는 재화를 공급한 이상 C와 B 모두 조세범처벌법 제10조 제3항의 적용대상이 아니게 된다. 다만, A와 C는 사업자등록 명의 대여의 당사자로서 조세범처벌법 제11조에 의하여 별도로 처벌될 뿐이다.

그러나 위 판결에 대하여는 다음과 같은 비판이 가능하다. 앞의 라.항의 유형과 비교해 볼 때, 실질적인 공급자는 C인데도 A 명의로 세금계산서가 발급됨으로써 부가가치세 납세의무의 외관상 귀속주체가 C가 아닌 A가 됨으로써 A가 무자력자인 경우 부가가치세의 징수를 면탈하는 수단이 될 수 있고, 더구나 누진세가 적용되는 법인세나 소득세에 있어서 그 세원이 되는 소득이 C가 아닌 A로 귀속되어 분산됨으로써 법인세나 소득세의 포탈수단도 될 수 있다는 점에서 라.항의 유형과 아무런 차이가 없다. 그래서 조세범처벌

---

11) 한승, 앞의 논문

법 제11조는 타인의 성명을 사용하여 사업자등록을 한 자에 대하여 별도의 처벌규정을 두면서 그 대상을 '조세의 회피 또는 강제집행의 면탈을 목적'으로 하는 경우로 규정하고 있는 것이다. 더구나 제11조는 법정형이 '2년 이하의 징역 또는 2천만 원 이하의 벌금'인 데 비하여, 제10조 제3항은 법정형이 '3년 이하의 징역 또는 공급가액에 대한 부가가치세액의 3배 이하의 벌금'으로서 제11조의 경우보다 더 무겁다. 따라서 가벼운 제11조가 적용된다고 해서 무거운 제10조 제3항을 적용할 필요가 없다는 논리도 다소 궁색하다.

가산세에 있어서도 부가가치세법이 2006. 12. 30. 개정되기 전에는 타인 명의를 차용하여 사업자등록을 한 자에 대한 가산세 부과규정이 없었으나, 위 개정 후에는 제22조 제1항 제2호에서 '사업자가 타인의 명의로 사업자등록을 하고 실제 사업을 영위하는 것이 확인되는 경우' 사업자등록을 하지 않은 경우와 동일한 액수의 가산세를 부과한다고 규정하고 있다.

그리고 대법원 2010. 7. 22. 선고 2010도4068 판결은 재화의 공급없이 이른바 자료상으로서 실제로 세금계산서의 발급행위를 한 C를 처벌하기 위한 취지이므로, 위 판례의 입장을 거꾸로 이 유형과 같이 조세범처벌법 제10조 제3항의 적용을 배제하는 데 원용하는 것은 조심스러울뿐더러 위 판결의 사안은 사업자등록 명의인은 개인인 A가 아니라 회사인 P사이고, A는 단지 P사의 형식적인 대표이사에 불과하며 C가 P사의 실질적인 사주이기 때문에 P사 명의로 발급된 세금계산서의 발급주체로 보는 것이다. 이는 조세범처벌법 제18조의 규정(법인의 대표자가 범칙행위를 하면 그 행위자와 법인 모두를 처벌한다는 양벌 규정)에 근거하여 A가 아닌 C를 P사의 실질적인 대표자로 보았기 때문이지, C가 A의 명의 차용인으로서 C가 A 명의의 세금계산서의 발급 주체임을 전제로 한 것은 아니라고 해석할 여지도 있다.

이러한 논란을 모두 고려한 탓인지 최근 선고된 대법원 2025. 2. 27. 선고 2021도7108 판결은 기본적으로는 대법원 2015. 2. 26. 선고 2014도14990 판결의 법리를 취하면서도 보다 신중한 태도를 보이고 있다.

이 판결은, 재화 등을 공급하는 사람이 실제로는 자신이 직접 사업체를 운영하여 사업자등록을 하면서 형식적으로 그 명의만을 제3자로 한 경우에는, 그 명의자인 제3자가 아니라 실제로 사업체를 운영하면서 재화 등을 공급하는 거래행위를 한 사람을 세금계산서를 발급하고 세금계산서합계표를 기재·제출하여 부가가치세를 납부하여야 하는 주체로 보아야 하고, 따라서 형식적으로 제3자 명의로 사업자등록이 된 사업체를 운영하여 재화 등을 공급하는 사람이 비록 제3자 명의로 세금계산서를 발행하고 세금계산서합계표를 기재·제출하였다고 하더라도, 실제로 그 세금계산서 및 세금계산서합계표에 기재된 수량의 재화 등을 그 기재된 가격으로 공급한 이상, 이에 대하여 재화 등을 공급하지 아니한 사람이 세금계산서를 발급하거나 그 공급에 관한 세금계산서합계표를 거짓으로 기재하였다 할 수 없고, 이러한 경우 실제로 재화 등을 공급하는 사람으로부터 재화 등을 공급받고 제3자 명의의 세금계산서를 발급받은 상대방도 재화 등을 공급받지 아니하고 세금계산서를 발급받은 경우에 해당한다고 할 수 없다는 대법원 2015. 2. 26. 선고 2014도14990 판결의 법리를 원용하였다.

다만, 세금계산서의 기재나 세금계산서합계표의 작성·제출이 제3자 명의로 되어 있음에도 예외적으로 실제로 사업체를 운영하면서 재화 등을 공급하거나 공급받는 거래행위를 한 사람을 세금계산서를 발급·수수하고 세금계산서합계표를 작성·제출하는 주체로 볼 수 있는지를 판단할 때에는, 명의자인 '제3자'와 '실제 사업체를 운영하는 자'의 경력, 지위 및 관계, 해당 사업장에 제3자 명의로 사업자등록을 하게 된 동기나 목적, 경위 및 시기, 해당 사업장에서 제3자 명의로 운영하는 사업의 구체적인 내용, 그 형태나 방식, 해당 사업장에서의 수익이나 비용 등의 자금운영 및 거래방식, 세금계산서 발급·수취 등에 명의자인 '제3자'가 관여한 정도와 그와 같은 발급·수취 등을 통해 '제3자'가 얻은 이익의 유무 등과 같은 사정들을 종합적으로 고려하여 '제3자' 명의의 세금계산서를 통한 거래가 부가가치세, 소득세, 법인세의 세원포착 등 과세행정에 곤란을 야기한 정도와 세금탈루의 조장가능성을 기준으로 신중하게 판단하여야 한다고 판시하고, 이는 부가가치세법에 따른 세금계산서 및 세금계산서합계표와 유사한 기능을 수행하는 소득세법과 법인세법에 따른 계산서, 매출·매입처별계산서합계표에 있어서도 마찬가지라고 하였다.

이 사안에서, 대법원은 세금계산서, 세금계산서합계표를 발급·수취하거나 작성·제출행위를 한 것은 실제 거래를 한 피고인 회사가 아닌 그 명의자인 A사로 봄이 타당하다고 판단하였는데, 그 논거는 다음과 같다. 피고인 회사와 명의대여자인 A사는 그 설립이나 사업자등록이 시기를 달리하여 별도로 이루어졌고, 피고인 회사가 사업자등록단계에서 A사의 명의만을 빌려 피고인 회사의 사업장에 사업자등록을 한 것으로도 보이지 않으며, 오히려 피고인 회사가 피고인 회사의 매출을 A사 앞으로 이전하는 과정에서 A사에 의하여 신청·등록되어 A사가 보유하고 있던 기존의 사업자등록을 이용한 것으로 보이고, 거래가 이루어진 해당 사업장은 이전부터 이미 피고인 회사가 그 명의로 사업자등록을 하고 사업체를 운영하여 왔으므로, 기존 피고인 회사 명의의 사업자등록이 해당 사업장의 실제 사업자인 피고인 회사의 사업자등록으로 기능하고 있었으므로 과세당국의 입장에서는 해당 사업장에 대한 A사 명의로 된 사업자등록의 실질적인 귀속자가 실제 사업자인 피고인 회사인지 명의자인 A사인지 혼동을 일으킬 가능성이 높다고 보았다. 또한 A사는 명의가 이전된 거래로 인한 수익만을 올리면서도 자기의 명의로 그에 대한 비용을 지출한 흔적은 거의 보이지 않고, 지출금액의 대부분은 대표이사 등의 횡령자금으로 지급되었을 뿐이므로 피고인 회사는 A사의 명의만을 빌려 사업자등록을 하고 실제 사업을 하려는 것이 아니라, 횡령의 목적으로 피고인 회사의 매출을 A사로 이전시키면서 A사 명의의 기존 사업자등록을 이용하여 세금계산서를 거짓으로 발급·수취하거나, 거짓으로 세금계산서합계표를 작성·제출하는 행위를 하였다고 봄이 타당하다고 하였다. 나아가 피고인 1 은 피고인 회사와 A사 사이의 거래인 내부거래를 대상으로도 A사 명의로 세금계산서를 발급·수취하거나 세금계산서합계표를 작성·제출하기도 하였는데, 이는 A사를 피고인 회사와는 독립적인 세금계산서의 발급·수취나 세금계산서합계표의 작성·제출의 주체로 볼 수 있는 근거가 될 뿐만 아니라 적어도 피고인 회사의 의사가 A사의 명의만을 빌려 실제 사업을 할 의사였다기보다는 세금계산서의 발급·수취나 세금계산서합계표의 작성·제출 등에 있어 A사 명의의 사업자등록을 이용할 의사였음을 보여준다고 하였다.

이들 판결에서 주목해야 할 부분은 사실과 다른 세금계산서가 아니라고 보아 구제될 수 있는 경우는 실거래행위자와 명의자가 합체되어 있는 동일체여야 하고 여기에 어떠한 조세회피의 목적도 없어야 한다는 것이다. 즉, 실거래행위자가 제3자 명의의 사업체를 지배운영하는 주체인 것이고 그래서 그 제3자 명의의 거래행위 중에는 실거래행위자의 거래 아닌 것이 없는 경우이다. 이런 상황에선 제3자 명의의 거래가 실거래행위자의 거래인지 제3자의 거래인지 혼동을 일으킬 가능성이 원천적으로 없으며 양자 사이에 과세표준을 이전시켜 조세회피를 시도할 가능성도 없고 그래서 부가가치세 납세의무의 귀속주체도 실거래행위자임이 확연하다.

바. 제3자 명의로 수취

A가 C에게 재화를 공급하였는데, C가 A로부터 B 앞으로 발행된 세금계산서를 교부받은 경우이다. 세금계산서를 발급받는 자는 이를 매입세액 공제의 수단으로 사용하기 때문에 통상 자신의 명의로 발급받고자 하므로, 제6유형과 같이 제3자 명의로 발급받는 경우는 흔하지 않다. 그러나 자신의 매입액이 노출되면 그에 상응하는 매출액이 함께 노출되기 때문에 이를 꺼려하는 경우에는 예외적으로 제6유형과 같은 경우가 있다. 실제로 대법원 2012. 5. 10. 선고 2010도13433 판결에서 제6유형이 등장하였다.

여기서는 세금계산서를 발급받은 자를 B로 볼 것인지 아니면 C로 볼 것인지가 문제된다. C로 보게 되면 C는 A로부터 세금계산서에 상응하는 재화를 공급받았으므로 A와 C 모두 조세범처벌법 제10조 제3항이 적용되기는 어려울 것이고, B도 처벌대상에서 빠진다. 반면에 B로 보게 되면 가공의 세금계산서가 되므로 결론이 달라진다.

이에 대하여 위 대법원 판결은 '재화 등을 공급받은 자가 제3자의 위임을 받아 제3자의 사업자등록을 이용하여 그 제3자가 공급받는 자로 기재된 세금계산서를 교부받은 경우에는, 제3자가 위 세금계산서의 수령 행위를 한 것으로 볼 수 있으므로 그 제3자가 재화 등을 공급받지 아니한 이상 구 조세범처벌법 제11조의2 제4항 제1호[12]의 정범이 되고, 재화 등을 공급받은 자는 가담 정도에 따라 그 범행의 공동정범이나 방조범이 될 수 있을 뿐 그 범행의 단독정범이 될 수 없다.'고 판시하였다. 즉, 위 대법원 판결의 입장은 제6유형에서 세금계산서를 발급받은 자는 C가 아니라 B로 보겠다는 것이다.

통상적으로 문서에 '작성명의자'는 있어도, '수령명의자'라는 개념은 좀 어색하다. 문서의 작성자가 당해 문서에 누구를 향한 것임을 표시하더라도 이는 당해 문서 내용의 일부를 이루는 것일 뿐 그자가 당해 문서의 수령 명의자가 되는 것은 아니라고 볼 수 있다. 따라서 작성주체에 관한 법리를 수령주체의 경우에까지 확대하기는 어렵다는 견해가 가능하다.

그러나 B가 C에게 B를 공급받는 자로 하여 세금계산서를 교부받는 것을 허락하였고 이에 따라 C가 공급받는 자가 B로 기재된 세금계산서를 교부받은 것이므로 B를 세금계산서 수령의 주체로 보는 입론도 충분히 가능하다. 정책적인 측면에서 보더라도, 재화의 공급이 있었는지는 공급자와 공급받는 자 사이의 관계에서 파악되어야 하므로 '공급자'를 실제가 아닌 제3자로 기재한 경우뿐만 아니라 '공급받는 자'를 실제가 아닌 제3자로 기재한 경우에도 조세범처벌법 제10조 제3항의 적용대상으로 보는 것이 균형에 맞다. 따라서 위 대법원 판결의 태도는 옳다.

그렇다면, A로부터 세금계산서를 수령한 B가 A로부터 재화를 공급받지 아니하였으므로, A와 B는 모두 조세범처벌법 제10조 제3항의 적용대상이 된다. 그리고 C는 그 가담 정도에 따라 A나 B의 공범이 될 것이다. 만약 C가 B의 위임을 받지 않고 B 앞으로 발행된 세금계산서를 교부받은 경우라면, B를 세금계산서의 수령 주체로 볼 수 없으므로 B에게 조세범처벌법 제10조 제3항을 적용할 수 없다. 그리고 세금계산서 수령주체는 C로 보지 않을 수 없으므로 A가 C에게 재화를 공급한 이상 A에게도 조세범처벌법 제10조 제3항을 적용할 수 없다. 그러나 A는 세금계산서의 발급의무가 있는 자로서 공급받는 자를 허위로 기재하였으므로 조세범처벌법 제10조 제1항 제1호에 의하여 처벌될 수 있고, C는 그 가담정도에 따라 그 공범으로 처벌될 수 있을 것이다.

앞서 제5유형에서 비판한 대법원 2015. 2. 26. 선고 2014도14990 판결은 비록 공급하는 자의 입장에 관한 것이기는 하지만 이 판결의 취지와 충돌되는 면이 있다고 하겠다.

---

12) 재화의 공급 없이 세금계산서를 수수하는 행위를 처벌하는 규정임.

사. 법인 대표권을 포괄위임받아 발급

A가 P법인의 대표자인 B로부터 P법인의 대표권을 포괄적으로 위임받아 그 대표권에 기하여 P법인 명의로 허위세금계산서를 발급하거나 수취하는 경우이다. 이는 A에게 P법인 명의로 세금계산서를 수수할 적법한 권한이 있는지가 문제되는 사안이다.

대법원 2008. 11. 27. 선고 2006도2016 판결은, 주식회사의 적법한 대표이사라 하더라도 그 권한을 포괄적으로 위임하여 다른 사람으로 하여금 대표이사 업무를 처리하게 하는 것은 허용되지 않는 것이므로, 대표이사로부터 포괄적으로 권한 행사를 위임받은 사람이 주식회사 명의로 문서를 작성하는 행위는 원칙적으로 권한 없는 사람의 문서 작성 행위로서 자격모용사문서작성 또는 위조에 해당하고, 대표이사로부터 개별적·구체적으로 주식회사 명의 문서 작성에 관하여 위임 또는 승낙을 받은 경우에만 예외적으로 적법하게 주식회사 명의로 문서를 작성할 수 있을 뿐이라고 전제하고, A가 주식회사 P의 적법한 대표이사인 B의 포괄적인 위임을 받아 위 회사의 대표이사 업무를 처리하고 있었다고 하더라도, B의 위와 같은 대표이사 권한의 포괄적인 위임은 원칙적으로 허용될 수 없는 것이므로 A가 B의 개별적·구체적인 위임 또는 승낙을 받지 않고 주식회사 P 명의의 허위 영수증과 세금계산서를 작성하여 행사한 행위는 권한 없이 주식회사 P 명의의 문서를 작성하여 행사한 행위로서 사문서위조죄 및 위조사문서행사죄를 구성한다고 판시하였다.

그리고 대법원 2014. 11. 27. 선고 2014도1700 판결은 조세범처벌법 제10조 제3항 제1호는 재화 또는 용역을 공급하지 아니한 자가 자신을 공급하는 자로 기재한 세금계산서를 교부한 행위를 처벌 대상으로 규정한 것이므로, 재화 또는 용역을 공급하지 아니한 자가 타인 명의를 위조하여 그를 공급하는 자로 기재하여 세금계산서를 교부한 경우에는 세금계산서에 자신을 공급하는 자로 기재하지 않은 이상 사문서위조죄로 처벌할 수 있을지언정 조세범처벌법 제10조 제3항 제1호가 정한 처벌 대상에 해당한다고 할 수 없다고 판시하였다. 같은 취지에서 대법원 2012. 5. 10. 선고 2010도13433 판결은, 재화를 공급하거나 공급받지 아니한 A가 자신의 사업자등록을 이용하여 자신을 그 의류의 공급자로 기재한 세금계산서를 교부하거나 자신이 그 의류의 공급받는 자로 기재된 세금계산서를 교부받는 것과 자신의 명의로 그에 관한 매입처별 세금계산서 합계표를 작성하여 정부에 제출하는 것을 피고인에게 위임한 경우에는 A가 조세범처벌법 제10조 제3항(당시 제11조의2 제4항) 제1호 및 제3호 범행의 정범이 되고, 피고인은 A와 함께 공동정범이 되거나 그 방조범이 될 수 있을 뿐이며, A가 피고인에게 그와 같은 위임을 하지 아니한 경우에는 피고인에게 형법상 문서위조죄 등의 죄책을 물을 수 있음은 별론으로 하고

A나 피고인이 조세범처벌법 제10조 제3항 제1호 및 제3호 범행의 정범이 된다거나 피고인이 A에 의한 위 범행의 공범이 된다고 할 수 없다고 판시하였다.

이러한 대법원 판결들의 취지를 종합하여 보면, 법인의 대표이사로부터 대표권을 포괄적으로 위임받은 자는 적법한 대표권이 없으므로 그 법인 명의로 허위 또는 거짓 세금계산서나 합계표를 수수하더라도 조세범처벌법 제10조 각 항에서 규정하는 세금계산서 범죄들의 주체가 될 수 없다고 할 것이다. 이는 법인의 구성원들이 대표자에게 대표권을 위임한 취지를 제대로 유지하기 위한 단체법적 취지를 고려한 법리라고 하겠다.

아. 중간거래업체의 개재

사실과 다른 허위세금계산서에 해당하는지 여부가 문제된 사안 중에 가장 흔한 유형은 중간거래업체가 끼어서 그를 경유하여 세금계산서가 수수되는 경우 그 세금계산서가 공급하는 자 또는 공급받는 자가 허위인 세금계산서에 해당하는지 여부가 다투어지는 것이다. 얼핏 실질을 보면 A와 C 사이의 직거래로 보이는데 그 중간에 B가 끼어서 세금계산서는 A가 B에게 교부하고 다시 B가 C에게 교부하는 식으로 이루어진다. 과세관청이나 검찰은 중간에 끼어있는 B는 실체가 없는 껍데기 도관업체에 불과하고 실제 공급은 A에게서 곧바로 C에게 이루어진 것으로 보아 A와 B, 그리고 B와 C 사이에 수수된 세금계산서는 모두 허위라고 보는 경우가 많다.

여기서의 핵심 쟁점은 중간에 끼어 있는 B가 거래 당사자로서의 실질을 갖추었는지 여부에 있다고 하겠다. 거래에 관여하는 바가 전혀 없이 단지 형식적으로만 거래 당사자로 개입되어 매입과 매출을 계상하는 경우는 이러한 외형을 이용하여 금융상의 편익 등을 도모하거나 A나 C가 B의 매매차익을 빼돌려 비자금으로 조성할 목적 때문일 것이다. 이러한 경우에는 B의 실체를 부인하고 그 세금계산서를 허위로 볼 수 있겠지만, 그러한 부정한 목적 없이 거래의 편의를 위하여 당사자들이 위와 같은 다단계 거래형식을 택하고 그 과정에서 B가 어느 정도 역할을 수행한다면 그들이 선택한 법률관계를 존중하여 함부로 허위라고 단정하여서는 아니될 것이다.

허위세금계산서의 요건을 매우 엄격하게 본 사례를 하나 소개한다. 대법원 2017. 11. 23. 선고 2017도13213 판결은 피고인이 A사와 B사를 실질적으로 운영하면서, B사로 하여금 자재 공급업체로부터 자재를 매입하여 A사에게 공급하도록 한 사안에서, B사가 독립된 경제 주체로서 스스로 거래 주체가 되어 활동하였고 별도의 계좌로 매매대금을 지급받았다는 점 등을 이유로, A사가 B사로부터 수취한 세금계산서는 허위세금계산서가 아니라고 판시하였다. 위 사안은 원래 A사는 공급업체로부터 직접 원자재를 구매하고 있었는데 피고인이 자신이 운영하는 B를 통해 공급받는 방식으로 변경하였던 것이고, 피고인이 이와 같이 거래방식을 변경한 이유는 원자재를 공급받는 가격을 기존보다 훨씬 높게 부풀림으로써 B가 A사로부터 지급받은 매매대금 중 일부를 자신이 착복하기 위함이었음에도 당사자들이 선택한 거래형식을 존중하여 허위의 세금계산서가 아니라고 보았다. 허위세금계산서로 보는 요건에 관하여 가장 엄격한 입장을 취한 판례로 평가된다.

이와 같이 대법원이 중간거래업체가 개재된 경우에 관하여 허위세금계산서의 범죄로 인정하는 데에 까다로운 입장을 취하는 이유는 자료상과 같은 악질적인 경우가 아니라면 세금계산서 수수질서를 어지럽히는 정도가 약하고 조세징수에 미치는 악영향도 별로 없기 때문으로 보인다.

자. 수정세금계산서의 발급

세금계산서를 발급하여야 할 자가 세금계산서를 발급하였다가 이를 취소하는 취지의 음(-)의 수정세금계산서를 발급하였을 경우 세금계산서 미발급죄로 의율할 수 있는지 여부가 문제되었다. 실질을 살펴보면 수정세금계산서를 발급함으로써 당초의 세금계산서 발급의 효과가 사라졌다고 볼 수도 있으므로 미발급과 동일하게 처리할 수 있을 것도 같다. 그러나 이에 대하여 대법원은 부정하는 입장을 취하였다.

대법원 2022. 9. 29. 선고 2019도18942 판결은, '부가가치세법에 따라 세금계산서를 작성하여 발급하여야 할 자가 세금계산서를 발급하지 아니한 경우'에 처벌하도록 정하고 있는 조세범처벌법 제10조 제1항 전단의 문언과 입법 취지, 수정세금계산서 발급과 관련된 부가가치세법령의 내용 및 형벌법규 해석의 원칙 등에 비추어 보면, '세금계산서 발급의무자가 세금계산서를 발급하였다가 이후 수정세금계산서 발급사유가 없음에도 그 공급가액에 음의 표시를 한 수정세금계산서를 발급한 경우'는 이 사건 조항에서 정한 처벌대상에 해당한다고 볼 수 없다고 판시하였다. 그 구체적인 논거를 다음과 같이 들고 있다.

형벌법규의 해석은 엄격하여야 하고, 문언의 가능한 의미를 벗어나 피고인에게 불리한 방향으로 해석하는 것은 죄형법정주의의 내용인 확장해석금지에 따라 허용되지 않는데, 위 조항에서 정한 '세금계산서를 발급하지 아니한 경우'에 '세금계산서를 발급한 후 그 공급가액에 음의 표시를 한 수정세금계산서를 발급한 경우'가 포함된다고 보는 것은 문언의 가능한 의미를 벗어나는 해석이 된다. 위 조항은 세금계산서 발급을 강제하여 거래를 양성화하고 세금계산서를 발급하지 않아 조세의 부과와 징수를 불가능하게 하거나 현저히 곤란하게 하는 것을 막고자 하는 데에 그 취지가 있다(대법원 2019. 6. 27. 선고 2018

도14148 판결 참조). 세금계산서 발급의무자가 세금계산서를 발급한 후 이에 대한 음의 수정세금계산서를 그 발급사유 없이 발급하였다고 하더라도, 그러한 경우가 세금계산서를 아예 발급하지 아니한 경우와 거래의 양성화나 조세의 부과와 징수 가능성 등의 측면에서 동일하다고 평가할 수 없다. 부가가치세법 제32조 제7항은 '세금계산서의 기재사항을 착오로 잘못 적거나 세금계산서를 발급한 후 그 기재사항에 관하여 대통령령으로 정하는 사유가 발생하면 대통령령으로 정하는 바에 따라 수정세금계산서를 발급할 수 있다.'고 규정하고, 그 위임에 따라 부가가치세법 시행령 제70조 제1항은 수정세금계산서의 발급사유와 발급절차를 정하고 있는데, 위 각 규정의 구체적인 내용에 비추어 보면, 세금계산서 발급의무자가 세금계산서를 발급한 후 그 공급가액에 음의 표시를 한 수정세금계산서를 발급하더라도 당초의 세금계산서가 발급되었다는 기왕의 사실 자체가 없어진다고 볼 수 없다.

이 판결은 모두에 언급하였듯이 형벌법규는 다른 법규와 달리 엄격하게 해석해야 한다는 원칙에 입각하여 그 실질이 유사하더라도 형벌법규에서 구체적인 처벌조항을 두고 있지 않는 한 다른 유사처벌규정을 유추적용하여 처벌할 수 없다는 입장을 밝힌 것이다. 세금계산서 거래질서 확보의 측면에서 보더라도 당초부터 세금계산서를 발급하지 아니함으로써 아예 노출되지 않은 경우와 세금계산서를 발급하였다가 철회함으로써 노출된 경우를 완전 동일시하기는 어려울 것으로 보인다. 대법원 판결이 선고되었음에도 처벌의 필요성이 있다고 판단된다면 처벌법규를 개정하는 수밖에 없겠다.

4. 사업자미등록자의 세금계산서 미발급죄 성부

앞서 본 바와 같이 종래 대법원 1999. 7. 13. 선고 99도2168 판결 등은 사업자등록을 하지 않은 자는 재화 등을 공급하고서 세금계산서를 발급하지 않더라도 사업자등록을 한 자와 달리 세금계산서 미발급죄로 처벌되지 않는다고 판시하였다. 대법원이 이렇게 본 이유는 부가가치세법이 2013. 6. 7. 전부 개정되기 전에는 제16조 제1항이 '납세의무자로 등록한 사업자가 재화 또는 용역을 공급하는 경우에는 제9조의 시기에 다음 각 호의 사항을 적은 계산서(세금계산서)를 대통령령으로 정하는 바에 따라 공급을 받은 자에게 발급하여야 한다'고 함으로써 세금계산서 발급의무의 주체가 납세의무자로 등록한 사업자, 즉 부가가치세법상 사업자등록을 한 자인 것처럼 규정하고 있었기 때문이다. 그러나 이러한 대법원의 입장은 아래에서 보는 바와 같이 문언해석에 치우쳐 형평성과 합리성을 잃은 결과를 초래하였다고 할 수 있다.

　부가가치세법상 사업자는 사업자등록을 하여야 하고,[13] 그에 따라 재화 등의 공급에 대하여 세금계산서를 발급하여야 한다. 이는 권리사항이 아니라 의무사항이다. 그런데 세금계산서를 발급하기 위해서는 사업자등록이 선행되어야 하고 사업자등록을 하지 않으면 원천적으로 세금계산서를 발급할 수 없다. 즉, 사업자등록을 하지 않은 자는 세금계산서를 발급할 수 없는 상황을 자초한 것으로 볼 수 있다. 여기서 세금계산서 미발급으로 세원을 은닉한다는 점에서 보면 사업자등록조차 하지 않고 그래서 세금계산서를 발급하지 않은 사업자가 사업자등록을 하였으되 세금계산서를 발급하지 않은 사업자 보다 오히려 더 심하게 비난받아야 한다. 재화의 공급에 대한 세금계산서가 발급되지 않은 경우 과세관청으로서는 사업자등록조차 하지 않은 사업자의 경우가 세원을 포착하기가 사업자등록을 한 사업자의 경우보다 훨씬 힘들 것이기 때문이다. 그럼에도 사업자등록을 하지 않은 자는 세금계산서 미발급죄로 처벌할 수 없고, 사업자등록을 한 자는 그 죄로 처벌할 수 있다고 하는 것은 형평에 심히 반한다.

　대법원은 죄형법정주의의 엄격성 때문에 구 부가가치세법 제16조 제1항의 문언상 형평에 반하는 결과가 초래된다 하더라도 어쩔 수 없다는 입장으로 보이나, 다음의 부가가치세법상 가산세 규정을 아울러 살펴보면 구 부가가치세법 제16조 제1항이 사업자등록을 한 자에 대하여만 세금계산서 발급의무를 부여한 것으로 해석하기 어렵다는 점을 알 수 있다. 구 부가가치세법(2013. 6. 7. 전부 개정 전) 제22조 제1항은 사업자가 사업자등록을 하지 않은 경우 공급가액의 1% 상당의 가산세를 부과한다고 규정하고, 같은 조 제3항은 사업자가 세금계산서를 발급하지 않은 경우 제1항의 경우보다 더 무거운 공급가액의 2% 상당의 가산세를 부과한다고 규정하고 있다. 그리고 같은 조 제9항에서는 제3항이 적용되는 부분에 대하여는 제1항은 적용되지 않는다고 규정하고 있다.[14] 같은 조 제9항의 문언에 의하면 같은 조 제1항과 제3항은 본래 양립할 수 없는 배타적인 규정이 아니라 동시에 적용가능한 규정임을 전제로 이러한 경우에는 세액이 더 무거운 제3항을 적용하겠다는 것이다. 그래야만 사업자등록을 하지 않은 자와 사업자등록을 한 자 사이에 균형을 맞출 수 있기 때문이다. 제1항이 적용된다는 이유로 제3항이 적용될 수 없다고 한다면 이는 같은 조 제9항의 규정에 반하게 된다.

　요컨대 구 부가가치세법 제22조 제9항에 의하여 사업자등록을 하지 않음으로써 재화의 공급에도 불구하고 세금계산서를 발급하지 않은 경우에는 같은 조 제1항이 아니라 제3항의 가산세가 적용된다. 제3항은 세금계산서 미발급가산세에 관한 규정이므로 이는 세금계산서의 발급의무가 있음을 당연한 전제로 한다. 만약 대법원의 입장과 같이 사업

---

13) 구 부가가치세법(2013. 6. 7. 전부 개정 전) 제5조, 현행 부가가치세법 제8조
14) 현행 부가가치세법도 마찬가지의 규정을 두고 있다.

자등록을 하지 않았다고 하여 세금계산서 발급의무가 없다면 그에 관한 가산세도 부과되어서는 아니되고 이는 같은 조 제9항에 반한다. 이러한 문제점을 의식한 때문인지 부가가치세법이 2013. 6. 7. 전부 개정되면서 제32조 제1항에서 세금계산서의 발급의무에 관하여 '사업자가 재화 또는 용역을 공급(부가가치세가 면제되는 재화 또는 용역의 공급은 제외한다)하는 경우에는 다음 각 호의 사항을 적은 계산서(세금계산서)를 그 공급을 받는 자에게 발급하여야 한다.'라고 규정하였다. 종전규정에서의 '납세의무자로 등록한 사업자가'가 단순히 '사업자가'로 개정된 것이다. 따라서 이제는 사업자등록을 하지 않았다고 해서 세금계산서 발급의무가 면제되는 것은 아니라고 해석하는 것이 타당하다.

조세포탈죄와 세금계산서 관련
범죄의 관계

1. 조세포탈죄와 허위세금계산서합계표 제출죄

가. 쟁점

허위 기재의 매입처별세금계산서를 과세관청에 제출하여 매입세액을 과다하게 공제받는 행위는 조세범처벌법 제3조 제1항의 조세포탈죄에 해당함은 의문이 없다. 왜냐하면 이러한 행위유형은 같은 조 제6항 제5호에 해당하여 사기 그 밖의 부정한 행위에 해당하기 때문이다. 그런데 조세범처벌법은 제10조 제2항 제2호와 제3항 제3호에서 거짓으로 기재한 매입처별세금계산서합계표를 제출한 경우에 대하여 별도의 처벌규정을 두고 있다. 여기서, '허위기재 매입처별세금계산서합계표의 제출'이라는 수단과 방법으로 '조세포탈'이 이루어진 경우에 조세포탈죄만 성립한다고 보아야 할 것인지 아니면 별도로 '허위기재 매입처별세금계산서합계표 제출죄'가 성립한다고 보아야 할 것인지가 문제된다. 이는 허위기재 매입처별세금계산서 제출죄의 구성요건이 모두 조세포탈죄의 수단이 되어 조세포탈죄의 구성요건에 흡수됨으로써 법조경합의 관계에 있다고 볼 수 있는지의 문제이다.

나. 대법원 판결의 입장

대법원 2011. 12. 8. 선고 2011도9242 판결은 아래와 같이 양 죄는 별개로 성립한다고 판시하였다. 세금계산서합계표를 허위기재하여 정부에 제출하는 행위를 처벌하는 구 조세범처벌법(2010. 1. 1. 전부 개정되기 전) 제11조의2 제4항 제3호의 죄와 사기 기타 부정한 행위로써 부가가치세 등의 조세를 포탈하거나 조세 환급·공제를 받는 행위를 처벌하는 구 조세범처벌법 제9조 제1항 제3호의 죄는 구성요건적 행위 태양과 보호법익이 서로 다를 뿐 아니라 어느 한 죄의 불법과 책임 내용이 다른 죄의 불법과 책임 내용을 모두 포함하고 있지 아니하므로, 세금계산서합계표를 허위기재하여 정부에 제출하는 방법으로 부가가치세를 포탈하거나 부가가치세의 환급·공제를 받는 경우 구 조세범처벌법 제11조의2 제4항 제3호의 죄와 같은 법 제9조 제1항 제3호의 죄는 별개로 성립하며, 나아가 구 조세범처벌법 제9조 제1항 제3호의 죄가 성립하기 위해서는 세금계산서합계표를 조작하여 제출하는 행위 외에 과세표준과 세액에 관한 허위 신고를 하고 그에 근거하여 조세를 포탈하거나 조세의 환급·공제를 받는 행위가 있어야 하므로, 부가가치세를 포탈하거나 부정하게 환급·공제받는 범죄와 허위기재 세금계산서합계표를 정부에 제출하는 범죄는 법률상 1개의 행위로 볼 수 없다. 이러한 법리는 위 각 범죄에 대한 가중처벌 조항인 구 특가법(2010. 1. 1. 개정되기 전) 제8조의2 제1항의 죄와 같은 법 제8조 제1항의 죄에도 그대로 적용된다는 것이다.

유사한 선례로서 대법원 2006. 11. 23. 선고 2006도5973 판결은, 허위의 세금계산서를 교부받은 후 이를 기초로 부가가치세 매입세액을 공제받음으로써 조세를 포탈한 경우 세금계산서에 관한 죄는 조세포탈죄로 별도로 성립한다고 판시하였다. 이 판결은 위 대법원 2011. 12. 8. 선고 2011도9242 판결에 적잖은 영향을 미친 것으로 보인다.

다. 검토

'조세포탈죄'와 '허위세금계산서합계표 제출죄'가 법조경합의 관계에 있는지 여부는 법조경합 중 흡수관계에 해당하는 불가벌적 수반행위(전형적 수반행위)에 해당하는지, 즉 후자의 구성요건적 행위가 전자의 구성요건적 행위에 전형적으로 수반되는 것으로 볼 수 있는지 여부에 달렸다.

일반적으로 불가벌적 수반행위는 행위자가 특정한 죄를 범하면 비록 논리 필연적인 것은 아니지만 일반적·전형적으로 다른 구성요건을 충족하고, 이때 그 구성요건의 불법이나 책임의 내용이 주된 범죄에 비하여 경미하기 때문에 처벌이 별도로 고려되지 않는 경우를 말한다. 예컨대 사람을 살해하는 과정에서 의복을 손상시킨 행위나 상해를 가하면서 행한 협박행위(대법원 1976. 12. 14. 선고 76도3375 판결), 사문서위조에 수반된 인장의 위조행위(대법원 1978. 9. 26. 선고 78도1787 판결), 감금의 수단으로 한 단순 협박행위(대법원 1982. 6. 22. 선고 82도705 판결) 등이다. 그리고 대법원 1984. 6. 26. 선고 84도782 판결은 수입면허 없이 유세품을 수입한 경우 무면허수입죄는 관세포탈죄에 흡수된다고 보았다.

그러나 수반행위가 주된 범죄에 흡수된다고 보려면 적어도 수반행위의 불법이나 책임의 내용을 별도로 평가하지 않아도 무방한 경우에 한정되어야 하며, 수반행위가 일반적인 범위를 넘어서 고유한 불법내용을 가질 때는 흡수관계가 성립하지 않는다고 한다.[15] 그래서 대법원은 91도1722 판결에서 사기의 수단으로 위조사문서를 행사한 경우 위조사문서행사죄와 사기죄가 별도로 성립한다고 보았고, 79도840 판결에서 위조통화를 행사하는 방법으로 재물을 편취한 경우 위조통화행사죄와 사기죄가 별도로 성립한다고 보았으며, 95도997 판결에서 절취한 신용카드를 사용하여 현금인출기에서 현금을 인출한 경우 신용카드부정사용죄와 현금인출에 따른 절도죄가 별도로 성립한다고 보았으며, 2008도7820 판결은 절도를 목적으로 주간에 주거에 침입하여 재물을 절취한 경우, 주거침입죄와 절도죄가 별도로 성립한다고 보았다.

위 판결들의 상반된 흐름을 비교해 보면, 불가벌적 수반행위로 보는 경우와 그렇지 않은 경우의 경계를 명확하게 정하기가 쉽지 않다. 그래서 '조세포탈죄'와 '허위세금계산서합계표 제출죄'의 관계에서도 어느 쪽으로 가더라도 명백히 잘못되었다거나 기존 판례에 반한다고 보기 어려운 상황이었는데, 대법원은 별개의 범죄로 성립한다고 보았다. 그 논거는 다음과 같이 추론해 볼 수 있다.[16]

먼저, 허위세금계산서합계표 제출죄는 실물거래 없이 합계표를 허위기재하여 정부에 제출하는 행위를 내용으로 하지만, 조세포탈죄는 허위기재합계표의 제출 외에 '허위로 과세표준과 세액을 신고하는 방법으로 정부의 조세수입을 감손시키고 그에 상응하는 경제적 이익을 취득하는 행위'를 내용으로 하는 것이어서, 양 죄는 구성요건적 행위의 태양이 서로 다르므로, 어느 하나의 구성요건을 적용하는 것만으로는 판단대상인 행위의 불법 및 책임 평가가 제대로 이루어질 수 없다는 것이다. 위 대법원 판결 당시 '조세포탈죄'의 경우 '허위세금계산서합계표 제출 등의 사기 기타 부정한 행위라는 요소 외에 조세의 포탈이라는 핵심적인 구성요건요소가 포함되어 있음에도 그 법정형은 허위기재합계표 제출행위만이 구성요건인 허위기재합계표 제출죄의 법정형과 거의 동등하고, 개정 법률에 따르면 오히려 '허위세금계산서합계표 제출죄'의 법정형보다 낮은 수준이므로, 조세

---

15) 주석 형법, 총칙(2), 사법행정학회, p.363
16) 신종열, "허위기재 세금계산서합계표 제출행위와 조세포탈행위의 관계", 대법원판례해설(2011년 하반기), 법원도서관

포탈죄에 의해 평가되는 불법과 책임의 내용은 주로 조세포탈의 결과에만 집중되어 있다고 할 수 있다는 것이다. 그리고 조세포탈죄는 '조세의 적정한 부과·징수를 통한 국가의 조세수입 확보'를 보호법익으로 하지만, 허위세금계산서합계표 제출죄는 허위세금계산서 수수죄와 마찬가지로 '실물거래 없이 허위로 작성된 과세자료 유통의 근절을 통한 세정질서 및 거래질서의 확립'을 보호법익으로 하므로, 양 죄의 보호법익도 다르다. 이처럼 보호법익이 다르고 그 보호법익의 경중을 쉽게 가릴 수 없는 경우에는 원칙적으로 수개의 죄가 성립하는 것으로 보아야 한다는 것이다.

이러한 입장에 대하여는 다음과 같은 비판이 가능하다. 양 죄의 구성요건적 행위의 태양이 다르다고 하지만, '허위세금계산서합계표 제출행위'가 조세포탈을 목적으로 한 것이고, 그것이 조세포탈을 위한 사기 그 밖의 부정한 행위로 평가될 수 있으므로 이는 조세포탈죄의 행위태양과 다르다기보다는 거기에 완전히 흡수되는 관계로 볼 수 있다. 법정형의 측면에서도, 조세포탈죄의 기본 법정형은 '2년 이하의 징역 또는 포탈세액이나 환급공제세액의 2배 이하의 벌금'이지만, 포탈세액 등이 3억 원 이상이면 '3년 이하의 징역 또는 포탈세액이나 환급공제세액의 3배 이하의 벌금'으로서 실물거래 없는 허위세금계산서합계표 제출죄의 법정형과 비슷하고, 실물거래가 있는 경우로서 세금계산서합계표상의 금액이 허위로 기재된 경우의 법정형인 '1년 이하의 징역 또는 그 부가가치세액의 2배 이하의 벌금'보다 중하다. 따라서 전자의 법정형이 후자의 법정형과 대등하거나 오히려 가볍다는 점은 논거로 삼기에 적합하지 않다. 그리고 보호법익의 측면에서도 허위세금계산서합계표 제출죄는 조세포탈죄와 달리 '세정질서 및 거래질서의 확립'에 있다고 하지만 세정질서라는 것은 과세관청이 세원을 정상적으로 파악하여 확보할 수 있도록 하기 위한 것이며 이와 다른 목적의 세정질서를 실질적으로 상정하기 어렵고, 세정질서와 다른 일반적인 거래질서의 확립은 조세범처벌법이 추구해야 할 보호법익도 아니다. 오히려 허위세금계산서합계표 제출죄의 법정형에 선택형으로 그 합계표에 기재된 매입금액에 관한 '부가가치세액의 3배 이하의 벌금형'으로 정하였다는 것은 허위세금계산서합계표 제출죄에 대한 처벌이 결국은 그 합계표로 조세를 부당하게 환급공제받는 것에 대한 처벌이라는 점을 나타낸 것이라고 할 수 있다. 만약에 '허위세금계산서합계표 제출죄'의 보호법익이 '부당공제환급에 의한 조세포탈'이 아닌 다른 것에 있다면 법정형의 선택형을 위와 같이 부당환급공제받은 부가가치세액을 기준으로 정하지 말고 다른 기준에 의하여야 할 것이다.

이러한 비판에도 불구하고 위 대법원 2011. 12. 8. 선고 2011도9242 판결은 비교적 최근에 선고된 것이어서 향후 당분간은 그대로 유지될 것으로 보인다. 위 판결에 의하면, 허위기재합계표를 정부에 제출하는 시점에 허위기재합계표 제출죄의 1죄가 성립하고,

이어 부가가치세 신고·납부기한이 경과하여 신고내용에 따른 조세포탈이 이루어진 때에 별개의 조세포탈죄가 성립하며, 양 죄는 실체적 경합범의 관계에 있다고 하겠다.

2. 허위세금계산서 수수죄와 그 합계표 제출죄

조세범처벌법은 제10조 제1항 제1호 및 같은 조 제2항 제1호, 같은 조 제3항 제1호에서는 허위세금계산서 수수죄에 관하여 규정하고, 같은 조 제10조 제1항 제2호, 같은 조 제2항 제2호, 같은 조 제3항 제3호, 제4호에서는 허위세금계산서합계표 제출죄에 대하여 규정하고 있다. 세금계산서합계표는 거래상대방에게 발급하거나 그로부터 발급받은 세금계산서에 관하여 거래상대방별로 그 매수와 금액의 합계액을 기재하여 과세관청에 제출하는 것이다. 종래에는 세금계산서도 과세관청에 제출하도록 하였으나 1994. 12. 22. 부가가치세법이 개정되면서 세금계산서 제출의무규정이 삭제되어 지금은 세금계산서합계표만 제출하도록 하고 있다. 그래서 과세관청은 세금계산서합계표만을 가지고 거래상대방이 제출한 세금계산서합계표와 대조(cross-check)하여 그 정확성을 검증한다. 따라서 허위의 세금계산서합계표 제출은 허위의 세금계산서 수수가 당연한 전제가 된다. 여기서 허위세금계산서 수수죄는 허위세금계산서합계표 제출죄에 흡수되는 관계에 있는 것이 아닌지에 대한 의문이 생긴다.

이 점에 대한 명시적인 대법원 판례는 보이지 않지만 양 죄는 별개의 범죄로 성립함을 전제로 한 판결들이 보인다. 대표적인 판결로서 대법원 2012. 5. 10. 선고 2010도13433 판결은 다음과 같이 판시하였다. 즉, 구 조세범처벌법(2010. 1. 1. 전부 개정되기 전) 제11조의2 제4항 제1호는 재화 등을 공급하지 아니한 자가 자신을 공급하는 자로 기재한 세금계산서를 교부하거나 재화 등을 공급받지 아니한 자가 자신이 공급받는 자로 기재된 세금계산서를 교부받은 행위를 대상으로 하고, 같은 항 제3호는 재화 등을 공급하거나 공급받지 아니한 자가 재화 등의 공급에 관한 세금계산서합계표를 허위로 작성하여 정부에 제출한 행위를 대상으로 하는데, 재화 등을 공급하거나 공급받은 자가 제3자의 위임을 받아 제3자의 사업자등록을 이용하여 제3자를 공급하는 자로 기재한 세금계산서를 교부하거나 제3자가 공급받는 자로 기재된 세금계산서를 교부받은 경우 및 제3자 명의로 재화 등의 공급에 관한 세금계산서합계표를 작성하여 정부에 제출한 경우에는, 제3자가 위 세금계산서 수수 및 세금계산서합계표 작성·제출행위를 한 것으로 볼 수 있으므로 그가 재화 등을 공급하거나 공급받지 아니한 이상 구 조세범처벌법 제11조의2 제4항 제1호 및 제3호 범행의 정범이 되고, 재화 등을 공급하거나 공급받은 자는 가담 정도에 따라 그 범행의 공동정범이나 방조범이 될 수 있을 뿐 그 범행의 단독정범이 될 수 없다는 것이다.

위 판결의 원심은 피고인의 허위세금계산서 수수죄와 허위세금계산서합계표 제출죄가 각각 단독정범으로서 별개의 죄로 성립하여 실체적 경합범의 관계에 있다고 보았는데, 대법원은 양 죄가 실체적 경합관계에 있는 별개의 죄임을 당연한 전제로 하고서 피고인이 제3자의 명의를 빌려 그와 같은 범죄를 저지른 경우 단독정범이 아니라 공범이 될 수 있을 뿐이라는 이유로 파기하였다. 파기 환송 후 원심에서는 피고인에 대하여 제3자의 공동정범으로 공소장이 변경되어 그대로 유죄로 인정하였고, 대법원 2013. 10. 25. 선고 2012도10505 판결에서 상고기각으로 확정되었다. 나중에 상론하겠지만, 대법원 2011. 9. 29. 선고 2009도3355 판결도 같은 취지를 당연한 전제로 하고 있다.

허위세금계산서 수수행위는 그 상대방이 거래상대방이고 허위세금계산서합계표 제출행위는 과세관청이라는 점에서 행위의 상대방이 다르고, 행위태양도 다르기는 하다. 그러나 앞서 본 대법원 2011. 12. 8. 선고 2011도9242 판결의 취지대로라면 허위세금계산서합계표 제출죄의 보호법익은 세정질서 및 거래질서의 확립이라는 것인데, 허위세금계산서 수수죄의 보호법익도 이와 다르지 않다고 할 수 있다. 그리고 세금계산서합계표 제출행위는 수수한 세금계산서를 합산한 결과표를 제출하는 것에 다름 아니고 이들은 궁극적으로 부가가치세의 부당공제환급에 의한 조세포탈을 위한 순차적 단계적 수단에 불과하다. 따라서 조세포탈죄로 처벌하는 한 그 수단에 불과한 허위세금계산서합계표 제출죄나 허위세금계산서 수수죄는 그에 흡수되는 법조경합의 관계에 있다고 보는 것이 타당하다고 여겨지고, 대법원 2011. 12. 8. 선고 2011도9242 판결에 따라 허위세금계산서합계표 제출죄를 별개의 범죄로 처벌하여야 한다면 직접적인 수단이 처벌대상에 포함되었으므로 그보다 간접적인 수단은 별도의 처벌대상으로 볼 것이 아니라 그 속에 흡수되는 법조경합의 관계에 있다고 보는 것이 옳다고 본다. 부가가치세 부당환급에 의한 조세포탈이라는 하나의 결과에 대하여 3가지의 범죄로 처벌한다는 것은 과잉처벌이라는 인상을 지울 수 없다.

양 죄의 각 죄수에 관하여는 아래의 대법원 판결들이 명확하게 입장을 정하고 있으며, 같은 취지의 판결들이 따르고 있다. 대법원은 양 죄 모두 문서에 관한 죄로 보아 문서 1개당 하나의 죄가 성립한다는 입장을 유지하고 있는 것으로 보인다. 허위세금계산서 수수죄에 관하여, 대법원 2006. 10. 26. 선고 2006도5147 판결은, 조세범처벌법 제11조의2 제4항 소정의 무거래 세금계산서 교부죄는 각 세금계산서마다 하나의 죄가 성립하므로, 세금계산서마다 그 공급가액이 공소장에 기재되어야 개개의 범죄사실이 구체적으로 특정되었다고 볼 수 있고, 세금계산서의 총 매수와 그 공급가액의 합계액이 기재되어 있다고 하여 공소사실이 특정되었다고 볼 수는 없다고 판시하였다. 그리고 허위세금계산서합계표 제출죄에 관하여, 대법원 2009. 8. 20. 선고 2008도9634 판결은, 하나의 매출·매입처별세금계산서합계표에 여러 가지 사항에 관하여 허위의 사실을 기재하였더라도 전체로서 하나의 매출·매입처별세금계산서합계표를 1허위로 작성하여 정부에 제출하는 것이므로 하나의 조세범처벌법 위반죄가 성립한다고 판시하였다.

한편, 대법원 2022. 4. 14. 선고 2020도18305 판결은, 전자세금계산서 제도의 도입 취지와 아울러 국세청장에게 발급명세가 전송된 전자세금계산서 발급분에 대하여는 매출·매입처별세금계산서합계표를 제출할 의무가 없을 뿐만 아니라 이를 제출하더라도 부가가치세법에서 정한 세금계산서합계표의 필수적 기재사항이 기재되지 않는 점에 비추어 볼 때, 세금계산서합계표를 제출할 필요가 없는 전자세금계산서 발급분에 관하여 세금계산서합계표를 제출하였다고 하더라도 부가가치세법에 따른 세금계산서합계표를 기재하여 제출한 것으로 평가하기는 어렵고, 따라서 설령 그 부분 거래가 허위로 발급된 전자세금계산서에 관한 것이라고 하더라도 조세범처벌법 제10조 제3항 제3호의 '부가가치세법에 따른 매출·매입처별세금계산서합계표를 거짓으로 기재하여 정부에 제출한 행위'에 해당한다고 볼 수 없다고 판시하였다(대법원 2017. 12. 28. 선고 2017도11628 판결 참조).

위 판결은, 전자세금계산서 제도의 도입으로 부가가치세법 시행규칙은 종래의 매출·매입처별세금계산서합계표 서식을 변경하여 매출·매입세금계산서 총합계란을 '전자세금계산서 발행(수취)분'과 '전자세금계산서 외의 발행(수취)분'으로 구분한 다음, '전자세금계산서 발행(수취)분'에는 '전자세금계산서 외의 발행(수취)분'과 달리 전체 매출·매입처수, 매수, 공급가액, 세액만이 기재될 뿐 그 밖에 부가가치세법에서 정한 세금계산서합계표의 필수적 기재사항(제54조 제1항 각 호)인 매출·매입처별 명세는 기재되지 않도록 한 점에 비추어 입법자의 의사는 전자세금계산서에 관하여는 그 발급명세가 전송된 경우 종래 형식의 세금계산서 합계표를 요구하지 않겠다는 것이므로 설령 종래 형식의 세금계산서합계표를 거짓으로 기재하였다고 하더라도 처벌할 수 없다는 취지이다.

위 사안에서는 납세자가 전자세금계산서 발급명세를 국세청장에게 전송하지 아니함으로써 세금계산서합계표 제출의무가 면제되지 않는 상황이었는데, 그 세금계산서합계표를 허위로 기재하였고 그래서 처벌대상이 된다고 판시하였다.

제5장

조세범의 가중처벌

1. 개요

조세범의 가중처벌에 관하여는 특정범죄가중처벌등에관한법률(이하 '특가법')에 3개의 조문을 두고 있다. 제6조에서는 관세법위반죄에 관하여, 제8조에서는 내국세와 지방세의 포탈죄에 관하여, 제8조의2에서는 세금계산서 관련 범죄에 관하여 각 가중처벌규정을 두고 있다. 그리고 조세범처벌법 제21조에서 소추요건으로 국세청장, 지방국세청장 또는 세무서장의 고발이 없으면 공소를 제기할 수 없도록 규정하고 있으나, 특가법 제16조에서 제6조와 제8조의 죄에 대하여 위 소추요건을 배제하였다.

여기서 특이한 점은 특가법 제16조는 소추요건의 배제대상으로 제6조와 제8조만을 규정할 뿐, 제8조의2는 규정하지 않고 있다. 제8조의2는 2005. 12. 29. 신설되었는데 이때 원래 있던 제16조를 개정하지 않았고, 2010. 3. 31. 제16조의 문언을 일부 다듬어 개정할 때도 그 적용대상으로 제8조의2를 추가하지 않았다. 특가법 제8조와 제8조의2는 엄연히 별개의 독립된 조문이므로 특가법 제16조에서 말하는 제8조에 제8조의2가 포함된다고 볼 수는 없다. 그래서 대법원 2014. 9. 24. 선고 2013도5758 판결도 특가법 제16조는 예외적으로 고소 또는 고발 없이 공소를 제기할 수 있는 범죄로 특가법 제6조, 제8조의 죄만을 열거하고 있을 뿐이고, 그 밖에 다른 예외 규정을 두고 있지 아니하므로, 특가법 제8조의2 제1항의 죄는 조세범처벌법 제21조에 따라 국세청장 등의 고발을 소추조건으로 한다고 봄이 타당하다고 판시하였다.

특가법에서 가중처벌하는 중한 조세범이라는 측면에서는 다를 바 없는 제8조와 제8조의2를 소추요건에 있어서 달리 취급할 합리적 이유가 없어 제16조의 규정은 입법실수가 아닌가 여겨진다. 특가법 제8조의2를 신설할 당시 그 개정법률안에 관한 국회 전문위원의 검토보고서에 '허위영수증을 발급하는 자료상의 행위는 세정의 근간을 흔드는 중요한 범죄행위로서 법위반 건수가 계속 증가하고 있고 점차 지능화·광역화하고 있으므로, 이에 강력히 대처하기 위하여 공급가액이나 매출·매입금액이 일정금액 이상인 경우에는 조세관청의 고발재량을 배제하고 특가법의 적용대상이 되도록 한 취지는 타당한 것으로 보인다.'고 한 점에 비추어 보더라도 입법실수임을 짐작할 수 있다.

2. 조세포탈범의 가중처벌

특가법 제8조는 국세와 지방세의 포탈범에 대하여 그 포탈세액 등이 연간 5억 원 이상 10억 원 미만인 경우 3년 이상의 유기징역에, 연간 10억 원 이상인 경우에는 무기 또는 5년 이상의 징역에 처하도록 규정하고 있다.

우선 죄수에 있어서 연간 포탈세액에 따라 하나의 구성요건으로 삼아 하나의 법정형이 정해지므로 그 연간 포탈세액에 합산된 범위 내에서는 개별 조세포탈범들이 포괄하여 1죄가 성립한다고 보아야 할 것이다. 대법원 2000. 4. 20. 선고 99도3822 전원합의체 판결도 같은 취지에서, 특가법 제8조 제1항은 연간 포탈세액이 일정액 이상이라는 가중사유를 구성요건화하여 조세범처벌법 제9조 제1항(현행 조세범처벌법 제3조 제1항 등)의 행위와 합쳐서 하나의 범죄유형으로 하고 그에 대한 법정형을 규정한 것이므로, 조세의 종류를 불문하고 1년간 포탈한 세액을 모두 합산한 금액이 특정범죄가중처벌등에관한법률 제8조 제1항 소정의 금액 이상인 때에는 같은 항 위반의 1죄만이 성립하고, 또한 같은 항 위반죄는 1년 단위로 하나의 죄를 구성하며 그 상호 간에는 경합범 관계에 있다고 판시하였다.

다음으로 연간 포탈세액을 어떻게 산정하느냐가 문제된다. 첫째 연간의 시기와 종기를 어떻게 볼 것이냐의 문제이고, 둘째 조세포탈의 어떤 시점을 기준으로 연간의 범위에 포함시킬 것이냐의 문제이다.

이 두 가지 쟁점에 관하여 대법원 2000. 4. 20. 선고 99도3822 전원합의체 판결은 다음과 같이 결론을 내리고 있다. 특가법 제8조 제1항에 있어서 '연간'은 그 적용대상이 되는지 여부를 판단하기 위한 포탈세액을 합산하여야 할 대상기간을 의미할 뿐만 아니라, 그 죄수와 기판력의 객관적 범위를 결정하는 주요한 구성요건의 하나이므로 일반인의 입장에서 보아 어떠한 조세포탈행위가 같은 항 위반의 죄가 되고 또 어떤 형벌이 과하여지는지 알 수 있도록 그 개념이 명확하여야 하는데, 같은 항에서와 같이 연간이라는 용어를 사용하면서 그 기산시점을 특정하지 아니한 경우에는 역법상의 한 해인 1월 1일부터 12월 31일까지의 1년간으로 이해하는 것이 일반적이며 이렇게 보는 것이 형벌법규의 명확성의 요청에 보다 부응한다 할 것이고, 그리고 포탈범칙행위는 조세범처벌법 제9조의3 소정의 신고·납부기한이 경과한 때에 비로소 기수에 이르는 점 등에 비추어 보면, 특가법 제8조 제1항에서 말하는 '연간 포탈세액 등'은 각 세목의 과세기간 등에 관계 없이 각 연도별(1월 1일부터 12월 31일까지)로 포탈한 또는 부정 환급받은 모든 세액을 합산한 금액을 의미한다는 것이다.[17]

위 판시에 따르면, 1월 1일부터 12월 31일까지 기수시기가 도래한 조세포탈범의 포탈세액의 합계액이 5억 원 이상인 경우에만 가중처벌된다. 그래서 예를 들어 2014년도 제1기(상반기) 부가가치세 3억 원과 2014년도 제2기(하반기) 부가가치세 4억 원을 포탈하였다고 할 경우, 2014년도 제1기분 부가가치세 포탈죄의 기수시기는 그 확정신고기한이, 도래한 2014. 7. 25.이고, 2014년 제2기분 부가가치세 포탈죄의 기수시기는 그 확정신고기한이 도래한 2015. 1. 25.이므로 그 두 죄의 기수시기가 1월 1일부터 12월 31일까지에 함께 포함되지 아니하여 연간 포탈세액의 합산액이 5억 원에 미달하여 특가법에 의한 가중처벌을 받지 아니한다. 반면에 2013년 제2기 부가가치세 4억 원과 2014년 제1기 부가가치세 3억 원을 포탈하였다고 할 경우 두 죄의 기수시기가 2014. 1. 1.부터 2014. 12. 31.까지에 함께 포함되어 연간 포탈세액의 합산액이 7억 원으로서 5억 원 이상이 되므로 가중처벌을 받게 된다.

그러나 위의 첫 번째의 경우와 두 번째의 경우를 차별하여 취급할 아무런 합리적인 이유가 없다. 이와 같은 불균형을 막기 위해서는 여기서의 '연간'의 의미를 위 전원합의체 판결의 반대의견과 같이 해석하는 것이 타당하다고 여겨진다. 반대의견은 다음과 같다. 특가법 제8조는 조세범처벌법 제9조 제1항에 규정된 죄를 지은 사람의 포탈세액 등이 연간 일정한 금액 이상에 달할 경우 가중하여 처벌하는 규정으로서, 단기간 내에 많은 금액의 조세를 부정한 행위로써 포탈하거나 환급·공제받은 사람을 포탈세액 등의 금액에 따라 엄하게 처벌함으로써 건전한 사회질서를 유지하고 국민경제의 발전에 기여하려는 데에 그 입법목적이 있고, 또 문리상으로도 특가법 제8조 제1항의 '연간'은 법문대로 '1년의 기간'을 의미하는 것으로 해석될 뿐 각 연도별 1월 1일부터 12월 31일까지를 의미한다고 볼 아무런 근거가 없으며, 뿐만 아니라 형법 제83조는 연 또는 월로써 정한 기간은 역수에 따라 계산한다고 규정하고 있는 점 등에 비추어 볼 때 특가법 제8조 제1항의 '연간'은 기소된 최초의 포탈 등 범칙행위의 성립시기인 어느 해의 특정 시점으로부터 1년의 기간을 뜻하는 것이라고 해석하여야 한다. 만일 어느 해의 특정 시점으로부터 1년

---

17) 대법원 2011. 6. 30. 선고 2010도10968 판결도 위 판결의 취지를 따르고 있다.

의 기간 내에 특가법 제8조 제1항에 규정된 금액 이상의 조세를 부정한 행위로써 포탈하거나 환급·공제받은 사람을 특가법위반죄의 1죄로 처벌하지 아니하고 각 포탈 등 범칙행위가 행하여진 연도가 다르다는 이유로 별개의 죄로 나누어 처벌한다면 그것은 위 입법 취지는 물론 법감정에도 맞지 않는다는 것이다.

3. 세금계산서 관련 범죄의 가중처벌

가. 쟁점

조세범처벌법 제10조 제3항에서 실물거래 없이 세금계산서나 그 합계표를 수수하는 행위를 처벌하는 규정을 두고 있음에도, '영리의 목적'으로 이와 같이 세법질서를 문란하게 하는 행위가 근절되지 않고 있어 그중 사안이 무거운 경우를 가려 가중처벌할 필요성이 있다는 인식하에 2005. 12. 29. 특가법 개정시에 제8조의2 규정을 신설하게 되었다고 한다. 여기서는 조세범처벌법 제10조 제3항 및 제4항 전단(제3항 행위의 알선 중개행위에 대한 처벌조항)에 관하여만 가중처벌 규정을 두고 있고, 실물거래에 수반하여 허위의 세금계산서나 그 합계표를 수수하는 행위에 관한 조세범처벌법 제10조 제1항과 제2항에 관하여는 가중처벌 규정을 두고 있지 않다. 이는 입법자의 정책적 결단이다. 따라서 허위의 세금계산서라 하더라도 실제 공급은 있었으나 그 가액을 부풀려 기재한 경우에는 대법원 2009. 10. 29. 선고 2009도8069 판결에서 설시한 바와 같이 조세범처벌법 제10조 제1항이나 제2항에 해당할 뿐 제3항에 해당하지 않으므로 특가법 제8조의2에 의하여 가중처벌할 수 없다.

특가법 제8조의2 제1항은 '영리의 목적'으로 조세범처벌법 제10조 제3항 및 제4항 전단의 죄를 범한 사람은 다음 각 호에 따라 가중처벌한다고 하면서, 제1호에서 '세금계산서에 기재된 공급가액이나 세금계산서합계표에 기재된 공급가액 또는 매출·매입금액의 합계액(이하 '공급가액 등의 합계액'이라 한다)이 50억 원 이상인 경우에는 3년 이상의 유기징역에 처한다.'라고, 제2호에서 '공급가액 등의 합계액이 30억 원 이상 50억 원 미만인 경우에는 1년 이상의 유기징역에 처한다.'라고 각 규정하고 있다. 여기서 등장하는 쟁점은, 첫째 '영리의 목적'의 범위를 어떻게 해석할 것인지의 문제이고, 둘째 세금계산서의 공급가액과 그 합계표의 공급가액을 무조건 전부 합산할 것인지 아니면 일정한 범위 내에서 제한할 것인지의 문제이고, 셋째 50억 원을 산정함에 있어 법문상 기한의 제한이 없으므로 산정기한에 아무런 제한을 두지 않을 것인지의 문제이다.

나. '영리의 목적'의 범위

실물거래 없이 가공의 세금계산서를 수수하고 그 합계표를 제출하는 자가 얻는 이익으로 상정할 수 있는 것은 제법 다양하다. 가장 직접적인 이익으로는 이른바 자료상이 세금계산서 자체를 팔고 그 자체에 대한 대가로 받는 돈이다. 예를 들어 실물거래가 없이 공급가액 2억 원의 세금계산서를 발급해주고 그 상대방으로부터 대가로 300만 원을 받는 경우로서 이 돈은 그 세금계산서상의 공급가액에 대한 10%의 부가가치세와는 전혀 무관하다. 그 다음으로 실물거래 없이 세금계산서를 수수하여 사업자의 거래규모를 과장함으로써 금융권으로부터 대출한도를 증가시키는 등의 이익을 얻는 것이다. 마지막으로 실물거래 없이 세금계산서를 수수하고 그에 관한 세금계산서합계표를 제출하여 부당하게 매입세액 공제를 받음으로써 얻는 이익, 즉 조세포탈의 이익이다.

이러한 다양한 이익 중 어디까지를 위 영리의 목적 범위에 포함시키느냐에 따라 특가법 제8조의2의 적용범위가 달라진다. 이는 특가법 제8조의2의 문언과 입법 취지를 고려하여 합리적으로 그 수위를 정하여야 한다. 이 점에 관하여 아래와 같이 다양한 의견이 제시되었었다.[18]

최협의설은 실물거래 없이 영업으로 세금계산서를 판매하는 이른바 자료상이 그 판매대가로 취하는 이익에 국한하자는 견해이고, 협의설은 세금계산서의 판매를 영업으로 하지 않더라도 그 판매 대가로 취하는 이익을 포함하자는 견해이며, 광의설은 세금계산서의 판매대가에 국한하지 말고 세금계산서를 이용하여 취득하는 이익 중 매입세액 공제액과 같은 조세포탈로 인한 이익을 제외한 나머지 이익, 즉 위에서 본 금융상의 이익 등을 폭넓게 인정하자는 것이고, 최광의설은 그 세금계산서를 이용한 조세포탈의 이익까지 포함하자는 견해이다.

협의설은 세금계산서의 판매대가를 취득한다면 굳이 그 판매를 영업으로 하는 경우로 국한할 명분이 없다는 논거에서 최협의설을 비판하고, 광의설은 이익을 취한다는 점에서는 세금계산서의 판매대가와 세금계산서를 이용한 금융상의 이익 등 경제적 이익을 달리 취급할 필요가 없다는 논거에서 협의설을 비판하고, 최광의설은 조세포탈로 인한 이익도 영리의 목적에 말하는 이익이 아니라고 할 수 없다는 논거에서 광의설을 비판한다.

우선 최광의설과 같이 세금계산서를 이용한 조세포탈의 이익까지 영리 목적의 범위에 포함시켜 특가법 제8조의2를 적용하면, 조세포탈에 관하여 가중처벌하고 있는 특가법 제8조의 처벌과 중첩되어 이중처벌의 우려가 있어 적절하지 않아 보인다. 그리고 광의설과

---

18) 신종열, "구 특정범죄 가중처벌 등에 관한 법률 제8조의2 제1항 소정의 '공급가액 등의 합계액'의 의미", 대법원판례해설(2011년 하반기), 법원도서관 참조

같이 세금계산서의 판매대가 이외의 다른 경제적 이익까지 영리목적의 범위에 포함시키게 되면 특가법 제8조의2의 입법 취지, 즉 실물거래 없이 그래서 부가가치세의 거래징수 없이 단지 세금계산서의 판매대가만 받고 세금계산서를 수수하는 이른바 자료상과 그 상대방을 처벌하고자 하는 입법 취지에 반하는 측면이 있어 비판받을 수 있다. 그래서 최광의설이나 광의설이 특가법 제8조의2의 입법 취지에 부합한다고 할 것인데, 최광의설은 영업범에 국한하자는 취지이나 특가법 제8조의2의 문언상 '영업으로'가 아니라 '영리의 목적으로'라고 되어 있으므로 굳이 영업범으로 국한한 것은 아니라는 점에서 광의설이 가장 적절해 보인다.

대법원의 입장은 명확하지는 않으나 광의설의 입장을 취한 것도 있고, 최광의설에 가깝다고 볼 수 있는 것도 있다. 대법원 2010. 2. 11. 선고 2009도13342 판결과 대법원 2011. 1. 27. 선고 2010도12758 판결은 광의설의 입장에서, 특가법 제8조의2 제1항에서 정하고 있는 영리의 목적이란 널리 경제적인 이익을 취득할 목적을 말하는 것으로서 허위의 거래실적을 만들어 은행에서 대출을 받으려는 목적 또는 기존 대출금의 상환을 연장받으려는 목적은 당연히 영리의 목적에 해당된다고 판시하였다. 그리고 대법원 2010. 11. 11. 선고 2010도7289 판결은, 피고인이 A사에 대한 부가가치세 매입신고를 하면서 B사 등으로부터 물품을 공급받은 사실이 없음에도 마치 물품을 공급받은 것처럼 매입처별세금계산서합계표를 허위로 기재하여 담당 공무원에게 제출한 것은 구 조세범처벌법 제11조의2 제4항을 위반한 것이고, 그 행위는 무자료 유류를 정상적으로 공급받은 유류인 것처럼 가장하여 판매함으로써 부당한 이익을 취득하려는 것으로서 영리의 목적으로 이루어진 경우에 해당된다고 한 원심판결을 수긍하였다. 여기서의 부당한 이익이란 세금계산서가 발급되지 않는 무자료 유류를 세금계산서가 발급되는 정상적인 유류인 것처럼 가장함으로써 얻은 이익으로서 이는 다름 아닌 허위세금계산서를 이용한 매입세액의 부당공제를 말하는 것으로 볼 수 있으므로 최광의설의 입장이라고 추측해 볼 수 있다. 대법원 2015. 5. 28. 선고 2015도146 판결, 대법원 2011. 1. 13. 선고 2010도11388 판결도 같은 취지이다.

다. 세금계산서와 합계표상의 각 공급가액 합산 여부

특가법 제8조의2가 공급가액 등의 합계액을 기준으로 가중처벌하고 있으므로 공급가액 등의 합계액을 어느 정도의 범위에서 합산할 것인지가 문제되는데, 주된 견해의 대립은 세금계산서와 그 합계표의 관계에서 공급가액 등의 합계액이 실질적으로 중첩될 경우, 예를 들면 합계 30억 원의 허위세금계산서 10장을 수수하고서 그에 관한 세금계산서합계표를 작성하여 과세관청에 제출한 경우 세금계산서상의 공급가액 30억 원과 세금계산서합계표상의 공급가액 30억 원은 실질적으로 동일한 공급가액임에도 특가법 제8조의 2를 적용함에 있어 이를 합산하여야 한다는 견해와 중첩되는 범위 내에서는 합산하여서 는 아니된다는 견해의 대립이다.

합산하여야 한다는 입장은, 특가법 제8조의2 제1항의 문언상 세금계산서와 세금계산 서합계표를 병렬적으로 열거한 다음 거기에 기재된 공급가액의 합계액이라고 정의하므 로 이를 합산하는 것이 문리해석에 충실하다는 것이다. 실물거래 없는 세금계산서나 그 합계표는 그 명칭이나 용도가 다르나 기본적으로 정상적인 과세자료의 수수질서를 침해 하는 자료거래행위에 제공되는 문서라는 공통적 성질을 가지고 있으므로, 이를 하나의 법률 조항에서 일률적으로 규율하고 있고, 다만 문서별로 명칭과 거래형태가 다르므로 편의상 각 호로 구분하여 문서명과 거래형태를 기재하고 있는 것일 뿐이므로 합산하는 것이 옳다는 것이다. 구체적 타당성의 측면에서 보더라도, 공급가액 합계 50억 원인 자료 상 A(세금계산서, 세금계산서합계표 각 25억 원)를 공급가액 합계 35억 원인 자료상(세 금계산서 30억 원, 세금계산서합계표 5억 원)보다 가중처벌하는 것이 상식에 부합한다는 것이다.

합산하여서는 아니된다는 입장은, 만약 합산하여 가중처벌한다면, 사업자가 자료상으 로부터 15억 원의 허위세금계산서를 교부받아 이를 토대로 매입처별세금계산서합계표 를 허위로 작성하여 관할 세무서에 제출한다면 공급가액 등 합계액이 30억 원 이상에 해당하여 특가법으로 가중처벌하여야 한다는 불합리한 결론에 도달하며, 특가법 제8조 는 포탈세액 등을 합산함에 있어 '포탈세액'이라고만 규정하고 있어 조세의 종류를 불문 하고 모두 합산하라는 취지가 비교적 분명하고 '연간'이라는 한정 개념을 두고 있어 1년 단위로 하나의 죄를 구성하며 그 상호 간에는 경합범관계에 있다고 해석되므로, 조세의 종류를 불문하고 포탈한 세액의 합계를 합산한 금액이 일정금액 이상이면 특가법에 의 해 가중처벌된다고 해석하더라도 크게 부당하지 않으나, 제8조의2는 그와 같은 제한이 없으므로 모두를 합산하여야 한다면 지나치게 가혹한 제재가 가해질 수 있다는 것이다.

합산하여야 한다는 입장은 허위세금계산서 수수죄와 그에 관한 세금계산서합계표 제 출죄가 별도의 죄로 처벌되어야 한다는 기존 판례의 입장에 부합한다고 하겠고, 합산하 여서는 아니된다는 입장은 허위세금계산서 수수행위는 세금계산서합계표 제출죄의 수 단적 관계에 있으므로 전자는 후자에 흡수되는 법조경합의 관계에 있다는 비판론의 입 장에 부합한다고 하겠다. 설령 조세범처벌법에 있어서는 허위세금계산서 수수죄가 허위 세금계산서 제출죄와 별도로 처벌되어야 한다고 본다고 해서 가중처벌규정인 특가법 제 8조의2에서까지 꼭 합산설의 입장을 취할 것은 아니라고 본다. 왜냐하면 가중처벌규정은 법정형이 특히 중하기 때문에 그에 상응하는 정도로 죄질이 더 나빠야 하는데 실질적으로 동일한 공급가액이 세금계산서와 그 합계표에 모두 기재되어 있다면 어느 한 곳에만 기재되어 있는 경우에 비하여 실질적으로 죄질이 2배로 더 나쁘다고 보기는 어려우므로 가중처벌규정을 적용함에 있어 이를 단순히 합산하는 것은 옳지 않다.

대법원 판결은 별 논거의 제시 없이 합산하여야 한다는 입장을 취하였다. 대법원 2011. 9. 29. 선고 2009도3355 판결은 다음과 같이 판시하였다. 재화 또는 용역을 공급하지 아니하고 구 조세범처벌법 제11조의2 제4항 각 호의 행위를 한 경우 세금계산서나 계산서를 수수한 때 또는 매출·매입처별세금계산서합계표나 매출·매입처별계산서합계표를 제출한 때에 각 문서마다 1개의 죄가 성립하는 것이 원칙이나, 이 사건 법률 조항은 공급가액 등의 합계액이 일정액 이상이라는 가중사유를 구성요건화하여 구 조세범처벌법 제11조의2 제4항의 행위와 합쳐서 하나의 범죄유형으로 하고 그에 대한 법정형을 규정한 것이므로, 세금계산서, 계산서, 매출·매입처별세금계산서합계표에 기재된 공급가액을 합산한 금액이 이 사건 법률 조항 소정의 금액 이상인 때에는 이 사건 법률 조항 위반의 1죄만이 성립한다. 따라서 이 사건 법률 조항 소정의 '공급가액 등의 합계액'을 산정함에 있어서는 구 조세범처벌법 제11조의2 제4항 제1호 소정의 세금계산서와 같은 항 제3호 소정의 매입처별세금계산서합계표상의 공급가액을 합산하여야 한다는 것이다.

최근 대법원 2020. 2. 13. 선고 2019도12842 판결은, 피고인이 재화 또는 용역을 공급하는 사업자로서 허위세금계산서를 발급하는 한편, 다른 별개의 사업자로서 실제로는 재화나 용역을 공급받지 않으면서 위 허위세금계산서를 발급받은 경우, 특정범죄가중법 제8조의2 제1항 각 호 및 제2항에서 정한 공급가액 등의 합계액을 산정할 때에는 발급하는 사업자로서의 공급가액과 발급받는 사업자로서의 공급가액을 합산하는 것이 타당하다고 판시하였다. 동일인이 허위세금계산서를 발급하는 자와 발급받는 자의 지위를 겸하는 경우로서 객관적인 행위태양은 하나로 볼 수 있으므로 상상적 경합에 해당한다고 볼 여지도 있는데 공급가액과 공급받는 가액을 단순 합산하도록 하는 것은 너무 과도한 판시가 아닌가 한다.

라. 공급가액 등의 합산기간 제한 여부

특가법 제8조의2에서는 제8조의 경우와 달리 공급가액 등의 합산액을 산정함에 있어 기간의 제한을 두고 있지 않다. 그래서 합산기간이 지나치게 확대될 우려가 있다. 예를 들어 서울에서 전자제품 대리점을 운영하면서 자료상으로부터 공급가액 10억 원 상당의 세금계산서를 발급받아 그 합계표를 제출하였다가 그 대리점을 폐업하고, 5년 후에 부산에서 식당을 운영하면서 다시 자료상으로부터 공급가액 10억 원 상당의 세금계산서를 발급받아 그 합계표를 과세관청에 제출한 경우 5년의 시간적 간격을 무시하고 양 시점의 세금계산서와 그 합계표상의 공급가액을 모두 합산하여 그 합계액을 40억 원으로 보아 특가법 제8조의2를 적용한다면 누구나 불합리하다고 느낄 것이다. 그리고 기간의 제한이 없어 특가법 제8조의2 일죄의 성립범위가 넓어짐으로써 면소의 범위가 지나치게 확대될 위험도 있다. 위의 예에서 먼저 식당 운영과 관련하여 조세범처벌법으로 처벌받고 그 형이 확정되었는데 그 후 5년 전의 전자제품 대리점 운영과 관련한 범법행위가 밝혀졌을 경우 양자는 원래 특가법 제8조의2 위반의 1죄에 해당하므로 5년 전의 행위에 대해서 별도로 처벌할 수 없고 확정판결의 존재를 이유로 면소해야 하는 불합리한 결과가 초래된다.

그래서 이에 대한 방책으로, 합산기간을 부가가치세의 동일한 과세기간 내로 제한하자는 견해가 있으나 그 근거를 제시하기가 어렵고, 포괄일죄의 법리를 적용하여 그 기간을 제한하자는 견해가 유력하다.[19] 후자의 견해에 대하여는 연간 포탈세액이 일정 규모 이상인 경우를 가중처벌하는 특가법 제8조의 구성요건 해석상 각 조세포탈행위가 애초부터 포괄일죄의 관계에 있을 필요는 없고 연간 포탈세액이 특가법 제8조 소정의 금액에 해당하기만 하면 1죄가 성립하는데, 특가법 제8조의2에 대하여는 이와 달리 포괄일죄의 요건을 갖추도록 요구하는 것은 모순된다는 지적이 있을 수 있다. 그러나 특가법 제8조는 기간을 '연간'으로 제한함으로써 법률에 의하여 일죄로 의제되는 포괄일죄의 특별규정으로 볼 수 있어 다시 포괄일죄의 법리를 적용할 필요가 없고, 이와 달리 특가법 제8조의2는 그와 같은 기간의 제한이 없으므로 포괄일죄의 법리를 적용할 필요성이 대두되어서 이러한 필요에 따라 특가법 제8조의2에 포괄일죄의 법리를 적용한다고 해서 모순된다고 할 것은 아니다.

따라서 포괄일죄의 법리에 따라 영리를 목적으로 단일하고 계속된 범의하에 일정기간 계속하여 여러 차례 허위세금계산서를 수수하거나 그 합계표를 제출한 경우에는 그 세금계산서와 합계표상의 공급가액을 모두 합산하여야 할 것이지만, 단일하고 계속된 범의가 단절되는 경우에는 합산하여서는 아니된다. 앞에서 든 예에서는 전자대리점 운영과 식당 운영은 영업형태와 장소가 전혀 상이할 뿐 아니라 5년이라는 시간적 간격이 있어 양자의 범행이 단일하고 계속된 범의하에 이루어진 것으로 보기 어려워 양자의 경우의 공급가액의 합계액을 합산하여서는 아니된다. 같은 취지에서 대법원 2015. 6. 23. 선고 2015도2207 판결은, 특가법 제8조의2 제1항은 영리의 목적과 세금계산서 및 계산서에 기재된 공급가액이나 매출처별세금계산서합계표 · 매입처별세금계산서합계표에 기재된 공급가액 등의 합

---

19) 신종열, "구 특정범죄 가중처벌 등에 관한 법률 제8조의2 제1항 소정의 '공급가액 등의 합계액'의 의미", 대법원판례해설(2011년 하반기), 법원도서관 참조

계액이 일정액 이상이라는 가중사유를 구성요건화하여 조세범처벌법 제10조 제3항 위반과 합쳐서 하나의 범죄유형으로 정하고 공급가액 등의 합계액에 따라 구분하여 법정형을 정하고 있음에 비추어 보면, 조세범처벌법 제10조 제3항의 각 위반행위가 영리를 목적으로 단일하고 계속된 범의 아래 일정기간 계속하여 행하고 행위들 사이에 시간적 연관성이 있으며 범행의 방법 간에도 동일성이 인정되는 등 하나의 위 법률 조항 위반행위로 평가될 수 있고, 그 행위들에 해당하는 문서에 기재된 공급가액을 모두 합산한 금액이 위 법률 조항에 정한 금액에 해당하면, 그 행위들에 대하여 포괄하여 위 법률 조항 위반의 1죄가 성립될 수 있다고 판시하였다. 타당한 판결이다.

색인

가산세 / 152, 239
가산세 면제 / 262
가산세 부과제척기간 / 227
가업상속 / 1332
가업상속공제 / 1334, 1335
가장행위 / 101
가집행선고부 승소판결 / 697, 698
간접대응 / 700
간접사실 / 491
간접외국납부세액 공제 / 1596
간주모집 / 1389
간주외국납부세액 공제 / 1599
간주취득세 / 1668
감가상각비 / 648
감가상각시부인액 / 852
감자대금 / 664
감자차손 / 932
감정가액 / 1500
강연료 / 963
강제징수 / 564
개발비의 감가상각 / 652
개발사업시행 / 1415
개별가액산정규정 / 1360, 1361, 1363
개별과세 / 472
개산공제액 / 1027, 1028
거래순이익률법 / 1576
거소 / 879
거주자 / 879, 880
거주자성 / 220, 881, 882, 884, 887, 1614,
　　1615, 1616, 1618
결산조정사항 / 681
결손금 감액경정 / 822
결손금 증액청구 / 343
결손금소급공제 / 188, 287
결손법인 / 1487
결정경정결의서 / 307

결정전통지서 / 315
경과규정 / 83
경영권 프리미엄 / 602, 716, 776, 777, 1380
경정 / 145
경정청구 / 332
경제적 실질설 / 103
경제적 합리성 / 715
경험칙 / 488
계속기업의 원칙 / 377
계속성과 반복성 / 936
계속적 용역 / 1177
계약명의신탁 / 1667
계약해제 / 376
고가매입 / 737
고가임차 / 749
고가주택 / 1068, 1704
고급오락장 / 1703
고유납세의무 / 1308, 1309
고유목적사업 / 864
고유목적사업준비금 / 868
고정사업장 / 1606
공격방어방법 / 345
공동사업자 / 1124, 1125
공동사업장 / 889
공동상속인 / 408
공매처분 / 564, 579
공매통지 / 579
공시송달 / 324
공익법인 출연재산 / 1325
공익채권 / 157
공적 견해의 표명 / 78
공정력 / 479
공정시장가격 / 1521
공정시장가액비율 / 1729
공통매입세 / 1257, 1268
과다유보소득 / 1643
과도한 임원상여금 / 632
과밀억제권역 / 1713

ㄴ

ㅂ

ㅊ

기타

▮저│자│소│개▮

■ 강 석 규

- 서울대학교 국제경제학과 졸업(1985)
- 서울대학교 대학원 경영학과 졸업(1988)
- 공인회계사, 세무사
- 삼일회계법인 근무

- 제35회 사법시험 합격
- 부산지방법원 행정부 판사
- 부산고등법원 행정부 판사
- 대법원 재판연구관 조세팀장
- 인천지방법원 행정부 부장판사
- 서울행정법원 조세전담부 부장판사
- 현재) 법무법인 태평양 조세그룹 변호사

제9판 　　**조세법 쟁론**

2017년 1월 9일 초판 발행
2025년 7월 11일 9판 발행

저　　　　자 강　석　규
발　행　인 이　희　태
발　행　처 **삼일피더블유씨솔루션**

서울특별시 용산구 한강대로 273 용산빌딩 4층
등록번호 : 1995. 6. 26 제3-633호
전　　화 : (02) 3489-3100
F　A　X : (02) 3489-3141
I S B N : 979-11-6784-428-6 93320

저자협의
인지생략

※ '삼일인포마인'은 '삼일피더블유씨솔루션'의 단행본 브랜드입니다.
※ 파본은 교환하여 드립니다.

정가 100,000원